RAETHEL · HÜHNERVÖGEL DER WELT

Balzender Pfauentruthahn

Heinz-Sigurd Raethel

Hühnervögel der Welt

Begründet von Curt von Wissel †
und Max Stefani †
unter dem Titel:
Fasanen und andere Hühnervögel

NEUMANN-NEUDAMM

CIP – Titelaufnahme der Deutschen Bibliothek

Raethel, Heinz-Sigurd:
Hühnervögel der Welt / Heinz-Sigurd Raethel. Begr. von Curt
von Wissel u. Max Stefani. – 4. Aufl. (Neuaufl. d. 3., verb.
Aufl. 1976). – Melsungen : Neumann-Neudamm, 1988
  (JNN Ornithologie)
  3. Aufl. u. d. T.: Raethel, Heinz-Sigurd: Fasanen und andere
  Hühnervögel
  ISBN 3-7888-0440-8
NE: Wissel, Curt von [Begr.]

© 1988 Verlag J. Neumann-Neudamm GmbH & Co. KG,
Mühlenstraße 9
3508 Melsungen
Printed in Germany

Das Werk einschließlich aller seiner Teile ist urheberrechtlich geschützt. Jede Verwertung außerhalb der engen Grenzen des Urheberrechtsgesetzes ist ohne Zustimmung des Verlages unzulässig und strafbar. Das gilt insbesondere für Vervielfältigungen, Übersetzungen, Mikroverfilmung und die Einspeicherung und Verarbeitung in elektronischen Systemen.

Das Schutzumschlagbild zeigt:
Den Königsglanzfasan, Lophophorus impeyanus
Fotos: Siehe Bildnachweis Seite 799
Zeichnungen: Heinz-Sigurd Raethel
Lektorat: Dipl.-Biologe Andreas Fischer-Nagel
Umschlagentwurf: Philipp Schneider unter Verwendung eines Fotos von Hans Reinhard
Lithos: monoLiht, Steinfurt, und reproteam kassel gmbh
Satz, Druck und Bindung: Druckerei Parzeller, Fulda

ISBN 3-7888-0440-8

ZUM GELEIT

Seit dem Erscheinen der letzten Ausgabe des bekannten und beliebten Fasanenbuches von RAETHEL/WISSEL/STEFANI sind bereits wieder 12 Jahre verstrichen. Schon seit geraumer Zeit ist das Werk vergriffen und war nur mit viel Glück gelegentlich in einem Antiquariat aufzutreiben. Denkt man daran, welche Fortschritte inzwischen auf dem Gebiet der Ziervogelhaltung und -zucht während der letzten Jahre erzielt worden sind, dann kann wohl ohne Übertreibung gesagt werden, daß eine weitere Überarbeitung dieses Standardwerkes im deutschsprachigen Raum längst fällig war. Diese liegt nun wirklich ganz neu vor uns. Dr. Raethel zeichnet nunmehr allein als Autor und bespricht erstmalig sämtliche Wildhühner der Erde. Dabei geht er häufig noch auf Unterarten ein, deren Kenntnis für Halter und Züchter von Bedeutung ist. Für den Autor war die sich selbst gestellte Aufgabe, sozusagen „aufs Ganze zu gehen", nicht gerade einfach, aber überaus reizvoll. Wie er mir selbst erzählte, hat er viele der in den Text aufgenommenen Beobachtungen an Tieren der stets reichhaltigen Hühnervogelsammlung des Berliner Zoologischen Gartens gemacht, der übrigens selbst einmal aus einer königlich-preußischen Fasanerie hervorgegangen ist. Als Direktor dieser altehrwürdigen Institution bereitet mir dies um so größere Genugtuung, als ich stets darauf bedacht bin, den mir anvertrauten Tierbestand auch wissenschaftlich auswerten zu lassen. Jeder Wissenschaftler, dessen Arbeiten dazu dienen, unsere Kenntnisse über die Tiere zu vervollständigen, wird uns deshalb stets willkommen sein. Dem neuen Buch aber wünsche ich eine weite Verbreitung in den Kreisen der Liebhaber, Züchter, Tiergärtner und aller jener Menschen, die sich für die so vielgestaltige Ordnung der Hühnervögel begeistern.

Prof. Dr. Heinz-Georg Klös
Direktor des Zoologischen Gartens Berlin

Geierperlhuhn

Vorwort

Daß die zweite Auflage dieses Buches nun schon seit einigen Jahren vergriffen und selbst antiquarisch kaum noch erhältlich ist, darf wohl als Beweis der Wertschätzung unter Liebhabern, Züchtern und Tiergärtnern gewertet werden. Vom Verlag mit der Erarbeitung einer Neuauflage betraut, kam ich zu dem Entschluß, ihren Inhalt auf alle Hühnervögel der Erde auszudehnen, um so einen Gesamtüberblick der Biologie, Haltung, Pflege und Zucht sämtlicher Vertreter dieser umfangreichen Vogelordnung mit ihren rund 260 Arten geben zu können. Damit das Werk dadurch keinen zu großen Umfang erhielt, wurden einige Kapitel, wie die über Krankheiten und die Wildtauben, gestrichen. Auch stellte sich zwangsläufig die Frage, ob außer den Arten auch deren oft recht zahlreiche Unterarten besprochen werden sollten. Daß dies bei den häufig gehaltenen Hühnervögeln zu geschehen habe, war selbstverständlich. Als schwieriger erwies sich indessen die Entscheidung, ob auch die vielen Subspezies der Kleinhühner, wie Frankoline, Steinhühner oder Zahnwachteln, beschrieben werden müßten, die sich ja häufig nur in wenigen Farbmerkmalen oder Größendifferenzen voneinander unterscheiden. Als die beste Lösung erschien es, jene Unterarten in die Besprechung einzubeziehen, die von den übrigen bereits so stark abweichen, daß sie schon fast als selbständige Arten gelten können, und solche, die nachweislich nach Europa und in die USA gelangt sind. Neu in das Buch aufgenommen wurden die Familien der Großfußhühner *(Megapodiidae)* und der Hokkohühner *(Cracidae)*, welche zwar für die Wildhühnerhaltung keine große Rolle spielen, deren interessante Biologie aber vielleicht manchen Tiergärtner und Privatmann zum Ankauf motivieren wird, wenn Vertreter auf dem Tiermarkt angeboten werden. Das Bildmaterial des Buches wurde vollständig durch Farbaufnahmen ersetzt und manche Art in Schwarzweißzeichnungen dargestellt. Allen jenen, die mir bei der Beschaffung von Diamaterial Unterstützung gewährten, sei an dieser Stelle herzlich gedankt. Unser Wissen über Biologie, Lautäußerungen und Verwandtschaftsverhältnisse vieler Hühnervogelarten ist auch gegenwärtig noch recht lückenhaft und bedarf dringend baldiger Vervollständigung. Man kann nämlich mit absoluter Gewißheit voraussagen, daß schon in naher Zukunft so manche interessante Art ausgerottet sein wird. Erfreulicherweise sind wirkungsvolle Bestrebungen im Gange, diesen Vernichtungprozeß wenigstens aufzuhalten, womit vor allem die in England gegründete World Pheasant Association mit ihren Sektionen in vielen Ländern der Erde bereits Erfolge zu verzeichnen hat. Wenn das vorliegende Buch dazu beiträgt, den Haltern und Züchtern von Wildhühnern neue Erfahrungen zu vermitteln und Denkanstöße zu geben sowie diesen schönen und interessanten Vögeln neue Freunde zu gewinnen, hat es seinen Zweck erfüllt.

Berlin-Wilmersdorf, im Frühjahr 1988

Dr. Heinz-Sigurd Raethel

Balzender Temminck-Tragopan

Stern-Zahnwachtel, *O. stellatus*, Gould 1842 186
Tropfen-Zahnwachtel, *O. guttatus*, Gould 1838 ... 187

Singwachteln – *Dactylortyx*, Ogilvie-Grant 1893 .. 188
Singwachtel, *Dactylortyx thoracicus*,
Gambel 1848 188

Harlekin-Zahnwachteln – *Cyrtonyx*, Gould 1844 .. 191
Montezumawachtel, *Cyrtonyx montezumae*,
Vigors 1830 191
Tränenwachtel, *C. ocellatus*, Gould 1836 196

**Langbein-Zahnwachteln – *Rhynchortyx*,
Ogilvie-Grant 1893** 197
Langbein-Zahnwachtel, *Rhynchortyx cinctus*,
Salvin 1876 197

Rauhfußhühner, *Tetraonidae* 199

Beifußhühner – *Centrocercus*, Swainson 1832 203
Beifußhuhn, *Centrocercus urophasianus*,
Bonaparte 1827 203

Felsengebirgshühner – *Dendragapus*, Elliot 1864 .. 206
Felsengebirgshuhn, *Dendragapus obscurus*,
Say 1823 206

Tannenhühner – *Falcipennis*, Elliot 1864 213
Sichelhuhn, *Falcipennis falcipennis*,
Hartlaub 1855 213
Tannenhuhn, *F. canadensis*, Linné 1758 214

Schneehühner – *Lagopus*, Brisson 1760 217
Moorschneehuhn, *Lagopus lagopus*, Linné 1758 .. 219
Schottisches Moorschneehuhn, *L. lagopus
scoticus*, Latham 1787 222
Alpenschneehuhn, *L. mutus*, Montin 1776 228
Weißschwanz-Schneehuhn, *L. leucurus*,
Richardson 1831 235

Auer- und Birkhühner – *Tetrao*, Linné 1758 238
Auerhuhn, *Tetrao urogallus*, Linné 1758 239
Felsen-Auerhuhn, *T. parvirostris*, Bonaparte 1856 . 246
Birkhuhn, *T. tetrix*, Linné 1758 250
Kaukasus-Birkhuhn, *T. mlokosiewiczi*,
Taczanowski 1875 257

Kragen- und Haselhühner, *Bonasa*, Stephens 1819 . 260
Kragenhuhn, *Bonasa umbellus*, Linné 1776 261
Haselhuhn, *Bonasa bonasia*, Linné 1758 268
Tibet-Haselhuhn, *B. sewerzowi*, Przewalski 1876 .. 273

Präriehühner – *Tympanuchus*, Gloger 1841 275
Präriehuhn, *Tympanuchus cupido*, Linné 1758 ... 275
Kleines Präriehuhn, *T. pallidicinctus*,
Ridgway 1873 280

Spitzschwanzhühner – *Pedioecetes*, Baird 1858 ... 282
Spitzschwanzhuhn, *Pedioecetes phasianellus*,
Linné 1758 282

Eigentliche Fasanen, *Phasianidae* 288

Rebhühner – *Perdix*, Brisson 1760 288
Rebhuhn, *Perdix perdix*, Linné 1758 288
Bartrebhuhn, *P. dauuricae*, Pallas 1811 297
Tibetrebhuhn, *P. hodgsoniae*, Hodgson 1857 298

Lerwahühner – *Lerwa*, Hodgson 1837 300
Lerwahuhn, *Lerwa lerwa*, Hodgson 1833 300

Waldfelsenhühner – *Tetraophasis*, Elliot 1871 ... 304
Braunkehl-Waldfelsenhuhn, *Tetraophasis
obscurus*, Verreaux 1869 304
Rostkehl-Waldfelsenhuhn, *T. szechenyii*,
Madarasz 1885 304

Königshühner – *Tetraogallus*, Gray 1832 306
Kaukasus-Königshuhn, *Tetraogallus caucasicus*,
Pallas 1811 307
Kaspi-Königshuhn, *T. caspius*, Gmelin 1784 309
Himalaja-Königshuhn, *T. himalayensis*,
Gray 1843 310
Tibet-Königshuhn, *T. tibetanus*, Gould 1854 314
Altai-Königshuhn, *T. altaicus*,
Gebler 1836 316

Steinhühner – *Alectoris*, Kaup 1829 317
Chukarhuhn, *Alectoris chukar*, Gray 1830 321
Alpensteinhuhn, *A. graeca*, Meisner 1804 326
Przewalski-Steinhuhn, *A. magna*,
Przewalski 1876 330
Philby-Steinhuhn, *A. philbyi*, Lowe 1934 330
Schwarzkopf-Steinhuhn, *A. melanocephala*,
Rüppell 1835 331
Rothuhn, *A. rufa*, Linné 1758 332
Klippenhuhn, *A. barbara*, Bonnaterre 1790 339

Sandhühner – *Ammoperdix*, Gould 1851 342
Arabisches Sandhuhn, *Ammoperdix heyi*,
Temminck 1829 342
Persisches Sandhuhn, *A. griseogularis*,
Brandt 1843 344

Frankoline – *Francolinus*, Stephens 1819 347

Tropfenfrankoline 348
Halsbandfrankolin, *Francolinus francolinus*,
Linné 1766 348
Tropfenfrankolin, *F. pictus*, Jardine und
Selby 1828 351
Perlhuhnfrankolin, *F. pintadeanus*, Scopoli 1786 .. 352

Sumpffrankoline 353
Sumpffrankolin, *F. gularis*, Temminck 1815 353

Indische Wachtelfrankoline 354
Indisches Wachtelfrankolin, *F. pondicerianus*,
Gmelin 1789 357

Schopffrankoline 359
Schopffrankolin, *F. sephaena*, Smith 1836 359

Gelbfuß-Waldfrankoline 361
Gelbfuß-Waldfrankolin, *F. lathami,*
Hartlaub 1854 361

Rotschwanzfrankoline 362
Coqui-Frankolin, *F. coqui,* Smith 1836 362
Weißkehl-Frankolin, *F. albogularis,* Hartlaub 1854 . 364
Schlegel-Frankolin, *F. schlegelii,* Heuglin 1863 365

Rotflügelfrankoline 366
Kragenfrankolin *F. streptophorus,*
Ogilvie-Grant 1891 366
Grauflügelfrankolin, *F. africanus,* Stephens 1819 . . . 367
Rotflügelfrankolin, *F. levaillantii,*
Valenciennes 1825 368
Finsch-Frankolin, *F. finschi,* Bocage 1881 369
Shelley-Frankolin, *F. shelleyi,* Ogilvie-Grant 1890 . . 370
Bergheidefrankolin, *F. psilolaemus,* Gray 1867 371
Rebhuhnfrankolin, *F. levaillantoides,* Smith 1836 . . 372

Rotfuß-Waldfrankoline 373
Rotfuß-Waldfrankolin, *F. nahani,* Dubois 1905 . . . 373

Schuppenfrankoline 374
Schuppenfrankolin, *F. squamatus,* Cassin 1857 375
Aschanti-Frankolin, *F. ahantensis,*
Temminck 1851 376
Graustreifenfrankolin, *F. griseostriatus,*
Ogilvie-Grant 1890 377

Wellenfrankoline 377
Hildebrandt-Frankolin, *F. hildebrandti,*
Cabanis 1878 378
Natal-Frankolin, *F. natalensis,* Smith 1834 379
Doppelspornfrankolin, *F. bicalcaratus,* Linné 1766 . . 380
Heuglin-Frankolin, *F. icterorhynchus,* Heuglin 1863 . 382
Clapperton-Frankolin, *F. clappertoni,* Children 1826 . 382
Harwood-Frankolin, *F. harwoodi,* Blundell u.
Lovat 1899 384
Hartlaub-Frankolin, *F. hartlaubi,* Bocage 1869 . . . 384
Kap-Frankolin, *F. capensis,* Gmelin 1789 386
Rotschnabelfrankolin, *F. adspersus,*
Waterhouse 1838 387

Nacktkehlfrankoline 388
Swainson-Frankolin, *F. swainsonii,* Smith 1836 391
Rotkehlfrankolin, *F. afer,* Müller 1776 393
Kenia-Rotkehlfrankolin, *F. afer leucoparaeus,*
Fischer u. Reichenow 1884 394
Uganda-Rotkehlfrankolin, *F. afer cranchii,*
Leach 1818 394
Graubrust-Nacktkehlfrankolin, *F. rufopictus,*
Reichenow 1887 397
Gelbkehlfrankolin, *F. leucoscepus,* Gray 1867 397

Bergfrankoline 400
Kastanienhalsfrankolin, *F. castaneicollis,*
Salvadori 1888 401
Erckel-Frankolin, *F. erckelii,* Rüppell 1835 401
Wacholderfrankolin, *F. ochropectus,* Dorst u.
Jouanin 1952 403

Jackson-Frankolin, *F. jacksoni,*
Ogilvie-Grant 1891 404
Kiwu-Frankolin, *F. nobilis,* Reichenow 1908 405
Kamerunberg-Frankolin, *F. camerunensis,*
Alexander 1909 406
Swierstra-Frankolin, *F. swierstrai,* Roberts 1929 . . . 407

Bambushühner – *Bambusicola,* **Gould 1863** 410
China-Bambushuhn, *Bambusicola thoracica,*
Temminck 1815 410
Taiwan-Bambushuhn, *B. thoracica sonorivox,*
Gould 1862 411
Indisches Bambushuhn, *B. fytchii,* Anderson 1871 . . 412

Indische Spornhühner – *Galloperdix,* **Blyth 1844** . . . 413
Rotes Spornhuhn, *Galloperdix spadicea,*
Gmelin 1789 414
Perl-Spornhuhn, *G. lunulata,* Valenciennes 1825 . . . 414
Ceylon-Spornhuhn, *G. bicalcarata,* Forster 1781 . . . 416

Felsenhühnchen – *Ptilopachus,* **Swainson 1837** 418
Felsenhühnchen, *Ptilopachus petrosus,* Gmelin 1789 . 418

Gelbfuß- und Grünfuß-Waldrebhühner –
Tropicoperdix, **Blyth 1859** 420
Grünfuß-Waldrebhuhn, *Tropicoperdix chloropus,*
Blyth 1859 420
Charlton-Waldrebhuhn, *T. charltonii,* Eyton 1845 . . 421

Waldrebhühner – *Arborophila,* **Hodgson 1837** 422
Hügelhuhn, *Arborophila torqueola,*
Valenciennes 1826 422
Boulton-Hügelhuhn, *A. rufipectus,* Boulton 1932 . . 426
Rotkehl-Waldrebhuhn, *A. rufogularis,* Blyth 1850 . . 426
Weißwangen-Waldrebhuhn, *A. atrogularis,*
Blyth 1850 428
Hainan-Waldrebhuhn, *A. ardens,* Styan 1892 428
Taiwan-Waldrebhuhn, *A. crudigularis,*
Swinhoe 1864 429
Braunbrust-Waldrebhuhn, *A. brunneopectus,*
Tickell 1855 429
Sumatra-Waldrebhuhn, *A. orientalis,*
Horsfield 1821 430
Rotbrust-Waldrebhuhn, *A. mandellii,* Hume 1874 . . 431
Kambodscha-Waldrebhuhn, *A. cambodiana,*
Delacour u. Jabouille 1928 431
Java-Waldrebhuhn, *A. javanica,* Gmelin 1789 432
Borneo-Waldrebhuhn, *A. hyperythra,*
Sharpe 1879 432
David-Waldrebhuhn, *A. davidi,* Delacour 1927 . . . 433
Fukien-Waldrebhuhn, *A. gingica,* Gmelin 1789 . . . 433
Rotschnabel-Waldrebhuhn, *A. rubrirostris,*
Salvadori 1879 434

Rostgelbe Waldrebhühner – *Caloperdix,*
Blyth 1861 435
Rostgelbes Waldrebhuhn, *Caloperdix oculea,*
Temminck 1815 435

Langschnabel-Waldrebhühner – *Rhizothera,*
Gray 1841 436

Langschnabel-Waldrebhuhn, *Rhizothera longirostris*, Temminck 1815 436

Rotkopfwachteln – *Haematortyx*, **Sharpe 1879** 437
Rotkopfwachtel, *Haematortyx sanguiniceps*, Sharpe 1879 438

Schwarzwachteln – *Melanoperdix*, **Jerdon 1864** 438
Schwarzwachtel, *Melanoperdix nigra*, Vigors 1829 .. 438

Straußwachteln – *Rollulus*, **Bonnaterre 1791** 439
Straußwachtel oder Roulroul, *Rollulus roulroul*, Scopoli 1786 439

Wachteln – *Coturnix*, **Bonnaterre 1791** 445
Wachtel, *Coturnix coturnix*, Linné 1758 445
Japanwachtel, *C. japonica*, Temminck u. Schlegel 1849 450
Regenwachtel, *C. coromandelica*, Gmelin 1789 ... 453
Harlekinwachtel, *C. delegorguei*, Delegorgue 1847 .. 456
Schwarzbrustwachtel, *C. novaezelandiae*, Quoy u. Gaimard 1830 460

Zwergwachteln – *Excalfactoria*, **Bonaparte 1856** ... 462
Asiatische Zwergwachtel, *Excalfactoria chinensis*, Linné 1766 462
Afrikanische Zwergwachtel, *E. (chinensis) adansonii*, Verreaux 1851 470

Sumpfwachteln – *Synoicus*, **Gould 1843** 471
Sumpfwachtel, *Synoicus ypsilophorus*, Bosc 1792 .. 471

Schneegebirgswachteln – *Anurophasis*, **van Oort 1910** 473
Schneegebirgswachtel – *Anurophasis monorthonyx*, van Oort 1910 473

Frankolinwachteln – *Perdicula*, **Hodgson 1837** 474
Frankolinwachtel, *Perdicula asiatica*, Latham 1790 .. 474
Madraswachtel, *P. argoondah*, Sykes 1832 478

Perlwachteln – *Margaroperdix*, **Reichenbach 1853** .. 480
Madagaskar-Perlwachtel, *Margaroperdix madagarensis*, Scopoli 1786 480

Indische Buntwachteln – *Cryptoplectron*, **Streubel 1842** 482
Indische Rotschnabelwachtel, *Cryptoplectron erythrorhynchum*, Sykes 1832 482
Manipur-Wachtel, *C. manipurensis*, Hume 1880 ... 483

Himalaja-Bergwachteln – *Ophrysia*, **Bonaparte 1856** 484
Himalaja-Bergwachtel, *Ophrysia superciliosa*, Gray 1846 484

Blutfasanen – *Ithaginis*, **Wagler 1832** 485
Die Cruentus-Gruppe 486
Nepal-Blutfasan, *Ithaginis cruentus cruentus*, Hardwicke 1822 486

Tibet-Blutfasan, *I. cruentus tibetanus*, Stuart Baker 1914 487
Assam-Blutfasan, *I. cruentus kuseri*, Beebe 1912 ... 487
Vernay-Blutfasan, *I. cruentus marionae*, Mayr 1941 . 487
Rock-Blutfasan, *I. cruentus rocki*, Riley 1925 488
Clarke-Blutfasan, *I. cruentus clarkei*, Rothschild 1920 488
Geoffroy-Blutfasan, *I. cruentus geoffroyi*, Verreaux 1867 488

Die Sinensis-Gruppe 488
Beresowski-Blutfasan, *I. cruentus berezowskii*, Bianchi 1903 488
Beick-Blutfasan, *I. cruentus beicki*, Mayr u. Birckhead 1937 489
Bianchi-Blutfasan, *I. cruentus michaelis*, Bianchi 1903 489
David-Blutfasan, *I. cruentus sinensis*, David 1873 ... 489

Tragopane – *Tragopan*, **Cuvier 1829** 495
Hasting-Tragopan, *Tragopan melanocephalus*, Gray 1829 496
Satyr-Tragopan, *T. satyra*, Linné 1758 498
Temminck-Tragopan, *T. temminckii*, Gray 1831 ... 502
Blyth-Tragopan, *T. blythii blythii*, Jerdon 1870 506
Molesworth-Tragopan, *T. blythii molesworthi*, Stuart Baker 1914 509
Cabot-Tragopan, *T. caboti caboti*, Gould 1857 510
Dunkler Cabot-Tragopan, *T. caboti guangxiensis*, Cheng u. Wu 1979 513

Koklassfasanen – *Pucrasia*, **Gray 1841** 514

Die Macrolopha-Gruppe 515
Koklassfasan, *Pucrasia macrolopha macrolopha*, Lesson 1829 515
Kaschmir-Koklassfasan, *P. macrolopha biddulphi*, Marshall 1879 517
Afghanistan-Koklassfasan, *P. macrolopha castanea*, Gould 1855 518
Nepal-Koklassfasan, *P. macrolopha nipalensis*, Gould 1855 518

Die Xanthospila-Gruppe 519
Meyer-Koklassfasan, *P. macrolopha meyeri*, Madarasz 1886 519
Rothals-Koklassfasan, *P. macrolopha ruficollis*, David u. Oustalet 1877 520
Gelbhals-Koklassfasan, *Pucrasia macrolopha xanthospila* Gray 1864 521

Die Joretiana-Gruppe 522
Anhwei-Koklassfasan, *P. macrolopha joretiana*, Heude 1883 522
Darwin-Koklassfasan, *P. macrolopha darwini*, Swinhoe 1872 522

Glanzfasanen oder Monals – *Lophophorus*, **Temminck 1813** 524
Königsglanzfasan, *Lophophorus impeyanus*, Latham 1719 525
Sclater-Glanzfasan, *L. sclateri*, Jerdon 1870 528

China-Glanzfasan, *L. lhuysii*, Geoffroy
St. Hilaire 1866 531

Hühnerfasanen – Gattungen *Gennaeus, Hierophasis,*
Houppifer, Lophura, Diardigallus, Lobiophasis . . . 534

Schwarz- und Silberfasanen – *Gennaeus,*
Wagler 1832 534

Schwarzfasanen oder Kalijs, *Gennaeus*
leucomelanos, **Latham 1790** 534
Weißhaubenfasan, *Gennaeus leucomelanos*
hamiltonii, Gray 1829 534
Nepalfasan, *G. leucomelanos leucomelanos,*
Latham 1790 535
Schwarzrückenfasan, *G. leucomelanos melanotus,*
Hutton 1848 536
Moffit-Fasan, *G. leucomelanos moffitti,*
Hachisuka 1938 536
Horsfield-Fasan, *G. leucomelanos lathami,*
Gray 1829 537
William-Fasan, *G. leucomelanos williamsi,*
Oates 1898 537
Oates-Fasan, *G. leucomelanos oatesi,*
Ogilvie-Grant 1893 538
Strichelfasan, *G. leucomelanos lineatus,*
Vigors 1830–1831 538
Crawfurd-Fasan *G. leucomelanos crawfurdi,*
Gray 1829 539

Silberfasanen, *Gennaeus nycthemerus,*
Linné 1758 539
Silberfasan, *Gennaeus nycthemerus nycthemerus,*
Linné 1758 539
Kweitschau-Silberfasan, *G. nycthemerus*
rongjaingensis, Tan Yao Kuang u.
Wu Zhu Kang 1982 541
Szetschuan-Silberfasan, *G. nycthemerus*
omeiensis, Cheng, Chang u. Tang 1964 541
Fukien-Silberfasan, *G. nycthemerus fokiensis,*
Delacour 1948 541
Hainan-Silberfasan, *G. nycthemerus whiteheadi,*
Ogilvie-Grant 1899 541
Beaulieu-Silberfasan, *G. nycthemerus beaulieui,*
Delacour 1948 542
Berlioz-Silberfasan, *G. nycthemerus berliozi,*
Delacour u. Beaulieu 1928 542
Bel-Silberfasan, *G. nycthemerus beli,*
Oustalet 1898 542
Bolowen-Silberfasan, *G. nycthemerus engelbachi,*
Delacour 1948 543
Annam-Silberfasan, *G. nycthemerus annamensis,*
Ogilvie-Grant 1906 544
Lewis-Silberfasan, *G. nycthemerus lewisi,*
Delacour u. Jabouille 1928 544
Jones-Silberfasan, *G. nycthemerus jonesi,*
Oates 1903 545
Rippon-Silberfasan, *G. nycthemerus ripponi,*
Sharpe 1902 545
Rubinminen-Silberfasan, *G. nycthemerus rufipes,*
Oates 1898 545
Westlicher Silberfasan, *G. nycthemerus*
occidentalis, Delacour 1948 546

Blaufasanen *Hierophasis,* **Elliot 1872** 549
Swinhoe-Fasan *Hierophasis swinhoii,* Gould 1862 . . 549
Dunkler Swinhoe-Fasan (Mutation) 550
Vo-Quy-Fasan, *H. haitenensis,* Vo Quy 1964 551
Edward-Fasan, *H. edwardsi,* Oustalet 1896 551
Kaiserfasan, *H. imperialis,* Delacour u.
Jabouille 1924 552

Haubenlose Malaiische Hühnerfasanen –
Houppifer, **Guérin-Méneville 1844** 554
Salvadori-Fasan, *Houppifer inornatus*
inornatus, Salvadori 1879 554
Atjeh-Fasan, *H. inornatus hoogerwerfi,*
Chasen 1939 554
Malaiischer Gelbschwanzfasan, *H. erythrophthalmus*
erythrophthalmus, Raffles 1822 555
Borneo-Gelbschwanzfasan, *H. erythropthalmus*
pyronotus, Gray 1834 559

Feuerrückenfasanen – *Lophura,* **Fleming 1822** . . . 560
Kleiner Borneo-Feuerrückenfasan, *Lophura*
ignita ignita, Shaw u. Nodder 1797 560
Großer Borneo-Feuerrückenfasan, *L. ignita*
nobilis, Sclater 1863 560
Delacour-Feuerrückenfasan, *L. ignita macartneyi,*
Temminck 1813 561
Vieillot-Feuerrückenfasan, *L. ignita rufa,*
Raffles 1856 562

Prälatfasanen – *Diardigallus,* **Bonaparte 1856** . . . 564
Prälatfasan, *Diardigallus diardi,* Bonaparte 1856 . . 564

Bulwer-Fasanen – *Lobiophasis,* **Sharpe 1874** 566
Bulwer- oder Weißschwanzfasan, *Lobiophasis*
bulweri, Sharpe 1874 566

Kammhühner – *Gallus,* **Brisson, 1760** 573
Cochinchina-Bankivahuhn, *Gallus gallus gallus,*
Linné 1758 574
Burma-Bankivahuhn, *G. gallus spadiceus,*
Bonnaterre 1791 575
Tongking-Bankivahuhn, *G. gallus jabouillei,*
Delacour u. Kinnear 1928 577
Indisches Bankivahuhn, *G. gallus murghi,*
Robinson u. Kloss 1920 577
Java-Bankivahuhn, *G. gallus bankiva,*
Temminck 1813 578
Sonnerat-Huhn, *G. sonneratii,* Temminck 1813 . . 580
Lavendelfarbenes Sonnerat-Huhn (Mutation) . . . 581
Lafayette-Huhn, *G. lafayettii,* Lesson 1831 582
Gabelschwanzhuhn, *Gallus varius,* Shaw u.
Nodder 1798 587

Ohrfasanen – *Crossoptilon,* **Hodgson 1838** 590

Weiße Ohrfasanen, *Crossoptilon*
crossoptilon, **Hodgson 1838** 590
Szetschuan-Ohrfasan, *Crossoptilon crossoptilon*
crossoptilon, Hodgson 1838 590
Mekong-Ohrfasan, *C. crossoptilon drouynii,*
Verreaux 1868 594

Kräuselfeder-Ohrfasan, *C. crossoptilon dolani*,
De Schauensee 1937 594

Übrige Ohrfasanen 596
Harman-Ohrfasan, *C. harmani*, Elwes 1881 596
Blauer Ohrfasan, *C. auritum*, Pallas 1811 597
Brauner Ohrfasan, *C. mantchuricum*,
Swinhoe 1863 599

Wallichfasanen – *Catreus*, **Cabanis 1851** 602
Wallichfasan, *Catreus wallichii*, Hardwicke 1827 ... 602

Bindenschwanzfasanen – *Syrmaticus*, **Wagler 1832** .. 606
Königsfasan, *Syrmaticus reevesii*, Gray 1829 607

Kupferfasanen, *Syrmaticus soemmerringii*,
Temminck 1830 609
Sömmerring- oder Kupferfasan, *Syrmaticus soemmerringii soemmerringii*, Temminck 1830 609
Nördlicher Kupferfasan, *S. soemmerringii scintillans*, Gould 1866 610
Schikoku-Kupferfasan, *S. soemmerringii intermedius*, Kuroda 1919 610
Pazifischer Kupferfasan, *S. soemmerringii subrufus*, Kuroda 1919 610
Weißrücken- oder Ijima-Kupferfasan,
S. soemmerringii ijimae, Dresser 1902 611

Übrige Bindenschwanzfasanen 613
Elliot-Fasan, *S. ellioti*, Swinhoe 1872 613
Mikado-Fasan, *S. mikado*, Ogilvie-Grant 1906 615
Manipur-Humefasan, *S. humiae humiae*,
Hume 1881 617
Burma-Humefasan, *S. humiae burmanicus*,
Oates 1898 617

Jagdfasanen – *Phasianus*, **Linné 1758** 619

Schwarzhalsfasanen, Colchicus-Gruppe 620
Transkaukasischer Fasan, *Phasianus colchicus colchicus*, Linné 1758 623
Nordkaukasischer Fasan, *P. colchicus septentrionalis*, Lorenz 1888 625
Talysch-Fasan, *P. colchicus talischensis*,
Lorenz 1888 626
Persischer Fasan, *P. colchicus persicus*,
Sewertzow 1875 626

**Weißflügelfasanen,
Principalis-Chrysomelas-Gruppe** 627
Prince-of-Wales-Fasan, *P. colchicus principalis*,
Sclater 1885 627
Amu-Darja-Fasan, *P. colchicus zarudnyi*,
Buturlin 1904 628
Tadschikistan-Fasan, *P. colchicus bianchii*,
Buturlin 1904 628
Chiwa-Fasan, *P. colchicus chrysomelas*,
Sewertzow 1875 631
Serafschan-Fasan, *P. colchicus zerafschanicus*,
Tarnowski 1893 631

Kasachstan-Fasanen, Mongolicus-Gruppe 632
Kasachstan-Fasan, *P. colchicus mongolicus*,
Brandt 1844 632
Syr-Darja-Fasan, *P. colchicus turcestanicus*,
Lorenz 1896 633

Tarim-Fasanen, Shawii-Tarimensis-Gruppe 634
Jarkand-Fasan, *P. colchicus shawii*, Elliot 1870 634
Tarim-Fasan, *P. colchicus tarimensis*,
Pleske 1889 634

Graubürzelfasanen, Torquatus-Gruppe 635
Chinesischer Ringfasan, *P. colchicus torquatus*,
Gmelin 1789 635
Tongking-Ringfasan, *P. colchicus takatsukasae*,
Delacour 1927 636
Taiwan-Ringfasan, *P. colchicus formosanus*,
Elliot 1870 637
Kweitschou-Fasan, *P. colchicus decollatus*,
Swinhoe 1870 637
Stone-Fasan, *P. colchicus elegans*, Elliot 1870 637
Rothschild-Fasan, *P. colchicus rothschildi*,
La Touche 1922 638
Sungpan-Fasan, *P. colchicus süehschanensis*,
Bianchi 1906 638
Kansu-Fasan, *P. colchicus strauchi*,
Przewalski 1876 641
Tsaidam-Fasan, *P. colchicus vlangalii*,
Przewalsi 1876 642
Sohokhoto-Fasan, *P. colchicus sohokhotensis*,
Buturlin 1908 642
Alaschan-Fasan, *P. colchicus alaschanicus*,
Alpheraky u. Bianchi 1907 642
Satschu-Fasan, *P. colchicus satscheuensis*,
Pleske 1892 643
Gobi-Fasan, *P. colchicus edzinensis*, Suschkin 1926 . 643
Kobdo-Ringfasan, *P. colchicus hagenbecki*,
Rothschild 1901 643
Schansi-Ringfasan, *P. colchicus kiangsuensis*,
Buturlin 1904 644
Korea-Ringfasan, *P. colchicus karpowi*,
Buturlin 1904 644
Mandschu-Ringfasan, *P. colchicus pallasi*,
Rothschild 1901 645

Japanische Buntfasanen, *Phasianus versicolor*,
Vieillot 1825 646
Südlicher Buntfasan, *P. versicolor versicolor*,
Vieillot 1825 646
Dunkler Buntfasan, *P. versicolor tanensis*,
Kuroda 1919 647
Shikoku-Buntfasan, *P. versicolor tokhaidi*,
Momiyama 1922 647
Nördlicher Buntfasan, *P. versicolor robustipes*,
Kuroda 1919 647

Mutationen des Jagdfasans 648
Tenebrosus-Fasan 648
Isabellfasan 649
Weißer Jagdfasan 649
Gescheckter Jagdfasan 649

Kragenfasanen – *Chrysolophus*, **Gray 1758** 655
Goldfasan, *Chrysolophus pictus*, Linné 1758 655
Dunkler Goldfasan (Mutation) 661
Lutino-Goldfasan (Mutation) 662
Lachsroter Goldfasan (Mutation) 662
Zimtfarbener Goldfasan (Mutation) 663

Amherst- oder Diamantfasan, *C. amherstiae*,
Leadbeater 1829 663

Pfaufasanen – *Polyplectron*, **Temminck 1813** 667

Bronzeschwanz-Pfaufasanen, *Polyplectron chalcurum*, **Lesson 1831** 668
Südlicher Bronzeschwanz-Pfaufasan, *Polyplectron chalcurum chalcurum*, Lesson 1831 668
Nördlicher Bronzeschwanz-Pfaufasan, *P. chalcurum scutulatum*, Chasen u. Hoogerwerf 1941 . . . 668

Andere Pfaufasanen 669
Rothschild-Pfaufasan, *P. inopinatum*,
Rothschild 1903 669
Germain-Pfaufasan, *P. germaini*, Elliot 1866 670

Graue Pfaufasanen, *Polyplectron bicalcaratum*,
Linné 1758 672
Himalaja-Pfaufasan, *P. bicalcaratum bakeri*,
Lowe 1925 672
Burma-Pfaufasan, *P. bicalcaratum bicalcaratum*,
Linné 1758 673
Ghigi-Pfaufasan, *P. bicalcaratum ghigi*,
Delacour u. Jabouille 1924 673
Hainan-Pfaufasan, *P. bicalcaratum katsumatae*,
Rothschild 1906 673

Übrige Pfaufasanen 677
Malaiischer Pfaufasan, *P. malacensis malacensis*
Scopoli 1786 677
Borneo-Pfaufasan, *P. (malacensis) schleiermacheri*,
Brüggemann 1877 679
Palawan-Pfaufasan, *P. emphanum*, Temminck 1831 . 681

Rheinartfasanen – *Rheinardia*, **Maingounat 1882** . . 683
Vietnam-Rheinartfasan, *Rheinardia ocellata ocellata*, Elliot 1871 683
Malaiischer Rheinartfasan, *R. ocellata nigrescens*,
Rothschild 1902 684

Argusfasanen – *Argusianus*, **Raffinesque 1815** . . . 687
Malaiischer Argusfasan, *Argusianus argus argus*,
Linné 1766 688
Borneo-Argusfasan, *A. argus grayi*, Elliot 1865 . . . 689

Afrikanische Pfauen – *Afropavo*, **Chapin 1936** . . . 695
Kongopfau, *Afropavo congensis*, Chapin 1936 . . . 696

Asiatische Pfauen – *Pavo*, **Linné 1758** 702
Blauer Pfau, *Pavo cristatus*, Linné 1758 702
Schwarzflügelpfau (Mutation) 708
Weißer Pfau (Mutation) 708
Gescheckter Pfau (Mutation) 708
Spalding-Pfau (Kreuzung) 709

Ährenträgerpfauen, *Pavo muticus*, **Linné 1766** . . . 709
Malaiischer Ährenträgerpfau, *P. muticus muticus*,
Linné 1766 710
Indochina-Ährenträgerpfau, *P. muticus imperator*,
Delacour 1949 715
Burma-Ährenträgerpfau, *P. muticus spicifer*,
Shaw u. Nodder 1922 715

Perlhühner, *Numididae* 718

Waldperlhühner – *Agelastes*, **Bonaparte 1849** 718
Schwarzes Waldperlhuhn, *Agelastes niger*,
Cassin 1857 719
Weißbrust-Waldperlhuhn, *A. meleagrides*,
Bonaparte 1849 720

Haubenperlhühner – *Guttera*, **Wagler 1832** 721

Schlichthaubenperlhühner 722
Westliches Schlichthaubenperlhuhn, *Guttera plumifera plumifera*, Cassin 1857 722
Östliches Schlichthaubenperluhn, *G. plumifera schubotzi*, Reichenow 1912 722

Kräuselhaubenperlhühner 725
Westafrikanisches Haubenperlhuhn, *G. edouardi verreauxi*, Elliot 1870 725
Sclater-Haubenperlhuhn, *G. edouardi sclateri*,
Reichenow 1908 726
Seth-Smith-Haubenperlhuhn, *G. edouardi seth-smithi*, Neumann 1908 726
Schouteden-Haubenperlhuhn, *G. edouardi schoutedeni*, Chapin 1923 727
Chapin-Haubenperlhuhn, *G. edouardi chapini*,
Frade 1924 727
White-Haubenperlhuhn, *G. edouardi kathleenae*,
White 1943 727
Grant-Haubenperlhuhn, *G. edouardi granti*,
Elliot 1871 728
Malawi-Haubenperlhuhn, *G. edouardi barbata*,
Ghigi 1905 728
Sambesi-Haubenperlhuhn, *G. edouardi edouardi*,
Hartlaub 1867 729
Pucheran-Haubenperlhuhn, *G. pucherani*,
Hartlaub 1860 730

Helmperlhühner – *Numida*, **Linné 1766** 732
Marokko-Helmperlhuhn, *Numida meleagris sabyi*,
Hartert 1919 735
Guinea-Helmperlhuhn, *N. meleagris galeata*,
Pallas 1767 736
Gabun-Helmperlhuhn, *N. meleagris marchei*,
Oustalet 1882 738
Strassen-Helmperlhuhn, *N. meleagris strasseni*,
Reichenow 1911 738
Uganda-Pinselperlhuhn, *N. meleagris major*,
Hartlaub 1884 738

Sudan-Pinselperlhuhn, *N. meleagris meleagris,*
Linné 1758 739
Somali-Pinselperlhuhn, *N. meleagris somaliensis,*
Neumann 1899 739
Erlanger-Helmperlhuhn, *N. meleagris macroceros,* Erlanger 1904 739
Reichenow-Helmperlhuhn, *N. meleagris reichenowi,* Ogilvie-Grant 1894 740
Sambesi-Helmperlhuhn, *N. meleagris mitrata,*
Pallas 1767 741
Natal-Helmperlhuhn, *N. meleagris coronata,*
Gurney 1868 741
Damara-Helmperlhuhn, *N. meleagris damarensis,*
Roberts 1917 742
Kalahari-Helmperlhuhn, *N. meleagris papillosa,*
Reichenow 1894 742
Huambo-Helmperlhuhn, *N. meleagris maxima,*
Neumann 1898 . . . .
Marungu-Helmperlhuhn, *N. meleagris marunguensis,* Schalow 1884 . . . .
Kasai-Helmperlhuhn, *N. meleagris callevaerti,*
Chapin 1932 . . . .

Geierperlhühner – *Acryllium,* **Gray 1840** 747
Geierperlhuhn, *Acryllium vulturinum,*
Hardwicke 1834 747

Großfußhühner, *Megapodiidae* 753

Großfußhühner – *Megapodius,* **Gaimard 1823** 753
Queensland-Großfußhuhn, *Megapodius freycinet yorki,* Mathews 1929 755
Nikobaren-Großfußhühner,
M. freycinet nicobariensis, Blyth 1846 758
M. freycinet abbotti, Oberholser 1919 758
Sulawesi-Großfußhuhn, *M. freycinet cumingii,*
Dillwyn 1853 759
Salomonen-Großfußhuhn, *M. freycinet eremita,*
Hartlaub 1867 760
Layard-Großfußhuhn, *M. freycinet layardi,*
Tristram 1879 761
Palau-Großfußhuhn, *M. laperouse senex,*
Hartlaub 1867 763
Marianen-Großfußhuhn, *M. laperouse laperouse,*
Gaimard 1823 763
Tonga-Großfußhuhn, *M. pritchardii,* Gray 1864 . . . 763

Molukken-Großfußhühner – *Eulipoa,*
Ogilvie-Grant 1893 766
Molukken-Großfußhuhn, *Eulipoa wallacei,*
Gray 1860 766

Thermometerhühner – *Leipoa,* **Gould 1840** 768
Thermometerhuhn, *Leipoa ocellata,* Gould 1840 . . . 771

Neuguinea-Talegallas – *Talegalla,* **Lesson 1828** 776
Rotschnabel-Talegalla, *Talegalla cuvieri,*
Lesson 1828 776
Schwarzschnabel-Talegalla, *T. fuscirostris,*
Salvadori 1877 776
Halsband-Talegalla, *T. jobiensis,* Meyer 1874 778

Australische Talegallas – *Alectura,* **Latham 1824** . . . 779
Australisches Talegalla, *Alectura lathami,*
Gray 1831 779

Kamm-Talegallas – *Aepypodius,* **Oustalet 1880** 784
Arfak-Talegalla, *Aepypodius arfakianus,*
Salvadori 1877 784
Braunbrust-Talegalla, *A. bruijnii,* Oustalet 1880 . . . 789

Hammerhühner – *Macrocephalon,* **Müller 1846** . . . 789
Hammerhuhn, *Macrocephalon maleo,*
Müller 1846 790

Literaturverzeichnis 794

Systematische Literatur 794

Fachliteratur über Hühnervögel 794

Spezielle Faunistik 795
Paläarktische Region 795
Nearktische Region 795
Neotropische Region 796
Äthiopische Region 797
Madagassische Region 798
Orientalische Region 798
Wallacea 799
Australisch-papuanische Region 799

Bildnachweis für die Farbtafeln 799

Register 800
Deutsche Namen 800
Wissenschaftliche Namen 808
Englische Namen 812

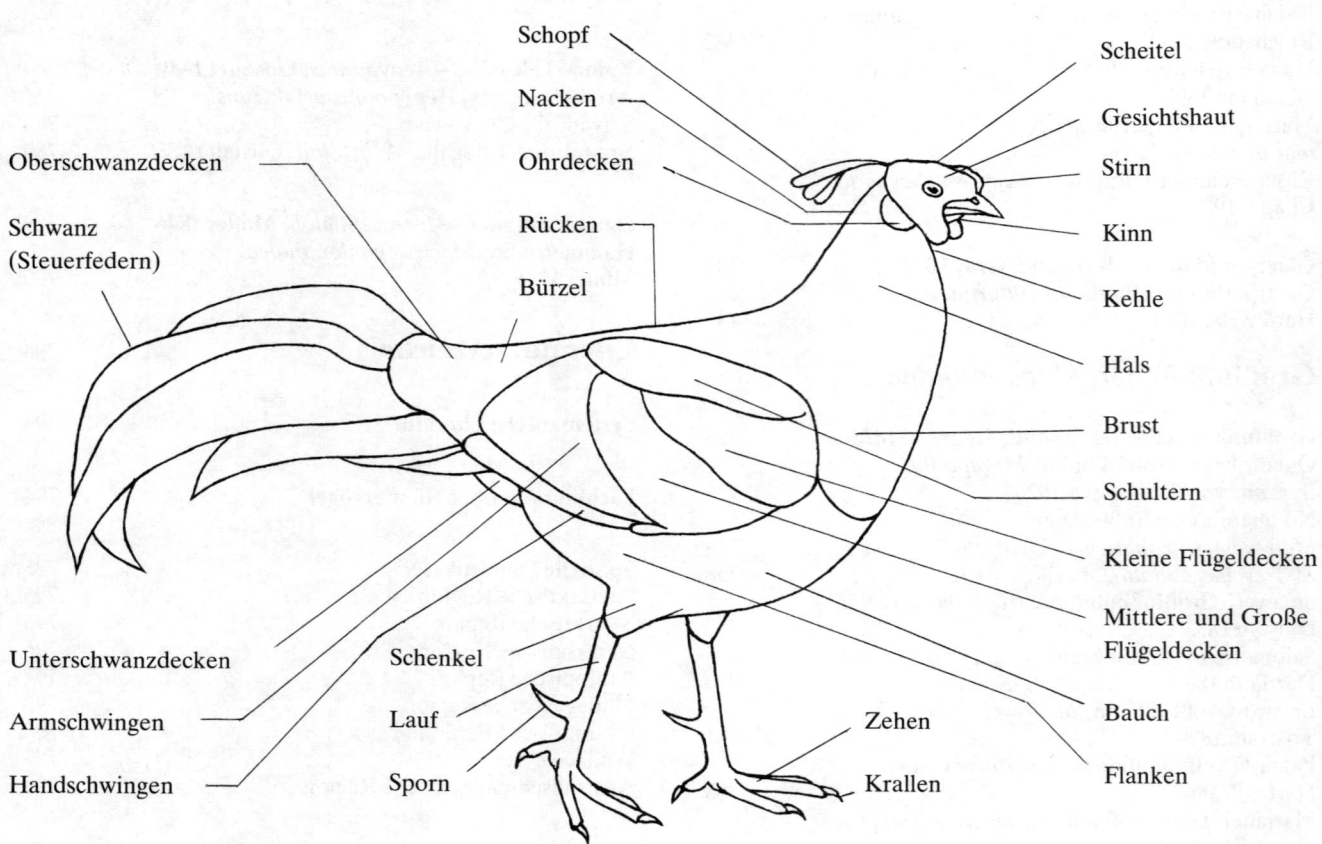

Benennung der Gefiederpartien und Körperteile eines Hühnervogels

Grundlagen für die Hühnervogelhaltung

Bau und Einrichtung von Volieren

Zur formenreichen Ordnung der Hühnervögel gehören Gnomen wie die Zwergwachtel und Riesen wie der Ährenträgerpfau. Da viele Arten ständig im Handel erhältlich sind, ist die Auswahl für den Tierfreund groß, und jeder Liebhaber und Züchter dieser interessanten Vögel wird eine Art finden, die seinem Geschmack und seinen Möglichkeiten entspricht. Steht ihm kein Garten zur Verfügung, kann er in seiner Wohnung Kleinwachteln in Landschaftskäfigen oder Großterrarien halten und sogar züchten. Kleingärtnern bieten sich als dankbare Pfleglinge Wachtelarten, Reb- und Chukarhühner sowie Goldfasanen an, die mit kleineren Freivolieren vorliebnehmen. Ist man Eigentümer eines größeren Gartens, werden ihm Landschaftsvolieren bestimmt zur Zierde gereichen.

Für den Bau von Freivolieren gilt der Grundsatz, sie stets nach Süden oder Südosten hin auszurichten, damit sie von der Morgen- und Mittagssonne beschienen werden können. Zu starke Sonneneinstrahlung läßt sich durch Strauch- und Baumbeschattung leicht begrenzen. Ungeeignet zur Vogelhaltung sind dagegen Anlagen, die dauernd im Schatten und dazu vielleicht noch in der Hauptwindrichtung liegen. An der Rückseite jeder Voliere soll ein Schutzraum für die Vögel vorhanden sein. Seine Pfleglinge gänzlich ungeschützt den Launen der Witterung auszusetzen, wäre Tierquälerei. Unzweckmäßig sind auch Anlagen, deren Ausläufe sich kreis- oder quadratförmig um einen zentral gelegenen Schutzraum gruppieren, weil durch die sich nach allen Himmelsrichtungen öffnenden Türen oder Durchschlupföffnungen gewöhnlich ein scharfer Zugwind weht, der selbst die widerstandsfähigsten Arten bald an Erkältungen und Lungenentzündungen sterben läßt. Öffnungen eines Schutzraumes zu den Außenvolieren hin sollen alle an der gleichen Frontseite, gewöhnlich der Südfront des betreffenden Gebäudes liegen, die übrigen 3 Wandseiten aber geschlossen sein.

Schutzräume und -häuser können aus Holz oder in Massivbauweise errichtet werden. Einfachster Schutzraum für winterharte Arten ist ein an 3 Seiten geschlossener, nur zur Voliere hin offener überdachter Bau, in welchem Querstangen zum Aufbaumen und Übernachten angebracht sind. Bei anhaltendem Regenwetter, im Winter und zum Übernachten werden solche vorn offenen „Schuppen" gern von den Vögeln aufgesucht. Weit besseren Schutz gewähren allseitig geschlossene Räume, die an der Volierenseite durch Verwendung lichtdurchlässiger Baustoffe im Inneren hell gehalten werden. Schutzräume und Volieren aus Ersparnisgründen ohne ein Fundament errichten zu wollen, ist höchst unpraktisch, weil in den Boden eingelassene Holzteile selbst bei Imprägnierung durch aufsteigende Bodenfeuchtigkeit schnell faulen und tierische Schädlinge leicht eindringen können. Schutzraum und Voliere sollen von einem soliden Fundament getragen werden. Es sei hier darauf aufmerksam gemacht, daß vor der Erstellung von Massivbauten baupolizeiliche Vorschriften beachtet werden müssen. Da diese örtlich verschieden sind, erkundige man sich darüber bei der Ortspolizei. Ist eine Baugenehmigung notwendig, muß ein Antrag in doppelter Ausführung mit Lageplan und Bauplan bei der Baupolizei gestellt werden, die bei Genehmigung einen Bauschein ausstellt. Das Schutzhaus für ein Zuchtpaar oder einen Stamm von Wildhühnern soll 3 bis 4 m lang, 1,5 bis 2,5 m tief und 2 bis 2,5 m hoch projektiert werden.

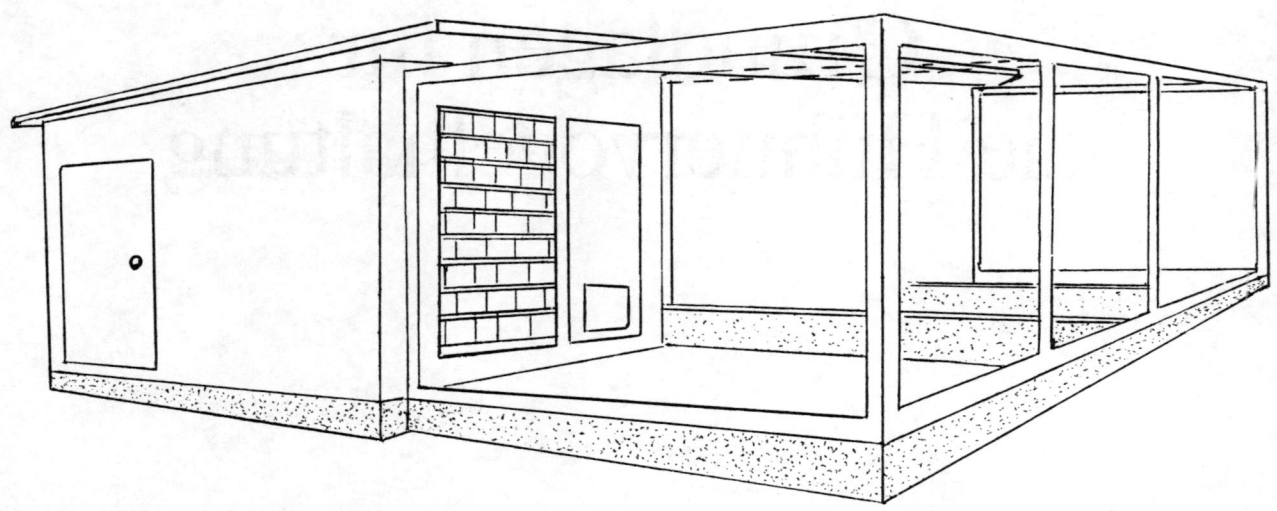
Beispiel für zweckmäßige Wildhühnervolieren mit Schutzhaus.

Da kälteempfindliche Arten im europäischen Winter häufig Monate im Schutzhaus verbringen müssen, sollte man bei den Abmessungen desselben nicht knausrig sein. Der Fundamentsockel soll 30 cm breit sein, 60 cm tief in den Boden reichen und zusätzlich noch 30 cm über den Boden ragen. Als Baumaterial wird meist Beton, selten Ziegel verwendet. Zur Isolierung gegen aufsteigende Bodenfeuchtigkeit wird in den Beton oder zwischen eine Lage Ziegel eine Schicht Dachpappe gelegt. Der Aufbau des Schutzraumes darüber kann aus Holz, Hohlblock- oder Gasbetonsteinen (Ytong) oder Ziegeln bestehen. Wegen des guten Wärmedämmungsvermögens und des relativ geringen Kostenaufwandes werden heute meist Hohlblocksteine bevorzugt. Holz wiederum bewirkt wegen seiner Atmungsfähigkeit im Sommer kühle, im Winter warme Innenräume. Eine einfache Bretterwand zu errichten genügt nicht, weil Holz arbeitet und sich in der Folgezeit bald Ritzen und Spalten bilden. Zur zuverlässigen Isolierung müssen Wände und Dach doppelwandig konstruiert werden, wobei die Bretter außen waagerecht, innen senkrecht zu stellen sind. In den pfostenstarken Zwischenraum (ca. 6 bis 10 cm) bringt man am besten zur Isolierung eine Schicht Steinwolle oder Hartschaumplatten. Holzwände müssen gegen Verwitterung alle 2 bis 4 Jahre mit einem Schutzanstrich versehen werden. Bei Verwendung von Ölfarbe müssen die Bretter gehobelt sein, und ein doppelter Anstrich ist notwendig. Die Bretter der äußeren Stallwände sollen über den äußeren Fundamentrand ragen, jedoch nicht bis auf den Erdboden reichen, weil dann Bodenfeuchtigkeit einziehen würde. Die Innenwände der Stallung werden 1- bis 2mal jährlich gekalkt. Dadurch wird der Raum nicht nur heller, sondern auch Schädlingsbefall, z. B. durch Vogelmilben, wird schneller erkennbar. Wände von Massivbauten werden mit Glattputz versehen, der zum Schutz gegen das Abpicken durch Hühnervögel im unteren Bereich des Innenraumes mit Zement versetzt wird. Unter den Dachformen wählt man meist das Pultdach oder das Satteldach. Zweckmäßig ist es, eine Zwischendecke einzuziehen, die aus Sperrholz oder Eternitplatten bestehen kann. Häufige Kontrollen des dadurch entstehenden Hohlraumes durch eine Deckenklappe sind notwendig, um Mäusebesiedlung vorzubeugen.

Das Erdreich des Schutzraumes wird ausgekoffert und eine 15 cm dicke Schlackenschicht eingebracht. Um aufsteigende Feuchtigkeit fernzuhalten, empfiehlt es sich, auf die festgestampfte Schlackenschicht Dachpappe oder Baufolie zu verlegen und soviel an den Wänden hochzuziehen, daß sie über die letzte Fußbodenschicht hinausragt. Darauf verlegt man zur Wärmeisolierung eine ca. 5 cm starke Schicht Steinwolle, die ebenfalls etwas an den Wänden hochgezogen wird, und deckt diese wiederum

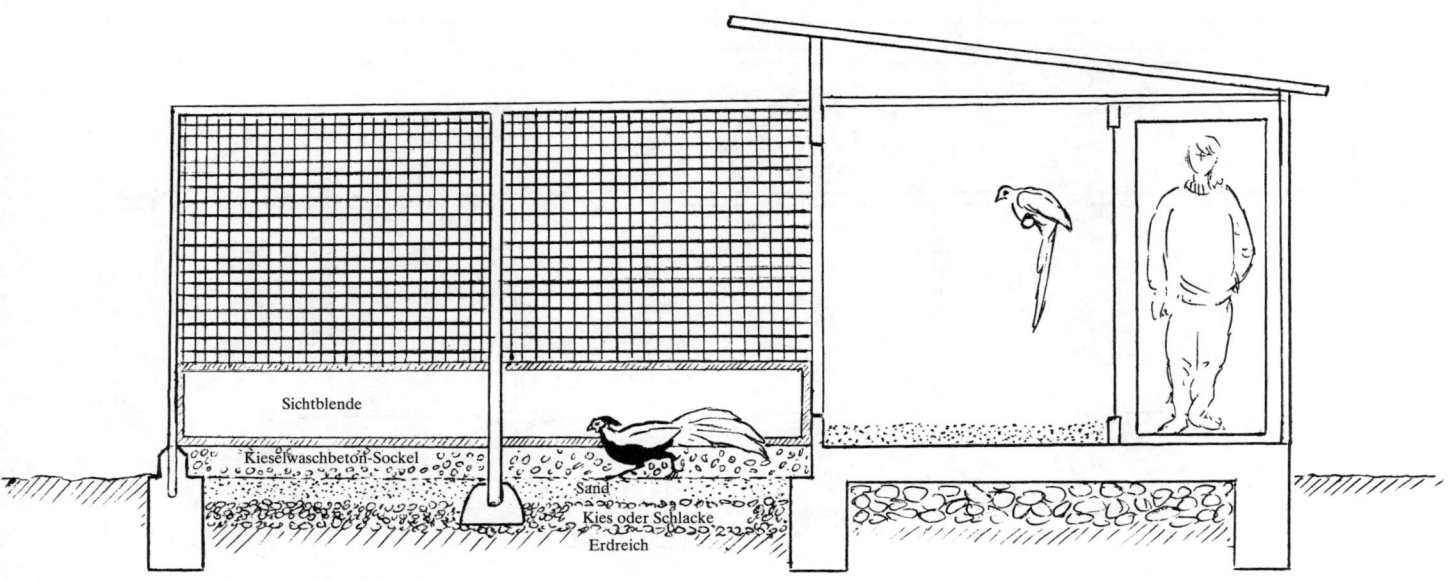

Fasanengehege: Voliere mit Schutzraum und Bedienungsgang.

mit Folie ab, um zu vermeiden, daß die Feuchtigkeit des nun aufzubringenden, ca. 5 cm starken schwimmenden Estrichs in die Steinwolle einzieht. Auf den Boden wird eine 20 bis 30 cm dicke Sandschicht geschüttet, die häufig auszuwechseln ist. Zur Aufhellung des Raumes erhält die Vorderwand zur Voliere hin größere lichtdurchlässige Flächen. Vielfach werden dafür noch alte Fenster (Frühbeetfenster) verwendet. Ihr Nachteil ist, daß ängstliche Vögel gegen die blankgeputzten Scheiben fliegen. Um dies zu vermeiden und trotzdem genügend Tageslicht im Innenraum zu haben, werden heute immer häufiger die praktischen und pflegeleichten Glasziegel verwendet, aus denen, mit Ausnahme der Tür zur Voliere, die ganze Vorderwand bestehen kann. In die Tür neben der Glasziegelfront wird eine Klappe als Durchlaß für die Vögel eingebaut. An warmen Tagen läßt man die ganze Tür geöffnet. Plant man eine größere Anlage aus mehreren nebeneinanderliegenden Abteilen und Volieren, ist es aus praktischen Gründen zweckmäßig, hinter den Innenräumen noch einen wenigstens 80 cm breiten Bedienungsgang anzulegen, an den sich ein Futteraufbewahrungsraum anschließen kann. Die vom Gang in die Abteile führenden Türen erhalten Sehschlitze zur Beobachtung der Tiere. Genügend große Innenräume können noch durch ein Drahtgeflecht unterteilt werden, um aggressive Hähne von den Hennen zu trennen, Paare aneinander zu gewöhnen und brütende Hennen zu isolieren. Für kälteempfindliche Tropenbewohner müssen die Innenräume während der Herbst- und Wintermonate beheizt werden. Dazu verwendete man früher Kohle- und Ölöfen, heute flache Zentralheizungskörper oder Infrarotstrahler. Alle Wärmespender sind durch ein Drahtnetz gegen Verbrennungen der Vögel zu schützen. Unbeheizte und vorn offene Schutzräume für winterharte Arten werden bei starker Kälte nach Entfernung der Schlafäste am Boden mit dicken Strohschütten bedeckt, damit die Vögel zum Übernachten nicht aufbaumen und sich Zehenglieder erfrieren können.

Zur Ausstattung eines Schutzraumes gehören wie bei der Haushühnerhaltung mehrere waagerecht angebrachte Sitzstangen, die zwecks besserer Desinfektionsmöglichkeit glattgehobelt und oben rund, unten kantig, dazu ohne Risse sein sollen. Berindete Äste lassen sich schlecht reinigen und sind ein beliebter Unterschlupf für die Rote Vogelmilbe. Die Sitzstangen sollen 1,50 m hoch befestigt werden, was für Pfauhähne mit langen Schleppen noch nicht ausreicht. Bei der Haltung von Pfauen und Argusfasanen müssen auch die Schutzräume höher konzipiert werden, damit die Sitz- und Übernachtungsäste höher angebracht werden können. Darauf zu achten ist, daß Futter- und Wassergefäße unter den Ästen nicht in Kotfallrichtung stehen. Nester aus flachen Obstkisten oder Weidenkörben werden mit

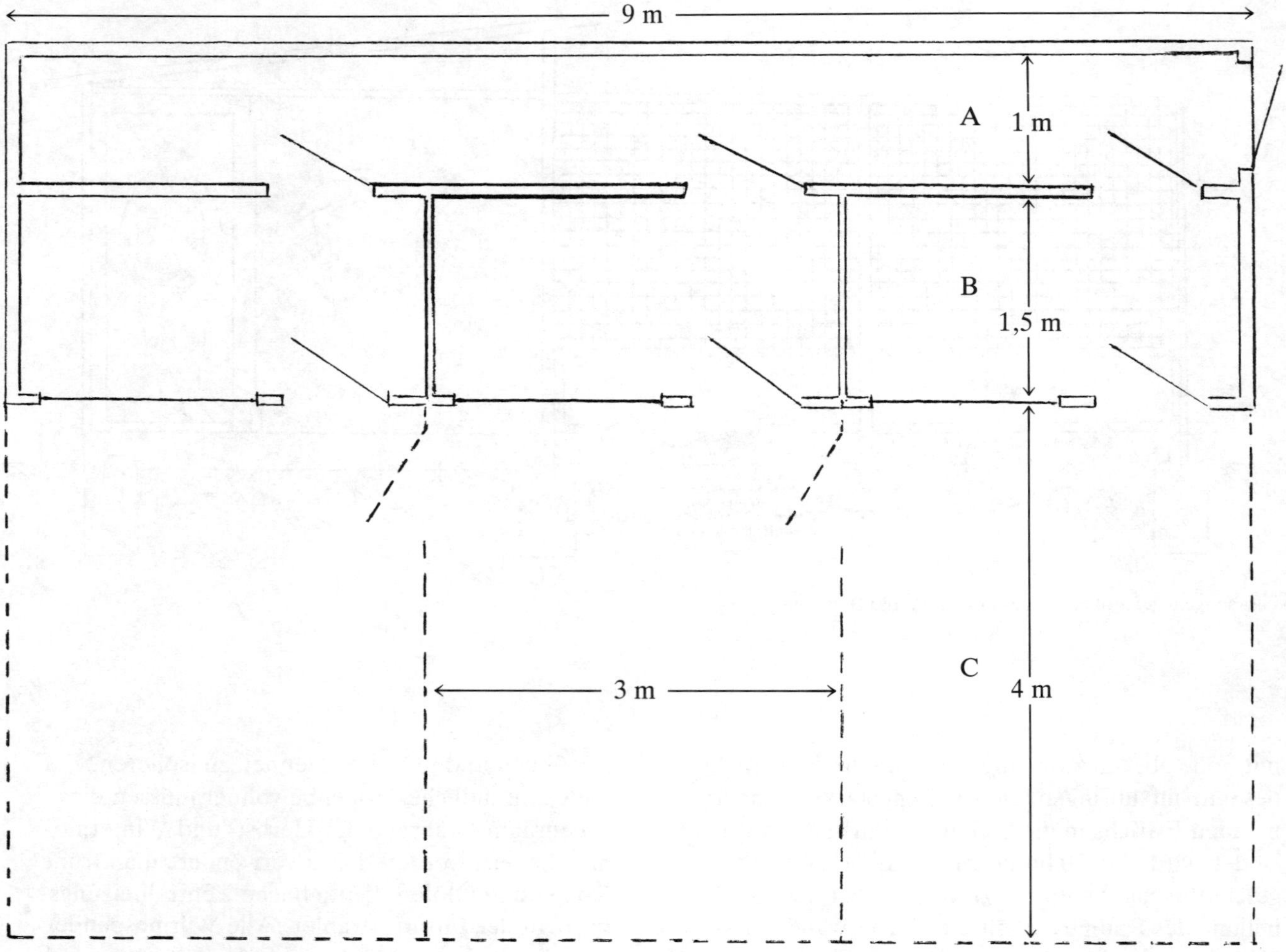

Grundrißschema einer Fasanenzuchtanlage: A Bedienungsgang, B Schutzraum, C Außenvoliere.

Beginn der Brutzeit in die Ecken gestellt, für einige Arten auch hoch an den Stallwänden befestigt. Vor der vorderen Schutzraumwand sorgt eine 2 m breite Überdachung der Voliere aus lichtdurchlässigem Material, wie Wellplastik oder Plastikfolie für stets trockene Plätze im Freien. Über die zweckmäßigste Abmessung der Volieren für die so verschiedenen Hühnervogelarten ist in Züchterkreisen stets eifrig diskutiert worden. Wachteln und Zahnwachteln sind mit einer Volierengröße von 0,8 m × 2,5 m × 2 m zufrieden. Für Feldhühner (Rebhuhn, Chukar, Frankoline, Bambushuhn) sollte sie wenigstens 1,8 m × 2,5 m × 2 m betragen. Fasanen, Perl- und Truthühner können 3 m × 6 m × 2 bis 2,5 m messende Ausläufe erhalten. Für große Arten, wie Pfauen und Argusfasanen, sollten als Maße 3 m × 6 m × 3 m gewählt werden. Für große Rauhfußhühner (Auer-, Beifußhuhn) haben sich nach ASCHENBRENNER 4 m × 8 m × 2 m große Ausläufe, für die kleineren Arten (Hasel-, Kragen-, Prärie-, Schneehühner) 3 m × 6 m × 2 m messende Volieren bewährt.

Wie das Schutzhaus erhält auch die Voliere einen Betonsockel von 40 cm Dicke, der 60 cm tief in den Erdboden reichen soll und zusätzlich 20 bis 30 cm über ihn hinausragt. Das Drahtgeflecht wird über starke Pfosten aus Hartholz oder verzinktem Eisen gespannt. Eisenpfosten werden in den Betonsockel einbetoniert, Holzpfosten durch Eisenanker mit ihm verbunden. Als Gitter wird im einfachsten Fall Kükendraht verwendet. Praktisch unbegrenzt haltbar ist ein Drahtgeflecht mit Kunststoffüberzug aus Filoplast, das nicht ganz straff gespannt werden kann und insgesamt etwas plump wirkt. Wer keinen großen Wert auf Schauwirkung legt, sollte es verwenden. Am elegantesten wirkt punktgeschweißtes Drahtgeflecht, das in verschiedener Maschenweite und Drahtstärke erhältlich ist. Schwarz gestrichen läßt es den Vogel dahinter am wirksamsten zur Geltung kommen. Das Deckengeflecht aller Maschendrahtsorten sollte nicht zu straff gespannt werden und darf leicht durchhängen, damit es beim Anprall hochfliegender Vögel elastisch nachgeben kann. Dadurch wurde schon so manche Schädelverletzung verhindert. Nach Schneefällen vergesse man nicht, Schneelasten von der Volierendecke zu stoßen, weil durch ihr Gewicht Volieren zum Einsturz gebracht werden können. Damit keine Spatzen und Ratten in die Ausläufe gelangen, soll die Maschenweite des verwendeten Drahtgeflechts nicht mehr als 1,5 bis höchstens 2 cm betragen.

Weil die Männchen verwandter Hühnervogelarten sich während der Fortpflanzungszeit stundenlang durch das Trenngitter bekämpfen möchten, um ihre Reviere gegen Eindringlinge zu verteidigen und die dadurch angestauten Aggressionen häufig an ihren Weibchen abreagieren oder diese nicht beachten, „weil sie ja kämpfen müssen", werden zur Vermeidung optischer Kontakte entlang der Längsseiten des Auslaufes 60 bis 80 cm hohe Sichtblenden aus Holz, Eisenblech-, Eternit- oder Kieselwaschbetonplatten angebracht.

Volieren auf schlecht wasserdurchlässigen Böden, auf denen sich nach starken Regenfällen Schlammpfützen bilden würden, müssen vor der Besetzung gut dräniert werden. Dazu wird der Volierenboden bis 1 m tief ausgekoffert und zuunterst mit einer Schlackenschicht, darauf einer groben Kieslage aufgefüllt, auf die als oberste Schicht Sand oder Humuserde geschaufelt wird. Eine reine Sandschicht erlaubt die Bepflanzung der Voliere nur durch in den sterilen Boden eingelassene Kübelpflanzen. Auf Humuserde wird Rasen gesät, den überwiegend carnivore Arten, wie Pfau- und Argusfasanen, nicht zerstören. Um die schnelle Zerstörung der Grasnarbe bei der Haltung anderer Arten durch Scharren zu vermeiden, hat man manchmal ein Drahtgeflecht über den Rasen gelegt. Die Gestaltung der Voliere richtet sich nach dem Geschmack des Besitzers. Auf jeden Fall soll sie Kletterbäume mit möglichst waagerechten Ästen erhalten, was besonders bei der Pflege vorwiegend baumbewohnender Arten wie aller Hokkoartigen *(Cracidae)*, der Tragopane und Rauhfußhühner notwendig ist. Nur bei der Haltung von Wachteln *(Coturnix, Synoicus, Perdicula, Cryptoplectron)*, Kleinhühnern *(Perdix, Alectoris, Ammoperdix)* und manchen Frankolinen *(F. coqui, F. hartlaubi)* sind Äste zum Aufbaumen überflüssig, weil diese Formen reine Erdbewohner sind. Futtergefäße können hinter waagerecht liegenden Baumstämmen oder Steinen vor den Augen der Besucher getarnt werden. Genügend wasserdurchlässige Volierenböden können reich bepflanzt werden. Da viele Phasianiden arge Pflanzenzerstörer sind, scheiden krautige und zartblättrige Gewächse meist aus. Man wird hartblättrigen Sträuchern und Bäumchen entschieden den Vorzug geben. Dazu gehören Nadelhölzer, Rhododendren, Stechpalme *(Ilex)*, Kirschlorbeer *(Prunus laurocerasus)*, Buchsbaum *(Buxus)* und Ginsterarten. Auch Zwergbambus wird nach Erfahrungen in Walsrode und Berlin wenig angegriffen. Eingehend hat sich W. CONWAY mit der Schaffung schöner Landschaftsvolieren befaßt und seine Erfahrungen darüber im Avicultural Magazine 1956 veröffentlicht. Er schreibt darin unter anderem: „Der Gedanke, eine Landschaftsfasanerie zu schaffen ist zwar nicht neu, wurde bisher jedoch nur selten von Liebhabern und Tiergärtnern verwirklicht." Mehrere prominente Züchter und Liebhaber, an erster Stelle unter ihnen JEAN DELACOUR, haben immer wieder eine dem natürlichen Lebensraum des Vogels besser angepaßte Volierengestaltung empfohlen. Leider gleichen auch gegenwärtig noch viele Schaufasanerien mit ihren kahlen oder dürftig bepflanzten Volieren mehr oder weniger üblichen Hühnerausläufen und bieten dem Beschauer ein langweiliges Bild. Dabei lassen sich mit relativ geringem Arbeitsaufwand schöne Landschaftsszenerien schaffen, die dem heimatlichen Biotop des betreffenden Hühnervogels weitgehend gleichen. Zuerst wird der eintönig flache Volierenboden durch Erdaufschüttungen natürlich gestaltet. Im Prinzip schafft man einen sich nach vorn zu senkenden, mehr oder weniger flachen Hang, in den treppenartig Kurven eingefügt werden. Felsblöcke, Wurzelstümpfe und verschiedene Sträucher werden darin so untergebracht, daß Platz und Lage natürlich wirken. Ausläufe tropischer Arten bepflanze man mit tropisch wirkenden, jedoch winterharten Gewächsen. Als solche seien genannt: Bambusarten der Gattung *Arundinaria*, Riesenschilf *(Arundo donax)*, Pampasgras *(Cortaderia)*, Chinaschilf *(Miscanthus)*, Sachalinknöterich, als Kletterpflanzen (Lianen) japanischer Knöterich *Polygonum aubertii*, die Kletterhortensie *(Hydrangea petiolaris)* und die großblättrige Pfeifenwinde *(Aristrolochia sipho)*. Den Lebensraum von Himalaja-Arten gestaltet man mit Rhododendren, Bambus, Cotoneaster-Büschen und Thuja-Bäumen. Als widerstandsfähigste Graminee zur Bodenbegrünung hat sich das Ryegras *(Lolium perenne)* erwiesen, dessen Halme für Vögel nur geringen Geschmackswert besitzen. Nach der Aussaat wuchs es gut in Volieren für Tragopane, Glanz-, Prälat-, Vieillot-, Swinhoe-, Edward-, Pfau- und Argusfasanen, Ährenträgerpfauen und Pfauentruthühnern. Vernichtet wurde es von Gold-, Amherst-, Silber-, Königs- und Ohrfasanen. Soll in der Voliere auch ein kleiner Bergbach nebst Tümpel oder nur ein kleiner Tümpel angelegt werden, muß dieser einen ständigen Zufluß und Überlauf erhalten, weil stehendes Wasser schnell verschmutzen und zu einem gefährlichen Infektionsherd für die Vögel würde. Damit bei gelegentlich überlaufendem Wasser der umgebende Volierenboden nicht versumpft, wird die Uferregion des Tümpels mit einem 20 cm breiten Kalkschotterstreifen versehen. Sowohl die von CONWAY im Zoo St. Louis (USA) als auch die schon früher von DELACOUR in Clères (Normandie) erstellten Landschaftsfasanerien haben sich ausgezeichnet bewährt und wurden vom Publikum bewundert. Zur Nebenbesetzung wird man meist Kleinvogelarten des betreffenden Landes wählen, jedoch keine Rabenvögel (Elstern, Kittas, Häher) – die Fasaneneier fressen, Prachtfinken – welche von größeren Hühnervögeln verzehrt würden, oder Bodenbewohner – die als Konkurrenten bekämpft würden. Geeignet sind dagegen alle Drosselarten, Timalien (Sonnenvögel, Häherlinge), Stare, Bülbüls und Tauben, mit Ausnahme von Erdtauben.

Haltung auf Drahtgitterböden

Um parasitären und bakteriellen Infektionen durch den Kot infizierter Artgenossen vorzubeugen, wurde zuerst in den USA die Massenaufzucht von Putenküken auf Drahtgitterböden durchgeführt. Da den Vögeln dadurch kein Schaden entstand, vielmehr die Abgangszahlen drastisch gesenkt werden konnten, machten sich auch bald Farmen und staatliche Aufzuchtbetriebe von Jagdgeflügel wie Wildputen, Ringfasanen, Rebhühnern, Chukars und Bobwhites (Virginiawachteln) diese praktische Methode zunutze. Professor A. A. ALLAN von der Cornell-Universität in Ithaca (New York), der sich in den 20er Jahren mit dem Verhalten des Kragenwaldhuhnes befaßte, übernahm als erster die Gitterbodenhaltung für Tetraoniden und konnte damit 85 % der Küken großziehen, ein Ergebnis, von dem man vorher kaum zu träumen gewagt hatte und das in Europa erst sehr spät Nachahmer fand. Seither sind in den USA und England mehrere Rauhfußhühnerarten in Ausläufen und Volieren mit Drahtgitterböden gehalten und gezüchtet worden. Wie in der BRD kürzlich H. ASCHENBRENNER in seinem Buch über diese Hühnervögel ausführte, ist für eine intensive Zucht von Tetraoniden die Haltung auf Gitterboden aus arbeitstechnischen und hygienischen Gründen fast unerläßlich.

Die Maschenweite des verwendeten Drahtgeflechts muß geringer sein als die Fußgröße der Vögel. Der Kot soll hindurchfallen können, aber die Füße dürfen sich nicht in zu weiten Drahtmaschen verfangen, was zu Zerrungen und Frakturen führen könnte. Küken dürfen vom 3. Lebenstag an im Aufzuchtkäfig auf Gitterrosten von 1 cm Maschenweite gehalten werden. Fallen die mit zunehmendem Wachstum umfangreicher gewordenen Kotballen nicht mehr hindurch, wird eine Maschenweite von 2 cm gewählt. Halberwachsene und erwachsene Vögel erhalten weitmaschigere Drahtgeflechte. Für die Küken können Gitter auf verschiebbare Holzrahmen genagelt, so leicht ausgewechselt und desinfiziert werden. Zur Haltung adulter Tetraoniden hat ASCHENBRENNER als Boden ein punktgeschweißtes Vierkantgeflecht mt Maschenweiten von 1,5 cm × 1,5 cm bis 2,0 cm × 2,0 cm für die kleineren Arten und 3,0 cm × 2,0 cm für Auerhühner empfohlen. Der Erdboden unter dem Drahtgeflecht muß in kurzen Abständen von hindurchgefallenem Kot und Futterresten gesäubert werden. Es ist ferner unerläßlich, den 50 bis 75 cm breiten Abstand zwischen Bodengitter und Erdboden allseitig durch Holzplatten zu verschließen, damit kein Raubzeug darunterschlüpfen und die Vögel in Panik versetzen kann. Zu Gitterbodenkäfigen und -volieren gehören Schutzräume entsprechender Größe, die zum Freiflug hin offen sind. Futter- und Wassergefäße werden auf das Drahtgeflecht gestellt, und eine mit feinem Sand gefüllte Kiste ermöglicht den Vögeln die regelmäßig genommenen Sandbäder. Schutzraum und Auslauf werden mit Sitzästen ausgestattet.

Der Transport

Bei der Verpackung und beim Transport wilder Hühnervögel halte man zur Vermeidung von Verlusten stets folgende Regeln ein:
In eine Transportkiste soll nie mehr als ein Vogel eingesperrt werden. Mehrere Vögel in einer Kiste trampeln sich in Panikstimmung leicht tot. Der Vogel soll sich in der Kiste drehen können, aber nicht die Möglichkeit zum Hochspringen haben. Blutig gestoßene Köpfe gehören bei Hühnervögeln zu den häufigsten Transportschäden; derartige Unfälle lassen sich durch die Fertigung einer weichen Kistendecke leicht vermeiden. Dieselbe bestehe aus Leinwand und einer zwischen dieser und dem Holzdeckel etwa 5 cm dick mit Baumwolle oder feinen Sägespänen ausgepolsterten Zwischenschicht. Futter- und Wassergefäße müssen so fest in der Kiste angebracht werden, daß sie weder durch starke Erschütterungen von außen noch durch den Vogel aus ihrer Lage gebracht werden können. Die Vorderseite der Kiste sollte aus einem engen Drahtnetz bestehen, durch das die Vögel nicht die Köpfe stecken können. Sie verletzen sich sonst leicht Schnäbel und Gesichtslappen. Am vorteilhaftesten ist eine doppelte Verdrahtung der Vorderseite, wobei die innere aus feinem Fliegendraht, die äußere aus gröberem Maschendraht besteht. In der Rückwand der Kiste befindet sich eine Tür, die während des Transportes vernagelt wird. Für längere Transporte wird als Boden ein 1,25 cm weites Drahtgeflecht und darunter ein Bodenblech angebracht. So können Kot, Futterreste sowie verschüttetes Wasser herausfallen bzw. -fließen, und der Vogel bleibt immer sauber. Die Kistenmaße richten sich nach der Größe des zu transportierenden Vogels. Sie betragen

für Straußwachteln	22,5 cm × 22,5 cm × 15 cm
für Tragopane	40 cm × 25 cm × 22,5 cm
für Feuerrückenfasanen	40 cm × 25 cm × 30 cm
für Argushähne	57 cm × 35 cm × 30 cm
für Argushennen	57 cm × 30 cm × 30 cm

Lange Schwanzfedern werden gestutzt. Man kann für Arten mittlerer Größe Doppelkisten, für Kleinhühner Viererkisten bauen. Größere Kisten als die angegebenen sind unpraktisch, weil sie sich schwerer transportieren lassen. Für Reisen von weniger als 3 Tagen Dauer ist die Beigabe von Trinkwasserbehältern nicht notwendig; dafür werden Grünzeug und eingeweichtes Brot gereicht. Zur Belüftung von Holzkisten bohrt man zusätzlich Löcher in die Seitenwände. Für längere Seereisen eignen sich Holzkisten mit herausziehbaren Futter- und Wassertrögen am besten. Am vorteilhaftesten ist der Lufttransport.

Das Eintreffen der Vögel

Hat man die bestellten Vögel in Empfang genommen und sich im Beisein des Post- oder Zollbeamten vergewissert, daß sie am Leben sind, bringt man sie so schnell wie möglich in den vorgesehenen Schutzraum des Geheges. Dort stehe an gut sichtbarem, hellen Platz das Gefäß mit Wasser und Futter. Von letzterem streue man auch noch einige Körner im ganzen Raum umher – besonders an den Wänden entlang –, damit es sofort von den Vögeln gefunden wird. Man gebe aber nicht allzuviel Futter, damit nur der ärgste Hunger gestillt werden kann und sich die Tiere nach der langen Reise nicht überfressen, andererseits von dem herumliegenden Futter nichts verdirbt und bei späterer Aufnahme Erkrankungen hervorruft. Klarglasscheiben der Fenster oder Türen werden vorher mit einem leichten Kalkanstrich versehen, falls sie nicht durch Vorsatzgitter geschützt sind, damit die aus der Kiste befreiten Vögel nicht mit dem Kopf dagegen fliegen.
Nach diesen Vorkehrungen öffnet man vorsichtig die Transportbehälter so weit, daß man die Vögel mit der Hand greifen und herausholen kann, um sich von ihrem Gesundheitszustand zu überzeugen. Zu diesem Zweck tastet man die Brustmuskulatur ab; sie muß beim gutgenährten Tier vollfleischig sein, während beim abgemagerten das Brustbein wie ein Schiffskiel hervorragt. Es ist außerordentlich wichtig zu wissen, wie ein Hühnervogel fachmännisch angefaßt werden muß: Man umgreift mit einer Hand beide Läufe dicht oben unter dem Bauch und hält den Vogel so weit von sich ab, daß er auch bei eventuellen Flügelschlägen weder sich noch den Haltenden verletzen kann. Hält man ihn dagegen mit den Flügeln an den Leib gepreßt, versucht der erregte Vogel sich mit aller ihm zur Verfügung stehenden Kraft zu befreien, wobei es in vielen Fällen durch Herzvorkammer- oder Aortenrisse zu innerer Verblutung kommt. Schon mancher wertvolle Hühnervogel hat durch einen falschen Festhaltegriff seines Pflegers den Tod gefunden.
Sofern die Untersuchung zur Zufriedenheit ausge-

fallen ist, bringt man den Vogel vorsichtig in seinen Transportbehälter zurück und läßt ihn ungefähr eine Stunde in Ruhe. Danach wird die Kiste so weit geöffnet, daß der Vogel nur mit Mühe herausgelangen kann, und man entfernt sich. Kommt man nach einiger Zeit zurück, wird der Neuankömmling fast stets die Kiste verlassen haben und die neue Heimat erkunden. Ließe man den Vogel sofort nach beendeter Untersuchung frei, könnte ein wildes Flattern gegen Wand und Decke des Schutzraumes die Folge sein, was häufig durch Anstoßen des Kopfes zu Gehirnerschütterungen führt. Will man das Hochfliegen in Panik geratener Hühnervögel ausschließen, werden ihnen die Handschwingen eines Flügels beschnitten. Niemals setze man Neuankömmlinge sofort zum alten Bestand, sondern halte sie ein paar Tage oder Wochen in einem Gehege allein und prüfe ihre Gesundheit. Es empfiehlt sich auch, Kotproben der Neulinge zu sammeln und zur parasitologischen Untersuchung einem Tierarzt oder Veterinärinstitut zu übersenden. Über das Zusammengewöhnen mit Artgenossen und das Zusammenstellen von Paaren und Zuchtgruppen wird im Kapitel „Zuchtmethoden" berichtet.

Fütterung von Hühnervögeln

Viele Wildhühner sind wie das vom Bankivahuhn abstammende Haushuhn Allesfresser, deren Futteransprüche vom Menschen leicht erfüllt werden können. Solche Arten, wie Jagdfasanen, Gold- und Amherstfasanen, Königs- und Silberfasanen, Pfauen, Perlhühner, Truthühner, Rebhühner, Klein- und Zahnwachteln, haben in der Ziergeflügelhaltung die weiteste Verbreitung erlangt. Arten, wie Pfaufasanen, Argusfasanen und Straußwachteln, sind zwar ebenfalls Allesfresser, benötigen jedoch einen höheren Anteil an tierischen Proteinen als die vorgenannten. Auch ihre Futterbedürfnisse sind unschwer erfüllbar, da tierisches Eiweiß in lebender wie zubereiteter Form ganzjährig erhältlich ist. Schwieriger ist es dagegen, den Nahrungsansprüchen jener Hühnervögel gerecht zu werden, die sich fast ausschließlich auf Grünpflanzen spezialisiert haben, wie Koklass- und Blutfasanen, Königshühner, Tragopane und Tetraoniden. Bei ihnen stellen die vegetationsarmen Wintermonate den Pfleger wegen der Beschaffung geeigneter Pflanzenkost häufig vor Probleme. Er kann zwar auf Kopfsalat, Obst, Früchte und Karotten ausweichen, doch dürfte diese Nahrung, längere Zeit hindurch verabreicht, unter Umständen recht kostspielig werden. Andererseits haben nur wenige wohlhabende Züchter und Tiergärten die Möglichkeit des Tiefgefrierens so großer Mengen frischer Luzerne und Wiesenmahd, daß damit der Bedarf der Pfleglinge während der Wintermonate gedeckt werden kann. Nach den Erfolgen der Wirtschaftsgeflügelzucht mit den auf Grund wissenschaftlicher Erkenntnisse zusammengestellten Mehl- und Preßfuttersorten ist auch die Ziergeflügelhaltung zu dieser Fütterungsweise wenigstens als Basisernährung übergegangen. Früher bestand Fasanenfutter häufig aus einem möglichst vielseitigen Gemisch verschiedener Körnersorten, denen als Ergänzung Obst, Grünzeug, Quark, gekochtes Ei, Schabefleisch und Mehlwürmer hinzugefügt wurden. Aus dieser „Kalorienbombe" pickten sich die Vögel dann heraus, was ihnen am besten schmeckte, aber über kurz oder lang mußte dies unweigerlich zu Fettsucht und Zuchtuntauglichkeit führen. Das ist etwa so, als ob man einem Kind außer einem bekömmlichen Essen noch täglich Schokolade und Bonbons neben den Teller legte. Was Kinder dann vorziehen würden und wie ihnen das auf Dauer bekäme, ist leicht zu erraten.

Da der Vogel sich während der Wachstumsphasen, im Erwachsenenalter dann in jahreszeitlichem Rhythmus unterschiedlich ernährt, muß der Pfleger diesen Ansprüchen durch eine entsprechende Futterzusammenstellung gerecht zu werden versuchen. Als Kleinküken ernähren sich fast alle Hühnervögel ganz überwiegend von lebenden Kleintieren (Insekten, Würmern, Schnecken etc.), weil ihr Bedarf an tierischen Proteinen zwecks schnellen Wachstums zunächst hoch ist. Schon nach wenigen Wochen sinkt der Bedarf an animalischem Eiweiß kontinuierlich (es wird weniger Eiweiß benötigt als in der ersten Wachstumsphase) zugunsten des Energiebedarfs, der nun zur Vermehrung des Körpergewichts notwendig wird. Im Alter von 20 Wochen hat das Gewicht des jungen Hühnervogels im allgemeinen 90 % des Adultgewichts erreicht und die tägliche Nahrungsaufnahme sich auf ein gleichbleibendes Quantum eingependelt. In dieser Entwicklungsphase kann ein überhöhtes Energieangebot in Form von Kohlehydraten, nicht mehr vollständig vom Organismus abgebaut werden und lagert sich als Depotfett im Körper ab. Solche Vögel können ihrem Besitzer eine perfekte Kondition vortäuschen, während sie lediglich durch Fettablagerungen ausgepolstert sind und später in der Zucht versagen. Der freilebende Vogel beider Geschlechter hat mit Beginn der Fortpflanzungszeit wieder einen erhöhten Bedarf an tierischem Protein, das der Eibildung und Samenproduktion dient. Auf die Balz- und Brutzeit folgt eine mehrmonatige Ruheperiode, während der sich die Paare vieler Arten mit ihren erwachsenen Jungen zu Familiengruppen oder mehrere Familien zu Gesellschaften zusammenschließen. Während dieser Zeit nehmen die Vögel ein Futter auf, das reich an Kohlehydraten und pflanzlichem Eiweiß ist und zur Erhaltung des Energiestoffwechsels benötigt wird.

Den geschilderten unterschiedlichen Ernährungsbedürfnissen des Vogels trägt die Industrie durch Herstellung entsprechender Futtersorten Rechnung, die als Alleinfutter für Küken (Chicken Starter), Kükenaufzuchtfutter (Chicken Rearer), Junghühnerzuchtfutter (Chicken Grower) und Legehennenfutter (Breeder) in den Handel gebracht werden. Dabei handelt es sich meist um Fertigfutter in Mehl- und Preßlingsform. Die feste Beschaffenheit der Preßlinge (Pellets) wird nach Zusatz von Bindemitteln (Dorschlebertran, Melasse) durch Pressen unter hohem Druck bei Temperaturen bis 60 °C und sofort darauf folgender Abkühlung erreicht. Die oft geäußerte Befürchtung, daß die zugefügten Vitamine durch zu hohe Erhitzung unwirksam werden könnten, hat sich ebensowenig bestätigt wie die Annahme, daß aus der Verfütterung solcher Nahrung beim Vogel eine schwache Ausbildung der Muskelmagenwände resultieren würde. Fertigfutter sind zwar etwas teurer als Körnergemische, haben jedoch den großen Vorteil, dem Vogel die Bevorzugung bestimmter Futterkomponenten unmöglich zu machen. Er muß sie insgesamt aufnehmen und kann deshalb weder verfetten noch abmagern.

Als Beispiel für die Zusammensetzung von Preßmehlfutter (Pellets) sei die eines Zuchtputen-Alleinfutters angeführt: Es kann aus 59,75 % gelbem Maisschrot, 10 % Weizenvollmehl, 12,5 % Sojaschrot (extr.), 5 % Fischmehl, 2,5 % Futterknochenmehl, 2,5 % Trockenschlempe, 3 % Luzernegrünmehl, 1,5 % phospor. Futterkalk, 2,75 % kohlens. Futterkalk, 0,5 % jodiertem Viehsalz und 0,0125 % Mangansulfat bestehen. Dazu kommen unter Umständen noch Vitamine und Antibiotika. Fertigfutter in Form von Futtermehlen und Preßlingen sind in manchen Ländern nicht nur für Haushuhn und Pute, sondern auch für Jagdfasane und Japanische Wachteln erhältlich. An alle Wildhühner können aber auch ohne weiteres Puten-Fertigfutter verfüttert werden, wenn kein spezielles Fasanenfutter hergestellt wird: Truthahn und Fasan haben in allen Lebensabschnitten praktisch den gleichen Bedarf an Proteinen, Kohlehydraten, Vitaminen und Spurenelementen, während diese Werte beim Haushuhn deutlich abweichen. Für die Ruhezeit der Erwachsenen im Jahresablauf, d. h. die Zeit vom Ende der Fortpflanzungsperiode bis zu Beginn der folgenden im nächsten Frühjahr, wird beispielsweise in den USA noch ein „Erhaltungsfutter" (Maintenance Food) hergestellt, für das wir in Europa Haushennen-Legepreßlinge mit nur 16 % Rohproteingehalt einsetzen können. Bei der Volierenhaltung können sich die Vögel nicht wie in freier Natur auf die nur zu bestimmten Jahreszeiten verfügbaren Futterstoffe mit ihrer unterschiedlichen Zusammensetzung umstellen. Böte man ihnen auch noch nach der Brutzeit ein Legefutter mit hohem Eiweißanteil an, würden sie in permanenter Brutkondition in immer größeren Abständen weiterlegen und schließlich erlahmen.

Neben dem Alleinfutter, das wie sein Name besagt, an Haushuhn und Pute ausschließlich verfüttert wird, erhalten Wildhühner zusätzlich täglich noch eine kleine Ration Bruchhafer. Beim Hafer sind Protein- und Energiewerte ziemlich stabil, seine biologischen Eigenschaften ausgezeichnet. Er sättigt die Vögel ohne ihr Protein-/Energie-Gleichgewicht zu stören. Man verfüttert ihn ab dem Alter von 8 bis 20 Wochen neben den Putenaufzucht-Pellets in einer Maximalmenge von 10 g pro Tag und Vogel. Bei 20 Wochen alten Küken können bis zu Beginn der Brutzeit zu ⅔ Jungputen-Aufzuchtpellets (Turkey Grower) und ⅓ Bruchhafer verfüttert werden. Brutvögel erhalten neben dem täglich ad lib. verfütterten Puten-Legepellets (Breeder Pellets) täglich maximal 10 g Bruchhafer, der während dieser Zeit nicht zur Ernährung, sondern Förderung von Aktivität und Balzbereitschaft dienen soll.

Außerdem wird den Allesfressern täglich stets eine kleine Ration Grünpflanzen verfüttert, die die Vögel beschäftigen und dazu nährstoffarm und ballastreich sind.

Putenmehle und -pellets werden auch an die vorwiegend vegetarisch lebenden Wildhuhnarten, wie Rauhfußhühner, Koklassfasanen, Blutfasanen, Königshühner und Tragopane, als Basiskost verabreicht, nur erhalten die genannten Arten täglich zusätzlich große Mengen frischen Grünfutters (Luzerne, Rasenmahd, Wiesenpflanzenmahd, Löwenzahn, Salat). Mit der Verfütterung von 75 %

frischer Luzerne zu 25 % pelletiertem Futter hat SIVELLE (New York) große Mengen von Koklassfasanen aufgezogen. Tragopane erhalten zusätzlich zum Grünfutter noch Obststückchen und Beeren je nach der Jahreszeit.

Über Besonderheiten der Ernährung bei Rauhfußhühnern (Verfütterung von Kiefernnadelzweigen und Callunaheide etc.) wird in den betreffenden Kapiteln berichtet.

Grit

Unter der Bezeichnung Grit versteht man Steinchen aus Silikaten, Quarziten und Kalziten, die in entsprechender Größe vom Vogel aufgenommen werden, um die Mahltätigkeit des Muskelmagens zu unterstützen. Nur auf diese Weise vermag er harte Körner, Nüsse und Eicheln zu zerkleinern und ihren Inhalt zu nutzen. Silikat- und Quarzkiesel gehen nach einiger Zeit mit dem Kot wieder ab und müssen erneut aufgenommen werden. Kalzite werden dagegen von der Magensalzsäure aufgelöst und zum Skelettaufbau, der Festigung der Knochen sowie zur Eischalenbildung benötigt. Der Gritbedarf eines Huhnes beträgt nur 10 g pro Monat, wobei die Teilchengröße im Verhältnis zur Körpergröße steht. Der Vogel wählt instinktiv die für ihn geeignete Korngröße aus. Fehlen von Grit über längere Zeit kann zu Verdauungsstörungen führen, wobei ganze Futterkörner wiederausgeschieden werden und der Vogel schließlich die Nahrungsaufnahme einstellt. Kalzite in Form kalkhaltiger Steinchen, außerdem Futterkalk und Muschelschalenbruch (Austernschalen) sollen bei einer Fütterung mit Preßlingen nicht extra verabreicht werden, da sie in pelletiertem Futter stets enthalten sind und ein Zuviel schaden könnte. In freier Natur suchen die Weibchen vor dem Legen gezielt kalkhaltiges Gestein auf, das zur Bildung der zu 92 bis 95 % aus kohlensaurem Kalk gebildeten Eischale notwendig ist.

Wasser

Frisches sauberes Wasser muß den Vögeln stets in genügender Menge zur Verfügung stehen. Bei Pellet- und Körnerfütterung trinken sie viel. Ein Trinkgefäß muß so beschaffen sein, daß die Verschmutzung des Inhalts mit Erdreich oder Kot weitgehend ausgeschlossen werden kann und sich in der Umgebung keine permanent nasse Fläche bildet. Dauernd feuchtes Erdreich bewirkt nämlich ein langes Überleben krank machender Bakterien sowie von Parasiteneiern und -larven. Wassergefäße sind deshalb auf einen Gitterrost zu stellen, unter dem verschüttetes Wasser zwischen groben Steinen versikkern kann. Im Handel sind Modelle praktischer Tränken stets erhältlich. In nicht zu kalten Wintern sind Tropftränken vorteilhaft, weil sie ein völliges Zufrieren des Wasser verhindern. Reicht das nicht aus, kann man zur Eisfreihaltung des Wassers auf Aquarien-Heizstäbe zurückgreifen, vorausgesetzt, es sind Netzanschlüsse vorhanden.

Kleinküken sind stets in besonderer Gefahr, in unzweckmäßigen Wassergefäßen zu ertrinken. Im einfachsten Fall erhalten sie mit groben Steinen gefüllte Blumenuntersätze, in denen das Wasser nur in kleinen Flächen zwischen den Steinen steht.

Zuchtmethoden

Das Zusammengewöhnen von Paaren und Zuchtgruppen

Zum Aneinandergewöhnen von Paaren und Zuchtgruppen eignen sich die Herbst- und Wintermonate am besten, weil während dieser Jahresabschnitte die Fortpflanzungstätigkeit ruht und die Aggressivität am geringsten ist. Auch im natürlichen Lebensraum schließen sich dann die meisten Hühnervogelarten zu Familien oder manchmal nach Geschlechtern getrennten Trupps und Gesellschaften zusammen, um besonders in der Paläarktis und Nearktis die kalte Jahreszeit gemeinsam zu überstehen. Subtropische und tropische Hühnervögel verhalten sich oft genauso. Dort gibt es nahrungsarme Trockenperioden, in denen man gemeinsam die besten Futterplätze erwandert. Alle Vögel benötigen eine hormonelle Ruhepause, in der weder gebalzt noch gelegt und gebrütet wird. Aggressives Verhalten innerhalb solcher Gesellschaften äußert sich lediglich in Rangordnungsgeplänkeln, die ohne Verluste ablaufen. Versucht man jedoch einem Wintertrupp in der Voliere neue Mitglieder zuzuführen, führt dies gewöhnlich zu einer Enttäuschung, denn solche „Eindringlinge" werden von allen Truppmitgliedern bekämpft und unter Umständen umgebracht. Auch in der Wildbahn darf sich ein fremder Artgenosse nicht ohne weiteres einem Wintertrupp anschließen. Mit Beginn des Frühlings und dem Eintritt wärmerer Witterung kommt es unter den Hähnen nach anfänglichem gegenseitigem Imponieren durch die sich nun schnell verstärkenden Testosteronausschüttung zu wachsender Aggression den Geschlechtsgenossen gegenüber. Zu diesem Zeitpunkt beginnen die Wintertrupps sich aufzulösen, und die Hähne kämpfen um den Besitz von Brutrevieren und Weibchen. Für den Züchter bedeutet dies, die mittlerweile geschlechtsreifen Junghähne des Vorjahres – die deswegen noch nicht voll ausgefärbt sein müssen – schleunigst herauszufangen, Paare zusammenzustellen und Einzelhähne bis zur weiteren Verwendung gesondert in Kleinvolieren unterzubringen, die für solche Zwecke bereitstehen sollen.

Will man 2 sich fremde Vögel aneinander gewöhnen, was am besten außerhalb der Brutzeit geschieht, setzt man sie gemeinsam in eine ihnen unbekannte Voliere. Bewohnt jedoch einer der beiden den Auslauf schon längere Zeit – ist er also sein Revier – darf man nicht einfach einen Fremdling dazusetzen, weil er in vielen Fällen als unerwünschter Eindringling angesehen und verfolgt würde. Die beiden sollen sich vielmehr vorerst durch ein Trenngitter kennenlernen und aneinander gewöhnen. Ein solches Gitter kann eine Drahttür zwischen Schutzraum und Auslauf oder eine Gittertür zwischen 2 Volieren sein. Aus dem Verhalten des Alteingesessenen beim Ansichtigwerden des Artgenossen wird schnell erkennbar, ob Toleranz oder Aggressivität bei ihm überwiegen. Ist ersteres der Fall, hat man noch lange nicht gewonnenes Spiel, sondern muß geduldig abwarten, was sich nach Entfernung des Trenngitters ereignet. Damit sich ein Neuling vor der Verfolgung durch den Revierbesitzer in Sicherheit bringen kann, bleibt die Verbindungstür vorsichtshalber geöffnet.

Es gibt verschiedene Möglichkeiten, aggressive Hähne am Verletzen oder Töten einer Henne zu hindern. Man unterbricht beispielsweise den ständigen optischen Kontakt zum Weibchen durch dichte Bepflanzung der Voliere und schafft zusätzliche Versteckmöglichkeiten durch schräg gegen die Volierenwände gestellte Holzplatten. Da bei den Hühnervögeln das alte Sprichwort „Aus den Augen, aus dem Sinn" gilt, gibt der Hahn die Verfolgung häufig auf, sobald die Verfolgte hinter der Sichtblende verschwunden ist. Ferner müssen genügend Aufbaum- und Sitzäste vorhanden sein, um bedrängten Weibchen Verschnaufpausen zu gewähren. Damit der Hahn nicht hinterherfliegen kann, kürzt man ihm die Handschwingen des einen Flügels. Ein probates Mittel zur Verhinderung des Skalpierens von Hennen durch wütende Hähne besteht im Kupieren der Oberschnabelspitze des Männchens um 2 bis 3 mm. Es kann dann noch ohne Schwierigkeiten Futter aufnehmen, doch bereitet ihm das Einhacken auf die Henne Schmerzen, so daß er es bald unterläßt. Die verkürzte Oberschnabelspitze wächst übrigens täglich um 1/20 mm nach. Hähne des Kupferfasans sieht man in Schausammlungen fast stets mit gekürzten Schnabelspitzen, weil sie den Hennen gegenüber ganzjährig aggressiv sein können. Aggressivität von Hühnervogelmännchen ihren Weibchen gegenüber kommt auch in freier Natur vor, wenn noch keine volle Paarbindung stattgefunden hat. Todesfälle bei Weibchen treten jedoch dadurch nicht auf, weil die Ausweichmöglichkeiten im Gegensatz zur Volierenhaltung unbegrenzt sind. Viele Balzhandlungen sind aus Angriffsverhalten entstanden und können in bestimmten Situationen wieder in solches übergehen. Beim Rebhahn ähneln sich beide Verhaltensweisen derart, daß selbst die Rebhenne bei Annäherung eines imponierenden Männchens oft nicht sicher ist, ob er sich ihr mit Balz- oder Aggressionsabsichten nähert und erst einmal vorsichtshalber vor ihm die Flucht ergreift. Bei den Weibchen mancher Hühnervogelarten, wie beispielsweise den Ohrfasanen und Frankolinen, gehört zum Balzverhalten auch eine Scheinflucht mit verfolgendem Hahn. Sie kann unter Volierenbedingungen mangels Ausweichmöglichkeiten der Henne beim Hahn Aggressionsstimmung auslösen und ihn das Weibchen töten lassen. Die Aggressivität der Japanischen Kupferfasanen bei beiden Geschlechtern hängt damit zusammen, daß sie Einzelgänger mit eigenem Revier sind, die nur zur Paarung zusammenkommen und gegenseitig stets eine gewisse Individualdistanz einhalten.

Auch unter weiblichen Hühnervögeln kommt es durch gegenseitige Aggressivität oft zu Verletzungen und Todesfällen. Vor allem gilt das für Hennen streng monogamer Arten, deren Männchen der Züchter 2 Weibchen zugesellte. In solchen Fällen pflegt das verpaarte Weibchen das andere zu verfolgen, woran sich manchmal auch der Hahn beteiligt. Oft beachten beide das überzählige Weibchen gar nicht und verjagen es lediglich vom Futternapf. Der Halter findet es dann eines Tages tot und unverletzt vor, kommt aber nicht auf den Gedanken, daß es ganz einfach verhungert sein könnte. Man lasse sich ja nicht von Berichten mancher Großzüchter beirren, denen es gelang, Hähne monogamer Arten mit mehreren Weibchen zu verpaaren und Zuchterfolge zu erzielen. Entweder gelingt dies, etwa bei Tragopanen und Hokkoarten, in sehr großen, dichtbepflanzten Volieren oder mit halbdomestizierten Arten, die wie Virginiawachteln und eurasiatische Kleinwachteln seit vielen Generationen zu Trios, vieren oder fünfen zusammen in Kleinkäfigen gehalten werden. Auch ohne Hahn zusammengehaltene Argus-, Pfau- und Kupferfasanhennen töten sich früher oder später, weil sie in freier Natur eigene Reviere besetzen und gegen Artgenossen verteidigen. Das Problem einer ergiebigen Zucht solcher Arten läßt sich leicht und verlustlos dadurch lösen, daß ein Zuchthahn wechselseitig zu einem der einzeln gehaltenen Weibchen gesetzt wird. Beim selten gehaltenen Kongopfau klappt auch das nicht, weil der einmal verpaarte Hahn kein fremdes Weibchen beachtet.

Maßnahmen zur Zucht

Wird ab Februar eine Voliere für die Brutsaison vorbereitet, schafft man den Hennen zahlreiche Nistgelegenheiten auf dem Erdboden oder an den Wänden. Bei Bodenbrütern werden an den hinteren Ecken des Auslaufs und des Schutzraumes flache Mulden in den Sand gegraben und mit Moos oder Laub gefüllt. Als Legeanreiz dient ein Gipsei. Die Nester sind durch gegen die Wände gelehnte Reisig-, Schilf- oder Maisstrohbündel so zu tarnen, daß sie der sitzenden Henne noch Durchblicke auf die Umgebung erlauben, und werden so am ehesten angenommen. Wird das Tarnmaterial so dicht gepackt, daß im Inneren Dunkelheit herrscht, fühlt sich die Henne unsicher, weil sie nicht weiß, was draußen vorgeht, denn sie legt Wert darauf, Feinde rechtzeitig zu erkennen. Einigen Arten muß der Züchter hoch an den Wänden fixierte Nistgelegenheiten schaffen, weil sie auf dem Erdboden ungern oder überhaupt nicht zur Brut schreiten. Dazu gehören alle Tragopane, Kongopfau, Bronzeschwanz-Pfaufasan, Rheinart-, Mikado- und Salvadorifasan sowie die Hokkoartigen. Man befestigt an der Volieren- und Schutzraumwand in ca. 150 cm Höhe flache Obstkisten oder Spankörbe, füllt sie mit Heu und Laub und tarnt sie durch an die Ränder genageltes Besenreisig, um der brütenden Henne Sichtschutz zu gewähren. Ein schräggestellter Baumstamm führe bequem vom Erdboden zum Nest hinauf. In Außengehegen müssen solche Nester Regenschutz durch auf die Drahtdecke gelegte Glasscheiben oder Plastikfolien erhalten. Die Hennen mancher Arten fühlen sich in der Voliere nicht sicher genug, um ihre Eier in einem Nest zu Gelegen zusammenzustellen; sie lassen sie dorthin fallen, wo sie sich gerade befinden. Das ist beispielsweise bei den Weibchen der Jagdfasanengruppe fast die Regel. Fällt das Ei einer aufgebaumten Henne auf den Erdboden, zerbricht es häufig, wodurch der Untugend des Eierfressens Vorschub geleistet wird. Geschieht dies stets vom gleichen Ast aus, wird der Boden darunter mit einer dicken Strohschütte bedeckt und dadurch so manches wertvolle Ei gerettet.

Die Ernährungsumstellung der Hennen zu Beginn der Legezeit wird im Kapitel „Fütterung" besprochen.

Die künstliche Besamung bei Wildhühnern

Bei seltenen und wertvollen Wildhuhnarten, deren Zucht unter Volierenbedingungen nicht oder nur mit großen Schwierigkeiten gelingen will, weil die Hähne zu aggressiv sind (Kupferfasanen) oder Verhaltensstörungen aufweisen (Brauner Ohrfasan), oder die wegen Organverletzungen (Flügel-, Fußverletzungen) keinen Kloakenkontakt zur Henne herzustellen vermögen, ebenso bei Arten mit schwacher Eiproduktion (Salvadori-, Borneo-Pfaufasan), stellt die seit langem in der Wirtschaftsgeflügelzucht bewährte künstliche Besamung das Mittel der Wahl dar. Der Privatzüchter kann sie nicht selbst durchführen, ohne einen Lehrgang darüber absolviert zu haben. Der Beginn der künstlichen Insemination bei Wildhühnern dürfte auf das Jahr 1946 zurückgehen, als dem Zoopark San Diego (Kalifornien) die Zucht des Pfauentruthuhnes nicht gelingen wollte, weil der einzige Puter wegen eines verkrüppelten Beines nicht kopulieren konnte. Geflügelzuchtexperten des dortigen Agricultural Departments führten daraufhin die künstliche Besamung an dieser Art mit so gutem Ergebnis durch, daß die heute in unseren Fasanerien lebenden Pfauentruthühner wohl fast alle Nachkommen der San-Diego-Vögel sein dürften. In Japan wird die gleiche Methode beim Kupferfasan angewendet, dessen Hähne meist derart aggressiv sind, daß man um das Leben der Hennen fürchten muß. Hier dient die künstliche Besamung dazu, die Art in großer Anzahl zu züchten, um sie durch Auswildern als Jagdwild zu erhalten und einige Unterarten *(ijimae)* vor der Ausrottung zu bewahren. Um keinen „Einheits-Kupferfasan" zu schaffen, wird auf strikte Trennung der einander recht ähnlichen Unterarten des *Syrmaticus soemmerringii* geachtet. Die künstliche Insemination konnte auch die lange diskutierte Frage beantworten, ob die stark ingezüchteten Stämme des Braunen Ohrfasans in Europa und den USA fast unfruchtbar geworden waren oder eine andere Ursache für die geringe Befruchtungsquote der reichlich gelegten Eier vorliege. WISE, MURIEL und FULLER vom Department of Clinical Veterinary Medicine in Cambridge stellten fest, daß die meisten Hähne dieser Fasanenart zwar kein hochwertiges, doch durchaus befruchtungsfähiges Sperma liefern, aber nur ganz wenige mit den Hennen kopulieren, also eine Verhaltensstörung aufweisen. Bei künstlicher Besamung der Weibchen betrug die Befruchtungsquote 80 bis 90 %! HOWE hat die Methode in Ontario (Kanada) an Satyr- und Temmincks Tragopan erprobt, von anderer Seite ist dies auch bei Cabots Tragopan und in San Diego 1987 mit dem seltenen China-Glanzfasan mit gutem Erfolg geschehen. Man kann deshalb hoffen, daß ähnliche Ergebnisse bald auch bei dem nur schwach züchtenden Blyth- und Hasting-Tragopan erzielt werden können. Es sei ferner darauf hingewiesen, daß in der künstlichen Besamung auch eine der Möglichkeiten liegt, Verwandtschaftsverhältnisse unter den *Galliformes* klären zu helfen, wie dies SARVELLA mit Kreuzungen zwischen Japanwachtel und Jagdfasan gezeigt hat.

Auf gleiche Weise könnte geklärt werden, ob Hybriden zwischen Craciden und Phasianiden, ebenso Megapodiiden und Phasianiden möglich sind, worüber in der Literatur nur recht fragwürdige Angaben aus alter Zeit existieren. Vielleicht wird man dadurch und aufgrund anderer Untersuchungen (Eiweiß-Elektrophorese, Bürzelsekretuntersuchungen) feststellen, daß die Megapodiiden überhaupt keine Hühnerartigen sind.

Die Methoden der künstlichen Besamung seien hier kurz erklärt:

Zur künstlichen Insemination bestimmte Vögel werden in Kleinvolieren oder Käfigen gehalten, in denen sie schnell zu ergreifen sind. Die Hennen sollen schon gelegt haben, denn die Spermiogenese erfolgt im Frühjahr beim Hahn einige Wochen früher, als die Aktivität des Ovars einsetzt, so daß eine Besamung vor diesem Zeitpunkt nutzlos wäre. Hähne und Hennen sollen schon ein paar Tage vorher an das Festgehaltenwerden gewöhnt werden. Der sicherste Zeitpunkt für eine erfolgreiche Besamung ist der nach Ablage eines Eies, weil dann die Gefahr vermieden wird, daß injiziertes Sperma durch ein Ei im Eileiter an der Aufwärtsbewegung gehindert werden kann. Das Gefieder im engen Umkreis der Kloake wird bei beiden Geschlechtern gezupft, damit es zu keiner Verschmutzung des Ejakulates kommt. Beim Hahn wird die Sattelregion des Rückens sanft mit Daumen und Zeigefinger in Richtung auf die Kloake massiert und das aus dem vorgestülpten Urodaeum hervortretende Ejakulat mit einem Löffel oder einem kurzen Reagenzröhrchen aufgefangen. Ist es mit Kot verschmutzt, wird es nicht verwendet. Das Sperma wird unter dem Mikroskop auf Spermienmenge und -beweglichkeit untersucht, dann 5fach mit Ringerlösung verdünnt und in einer Menge von 0,1 ml so bald wie möglich einer Henne injiziert. Dazu wird die Kloakenöffnung mittels eines Speculums gespreizt und die Samenmenge mittels einer Knopfkanüle an einer 1-ml-Spritze in den vorgestülpten Eileiter eingeführt. Da manche Wildhuhnarten, beispielsweise Tragopane, sich sehr ängstigen und bei längerer Prozedur einem Herzkollaps erliegen können, soll die Insemination zeitlich so kurz als möglich durchgeführt werden. Beim Kongopfau erwies sie sich als zu riskant, weil die Vögel danach oft die Futteraufnahme verweigerten. Beim Japanischen Kupferfasan ergab eine Besamung für 12 Tage befruchtete Eier, bei Tragopanen soll die Zeit nach HOWE jedoch kürzer sein.

Fasanenhähne werden wöchentlich 2mal entsamt.

Weiterführende Literatur:
DEBASTE, H.: Perlhuhnproduktion in Frankreich. D. Geflügelwirtsch. (31 u. 32) 1974
GOOD, J, DURRANT, B. S.: Artificial Breeding Success (Chinese Monal). ZooNoz. LXI, No. 1, San Diego 1988
GUDELMAN, J. R., WEBER, J. M., LOCKMAY, T. A., CAIN, J. R.: Cage management of Ringnecked Pheasant breeders. Poultry Science 56; pp. 1718–1719 (1977)
HOWE, G. & K.: Artificial Insemination of Tragopan Pheasants. WPA-Journal VI; pp. 80–88 (1980–1981)
LINT, K. C.: Breeding Ocellated Turkeys in Captivity. Bull. Zool. Soc. San Diego No. 27; pp. 1–23 (1952)
SARVELLA, P.: Raising a new hybrid: Pheaseant X Japanese Quail. Poult. Sci. 50; pp. 298–300 (1971)
SCHOLTYSSEK, S., DOLL, P.: Nutz- und Ziergeflügel. Eugen Ulmer, Stuttgart 1978
SPILLER, N., GRAHAME, I., WISE, D. R.: Experiments on the Artificial Insemination of Pheasants at Daws Hall Wildfowl Farm, 1967. WPA-Journal II; pp. 89–96 (1976–1977)
VAN BOCXSTAELE, R.: Le programme d'elevage du Paon Congolais aus Zoo d'Anvers – Zoo (Anvers) 45; pp. 47–59 (1979)
WISE, D. R., FULLER, M. K.: Artificial Insemination in the Brown Eared Pheasant *Crossoptilon mantchuricum*. WPA-Journal III; pp. 90–95 (1977–1978)
YAMASHINA, Y.: Notes on the Japanese Copper Pheasant. WPA-Journal I; pp. 23–42 (1976–1977)

Sammeln und Aufbewahren der Eier vor der Erbrütung

Während der Legeperiode muß der Pfleger die abgelegten Eier täglich rechtzeitig einsammeln, um damit der unter den Hühnervögeln weitverbreiteten Untugend des Eierfressens vorzubeugen. Da die Eiablage meist in den Nachmittagsstunden erfolgt und man das bevorstehende Ereignis schon vorher am nervösen Hin- und Herrennen der betreffenden Henne erkennt, macht das Eiereinsammeln keine allzu große Mühe. Silberfasanenhennen legen ihre Eier meist pünktlich zwischen 5 und 7 Uhr abends ab, worauf man direkt warten kann. Die Eier sind in einem halbdunklen Raum, beispielsweise einem Keller, bei Temperaturen von 15 bis 18 °C und einer relativen Luftfeuchtigkeit von 70 bis 85 % in flachen Schalen am besten auf sterilisiertem Sand zu lagern. Bereits von diesem Zeitpunkt an müssen die Eier täglich um eine Viertel- bis Halbdrehung gewendet und stets mit der Spitze nach unten gelagert werden. Der sachgemäßen Behandlung von Bruteiern kommt deshalb große Bedeutung zu, weil der lebende Keim, wenn auch nur verzögert, sich bereits unterhalb der Optimaltemperatur von 37,8 °C weiterentwickelt. Zur Vermeidung späterer Verwechslung wird jedes Ei auf der Schale mittels eines Blei- oder Filzstiftes mit dem Legedatum sowie dem Namen der Art und Unterart des betreffenden Vogels gekennzeichnet. Bruteier sollten nie länger als 7, im Höchstfall 10 Tage aufbewahrt werden, weil die Schlupffähigkeit der Küken danach rapide abnimmt. Bei Arten mit großen Gelegen ist eine Wartedauer von 7 Tagen unbedenklich, weil die Hennen in freier Natur auch erst nach Ablage des letzten Eies mit dem Brüten beginnen. Anders verhält es sich mit Arten, deren Vollgelege aus nur 2 Eiern bestehen, wie den Pfau-, Argus-, Rheinartfasanen und dem Kongopfau. Bei ihnen ist die Lebensdauer des Keimlings im unbebrüteten Ei nur kurz, weil die Henne bereits am 3. oder 4. Tag nach der Ablage mit dem Brüten beginnt. Die Eier solcher Arten müssen deshalb so bald als möglich zum Erbrüten gegeben werden.

Ein Problem stellen kot- und erdverschmutzte Eier dar, weil die der Schale anhaftende Schmutzschicht gewöhnlich stark keimhaltig ist, krank machende Keime durch die Poren der Eischale eindringen und das Eiinnere infizieren können. Schmutzeier sind stets getrennt von sauberen zu lagern. Man hat festgestellt, daß aus den von Nestern gesammelten Eiern 20 % mehr Küken schlüpfen als aus solchen, die von den Hennen irgendwo in der Voliere abgelegt worden waren und mit verschmutztem Erdreich oder Kot in Berührung kamen. Bei der Ablage ist die Außenschale noch steril, doch können Bakterien unter Umständen schon nach 3 Stunden durch die Poren einwandern, was durch Kot auf der Schale wesentlich begünstigt wird. Daß es nicht ohne weiteres zu bakteriellen Infektionen des Eiinhalts kommt, hängt mit den stark bakteriziden Eigenschaften des Eiweißes zusammen.

Schmutzeier dürfen nicht mit nassen Lappen sauber gerieben werden, weil dadurch die Keime in die Poren einmassiert würden. Dagegen kann eingetrockneter Schmutz vorsichtig mit Sandpapier abgeschmirgelt werden, wonach man das Ei in eine 40 °C warme Hypochloridlösung taucht und ein paar Minuten sanft darin schwenkt. Anschließend läßt man solche Eier auf einer Drahtunterlage abtrocknen und gibt sie sobald als möglich in den Brüter.

Die Naturbrut

Das Erbrütenlassen durch die eigene Mutter wird heute nur noch in bestimmten Fällen praktiziert. Die Hennen vieler Wildhühner, beispielsweise die der Jagdfasanengruppe, legen zwar reichlich, wollen aber Gelege nicht erbrüten, weil ihr angeborenes Fluchtverhalten zu groß ist und sie sich in kleinen, wenig bepflanzten Volieren zu unsicher fühlen. Häufig stören auch die anderen Hennen oder der Hahn den artgemäßen Ablauf des Brutgeschäftes. Die Weibchen mancher Arten sind beim Führen des Gesperres überaus erregt und rennen mit den Küken ziellos im Auslauf umher, was schon zum Verklammen und Verhungern so mancher Brut geführt hat. Außerdem werden bei der Aufzucht mit der eigenen Mutter sehr häufig Parasiten und krank machende Bakterien auf die Küken übertragen. Bei recht häufig gehaltenen Arten, wie Gold-, Amherst-, Silber-, Kalij- und Königsfasanen, Chukarhühnern und Zwergwachteln, wird sich der Züchter den Anblick einer führenden Henne mit Kükenschar zur eigenen Freude und Erbauung leisten. Da er von seltenen Arten möglichst viel Nachwuchs „auf die Stange bringen" möchte, veranlaßt er die Hennen der betreffenden Arten durch regelmäßiges Einsammeln der Eier zu Zweit- und Drittgelegen, die er von Haushuhnglucken oder in Kunstbrütern erbrüten läßt.

Die Ammenbrut mit der Hühnerglucke

Als die Brutapparate noch nicht so zuverlässig arbeiteten, wie es gegenwärtig der Fall ist, benötigte man zum Erbrüten von Wildhuhngelegen und zur Aufzucht der Küken meist Hühnerglucken, die in bestimmten Fällen auch heute noch unentbehrlich sind. Als Glucken und Ammen von Wildhuhnküken sind nur solche Haushuhnrassen geeignet, die ihre natürlichen Mutterinstinkte noch nicht verloren haben. Die besten Eigenschaften in dieser Hinsicht besitzen die Zwergrassen (Bantams) und das Japanische Seidenhuhn, auch Kiwihuhn genannt. Vor ihrer Verwendung als Glucke und Amme muß die Henne möglichst frei von Parasiten sein. Sie wird deshalb bereits einige Zeit vorher einer Kur gegen Coccidien und Eingeweidewürmer unterzogen und gegen

Federlinge und Flöhe mit einem Insektenpulver behandelt. Der hölzerne Nistkasten, in den die Henne zur Brut gesetzt wird, kann bei einiger handwerklicher Geschicklichkeit selbst aus Kistenbrettern gebaut werden. Für 2 Hennen kann er 80 cm lang, 40 cm tief und 35 cm hoch sein und erhält eine Querunterteilung in der Mitte. Die Stirnseite der beiden Kammern besteht aus zwei Teilen, dem festen, 10 cm hohen Unterteil und dem mit Scharnieren daran befestigten, 25 cm hohen beweglichen Oberteil, der als Rampe nach unten geklappt werden kann und der Glucke zum bequemen Betreten und Verlassen des Nestes vor und nach der Fütterung dient. Der Nestkastendeckel soll leicht abnehmbar sein. Zwecks ausreichender Belüftung wird in die Türklappe ein kleines Fliegengazefenster eingebaut, und zusätzlich werden ein paar Löcher durchs Türholz gebohrt. Der Kastenboden sollte aus engem Drahtgeflecht bestehen, das gegen ein Eindringen von Ratten und Wieseln an den Bodenbrettern festgenagelt wird. Soll der Kasten draußen stehen, muß er ein mit Teerpappe benageltes Schrägdach gegen Regengüsse erhalten. Zur Bereitung des Nestes im Kasten wird dieser 10 cm hoch mit Erde, am besten umgedrehten Rasensoden gefüllt und darüber kurz geschnittenes Stroh, Heu oder trockenes Moos geschüttet. Für das Gelege stellt man eine ca. suppentellertiefe Mulde her, die weder zu flach (wegrollen der Eier in die Ecken), noch zu tief (übereinanderrollen der Eier im Zentrum), sein darf. Die zum Brüten bestimmte Henne muß häufig durch verschiedene Maßnahmen zur Brutbereitschaft angeregt werden. Ein probates Mittel ist die 14tägige Verfütterung angekeimter Gerste. Gluckt die Henne, wird sie abends probeweise 24 Stunden lang in den Kasten auf ein Gelege aus angewärmten Porzellaneiern gesetzt. Ob sie in voller Brutstimmung ist oder nicht, kann man dann nach dem Öffnen der Kiste leicht aus ihrem Verhalten ersehen. Stürzt sie sofort heraus, besteht kaum Aussicht auf Erfolg. Ebenso ist Vorsicht geboten, wenn sie auf dem Nest noch reges Interesse an der Außenwelt zeigt, Kopf und Hals hebt und unruhig hin und her rückt. Eine Henne in voller Brutstimmung soll auch nach Öffnen der Vorderklappe geduckt und wie hypnotisiert auf dem Nest sitzen bleiben, sich langsam hochheben und ruhig vom Gelege nehmen lassen. Nach Ablauf von 24 Stunden läßt man die Henne Futter und Wasser aufnehmen und beobachtet, was sie danach tun wird. Begibt sie sich innerhalb von 20 Minuten von selbst wieder aufs Nest, hat man gewonnenes Spiel. Tut sie einem diesen Gefallen nicht, wird sie nochmals zwangsweise auf das Nest gesetzt und die Prozedur nach weiteren 24 Stunden wiederholt. Erst wenn Gewißheit besteht, daß sie sicher sitzt, werden die Porzellaneier durch ein aus der gleichen Eizahl bestehendes Wildhuhngelege ersetzt. Die Glucke wird einmal täglich zwecks Futter- und Wasseraufnahme, zum Koten und Staubbaden vom Nest gelassen, am besten während der Morgenstunden. Da ihr Nahrungsbedarf während des Brütens recht gering ist, können fetthaltige Körner wie Mais und Gerste verfüttert werden, nur vermeide man plötzlichen Futterwechsel. Weich- und Grünfutter wird wegen der Anregung zu schneller Verdauung nicht gereicht. Will die Glucke zunächst das Nest nicht selbst verlassen, muß sie herausgenommen werden. Zu diesem Zweck fährt man mit der einen Hand unter den Körper, legt die andere Hand über ihren Rücken und hebt sie vorsichtig vom Gelege. Dabei ist darauf zu achten, daß sich keine Eier zwischen Flügeln und Beinen eingeklemmt haben, die dann herunterfallen. Nun kann das Gelege besichtigt und auf Befruchtung mit der Eierlampe überprüft werden. Zum Durchleuchten wählt STEFANI den 5. und 15. Bruttag. Angebrochene Eier werden entfernt, mit ausgeflossenem Inhalt beklebte Eier mit lauwarmem Wasser gesäubert. Ebenso wird beschmutztes Nestmaterial ausgewechselt. Ist das Bauchgefieder der Henne durch Eiinhalt verklebt, wird es ebenfalls in lauwarmem Wasser gesäubert. Die Bebrütung von Wildhuhngelegen darf 15 bis 45 Minuten unterbrochen werden, wobei das jeweils herrschende Wetter sowie die Bebrütungsdauer des Geleges zu berücksichtigen sind. Je wärmer die Außentemperatur, desto länger

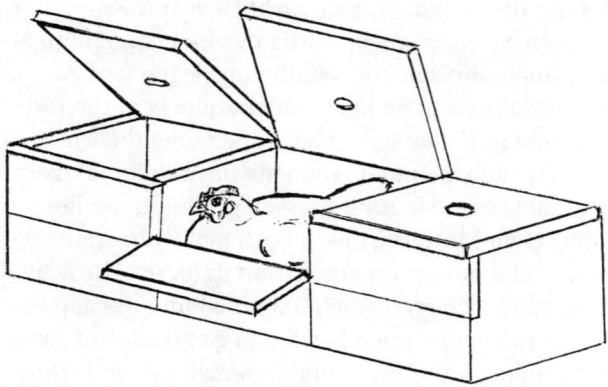

Dreiteiliger Brutkasten für die Brut mit Haushuhnglucken in geschlossenen Räumen. Das Loch im Deckel dient der Belüftung (nach J. von Keyerlingk).

kann ein Gelege unbedeckt bleiben. Herrscht sommerlich trockene Hitze, wird das Gelege einschließlich des unter der Nestkiste befindlichen Erdreichs mit lauwarmem Wasser besprengt. Gelege der Jagdfasanengruppe werden vom 21. Bruttag an bis zum Schlupfbeginn einmal täglich mit lauwarmem Wasser besprengt, wenn die Henne das Nest zur Nahrungsaufnahme verlassen hat. Gelege von Arten feuchtwarmer Tropengebiete benötigen mehr Feuchtigkeit als solche trockener Hochgebirge. Die übrige Wartung des Geleges übernimmt die Glucke selbst, indem sie die Eier alle 2 Stunden mit dem Schnabel wendet, die am Nestrand liegenden nach innen, die im Zentrum befindlichen an den Rand schiebt. Naht der Schlupftermin und beginnen die Küken mit dem Eizahn die Schale zu öffnen, darf niemals nachgeholfen werden, wie es ungeduldige Anfänger leider immer wieder zum eigenen Schaden tun. Die leeren Eischalen können im Nest belassen werden, weil durch sie das Gewicht der Henne auf einen größeren Raum verteilt wird und geschlüpfte Küken nicht so leicht erdrückt werden können. Verletzungen geschlüpfter Küken durch scharfkantige Eischalenteile sind nicht zu befürchten. Während des Schlüpfens empfiehlt es sich, den Deckel der Nestkiste geschlossen zu halten oder durch ein engmaschiges Drahtnetz in fest aufsitzendem Holzrahmen zu ersetzen. Die Küken der meisten Wildhuhnarten zeigen nämlich ein stark ausgebildetes, in der Freiheit arterhaltendes Fluchtverhalten, springen unglaublich schnell aus der Kiste, rennen wie Mäuse in irgendeinen Winkel und sind dann nur sehr schwer wieder einzusammeln. Manchmal ist über das Töten von Küken durch eine Glucke geklagt worden, die die Kleinen als artfremd erkannte und durch Schnabelhiebe erledigte. Es gibt Hennen, die ihre Küken gleich nach dem Schlupf töten, und andere, die dies erst im Aufzuchtkasten tun. Solche Hennen sind von der weiteren Verwendung als Glucken auszuschließen, oder man nimmt ihnen das Gelege kurz vor dem Schlupf weg und vertraut es dem Schlupfbrüter an, eine Methode, die sich beispielsweise bei der Tetraonidenzucht bewährt hat. Die Glucke noch 24 Stunden mit den geschlüpften Küken zusammen in der Brutkiste zu belassen, empfiehlt sich nicht, weil die Kleinen leicht in der Mitte des muldenförmigen Nestbodens oder an den Seiten durch das Nistmaterial abwärts rutschen und erdrückt werden oder ersticken können. Hühnervogelküken sind überdies Nestflüchter, die ihren Geburtsort nach Abtrocknen des Dunengefieders für immer verlassen. Deshalb wird die Familie nach beendetem Schlupf in einen Aufzuchtkasten gesetzt, der 40 cm lang, 60 cm breit und 35 cm hoch sein kann und dessen Decke zur Hälfte aus Drahtgeflecht oder einer Glasscheibe bestehen soll. Durch Löcher in den Kastenwänden muß für genügende Ventilation gesorgt werden. Als Fußboden dient am besten häufig auszuwechselnder Sand, denn ein Gitterboden würde seine Aufgabe, den Kot hindurchfallen zu lassen, hier nicht erfüllen: Die Henne benötigt dafür ein weitmaschigeres Geflecht als die Küken, welche mit den Füßen darin hängenbleiben würden. Der Aufzuchtkasten ist an einem warmen, trockenen Platz in einem Raum aufzustellen, der zugluftfrei sein muß. Bezüglich der Kükenfütterung sei auf das Kapitel „Kükenfütterung und Aufzucht" verwiesen. Im Aufzuchtkasten bleiben Henne und Küken so lange, bis die Kleinen futterfest sind, also ca. 4 bis 6 Tage. Danach wird die Familie in eine Aufzuchtanlage gesetzt, die aus einem Schutzhäuschen (Gluckenheim) sowie dem verdrahteten Auslauf besteht. Ein 8 cm breites Holzstabgitter bildet die Vorderfront zum Auslauf. Es soll die Küken passieren lassen, die Henne aber im Häuschen zurückhalten. Sie würde auf dem kurzen Rasen des Auslaufs herumscharren und den Küken das spezielle Futter wegfressen, das sich in einem Napf dort befindet. Das Gluckenheim hat Bretterwände, einen Holz- oder Drahtboden sowie ein abnehmbares Dach mit Teerpappedecke. Als Maße kann man eine Breite von 90 cm, eine Länge von 50 cm und eine Höhe von 60 cm wählen. Der Kükenauslauf kann 2 bis 3 m lang, 1 m breit und 50 cm hoch sein. Er besteht aus Drahtwänden und hat keinen festen Boden. Zum Schutz vor ungünstiger Witterung wird ⅓ des Drahtgeflechts vor dem Eingang zum Schutzhaus mit durchsichtiger Plastikfolie belegt, die man an den Seiten einfach durch daraufgelegte Steine in ihrer Lage fixiert. Das leicht transportable Aufzuchtgehege sollte auf einem kurzgehaltenen Rasen stehen und alle 2 bis 3 Tage um seine Breite verschoben werden, damit die Küken immer wieder auf frischem Boden stehen. Sollte die regelmäßige Gehegeverlegung nicht möglich sein, muß Rasen gemieden und das Erdreich 2mal wöchentlich ca. 3 cm tief entfernt und durch frischen, sauberen Sand ersetzt werden. Unterläßt man den Bodenwechsel, treten bald Todesfälle durch Parasiten und krank machende Bakterien auf, die sich in zu lange benutztem Erdreich mit dem Kot anreichern. Bei hohen Temperaturen ersetzt man eine Hälfte des zweiteilig aufklappbaren Gluckenheimdaches durch enges Drahtgeflecht. Die ganze Anlage darf niemals

Versetzbarer Kükenauslauf mit Aufzuchtkasten. Die vordere Auslaufhälfte ist zum Schutz gegen Regenfälle mit durch Steine fixierter durchsichtiger Plastikfolie bedeckt. Abends wird das Kükendurchlaufgitter seitlich herausgeschoben und durch eine abschließende Wandplatte ersetzt.

voll von der Sonne beschienen werden, weil die Küken bei hohen Temperaturen leicht einem Hitzschlag erliegen würden. Auch achte man darauf, daß sie ausreichend von der Glucke gehudert werden, was vor allem während der kühlen Nachtstunden unbedingt der Fall sein muß. Sind sie nachmittags unter das Gefieder der Henne gekrochen, verschließt man das Gluckenheim durch einen vor oder hinter dem Schlupfgitter angebrachten Schieber. Am zweckmäßigsten läßt man Kleinküken während der Morgenkühle und des Morgentaus nicht vor 9 Uhr morgens in den Auslauf und treibt sie ab 14 Uhr wieder in den Kasten. Da Küken vor dem 20. Lebenstag ihre Körpertemperatur noch nicht selbst aufrechterhalten können, führt eine Abnahme ihrer Aktivität bei niedrigen Temperaturen, Niederschlägen und feuchter Vegetation schnell zum Tode durch Unterkühlung, wenn das Hudern unterbleibt. Junge Hühnervögel sind, abgesehen von den Großfußhühnern (Megapodiidae), bei denen das sofort nach dem Schlupf der Fall ist, mit ca. 3 Monaten selbständig.

Die Kunstbrut

Weil Hühnerglucken nicht jederzeit verfügbar sind, läßt man die Eier heute meist in Elektrobrütern erbrüten. Während bei der Naturbrut und Ammenbrut die Wildhenne oder Hühnerglucke die ihrem Gelege zuträglichste Bruttemperatur erzeugt, die richtige Feuchtigkeit und Sauerstoffzufuhr gewährleistet und die Eier wendet, werden diese Aufgaben bei der Kunstbrut von technischen Geräten übernommen. Diese sind in der Konstruktion so ausgereift, daß die erzielten Ergebnisse bei genauer Befolgung der Gebrauchsanweisung denen der Naturbrut kaum noch nachstehen. Auch werden die Nachteile der letzteren, wie das gelegentliche Zertrampeln dünnschaliger Eier durch ungeschickte Glucken, das Erkalten von Gelegen durch plötzliches Verlassen derselben bei Erlöschen des Bruttriebes, gelegentliches Töten als artfremd erkannter Küken durch eine Henne sowie die Übertragung bakterieller Infektionen von Hennen auf die Küken, vermieden.

Sieht man von Großbrütern ab, wie sie die Wirtschaftsgeflügelzucht betreibt, sind die im Handel erhältlichen Brutapparate entweder Flach- oder Flächenbrüter und Schrankbrüter. In Flachbrütern liegen die Eier in einer einzigen Lage, im Schrankbrüter in mehreren Etagen übereinander auf Hürden. Für welches der beiden Modelle man sich entscheidet, ist eine Platz- und Zeitfrage. Schrankbrüter, die es in mehreren Größen gibt, sind jedenfalls platzsparender und in der Bedienung einfacher. Ferner kennt man noch die Bezeichnungen „Vorbrüter" und „Schlupfbrüter", gleiche Systeme wie die schon genannten, die nur zu anderen Zwecken eingesetzt werden: Da aus seuchenhygienischen Gründen das Erbrüten der Eier und das Schlüpfen der Küken nicht im gleichen Gerät erfolgen soll, benötigt man neben dem Vorbrüter noch einen Schlupfbrüter, in ihn werden die Eier 3 Tage vor dem Schlüpfen der Küken, manchmal erst ganz kurz davor gebracht, weil sie sich im Vorbrüter durch den infolge der Luftumwälzung herumwirbelnden Staub aus Dunenpartikeln und Eihautresten infizieren könnten, wenn sich auch nur ein krankes Tier unter ihnen befindet. Gelege großer und kleiner Hühnervogelarten können gemeinsam erbrütet werden, nicht jedoch Eier von Hühnervögeln und Wassergeflügel, weil die der letzteren bei der Brut an Temperatur und Feuchtigkeit andere Ansprüche stellen.

Schrankbrüter haben im Inneren gleiche Temperatur, weil eingebaute Ventilatoren, Schlagräder oder Luftmischer die Luft bewegen und in allen Apparatteilen auf gleicher Höhe halten. Flachbrüter haben von der Wärmequelle abfallend ein Temperaturgefälle. In ihnen muß die Eitemperatur stets in Höhe der Eioberkante gemessen werden: Einer Temperatur von 38,5 °C an der Oberkante entsprechen 37,5 °C an der Unterkante. Sollen hier Eier großer und kleiner Arten zusammen erbrütet werden, ist dafür zu sorgen, daß die Oberkante aller Eier auf gleicher Ebene steht, was für kleine Eier durch Drahtstützen erreichbar ist.

Ein Raum, in dem Brüter stehen, soll eine möglichst gleichmäßige Tag- und Nachttemperatur (zwischen 15 und 21 °C) und minimale Luftbewegung aufweisen. Auf keinen Fall dürfen durch Fenster Sonnenstrahlen einen Brüter treffen, weil dessen Innentemperatur dadurch stark ansteigen würde. Nach Abschluß der Brutsaison ist der Raum peinlich zu desinfizieren, denn die von den Schrankbrütern angesaugte Luft stammt ja aus ihm und könnte zusätzlich Keime ins Brüterinnere befördern. Aus dem kühlen Aufbewahrungsraum genommene Eier müssen wenigstens 6 Stunden Zeit zum Vorwärmen haben, ehe sie in den Brüter gelegt werden, um Temperaturschocks der Keimlinge zu vermeiden. Der Brüter selbst soll beim Einlegen der Eier bereits auf vollen Touren laufen und darf nicht erst in diesem Moment angestellt werden.

Wichtigster Teil eines Brüters sind seine Thermometer, von deren Präzision der Bruterfolg zum großen Teil abhängt. Empfehlenswert ist die Verwendung von 2 Thermometern, deren etwaige Abweichungen bekannt sind. Neben der üblichen Stabform werden auch Kniethermometer mit im rechten Winkel gebogener Skala verwendet. Die übliche Bruttemperatur für Hühnervogeleier beträgt 37,5 bis 37,8 °C, doch hat ASCHENBRENNER auch mit einer Temperatur von 36,5 °C im Motorbrüter mit Tetraonidengelegen ausgezeichnete Erfolge zu verzeichnen. In Brütern auftretende Untertemperaturen schaden weniger als zu hohe Temperaturen. Zu geringe Wärme von 35 °C verlangsamt das Keimwachstum und schadet wenig, wenn die Einwirkung von kurzer Dauer ist. Zu hohe Wärme dagegen beschleunigt die Keimentwicklung und führt zu schwammigen Küken.

Der Thermostat verhindert auf mechanische Weise eine Überhitzung im Brüter. Bei elektrisch beheizten Geräten erreicht man dies durch Kontaktthermometer, deren Quecksilbersäule bei Überschreitung einer bestimmten Temperatur durch ihr Steigen den Strom so lange ausschaltet, bis sie wieder den früheren Stand erreicht hat. Ist dies der Fall, schaltet die nunmehr ebenfalls sinkende Quecksilbersäule den Strom erneut ein. Gleichem Zweck dient eine Kapsel, die Alkohol sowie Äther enthält, der bei einem Temperaturanstieg auf 40 °C verdampft und die Kapsel ausdehnt (Äthermembran). Hygrometer dienen der Messung der relativen Luftfeuchtigkeit im Brüter. Sie soll in Vorbrütern bei 70 % liegen, in Schlupfbrütern dagegen 75 % betragen. Für die normale Entwicklung des Embryos im Ei ist die zuträglichste Luftfeuchtigkeit sehr wichtig. Je stärker die Luftumwälzung im Brüter ist, desto mehr Feuchtigkeit wird der Luft entzogen. Ist sie zu gering, wird eine Austrocknung der Eihäute, das Entstehen einer übermäßig großen Luftblase und dadurch ein Steckenbleiben des Kükens im Ei bewirkt.

Wasserschalen am Boden des Brüters sorgen für die gewünschte Luftfeuchtigkeit und müssen regelmäßig nachgefüllt werden. Neueste Brütermodelle besitzen ein automatisches Wassertropfersystem in die Wasserschalen.

Das Schieren (Durchleuchten) der Bruteier dient der Feststellung der Befruchtung und der Kontrolle der Entwicklung des Embryos. Dazu werden die Eier mit speziell dafür konstruierten Eierlampen durchleuchtet. Ein lebender Keim läßt sich etwa ab dem 8. Bruttag an einem dunklen Fleck, dem Auge des Embryos, erkennen, der beim Bewegen des Eies etwas hin und her schaukelt und von dem ein rötliches Adernetz ausgeht. Abgestorbene Keime erkennt man an einem roten oder braunen Fleck ohne Adernetz und ohne Bewegung. Der Fleck ist häufig von einem „Blutring" umgeben. Das unbefruchtete Ei ist ganz klar und bleibt dies während der ganzen Brut. Beim meist am 14. Bruttag erfolgenden 2. Schieren der Eier läßt sich ein lebender Embryo deutlich an seinen zuckenden Bewegungen erkennen, während ein abgestorbener bewegungslos hin und her schaukelt.

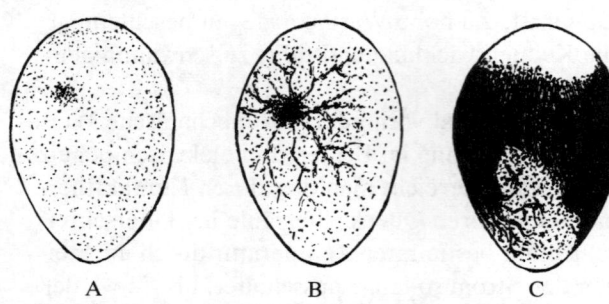

Embryonalentwicklung im bebrüteten Ei:
A 3. Bruttag, B 7. Bruttag, C 14. Bruttag.

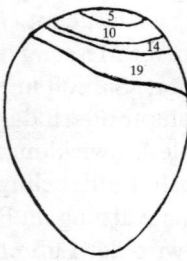

Die Vergrößerung der Luftblase während der Brut (5., 10., 14. und 19. Bruttag)

Während der Brut müssen die Eier mehrfach täglich gewendet werden, was in Schrankbrütern durch Schaltuhren und Elektromotoren erfolgt, die den gesamten Einsatz mit den Eierhorden um 90° von der einen zur anderen Schräglage wenden. Wird das Ei nicht bewegt, klebt der Keim an der Schalenwandung fest, oder die blutgefäßreiche Außenschicht der Eihülle (Allantois) wächst an der Dotterhülle an. Durch regelmäßiges Wenden entsteht im Ei ein Druck- und Temperaturausgleich. Erfahrungsgemäß sind Wildhuhneier gegenüber unzulänglichem Wenden während der 1. Brutwoche extrem empfindlich. Brütende Hennen wenden und verschieben ihre Eier stündlich. Während Haushuhneier bei zweimaligem täglichem Wenden keinen Schaden erleiden, müssen Wildhuhneier wenigstens 3- bis 4mal täglich gewendet werden. Ab 2 Tage vor dem Schlüpfen hat das Wenden zu unterbleiben, weil das Küken infolge seiner Größe kaum noch Bewegungsmöglichkeiten im Ei hat und auch ersticken könnte, falls Feuchtigkeit in die innere Pickstelle an der Schalenhaut fließen würde. Zu diesem Zeitpunkt öffne man nie die Tür des Schlupfbrüters, denn auch wenn die Temperatur nach dem Schließen schnell wieder steigt, ist dies bei der Luftfeuchtigkeit nicht der Fall, und durch zu geringe Luftfeuchtigkeit können schlupfbereite Küken in der Schale steckenbleiben. Sind alle Küken geschlüpft und ist die Brutsaison beendet, sind die Brüter unbedingt zu desinfizieren. Zuerst werden sie ausgefegt, danach entfernt man den feinen Staub mit einem Staubsauger und wäscht Ei- wie Schlupfhorden mit Kreolinwasser. Nach Entfernung ihrer Thermometer werden die Schrankbrüter mit Formalindämpfen begast. Dazu werden 35 ml Formalin (35%ig) und 17,5 ml Wasser in ein hohes Gefäß geschüttet, das 25 g Kaliumpermanganat je m^3 enthält und dieses schnell in den zu schließenden Brüter gestellt. Dann läßt man den Luftumtrieb im beheizten Brüter ca. 2 Stunden laufen und entlüftet ihn danach gut.

Kükenfütterung und Aufzucht

CHARLES SIVELLE auf Long Island (New York), der außergewöhnliche Erfolge bei der Zucht seltener Fasanen zu verzeichnen hat, geht nach folgender Methode vor: Alle Küken werden in Elektrobrütern erbrütet und nach dem Trocknen des Dunenkleides einzeln aus dem Schlupfbrüter in hölzerne Aufzuchtkästen von 61 cm Länge, 30,5 cm Tiefe und 45,7 cm Höhe gesetzt, deren Boden mit täglich zu wechselnden Papierhandtüchern bedeckt ist. Diese erlauben u. a. eine regelmäßige Kotkontrolle. Wärme spendet eine Rotlicht-Kükenbirne, die von einem Rheostat kontrolliert wird. 10 bis 12,5 cm über dem Kastenboden ist eine Sitzstange angebracht und 7,6 cm über dem Boden an der Kastenrückwand ein Thermometer befestigt. Ein kleiner Pappkarton, in einer Kastenecke aufgestellt, dient den Küken als Schutz. Während der ersten Tage erhalten sie ein Weichfutter aus feingemahlenem Kükenkorn (Zusammensetzung: Mais, Hirse, Gerste), das mit vitaminisiertem und einem Antibiotikum medizierten Trinkwasser zu einer flockigen Masse angerührt wird. Futter und Wasser werden in flachen Dosenschraubdeckeln verabreicht. Anfänglich wird etwas von dem Futtergemisch über das Papiertuch gestreut und regt so manche Küken zum Picken an. In der 1. Woche soll die Kastentemperatur 35 °C betragen und wird wöchentlich um 1,5 °C bis auf 26,6 °C gesenkt. Jedes Küken pflegt sich nach dem Einsetzen in den Kasten erst einmal in den Schutz der Pappschachtel zurückzuziehen und nach ein paar Stunden die fremde Umgebung zu erkunden. Hat es den Darm entleert, was üblicherweise nach 24 Stunden der Fall zu sein pflegt und an der Grünfärbung des Kotes erkennbar ist, wird ihm ein in Wasser getauchter kleiner Mehlwurm mit der Pinzette vorgehalten. Hat es ihn angenommen, erhält es weitere Mehlwürmer, die ins Wasser getaucht und anschließend im Futtergemisch gewälzt wurden; so lernt es sein Futter kennen. Nunmehr werden dem Kükenkorngemisch feingemahlene Krümel und Puten-Kükenstarter beigemischt, ebenso feingewiegte Luzerneblätter. Vor allem Koklass-, Tragopan- und Ohrfasanenküken nehmen gern Grünfutter auf, während die Küken insektenfressender Arten, wie der Argus-, Pfau- und Feuerrückenfasanen, entschieden Mehlwürmer bevorzugen. Dem beschriebenen Futter werden 3mal täglich Luzerneblätter und 2 bis 3 kleine Mehlwürmer beigegeben. Mit der Zeit wird das Kükenkorn immer stärker durch ein Kükenaufzuchtfutter, das weniger als 20 % Protein enthalten soll, ersetzt. Bei Koklassküken wird die Luzernezugabe auf 50 % des Gesamtfutters erhöht und auf Mehlwurmgaben ganz verzichtet. Später erhalten sie ein Futter aus 75 % Luzerne und 25 % Pellets, bei welchem sie prächtig gedeihen. Nach Ablauf von 3 Wochen wird das bisher allein gehaltene Küken mit einem anderen zusammen in einen 90 cm hohen, ebenso breiten und 76 cm tiefen Aufzuchtkasten gesetzt, dessen Temperatur auf 26,6 °C eingestellt ist. Ein benadelter Kiefernast dient zum Aufbaumen und als Sichtschutz. 2 Pappschachteln an der Kastenrückwand geben den beiden Küken ein Gefühl der Geborgenheit. Bei Hühnervogelküken vieler Arten pflegen in diesem Altersstadium die gefürchteten Zehenverkrüppelungen aufzutreten, die meist auf fehlende Aufbaummöglichkeiten zurückzuführen sind. Alle Kästen werden nach dem Einsetzen der Küken mit einer Karteikarte versehen, auf der Schlupfdatum und Genealogie vermerkt sind. Beides wird außerdem in einem Notizbuch festgehalten. Auch die über 3 Wochen alten Küken erhalten als Futter noch Putenstarter mit frischer Luzerne, die insektenfressenden Arten dazu 3 bis 4 Mehlwürmer täglich. Das Trinkwasser wird täglich mit Vitaminlösung und alle 5 Tage mit einem Antibiotikum angereichert. Nach Ablauf von 4 Wochen werden je 2 Küken mit 2 anderen in eine 180 cm hohe, 244 cm tiefe und 300 cm lange Innenvoliere gesetzt, deren Boden mit Kies bedeckt ist. Kies trocknet schnell ab und ist leicht sauberzuhalten. Vor dem Einsetzen der Vögel sind Boden, Wände und Sitzstangen mit heißem Dampf zu behandeln, eine Wärmelampe ist zu installieren, und Kiefernäste zum Aufbaumen sind zu befestigen. Nun werden die Vögel auch beringt. Wiederum kommt es darauf an, ihnen eine Umgebung zu schaffen, in der sie sich sicher fühlen. Durch Ausstreuen von Mehlwürmern, Luzerne und Apfelstückchen werden sie zum Umherlaufen und Kennenlernen der neuen Umgebung veranlaßt. Nach Ablauf zweier weiterer Wochen wird eine kleine Verbindungstür zu der anschließenden 180 cm langen, 120 cm tiefen und 150 cm hohen Außenvoliere geöffnet. Der Boden der Voliere ist mit frisch gesätem Gras und Luzerne bewachsen. Obwohl zu dieser Jahreszeit die Außentemperaturen in New York noch mild zu sein pflegen und zwischen 12,7 und 23,8 °C liegen, wird die Heizlampe im Innenraum weiter in Betrieb gehalten. Die Futterzusammenstellung bleibt unverändert, nur werden der Wachstumszunahme und der Zahl der

Vögel entsprechend größere Portionen verfüttert. Bei ungünstiger Witterung bleiben die Vögel in der Innenvoliere. Das Futter besteht aus Putenstarter-Pellets mit 20 % Proteingehalt in genau bemessenen Rationen, dazu Apfelstückchen. Ferner werden an aufeinanderfolgenden Tagen abwechselnd frische Luzerne, Salat, Gurke, Melone sowie kleine grüne Erdnüsse (in Europa nicht erhältlich) gereicht. Kotproben werden täglich gesammelt und mikroskopisch auf Parasitenbefall untersucht. (Aus Personalmangel werden das übliche Aufzuchtanstalten nur wöchentlich tun, aber der hohe Wert eines Bulwerfasans oder Blyth-Tragopans macht die Vorsorge verständlich.) Innen- und Außenvolieren werden wöchentlich gereinigt, Äste und Wände dabei zur Vorbeuge mit einem karbolhaltigen Mittel gegen Milben bestrichen. Besonders wertvolle und seltene Arten werden grundsätzlich nur in Kleingruppen aus 2 bis 3 Vögeln zusammengehalten. Kränklich erscheinende Jungvögel werden zurück in den kleineren Käfig gesetzt. Daß bei ihnen Wachstum und Aktivität oft nicht der der übrigen Vögel entsprechen, ist nicht selten in der Furcht vor stärkeren Artgenossen begründet. Steckt man solche schüchternen Küken in die nächst jüngere Gruppe, erholen sie sich häufig erstaunlich schnell. Küken scheuer und furchtsamer Arten werden nicht in einer Gruppe, sondern mit einem Artgenossen gleichen Alters aufgezogen. Koklass-, Feuerrückenfasanen und Tragopane zieht SIVELLE höchstens mit **einem** Artgenossen zusammen auf. Manchmal kann nämlich eine ganze Gruppe von einem einzigen Weißen Ohrfasan oder Feuerrücken beherrscht werden, der dann einzelne Mitglieder zu attackieren pflegt. Solche „Kampfhähne" werden aus der Gruppe genommen und allein aufgezogen. In größeren Gruppen wird das Herrschen eines Kükens oder Jungvogels über die anderen häufig zu einem Problem.

Nach 7 bis 8 Wochen werden die Jungfasanen in Gruppen von 6 bis 8 Vögeln in eine 3,65 bis 4,20 m lange, 2,44 bis 3,00 m tiefe und 1,80 bis 3,00 m hohe Innenvoliere gesetzt, die mit vielen Aufbaummöglichkeiten, Deckung aus Kiefernästen, Futter- und Wasserstellen an verschiedenen Plätzen und bei tropischen Arten mehreren Wärmequellen ausgestattet ist. Zwecks Vermeidung von Streß und zum Bewegungsanreiz werden Mehlwürmer und grüne Erdnußkerne über den Boden gestreut und die neu eingesetzten Vögel dadurch beschäftigt. Der Innenvoliere ist eine Außenvoliere von 7,30 bis 11,00 m Länge, 2,44 bis 3,00 m Tiefe und 2,10 bis 4,50 m Höhe angeschlossen, die als Landschaftsvoliere eingerichtet wurde. Die Jungvögel der Gruppe werden vom Pfleger sorgfältig beobachtet, um scheue oder aggressive Tiere rechtzeitig herauszufangen und in andere Volieren setzen zu können. In dieser Altersstufe wird nie ein Einzelvogel zu einer Gruppe gleichen Alters gesetzt, weil er dann als Fremdling bekämpft würde. Unter den geschilderten Bedingungen werden die Jungfasanen bis zur Geschlechtsreife gehalten. Die Futterzusammenstellung bleibt unverändert. Nach den Erfahrungen SIVELLES kommen Gruppen aus 7 bis 8 Vögeln am besten miteinander aus. Werden sie verpaart und so später verkauft, waren sie bereits vorher aneinander gewöhnt und gehen meist günstige Paarbindungen ein.

Wie schon anfangs bemerkt, gilt die von SIVELLE geschilderte Einzelaufzucht für Küken besonders wertvoller und seltener Arten. Üblicherweise werden Hühnervogelküken vom Schlupf an in kleinen, bei häufigen Arten auch größeren Gruppen gleichen Alters zusammen aufgezogen. Dazu verwendet man geräumigere Aufzuchtkästen, die ebenfalls durch Rotlichtstrahler erwärmt werden.

Tierische Feinde und deren Bekämpfung

Bei der Haltung von Volieren- und Parkgeflügel stellen sich auch alsbald deren Feinde ein, und ohne entsprechende Vorsichtsmaßnahmen getroffen zu haben, muß der Besitzer unter Umständen mit empfindlichen Verlusten rechnen. Am harmlosesten sind noch Mäuse, die besonders in der Herbst- und Winterzeit von den vollen Futterschüsseln angelockt werden. Jungmäuse vermögen selbst durch Kükendraht und schmale Spalten zu schlüpfen und gelangen so in die Volieren. Schutzraum und Volieren dauerhaft mäusefrei zu halten, ist nahezu unmöglich. Tagsüber werden die kleinen Nager gern von großen Hühnervögeln wie Pfauen, Truthühner und Ohrfasanen gefangen und verzehrt, nachts jedoch sorgen sie durch Klettern, Umherhuschen und Springen häufig zu panikartigem Auffliegen im Schutzraum aufgebaumter Vögel. Auch sind sie Träger bakterieller Krankheiten, die sie mit ihrem Kot über das Futter auf die Vögel übertragen können. Glücklicherweise ist Mäusefang einfach, denn anders als Ratten werden Mäuse durch den Tod von Artgenossen nicht gewarnt und fallen immer wieder auf bestimmte Köder (frischgebratener Speck) herein. Bügelfallen müssen in Holzkästchen mit kleinen Öffnungen entlang der Volieren- oder Schutzraumwände aufgestellt werden. Der starken Mäusevermehrung kann man nur mit unermüdlichem Fallenaufstellen wirksam entgegentreten. Viel unangenehmer sind Ratten, die natürlich auch vom Geruch des Vogelfutters angelockt werden, sich jedoch durch rattensicheren Gehegebau mit Fundament und Bodenverdrahtung weitgehend fernhalten lassen. Ist ihnen das Eindringen gelungen, verursachen sie nicht nur nächtliche Panik unter den Vögeln, sondern überfallen auch kleine Arten (Wachteln) und töten Küken wie Jungvögel. Da Ratten viel intelligenter als Mäuse sind, ist ihre Vernichtung erheblich schwieriger. Ein in der Falle getöteter Artgenosse läßt die übrigen Familienmitglieder diese Gefahr für immer meiden, mag der ausgelegte Köder auch noch so lecker riechen. Das Mittel der Wahl besitzen wir im Cumarin, das als Köder in einem vogelsicheren Holzkästchen ausgelegt wird. Es ist speziell für die Ratte ein starkes, langsam wirkendes Gift, das die Blutgefäße durchlässig werden und das Tier innerhalb von mehreren Tagen innerlich verbluten läßt. Andere Ratten bringen den Tod ihres Artgenossen nicht mit der Giftköderaufnahme in Verbindung. Ein Nachteil ist nur, daß manche Rattenpopulationen inzwischen gegen Cumarin immun geworden sind, was zu erwarten war.

Finden Sie eines Morgens alle Fasanen mit durchbissener Halswirbelsäule vor, können Sie sicher sein, daß Sie Marderbesuch hatten. Der Stein- oder Hausmarder hat sich während der letzten Jahre so stark zum Kulturfolger entwickelt, daß er inmitten von Millionenstädten vor allem in Gartenhäusern, Lauben und Ruinen zu leben und sich zu behaupten vermag. Marder wissen sehr geschickt lockeren Maschendraht aufzureißen und beißen in der Voliere alles tot, was sich bewegt. Der Iltis pflegt dagegen nur ein Tier zu töten und fortzuschleppen, um es in Ruhe verzehren zu können. Reinicke Fuchs hat bei festschließenden Türen und genügend tiefen Fundamenten wenig Chancen, in Schutzraum und Voliere einzudringen. Gelingt es ihm jedoch, beißt er alles tot, was er erreichen kann, und schleppt gewöhnlich ein Tier fort, um es zu verzehren. Man kann sicher sein, daß ein Fuchs immer wiederkommen wird, solange man noch lebende Vögel hat. Da sich auch der Fuchs inzwischen den Bedingungen der Großstadt angepaßt hat und dort von weggeworfenen Essensresten lebt, sollten Sie sich nicht allzusehr wundern, wenn er Ihren Stadtgarten besucht. Da Marder, Iltis und Fuchs jagdbares Wild sind, darf man sie als Nichtjäger nicht selbst fangen oder schießen, sondern muß den zuständigen Bezirksförster um Abhilfe bitten. Auch Katzen können für den Hühnervogelbesitzer zum Problem werden, wenn sie umherstreunen. Sie dringen zwar selten in Volieren ein, pflegen jedoch nachts geschäftig auf den Drahtdecken umherzulaufen, was aufgebaumte Fasanen zu panikartigem Hochfliegen veranlaßt und häufig Schädelfrakturen zur Folge hat. Gegen Katzen und z. T. auch Marder hilft ein allseitig über die obere Volierenkante verlaufender Elektrodraht, der, mit Schwachstrom geladen, den Miezen das Umhertollen auf den Gehegen schnell verleidet. Zahlreichen Feinden ausgeliefert ist natürlich frei laufendes Parkgeflügel. Nur erwachsene Pfauen wissen sich durch ihre Vorsicht und Kraft das meiste Raubwild vom Hals zu halten. Sind Füchse und Marder im Parkgelände, werden keine Küken groß. Über Greifvögel als Schädlinge braucht nicht diskutiert zu werden, denn alle sind ganzjährig in der BRD geschützt. Wer wertvolle Fasanen frei herumlaufen läßt, darf sich nicht wundern, wenn sie vom Habicht geholt werden. Auch alle Rabenvögel sind geschützt. Sie dürfen nichts unternehmen, wenn Ihnen Krähe und Elster Küken rauben. Verzichten Sie also besser auf freilaufendes Parkgeflügel, wenn Sie nicht dauernden Ärger haben wollen.

Hokkohühner
Cracidae

Engl.: Chachalacas, Guans, Curassows.
Die Hokkohühner bilden eine aus 11 Gattungen mit ca. 45 Arten bestehende Familie baumbewohnender Hühnervögel, deren ausschließliche Heimat Mittel- und Südamerika ist. Die perlhuhn- bis putengroßen Vögel sind von schlanker eleganter Gestalt. In ihrem Gefieder herrschen braune, graue und schwarze Farben vor, und die Federn der Oberseite weisen häufig kupfrigen, grünen oder blauen Glanz auf. Die großen, breiten, gerundeten Flügel erlauben ihnen ein wendiges Gleiten durch die dichte Tropenwaldvegetation, wobei sich der lange keilförmige Schwanz als vorzügliches Steuer bewährt. Vor dem Überfliegen von Lichtungen und breiten Wasserläufen klettern die großen Vögel im Astwerk eines am Waldrand stehenden hohen Baumes empor, werfen sich von dort aus in die Luft und breiten im Fall die Flügel aus, um weite Strecken zu gleiten und kurze Flatterphasen einzulegen, wenn sie zu sehr an Höhe verlieren. Bei mehreren Gattungen sind die Fahnen der ersten Handschwingen gebogen und verschmälert und dienen den Männchen in der Fortpflanzungszeit durch Erzeugung knatternder und brummender Geräusche während des Fluges zur akustischen Markierung ihres Territoriums. Viele Craciden besitzen verlängerte Scheitelfedern, die zu kurzen Schöpfen und Hauben aufgestellt werden können. Die kurzen kräftigen Schnäbel weisen bei einigen Arten auf der Oberschnabelbasis ansehnliche Knochenfortsätze auf und sind bei anderen im Basalabschnitt mit üppiger bunter Wachshaut bedeckt, die noch fleischige Fortsätze tragen kann. Von Kinn und Kehle können bunte Fleischwammen und Klunkern herabhängen. Zügel und Orbitalregion sind bei vielen Arten unbefiedert. Anatomisch unterscheiden sich die Craciden von den übrigen Hühnervögeln, mit Ausnahme der Großfußhühner, durch die tief angesetzte, mit den 3 Vorderzehen auf einer Ebene liegende lange, kräftige Hinterzehe, die zusammen mit den übrigen, ebenfalls robusten und mit starken Krallen versehenen Zehen ein zangenartiges Umfassen von Ästen und Zweigen erlaubt. HEINROTH (1931) schildert, wie ungemein fest sich schon frisch geschlüpfte Hokkoküken anklammern können, und andere Forscher berichten, wie sicher und gewandt sich selbst die großen Arten auf dünnen Zweigen bewegen und sogar kopfüber an diesen hängend zu Beeren und Früchten gelangen. Wohl alle Craciden kommen wenigstens für kurze Zeit täglich auf den Erdboden herab, um herabgefallene Früchte aufzunehmen, im Humus zu scharren, mineralhaltiges Erdreich aufzunehmen und an einer Wasserstelle zu trinken. Häufig sind sie auch beim Sonnen- und Staubbaden auf dem Erdboden angetroffen worden. Alle Hokkohühner sind überwiegend Pflanzenfresser, deren Nahrung aus Früchten, Beeren, Blättern und grünen Triebspitzen besteht. Groß-Hokkos und Zapfen-Guans besitzen wie die meisten anderen Hühnervögel einen Kropf, die kleineren Craciden nach SKUTCH nur eine Ausweitung der Speiseröhre bzw. eine starke Dehnbarkeit derselben, die gleichfalls der Speicherung von Nahrung dient. Die Muskelmägen sind dickwandig und die beiden Blinddärme lang. Die Luftröhre ist bei den Hähnen einiger Gattungen extrem verlängert und verläuft dann als eine bis vor den After reichende und kopfwärts wieder in den Brustkorb eintretende U-förmige Schlinge zwischen Haut und Brustmuskel. Ein ähnlich komplizierter Verlauf der Luftröhre ist auch von Kranichen und Schwänen bekannt und dürfte bei allen diesen Vögeln der Erzeugung besonders lauter Töne dienen. Die vielseitige vokale Lautgebung der Hokkohühner ist in ihrer speziellen Bedeutung gegenwärtig noch nicht vollständig erforscht. Es gibt Schreikonzerte im Chor bei

Tschatschalakas und Schakuhühnern, Pfiffe bei den Schakutingas und tiefe Brummtöne bei den meisten Groß-Hokkos. Zarte Zwitschertöne, die zu so großen Vögeln gar nicht zu passen scheinen, sind ebenfalls weit verbreitet.

Über die im Vergleich mit vielen Hühnervögeln anderer Familien nicht gerade eindrucksvolle Balz des Männchens vor seinem Weibchen wird, soweit überhaupt bekannt, bei der Besprechung der Arten berichtet. Die Frage, ob Hokkohühner monogam sind, kann weitgehend bejaht werden. Die Zucht in Großvolieren ist allerdings – als Gefangenschaftserscheinung? – auch mit einem Hahn und 2 bis 3 Hennen gelungen. Die Nester der Craciden gleichen in ihrer Bauweise großen Taubennestern und stehen mit wenigen Ausnahmen über dem Erdboden durch dichtes Lianengestrüpp gut getarnt in Astgabeln. Vollgelege bestehen aus 2, höchstens 3 Eiern. Diese sind groß, dick- und rauhschalig, grobporig und einfarbig weiß. Sie werden vom Weibchen allein erbrütet. Bei manchen Arten hält das Männchen in der Nachbarschaft Wache und warnt das Weibchen bei Gefahr. Die robusten Küken können sofort mühelos im Gezweig klettern und in wenigen Tagen fliegen. Sie werden nachts auf dem Schlafast unter den Flügeln der Mutter gehudert, von beiden Eltern geführt und während der ersten Woche mit Futterbröckchen vom Schnabel der Altvögel ernährt. Die Familie bleibt bis zum Beginn der nächsten Brutzeit zusammen.

Bei der Entdeckung Mittel- und Südamerikas trafen die Europäer sehr häufig in den indianischen Siedlungen ungemein zahme Hokkohühner an, die dort weniger aus Tierliebe, sondern als lebende Festbraten gehalten wurden. Der Anblick der zahmen Vögel führte bei den Europäern zu dem naheliegenden Gedanken, aus ihnen neue Haustiere gewinnen zu können, wie es beispielsweise beim mexikanischen Truthuhn gelungen war. Doch sehr bald stellte sich heraus, daß die Schwierigkeit, Hokkohühner in Gefangenschaft zu züchten, ihre schwache Vermehrungsrate von 2 bis 3 Eiern pro Gelege, die langsame Entwicklung der Jungvögel, die Unmöglichkeit der Haltung im Herdenverband und nicht zuletzt ihre Kälteempfindlichkeit unter europäischen Klimabedingungen eine Domestikation verhinderten. Über eine frühe Hokkohaltung in Spanien oder Portugal ist uns nichts überliefert. Von dem berühmten niederländischen Naturforscher TEMMINCK wissen wir, daß holländische Züchter zu Beginn des 18. Jahrhunderts recht erfolgreich mehrere Hokkoarten vermehrten. Gute Haltungs- und Zuchterfolge hatte in England auch der EARL OF DERBY in seiner Knowsley Menagerie Anfang bis Mitte des 18. Jahrhunderts aufzuweisen. In neuerer Zeit hat in Europa TAIBEL in Rovigo (Italien) generationsweise Craciden-Arten gezüchtet und umfangreiche Kreuzungsversuche von Arten und Gattungen untereinander durchgeführt. In den USA hatten THROP, ROER und OLLSON in Phoenix (Arizona) sowie BUTEYN in San Luis Rey (Kalifornien) regelmäßige Erfolge bei der Zucht mehrerer Großhokko-Arten zu verzeichnen, wobei als begünstigender Faktor das milde Klima dieser südlichsten Staaten der USA eine wichtige Rolle gespielt haben wird. Die zur Zeit größte Craciden-Sammlung der Welt, in der die meisten Arten gehalten und auch gezüchtet werden, besitzt J. E. LOPEZ in Mexiko.

Über die bei der Haltung und Zucht von Hokkohühnern *(Cracidae)* gewonnenen Erfahrungen von LOPEZ, THROP und OLLSON sei im folgenden zusammenfassend berichtet.

Da alle Hokkohühner baumbewohnende Arten sind, die einen Großteil des Tages auf Ästen zubringen, sollten ihre Volieren 2,80 bis 4 m Höhe besitzen. Die Grundfläche der Gehege kann variiert werden. Sie schwankt bei OLLSON von 3,1 m × 4,9 m bis 6,1 m × 7,3 m, während LOPEZ in Mexiko seine Vögel in 15 m langen und 5 m tiefen Volieren hält. Alle Gehege müssen z. T. beschattet sein, was beim Fehlen von schattenspendenden Bäumen durch teilweise Überspannung der Decken mit getöntem Plastik oder Überdeckung mit dunkel getöntem Glas geschehen kann. Der Raum wird mit hohen Kletterbäumen, lebenden Sträuchern und Bäumen ausgestattet. Als Nistgelegenheit befestigt man hoch über dem Erdboden an geschützten Volierenplätzen oder im Schutzraum flache Holzkisten (Obstkisten), Flechtkörbe oder mit Zweigen ausgelegte Drahtrahmen und bietet dem brütenden Weibchen Sichtschutz durch Befestigung von Besenreisig. Für alle hokkoartigen Hühnervögel sind beheizte Unterkünfte während der kalten Jahreszeit absolute Vorbedingung: Schon bei wenigen Kältegraden erfrieren sich diese Subtropen- und Tropenbewohner unweigerlich die Zehenglieder! Unternehmen Sie also gar nicht erst nutzlose Akklimatisationsversuche, die ihre Pfleglinge zu Krüppeln machen.

Alle Hokkohühner sind ungewöhnlich vertraut oder werden es binnen kurzer Zeit. Viele Hokkohähne sind aggressiv, wenn man ihr Revier betritt. Sie greifen häufig den Pfleger an und attackieren alle größeren Vogelarten, die man mit ihnen zusammenzuhalten versucht. Doch dürfen baumbewohnende kleinere Arten von Staren- bis Dohlengröße (Stare, Drosseln, Baumtauben etc.) in Hokkogehegen gehalten werden. Meist vertragen sich Hokkopaare untereinander ausgezeichnet, doch berichtet OLLSON über Hähne, die das eigene Weibchen gelegentlich verfolgten und verletzten. Dieser Züchter hat, vermutlich in sehr großen und dichtbepflanzten Volieren, ein Hokkomännchen mit bis zu 4 Weibchen zusammengehalten, was offenbar zu keinen Komplikationen führte, vor denen er sicher gewarnt hätte. Die Craciden sind erst mit 2 Jahren voll ausgewachsen und geschlechtsreif. Die Brutzeit währt von März bis Juli. LOPEZ erreichte durch entsprechende Lichtregulation in Verbindung mit erhöhten Eiweißgaben auch im November/Dezember Legetätigkeit. Weil Hokkohennen oft unzuverlässig brüten und um Nachgelege zu erhalten, empfehlen alle Züchter die Fortnahme des Geleges. Im allgemeinen werden 2 Nachgelege in Abständen von je 20 Tagen gebracht. Wenn ROER von einer Rotschnabel-Hokkohenne mitteilt, daß sie in einer Saison 12 Eier legte, so dürfte diese Rekordleistung eine bei Craciden große Ausnahme sein. Die Weibchen von Frischfangpaaren bringen nach LOPEZ im ersten Brutjahr selten mehr als ein Gelege mit 2 Eiern. Eierfressen kommt bei dieser Hühnervogelgruppe kaum vor, weil ihre großen Eier zu dickschalig und deshalb mit den Schnäbeln nicht zu öffnen sind. Die Brutdauer beträgt durchschnittlich 29 Tage. Nach OLLSONS Erfahrungen dürfen Hokkoeier nicht lange aufbewahrt werden, weil die Embryonen in nicht bebrüteten Eiern schnell absterben oder die Schlupffähigkeit der Küken bei zu spätem Brutansatz erschwert ist. Zum Erbrüten der Gelege können Puten- und Hühnerglucken Verwendung finden. Puten werden die Hokkoeier einen Tag vor dem Schlupftermin fortgenommen und einem Schlupfbrüter anvertraut, weil Putenglucken Hokkoküken häufig als Fremdlinge töten. Als besonders gute Glucken und Ammen haben sich Zwerghennen erwiesen, denen man aber nur 2 der großen Eier unterlegen kann. Über die Erbrütung von Cracideneier im Inkubator schreibt LOPEZ u. a.: „Die Gelege lasse ich in einem Brüter mit automatischer Wendevorrichtung mit stündlichem Wenden der Eier erbrüten. Diese werden 25 bis 28 Tage lang bei einer Temperatur von 37,6 °C und 86 % relativer Luftfeuchtigkeit gehalten. Erst während der letzten 2 Tage vor dem Schlupftermin wird die Temperatur um 1 °C erniedrigt und die Luftfeuchtigkeit auf 88 bis 90 % erhöht." Die Küken schlüpfen schnell, sind robust und sehr dicht bedaunt. Nach dem Trocknen des Gefieders werden sie in einen 46 cm hohen, 46 cm langen und 35 cm breiten Aufzuchtkasten gesetzt, dessen Innentemperatur durch eine Glühbirne bei 32 °C gehalten wird. Zur Vermeidung von Beinschäden, vor allem Zehenverkrümmungen, ist das Anbringen von Sitzstangen unerläßlich. Der Kastenboden besteht aus engmaschigem Draht, der den Kot durchfallen läßt. LOPEZ füttert die Küken während der ersten Tage mit Putenküken-Erstlingsmehl unter Zugabe von Vitaminen und Obststückchen. THROP reicht Fasanenkükenstarter in krümelig-feuchter Form und streut zum Pickanreiz gekochte Eidotterkrümel darüber. Alle Züchter betonen, daß ein Füttern der Hokkoküken mit der Pinzette nicht notwendig ist. Die Kleinen lernen rasch, Futter vom Boden aufzupicken. Untereinander sind sie verträglich, und in einer Aufzuchtkiste mit den von LOPEZ beschriebenen Maßen hält dieser bis 4 Küken zusammen. Körperkontakt ist wichtig, und hat man nur ein Hokkoküken, muß man ihm ein Puten- oder Hühnerküken zur Gesellschaft beigeben. OLLSON beläßt die Jungen 3 Wochen lang in der Aufzuchtkiste und setzt sie dann in 1,22 m × 3,66 m große Ausläufe, in denen sie bis zum Abschluß des Wachstums verbleiben. Die Zuchtpaare werden erst im Alter von 2 Jahren zusammengestellt. Sehr hilfreich ist die Aufzucht mit Zwerghuhnammen, bei denen die Küken mütterliche Fürsorge erhalten. Die regelmäßige Zucht von Hokkohühnern ist nur mit einer zweckmäßigen Fütterung möglich. In den zoologischen Gärten erhalten diese Vögel manchmal auch heute noch ein Geflügelkörnerfutter mit Zugabe von Obst und Salat. Mit solcher Kost sind Craciden zwar lange am Leben zu erhalten, aber nicht zu züchten. Zwar sind sie überwiegende, aber nicht ausschließliche Vegetarier und benötigen auch regelmäßige Gaben von tierischem Eiweiß. LOPEZ, der z. Z. erfolgreichste Craciden-Züchter, reicht als Grundfutter Pellets mit 28%igen Proteingehalt, zusätzlich Früchte aller Art, aber kein Körnerfutter. Mit Beginn der Brutzeit wird zusätzlich Sojapaste mit Ei und Schabefleisch verabreicht. OLLSON verfüttert ²/₃ Geflügel-Pellets, ¹/₃ Mischkorn (Weizen, Milo, Erbsen), zusätzlich alle 2 Tage gekochtes Ei und gemahlenes Pferdefleisch sowie 2mal wöchentlich gehackte Äpfel und Bananen. Während der Brutzeit werden dem Futter noch Mehlwürmer beigefügt. THROP füttert Pellets für Wildgeflügel ("Game-bird ration") mit Zugaben von wenig Obst und hatte auch damit gute

Zuchterfolge. Gegenüber Krankheiten sind Hokkohühner sehr resistent. Ein Alter von 20 Jahren und mehr ist bei ihnen keine Seltenheit, und ihre niedrige Vermehrungsrate deutet darauf hin, daß sie auch im Wildleben ein hohes Alter erreichen dürften. Da Hokkos viel weniger im Boden scharren als die meisten anderen Hühnervögel, kommt die gefürchtete Tuberkulose bei ihnen selten vor. Empfindlich sind sie nur gegen niedrige Temperaturen, die zu Erkältungen aller Art führen, weshalb an dieser Stelle nochmals ausdrücklich vor Abhärtungsversuchen aller Art gewarnt sei. Große Popularität werden diese interessanten Hühnervögel bei uns wohl kaum je erlangen, weil sie warm überwintert werden müssen, ihre Vermehrungsrate niedrig ist und bunte Gefiederfarben fehlen. Um so mehr reizt ihre Vertrautheit, die einen engen Kontakt mit dem Pfleger gewährleistet und die man geradezu als „haustierartig" bezeichnen kann.

Weiterführende Literatur:
BLAKE, E. R.: Manual of Neotropical Birds, Vol. 1; Cracidae; pp. 386–438. University of Chicago Press 1977
DELACOUR, J., AMADON, D.: Curassows and related Birds; pp. 1–247. Amer. Mus. Nat. Hist., New York 1973
LOPEZ, J. E.: The Cracidae. Avic. Mag. 85; pp. 210–215 (1979)
OLLSON, M.: Curassows, W. P. A. Journal I; pp. 105–108 (1975/76)
RIDGWAY, R.: The Birds of North and Middle America, Pt. X; Cracidae; pp. 5–61. Smithsonian Institution Washington DC 1946
ROER: cit. b. THROP
SICK, H.: Aves Brasileiras, Nao-Passeriformes, Ordem Galliformes. Aracua, jacu, jacutinga, mutum: Familia Cracidae; pp. 225–237. Editora Universidade de Brasilia, Campus Universitario- Asa Norte 1985
SKUTCH, A.: In Grzymeks Tierleben, Bd. 7, Fam. Hokkoartige; pp. 432–441. Dtsch. Taschenbuchverlag (dtv) München 1966
THROP, J. L.: The Curassows. Avic. Mag. 70; pp. 123–133 (1964)
VAURIE, CH.: Systematic notes on the Bird Family. Cracidae No. 1–10 Amer. Mus. Nov., New York 1964–1967
DERS.: Taxonomy of the Cracidae (Aves). Bull. Amer. Mus. Nat. Hist. Vol. 138, Article 4; New York 1968
WAGNER, H. O.: Haustiere im vorkolumbischen Mexiko. Ztschr. Tierpsych. 17; pp. 368–369. P. Parey, Berlin/Hamburg 1960

Tschatschalakas
Ortalis, Merrem 1786

Engl.: Chachalacas.
Die 10 bis 12 Arten der Tschatschalakas sind mit 412 bis 649 mm Länge die kleinsten hokkoartigen Hühnervögel. Es sind schlanke, unscheinbar grau und braun gefärbte Vögel mit lockerem weichem Gefieder. Die mehr oder weniger verlängerten aufrichtbaren Scheitelfedern bilden keine richtige Haube. Der kleine Schnabel ist schlank und besitzt keine Nasenwachshaut. Die Zügelregion und der größte Teil des Gesichtes sind unbefiedert, ebenso die Oberkehle mit Ausnahme eines schmalen Streifens borstenartiger Federchen, der das sonst kahle Kehlfeld der Länge nach in 2 Hälften teilt. Die Flügel sind groß, sehr breit und gerundet, die Handschwingen länger als die längsten Armschwingen. Verschmälerungen von Handschwingen kommen nicht vor, und eine Flugbalz fehlt. Der Schwanz ist länger als der Flügel und setzt sich aus 12 stufenförmig angeordneten, breiten, an den Enden abgerundeten Steuerfedern zusammen. Läufe, Zehenglieder und Krallen sind lang und robust. Eine Luftröhrenschlinge ist nur bei den Männchen vorhanden. Die Geschlechter sind gleichgefärbt. Tschatschalakas sind keine Waldbewohner, sondern Dickichtvögel. Sie haben deshalb als einzige Craciden von der Waldzerstörung durch den Menschen profitiert und finden sich schnell dort ein, wo undurchdringlicher Sekundärbusch den Urwald ersetzt hat. Da die Bejagung der vorsichtigen und intelligenten Vögel recht schwierig ist, haben sie für die Zukunft gute Überlebenschancen. Nur wenige Menschen der Landbevölkerung Mittel- und Südamerikas haben Tschatschalakas gesehen, kennen aber ihr unüberhörbares Lärmkonzert recht gut, nach dem diese Vögel ihren Namen erhalten haben. Die Lautäußerungen der Arten ähneln einander sehr, sind aber nicht miteinander identisch. Nur der Graukopf-Tschatschalaka scheint das laute Chorgeschrei zu fehlen.
Wegen ihrer unscheinbaren Färbung sind Tschatschalakas seit jeher nur selten importiert worden. Sie vereinigen alle Eigenschaften der übrigen Hokkohühner in sich. Mehrere Arten wurden in Europa und den USA gezüchtet.

Tschatschalakas bei gemeinsamer Siesta (nach G. M. Sutton in Delacour/Amadon: Curassows and Related Birds).

Braunflügel-Tschatschalaka
Ortalis vetula, Wagler 1830

Engl.: Plain Chachalaca, Common Chachalaca, Mexican Chachalaca.
Abbildung: Seite 49 oben rechts.
Heimat: Äußerstes Süd-Texas im unteren Rio-Grande-Tal, Ost- und Süd-Mexiko, südwärts bis West-Nikaragua, Nordwest-Costa-Rica sowie die Utila-Insel von Honduras. 4 Unterarten.
Beschreibung: Geschlechter gleichgefärbt. Scheitel, Nacken, Kopfseiten und Oberhals braungrau bis rußgrau, auf Rücken, Oberschwanzdecken und Flügeln in ein einförmiges Grau- bis Braunoliv übergehend; Schwanzfedern dunkler mit ölgrünem Glanz, die äußeren breit isabell, hellgrau oder hell zimtfarben endgesäumt; Oberbrust olivbraun oder grauoliv, heller als der Rücken, auf Flanken und Unterschwanzdecken in Ockerbraun übergehend; Unterbrust und Bauchmitte bei den Unterarten verschieden gefärbt, ockrigweiß, gelblichgrau, hell rauchgrau bis hell rötlichbraun. Nackte Orbital- und Kehlhaut rosa bis karminrot, die Iris hellbraun, Schnabel und Beine hell bleigrau.
Länge 480 bis 580 mm; Flügel 195 bis 220 mm; Schwanz 220 bis 235 mm. Gewicht der Nominatform 300 bis 527 g.

Jungvögel sind brauner als Altvögel und haben Unterrücken und Bürzel undeutlich heller braun quergebändert. Die Schwingen sind zimtfarben gesprenkelt, die Schwanzfedern weniger gerundet und aschgrau endgesäumt.
Beim Dunenküken sind Scheitelmitte, Hinterkopf und ein Rückenstreif schwarz, rußbraun verwaschen; ein einzelner schwarzer Stirnfleck; Kopfseiten und Hals zimtig isabellfarben, auf dem Hals dazu zart schwarz gesprenkelt. Kinn, Kehle und hintere Unterseite weiß; über die Oberbrust zieht eine breite zimtisabellfarbene Querbinde. Bei einem anderen Küken waren die Scheitelseiten hell mausgrau, und der Rücken wies innerhalb des schwarzen Rückenstreifs einen rostbraunen Bezirk auf; der Mantel war ockrig isabellfarben. Bei 4 Tage alten Küken sind die Flügel schon gut ausgebildet und reichen über den Schwanz hinaus. Mit 3 Wochen können sie gut fliegen, und der Schwanz ist dann 76 mm lang.
Gelegestärke 3; Ei trübweiß, in der Form sehr variabel, nämlich oval, kurzoval und langoval, dick- und hartschalig mit grob granulierter Oberfläche (533 bis 655 mm × 376 bis 470 mm); Brutdauer 26 Tage.
Lebensgewohnheiten: In Süd-Texas bewohnen Tschatschalakas das Chaparral, ein Dickicht aus

kleinen, dornigen, dürreresistenten Bäumen. Um sie zu Dauerbewohnern eines solchen Biotops werden zu lassen, muß stets Wasser in erreichbarer Nähe sein. Fliegen bereitet diesen typischen Buschbewohnern überraschenderweise keine Schwierigkeiten: Der Flug ist schnell und führt über die Baumkronen hinweg, wonach die Vögel meist in den obersten Ästen eines Baumes landen. Tritt der Mensch nicht als Feind auf, werden sie schnell vertraut und lassen sich, wie im Santa-Ana-Schutzgebiet (Texas), von Touristen füttern. TEALE, der die Tschatschalakas 1965 dort beobachtete, erzählt darüber: „Eine Gesellschaft von mehr als 20 der von weitem an halbwüchsige Puten erinnernden graubraunen Vögel mit silbrig glänzendem Gefieder suchten auf einem Pfad nach Nahrung. Die meisten pickten ganz nach Haushuhnart auf dem Boden umher, einer nahm ein Staubbad, und wieder ein anderer sonnte sich, die Schwanzfedern und einen Flügel ausgebreitet, wohlig auf der Seite liegend. Dabei blieben sie jedoch stets auf der Hut und waren jederzeit bereit, bei Gefahr, schnell auffliegend, im schützenden Dornendickicht zu verschwinden."

Der Name Tschatschalaka gibt recht gut das Lärmkonzert wieder, das diese Vögel im Chor zu vollführen pflegen. Besonders häufig schreien sie morgens, abends, vor Gewittern und in mondhellen Nächten. Der Ruf des einzelnen Vogels ist nur dreisilbig; schreit jedoch die ganze Gesellschaft gleichzeitig, klingt es tatsächlich wie ein „Tschatschalaka". Althähne singen eine volle Oktave tiefer als Junghähne oder Hennen, aber alle besitzen ein bemerkenswertes Gefühl für Rhythmus. Beginnt ein Althahn mit seinem „Tschatschalak", ist der Takt sofort vorgegeben, weil die Pausen zwischen den Rufen genauso lang sind wie diese selbst. Fallen dann die anderen Vögel mit ein, werden die Silben „tscha" und „lak" hoffnungslos durcheinandergeworfen und die Pausen mit diesen Tönen ausgefüllt; doch dominieren die rangtieferen Schreier niemals, weil ihre schrillen Stimmen den vom Althahn eingehaltenen Takt nicht durcheinanderzubringen vermögen. Hat der Chor volle Lautstärke erreicht, vereinigt sich der Baß der Althähne mit dem Sopran der Hennen und dem kratzigen Falsetto der Jungvögel zu einer höchst fremdartig klingenden Kakophonie. Die Gesellschaft schreit dann immer und immer wieder ihr „Tschak-tscha-lak-a" in hämmerndem Rhythmus, bis sich die Äste zu biegen scheinen. Lärmen in einem dichtbesiedelten Gebiet 30 bis 40 Tschatschalaka-Familien von nah und fern um die Wette, dann glaubt man ohne weiteres, daß ihr Chor zu den auffallendsten Lautäußerungen mexikanischer Vögel gehört. Obwohl das ganze Jahr hindurch gerufen wird, ist dies doch am häufigsten und regelmäßigsten zu Beginn der Fortpflanzungszeit, die mit den ersten Schauern der Regenzeit in engem Zusammenhang steht, der Fall. Klimatische Unterschiede in dem großen Verbreitungsgebiet dieser Vogelart wirken sich auch auf die Bruttermine der betreffenden Populationen aus.

So beginnen die Tschatschalakas an der mexikanischen Pazifikküste 4 bis 6 Wochen früher zu brüten als jene im mittleren Talabschnitt von Chiapas. In Süd-Texas fällt die Brutzeit in die Monate April/Mai, und nicht allzuweit südlich davon wurden legende Hennen in Tamaulipas gesammelt, während in Yukatan und Süd-Chiapas vorwiegend im März, April und Mai genistet wird. Das Nest ist eine kleine, zerbrechlich wirkende Konstruktion, die das aus 3 Eiern bestehende Vollgelege kaum aufzunehmen vermag. Es wird (stets?) vom Männchen erbaut, steht meist 2 bis 6 m hoch in dichtem Laub zwischen Kletterpflanzen und wird gewöhnlich nur zufällig entdeckt. Die Henne brütet 26 Tage lang allein. Während der ersten 3 Lebenstage sind die Küken noch nicht flugfähig und müssen auf dem Boden übernachten. Bei Gefahr versteckt sich die Mutter im dichten Laub der Bäume und warnt ihre Küken mit Lauten, die wie „Gling gling" klingen. Die Jungen sind schwer auszumachen, verraten sich aber häufig durch ihr Piepsen. Mit 3 bis 4 Tagen können sie kurze Strecken durch die Luft flattern und verbringen von da ab die meiste Zeit auf Ästen und Zweigen. Die Nahrung der Erwachsenen umfaßt Beeren, junge Blätter und Triebspitzen, wohl nur zum geringen Teil Insekten.

Haltung: Die Art gelangte als europäischer Erstimport 1873 in den Londoner Zoo und war 1889 im Berliner Zoo vertreten. In der Folgezeit wurde sie dann häufiger in Europa und vor allem in den USA gehalten. Die Erstzucht gelang 1914 SUGGITT in England. Nachdem sein Paar eine große Außenvoliere erhalten hatte, baute der Hahn im oberen Abschnitt eines Baumes Ende April ein Nest. Am 3., 5. und 7. Mai legte die Henne je 1 Ei, brütete auch kurze Zeit, verließ jedoch dann das Gelege. Vom 12. bis 16. Juli brachte sie ein Zweitgelege, aus dem nach 26tägiger Bebrütung 3 Küken schlüpften, von denen 2 groß wurden. Die Jungen wurden meist vom Hahn gefüttert, der sie regurgitierte Fruchtstückchen von der Schnabelspitze abpicken ließ. Insekten erhielten sie erst nach 3 Wochen. Im Zoopark von San Diego (Kalifornien) hat diese *Ortalis*-Art jahrelang frei im Gartengelände gelebt und gebrütet.

Eine weltweite Umfrage der WPA ergab, daß im Jahre 1982 insgesamt 31 dieser Tschatschalakas gehalten wurden, davon 20 in lateinamerikanischen Sammlungen, 9 in Kontinental-Europa und 2 in den USA.

Graukopf-Tschatschalaka
Ortalis cinereiceps, Gray 1867

Engl.: Grey-headed Chachalaca.
Heimat: Das Karibische Honduras, Nordost- und Mittel-Nikaragua südwärts durch Costa Rica (wo im Nordwesten *O. vetula* lebt) und Panama einschließlich angrenzender Teile Kolumbiens (Chóco). Mehrere Unterarten, deren Gültigkeit umstritten ist.
Beschreibung: Geschlechter gleichgefärbt. Kopf und Oberhals schwärzlichgrau, die schwarzen Federschäfte auf der Kehlmitte mehr oder weniger stark hervortretend; Unterhals, Rücken und Flügel mit Ausnahme der kastanienbraunen Schwingen olivbraun; Schwanz schwärzlich mit starkem Grün- und Blauglanz, alle Steuerfedern mit breitem grauweißem Endsaum, der auf den mittleren Federn dunkler ist. Oberbrust hell olivbraun, der Bauch mittelgrau mit einzelnen bräunlichen Bezirken; Unterschwanzdecken braun. Augenlider und die nackte Gesichtshaut düstergrau, die Iris warmbraun; nackte Bezirke der Kehlseiten rosen- bis orangerot; Schnabel und Beine blaugrau.

Graukopf-Tschatschalakas aus Gebieten mit hoher Luftfeuchtigkeit weisen eine dunklere Gefiederfärbung auf.

Länge 480 bis 600 mm; Flügel 196 bis 236 mm; Schwanz 204 bis 252 mm.

Beim Dunenküken sind Kopfseiten, Unterrücken und Bürzel rußbraun; Oberrücken trüb schokoladenbraun, Hinterhals und Flügelbeuge zimtigisabellfarben, die Flügelchen düstergrau mit zimtbraunen Schwingenspitzen; Kehle und Bauch weiß, Brust und Körperseiten zimtfarben.

Gelegestärke 3; Ei schmutzigweiß mit rauher, grobporiger Schale (55,6 bis 61,0 mm × 38,1 bis 42,5 mm).

Lebensgewohnheiten: Graukopf-Tschatschalakas bewohnen dicht von Lianen durchwuchertes Buschwerk in Feuchtgebieten und wandern nach Rodungen von Wäldern sehr bald in den entstandenen Sekundärbusch ein. Zwar ist die Art vorwiegend Baumbewohner, kommt aber häufig auf den Boden herab, um dort, nach Hühnerart scharrend, Futter zu suchen. Bei Gefahr flüchten die Vögel mit hocherhobenem Kopf und teilweise gespreiztem Schwanz schnell laufend ins Gestrüpp. Ein Trupp wurde dabei beobachtet, wie ein Vogel hinter dem anderen in den nächsten Baum segelte. Der berühmte Lärmchor der Tschatschalakas fehlt dieser Art merkwürdigerweise ganz. DAVIS hörte zwar ein schnell wiederholtes weiches „Tscha-tschalak-a", vermißte aber dabei den rollenden und klappernden Klang der übrigen Arten. Eine Gesellschaft von Graukopf-Tschatschalakas vermag zwar auch zu lärmen, schreit aber niemals im Takt, sondern gibt eher eine Art von weichem Piepen in traurig klingendem Tonfall von sich. Nester und Gelege werden in Abhängigkeit vom Eintritt der Regenzeit von Februar bis Mai gefunden.

Haltung: Graukopf-Tschatschalakas sind offenbar bisher weder nach Europa noch in die USA importiert worden.

Eine weltweite Umfrage der WPA ergab, daß in den Jahren 1977 und 1982 4 Graukopf-Tschatschalakas in lateinamerikanischen Sammlungen gehalten wurden.

o. l. Rotsteiß-Tschatschalaka, *Ortalis ruficauda* (s. S. 51)
o. r. Braunflügel-Tschatschalaka, *Ortalis vetula* (s. S. 46)
u. l. Chaco-Tschatschalaka, *Ortalis canicollis* (s. S. 53)
u. r. Weißbauch-Tschatschalaka, *Ortalis leucogastra* (s. S. 54)

Rotflügel-Tschatschalaka
Ortalis garrula, Humboldt 1805

Engl.: Chestnut-winged Chachalaca.
Heimat: Nord-Kolumbien vom Sinufluß ostwärts zu den westlichen Vorhügelketten des Santa-Marta-Bergmassivs und zum oberen Tal des Rio Magdalena. Keine Unterarten.
Beschreibung: Geschlechter gleichgefärbt. Kopf und Nacken rotbraun, auf Rücken und inneren Schwingen in Olivbraun übergehend; Handschwingen und Innenfahnen der Handdecken kastanienbraun; Schwanz dunkler als der Rücken und mit Grün- und Blauglanz der Steuerfedern, die äußeren Steuerfederpaare breit weiß endgesäumt. Kehle und Oberbrust braun, ihre Federenden manchmal rostbraun. Bauch und Seiten weiß, die Schenkel trüber, die Unterschwanzdecken manchmal isabell getönt. Gesichts- und Kehlhaut rötlich; Iris dunkelbraun, Schnabel und Beine blaugrau.
Länge 480 bis 600 mm; Flügel 223 bis 255 mm; Schwanz 250 bis 280 mm. Gewicht 750 g. Dunenkleid wohl noch nicht beschrieben.
Gelegestärke 3; Ei rauhschalig, schmutzigweiß (59 bis 69 mm × 41 bis 45 mm); Eigewicht 62,95 g; Brutdauer 26 Tage.
Lebensgewohnheiten: In Nord-Kolumbien bewohnen diese Tschatschalakas dichtes Gestrüpp und hohen Sekundärbusch. Wie bei den meisten Arten der Gattung ruft die Gesellschaft laut im Chor, wobei der Gesang leise einsetzt, an Lautstärke zunimmt und dann ziemlich abrupt verstummt. Die Stimme soll der von *O. ruficauda* sehr ähnlich sein.
Haltung: Die europäische Ersteinfuhr der Rotflügel-Tschatschalaka erfolgte 1874 durch ROWLEY in 1 Exemplar in den Londoner Zoo. Nach DELACOUR u. AMADON ist die Art später häufiger importiert worden. 1903 war sie im Berliner Zoo vertreten. Die Erstzucht gelang 1953 TAIBEL in Rovigo (Italien). Das Männchen erbaute das Nest, und das Weibchen erbrütete das Dreiergelege. Die nach 26tägiger Brutdauer geschlüpften Küken wogen je 35 g. Mit 7 Tagen wog ein Küken 46,2 g, mit 15 Tagen 63,7 g, mit 30 Tagen 112,5 g, mit 60 Tagen 300 g, mit 90 Tagen 400 g, mit 120 Tagen 560 g, mit 150 Tagen 620 g und mit 180 Tagen 630 g. Dies war das Endgewicht eines Weibchens, während ein Männchen gleichen Alters 755 g wog. Eine weltweite Rundfrage der WPA ergab, daß im Jahre 1982 6 Rotflügel-Tschatschalakas in lateinamerikanischen Sammlungen gehalten wurden.

Rotsteiß-Tschatschalaka
Ortalis ruficauda, Jardine 1847

Engl.: Rufous-vented Chachalaca.
Abbildung: Seite 49 oben links.
Heimat: Nordost-Kolumbien und Nord-Venezuela südwärts bis zum Arauca und Orinoko. Außerdem Margarita Island und Tobago; auf den Grenadinen (südliche Kleine Antillen) eingebürgert. 2 Unterarten.
Beschreibung: Geschlechter gleichgefärbt. Kopf und Oberhals grau, auf dem Scheitel am dunkelsten; Bartstreif und Mittelkehle oft schwarz; Oberseite, Hals und Kropf bräunlicholiv; Brust und Bauch graubraun oder rehbraun, auf Flanken und Unterschenkel in helles Rostrot übergehend; Unterschwanzdecken braunrot oder rostbraun; Schwanz bronzegrün, die äußeren Steuerfedern breit weiß oder hell rotbraun endgesäumt; Schnabel dunkelhornfarben, nacktes Gesicht und Zügel bleigrau, Iris dunkelbraun, Kehlhaut rot, Beine bleigrau.
Länge 550 bis 610 mm; Flügel 212 bis 245 mm; Schwanz 225 bis 283 mm. Gewicht 455 bis 800 g.
Die beiden Unterarten galten früher als selbständige Arten, bis man an den Grenzen ihres Verbreitungsareals, im Gebiet des Maracaibo-Sees, Mischpopulationen feststellte. Bei der Nominatform *ruficauda* von Nord-Venezuela und Ost-Kolumbien tragen die seitlichen Schwanzfedern rotbraune Endbinden, die bei der helleren Unterart *ruficrissa* von Nordost-Kolumbien und dem äußersten Nordwest-Venezuela weiß sind.
Ei rauhschalig, cremegelb (66,3 mm × 44,1 mm). Dunenkleid noch nicht beschrieben.
Lebensgewohnheiten: In den Llanos Venezuelas bewohnt diese Tschatschalaka vor allem in Wassernähe über das Grasland verstreute dornige Buschwaldstücke aus laubabwerfenden Bäumen, untermischt mit Palmen. Auch in Buschlichtungen feuchter Waldgebiete kommt sie vor. Gewöhnlich werden Gesellschaften aus 6 bis 8 Vögeln angetroffen, doch sind auch schon Verbände von bis zu 50 Individuen beobachtet worden. Zwar ist die Art überwiegend Baumbewohner, doch wird auch regelmäßig auf dem Erdboden nach Hühnerart gescharrt, wobei Plätze mit lockerem Erdreich, an denen auch Staubbäder genommen werden können, bevorzugt werden. Beliebte Nahrung sind Früchte und Blätter des Baumes *Genipa caruto,* die nußähnlichen Früchte der Palme *Copernicia tectorum* sowie Blätter und Früchte der Cecropiabäume. Nur bei dieser

Graubrust-Tschatschalaka, *Ortalis poliocephala wagleri,* nordwestliche Form aus Sonora (s. S. 52)

Ortalis-Art wurden außer den üblichen Baumnestern auch 2mal Bodennester am Rande grasiger Lichtungen gefunden. Die Stimme ist ein lautes, knarrendes, viersilbiges „Ka-ka-ra-ka" mit Betonung der ersten und letzten Silbe. Die Stimme der Hähne ist deutlich tiefer als die der Hennen. Häufig singen die Paare im Duett, und wenn eine Gesellschaft beieinander ist, vollführt sie einen unglaublichen Lärm.

Haltung: Die Rotsteiß-Tschatschalaka gelangte 1870 in einem Paar in den Londoner Zoo. Im Berliner Zoo war sie 1929 vertreten. 1982 befand sich ein Vogel im Vogelpark Walsrode.
Eine weltweite Umfrage der WPA ergab, daß im Jahre 1982 in lateinamerikanischen Sammlungen 11 Rotsteiß-Tschatschalakas gehalten wurden.

Rotkopf-Tschatschalaka
Ortalis erythroptera, Sclater u. Salvin 1870

Engl: Ecuadorian Chachalaca, Rufous-headed Chachalaca.
Heimat: West-Ecuador südwärts bis Piura und Tumbes, außerdem Nordwest-Peru. Keine Unterarten.
Beschreibung: Geschlechter gleichgefärbt. Kopf und Oberhals trüb rotbraun, die Scheitelfedern etwas verlängert; die haarartigen Borstenfedern auf der Mittelkehle schwarz, die nackte Kehlhaut rot; Rücken olivbraun, Handschwingendecken und Handschwingen dunkel kastanienbraun. Armschwingen und mittlere Schwanzfedern dunkler als der Rücken mit grünem oder blauem Glanz, die äußeren Schwanzfedern sehr breit kastanienbraun endgerandet. Brust kastanienbraun, isabellgelblich untermischt, auf dem Hals in reines Kastanienbraun, zum Bauch hin dagegen in Isabellgelb übergehend; die Flanken etwas dunkler, die Unterschwanzdecken kastanienbraun. Orbitalregion dunkel blaugrau, Iris braun, der Schnabel bläulich mit schwarzer Basis, die Beine hellblau mit gelben Sohlenballen.
Länge 560 bis 660 mm; Flügel 220 bis 253 mm; Schwanz 237 bis 276 mm.
Dunenkleid und Ei wohl noch nicht beschrieben.
Lebensgewohnheiten: Nach Mitteilungen des Ehepaars KOEPCKE ist der „Manacaraco Costeno" eine für die laubabwerfenden Wälder und Savannen der tropischen Küstenzone Nordwest-Perus und West-Ecuadors charakteristische Vogelart, die mit den genannten Vegetationstypen bis 800 m hoch in die Andenvorberge eindringt. Die Stimme soll der von *O. guttata* gleichen.

Haltung: Mitteilungen über eine Haltung der Rotkopf-Tschatschalaka haben wir bisher nicht erhalten können.

Graubrust-Tschatschalaka
Ortalis poliocephala, Wagler 1830

Engl.: West Mexican Chachalaca.
Abbildung: Seite 50.
Heimat: West-Mexiko von Süd-Sonora südwärts bis nach Chiapas (Pijijiapan), ostwärts bis Nordwest-Durango, Jalisco, Mexiko, Puebla und West-Oaxaca; dazu der Isthmus von Tehuantepec bis nach Matias Romero in Oaxaca. 2 Unterarten.
Beschreibung: Geschlechter gleichgefärbt. Scheitel und Nacken aschgrau, schiefergrau oder braungrau, die Scheitelfedern besonders in der Stirnregion verlängert, aber keine richtige Haube bildend. Übrige Oberseite grauoliv, umberbraun oder hell braunoliv; Unterkehle und Oberbrust heller als der Rücken, bräunlich- oder grauoliv. Übrige Unterseite entweder kastanienrotbraun oder weißlich, hell isabellfarben oder ockrig isabell verwaschen; Flanken, Steiß und Unterschwanzdecken dunkler isabellgelb oder hell ockergelb getönt; Handschwingen braun, Schwanzfedern blauschwarz mit schwachem Grünglanz, die äußeren Steuerfedern mit breiter kastanienbrauner oder isabellweißer Endbinde. Schnabel hornfarben, die nackte Gesichtshaut rötlich, unten von einem schmalen blauen Saum begrenzt, der von der Oberschnabelbasis rückwärts bis oberhalb der Ohrdecken verläuft. Iris rotbraun, die nackte Kehlregion karminrot, die Beine ziegelrot.
Länge 635 bis 685 mm; Flügel 236 bis 283 mm; Schwanz 247 bis 295 mm.
Die beiden Unterarten sind farblich sehr verschieden und wurden früher für selbständige Arten gehalten. Bei *O. p. wagleri* von Nordwestmexiko sind Bauch und Schwanzfedersäume kastanienrotbraun, während diese Gefiederteile bei der südlicheren Nominatform *O. p. poliocephala* von Westmexiko isabellweißlich gefärbt sind. Eine Mischpopulation, die unter dem Namen *O. p. lajuelae* beschrieben wurde, bewohnt Zentralmexiko von West-Jalisco bis West-Colima.
Das Dunengefieder weist als Gesamtfärbung eine Art „Pfeffer-und-Salz-Muster" aus sattbraunen und isabellweißlichen Komponenten auf. Die Unterseite ist heller, Kehle und Bauch sind weißlich; über Scheitelmitte und Hinterhals verläuft eine schwarz-

braune Binde. Die grauen Flügelchen haben isabellfarbene Spitzen; Oberschnabel schwarz mit hellem Eizahn, der Unterschnabel heller.
Eier sind wohl noch nicht beschrieben worden.
Lebensgewohnheiten: Diese größte Tschatschalaka bewohnt Dickichte der Ebenen und Laubwälder der Berghänge, deren Leitform die Platane ist. In den Eichen-/Kiefernmischwaldungen der Steilhänge fehlt sie, ebenso meidet sie Regen- und Nebelwälder. Im südlichen Teil des Vorkommens in Chiapas sind Überschneidungen der Verbreitungsareale mit 2 anderen Tschatschalaka-Arten, *O. vetula* und *O. leucogastra* festgestellt worden. Zu Mischpopulationen kommt es indessen nicht, weil die 3 Arten durch ökologische Schranken voneinander getrennt werden: Im Norden, wo *O. vetula* den trockenen Dornbusch des Chiapasbeckens bewohnt, kommt *O. poliocephala* in feuchterem Bergland vor. Die 3. Art, *O. leucogastra*, schließlich ist an sumpfige Dschungelwälder gebunden. Die Stimme der Graubrust-Tschatschalaka soll nach PETERSON der von *O. vetula* ähneln, die Strophe jedoch viersilbig sein. Über die Brutbiologie ist noch nichts bekannt.
Haltung: Nach DELACOUR u. AMADON (1973) ist die Graubrust-Tschatschalaka während der 70er Jahre unseres Jahrhunderts in den Tiergärten von Dallas (Texas) und Los Angeles (Kalifornien) gehalten worden. Über einen Import dieser großen und in der Färbung der Unterart *wagleri* besonders attraktiven Art nach Europa ist uns nichts bekannt. Eine weltweite Umfrage der WPA ergab, daß die Graubrust-Tschatschalaka im Jahre 1982 mit 11 Exemplaren in einer lateinamerikanischen Sammlung vertreten war.

Chaco-Tschatschalaka
Ortalis canicollis, Wagler 1830

Engl.: Chaco Chachalaca.
Abbildung: Seite 49 unten links.
Heimat: Ebenen des äußersten südöstlichen Boliviens, Südwest-Brasilien, Paraguay und der Norden Argentiniens bis La Rioja, Cordoba und Santa Fé. 2 Unterarten.
Beschreibung: Geschlechter gleichgefärbt. Kopf und Hals aschgrau bis bräunlichgrau; Oberseite überwiegend bräunlicholiv, der Bürzel gewöhnlich mehr kastanienbraun und die mittleren Schwanzfedern dunkler, mehr bronzegrün; Kropf graulich oder bräunlicholiv, heller als der Rücken, nach hinten zu allmählich in braungrau oder hell ocker übergehend, die Flanken, Unterschenkel und Unterschwanzdecken gewöhnlich mehr oder weniger stark rostbraun getönt; die äußeren Schwanzfedern mit kastanienbrauner Endsäumung. Schnabel und nackte Augenumgebung hell bräunlich, die Iris braun; nackte Kehlhaut purpurrosa; Beine rötlichgelb.
Länge 500 bis 560 mm; Flügel 215 bis 257 mm; Schwanz 230 bis 270 mm.
Dunenkleid noch nicht beschrieben.
Gelegestärke 3; Ei isabellweiß (39 bis 43 mm × 55 bis 64 mm).
Lebensgewohnheiten: Die Charatá, wie man den Vogel der Stimme wegen in seiner Heimat nennt, ist in den ausgedehnten Waldgebieten noch menschenleerer Gebiete des Chaco recht häufig. Obwohl Baumbewohner, kommt er doch gern an Gestrüppränder vor, deren Undurchdringlichkeit ihm bei Gefahr Schutz gewährt. An solchen Stellen trifft man Trupps von 4 bis 8 Vögeln an, die sich zu Beginn der Brutzeit im September auflösen. Werden sie außerhalb des schützenden Busches am Boden überrascht, erheben sie sich mit schnellen Flügelschlägen senkrecht in die Luft und verschwinden im Astwerk der Buschwildnis, von wo aus sie mit ausgestrecktem Hals, den langen Stoß leicht gespreizt, in kurzen Segelflügen in gerader Linie weiterflüchten. Sie landen dann geschickt auf Ästen, die sie schnell entlangrennen, und sind im Nu der Sicht entschwunden. In den Baumkronen überrascht, verhalten sie sich dagegen bewegungslos und entgehen dadurch häufig der Entdeckung. Gern begeben sich Gesellschaften zu blühenden Lapachobäumen an die Waldränder, um die wohlschmeckenden Blüten zu verzehren. Ihr Ruf klingt wie „Tschata-ra-ta" und wird meist morgens gehört. Ein in der Gruppe rufender Vogel löst damit oft einen Lärmchor von bis zu 20 Gruppen aus. 1 oder 2 Vögel einer Gruppe rufen 10mal und mehr, um dann plötzlich zu verstummen, aber alsbald durch den Chor einer Nachbargruppe ersetzt zu werden. Die Brutzeit im September wird durch den rauhen Ruf der Männchen angekündigt. In unmittelbarer Nähe des Rufers vernimmt man zunächst einen leisen nachhallenden Ton, dem ein in der Tonhöhe wechselndes rauhes Gackern folgt, das in schneller Wiederholung fast über eine Minute lang andauert. Dieses eine halbe Meile weit hörbare Gackern klingt etwa wie „Bink, ka-tschii-tscha-ra-ta, tschoro-to". Es wird sogleich vom Hahn des Nachbarreviers übernommen und von den folgenden fortge-

setzt, bis schließlich im Umkreis ein halbes Dutzend Hähne rufen. Während des Gegackers sitzen die Revierbesitzer auf kahlen Ästen kleiner Bäume und sind so abgelenkt, daß man sich ihnen in dieser Situation mühelos nähern kann. Manchmal sind die Hennen bei ihnen. Die Copula findet in den Baumkronen statt. Die Nester sind einfache Konstruktionen aus Zweigen und stehen meist 3 bis 4 m hoch in Büschen. Gelege aus 3 Eiern werden von Oktober bis November gefunden (WETMORE, 1926).
Haltung: Die Chaco-Tschatschalaka ist erst um 1970 zu DELACOUR nach Clères (Frankreich) gelangt. Ein Küken dieser Art wird in der japanischen Zoo-Zeitschrift „Animals and Zoos" von 1980 abgebildet. Das Foto stammte aus dem Yumonigasaki-Zoo, so daß die Art offenbar dort erstmalig gezüchtet wurde. Sie war im Vogelpark Walsrode und im Berliner Zoo vertreten.
Nach einer weltweiten Umfrage der WPA wurden 1982 insgesamt 52 Chaco-Tschatschalakas gehalten, davon 31 in Kontinental-Europa, 13 in Asien (vermutlich Japan) und 8 in Lateinamerika.

Weißbauch-Tschatschalaka.
Ortalis leucogastra, Lesson 1842

Engl.: White-bellied Chachalaca
Abbildung: Seite 49 unten rechts.
Heimat: Ebenen und Küstengebiete der pazifischen Seite Guatemalas und El Salvadors bis nach Nordwest-Nikaragua in Chinandego und Leon; in Mexiko die Küstenebenen von Chiapas nordwärts bis in das Gebiet von Pijijiapan, wo *O. leucogastra* mit *O. poliocephala* sympatrisch ist. Keine Unterarten.
Beschreibung: Geschlechter gleichgefärbt. Kopf, Nacken und Hals aschgrau, auf der Brust in ein helles Olivbraun, auf Rücken, Bürzel, Oberschwanzdecken und Flügeln in Rötlichbraun oder Braunoliv übergehend. Schwanz dunkler, ausgeprägter olivfarben und mit Ausnahme des mittleren Federpaares mit breiter weißer Endbinde ausgestattet; Unterbrust, Seiten, Unterschenkelseiten und Unterschwanzdecken rein weiß oder isabell angehaucht. Nackte Kehlpartien rötlich, die Mittellinie nur spärlich mit einem Streifen schwarzer Borstenfedern bedeckt. Schnabel, Zügel, nackte Gesichtshaut und Beine bleigrau, die Iris haselnußbraun. Länge 425 bis 500 mm; Flügel 205 bis 223 mm; Schwanz 198 bis 220 mm.

Dunenkleid und Ei wohl noch nicht beschrieben.
Lebensgewohnheiten: In der Wahl des Biotops ist die Weißbauch-Tschatschalaka offensichtlich sehr anpassungsfähig: Sie bewohnt sowohl Sumpfdschungel mit Unterwuchs aus Coyolpalmen als auch semiariden Busch in hügligem Gelände. In ihrer Lebensweise ist sie teils Boden-, teils Baumbewohner und flüchtet stets fliegend. Auf dem Boden überrascht, fliegt der Trupp sofort in die nächste dichte Baumkrone, klettert darin auf die gegenüberliegende Seite und segelt von dort geräuschlos in den Busch fort. Sie meidet keineswegs die Nachbarschaft des Menschen und wird sogar in der Umgebung kleiner Dörfer häufiger angetroffen als im menschenleeren Dschungel. Ihre bevorzugte Nahrung sind die Früchte der Coyolpalme. Besonders während der frühen Morgenstunden beginnen die Männchen mit dem Rufen. Hat sich eines gemeldet, antworten binnen kurzem alle Männchen der Nachbarschaft, und über eine Stunde hallt der Dschungel von ihrem Lärm wider. Die außergewöhnlich lange Luftröhre, deren Schleife fast bis zum Brustende reicht, läßt diesen kleinen Hühnervogel Töne von einer Lautstärke hervorbringen, die an Kranichgeschmetter erinnern und noch auf einen Kilometer Entfernung vernehmbar sind. Das aus 3 oder 4 Tönen bestehende Geschrei erhält, durch größeren Abstand gemildert, einen fast metallischen, läutenden Klang. Über die Fortpflanzungsbiologie ist relativ wenig bekannt. Ein am Guija-See El Salvadors gefundenes Nest enthielt am 28. Mai 3 Eier, deren Küken sich kurz vor dem Schlupf befanden. Es stand 9 m hoch in einem Baum, der aus dem umgebenden Buschwerk ragte und glich ganz einem Krähennest mit flacher Mulde und dem auf zerdrückten Blättern liegenden Gelege. Die Brutsaison scheint sich über einen längeren Zeitraum zu erstrecken, denn in Guatemala fand man im März Gelege wie frisch geschlüpfte Küken und am 26. Juli halberwachsene Jungvögel.
Haltung: Der europäische Erstimport der Weißbauch-Tschatschalaka erfolgte 1872 in den Londoner Zoo, der die Art auch 1875, 1877 und 1878 besaß. Ein zahmes Exemplar, das ANTHONY in einem guatemaltekischen Dorf antraf, hatte sich zum Polizisten über die Hühnerscharen ernannt, duldete keine Zwietracht unter diesen und schlug selbst die stärksten Haushähne in die Flucht.
Nach einer weltweiten Umfrage der WPA wurden 1982 in Lateinamerika 4 Weißbauch-Tschatschalakas gehalten.

Guayana-Tschatschalaka
Ortalis motmot, Linné 1766

Engl.: Little Chachalaca, Guiana Chachalaca, Wakago, Paraka.
Heimat: Südliches und östliches Venezuela südlich des Orinoko, die Guayanas und Brasilien südwärts bis zum Rio Negro und unteren Amazonas. Südlich des Amazonas in den Gebieten des unteren Tapajo, Xingu und Araguaia. 2 Unterarten.
Beschreibung: Geschlechter gleichgefärbt. Bei der Nominatform sind Kopf- und Oberhalsgefieder rötlich kastanienbraun; Oberseite olivbraun mit unauffälliger aschgrauer Federsäumung; Handschwingen dunkler mit schwachem Purpurschimmer; mittlere Schwanzfedern bronzig oliv, die seitlichen kastanienbraun. Unterseite hell bräunlich aschfarben, die Brustregion dunkler grau, die Unterschwanzdecken kastanienbraun verwaschen. Schnabel hellbläulich mit brauner Spitze, die nackte Orbitalhaut schiefergrau; Iris braun bis rotbraun; die Kinnregion und ein von ihr ausgehender, die Mitte der roten, nackten Kehle herablaufender Streifen aus Borstenfedern schwarz; Beine purpurrötlich.
Länge 430 bis 540 mm; Flügel 192 bis 223 mm; Schwanz 225 bis 270 mm. Gewicht des Hahnes 480 bis 549 g, der Henne 385 g.
Dunenkleid wohl noch nicht beschrieben.
Gelegestärke 3; Ei in frischem Zustand weiß, später durch feuchte braune Blätter in der Nestmulde bräunlich getönt (54,7 mm × 37,7 mm); Gewicht 38,2 bis 44 g; Brutdauer 28 Tage.
Lebensgewohnheiten: Nach HAVERSCHMIDT ist der Wakago, wie der Vogel seiner Stimme wegen in Surinam benannt wird, sowohl im Küstenbereich wie in den Savannen ziemlich häufig. Bevorzugtes Habitat sind Flecken undurchdringlichen Buschwerks auf sandigen Savannen, die allseitig von Hochwald umschlossen sein können, in den der Wakago nicht eindringt. Weiterhin bewohnt er die dicht verfilzten Dschungelstreifen entlang der Fluß- und Bachufer sowie nicht zu intensiv bewirtschaftete Pflanzungen. Das laute, rhythmische und schnell wiederholte „Wákägö" oder „Hu-du-gu" ertönt während der Brutzeit aus allen Himmelsrichtungen. Beim Rufen sitzt das Paar dicht beieinander auf einem das umgebende Buschwerk überragenden kahlen Ast, und während das Männchen sein „Hu-du-gu" dauernd wiederholt, fällt sein Weibchen nach den ersten beiden Silben mit ihrem „A-ra-kur" ein, woraus sich ein wie „hu-du-á-ra-kur" klingendes Duett ergibt, das dauernd wiederholt wird. Als HAVERSCHMIDT am 4. Dezember 1955 durch den Busch Surinams streifte und dabei zufällig auf einen Wakago stieß, verschwand dieser in überraschend lautlosem Flug, ein paar gackernde Töne ausstoßend und verriet dadurch sein Nest. Dieses stand nur 2 m hoch in der Astgabelung eines Busches, war im Verhältnis zur Größe des Vogels recht klein und bestand lediglich aus Zweigen sowie braunen und frischen grünen Blättern benachbarter Büsche. Das aus 3 Eiern bestehende Vollgelege füllte die Nestmulde vollständig aus.
Haltung: Die vermutliche Ersteinfuhr nach Europa erfolgte 1864 in einem Exemplar in den Londoner Zoo. 1938 war die Art im Berliner Zoo vertreten. DELAURIER, dem die Erstzucht 1887 in Frankreich gelang, schreibt darüber: „Der Hahn war zu seinem Weibchen sehr aufmerksam und fütterte es häufig aus dem Schnabel mit Futterbröckchen. Von Ende März bis Anfang April wurden Paarungen häufig beobachtet. Gegen Mitte April wählte die Henne ein verlassenes Taubennest in einem Busch als Nistplatz, und bereits 6 Tage später war das Dreiergelege vollständig. Die Henne brütete allein, doch zeigte sich der Hahn sehr interessiert. Hatte sie das Nest für kurze Zeit zur Nahrungsaufnahme verlassen, betrachtete er aufmerksam das Gelege und stieß Locktöne aus, als ob er das Weibchen zur Rückkehr aufs Nest bewegen wollte. Am Morgen des 28. Bruttages wurde das Paar zusammen mit 3 munteren Küken auf dem Boden der Voliere angetroffen. Es bewachte die Kleinen und bot ihnen Eierrahmstückchen, Grünzeug und Futterpastete an, die diese teils vom elterlichen Schnabel nahmen, teils aber auch vom Boden aufpickten. Schon am 1. Abend nach dem Schlupf übernachtete das Elternpaar nebeneinander auf einem 1,5 m hohen Ast und lockte die Küken, zu ihnen hinaufzukommen, was diesen auch dank ihrer Kletterzehen gut gelang. Die Alten lüfteten ihre Flügel, und der Hahn nahm 2, die Henne 1 Küken in ihre Obhut. Als einmal die ganze Nacht hindurch Sturm geherrscht hatte, waren die Küken am nächsten Morgen dank des elterlichen Schutzes munter wie immer. Begaben sie sich zur Nachtruhe auf den Schlafast, wurden sie vorher vom Vater mit regurgitiertem Futter aus dem Schnabel gefüttert. Bei tagsüber kaltem Wetter huderte er die 3 Jungen fast ganztägig. Als das Weibchen wegen Federrupfens zeitweilig aus der Voliere genommen worden war, betreute der Hahn die Jungen weiter mit großer Sorgfalt. Diese waren im August voll erwachsen und von den Altvögeln nicht mehr zu unterscheiden."

Nach einer weltweiten Umfrage der WPA wurden 1982 insgesamt 29 Guayana-Tschatschalakas gehalten, davon 16 in England, 9 in Lateinamerika und 4 in den USA.

Spix- oder Zwerg-Tschatschalaka
Ortalis superciliaris, Gray 1867
(= *Ortalis spixi*)

Engl.: Buff-browed Chachalaca, Dwarf Chachalaca, Spix's Chachalaca.
Heimat: Nordost-Brasilien südlich des Amazonas vom rechten Ufer des Rio Tocantin ostwärts durch Ost-Para und Maranho bis zum Rio Parnaiba in Piauí und südwärts bis ins nördliche Goiás. Keine Unterarten.
Beschreibung: Geschlechter gleichgefärbt. Scheitel graubraun, seine Federn unauffällig hellgrau gesäumt. Hals und Oberbrust heller braun als Scheitel, entlang der Federschäfte und -enden hellgrau, eine Art Sprenkelmuster hervorrufend. Über den Augen ein grauweißer bis zimtgelber Superziliarstreif; Rücken olivbraun mit purpurnem Anflug, die Federn auffällig hell gesäumt; Schwanz dunkler, graubraun mit Grünglanz, alle Steuerfedern mit Ausnahme der mittleren vier mit breiten kastanienbraunen Endbinden. Brustgefieder dunkelbraun mit hellerer Federsäumung, der Bauch hellgrau, zu den Schenkeln hin in Braun, auf den Unterschwanzdecken in Hellrötlich übergehend. Schnabel graublau, der Orbitalring blaugrau; Iris dunkelbraun; rote Kehlhaut durch schwarzen Haarfederstreifen halbiert; Beine blaugrau.
Länge 340 bis 460 mm; Flügel 171 bis 184 mm; Schwanz 184 bis 208 mm.
Dunenküken nicht beschrieben, Ei wie bei *O. guttata*.
Lebensgewohnheiten: Nach SNETHLAGE ist dieser kleinste hokkoartige Hühnervogel in seiner brasilianischen Heimat häufig. Die Forscherin fand das Nest in dichtem Pflanzenwuchs, einmal sogar in einer Riesengrasbülte am Waldrand. Im Gegensatz zu den üblichen kleinen Reisigbauten der *Ortalis*-Arten war es ziemlich umfangreich, flach und bestand aus trockenen Zweigen. Gelege aus 3 Eiern wurden von Mitte Dezember bis Mitte Februar gefunden. Über Stimme und Verhalten ist unseres Wissens noch nichts berichtet worden.
Haltung: Über eine Haltung der Zwerg-Tschatschalaka ist uns nichts bekannt.

Flecken-Tschatschalaka
Ortalis guttata, Spix 1825

Engl.: Spotted Chachalaca, Speckled Chachalaca.
Heimat: Kolumbien westlich der Anden im Cauca- und Magdalenental, die östlichen Vorberge und Hänge der Anden Südost-Kolumbiens bis nach Mittel-Bolivien, ostwärts nach Nordwest-Brasilien und südlich des Amazonas bis zum linken Ufer des Rio Tapajó; je ein isoliertes Vorkommen in Ost-Brasilien von Pernambuco bis ins östliche Minas Gerais sowie im südöstlichen Mato Grosso bis nach Santa Catharina und Rio Grande do Sul. 5 Unterarten.
Beschreibung: Geschlechter gleichgefärbt. Scheitel und Nacken aschgrau, bräunlich oder rötlichbraun, zu den Kopfseiten hin aufhellend; Hinterhals und Oberseite dunkel olivbraun oder rötlichbraun; Handschwingen einfarbig braun; Unterkehle und Brust grau oder rötlichbraun bis dunkel olivbraun, die Federn dieser Bezirke weiß oder isabell gesäumt oder gespitzt; Unterbrust und Bauch weiß, schmutziggrau, aschgrau oder rötlichbraun; Flanken, Unterschenkel und Unterschwanzdecken dunkler, oft ockerbraun oder rostbraun; äußere Schwanzfederpaare mit breiter rostbrauner oder kastanienbrauner Endbinde. Nackte Kehlhaut hell ziegelrot, Schnabel und nackte Gesichtshaut bleigrau, Iris rotbraun, Beine blaugrau.
Länge 460 bis 600 mm; Flügel 189 bis 218 mm; Schwanz 192 bis 265 mm. Gewicht eines Männchens der Unterart *columbiana* 600 g, eines Weibchens 550 g. Die Flecken-Tschatschalaka hat das weiteste Verbreitungsareal unter den Arten der Gattung *Ortalis* und variiert geographisch am stärksten. Die 5 Unterarten bewohnen 3 disjunkte Areale im Osten und Westen Südamerikas.
Die Unterart *araucuan* von Nordost-Brasilien ist von den übrigen durch den helleren, weißen oder weißlichen Bauch, rotbraunen Kopf sowie die verlängerten, nach hinten zu verschmälerten Scheitelfedern gut unterschieden. Die Weißzeichnung auf Unterkehle und Oberbrust ist wie bei allen Unterarten auffällig, aber nicht scharf ausgeprägt.
Die weit südlich davon in Südost-Brasilien lebende Unterart *squamata* ist unterseits graubraun, auf Kopf und Oberkehle braun, während Bürzel, Ober- und Unterschwanzdecken sowie der Steiß fast kastanienbraun gefärbt sind. Die Weißzeichnung auf Unterkehle und Oberbrust ist scharf ausgeprägt, aber hauptsächlich auf die Federsäume beschränkt, flache halbmondförmige Bänder bildend. Unter den 3 aus dem östlichen Verbreitungsgebiet beschriebe-

nen Unterarten ist *O. g. subaffinis* aus dem östlichen Zentral-Bolivien der südostbrasilianischen *O. g. squamata* recht ähnlich, nur heller, trüber gefärbt und hat einen rußgrauen statt wie bei *squamata* braunen Kopf. Die breiteren weißen Federanteile auf Hals- und Brustgefieder sind unscharf abgesetzt. Die Nominatform *guttata* aus dem Amazonasbecken Brasiliens, aus Peru, Ecuador und Kolumbien hat eine rußgraue bis braungraue Kopffärbung und dunkle, individuell sehr variable Unterseitenfärbung; am sichersten läßt sie sich an der Weißkomponente der Unterkehl-, Hals- und Brustbefiederung erkennen, die scharf abgesetzt und auf Federspitzen sowie die Schaftenden beschränkt ist, wodurch ein Fleckenmuster entsteht. Die *O. g. columbiana* aus den Tälern des Cauca- und Magdalenenflusses Kolumbiens ist größer und wirkt insgesamt dunkler als die übrigen Unterarten. Bei ihr ist die Kopfbefiederung aschgrau mit hellerem Vorderscheitel, der Bauch braungrau, und die Weißmusterung der Unterkehl-, Hals- und Brustfedern scharf abgesetzt; wie bei *squamata* auf die Federsäume beschränkt, verläuft die Weißkomponente jedoch weiter aufwärts, auf den betreffenden Körperpartien ein Schuppenmuster bildend.

Das Dunengefieder ist wohl noch nicht beschrieben worden.

Gelegestärke 3; Ei weiß, langoval mit gekörnter Schalenoberfläche (58 mm × 38 mm).

Lebensgewohnheiten: Von der Flecken-Tschatschalaka schreibt STOLZMAN, der in den 80er Jahren des 19. Jahrhunderts die Amazonaswälder Perus und Ecuadors besuchte: „Man kann diesen Vogel nicht einen Waldbewohner nennen, weil er sich im dichten Unterwuchs der Waldränder und im Buschdschungel von Flußufern aufhält. Dort leben Trupps aus 3 bis 4 Paaren zusammen, die bei Ansichtigwerden von Menschen einen rauhen Schrei ausstoßen und ihn mit ausgestreckten Hälsen und Neugier ausdrückenden Gebärden mehrfach wiederholen. Von Natur aus kein scheuer Vogel, wird er erst durch Verfolgungen in besiedelten Gebieten

Rufende Tschatschalaka

vorsichtig. In Huambo kamen diese Tschatschalakas häufig zum Lager, um uns bei der Arbeit zuzuschauen. Zu diesem Zweck baumten sie auf benachbarten Bäumen, dem Hausdach, ja selbst einer ans Haus gelehnten Leiter auf. Die Besuche häuften sich bei Regenwetter. Dann suchten oft ganze Gesellschaften zusammen mit Wildtauben unter der Hausveranda Schutz vor Nässe. Das gleiche tun sie nach Mitteilungen von Einwohnern bei Regenwetter auch unter überhängenden Felsen. Bei der Rückkehr von der Jagd traf ich einmal eine ganze Gesellschaft dieser Vögel vor dem Haus an, und einer war schon neugierig in mein Zimmer geflogen und saß dort auf einem Balken. Bei meinem Erscheinen verschwand er schnell durch ein Loch in der Wand. Das vor allem während der Morgen- und Nachmittagsstunden ausgestoßene unharmonische Duettgeschrei der Paare ist noch auf weite Entfernung vernehmbar. Während des Rufens sitzt das Paar auf einem starken Ast dicht beieinander, und während ein Vogel, vermutlich das Männchen, sein ‚Hu-du-gu' schreit, fügt der Partner nach den ersten beiden Silben das ‚Á-ra-ku' so perfekt hinzu, daß die Gesamtstrophe ‚Hu-du-á-ra-ku' lautet, wobei das mittlere A der höchste und am stärksten betonte Laut ist. Im riesigen Verbreitungsgebiet der Flecken-Tschatschalaka hat sie daher von der Bevölkerung ihr Geschrei nachahmende, phonetische Namen erhalten, beispielsweise im Distrikt von Ayacucha ‚Manakáraku', im Amazonasgebiet ‚Uatáraku'."

Abgesehen vom Duettgesang und dem rauhen Warnschrei führt STOLZMAN noch weitere Lautäußerungen auf, so ein Überraschung ausdrückendes „Piu" sowie einen durchdringenden Angstschrei, den ein Vogel einmal einen ganzen Nachmittag lang ausstieß.

TSCHUDI berichtete über diese Tschatschalaka aus Peru, daß sie dort in Gesellschaften die dünn bewaldeten Teile der meisten Montanas bewohnen, sich nach Sonnenuntergang zur gemeinsamen Übernachtung auf hohen Bäumen versammeln und ein durchdringendes Geschrei ausstoßen, das sich mit den Silben „Wen-aka" übersetzen lasse. Das gleiche wiederholt sich kurz vor Sonnenaufgang, wonach sich die Trupps zur Nahrungssuche über das Gelände verteilten.

Haltung: Flecken-Tschatschalakas sind früher hin und wieder nach Europa gelangt, doch läßt sich nicht mehr mit Sicherheit sagen, um welche Unterart es sich dabei jeweils handelte. Nach HOPKINSON sind Schuppen-Tschatschalaka (*O. g. squamata*) und Araucuan-Tschatschalaka (*O. g. araucuan*) 1887 von DELAURIER in Frankreich gezüchtet worden.

Weiterführende Literatur:
BENT, A. C.: Life histories of North American gallinaceous birds. Bull. US. Nat. Mus. 162; pp. 345–352 (1932)
BRODKORB, P.: The chachalaca of interior Chiapas. Pros.Biol.Soc.Washington 55; pp. 181–182 (1942)
COTTAM, C., KNAPPEN, P.: (Food of chachalaca). Auk 56; pp. 138–169 (1939)
DAVIS, L. I.: Acustic evidence of relationship in *Ortalis* (Cracidae). Southwestern Nat. 10, no. 4; pp. 288–301, figs. 1–29 (1965)
DELAURIER, A.: (Erstzucht von *O. motmot*). Bull. Soc. Nat. France 34; p. 98 (1887)
DERS.: (Erstzucht von *O. araucuan*). Bull. Soc. Nat. France 34; p. 1137 (1887)
DERS.: (Erstzucht von *O. squamata*) i. Jahre 1887. Bull. Soc. Nat. France 55 (1908)
DICKEY, D. R., VAN ROSSEM, A. J.: The Birds of El Salvador (*O. leucogastra*); pp. 140–143 (1938)
EISENTRAUT, M.: Biologische Studien im bolivianischen Chaco (Vogelfauna; *O. canicollis*). Mitt. Zool. Mus. Berlin 20; pp. 367–443 (1935)
HAVERSCHMITDT, F.: Notes on the nest of the Guianan Chachalaca (*O. motmot*). Condor 58; pp. 293–294 (1956)
KOEPCKE, M., KOEPCKE, H. W.: Aves Silvestres del Peru (*O. erythroptera*). (1963)
KRIEG, H., SCHUHMACHER, E.: Beobachtungen von Wildhühnern. . . (*O. canicollis*). Mitt. Zool. Mus. Berlin 20; pp. 367–443 (1935)
LAPHAM, H.: (Nistverhalten von *O. ruficauda*). Boll. Soc. Venezolana Scient. Nat. 28; pp. 291–329 (1970)
MILLER, W., GRISCOM, L.: Notes on *Ortalis vetula* and its allies. Auk 38; pp. 44–50 (1921)
MOORE, R. T., MEDINA, D. R.: The status of chachalacas of western Mexico. Condor 59; pp. 230–234 (1957)
OBERHOLSER, H. C.: The Bird Life of Texas, vol. 1; (Chachalaca, *Ortalis vetula*) pp. 263–264. Univ. Texas Press, Austin & London 1974
SCHWARTZ, P.: In DELACOUR & AMADON, Curassows and related birds. (*O. ruficauda, O. motmot*) p. 48
SKUTCH, A. F.: Habits of the Chestnut-winged Chachalaca (*Ortalis garrula*). Wilson Bull. 75; pp. 262–269 (1963)
SLUD, P.: The birds of Costa Rica, distribution and ecology (*O. cinereiceps*); Bull. Amer. Mus. Nat. Hist. vol 128 (1964)
SNETHLAGE, E.: Zur Fortpflanzungsbiologie brasilianischer Vögel. Journ. Ornith. 83; *Ortalis spixi;* p. 560 (1935)
STOLZMAN, J.: In TACZANOWSKI, Ornithologie du Pérou, vol. 3 (1886)

SUGGITT, R.: (Über gefangene Craciden: Erstzucht von *O. vetula*). Bird Notes 374; pp. 28–33 (1914/1915)

SUTTON, G. M.: Mexican Birds. First Impressions *(O. vetula, O. wagleri),* Univ. Oklahoma Press 1951

TAIBEL, A. M.: Osservazioni sulla riproduzione e allavamento in cattivita di *Penelope s. superciliaris e Ortalis g. garrula.* Riv. Ital. Ornit. vol. 23; pp. 85–122, figs. 1–24 (1953)

TEALE, E. W.: Wandering through winter. Plain Chachalaca in Texas p. 130. Dodd, Mead & Co, 1965

TODD, W. E. C., CARRIKER, M. A.: The birds of the Santa Marta region of Colombia. Ann. Carnegie Mus. 14; p. 171 (1922)

TSCHUDI, J. J. von: Avium conspectus (Peru). Arch. für Naturgesch., vol. 10, no. 1; pp. 262–317 (1844)

WETMORE, A.: Observations on the birds of Argentina, Paraguay, Uruguay and Chile. Smithson. Instit. U. S. Nat. Mus. Bull. 133 (O. canicollis); pp. 116–118. Washington 1926

DERS.: The Birds of the Republic of Panama, Pt. 1 *(O. cinereiceps);* pp. 305–310 (1965)

Schakuhühner
Penelope, Merrem 1786

Engl.: Guans.

Mit ca. 15 Arten ist die Gattung der Schakuhühner oder Schakus die umfangreichste der Craciden-Familie. Es sind größere Vögel (Länge 558 bis 890 mm), deren relativ kleiner schlanker und ziemlich gerader Schnabel keine Wachshaut trägt. Zügel und Orbitalregion sind unbefiedert, bleigrau oder schwärzlich, bei einer Art rot gefärbt. Für alle *Penelope*-Arten ist die von Kinn und Kehle herabhängende rote Wammenhaut charakteristisch, die bei den zahlreichen Formen der Niederungswälder fast nackt, bei den gebirgsbewohnenden dagegen als Anpassung an das kühlere Klima partiell dicht befiedert ist. Die verlängerten breiten, bei einigen Arten an den Enden spitzen Scheitelfedern bilden in gesträubtem Zustand kurze Hauben oder Hollen. An den großen breiten Flügeln sind die längeren Handschwingen nur bei einer Art – *P. montagnii* – länger als die Armschwingen. Bei allen Schakus sind die 3 äußeren Handschwingen versteift, einwärts gebogen und zur Spitze hin mehr oder weniger stark verschmälert, allerdings nicht so extrem wie bei den verwandten Schakutingas, Aburris und Sichelflügel-Guans. Der Schwanz der Schakus ist so lang wie der Flügel oder wenig kürzer, seine 12 Steuerfedern sind sehr breit und an den Enden stark gerundet. Die Beine besitzen bei diesen Baumbewohnern einen relativ kurzen stämmigen Lauf mit kräftigen Zehengliedern und langen, gekrümmten Krallen. Die Form der Luftröhre ist bei den Arten der Gattung *Penelope* unterschiedlich ausgebildet. Bei einigen gerade, bei anderen eine kurze Schlinge bildend, verläuft sie bei mehreren in beiden Geschlechtern als langgestreckte Schlinge unter der Haut fast bis zum Brustbeinende.

Schakus bewohnen Mittel- und Südamerika vom tropischen Süden Mexikos bis nach Nord-Argentinien. Ihr Vorkommen deckt sich im wesentlichen mit dem Auftreten subtropischer und tropischer Wälder. Nur wenige Arten haben auch Gebirgwälder der Anden besiedelt. Diese vorwiegend baumbewohnenden Hühnervögel kommen selten auf den Boden herab, und ihre dunklen Gefiederfarben sind der Umgebung, düsteren Hochwäldern, vorzüglich angepaßt. Hinsichtlich der Nistweise, Brutdauer und Jugendfürsorge gleichen die Schakus im wesentlichen den Tschatschalakas. Jedoch schreien sie zwecks Reviermarkierung nicht wie diese im Duett oder Chor, sondern demonstrieren ihre territorialen

Ansprüche akustisch durch lautes Flügeltrommeln während des Fliegens. Schauflüge können es kaum sein, denn Schakuhähne führen ihre Trommelflüge nur während der Dämmerung und in voller Dunkelheit durch, wohl um dadurch Angriffen großer Greifvögel zu entgehen. Die Lautstärke der erzeugten Fluggeräusche ist nicht, wie man annehmen sollte, vom Spezialisierungsgrad der äußeren Handschwingen abhängig: Das Rostbauch-Schaku (*P. purpurascens*) mit seinen wenig verschmälerten Handschwingen vermag erheblich kraftvoller zu trommeln als die auf diesem Sektor viel spezialisierteren Aburris und Schakutingas.

Die Geschlechter sind bei allen Schakuarten gleichgefärbt.

Schakuhühner werden viel seltener in Europa und den USA gehalten als die großen Hokkos, aber doch wesentlich häufiger als die unscheinbaren Tschatschalakas. Wie alle Hokkoartigen sind auch die Schakus zutrauliche und neugierige Pfleglinge, die zum Pfleger in ein persönliches Verhältnis treten und dadurch den Nachteil ihrer düsteren Gefiederfarben reichlich wettmachen. Ihre Zucht ist bisher in Europa und den USA nur mit wenigen Arten gelungen.

Bandschwanz-Schaku
Penelope argyrotis, Bonaparte 1856

Engl.: Band-tailed Guan.
Heimat: Gebirge Nordost-Kolumbiens westwärts bis ins Santa-Marta-Gebiet sowie Nord-Venezuela. 2 Unterarten.
Beschreibung: Geschlechter gleichgefärbt. Scheitelfedern entweder lang und schmal oder kurz und gerundet, mehr oder weniger stark weißgesäumt. Eine von der Stirn über die Augen und Ohrdecken hinweg bis zum Seitenhals ziehende breite Binde auffallend hell silberweiß oder mehr isabellweiß. Bartstreif und Ohrdecken ebenfalls silberweiß oder isabellweiß. Oberseite vorwiegend bronzig dunkelolivbraun oder rotbraun; Unterrücken, Bürzel, Oberschwanzdecken sowie die mittleren Schwanzfedern hell rotbraun, die seitlichen mehr schwärzlich und alle mit breiter schmutzigweißer, zimtrötlicher oder rostroter Endbinde. Federn des Vorderrückens sowie der kleinen und mittleren Flügeldecken silberweiß oder isabellweiß seitengesäumt; Vorderhals, Brust, Flanken und Oberbauch bronzig olivbraun, die Federn mit weißen oder isabellfarbenen Seitensäumen; Unterbauch, Schenkel und Unterschwanzdecken rötlichbraun mit schwacher schwarzer Wellenbänderung. Schnabel schwarz, Zügel und Gesicht nackt, graublau, Iris braun, Beine hell lachsrot, die Kehlwamme hell ziegelrot.

Länge 500 bis 610 mm; Flügel 248 bis 302 mm; Schwanz 235 bis 276 mm.

Beim Bandschwanz-Schaku ist die Verbreitung disjunkt und die geographische Variation gut ausgeprägt. Die Gesamtfärbung der Unterart *colombiana* von den Santa-Marta-Bergen Kolumbiens ist der der Nominatform von Nordost-Kolumbien und Nord-Venezuela ähnlich, doch sind bei ersterer die Haubenfedern schmäler, zum Ende hin zugespitzt und insgesamt grauweiß gesäumt. Bei *argyrotis* sind diese Federn kürzer, an den Enden gerundet, mit unterbrochener Weißsäumung versehen und hauptsächlich auf den Vorderscheitel konzentriert. Auch sind bei *colombiana* Superziliarband und Bartstreifen viel unansehnlicher, isabellweißlich, was auch für alle mit heller Federsäumung ausgestatteten Bezirke gilt.

Dunenküken sind unterseits isabellbraun; Kehle grauweiß, Bauch trübweiß, Flügelchen schwärzlich, die Spitze jeder Feder mit isabellgelbem Fleck; oberseits braun in 2 verschiedenen Tönungen; Scheitel braunschwarz, einen unregelmäßig geformten kastanienbraunen Fleck einschließend. Schwanzstummel kastanienbraun und schwarz. Ei wohl noch nicht beschrieben.

Lebensgewohnheiten: Nach SCHÄFER (1953/1954) ist das Bandschwanz-Schaku in Venezuela ein häufiger und charakteristischer Bewohner subtropischer Nebelwälder der Berge, der in feuchten, kalten Schluchten bis auf 330 m hinuntergeht. Die trockneren und wärmeren Bergkämme dieser Region werden vom Rostbauch-Schaku (*P. purpurascens*) bewohnt. In ihrem Lebensraum hält sich die Camata, wie das Bandschwanz-Schaku in Venezuela genannt wird, vorwiegend in der mittleren Schicht der Baumkronen auf, in der sie sich geschickt springend, kletternd und flatternd bewegt. Nur selten kommt sie auf den Waldboden, um herabgefallene Früchte aufzupicken. Wasser wird aus den Blattrosetten der baumbewohnenden Bromelien getrunken. Außerhalb der Brutzeit leben die Bandschwanz-Schakus in Familien von 4 bis 5 Vögeln zusammen, die gern fruchttragende Bäume aufsuchen. Dabei bevorzugen sie den breiigen Inhalt der Früchte verschiedener Lorbeergewächse und der Cecropiabäume. Harte Fruchtkerne werden mit dem Kot wieder ausgeschieden. Die Lautäußerungen sind vielfältig: Der Kontaktruf der Partner und Truppmitglieder untereinander ist ein bauchrednerisches rollendes „Gu rr urrr urrru", der Alarmruf ein lautes, schrilles, 200 bis 300 m weit vernehmbares „Gi gi gigigigik". In Gefahrsituationen wird es häufig von allen Truppmitgliedern ausgestoßen, wobei die Vögel mit gesträubter Holle eine sehr aufrechte Haltung einnehmen oder in Panik abstreichen. Im Januar beginnen die Familien sich aufzulösen, und die Paare besetzen ihre meist in Bergschluchten gelegenen Brutreviere, die allenfalls 150 bis 200 m² groß sind. Kämpfe von Männchen untereinander wurden nie beobachtet, weil die Territorialgrenzen offenbar durch die Hörweite der Revierrufe abgesteckt und respektiert werden. Der Revierruf ist ein tiefes „Kuah", das frühmorgens und in mondhellen Nächten gehört wird. Man kann das Bandschwanz-Schaku als eine schweigsame und heimliche Art charakterisieren, die auch nach Besetzung der Brutreviere wenig Lärm macht. Wie andere Arten der Gattung hat es einen Flügeltrommelflug, der 1 bis 2 Sekunden lang andauert und über Entfernungen von 45 bis 90 m vernehmbar ist.

In Abhängigkeit von den jahreszeitlichen Klimabedingungen werden die Nester von Februar bis April, manchmal auch noch im Mai gebaut. An den trockneren Südhängen der Küstenkordillere nistet das Bandschwanz-Schaku früher als an den Nordhängen. Das Ende der Brutzeit wird durch das Einsetzen der alljährlichen sturmartigen Regenfälle eingeleitet. Die Nester werden meist in Bäumen der Familie *Rubiazeae* in 1 bis 7 m Höhe inmitten dichter Vegetation angelegt, nur selten in Baumkronen und niemals auf dem Erdboden. Das Nest ist eine Konstruktion aus aufgehäuften lockeren Zweigen; eine Nestmulde bildet sich erst durch das Gewicht des Geleges und der brütenden Henne. Schon ganz junge Küken vermögen 9 bis 12 m hoch in dichter Vegetation über dem Erdboden zu klettern und zu flattern. Haben sie volle Flugfähigkeit erreicht, folgen sie dem Elternpaar im Astwerk von Baum zu Baum.

Haltung: Nach DELACOUR u. AMADON (1973) ist das Bandschwanz-Schaku zuweilen in Venezuela gehalten worden, und ein oder mehrere Paare sind vom Houston-Zoo (Texas) angekauft worden. Nach Europa scheint die Art bisher noch nicht gelangt zu sein.

Eine weltweite Umfrage der WPA ergab, daß im Jahre 1977 in Mexiko 2 und in den USA 1 Bandschwanz-Schaku gehalten wurden. 1982 wurden 2 Vögel der Art von ESTUDILLO LOPEZ in Mexiko gehalten.

Bart-Schaku
Penelope barbata, Chapman 1921
(= Penelope inexpectata)

Engl.: Bearded Guan.
Heimat: Westhänge der Anden Süd-Ecuadors bis Nordwest-Perus (Lambayeque). Von manchen Autoren als Unterart von *P. argyrotis* betrachtet.
Beschreibung: Geschlechter gleichgefärbt. Kopf, Hals, Schultern und Brust dunkel graubraun mit olivfarbenem Anflug auf Scheitel und Schultern. Haubenfedern mäßig verlängert mit gerundeten Spitzen und nur wenig trübweiß gesäumt. Federn der Stirn und eine sich über Augen und Ohrdecken abwärts bis in die obere Seitenhalsregion erstreckende Binde silbergrau. Flügel trübbraun mit purpurnem Anflug, der Rücken dunkel rotbraun mit schwacher schwarzer Wellenmusterung. Schwanz blauschwarz mit schwachem Grünglanz, die Mittelfedern brauner und alle Federn mit auffälliger rötlichbrauner Endbinde. Bartstreif und Ohrdecken grauweiß, Kinn und Kehle voll befiedert; Federn der Unterseite mittelbraun, auf Vorderhals, unterem Hinterhals und Brust seitlich weiß gesäumt, auf Unterbrust und Flanken nur noch vereinzelte weiße Säume und der Bauch undeutlich schmal dunkel gebändert. Zügel und Gesicht unbefiedert, schwärzlich, Iris rotbraun, Kehlwamme und Beine rot. Flügel 254 bis 267 mm; Schwanz 242 bis 270 mm. Dunengefieder und Ei unbekannt.
Lebensgewohnheiten: Das Bart-Schaku ersetzt das Anden-Schaku auf den Westhängen der Anden Nord-Perus und der anschließenden Gebiete Ecuadors. Wie das Aburri (*Aburria*) bewohnt es Nebelwälder, geht jedoch höher in die Berge hinauf und kommt in trockneren Wäldern noch bei 3000 m Höhe vor. In menschenleeren Gebieten nimmt es auch mit kleinflächigen Restwaldungen vorlieb. Die Brutzeit stimmt mit der des Aburri überein. Das Ehepaar KOEPCKE traf Paare mit Küken in Peru von Dezember bis Februar an.
Haltung: Über eine Haltung der Art ist uns nichts bekannt.

Anden-Schaku
Penelope montagnii, Bonaparte 1856

Engl.: Andean Guan.
Heimat: Die Sierra de Perijá an der Westgrenze Venezuelas mit Kolumbien sowie die Andenketten Venezuelas, Kolumbiens, Ecuadors, Boliviens und Perus südwärts bis ins nördliche Salta Argentiniens. 5 Unterarten.
Beschreibung: Geschlechter gleichgefärbt: Oberseite vorwiegend rotbraun oder bräunlich oliv; Scheitelfedern verlängert, zugespitzt, entweder einfarbig oder mehr oder weniger weißgesäumt, eine Haube bildend; Kopfseiten und Hals in unterschiedlicher Ausprägung silberweiß gemustert, oft auffällige Überaugenbänder und Bartstreifen bildend; Unterrücken, Bürzel und Oberschwanzdecken kastanienrot, viel heller als Flügel und Schwanz. Der unbefiederte Orbitalbezirk ist häufig stark reduziert, und in solchen Fällen sind auch Kinn und Oberkehle mehr oder weniger dicht schwarz oder silbergrau befiedert; Vorderhals und Brust olivbraun oder bräunlich oliv, mehr oder weniger ausgeprägt weiß gestreift oder geschuppt; Unterseite von der Unterbrust abwärts bis zu den Unterschwanzdecken rotbraun bis kastanienrot, nur im vorderen Abschnitt (Unterbrust) schwach hell gemustert. Schnabel schwarz oder schwarz mit auffällig heller Spitze. Gesichtshaut bleigrau, Iris rotbraun bis dunkelbraun, Beine hellrot; Kehlwamme oft reduziert, rot.
Länge 510 bis 580 mm; Flügel 227 bis 280 mm; Schwanz 212 bis 260 mm; Gewicht 800 bis 840 g.
Die geographische Variation ist beim Anden-Schaku stark ausgeprägt. Die 5 Unterarten bilden an gemeinsamen Verbreitungsgrenzen Mischpopulationen und können in 2 große Unterartengruppen geteilt werden. Bei der nördlichen Gruppe mit den Unterarten *montagnii, atrogularis* und *brooki* ist die Unterseite weniger kastanienbraun und die helle Säumung des Kopf-, Mantel- und Flügeldeckgefieders unbedeutender, während sie auf Vorderhals und Brust stark ausgeprägt ist, die ganze Feder umsäumt und dadurch ein Schuppenmuster erzeugt. Bei den Vertretern der 2. Gruppe mit den Unterarten *plumosa* und *sclateri* ist die Unterseite kastanienbraun, und die Federn sind weiß seitengesäumt, ein Streifenmuster bildend.
Bei der Nominatform von Nord- und Zentral-Kolumbien sowie Nordwest-Venezuela ist die Kehlregion mit Ausnahme eines kleinen nackten Bezirks in der Kehlmitte dicht mit voll ausgebildeten, grausäumten Federn bedeckt. Die Federn der Bartregion, des Überaugenstreifs, Seiten- und Hinterhalses sowie der Haube sind hell aschgrau gesäumt; Rücken und Bürzel trüb kastanienbraun, undeutlich dunkel gebändert; Säume der Mantel- und Flügeldeckfedern hell rostbraun, oft fehlend; Schultern, Flügel und mittlere Schwanzfedern dunkel kastanienbraun, die äußeren Schwanzfedern blauschwarz; Brust grünlich schiefergrau, die Federn mit durchgehender aschgrauer Säumung, ein Schuppenmuster bildend; Bauch trüb rotbraun; Schnabel mit heller Spitze. Kleiner ist die Unterart *atrogularis* von Süd-Kolumbien und West-Ecuador, deren Kehlfedern schwärzlich, zerschlissen und auf Oberkehle und Kinn beschränkt sind. Die Federn des Scheitels, Überaugenstreifs, des Seiten- und Hinterhalses sind schmaler, schwächer hell gesäumt, die Bauchregion ist dunkler als bei der Nominatform. In Süd-Kolumbien an den Osthängen der Anden südwärts bis Ost-Ecuador lebt die Unterart *brooki*, die im Vergleich mit den beiden oben beschriebenen Unterarten insgesamt dunkler gefärbt ist und eine noch zerschlissenere, haarartige schwarze Kehlbefiederung aufweist als *atrogularis*. Die helle Federsäumung ist auf dem Hinterhals, Obermantel, der Brust und dem Bauch breiter und auffälliger. Die Schnabelspitze ist hellgelb. Die südlich davon lebende *plumosa* von den Ostanden Perus besitzt eine gut befiederte Vorderkehle, deren Federn wie auch die der Gesichtsseiten silbrigweiß sind; die helle Federsäumung auf dem Mantel ist gut ausgebildet und auffällig, die des Brust- und Bauchgefieders auf die Federseitensäume beschränkt und deshalb ein Streifenmuster bildend. Die Osthänge der bolivianischen Anden südwärts bis ins argentinische Nord-Salta wird von der Unterart *sclateri* bewohnt. Bei ihr ist die Kehlbefiederung recht spärlich und praktisch auf das Kinn beschränkt. Überaugen- und Bartstreif sind silbrigweiß, 2 recht auffällige Bänder bildend. Hinterhals und Mantel sind entweder einfarbig bronzegrün, oder der Mantel weist spärliche Weißstreifung auf. Auch die Weißstreifung der Vorderhals- und Brustfedern ist viel spärlicher als bei *plumosa*.
Ein bei DELACOUR u. AMADON farbig abgebildetes Schakuküken, das in 3200 m Höhe in Kolumbien gesammelt worden war und deshalb nur ein Anden-Schaku sein kann, ist wie folgt gefärbt: Ein breiter schwarzer Scheitelstreifen zieht vom Schnabelfirst zum Hinterkopf und wird beiderseits von einem isabellgelben Band begrenzt; Gesicht und Rücken dunkel zimtbraun, Schultern, kleine und mittlere Flügeldecken ebenso gefärbt und mit 2 brei-

ten schwarzen Querbinden versehen; große Flügeldecken blauschwarz, im Distalbereich mit weißen Tropfenflecken. Arm- und Handschwingen blauschwarz mit schmalen, hell zimtbraunen Endbinden. Kinn und Kehle isabellweiß, Kropf und Brust dunkel zimtbraun, zum Bauch hin zu Zimtocker aufhellend. Schnabel schwarz mit weißlicher Wachshaut; Iris haselnußbraun, Beine hellrosa.
Eier des Anden-Schaku wurden wohl noch nicht beschrieben.
Lebensgewohnheiten: NIETHAMMER (1953) traf das Anden-Schaku in den Bergwäldern Boliviens stellenweise häufig an und beobachtete allabendlich ein Dutzend dieser Vögel beim Überfliegen des Puriflusses zu den Übernachtungsplätzen. Die Stimme wurde selten gehört. Nur aus nächster Nähe waren ein leises „Duck duck", ein gutturales Zwitschern wie beim Spix-Schaku und eine Reihe leiser Pfiffe zu vernehmen. Nach SCHWARTZ verfügt das Anden-Schaku über genauso laute Rufe wie alle Arten der Gattung *Penelope*, und wie diese führen die Männchen während der Balzzeit mit Flügeltrommeln einhergehende Revierflüge aus. Vor Beginn des Trommelfluges wird ein weicher Pfiff ausgestoßen, der dem des Bandschwanz-Schakus sehr ähnelt und gleiche Bedeutung haben dürfte. Beim Anden-Schaku besteht das Trommeln selbst aus nur einer Komponente, die der 2. Trommelphase der anderen venezolanischen *Penelope*-Arten zu entsprechen scheint. SCHWARTZ vermutet, daß die Brutzeit dieses Bergwaldvogels wie die vieler Gebirgsvogelarten nur recht kurz ist.
Haltung: Anden-Schakus sind bisher weder nach Europa noch in die USA gelangt. Aus einer weltweiten Umfrage der WPA geht hervor, daß 1977 und 1982 je 2 Exemplare in lateinamerikanischen Sammlungen vertreten waren.

Baudo-Schaku
Penelope ortoni, Salvin 1874

Engl.: Baudo Guan, Ortoni's Guan.
Heimat: Pazifische Abdachung Kolumbiens von den Baudó-Bergen nordwärts zum Rio Jurado nahe der panamesischen Grenze in den Bergen bis 1500 m Höhe, südwärts durch West-Ecuador in Lagen bis ca. 1250 m Höhe bis ins Tal des Rio Chimbo.
Beschreibung: Geschlechter gleichgefärbt. Kopf und Oberhals einfarbig dunkel graubraun, Bürzel und Oberschwanzdecken schokoladenbraun, die mittleren Schwanzfedern von gleicher Farbe, die äußeren schwarzbraun mit öliggrünem Glanz. Übrige Oberseite satt erdbraun, die Unterseite ebenso, die Brust- und Oberbauchfedern mit auffälliger weißer Seitensäumung. Schnabel hornfarben, Zügel und Gesichtshaut nackt, bleigrau, die Iris hellrot bis rotbraun; Kehllappen ziegelrot, Beine hellrot.
Länge 580 bis 630 mm; Flügel 256 bis 295 mm; Schwanz 215 bis 263 mm.
Dunenkleid und Ei noch nicht beschrieben.
Lebensgewohnheiten: Das Baudo-Schaku bewohnt dichte Regenwälder der tropischen und unteren subtropischen Zone. Besonders am Fuß der Berge, die es in Lagen von 100 bis 1500 m bewohnt.
Haltung: Als Erstimport nach Europa erhielt der Londoner Zoo 1904 dieses Schaku aus Ecuador (Avic. Mag. 1904, p. 276).
Aus einer weltweiten Umfrage der WPA ist ersichtlich, daß 1976/77 2 Baudo-Schakus in den USA und 2 in Mittelamerika gehalten wurden. Für 1982 wird ein in einer europäischen Sammlung gehaltener Vogel genannt.

Marail-Schaku
Penelope marail, Müller 1776

Engl.: Marail Guan.
Heimat: Südost-Venezuela südlich des Orinoko, die Guayanas bis zum nördlichen Ufer des unteren Amazonas westwärts bis etwa zum 58° 30' westlicher Länge. Zwei recht ähnliche Unterarten.
Beschreibung: Geschlechter gleichgefärbt. Oberseite glänzend dunkel olivgrün, viel dunkler als bei jedem anderen Schaku, aus einiger Entfernung schwarz wirkend. Haubenfedern lang, eine auffallendere Holle bildend als bei anderen *Penelope*-Arten. Arm- und Handschwingen sowie die mittleren Schwanzfedern dunkel olivgrün, die äußeren Schwanzfedern blauschwarz. Vorderhals und Brust dunkeloliv wie der Rücken, aber weniger grünlich und die Federn auffällig weiß seitengesäumt. Unterbrust bis zu den Unterschwanzdecken graubraun bis zimtbraun, schwarz punktiert und undeutlich gebändert. Das nackte Gesichtsfeld ist nach HAVERSCHMIDT u. BLAKE wie die nackte Klunker rot, nach DELACOUR u. AMADON schiefergrau. Schnabel schwarz, Iris tiefrot, Beine rötlich.
Länge 630 bis 680 mm; Flügel 276 bis 305; Schwanz 245 bis 275 mm; Gewicht des Männchens 772 bis 1015 g, des Weibchens 770 bis 854 g.

Obwohl die Art häufig in Europa gezüchtet wurde, ist offenbar bisher weder das Ei noch das Dunenkleid beschrieben worden.

Lebensgewohnheiten: Marail-Schakus bewohnen dichte Regenwälder der tropischen Zone und halten sich meist auf Bäumen auf. Frühmorgens, noch bei Dunkelheit, werden von den Männchen Revierflüge mit Flügelbrumm-Phasen über den Baumwipfeln ausgeführt, die etwa gegen 6 Uhr enden. In der Morgendämmerung wird unabhängig vom Revierflug in regelmäßigen Abständen ein dem Bellen eines kleinen Hundes ähnliches gedämpftes „Wof wof" ausgestoßen. Während der hellen Tagesstunden sind die Marails sehr schweigsam und verraten nicht ihre Anwesenheit. Über die Brutbiologie ist aus freier Wildbahn nichts bekannt.

Haltung: Wegen seines Vorkommens in den Guayanas, die von Franzosen, Holländern und Engländern schon früh kolonisiert wurden, ist das Marail-Schaku eine der ersten nach Europa gelangten und gezüchteten Arten der Gattung. Nach PREVOST (1859) wurden im Pariser Jardin des Plantes zwischen 1845 und 1856 9 Junge des Marails großgezogen. Weitere Zuchterfolge sind nach D'AUBUSSON (1908) von mehreren französischen Züchtern erzielt worden. Bei POMME (1854) bestanden Vollgelege einer Marail-Henne stets aus 3 Eiern. Die Erbrütungsdauer durch eine Hokkohenne betrug 29 Tage. Die Knowsley-Menagerie des EARL OF DERBY erhielt die Art 1851 aus Demerara (Britisch Guayana), und der Londoner Zoo hat sie seit 1862 häufig besessen.

Eine weltweite Umfrage der WPA ergab, daß das Marail-Schaku seit 1977 in den Sammlungen nur in wenigen Exemplaren vertreten war, so 1982 mit 3 Vögeln in England.

Schakupemba
Penelope superciliaris, Temminck 1815

Engl.: Rusty-margined Guan.
Abbildung: Seite 68 unten links.
Heimat: Nördliches Zentral-Brasilien sowie Ost-Brasilien südlich des Amazonas, westwärts bis zum Rio Guaporé und Rio Madeira, südwärts bis nach Ost-Bolivien (Santa Cruz), Ost-Paraguay und Misiones (Nordost-Argentinien) sowie Rio Grande do Sul (Süd-Brasilien). 3 Unterarten.
Beschreibung: Geschlechter gleichgefärbt. Die Haubenfedern mit Ausnahme einiger schwach grau oder ockergelblich gesäumter Stirnfedern dunkelbraun. Ein schmaler Überaugenstreif isabellfarben, ockrigweiß oder grau. Hauptfärbung der Oberseite mit Ausnahme der dunkelrost- oder kastanienbraunen Bürzen- und Oberschwanzdeckfedern olivbraun. Unterseite heller, auf Unterkehle und Brust mehr graubraun, auf der Bauchregion in ein helles Rostbraun übergehend; Federn der Halsseiten, des Mantels, Rückens, der kleinen Flügeldecken, Unterkehle und Brust schmal und durchgehend grauweiß gesäumt, besonders auf Unterkehle, Brust und Mantel ein sehr regelmäßiges Schuppenmuster erzeugend. Das charakteristische Erkennungsmerkmal der Art sind die rostbraunen bis kastanienbraunen Säume der mittleren und großen Flügeldecken sowie der inneren Armschwingen (Rusty-margined Guan). Die Außenfahnen der übrigen Armschwingen und beide Fahnen der mittleren Schwanzfedern besitzen schwach kastanienbraune Säumung. Übrige Schwanzfedern und Armschwingen einfarbig braun. Schnabel schwarz, Zügel und Gesicht nackt, bläulich, Iris rot, Kehlwamme rot, Beine rötlichbraun. Länge 620 bis 680 mm; Flügel 236 bis 272 mm; Schwanz 240 bis 300 mm. Gewicht 950 bis 1150 g. Trotz des riesigen Verbreitungsareals der Schakupemba ist die geographische Variation gering und hauptsächlich auf Breite und Farbstufe der rotbraunen Federsäume auf den Flügeldecken beschränkt. Dunenkleid wohl noch nicht beschrieben. Gelegestärke 3; Ei rauhschalig, weiß (63 mm × 46 mm); Frischgewicht 72 g.

Lebensgewohnheiten: Nach SICK (1986) ist die Art nicht nur Urwaldbewohner, sondern kommt auch in offenem Waldland und dichter Gestrüppvegetation vor, wodurch sie sich von den anderen Arten der Gattung unterscheidet. Die langen Läufe sprechen für längeren Aufenthalt auf dem Erdboden. Die heisere Stimme klingt wie „häoo", „gogo" und „hahaha". In der Balzzeit werden Trommelflüge ausgeführt.

Haltung: Die Schakupemba ist früher häufig aus Brasilien auf den Tiermarkt gelangt. In der Knowsley Menagerie des EARL OF DERBY war sie beispielsweise 1851 mit 8 Exemplaren vertreten. Der Londoner und der Berliner Zoo erhielten ihre ersten Schakupembas 1867, und in beiden Tiergärten war die Art bis in die 30er Jahre dieses Jahrhunderts häufig vertreten. Die Erstzucht gelang TAIBEL 1952 in Rovigo (Italien). Mehrere Gelege bestanden jeweils aus 3 Eiern, die an aufeinanderfolgenden Tagen stets in den Nachmittagsstunden abgelegt wurden. Nachdem ein Anfang Mai gebrachtes Erstgelege nicht bebrütet worden war, war dies bei einem Nachgelege Ende Mai der Fall. Anfang August machte die Henne ein Drittgelege und brütete, während der Hahn die zu diesem Zeitpunkt 48 Tage alten Jungen der Zweitbrut allein versorgte. Die Brutdauer gibt TAIBEL mit 26,5 Tagen an. Die Küken wogen nach dem Abtrocknen 43 bis 47 g. Mit einem Monat war ihr Gewicht auf 200 g gestiegen, mit 3 Monaten wogen sie 625 g, halbjährig 900 g und waren zu diesem Zeitpunkt nicht mehr von Erwachsenen zu unterscheiden. Weibchen der Schakupemba haben bei TAIBEL mit Männchen von *P. purpurascens* und *P. pileata* Bastarde erzeugt.

Aus weltweiten Erhebungen der WPA ist zu ersehen, daß 1977 Schakupembas in 35 Exemplaren gehalten wurden, von denen 29 auf lateinamerikanische, 5 auf nordamerikanische und 1 auf eine britische Haltung entfielen. Für das Jahr 1982 wurden nur 25 Schakupembas gemeldet, davon 20 aus lateinamerikanischen und 5 aus englischen Sammlungen.

Rotgesicht-Schaku
Penelope dabbenei, Hellmayr u. Connover 1942

Engl.: Red-faced Guan, Dabbene's Guan.
Heimat: Östliche Andenhänge Süd-Boliviens (Chuquisaca, Tarija), südwärts bis Nordwest-Argentinien (Ost-Jujuy). Keine Unterarten.
Beschreibung: Geschlechter gleichgefärbt. Hauptfärbung umberbraun mit schwachem Olivglanz; Bürzel, Oberschwanzdecken, Unterbauch und Unterschwanzdecken weniger olivfarben, mehr hell roströtlich; Federn von Mantel, Flügeldecken, Vorderhals und Brust mit schmaler weißer Seitensäumung. Haubenfedern verlängert mit gerundeten Enden, braun mit heller Säumung, die vor allem in der Stirnregion auffällig ist. Ein Überaugenstreif dunkelbraun, nach hinten zu mit Grau vermischt; Bartstreifen dunkelbraun, zuweilen mit wenig Grau durchsetzt. Zügel, nackte Gesichtshaut und Kehlwamme rot. Iris braun, Schnabel und Beine braun. Länge 630 bis 690 mm; Flügel 292 bis 310 mm; Schwanz 290 bis 323 mm; Gewicht 1230 g. Dunenkleid und Ei wohl noch unbekannt.
Lebensgewohnheiten: Das Rotgesicht-Schaku bewohnt Nebelwälder der oberen tropischen sowie der subtropischen Andenzone in Lagen von 1500 bis 2000 m Höhe. In der Aliso-Zone Boliviens, die sich aus Baumriesen wie der Zeder *Cedrela lilloi*, dem Mato (*Eugenia pungens*) und der mächtigen *Blepharocalax gigantea* zusammensetzt, sowie im oberen Grenzbereich dieser Wälder, in denen eine Erle dominiert, liegt das Habitat dieses Schakus. Ihr Verhalten soll sehr dem der *Penelope obscura* ähneln. Sie kommt mit dieser jedoch vermutlich nicht im gleichen Biotop vor.
Haltung: Die Art ist unseres Wissens bisher weder nach Europa noch in die USA gelangt. Eine weltweite Umfrage der WPA ergab, daß im Jahre 1982 wohl erstmalig 2 Rotgesicht-Schakus in einer lateinamerikanischen Sammlung gehalten wurden.

Schwarzfuß-Schaku
Penelope obscura, Temminck 1815

Engl.: Dusky Guan, Dusky-legged Guan.
Abbildung: Seite 67 oben und unten links.
Heimat: Südost-Brasilien von Espirito Santo im Norden bis Ost-Paraguay, Nordost-Argentinien und Uruguay im Süden. Außerdem Zentral-Bolivien bis Nordwest-Argentinien. 3 Unterarten.
Beschreibung: Geschlechter gleichgefärbt. Hauptfärbung rußig olivbraun, olivbraun oder kräftig dunkelbraun, das Gefieder der Oberseite mit Bronzeglanz; Bürzel, Oberschwanzdecken und der Bauch bis zu den Unterschwanzdecken matt schokoladenbraun; die Federn nur der Stirnregion oder des gesamten Scheitels mehr oder weniger auffällig grau gesäumt; ein Überaugenstreif ist undeutlich ausgeprägt oder fehlt; Bartregion einfarbig braun. Federn von Unterhals, Mantel, Flügeldecken und Brust, manchmal auch des Bauches weiß gesäumt. Schnabel blaugrau mit schwarzer Spitze; Zügel und Gesicht nackt, schiefergrau, die Iris rotbraun; Kehlwamme rot. Die dunkelgrauen bis schwarzen Beine machen dieses Schaku leicht bestimmbar. Länge 680 bis 750 mm; Flügel 291 bis 346 mm; Schwanz 280 bis 345 mm.

Die 3 Unterarten sind gut unterscheidbar und besitzen eine disjunkte Verbreitung. Unter ihnen ist *bronzina* aus Ost-Brasilien am hellsten, nämlich olivbraun, und besitzt den stärksten Bronzeglanz des Gefieders. Die olivschwärzliche Nominatform *obscura* von Rio Grande do Sul, Uruguay, Nordost-Argentinien und Süd-Paraguay ist am dunkelsten. Die Rasse *bridgesi* von Bolivien und Nordwest-Argentinien ist in der Gesamtfärbung warm braun und auf Unterkehle, Brust, Hinterhals sowie Mantel weniger, auf Schultern und Flügeldecken jedoch kräftiger und reiner weiß gemustert als die beiden östlich lebenden Unterarten. Die helle Säumung der Scheitelfedern ist bei den Unterarten *bridgesi* und *bronzina* gut ausgebildet, bei der Nominatform hingegen auf die Stirnregion beschränkt. Ein heller Überaugenstreif ist nur bei *bronzina* deutlich vorhanden, dagegen bei den anderen beiden Unterarten nur angedeutet oder fehlt ganz.

Dunenkleid und Ei sind offenbar noch nicht beschrieben worden.

Lebensgewohnheiten: Obwohl ursprünglich wohl überall eine Art der tropischen und subtropischen Zone, kommt die brasilianische Unterart *bronzina* gegenwärtig stellenweise in Gebirgswäldern vor. Das mag daran liegen, daß die angrenzenden Ebenen für ein Aufkommen immergrüner Wälder zu trocken sind oder durch den Menschen abgeholzt wurden. Letzteres ist zweifellos im Gebiet von Sao Paulo der Fall, wo die Art in der Sierra do Itatiaya auf Höhenlagen zwischen 1100 und 2000 m ausgewichen ist. Nach HOY kommt dieses Schaku in Salta (Nordwest-Argentinien) vom Randgebiet des Chakowaldes westwärts bis zu den Andenvorbergen vor, soweit diese Gebiete noch menschenleer sind. Dort begegnet man ihnen in kleinen Gesellschaften bei der Futtersuche auf dem Erdboden. Bei Gefahr lassen die stets wachsamen Vögel zunächst ihren Warnlaut, einen leisen, tiefen gutturalen Ton, hören, der bei zunehmender Erregung und nach dem Auffliegen in ein laut kreischendes „Kroa kroa" übergeht. Der Flug wirkt leicht, und die Silhouette mit den kurzen runden Flügeln und dem langen gefächerten Schwanz ist recht charakteristisch. In den dichten Baumkronen gelandet, bleiben die Schakus regungslos sitzen und sind im dichten Laubwerk nur schwer auszumachen. Fühlen sie sich entdeckt, rennen sie schnell und geschickt durch das Astwerk und sind bald im Dickicht der gegenüberliegenden Seite verschwunden. Im argentinischen Nationalpark Estancia del Rey im Département Anta sind die „Pavas" überaus häufig und lassen sich bei Sonnenaufgang in Trupps aus 20 bis 30 Vögeln auf den Straßen beobachten. Wenig scheu, überfliegen sie unter Benutzung hoher Einzelbäume sogar freie Strecken von 500 m Länge. Morgens und abends begeben sie sich regelmäßig zur Tränke. Im Nationalpark ist das Schwarzfuß-Schaku ein Bewohner der unteren Waldzone, die im Bergland Lagen von 500 bis 600 m bedeckt.

Haltung: Wohl wegen seiner unscheinbaren Färbung ist das Schwarzfuß-Schaku selten importiert worden (DELACOUR u. AMADON). Aus einer weltweiten Umfrage der WPA ergab sich, daß im Jahre 1977 insgesamt 25 dieser Schakus in Sammlungen gehalten wurden, wovon 20 Vögel auf lateinamerikanische Haltungen entfielen.

Spix-Schaku
Penelope jacquacu, Spix 1825

Engl.: Spix's Guan.
Abbildung: Seite 67 unten rechts und 68 oben.
Heimat: Östliche Andenhänge Südost-Kolumbiens bis nach Bolivien (Santa Cruz) und ostwärts im Amazonasbecken bis zu den Quellgebieten des Tapajos und (vielleicht) des Xingu; nordwärts durch West-Brasilien bis nach Südost-Venezuela und Guayana. 4 Unterarten.
Beschreibung: Geschlechter gleichgefärbt. Oberseite bronzig olivbraun mit schokoladenbraunem Bürzel und Oberschwanzdecken oder einfarbig dunkelbläulich mit Grünglanz; Vorderhals, Brust, Mantel, manchmal auch die Flügeldecken durch Weißsäumung der Federn längsgestreift oder geschuppt wirkend; Bauch bis zu den Unterschwanzdecken trüb rötlichbraun bis rußschwarz; Haubenfedern entweder einfarbig oder hellgrau gesäumt, diese Hellsäumung manchmal unbedeutend und auf die Stirnregion beschränkt. Ein schwach ausgebildeter, hellerer Überaugenstreif. Die Bartregion kann braun, schwärzlich oder mit Hellgrau gemustert sein. Schnabel schwarz, Zügel, Gesichtshaut nackt, blauschwarz, Kehlwamme ziegelrot, Iris rotbraun, Beine hellrot.
Länge 660 bis 760 mm; Flügel 280 bis 354 mm; Schwanz 285 bis 375 mm.
Die geographische Variation ist beim Spix-Schaku gut ausgeprägt. Sie besteht in Größen- und Färbungsunterschieden sowie unterschiedlicher Ausbildung der Haubenfedern. Im zusammenhängenden Verbreitungsgebiet der Art sind in den Berührungszonen der Subspeziesareale stets Mischpopulationen

o. Schwarzfuß-Schaku, *Penelope obscura* (s. S. 65)
u. l. Schwarzfuß-Schaku, *Penelope obscura*, Kopfporträt
u. r. Amazonas-Spix-Schaku, *Penelope jacquacu jacquacu* (s. S. 66)

nachgewiesen worden, was eine exakte Bestimmung der Unterartzugehörigkeit besonders am Lebend-Objekt sehr erschwert.

Die sehr dunkle Unterart *granti* von Guayana und Ost-Venezuela hat mattschwarzen Kopf und Hals sowie erheblich verlängerte, schmal graugesäumte Scheitelfedern. Die übrige Oberseite ist mit Ausnahme der blauglänzenden äußeren Schwanzfedern und der braunen Handschwingen schwarz mit starkem Grünglanz. Der Bartstreif ist oft auffällig grauweiß gemustert, und die auf Hals und Brust schwärzliche Unterseite geht nach hinten zu in Dunkelbraun über. Vorderhals-, Brust- und Mantelfedern tragen weißliche Seitensäume. In den Provinzen Süd-Bolivar und Amazonas von Venezuela sowie im Westteil Zentral-Guayanas geht *granti* in die Nordwest-Brasilien nördlich des Amazonas bewohnende kleinere Unterart *orienticola* über. Sie ist oberseits heller, weniger schwärzlich mit olivfarbenem oder grünlichem Anflug. Die weiße Federsäumung des Brustgefieders ist dichter und dehnt sich über den Oberrücken aus. Diese Unterart geht in Süd-Kolumbien in die Nominatform über, die Amazonien (Amazonasgebiete Kolumbiens, Ecuadors, Perus, Nord-Boliviens und West-Brasiliens) bewohnt. Sie ist im Vergleich mit *orienticola* heller, brauner und durch stärkere Weißmusterung charakterisiert. Die Oberseite ist bronzig olivgrün, die Unterseite heller, rotbraun. In Zentral- und Ost-Bolivien wird die Nominatform durch die größere *speciosa* ersetzt, die gut durch sehr schmale, sich zur Spitze hin verschmälernde, grauweiß gesäumte Haubenfedern unterscheidbar ist. Die Bartfedern sind wie bei *orienticola* und *granti* grauweiß gemustert. Ein Überaugenstreif, der bei den meisten Unterarten nur undeutlich auszumachen ist, kommt bei *speciosa* stärker zur Geltung.

Dunenkleid und Ei des Art sind wohl noch nicht beschrieben worden.

Lebensgewohnheiten: Spix-Schakus sind Bewohner der Regen- und Nebelwälder von den Ebenen bis ins Gebirge (1600 m). Die Stimme ist extrem laut und mißtönend, aus rauhen, knarrenden Tönen bestehend und nach DELACOUR u. AMADON „eine der lautesten, die von einem Vogel erzeugt werden kann", was wohl durch die lange Trachealschlinge ermöglicht wird. Man hört sie nach KOEPCKE morgens und abends schreien. In Venezuela führen die Männchen morgens regelmäßig mit Flügeltrommeln verbundene Flüge durch, die den Revieranspruch akustisch untermauern. In Peru fällt die Brutzeit in die Monate August und September. In Ost-Bolivien stellte NIETHAMMER als Nahrung u. a. Früchte fest, deren haselnußgroße Kerne den Darmkanal unbeschädigt passierten. Bei einem Männchen war der Kropf prall mit walnußgroßen Palmenfrüchten gefüllt.

Haltung: 1851 in der Knowsley Menagerie des EARL OF DERBY gehalten. DELACOUR berichtete über 1 Paar, das auf seinem Besitz in Clères über 10 Jahre lang lebte und dessen Weibchen mehrfach unbefruchtete Zweiergelege brachte. Eine weltweite Umfrage der WPA ergab, daß das Spix-Schaku 1977 in 16 Exemplaren gehalten wurde, davon 11 in den USA. 1982 wurden weltweit 35 dieses Schaku gepflegt, davon 14 in Lateinamerika, 13 in den USA und 8 in Europa.

Cauca-Schaku
Penelope perspicax, Bangs 1911

Engl.: Cauca Guan.

Heimat: Südwest-Kolumbien im mittleren Caucatal an den Westhängen der mittleren Andenkette sowie an beiden Abdachungen der West-Andenkette. Häufig als Unterart der *P. jacquacu* angeführt und vom Verbreitungsareal dieser Art ganz isoliert.

Beschreibung: Geschlechter gleichgefärbt. Kopf, Hals, Schulter und Brust dunkel braungrau; eine Scheitelhaube aus ziemlich langen schmalen Federn, die nur in der Stirnregion unauffällig silbergrau gesäumt sind. Federn des Unterhalses, der Schultern und besonders der Brust grauweiß gesäumt. Rücken satt kastanienbraun, die übrigen Flügelfedern und die mittleren Schwanzfedern hell rostig rotbraun mit schwachem Kupferschimmer, die äußeren Schwanzfedern viel dunkler mit schwachem blauschwarzem Glanz. Unterseite rostbraun mit unauffällig dunklerer Federsprenkelung. Gesichtshaut blaugrau, Iris rotbraun, Schnabel hornfarben, Kehlwamme ziegelrot, die Beine korallenrot.
Länge 760 mm; Flügel 302 bis 332 mm; Schwanz 308 bis 343 mm.
Dunenkleid unbekannt; Ei 75 mm × 52 mm.

o. Nördliches Spix-Schaku, *Penelope jacquacu granti* (s. S. 66)
u. l. Schakupemba, *Penelope superciliaris* (s. S. 64)
u. r. Rostbauch-Schaku, *Penelope purpurascens* (s. S. 70)

Lebensgewohnheiten: Die Art bewohnt die obere tropische und die subtropische Bergwaldzone ihrer Heimat in 1300 bis 2000 m Höhe. Da der Regenwald dort größtenteils abgeholzt wurde, nähert sie sich der Ausrottung und ist seit Anfang der 80er Jahre nicht mehr nachgewiesen worden.
Haltung: Nichts bekannt.

Weißflügel-Schaku
Penelope albipennis, Taczanowski 1877

Engl.: White-winged Guan.
Heimat: Küstengebiete Nord-Perus in der Umgebung von Tumbes und Piura.
Beschreibung: Geschlechter gleichgefärbt. Grundfärbung bräunlicholiv. Rücken, Flügel und Schwanz mit schwachem Bronzeschimmer; Unterseite trüber, rötlicher, die Bauchfedern schwach dunkelbraun gesprenkelt; Federn der mäßig ausgebildeten Haube mit grauweißer Seitensäumung. Ein Superziliarband fehlt; die Handschwingen sind im wesentlichen weiß; nackte Gesichtshaut bläulichviolett, die Kehlwamme orangerot. Schnabel leuchtendblau mit schwärzlicher Spitze; Iris hellbraun; Füße rot. Länge 700 mm; Flügel 336 mm; Schwanz 325 mm.
Lebensgewohnheiten: Vor kurzem noch war das Weißflügel-Schaku nur durch 3 Museumsbälge bekannt, die 1877 von dem polnischen Ornithologen J. STOLZMAN, dem Entdecker der Art, in den Mangrovensümpfen nahe der Stadt Tumbez gesammelt worden waren. Seither galt sie als ausgerottet. Jedoch hatte das deutsche Forscherehepaar KOEPCKE schon immer vermutet, daß dieses große Schaku noch in Mangrovenwäldern und Regenwaldgebieten der nordperuanischen Ebene leben könnte. Dort wurde es 1976 von dem amerikanischen Ornithologen Dr. J. O'NEILL wiedergefunden. Er sah 8 Exemplare und vermutet, daß es in den Wäldern noch Hunderte geben müsse. Das Gebiet wurde von der Regierung unter Naturschutz gestellt.
Haltung: Nach Mitteilung der WPA wurden 1976/77 in einer lateinamerikanischen Sammlung 4 Weißflügel-Schakus gehalten.

Rostbauch-Schaku
Penelope purpurascens, Wagler 1830
(= Penelope cristata)

Engl.: Crested Guan.
Abbildung: Seite 68 unten rechts.
Heimat: Süd-Mexiko von der Sierra de Tamaulipas im Osten und dem südlichen Sinaloa im Westen südwärts auf der mittelamerikanischen Landbrücke bis ins nördliche Südamerika in Kolumbien, West-Ecuador und Nord-Venezuela. 3 Unterarten.
Beschreibung: Geschlechter gleichgefärbt. Oberseite dunkel olivbraun bis dunkel kastanienbraun mit schwachem Bronzeschimmer. Bürzel und Oberschwanzdecken heller als der Rücken, roströtlich oder kastanienbraun. Mittlere Schwanzfedern braun mit ölgrünem Anflug, die äußeren viel dunkler, blau angeflogen. Handschwingen einfarbig braun. Die wenig verlängerten, sehr breiten, an den Enden gerundeten Scheitelfedern werden halb aufgerichtet getragen und bilden eine buschige Holle. Vorderhals bis zur Brust dunkelbraun, die Federn mit auffälliger weißer Seitensäumung, die häufig auch auf dem Gefieder des Hinterhalses, Mantels, der Schultern und Flügeldecken vorhanden ist und ein Streifenmuster bildet. Bauch, Flanken und Oberschwanzdecken rußbraun oder kastanienbraun. Schnabel schwarz, Zügel und Gesicht blaugrau, Iris dunkelrot, Kehlwamme hellrot, Füße korallenrot. Länge 760 bis 900 mm; Flügel 340 bis 425 mm; Schwanz 290 bis 425 mm; Gewicht ca. 1700 g. Die geographische Variation des Rostbauch-Schaku ist gering. Die Größe nimmt bei den Populationen von Mexiko bis nach Ecuador allmählich ab. Bei einem wenige Tage alten Dunenküken ist der Mittelscheitel kastanienbraun, an den Seiten von einem breiten schwarzen, darunter weißen und danach schmalen schwarzen Band gesäumt. Die gut ausgebildeten Flügelchen sind im Schulterbereich graugelb und haben schwärzliche, breit weiß endgerandete Flügeldecken sowie trüb ockergelbe Armschwingen mit breiten schwarzen Querbinden. Hals und Brust sind hell rostgelb, die Bauchfedern weiß. Schnabel grauoliv, die Iris klargrau, die Beine rötlichgelb. Schlupfgewicht 62,2 g.
Gelegestärke 2 bis 3; Ei trübweiß bis isabellgelblich (74 bis 76 mm × 49 bis 53 mm). Frischgewicht 103,4 g. Brutdauer 26 Tage.
Lebensgewohnheiten: Zwar ist das Rostbauch-Schaku vorwiegend ein Bewohner tropischer Regenwälder, doch lebt es in einigen Teilen seines weiten Verbreitungsgebietes auch in der subtropischen

Zone. So wird es in Colima (Mexiko) manchmal in feuchten Kiefern/Eichen-Mischwäldern angetroffen, und in Tamaulipas leben die Vögel nach Beobachtungen von HARRELL (1951) sowohl in tropischen Regenwäldern wie in den darüber gelegenen Eichen-Buchenwaldungen. Daß dieses große Schaku sich nach Abholzen der Wälder der Sekundärvegetation, trockenem Dornbusch anzupassen vermag, berichteten DICKEY und VAN ROSSEM (1926) aus El Salvador: „San Juan ist eine sandige Halbinsel von ca. 20 Meilen Länge und menschenleer. Das Gelände besteht aus einer Reihe alter Sanddünen von ein paar Metern Höhe, die mit ziemlich dünnem niedrigem Dschungel bestanden sind. Dort waren die großen Vögel relativ häufig, und man sah kleine Trupps auf weit entfernten hohen Einzelbäumen sitzen. Zu dieser Jahreszeit, Mitte Januar, dem Höhepunkt der Trockenzeit, waren die Bäume fast unbelaubt, und der Boden bestand aus trockenem knisterndem Fallaub, das ein lautloses Pirschen unmöglich machte. Die Schakus ließen den Menschen nur bis auf 180 m herankommen. Ihr Kropfinhalt bestand aus weinbeerengroßen harten grünen Früchten." Zwar ist das Rostbauch-Schaku wie die anderen Arten der Gattung ein Baumbewohner, kommt aber gelegentlich auf den Erdboden, um dort nach herabgefallenen Früchten zu suchen, zu scharren und Wasser aufzunehmen. Auf Nahrungssuche klettern sie nach SLUD lautlos im Astwerk umher und überspringen Lücken mit oder ohne Unterstützung der Flügel. Meist durch dichtes Laub den Blicken entzogen, verraten sie ihre Anwesenheit ähnlich Papageien nur durch häufiges Herabfallenlassen abgerissener Pflanzenteile. Vermuten sie Gefahr, bewegen sie sich sehr vorsichtig, halten nach allen Richtungen Ausschau und können wie Schatten fortgleiten. Häufiger jedoch fliegen sie unter lauten Flattergeräuschen und Alarmgeschrei ab und segeln mit bogig gehaltenen Schwingen und ausgebreitetem Schwanz in eine nahe Baumkrone, wo man sich ihnen nur noch schwer nähern kann. Beim Flug über größere Entfernungen wechseln Segelphasen mit schnellen, fördernden Flügelschlägen ab, und der Kopf wird lang ausgestreckt gehalten. In dieser Haltung sieht man sie häufig in 75 m Höhe und darüber bewaldete Täler und Lichtungen überqueren. Das Stimmrepertoire ist groß, seine Bedeutung noch nicht durchweg geklärt. Am häufigsten hört man einen einzelnen oder doppelten Hupton, der wie das Tuten einer alten Autohupe oder eine Mischung aus Gänsegeschrei und Hühnergegacker klingt. Es dient vermutlich dem Zusammenhalt der Partner, wird morgens und abends vor Betreten und nach Verlassen des Schlafastes und vor nahenden Gewittern bei grollendem Donner ausgestoßen. Es kann auch in Strophen gebracht werden und wird in Erregung schneller und höher, wenn die Vögel in Panik auffliegen. Rufen mehrere Schakus im Chor durcheinander, ist ein bestimmtes „Singmuster" nicht erkennbar. Außerdem werden von den Vögeln schweineähnliche Grunztöne, ein tiefes „Wuuf wuuf wuuf wuuf", ein kehliges „Ka ká" und ein gedämpftes „Auwuk" ausgestoßen, deren Bedeutung noch unbekannt ist. Nach SKUTCH ist dieses Schaku jedenfalls einer der lautesten Waldbewohner, dessen Bestandsabnahme auch darauf zurückzuführen sein dürfte, daß es sich bei Gefahr auf irgendeinem Ast niederläßt, dort laut schreit und so dem Jäger das Anpirschen erleichtert. Auch CHAPMAN war von der Stimmgewalt der von ihm auf der Insel Barro Colorado (Panama) beobachteten Rostbauch-Schakus beeindruckt und schreibt: „Man ist auf das Kreischen auffliegender Papageien mehr oder weniger vorbereitet, aber nicht auf das urplötzlich losbrechende Geschrei der Schakus. Ihr übliches Alarmsignal ist ein hohes dünnes Gekläff ,Oo-iik oo-iik', das je nach dem Erregungsgrad höher oder tiefer wird. Mit leisem Piepen beginnend, scheint der Ton schnell näher zu kommen und schwillt zu einem derart lautem Gekreisch an, daß man glauben könnte, der Vogel sitze einem auf der Schulter und schreie direkt ins Ohr."

Wie wohl alle Arten der Gattung *Penelope* führen auch die Männchen des Rostbauch-Schaku zur Dämmerungszeit Flügeltrommelflüge durch, die auf die Fortpflanzungszeit beschränkt sind. Dabei ist das von dieser Art erzeugte Trommelgeräusch lauter als bei Arten mit stark verschmälerten sichelförmigen Handschwingen. Nach SUTTON u. PETTINGAL war das Balzverhalten in Tamaulipas (Mexiko) Mitte bis Ende März tagsüber gut zu beobachten. In den dichten Wäldern kämpften die Männchen untereinander, bedrohten ihre Rivalen mit rauhen kehligen Schreien, verfolgten einander durch die Baumkronen und trommelten bei Kurzflügen von Ast zu Ast mit doppelt so schnellem Flügelschlag. Über längere Strecken flogen sie langsam unter wildem Flügelschlagen und warfen sich dabei oft wie in Ekstase von einer Seite auf die andere. Diese tagsüber ausgeführten Trommelflüge dürften jedoch nicht gleiche Bedeutung haben wie die während der Dämmerung praktizierten. Ein Balzen vor dem Weibchen wurde von den beiden genannten Autoren nicht beobachtet, auch ist nicht bekannt, ob es sich bei den Verfolgungsjagden stets um Hähne handelte, die Gegner verjagten, oder um Männchen, die vor der Paarbindung oder Paarung symbolisch fliehende Weibchen verfolgten. Das Nest des Rostbauch-Schaku ist ein mäßig umfangreicher Bau aus beblätterten Zweigen, der hoch in Bäumen steht. Ein Vollgelege aus 3 Eiern lag in einem Fall auf frischgrünen Blättern.

Haltung: In einer Schilderung des Vogelbestandes der Menagerie der Zoological Society of London aus dem Jahre 1830 wird das Rostbauch-Schaku als *Penelope cristata* beschrieben und unverkennbar abgebildet. 1851 war 1 Paar in der Knowsley Menagerie des EARL OF DERBY vertreten, und bis in die Gegenwart ist diese Art das am häufigsten nach Europa und in die USA importierte Schakuhuhn geblieben. Die Erstzucht ist offenbar TAIBEL (Rovigo, Italien) im Jahre 1957 gelungen. Bei ihm legten 2 Weibchen ab Mai, wobei das eine nur 1 Gelege, das andere, dem man die Eier zwecks künstlicher Erbrütung fortgenommen hatte, in zeitlichen Zwischenräumen insgesamt 3 Gelege zu je 2 Eiern brachte. Die Legefolge betrug 2, gelegentlich auch 3 bis 4 Tage.

In einer von der WPA verfaßten Zusammenstellung aller im Jahre 1982 auf der Erde gehaltenen Cracidenarten ist das Rostbauch-Schaku mit 54 Exemplaren vertreten, von denen 33 in Europa und 21 in lateinamerikanischen Sammlungen gehalten wurden.

Schakukaka
Penelope jacucaca, Spix 1825

Engl.: White-browed Guan.
Heimat: Das Innere Nordost-Brasiliens im südlichen Piaui, Ceará, dem westlichen Paraiba und dem Inneren Bahias. Keine Unterarten.
Beschreibung: Geschlechter gleichgefärbt. Hauptfärbung ein warmes Schokoladenbraun bis Dunkelrotbraun, die Federn von Unterbrust und Bauch häufig undeutlich rostbraun gesäumt; Federn des Mantels, der Schultern, der oberen Flügeldecken, des Vorderhalses und der Brust mit weißer Seitensäumung, die scharf gegen die Umgebung abgesetzt ist und ein Strichmuster bildet. Die Haubenfedern sind lang, schmal und hängen herab, die der Stirnregion sind im wesentlichen weiß mit dunkler Mitte; Haubenmitte bis hinunter zum Hinterhals rußschwarz, dadurch stark zu dem auffälligen weißen Überaugenband kontrastierend, das nach hinten über die Ohrdecken hinauszieht; ein schmales schwarzes Band verläuft von der Schnabelbasis rückwärts bis zu den Ohrdecken, dadurch das weiße Überaugenband von der blaugrauen Gesichtshaut trennend; Schnabel schwärzlich oder gelblich, Iris braun, die nackte Wamme und die Beine rötlich. Länge 650 bis 700 mm; Flügel 302 bis 340 mm; Schwanz 280 bis 335 mm.

Dunenkleid wohl noch nicht beschrieben.
2 Eier aus dem Bronx-Zoo (New York) messen 73 × 53 mm und 74 × 54 mm.
Lebensgewohnheiten: Die Schakukaka bewohnt auch trockneres Gelände und hat sich vielerorts dem nach Abholzen des Hochwaldes wuchernden Sekundärbusch anzupassen vermocht. Über die Fortpflanzungsbiologie sind wir durch Volierenzuchten informiert.

Haltung: Die Schakukaka ist häufig nach Europa importiert worden. 1852 war sie in der Knowsley Menagerie des EARL OF DERBY vertreten und ist dort auch gezüchtet worden. In neuerer Zeit hatte der Zoologische Garten von Rom Erfolg, der diese Art 1946 züchtete. Nach BRONZINI (Rev. Ital. Orn. 16, pp. 51–55) wurde erstmalig am 23. Juli beobachtet, daß das Paar eifrig mit dem Nestbau beschäftigt war. Am 26., 28. und 30. Juli legte die Henne je 1 Ei. Die Küken schlüpften nach 26- bis 27tägiger Bebrütung. Während der kurzen täglichen Abwesenheit des Weibchens vom Nest zwecks Futteraufnahme übernahm das Männchen das Brutgeschäft. Während der übrigen Zeit hielt es sich nahe beim Nest auf, um es zu bewachen und zu verteidigen. Die Küken verließen das Nest unmittelbar nach dem Trocknen des Dunenkleides und kletterten geschickt in den Zweigen des Nestbusches umher. Die Mutter lockte sie mit einem besonderen Ton zur Futterabnahme vom Schnabel herbei, und auch der Hahn beteiligte sich aktiv an der Aufzucht. Eine weitere Zucht der Schakukaka hatte ferner 1956 der Zoopark Moskau (UdSSR) zu verzeichnen, wie man aus dem „Zoologischen Garten" 1962, S. 153, erfahren konnte. In einem Bericht der WPA aus dem Jahre 1982 war dieses Schaku in 8 Exemplaren in lateinamerikanischen Sammlungen vertreten.

Rotbrust-Schaku
Penelope ochrogaster, Pelzeln 1969

Engl.: Chestnut-bellied Guan.
Heimat: Zentral-Brasilien vom Descalvados-Gebiet im Zentralteil des östlichen Mato Grosso und ostwärts bis ins mittlere Ost-Goiás (Rio Sao Domingos) und das westliche Minas Gerais. Keine Unterarten.
Beschreibung: Geschlechter gleichgefärbt. Scheitelfedern braun mit silberweißer Säumung, ziemlich lang und schmal, eine Haube bildend; die Weißkomponente der Scheitelfedern besonders auf der Stirn und entlang der Scheitelseiten auffällig und dort von der nackten graublauen Gesichtshaut durch einen schmalen Streifen kurzer schwarzer Federn getrennt, der an der Stirn beginnend, beiderseits nach hinten um die Ohrregion herum abwärts verläuft und sich in der Mitte der Kehlwammenbasis mit dem Streifen der anderen Kopfseite vereinigt. Schultern und Oberrücken dunkel graubraun mit starkem Grünglanz und grauweißer Seitensäumung der Federn; Unterrücken kastanienbraun, Schwingen braun mit starkem olivgrünem Schimmer; mittlere Schwanzfedern ähnlich, die äußeren dunkler mit Blauglanz. Unterseite hell rotbraun, zur Kehlregion hin abdunkelnd; Brustfedern mit breiter weißer Seitensäumung, die auf den Halsfedern kleiner und schmaler wird. Kehlwamme lackrot mit ockergelber Fleckung, die Iris rötlich, bei Weibchen zuweilen grau; Schnabel schwarz, Beine hell rostrot bis dunkel rotbraun.
Länge 657 bis 750 mm; Flügel 333 bis 341 mm; Schwanz 338 bis 340 mm.
Dunenkleid und Ei wohl noch nicht beschrieben.
Lebensgewohnheiten: Unbekannt.
Haltung: Nach DELACOUR u. AMADON besaß der Zoopark von San Diego (Kalifornien) 1958 1 Paar dieses Schakuhuhnes, das in diesem und dem darauffolgenden Jahr brütete und jedesmal 2 Eier legte. Nach Angaben der WPA war die Art 1982 in lateinamerikanischen Sammlungen in 6 Exemplaren vertreten.

Weißschopf-Schaku
Penelope pileata, Wagler 1830

Engl.: White-crested Guan.
Heimat: Das brasilianische Amazonien südlich des mittleren und unteren Amazonas vom rechten Ufer des unteren Rio Madeira ostwärts bis zum unteren Rio Tapajós. Keine Unterarten.
Beschreibung: Geschlechter gleichgefärbt. Ein gut ausgebildeter Scheitelkopf besteht aus langen schmalen, sich zur Spitze hin verbreiternden trübweißen Federn mit dunklen, rötlich gesäumten Schäften. Hals und Unterseite tief rotbraun, auf dem Hinterhals fast zu einem tiefen Kastanienbraun abdunkelnd; die Brustfedern auffällig weiß seitengesäumt. Oberseite einschließlich der mittleren Schwanzfedern dunkelgrün oder grünlichschwarz, die Schulterfedern auffällig grauweiß gesäumt; äußere Schwanzfedern blauschwarz, auf ihren Außenfahnen mit Grünglanz. Nackte Gesichtshaut schiefergrau mit einem schmalen Band schwarzer Federn über dem Oberschnabel, das auf der Vorderstirn beginnt und oberhalb der Gesichtshaut über die Ohrdecken und zur roten Kehlwamme hinunterzieht; Iris beim Hahn dunkelrot, bei der Henne heller; Beine dunkelrot.
Länge 750 bis 825 mm; Flügel 295 bis 333 mm; Schwanz 290 bis 345 mm. Gewicht 1600 g.
Dunenküken tragen einen schwarzen Scheitelstreif, der von je einem gelbgrauen und darunter einem unterbrochenen schwarzen Streifen gesäumt wird. Letzterer wird hinter der Ohrregion breiter, zusammenhängender und läuft die Halsseiten hinunter. Die Grundfärbung der Kopfdaunen variiert erheblich und ist manchmal aschgrau. Flügelchen dunkelbraun mit gelblicher Streifenmusterung, die längeren Handschwingen ca. 46 mm lang, die Schwanzfedern ca. 9 mm lang, schwarz mit gelblicher Bänderung. Schlupfgewicht 64 bis 70 g.
Gelegestärke 3 bis 4; Ei weiß, ellipsoid, in der Größe sehr variabel (73 bis 84 mm × 51 bis 54 mm); Frischgewicht 128 bis 140 g.
Lebensgewohnheiten: Das Weißschopf-Schaku ist ein Bewohner dichter Regenwälder. Über sein Freileben ist nichts bekannt.
Haltung: 1841 Erstzucht in der Knowsley Menagerie des EARL OF DERBY. 1845 gelang sie dem Jardin des Plantes zu Paris (HOPKINSON, 1926). Später ist das Weißschopf-Schaku ziemlich häufig importiert und mehrfach gezüchtet worden. Genauere Daten über die Fortpflanzungsbiologie verdanken wir TAIBEL (Rovigo, Italien). 1957 legte ein Weib-

chen 4 Eier, die größer als die des Hauben-Schaku *(P. purpurascens)* waren. Das Schlupfgewicht der Küken betrug 64 bis 70 g. Mit 30 Tagen wogen sie ca. 240 g, mit 90 Tagen 550 g. Im Alter von 50 Tagen glich das Gefieder bis auf den bedaunten Kopf und Hals im wesentlichen dem Erwachsenenkleid. Die borstigen Kehlfedern begannen zu erscheinen, und die Kehlhaut rötete sich. Im Alter von 90 Tagen war sie zinnoberrot wie die der Erwachsenen. Mit 7 Monaten ist das Wachstum beendet.

Kreuzungen des Weißschopf-Schaku sind mit 4 anderen Arten der Gattung *(P. marail, P. purpurascens, P. superciliaris, P. jacucaca)* sowie dem Blauschnabel-Hokko erzielt worden.

Nach Mitteilung der WPA war dieses Schaku 1982 in 6 Exemplaren in lateinamerikanischen Sammlungen vertreten.

Weiterführende Literatur:

D'AUBUSSON, M.: Sur domestication des Penelopes (Zucht von *P. marail*). Bull. Soc. Nat. d'Accl. France 55; pp. 253–346 (1908)

BLAKE, E. R.: Manual of Neotropical Birds. Vol. 1; *Penelope,* pp. 398–413. Univ. Chicago Press 1977

BRONZINI, E.: Riproduzione in cattivita *Penelope „superciliaris"* (= *P. jacucaca*). Riv. Ital. Orn. 16; pp. 51–55 (1946)

CHAPMAN, F. M.: Life Zones of Venezuela *(P. argyrotis).* Amer. Mus. Nat. Hist. no. 36 (1925)

DELACOUR, J., AMADON, D.: Curassows and related Birds. *Penelope,* pp. 113–142. Amer. Mus. Nat. Hist. 1973

DICKEY, D. R., VAN ROSSEM, A. J.: The Birds of El Salvador *(P. purpurascens)*; pp. 146–147 (1938)

HARRELL, B. E.: Bird of Tamaulipas, Mexico *(P. purpurascens).* Unveröffentl. Dissertation, Univ. Minnesota 1951

HOY, G.: In DELACOUR & AMADON: Curassows and related birds *(P. dabbenei* p. 126 und *P. obscura* pp. 127–128). 1973

KOEPCKE, M., KOEPCKE, H. W.: Aves Silvestres del Peru *(P. barbata).* 1963

KRIEG, H., SCHUHMACHER, E.: Beobachtungen an Wildhühnern (*P. obscura* in Paraguay). Verh. Orn. Ges. Bayern 21; pp. 1–18 (1936)

LEOPOLD, A. S.: Wildlife of Mexico *(P. purpurascens).* University of California Press 1959

NIETHAMMER, G.: Zur Vogelwelt Boliviens (*P. montagnii* und *P. jacquacu*). Bonn. Zool. Beitr. 3–4; pp. 195–303 (1953)

OLROG, C. C.: (*P. montagnii* und *P. dabbenei*); Neotropica 6; p. 58 (1960)

SCHÄFER, E.: Estudio bio-ecologico comparativo sobre algunos Cracidae del norte y centro de Venezuela. Bol. Soc. Venezolana Cien. Nat. vol. 15, no. 80; pp. 30–63 (1953)

SCHWARTZ, P.: Zitiert aus DELACOUR & AMADON, Curassows and related Birds. (*P. montagnii* p. 124)

SICK, H.: Ornitologia Brasileira, Vol. 1, p. 233. Editora Universidade de Brasilia, 1986

SKUTCH, A. F.: In Grzimeks Tierleben Bd. 7; *(P. purpurascens)* p. 434–435 (1980)

SLUD, P.: The Birds of Costa Rica. Bull. Amer. Univ. Nat. Hist. 128 *(P. purpurascens).* 1964

STOLZMAN, J.: In: TACZANOWSKI, Ornithologie du Pérou *(Penelope albipennis).* 1886

SUTTON, C. M., PETTINGILL, O. S.: Birds of the Gomez Farias region, southwestern Tamaulipas *(P. purpurascens).* Auk 59; pp. 1–34, pls. 1–6 (1942)

TAIBEL, A.: Esperimenti ibridologici tra specie del genere *Penelope* MERR.; Riv. Italiana di Ornit. 34; pp. 199–212 (1964)

WETMORE, A.: The Birds of the Republic of Panama, pt. 1 (*P. purpurascens aequatorialis,* pp. 298–302) 1965

Vergleich von Schakutingaköpfen: A Trinidad Blaukehl-, B Venezuela Blaukehl-, C Nördliche Rotkehl-, D Südliche Rotkehl-, E Grays, F Schwarzstirn-Schakutinga.

Schakutingas
Pipile, Bonaparte 1856

Engl.: Piping Guans.
Die Schakutingas sind große Craciden (Länge um 700 mm), die am nächsten mit den Schakuhühnern und Aburris verwandt sind. Im Vergleich mit Schakus und Tschatschalakas sind Schakutingas noch stärker an ein Baumleben angepaßt und besitzen einen viel kürzeren Lauf. Ihr Gefieder ist vorwiegend schwarz mit starkem Metallglanz; die Flügeldeckfedern sind weiß gefärbt. Die bis in den Nacken reichenden Scheitelfedern sind lang, schmal, an den Enden zugespitzt und bilden eine aufrichtbare lockere Haube. Die Innenfahnen der 4 äußeren Handschwingen verschmälern sich distal stark, werden schmal sichelförmig und sind stark einwärts gebogen. Der lange, hinten gerundete Schwanz besteht aus 12 Steuerfedern, deren äußeres Paar deutlich kürzer als das Mittelpaar ist. Alle *Pipile*-Arten sind durch eine $^2/_3$ der Schnabelbasis mit Einschluß der Nasenlöcher bedeckende hellblaue Wachshaut charakterisiert, die mit Ausnahme einer Art *(P. jacutinga)* direkt in die nackte Zügel- und Gesichtshaut übergeht. Von der nackten Kinn- und Kehlregion hängt eine blaue, rote oder blau und rote Hautwamme unterschiedlicher Form herab, auf der spärlich schwarze Borstenfederchen wachsen. Die Luftröhre ist schleifenlos. Die Geschlechter sind gleichgefärbt.

Die Vertreter der aus 3 Arten bestehenden Gattung sind weit über tropische Niederungswälder Südamerikas von Venezuela im Norden bis Südost-Brasilien und Nord-Argentinien im Süden verbreitet. Wie die Schakus und einige andere Craciden führen Schakutingas während der Brutzeit einen Trommelflug aus. In ihrem Stimmrepertoire spielen Pfeiftöne eine große Rolle („Piping Guans"). Nach Beendigung der Fortpflanzungszeit schließen sich die Familien zu großen Gesellschaften zusammen, die auf der Suche nach fruchttragenden Bäumen im Lande umherziehen.

Mit ihrer eleganten Gestalt, der ansprechenden Färbung und guten Haltbarkeit sind Schakutingas begehrte Schauobjekte der Fasanerien unserer zoologischen Gärten. Wegen ihrer schnell voranschreitenden Ausrottung durch Abholzen der Wälder und ständige intensive Bejagung werden sie heute nur noch ganz selten auf dem Tiermarkt angeboten. Die Zucht ist bisher in Europa nur einmal gelungen.

Trinidad Blaukehl-Schakutinga
Pipile pipile pipile, Jacquin 1784

Engl.: Trinidad Blue-throated Piping Guan.
Abbildung: Seite 75 Kopfzeichnung A.
Heimat: Die Insel Trinidad vor der Küste Venezuelas.
Beschreibung: Geschlechter gleichgefärbt. Gesamtfärbung schwarz mit purpurbraunem Glanz auf der Oberseite; die langen Haubenfedern sehr schmal, zugespitzt, an Rändern und Enden zerschlissen, braunschwarz mit schmaler weißer Säumung. Ein über der oberen Grenze der nackten Gesichtsregion verlaufender, an den Stirnseiten schmaler weißer Streifen zieht, sich nach hinten verbreiternd, bis über die Ohrdecken hinaus. Obere Flügeldecken und die Flügelbeuge weiß gebändert, zusammen einen Flügelspiegel bildend. Mantel, Schultern und Brust einfarbig schwarz ohne oder ausnahmsweise mit ganz geringen Weißanteilen auf dem Brustgefieder. Die Schnabelwachshaut und das die Zügelregion einschließende nackte Gesicht hellblau, der Kehllappen kobaltblau. Horniges Schnabelspitzendrittel schwarz, Iris rotbraun, die Beine rot.
Länge 610 bis 690 mm; Flügel 360 bis 363 mm; Schwanz 280 bis 292 mm.
Dunenkleid und Ei wohl noch nicht beschrieben.
Lebensgewohnheiten: Diese einzige für Trinidad endemische Vogelart war noch zu Beginn des 20. Jahrhunderts in den dichten Bergwäldern der Insel häufig, steht jedoch seit 1950 vor der Ausrottung, da sie trotz staatlichen Schutzes illegal weiter bejagt wird. Gegenwärtig sollen kleine Bestände noch auf Teilen des nördlichen Gebirgszuges und den bewaldeten Bergen des Südens existieren. Die Biologie wird sich von der der Festlandunterart *P. p. cumanensis* nicht unterscheiden.
Haltung: Früher viel auf Trinidad gehalten. Ein von Trinidad stammendes Paar dieser Schakutinga wurde 1913 dem Londoner Zoo von L. L. MOORE geschenkt. Ein Foto der Vögel von SETH-SMITH findet sich im Avicultural Magazine 1913, p. 211.

Venezuela Blaukehl-Schakutinga
Pipile pipile cumanensis, Jacquin 1784

Engl.: White-headed Piping Guan.
Abbildung: Seite 85 oben sowie Seite 75 Kopfzeichnung B.
Heimat: Die Guayanas, Venezuela südlich des Orinoko, Nordwest-Brasilien in der Region des oberen Rio Branco, des Rio Catrimani, des oberen Rio Negro sowie des oberen Amazonas ostwärts bis in das Gebiet von Tefé; Südost-Kolumbien nordwärts bis in das Gebiet von Villavicencio, südwärts durch das östliche Ecuador bis ins östliche Peru am Rio Inambari; dort und vermutlich auch in der Rio-Beni-Region Nord-Boliviens wurden Mischpopulationen mit der Unterart *grayi* festgestellt.
Beschreibung: Geschlechter gleichgefärbt. Haubenfedern vollständig isabellweiß, schmaler und noch stärker zugespitzt als bei der Trinidadform. Gesamtfärbung schwarz mit grünblauem Glanz auf Rücken, Schultern, Flügeln und Schwanz. Die weißen Bezirke der Flügeldecken sind ausgedehnter als bei Trinidadvögeln, die Brustfedern häufig weiß seitengesäumt. Schnabelwachshaut um die Nasenlöcher und die Ränder der Schnabelspalte hellblau, Zügel und nackte Gesichtshaut perlgrau; Iris rotbraun, der Kehllappen azurblau, die Beine braunrot.
Nach DELACOUR u. AMADON soll die Färbung der nackten Gesichtspartien überaus verschieden sein, nämlich zwischen Dunkelpurpurblau und Hellblau variieren, wobei nicht bekannt ist, ob es sich dabei um populationsbedingte Merkmale handelt.
Länge 610 bis 690 mm; Flügel 302 bis 355 mm; Schwanz 235 bis 283 mm.
Dunenkleid wohl noch nicht beschrieben.
Gelegestärke 3; Ei gelblichweiß (665 mm × 487 mm).
Lebensgewohnheiten: Siehe Beschreibung am Schluß des Kapitels Blau- und Rotkehl-Schakutingas.
Haltung: Der Londoner Zoo erhielt die erste Blaukehl-Schakutinga im Jahre 1870 vom Cassiquiare River (Süd-Venezuela). 1900 war die Art im Berliner Zoo vertreten und wurde 1958 im Antwerpener Zoo gezeigt. Auch der Zoo von Houston (Texas) hält die Art.
Nach einer weltweiten Umfrage der WPA wurden 1982 insgesamt 72 Schakutingas (Rot- und Blaukehl-Schakutingas) gehalten, davon 49 in den USA, 17 in Lateinamerika, 4 in England und 2 in Kontinental-Europa.

Gray-Schakutinga
Pipile pipile grayi, Pelzeln 1870

Engl.: Gray's Piping Guan.
Abbildung: Seite 85 unten links sowie Seite 75 Kopfzeichnung E.
Heimat: Nord- und Mittel-Bolivien, ostwärts bis nach Nord- und Ost-Paraguay, nordwärts zum Mato Grosso Brasiliens zwischen dem 15. und 18. Breitengrad bis etwa zur Grenze von Goiás. Im Mato Grosso sympatrisch mit *P. cujubi (nattereri)* und in Ost-Paraguay mit *P. jacutinga*.
Beschreibung: Diese Form steht der *P. p. cumanensis* zweifellos am nächsten, doch besitzt das Gefieder einen olivgrünen statt blaugrünen Glanz; auch sind die langen weißen Schopffedern lockerer, schmaler, in ihrer Struktur fast haarartig und die schwarzen Federschäfte stark ausgeprägt. Der weiße Schopfkamm ist im Nacken stärker entwickelt und verläuft bis zum Hinterhals. Unverwechselbares Kennzeichen der Unterart *grayi* aber ist die zu einem fast 4 cm langen schmalen Zapfen verlängerte Kehlwamme. Schnabelwachshaut hellbläulich, Zügel, Gesicht und Kehlwamme weißlichgrau.
Länge etwas größer als *cumanensis*; Flügel 326 bis 373 mm; Schwanz 254 bis 285 mm.
Dunengefieder und Ei wohl noch nicht beschrieben.
Lebensgewohnheiten: Siehe Beschreibung am Schluß des Kapitels Blau- und Rotkehl-Schakutingas.
Haltung: Ein Foto von Grays Blaukehl-Schakutinga mit lang ausgezogener Kehlwamme aus dem Berliner Zoo findet sich in HECKS „Lebende Bilder aus dem Reich der Tiere".

Nördliches Rotkehl-Schakutinga
Pipile cujubi cujubi, Pelzeln 1858

Engl.: Northern Red-throated Piping Guan.
Abbildung: Seite 75 Kopfzeichnung C.
Heimat: Nord-Brasilien südlich des Amazonas vom rechten Ufer des Rio Madeira ostwärts entlang des Amazonas bis ins nordöstliche Pará im Gebiet östlich von Belém. 2 Unterarten.
Beschreibung: Geschlechter gleichgefärbt. Hauptfärbung schwarz, auf der Oberseite mit starkem Blauglanz; Scheitel und Nackenseiten im wesentlichen weiß, doch die langen Haubenfedern mit mehr oder weniger auffälliger schwarzer Schäftung. Ihre Federstruktur gar nicht haarartig wie bei den Blaukehl-Schakutingas. Die Weißkomponente der Flügeldecken bleibt auf die Außenfahnen der Federn beschränkt. Schwarzes Brustgefieder mit weißer Seitensäumung der Federn. Schnabelwachshaut, Zügel und Gesichtshaut hellblau; Kehlwamme nur zu einem kleinen Teil im Kinnwinkel kobaltblau, der größte Teil hellrot; Iris rotbraun, die Füße rot.
Länge 690 bis 760 mm; Flügel 323 bis 358 mm; Schwanz 250 bis 292 mm.
Dunenkleid und Ei wohl noch nicht beschrieben.
Lebensgewohnheiten: Siehe Beschreibung am Schluß des Kapitels Blau- und Rotkehl-Schakutingas.
Haltung: Als europäischer Erstimport gelangten 3 dieser Rotkehl-Schakutingas vom unteren Amazonas 1873 in den Londoner Zoo.

Südliche Rotkehl-Schakutinga
Pipile cujubi nattereri, Reichenbach 1862

Engl.: Southern Red-throated Piping Guan.
Abbildung: Seite 75 Kopfzeichnung D.
Heimat: Südlich und westlich des Verbreitungsgebietes der Nominatform im nordwestlichen und westlichen Zentral-Brasilien südlich des Amazonas vom rechten Ufer des unteren und mittleren Rio Purú ostwärts zum oberen Rio Araguaya und dem Quellgebiet des Rio Curua in der Cachimbo-Region. In West- und Mittel-Brasilien südwärts bis zum rechten Ufer des Rio Guaporé, im Mato Grosso bis zum oberen Rio Paraguay und Rio Piquirir. Im südlichen Mato Grosso mit Grays Blaukehl-Schakutinga sympatrisch.
Beschreibung: Die südliche Rotkehl-Schakutinga ist von der nördlichen Unterart wenig verschieden: Die Oberseite weist geringeren Blauglanz auf, die Weißanteile auf den Flügeldecken sind stärker ausgeprägt, und die weißen Haubenfedern besitzen eine schwache dunkle Schaftstreifung. Die wie bei *P. c. cujubi* gefärbte Kehlwamme ist größer und geht nach unten etwas spitzer zu.
Fügel 355 bis 358 mm; Schwanz 264 bis 277 mm.
Lebensgewohnheiten: Siehe Beschreibung am Schluß des Kapitels Blau- und Rotkehl-Schakutingas.
Haltung: Berichte über eine Haltung dieser innerbrasilianischen Unterart der Rotkehl-Schakutinga sind uns nicht bekannt.
Über die **Biologie** der Blaukehl- und Rotkehl-Schakutingas ist noch so wenig bekannt, daß darüber nur ein summarischer Überblick der bisherigen Beob-

achtungen gegeben werden kann. Ohnehin werden sich die Lebensgewohnheiten der eng untereinander verwandten Formen kaum wesentlich unterscheiden. Außerhalb der Brutzeit leben die Schakutingas in Gesellschaften aus 5 bis 10 Vögeln zusammen, doch können sich auf fruchttragenden Bäumen 20 und mehr versammeln. In Gebieten, in denen sie nicht verfolgt werden, erweisen sie sich als sehr vertraut und neugierig und kommen auf die unteren Baumäste herab, um beispielsweise zu beobachten, was Menschen in einem Camp treiben. Bei Gefahr flüchten sie stets in die höchsten Baumkronen. Man begegnete in Ost-Peru Trupps aus bis 15 Schakutingas, wo immer hohe Bäume standen. Auf Nahrungssuche scheinen sie sich langsam durch die Baumkronen zu bewegen, und beim Überqueren von Flüssen oder Lichtungen bilden sie im Flug eine Reihe, die die freie Fläche in langem, von gelegentlichen fördernden Flügelschlägen unterbrochenem Gleitflug überquert. Als Nahrung sind die Früchte bestimmter Palmenarten beliebt. Da die Muskelmagenwand gut ausgebildet ist, vermögen sie auch harte Früchte und Fruchtkerne zu zermahlen. Die Pfiffe, nach denen diese Vögel den englischen Namen „Piping Guans" erhalten haben, werden besonders häufig während der Fortpflanzungszeit ausgestoßen. Sie bestehen aus einer Folge von ca. einem halben Dutzend Pfeiftönen, die in der Tonleiter stufenweise ansteigen. Außerdem verfügen sie noch über eine Anzahl weiterer Lautäußerungen wie laute Alarmrufe und weiche, gleichsam plaudernde Töne, die wohl der Stimmfühlung dienen. Charakteristisch ist der Trommelflug, den alle Schakutingas ähnlich Schakus, Aburris und anderen Guanhühnern ausführen. Die Schakutingas im Wald nahe dem Caño Urbano in Brasilien übten während der trockensten Jahreszeit Anfang März frühmorgens häufig ihre Trommelflüge aus, womit sie sozusagen den Beginn der Regenzeit und damit ihrer Fortpflanzungsperiode vorwegnehmen. Sie begannen mit dem Trommeln während der Morgendämmerung, setzten es aber im Gegensatz zu den Schakus noch bei vollem Tageslicht bis um 8 oder 9 Uhr vormittags fort. Das mit den Flügeln erzeugte Geräusch klingt schneller und „trockener" als das der Schaku-Arten, denen außerdem auch die 1 oder 2 einleitenden Flügelklatscher der Schakutingas fehlen. Das „Rasseln der Campanillas", wie die Einwohner es bezeichnen, wird wahrscheinlich durch schnelle Bewegungen der schmalen sichelförmigen Handschwingenenden erzeugt und ist weithin zu vernehmen. NIETHAMMER gelang es nie, diesen Vorgang genau zu beobachten, obwohl er die großen Vögel über die Baumkronen segeln sah. Damit gehören Schakutingas zu den wenigen Craciden, die sich so weit fort vom schützenden Wald begeben. Das Flügelschwirren der Schakutingas ähnelt im wesentlichen dem der Schakus, nur klatscht *Pipile* beim Abflug vom Ast regelmäßig ein- bis zweimal laut mit den Flügeln, was auch das nahe verwandte Aburri tut. Danach segelt es eine kurze Strecke mit ausgebreiteten Schwingen, bevor das Flügeltrommeln oder -rasseln ausgeführt wird, wonach eine weitere Segelphase u. U. mit nochmaligem Flügelklatschen vor oder während des Aufblockens auf den Zielast erfolgt. Vor allem die ersten beiden Flügelklatscher sind so bezeichnend und gehen dem folgenden Klatschen in allenfalls halbsekündlichem Abstand so unmittelbar voraus, daß sie zweifellos ein Bestandteil der akustischen Flugdemonstration sind, die insgesamt 3 Sekunden oder etwas länger andauert. Wie bei den Schakus ist das Flügelgeräusch also zweiphasig und unterscheidet sich von ihm lediglich durch den Phasenabstand der nur $1/4$ Sekunde oder weniger beträgt. Die Flügelschlagfrequenz nimmt nicht wie bei den Schakus in der 1. Phase zu, sondern erreicht ihr Maximum bereits in der Halbzeit derselben. Danach nimmt die Schlagfolgefrequenz allmählich während des neuen Teils der 2. Phase wie bei *Penelope* wieder ab. Über die Brutbiologie ist noch wenig bekannt. KRIEG und SCHUHMACHER fanden ein Nest mit Dreiergelege zwischen dichten Zweigen und Lianen einer Baumkrone. Es bestand fast ganz aus Zweigen, und die Nestmulde war kaum ausgepolstert. In Gebieten mit regelmäßigen Niederschlägen in einer Jahreszeit nisten die Schakutingas nach Eintritt der Regenfälle. Nach Beobachtungen der KOEPCKES in Ost-Peru, beginnt die Brutzeit von *Pipile* dort im August/September, und Küken werden gegen Ende der Regenzeit von Januar bis März angetroffen.

Schwarzstirn-Schakutinga
Pipile jacutinga, Spix 1825

Engl.: Black-fronted Piping Guan.
Abbildung: Seite 85 unten rechts sowie Seite 75 Kopfzeichnung F.
Heimat: Ost-Brasilien von Süd-Bahia bis ins südliche Rio Grande do Sul, westwärts bis ins östliche und südliche Minas Gerais, Sao Paulo und Paraná;

Ost-Paraguay nordwärts bis Süd-Amambay, Nordost-Argentinien in Misiones und Corrientes. Keine Unterarten.

In Ost-Paraguay mit *P. pipile grayi* sympatrisch.

Beschreibung: Geschlechter gleichgefärbt. Hauptfärbung schwarz mit leichtem purpurblauem Gefiederglanz, der auf Flügeln und Schwanz stärker und blauer ist; Flügeldecken weiß mit schwarzen Federschäften und Endsäumen, die großen Flügeldecken auf den Außenfahnen weiß, die verdeckten Innenfahnen und die Federenden schwarz. Lange Schopffedern weiß mit schwarzen Schaftstreifen, die kürzeren Federn des Nackens und des oberen Hinterhalses schwarz mit breiter Weißsäumung. Stirn, Kopfseiten, Kinn und Oberkehle vollbefiedert, samtschwarz; Vorderhals und Brust bis zum Oberbauch dicht weißgestreift, die hintere Unterseite einfarbig schwarz; Schnabelhorn schwarz, die Schnabelwachshaut hellblau; ein schmaler hell blauweißer Orbitalring umgibt das Auge, dessen Iris braun bis rotbraun ist; Kehllappen im Vorderkehlbereich und auf der Malarregion blau, hellblau nahe der Kehlmitte, lila bis dunkellila an den Seiten, während die übrige größere Lappenfläche ziegelrot gefärbt ist. Beine dunkelrot.

Länge 635 bis 700 mm; Flügel 320 bis 360 mm; Schwanz 266 bis 286 mm; Gewicht 1370 g.
Dunenkleid wohl noch nicht beschrieben.
Gelegestärke 3; Ei weiß (72 mm × 51 mm), Eigewicht 104 g; Brutdauer 28 Tage.

Lebensgewohnheiten: Einst eine häufige Vogelart, hat diese Schakutinga durch weiträumiges Abholzen der Wälder und pausenlose Verfolgung durch den Menschen in ihren Beständen stark abgenommen. Daß sie heute bevorzugt die Galeriewälder der Flüsse bewohnt, hängt damit zusammen, daß ihr nur noch dort zusagende Lebensbedingungen geboten werden. Größere Bestände leben gegenwärtig nur noch in Paraguay. Merkwürdigerweise gibt es über diese am besten bekannte Schakutinga-Art nur wenige Berichte. So schreibt der Deutschbrasilianer WACHSMUND aus Cascatá im Staat Sao Paulo: „Dieses Schaku ist einer unserer schönsten und stolzesten Hühnervögel – ein echtes Kind des Urwaldes. Bei zunehmender menschlicher Besiedelung verschwindet es bald. Es liebt die Gebirgslandschaft und kommt an den Abhängen der Serra do Mar, wo große zusammenhängende Urwaldbestände erhalten blieben, noch häufig vor. Sein Leben verbringt es ausschließlich im Geäst der höchsten Bäume, da es sich größtenteils von verschiedenen Früchten ernährt. Auf diesen Bäumen verweilt es zur Zeit der Fruchtreife von Mai bis August so lange, bis so ziemlich alle Früchte aufgezehrt worden sind. Es wird dann so fett, daß man von wenigen erlegten Stücken das ausgelassene Fett literweise gewinnen kann, um es zum Braten etc. zu verwenden. Nur selten läßt es sich zur Erde herab, und wenn es sich von Zeit zu Zeit dazu entschließt, so erfolgt dies an lichten Waldstellen, um sich im Holzmulm zu baden und zu hudern. Eigentümlicherweise ist dieses Schaku ein ‚Nachtwandler', der sowohl im Mondschein als auch in völliger Finsternis kilometerweite Wanderungen unternimmt. Man kann genau hören, wenn er von einem Bergrücken zum anderen tiefe Schluchten überfliegt. Seine 4 vordersten Handschwingen laufen nämlich ab der Federmitte in Spitzen aus und sind dazu etwas gekrümmt. Indem nun der Vogel beim Fliegen, und zwar namentlich beim Abflug und Niederlassen auf einem Ast, mit den Flügeln sonderbare seitliche Bewegungen ausführt, entsteht durch die Federspitzen ein derart lautes Geknatter, daß man es $1\frac{1}{2}$ bis 2 km weit hören kann. Dieses auffallende schnarrende Geräusch bekommt man jedoch nur in den Nächten zu hören, untertags äußerst selten. Es gelang mir, von einem einzigen Fruchtbaum im Laufe einer Woche 13 Stück abzuschießen, und zwar oft 2 oder 3 nacheinander, denn diese Art ist nicht so scheu wie die anderen Schaku. Sie pflegt auf den Fruchtbäumen auch zu übernachten und nistet am liebsten in der Gabelung zwischen dicken Ästen inmitten von Bromeliazeen und anderen Epiphyten. Die Legezeit dauert von Ende September bis etwa Mitte November. Die Henne legt 2 bis 4 weiße ungefleckte Eier. Alte wie Junge lassen ein pfeifendes gedehntes ‚Piip' hören. Sie leben paarweise, doch finden sich auf den Lieblingsbäumen der Nahrung wegen manchmal Gesellschaften bis zu 30 und 40 zusammen. Dies konnte ich am Paranápanema-Fluß an dessen Steilufern und an solchen freien Plätzen beobachten, wo sich auch anderes Wild einstellte, um an salpeterhaltiger Erde zu lecken. Dort sitzen die Schakutingas auf den Bäumen der Umgebung in großen Scharen und lassen sich zeitweise zur Erde nieder, um Salpeter zu picken."

Nach SICK ist die Art ein Hochwaldbewohner an Stellen mit reichen Palmettobeständen (*Euterpe edulis*), deren Nüsse ihre beliebteste Nahrung bilden. Ihretwegen führt sie Wanderungen in der Serra do Mar (Sao Paulo) aus, den fruchtenden Palmen bergwärts folgend, wo sie später reifen als in der Ebene. Häufigste Lautäußerung ist ein langer, abwärts gleitender Pfiff „i-ü". Heute recht selten

geworden, kommt der Vogel noch in jeder Höhenlage der Serra do Mar in felsdurchsetztem Berggelände vor, wo er an versteckten Plätzen brütet.
Haltung: Die Schwarzstirn-Schakutinga war bereits 1851 in der Knowsley Menagerie des EARL OF DERBY, im Jahre 1963 erstmalig im Londoner Zoo und ab 1893 häufig auch im Berliner Zoo vertreten. Im 19. und zu Beginn des 20. Jahrhunderts war sie die fast ausschließlich und regelmäßig im Tierhandel erhältliche Schakutinga-Art.
Merkwürdigerweise scheint die früher so häufig in Europa gehaltene Art erst im Jahre 1969 durch TAIBEL in Robigo (Italien) gezüchtet worden zu sein. Das Nest wurde 1,8 m hoch in einem auf einem Baum befestigten Nistkorb angelegt und vor der Eiablage des Weibchens häufig vom Männchen besichtigt, das sich auch darauf niederließ. Währenddessen saß das Weibchen auf einem nahen Ast und stieß das charakteristische Pfeifen aus. In solchen Fällen reichte ihm das aufmerksam gewordene Männchen im Schnabel einen Futterbrocken. Es wurde zu dieser Zeit anderen Vögeln und dem Pfleger gegenüber angriffslustig und attackierte sie mit rauhem Geschrei. Die Henne legte an 3 aufeinander folgenden Tagen abends jeweils 1 Ei. Die nach 28tägiger Brut geschlüpften Küken ähnelten sehr denen anderer Schakutingas. Im Alter von 3 Monaten glichen sie im wesentlichen den Altvögeln. Aufgrund einer weltweiten Umfrage der WPA im Jahre 1982 wird die Haltung von 15 Schwarzstirn-Schakutingas mitgeteilt, von denen 12 in Sammlungen Lateinamerikas und 3 in Sammlungen Kontinental-Europas lebten.

Weiterführende Literatur:
BERGER, G.: Einige bemerkenswerte Verpaarungen und Kreuzungen bei Vögeln im Zoologischen Garten Dresden. *Penelope jacucaca* X *Pipile cumanensis*. Beitr. Vogelkd. 12, Hef 4; pp. 277–282 (1967)
HECK, L.: Blaulappen-Jakutinga *(Penelope cumanensis)*. Abb. u. kurzer Text über *P. p. grayi*. Lebende Bilder aus dem Reich der Tiere; p. 187; Werner-Verlag, Berlin 1899
KOEPCKE, M., KOEPCKE, H. W.: Aves Silvestres del Peru (1963)
KRIEG, H., SCHUHMACHER, E.: Vogelbeobachtungen an südamerikanischen Wildhühnern. Verhdl. Ornith. Ges. Bayern 211; pp. 1–18 (1936)
NIETHAMMER, G.: Die Vogelwelt Boliviens. Bonn. Zool. Beitr. 3–4; pp. 195–303 (1953)
SETH-SMITH, D.: Bird Notes from the Zoological Gardens *(Pipile cumanensis* von Trinidad im Londoner Zoo). Avic. Mag. 3th Series, Vol. IV.; p. 211 (mit Photo)
SICK, H.: Ornithologia Brasileira, Vol. I., p. 234. Edit. Univers. Brasil. 1986
TAIBEL, A. M.: (Erstzucht der Schwarzstirn-Schakutinga in Europa). Ann. Museo Genova 77; pp. 33–52 (1969)
WACHSMUND, A.: Weißschopfiges Schakú-Huhn – *Penelope (Pipile) jacutinga* SPIX. Gef.Welt 61; pp. 381–382 (1932)

Aburris
Aburria, Reichenbach 1853

Engl.: Wattled Guans.
Die Anden-Bergwälder Venezuelas, Kolumbiens, Ecuadors und Perus werden von einem Guan bewohnt, das am nächsten mit den Schakutingas verwandt ist. Beim adulten Aburri ist der Kopf vollbefiedert, von der Kehle hängt ein langer stielförmiger Hautzapfen herab, und das gesamte Gefieder ist schwarz gefärbt. Hinsichtlich der Verschmälerung der letzten drei Handschwingenenden und des einfachen Verlaufs der Luftröhre unterscheiden sich die beiden Gattungen *Aburria* und *Pipile* nicht voneinander. Die Geschlechter sind gleichgefärbt.

Aburri
Aburria aburri, Goudot 1828

Engl.: Wattled Guan.
Heimat: Nordwest-Venezuela von Mérida bis Táchira und Zulia; die Anden Kolumbiens von den nordöstlichen unteren Hängen des Santa-Marta-Massivs südwärts in allen 3 Andenketten, dazu in der isoliert gelegenen Cordillera de la Macarena; die Vorberge und unteren Bergketten des östlichen

Aburri

Ecuador südwärts in Peru bis ins obere Urubambatal und das Gebiet von Marcapata. Keine Unterarten.

Beschreibung: Geschlechter gleichgefärbt. Gefieder glänzend schwarz, auf der Oberseite bei den Populationen Kolumbiens und Venezuelas mit starkem bronzig olivgrünem Schimmer, der bei den Aburris Ecuadors und Perus in Preußisch Blau übergeht. Kopf und Kehle mit Ausnahme eines kleinen unbefiederten Bezirks auf der Kehlbasis dicht befiedert. Aus letzterer entspringt ein 25 bis 65 mm langer, nackter, wurmförmiger, chromgelber Hautzapfen. Mäßig verlängerte und etwas zugespitzte Scheitelfedern bilden eine unscheinbare Haube. Die ²/₃ des schwarzen Schnabels bedeckende Wachshaut sowie die schmale Augenwachshaut leuchtend türkisblau, die Iris dunkelbraun bis rot, die Beine weißlich orange.
Länge 725 bis 775 mm; Flügel 343 bis 400 mm; Schwanz 250 bis 300 mm.
Weibchen sind in der Größe nicht wesentlich verschieden.
Das Dunenkleid ist noch unbekannt.
Gelegestärke 2; Ei schmutzigweiß mit glatterer Schale als bei den übrigen Hokkoartigen (66 mm × 51 mm).

Lebensgewohnheiten: Aburris bewohnen die obere tropische und die subtropische Zone der Bergwälder in Lagen zwischen 750 und 2500 m. Sie scheinen kaum den Erdboden aufzusuchen, klettern und fliegen im Astwerk hoher Baumkronen umher und suchen gern fruchttragende Bäume auf. Besonders während der Brutzeit, in Venezuela von Dezember bis April, geben die Hähne ihren Revieranspruch durch häufiges weithallendes Rufen bei Sonnenaufgang, während der Abenddämmerung und in mondhellen Nächten kund. Dabei sitzt der Vogel ruhig auf einem Ast und streckt während des halbe Stunden lang in Intervallen von 50 bis 65 Sekunden wiederholten Rufens den Hals lang aufwärts. Der Ruf kling wie „Ba-iiiiir-ah" das R mit starkem Triller ausgestoßen, rollt eine volle Oktave aufwärts, um danach abwärts laufend zu enden. Nach ihm hat die Art ihren Namen „Aburri" erhalten. Obwohl bei *Aburria* die Handschwingen in gleicher Art wie bei *Pipile* verschmälert sind, führt erstere Gattung den von Flügelknattern begleiteten Demonstrationsflug nach übereinstimmenden Mitteilungen mehrerer Beobachter wesentlich seltener durch. Das Nest ist noch unbekannt.

Haltung: Als europäischen Erstimport erhielt der Londoner Zoo 1876 2 Aburris aus Kolumbien, und 1895 gelangte die Art aus dem gleichen Land in den Berliner Zoo. 1947 schenkte der bekannte amerikanische Zoologe WILLIAM BEEBE dem New Yorker Bronx-Park 1 Aburri, das aus dem Merida-Distrikt Venezuelas stammte und viele Jahre in New York lebte. Auch der Maracay-Zoo in Venezuela besaß nach DELACOUR u. AMADON 1 Paar, und in einem Guide des Houston Zoos (Texas) ist die Art abgebildet.
Nach einer weltweiten Umfrage der WPA wurden im Jahre 1982 insgesamt 6 Aburris gehalten, davon eines in den USA und 5 in lateinamerikanischen Sammlungen.

Weiterführende Literatur:
BEEBE, W.: Rare and beautiful *Aburria*. Animal Kingdom 47; (1947)
BLAKE, E. A.: Manual of Neotropical Birds, Vol. 1; *Aburria* pp. 418–419. Univ. Chicago Press, Chicago & London 1977
DELACOUR, J., AMADON, D.: Curassows and related Birds. *Aburria* pp. 156–161; Amer. Mus. Nat. Hist., New York 1973

Sichelflügel-Guans
Chamaepetes, Wagler 1832

Engl.: Sickle-winged Guans.
Sichelflügel-Guans sind mittelgroße Craciden (Länge 520 bis 638 mm), bei denen Schnabelwachshaut, Zügel und Gesicht nackt und leuchtend blau, Stirnseiten und die vordere Bartregion dazu mit einzelnen kurzen schwarzen Borstenfederchen bedeckt sind. Die Kehle ist voll befiedert, eine kurze Scheitelhaube angedeutet. Der Schnabel ist zierlich und ziemlich lang (mehr als die Hälfte der Kopflänge). An den relativ sehr breiten Flügeln, deren Handschwingenenden nur wenig über die Armschwingenspitzen hinausragen, sind die 3 äußeren Handschwingen stark einwärts gebogen und ihre Fahnen im Enddrittel abrupt und so stark verschmälert, daß praktisch nur die Schäfte übriggeblieben sind. Der Schwanz ist kürzer als der Flügel, am Ende stark gerundet und setzt sich aus 12 breiten, am Ende runden Steuerfedern zusammen. Der Lauf ist ziemlich kurz.

Die Geschlechter sind gleichgefärbt. Die beiden Arten der Gattung bewohnen die Nebelzonen von Bergwäldern Mittelamerikas und des nordwestlichen Südamerika.
Sichelflügel-Guans wurden nur sehr selten nach Europa und in die USA importiert.

Mohren-Guan
Chamaepetes unicolor, Salvin 1867

Engl.: Black Guan, Black Sickle-winged Guan.
Heimat: Gebirgswälder Costa Ricas und West-Panamas. Keine Unterarten.
Beschreibung: Geschlechter gleichgefärbt. Hauptfärbung schwarz, die Oberseite mit Ausnahme der dunkelbraun verwaschenen Handschwingen auffallend blau oder grünblau schillernd. Kehle und Brust stumpfer gefärbt, die Federn dort unauffällig grau gesäumt. Unterbrust und Bauch trüb braunschwarz mit hellerer Federsäumung. Schnabelwachshaut hellblau, auf den Zügeln, den nackten Gesichtsseiten und den Basalhälften der Unterkieferäste in ein dunkles Violettblau übergehend. Ein schmaler nackter Augenring trüb grau, die Iris rotbraun bis rot, der hornige Schnabelteil schwarz, die Beine ziegelrot.
Länge 650 bis 690 mm; Flügel 280 bis 324 mm; Schwanz 245 bis 272 mm.
Über die Jugendkleider ist nur wenig bekannt. Bei einem subadulten Jungvogel in schwächer blau glänzendem Gefieder war nur die äußerste Handschwinge im Endviertel fahnenlos. Ein Küken von einem Drittel der Erwachsenengröße war nach SLUD braun.
Gelege und Ei unbekannt.
Lebensgewohnheiten: Dieses Berg-Guan bewohnt Gebirgswälder innerhalb der Wolken-/Nebelzone von der Baumgrenze abwärts bis in die subtropische Region, in Costa Rica in Lagen zwischen 1200 bis 3000 m, in West-Panama in 1000 bis 2500 m Höhe. Dort wurde die Art sogar gelegentlich schon bei 450 m angetroffen. In ihrem unzugänglichen Lebensraum bevorzugen diese Guans Schluchten, Steilhänge und Bergkämme und begeben sich während des Nachmittagsnebels sogar gelegentlich auf offenes parkähnliches Gelände. Sie leben vorwiegend in den Baumkronen, auf deren Ästen sie geschickt entlanglaufen. Gelegentlich stoßen die recht schweigsamen Vögel ein ferkelähnliches Quieken oder Grunzen, in Alarmstimmung einen näselnden froschartigen Doppelton aus. Zum Revierflug starten die Hähne vom Ast eines Baumriesen mit schnellen Flügelschlägen, die in eine Gleitphase übergehen, in deren Mitte sie plötzlich die ausgebreiteten Flügel sehr schnell vibrieren lassen und damit ein überraschend lautes Geräusch erzeugen, das so klingt, als ob ein Holzstückchen schnell über ein Drahtgeflecht gezogen wird. Wie bei allen verwandten Arten wird dieser Rasselflug während der Morgen- und Abenddämmerung sowie in mondhellen Nächten ausgeführt, tagsüber nur, wenn die Berghänge wolkenverhüllt sind.
Haltung: Ein wohl als europäischer Erstimport 1963 in den Londoner Zoo gelangtes Paar Schwarze Sichelflügel-Guans brüteten nach YEALLAND und schritten im August des Jahres erfolglos zur Brut. Die sehr vertrauten Vögel wirkten kurzbeinig und hielten sich meist auf höheren Ästen ihrer Volierenbäume auf. Die Art war 1971 auch im Antwerpener Zoo vertreten.
Nach einer weltweiten Umfrage der WPA wurden 1977 nur ein Paar, 1982 6 dieser seltenen Guanhühner in einer lateinamerikanischen Sammlung gehalten.

Braunbauch-Sichelflügelguan
Chamaepetes goudotii, Lesson 1828

Engl.: Goudot's Sickle-winged Guan.
Heimat: Subtropische und gemäßigte Zone der Bergwälder in den Anden Kolumbiens, Ecuadors und Perus südwärts bis zum oberen Urambambatal. Innerhab Kolumbiens umfaßt das Verbreitungsgebiet die Hänge aller 3 Andenketten, dazu das isoliert davon liegende Santa-Marta-Massiv im Norden. In Ecuador bewohnt eine Unterart die Ost- die andere die Westhänge der Anden. Entlang der Osthänge ist die Art bis nach Peru hinein verbreitet. 5 Unterarten.
Beschreibung: Geschlechter gleichgefärbt. Oberseite einfarbig braunoliv bis oliv und dunkel bronzegrün; Kopfseiten, Kehle, Vorderhals und Oberkropf trüber als die Oberseite, mehr bleigrau oder stark trüb rötlichbraun angeflogen; Brust und die übrige Unterseite kastanienbraun bis dunkel kastanienbraun und hell rostbraun. Schnabelwachshaut, Zügel, Bartstreif und das Gesicht nackt, hell- bis kobaltblau, Schnabelhorn und Nasenumgebung schwarz, Iris rot, die Beine hell ziegelrot.

Länge 500 bis 650 mm; Flügel 236 bis 285 mm; Schwanz 230 bis 260 mm.

Dunenküken sind in der Gesamtfärbung schokoladenbraun, unterseits heller; Brustmitte, Bauch sowie ein kurzer Flankenstreif gelblichweiß; ein vor den Augen beginnender Überaugenstreifen zieht um den Hinterkopf und umrahmt einen schokoladenbraunen Scheitelfleck; Stirn, Zügel, Kinn und Kopfseiten schwarzbraun, die Kehle rußbraun. Gelegestärke unbekannt; Ei reinweiß mit glänzender poriger Schale (70 mm × 50 mm).

Lebensgewohnheiten: Wie die mittelamerikanische Art bewohnt auch dieses Guan Primärwälder von der oberen tropischen bis zur gemäßigten Zone der Gebirge. Es hat im Vergleich mit jenem längere Läufe und hält sich häufiger auf dem Erdboden auf. Ein Paar, das MILLER vom Waldboden aufscheuchte, flog lärmend und schnell auf wie heimische Jagdfasane. Auch die Nahrungsaufnahme findet häufig auf dem Boden statt. Als Stimmäußerung ist ein charakteristischer klappernder, gluckender Ton bekannt, der sich sehr von den Lautäußerungen einer im gleichen Habitat lebenden *Penelope*-Art unterscheidet. Das Ehepaar KOEPCKE hat über Knatterflüge der peruanischen Unterart berichtet.

Haltung: Das Braunbauch-Sichelflügelguan ist in den Zoos von New York und Houston (Texas) gehalten worden. Nach Europa ist es noch nicht gelangt. Nach einer weltweiten Umfrage der WPA wurden 1982 insgesamt 14 dieser Guans in lateinamerikanischen Sammlungen gehalten.

Weiterführende Literatur:
DELACOUR, J., AMADON, D.: Curassows and related Birds. Sickle-winged Guans pp. 162–165; Amer. Mus. Nat. Hist., New York 1973
JOHNSON, T. B., HILTY, S.: Habits of Sickle-winged Guan. Auck 93; pp. 194–195 (1976)
KOEPCKE, M., KOEPCKE, H. W.: Aves Silvestres del Peru. 1963
MILLER, A. H.: Avifauna of the Magdalena Valley. Auck 64; pp. 351–381 (1947)
SLUD, P.: The Birds of Costa Rica. Bull. Amer. Nat. Hist. 128 (1964)
TODD, W. E. C., CARRIKER, M. A.: The Birds of Santa Marta, Colombia. Ann. Carnegie Museum 14 (1923)
WETMORE, A.: The Birds of the Republic of Panama, Part 1; Smithson. Misc. Coll. vol. 150; *Chamaepetes unicolor;* pp. 303–304 (1965)
YEALLAND, J. J.: s. DELACOUR p. 162.

Penelopinas
Penelopina, Reichenbach 1862

Engl.: Highland Guans, Penelopinas.

Die einzige Art der Gattung, ein ziemlich kleiner (Länge 590 bis 650 mm) schakuähnlicher Cracide der Feuchtwälder Mittelamerikas, weicht in vielen Merkmalen erheblich von den übrigen Schakuhühnern ab: Die Geschlechter sind sehr verschieden gefärbt, die Weibchen größer als Männchen. Subadulte Hähne tragen ein von den Erwachsenen abweichendes Gefieder. Von Kinn und Kehle des adulten Männchens hängt eine große scharlachrote Wamme herab, die dem Weibchen ganz fehlt. Zügelregion und Gesicht sind bei beiden Geschlechtern bis auf einen schmalen nackten Augenring voll befiedert. Die nur wenig verlängerten Scheitelfedern bilden in gesträubtem Zustand eine unbedeutende buschige Haube. An den ziemlich langen Flügeln sind die längsten Handschwingen kürzer als die längsten Armschwingen. Die drei äußersten Handschwingen sind stark gebogen und mit Fahnen normaler Breite ausgestattet. Der zwölffedrige Schwanz ist wesentlich länger als der Flügel. Der verhältnismäßig lange Lauf deutet auf eine Vogelart hin, die wenigstens einen Teil des Tages auf dem Erdboden verbringt. Auch ist *Penelopina* eine der wenigen Craciden, die nicht ausschließlich auf Büschen und Bäumen, sondern gelegentlich auch auf dem Waldboden nisten.

Penelopina

Penelopina
Penelopina nigra, Fraser 1852

Engl.: Black Penelopina, Highland Guan.
Heimat: Gebirge von Guatemala, El Salvador und Honduras bis nach Nikaragua (Matagalpa); in Mexiko der äußerste Südosten Oaxacas und das

nördliche Chiapas. Keine Unterarten.
Beschreibung: Geschlechter sehr verschieden gefärbt. Das Gefieder des Männchens ist vollständig schwarz mit starkem Grün- und Blauglanz der Oberseite und mattschwarzer Unterseite. Von der spärlich mit schwarzen Borstenfedern bedeckten Kinn- und Kehlregion hängt eine große scharlachrote Hautwamme herab. Schnabel, ein schmaler nackter Augenring und die Beine orange- bis korallenrot; Iris rotbraun.
Länge 590 bis 620 mm; Flügel 220 bis 250 mm; Schwanz 231 bis 290 mm.
Beim größeren Weibchen, dessen Kinn und Kehle voll befiedert sind und dem die Kehlwamme auch andeutungsweise fehlt, ist das Gefieder auf braunschwarzem Grund hellrotbraun und kastanienbraun wellengebändert. Über den Schwanz verlaufen in regelmäßigem Abstand zahlreiche flach V-förmige schwarze Querbänder. Schnabel trübbraun, der Augenring schwärzlich, die Beine braunrot.
Länge 600 bis 650 mm; Flügel 236 bis 270 mm; Schwanz 253 bis 290 mm.
Subadulte Männchen sind vorwiegend schwarz ohne den Federglanz der Oberseite von Althähnen und unterseits mehr oder weniger intensiv hell kastanienbraun bis zimtrötlich wellengebändert und gesprenkelt.
Beim Dunenküken verläuft ein breites schwarzes Band vom Scheitel den Hinterhals hinab und wird beiderseits von einem blaßgelben Streifen begleitet. Das schwarze Mittelband verbreitert sich auf dem Rücken und wird dort von Braun durchsetzt. Das übrige Dunengefieder ist braun, am hellsten auf der Kehle, am dunkelsten auf der Brust.
Gelegestärke 2; Ei im legefrischen Zustand weiß, durch Beizung mit feuchtem Nestmaterial später mehr oder weniger bräunlich getönt. Die Größenunterschiede von Penelopina-Eiern sind erheblich: 69 mm × 48,9 mm und 75,3 mm × 50,3 mm wurden gemessen (ROWLEY, 1966).
Lebensgewohnheiten: Penelopinas bewohnen Nebelwälder der oberen tropischen und der subtropischen Gebirgszone in Lagen zwischen 1000 und 2600 m. In ihrem Habitat bevorzugen sie deutlich steile, dichtbewaldete Schluchten und Hänge, wo diese am nebligsten, feuchtesten und kühlsten sind. Der Unterwuchs solcher Wälder besteht aus dichtem Gesträuch und Baumfarnen. Den Boden bedeckt größtenteils moosüberwuchertes Fallholz. In ihrem schwer zugänglichen Lebensraum bewegen sich die Vögel mit großer Gewandtheit in den 5 bis 25 m hohen Baumkronen. Bisweilen begeben sie sich zur Eichelernte in die trockneren Mischwälder aus Eichen und Kiefern. Sie sind Allesfresser: Im Kropf wurden grüne Beeren, im Magen einiger auch Frösche und Mäuse gefunden. Zur Brutzeit pfeifen die Hähne in den frühen Morgenstunden und spätnachmittags mit fünfminütigen Pausen, worauf die Reviernachbarn sofort antworten. Der laute klare, in der Tonhöhe ansteigende Pfiff klingt, als ob er von einem Menschen stamme. Beim 2 bis 3 Sekunden dauernden Revierflug, der über Strecken bis 90 m führen kann, gleiten die Hähne mit wenig bewegten Schwingen von kahlen Ästen aus in die Luft, lassen in der Mitte der Flugstrecke einen Pfiff ertönen, knattern unmittelbar danach mit den Flügeln und stoßen kurz vor der Landung auf einem anderen Ast Gacker- und Klappertöne aus. Ein Hahn, den ROWLEY im April beobachtete, flog täglich ½ Stunde vor Sonnenuntergang auf eine hohe Kiefer und stieß von dort einen 3 bis 4 Sekunden anhaltenden gutturalen Ruf aus, der wie „Ka-ah-ah-ah-ou-ou" klang. Noch während des Rufens antwortete vom jenseitigen Hang ein Artgenosse mit klarem Pfiff, der leiser als der eines Hahnes klang und von den Indianern für die Antwort eines Weibchens gehalten wurde. Wenn die Hennen brüten, führen die Hähne nur noch selten Knatterflüge aus. Nester wurden sowohl auf Bäumen als auch auf dem Erdboden gefunden und waren stets gut durch Pflanzenwuchs getarnt.
Haltung: 1852 beschrieb FRASER die Art nach einem in der Knowsley-Menagerie des EARL OF DERBY gehaltenen, wahrscheinlich aus Guatemala stammenden Vogel als *Penelope niger* und bildete ihn in den Proceedings der Zoological Society von London farbig ab. Über spätere Importe nach Europa ist uns nichts bekannt. Erstzüchter der Art dürfte ALVAREZ DEL TORO sein, der sie im Zoo von Tuxtla Gutierrez (Chiapas, Mexiko) pflegt. Darüber berichtete J. A. TAYLOR brieflich an DELACOUR: „Vom Hochland-Guan haben wir Paare von Wildfängen wie auch erbrütete Küken erhalten. 1974 und 1975 wurde eine ganze Anzahl großgezogen, was keine Schwierigkeiten bereitete. Das Aufzuchtfutter besteht aus Obst, Körnern,

o. Venezuela Blaukehl-Schakutinga, *Pipile pipile cumanensis* (s. S. 76)
u. l. Gray-Schakutinga, *Pipile pipile grayi* (s. S. 77)
u. r. Schwarzstirn-Schakutinga, *Pipile jacutinga* (s. S. 78)

Grünzeug und handelsüblichem Fasanenaufzuchtfutter. Die Küken vom vergangenen Jahr beginnen jetzt mit der Eiablage." Eine weltweite Umfrage der WPA ergab, daß 1982 insgesamt 53 Penelopinas in lateinamerikanischen Sammlungen gepflegt wurden.

Weiterführende Literatur:
ALVAREZ DEL TORO, M.: Los animales silvestras de Chiapas. Tuxtla Gutierrez, Gobierno del Estado (1952)
ANDRLE, R. F.: Black Chachalaca *(Penelopina nigra)*. Auk 84; pp. 169–172 (Farbtafel). 1967
BLAKE, E. R.: Manual of Neotropical Birds, Vol. 1; *Penelopina* pp. 421–422; Univ. Chicago Press, Chicago/London 1977
DELACOUR, J., AMADON, D.: Curassows and related Birds. *Penelopina* pp. 166–172; Amer. Mus. Nat. Hist., New York 1973
DICKEY, D. R., VAN ROSSEM, A. J.: Birds of El Salvador. *Penelopina* pp. 143–146. Publ. Field Mus. Nat. Hist.; Zool. ser. vol. 23, Chicago 1938
FRASER, L.: On new birds in the collection at Knowsley (*Penelope niger* FRASER). Proc. Zool. Soc. London pp. 245–246 (1852)
LEOPOLD, A. S.: Wildlife of Mexico. *Penelopina* pp. 214–216; Univ. California Press, Berkeley 1959
MAC DOUGALL, T.: The Chima Wilderness. Explorer's Journal 49, p. 99 (1971)
ROWLEY, G.: Breeding records . . . Oaxaca, Mexico; Proc. West, Found. Zool. 1; pp. 103–204 (1966)
TAYLOR, J. A.: In „News and Views", p. 231, Avic. Mag. 81 (1975)
VAURIE, CH.: Taxonomy of the Cracidae (Aves). *Penelopina* pp. 214–216. Bull. Amer. Mus. Nat. Hist. Vol. 138, New York 1968
WAGNER, H. O.: Die Hokkohühner der Sierra Madre de Chiapas, Mexiko. Veröff. Mus. Bremen, Reihe A, vol. 2, no. 2; pp. 105–128 (1953)

Zapfen-Guan, *Oreophasis derbianus* (s. S. 88)

Zapfen-Guans
Oreophasis, Gray 1844

Engl.: Horned Guans.
Einziger Vertreter dieser eigenartigen mittelamerikanischen Cracidengattung ist ein ca. putengroßer Vogel, der auf der Scheitelmitte einen bis 60 mm langen, aufrechten, leicht nach hinten gebogenen Knochenzapfen trägt, welcher von dünner nelkenroter Haut überzogen wird, auf der recht spärlich kurze, weiche, haarartige Federchen wachsen. Zwei Drittel des Schnabels sind von kurzen, samtartigen schwarzen Federchen dicht bedeckt, die sich über dem Schnabelrücken zu einem Büschel verlängern und die Nasenöffnungen verdecken. Diese Samtfedern bedecken auch Stirn, Vorderscheitel und mit Ausnahme des unteren Augenlides das ganze Gesicht und sind dort außerordentlich kurz, dicht und plüschig. Die ziemlich großen Flügel sind sehr breit, und die längsten Handschwingen reichen nur wenig über die Armschwingenenden hinaus. Der keilförmige Schwanz ist etwas kürzer als der Flügel und besteht aus 12 breiten Steuerfedern mit gerundeten Enden. Der kurze Lauf deutet auf ein überwiegendes Baumleben hin. Soweit bekannt, weist die Luftröhre keine Kurvatur auf. Die Geschlechter sind gleichgefärbt. Systematisch dürften die Zapfen-Guans zwischen Schaku- und Hokkohühnern stehen, aber wohl näher mit den ersteren verwandt sein.

Zapfen-Guan

Zapfen-Guan
Oreophasis derbianus, Gray 1844

Engl.: Horned Guan, Derby's Guan.
Abbildung: Seite 86.
Heimat: Die Küstenkordillere Guatemalas ostwärts bis Coban, die Berge der Umgebung und oberhalb Tecpans (Département Chimaltinango) vermutlich in den Alto-Chuchumatanes-Bergen Huehuetenangos, der Sierra de Chuacus im südlichen El Quiché und Baja Verapaz vorkommend. Süd-Mexiko in der Sierra Madre von Chiapas und vielleicht im äußersten Osten Oaxacas. Keine Unterarten.
Beschreibung: Geschlechter gleichgefärbt. Scheitelregion über den Augen kahl mit einem 60 mm langen, fast zylindrischen, von roter Haut bedeckten Knochenzapfen auf der Scheitelmitte; Vorderscheitel, Stirn, Kopfseiten und 2/3 des basalen Schnabelteils dicht mit kurzen schwarzen Samtfederchen bedeckt, die sich auf dem Oberschnabelrücken zu einem Büschel verlängern und die Nasenlöcher verdecken. Hinterscheitel, Seiten-, Hinterhals und Nacken mit kurzen straffen, an den Enden spitz zulaufenden, glänzend efeugrünen Federchen bedeckt, die nach hinten zu länger und breiter werden; übrige Oberseite einschließlich Flügel und Schwanz schwarz, auf Oberflügeldecken, Schultern und Mantel mit intensiv dunkelblaugrünem oder preußischblauem Glanz; Schwanz mit einer 40 mm breiten weißen Querbinde über dem oberen Drittel. Kinn und Oberkehle ganz mit kurzen, glänzendschwarzen Federchen bedeckt; in der Unterkehlmitte ein roter, fast unbefiederter Hautbezirk von 25 mm Durchmesser; Unterkehle, Brust und Oberbauch mit länglichen zugespitzten, weißen, schwarzgeschäfteten Federn bedeckt, ein zartes Strichelmuster erzeugend. Die weißen Federn erhalten auf der Flankenregion eine Brauntönung; übrige Unterseite einschließlich der Schenkel- und Unterschwanzdecken trübschwarz oder braunschwarz; auf dem Unterbauch vereinzelt unvollständige weiße Federspitzen. Schnabel hellgelb, Iris weiß, Beine zinnoberrot.
Länge 750 bis 850 mm; Flügel 265 bis 420 mm; Schwanz 325 bis 371 mm.
Die etwas kleineren Weibchen tragen einen kürzeren, unter 45 mm langen Scheitelhornzapfen.
Flügellänge 232 bis 278 mm; Schwanz 300 bis 368 mm.
Bei einem älteren Küken war der Kopf einschließlich des Scheitels mit kastanien- bis dunkelbraunen Dunenfedern bedeckt; Anzeichen für das Erscheinen eines Scheitelzapfens fehlten, und die Nasenlöcher lagen noch frei.
Dunenküken und Eier wurden gefunden, aber noch nicht beschrieben.
Lebensgewohnheiten: Die Art ist ein seltener Bewohner von Nebelwäldern der subtropischen und unteren gemäßigten Gebirgszonen in Lagen zwischen 1600 und 3350 m. Diese ewig feuchten Mischwälder aus laubabwerfenden und immergrünen Laubbäumen sowie Koniferen (Kiefern, Zypressen) sind von Lianen überwuchert, ihre Stämme mit Flechten und Moosen bedeckt. Die putengroßen Vögel durchstreifen in langen Gleitflügen, die von wenigen fördernden, lautlosen Flügelschlägen unterbrochen werden, ihre Reviere. Beim Klettern und Springen in dichtem Geäst nehmen sie eine horizontale Haltung ein, bei der die Flügel geschlossen bleiben und der Schwanz häufig gespreizt wird. Sie sind nicht scheu, verstehen es aber, sich bei Gefahr lautlos zu entfernen und zu tarnen, wobei das Nelkenrot ihres Scheitelzapfens verblüffend mit dem Rot dort vorkommender Bromeliazeen übereinstimmt. An den äußersten Zweigspitzen der Bäume hängende Beeren vermögen sie trotz ihrer Größe und ihres Gewichts durch akrobatisches Klettern auf dünnen Zweigen und Ästen mit lang ausgestrecktem Hals zu erreichen und abzubeißen. Ist ein Baum auf diese Weise abgeerntet, bringt sie ein Gleitflug zum nächsten. 3 verschiedene Lautäußerungen sind bisher bekannt geworden: ein in Erregung ca. zweimalig pro Sekunde erfolgendes lautes Aufeinanderschlagen der Schnabelhälften, ein kastagnettenartiges Geräusch hervorrufend, das von einer kurzen Serie tiefer kehliger Krächztöne unterbrochen wird. SKUTCH wurde durch den lauten, gutturalen Schrei eines Zapfen-Guans erschreckt, der in seiner Plötzlichkeit und Stärke fast explosiv wirkte und abrupt endete. Danach hörte er das kastagnettenartige Schnabelklappen, das übrigens SCHÄFER auch von *Pauxi* beschrieben hat. Ein rinderartiges Muhen dürfte in seiner Bedeutung mit dem Brummen der Hokkohähne identisch sein und wird, wie ALVAREZ DEL TORO von Einwohnern der Sierra Madre hörte, von Januar bis April ausgestoßen. Nach ANDRLE handelt es sich dabei um einen tiefen, aus 3 bis 4 Tönen bestehenden, innerhalb einer Minute mehrmals wiederholten Ruf, der in seiner Qualität weniger volltönend und hohl ist als beim Hokkohahn und fernem Rindergebrüll täuschend ähnelt.
Über die Fortpflanzungsbiologie ist noch wenig

bekannt. J. A. TAYLOR fand im Gebiet des Volcano de Tacana (Chiapas) bei ca. 3350 m in einem Baum hoch über dem Erdboden ein Nest mit 2 Eiern, das dicht am Stamm stand und durch Lianenvorhänge eine Art Höhlung bildete.

Haltung: Zapfen-Guans sind noch nicht nach Europa oder in die USA gelangt. 1975 schieb TAYLOR aus Jalisco an DELACOUR, er pflege 3 dieser Vögel, von denen 2 aus Eiern geschlüpft waren, die man Hühnerglucken untergelegt und per Flugzeug aus Chiapas eingeflogen hatte, wo sie dann schlüpften. Die komplikationslose Aufzucht erfolgte während der ersten Wochen durch Mehlwürmer, ferner durch Obst, Luzerne und Salat, der auch bei den Erwachsenen stets zur beliebtesten Futterkomponente zählte. Es handelte sich offenbar um einen dieser Vögel, den MITTEMEIER 1979 im Zoo von Tuxtla Gutierrez (Chiapas) vorfand und im „Animal Kingdom" farbig abbildete. Eine weltweite Umfrage der WPA ergab, daß 1982 in Mexiko 5 Zapfen-Guans gepflegt wurden. Bei Dr. J. E. LOPEZ (Mexiko) legte die Henne eines Paares 1986 erstmalig Eier (pers. Mittlg.).

Weiterführende Literatur:

ALVAREZ DEL TORO, M.: Los animales silvestres de Chiapas; pp. 253. Tuxtla Gutierrez, Gobierno del Estado 1952

ANDRLE, R. F.: The Horned Guan in Mexico and Guatemala. Condor 69, pp. 93–109, figs. 1–3, 1 Farbtafel (1967)

BLAKE, E. R.: Manual of Neotropical Birds, Vol. 1, *Oreophasis* pp. 422–423. Univ. Chicago Press, Chicago/London 1977

DELACOUR, J., AMADON, D.: Curassows and related Birds. *Oreophasis* pp. 173–177; Fig. 32 u. Plate 19. Amer. Mus. Nat. Hist., New York 1973

IBARRA, J. A.: El faisan de Cuerno *(Oreophasis)*. Historia y Natura y P. N. (Guatemala), No. 8 (1967)

LEOPOLD, A. S.: Wildlife of Mexico; pp. 216–218. Univ. California Press, Berkeley 1959

MITTEMEIER, R. A.: It might just be the best Zoo in Latin America (Tuxtla Guerrez Zoo in Mexiko). Animal Kingdom 82, pp. 15–21. Farbfoto von *Oreophasis* (1979)

OGILVIE-GRANT, W. R.: A Handbook to the Game-Birds, Vol. II, *Oreophasis* pp. 217–220. Edward Lloyd Ltd., London 1897

RIDGWAY, R., FRIEDMANN, H.: The Birds of North and Middle America, Pt. X., *Oreophasis* pp. 58–61. Smithsonian Inst. Washington D.C. 1946

SALVIN, O.: History of the Derbyan Mountain Pheasant *(Oreophasis derbyanus),* Ibis pp. 248–253 (1860)

SKUTCH, A. F.: In DELACOUR & AMADON cit.: Correspondence and unpublished ms. on Black Guan and Horned Guan p. 175

TAYLOR, J. E.: News and Views, nest and keeping of Horned Guans. Avic. Mag. 81, p. 231 (1975)

VAURIE, CH.: Taxonomy of the Cracidae *(Aves)*. *Oreophasis* pp. 216–218. Bull. Amer. Mus. Nat. Hist., Vol. 138, New York 1968

WAGNER, H. O.: Die Hokkohühner der Sierra Madre de Chiapas, Mexiko. Veröff. Mus. Bremen, Reihe A, Vol. 2, pp. 105–128, figs. 1–6 (1953)

Rot-Hokkos
Nothocrax, Burmeister 1856

Engl.: Nocturnal Curassows.
Die einzige Art der Gattung, ein kleinerer Hokko, zeichnet sich durch eine ausgedehnte nackte Gesichtshaut und eine Haube aus langen, leicht zugespitzten Federn aus. Die Luftröhre des Hahnes verläuft unter der Haut bis zum Brustbeinende und beschreibt dort einen Bogen. Das Trachealrohr ist im ansteigenden Teil der Schlinge englumiger als im absteigenden. Die Geschlechter sind gleichgefärbt. Keine Unterarten.

Rot-Hokko

Rot-Hokko
Nothocrax urumutum, Spix 1825

Engl.: Nocturnal Curassow.
Abbildung: Seite 103 oben links.
Heimat: Südost-Kolumbien in Caquetá und Vaupés, Südwest-Venezuela in der südlichen Amazonasprovinz, Ost-Ecuador, Nordost-Peru und West-Brasilien vom oberen Rio Madeira und dem rechten Ufer des unteren Rio Madeira ostwärts entlang des Amazonas-Südufers etwa bis Lago Andira.
Beschreibung: Geschlechter gleichgefärbt. Eine hohe Scheitelhaube aus langen, etwas zugespitzten schwarzen Federn, deren Basalhälfte auffällig kastanienbraun gesäumt ist. Übrige Kopfpartien mit Ausnahme der nackten Orbitalhaut sowie Hals und Oberbrust hell kastanienbraun; Rücken einschließlich der Außenfahnen der Flügelfedern, der Oberschwanzdecken und der beiden mittleren Schwanzfedern dunkel rotbraun mit zarter schwarzer Wellenbänderung, die allmählich in den einfarbig kastanienbraunen Hinterhals übergeht; Innenfahnen der Schwingen und Schwanzfedern mit Ausnahme des Mittelpaares schwarz mit blauem Glanz; Schwanzfedern mit auffälligen gelblichweißen Endsäumen. Hellrotbraune Unterseite nach hinten zu in Ockergelb, auf den Unterschwanzdecken in Blaßgelb übergehend. Auf den Körperseiten, jedoch nicht auf Flanken oder Bauch Andeutungen schwarzer Wellenmarmorierung. Nackte Gesichtsregion auf dem Zügel hellgrün, über den Augen schwefelgelb, über der Ohrregion in helles Gelbgrün übergehend; Unteraugenregion vom Auge bis zum Schnabelspalt und von dort bis in die Ohrregion dunkelgrau; Schnabel orangerot, auf Spitzen und Schneide hellgelb, die Schnabelwinkel hell blaugrau. Beine auf der Tarsusfläche grau, vorn und hinten trüb orangerot. Iris bräunlichorange.
Länge 500 bis 575 mm; Flügel 278 bis 315 mm; Schwanz 220 bis 245 mm. Gewicht 1250 g.
Weibchen können an der von außen ertastbaren, fehlenden Luftröhrenschleife erkannt werden. Allerdings erhalten Junghähne dieselbe erst im Alter von 6 Monaten (J. E. LOPEZ).
Beim Dunenküken wird der schwarzbraune Scheitel von einem blaßgelben Streifen begrenzt, auf den nach außen ein schwarzer Streifen folgt. Kopfseiten dunkelgelb, um das Auge herum ein nackter kreisförmiger blauer Bezirk, die Iris braun. Das Schwarzbraun des Scheitels läuft den Hinterhals hinunter, wird auf der Rückenmitte breiter und von einem blaßgelben, darunter braunen, danach schwarzen Streifen begrenzt. Flügelchen dunkel, durch die hellgelben Endsäume der Deckfedern eine Querbänderung bildend; Kehle und Brust gelblichbraun, Unterleib weiß. Durch den weißen Bauch, das Fehlen einer gelben Schnabelspitze und die geringere Größe unterscheidet sich ein Rot-Hokko-Küken von denen anderer Craciden.
Gelegestärke 2; Ei mit rauher porenreicher Schale weiß (74,1 mm × 51,6 mm).
Lebensgewohnheiten: Das Vorkommen des Rot-Hokkos ist wahrscheinlich auf Teile des westlichen Amazonasbeckens mit hohen Niederschlagsmengen und dichtem Waldbestand beschränkt. Im oberen Rio-Negro-Gebiet, wo er häufig ist, beträgt die jährliche Niederschlagsmenge 4000 mm. Die Art scheint ebene, teilweise alljährlich überschwemmte Gebiete zu bevorzugen. Niemals verläßt der Rot-Hokko den dichten Wald, ist auch nicht an Wasserstellen gebunden, sondern trinkt das in den Blattrosetten der Bromelien gesammelte Regenwasser. Wegen der heimlichen Lebensweise ist auch gegenwärtig nur wenig über das Verhalten in freier Wildbahn bekannt. Über die Stimme hat SICK, der die Laut-

gebung eines im Zoo von Rio gehaltenen Männchens analysierte, präzise Angaben gemacht. Dieser Vogel hielt sich selbst während der heißesten und sonnigsten Stunden am Boden seiner Voliere auf und ließ während des Umherlaufens häufig ein zartes „U-ö", ähnlich dem anderer Hokkoarten, hören. Bei Sonnenuntergang flog er auf seinen Schlafast, lief noch ein paarmal darauf hin und her, um sich dann endgültig am Gitter niederzukauern. Er bewegte sich während der ganzen Nacht nicht von diesem Platz und rief von dort aus von Oktober bis April ziemlich regelmäßig. Der Revierruf ähnelt sehr dem anderer Hokkos, wie dem Mitu, Sclaters und Blumenbachs-Hokko, klingt jedoch ein wenig hohler, voller, klarer und klangvoller, auch kräftiger als das Brummen jener Arten. Die Ähnlichkeit mit dem tiefen, hohlen Gurren mancher Waldtauben der Gattung *Columba* ist unverkennbar. Der Ruf besteht aus 2 Sätzen, die stets durch eine kurze Pause unterbrochen werden. Typisch am Schluß des 2. Satzes ist ferner ein Laut, der wie ein langes, im Verlauf tiefer werdendes Seufzen oder Stöhnen klingt. Die ganze Strophe hört sich dann wie „Hm-hm-hin Hm-hin-hm-uh" an. Ist der Hahn in voller Rufaktivität, folgt die nächste Strophe schon nach 13 bis 16 Sekunden. Mehrere solcher Ruf- oder Brummstrophen bilden zusammen einen Rufsatz, der meist eine Viertelstunde, manchmal eine halbe Stunde, ausnahmsweise sogar noch länger andauern kann. Der von SICK beobachtete Rot-Hokko streckte beim Brummen lediglich den Hals etwas vor. Er ließ seine Stimme ausschließlich bei völliger Dunkelheit ertönen. Von Oktober bis April wurden 58 Rufsätze mit einer Dauer von insgesamt 935 Minuten gezählt. Während der Nachtstunden ließen sich deutlich 3 Rufperioden auseinanderhalten, von denen die intensivste in die frühen Nachtstunden, die schwächste in die Zeit kurz vor Sonnenaufgang fiel. Manchmal schwieg der Vogel auch mehrere Nächte hindurch. Ein von LOPEZ gehaltener Hahn begann mit dem Rufen im 2. Lebensjahr und ließ auch tagsüber seine Stimme hören. Dabei machte er jedesmal einen Buckel, neigte den Kopf abwärts und ließ den Schwanz abwärts hängen. Über die Berechtigung der englischen Benennung „Nacht-Hokko" ist viel diskutiert worden. Man ist zu dem Schluß gekommen, daß der Rot-Hokko-Hahn während der Fortpflanzungszeit nachts zwar häufiger und regelmäßiger als andere Hokkohähne ruft, aber keineswegs Nachtaktivität entfaltet, etwa dann auch auf Futtersuche geht. Auch sind seine Augen nicht größer als die anderer Hokkoarten. Die bezweifelte Erfahrung der Einwohner, wonach der „Paujil Piedrero", d. h. „der Hokko, der in den Felsen lebt", während der Mittagshitze gern den Schatten und die Kühle von Felsschluchten sucht, erwies sich für LOPEZ als zutreffend: In einer engen Bergschlucht begannen seine Hunde zu bellen, und kurz danach flogen 3 Rot-Hokkos in den Wald.

Haltung: Im Jahre 1850 war der Rot-Hokko (als Erstimport?) in der Knowsley-Menagerie des EARL OF DERBY vertreten und wurde im Londoner Zoo erstmalig 1877, im Berliner Zoo 1889 gehalten. Die Zucht gelang 1971 im Zoo von Houston (Texas), worüber HEYLAND berichtet und u. a. schreibt: „Der Raum in unseren Volieren ist sehr beschränkt, und außer ein paar Sitzästen und Büschen ist kein Platz vorhanden, wohin ein Baumnister sein Nest bauen könnte. Deshalb legte die Rot-Hokko-Henne ihr Nest aus Zweigen auf dem Erdboden an. Ihre Legetätigkeit hielt bis Mitte Oktober an und setzte meist nach einer Trockenperiode ein, der einige Regentage folgten. Das erste Ei wurde dann bei Tagesanbruch, das zweite am übernächsten Tag gelegt. Nimmt man die Eier fort, wird in unterschiedlichen zeitlichen Intervallen ein Zweitgelege gebracht. Bei der Balz prahlt der Hahn in sehr aufrechter Haltung mit gesträubtem Gefieder, was ihn größer erscheinen läßt, klappt seine Haube mehrfach auf und zu und hebt leicht die Flügel an. Danach folgt ein schnelles Schwanzzucken. Das einzige Küken schlüpfte nach 28tägiger Erbrütung im Inkubator." LOPEZ, der mehrere Rot-Hokko-Paare aus dem Gebiet von Vaupes in Kolumbien nach Mexiko brachte, hält sie paarweise in geräumigen 10 bis 15 m × 3,5 m großen Volieren. Bei einer Fütterung mit Pellets von 28%igen Proteingehalt, Erdnüssen und vielen Fruchtarten hält sich die Art gut. Sie erhält kurz vor Beginn der Brutzeit zusätzlich zum genannten Futter 2mal wöchentlich Schabefleisch und gekochtes Ei. Nester werden auf Baumästen errichtet und die beiden Eier innerhalb einer Woche gelegt. Nach deren Fortnahme folgen 1 bis 2 Nachgelege. Gelegentlich darf eine Hokkohenne ihr Gelege selbst erbrüten, doch haben sich brütige Hausputen als ideale Pflegemütter für alle Hokkohühner bewährt. Gegenüber seinem Weibchen ist der Rot-Hokko-Hahn sehr aufmerksam und bietet ihr häufig im Schnabel Leckerbissen an. Bis 1977 wurden 3 Rot-Hokko-Küken aufgezogen. Die Pflege der robusten Küken bereitet keine Schwierigkeiten, nur sollte darauf geachtet werden, daß stets im Käfig ein Sitzast zur Vermeidung von Zehenverbiegungen vorhanden ist. Nach

LOPEZ hat auch ROER in Phoenix (Arizona) den Rot-Hokko gezüchtet.
Nach einer weltweiten Umfrage der WPA wurden 1982 insgesamt 25 Rot-Hokkos gehalten, davon 18 in den USA und 7 in Lateinamerika, vermutlich vorwiegend bei LOPEZ in Colonia Portales (Mexiko).

Weiterführende Literatur:
HEYLAND, O.: Breeding Nocturnal Curassows. Game Breeders Gazette, Augustheft, p. 7 (1970)
LOPEZ, J. E.: Observations on the Nocturnal Curassow (*Nothocrax urumutum*) and other *Cracidae*. WPA-Journal II; pp. 41–49 (1976–1977)
OLLSON, M.: Curassows. WPA-Journal I; pp. 105–108 (1975–1976)
SICK, H.: Notes on *Crax blumenbachi* and *Nothocrax urumutum*. Condor 72; pp. 106–108 (1970)
TAIBEL, A. M.: Über *Nothocrax urumutum*. Riv. Ital. Orn. 39; pp. 38–48 (1969)
THROP, J. L.: The Curassows. Avic. Mag. 70; pp. 123–133 (1964)

Mitus
Mitu, Lesson 1831

Engl.: Razor-billed Curassows.
Mitus sind putengroße Hokkos, die den Arten der Gattung *Crax* in der Gestalt gleichen, sich jedoch von ihnen durch anatomische Besonderheiten und andere Federstrukturen unterscheiden. Ihnen fehlt die bei *Crax* gut ausgebildete Schnabelwachshaut, und ihre Nasenlöcher liegen nicht in der Oberschnabelmitte, sondern an der bis zu den Nasenöffnungen befiederten Schnabelwurzel. Charakteristisch für Mitus sind ferner die kurzen, hohen, stark gebogenen Oberschnäbel, welche bei 2 Arten dazu noch Höckerbildungen in der Basalhälfte aufweisen.

Beim Samt-Mitu ist der Oberschnabel lediglich an den Seitenflächen zusammengepreßt. In noch stärkerem Maße ist das bei Salvins Mitu der Fall, dessen Oberschnabel zusätzlich in der Basalhälfte eine schmale höckerähnliche Erhöhung aufweist. Das Amazonas-Mitu schließlich besitzt einen insgesamt vergrößerten Oberschnabel, der sich zum Schnabelrücken hin verschmälert und eine über die Stirn hinausragende Erhöhung mit messerschneidenartig scharfem First bildet. Er hat der Gattung zu ihrer englischen Benennung „Razor-billed Curassow", d. h. „Rasiermesserschnabel-Hokko" verholfen. Geht man davon aus, daß das Ur-Mitu ähnlich dem Samt-Mitu noch keinen Oberschnabelhöcker besaß, dann demonstrieren die 3 Arten an ihren Schnäbeln recht gut die Entstehungsphasen einer Luxusbildung im Evolutionsgeschehen. Eine ähnliche stufenweise Entwicklung wie die der Schnabelform läßt sich auch an der Ausbildung des Scheitelgefieders der 3 Arten rekonstruieren: Beim Samt-Mitu noch kaum verlängert, aber blauglänzend, hat es sich bei Salvins Mitu zu einer deutlichen Haube aus zu ihren Spitzen hin verbreiterten Federn mit abgerundeten Enden geformt. Beim Amazonas-Mitu schließlich besteht die Haube aus längeren, flachen, bis zu den Spitzen hin verbreiterten Federn mit abgerundeten Enden. Mitu-Hauben sind Stimmungsbarometer ihrer Träger, in Ruhephasen angelegt und kaum sichtbar, bei Neugier und in stärkerer Erregung aber steil aufgerichtet. Mitu-Scheitelfedern sind nicht gekräuselt wie die der *Crax*-Arten, weisen aber dafür Schillerfarben auf, die einen Kontrast zum samtig feinen übrigen Kopfgefieder und dem Halsgefieder bilden. Die Geschlechter sind gleichgefärbt. Wie bei vielen anderen Craciden verläuft bei *Mitu* die Luftröhre als Schlinge bis über den Brustbeinkamm hinaus. Die Verbreitung der 3 Arten überlappt sich nur in einem kleinen Gebiet des kolumbianischen Amazonien. Von dorther sind keine Hybriden bekannt. In unseren Tiergärten sind

Vergleich von Mituköpfen: A Samt-, B Salvin-, C Amazonas-, D Marcgrave-Mitu.

Mitus die am häufigsten gehaltenen Groß-Hokkos. Die Nachkommenschaft eines Paares, das WAGNER 1937 dem Zoo von Adelaide schenkte, bevölkert nach seinen Angaben heute die Volieren der meisten zoologischen Gärten Australiens.

Marcgrave-Mitu
Mitu mitu mitu, Linné 1766

Engl.: Marcgrave's Razor-billed Curassow.
Abbildung: Seite 92 Kopfzeichnung D.
Heimat: Vormals Ost-Brasilien von Ost-Pernambuco bis Nord-Bahia. Gegenwärtig bis auf eine kleine Restpopulation im Staat Alagoas ausgerottet.
Beschreibung: Geschlechter wenig verschieden. Haubenfedern gut ausgebildet, aus bis 45 mm langen, flachen, breiten, dunkelblau glänzenden Federn bestehend. Übriges Kopfgefieder und Oberhals tiefschwarz mit Samtstruktur. Ohrregion mit Ausnahme eines zur Ohröffnung ziehenden und diese umgebenden schmalen Bandes kurzer haarartiger Federchen unbefiedert, bleigrau. Unterhals, Mantel, Brust, obere Flügeldecken schwarz mit stark dunkelblauem Glanz, die Federn mit schmalen stumpfschwarzen Säumen. Bauchgefieder schwarz mit geringem Blauglanz; Unterbauch, Unterschwanzdecken kastanienbraun. Schwingen und Schwanz schwarz mit schwachem Blauglanz, die Schwanzfedern mit schmalem weißem Endsaum. Schnabel im Basisbereich auf dem First und an den Seiten nach SICK etwas verdickt, der First dahinter scharf. Proximaler Schnabelabschnitt bis fast zur Schnabelhälfte dunkelrot, distalwärts hornweiß mit schwach cremigrosiger Tönung. Iris kastanienrot, Beine hellrot.
Beim wenig kleineren Weibchen weisen die mittleren und distalwärts folgenden Steuerfedern sehr schmale helle Endsäume, die restlichen schmale braune Endsäume auf. Schnabel ohne First- und Seitenverdickung der Basis, proximale Schnabelhälfte hellrot, die distale hornweißlich. Iris und Beinfärbung wie beim Hahn.
Körpermaße wohl wie bei der Unterart *tuberosa*.
Lebensgewohnheiten: Nicht bekannt, aber von der Unterart *tuberosa* sicher nicht verschieden.
Haltung: Die von LINNÉ nur nach hinterlassenen Papieren und Zeichnungen des von 1637 bis 1644 in Nordost-Brasilien tätig gewesenen deutschen Forschers MARCGRAVE beschriebene *Crax mitu* war über 300 Jahre nicht mehr von dort gemeldet worden, so daß man schließlich an der Existenz dieser Unterart zweifelte. Da erhielt 1952 der brasilianische Ornithologe O. PINTO ein im Staat Alagoas erlegtes Mitu, das dem von MARCGRAVE entdeckten in allen Einzelheiten entsprach. 1977 traf Professor SICK bei dem Vogelliebhaber NARDELLI in Rio de Janeiro ein lebendes Marcgrave-Mitu an, das ebenfalls aus Alagoas stammte. 1979 erhielt NARDELLI sogar 4 Exemplare der Nominatform in seinen Volieren. Ob ihm inzwischen eine Zucht gelungen ist, wissen wir nicht. Es wird versucht, das letzte Vorkommen des aussterbenden Craciden unter Schutz zu stellen.

Amazonas-Mitu
Mitu mitu tuberosa, Spix 1825

Engl.: Amazonas Razor-billed Curassow.
Abbildung: Seite 103 oben Mitte und Seite 92 Kopfzeichnung C.
Heimat: Äußerster Südosten Kolumbiens im Gebiet von Leticia in der Provinz Amazonas. Brasilien südlich des Amazonenstroms von den Flüssen Rio Solimoes und Juruábis bis in die Region von Belém in Ost-Pará, südwärts im Mato Grosso etwa bis 16° südlicher Breite. Ost-Peru und Ost-Bolivien in Beni und Santa Cruz.
Beschreibung: Geschlechter gleichgefärbt. Von Marcgraves Mitu wie folgt unterschieden: Schnabel ganz rot mit weißer Spitze, die Ohrregion befiedert, der Schwanz mit breiter weißer Endbinde.
Länge 830 bis 890 mm; Flügel 376 bis 435 mm; Schwanz 315 bis 355 mm; Gewicht 3860 g.
Beim Dunenküken sind Kopf, Hals, Brust, Rücken und Flügel mittelbraun mit schwarzer Streifenzeichnung auf Kopf und Flügeln sowie einem helleren Streifen, der beiderseits der Rückenseiten verläuft; Unterbrust, Bauch und Schwanzregion weißlich cremefarben, die Orbitalregion hell bläulichgrau; Schnabel und Beine hellrosa, die Iris dunkelbraun. Gelegestärke 2; Ei rauhschalig, weiß (90 mm × 60 mm); Gewicht 150 bis 166 g; Brutdauer 29 bis 30 Tage.
Lebensgewohnheiten: Mitus sind Bewohner dichter Hochwälder der tropischen Zone, wo sie je nach der Jahreszeit einzeln, paarweise oder in Familientrupps aus 3 bis 4 Vögeln angetroffen werden. Im allgemeinen Sekundärwuchs meidend, kommen sie doch

gern zu kleinen Waldflüssen, die an den Ufern mit Buschwerk bestanden sind. Das Ehepaar KOEPCKE (1963) verglich die durchgehende Verbreitung des Mitu in Amazonien mit dem viel lokaleren Vorkommen des Karunkel-Hokko, der trocknere Waldgebiete bevorzugt, während das Mitu auch in Feuchtwaldungen, ja Sumpfwäldern lebt. Die Stimmlaute der Mitus sind von denen der Kräuselhauben-Hokkos wenig verschieden. SICK hörte ein tiefes „Hm-hm-hm hm hm hm", der letzte Laut scharf betont und nach einer 2- bis 3mal längeren Pause ausgestoßen als die, welche die ersten Sätze von den zweiten trennt. In Erregung stoßen Mitus zarte kükenartige Zwitscherlaute aus, wie sie auch von anderen Groß-Hokkos bekannt sind.

Haltung: Mitus sind schon recht früh in Europa gehalten worden. TEMMINCK (1778–1858) berichtet von einem bei Den Haag gehaltenen Exemplar. Vor 1835 besaß die Londoner Zoologische Gesellschaft die Art und 1851 war sie in der berühmten Knowsley Menagerie des Lord DERBY vertreten. Welcher Unterart diese Vögel angehörten, wissen wir nicht. Gegenwärtig ist das Amazonas-Mitu die am häufigsten gehaltene Großhokko-Art der europäischen Tierparks. Zu Zuchterfolgen ist es offenbar erst spät gekommen. 1929 gelang HEINROTH die Aufzucht eines Mitu im Berliner Zoo. Das Ei war unter einer Haushenne erbrütet worden, und das Küken schlüpfte nach 29 Tagen. Seine Gewichtszunahme zeigt die folgende Tabelle:

Zahl der Tage	0	2	5	6	11	19	31	36	43	49	61
Gewicht in g	102	107	108	120	120	160	260	305	380	455	680

Über eine gelungene Mitu-Zucht im Zoo Antwerpen hat 1955 CARPENTIER berichtet. Nachdem sich aus einer Mitu-Gruppe ein Paar zusammengefunden hatte, das die Artgenossen verfolgte, wurde es in eine andere Voliere verbracht, und schon nach wenigen Tagen fand man das erste Ei auf dem Erdboden. Es wog 150 g. 2 Tage später folgte das 2. Ei. Ein für die Henne auf dem Erdboden angelegtes Nest wurde nicht angenommen. In der Folge saß das Paar häufig auf der Buchsbaumhecke seiner Voliere und versuchte, mit dem Schnabel Ästchen abzureißen. Als Nistmaterial vom Pfleger herbeigeschafft worden war, schien ihnen das nicht zu genügen, denn nach 20 Tagen legte die Henne erneut 2 Eier auf dem Erdboden ab. Im darauffolgenden Frühjahr wurde ein kleiner Korb in der Buchsbaumhecke befestigt, an dem die Mitus sofort großes Interesse zeigten. Trotzdem legte die Henne wiederum ihre Eier wahllos auf die Erde. Erst als das Nest mit Zweigen und Ästchen weiter ausgebaut worden war, wurde es akzeptiert. Die Henne begann sofort mit dem Brüten, und der Hahn hielt die meiste Zeit hindurch beim Nest Wache. Nach 28 Tagen wurden zerbrochene Eischalen unter dem Nest entdeckt, und tags darauf schauten 2 Kükenköpfchen über den Nestrand. Die Mitu-Henne blieb bis zum 2. Tag nach dem Schlupf auf dem Nest, während der Hahn eifrig mit Futtersammeln für die Familie beschäftigt war und Henne wie Küken Futterbrocken im Schnabel anbot. Am 3. Tag verließ die Henne das Nest und nahm zusammen mit dem Hahn Weichfutter auf. Währenddessen wurden die Küken immer ungeduldiger und liefen auf den Zweigen des Buchsbaums umher, bis sie von den Eltern Futter erhielten. 4 Tage nach dem Schlupf wurden sie endlich auf dem Erdoden gefunden. Da das Weibchen auf dem Nest übernachtete, wurden dünne Äste dagegengelehnt und so den Küken der Aufstieg zum Nest ermöglicht. Mitu-Küken sehen wie robuste Fasanenküken aus und sind sogar noch etwas größer als Ohr- oder Glanzfasanenküken. Sie nahmen noch lange einen Teil des Futters von den Schnäbeln der Eltern ab. Mit 36 Tagen hatten sich ihre Schnäbel rot gefärbt, mit 9 Wochen war das Gefieder bei halber Erwachsenengröße schwarz, und mit 5 Monaten zeigte sich als Beginn der Schnabelhöckerbildung am Schnabelfirst eine leichte Kompression. In den USA sind Amazonas-Mitus von THROP, BUTEYN u. ROHR gezüchtet worden. Wie THROP, Curator der Buteyn Bird Ranch in San Luis Rey (Kalifornien) berichtet, erwarb BUTEYN 1957 2 Mitus von einem Händler, doch stellte sich nach einem Jahr heraus, daß beide Vögel Hähne waren. Im Tausch mit ROER in Phoenix (Arizona), der 2 Weibchen besaß, konnten 2 Paare zusammengestellt werden. Bis 1961 wurden von einem Paar 6 Junge, 1962 4 Jungvögel großgezogen. Die Brutdauer betrug stets 29 Tage. Vom Mitu sind Mischlinge mit mehreren Hokkos der Gattung *Crax* erzielt worden. Nach DELACOUR erbrütete ein Mischlings-Hokko mit einem Mitu im Zoo von San Diego (Kalifornien) zwischen 1950 und 1957 6 Junge.

Nach einer weltweiten Umfrage der WPA wurden 1982 insgesamt 63 Amazonas-Mitus gehalten, davon 36 in den USA, 10 in Lateinamerika, 14 auf dem europäischen Kontinent und 3 in Australien.

Salvin-Mitu
Mitu salvini, Reinhardt 1879

Engl.: Salvin's Razor-billed Curassow.
Abbildung: Seite 92 Kopfzeichnung B.
Heimat: Südost-Kolumbien nordwärts zu den Macarenabergen, südwärts durch Ost-Ecuador bis ins nördliche Loreto am Rio Curaray in Nordost-Peru. In Südost-Kolumbien überschneidet sich das Verbreitungsgebiet wenig mit dem von *Mitu tomentosa*. Keine Unterarten.
Beschreibung: Geschlechter gleichgefärbt. Der hellrote Schnabel mit wesentlich niedrigerem Höcker auf der Oberschnabelbasis als beim Amazonas-Mitu. Gefieder vorwiegend schwarz mit starkem dunkelblauem Glanz auf Haube, Schultern, oberen Flügeldecken, Oberbrust und Schwanz; die übrigen Gefiederteile weniger glänzend, Kopf und Hals mit samtig-plüschigen schwarzen Federn; die sich zum Ende hin verbreiternden, gut ausgebildeten Haubenfedern mit glänzendblauen Spitzen. Bauch, Unterschwanzdecken und Schenkelbüschel weiß, die Schwanzfederenden mit breiter weißer Binde. Iris rotbraun, Beine hellrötlich.
Länge 750 bis 850 mm; Flügel 352 bis 398 mm; Schwanz 285 bis 335 mm.
Küken und Eier sollen denen von *M. mitu* gleichen.
Lebensgewohnheiten: Während der Trockenzeit hält sich Salvins Mitu gern in bewaldeten Felsschluchten auf, in denen sich immer noch Wasserlachen finden. Von Lautäußerungen kennt man einen pfeifenden, wie „Piu" klingenden Alarmton. Ein wie „Guurrh gurrh" klingender gutturaler Laut drückt Ärger aus. Dabei werden Kopf- und Nackengefieder gesträubt, Flügel und Schwanzfedern eulenartig entfaltet. Während der Brutzeit rufen die Hähne laut und dröhnend „Kúuh kuúuuh", immer aufs neue wiederholt, halbe Stunden lang und länger. Dabei kauert der Vogel auf einem Ast und senkt beim Rufen jedesmal den Kopf.
Haltung: Salvins Mitu ist nach einem in Europa gehaltenen Exemplar 1879 beschrieben worden. In den Hokko-Sammlungen großer europäischer Zoos ist die Art seit jeher nur sehr selten gehalten worden. Die Erstzucht gelang OLLSON 1971 in den USA. Nachdem die Hennen mehrere Jahre lang unbefruchtete Gelege gebracht hatten, konnte ein neuer Hahn beschafft werden. Im Mai 1971 war das 1. Gelege befruchtet, aus dem ein schwaches Küken schlüpfte, das schon nach 2 Tagen starb. Am 1. und 3. Juni legte die Henne erneut, und ein am 1. Juli geschlüpftes Küken konnte aufgezogen werden. Aus 2 weiteren Gelegen im Juli wurde ein 2. Junges groß. Der Hahn wurde, was bei der Hokko-Haltung nur selten gelingt, zusammen mit mehreren Weibchen gehalten, wählte von diesen jedoch nur eines aus, das dann allein die befruchteten Gelege brachte. Bei der Balz sträubte das Männchen Kopf- und Halsgefieder, hielt den Kopf niedrig und stieß dabei hupende Töne aus. Während der letzten Jahre ist Salvins Mitu mehrfach nach Europa importiert worden und war 1958, 1963 und 1973 wohl im gleichen Exemplar im Zoo Antwerpen ausgestellt. Auch der Berliner Zoo und der Vogelpark Walsrode haben diese seltene Mitu-Art gepflegt. Nach einer weltweiten Umfrage der WPA wurden 1982 nur 4 Salvin-Mitus in einer lateinamerikanischen Sammlung gehalten.

Samt-Mitu
Mitu tomentosa, Spix 1825

Engl.: Lesser Razor-billed Curassow, Crestless Curassow.
Abbildung: Seite 92 Kopfzeichnung A.
Heimat: Nordost-Guayana und Süd-Venezuela südlich des unteren Orinoko und des Apuré; im anschließenden brasilianischen Gebiet südwärts bis zum Ober- und Mittellauf des Rio Branco und Rio Negro, westwärts ins Amazonische Kolumbien bis zu den südlichen Ausläufern der Sierra de la Macarena. Dort ist es mit Salvins Mitu sympatrisch, doch sind bislang Mischpopulationen nicht bekannt geworden.
Beschreibung: Geschlechter gleichgefärbt. Schnabel hell weinrot mit hell hornfarbener Spitze. Beim Samt-Mitu trägt der stark gebogene, schmale Oberschnabel weder einen Hornaufsatz noch ist er an der Basis verdickt. Haubenfedern kurz, kaum als solche erkennbar, das Gefieder der übrigen Kopfteile und des Halses von plüschiger Struktur, samtschwarz. Übriges Gefieder vorwiegend schwarz, auf Scheitel, Brust und Oberrücken mit dunkelblauem Glanz und die Federn schmal samtschwarz gesäumt. Flügel und Schwanz weniger glänzend, mit purpurbraunem Anflug, die Schwingen dunkelbraun gesäumt. Unterbauch, Unterschwanzdecken, Schenkelbüschel und Schwanzendbinde kastanienbraun. Iris dunkelrotbraun, Beine rötlich.
Länge 750 bis 850 mm; Flügel 350 bis 380 mm; Schwanz 305 bis 342 mm; Gewicht des Männchens 2300 bis 2600 g, des Weibchens 1300 bis 2425 g.

Küken tragen ein dichtes flauschiges Dunenkleid. Sie sind oberseits schwarz mit ockerbraunem und hellgrauem „Pfeffermuster"; Stirn und Kopfseiten hell kastanienbraun, der Scheitel ockergelb oder grauocker mit braunen oder schwarzen Mäanderlinien und einem dunkelbraunen Bezirk in der Nakkenregion. Kehle und Brust wie Rücken, nur heller, der Unterleib gelblichweiß. Schnabel braun, die Beine strohgelb.
Gelegestärke 2; Ei isabellweiß, später durch die feuchte Nestunterlage aus Blättern bräunlich (840 mm × 590 mm).

Lebensgewohnheiten: Samt-Mitus leben in dichten Wäldern sowie an bewaldeten Flußufern (Galeriewäldern) der Savannenregion. Das Brummen der Hähne ist von den beiden anderen Arten nicht verschieden. Ein am 2. Juni 1949 von CHERRY gefundenes Nest befand sich in 2 m Höhe in abgeknickten Palmenwedeln und enthielt 2 Eier. Obwohl das Gelege 120 km weit auf Maultierrücken transportiert wurde, schlüpften am 8. Juli 2 muntere Küken, denen die rauhe Behandlung nichts geschadet hatte.

Haltung: Samt-Mitus waren 1851 in der Knowsley-Menagerie des EARL OF DERBY vertreten. 1862 gelangten 2 dieser Vögel in den Londoner Zoo, der die Art auch 1877 und danach besaß. Im Berliner Zoo wurde das Samt-Mitu 1889 gehalten. Nach einer weltweiten Umfrage der WPA waren 1982 in lateinamerikanischen Sammlungen 8 und in den USA 2 Samt-Mitus vorhanden.

Weiterführende Literatur:
BLAKE, E. R.: Manual of Neotropical Birds, Vol. 1. *Mitu*, pp. 424–426. Univ. Chicago Press 1977
CARPENTIER, J.: Breeding of Curassows and Guans. Avic. Mag. 62; pp. 150–152 (1956)
DELACOUR, J., AMADON, D.: Curassows and Related Birds. Mitus bei Crax, pp. 192–196. Amer. Mus. Nat. Hist., New York 1973
HEINROTH, O.: Beobachtungen bei der Aufzucht eines Knopfschnabel-Hokkos *(Crax globicera)* und eines Mitus *(Mitu mitu)*. Journ. Ornith. 70; pp. 278–283 (1931)
KOEPCKE, M., KOEPCKE, H. W.: Aves Silvestres del Peru 1963
OLLSON, M.: Salvin's Curassow *(Mitu salvini)*. Game Breeders Gazette 20; pp. 9–10 (1971)
SCLATER, P. L.: On the Curassows now or lately living in the Society's Gardens. Frans. Zool. Soc. London 9; pp. 273–288, pls. 40–53 (1875)
SICK, H.: Das Überleben von *Mitu mitu mitu* (LINNAEUS). Acta XVII Congressus Internation. Ornithol. Berlin, Bd. II; pp. 1400–1401 (1980)
DERS.: Mitu m. mitu, caracteres morfologicos; Condor 82, pp. 227–228 (1980)
TAIBEL, A.: Esperimenti ibridiologici tra specie di generi distinti: *Mitu e Crax*. Nota 1a: Ibridi di prima generazione. Arch. Zool. Italiano 46; pp. 181–226, figs. 1–17, pl. 25 (1961)
DERS.: Esperimenti ibridiologici tra specie di generi distinti: *Mitu e Crax*. Nota II: Ibridi di seconda generazione e ibridi di reincrocio. Arch. Zool. Italiano 46; pp. 291–324, figs. 1–8 (1961)
DERS.: Gefangenschaftsbrut von *Crax mitu*. Univ. Bologna, Publ. 26; pp. 1–26 (1969)
THROP, J. L.: The Curassows. Avic. Mag. 70; pp. 123–133 (1964)

Vergleich von Helmhokkoköpfen: A Nördlicher, B Gilliards-, C Peru-, D Südlicher Helmhokko.

Helmhokkos
Pauxi, Temminck 1815

Engl.: Helmeted Curassows.
Bei den mit den Mitus eng verwandten Pauxis weist der kurze, stark gekrümmte Oberschnabel auf seiner Basis einen von Hornsubstanz überzogenen, hohen einförmigen Knochenhöcker auf. Die kurzen glänzenden, bei einer Art an den Enden vorwärts gekräuselten Scheitelfedern bilden keine Haube. Das übrige Kopf- und das Halsgefieder ist wie bei den Mitus samtig und schwarz. Die Luftröhre verläuft genau wie bei ihnen in Schlingenform und erstreckt sich über das Brustbeinende hinaus fast bis in Kloakennähe. Die Geschlechter sind bis auf eine gelegentlich auftretende Rotphase bei den Weibchen gleichgefärbt. Die 2 *Pauxi*-Arten bewohnen in 4 weit auseinanderliegenden Arealen Bergnebelwälder des nördlichen und westlichen Südamerika.
Die Helmhokkos sind begehrte, aber gegenwärtig nur sehr selten importierte Schauobjekte der Vogelsammlungen unserer zoologischen Gärten, die in der Bundesrepublik Deutschland seit einigen Jahren nur im Vogelpark Walsrode gepflegt werden. Ihre Zucht scheitert meist daran, daß nur selten Paare eingeführt werden.

Nördlicher Helmhokko
Pauxi pauxi, Linné 1766

Engl.: Northern Helmeted Curassow.
Abbildung: Seite 97 Kopfzeichnung A und B.
Heimat: Küsten- und Zentralgebirge Venezuelas von Mittel-Miranda und Südost-Falcon westwärts zur kolumbianischen Grenze; Nordostkolumbien im äußersten südöstlichen Norte de Santander und das benachbarte äußerste nördliche Boyacá; eine kleinere Unterart *(P. p. gilliardi)* bewohnt isoliert vom Verbreitungsareal der Nominatform die Sierra de Perijá (westlich der Lagune von Maracaibo) an der venezolanisch-kolumbianischen Grenze.
Beschreibung: Geschlechter durch gelegentliches Auftreten einer Rotphase beim Weibchen zum Teil verschieden. Schnabel lachs- bis karminrot; auf der hinteren Oberschnabelhälfte ein bis 7 cm hoher, ovaler hellblauer Hornaufsatz. Scheitelfedern kurz, glänzend, keine Haube bildend; übriges Kopf- und das Halsgefieder plüschartig, schwarz. Rumpfgefieder überwiegend schwarz mit grünlichem Glanz und schwarzer Säumung jeder Feder; Hinterbauch und Unterschwanzdecken weiß, die Schwanzfedern breit weiß endgesäumt. Iris braun, Beine lachsrosa bis trüb karminrot.
Bei Weibchen der Rotphase sind Kopf und Hals trüb schwärzlich mit Braunbeimischung; übriges Gefieder tief rotbraun, schwarz gebändert und gewellt, viele Federn grauweiß gerandet. Unterbauch und Unterschwanzdecken wie beim Normalgefieder weiß, der Schwanzfedersaum gelblichweiß. Bei dieser Farbphase handelt es sich vielleicht um ein früher häufigeres kryptisches Weibchenkleid. Länge 800 bis 1000 mm; Flügel 382 bis 427 mm;

Schwanz 320 bis 362 mm. Gewicht 3500 bis 3650 g. Küken haben Kopf, Hals, Brust, Rücken und Flügelchen mittelbraun mit schwarzem Pfeffermuster auf Kopf, Brust und Rücken; Unterseite hinter der Brust hell ockergelblich. Die schon beim Schlupf gut ausgebildeten Flügelchen haben schwarzbraune Endsäume, dadurch eine Art Gittermuster bildend. Schnabel rosa mit hellerem Spitzenfleck und direkt oberhalb der Nasenlöcher eine Erhöhung von graubrauner Farbe, der Ansatz für den späteren Helm. Beine rosa wie Schnabel. Gelegestärke 2; Ei bei der Ablage weiß, bald die bräunliche Farbe des feuchten Nestuntergrundes annehmend (89 mm × 63,5 mm); Gewicht 195 bis 200 g; Brutdauer 30 Tage.

Lebensgewohnheiten: Einen aufschlußreichen Bericht über Lebensweise und Verhalten des Helmhokkos hat ERNST SCHÄFER (1969) gegeben: „So leicht es sein mag, Tiere der freien Landschaft zu belauschen – im undurchdringlichen Nebelurwald der venezolanischen Küstenkordillere, wo sich die immergrünen Dschungelmauern dachsteil wölben und der Luftraum von wildwuchernden Pflanzenmassen erfüllt ist, scheinen exakte Beobachtungen an scheuen Wildtieren auf den ersten Blick nachgerade unmöglich. Unter der Familie der großen südamerikanischen Baumhühner steht unser Vogel als *Pauxi pauxi* im System der Vögel verzeichnet, und zu deutsch heißt er Helmhokko. Aber die Einheimischen haben den auerhahngroßen Tieren doch den schönsten Namen gegeben: „Pauji Copete de Piedra", d. h.: „Der Vogel mit dem Stein auf dem Kopf". Beide Geschlechter, die nur schwer zu unterscheiden sind, tragen über dem weinroten, stark gebogenen Schnabel einen herrlich taubenblau gefärbten Helm, eine harte, ca. 7 cm lange Hornscheide, die in der dämmernden Traumstille des Urwaldes wie ein kostbarer Edelstein wirkt. Der Pauxi ist ein Schleicher, Bodenschlüpfer und meisterhafter Versteckspieler, der, schlank und elegant, in den fahlen Dämmerungsstunden, nicht am hellen Tage auf Nahrungssuche geht. Mit seinen karmesinroten Beinen und den überlangen Klammerzehen ist er befähigt, die dünnsten Ästchen des Unterholzes zu umgreifen oder sogar – der Schwerkraft spottend – geschickt zu turnen und mit dem Kopf nach unten zu hängen. Solche Kletterleistungen versetzten mich immer wieder in höchstes Erstaunen – zumal sie völlig lautlos geschahen und ich kaum auch nur ein Blättchen sich bewegen sah. Ohne Zweifel ist dieser mächtige Vogel den geschicktesten Kapuzineraffen in der Dschungelakrobatik ebenbürtig. Obwohl zu prasselndem Hub- und herrlich schwebendem Gleitflug befähigt, macht er von seinen mächtig gerundeten Schwingen nur im Notfall Gebrauch. Es gehörte deshalb zu meinen größten Erlebnissen, den blaugekrönten Vogel im feuchten Schleierglanz des Domwaldes zwischen den arabeskenhaften Verschlingungen und massiven Kapitälen der Wucherpflanzen traumhaft dahinschweben zu sehen. Wegen seiner üppigen Befiederung wirkt der Pauxi weit größer, als er in Wirklichkeit ist. Bei einer Flügelspanne von 1,3 m und einer Gesamtlänge von 1 m einschließlich des mächtigen, silberumsäumten Fächerstoßes, der ständig wippend und Signale gebend als optisches Arterkennungszeichen dient, überschreitet auch der stärkste Hahn nur selten ein Gewicht von 3500 bis 3700 g. Doch wer ihn zum erstenmal sieht, wird gleich in eine Märchenwelt versetzt. Der Vogel ist hintergründig wie die Landschaft, die ihn hervorgebracht hat. Zauberhaft passen seine Formen und Farben in die perlende Stille des nebeldurchwogten Waldes: Glanzschuppig-grünschwarz und wie gehämmerter Stahl ist der Rücken, veloursweich und flaumig der lange, unglaublich geschmeidige Hals, tiefschwarz die Brust und flockig-puderweiß der Bauch. Von den anatomisch-morphologischen Absonderlichkeiten des Helmhokkos steht eine mit den höchst seltsamen Stimmäußerungen des Vogels in ursächlichem Zusammenhang: Seine Luftröhre beschreibt eine weite, den ganzen Bauch bedeckende und fast bis zum After reichende Schleife, ehe sie wieder kopfwärts biegt und in den Brustkorb einmündet! Wie ein tiefes, dumpfes, unirdisches Brummen, wie das Stöhnen eines uralten Baumes klingt seine Stimme. „Mmmmmmm – Mmmmmmm – Mmmmmmm . . ." balzt der Hahn mit einem unbeschreiblich tiefen Unterton von „Uuu". Dann klingt wieder dieses vierteilige, bauchrednerische Brummen von irgendwoher. Doch das Schönste an unserem rotschnäbligen Waldgeist ist sein Auge, dessen Leuchtkraft mir im Waldesdämmern immer wieder wie ein Rätsel erschien, wenn ich voll banger Ungewißheit, den scheuen Vogel zu vergrämen, in der nebelfeuchten Vorfrühe den ersten Blick durchs Guckloch meines Baumzeltes warf. So saß ich durch Tage und Wochen dem brütenden Weibchen auf 3 bis 4 m Entfernung gegenüber, und stets aufs neue war es dieser große, ruhige, bezwingende Opalspiegel des Auges, der mir jede Regung des Tieres vermittelte.

Die Erforschung der Lebensgewohnheiten des Pauxi war eine Art magischen Vexierspiegels mit ständig sich verändernden Kulissen und Bildern, die immer wieder entschwanden, wenn ich glaubte, dicht vor dem Ziel zu stehen. Die Zeitspanne, die ich benötigte, dieses biologische Mosaik zusammenzutragen, umschließt den Zeitraum von 3 Jahren. Während der ersten Zeit, da ich von der Existenz des Pauxi im Nationalpark von Rancho Grande in Nordvenezuela noch gar nichts wußte, war es ein höchst seltsames „Symptom", das mich im wahrsten Sinne des Wortes auf seine Spur brachte. Unberührte Wildnis reicht in diesem Tropenwald ja bekanntlich nordamerikanischer Maschinenzivilisation die Hand. Und so fand ich quer über die Autostraße, die durch dicht wuchernde Urwälder läuft, seltsame, in den Zement der Straße eingedrückte Trittsiegel, die nur von einer großen Hühnerart stammen konnten. Sie blieben für Monate der einzige Anhaltspunkt für das Vorkommen des rätselhaften Vogels.

Der Pauxi ist ein standorttreuer, feuchtigkeitsliebender Vogel, dem immerfeuchte Hochstauden- und Unterholzbestände ein absolutes Lebensbedürfnis sind. Sein vertikales Verbreitungsgebiet beginnt auf der feuchten Nordflanke der venezolanischen Küstenkordillere in etwa 600 m, auf der trockenen Südflanke dagegen erst in 800 m. Die größte Siedlungsdichte liegt inmitten der subtropischen Nebelwälder zwischen 1000 und 1500 m, gipfelwärts nimmt sie wieder ab, und bei 2000 m ist die obere Verbreitungsgrenze erreicht. Quelltälchen und feuchte, palmenbestandene Schluchten sind seine Lieblingsstandorte. Er zieht sie den flacheren Hängen mit trockeneren Klimaten entschieden vor. In seinen optimalen Wohnorten schwankt die Temperatur von Bodennähe bis 2 m Höhe das ganze Jahr über nur zwischen 16° und 19°C, der Feuchtigkeitsgehalt der Luft zwischen 90 % in den Mittagsstunden und dem Sättigungsgrad der Nacht- und frühen Morgenstunden. Jedoch suchen die Weibchen – wie viele andere Nebelwaldbewohner – nur zur Brutzeit zur Anlage ihrer Nester trockene Standorte auf.

Aufgrund seiner hohen Anpassung an seinen Lebensraum ist der Pauxi streng ortsgebunden und außerordentlich standorttreu. Allein seine große Heimlichkeit und die Kunst, sich nicht nur optisch, sondern auch akustisch zu tarnen, erlauben ihm eine große Reviertreue, die während der Fortpflanzungszeit am auffälligsten ist. Mit Ausnahme der Balz- und Brutzeit spielt sich das Tagleben des Pauxi fast ausschließlich am Boden ab, seltener im Unterholz bis 5 m Höhe. Seine Aktivitätsperiode – etwa Futtersuche – beschränkt sich im allgemeinen auf die ersten Tages- und späten Nachmittagsstunden. Bei frühen Nebeleinfällen, wenn im Waldesinneren starke Dämmerung herrscht, sind die Vögel auch tagsüber unterwegs. Erst zu Beginn der Dämmerung baumen sie auf, um die Nacht im dichten Unterholz – 4 bis 6 m hoch – oder auch in den Mittelbaumregionen in 10 bis 15 m Höhe zu verbringen.

Die gewöhnliche Fortbewegungsart des Pauxi ist ein bedächtiges, weit ausgreifendes Schreiten in nahezu waagerechter Körperhaltung, mit leicht erhobenem Hals und flach gesenktem, den Boden fast berührendem Stoß. In dieser Stellung wird die meist aus Baumfrüchten bestehende Nahrung vom Boden aufgenommen. Dabei werden die Früchte nicht zerhackt oder sonstwie zerkleinert, sondern samt walnußgroßen Kernen, die später wieder ausgewürgt werden, ganz verschluckt. Zuweilen fressen die Vögel auch Grünzeug, das in Ermangelung von Grasarten, die es im Nebelwald nicht gibt, zumeist aus zarten Trieben, Knospen und Blättchen besteht. Dabei stehen die Vögel starr und steif, bis sie alle erreichbaren Blätter eines Busches abgeäst haben. Ihr Nahrungsbedarf ist groß, doch scheinen sie in der Auswahl von Blättern und Früchten wenig wählerisch zu sein.

Sobald der Pauxi etwas Verdächtiges bemerkt hat, verändert sich seine Körperhaltung schlagartig. Schmal und schlank reckt er sich empor, während der Hals mit ruckartigen Bewegungen von einer Seite zur anderen geschlagen wird oder auch Schlangenbewegungen ausführt. Gleichzeitig wird der lange Schweif ruckartig aufwärts geworfen, wodurch die prächtigen Silberendbinden sichtbar werden. Ihr jähes Aufblitzen ist es zumeist auch, was den Vogel dem Beobachter im Dämmerlicht des Waldes verrät. Auch auf der Flucht sind die hellen Schwanzspitzen das einzige sichtbare Signal, das auf Artgenossen eine automatische „Folge-mir"-Reaktion auslöst. Gleichzeitig wird der meist mehrere hundert Male wiederholte Warnlaut ausgestoßen. Dieser schnalzende Ton klingt dem überlauten „Murksen" eines Eichkaters (*Sciurus griseogena*) – dem bei weitem häufigsten Säuger des Nebelwaldes – überaus ähnlich. Überhaupt scheint akustische Nachahmung eine der hervorstechendsten Eigenschaften zahlreicher Vogel- und Säugetierarten der Nebelwaldgemeinschaft zu sein.

Abgesehen von der Balz (gemeint ist der Revierruf) des Hahnes habe ich noch folgende Stimmäußerungen des Pauxi gehört: Einmal ein hörnernes, kastagnettenartiges Schnabelklappern, das dem Hauptschlag des Auerhahns nicht unähnlich ist, jedoch nur ausgestoßen wurde, wenn der Vogel sich in Sicherheit dünkte. Und schließlich war es ein volltönendes, kolkrabenähnliches „Quorren", das zuweilen, wenn die Henne mich vom Nest weglokken wollte, sich in der Tonhöhe derartig steigerte, daß es sich zu einem langgezogenen, katzenartigen Schrei auswuchs. Ohne Zweifel waren in dieser wahrhaft elementaren Lautäußerung die Motive äußerster Furcht und die Bereitschaft zur Verteidigung in seltsamer Weise vermischt. Mehr als einmal erlebte ich es nämlich, daß die Henne sich unter andauerndem „Geschrei" meinem Versteckplatz näherte und wenige Meter vor mir stehenblieb und mich viertelstundenlang „ausschimpfte", ehe sie sich quorrend wieder auf ihr Nest schwang. Diese stark effektbetonte Lautäußerung samt einer auffallenden Vertrautheit der Hennen aber beschränkt sich lediglich auf die Zeitspanne der letzten Tage vor dem Schlüpfen der Jungen.

Der biologische Frühling und damit die Gesanges- und Fortpflanzungsperiode der Vögel fällt in der venezolanischen Subtropenzone mit dem europäischen zusammen. Er beginnt im Februar mit dem Ende der Trockenperiode, erreicht im Mai und Juni seinen Höhepunkt und ebbt im Juli langsam wieder ab. Beim Pauxi setzt die Balzstimmung schon im Dezember ein. Im allgemeinen lebt der Vogel streng monogam. Nur in einem Fall konnte ich mit Sicherheit nachweisen, daß ein Hahn mit 2 Hennen verpaart war. Sie hatten ihre Nester nur etwa 130 m voneinander entfernt in einem vom gleichen Hahn verteidigten Territorium angelegt. Offensichtlich werden die Territorien, die 250 bis 300 m^2 nur selten überschreiten, schon im Dezember vom Hahn allein ausgewählt und während der ganzen Brut- und Aufzuchtperiode der Jungvögel auch streng innegehalten. Während des Januars, dem Höhepunkt der Trockenperiode mit stärksten Nebeleinfällen und niedrigsten Jahrestemperaturen, sind die Hähne noch unverpaart, und die sich in ihren Territorien aufhaltenden Hennen treffen sich mit ihnen nur selten und zufällig. Obwohl man nur bei „gutem" Wetter rufende Hähne auf ihren Schlafbäumen hören kann, brummen sie doch vom Februar an, wenn es zur Paarbindung kam und die eigentliche Fortpflanzungsperiode begonnen hat, auch am Tage. Dabei sind sie nicht an bestimmte Tageszeiten gebunden, sondern richten sich lediglich nach Wetter und Wind. Während der Hauptfortpflanzungszeit – April bis Juni, zur beginnenden Regenperiode also – werden meist ruhige und sonnenklare Mittagsstunden besonders gern zum Rufen benutzt. In dieser Zeit ruft der Hahn durchschnittlich 3 bis 4 Stunden am Tage und 1 bis 2 Stunden während der Nacht. Dabei werden pro Minute im Durchschnitt 6 bis 10 vierteilige Brummstrophen vorgetragen.

Eine der schwierigsten Aufgaben und zugleich eines der größten Rätsel, dessen endgültige Lösung mich Monate gekostet hat, war die Entstehung des Brummens zu erforschen. Angesichts der meisterhaften Versteckkünste des Vogels schien es anfangs unmöglich, mich an einen brummenden Pauxi heranzuarbeiten, ohne daß er mich bemerkte und schwieg. So mußte ich mir also einen Hahn „zahm" machen, indem ich ihn in täglichen vorsichtigen Annäherungen an mich gewöhnte, bis es mir nach vielen Wochen endlich gelang, Zeuge des geheimnisvollen Brummens zu werden. Dabei saß der Vogel in fast vertikaler Haltung mit schlaff hängendem Stoß etwa 7 m über dem Boden im Unterholz. Während der ersten Phase sog sich der Vogel offensichtlich unter seltsam schwerfälligen Pumpbewegungen des auf- und abklappenden Halses voll Luft. Dabei schien er größer zu werden, und das Brustgefieder hob sich. Erst während der zweiten Phase, beim Ausatmen, das ebenfalls bei völlig geschlossenem Schnabel geschah und nur von einem leichten Zittern der Schwanzspitze begleitet war, wurde jener rätselhafte, bauchrednerische Brummton, der mich schon hunderte von Malen in die Irre geleitet hatte, erzeugt. Also: Keine extravagante Haltung, sondern lediglich Einsaugen und Auspressen von Luft durch die merkwürdige Bauchschlinge der Luftröhre bei ganz normaler Körperhaltung. Dabei verhält sich der Hahn völlig ruhig und sitzt stundenlang am gleichen Fleck. Die Hennen, die sich meist zu Rufbeginn in der Nähe befinden, äsen häufig auch weit von ihm entfernt und kehren manchmal erst nach Stunden zu ihrem immer noch brummenden Gatten zurück. Der 200 bis 350 m weit wahrnehmbare, die natürlichen Feinde ebenso wie den Menschen über den wahren Standort täuschende Brummton dient lediglich der Revierbegrenzung und -verteidigung, hat also keine unmittelbare Beziehung zur Balz. Rivalenkämpfe zwischen Hähnen habe ich selbst im dichtbesiedelten Gebiet von Rancho Grande niemals beobachten können. Nach meinen Erfahrungen findet die Balz ausschließlich auf dem Boden statt, und zwar meist im Zentrum des erwählten Territoriums zwischen 8 und 11 Uhr morgens. Dabei wird, wohl um der Raubtiereinwirkung zu entgehen – Puma, Ozelot und Tayramarder sind die ärgsten Feinde des Pauxi – kein Laut geäußert. In nicht enden wollenden Bogen und Spiralen treibt der Hahn seine Henne in 30 bis 40 m Umkreis über den Boden dahin, bis sie sich schließlich niederduckt. Ein zitterndes Brausen und Flügelschlagen, und die Begattung ist erfolgt. Mitte bis Ende März etwa, wenn die Henne durch die ausreifenden Eier schon mächtig „angeschwollen" ist, baut sie ihr Nest. Dann beginnt der Hahn immer selbständiger zu werden, ohne jedoch im Brummen und damit der Revierverteidigung nachzulassen. Von diesem Zeitpunkt an bis dicht vor dem Schlüpfen der Küken habe ich niemals einen Pauxihahn in Nestnähe gesehen, obwohl ich sie vom eigenen Standort an den Nestern aus regelmäßig rufen hörte.

Die Anlage des Nestes ist denkbar einfach: Horizontal durchgebogene Weichhölzer und Astgabeln des Unterholzes von Doppeldaumen- bis Unterarmstärke, 4 bis 6 m über dem steil abfallenden Boden, bilden die Unterlage. Sodann werden Schichten von Zweigen zusammengetragen, grüne, aber auch dürre Blätter wahllos und völlig ungeordnet übereinandergeschichtet, so daß ein wirres, von unten meist nicht als Nest erkennbares Knäuel entsteht. Die vielen überstehenden oder auch herabhängenden Ästchen erhöhen den Eindruck einer zufällig angesammelten Blattmasse. Die Nester sind meist von ovaler, dem Körper des Vogels angepaßter Form und von sehr unterschiedlicher Größe. 60 bis 80 cm Länge und 35 bis 50 cm Breite können als Durchschnittsmaße gelten. Eine eigentliche Nestmulde besteht anfangs nicht, sondern wird erst durch das Gewicht des Vogels gebildet. Auch werden auf diese Weise die Nestränder bis zu einer Dicke von 20 cm erhöht. Dagegen hat das meist durchsichtige Zentrum eine Dicke von 5 bis 7 cm. Die Auspolsterung besteht anfangs nur aus wenigen Blättern. Im Verlauf der langen Bebrütungszeit von 34 bis 36 Tagen aber fällt mehr Laub hinzu, das durch die Körperwärme des brütenden Vogels rasch vermodert. In allen Fällen werden zwei 10 bis 11 cm lange und 6 bis 6,5 cm breite, außerordentlich dickschalige, enorm bruchfeste und sehr rauhschalige (Gleitschutz), schneeweiße Eier gelegt. Durch Einwirkung des feuchten Nestgrundes bilden sich Humussäuren, die die Eier im Laufe der Bebrütung stark nachdunkeln lassen, so daß sie schließlich eine milchkaffeeartige Brauntönung annehmen und sich von der Unterlage nur noch wenig abheben. Auch wenn die Henne freiwillig das Nest verläßt, werden die Eier nie mit Laub bedeckt. Während des Großteils der Bebrütungszeit sind die Hennen auffallend scheu. Meist streichen sie bei der leisesten Annäherung schon auf 30 bis 40 m im Gleitflug ab, nachdem sie vorher mit steif emporgerichtetem Kragen gesichert, sich langsam erhoben und auf dem Nest gewendet haben. Die Wiederannäherung geschieht meist erst nach 2 bis 2½ Stunden, und zwar sehr heimlich. Stets von der Hangseite, also vom Berge her, anschleichend, nähern sich die Hennen ihren Nestern und klettern dann, die Zweige des Unterholzes in äußerst geschickter Weise umgreifend und auch die Flügel manchmal zur Gleichgewichtshaltung spreizend, unhörbar zum Nest. Dort angekommen, führen sie mit katzenartig gekrümmtem Rücken und leicht hängenden Schwingen eine Kreiselbewegung von 360° aus, wenden zuweilen auch ihre Eier und lassen sich stets in der gleichen Haltung, mit dem Kopf dem Berge zugerichtet, nieder. Ungestört verläßt die Pauxihenne nur einmal am Tag das Nest, um Nahrung aufzunehmen und Exkremente abzusetzen. Eine Zeiteinteilung besteht dabei nicht. Die Tiere richten sich hierbei ganz nach dem Wetter. Bei einsetzenden Wolkenbrüchen kehrt die Henne binnen weniger Minuten zurück, um die Eier zu bedecken. Bei heftigem Dauerregen wurde das Nest überhaupt nicht verlassen. Dabei konnte ich beobachten, daß die schindelartige Schuppung des Rückengefieders dem Wasserablauf in idealer Weise dienlich ist. Etwa 48 Stunden vor dem Schlüpfen der Jungen trat in 2 Fällen eine höchst bemerkenswerte Verhaltensänderung des Hahnes ein. Hielt er sich bis dahin nur in Nestferne auf, meist an den Grenzen seines Territoriums, so brummte er nun bis in Nestnähe, offensichtlich um sogleich den Schutz der Küken mitzuübernehmen. Diese verlassen das Nest schon nach dem Trockenwerden und sind sogleich flug- bzw. flatterfähig. Hahn und Henne scheinen die beiden Jungen von Juli bis Oktober zu führen. Noch im September fand ich Jungvögel im Jugendgefieder, die erst halb so groß wie ihre Eltern waren und deren erst erbsengroßer Hornhelm gerade zu wachsen begann. Dabei fiel mir der stammesgeschichtlich wichtige Tatbestand auf, daß die Schwanzspitzen junger Pauxi in langen, sonst nur aus dem Pflanzenreich bekannten Träufelspitzen auslaufen, wogegen die Altvögel den Wasserablauf während der Hauptregenzeit durch mechanische Abnutzung der Schwanzfedern erreichen. Zu dieser Zeit werden anscheinend keine Territoriumsgrenzen mehr eingehalten. Einmal, im September, konnte ich sogar 6 locker geschare Pauxi zusammen beobachten. Es handelte sich hierbei um 2 Hennen mit ihrem Nachwuchs, wogegen die Hähne sich schon wieder anschickten, selbständig zu werden, um im Dezember dann ihre alten, Jahr für Jahr innegehaltenen Territorien erneut zu beziehen und den Zyklus des Lebens aufs neue einzuleiten.

Haltung: Der Nördliche Helmhokko ist schon recht früh nach Europa in die Niederlande und nach England gelangt, worüber wir mehrere Mitteilungen besitzen. TEMMINCK (1778 bis 1858) berichtet von einem Mijnheer AMESHOFF, der Pauxis gezüchtet haben soll und schreibt darüber: „In Gefangenschaft und wenn sie gut akklimatisiert sind, ziehen die Weibchen ihre Küken recht gut auf, doch kommt es häufig vor, daß die meisten Eier unbefruchtet sind." Die Unfruchtbarkeit führt er auf zu kleine Volieren zurück und empfiehlt, den Vögeln die Flügel zu beschneiden und sie in sehr großen, an einer Seite von Bäumen beschatteten Ausläufen zu halten, worauf sie sehr gut zur Brut schreiten. Auch könne man Puten zur Erbrütung und Aufzucht der Pauxiküken verwenden, da die Brutdauer der beiden Arten gleichlang sei. Leider wurden die im späten 18. Jahrhundert von AMESHOFF geschaffenen, sich selbst erhaltenden Hokkozuchten durch die Auswirkungen der Französischen Revolution zerstört, und seitdem sind Helmhokkozuchten in Europa nicht mehr gelungen.

In der englischen Osterley Menagerie wurde die Art vor 1794 gehalten, und in einem Verzeichnis der Königlich preußischen Menagerie auf der Pfaueninsel bei Berlin ist sie 1833 in einem Stück aufgeführt. Ab 1835 hat sie der Londoner Zoo mehrfach besessen, und zu Ende des vorigen Jahrhunderts waren Helmhokkos in den großen Tiergärten Europas keine seltene Erscheinung. In Mexiko gelang TAYLOR (Tuxpan, Jalisco) 1975 die Zucht. Das 1. Ei wurde am 20. März gelegt und bis zum 6. Juni folgten noch 4 Gelege, da sie jedesmal zwecks Erbrütung durch Puten entfernt worden waren. Die Hokkohenne legte manchmal in einen Korb, der 2 m über dem Boden hing, ließ aber auch einige Eier einfach auf den Erdboden fallen, wogegen ein unter den Ästen angebrachtes Drahtgeflecht half. Am 29. Tag der Bebrütung durch Puten wurden die Eier einem Elektrobrüter anvertraut, wo die Küken innerhalb von 2½ Stunden schlüpften. Sie wurden nach dem Abtrocknen in einen Aufzuchtkasten mit Heizlampen gesetzt, obwohl dies bei Außentemperaturen von 26,6 °C wohl nicht notwendig gewesen wäre. Der Boden wurde mit Waldstreu bedeckt, und man brachte einige Sitzäste an. Das Futter bestand aus Mehlwürmern, feingehacktem Eidotter, Papaya, Banane, Beeren, Salat und etwas Grit. Während den ersten Tagen wurden Mehlwürmer und gekochte Eidotterpartikel handgefüttert, später auch Salat und Fruchtbröckchen angenommen. Am meisten liebten sie Mehlwürmer. Eins der Küken, das mit deformierten Zehen geschlüpft war, die sich durch häufiges Benutzen der Sitzäste richteten, dann aber nach einem Rückfall verkrümmt blieben, hatte deswegen beim Aufbaumen offensichtlich keine Schwierigkeiten.

Nach einer weltweiten Umfrage der WPA wurden 1982 insgesamt 35 Nördliche Helmhokkos gehalten, davon 33 in lateinamerikanischen Sammlungen und 2 in den USA.

Südlicher Helmhokko
Pauxi unicornis, Bond u. Schauensee, 1939

Engl.: Southern Helmeted Curassow.
Abbildung: Seite 103 oben rechts und unten sowie Seite 97 Kopfzeichnung C und D.
Heimat: Osthänge der bolivianischen Anden und Hänge der isoliert gelegenen Cerros del Sierra Ost-Perus in verstreuten Vorkommen. 2 Unterarten.
Beschreibung: Geschlechter gleichgefärbt. Dem Nördlichen Helmhokko sehr ähnlich, doch der blaue Stirnhelm lang zylindrisch und die kurzen Scheitelfedern vorwärts gekrümmt; die peruanische Unterart *koepckeae* besitzt einen mehr ellipsoid geformten, etwas rückwärts gekrümmten Helm und eine schmalere weiße Schwanzbinde.
Länge 850 bis 950 mm; Flügel 402 mm; Schwanz 335 mm; Gewicht 4200 g; Gewicht eines Weibchens 4000 g.
Küken und Ei noch unbekannt, aber wohl kaum vom Nördlichen Helmhokko abweichend.
Lebensgewohnheiten: Nach Mitteilung des Tierfängers CORDIER ist dieser Helmhokko in Bolivien ein Bewohner dicht bewaldeten Hügellandes mit hohen Niederschlagsmengen in Höhen zwischen 450 und 1100 m. Die Yakaraes-Indianer der den Anden benachbarten Ebenen kennen den Vogel unter dem Namen „Pelischtro" und deuten auf Befragen nach seinem Vorkommen stets auf die Andenberge. Das vom Helmhokko bewohnte stark zerklüftete Hügelgelände wird von Weißwasser-Bergbächen durchzo-

o. l. Rot-Hokko, *Nothocrax urumutum* (s. S. 90)
o. m. Amazonas-Mitu, *Mitu mitu tuberosa* (s. S. 93)
o. r. Südlicher Helm-Hokko, *Pauxi unicornis* (s. S. 102)
u. Kopfporträt eines Südlichen Helm-Hokkos

gen und von steilen Tälern unterbrochen. Die Nahrung soll aus den hartschaligen Früchten des „Mandelbaumes" bestehen, die sich beim Aufprall auf den Boden öffnen und die Samen freilegen. Von dem nur in einem Paar bekannten Peru-Unterart wissen wir, daß sie ähnliches Gelände bewohnt. Die Cerros del Sierra sind ein isolierter Bergstock aus zerklüfteten Hügeln und bis 2400 m hohen Bergen, deren Hänge von 1200 m aufwärts vom Spätnachmittag bis zum Sonnenuntergang in Nebel gehüllt sind. Die beiden Hokkos wurden in einer üppig bewachsenen Schlucht bei 1200 m nahe der unteren Nebelwaldgrenze gesammelt. Während des zweimonatigen Aufenthaltes in diesem Gebiet wurden keine weiteren Helmhokkos gesichtet, so daß die Art vermutlich nicht häufig ist.

Haltung: Je 1 Exemplar der Bolivien-Unterart gelangte durch CORDIER 1969 in den Frankfurter, 1972 in den Antwerpener Zoo und 1981 in den Vogelpark Walsrode. Dr. J. E. LOPEZ (Mexiko) hat 1986 5 Südliche Helmhokkos großgezogen (persönl. Mittlg.).

Weiterführende Literatur:
BLAKE, E. R.: Manual of Neotropical Birds, Vol. 1; *Pauxi*, pp. 426–428. Univ. Chicago Press. 1977
CORDIER, C.: Quest for the Horned Curassow. Animal Kingdom, April 1971
DELACOUR, J., AMADON, D.: Curassows and Related Birds; Pauxi pp. 196–210. Amer. Mus. Nat. Hist. 1973
SCHÄFER, E.: Estudio bio-ecologico comparativo sobre algunos *Cracidae* del norte y centro de Venezuele. Bol. Soc.Venezolana Cien.Nat. 15; no. 80; pp. 30–63, 15 figs. (1953)
DERS.: Vögel, die einen taubenblauen Helm tragen. Der Helmhokko, eine Perle der venezolanischen Tierwelt. Vogel-Kosmos; pp. 191–196 (1969)
SCLATER, P. L.: On the curassows now or lately living in the Society's gardens. Trans.Zool. Soc.London 9; pp. 273–288 (1875)
TAYLOR, J. A.: The Northern Helmeted Curassow. Avic.Mag. 81; pp. 195–196 (1975)
VAN BOCXSTALE, R.: Un oiseau rare au Zoo d'Anvers: Le hocco à casque du Sud (*Pauxi unicornis*). Zoo Anvers 40; pp. 11–13 (1974)
Vogelpark Walsrode, Führer 1982: Farbfoto *Pauxi unicornis*, p. 54
Zoolog. Garten Frankfurt am Main, 111. Jahresbericht, p. 16, Foto von *Pauxi unicornis* aus Bolivien (1969)

o. Estudillo-Hokko, *Crax estudilloi* (s. S. 110)
u. Kopfporträt eines Estudillo-Hokkos

Kräuselhauben-Hokkos
Crax, Linné 1758

Engl.: Curassows.
Die 7 Arten dieser Gattung sind mit 760 bis 916 mm Länge die größten hokkoartigen Hühnervögel und mit Rot-Hokkos, Mitus und Pauxis eng verwandt. Von den letzteren beiden Gattungen unterscheiden sie sich durch das Fehlen von Knochenvorsprüngen auf der Oberschnabelbasis. Dafür ist bei ihnen die Schnabelwachshaut üppig entwickelt und mit 2 Ausnahmen bei den Männchen mit fleischigen Fortsätzen (Klunkern, Karunkeln) ohne Knochenstütze auf Ober- oder Unterschnabel oder beiden Schnabelhälften ausgestattet. Den Weibchen fehlen diese Luxusbildungen stets, doch ist bei einigen Arten eine bunte Schnabelwachshaut wie beim Hahn vorhanden. Der Schnabel der *Crax*-Hokkos ist hoch, seitlich zusammengedrückt und der Oberschnabelfirst stark gebogen. Beide Geschlechter tragen stets eine aufrichtbare Scheitelhaube aus schmalen, steifen, verlängerten, zum Ende hin fragezeichenartig nach vorn gebogenen Federn. Der Hals ist lang und schlank, der Körper zwar kräftig, aber nicht plump. Die großen breiten Flügel weisen sehr große und breite Armschwingen auf, deren Enden noch über die Handschwingenspitzen hinausragen. Mit diesen Schwingen sind die großen Hühnervögel zu elegantem wendigem Flug befähigt und verstehen es meisterhaft, dabei den zahlreichen Hindernissen im Halbdunkel des Hochwaldes auszuweichen. Der lange, oberseits sanft konvex gebogene Schwanz besteht aus 12 breiten, am Ende runden Steuerfedern. Das Gefieder der Männchen aller Kräuselhauben-Hokkos ist, mit Ausnahme der schneeweißen Unterbauch- und Unterschwanzdeckfedern, tiefschwarz mit schwachem Glanz auf der Oberseite. Die Weibchen sind mit Ausnahme des Glattschnabel-Hokkos ganz anders gefärbt und haben dazu bei mehreren Arten 2 oder 3 Farbphasen ausgebildet, was die Artbestimmung in früherer Zeit sehr erschwerte. Die Läufe der Hokkos sind lang und kräftig, die Zehen robust und mit gekrümmten Krallen versehen. Anatomisch fehlt den *Crax*-Hokkos die lange schlingenförmig verlaufende Luftröhre der Rot-Hokkos, Mitus und Pauxis. Dafür weist ihre kurze Trachealschlinge eine eigenartige Abflachung des Rohres auf. Als akustischen Revieranspruch lassen Hokkomännchen stundenlang ein tiefes bauchrednerisches, rhythmisches Brummen hören, das dem Gurren vieler großer Waldtauben recht ähnlich

ist. Doch keine Regel ohne Ausnahme: Hähne von Daubentons und Yarells Hokko verkünden ihren Territorialanspruch pfeifend **und** brummend! Die Balz der Männchen ist recht einfach und findet gewöhnlich auf dem Waldboden statt. Dabei verlagern sie ihre Körperhaltung so, daß die Brust stark gesenkt und der übrige Körper schräg nach vorn geneigt, der lange Schwanz geschlossen und senkrecht gehalten wird. Die Flügel hängen locker so weit nach vorn herab, daß der Bug fast den Erdboden berührt und die Flügelspitzen sich auf dem Rücken treffen. Zuweilen wird dann ein harter Gegenstand, wie ein Steinchen, Holzstückchen oder eine Nuß, der sich gerade in Schnabelreichweite befindet, aufgenommen, der Kopf rückwärts gegen den Rücken geworfen und danach der Gegenstand wieder fallengelassen. Bei der geschilderten Haltung kontrastieren die wie eine Puderquaste geplusterten schneeweißen Hinterbauchfedern eindrucksvoll zum schwarzen Gesamtgefieder. Die Aufnahme eines Gegenstandes mit dem Schnabel und sein Wiederfallenlassen nach der ruckartigen Rückwärtsbewegung des Kopfes dürfte als symbolisches Futteranbieten zu werten sein („Tidbitting display"). Verpaarte Cracidenhähne bieten ihren Weibchen häufig richtiges Futter im Schnabel an. Der schmucken Kräuselhaube kommt bei der Balz keine Bedeutung zu, zumal sie das Weibchen ja auch besitzt. Bezüglich der Fortpflanzungsbiologie bestehen unter den Craciden nur geringe Unterschiede. Bei der Volierenhaltung wurden Männchen der Kräuselhauben-Hokkos beim Nestbau beobachtet, doch ist nicht erwiesen, ob sie das stets allein tun. Das 28 Tage lang auf einem Zweiergelege brütende Weibchen wird wohl meist vom Männchen bewacht und vor Feinden gewarnt. An der Kükenaufzucht beteiligen sich beide Partner und bleiben mit den Jungen bis zu Beginn der folgenden Brutzeit zusammen. Überlappungen zweier Art-Areale sind bisher wohl noch von keiner *Crax*-Art bekannt geworden und Hybri-

Vergleich von Köpfen der Kräuselhauben-Hokkos: A Knopfschnabel-, B Daubenton-, C Estudillo-, D Blaulappen-, E Yarell-, F Blumenbach-, G Glattschnabel-, H Sclater-Hokko.

den aus freier Wildbahn deshalb unbekannt. Daß sich alle Arten dieser Gattung in Gefangenschaft kreuzen lassen und fruchtbare Nachkommen erzeugen, hat TAIBEL (Rovigo, Italien) in umfangreichen Versuchen bewiesen. Da die Lebensräume der Groß-Hokkos in Mittel- und Südamerika durch fortschreitende Entwaldung immer mehr schrumpfen, werden diese herrlichen Hühnervögel im Tierhandel immer seltener angeboten. Dies ist um so mehr zu bedauern, als gerade die Kräuselhauben-Hokkos zu den eindrucksvollsten Vertretern ihrer Familie gehören. Leider werden diese Vögel in unseren großen Zoologischen Gärten auch heute noch mehr oder weniger zufällig gezüchtet, weil der Proteingehalt bei der Futterzusammenstellung meist zu niedrig gehalten wird.

Knopfschnabel- oder Tuberkel-Hokko
Crax rubra, Linné 1758

(= Crax globicera, = C. panamensis, = C. hecki, = C. chapmani)

Engl.: Great Curassow, Globose Curassow, Mexican Curassow, Heck's Curassow.
Abbildung: Seite 121 unten beide, Seite 106 Kopfzeichnung A.
Heimat: Mexiko von Süd-Tamaulipas südwärts und östlich des Zentralplateaus zum Isthmus von Tehuantepec, von dort südwärts durch Mittelamerika einschließlich El Salvadors; im nördlichen Südamerika die Ebenen der Pazifikküste Kolumbiens südwärts in West-Ecuador bis zu den Guayas und den Chongon-Hügeln. 2 Unterarten, von denen die eine, fast ausgerottet, die Insel Cozumel vor der mexikanischen Küste bewohnt.
Beschreibung: Geschlechter verschiedengefärbt. Beim Hahn sind die Schnabelwachshaut nebst einer knopfförmigen Karunkel auf dem Oberschnabelfirst kadmiumgelb. Auf dem Scheitel eine gut ausgebildete Kräuselfederhaube; Gefieder überwiegend schwarz mit schwachem Grünschimmer; Bauch, Schenkelbüschel und Unterschwanzdecken schneeweiß. Hornige Schnabelteile graublau, die Iris dunkelbraun, Beine grau oder graublau, die Fußsohlen hellgelb.
Länge 775 bis 925 mm; Flügel 374 bis 424 mm; Schwanz 310 bis 380 mm; Gewicht 4600 bis 4800 g.
Bei den Weibchen treten unterschiedlich häufig 3 Farbphasen auf. Bei der Rotphase sind Kopf und Hals schwarz und weiß gebändert, auf den Kopfseiten sehr zart, auf Kehle und Hals gröber. Die wie beim Männchen gekräuselten Haubenfedern sind schwarz mit weißer Binde; übriges Gefieder kastanienbraun, unterseits mit Ausnahme der Brust heller; über den rotbraunen Schwanz ziehen 7 bis 8 isabellfarbene, beiderseits schwarz gesäumte Querbinden.
Bei Hennen der Dunkelphase sind Rücken und Schultern stark mit Schwarz durchsetzt, der Schwanz ist wenig oder gar nicht gebändert, schwarz mit spärlicher hellbrauner Sprenkelung. Die kastanienbraunen Flügelfedern sind schwarz quergebändert, und die Armschwingen weisen dazu noch eine weißliche Wellenmusterung auf.
Hennen der Bänderphase haben Kopf, Hals, Oberseite, Schwanz und Oberbrust kräftig schwarzweiß gebändert mit erheblichem Braunanteil auf Unterrücken und Flügeln, in geringerem Maße dem Schwanz. Die Weißbänderung der Kopfhaube ist viel ausgedehnter als bei den beiden anderen Farbphasen, das Gefieder von der Brust abwärts ockergelb. Hennen der Bänderphase aus Yukatan wurden früher *chapmani*, solche aus Chiapas *hecki* benannt. Bei den Weibchen aller Farbphasen ist die Schnabelwachshaut trübbraun, statt wie beim Hahn chromgelb.
Im Norden Südamerikas wird allein die Rotphase, in Süd-Mexiko mit Ausnahme der seltenen Bänderphase allein die Dunkelphase angetroffen, während in Mittelamerika Rot- und Dunkelphase sowie Übergänge zwischen beiden nebeneinander vorkommen. Nur Weibchen aus Chiapas sind häufig ockergelb und repräsentieren die Farbphase *hecki*.
Weibchen: Flügel 360 bis 407 mm; Schwanz 290 bis 350 mm; Gewicht um 5000 g.
Unausgefärbte Junghähne gleichen noch weitgehend Hennen der Dunkelphase, sind aber noch dunkler als diese. Bei allen *Crax*-Arten färben die Junghähne lange vor beendetem Wachstum ins schwarze Erwachsenengefieder um. Subadulten fehlen jedoch noch die Klunkern, die Haubenfedern sind ungewellt, und manchmal finden sich Reste des braunen Jugendgefieders.
Dunenküken sind kräftig ockerbraun mit dunkler Längsstreifung auf der Rückenregion; Kopf, Hals, Rücken und Flügelchen tragen schwarze und kastanienbraune Abzeichen. Schlupfgewicht 110 g.
Gelegestärke 2; Ei rauhschalig, weiß (87 bis 95 mm × 62 bis 72 mm); Gewicht 200 g; Brutdauer 29 Tage.
Lebensgewohnheiten: Knopfschnabel-Hokkos sind Bewohner tropischer Primärwälder bis in Lagen von

1060 m. Die nur durch geringere Größe unterschiedene Unterart *C. rubra griscomi* hat sich auf der Cozumel-Insel vor der mexikanischen Atlantikküste an Sekundärwuchs adaptieren können, und in El Salvador überlebt die Art in der Weite der Sumpfwälder. Obwohl sich der Knopfschnabel-Hokko sicher und geschickt im Astwerk der Baumkronen bewegt und dort auch sein Nest baut, hält er sich viel auf dem Waldboden auf. Dort schreitet das Paar langsam einher, in minütlichen Intervallen einen tiefen Grunzton ausstoßend, der wie „Huum" klingt. Manchmal werden kleine Gruppen aus bis zu 6 Mitgliedern angetroffen. Unter Bäumen sammeln sie herabfallende Früchte auf, die oft noch unreif verzehrt werden, und zur Aufnahme von Eicheln begeben sie sich in die höhere subtropische Bergwaldzone. In Tamaulipas schätzen sie besonders die Jobo-Pflaumen (*Spondias mombin*) und die roten Beeren einer *Chione*-Art. Ein Hokko vermag Früchte mit 2 cm dicken Kernen ganz abzuschlukken, da der Muskelmagen besonders kräftig entwickelt ist. Der Revierruf des Hahnes ist ein tiefes, bauchrednerisches Brummen „Uump", das fast stets vom Ast eines hohen Baumes aus vorgetragen wird. Dabei bleibt der Schnabel geschlossen und während des Brummens schnellt der Kopf vor und wieder zurück. Der Ton ist nur aus kürzerer Entfernung vernehmbar und kann vom Morgengrauen bis in die Abenddämmerung mit 10sekündlicher Unterbrechung stundenlang ausgestoßen werden, variiert sehr in der Stärke und kann mit entferntem Grunzen eines Jaguars verwechselt werden. Ein leiser, gleichsam zögernd hervorgebrachter Pfiff, der allmählich in der Tonhöhe absinkt und dem bei langsamen Dampfablassen aus einem Ventil entstehenden Geräusch ähnelt, drückt Ärger und Alarmstimmung aus. Überraschung wird durch eine Serie hoher Pfiffe geäußert, die mit einem verlängerten und allmählich leiser werdenden Pfiff enden. Dies klingt nach EISENMANN (1952) wie ein sehr zartes hohes „Hiip-hiip-hiip-hiiiiiu" und scheint als Lautäußerung eines so großen Vogels geradezu absurd. Die schon erwähnten Grunz- und Brummlaute können noch andere Bedeutung als die von Kontakt- und Revierrufen haben und werden dann in anderen Varianten vorgetragen, deren Bedeutung zur Zeit noch ungeklärt ist. Die Balzhaltung des Knopfschnabel-Männchens gleicht der der übrigen *Crax*-Hähne und wurde in der Einleitung beschrieben. Das Nest ist eine kleine taubenartige Reisigkonstruktion, steht auf Bäumen und wird von beiden Partnern, zuweilen auch vom Männchen allein erbaut. Während die Henne brütet, hält der Hahn in der Nachbarschaft Wache. Die nach 29tägiger Bebrütung schlüpfenden Küken sind robuste Geschöpfe, die alsbald zum Erdboden hinabklettern und den Eltern auf dem Fuße folgen, d. h. sich immer dicht an ihrer Seite oder unter ihrem Schwanz halten, wie es auch von Argus- und Pfaufasanen bekannt ist. Die beim Schlupf bereits gut ausgebildeten Schwingen sind nach 3 Tagen gebrauchsfähig. Nachts werden die Kleinen, auf dem Ast dicht beiderseits der Mutter hockend, von dieser unter die Flügel genommen.

Haltung: Knopfschnabel-Hokkos sind im 18. Jahrhundert nach Europa gelangt und wie der niederländische Naturforscher TEMMINCK (1778 bis 1858) mitteilt, hat er das Fleisch des Roten Hokkos bei einer Einladung des Mijnheer AMESHOFF, welcher die Art regelmäßig züchtete, gegessen und als überaus wohlschmeckend empfunden. In einem von W. HAYES 1874 verfaßten Buch über die in der englischen Osterley Menagerie in Middlesex gehaltenen Arten, berichtet er über den Globose Curassow, daß das abgebildete Paar mehrere Junge aufgezogen habe, darunter ein besonders schönes, das wegen der Vielfalt der Farben als „Zebra-Hokko" bezeichnet wurde. Damit kann nur eine Henne der Bänderphase von *Crax rubra* gemeint sein, wie sie in Yukatan und Chiapas aufzutreten pflegt. In einer Tierliste des EARL OF DERBY über die in seiner Knowsley Menagerie gehaltenen Arten werden 1851 sogar 12 dort gezüchtete *Crax globicera* genannt. In Frankreich waren 1825 der Marquis MONTGARD in Marseille, 1854 POMME, der seine Hokkos frei mit den Hühnern umherlaufen ließ, 1888 und 1892 LE GRANGE, in Italien 1899 ENRICO FIESTA erfolgreiche Züchter der Art. Über den ersten Zuchterfolg des Londoner Zoos mit dem Knopfschnabel-Hokko im Jahre 1909 hat POCOCK berichtet. Im Garten lebten damals ein Hahn, 2 Hennen der Dunkelphase sowie 1 Weibchen der hellen Heck-Variante. Diese wählte sich der Hahn zur Partnerin, und das Paar schritt erstmalig 1906 in einer großen Flugvoliere zur Brut, doch starb ein geschlüpftes Küken bald. Da der Hokko-Hahn den übrigen Volierenbewohnern gegenüber aggressiv wurde, erhielt das Paar eine andere Voliere, wo es im gleichen Jahr jedoch zu keiner Brut mehr kam. Das Jahr 1908 brachte dann Erfolg: Im überdachten Abschnitt der Voliere baute der Hahn allein gegen Ende Juni aus Weidenzweigen ein Nest, in das die Henne 2 Eier legte. Nachdem diese durch den Eifer eines Nistmaterial stehlenden Taubenpaars zu Bruch gegangen waren, brachte die Hokko-Henne bereits 1 Woche später ein Nachgelege. Während der ersten 10 Tage nach der Eiablage hielt sie sich tagsüber nur wenig auf dem Nest auf, saß jedoch während der Nachtstunden fest. Vom Hahn wurde sie niemals auf dem Nest gefüttert. Frühmorgens am 8. August nach 28tägiger Brut saßen 2 Küken auf dem Nestrand, während die Henne auf dem Erdboden darunter eifrig lockte. Daraufhin sprangen die Küken bald von dem 1,50 m hohen Nest. Weil man vergessen hatte, als Kletterhilfe ein paar schräggestellte Äste anzubringen, gelang es ihnen nicht, aufzubaumen. So verbrachten sie die ersten 4 Nächte von der Mutter gehudert auf dem Boden, was unter natürlichen Verhältnissen wohl nicht der Fall gewesen wäre. Als die Henne am 5. Abend zur Nachtruhe auf einen Ast flog, schliefen die beiden Jungen möglichst dicht unter ihr auf einem Zweig. Hielten sich Henne und Küken tagsüber auf dem Boden auf, flüchteten die Kleinen bei vermeintlicher Gefahr und während Regengüssen unter die mütterlichen Flügel, Futterbröckchen pickten sie vom Schnabel der Mutter ab, nachdem sie von ihr mit Locktönen herbeigerufen worden waren. Während der ersten Lebenstage wurden hauptsächlich Mehlwürmer und gekochtes Eidotter verzehrt, danach gingen sie auf pflanzliche Nahrung über. Eine Beteiligung des Hahnes an der Jungenaufzucht wurde nicht beobachtet. Weil er den Pfleger beim Betreten der Voliere stets wütend angriff, wurde er daraus entfernt. Mit 6 Wochen hatten die Jungen Rebhuhngröße erreicht, wirkten nur durch ihre langen Flügel und Schwanzfedern größer und besaßen schon eine kleine Kopfhaube. Die Flügelfedern waren bräunlichschwarz mit weißer Sprenkelung und Wellenmusterung, Rücken und Kopf mit Ausnahme der Haube noch bedaunt. Den Rücken entlang verlief ein breiter, brauner, schwarz gesäumter Streifen, der seinerseits von einem schmutzigweißen Streifen begleitet wurde, der außen eine schmale schwarze Säumung aufwies. Im Oktober erhielten die inzwischen über 10 Wochen alten Jungvögel immer noch Futterbrocken aus dem mütterlichen Schnabel, nahmen aber auch selbständig Nahrung vom Boden auf. Der Größere der beiden hatte Fasanengröße erreicht und glich fast der Mutter mit Ausnahme der schwarzen, mit kleinen weißen Basisflecken versehenen Schopffedern. O. HEINROTH, der im Berliner Zoo 1929 das Ei eines Knopfschnabel-Hokkos von einer Haushenne erbrüten ließ und das Küken selbst aufzog, hat die Gewichtszunahme des weiblichen Jungvogels exakt notiert:

Tage	0	2	5	6	11	19	31	36	43	49	61
Gewicht in g	110	130	122	148	163	218	320	395	485	600	880

Ein von TAIBEL (Rovigo, Italien) aufgezogener Hahn wog beim Schlupf 123 g, im Alter von einem Monat 540 g, mit 2 Monaten 1250 g, 3 Monaten 1860 g, 6 Monaten 2500 g und mit einem Jahr 3600 g. Eine Junghenne gleichen Alters wog nur 100 g weniger. Knopfschnabel-Hokkos haben also im Alter von einem Jahr ¾ ihres Endgewichts erreicht. In den USA ist der Knopfschnabel-Hokko erst spät, nämlich erstmalig 1913 von THOMPSON, einem Privatmann in New York und 1918 von CRANDALL im New Yorker Bronx-Zoo gezüchtet worden. Mischlinge, die TAIBEL (1940) mit Blauschnabel- und Glattschnabel-Hokkos erzielte, erwiesen sich sämtlich als fruchtbar. Eine von ihm gepflegte Knopfschnabel-Henne lebte 24 Jahre und brachte noch im 23. Lebensjahr 4 Gelege mit je 2 Eiern. Nach einen weltweiten Umfrage der WPA wurden 1982 insgesamt 81 Knopfschnabel-Hokkos gehalten, davon 48 in den USA, 29 in Lateinamerika, 2 in England und 2 in Asien. Im Vogelpark Walsrode ist diese Hokkoart seit einigen Jahren ebenfalls vertreten.

Blaulappen-Hokko
Crax alberti, Fraser 1852
(= *Crax annulata*)

Engl.: Albert's Curassow, Blue-billed Curassow, Blue-knobbed Curassow.
Abbildung: Seite 106 Kopfzeichnung D.
Heimat: Nord-Kolumbien von den nördlichen und westlichen Vorbergen des Santa-Marta-Bergmassivs südwärts bis Bolivar, zum nördlichen Antioquia und das nördliche Magdalenatal bis ins Gebiet von Honda im äußersten Nord-Tolima. Keine Unterarten.
Beschreibung: Geschlechter verschiedengefärbt. Beim Hahn trägt die azurblaue Schnabelwachshaut nur an der Unterschnabelbasis eine Karunkel. Die Kräuselfederhaube und größtenteils das übrige Gefieder sind schwarz mit blauem bis grünblauem Schimmer; Bauch, Schenkelbüschel und Unterschwanzdecken weiß, die Schwanzfedern mit breiter weißer Endbinde; horniger Schnabelteil hell grauweiß mit gelblicher Spitze; schmaler Orbitalbezirk grau, Iris braun, Beine rosa bis hell purpurrot.
Länge: 825 bis 925 mm; Flügel 375 bis 415 mm; Schwanz 315 bis 350 mm.
Weibchen haben eine blaue Schnabelwachshaut

ohne Klunkern und treten in 2 Farbphasen auf.
Bei der Rotphase sind Kopf, Hals und Oberbrust einfarbig schwarz; die schwarze Kräuselhaube weist 2 schmale weiße Bandreihen auf; Rücken, Schultern und Schwanz schwarz mit sehr schmaler und regelmäßiger Weißbänderung, letzterer dazu mit breiter weißer oder isabellgelber Endbinde; Handschwingen und -decken hell rötlichbraun, Unterbrust und hintere Schenkelhälfte schwarz mit schmaler weißer Bänderung; übrige Unterseite hell kastanienbraun.
Bei der Bänderphase gleicht die Oberseitenfärbung weitgehend der der Rotphase, doch ist die Kopfhaube viel breiter weißgebändert; Kehle, Vorderhals, Brust, Schenkel, äußere Handdecken und Afterflügel schwarz mit weißer oder isabellgelber Bänderung, die Handschwingen schwarz mit schmal weißgebänderten Außenfahnen und kastanienbraun gesprenkelten Innenfahnen; Bauch und Unterschwanzdecken hell ockerbraun. Die Bänderphase wurde früher als *Crax annulata* beschrieben.
Flügel 362 bis 382 mm; Schwanz 310 bis 330 mm.
Dunenküken und Ei sind wohl noch nicht beschrieben worden.
Lebensgewohnheiten: Der Blaulappen-Hokko, ein seltener Bewohner der von Regenwäldern bedeckten Ebenen der kolumbianischen Nordküste unterhalb 600 m, wird nur vereinzelt an den Randhängen des San-Lorenzo-Gebirges bis in ca. 1200 m Höhe angetroffen. Über die Biologie ist nur wenig bekannt. Die Hähne haben einen brummenden Revierruf und balzen mit einem harten Gegenstand im Schnabel, wie es vermutlich bei allen *Crax*-Männchen üblich ist.
Haltung: Trotz seiner relativen Seltenheit ist der Blaulappen-Hokko häufig gehalten worden. Bereits 1851 war die Art als Erstimport (?) in der Knowsley Menagerie des EARL OF DERBY vertreten. 1852 erhielt sie erstmals der Londoner Zoo, der die Haltung auch für die Jahre 1868, 1870 bis 1873, 1877 und 1878 vermerkt. Im Berliner Zoo wurde die Art 1905 gehalten. Ein im 19. Jahrhundert in Italien gehaltenes Paar brütete nach AQUARONE (1869) mehrere Jahre hintereinander erfolgreich und zog 6 Junge groß. Außerdem ist der Blaulappen-Hokko von TAIBEL (1950) mit 3 anderen *Crax*-Arten, nämlich *C. rubra*, *C. globulosa*, *C. fasciolata* sowie *Mitu mitu* gekreuzt worden. Hybridvögel aus Kreuzungen zwischen *C. rubra* mit gelber und *C. alberti* mit blauer Wachshaut hatten eine grüne Wachshaut. Eine Blaulappen-Hokkohenne des amerikanischen Züchters ROER in Phoenix (Arizona) lebte 20 Jahre und legte im letzten Lebensjahr noch befruchtete Eier (THROP, 1964).
Nach einer weltweiten Umfrage der WPA wurden 1982 insgesamt 6 Blaulappen-Hokkos gehalten, davon 4 in Lateinamerika und 2 in den USA.

Estudillo-Hokko
Crax estudilloi, Allen 1977

Engl: Estudillo's Curassow, Green beaked Curassow.
Abbildung: Seite 104 beide sowie Seite 106 Kopfzeichnung C.
Heimat: West-Bolivien am Fuß der östlichen Andenhänge zwischen Rio Madidi und Rio Beni.
Beschreibung: Beim Hahn sind die Schnabelwachshaut und ein kleiner Oberschnabelbasishöcker weißlichgrün. Auf dem Scheitel eine hohe schwarze Kräuselhaube; übriges Gefieder überwiegend schwarz mit grünlichem oder bronzerötlichem Schimmer; Unterbauch, Unterschwanzdecken weiß, der Schwanz mit weißem Endsaum. Iris haselnußbraun, Beine hellgraublau, Krallen hellgelblich. Größe wie *C. rubra*. Weibchen noch unbekannt.
Lebensgewohnheiten: Unbekannt. Ein Küken der Art erhielt Dr. J. E. LOPEZ 1974 von Einwohnern des Dorfes Ixiomas zwischen Rio Madidi und Rio Beni lebend und konnte es in einer seiner Volieren in Mexico aufziehen. Dabei stellte es sich heraus, daß der männliche Vogel einer bislang unbekannten Art angehören müsse. Sie wurde von Mr. ALLEN, dem Herausgeber der größten amerikanischen Ziergeflügelzeitschrift, der Game Breeders, Aviculturist's, Zoologist's and Conservationist's Gazette in Heft 6 des Jahrgangs 1977 erstmalig beschrieben und nach ihrem Entdecker benannt. In der Schnabelfärbung ähnelt der Grünschnabel-Hokko Hybridvögeln zwischen dem blauschnäbligen Albert-Hokko Columbiens und gelbschnäbligen Arten. Da im genannten Gebiet West-Boliviens jedoch keine andere Art der Gattung *Crax* vorkommt und der Vogel zweifelsfrei aus freier Natur stammt, muß es sich bei ihm um eine neue Spezies handeln. Dieser Meinung waren auch der französische Ornithologe JEAN DELACOUR sowie Professor Dr. HELMUT SICK vom Museu Nacional in Rio de Janeiro, nachdem sie ihn gesehen und begutachtet hatten.
Haltung: Der Hahn lebt seit 1974 in einer der Volieren von Dr. LOPEZ. Weitere Vögel aus dem gleichen Gebiet konnten wegen der permanenten Gefahr durch schwerbewaffnete Kokainanbauer und

-händler, die u. a. einen Freund des Dr. LOPEZ erschossen, nicht beschafft werden.

Sclater-Hokko
Crax fasciolata, Spix 1825
(= *Crax sclateri*)

Engl.: Bare-faced Curassow, Sclater's Curassow, Fasciated Curassow.
Abbildung: Seite 121 oben und 122 oben rechts sowie Seite 106 Kopfzeichnung H.
Heimat: Ost- und Mittel-Brasilien südlich des Amazonas von Rio Tapajós ostwärts bis in das Gebiet von Belém und die Küste von Maranhao südwärts durch Mittel-Brasilien bis nach Ost-Bolivien, Paraguay und Nordost-Argentinien. 3 Unterarten.
Beschreibung: Geschlechter verschiedengefärbt. Die Hähne der 3 Unterarten lassen sich nicht unterscheiden. Nasenwachshaut schwefelgelb, auf der Oberschnabelbasis leicht verdickt; Hautanhängsel fehlen. Zügel und die breite Orbitalregion nackt, schwarz. Die letztere nach hinten über den Ohrdecken spitz zulaufend. Schwarze Kräuselfederhaube mäßig hoch, zum Nacken hin, anders als beim Glattschnabel-Hokko, scharf abgesetzt. Gefieder überwiegend schwarz, grünlich olivfarben schimmernd; Bauch, Federbüschel an der Unterschenkelbasis und Unterschwanzdecken weiß, der Schwanz mit schmaler weißer Endbinde. Horniger Schnabelteil blaugrau, Iris rotbraun, die Beine hellrötlich bis rot.
Länge 825 bis 925 mm; Flügel 337 bis 367 mm; Schwanz 290 bis 315 mm; Gewicht 2750 g.
Bei den Weibchen weist das Gefieder geographisch bedingte Unterschiede auf, wonach 3 Unterarten unterschieden werden. Ohne Berücksichtigung derselben ist bei einer Sclater-Henne die Haube mehr oder weniger stark weißgebändert, wobei die nach vorn gerichteten Spitzenteile der Federn stets schwarz sind. Kopfseiten, Kehle, Hals und obere Mantelregion reinschwarz, nur die kurzen Kinn- und Kehlfedern unbedeutend weiß gefleckt; untere Mantelregion, Flügel, Rücken und Schwanz mehr oder weniger breit weiß oder isabellgelb gebändert, die äußeren Flügeldecken manchmal ganz ockergelb oder ockergelb mit spärlicher Schwarzzeichnung; Schwanz stets breit weiß oder isabellfarben endgerandet; Oberbrust oder gesamte Brust und Körperseiten schwarz mit Isabellbänderung, die Unterseite im übrigen isabell- bis dunkel ockergelb, der Mittelbauch am hellsten.

Flügel 337 bis 367 mm; Schwanz 290 bis 315 mm; Gewicht 2200 g.
Weibchen der inzwischen fast ausgerotteten Unterart *pinima*, auch als Natterers Hokko bekannt, die über Nordost-Brasilien vom unteren Rio Tocantins, Para, ostwärts bis ins nördliche Maranho, südwärts vermutlich bis 2° 30' südlicher Breite verbreitet war, gelten als die dunkelsten der 3 Unterarten. Bei ihnen tragen die Haubenfedern nur 2 schmale, 3 bis 6 mm breite Querbänder, und die Oberseite ist sehr schmal isabellweiß wellengebändert, was bei den Schwanzfedern nur auf den Außenfahnen der Fall ist. Die Brust ist auf cremeweißem Grund breit schwarz quergebändert, der Bauch isabellgelb, die weiße Kinn- und Kehlfleckung stark reduziert. Die Nominatform *fasciolata* ist über Mittel-Brasilien südlich des Amazonas vom Gebiet Santarems nahe der Rio-Tapajós-Mündung ostwärts bis zum linken Ufer des Rio Tocantins und Rio Araguaya, südwärts über Goiás, das westliche Minas Gerais, West-Sao Paulo, West-Parana verbreitet und kommt im Mato Grosso westwärts bis zum Rio Guaporé vor; außerdem bewohnt die Subspezies Paraguay, Nordost-Argentinien im Chako, Ost-Formosa und in Misiones. Die Weibchen dieser Form sind durch breitere und regelmäßigere Rückenbänderung, braunere Bürzel- und Oberschwanzdeckenbefiederung und mehr ocker- statt isabellgelbe Unterseite charakterisiert. Auch tritt die Weißfleckung auf Kinn und Kehle stärker hervor.
Weibchen der ost-bolivianischen Unterart *greyi* zeichnen sich durch ein viel helleres Rückengefieder aus, die Schwarzbänderung der Ober- und Mittelbrust ist viel weniger ausgeprägt, während die tief ockergelbe Färbung der Unterseite der der Nominatform gleicht. Die isabellweißen Bänder auf Flügeln, Oberrücken und Schwanz sind mit 9 bis 13 mm sehr breit; ein auffälliger ockergelber Fleck umfaßt äußere kleine und die mittleren oberen Flügeldecken. Die weiße Haubenbänderung kann ausgedehnt oder stark reduziert sein. Im Mato Grosso geht diese Unterart in die der Nominatform über. Bei den Weibchen aller 3 Unterarten ist die Iris heller als bei Hähnen, die Nasenwachshaut trübgrau wie das Gesicht, die Unterschnabelbasis hellgelb und die Beine sind hellrosig bis fleischfarben.
Obwohl häufig gezüchtet, scheint bislang keine Beschreibung von Ei und Dunenküken erfolgt zu sein.
Lebensgewohnheiten: KRIEG u. SCHUMACHER trafen Sclaters Hokko in den Wäldern Ost-Paraguays noch häufig an. Außerhalb der Brutzeit wur-

den „Männervereine" aus 8 bis 11 Hähnen beobachtet. Hähne rufen vor Sonnenaufgang noch im Dunkeln brummend „Hm-hm-hm hm-hm hm-hm". Reviere von Sclaters Hokko und Mitu liegen in gleichen Wäldern manchmal dicht nebeneinander, und SICK traf im Mato Grosso auf 2 Hähne der beiden Arten, die nur 100 m voneinander entfernt ohne Anzeichen von Rivalität sangen, und beide Arten benutzten gemeinsame Salzlecken.

Haltung: Im Jahre 1851 besaß die Knowsley Menagerie des EARL OF DERBY 5 Sclater-Hokkos. Der Londoner Zoo hielt die Art seit 1861, und viele andere Tiergärten haben sie gepflegt. Über die künstliche Erbrütung und Aufzucht 1961 im Frankfurter Zoo hat das Ehepaar FAUST berichtet. Das Ei wurde einem Motorbrüter mit automatischer Temperatur- und Feuchtigkeitsregelung anvertraut. Bei einer Durchschnittstemperatur von 37,8 °C und 70prozentiger Luftfeuchtigkeit wurde das Ei 3mal täglich gedreht und 2mal täglich für 10 Minuten gelüftet. Nach genau 30 Tagen, am 2. Juli, morgens um 9 Uhr begann das Küken, die Schale anzupikken, und um 13 Uhr war es geschlüpft. In einen kleinen Kasten unter einen Infrarotstrahler gesetzt, suchte es sich am 3. Abend einen möglichst hochgelegenen Schlafplatz aus, um danach regelmäßig zur Nachtruhe aufzubaumen. Alleingelassen „weinte" es und nahm kein Futter auf. Nach 14 Tagen begann es allein zu fressen und nach fast 4 Wochen ernährte es sich völlig selbständig. Bereits am 1. Tag konnte es aus dem Napf trinken. Das Futter bestand in den ersten Lebenstagen aus Ameisenpuppen, gekochtem Ei, Salat und manchmal etwas gekochtem Reis, vom 3. Tag an auch aus Schabefleisch, dazu stets Insekten, soviel vorhanden waren. Es nahm praktisch alle Obstsorten, schätzte auch Gurken und Kleeblätter. Daneben wurde stets das Vogelmischfutter des Zoos zwecks Versorgung mit den notwendigen Mineralien und Vitaminen gereicht. Bei dieser vielseitigen Ernährung traten keine Entwicklungsstörungen auf. Das Schlupfgewicht von 90 g hatte das Küken nach 14 Tagen fast verdoppelt und nach 4 Wochen wog es 400 g. Mit 93 Tagen hatte es sein Endgewicht von 1260 g erreicht. Im Zoo von Chester (England) brütete ein Paar Sclater-Hokkos in der Tropenhalle, worüber COUPE 1966 berichtete. Nach mehreren vergeblichen Nistversuchen legte die Henne 2 Eier auf eine 90 cm breite, mit kleinen Zweigen ausgelegte Plattform in 4,50 m Höhe. Sie brütete allein und verließ ihr Nest nur 2mal täglich zur Futteraufnahme. Der Hahn hielt sich stets in der näheren Umgebung auf. Nach 29tägiger Bebrütung schlüpften am 7. August 2 Küken. Schon nach wenigen Stunden sehr lebhaft, wurden sie vorsichtshalber mit einer Leiter herabgeholt und zusammen mit der Henne in eine große Freivoliere verbracht. Der nachgeholte Hahn erwies sich in der Folge als perfekter Vater. Im Alter von 4 bis 5 Tagen vermochten die Küken auf 60 bis 100 cm hohe Büsche zu fliegen, hielten sich jedoch tagsüber meist auf dem Erdboden auf. Mit 12 Tagen zeigten sie einem Star gegenüber Angriffsverhalten, indem sie ihn vom Futtertisch verjagten. Beide Küken folgten von Beginn an einem der beiden Eltern, dicht unter dessen Schwanz hinterherlaufend. Sie wurden von diesen mit einem Lockton herbeigerufen und aus dem Schnabel gefüttert. Bald waren sie in der Lage, selbständig Nahrung vom Boden aufzupicken, wurden aber noch im Alter von 8 Wochen von den Eltern mit Futter herbeigelockt. Mit etwa 8 Wochen hatten sie Goldfasanengröße erreicht, und Andeutungen einer gekräuselten Haube wurden sichtbar. Sclaters Hokko ist auch 1965 im Zoo Antwerpen, bei DELACOUR in Clères und mehreren anderen Tierparks gezüchtet worden.

Nach einer weltweiten Umfrage der WPA wurden 1982 insgesamt 24 Sclater-Hokkos gemeldet, davon 8 in Mexiko, je 7 in den USA und Kontinental-Europa und 2 in England. Gegenwärtig (1987) wird ein Paar im Vogelpark Walsrode (BRD) gehalten.

Glattschnabel-Hokko
Crax alector, Linné 1766
(= Crax nigra, = Crax erythrognata)

Engl.: Black Curassow.
Abbildung: Seite 122 oben links und mitte links sowie Seite 106 Kopfzeichnung G.
Heimat: Das Orinoko-Delta und die Guayanas, westwärts Venezuela südlich des Orinoko bis zu den Andenvorbergen Südost-Kolumbiens; Nord-Brasilien bis zum Rio Negro und das nördliche Ufer des Amazonas östlich des Rio Urubu wenigstens bis zum Lago Cuipeua, nordostwärts bis Amapá; im Gebiet zwischen Manaus und dem unteren Rio Urubu vielleicht neben dem Yarrell-Hokko vorkommend. Keine Unterarten.
Beschreibung: Geschlechter gleichgefärbt. Die gelbe, orangefarbene oder rote Schnabelwachshaut trägt keine Anhangsgebilde. Die schwarze Kräusel-

federhaube ist kürzer und weniger voll als bei den anderen *Crax*-Arten und reicht, nach hinten zu immer kürzer werdend, bis in den Nacken; übriges Gefieder vorwiegend schwarz mit purpurblauem Glanz; Bauch, Innenschenkel und Unterschwanzdecken weiß. Schnabelhorn hellgrau bis bläulich, Zügel und der ziemlich schmale Orbitalring nackt, grau; Iris braun, Beine blaugrau.
Länge 850 bis 950 mm; Flügel 370 bis 405 mm; Schwanz 305 bis 350 mm; Gewicht 2850 bis 3750 g. Das Weibchen soll manchmal auf den Haubenfedern 2 bis 3 schmale weiße Querbinden tragen. Flügel 350 bis 395 mm; Schwanz 275 bis 340 mm; Gewicht 2400 bis 3425 g.
Die Schnabelwachshaut variiert geographisch in beiden Geschlechtern in der Färbung: In den Guayanas hellgelb, wird sie im äußersten Norden Venezuelas dunkelgelb mit orangefarbener Tönung und nimmt 300 Meilen westwärts in Kolumbien orangerote bis rote Färbung an. Vögel mit roter Wachshaut sind von SCLATER und SALVIN als *Crax erythrognata* beschrieben worden.
Dunenküken noch nicht beschrieben.
Gelegestärke 2; Ei weiß (83,4 mm x 59,4 mm).
Lebensgewohnheiten: Glattschnabel-Hokkos sind Bewohner dichter Primärwälder der tropischen und unteren subtropischen Zone, halten sich aber auch gern in den niedrigen Bambusdschungelgürteln der Flußufer auf. Auf Nahrungssuche hält sich diese Art viel auf dem Boden auf und stößt dabei häufig ein tiefes Brummen aus, das wie „Huuu......huu-huu" klingt. Bevor der Hokko geortet wird, ist er meist schon aufgeflogen, um fast stets auf einem Ast in mittlerer Baumhöhe zu landen, von wo er dann vom Jäger leicht abgeschossen werden kann. Der Alarmlaut ist ein schnell ausgestoßenes „Piiep", das von einem kleinen Hühnerküken stammen könnte.
Bevor der Hahn den Revierruf ausstößt, bewegt er nach BEEBE mehrmals wie im Krampf zuckend Kopf und Hals und schluckt bei weitgeöffnetem Schnabel Luft ab. Die Bauchluftsäcke scheinen anzuschwellen, die Flügel werden locker abwärts gehalten und er steht mit gegen die Brust gehaltenem Kopf halb kauernd da, um innerhalb von 5 bis 10 Sekunden 4 sehr tiefe, durchdringende Brummtöne auszustoßen. Der stimmliche Aufwand scheint ihn so anzustrengen, daß er bei einer 2. Vorführung nur noch ziemlich leise, verworrene Töne hervorzubringen vermag. Die Baßtöne lassen sich gut nachahmen, wenn man so tief wie möglich die Silben „Um um um – um um" zu brummen versucht. Bei gefangenen Hokkos wurde festgestellt, daß sie dabei in eine Art Trance verfallen, mit halbgeschlossenen Augen dastehen und selbst eine Hand nicht beachten, die man auf ihren Rücken legt. Das Erwachen erfolgt allmählich, und der Vogel erscheint einige Zeit wie benommen, ehe er sich wieder normal verhält.
Haltung: Der Glattschnabel-Hokko war 1835 im Londoner Zoo vertreten und gelangte 1844 durch SCHOMBURGK in den Berliner Zoo. Die Knowsley Menagerie des EARL OF DERBY besaß ihn 1851 aus Demerara. Um die Jahrhundertwende war er dann häufig in den Fasanerien unserer großen Zoologischen Gärten anzutreffen. Die Zucht ist erst spät gelungen. Nachdem TAIBEL in Rovigo (Italien) Mischlinge mit dem Knopfschnabel-Hokko erzielt hatte, gelang die Reinzucht um 1980 in Arizona.
Nach einer weltweiten Umfrage der WPA wurden 1982 insgesamt 35 Glattschnabel-Hokkos gehalten, davon 12 in Lateinamerika, 11 in den USA, 8 in Kontinental-Europa und 4 in England. Gegenwärtig (1987) werden 3 dieser Hokkos im Berliner Zoo gepflegt.

Yarrell-Hokko
Crax globulosa, Spix 1825
(= *Crax carunculata*, = *C. yarrellii*)

Engl.: Yarrell's Curassow, Wattled Curassow, Globulose Curassow.
Abbildung: Seite 122 unten links sowie Seite 106 Kopfzeichnung E.
Heimat: Südost-Kolumbien, südwärts durch Ecuador und Ost-Peru bis zum Rio Beni Nord-Boliviens, ostwärts im oberen Amazonasbecken Brasiliens bis ins Gebiet von Manaos nahe der Mündung des Rio Negro, ferner beiderseits des Rio Madeira und zum Rio Guaporé im westlichen Mato Grosso. Keine Unterarten.
Beschreibung: Geschlechter verschiedengefärbt. Beim Hahn sind Oberschnabelknopf und Unterschnabelklunkern gut entwickelt und wie die Schnabelwachshaut hell rosarot, manchmal auch gelb; Kräuselfederhaube niedriger als beim Knopfschnabel-Hokko; Gefieder überwiegend schwarz mit ölig grünblauem Glanz; Bauch, Unterschenkelbüschel und Unterschwanzdecken weiß. Horniger Schnabelteil schwarz, Zügel und ein schmaler Orbitalring grayblau, Iris rotbraun, Beine olivfarben oder graublau.
Länge 850 bis 950 mm; Flügel 360 bis 400 mm;

Schwanz 295 bis 350 mm; Gewicht 2500 g.
Beim Weibchen ist die Schnabelwachshaut rot wie beim Hahn, aber ohne die Klunkern. Die schwarze Haube ist zart und unauffällig weißgebändert, die beim Hahn weißen Partien der Unterseite sind dunkelrostrot.
Dunenküken wohl noch nicht beschrieben.
Gelegestärke 2; Ei weiß mit rauher Schale (92,5 mm × 62,3 mm).
Lebensgewohnheiten: Nach Mitteilungen der KOEPCKES bewohnt Yarrells Hokko trockenere Gebiete des Amazonaswaldes als das Mitu, ist auch seltener und weniger verbreitet als dieses. Er meidet entschieden die vom Mitu regelmäßig besuchten sumpfigen Waldbezirke, hält sich auch nicht so häufig auf dem Erdboden auf und bevorzugt auf den Bäumen waagerechte Äste, auf denen entlanglaufend, er lautlos flüchten kann. Der Revierruf der im Geäst sitzenden Hähne ist ein wie „Piuri piuri" oder „Pui pui" klingender Pfiff. Die für die Hokkos so typischen Brummtöne werden von ihnen leiser ausgestoßen. AMADON berichtet, wie ein in Florida gehaltener Hahn auf dem höchsten Punkt der Flugvolière stand und bei weitgeöffnetem Schnabel die langgezogenen Pfiffe ausstieß. Die gleichen Töne werden auch in ärgerlicher Stimmung verwendet: Als AMADON eine Voliere betrat, die ein Paar dieser Hokkos mit einem Jungen beherbergte, schritt der erboste Hahn sogleich in Katzenbuckelhaltung auf ihn zu, dabei den langen zischenden Pfiff ausstoßend, wie er in solchen Situationen auch vom Knopfschnabel-Hokko bekannt ist.
Haltung: 1835 war als Erstimport (?) 1 Yarrell-Hokko im Londoner Zoo vorhanden. Nach HEINROTH ist die Art 1904 im Berliner Zoo gezüchtet worden. Ein weiblicher Yarrell-Hokko legte bei THROP bereits im 1. Lebensjahr, doch waren die Eier kleiner als normal und unbefruchtet. Ein anderes Weibchen brachte in einer Saison 7 Gelege zu je 2 Eiern, für Hokkos zweifellos ein Rekord. Bei ROER nistete ein Paar dieses Hokkos in einem 2,6 m über dem Boden angebrachten und mit Heu gefüllten Korb. Das Küken hielt sich stets dicht bei der Mutter, blieb aber im Schutz von Büschen zurück, wenn diese in den offenen Volierenteil hinaustrat, um Futterbröckchen aufzupicken, mit denen im Schnabel sie zum Küken zurückkehrte und sie ihm anbot. Währenddessen zeigte der Hahn Zuschauern gegenüber Drohverhalten und stieß ärgerliche Pfiffe aus. Außer ROER (Phoenix, Arizona) haben auch der Houston Zoo in Texas und CLARKE in Italien die Art gezüchtet.

Nach einer weltweiten Umfrage der WPA wurden 1982 insgesamt 58 Yarrell-Hokkos gehalten, davon 52 in den USA und 6 in Lateinamerika. Damit ist dieser Hokko gegenwärtig die am häufigsten gehaltene und gezüchtete Art der Gattung.

Daubenton-Hokko
Crax daubentoni, Gray 1867

Engl.: Daubenton's Curassow, Yellow-knobbed Curassow.
Abbildung: Seite 106 Kopfzeichnung B.
Heimat: Äußerster Nordosten Kolumbiens in der unteren Zone der bewaldeten Berge an der venezolanischen Grenze, südwärts durch das östliche Norte de Santander bis Nordwest-Arauca; Venezuela nördlich des Orinoko von der Spitze der Halbinsel Paria westwärts bis nach Merida und Zulia. Keine Unterarten.
Beschreibung: Geschlechter verschieden gefärbt. Beim Hahn sind der gut ausgebildete Oberschnabelknopf und die Unterschnabelklunkern hellgelb. Das Gefieder ist überwiegend schwarz, oberseits mit schwachem dunkel grünblauem Glanz; äußere Schwanzfedern breit weißend gesäumt; Bauch, Schenkelbüschel und Unterschwanzdecken weiß; horniger Schnabelteil schwarz, die Zügel und ein ziemlich schmaler Orbitalring unbefiedert, schwarz; Iris rötlichbraun, die Beine schieferhornfarben. Länge 850 bis 925 mm; Flügel 385 bis 410 mm; Schwanz 325 bis 370 mm; Gewicht 1625 bis 3200 g.
Dem Weibchen fehlen Schnabelknopf und -klunkern sowie die gelbe Schnabelwachshaut. Die schwarze Haube ist oft kaum erkennbar weiß gebändert, weist aber manchmal eine vollständig weiße Basis auf. Flügel sehr zart weiß gebändert und gewellt, die haarfeinen Wellenbänder in weitem Abstand zueinander verlaufend, manchmal nur spärlich vorhanden und auf die Federenden beschränkt. Die Brust, manchmal auch Vorderhals, Seiten, Ober- und Mittelbauch sowie die Unterschenkel sehr auffällig weißgebändert; Hinterbauch und Unterschwanzdecken weiß, die Schwanzfedern mit weißer Endbinde. Die Iris ist bei der Henne weiß, statt wie beim Hahn braun.
Flügel 356 bis 390 mm; Schwanz 306 bis 360 mm; Gewicht 2325 g.
Ei und Dunenküken wurden wohl noch nicht beschrieben.

Lebensgewohnheiten: Die Art war ehemals ein häufiger Bewohner der Galerie- und Savannenwälder der reichlicher bewässerten Llanos Venezuelas südlich des Apure-Flusses. Vor der Besiedlung durch den Menschen traf man dort während der Trockenzeit an den noch wasserführenden Flußläufen Gesellschaften von 50 bis 100 dieser Hokkos an. Die Brutzeit beginnt mit dem Einsetzen der Regenfälle und ist gegen Ende Juni beendet. Als Revierruf stoßen Daubenton-Hähne einen hohen melancholischen Pfiff aus. Pfeifen 8 bis 10 Hähne gleichzeitig, hat dieses Konzert einen eigenartigen Reiz. Die Mitteilung von DELACOUR u. AMADON (1973, p. 221), wonach Männchen des *Crax daubentoni* als Revierruf nur über einen Pfiff, nicht jedoch Brummtöne wie bei Hähnen der übrigen *Crax*-Arten verfügten, konnte von TODD u. BÄUML (1979) widerlegt werden. Sie hörten nämlich von einem seit 1971 im Zoo von Houston (Texas) gehaltenen Daubenton-Hahn nach dem Revierpfiff auch ein Brummen, das der Vogel sowohl von einem Ast wie vom Erdboden aus hören ließ. Der langgezogene Pfiff wird bei ausgestrecktem Hals mit weitgeöffnetem Schnabel gebracht, wonach der Hokko den Kopf abwärts beugt und unter kurzem Einziehen desselben ein zweisilbiges Brummen ausstößt, dessen letzte Silbe kaum hörbar ist. Pfeifen und anschließendes Brummen wurden 4mal pro Minute ausgestoßen; eine Ruffolge konnte bis zu 20 Minuten dauern und mehrmals täglich gebracht werden. Das Rufen schien bisweilen durch die Anwesenheit von Besuchern ausgelöst zu werden, die der handaufgezogene und vielleicht menschengeprägte Vogel als Reviereindringlinge betrachtet haben mag.

Haltung: Als europäischer Erstimport gelangte 1 Paar dieses Hokkos 1870 durch WHRIGHT aus Tucanes (Venezuela) in den Londoner Zoo, der die Art noch mehrfach danach besaß. Einen Bruterfolg hatte der Zoo von San Diego (Kalifornien) zu verzeichnen, wo 1 Paar 2 Küken erbrütete, die nach DELACOUR u. AMADON allerdings bald starben.

Eine weltweite Umfrage der WPA ergab, daß im Jahre 1982 Daubenton-Hokkos in 19 Exemplaren nur in lateinamerikanischen Sammlungen vertreten waren.

Blumenbach-Hokko
Crax blumenbachii, Spix 1825
(= Crax rubrirostris)

Engl.: Red-billed Curassow.
Abbildung: Seite 122 unten rechts sowie Seite 106 Kopfzeichnung F.
Heimat: Früher die Küstenregion Süd-Brasiliens von Südost-Bahia südwärts durch Minas Gerais und Esperitu Santo bis Rio de Janeiro. Gegenwärtig lebt noch ein Bestand von ca. 50 Vögeln in der Reserva Biologica de Sooretama in Linares (Esperitu Santo) und vielleicht an einem oder zwei Plätzen im südlichen Bahia. Keine Unterarten.
Beschreibung: Geschlechter verschieden gefärbt. Beim Hahn weist die karminrote Schnabelwachshaut auf dem Oberschnabel einen kleinen Knopf, dem Unterschnabel 2 ausgeprägte Klunkern auf. Kopfhaube lang und voll, reinschwarz; übriges Gefieder vorwiegend schwarz mit unauffälligem grünblauem Schimmer auf der Oberseite; Bauch, Unterschwanzdecken und die langen Unterschenkelbüschel weiß. Horniger Schnabelteil blaugrau, der nackte Zügel purpurn, ein schmaler Orbitalring grau; Iris rötlichbraun, die Beine schwärzlich. Länge 825 bis 925 mm; Flügel 390 bis 393 mm; Schwanz 330 bis 351 mm; Gewicht 3,5 kg.
Beim Weibchen sind die Haubenfedern auffallend weiß gebändert, die Flügel im wesentlichen kastanienbraun mit trübschwarzer Bänderung und Sprenkelung; Bauch ockergelb bis rötlichgelb, die Unterschenkelbüschel am dunkelsten. Die rote Schnabelwachshaut fehlt, der Schnabel ist einschließlich des Zügels und des schmalen Orbitalrings graublau, die Iris hellbraun; Beine fleischfarben bis trüb orangerosa.
Flügel 350 bis 385 mm; Schwanz 310 bis 325 mm.
Das Dunenküken wurde noch nicht beschrieben. Gelegestärke 2; Ei weiß mit rauher Schale (86 mm × 60,5 mm); Gewicht 220 g.
Lebensgewohnheiten: Da dieses Hokko in den zuerst von Weißen besiedelten Küstengebieten Brasiliens lebte, in denen es gegenwärtig keine ausgedehnteren Wälder mehr gibt, gehört es heute zu den seltensten Hühnervögeln. Die genauesten Schilderungen des Lebensraumes und Verhaltens verdanken wir SICK (1970), den wir hier auszugsweise zitieren. Nach ihm waren ehemals Urwälder auf hügeligem, von kleinen Flüssen durchzogenem Gelände das Habitat des Blumenbach-Hokkos. Dort suchten die Vögel gern Gebietsteile mit niedriger Vegetation auf, wie man sie entlang der Ufer breite-

rer Flüsse und auf Überschwemmungsgebieten antraf. Wegen des reicheren Nahrungsangebots wurden sie häufig in Windbrüchen angetroffen, durchstreiften auch gern Hochwälder mit reichem Unterwuchs und tiefem Schatten. Ihre Hauptnahrung dort bestand aus Früchten des Bicuibaums (*Virola bicuiba*), der Sapacaia (*Lecythis pisonis*), Murici (*Byrbicuiba*) und der Aricangapalme (*Geonema*). Biotopnachbarn waren ein Schaku (*Penelope superciliaris*) sowie eine Schakutinga (*Pipile jacutinga*), die beide selten auf den Boden herabkommen. Mit ihren langen Zehen vermögen die Blumenbach-Hokkos über dünne Äste zu klettern und packen damit mehrere Zweige zu einem Bündel, um auf den Bäumen an Beeren und Früchte zu gelangen. Große Früchte, die sie von den Zweigen abgerissen haben, verzehren sie durch stückweises Abbeißen auf dem Erdboden. Um vom Boden aus zu höher hängenden Früchten zu gelangen, springen sie ein Stück in die Höhe. Außerdem werden Knospen, zarte Blätter und gelegentlich Insekten aufgenommen. Zum Trinken begeben sie sich zur nächsten Wasserstelle, nehmen aber nach Regenfällen auch an Blättern hängende Wassertropfen auf. Bei Gefahr fliegen sie unter „Ök ök ök"-Rufen vom Boden 3 bis 4 m hoch in schützendes Lianengewirr und auf Äste. Von dorther schauen sie einen Moment auf den Feind herab, klettern und springen schnell und lautlos auf höhere Äste und sind alsbald außer Sicht. Gewöhnlich fliegen sie von der anderen Baumseite lautlos ab. Der Revierruf der Hähne ist ein tiefes gedämpftes Brummen, das trotz seiner geringen Lautstärke auf ziemlich weite Entfernung vernehmbar ist. Die Balzzeit scheint von Mitte September bis in den Oktober hinein zu dauern. SCHNEIDER, der einen dieser Hokkos im Park von Niteroi (Rio de Janeiro) beim Rufen beobachtete, schreibt dazu: „Der Vogel schnellte den Kopf vorwärts und zog ihn danach so zurück, daß der Hals ganz kurz wurde und der Schnabel abwärts zeigte. Das Ganze sah wie eine Verbeugung aus. Gleichzeitig damit wurden Schwanz und Flügel gesenkt und unter leichtem Sträuben des Halsgefieders ertönte das Brummen. Es wird manchmal lauter, bleibt aber stets in gleicher Tonhöhe". Nach SICK kennt dieses Hokko außerdem noch weitere Lautäußerungen, die er das ganze Jahr hindurch in bestimmten Situationen ausstößt. Bei der Nahrungssuche auf dem Waldboden lassen die Hennen ein tiefes taubenartiges „Gu gu" hören. Ein lautes „Kjack-kjack-kjack" wird von Junghähnen ausgestoßen, die von Althähnen gejagt werden, ebenso von rangtieferen Hennen, die von dominanten Weibchen verfolgt werden. Ein von beiden Geschlechtern gebrachter häufiger Laut ist ein hohlklingendes „Wup", das in ein scharf gepfiffenes „Ihuh" übergeht. Es kann in der Stärke erheblich variieren und dürfte der Hauptalarmruf sein. Zum Paarungsvorspiel gehört eine Verfolgungsjagd des zum Schein fliehenden Weibchens. Nach schnellem Rennen um Bäume herum und zwischen Lianen hindurch, dicht gefolgt vom Hahn, klettert sie auf die nächstliegenden Äste und von dort weiter den Baum hinauf, manchmal bis in die Krone. Ein ähnliches Jagen wurde auch zwischen 2 rivalisierenden Hähnen beobachtet. Gelegentlich nehmen Hähne auf dem Boden eine Imponierhaltung ein: Mit aufgerichtetem Körper und gesträubtem Halsgefieder fixieren sie einander und springen darauf 3 bis 4mal unter starkem Flügelschlagen hoch. Manche Althähne sind gegenüber Junghähnen recht unduldsam. Küken sollen im Oktober schlüpfen und bleiben mit der Mutter etwa ein halbes Jahr zusammen. Bei den während der Wintermonate beobachteten Hokkogruppen aus meist 4 Vögeln handelt es sich mit Sicherheit um Familien. SICK fiel auf, daß die Vögel nervös wurden, wenn eine Fliege ihren Kopf umsummte. Sie schienen instinktiv die in den Tropen von solchen Insekten ausgehenden Gefahren zu kennen. Die meisten Hokkos Amazoniens sind nämlich mit Nematoden infiziert, die sich im Gewebe der Augenlider niederlassen und sehr wahrscheinlich durch Moskitos übertragen werden. Im Reservat von Sooretama schien es mehr Weibchen als Männchen zu geben, denn SICK zählte am 22. Februar 1961 dort 7 Hähne und 12 Hennen, die am Anfütterungsplatz erschienen. Halbzahm gehaltene Hennen brachten im September und Dezember Gelege von je 2 Eiern.

Haltung: Der Erstimport von Blumenbachs Hokko ist schwer zu rekonstruieren, da er vielfach mit dem ähnlichen Yarell-Hekko verwechselt wurde. So wird es sich bei 3 in der Knowsley Menagerie der EARL OF DERBY im Jahre 1851 gehaltenen „Yarrell's Curassows" sehr wahrscheinlich um die damals über Rio de Janeiro viel leichter erhältlichen Blumenbach-Hokkos gehandelt haben. Das Gleiche ist für die „Yarrell-Hokkos" des Londoner Zoos anzunehmen, die dort ab 1859 gehalten wurden und deren Heimat als Südost-Brasilien angegeben wird. Blumenbachs Hokko wurde 1872 und 1889 im Berliner Zoo gehalten. Über einen Bruterfolg ist uns nichts bekannt, doch dürfte die Art inzwischen von LOPEZ in Mexiko gezüchtet worden sein.

Bei den in einem Umfrageergebnis für das Jahr 1982 von der WPA angeführten 10 *Crax blumenbachii* dürfte es sich wohl größtenteils um von LOPEZ gehaltene Vögel handeln.

Weiterführende Literatur:

AMADON, D., zit. aus DELACOUR & AMADON, Curassows and related Birds (Yarrells Hokko)

BEEBE M. B., BEEBE, W.: Our search for a wilderness (Balz von *Crax alector*); pp. 332–338 (1910)

BLAKE, E. R.: Manual of Neotropical Birds, Vol. 1; *Crax*, pp. 428–436. Univ. Chicago Press 1977

BRONZINI, E.: La riproduzione di *Crax fasciolata* (SPIX) Riv. Italiana di Ornit. 13; pp. 80–83 (1943)

CARPENTIER, J.: Succes notables d'elevage. Zucht des Sclater-Hokko, Zoo Anvers 22; p. 56 (1956)

CLARKE, E. W.: (Haltung von *Crax globulosa*). Riv. Ital. di Ornit. 35; pp. 160–166 (1965)

COUPE, M. F.: Breeding Sclater's Crested Curassows at Chester Zoo. Avicult. Mag. 72; pp. 168–169 (1966)

CRANDALL, L. S.: Breeding of *Crax globicera* LINNÉ. New York Zool. Soc. Bull.; p. 1449 (1917)

DELACOUR, J., AMADON, D.: Curassows and related Birds. *Crax*, pp. 210–237. Amer. Mus. Nat. Hist. New York 1973

EISENMANN, E.: Birds of Barro Colorado Island. Smithsonian Misc. Coll. 117; pp. 1–62 (1952)

FAUST, R., FAUST, I.: Künstliche Zucht und Aufzucht eines Gelbschnabel-Hokkos (*Crax fasciolata* SPIX). Zool. Garten (NF) 28; pp. 8–11 (1963)

FESTA, E.: (Brut des Knopfschnabel-Hokkos). Boll. M. Z. Torino 15; (1899)

FRASER, L.: Cracids in the Collection of Lord Derby. Proc. Zool. Soc. London; pp. 245–246 (1850)

GLOVER, R. G.: Early Menageries, the Animal Trade and Curassows. WPA. Journal II; pp. 57–61 (1976–1977)

GUIMARAES, J., BERGAMIN, R., CARVALHO, J.: Notas sobre a evolucao e a biologia do Mutum (*Crax fasciolata* SPIX). Bol. Biol. Sao Paulo, vol. 2, new ser., no. 3; pp. 76–81 (1935)

HAVERSCHMIDT, F.: Notes on some Surinam breeding Birds (Nistgewohnheiten von *Crax alector)*. Ardea 43, p. 139 (1955)

HEINROTH, O.: Beobachtungen bei der Aufzucht eines Knopfschnabel-Hokkos (*Crax globicera*) und eines Mitus (*Mitua mitu*). Journ. Ornithol. 70; pp. 278–283 (1931)

HONSINGER, W. E.: Breeding of Great Curassow. Aviculture 3; pp. 94–95 (1931)

LAGRANGE: Notes sur la reproduction du *Crax globicera*. Rev. Science Nat. appl.; p. 349 (1893)

LOPEZ, J. E.: Observations of the Nocturnal Curassow and other Cracidae (darunter neue *Crax*-Art mit grünem Schnabel), WPA-Journal II, pp. 41–49 (1976–1977)

DERS.: The *Cracidae*. Avicult. Mag. 85; pp. 210–215 (1979)

MARQUIS DE MONTGARD: (Erstzucht von *Crax globicera* in Marseille). Bull. Soc. Nation. France; p. 123 (1854)

OLLSON, M.: Curassows. WPA-Journal I; pp. 105–108 (1975–1976)

POCOCK, R. I.: On the breeding habits of Heck's Curassow (*Crax globicera hecki*). Avicult. Mag. 7; pp. 23–30 (1909)

POMME, M.: (über Cracidenhaltung). Bull. Soc. Nat. Accl. Paris 139; p. 252 (1854)

PREVOST, F.: (über Cracidenhaltung). Bull. Soc. Nat. Accl. Paris 144; p. 252 (1859)

ROER, B.: Bekannter Hokko-Züchter in Phoenix (Arziona), zitiert bei THROP

SCHNEIDER: Zitiert aus DELACOUR & AMADON, Curassows and related Birds 1973

SCLATER, P. L.: On the Curassows now or lately living in the Society's gardens. Trans. Zool. Soc. London 9; pp. 273–288 (1875)

DERS.: Supplementary notes on the Curassows now or lately living in the Society's gardens. Ibid., vol. 10; pp. 543–546 (1978)

SICK, H.: (Mitteilungen über *Crax blumenbachii* und *Nothocrax urumutum*); Condor pp. 106–108 (1970)

DERS.: Ornitologia Brasileira, Vol. 1, pp. 234–237. Editora Universdade de Brasilia, 1986

SUTTON, G. M.: Great Curassow. Wilson Bull. 67; pp. 75–77 (1955)

TAIBEL, A.: Cure parentali in *Crax globicera* = *Crax rubra*. Riv. Avicult.; pp. 379–383 (1938)

DERS.: Osservazionie sulla riproduzione in cattivita di *Crax globicera* LINNÉ. Riv. Italiana Ornit. 10; pp. 93–126, figs. 1–12 (1940)

DERS.: (Weibl. Knopfschnabel-Hokko 24 Jahre alt). Zoo (Milano), vol. 2; pp. 86–89 (1956)

DERS.: Esperimenti ibridologici tra specie del genere „Crax". Memoria seconda: Ibridi *C. globicera* x *C. alberti* F2, ed ibridi di reincrocio. Zoo (Milano), vol. 4, fasc. 4; pp. 1–51 (1958)

THROP, J. L.: The Curassows. Avicult. Mag. 70; pp. 123–133 (1964)

TODD, W., BÄUML, P.: Booming display of the Yellow-knobbed Curassow (*Crax daubentoni*). Avicult. Mag. 85; p. 108 (1979)

VUILLEUMIER, F., MAYR, E.: New species of birds described from 1976 to 1980, p. 140. *Crax estudilloi*, ALLEN 1977 Journ. Ornithol. 128 (1987)

WETMORE, A.: The Birds of the Republic of Panama, Pt. 1; *Crax r. rubra* pp. 293–298; Smithson. Misc. Coll. vol. 150 (1965)

Truthühner
Meleagrididae

Engl.: Turkeys.

Die ausschließlich neuweltlichen Truthühner sind mit den altweltlichen Phasianiden nahe verwandt, unterscheiden sich jedoch von ihnen durch eine genügend große Zahl anatomischer und anderer Eigenschaften, um ihre Einstufung im System als selbständige Familie zu rechtfertigen. Für ihre Entstehung auf dem nordamerikanischen Kontinent sprechen u. a. 7 fossile Arten, die dort aus 40 Millionen Jahren alten geologischen Ablagerungen des Oligozän gesammelt worden sind. Hybriden von Truthühnern sind bislang mit Haushuhn, Jagdfasan und Pfau verbürgt und von ASMUNDSON u. LORENZ mit Fasanenhennen durch künstliche Besamung erzeugt worden. Wir lassen 2 Gattungen gelten (*Meleagris* und *Agriocharis*), eine Ansicht, die viele Systematiker nicht teilen. Mit einem Gewicht adulter Puter bis 17 kg sind Wildtruthühner die schwersten Hühnervögel. Charakteristika der Familie sind der schlanke, relativ lange Schnabel mit schmalen langovalen Nasenöffnungen, der weitgehend unbefiederte Kopf und Oberhals, deren farbige Haut mit fleischigen Karunkeln, tiefen Runzeln und Falten, bei adulten Putern einer zapfenartig von der Stirn herabhängender, bei der Balz erigierbarer Klunker ausgestattet ist. Die runzlige Haut des Vorderhalses ist zu einem dicken Kissen dehnbar. Bei den wesentlich kleineren Hennen ist die Stirnklunker nur angedeutet und der Hals höher vollbefiedert. Die Flügel sind in beiden Geschlechtern mäßig lang, die längsten Handschwingen länger als die längsten Armschwingen, die 5. am längsten, die 1. so lang oder wenig kürzer als die 10. Der Schwanz ist entschieden kürzer als der Flügel und flach. Die 18 Steuerfedern sind sehr breit mit leicht gerundeten oder gestutzten Enden, das Mittelpaar viel länger als die äußeren Paare. Die Schwungfedern sind stark ausgebildet, die proximalen Armschwingen sehr breit mit gerundeten Enden, die Armschwingen leicht gebogen und hart. Unterhals- und Körperfedern sind an den Spitzen breit und meist abgestutzt, die Unterbauch- und Steißfedern weich, fast daunig. Der allgemeine Eindruck ist der eines dunklen Gesamtgefieders mit Metallglanz. Der relativ lange und stämmige Lauf ist beim Puter mit einem starken, manchmal langen und scharfen Sporn bewehrt. Bronzetruthühner sind leicht zu halten und zu züchten, dazu in Mitteleuropa winterhart, die tropischen Pfauentruthühner recht wärmebedürftig und krankheitsanfällig.

Weiterführende Literatur:
ASMUNDSON, V. S., LORENZ, F. W.: Phesant-turkey hybrids. Science 121, pp. 307–308 (1975)
RIDGWAY, R., FRIEDMANN, H.: The Birds of North and Middle America, Pt. X, pp. 436–463. Bull. 50, Smithsonian Institution, U. S. Nat. Mus., Washington 1946

Bronzetruthühner
Meleagris gallopavo, Linné 1758

Engl.: Turkeys.

Die Bronzetruthühner Nordamerikas und Mexikos sind durch einen bei den Hähnen während der Balz lang herabhängenden fleischigen Stirnzapfen, ein 200 bis 350 mm langes, vom Kropf herabhängendes pferdeschwanzähnliches Borstenfederbüschel und in beiden Geschlechtern Schillerfedern in Bronzetönen charakterisiert. Ihnen fehlt die im männlichen Geschlecht bei den Pfauentruthühnern ballonartige

Scheitelauftreibung sowie die Pfauenaugenfleckung der langen Oberschwanzdecken und Steuerfedern dieser Gattung.

In den USA sind Bronzetruthühner gegenwärtig über die Staaten New York, Pennsylvania, West-Virginia, Kentucky, Tennessee, Missouri, Oklahoma, Colorado, Texas, New Mexico und Florida verbreitet. Früher bewohnten sie auch Nebraska, Süd-Dakota, Iowa, Wisconsin, Michigan, Ontario in Kanada, Massachusetts, Vermont, New Hampshire und Maine. Gegenwärtige Vorkommen in den Staaten Washington, Kalifornien, Utah, Montana, Wyoming sowie dem südwestlichen Süd-Dakota gehen auf Einbürgerungen zurück. Innerhalb Mexikos sind Bronzetruthühner im Westen in den Gebirgen Nordost-Sonoras und West-Chihuahuas südwärts bis Michoacán örtlich verbreitet. Im Osten bewohnen sie Teile Coahuilas, des südlichen Nuevo León, Tamaulipas und des östlichen San Luis Potosi in unzusammenhängenden Populationen.

Außerhalb der Neuen Welt sind Wildtruthühner auf Hawaii, Neuseeland sowie in verschiedenen Ländern Europas mehr oder weniger erfolgreich ausgewildert worden.

Nach OBERHOLSER sind Erscheinung und Verhalten der Wildtruthühner von denen ihrer domestizierten Artgenossen grundverschieden, was besonders bei den Putern auffällt. Ein Wildputer hat scharfe, stets wachsame Augen in seinem schmalen Kopf, der stromlinienförmige Körper trägt ein glattes, wie poliertes Gefieder und steht auf langen drahtigen Läufen. Er rennt schneller geschickter als ein Rassepferd durch die Wälder und vermag kraftvoll und geschickt zu fliegen. Das alles sind Eigenschaften, die diesen edlen Vogel von seinen fetten, kaum flugfähigen zahmen Artgenossen erheblich unterscheiden. Wie es den mexikanischen Hochlandindianern gelang, dem Wildtruthahn in tausenden von Generationen das Fluchtverhalten so weit fortzuzüchten, daß es zu einem bequem zu haltenden Haustier wurde, wissen wir nicht (WAGNER). Nach HERRE liegt es nahe, das Auftreten von Mutationen anzunehmen, wofür die typischen Haustiermerkmale sprechen, unter anderem ein laut LEOPOLD um 35 % verkleinertes Gehirn. Wie WAGNER weiter mitteilt, scheint den Hausputen eine Fluchtdistanz gegenüber Bodenfeinden zu fehlen. In ihrer Jugend lernen sie in Mexiko begrenzt, dem Menschen und Fahrzeugen auszuweichen. In unbekannter Umgebung ist die Fluchtdistanz wieder gleich Null. In der Vorweihnachtszeit trieb man noch bis in die vierziger Jahre große Truthuhnherden zum Verkauf durch das Straßengewühl von Mexico City. Jeden beliebigen Vogel konnte man hochheben, auf seine Güte als Braten abtasten und wieder hinsetzen. Doch war für Luftfeinde die Fluchtdistanz nicht aufgehoben. So konnten die Indios die Puten mittels langer Peitschen, in deren Schwippe wohl auch Tuchläppchen eingeknotet waren, gerichtet durch die Stadt treiben.

Nach LEOPOLD kreuzte man in Großzüchtereien der USA seit 1925 Wildhähne mit domestizierten Hennen und deren Nachkommen, um stark reduzierte Wildbestände durch Bastarde aufzufüllen und dort, wo sie bereits ausgerottet waren, auszuwildern. Trotz Einsatzes großer Mittel und umfangreicher Versuche schlug das Vorhaben fehl. In wenigen Jahren waren 7/8 wildblütige Populationen entweder stark reduziert oder verschwunden. So könnte der Verlust der Fluchtdistanz auf vorwiegend dominanten Mutationen beruhen, und Warner, die auf eine verringerte Überlebenschance von Hybridstämmen in freier Wildbahn hingewiesen hatten, wie BLAKEY (1937) und LEOPOLD (1944), behielten recht. In der Sierra Madre von Tamaulipas treten nach Aussagen Ansässiger öfter Wildhähne domestizierte Hennen, deren Nachkommen gegenüber Greifvögeln zwar nicht scheuer, aber wachsamer als die Haustierform sein sollen.

Östliches Bronzetruthuhn
Meleagris gallopavo silvestris, Vieillot 1817

Engl.: Eastern Wild Turkey.
Abbildung: Seite 139 beide.
Heimat: Ursprünglich über Süd-Maine, Süd-Ontario, Nord-New York, Süd-Michigan, Ost-Minnesota, Iowa, das südöstliche Süd-Dakota, Nebraska und Kansas als Nordgrenzen, südwärts durch die Neu-England-Staaten, New York, New Jersey, Pennsylvania, Maryland, Virginia, West Virginia, die Carolinas und Georgia bis Nordwest-Florida und durch Ohio, Indiana, Illinois, Ost-Kentucky und Missouri bis Arkansas, Oklahoma, Ost-Texas, Nordost-New Mexico und die Golfküste verbreitet.
Beschreibung: Bei erwachsenen Hähnen (Putern) sind der auf der Vorderstirn mit einem Hautzapfen versehene Kopf, Kinn, Kehle, Kehlwamme und Oberhals weitgehend unbefiedert, hellbläulich und von purpurroten Bezirken durchsetzt. Die Hinternackenmitte ist mit kurzen braunen und schwarzen Federchen bestanden. Hinter- und Seitenhals sowie

der unterste Abschnitt der Kehlhaut sind von Querfalten durchzogen, die körperwärts an Dicke zunehmen und in der Nackenregion mit vereinzelten beerenartigen roten Hautwarzen geschmückt sind. Gefieder auf Entfernung dunkelbraun wirkend, die Federn des Kleingefieders mit unterschiedlich intensivem metallischem Kupferbronzeglanz, der je nach Lichteinfall zu Metallrot und Grün wechseln kann, ausgestattet. Jede Feder der Rücken-, Brust-, Seiten- und Flankenregion, der Schultern, der kleinen und mittleren Flügeldecken samtschwarz endgesäumt, diese Säumung auf Unterrücken und Bürzel viel breiter, ohne bronzegrünen Schimmer und mit einem breiten bronzeroten, darüber schmal grüngesäumten Subterminalband versehen; Rücken-, Schulter- und kleine Flügeldeckfedern durchschnittlich grüner, weniger kupfern als die von Bürzel und Flanken; Oberschwanzdecken purpurkastanienbraun, jede Feder mit schmaler samtschwarzer Subterminalbinde und vor dieser einem breiten, metallisch bronzerot schimmernden Band geschmückt, das seinerseits körperwärts von einem breiten grünschwarzen Samtband gesäumt wird. Die breiten Steuerfedern braunrot bis dunkel zimtorangebraun mit dichter, breiter braunschwarzer Bänderung und Wellenbänderung, dazu ein breites subterminales Querband schwarz und sich distalwärts in Wellenbänderung auflösend, schließlich ein breiter zimtbrauner Federendsaum. Auf den seitlichen Steuerfedern nimmt die schwarze Subterminalbinde auf Kosten der schmaler werdenden distalen Wellenbänderung erheblich an Breite zu; die längeren Flügeldecken auf den unverdeckten Außenfahnen glänzend bronzig-weinbraun, die überdeckten Innenfahnen trüb graugrün, mit ölgrünem Schimmer im Subterminalbereich, beide Fahnen mit breiter schwarzer Subterminalbinde und schmalem trüb isabellweißem Endsaum versehen. Durch die nur sichtbaren bronzeweinbraunen Außenfahnen der großen Decken wird ein einheitliches großes Bronzeschild gebildet. Die Handschwingen nelkenbraun mit weißer Querbänderung bis zum Federschaft, die weißen Bänder besonders auf den Innenfahnen mehr oder weniger stark nelkenbraun gesprenkelt; die Armschwingen ähnlich gefärbt, doch die dunklen Bänder heller, grauer – grauolivbraun – im Endabschnitt wellengebändert und auf den Innenfahnen stark mit Zimtbraun durchsetzt, die innersten Armschwingen mit Purpurschimmer, die weißen Bänder im Durchschnitt weniger reinweiß. Der 200 bis 250 mm lange Oberbrustbart aus borstenartigen Federn schwarz, in seiner Unterhälfte mit grünlichem, der oberen Hälfte weinbraunem Schimmer; Mittelbauch- und Steißregion grauschwarz bis braunschwarz, jede Feder im Endabschnitt graulichisabell oder graurötlich; Schenkelgefieder ähnlich, aber die Federenden etwas olivfarbener; Unterschwanzdecken dem Gefieder der Körperseiten ähnlich. Schnabel mit orangefarbener Basis und gelblicher Spitzenregion, Iris dunkelbraun, die Beine je nach der Jahreszeit hellfleischrot bis purpurrot, der Lauf mit spitzem Sporn bewehrt. Der Stirnzapfen kann während der Balz 76 mm und mehr Länge erreichen und schrumpft im Winter auf 25 mm.

Länge 1070 bis 1270 mm; Flügel 480 bis 550 mm; Schwanz 370 bis 440 mm; Gewicht 6800 bis 8100 g.

Weibchen (Puten) sind wesentlich kleiner und ähnlich den Männchen gefärbt, wirken jedoch durch schwächeren Metallglanz des Gefieders unscheinbarer. Ihr Hals ist stärker befiedert mit bis zum Nakken hinaufreichenden Federn, dazu ist der Kopf vor allem in der Scheitelregion mehr oder weniger spärlich mit kurzen schwarzbraunen Daunenfederchen und winzigen Borsten bestanden; Federn des Rückens und der Unterseite mit verschieden stark ausgeprägter heller Endsäumung. Die beim Puter schwarz endgesäumten Brust-, Flanken- und Seitenfedern sind bei Puten braun. Bei älteren Weibchen können die männlichen „Embleme", wie Stirnzapfen, Brustbart und Sporen, rudimentär vorhanden sein.

Länge 920 mm; Flügel 382 bis 438 mm; Schwanz 306 bis 345 mm; Gewicht 4100 g.

Dunenküken sind auf dem Scheitel rötlichzimtbraun mit unregelmäßiger, schwarzbrauner, nelkenbrauner oder rußbrauner Fleckung; Rücken ähnlich, die Fleckung ein wenig heller und mit breitem nelkenbraunem bis rußbraunem Mittelband; Kopfseiten trüb zimtigisabell, ein Fleck in der Ohrregion nelkenbraun oder rußbraun; Kinn und Kehle hell zimtisabell, Brustmitte und Bauch hellisabellgelblich oder isabellweiß; Körperseiten und Flanken gelblichgrau oder trübgraubraun, isabellweiß untermischt.

Gelegestärke im Mittel 11 bis 12; Ei glattschalig, fast glanzlos, cremeweiß oder cremeisabell mit fei-

o. Paar des Sclater-Hokkos, *Crax fasciolata* (s. S. 111)
u. l. Henne der Dunkle Phase des Knopfschnabel-Hokkos, *Crax rubra* (s. S. 107)
u. r. Kopfporträt eines Hahns des Knopfschnabel-Hokkos

ner rötlichisabellfarbener Punktung und Fleckung (62,7 mm × 44,7 mm); Gewicht 65 bis 75 g; Brutdauer 28 Tage.

Lebensgewohnheiten: Über das östliche Bronzetruthuhn schreibt POUGH u. a.: „Dieser prächtige Vogel ist heute aus ca. 70 % seines ursprünglichen Verbreitungsgebietes in den USA verschwunden. Als Habitat benötigt er ziemlich offene Waldgebiete mit vielen Lichtungen, und seine Häufigkeit im Osten des Landes in vorkolumbianischer Zeit deutet doch darauf hin, daß die Wälder dort nicht so dicht gewesen sein können, wie stets behauptet wird. Nicht nur wurden durch die Maisäcker der Indianer Lichtungen geschaffen, sondern auch natürlich entstandene oder gelegte Brände (Brandrodungen) schufen freie Flächen und Waldungen mit besten fruchttragenden Arten aus Eichen, Kastanien, Hikkorybäumen mit Unterholz aus fruchtbildenden Sträuchern, dazu einer Leguminosenflora am Boden. Daher profitierten die Vögel zunächst vom Beginn der Zivilisation, jedoch setzte mit dem Schwinden der Wälder und rücksichtslosem Bejagungsdruck bald eine Bestandsabnahme ein, die in weiten Gebieten bis zur völligen Ausrottung führte. Heute leben die größten Bestände dort, wo nur 10 bis 25 % eines Waldbestandes abgeholzt oder landwirtschaftlich genutzt werden. Die entwaldeten Geländeteile dürfen 50 % nicht überschreiten. Ursprünglich kein scheuer Vogel, wurde das Bronzetruthuhn durch Bejagung schnell zum vorsichtigsten, am schwierigsten zu bejagenden Federwild Nordamerikas. Nur dieses Verhalten hat ihm ein Überleben trotz ganzjähriger Bejagung einschließlich der üblen Jagdmethode, den Vögeln im Spätsommer an noch übriggebliebenen Wasserstellen aufzulauern, gesichert. Doch ist er aus vielen Gebieten verschwunden, die bei vernünftiger Hege 2 bis 5, unter idealen Bedingungen sogar 15 bis 20 Vögel auf 2,6 km^2 ernähren würden. Sachgemäßer Holzeinschlag verbessert ein Truthuhnhabitat sogar. Das Belassen über 30,5 bis 40,6 cm dicker Bäume lichtet das Walddach und regt das Gedeihen beerentragenden Unterwuchses bei gleichzeitigem Vorhandensein Mastfutter produzierender Baumarten an.

Totale Abholzungen zerstören Truthuhnhabitate für viele Jahre, weil der darauffolgende gleichförmige Nachwuchs den Vögeln nichts nützt. Auch konnten sich in einigen Gebieten durch Überhege Virginiahirschbestände derart vermehren, daß sie nicht nur zu Konkurrenten für die Wintermast wurden, sondern auch den Unterwuchs derart schädigten, daß außer den Truthühnern auch die Rauhfußhühner verschwanden. Wer denkt da nicht an manche deutsche Reviere mit ihren überhegten Rotwildbeständen? Ähnliche Schäden richtet auch die Waldweidehaltung von Schweinen und Rindern an. In einigen Gebieten der südwestlichen USA entstanden andererseits dadurch neue Truthuhnhabitate, daß auf total überweidetem Grasland Buschdickichte aus Eichen- und Wacholderarten entstanden, ein für die Vögel positives, die Farmwirtschaft katastrophales Ergebnis. In den Oststaaten war der Verlust der Kastanien ein schwerer Schlag für Puten und andere Vogelarten, denn Bucheckern fallen nicht jedes Jahr an, und gegenwärtig sind ihnen als Mastfutter für den Winter nur die alljährlich in unterschiedlicher Menge anfallenden Eicheln geblieben. Früchte von Hartriegelarten (*Cornus*), Wein (*Vitis, Ampelopsis*), Stechwinden (*Smilax*) und Sumachen (*Rhus*) sind ebenfalls von Bedeutung. Durch Magenuntersuchungen sind 354 Pflanzen- und 313 Tierarten als Nahrung nachgewiesen worden. Die Fortpflanzungszeit beginnt im März. Sie geht mit heftigen Kämpfen der Puter um noch nicht festgelegte Reviere und den Besitz möglichst vieler Weibchen einher. Ist einem Unterlegenen der Fluchtweg versperrt, legt er sich mit ausgestrecktem Hals flach auf den Erdboden, worauf er vom Sieger in Drohhaltung umrundet, aber nicht mehr angegriffen wird. Besonders während der frühen Morgenstunden schreitet der Puter, immer wieder das vom Haustruthahn wohlbekannte ‚Gobbl-obbl-oobl‘ ausstoßend, in stolzer Haltung mit gesträubtem Kleingefieder, den Schwanz zum Fächer gespreizt und mit den Handschwingenspitzen der herabhängenden Flügel geräuschvoll den Boden schleifend sowie mit bis zum Kropf herabhängendem Stirnzapfen einher und überzeugt dadurch manches durchwandernde Weibchen, bei ihm zu bleiben. Er sucht mehrere von ihnen zu sammeln und bewacht sie wie ein Brunfthirsch sein Rudel. Paarungsbereite Puten pflegen sich plötzlich von den übrigen Weibchen zu trennen und den balzenden Puter in eigentümlichen Sprüngen, dabei mit den Flügeln schlagend, zu umtanzen, um sich schließlich in kurzer Entfernung von ihm niederzulegen. Der Hahn kommt immer

o. l. Glattschnabel-Hokko, *Crax alector* (s. S. 112)
o. r. Henne des Sclater-Hokkos, *Crax fasciolata*, dunkle Farbphase (s. S. 111)
m. l. Kopfporträt des Glattschnabel-Hokkos
u. l. Kopfporträt des Yarrell-Hokkos, *Crax globulosa* (s. S. 113)
u. r. Blumenbach-Hokko, *Crax blumenbachii* (s. S. 115)

noch radschlagend auf sie zu, besteigt in aufrechter Haltung ihren Rücken und trampelt eine ganze Weile auf ihrer Hüftgegend herum, daß man glauben könnte, er müsse sie schwer verletzen, was nach HEINROTH auch tatsächlich nicht selten vorkommt. Während des Trampelns hebt sich der Schwanz der Henne allmählich, bis schließlich, indem sich der Hahn auf die Fersen niederläßt, die Copula erfolgt. Danach gehen die Tiere auseinander, und der Puter balzt weiter. Eine einmalige Begattung soll zur Befruchtung eines ganzen Geleges genügen. Die legebereite Pute wandert fort und scharrt als Nest eine flache Grube im Unterholz und in Brachfeldern, oft in der Nähe von Wegen und an Waldrändern. Zuweilen legen 2 Puten in ein Nest, was die zuweilen große Eizahl von Gelegen erklärt. Solange das Gelege noch unvollständig ist, wird es von der Pute nach jeder Eiablage mit Blättern und Ästchen getarnt. Wie oft sie ihr Gelege während des Brütens verläßt, ist nicht bekannt. Daß sie 28 Tage lang ohne Unterbrechung darauf sitzen bleibt, wie oft behauptet wird, erscheint unwahrscheinlich. Die Küken verlassen das Nest nach Abtrocknen des Dunenkleides und folgen der Mutter. Langdauerndes Regenwetter tötet durch Unterkühlung viele von ihnen. Beim Warnruf der Pute erstarren sie und bleiben bis zur Entwarnung unbeweglich am Boden liegen. Mit 14 Tagen können sie fliegen und übernachten unter den Flügeln der Mutter auf einem Baumast. Sie bleiben mit ihr den ganzen Winter über zusammen. Im Herbst bilden mehrere Weibchen mit ihren erwachsenen Jungen mehr oder weniger große Gesellschaften, die in alter Zeit bis 100 Mitglieder umfassen konnten. Die Altputer bilden in dieser Zeit ‚Herrenclubs' für sich, in denen sie keine Jungputer dulden. Der Schlafbaum ist das eigentliche Zuhause des Wildtruthuhns. Ähnlich wie bei den Perlhühnern geht dem abendlichen Aufbaumen stets eine Zeremonie voraus. Unter sanften ‚Kiau'-Lauten laufen die Truppmitglieder erst einmal 30 bis 40 Minuten lang unter dem Baum umher, wonach jeder Vogel nacheinander auf einen niedrigen Ast und von dort unter prasselnden Flügelschlägen treppenstufenweise auf den nächst höheren fliegt, bis er auf seinem Stammplatz dicht am Stamm des Baumes gelandet ist. So verteilt sich der ganze Trupp in der Baumkrone. Geeignete Schlafbäume sollen gegen Wettereinwirkung möglichst dicht benadelt sein (Kiefern) und über oder direkt im Wasser stehen. Von dort aus wandern die Vögel frühmorgens täglich 10 bis 13 km weit im Umkreis zur Futtersuche. Während strenger Winter können sie, ähnlich finnischen Jagdfasanen, eine Woche lang aufgebaumt überleben und nehmen dann allenfalls ein paar Beeren aus Geißblatt- und Stechwindengerank auf. Bei Gefahr fliehen Truthühner lieber rennend als fliegend und erreichen dabei Laufgeschwindigkeiten von 24 km/h und mehr. Sie sind aber auch geschickte Flieger, die sich in einem 30° hohen Winkel über die Baumkronen zu erheben vermögen und danach meist segelnd, von wenigen fördernden Flügelschlägen unterbrochen, mit geöffneten Steuerfedern 400 m und mehr zurückzulegen vermögen. Diese Fähigkeit kommt ihnen vor allem in gebirgigen Gebieten zugute, wenn sie, von Hang zu Hang segelnd, ein Tal überqueren müssen. Auf ebenem Gelände verfolgt, ermüden sie fliegend allerdings schnell, was für fast alle Hühnervögel gelten dürfte. Von den Lautäußerungen wurde das Kollern balzender Hähne schon erwähnt, deren ‚Gobbl-gobbl' ihnen den englischen Namen ‚gobbler' eingetragen hat. Das häufig auch von Hennen gehörte ‚Kiau-kiau' ist in erster Linie Kontaktlaut und dient beispielsweise dem Zusammenhalt des auf der Futtersuche ausgeschwärmten Trupps. Bei geringer Gefahr wird ein ‚Pit-pit', in höchster Alarmstimmung ein lautes ‚Putt-putt' ausgestoßen, das Artgenossen veranlaßt, sich schleunigst zu verdrücken. Junge Wildtruthühner werden erst im 2. Jahr geschlechtsreif.

Haltung: Die 1620 in Massachusetts gelandeten Pilgerväter waren vermutlich erstaunt, dort Truthühner anzutreffen, die sie aus ihrer englischen Heimat nur in gezähmtem Zustand kannten. Der Erstimport östlicher Bronzetruthühner nach Europa läßt sich nicht mehr feststellen, weil man sie damals kaum von Hausputen unterschied, mit denen sie sich ohne weiteres kreuzen lassen. Der erste uns bekannte sichere Import geht auf das Jahr 1866 zurück, als E. K. KARLSLAKE dem Londoner Zoo 2 Wildtruthühner aus Kanada schenkte, das damals noch Bestände in Süd-Ontario aufwies. Der Berliner Zoo zeigt die Ostunterart seit 1874 fast ständig. Zahlreiche Versuche sind unternommen worden, das prächtige Jagdwild in Europas Revieren einzubürgern, haben jedoch bislang nie zu bleibenden Erfolgen geführt. Am bekanntesten ist die teilweise erfolgreiche Einbürgerung solcher Truthühner durch den Grafen BREUNNER-ENKEVOIRTH 1880 in den Donauauen Niederösterreichs. Die dort durch kluge Hege aus nur 6 Wildtruthühnern entstandenen großen Bestände hatten sich zuletzt bis in die Lobau im Wiener Becken ausgebreitet und starben erst durch Wilderei und fehlende Hegemaßnahmen 1974 endgültig wieder aus. In den großen Fasanerien unserer Tiergärten wird die östliche Unterart *silvestris* heute nicht allzu selten gehalten und gezüchtet. Ein Beweis für Rassereinheit der Vögel sind rotbraune Endsäume der Oberschwanzdecken- und Steuerfedern.

Florida-Truthuhn
Meleagris gallopavo osceola, Scott 1890

Engl.: Florida Turkey.
Heimat: Florida im Norden von Gainesville und dem unteren Aucillafluß südwärts bis zum Royal Palm Hammock.
Beschreibung: Bei dieser kleineren Unterart sind die weißen Querbinden auf den Schwingen schmaler als die dunklen Zwischenräume und reichen nicht bis zum Federschaft. Die rotbraunen Endsäume der Oberschwanzdecken, Bürzel- und Schwanzfedern sind im Schnitt heller als bei der nördlicheren *silvestris*. Der metallische Gefiederglanz ist weniger bronzefarben, mehr rot und grün.
Puter: Flügel 430 bis 487 mm; Schwanz 345 bis 390 mm.
Puten: Flügel 354 bis 390 mm; Schwanz 268 bis 304 mm.
Lebensgewohnheiten: Die nach einem Seminolenhäuptling mit Namen Osceola benannte Unterart lebt hauptsächlich in den mehr oder weniger ausgedehnten Waldinseln inmitten von weitem Wiesengelände, welche als Hammocks bezeichnet werden. Außerdem kommen die Vögel in trockenem Sumpfgelände, offenen Kiefernwäldern (*Pinus caribea*) und Prärien mit Zwergpalmenbewuchs (Palmettos) vor. Sie treten in kleinen Trupps auf und wählen als Übernachtungsplätze die Krone einer hohen Kiefer oder von Sumpf-Zypressen inmitten eines Sumpfes. Die Brutzeit beginnt Mitte Februar und währt ca. 3 Monate. Frische Gelege wurden von Mitte März bis Anfang Mai gefunden. Wie bei den übrigen Unterarten schließen sich auch die Puten der Floridaform mit ihren Küken zu Großfamilien zusammen. Nach SPRUNT sind Florida-Truthühner auch gegenwärtig an Plätzen, die ihnen genügend Schutz bieten, im ganzen Staat häufig.
Haltung: In den Tierparks Floridas vermutlich häufig gehalten, nach Europa wohl noch nicht importiert.

Rio Grande-Truthuhn
Meleagris gallopavo intermedia, Sennett 1879

Engl.: Rio Grande Turkey.
Abbildung: Seite 140 unten.
Heimat: In den USA Mittel-Texas, in Mexiko lokal in Coahuila, im südlichen Nuevo León, Tamaulipas sowie dem südlichen San Luis Potosi an den Osthängen der Gebirge.
Beschreibung: Bei *intermedia* sind Flügel und Schwanz etwas kürzer als bei *silvestris*, die Endsäume der Bürzel-, Schwanzdecken- und Schwanzfedern viel heller, zimtfarben bis trüb zimtisabell. Flügel 463 bis 485 mm; Schwanz 337 bis 400 mm. Weibchen haben etwas dunklere Oberschwanzdecken als Männchen, jedoch stets viel hellere als bei *silvestris*. Ebenso sind die Säume des Unterseitengefieders viel heller, auf der Brust isabellgelblich bis zimtfarben, auf Flanken und Schenkeln zimtigisabell.
Flügel 382 bis 420 mm; Schwanz 265 bis 307 mm.
Lebensgewohnheiten: In Texas ist die Unterart entlang der Atlantikküste und der mexikanischen Grenze noch weit verbreitet. Starke Völker bewohnen die mit immergrünen Eichen und Mesquitebusch bestandenen Savannen der 1 Millionen Acres großen King Ranch der Kleberg- und Kennedy Counties. Dort merzen Game-Manager alle Vögel mit Anzeichen von Hausputenblut, z. B. weißen Schwanzspitzen aus. In Texas reichte das ursprüngliche Verbreitungsareal von der Küstenebene bis 760 m hoch ins Gebirge. Nach WAGNER halten sich die Vögel im mexikanischen Tamaulipasgebirge und am Golfhang des Westgebirges im Staate San Luis Potosi den größten Teil des Jahres besonders in den Eichenwäldern auf. Mit Beginn der Paarungszeit im Frühjahr suchen sie den Buschwald der tieferen Lagen auf, und nur vorjährige Hähne und einzelne junge Weibchen bleiben zurück. Während der winterlichen Trockenzeit wäre der nahezu laublose Buschwald mit seiner Wasserarmut als Lebensraum ungeeignet. Während der Frühlingsregen tut sich jeder Hahn auf seinem Balzplatz im Dickicht mit mehreren Hennen zusammen. Sobald die letzte ihr Gelege erbrütet, kehren die Hähne in kleinen Trupps ins mehr oder weniger entfernte Gebirge zurück. Im September folgen die Mütter mit den heranwachsenden Kindern. Bis zu 30 Puten vereinigen sich dabei zu gemischten Verbänden. Tagsüber suchen sie im Wald nach Insekten, Beeren, Eicheln und Sämereien. Oft verrät einzig das frisch weit

auseinandergescharrte Laub ihre Anwesenheit. Abend für Abend suchen sie gemeinsam die gleichen hohen Bäume, oft Kiefern, zum Schlafen aus. Die Vögel sind sehr wachsam, und jeder fremde Laut, jede rätselhafte Bewegung veranlaßt alle, lautlos mit vorgestrecktem Kopf fortzueilen. Sie laufen bergauf und bergab und kommen manchmal erst nach 2 bis 3 km wieder zur Ruhe. Überrascht, steigen sie unter lautem Geschrei senkrecht bis 15 m hoch, fallen irgendwo wieder ein und flüchten kopflos, jeder in eine andere Richtung.

Haltung: In Texas vermutlich häufig gehalten und gezüchtet. Über einen Import nach Europa ist uns nichts bekannt.

Merriam-Truthuhn
Meleagris gallopavo merriami, Nelson 1900

Engl.: Merriam's Turkey.
Heimat: Gebirge Mittel- und Südwest-Colorados, Neu-Mexikos, Arizonas und von Südwest-Texas (Guadelupeberge), in Mexiko Nord-Sonoras und Chihuahuas.
Beschreibung: Von der Unterart *silvestris* ist *merriami* durch die viel helleren, nämlich hell rötlich-isabellfarbenen Endsäume der Bürzel-, Oberschwanzdeck- und Schwanzfedern unterschieden. Der Unterrücken ist schwarz mit Blauglanz wie bei *intermedia*. Die schwarzen Subterminalbinden der Steuerfedern sind durchschnittlich schmaler als bei *silvestris* und schließen auf den äußeren Federpaaren gut ausgebildete metallisch purpurgrüne Querbinden ein. Die Armschwingen sind vor allem auf den Innenfahnen hell rehbraun bis zimtrötlich gesprenkelt und wirken beidfahnig insgesamt weißer als bei *silvestris*.
Länge 1220 bis 1270 mm; Flügel 502 bis 524 mm; Schwanz 373 bis 427 mm; Gewicht erwachsener Puter ca. 6000 g.
Die Puten ähneln sehr denen der Unterart *intermedia*, sind jedoch so groß wie die von *silvestris*, besitzen noch hellere Endbinden der Oberschwanzdeck- und Schwanzfedern als bei *intermedia*, und die innersten Armschwingen sind stärker dunkel gesprenkelt.
Flügel 400 bis 463 mm; Schwanz 325 bis 360 mm.
Lebensgewohnheiten: Die Unterart brütet in der durch die Gelbkiefer (*Pinus ponderosa*) charakterisierten Transitionzone und verbringt die Wintermonate in der darunter folgenden oberen Sonorazone mit Nußkiefer- und Wacholderwäldern der Gebirge. Merriams Truthuhn ist die Europäern zuerst bekannt gewordene Unterart: 1540 berichtet CASTENADA, Historiker der Coronado-Expedition aus Neu-Mexiko, die Spanier hätten dort wilde Hähne mit großen herabhängenden Kehllappen angetroffen. Das geschah 28 Jahre bevor die in Neu-England gelandeten Pilgerväter dort den ersten Wildtruthühnern begegneten. 1875 waren Merriams Truthühner in den Canyons der Gilaberge Neu-Mexikos noch extrem häufig. Da die ortstreuen Vögel in ihren Revieren täglich gleiche Wege benutzten, war das Gelände kreuz und quer von ihren schmalen Trampelpfaden durchzogen und an manchen Plätzen wie auf einem Hühnerhof um und um geschart. Im Januar 1913 wurden in der Socorro County noch Wintergesellschaften von bis zu 50 Vögeln beobachtet. Um den 25. März hörte man die Puter erstmalig kollern. Die Puten nisten dort in unzugänglichem Gebirgsgelände in Lagen zwischen 2430 und 2740 m oft noch im Schnee. Nach dem Schlupf schließen sich gewöhnlich 2 bis 3 führende Puten zusammen und ziehen die Jungen gemeinsam in einer Großfamilie auf. Während dieser Zeit sind sie besonders wachsam und mutig. Die Nahrung ist sehr vielseitig. Zur Zeit der Eichelreife, Mitte Oktober, bilden diese Früchte ihre Hauptnahrung, von September bis Juni werden die Samen der Pinyonkiefer (*Pinus cembroides*) und, wenn diese fehlen, Wacholderbeeren angenommen. Um dem Hochgebirgswinter zu entgehen und genügend Futter zu finden, wandern sie talwärts in die Wälder der oberen Sonorazone mit ihren Nußkiefer- und Wacholdermesas. Zusammenfassend kann man sagen, daß sich Merriams Truthuhn während des Winters vorwiegend von Pinyonsamen, Eicheln und Wacholderbeeren, im Sommer von Blütenknospen, Grassämereien, Wilderbsen, Erdbeeren, Manzanitabeeren, Hagebutten, Wildmaulbeeren, Opuntiafrüchten und zahlreichen Insekten ernährt. Der Magen eines am 10. Februar in Neu-Mexiko geschossenen Puters enthielt 76 Wacholderbeeren, 25 Pinyonsamen, 6 Eicheln, Grassamen und 30 2,5 cm lange Weichwürmer, dazu natürlich Gritsteinchen. Die Unterart ist zwar seltener geworden als früher, in ihrem Bestand jedoch nicht bedroht.
Haltung: Mit Sicherheit in Tiergärten der USA gehalten. Von einem Import nach Europa ist nichts bekannt.

Südmexikanisches Truthuhn
Meleagris gallopavo gallopavo, Linné 1758

Engl.: South Mexican Turkey.
Abbildung: Seite 140 oben.
Heimat: Von Veracruz westwärts bis Michoacán, in prähistorischer Zeit wahrscheinlich südwärts bis Oaxaca.
Beschreibung: Die Nominatform, Stammform unserer Haustruthühner, ist kleiner als *silvestris*, ihr Schwanz statt rötlichbraun der letzteren düster weinbraun, dazu intensiv nelkenbraun und schwarzbraun gesprenkelt; die mittleren Schwanzfedern im Mittelabschnitt einfarbig nelkenbraun, die äußeren Federpaare auf den basalen Zweidritteln unvollständig rostbraun gebändert, die schwarze Subterminalbinde breiter und tiefer schwarz als bei *silvestris*, dazu noch ein metallisch grünblaues Band einschließend, das dieser fehlt; Federendsäume weiß mit schwach isabellgelblichem bis rötlichem Anflug. Bürzel-, Oberschwanzdeck-, Flanken- und Unterschwanzdeckfedern breit hellgraurötlich bis hellrötlichisabell endgesäumt, darin am meisten *merriami* ähnelnd. Federn des Vorderrückens, der Brust und des Oberbauches weniger bronzefarben, vielmehr leuchtend kupferrot und grün wie bei der Floridaunterart, Unterrücken- und Bürzelfedern schwarz, schmal blau endgesäumt mit subterminal blaugrünem Glanz, darin *merriami* am ähnlichsten. Äußere Armschwingen mit einigermaßen durchgehender Weißsäumung, die inneren viel grauer, weniger rötlich als *silvestris*, vielmehr trüb graubraun, auf den Innenfahnen gelbgrau gesprenkelt, auf den Außenfahnen purpurn schimmernd. Sporen kürzer, klobiger als bei *silvestris*.
Flügel 465 bis 513 mm; Schwanz 345 bis 400 mm. Weibchen ähneln sehr denen von *merriami*, doch weist das Gefieder der Oberseite intensiv grünen und roten Metallglanz auf.
Flügel 396 bis 416 mm; Schwanz 311 bis 323 mm.
Lebensgewohnheiten: Lebensraum der Unterart ist die Kiefern-Eichenzone der Sierra Oriental. Die Lebensgewohnheiten werden sich von denen der übrigen südlichen Unterarten wohl kaum unterscheiden.
Haltung: WAGNER schreibt: „So weit verbreitet *Meleagris gallopavo* ist, gelang seine Domestizierung wahrscheinlich nur im südmexikanischen Staat Michoacán. Im vorkolumbischen Mexiko waren Truthühner allgemein weitverbreitet. Alljährlich mußte, wie Rechnungsbücher berichten, der Vasallenstaat Michoacán 7000 Stück an den Hof des Kaisers Montezuma liefern."

Columbus traf 1492 bei den Karaiben-Indianern der Antillen bereits Hausputen an, die diese nur aus Mexiko erhalten haben können. Ausgrabungen ergaben, daß die Vögel bereits um 500 v. d. Ztr. von den Pueblo-Indianern Neu-Mexikos und Arizonas gehalten wurden. Man verzehrte ihr Fleisch, verarbeitete die Knochen zu Werkzeugen und fertigte aus den Federn Schmuck.
Nach Europa müssen die „Indischen Hühner" – man glaubte damals, Indien entdeckt zu haben – durch die Spanier 1520 gelangt sein. Die erste schriftliche Mitteilung über diese Vögel stammt aus dem Jahre 1523 von GONZALO HERNANDEZ OVIEDO aus Kastilien. In seiner „Hystoria natural y general de las Indies" beschreibt er sie als eine Art Pfau, den es in Neu-Spanien gäbe, der von den Mexikanern domestiziert und nach den Inseln (Karibik) und anderen Teilen des Landes gebracht worden sei. Nach KONRAD VON HERESBACH (16. Jahrhundert) sind vor 1530 Truthühner in Europa noch fast unbekannt gewesen, jedoch um 1571 am Niederrhein bereits in Herden gehalten worden. 1560 wurden bei einer Hochzeit in Arnstadt (Thüringen) nicht weniger als 150 Puten verzehrt. Der englische Naturforscher PENNANT (1726 bis 1798) berichtet, daß Puten nachweislich erstmals 1585 bei einem englischen Weihnachtsmenü verspeist worden seien.
Über einen Import von Wildputen der Nominatform nach Europa ist uns nichts bekannt.

Gould-Truthuhn
Meleagris gallopavo mexicana, Gould 1856

Engl.: Gould's Turkey.
Heimat: Chihuahua östlich der Cordillere, Durango, Nord-Jalisco und vermutlich auch Hidalgo.
Beschreibung: Die in der Größe Merriams Truthuhn gleichende Unterart ähnelt in der Färbung der Nominatform, doch sind Oberseite und Flügeldecken trüber, mehr purpurbronzefarben. Unterrücken und Bürzel weisen den metallisch-grüngoldenen Schimmer der Unterarten *silvestris* und *osceola* auf, während sie bei *gallopavo* insgesamt schwarz wirken.
Flügel 465 bis 545 mm; Schwanz 363 bis 437 mm. Weibchen sind denen der Nominatform recht ähnlich, nur oberseits dunkler, mehr dunkelpurpurn mit geringerem Kupfer- und Grünglanz.

Flügellänge 402 bis 436 mm; Schwanz 318 bis 362 mm.
Lebensgewohnheiten: Nichts bekannt.
Haltung: Nichts bekannt.

Moore-Truthuhn
Meleagris gallopavo onusta, Moore 1938

Engl.: Moore's Turkey.
Heimat: Westhänge der Sierra Madre Occidental von Südost-Sonora und Südwest-Chihuahua südwärts bis ins östliche Zentral-Sinaloa.
Beschreibung: Merriams Truthuhn ähnlich, doch die Endbinden der Oberschwanzdeck- und Schwanzfedern weiß statt hellisabellgelb; das bei *merriami* typische subterminale, schmale zimtbraune Band fehlt, und das unmittelbar darüber verlaufende schwarze Band ist selten vorhanden; Innen- und Außensäume der Arm- und Handschwingen weniger zimtbraun, mehr trüb erdbraun und weiß; der Metallglanz des Oberseiten- und Unterseitengefieders ist dunkler, weniger leuchtend grün oder kupferrötlich; Federn des Hinterhalses heller, mehr graubräunlich, weniger zimtbraun; die basalen Zweidrittel der Schwanzfedern sind eher gebändert als gewellt wie bei der Nominatform, in dieser Hinsicht mit *merriami* übereinstimmend, jedoch die Bänder viel grauer, weniger rötlich.
Flügel 505 mm; Schwanz 421 mm.
Weibchen unterscheiden sich bezüglich der Gefiederfärbung von denen der Unterart *merriami*, wie dies zwischen den Männchen der beiden Unterarten beschrieben wurde.
Flügel 417 bis 448 mm; Schwanz 331 bis 347 mm.
Lebensgewohnheiten: Die Unterart bewohnt die Übergangs-(Transition-)Zone und die untere kanadische Zone der Westhänge der Sierra Madre Nordwest-Mexikos in Lagen zwischen 2100 und 2500 m und wandert im Herbst tiefer, um bei 760 m die Maisfelder der Indianer zu besuchen.
Haltung: Nichts bekannt.

Weiterführende Literatur:
BAILEY, F. M.: Birds of New Mexico. Turkeys; pp. 230–237; New Mexico Dptm. Game & Fish 1928
BAILEY, R. W., UHLIG, H. G., BREIDING, G.: Wild Turkey management in West Virginia. Cons. Comm. West Virginia, Charleston 1951
BENT, A. C.: Life Histories of North American gallinaceous birds. U. S. National Mus. Bull. 162 (1932)
BLAKEY, H. L.: The Wild Turkey on the Missouri Ozark Range; U. S. Dept, Agr. Biol. Surv, Wildl. Res. and Manag. Leaflet BS-77 (1937)
BURLEIGH, T. D.: Georgia Birds. Eastern Turkey; pp. 205–209; University of Oklahoma Press 1958
DALKE, P. D., LEOPOLD, A. S., SPENCER, D. L.: The ecology and management of the Wild Turkey in Missouri. Cons. Comm. techn. Bull. 1; pp. 1–85 (1946)
DÜRIGEN, B.: Die Geflügelzucht. Das wilde Truthuhn; pp. 302–308; P. Parey Berlin 1886
FORBUSH, E. H.: Birds of Massachusetts and other New England States, Part III; pp. 427–431; Commonwealth of Massachusetts 1929
FRANK, H.: Über die Einbürgerung von Wildputen. Finn. Game Res. 30; pp. 382–386 (1970)
GLUTZ VON BLOTZHEIM, U. N. et al.: Handbuch der Vögel Mitteleuropas, Bd. 5, Truthuhn; pp. 371–372, Akad. Verlagsges. Frankfurt/Main 1973
HEWITT, O. H.: The wild Turkey and its management. The Wildlife Society; pp. 1–608. Washington D.C. 1967
JOHANSEN, P. R., TIPTON, A. R., WHELAN, J. B.: The habitat evaluation system developed by the Eastern Wild Turkey. Virginia Journ. Sc. 31; p. 99 (1980)
LATHAM, R. M.: A complete book of the Wild Turkey; pp. 1–265; Stackpole Comp. Harrisburg, Penn. 1955
LEOPOLD, A. S.: The nature of heritable wildness in Turkeys. Condor 46, pp. 133–197 (1944)
DERS.: The wild turkeys of Mexiko; Trans 135th N. Amer. Wildl. Conf. pp. 393–400 (1948)
LIGON, J. S.: History and management of Merriam's Wild Turkey; pp. 1–84, New Mexico Game & Fish Comm.; Albuquerque 1946
MOSBY, H. S., HANDLEY, C. O.: The Wild Turkey in Virginia, its status, life history, and management; pp. 1–281; Virginia Comm. Game & Inland Fisheries, Richmond 1943
OBERHOLSER, H. C.: The Birdlife of Texas, Vol. 1, Turkey; pp. 282–285; Univ. of Texas Press 1974
POUGH, R. H.: Audubon Water Bird Guide, Turkey pp. 188–191. Doubleday & Comp., New York 1951
POWELL, J. A.: The Florida Wild Turkey; pp. 1–28; Florida Game & Freshwater Fish Comm. techn. Bull. 8 (1965)
RIDGWAY, R., FRIEDMANN, H.: The Birds of North and Middle America, Pt. X; pp. 436–458; Smithsonian Institution, United States National Museum Bull. 50, Washington 1946
SCHORGER, A. W.: The Wild Turkey; pp. 1–625. Univers. Oklahoma Press, Norman 1966.
SMITH, D.: A basic consideration for management of Eastern Wild Turkey (*Meleagris gallopavo silvestris*); pp. 36–57; Proc. Sympos. Habit. Req. Habitat Management for the Wild Turkey in the South East, Richmond Virginia 1982
SPRUNT, A.: Florida Bird Life; pp. 131–133. Coward-McCann, Inc., NY, and the National Audubon Society 1954
TERMER, F.: Die Hühner der Azteken. Ztschr. Ethnol. 76, pp. 205–215 (1951)

WAGNER, H. O.: Haustiere im vorkolumbischen Mexiko. Ztschr. Tierpsych. 17, pp. 364–375 (1960)
WHEELER, R. J.: The Wild Turkey in Alabama; pp. 1–92; Alabama Dptm. Cons., Montgomery 1948
ZEUNER, F. E.: Geschichte der Haustiere. Truthühner p. 383; Bayerischer Landwirtschaftsverlag, München 1967

Pfauentruthühner
Agriocharis, Chapman 1896

Engl.: Ocellated Turkeys.
Von den meisten Autoren wird das Pfauentruthuhn heute als eine Art der Gattung *Meleagris* angesehen, und nach ERNST MAYR (Artbegriff und Evolution) „ist *Agriocharis* unmißverständlich ein sehr divergenter geografischer Vertreter des Gemeinen Truthuhnes". Wir glauben, daß die Pfauentruthühner sich im Evolutionsprozeß schon so weit von den übrigen Truthühnern entfernt haben, daß man ihnen weiterhin Gattungsselbständigkeit zubilligen kann. Von *Meleagris* weicht *Agriocharis* u. a. durch das Fehlen des Borstenbüschels am Kropf, die während der Balz stark dehnbare Kopfbeule, orangerote Hautwarzen auf Kopf und Hals sowie das Auftreten metallisch glänzender Augenflecke auf den Schwanzfederenden ab. Die erheblichen Verhaltensunterschiede zum Bronzetruthuhn werden im Text besprochen.

Pfauentruthuhn
Agriocharis ocellata, Cuvier 1820

Engl.: Ocellated Turkey.
Abbildung: Seite 157 und 158
Heimat: Nordost-Guatemala im Distrikt von Petén und benachbarte Teile von Nordwest-Belize südwärts bis zum Südrand des Mountain Pine Ridge, Süd-Mexiko in Ost-Chiapas, Tabasco, Campeche, Yukatán und Quintana Roo. Keine Unterarten.
Beschreibung: Geschlechter vor allem in der Größe verschieden. Beim Hahn ist das Gefieder der Halsbasis bronzegrün, jede Feder mit je einem metallisch grünglänzenden oder bronzegrünen Endsaum sowie einer davor verlaufenden samtschwarzen Querbinde versehen; Oberbrust ähnlich, die Federn mit mehr bronzefarbenem Endsaum; Unterbrust-, Seiten- und Flankengefieder mit nach hinten zu allmählich immer breiteren und kupfriger werdenden Endsäumen. Unterbauch-, Steiß- und Schenkelgefieder rauchgrau bis schwärzlich, die langen Unterschwanzdecken metallisch blaugrün mit breiter, leuchtend kupfriger Endsäumung. Rückenfedern metallisch bronzegrün mit breiter, grünlich bronzefarbener Endsäumung und davor verlaufender schmaler, schwarzer Querbinde; die Schulterfedern ähnlich, nur mit noch breiteren, messing- bis bronzefarbenen Endbinden versehen. Kleine Flügeldecken leuchtend metallgrün, gegen den Flügelbug zu bläulicher, nach hinten zu bronziger, jede Feder vor der Spitze mit schmalem, schwarzem Querband; große Flügeldecken leuchtend metallisch kupferbronzefarben, eine Art Kupferschild bildend. Innere Armschwingen graubraun mit unregelmäßiger und unterbrochener schräger Weißbänderung, die äußeren Armschwingen mit weißen Außenfahnen und verdeckter graubrauner Fleckung in Schaftnähe, die mit den größeren Flecken und der unvollständigen Bänderung der mittleren Armschwingen übereinstimmen. Handschwingen und Handdecken grauschwarz mit unregelmäßiger schräger weißer Bänderung auf beiden Fahnen. Bürzelfedern leuchtend metallisch blau, breit bronzerötlich endgesäumt und von samtschwarzen Querbinden durchzogen. Oberschwanzdecken ähnlich, aber mit nach hinten zu breiter und kupferrot werdenden Endsäumen. Schwanz hellgrau, zart schwarz quergewellt und unregelmäßig gebändert sowie mit breiten, metallglänzenden kupferroten Endsäumen versehen. Die vor den Federenden liegenden großen, metallisch blauen Augenflecke werden ganz oder teilweise von einem samtschwarzen Band umsäumt. Die nackte Haut des Kopfes und Oberhalses ist hellblau, die Spitze der Kopfbeule, der Stirnzapfen und die unregelmäßig über die Haut verteilten Warzen sind orangerot. Ober- und Unterschnabelbasis von hellblauer Haut überzogen, übriger Schnabel gelblich hornfarben, ein schmaler Augenring karmesinrot, die Iris dunkelbraun, die Füße lackrot, beim Hahn mit einem scharfen gelblichen Sporn versehen. Länge 710 bis 915 mm; Flügel 348 bis 412,5 mm; Schwanz 284 bis 347 mm; Gewicht 3250 bis 4000 g. Hennen sind kleiner als Hähne und weniger leuchtend gefärbt mit kleineren Augenflecken vor den Schwanzfederenden, auch fehlen ihnen Stirnzapfen und Kopfbeule der Hähne. Die Sporen an den Läu-

fen fehlen oder sind bei älteren Hennen angedeutet. Flügel 313 bis 357 mm; Schwanz 244 bis 281,5 mm; Gewicht 1900 bis 2000 g.

Beim Dunenküken sind Oberkopf und Halsoberseite dunkel goldgelb, ein vom Scheitel des Nacken hinab nach dem Oberrücken verlaufendes Band schwarzbraun. Oberkörper graugelb, durch Längsfleckung schwarz marmoriert; Gesicht und Brust gelb, Kehle, Bauch und Weichen weißlich gelb; Schnabel hell fleischrötlich, die Füße etwas dunkler, die Iris grau.

Bereits am 1. Tag nach dem Schlupf sind an den Flügeln ca. 10 mm lange Kiele vorhanden, die an den Spitzen schon etwas Fahne entwickelt haben, und am 6. Tag sind die großen Flügeldecken vollständig entfaltet. Mit 10 Wochen besitzen die Küken bis auf Kopf und Oberhals ein ziemlich vollständiges Federkleid; in diesem Jugendgefieder sind sie größtenteils grauschwarz, die einzelnen Federn an den Spitzen fahl gesäumt; große Flügeldecken gelbbraun, die Federn mit schwarz quergestreiften Außenfahnen; Schwingen ähnlich denen der Adulten weiß mit schwarzer Querbänderung; der 5 cm lange Schwanz ist graulich und schwarz quergebändert.

Gelegestärke 8 bis 15; Ei hell zimtfarben mit kleineren und größeren schokoladenbraunen Tüpfeln bedeckt (60,76 mm × 44,2 mm); Gewicht 47,19 g; Brutdauer 28 Tage.

Lebensgewohnheiten: Das Verhalten des Pfauentruthuhns ist 1977 von STEADMAN, STULL u. EATON im guatemaltekischen Nationalpark Tikal in Petén im Gebiet der Maya-Pyramiden untersucht worden. Die großen Vögel waren dort so vertraut, daß man sich ihnen bis auf Entfernungen von 30 bis 8 m nähern konnte. Das Gelände liegt 185 bis 265 m über dem Meeresspiegel, besteht aus welligen, gelegentlich steil abfallenden Kalksteinhügeln mit flachem Gelände dazwischen und ist z. T. mit üppigem Tropenwald bedeckt. Die Hauptniederschlagsmenge fällt in den Monaten Juni bis September. Pfauenputer können nach der Ausbildung ihrer Sporen, die bei adulten Hähnen viel länger und spitzer sind als bei jüngeren Männchen, in 2 Altersklassen, Geschlechtsreife und Jährlinge, aufgeteilt werden. Eine weitere Altersbestimmung ist aufgrund der Ausdehnung der Kupferglanzbezirke auf den großen Flügeldecken möglich. Diese sind bei geschlechtsreifen Vögeln beiden Geschlechts ausgedehnter als bei Jährlingen, was übrigens genauso für das Bronzetruthuhn zutrifft. Außerdem konnten Pfauentruthühner an der unterschiedlichen Verteilung der orangeroten Hautwarzen auf Kopf und Hals auch individuell unterschieden werden. Die Balz begann in Tical am 9. März, und von da ab wurde das Kollern der Hähne halbe Tage lang gehört, bis die Beobachter das Gebiet am 14. April verließen. In Yucatan soll die Balz erst im April beginnen, gegen Anfang Mai ihren Höhepunkt erreichen und Ende Mai beendet sein. Pfauenputer kollern sowohl auf dem Erdboden wie auf Ästen der Schlafbäume, am häufigsten zwischen 6 und 11 Uhr morgens, danach wieder kurz vor Sonnenuntergang bis 30 Minuten nach Einbruch der Dunkelheit. Das Kollern wird von 3 bis 4 tiefen, hohl klingenden Tönen „Hump-hump-hump" eingeleitet. Darauf folgt die nach schnellem Kopfhochwerfen bis zur Senkrechthaltung ausgestoßene Hauptstrophe „Hump-hump-hump –pum-pum-pum-pidel-glunk". Wird das Kollern nicht durch dichte Vegetation gedämpft, ist es noch bis in Entfernungen von 700 m vernehmbar. Unter den 3 adulten Putern eines Trupps dominierte einer klar über die beiden anderen: Er kollerte häufiger und war im Beobachtungsbereich das einzige kopulierende Männchen. Der 2. Puter kollerte viel weniger, und der 3., vielleicht ein junges Männchen, überhaupt nicht. Vor Beginn des Radschlagens zieht der Pfauenputer den Kopf ein, hält die Schwanzfedern zunächst waagerecht und teilweise gefächert und schwenkt den Schwanz bis fünfmal hintereinander nach beiden Seiten, ehe er ihn aufrichtet und unter gleichzeitigem Sträuben des Rückengefieders zum Rad entfaltet. Dazu läßt er die Flügel so weit herabhängen, daß die Handschwingen den Boden berühren. Die Brustfedern werden zu einer schmalen Dreiecksform gesträubt, wobei die Winkelspitze direkt vor dem eingezogenen Kopf liegt. Kopf und Hals ruhen zurückgebogen im Rückengefieder. Während der Balz wird der dem Weibchen abgewandte Flügel in heftig vibrierende Bewegung versetzt, der ihr zugewandte dagegen steif gehalten. Der balzende Pfauenputer läuft um seine Hennen herum und versucht sie in einer geschlossenen Gruppe zusammenzuhalten. Jährlingshähne, die sich noch bei den Weibchen befinden, sind nicht darunter. Das Balzen konnte durch Kollern unterbrochen werden, ohne daß dazu die Balzhaltung aufgegeben werden mußte. Das Kopulieren eines erwachsenen Hahnes wurde 6mal beobachtet und fand stets frühmorgens statt. Wenn die vom Schlafast geflogenen Hennen sich einem balzenden Hahn bis auf 15 m näherten, kauerte sich dieser nach Art einer paarungsbereiten Henne mit gesenktem Kopf auf den Boden. Kommen die Hennen näher, erhebt er sich und versucht kollernd und balzend seine Hennen wie ein Hütehund zusammenzutreiben. Keine der Hennen ließ sich am ersten Tage treten. Das geschah erst tags darauf, nachdem die gleiche Verhaltensfolge abgelaufen war. Die paarungsbereite Henne kauert sich mit 45° und tiefer erdwärts gehaltenem Kopf und Hals vor den balzenden Hahn hin. Dieser umkreist sie balzend 2- oder 3mal, ehe er aufsteigt und vor der wenige Sekunden dauernden Copula nach Puterart auf ihr herumtrampelt. Danach rennt die Henne etwa 10 m weit, hält dann an und beginnt ihr Gefieder zu ordnen. Vergleicht man das Balzverhalten des Pfauentruthuhnes mit dem des Bronzetruthuhnes, so ergeben sich folgende Unterschiede: Vor dem Radschlagen schwenkt der Pfauenputer den waagerecht gehaltenen, nur teilweise entfalteten Schwanz mehrmals nach beiden Seiten, was ein Bronzeputer nicht tut. Beim Umkreisen der Henne versetzt der Pfauenputer den ihr abgewandten Flügel in schnell vibrierende Bewegung, was so ausgeprägt beim Bronzeputer nicht vorkommt. Bei Annäherung von Hennen imitiert ein Pfauenputer das Sichkauern des paarungsbereiten Weibchens, ein beim Bronzeputer unbekanntes Verhalten. Eine copulationsbereite Pfauenpute hält ihren Kopf beim Hinkauern erdwärts, die Bronzepute hebt ihn in gleicher Situation. Im Sozialverhalten unterscheidet sich das Pfauentruthuhn von der anderen Art dadurch, daß die Jährlingshähne noch den ganzen Winter über bis zu Beginn der folgenden Balzperiode mit den Weibchen in einem Trupp zusammenleben. Das mag damit zusammenhängen, daß männliche Jährlinge des Pfauentruthuhns noch nicht größer als die erwachsenen Weibchen sind, während junge Bronzeputer zum Zeitpunkt ihrer Trennung vom Weibchentrupp im Dezember/Januar bereits viel größer und schwerer als die Hennen sind, deshalb von den Altputern als Rivalen erkannt und verjagt werden. Schließlich ist die Kollerstrophe des Pfauenputers mit ihren „Humps" ganz verschieden von der der anderen Art.

Das Nest, eine mit Blättern, Zweigen und Gras unordentlich gefüllte Mulde, steht auf dem Erdboden. Volle Gelege bestehen aus meist 5 bis 10 Eiern. Beim Verlassen des Geleges zur Futteraufnahme deckt die Henne es jedesmal sorgfältig mit Blättern zu. Die Kükensterblichkeit scheint sehr hoch zu sein, denn CORDIER traf mehrfach Weibchen mit nur einem Jungen an. Er führt das nicht nur auf hohe Verluste durch Räuber, sondern vor allem auch darauf zurück, daß gerade während der Hauptbrutzeit ein Teil des Bodens durch Regenfälle überschwemmt ist. Würde nur ein Drittel der geschlüpften Küken überleben, müßte der Wald von Pfauentruthühnern wimmeln.

LINT beobachtete, daß zweiwöchige Küken der Mutter fliegend auf den Schlafbaum folgten und dort von ihr gehudert wurden.

Der Tagesrhythmus des Pfauentruthuhns ist von STEADMAN, STULL u. EATON ebenfalls untersucht worden. Übernachtungsplätze waren in Tical zu 75 % *Cecropia*-Bäume von 15 cm Durchmesser, auf denen die Vögel waagerechte Äste in 5 bis 11 m Höhe zum Schlafen benutzten. Solche Bäume standen stets am Rande einer Lichtung und wurden mehrere Nächte hintereinander benutzt, dann aber gewechselt. Niemals übernachteten mehr als 11 Vögel gemeinsam auf einem Baum. Nach dem Abflug vom Schlafast, ca. 30 Minuten vor Sonnenaufgang, begaben sich die Vögel sofort auf Grasflächen, um ihr Gefieder zu putzen und die Flügel ein- und doppelseitig zu strecken. Danach ästen sie von 6 bis 10 Uhr. Mit zunehmender Wärme begaben sie sich in den kühleren Wald, wo sie wohl wegen gelegentlicher Bejagung viel scheuer waren als auf den offenen Flächen. Die Zeit von 10 bis 14 Uhr widmeten sie ausgiebig der Gefiederpflege und ruhten sich aus. Von 14 bis 18 Uhr traten sie wieder auf Grasflächen heraus und ästen dort schneller als am Morgen. Die Nahrung erwachsener Pfauentruthühner besteht ganz überwiegend aus Pflanzenteilen. In Tical war eine exakte Futteranalyse nicht möglich, weil Kropf- und Mageninhalt nur am toten Vogel untersucht werden können. Durch Beobachtungen wurde festgestellt, daß wenigstens die Hälfte der Nahrung aus Grassamen bestand. Zu 30,5 % wurde die Aufnahme von Blättern, 8,1 % von Früchten im Wald, 7,0 % Blüten und nur von 2,4 % Insekten beobachtet. Damit dürfte das Pfauentruthuhn in größerem Maße Vegetarier sein als das Bronzetruthuhn.

Haltung: Das erste Pfauentruthuhn gelangte wohl 1848 durch BATES, einen Sammler des EARL OF DERBY, in die Knowsley Menagerie. 1857 erhielt Kaiserin VICTORIA von SKINNER und WILSON 3 dieser herrlichen Vögel aus Honduras zum Geschenk und übergab sie dem Londoner Zoo. Zwei starben nach 2 Jahren, der dritte 1860. An diesen Vögeln wurde von T. W. PRIDE erstmalig die Balz beschrieben und porträtiert. Von einem dem Londoner Zoo 1864 geschenkten Weibchen wurde 1865 mit einem Hausputer ein männlicher Mischling gezüchtet.

1881 erhielt der Berliner Zoo 1 Hahn und 2 Hennen, die in einem warmen Winterhaus untergebracht wurden. Zu Beginn der Balzzeit im Mai 1882 stattete man die Voliere mit 2 flachen, heugefüllten Kisten aus. Von Anfang Mai bis zum 25. dieses Monats hatten beide Hennen zusammen 34 Eier gelegt. Von den zuerst gelegten 16 Eiern waren 8 befruchtet und wurden einer Hauspute sowie einer Malayenhenne untergelegt. Am 20. Juni schlüpften die ersten 5 Küken, insgesamt 9, die jedoch alle nicht großgezogen werden konnten. Auch 1909 hat der Berliner Zoo 1 Paar Pfauentruthühner besessen, jedoch nicht mit ihnen gezüchtet. 1938 brachte der Tierfänger CORDIER aus Guatemala 12 Pfauentruthühner, von denen er 11 aus Wildgelegen selbst aufgezogen hatte, zu DELACOUR nach Clères (Normandie), der 4 der Vögel nach Leckford in England abgab, wo CHAWNER 1940 9 Küken erzielte und LEWIS 1943 5 Küken großzog. Im Jahre 1946 sammelten und importierten CHARLES CORDIER und Dr. D. S. NEWILL (Connellsville, Pennsylvania) eine Anzahl Pfauentruthühner aus Guatemala erstmalig in die USA, wo die Vögel von mehreren Tiergärten zu Zuchtzwecken übernommen wurden. 1 Paar erhielt der Zoopark von San Diego (Kalifornien). Daß heute in einer Reihe von zoologischen Gärten und Privatsammlungen sich selbst erhaltende Zuchtstämme dieses prächtigen Hühnervogels vorhanden sind, verdanken wir letztlich den Bemühungen dieses weltbekannten Tierparks, der erstmalig die vorher nur bei Hausgeflügel in den USA erfolgreich praktizierte Vermehrung durch künstliche Besamung bei seinem Pfauentruthuhnpaar durchführen ließ und damit diese Methode in die Wildgeflügelzucht einführte (LINT). Als sich im Jahre 1947 alle von der Pfauenpute gelegten Eier als unbefruchtet erwiesen hatten, weil der Puter wegen eines Beinschadens nicht treten konnte, wurden 2 mit der künstlichen Geflügelbesamung vertraute Spezialisten der Landwirtschaftlichen Fakultät der Universität von Kalifornien um Unterstützung gebeten. Die erste Besamung am 21. Mai 1948 verlief trotz der bei dieser Vogelart bekannten Neigung zur Panik ohne Schwierigkeiten, und die danach von der Henne gelegten 14 Eier erwiesen sich als durchweg befruchtet. Aus ihnen schlüpften nach 28 Tagen ebenso viele Küken, die teils mit Hühnerglucken, teils im Inkubator erbrütet worden waren. Die von den Glucken erbrüteten Küken erwiesen sich als etwas kräftiger als ihre im Brutapparat geschlüpften Geschwister. Schwierigkeiten bei der Aufzucht mit Hühnerammen entstanden lediglich dadurch, daß die Putenküken im Alter von 6 oder 7 Wochen zum gleichzeitigen Hudern zu groß geworden waren. Die größte Gefahr bei der Aufzucht von Küken des Pfauentruthuhns ist ihre hohe Empfindlichkeit gegen Unterkühlung. Nebliges und regnerisches Wetter sowie besonders Zugluft führen bei Küken jeden Alters schnell zum Tode. Die Eier wurden während der ersten 3 Wochen bei 37,2 bis 37,9 °C und einer relativen Luftfeuchtigkeit von 94 bis 95 % bebrütet und 3mal täglich per Hand gewendet. In der 4. Woche wurde die Temperatur auf 38,3 °C erhöht. Zum Abtrocknen des Dunenkleides geschlüpfter Küken genügen im allgemeinen 8 Stunden. Schwache Küken bleiben bis zur Kräftigung länger im Brüter. Die Temperatur im Aufzuchtkasten wurde in der 1. Woche auf 34,9 bis 35 °C eingestellt und allwöchentlich um 2 °C gesenkt, bis die Kleinen 4 Wochen alt waren. Geschlüpfte Küken werden generell erst nach Ablauf von 24 Stunden erstmalig gefüttert, um die Resorption des Dottersackes abzuwarten, was lebenswichtig ist. Füttert man Küken nämlich zu früh, sterben sie häufig an Verdauungsbeschwerden. Das größte Problem war aber stets, die Kleinen zur Futteraufnahme zu veranlassen. Alle erprobten Methoden versierter Züchter scheiterten zunächst. Viele Stunden, selbst die Nacht, wurden damit zugebracht, sie zum Fressen zu bewegen. Putenstarter-Weichfutter mit Grünzeug vermischt wurde verschmäht. Was sie in den ersten 4 Wochen am Leben erhielt, war Lebendfutter. Für 14 wachsende Küken davon stets genügend zur Verfügung zu haben, war nicht gerade einfach. CORDIER hatte dieses Problem in Guatemala leicht durch ausschließliche Verfütterung von Termiten lösen können, einem nahrhaften Futter, das dort in unbegrenzter Menge zur Verfügung stand. In San Diego mußten Schaben herhalten, die in der Vogel- und Reptilienabteilung des Tierparks in großer Menge gezüchtet werden. Da jedes Küken aber 3mal täglich 20 Schaben verzehrte, war bei einem täglichen Verbrauch von 840 Schaben pro Tag der Vorrat bald erschöpft. Zusätzlich wurden Ohrwürmer und dann ausschließlich Mehlwürmer verfüttert, letztere wegen des hohen Nährwertes in einer täglichen Menge von 30 Stück pro Küken. Mit 5 Wochen begannen diese, plötzlich nach anderem Futter zu suchen und verzehrten nunmehr gierig Putenstarter mit 22 % Proteingehalt, Gelbei und Grünzeug. Zusätzlich wurden trockene Brotkrumen und frischer junger Kolbenmais verfüttert. Im Alter von 7 Wochen wurden die Jungen nach Art vieler junger Vögel vorübergehend außerordentlich scheu und gerieten leicht in Panik. Frischer, sauberer Sand in einer flachen Schale in den Auslauf gestellt, wurde sofort von ihnen genutzt. Mit 8 Wochen überwanden sie mühelos den Wechsel vom Starterfutter zum Aufzuchtfutter. Ein patentiertes Aufzuchtfutter, bei dem die Vögel sichtlich gediehen, wurde regelmäßig zusammen mit feingehacktem Grünzeug, grünem Mais, Kanariensamen, Brotkrumen sowie gekochtem Eidotter als Gemenge verfüttert und stets einige Mehlwürmer beigegeben. Ab 7 Wochen wurde auch in geringer Menge Schabefleisch gereicht, um Federpicken, Kämpfen und Kannibalismus vorzubeugen. So erreichten die Jungvögel mühelos das Alter von 5 Monaten, in dem sie weitgehend den Altvögeln gleichen. Das Wachstum verlief chronologisch etwa wie folgt: Mit 6 Wochen erscheinen die Sporenknöpfe bei den Hähnchen, und die Stirnwarzen werden sichtbar, während Hals- und Ohrregion noch grau bleiben. Im Alter von 7 Wochen nimmt die Scheitelhaut eine hellblaue Färbung an, und die bleibenden Schwanzfedern beginnen zu erscheinen. In der 8. und 9. Woche wird die Kopffärbung dunkler blau, und auf den Schwanzdecken ist erstmalig ein Schillern zu beobachten. Mit 11 Wochen werden die Augenflecken auf den Schwanzfedern sichtbar. In der 19. Woche erscheint der fleischige Knopf über dem Schnabel der männlichen Jungen. Im Alter von 5 Monaten schließlich gleichen die Jungvögel bis auf ihre geringere Größe und dem etwas trüberen Gefieder den Altvögeln.

Bei der Haltung des Pfauentruthuhns in San Diego wurden noch folgende Erfahrungen gesammelt: Die Brutzeit beginnt im Mai. Unabhängig von Größe und Bepflanzung der Voliere brütet die Pfauenpute meist unzuverlässig, so daß ihr das Gelege fortgenommen werden sollte. In bestimmten Situationen, wie Transporten oder dem Umsetzen in andere Volieren, neigen Pfauentruthühner zur Panik, was auch noch für in Menschenobhut geborene Vögel der 2. und 3. Generation zutrifft. Während der Fortpflanzungsperiode sind Pfauentruthähne extrem aggressiv. Der Puter in San Diego flog jedem Pfleger, der die Voliere betrat, durch die ganze Länge der Voliere mit Wucht ins Gesicht, und seine scharfen Sporen waren gefährliche Waffen, so daß stets ein 2. Mann zur Abwehr dieser ohne Vorwarnung erfolgenden Angriffe bereitstehen mußte, wenn beispielsweise Eier eingesammelt wurden. Von einer Verteidigung des Geleges kann dabei natürlich keine Rede sein, weil kein Puter an einer Verteidigung der brütenden Henne beteiligt ist. Es handelt sich im vorliegenden Fall ausschließlich um Revierverteidigung.

Nachzuchtvögel des San-Diego-Zoos wurden an amerikanische Gärten sowie an Clères, Rotterdam und Frankfurt abgegeben. Letzterer Zoo zog bis zum Jahre 1970 57 Junge groß, die an andere Gärten weitergegeben wurden (GRZIMEK, 1970).

Weiterführende Literatur:

BRODKORB, P.: Birds from the gulf lowlands od Southern Mexico. Misc. Publ. Mus. Zool. Univ. Michigan No. 55; p. 88 (1943)
CHAPMAN, F. M.: Notes on birds observed in Yucatan. Bull. Amer. Mus. Nat. Hist. 8; pp. 271–290 (1896)
CHAWNER, E. F.: Breeding of the Mexican Ocellated Turkey in the Leckford Aviaries. Avic. Mag. 5th Series, Vol. 5; p. 218 (1940)
CORDIER, D.: Collecting the Ocellated Turkey. Aviculture; pp. 62–71 (1943)
DELACOUR, J.: Mr. Cordiers collection. Avic. Mag. 5th Series, Vol. IV; p. 270 (1939)
DÜRIGEN, B.: Die Geflügelzucht. Das Pfauentruthuhn; pp. 315–317, P. Parey Berlin 1886
FROST, M. D.: Wildlife management in Belize: Program, status and problems. Wildl. Soc. Bull, 5; pp. 48–51 (1977)
GAUMER, G. F.: Notes on *Meleagris ocellata* CUVIER. Trans. Kansas Acad. Sci. 8; pp. 60–62 (1883)
DERS.: Zitiert in „A Handbook to the Game-Birds, Lloyd's Natural History by W. R. OGILVIE-GRANT"; Vol. II.; pp. 110–111: The Honduras Turkey (1897)
LAND, H. C.: Birds of Guatemala; p. 86. Livingston Publ. Comp. Wynnewood, Pennsylvania 1970
LEOPOLD, A. S.: The wild turkeys of Mexico. Trans. 135th N. Amer. Wildl. Conf.; pp. 393–400 (1948)
LEWIS, J. S.: The Ocellated Turkey (*Meleagris ocellata*) Avic. Mag. 5th Series, Vol VI; pp. 43–46 (1941)
LINT, K. C.: Breeding Ocellated Turkeys in Captivity. Bull. Zool. Soc. San Diego No. 27; pp. 5–23 (1952)
DERS.: Ocellated Turkeys. WPA. Journal III; pp. 14–21 (1977–1978)
PAYNTER, R. A.: The ornithogeography of the Yucatan Peninsula. Peabody Mus. Bull. No. 9; p. 347 (1955)
RAETHEL, H. S.: Zur Einfuhr und Zucht des Pfauentruthuhnes (*Meleagris ocellata*). Gef. Welt; p. 218 (1964)
RENSHAW, G.: The Ocellated Turkey. Avic. Mag 3th Series, Vol. VIII; pp. 112–115 (1917)
RIDGWAY, R., FRIEDMANN, H.: The Birds of North and Middle America. Part X. *Agriocharis;* pp. 458–463. U. S. Nat. Mus. Bull. No. 50 (1946)
SETH-SMITH, D.: The Ocellated Turkey (*Meleagris ocellata*). Avic. Mag. 5th Series, Vol. II; pp. 271–272 (1937)
DERS.: The Ocellated Turkey. Avic. Mag. 5th Series, Vol. 6; pp. 101–102 (1941)
SMITHE, F. B., PAYNTER, R. A.: Birds of Tikal, Guatemala. Bull. Mus. Comp. Zool. 128; pp. 245–324 (1963)
SMITHE, F. B.: The Birds of Tikal. Nat. Hist. Press, Garden City; p. 350 (1966)
STEADMAN, D. W., STULL, J., EATON, S. W.: Natural History of the Ocellated Turkey. WPA. Journal IV; pp. 15–37 (1978–1979)
VAN TYNE, J.: The Birds of northern Petén, Guatemala. Misc. Publ. Mus. Zool. Univ. Michigan No. 621; p. 46 (1935)
WAGNER, H. O.: Beitrag zur Biologie und Domestizierungsmöglichkeit des Pfauentruthuhns. Veröff. Mus. Bremen, A. 2; pp. 135–140 (1953)

Neuwelt- oder Zahnwachteln
Odontophoridae

Engl.: American Quails.
Die Neuwelt- oder Zahnwachteln sind wachtel- bis rebhuhngroße Hühnervögel, die mit 9 Gattungen und ca. 30 Arten ausschließlich Amerika bewohnen und dort die altweltlichen Kleinhühner und Wachteln, mit denen sie nicht näher verwandt sind, ersetzen. Die im Körperumriß meist rundlichen Zahnwachteln sind durch kurze, kräftige Schnäbel mit leicht gesägtem und gezähntem Unterschnabelrand, kräftige, ungespornte Läufe mit oft sehr gut entwickelten Scharrzehen und Krallen, kurze, runde Flügel mit 13 bis 16 Handschwingen und sehr kurze bis ziemlich lange Schwänze aus 10 bis 14 Steuerfedern charakterisiert. Bei einigen Gattungen treten auffällige Schopfbildungen auf. Außerhalb der Brutzeit sehr gesellig, leben die Zahnwachteln in Familiengruppen, aber auch größeren Gesellschaften zusammen. Beide Geschlechter der monogynen Vögel beteiligen sich am Nestbau und an der Kükenaufzucht. Die Nester können einfache Erdmulden, aber auch allseitig umschlossene Nestkammern mit seitlichem Röhreneingang sein. Das Stimmrepertoire ist bei einigen Arten sehr reichhaltig, und Duettgesang der Paare kommt bei einigen mittel- und südamerikanischen Arten vor. Bei den nordamerikanischen Zahnwachteln besetzen unverpaart gebliebene Männchen Reviere in der Nachbarschaft von Brutpaaren und rufen während der Fortpflanzungszeit unermüdlich von erhöhten Plätzen („Singwarten") aus. Damit locken sie unverpaarte Hennen an und übernehmen im Fall des Todes von Männchen benachbarter Brutpaare sofort deren Stellung. Ähnlich den altweltlichen Steinhühnern können auch Zahnwachtelmännchen verwaiste Gelege erbrüten und die Küken allein aufziehen. Dies alles sind zusätzliche Hilfen zur Erhaltung des Artbestandes, da diese Kleinhühner zahlreiche Feinde haben und üblicherweise kein hohes Lebensalter erreichen. Leider ist über das Verhalten vieler mittel- und südamerikanischer Arten gegenwärtig noch wenig bekannt, weil sie sehr versteckt im Unterholz von Wäldern leben und nur selten importiert werden. Nur 2 Vertreter der artenreichen Familie, die Kalifornische Schopfwachtel und die Virginiawachtel (Bobwhite), werden regelmäßig und in fest etablierten Zuchtstämmen in den USA und Europa gehalten und vermehrt. Die übrigen Arten werden bedauerlicherweise nur sehr unregelmäßig eingeführt, und im Angebot der Geflügelzeitschriften wird man sie nur zufällig angeboten finden. Zahnwachteln dürfen nur paarweise gehalten werden, wenn man davon absieht, daß in den amerikanischen Zuchtfarmen die Bobwhite-Rassen als erste Domestikationserscheinung auch zu Trios zusammengestellt werden, also ein Männchen zusammen mit 2 Weibchen. Die Voliere sollte für das Paar eine Grundfläche von wenigstens 1,25 m × 1,25 m aufweisen. Darüber liegenden Maßen sind keine Grenzen gesetzt, zumal die Erstzuchten vieler Arten erst in großen gras- und gebüschbewachsenen Volieren gelungen sind. Betont sei auch, daß jede Zahnwachtelvoliere einen Schutzraum haben muß. Auch die in Europa „winterfesten" Arten, wie Virginiawachtel, Kalifornische Schopfwachtel und Berghaubenwachtel, benötigen ihn. Alle übrigen Arten sind frostfrei zu überwintern. Wichtig ist ferner ein trokkener, gut drainierter Volierenboden, der aus Sand oder feinem Kies bestehen soll. Zahnwachteln sind außerordentlich anfällig gegen Haarwurm-, Luftröhrenwurm- und Coccidienbefall, Parasiten, deren Eier, Larven und Cysten in feuchtem Erdreich lange infektiös bleiben. Versuchen Sie niemals, Zahn-

wachteln mit nahen Verwandten oder anderen Kleinhühnern (Wachteln, Reb- und Steinhühner) zusammen zu halten. Während der Brutzeit sind alle Zahnwachtelhähne überaus aggressiv und greifen auch Großfasane an, denen sie natürlich nichts anhaben können. Jungvögel dürfen nur bis zum folgenden Frühjahr mit dem Elternpaar zusammen gehalten werden und sind zu trennen, wenn bei Eintritt milder Witterung die ersten Geplänkel der Hähne untereinander beginnen. Es empfiehlt sich, die Vögel mit Farbringen zu kennzeichnen und zusammenhaltende Paare herauszufangen. Halten Sie also rechtzeitig genügend viele Käfige in Bereitschaft, um im Frühjahr Jungpaare vor dem Verkauf darin unterbringen zu können. Zahnwachteln können ohne weiteres mit Finkenvögeln zusammengehalten werden. Allerdings ist damit zu rechnen, daß beim abendlichen Aufbaumen der Wachteln unter diesen Panik entsteht. Die Fütterung der Neuweltwachteln bereitet keine Schwierigkeiten, da es unter ihnen keine ausgesprochenen Futterspezialisten gibt. Alle Arten nehmen als Hauptnahrung Körnerfutter auf. Als solches werden Bruchweizen, Milokorn (Durrha), Hirse, Buchweizen und Waldvogelfuttergemisch angeboten. Zur Sicherung des Proteinbedarfs sollte zusätzlich pelletiertes Kükenaufzuchtfutter in Krümelform gereicht werden. Grünfutter je nach der Jahreszeit (Vogelmiere, Schafgarbe, Ampfer, Salat, halbreife Grasrispen, Luzerne, Klee) sowie Obst als Leckerbissen werden stets gern angenommen. Tierisches Eiweiß, das während der ersten 14 Lebenstage die Hauptnahrung der Küken bildet, wird von den Erwachsenen nur noch in geringer Menge aufgenommen. Die mittel- und südamerikanischen Wald-Zahnwachteln scheinen mehr auf Insekten, Würmer etc. angewiesen zu sein. Kleinküken wurden früher hauptsächlich mit Puppen der Roten Waldameise aufgezogen. Heute beginnt man mit Gemischen aus Kükenstartermehl, gekochtem Eigelb und feingehacktem Grünzeug und geht nach 14 Tagen allmählich auf kleine Körnerarten über. Da Zahnwachtelhennen in Gefangenschaft unzuverlässige Brüter sind, werden die Gelege Brutapparaten anvertraut.

Weiterführende Literatur:
BENDIRE, C.: Life histories of North American birds. U.S. National Museum special bulletin, vol. 1, no. 1 (1892)
BLAKE, E. R.: Manual of neotropical birds, vol. 1, Zahnwachteln; pp. 439–469 (1977)
BOETTICHER, H. VON: Wachteln, Rebhühner, Steinhühner, Frankoline und Verwandte. Kapitel 7: Die amerikanischen Baum- oder Zahnwachteln; pp. 94–112. 2. Auflage, Verlagshaus Reutlingen Oertel & Spörer 1981
DÜRIGEN, B.: Die Geflügelzucht. Baumwachteln pp. 368–370. Verlag P. Parey, Berlin 1886
GOULD, J.: A monograph of the Odontophorinae or partridges of North America. London: Author (1850)
JOHNSGARD, P. A.: A summary of intergenetic New World quail hybrids and a new intergeneric hybrid combination. Condor 72; pp. 85–88 (1970)
DERS.: Experimental hybridization in the New World quail (Odontophorinae). Auck 88; pp. 264–275 (1971)
DERS.: Grouse and quails of North America. University of Nebraska, Lincoln (1973)
NEUNZIG, R.: Die fremdländischen Stubenvögel; Zahnwachteln; pp. 855–865. Creutz'sche Verlagsbuchhdlg., Magdeburg 1921
RIDGWAY, R./FRIEDMANN, H.: The Birds of North and Middle America, Part X. Zahnwachteln; pp. 239–409. US Government Printing Office, Washington 1946
ROBBINS, G. E. S.: Quail, their Breeding and Management. Zahnwachteln; pp. 31–68. Published World Pheasant Association 1981
RUSS, K.: Die fremdländischen Stubenvögel, 2. Band, Die Baumwachteln; pp. 862–871. Creutz'sche Verlagsbuchhdlg., Magdeburg 1899
SETH-SMITH, D.: American Quails or Colins. Avic. Mag., Series 4; pp. 64–67 (1930)
SPAULDING, E. S.: The Quails. The Macmillan Co., New York; p. 123 (1949)

Langschwanzwachteln
Dendrortyx, Gould 1844

Engl.: Long-tailed Tree Quail.
Diese rebhuhngroßen und damit größten Zahnwachteln zeichnen sich durch aufrichtbare kurze Vorderscheitelhauben und lange 12federige, spatelförmige Schwänze aus, die länger als die Flügel sind. Der Schnabel ist kurz und kräftig, die engere Augenumgebung unbefiedert, die Läufe sind lang. Geschlechter gleichgefärbt.
Aufgrund vergleichender anatomischer Untersuchungen hält HOLMAN (1961) die Gattung *Dendrortyx* für die ursprünglichste der Zahnwachtelfamilie und glaubt an die Möglichkeit, daß sie, und damit alle *Odontophoridae*, sich aus einem baumbewohnenden Zweig des frühen Cracidenstammes entwickelt haben könnte. Die 3 Langschwanzwachtelarten bewohnen Gebirgswälder Mittelamerikas. Außerhalb ihrer Heimat sind sie bisher nur sehr selten gehalten worden.

Schwarzschnabel-Langschwanzwachtel
Dendrortyx leucophrys, Gould 1844

Engl.: Buffy-crowned Tree Quail.
Heimat: Hochland von Chiapas (Mexiko), Guatemala, Nikaragua und Costa Rica. 2 Unterarten.
Beschreibung: Geschlechter gleichgefärbt. Stirn, Vorderscheitel und Gesicht isabellweiß; übrige Scheitelpartien und Hinterkopf matt sepiabraun, rostrot angeflogen; Nacken- und Interskapularfedern rostbraun und auffällig weiß gesäumt; mittlere und kleine Flügeldecken isabellbraun, entlang der Federschäfte dunkler und rötlicher; große Flügeldecken rötlicher, orangezimtig verwaschen, dicht und unregelmäßig blaß isabellgelb quergesprenkelt. Schultern isabellbraun, nach außen hin zu bräunlichem Olivgrau aufhellend, medialwärts zu Umberbraun abdunkelnd. Armschwingen blaß zimtbraun, dunkelbraun gesprenkelt, am stärksten auf den inneren Armschwingen; Handschwingen hell rostbraun mit Orangetönung, die Innenfahnen dunkler und undeutlich dunkel zimtbraun gesprenkelt; Oberrücken wie Interskapularen, doch das helle Rötlichbraun ihres Mittelteils durch Rostbraun mit schwarzer Quersprenkelung ersetzt, die grauen Außenpartien isabellbraun getönt und undeutlich nelkenbraun gebändert. Übrige Rückenpartien, Bürzel, Oberschwanzdecken mit weißlicher, beidseitig schwarz gesäumter Musterung; äußere Schwanzfedern hell rostbraun, diese Farbe auf den mittleren zu einem breiten Schaftstreifen reduziert; übrige Schwanzfederteile mit hell isabellgelber Zickzackbänderung, und diese Bänder beidseitig breit nelkenbraun gesäumt. Kinn und Kehle weiß, Kehlseiten und Unterkehle hell rötlichbraun bis dunkel zimtbraun, jede Feder grau gesäumt; Brustfedern mit breiterer dunklerer Säumung und heller rostötlichen Zentren; Vorder- und Seitenbauch nebst den Körperseiten hell grauisabell, am grauesten und dazu mit rostbrauner Schaftstreifung auf dem Vorderbauch. Bauchmitte, Flanken, Unterschwanzdecken caudalwärts in Dunkelolivbraun übergehend. Schnabel schwarz mit orangegelber Unterschnabelkante, nackte Orbitalhaut und Beine orangerot, Iris grauoliv.

Länge 318 bis 356 mm; Flügel 138 bis 155 mm; Schwanz 113 bis 149 mm.
Hennen sind lediglich etwas kleiner, Dunenküken noch unbekannt.
Gelegestärke unbekannt; Ei rötlichgelb, rotbraun gefleckt und bekleckst (44 mm × 33 mm).
Lebensgewohnheiten: Obwohl die Unterart *nicaraguae* in El Salvador von der Obergrenze der ariden unteren tropischen Zone bis hinauf in Höhen von wenigstens 2430 m in der oberen tropischen Nebelwaldzone vorkommt, weist sie doch die höchste Bestandsdichte in den Eichen-/Kiefernmischwäldern der ariden oberen tropischen Zone auf, die sehr einheitlich die Südhänge des Hochlandes bedecken. Gleiche Habitate sind aus Honduras bekannt, wo sie noch trockneres Gelände bevorzugen soll. Wald scheint nicht unbedingt notwendig zu sein, denn in Costa Rica soll sie in dichtem Gestrüpp, vielleicht sogar auf parkartigen Bergwiesen vorkommen. Ungestört schreitet diese große Zahnwachtel langbeinig in ziemlich aufrechter Haltung einher, duckt sich jedoch bei der leisesten Beunruhigung und versteht es meisterhaft, schnell und lautlos in dichtem Busch zu verschwinden, wobei sie ihr Gefieder rallenartig schmal an den Körper preßt. Außerhalb der Brutzeit leben die Vögel in Familiengruppen zusammen, und für die Nacht scheinen mehrere Familien immer wieder den gleichen Schlafbaum gemeinsam zu benutzen. Die läutenden Rufe dieser Wachteln erinnerten DICKEY (1938) an die der Tschatschalaka-Guans. Sie können zu jeder Tageszeit gehört werden, sind jedoch noch nicht beschrieben worden. Die Benennungen „Guachoque" für den Vogel in Guatemala und „Chirascuá" in Costa Rica dürften lautmalenden Charakter haben. Die Brutsaison fällt in die während der Monate Juni/Juli herrschenden Regenzeit. Vollgelege sollen nach Aussagen der Einwohner 4 Eier enthalten.
Haltung: Als Erstimport erhielt der Londoner Zoo 1861 1 Schwarzschnabel-Langschwanzwachtel. Nach DÜRIGEN (1886) war die Art 1884 im Hamburger Zoo vertreten. 1973 hat nach JOHNSGARD der Zoo von San Diego 1 Exemplar gehalten. Sie ist noch nicht gezüchtet worden.

Rotschnabel-Langschwanzwachtel

Rotschnabel-Langschwanzwachtel
Dendrortyx macroura,
Jardine u. Selby 1828

Engl.: Long-tailed Tree Quail.
Heimat: Hochland Mexikos in den Staaten Jalisco, Mexiko, Veracruz südwärts bis Guerrero und Ost-Oaxaca. 6 Unterarten.
Beschreibung: Stirn, Zügel und ein schmaler Überaugenstreif schwarz, die buschige Scheitelhaube schwarz mit rostbrauner Tropfenfleckung; ein weißes Superziliarband beginnt schmal über den Augen und zieht sich nach hinten zu verbreiternd, bis zu den Ohrdecken. Halsseiten, Hinterhals und Oberrücken rost- bis kastanienbraun, die Federn breit grau gesäumt; Schultern und Flügel olivbraun, rostbräunlich isabell gesprenkelt und gefleckt; Schwanz olivbraun mit dunkelbrauner Zickzackquerbänderung, die dazwischen liegenden Federpartien kompliziert braun und weißlich getüpfelt und wellengebändert. Ein breiter Unteraugenstreif und die Ohrdecken schwarz, letztere nußbraun vermischt; ein am Schnabelwinkel beginnendes weißes Zügelband verläuft sich verbreiternd die Halsseiten hinunter, Kinn und Kehle darunter schwarz; Brust und Seiten hellgrau, zuweilen auffällig rostbraun gefleckt oder längsgestreift; Flanken und hintere Unterseite hauptsächlich olivbraun. Schnabel, Orbitalring, Iris und Füße korallenrot.
Länge 305 bis 381 mm; Flügel 142 bis 169 mm; Schwanz 120 bis 170 mm; Gewicht 433 bis 467 g.
Beim Dunenküken sind ein breiter Stirnbezirk und ein Überaugenband chamois, über den Augen zu honiggelb abdunkelnd; Scheitelmitte, Hinterkopf, Nacken goldbraun, gesamte Oberseite und Flügel dunkel gelbbraun, auf den Rückenseiten nelkenbraun gebändert. Kinn, Kehle und Unterseite cremegelblich, am hellsten auf Kinn und Kehle; Seiten und Flanken rostbräunlich oliv überflogen. Schnabel und Füße gelb.
Gelegestärke 5 bis 7; Ei cremegelb mit kleiner hellbrauner bis rötlichbrauner Fleckung (49,2 mm × 33,5 mm).
Lebensgewohnheiten: Unter den 3 Arten der Gattung weist diese die weiteste Verbreitung auf. Sie bewohnt Nebelwälder der meisten Bergketten nördlich des Isthmus von Tehuantepec nordwärts bis Nordwest-Jalisco sowie die Umgebung von Orizaba in Veracruz. Als Nahrung werden Knospen, Blüten und Beeren von Zweigen gepflückt, außerdem auf dem Waldboden scharrend Futter gesucht. Der Kropf eines Tieres war mit Samen der Leguminosengattung *Desmodium* gefüllt. Die Rufstrophe der Langschwanzwachtelarten gehört zwar nicht zu den melodischsten, dafür aber eindrucksvollsten Lautäußerungen, die eine Zahnwachtel zu bieten hat. Sie beginnt mit einer einleitenden Serie weicher kehliger, tutender Töne, die zunächst nur aus nächster Nähe vernehmbar sind und den danach folgenden lauten Schreien vorangehen. Diese Einleitungsstrophe läßt sich mit einem leise beginnenden und immer lauter werdenden „Huup, hUUp, HUUP" wiedergeben. Ihr folgen in Intervallen von weniger als einer Sekunde bis 14mal hintereinander ausgestoßene laute, durchdringende „Kuur-III-o"-Schreie, in die die benachbarten Revierbesitzer ein-

fallen können, wodurch sich das Ganze zu einem eindrucksvollen Schreichor vereinigt. Die Rufserie kann man das ganze Jahr hindurch hören, am häufigsten jedoch im Frühjahr. Nur bei dieser Art sind bislang einige Nester gefunden worden. Es waren teils schlecht getarnte, mit wenigen Kiefernadeln dürftig ausgestattete Erdmulden, teils gut versteckte, mit zarten Grashalmen ausgefütterte Nester. In Jalisco fällt die Brutzeit in die Monate Juni/Juli mit ersten Küken Mitte Juni.

Haltung: Die Rotschnabel-Langschwanzwachtel wird hin und wieder in ihrer mexikanischen Heimat gekäfigt und ist noch nicht nach Europa gelangt. Nach einer weltweiten Umfrage der WPA wurden 1982 in Mexiko 20 dieser Zahnwachteln gehalten.

Bart-Langschwanzwachtel
Dendrortyx barbatus, Gould 1846

Engl.: Bearded Tree Quail.
Heimat: Bergwälder Mexikos in Veracruz, nordwärts bis ins östliche San Luis Potosi und Ost-Hidalgo. Keine Unterarten.
Beschreibung: Stirn, Scheitel und Ohrdecken dunkel ockerbraun, am dunkelsten auf Hinterscheitel und Nacken; Hinterhals und Oberrücken kastanienbraun, die Federn breit graugestreift; Schultern, Unterrücken und Bürzel sowie die Oberschwanzdecken olivbraun mit schwarzer und hell ockergelber Bänderung, Sprenkelung und Klecksesichnung. Flügel und Schwanz schwärzlich rußfarben mit schwarzer Wellenzeichnung. Halsseiten grau und kastanienbraun, Zügel, Kehle und Oberbrust grau, Brust und Oberbauch hell zimtbraun, nach hinten in Zimtockergelb übergehend. Schnabel, Orbitalring und Beine rot, die Iris dunkelbraun. Kükenkleid noch nicht beschrieben.
Gelegestärke 3 bis 4; Ei einfarbig trübweiß ohne Musterung (46 mm × 31 mm); Brutdauer 28 bis 30 Tage.
Lebensgewohnheiten: Wie die beiden anderen Arten der Gattung bewohnt auch die Bart-Langschwanzwachtel Nebelwälder der Berge. Auf Felder hinaus kommt sie zur Bohnenreife. Von JOHNSGARD Gepflegte nahmen nicht nur Bohnen und gequellte Maiskörner, sondern auch gern weiche Früchte wie Orangen und Bananen an. Der kräftige, dicke Schnabel befähigt sie dazu, auch große harte Früchte zu knacken. Mexikaner, die die Art gehalten hatten, berichteten, daß sie im Fallaub des Waldes niste und 3 bis 4 Eier lege. Bartwachteln, die JOHNSGARD in die Hand nahm, stießen laute gellende Angstrufe aus. Die ferner gehörten, in der Tonleiter abwärts „verschleifenden" Pfiffe wechseln häufig mit klappernden Rufen von hämmerndem Charakter ab. In Erregung geben sie außerdem einen sehr tief einsetzenden, danach in der Tonhöhe ansteigenden Pfiff von sich. Bei Trennung der Hennen von ihren Hähnen begann eine Henne nach Ablauf einer Viertelstunde zunächst einige weiche Töne auszustoßen, die sofort von einem Hahn beantwortet wurden. In der Folge steigerten sich beide in eine Ruf- und Antwortserie von Tönen, an denen die Partner des zweiten Paares sich bald beteiligten, und ein ohrenbetäubender Lärm entstand. Die Stimme der Hähne klang wie „Ko-orr-ii-ii", die letzten beiden Silben in etwas höherer Tonlage gebracht. Die Hennen antworteten mit einem dünnen, in höherer Tonlage ausgestoßenen „Kor-or-ii-ii-ii-ii" mit unterschiedlicher Zahl der „ii"-Silben und gleicher Geschwindigkeit wie die Hähne. Auch bei dieser Art gehen der lauten Strophe einige leise Töne voraus, so daß die ganze Strophe dann wie „Huup, huup, KO-OR-II" klingt. Die während der Morgen- und Abendstunden von beiden Geschlechtern gebrachte Rufserie dient dem morgendlichen Zusammenrufen der Familie und dem abendlichen Zusammenfinden der Artgenossen zum Aufbaumen.

Haltung: Nach J. O'NEILL wurde diese Langschwanzwachtel um 1970 im Zoo von Houston (Texas) gehalten. JOHNSGARD importierte 5 Bartwachteln in die USA, wo sie von F. E. STRANGE in Torrence (Kalifornien) übernommen wurden. 1971 baute eines der Paare in einer Volierenecke ein ziemlich einfaches Nest aus Palmenfiedern um eine ausgescharrte Erdmulde. Die Henne, der man jedes Ei zwecks künstlicher Erbrütung fortgenommen hatte, legte insgesamt 16 Eier. Nach 28- bis 30tägiger Brutdauer schlüpften 6 Küken, von denen 4 aufgezogen wurden. An die Ernährung stellten die Bartwachteln keine besonderen Ansprüche. 1981 wurde nach einer Umfrage der WPA 1 Bart-Langschwanzwachtel in einer europäischen Sammlung gehalten.

o. Balzender Hahn des Östlichen Bronzetruthuhns, *Meleagris gallopavo silvestris* (s. S. 119)
u. Hähne des Östlichen Bronzetruthuhns

Weiterführende Literatur:

BAEPLER, D. H.: The avifauna of the Soloma region in Huehuetanango, Guatemala. Condor 64; pp. 140–153 (1962)

BINFORD, L. C.: A preliminary survey of the avifauna of the Mexican state of Oaxaca. PH. D. dissertation. Louisiana State University (1968)

DICKEY, D. R., VAN ROSSEM, A. J.: The birds of El Salvador. Zool. Series, no. 23. Chicago, Field Museum of Natural History (1938)

EDWARDS, E. P.: Finding birds in Mexico. 2d ed. Sweet Briar, Virginia (1968)

EDWARDS, E. P., MARTIN, P. S.: Further notes on birds of the Lake Patzcuaro region, Mexico, Auck 72; pp. 174–178 (1955)

GRISCOM, L.: The distribution of bird life in Guatemala: a contribution to the study of the origin of Central American bird-life. Bull. of Amer. Mus. of Nat. History 64; pp. 1–439 (1932)

JOHNSGARD, P. A.: Grouse and quails of North America. *Dendrortyx;* pp. 320–333. University of Nebraska, Lincoln (1973)

LEOPOLD, A. S.: Wildlife of Mexico: The game birds and mammals. Berkeley, University of California (1959)

LOWERY, G. H., NEWMAN, R. J.: Notes on the ornithology of southeastern San Luis Potosi. Wilson Bulletin 63; pp. 315–322 (1951)

MARTIN, P. S.: Zonal distribution of vertebrates in a Mexican cloud forest. American Naturalist 89; pp. 347–361 (1955)

MONROE, B. L. J.: A distributional survey of the birds of Honduras. Amer. Ornith. Union, ornithol. monograph no. 7 (1968)

ROWLEY, J. S.: Breeding records of birds of the Sierra Madre des Sur, Oaxaca, Mexico. Proc. Western Found. Vertebrate Zool. 1; pp. 107–204 (1966)

SAUNDERS, G. B., HALLOWAY, A. D., HANDLEY, C. O.: A fish and wildlife survey of Guatemala. U. S. Fish and Wildlife Service spec. scient. rec. (wildlife) no. 5. (1950)

SCHALDACH, W. J.: The avifauna of Colima and adjacent Jalisco, Mexico. Proc. West. Found. Vertebr. Zool. 1; pp. 1–100 (1963)

SLUD, P.: The birds of Costa Rica, distribution and ecology. Bull. of the Amer. Mus. of Natural History 128; p. 78 (1964)

WARNER, D. W.: The song, nest, eggs, and young of the long-tailed partridge. Wilson Bulletin 71; pp. 307–312 (1959)

WETMORE, A.: Notes on birds of the Guatemala highlands. Proceedings of the U. S. National Museum 89; pp. 523–581 (1941)

o. Balzender Hahn des Südmexikanischen Truthuhns, *Meleagris gallopavo gallopavo* (s. S. 127)
u. Hähne des Rio Grande-Truthuhns, *Meleagris gallopavo intermedia* (s. S. 125)

Bindenwachteln
Philortyx, Gould 1846

Engl.: Barred Quail.

Die nur aus einer Art bestehende, für Mexiko endemische Zahnwachtelgattung scheint nach JOHNSGARD (1973) eine wichtige Übergangsform zwischen den waldbewohnenden Langschwanz-Zahnwachteln (*Dendrortyx*) und den Wüstensteppen bewohnenden Zahnwachteln der Gattung *Callipepla* zu bilden, denen die Bindenwachtel hinsichtlich der Ökologie gleicht. Die kleine Art mit 95 bis 100 mm Flügellänge, ziemlich kleinem Schnabel und auffälliger Spitzschopfhaube aus schmalen langen Mittelscheitelfedern trägt einen 12federigen Schwanz von nahezu ¾ der Flügellänge. Die Geschlechter sind gleichgefärbt. Bindenwachteln werden nur sehr selten importiert.

Bindenwachtel
Philortyx fasciatus, Gould 1844

Engl.: Barred Quail.
Heimat: West-Mexiko von der Pazifikküste in Südwest-Jalisco nach Ost-Guerrero und landeinwärts bis nach Moerlos und Puebla. Keine Unterarten.
Beschreibung: Stirn, Scheitel und Hinterkopf isabell olivbraun, auf dem Scheitel dazu mit Rostolivtönung. Auf der Scheitelmitte eine beim Männchen bis 25 mm lange Spitzhaube aus mehreren ziemlich schmalen, fast geraden, schwarzbraunen, an den Spitzen rostolivgelben Federn; Federn des Hinterhalses, der unteren Halsseiten und der vorderen Interskapularen mausgrau mit rötlich olivbrauner Endsäumung, die auf dem Hals breiter wird und auf den Interskapularen die grauen Federteile verdeckt. Rücken- und Bürzelfedern dunkel mausgrau mit schmaler, rostweißlicher Endsäumung und, vor allem auf dem Oberrücken, reichlicher subterminaler Schwarzfleckung. Schultern, Flügeldecken und innerste Armschwingen graulich olivbraun, die Federn zart rötlichweiß bis reinweiß gebändert und endgesäumt, dazu subterminal grob braunschwarz gefleckt; Armschwingen graulich olivbraun mit rötlichweißer Randbänderung; Handschwingen dunkel olivbraun, ihre Außenfahnen mit angedeuteter hellerer Randfleckung. Oberschwanzdecken wie Bürzel, aber dunkel rötlicholiv gesprenkelt und wellengebändert, die längeren Federn zart weißgebändert und subterminal braunschwarz gefleckt. Schwanz-

federn graulich olivbraun mit 6 und mehr weißlichen, davor schwarz gesäumten Wellenbändern und ebensolchen Endsäumen, die umbrabraunen Zwischenräume schwarz gesprenkelt. Zügel, Wangen, Ohrdecken und Kehlseiten dunkel olivbraun. Kinn und Kehle weiß; Federn der Oberbrust hell mausgrau mit breiter rötlich olivfarbener Endsäumung, die nach hinten zu folgenden dazu schwarzbraun gebändert und mit weißen Subterminalbändern versehen, die das Schwarz von den braunen Endsäumen trennen. Oberbauch, Bauchseiten und Flanken weiß mit sich schwanzwärts verbreiternder dunkelbrauner Bänderung. Bauchmitte und Steißgefieder isabellweiß, die Unterschwanzdecken isabellweiß mit breiten braunschwarzen Subterminalflecken. Schnabel schwarz, Iris dunkelbraun, Beine hell graubraun.

Länge 203 bis 216 mm; Flügel 94 bis 104 mm; Schwanz 58 bis 68 mm; Gewicht des Hahnes 175 bis 207 g. Weibchen tragen kürzere, unter 21 mm lange Haubenfedern. Gewicht des Weibchens 169 bis 188 g.

Jungvögel bis zum Alter von 4,5 Monaten sind durch schwarze Federn auf Stirn, Wangen, Kinn und Kehle gekennzeichnet.

Dunenküken haben eine senfgelbe Kehle, Brust, Bauch und Seiten sind dunkelolivgelb; Rücken einfarbig dunkel kastanienbraun, der Scheitel heller und undeutlich schwarz gesäumt. Ein auffälliger ockergelblicher Überaugenstreif ist mit einem gleichfarbigen Unteraugenfleck verbunden; ein breiter brauner Ohrfleck, von dessen Hinterseite ein schwarzes Band den Hinterhals hinunterläuft. Gelegestärke 8 bis 12; Ei weiß (34 mm × 24 mm); Brutdauer 22 bis 23 Tage.

Lebensgewohnheiten: Die Bindenwachtel bewohnt den Halbwüstenbusch der pazifischen Abdachung des mexikanischen Berglandes, ist jedoch keineswegs auf diese Region beschränkt. Viel charakteristischer ist sie vielmehr für wüstenhaftes Flachland und ausgetrocknete Seenbecken, wo auch eine höhere Bestandsdichte festgestellt wurde. Außerhalb der Brutzeit lebt der überaus gesellige Vogel stets in Trupps von 5 bis 20 Stück zusammen. Bei Gefahr flüchten die Bindenwachteln rennend in dichtes Buschwerk und wissen sich darin hervorragend zu verbergen. Die Brutzeit beginnt im Vergleich mit anderen mexikanischen Zahnwachteln ungewöhnlich spät, nämlich im August. Die (unverpaarten?) Hähne rufen mit aufgestellter Haube ca. 20mal hintereinander ziemlich laut und in schneller Folge „Ka-ut-la", woran sich noch 2 wie „Pii-urr" klingende Töne anschließen. Zu Fuß Flüchtende rufen „Pip-pip-pip", fliegende „Pii-pii-pii-iiii". Gelegentlich baumen sie tagsüber, stets nachts auf. Einzelheiten über die Fortpflanzungsbiologie sind zur Zeit nur aus der Volierenhaltung bekannt, auch ist bisher noch kein Nest in freier Wildbahn gefunden worden.

Haltung: Als Erstimport gelangten 1927 einige Paare Bindenwachteln nach England in Privatbesitz und in den Londoner Zoo. SHORE-BAILY gelang 1928 beinahe die Erstzucht, doch starb ein Vogel, und der andere verließ nach Eintritt schlechter Wetterbedingungen sein aus 8 befruchteten Eiern bestehendes Gelege. In die USA ist die Art erstmalig 1933 von K. G. BECK importiert worden. 1967 brachte ein von STRANGE (Kalifornien) eingeführtes Paar noch im gleichen Jahr und in den folgenden 3 Jahren Gelege und Küken. Im 1. Jahr legte das Weibchen im August in ein einfaches Grasnest 3 Eier, 1968 ab dem 30. Juli innerhalb von 16 Tagen 7 Eier, 1969 ab dem 26. Juli innerhalb der gleichen Zeit wiederum 7 Eier und 1970 bereits ab dem 1. Juli 5 Eier. Die Henne eines 2. Paares legte zwischen 25. August und 14. September 1970 insgesamt 5 Eier. Nach JOHNSGARD ist die Zucht auch in Mexiko gelungen, wo A. ARAGON in der Estración de la Fauna Centro de Investigationes Basicas in Progresso (Morelos) Mischlinge der Bindenwachtel mit der Schuppenwachtel erzielte, die unfruchtbar zu sein schienen.

Nach ROBBINS (1981) benötigt ein Paar Bindenwachteln eine Voliere von wenigstens 1,25 m × 1,25 m Größe. Als Futter empfiehlt er Krümelpellets mit hohem Proteingehalt, eine Hirsemischung und gelegentlich Grünfutter. Nach einer weltweiten Umfrage der WPA wurden 1982 nur in Nordamerika 2 Bindenwachteln gehalten.

Weiterführende Literatur:
BLANKE, E. R., HANSEN, H. C.: Notes on a collection of birds from Michoacan, Mexico. Field Museum of Nat. Hist., Zool. Series 22; pp. 513–551 (1942)
DAVIS, W. B.: Notes on summer birds of Guerrero. Condor 46; pp. 9–14 (1944)
JOHNSGARD, P. A.: Grouse and quails of North America. Barred Quail; pp. 334–342 (1973)
LEOPOLD, A. S.: Wildlife of Mexico: The game birds and mammals. Berkeley, University of California Press (1959)
ROBBINS, G. E. S.: Quail, their breeding and management, p. 42 Publ. by W. P. A. 1981

SCHALDACH, W. J.: The avifauna of Colima and adjacent Jalisco, Mexico. Proc. of the Western Found. of Vertebrate Zool. 1; pp. 1–100 (1963)
SHORE BAILY, W.: Nesting of the Mexican Barred Partridges (*Philortyx fasciatus*). Avic. Mag. 4th Series, Vol. VI. pp. 46–47 (1928)
ZIMMERMANN, D. A., HARRY, G. B.: Summer birds of Autlon, Jalisco. Wilson Bull. 63; pp. 302–314 (1951)

Schopfwachteln
Callipepla, Wagner 1832

Engl.: Scaled Quail, Elegant Quail, Douglas Quail, California Quail.
Die vormals zu 2 Gattungen gezählten Schuppenwachteln (*Callipepla*) und Schopfwachteln (*Lophortyx*) werden heute in der Gattung *Callipepla* vereinigt. Wenn auch die Schuppenwachtel nicht über so spezialisierte Haubenfederbildungen verfügt wie die anderen 3 Arten, so ist dieser taxonomische Unterschied nicht so bedeutend, daß er die Aufstellung einer eigenen Gattung rechtfertigen würde. Die 4 Arten sind über wachtelgroße Zahnwachteln, die kurze Stirnschöpfe (Schuppenwachtel) oder hochspezialisierte schmale Scheitelfedern tragen. Der ziemlich lange Schwanz ist 12- bis 14fedrig und entspricht ¾ der Flügellänge. Die Geschlechter sind bei der Schuppen- und Douglaswachtel wenig, bei Gambel- und Kalifornischer Schopfwachtel sehr verschieden. Alle Arten bewohnen Wüstensteppen und Halbwüsten im Südwesten der USA und in Mexiko. Nur eine Art, die Kalifornische Schopfwachtel, ist ein populärer Volierenvogel. Von 2 Arten, der Schuppen- und der Gambelwachtel, gibt es bereits gute Zuchtstämme in Europa, doch kann noch nicht von allgemeiner Verbreitung in Züchterhand gesprochen werden, und die Douglaswachtel wird ausgesprochen selten importiert.

Schuppenwachtel
Callipepla squamata, Vigors 1830

Engl.: Scaled Quail, Blue Quail.
Abbildung: Seite 175 oben links.
Heimt: Süd-Arizona, nördliches Neu-Mexiko, Ost-Colorado und Südwest-Kansas, südwärts bis Zentral-Mexiko. In Zentral-Washington und Ost-Nevada eingebürgert. 3 Unterarten.

Beschreibung: Geschlechter wenig verschieden. Beim Hahn sind Stirn und Kopfseiten grau, die Ohrdecken, ebenso die Federn der kurzen, breiten, aufrechten Haube mit ihren auffälligen weißen Spitzen, braun; Kinn und Kehle gelblichweiß, Hals, Oberrücken, Brustseiten und Brust hell aschgrau, jede Feder schmal schwarz gerandet, ein Schuppenmuster bildend, das sich auch auf die übrige Unterseite erstreckt; Federn von Seiten und Flanken grau mit weißer Schaftstreifung. Bauch weiß, im Zentrum mit rötlich isabellfarbener Tönung, bei der Unterart *castanogastris* kastanienbraun. Unterschwanzdecken fahl gelblichrostfarben mit dunkler Zeichnung. Oberseite und Flügel graubraun, innere Schulterfedern und Armschwingen auf den Innenfahnen weißlich gesäumt; Schwanz grau, seine äußersten Federn an den Spitzen schmal weiß gerandet. Schnabel und Füße dunkel hornbraun, die Iris braun.
Länge 254 bis 304 mm; Flügel 109 bis 121 mm; Schwanz 75 bis 90 mm; Gewicht 191 bis 234 g.
Hennen sind etwas kleiner, haben eine kürzere Haube, und die Federn der Gesichtsseiten und Kehle sind dunkelbraun geschäftet.
Gewicht 177 bis 218 g.
Beim Dunenküken sind Vorderkopf, Vorderscheitel und die Vorderseite der schon angedeuteten Haube sowie die Kopfseiten zimtig bis rosig isabell; von der Scheitelmitte, entlang der Rückenseite des Häubchenansatzes bis zum Hinterhals zieht ein breites rotbraunes Band, das von einem schmalen schwarzen und dahinter einem isabellfarbenen Streifen begleitet wird; Rücken hell isabellfarben mit rötlicher Sprenkelung. Kinn und Kehle isabellweißlich, die übrige Unterseite hell graulichisabell.
Gelegestärke sehr variabel, 14 bis 20; Ei mit dicker, fast glanzloser Schale, cremeweiß mit sehr feiner hellbrauner Sprenkelung (32,6 mm × 25,2 mm); Eigewicht 11 g; Brutdauer 22 bis 23 Tage.
Lebensgewohnheiten: Die geographische Verbreitung der Schuppenwachtel deckt sich mit dem Gebiet der Chihuahuawüste und den ihr benachbarten Wüstensteppen. Als charakteristische Habitate können mit Dorngestrüpp, Kakteen und Yukka bestandene Wüstensteppen und aride Gebirge bis in 2400 m Höhe angesehen werden. Sie bewohnt auch gänzlich wasserlose Gebiete und muß zum Trinken oft sehr weit zu Wasserstellen fliegen, an denen sich Gesellschaften von 60 bis 80 Vögeln versammeln können. Zum Teil decken auch Sukkulenten und Früchte den Flüssigkeitsbedarf, und vermutlich aus gleichem Grund werden von der Schuppenwachtel

wesentlich mehr Insekten aufgenommen als von anderen Zahnwachteln. Wintergesellschaften können aus 100 und mehr Vögeln bestehen, die sich mit wachsender Frühjahrsaggression der Hähne und Paarbildung beispielsweise in Oklahoma in der Zeit vom 1. März bis 15. April auflösen. Die erste Paarung wurde dort am 5. April beobachtet, doch wurden Nester vor Anfang Mai nicht gefunden. Dagegen fällt in Mexiko die Brutzeit mit der im Juni/August herrschenden Regenzeit zusammen, die einen Überfluß an Nahrung gewährleistet. In Trokkenjahren wird überhaupt nicht gebrütet. Typisch sind die umfangreichen Gelege von 14 bis 20 Eiern. Schuppenhähne beteiligen sich an der Kükenaufzucht in geringerem Maße als Bobwhite-Hähne. Noch ungeklärt, aber nicht unwahrscheinlich ist die Übernahme der 1. Brut durch den Hahn, die der Henne eine weitere, manchmal eine 3. Brut ermöglichen würde. Untersuchungen haben ein durchschnittlich sehr niedriges Aufzuchtergebnis von unter 20 % ergeben, das zusammen mit der hohen Mortalitätsrate der Erwachsenen ein ständiges zweites Nisten zwecks Arterhaltung notwendig macht. Im Vergleich mit anderen Zahnwachteln ist das Stimmrepertoire der Schuppenwachtel recht dürftig. Der Verlassenheits- bzw. Zusammenführungsruf von Einzelvögeln und getrennten Paaren ist ein zweisilbiges nasales „Pe-kos" oder „Pei-kos". Noch unverpaarte Hähne rufen von erhöhten Plätzen aus nasal pfeifend „Skowok" oder „Kwuuk". Werden verpaarte Hähne mit anderen Hähnen oder einem Spiegel konfrontiert, stoßen sie eine Serie nasaler Rufe aus, von denen jeder von einem schnellen und energischen Zurückwerfen des Kopfes mit senkrecht gehaltenem Schnabel begleitet wird. Dies geschieht 7mal und mehr mit ½sekündlichen Intervallen. Der beim Kopfwerfen ausgestoßene Laut ist dem in gleicher Situation gebrachten „Squill" des Schopfwachtelhahnes und dem „Miä" des Gambelhahnes homolog, doch fehlen dem Schuppenhahn die übrigen Aggressionsrufe der genannten Arten. Ebenso fehlt ihr offensichtlich fast gänzlich der in leichten Alarmsituationen ausgestoßene, mehrfach wiederholte, weiche „Tschip"-Laut der beiden Arten. Die genaue Bedeutung des von Schuppenwachteln in Gesellschaft oft gehörten „Tchipp tchurr tchipp tchurr", das vielleicht das Zusammenhalten der Vögel in dichtem Busch gewährleisten soll, ist noch nicht geklärt. Bei Bedrohung durch Greifvögel rufen die Vögel guttural „Uum uum uum". Küken rufen klagend „Piip piip".

Haltung: Wohl als europäischen Erstimport führte Frl. HAGENBECK (Hamburg) 1896 drei Schuppenwachteln ein, von denen der Berliner Zoo eine erwarb. Die Erstzucht der Art gelang 1906 TREVOR-BATTYE in England. Das in einer großen, dicht bepflanzten Gartenvoliere gehaltene Paar erbaute unter Büschen und Farnen ein Nest. Aus dem aus 13 Eiern bestehenden Gelege schlüpften am 12. August 11 Küken, die später durch schlechte Wetterbedingungen zugrunde gingen. Gute Zuchterfolge mit der Art in Deutschland hatte MAX STEFANI zu verzeichnen. Er schreibt darüber: „Im Mai/Juni legte die Henne jeden 2. Tag 1 Ei. Erbrütet sie ihr Gelege nicht selbst, was auch in gut bepflanzten Volieren mit ausreichenden Versteckmöglichkeiten kaum vorkommt, so beträgt ihre Legeleistung im Jahr 40 bis 50 Eier. Was bei den anderen Haubenwachteln über den Befruchtungsgrad der Gelege und die große Lebenskraft der Küken gesagt wurde, gilt auch für die Schuppenwachtel. Ich pflegte von dieser Art mehrere Paare und erhielt aus den von Chabohennen erbrüteten, 20 Eier starken Gelegen meist ebenso viele Küken. Besondere Schwierigkeiten verursacht die Aufzucht nicht, nur sind die Küken strikt vor Nässe zu schützen. Im Alter von 3 Monaten sind sie selbständig. Wetterhart ist diese Wachtel nicht! Ist sie auch gegen mäßige Kälte nicht besonders empfindlich, so erliegt sie doch stärkerem Frost und benötigt deshalb erwärmte Schutzräume. Ihre große Fruchtbarkeit stellt sie zu den besten Züchtungsvögeln."
Nach ROBBINS benötigt 1 Paar Schuppenwachteln eine Voliere von mindestens 1,25 m × 1,25 m. Das Futter bestehe aus Pellets in Krümelform mit 20 % Proteingehalt, weißer Hirse und gelegentlich Lebendfutter (Mehlwürmer, Puppen der Rasenameise etc.). Während der Brutzeit wird außerdem Grünfutter (Vogelmiere, Hirtentäschel, Schafgarbe, Sauerampfer) gereicht.
Nach einer weltweiten Umfrage der WPA wurden 1982 in Nordamerika 1158, in England 122 und auf dem europäischen Kontinent 2 Schuppenwachteln gehalten.

Weiterführende Literatur:
BAILEY, F. M.: Birds of New Mexico, Scaled Quail; pp. 215–218. New Mexico Dptm. of Game and Fish (1928)
CAMPBELL, H.: Seasonal precipitation and scaled quail in eastern New Mexico. J. of Wildlife Management 32; pp. 641–644 (1968)
CAMPBELL, H., HARRIS, B. K.: Mass population dispersal and long distance movements in scaled quail. J. of Wildlife Management 29; pp. 801–805

DIXON, K. L.: Ecological and distributional relations of desert scrub birds in western Texas. Condor 61; pp. 397–409 (1959)
FIGGE, H.: Scaled quail management in Colorado. Proc. of 26th Meeting of the Western Association of Game and Fish Commissioners; pp. 161–167 (1946)
JOHNSGARD, P. A.: Grouse and quails of North America. Scaled Quail; pp. 356–369. University of Nebrasca, Lincoln (1973)
LEOPOLD, A. S.: Wildlife in Mexico: The game birds and mammals. Berkeley, University of California Press (1959)
HOFFMANN, D. M.: The scaled quail in Colorado. Colorado Dptm. of Game, Fish and Parks technical publ. no. 18 (1965)
KELSO, L. H.: Food of the scaled quail. U. S. Dptm. of Agriculture, Bio. Survey wildlife leaflet 84 (1937)
OBERHOLSER, H. C.: The bird life of Texas. Vol. 1, Scaled Quail; pp. 272–273. University of Texas Press (1974)
ROBBINS, G. E. S.: Quail, their breeding and management; Scaled Quail pp. 35–36, Publ. by W. P. A. 1981
RUSSELL, P.: The scaled quail of New Mexico. Master's thesis. University of New Mexico (1932)
SCHEMNITZ, S. D.: Past and present distribution of scaled quail (*Callipepla squamata*) in Oklahoma. Southwestern Naturalist 43; pp. 148–152 (1959)
STEFANI in WISSEL, C. VON, STEFANI, M.: Fasanen und andere Hühnervögel, pp. 318–319; J. Neumann-Neudamm, Neudamm 1940
TREVOR-BATTYE, A. B. R.: Successful breeding of the Scaly-breasted Colin. Avic. Mag. New Series, Vol. IV; p. 117 (1906)
VORHIES, C. T.: Do southwestern quail require water? Arizona Wildlife 2; pp. 154–158 (1929)
WALLMO, O. C.: Determination of sex and age of scaled quail. J. of Wildlife Management 20; pp. 154–158 (1956)
DERS.: Ecology of scaled quail in west Texas. Austin: Texas Game and Fish Commission (1956)
DERS.: A study of blues. Texas Game and Fish 15 (8); pp. 4–7

Douglaswachtel
Callipepla douglasii, Vigors 1829

Engl.: Elegant Quail.
Abbildung: Seite 190.
Heimat: Westmexiko von Sonora und Chihuahua bis Nayarit und Jalisco. 5 Unterarten.
Beschreibung: Geschlechter verschieden gefärbt. Beim Hahn sind Stirn, Vorder- und Seitenscheitel, Hinterkopfseiten, Wangen und Ohrdecken weiß mit schmaler schwarzer Schaftstreifung; vorderer Stirnsaum und Zügel mehr oder weniger mit Olivbraun durchsetzt, der unmittelbar daran grenzende Über- und Hinteraugenbezirk rostrot; die auf der Scheitelmitte entspringende Haube aus langen schmalen, am Ende etwas breiteren Federn ockerrötlich bis hell orangezimtfarben; Federn der Hinterkopfmitte von der hinteren Haubenbasis bis zum Nacken grauweiß mit gelblichbrauner bis dunkel gelbbrauner keilförmiger Schaftendfleckung. Hinterhals und untere Halsseiten neutralgrau, die Federn mit tropfenförmigen dunkelgelbbraunen Schaftendflecken; Interskapularen neutralgrau mit geringem ockerbraunem Anflug; Schultern und innerste Armschwingen hell- bis dunkel orangerötlich, seitlich weißgesäumt, ein schmaler dunkler Streifen das Dunkelorangerot von den weißen Seitensäumen trennend, der Basalabschnitt dieser Federn dunkel isabellbraun; Flügeldecken isabellbraun oder etwas dunkler, die innersten mit breitem dunkel orangerötlichem Mittelstreifen, die Armschwingen olivbraun mit zart isabellfarbenen oder weißlich gesprenkelten helleren Rändern; Handschwingen dunkel olivbraun. Oberrückenfedern neutralgrau mit ockerbraunem Anflug und zur Federspitze hin verbreitertem dunkel orangerötlichem Schaftstreifen. Rücken, Bürzel und Oberschwanzdecken hell bräunlicholiv, stark dunkelgrau angeflogen. Die Schwanzfedern tief neutralgrau, isabellbräunlich gesäumt; Kinn und Oberkehle schwarz-weiß gebändert, auf dem Kinn stärker schwarz als weiß; Unterkehle und Brust hell neutralgrau bis hell mausgrau; Ober- und Mittelbauch ähnlich, jedoch mit ziemlich großer ovaler Weißfleckung; einige der hinteren Seitenfedern mit starkem trüb orangezimtfarbenem Anflug auf den grauen Partien. Seiten- und Flankenfedern mit breitem orangezimtigem bis dunkel orangerötlichem Mittelteil, die grauen Seitenbezirke von schmalen, länglichovalen weißen Flecken durchsetzt, die mit denen auf dem Bauch übereinstimmen. Unterbauch und Unterschwanzdecken hell rötlichisabell bis isabellweiß, jede Feder mit breitem, trüb haselbraunem bis sehr dunkel orangebraunem Schaftstreif. Schenkel hell hasel- bis hell rötlichisabell. Schnabel braunschwarz, Beine blaugrau, Iris haselbraun.
Länge 229 bis 255 mm; Flügel 98 bis 115 mm; Schwanz 65 bis 94 mm; Gewicht 175 bis 207 g.
Bei der Henne sind Stirn, Zügel, Scheitel und Hinterkopfseiten hell weinbraun mit schwarzen Federschäften; Haube kürzer als beim Hahn, dunkelolivbraun mit unauffälliger trüb rostroter Fleckung und unvollständiger Bänderung; Hinterkopfmitte direkt von der Haubenbasis bis zum Hinterhals wie die Hinterkopfseiten, doch mit breiteren dunkleren Schaftstreifen; Interskapularen dunkel graubraun, graulich durchsetzt und isabellbraun wellengebän-

dert. Rücken bis Bürzel ähnlich gefärbt, nur weniger grau, mehr isabellbraun; Schultern, innerste Armschwingen und innere obere Armdecken beidfahnig hell gelblichisabell bis hell rötlichbraun gesäumt, der Mittelabschnitt dieser Federn umber, distal intensiv schwarzbraun gefleckt und zur Federbasis hin gesprenkelt und gewellt; äußere obere Flügeldecken isabellbraun, hell ockerigisabell gesäumt; äußere Armschwingen trüb olivbraun, auf dem äußeren Teil der Außenfahne fein hell isabellbraun gesprenkelt; Handschwingen dunkel olivbraun. Oberschwanzdecken wie Bürzel, etwas dunkler, mehr oliv. Schwanzfedern zwischen Hell- und Dunkelschiefergrau wechselnd, seitlich und zur Spitze hin hell isabell gesprenkelt. Kinn, Kehle und Kopfseiten weißlich, Kinn und Kehle dazu fein haarbraun gesprenkelt, die Sprenkelung auf den Kopfseiten in dunklere Streifen übergehend. Ohrdecken olivbraun verwaschen, einen dunklen Bezirk bildend; Unterkehle, Brust und untere Halsseiten hell isabellbraun verwaschen, die Federn dunkel olivbraun gespitzt; Bauchfedern dunkel olivbraun, sehr breit weiß gerandet und gebändert, die Bänderung durch einen dunkel olivbraunen Schaftstrich getrennt, der die Bänder als große runde Flecke erscheinen läßt. Bauchseiten ähnlich, doch die Schaftstriche breiter und zimtbraun durchmischt; Unterbauch, Flanken, Schenkel und Unterschwanzdecken ähnlich Oberbauch, aber die helle Fleckung schmaler und längswärts miteinander verbunden, helle Federsäume bildend, die braunen Schaftstreifen entsprechend in der Breite zunehmend.
Flügel 105 bis 113 mm; Schwanz 65 bis 94 mm; Gewicht 169 bis 188 g.
Dunenküken ähneln denen der Schuppenwachtel, doch ist deren bräunlich isabellfarbener, von 2 schmalen schwarzen Streifen gesäumter Rückenstreif bei Douglasküken kontrastärmer, tief dunkelbraun. Auch verläuft unterhalb des den Rückenstreifen seitlich begrenzenden hellen Streifens ein zweiter dunkelbrauner Bezirk, der beiderseits durch ein weiteres Paar schmaler isabellfarbener Streifen durchteilt wird.
Gelegestärke 8 bis 12; Ei weiß (34 mm × 24 mm); Brutdauer 22 Tage.

Lebensgewohnheiten: Douglaswachteln bewohnen laubabwerfende Tropenwälder, mit Dornwald bestandenes Hügelgelände und Buschdickungen in Flußtälern, meiden jedoch entschieden offene Kulturlandschaft wie Felder und Wiesen. Douglas- und Gambelwachteln sind zwar in weiten Gebieten Sonoras und Nord-Sinaloas sympatrisch, doch scheinen ökologische Faktoren einen zu engen Kontakt zwischen ihnen zu verhindern. Die Douglaswachtel ist stärker an Mesquitebusch und Wüste adaptiert. Douglaswachteln scheinen nicht besonders aktiv zu sein. Aufgeschreckt rennen sie in dichten Busch und verharren darin bewegungslos, um erst lange nach Beendigung der Störung wieder zum alten Platz zurückzukehren. Nur in höchster Gefahr machen sie von ihren Flügeln Gebrauch. Nachts baumen sie niedrig über dem Boden auf Büschen und Lianen auf. Es ist noch nicht bekannt, ob sie täglich eine Wasserstelle zum Trinken aufsuchen, und in Trockenzeiten scheinen sukkulente Pflanzen den Flüssigkeitsbedarf ausreichend zu decken. Die aus 6 bis 20 Vögeln bestehenden Wintertrupps beginnen sich gegen Mitte April aufzulösen. Die Paare beziehen ihre Reviere, und die Hähne rufen von niedrigen Ästen aus „Ko kau", diese Silben in ¼ Sekundenintervallen 2- bis 5mal wiederholend. Die Tonhöhe ist nicht konstant, sondern steigt und fällt während jedes Rufes. Der Ruf noch unverpaarter Hähne ist ein scharfer nasaler Pfiff. In Alarmsituationen rufen Hähne scharf pfeifend „Wiit!", und auf der Flucht stoßen beide Geschlechter ein piependes und glucksendes „Tschip tschip" aus. Über die Fortpflanzungsbiologie der Douglaswachtel ist aus freier Wildbahn so gut wie nichts bekannt.

Haltung: Die Ersteinfuhr der Douglaswachtel nach Europa erfolgte 1911 durch FOCKELMANN (Hamburg) nach Deutschland und als Geschenk der Zoolog. Gesellschaft New York im gleichen Jahr an den Londoner Zoo, wo die Art nach SETH-SMITH schon 1912 erfolgreich züchtete. Das Weibchen legte in ein zwischen hohen Grasstauden erbautes und nur durch eine Art Tunnel im Gras erreichbares Nest 10 Eier. Da sie nicht selbst brüten wollte, wurde das Gelege einem Brutapparat anvertraut, und 6 Küken konnten großgezogen werden. In menschlicher Obhut legte ein Weibchen in 8 Tagen 7 Eier, worauf während der nächsten 26 Tage noch 4 weitere in unterschiedlichen Zeitabständen folgten. Eine Douglashenne, der die Eier stets fortgenommen wurden, legte innerhalb 53 Tagen 24 Eier, denen einen Monat später weitere 3 Eier folgten. (JOHNSGARD). Nach ROBBINS soll die Käfiggröße für 1 Paar Douglaswachteln wenigstens 1,25 m × 1,25 m betragen. Die Art ist frostempfindlich und brütet erst im 2. Jahr. Das Futter sollte aus Pellets in Krümelform mit 20%igem Proteingehalt, Hirsearten und Insekten (Mehlwürmer, Heimchen etc.) bestehen.
Laut Umfrage der WPA wurden im Jahre 1982 in

den USA 37 Douglaswachteln, in Europa (England) nur 1 gepflegt.

Weiterführende Literatur:
ALDEN, P.: Finding the birds in Western Mexico, Tucson, University of Arizona Press (1969)
HARRISON, W.: Sight records for Nogales, Arizona; Audubon Field Notes 18; pp. 476, 527 (1964); 23; p. 391 (1969)
JOHNSGARD, P. A.: Grouse and Quails of North America. Elegant Quail; pp. 370–375 (1975)
LEOPOLD, A. S.: Wildlife of Mexico: The game birds and mammals, Berkeley, University of California Press (1959)
NEUNZIG, K.: Fremdländische Stubenvögel, Douglaswachtel; p. 858; Creutz'sche Verlagsbuchhandlung Magdeburg 1921
ROBBINS, G. E. S.: Quail, their breeding and management. Elegant Quail p. 41. Publ. by W. P. A, 1981
SETH-SMITH, D.: Bird notes from the Zoological Gardens, Erstzucht der Douglaswachtel, Avic. Mag. 3th Series, Vol. III; pp. 342–343 (1912)

Helm- oder Gambelwachtel
Callipepla gambelii, Gambel 1843

Engl.: Gambel Quail.
Abbildung: Seite 175 oben rechts.
Heimat: Von Süd-Nevada, Süd-Utah und West-Colorado südwärts nach Nordost-Baja California, Zentral-Sonora, Nordwest-Chihuahua und West-Texas. 7 Unterarten.
Beschreibung: Geschlechter verschieden gefärbt. Beim Hahn sind Zügel, Stirn und Vorderscheitel schwarz mit zart isabellfarbener Streifung. Quer über den Vorderscheitel verläuft ein weißes Diademband abwärts bis oberhalb der Ohrdecken, hinter diesen schmaler werdend und endend. Der Scheitel hinter dem Diademband rotbraun, vorn und seitlich mit schwarzer Säumung; auf der Scheitelmitte direkt hinter der weißen Binde entspringend, ein nach vorn überhängender, unten schmaler, zur Spitze hin breiter, tropfenförmiger, schwarzer Lampionschopf wie bei der Kalifornischen Schopfwachtel. Kinn, Kehle, Vorderhals und Wangen von einem breiten weißen Band umsäumt, das vom unteren Augenwinkel abwärts und im Bogen quer über den Hals auf die andere Seite zieht und hinten von einem schmalen schwarzen Streifen gesäumt wird. Nacken, Halsseiten und vorderste Interskapularen hellgrau, jede Feder mit schmalem, dunkel gelbbraunem Schaftstrich; hintere Interskapularen, Rücken, Bürzel und Oberschwanzdecken hellgrau, mit Ausnahme der hinteren Interskapularen mehr oder weniger mausgrau verwaschen; Flügeldecken und Schultern mausgrau, gelbgrau verwaschen. Schulter- und innerste Armschwingenfedern auf den Innenfahnen mit isabellweißlichen Säumen, die übrigen Armschwingen mit schmaleren Säumen auf den Außenfahnen; Handschwingen hell olivbraun mit grauen Außenfahnen; Schwanzfedern mittelgrau. Ohrdecken sepiabraun; Brust einfarbig hellgrau, die Seiten und vorderen Flanken mit verlängerten kastanienbraunen Federn, jede mit einem schmalen, sich zur Spitze hin verbreiternden, spatelförmigen weißen Schaftstreif; Bauch fahl isabellgelb, auf der Bauchmitte ein breiter schwarzer Fleck; hintere Flankenfedern hell isabellweiß mit ziemlich breiten braunen Schaftstreifen; die Unterschwanzdecken ähnlich, doch mit nelken- bis dunkel olivbraunen Schaftstreifen ausgestattet. Schnabel schwarz, Beine trüb grünlichgrau, die Iris dunkelbraun.
Länge 241 bis 279 mm; Flügel 105 bis 122 mm; Schwanz 83 bis 107 mm; Gewicht 161 bis 187 g.
Die Henne ist ganz anders gefärbt: Zügel, Stirn und Vorderscheitel bis unter die Augen hell graubraun, zart isabellweiß gestrichelt; Scheitelschopf kleiner als beim Hahn, dunkel nelkenbraun bis dunkelbraun; Hinterscheitel, Hinterkopf und Ohrdecken trüb gelbbraun, die letzteren zart dunkel gestreift; Nacken, Halsseiten und vordere Interskapularen wie beim Hahn, nur braungrau verwaschen, die Schaftstriche weniger rötlich, mehr dunkelbraun. Übrige Oberseite, Flügel und Schwanz wie beim Hahn, nur mehr zu Braun hin tendierend; Kinn und Kehle weißlich isabell mit hell isabellbraunen Federschäften; Wangen schmutzig sepiabraun gestreift; Brust wie der Rücken, nur etwas heller, der Bauch isabellweiß ohne den großen Mittelfleck des Hahnes und die Federn mit unvollständiger, auf dem Unterbauch verschwindender, dunkelbrauner Schäftung. Die verlängerten Seiten- und oberen Flankenfedern heller rotbraun als bei Hähnen, die unteren Flanken, Schenkel und Unterschwanzdecken wie bei diesen gefärbt.
Flügel 103 bis 120 mm, Schwanz 78 bis 102 mm, Gewicht 156 bis 192 mm.
Dunenküken sind von denen der nahe verwandten Kalifornischen Schopfwachtel schwer zu unterscheiden. Im allgemeinen sind Gambelküken etwas heller und im Gesamtton weniger gelb. Der helle Rückenstreifen ist beim Gambelküken mit dunklerer Stri-

chelung getönt, beim Kalifornierküken etwas heller isabellfarben.

Gelegestärke 6 bis 19 (12,3); Ei weißlich bis cremegelb und unregelmäßig dunkel purpurbraun gefleckt (31,5 mm × 24 mm); Gewicht 10 g; Brutdauer 22 Tage.

Lebensgewohnheiten: In den Wüsten und Wüstensteppen des südwestlichen Nordamerika und des nordwestlichen Mexiko ist die Gambelwachtel der einzige Hühnervogel. Dort hält sie sich vorwiegend in den mit Mesquitebusch, Salzmelden, Tamarisken und Bockdorn bestandenen Tälern auf. Im Westen ihres Verbreitungsgebietes bewohnt sie Hochplateauwüsten, die ziemlich einheitlich mit Akazien, Kreosotbusch, Bockdorn, Sumach, Yukka, Opuntien und Franserien bestanden sind. In Gebirgen, in denen die Wintertemperaturen noch erheblich über dem Gefrierpunkt liegen, trifft man Gambelwachteln bis in Lagen von 1520 m an. Populationsschwankungen sind bei dieser Wachtelart sehr häufig. Dabei spielen Winterregen eine ebenso wichtige Rolle wie Schneefälle im nördlichen Verbreitungsgebiet. Ausreichende winterliche Niederschläge bedingen üppiges Pflanzenwachstum und damit eine ausreichende Ernährungsgrundlage für Küken wie Erwachsene, die dann sofort zur Brut schreiten. Ob diese Wüstenwachteln zum Decken des Flüssigkeitsbedarfs regelmäßig Wasserstellen aufsuchen müssen, ist noch ungeklärt. Sind diese während der von Mitte Juni bis Mitte Juli herrschenden Trockenzeit versiegt, könnte eine Kombination aus hoher Luftfeuchtigkeit und Sukkulentenwasser die Trinkwasseraufnahme überflüssig machen. Wie die Kalifornische Schopfwachtel benötigt auch Gambels Wachtel nur sehr wenig tierische Nahrung, nämlich nicht mehr als 0,5 % mit einem Maximum von 12 bis 13 % während der trockenen Sommermonate. Analysen des Mageninhalts ergaben das Fehlen von Früchten und einen geringen Anteil (3,9 %) von Futtergräsern. Dagegen bildeten Leguminosenblätter und Samen zahlreicher Pflanzenarten 95 % des Gesamtfutters. 221 untersuchte Mageninhalte bestanden überwiegend aus Blättern, Blüten und Samen der Leguminosengattungen *Lotus*, *Lupinus*, *Mimosa* und *Prosopsis*. Ebenso beliebt waren Samen und Blüten der Gattung *Erodium* (Storchschnabel). Sämereien bilden jährlich 60,7 % der Gesamtnahrung. Bezüglich ihrer Nahrungsansprüche kann man der Gambelwachtel hohe Flexibilität bescheinigen, wodurch ihr erfolgreiches Überleben in Ackerbaugebieten gewährleistet wird. Außerhalb der Brutzeit leben die Vögel in Trupps aus 5 bis 40 Individuen zusammen. Wachsende Aggressivität der Hähne und beginnende Paarbindung wird bereits im Spätwinter beobachtet. Der Paarbindung geht offenbar ein recht subtiler Prozeß der „Kontaktaufnahme" voraus, zu der ein rituelles Jagen und Verfolgen des Weibchens durch den dabei heftig rufenden Hahn gehören. Solche Verfolgungsjagden fehlen bei der Volierenhaltung, wohl weil die betreffenden Paare schon während der geschlechtlichen Ruhezeit zusammengehalten werden. Wird jedoch ein Weibchen zu einem sexuell aktiven und damit aggressiven Hahn in den Käfig gesetzt, wird es häufig von ihm getötet, weil bei mangelnder Verfolgungsjagd die gestaute Aggressivität zum Ausbruch kommt. Das Werbungsverhalten des Gambelhahns unterscheidet sich in der Initialphase kaum vom Aggressionsverhalten gegenüber anderen Männchen. In natürlicher Umgebung beendet das Weibchen nach der Fluchtphase Attacken des Hahnes durch Unterwerfungsgesten. Jagen Hähne männliche Artgenossen, geschieht dies als Mittel zur Festlegung der Rangordnung. Ernste Kämpfe zweier Hähne miteinander äußern sich in schnellen Pickbewegungen in Richtung auf Kopf, Hals und Rücken des Gegners sowie kurzem Hochfliegen, um über den anderen zu gelangen und von oben her auf seinen Schädel einzuschlagen. Zu tödlichem Ausgang kommt es selten, der Unterlegene flieht, und nur im Käfig muß er sterben. Mit der Auflösung der Wintertrupps und abgeschlossener Paarbildung beginnt das „Kau"-Rufen der unverpaart gebliebenen Hähne. In Neu Mexiko setzt es Mitte März ein und erreicht seinen Höhepunkt im April/Mai, läßt im Juni nach und wird ab Ende Juli bis Anfang August nicht mehr gehört. Während des Rufens steht der betreffende Hahn hoch aufgerichtet auf einem Ast, den schwarzen Bauchfleck demonstrierend und die Haube aufrecht haltend. Da verpaarte Hähne keine „Kau"-Rufe ausstoßen, läßt sich aus der Zählung rufender Hähne nicht auf die Menge der in dem betreffenden Gebiet lebenden Brutpaare schließen. Die Legezeit der Gambelwachtel beginnt in Neu Mexiko Ende April. Auf das Legen von 4 bis 6 Eiern an aufeinanderfolgenden Tagen folgt ein Ruhetag, wonach der gleiche Zyklus erneut abläuft. Nach 3 solcher Perioden ist das Gelege vollständig und enthält dann 12 bis 14 Eier. Die Henne brütet allein, während der Hahn, in 12 bis 15 m Entfernung auf einem Busch sitzend, Wache hält. Bei Annäherung von Bodenfeinden verleitet er mit scheinbar gebrochenem Flügel und lockt sie von der brütenden Henne fort. Wenn man annimmt, daß ein

Wachtelpaar für Nestwahl und Nestbau 10 Tage, zum Legen und Brüten 38 bis 42 Tage und zum Aufziehen der Jungen fast 3 Monate benötigt, kann man sich nicht vorstellen, daß es jährlich 2 Bruten durchzuführen vermag. Doch bestehen in nahrungsreichen Jahren Möglichkeiten dazu: Der Hahn kann die Küken der ersten Brut übernehmen und so der Henne das Erbrüten eines Zweitgeleges ermöglichen, oder die Küken können im Alter von einem Monat entwöhnt und der Aufsicht lediger Altvögel anvertraut werden, wodurch ebenfalls Zeit für ein weiteres Gelege gewonnen wird. In einem Bergwüstengebiet, wo solche Doppelbruten beobachtet wurden, betrug die Kükenzahl pro Paar 15, während sie in Tal-Habitaten ohne Doppelbruten nur 10 Küken erbrachte. Nach dem Schlupf übernimmt der Hahn die Führung der Familie, während die Henne die Nachhut bildet. Gesperre führende Hähne lenken Bodenfeinde durch Verleiten von der Familie ab, die sich währenddessen bewegungslos niederduckt. Nur in höchster Gefahr fliegt ein Paar auf, und noch flugunfähige Küken müssen auf ihre Tarnfärbung vertrauen. Wie die meisten jungen Hühnervögel ernähren sie sich während der ersten Lebenstage fast ausschließlich von Insekten, um dann allmählich auf Pflanzenstoffe überzugehen, die sie im Alter von mehreren Monaten zu 90 % aufnehmen. Insgesamt wurden bei der Gambelwachtel 10 verschiedene Lautäußerungen nachgewiesen, von denen 7 beiden Geschlechtern eigen sind, 2 ausschließlich von Hähnen benutzt werden und eine, der Kopulationsruf, nur der Henne eigen ist. Kontaktlaute unter Gruppenmitgliedern sind ein „Tuuk" sowie ein wie „Ut" klingendes, plauderndes Brummen. Sie werden auf der Futtersuche von beiden Geschlechtern ausgestoßen. Der Verlassenheitsruf Versprengter ist ein viersilbiges „Ka-KAA-ka-ka" oder „Kau-KAU-kau-kau", auch mit „Tschi-KA-go-go" übersetzt. Beide Geschlechter verwenden ihn, um bei optischer Isolation miteinander akustisch in Verbindung zu bleiben, und Hähne können den Verlassenheitsruf der eigenen Henne ohne weiteres von dem fremder Weibchen unterscheiden. Spezielle Futterlockrufe scheint diese Zahnwachtel nicht zu kennen. Vermutlich weisen die Hähne allein durch auffällige Pickbewegungen ihre Weibchen auf leckere Futterbrocken hin. Der bekannteste Alarmruf der Gambelwachtel, ein wiederholtes „Tschip-tschip-tschip", wird sowohl in Überraschungssituationen wie bei erweckter Neugier ausgestoßen. Bei unmittelbarer Gefahr rufen sie dagegen rauh „Kwook" und lassen die „Tschip"-Serie folgen.

Hält man die Vögel in der Hand, stoßen beide Geschlechter im Halbsekundenabstand laute, in der Tonhöhe fallende Mißbehagenslaute aus, die wie „Kii-OU" klingen. Balzt ein noch unverpaarter Hahn vor einer Henne, mustert er sie scharf und stößt eine Serie aggressiver „Wit-WUT"-Töne aus, wie es auch bei gegenseitigem Androhen zweier Hähne der Fall ist. Dabei knickst der hochaufgerichtet stehende Hahn ein wenig mit dem Kopf, dadurch seinen Lampionschopf in vibrierende Bewegung versetzend. Will einer von 2 kämpfenden Hähnen den Streit beenden, ruft er katzenartig „Miää" und hält seinen Schnabel senkrecht aufwärts, worauf der andere die Kampfhandlungen einstellt.

Haltung: 1872 gelangte 1 Paar Gambelwachteln in den Londoner Zoo, und nach HOPKINSON ist die Art vor 1973 im alten Berliner Aquarium, das eher ein Vivarium war, erfolgreich gezüchtet worden. 1874 gelang die Zucht dem berühmten französischen Züchter CORNELY, 1893 dem Berliner Zoo, 1920 und 1921 nach SETH-SMITH dem Londoner Zoologischen Garten. STEFANI, der die Gambelwachtel in vielen Paaren gepflegt hat, hielt sie in reich bepflanzten Volieren von ca. 10 m^2 Bodenfläche, konnte jedoch ein Selbstbrüten der Wachtelhennen nie erreichen. Die Eizahl war bedeutend, denn weniger als 40 Eier jährlich legte keine Henne. Kaum eines war unbefruchtet, doch wurden bei der Aufzucht durch Hühnerammen viele der zarten Wachtelküken erdrückt. Zur Überwinterung benötigt die Gambelwachtel einen erwärmten Schutzraum, und als Wüstenbewohner fühlt sie sich nur in trockenen Gehegen wohl. DE GRAHL berichtet über seine Erfahrungen mit dieser Zahnwachtel: „Die Unruhe und Scheu der Kalifornischen Schopfwachtel kennt die Gambelwachtel nicht. Die Aufzucht der Kleinküken ist etwas schwieriger, weil sie wärmebedürftiger und empfindlicher gegen Zugluft und Nässe sind als Kalifornierküken. Eizahl und Befruchtungsquote waren genauso groß wie bei jener Art, dafür allerdings der Kükenschlupf geringer." DE GRAHL vermutet als Ursache eine für die Gelege dieses Wüstenbewohners zu hohe Luftfeuchtigkeit im Brüter. Immerhin zog er in einem Jahr 25 Gambelküken groß. Bei den Jungen wird das Geschlecht im Alter von 2 Monaten am Schopf und an der Gesichtsmaske erkennbar. Die Gambelwachtel beginnt mit dem Legen etwas später als die Kalifornierin, wenn es im Mai wärmer wird. ROBBINS (1981) empfiehlt für 1 Paar Gambelwachteln eine Voliere von wenigstens 1,25 m × 1,25 m Größe. Als Futter werden Krümelpellets mit

20 % Proteingehalt und weiße Hirse gereicht. Die Art ist auch für den Anfänger in der Wachtelliebhaberei sehr zu empfehlen. Nach einer weltweiten Umfrage der WPA wurden 1982 in Nordamerika 5056, in England 111 und auf dem europäischen Kontinent 53 Gambelwachteln gehalten. Im Vogelpark Walsrode (BRD) wird diese schöne Zahnwachtel seit Jahren regelmäßig gezüchtet.

Weiterführende Literatur:
BAILEY, F. M.: Birds of New Mexico. Gambel's quail pp. 218–223. New Mexico Dptmt. of Game and Fish (1928)
CAMPBELL, H.: Fall foods of Gambel's quail (*Lophortyx gambelii*) in New Mexico. Southwestern Naturalist 2; pp. 122–128 (1957)
DE GRAHL, W.: Amerikanische Hauben- und Baumwachteln. Gef. Welt; pp. 1–4 (1958)
ELIS, C. R., STOKES, A. W.: Vocalizations and behaviour in captive Gambel quail. Condor 68; pp. 72–80 (1966)
GORSUCH, D. M.: Life history of the Gambel quail in Arizona. University of Arizona biological science Bull. 2 (1934)
GULLION, A. M.: Evidence of double brooding in Gambel quail. Condor 58; pp. 232–234 (1956)
DERS.: The ecology of Gambel's quail in Nevada and the arid southwest. Ecology 41; pp. 518–536 (1960)
DERS.: Weight variations of captive Gambel quail in the breeding season. Condor 63; pp. 95–97 (1961)
DERS.: Organization and movements of conveys of a Gambel quail population. Condor 64; pp. 402–415 (1962)
DERS.: A viewpoint concerning the significance of studies of game bird food habits. Condor 68; pp. 372–376 (1966)
HENSLEY, M. M.: Ecological relations of the breeding bird population of the desert biome in Arizona. Ecol. Monographs 24; pp. 185–207 (1954)
HUNGERFORD, C. R.: Water requirements of Gambel's quail. Transactions 25th North American Wildlife Conference; pp. 231–240 (1960)
DERS.: Adaptations shown in selection of food by Gambel's quail. Condor 64; pp. 213–219 (1962)
DERS.: Vitamin A and productivity in Gambel's quail. J. Wildlife Management 28; pp. 141–147 (1964)
JOHNSGARD, P. A.: Grouse and quails of North America. Gambel's quail; pp. 376–390; University of Nebrasca, Lincoln (1973)
MILLER, A. H., STEBBINS, R. C.: The lives of desert animals in Joshua Tree National Monument. Berkeley; University of California Press; (1964)
PHILLIPS, A. R., MARSHALL, J., MONSON, G.: Birds in Arizona. Tucson, University of Arizona Press (1964)
RAITT, R. J., OHMART, R. D.: Annual cycle of reproduction and moult in Gambel quail of the Rio Grande Valley, southern New Mexico. Condor 68; pp. 541–561 (1966)
DERS.: Sex and age rations in Gambel quail of the Rio Grande Valley, southern New Mexico. Southwestern Naturalist 13; pp. 27–33 (1968)
ROBBINS, G. E. S.: Quail, their breeding and management. Gambel's Quail pp. 39–40. Publ. by W. P. A., 1981
SOWLS, L. K.: Results of banding study of Gambel's quail in southern Arizona. J. Wildlife Management 24; pp. 185–190 (1960)
SWANK, W. G., GALLIZIOLI, S.: The influence of hunting and of rainfall upon Gambel's quail populations. Transactions 19th North American Wildlife Conference; pp. 283–295 (1954)
WISSEL, C. von, STEFANI, M.: Fasanen und andere Hühnervögel; pp. 310–311; J. Neumann-Neudamm, Neudamm 1940

Kalifornische Schopfwachtel
Callipepla californica, Shaw 1798

Engl.: Californian Quail.
Abbildung: Seite 175 mitte links.
Heimat: Von Süd-Oregon und West-Nevada südwärts bis zur Spitze der Halbinsel Baja California in Mexiko. Im südlichen Britisch-Kolumbien, Washington, Idaho, Nord-Oregon, Utah und in Chile, außerhalb Amerikas auf Hawaii, Neuseeland und in Australien (King Island, Bass Street) eingebürgert. 8 Unterarten.
Beschreibung: Geschlechter verschieden gefärbt. Bei Hähnen der Nominatform sind Stirn und Scheitel bis oberhalb der Augen hell isabell oliv, die Federn mit schmalen, dunklen Schaftstreifen versehen, die scheitelwärts gelegenen weißgespitzt, in ein breites, weißes Diademband übergehend, das sich seitwärts bis über die Ohrdecken erstreckt. Es wird oben von einem schwarzen Band gesäumt, das auf dem Vorderscheitel am breitesten ist; Hinterscheitel und Hinterkopf umberbraun. Eine Scheitelhaube besteht aus 6 eng zusammenstehenden, vorn übergebogenen, in der unteren Hälfte drahtigen, der oberen tropfenförmig verbreiterten schwarzen Federn. Federn des Hinterhalses und der hinteren Halsseiten dunkel braungrau, schwarz gesäumt und subterminal weiß gefleckt, diese Region dadurch wie ein weißlicher Perlenkragen wirkend. Vordere Interskapularen schiefergrau, schwarzbraun bis dunkel olivbraun gesäumt und geschäftet, die Graukomponente subterminal oft heller, ein verwässertes Spiegelbild

des Perlenkragens gebend; hintere Interskapularen, Rücken und Bürzel olivbraun; Schultern und Flügeldecken in frischvermausertem Gefieder isabell- bis olivbraun, im Frühjahr mehr schiefergrau; längere Schulterfedern auf den Innenfahnen isabellgelb gesäumt; Handschwingen dunkel olivbraun, Oberschwanzdecken wie Bürzel, doch schiefergrau getönt; Schwanzfedern schiefergrau bis dunkel mausgrau. Zügel, Kinn, Kehle und Vorderwangen samtschwarz, außen von einem breiten, weißen Band umsäumt, das am hinteren unteren Augenwinkel beginnt, zwischen Wangen und Ohrdecken die Kehlseiten abwärts und quer über die Kehle verläuft; Ohrdecken und Außensäumung des weißen Kehlbandes schwarz; Brust einfarbig dunkelgrau, die Oberbauchmitte isabellgelb, die Seiten weiß, alle Federn an den Enden kräftig schwarzgesäumt; ein großer Fleck auf der Bauchmitte kastanienbraun, seine Federn breit schwarz gesäumt, die ganze Bauchregion dadurch mit einem Schuppenmuster versehen. Untere Bauchmitte hell isabellweiß, dunkel olivbraun gebändert, diese Bänder nach hinten zu undeutlicher werdend; Seitengefieder tief olivbraun mit lanzettförmiger weißer Federschäftung; Flanken, Steiß und Unterschwanzdecken hell ockrigisabell mit breitem, olivbraunem Mittelstreifen, der auf den längeren Unterschwanzdecken in sehr dunkles Olivbraun übergeht. Schnabel und Beine schwarz, die Iris olivbraun.

Länge 241 bis 279 mm; Flügel 105 bis 119 mm; Schwanz 79 bis 119 mm; Gewicht 176 bis 206 g.

Bei der Henne sind Stirn, Zügel und Vorderscheitel hell isabellbraun mit schmaler, schwarzer Federschäftung; hintere Scheitelhälfte und Hinterkopf sepiabraun, die schwarzbraunen Haubenfedern kürzer und weniger gebogen als beim Hahn; Nacken und Unterhalsseiten wie beim Hahn, doch statt der Graukomponente ein mattes Isabellbraun, das auch die hellen subterminalen Federflecke mit einbezieht. Übrige Oberseite wie beim Männchen, insgesamt dunkler, bräunlicher, weniger oliv; Flügel und Schwanz wie beim Männchen; Kinn und Kehle grauweißlich, olivbraun geschäftet; die Wangen ähnlich, doch mit schmalerer und schwärzerer Schaftstreifung. Brust in frischem Gefieder gräulich isabellbraun, später durch Abreibung der Federn mehr grau; obere und seitliche Bauchpartien mit breit schwarzgesäumten Federn; Unterbauchmitte, Steiß, Seiten, Flanken, Unterschwanzdecken wie beim Männchen.

Flügel- und Schwanzlänge wie beim Männchen; Gewicht 162 bis 206 g.

Beim Dunenküken ist die Oberseite hell isabell mit zimtbräunlichem Anflug; ein hell tabakbrauner Streif zieht über die Stirnmitte; Scheitelmitte und Hinterkopf tabakbraun mit schwarzer Säumung; auf den Ohrdecken ein hellbrauner Fleck; beiderseits entlang des Rückens ein gelbbräunlicher Seitenstreif, der etwas weiter unterhalb von einem gleichfarbigen Streif begleitet wird. Auf den Flügelchen eine mehrfache schwarzbraune Querbänderung. Unterseite grauweißlich, auf Brust, Flanken, Schenkeln und Unterbauch isabellgelblich angeflogen. Gelegestärke 9 bis 17 (13,7); Ei rahmweiß, dunkelbraun gepunktet und gefleckt (32 mm × 25 mm); Gewicht 11 g; Brutdauer 22 bis 23 Tage.

Lebensgewohnheiten: An den Hängen und in den Tälern des pazifischen Küstengebirges Nordamerikas, von der Spitze der mexikanischen Halbinsel Baja California im Süden bis ins südliche Britisch-Kolumbien im Norden ist die Kalifornische Schopfwachtel ein häufiger Bewohner des Chaparral, einer Hartlaubstrauchzone sowie von Wüstensteppen und lichten Eichenwäldern. Vielerorts zum Kulturfolger geworden, hat sie Weinberge, Gärten und die Parkanlagen der Städte besiedelt, ist aber dem Menschen gegenüber stets scheu und mißtrauisch geblieben. Ihr Verhalten wurde wohl am gründlichsten von allen Zahnwachteln erforscht. Im Vergleich mit anderen Wachteln ist sie stärker wasserabhängig als Gambels Schopfwachtel, doch dürreresistenter als die Virginiawachtel. Solange Insekten und sukkulente Pflanzen ihren Flüssigkeitsbedarf decken können, kommt sie ohne Oberflächenwasser aus. Mäßig salzhaltiges Wasser wird ebenfalls getrunken, nicht jedoch reines Meerwasser. Die Nahrung der Schopfwachtel besteht zu 95 % aus Pflanzenteilen, vor allem solchen von Leguminosen, und bei Erwachsenen aus nur 5 % Insekten. Zu Beginn der kalten Jahreszeit schließen sich Schopfwachteln zu oft großen Gesellschaften von 50 bis 60 Vögeln zusammen, von denen jede ein festes Winterrevier besetzt. Dieses muß genügende Deckungs- und Nahrungsmöglichkeiten bieten, darf also kein mehr oder weniger kahles Gelände sein. Futter wird gemeinsam gesucht, doch teilt sich dazu häufig eine große Gesellschaft in mehrere Trupps auf. Einen Übernachtungsplatz benutzen alle gemeinsam. Die Wintergesellschaften sind voneinander durch Niemandsland von ca. 1 km Breite voneinander getrennt. Kontakte zwischen ihnen sind selten, und sollten sie sich doch einmal begegnen, werden zwischen den Mitgliedern soziale Barrieren wirksam, die jede Gruppenverschiebung verhindern. Größere

Ortsbewegungen während des Winters kommen nur selten vor, und täglich wird auf der Nahrungssuche höchstens ¼ bis die Hälfte des Reviers genutzt. Mit der ab Mitte Februar einsetzenden Paarbildung beginnt die allmähliche Auflösung der Gemeinschaft. Zuerst wandern unverpaarte Junghähne ab. Auch Junghennen neigen zum Verlassen der Gruppe, während die Althennen fast durchweg weiter bleiben. Gegen Mitte April ist das Geschlechtsverhältnis nahezu gleich, und die Gesellschaft setzt sich überwiegend aus älteren verpaarten Vögeln zusammen. Die zweite Auflösungsphase wird durch das Abwandern der Paare zu den Brutplätzen eingeleitet, und schließlich bleiben nur noch ein paar Spät- und Nichtbrüter übrig. Ortsbewegungen während der Sommermonate sind nur sehr begrenzt und auf unverpaarte Hähne beschränkt. Diese beginnen Ende April, also zu Beginn der Brutzeit, mit dem „Kau"-Rufen und versuchen, sich gepaarten Hennen zu nähern. 8 solcher Junggesellen, übrigens stets Althähne, besetzten ein Krährevier, das stets nahe am Nest eines Brutpaares lag, während Junghähne zu einer nomadisierenden Lebensweise übergehen und dabei manchmal 1,5 km täglich zurücklegen. Viele Nistversuche der Paare verlaufen erfolglos. Geht ein männlicher Partner verloren, paart sich die Henne alsbald mit einem der in Nestnähe rufenden Junggesellen. Beim Verlust seines Weibchens beginnt der Witwer zu rufen und tut dies entweder in Nestnähe oder bis in Entfernungen von 400 bis 2400 m vom Nistort. Nichts deutet darauf hin, daß diese Wachtel aktiv ein Brutrevier verteidigt, das es also im üblichen Sinne bei ihr nicht gibt. Weibchen beginnen mit dem Legen in Kalifornien in der 2. Aprilwoche und erreichen den Höhepunkt in der 3. Maiwoche, während im östlichen pazifischen Washington der Legegipfel ca. 1 Monat später liegt. Das Nest, eine mit Gras und Blättern gefüllte Mulde, wird gewöhnlich gut getarnt unter Buschwerk und anderem Sichtschutz angelegt. Interessant sind Volierenbeobachtungen von Hähnen, die brüteten und Küken allein großzogen, was aber nicht etwa zur Regel gehört. So übernahm beispielsweise der Hahn ein zweiwöchiges Gesperre, so daß die Henne erneut legen und eine 2. Brut aufziehen konnte. Auch sind aus freier Wildbahn Fälle bekannt, in denen Hähne Gesperre aus zeitig beendeten Bruten übernahmen. Ferner wurde beobachtet, daß im Juni/Juli eine größere Zahl kükenführender Altvögel nur Hähne waren, was entweder auf hohe Weibchensterblichkeit oder die Übernahme der ersten Brut durch das Männchen zurückzuführen ist. Solange ein Weibchen vorhanden ist, scheint ein Brüten des Männchens nicht die Regel zu sein. Schopfwachtelhähne zeigen nämlich zu dieser Zeit nicht den stark vaskularisierten Brutfleck des Weibchens. Nach JONES könnte der Anblick eines verlassenen Geleges beim Männchen zur Ausschüttung weiblicher Hormone führen, die weibliches Brutverhalten und damit einhergehend die Ausbildung von Brutflecken indizieren würden. Unverpaarte Hähne zeigen genau wie Witwer großes Interesse an Kleinküken und sind bei Duldung durch das Elternpaar hervorragende Pflegeväter (EMLEN). Im Verlauf der herbstlichen Truppbildung vermischen sich Familien sowieso mit nicht brütenden Artgenossen und anderen Familien. Obwohl der Prozentsatz erfolgloser Nistversuche bei der Kalifornischen Schopfwachtel mit 60 bis 80 % hoch ist, gewährleistet eine Kombination von dauernd wiederholten Nistversuchen, hoher Gelegestärke und gelegentlichem Doppelbrüten einen hohen Prozentsatz von Jungvögeln in den Überwinterungsgesellschaften. Nach Untersuchungen von WILLIAMS auf Neuseeland ist die Befruchtungsrate mit 93,8 % und einem Schlupfergebnis von 89,8 % ziemlich hoch. ANTHONY stellte zudem eine überraschend hohe Überlebensrate der Küken mit einer angenommenen Mortalität von 25,8 % während der ersten 15 Wochen fest. Andere Untersuchungsergebnisse lassen vermuten, daß Kükenverluste von 45 bis 50 % normal sind. Mit der Kükenaufzucht beginnt der Wiederaufbau der Überwinterungstrupps, deren Kern die Jungvögel bilden. Schon gegen Mitte August hatten sich 9 solcher Trupps konsolidiert, zu denen noch einzelne Nichtbrüter und erfolglose Brüter stießen, so daß die Truppstärke sich noch etwas erhöhte. Obwohl bei sehr jungen Gesperren Vermischungen mit anderen nicht vorkommen, ist dies in verstärktem Maße der Fall, sobald die Küken 3 oder 4 Wochen alt sind. Die Elternpaare akzeptieren die Zuwanderung gleichaltriger Junger. Später kommt es immer mehr zur Verschmelzung der Gesperre, die ihre Zusammensetzung bis Ende November behalten, wonach sich aus ihnen mehrere Trupps oder Gesellschaften bilden, die ihre Winterreviere vom Vorjahr besetzen. Da im Frühjahr die Althähne wahrscheinlich etwas eher geschlechtlich aktiviert sind als Junghähne, kommt es innerhalb der Trupps vor allem bei Althähnen zu Paarbindungen mit Alt- und Junghennen. Sie erfolgt bereits, bevor die Testes stark vergrößert sind, und geht ohne jede auffällige Balzhandlung vor sich.

Die Balzhandlungen der Kalifornischen Schopfwachtel sind durch Untersuchungen von GENELLY gut bekannt. Sie beginnen damit, daß der Hahn ein paar leise Töne ausstößt, den Hals bei gesträubtem Gefieder lang macht und den Kopf niedrig hält; ferner sträubt er das übrige Kleingefieder, hebt und spreizt den Schwanz und senkt die Flügel so weit, daß die Handschwingenspitzen den Boden berühren. In dieser Haltung nähert er sich in einer Reihe kurzer Vorstöße dem Weibchen (rush-display), das daraufhin die Flucht ergreift. Der im Ursprung hochgradig aggressive Charakter dieses Verhaltens ergibt sich daraus, daß Gegner in gleicher Haltung attackiert werden, sowie aus Hackangriffen auf Hennen im Käfig, die nicht fliehen können. Im allgemeinen verhindern wohl die Unterwürfigkeitsgeste der Henne und ihr Weibchengefieder einen realen Angriff von seiten des Hahnes. Da Hahn und Henne vom Beginn der Paarbindung an eine zunehmend längere Zeitspanne miteinander verbringen, nimmt die Aggression der Hähne untereinander ebenfalls zu. Sie äußert sich im Verjagen fremder Hähne aus der Nähe der eigenen Henne und ist sicher auch die Hauptursache für das Abwandern der Junggesellen aus dem Verband. Da ein Frühjahrsverband sich stets aus mehr Männchen als Weibchen zusammensetzt, dürfte der erzwungene Ausschluß unverpaarter Hähne auch die einzige Möglichkeit sein, den Trupp intakt und als funktionierende soziale Einheit bestehen zu lassen. Zum Aggressionsverhalten gehören nach RAITT außerdem das „seitlich Nebeneinanderherrennen", Einanderjagen und der ernste Angriff. Das Nebeneinanderherlaufen ist der am wenigsten aggressive Akt und kommt manchmal auch zwischen Partnern eines Paares sowie Erwachsenen und Jungvögeln vor, wobei beispielsweise der Ranghöhere den anderen zur Seite drückt, wenn beide zu einer Futterquelle gelangen wollen. Das Jagen wird in der Balz- und Angriffshaltung, nur in weniger ausgeprägter Form, durchgeführt. Der Verfolgte flüchtet zu Fuß und wird andernfalls in Nacken und Rücken gehackt. Meist finden solche Verfolgungsjagden zwischen gleichgeschlechtlichen Artgenossen oder symbolisch bei Verfolgung des weiblichen Partners statt. Beim ernsten Kampf Hahn gegen Hahn fixieren sich die Gegner, unternehmen dann Hackangriffe und führen kurze senkrechte Sprünge aus, während denen sie auf den Kopf des Gegners einzuhacken versuchen. Zwischen den Angriffen werden unter schnellem Kopfnicken häufig „Squill"-Rufe ausgestoßen und die schwarzen Kehlfedern maximal zur Geltung gebracht, so daß also akustische und optische Drohgesten zur Einschüchterung des Gegners benutzt werden. GENELLY beobachtete ein Ansteigen der Aggressionsaktivität von Januar bis Mai, meist ausgelöst durch die Verteidigung des weiblichen Partners. Revierverteidigung kommt nur zwischen März und Juni und nur unter unverpaarten Männchen vor, die Rufterritorien errichtet hatten, aus denen sie andere Junggesellen vertrieben. Im Juli gab es Kämpfe nur zur Verteidigung der Brut und ab Oktober lediglich Rangordnungsgefechte, die bis zum Januar immer mehr abflauten.

Die wohl vollständigste Analyse von insgesamt 14 Lautäußerungen dieser Schopfwachtel hat WILLIAMS erstellt. Soziale Eingliederungsrufe umfassen den Kontaktruf „Ut ut" und den Sammelruf „Ku ka kau". Die „Ut ut"-Laute dienen dem Zusammenhalt einer Gruppe und werden während der Futtersuche sowie beim Leckerbissen-Anbieten (tidbitting-display) ausgestoßen. Einzelvögel ohne optischen Kontakt mit Artgenossen bringen ihn in lauterer Version, gehen aber stets bald zu dem lauten Sammelruf „Ku ka kau" über, den beide Geschlechter ausstoßen. Im Frühjahr hört man ihn häufiger. Junggesellen gehen bald zum bekannten „Kau"-Krähen über und stoßen diesen Ton 3- bis 8mal pro Minute von einem erhöhten Platz aus. Die Häufigkeit dieses Rufes soll vom Testosteronspiegel des Vogels abhängen und mit einer gewissen Aggressionsstimmung verknüpft sein. Der „Squill"-Ruf ist ein hoher Staccato-Pfiff, der zur Herausforderung anderer Hähne nur im Frühjahr ausgestoßen wird. Er drückt schärfste Drohung aus und hängt mit dem Versuch zusammen, soziale Dominanz geltend zu machen. Das durch das Kopfschleudern bewirkte Halsstrecken bringt eine Tonstufe hervor, die fast als Pfiff bezeichnet werden kann, zweifellos wegen des erhöhten Drucks auf die Stimmbänder. Ein vor Angriffen auf andere Hähne ausgestoßener Ruf ist das „Wip wip", das mit „Squill"-Rufen abwechseln kann. Auch gegenüber fremden Weibchen wird er gebraucht, was beim „Squill" nie der Fall ist. Unter den Warnrufen vor Feinden ist der „Pit pit"-Alarmruf der häufigste. Dieser metallisch klingende Ruf wird fast bei jeder Störung, besonders vor einer Flucht ausgestoßen. Während des Flüchtens zu Fuß rufen sie dann „Tschwip tschwip", was wohl nur eine Variante der vorigen Lautäußerung darstellt. Gefahr durch Flugfeinde (Greife) wird mit dem Alarmruf „Kurr kurr kurr" angekündigt, der entweder sofortiges Erstarren oder Flucht in eine Deckung bewirkt. Hält man Vögel in der

Hand, stoßen sie, wie die meisten anderen Zahnwachteln auch, ein lautes, abwärts gleitendes „Psiu psiu" aus. Vor und während der Kopula lassen Weibchen manchmal weiche Pieptöne hören, und Hähne rufen in dieser Situation „Ut ut", das während des Tretens in „Wip wip" übergeht. Beim Nestbauen stößt das Weibchen eine leise „Pa pa pa"-Strophe aus, das Männchen beim Zutragen von Nistmaterial wesentlich andere Töne. Verirrte Küken weinen laut pfeifend, worauf die Eltern, speziell der Hahn, mit „Kau kau kau" antworten. Läuft das Gesperre beim Führen im Gelände zu weit auseinander, rufen die Eltern leise „Mo mo mo". Unter den von WILLIAMS analysierten Lautäußerungen der Kalifornischen Schopfwachtel waren Erwachsenen beiden Geschlechts 11 eigen, und 3 wurden nur vom Männchen ausgestoßen. 2 der 14 Laute dienten sozialem Kontakt, 5 der Alarmbeantwortung, 6 hatten Bedeutung beim Fortpflanzungsgeschehen, und eine diente dem Elternverhalten. Eine Lautäußerung, die der Trennung der Wintergesellschaften dient, fehlt vollständig. Die Virginiawachtel kennt für diese Situationen das „Koi lii".

Haltung: Die ersten Kalifornischen Schopfwachteln wurden laut RUSS (1898) nach Frankreich importiert, wo man 1837 von 2 zur Einbürgerung ausgesetzten Paaren so reichlichen Nachwuchs erhalten hatte, daß er in den Revieren des M. DE COSSETTE bejagt werden konnte. In Deutschland hat namentlich Kammerherr VON HINKELDEY in Naumburg a. S. zu Anfang der 70er Jahre des vorigen Jahrhunderts mit dieser Art sehr günstige Ergebnisse erreicht. Er zog im Jahr 1875 von 9 Paaren 108 kräftige Junge auf und verlor im Winter 1875/76 nicht einen Vogel, obwohl sie bei strenger Kälte und hohem Schnee im Freien waren. MÖKKEL in Homburg v. d. H. zog 1881 mit einem Stamm von 2 Hähnen und 4 Hennen 109 Küken zu kräftigen fehlerlosen Vögeln auf. Abweichend von RUSS teilt DÜRIGEN (1885) als Erstimport nach Europa den Juli 1852 mit, als der französische Züchter DESCHAMPS 6 Paare aus San Franzisko nach Frankreich gebracht haben soll, von denen schon 1853 Nachzucht erzielt wurde. Im Rahmen des Buches ist es unmöglich, die zahlreichen Zuchtberichte über diese schöne und leicht züchtbare Art zu zitieren, die seit den 70er Jahren des 19. Jahrhunderts als häufigste und neben der Virginiawachtel einzige Zahnwachtelart zum festen Bestandteil der europäischen Liebhabervolieren und Zoo-Fasanerien zählt. Seine Erfahrungen mit Haltung und Zucht der Schopfwachtel hat DE GRAHL ausführlich in der „Gefiederten Welt" 1958 mitgeteilt. Sie seien hier in den wichtigsten Einzelheiten wiedergegeben: „Es ist erstaunlich, wie viele Eier eine Schopfwachtelhenne zu legen vermag, wobei die Befruchtungsquote praktisch 100 % beträgt. Wie alle Zahnwachtelweibchen erbrütet die Schopfwachtelhenne ihr Gelege jedoch nur in einer größeren, dicht bepflanzten Voliere selbst. Im anderen Fall legt sie immer weiter, ohne mit der Brut zu beginnen." So hat DE GRAHL oft von einer Henne von Ende April bis Ende Juni weit über 40 Eier erhalten. „Hält man die Vögel entsprechend warm und füttert beispielsweise Legemehl zu, dauert die Legetätigkeit weiter an, und Rekorde einer Henne von über 100 Eiern sind verbürgt. Doch läßt man es nicht so weit kommen und trennt das Paar Anfang August, weil sonst das Weibchen zu stark geschwächt wird und aus den Eiern lebensschwache Küken schlüpfen. Mehr als 30 bis 40 Eier jährlich sollten genügen. Man kann sie durch Zwerghennen erbrüten lassen, die jedoch häufig die kleinen, dünnschaligen Eier zertrampeln oder die zarten, nur walnußgroßen Wachtelküken erdrücken. Die besten Ergebnisse erhält man durch den Brutapparat. Die Gelege können bis 12 Tage lang in einem kühlen Raum aufbewahrt werden und sind 1-, besser 2mal täglich etwas zu drehen. 10 bis 12 Eier werden in den Brüter auf Roste gelegt. Während der ersten Zeit soll die Luftfeuchtigkeit im Brüter 50 bis 60 % und die Temperatur 38,5 °C betragen. Die Eier werden morgens und abends etwas gedreht und ca. 10 Minuten lang gelüftet. Vom 15. Tage an wird die Brütertemperatur auf 39 °C und die Luftfeuchtigkeit ab dem 20. Tag auf 60 bis 70 % erhöht. Am 22. oder 23. Tag wird sie auf 80 % gesteigert, um den Küken den Schlupf zu erleichtern. Schon ab dem 22. Tag sind die Eier meist angepickt, und hier und da ist das Piepen der Küken im Ei zu vernehmen. Diese sägen mit dem Eizahn die Schale im oberen Drittel der stumpfen Seite so auf, daß der Eideckel nach dem Schlupf ganz gleichmäßig wieder zuklappt, so daß man oft glauben kann, das Küken sei noch im Ei. Die zunächst sehr zarten Küken mit bereits angedeuteten Schopffederchen benötigen während der ersten 10 Lebenstage eine Wärme von 35 °C, die man am praktischsten mit einem Dunkelstrahler erzeugt. Die Entfernung der Wärmequelle von den Küken wird durch ein auf den Kistenboden des Aufzuchtkastens gelegtes Thermometer überprüft und danach der notwendige Abstand des Strahlers festgestellt. Ist die Temperatur zu niedrig, pflegen die Küken ein klägliches Piepen auszustoßen, und Abhilfe ist dann schnellstens geboten. Je älter die Kleinen werden, eine desto größere Aufzuchtkiste oder einen desto größeren Aufzuchtkäfig müssen sie erhalten. Im Alter von 2 bis 3 Wochen können sie bei günstiger Witterung in die Freivoliere gesetzt werden. Sie müssen aber dann bei Bedarf in einen durch Dunkelstrahler beheizten Schutzraum schlüpfen und sich dort aufwärmen können. Nachts liegen alle unter dem Strahler, der ja die hudernden Eltern ersetzen muß. Für diesen Zweck benutzt man einen 150-Watt-Strahler, der eine größere Fläche beheizt und entsprechend höher über dem Boden aufzuhängen ist. Benötigen die Küken keine direkte Wärme mehr, begeben sie sich zur Übernachtung selbständig auf höher gelegene Sitzstangen und übernachten wie die Erwachsenen aufgebaumt. Küken verschiedenen Alters dürfen zusammengehalten werden, ohne daß Streit zu befürchten ist, doch sollte man sie bis zum Alter von 14 Tagen getrennt halten, damit die Jüngeren nicht bei der Fütterung benachteiligt werden." Die noch von DE GRAHL empfohlene Anfangsfütterung mit Ameisenpuppen ist in Deutschland heute wohl kaum noch möglich, weil die Rote Waldameise mit Recht unter Schutz steht und die kleinen Ameisenarten (Rasenameisen etc.) bei weitem nicht genügend und auch nur kleine Puppen liefern können. Heute füttert man meist Kükenerstlingsmehle oder Kükenpreßlinge, die für die ersten Lebenstage fein zermahlen werden müssen und in angefeuchtetem Zustand verabreicht werden. Die Kükenmehle sollten nicht über 20 % Protein enthalten, was aus der Inhaltsangabe der Packung ablesbar ist. DE GRAHL hat als Erstlingsfutter noch Kükenhefe oder Fischmehl, auch ein Gemisch aus Kükenhefe und Fischmehl nebst gemahlenem Preßkorn verfüttert und zerschnittene Mehlwürmer zugefügt, betont jedoch, daß bei solcher Fütterung die Küken langsamer zu wachsen pflegen (als bei reiner Ameisenpuppenfütterung). Im Alter von 10 Tagen kann dem Gemisch zusätzlich gekochtes, feingehacktes Ei, Mohnsamen und feingehacktes Grünzeug (junge Brennesseln, Vogelmiere, Schafgarbe, Löwenzahn) hinzugefügt werden. Mit 3 Wochen beginnen die Jungwachteln, auch Hirse und andere Kleinsämereien aufzunehmen. Als Beikost reicht man ab und zu Mehlwürmer und kleine Regenwürmer. Mit einem Vierteljahr sind die Jungvögel ausgewachsen und bald nicht mehr von Erwachsenen zu unterscheiden. Hahnenküken sind zuerst am Wachsen weißer Federchen der Halsumrandung zu erkennen.

Schopfwachteln ertragen bis minus 10 °C, und Hennen sind kälteempfindlicher als Hähne. Ein windgeschützter, trockener Schutzraum ist unbedingt erforderlich. Bei sonnigem Winterwetter läßt man die Wachteln in die Außenvoliere, achtet jedoch darauf, daß sie nicht etwa draußen übernachten. Allgemein kann gesagt werden, daß Schopfwachteln in Mitteleuropa von April bis September im Auslauf verbleiben können. Diesen ausführlichen Mitteilungen DE GRAHLS ist nur wenig hinzuzufügen. Die Voliere für ein Paar Schopfwachteln darf nach ROBBINS (1981) die Maße 1,25 m × 1,25 m nicht unterschreiten. Sie muß Äste zum nächtlichen Aufbaumen erhalten und, wie bei allen Wachtelarten, einen trockenen, gut dränierten Boden aufweisen. Als einfaches Futter für Erwachsene wird weiße Hirse und Kükenpreßfutter in Krümelform mit 20prozentigem Proteingehalt empfohlen. Selbstverständlich läßt sich dieses Futter durch andere Kleinsämereien und gelegentliche Mehlwurmgaben sowie Grünzeug erheblich variieren. Hat die Wachtelhenne ihre Küken selbst erbrütet, werden diese von beiden Eltern geführt und verteidigt. Die Jungen können bis zum kommenden Frühjahr mit den Eltern zusammengehalten werden. Leider werden Schopfwachteln selten dem Pfleger gegenüber vertraut, halten vielmehr stets eine gewisse Fluchtdistanz ein, nach deren Überschreitung sie in Panik hochfliegen. Zieht man dagegen ein einzelnes Küken auf, wird es reizend zahm, ist aber menschengeprägt. Schopfwachteln kommen gut mit Finkenvögeln aus, nicht jedoch mit anderen Wachtel- oder Erdtaubenarten. Die Hähne können in Brutstimmung sehr streitsüchtig werden und scheuen vor Angriffen auf viel stärkere Gegner nicht zurück. So konnte STEFANI oft regelrechte Zweikämpfe zwischen einem Schopfwachtelhahn und einem seiner Ohrfasane beobachten: Wie kämpfende Haushähne sprangen die ungleichen Gegner einander an, wobei jedoch der Wachtelhahn dem Ohrfasan entweder in hohem Bogen über den Kopf sprang oder unter seinem Bauch hindurchhuschte. Noch bevor der große Fasan das blitzschnelle Verschwinden des Gegners aus seinem Gesichtskreis begriffen hatte, belehrte ihn schon eine aus seinem Achterteil nicht allzu sanft losgerissene Feder über die Verlegung des Kampfplatzes an die Hinterfront. Das ging monatelang so und war lustig anzusehen; keiner der Kämpfer wich dem Gegner. Nur die ständige „Mauserung" des Ohrfasanenschwanzes bewies, daß ein Waffenstillstand nie zustande gekommen war. Nach einer weltweiten Umfrage der WPA wurden

1982 insgesamt 1149 Schopfwachteln gemeldet, davon 768 aus Nordamerika, 178 aus England und 132 aus Kontinentaleuropa, wobei die Zahl natürlich in Wirklichkeit viel höher liegen dürfte.

Weiterführende Literatur:

ALDERSON, R.: Nesting of Californian Quails. Avic. Mag. Vol. VIII; pp. 136–140 (1902)

ANTHONY, R.: Ecology and reproduction of California Quail in south eastern Washington. Condor 72; pp. 276–287 (1970)

BARTHOLOMEW, G. A., MACMILLEN, R. E.: Water economy of the Californian Quail and its use of sea water. Auck 75; pp. 505–514 (1961)

BARTHOLOMEW, G. A., DAWSON, W. R.: Body temperatures in California and Gambel's Quail. Auck 75; pp. 150–156 (1958)

CRISPENS, C. G.: Food habits of California Quail in eastern Washington. Condor 72; pp. 473–477 (1960)

DE GRAHL, W.: Amerikanische Hauben- und Baumwachteln, Gef. Welt; pp. 1–4 (1958)

DÜRIGEN, B.: Die Geflügelzucht. Kaliforn. Schopfwachtel; pp. 368–369, P. Parey Berlin (1885)

DUNCAN, D. A.: Food of California quail on burned and unburned central California foothill rangeland. Calif. Fish and Game 54; pp. 123–127 (1968)

EMLEN, J. T.: Seasonal movements of a low densitiy valley quail population. J. Wildlife Management 3; pp. 118–130 (1939)

DERS.: Sex and age rations in survival of the California Quail. J. Wildlife Management 4; pp. 92–99 (1940)

EMLEN, J. T., GLADING, B.: Increasing valley quail in California Univ. Californ. Agric. Experim. Station bulletin 695 (1945)

FRANCIS, W. J.: Double broods in California quail. Condor 67; pp. 541–542 (1965)

GENELLY, R. E.: Annual cycle in a population of California quail. Condor 57; pp. 263–285 (1955)

GLADING, B.: A male California quail hatches a brood. Condor 40; p. 261 (1938)

DERS.: Studies on the nesting cycle of the California valley quail in 1937. Californ. Fish & Game 24; pp. 318–340 (1938)

DERS.: Valley quail census methods and populations at the San Joaquin Experimental Range. Californ. Fish & Game 27; pp. 33–38 (1941)

HOWARD, W. E., EMLEN J. T.: Interconvoy social relationsships in the valley quail. Wilson Bulletin 54; pp. 162–170 (1942)

JONES, R.: Epidermal hyperplasia in the incubation patch of the California quail, *Lophortyx californica*, in relation to pituitary prolactin content. Gen. and Comp. Endocrinology 12; pp. 498–502 (1969)

JOHNSGARD, P. A.: Grouse and Quails of North America. Californ. Quail pp. 391–407, Univ. Nebrasca, Lincoln 1973

DERS.: Hormonal control of incubation patch development in the California quail. Gen. and Comp. Endocrinology 13; pp. 1–14 (1969)

LEWIN, V.: Reproduction and development of young in a population of California quail. Condor 65; pp. 249–278 (1963)

McMILLAN, I. I.: Annual population changes in California quail. J. Wildlife Management 28; pp. 702–711 (1964)

PRICE, J. B.: An incubating male California quail. Condor 40; p. 87 (1938)

RAITT, R. J., GENELLY, R. E.: Dynamics of population of California quail. J. Wildlife Mangement 28; pp. 127–141 (1964)

RICHARDSON, F.: Results of the southern California quail banding program. Californ. Fish & Game 27; pp. 234–249 (1941)

ROBBINS, G. E. S.: Quail, their breeding and management. Californ. Quail pp. 37–38, Publ. W. P. A. 1981

RUSS, K.: Die fremdländischen Weichfutterfresser; Anhg: Tauben- und Hühnervögel. Die kalifornische Schopfwachtel; pp. 864–867. Creutz'sche Verlagsbuchhandlung Magdeburg (1899)

SHIELDS, P. W., DUNCAN, D. A.: Fall and winter food of California quail in dry years. Californ. Fish & Game 52; pp. 275–282 (1966)

STARKER, A. L.: The California Quail. University of California Press Berkeley. Los Angeles, London 1977

STEFANI in WISSEL, C. VON, STEFANI, M.: Fasanen und andere Hühnervögel; pp. 306–308; J. Neumann-Neudamm, Neudamm 1940

SUMNER, E. L.: A life history study of the California quail, with recommendations for its conservation and management. Californ. Fish & Game 21; pp. 167–253 u. 275–342 (1935)

WILLIAMS, G. R.: The breeding biology of California quail in New Zealand. N. Zeald. Ecol. Soc. Proc. 14; pp. 88–99 (1967)

DERS.: Vocal behaviour of adult California quail. Auck 84; pp. 631–659 (1969)

WORKMAN, W. H.: Cock Californian quail brooding. Avic. Mag. 4th Series, Vol. VIII; pp. 274–277 (1930)

WORMALD, H.: The Californian Quail. Avic. Mag. New Series, Vol. VII; pp. 145–147 (1909)

Balzender Hahn des Pfauentruthuhns, *Agriocharis ocellata* (s. S. 129)

Berghaubenwachteln
Oreortyx, Baird 1858

Engl.: Mountain Quails.
Berghaubenwachteln sind fast rebhuhngroße Zahnwachteln, die in einer Art Gebirge des westlichen Nordamerika bewohnen. Charakteristikum der Gattung ist eine aus der Scheitelmitte entspringende und aus nur 2 langen, schmalen, fast geraden Federn, deren vordere die hintere, kürzere umhüllt, bestehende Bandhaube. Der Schnabel ist klein, der 12fedrige Schwanz kaum halb so lang wie der Flügel, seine Befiederung fest, breit und zum Ende hin abgerundet. Die Geschlechter sind gleichgefärbt.

Berghaubenwachtel
Oreortyx pictus, Douglas 1829

Engl.: Mountain Quails.
Abbildung: Seite 175 mitte rechts.
Heimat: Die westlichen USA von Süd-Washington und Südwest-Idaho ostwärts nach Nevada und südwärts bis nach Baja California (Mexiko). In West-Washington und dem westlichen British-Kolumbien eingebürgert. Auch in West-Colorado ausgesetzt, doch Status dort unbekannt. 5 Unterarten.
Beschreibung: Geschlechter gleichgefärbt. Ein schmaler Stirnstreif, Zügel und ein schmales, über den Augen oft unterbrochenes und bis über die Ohrdecken reichendes Band weiß oder isabellweiß; Scheitel schiefergrau bis schieferschwärzlich; vom Mittelscheitel entspringen 2 schmale, fast gerade, bei Hähnen 66 bis 72 mm, bei Hennen 58 bis 66 mm lange, lanzettförmige schwarze Federn. Hinterkopf, Nacken und vordere Interskapularen wie Scheitel, doch stark dunkeloliv verwaschen; übrige Interskapularen, Rücken, Bürzel, Oberschwanzdecken und die Flügeldecken dunkel olivbraun; innerste Armschwingen und größere Armdecken ähnlich, nur auf den Innenfahnen auffällig weiß gesäumt und sehr schmal gespitzt. Äußere Armschwingen und Handschwingen schwarzbraun, auf den Außenfahnen olivbraun verwaschen; Schwanzfedern schwarzbraun, sehr zart olivbraun gesprenkelt und gewellt. Kinn weiß, Kehle und Wangen dunkel kastanienbraun, diese Farbe unterhalb der Augen, hinter dem Zügel auf Hinterwangen und Hinterkehle zu fast Schwarz abdunkelnd. Ein breites, weißes Band verläuft von den Augen abwärts und endet am seitlichen Kehlwinkel, dadurch den kastanienbraunen Bezirk vom Schiefergrau der Halsseiten und Brust trennend. Hintere Brustfedern schiefergrau bis schieferschwärzlich mit sehr breiten kastanienbraunen Federendsäumen; untere Brustseiten sowie obere und seitliche Bauchpartien dunkel kastanienbraun mit breiter, weißer Bänderung, und diese auffälligen Bänder oft proximal schwarzbraun gesäumt; Flanken rostrot mit verborgener subterminaler Schwarzbänderung; Schenkel hell rostisabell, Unterbauchmitte weißlich, mehr oder weniger stark hell rehbräunlich-isabell getönt; Unterschwanzdecken schwarz mit dunkel rostroten Federschäften. Schnabel schwarz, Iris dunkelbraun, Beine hell sepiabraun.
Länge 269 bis 292 mm; Flügel 125 bis 140 mm; Schwanz 69 bis 92 mm; Gewicht der Hähne 235 bis 292 g, der Hennen 230 bis 284 g.
Beim Dunenküken sind Stirn, Zügel, Überaugenbänder, Scheitel-, Hinterkopf- und Nackenseiten hell isabell oder rötlich isabell; Scheitelmitte, Hinterkopf, Nacken und die Oberseite bis zum Schwanzansatz dunkel kastanienbraun, schmal schwarz gesäumt; auf jeder Rückenseite eine weißliche Linie, die an ihrer Endhälfte von einer zweiten, schwärzlichen begleitet wird. Flügelchen hell umber mit dunkel kastanienbraunem Fleck; Kinn, Kehle, Unterseite weißlich, isabellgelb schimmernd; Seiten, Flanken, Schenkel hell umber; Schnabel, Füße hell graubraun.
Gelegestärke 6 bis 15 (10,0); Ei hell isabell, cremegelb oder hell rötlich (34,5 mm × 26,5 mm); Gewicht 13 g; Brutdauer 24 bis 25 Tage.
Lebensgewohnheiten: Der Name „Bergwachtel" ist gut gewählt, denn fast überall in ihrem Verbreitungsgebiet ist diese größte nordamerikanische Zahnwachtel an Gebirge gebunden. Nur in einigen Gebieten ihres nördlichen Verbreitungsareals kommen die Vögel auch auf relativ flachem Gelände in Mischwaldungen aus Koniferen und laubabwerfenden Laubbäumen sowie ziemlich feuchtem Chaparral vor. Entlang der pazifischen Küstenberge bewohnen sie auch dichtes Unterholz in Mammutbaumwäldern (*Sequoia sempervirens*). Im größten

o. l. u. r. Balzphasen des Pfauentruthahns
u. Pfauentruthahn in Balzstimmung

Teil ihres Verbreitungsgebietes ist die Art jedoch auf den mit niedrigen, großblättrigen Hartlaubgehölzen, dem Chaparral, bestandenen Canyonhängen anzutreffen, deren ursprünglicher Waldbewuchs durch Feuer und Kahlschlag zerstört wurde. Gern besiedelt sie auch Buschsäume der Gebirgswiesen sowie offenes Kiefern- und Wacholderwaldland auf niedrigen Bergen, die zu den Wüstensteppen Kaliforniens abfallen. Hoch im Gebirge hält sich die Bergwachtel vom Spätfrühling an bis September/Oktober auf, bis starke Schneefälle sie talwärts zwingen. In der kalifornischen Sierra Nevada führt sie regelmäßige saisonale Wanderungen durch, auf denen die Vögel 16 bis 64 km nur laufend bewältigen, um in geschützten Tälern zu überwintern. Wasser muß stets in der Nähe sein. Den größten Teil des Jahres verbringt die Bergwachtel im Familienverband, der meist 5 bis 9 Vögel umfaßt. Nur in trockenen Jahren rottet sie sich zu größeren Gesellschaften zusammen, die aus höchstens 30 Vögeln bestehen. Die Paarungsaktivität beginnt in niedrigen Berglagen Kaliforniens im März, höher im Gebirge im April. Die Paarbindung erfolgt bereits innerhalb des Trupps. Der Beginn der Fortpflanzungszeit läßt sich am Ruf unverpaarter Hähne erkennen, die von erhöhten Plätzen aus einen hohen klaren Pfiff ausstoßen, der wie „Kwii-ark" klingt und bei klarem Wetter über einen Kilometer weit vernehmbar ist. Zwischen den einzelnen Rufen liegen Pausen von 6 bis 8,5 Sekunden. Beim Rufen wird der Kopf schnell aufwärts und rückwärts geworfen und dabei jedesmal die Haube aufgerichtet. Obwohl der Pfiff oder seine Imitation von anderen Hähnen erwidert wird, läßt sich daraus nicht seine Funktion als akustischer Revieranspruch ableiten. Wie bei unverpaarten Männchen anderer Zahnwachtelarten dient er lediglich als Hilfsmittel zur Ortung des betreffenden Hahnes für unverpaart gebliebene Weibchen. Da die sehr scheuen und vorsichtigen Bergwachteln bei Störungen sogleich in dichtem Buschwerk verschwinden, ist über ihr Balzverhalten nichts bekannt. Vermutlich werden die auffälligen weißen Flankenbänder bei der Seitenbalz eine bedeutende Rolle spielen. Nester werden gut getarnt unter herabhängenden Nadelholzästen, an Felsen, im Schatten von Büschen oder zwischen üppiger Vegetation angelegt, häufig neben Pfaden und Straßen. Das Männchen scheint am Brutgeschäft und bei der Kükenaufzucht sehr aktiv beteiligt zu sein, denn sein Gefieder weist während dieser Zeit regelmäßig Brutflecke auf, und in Menschenobhut wurde das Brüten beider Partner beobachtet. Beobachtungen in Kalifornien besagen, daß Gesperre der Bergwachtel dort meist nur von einem Altvogel geführt werden. Da die Geschlechter gleichgefärbt sind, läßt sich nicht bestimmen, ob es sich im betreffenden Fall um einen Hahn oder eine Henne gehandelt hatte. Von beiden Eltern geführte Gesperre waren jedenfalls stets kopfstärker. Über die Lautäußerungen der Bergwachtel und deren Bedeutung sind wir einigermaßen gut informiert. Am auffälligsten ist der Platzpfiff der unverpaart gebliebenen Hähne, den man sogar gelegentlich noch im Oktober aus Wintertrupps heraushören kann. Eine weitere Lautäußerung ist der Verlassenheitspfiff Versprengter, eine laute „Kle-kle-kle"- oder „Kau-kau-kau"-Strophe. Der Alarmruf klingt wie „Skrii" oder schrill „t-t-t-r-r-r-r-rt", das schnell und in scharfem Crescendo ausgestoßen und wie Hennengegacker betont wird. Mißfallen wird durch ein schrilles „Kwai kwai" ausgedrückt. Der Warnruf der Henne für ihr Gesperre ist ein nasales „Kii-err" und ein hennenartiges „Kut kut kut". Hält man einen Vogel in der Hand fest, ruft er laut und wiederholt „Psiuu". Bergwachteln sind überwiegende Vegetarier, bei denen Insekten nur 3 % des Gesamtfutters ausmachen. Selbst bei Kleinküken beträgt der Kleintieranteil an der Gesamtnahrung nur 20 %. Bei unter einer Woche alten Bergwachtelküken wurden hauptsächlich Blütenköpfe der Spurre (*Holosteum*) und der *Claytonia* im Mageninhalt gefunden.

Haltung: Die Bergwachtel ist als europäischer Erstimport 1846 in den Zoologischen Garten in Amsterdam gelangt. 1863 war die Art im Londoner, 1906 auch im Berliner Zoo vertreten. Als erster hat sie nach HOPKINSON der New Yorker Bronx-Park 1909 gezüchtet. Erster europäischer Züchter ist EZRA in England, der darüber im Avic. Magazin 1938 berichtete. Er hielt sein Paar zusammen mit vielen anderen Vogelarten in einer Großvoliere. Das Nest, eine mit Blättern und Federn ausgekleidete Erdmulde unter Buschwerk, enthielt am 4. Mai das erste Ei und am 10. Juni 8 bebrütete Eier. Henne und Hahn brüteten und lösten sich auf dem Nest ab. Am 30. Juni schlüpften 4 Küken, die zusammen mit dem Elternpaar in eine Kleinvoliere verbracht wurden. Das Kükenfutter bestand aus Mehlwürmern, Heuschrecken, Insektenmischfutter, Kükenfutter und Grassamen. Da innerhalb von wenigen Tagen 3 Küken starben, erhielt das letzte nur noch Küken-Körnerfutter sowie Grassamen aus gemähten Rispen und entwickelte sich zu einem gesunden Vogel. Aus diesem Ergebnis schloß

EZRA auf eine überwiegend vegetarische Ernährung der Bergwachtelküken, eine Theorie, die inzwischen durch Freilandbeobachtungen bestätigt wurde.

Über Pflege und Zucht der Bergwachtel schreibt u. a. STEFANI: „Bergwachteln brüten in Gefangenschaft selten selbst. Mir ist es jedenfalls trotz Haltung mehrerer Paare nie gelungen, sie zum Erbrüten ihrer Gelege zu bewegen. Übernehmen Chabohennen diese Aufgabe, treten die bei der Gambelwachtel geschilderten Mißstände auf, wenn auch in geringerem Maße, weil Bergwachtelküken erheblich robuster sind. Die Küken waren mit 2 bis 3 Monaten selbständig und hatten im Herbst Erwachsenengröße erreicht. In ihren Ernährungsansprüchen sind Bergwachteln bescheiden. Ihre Lieblingskost scheint Hirse zu sein, doch auch Glanzsamen, Weizen, Buchweizen, Dari und Hanf werden nicht verschmäht. Für Weichfutter zeigen sie wenig Interesse. Als Gebirgsbewohner gemäßigter Zonen sind sie winterhart. Untereinander verträglich, können sie mit Ausnahme der Brutzeit in größerer Zahl zusammengehalten werden. Ihre Zutraulichkeit geht dem ihnen vertrauten Pfleger gegenüber so weit, daß sie sich von ihm wie zahme Haushühner vom Ast aufnehmen lassen, ohne dies als unerwünschte Störung zu betrachten".

In niederschlagsreichen Gebieten halten sich Bergwachteln schlecht. Der Volierenboden muß ganz trocken und sonnig sein. Unter Umständen sind die Vögel auf Betonboden oder Drahtgeflecht zu halten. Einen Bericht über die Aufzucht von Bergwachteln in den USA hat BATEMAN 1968 veröffentlicht. Die Arbeit war uns leider nicht zugänglich. ROBBINS empfiehlt als Futter Kükenpellets mit 20 % Proteingehalt, Hirsegemisch und gelegentliche Gaben von lebenden Insekten. Küken sollen gesondert von denen anderer Arten aufgezogen werden, um Schnabel- und Zehenpicken zu vermeiden.

Nach einer weltweiten Umfrage der WPA wurden 1982 insgesamt 270 Bergwachteln gehalten, davon 246 in Nordamerika, 15 in England und 9 im kontinentalen Europa.

Weiterführende Literatur:
BATEMAN, A.: Raising mountain quail. Game Bird Breeders, Aviculturists and Conservationists Gazette 16 (2); pp. 11–13 (1968)
EZRA, A.: A succesful breeding of the mountain quail (*Oreortyx picta*). Avic. Mag. 3; pp. 275–276 (1938)
JOHNSGARD, P. A.: Grouse and Quails of North America. Mountain Quail pp. 343–355. Univ. Nebrasca, Lincoln 1973
LAHNUM, W. H.: A study of the mountain quail with suggestions for management in Oregon. Ph. D. dissertation, Oregon State College (1944)
ORMISTON, J. H.: The food habits, habitat and movements of mountain quail in Idaho. Master's thesis, University of Idaho (1966)
ROBBINS, G. E. S.: Quail, their breeding and management. Mountain Quail pp. 33–34. Publ. W. P. A. 1981
YOCOM, C. F. and HARRIS, S. W.: Food habits of mountain quail (*Oreortyx picta*) in eastern Washington. Ecological Monograph 13; pp. 167–201 (1952)
WISSEL, C. von, STEFANI, M: Fasanen und andere Hühnervögel; pp. 311–317; J. Neumann-Neudamm, Neudamm 1940

Virginiawachteln
Colinus, Goldfuß 1820
(= *Eupsychortyx,* = *Ortyx*)

Engl.: Bobwhites, Colins.

Virginiawachteln, so benannt nach der am weitesten verbreiteten und daher bekanntesten Art der Gattung, die den Europäern bei der Besiedlung Nordamerikas zuerst begegnete, sind kleine bis mittelgroße Zahnwachteln von rundlicher Gestalt mit mehr oder weniger ausgeprägter Stirnhaubenbildung und 12 festen, breiten, an den Enden gerundeten Schwanzfedern, die länger als die halbe Flügellänge sind. Die 4 Arten der Gattung bewohnen in zahlreichen Unterarten das östliche Nordamerika, Kuba und die mittelamerikanische Landbrücke bis ins nördliche Südamerika (Venezuela, Kolumbien, die Guianas und Nord-Brasilien). Die Geschlechter sind verschieden gefärbt. Nur eine Art, die nordamerikanische Virginiawachtel, der in den USA überall bekannte und als Jagdwild beliebte „Bobwhite", hat gegenwärtig für den europäischen Wachtelliebhaber Bedeutung. In den USA wird die Virginiawachtel in mehreren Unterarten und Farbschlägen zwecks späterer Auswilderung im Farmbetrieb gezüchtet. Das geschieht leider unter heilloser Vermischung der Subspezies, um ähnlich wie bei unserem Jagdfasan widerstandsfähige Populationen zu erzielen, die man beispielsweise auch noch im Süden Kanadas aussetzen und bejagen kann („Northern Bobs").

Die ansprechend gefärbte Virginiawachtel ist ein in der Haltung anspruchsloser und interessanter Pflegling für Gartenvolieren. Die mittel- und südamerikanischen Arten der Gattung gelangen leider nur sehr selten zu uns und sind in Europa nicht winterhart.

Virginiawachtel
Colinus virginianus virginianus, Linné 1758

Engl.: Bobwhite.
Abbildung: Seite 175 unten links.
Heimat: Das riesige Verbreitungsgebiet umfaßt praktisch die ganze Osthälfte der USA von Süd-Maine südwärts bis zur Texas/Mexiko-Grenze und verläuft südlich davon entlang der Osthänge der Sierra Madre Oriental fast bis zum Rio Usumacinta und im mexikanischen Hochland sowie entläng der pazifischen Abdachung zur Chiapas/Guatemala-Grenze. Ursprünglich gab es nur ein isoliertes westliches Vorkommen in Arizona und Sonora, die gegenwärtig fast ausgerottete Maskenwachtel. Die Bobwhite-Populationen der Staaten Washington, Oregon und Idaho wurden sämtlich eingebürgert. Eine Unterart bewohnt die Insel Kuba. 22 Unterarten werden anerkannt.
Beschreibung: Geschlechter verschieden gefärbt. Bei Hähnen der Nominatform sind in der Normalphase die Stirn sowie ein breites, rückwärts bis zu den Nackenseiten ziehendes Band weiß; ein am Schnabelfirst entspringendes, schmales schwarzes Band erstreckt sich quer über die Mittelstirn und geht in das Schwarz des Vorderscheitels über, das als schwarzer Saum das Superziliarband dorsal begrenzt. Übrige Scheitelpartien und der Hinterkopf haselbraun bis dunkel rostbraun, viele Hinterkopffedern mit hell isabellfarbenen Scheitelsäumen; Nackenfedern zweifarbig: ihr Mittelabschnitt rostrot bis kastanienbraun, auf beiden Fahnen durch einen schwarzen Längsstreifen von der breiten weißen Säumung getrennt und die seitlicher gelegenen Nackenfedern auf ihren Außenfahnen zu noch breiterer Weißmusterung tendierend als auf den Innenfahnen. Interskapularen nebst Oberrücken matt orangebraun, die Federn hell gelbgrau bis rauchgrau gesäumt und getönt, dazu seitlich unvollständig schwarz gebändert. Schulterfedern dunkel zimtbraun bis dunkel gelbbraun mit stark ausgeprägter Klecksfleckung, im Basisbereich unregelmäßig schwarz gebändert und auf den Innenfahnen lebhaft hellisabell gesäumt; Flügeldecken orange zimtrot bis zimtig orangebraun, die kleinen Decken häufig mit grauem Mittelstück und diese Federn entlang ihrer Säume unvollständig schmal schwarz gebändert; Armschwingen hell nelkenbraun und matt graubraun, die innersten auf den Spitzen dunkel zimtrot und mit schmaler, in weitem Abstand voneinander verlaufender, grauweißer, beiderseits schwarzgesäumter Wellenbänderung versehen; die dazwischen liegenden Federabschnitte spärlich schwarz wellengebändert, die Federn dazu rötlich isabell gesäumt und gespitzt; übrige Armschwingen ähnlich, doch die helle Bänderung auf die Außenhälfte der Außenfahnen beschränkt, die sonst einfarbig rötlich isabell gefärbt sind; Handschwingen einfarbig hell nelkenbraun bis matt graubraun; Mittel- und Oberrückenfedern dunkel gelbbraun bis fast kastanienbraun, subterminal dicht braunschwarz bekleckst und sehr schmal hell isabell gesäumt und gespitzt; seitliche Oberrückenfedern, Unterrücken- und Bürzelfedern heller, matt gelblichbraun bis dunkelgelbbraun, schmal schwarz gebändert und zusätzlich mit zahlreichen hell isabellfarbenen, beiderseits schwarz gesäumten Streifen ausgestattet; Oberschwanzdecken ähnlich, aber mehr rötlichbraun mit schwarzer Schäftung, diese manchmal von reihenförmig verbundenen Klecksen unterbrochen; Schwanzfedern grau, das mittlere Paar hell weinigisabell gesprenkelt. Obere Zügelregion weiß, die untere schwarz; Augenring schwarz, Wangen und Ohrdecken dunkel rostbraun, beiderseits von einem schmalen, schwarzen Streifen gesäumt; Bartregion, Kinn und Oberkehle weiß, von einem ziemlich breiten, schwarzen Band gesäumt, das quer über die Unterkehle zieht; unter diesem ein breiteres zimt- bis matt gelbbraunes Band, das bei einigen Individuen ziemlich einfarbig ist, bei anderen nur eine Reihe bräunlicher Seitenabschnitte zentral weißer Federn bildet. Die das Band nach hinten zu bildenden Federn schmal schwarz gespitzt, davor weiß; Oberbauch weiß, seine Federn 4- bis 5mal schmal schwarz quergebändert; Unterbauch mit geringer oder fehlender schwarzer Bänderung; Seiten- und Flankenfedern wie die des Bauches, doch länger und mit sehr breiten rehbraunen Mittelstreifen, die beiderseits von schmalen schwarzen Säumen begrenzt werden, auf die wieder 2 breite weiße Seitensäume folgen. Schenkel wie Bauch, doch mit verwaschener ockrig-rostfarbener Fleckung; Unterschwanzdecken ebenso, die längeren dazu mit unvollständiger schwarzer Schäftung. Schnabel schwarz, Iris dunkelbraun, Beine graulich fleischfarben.

Hähne der Rotphase sind insgesamt kräftig dunkelrotbraun; die bei der Normalphase schwärzlichen oder schwarzbraunen Zeichnungen des Gefieders am Kopf, Schultern, Oberrücken etc. sind bei ihr ebenfalls vorhanden, nur weniger auffällig, weil die Kontraste geringer sind; Kinn und Kehle schwarz; ein weißer Brustquerfleck ist manchmal vorhanden, kann aber auch fehlen; die schwarze Bauchbänderung ist schmaler, zarter, mehr auf die Federsäume beschränkt als bei Hähnen der Normalphase.
Länge 241 bis 269 mm; Flügel 98 bis 119 mm; Schwanz 49 bis 70 mm; Gewicht 173 bis 255 g.
Hennen der Normalphase unterscheiden sich von Hähnen hauptsächlich durch andere Kopffärbung: Zügel, ein breites Überaugenband, Kinn und Kehle sind ockrig isabell bis hell orangegelb; Stirnmitte, Scheitel und Hinterkopf isabellgelb bis roströtlich, der Mittelscheitel mit vorwiegend verdecktem schwarzem Mittelteil, die Hinterkopffedern mit Isabellsäumung; Hinteraugenbezirk einschließlich der Ohrdecken wie Scheitel; Hintergrenze der Oberkehle sehr schmal schwarzbraun bis dunkel rotbraun, nicht schwarz wie bei Hähnen; die Schwarzbänderung der Bauchfedern heller, schmaler, weiter auseinanderliegend und unauffälliger; Schnabel schwarz mit hellgelber Oberschnabelbasis, Lauf und Zehen heller als beim Hahn.
Hennen der roten Farbphase ähneln ihren Hähnen, doch wirkt das Kastanienbraun bei ihnen noch einförmiger und umfaßt Kinn, Kehle und Kopf; eine schwarze Stirn- und Scheitelmusterung fehlt.
Die Größe der Virginiahennen gleicht der der Hähne. Gewicht 170 bis 240 g.
Beim Dunenküken sind Stirn, Zügel, breite Überaugenstreifen, Wangen und Ohrdecken ockriglohfarben bis ockrigisabell; vom hinteren Augenrand zum Nacken verläuft eine schwarze Linie; Scheitelmitte, Hinterkopf sowie die ganze Rückenmitte bis zum Schwanzansatz dunkel braunrot; Flügelchen hell ockrigisabell, rotbraun gefleckt; übrige Oberseite bräunlich, ockerisabellfarben überflogen und quer dunkel gesprenkelt; Kinn und Kehle isabellweiß, die übrige Unterseite heller. Schnabel und Beine rosaweißlich, Iris dunkelbraun.
Gelegestärke 7 bis 28 (14,4); Ei cremeweiß (31 mm × 25 mm); Gewicht 11 g; Brutdauer 22 bis 23 Tage.
Lebensgewohnheiten: Die Virginiawachtel bewohnt Kulturland, vor allem Brachfelder, buschreiches Wiesengelände und lichte Kiefernwälder, im Süden auch den Mesquitebusch der Wüstensteppen. Voraussetzung für ihr Gedeihen ist das Vorhandensein von Buschwerk und kleinen dichten Gehölzen, die ihr Deckung bieten sowie von Wasserläufen. Deckungsloses Steppengelände wird ebenso gemieden wie dichter Wald. Das Abholzen der Wälder, die Bepflanzung der Straßen mit Buschstreifen zum Schutz vor Schneeverwehungen sowie die Anlage von Wildschutzhecken in den Prärien haben ihre Vermehrung erheblich gefördert, und das Vordringen der Getreidekultur in Kanada hat ihr Verbreitungsgebiet weit nach Norden ausgedehnt. In den Parkanlagen der amerikanischen Städte des Ostens und Südens ist sie gleichfalls zum häufigen Bewohner geworden. Die Nahrung besteht aus Sämereien, Beeren, zarten Pflanzenteilen und Insekten. Daß der Anteil der letzteren am Gesamtfutter im Sommer 30 %, während des Winters aber nur 5 % beträgt, hängt nicht allein mit dem geringeren Auftreten von Kleinlebewesen in der kalten Jahreszeit zusammen: Bei Bobwhite-Populationen des subtropischen Süd-Florida mit seinem ganzjährigen Insektenreichtum ist der Anteil dieser Kleinlebewesen an der Gesamtnahrung im Winter genauso gering wie bei den nördlicher lebenden Artgenossen. Ausschlaggebend ist hier der erhöhte Bedarf an tierischem Eiweiß während der Fortpflanzungszeit. Die bei Kropf- und Mageninhaltsanalysen von Virginiawachteln gefundenen, sehr zahlreichen Pflanzenarten wechseln je nach Klima- und Bodenbedingungen erheblich, doch ist der Anteil von Leguminosen stets sehr hoch.
Während der kalten Jahreszeit leben Virginiawachteln in Gesellschaften aus 10 bis 15 Individuen beiden Geschlechts zusammen. Untersuchungen ergaben Winterverluste solcher Trupps von ca. 56 %. Jeder Trupp beansprucht ein Revier für sich allein, das gegen eindringende Nachbartrupps verteidigt wird. Diese Zahnwachtel baumt niemals zur Übernachtung auf wie etwa die Kalifornische Schopfwachtel, sondern übersteht die Winternächte dicht aneinandergeschmiegt in einer Bodenmulde oder um die Basis eines Busches geschart. Dabei legen sich die Truppmitglieder so im Kreis zusammen, daß ihre Köpfe stets nach außen gerichtet sind, eine sehr praktische Methode: Man wärmt sich gegenseitig und kann einen sich nähernden Feind rechtzeitig wahrnehmen. Schon eintägige Dunenküken nehmen diese angeborene Igelstellung ein! Die Fortpflanzungszeit im Frühling setzt mit dem ersten „Bobwhite-Ruf" ein, im Norden Anfang März, im wärmeren Süden bereits im Januar. Zu diesem Zeitpunkt ist die Paarbindung schon fest. Ihr muß keine aufwendige Balzzeremonie vorausgehen, wie sie STODDARD beschrieb. Das ist nur der Fall, wenn

ein noch unverpaarter Hahn plötzlich einem fremden Weibchen begegnet. Er nimmt dann eine frontale Prahlhaltung ein, senkt den Kopf und hält ihn seitwärts, um das weiße Kopfmuster zu demonstrieren, läßt beide Flügel soweit herabhängen, daß die Handschwingen den Erdboden berühren, hebt die Ellbogen über den Rücken hinaus und schiebt sie nach vorn, so vor dem Weibchen einen senkrechten „Federwall" bildend. Dazu sträubt er noch das Kleingefieder und stürmt in kurzen Sätzen auf die Henne zu. Flieht diese, folgt er ihr in der geschilderten Haltung. Gleiches Verhalten gegenüber männlichen Artgenossen beweist den ursprünglich rein aggressiven Charakter dieser Handlung, deren Funktion im Fixieren der Rangordnung bestehen dürfte. Gekäfigte Männchen halten sich nicht lange mit der beschriebenen Stellung auf, sondern gehen – eine etwa gleiche soziale Stellung vorausgesetzt – ohne Umschweife zum Kampf über. Werden sie durch Drahtwände daran gehindert, nehmen sie die Drohhaltung ein, wenn sie sich gegenseitig erblicken. Zum Sexualverhaltensmuster der Virginiawachtel gehören Seitenbalz, Verbeugen und Scheinfüttern. Bei der Seitenbalz stolziert der Hahn langsam um die Henne herum, ihr seine Rückenpartie und den gefächerten Schwanz schräg zuwendend. Dazu wird das lange Flankengefieder locker abwärts gehalten, der Kopf wenig gesenkt, und die Flügel bleiben angelegt. Diese Balzzeremonie ist kurz und verläuft ohne Lautäußerungen. Das Sichverbeugen ist direkt mit der Seitenbalz verknüpft und besteht aus symbolischen Pickbewegungen des Hahnes bei horizontal gehaltenem Körper. Dabei stößt er den Futterlaut aus. Dieses Verhalten dient dem Futterzeigen zwecks Herbeilocken von Hennen, speziell der eigenen (Tidbitting-display). Da es noch sehr lange nach erfolgter Paarbindung ausgeführt wird, liegt seine Hauptbedeutung wohl in der Erhaltung derselben. Das Kopulationsverhalten der Henne umfaßt Flügelzittern und eine unauffällige Seitenbalzhaltung. Paarungsbereitschaft wird durch Niederducken angezeigt. Während der Kopula stößt sie einen speziellen Paarungsruf aus. Am Nestbau beteiligen sich beide Partner. Er beginnt mit dem Scharren einer flachen Mulde, die anschließend so weit mit trockenen Blättern gefüllt wird, daß dieses Material fast bis zur Muldenhöhe reicht. Danach werden benachbarte Grashalme mit dem Schnabel so über das Nest gezogen, daß sie eine Art Baldachin bilden und den Bau von oben unsichtbar machen. 1 bis 2 Tage später wird das 1. Ei abgelegt, dem in nahezu täglichem Abstand weitere folgen.

Für ein Vollgelege aus 14 Eiern benötigt das Weibchen ca. 18 bis 20 Tage. In Kansas beginnen erste Nistvorbereitungen Anfang bis Mitte April, doch wird der Bobwhite-Ruf der Hähne erst ab Ende Mai bis Anfang Juni häufiger gehört, so daß zwischen dem Höhepunkt der Nistaktivität und dem Rufen eine einmonatige Lücke klafft. Daher scheinen, wie bei den meisten Zahnwachtelarten, vorwiegend unverpaart gebliebene Hähne zu rufen, verpaarte dagegen schweigsam zu sein. Da Junggesellen aber ihre Territorien dicht bei Revieren von Brutpaaren zu lokalisieren pflegen, glaubt man gewöhnlich, rufende Männchen seien verpaart. Unter normalen Bedingungen wird jährlich nur eine Brut durchgeführt, doch haben Volierenpaare zuweilen eine 2. Brut hochgebracht, wenn die 2wöchigen Küken der ersten vom Männchen übernommen worden waren und dadurch die Henne Zeit zur Erbrütung eines 2. Geleges hatte. Obwohl die Brutverluste der Virginiawachtel mit 60 bis 70 % bestandsgefährdend hoch scheinen, werden sie von den Weibchen durch Zweit- und Drittgelege wettgemacht, wodurch es schließlich der Hälfte von ihnen gelingt, die Jungen einer Brut großzuziehen. Unter den Herbstpopulationen sind nicht weniger als 80 % Jungvögel, so daß die durchschnittliche Lebenserwartung einer Virginiawachtel unter einem Jahr liegen muß und nur wenige mehr als einmal zur Fortpflanzung gelangen.

Das Stimmrepertoire der Virginiawachtel ist das reichhaltigste und komplizierteste aller bisher untersuchten Zahnwachtelarten. Der bekannte Bobwhite-Ruf wird fast ausschließlich von unverpaarten Männchen gebracht. Die beiden Geschlechter eigenen Verlassenheitsrufe, eine Serie von immer lauter werdenden „Hoi, hoi-puu", „Koi-lii" oder „Hojii"-Pfiffen, werden zum Zusammenführen optisch getrennter Paare, auch lediger Hähne und Hennen zwecks Paarbildung verwendet, dienen aber auch dazu, benachbarte Trupps auf Distanz zu halten und Reviereindringlinge zu warnen. Die weichen Kontaktlaute „Tuuk" und „Pituu" dienen dem Zusammenhalten während der gemeinsamen Futtersuche. Eine laute, weich klingende „Tu-tu-tu-tu"-Strophe wird mit zu einer Futterquelle weisendem Schnabel ausgestoßen, um die Henne oder die Küken herbeizulocken. Das Erscheinen von Bodenfeinden wird zunächst durch ein weiches, wohlklingendes „Tirrii" angezeigt, das bei Alarmstimmung schnell in ein warnendes „Ick-ick-ick" oder „Toil-ick-ick" übergeht. Der eigentliche Alarmton ist ein kehliges „Errrk", der Angstruf eines in der Hand fixierten

Vogels ein lautes, in der Tonleiter abwärts gleitendes „Siiuu". Ein ähnliches, aber weicheres „Psieu" wird von Erwachsenen ausgestoßen, die sich in einer Konfliktsituation befinden und nicht wissen, wie sie sich verhalten sollen. Es geht häufig in ein im Staccato ausgestoßenes wiederholtes „Tip-tip-tip..." über. Bei Gefahr stoßen führende Hennen einen Warnruf aus, auf den hin sich die Küken verstecken oder bewegungslos verharren. Entwarnung wird mit einem weichen „Tii-wa" gegeben. Als Aggressionsäußerungen sind 4 Laute anzusehen: ein Miauen und das „Skwii"-, „Hoi"- und „Hoi-puu"-Rufen. Von diesen sind nur das Miauen und das „Skwii" ausschließlich auf Aggressionssituationen beschränkt, während die beiden anderen auch Bedeutung als Gruppen- und Paarkontaktlaute besitzen. Das „Miauen" ist ein rauher, lauter Ton, der etwa wie „H-a-o p-u-u w-e-i-h" klingt und in der oben geschilderten Frontalhaltung ausgestoßen wird. Er ist ein gutes Indiz für Rangdominanz und starke Aggressionsneigung. Nur selten hört man ihn von Hähnen gegenüber fremden Hennen, häufig dagegen bei Ansichtigwerden eines fremden Paares oder Rivalen. Das „Skwii"-Rufen, eine weinerlich klingende lange Tonfolge, ist charakteristisch für eine Aggressionshemmung oder eine zwischen Aggressions- und Fluchtneigung schwankende Stimmung. Die Art verfügt noch über weitere Lautäußerungen, auf die hier nicht eingegangen werden kann.

Haltung: Es läßt sich nicht mehr klären, zu welchem Zeitpunkt die populäre Virginiawachtel zuerst gehalten und gezüchtet worden ist. In Europa wurden seit Beginn des 19. Jahrhunderts bereits zahlreiche Versuche zur Einbürgerung der Art unternommen. In Großbritannien und Irland wurden seit 1820 um die 20 Auswilderungen durchgeführt, die nach manchen Anfangserfolgen gescheitert sind. Gleiches hat man 1837 in Frankreich (Bretagne) versucht, und dort wurden während der 70er Jahre 65 000 Virginiawachteln in 50 Départements ausgesetzt. Die Versuche verliefen teilweise erfolgreich, denn gegenwärtig sollen nach YEATMAN in 11 Gebieten Mittel- und Südwest-Frankreichs kleine Populationen brüten. In den USA, wo der Bobwhite ein populäres Jagdobjekt ist, wird die Art in großem Rahmen in Wachtelfarmen gezüchtet und der Nachwuchs in wachtelarmen Revieren ausgewildert. Leider hat diese Methode auch zu unentwirrbaren Rassenmischungen geführt, wie wir sie vom Jagdfasan her kennen. Vogelliebhaber schätzen die kleine, ansprechend gefärbte Wachtel als idealen und leicht züchtbaren Volierenvogel. Die Volierengröße für 1 Paar soll wenigstens 1,25 m × 1,25 m betragen und stets mit einem kleinen Schutzraum ausgestattet sein, in den sich die Vögel bei lang anhaltenden Regenfällen und während kalter Winternächte zurückziehen können. Gegenüber Täubchen und Finkenvögeln sind Virginiawachteln verträglich, doch werden die Hähne zur Brutzeit gegenüber anderen Hühnervögeln, selbst großen Fasanen, äußerst aggressiv. Auch gegen den Pfleger verteidigt so ein Vogelzwerg mutig sein Revier. Als Futter reicht man Kükenpellets, eine Hirsemischung und gelegentlich Grünzeug. Die Zucht ist einfach und wird auf den Farmen in Drahtbodenkäfigen betrieben. Die Eier werden abgesammelt und dem Kunstbrüter anvertraut. Der Liebhaber wird natürlich seinem Wachtelpaar einen bepflanzten Auslauf mit Strauchwerk, Gras- und Kleeplaggen bieten, der für brutlustige Hennen Versteckmöglichkeiten enthält. Will man die Küken von der Mutter erbrüten lassen, entfernt man zweckmäßig den Hahn, wenn das Gelege die Zahl von 12 bis 18 Eiern erreicht hat; das Paar darf aber nicht gegenseitig Stimmfühlung halten können, weil die Henne dadurch beunruhigt wird und das Brüten häufig unterbricht. Beläßt man den Hahn bei ihr, legt die Henne oft ununterbrochen weiter; 80 Eier und mehr sind keine Seltenheit. Es ist klar, daß eine derart überhöhte Legeleistung den Vogel schwächen muß. Gewöhnlich sind fast alle Eier auch befruchtet. Im Kunstbrüter geschlüpfte Küken erhalten zuerst Kükenkleie vermischt mit fein zerriebenem Eigelb und feingehacktem Grünzeug (Salat, Vogelmiere, Brennesseln). Ein Kükenstarter für Fasanen, mit Magerquark, Mohn und zerschnittenen Mehlwürmern angereichert, kann ebenfalls verabreicht werden. Nach ca. 10 Tagen rühren die Küken das Weichfutter kaum noch an, sondern bevorzugen Mohn, Hirsearten und Salat. Nach anfänglicher Scheu während der ersten Lebenstage werden die Kleinen ihrem Pfleger gegenüber sehr zahm und anhänglich. Mit 8 Wochen sind sie ausgewachsen, und nach 3 Monaten erscheint bei den Hähnchen das männliche Federkleid. Man achte darauf, daß die Küken nicht zu eng zusammengehalten werden, weil sie dann oft mit Feder- und Zehenpicken beginnen. Auch sind sie gegenüber Küken anderer Arten häufig aggressiv. Junghähne müssen im Frühjahr getrennt werden. In den USA sind mehrere Mutationen gezüchtet worden. Bei der auch in freier Wildbahn auftretenden erythristischen Farbphase, den „Red Bob's", ist die Grundfärbung satt kastanienbraun; eine in der Grundfärbung stark aufgehellte Mutation, vorwiegend isabellfarben, wird als „Blond Bob" bezeichnet. Auch schneeweiße Stämme sind seit einer Reihe von Jahren bekannt. „Northern Bob's" sind besonders große, robuste und winterharte Vögel, die sich zum Auswildern in nördlicheren Gegenden, z. B. Süd-Kanada, gut eignen. Bei STODDARD ist ein Bobwhite 9 Jahre alt geworden. Nach einer Umfrage der WPA wurden 1982 aus den USA und Kanada 7473, England 138, dem übrigen Europa 142 und Australien 186 Virginiawachteln gemeldet.

Nachweislich sind noch die folgenden Unterarten der Virginiawachtel häufig gehalten und gezüchtet worden:

Texaswachtel
Colinus virginianus texanus, Lawrence 1853

Engl.: Texas Bobwhite.
Heimat: Obere und untere Sonorazone des südöstlichen New Mexico, Mittel- und Süd-Texas nordwärts bis in die Gegend des Brazos-Flusses, wo sie mit der Nominatform Mischpopulationen bildet. In Mexiko im nördöstlichen Coahuila, Nueva León bis in den Norden des mittleren Tamaulipas.
Beschreibung: Geschlechter verschieden gefärbt. Reinerbige Hähne von *texanus* unterscheiden sich durch vollständiges Fehlen eines schwarzen Zügelbandes und großer, auffälliger schwarzer Klecksflecke auf Schultern, innersten Armschwingen und Rücken von der Nominatform. Die Gesamtfärbung ist viel grauer, oberseits weniger rötlichbraun und unterseits in geringerem Maße ockrig oder isabellgelb angehaucht; die Federn der Kopfoberseite und der Körper sind in ihren braunen Partien heller als bei der Nominatform, und jede Feder ist hell rauchgrau endgesäumt, während Interskapularen, Rücken- und obere Flügeldeckfedern weißlich gebändert mit schwarzer Säumung dieser Bänder sind; das die weißliche Kehle säumende schwarze Band ist schmaler, die Gesamtgröße geringer.
Flügellänge 103 bis 112 mm; Schwanz 57 bis 64 mm.
Reinerbige Texaswachtelhennen sind etwas heller und viel grauer als die der Nominatform, auch fehlen ihnen die großen schwarzen Klecksflecke auf Schultern, inneren Armschwingen und dem Rücken. Dunenküken und Eier sind von denen der Nominatform nicht unterscheidbar.
Haltung: In den USA oft gehalten und gezüchtet.

Kubawachtel
Colinus virginianus cubanensis, Gray 1846

Engl.: Cuban Bobwhite.
Heimat: Kuba und die Kieferninsel (Isle of Pines); mit wechselndem Erfolg auf Hispaniola, St. Croix, Andros, New Providence, Eleuthera und einigen anderen Antilleninseln eingebürgert und leider auf vielen mit danach ausgesetzten nordamerikanischen Unterarten vermischt.
Beschreibung: Reinerbige Kuba-Hähne sind insgesamt viel dunkler und rötlicher als die der Nominatform, fallen auch durch das viel breitere schwarze Kropfband auf; Oberbauch- und Seitenbauchfedern hell zimtbraun bis ockrig rehbraun mit schwarzer Säumung, das Schwarz auf den Körperseitenfedern von weißen Flecken durchsetzt. Im Vergleich damit sind die Seiten bei der Nominatform schwarz quergebändert. Die vordere Oberseite ist bei Kubanern weniger grau, mehr dunkel rostbraun, die hintere Oberseite dagegen durchweg grau; die grauen Säume der Interskapularen und des Oberrückens sind dunkler, tief mausgrau, die Schwarzfleckung auf Flügeln und Unterrücken ist viel größer, die schwarze Federsäumung der Nackenregion wesentlich breiter, fast ein schwarzes Band bildend.
Länge 215 bis 254 mm; Flügel 97 bis 106 mm; Schwanz 48 bis 56 mm.
Weibchen der Kubawachtel sind denen der Texasunterart sehr ähnlich, aber dunkler mit breiterer schwarzer Säumung, Bänderung und Klecksmusterung der Federn; die Grundfärbung der Oberseite ist bei den Kubanern grauer, weniger rötlich. Die breiten Überaugenbänder, Kinn und Oberkehle sind durchschnittlich dunkler, ockrig isabell mit schwacher schwärzlicher Tönung; Scheitelfedersäume mehr grau als braun.
Dunenküken und Eier sollen von denen der Festlandsunterarten nicht unterscheidbar sein.
Wegen mehrfacher Auswilderung von Florida-, Texas- und ostamerikanischen Bobwhites auf Kuba dürfte es heute schwierig sein, in den Besitz reinerbiger Kubawachteln zu gelangen. Am ehesten könnten sie auf einer der kleinen Antilleninseln überlebt haben.
Lebensgewohnheiten: Der populäre „Cordoniz" der Kubaner bewohnt die ausgedehnten Prärien und offenen Kiefernwälder im westlichen Teil der großen Insel und kommt auch in der Kulturlandschaft vor. Im Verhalten gleicht er ganz dem Bobwhite der östlichen USA, und auch das „Bob-weit" und „Bob-bob-weit" der Junggesellenhähne ist nicht verschieden.

Haltung: Kubawachteln gelangten (als Erstimport?) 1911 nach England. In einer Voliere von ASTLEY baute das Weibchen ein Nest in hohem Gras und zog als Deckung Halme darüber. Als nach der Ablage von 4 Eiern überraschend Frostwetter eintrat, wurden diese einer Zwerghenne unterlegt. 2 Küken wurden groß. In den USA ist die Kuba-Unterart bereits 1909 von HODGE (Massachusetts) gezüchtet worden. In der Folge gelangten diese Zahnwachteln häufig nach England und Frankreich und sind zweifellos in beiden Ländern vermehrt worden, obwohl darüber kaum Literatur existiert (PICHOT 1918, WORKMAN 1929). Im Berliner Zoo waren Kubawachteln von 1935 bis 1941 vertreten.

Schwarzmasken- oder Ridgwaywachtel
Colinus virginianus ridgwayi, Brewster 1885

Engl.: Masked Bobwhite.
Heimat: Inneres Zentral-Sonora (Nord-Mexiko); früher auch das südliche Mittel-Arizona im Altar- und Santa-Cruz-Tal, wo gegenwärtig Wiedereinbürgerungsversuche unternommen werden.
Beschreibung: Geschlechter verschieden gefärbt. Beim Männchen sind Stirn, Vorderscheitel, Zügel, Kinn, Kehle und Kropf schwarz; Ohrdecken und Halsseiten rötlichbraun; ein weißes Überaugenband ist offenbar manchmal durchgehend vorhanden, kann aber auch zugunsten der Schwarzkomponente stark reduziert sein. Mittel- und Hinterscheitel, Hinterkopf und Nacken hell zimtrötlich mit schwarzer Fleckung und besonders auf dem Nacken weißer Streifung. Oberrücken und ganze Unterseite hell rostzimtbraun, letztere bis auf die schwarz und weiß gemusterten Hinterflanken und Unterschwanzdecken einfarbig. Federn des Oberrückens durch Schwarzsprenkelung der Säume ausgezeichnet; Unterrücken, Schultern, Flügeldecken, Armdecken, Bürzel und Oberschwanzdecken braungrau und schwarz gesprenkelt und wellengebändert; Schultern und Armdecken von Rostbraun durchsetzt, die Flügeldecken ziemlich breit und unregelmäßig weiß gebändert, ihre Innenfahnen tief weiß gekerbt, einen unterbrochenen Saum bildend; Federn von Unterbürzel und Oberschwanzdecken mit unregelmäßigem, schwarzem Grätenmuster; Schwanz blaugrau mit winziger weißer und schwärzlicher Sprenkelung. Handschwingen braungrau mit helleren grobgesprenkelten Außenfahnen. Schnabel schwarz, Beine dunkelhornfarben.
Länge wie Nominatform; Flügel 101 bis 111 mm; Schwanz 59 bis 64 mm.
Weibchen ähneln sehr denen der Texaswachtel, nur sind bei ihnen die hellen Rückenfedersäume im Durchschnitt weniger grau, weißlicher und kontrastieren deshalb mehr zu den übrigen Federfarbkomponenten. Die Scheitelfedern tragen dunklere Mittelstreifen, die Säume sind heller, mehr isabellfarben. Die Oberseite gleicht im wesentlichen denen der adulten Hähne, Zügel und Kopfseiten sind hell isabell, das sich als breiter durchgehender Bandstreifen rückwärts bis zum Nacken erstreckt; Kinn, Bartregion und Kehle einfarbig hellisabell, hinten durch eine schmale querverlaufende Kette aus schwarzen und rostfarbenen Dreiecksflecken gesäumt; Kropf hell zimtbraun, unbedeutend schwarz und weiß gemustert; übrige Unterseite weiß, Seiten und Flanken breit hell zimtbraun gestreift und diese Streifen schwarz V- oder U-förmig gesäumt.
Dunenküken und Eier unterscheiden sich nicht von denen der Virginiawachtel.
Lebensgewohnheiten: Die Maskenwachtel bewohnte einst in den USA mit dichtem, hohem Gras bestandene und von Mesquitebüschen durchsetzte Savannen (Langgrassavannen) Mittel-Arizonas. Ihr Vorkommen dort wird erstmalig 1864 erwähnt, und das Typenexemplar stammt aus dem Jahre 1884. Kurz danach muß der Bestand durch Überweidung seines Habitats und verheerende Dürreperioden in den Jahren 1892/93, die die Rinderzucht Arizonas fast zum Erliegen brachten, auf USA-Gebiet ausgestorben sein. Das Verbreitungsareal ist von dem anderer Bobwhite-Unterarten vollständig isoliert.
Haltung: Die im Handel Schwarzmasken- und Schwarzkehlige Baumwachtel benannte Unterart wurde erstmalig 1914 nach Europa importiert und 1915 bis 1916 im Berliner Zoo gezeigt. DE GRAHL (1958), der 1954 1 Paar erwerben konnte, hat über Haltung und Zucht berichtet. Die Vögel wurden schnell ruhig und zutraulich. Das Weibchen legte im Mai in eine unter Grasbüscheln gegrabene Nestmulde ca. 40 Eier, wollte aber nicht selbst brüten. Aus den Eiern schlüpften im Kunstbrüter 30 Küken, die bis zum Alter von 2 Monaten prächtig heranwuchsen, dann aber einer Infektionskrankheit erlagen. Die Maskenwachtel ist in Mitteleuropa nicht winterhart und benötigt bei Frostwetter im Schutzraum eine Heizlampe und absolut trockenen Sand-

boden. Maskenwachteln haben in menschlicher Pflege ein Alter von 7 Jahren erreicht. Ihre Fütterung weicht nicht von der anderer Bobwhite-Unterart ab. Mehlwürmer wurden bei DE GRAHL leidenschaftlich gern verzehrt.
Nach einer weltweiten Erhebung der WPA wurden 1982 nur in den USA 2356 Maskenwachteln gehalten. Dort bemüht man sich seit langem um ihre Wiederansiedlung in Arizona. Da das Versuchsschema, die dabei angewandten Methoden und die Ergebnisse auch für die Wiedereinbürgerung bedrohter Hühnervogelarten in Europa Bedeutung haben können, werden sie ausführlicher geschildert. Nach ELLIS u. SERAFIN (1977) wurden Versuche zur Wiederansiedlung der Maskenwachtel in Arizona zwischen 1937 und 1962 12mal unternommen. Alle schlugen fehl, weil man stets nur eine kleine Zahl von Tieren in ungeeigneten Biotopen, dazu noch außerhalb des historischen Vorkommens ausgesetzt hatte. Ein weiteres Wiederansiedlungsprogramm geht auf das Jahr 1965 zurück, als innerhalb des U. S. Fish & Wildlife Service ein Wildlife Research Program für gefährdete Wildarten ins Leben gerufen worden war. Die Planung für Zucht und Wiederansiedlung der Maskenwachtel in Arizona wurde dem bewährten Patuxet Wildlife Research Center in Laurel (Maryland) übertragen, das 1967 einen Biologen mit dem Studium der Art in Mexiko beauftragte. Zu Zuchtversuchen konnten aus den USA nur 4 Maskenwachtelpaare erworben werden, deren Eltern 1950 in Sonora gefangen worden waren und seitdem 18 Jahre in Käfig- und Volierenhaltung gelebt hatten. Von den 4 Nachzuchtpaaren wurden in einer Saison 70 Eier erzielt, aus denen nur 17 Küken schlüpften. 1967 und 1968 erhöhte sich die Eierzahl auf 726, doch verhinderten geringe Befruchtungsquoten, schlechte Schlupfergebnisse und eine hohe Kükenmortalität alle Versuche zum Aufbau eines brauchbaren Zuchtstammes. Nur 59 Küken wurden groß. Eine Wende trat erst ein, nachdem man 57 Wildfänge aus Sonora (Mexiko) erhalten hatte, deren Gelege eine wesentlich höhere Fertilität und bessere Schlupfergebnisse aufwiesen. Deshalb wurden zu Zuchtzwecken nur noch Importtiere und deren F 1-Generation verwendet. In den 70er Jahren erhöhte sich die Eiproduktion allmählich, und das Jahr 1976 erbrachte über 6000 Eier, die Kunstbrütern übergeben wurden. Die geschlüpften Küken wurden in handelsüblichen elektrisch beheizten und mit Thermostaten ausgestatteten Aufzuchtkäfigen auf Drahtböden gehalten. Die Temperatur soll während der ersten beiden Lebenswochen bei 40,5 °C liegen und wird danach allmählich bis auf 24 °C gesenkt. Zur Vermeidung von Kannibalismus unter den Küken werden deren Oberschnäbel etwas gekürzt. Geschieht dies fachgerecht, ist die Schnabelspitze bis zum Auswilderungstermin wieder zur Normallänge gewachsen. Das Futter der Kleinküken besteht aus feingemahlenem Wachtelküken-Erstlingspellets, die u. a. Mais, Soja, Luzernemehl und Fischmehl enthalten. Wasser wird ad libitum gereicht. Ab dem Alter von 3 bis 6 Wochen wird das gleiche Futter in Krümelpellet-Form gegeben. Der Lufttransport nach Arizona erfolgt meist, wenn die Maskenküken 2 Wochen und älter sind. Im Patuxet-Center zur Zucht oder zu Beobachtungszwecken verbleibende Maskenwachteln werden im Alter von 2 Monaten in 1,8 m × 3 m × 6 m großen Drahtkäfigen gehalten und bekommen pelletiertes Futter mit 18 % Proteingehalt. Die Käfige stehen 60 cm über dem Erdboden und sind an einem Ende überdacht. Die Brutpaare hält man entweder in ähnlichen Käfigausläufen oder in handelsüblichen Drahtkäfigeinheiten in Gebäuden mit regulierbaren Licht- und Temperaturverhältnissen. Ab Mitte April bis Ende August erhalten die Zuchtvögel dauernd künstliches Licht. Ein Käfig ist mit 2 Männchen und 3 Weibchen belegt. Bei den Maskenwachtelküken traten zunächst Mortalitätsraten bis zu 30 % auf, und man wußte damals noch nicht, ob Unausgewogenheit der Futterzusammensetzung oder andere Faktoren dafür verantwortlich zu machen waren.
Um dies zu klären, wurden mehrere Jahre hindurch Vergleichsuntersuchungen mit östlichen Bobwhites und Maskenwachteln durchgeführt, die den Vitaminhaushalt betrafen. Ebenso wurde der in der Nahrung notwendige Schwefelaminosäuren- und Proteinanteil an Küken beider Unterarten getestet. Unterschiede ergaben sich dabei nicht. Trotz gleicher Aufzuchtbedingungen blieb dennoch die Kükensterblichkeit bei Maskenwachteln höher als bei Virginiawachteln der Nominatform. Dies änderte sich erst nach Zugabe zweier Breitband-Antibiotika (Chlortetracyclin und Oxytetracyclin-HCI), die dem Futter in einer Menge von 100 mg/500 g Futtermischung zugefügt wurden. Die Mortalität der Maskenwachtelküken konnte dadurch von 25 % auf weniger als 5 % gesenkt werden. Einer Vermehrung der Maskenwachtel durch Käfighaltung stand nun nichts mehr im Wege.
Mit den ersten Auswilderungen wurde 1970 in Arizona begonnen. Da damals noch relativ wenig über Habitatansprüche dieser Unterart bekannt war,

mußten sie erfolglos verlaufen. In den Jahren 1970/71 wurden ca. 600 adulte Vögel freigelassen, waren jedoch kurz danach verschwunden. Auch als in den darauffolgenden Jahren sehr viel mehr Tiere ausgesetzt wurden, überlebten sie kaum länger als 3 Monate. Das lag daran, daß eine Anzahl dieser Vögel nach Erreichen der Zuchtfähigkeit noch mehrere Monate lang gekäfigt worden waren, andere nicht voll flugfähig waren und einige lang ausgewachsene Schnäbel aufwiesen. Derartige Mängel müssen natürlich ein Handikap für ein Leben in freier Wildbahn, noch dazu in ungeeigneten Biotopen sein. Fortan wurden die Vögel vor der Auswilderung einem Überlebenstraining unterworfen. Bei der Call-box-Technik werden einige Wachteln in einem raubwildgesicherten Käfig in das Freilassungsgelände gesetzt, in einem weiteren Käfig befindliche freigelassen und abends wieder eingefangen, was durch Anfütterung und die Rufe der gekäfigten Artgenossen möglich ist. Während dieser Zeit erhalten sie aus dem gleichen Gelände stammende Pflanzensämereien und werden auf ihre Fähigkeit getestet, Gefahren zu erkennen und sich dabei folgerichtig zu verhalten, also sich zu ducken oder in dichter Vegetation zu verstecken. Für diese Versuche wurde u. a. ein Bussard verwendet, der als Flugfeind erkannt werden mußte. Weiterhin mußten sie auf der Flucht fliegend wenigstens eine Strecke von ca. 180 m zurücklegen, Hindernisse meiden und schnell eine geeignete Deckung aufsuchen können. Ca. 70 % der Vögel bestanden das 4- bis 8wöchige Training und wurden in Trupps von 10 bis 20 Vögeln freigelassen. Ferner wurde mit verschiedenen Pflegeeltern experimentiert. Am vorteilhaftesten erwies sich das Führen 2wöchiger Maskenwachtelküken durch einen sterilisierten Wachtelpflegevater. Hudert er die Küken, hat er sie also angenommen, wird die Gesellschaft für einige Tage in einen 2,6 m² großen Käfig in dichte Vegetation verbracht und dort freigelassen. Der Pflegevater lehrt die Jungen, Gefahren rechtzeitig zu erkennen, und erzieht sie für ein Leben in freier Wildbahn. 1975 wurden auf diese Weise über 650, 1976 mehr als 800 Maskenwachteln ausgewildert. Vielen gelang es in der Folge, sich anzupassen und mehrere Monate lang zu überleben. 1976 rief eine Anzahl Hähne und bereitete sich auf die Brut vor. Als jedoch große Rinderherden auf das Gelände getrieben worden waren und den Graswuchs kurzgefressen hatten, verschwanden die Wachteln mangels ausreichender Deckung. Hinsichtlich Flugvermögen, Gefiedergüte und Geschicklichkeit im Verstecken schienen die ausgewilderten trainierten Maskenwachteln ihren wilden Artgenossen in Mexiko (Sonora) in nichts nachzustehen. Auch dort ist der Bestand durch zunehmende Überweidung des Habitats, Langgraswiesen und Unkrautbestände kurz vor dem Erlöschen. Neueste Auswilderungen in Arizona mit dem Zweck, die Vögel auf Gelände mit unterschiedlichen Vegetationstypen selbst den geeigneten wählen zu lassen, ergaben, daß Langgrasebenen, Flecken und Flächen mit hohem Graswuchs von ihnen entschieden bevorzugt wurden. Solche Pflanzengemeinschaften, deren Zusammensetzung noch botanisch zu testen ist, werden, soweit sie ausgedehnte Flächen bedecken, von den beiden „Wüstensteppenwachteln", der Schuppen- und Gambelwachtel, gemieden. 2 weitere Habitatuntersuchungen werden in Zusammenarbeit mit der Universität von Arizona von einem Pflanzenökologen durchgeführt, der die Vegetation entlang der Rufwarten von Maskenhähnen erfaßt, während ein Ornithologe Habitatpräferenz, Reviergrößen von Wachtelgesellschaften, Mortalität und Wasserbedarf von Schuppen-, Gambel- und Maskenwachtel auf einem Auswilderungsgelände untersucht. Bei der geringen Zahl von Maskenwachteln ist es natürlich schwierig, die Nahrungsansprüche festzustellen. Diese scheinen sich jedoch kaum von denen der in ähnlichem Grasgelände lebenden Texaswachtel zu unterscheiden. Von größerer Bedeutung für die Ernährung scheinen die Gräser der Gattungen *Ambrosia, Panicum, Commelina, Sorghum* und *Setaria* sowie Samen der Gattungen *Acacia, Cassia, Amaranthus, Croton* und *Gutierrezia* zu sein. Als Ergebnis der Wiedereinbürgerungsversuche der Maskenwachtel in Arizona kommt man zu der Feststellung, daß das Haupthindernis im Fehlen des artspezifischen Habitats liegt. Die geeignete Lösung wäre die Schaffung eines Wachtelschutzgebietes, das nicht beweidet werden dürfte. Die staatlichen Organisationen widersetzen sich solange dem Ankauf eines dafür geeigneten Geländes als es nicht gelingt, den Beweis einer erfolgreich angesiedelten Population zu erbringen und eine praktische Managementtechnik erarbeitet zu haben. Die Zukunftsaussichten sind mangels geeigneten Geländes sehr gering. Dafür sind mexikanische Stellen daran interessiert, ein Schutzgebiet für die Maskenwachtel in Sonora zu gründen. Ebenso ist ein Ranchbesitzer in Arizona dazu bereit, auf seinem Gelände Buschwerk abzuholzen und Gras zu säen, das später kontrolliert beweidet wird und den Wachteln als Heimstätte dienen könnte.

Schwarzbrust-Zahnwachtel
Colinus virginianus pectoralis, Gould 1842

Engl.: Black-breasted Bobwhite.
Heimat: Mexiko in Zentral-Veracruz entlang der östlichen Cordillerenbasis in Höhenlagen zwischen 150 und 1500 m Höhe (Jalapa, Orizabe, Carrizal, Coatepec, La Estranzuela, Cordoba, Llanos de Orejas).
Beschreibung: Geschlechter verschieden gefärbt. Beim Männchen ist die Kopffärbung der der Nominatform recht ähnlich. Ein vom Zügel unterhalb der Augen zu den Ohrdecken verlaufendes und die weiße Kehle umrahmendes breites schwarzes Band verbreitet sich auf der Kropfregion bis zur Oberbrust. Die Färbung der Oberseite gleicht weitgehend der der Unterart *texanus*; die Unterseite ist fast einfarbig rötlich kastanienbraun, nur Schenkel und Steißgefieder sind mehr oder weniger schwarz gebändert und weiß gefleckt.
Länge 195 mm; Flügel 101 mm; Schwanz 53 mm. Weibchen sind denen der Unterart *texanus* recht ähnlich, unterscheiden sich jedoch von ihnen durch die dunklere, braunere Oberseite und kräftigere schwarze Musterung der Unterseite.
Lebensgewohnheiten: Nichts bekannt.
Haltung: Der Erstimport dieser Zahnwachtel erfolgte 1842 in die Kgl. Preußische Menagerie auf der Pfaueninsel bei Berlin. Der Vogel wurde in den neugegründeten Berliner Zoologischen Garten gebracht und ist als Balg im Berliner Museum für Naturkunde erhalten geblieben (Gef. Welt 1924; p. 300). 1911 gelangte diese Unterart im Austausch aus dem New Yorker in den Londoner Zoo, wo das Paar bereits 1912 erfolgreich züchtete. Einen weiteren Zuchterfolg meldete der englische Züchter SHORE BAILY, der 1913 2 Paare von der Fa. FOCKELMANN (Hamburg) erworben hatte. 1917 nistete das Paar in einer großen grasbewachsenen Voliere erfolgreich. Der Hahn erbrütete allein das aus 10 weißen Eiern bestehende Gelege und zog 3 Junge groß.

Weiterführende Literatur:
ASTLEY, H. D.: Breeding of the Cuban Colin (or Bobwhite) – *Ortyx cubanensis* – Avic. Mag., 3. Series, Vol. II; p. 369 (1911)
BALDINI, J. T., ROBERTS, R. E., KIRKPATRICK, C. M.: Studies of the reproductive cycle of the bobwhite quail. J. Wildl. Management 16; pp. 91–93 (1952)
CASEY, W. H.: Some speculations on the minimum habitat requirements of bobwhite quail. Proc. 19th Annual Conf. S. E. Assoc. Game & Fish Commissioners pp. 30–39 (1965)
CLARKE, C. H. D.: The bobwhite quail in Ontario. Ontario Dptm. Lands and Forests techn. bull., fish & wildlife, series 2 (1954)
DE GRAHL, W.: Amerikanische Hauben- und Baumwachteln. Gef. Welt; pp. 1–4, 25–27, 47–49 (1958)
DUCK, L. G.: Seasonal movements of bobwhite quail in northewestern Oklahoma. J. Wildlife Management 7; pp. 265–268 (1943)
ELLIS, D. H., SERAFIN, J. A.: A research program for the endangered Masked Bobwhite. WPA-Journal II; pp. 16–31 (1976/77)
ERRINGTON; P. L.: Some contributions of a fifteen-year local study of the northern bobwhite to a knowledge of population phenomena. Ecol. Monogr. 15; pp. 1–34 (1945)
FATORA, J. R., PROVOST, E., JENKINS, K. H.: Preliminary report on the breeding periodicity and brood mortality in bobwhite quail on the AEC Savannah River Power Plant. Proc. 20. Ann. Conf., S. E. Assoc. Game & Fish Commissioners; pp. 146–154 (1967)
HAUGEN, A. O.: Distinguishing juvenile from adult bobwhite quail, J. Wildl. Management 21; pp. 29–32 (1957)
JACKSON, A. S.: A handbook for bobwhite quail management in the west Texas rolling plains. Texas Parks and Wildl. Bull. No. 48; p. 77 (1964)
JANSON, V.: Bobwhite quail management in Michigan. Michigan Dptm. of natural resources (1949)
JOHNSGARD, P. A.: Grouse and Quails of North America. Bobwhite-Quails pp. 408–430. Univers. Nebraska, Lincoln (1973)
KORSCHGEN, L. J.: Late fall and early-winter food habits of bobwhite quail in Missouri. J. Wildl. Management 12; pp. 46–57 (1948)
KULENKAMP, A. W., COLEMAN, T. H., ERNST, R. A.: Artificial insemination of bobwhite quail. British Poultry Science 47; pp. 177–182 (1967)
KULENKAMP, A. W., COLEMAN, T. H.: Egg production on bobwhite quail. Poultry Science 47; pp. 1687–1688 (1968)
LAMBERT, R. U.: The Bobwhite Quail. Some aspects of behaviour. Avic. Mag. 81; pp. 163–168 (1975)
LIGON, J. S.: The vanishing masked bobwhite. Condor 54; pp. 48–50 (1952)
LONGLEY, W. H.: Bobwhite Quail. Conservation Volunteer 14; pp. 27–31 (1951)
LOVELESS, C. M.: The mobility and composition of bobwhite quail populations in South Florida: with notes on the post-nuptial and post-juvenal moults. Florida Game and Fresh Water Fish Commission technical bulletin no. 4 (1958)
MARSDEN, H. M., BASKETT, T. S.: Annual mortality in a banded bobwhite population. J. Wildlife Management 22; pp. 414–419 (1958)
PETRIDES, G. A., NESTLER, R. B.: Age determination in juvenal bobwhite quail. American Midland Naturalist 30; pp. 774–782 (1943)
RIPLEY, T. H.: The bobwhite in Massachusetts. Massachusetts Div. Fish and Game bull. no. 15 (1957)

ROBBINS, G. E. S.: Quail, their breeding and management. Bobwhite pp. 43–45. Publ. W. P. A. (1981)

ROBESON; S. B.: Some notes on the summer whistling of male bobwhite quail. N. Y. Fish and Game J. 10; p. 228 (1963)

ROBINSON, T. S.: The ecology of bobwhites in south-central Kansas. Univers. of Kansas Mus. Nat. Hist. and State Biolog. Survey miscellaneous publication no. 15 (1957)

ROSENE, W.: The bobwhite quail: its life and management. New Brunswick, N. J.; Rutgers University Press (1969)

SHORE-BAILY, W.: The breeding of the Mexican black-breasted Quail (*Colinus pectoralis*). Avicult. Mag. Third Series, Vol. IX.; pp. 114–116 (1918)

STANFORD, J. A.: Quail do have second broods. Missouri Conservationist 14; pp. 5–6, 12 (1953)

STODDARD, H. L.: The bobwhite quail: its habits, preservation, and increase. New York: Charles Cribners Sons (1931)

STOKES, A. W.: Behaviour of the bobwhite, *Colinus virginianus*. AUCK 84; pp. 1–37 (1967)

THOMAS, K. P.: Sex determination of bobwhites by wing criteria. J. Wildlife Manag. 33; pp. 215–216 (1969)

TOMLINSON, R. E.: Current status of the endangered masked bobwhite. Transactions 37th, N. Am. Wildl. Nat. Res. Conf.; pp. 294–311 (1972)

WALKER, L. W.: Return of the masked bobwhite. Zoonoz 37; pp. 10–15 (1964)

WATSON, G. E.: Molt, age and annual cycle in the Cuban bobwhite. Wilson Bulletin 74; pp. 28–42 (1962)

WORKMAN, W. H.: Nesting of the Cuban tree quail (*Ortyx cubanensis*). Avicult. Mag. Fourth Series, Vol. IX.; pp. 67–69 (1931)

YEATMAN, L. J.: Histoire des Oiseaux d'Europe, Paris 1976

Schwarzkehl-Zahnwachtel
Colinus nigrogularis, Gould 1843

Engl.: Black-throated Bobwhite.
Heimat: Die Yukatan-Halbinsel, der Peténseen-Distrikt Guatemalas, die küstennahen Gebiete von Belize und Honduras und der äußerste Nordosten Nikaraguas. 2 Unterarten.
Beschreibung: Geschlechter verschieden gefärbt. Beim Hahn der Unterart *caboti* von Yukatan und Campeche sind Stirn, Zügel und ein von dort über die Ohrdecken bis zum Hinterhals verlaufendes Superziliarband schwarz. Es wird dorsal von einem quer über die Oberstirn verlaufenden breiten, weißen Band begleitet. Ein unterhalb der Augen schmal beginnendes und sich nach hinten zu verbreiterndes weißes Band umfaßt Wangen und Ohrdecken und umsäumt, schräg nach unten und vorn über die Kehle verlaufend, die schwarze Kinn- und Kehlregion. Scheitel- und Hinterkopfgefieder rußbraun, die Scheitelfedern im Zentrum breit dunkelbraun, die des Hinterkopfes graugesäumt. Nacken, Halsseiten und Interskapularen hellrotbraun, die Federn mit auffälligen Schaftstreifen oder Flecken, diese Weißkomponenten auf den hinteren Interskapularen kleiner werdend oder fehlend; Oberrücken wie hintere Interskapularen, doch die Federn breit graugesäumt und zart dunkler grau gesprenkelt; innere mittlere und die großen Flügeldecken wie Oberrücken; Schultern ähnlich, doch Federn subterminal braunschwarz bekleckst und auf den Innenfahnen weißgesäumt; äußere Oberflügeldecken wie die inneren, aber stark ockerröstlich verwaschen und mit gröberer schwärzlicher Wellenbänderung; Armschwingen olivbraun, ihre Außenfahnen graulich ockerrostbraun gesprenkelt und wellengebändert; Handschwingen einfarbig olivbraun; Federn von Rücken, Bürzel und Oberschwanzdecken hellmausgrau bis mausgrau, im Zentrum mit ockerröstlichem Anflug und subterminal braunschwarz bekleckst, diese Klecksflecke sich auf den Oberflügeldecken zu Schaftstreifen verschmälernd; die Grauanteile undeutlich dunkel gewellt und gespitzt, dazu sparsam grauweißlich gebändert. Schwanzfedern dunkelmausgrau und graubraun, die mittleren heller grau gesprenkelt. Gefieder von Brust und mittlerem Oberbauch weiß, die Federn schwarz gesäumt, eine Art Schuppenmuster bildend; die schwarzen Federsäume werden nach hinten zu viel breiter; Brustseiten, Bauch und Flanken weiß, breit dunkelbraun gesäumt; Schenkel, Aftergefieder und Unterschwanzdecken hellgräulich ockerrostbräunlich, die letzteren dazu mit subterminalen schwarzen Schaftstreifen. Unterbauchmitte wie Schenkel, doch etwas grauer, weniger rötlich. Schnabel schwarz, Beine braun, schiefergrau oder schwärzlich, die Iris dunkelbraun.

Länge 190 bis 215 mm; Flügel 95 bis 103 mm; Schwanz 50 bis 58 mm; Gewicht 139 bis 152 g.
Bei der Henne sind ein schmales Stirnband, die breiten Superziliarstreifen und die Kehle ockrig isabellfarben, die Scheitelfedern braunschwarz, schmal graugesäumt; Nacken ähnlich, doch die Außensäume der Federn viel breiter und isabellweiß. Interskapularen zimtbraun mit grauer Basis, isabellweißer Querfleckung und schmaler dunkelgrauer Säumung, dazu ist jedes der hellen Querfleckenbänder beiderseits schwarz gesäumt und spärlich schwarz gebändert. Die grauen Federsäume verbreitern sich auf den Oberrückenfedern, die subterminal

schwarze Klecksung aufweisen. Schultergefieder wie beim Hahn, aber bräunlicher, weniger grau; Oberflügeldecken insgesamt bräunlicher, dazu gebändert, auf den Außenfahnen mit breiterer und auffälligerer isabellrötlicher, schwarzgesäumter Bänderung, dies alles kräftiger und gröber als bei Hähnen. Armschwingen außen hell ockerrötlich gesäumt und auf den Außenfahnen unvollständig gebändert; Handschwingenaußenfahnen schwach ockrigisabell gesprenkelt. Rücken und Oberschwanzdecken brauner, weniger grau, die dunkle Mittelfleckung der Federn kleiner, unauffälliger. Alle Schwanzfedern auf den Außenfahnen grauweiß quergesprenkelt. Ohrdecken trüb dunkelrotbraun, das Halsseiten- und Brustgefieder weiß mit schwarzbrauner Federschäftung und Bänderung, durch die dunklen Schäfte in 2 Reihen schwarzer Endflecke geteilt. Die Federn, speziell des Seitenhalses, an der Basis ockerröstlich; Bauchgefieder weiß mit weit auseinanderliegender braunschwarzer Bänderung. Die Schaftstreifung ist auf Seiten und Flanken breiter und länger, in den Zwischenräumen hell zimtbraun; Schenkel- und Aftergefieder undeutlich dunkelsepia gebändert; Unterschwanzdecken hell zimtbraun mit breiten schwarzen Schaftstreifen und breiten weißen Federspitzen, dieses Weiß durch den schwarzen Schaftstreifen in 2 Flecken gespalten.

Gewicht wie der Hahn.

Dunenküken sind Virginiaküken recht ähnlich. Bei ihnen sind die Stirn und ein breites Überaugenband hell lehmgelb, auf dem Nacken zu Rötlichisabell aufhellend; Mittelscheitel, Stirn und ein breites Rückenband, das bis zum Schwanzansatz verläuft, kastanienbraun mit unbestimmter nelkenbrauner Säumung; übrige Unterseite hell rötlichzimtfarben und dunkelbraun gesprenkelt. Ein schmales schwarzes Band beginnt hinter dem Auge und zieht bis zur Nackenseite. Kopfseiten hell rötlichisabell, Kinn, Kehle und Bauch weiß; Brust, Seiten, Flanken, Schenkel und Steißgefieder hell rötlichzimtbraun; Schnabel und Füße grau.

Gelegestärke im Wildleben noch unbekannt; Ei weiß bis isabellgelb, etwas kleiner als Virginiawachteleier, manchmal sehr zart gefleckt (30,5 × 23 mm).

Lebensgewohnheiten: Die Biologie der Schwarzkehl-Zahnwachtel gleicht im wesentlichen der nahe verwandten Virginiawachtel: Die Art bewohnt Kiefernsavannen, Felder und Agavenpflanzungen. Der Ruf der Hähne soll von dem der Bobwhite-Rassen nicht verschieden sein. Zu Beginn der alljährlich wechselnden Regenzeit beginnt die Brutperiode, und nach Beendigung derselben leben sie in Gruppen von 12 bis 20 Vögeln zusammen.

Haltung: Die Art gelangte 1912 in den Londoner Zoo und züchtete im gleichen Jahr (Avic. Mag. 1912). Die Vögel stammten aus dem New Yorker Zoo. 1970 importierte JOHNSGARD 10 Schwarzkehl-Zahnwachteln, deren Zucht ihm wenig später gelang.

Nach einer Umfrage der WPA wurden 1982 nur in den USA 13 Stück dieser kleinen bunten Zahnwachtelart gehalten. Für Pflege und Zucht empfiehlt ROBBINS die gleiche Volierengröße und Fütterung wie für die Virginiawachtel. Die tropische Art ist nicht wetterfest.

Weiterführende Literatur:

CHAPMAN, F. M.: Notes on birds observed in Yukatan. Bull. Amer. Mus. of Nat. Hist. 8; pp. 271–290 (1896)

CINK, C. L.: Comparative behaviour and vocalizations of three *Colinus* species and their hybrids. Master's thesis, University of Nebraska 1971

JOHNSGARD, P. A.: Grouse and Quails of North America. *C. nigrogularis;* pp. 431–439; University of Nebraska Press 1973

KLAAS, E. E.: Summer birds from the Yucatan Peninsula, Mexico. University of Kansas, Publication of Museum of Natural History 17; pp. 581–611 (1968)

LEE, R. O.: Through Quintana Roo. Explorers Journal 44; pp. 83–88 (1966)

LEOPOLD, A. S.: Wildlife of Mexico: The game birds and mammals, Berkeley, University of California Press 1959

PAYNTER, R. J.: The ornithogeography of the Yukatan Pensinula. Yale University, Bull. Peabody Mus. No. 9; pp. 1–347 (1955)

ROBBINS, G. E. S.: Quail, their breeding and management. *C. nigrogularis* p. 46. Publ. W. P. A. (1981)

RUSSELL, S. M.: A distributional study of the birds of British-Honduras. American Ornithologist's Union, ornithological monograph no. 1 (1964)

SAUNDERS, G. B., HALLOWAY, A. D., HANDLEY, C. O.: A fish and wildlife surway of Guatemala. U. S. Fish and Wildlife Service special scientific report (wildlife) no. 5 (1950)

SMITHE, F. B.: The birds of Tikal; Natural History Press, N. York 1966

STONE, W.: On birds collected in Yukatan and southern Mexico. Proc. Acad. Science Philadelphia 43; pp. 201–218 (1890)

VAN TYNE, J.: The birds of northern Petén, Guatemala. Univ. Michigan Mus. Zoology miscell. publ. no. 27 (1935)

Die mittelamerikanische Landbrücke und der Norden Südamerikas werden von 2 *Colinus*-Wachtelarten bewohnt, die mit den mexikanisch-nordamerikanischen Virginiawachteln (Bobwhite) nahe verwandt sind, aber bereits Artenrang besitzen und früher zu einer eigenen Gattung, *Eupsychortyx*, gezählt wurden. Dies sind die Tupfenwachteln (*C. leucopogon*) und die südlich davon lebenden Spitzhaubenwachteln (*C. cristatus*). Die Verbreitungsgebiete beider Arten treffen nirgends aufeinander, so daß Mischpopulationen nicht entstehen konnten. Die isoliert vom südamerikanischen Artareal auf der pazifischen Abdachung West-Panamas lebenden nördlichsten Populationen der Spitzhaubenwachtel werden durch die großen Waldbarrieren von Darién und das Atratobeckens von der südlichsten Population der Tupfenwachtel des westlichen Costa Rica getrennt. Auch das von Mexiko (Chiapas) bis ins westliche Guatemala ostwärts bis fast zum Izabalsee reichende Vorkommen der südlichsten Bobwhite-Unterart *C. virginianus insignis* trifft nirgends auf das Verbreitungsareal der in Mittel- und Süd-Guatemalas lebenden Tupfenwachtel (*C. leucopogon*). Tupfen- und Spitzhaubenwachtel werden heute von manchen Autoren zu einer einzigen Art, *Colinus cristatus*, zusammengefaßt, einer Ansicht, der wir uns nicht angeschlossen haben.

Tupfenwachteln
Colinus leucopogon, Lesson 1842

Engl.: Spot-bellied Bobwhites.
Heimat: Guatemala südwärts bis Costa Rica.
6 Unterarten.
Beschreibung: Geschlechter verschieden gefärbt. Unter Zusammenfassung der 6 Unterarten ergibt sich folgende Beschreibung:
Haubenfedern kurz bis mäßig verlängert. Bei den Männchen ist die Oberseite zart graubraun oder schwärzlich wellengebändert, auf Unterrücken, Bürzel und Schwanz am dunkelsten; Oberrücken, Schultern und Armdecken auffällig schwarz gefleckt.
Kopf und Unterseite sind bei den Unterarten unterschiedlich gefärbt: 1. Stirn, Überaugenband und Kehle weiß, die Unterseite entweder braun mit auffälliger weißer Fleckung oder ausschließlich weiß. 2. Kehle überwiegend braun mit schwarzer Säumung oder hauptsächlich schwarz mit weißer oder isabellfarbener Säumung; ein weißes oder isabellfarbenes Oberaugenband; Hinterhals und Halsseiten schwarz und weiß gefleckt; Unterseite dunkel rötlichbraun, die Brust zuweilen zart wellengebändert oder hell graubraun, kräftig weiß oder isabellgelb gefleckt.
Iris dunkelbraun, Schnabel schwarz, Beine bläulich hornfarben. Hennen sind ähnlich gefärbt. Bei ihnen sind Kehle und Überaugenbänder isabellfarben, die erstere schwärzlich getupft und gestrichelt; Unterseite hellisabell, mehr oder weniger stark gestreift und gebändert. Brust, Seiten und Flanken dicht gefleckt.
Tupfenwachteln legen im Gegensatz zu Haubenwachteln reinweiße Eier.
Lebensgewohnheiten: Die Art ist Bewohner der tropischen Trockenzone unterhalb 1500 m und kommt dort an buschreichen Waldrändern, in Dickichten, Steppen und auf Kulturland vor.
Die bekannteste Unterart ist Leylands Tupfenwachtel.

Leyland-Tupfenwachtel
Colinus leucopogon leylandi, Moore 1859

Engl.: Leyland's Quail.
Heimat: Plateau und pazifische Abdachung des Hondurasberglandes, ostwärts auch in Trockengebieten der Karibischen Abdachung.
Beschreibung: Geschlechter verschieden gefärbt. Beim Hahn sind Stirn und Scheitel dunkelorangebraun, auf dem Hinterkopf in Rostockerbraun übergehend; Haubenfedern lang, dunkelbraun; Scheitelmitte schwärzlich; Nacken wie Hinterkopf, aber mit großen weißen Flecken, die auf den Nackenseiten zusätzlich schwarz gesäumt sind; Interskapularen und Oberrücken umberbraun, zart schwarzgewellt und schmal graugesäumt; Schultern, innere große Flügeldecken und innere Armschwingen ähnlich, aber kräftig dunkelbraun gefleckt; Schultergefieder und innere Armdeckfedern auf den Innenfahnen breit isabellweiß gesäumt, die übrigen Flügeldeckfedern umberbraun, spärlich und undeutlich schwarz wellengebändert, einige der Zwischenräume hellisabellfarbener als die Federgrundfärbung, schwache hellere Querbänder bildend. Armschwingen dunkelnelkenbraun, auf den Außensäumen dicht hellisabellbraun und weiß gesprenkelt; Handschwingen einfarbig dunkelnelkenbraun; Rücken- und Bürzelfedern umberbraun, intensiv braunschwarz bekleckst und zart grauweiß gesprenkelt, die dunklen

Klecksflecke auf den Bürzelfedern viel kleiner. Oberschwanzdecken wie Bürzel, nur die schwarze Klecksung dort zu Streifen längs der Federschäfte reduziert. Schwanzfedern tief mausgrau, durch helle, unregelmäßige Bänderung gesprenkelt und gescheckt wirkend. Zügel und ein breites Überaugenband isabellweiß, viele Federn schmal schwarzgesäumt; Wangen dunkelsepiabraun, die Begrenzung des Zügelstreifs schwarz; Ohrdecken wie Hinterkopf; Kinn und Kehle dunkelbraun, die dunkelorangebraunen Basalteile der Federn hier und da sichtbar. Brust wie die Interskapularen, nur ockrig rostbrauner mit geringer dunkler Wellung, viele Federn der Brustmitte mit weißen schwarzgesäumten Flecken; Ober- und Seitenbauch wie Brust, nur heller, rötlicher und mit viel zahlreicheren und größeren weißen, schwarzumsäumten Flecken, von denen einige 3 pro Federfahne aufweisen; Seiten und Flanken ähnlich, doch die Flecken kleiner, die dazwischen liegenden braunen Abschnitte dafür ausgedehnter und auffälliger; Mittelbauch und Schenkel isabellweiß, trüb sepiabraun gebändert, die hellen Federabschnitte breiter als die Bänder. Unterschwanzdecken dunkelsepia, entlang der Federschäfte umbrabraun verwaschen und auf beiden Fahnen durch breite isabellweiße Säume gezackt erscheinend. Schnabel schwarz, Iris dunkelbraun, Beine bläulich hornfarben.
Länge 191 bis 216 mm; Flügel 95,3 bis 105 mm; Schwanz 55,8 mm.
Weibchen sind im Gefieder der Oberseite den Hähnen sehr ähnlich, unterscheiden sich jedoch unterseits von ihnen durch die hell isabellfarbene, dunkelbraun längsgestreifte Kinn- und Kehlregion; auch ist die Brustregion vergleichsweise stärker weiß gefleckt, und die helle Fleckung der meisten Bauchfedern ist ausgedehnter, geht ineinander über, während die sepiabraunen Bezirke der Männchen auf unregelmäßige Bänder mit distal zugespitzten Verschmälerungen reduziert sind.
Flügel 97 bis 98 mm; Schwanz 51,8 mm.
Jungvögel beiderlei Geschlechts sind adulten Weibchen recht ähnlich, nur oberseits etwas dunkler braun; die isabellweiße Brustregion ist intensiv mit sepiabraunen Querbinden bedeckt, von denen jede im Endabschnitt eine rötlichockerfarbene Säumung aufweist; Bauch, Seiten und Flanken weißlich, dunkelsepia gefleckt.
Bei Dunenküken sind Stirn, Zügel, die sehr breiten Überaugenbänder, Ohrdecken und Wangen lehmgelblich bis hell rötlicholiv; Scheitelmitte bis Hinterkopf dunkelgelb mit dunklerer Säumung. Kinn und Kehle weiß mit zimtrötlichem Anflug. Ein schmaler schwarzer Streif verläuft von den Augen rückwärts die Halsseiten hinunter.
Gelegestärke wohl noch unbekannt. Ei ganz weiß; Maße bei der Unterart *hypoleucus* nach SCHÖNWETTER 29,2 bis 33 mm × 24,1 bis 29,5 mm.
Lebensgewohnheiten: Tupfenwachteln unterscheiden sich in Biotopansprüchen und Verhalten vermutlich nicht oder wenig von anderen Bobwhite-Zahnwachteln. Unverpaarte Hähne bringen zur Brutzeit den charakteristischen „Bob-white"-Ruf, von einem erhöhten Platz aus rufend. In El Salvador scheint die Fortpflanzungsperiode in die nahrungsreiche Regenzeit zu fallen, gewöhnlich die Maimitte, und die Jungvögel sind Ende September vollbefiedert. Einzelne, noch Mitte Januar beobachtete Halberwachsene können auf gelegentliche Spätbruten hindeuten.
Haltung: Über den Erstimport der Tupfenwachtel ist uns nichts bekannt. Erstzüchter ist vermutlich TESCHEMAKER in England, der 1910 3 Junge erzielte (Bird Notes 1910; p. 319 u. Avic. Mag. 1911; p. 52). Nach HOPKINSON (1928) hat 1917 der New Yorker Bronx-Zoo die Art gezüchtet. Nach SETH-SMITH (1930) hat der Londoner Zoo die Hondurasunterart *leylandi* besessen, und im Berliner Zoo war die Art 1913 und 1938 vertreten. Haltung und Fütterung dürfte der der *Colinus*-Arten entsprechen.

Haubenwachteln
Colinus cristatus, Linné 1766

Engl.: Crested Bobwhite.
Heimat: Panama in 2 isolierten Populationen und das nördliche Südamerika in Kolumbien, Venezuela und den 3 Guayanas; die Inseln Aruba, Curacao und Margarita. Eingebürgert auf Mustique, den Grenadinen, St. Thomas und den Jungferninseln. 14 Unterarten.
Beschreibung: Geschlechter nur wenig verschieden. Eine zugespitzte Vorderscheitelhaube ist charakteri-

---

o. l. Schuppenwachtel, *Callipepla squamata* (s. S. 143)
o. r. Hahn der Helm- oder Gambelwachtel, *Callipepla gambelii* (s. S. 147)
m. l. Henne der Kalifornischen Schopfwachtel, *Callipepla californica* (s. S. 150)
m. r. Berghaubenwachtel, *Oreortyx pictus* (s. S. 159)
u. l. Paar der Virginiawachtel, *Colinus virginianus* (s. S. 162) (links Hahn, rechts Henne)
u. r. Hahn der Montezumawachtel, *Cyrtonyx montezumae* (s. S. 191)

stisch. Bei Zusammenfassung aller 14 Unterarten ergibt sich folgende Beschreibung der Art:
Bei den Hähnen sind Stirn und Scheitel einschließlich der verlängerten Haubenfedern weiß oder hellisabell, manchmal nur die Haubenfedern dunkel; Hinter- und Seitenhals, zuweilen auch der Vorderhals schwarz und weiß gefleckt; die Kehle kann weiß, isabell, rehbraun oder zimtbraun, manchmal dazu schwarz gefleckt oder mit schwarzer Seitensäumung versehen sein. Ohrdecken weiß oder isabell, oben und unten durch einen schwarzen oder rötlichen Bezirk gesäumt. Oberseite zart grau, braun oder schwarz gesprenkelt; Schulter- und Armdecken mit schwarzer Spitzenfleckung und häufig weißer oder isabellfarbener Säumung; die kräftig weiße Unterseite isabell, zimtbraun und schwarz gemustert und gefleckt. Schnabel schwarz, die Iris braun, Beine bleigrau.
Weibchen sind ähnlich gefärbt, doch ist bei ihnen der Haubenbereich vorwiegend braun oder isabell gefärbt, dazu zart schwarzgesprenkelt und -gestreift. Eier der Haubenwachteln sind nach SCHÖNWETTER im Gegensatz zu denen der Tupfenwachteln oft sehr stark braungefleckt und -gesprenkelt.
Lebensgewohnheiten: Haubenwachteln bewohnen Grassavannen, Dickichte und Waldränder der tropischen und gemäßigten Zone.

Sonnini-Haubenwachtel
Colinus cristatus sonnini, Temminck 1815

Engl.: Sonnini's Bobwhite.
Heimat: Die Guayanas und angrenzende Gebiete Nord-Brasiliens am oberen Rio Branco; westwärts durch Venezuela zum Orinokobecken, nordwärts bis Caracas und Carabobo in der Küstenregion. Auf einigen Inseln der Karibik, wie Mustique, den Grenadinen, St. Thomas und den Jungferninseln erfolgreich eingebürgert.
Beschreibung: Geschlechter verschieden gefärbt. Beim Hahn wechselt die Färbung von Stirn, Zügeln und Vorderscheitel von isabellweiß über hell isabellbraun bis zu graubraun; die gelegentlich auf dem Hinterscheitel durchschimmernden dunklen Basalteile der Federn erzeugen ein Querbindenmuster. Die bis 25 mm langen Haubenfedern sind dunkler, matt sepia bis hell rußbraun mit isabellbrauner Säumung. Scheitelseiten und Hinterkopf werden von Federn gesäumt, die auf den Innenfahnen schwarz mit isabellweißer Randung, auf den Außenfahnen ockrig rostbraun sind; breite Überaugenbinden hell rehbraun bis ockrig orange, die Nackenfedern schwarz längsgebändert; ein Nackenband aus dunkelgelblichen, mit breiten weißen, schwarzgesäumten Subterminalflecken bedeckten Federn; Interskapular- und Oberrückenfedern zimtbraun, grob schwarzgewellt und mausgrau gesäumt; Schultergefieder, innere, große und mittlere Flügeldecken dunkel gelbbraun bis zimtbraun mit weit auseinanderliegender, hell isabellfarbener, dunkelgesäumter Wellenbänderung; Schulterfedern innen ockrig isabell gerandet, Flügeldecken allseitig hell rauchgrau gesäumt; innerste Armschwingen wie Schultern, übrige Armschwingen matt sepiabraun, ihre Außenfahnen rötlich zimtbraun gesäumt und unvollständig gebändert, auf den Innenfahnen von Dunkelgelbbraun durchsetzt; Handschwingen matt sepiabraun mit rötlich zimtbraunen Außensäumen; übrige Flügeldeckfedern dunkel gelbbraun bis zimtbraun, auf den Außenfahnen hell rötlichisabell gesäumt, die braunen Federpartien schwach dunkel punktiert und gewellt; Rücken bis zu den Oberschwanzdecken hell zimtbraun mit rehbrauner Tönung, die Federn schmal hellisabell gesäumt und in großen Abständen ebenso schmal quergebändert, mit schwarzer Obersäumung dieser Bänder. Schwanzfedern ähnlich, weniger rehbraun. Kinn und Kehle hell ockrig rehbraun bis ockrig orange; Ohrdecken dunkel gelbbraun; eine Kropfbinde aus weißen, mit keilförmigen schwarzen Endflecken versehenen Federn; Brustgefieder oliv- bis lehmbraun, die Federn mit hellerer, mehr aschfarbener Endsäumung und basal schwarz quergezeichnet, was jedoch durch darüberliegende Federn meist verdeckt wird; die Brustfärbung geht auf dem Oberbauch mehr in Ockergelb über, und dort weisen die Federn beidfahnig mehrere große weiße, durch schwarze Zwischenräume voneinander getrennte Tropfenflecke auf, so daß die Braunkomponente der Federn auf den Mittelabschnitt beschränkt bleibt; Federn der unteren Seitenbauchpartien, Flanken, Schenkel und Unterschwanzdecken mit größerer und mehr isabellfarbener Tropfenfleckung, stark reduzierter Braun- bzw. Ockerkomponente und breiterer Schwarzbänderung; Unterbauchmitte hell isabell mit

Die altweltlichen Wachteln, wie der hier abgebildete rufende Hahn der Indischen Regenwachtel, *Coturnix coromandelica* (s. S. 453), sind den amerikanischen Zahnwachteln zwar äußerlich ähnlich, aber nicht näher mit ihnen verwandt.

schwarzer Bänderung. Schnabel schwarz, Iris dunkelbraun, Beine hellbräunlich.
Länge 178 bis 216 mm; Flügel 96 bis 106 mm; Schwanz 54 bis 67 mm; Gewicht 132 bis 153 g.
Die Färbung der Weibchen ist oberseits der der Männchen ähnlich, doch insgesamt weniger rötlich, mehr graulich sepiabraun; Überaugenbinde hell grauisabell, nach hinten zu abdunkelnd; Scheitel und Haube dunkler, sepiabraun mit geringerer ockergelber Säumung; Interskapularen und Oberrücken dunkler, ohne Grausäumung;
Weibchen sind unterseits viel weniger rötlich als Männchen; Kinn und Kehle isabell grauweiß, seitlich verschieden stark ockrig rehbraun durchsetzt; Brust und Oberbauch gelbgrau bis hell sepia, statt wie bei Hähnen rötlich braunoliv; Bauchregion überwiegend weiß, die Schwarzzeichnung im Schnitt kleiner, die braunen Bezirke vermindert und hauptsächlich auf die seitlicher liegenden Federn beschränkt.
Maße wie Männchen; Gewicht 131 bis 141 g.
Dunenkleid wohl noch nicht beschrieben.
Gelegestärke 8 bis 16; Ei auf cremefarbenem Grund häufig sehr stark in verschiedenen Brauntönen gefleckt und gesprenkelt. (29,6 bis 36,2 mm × 22,0 bis 24,8 mm).

Lebensgewohnheiten: Aus Panama berichtet WETMORE über die beiden an der pazifischen Abdachung vorkommenden Unterarten *panamensis* und *mariae*, daß sie Dickichte und an Savannen und Felder grenzende Waldsäume bewohnen. Die in kleinen Trupps lebenden Vögel flüchten lieber rennend als fliegend und verstehen es meisterhaft, sich selbst in fast deckungslosem Gelände unsichtbar zu machen, wodurch sie sich gründlichen Freilandbeobachtungen entziehen. Zuweilen konnte er sie bei der morgendlichen Futtersuche auf Straßen antreffen, wo sie unter ständigen leise murmelnden Kontaktlauten hastig Körner aufpickten. Wie die Virginiawachtelhähne Nordamerikas rufen auch unverpaarte Haubenwachtelhähne laut und anhaltend „Bobwhite!", nur stoßen sie die Strophe hastiger hervor. Der Verlassenheitsruf versprengter Truppmitglieder ist ein hohes, quängelnd klingendes „Ka kwii, ka kwii!". Die Brutsaison scheint mit dem Einsetzen der Regenzeit zu beginnen, in deren Verlauf Ende Mai bei Soná fast erwachsene Jungvögel gesehen wurden. In Surinam ist die Sonnini-Wachtel nach HAVERSCHMIDT in den mit Gras und verstreutem Buschwerk bestandenen sandigen Savannen in Trupps von bis zu einem Dutzend Vögeln häufig. Unverpaarte Männchen rufen von erhöhten Punkten, besonders Termitenhügeln, aus ihr rhythmisches dreisilbiges „Piit piit piit". Der Alarmruf lautet „Tluu tluu". Nester werden in Surinam zu allen Jahreszeiten gefunden. In Venezuela kommt diese Zahnwachtel nördlich des Orinoko bis in Lagen von 1500 m, südlich desselben von 1000 m auf den Llanos, in Xerophytenvegetation und Pflanzungen vor. Als Nutznießer gewaltiger Waldrodungen hat sie sich in Brasilien neuerdings bis ins Amazonasgebiet (Amapá-Provinz) verbreitet (SICK).

Haltung: Haubenwachteln gelangten 1865 erstmalig in den Londoner Zoo, der die Art auch später wiederholt besaß. Vermutlich wird der Amsterdamer Garten diese in ihrer Heimat häufig gekäfigte Wachtel aus Surinam und Curacao oft erhalten haben. Laut DÜRIGEN gelangte die Unterart *leucotis* über Bogota (Kolumbien) 1883/84 in die Zoologischen Gärten von Hamburg und Berlin und die Unterart *sonnini* aus Curacao 1909 nach Berlin. Letztere Unterart ist nach DÜRIGEN (ohne Jahresangabe, aber vor 1886) in Frankreich gezüchtet worden, was in den USA erstmalig 1917 dem New Yorker Zoo mit Curacaovögeln gelang (N. Y. Zool. Soc. Bull. 1917). ROBBINS, der allerdings *C. cristatus* und *C. leucopogon* als eine Art behandelt, teilt mit, das WARWICK (Ontario) sie 1978 züchtete und BUCCO in den USA einen Zuchtstamm mehrere Jahre lang erhalten konnte, bis er durch Inzucht erlosch. Als Futter wird Hirsegemisch, Milo, Weizen, pelletiertes Kükenfutter mit 20 % Proteingehalt und zusätzlich Grünzeug gereicht. Die tropische Art ist in Mitteleuropa nicht winterhart.
Eine weltweite Umfrage der WPA ergab, daß 1982 nur in den USA 6 dieser Zahnwachteln gepflegt wurden.

Weiterführende Literatur:
CINK, C. L.: Comparative behaviour and vocalizations of three *Colinus* species and their hybrids. Master's thesis, University of Nebrasca (1971)
DICKEY, D. R., VAN ROSSEM, A. J.: The birds of El Salvador. *Colinus leucopogon;* pp. 148–153. Zool. Series Field Museum of Natural History Vol. 23, Publication 406, Chicago 1938
HAVERSCHMIDT, F.: Birds of Surinam. *Colinus cristatus sonnini;* pp. 79–80. Oliver & Boyd, London 1968
MEYER DE SCHAUENSEE, R., PHELPS, W. H.: Birds of Venezuela. *C. cristatus;* p. 57; Princeton University Press New Jersey 1978
MONROE, B. L. J.: A distributional survey of the birds of Honduras. American Ornithologists Union ornithological monograph no. 7 (1968)

ROBBINS, G. E. S.: Quail, their breeding and management. *C. cristatus;* pp. 47–48. Publ. WPA 1981.
SICK, H.: Ornitologia Brasileira, Vol. 1, *C. cristatus;* p. 238. Editora Univesidade de Brasilia (1986).
TODD, W. E. C.: A revision of the genus *Eupsychortyx;* AUCK 37; pp. 189–220 (1920)
WETMORE, A.: The birds of the Republic of Panama, Pt. 1, *Colinus cristatus;* pp 311–316. Smithsonian Miscellaneous Collections no. 150, Washington 1965

Zahnwachteln der Gattung
Odontophorus, Vieillot 1816

Engl.: American Wood-Quails.
Die ca. 16 Arten dieser größenmäßig zwischen Wachtel und Rebhuhn stehenden Zahnwachtelgattung zeichnen sich durch gedrungene, rundliche Gestalt und kurze Hinterscheitelhauben aus bogig verlängerten, an den Enden runden Federn aus, die in aufgerichtetem Zustand einen breiten buschigen Schopf bilden. Der aus 12 festen, breiten Federn bestehende Schwanz ist sehr kurz. Die großen robusten Füße kennzeichnen die Vögel als Bodenbewohner, die ihre Nahrung scharrend und grabend erwerben. Der kurze, kräftige Schnabel mit stark gebogenem First vermag zweifellos auch harte Pflanzenteile, beispielsweise Nüsse, zu zerkleinern. Die Orbitalregion, manchmal auch der Zügel, sind bei den Arten in unterschiedlicher Ausbildung unbefiedert. Das Färbungsmuster der im Dämmer des Tropenwaldes lebenden Vögel besteht aus verschiedenen Braun- und Grautönen mit komplizierter Federzeichnung und tarnt sie so vollkommen, daß eine regungslos verharrende Wald-Zahnwachtel praktisch unsichtbar ist. Die Geschlechter sind gleich oder sehr ähnlich gefärbt. Über die Biologie der von Süd-Mexiko über Mittelamerika südwärts bis Peru, Bolivien und Brasilien verbreiteten Arten sind wir nur sehr lückenhaft informiert, was bei den Schwierigkeiten, waldbewohnende Tierarten kontinuierlich zu beobachten und der Seltenheit dieser Hühnervögel in Menschenobhut nicht verwunderlich ist. Odontophorus-Wachteln leben außerhalb der Brutzeit in kleinen Familientrupps zusammen, deren Sozialverhalten stark ausgeprägt ist. Auf Futtersuche scharren die Vögelchen eng beieinander stehend, oft mit direktem Körperkontakt, ständig leise Kontaktlaute ausstoßend im Humusboden und scheinen sich gefundenes Futter neidlos zu teilen. Die vor allem zu Beginn der Brutzeit häufig ausgestoßenen Rufserien werden von beiden Partnern im Duett gesungen. Auf den Schlafbäumen übernachten mehrere Trupps gemeinsam, wobei die Wachteln dicht aneinandergereiht auf den Ästen sitzen. Beide Partner beteiligen sich am Bau der überdachten und mit einem Seiteneingang ausgestatteten Nestkammer, die vom Hahn bewacht wird. Doch erbrütet die Henne allein das aus 4 Eiern bestehende Gelege. Das Paar führt die Küken gemeinsam und wird dabei noch oft von unverpaarten Artgenossen unterstützt. Ob es festumrissene Brutreviere und Revierverteidigung gibt, ist noch unbekannt. Eine exakte Erforschung des Verhaltensmusters dieser interessanten Zahnwachtelgattung, am besten in biotopgerecht bepflanzten Volieren, wäre deshalb dringend geboten, zumal das Abholzen ihrer heimatlichen Wälder zügig voranschreitet. Bleibt nur zu hoffen, daß sich einige Arten nach Verlust des ursprünglichen Habitats dichtem Sekundärwuchs anzupassen verstehen.
Für den Systematiker sind die Vertreter der Gattung *Odontophorus* eine wahre Crux, und über die verwandtschaftliche Stellung der Arten zueinander ist das letzte Wort noch lange nicht gesprochen. Nach JOHNSGARD kommen wohl nirgends 2 Arten in gleichem Biotop nebeneinander vor. Wo in Mittelamerika *O. guttatus* neben *O. gujanensis* lebt, bewohnt ersterer Nebelwälder der Gebirge, letztere tropische Niederungswälder. Entstehungszentrum der Gattung dürfte das äußerste nordwestliche Südamerika sein, wo in Kolumbien und Panama allein 5 Arten leben. Nördlich davon bewohnen 4 Arten Costa Rica, 2 Nikaragua und Honduras, und nur eine ist weiter nordwärts bis nach Belize, Guatemala und Süd-Mexiko vorgedrungen. Vom Entstehungszentrum nach Süden und Osten ausstrahlend, leben 4 Arten in Bolivien und Ecuador, 3 in Brasilien und Venezuela und nur eine in den Guayanas, Nord-Argentinien (Misiones) und Paraguay. Die beiden Arten mit der weitesten Verbreitung, *O. gujanensis* und *O. capueira,* sind in den Ebenen allopatrisch verbreitet und scheinen eine Superspezies zu bilden. Eine weitere Artengruppe allopatrischer Spezies ist die sehr variable *O. erythrops*-Gruppe, die von Honduras südwärts über Kolumbien (*hyperythrus*) und West-Ecuador (*melanonotus*) bis nach Peru und Bolivien (*speciosus*) verbreitet ist. Einige oder alle genannten Formen der *O. erythrops*-Gruppe sollten nach MEYER DE SCHAUENSEE u. U. als conspezifisch angesehen werden. Die subtropische Waldzone Panamas und des nördlichen Südamerika wird von einer Gruppe vorwiegend weißkehliger Arten bewohnt, zu denen *O. leucolaemus, dialeu-*

cus, strophium, columbianus und atrifrons zählen, von denen die letztere keine weiße Kehle besitzt. Einige der genannten Arten besitzen zweifelhaften spezifischen Rang, wie O. columbianus und O. dialeucus. Weniger klar sind die verwandtschaftlichen Verhältnisse der beiden melanistischen Formen O. atrifrons und O. leucolaemus zu den vorgenannten. Die offenbar eng miteinander verwandten O. balliviani aus Bolivien und Peru sowie die mehr tropische O. stellatus Boliviens bis Ost-Ecuadors sind graubrüstig mit kastanienbrauner Unterseite und unterschiedlicher weißer Fleckung derselben. Nach Meinung von JOHNSGARD ist dagegen C. guttatus mit diesen beiden Formen, die eine ähnlich gefleckte Unterseite aufweisen, nicht so eng verwandt wie mit der weißkehligen Gruppe, speziell O. dialeucus.

Die meisten Arten dieser arten- und unterartenreichen Zahnwachtelgruppe sind bisher weder nach Europa noch in die USA gelangt und bisher nur 2 wurden in Amerika gezüchtet.

Guayana-Zahnwachtel
Odontophorus gujanensis, Gmelin 1789

Engl.: Marbled Wood-Quail.
Heimat: Südwest-Costa Rica, Panama und das nördliche Südamerika, vorwiegend östlich der Anden südwärts bis Ost-Bolivien, Mittel- und Nordost-Brasilien. 8 Unterarten.
Beschreibung: Geschlechter gleichgefärbt. Scheitel und Hinterkopfhaube rotbraun oder rußgrau, manchmal zart schwarz gebändert; Kopfseiten und oft der ganze Kehlbereich matt kastanienbraun, rötlichocker oder grau; Hinterhals und Mantel braun oder grau mit zarter schwarzer Bänderung; Flügeldecken und Schultern braun oder grau mit isabellfarbener und schwarzer Fleckung und Bänderung. Schwingen dunkelbraun, auf den Außenfahnen mit isabellfarbener Bänderung; Unterrücken, Bürzel und Oberschwanzdecken heller, mehr oliv oder rehbraun. Unterseite überwiegend grau, braun oder in der Mitte rostbräunlich, häufig dicht schwarzweiß gebändert, manchmal auch gefleckt. Nackte Orbitalhaut orange- bis zinnoberrot; Schnabel trübgrau oder blauschwarz, Iris haselbraun, Beine bläulich bleigrau.
Länge 240 bis 290 mm; Flügel 130 bis 154 mm; Schwanz 135 bis 154 mm; Gewicht des Hahnes 313 bis 349 g, der Henne 296 g.

Wie keine andere Art der Gattung neigt die Guayana-Zahnwachtel in ihrem ausgedehnten Verbreitungsgebiet mit 3 isolierten Vorkommen zu geographischer Variation. Die 8 Unterarten weichen in der Gefiederfärbung teilweise so erheblich voneinander ab, daß man einige ohne das Vorhandensein verbindender Zwischenformen für selbständige Arten halten würde. Dazu kommt noch das Auftreten mehrerer Farbphasen innerhalb einiger Populationen. Allen Unterarten ist jedoch die orange- bis zinnoberrote Orbitalhaut gemeinsam.
Ein Dunenküken der Unterart *marmoratus* ist oberseits tief umberbraun, auf Kopfseiten und Oberhals mit zimtbrauner Tönung, ein breites und unscharf begrenztes Band bildend. Von der Flügelbasis zum Bürzel verläuft beiderseits ein schmales isabellweißes Band. Unterseite matt isabellweiß, auf Kehle und Vorderhals undeutlich grau gebändert; Brust und Seiten matt braunschwarz, Unterbrustmitte und Bauch trüb weiß. Beine dunkel umber.
Gelegestärke 4; Ei mit glänzender Schale, weiß mit isabellgelber Tönung, manchmal zart braungesprenkelt, selten kräftig braun gefleckt. (35 bis 38,6 mm × 27 bis 28 mm).
Lebensgewohnheiten: Über die Biologie dieser weitverbreiteten Art sind wir durch Untersuchungen von CHAPMAN, SKUTCH und WETMORE relativ gut unterrichtet. Danach bevorzugt sie in Panama Hügelwälder mit dichtem Unterholz und bewohnt in Venezuela Nebelwälder bis in Lagen von 1500 m, südlich des Orinoko in den Tepuibergen 1800 m Höhe. Außerhalb der Brutzeit leben die Vögel in Familientrupps aus 6 bis 8 Mitgliedern zusammen. Sie scharren auf Nahrungssuche eifrig im Humus des Waldbodens, dabei leise Kontaktlaute ausstoßend. Gern picken sie die von Affen und baumbewohnenden Vogelarten herabgeworfenen Steinfrüchte beerentragender Bäume auf. Kropf- und Mageninhalt eines in Cana (Kolumbien) gesammelten Vogels bestand zu ⅘ aus zerbissenen Teilen stärkehaltiger Samen und zu ⅕ aus Kleintieren wie Tausendfüßlern, Ameisen, Schaben und Käfern. Bei unmittelbarer Gefahr erheben sie sich unter lautem Flügelpurren, Alarmrufe ausstoßend, fliegen 60 bis 80 m weit niedrig durchs Gestrüpp, um sich dann fallen zu lassen und rennend weiterzufliehen. Eine mit waagerecht gehaltenem, lang vorgestrecktem Hals und eng anliegendem Gefieder in geduckter Haltung durchs Gebüsch rasende Zahnwachtel läßt den sonst stets behäbig rundlich erscheinenden Vogel ganz fremd erscheinen. Ist die Gefahr vorbei, locken sich die Truppmitglieder gegenseitig zusammen und sind

bald wieder vereint. In unbewohnten Gebieten sind sie noch recht vertraut. Dann schreitet manchmal ein Hahn mit hochgerecktem Kopf, aufgestellter Haube und gesträubtem Kleingefieder aus der Deckung hervor und verbeugt sich flink. Die Stimme dieser Zahnwachtel, eine schnell „rollende" klangvolle Rufserie, kann noch auf 500 m Entfernung gehört werden und verrät allein die Anwesenheit der heimlichen Waldbewohner. Am häufigsten wird bei Sonnenaufgang, in der Abenddämmerung sowie in mondhellen Nächten, selten während der Vormittagsstunden gerufen. Die Rufe lassen sich ganz gut mit den Silben „Perromulato" (= Mulattenhund) wiedergeben. Die Vögel können sie mehrere Minuten lang ununterbrochen wiederholen. Die Unterarten der Guayana-Zahnwachtel im karibischen Küstengebiet und die Kolumbiens rufen in anderem Dialekt „Korokoro-wado". CHAPMAN stellte bei einem von ihm gehaltenen Paar der Kolumbienunterart *marmoratus* fest, daß es diese Strophe im Duett sang. Rief der Hahn „Korokoro", ergänzte die Henne nahtlos das „Wado". WETMORE konnte diese Beobachtungen bestätigen, denn ein Hahn, dessen Weibchen erlegt worden war, rief mehrere Abende lang nur „Korokoro", bis nach Ablauf einer Woche wieder das vollständige „Korokorowado" ertönte, wahrscheinlich, weil er eine neue Henne gefunden hatte. Aufgeschreckt stoßen die Vögel melancholisch klingende Pfiffe aus, die entsprechenden Lautäußerungen anderer Arten der Gattung gleichen. Dabei sträuben sie die Kopfhaube, die orangeroten Federn der Hähne und die dunkelbraunen der Weibchen demonstrierend. In der Hand festgehalten, stoßen beide Geschlechter laute, schnell wiederholte, geradezu gellende Schreie aus. Die Brutbiologie ist von SKUTCH in Costa Rica untersucht worden. Er stellte ein ausgeprägtes Sozialverhalten der Art fest: Neben einer ausgeprägten Toleranz von Truppmitgliedern untereinander, wird auch gegenseitiges Gefiederputzen betrieben, das damit erstmalig bei einer Zahnwachtel festgestellt wurde. Innerhalb von 10 Jahren wurde nur dreimal und zwar in den Monaten Januar, April und Juni ein Nest gefunden. Es hat stets die Form einer geschlossenen Kammer von 12 cm Höhe, ebensolcher Breite und 25 cm Länge, weist eine Überdachung aus Blättern, Zweigen und Grashalmen auf und besitzt stets eine seitliche Einschlupföffnung von rundlicher Form und 10 cm Durchmesser. 2 Nester enthielten je 4 Eier. Die Henne brütete allein und saß mit Ausnahme einer täglich 2- bis 3stündigen Futterpause die ganze Zeit hindurch auf dem Gelege. Allmorgendlich stattete ihr der Hahn einen Besuch ab, meldete sich rufend an und verharrte vor dem Nest. Gegen Ende der Bebrütungszeit erschien er zusammen mit einem Artgenossen am Nest. Die Küken schlüpften nach 24- bis 28tägiger Erbrütung des Geleges. Einen exakteren Termin konnte SKUTCH nicht angeben, weil er die Henne auf dem Gelege nicht unnötig stören wollte, was vielleicht ein vorzeitiges Ende der Beobachtungen bedeutet hätte. Jedenfalls stimmt die angegebene Brutdauer im wesentlichen mit der im St.-Louis-Zoo bei *O. capueira* festgestellten von 26 bis 27 Tagen überein. Weniger als 22 Stunden nach dem Schlüpfen wurden die Küken von der Mutter ausgeführt. An jenem Morgen war der Hahn erschienen und hatte laut gerufen, wonach Henne und Küken aus dem Nestinneren hervorkamen. Während das Weibchen mit 3 Küken im Wald verschwand, blieb der Hahn zurück, um nach etwa zurückgebliebenen Küken zu schauen. Mehrfach beobachtete SKUTCH Kleinküken zusammen mit 5 oder 6 Erwachsenen, von denen einer, vermutlich der Vater, ein typisches Verleitmanöver ausführte, bis die ganze Gesellschaft sicher im Wald verschwunden war.

Haltung: Als europäischer Erstimport gelangte 1870 1 Guayana-Zahnwachtel in den Londoner Zoo, der 1875 2 weitere, 1876 5 und 1877 1 dieser Vögel ankaufte. 1892 war die Art auch im Berliner Zoo vertreten, und 1933 gelangte 1 Exemplar der Unterart *marmoratus* aus Ost-Panama nach England (Avic. Mag. 1933). Die Erstzucht gelang Mrs. A. H. BRYAN 1929 in Panama in einer kleinen Voliere.

Capueira-Zahnwachtel

Capueira-Zahnwachtel
Odontophorus capueira, Spix 1825

Engl.: Spot-winged Wood-Quail.
Heimat: Ost-Brasilien in Ceará und Alagoas, südwärts Bahia, Minas Gerais, Sao Paulo, Paraná, Rio Grande do Sul, Nord-Uruguay, die Misionesprovinz Argentiniens, Ost- und Mittel-Paraguay. 2 Unterarten.
Beschreibung: Geschlechter gleichgefärbt. Scheitel und Hinterkopfhaube rotbraun oder dunkel kastanienbraun; Stirn und ein auffälliger Überaugenstreif rostbraun, Nacken, Oberhals, Flügeldecken und Schwanz gelbbraun, die Hals- und Oberrückenfedern mit zarter heller Schäftung, abwechselnd schwarz und braun quergestreiften Fahnen, gelben Spitzen und schwarzem Endfleck; Schwingen schwarz mit weißgefleckten Außenfahnen. Zügel, Halsseiten und die ganze Unterseite dunkelgrau, Brust und dahinterliegende Partien etwas heller mit ockrigem Anflug. Schnabel schwarz, Augenlider dunkel fleischrot, Iris braun, Beine grauschwarz. Länge 265 bis 290 mm; Flügel 151 bis 172 mm; Schwanz 75 bis 82 mm.
Dunenküken sollen etwas größer als Bobwhite-Küken sein, einen blutroten Schnabel und dunkle Beine haben.

Gelegestärke 5; Ei reinweiß (40 mm × 28 mm); Brutdauer 26 bis 27 Tage.
Lebensgewohnheiten: Capueira-Zahnwachteln, in Paraguay „Urú" genannt, sind Bewohner der Niederungswälder, auch laubabwerfender Caatingawälder. Die Vögel halten sich tagsüber im Verband aus 10 bis 16 Individuen auf dem Waldboden auf, um ihn mit ihren kräftigen Füßen eifrig scharrend, nach fleischigen Wurzeln, Insekten und Würmern zu durchwühlen; auch herabgefallene Beeren werden aufgenommen. Ihre Anwesenheit verraten die heimlichen Wachteln gewöhnlich durch laute, mehrsilbige, häufig wiederholte Rufe, die wie „uru, uru, uru" klingen, bei denen es sich sehr wahrscheinlich um Duettgesänge handelt. Bei Gefahr fliegen sie schnell hoch und baumen meist auf. Sie übernachten in kleinen Trupps auf Ästen niedrig über dem Boden in einer Reihe dicht nebeneinander. Ihre Nistweise ist erst aus der Volierenhaltung bekannt geworden.
Haltung: Als Erstimport gelangte eine Capueirawachtel 1873 in den Londoner Zoo. Danach wurde die Art immer wieder in geringer Zahl importiert. So war sie 1934 im Berliner, 1963 bis 1965 im Antwerpener Zoo vertreten. Die Erstzucht gelang 1965 dem Tierpark von St. Louis (Missouri). Im April des genannten Jahres begannen 3 Wachteln, 2 Hähne und eine Henne in ihrer 7 m × 3 m großen Voliere gemeinsam mit dem Nestbau. Nistmaterial wurde mit dem Schnabel gepackt und mit einem Ruck über den Rücken geworfen, dann vom nächsten Vogel aufgenommen, der das Material in gleicher Weise in Richtung Nest weitertransportierte. Nach der innerhalb von 3 Tagen erfolgten Fertigstellung des Nestes war dieses ein 40 cm × 50 cm großes überdachtes Gebilde, das den Nestern vieler neotropischer Sperlingsvögel ähnelte. Die Henne legte mit jeweils 1tägiger Unterbrechung 5 Eier. Nach Wegnahme derselben brachte sie 2 Wochen später ein Nachgelege. Am 14. Mai schlüpften nach 26- bis 27tägiger Brutdauer 3 Küken. Sie wuchsen anfangs sehr schnell, doch verlangsamte sich ihr Wachstum, als sie etwa die Hälfte der Erwachsenengröße erreicht hatten. Mit 2 Monaten waren sie ausgewachsen, trugen aber auf Rücken und Bürzel noch Dunen. Mit 3½ Monaten konnten sie von Altvögeln noch durch das insgesamt dunklere Gefieder und graue Wangen unterschieden werden.
Ein im Berliner Zoo 1934 gehaltenes Paar war gegenüber anderen Volierenbewohnern verträglich und schälte mit den kräftigen Schnäbeln Rinde von Sträuchern und Bäumen ab, weshalb es häufig Weichholzzweige (Weiden, Pappeln) erhielt.

Rotstirn-Zahnwachtel
Odontophorus erythrops, Gould 1859

Engl.: Rufous-fronted Wood-Quail.
Heimat: Die karibische Abdachung der Gebirge Mittelamerikas von Honduras südwärts und das nördliche Südamerika von West-Kolumbien östlich des unteren Cauca-Tals bis nach West-Ecuador (Loja). 4 Unterarten.
Beschreibung: Geschlechter ähnlich gefärbt. Kopf- und Kehlfärbung je nach Unterart sehr variabel: Vorderscheitel und Kopfseiten entweder kastanienrot und Hinterscheitel nebst Haube braunschwarz (*parambae, melanops*) oder der ganze Scheitel kastanienbraun (*melanotis*); Kehle und Vorderhalsseiten ausgedehnt schwarz (*erythrops, melanotis, verecundus*) oder mit auffälligem weißem Kehlband (*parambae*) oder die Kopfseiten dunkelbraun, auf der Kehle braunschwarz (*melanotis*) oder schwarz (*erythrops*). Gefieder der Oberseite vorwiegend rußschwarz oder dunkeloliv, zart zimtbraun gewellt; Schulter und Rücken manchmal schwarz gefleckt; Schwingen dunkelbraun, die Außenfahnen zart zimtbraun gebändert und gewellt; Brust kastanienrot, Flanken und Unterschwanzdecken zimtig isabellfarben mit schwacher schwarzer Bänderung. Schnabel schwarz, Orbitalhaut purpurrötlich, bei Hennen blauschwarz. Iris dunkelrotbraun, bei Hennen kaffeebraun, die Füße blauschwarz.
Länge 230 bis 280 mm; Flügel 130 bis 148 mm; Schwanz 50 bis 59 mm (*parambae*).
Dunenküken der Unterart *melanotis* sind oberseits kastanienbraun, unterseits dunkelzimtfarben bis zimtig isabellfarben. Der Jungvogel mausert direkt in ein Gefieder, das dem der Erwachsenen weitgehend gleicht, nur sind die Haubenfedern trüber gefärbt, und der Rücken weist hervorstechende weiße bis isabellfarbene Strichelung auf. Die Unterseite ist intensiv schwarz gefleckt und gebändert. Gelegestärke 4, Ei cremeweiß.
(37,6 mm × 27,9 mm).
Lebensgewohnheiten: Nach HILTY und BROWN bewohnt die Art nicht den Regenwald sondern untere Berghänge, Vorberge und Ebenen. Die Vögel halten sich vorwiegend paarweise und in Familiengruppen auf dem Erdboden auf. Bei Gefahr verharren sie bewegungslos, aufgescheucht flüchten sie fast stets laufend, selten fliegend. Wege und Lichtungen werden von einer Gruppe im Gänsemarsch überquert. Bei Sonnenaufgang rufen 2 und mehr Vögel gleichzeitig, fröhlich und kräftig ein Dutzendmal schnell hintereinander mit angenehmem Klang „tschowinta tschowinta tschowinta...". Vermutlich wird auch diese Art Duettsänger sein.
Haltung: Bisher keine Haltung bekannt.

Schwarzrücken-Zahnwachtel
Odontophorus melanonotus, Gould 1860

Engl.: Dark-backed Wood-Quail.
Heimat: Nordwest-Ecuador. Keine Unterarten.
Beschreibung: Geschlechter gleichgefärbt. Kopfseiten und die gesamte Oberseite braunschwarz, die Federn sehr zart kastanienbraun quergewellt; Schwingen dunkelbraun ohne Fleckung oder Bänderung; Kehle und Brust vorwiegend rotbraun, vorn am hellsten, nach hinten zu abdunkelnd. Untere Hälfte der Unterseite ähnlich wie der Rücken gefärbt, jedoch heller, mehr bräunlich. Schnabel schwarz, Iris braun, Orbitalhaut und Beine braunschwarz.
Länge 240 bis 270 mm; Flügel 130 bis 148 mm; Schwanz 45 bis 58 mm.
Lebensgewohnheiten: Die Art bewohnt Wälder der unteren subtropischen Zone. Sonst nichts bekannt.
Haltung: Bisher keine Haltung bekannt.

Kastanien-Zahnwachtel
Odontophorus hyperythrus, Gould 1858

Engl.: Chestnut Wood-Quail.
Heimat: Kolumbien (Anden) – vielleicht conspefisch mit *O. speciosus.*
Beschreibung: Geschlechter verschieden gefärbt. Beim Hahn sind Ohrdecken und Augenumgebung weiß; Scheitel schmutzig rotbraun, auf Kopfseiten, Kehle und Vorderhals zu reinem Rotbraun aufhellend. Brust und hintere Unterseite heller, mehr orangerötlich. Oberseite und Flügel vorwiegend braun, die Federn mit zarter schwarzer Wellenbänderung, der Hinterhals manchmal graugestrichelt; Flügeldecken mit winzigkleiner Fleckung, die Armschwingen zart isabellgelb gebändert; Schultern dicht schwarz gefleckt. Schnabel schwarz, Iris braun, Beine blaugrau.
Länge 250 bis 285 mm; Flügel 144 bis 153 mm; Schwanz 55 bis 60 mm.

Bei der Henne sind Brust und hintere Unterseite graubraun.
Flügel 140 bis 146 mm; Schwanz 48 bis 55 mm.
Lebensgewohnheiten: Biotop dieser Zahnwachtel sind Nebelwälder der subtropischen östlichen, mittleren und westlichen Andenzone Kolumbiens in Lagen von 1600 bis 2700 m. Der fröhliche Morgengesang ist vermutlich ein Duettiern der Paare und klingt wie „orrit-killyit". Ein Weibchen hatte im Mai gelegt.
Haltung: Nach einer Umfrage der WPA wurden 1982 2 Kastanien-Zahnwachteln in einer Sammlung der USA gehalten.

Rotbrust-Zahnwachtel
Odontophorus speciosus, Tschudi 1843

Engl.: Rufous-breasted Wood-Quail.
Heimat: Ost-Ecuador, Ost- und Mittel-Peru, Nord- und Ost-Bolivien. 3 Unterarten.
Beschreibung: Geschlechter verschieden gefärbt. Beim Hahn ist der Kopf dunkelbraun oder dunkel kastanienbraun; Stirn und seitliche Scheitelbegrenzung schwarz mit mehr oder weniger ausgeprägter weißer Sprenkelung; Ohrdecken matt kastanienbraun oder schwärzlich; Kehle, Kopfseiten und Halsseiten schwarz. Oberseite vorwiegend braun, die Federn zart schwarzgewellt, Mantel und Rücken häufig weißgestrichelt. Schultern und Rücken schwarz und isabellgelb gefleckt; Flügeldecken oft weiß oder isabell gefleckt, die Handschwingen dunkelbraun, Armschwingen mit rötlichbrauner Wellenmusterung. Brust, Bauch und Seiten rötlich kastanienbraun, untere Flanken und Unterbauch braun, häufig isabellgelb und schwarz gebändert. Schnabel schwarz, Iris braun, Orbitalring blauschwarz, Beine blauschwarz.
Länge 250 bis 265 mm; Flügel 135 bis 147 mm; Schwanz 54 bis 68 mm.
Bei der Henne sind nur Vorderhals und Oberbrust rötlichbraun, die hintere Unterseite ist dunkelgrau.
Flügel 133 bis 142 mm; Schwanz 51 bis 60 mm.
Lebensgewohnheiten: Die Art bewohnt tropische Niederungswälder.
Haltung: Bisher keine Haltung bekannt.

Weißkehl-Zahnwachtel
Odontophorus leucolaemus, Salvin 1867

Engl.: Black-breasted Wood-Quail.
Heimat: Nord- und Ost-Costa Rica bis West-Panama. Keine Unterarten.
Beschreibung: Geschlechter gleichgefärbt. Oberseite einschließlich einer kurzen Haube dunkelzimtbraun, sehr zart schwarz gebändert; Schultern und innere Armschwingen kräftig schwarz gefleckt und gebändert; Flugfedern schwarzbraun, die Außenfahnen der Armschwingen schwach zimtbraun gefleckt, die Innenfahnen stark dunkelzimtbraun, matt schwarz gesprenkelt; Schwanzfedern schwarz, reichlich schmal und undeutlich zimtbraun und zimtgelb gebändert; Kopfseiten, Wangen, unterer Vorderhals und Brust schwarz, die letztere schmal weiß gebändert. Kehle und oberer Vorderhals weiß, der Bauch matt dunkelbraun mit undeutlichen zimtfarbenen Spitzenfleckchen; Seiten, Flanken, Schenkel und Unterschwanzdecken wie die Oberseite gefärbt, nur heller braun. Bei der Art sind Farbvarianten häufig, bei denen die Oberseite schwärzer und das Weiß der Kehle stark reduziert sein oder fast fehlen kann oder Ober- und Unterseite einschließlich des größten Teil der Brustregion heller braun sind. Vögel der melanistischen Farbphase wurden seinerzeit als Spezies *O. smithianus* beschrieben. Schnabel schwarz, Iris braun, Füße bleigrau.
Länge 220 bis 240 mm; Flügel 178 bis 230 mm.
Lebensgewohnheiten: Diese seltene Zahnwachtel bewohnt die tropische Zone von Chiriqui, Veragua und Bocas del Toro in Höhenlagen zwischen 1350 und 1600 m. Nach Beobachtungen von OBERHOLSER ist sie ein heimlicher Bewohner steiler, dicht bewaldeter Hänge in Costa Rica. Im März/April zeigten sich die Vögel dort frühmorgens sehr stimmfreudig. Weitere Einzelheiten über Verhalten und Biologie wurden nicht mitgeteilt.
Haltung: Bisher keine Haltung bekannt.

Tacarcuna-Zahnwachtel
Odontophorus dialeucos, Wetmore 1963

Engl.: Tacarcuna Wood-Quail.
Heimat: Südende der Serrania del Darién im äußersten Osten Panamas und äußerstes Nordwest-Choco (Kolumbien). Keine Unterarten.
Beschreibung: Geschlechter wenig verschieden. Scheitel schwarz, zart weiß gesprenkelt, Zügel und

Superziliarband weiß, letzteres nach hinten zu in Zimtgelb und dann in den dunkelzimtbraunen, schwarz geschuppten Nacken und Hinterhals übergehend. Ohrdecken und Kopfseiten dunkelbraun, die Federn schwarz endgesäumt. Kinn und Vorderhals weiß, durch ein breites schwarzes Kehlband getrennt. Die Rückenfedern braunoliv, fein rußschwarz und zimtbraun gebändert und gesprenkelt; innere Armschwingen und Flügeldecken schnupftabakbraun mit isabellgelber Sprenkelung, die Armdecken breit schwarz gebändert. Unterseite trüb ockerbraun mit schwarzer Wellenbänderung, auf Seiten und Flanken spärlich isabellgelb gestrichelt. Schnabel schwarz, Iris braun, Beine graublau.
Länge 220 bis 250 mm; Flügel 128 bis 131 mm; Schwanz 50 bis 54 mm.
Hennen sind unterseits insgesamt heller, mehr rostbraun gefärbt.
Flügel 125 bis 132 mm; Schwanz 46,4 bis 50,4 mm.
Lebensgewohnheiten: Im Februar/März 1964 entdeckten WETMORE und GALINDO diese Zahnwachtel an den bewaldeten Hängen des Cerro Mali und Cerro Tacarcuna in Höhen von 1200 bis 1450 m. Die Vögel waren dort häufig und kamen paarweise und in kleinen Gesellschaften von 6 bis 8 Exemplaren im Unterholz vor. Da sie noch keine Jäger kannten, waren sie nicht scheu. Erschreckt gaben sie tiefe, schnell ausgestoßene Laute von sich, die denen anderer *Odontophorus*-Arten entsprachen.
Haltung: Bisher keine Haltung bekannt.

Kragen-Zahnwachtel
Odontophorus strophium, Gould 1844

Engl.: Gorgeted Wood-Quail.
Heimat: Die Art ist nur von den Ost-Anden und aus Subia in Kolumbien bei Bogota bekannt. Keine Unterarten.
Beschreibung: Geschlechter verschieden gefärbt. Beim Hahn sind Scheitel und Ohrdecken schwarzbraun, die Kopfseiten weiß, schwarz gesprenkelt. Kinn weiß, die Kehle schwarz, von einem breiten weißen Halbmondband durchzogen. Unterseite rostrotbraun, mehr oder weniger intensiv weiß gefleckt oder gestreift. Oberseite braun mit Schwarz und Ockergelb untermischt.
Länge 255 mm; Flügel 127 bis 145 mm; Schwanz 56 bis 58 mm.
Bei der Henne sind Scheitel und Ohrdecken braun, Zügelregion, Kinn und ein Superziliarstreif weiß mit mehr oder weniger starker schwarzer Sprenkelung. Schnabel und Beine schwarz.
Flügel 135 mm; Schwanz 59 mm.
Lebensgewohnheiten: Nach HILTY und BROWN bewohnt die sehr seltene Art Feuchtwälder der Westhänge der kolumbianischen Ost-Anden in Lagen zwischen 1500 und 1800 m. Durch Abholzung der meisten Wälder des Wohngebietes besteht Gefahr der Ausrottung.
Haltung: Bisher keine Haltung bekannt.

Venezuela-Zahnwachtel
Odontophorus columbianus, Gould 1850

Engl.: Venezuelan Wood-Quail.
Heimat: Nord-Venezuela im südwestlichen Táchira und entlang der Küstenkordillere von Carabobo bis Miranda. Keine Unterarten.
Beschreibung: Geschlechter verschieden gefärbt. Beim Hahn ist der Scheitel dunkelbraun mit schwarzer Sprenkelung, der Hinterhals rostbraun; ein unauffälliges isabellgelbes, schwarz geschupptes Überaugenband zieht nach hinten um die Ohrdecken herum. Rückenfedern graubraun mit isabellfarbenen Schäften und schwarzer Säumung. Bürzel und Oberschwanzdecken rostbraun; Schultern und Armschwingen mit dunkelbrauner Klecksfleckung und tropfenförmiger isabellweißer Endfleckung; Handschwingen einfarbig dunkelbraun. Kinn und Kehle weiß, an den Kinnseiten zart schwarz gebändert. Vom Zügel, durch die Augen, über die Ohrdecken und die Halsseiten hinunter quer über den Kropf verläuft ein breites schwarzes, von rotbraunen Federn durchsetztes Band, das die weiße Kehle allseitig umsäumt; Unterseite in der Grundfärbung rötlichbraun, die Brust- und Seitenfedern mit großen, weißen, V-förmig schwarz gesäumten Flecken; Unterbauch und Unterschwanzdecken heller braun, zart isabellgelb und schwarz gesprenkelt. Mittlere Schwanzfedern wie Rücken, die seitlichen mehr rotbraun. Schnabel schwarz, nackte Orbitalhaut blaugrau, Iris kastanienbraun, Beine bleigrau.
Länge 280 bis 300 mm; Flügel 134 bis 150 mm; Schwanz 45 bis 62 mm.
Weibchen zeichnen sich durch spärliche oder fehlende Isabellschäftung des Mantel- und Rückengefieders und die einfarbig graubraune Brust aus.
Flügel- und Schwanzlänge wie Männchen.
Dunenkleid und Ei unbekannt.

Lebensgewohnheiten: Diese Zahnwachtel ist ein Bewohner der subtropischen Nebelwaldzone in Lagen zwischen 1300 und 2400 m und soll an der oberen Waldgrenze gelegentlich auf offenes Berggelände heraustreten.
Haltung: Bisher keine Haltung bekannt.

Schwarzstirn-Zahnwachtel
Odontophorus atrifrons, Allen 1900

Engl.: Black-fronted Wood-Quail.
Heimat: Die Santa-Marta-Berge und das nördliche Ende der Ost-Anden in Kolumbien sowie die Perijá-Berge Nordwest-Venezuelas 3 Unterarten.
Beschreibung: Geschlechter wenig verschieden. Beim Hahn sind Stirn, Kopfseiten und Kehle schwarz, der ganze Scheitel (*atrifrons*) oder nur die Hinterkopfhaube (*variegatus, navai*) kastanienbraun. Mantel und Oberrücken grau mit zarter schwarzer Wellenzeichnung; Unterrücken und Bürzel brauner und oft schwarzgefleckt; Flügel zimtbraun, schwarz gesprenkelt und gebändert; Schulter- und innere Flügeldeckfedern mit schwarzer Subterminalfleckung oder -bänderung und weißen Schaftstreifen; Unterseite vorwiegend olivbraun oder ausgeprägt ockrig rot, weiß oder schwarz gestreift oder gefleckt. Schnabel schwarz, Iris braun, Füße dunkelhornfarben.
Länge 250 bis 270 mm; Flügel 147 bis 148 mm; Schwanz 85 bis 91 mm (Nominatform).
Hennen sind durch rötlichbraunen Mittelbauch unterschieden.
Flügel 135 bis 138 mm; Schwanz 69 bis 77 mm (Nominatform).
Lebensgewohnheiten: Obere tropische und subtropische Zone, in Venezuela in Nebelbergwäldern zwischen 1650 und 2600 m.
Haltung: Bisher keine Haltung bekannt.

Streifengesicht-Zahnwachtel
Odontophorus balliviani, Gould 1846

Engl.: Stripe-faced Wood-Quail.
Heimat: Südost-Peru (subtropische Andenzone bei Cuzco) und Nord-Bolivien (Cochabamba). Keine Unterarten.
Beschreibung: Geschlechter ähnlich gefärbt. Beim Hahn sind Scheitel und Nacken rotbraun; ein schwarzer Hinteraugenstreif wird beiderseits von einem roströtlich-isabellfarbenen oder zimtbraunen Streif begrenzt, der sich nach vorn bis oberhalb des Auges und zum Kinn erstreckt. Oberseite vorwiegend olivbraun oder rötlichbraun mit zarter schwarzer Wellenzeichnung; Schultern und innere Armschwingen mit großen schwarzen Flecken auf den Innenfahnen; Handschwingen dunkelbraun, zimtbraun getüpfelt; Unterseite dunkelkastanienbraun, auf der Kehle am dunkelsten, auf Brust, Bauch, Seiten und Flanken mit auffälligen V-förmigen weißen, schwarzumsäumten Flecken. Schnabel schwarz, Iris haselbraun, Beine dunkelbleigrau.
Länge 260 bis 280 mm; Flügel 141 bis 152 mm; Schwanz 57 bis 71 mm.
Hennen sind oberseits heller, unterseits viel rötlicher als Hähne.
Flügel 142 bis 156 mm; Schwanz 57 bis 71 mm.
Lebensgewohnheiten: Dichte Wälder der subtropischen Andenzone. Über die Biologie ist nichts bekannt.
Haltung: Bisher keine Haltung bekannt.

Stern-Zahnwachtel
Odontophorus stellatus, Gould 1842

Engl.: Starred Wood-Quail.
Heimat: Ober-Amazonien in Ost-Ecuador und Ost-Peru südwärts bis ins Urubambagebiet, West-Brasilien südlich des Amazonas und ostwärts bis zum Rio Madeira, südwärts bis Beni in Nord-Bolivien. Keine Unterarten.
Beschreibung: Geschlechter sehr ähnlich gefärbt. Beim Hahn gleicht die Färbung der Oberseite weitgehend der von *O. gujanensis*, doch sind die Federn der auffälligen Hinterkopfhaube länger und vorwiegend rotbraun; Hinterhals, Kopfseiten und Kehle dunkelaschgrau, die Überaugenregion zuweilen fein weiß gesprenkelt; Oberbrust und Unterseite kastanienrotbraun, zur Mitte zu mehr in Ockerrot übergehend; Unterbrust und Oberbrustseiten sind spärlich mit weißen V-förmigen Flecken gesprenkelt. Flanken, Unterbauch und Unterschwanzdecken trüb rötlichbraun, manchmal schwarz gebändert. Schnabel schwarz, bei Subadulten der Oberschnabel rot, der Unterschnabel gelb. Füße braunschwarz.
Länge 240 bis 260 mm; Flügel 138 bis 150 mm; Schwanz 56 bis 72 mm.
Hennen zeichnen sich durch braunschwarze statt rotbraune Hauben aus.
Flügel 134 bis 142 mm; Schwanz 57 bis 72 mm.
Lebensgewohnheiten: Unbekannt.
Haltung: Bisher keine Haltung bekannt.

Tropfen-Zahnwachtel
Odontophorus guttatus, Gould 1838

Engl.: Spotted Wood-Quail.
Heimat: Süd-Mexiko (Oaxaca, Chiapas, Veracruz, Tabasco, Campeche), südwärts durch Guatemala, Honduras, Nikaragua, Costa Rica bis ins äußerste West-Panama. Keine Unterarten.
Beschreibung: Geschlechter wenig verschieden. 2 Farbphasen. Bei Hähnen der dunklen Farbphase ist der Scheitel tiefbraun bis schwärzlich; Federn der Hinterkopfhaube hellzimtbraun mit dunkleren Spitzen; Ohrdecken und Halsseiten kastanienbraun, Hinterhals und Mantel olivbraun oder grau mit weißer Schaftstreifung; Unterrücken, Bürzel, Oberschwanzdecken zart olivfarben, graubraun gesprenkelt; Flügeldecken ähnlich, jedoch mit schwarz und rahmgelb vermischter Kleinfleckung; Armdeck- und innere Armschwingenfedern unregelmäßig kräftig schwarz gefleckt, schmal kastanienbraun gebändert und hellockrig gesäumt; Schwungfedern dunkelbraun, die Außenfahnen der Armschwingen schmal und unregelmäßig gelblich-zimtbraun gebändert und gefleckt; Schwanz trübschwarz mit undeutlicher zimtfarbener Bänderung und Fleckung. Kehle und Vorderhals schwarz mit schmaler weißer Schaftstreifung; Unterseite graubraun mit ovalen weißen, schwarzumsäumten Flecken; Oberbrust, Brustseiten und Flanken verwaschen braun, die Unterschwanzdecken kastanienbraun. Schnabel grau bis schwarz, der nackte Zügel grau, Augenlider trüb grüngrau, Iris hellbraun, Füße trübgrün.
Länge 230 bis 265 mm; Flügel 135 bis 144 mm; Schwanz 56 bis 69 mm; Gewicht 300 bis 358 g.
Die Henne unterscheidet sich durch trübere, dunklere Scheitelfärbung und das Fehlen zimtfarbener Haubenfedern vom Hahn.
Flügel 134,1 bis 141,5 mm; Schwanz 53,8 bis 65,6 mm.
Bei der Rotphase, die früher als *O. veraguensis* geführt wurde und im gesamten Verbreitungsgebiet häufig auftritt, variieren die Schopffedern von Zimtbraun bis Kastanienbraun, die Oberseite ist insgesamt heller, die Grundfärbung der Unterseite zimtbraun bis schnupftabakbraun.
Beim Dunenküken sind Scheitel, Hinterkopf und Mittelrücken rostbraun, Stirn und Scheitelseiten hell- bis ockergelb; übrige Oberseite hell ockergelb, olivbraun vermischt. Auf das Dunenkleid folgt ein graubraunes Gefieder mit langen, schmalen dunklen Streifen, die auf Brust, Seiten, Rücken und Flügeldeckchen in verbreiterten weißen, schmal schwarz gesäumten Flecken enden.
Gelegegröße noch unbekannt; Ei cremefarben mit angedeuteter brauner Fleckung (40 mm × 29 mm).
Lebensgewohnheiten: In Panama ist die Tropfen-Zahnwachtel ein häufiger Bewohner der subtropischen Zone von West-Chiriqui bis ins Costa-Ricanische Hochland in Lagen von 1250 bis 2100 m. Auf die pazifische Gebirgsabdachung beschränkt, bewohnt sie in kleinen Trupps bewaldete Berghänge und verhält sich genauso scheu und heimlich wie ihr Vertreter in der Ebene, die Guayana-Zahnwachtel. Aufgeschreckt fliegen die Vögelchen höchstens ein paar Meter weit, flüchten aber meist mit erhobenem Kopf und gesträubter Haube zu Fuß. Ihre Anwesenheit verraten sie durch charakteristische Scharrstellen auf dem Waldboden, auf denen das Fallaub mehrere Meter im Durchmesser beiseite gescharrt ist und der nackte Boden „sauber geharkt" zutage tritt. Auf Nahrungssuche arbeiten die Mitglieder eines Trupps unter bedächtigen Scharrbewegungen Seite an Seite, dabei weiche, leise Kontaktlaute ausstoßend und teilen sich gefundene Futterbrocken neidlos. Die Erregungsrufe von Tropfen-Zahnwachtel und Guayana-Zahnwachtel klingen im wesentlichen gleich, nur besitzt die erstere Art ein variableres Stimmrepertoir. Ihre dauernd wiederholte Rufserie klingt wie „Wiit-o-wet-tu-wio-hu". Variationen in der Ruffolge und ein gelegentliches Durcheinander der Töne führt WETMORE auf gleichzeitiges Rufen beider Partner eines Paares zurück, einen auch von anderen Arten der Gattung *Odontophorus* bekannten Duettgesang. Gerufen wird hauptsächlich bei Sonnenaufgang, und aus der Zahl der Rufer läßt sich die Populationsdichte eines Gebietes einigermaßen schätzen. WETMORE hörte manchmal ein halbes Dutzend Vögel von ebenso vielen Berghängen rufen. Tonbandaufnahmen von DAVIS aus Chiapas (Mexiko) ergaben wenigstens 2 Gesangstypen: Während der eine aus in 0,75-Sekundenabstand bis 31mal hintereinander ausgestoßenen „Tu-wet"-Rufen besteht, beginnt der andere mit 10 klagenden „Wii-ohs", die direkt in eine verlängerte Strophe aus sich wiederholenden und deutlich rhythmischen Sätzen von exakt 1,5 Sekunden Dauer überleiten und wie „Wht-o-wet-wio-oo" klingen. Offenbar singt ein Vogel die Einleitung und der zweite ergänzt die übrigen Töne oder wenigstens einen Teil derselben so, daß das Ganze einheitlich klingt. Die Partner eines in Mexiko gehaltenen Paares riefen während der Morgen- und Abenddämmerung sowie bei bedecktem Himmel vor Regenbeginn gleichzeitig, hatten aber verschiedene Stimmen. Die

Rufdauer betrug 2 Minuten. Als der Hahn einmal erkrankte, schwieg die Henne während dieser Zeit. Weitere Lautäußerungen sind laute Trillerstrophen, die bei Gefahr ausgestoßen werden. Die Truppmitglieder zerstreuen sich daraufhin in alle Himmelsrichtungen, um sich bald danach unter melancholisch klingenden Pfiffen wieder zu vereinigen.
Über die Brutbiologie ist so gut wie nichts bekannt. Frisch geschlüpfte Küken wurden am 10. und 25. März bei El Volcán (Panama) gesammelt (WETMORE, 1965). Nester sind nach JOHNSGARD wohl noch nirgends gefunden worden.

Haltung: Von den Mexikanern werden Tropfen-Zahnwachteln ziemlich häufig gekäfigt, und nach JOHNSGARD ist die Art hin und wieder in die USA importiert worden. So lebte in den 60er Jahren ein Vogel im Nationalzoo Washington, und 1970 erhielt der Züchter F. E. STRANGE (Kalifornien) 1 Paar aus Mexiko. Nach ALVAREZ TORRO lebte eine Tropfen-Zahnwachtel 12 Jahre lang im mexikanischen Tuxtla-Gutiérrez-Zoo. Über einen Import nach Europa und eine Zucht ist uns nichts bekannt.

Weiterführende Literatur:
ALVAREZ DEL TORO, M.: Los animales silvestres de Chiapas. Tuxtla Gutiérrez, Chiapas: Ediciones del Gobierno del Estado (1952)
ANDRLE, R. F.: Birds of the Sierra de Tuxtla in Veracruz, Mexico. Wilson Bulletin 79; 163–187 (1967)
BLAKE, E. R.: Manual of Neotropical Birds, Vol. 1; *Odontophorus* pp. 453–464; Univ. Chicago Press, Chicago/London 1977
BRYAN, A. H.: Breeding of the Marble Guiana Quail (*Odontophorus guianensis panamensis*). Aviculture (J. of the Avic. Soc. of America), October 1929
CHAPMAN, F. M.: My tropical air castle. Duetting of *O. g. marmoratus*. New York, Appleton & Co. (1929)
DAVIS, L. I.: In JOHNSGARD, Grouse and quails of North America; p. 447: Vocal signals of *Odontophorus*. 1973
FLIEG, G. M.: Observations on the first North American breeding of the spot-winged wood quail (*Odontophorus capueira*). Avicult. Mag. 76: pp. 1–2 (1970)
GRISCOM, L.: The distribution of bird-life in Guatemala: a contribution to the study of the origin of Central American bird-life. Bull. Amer. Mus. Nat. Hist. 64; pp. 1–439 (1932)
HILTY, S. L., BROWN, W. L.: A guide to the Birds of Colombia. Wood Quails pp. 130–133; Princeton Univ. Press, Princeton 1986
JOHNSGARD, P. A.: Grouse and quails of North America. *O. guttatus;* pp. 440–450. University of Nebrasca Press 1973
DERS.: The American Wood Quails – *Odontophorus*. WPA Journal IV; pp. 93–99 (1978/79)
ROBBINS, G. E. S.: Quail, their breeding and management. *Odontophorus* pp. 49–62. Publ. by WPA 1981.
SICK, H.: Ornitologia Brasileira, Vol. 1.; *Odontophorus* pp. 238–239, Edit. Univers. Brasilia 1986.
SKUTCH, A. F.: Life history of the marbled wood quail. Condor 49; pp. 217–232 (1947)
SLUD, P.: The Birds of Costa Rica: Distribution and ecology. Bull. Amer. Mus. Nat. Hist. 128; pp. 1–430 (1964)
WETMORE, A.: The Birds of the Republic of Panama, Part 1; *Odontophorus* (5 species); pp. 316–330. Published by Smithsonian Institution, Washington 1965

Singwachteln
Dactylortyx, Ogilvie-Grant 1893

Engl.: Singing or Long-toed Quails.
Die einzige Art dieser mittelamerikanischen Zahnwachtelgattung ist etwas kleiner als eine Virginiawachtel und durch robuste Läufe mit langen Zehen und sehr langen leicht gebogenen Krallen charakterisiert. Der Schnabel ist für eine Zahnwachtel relativ schwach ausgebildet; die verlängerten Scheitelfedern werden bei Erregung zu einer kurzen buschigen Haube aufgerichtet. Der 12federige Schwanz ist ungewöhnlich kurz; unter dem Auge ein schmaler nackter Bezirk. Die Geschlechter sind verschieden gefärbt.

Singwachtel
Dactylortyx thoracicus, Gambel 1848

Engl.: Singing Quail, Long-toed Wood-Quail.
Heimat: Süd-Mexiko im Norden bis Jalisco und Süd-Tamaulipas; Guatemala, El Salvador und Honduras. 17 zum Teil umstrittene Unterarten wurden beschrieben.
Beschreibung: Geschlechter verschieden gefärbt. Beim Hahn sind Stirnseiten, Überaugenband, Wangen, Kinn und Kehle ockrig rostrot, orange angeflogen; ein dunkel sepiafarbenes Band zieht vom Zügel unter den Augen entlang zu den Ohrdecken; Stirnmitte, Scheitel und Hinterkopf dunkel zimtbraun, die seitlichen Hinterkopffedern isabellweiß geschäftet und in einigen Fällen mit isabellfarbenen Außenfahnen versehen, die den Hinterkopf als unterbro-

chenes weißes Band säumen. Nacken wie Hinterkopf, aber die Federn schwarz gespitzt, einen schmalen schwarzen Kragen bildend. Interskapularen und Oberrückenfedern isabellbraun, an den Säumen breit, den Spitzen schmaler mit Hellzimtbraun durchsetzt und die ganze Feder matt dunkel gewellt; Schulterfedern hell röstlich zimtbraun, auf den Innenfahnen zu tiefem Haselbraun abdunkelnd und mit ockrig isabellfarbenen Säumen, die innen von einem schwarzen Band begleitet werden, ausgestattet; übrige Innenfahnenteile schwarz punktiert. Außenfahnen spärlicher gefleckt, nahe den Säumen fast zu Isabell ausblassend, das ein unvollständiges, proximal dunkelgesäumtes Band bildet; Flügeldecken wie die Schultern, doch die helle Isabellkomponente auf die Schaftstreifen beschränkt und das Schwarz der Innenfahnen einen breiten Spitzenklecks bildend, dessen Umfang auf den äußeren Decken abnimmt; innerste Armschwingen wie die Schultern, die restlichen auf den Innenfahnen trüb sepia, den Außenfahnen röstlich hellockerfarben, dazu 5mal und mehr schwarz quergebändert und jedes dieser Bänder distal rostockerisabell gesäumt, die Zwischenräume spärlich dunkel punktiert. Außenfahnen der äußeren Armschwingen ausgedehnter dunkel sepiafarben, die Handschwingen trüb sepia bis nelkenbraun, außen hell zimtisabell bekleckst; ein paar Federn des Oberrückens wie die Interskapularen gefärbt, aber subterminal stark braunschwarz bekleckst; Rückenfedern im übrigen ockrig isabell mit unregelmäßiger dunkler Bänderung; Unterrücken, Bürzel und Oberschwanzdecken ähnlich, aber dunkler und mehr oliv und umberbraun wellengebändert. Schwanzfedern dunkel, trüb sepiabraun gebändert, unvollständig isabellgelb gesäumt und gespitzt. Brust, Unterhalsseiten, Oberbauch und Seiten isabellbraun, die Brustfedern außen an den Rändern gelblichgrau verwaschen und alle diese Federn weiß geschäftet; diese Schaftstreifen auf den helleren, mehr rötlich isabellbraunen Körperseiten schmaler und undeutlicher werden. Mittelbauch weiß, zuweilen mit isabellfarbenem Anflug; Flanken wie die Seiten, doch mit weit auseinanderliegenden braunschwarzen Wellenbändern versehen; die Unterschwanzdecken ähnlich, die dunkle Bänderung dort in längliche U-förmige Musterung umgewandelt. Schenkel hell bräunlich gelbgrau. Schnabel schwarzbraun. Iris braun, Beine bleigrau.
Länge 220 bis 230 mm; Flügel 113 bis 137 mm; Schwanz 45 bis 56 mm; Gewicht 212 bis 266 g.
Bei der Henne sind Überaugenband und Wangen graulichweiß, die Kehle ist weiß, Kropf, Brust und Seiten sind trüb ziegelrot mit heller Schäftung, auf Bauch und Flanken in Hellisabell übergehend. Gewicht 189 bis 206 g.
Dunenküken der Singwachtel sind denen der Langschwanzwachteln und der *Odontophorus*-Wachteln recht ähnlich, weisen nämlich einen kräftigen schwarzen Streifen quer durchs Auge und dunkelkastanienbraune Scheitel- und Rückenmusterung auf. Schnabel rotbraun.
Gelegestärke 5; Ei weißlichisabell (31 mm × 26 mm); Brutdauer unbekannt.

Lebensgewohnheiten: Die scheue Singwachtel bewohnt Nebelwälder, Eichenwälder und feuchte Canyons des Hochlands, kommt jedoch in Yukatan auch im Buschland der Ebene vor. Entsprechend dem Vorkommen von Nebelwäldern auf den Bergen ist auch das Auftreten dieser Zahnwachtel vielfach unterbrochen und inselartig, was die Entstehung zahlreicher Unterarten begünstigte. Ursprünglich ein Bewohner unberührter Urwälder, deren Humusboden ihr die reichhaltigste Nahrung bot, hat sie sich auch Sekundärwuchs und Kulturen, wie beispielsweise Kaffeepflanzungen, angepaßt. Meist werden aus 4 bis 5 Vögeln bestehende Familien angetroffen, die sich zu Beginn der nächsten Brutzeit, in Nord-Mexiko im März, auflösen. Zu diesem Zeitpunkt setzt auch der Gesang ein, welcher seinen Höhepunkt im April/Mai erreicht. In Yukatan steht die Brutzeit mit der dort im Mai beginnenden Regenzeit in engem Zusammenhang. Die drosselähnliche Gesangstrophe dieser kleinen Zahnwachtel ist zu Recht in Mexiko berühmt und hat unter den Lautäußerungen anderer Hühnervögel nicht ihresgleichen. Der erste Teil der Strophe besteht aus einer Folge von 4 immer lauter, schneller und höher werdenden durchdringenden Pfiffen, die den Auftakt zum eigentlichen Gesang bilden. Diesen kann man als eine Folge von 3 bis 6 schnell vorgetragenen Sätzen unterschiedlicher Höhe bezeichnen, die wie „Pitch-wiler" oder „Tsche-wa-liö-a" klingen. Dabei werden die mittleren Tonsilben stets in höherer Tonstufe gebracht und exakter betont als die übrigen. Den Ausgang bildet meist ein leises Zwitschern, das aber auch fehlen kann. Bandaufnahmen aus verschiedenen Teilen Mexikos ergaben eine ganze Reihe von Gesangdialekten. ANTHONY hat an gekäfigten Singwachteln bewiesen, daß die Art ein Duettsänger ist: Ein Vogel, vermutlich der Hahn, beginnt in Intervallen von 2 bis 3 Sekunden mit dem Einleitungsgesang, worauf der andere alsbald mit einer längeren Strophe antwortet und den ersteren zeitlich und im Ton so exakt ergänzt, daß das Ganze wie die Lautäußerung eines einzigen Vogels klingt. Beide Vögel beenden ihren Gesang auch gleichzeitig. Lautäußerungen in anderen Situationen sind ein lauter Alarmruf bei Gefahr und ein leises Kontaktzwitschern auf gemeinsamer Futtersuche.

Haltung: Die Singwachtel ist wohl bisher noch nicht nach Europa importiert worden. Nach JOHNSGARD lebte 1 Jungvogel einige Monate im Tuxtla-Gutiérrez-Zoo in Mexiko. In ihrer Heimat sind Singwachteln hin und wieder gehalten worden.

Weiterführende Literatur:
ANTHONY, R.: zitiert nach JOHNSGARD, Grouse and quails of North America; pp. 459–460. Antiphonal duetting of singing quail.
BINFORD, L. C.: A preliminary survey of the avifauna of the Mexican state of Oaxaca. Ph. D. dissertation, Louisiana State University (1968)
DICKEY, D. R., VAN ROSSEM, A. J.: The birds of El Salvador. *Dactylortyx;* pp. 153–155; Zoological Series, No. 23; Chicago, Field Museum of Natural History (1938)
GRISCOM, L.: The distribution of bird-life in Guatemala: a contribution to the study of the origin of Central American bird-life Bull. Amer. Mus. Nat. Hist. 64; pp. 1–439 (1932)
JOHNSGARD, P. A.: Grouse and quails of North America. *Dactylortyx;* pp. 451–460. University of Nebrasca Press (1973)
LEFEBVRE, E. A., LEFEBVRE, J. H.: Notes on the ecology of *Dactylortyx thoracicus*. Wilson Bulletin 70; pp. 372–377 (1958)
LEOPOLD, A. S.: Wildlife of Mexico: The game birds and mammals. Berkeley, University of California Press (1959)
MARTIN, P. S.: Zonal distribution of vertebrates in a Mexican cloud forest. American Naturalist 89; pp. 347–361 (1955)
MONROE, B. L. J.: A distributional survey of the birds of Honduras. American Ornithologists Union ornithol. monograph no. 7 (1968)
PAYNTER, R. J.: The ornithogeography of the Yucatán Peninsula. Yale University, Bull. of the Peabody Museum No. 9; pp. 1–347 (1955)
SAUNDERS, G. B., HALLOWAY, A. D., HAND LEY, C. O.: A fish and wildlife survey of Guatemala. U. S. Fish and Wildlife Service special scientific report (wildlife) no. 5 (1950)
WARNER, D. W., HARRELL, B. E.: The systematics and biology of the singing quail, *Dactylortyx thoracicus*. Wilson Bulletin 69; pp. 123–148 (1957)

Douglaswachtel (s. S. 145)

Harlekin-Zahnwachteln
Cyrtonyx, Gould 1844

Engl.: Harlequin Quails.
Die beiden Arten der Gattung sind kleine Zahnwachteln von ausgeprägt runder Gestalt mit einer vollen, breiten, hinten herabhängenden Haube aus weichen Federn, die auf Hinterkopf und Nacken am längsten sind. Die Haube ist seitlich spreizbar, kann aber nicht aufgerichtet werden. Der 12federige Schwanz ist sehr kurz und kaum von den Oberschwanzdeckfedern zu unterscheiden. Der Schnabel ist kurz, hoch und kräftig, der Lauf kurz und stämmig mit robusten Zehen und sehr langen Krallen. Die Geschlechter sind sehr verschieden gefärbt.

Montezumawachtel
Cyrtonyx montezumae, Vigors 1830

Engl.: Montezuma Quail, Harlequin Quail.
Abbildung: Seite 175 unten rechts.
Heimat: Südwestliche Vereinigte Staaten und südwärts bis Oaxaca in Mexiko. 5 Unterarten.
Beschreibung: Geschlechter verschieden gefärbt. Bei Hähnen der Unterart *mearnsi* ist der größte Teil der Kopfseiten und des Halses weiß, mit einem komplizierten schwarzen „Harlekinmuster" verziert, das sich wie folgt beschreiben läßt: Vom Schnabelfirst zieht ein schwarzes Band die Stirn hinauf, um auf dem Vorderscheitel in das Braun der aus sehr dichten, breiten Federn gebildeten Haube überzugehen. Ein schwarzes Stirnband wird beiderseits von einem breiten weißen Band begleitet, das auf dem vorderen Seitenscheitel endet. Ein weiteres schwarzes Band, das auf dem Vorderzügel beginnt, zieht im Bogen über Seitenstirn und Seitenscheitel, dadurch die weißen Bänder und die Haubenseiten als schwarzer Streifen gegen die weiße Superziliarregion säumend; als untere Fortsetzung des Streifens verläuft dieser von der Schnabelbasis in halbkreisförmigem Bogen als schwarzer oder schiefergrauer Bartstreif abwärts über die untere Wangenregion, um sich dort zu einem etwa dreieckigen schwarzen Bezirk zu verbreitern. Über ihm, nur durch eine schmale Weißzone getrennt, verläuft ein als schmaler schwarzer Streif unterhalb der Augen beginnender und sich auf den Ohrdecken verbreiternder Fleck. Kinn und Kehle schwarz, manchmal unten mit dem Wangenstreif durch ein schmales schwarzes Band in Verbindung stehend. Hinterer Haubenabschnitt und Hinterkopf schwarz mit unterschiedlichen Brauntönen, auf dem Nacken hell orange isabell; Interskapularen und Oberrückenfedern mit breiter dunkler und schmaler schwacher Bänderung, die dazwischen liegenden Federabschnitte matt orangebraun, dazu mit auffälligen isabellgelben Schaftstreifen ausgestattet; Schulterfedern ähnlich, aber aschgrau gesäumt und die Schäftung kräftig isabellgelb; innerste Armschwingen von hell Grauoliv bis dunkel Rauchgrau wechselnd und beidfahnig mit 6 bis 7 großen schwarzen Querklecksen, dazu mit isabellgelben Schaftstreifen geschmückt; restliche Armschwingen auf den Außenfahnen ähnlich, doch auf den Innenfahnen zunehmend hell nelkenbraun getönt, die innersten ganz nelkenbraun; Handschwingen dunkel nelkenbraun bis schwarzbraun, ihre Außenfahnen mit weißer Randfleckung; große und die inneren mittleren Flügeldecken mausgrau bis dunkel rauchgrau mit runder schwarzer Querfleckung; kleine und äußere mittlere Decken ähnlich, doch mit weißer Fleckung; Rücken- und Bürzelgefieder wie Interskapularen, doch ohne helle Schaftstreifung, die braunen Bezirke rotbräunlicher und schmaler, die Schwarzbänderung breiter; Oberschwanzdecken und Schwanzfedern ähnlich, jedoch mit auffälliger isabellfarbener Schäftung und das Braun dort durch dunkles Aschgrau ersetzt. Ein breites weißes Halsband wird unten durch einen schmalen schwarzen Saum von der übrigen Unterseite getrennt. Seitenbrust- und Oberbauchfedern sowie ein schmaler, unterhalb des schwarzen Halssaumes quer über die Brust verlaufender Streifen schiefergrau bis schwärzlich schiefergrau, jede Feder beidfahnig mit 2 bis 3 großen weißen Tropfenflecken geschmückt; Unterbrust- und Oberbauchmitte sehr dunkel kastanienbraun, Unterbauch, Unterflanken, Schenkel und Unterschwanzdecken schwarz. Schnabelfirst breit schwarz, übriger Schnabel hell bläulich, die Augenlider schwarz, Iris dunkelbraun, Beine hellblau.
Länge 203 bis 241 mm; Flügel 110 bis 131 mm; Schwanz 47 bis 63 mm; Gewicht 195 bis 224 g.
Bei Hennen sind Stirn-, Scheitel- und Nackenfedern rötlichisabell, schwarz gebändert und isabell geschäftet; übrige Oberseite rötlich isabellbraun mit schwarzen Querstreifen und Flecken und breiten hellen, schwarzgesäumten Schaftstrichen, die auf Bürzel und Oberschwanzdecken fehlen; Kopfseiten weiß, auf Augenbrauengegend und Wangen weinrötlich verwaschen und schwarz gefleckt; ein schwarzes Halsband ähnlich wie beim Hahn; übrige

Unterseite hell weinrötlich, in der Mitte der Brust, des Bauches und auf den Unterschwanzdecken mehr ockerfarben und besonders an den Seiten mit schwarzen Flecken und Strichen versehen, Flügel und Schwanz ähnlich denen des Hahnes, nur verwaschener.

Flügel und Schwanz wie Hahn, Gewicht 176 bis 200 g.

Beim Dunenküken sind Stirn, Gesichtsseiten und breite Seitenbezirke des Scheitels und Hinterkopfes hell zimtisabell; Scheitelmitte und ein breiterer Bezirk des Hinterkopfes, der Nacken und ein Rückenband bis zum Schwanzansatz dunkelrotbraun bis dunkelgelbbraun; Flügel dunkel ockerisabell; übrige Oberseite hell gräulich zimtisabell; ein dunkel sepia- bis nelkenbraunes Band auf Flanken und Schenkeln; ein schmales schwarzbraunes Band zieht von den Augen zum hinteren seitlichen Nackenwinkel; Kinn und Kehle weiß; Unterseite weiß mit hellem Asch-Rötlichisabell überhaucht.

Gelegestärke 6 bis 16 (11,1); Ei einfarbig weiß (32 mm × 24 mm); Eigewicht 10 g; Brutdauer 24 bis 25 Tage.

Lebensgewohnheiten: Montezumawachteln bewohnen lichte grasbestandene Bergwälder in Lagen zwischen 1200 und 2700 m. Der Vogel kann geradezu als eine Leitform der Kiefern-/Eichenzone Mexikos angesehen werden, wobei er weniger an diese Baumarten, als vielmehr an den Unterwuchs aus zwiebel- und knollenbildenden Gewächsen gebunden ist. Ihren Wasserbedarf kann diese Wachtel allein aus sukkulenten Pflanzenteilen decken und trinkt nur gelegentlich Regen- und Tauwasser. Die Nahrung besteht aus Cyperngras-Wurzelknöllchen („Erdmandel"), Sauerkleeknollen, Eicheln, Brodiaea- und Sonnenblumensamen. Ca. 70 % der Winterernährung bestehen aus Pflanzen, der Rest aus Insekten und anderen Gliederfüßlern. Während des Sommers bestehen 40 % aus Pflanzenteilen, hauptsächlich Zwiebeln verschiedener Liliengewächse, Cyperngras-, Waldampfer- und Hahnenfußknöllchen. Die aufgenommenen Samen stammen von Leguminosen, Gräsern, Kiefernzapfen und Krautpflanzen; ferner werden Wacholderbeeren, Judaskirschen, Sumach-, Kallstroemeria- und verschiedene Erikazeensamen aufgenommen. Dazu kommen während der sommerlichen Regenzeit zahlreiche Insekten, besonders Käfer sowie Schmetterlingsraupen und -puppen. Die Grundnahrung, die ihr Überleben garantiert, sind jedoch stets Oxalis- und Cyperusknollen, zu deren Erlangung die Montezumawachteln tiefe Löcher ins Erdreich graben.

Die saftigen Teile der Knollen werden verzehrt, die trocknen Hüllen verschmäht; ebenso verfahren sie mit Eicheln, die bis auf die Schalen verzehrt werden. Auf der Futtersuche arbeitet die kleine Schar ganz ohne Futterneid oft so dicht nebeneinander, daß sich ihre Körper berühren. Bis zu 8 Vögel buddeln in einem Umkreis von nur 350 cm Durchmesser. Fast alle Beobachtungen bestätigen, daß diese Zahnwachtel keine besonders bewegungslustige Art ist. Trotz der kräftigen Füße rennen sie in Überraschungsmomenten nicht fort, sondern ziehen es vor, sich zu ducken und bewegungslos zu verharren. In großer Not fliegen sie höchstens 45 bis 100 m weit, um danach lieber wieder zu Fuß zu flüchten. Sehr ortstreu, kehren sie im Winter Tag für Tag zum gleichen Futterplatz zurück, und der Revierbereich eines Trupps dürfte im Radius nicht mehr als 100 m betragen. Der Trupp verbringt die Tagesstunden nach morgendlicher und abendlicher Futtersuche mit Ausruhen, Sandbaden und Gefiederpflege. Die Nacht hindurch ruhen die Vögel im Halbkreis um eine Grasstaude herum eng zusammengedrängt, die Köpfe nach außen gerichtet. Das Gleiche tun sie auch bei Regenwetter. Die Paarbindung erfolgt lange vor Beginn der Brutzeit Anfang Februar bis in den Mai hinein. Trotz dieser zeitigen Bindung setzt die Gonadenreifung jedoch nicht vor Juni ein, in Arizona frühestens Mitte Juni. Gelege hat man dort noch um den 20. September gefunden. Wenige Weibchen beginnen vor dem 28. Juni mit dem Legen, die meisten während des Julis oder etwa 4 Monate nach der Paarbindung. Vermutlich richtet sich der Brutbeginn nach dem Einsetzen der Sommerregen mit dem darauf folgenden reichen Pflanzen- und Tierleben. Obwohl einzelne, vermutlich unverpaarte Hähne bereits recht früh, nämlich schon Mitte Mai, beobachtet werden, ruft keiner vor Mitte Juni. Am häufigsten hört man Harlekinhähne von Ende Juli bis Mitte August, also während des Höhepunkts der Brutzeit, und vieles spricht dafür, daß es sich dabei wie bei anderen Zahnwachteln um Junggesellen handelt. Nach Volierenbeobachtungen unterstützt der Hahn seine Henne beim Nestbau. Dazu wird zunächst eine 255 bis 760 mm

o. Balzender Hahn des Beifußhuhns, *Centrocerus urophasianus* (s. S. 203)
u. Balzender Hahn des Felsengebirgshuhns, *Dendragapus obscurus fuliginosus* (s. S. 206)

tiefe und ca. 127 bis 152 mm breite Mulde geschart und mit Grashalmen, Blättern, manchmal auch ein paar Daunen ausgefüttert. Die Nestwände bestehen aus Grashalmen, die über dem Nest zusammengezogen und vielleicht auch „verwebt" (?) eine Art Überdachung bilden. Dadurch entsteht eine 100 bis 130 mm hohe Nestkammer, die auch einen durch überhängende Halme gut getarnten seitlichen Eingang besitzt. 3 von STRANGE gehaltene Hennen legten während einer 61-Tage-Periode 87 Eier, durchschnittlich also jeden 3. Tag ein Ei. Wie bei den Zahnwachteln der Gattung *Odontophorus*, die ja ebenfalls überdachte Nester bauen, brüten auch Montezumahähne häufig mit, sitzen auch dicht neben ihrer brütenden Henne und beteiligen sich intensiv an der Kükenaufzucht. Der Hahn verteidigt die Brut mit seitlich gespreizter Haube. Ein Verleiten mit Imitation gebrochener Flügel und Lahmstellen findet wie bei den meisten jungeführenden Hühnervögeln statt, und bei der Montezumawachtel werden die Küken vorher durch stöhnend klingende Laute der Eltern zum Verstecken aufgefordert. Im Alter von 2 Wochen können die Kleinen selbst Futter suchen. Die Stimmlaute der Montezumawachtel sind weder so laut noch so vielfältig wie die der verwandten Gattungen *Odontophorus* und *Dactylortyx*, was aber auch bei dem Vorkommen der ersteren auf offenem Gelände mit ständigem optischem Kontakt nicht erforderlich ist. Daher ist auch der sexuelle Gefieder-Dimorphismus bei der Gattung *Cyrtonyx* am stärksten in der ganzen Zahnwachtelgruppe entwickelt. Der Sammelruf ist ein leiser trillernder Pfiff, dessen Töne allmählich die Tonleiter abwärts laufen. Er soll sich käuzchenähnlich anhören und wird von Küken wie Erwachsenen gebracht. Eine Aufschlüsselung durch Tonbandaufnahmen ergab, daß dieser Pfiff aus 6 bis 9 in gleichem Abstand gebrachten Tönen besteht, von denen jeder 0,3 Sekunden währt und die Gesamtstrophe ca. 2,5 Sekunden andauert. Der Pfiff wird alle 8 Sekunden wiederholt. Die 2. Hauptstimmäußerung wird von den Hähnen, wahrscheinlich unbeweibten, während der Brutzeit gebracht. Es ist ein hoher summender Ton, der im Verlauf immer leiser werdend, schnell die Tonleiter hinaufläuft. Weitere Lautäußerungen sind ein während der gemeinsamen Futtersuche ausgestoßenes Kontaktgeplauder sowie gellendes Schreien als Alarmruf. Der stöhnende Laut, von den Eltern als Warnung für die Küken gebracht, wird auch beim Festhalten in der Hand ausgestoßen.

Haltung: Die Montezumawachtel ist erstmalig 1908 von der Fa. FOCKELMANN nach Deutschland importiert worden und danach bis in die Gegenwart hin und wieder in den Handel gelangt. Die Zucht gelang erstmalig PICHOT 1911 in Frankreich. Sie ist viel schwieriger als die der Kalifornischen Schopfwachtel oder der Virginiawachtel, weil Montezumaküken ganz besonders auf Wärme und Trockenheit angewiesen sind. Auch amerikanische Züchter sprechen von Schwierigkeiten mit dieser Zahnwachtel. Ein sehr erfolgreicher Züchter, J. M. COWAN (Texas), schreibt darüber in der Gazette (Febr. 1961): „Was die Mearn's Wachteln (*C. montezumae mearnsi*) betrifft, habe ich während der letzten 2 Jahre 300 Stück aufgezogen, stimme aber mit anderen Züchtern darin überein, daß die Vermehrung der Art nicht gerade einfach ist. Die Vögel sind jedoch sehr gute Leger; obwohl es immer als unmöglich bezeichnet wurde, bei der Haltung auf Drahtgeflecht befruchtete Eier zu erzielen, stimmt das keineswegs, denn alle meine Mearn's Wachteln werden so gehalten und aufgezogen. Von entscheidender Wichtigkeit für die Zucht sind dauernde Gaben von Grünzeug aller Art sowie der Zusatz geriebener Möhre zum Futter. Zur Überraschung vieler Züchter schälen die Vögel zarte Rinde von Buschzweigen in großer Menge ab." DELLINGER (1967) konnte Montezumaküken durch Bestreuen eines Papiertuchs mit einem Gemisch aus Purina Startina (amerikan. pelletiertes Kükenaufzuchtfutter), gehacktem Ei und Grünzeug, dem er zerkleinerte und kleine lebende Mehlwürmer beifügte, zum Fressen bewegen. Das Balzverhalten ist erst durch Beobachtungen in Menschenobhut bekannt geworden (Gef. Welt 1911, p. 412). Das Männchen umtrippelt sein Weibchen mit gesträubtem Gefieder und am Boden schleifenden Handschwingenspitzen, dabei tiefe, hohlklingende Töne ausstoßend. Die Henne antwortet mit quietschenden, fiependen Lauten, ähnlich denen von Hundewelpen. Das Nest wurde kunstvoll als überdachte Kammer angelegt. Die Vögel hatten sich schnell an die Volierenhaltung gewöhnt, wurden zutraulich und nahmen dem Pfleger Mehlwürmer aus der Hand. Als Wurzel- und Zwiebelgräber verwandeln diese Wachteln den

o. Balzender Hahn des Tannenhuhns, *Falcipennis canadensis* (s. S. 214)
u. l. Hahn des Tannenhuhns
u. r. Henne des Tannenhuhns

Volierenboden in einen Sturzacker. Gefährlich ist ihre Neigung zum Senkrechthochfliegen, wobei sie sich häufig den Schädel verletzen. Als Futter reicht man Krümelpellets, Hirsearten, Insektenfressergemisch und Mehlwürmer. Nach einem WPA-Bericht des Jahres 1982 wurde nur aus den USA die Haltung von 51 Montezumawachteln gemeldet.

Tränenwachtel

Tränenwachtel
Cyrtonyx ocellatus, Gould 1836

Engl.: Ocellated Quail.
Heimat: Ost-Oaxaca und Chiapas (Süd-Mexiko), Guatemala östlich des pazifischen Bergmassivs, südwärts Gebirge von El Salvador, Honduras und Nord-Nikaragua (San Rafael del Norte). Keine Unterarten.
Beschreibung: Geschlechter verschieden gefärbt. Beim Hahn sind Zügel, Mittelstirn und -scheitel schwärzlich schieferfarben, beiderseits breit weiß gesäumt; ein schieferschwarzes Überaugenband zieht einerseits vom Zügel aufwärts zum äußeren Hinterkopfwinkel, andererseits durch den Zügel abwärts in Form eines breiten schiefergrauen Bandes über die Wangen und sich zu Dreieckform verbreiternd bis zu den unteren Kopfseiten; die Wangenregion darüber ist dunkler, schieferschwarz; Augenumgebung, Ohrdecken, ein breiter Bartstreifen sowie ein von den Hinterwangen zur Kehle verlaufendes Band, das unterseits von einem breiten schwarzen Band gesäumt wird, weiß. Augenlider, Kinn und Kehle schwarz. Mittelscheitel, größter Teil des Hinterkopfes und Obernacken isabell- bis olivbraun, einige Scheitelfedern ockrig orangefarben geschäftet. Größter Teil des Nackens und die oberen Interskapularen dunkel mausgrau mit großer isabellfarbener Rundfleckung; übrige Interskapularen größtenteils dunkel mausgrau mit breiter schwarzer Querfleckung, diese sich manchmal zu basalen Klecksen vereinigend und dazu mit breiten warm isabellfarbenen bis ockrig rehbraunen Schaftstreifen versehen. Schultern, Rücken- und Bürzelfedern ähnlich, doch mit größeren, zusammenfließenden schwarzen Bezirken bedeckt, die Schaftstreifung auf Rücken und Bürzel stark verringert. Innere Armschwingen und Flügeldecken hell grauoliv, schwach isabell angeflogen und mit breiten bernstein- bis kastanienbraunen Schaftstreifen versehen, dazu beidfahnig durch große, weit auseinanderliegende schwarze Flecke quergemustert; äußere Armschwingen ohne braune Schäftung, das helle Olivgrau durch helles Graubraun bis Nelkenbraun ersetzt, wodurch die schwarze Querfleckung viel unauffälliger wirkt; innerste Armschwingen außen und auf den Federenden rötlich zimtfarben gefleckt; Handschwingen dunkel nelkenbraun bis schwarzbraun, außen hell rötlicholiv bis hellisabell gefleckt; Oberschwanzdecken hell grauoliv, sehr breit rotbraun bis dunkelrotbraun geschäftet und beidfahnig schwarz gefleckt. Schwanzfedern ähnlich, aber mit schmaleren Schaftstreifen. Brust und Oberbauch warm isabell, Federenden ockrig rostgelb verwaschen, Ausdehnung und Intensität dieser Farbe sich nach hinten zu verstärkend, bis die Federn auf dem Mittelbauch ganz rostgelb, selbst dunkler, rotbraun verwaschen sind. Hals- und Brustseiten dunkel möwengrau bis schiefergrau, isabell gefleckt; diese Fleckung auf den Oberbauchseiten hell ockerröstlich und viel ausgedehnter, die Graukomponente zu unvollständigen Querbändern einengend; auf den unteren Seiten und den Flanken ist das Grau noch stärker verringert, und die braunen Bezirke sind hier dunkler, mehr rotbraun. Untere Flanken dunkel kastanienbraun, die Graumusterung überwiegend durch Schwarz ersetzt, Unterbauchmitte, Steiß, Unterschwanzdecken und Unterschenkel schwarz. Schnabel schwarz mit hellblauen Ober- und Unterschnabelästen, Beine hellblau, die Iris dunkelbraun.
Länge 190 bis 200 mm; Flügel 114 bis 130 mm; Schwanz 48 bis 57,5 mm.
Weibchen sind denen der Montezumawachtel recht

ähnlich, nur insgesamt oberseits dunkler mit stärkerer schwarzbrauner Quermusterung, unterseits mehr ockergelblich, statt rötlich oder weinfarbig. Dunenkleid und Ei noch unbekannt.

Lebensgewohnheiten: In Guatemala bewohnt die Tränenwachtel in trockneren Teilen des zentralen Hochlandes grasige Hänge, Felder und offene Kiefernwälder mit Grasunterwuchs in Lagen zwischen 1520 und 3000 m. In Honduras wird sie oberhalb 750 m ebenfalls in Kiefernwaldgelände und dort vor allem in Gebieten mit dichtem Busch und hohem Graswuchs angetroffen. DICKEY und VAN ROSSEM begegneten der bunten, kleinen Wachtel im Februar/März bei Los Esesmiles in El Salvador bei 1950 bis 2100 m. 3 kleine Trupps von je ca. 12 Vögeln bewohnten offenere sonnige Hänge des Kieferngürtels, die mit dichtem kniehohem Adlerfarndickicht bewachsen und von vielen steilen Erosionsrinnen durchzogen waren. Wie die Montezumawachteln des Nordens preßten sie sich bei Gefahr an den Boden, um erst fast unter den Füßen des Jägers mit lautem Flügelpurren aufzustehen. Beide Formen werden nur durch das Tiefland des Isthmus von Tehuantepec getrennt und können vielleicht als allopatrische Vertreter einer Art angesehen werden, die gleiche Habitate bewohnen.

Haltung: Über eine Haltung der Tränenwachtel in Europa oder den USA ist uns nichts bekannt. In ihrer Heimat wird die Art wegen ihrer angenehmen Stimme, melodischen Pfiffen, gern gekäfigt und beispielsweise in Chiapas zu bedeutend höherem Preis gehandelt als die dort viel häufiger erhältliche Virginiawachtel.

Weiterführende Literatur:
ANONYMUS: Aus der Voliere. Von einem langjährigen Vogelliebhaber; Gefiederte Welt; p. 412 (1911)
BISHOP, R. A.: The Mearns Quail (*Cyrtonyx montezumae mearnsi*) in southern Arizona. Diss. Univ. Arizona (1964)
BISHOP, R. A., HUNGERFORD, C. R.: Seasonal food selection of Arizona Mearn's Quail. Journ. Wildl. Management 29; pp. 813–819 (1965)
BLAKE, E. R.: Manual of Neotropical Birds, Vol. 1; *Cyrtonyx* pp. 451–452. Univ. Chicago Press, Chicago/London (1977)
BROWN, R. L.: Ecological study of Mearn's Quail. Job Progress Report in Wildlife Research in Arizona 1968; pp. 35–47 (1969)
DERS.: Mearns Quail management information. Vervielfältigt. Arizona Game and Fish Dptm. job completion report, project W-53-20 (1970)
COWAN, J. M.: Titel unbekannt; Mearnswachtelzucht in Texas. Gazette Februar 1961
DELLINGER, J. O.: My experiences breeding and raising Mearn's Quail. Gazette 16; pp. 9–10 (1967)
DICKEY, D. R., VAN ROSSEM, A. J.: The Birds of El Salvador. *Cyrtonyx ocellatus*; pp. 155–156 (1938)
FUERTES, L. A.: With the Mearn's Quail in southwestern Texas. Condor 5; pp. 113–116 (1903)
LEOPOLD, A. S., MAC CABE, R. A.: Natural History of the Montezuma Quail in Mexico. Condor 59; pp. 3–26 (1957)
MILLER, L.: Notes on the Mearn's Quail. Condor 45; pp. 104–109 (1943)
PICHOT, P. A.: Some American Quails. Avic. Mag. 3th Series, Vol. IX; pp. 111–113 (Erstzucht der Massenawachtel); 1918
DERS.: Erstzucht der Massenawachtel 1911; Bulletin de la Société Nationale de France; p. 466 (1911)
SWARTH, H. S.: Distribution and moult of the Mearn's Quail. Condor 11; pp. 39–43 (1909)
WALLMO, O. C.: Nesting of Mearn's Quail in southeastern Arizona. Condor 56; pp. 125–128 (1954)

Langbein-Zahnwachteln
Rhynchortyx, Ogilvie-Grant 1893

Engl.: Long-legged Wood Quails.
Einzige Art der Gattung ist eine kleine Zahnwachtel, die durch einen relativ großen, sehr dicken Schnabel, lange Läufe mit sehr kurzen Zehen, einen kurzen 10fedrigen Schwanz und die kurze, unauffällige Haube charakterisiert ist. Die Geschlechter sind verschieden gefärbt.

Langbein-Zahnwachtel
Rhynchortyx cinctus, Salvin 1876

Engl.: Tawny-faced Quail, Banded Quail.
Heimat: Die karibische Abdachung der Bergketten von Honduras, Nikaragua und Costa Rica, in Panama die Ost- und Westhänge des Gebirges, außerdem das äußerste Nord-Kolumbien und Nordwest-Ecuador. 3 Unterarten.
Beschreibung: Geschlechter verschieden gefärbt. Beim Hahn sind Scheitel und Hinterhals dunkelbraun mit undeutlicher, blaß ockergelber und schwarzer Fleckung; Oberrücken dunkelgrau, spärlich ockergelb gesprenkelt und die Federn mehr oder weniger braun gespitzt; der Unterrücken heller grau, ockrig verwaschen und undeutlich dunkelgrau gebändert sowie zimtgelb und schwarz gefleckt;

oberste kleine Flügeldecken schwarz, schmal zimtgrau gebändert, die übrigen Flügeldecken braungrau mit unregelmäßiger ockergelber und schwarzer Fleckung und Bänderung. Armdecken und innere Armschwingen kräftig schwarz gefleckt und zimtbraun gebändert; übrige Armschwingen unregelmäßig gefleckt und unterbrochen zimt ockergelb gebändert; Handschwingen schwarzbraun mit undeutlich gelblich gefleckten Außenfahnen; Bürzel, Oberschwanzdecken und Schwanz trüb zimtbraun, die Federn schwarz geschäftet und schwarzbraun gesprenkelt. Ein vom Auge über die Ohrdecken verlaufendes Band dunkel graubraun, die Kopfseiten mit Einschluß eines breiten Überaugenbandes und die Zügelregion zimtrot; Kehle weißlich, Vorderhals und Oberbrust dunkelgrau, die Unterbrust zimtig ockergelb, die Brustseiten trübgrau, rötlich ockergelb verwaschen und gesprenkelt; Bauch und Unterschenkel weiß, Flanken und Unterschwanzdecken zimtgelb mit schwarzer Bänderung. Schnabel und Beine bleigrau, die Iris braun.

Länge 170 bis 200 mm; Flügel 112 bis 119 mm; Schwanz 38 bis 49 mm.

Bei Hennen sind Mantel, Bürzel und Oberschwanzdecken viel stärker braun, und über die Ohrdecken verläuft ein schmaler weißer Streif; Kopfseiten, Vorderhals und Brust matt rotbraun, Oberkehle und hintere Unterseite weiß, die letztere auffällig schwarz gebändert.

Beim Dunenküken sind Scheitel, Rücken, Bürzel und Schwanz schokoladenbraun; ein braunschwarzer Streif verläuft quer durchs Auge bis über die Ohrdecken; Kehle, Zügelregion sowie ein deutlicher Scheitelstreif zimtockrig. Unterer Vorderhals, Seiten- und Hinterhals, Oberbrust und Oberrücken kräftig gelbbraun, die Brustseiten, Flanken und Schenkel dunkelgrau; Unterbrust und Bauch weiß. Gelegestärke noch unbekannt; Ei reinweiß (29,6 bis 30,0 mm × 23,5 bis 23,8 mm).

Lebensgewohnheiten: Die überaus heimliche Langbein-Zahnwachtel bewohnt dichten Regenwald der Ebenen und Vorberge, in Panama auch Höhenlagen von 1300 m im Gebirge. Über die Lebensweise ist nur sehr wenig bekannt. Meist wird die Art paarweise auf dem Waldboden angetroffen. Da ihre Krallen im Vergleich mit anderen Zahnwachteln recht kurz sind, wird sie mutmaßlich ihre Nahrung weniger scharrend suchen als andere Zahnwachteln. Ein am 4. März in Kolumbien gesammeltes Weibchen enthielt ein fast legereifes Ei.

Haltung: Über eine Haltung der Art ist uns nichts bekannt.

Weiterführende Literatur:
BLAKE, E. R.: Manual of Neotropical Birds, Vol. 1; *Rhynchortyx* pp. 452–453. Univ. Chicago Press, Chicago/London (1977)
HILTY, S. L., BROWN, W. L.: A guide to the birds of Colombia; *Rhynchortyx,* p. 133. Princeton Univ. Press, Princeton 1986
WETMORE, A.: The Birds of the Republic of Panama, Part 1, *Rhynchortyx;* pp. 330–333, Smithsonian Institution, Washington (1965)

Rauhfußhühner
Tetraonidae

Engl.: Grouse.

Innerhalb der Ordnung der Hühnerartigen (*Galliformes*) bilden die rebhuhn- bis putengroßen Rauhfußhühner (*Tetraonidae*) eine Familie, die sich durch anatomische Merkmale, im Verhalten und in der Ernährung zum Teil erheblich von den übrigen Hühnervögeln unterscheidet. Ursprünglich Bewohner von Tundren und Taigawäldern der nördlichen Hemisphäre, sind die Rauhfußhühner während der Eiszeiten zusammen mit der arktischen und subarktischen Flora in Eurasien und Nordamerika weit nach Süden vorgedrungen. Nach dem Rückzug der Gletscher haben sie sich entweder wie das Alpenschneehuhn in den tundrenartigen alpinen Zonen einiger Hochgebirge in inselartigem Vorkommen bis in die Gegenwart behaupten können oder sich dem Leben in Koniferen- und Laubwäldern, Heiden, Mooren und Steppen der gemäßigten Zone angepaßt. Dem lebensfeindlichen arktischen Klima können die nordischen und alpinen Tetraoniden nur durch spezielle Schutzvorrichtungen trotzen: Ein dichtes Kleingefieder schützt zusammen mit der im Herbst angemästeten Unterhautfettschicht den Körper vor Unterkühlung. Die von haarartigen Federbüscheln bedeckten Nasenlöcher verhindern ein Eindringen feiner Eiskristalle und zu kalter Luft in die Atemwege, und während des Winters sind die kurzen Läufe und die Zehen, bei Schneehühnern sogar noch die Sohlenflächen mit pelzartigen Federn dicht bedeckt. Lange schaufelartige Krallen und kammähnliche, von Federn abstammende Hornstifte beiderseits der Vorderzehen verhindern das Einsinken des Vogels in Pulverschnee und ein Ausrutschen auf glattem Eis. Eisige Winternächte und tagelange Schneestürme überstehen die Rauhfußhühner in schnell gegrabenen Schneehöhlen. Ihre Schnäbel sind klein und kurz, nur beim Auerhahn kräftiger und bei allen Tetraoniden mit einem gerundeten First ausgestattet. Sie dienen weniger dem Picken als vielmehr dem Abzwicken und Abreißen von Knospen, Koniferennadeln und Zweigspitzen sowie dem Beeren- und Blattpflücken. Daraus geht schon hervor, daß sich Rauhfußhühner ganz überwiegend von Pflanzenteilen ernähren. Nur die Küken nehmen während der ersten Lebenswochen fast ausschließlich tierisches Protein in Form von Kleininsekten auf. Zum Aufschließen der zellulosereichen Nahrung, die beim Auerhahn während des Winters hauptsächlich aus den sehr eiweißreichen Kiefernnadeln besteht, sind geeignete Verdauungsorgane unerläßlich: In dickwandigen Muskelmägen wird das Nadelfutter durch kräftige Muskelbewegungen und die ständig aufgenommenen Magensteinchen zerrieben und in den ungewöhnlich langen Blinddärmen mit Hilfe bestimmter Bakterien aufgeschlossen. Nur das sich ganzjährig von den weichen Triebspitzen der Wermutstauden ernährende Beifußhuhn Amerikas kommt mit einem dünnwandigen Muskelmagen aus. Mit ihren relativ kurzen, breiten und runden Schwingen fliegen die Rauhfußhühner kraftvoll, fördernd und schnell, wenn auch nicht sehr ausdauernd. Einige Arten besitzen verschmälerte Handschwingenfahnen, mit denen sie während des Balzfluges pfeifende Geräusche erzeugen. Der aus 14 bis 22 Steuerfedern bestehende Schwanz ist in Form und Länge bei den Gattungen sehr verschieden gestaltet. Zu Beginn der warmen Jahreszeit werfen die mausernden Vögel den größten Teil der nun nutzlos gewordenen dichten Beinbefiederung nebst den Hornplättchen an den Zehen ab, die Zehennägel verkürzen sich durch Krallenmauser und die Schnabelscheiden werden

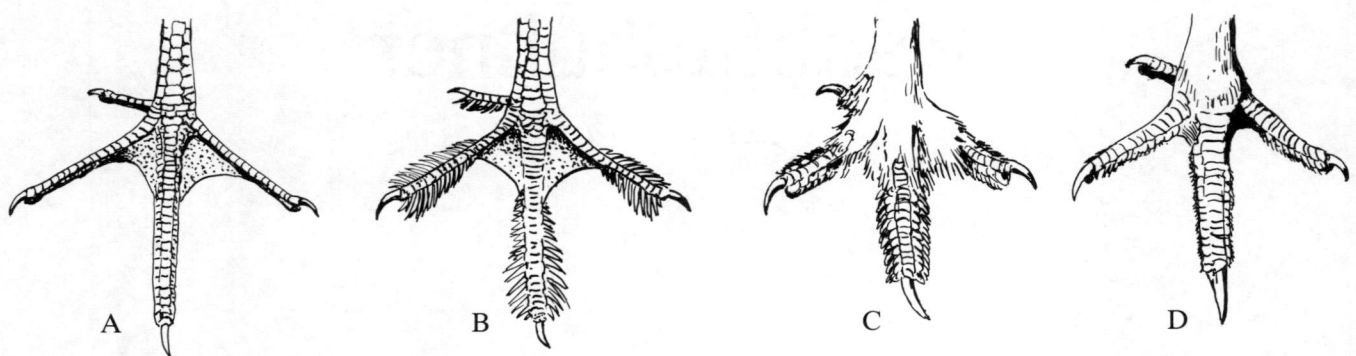

Vergleich der Füße und deren Befiederung verschiedener Rauhfußhühner: A Kragenhuhn (Sommer), B Kragenhuhn (Winter), C Spitzschwanzhuhn (Winter), Präriehuhn (Winter).

durch Abschilferung (Schnabelmauser) ausgewechselt. Schneehühner verlieren ihr weißes Wintertarnkleid und erhalten ein den Farben der Umgebung angepaßtes Sommergefieder.

Alle Tetraoniden besitzen über den Augen nackte, warzige und farbige Hautschwellkörper, die sogenannten „Rosen". Diese sind, hormongesteuert, während der Fortpflanzungszeit bei den Hähnen am größten und auffälligsten und spielen beim Imponierverhalten eine wichtige Rolle. Bei den Schneehähnen können die Rosen sogar innerhalb kürzester Zeit zugeklappt und damit unsichtbar gemacht werden. Nach der Balz schrumpfen die Schwellkörper stark und sind dann entweder sehr klein oder durch darüberliegendes Gefieder unsichtbar. Der während Balzhandlungen der Rauhfußhähne meist auffällig verdickte Hals entsteht bei Auer-, Birk- und Schneehähnen durch in der erweiterten Schlundregion zurückgehaltene Luft, erreicht jedoch nicht entfernt den Umfang einiger amerikanischer Arten. Diese besitzen außer dem im oralen Bereich stark erweiterungsfähigen Schlund zusätzliche, durch Lufteinpumpen dehnbare cervicale Schlundtaschen, deren Erweiterung wiederum nackte grellfarbige Halshautbezirke sichtbar werden läßt. Auf das bei vielen Tetraoniden hoch ritualisierte Balzverhalten der Hähne wird bei der Besprechung der Arten eingegangen.

Die Eier der Rauhfußhühner sind auf rahmfarbenem Grund gefleckt, wobei das Pigment ausschließlich im Ei-Oberhäutchen liegt und in frischem Zustand verschoben oder ganz fortgewischt werden kann. Tetraonidenküken unterscheiden sich nicht grundlegend von denen fasanenartiger Hühnervögel, weisen aber bereits im Dunenkleid Anzeichen einer Laufbefiederung auf, die sich bei Schneehuhnküken auch auf die Zehen erstreckt. Unter Rauhfußhühnern sind Art- und Gattungskreuzungen gar nicht selten. Jedem Jäger bekannt sind beispielsweise die als Rackelhühner bezeichneten Kreuzungen zwischen Birk- und Auerwild. Nach GLUTZ VON BLOTZHEIM kommen Tetraonidenkreuzungen deshalb so häufig vor, weil die männlichen Vögel kaum oder gar nicht in der Lage sind, die sich sehr ähnelnden und bei der Begattungsaufforderung gleich verhaltenden Hennen der verschiedenen Arten auseinanderzuhalten. Die Weibchen erkennen zwar arteigene Hähne, schließen sich aber zuweilen anderen Arten an, wenn ihre Männchen durch Abschuß oder aus anderen Gründen fehlen. Die Haltung und Zucht von Rauhfußhühnern ist keine Aufgabe für den Anfänger, denn sie erfordert besondere Vorkehrungen, viel Zeitaufwand und eine Menge Sachkenntnis. Frühere Aufzucht- und Haltungsversuche von Biologen, Jägern und Zoologischen Gärten, an denen es nicht gemangelt hat, mußten schon deshalb mißlingen, weil noch zu wenig über Biologie und Krankheiten dieser interessanten Hühnervögel bekannt war. Inzwischen wissen wir, daß die Tetraoniden eine viel geringere Resistenz gegenüber Geflügelkrankheiten, wie der infektiösen Leber-Blinddarmentzündung (Blackhead), Coccidiose, Wurmkrankheiten und bakterielle Infektionen aufweisen als die meisten fasanenartigen Hühnervögel, Hokkoartige (*Cracidae*) und Großfußhühner (*Megapodiidae*). Durch die Fortschritte der Wissenschaft konnten gegen die meisten dieser Krankheiten wirksame Medikamente entwickelt werden, die die Verluste bei der Tetraonidenhaltung stark herabgesetzt haben. Zur Käfig- und Volierenhaltung von Rauhfußhühnern haben sich 2 Methoden herausgebildet, die beide dem Zweck dienen, Infektionsmöglichkeiten durch hygienische Haltung zu verringern. Wird kein Wert auf dekorative Haltung gelegt, sollen vielmehr bestmögliche Zuchterfolge zwecks späterer Auswilderung der Jungvögel erzielt werden, hält man die Zuchtpaare in seitlich und unten mit Drahtgeflecht bespannten Käfigen, die auf Beinstützen über dem Erdboden stehen. Die Insassen laufen auf Drahtgeflecht, durch das ihr Kot auf den Erdboden fällt und so mit den Vögeln nicht mehr in Berührung kommen kann. Diese Haltungsart sieht in Laienaugen nicht schön aus, bereitet jedoch den Vögeln keine Pein, und Beinverletzungen durch Hängenbleiben mit Zehen oder Lauf im Drahtgeflecht kommen selten vor. Selbstverständlich wird die Maschenweite der Größe der betreffenden Art angepaßt: Bei erwachsenem Auerwild mit seiner recht voluminösen Kotabgabe ist sie größer als bei der Haltung von Haselhühnern. Die Käfigbeine werden allseitig mit Holz umkleidet, damit weder Zugluft entsteht noch die Insassen von unten her durch Raubtiere belästigt werden können. Der herabgefallene Kot wird täglich durch eine geöffnete Tür herausgeharkt. Die Hinterwand des Käfigs, oder doch wenigstens ein Teil derselben, sollte durch Holz oder anderes Material verkleidet werden, um den Vögeln ein sicheres Gefühl der Rückendeckung zu geben. Gegen Schadeinwirkung von oben (Regen, Raubtiere, kotende Kleinvögel) ist die Käfigdecke ganz mit durchsichtigem Material (Plastik, Glas) abzudecken. Ein kleiner, zur Schmalseite des Käfigs hin offener Schutzraum enthält Sitzstangen und eine Nestkiste. Ein Sandbadbehälter, Futter- und Wassergefäße vervollständigen die Käfigeinrichtung. Die von den Hennen abgelegten Eier werden gesammelt und zur Erbrütung gegeben. Ästhetischer anzusehen, und deshalb für Schausammlungen geeignet, ist die Volierenhaltung. Auch bei ihr sollte die Grundregel der Tetraonidenhaltung eingehalten werden, diese Vögel nicht auf gewachsenem Erdreich zu halten. Ausnahmen davon kann man nur dann akzeptieren, wenn dem Besitzer riesige bepflanzte Volieren zur Verfügung stehen, was jedoch selten der Fall sein wird. Unter üblichen Bedingungen ist der hygienischste und pflegeleichteste Volierenboden für Tetraoniden der Beton. Auf leicht abgeschrägter Betondecke wird eine trockene Sand-, Nadel- oder Laubstreuschicht geschüttet, die natürlich häufig auszuwechseln ist. Solche Volieren können durch ein paar Granitsteine, in einzementierte Stahlrohre gesteckte Nadelbäume und die zum Aufbaumen notwendigen Äste recht natürlich gestaltet werden. Futter- und Wassergefäße stellt man in den Hintergrund und durch Steine oder einen Baumstamm vor den Blicken der Besucher getarnt auf Roste, um eine Durchnässung des Volierenbodens und die Aufnahme herausgefallenen, kotverschmutzten Futters zu vermeiden. Ein Sandbad (Eternitgefäß) darf nicht fehlen. Auch die Voliere wird mit durchsichtigem Material überdacht und erhält eine feste Rückwand. Als Standardgröße empfiehlt ASCHENBRENNER, aufgrund seiner reichen Erfahrungen bei der Haltung von Rauhfußhühnern eine 4 m × 8 m große und 2 m hohe Voliere. Ist sie viel größer, steigt die Verletzungsgefahr, ist sie wesentlich kleiner, werden die Weibchen monogamer Arten (Schnee-, Hasel- und Kragenhuhn) häufig von den Hähnen attackiert. Er hält Auerwild zweckmäßig in einer Volierenkombination, bei der die Hennen den Hahn selbst auswählen können. Gehege von Haselhühnern wiederum müssen so weit voneinander entfernt sein, daß die Hähne einander nicht hören können. Hört der Hahn den Rivalen, sieht aber nur seine Henne, richtet er ersatzweise seine Angriffe gegen sie. Außen- und Zwischenwände der Voliere sollten einen 1 m hohen Sichtschutz erhalten, damit die Tiere sich gegenseitig nicht sehen und nicht von vorbeilaufenden Hunden, Katzen oder anderen Tieren erschrecken können. In Schausammlungen wird man selbstverständlich auf eine Verkleidung der Vorderfront verzichten, weil die Besucher ja die Vögel sehen wollen. Hennen kann man durch verschiedene Methoden vor balzwütigen Hähnen schützen: Schräg gegen die Hinterwand der Voliere gelehnte Holzplatten oder Reisigbündel verschaffen der Henne Ruhepausen, da sie nur bei optischem Kontakt vom Hahn verfolgt wird. Diesem kann man auch die Handschwingen so weit stutzen, daß er einer auf höhere Äste ausweichenden Henne nicht ohne weiteres folgen kann. Weiterhin lassen sich Käfige wie Volieren mit verschieblichen Querwänden ausstatten, die eine schnelle Trennung von Hahn und Henne ermöglichen.

Ein weiterer wichtiger Faktor bei der Haltung von Rauhfußhühnern ist die richtige Fütterung. Für eine artgerechte Ernährung von Auer- und Schneehühnern hat sich pflanzenfaserreiche Kost als unbedingt notwendig erwiesen. Angloamerikanische Züchter schwören auf pelletiertes Futter mit eingestelltem Proteingehalt und wenig Körnerzugaben; deutsche Züchter verfüttern an kleine Arten Weizen, Hirsearten, Buchweizen, Waldvogelfutter und nur für Auerhühner auch den rohfaserreichen Hafer (täglich 40 bis 50 g), dazu viel Grünfutter. Von Anfang März bis Juli, während der Legezeit und Mauser, erhalten sie außerdem Legehennen-Pellets, die mit

Beginn der Ruhezeit allmählich gegen Junghennen-Pellets ausgetauscht werden. Außerordentlich wichtig ist ferner die tägliche Verfütterung frischer Grünpflanzen, deren Angebot im Jahresablauf wechselt.

ASCHENBRENNER (1982) gibt folgende Pflanzenarten oder -teile (Obst, Gemüse) als brauchbar für Rauhfußhühner an:

Januar und Februar
Äste von Fichte und Kiefer, Wacholder, Haselnuß, Birke, Weidenarten; Karotten, Äpfel, Zwiebeln zerkleinert.

März und April
Kiefer, Fichte, Birke, Weide, Espe, Buche, Wacholder, Heidelbeerstauden, Ebereschenzweige; Karotten.

Mai
Fichte, Espe, Buche, Lärche, Heidelbeere, Löwenzahn, Habichtskraut (*Hieracium*), Huflattich, Spitzwegerich, Schafgarbe, Sauerampfer, Kleearten, Luzerne, Vogelmiere, Salat, Schnittlauch, Himbeer-, Espen- und Weidenlaub.

Juli und August
Heidelbeer- und Himbeerzweige und -beeren, Espen- und Weidenlaub, Lärche, Kleearten, Grasarten (Blätter und Rispen), Vogelmiere, Brunnenkresse, Salat, Schnittlauch, Beerenobst.

September und Oktober
Zweige von Heidelbeere und Espe, Lärche, Ebereschenbeeren, Salat, Brunnenkresse, Maiskolben, Äpfel, Eicheln.

November und Dezember
Kiefer, Fichte, Wacholder, Haselnußzweige, Ebereschenbeeren, Karotten, Äpfel, Eicheln.

Tierisches Eiweiß, von adulten Tetraoniden nur in geringer Menge aufgenommen, wird von ASCHENBRENNER den Vögeln in Form von hartgekochtem Ei, Quark (Weißkäse, Topfen) und Mehlwurmlarven verabreicht.

Zur Gewährleistung einer vollwertigen Ernährung können dem Futter oder Trinkwasser Mineralstoffmischungen, Vitamine und Spurenelemente hinzugefügt werden.

Über die zum Teil unterschiedlichen Aufzuchtmethoden von Tetraonidenküken wird bei der Besprechung der Arten berichtet.

Weiterführende Literatur:

ALDRICH, J. W.: Geographic orientation of American Tetraonidae. Journ. Wildl. Management 27; pp. 529–545 (1963)

ASCHENBRENNER, H.: Rauhfußhühner. M. & H. Schaper, Hannover 1985

BENDELL, J. F.: Population dynamics and ecology of the tetraonidae Proc. XVth Int. Orn. Congr. The Hague 1970; pp. 81–89 (1972)

BENT, A. C.: Life histories of North American gallinaceous birds. US. National Museum bulletin 162 (1932)

BOBACK, A. W.: Erfolge, Mißerfolge und Aussichten von Wiedereinbürgerungsversuchen mit Waldhühnern. Beitr. Jagd- u. Wildforschung 4; Tagungsber. Dtsch. Akad. Landw. Wiss. Berlin 78; pp. 153–161 (1965)

DERS.: Zur Frage des Geschlechtsverhältnisses bei Waldhühnern. Beitr. Jagd- u. Wildforschung 5; Tagungsber. Dtsch. Akad. Landw. Wiss. Berlin 90; pp. 229–236 (1966)

CRAMP, S., SIMMONS et al.: Handbook of the Birds of Europe, the Middle East and North Africa Vol. II; Tetraonidae; pp. 383–443. Oxford University Press London, N. York 1980

DEMENTIEV, G. P., GLADKOV, N. A.: Birds of the Soviet Union, Vol. 4, Engl. Übersetzg. Jerusalem: Israel Program for Scientific Translations (1967)

FUSCHLBERGER, H.: Das Hahnenbuch, F. C. Mayer Verlg. München-Solln, 2. Auflage 1956

GLUTZ VON BLOTZHEIM, U. N. et al.: Handbuch der Vögel Mitteleuropas, Band 5: Galliformes u. Gruiformes; Tetraoniden; pp. 30–225. Akadem. Verlagsgesellschaft Frankfurt/Main 1973

GREENBERG, D. B.: Raising gamebirds in captivity; p. 224; Princeton Van Nostrand CO., New York 1949

HAMERSTROM, F. N., HAMERSTROM, F.: Comparability of some social displays of grouse. Proc. XIIth Int. Orn. Congr. Helsinki 1958; pp. 274–293 (1960)

DIES.: Status and problems of North American grouse. Wilson Bulletin 73; pp. 284–294 (1961)

HANSSEN, I.: Nutrition of Tetraonids in captivity. Journal VII, WPA; pp. 58–66 (1981–1982)

HJORTH, I.: Fortplantningsbeteende inom Hönsfågelfamiljen Tetraonidae (Reproductive behaviour in male grouse). Vår Vågelvärld 26; pp. 193–243 (1967)

DERS.: Reproductive behaviour in Tetraonidae, with special reference to males. Viltrevy 7; pp. 183–596 (1970)

JOHNSGARD, P. A.: Grouse and Quails of North America. Tetraonidae ;pp. 155–319. University of Nebraska – Lincoln 1973

DERS.: Etho-ecological aspects of hybridization in the Tetraonidae WPA. Journal VII; pp. 42–57 (1981–1982)

DERS.: The Grouse of the World. Croom Helm, London & Canberra 1983

JUDD, S.: The grouse and wild turkeys of the United States, and their economic value. U. S. Biological Survey Bulletin 24; pp. 1–66 (1905)

KOIVISTO, I.: Aufzucht und Haltung von Rauhfußhühnern. Freunde des Kölner Zoo 11; pp. 129–131 (1968/1969)

KOIVISTO, I.: PAASIKUNNAS, Y.: Artificial rearing of tetraonid chicks. Suomen Riista 17; pp. 173–179 (1964)
LAHTINEN, J.: On the rearing of tetraonid birds in captivity in Keuruu, Central Finland, in 1966–68. Suomen Riista 21; pp. 140–149 (1969)
LEOPOLD, A. S.: Intestinal morphology of gallinaceous birds in relations to food habits. Journ. Wildl. Management 17; pp. 197–203 (1953)
NEWLANDS, W. A.: Grouse in captivity. Highland Wildlife Park, Scotland. WPA. Journal I; pp. 88–94 (1975–1976)
RIDGWAY, R., FRIEDMANN, H.: The Birds of North and Middle America. Part X. Tetraonidae pp. 63–230 (Detaillierte Gefiederbeschr. aller amerikan. Rauhfußhühner); Smithsonian Institution, Washington D. C. 1946
SCOTT, J. W.: A study of the phylogenetic or comparative behaviour of three species of grouse. Annals of the New York Academy of Science 51; pp. 477–498 (1950)
SEISKARI, P.: Raising tetraonids chicks. Suomen Riista 9; p. 187 (1954)
SHORT, L. L.: A review of the genera of grouse (Aves, Tetraonidae). Amer. Mus. Novitates 2289; pp. 1–39 (1967)
SUOMUS, H.: The use of hen on breeding tetraonids. Suomen Riista 12; p. 172 (1958)
WILMERING, U.: Recommendations for Breeding Grouse in captivity. WPA-Journal V; pp. 54–57 (1979–1980)

Beifußhühner
Centrocercus, Swainson 1832

Engl.: Sage Grouse.
Beifußhühner sind auerhuhngroße Tetraoniden mit vollständig befiedertem Lauf, unbefiederten Zehen und einem aus 18 steifen, lanzettförmig zugespitzten Federn bestehenden, stark gestuften Schwanz. Die Hähne besitzen einen aufblasbaren, bis auf 2 nackte Hautbezirke befiederten Kehlluftsack und beiderseits am Hals kurze steife Federn mit dornigen Schäften und zur Balzzeit langen, haarartig zerfaserten Enden. Die einzige Art bewohnt Wermutsteppen und Halbwüsten des westlichen Nordamerika.

Beifußhuhn
Centrocercus urophasianus, Bonaparte 1827

Engl.: Sage Grouse.
Abbildung: Seite 193 oben.
Heimat: Wermutsteppen des westlichen Nordamerika von Nord-Dakota und Nebraska bis Ost-Kalifornien und vom nordwestlichen New Mexiko bis nach Süd-Saskatchewan sowie das südliche Britisch-Columbien. 2 Unterarten.
Beschreibung: Geschlechter verschieden gefärbt. Beim Hahn sind Oberkopf und Hinterkopf hell gelbgrau bis hell rötlichbraun mit dunkelbrauner Querbänderung; Nackengefieder fahl rötlichgelb, schmal dunkel ockerbraun bis olivbraun gebändert. Gefieder der übrigen Oberseite einschließlich der Flügel mit kompliziertem Farbmuster aus graubraunen, isabellgelben und schwarzen Komponenten, der Vogel dadurch oberseits isabell bis hell ockergelb wirkend. Die im Basisteil breiten Schwanzfedern verschmälern sich ziemlich übergangslos zur Federspitze hin. Sie sind dunkel olivbraun, mit zahlreichen schmaleren, zickzackförmigen hellockergelben Querbinden ausgestattet und werden zu den Federspitzen hin dunkelbraun bis schwarz. Zügel, Augenumgebung und Ohrdecken dunkelbraun, die Wangen weißlich mit dunkel cremefarbener Sprenkelung; Kinn und Oberkehle weiß, kräftig dunkelbraun gebändert, dadurch aus Entfernung schwarz wirkend; dahinter als schmaler Saum ein weißes Band, das von den Ohrdecken schräg abwärts über die Kehle verläuft und sich mit dem der anderen Seite treffend, eine ausgeprägte V-Form bildet; das Band wird seinerseits außen von einer breiten, rötlich ockerbraunen Binde umsäumt, die durch dichte dunkelbraune Bänderung der Federn fast schwarz erscheint. Das weiße Seitenhals-, Kropf- und Brustgefieder verdeckt 2 während der Balz mächtig aufblasbare Kehlluftsäcke, die dann jederseits einen ovalen, hell olivgelben nackten Hautteil erscheinen lassen, der sich halbkugelig vorwölben kann. Die beiden unbefiederten Kehlsackpartien werden von je einer Gruppe kurzer, steifer weißer Federn mit dicken gelblichen Schäften und rückgebildeten weißen Fahnen gesäumt; auf jeder Halsseite ein Bezirk flaumiger weißer Federn und vor diesen eine Anzahl schwarzer haarähnlicher Federn. Letztere üben eine Funktion bei der Balz aus, sind während der Fortpflanzungszeit am längsten und nutzen sich bis zum Juli zu kurzen Stummeln ab. Brustfedern lang und weiß mit dünnen schwarzen Schäften, die die Brustbefiederung haarartig erscheinen lassen. Flanken

mit großen ockerbraunen, dunkel gebänderten, weiß geschäfteten und gesäumten Federn; Seitenbauchfedern vorwiegend weiß, ein durchgehendes weißes Band zwischen dem braunschwarzen Bauch und den braunen Körperseiten bildend. Unterschwanzdeckfedern dunkelbraun, breit weiß endgesäumt. Über den Augen unscheinbare gelbe Schwellkörper (Rosen), die während der Balz vergrößert werden. Iris hellbraun, Schnabel und Beine schwarz. Länge 711 mm; Flügel 303 mm; Schwanz 315 mm; Gewicht 2010 bis 2835 g.

Der wesentlich kleineren Henne fehlen die langen steifen Halsseitenfedern, Kinn und Oberbrust sind ohne schwarzbraune Bänderung; Unterkehle und Brust hell rosiggelb, schmal schwarz quergebändert. Hintere Brust- und vordere Bauchfedern weiß, schwarz endgesäumt, jedoch mit weißen, statt wie beim Hahn schwarzen Schäften. Unterbauch und Hinterleib gelbgrau; Zügel, Unteraugenregion und Ohrdecken heller als beim Hahn, hell rosiggelb, schmal gelbbraun gebändert.
Länge 559 mm; Flügel 260 mm; Schwanz 199 mm; Gewicht 1142 bis 1530 g.

Beim Dunenküken sind Scheitel, Rücken und Bürzel schwarz mit trübbrauner, hellgelblicher und schmutzigweißer Sprenkelung; Kopfseiten und Hals kräftig schwarz gefleckt und gestreift. Auf Vorderhals und Kropf 2 große graubraune, schwarzgesäumte Flecken. Unterseite grauweiß, auf dem Kropf mit Ockergelb vermischt.

Gelegestärke 7 bis 13; Ei olivgelb mit gleichmäßig brauner Rundfleckung und Tüpfelung (55 mm × 38 mm); Frischgewicht 44 g; Brutdauer 25 bis 27 Tage.

Lebensgewohnheiten: Dem Beifußhahn stehen im Westen Nordamerikas trotz menschlicher Besiedlung auch heute noch als Lebensraum 130 Millionen Acres zur Verfügung, von denen 90 Millionen Beifußsteppe und 40 Millionen Salzbuschwüste sind. Obwohl diese als „Wüsten" bezeichneten Gebiete nur jährliche Niederschlagsmengen von 12,7 bis 25,4 cm aufweisen, ernähren die darauf wachsenden Pflanzenarten große Populationen des Beifußhuhnes und der Gabelantilope. Dies wird durch den ungewöhnlich hohen Nährwert der strauchförmigen Beifußart *Artemisia tridentata*, einer der wertvollsten Futterpflanzen Nordamerikas, ermöglicht. Unter ariden Bedingungen gedeihend, bringt sie zarte grüne Triebe mit 16 % Protein-, 15 % Fett- und 47 % Kohlehydratgehalt hervor. Für Tierarten, deren Verdauungstrakt solche Nahrung aufzuschließen vermag, stellt sie ein besseres Futtermittel dar als selbst die Luzerne. Das Beifußhuhn ist so sehr auf zarte Beifußtriebe spezialisiert, daß es als einziger Tetraonide einen weichhäutigen Muskelmagen besitzt. Nachdem die Bestände dieses Hühnervogels infolge übermäßiger Bejagung und der Überweidung seines Habitats durch Schafherden bereits einen kritischen Tiefpunkt erreicht hatten, ist seit dem Inkrafttreten des Taylor Grazing Aktes wieder eine erfreuliche Zunahme zu verzeichnen, und gegenwärtig ist das große Beifußhuhn fast in allen Teilen seines ehemaligen Verbreitungsareals häufig anzutreffen. In Wyoming erscheinen die Beifußhähne bereits im Februar auf ihren Balzplätzen, die Hennen 1 bis 2 Wochen später. Bei Tagesanbruch versammeln sich Gruppen von bis zu 40 und mehr Hähnen auf offenen Flecken, deren Boden offenbar durch die häufige Benutzung frei von Pflanzenwuchs ist. Jeder Hahn besitzt ein kleines Territorium, auf dem er sich zwischen den Balzhandlungen gewöhnlich in aufrechter Haltung mit leicht hängenden Flügeln und gesträubtem Halsgefieder, den Schwanz aufgerichtet und gespreizt, den teilweise aufgeblasenen Kehlsack pendelnd herabhängend, aufhält. Er ruckt dann häufig mit dem Kopf aufwärts und stößt dabei einen weichen, schnarchenden Ton aus, der offenbar durch Luftaspiration entsteht. Die eigentliche Balz besteht aus einer Folge stereotyper Bewegungen und Töne, die 3 Sekunden andauern. LUMSDEN (1968) und HJORTH (1970) teilen den Ablauf der Balz des Beifußhahnes in 10 Phasen auf. In der 1. Phase schreitet er in aufrechter Haltung mit etwas unterhalb der Vertikalen gehaltenem und gefächertem Schwanz sowie herabhängenden Flügeln einen Schritt vorwärts und hebt dabei den Rücken mehr und mehr, so daß dieser in der folgenden Phase in einem Winkel von 45° zum Erdboden gehalten wird. Darauf teilen sich plötzlich die vorderen Halsfedern und geben 2 olivgelbe Hautbezirke frei. Bei der 3. Phase öffnet der Hahn den Schnabel und aspiriert vermutlich Luft. Die herabhängende Hauttasche hebt sich, die nackten Hautteile verschwinden und ein weiterer Vorwärtsschritt erfolgt, wobei gleichzeitig die geschlossen gehaltenen Schwingen schnell über die versteiften Seitenhalsfedern gestreift werden und gleichzeitig der Hals vorwärts ruckt, was ein scharrendes Geräusch hervorruft. In der 4. Phase wird der Schnabel geschlossen, die Flügel werden nach vorn bewegt, und der Kehlsack hängt wieder herab. In der 5. Phase füllt sich der Kehlsack erneut mit Luft, wird aber wiederum noch nicht maximal aufgeblasen, und ein 2. geräuschloser Rückwärtsschlag der Flügel erfolgt. In der 6. Phase tritt der Hahn einen 3. Schritt vor, die Flügel werden erneut nach vorn bewegt, die nackten Hautflecke etwas stärker gebläht, und die Schlundtasche beginnt sich wieder zu heben. Während der 7. Phase streckt er den Hals schräg aufwärts, wodurch die Schlundtasche so stark angehoben wird, daß sie den Kopf fast verdeckt, und die Flügel werden während ihres 3. Rückwärtsschlages wiederum gegen das Brustgefieder gerieben. In der 8. Phase wird der Kopf in das gesträubte Halsgefieder zurückgezogen, und die beiden gefüllten nackten Hautbezirke bilden große, ovale ballonartige Vorsprünge, während die Flügel ein 4. Mal vor und zurück bewegt werden. In der 9. Phase wird der Kopf schnell ins Halsgefieder gezogen, von dem er vollständig verdeckt ist und die Schlundtasche derart gedehnt, daß die olivgelben Bezirke halbkugelig vorgestülpt sind, während die Flügel ihren 5. Rückwärtsschlag beenden. Der Druck der im Sack zurückgehaltenen Luft läßt nun plötzlich nach, und seine Haut fällt wie ein leerer Luftballon in sich zusammen, während der Kopf in seine normale Stellung zurückgebracht wird. In der Balzendphase schließen sich die weißen Federn über die nackten Hautteile, und die gleiche Haltung wie zu Balzbeginn wird eingenommen. Der ganze Balzablauf besteht aus mehreren Vorwärtsschritten, 5 drehenden Flügelbewegungen, 2 schleifenden Geräuschen beim Reiben der Flügel gegen Brust- und Halsseiten sowie 4 nach jeder Phase intensivierten Aspirationen von Luft in den Schlundsack. Der vorrangig gehörte, nicht vokale Laut, ein zischendes pfeifendes Geräusch mit Resonanz, ist in seiner Entstehung wohl noch ungeklärt. Die Hennen versammeln sich in der Nähe der Balzplätze in engen Gruppen von zuweilen 50 bis 70 Vögeln. Interessant ist, daß Paarungen überwiegend von den stärksten „Platzhähnen" ausgeführt werden, die meisten übrigen Hähne also nicht zum Einsatz gelangen. Nester werden meist in einiger Entfernung von den kahlen Balzplätzen überwiegend versteckt unter dichtem Beifuß angelegt. Es sind nach Hühnervogelart einfache Erdmulden. Das Gelege aus meist 7 Eiern wird 25 bis 27 Tage lang bebrütet. Die Küken können mit 1 bis 2 Wochen bereits kurze Flüge ausführen. Sie ernähren sich zuerst von Insekten, bald auch zarten Pflanzenteilen und gehen gegen Sommerende mehr und mehr auf Beifußblätter über. Mit 10 bis 12 Wochen sind sie selbständig. Außerhalb der Balzzeit leben Beifußhühner in getrennten Hahnen- und Hennentrupps zusammen, die weite Strecken über die Beifußsteppen wandern: Im Sommer suchen sie die feuchteren Vorhügelketten und die Wermutgebiete in den Bergen auf und begeben sich während des Winters in trocknere Wüstensteppen, auf denen die hohen Beifußstauden nicht vom Schnee bedeckt werden und zu dieser Jahreszeit ihre ausschließliche Nahrung bilden. Neben den genannten *Artemisia*-Arten nehmen Beifußhühner im Frühjahr und Sommer Leguminosen aller Art, besonders gern Luzerne sowie andere Pflanzen wie beispielsweise Löwenzahn und Bocksbart auf.

Haltung: Beifußhühner wurden auch in den USA und Kanada bisher nur sehr selten gehalten und noch nicht nach Europa importiert. Die Arbeiten von BATTERSON und MORSE (1948) sowie von PYRAH (1963, 1964), die Gelege aus freier Wildbahn erbrüten ließen und die Küken großzogen, waren uns nicht zugänglich.

Aus einer weltweiten Umfrage der WPA über die Haltung wilder Hühnervögel auf der Erde geht hervor, daß im Jahre 1982 lediglich 2 Beifußhühner in Nordamerika gehalten wurden.

Weiterführende Literatur:
ASCHENBRENNER, H.: Rauhfußhühner, Ksp. 13 Beifußhuhn, pp. 66–69. M. & H. Schaper, Hannover 1985
BATTERSON, W. M., MORSE, W. B.: Oregon sage grouse. Oregon Game Commission fauna series no. 1 (1948)
DALKE, P. D. et al.: Seasonal movements and breeding behaviour of sage grouse in Idaho. Transact. 25th N. Amer. Wildl. Conf.; pp. 396–407 (1960)
DIES.: Ecology, productivity, and management of sage grouse in Idaho. Journ. Wildl. Manag. 27; pp. 811–841 (1963)
GILL, R. B.: A literature review on the sage grouse. Colorado Dptm. Game, Fish and Parks and Colorado Cooperat. Wildl. Res. Unit. special report no. 6 (1966)
GIRARD, G. L.: Life history, habits and food of sage grouse. Univ. Wyoming Publ. 3; pp. 1–56 (1937)
GRINER, L. A.: A study of the sage grouse, *Centrocercus urophasianus*, with special reference to life history habitat requirements, numbers and distribution. Master's thesis, Utah State Agricultural College 1939
JOHNSGARD, P. A.: Grouse and Quails of North America; Sage Grouse pp. 155–174. Univ. Nebraska, Lincoln 1973
DERS.: The Grouse of the World. Sage Grouse, pp. 109–126. Groom Helm, London & Canberra 1983
KLEBENOW, D. A.: Sage grouse nesting and brood habit in Idaho. Journ. Wildl. Manag. 33; pp. 649–662 (1969)
KLEBENOW, D. A., GRAY, G. M.: Food habits of juvenile sage grouse. Journ. Range Manag. 21; pp. 80–83 (1968)
LUMSDEN, H. G.: The displays of the sage grouse. Ontario Dptm. of Lands and Forests research report (wildlife) no. 83 (1968)

MARTIN, N. S.: Sagebrush control related to habitat and sage grouse occurrence. Journ. Wildl. Manag. 43; pp. 313–320 (1970)
NELSON, O. C.: A field study of the sage grouse in southeastern Oregon with special reference to reproduction and survival. Master's Thesis, Oregon State College 1955
PATTERSON, R. L.: The sage grouse in Wyoming. Denver: Sage books (1952)
PYRAH, D. B.: A preliminary study towards sage grouse management in Clark and Fremont counties based on seasonal movement. Master's thesis, Univ. of Idaho 1954
DERS.: Sage grouse investigations. Idaho Fish and Game Dptm., Wildl. Restor. Divis. job completion report, project W 125-R-2 (1963)
DERS.: Sage chicken in captivity. Game Bird Breeders, Pheasant Fanciers and Aviculturist's Gazette 13; pp. 10–11 (1964)
ROGERS, G. B.: Sage grouse investigations in Colorado. Colorado Game, Fish and Parks Dptm., Game Research Divis. techn. publ. no. 16 (1964)
SCOTT, J. W.: Mating behaviour of sage grouse. Auck 59; pp. 472–98 (1942)

Felsengebirgshühner
Dendragapus, Elliot 1864

Engl.: Hierzu gehören Blue Grouse, Sooty Grouse, Dusky Grouse und Richardson's Grouse.
Felsengebirgshühner sind fast birkhuhngroße Tetraoniden der Gebirge des westlichen Nordamerika. Bei ihnen sind die Scheitelfedern etwas verlängert und bilden aufgerichtet eine kleine Haube. Die Rosen der Hähne sind gut ausgebildet und gelb. Auf den Halsseiten liegen mäßig große, dehnbare Cervicalsäcke, deren unbefiederte, ovale dunkelgelbe bis rote Hautpartien bei der Balz mit Luft aufgeblasen, vorwiegend weiße Federn beiseite drücken, die den bunten Mittelfleck dann wie ein breiter weißer Kranz umgeben. Der lange breite Schwanz aus 20 Steuerfedern ist unterartbedingt hinten abgerundet oder abgestutzt und wird bei der Balz wie beim Auerhahn radförmig ausgebreitet. Der Tarsus ist mit Ausnahme der Ferse ganz mit haarartig feinen Federn bedeckt, die auch noch den größten Teil der Mittelzehen-Phalangen bedecken. Die Geschlechter sind sehr verschieden gefärbt. Zwei Unterartengruppen, die früher als selbständige Arten galten, lassen sich unterscheiden: Die des Dusky Grouse (*D. o. obscurus, richardsoni, pallidus*), welche die Inlandgebiete des Verbreitungsareals bewohnen. Ihre Hähne sind durch dünnhäutige fleischfarbene Luftsäcke charakterisiert, die bei Dehnung während der Balz purpurrote Färbung annehmen. Die Hähne der Unterarten des Sooty Grouse (*D. o. sitkensis, fuliginosus, sierrae, howardi*) aus den pazifischen Küstengebirgen zeichnen sich dagegen durch auffällig dickhäutige, tief gefältete (runzlige) dunkelgelbe Cervicalhautbezirke aus. Diese unbefiederten Hautbezirke enthalten subcutane Fettdepots, werden also nicht wie die Rosen über den Augen durch Blutzufuhr in Schwellkörper erweitert. Beide Unterartengruppen des Felsengebirgshuhnes hybridisieren in einem schmalen Gebiet Britisch-Kolumbiens und Washingtons.

Felsengebirgshuhn
Dendragapus obscurus, Say 1823

Engl.: Blue Grouse, Dusky Grouse, Richardson's Grouse, Sooty Grouse.
Abbildung: Seite 193 unten.
Heimat: Von Südost-Alaska, Süd-Yukon, Südwest-Mackenzie und West-Alberta südwärts entlang der Pazifikküste einschließlich der vorgelagerten Inseln bis Vancouver und weiter bis Nord-Kalifornien sowie in den Gebirgen Süd-Kaliforniens, Nord- und Ost-Arizonas und im Westen des mittleren New Mexico.
Beschreibung: Geschlechter verschieden gefärbt. Beim Hahn der Unterart *D. o. sitkensis* sind Stirn und Vorderscheitel dunkel kastanienbraun, auf Hinterscheitel, Nacken und den vorderen Interskapularen allmählich in Schwarzbraun oder grauliches Schwarzbraun übergehend. Übrige Interskapularen und der Oberrücken dunkel rußbraun bis dunkel nelkenbraun, die Federn unterschiedlich stark fein umber bis sepiabraun wellengebändert. Kleine Flügeldecken sehr variabel, oft dunkel gelbbraun bis dunkel zimtbraun, dicht schwarz gewellt; mittlere Flügeldecken sepia- bis sehr dunkel nelkenbraun, große Flügeldecken und Schwingen ähnlich dunkelbraun, die großen Decken zusätzlich schmal dunkel mausgrau bis gelbgrau gesäumt, die innersten Armdecken auf dem Endteil der Innenfahnen breit grau oder gelbgrau, dunkel rußbraun oder nelkenbraun quergewellt. Bürzel- und Oberschwanzdeckfedern sepia- bis nelkenbraun, in den Endabschnitten dunkel mausgrau mit schwarzer Wellung und in der Nachbarschaft der grauen Bezirke stark schnupftabakbraun bis umberbraun verwaschen, dazu ebenfalls schwarz quergewellt. Schwanzfedern dunkelbraun bis nelkenbraun, die Federn mit mausgrauer

bis hell gelblichgrauer Endbinde, auf dem mittleren Federpaar von 15 bis 22 mm Breite. Schwanz nur leicht gerundet, alle Federn breit und an den Enden ziemlich abgestumpft. Zügel, Wangen, Ohrdecken dunkelbraun bis dunkel nelkenbraun, auf Kinn und Kehle in helleres Braun übergehend; Oberkehle mit wechselndem Anteil weißer Federbasen, die Unterkehle oft etwas dunkler. Brust und Bauch trüb gelblichgrau; Seiten und Flanken wie der Bauch, doch die Federn mit weißen Enden, die seitlicheren sepiabis nelkenbraun, schwarz gewellt und weiß geschäftet, die Schäfte sich caudalwärts zu weißen Keilflecken verbreiternd. Unterbauch- und Aftergefieder wie Mittelbauch, doch die Federn breit weiß endgerandet. Unterschwanzdecken dunkler mit breiten weißen Federenden, dazu subterminal von 2 schmalen grauen, schwarzgesäumten Bändern überquert. Der nackte Seitenhalsbezirk der Hähne wird allseitig von vorwiegend weißen, mit breiten dunkel sepiabraunen Endbinden ausgestatteten Federn umsäumt, die erst bei der Balz die gedehnten, nackten, bei der Sitkasubspezies orangegelben Seitenhalsluftsäcke wie ein breiter weißer Kranz umgeben. Rosen tief dunkelgelb, Orbitalwachshaut trübgelb, Iris dunkelbraun, Schnabel schwarz, Füße hell braungrau.

Länge 436 bis 477 mm; Flügel 196 bis 248 mm; Schwanz 131 bis 202 mm; Gewicht 1150 bis 1275 g, maximal 1425 g.

Bei der Henne sind Stirn- und Scheitelfedern braunschwarz gespitzt, basal hell rostbraun oder bernsteinbraun gebändert, wobei die Braunkomponente auffälliger als das Schwarz hervortritt; Hinterkopf und Nacken ähnlich, doch die braunen Spitzen heller und die schwarzen Bezirke dort durch schmalere Braunbänderung ersetzt; Interskapularen und Oberrücken schwarz und zimtbraun gebändert, diese Bänderung auf den Unterrückenfedern abnehmend und auf die Enddrittel der Federn beschränkt. Kleine und mittlere Flügeldecken zimtbraun bis hell rostbraun, schwarz gesprenkelt und subbasal breit schwarz gezeichnet, die Federn weiß geschäftet, sich nach den Enden hin zu weißlichen Keilflecken verbreiternd, die bei lateraler Ausdehnung zuweilen ein schmales, beidfahniges Endband bilden. Große Flügeldecken nelkenbraun, schmal zimtbraun gesäumt und distal gesprenkelt. Schwingen mit Ausnahme der inneren Armschwingen nelkenbraun, hell rostbraun gespitzt, die Handschwingenaußenfahnen hell zimtbraun gesprenkelt. Innere Armschwingen weiß gespitzt, dieser Bezirk proximal schmal schwarz gesäumt, die übrigen schwarz, breit und schmal rostbraun gebändert. Mittlere Schwanzfedern zimtbraun bis hell rostbraun, von breiten schwarzen Klecksen und unregelmäßigen zarten schwarzen Streifen überquert, die Federenden grauer, unregelmäßiger zart schwarz gebändert. Übrige Schwanzfedern tief nelkenbraun bis schwarzbraun, düster grau endgesäumt, diese Säumung auf dem zur Mitte hin folgenden Federpaar sich proximal in eine Reihe unregelmäßiger, basalwärts braun werdender Sprenkel auflösend. Zügel weiß, schwarz gesprenkelt, die Federn der Bartregion, Wangen, Ohrdecken und der Kehlregion basal weiß, distal hell rostbraun bis bernsteinbraun, schwarz gesäumt und endgerandet. Kinn schwach rostrot verwaschen, die Federn schwarz gesäumt. Oberkehle weiß, jede Feder mit V-förmigem schwarzem Endband, diese Bänder sich nach hinten zu verbreiternd, so daß die weißen Zentren dort zu schwinden beginnen. Brust und Bauch nelkenbraun bis dunkelbraun, die Federn hell zimtbraun gebändert und graulich hellzimtbraun gespitzt, ihre weißen Schäfte sich zu den Federenden hin zu V-förmigen weißen Keilen verbreiternd. Mittelbauch wie beim Hahn; Seiten, Flanken, Aftergefieder, Schenkel und Unterschwanzdecken ebenfalls wie beim Hahn, doch die weißen Federspitzen viel stärker auf Seiten und Flanken hervortretend, die braunen und schwarzen Markierungen viel gröber, weniger wellengebändert, ihr Braun ein Reh-, statt Sepiabraun. Die kleinen Rosen trüb orangegelb, Iris braun, Schnabel schwarz, Füße hellgraubraun bis hell grüngrau, die Zehensohlen und Laufhinterseite gelblich.

Flügel 178 bis 235 mm; Schwanz 111 bis 159 mm; Gewicht 1150 bis 1275 g, maximal 1425 g.

Die Färbung der Dunenküken ist bei den Unterarten etwas verschieden: Küken der *Fuliginosus*-Gruppe sind unterseits weiß, die der *Obscurus*-Gruppe gelb. Allgemein kann gesagt werden, daß den Felsenhuhnküken der kastanienbraune Scheitelfleck des Tannenhuhnkükens fehlt, bei ihnen vielmehr Scheitel und Kopfseiten unregelmäßig schwarz gefleckt sind und ein auffälliger schwarzer Ohrfleck stets vorhanden ist. Die schwarzen Kopfmuster der Felsenhuhnküken schließen außerdem einen mit der Stirnfleckung verbundenen Mittelscheitelfleck, zwei undeutlich ausgeprägte Seitenrückenstreifen und einen schwach bräunlichen Bezirk dahinter ein, der von etwas dunkleren Flecken begrenzt wird.

Gelegestärke 7 bis 10, im Mittel 6,2; Ei rötlich isabell bis hellbraun, zart braun gesprenkelt (48,5 mm × 35 mm); Frischgewicht 33 g; Bebrütungsdauer 24 bis 25 Tage.

Lebensgewohnheiten: Das Vorkommen des Felsengebirgshuhnes steht überall mit der Verbreitung von Douglasie und Weißtanne in enger Verbindung. Die Art weist in den pazifischen Gebirgsketten eine ziemlich breite Vertikalverbreitung auf. Sie brütet in den unteren Bergwäldern, selbst bewaldeten Vorhügelketten, und zieht danach bergaufwärts bis zur Baumgrenze und darüber hinaus, um dort Herbst und Winter zu verbringen. Im regnerischen pazifischen Nordwesten begünstigen Holzfällerei und Waldbrände durch Schaffung offener, beerenstrauchreicher Bezirke und damit zusätzlicher Brutgebiete die Ausbreitung, doch kann eine Überweidung der unteren Hügelketten durch Vieh auch das Gegenteil bewirken. Im Vergleich mit anderen Tetraoniden Nordamerikas hat das Verbreitungsareal der Art bisher keine größeren Einbußen erlitten, und sie befindet sich nirgends im Rückzug. Obwohl das Blue Grouse in seinen montanen Überwinterungsgebieten sehr von Nadelwalddeckung abhängig ist, kann man es nicht als eine ganz auf Koniferen spezialisierte Art bezeichnen. Zu seinen bevorzugten Sommerbiotopen gehören nämlich auch Laubwälder, Buschwerk und Krautwuchs, wobei Espen, Schneebeeren, Trespengräsern, Greiskraut und Tragantarten die größte Bedeutung als Futterpflanzen zukommt. Auf der Vancouver-Insel bestreiten Adlerfarn, Weiden, Mahonien, Brom- und Heidelbeeren, Torfmyrte (*Gaultheria*) und Katzenohr (*Hypochaeris*) bei den Adulten über 90 %, den Jungvögeln über 80 % der Gesamtnahrung. Gegen Ende September begeben sich die Felsengebirgshühner auf die höheren Berghänge und überwintern in der Montanwaldregion. Für diese Wahl spielt aber wohl weniger die Höhenlage als das Vorhandensein geeigneter Deckung eine Rolle. Während des Winters wird vor allem die Douglasie als Futter genutzt. Im Frühjahr besetzen die Hähne gleich nach dem Eintreffen dort ihre Reviere, jedenfalls sobald die Witterungsbedingungen es erlauben und der Schnee weitgehend abgeschmolzen ist. Die Revieransprüche sind noch wenig erforscht und werden vermutlich je nach den örtlichen Verhältnissen und dem Verhalten der betreffenden Unterart variieren. In Colorado beispielsweise befinden sich Reviere in den verschiedensten Biotopen wie Espen-/Ponderosakiefernmischwäldern, Tannen-/Espenmischwäldern, lockeren und dichten Espengehölzen, aber auch Beifußbusch, Weizenfeldern und an Bahndämmen, doch wird lichtes Baum- und Buschgelände bevorzugt. Die Bodenbalz ist typisch für die Hähne der Inlandpopulationen, während die Männchen der Küstenunterarten meist in über 6 m Höhe auf Baumästen balzen. Für einen Hahn wurden 2 bis 11 Balzplätze nachgewiesen. Der Felsengebirgshahn gibt seinen Revieranspruch durch Einnahme einer besonderen Haltung, Stimmlaute und Flügellaute zu erkennen, was zusammenfassend als Tuten (hooting) bezeichnet wird. Der tutende Gesang ist bei Hähnen der Inlandpopulationen (Dusky Grouse) über Entfernungen von mehr als 45 m kaum zu hören, während Hähne der Küstenunterarten (Sooty Grouse) so starke Huptöne ausstoßen, daß man sie noch mehrere hundert Meter weit vernehmen kann. Das mag auch damit zusammenhängen, daß die Hähne der Inlandrassen vom Erdboden aus rufen, während die der Küstenregion sich dazu häufig auf hohe Baumäste setzen. Die Halsluftsäcke der Inlandhähne sind allgemein purpurrot, die der Küstenhähne gelblich. Die Rosen der ersteren sind groß und variieren bei maximaler Stimulation zwischen Gelb und Hellrot, die der letzteren kleiner, gewöhnlich zitronengelb, manchmal fahlrot. Während des Tutens hebt der Hahn teilweise den Schwanz, sträubt das weiße Halsgefieder und demonstriert seinen farbigen Hautfleck im Zentrum. Dabei hängen beide Flügel leicht herab. In dieser Haltung ist der Kehlsack partiell mit Luft gefüllt und pulsiert jedesmal, wenn der Hahn die 5 bis 7 Huptöne ausstößt, was ziemlich schnell in 12 bis 36 Sekunden-Intervallen geschieht. Die Revierbesitzer bewegen sich zwischen ihren verschiedenen Balzplätzen hin und her, halten den Kopf während des Laufens tief gesenkt, den erhobenen Schwanz gespreizt und demonstrieren dabei die gefleckten Unterschwanzdecken. In Gegenwart eines Reviereindringlings nimmt der Hahn eine betont aufrechte Haltung mit zum Gegner hingeneigten Stoß ein, vergrößert die Rosen und läßt den dem Feind entgegengesetzten Flügel herabhängen. In dieser Haltung führt er häufig vertikale Kopfruckbewegungen aus, wobei sich der dem Gegner sichtbare Halsluftsack synchron mit den Kopfbewegungen dehnt, und schreitet auf ihn zu. Die Drohdemonstration erreicht ihren Höhepunkt mit einem schnellen im Bogen verlaufenden Ausfall in Richtung zum Feind hin. Dazu ruckt er ein paarmal mit dem Kopf, rennt mit kurzen schnellen Schritten vorwärts und beendet seinen Angriff mit einem tiefen „Uup" oder „Huut". Danach nimmt er allmählich wieder seine Normalhaltung ein. Ist der Reviereindringling eine Henne, bleibt sie einfach stehen, und der Hahn balzt um sie herum, den Körper hebend und senkend, mit dem Kopf ruckend und ihr stets Halsrosette und Rosen demonstrierend. Nach solcher 2- bis 3minütigen Balz stellt er sich hinter die Henne und versucht, sie zu besteigen. Nach einer gelungenen Paarung nimmt er sofort wieder seine aufrechte Prahlhaltung an. Obwohl das Felsengebirgshuhn als Verteidiger großer Reviere gilt, deren Hähne allein balzen, sind einige Beobachtungen über eine Gruppenbalz gemacht worden. Bei 5 % der durchschnittlich 300 m² großen Reviere wurden 7 bis 8 balzende Hähne festgestellt, die 60 bis 150 m voneinander entfernt standen und eine Rufgruppe bildeten, die gemeinsam im Chor tutete. Dabei wurden Hähne beobachtet, die ihre Reviergrenzen überquerten und Nachbarreviere durchwanderten, um auf einem Gemeinschaftsplatz zu balzen. Diese Art zeitweiliger Schaffung gemeinsamer Balzplätze durch Hähne könnten vom Standpunkt der Evolution aus eine Basis für regelmäßige Gruppenbalz bilden, vorausgesetzt, daß solche Chorgruppen zum Anlocken von Hennen mehr Wirkung entfalten als in ihrem Revier allein balzende Hähne.

Revierbesitzansprüche werden von den Hähnen auch durch ritualisierte Flatter- und Flugbewegungen mit Tonerzeugung demonstriert. Sie sind schwierig zu klassifizieren und wurden von Beobachtern unterschiedlich interpretiert. Am auffälligsten ist das Flügeltrommeln, auch Flattersprung genannt. Es ist ein kurzer senkrechter Luftsprung, bei dem die Flügel ein paarmal kräftig geschlagen werden. Oft wird ein Flügel stärker geschlagen als der andere, wodurch in der Luft eine Drehbewegung des Vogels erfolgt und er vor der Landung zu einer unvollständigen Wendung veranlaßt wird. Vom normalen Flügeltrommeln unterscheidet sich der Trommelflug dadurch, daß der Hahn unter kräftigen Flügelschlägen einen Rundflug von 3 bis 4 m im Kreis vollführt und wieder am Startplatz landet. Außer den „Huut-" und „Uup"-Rufen verfügen die Hähne nur über wenige weitere Stimmäußerungen. Von den Weibchen sind mehrere Lautäußerungen unterschiedlicher Bedeutung bekannt, deren bemerkenswerteste ein wimmerndes „Qua-qua" ist, das offenbar Paarungsbereitschaft signalisiert. Wird es von einer Henne ausgestoßen, geraten die Hähne der Umgebung sofort in Erregung, beginnen zu tuten und das Weibchen zu suchen. Die brütende Henne wird weder vom Hahn bewacht, noch beteiligt er sich an der Kükenaufzucht. Die Küken werden sehr schnell selbständig. Schon am 1. Lebenstag beginnen sie, pflanzliche, nicht wie die meisten anderen Tetraonidenküken tierische Nahrung aufzunehmen. Mit 6 bis 7 Tagen sind sie flugfähig und fliegen mit 2 Wochen bis zu 60 m weit. Ab dem 11. Tag wird kein Küken mehr von der Mutter gehudert. In Montana halten sich führende Felsengebirgshennen meist in gemischter Krautpflanzen- und Grasvegetation auf und wandern nach Abwelken derselben mit den Küken in laubabwerfende Dickichte ab. Gegen Ende August sind die Kükenaufzuchtgebiete verlassen, und die Jungvögel streifen allein oder in Gruppen umher und bewegen sich in Richtung auf die Überwinterungsgebiete bergwärts.

Haltung: Felsengebirgshühner sind in Nordamerika bisher nur sehr selten gehalten worden. Als erster hat wohl SIMPSON (1935) die Art erfolgreich gepflegt. 1963 gelang es SMITH und BUSS, 4 Felsengebirgshühner aus dem Ei großzuziehen, und 1966 haben ZWICKEL und LANCE 27 Küken aus Wildgelegen „auf die Stange gebracht". Über die Aufzucht dieses Tetraoniden hat ferner HANSEN (1961) berichtet. Er hatte Küken neben einer toten Henne gefunden. Erste Fütterungs- und Stopfversuche mit angefeuchtetem Kükenstartermehl und gekochtem Eigelb mißlangen, doch wurden reife Beeren aller Art und zarte grüne Blätter gierig verschlungen. Die Kleinküken vermochten die im Verhältnis zur Schlundweite sehr großen Beeren oft nur mit großer Mühe abzuschlucken. An die Sättigung schloß sich stets ein Verdauungsschläfchen von 20 Minuten an, das unter der Wärmelampe als Ersatz für die hudernde Mutter absolviert wurde. Trotz Angebots 10 verschiedener Beerenarten, Grünpflanzen der verschiedensten Arten, Kiefern- und Fichtenzweigen sowie Insekten stellten sich bei den Küken Mangelerscheinungen in Form verlangsamten Wachstums, danach Schwäche, Flügel- und Beinlähmungen ein. Ein Vitamin-Mineralgemisch aus feingemahlener Brauereihefe, Mineralsalzen, den Vitaminen C, A und D, das Ganze zu Kügelchen geformt, wurde ohne weiteres angenommen. Die bereits Gelähmten erhielten zusätzlich Vitamin-E-Gaben und noch am Nachmittag des Tages, an dem die Kur eingeleitet worden war, gelang es den Erkrankten, sich auf niedrige Äste zu setzen. Am folgenden Abend saßen dann die Behandelten zusammen mit den Gesunden auf den hoch angebrachten Übernachtungsästen. Die im Juni als Kleinküken gefundenen Vögel waren gegen Ende September nahezu erwachsen und erhielten deshalb eine größere Voliere mit Wetterschutz. Die Hennen waren zutraulicher und neugieriger als die Hähne und flogen dem Pfleger auf die Schultern. Im darauf folgenden Frühjahr wurden die Hähne auffallend unruhig, durchquerten in kurzen unregelmäßigen

Flügen die Voliere und zischten Passanten an. Betrat der Pfleger ihre Voliere, griffen sie ihn mit ausgebreiteten Flügeln und geöffneten Schnäbeln an, zwickten ihn in die Beine und flogen ihm manchmal zischend auf Kopf und Schultern. Bald danach begann die Balz, die vom 27. April bis zum 18. Juni dauerte. Der Felsengebirgshahn balzt bei Sonnenaufgang und während des Spätnachmittags ein bis zwei Stunden lang.

Felsengebirgshühner haben nach ZWICKEL (1966) ein Alter von 10,6 und 15,3 Jahren erreicht.

Wie aus einer weltweiten Umfrage der WPA hervorgeht, wurden im Jahre 1982 in den USA und Kanada 55, in Kontinental-Europa 6 Felsengebirgshühner gehalten.

Weiterführende Literatur:

ASCHENBRENNER, H.: Rauhfußhühner. Felsengebirgshuhn; pp. 62–65. M. & H. Schaper, Hannover 1985

BEER, J.: Food habits of the blue grouse. Journ. Wildl. Management 7; pp. 32–47 (1943)

BENDELL, J. F.: Age, moult and weight characteristics of blue grouse. Condor 57; pp. 354–361 (1955)

DERS.: Age, breeding behaviour and migration of sooty grouse, *Dendragapus obscurus fuliginosus* (RIDGWAY). Transact. 20th N. Amer. Wildl. Conf; pp. 367–381 (1955)

BLACKFORD, J. L.: Territoriality and breeding behaviour of a blue grouse population in Montana. Condor 60; pp. 145–158 (1958)

DERS.: Further observations on the breeding behaviour of a blue grouse population in Montana. Condor 65; pp. 486–513 (1963)

FOWLE, C. D.: A study of the blue grouse (*Dendragapus obscurus* SAY) on Vancouver Insland, British-Columbia. Canad. Journ. Zool. 38; pp. 701–713 (1960)

HAMERSTROM, F. N., HAMERSTROM F.: Status and problems of North American grouse. Wilson Bulletin 73; pp. 284–294 (1961)

HANSEN, N.: Raising blue grouse (*Dendragapus obscurus*). Gazette 10; pp. 49–54 (1961)

HOFFMANN, R. S.: Observations on a sooty grouse population at Sage Hen Creek, California, Condor 58; pp. 321–336 (1956)

DERS.: The quality of the winter food of blue grouse. Journ. Wildl. Manag. 25; pp. 209–210 (1961)

JOHNSGARD, P. A.: Grouse and Quails of North America. Blue Grouse; pp. 175–192. Univ. Nebraska, Lincoln 1973

DERS.: The Grouse of the World. Blue Grouse; pp. 127–144. Croom Helm, London & Canberra, 1983

LACHER, J. R., LACHER, D. D.: Blue grouse in captivity. Journ. Wildl. Manag. 29; pp. 404–405 (1965)

LANCE, A. N., ZWICKEL, F. C., GORNALL, F. A., BENDELL, J. F.: Diet and mortality of young blue grouse raised in captivity. Journ. Wildl. Manag. 34 (1970)

MOFFITT, J.: The downy young of *Dendragapus*. Auck 55; pp. 589–595 (1938)

ROGERS, G. B.: The blue grouse in Colorado. Colorado Game, Fish and Parks Dptm., Game Research Div. techn. publ. no 21 (1968)

SIMPSON, G.: Breeding blue grouse in captivity. Transact. Amer. Game Conf. 21; pp. 218–219 (1935)

SMITH, N. D., BUSS, I. O.: Age determination and plumage observations of blue grouse. Journ. Wildl. Management 27; pp. 566–578 (1963)

WING, L.: Drumming flight in the blue grouse and courtship characters of the Tetraonidae. Condor 40; pp. 154–157 (1946)

WING. L., BEER, J., TIDYMAN, W.: The brood habits and growth of blue grouse. Auck 61; pp. 426–440 (1944)

ZWICKEL, F. C.: Early mortality and the numbers of blue grouse. Ph. D. dissert., Univ. British-Columbia 1966

DERS.: Early behaviour in young blue grouse. Murrelet 48; pp. 2–7 (1967)

ZWICKEL. F. C., LANCE, A. N.: Renesting in blue grouse. Journ. Wildl. Manag. 29; pp. 202–204 (1965)

DIES.: Determining the age of young blue grouse. Journ. Wildl. Manag. 30; pp. 712–717 (1966)

o. Weißschwanz-Schneehühner, *Lagopus leucurus*, im Herbstkleid (s. S. 235)
u. Schottisches Moorschneehuhn, *Lagopus lagopus scoticus*, im Brutkleid (s. S. 222)

Tannenhühner
Falcipennis, Elliot 1864
(= Canachites)

Engl.: Spruce Grouse.
Tannenhühner sind kleine, in der Größe zwischen Birkhenne und Schneehuhn stehende Rauhfußhühner. Am nächsten sind sie mit den Felsengebirgshühnern verwandt, von denen sie sich hauptsächlich durch nur 16, statt 20 Steuerfedern unterscheiden. Der Schnabel ist klein, über den Augen liegen nackte rote Schwellkörper (Rosen), auf den Halsseiten der Hähne kleine cervicale Stimmsäcke, die jedoch nicht von einer bunten nackten Haut überzogen werden. Die Scheitelfedern sind etwas verlängert und bilden in aufgerichtetem Zustand eine kurze Haube. Die Flügel sind ziemlich kurz, die Schäfte der 3 äußersten Handschwingen beim nordostasiatischen Sichelhahn sichelförmig gebogen, ihre Fahnenenden schmal und scharf zugespitzt. Die Federn des mittellangen Schwanzes sind an den Enden breit gerundet. Der Lauf ist außer auf den Fersen dicht mit weichen haarartigen Federn bedeckt, und die Zehenkanten sind während des Winters mit Hornplättchen (Stiftchen) besetzt. Die Geschlechter sind verschieden gefärbt. Je eine Art bewohnt die Taigazone Nordostasiens und Nordamerikas.

Sichelhuhn
Falcipennis falcipennis, Hartlaub 1855

Engl.: Siberian Spruce-Grouse.
Heimat: Ost-Transbaikalien, Süd-Jakutien vom mittleren Schilka-Flußbecken, dem Oberlauf der Olekma, des Aldan, Ujan und vermutlich des Idyum und Maya ostwärts bis ins Gebiet von Ajan an der Küste des Ochotskischen Meeres, von dort südwärts bis ins Amurgebiet sowie die Insel Sachalin. In China nur im Amurtal und dem großen Chinyanggebirge Heilung Kiangs (Mandschurei). Keine Unterarten.

o. Brütende Henne des Moorschneehuhns, *Lagopus lagopus* (s. S. 219)
u. l. Hahn des Moorschneehuhns im Übergangskleid
u. m. Dunenküken des Moorschneehuhns
u. r. Gelege des Moorschneehuhns

Beschreibung: Größe zwischen Hasel- und Birkhuhn. Geschlechter verschieden gefärbt. Hahn mit bräunlichschwarzer Oberseite, die Federn des Kopfes, Halses und der breiten, mantelartig verlängerten Nackenbefiederung mit bräunlichgrauen Endsäumen. Die übrige Oberseite außerdem mit unregelmäßigen rostbraunen Querzeichnungen und Tüpfeln; Bürzelfedern mit weißlich-rahmfarbenen Schaftstrichen, die längeren Schulterfedern an den Enden mit großen weißen Flecken; einige der inneren Oberflügeldecken mit weißer Schaftstreifung; Schwingen dunkelbraun, die Armschwingen mit schmaler, die innersten mit breiter weißlicher Endsäumung, dazu mit brauner Kritzelzeichnung. Die 3 äußeren Handschwingen steif, sichelförmig gebogen, etwa ab 2 cm vor der Wurzel stark verschmälert, vor der Spitze nochmals verengt, diese selbst sehr schmal. Schwanzfedern braunschwarz mit ca. 1,5 cm breiten Endsäumen, das Mittelpaar blaßbräunlich marmoriert und mit je einem unregelmäßigen weißen Fleck versehen. Kehle braunschwarz, um dieselbe herum und unter dem Auge wenig unregelmäßige weiße Fleckung; unterer Vorderhals hell gelblichbraun quergefleckt; ein breites, nach oben zu dunkleres, fast rein schwarzes, sonst braunschwarzes Kropfband. Übrige Unterseite schwarzbraun, jede Feder mit subterminaler weißer Querbinde. Bauchmitte braun, nach dem Steiß zu mit breiten weißen Federspitzen. Laufbefiederung fahl graubraun mit deutlichen dunklen Querlinien, auf der Innenseite weißlicher. Über den Augen rote Schwellkörper (Rosen), Iris dunkelbraun, Schnabel schwarz.
Länge 410 mm; Flügel 186 bis 198 mm; Schwanz 118 bis 121 mm; Gewicht ca. 600 g.
Bei der Henne sind Kopf, Hals, Nacken und Kropf braunschwarz und rostgelb quergebändert; Kinn und Kehle weiß mit braunschwarzer Querzeichnung, die übrige Oberseite wie beim Hahn, jedoch mit schmalen rostgelben Querflecken. Größe wie der Hahn.
Dunenküken sollen sich nicht von denen des *C. canadensis* unterscheiden.
Gelegestärke 8; Ei hellbraun, oliv getönt und mit kleinen braunen Flecken besprenkelt (46 mm × 30,3 mm). Gewicht 26 g; Brutdauer 22 Tage
Lebensgewohnheiten: Das Sichelhuhn ist ein Bewohner der Ochotskischen Vegetationszone, einer hauptsächlich aus Weißtanne, Fichte und Lärche bestehenden ostasiatischen Waldformation. Diese Wälder sind feucht und schattig, von Windbrüchen und Brandlichtungen durchsetzt, auf denen

üppige Beerenstrauchbestände wuchern. Während der Brutzeit wird der Vogel im Sinchota-Alin-Gebirge in 1500 m Höhe oberhalb der Baumgrenze auf alpiner Tundra angetroffen. Die Brutzeit beginnt im Mai. Sichelhähne können auf Ästen oder dem Waldboden balzen. Auf dem Ast sitzt der Hahn mit erhobenem Kopf sowie gesträubtem Kleingefieder und erzeugt beim Entfalten der Schwanzfedern zum Rad ein leises Raschelgeräusch. Dann kann er sich auf den Erdboden fallen lassen, wo er in gleicher Stellung verharrt und mit den Schwanzfedern erneut ein Geräusch, diesmal ein länger anhaltendes vibrierendes „U-u-u-r-r-r" hervorbringt. Danach führt er einen 20 bis 30 cm hohen Flattersprung aus und läßt dabei gleichzeitig mit dem Schnabel einen klickenden Doppelton hören. Diese Demonstration wird eine Zeitlang in 2- bis 3minütigen Intervallen fortgesetzt. Wie schon früher vermutet, kommt den sichelförmigen Handschwingen bei der Balz akustische Bedeutung zu. POTAPOV sah einen Hahn aus der Imponierstellung heraus 2mal 30 und 100 cm hochspringen. Beim 1. Sprung vollführte er in der Luft eine Drehung um 180° und erzeugte dabei mit den Handschwingen ein 100 m weit hörbares Geräusch. Führende Hennen mit Dunenküken wurden im Sinchota-Alin am 25. Juni, rebhuhngroße Junge am 4. August beobachtet. Wie alle Rauhfußhühner ernähren sich auch die Sichelhühner fast ausschließlich von Pflanzenteilen. 11 im August untersuchte Kröpfe und Muskelmägen enthielten Lärchennadeln, Heidelbeeren, Himbeeren, Brombeerkerne und Seggenspitzen, dazu stets Grit. Der Kropfinhalt eines am 29. Juni am oberen Iman erlegten Sichelhahnes bestand zu 75 % aus Preiselbeerblättern und 25 % großen harten Tannennadeln. Als Winternahrung werden so gut wie ausschließlich Tannennadeln geäst, von denen ein Kropf 56 g enthielt. Gleich dem amerikanischen Tannenhuhn ist auch das Sichelhuhn dem Menschen gegenüber arglos, was ihm meist zum Verderben wird. Sichelhühner lassen sich leicht mit Knüppeln erschlagen, wodurch sie in vielen Teilen ihres Verbreitungsgebietes bereits sehr selten geworden sind. Doch kommen sie auch in Naturschutzgebieten vor, in denen jede Jagd verboten ist.
Haltung: Über eine Haltung des Sichelhuhnes, wohl die Ersthaltung, haben YAMASHINA und YAMADA 1935 aus Japan berichtet (Text in Japanisch).

Tannenhuhn
Falcipennis canadensis, Linné 1758

Engl.: Spruce Grouse, Franklin's Grouse.
Abbildung: Seite 194 alle.
Heimat: Mittel-Alaska, Yukon, Mackenzie, Nord-Alberta, Saskatchewan, Manitoba, Ontario, Quebec, Labrador und Cape Breton Island südwärts nach Nordost-Oregon, Mittel-Idaho, West-Montana, Nordwest-Wyoming, Manitoba, Nord-Minnesota, Nord-Wisconsin, Michigan, Süd-Ontario, Nord-New York, Nord-Vermont, Nord-New Hampshire, Maine, New Brunswick und Nova Scotia. 2 Unterarten.
Beschreibung: Geschlechter verschieden gefärbt. Beim Hahn der westlichen Unterart *franklinii* ist die schwarze Nasenbefiederung hinten weiß gerandet. Stirn, Scheitel, Hinterkopf, Nacken und Vorderrücken dunkel olivbraun bis dunkel aschbraun, schmal schwarzbraun gebändert, die Bänderung auf Nacken und Vorderrücken etwas heller, manchmal weißlich, die dunklen Subterminalbänder auf dem Vorderrücken viel breiter werdend; Mittelrücken und Bürzel mit schmalerer dunkler und breiterer heller Bänderung; kleine Flügeldecken wie Rücken, doch insgesamt heller mit halbmondförmiger Bänderung, dazu die braunen Federpartien noch schwarz gesprenkelt. Mittlere und große Flügeldecken dunkel olivbraun, oberhalb der Federsäume hell olivbraun gezeichnet; Armschwingen wie große Flügeldecken, nur mit insgesamt hellerer Tönung auf den Federsäumen. Auf den innersten Armschwingen bilden weiße Federschäfte ein sich kaudalwärts verbreiterndes Keilmuster. Handschwingen dunkel olivbraun, die Außenfahnen der 2., 3., 4. und 5. Federpaare größtenteils weiß; kurze Oberschwanzdecken wie Bürzel, aber grau endgesäumt, die längeren Oberschwanzdecken, die halbe Schwanzlänge erreichend, dunkelbraun, seitlich hell olivbraun gesprenkelt und gewellt dazu mit weißen Federendsäumen; Schwanzfedern tief dunkelbraun, das mittlere Paar sehr schmal weiß endgerandet, die übrigen entweder ohne hellere Endsäumung oder diese verwaschen schnupftabakbraun. Kinn, Oberkehle, Wangen, untere Ohrdecken schwarz, die genannten Federpartien von einem schmalen weißen Band umrahmt, der, unterhalb der Augen beginnend, einen nur vor den Augen geöffneten Kreis bildet und sich häufig durch eine schmale weiße Linie unterhalb des Zügels bis zum Schnabel hin erstrecken kann. Halsseiten und Unterkehle wie der Nacken gefärbt, doch die Federn vorn schwärzer mit weißlicher Endsäumung.

Die Brust und ein sich rückwärts bis zu einem Punkt über und vor der Flügelbeuge erstreckender Bezirk schwarz mit schwachem Blauglanz, die braunen Federbasisteile oft hervortretend. Dieser Bezirk einen großen schwarzen Dreiecksfleck bildend, der an den Seiten schmal weiß gesäumt wird. Bauchgefieder samtschwarz mit breiter weißer Bänderung; Seiten- und Flankengefieder trüb ockerbraun mit dichter dunkelolivfarbener Bänderung, die Federn mit schmaler weißer, sich zur Federspitze hin verbreiternder Schaftfleckung. Unterschwanzdecken lang, schwarz, diese Farbe jedoch gegenüber der breiten Weißbänderung der Federn stark zurücktretend; Schenkelgefieder mit schmaler dunkel olivfarbener und hell ockergelber Bänderung. Schwellkörper (Rosen) über den Augen während der Balzzeit karminrot, Iris dunkelbraun; Schnabel schwarz, Beine grau.

Länge 360 mm; Flügel 161 bis 192 mm; Schwanz 129 mm; Gewicht 500 g.

Weibchen treten in einer grauen und braunen Farbphase auf. Bei ersterer sind Stirn, Scheitel und Hinterkopf rauchgrau bis ockergelblich; Nacken ähnlich gefärbt, nur überwiegt das Grau gegenüber dem Ockergelb; Oberrücken- und Schulterfedern schwarz, auffällig ockergelb gebändert; Federn des Rückens, Unterrückens und Bürzels schwärzlich mit rauchgrauer Endsäumung; Flügel weniger braun als beim Hahn, Oberschwanzdecken schwarz mit viel schmalerer weißer Endsäumung als bei Hähnen und hell graulich-ockergelber Bänderung. Schwanzfedern schwärzlich, schmal weiß endgesäumt, dicht und unregelmäßig zimtgelb bis rostoliv gebändert und gesprenkelt. Zügel, Hinteraugenstreif, Kinn, Oberkehle weiß, dunkelbraun gebändert und gesprenkelt. Ohrdecken röstlich oliv, dunkelbraun gefleckt. Unterkehle und Brust heller ockergelblich mit dichter schwarzbrauner Bänderung; Bauch weiß, nicht wie beim Hahn ockergelb, die braunschwarze Bänderung geschlossener, weniger unterbrochen als auf der Brust. Seiten, Flanken, Schenkel mehr ockergelb, die Unterschwanzdecken mit noch breiteren weißen Binden als beim Hahn.

Bei Hennen der Braunphase erstreckt sich das Ockergelb über die ganze Unterseite vom Kinn bis zum Mittelbauch und ist kräftiger, mehr ockrig rostbraun. Auch oberseits ist der Ockerton auf Kopf, Nacken und Interskapularen bis zu den Oberschwanzdecken auffälliger. Die helle Flügelzeichnung ist gelblicher, mehr hellgraulich lehmgelb. Schwanzfedern häufig mit schmaler gelblicher Endsäumung und terminalen Tropfenflecken. Auch die Weibchen besitzen kleine rote Schwellkörper über den Augen.

Flügel 159 bis 191 mm; Schwanz 94 bis 119 mm; Gewicht 450 bis 548 g.

Beim Dunenküken sind Stirn, Kopfseiten und Unterseite senfgelb; ein schwarzer Streifen verläuft vom Schnabel durch die Augen bis auf Nackenseiten und -mitte; ein weiterer schwarzer Fleck auf der Stirnmitte und ein zweiter braunschwarzer Streif säumen die rotbraune Scheitel- und Hinterkopfbedaunung; Flügelchen, Rücken und Bürzel ebenso gefärbt, durch einen gelblichen Kragen, der sich über Kopfseiten und Vorderrücken erstreckt, von den rotbraunen Kopfpartien getrennt. Ein schwarzer, unregelmäßig verlaufender Streifen zieht von den Flanken um den Unterrücken herum zum Schwanz.

Gelegestärke 4 bis 10; Ei hell ockerig bis hell rostgelb, mit kräftig braunen Flecken und Klecksen bedeckt (43 mm × 31 mm); Gewicht 23 g; Brutdauer 21 Tage.

Die ostamerikanische Unterart des Tannenhuhnes, *F. c. canadensis*, ist ähnlich wie die beschriebene *F. c. franklinii* gefärbt, aber durch breite ockerbraune Endsäumung der Schwanzfedern und graue bis grauweiße Endsäume der Oberschwanzdecken von ihr unterschieden. Die Färbung der Oberseite ist bei der Nominatform recht variabel: Die Federendsäume können von Möwengrau bis Graugelb wechseln und die Säume der Flügeldeck-, Seiten- und Flankenfedern ockerbraun bis umberbraun sein.

Lebensgewohnheiten: Das Verbreitungsgebiet des Tannenhuhns entspricht im wesentlichen dem sich von Alaska ostwärts bis nach Neufundland erstreckenden borealen Koniferengürtel (Canadian-Zone) und deckt sich östlich des Felsengebirges weitgehend mit dem Vorkommen der Balsamtanne, Schwarz- und Weißfichte. Ab Ende April bis Anfang Mai besetzen die Hähne ihre Reviere, ziemlich dichte Wälder aus 12 bis 18 m hohen Tannen, Fichten und Birken, die zum Balzen Lichtungen mit niedriger Vegetation aus Beerensträuchern, Moosen und Flechten enthalten müssen. Beim „Prahlen" des Hahnes hebt dieser den Schwanz bis zu einem Winkel von 70 bis 90° an, wodurch die langen weißgespitzten Unterschwanzdeckfedern, nach allen Seiten igelstachelähnlich abgespreizt, prächtig zur Wirkung gelangen. Der Hals wird ziemlich aufrecht gehalten, die Flügel hängen etwas herab und die nackten Schwellkörper über den Augen (Rosen) leuchten karminrot; die gesträubten Kinnfedern bilden ähnlich wie beim balzenden Auerhahn einen kleinen Bart und die seitlichen schwarzen Halsfederpartien sowie die weißgesäumten Halsseiten- und Brustfedern werden maximal gesträubt. Obwohl eine nackte, bunte Halsseitenhaut wie beim Felsengebirgshahn fehlt, kommt das durch die gespreizten Federpartien entstehende Muster ihr in der Wirkung sehr nahe. Vermutlich wird der Schlund leicht mit Luft aufgepumpt, doch dazu kein Hupton ausgestoßen. Ob der Tannenhahn bei dieser oder anderer Gelegenheit einen leisen Laut hervorbringt, ist noch umstritten. In der geschilderten Haltung schreitet er bedächtig vorwärts, bei jedem Fußanheben die Schwanzfedern der dem schreitenden Fuß entgegengesetzten Körperseite nach auswärts fächernd. Das Schwanzschwenken ist von einem weichen Raschelgeräusch begleitet, das nicht nur von einem laufenden, sondern auch einem stillstehenden Hahn erzeugt werden kann. Eine ähnliche Pose besteht aus blitzartigem Fächern und Schließen des Schwanzes, bei dem während des Laufens wie Verharrens das Raschelgeräusch erzeugt wird. Einmal hörte JOHNSGARD dabei den vor einer Henne stehenden Hahn eine Serie leiser, zischender Laute ausstoßen, die langsam einsetzend allmählich schneller und bei jedem Zischton von einem flinken Schwanzfächern begleitet wurden. Nähert sich der prahlende Hahn seinem Weibchen, kann er verschiedene Balzposen einsetzen. Eine besteht aus einem vertikalen Kopfnicken, das allmählich in Scheinpicken übergehen oder davon unterbrochen werden kann. Während des Pickens wird das Weibchen anvisiert, und der Hahn neigt den Kopf häufig so vor ihr zur Seite, daß seine Rosen besonders zur Geltung kommen. Gleichzeitig damit kann auch ein Flügelzucken beobachtet werden. Zwei andere Balzposen werden in unmittelbarer Nähe des Weibchens eingesetzt: das Schwanzzucken und das Niederkauern. Beim Schwanzzucken (tail-flicking) macht der Hahn einige kurze schnelle Schritte auf die Henne zu, hält kurz vor ihr an, hält den Kopf niedrig und entfaltet blitzschnell unter raschelndem Geräusch den Schwanzfächer. Dabei hängen beide Flügel bis zum Erdboden herab und der Hahn stößt einen zischenden Ton aus, dem ein hohes Quietschen folgt. Danach schließt er die Flügel, hält die Daumenfittiche abgespreizt, klappt den Schwanzfächer zusammen und hält den Kopf bei diagonal gestrecktem Hals abwärts. In dieser starren Pose fächert er den Schwanz länger anhaltend ein zweites Mal. Während dieser Darbietung stellt sich der Hahn so hin, daß sein Kopf auf die Henne gerichtet ist, ihr die leuchtend roten Rosen, den Schwanzfächer und die kontrastreiche Brustfärbung demonstrierend. Hähne der westamerikanischen Unterart *franklinii* prahlen dazu noch mit ihren weißgespitzten Oberschwanzdecken, die bei der Nominatform unscheinbar grau gerandet sind. Vor dem Niederkauern (squatting-display) nähert sich der Hahn mit wachsender Geschwindigkeit dem Weibchen, stoppt kurz vor ihr und betrachtet sie einige Sekunden aufmerksam. Dann läßt er sich in Kauerstellung auf die Erde nieder, streckt den Hals und hält auch den Kopf parallel zum Boden, während der Schwanz erhoben und partiell gefächert wird und beide Flügel leicht abgespreizt und gesenkt gehalten werden. HJORTH hat auf die Ähnlichkeit des Niederkauerns mit der Hochzeitsverbeugung (nuptial bow) des Präriehahnes hingewiesen, durch die dieser Kopulationsstimmung signalisiert.

Das Aggressionsverhalten umfaßt beim Tannenhahn 2 Typen: Sehen sich 2 Hähne in einiger Entfernung voneinander, macht sich der Revierbesitzer durch Anlegen des Gefieders ganz schlank, hebt den Stoß und blitzt mit den seitlichen Steuer- und Schwanzdeckfedern, dabei eine Serie kehliger Töne ausstoßend. Danach rennt er mit niedrig gehaltenem Kopf und Schwanz, verdicktem Hals und leicht von den Flanken abgespreizten Flügeln auf den Gegner los. Dieses Verhalten genügt meist zum Vertreiben des Eindringlings oder veranlaßt diesen, wenigstens aufzubaumen. Tannenhähne leben mit einer Henne im Revier zusammen, bewachen aber weder das brütende Weibchen noch kümmern sie sich um das Gesperre. Erst im Frühherbst kann man Hahn, Henne und erwachsene Junge zusammen antreffen. Seinen Revierbesitzanspruch demonstriert der Tannenhahn durch den in einigen Varianten ausgeführten Trommelflug. Dazu startet er vom Boden aus zu einem bis in 4 m Höhe führenden Senkrechtflug, während dem er durch Abwärtsschlagen der Flügel ein Trommelgeräusch erzeugt, um danach auf den Erdboden zurückzuflattern. Häufiger jedoch fliegt er senkrecht oder schräg aufwärts bis zu einem Ast, vor dem er rüttelnd hält, um sich entweder auf ihm niederzulassen oder aber zur Erde zurückzuflattern. In ersterem Fall bleibt er 10 Sekunden bis 4 Minuten lang auf dem Ast sitzen und läßt sich danach abwärtsfallen, bringt 2 m bis 1,2 m über dem Erdboden seinen Körper in nahezu aufrechte Haltung und landet mit hart schlagenden Flügeln flatternd auf dem Waldboden. Das dabei erzeugte Trommelgeräusch ist ca. 200 m weit hörbar. Während der Fortpflanzungszeit wird der geschilderte Trommelflug in immer gleichem Rhythmus schier endlos absolviert.

Die Tannenhennen legen ihre Nester gern versteckt unter überhängenden Ästen, in Moospolstern und zwischen Beerenstauden an. Weibchen mit unter 10 Tage alten, also noch nicht flugfähigen Küken versuchen, größere Feinde durch Verleiten fortzulocken, nehmen kleineren Feinden gegenüber die Prahlhaltung des Hahnes ein und verteidigen mutig die Brut. Bis zum Alter von einer Woche ernähren sich die Küken fast ausschließlich von Insekten, gehen dann allmählich auf Pflanzenkost über und bevorzugen die Beeren verschiedener Sträucher. Nach starken Schneefällen sind sie wie die Erwachsenen auf Koniferennadeln angewiesen, die die fast ausschließliche Winternahrung bilden. Erst nach der Schneeschmelze im Frühjahr können sie wieder auf Bodenäsung in Form von Heidelbeerknospen und Trieben sowie vorjährige Preiselbeeren übergehen. Da dieses Rauhfußhuhn keine Scheu vor dem Menschen kennt, läßt es sich leicht erlegen und ist deshalb in von Menschen dichter besiedelten Teilen seines Verbreitungsgebietes bereits sehr selten geworden.

Haltung: Die Erstzucht des Tannenhuhnes ist 1971 PENDERGAST und BOAG in Alberta (Kanada) gelungen.

Aus einer weltweiten Umfrage der WPA geht hervor, daß 1982 in den USA und Kanada 37, im kontinentalen Europa 8 Tannenhühner gehalten wurden.

Weiterführende Literatur:
ASCHENBRENNER, H.: Rauhfußhühner. Sichelhuhn pp. 40–42; Fichtenhuhn pp. 79–84. M. & H. Schaper, Hannover 1985
CARR, R.: Raising ptarmigan and spruce grouse. Game Bird Breeders, Gazette 17; pp. 6–9 (1969)
CRICHTON, V.: Autumn and winter foods of the spruce grouse in Central Ontario. Journ. Wildl. Manag. 27; p. 597 (1963)
DEMENTIEV, G. P., GLADKOV, H. A. et al.: Die Vögel der Sovjet-Union, Bd. IV, Sichelhuhn; pp. 107–112. Engl. Übers. Jerusalem: Israel Progr. for Scientific Translations (1967)
ELLISON, L.: Seasonal foods and chemical analysis of winter diet of Alascan spruce grouse. Journ. Wildl. Manag. 30; pp. 729–735 (1966)
DERS.: Sexing and aging Alascan spruce grouse by plumage. Journ. Wildl. Manag. 32; pp. 12–16 (1968)
DERS.: Movements and behaviour of Alascan spruce grouse during the breeding season. Transact. meeting California-Nevada Section Wildl. Soc. 1968
JOHNSGARD, P. A.: Grouse and Quails of North America. Spruce Grouse pp. 193–208. Univ. Nebraska, Lincoln, 1973
DERS.: The Grouse of the World, Spruce Grouse pp. 145–160; Sharp-winged Grouse pp. 161–168; Croom Helm, London & Canberra, 1983
JONKEL, C. J., GREER, K. R.: Fall food habits of spruce grouse in Northwest Montana. Journ. Wildl. Management 27; pp. 593–596 (1963)
LUMSDEN, H. G.: Displays of the spruce grouse. Canadian Field Naturalist 75; pp. 152–160 (1961)
MACDONALD, S. D.: The courtship and territorial behavior of Franklin's race of spruce grouse. The Living Bird 7; pp. 4–25 (1968)
PENDERGAST, B. A., BOAG, D. A.: Seasonal changes in diet of spruce grouse in Central Alberta. Journ. Wildl. Manag. 34; pp. 605–611 (1970)
DIES.: Maintenance and breeding of spruce grouse in captivity. Journ. Wildl. Manag. 35; pp. 177–179 (1971)
POTAPOV, R. L.: Zoologicheskii Zhurnal 48, pp. 864–870 (Balz des Sichelhuhns) 1969
ROBINSON, W. L.: Habitat selection by spruce grouse in northern Michigan. Journ. Wildl. Manag. 33; pp. 113–120 (1969)
ROBINSON, W. L., MAXWELL D. E.: Ecological study of the spruce grouse on the Yellow Dog Plains. The Jack-Pine Warbler 46; pp. 75–83 (1968)
SCOTT, W. E.: The Canada spruce grouse in Wisconsin. Passenger Pigeon 5; pp. 61–72 (1943)
DERS.: The Canada spruce grouse (*Canachites canadensis canace*). Wisconsin Conserv. Bull. 12; pp. 27–30 (1947)
STONEBERG, R. P.: A preliminary study of the breeding biology of the spruce grouse in northwestern Montana. Dissert. Univers. of Montana 1967
WOROBIEV, K. A.: Die Vögel des Ussurigebietes. Sichelhuhn; pp. 85–89 (russisch). Akad. Verlg. SSSR, Moskau 1954
YAMASHINA, MARQUIS Y.: Note sur le Tétras Falcipenne de Sibérie. L'Oiseau, new ser., vol. 9; pp. 3–9 (1939)
YAMASHINA, MARQUIS Y., YAMADA, S.: The habits of *Falcipennis falcipennis* and an experience with the species in captivity. Tori 9; pp. 13–18 (japanisch) 1935
ZWICKEL, F. C., MARTINSEN, C. F.: Determining the age and sex of Franklin spruce grouse by tails only. Journ. Wildl. Manag. 31; pp. 760–763 (1967)

Schneehühner
Lagopus, Brisson 1760

Engl.: Grouse, Ptarmigan.

Innerhalb der Unterfamilie der Rauhfußhühner bilden die Schneehühner eine aus 3 Arten bestehende Gattung kleiner bis mittelgroßer Tetraoniden, die einem Leben in extrem lebensfeindlicher Umwelt, den arktischen Tundren, angepaßt sind und als Eiszeitrelikte vielfach isoliert die hochalpine Zone südlicher gelegener Gebirge bewohnen. Das mit Ausnahme des Schottischen Moorhuhnes während des Winters weiße Gefieder der Schneehühner stellt nicht nur ein vorzügliches Tarnkleid gegen Feinde aller Art dar, sondern bietet auch zusätzlichen Kälteschutz, weil ein Körper mit weißer Außenschicht weniger Wärme abgibt als mit einer dunklen. Das sehr dichte Federkleid besitzt außerdem einen hohen Isolationswert und reduziert zusammen mit einer im Herbst gespeicherten Unterhautfettgewebsschicht die an die Außenwelt abgegebene Wärme auf ein Minimum. Die Füße der Schneehühner sind im Winter vollständig, also auch auf den Fußsohlen, mit pelzigen Haarfedern dicht bedeckt, die der Gattung zu ihrem wissenschaftlichen Namen *Lagopus,* das heißt „Hasenfuß", verholfen haben. Zusammen

Schneehuhnfuß im Winter

mit den im Winter längeren schaufelförmigen Krallen verhindert die vollkommene Befiederung das Einsinken der Füße im Pulverschnee und ein Ausrutschen auf glattem Eis. Der ziemlich kurze, gerundete Schwanz wird von ungewöhnlich langen Oberschwanzdecken vollständig verdeckt, und auch die keilförmigen Unterschwanzdecken sind recht lang. Die bei 2 der 3 Arten vorhandene Schwarzkomponente der Steuerfedern dürfte beim Schwarm- und Balzflug als Erkennungszeichen für Artgenossen nützlich sein, und der bei der Bodenbalz erhobene und gefächerte Schwanz dient dem Hahn als Imponiersignal. Wie alle Tetraoniden besitzen auch die Schneehühner über den Augen Rosen, d. h. nackte, vergrößerungsfähige Hautkämme, die bei den Häh-

nen stark ausgebildet, bei Hennen nur andeutungsweise vorhanden sind. Bei den Schneehähnen bestehen sie an der Basis aus einem flachen Hautplättchen, das unten vom befiederten oberen Augenlid begrenzt wird und an dessen oberen Rand sich ein aus warzenförmigen Fortsätzen bestehender Kamm befindet, der durch Blutfüllung hochgeklappt werden kann. Der in der Tundra auf wenige Monate beschränkten warmen Jahreszeit passen sich die Schneehühner durch Vermausern in ein erdfarbenes Tarngefieder an, verlieren den größten Teil der nun überflüssigen dichten Fußbefiederung und stoßen die langen Zehennägel ab. Die Mauserverhältnisse der Schneehühner gehören zu den kompliziertesten in der Vogelwelt, und man kann fast sagen, daß sich diese Hühnervögel den größten Teil des Jahres in irgendeiner Mauserphase befinden: Beim grönländischen Alpenschneehahn beginnen im reinweißen Wintergefieder ab Mai dunkle Federn typisch männlicher Färbung, sogenannte Sommerfedern, zu erscheinen, zuerst auf dem Scheitel, später auf den Ohrdecken und verstreut am Rücken. Nach und nach können Kopf und Hals ganz, der Rücken größtenteils durch solche „Sommerfedern" verdunkelt werden. Anfang Juli wird die Körpermauser lebhafter. Nun werden nicht nur weiße Winterfedern, sondern auch eine langsam zunehmende Zahl von Sommerfedern durch geschlechtlich neutralgefärbte „Herbstfedern" ersetzt. Dieser Gefiederwechsel währt bis Ende August/Anfang September. Nur wenige Sommerfedern verbleiben im Herbstkleid bis zur Mauser ins weiße Winterkleid, die ca. Mitte September einsetzt und Mitte Oktober beendet ist. Das Weibchen dagegen vertauscht sein weißes Winterkleid von Mitte bis Ende Mai, bevor es Eier legt, sehr schnell und vollständig gegen ein dunkelbraunes Sommerkleid von typisch weiblicher Musterung. Nach dem Schlüpfen der Küken Mitte bis Ende Juli setzt bei ihr eine 2. Körpermauser ein, die bis Ende August andauert. Dabei wird ein Großteil der Sommerfedern durch geschlechtlich neutrale Herbstfedern ersetzt, die denen der Hähne gleichen; jedoch bleiben nicht wenige Sommerfedern an Brust und Rumpfseiten von dieser Mauser verschont. Gegen Mitte September beginnt dann wie beim Männchen die Körpermauser ins weiße Winterkleid. Die Handschwingenmauser adulter Männchen setzt gegen Julibeginn ein; die Weibchen folgen Mitte oder Ende Juli, sind aber gleichzeitig mit ihren Männchen voll vermausert, was spätestens im September der Fall ist. Nach SALOMONSEN (1939), dessen Untersuchungsergebnisse wir hier bringen, ist der Flügel beim Männchen nach 2½ bis 3 Monaten, beim Weibchen dagegen nach wenig mehr als einem Monat fertig vermausert.

Schneehühner wurden früher selten gehalten, weil sie wegen ihrer unzugänglichen Heimat kaum in die Hände von Liebhabern und Züchtern gelangten und wegen ihrer Anfälligkeit gegen Geflügelkrankheiten aller Art recht hinfällig waren. Heute stellt ihre Haltung und Zucht keine unüberwindlichen Schwierigkeiten dar, wenn die bei der Haltung aller Tetraoniden notwendigen Maßnahmen eingehalten werden.

Moorschneehuhn
Lagopus lagopus, Linné 1758

Engl.: Willow Ptarmigan, Willow Grouse.
Abbildung: Seite 212 alle.
Heimat: Nördliches Nordamerika im Westen bis etwa 55° nördlicher Breite, südwärts und westwärts bis 47° nördlicher Breite auf Neufundland; Nordeuropa im Westen südwärts bis 55°, in den Kirgisensteppen (Kasachstan) bis 49°, der Mongolei 47° nördlicher Breite, vermutlich in der Nord-Manschurei vorkommend; Nord-Ussurien, Sachalin und die nördlichen Kurilen. 16 Unterarten.
Beschreibung: Geschlechter im Brut- und Herbstkleid verschieden, im Winterkleid gleichgefärbt. Bei Hähnen der Nominatform im Brutkleid sind Kopf und Hals kastanienbraun, auf Kropf und Vorderbrust in ein dunkles Kastanienbraun, mitunter fast ein Schwarz, übergehend, auf Kopf und Hinterhals dazu mit einigen unregelmäßigen, schwarzen Querzeichnungen; auf der Brust zeigen sich – anscheinend nur bei jüngeren Vögeln – deutliche schwarze Querwellen, und bei ganz alten Hähnen sind die Federn dort meist einfarbig. Rücken, Schultern, Bürzel und Oberschwanzdecken schwarz mit rostbrauner Querwellung und meist deutlichen schmalen weißen oder rahmfarbenen Endsäumen; nicht allzu selten findet man einzelne weiße Federn auf der Oberseite, und manchmal ist der Hinterrücken größtenteils weiß. Schwingen weiß, die Schäfte von der 2., selten der 1. an, mit Ausnahme der äußersten Wurzel und Spitze schwarz oder braun; einige der innersten Armschwingen wie der Rücken; Flügeldecken weiß, nur die innersten wie der Rücken. Schwanzfedern braunschwarz mit schmalem, am äußersten Paar ausnahmsweise fehlendem weißem Endsaum, die äußeren Paare an der Wurzel der Außenfahne weiß; mittleres Schwanzfederpaar wie der Rücken. Brust, Unterkörper, Unterschwanzdecken, Unterflügeldecken, Fuß- und Beinbefiederung weiß; die Spitzen der Zehen nur dünn befiedert, im Sommer fast nackt. Über dem Auge ein unbefiederter, etwa nierenförmiger roter Fleck und Kamm. Länge 380 mm; Flügel 197 bis 218 mm; Schwanz 111 bis 135 mm; Gewicht 405 bis 750 g.

Bei Hennen ist im Hochzeitskleid die Oberseite einschließlich Hals und Kopf schwarz, ziemlich schmal mit Rostgelb bis blaß gelblich Fuchsrot quergebändert, die Federsäume am hellsten. Brust und Seiten rostgelb bis hell fuchsrot, ziemlich breit schwarz quergestreift, Kehle heller, mehr schwärzlich gefleckt; Unterkörper rahmfarben bis fast rein weiß, mit einigen unregelmäßigen, hell rostgelben, braunschwarz quergestreiften Federn. Unterschwanzdecken rostgelb, breit braunschwarz quergebändert. Flügel 187 bis 203 mm; Schwanz 101 bis 116 mm; Gewicht 405 bis 680 g.

Nach der Brutzeit mausern beide Geschlechter ins Herbstkleid, das wie ein Zwischending zwischen den Brutkleidern der Hähne und Hennen aussieht. Die Oberseite ist schwarz mit rostfarbenen Querzeichnungen, Kehle und Kropf sind hell kastanienbraun oder hell ziegelrot, mehr oder minder schwarz quergebändert. Dieses Herbstkleid ist kaum jemals ganz rein, denn schon früh beginnen weiße Federn hervorzuwachsen und oft folgt einzelnen Hochzeitsfedern gleich eine Winterfeder. Hennen haben in dieser Phase meist stärkere dunkle Bänderung der Unterseite.

Im Winterkleid ist das Gefieder beider Geschlechter reinweiß, die Handschwingenschäfte, meist mit Ausnahme der 1. und letzten, sind größtenteils schwärzlich oder schwarz. Schwanzfedern mit Ausnahme des Mittelpaares, das ganz weiß ist, wie im Sommerkleid. Der Hahn ist größer als die Henne, bei der auch der nackte rote Fleck über den Augen viel kleiner ist. Schnabel schwarz, Iris haselbraun, die Zehen reicher befiedert als im Sommer mit weißlichen Nägeln.

Dunenküken röstlich schwefelgelb, oberseits mit großen braunschwarzen Flecken; Scheitel bis zum Hinterkopf kastanienbraun, schmal schwarz umrahmt; an den Zügeln ein schwarzer Fleck; unterm Auge und hinter der Ohrengegend mehrere ebensolche Flecke und ein schwarzer Streif längs des Hinterkopfes. Schlupfgewicht 15,1 g.
Gelegestärke 6 bis 9; Ei mit hell ockergelber Grundfärbung, oft rötlicher, auch rötlichweiß, ausnahmsweise lebhaft rostrot (43 mm × 31 mm); Gewicht 22 g; Brutdauer 21 bis 24 Tage.

Lebensgewohnheiten: In Europa bewohnt das Moorschneehuhn Moore und Heiden mit lockeren Weiden- und Birkenbeständen, in den Bergen Skandinaviens die Birkenzone. In Nordasien lebt es in baumlosen Tundren, wo es seine höchste Brutdichte erreicht, kommt jedoch weiter südlich in Gebirgen auch nahe der oberen Baumgrenze vor. Die westsibirische und nordkasachische Unterart *L. l. major* bewohnt nicht Moore, sondern Steppen mit inselartigen Birkenbeständen.

Unsere gründlichen Kenntnisse vom Verhalten des Moorschneehuhnes beschränken sich auf die schottisch/irische Unterart *L. l. scoticus,* während von den anderen Unterarten darüber noch wenig bekannt ist. Es kann jedoch davon ausgegangen werden, daß im Verhaltensmuster aller Unterarten kaum Unterschiede bestehen werden. Diese dürften im wesentlichen klima- und vegetationsbedingt sein. Die Art ist zwar überwiegend Standvogel, doch sind die nördlichen Tundra-Populationen durch winterlichen Futtermangel gezwungen, ihre Heimat mehr oder weniger regelmäßig zu verlassen. Die im Herbst aus dem Zusammenschluß von Ketten entstandenen Völker treten solche Wanderungen gen Süden in Alaska und Nord-Kanada regelmäßig ab Ende September an. Nach IRVING et al. ziehen zwischen September und Dezember durch den knapp nördlich der Taigagrenze liegenden Anaktuvuk-Paß des arktischen Alaska ca. 30000 und zwischen Januar und Mai 24000 bis 50000 Moorschneehühner. Althähne pflegen meist nördlich dieses Passes, viele Junghähne im Paßgebiet selbst und die Hennen weiter südlich zu überwintern. Aus dem Norden Finnlands ist eine unterschiedliche Winterverbreitung der Geschlechter des Moorschneehuhns nach PULLIAINEN dagegen unbekannt. Im Westen Kanadas überwintert die Art regelmäßig in südlicheren Gebieten bis zur Taiga-Südgrenze, führt also alljährlich zweimal einen ca. 600 km weiten Zug durch. Ziehende Gesellschaften umfassen 50, manchmal mehrere hundert Vögel. In Sakatchewan wurde nach HÖHN im März 1973 sogar eine auf 2000 Stück geschätzte Gesellschaft beobachtet. Auch in der UdSSR führen manche nördlichen Moorschneehuhn-Populationen in strengen Wintern weite Südwanderungen durch. RAETHEL hat während eines sehr strengen Winters im Februar 1946 sogar in Ost-Transkaukasien (Schirwansteppe bei Mingetschaur) Ketten einfliegender Moorschneehühner beobachtet, die bei Eintritt wärmerer Wetters in östlicher Richtung verschwanden.

Im Frühjahr lösen sich die Gesellschaften auf, und die Männchen begeben sich aus den Weiden- und Birkendickichten auf offenes Gelände, um dort ihre Reviere zu besetzen. Ihr Balzverhalten weicht nicht von dem der schottischen Unterart ab. Nach MOSS werden Hähne ohne Territorium in nahrungsarme Gebiete abgedrängt: In Alaska lagen die Reviere entlang von Bachläufen, an denen Weiden als wichtige Nahrungspflanzen wuchsen. Auf den benachbarten Hügelhängen gab es dagegen keine Weiden, und Schneehähne, die dort lebten, wurden bei Versuchen, in den Weidengürtel einzudringen, stets von den Revierbesitzern zurückgewiesen. Nordische Moorschneehühner fußen häufig auf Bäumen, die sie als einzige Winternahrungsquelle auf der Suche nach Weiden- und Birkenknospen aufsuchen müssen. Im Gegensatz zum schottischen Moorhuhn besteht die Nahrung ihrer Kleinküken vorwiegend aus Insekten, bei Altvögeln aus Pflanzenteilen, wie Blätter und Knospen von Weiden, Birken und Erlen sowie Beeren aller Art, während Heidekraut nicht angenommen wird. Auf der Insel Neufundland, die recht weidenarm ist, ernähren sich die Moorschneehühner von Sträuchern der Gattungen *Vaccinium, Myrica* und Birkenteilen. In Finnland stellten PULLIAINEN und SALO bei Futterwahlversuchen im Sommer fest, daß die Moorschneehühner Zweige von Blau- und Moosbeeren, Rosmarinheide und Himbeeren gegenüber anderen Pflanzen bevorzugten.

Haltung: Nach SETH-SMITH sind um 1910 von dem englischen Züchter und Vogelliebhaber ST.QUINTIN skandinavische Moorschneehühner gehalten worden, und 1 von ihm 1911 dem Londoner Zoo geschenktes Paar zog noch im gleichen Jahr ein Junges groß. Im Berliner Zoo sind 1907, 1908, 1910, 1928 und von 1931 bis 1938 Moorschneehühner gehalten worden. Dort ist es auch mehrfach zum Erbrüten von Gelegen gekommen, doch starben die Küken stets an Krankheiten (Coccidiose, Blackhead). Eine gründliche Schilderung über Aufzucht und Pflege dieser Schneehuhnart verdanken wir KRÄTZIG. 1938 erhielt die Forschungsstätte „Deutsches Wild" in der Schorfheide bei Berlin 2 frische Gelege des Moorschneehuhnes aus Schweden, die einer auf unbefruchteten Eiern sitzenden Schneehenne untergelegt wurden. Die Küken schlüpften bereits nach 21 Tagen, also 4 bis 5 Tage früher als junge Auer-, Birk- und Haselhühner. Von den 13 geschlüpften Küken wurden 9 der Führung der Althenne überlassen und 4 von KRÄTZIG selbst aufgezogen. Als Aufenthaltsraum erhielten sie während der ersten Wochen Terrarien verschiedener Größe, vom 31. bis 45. Lebenstag an einen 1,5 m × 1,2 m großen Aufzuchtkäfig, danach ein 7 m × 8 m messendes Freigehege. Käfig und Freigehege waren abwechslungsreich mit Sand, Walderde, Moospolstern, Gras- und Heidelbeerplaggen ausgestattet, die alle paar Tage erneuert wurden. Als Wärmeunterstand diente eine mit elektrischen Heizkissen versehene 6 cm hohe Pappkiste, in der eine ständige Temperatur von 35 °C herrschte. Im Gegensatz zu den Beobachtungen von STEINMETZ aus dem Berliner Zoo liebten die Schneehuhnküken Sonne und Licht sehr und ruhten dann gern zwischen Heidekrautbüschen und auf Moospolstern. Bei großer Hitze und schwülem Wetter, das die Kleinen zu häufigem Flügelrecken veranlaßte, wurde im Alter von 7 Tagen beim Darreichen eines Sandkastens spontan das erste Sandbad genommen, wobei sie wenig scharrten und danach lange ruhten. Nur bei sehr großer Hitze nahmen sie in der Folgezeit noch Sandbäder, zuweilen sogar ohne das Vorhandensein von Sand auf dem Heizkissen, auf einem Tuch oder einer anderen weichen Unterlage. Bei besonders heißem Wetter zeigten die Jungen auch die von Haushühnern bekannte Sonnenstellung. Dabei legten sie sich meist völlig ausgestreckt auf die Seite, riefen laut und anhaltend und reckten die besonnten Flügel so gut wie möglich.

Am ersten Lebenstag fand so gut wie gar keine Nahrungsaufnahme statt; vom zweiten Tage an pickten sie viel am Boden und nahmen von dort ohne Zögern Ameisenpuppen und Enchyträen auf. Aus der Pinzette brauchten sie nur wenig gefüttert zu werden, bevorzugten vielmehr die Nahrungsaufnahme vom Boden und verhielten sich völlig anders als gleichaltrige Haselhuhnküken, die sämtliches Futter nur von Blättern und Halmen abnahmen. Auch bei den von der Schneehenne aufgezogenen Küken wurde eine Futterabnahme vom Schnabel der Mutter nie beobachtet.

Im Gegensatz zur Aufnahme tierischer Nahrung vom Boden wurden Beeren stets nur von oben gerupft; Blaubeeren im Napf fanden keine Beachtung, während Blaubeerbüsche bald geleert waren. Erst allmählich lernten sie, Beeren auch vom Boden und aus dem Napf aufzunehmen. Während der ersten Lebenswoche erhielten die Küken etwa alle drei Stunden kleine Portionen frischen Futters. Als sie am 10. Tag einen reichlich gefüllten Futternapf vorgesetzt bekamen, wurde erstmalig beobachtet, wie sie das weniger zusagende Futter fortscharrten, um zu den Mehlwürmern und Ameisenpuppen am Grunde des Napfes zu gelangen. Scharbewegungen wurden später außer beim Sandbaden nur noch selten ausgeführt. Von der dritten Lebenswoche an erhielten sie morgens, mittags und abends je eine große Mahlzeit aus dem Napf.

Im Gegensatz zu den weniger blätterrupfenden Haselhuhnküken vollführten die kleinen Schneehühner ähnlich den Auer- und Birkhuhnküken ausgeprägte Drehbewegungen mit dem Kopf, wodurch es ihnen möglich wurde, unter heftigem Zerren selbst gehärtete Blätter und Stengel abzurupfen. Übelriechende Blattwanzen wurden genauso gern genommen wie Mehlwürmer oder Heuschrecken, und man gewann den Eindruck, daß das Schneehuhn bezüglich seiner Nahrung nicht allzu wählerisch ist. Wasser erhielten sie bis zum Alter von 2 Monaten nur in Form eines mittäglichen Bades mit einem Zerstäuber, durch den der ganze Käfigboden angefeuchtet wurde. Die Schneehühner nahmen danach Wassertropfen von den Blättern auf, indem sie diese von unten nach oben durch den Schnabel zogen. Wie man aus der Tabelle (S. 222) ersehen kann, war die Nahrungszusammensetzung sehr vielseitig. Auffällig ist die plötzliche Umstellung von bisher bevorzugter Nahrung auf eine andere. So wurden Erdbeeren eines Tages verschmäht und eine Zeitlang nur Blaubeeren genommen, bis dann wieder Rapsblätter und Preiselbeeren der Vorzug gegeben wurde. Kühles Wetter bei bedecktem Himmel schien die 10 Tage alten Küken dahingehend zu beeinflussen, daß tierische Nahrung mit besonderer Vorliebe genommen wurde.

Am 4. Tag kamen bei den Küken die Schwingen zum Durchbruch, und am 25. Tag trugen sie das Jugendgefieder, welches dem Sommerkleid der Erwachsenen weitgehend ähnelt, bis auf den Kopf, der noch Dunenzeichnung zeigt. Im Alter von 1 Monat wurde das „Gesicht" der jungen Moorschneehühner durch das Auftreten weißer Augenringe und orangefarbener Rosen über den Augen, später noch „Bart" und Holle bei den Junghähnen, recht eindrucksvoll. Bei Erregungen jeder Art traten die Rosen in Erscheinung.

Bei einem Vergleich junger Moorschneehühner mit den Küken der anderen drei heimischen Rauhfußhühner fällt schon vom 1. Lebenstag an die quecksilbrige Bewegung der Schneehühnchen auf. Diese machen ruckartige Bewegungen, laufen Zickzack und verhalten dann plötzlich wieder. Demgegenüber waren Haselhuhnküken anfangs auch sehr behende und lebhaft, führten aber mehr gleitende, flüssige Bewegungen aus, wie sie einem ausgesprochenen Buschschlüpfer zukommen mögen. Auffällig war das Springen der ein bis drei Tage alten Schneehuhnküken, weil dabei trotz noch fehlender Schwingen viel geflattert wurde. Nach dem Federdurchbruch besserte sich die Flugfähigkeit zusehends von Tag zu Tag. Am 5. Tag flogen sie 40 cm weit und 15 cm hoch, am 15. Tag 5 bis 8 m weit und 50 cm hoch, waren dabei jedoch keineswegs fluglustig, sondern überwanden die meisten Hindernisse hüpfend oder kletternd. Im Alter von 1 Monat glichen die Jungtiere im gesamten Erscheinungsbild den Altvögeln, und im Alter von 2 Monaten traten in den Lautäußerungen wie im geschlechtsverschiedenen Herbstkleid und der Mentalität die für die Erwachsenen kennzeichnenden Geschlechtsunterschiede auf. Revierverteidigungsverhalten und Rivalenkämpfe waren plötzlich zu beobachten. Der Bruttrieb der Schneehenne ist so stark, daß er auch bei gekäfigten Vögeln durchbricht, und Brutversuche an der Tagesordnung sind.

KRÄTZIG kommt aufgrund seiner Beobachtungsergebnisse zu dem vorläufigen Urteil, daß Aufzucht und Haltung von Schneehühnern keine besonderen Schwierigkeiten bieten dürften.

Nahrungszusammensetzung und -veränderung während der Jugendentwicklung von Moorschneehühnern (nach H. Krätzig).

Zeitraum	Ameisenpuppen	Heuschrecken	Mehlwürmer	Enchyträen	Schafgarbe und Brennessel	Möhren	Beeren: Erd, Him, Blau, Preisel, Moos	Apfel	Raps u. Kohl	Blätter: Birke, Eiche, Hasel, Weide	Buchweizen	Sonnenblumen	Hafer	Spratt	Animalien zusammen	Vegetabilien zusammen
Tag																
1.– 5.	60	5	–	5	15	5	10	–	–	–	–	–	–	–	70	30
6.– 10.	50	5	5	–	15	5	15	–	–	5	–	–	–	–	60	40
11.– 20.	20	2	10	–	3	5	40	–	10	5	2	–	–	3	32	68
21.– 40.	10	–	10	–	2	5	45	–	15	5	3	–	–	5	20	80
41.– 60.	–	–	5	–	–	5	40	5	15	15	5	–	–	10	5	95
61.– 80.	–	–	3	–	–	5	20	10	20	20	7	5	–	10	3	97
81.–100.	–	–	2	–	–	5	10	15	25	10	10	3	10	–	2	98

Angabe der Nahrungsanteile
in Prozenten der Gesamt-Futtermenge

Veleda-Kalk, feingestoßene Eierschalen und Möhrensaft wurden nicht besonders aufgeführt, da sie in kleinen Mengen dem Futter ständig beigegeben wurden. Zum Anfeuchten von Spratt sowie des gesamten Futters wurde Möhrensaft verwendet.

Schottisches Moorschneehuhn
Lagopus lagopus scoticus, Latham 1787

Engl.: Red Grouse.
Abbildung: Seite 211 unten.
Heimat: Schottland, Nord-England südwärts bis Derbyshire und Nord-Staffordshire, fast ganz Wales und die angrenzenden Grafschaften Herefordshire und Shropshire; Irland, äußere Hebriden. Seit langem auf Exmoor in Süd-England und seit Beginn des 20. Jahrhunderts auf den Shetlands eingebürgert. Schottische Moorhühner, die im 19. Jahrhundert im Hohen Venn und in der Eifel angesiedelt worden waren, hatten sich zunächst gut eingebürgert, bewohnen jedoch gegenwärtig nur noch spärlich die belgischen Ardennen.
Beschreibung: Von der skandinavischen und nordrussischen Nominatform des Moorschneehuhnes unterscheidet sich die schottisch-irische Unterart durch das dunklere, einfarbig rotbraune, bei manchen Stücken fast purpurschwarze Gesamtgefieder, dessen Flügel niemals weiß werden. Nur während des Winters wird das einfarbige Federkleid durch weiße Unterflügeldecken und ein reifähnliches Grau auf der Schwingenunterseite unterbrochen. Bei vielen schottischen Moorhühnern treten zu dieser Zeit auch auf Flanken und Bauch weiße Bänder und Flecken auf.
Länge 390 mm; Flügel 193 bis 214 mm; Schwanz 109 bis 115 mm; Gewicht 600 bis 706 g.
Dunenküken sind denen der Festland-Unterarten sehr ähnlich, nur ist der Oberkopf etwas dunkler, die Zeichnung der übrigen Oberseite verwischter, trüber, die Unterseite nebst Läufen etwas trüber, nicht so gelblich.
Gelegestärke 4 bis 11 (7,5) Eier; Ei nicht von dem anderer Unterarten unterschieden (41 bis 50 mm × 30 bis 34 mm); Gewicht 25 g; Brutdauer 19 bis 25 Tage.
Lebensgewohnheiten: Das Moorhuhn bewohnt offene Heideflächen mit Besenheide *(Calluna)* als vorherrschende Vegetation in Lagen bis 800 m, in Irland auch tief liegende, oft von Binsen durchsetzte Moore. Das als Jagdwild höchst populäre Grouse der britischen Inseln ist die am besten erforschte Unterart des Moorschneehuhns. Gründliche Untersuchungen in Schottland ergaben, daß das Moorhuhn im männlichen Geschlecht fast völlig, im weiblichen vorwiegend ortstreu ist. Außerhalb der Brutzeit leben Moorhühner in Trupps zusammen, die hauptsächlich aus Hennen und Jungvögeln bestehen und denen sich territoriale Männchen während des

Herbstes, zu Winterbeginn bei gutem Wetter anschließen. Das tun sie aber nur nachmittags und nachts, um ihr bereits seit dem Frühherbst beanspruchtes Revier auch den Winter hindurch wenigstens während der Morgenstunden zu besetzen. Zu einer lockeren Paarbindung kann es ebenfalls schon im Herbst gekommen sein, die feste erfolgt erst ab Februar, wenn die Hähne ganz in ihren Revieren bleiben. Männchen ohne Revierbesitz, vielfach Junghähne, sind dagegen gezwungen, mit Randgebieten vorliebzunehmen, auf denen sie Feinden stärker ausgesetzt sind und das Futterangebot geringer ist. Sie erleiden deshalb höhere Verluste als die Revierhähne, vielfach alte Männchen, die hauptsächlich zur Fortpflanzung gelangen. Innerhalb seines Territoriums erwählt sich der Eigentümer einen erhöhten Punkt zum Ausguck, von wo er einen möglichst großen Teil des Geländes überwachen kann, und unterstreicht seinen Besitzanspruch durch lautes vibrierendes, immer schneller werdendes Gackern: „Ko-ko-ko-ko-krrrr" oder eine sich beschleunigende „Kuk kuk kuk-kuk"-Strophe, die in ein Rasseln übergeht. Der für Schneehühner so charakteristische Singflug des Hahnes ist keine Balzdemonstration für ein Weibchen, sondern wichtigstes und auffälligstes Revieranspruchsverhalten. Dazu fliegt er in Richtung Reviergrenze und steigt in deren Nähe unter bellenden „A – a"-Rufen steil bis 10 m hoch in die Luft, verharrt auf dem Scheitelpunkt der Flugkurve für Sekundenbruchteile segelnd, um danach abzukippen und unter schnellen Flügelschlägen mit gefächertem Schwanz und gestrecktem Hals unter schnell vorgetragenen „Ka-ka-ka-ka"-Schreien abwärts zu gleiten. Nach der Landung steht er sehr aufrecht mit steil gefächertem Schwanz, seitwärts geöffneten Flügeln und oft gesträubtem Nackengefieder, mehrmals rauh „KohWA-kohWA-kohWA" rufend. Reviereindringlingen geht er in geduckter Haltung mit vorgestrecktem Kopf und Hals, aufgestelltem Kamm und geöffnetem Schnabel entgegen, kann auch vor Erreichen des Gegners mit Schwanzfächern und Flügelschleifenlassen drohen, worauf ein fremdes Männchen meist flieht. Treffen jedoch 2 ranggleiche Hähne aufeinander, fixieren sie einander mit aufgerichteten Kämmen unter Flügelzucken. Bei ernsten Kämpfen fixieren sich die Gegner dagegen nicht, schauen eher beide in die gleiche Richtung und hacken von der Seite her mit den Schnäbeln aufeinander los, wozu noch harte Flügelschläge und Fußtritte kommen. Unterlegene machen sich schlank, verstecken ihre Kämme und flüchten, vom Sieger oft weit über die Reviergrenze verfolgt. Begegnen sich Hähne an ihren Reviergrenzen, rennen sie Seite an Seite unter „Kohwai" und „Ko-ko-ko"-Rufen oder dem Drohruf „Krau" in aggressiver Stimmung eine Strecke nebeneinander her, ohne sich wirklich anzugreifen. Unverpaarte Hennen fliegen auf Männchensuche von Revier zu Revier. In einem solchen angelangt, stößt die Henne ihren „Krau"-Ruf aus und hält nach einem Hahn Ausschau. Landet dieser im Singflug neben ihr und beginnt sie anzubalzen, flieht sie zunächst und er verfolgt sie, um sie auf sein Territorium zurückzutreiben. Spielt sich die Verfolgungsjagd in fremdem Revier ab und erscheint dessen Eigentümer, gibt er gewöhnlich auf. Sexuelle Aktivität kann beim schottischen Moorhuhn das ganze Jahr hindurch beobachtet werden, ist aber von Februar bis April am intensivsten. Die Annäherung eines Revierbesitzers an einen eingedrungenen Artgenossen erfolgt stets in Drohhaltung, auf die ein Weibchen mit Bindungsabsichten mit Unterwürfigkeitsgesten reagiert, worauf aus dem Drohen ein Balzen wird. Zweifellos ist das Balzverhalten aus ursprünglichem Droh-, also Aggressivverhalten entstanden und gleicht ihm zuweilen noch so sehr, daß selbst die arteigenen Weibchen zuweilen nicht wissen, woran sie sind und sicherheitshalber lieber erst einmal flüchten.

WATSON, JENKINS und Mitarbeiter haben in mehrjähriger Beobachtung beim Moorhahn 5 verschiedene Balzverhaltensweisen nachgewiesen und nach charakteristischen Bewegungsabläufen populär benannt. Die meisten dieser Balzhandlungen laufen nur mit sehr geringem Zeitaufwand ab, wie dies ähnlich ja auch bei Pfaufasanen und Tragopanen der Fall zu sein pflegt. Die Verfasser kennen: einfaches Schwanzfächern, Schwanzfächern und Flügelsenken, Prahlen (strutting), Walzen („waltzing" im Sinne von Walzer tanzen), Schnelltrampeln, Schnelltrampeln mit Verbeugen, einfaches Verbeugen sowie Kopfschütteln. Unter allen genannten Balztypen kommt nur das einfache Verbeugen gegen Beginn der Brutzeit häufiger vor. Die übrigen werden selten ausgeführt und scheinen eher einen Beitrag zur Paarbindung zu liefern. Moorhühner, die im 2. Jahr mit gleichen Partnern Paare bilden und solche, deren Hennen ein Zweitgelege machen, balzen am wenigsten. Beim einfachen Schwanzfächern hebt und fächert das Männchen den Schwanz mit flinker Schnellbewegung in Nachbarschaft der Henne oder in wenigen Metern Entfernung von ihr, manchmal auch während er sie verfolgt. Beim „Schwanzfächern mit Flügelsenken" hält er den Schwanz gefächert und senkt beide Flügel so tief, daß die Armschwingen den Erdboden berühren. In dieser Haltung verharrt er ein paar Sekunden lang, wenn die Henne stehenbleibt und äst. Beim „Prahlen" umrundet er die Henne mit gefächertem Schwanz und schleifenden Flügeln, um sich dann vor sie hinzustellen und seine Bauch- und Schenkelgefiedermusterung zu demonstrieren. Auch kann er sich umdrehen und die ausgebreiteten Unterschwanzdecken von ihr bewundern lassen. Beim „Walzen" umrundet er sie schwanzfächernd und mit schnellen, betont hohen kurzen Schritten trippelnd, dabei den ihr zugewandten Flügel mit den Handschwingen am Boden schleifen lassend und Schwanzfächer nebst Körper schräg zu ihr hingeneigt, sich dem Weibchen sozusagen „in voller Größe" oder „von seiner besten Seite" präsentierend. Beim „Trampeln" rennt der Hahn mit schnellen, kurzen Stampfschritten, gebogen und gestreckt gehaltenem, geplustertem Hals, niedrig gehaltenem Kopf und weit geöffnetem Schnabel auf die Henne zu, die das meist als bedrohlich empfindet und sich daher oft schnell entfernt, während das Männchen seinerseits seine schnellen Trampelbewegungen mit Schwanzfächern fortführt. Bei der „Trampelbalz mit Verbeugen", die der vorigen Balzhandlung folgen kann, bewegt das Männchen, falls das Weibchen nicht geflüchtet ist, schnell trampelnd den Kopf bei gesträubtem Nackengefieder auf und ab, was einer Verbeugung ähnelt. Bei der einfachen Verbeugungsbalz, die häufig zu Beginn der Legeperiode zelebriert wird, berühren sich oft die Partner fast. Das „Kopfschütteln" wird erst beobachtet, wenn Partner schon miteinander vertrauter sind. Es kann von beiden Geschlechtern ausgeführt werden. Dabei läuft ein Vogel in geduckter Haltung seitlich zum anderen hin, streckt den Hals lang aus und schüttelt mehrmals schnell den Kopf von einer Seite auf die andere, dabei die roten Rosen demonstrierend und den Schnabel leicht aufwärts haltend. Dazu schüttelt er den Schwanz in seitlicher Richtung. „Schüttelt" das Weibchen, antwortet ihm das Männchen mit der Trampelbalz, findet aber damit bei der Partnerin gewöhnlich keinen Widerhall, bis er eine der anderen Balzhandlungen beginnt. Hähne können versuchen, die Henne nach der Trampelbalz zu besteigen, vor allem wenn diese das Kopfschütteln in geduckter Haltung ausgeführt hatte. Gewöhnlich sind Hennen jedoch in dieser Situation nicht paarungsbereit. Ist das der Fall, fordern sie mit oder ohne vorausgegangener Schwanzfächerbalz des Hahnes diesen zur Paarung auf, indem sie sich ohne vorheriges Kopfschütteln mit normaler Haltung des Kopfes und leicht geöffneten Flügeln vor ihm niederlegen. Darauf springt er auf ihren Rücken, hält sich mit dem Schnabel in ihrem Scheitelgefieder, manchmal sogar der Scheitelhaut fest, läßt die Flügel hängen und kopuliert, dabei den gespreizten Schwanz ein paar Sekunden lang auf und ab schwenkend. Nach der Begattung pflegt der Hahn mit gefächertem Schwanz und hängenden Flügeln 1 bis 2 Minuten weiter zu balzen, dazwischen oft von erhöhten Punkten aus rufend. Das Weibchen seinerseits rennt ein paar Schritte vorwärts, schüttelt ihr Gefieder, putzt sich und beginnt zu äsen.

Hennen können bis 2 Wochen vor der Eiablage Nestmulden anlegen. Auch Hähne tun das gelegentlich, selbst wenn sie keinen Partner haben.

Die Legezeit fällt in Schottland in die 2. April- bis 1. Maihälfte, selten bereits auf Ende Februar und die 1. Märzhälfte. Die Nester stehen in dichter Vegetation aus Besenheide und Binsen. Sie sind meist nach oben durch überhängende Vegetation getarnt. Die Nestmulde ist 4 bis 8 cm tief und kann mit wenig oder viel Pflanzenteilen der Nachbarschaft ausgekleidet sein. Eier werden in 1- bis 2tägigem Abstand morgens und nachmittags gelegt und die noch unvollständigen Gelege nach jeder Eiablage von der Henne mit Pflanzenmaterial getarnt. Am 4. Bruttag verließ eine Moorhenne ihr Nest dreimal täglich in 6stündigen Intervallen, für je 45 bis 60 Minuten. Die Küken schlüpfen gleichzeitig und verlassen nach dem Abtrocknen das Nest. Während des Brütens wacht der Hahn in Nestnähe und warnt die Henne bei Gefahr. Beide führen ihr Gesperre und verteidigen es mutig selbst gegen weit überlegene Feinde, fliegen z. B. nicht selten Menschen ins Gesicht. Gegenüber Hunden und Füchsen verleiten sie, gebrochene Flügel vortäuschend und haben mit dieser Taktik meist Erfolg. Während der ersten Lebenswoche sind die Küken sehr auf die mütterliche Wärme angewiesen und werden von der Henne auch tagsüber häufig gehudert. Futter lernen sie ohne elterliche Anleitung aufzunehmen. Schon am 1. Lebenstag drohen Küken ihre Geschwister an und picken sich gegenseitig aggressiv. Bereits vor Ablauf einer Woche nehmen sie gelegentlich die Singwartenhaltung der Adulten ein, und mit 10 Wochen können die Junghähne, mit 12 die Junghennen den Singflug ausführen. Mit Erreichung der 12. Lebenswoche sind sie voll ausgewachsen, beherrschen das Verhaltensmuster des Altvogels, und der Familienverband löst sich auf. Nach SAVORY sollen Moorhuhnküken im Gegensatz zu den Jungen anderer Tetraonidenarten erstaunlich wenig Insektennahrung, nämlich unter 5 % des Futtervolumens aufnehmen. Bei 211 untersuchten Küken machten Triebspitzen der Besenheide wenigstens 75 % des Futtertrockengewichts aus. Auch beim Erwachsenen bilden Triebspitzen von *Calluna* die Hauptnahrung, doch besteht zwischen Küken und Adulten insofern ein Unterschied, als erstere Triebe mit höherem Stickstoff- und Phosphorgehalt wählen als zur gleichen Jahreszeit die Erwachsenen. Wurde ein Heidegebiet künstlich gedüngt, brachten die dort lebenden Moorhühner größere Bruten hoch als auf ungedüngtem Gelände lebende Populationen. Auch das unter den Heiden liegende Gestein hat Einfluß auf die Populationsdichte des Moorhuhnes: Heiden über basischen Felsen weisen eine dichtere Moorhuhnpopulation auf, weil das dort wachsende Heidekraut einen höheren Nährwert besitzt. Kontinentale Moorschneehühner können sich vielseitiger ernähren als schottische.

Haltung: Das schottische Moorhuhn ist als einzige Art seiner Gattung seit Beginn des 19. Jahrhunderts hin und wieder gehalten und mehrfach gezüchtet worden, worauf YARRELL in seinem um 1840 erschienenen Buch „British Birds" hingewiesen hat. Einen nützlichen Bericht über Haltung und Zucht dieses in Schottland und England so populären Niederwildes verdanken wir WORMALD, der seine Moorhuhnpaare von einer Grouse-Versuchsfarm in Frimley (Schottland) erhalten hatte. Er ist voll des Lobes über die Vertrautheit und das interessante Verhalten dieses Tetraoniden sowie die Leichtigkeit der Züchtbarkeit in Gefangenschaft. Leider berichtet er nichts über Gehegegröße und Bodenbeschaffenheit, betont jedoch ausdrücklich die Notwendigkeit peinlicher Sauberhaltung der Futter- und Trinkgefäße. Als Futter reichte er seinen Moorhühnern Weizen und Dari sowie viele Grünpflanzen und einmal wöchentlich Besenheidebündel. Die Küken wurden mit Heidekrauttrieben, gekochtem Ei, Fliegenmaden und dem heute nicht mehr erhältlichen Aufzuchtfutter der Firma Spratt mühelos aufgezogen.

Zu neuen Erkenntnissen über Haltung und Zucht des Moorhuhnes ist MOSS aufgrund langjähriger Erfahrungen an der Nature Conservancy in Blackhill (Schottland) gelangt, wo seit Jahren Wildgelege wie solche von Volierenvögeln oft schon 2. und 3. Generation zwecks späterer Auswilderung der Jungvögel künstlich erbrütet werden. Eingesammelte Wildgelege werden in mit Weizenkörnern (als Schutz vor Erschütterungen) gefüllten und bei 37 °C Wärme gehaltenen Thermobehältern zur Station transportiert.

Der Erfolg bei der Aufzucht von Schneehuhnküken ist nach MOSS von der Eiqualität abhängig. Zwar kann die Befruchtungsquote mit über 90 % recht hoch sein, doch variiert die Lebensfähigkeit der geschlüpften Küken beträchtlich und steht offensichtlich in engem Zusammenhang mit der Güte der von der Schneehenne aufgenommenen Nahrung. War die als Hauptfutterquelle des Moorhuhns aufgenommene Besenheide in dem betreffenden Jahr reich an Proteinen, Vitaminen und Spurenelementen, wirkt sich dies auch auf die Gelege aus, und die Küken haben gute Überlebenschancen. Mußte die Henne dagegen wegen eines strengen, schneearmen Winters mit überwiegend abgefrorenem braunem Heidekraut vorliebnehmen, sterben viele der Küken innerhalb der ersten beiden Lebenswochen, ohne daß durch Zerlegung, parasitologische und bakteriologische Untersuchungen eine Ursache erkennbar wurde. Die häufig so unterschiedlichen Resultate bei der Moorkükenaufzucht scheinen demnach auf eine wechselnde Eiqualität zurückzugehen. Ein Beweis dafür ist die Population des Alpenschneehuhnes von Cairngorms, die in dem für die Vegetation ungünstigen Jahr 1938 überhaupt keine Brut hochbrachte. Bei Schneehuhnküken, die innerhalb von 14 Tagen trotz bester Pflege sterben und bei denen die Untersuchung negativ verläuft, können noch so umsichtige Maßnahmen keine Aufzucht erzwingen, weil der Tod innerhalb der genannten Frist gleichsam vorprogrammiert ist. Im Gegensatz zu schottischen Alpenschneehühnern ziehen isländische Populationen fast alljährlich eine große Kükenzahl auf, und bei in Schottland erbrüteten isländischen Küken trat die gefürchtete 14-Tage-Sterblichkeit nur sehr selten auf. Die gute Qualität der Islandeier läßt sich nach MOSS auf die hochwertige Nahrung der Elternvögel zurückführen. Zur Erbrütung von 2 Wochen und länger bebrüteten Schneehuhn-Wildgelegen, nicht dagegen für frisch gelegte Eier haben sich in Blackhill Brüter ohne Luftumwälzung bewährt. In solchen Brütern ist auf eine ausreichende Luftfeuchtigkeit zu achten, die für Schneehuhngelege 40 % betragen soll, also wesentlich höher sein muß als etwa bei Haushuhngelegen. Zur Aufzucht von Schneehuhnküken hat sich ein mit Propangas beheizter Aufzuchtstall am zweckmäßigsten erwiesen. Eine Infrarotlampe hat nämlich den Nachteil, nur in der Stallmitte einen relativ kleinen Wärmekreis zu schaffen, unter dem sich die kräftigsten Küken drängen, während die schwächeren sich in die Stallecken zurückziehen und dort durch Unterkühlung sterben. Bei Propangasbeheizung verteilt sich dagegen die Wärme über den ganzen Raum. Die Aufzucht durch Zwerghennen ist ebenfalls möglich, vor allem, wenn es sich um die Erbrütung kleiner Schneehuhngelege handelt. Doch sind nicht alle Hühnerammen auch gute Mütter, und trotz prophylaktischer Behandlung können sie mit dem Kot Parasiten auf die empfindlichen Küken übertragen. Der Kükenaufzuchtstall besteht in Blackhill aus einem Stahlrahmengerüst, auf das außen Aluminiumwandplatten geschraubt werden. Die unteren Wandteile werden durch eine Polystyrenabdeckung vor Auskühlung geschützt. Für die Oberhälfte der Vorderfront und für die Überdachung wird Drahtglas gewählt. Ein verdrahtetes Fenster an der Stallrückwand ist durch Fensterflügel verschließbar und dient der Beobachtung der Küken. Den Stallboden bildet ein auf Holzrahmen gespanntes Doppel-Drahtgeflecht mit 1,27 cm Maschenweite, das auswechselbar ist. Die doppelte Verdrahtung soll verhindern, daß sich Kleinküken mit den Zehen im Drahtgeflecht verfangen und verletzen. Mit zunehmendem Wachstum und dem damit einhergehenden umfangreicheren Kotanfall verstopft das Doppelgeflecht leicht und muß ab der 3. Lebenswoche durch ein einfaches Gitter ersetzt werden. In dem geschilderten Aufzuchtstall können bis 20 Tetraonidenküken großgezogen werden. Mit 10 Tagen werden sie durch Hochziehen eines Wandschiebers in den anschließenden Auslauf gelassen. Während der ersten 6 Lebenswochen ist zusätzliche Wärme durch einen Propangasbrenner notwendig. Eine bewährte Erstlingskost für Tetraonidenjunge sind Puten-, Fasanen- und Rebhuhn-Startermehle. Diese Fertigfutter dürfen für Schneehuhnküken auf keinen Fall Fleisch- oder Knochenmehle enthalten, weil die Tiere dann für 14 Tage das Wachstum einstellen würden. Lernen die Kleinküken nicht früh genug, Futter aus einem Napf aufzunehmen, verteilt man Futterbröckchen auf einem dunklen Untergrund, weil der Farbkontrast ganz offensichtlich bei ihnen einen Pickreiz auslöst. Ferner ist ein bestimmtes Quantum Grünfutter für Schneehuhnküken unerläßlich, wofür sich am besten frische Besenheidetriebe eignen. Anderes Grünfutter stellt keinen vollwertigen Ersatz für Heide dar. Während der ersten 10 Lebenstage erhalten die Küken Heidesoden zum Abweiden der Triebe. Später werden sie tagsüber in den Auslauf gelassen, der auf kurzgehaltenem Heidekraut steht. Stall und Auslauf werden zweimal wöchentlich versetzt und dem Kükenwachstum entsprechend auf immer höheres Heidekraut gestellt. Hält man nämlich die Küken stets auf kurzer Heide, kann Federpicken zu einem Problem werden. Um dies zu verhindern, können noch zusätzlich Äste in den Auslauf eingebracht werden. Als häufigste Kükenseuche tritt bei Schneehühnern Coccidiose auf, gegen die Moorhuhnküken empfindlicher zu sein scheinen als Alpenschneehuhnküken. Die Krankheit bricht meist im Alter von 3 Wochen und später aus. Sind Schneehühner erst einmal erwachsen, bereitet ihre Haltung keine Schwierigkeiten mehr. Als Aufenthalt ist jeder genügend geräumige und zugluftfreie Käfig geeignet. Eine Haltung auf Drahtboden erleichtert die Reinigung und beugt Seuchenausbrüchen vor. Die längste Zeit des Jahres hindurch erhalten die Paare ein in England hergestelltes pelletiertes Grouse-Erhaltungsfutter und von Mitte März bis Ende Juni Grouse-Brüterpellets. Durch regelmäßige zusätzliche Gaben kleiner Heidekrautbüschel wird die Gesundheit der Vögel gefördert. Die Bündel werden alle 2 Tage zum Abrupfen an die Käfigwand gehängt. Phosphorsaurer Kalk und Grit dürfen nicht fehlen. Ende April/Anfang Mai beginnen die Schneehennen mit dem Legen. Unter der Voraussetzung, daß jedes Ei fortgenommen wird, legt eine Schneehenne jährlich 20 bis 30 Eier. Die Gelege werden einem Kunstbrüter übergeben. Erhält die Henne Nestdeckung und Nistmaterial, erbrütet sie gewöhnlich ihr Gelege zuverlässig und bringt das Gesperre sorgfältig hoch. Viele Hennen sterben während der Legezeit an Ei-Serositis, einer Erkrankung, die von Generation zu Generation zuzunehmen scheint. Eines der Haupthindernisse bei der Schneehuhnzucht bildet die Aggressivität der Hähne, die ihre Hennen in Balzerregung nicht selten tothacken. Um dies zu verhindern, erhalten die Weibchen Ausweich- und Deckungsmöglichkeiten durch schräg gestellte Sperrholzplatten als Sichtblende und zusätzlich viele Äste, um die Verfolgung zu erschweren. Hat der Hahn keinen optischen Kontakt zu ihr, stellt er die Verfolgung ein. Auch kann man dem Hahn ein wenig die Oberschnabelspitze kürzen, was das Hacken schmerzhaft werden läßt. In Blackhill wurden seit 1965 die Gelege der 20 bis 30 gekäfigten Schneehennen künstlich erbrütet, und viele Paare befinden sich bereits seit mehreren Generationen dort. Aus der Erfahrung, daß die Lebenserwartung der Küken von der qualitativen Ernährung der Henne abhängt, sollte man schließen, daß die gekäfigten Schneehuhnweibchen bei optimaler Ernährung auch qualitativ bessere Gelege bringen müßten. Das hat sich jedoch nicht bestätigt. Die Resultate der 1. Käfiggeneration sind noch zufriedenstellend, denn 1966 konnten ca. 80 % der aus Käfiggelegen geschlüpften Küken aufgezogen werden, und auch 1967 und 1968 blieb die Aufzuchtquote mit 70 % einigermaßen konstant. 1969 fiel sie jedoch auf 40 % zurück. Ein ähnlicher „Vitalitätsabfall" ist zuweilen auch bei der Zucht von Rebhühnern und bestimmten Fasanenarten beobachtet worden. Die Ursache dafür sieht MOSS eher bei den Hähnen als bei den Hennen. 1967 wurden nämlich aus Wildgelegen 2 Schneehennen aufgezogen, die man mit Hähnen aus der Käfigzucht verpaarte. Die von diesen beiden Paaren stammenden Küken erwiesen sich als genauso lebensschwach wie jene aus Gelegen reiner Käfigpaare. In der Bundesrepublik Deutschland befaßt sich VON BRONSART sehr erfolgreich mit der Zucht des schottischen Moorhuhnes und des skandinavischen Moorschneehuhnes. Er verwendet pro Paar eine 15 m² große, 2 m hohe, zu 2/3 überdachte Voliere, deren Rückseite ganz und deren Westseite halb geschlossen ist. Als Bodenbedeckung hat sich reiner Sand, ebenso ein Sand-/Torfgemisch bewährt, und als Bepflanzung dienen Nadelbäume. Während der Balzzeit erhalten die Hennen gleiche Versteckmöglichkeit wie von MOSS angegeben. Die Futtergefäße werden so gut wie möglich mäusesicher, beispielsweise auf einem 40 cm hohen Tisch mit über die Beine herausragender Platte, aufgestellt. Als Grundfutter wird ein von DANSBERG für Birkwild empfohlenes Mischfutter aus Hafer und Junghennen-Alleinkorn verwendet. Es hat sich bewährt, die Schneehühner tagsüber nur Naturfutter (Grünfutter) aufnehmen zu lassen und erst ca. 1 Stunde vor Dämmerungsbeginn pro Paar 3 Hände voll Trockenfuttergemisch zu reichen. Dadurch wird einer Verfettung der Tiere und dem damit einhergehenden Konditionsverlust vorgebeugt. Bezüglich der Beliebtheit bestimmter Pflanzenkost lassen sich zwischen den beiden Moorschneehuhnrassen leichte Unterschiede feststellen: Die Skandinavier ziehen entschieden Weiden- und Haselknospen der Besenheide vor, die bekanntlich die Hauptnahrung der Schotten bildet. Wenig bekannt dürfte sein, daß Moorschneehühner auch die Rinde von Weichhölzern äsen und Weidenzweige im Winter regelrecht blank schälen. Heidekraut und Heidelbeerbüsche werden in Soden in die Voliere gebracht oder gebündelt an den Wänden aufgehängt. Im Sommer äsen Schneehühner auch Grashalme, Klee, Ampfer, Löwenzahn, Himbeerblätter, später Heidel- und Preiselbeeren. Mit dem Legen beginnen schottische Moorhühner ca. Ende April, skandinavische erst Mitte Mai. Die Eiablage erfolgt im 30- bis 40 Stundenrhythmus, und das Gelege ist mit 7 bis 9 Eiern vollständig. Auch wenn Schneehennen bereits über mehrere Generationen vom Menschen aufgezogen wurden, bleiben sie fast stets gewissenhafte Brüter und Mütter. Bei der Naturaufzucht entfernen sich die Küken zur Nahrungsaufnahme nur wenig von der Mutter. Deshalb muß man ihnen während dieser Zeit Futter an möglichst vielen Stellen in sehr flachen Gefäßen, beispielsweise Weckglasdeckeln, aufstellen. Als Anfangsfutter hat sich bei BRONSART ein Gemisch aus 50 % Hennenlegemehl und 50 % gekochtem Ei bewährt. Häufig wollen Schneehuhnküken die Nahrung nicht vom Boden aufnehmen. Dann klebt man am besten in Kükenkopfhöhe Futtergemisch an feuchte Heidezweige, die man in den Boden gesteckt oder als Bündel an der Volierenwand befestigt hat. Kleine Mehlwürmer, auf viele Stellen verteilt, reizen durch ihre Bewegung zum Picken an. Wasser wird in mit Steinen gefüllten Weckglasdeckeln zur Verfügung gestellt, so daß die Küken sich nicht benässen können. Sie wachsen sehr schnell und nehmen mit einer Woche schon Heidekrautspitzen auf. Sie können nun Putenstarterkorn erhalten. Man kann Gelege auch von der Schneehenne vorbrüten und dann im Schlupfbrüter schlüpfen lassen. Zur Kükenaufzucht hat sich eine Kiste von 100 cm × 80 cm Fläche und 40 cm Höhe bewährt, deren Boden zunächst mit rauhem Tuch ausgelegt wird. Darüber hängt man einen 100- bis 150-Watt-Dunkelstrahler so auf, daß die Kastentemperatur direkt darunter 40°C beträgt. Die Küken verfügen nach dem Schlupf noch über Dottersackreserven und sollen erst am 2. Lebenstag gefüttert werden. Wegen der kleinen Bodenfläche der Aufzuchtkiste verwendet man als Trinkgefäß die für Kleinvögel verwendeten Trinkröhrchen. Nach einer Woche muß die Kiste oben mit engmaschigem Drahtgeflecht abgedeckt werden, um so ein Entweichen der Küken zu verhindern. Deren wichtigste Grünfütterung bilden Heidekrautzweige und Samenstände des Sauerampfers (Rumex). Wegen der inzwischen starken Kotabgabe wird der Kistenboden mit Torfmull bestreut. Mit 20 Tagen setzt man die Küken in einen überdachten Auslauf von ca. 2 m × 1 m Fläche um. Steht dieser auf Rasen, muß er zweimal täglich ein Stück weitergesetzt werden. Eine Alternative dazu besteht in der Verwendung eines auf Stelzen stehenden Auslaufkäfigs mit Drahtboden. In diesem Fall sollen jedoch 1/3 der

Bodenfläche in einer besonders geschützten Ecke mit Rauhtuch oder Sackleinwand belegt werden, damit die Jungen wenigstens nachts von unten her geschützt sind. Im Alter von 4 Wochen kann man sie in eine Voliere setzen. Wegen der Anfälligkeit junger Moorhühner gegen Darmparasitenbefall sollte der Kot alle 3 Monate tierärztlich untersucht werden.

Beringte Moorhühner haben in freier Wildbahn ein Alter von wenigstens 4 Jahren erreicht (JENKINS, WATSON u. MILLER, 1963).

Aus einer weltweiten Umfrage der WPA geht hervor, daß 1981 in England 285, im kontinentalen Europa 223 und in USA und Kanada 33 Moorhühner gehalten wurden.

Alpenschneehuhn
Lagopus mutus, Montin 1776

Engl.: Rock Ptarmigan.
Abbildung Seite 229 alle.
Heimat: Das Alpenschneehuhn ist zirkumpolar über die arktischen Tundren verbreitet und bewohnt dazu Hochgebirgszonen mit ähnlichem Biotop. Es kommt in Skandinavien und auf der Kola-Halbinsel vor, fehlt ostwärts einem breiten Gebiet, erscheint wieder im Nord-Ural und ist von dort durch ganz Nord-Sibirien bis zu den Aleuten, Alaska, Kanada, Grönland, Island, Spitzbergen und Franz-Josephs-Land verbreitet; in Sibirien reicht das Vorkommen südwärts bis westlich des Jenissei, zur Angara und den Bergen des Baikalgebietes und schließt westwärts den Altai, südwärts Gebirge der Mongolei (Khangai, Kentai, Saurkette) ein; ferner umfaßt es die Gebirge Transbaikaliens und des Amurgebietes, Kamtschatka und die Kommandeurinseln sowie die nördlichen und mittleren Kurilen. In Nordamerika ist die Art südwärts bis ins südliche Britisch-Columbia, den Süden Mackenzies, Kiwatin, Nord-Quebec, Labrador und nach Neufundland verbreitet. Vom zusammenhängenden Verbreitungsareal isolierte Populationen bewohnen in Japan Gebirge Mittel-Hondos, in Europa Schottland, die Alpen und Pyrenäen. Wenigstens 11 Unterarten werden anerkannt.
Beschreibung: Geschlechter im Brut- und Herbstkleid verschieden, im Winterkleid gleichgefärbt. Bei Hähnen der Alpenunterart *L. m. helveticus*, THIENEMANN, sind nach der Beschreibung von GLUTZ VON BLOTZHEIM im Brutkleid die Federn von Oberschnabelbasis, Stirn und Zügel dunkelbraun, mit weißen Federn in wechselnder Zahl vermischt; Scheitel dunkelbraun, Hinterkopf, Nacken und Hals dunkelbraun mit weißen oder gelbbeigen Querbinden oder Pfeilflecken; Rücken- und Bürzelfedern dunkelbraun mit feinem gelblich-beigem oder braungrauem Kritzelmuster oder schmaler, unregelmäßiger gelbbeiger Bänderung und schmalem weißem Spitzensaum; daneben finden sich in unterschiedlicher Anzahl und größtenteils verdeckt, weiße Federn. Kleine Oberschwanzdecken wie die Bürzelfedern, große mit verwaschenem grauerem Kritzel- und Bindenmuster; ein kleiner Teil der Oberschwanzdecken weiß; Kinn und Kehle weiß und dunkelbraun gefleckt, die Wangen ähnlich, aber mit weniger Weiß; Kropfgegend, Vorderbrust und ein Teil der Tragfedern dunkelbraun, teils mit 1 bis 2 breiten gelbbeigen Querbinden und schmalem weißem Spitzensaum ausgestattet. Einige Flankenfedern braun mit Andeutungen hellerer Kritzel- oder Bindenmuster. Übrige Unterseite weiß. Schwanzfedern dunkelbraun mit weißer Wurzel und mehr oder weniger stark abgenutztem weißem Endsaum, das Mittelpaar weiß. Schulterfedern wie die Vorderrückenfedern, ein größerer Teil weiß; Handschwingen weiß, die äußeren mit dunkelbraunem Schaft. Armschwingen und größter Teil der Oberflügeldecken weiß; einige der innersten großen Armdecken und ein Teil der mittleren Armdecken dunkelbraun. Unterflügeldecken und Achselfedern weiß. Federn und Afterschäfte kürzer als in den anderen Adultkleidern.

Länge 340 mm; Flügel 189 bis 213 mm; Schwanz 103 bis 131 mm; Gewicht 375 bis 515 g.

Hennen im Brutkleid sind im Vergleich mit Hähnen kräftig gebändert. Scheitel und Hals dunkelbraun und goldbeige gebändert; Zügel, Wangen, Kinn und Kehle beige mit mehr oder weniger breit unterbrochener mittelbrauner Querbinde, die Ohrdecken etwas dunkler. Bauch weiß oder beige, z. T. gebändert; übriges Kleingefieder einschließlich der inneren Oberflügeldecken und der Ellbogenfedern oberseits dunkel-, auf den Körperseiten etwas heller braun mit goldbeiger, in der Rückenmediane auf

o. Alpenschneehühner, *Lagopus mutus*, im Winterkleid (s. S. 228)
u. l. Hahn des Alpenschneehuhns im Übergangskleid
u. m. Alpenschneehuhn im Brutkleid
u. r. Gelege des Alpenschneehuhns

den Rand der Federfahne beschränkter Bänderung. Flügel 184 bis 206 mm; Schwanz 97 bis 113 mm; Gewicht 347 bis 471 g.

Bei Hähnen im Herbstkleid ist der Zügel dunkelbraun mit weißen Flecken. Die im Brutkleid dunkel gefärbten Gefiederpartien sind auch im Herbstkleid etwa im selben Ausmaß gefärbt. Kopf-, Hals- und Vorderrückenfedern sind z. T. dunkelbraun mit schmaler beigeweißer Bänderung. Bei den Brustfedern ist die Bänderung schmaler und teilweise in kleine Flecken und Punkte aufgelöst. Bei den Federn von Oberseite, Flanken und inneren Oberarmdecken weicht sie weitgehend einem feinen, grau- oder beigeweißem Kritzelmuster. Schwanzfedern dunkelbraun, die mittleren mit breiter, die äußeren mit schmaler weißer Endbinde. Handschwingen weiß mit dunkelbraunem Schaft. Übriges Gefieder, besonders die Unterseite und das Gros der Flügelfedern, weiß. Feder- und Afterschaftlänge intermediär zwischen der des Winter- und Brutkleides.

Hennen im Herbstkleid sind in Farbverteilung und Zeichnungsmuster Hähnen ähnlich, aber ohne dunkelbraune Zügel und meist mit etwas breiterer Bänderung und gröberem Kritzelmuster.

Alpenschneehühner beider Geschlechter sind, mit Ausnahme der dunkelbraunen Schwanzfedern, deren mittleres Paar weiß ist, der größtenteils dunkelbraunen Schäfte der äußeren Handschwingen und der vom Schnabelgrund bis hinter das Auge reichenden, individuell sehr verschieden breiten schwarzen Maske, im Winter vollkommen weiß. Der am lebenden Vogel mitunter zu beobachtende rosa Hauch auf den weißen Gefiederpartien ist auf Einfärbung mit dem rotgefärbten Sekret der Bürzeldrüse zurückzuführen. Federn und Afterschäfte sind länger als im adulten Brut- und Herbstkleid. Bei der Henne im Winterkleid ist der schwarze Zügelstreif nur ausnahmsweise angedeutet. Schnabel glänzend schwarz; Iris dunkelbraun; die Färbung der Rosen ist je nach Stimmungslage bei den Hähnen zinnober- bis scharlachrot, bei den Hennen schwach rotorange bis zinnoberrot. Bei den letzteren soll sich mit Brutbeginn der obere Papillenteil der Rosen ablösen, diese selbst sollen schrumpfen und eine blaßgelbrötliche Farbe annehmen. Lauf und Zehen sind einschließlich der Sohlen während des Winters pelzartig befiedert. Zum Sommer hin wird diese Befiederung z. T. abgestoßen, und die Fußsohlen werden ganz nackt; Krallen blauschwarz.

Dunenküken sollen sich von denen des Moorschneehuhnes durch blassere, mehr schwefelgelbe Gesamtfärbung und stärker rotbräunliche Rückenmitte unterscheiden.

Gelegestärke 6 bis 9; Ei auf rahmfarbenem, zuweilen rotbräunlichem Grund dicht mit großen und kleinen, erst dunkelrotbraunen, später bis schwarzen Flecken bedeckt, die häufig zu großen Flatschen zusammenfließen (43,2 mm × 30,3 mm); Frischgewicht 22 g; Brutdauer 22 bis 23 Tage.

Lebensgewohnheiten: Im Gegensatz zum Moorschneehuhn, das gern zwischen niedrigem Gestrüpp und verstreutem Buschwerk lebt, zieht das Alpenschneehuhn eine viel kürzere Vegetation auf Geröll und Felsflächen vor (HÖHN). In den europäischen Alpen lebt es nur in Lagen über 1800 bis 2000 m und scheint von Schnee und Eis direkt angezogen zu werden. Die skandinavischen Populationen bewohnen die Hochflächen (Fjelde) der Gebirge oberhalb der Baumgrenze, die nördlichsten Felstundren auch in niedrigen Lagen, an manchen Stellen bis zum Meeresufer. Über die Verhaltensweisen des Alpenschneehuhnes sind wir durch Beobachtungen von MAC DONALD in der kanadischen Arktis, WATSON in Schottland und THALER in Österreich informiert. Sie sind denen des Moorschneehuhnes recht ähnlich. Die Auflösung der Wintertrupps wird im Frühjahr durch zunehmende Aggressivität der ranghohen Männchen eingeleitet, die rangniedere Hähne verjagen. Mit Einsetzen der Schneeschmelze besetzen die Hähne getaute Flächen. Die Balz beginnt in den Alpen Mitte April und erreicht zwischen dem 10. Mai und 10. Juni ihren Höhepunkt, um erst gegen Ende Juni zu enden. Die Hähne geben ihren Revieranspruch kund, indem sie mit ausgestrecktem und nach vorn gebeugtem Hals von einer Bodenerhebung aus schnarchend „Oh-wäääk" rufen. Ob es sich beim Singflug der Schneehähne wirklich um einen Balzflug (GLUTZ VON BLOTZHEIM, HÖHN u. a) oder vielmehr um eine optische und akustische Demonstration territorialen Besitzanspruchs (bekking flight bei CRAMP) handelt, ist wohl noch ungeklärt und um so schwieriger zu beantworten, als Aggressions- und Balzverhalten bei *Lagopus* fließend ineinander übergehen. Für den Alpenschneehahn hat BODENSTEIN, den wir im folgenden

o. Balzender Auerhahn, *Tetrao urogallus* (s. S. 239)
u. l. Auerhenne
u. m. 3 Tage altes Küken
u. r. Gelege des Auerhuhns

sinngemäß zitieren, die Phasen des Singfluges detailliert beschrieben. Danach führen Schneehähne Singflüge vor allem während der frühen Balzzeit entweder spontan, beim Erscheinen von Artgenossen oder bei Störungen irgendwelcher Art in ihrem Revier aus. Bei vollständigem Verlauf startet der Hahn mit schnurrendem Fluggeräusch, weit gefächertem Schwanz und lauten, hölzern klingenden „Karr"-Rufen. Zunächst fliegt er ziemlich niedrig über dem Boden und folgt dem Geländeprofil, wobei im Flug rasche pfeifende Flügelschläge mit kurzen Gleitphasen abwechseln, bevor er – meist beim Überfliegen eines Berggrates oder einer Steilkante – zu rufen beginnt. Mit voll ausgestreckten, nach unten gebogenen Flügeln, gespreizten Daumenfittichen und gefächerten Handschwingen neigt er den Körper, wirft den Kopf zurück und segelt 10 bis 15 m, gelegentlich bis 30 m hoch, steil aufwärts. Gleichzeitig fächert er den Schwanz so stark, daß die 3 äußersten Steuerfedern fast in ganzer Länge freiliegen und mit den Armschwingen eine Fläche bilden, während die mittleren Steuerfedern und die langen weißen Oberschwanzdecken rinnenartig niedergedrückt sind. In dieser Haltung segelt er bis zum Nachlassen der Geschwindigkeit und stößt dann bei geblähtem Hals weittragende „Ou-a-a-a"-Rufe aus. Für einen Moment hängt er in der Luft, beugt dann Kopf und ausgestreckten, geblähten Hals nach unten und leitet damit das Abwärtsgleiten ein. Das jetzt von ihm zu hörende Knarren ist etwa 1½mal so lang wie das „Ou-a-a-a" und klingt hölzern, tonlos. 30 bis 50 m tief über einen Steilabfall gleitende Alpenschneehähne können 2 bis 3 Strophen aneinanderreihen und langanhaltendes Gackern bringen, ohne dazwischen wieder aufzusteigen. Kurz vor dem durch rasche und weithin hörbare Flügelschläge gekennzeichneten Landeanflug ist nochmals das Knarren zu hören. Die Position des landenden Vogels wird durch steiles Aufstellen des immer noch weit gefächerten Schwanzes auffällig markiert. Am Boden läßt er ein langsameres, weicheres, dumpfes „Qua-qua-qua" hören und bewegt synchron dazu den Schwanz auf und ab.

THALER hat das Balz- und Brutverhalten eines Alpenschneehuhnpaares der heimischen Unterart *helveticus* im Innsbrucker Alpenzoo genau beobachten können: „Bei der Bodenbalz des Männchens werden die Schwanzfedern verschieden getragen, wenig, oder einseitig bis voll gefächert, die Flügel schleifen ein- oder beidseitig, das locker gehaltene Gefieder wird nur am Rücken geplustert, der Hals glatt vorgestreckt. Beim „Paradelauf", dem „waltzing" der angloamerikanischen Autoren, werden beim Zirkeln um ein paarungswilliges Weibchen Flügel und Schwanz zu ihm hin geneigt, Flügelkante und äußerste Schwanzfedern knattern über den Boden. Dabei ist das Brustgefieder maximal geplustert und der glatte Hals wird vorgestreckt." Wie man sieht, bestehen zur Balz des Moorhuhnes keine oder nur geringe Unterschiede.

„Die Henne ihrerseits bewegt sich geduckt und mit kleinen Schritten, fast rollend und sehr gegensätzlich zum balzenden Hahn, tut auch ganz unbeteiligt, behält ihn aber dabei stets im Auge. Auch kommt sie wie zufällig auf langem Umweg herbei, und sein Hetzen provoziert sie durch Ducken bei glatt anliegendem Gefieder, Kopfschwenken und -drehen mit Zeigen der Rosen, um dann in Erwartung einer Verfolgung purrend aufzufliegen. Die Kopula erfolgt in der Regel nach dem Paradelauf des Hahnes, falls sich das Weibchen paarungswillig geduckt hat. Nestbauhandlungen werden erst kurz vor der Eiablage beobachtet: Die Henne scharrt eine Mulde und packt mit dem Schnabel Halme, um sie unter ständigem Drehen seitlich über die Schulter abzulegen. Eier werden nicht in die Nestmulde, sondern regellos in deren nächster Umgebung abgelegt und vor der Vollzähligkeit des Geleges so gründlich mit Erde und anderem Substrat bedeckt, daß sie vollständig unsichtbar sind. Bei Verrichtung dieser Arbeit scharrt die Schneehenne nicht, sondern schiebt unter ruckweisen Schnabelbewegungen Erdstückchen hin und her und pflückt dürre Nadeln von den Zweigen, um sie über das zuletzt gelegte Ei zu schichten. Bei Brutbeginn, 2 Tage nach Ablage des letzten Eies, gräbt die Henne ihre Eier mit dem Schnabel aus dem Erdreich und rollt sie durch Schieben mit der Brust bis aus 32 cm Entfernung in die Nestmulde. Während des Brütens legt sie nur kurze Pausen ein, während der ersten 3 bis 4 Tage täglich 3 bis 4, später nur noch 2, um hastig Nahrung aufzunehmen, im Sand zu baden und möglichst nestfern Kot abzusetzen. Der Kükenschlupf erfolgte im Alpenzoo bereits am 20. Bruttag innerhalb von 8 Stunden. Noch am 21. Tag huderte die Henne ihre Küken auf dem Nest, das sie erst am Morgen des 22. Tages verließ. Dabei konnte festgestellt werden, daß die Schneehenne im Gegensatz zu der lediglich ihrem Gesperre folgenden Auerhenne dieses sehr deutlich führt. Sie begibt sich langsam mit schleifenden Schritten, steif ausgestrecktem Hals und halb offenem Schnabel unter pausenlosem Locken zu Futterplätzen und macht die Küken auf Wasser, Sandbäder und Schlafplätze aufmerksam: An ergie-

bigen Futterquellen drehte und wendete sie sich ständig, nahm immer wieder sanft Insekten auf und zupfte zeitlupenartig kleine Stückchen aus Blättern. Sie zeigte den Küken unbeliebte, weil durch Sekretabscheidung übelriechende Beute (Blattwanzen, Ohrwürmer, Asseln) ebenso intensiv wie schmackhafte. Doch scheint das Erkennen verträglicher Nahrung angeboren zu sein, weil übelriechende Insekten von den Küken unbeachtet blieben. Schon Eintägige pickten koordiniert langsame Kleininsekten auf und zupften an von der Mutter gezeigten Blättern. Am 2. Tag erjagten sie bereits größere und schnellere Beute und entfernten Beine und Flügel von Insekten durch Schlagen gegen eine Unterlage. Am 3. Tag vermochten sie kleine Heidelbeerblättchen und Stückchen aus großen weichen Blättern, wie dem Löwenzahn, loszureißen, und ab dem 4./5. Tag fraßen sie auch Beeren und Samen. Auch das Trinken wurde ihnen von der Henne gezeigt: Sie schöpfte laut lockend Wasser mit halboffenem Schnabel, bis die Küken tranken. Nach dem Nestverlassen wurden die Küken mehrere Tage sehr intensiv gehudert, d. h. 4minütigen Ausflügen folgten 20minütige Huderpausen. Zum Hudern forderte die Henne unmißverständlich durch starkes Gefiederplustern und Flügelsenken unter dumpfen „Gogo"-Lauten auf, stand dabei entweder breitbeinig ruhig da oder bewegte sich mit langsam schleifenden Schritten auf die Küken zu. Entsprechend der Beschaffenheit ihres Lebensraumes müssen Schneehuhnküken schon früh Bodenunebenheiten überwinden können. Tatsächlich waren eintägige Küken bereits dazu in der Lage, eine 40 cm hohe Bodenstufe an aufgerauhten Stellen unter Einsatz der Flügelstummel zu erklimmen. Nach THALER sind im Vergleich dazu Küken von Auerhuhn und Birkhuhn unbeholfen und versagen schon vor einer 17 cm hohen Holzschwelle. Mit 6 Tagen flogen die Schneehuhnküken 80 cm hoch und rannten, durch rasche Flügelschläge unterstützt, steile glatte Platten hoch. Die Henne führte ihre Küken zwar auf günstiger Route, zeigte ihnen aber nicht die Schritte. Trotzdem lernten die Küken sofort die „Klettersteige" und bezogen sie in komplizierte Umwege ein. Bis zum 40. Lebenstag werden sie von der Mutter intensiv geführt und betreut. Nach dem 25. Tag gibt es Huderversuche nur noch in kühlen Nächten, und die Familie schläft auf Federfühlung, die sich allmählich bis zur Individualdistanz lockert. Schneehuhnküken sind raschwüchsig und erreichen schon mit 58 bis 60 Tagen ihr Adultgewicht."
Leider kann im Rahmen dieses Buches nicht auf alle Einzelheiten der Beobachtungen von THALER am Alpenschneehuhn eingegangen werden. Ihre Arbeit darüber, wohl der umfassendste Bericht über das Verhalten von *L. m. helveticus,* ist 1983 in der Zeitschrift „Der Zoologische Garten" erschienen.
Die Nahrung adulter Alpenschneehühner besteht ganzjährig überwiegend aus Pflanzenteilen. Die früher oft als Winternahrung angegebenen Koniferennadeln spielen allenfalls in äußerster Not eine vorübergehende Rolle, werden aber sonst nicht angerührt. Bei den schottischen Populationen des Alpenschneehuhns *(L. mutus millaisi)* spielt die Besenheide neben Heidel- und Krähenbeere als Futterpflanze eine bedeutende Rolle. Die europäischen Alpenpopulationen ernähren sich von Zwergweidenblättern, den Beeren der Vaccinium-Arten, der Bärentraube sowie Teilen zahlreicher Alpenkräuter. Im Sommer werden saftige weiche Pflanzenteile (Blätter, Blüten, Triebspitzen), im Herbst grüne Fruchtstände und milchige Sämereien, im Winter oft ausschließlich Samenstände aufgenommen. Um zu letzteren zu gelangen, müssen sie notfalls tiefe Löcher in den Pulverschnee graben. Während dieser Zeit bewegen sie sich langsam und bedächtig, kraftsparend. Nach GLUTZ VON BLOTZHEIM halten sich Alpenschneehühner während des Winters an vom Wind schneefrei gefegten Graten und Kappen, rasch ausapernden Runsen und Steilhängen auf. Wie fast alle Tetraoniden übernachten sie meist in selbstgegrabenen Schneehöhlen, nehmen auch mit Vorliebe Schneebäder und sind auch sonst auf die Anwesenheit von Schnee so erpicht, daß sie nach der Schneeschmelze letzte Schneeflecke im Schatten und auf Schattenhängen zum Aufenthalt wählen. Außer im Schnee baden sie auch in feiner trockener Erde, aber nicht im Wasser, obwohl sie dieses bei hoher Wärme aufsuchen, um sich zur Kühlung in seichtes Wasser von Bergbächen zu legen.
Haltung: Das Alpenschneehuhn ist früher nur ganz vereinzelt und meist erfolglos in Gefangenschaft gehalten worden, worüber GIRTANNER 1880 berichtete. Erst neuerdings sind wir über die Möglichkeiten einer Haltung und Zucht dieser heiklen Art durch gründliche Untersuchungen von E. THALER (1983) im Alpenzoo Innsbruck informiert worden, der erstmals die Volierenzucht gelang. Die für 1 Paar Alpenschneehühner dort erbaute Spezialvoliere besteht aus einem 8 m × 3 m × 4 m großen, zu einem Drittel überdachten Hauptraum sowie einem 4 m × 2 m × 4 m großen Anbau, der bei Bedarf die Absonderung des Hahnes bei erhalten bleibendem Sicht- und Rufkontakt durch eine Gitterschiebetür

ermöglicht. Die Hauptvoliere weist eine mit Naturstein verkleidete, dreistufig nach hinten ansteigende Grundfläche auf. An den Wänden befestigte Astknorren sowie ein Baumstamm dienen dem Hahn als Sing- und Sitzwarten. In ein flaches Becken fließt ständig Frischwasser. Außerdem sind ein Sand- und Erdebad vorhanden. Letzteres dient während der Brutzeit als Nestplatz und wird dann zur Tarnung für die brütende Schneehenne mit Legföhrenzweigen überdeckt. Das Futter wird in 1,5 m Höhe auf einem frei hängenden Futterbrett verabreicht, um so eine Kotverschmutzung zu verringern und Mäusen den Zutritt zu erschweren. Zu den Desinfektionsmaßnahmen gehört eine tägliche gründliche Reinigung der Voliere nur mit Spachtel und Handbesen ohne Verwendung von Wasser. Sind Küken vorhanden, wird der Kot viermal täglich entfernt. Im Winter wird oft Neuschnee eingebracht, weil alle Schneehühner auch bei strenger Kälte ausgiebig im Schnee baden. Nach THALER treibt das Pärchen im Alpenzoo geradezu einen Schneebadekult: „Beginnt es zu schneien und hält das feinmaschige Gitter bald die großen Flocken ab, rennen die beiden schon ungeduldig auf und ab und warten mit langen Hälsen, bis Schnee in die Voliere geschaufelt wird; je höher, desto lieber ist es ihnen. Sofort beginnen sie, tiefe Kuhlen auszuscharren, vertreiben einander immer wieder eifersüchtig. Dann legt man sich lang, bäuchlings mit oft noch nach hinten ausgestreckten Beinen hin. Eine Weile rollen sie sich erst sanft hin und her, dann geht es richtig los; das Wälzen, Scharren, Schütteln nimmt immer heftigere Formen an. Die Hühner jagen sich unter prasselndem Federnschauern richtige Lockerschneefontänen durch die Federfluren. Sogar ganz auf den Rücken drehen sie sich, scharren dann überhängende Schneeränder auf ihren Bauch. Bis zu 40 Minuten ohne Unterbrechung geht es so, dann schüttelt man sich allen Schnee aus dem Gefieder und ruht einige Zeit. Nach 2 Stunden wird in frischem Pulverschnee weitergemacht.

Der Zuchtversuch mit dem Alpenschneehuhn wurde im Alpenzoo Innsbruck nicht mit Wildfängen begonnen. Man ließ ein Wildgelege im Brutschrank schlüpfen. Von den Küken konnten 2, glücklicherweise ein Paar, großgezogen werden. Eine Schwierigkeit bei der Aufzucht von Alpenschneehühnern besteht nach THALER darin, daß sie in menschlicher Obhut pausenlos durchdringend „weinen" und sich nicht durch bloßes Bewärmen, sondern nur die Gegenwart einer Kontaktperson beruhigen lassen. Allein gelassen, weinen sie sich in den ersten 5 bis 6 Nächten buchstäblich zu Tode, sind morgens geschwächt und zeigen Bewegungsstereotypien. Offenbar benötigen sie viel stärker als andere Rauhfußhühner ihrem extremen Lebensraum entsprechend die ständige Anwesenheit der Mutter und nicht nur eine unpersönliche Wärmequelle. Als Futter erhalten die erwachsenen Vögel ein Grundgemisch aus Quark, geriebener Karotte, Äpfeln und Insektenschrot. Bei Frost wird der Schrotanteil erhöht, um das Gemisch krümelig zu halten. Ein gleichzeitig gereichtes Körnergemisch besteht aus Negersaat, Rollhafer, Rübsen, Glanz, Salatsamen, Hirse, dazu einer Prise Hanf. In der Führungszeit wird dazu handelsübliches Kükenaufzuchtfutter gereicht. An pflanzlicher Kost erhalten sie je nach der Saison Preisel-, Heidel- und Rauschbeeren, Löwenzahnblätter, täglich Haselzweige und pro Woche einen, zur Führungszeit zwei Bund Heidelbeerstämmchen. Ab März werden Insekten eigener Zucht (Heimchen etc.), aber keine Mehlkäferlarven und nach Bedarf Ameisenpuppen verfüttert. Frischgeschlüpfte erhalten winzige Insekten, Heimchen, Ameisenpuppen aus der Tiefkühltruhe, Lichtfallen- und Klopfschirmfänge.

Die beiden jungen Schneehühner wurden, fast erwachsen und schon recht selbständig, aus der häuslichen Pflege in das beschriebene Gehege entlassen. So gelang die Umstellung ohne nennenswerte Schwierigkeiten. Das Verhalten des im Brutschrank geschlüpften Paares entsprach genau dem der wildlebenden Artgenossen: Der Hahn führte seine Singflüge durch, soweit es der Volierenspielraum gestattete, und das Weibchen flüchtete fliegend vor ihm, nachdem es sich vergewissert hatte, daß er ihr auch folgen würde. Es richtete sich erstaunlicherweise nach den Mittelgebirgsverhältnissen und begann schon am 30. April, also fast 2 Monate früher als im Hochgebirge, mit dem Legen. Am 8. Mai war das Gelege aus 7 Eiern vollständig, und das Weibchen begann zu brüten, wobei es vom Hahn bewacht und vor Gefahren gewarnt wurde. Leider litt es im weiteren Brutverlauf dadurch unter dem artrichtigen Verhalten des Partners, daß dieser, handaufgezogen, in keiner Weise zwischen Schneehuhn und Mensch unterschied. Das bedeutet nicht, daß eine Menschenprägung stattgefunden hatte. Er unterhielt einfach freundschaftliche Beziehungen zu seinen Pflegern, die nun zunehmend in Rivalität ausarteten. Dies hätte noch keine Störung bedeutet, denn Sauberhaltung und Fütterung übernahm die Pflegerin, die ihn auch aufgezogen hatte. Sie unterhielt sich während der nötigen Handgriffe mit ihm in weiblicher Schneehuhnsprache, gackerte beschwichtigend und löste so kaum Aggressionen aus. Mit der brütenden Henne gab es keine Unstimmigkeiten. Schlimm aber war, daß der Hahn das gesamte Publikum in seinen Rivalenwahn einbezogen hatte. Je mehr Besucher sein Wutkrächzen bestaunten und leider auch nachahmten, um so mehr geriet der Arme in Wut. Der endlich recht menschlich anmutende Ausweg aus diesem Zwiespalt war der, sich am brütenden Weibchen abzureagieren, was er an besuchsstarken Tagen in gröbster Weise tat. Um die Brut nicht zu gefährden, mußte er deshalb abgetrennt werden. Das Weibchen vermißte den eifersüchtigen Gatten kaum und vollbrachte die Jungenaufzucht angesichts des staunenden Publikums in völlig natürlicher Weise. Es war für uns alle ein Erlebnis, schreibt THALER, die komplexen Verhaltensweisen des Fütterns, Huderns, Führens der Jungen so nahe beobachten zu können. Besonders beeindruckend war, wie feinfühlig die Schneehuhnmutter ihre Küken mit allen vermeintlichen drohenden Gefahren bekannt machte: Ein mehrmals täglich vorbeistreifender Habicht und Sperber oder die ringsum auf Futter lauernden Krähen wurden immer von neuem verwarnt, und sie reagierte ungeduldig mit deutlichem Schelten, wenn eines der Jungen aus der Deckung schlüpfte. Die Zucht gelang auch in den folgenden Jahren.

Weißschwanz-Schneehuhn
Lagopus leucurus, Richardson 1831

Engl.: White-tailed Ptarmigan.
Abbildung: Seite 211 oben.
Heimat: Von Mittel-Alaska, Nord-Yukon und Südwest-Mackenzie südwärts die Kenai-Halbinsel, die Vancouver-Insel, die Kaskadengebirge Washingtons und die Rocky Mountains von Britisch-Kolumbia und Alberta bis ins nördliche Neu Mexiko. 5 Unterarten.
Beschreibung: Geschlechter ähnlich gefärbt. Bei Hähnen im Sommerkleid sind Stirn, Scheitel, Hinterkopf, Interskapularen, die inneren Flügeldecken, das Schultergefieder, Rücken, Bürzel, Oberschwanzdecken und das mittlere Schwanzfederpaar in der Grundfärbung schwarz bis braunschwarz mit cremegelber, trüb graugelber und weißlicher Wellenmusterung, Bänderung und Sprenkelung, wobei sich die Weißkomponente vorwiegend auf die schmalen Federspitzen beschränkt; auf Unterrücken, Bürzel und Obeschwanzdecken ist die cremegelbe Farbkomponente am kräftigsten und dunkelsten. Schwingen und Flügeldecken mit Ausnahme der innersten Decken weiß; Schwanzfedern mit Ausnahme des Mittelpaares weiß. Die Unterseite wirkt insgesamt weißer als der Rücken: Federn der Kehle, Brust, des Oberbauchs, der Seiten, Flanken und Unterschwanzdecken hell cremig isabellgelb mit dichter schwarzbrauner Bänderung und weißer Endsäumung; Mittelbauch, Schenkel und individuell wechselnd das Flankengefieder, reinweiß. Lauf- und Zehenbefiederung hell isabell getönt. Schnabel schwarz, Iris dunkelbraun, Rosen zinnoberrot, Zehen und Klauen braunschwarz.
Länge 305 bis 342 mm; Flügel 164 bis 188 mm; Schwanz 85 bis 92 mm; Gewicht 323 g, maximal 430 g.
Hennen im Sommerkleid sind im allgemeinen kräftiger, in den isabellweißlichen Bezirken mehr ockrig isabell gefärbt.
Flügel 155 bis 179 mm; Schwanz 84 bis 92 mm; Gewicht 329 g, maximal 490 g.
Bei Hähnen im Herbstkleid sind die Flügel ohne die innersten Flügeldecken, die Schwanzfedern mit Ausnahme des Mittelpaares, Bauch und Unterschwanzdecken reinweiß. Die Grundfärbung von Kopf, Nacken Interskapularen, Schultern, innersten Flügeldecken, Rücken, Bürzel und Oberschwanzdecken ist hell rostbraun, grau vermischt, zart schwarzbraun gebändert und gesprenkelt, diese dunklen Muster auf Kopf und Nacken kräftiger, regelmäßige Bänder bildend, dagegen auf Schultern, Bürzel und Unterschwanzdecken kleiner und seltener werdend. Kopfseiten, Kinn und Kehle weiß, schmal trüb sepia- bis nelkenbraun gebändert. Das Brustgefieder ähnlich, nur mit breiteren braunen Bezirken. Seiten und Oberflanken rostbräunlich isabell, kräftig sepiabraun gesprenkelt und gefleckt. Lauf- und Zehenbefiederung weiß, mehr oder weniger gelblich getönt.
Das Weibchen-Herbstkleid ähnelt sehr dem des Hahnes, nur sind Oberseite, Kehle und Brust viel ockergelber, im Gesamteindruck isabellgelb bis zimtig isabell mit spärlicher Graubeimischung und kräftiger, in weiterem Abstand voneinander verlaufender Wellenbänderung. Einige der Schwingen weisen bisweilen schwarze Schäfte auf. Im Wintergefieder sind beide Geschlechter vollständig weiß, die Rosen stark geschrumpft. Während des Winters unterscheidet der reinweiße Schwanz das Weißschwanz-Schneehuhn leicht von den beiden anderen Arten.

Dunenküken sind im Vergleich mit denen der beiden anderen Schneehuhnarten am wenigsten rötlich gefärbt und weisen auch nur andeutungsweise deren rotbraune, schwarz gesäumte Scheitelfärbung auf. Ebenso sind die beiden schwarzen Rückenstreifen nur undeutlich ausgeprägt, und die Rückenfärbung besteht aus einer schwer beschreibbaren Mischung aus Isabell, Sepia und Grau mit schwarzen Schattierungen.

Gelegestärke 4 bis 8; Ei hell beige bis hell zimtbraun mit dunkelbrauner Fleckung (27 bis 30 mm × 38 bis 43 mm); Gewicht 21 g; Brutdauer 22 bis 23 Tage.

Lebensgewohnheiten: Während der Sommermonate hält sich das Weißschwanz-Schneehuhn in der hochalpinen Zone der Kaskaden- und Felsengebirge auf. Dort gedeihen auf Hanglagen, Plateaus und den zwischen Felswänden liegenden Bergkesseln karge Hochwiesen. Auf Moränenfeldern und Geröllhalden fehlt oft jeglicher Pflanzenwuchs, doch erzeugt das Schmelzwasser abtauender Schneefelder in Senken kleine sumpfige Oasen mit Moos-, Heide- und Weidenvegetation, in denen die Vögel ihre Nahrung finden. Nach WEEDEN kommen im Inneren Alaskas alle 3 Schneehuhnarten auf den gleichen Gebirgswiesen, jedoch in unterschiedlicher Höhe, vor. Während das Weißschwanz-Schneehuhn dort die steilen Hänge und Grate von 150 bis 1000 m oberhalb der Baumgrenze bewohnt, lebt das Alpenschneehuhn auf Berghängen der mittleren Lagen bei 30 bis 300 m oberhalb der Baumgrenzen und das Moorschneehuhn auf dem ziemlich flachen Terrain der Talsohlen und sanften Hügeln entlang der oberen Baumgrenze, aber auch offenen Partien unterhalb derselben. Die meisten Weißschwanz-Schneehühner halten sich auch während des Winters oberhalb der Baumgrenze auf exponierten Hängen auf, von denen der Wind den Schnee größtenteils weggefegt und dadurch Pflanzenwuchs freigelegt hat. Zur gleichen Zeit begibt sich das Alpenschneehuhn auf Berghänge entlang der oberen Baumgrenze, aber auch große apere Stellen unterhalb derselben, wo Birkengebüsch aus dem Schnee ragt. Das Moorschneehuhn dagegen verbringt den Winter in Höhe der oberen Baumgrenze dort, wo Gebüsch mit verstreutem Baumwuchs oder Weidendickicht Wasserläufe säumt, geht auch in Waldsümpfe und auf Brandrodungen.

Während der Wintermonate leben Weißschwanz-Schneehühner in Gesellschaften aus 40 bis 50 Vögeln zusammen, die sehr ortstreu sind: Die bisher festgestellte weiteste Entfernung vom Beringungsort betrug bei einer Junghenne 8,5 km. Liegt der Schnee in den Bergen besonders hoch, sind auch diese Schneehühner gezwungen bis zur Baumgrenze hinabzusteigen, um dort von Fichtennadeln zu leben. Ab April besetzen in Colorado die Hähne ihre Reviere, wobei Althähne ihre vorjährigen Territorien gern wieder aufsuchen. Das Balzverhalten dieser Schneehuhnart ist dem der anderen beiden Arten recht ähnlich. Der den Revieranspruch verkündende Singflug des Weißschwanz-Schneehahnes umfaßt einen aus einfachem Auf- und Niederflattern bestehenden Kreisflug von Sekundendauer, während dem er „Kö kö kii kiier" ruft. Außerdem sind auch längere Flüge mit steilem Aufsteigen und Niedergleiten beobachtet worden. Hähne, die HÖHN beobachtete, riefen auf der Erde wie im Fluge „Karrá kii kii täck täck täck", das zweisilbige „Kii" hart kreischend ausgestoßen wie bei Seeschwalben. Bei der Bodenbalz rennt der Hahn mit kurzen schnellen Schritten und zunächst noch erhobenem Kopf auf das Weibchen zu. Näher gekommen senkt er ihn, lüftet das Brustgefieder, senkt die bislang halb offen gehaltenen Flügel und erhebt den gefächerten Stoß. Auch rhythmisches Kopfnicken kommt vor. Bleibt die Henne stehen, umläuft er sie im Halbkreis, dabei den Flügel der ihr zugewandten Seite und den ausgebreiteten Schwanz schräg zu ihr hin haltend. Ist sie paarungswillig, wackelt sie ein paarmal mit dem Schwanz hin und her und duckt sich nieder. Der aufsteigende Hahn nickt ein paarmal über ihr, stößt einen schnurrenden Laut aus, ergreift ihr Nackengefieder mit dem Schnabel und kopuliert 10 bis 20 Sekunden lang. Danach schreitet er in Prahlhaltung ca. 20 m weit fort und beginnt mit der Futtersuche. Die brütende Henne ist auf dem gewöhnlich in einer Bodensenke angelegten Nest wegen ihres perfekten Tarngefieders nur durch Zufall zu entdecken. Volle Gelege findet man Mitte bis Ende Juni. Die Henne führt die nach 22 bis 23 Tagen geschlüpfte Kükenschar nach ca. 8 Stunden vom Nest fort. Der Hahn kümmert sich nicht um die Kükenaufzucht. Mit einer Woche sind die Küken flugfähig, und mit 8 Wochen erreichen sie das Gewicht der Erwachsenen. Während der ersten Wochen nehmen sie nach HÖHN etwas Insektennahrung auf. Jedoch besteht ihre Hauptnahrung wie die der Altvögel aus Erikazeen-Sprossen, Moosen, Beeren und Sämereien. Als maximale Lebensdauer hat man beim Weißschwanz-Schneehuhn bei durchschnittlich dreijähriger Lebenserwartung ein Alter von 15 Jahren festgestellt.

Haltung: Nach Erfahrungen von HÖHN (Edmonton, Kanada) vertragen Weißschwanz-Schneehühner eine Haltung in Menschenobhut nicht. Ebenso hatte C, BRAUN (Colorado) nur Mißerfolge mit der Art zu verzeichnen. Indessen ist NAKATA 1973 die Welterstzucht gelungen. Seine in japanischer Sprache verfaßte Arbeit war uns nicht zugänglich.

Weiterführende Literatur:

ALLEN, H. M.: Abnormal parental behaviour of captive male willow grouse *(Lagopus l. lagopus)*. Ibis 119; pp. 199–200 (1977)

ASCHENBRENNER, H.: Rauhfußhühner; Schneehühner pp. 51–61. M. & H. Schaper, Hannover 1985

BODENSTEIN, G.: Der Balzflug des Alpenschneehahns. Orn. Mitt. 2; pp. 162–163 (1950)

BRAUN, C. E., ROGERS, G. F.: The white-tailed Ptarmigan in Colorado. Colorado Div. Game, Fish and Parks, Techn. Publ. Nr. 27 (1971)

BRONSART, J. C.: Haltung und Zucht von Moorschneehühnern. Die Voliere 2; pp. 65–66 (1979)

BUTTERFIELD, J., COULSON, J. C.: Insect food of adult red grouse *Lagopus lagopus scoticus* (LATH.). Journ. An. Ecol 44; pp. 601–608 (1975)

CARR, R.: Raising ptarmigan and spruce grouse. Game Bird Breeders Aviculturist's and Conservationist's Gazette 17; pp. 6–9 (1969)

CHOATE, T. S.: Observations on the reproductive activities on white-tailed ptarmigan *Lagopus leucurus* in Glacier Park, Montana. Diss. Univ. Montana, Missoula 1960

DERS.: Habitat and populationsdynamics of the white-tailed ptarmigan in Montana. Journ. Wildl. Manag. 27; pp. 684–699 (1963)

CRAMP, S., SIMMONS, K. E. L. et al.: Handbook of the birds of Europe, the Middle East and North Africa. Vol. II. Kap. Schneehühner; pp. 391–416. Oxford University Press 1980

DANSBERG s. Lit. Birkhuhn

DEMENTIEV, G. P. et al.: Birds of the Soviet Union. Vol. 4, Israel Progr. Seient. Transl., Jerusalem 1967

GIRTANNER, A.: Zur Eingewöhnung des Alpenschneehuhnes in Gefangenschaft. Der Zoologische Garten 21; pp. 71–82 (1880)

GJESDAHL, A.: External markers of social rank in willow ptarmigan. Condor 79; pp. 279–281 (1977)

GLUTZ VON BLOTZHEIM et al.: Handbuch der Vögel Mitteleuropas Bd. 5, Kap. Schneehühner; pp. 71–103 (1973)

HÖHN, E. O.: Die Schneehühner. Gattung *Lagopus*. Die Neue Brehmbücherei, 2. Aufl., pp. 128. A. Ziemsen, Wittenberg 1980

IRVING, L., WEST, G. C., PEYTON, L. J.: Winter feeding program of Alaska willow ptarmigan shown by crop contents. Condor 69; pp. 69–77 (1967)

DIES. et PANEAK, S.: Migration of willow ptarmigan in Arctic Alaska. Arctic 20; pp. 77–85 (1967)

JAHN, H.: Zur Ökologie und Biologie der Vögel Japans. *Lagopus mutus japonicus* CLARK. Journ. Ornithol. 90; pp. 297–298 (1942)

JENKINS, D.: Red grouse and heather. Game Res. Ass. Ann. Report 4; pp. 63–64 (1964)

JENKINS, D., WATSON, A., MILLER, G. R.: Population studies on Red Grouse in north-east Scotland. Journ. Animal Ecol. 32, pp. 317–376 (1963)

JENKINS, D., WATSON, A., PICOZZI, N.: Red grouse chick survival in captivity and in the wild. Trans. VI Congr. Intern. Union Game Biol., Bournemouth; pp. 37–48 (1963)

JOHNSGARD, P. A.: Grouse and quails of North America. Kap. Schneehühner; pp. 209–252. Univers. of Nebraska, Lincoln 1973

DERS.: The Grouse of the World; Ptarmigan pp. 169–219. Croom Helm, London & Canberra 1983

KOIVISTO, I.: Aufzucht und Haltung von Rauhfußhühnern (Abb. Hybride Moorschneehenne × Birkhahn, balzend). Freunde d. Kölner Zoo 11; pp. 129–131 (1968/69)

KOIVISTO, I., PAASIKUNNAS, Y.: Artificial rearing of tetraonid chicks. Suomen Riista 17; pp. 173–179 (1964)

KRÄTZIG, H.: Untersuchungen zur Lebensweise des Moorschneehuhnes *(Lagopus l. lagopus)* während der Jugendentwicklung. Journ. Ornithol. 88; pp. 139–165 (1940)

LID, J., MEIDELL, O.: The food of Norwegian Grouse chicks. Medd. Statens viltundersøkelser 1. ser., nr. 2; pp. 75–114 (1933)

MAC DONALD, S. D.: The breeding behaviour of the rock ptarmigan. The Living Bird 9; pp. 195–238 (1970)

MOSS, R.: Food selection and nutrition in ptarmigan *(Lagopus mutus)*. Sympos. Zool. Soc. London 21; pp. 207–216 (1968)

DERS.: Rearing red grouse and ptarmigan in captivity. Avicult. Magaz. 75; pp. 256–261 (1969)

MOSS, R., PARKINSON, J. A.: The digestion of heather *(Calluna vulgaris)* by red grouse *(Lagopus l. scoticus)*. Brit. Journ. Nutr. 27; pp. 285–298 (1972)

MOSS, R., WATSON, A., PARR, R.: Maternal nutrition and breeding success in red grouse. Journ. An. Ecol. 44; pp. 233–244 (1975)

NAKATA, Y.: My experiments in breeding the white-tailes ptarmigan and spruce grouse in captivity. Bull. Ornament. Pheasant and Waterfowl Soc. Japan 6, pp. 8–13 (Japanisch) 1973

PETERS, S. S.: Food habits of the Newfoundland willow ptarmigan. Journ. Wildl. Management 22; pp. 384–394 (1958)

PULLIAINEN, E.: On the sex determination and weight of willow grouse *(Lagopus lagopus)* in Finnish Lapland. Soumen Riista 20; pp. 37–49 (1968)

PULLIAINEN, E., SALO, L. J.: Food selection of the willow grouse *(Lagopus lagopus)* under laboratory conditions. Zool. Fenn. 10; pp. 445–448 (1973)

RAETHEL, H. S.: Das Moorschneehuhn *(Lagopus l. subspec.)* im Winter in Transkaukasien. Journ. Ornithol. 96, Heft 2 (1955)

SALOMONSEN, F.: Moults and sequences of plumages in the Rock Ptarmigan. Sonderdruck aus vidensk. Medd. Dansk Naturh. Foren 103. P. Haase & søn, Copenhagen; pp. 491 (1939)

SAVORY, C. J.: The food of grouse chicks, *L. l. scoticus*. Ibis 119, pp. 1–9 (1977)

SETH-SMITH, D.: Grouse *(Tetraonidae)*. Avicult. Magaz. Series 4; pp. 96–98 (1930)

STEINMETZ, H.: Haltung und Pflege von Auer-, Birk- und Schneehühnern in Gefangenschaft. Dtsch. Jäger 58; p. 596 (1936/37)

THALER, E.: Kleines Huhn auf großem Fuß (Alpenschneehuhn). Der Zoofreund. Ztschr. Zoofreunde Hannover, Nr. 37; pp. 11–14 (1980)

DIES.: Ornithologisches im Schnee. Beobachtungen aus dem Alpenzoo Innsbruck (Schneebaden des Alpenschneehuhnes). Heft 3; pp. 90–92 (1982)

DIES.: Beobachtungen zur Brutbiologie des Alpenschneehuhnes *(Lagopus mutus helveticus)* im Alpenzoo Innsbruck. Zoolog. Garten N.F., 53; pp. 102–124 (1983)

WATSON, A.: Territorial and reproductive behaviour of red grouse. Journ. Reprod. Fert., Suppl. 11; pp. 3–14 (1970)

DERS.: The behaviour of the ptarmigan. British Birds 65; pp. 6–26 und 93–117 (1972)

WATSON, A., JENKINS, D.: Notes on the behaviour of the red grouse. British Birds 57; pp. 137–170 (1964)

DIES.: Scottish ptarmigan. Bird Notes 31; pp. 379–382 (1965)

WEEDEN, R. B.: Management of ptarmigan in North America. Journ. Wildl. Management 27; pp. 673–683 (1963)

DERS.: Grouse and ptarmigan in Alaska: their ecology and management. Mimeographed. Alaska Dptm. Fish and Game 1965

DERS.: Seasonal and geographic variation in the foods of adult white-tailed ptarmigan. Condor 69; pp. 303–309 (1967)

WORMALD, H.: Red grouse in confinement. Avicult. Magaz. 3. Series, Vol. 3; pp. 92–96 (1912)

Auer- und Birkhühner
Tetrao, Linné 1758

Engl.: Capercaillie, Black Grouse.

Diese mittel- bis putengroßen Rauhfußhühner der Paläarktis zeichnen sich durch stark ausgeprägten Geschlechtsdimorphismus aus: Die überwiegend schwarz oder doch sehr dunkel gefärbten Hähne unterscheiden sich auch durch ihre Größe von den Hennen, deren Gefieder das komplizierte Tarnmuster aller Tetraonidenweibchen besitzt. Die nackten Überaugenkämme der Männchen sind bei dieser Gattung gut ausgebildet, werden durch Blutfüllung ihrer Schwellkörper stark vergrößert und spielen als leuchtend rote „Rosen" bei Balz und Revierverteidigung eine bedeutende Rolle. Der Schlund ist im oralen Bereich etwas erweitert und wird durch abgeschluckte Luft während der Balz gebläht, was die Halsregion viel umfangreicher werden läßt. Die „Halsluftsäcke" der amerikanischen Verwandten, die übrigens nicht mit den Luftsäcken der Vögel identisch sind, fehlen Birk- und Auerhühnern. Alle Arten der Gattung *Tetrao* sind keinehig (agam): Die Hähne sammeln sich auf traditionellen „Tanz-Arenen", um dort gemeinsam zu balzen. Da die Reviere der Birkhähne viel enger beieinander liegen als beim Auerwild, ist bei ihnen die Gemeinschaftsbalz viel besser sichtbar und deshalb bekannter als bei letzterer Art. Paarungswillige Hennen suchen sich ihre Hähne aus, lassen sich von ihnen, offenbar meist nur einmal, treten. Sie erbrüten das Gelege und führen die Küken allein. Die 4 Arten der Gattung bilden 2 Artengruppen, die früher hauptsächlich aufgrund der sehr unterschiedlichen Schwanzform der Hähne Gattungscharakter erhalten hatten *(Tetrao* und *Lyrurus)*. Sie bewohnen Wälder, Waldsteppen, Heiden und Gebirgswiesen des nördlichen und mittleren Eurasien, mit isolierten Populationen in Gebirgen Vorderasiens (UdSSR, Türkei, Iran) und der Mittelmeerregion (Pyrenäen und Kantabrien).

Auerhuhn
Tetrao urogallus, Linné 1758

Engl.: Capercaillie.
Abbildung: Seite 230 alle.
Heimat: Europa, in Skandinavien nördlich bis fast zum 70° nördlicher Breite, ostwärts die UdSSR bis zu den Flußbecken des Wiljui und der oberen Lena und Gebirge südlich des Baikalsees; die südliche Verbreitungsgrenze schließt die Alpen, Teile des Balkans, den südlichen Ural, die Waldsteppen Südwest-Sibiriens, den Altai und die nordwestliche Mongolei ein; innerhalb Europas isolierte Populationen in den Pyrenäen und Nord-Spanien (Kantabrien). In Schottland, wo die Art im 18. Jahrhundert ausgerottet worden war, ab 1837 erfolgreich wieder eingebürgert. 7 Unterarten werden anerkannt.
Beschreibung: Geschlechter verschieden gefärbt. Nach GLUTZ VON BLOTZHEIM sind beim Hahn der Unterart *major*, die auch Mitteleuropa bewohnt, im Prachtkleid Stirn, Kopfseiten und Kehlbart mattschwarz, die schmalen steifen Bartfedern glänzend grünlich gesäumt; die länglichen Federn von Scheitel, Nacken und Hals blaugrau, fein schwarz quergewellt. Rücken mit Ausnahme des kastanienbraun überflogenen Vorderrückens dunkelbraun mit schwach bläulichem Metallglanz und feinen hellgrauen Sprenkeln übersät. Oberschwanzdecken mattschwarz, gröber hell- bis dunkelgrau meliert und mit schmalen, auffallend weißen Endsäumen ausgestattet. Halsunterseite dunkler als die Halsseiten. Kropf und Vorderbrust schwarzbraun mit breiten, je nach Lichteinfall grün bis blauviolett schillernden und insgesamt ein breites, metallglänzendes „Schild" bildenden Federspitzen. Übrige Unterseite bräunlichschwarz mit individuell variierender, am Übergang zu den Läufen und in der Steißregion besonders weiter Ausdehnung weißer Spitzenflekken und -säume. Unterschwanzdecken schwarzbraun, die kleineren mit breiten weißen Spitzensäumen. Unterschenkel- und Laufbefiederung bräunlich, am Unterschenkel mit breiten weißen Spitzensäumen, auf der Laufvorderseite mit feiner weißlich-, meist aber rötlichbrauner Sprenkelung. Schwanzfedern braunschwarz, mit Ausnahme des mittleren Paares zur Spitze hin etwas breiter, nach außen kürzer und ganz außen auch schmaler werdend, die Federenden gerade abgeschnitten, die Kanten nach außen hin zunehmend abgerundet. Im unteren Schwanzdrittel unregelmäßige weiße Flekkenzeichnung besonders auf den Außenfahnen. Auf dem mittleren Schwanzfederpaar nach der Spitze hin abnehmende, verschwommen dunkelgraue bis graubraune, lockere Sprenkelung, die sich abgeschwächt auch auf den Außenfahnen der Nachbarfedern fortsetzt. Der Umfang der Weißzeichnung schwankt wie auf der Rumpfunterseite individuell beträchtlich; auf den Schwanzfedern kann sie fast völlig fehlen. Schulterfedern schwarzbraun mit warm kastanienbrauner, im Spitzenteil der längsten teils weißlichgrauer feiner Sprenkelung. Handschwingen braun, die Außenfahne der 4. bis 9. Handschwinge im mittleren Abschnitt grauweiß, gegen die Spitze zu mehr oder weniger graulich bis blaßbraun gesprenkelt. Armschwingen braun mit breiten, rotbraun gesprenkelten Außenfahnensäumen und schmalen weißen Endsäumen. Daumenfittich und große Handdecken braun, die übrigen Oberflügeldecken wie die Schulterfedern, einige mittlere und große Armdecken wie die längsten Schulterfedern mit z. T. weißlichgrauer Sprenkelung. Achselfedern und innere Hälfte der kleinen Unterflügeldecken weiß; von den ersteren ragt ein Teil über die Flügelvorderkante und bildet auf der Oberseite einen auffälligen, im Umfang variablen weißen Achselfleck. Übrige Unterflügeldecken dunkelbraun, nur die Armdecken in der distalen Hälfte oder beschränkt auf einen mehr oder weniger breiten Spitzensaum weiß. Im Ruhekleid sind ein Teil der Kopf- und Halsfedern durch kürzere, mehr abgerundete, gröber schwarzbraun gesprenkelte, quergewellte und -gebänderte Federn ohne bläulichen Schimmer ersetzt, und die glanzlosen Bartfedern sind meist undeutlich grau gesprenkelt. Schnabel elfenbeinweiß oder gelblich, Iris dunkel haselnuß-, sepia- oder olivbraun; über und hinter dem Auge ein leuchtend roter, mit abstehenden feinen Papillen dicht besetzter, nackter Hautstreifen, der zur Balzzeit stärker ausgebildet ist; Zehen rötlich braungrau, Zehenschilder nach der Wurzel hin heller bläulichgrau, die Zehenstifte dunkler.
Länge 860 bis 950 mm; Flügel 405 bis 425 mm; Schwanz 313 bis 355 mm; Hähne der Unterart *major* im April (F. MÜLLER in GLUTZ VON BLOTZHEIM) Gewicht 4000 bis 6500 g.
Bei der Henne sind die Federn von der Stirn bis zum Vorderrücken breit schwarzbraun und schmal gelblich rostfarben quergebändert, mit blauem Glanz auf der besonders breiten dunklen Subterminalbinde und graulichem, fein dunkelbraun gesprenkeltem Spitzensaum; übrige Oberseite von dunkelbrauner Grundfarbe mit schmalen, rostgelben Querbinden und ebenso gesprenkelten Säumen, an den

Federspitzen unterschiedlich stark grauweiß und braun gesprenkelt. Oberschwanzdecken mit breiteren rotbraunen Binden und rahmfarbenen Endsäumen. Kinn und Kehle rostig-rahmfarben, die Halsunterseite gelblich rostfarben; im mittleren Halsabschnitt reichen die dunklen Querbinden der Halsseiten, besonders die bläulich glänzenden Subterminalbinden und die grau-beigen Spitzensäume häufig bis in die Halsmitte. Das rostgelbe bis rostig kastanienbraune „Schild" variiert in Ausdehnung und Farbe individuell. Übrige Unterseite hell rostgelb, dunkelbraun quergestreift, die Federspitzen breit weiß, besonders am Bauch. Unterschenkel- und Laufbefiederung schmutzig graubeige, rostfarben angeflogen und dunkler gesprenkelt. Schwanzfedern rostrot, schmal und unterbrochen schwarzbraun quergestreift, besonders breit die letzte Binde; Spitzensaum rahmfarben. Schulterfedern wie Vorderrücken, einzelne mitunter mit großen, weißen Spitzenflecken. Handschwingen braun, Außenfahne und schmaler Spitzensaum blaßgelb- bis rostbraun gebändert und grob gesprenkelt. Armschwingen braun, besonders am Außenfahnenrand grob gelb- bis rostbraun gesprenkelt und schmal schmutzigweiß endgesäumt. Auf den inneren Armschwingen die Sprenkelung an Umfang und Farbintensität zunehmend und bisweilen bindenähnlich werdend. Große Handdecken braun mit schmalem rostbeigem Spitzensaum. Daumenfittich ähnlich, sein Außenfahnenrand zusätzlich rostbeige gesprenkelt. Übrige Oberflügeldecken wie Schulterfedern, innere mittlere Oberarmdecken oft mit weißen Spitzenflecken. Achselfedern und innere Unterflügeldecken weiß mit dunkelbraunen, U- bis V-förmigen Flecken und angedeuteten Querbinden, die äußeren mehr rotbraun; die langen Handdecken haben nur noch weiße Spitzen.
Länge 630 bis 670 mm; Flügel 295 bis 310 mm; Schwanz 180 bis 190 mm; Gewicht 2500 bis 3000 g. Das Dunenküken hat eine rostgelbe Oberseite, eine schwarze Linie an der Schnabelwurzel und einen V-förmigen schwarzen Fleck am Vorderkopf; Hinterhals und Rücken mit unregelmäßiger schwärzlicher Zeichnung, ebenso auf den Flügeln, die wie ein Teil des Rückens mehr rostbräunlich sind. Unterseite schwefelgelb, ockergelblich angeflogen, über dem Kropf eine hellrostfarbene Binde. Gewicht 37,83 g. Gelegestärke 5 bis 12; Ei relativ klein mit ziemlich dünner, harter, glatter Schale, kaum sichtbaren Poren und mattglänzender Oberfläche; Farbe blaßgelb bis braun, oft ins Rötliche gehend mit kleinerer und größerer gelblichgrauer bis dunkel kastanienbrauner Fleckung (57,6 mm × 41,2 mm); Gewicht 52 bis 56 g. Brutdauer 26 Tage.

Lebensgewohnheiten: Nach BAUER u. THIELCKE (1982) bewohnt das Auerhuhn stille, zusammenhängende, naturnahe (= plenterartig bewirtschaftete) Nadel- und Mischwälder auf trockenen bis feuchten Böden. Optimalhabitate sind nicht oder extensiv bewirtschaftete, vielstufige Wälder, die durch Lichtungen und Windwurflöcher aufgelockert werden und deren Bodenrelief abwechslungsreich gestaltet ist (moorige, verheidete Stellen, Rinnen, Mulden, Felspartien). Notwendig sind Möglichkeiten zur Aufnahme von Magensteinchen, Ameisen, für Sand- und Staubbäder, eine möglichst geschlossene Krautschicht mit hohem Erikazeen-Anteil und reichlich Beerengebüsch.

Wie bei den meisten Hühnervogeljungen besteht auch die Nahrung junger Auerhuhnküken vorwiegend aus tierischem Eiweiß. In Schweden bestand sie nach Untersuchungen von RAJALA (1959) zu 62 % aus animalischer und nur zu 32 % pflanzlicher Kost. Mit 26 Tagen hielten sich beide Anteile die Waage, und im Alter von 60 Tagen betrug der pflanzliche Futteranteil ca. 75 %. PENTTINEN errechnete bei Auerküken im Alter von 1 bis 20 Tagen einen tierischen Futteranteil von 71 %. Unter den Nahrungspflanzen der Küken überwiegen Blüten, halbreife und später reife Beeren der Blaubeere, Früchte und Blätter des Wachtelweizens *(Melampyrum)* sowie Beeren, Blüten und Sprosse der Himbeere. Nach KROTT nahm ein Auerküken in Deutschland erstmalig am 8. Lebenstag pflanzliche Nahrung zu sich, indem es an Blaubeerblättern zupfte. Am folgenden Tag nahm es Grassamen, am 15. Tag auch Grastriebe. Erst am 45. Lebenstag erreichten Pflanzenteile in der Gesamtnahrung das Übergewicht. Altvögel nehmen fast ausschließlich pflanzliche Nahrung auf, die sie während der Wintermonate den Baumkronen entnehmen. Von Ende Oktober bis in den April hinein werden fast ausschließlich Koniferennadeln geäst, wobei sie die der Kiefer ganz entschieden vorziehen. Nur in reinen Fichtenwäldern bilden Nadeln und Knospen dieses Baumes die Hauptnahrung. Als weiteres Winterfutter werden Nadeln und Früchte des Wacholders, wintergrüne Blätter des Efeus, unverholzte Triebe sowie Knospen, Blätter und Beeren von Beerensträuchern sowie Blätter und Triebe der Besenheide *(Calluna)*, viel seltener Laubholzknospen, Flechten und Moose verzehrt. Im Frühling kommen zu der genannten Nahrung Knospen und Nadeln der Lärche sowie Grünteile verschiedener Laubhölzer

(Birke, Espe, Buche, Eiche), von Gräsern und im Sommer Krautpflanzen (Löwenzahn, Wachtelweizen, Fingerkraut, Knöterich, Wegerich, Labkraut, Kleearten, Hahnenfußgewächse). Im Spätsommer/Herbst werden auch Kulturpflanzen wie Klee, Futtergräser und Getreidekeimlinge nicht verschmäht, die zahlreichen reifenden Waldbeerenarten aufgenommen, und nach dem Wintereinbruch geht das Auerwild wieder zur Koniferennadelkost über. Ganz ähnlich ernähren sich auch die meisten waldbewohnenden Tetraoniden Nordamerikas. Koniferennadeln weisen einen hohen Proteingehalt auf und können durch das spezialisierte Verdauungssystem der Rauhfußhühner mit den dickwandigen Muskelmägen und extrem langen Blinddärmen aufgeschlossen werden, stellen also ein hochwertiges Winterfutter dar. Der tägliche Futterbedarf eines adulten Auerhuhnes beiderlei Geschlechts wird von SEMENOW-TIANSCHANSKI auf 110 g/kg Lebendgewicht und die Kropfkapazität auf 46 g/kg Lebendgewicht geschätzt.

Auerhühner sind keineswegs Einzelgänger. Etwa die Hälfte des Jahres verbringen sie in kleinen, meist gleichgeschlechtlichen Gruppen aus selten mehr als 10 Vögeln. Hähne leben nur zur Balzzeit allein, und die Hennen verlassen den Verband nach der Paarung, um zu brüten. Nach Selbständigwerden der Gesperre schließen sich diese den Gruppen an. Während der Fortpflanzungszeit besetzen die Hähne streng abgegrenzte Territorien auf Kollektivbalzplätzen, die in Finnland noch von bis zu 16 Hähnen benutzt werden, während es in Mitteleuropa allenfalls noch 2 bis 3 (Hähne) sind. Nach HJORTH (1970) haben die Hähne auf den schwach besetzten deutschen Balzplätzen streng abgegrenzte Territorien, deren Besitzer die Grenzbereiche meiden, so daß man annehmen könnte, die Reviere seien durch Niemandslandzonen voneinander getrennt. Vor allem der Reviermarkierung dient der allbekannte „Balzgesang" des Auerhahnes, der aber auch außerhalb der eigentlichen Balzzeit das ganze Jahr hindurch gehört werden kann.

Nach der Ankunft auf dem Balzplatz stößt der Hahn bei anliegendem Gefieder mit steil hochgerecktem Hals und Kopf, leicht hängenden Flügeln und etwas erhobenem, noch nicht entfaltetem Schwanz das Knappen oder Glöckeln aus, eine Folge von drei in 0,5- bis 0,7sekündlichem Abstand gebrachten doppelsilbigen Lauten, die wie „Tack" oder „Tacke" klingen. Bei jedem Laut wird der Unterkiefer des leicht geöffneten Schnabels vorübergehend mehr gesenkt. Besonders zu Beginn der Balz, bei Störungen aller Art und nach Pausen werden manchmal 50 und mehr Knapplaute gebracht, ehe die übrigen Gesangsphasen folgen, die 300 bis 400 m weit vernehmbar sind. In der nächsten Phase, dem Triller, wird der Doppelton schneller nacheinander ausgestoßen, die Töne fließen zusammen, während der Hahn den Schwanz ruckweise hebt und fächert. Der Triller wird von einem dem Knall eines Sektkorkens ähnlichen Ton abgeschlossen, wobei der Körper leicht nach vorn kippt, der Kopf zurückgeworfen und der Schnabel vorübergehend geschlossen wird, während die Handschwingen ruckartig gespreizt werden. Diesem Hauptschlag schließt sich ein wetzendes, rhythmisch kratzendes Geräusch an, das sogenannte Schleifen, welches 2,5 bis 3 Sekunden andauert. Während desselben öffnet und schließt der Hahn den senkrecht nach oben gehaltenen Schnabel gleichzeitig mit den Bewegungen des fünfmal vor- und zurückschnellenden Kopfes, wobei der ganze Körper vibriert und Handschwingen nebst Schwanz leicht gefaltet gehalten werden. Während des Schleifens ist der Hahn aus noch unbekannter Ursache für kürzere Zeit taub. Die Vortragsdauer der Gesamtstrophe beträgt bis 6 Sekunden. Während des Singens steht der Hahn nicht still, sondern wendet sich bei der Baumbalz unruhig auf dem Ast hin und her und trippelt bei der Bodenbalz wenigstens beim Triller vorwärts, verharrt beim Hauptschlag und schreitet dann weiter. Oft wird der Gesang von Pausen unterbrochen, während denen der Hahn sichert. Zwecks akustischer und optischer Signalgebung führt er außerdem Revierflüge in Form des Flattersprunges und Flatterfluges aus. Beim Flattersprung, der durch Flugbewegungen von männlichen Artgenossen und Hennen ausgelöst wird und meist nur 2 bis 3 m weit führt, springt der Vogel aus der Imponierhaltung 1 bis 2 m hoch schräg vorwärts und schlägt dabei 4- bis 5mal mit den Flügeln. Danach schwebt er mit horizontal geneigtem Körper und ausgebreiteten Flügeln kurz in der Luft, um darauf in vertikaler Haltung „bremsrüttelnd" zu landen. Beim Flatterflug hängt der Hahn schwanzlastig in der Luft und schlägt ununterbrochen geräuschvoll flatternd mit den Flügeln. Die Flüge dienen dem Auf- und Abbaumen, dem Platzwechsel von Baum zu Baum und der Verfolgung von Artgenossen (aus GLUTZ VON BLOTZHEIM, 1973).

Ausdruck aggressiver Stimmung beim Auerwild ist stets das Sträuben des Halsgefieders, während Körper-, Flügel- und Schwanzhaltung dabei unterschiedlich sein können. Bei aggressiver Annäherung sträuben beide Geschlechter das Halsgefieder, lüften die

Flügel und heben den gefächerten Schwanz. Hähne stellen den Schwanz senkrecht, entfalten ihn zum Halbkreis, lassen die Handschwingen am Boden schleifen und recken den Hals hoch. Der etwas geöffnete Schnabel ist auf den Feind gerichtet. In dieser Haltung nähert sich der Hahn langsam schreitend dem Gegner. Das nur ihm eigene „Worgen", eine 2- bis 6silbige Folge kehliger Laute, wird unter 1- bis 2maligem Verbeugen ausgestoßen und hat demnach aggressiven Charakter. Wie bei vielen anderen revierbesitzenden Arten können 2 Auerhähne an den Reviergrenzen nebeneinanderhergehen, sich hin und her drehen und kurze Ausfälle gegeneinander unternehmen, wobei sie ununterbrochen „kröchen", d. h. ein gedehnt zischendes Röcheln hören lassen. Bei der nächst höheren Aggressionsphase, dem Schnabelfechten, treten sich beide Gegner in Schnabelreichweite und geduckter Haltung mit S-förmig zurückgezogenem Hals, anliegendem Gefieder, etwas gelüfteten Flügeln und wenig gefächertem und erhobenem Schwanz gegenüber und versuchen, sich unter Vorschnellen des Kopfes gegenseitig an den empfindlichen Rosen zu treffen, wobei nach jedem Hieb der Schwanz oft bis zum Boden abwärts wippt. Treffen dabei die Schnäbel aufeinander, ergibt dies ein hartschallendes Geräusch.

Beim Flügelkampf richten sich die Hähne mit schlagbereit gespreizten Flügeln hoch auf, versuchen gegenseitig Schnabel und Gefieder des Gegners zu packen, um ihn niederzudrücken und ihm blitzschnelle, kräftige Flügelhiebe zu versetzen. Solche Gefechte dauern kaum länger als 2 Minuten und sind mit der Flucht des Unterlegenen beendet. Schwere Verletzungen dabei sind Zufall. Sind Hennen paarungsbereit, erscheinen sie einzeln und in kleinen Gruppen auf dem Balzplatz und baumen zunächst am Rande desselben auf. Früher oder später fallen sie auf dem Boden ein, beginnen scheinbar unbeteiligt zu äsen und sind bei Annäherung des balzenden Hahnes zur Scheinflucht bereit. Dieser bringt die ihm eigenen Imponiersignale, wie Kehlbart und weißen Achselfleck, zur Geltung, läßt die gesenkten Handschwingen am Boden schleifen, neigt den voll erhobenen und gefächerten Schwanz zur Henne hin und umkreist in dieser Haltung stumm oder knappend und singend das Weibchen. Ist dieses kopulationsbereit, kauert es sich mit leicht gespreizten Flügeln auf den Boden, führt mit dem Kopf seitliche Drehbewegungen aus und kann minutenlang in dieser Stellung verharren. Nach dem Umkreisen nähert sich der Hahn ihr von hinten, ergreift ihr Nackengefieder mit dem Schnabel und steigt auf. Gewöhnlich klappt er dann den bislang gefächerten Schwanz ruckartig nach unten, stützt sich seitlich auf die gespreizten Handschwingen und kopuliert 5 bis 9 Sekunden lang unter zitterndem, leicht zu- und abnehmendem Schwanz- und Flügelspreizen. Eine Paarung soll zur Befruchtung eines Vollgeleges genügen. Erst einige Tage danach sucht die Henne einen geeignet erscheinenden Nistplatz. Er steht in Mitteleuropa fast stets auf dem Erdboden, mit Sichtschutz von oben, am Fuße von Bäumen, zwischen Wurzeln von Baumstämmen, inmitten von Stockausschlägen und Farndickicht, gelegentlich auch ganz frei im Fallaub des Waldes. Eine Nestmulde bildet sich oft erst durch das Gewicht der Henne und des Geleges. Wie die meisten Vogelweibchen ist auch die Auerhenne zu Beginn des Brütens überaus empfindlich gegen Störungen aller Art, sitzt aber kurz vor dem Kükenschlupf so fest, daß sie sich u. U. berühren, ja sogar hochheben läßt. Einzelheiten über das Brutverhalten des Auerwildes kennen wir aus den Beobachtungen von SEMENOW-TIANSCHANSKI im Lappland-Naturschutzgebiet der UdSSR. Danach beträgt der Legeabstand einer Auerhenne 28 bis 36 Stunden. Die Eier werden dort Ende Mai bei einer Temperatur von 5 bis 6 °C gelegt. Während des Brütens beträgt diese auch nur ca. 10 °C. Häufig kommt es vor, daß Bruten durch Frost und Schneefall gestört werden. Die Henne beginnt mit der Brut nach Ablage des letzten Eies. Während des Brütens sitzt sie 22,5 bis 23,5 Stunden täglich auf dem Gelege. Sie verläßt es zwecks Nahrungsaufnahme und Kotabgabe 2- bis 3mal täglich, unabhängig von der Außentemperatur für 20 bis 30 Minuten. Die mittlere Bruttemperatur beträgt 32 bis 35 °C. Die Eitemperatur variiert in Abhängigkeit von der Zeit der Bebrütung von 25 bis 30 °C bis zu 41,4 °C im Augenblick des Schlüpfens. Während der Zeit der Abwesenheit der Henne kühlen die Eier um 6 bis 9 °C, teilweise auf unter 20 °C ab. Bei Störungen kann diese das Nest bis zu 10 Stunden verlassen. Es wird ein Fall beschrieben, bei dem das Gelege auf +3 °C abkühlte und trotzdem Küken schlüpften. Die Brutdauer beträgt in Lappland 25,5 Tage. Verluste können durch Erfrieren der Eier vor Brutbeginn, eine Erhöhung der Eitemperatur von über 30 °C auf freien Plätzen bei Abwesenheit der Henne sowie Absterben der Embryonen durch anhaltende Regenfälle eintreten. Die Sterblichkeit der Küken nach dem Schlupf ist in diesen nördlichen Gebieten vor allem durch Kälte oder hohe Feuchtigkeit im Juli oft sehr hoch.

Am 1. Lebenstag bleiben Henne und Küken noch in Nestnähe, legen aber bald größere Strecken zurück. Die Auerhenne führt ihr Gesperre nicht gezielt, sondern folgt meist nur den Küken, hält Stimmfühlung mit ihnen, warnt und hudert sie. Auerküken verfügen nach dem Schlupf über erhebliche Dotterreserven und Unterhautfettgewebe. Während der ersten 2½ Lebenstage kann der Hauptteil des Energiebedarfs noch durch Dotterresorption gedeckt werden, und nach MARCSTRÖM ist dadurch sogar eine Gewichtszunahme möglich. Ist der Dottersackinhalt jedoch aufgebraucht und nimmt das Küken dann keine Nahrung auf, pflegt der Tod spätestens innerhalb von 5 Tagen einzutreten. Da die Küken ihre Körpertemperatur erst ab dem 20. Tag selbständig aufrechtzuerhalten vermögen, führen niedrige Temperaturen, besonders aber eine feuchte Umgebung durch Unterkühlung schnell zum Tode. Auerküken beginnen ohne mütterliche Anleitung bereits am 1. Lebenstag mit der Nahrungssuche und vermögen sich nach 3 bis 4 Tagen voll zu ernähren. Pickreiz wird durch sich bewegende kleine Objekte wie Insekten und perlende Tautropfen ausgelöst. Farblich wird Grün entschieden bevorzugt, Schwarz abgelehnt. Bald wird gezielt nach grünen Pflanzenteilen gepickt. Am 6. Tag können Auerküken 30 cm hoch und über kurze Strecken flattern, am 9. Tag fliegen sie 1 m hoch und am 17. bereits 10 m weit. Merkwürdigerweise schlafen sie bis zum Alter von ca. einem Monat einzeln und gruppenweise auf dem Erdboden in der Nähe der Mutter und wählen täglich einen neuen Schlafplatz. Erst mit 60 bis 65 Tagen baumen sie auf. Nach RAJALA (1962) bildet sich unter den Mitgliedern eines Gesperres sehr schnell eine Hackordnung aus, derentwegen die Kämpfe unter den Küken eines Gesperres schon am 1. Lebenstag beginnen. Doch bleiben ernste Kämpfe während der Huderzeit selten. Erst im Alter von einem Monat beginnen die Junghähne unverträglich zu werden und leiten damit die Auflösung des Gesperres ein.

Das höchste bisher bekannte Alter in freier Wildbahn erreichte bisher nach KOIVISTO ein beringter finnischer Auerhahn mit 10 Jahren und ca. 110 Tagen.

Haltung: Auerwild wurde seit jeher selten in Gefangenschaft gehalten und noch weniger gezüchtet. GOETHE konnte zwischen 1783 und 1936 nur 8 verbürgte Fälle erfolgreicher Aufzucht nachweisen. Zahmes Auerwild hat STERGER in Krainburg im 19. Jahrhundert gehalten und darüber in A. HUGOS Jagdzeitung, Wien. Jhrg. 1865–83, berichtet. Er hielt sowohl Wildfänge als auch in Gefangenschaft erbrütetes Auerwild z. T. im Hause, wo es viel Freiheit genoß. Manche Exemplare wurden 16, ja sogar 18 Jahre alt und waren sehr vertraut. Ein Hahn balzte auf dem Arm des Pflegers stehend und ließ sich durch Zupfen am Kehlbart zum Singen veranlassen. KNOTEK bemerkt zur Aufzucht von Auerwild, daß bei Volierenzucht wegen der Neigung dieser Vögel zur Panik größte Vorsicht geboten sei: „Jede Störung veranlaßt sie zu stürmischen Fluchtversuchen und zu tödlichem Anrennen von Kopf und Brust". Wertvolle Untersuchungen über Verhalten und Wachstum des Auerhuhnes verdanken wir ferner O. HEINROTH (1928, 1931) und F. GOETHE, auf die hier leider nicht eingegangen werden kann. Über neueste Erfahrungen bei der Haltung und Zucht dieses größten europäischen Waldhuhnes berichtet ASCHENBRENNER (1981) u. a. folgendes: „Für die Unterbringung eines Paares ist eine mit der Vorderfront nach Süden gerichtete Voliere von ca. 4 m × 8 m Fläche und 2 bis 3 m Höhe erforderlich. Die Gehegedecke bestehe aus einem mit durchsichtigen Wellplatten überdeckten und einem offenen Teil. Letzterer wird mit Koniferen und Birken bepflanzt, die wegen des Verbisses häufig zu erneuern sind. Zur Einrichtung gehören ferner ein Futterrost (2 m × 1 m), auf den Gefäße mit Körner-, Preßfutter, Beeren, Grit und Wasser gestellt werden. Von den Vögeln hinausgeschlagenes Futter fällt durch ein darunterliegendes Gitter und kann so wegen eventueller Kotverschmutzung und dadurch bedingter Infektionsgefahr nicht mehr aufgenommen werden. Zur Vorbeugung von Verletzungen nach panikartigem Hochfliegen werden den Vögeln alljährlich nach der Mauser beide Handschwingen so weit beschnitten, daß sie die unter dem überdachten Volierenteil in 1 m Höhe befestigten Sitzstangen noch erreichen können. Unter dem Übergang vom überdachten zum offenen Gehegeteil wird ein Huderplatz mit einer Mischung aus feiner Erde, Mulm und Torfmull eingerichtet. Ein Nestplatz aus mehreren Fichtenzweigen im Frühjahr ergänzt das Inventar. Sollen Auerhühner selbst brüten, müssen für den Hahn und jede Henne ein eigenes Gehege vorhanden sein. Zum Beispiel liegen 3 Volieren nebeneinander und sind nur durch Schlupflöcher von höchstens 19 cm Durchmesser für die kleineren Hennen mit der vom Hahn bewohnten Mittelvoliere verbunden. Ein großes Zuchtgehege besteht aus mehreren nebeneinander gelegenen Hennengehegen und Hahnengehegen an deren Stirnseiten. Eine Zuchtgruppe umfaßt beispielsweise

4 Hennen und 2 Hähne. Außen- und Trennwände der Gehege erhalten einen 80 cm hohen Sichtschutz aus Brettern, damit die Vögel sich nicht gegenseitig sehen und vor vorbeilaufenden Tieren (Hunden, Katzen etc.) erschrecken können. Der Volierendraht muß spatzensicher sein, darf also höchstens 2 cm Maschenweite aufweisen. Von entscheidender Bedeutung für eine erfolgreiche Haltung jeder Tetraonidenart ist jedoch stets der Gehegeboden. Es mag naheliegen sein, Auerwild auf natürlichem Boden mit viel Vegetation zu halten, doch ist gerade diese Methode wegen der vom Erdreich ausgehenden Infektionsgefahr die schlechteste Lösung. Angepflanzte Sträucher und Bäume sind schnell abgeäst, und der durch Losung verunreinigte Boden kann weder gereinigt noch desinfiziert werden. Bessere Bedingungen für eine gesunde Haltung schafft dagegen ein Sand- oder Kiesboden in 20 bis 30 cm dicker Schicht, weil er nach Regenfällen schnell abtrocknet und leicht zu reinigen ist. Die Dekoration einer solchen Voliere mit Felsblöcken, Baumstämmen und eingebrachten Nadelbäumen ohne Wurzeln ist durchaus möglich". Reiner Betonboden wirkt, wie ASCHENBRENNER sagt, zwar auf den ersten Blick brutal, läßt sich jedoch mit einer Sand-, Nadel- oder Laubstreuauflage tarnen und die Auflage leicht auswechseln. Schon beim Betonieren werden kurze Wasserleitungs- oder Heizungsrohre stehend eingearbeitet, in die man dann kleine Nadelbäume, Stauden und Sträucher steckt. Betonboden erfordert eine Vollüberdachung der Voliere, weil Regenwasser nicht schnell genug abfließen könnte. Höchste hygienische Ansprüche erfüllt die Haltung der Vögel auf Drahtgeflecht. Da erwachsenes Auerwild jedoch eine umfangreiche Losung besitzt, muß die Maschenweite mindestens 3 cm × 2 cm betragen, was wiederum eine erhöhte Verletzungsgefahr für Zehen und Füße bedeutet.

Die winterliche Ernährung des Auerwildes ist in freier Wildbahn recht einförmig und besteht fast ausschließlich aus Kiefernnadeln, die mit dem Abtauen der Schneedecke im Frühling allmählich durch ein vielseitiges pflanzliches Futterangebot ersetzt werden. Über eine für Tetraoniden geeignete Ernährung wurde bereits im einleitenden Kapitel über Rauhfußhühner berichtet, doch sei hier noch einmal die spezielle Fütterung des Auerwildes geschildert: Die für diese Art geeigneten Futtermittel teilt ASCHENBRENNER in 5 Gruppen ein: Getreidearten, Grünfutter, Industriefutter (Pellets), tierische Nahrung, Vitamine und Mineralstoffe. Während unter den Getreidearten der Hafer wegen seines hohen Spelzengehaltes von den meisten Rauhfußhühnern abgelehnt wird, stellt er für das Auerwild, dessen Verdauungskanal auf so rohfaserreiche Nahrung wie Kiefernnadeln spezialisiert ist, das wichtigste Getreidefuttermittel dar. Daneben wird wenig Weizen, Mais, Hirse und Buchweizen gereicht. Ein erwachsener Auerhahn nimmt täglich 40 bis 50 g Getreidekörner auf. Bei der Verfütterung von Grünpflanzen ist, wie übrigens bei allen Hühnervögeln, darauf zu achten, daß weder gespritzte Pflanzen noch solche von Straßenrändern (erhöhter Bleigehalt) oder Giftpflanzen gereicht werden. Wegen hoher Parasiten- und Bakteriengefahr sollen auch keine Grünpflanzen von Hühnerweideland verfüttert werden. Dadurch ist vor allem die Gefahr einer Infektion mit Erregern der infektiösen Leber-Blinddarmentzündung für Auerwild groß, worauf schon O. HEINROTH (1926) hingewiesen hat. Grünpflanzen werden nie auf den Gehegeboden geworfen, sondern stets in Bündeln in Kopfhöhe der Auerhühner aufgehängt. Während der Legezeit und der Mauserperiode, also von Anfang März bis Ende August, erhalten die Vögel Legehennen-Pellets, die danach allmählich gegen Junghennen-Pellets ausgetauscht werden. Letztere bietet ASCHENBRENNER den ganzen Herbst und Winter über an. Erwachsenes Auerwild nimmt nur wenig tierische Nahrung auf, auch enthalten die genannten Pellets genügend Protein. Trotzdem können während der Balz-, Aufzucht- und Mauserperiode Mehlwürmer, Quark und hartgekochte Eier verfüttert werden. Grit in Form kleiner Kieselsteine und phosphorsaurer Kalk in Form von Kalkstein, gemahlenen Austernschalen oder Industriefutterkalk (Vitakalk) wird ständig gereicht.

Im letzten Aprildrittel werden die Auerhennen paarungsbereit und halten sich vorwiegend in den Volieren der Hähne auf. Entfernt man die Eier regelmäßig, erntet man von einer Auerhenne statt 7 bis 8, manchmal 12 bis 15 Eier und mehr. Beim Auerwild sind Hahn und Henne zwar schon mit einem Jahr geschlechtsreif, beteiligen sich jedoch erfahrungsgemäß in diesem Alter noch nicht an der Fortpflanzung. Die Zucht ist durch Natur- oder Kunstbrut möglich. Hat jede Auerhenne ihr eigenes Gehege, kann man sie ihr Gelege selbst erbrüten lassen. Bei der Naturbrut in der Voliere sind natürlich Temperatur, Feuchtigkeit und Hennengewicht für das Gelege ideal, doch auch die Risiken dabei recht hoch. So verläßt die Auerhenne ihr Gelege bei unvorhersehbaren Störungen manchmal vorzeitig, das Gesperre kann bei ungünstiger Witterung verklammen, oder die Küken infizieren sich durch häufig parasitenhaltigen Kot des Muttervogels. Auch hat man keine Kontrolle darüber, daß die Küken das angebotene Futter auch wirklich und in ausreichender Menge aufnehmen. Im Vergleich damit bringt die Ammenbrut nach ASCHENBRENNER bessere Resultate. Über seine Erfahrungen damit berichtet er folgendes: „Sie bringt gute Ergebnisse, wenn man selbst einen Stamm zuverlässig brütender Zwerg- oder Seidenhühner hat. Hat sich eine Henne angesetzt und brütet bereits mehrere Tage, wird sie in ein kleines Bruthäuschen (50 cm × 60 cm) im Garten auf Naturboden zunächst auf Hühnereier gesetzt. Dies gelingt bei Dunkelheit meistens leicht. Die Zuverlässigkeit des Brütens wird nochmals 2 bis 3 Tage überprüft und dann erst werden die Hühnereier gegen Auerhuhneier ausgetauscht. Nach 20- bis 23tägiger Bebrütung kommen die Eier zum Schlupf in die Brutmaschine. 1979 legte ich 13 Eier schon nach 10 Tagen Bebrütung durch Zwerghennen in den Apparat und ließ sie bei 37,5 °C und einer Luftfeuchtigkeit von 70 bis 75 % brüten. Die Eier wurden bis zum 20. Tag 2mal gewendet und gelüftet. Es schlüpften 12 Küken". Über die ausschließliche Maschinenbrut von Tetraonideneiern schreibt ASCHENBRENNER: „Bei angebrüteten Eiern werden allgemein gute Ergebnisse mit dem Inkubator erzielt. Anders verhält es sich mit ausschließlicher Maschinenbrut. Werden dort Tetraonideneier wie Haushuhneier bebrütet, gibt es keine guten Ergebnisse. Bei derartigen Versuchen in Rußland schlüpften nur 16 % der Küken (NEMCEV, 1973). Deutlich bessere Ergebnisse erzielten dieselben Forscher, als sie vom 1. Tag an bis 2 Tage vor dem Schlupf mit 37,5°C und einer relativen Luftfeuchtigkeit von 60 bis 70 % brüten ließen. Die Eier wurden alle 2 Stunden automatisch gewendet und 2mal täglich um 5 °C abgekühlt. An den letzten beiden Bruttagen wurde die Temperatur auf 36,5 bis 37 °C gesenkt, die relative Luftfeuchtigkeit auf 80 bis 90 % erhöht und die Eier nicht mehr gewendet". Einige Stunden nach dem Schlupf setzt ASCHENBRENNER die Auerküken in 50 cm × 100 cm große Aufzuchtkästen. Als Wärmequelle dient eine 150-Watt-Infrarotlampe, die so hoch gehängt wird, daß darunter auf dem Kastenboden eine Temperatur von 40 °C herrscht. Die Kastenseiten werden mit feuchten Tüchern behängt, um dadurch eine relative Luftfeuchtigkeit von ca. 60 % zu erreichen. In den ersten 2 Tagen wird der Kastenboden mit Moos oder Handtüchern ausgelegt. So finden die Auerküken einen guten Halt, und die griffige Unterlage beugt der Ausbildung von Spreizfüßen vor. Vom 3. Tag an werden die Küken auf mehrmals täglich zu wechselnde Papiertücher gesetzt. Bei günstiger Witterung kommen die Kleinen nach 8 bis 12 Tagen in große Aufzuchtanlagen mit Haltung auf Drahtböden. Hudersand, Rasenplaggen, Beerensträucher und Grünfutter werden täglich frisch in die Ausläufe gebracht. Bei der Kükenfütterung werden nach ASCHENBRENNER wohl die meisten Fehler gemacht. Nach ihm liegt der Erfolg dabei in der Einfachheit: Während der ersten 8 Tage erhalten sie ein Gemisch aus hartgekochtem Eigelb, Putenstartermehl und Schnittlauch. Später wird das Eigelb fortgelassen und der Grünfutteranteil durch Löwenzahn, Schafgarbe und Sauerampfer erweitert. Es werden weder Weichfuttermischungen noch Kleininsekten verabreicht.

Wie aus einer weltweiten Umfrage der WPA ersichtlich, wurden 1982 in Europa 159, in den USA und Kanada 10 Auerhühner gehalten.

Hahn des Felsen-Auerhuhns

Felsen-Auerhuhn
Tetrao parvirostris, Bonaparte 1856

Engl.: Black-billed Capercaillie.
Heimat: Ost-Sibirien vom unteren Jenissei, der mittleren Oka, der mittleren Nizhnyaya Tunguska, dem Becken der Kokechuma und der oberen Kureika ostwärts; nordwärts bis zu den nördlichen Taigagrenzen bis in das Gebiet von Markowo am oberen Anadyr und dem Penzhinabecken; südwärts bis in die nördliche Mongolei (Khangai bis Kentai), Transbaikalien, die Mandschurei (Großer Kingan und südwärts bis ins Gebiet von Harbin), das Amurland, Ussuriland (südwärts bis zum Sischota-Alin-Gebirge), Kamtschatka und Sachalin. Da die Art in der Färbung recht variabel ist, erkennt DEMENTIEW nur 2 Unterarten an. Das Felsen-Auerhuhn hybridisiert in Gebieten, wo die Art mit *T. u. taczanowskii* zusammenlebt: In einem Bezirk West-Sibiriens, wo das der Fall war, zählte KIRPITSCHEW unter den balzenden Hähnen 12 % Mischlinge.
Beschreibung: Kleiner als *T. urogallus*. Beim Hahn sind Kopf, Hals und Nacken schwarz, die Federn stahlblau gesäumt; Rücken braunschwarz, meist ganz zart gelbbräunlich punktiert, was in der Regel erst auf den hintersten, den Schwanz überdeckenden, schmal weißgesäumten Bürzelfedern deutlich wird. Von den eigentlichen Oberschwanzdecken reichen die längsten bis weit über die Schwanzmitte hinaus und besitzen 2 bis 5 cm breite weiße Endsäume. Schulterfedern dunkelbraun, an den Enden mit länglichrunden weißen Tropfenflecken, dazu fein heller braun punktiert. Oberflügeldecken ebenso gefärbt, die mittleren an den Enden mit tropfenförmigen weißen Flecken. Handschwingen dunkelbraun, die Außenfedern der mittleren in der Federmitte weiß gesäumt; Armschwingen dunkelbraun, weiß endgesäumt. Keilförmige Schwanzfedern schwarz; Kropfschild glänzend stahlgrün, die übrige Unterseite braunschwarz, an den Seiten mit weißen Federspitzen, die sich – recht variabel – bis auf die Körpermitte erstrecken können. Die die Schwanzmitte nur wenig überragenden Unterschwanzdecken breit weiß endgesäumt. Achselfedern weiß mit oder ohne schwarzbraune Spitzen. Iris braun, Rosen über den Augen rot, Schnabel schwarz.
Länge 780 mm; Flügel 383 bis 391 mm; Schwanz 375 bis 390 mm; Gewicht 3130 bis 4000 g.
Bei der Henne sind Scheitel, Kopfseiten, Hals und Nacken schwarz mit breiten rostgelben Binden und grauen Federspitzen. Übrige Oberseite schwarz, schmal rostgelb quergebändert sowie fahl rostgelblich und hellgrau auf den Federspitzen bekritzelt; Schulterfedern, größere Oberflügeldecken und die Schwanzdecken breit weiß endgesäumt. Handschwingen braun mit unregelmäßig weißlich gesäumten Außenfahnen; Armschwingen dunkelbraun, weiß endgesäumt, die Außenfahnen hell roströtlich gefleckt. Schwanzfedern dunkelbraun mit weißer braungetüpfelter Endbinde, die zu den äußeren Paaren hin schmaler wird und schließlich ganz schwindet, alle diese Federn unregelmäßig rostrot quergezeichnet. Kehle rahmfarben, schwarz gefleckt, die übrige Unterseite schwarz mit rostgelben Quer- und grauweißen Endbinden. Bauchmitte braun mit grauweißen Federenden. Laufbefiederung hell fahlbräunlich, dunkel quergefleckt, auf der Hinterseite weiß mit rahmfarbenem Anflug.
Länge 580 mm; Flügel 296 bis 310 mm; Gewicht 2050 g.
Dunenküken sind von denen des *T. urogallus* unterscheidbar: Die Dunen der Unterseite sind gelb mit

o. Balzender Birkhahn, *Tetrao tetrix* (s. S. 250)
u. l. Birkhenne
u. m. 8 Tage alte Jungvögel
u. r. Gelege des Birkhuhns

schwefelgelber Tönung; Hals und Rücken braungelb, die Handschwingen hellbraun mit dunklerer Saumstreifung, die Armschwingenspitzen 4 bis 6 mm breit weißgesäumt, 2 helle Querbinden bildend. Kopf orangebraun. Gewicht 40 g.
Gelegestärke 6 bis 8; Ei sehr an das von *T. urogallus* erinnernd, doch ist die Grundfärbung heller, die Zeichnung dunkler, zudem sind die Flecken besonders um die Spitze konzentriert (57,6 mm × 40,95 mm); Gewicht im Schnitt 46,65 g.

Lebensgewohnheiten: Das Felsen-Auerhuhn ist ein Bewohner der Waldtundra, in Süd-Baikalien auch der Hochland-Steppenwälder, im Kamtschatka felsiger, mit Birken bestockter, südexponierter Abhänge im zentralen Teil der Halbinsel und in einem 80 bis 100 km breiten Streifen der Westküste. Die Art ist überall Standvogel. Ihre Nahrung besteht auf Kamtschatka aus Knospen, Kätzchen und Triebspitzen der Steinbirke, selten Weiden- und Erlenknospen. Auf den Balzplätzen im April/Mai erlegte Tiere hatten in Kropf und Muskelmagen Birkenknospen, Wacholder-, Preisel- und Krähenbeeren vom vergangenen Jahr, Schachtelhalmstengel, Heidelbeer- und Krautpflanzenblätter. Während der Sommermonate besteht die Nahrung aus Krähen-, Preisel-, Heidel- und Geißblattbeeren, Weidenblättern sowie einzelnen Insekten (Mücken, Raupen). Die Balz währt von Anfang April bis Anfang Juni. Die Hähne balzen von 9 bis 12 Uhr morgens und nochmals während der Abendstunden. Zunächst aufgebaumt, setzen sie ihre Tätigkeit später hauptsächlich auf dem Waldboden fort. Der Felsen-Auerhahn balzt nur knappend ohne Schleifen. Der Balzlaut besteht aus zuerst langsamen, dann immer schnellerem Schnabelknappen und endet mit einem charakteristischen Triller. Er wird, nur von kurzen Pausen unterbrochen, immer von neuem vorgetragen. Das Nest entspricht dem des Auerhuhns. Gesperre wurden auf Kamtschatka frühestens Ende Juli beobachtet. Bis zum ersten herbstlichen Schneefall halten sich die Vögel in beerenreichen Nadelwäldern auf (LOBKO-LOBANOVSKIJ und ZHILIN,). Bestandsaufnahmen von BARANTSCHEJEW im Amurgebiet ergaben, daß der Bestand des Felsen-Auerhuhns an vielen Stellen, besonders in der Nähe wirtschaftlich genutzter Gebiete, stark zurückgegangen ist. An anderen Orten war der Bestand jedoch noch gut, und im Winter konnten Flüge von bis zu 70 Exemplaren beobachtet werden. Meist traf man die Vögel in nach Geschlechtern getrennten Gesellschaften aus 4 bis 8 Exemplaren an.

Haltung: Das Felsen-Auerhuhn ist möglicherweise in Tiergärten der UdSSR gehalten worden, doch haben wir darüber keine Mitteilungen erhalten können.

Weiterführende Literatur:

ARNOLDS, D.: Auerhühner, Haltung und Zucht in Volieren. Geflügelbörse 99, Nr. 6/7; p. 16 (1978)

ASCHENBRENNER, H.: Probleme und Methoden der Auerhuhnhaltung. Die Voliere 4, Heft 1; pp. 7–13 (1981)

DERS.: Rauhfußhühner. Auerhühner pp. 16–24 u. 43–46; M. & H. Schaper, Hannover 1985

BARANTSCHEJEW, L. M.: Anzahl und Ökologie des Stein-Auerhuhns *(Tetrao urogalloides)* im Amurgebiet. Ornithologia 7; pp. 92–96 (Russisch) 1965

BARTMANN, W.: Haltung und Zucht von Auerwild *(Tetrao urogallus L.)* im Tierpark Dortmund. Ztschr. Kölner Zoo 22, Heft 2; pp. 61–65 (1979)

BAUER, S., THIELCKE, G.: Gefährdete Brutvogelarten in der BRD und im Land Berlin. Auerhuhn pp. 189–191. Vogelwarte 31 (1982)

BLOESCH, M.: Aufzucht von Auerhuhnküken in der Voliere. Ornithol. Beob. 57; pp. 142–144 (1960)

BOBACK, A. W.: Wiedereinbürgerungsversuche mit Auerwild und ihr Erfolg. Dtsch. Jäger-Ztg.; p. 30 (1953)

DERS.: Warum mißlangen die meisten Einbürgerungsversuche mit Auerwild? Der Falke 4; p. 58 (1957)

DERS.: Das Auerhuhn. Neue Brehmbücherei; Ziemsen, Wittenberg, 2. Auflage 1966

CRAMP, ST. et al.: Handbook of the Birds of Europe, the Middle East and North Africa, Vol. II; Capercaillie pp. 433–443. Oxford Univ. Press 1980

DEMENTIEV, G. P. et al.: Birds of the Soviet Union, Vol. 4; Israel Progr. Scient. Transl. Jerusalem 1967

FLESSLER, O.: Auerwild und Erfahrungen bei der künstlichen Aufzucht. Dtsch. Jäger 74; p. 443 (1957)

FUSCHLBERGER, H.: Das Hahnenbuch. Kap.: Das Auerwild; pp. 79–391. 2. Aufl., F. C. Mayer, München-Solln 1956

GLUTZ VON BLOTZHEIM et al.: Handbuch der Vögel Mitteleuropas, Bd. 5; Auerhuhn pp. 172–225; Akad. Verlagsges. Frankfurt/Main 1973

GOETHE, F.: Beobachtungen und Erfahrungen bei der Aufzucht von deutschem Auerwild. Dtsch. Jagd 6; pp. 97–100 (1937)

DERS.: Beobachtungen und Versuche über angeborene Schreckreaktionen junger Auerhühner. Ztschr. Tierpsych. 4; pp. 165–167 (1940)

HAARSTICK, K. H.: Erfahrungen bei der Haltung und Aufzucht von Auerwild in der Aufzuchtstation im staatl. Forstamt Lohnau/Harz. Ztschr. Jagdwesen 25; pp. 167–177 (1979)

(249) o. u. u. Balzender Hahn des Kragenhuhns, *Bonasa umbellus* (s. S. 261)

HASSFURTHER, A.: Bodenbalz und Kämpfe beim Auerwild. Beitr. Fortpflanzungsbiol. Vögel 15; pp. 148–150 (1939)

HEINROTH, O., HEINROTH, M.: Die Vögel Mitteleuropas, Bd. III, Das Auerhuhn; pp. 294–251. H. Bermühler, Berlin-Lichterfelde 1928

DIES.: Nachtragsband IV; Das Auerhuhn; pp. 95–97 (1931)

HÖGLUND, N.: Körpertemperatur, Aktivität und Vermehrung beim Auerwild. Viltrevy 1; pp. 1–87 (Engl. u. Dtsch. Zusammenfassung) 1955

DERS.: Der Einfluß verschiedener Farben auf die Futterwahl von Auerhuhnküken. Viltrevy 1; pp. 122–128 (Engl. u. Dtsch. Zusammenfassung) 1955

HÖRIG, H.: Internationales Auerwild-Symposium in Moskau. Der Falke 29; pp. 309–311 (1982)

JOHNSGARD, P. A.: The Grouse of the World. Capercaillie pp. 220–249; Croom Helm, London & Canberra 1983.

KIRPITSCHEW, S. P.: Über Hybridisierung von *Tetrao urogallus* und *T. parvirostris*. Uchen Zap. Moskau Univers. 197; pp. 217–221 (Russisch) 1965

KRÄTZIG, H.: Beobachtungen über die früheste Jugend und die Balz des Auerwildes. Wild und Hund 46; pp. 26–28 (1940)

KRUTSKOWSKAJA, E. A.: Versuche der Domestizierung und halbfreien Aufzucht des Auerhuhnes. Suomen Riista 9; pp. 85–104 (1954)

LENNERSTEDT, I.: Eggtemperature and incubation rhythm of a Capercaillie in Swedish Lapland. Oikos 17; pp. 169–174 (1966)

LINDAHL, P., MARCSTRÖM, V.: On the bodytemperature of *Tetrao urogallus* at hatching and its immediately following drop. Acta zool. Stockholm 37; pp. 43–51 (1965)

LOBKO-LOBANOWSKIJ, M. I., ZHILIN, A.: Zur Fortpflanzungsbiologie des Felsauerhuhnes *(Tetrao urogalloides kamtschaticus,* KITTLITZ) in Kamtschatka. Ornithologia, Nr. 5; pp. 164–165 (Russisch) 1965

LUMSDEN, H. G.: The display of the Capercaillie. Brit. Birds 54; pp. 257–272 (1961)

MARCHLEWSKI, J. H.: Rearing the Capercaillie in captivity. Avicult. Mag. 61, No. 6; pp. 280–290 (1955)

MARCSTRÖM, V.: Studies on the physiological and ecological background to the reproduction of the Capercaillie. Viltrevy 2; pp. 1–85 (1960)

MÜLLER, F.: Territorialverhalten und Siedlungsstruktur einer mitteleuropäischen Population des Auerhuhnes – *Tetrao urogallus major* C. L. BREHM – Dissert. Marburg/Lahn 1974

NEMZEW, V. V. et al.: Die Aufzucht von Tetraoniden in Volieren. Arbeiten des Darwinschen Staatlichen Naturschutzgebietes 11; pp. 178–212 (1973)

NEWLANDS, W. A.: Reintroduction of the Capercaillie in Scotland.Proc. of WWF Conf. on Reintroductions, Rome 1976

PENTTINEN, K.: M. Sc. Thesis. Helsinki University 1974

PIELER, E.: Die tierpsychologischen Faktoren bei Wiedereinbürgerungsversuchen mit Auerwild. Dtsch. Jäger-Ztg.; p. 79 (1956)

PULLIANEN, E.: Composition and selection of winter food by the capercaillie in northeastern Finnish Lapland. Suomen Riista 22; pp. 67–73 (1970)

DERS.: Behaviour of a nesting capercaillie in northeastern Lapland. Ann. zool. Fennica 8; pp. 456–462 (1971)

RAJALA, P.: Zur Ernährung von Auerhuhnküken. Suomen Riista 13; pp. 143–155 (Finnisch) 1959

SCHMIDT, W.: Haltung und Aufzucht von Auerhühnern in der Gefangenschaft. Jahrb. Nassau. Ver. Naturkde 98; pp. 139–142 (1966)

SEMENOW-TIANSCHANSKI, O. I.: Zur Ökologie des Auerhuhnes. Trudy Laplandskowo Gosudarskweenogo Sapowednika 5; pp. 1–318 (ins Deutsche übersetzt vom Statens Naturvetenskapliga Forskningrad Översettningsstjänsten Stockholm) 1959

STUBBE, H., BRUCHHOLZ, S.: Probleme und Ergebnisse der Aufzucht von Auerwild *(Tetrao urogallus)*. Beitr. Jagd. u. Wildfrschg. X/77; pp. 349–413 (1977)

WEITBRECHT, J., KUPPLER, A.: Beobachtungen an Auerwild im Gehege. Wild und Hund 74; pp. 57–59 (1971)

ZWICKEL, F. C.: Winter food habits of Capercaillie in north-east Scotland. Brit. Birds 59; pp. 325–336 (1966)

Birkhuhn
Tetrao tetrix, Linné 1758

Engl.: Black Grouse.
Abbildung: Seite 247 alle.
Heimat: Großbritannien und Eurasien von Skandinavien ostwärts bis zur Kolyma, Lena und vermutlich dem Ochotskischen Meer sowie Ussurien; südwärts die Ardennen und Alpen, die Balkanhalbinsel bis Montenegro und Bulgarien, Süd-Rußland, die nördlichen Kirgisensteppen (Kasachstan) und Gebirge Turkestans, der Tarbagatai, Ala Tau bis zum mittleren Tian Schan, die nördliche Mongolei und Nordwest-Korea. 5 Unterarten.
Beschreibung: Geschlechter verschieden gefärbt. Beim Hahn der Nominatform sind von September bis Juli Kopf, Kropf, Hals, Mittel- und Hinterrücken dunkel stahlblau mit violettem Anflug. Oberkopf und Kopfseiten schwärzlicher; Ohrdecken, Zügel und Kinn mehr schwarzbraun mit grünlichem Schimmer; Binde über Vorderrücken, Schultern, Oberflügeldecken und Oberschwanzdecken braunschwarz, fast nur auf dem Vorderrücken mit ganz schmalen schwarzblauen Saumlinien. An der Basis des Armrandes ein durch das Übertreten eines Büschels der Unterflügeldecken gebildeter, etwa kirschgroßer weißer Fleck. Handschwingen dunkelbraun mit bräunlichweißen Schäften; Armschwingen

zu etwa zwei Dritteln weiß, das Spitzendrittel 35 bis 54 mm weit schwarzbraun mit schmalem weißem Endsaum; der weiße Wurzelteil wird von den Flügeldecken größtenteils verdeckt, so daß nur eine 5 bis 13 mm breite weiße Binde sichtbar bleibt. Basis der Handdecken und des Oberflügels weiß; Schwanzfedern tief gegabelt, die äußeren stark nach außen gekrümmt und schwarz, die mittelsten oft mit feinem grauweißem Endsaum. Brust und Unterkörper bräunlichschwarz, in der Aftergegend mit weißlichen Federkanten; die weißen Unterschwanzdecken überragen die mittleren Schwanzfedern; Achselgefieder weiß, Laufbefiederung schwarzbraun. Schnabel hornschwarz, Iris dunkelbraun; über dem Auge ein bei älteren Hähnen größerer, im Frühling anschwellender, halbmondförmiger, nackter, mit plättchenartigen Stiften und Warzen besetzter hochroter Fleck. Nach der Brutzeit im Juli werden die blauschwarzen Federn an Kopf und Hals durch rostgelblichbraune, schwarzgebänderte ersetzt, und die Oberkehle wird weißlich. Auf dem Rücken meist einige unregelmäßig verteilte braune Federn. Dieses Übergangskleid wird vom Hahn höchstens 2 Monate lang getragen und während der Herbstmauser im September zusammen mit Schwingen und Schwanzfedern wieder durch schwarzblaue Federn ersetzt.
Länge 550 bis 580 mm; Flügel 248 bis 259 mm; längste Steuerfeder gestreckt 152 bis 200 mm; Gewicht 820 bis 1490 g.
Bei der Henne ist die Oberseite schwarz und rostbraun quergefleckt, in der Regel auf Hals, Vorderrücken und Bürzel mit weißlichgrauen, schwarzgewässerten Endsäumen ausgestattet. An den Spitzen der meisten Oberflügeldeckfedern und längeren Schulterfedern finden sich ausgedehntere weißliche, schwarzbekritzelte Flecke; Kopfseiten und Kehle rostgelb, klein schwarz gefleckt. Übrige Unterseite roströtlich, braun und schwarz quergefleckt, auf Vorderhals und Kropf ohne, auf Brust und Unterkörper mit breiten grauweißen Säumen. Unterkörpermitte schwärzlicher, die Unterschwanzdecken weiß mit schwarzen, rostrot gesäumten Binden. Achselgefieder weiß.
Länge 450 mm; Flügel 224 bis 238 mm; Schwanz 123 mm; Gewicht 800 bis 1070 g.
Beim Dunenküken sind Vorderkopf, Hals, Kopfseiten und Unterseite rahmgelblich; über der Schnabelwurzel ein kleiner, darüber ein größerer, hufeisenförmiger, schwarzer Fleck; hinter dem Scheitel ein großer kastanienbrauner, unregelmäßig schwarz umsäumter, zuweilen ganz schwarzer Fleck; längs des Hinterhalses und Nackens ein schwarzer Streif.

Rücken und übrige Oberseite rotbraun, hell rostgelb und braunschwarz gefleckt. An den Zügeln ein schwarzes Fleckchen, ferner ein schmaler schwarzer Wangenstreif; auf der Ohrgegend und dahinter unregelmäßige schwarze Streifung. Oberschnabel braun, Unterschnabel gelb, Beine hellrötlich, die Laufvorderseite von hellgelben Daunen bedeckt. Schlupfgewicht 24 g.
Gelegestärke 7 bis 10; Ei in Form, Färbung und Zeichnung wie beim Auerhuhn (50,35 mm × 36,01 mm); Frischgewicht sehr variabel, 30 bis 35,5 g. Brutdauer 26 bis 27 Tage.
Lebensgewohnheiten: In Mitteleuropa bewohnt das Birkwild Gebirge im Bereich der Wald- und Baumgrenze, in den Niederungen stark aufgelichtete, abwechslungsreiche Waldgebiete sowie ungestörte, teilweise bestockte Nieder- und Hochmoor- sowie Bruchgebiete. Völlig unberührte Hochmoore und Heideflächen mit überalterter Heide werden gemieden, ebenso geschlossene Waldungen und Fichtenhorste. Die Art fordert einen reich gegliederten Biotop. Bedingungen sind u. a. junger Heidekrautbewuchs, Beeren, vielgestaltige Krautschicht, Weichhölzer, Lärche, Kiefer, offene Balzplätze, Sandbadeplätze, Steinchen-Aufnahmeplätze und Ameisenhügel (BAUER u. THIELCKE).
Bei der Schilderung der Lebensgewohnheiten und des Verhaltens des Birkhuhnes sind wir weitgehend der umfassenden Darstellung von GLUTZ VON BLOTZHEIM et al. im Handbuch der Vögel Mitteleuropas gefolgt. Danach ist das Birkhuhn ein geselliger Tetraonide, dessen Hähne ganzjährig, die Hennen außerhalb der Brutzeit in kleineren oder größeren Gruppen zusammenleben. Zur Zeit der Hochbalz, die witterungsbedingt in Norddeutschland im März, in den Alpen im Mai ihren Anfang nimmt und bis in den Juni hinein andauert, beginnen die Hähne zu balzen, sobald die Lichtverhältnisse auf der Balz-Arena das gestatten. In hellen Nächten können sie, besonders in Skandinavien, aktiv sein. Trotz gegenteiliger Annahmen gibt es beim Birkwild unter den balzenden Hähnen keine soziale Rangordnung. Auf den Außenplätzen der Arena stehende Hähne haben die gleiche Chance, ihr Revier zu vergrößern wie in der Mitte des Platzes balzende. Die Territorialität erfüllt beim Birkhuhn die Rolle der Pickordnung. Beim „Werben" wird durch Flügelgesten eine visuelle Wirkung erzielt, deren auffälligste der Flatterflug ist. Der Hahn startet dazu mit gesenkter Brust, hält den Körper während des Aufliegens ziemlich horizontal und läßt sich in aufrechter Haltung auf einer Gleit-

strecke fallen, dabei möglichst lange die weißen Flügelunterseiten und die Binden der flatternden Flügel demonstrierend. Der Flatterflug erfolgt selten höher als 2 m oder weiter als 15 m. Während desselben stößt er grelle, voneinander getrennte Zischlaute aus, die bis zu 500 m weit hörbar sind. Viel häufiger wird jedoch der Flattersprung ausgeführt, der aus mehr oder weniger zahlreichen Flügelschlägen besteht und den Vogel bis 1 m über den Erdboden führt. Während des Sprunges dreht der Hahn sich so, daß er bei der Landung in eine andere Richtung blickt. Vor und während des Sprunges stößt er ein scharfes Zischen aus. Flugsprungserien werden gebracht, wenn die Balz ihren Höhepunkt erreicht. Bei einer weiteren Flügelgeste schlägt der sich streckende und auf dem Boden bleibende Hahn meist innerhalb 0,15 Sekunden 2mal mit den Flügeln und zischt. Auffällig ist dabei das 2malige Aufblitzen der weißen Flügelunterseite und das Zischen, ein 2silbiges „Tschu-iischt" oder „Tschu-uai", das bis zu 1 km weit hörbar ist. Morgens und abends beginnt bzw. endet die Aktivität normalerweise mit Zischlauten. Bei intensiver Balz zischt jeder Hahn pro Minute ca. 2- bis 3mal. Innerhalb der Balzgruppe wirken Zischlaute ansteckend und werden auch von Hähnen außerhalb der Arena beantwortet. Bei der zweiten Balzart, dem auf Aggressionsverhalten zurückzuführenden Kullern, auch Trudeln, Kollern und Gurgeln genannt, steht der Hahn in Vorwärtspose mit weitgefächertem, hochgestelltem, oft bis 40 ° nach vorn geneigtem Schwanz, gefächerten weißen Unterschwanzdecken (Signalwirkung!), gesträubtem Rückengefieder, in Normalhaltung vom Körper abgehobenen Flügeln, sich über dem Scheitel berührenden roten Rosen und durch die luftgefüllte Schlundtasche aufgestelltem Halsgefieder und stößt eine bauchrednerisch anmutende Strophe aus. Im 1. Teil der 2,2 bis 2,7 Sekunden langen Strophe wird die Schlundtasche bei geschlossenem Schnabel mit Luft aus den Lungen gefüllt, und gleichzeitig werden 13 bis 18 brodelnde Laute von zunehmender Frequenz und Höhe in der Syrinx erzeugt. Ist die Tasche maximal gefüllt, sind schrillere, durch voll gestreckten Hals und Gegendruck in diesem Resonanzapparat erzeugte Töne zu hören. Dabei zittert der ganze Körper, vor allem die Schwanzfedern. In der 1. Hälfte dieses 2. Teils wird der Hals kurz nach oben durchgebogen, am Ende der Strophe der Schnabel aufgerissen und die Luft unter blasebalgähnlichem Geräusch ausgestoßen. Die Strophe klingt wie „Urrurhurrhu urrurhurrhu tschuüsch ururhurhu", bei starker Erregung miauend „Kri-

kriao". Während des Kullerns steht der Hahn unbeweglich, kann sich auch auf der Stelle drehen oder in gemessenen Schritten umherschreiten. Letzteres tut er gewöhnlich in sehr tiefer Körperhaltung, daß der Bauch den Boden berührt. Liegend singen die Hähne, wenn Hennen den Balzplatz verlassen. Das Kullern ist bei klarem Wetter und erhöht gelegenen Balzplätzen u. U. 3 bis 4 km weit zu hören. Fallen Hennen in Balzplatznähe ein und begeben sie sich zu Fuß zur Balzarena, veranlassen sie dadurch die Hähne zu erregtem Umherrennen innerhalb ihres Reviers. Der Henne gegenüber zeigen sie zunächst allgemeines Drohverhalten wie gegenüber Rivalen und spreizen beim Kullern die Handschwingen beiderseits so auffällig, daß diese in Schnee oder Sand Schleifspuren hinterlassen. Bei diesem „Kullern mit Flügelschleifen" wird der Körper stärker nach vorn gestreckt als beim üblichen Kullern, der Kopf tief gesenkt und ein sonst verdecktes 3. weißes Fleckenpaar unter dem Daumenfittich sichtbar gemacht. In dieser Haltung nähert sich der Hahn ohne Eile der Henne und zeigt sich ihr im eigenen Revier möglichst von der Seite, nahe seiner Reviergrenze von vorn. Er umkreist dann die Henne und kippt den Stoß leicht seitwärts zu ihr hin. Erste Anzeichen einer Begattungsaufforderung bestehen in erregtem Hin- und Herrennen des Weibchens auf der Arena, Scheinpicken, Sich-Hinkauern und schnellem Kopfdrehen. Es läßt dabei seinen weißen Schulterfleck sehen und ein tiefes nasales Gackern hören. Nach mehrmaliger Scheinflucht verharrt es mit erhobenem Kopf und leicht gehobenen Flügeln in Kauerstellung und läßt den Hahn aufsteigen. Während der 2 bis 7 Sekunden andauernden Kopula hält sich dieser mit dem Schnabel im Nackengefieder des Weibchens fest und schlägt kräftig mit den Flügeln. Danach fliegt die Henne häufig weg, während der Hahn bald weiterkullert. Auf dem Balzplatz verhalten sich Hennen recht häufig untereinander aggressiv, indem sie den Schwanz anheben und fächern, die Handschwingen senken und sich unter Zischen einer anderen Henne nähern, die gewöhnlich sofort flieht und nur kurz verfolgt wird. Hähne drohen sich in aufrechter Haltung mit gesträubtem Halsgefieder an. Je mehr sich ein Hahn seinem Gegner nähert, desto stärker fächert er die hängenden Handschwingen und desto weiter schiebt er den Kopf nach vorn. Während solcher Annäherung zischen häufig der eine oder beide Hähne unter gleichzeitigem Flügelschlagen. Sie können Scheingefechte ausführen. Am häufigsten sind Nickduelle, bei denen die Gegner einzeln oder vielmals hintereinander ruckartige Verbeugungen machen, und zwischendurch häufig den Konfliktruf ausstoßen. Dabei erscheinen die Rosen aus der Sicht des Gegners als 2 leuchtend rote vertikale Linien. Die beiden Hähne stehen sich in parallelen, seitlich leicht verschobenen Körperlängsachsen gegenüber. Dreht sich der eine seitwärts, paßt sich der andere sofort dieser Haltung an. Auf dem Höhepunkt der Balz stehen sich die Hähne an der Reviergrenze oft in Vorwärtspose eifrig kullernd gegenüber, spreizen für kurze Augenblicke die Handschwingen und trampeln erregt, führen auch kurze Vorstöße aus und können zum ernsten Kampf übergehen. Angriffsstimmung wird durch abwechselnde Hackbewegungen beider Hähne, gelegentlich Scharren angezeigt. Beim Kampf springt der Angreifer vor und richtet Schnabelhiebe auf die Rosen. Nur bei engem Gegenüberstehen werden auch die Flügel zum Schlagen benutzt. Verbeugt sich ein Hahn, wendet er dem Gegner die Flanke zu und senkt den Stoß, wird er nicht weiter attackiert. Die Birkhenne legt ihr Nest meist gut versteckt in dichter, kniehoher Kraut- oder Strauchschicht an, auch an der Basis eines Baumes, in Getreidefeldern, hin und wieder offen auf Waldwiesen und an Wegen. Sie scharrt vor der Eiablage nur etwas im Boden und legt die Eier in diese Mulde. Dort findet sich meist wenig Pflanzenmaterial, und stets sind Federn vorhanden. Legebeginn in der Norddeutschen Tiefebene ist gewöhnlich Ende April, in den Mittelgebirgen Anfang Mai, in den Alpen Ende Mai. Brütende Hennen verlassen ihr Gelege täglich meist 2- bis 3mal zur Futteraufnahme. Auf erstes Piepen im angepickten Ei reagiert die Henne mit summenden Stimmfühlungslauten, die dem schlüpfenden Küken ein Gefühl der Sicherheit vermitteln. Kleinküken verbringen täglich nur 17 % der Zeit, ohne von der Mutter gehudert zu werden. Erst mit 18 Tagen bleibt ihre Körpertemperatur unter sommerlichen Wetterbedingungen konstant. 20 bis 30 Tage alte Küken werden nicht mehr gehudert. Obwohl in der Abenddämmerung Henne und Küken auf Äste fliegen, kehren sie doch zur Nachtruhe stets auf den Erdboden zurück. Küken beginnen am 2. Lebenstag mit der Nahrungsaufnahme, ausschließlich Insekten, die sie stets nach oben pikkend von Pflanzen, nicht vom Boden aufnehmen. Einwöchige beginnen zu fliegen und baumen von der 3. Woche an auf. Im Alter von 4 Wochen sind die Jungen weitgehend selbständig, bleiben aber bis zu der Ende September erfolgenden Bildung von Wintergesellschaften im Familienverband zusammen. Die Kükennahrung besteht zunächst fast ganz aus Insekten, nach einigen Wochen überwiegend aus pflanzlicher Nahrung, doch nehmen Jungvögel noch im September mehr tierische Nahrung auf als Altvögel. Die Pflanzennahrung erwachsener Birkhühner ist dem jahreszeitlichen Wechsel des Angebots angepaßt und wird außerdem durch den Nährwert der potentiellen Futterpflanzen bestimmt. So bildet in den Niederlanden von August bis Februar die Besenheide *(Calluna)* den wichtigsten Futterbestandteil, zu dem von Juni bis Dezember noch Beeren und Sämereien kommen. Ist die Schneedecke zu hoch, geht das Birkwild auf Baumknospen, vor allem der Birke, über („Birkwild"), die die winterliche Hauptnahrung bilden. Erst in zweiter Linie werden Knospen und Kätzchen anderer Laubbaumarten angenommen und bei schweren Frostschäden an diesen ersatzweise Kiefern- und Lärchenknospen verzehrt.

Während des Winters werden als Schlaf- und Ruheplätze einzeln oder in Gruppen stehende Nadelbäume gewählt, auf denen sie in mittlerer Höhe nahe am Stamm oder durch die untersten Äste gedeckt am Boden übernachten. Bei mindestens 30 cm hoher Schneedecke nächtigen sie in selbstgegrabenen Schneehöhlen, die in nicht zu offenem Gelände unter Sträuchern oder in der Umgebung von Bäumen angelegt werden. Die Ruhelager der einzelnen Truppmitglieder liegen wenigstens 1 m auseinander und werden nur einmal benutzt. Durch das Eingraben im Schnee wird der Wärmeverlust des Körpers stark reduziert, und hauptsächlich diese Methode gewährleistet ein erfolgreiches Überwintern unter nordischen Verhältnissen. Bei starkem Schneefall rückt der Vogel in der Höhle von Zeit zu Zeit höher, so daß Kopf und Hals aus dem Schnee ragen. Zum Eingraben ist kein großer Kraft- und Zeitaufwand erforderlich. Häufig lassen sich die Birkhühner vom Baum herunterfallen und sind an der Landestelle innerhalb einer Minute im Pulverschnee verschwunden. Obwohl aus Nordeuropa und der UdSSR von gelegentlichem Massensterben von Birk- und Haselwild berichtet wurde, weil die Vögel nach plötzlichem Temperatursturz angeblich die Eiskruste nicht mehr durchbrechen konnten, wird dies nach neueren Beobachtungen angezweifelt. Sie reagieren nämlich auf Veränderungen der Schneeoberfläche sehr empfindlich und verlassen ihre Höhlen bei plötzlich einsetzendem feuchtem Schneefall rechtzeitig.

Haltung: Über Aufzucht und Haltung von Birkwild hat vor allem O. HEINROTH ausführlich berichtet. Er versuchte mehrfach, Junge aus dem Ei aufzuziehen, doch starben sie meist über kurz oder lang an infektiöser Leber-Blinddarmentzündung, Schimmelpilzerkrankungen der Atemwege und Luftröhrenwurmbefall. Die Birkhuhnküken vertrugen sich gut mit jungen Auer- und Haselhühnern und waren gegen Menschen etwas zurückhaltender als diese. Die Jugendtöne ähneln denen junger Auerhühner; sie wurden auch gefüttert wie diese, mochten aber keine Enchyträen, nahmen viel Grünzeug, aber mit 10 Tagen noch keine Körner. Sehr bald fanden sie Geschmack an frischen grünen Erbsen, die später einen Hauptteil ihrer Nahrung ausmachten. Am 10. Tag kamen sie bis aufs Knie ihres Pflegers; mit 75 Tagen war die Schwanzmauser in vollem Gange, und bei den Hähnchen erschienen die ersten schwarzen Federn. Vorher kann man die Geschlechter, im Gegensatz zum Auerhuhn, nicht unterscheiden. Mitte Oktober machte ein junger Hahn die ersten Balzversuche, wobei er auch bisweilen zischend hochsprang. Vor den Verfolgungen eines kleinen dreisten Haselhahnes mußte der größere Birkhahn in Sicherheit gebracht werden. Er bezog zusammen mit einer Auerhenne einen anderen Raum, in welchem er sich nicht besonders scheu benahm und bald eingewöhnte. Eines Tages trieb er die viel größere Auerhenne in die Ecke und tötete sie durch Schnabelhiebe auf den Kopf. Dabei handelte es sich nicht um einen Vergewaltigungsversuch, denn er hatte nie vorher versucht, die Henne zu treten. Blaue Kleidung reizte den Hahn zum Angriff. Er sträubte dann sofort das Gefieder, schlug Rad, bekam feurige Rosen und ging zum Angriff über. Rote Kleidung dagegen verängstigte ihn sehr, woraus zu schließen war, daß er diese Farbe einem übermächtigen Gegner oder Feind gleichsetzte, seien es nun riesige Rosen eines gegnerischen Hahnes oder ein Fuchs. Als Nahrung erhielten die Birkhühner je nach der Jahreszeit geschnittenes Grünzeug, im Sommer namentlich Löwenzahn und Schafgarbe, häufig auch Fichtenzweige, Platten mit Heidelbeer- und Preiselbeerbüschen, im Winter Grünkohl- und Rosenkohlblätter. Weißkohl wurde ungern verzehrt. Gab es Beeren, bildeten diese die Hauptnahrung. Im Winter wurden getrocknete und gebrühte Vogelbeeren angenommen. Hanf, Hirse, Glanz und Weizen nahmen sie nur in mäßigen Mengen auf. Zirbelnüsse bildeten ihre Lieblingsnahrung. Fast nach jeder reichlichen Nahrungsaufnahme wurde Grit gepickt und bei genügendem Beerenfutter so gut wie nichts getrunken. Eine dem Hahn beigegebene 1¼jährige Birkhenne ließ ihn gleichgültig und wurde weggebissen, wenn sie ihm zu nahe kam. Dieses Verhalten behielt er auch im darauffolgenden Frühling während der Balz bei, war aber etwas duldsamer, indem er sie mit aus der Hand des Pflegers picken ließ. War sie ihm ganz nahe, versuchte er sie ohne weitere Förmlichkeiten zu treten. Bei der in einer Voliere des Berliner Zoos fleißig ausgeübten Balz von 5 Birkhähnen kommt in dem Raum von nur wenigen Quadratmetern immer nur ein Hahn richtig zum Trudeln. Er hält sich dabei auf dem Boden auf und vertreibt jeden Artgenossen, der es wagt, aus dem Geäst herunterzukommen. Die Vögel halten dabei eine strenge Rangordnung ein (was gegenwärtig angezweifelt wird!), und wenn Nr. 1 nach ein bis zwei Stunden müde ist und aufbaumt, tritt Nr. 2 an seine Stelle usw. Gelingt es dem Schwächeren nicht, sofort auf einen Ast zu fliegen, wird er auf dem Boden weiterverfolgt und dauernd auf den Kopf gehackt. Der schwächste Hahn, Nr. 5, kam bis in den Mai hinein niemals zum Balzen, da die Bodenfläche stets von einem Stärkeren besetzt war.

Über Aufzuchtmethoden von Birkwild, Chancen einer Massenproduktion und die Problematik des Aussetzens in geeignete Biotope haben E. WIPPER und THIEN aufgrund der am Institut für Wildforschung in Ahnsen (Niedersachsen) gewonnenen Erfahrungen berichtet. Dort wird Birkwild entweder paarweise oder ein Hahn mit 2 bis 3 Hennen in Volieren mit Holzböden auf Torfmull-Einstreu gehalten. Sie wird samt der Volierenausstattung aus Kiefern- und Fichtenzweigen einmal wöchentlich erneuert. Damit Mäuse nicht eindringen können, stehen die Volieren auf Holzpfählen. Unbedingt erforderlich sind Hudermöglichkeiten zur Gefiederpflege in Form eines Sandbades, aus dem auch Grit für die Verdauung entnommen werden kann. Bei den Volieren ist das Vordach so angebracht, daß den Insassen Schatten- wie Sonnenplätze gleichzeitig zur Verfügung stehen. Eine 30 bis 40 cm hohe Sichtblende an der vergitterten Seite dient als Wind- und Sichtschutz. Sie kann von den Vögeln überblickt werden und wirkt als Deckungsmöglichkeit bei Störungen von außen beruhigend. Die Volierengröße soll 15 bis 20 m^2 betragen. Es hat sich gezeigt, daß bei der Haltung von Birkwild in Drahtvolieren auf Sandboden das Risiko von Verlusten durch Krankheiten stets erheblich höher war. Für die Zukunft geplant sind Drahtvolieren mit Betonboden zwecks besserer Reinigungs- und Desinfektionsmöglichkeiten. Futter steht über Automaten zur Verfügung, Wasser über Stülptränkautomaten. Mittels jeweils 14tägiger Versuchsperioden wurde der Beliebtheitsgrad verschiedener Grundfuttermittel mehrfach und zu verschiedenen Jahreszeiten getestet. Aus den dadurch gewonnenen Erfahrungen wurden 3 Futterdiäten mit unterschiedlichem Proteingehalt entwickelt, denen je nach der Jahreszeit bestimmte Vitamin- und Spurenelement-Mischungen beigefügt werden können. Von diesen Futterdiäten werden mindestens 2 gleichzeitig angeboten, so daß die Birkhühner ihre speziellen Eiweißbedarfsgrößen im Verhältnis zu ihrer Energieversorgung selbst wählen können. Während der Lege- und Aufzuchtzeit soll die Proteinversorgung mit dem Futter rund 30 % betragen. Als Zusatzfutter bevorzugen sie Birkenkätzchen, aber auch in wesentlichem Umfang Fichtennadeln und Kiefernrinde. Als Saisonfutter während der Sommerzeit wird Grünfutter, in besonders hohem Maße Löwenzahn verfüttert. Der Futterverbrauch wird seit mehreren Jahren ständig gemessen, um jahreszeitliche Schwankungen der Bedarfsgrößen zu erfassen. Kotuntersuchungen zur Parasitenkontrolle werden laufend durchgeführt. Daraus ergab sich ein ausgeprägter Jahresverlauf des Befalls mit Resistenzminderung gegen Parasiten im Spätsommer/Herbst und zu Ausgang des Winters, der offensichtlich durch Haltungsbedingungen nicht beeinflußbar ist, sondern vom Lichtrhythmus und der Außentemperatur bestimmt wird. Wie bei allen Tetraoniden treten am häufigsten Erkrankungen durch verschiedene Magen-Darmwürmer, Coccidien und die verheerend wirkende infektiöse Leber-Blinddarmentzündung (Typhlo-Hepatitis) auf. Im Laufe der Zeit scheinen erwachsene Birkhühner gegen solche Erkrankungen eine wohl begrenzte Immunität zu entwickeln. Sofern früher Mäuse gelegentlich Zugang zum Futter hatten, konnte es zu Infektionen mit krankmachenden Keimarten wie Salmonellen, Pasteurellen und Eiterbakterien (Staphylococcen, Streptococcen) kommen. Da Mäuse bekanntlich ein sehr breites Infektionsspektrum besitzen, ließen sich beim Birkwild auch noch andere Bakterien nachweisen. Nach dem Ankauf von Fasanen wurde einmal eine seuchenhaft verlaufende Erkrankung des Nervensystems (Mareksche Geflügellähme) eingeschleppt, der 85 % aller Birkwildküken zum Opfer fielen. Mangelkrankheiten können durch zu geringe Versorgung mit Vitaminen oder unzureichende Versorgung mit Gerbstoffen, ätherischen Ölen, Wachsen bzw. Harzen aus Fichtennadeln, Baumkätzchen und -knospen auftreten. Von Spurenelementen sind besonders Kupfer, Zink, Eisen und Mangan wichtig. Während der Legezeit muß die Versorgung mit Phosphor und Kalzium gewährleistet sein. Zur Erreichung guter Legeleistungen ist ferner eine vollwertige Fütterung erforderlich: Die Eiweißversorgung soll dann mindestens über 25 %, noch besser über 30 % im Futter betragen! Durch Absammeln der Eier kann eine erhöhte Legeleistung zwischen 15 und sogar 30 Eiern pro Henne erzielt werden. Es empfiehlt sich, zur Erbrütung sowohl mit Brutapparaten wie mit Hühnerglukken zu arbeiten, damit bei einem möglichen Stromausfall nicht die gesamte Aufzucht vernichtet wird. Der Brüter soll Wendeautomatik besitzen. Bei ausreichender Sauerstoffversorgung ist eine Luftfeuchtigkeit von 55 bis 60 % und eine Temperatur von ca. 37,4 °C beizubehalten. Zum Auskühlen wird der Brüter 2mal täglich für je 25 Minuten geöffnet. Die Brutdauer beträgt 23 bis 27 Tage, am häufigsten 25 bis 27 Tage. 3 Tage vor dem Schlupf werden die Eier mit möglichst engem Kontakt zueinander ins Schlupffach gelegt, damit sich die Küken durch ihre Stimmfühlungslaute selbst zu höherer Aktivität beim Schlüpfen anregen. Die Eier werden dann nicht mehr gewendet, damit sich die Küken auf die richtige Schlupfposition einrichten können. Auf erhöhte Sauerstoffversorgung ist zu achten, und die Luftfeuchtigkeit soll während dieser 3 Tage von 70 auf 85 bis 90 % gesteigert werden. Nach dem Schlüpfen verbleiben die Küken noch ca. 12 bis 24 Stunden ohne Futter und Wasser im Schlupffach. Man vermeidet dadurch das Risiko von Fehlentwicklungen, weil der als Nahrungsreserve noch vorhandene Dottersackrest des Kükens noch resorbiert werden muß. Erst dann werden die Küken in einen zugfreien Aufzuchtkasten mit Drahtgitterboden gesetzt und verbleiben dort während der für sie besonders risikoreichen Aufzuchtphase der ersten 2 bis 3 Wochen. Der Aufzuchtkasten ist mit einer schräg gestellten, aber nach unten wirkenden Wärmeplatte ausgestattet, enthält ein Sandbad und möglichst auch ein Bündel Pflanzenmaterial, an dem die Küken picken und klettern können. Ihr Erstlingsfutter besteht aus Fasanenaufzuchtfutter mit ca. 24 % Roheiweißgehalt, untermischt mit Putenerstlingsfutter („Puterstarter") mit ca. 38 % Roheiweißgehalt, dazu bis zum 2. Tag feingehackten Mehlwürmern. Danach werden schon ganze Mehlwürmer gereicht. Vom 1. Fütterungstag an werden feingehackte Brennesselblattspitzen angeboten und zur Gewöhnung an die Futteraufnahme zusammen mit dem übrigen Futter auf eine Wellpappe am Boden gestreut. Dann wird durch Auftippen des Fingers zum Picken angeregt. In gleicher Weise erlernen sie die Wasseraufnahme. Die Rinnen der Stülptränken sind mit größeren Steinchen ausgelegt, um die Küken vor dem Benässen des Gefieders oder gar Ertrinken zu bewahren. Nach ca. 3 Wochen siedelt die jeweilige Schlupfgruppe samt Wärmeplatte in eine Holzvoliere um. Ab einem Körpergewicht von gut 400 g werden reiner Putenstarter und Mehlwürmer gereicht, ab 600 g geht man zu Birkwild-Grundfutter mit 27 % Roheiweißgehalt über. Zusätzlich wird stets feingehackte Brennessel, Löwenzahn und anderes Grünfutter gegeben. Im September haben die jungen Birkhühner ihr endgültiges Gewicht erreicht, wonach auch ihr Futterverbrauch ganz erheblich sinkt. Im Spätherbst kann man vermehrt Laubholzknospen, Fichten- und Kiefernnadeln sowie Kätzchen anbieten, die gern genommen werden. Die Massenproduktion von Birkwild hat aufgrund finnischer Erfahrungen gute Chancen, wenn Hygiene- und Aufzuchtbedingungen erfüllt sind, geschultes Pesonal zur Verfügung steht und gegebenenfalls auch tierärztliche Behandlung, z. B. zur Seuchen-Prophylaxe und Behandlung infektiöser Krankheiten, gewährleistet ist. Die Vögel sollen nur im Mai ausgewildert werden, weil zu diesem Termin die Gefiedermauser noch bevorsteht. Auch sind dann gute Deckung, reichliches Nahrungsangebot, gute Widerstandskraft gegen Krankheiten und weniger Beutegreifer vorhanden als etwa im Winter. Die ausgewilderten Tiere sollen an ein Übernachten auf Ästen gewöhnt sein, da dies der beste Schutz gegen Bodenfeinde ist. Vor allem aber ist es wichtig, den Ausgesetzten ein optimal geeignetes Biotop anzubieten. Offenbar sind Hochmoore besser dafür geeignet als Niedermoore, zumal sich das Verschwinden des Birkwildes in den letzteren am schnellsten vollzog. Vor allem benötigt es ein artenreiches Nahrungsangebot in den Randzonen der Hochmoore, wo meist auch der beste Schutz gegen Feinde besteht. Wichtig sind dort Sauergraswiesen, Sauerampfer und Löwenzahn, im Spätsommer ein reiches Beerenangebot und im Winter Birkenkätzchen und Laubholzknospen. Bedenklich ist das Vorhandensein von Jagdfasanen, die viele Geflügelkrankheiten übertragen können oder eine Geflügelintensivhaltung in der Nachbarschaft. Auf weitere Erschwernisse der Auswilderung und erfolgreichen Ansiedlung kann hier nicht im einzelnen eingegangen werden, und wir verweisen auf die betreffende Fachliteratur. Große Erfahrungen mit der Haltung von Birkwild hat weiterhin DANSBERG (1978). Nach ihm kann man die Art bis zu einem Geschlechtsverhältnis von 1:6 in der Voliere halten. Für einen Stamm von 1,3 soll die Voliere ca. 30 m^2

groß sein und zu einem Drittel überdacht werden. Unter dem Dach werden 1 bis 2 Sitzstangen, Huder- und Futterstellen eingerichtet und letztere gegen Mäusefraß hochgehängt. Nach fast 10jähriger Erfahrung mit der Haltung von Tetraoniden hält DANSBERG Bodengeflecht auf die Dauer für unumgänglich. Die Naturbodenhaltung birgt stets die Gefahr eines ständig steigenden Infektionsdruckes. Älteres Birkwild hat einen hohen Bedarf an Rohfaser. Als Standardfutter haben sich wegen der hohen Schalenanteile abgelagerter Hafer und das für Hühner entwickelte Junghennenkorn gut bewährt. Dazu kommt noch Naturnahrung, deren Beschaffung oft mit großem Aufwand verbunden ist. Bei der Wahl der Zuchttiere sollte man nur auf gesunde, kräftige Vögel zurückgreifen. Blutfremde Tiere sind zwar erwünscht, doch entstehen durch Inzucht keine Nachteile. Ab März kann anstelle des Junghennenfutters Legekorn wegen seines hohen Proteingehalts verfüttert werden. Die Balz beginnt beim mehrjährigen Hahn meist schon im Februar/März und kann bis in den Juni hinein dauern. Er läßt sich gern von den Hennen stimulieren. Fleißige Hähne balzen mitunter den ganzen Tag hindurch, sind aber deswegen in der Zucht nicht leistungsfähiger, denn auch die Hennen wenig balzender Hähne bringen durchweg befruchtete Gelege. Wie in freier Wildbahn, hat der Hahn auch in der Voliere seinen Balzplatz. Will eine Henne sich treten lassen, sucht sie ihn auf und legt sich ihm in den Weg. Nie wird ein Birkhahn seine Henne treiben, und hartnäckige Verfolgungsjagden gibt es nicht. 3 Tage nach der Paarung, ca. Mitte Mai, beginnt die Henne zu legen. Die 7 bis 10 Eier erscheinen gewöhnlich in zweitägigen Abständen. Nachgelege waren früher selten, kommen jedoch in den letzten Jahren häufiger vor, und Hennen, die bis zu 20 Eier legen, sind keine Seltenheit mehr. Legen Hennen unregelmäßig oder überhaupt nicht, sind sie gewöhnlich krank. Das Erbrüten der Gelege kann durch die Birkhenne erfolgen. Als Alternative bieten sich Hühnerglucken und Brutmaschinen an. DANSBERG hält das Vorbrüten durch Glucken für optimal, weil man Brutfehler korrigieren kann. Nach dem Schlupf desinfiziert er den Nabel der Küken, weil es trotz Brutraum-Desinfektion zu Infektionen kommen kann. Zur Vermeidung von Spreizbeinigkeit werden die Küken in der Aufzuchtkiste auf eine rauhe Unterlage (Scheuertuch etc.) gesetzt. Ist eine Spreizung eingetreten, binde man den Küken die Beinchen 24 Stunden lang so zusammen, daß sie noch laufen können. Die durch einen Strahler erzeugte Innentemperatur der Kiste

soll 40 °C betragen. Erst am 2. Tag sollen die Küken mit der Futteraufnahme beginnen, weil ihr Dottersackvorrat für mehrere Tage reicht. Ist ihre Kloake verklebt, ist meist eine Coli-Infektion die Ursache, und sie sterben ohne Antibiotikabehandlung. Wichtig zu wissen ist, daß auch der Kot von Gesunden erst nach 4 bis 5 Tagen feste Konsistenz erhält. Der Blinddarmkot erscheint kurz darauf in flüssiger Form. Als erstes Futter können Jungputen-Presslinge gereicht werden, die einen hohen Proteingehalt aufweisen. Da die Küken während der ersten Lebenswochen überwiegend von tierischem Futter leben, fügt man hartgekochtes Ei dazu. Um sie zu besserer Futteraufnahme zu bewegen, streut man das Futter auf ein dunkles Tuch. Ab einem Alter von 14 Tagen wird nur noch Putenstarter mit wenig Grün, wie Löwenzahn, Schafgarbe u. ä., gegeben. Um den Risikofaktor in bezug auf Krankheiten so gering wie möglich zu halten, sollten Birkwildküken vom 1. Lebenstag an auf Drahtgeflecht stehen, dessen Maschenweite dem jeweiligen Alter der Jungvögel anzupassen ist. Die Haltung kann in 3 Phasen erfolgen: 1. in einem 0,8 m × 1,2 m großen Aufzuchtkasten auf Maschendraht, der für ca. 8 Küken aufnahmefähig ist. 2. ab der 3. Woche in einem 1,5 m × 2 m großen Aufzuchtkäfig mit 12er Maschengeflecht und 3. mit ca. 6 Wochen in einer ca. 2 m × 3 m großen Voliere. Eine Geschlechtsbestimmung der Jungvögel ist mit Beginn der letzten Mauser möglich. Im Oktober sind gesunde Birkhühner voll ausgefiedert.
Allgemein kann gesagt werden, daß die Haltung von Birkwild schwieriger ist als etwa die von Auerwild. Aus einer weltweiten Umfrage der WPA geht hervor, daß im Jahre 1972 in Europa 178 und in den USA 30 Exemplare Birkwild gehalten wurden.

Kaukasus-Birkhuhn
Tetrao mlokosiewiczi, Taczanowski 1875

Engl.: Caucasian Black Grouse.
Heimat: Alpine Zone des Großen und Kleinen Kaukasus. Im Großen Kaukasus auf der Hauptkette vom Becken des Pshekhaflusses im Westen bis zum daghestanischen Samurbecken im Osten vorkommend, dazu auf den Südhängen im Alasan- und

Hahn des Kaukasus-Birkhuhns

Joraflußgebiet. Im Kleinen Kaukasus kommt die Art von der Gurisker Kette im Westen ostwärts bis zur Karabachkette vor; dazu gibt es kleine Vorkommen in der äußersten Nordostecke der Türkei und in den Kalibarbergen des nördlichen iranischen Aserbaidschan. Keine Unterarten.
Beschreibung: Geschlechter verschieden gefärbt. Der Hahn ist schwarz mit grünlich stahlblauem Schimmer besonders auf Kopf, Hals und Nacken. Vor dem Armrand ein kirschgroßer schneeweißer Fleck. Schwingen dunkelbraun, der schwarze Schwanz lang, nur 4 bis 5 cm tief ausgeschnitten, die Spitzen der äußeren Steuerfedern nach außen und unten geschweift. Laufbefiederung braun, mitunter fein bräunlichweiß gesprenkelt. Schnabel schwarz, Iris dunkelbraun; über dem Auge ein nackter, warziger, roter Fleck („Rosen").
Gesamtlänge 380 bis 520 mm; Flügel 196 bis 211 mm; Schwanz 205 bis 223 mm; Gewicht 865 bis 1005 g.
Bei der Henne sind Kopf und Hals schwarz und hell rostgelb quergebändert. Übrige Oberseite schwarz, jede Feder hell rostfarben quergebändert und an der Spitze rostgelblichgrau gesprenkelt, vor derselben ein großer schwarzer Fleck. Handschwingen dunkelbraun, bräunlichweiß gesprenkelt; die Armschwingen dunkelbraun mit schmalen weißen Spitzen, die Außenfahnen blaß rostgelb, die Innenfahnen noch heller; Schwanzfedern dunkelbraun, unregelmäßig roströtlich quergebändert und die Spitzen grau

gesprenkelt. Kehle weißlich mit rahmfarbenem Hauch, ringsum schwarzbraun gefleckt wie die Kopfseiten; Kropfregion wie der Hinterhals, die übrige Unterseite ähnlich dem Rücken, doch ohne schwarze Fleckung und an den Federenden ausgedehnter hellgrau gesprenkelt. Unterkörpermitte fahl schwarzbraun, Unterschwanzdecken hell rostfarben mit schwarzbrauner Bänderung und schmalen weißen Federenden. Laufbefiederung milchkaffeebraun.

Flügel 195 bis 200 mm; Schwanz 144 mm; Gewicht 766 bis 820 g.

Dunenküken blaß strohgelb, die Oberseite stark rotbraun meliert und mit schwarzen Federspitzen ausgestattet; die Kopfseiten mit unregelmäßiger schwarzer Zeichnung. Kükengewicht 21,8 bis 23,5 g. Gelegestärke durchschnittlich 6; Ei hell isabellfarben, mit wenigen rotbraunen Flecken und Punkten (47 bis 52 mm × 34 bis 37 mm); Gewicht 31 g.

Lebensgewohnheiten: Das Kaukasus-Birkhuhn bewohnt Bergwälder und alpine Wiesen in Höhenlagen zwischen 1500 und 3000 m. Während des Winters begibt es sich in Abhängigkeit von der Höhe der Schneedecke und der damit verbundenen Erreichbarkeit seiner meist am Erdboden gesuchten Pflanzennahrung in die Wälder. Im Sommer leben die Vögel an den oberen Waldgrenzen, auf subalpinen und alpinen Wiesen, wenn sie dort von Haustierherden unbehelligt bleiben. Gern halten sie sich in Rhododendrondickichten, Krüppelbirken- und Weidengestrüpp auf, zwischen denen sich häufig kleinere Balzplätze befinden, während ausgedehntere Balzarenen 1 bis 2 km über der Baumgrenze auf steinigen Steilhängen liegen. Diese werden bei stürmischem Wetter, Regen- und Schneefällen gemieden. Häufig macht das rauhe Gebirgsklima mit Frost, kaltem Nebelwetter, Hagel und Regen den Bruterfolg zunichte. Im Gegensatz zum heimischen Birkwild halten sich die kaukasischen Birkhühner meist auf dem Erdboden und nur selten auf Bäumen auf. Im Juni/August leben ca. 52 % der Populationen auf alpinen Wiesen, 48 % in der subalpinen Zone und entlang der Waldgrenze, im Winter nur 15,5 % auf alpinen Wiesen, 56,6 % in der subalpinen Zone und 28 % in tiefer gelegenen Wäldern. Die Winternahrung besteht aus Birkenknospen und -kätzchen, Wacholdernadeln und -beeren, Hagebutten sowie Weidenknospen und -trieben. Auch im Frühjahr bilden Birke, Wildrose und Wacholder noch die Hauptnahrung, werden aber zunehmend durch grüne Pflanzenteile ersetzt. Ende Mai nehmen sie vorwiegend Grashalme, Blütenköpfe, unreife Sämereien und Fruchtstände alpiner Pflanzen auf, Anfang August reife Samen von Alpenpflanzen, Mitte dieses Monats Seidelbast-, Heidel- und Erdbeeren auf. Während der Herbstmonate bilden Eicheln und Tannennadeln einen Großteil der Nahrung. Insekten werden von Erwachsenen selten genommen, doch leben die Küken während der ersten 10 bis 15 Lebenstage fast ausschließlich von ihnen. Wintergesellschaften sind nach Geschlechtern getrennt, und nur die unausgefärbten Junghähne leben mit den Hennen zusammen. Junghennen legen im 1. Lebensjahr, Junghähne werden nicht vor dem 2. geschlechtsreif. Einjährige Hähne im Hennengefieder wandern an den Grenzen der Tanzarenen entlang und balzen wenig; auch 2jährige Hähne haben noch keine feste Platzbindung, balzen aber bereits intensiv. Erst die 3jährigen besitzen Reviere auf den Arenen, balzen am intensivsten und verjagen andere Hähne aus ihrem Gebiet. Doch sind sie Junghähnen gegenüber sehr tolerant, wenn diese sich mit geschrumpften Rosen nähern und gestatten ihnen das Betreten des Reviers. Im Zentrum einer Balzarena stehen die Hähne dicht beieinander, während die Plätze der weiter außen balzenden manchmal 200 bis 300 m voneinander entfernt liegen. Selten ist eine Arena mit mehr als 6 bis 10 Hähnen besetzt, die in kleinen Gruppen von bis zu 4 Vögeln an verschiedenen Stellen des Geländes balzen, und häufig wechseln einzelne Hähne zu anderen Gruppen über. Die Balz des Kaukasus-Birkhuhnes beginnt Mitte April und erreicht während der ersten drei Maiwochen ihren Höhepunkt. Im Frühjahr übernachten die Hähne ganz in der Nähe der Tanzplätze im Dickicht auf dem Erdboden. Während der ersten Hälfte der Saison beginnt die Balz bei völliger Dunkelheit gegen 2 Uhr morgens und endet bei Sonnenaufgang. Später, auf dem Höhepunkt der Balzzeit, erscheinen die Hähne erst kurz nach Sonnenaufgang, balzen bis gegen 9 oder 10 Uhr vormittags und noch einmal kurz zwischen 18 und 19 Uhr. Nach der Landung in der Balzarena pflegt der Hahn erst mit aufwärts gestrecktem Hals hügelauf- und -abwärts zu laufen, begibt sich dann auf seinen angestammten Platz, wölbt die Brust vor und wirft den Kopf zwischen die Schultern nach hinten. Das Brustgefieder wird leicht gesträubt, die Flügel hängen locker herab und der geschlossene Schwanz wird bis zu einem Winkel von 23 bis 26 ° erhoben. In dieser Haltung dreht sich der Hahn ein paarmal nach verschiedenen Richtungen, trippelt manchmal wenige Schritte vorwärts, stellt sich mit maximal vergrößerten Rosen betont aufrecht hin und erhebt sich mit 3 bis 4 flatternden Flügelschlägen senkrecht 1 bis 2 m hoch in die Luft. Auf dem höchsten Punkt angelangt, führt er bei maximal gespreiztem Schwanz eine jähe Wendung um 180 ° aus und landet nach sanftem Gleitflug wieder auf seinem Startplatz. Bei jedem Flügelschlag und während der Abwärtsgleitphase erzeugen die Schwingen ein schwaches weiches Geräusch, das etwa wie „Ps-ps-ps w-w-ssii-ii-ii-ii-ii" klingt und ca. 150 m weit hörbar ist. Das „Ps-ps-ps" ertönt während des Aufwärtsflatterns, wonach eine kurze Pause folgt, bevor während des Abwärtsgleitens das in die Länge gezogene und allmählich ersterbende Pfeifen hörbar wird. Vor dem Abwärtsgleiten wird 1 bis 1,5 Sekunden lang das ausgedehnte Weiß der Flügelunterseiten demonstriert, und um es sichtbar werden zu lassen, gleiten die Hähne stets bergabwärts zu ihren Plätzen zurück. Einige Hähne führen außer den dauernd wiederholten Flatterflügen auch manchmal Spiralflüge und Saltos vor, eine Flugakrobatik, die auf den Beobachter unbeholfen, etwa wie das Taumeln eines in der Luft getroffenen Vogels wirkt. Solche Flatterflüge wirken auf die anderen Hähne anreizend und werden auch durch die Ankunft weiterer Hähne oder einer Henne ausgelöst. In Angriffssituationen stehen die Gegner sich mit ausgestreckten Hälsen, gesträubtem Halsgefieder und parallel zur Körperachse gehaltenen Schwänzen gegenüber. In starker Aggressionsstimmung kann der Schwanz etwas erhoben gehalten werden, die Hähne knappen mit den Schnäbeln, demonstrieren Scheinpicken und senken ihre Köpfe wiederholt bodenwärts; während dieses „Verbeugungsduells" werden wie „Tschr-tschr" klingende Töne ausgestoßen. Flieht ein Unterlegener, verfolgt ihn der Sieger eine Strecke mit erhobenem Stoß und gesenkten Schwingen. Der Revierbesitzer patrouilliert durch sein Gebiet, verjagt durchlaufende Hennen und fordert benachbarte Hähne heraus. Dabei laufen die beiden mit vorgewölbter Brust, etwas rückwärts gehaltenem Kopf, im Winkel von 40 ° erhobenem und gespreiztem Schwanz entlang der – unsichtbaren – Reviergrenzen nebeneinander her und tun das noch bis 100 m weit außerhalb der eigenen Territorien. Dabei werden die Schnäbel meist geöffnet gehalten und im wesentlichen synchrone Bewegungen ausgeführt. 2 Hähne können sich auch in größerer Entfernung von bis zu 20 m gegenüberstehen und fahren die ganzen Balzstunden hindurch mit diesem Spiegelverhalten fort, führen verschiedene Bewegungsphasen synchron aus, als wenn sie durch ein unsichtbares Band miteinander verbunden wären und drohen sich von weitem kampflos an. Landen Hennen in der Nähe eines dieser „Fernkämpfer", können sich die beiden Hähne einander nähern und vielleicht wirklich miteinander kämpfen. Ernste Streitigkeiten kommen jedoch beim kaukasischen Birkhahn viel seltener vor als bei der einheimischen Art. Die Kampfmethoden umfassen das Brust-gegen-Brust-Drücken, Schnabelhiebe auf Rosen und Kehle, Fußtritte und Flügelschläge. Dabei werden die weißen Schulterflecke nicht mit gleicher Ausdauer demonstriert wie beim europäischen Birkwild. Unterlegene Hähne signalisieren durch Rosenabschwellen Unterwerfung. Werden Kaukasus-Birkhühner durch Bodenfeinde bedroht, fliegen sie ungern auf. In Wäldern laufen sie erst bis in sichere Entfernung und fliegen dann auf Bäume. Auf offenem Gelände ducken sie sich im hohen Sommergras flach nieder, daß man manchmal fast auf sie tritt. In der Zeit zwischen den Balzdarbietungen halten sich die Vögel sehr heimlich im dichten Busch auf. Beim Erscheinen von Weibchen in der Arena beginnen die Hähne ihre Flatterflüge intensiver auszuführen. Nähert sich die Henne einem Hahn, beendet dieser sein Spiel und folgt ihr mit extrem erhobenem und ausgebreitetem Leierschwanz. Begattungen wurden noch nicht beobachtet, weil sie vermutlich verborgen im Dikkicht stattfinden. Im Gegensatz zum europäischen Birkwild ist die kaukasische Art recht schweigsam. Hähne verfügen nur über wenige vokale Laute. Das Schnabelknappen in aggressiver Situation könnte vielleicht auch von der Syrinx erzeugt werden. Einander gegenüberstehende Hähne stoßen ein gutturales, kaum vernehmbares „Kr-kr" aus. Hennen sind stimmfreudiger. Sie verfügen über das aufgeregte Gegacker der europäischen Birkhenne und einen gurgelnden Warnruf für die Küken. Nester werden versteckt in Dickungen angelegt. Die Eiablage erfolgt im Mai. Die Küken schlüpfen nach 20- bis 25tägiger Bebrütung. Sind die Wetterbedingungen günstig, ist ihre Überlebenschance hoch. Erste Gesperre werden ab Mitte Juni, das Gros Ende Juni bis Anfang Juli beobachtet. Küken im Alter von 3 Tagen wogen 21,8 bis 23,5 g. Ende August haben die Jungen Erwachsenengröße erreicht. Mit Eintritt des Winters ziehen sich die nach Geschlechtern getrennten Gesellschaften aus 15 bis 20 Vögeln in die Waldregion zurück, die sich bei hoher Schneelage Übernachtungshöhlen in den Schnee buddeln.

Haltung: Ein Paar Kaukasus-Birkhühner gelangte 1983 erstmalig nach Europa in den Tierpark Berlin-Friedrichsfelde. Aus einer aufgrund einer weltweiten Umfrage der WPA erstellten Liste über die 1982 gehaltenen Wildhuhnarten ist zu entnehmen, daß in diesem Jahr 2 Kaukasus-Birkhühner in Nordamerika gehalten wurden.

Weiterführende Literatur:

ASCHENBRENNER, H.: Rauhfußhühner; Birkhühner pp. 25–29 u. 47–50. M. & H. Schaper, Hannover 1985
BAUER, S., THIELCKE, G.: Gefährdete Brutvogelarten in der BRD und im Land Berlin. Birkhuhn pp. 191–193. Vogelwarte 31 (1982)
BEHNKE, H.: Birkwildaufzucht 1956. Wild und Hund 59; pp. 390–393 (1957)
BOBACK, A. W.: Wiedereinbürgerungsversuche mit Birkwild. Dtsch. Jägerzeitung; p. 460 (1953)
BOBACK, A. W., MÜLLER-SCHWARZE, D.: Das Birkhuhn. Neue Brehmbücherei, 397; p. 102. A. Ziemsen, Wittenberg 1968
BRÜLL, H.: Zur Frage der Birkwildhege. Wild und Hund 64; pp. 29–31 (1961)
DERS.: Birkwildforschung und Birkwildhege in Schleswig-Holstein. Ztschr. Jagdwissenschaft 7; pp. 104–126 (1961)
CRAMP, ST., et al.: Handbook of the Birds of Europe, the Middle East and North Africa, Vol. II; Black East and North Africa, Vol. II; Black Grouse pp. 416–433. Oxford Univ. Press 1980
DANSBERG, H.: Das Birkwild in der Voliere. Die Voliere 1; pp. 115–117 (1978)
DEMENTIEV, G. P., et al.: Birds of the Soviet Union, Vol. 4; Israel Progr. Scient. Transl. Jerusalem 1967
FEUERLE, M.: Auer- und Birkwild. Ihr natürlicher Lebensraum und ihre Haltung in Gefangenschaft. Dissert. Hannover 1957
FUSCHLBERGER, H.: Das Hahnenbuch. Kap. Birkwild; pp. 395–499. F. C. Mayer Verlg., München-Solln, 1. Aufl. 1942, 2. Aufl. 1956
GLUTZ VON BLOTZHEIM et al.: Handbuch der Vögel Mitteleuropas, Bd. 5, Kap. Birkhuhn; pp. 105–172 (1973)
HATTOP, W.: Zur zahmen Aufzucht des Birkwildes. Dtsch. Jagd Nr. 31 (1936–1937)
HEINROTH, O., HEINROTH, M.: Die Vögel Mitteleuropas, Bd. IV. Kap. Birkhuhn; pp. 87–95. H. Behrmühler Verlag, Berlin-Lichterfelde 1931
JOHNSGARD, P. A.: The Grouse of the World, Black Grouse pp. 250–276; Croom Helm. London & Canberra 1983
KOIVISTO, J., PAASIKUNNAS, Y.: Artificial rearing of tetraonids chicks. Suomen Riista 17; pp. 173–179 (1964)
KRÄTZIG, H.: Beobachtungen über die Aufzucht und Lebensweise von Birkwild. Ztschr. Jagdkde, Bd. II; pp. 26–32 (1940)
KRUIJT, J. P., HOGAN, J. A.: Organization of the lek in black grouse. Arch. Neerland. Zool. 16; pp. 156–57 (1964)
DIES.: Social behaviour on the lek in black grouse. Ardea 55; pp. 203–240 (1967)
LACK, D.: The display of the blackcock. Brit. Birds 32; pp. 290–303 (1939) und 39; pp. 287–288 (1946)
LINDEMANN, W.: Biotop-Ansprüche des Birkwildes. Wild und Hund 55; pp. 1–3 (1952)
MARCSTRÖM bei GLUTZ: Handbuch der Vögel Mitteleuropas, Bd. 5, Dotterreserven der Küken; p. 127 (1973)
PAULI, H. R.: Beitrag zur Winteraktivität und Ernährungsökologie des Birkhuhnes in den Alpen. Gymnasiallehrerarbeit am Zool. Institut Univers. Bern; p. 112 (1971)
POTAPOV, R. L.: Caucasian Black Grouse – endemic in Caucasian Mountain (Russisch). Priroda 3, pp. 118–123 (1978).
RISSANEN, Y. S.: Observations on the breeding of Blackgame and Capercaillie in captivity. Suomen Riista 10; pp. 156–165 (1956)
SCOTT, D. A.: The Caucasian Black Grouse *(Lyrurus mlokosiewiczi)* in Iran. WPA Journal I; pp. 66–68 (1975–1976)
SEISKARI, P.: On the winter ecology of the capercaillie and the black grouse in Finland. Pap. Game Res. 22; pp. 1–119 (1962)
SIIVONEN, L.: Erfahrungen über die künstliche Aufzucht von Rauhfußhühnern, insbesondere von Birkwild in Finnland. Forst u. Jagd 10; pp. 115–117 (1960)
THIEN, H.: Aufzucht und Aussetzen von Birkwild. Geflügel-Börse 9; pp. 13–15 (1982)
THOMAS: Aufzucht von Birkwild. Wild und Hund Nr. 24 (1934)
TIMMERMANN, F.: Aufzucht von Birkwild. Wild und Hund 1931
WIPPER, E.: Aufzucht von Birkhühnern – Chancen der Massenproduktion und Problematik des Aussetzens. Deutscher Bund für Vogelschutz – Landesverband Niedersachsen e.V., Hannover 1980
ZETTEL, J.: Nahrungsökologische Untersuchungen an Birkhühnern in den Schweizer Alpen. Revue Suisse Zool. 79; pp. 1170–1176 (1972)

Kragen- und Haselhühner
Bonasa, Stephens 1819
(= Tetrastes)

Engl.: Ruffed Grouse and Hazelhen.
Die Vertreter der Gattung sind etwas über rebhuhngroße Rauhfußhühner, deren verlängerte Scheitelfedern zu Hauben aufrichtbar sind. Die Überaugenpapillen sind schwach entwickelt und schwellen zur Balzzeit nur wenig an. Die Läufe sind unvollständig befiedert. Der beim amerikanischen Kragenhahn stark ausgebildete aufrichtbare Halskragen ist bei den beiden paläarktischen Arten nur schwach angedeutet. Die Zahl der Schwanzfedern beträgt beim Kragenhuhn 18, den beiden anderen Arten 16. Da Hasel- und Kragenhühner sich in zahlreichen Merk-

malen, wie Eifarbe, Kükenzeichnung und Sexualverhalten, weitgehend gleichen und auch ähnliche Lebensräume besiedeln, werden sie in der Gattung *Bonasa* vereinigt. Unterschiedlich ist allerdings das Kommunikationssystem der Arten bei der Reviermarkierung: Statt des vom Haselhahn vorgetragenen Pfeifgesanges produziert der Kragenhahn mit den Flügeln ein dumpfes, sich im Tempo steigerndes Trommelgeräusch und singt zusätzlich eine leise, nur wenige Meter weit hörbare Strophe. Außerdem nimmt er eine auffällige Imponierhaltung mit aufgerichtetem, gefächertem Stoß und gespreiztem Halskragen ein. Haselhähne purren zwar ebenfalls mit den Flügeln, tun dies aber während des Flattersprunges und der Revierflüge. Während bei den Haselhühnern Paarbindung besteht, ist das Kragenhuhn keinehig (promiskuitiv). Die Geschlechter sind bei den 3 Arten der Gattung *Bonasa* in Größe und Färbung wenig verschieden.

Kragenhuhn
Bonasa umbellus, Linné 1776

Engl.: Ruffed Grouse.
Abbildung: Seite 248 beide.
Heimat: Mittel-Alaska, mittleres Yukon-Gebiet, Süd-Mackenzie, Mittel-Saskatchewan, Mittel-Manitoba, Nord-Ontario, Süd-Quebec, Süd-Labrador, New Brunswick und Nova Scotia; südwärts das nördliche Kalifornien, Nordost-Oregon, Mittel-Idaho, Mittel-Utah, West-Wyoming, westliches Süd-Dakota, nördliches Nord-Dakota, Minnesota, Mittel-Arkansas, Tennessee, Nord-Georgia, westliches Süd-Carolina, westliches Nord-Carolina, Nordost-Virginia und West-Maryland. In Nevada und auf Neufundland eingebürgert. 11 Unterarten.
Beschreibung: Geschlechter wenig verschieden. Bei den meisten Unterarten treten 2 Farbphasen, eine Grau- und eine Rotphase, auf. Beim Hahn der Nominatform sind in der Rotphase die Federn von Stirn, Scheitel und Hinterkopf trüb gelbbraun bis zimtbraun, schwarz gebändert und rauchgrau gespitzt; auf den verlängerten Haubenfedern dehnt sich das Schwarz auf den Außensäumen beider Fahnen zur Basis hin aus und bildet außerdem einen breiten basalen Schaftstrich mit Seitenverästelung. Nacken trüb gelbbraun bis zimtbraun, die Federn rauchgrau endgesäumt; Interskapularen ähnlich bräunlich, aber das Rauchgrau auf den distalen Schaftbereich und einen breiten Schaftendfleck beschränkt, der übrige Federteil unregelmäßig schwarz gebändert, die Bänder am Schaft nicht zusammenstoßend und die äußersten oft 8 bis 10 mm breit. Die ca. 30 Kragenfedern entweder tiefschwarz, schwach blau und purpurn schillernd oder braunschwarz mit blauschwarzer Endsäumung oder hell nußbraun, schmal dunkelbraun endgesäumt. Ober- und Unterrücken sowie Bürzel zimtbraun bis dunkel gelbbraun, die Oberrückenfedern mit rosagelblichen bis weinig isabellfarbenen herzförmigen Schaftendflecken, schmal schwarz gesäumt und manchmal spärlich schwarz gesprenkelt. Auf den Unterrücken- und Bürzelfedern ist die Fleckung breiter, ovaler und innerhalb der hellen Federabschnitte läuft sie distal zu einem schwarzen V zusammen. Die Flecken werden vom Federende durch 3 bis 8 mm breite rauchgraue Zonen getrennt. Auf den Bürzelfedern sind die braunen Abschnitte auf den bedeckten Basalteilen spärlich und verschwommen schwarz gewellt. Oberschwanzdecken zimtbraun, ca. 15 mm breit rauchgrau endgesäumt, 5- bis 6mal schmal braunschwarz wellengebändert, diese Bänder distal von einem etwas breiteren zimtig isabellfarbenen bis hell rostbraunolivfarbenen Band gesäumt, das seinerseits distal von einem unterbrochenen Band aus zarter schwarzer Tüpfelung eingefaßt wird. Die grauen, zart schwarz gefleckten und wellengebänderten Federendsäume besitzen auf dem Mittelfeld einen großen schwarzbraunen, nußbraun gesäumten Klecksfleck; kleine und mittlere Flügeldecken trüb gelbbraun bis zimtbraun, sehr schmal und unterbrochen schwarz gesäumt und mit gelblichweißen, dunkelgesäumten Mittelstreifen versehen. Große Armdecken ähnlich, nur die braunen Federpartien schwarz gewellt; große Handdecken dunkelbraun, auf den Außenfahnen schmal zimtbraun gesäumt; Handschwingen auf den Innenfahnen und dem Ende der Außenfahnen dunkelbraun, die Außenfahnen größtenteils isabellweiß, dazu mit 5 bis 7 dunklen Dreieckbändern versehen, von denen jedes seine Basis am Schaft, seine Spitze am Außensaum der Fahne hat. Dadurch erscheinen die weißen Federteile wie umgekehrte Dreiecke; die dunklen Bänder verkleinern sich zum distalen Federdrittel hin und schwinden schließlich ganz. Armschwingen dunkelbraun, breit gelbbraun gesäumt und die Säume grob dunkelbraun gewellt; innerste Armschwingen auf den Innenfahnen mit gewelltem Gelbbraun gesäumt. Schultern wie große Armdecken, nur mit breiteren hellen Mittelstreifen und intensiv schwarzem Teil der Innenfahne.

Schwanzfedern zimtbraun bis lehmfarben und breit rauchgrau endgesäumt, fein schwarz wellengebändert und subterminal breit braunschwarz gebändert, das Subterminalband sich auf dem mittleren Federpaar zuweilen zu einer Reihe von Wellenbändern auflösend. Oberseits wird das Subterminalband von einem der rauchgrauen Endbinde ähnlichen Band gesäumt; übrige Schwanzfederteile mit 7 bis 9 schmalen braunschwarzen Wellenbändern versehen, von denen ein jedes distal von einem zimtig-isabellfarbenen Band und dieses seinerseits wieder von einer unterbrochenen Serie schwarzer Wellenbänder gesäumt wird. Ein rötlich isabellfarbener Zügelstreif wird von schwärzlichen Flecken umsäumt; unter dem Augenlid eine Reihe rötlich isabellfarbener und schwarzer Flecken, über den Augen schmale rötliche Rosen, die sich während der Balz erweitern; Wangen- und Ohrdeckenfedern verlängert, trüb gelbbraun, hell aschbraun geschäftet und schwarz gesäumt; Kinn weißlich, isabell oder hellockergelb verwaschen, die Federn oft mit schmalen schwarzen Spitzen; Kehle hell ockrig isabell, auf den Oberkehlseiten in Weiß übergehend, die Federn der seitlichen und hinteren Kehlregion braunschwarz gespitzt, eine Schuppenmusterung bildend; Oberbrust zimtbraun bis hell rötlichbraun, jede Feder breit rauchgrau endgesäumt, die braunen Federpartien basal größtenteils hell rötlichzimtbraun, zusammen mit dem dunkleren Zimtbraun unvollständige Bänder bildend; Unterbrust, Ober- und Seitenbauch grauweiß bis hell rauchgrau, die Federn subterminal breit hell rosigbraun bis blaßgelb gebändert, diese Bänder beiderseits dunkler gesäumt und durch die grauweißen Federspitzen größtenteils verdeckt; Mittelbauch rein grauweiß, die Seitenfedern trüb gelbbraun bis umberbraun, schwach schwarz wellengebändert und mit weißen Schäften ausgestattet, die distal zu breiten Endflecken werden; Flanken ähnlich, doch die braunen Partien mehr aschfarben und gewellt, diese Wellenbänder schmale Streifen bildend, die Schaftstriche grau verwaschen und ohne Endausdehnung; Schenkel grau bis weißlich, hell weinocker verwaschen; Unterschwanzdecken lehmgelb bis zimtig ocker, breit weiß endgesäumt, das Weiß manchmal rückwärts in einen schmalen Streifen entlang des Federschaftes übergehend, die braunen Partien häufig mit ein paar schwarzen Flecken; Achselfedern weiß, breit gelbbraun gebändert; Schnabel dunkelbraun, Iris haselnußbraun, die Füße dunkel grauoliv, bräunlich verwaschen.
Bei Hähnen der Grauphase sind die sonst braunen Partien der Interskapularen, des Rückens, Bürzels und der Oberschwanzdecken rauchgrau wellengebändert und die Federn rauchgrau gesäumt. Auf Oberschwanzdecken und Schwanzfedern ist die rotbraune Farbkomponente durch Rauchgrau ersetzt, das im allgemeinen stärker schwarz gesprenkelt und gewellt ist als bei der Rotphase. Die subterminale Schwanzbinde ist gewöhnlich dunkelbraun bis braunschwarz, gelegentlich dunkel gelbbraun, und bei solchen Vögeln sind auch die Halskragenfedern gewöhnlich nußbraun mit schwarzer Endsäumung. Außensäume der großen Handdecken heller, hell weinbraun, Seiten, Flanken und Schenkel mehr aschfarben, und das Braun der Unterschwanzdecken beschränkt sich hauptsächlich auf schmale unvollständige Querbänder.

Länge 406 bis 482 mm; Flügel 171 bis 193 mm; Schwanz 130 bis 181 mm; Gewicht 604 bis 654 g, maximal 770 g.

Hennen beider Phasen unterscheiden sich von Hähnen durch geringere Größe und kürzere Kragenfedern. Bei Weibchen der Grauphase ist die Graukomponente auf dem Schwanz weniger rein, mehr rötlichbraun vermischt und verwaschener als bei ihren Hähnen. Hennen beider Phasen sind im Brustbereich stärker rostbraun oder haselbraun, die Herzflecken auf Rücken- und Bürzelfedern kleiner, mehr haselbraun bis hell rötlichbraun.

Flügel 165 bis 190 mm; Schwanz 119 bis 159 mm; Gewicht 500 bis 586 g, maximal 679 g.

Beim Dunenküken sind Stirn, Scheitel, Hinterkopf und Nacken dunkel ockerrotbraun, zur Scheitelmitte hin abdunkelnd, nach hinten zu in Rostbraun übergehend, lateral auf den Scheitelseiten, dem Hinterkopf, Zügeln. Wangen und Ohrdecken zu hell Ockergelb aufhellend; Mittelrückenteil vom Nacken zum Schwanz rostbraun, dieser Bezirk auf dem Unterrücken bedeutend breiter werdend, das Dunengefieder seitlich davon ockrig isabellgelb, bauchwärts heller werdend, die ganze Unterseite elfenbeingelb bis hell cremegelb; charakteristisch ein schmaler braunschwarzer Streifen, der sich von der Augenhinterseite zum seitlichen Hinterkopf erstreckt. Flügelchen hell rostbraun mit breitem schwarzem Querband. Kükengewicht 11 bis 13 g. Gelegestärke im Mittel 11; Ei isabellweiß bis cremefarben, manchmal zart trübbraun gefleckt (38,5 mm × 30 mm); Frischgewicht 19 g; Brutdauer 24 Tage.

Lebensgewohnheiten: Das Kragenhuhn ist das häufigste und populärste Rauhfußhuhn Nordamerikas und ein beliebtes Jagdwild. Sein Vorkommen umfaßt eine Vielfalt von Waldgesellschaften, die vom pazifischen Koniferen-Regenwald bis zu relativ trockenen laubabwerfenden Wäldern reicht. Alle Waldtypen stimmen darin überein, daß in ihnen stets Laubbaumarten, speziell Pappeln und Birken vorkommen. So ist beispielsweise das Vorkommen von Balsampappel und Papierbirke mit dem des Kragenhuhnes praktisch identisch. Man hat die Unterartenvielfalt der Art mit dem Auftreten bestimmter Pflanzenformationen erklärt, und es lassen sich Beziehungen zwischen Klima, Vegetation und den Farbphasen des Kragenhuhnes erkennen: So tritt die Grauphase am häufigsten in den nördlichen Teilen des Verbreitungsgebietes und in höheren Lagen auf, während die Rotphasen für die südlichen Teile und das Flachland charakteristisch sind. GULLION u. MARSHALL haben die ökologische Signifikanz der beiden Farbphasen untersucht und glauben, daß die Grauphase physiologisch besser niedrigen Temperaturen angepaßt ist und deshalb in den Koniferen- und Espen-/Birkenwäldern des Nordens dominiert. Auch könnte eine natürliche Auslese dadurch stattfinden, daß die grauen Farben in den nördlichen Wäldern für Feinde weniger auffällig sind als die rotbraunen. Der Mensch hat dem Kragenhuhn zusätzliche günstige Lebensbedingungen durch seine Rodungstätigkeit in den Wäldern geschaffen: Durch Abholzungen entstandene Lichtungen und verlassene Felder, auf denen sich nach wenigen Jahren eine üppige Vegetation aus Krautpflanzen, Beeren- und anderen Sträuchern sowie Jungbäumen entwickelt, bieten dem Vogel reiche Nahrung und Deckung. Man kann so durch Einschlag kleiner Waldflächen die Kragenhuhnpopulation drastisch erhöhen. Werden jedoch nach ca. 10 Jahren die Baumschößlinge zu hoch und geht der Unterwuchs durch Beschattung zurück, verschwinden die Kragenhühner wieder. In seinen Ernährungsbedürfnissen ist dieser Tetraonide nicht an Koniferennadeln und Knospen im Winter gebunden. Seine Winternahrung besteht aus den Knospen von Laubbäumen (Pappeln, Wildäpfeln, Birken, Eichen, Kirschen), bei Vorhandensein von Schlingern und Unterwuchs auch aus Beeren (Weinarten, Stechwinde, Lorbeerrose, Heidelbeere und Torfmyrthe). Die Laubbaumknospen und Triebe werden bis in den Mai hinein genommen, wonach sich die Futterzusammensetzung drastisch ändert. Nun halten sie sich hauptsächlich an Brombeere, Wildkirsche, Felsenbirne und Heidelbeere mit ihrem üppigen Fruchtansatz. Insekten sind mit kaum 10 % an der Gesamtnahrung beteiligt, werden jedoch von den Kragenhuhnküken bis zum Alter von 10 Tagen fast ausschließlich aufgenommen.

Die bekannteste Lautäußerung der Art ist das Flügeltrommeln der Hähne. Trommelplätze sind meist umgestürzte Baumstämme, die Jahr für Jahr wieder benutzt werden. Diese Plätze müssen hoch genug über der Erde stehen, um Feinde und Artgenossen rechtzeitig orten zu können, das umgebende Buschwerk muß Breschen für Fluchtwege aufweisen, und genügend deckendes Buschwerk und Baumstämme mit ihrem Laubdach sollen den Hahn nach oben vor Luftfeinden schützen. Ein Männchen kann in seinem Revier mehrere Trommelplätze haben, bevorzugt aber einen deutlich. Kragenhähne, die wie auch die Hennen im Winter einzeln leben, beginnen Anfang März geschlechtsaktiv zu werden. Zwar können sie das ganze Jahr hindurch zur Tages- und Nachtzeit und zu jeder Stunde trommeln, wirklich intensiv jedoch von Ende März bis in den Mai hinein. Das Flügeltrommeln soll sowohl den Revieranspruch des Hahnes signalisieren, wie auch paarungsbereiten Hennen die Anwesenheit eines Männchens anzeigen. Eine weitere Balz- und Aggressivhandlung des Hahnes ist das Imponieren (strutting), eine Schaustellung, die normalerweise wohl nur bei Sichtkontakt mit ähnlich stimulierten Artgenossen ausgelöst wird. Beim Trommeln steht der Hahn stets in gleicher Blickrichtung auf genau dem gleichen Platz. Mit dem Schwanz auf den Stamm gestützt, die Zehen ins Holz verkrallt, beginnt er mit einer Serie starker Flügelschläge, die langsam beginnen und in Intervallen von einer Sekunde schnell an Geschwindigkeit zunehmen. Der Gesamtablauf beträgt 8 bis 11 Sekunden. Der starke Vorwärtsdruck der Flügelschläge bewirkt einen Gegendruck, der den Hahn nach rückwärts preßt und so die Notwendigkeit des Schwanzabstützens wie des Verkrallens in die Rinde erklärt. Nach dem letzten Flügelschlag endet der Druck, und der Hahn kippt ein wenig nach vorn. Übliche Pausen zwischen der Trommeltätigkeit betragen 3 bis 5 Minuten. Ein etablierter Althahn ist gewöhnlich der „Haupttrommler" und innerhalb seines Aktivitätszentrums trommelt ein „Ersatztrommler", der vermutlich seinen Platz übernimmt, wenn er sterben sollte. Es gibt auch „Trommelchöre" aus 4 bis 8 Hähnen, deren Reviere ziemlich nahe beieinander liegen. Dies erinnert an die Kollektiv-Balzplätze mancher Populationen des Felsengebirgshuhnes. Auslöser für das Imponieren des Kragenhahnes ist das Erscheinen eines Artgenossen, gleich welchen Geschlechts, in seinem Gesichtsfeld. In solchem Fall springt der Revierbesitzer von seinem Baumstamm und nähert sich dem Eindringling in Imponierhaltung mit gemessenen Schritten. Das Imponieren eines im Kölner Zoo gehaltenen, menschengeprägten Kragenhahnes, dem der Pfleger den Artgenossen ersetzte, haben H. REINER und G. BERGMANN wie folgt geschildert: „Beim Erscheinen des ihm vertrauten Revierpflegers erscheint der Vogel völlig verwandelt. Er läuft im höchsten Maße erregt am Gitter hin und her, richtet den Stoß mit der schwarzen Endbinde auf und fächert ihn weit. Wenn er am Gitter entlang läuft, wendet er dem Beschauer eine möglichst große Fläche zu. Die Flügel hängen ein wenig herab und schleifen seitlich im Gras. Am Hals, wo vorher tarnfarbiges bräunliches Gefieder lag, sind jetzt schwarze, hell gesäumte Federn zu einem Halskragen abgespreizt. Der Vogel schüttelt hin und wieder mit einem kurzen Ruck seitlich den Kopf, so daß der Halskragen in Bewegung gerät. Als schließlich der Pfleger ihn mit Beeren füttert, erreicht der Vogel den Höhepunkt seines Ausdrucksverhaltens: Er beginnt, eine leise schleifende Strophe zu singen. Sie setzt mit einzelnen geräuschhaften Elementen von etwas verschiedenem Klang ein, die einander abwechseln. Das hört sich an wie „Dschd" und „Drrrd". Die Rufe sind von ruckenden Kopfbewegungen begleitet, so daß man nicht weiß, ob sie einfach durch Schütteln des Halsgefieders erzeugte Geräusche sind. Sie werden jetzt in kürzeren Abständen wiederholt. Das erinnert an eine in der Ferne anfahrende Dampflokomotive. Der Vogel steigert sich zu einem schnellen Staccato. Er schaltet ein kurzes, wiederum geräuschhaftes Element ein und hängt daran manchmal einen tiefen stimmhaften Laut an. Danach folgen drei langgedehnte zischende Rufe. Der Hahn befindet sich in äußerster Erregung, das gesträubte Gefieder vibriert. Die rhythmische Steigerung im ersten Strophenteil wirkt auch auf den Menschen unmittelbar packend. Dennoch ist das Lautgebilde für das menschliche Ohr kaum weiter als auf eine Entfernung von 5 m vernehmbar." An anderer Stelle heißt es: „Die von dem Vogel vorgetragene Strophe gewinnt für uns noch an Interesse, wenn wir sie mit den entsprechenden Lautäußerungen anderer Rauhfußhühner vergleichen. So leise und zischend sie auch klingt, so weist sie doch bei der Analyse mit bio-akustischen Methoden überraschende Übereinstimmungen mit dem Gesang des Auerhahns auf. Auch dieser beginnt seine Strophe mit Doppelelementen, zunächst einzeln, dann im „Triller" in rasch kürzer werdenden Abständen gereiht. Darauf folgt der „Hauptschlag", der in der Kragenhuhnstrophe eine genaue formale Entsprechung hat. Das sich abschließende tiefe Element hört man ebenfalls manchmal im Gesang des Auerhahns. Statt der drei zischenden Elemente findet man bei ihm das geräuschhafte „Wetzen", das oft in 3 Schübe aufgeteilt ist. Die rasche Steigerung des Tempos im ersten Teil der Strophe des Kragenhahnes scheint eine familientypische Eigenschaft zu sein, die der Monotonie der gleichartigen Elemente entgegenwirkt. Kragenhühner sind, zumal während der Fortpflanzungszeit, hochaggressive Vögel, die neben der Henne andere Artgenossen nicht dulden: Sie sind streng territorial und gleichen darin dem Haselhahn, der sein Territorium durch eine sehr hoch klingende, typische Gesangsstrophe markiert (BERGMANN 1974). Da dem Kragenhuhn ein solcher Gesang fehlt, hat es stattdessen eine instrumentale Lautäußerung entwickelt."

Woran ein Kragenhahn das Geschlecht des Artgenossen erkennt, ist noch ungewiß, doch wird er sich wahrscheinlich nach der unterschiedlichen Beantwortung seines Angriffs durch den Eindringling richten. Durch das Trommeln angelockt, wandern Kragenhennen oft zwischen den Revieren mehrerer Hähne umher und bleiben mit einem Hahn nur wenige Stunden zusammen. Sie sind vermutlich nur 3 bis 7 Tage lang paarungsbereit und ziehen sich nach einer erfolgreichen Begattung sofort zum Legen zurück. Als Nistplatz werden am häufigsten mittelhohe Hartholzbestände (Eiche, Buche, Ahorn) mit wenigen Koniferen-Einsprengseln gewählt und darin überwucherte Lichtungen bevorzugt. In ⅔ aller Fälle liegen die Nester an der Basis von Baumstämmen der Laubholzarten. Der Platz ist so gewählt, daß er genügende Aussicht, Witterungsschutz und Fluchtwege gewährt und soll offensichtlich gelegentlich besonnt sein. Innerhalb von 3 Tagen legt die Henne 2 Eier, benötigt also für ein Gelege von 11 Eiern 17 Tage. Die Brutdauer beträgt 23 bis 24 Tage, beim Vorherrschen niedriger Temperaturen auch ein paar Tage länger. Zur Nahrungsaufnahme verläßt die Henne ihr Nest täglich 20 bis 40 Minuten, bei stürmischem Wetter überhaupt nicht. Solange die Küken noch nicht flugfähig sind, nimmt die Henne zu ihrer Verteidigung eine

o. Haselhahn, *Bonasa bonasia* (s. S. 268)
u. l. Brütende Haselhenne
u. m. 9 Tage altes Küken
u. r. Gelege des Haselhuhns

Aggressivhaltung wie der Hahn an. Ist das Gesperre dann mit 10 bis 12 Tagen flugfähig, flüchtet die Familie fliegend. Wenn die Jungen Mitte September 12 Wochen alt und älter sind, beginnt sich die Gesellschaft zu zerstreuen. Aus Unerfahrenheit und um in noch unbesiedelte Gebiete zu gelangen, führen junge Kragenhühner manchmal Irrflüge aus, die sie weit vom Geburtsort fortbringen.

Haltung: Kragenhühner sind in ihrer Heimat häufiger gehalten und gezüchtet worden als alle anderen amerikanischen Tetraoniden. Nach EDMINSTER sind die ersten Kragenhühner 1903 aus gesammelten Wildgelegen geschlüpft und großgezogen worden. Die Grundlagen einer erfolgversprechenden Aufzuchtmethode dieser und anderer Rauhfußhühner sind in den 20er Jahren von Professor A. A. ALLEN an der Cornell Universität erarbeitet worden, der herausfand, daß das größte Hindernis bei der Pflege und Zucht von Tetraoniden die Infektion mit bestimmten bakteriellen und parasitären Erregern über den Kot ist. Die anfänglichen hohen Verluste bei der Aufzucht konnte er durch die Haltung auf Maschendrahtboden vermeiden und zog ca. 85 % der Küken groß. Er stellte ferner fest, daß Handaufgezogene leicht zur Brut schreiten, Wildfänge dagegen in dieser Hinsicht große Schwierigkeiten bereiten. Mit Beginn der Brutzeit im Frühling setzte er Paare in größere Drahtbodenkäfige. Dort legten die Hennen ihre Eier in dafür hergerichtete Nestkisten und versuchten symbolisch Nistmaterial in Form von Sägespänen über den Rücken ins Nest zu werfen. Mit der ALLEN'schen Methode züchteten bald danach Wildbiologen des Staates New York fast 2000 Kragenhühner, darunter solche in der 10. Generation! Über seine Erfahrungen mit der Haltung und Zucht des Kragenhuhnes berichtet G. CHAUDE aus Milford (Connecticut) 1961:

„Während der Fortpflanzungszeit müssen Kragenhühner einzeln oder paarweise in Drahtbodenkäfigen gehalten werden. Zwecks Zusammengewöhnung des Paares werden beide Partner in zwei nebeneinander stehende, durch Maschendraht getrennte Ausläufe gesetzt. Nach einer Woche wird das Trenngitter entfernt, und das Paar bleibt während der Brutsaison zusammen. Einige in den Ecken befestigte Nadelholzschirme erlauben es der Henne, sich vor einem allzu aggressiven Hahn zu verbergen. Eier werden täglich eingesammelt, was die Hennen nicht am Weiterlegen hindert. So lassen sich von einer Henne jährlich Eier in der Größe von 2 Gelegen, im Schnitt 22 Stück, ernten. Die Eier werden einem Brüter anvertraut, dessen Temperatur bei 37,5 °C liegen und während der ersten 20 Bruttage eine Luftfeuchtigkeit von 60 bis 65 %, danach bis zum Schlüpfen 70 bis 75 % aufweisen soll. Die Behandlung der Kragenhuhneier unterscheidet sich nicht von der der Virginiawachtel, und der Schlupf verläuft gewöhnlich ohne Schwierigkeiten. Sobald die Küken abgetrocknet sind, werden sie in eine kleine Kunstglucke von 60 cm × 60 cm Bodenfläche verbracht, deren Beheizung durch eine ständig brennende 40-Watt-Birne erfolgt. Die Küken stehen auf Sand, weil sie in diesem Alter mit den Füßen leicht durch Drahtmaschen treten und sich dabei verletzen würden. Tetraonidenküken richten zur Futtersuche ihren Blick zuerst stets nach oben, weil sie die erste Nahrung, kleine Insekten, von Blättern und Zweigen abzupicken pflegen. Deshalb beachten sie während der ersten Lebenstage am Boden liegendes Futter überhaupt nicht. CHAUDE klebt deshalb Kükenpreßfutter in Kügelchen auf ein angefeuchtetes Papierhandtuch und hängt mehrere dieser Tücher an den Wänden der Kunstglucke in Augenhöhe der Küken auf. Diese begreifen schnell und picken die Bröckchen von dort ab. Eine Zugabe von gehacktem Grünzeug ist in diesem Stadium noch nicht lebensnotwendig, kann aber auch nichts schaden. Dem Trinkwasser werden ein paar Tropfen flüssiges Vitamingemisch sowie ein Antibiotikum (Terramycin oder Aureomycin) beigefügt. Nehmen die Küken Futter in genügender Menge auf, siedeln sie nach einer Woche in größere Aufzuchtkästen über und bleiben dort, bis sie später gruppenweise in bodenverdrahtete Ausläufe gesetzt werden. Sie können dort bis zum Alter von 8 bis 10 Wochen verbleiben, müssen jedoch danach unbedingt getrennt und einzeln gehalten werden. Erwachsene Kragenhühner sind Einzelgänger, die im Käfig schwächere Artgenossen töten würden. Die Einzelausläufe sind 60 cm tief, 60 cm hoch und 240 cm lang.

Ein beringter freilebender Kragenhahn ist 6 Jahre und 7 Monate alt geworden. Wie aus einer weltweiten Umfrage der WPA hervorgeht, wurden 1982 in den USA und Kanada 208, in Europa 27 Kragenhühner gehalten.

o. Balzender Hahn des Präriehuhns, *Tympanuchus cupido* (s. S. 275)
u. l. Kehlsack vor dem Aufblasen
u. r. Balzender Hahn des Spitzschwanzhuhns,
Pedioecetes phasianellus (s. S. 282)

Weiterführende Literatur:

ALLEN, A. A., GROSVENOR, G.: Stalking birds with color camera; pp. 71–72, 188: Kurzbericht über Allans Kragenhuhnzucht. National Geographic Society, Washington D. C. 1951

ALDRICH, J. W.: Geographic orientation of American Tetraonidae, Journ. Wildl. Management 27; pp. 529–545 (1963)

ASCHENBRENNER, H.: Rauhfußhühner; Kragenhuhn pp. 85–98; M. & H. Schaper, Hannover 1985

BOAG, D. A., SUMANIK, K. M.: Characteristics of drumming sites selected by ruffed grouse in Alberta. Journ. Wildl. Management 33; pp. 621–628 (1969)

BRANDER, R. B.: Movements of female ruffed grouse during the mating season. Wilson Bulletin 79; pp. 28–36 (1967)

BUMP, G., DARROW, R., EDMINSTER, F., CRISSEY, W.: The ruffed grouse. Life history, propagation, management. Albany; N. Y. State Conservation Dptm. 1947

CHAMBERS, R. E., SHARP, W. M.: Movement and dispersal within a population of ruffed grouse. Journ. Wildl. Management 22; pp. 231–239 (1958)

CHAUDE, G.: Raising young ruffed grouse on the east coast. Gazette 10; p. 28 (1961)

DORNEY, R. S.: Relationship of ruffed grouse to forest cover types in Wisconsin. Wisconsin Coserv. Dptm. techical bulletin no. 18 (1959)

DERS.: Sex and age structures of Wisconsin ruffed grouse populations. Journ. Wildl. Management 27; pp. 599–603 (1963)

DORNEY, R. S., HOLZER, F. V.: Spring aging methods for ruffed grouse cocks. Journ. Wildl. Management 7; pp. 268–274 (1957)

EDMINSTER, F. C.: The ruffed grouse: its life story, ecology and management. New York: Macmillan 1947

FAY, L. D.: Recent success in raising ruffed grouse in captivity. Journ. Wildl. Management 27; pp. 642–647 (1963)

GULLION, G. W.: Selection and use of drumming sites by male ruffed grouse. Auck 84; pp. 87–112 (1967)

DERS.: Aspen-ruffed grouse relationships. Abstract of paper presented at 31st Midwest Wildlife Conference, Dec. 8, St. Paul, Minnesota (1969)

GULLION, G. W., MARSHALL, W. H.: Survival of ruffed grouse in a boreal forest. The Living Bird 7; pp. 117–167 (1968)

HALE, J. B., DORNEY, R. S.: Seasonal movements of ruffed grouse in Wisconsin. Journ. Wildl. Management 27; pp. 648–656 (1963)

HEINER, H., BERGMANN, G.: Verhaltensbeobachtungen am Kragenhuhn im Kölner Zoo. Ztschr. Köln. Zoo 20; pp. 29–32 (1977)

JOHNSGARD, P. A.: Grouse and Quails of North America; Ruffed Grouse pp. 253–273. Univ. Nebraska, Lincoln 1973

DERS.: The Grouse of the World; Ruffed Grouse pp. 277–297; Croom Helm, London & Canberra 1983

KORSCHGEN, L. J.: Foods and nutrition of ruffed grouse in Missouri. Journ. Wildl. Management 30; pp. 86–100 (1966)

LAUCKHART, J. B.: Animal cycles and food. Journ. Wildl. Management 21; pp. 230–233 (1957)

LEWIS, J. B., McGOWAN, J. D., BASKETT, T. S.: Evaluating ruffed grouse reintroduction in Missouri. Journ. Wildl. Management 32; pp. 17–28 (1968)

PALMER, W. L.: Unusual ruffed grouse densitiy in Benzie County, Michigan. Journ. Wildl. Management 18; pp. 542–543 (1954)

DERS.: Ruffed grouse drumming sites in Northern Michigan. Journ. Wildl. Management 27; pp. 656–663 (1963)

PHILLIPS, R. L.: Fall and winter food habits of ruffed grouse in northern Utah. Journ. Wildl. Management 31; pp. 827–829 (1967)

SHARP, W. M.: The effects of habitat manipulation and forest succession on ruffed grouse. Journ. Wildl. Management 27; pp. 664–671 (1963)

Haselhuhn
Bonasa bonasia, Linné 1758

Engl.: Hazelhen, Hazel Grouse.
Abbildung: Seite 266 alle.
Heimat: Das Verbreitungsareal umfaßt im wesentlichen die nördliche eurasiatische Nadelwaldzone und teilweise den daran anschließenden Laubwaldgürtel. Die Nordgrenze entspricht der Waldgrenze und verläuft von Nord-Skandinavien ostwärts durch ganz Nordasien bis in die Gebirge an der Kolyma. Die Südgrenze ist im wesentlichen mit der der Taiga identisch, schließt aber teilweise auch südlichere Gebirge ein und stößt in Ostasien und Europa weit in reine Laubholzgebiete vor. Im Osten verläuft sie von der Halbinsel Pjagin entlang der Küste des Ochotskischen Meeres, schließt die Inseln Sachalin und Hokkaido ein, erstreckt sich südwärts bis Mittel-Korea und zieht durch Ost-China nordwärts bis zum mittleren Amur, westwärts durch die Mongolei, das Tannu-Ola-Gebirge und den mongolischen Altai zum Tarbagatai. Von dort führt sie über Omsk nordwärts bis Tjumen, südwestwärts zum Mittellauf des Ural, anschließend über Kuibyschew an der Wolgaschleife nach Rjasan, Orjol und Tschernigow durch Wolhynien südwärts zum Karpathenbogen und in die Balkangebirge, danach entlang des Alpensüdrandes und im Westen über den Französischen Jura zu den Vogesen und zum Rheinischen Schiefergebirge. 4 Unterarten.
Beschreibung: Geschlechter wenig verschieden. Nach GLUTZ VON BLOTZHEIM, dessen Beschreibung wir hier wiedergeben, haben Hähne der Alpenrasse *styriaca* schwarze oder dunkelbraun und schwarze Nasenfederbüschel. Die Oberseite wirkt insgesamt „bunt rindenfarbig". Grundtönung

graubraun mit an Stirn und Oberkopf angedeuteter, auf der Halsoberseite schmaler, aber ausgeprägter und auf dem Vorderrücken grober Querzeichnung aus proximal rotbraunen, distal braunschwarzen Binden und hellgrauen Endbinden. Ein Teil der Hals- und Mantelseitenfedern trägt breite, oft mehr oder weniger stark unsymmetrisch auf die Außenfahne beschränkte weiße Spitzenflecke, die zu einem Längsband zusammenfließen. Hinterrücken und Bürzel mit weitgehend reduzierter Bindenzeichnung aus manchmal nur schmalen, dunklen, braun verwaschenen Kritzelbändern, feiner dunkler Sprenkelung und entsprechend heller grauer Gesamttönung; im mittleren Bürzelgefieder und auf den Oberschwanzdecken mehr oder weniger zahlreiche braunschwarze Schaftstriche und lanzettförmige Schaftflecken. Kinn und Kehle schwarz, nach oben und hinten durch ein in der Zügelregion beginnendes, etwa 5 mm breites weißes Band kontrastreich abgesetzt. Ohrdecken dunkel graubraun, ein scharf begrenzter Hinteraugenfleck, der sich oft etwas unterbrochen bis an die Nackenseiten erstreckt, weiß. Vorderbrust rötlichbraun mit dunkelbraunen Subterminalbinden; übrige Unterseite mit großen, schmaler und breiter weiß gekernten schwarzbraunen Tropfenflecken und von vorn nach hinten immer breiter werdenden weißen Federrändern. Federn an Brustseiten und Flanken rotbraun, distalwärts mehr oder weniger stark verdunkelt und wieder breit weiß gerandet. Schulterfedern, große und mittlere Armdecken in der Spitzenhälfte kontrastreich schwarz und rotbraun gemustert, die übrigen Oberflügeldecken graubraun mit beigen Säumen; auf den Schulterfedern eine Reihe großer, auf mittleren und kleinen Oberflügeldecken 2 bis 3 Reihen kleiner keilförmiger, weißer Spitzenflecke. Die beiden mittleren Schwanzfedern mit Rindenmuster aus ca. 9 proximal braun verwaschenen, distal heller eingefaßten schwarzbraunen Binden und unregelmäßiger dunkler Sprenkelung sowie Kritzelzeichnung. Übrige Schwanzfedern mit 6 bis 10 mm breiter weißer Spitze, ca. 20 mm breiter schwarzer Subterminalbinde und hellgrauer, schwächer oder stärker schwarz gemusterter Basis. Handschwingen dunkel graubraun mit rostbräunlicher Bänderung der Außenfahne, die Armschwingen graubraun mit dunkel gerandeten und gesprenkelten Spitzensäumen und Abzeichen der Außenfahnen, die innersten im Spitzenteil lebhaft schwarz, rotbraun und beige gezeichnet. Im Sommerkleid hat der Hahn kürzere Schopffedern mit breitem schwarzbraunem Schaftfleck statt der grauen Querbänderung im Prachtkleid; Kopf- und Halsgefieder schmutzig graubraun, der Kehlfleck matter schwarz, oft mit weißen Federspitzenrändern, oder auch weiß bis bräunlichgelb, grau oder schwarz quergebändert. Schnabel braunschwarz, Iris dunkelnußbraun, über dem Auge ein kleiner, granulöser, roter Fleck; Beine rötlich braungrau.

Länge 350 mm; Flügel 170 bis 184 mm; Schwanz 111 bis 131 mm; Gewicht 315 bis 490 g.

Hennen sind oberseits etwas brauner als Hähne mit gröberer braunschwarzer und rotbrauner Bänderung bis zum Vorderrücken und breiten schwarzbraunen Pfeilflecken vom Hinterrücken bis zu den Oberschwanzdecken. Weißer Hinteraugenfleck, ähnlich dem Hahn, Kinn und Kehle weißlich oder bräunlichgelb, die meisten Federn mit 2 kleinen dunklen Subterminalflecken oder mit dunklem Spitzensaum. Vorderbrustfedern mit 2 unregelmäßigen schwarzbraunen Querbinden und breiter heller Endbinde, mehr oder weniger stark rostgelb getönt. Übrige Unterseite ähnlich dem Hahn, aber ebenfalls mit deutlicher Querzeichnungstendenz; Schwanz wie beim Hahn, die dunkle Subterminalbinde jedoch 3 mm schmäler.

Flügel 171 bis 180 mm; Schwanz 108 bis 118 mm; Gewicht 315 bis 465 g.

Beim Dunenküken ist die Oberseite kastanien- bis zimtbraun, auf Kopfplatte und Nacken am dunkelsten. Die Kopfplatte kontrastiert mit den blaßgelblich ockerfarbenen Kopfseiten, deren Tönung sich auf den Körperseiten fortsetzt. Ein dunkler Zügelstreif zieht um das Auge herum und verbreitert sich dahinter zu einem bis über die Ohrdecken hinausreichenden schwarzbraunen Band. Kehle, Brust und Bauch schmutzig-blaßgelb. Füße und Schnabel hell fleischfarben. Vom Großgefieder sind Hand- und Armschwingen bereits am 1. Tag als Blutkiele bis zu 12 mm Länge ausgebildet. Noch am gleichen Tag brechen die Kiele der Handschwingen auf, so daß deren lichte Endsäume sichtbar werden. Schlupfgewicht 13,5 bis 14,0 g.

Gelegestärke 7 bis 11; Ei gelblich rahmfarben bis etwas dunkler bräunlich, überhaucht mit lockerer unregelmäßiger Verteilung kleiner, zuweilen kaum sichtbarer, blaß lehmbrauner, selten größerer kastanienbrauner Flecke und Punkte. (41,4 mm × 29,8 mm); Gewicht 17,49 bis 19,61 g; Brutdauer 23 bis 25 Tage.

Lebensgewohnheiten: Nach STEGMAN ist das Haselhuhn als typischer Bewohner borealer Taigawälder vermutlich gleichzeitig mit dem Nadelwald nach der letzten Eiszeit nach Mitteleuropa eingewandert, wo es ihm gelang, Nadel- und Mischwälder bis zur Baumgrenze in den Alpen zu besiedeln und auch in reine Laubwälder vorzustoßen. Die Taigazone besteht entsprechend der geographischen Lage und Standortverhältnisse aus mehreren Waldtypen. Sowohl die auf feuchteren Standorten stockenden Fichten- und Tannenwälder, wie die trockneren Boden bedeckenden lichten Kiefernwälder, weisen Beimischung von Laubhölzern (Birke, Eberesche, Erle, Espe, Weiden) auf. Die Dichte der Koniferenbestände ist nicht mit mitteleuropäischen Verhältnissen zu vergleichen, denn die Bäume stehen parkartig locker, und die Fichten sind bis zum Boden dicht beastet. Die Krautschicht ist reich an Ericazeen, Heidelbeere, Preiselbeere, Krähenbeere, Rauschbeere und Moosbeere. In der südlichen Taiga werden Laubhölzer immer häufiger, im europäischen Teil Esche, Eiche, Ulme und Hasel. Die Haselhuhnreviere konzentrieren sich besonders in der Nachbarschaft der Waldbäche, wo neben Fichten verschiedene Weichholzarten (Erle, Weide, Faulbaum, Traubenkirsche) gedeihen. Auch Waldteile, die reich an älteren, mit Birken- und Espen-Dickungen zugewachsenen Windbruch- und Waldbrandflächen sind und Gebiete mit reichlichem Vorkommen von Heidel- und Preiselbeeren weisen nach Angaben russischer Forscher besonders hohe Siedlungsdichten auf. Die Ansprüche mitteleuropäischer Haselhühner werden nach GLUTZ VON BLOTZHEIM durch Niederwald aus Eiche, Hainbuche, Birke und Hasel, aber auch Mittelwald mit Mischwaldcharakter und artenreichem Unterwuchs erfüllt. Ebenso werden unterholzreiche Laub- und Nadelwälder stellenweise besiedelt. Ganz allgemein werden sonnige Hanglagen, ungleichmäßig bestockte und durch Lücken und Blößen aufgelockerte Bestände, denen auch feuchte Stellen oder kleine Wasserläufe nicht ganz fehlen, bevorzugt. Balzplätze liegen oft an sonnigen Wegen oder Halden. Außerhalb der Brutzeit können Haselhühner auch in verwilderten Gärten, auf Haferfeldern, Wiesen, im Winter im Schutz einförmiger Fichtendickungen angetroffen werden. Im Gegensatz zur Unterart *rhenana* bewohnt *styriaca* in den Alpen vorzugsweise Altholz- oder Plenterwaldbestände, seltener Niederwald. K. EIBERLE vom Institut für Waldbau der ETH Zürich kommt aufgrund von zweijährigen Untersuchungen in einem 400 ha umfassenden Waldkomplex mit relativ starkem Haselwildbesatz im Schweizer Alpenvorland zu dem Ergebnis, daß das Haselhuhn weder vom Verkehr noch vom Tourismus gestört werde. Stufige Bestandstypen werden ausgeprägt bevorzugt; Stangenhölzer, aus jahrzehntelangen Verjüngungszeiträumen heraus entstanden (von oben bis unten beastet) müssen vorhanden sein. Bei hoher Schneelage spielt die Eberesche in der Winteräsung eine sehr wichtige Rolle. Eine fortschreitende Überführung gleichförmiger Waldteile in Plänterstrukturen vermehrt den für Haselwild geeigneten Lebensraum. Verzicht auf die Anwendung von Herbiziden schafft eine dem Haselwild günstige Bodenvegetation; die Naturverjüngung ist langfristig zu sichern, auch durch starke Bejagung von Schalenwild. Zweischichtenbestände sind zu vermeiden, ein gruppenweise ausgeformter Plenterwald ist besonders vorteilhaft. Bei der Pflege der Stangenhölzer ist eine gleichförmige Auflockerung zu vermeiden. Es muß allerdings in Frage gestellt werden, ob eine in dieser Weise betriebene Forstwirtschaft für den kleinen Privatwaldbesitzer noch möglich ist, woraus für das Haselwild schlechte Zeiten folgern.

In allen Teilen seines Verbreitungsgebietes ist das Haselhuhn Standvogel, und gelegentliche Beobachtungen versprengter Stücke sind Ausnahmen. Infolge stark ausgeprägter Territorialität lebt die streng monogame Art nur paarweise zusammen. Bei den in Finnland und der UdSSR beobachteten Trupps von 5 bis 10 Exemplaren kann es sich um Paare mit erwachsenen Jungen gehandelt haben. Hahn und Henne leben vom Herbst an verpaart gemeinsam in ihrem Revier.

ASCHENBRENNER u. SCHERZINGER haben darauf hingewiesen, daß das Balzverhalten des Haselhuhnes wesentlich anders verläuft, als es noch in der neueren Literatur geschildert wird. Bei der Balz des Haselhahns muß noch deutlicher als bei Auer- und Birkhahn zwischen dem Verhalten gegen Rivalen und dem gegen Partner unterschieden werden. Jegliches Balzverhalten, das mit Reviergründung oder -verteidigung zusammenhängt, hat Rivalenbezug, was vor allem für die Herbstbalz und den Beginn der Frühjahrsbalz gilt. Die Hauptphase der Herbstbalz liegt zwischen September und Oktober und ist akustisch recht auffällig. Der Hahn, bei dem zu dieser Zeit die Rosen schwellen, ist deutlich aktiver als im Sommer. Im unübersichtlichen Dickicht des Haselhuhnhabitats kommt akustischen Signalen besondere Bedeutung zu. Als Reviergesang dient dem Hahn das „Spissen". Der dabei erzeugte hohe, dünne Ton wird ausschließlich zur Behauptung des Reviers, niemals zur Werbung gegenüber der Henne eingesetzt. Der Hahn pfeift in geduckter Haltung mit anliegendem Kopf die schrillen Strophen „Tsie, tsi, tsi, tsi, tserie". Dabei liegt seine Holle fest an, und der Kehlfleck wird durch das eingezogene Kinn bis auf ein schmales Band verdeckt. Auf Blätterrascheln, Fluggeräusche oder Singen eines anderen Hahnes antwortet er – wie Auer- und Birkhahn – mit einem kräftig purrenden Flattersprung. Durch Flügelschlag entsteht ein meist zweisilbiges Trommelgeräusch. Danach landet er in steil aufrechter Haltung, und nur aus nächster Nähe ist ein zischendes Fauchen hörbar, das an das „Rauschen" des Birkhahnes erinnert. Flügeltrommeln kann auch in normale Flugstrecken eingebaut werden. Nähern sich Rivalen nach Wechselgesang und Flügelpurren, dann nehmen die Hähne mitunter eine markante Imponierhaltung ein: Der Vogel plustert das gesamte Kleingefieder, erreicht dadurch scheinbar doppelte Größe und ändert seine bisher unscheinbaren Farben zu einem bunten Federball. Der Hals wird im Nacken extrem verdickt, der Kehlbart gesträubt, der Kopf selbst jedoch bleibt schmal und glatt ohne Aufstellen der Federholle. Der Stoß ist gefächert und schräg gehoben. In dieser Imponierstellung steht oder trippelt er. Bei Ansichtigwerden eines anderen Hahnes rast er plötzlich vor und übertreibt diese Pose noch durch steil gehobenen, breit gefächerten Schwanz, die Schwingen schleifen auf dem Boden und das gesträubte Nackengefieder hebt sich als weißgerahmte Halskrause vom kleinen Kopf ab. Der gleiche Imponierlauf ist auch ein Hauptbestandteil der Frühjahrsbalz vor der Henne. Der Lauf wird abrupt gestoppt, und in extremer Imponierstellung stößt der Hahn einen perlenden Triller aus. Das gleiche Verhalten ist auch nach kurzer Flugstrecke bei der Landung auf einem Ast zu beobachten. Hat der Hahn seinen Rivalen erkannt, zeigt er mitunter in flach vorgestreckter Haltung ein schlingenförmiges Vor- und Zurückbeugen des Kopfes. Der Stoß wird wenig gespreizt und bleibt waagerecht, das Körpergefieder liegt glatt an, die Holle ist gesträubt und das Halsgefieder breit geplustert. Ganz im Gegensatz zur beschriebenen Balzhaltung tragen kämpfende Hähne das Gefieder stets glatt anliegend und heben die Kopfholle maximal. Der Hahn nähert sich dem Gegner mit säuselndem „Tsui, tsi, si, si" und rennt in gestreckter Haltung auf ihn zu, umkreist ihn entweder oder läuft in schräger Bahn an ihm vorbei, steuert ihn jedoch selten direkt an. Beim Angriff ist die Holle gehoben, der Stoß wenig gespreizt und schräg zum Gegner gekippt. Kommt es zum Kampf, packen und zerren die Hähne einander mit den Schnäbeln, treten mit den Füßen und schlagen klatschend mit den Flügeln auf den Gegner ein. Die volle Balz setzt frühestens Ende Januar/Anfang Februar ein. Der Hahn scheint zunächst die Henne wie einen Rivalen zu attackieren. Diese weicht zwar aus, entfernt sich aber nie weit vom Hahn. Begegnen die Partner einander während der Paarbildungszeit, ist ein gleichsam grüßendes Kopfnicken des Hahnes zu beobachten. Ab Februar nimmt er eine Imponierstellung ein, sobald die Henne sich nähert, geht von langsamem Schreiten plötzlich in rasanten Imponierlauf über und holt die Henne im Halbkreis ein. Bei intensivem Zirkeln schleift die Schwinge der Innenseite hörbar über den Boden, ist der Schwanzfächer steil zur Henne gekippt und der Kopf gesenkt. Gleichzeitig hört man den Triller oder intensive Fütterungslaute. Die Begattung ist weder akustisch noch optisch auffällig. Die Partner geben ihre Bereitschaft durch Kopfnicken an. Dann knickt der Vogel die Fersen wie in Liegestellung und dreht den wenig gehobenen Kopf ziemlich schnell nach links und rechts hin und her. Das Kopfschwenken erfolgt seltener im Stehen, und stets dreht er dabei den Rücken zum Partner. Nach abwechselndem Schwenken von Hahn und Henne duckt sich die Henne zum Tretakt. Der Hahn stellt sich in steifer Haltung aufrecht hinter sie und steigt langsam über den Stoß auf ihren Rücken. Die Kopula läuft in normaler Gefiederhaltung stumm und rasch ab. Danach springt der Hahn ab und rennt in rasantem Lauf im Kreis in voller Imponierhaltung um das Weibchen. Zum Nestzeigen duckt sich der Hahn an geeigneten Nistplätzen und senkt dort unter grell „zwielenden Gesängen" den Kopf, bis er flach mit Hals und Kinn aufliegt. Der Stoß wird nun steil gehoben, und der Vogel stößt mit weit aufgerissenem Schnabel schneidend hohe „Zick"-Laute aus. Dieses merkwürdige Verhalten erklärt sich aus dem Vergleich zur Nestbaustellung der Henne, die ebenfalls geduckt mit hochgehobenem Stoß in der Mulde zu hocken pflegt. Mit Legebeginn hört man oft Wechselgesänge zwischen dem in Nestnähe dösenden Hahn und der in der Nestmulde sitzenden Henne. Sie klingen heiser-säuselnd wie „Tsuiü".

Haltung: Schon O. und M. HEINROTH schreiben in ihren „Vögel Mitteleuropas", daß man Haselhühner in Zoologischen Gärten ungemein selten sieht, weil ihre Beschaffung viel schwieriger als die der üblichen ausländischen Vogelarten ist und sie als Wildfänge schwer einzugewöhnen und im Futter wählerisch seien. Er ließ 2 Eier aus Oberbayern von einer Zwerghenne erbrüten, die das erste schlüpfende Haselhuhnküken jedoch als Nestfeind behandelte und sofort tötete. Deshalb ließ er das 2. Küken im Brutapparat schlüpfen. Es erhielt während der ersten Lebenstage Enchyträen, geschälte frische Ameisenpuppen, kleine Heuschrecken und Mehlwürmer, später feinstes Fasanenfutter und die Spitzen von zartestem Grünzeug. Trotz warmen, sonnigen Wetters ging das Küken namentlich morgens gern unter eine Wärmelampe. Nach längerer Erkältungskrankheit entwickelte es sich schließlich gut, kam mit 17 Tagen auf Knie und Arm geflogen und machte mit 50 Tagen noch den Eindruck eines weiblichen Vogels. Im Alter von 104 Tagen begannen dort, wo beim Hahn schwarze Federbezirke vorhanden sind, überall schwarze Federchen zu sprießen, und mit 113 Tagen war die Kehle vollständig schwarz. Mit 21 Wochen hatte der Junghahn die Adultfärbung erreicht. Er verbrachte den Winter zusammen mit einem Birkhahn und einer Auerhenne, wurde jedoch Ende März gegen den viel größeren Birkhahn so aggressiv, daß er von ihm getrennt werden mußte. Die Auerhenne wurde überhaupt nicht beachtet. Außer mit feinen Sämereien (Waldvogelfutter) ernährte HEINROTH den Haselhahn mit allerlei Grünzeug, möglichst vielen Kerbtieren, etwas Fleisch und vor allem Beeren nach der Jahreszeit. Der Nahrungsverbrauch war nie sehr groß; am liebsten nahm er Heuschrecken. Im Verhalten war der Haselhahn ruhig, bewegte sich ziemlich bedächtig, konnte aber auch rasch umherhuschen, wenn er sich verfolgt glaubte. Nach Art der meisten Hühnervögel vermochte er sehr steil und mit großer Anfangsgeschwindigkeit aufzufliegen, außerdem blitzschnell zu bremsen. HEINROTH schreibt: „Wenn man so ein Haselhuhn mit seinem verhältnismäßig schweren, runden Körper und den kleinen Flügeln mit den tief ausgeschnittenen Handschwingen, scheinbar kaum eine richtige Tragfläche bildenden Flügeln betrachtet, hält man es nicht für möglich, daß es in einem fremden Zimmer mehrfach in halber Höhe oder unter der Decke umherschwirrt, ohne anzuprallen, immer wieder kurz kehrt macht und schließlich regelmäßig ganz zielbewußt auf irgendeinem erhöhten Punkt landet, statt wie die meisten Vögel gegen die Zimmerwand zu prallen und herunterzurutschen". Ein Haselhuhn-Wildfang von der Insel Hokkaido (*B. bonasia vicinitas*), der in den Ueno-Zoo Tokios gelangte, erhielt zahlreiche Futterstoffe zur Auswahl. Er nahm bevorzugt Bohnen, Maulbeeren und Himbeeren, gern Äpfel, Rosinen, Leinsamen und gekochte Bataten, allgemein Bananen, Pfirsiche, Grünzeug, ungern Sojabohnen, roh wie gekocht, Aprikosen, Weinbeeren, Tomaten, Maiskörner und Hirse, verschmähte dagegen gekochtes Eiweiß und Dotter, Kornelkirschen, Stechpalmenbeeren, Erdnüsse, Erbsen, Melonenkerne, Brot, Reiskaff, Vogelmiere und Mehlwürmer. Durchschnittlich verzehrte er täglich 10 bis 20 g Apfel, 10 bis 20 g Batate, 10 bis 20 g Leinsamen, 10 bis 15 g Rosinen, dazu je nach Jahreszeit 5 bis 10 g Beeren sowie kleine Mengen Grünzeug und Grit. Es wird leider nicht berichtet, wie lange das Haselhuhn bei dieser Kost lebte. Nachdem Haselhennen im Berliner Zoo unbefruchtete Gelege gebracht hatten (STEINMETZ, 1935), gelang die Zucht erst 1977 ASCHENBRENNER mit einer handaufgezogenen Haselhenne. Seither hat er die Art mehrfach gezüchtet. ASCHENBRENNER hält Haselhühner paarweise in Gehegen aus spatzensicherem Maschendraht, die einen Durchmesser von 4 m × 6 m bis 4 m × 8 m aufweisen und 2 m hoch sind. Die Hälfte des Geheges sei überdacht. Große Bedeutung kommt der Beschaffenheit des Bodens zu: Es wird Feinkies (Körnergröße ca. 0,3 cm) verwendet, der wasserdurchlässig, leicht zu reinigen ist und schnell abtrocknet. Futter- und Wassergefäße werden auf Gitterroste gestellt. Die Gehegeausstattung besteht aus 2 getrennten Aufbaummöglichkeiten, einem Huderkasten und einigen Fichtenbäumchen. Im Herbst und Frühling sollen einige zusätzliche Äste der Henne Zuflucht vor dem dann oft zu aufdringlichen Hahn geben. Dessen Handschwingen werden stärker beschnitten als die der Henne. Als Futter werden zu je $\frac{1}{3}$ Hafer, Weizen und Preßfutter gereicht, dazu als Ergänzung Grünfutter in Form von Hasel- und Weidenkätzchenzweigen, Heidel- und Erdbeeren, Löwenzahn etc. Jungvögel sind bereits im September zu trennen und aus ihnen Paare zusammenzustellen, die den Winter über zusammenbleiben. Haselhennen sind unter allen Tetraoniden die frühesten Leger. Die ersten Eier werden in selbstgescharrten Bodenmulden vom 4. bis 27. April gefunden. Der Autor bevorzugt die Naturbrut und gibt die Eier erst 1 bis 5 Tage vor dem Schlupf in den Brüter, der 37,5 °C Wärme und 70 bis 80 % relative Luftfeuchtigkeit aufweisen soll. Nach dem Schlupf kommen die Küken in einen 100 cm × 50 cm × 50 cm großen, oben offenen Aufzuchtkasten, dessen Schmalseite der besseren Ventilation wegen eine Gittertür besitzt. Ab dem 7. Tag ist auch ein Gitterdach notwendig. Als Wärmequelle dient eine 150-Watt-Infrarotlampe. Während der ersten beiden Wochen wird der Kastenboden mit kurzem Moospolster ausgelegt, das den Zehen Halt gibt und eine gute Vorbeuge gegen Spreizfüße und krumme Zehenglieder ist. Danach wird der Boden mit täglich mehrfach auszuwechselndem Zellstoff bedeckt. Als Futter erhalten die Küken gestoßenen Putenstarter, Eigelb und Schnittlauch. Nach 8 Tagen wird das Ei fortgelassen, und sie erhalten täglich einige Mehlwürmer. Das Grünfutter wird um Schafgarbe, Löwenzahn und Sauerampfer erweitert. Ab dem 10. Lebenstag werden die Küken in einem 2. Aufzuchtkasten ins Freie gebracht. Der Kasten ist seitlich zu verblenden, um Verletzungen der Kleinen an der Schnabelbasis zu verhindern, denn es kommt beim geringsten Anstoßen immer wieder zu Blutungen und schließlich Deformationen des Schnabels. Im Vergleich mit anderen Tetraoniden sind Haselhuhnküken recht ruhig, bewegen sich nur im Zeitlupentempo und liegen gern auf oder unter eingebrachten Laubästen. Mehlwürmer und Beeren werden gern aus der Hand des Pflegers genommen. Ab dem 50. Lebenstag macht sich vor dem abendlichen Aufbaumen Unruhe bemerkbar und es ist Zeit, die Jungvögel in eine große Voliere zu setzen. Man kann sie darin noch 2 bis 4 Wochen zusammenhalten, muß sich aber spätestens jetzt Gedanken darüber machen, wo die einzelnen Paare unterzubringen sind, denn Junghähne beginnen nunmehr bereits mit kleinen Rivalenkämpfen. Frühestens am 61. Lebenstag zeigt sich beim Hahn im Zentrum der weißen Kehle ein schwarzer Punkt, der sich nun rasch vergrößert. 6 Tage später bilden sich 2 weitere schwarze Flecke aus, die in den folgenden Tagen zusammenwachsen. Das „Spissen" wurde frühestens am 65. Lebenstag gehört (ASCHENBRENNER, 1979). Zum Wachstum kann gesagt werden, daß die körperliche Entwicklung beim Haselhuhn sehr rasch verläuft. Das Schlüpfgewicht beträgt 13,5 bis 14 g. 3 von KRÄTZIG (1939) aus dem Ei aufgezogene Küken wogen mit 10 Tagen ca. 27 g, mit 20 Tagen die Henne 57 g, die beiden Hähne 67 g, mit 30 Tagen 103 g bzw. 117 g, mit 40 Tagen 147 g bzw. 187 g, mit 50 Tagen 221 g bzw. 252 g, 60 Tagen 258 g bzw. 279 g, 70 Tagen 333 g bzw. 350 g, 80 Tagen 367 g bzw. 392 g und mit 90 Tagen 380 g bzw. 410 g.

Über das vom Haselhuhn erreichte Alter sind noch wenige Daten bekannt: Der älteste Wiederfund einer Haselhenne im Kirower Gebiet erfolgte nach 4 Jahren und 3 Monaten. Den Rekord hält eine in Nordschweden beringte Henne, die 7 Jahre und 4 Monate alt wurde (HÖGLUND, 1957). Wie H.-H. BERGMANN, S. KLAUS, F. MÜLLER und J. WIESNER (1978) betonen, ist die Nachzucht des Haselhuhns in Gefangenschaft sowohl für Wiederansiedlungsversuche im ehemaligen Verbreitungsgebiet als auch wegen der optimalen Möglichkeiten, mehr über das Verhalten dieses kleinsten Waldhuhnes zu erfahren, von großem Interesse. Nach ASCHENBRENNER kann das Problem der Aufzucht heute als gelöst betrachtet werden. Die Aussetzung von Altvögeln dürfte wenig aussichtsreich sein, da die Ortsbindung aller Tetraoniden im Jugendalter erfolgt.

Das Freilassen halbwüchsiger Jungvögel, die in Volieren im Zentrum des Auswilderungsgebietes großgezogen werden sollten, wird dagegen für erfolgversprechend gehalten. Da die natürlichen Verluste vom Spätsommer bis zum Beginn der Fortpflanzungsperiode im folgenden Jahr selbst in günstigen Gebieten 60 bis 80 % betragen können, müßten in mehreren aufeinander folgenden Jahren mindestens jeweils 20 bis 30 Junghühner freigelassen werden, ehe eine Population Fuß fassen kann. Der Aufwand für Gestaltungsmaßnahmen im Biotop ist beim Haselhuhn wesentlich geringer als beispielsweise beim Auerhuhn: Durch Schaffung kleinflächiger Laubholzinseln kann ein reines Fichtengebiet bereits nach 10 Jahren für Haselhühner bewohnbar gemacht werden. Aus einer weltweiten Umfrage der WPA geht hervor, daß 1982 nur in Europa 18 Haselhühner gehalten wurden.

Tibet-Haselhuhn
Bonasa sewerzowi, Przewalski 1876

Engl.: Severtzov's Hazel Grouse.
Heimat: Zentral-China von Süd-Tsinghai und Mittel-Kansu südwärts bis nach Szetschuan, ostwärts bis nach Kangting (Tatsienlu) und zu den Hsinfanbergen. In Gebirgen bis 4000 m. 2 Unterarten.
Beschreibung: Geschlechter wenig verschieden. Beim Hahn sind Oberkopf und Ohrdecken rotbraun, ersterer mit kleinen schwarzen Flecken und etwas helleren Federspitzen; übrige Oberseite graulich rotbraun bis rötlichgrau, vom Hinterhals bis auf die Oberschwanzdecken schwarz gebändert; hinter dem Auge eine schmale weiße Linie; Kinn und Kehle schwarz, von einem schmalen weißen Band umrahmt; Vorderbrust rotbraun mit weißer Fleckung, die übrige Unterseite breit braunschwarz und weiß gebändert, die Brustseiten mehr rötlichbraun. Schwanzfedern schwarz mit weißem Endsaum und schmalen weißen Querbinden, das Mittelpaar röt-

lichbraun, schwärzlich gebändert und lichtbraun marmoriert. Im übrigen wie *B. bonasia* gefärbt. Schnabel schwarz, Iris braun.
Hahn: Länge 356 mm; Flügel 167 bis 185 mm; Schwanz 115 bis 153 mm; Gewicht 370 g.
Bei Hennen ist der Oberkopf etwas bräunlicher, die Kehle statt schwarz, gelblichbraun mit schwarzen Federspitzen.
Henne: Flügel 163 bis 178 mm; Schwanz 88 bis 136 mm; Gewicht 313 bis 480 g.
Tibet-Haselhühner lassen sich durch die breit braunschwarz und weiß gebänderte statt wie bei *B. bonasia* weiße, braungefleckte Brust sowie die seitlich schwarzen, schmal weiß gebänderten Schwanzfedern unterscheiden, die beim europäischen Haselhuhn braun gefärbt und mit breiter schwarzer Subterminalbinde versehen sind. Dunenküken wohl noch nicht beschrieben.
Gelegestärke ca. 7 bis 8; Ei von allen Tetraonideneiern am gröbsten und dunkelsten gefleckt, auf blaß gelblichbraunem Grund mit rötlichem Hauch von dunkel kastanienbraunen Flecken verschiedener Gestalt und ungleichmäßiger Größe bedeckt (44,0 mm × 30,8 mm).

Lebensgewohnheiten: Nach VAURIE ist das Tibet-Haselhuhn ein Bewohner dichter Nadelwälder, in denen es Laubholzdickichte auf kleinen Wiesen und entlang von Bachläufen bevorzugt. BEICK traf die Art in Kansu als Standvogel in Mischwäldern und Wacholderwäldern der Rangchta-Schlucht von Tschau-tou bergwärts bis nach Kimar an und fand im Wacholderwald bei Kimar in 3150 m Höhe am 13. Mai ein Nest mit 3 unbebrüteten Eiern, am 26. Juni bei Tschau-tou bei 2400 m ein weiteres Nest mit 7 angebrüteten Eiern auf einem mit Kiefern und Birken bewachsenen, schwer zugänglichen Felsen. Es war durch den Stamm einer krummen Birke vor Regen geschützt, wies einen Durchmesser von 16,5 cm und eine mit Kiefernnadeln ausgelegte 7,5 cm tiefe Mulde auf, deren oberer Rand mit grünem Moos bekleidet war. Am 2. Juli wurde im gleichen Gebiet wiederum auf einem bewachsenen Felsen ein Gelege aus 7 sehr stark angebrüteten Eiern gefunden. Am 14. Juli traf BEICK bei Desenlaka unterhalb Tschau-tous eine Haselhenne mit bereits befiederten Küken an. Der Hahn wurde nicht gesehen. Die Henne stieß außer dem üblichen, wie „Ze, ze, ze-dack dack" klingenden Lockruf noch ein „Ahuk, ahuk, ahuk" aus, wie es von der Birkhenne bekannt ist. Am gleichen Platz hielt sich am 16. Juli eine Haselhenne mit 7 oder 8 Jungen auf. Der Biotop bestand aus niedrigem Birkenwald mit Unterwuchs aus Sträuchern wie beispielsweise Przewalskis Rhododendron. Im Herbst und Winter hielten sich Tibet-Haselhühner meist paarweise in mit Misch- und Wacholderwald bestandenen Schluchten auf. Nach SCHÄFER ist *Bonasa sewerzowi* gleich dem Weißen Ohrfasan ein Charaktervogel der tibetanischen Montanwald-Landschaft, dessen scheinbar sehr lückenhaftes Verbreitungsgebiet in den Randbergen der Hsinfan-Region bei Tatsienlu beginnt und sich in Höhenlagen von 3000 bis 4000 m bis tief nach Tibet hinein erstreckt. Das Haselhuhn verhält sich unauffällig und wird deshalb leicht übersehen. Es bevorzugt dichte, feuchte Fichtenwälder mit viel Weidenunterwuchs in der Nähe der Bachläufe und ist so vertraut, daß es den Menschen oft bis auf 4 bis 2 m herankommen läßt. Der Vogel sitzt dann meist gut gedeckt in 3 bis 6 m Höhe dicht an Stämme gedrückt, verhält sich ganz still und beobachtet mit gesträubter Holle jede Bewegung des Menschen. Erst wenn es sich entdeckt glaubt, streicht es sehr geschickt und nie weiter als 50 m ab. Der Warnton ist ein leises „Gock gock". Manchmal bringen Tibet-Haselhühner auch eulenartig dumpf quarrende Laute hervor oder rufen lockend ein hell klingendes „Szie szie", das in einen falkenähnlichen Triller übergehen kann.
Haltung: Über eine Haltung ist nichts bekannt.

Weiterführende Literatur:
ASCHENBRENNER, H., BERGMANN, H. H., MÜLLER, F.: Gefangenschaftsbrut beim Haselhuhn. Die Pirsch 30; pp. 70–75 (1978)
ASCHENBRENNER, H., SCHERZINGER, W.: Wenn der Haselhahn balzt. Die Pirsch – Der Deutsche Jäger, Heft 19 (1978)
ASCHENBRENNER, H.: Das Haselhuhn im Gehege. Die Voliere 4; pp. 158–161 (1979)
DERS.: Rauhfußhühner; Haselhühner; pp. 30–39. M. & H. Schaper, Hannover 1985.
DERS.: Das Haselhuhn. Die Voliere 10, pp. 328–333 (1987)
BERGMANN, H. H.: Das Waldhuhn mit dem Goldkehlchengesang. Bemerkungen über das Haselhuhn. Gef. Welt 98; pp. 230–233 (1974)
BERGMANN, H. H., KLAUS, S., MÜLLER, F., WIESNER, J.: Das Haselhuhn, Neue Brehmbücherei; p. 196. A. Ziemsen, Wittenberg 1978
BOBACK, A. W.: Einbürgerungsversuche mit Haselwild. Dtsch. Jgrztg.; p. 227 (1952/53)
CRAMP, S. et al.: Handbook of the Birds of Europe the Middle East and North Africa. Vob. II; Tetrastes pp. 385–311. Oxford Univ. press, Oxford 1980

EIBERLE, K.: Waldkundliche Aspekte der Forschung an Rauhfußhühnern. Schweiz. Z. Forstw. 125; pp. 147–170 (1974)

EIBERLE, K., KOCH, N.: Die Bedeutung der Waldstruktur für die Erhaltung des Haselhuhns. Schweiz. Z. Forstw. 126; pp. 876–888 (1975)

FUSCHLBERGER, H.: Das Hahnenbuch. Kap. Haselwild; pp. 559–674. F. C. Mayer Verlag, München-Solln, 2. Aufl. 1956

GLUTZ VON BLOTZHEIM, U. N. et al.: Handbuch der Vögel Mitteleuropas, Bd. 5, Kap. Haselhuhn; pp. 30–67. Akad. Verl. Ges. Frankfurt/Main 1973

HEINROTH, O., HEINROTH, M.: Die Vögel Mitteleuropas. IV. Bd. Das Haselhuhn; pp. 82–87. H. Bermüller Verlag Berlin 1931

JAHN, H.: Biologie der Vögel Japans. Haselhuhn, pp. 298–299. Journ. Ornithol. 90 (1942)

JOHNSGARD, P. A.: The Grouse of the World. Hazel Grouse; 298–315. Croom Helm, London & Canberra (1983)

KLAUS, S., WIESNER, J., BRÄSECKE, R.: Revierstruktur und Revierverhalten beim Haselhuhn *(Tetrastes bonasia L.)* Beitr. Jagd- u. Wildfrsch. 9; pp. 443–452 (1975)

KRÄTZIG, H.: Untersuchungen zur Biologie und Ethologie des Haselhuhnes während der Jugendentwicklung. Ber. d. Vereins Schles. Ornithol. 24; pp. 1–24 (1939)

NAKAGAWA, S., NAKAMAYA, T.: Feeding a Japanese Hazel Grouse *(Tetrastes bonasia vicinitas)* in Ueno Zoo. Animals and Zoo – Tokyo Zool. Park Soc. 15, No. 12; pp. 16–17

PYNNÖNEN, A.: Beiträge zur Kenntnis der Lebensweise des Haselhuhns, *Tetrastes bonasia* (L.). Pap. Game. Res. 12; pp. 1–90 (1954)

SALO, L. J.: Autumn and winter diet of the Hazel Grouse *(Tetrastes bonasia* L.) in Northeastern Finnish Lapland. Ann. Zool. Fennici 8; pp. 543–546 (1973)

SCHÄFER, H.: Ornithologische Ergebnisse zweier Forschungsreisen nach Tibet. Das Tibet-Haselhuhn; pp. 81–82. Journ. Ornithol. 86 (1938)

STEGMANN, B.: Grundzüge der ornithogeographischen Gliederung des paläarktischen Gebiets. Fauna i 'URSS, Oiseaux 1, 2; pp. 77–157 (1938)

STEIN, J.: Das Haselhuhn, Kleinod unserer heimatlichen Wälder. Heimatjahrbuch Dillkreis 17; pp. 13–23 (1974)

STRESEMANN, E.: Aves Beickianae. Beitr. z. Ornithol. v. Nordwest-Kansu. Das Tibet-Haselhuhn; pp. 208–209. Journ. Ornithol. 85 (1973)

TEIDOFF, E.: Zur Ökologie, Biologie und Psychologie des Haselhuhns *(Tetrastes bonasia* L.). Bonn. zool. Beitr. 2; pp. 99–108 (1951)

Präriehühner
Tympanuchus, Gloger 1841

Engl.: Prairie Chicken, Pinnated Grouse.
Präriehühner sind mittelgroße Tetraoniden, deren kurzer Schwanz aus 18 breiten, steifen, an den Enden gerundeten Steuerfedern besteht. Die längeren Unterschwanzdeckfedern reichen bis zum Schwanzende oder sogar etwas darüber hinaus. Die Schwellkörper (Rosen) über den Augen sind relativ schmal; die Halsseiten weisen je eine vom Schlund entspringende dehnbare Lufttasche auf, die bei der Balz mit Luft gefüllt als orangeroter unbefiederter „Ball" auffällig in Erscheinung tritt. In bescheidener Ausbildung kommen die beiden Lufttaschen auch beim Weibchen vor. Direkt über ihnen entspringt bei beiden Geschlechtern je ein Büschel langer, schmaler, steifer Federn mit zugespitzen Enden – die Pinnae –, welche bei der Balz aufgerichtet werden können. Verlängerte, etwas gebogene Scheitelfedern bilden in gesträubtem Zustand eine auffällige Haube. Während des Winters ist der Lauf mit Ausnahme der Fersen und eines Teiles der Sohlenballen mit weichen haarartigen Federn bedeckt, und seitliche Zehenhornplättchen werden ausgebildet. Diese, wie der größte Teil der schützenden Haarfedern, werden während der warmen Jahreszeit abgeworfen, und nur das Acrotarsium weist dann eine Befiederung aus kurzen Federn auf. Beim Präriehuhn sind beide Geschlechter fast gleich gefärbt. 2 eng verwandte Arten bewohnen offene Grasebenen Nordamerikas.

Präriehuhn
Tympanuchus cupido, Linné 1758

Engl.: Prairie Chicken, Pinnated Grouse.
Abbildung: Seite 265 oben und unten links.
Heimat: Gegenwärtig Bewohner noch verbliebener Präriegebiete in Michigan, Wisconsin sowie Illinois und von Süd-Manitoba südwärts bis nach West-Missouri und Oklahoma sowie über Teile der Küstenebene von Texas verbreitet. Die vormals entlang der Ostküste von Massachusetts südwärts bis Maryland und das nördliche Zentral-Tennessee verbreitete Nominatform starb 1932 aus. 2 Unterarten noch vorhanden.

Beschreibung: Geschlechter fast gleichgefärbt. Beim Hahn der Unterart *pinnatus* ist die Stirn dunkelbraun; Federn des Mittelscheitels schwarz, hellokkergelb gespitzt, die der Scheitelseiten, des Hinterkopfes und Hinterhalses hell ockerrötlichbraun mit trüb dunkelbrauner Bänderung. Schulterfedern gewürznelkenbraun mit hell ockerrötlichbrauner bis isabellgelber Bänderung; Rücken, Bürzel und Oberschwanzdecken ähnlich, doch die Federn mit ockergelblichbraunen Endsäumen. Obere Flügeldecken und äußere Armschwingen olivbraun bis hell gewürznelkenbraun mit isabellweißer Bänderung und Endsäumung. Handschwingen olivbraun bis hell nelkenbraun, auf den Außenfahnen isabellfarben gefleckt. Schwanz olivbraun bis hell nelkenbraun, die Federn schmal weiß endgesäumt. Oberkehle und untere Wangen hell isabellgelb. Federn der Halsseiten und Unterkehle rötlich zimtbraun, schwarz quergestreift mit verlängerten isabellfarbenen Endschaftstreifen oder -flecken. Über einem nackten orangeroten Halsbezirk beiderseits je ein Büschel stark verlängerter 5 bis 6 schwarzer und 4 bis 5 hellisabellfarbener Federn („Pinnae"), die aufrichtbar sind und bei der Balz wie Hasenöhrchen über dem Kopf stehen. Zügel und Ohrdecken zimtbraun, schwarz gesprenkelt. Brust-, Seiten-, Flanken- und Unterbrustgefieder isabellbraun, zimtbraun verwaschen und breit weiß gebändert; diese Bänder auf Seiten und Flanken ebenfalls zimtbraun verwaschen. Schenkel- und Laufbefiederung isabellbraun, undeutlich dunkel quergestreift, die Unterschwanzdecken weiß. Rosen orangefarben, Iris braun, Schnabel dunkel olivgrau mit hellerer Spitze. An den Rändern der aufgeblasenen, leuchtend orangeroten Seitenhalsluftsäcke schmale scharlachrote Streifen.
Länge 406 bis 477 mm; Flügel 217 bis 241 mm; Schwanz 90 bis 103 mm; Gewicht 992 bis 1361 g. Hennen sind etwas kleiner als Hähne, haben kürzere Halsbüschel und weisen stärkere Schwanzbänderung auf.
Flügel 208 bis 220 mm; Schwanz 87 bis 93 mm; Gewicht 770 bis 1020 g.
Beim Dunenküken sind Kinn und Zügel primelgelb mit 3 kleinen schwarzen Flecken hinter dem Auge. Oberseite hell bräunlicholiv bis isabellgelb, auf dem Bürzel braunrot, verschiedenartig schwarz gezeichnet, am auffälligsten auf dem Nacken und Mittelrücken; ein auffälliger schwarzer Stirnfleck; Unterseite cremig isabellfarben, nach Kehle und Unterbauchmitte hin gelblicher werdend. Schlupfgewicht 14 g (12,1 bis 16,3 g).

Gelegestärke 5 bis 17; Ei weiß bis olivgelb, ohne Fleckung oder mit wenigen hellbraunen Tupfen und einigen Flecken (43 mm × 32,5 mm); Frischgewicht 24 g; Brutdauer 24 bis 25 Tage.

Lebensgewohnheiten: Verbreitung und Häufigkeit der Art haben sich seit der Besiedlung Nordamerikas durch die Europäer erheblich verändert. Die ersten Siedler trafen sie überall dort häufig an, wo Brände oder sandiges, steiniges Erdreich eine Bewaldung verhinderten. Auf den offenen Kiefern- und Eichenheiden ernährten sich die Vögel von Eicheln, Knospen, grünen Trieben, Beeren und Insekten. Im mittleren Westen bewohnten sie ursprünglich nur den östlichen Teil der natürlichen Wiesen und Prärien. Dort waren sie nicht besonders zahlreich, bis die Landwirtschaft ihnen geeignete Nahrung im Überfluß bot. Daraufhin vermehrten sie sich unglaublich stark und folgten der Getreidewirtschaft nord- und westwärts über die großen Ebenen bis in die kanadischen Prärieprovinzen und gewannen so als Kulturnutznießer mehr Lebensraum als sie vordem besessen hatten. Erst als ein radikales Umpflügen aller Wildgrasflächen begann, waren große Bestandsrückgänge zu verzeichnen. Dadurch wurde die südliche Unterart, Attwaters Präriehuhn, an den gegenwärtigen Rand der Ausrottung gebracht. In den Prärien Louisianas und von Texas, die früher die Küstenebenen bedeckten, wird das Land jetzt durch ausgedehnte Reisfelder und andere landwirtschaftliche Intensivkulturen praktisch 100 %ig genutzt. Studien haben gezeigt, daß die Populationen dieses Präriehuhnes nicht überleben können, wenn ihnen nicht wenigstens 20 bis 40 % Prärie- und Wiesengelände verbleiben, das nicht übermäßig durch Viehtrieb genutzt, nicht zu spät gemäht oder abgebrannt werden darf, weil eine Mindesthalm- oder Buschhöhe von mindestens 15 cm als Schutz für die Übernachtung im Winter und das Nisten im Frühjahr notwendig sind. Daher kann unfruchtbar gewordenes Getreideland, das sich in Wiese zurückverwandelt, vielleicht einige verlorengegangene Siedlungsgebiete des Präriehuhnes ersetzen.

Berühmt sind die Balzplätze der Präriehähne, auf denen sich 30 bis 40 Männchen bei Sonnenaufgang versammeln und balzend, tutend und kämpfend bis zum Sonnenuntergang aufhalten. Diese Tanzarenen werden von Januar bis Juni und manchmal noch von September bis November benutzt. In den USA werden die charakteristischen Stimmlaute und Balzdemonstrationen der Präriehähne unter der Bezeichnung „booming" zusammengefaßt. Es dient dem

Hahn zur Verkündung seines Revieranspruchs anderen Männchen gegenüber und dem Anlocken von Weibchen. Während der Balz ist der Schwanz erhoben, die langen Seitenhalsfederbüschel (Pinnae) werden unterschiedlich stark aufwärts gestellt und die am Körper gehaltenen Flügel soweit gesenkt, daß die Handschwingen etwas herabhängen. In dieser Haltung beginnt der Präriehahn seinen Tanz mit einer Reihe schneller, stampfender Fußbewegungen (stepping), die ihn eine kurze Strecke vorwärts führen. Als nächstes folgt ein dreimaliges schnelles Spreizen und Wiederschließen des Schwanzfächers. Beim ersten Schwanzspreizen setzt das dreisilbige, hohl klingende Tuten ein, das fast 2 Sekunden lang anhält und wie „Huum - a - uum" klingt. Es ist oft ca. 1 km weit hörbar. Während des 2. Tons erfolgt wiederum ein schnelles, aber nur teilweises Schwanzspreizen, und die orangegelben Seitenhalsluftbeutel sind noch teilweise leer. Beim 3. Ton jedoch werden sie durch Luftabschlucken so stark erweitert, daß sie Größe, Form und Farbe einer kleinen Apfelsine annehmen. Gleichzeitig damit erfolgt ein ziemlich langsames Fächern und Wiederschließen des Schwanzes. Die zweite Balzdemonstration des Präriehahnes ist der Flattersprung, während dem er, anders als der Spitzschwanzhahn, ein kurzes Gackern ausstößt. Halten sich Hennen im Zentrum der Balzarena auf, führen die schwächeren Hähne an der Peripherie des Platzes besonders eifrig Flattersprünge aus. Für die Revierverteidigung sind einige andere Verhaltensmuster charakteristisch. Sowohl rituelles wie reales Kämpfen kommt zwischen benachbarten Hähnen häufig vor und wird unter kurzen Luftsprüngen nebst lauten, rauhen „Hu-wuk"-Kampfrufen mit Schnäbeln, Krallen und Flügelhieben ausgefochten. In Pausen zwischen ernsten Kampfhandlungen liegen sich die Gegner an ihrer Reviergrenze 30 bis 60 cm voneinander entfernt gegenüber und führen Übersprunghandlungen wie Wegschauen, Scheinschlafen und Wutpicken aus, erheben sich wieder und laufen unter Demonstration ihrer weißen Schulterflecke entlang ihrer – unsichtbaren – Reviergrenzen schnell nebeneinander her. Betritt eine Henne das Revier, ändert sich das Verhalten des Besitzers schlagartig: Er beginnt mit großem Eifer zu tuten, nimmt eine extreme Balzhaltung mit Aufrichten der Pinnae und Vergrößerung der Rosen ein. Zwischen dem Tuten bleibt er abrupt vor dem Weibchen stehen und mustert sie stumm, um sie dann wieder in Prahlhaltung zu umkreisen. Alle Präriehähne führen eine Werbungsverbeugung durch, die jedoch kein Präkopulationsverhalten bedeutet. Bei diesem stoppt ein eifrig tutender und um die Henne zirkelnder Hahn plötzlich, breitet beide Flügel aus, beugt Hals und Kopf fast bis auf den Erdboden herunter, dabei die Pinnae aufgerichtet haltend. In dieser Haltung verharrt er mehrere Sekunden, das Weibchen stumm musternd. Ist diese paarungsbereit, duckt sie sich mit etwas ausgestreckten Flügeln, erhobenem Kopf und ausgestrecktem Hals nieder. Beim Aufsteigen hält sich der Hahn mit dem Schnabel im Nackengefieder der Henne fest, läßt die Flügel beiderseits herabhängen und führt kurz die Paarung aus. Danach rennt die Henne schnell ein paar Schritte vorwärts, hält an und schüttelt ihr Gefieder. Der Hahn pflegt dagegen innerhalb weniger Sekunden erneut mit dem Tuten zu beginnen. Praktisch sofort nach der Paarung beginnt die Präriehenne mit dem Legen in eine Nestmulde, die sie bereits kurz vorher gescharrt hatte und die meist in erheblicher Entfernung vom Tanzplatz liegt. Eier werden entweder in täglichem oder zweitägigem Abstand gelegt, und die Bebrütung der ca. 12 Eier beginnt gewöhnlich vor Ablage des letzten Eies. Abgesehen von einer zweimaligen täglichen Pause frühmorgens und nachmittags zur Nahrungsaufnahme verläßt sie ihr Gelege nicht mehr. Der bis 48 Stunden währende Schlupfprozeß der Küken ist eine gefährliche Zeitspanne, denn Bodenfeinde können ihr Piepen hören und die Familie riechen. Deshalb ist die Henne während dieser Zeit sehr nervös und versucht, das Nest so schnell wie möglich mit der Kükenschar zu verlassen, was meist 24 Stunden nach dem Schlupf des letzten Kükens der Fall ist. Kleinküken führende Hennen verleiten bei Feindannäherung in der üblichen Weise, dabei ein tiefes „Kwerr-kwerr" ausstoßend. Küken im Alter von weniger als einer Woche werden die Hälfte der Tagstunden hindurch gehudert, die älteren nur während der Nacht und der kühlen Morgenstunden sowie bei schlechtem Wetter. Sie bleiben 6 bis 8 Wochen mit der Mutter zusammen, wonach sich die Familien allmählich auflösen. Sehr häufig kommt ein Austausch der Küken vor, wenn sich diese anderen führenden Hennen anschlossen, so daß man häufig Küken verschiedenen Alters bei einer Henne antrifft. Nach dem Selbständigwerden bilden Jung- und Altvögel Gesellschaften gleichen Geschlechts. Die Sommernahrung des Präriehuhnes besteht überwiegend aus zarten Blättern von Klee, Luzerne, Lespedeza, Gras- und Seggensamen sowie Unkrautsämereien. Anders als die meisten übrigen Tetraoniden nimmt das Präriehuhn nicht nur in früher Jugend, sondern auch danach Insekten auf, nämlich 8 bis 20 %, meist Heuschrecken. Im Herbst werden reichlich Hagebutten und Beeren sowie viel Mais-, Hafer-, Weizen-, Gerste- und Sorghumkörner aufgenommen. Bei hohem Schnee sind die Präriehühner auf Strauch- und Baumknospen und Kätzchen angewiesen. Haselnüsse und Eicheln werden unzerkleinert abgeschluckt. Ein beringtes Präriehuhn erreichte ein Alter von 4 Jahren.

Haltung: Laut JOHNSGARD war der berühmte amerikanische Ornithologe J. J. AUDUBON (1780 bis 1851) offenbar der erste Halter und Züchter von Präriehühnern. Die Hennen von 60 Wildfängen, die er aus Kentucky erhalten hatte, legten Eier, aus denen eine Anzahl Küken schlüpfte. Der Londoner Zoo erhielt im Jahre 1864 12 Präriehühner, und der Jardin d'Acclimatation von Paris züchtete die Art 1873. In den USA wurden 1912 zwei Paare der östlichen Unterart, der Heath Hen, von J. C. PHILLIPS (Massachusetts State Game Commission) gehalten, deren Hennen legten. Von 5 aus 10 Eiern geschlüpften Küken erreichte eines das Alter von über 2 Monaten. Über seine Erfahrungen in der Haltung und Zucht des Präriehuhnes hat 1962 RAY HILL aus Texas berichtet. Die Volieren für die Altvögel sollen möglichst groß, jedenfalls nicht kleiner als 6 m × 6 m sein. Der Boden ist mit Gras und kleinen Büschen bestanden, in deren Schutz die Hennen ihre Nester anlegen. Als Futter erhalten sie ein Gemisch aus Milo, Mais, Weizen und Hirse, dazu Hennenlegemehl und Pellets. Besonders lieben sie zerkleinerte Erdnußkerne. Die Befruchtungsquote der Eier beträgt ca. 50 bis 60 %. Sie werden in einem Brutapparat mit automatischer Wendevorrichtung bis zum 20. Tag bebrütet, dann in einen Brüter ohne Wendevorrichtung zum Schlüpfen gebracht. Dort verbleiben die Küken noch einige Tage. Jedes erhält als erstes Futter Mehlwürmer, mit denen sie in den ersten Lebenstagen noch gestopft werden müssen. Nach dem 3. oder 4. Tag picken sie die Würmer selbständig aus einem Napf. Zusätzlich erhalten sie noch Kükenerstlingsmehl (Chicken Starter) und feingehackten Salat. Frisches Wasser in flachen Gefäßen darf nie fehlen. Bei der genannten Kost gedeihen sie gut und können im milden Klima von Texas in Ausläufen mit Graswuchs und einer mit Heizlampe versehenen Kiste zur Übernachtung gesetzt werden. Große Zuchterfolge mit der Art hatte um 1962 auch LEMBURG, der im Schnitt jährlich 60 bis 70, in manchen Jahren 100 Präriehühner aufzog.

Über eine Zucht des Präriehuhnes hat 1967 W. A. NEWLANDS von der Eley Game Advisory Station in Fordingbridge (England) berichtet. Er hatte 8 Eier aus den USA (Missouri) erhalten, aus denen unter einer Zwerghenne ebensoviele Küken schlüpften. Zusammen mit der Hühneramme wurden sie in einen 3 m × 1,50 m großen, versetzbaren Auslauf mit festen Seitenwänden und verdrahtetem Dach auf Rasen gebracht. Als Wetterschutz wurde die Deckenverdrahtung teilweise mit durchsichtiger Plastikfolie bedeckt. In diesem Trockenteil befand sich auch ein Staubbadgefäß. Die Prärieküken hatten die Neigung, über dem Erdboden nach Nahrung zu suchen und ignorierten das im Napf angebotene Küken-Krümeltrockenfutter. Abhilfe wurde in Form eines Papierbogens gefunden, auf den mit einem Knüppel Kleininsekten von Büschen und Stauden geklopft wurden. Dieses sich bewegende Lebendfutter wurde sofort akzeptiert, aber seine Beschaffung bedeutete eine Ganztagsarbeit. Sehr bald jedoch nahmen die Küken auch in einer Vitamin-/Mineralstoffmischung gewälzte Fliegenmaden, ebenso später Mehlwürmer an. Die Wasserannahme war ein weiteres Problem. Amerikanische Quellen besagten, daß Prärieküken Oberflächenwasser nicht als solches erkennen und daher nicht aufnehmen würden, was auch zutraf. Deshalb wurden mit einer Blumenspritze Tropfen auf geschnittene Grasbündel gespritzt und später ein mit Wasser gefülltes Marmeladenglas auf den Deckendraht gestellt, aus dem an einem abwärts hängenden Wollfaden Wasser herabfloß und sich in Tropfenform am Fadenende sammelte, alle 15 bis 20 Sekunden 1 Wassertropfen. Durch das Glitzern des sich leicht bewegenden Tropfens wurden die Küken zum Picken angeregt und lernten so das Trinken. Vom 3. Lebenstag an waren die Kleinen futterfest. Als Basisdiät erhielten sie vitaminisierte Mehlwürmer, Kanarienaufzuchtfutter vermischt mit Fliegenmaden und ganze Nester der Rasenameise. Mit ihren großen Füßen kletterten die Küken durch das hohe Gras des Auslaufs und wirkten dabei fast wie kleine Rallen. Plötzlich einsetzendes kaltes Wetter am 4. Lebenstag führte bei einem Küken durch Unterkühlung zum Tode. Dem Trinkwasser wurde Multivitamin zugesetzt und am 6. Tag der Auslauf erstmalig auf frischen Rasen verschoben. Am 7. Tag waren die Flügel der Küken gut befiedert, und beim Flattern konnten sie sich schon über den Boden erheben. Zu diesem Zeitpunkt wurde ein amerikanischer Literaturhinweis gefunden, wonach Mehlwürmer in flüssiges Eidotter zu tauchen und danach in Küken-Startermehl zu wälzen seien, aber die Quelle vergaß zu erwähnen, daß Mehlwürmer dann entweder sterben oder bewegungslos werden. Deshalb wurden sie von den Küken ignoriert. Ebenso gab es Verdruß mit einer Fliegenmaden-Mehlwurm-Grunddiät, da alle Zusätze von den sich bewegenden Insekten abgestoßen wurden, ehe die Küken sie fraßen. Jedoch blieb schließlich ein Hefepräparat an den Maden haften. Mit dem 13. Tag konnten die Küken gut fliegen, und am 14. nahmen sie erstmalig Grünfutter in Form von gehacktem Salat, Löwenzahnblättern und etwas Weißklee auf. Lange, strangförmige Löwenzahntriebe übten eine besondere Faszination auf sie aus und reichte man sie nicht feingehackt, schlangen sie Stengel herunter, die länger als sie selbst waren. Von nun an wurde der Auslauf täglich auf dem Rasen versetzt, und die Zwerghenne erhielt dauernd Fasanenstarterfutter, um durch ihr Picken die Küken zur Aufnahme anzuregen. Die nunmehr 16 Tage alten Küken wiesen einen sehr gleichmäßigen Wachstumsstand auf, d. h. Krüppel oder Schnellwüchsige fehlten. Kurz danach erkrankte ein Küken schwer und mußte eingeschläfert werden. Da es bei der Sektion Anzeichen von Infektiöser Leber-Blinddarmentzündung aufwies, wurde allen Küken eine Emtryl-Kur verabfolgt. Im Alter von 4 Wochen waren bei den Jungvögeln erste Anzeichen eines Balztanzes erkennbar: 2 Hähnchen standen sich mit gefächerten Schwänzen und sichtbaren rötlichen Halsflecken gegenüber. 5 Tage danach wurde ein Junghahn beim Tanzen beobachtet, wobei er das gesamte Verhaltensmuster adulter Präriehähne ablaufen ließ: schnelles Trampeln, Anhalten, im Halbkreis trampeln, Stillstand, Tuten (letzteres noch tonlos, aber an der spezifischen Haltung erkennbar), danach das Beiseitespringen und das Senken der Pinnae und der Schwanzfedern. Mit $5^{1}/_{2}$ Wochen waren die Vögel sehr vertraut, fraßen aus der Hand und sahen mit ihren rostbraunen Scheiteln sehr anmutig aus. Im Alter von 6 Wochen hielten sie sich immer häufiger abseits von der Pflegemutter, und eine Woche später balzten die Junghähne unter auffälligem Hervortreten der Pinnae häufig. Die nackte Seitenhalshaut (Apterium) hatte purpurrote Färbung angenommen, wurde aber noch nicht aufgeblasen, und die Balz verlief stumm. Im Alter von 7 Wochen wurden die Jungvögel durch größere Salat- und Kleegaben vom Kükenstarterfutter entwöhnt. Die Güte des Weißklees schien dabei wichtig zu sein, und es war von großem Nutzen, daß er in reichlicher Menge im Rasen vorhanden war. Wenn der Auslauf täglich auf dem Rasen ein Stück versetzt wurde, fanden sich auf dem alten Platz stets

ein paar Jugendfedern, und die Mauser ging flink voran. Mit 13 Wochen wurden innerhalb kurzer Zeit alle Steuerfedern geworfen und an den nachgewachsenen konnte bereits das Geschlecht des Trägers erkannt werden: Die Hähne hatten dunkle ungebänderte äußere Schwanzfedern und auf den langen Seitenhalsfedern (Pinnae) orangefarbene Abzeichen. Mit 15 Wochen waren alle hell geschäfteten Jugendfedern auf dem Rücken gewechselt, und mit Ausnahme der noch kurzen Pinnae und der noch unvollständigen Schwänze glich das Gefieder ganz dem der Erwachsenen. Im Alter von 15 Wochen wurden die Präriehühner aus ihrem zu eng gewordenen Kükenauslauf in eine auf struppigem Grasland errichtete, 9 m × 2,50 m große Voliere gesetzt. Da die Vögel recht vertraut waren, schien der Transport in einer Holzkiste an den neuen Standort nicht besonders riskant. Doch erwies sich die 13 km weite Reise als schwere Belastung für die Vögel. Ein Hahn skalpierte sich die Scheitelhaut, die mit Zwirn genäht werden mußte. Allen 4 Vögeln wurden vorsorglich die Handschwingen gekürzt. Der Quartierwechsel ließ die Präriehühner außerordentlich scheu werden und sich wie Wildfänge verhalten: Bei Annäherung von Besuchern duckten sie sich sofort und verharrten bewegungslos im hohen Gras. Die gestutzten Handschwingen hinderten sie am Abfliegen, so daß sie nur unter Alarmgackern in die Luft sprangen. Der skalpierte Hahn erholte sich allmählich und erhielt wieder ein einwandfreies Kopfgefieder. Genau wie in den Wintergesellschaften lebten die beiden Hähne und Hennen bis zu Beginn der Frühjahrsbalz friedlich miteinander. Gegen Mitte Januar waren die ersten Anzeichen einer Schwarmauflösung zu beobachten, und ein Hahn fuhr auf den anderen los, wenn dieser zu balzen versuchte. Ihr Futter in der Voliere war auf „Geflügelwachstum-Preßfutter" (Poultry Grower Pellets), Weizen und Grünfutter umgestellt worden. Dazu wurden gelegentlich Sonnenblumenköpfe, Äpfel und Schlehenfrüchte gereicht. Bei dieser Ernährung gediehen sie prächtig. Dem Trinkwasser wurde täglich eine Multivitaminlösung zugesetzt. Am 20. Februar wurden die beiden Paare getrennt, wobei 1 Paar in der alten Voliere verblieb, das 2. in eine inzwischen angebaute Nachbarvoliere gebracht wurde. Bald darauf balzten beide Hähne frühmorgens und mit Unterbrechungen den ganzen Tag über. Allmählich gewöhnten sie sich an Besucher, die nun die Balz bewundern konnten. Die Lautäußerungen waren sehr vielfältig. Ein läutendes „Kau kau" gehörte zu einem Teil der Darbietung, dem sie häufig das „Kaa

279

kaa, kek-kek-kek" des Ärgers und Alarms hinzufügten. Sie balzten täglich den ganzen Mai hindurch bis in den Juli hinein. Die Hennen wurden von ihnen gewöhnlich nicht beachtet, obwohl sich die Hähne ihnen entgegenstellten, „Front machten", wenn sie vorbeiliefen und sie dann anbalzten. Tretakte wurden nicht beobachtet. Eine Henne begann Anfang Mai mit dem Legen und verteilte ihre Eier unter Deckung auf verschiedene Teile der Voliere. Die Eier wurden gesammelt und das Erstgelege aus 9 Eiern einer Bantamglucke untergelegt; das Zweitgelege war 8 Tage danach komplett. Das 21. Ei dieser produktiven Henne wurde am 27. Mai gelegt. Während der Legezeit wurden die Präriehennen ausschließlich mit Legehennen-Pellets und Grünzeug ernährt. Am 17. Juni schlüpften nach 26 Tagen unter der Bantamglucke aus 9 Eiern 5 Küken und am folgenden Tag aus einem Zwölfergelege 6 weitere Küken. Ein Teil von ihnen konnte mit geringen Schwierigkeiten aufgezogen werden, obwohl Leber-Blinddarmentzündung, Luftröhrenwürmer und Tuberkulose zum Tod einiger führten.
Ein Präriehahn wurde in Menschenobhut 6 Jahre alt.

Kleines Präriehuhn
Tympanuchus pallidicinctus, Ridgway 1873

Engl.: Lesser Prairie Chicken.
Heimat: Südost-Colorado und Südwest-Kansas, südwärts durch Oklahoma bis ins äußerste östliche Neu Mexiko und den Norden von Texas.
Beschreibung: Man kann darüber streiten, ob das Kleine Präriehuhn nur eine Unterart des Großen oder eine selbständige Spezies ist. In der Färbung ähnelt es der größeren Art, doch ist die bei diesem schwarze Bänderung von Rücken und Bürzel beim Kleinen Präriehuhn durch braune Bänderung mit schmaler schwarzer Säumung der Bänder ersetzt. Die Brustfedern sind ausgedehnter braun und weiß gebändert, die Flankenfedern braun und schwarz, statt nur braun. Die Halsluftsäcke (Apteria) der kleinen Art sind hellrötlich, statt orangegelb, und während der Balz sind die gelben Rosen der Hähne viel stärker ausgeprägt als bei der großen.
Länge 380 bis 406 mm; Flügel 207 bis 220 mm; Schwanz 88 bis 95 mm; Gewicht 780 bis 893 g.
Hennen des Kleinen Präriehuhnes sind an den kürzeren Seitenhalsbüscheln und stärker gebänderten Schwanzfedern zu erkennen.
Flügel 195 bis 201 mm; Schwanz 81 bis 87 mm; Gewicht 722 bis 779 g.
Dunenküken sind im Vergleich mit denen des Großen Präriehuhnes etwas heller und auf der Unterseite weniger braun. Die braune Fleckung der Oberseite ist heller, weniger rötlichbraun, auch fehlt ein ausgeprägter Mittelrückenstreif.
Gelegestärke 6 bis 13; Ei weiß bis isabellgelb mit geringer feiner dunkler Sprenkelung (42 × 32,5 mm); Frischgewicht 24 g; Brutdauer 25 bis 26 Tage.
Lebensgewohnheiten: Aride Grassteppen, die stellenweise schütter mit zwergigen Eichen, Buschwerk und Beifußsträuchern bestanden sind, bilden die gegenwärtigen Wohngebiete des Kleinen Präriehuhnes, das früher auf 2 Vegetationsgebieten gefunden wurde: Bartgrassteppen (*Andropogon*), die mit Sand-Beifuß (*Artemisia filifolia*) vermischt waren und sandige Zwergeichen-/Bartgrasgemeinschaften. Die Winternahrung besteht heute in Oklahoma hauptsächlich aus liegengebliebenen Getreidekörnern abgeernteter Felder, vor allem Sorghum und Mais sowie den Eicheln der Zwergeiche. Im Sommer werden im Gegensatz zu der großen Art, die Kurzgras schätzt, mittellange Gräser bevorzugt. Der Insektenanteil in der Ernährung ist beim Kleinen Präriehuhn mit 41,8 bis 48,6 % im Jahr wesentlich höher als beim Großen Präriehuhn mit 8,2 bis 20 %. Zur Balz suchen sich die Hähne gern Kurzgrasgelände auf Bodenerhebungen aus, die nach allen Seiten freie Sicht gewähren. Merkwürdig ist deshalb, daß manche Balzplätze in der Beifußsteppe auch in Tälern auf Kurzgraswiesen lagen, doch war das stets dann der Fall, wenn der umgebende Beifußbusch zu hoch und zu dicht war. Die Zahl der auf den Tanzarenen balzenden Hähne des Kleinen Präriehuhnes schwankte auf 64 Plätzen in Oklahoma zwischen 13,7 bis 43 Vögeln. Die Balzhandlungen sind im wesentlichen mit denen der größeren Art identisch, doch währt die Stimmphase beim Kleinen Präriehuhn nur 0,6 Sekunden, statt 2 Sekunden beim Großen. Die Stimme ist auch mehr ein Kollern als Tuten und besteht aus nur 2 Silben mit summendem Endton. Die kleinen Hähne balzen außerdem im Duett (duetting), wobei bis zu 10 Vorführungen in schneller Folge ablaufen. Wie schon erwähnt, ist das Apterium des Kleinen Präriehahnes rot. Nester stehen niemals in Büschen oder unter Grasbülten, die höher als 38 cm sind. Erreicht die Schneehöhe im Winter 30 cm, graben sich Kleine Präriehühner wie die nördlichen Tetraoniden ein, ein Verhalten, das auf den nördlichen Ursprung der Art hinweist.
Haltung: Über eine Haltung und Zucht des Kleinen Präriehuhnes ist uns nur bekannt geworden, daß COATES (1955) und LEMBURG (1966) die Art züchten.

Weiterführende Literatur:

AMMANN, G. A.: Determining the age of pinnated and sharp-tailed grouse. Journ. Wildl. Management 8; pp. 170–171 (1944)

DERS.: The prairie grouse of Michigan. Michigan Dptm. Conserv. technical bulletin 1957

ANDERSON, R. K.: Prairie chicken responses to changing booming ground cover type and height. Journ. Wildl. Management 33; pp. 636–643 (1969)

ASCHENBRENNER, H.: Rauhfußhühner; Präriehuhn; pp. 74–78; M. & H. Schaper, Hannover 1985

BAKER, M. F.: Population changes of the greater prairie chicken in Kansas. Transact. 17th N. Am. Wildl. Conf.; pp. 259–366 (1952)

DERS.: Prairie chicken of Kansas. Univ. Kansas Mus, Nat. Hist. and State Biol. Survey misc. public. no. 5 (1953)

CHRISTENSEN, D. M.: National status and management of the greater prairie chicken. Transact. 34th N. Am. Wildl. and Nat. Res. Conf.; pp. 207–217 (1967)

COATES, J.: Raising lesser prairie chicken in captivity. Kansas Fish and Game 13; pp. 16–20 (1955)

COPELIN, F. F.: The lesser prairie chicken in Oklahoma. Oklahoma Wildl. Conserv. Dptm. technic. bulletin no. 6 (1963)

CRAWFORD, J. A.: Status, problems and research need of the lesser prairie chicken. Proc. Prairie Grouse Sympos. 1; pp. 1–7 (1980)

CRAWFORD, J. A.: Status of the lesser prairie chicken. WPA-Journal VII; pp. 28–35 (1981–1982)

CRAWFORD, J. A., STORMER, F. A.: A bibliography of the lesser Prairie chicken, 1873–1980. USDA Forest Serv. Gen. Techn. Rep., RM–80. Rocky Mountain Forest and Range Exp. Stat., Fort Collins, CO, 8 (1980)

EVANS, K. E., GILBERT, D. L.: A method of evaluating greater prairie chicken habitat in Colorado. Journ. Wildl. Management 33; pp. 643–649 (1969)

HAMERSTROM, F. N., HAMERSTROM, F.: Daily and seasonal movements of Wisconsin prairie chicken. Auck 66; pp. 313–337 (1949)

HAMERSTROM, F. N., MADSEN, O. E., HAMERSTROM, F.: A guide to prairie chicken management. Wisconsin Coserv. Dptm. tech. Wildl. Bull. no. 15 (1957)

HILL, R.: Raising prairie chicken. Gazette 11; p. 10 (1962)

JACKSON, A. S., DeARMENT, R.: The lesser prairie chicken in the Texas panhandle. Journ. Wildl. Management 27; pp. 733–737 (1963)

JANSON, R.: Prairie chicken in South Dakota. Conservation Digest 20; pp. 11, 15–16 (1953)

JOHNSGARD, P. A., WOOD, R. W.: Distributional changes and interactions between prairie chickens and sharp-tailed grouse in the midwest. Wilson Bulletin 80; pp. 173–188 (1968)

JOHNSGARD, P. A.: Grouse and Quails of North America; Pinnated Grouse; pp. 274–299; Univ. of Nebrasta, Lincoln 1973

DERS.: The Grouse of the World; Pinnated Grouse; pp. 316–340; Croom Helm, London & Canberra, 1983

JONES, R.: Identification and analysis of lesser and greater prairie chicken habitat. Journ. Wildl. Management 27; pp. 757–78 (1963)

DERS.: The specific distinctness of the greater and lesser prairie chickens. Auck 81; pp. 65–73 (1964)

KOBRIGER, G. D.: Status, movements, habitats, and food of prairie grouse on an sandhill refuge. Journ. Wildl. Management 29; pp. 788–800 (1965)

LEHMANN, V. W.: Attwater's prairie chicken: its life history and management; US. Dptm. of the Interior, Fish and Wildl. Serv. N. Amer. fauna no. 57 (1941)

DERS.: The Attwater prairie chicken, current status and restoration opportunities. Transact. 33rd N. Amer. Wildl. Confer.; pp. 398–407 (1968)

LEHMANN, V. W., MAUERMANN, R. G.: Status of Attwater's prairie chicken. Journ. Wildl. Management 27; pp. 713–725 (1963)

LEMBURG, W. W.: Siehe bei JOHNSGARD, 1983

LIGON, J. S.: The lesser prairie chicken and its propagation. Modern Game Breeding and Hunting Club News 24; pp. 10–11 (1954)

LITTON, G. W.: The lesser prairie chicken and its management in Texas. Texas Parks and Wildl. Dptm. Booklet 7000–25; p. 23 (1978)

McEWEN, L. C., KNAPP, D., HILLIARD, E. A.: Propagation of prairie grouse in captivity. Journ. Wildl. Management 33; pp. 276–283 (1969)

MOHLER, L. L.: Winter surveys of Nebraska prairie chickens and management implications. Journ. Wildl. Management 27; pp. 737–738 (1963)

NEWLANDS, W. A.: Breeding the pinnated grouse or prairie chicken *(Tympanuchus cupido pinnatus)*. Avicult. Mag. 73; pp. 159–167 (1967)

PHILLIPS, J. C.: A prairie chicken, raised from captive laid eggs. Avicult. Mag., 3. Series, Vol. IV; pp. 371–373 (1913)

ROBEL, R. J.: Quantitative indices to activity and terrioriality of booming *Tympanuchus cupido pinnatus* in Kansas. Transact. Kansas Acad. Science 67; pp. 702–12 (1965)

DERS.: Booming territory size and mating success of the greater prairie chicken *(Tympanuchus cupido pinnatus)*. Animal Behaviour 14; pp. 328–331 (1966)

DERS.: Significance of booming grounds of greater prairie chickens. Proc. Americ. Pholosoph. Soc. 111; pp. 109–114 (1967)

DERS.: Possible role of behaviour in regulating greater prairie chicken populations. Journ. Wildl. Management 34; pp. 306–12 (1970)

ROBEL, R. J., BRIGGS, J. N. et al.: Greater prairie chicken ranges, movements, and habitat usage in Kansas. Journ. Wildl. Management 34; pp. 286–306 (1970)

SANDS, J. L.: Status of the lesser prairie chicken. Audubon Field Notes 22; pp. 454–456 (1968)

SCHWARTZ, C. W.: The ecology of the prairie chicken in Missouri. University of Missouri Studies 20; pp. 1–99 (1945)

SHOEMAKER, H. H.: Rearing of young prairie chickens in captivity. Illinois Wildlife 16 (4); pp. 1–4 (1961)

DERS.: Report on studies of captive prairie chickens. Illinois Wildlife 19; pp. 6–8 (1946)

TAYLER, M. A., GUTHERY, F. S.: Status, ecology, and managment of the lesser prairie chicken. USDA Forest Serv. Gen. Tech. Rep. RM–77. Rocky Mountain Forest and Range Exp. Stat., Fort Collins, CO; p. 15 (1980)

YEATTER, R. E.: Population responses of prairie chikken to land-use changes in Illinois. Journ. Wildl. Management 27; pp. 739–57 (1963)

Spitzschwanzhühner
Pedioecetes, Baird 1858

Engl.: Sharp-tailed Grouse.
Die nordamerikanischen Spitzschwanzhühner sind mit den Präriehühnern eng verwandt und werden deshalb heute häufig mit ihnen zusammen in der Gattung *Tympanuchus* vereinigt. Es sind terrestrisch lebende Tetraoniden, denen verlängerte Halsfedern und Halslufttaschen fehlen, doch ist ein nackter Seitenhalsbezirk vorhanden. Der eigenartig geformte Schwanz besteht aus 18 stark gestuften Steuerfedern, die an den Enden gestutzt sind und deren mittleres Paar weit über die übrigen hinausragt, dazu durch schmale gleichbreite Fahnen charakterisiert ist. Die langen Oberschwanzdecken bedecken die Steuerfedern fast ganz. Der Tarsus ist vollständig mit langen, weichen haarartigen Federn bedeckt, die im Winterkleid auch noch die Basalhälfte der Zehen schützen. Während der kalten Jahreszeit sind außerdem Zehenkämme ausgebildet und die Zehennägel ziemlich lang, dünn und leicht gebogen. Die verlängerten und leicht gebogenen Scheitelfedern bilden in aufgerichtetem Zustand eine Kurzhaube. Das Gesamtgefieder ist ziemlich weich und besonders auf der unteren Bauch- und der Steißregion haarartig zerschlissen. Die Geschlechter sind wenig verschieden. Die einzige Art bewohnt offenes Gelände des nordwestlichen und zentralen Nordamerikas.

Spitzschwanzhuhn
Pedioecetes phasianellus, Linné 1758

Engl.: Sharp-tailed Grouse.
Abbildung: Seite 265 unten rechts.
Heimat: Vom nördlichen Mittel-Alaska, Yukon, Nord-Mackenzie, Nord-Manitoba, Nord-Ontario und Mittel-Quebec südwärts ins östliche Washington, das äußerste östliche Oregon, Idaho, Nordost-Utah, Wyoming und Colorado; in den Great Plains von Ost-Colorado und Ost-Wyoming durch Nebraska, die Dakotas, Nord-Minnesota, Nord-Wisconsin bis Nord-Michigan verbreitet. 6 Unterarten.

Beschreibung: Geschlechter nur durch die Größe verschieden. Stirnfedern graubraun bis schwarzbraun mit dunkelbraunen Enden; die des Scheitels und Hinterkopfs ähnlich, jedoch mit breiten weißen Querbinden und zimtig isabellfarbenen Spitzen. Beiderseits des Kopfes gehen die hellen Querbinden allmählich in einen isabellweißlichen Überaugenstreif über. Nacken wie die Scheitelseiten, hellockrig, isabellfarben verwaschen. Mantelgefieder schwärzlich graubraun mit breiten weißen Querbändern, die distalwärts isabellig verwaschen. Rücken, Bürzel, Oberschwanzdecken braunschwarz, breit zimtig isabellfarben bis olivbraun quergebändert. Schultern und Flügeldecken wie der Mantel, jedoch mit ausgedehnten braunen Bezirken und jede Feder mit breitem, weißem keilförmigem Endfleck versehen. Armschwingen graulich olivbraun, außen unvollständig und spärlich weiß quergebändert, an den Spitzen beider Fahnen ganz weiß; Handschwingen graulich olivbraun, auf den Außenfahnen weiß gefleckt. Mittlere Schwanzfedern rötlich isabellfarben längs- und quergebändert und grauschwarz marmoriert, das folgende Federpaar überwiegend braunschwarz, weiß endgerandet und auf den Außenfahnen mit Weiß vermischt; äußere Schwanzfedern weiß, entlang der Schäfte mit dunkler Zeichnung. Augenumgebung bräunlichschwarz, Zügel, Unteraugenstreif, Wangen, Ohrdecken hellockrig-isabellfarben und dunkel gescheckt. Diese dunklen Bezirke nehmen in der Wangenregion die Form eines dunklen Wangenstreifens an. Gefieder der Ohrgegend braunschwarz gespitzt, Kinn und Oberkehle weiß, isabell getönt und von vielen braunen Fleckchen bedeckt; Unterkehle weiß mit schmal dunkelolivbrauner Säumung der Federn, das weiße Brustgefieder mit breiter olivbrauner Federsäumung; Körperseiten und Flanken weiß mit dunkel olivbrauner Querbänderung. Unterbauchmitte und Unterschwanzdecken weiß, das Schenkelgefieder hell zimtigbraun. Über den Augen hellorangegelbe

o. Rebhuhnpaar, *Perdix perdix* (s. S. 288)
u. l. Rebhuhn
u. m. 11 Tage alte Küken
u. r. Gelege des Rebhuhns

Rosen, auf dem Seitenhals ein nur während der Balz sichtbar werdender, nackter hell violettroter Bezirk. Schnabel schwarz, Iris dunkelbraun.
Länge 381 bis 483 mm; Flügel 196 bis 212 mm; Schwanz 113 bis 125 mm; Gewicht 951 bis 1087 g.
Hennen sind kleiner als Hähne und lassen sich mit einer Zuverlässigkeit von 90 % am Querbändermuster der mittleren Schwanzfedern unterscheiden, das bei Hähnen mehr geradlinig verläuft. Ferner besitzen die Scheitelfedern der Hähne abwechselnd isabellgelbe und dunkelbraune Querbänderung, während sie bei Hennen dunkel mit ockergelblichen Säumen sind.
Flügel 186 bis 221 mm; Schwanz 92 bis 126 mm; Gewicht 815 bis 997 g.
Dunenküken weisen im Vergleich mit Präriehuhnküken eine klarere und hellere senfgelbe Gesamtfärbung ohne roströtliche Tönung auf. Ein mittlerer schwarzer Scheitelstreif und ein paar kleine Scheitelflecke sind angedeutet; zwischen Augen und Ohrregion finden sich nur 1 oder 2 schwarze Fleckchen.
Schlupfgewicht 12,8 g.
Gelegestärke im Mittel 12,1; Ei rehbraun bis schokoladenbraun oder oliv mit feiner dunkelbrauner Tüpfelung (43 mm × 32 mm); Gewicht im Mittel 24 g; Brutdauer 24 bis 25 Tage.

Lebensgewohnheiten: Die Unterarten der Spitzschwanzhühner bewohnen recht unterschiedliche Habitate, wie Beifuß-Halbwüste, Berghangbuschgebiete, Eichensavannen und Sukzessionsstufen von Laub- und Mischwäldern sowie Buschbiotope borealer Wälder in Kanada und Alaska. Die Art gehört zu den auf traditionellen „Tanzarenen" in Gemeinschaftsbalz agierenden Tetraoniden. Das Balzverhalten des Spitzschwanzhuhnes ist recht genau untersucht worden. Als Tanzarenen werden gern erhöhte Plätze mit niedriger, spärlicher Vegetation erwählt, die den Vögeln freie Sicht und genügend Bewegungsfreiheit garantieren. Auch Feuchtwiesen, Torfbrandflächen, Brachfelder, Klee- und Graswiesen und sehr offenes Waldland werden angenommen. Die Hähne verwenden immer wieder die gleichen Plätze, und als auf einem derselben ein Farmhaus erbaut worden war, flog ein Hahn immer wieder auf das Dach des Gebäudes und konnte sich offenbar die Veränderung seines Balzplatzes nicht erklären. Im gesamten Verbreitungsareal des Spitzschwanzhuhnes stellen 8 bis 12 Hähne die übliche Besetzung einer Tanzarena dar. Sie demonstrieren ihren Revieranspruch auf ein Gebiet des Platzes durch Flattersprünge und gackernde Rufe. Letztere sind beiden Geschlechtern eigen: Hennen gackern gewöhnlich, wenn sie sich dem Tanzplatz nähern, wonach die Hähne sofort mit Flattersprüngen reagieren. Dabei springen sie bis 1 m hoch, flattern ein paar Meter vorwärts und landen wieder. Mit dieser Demonstration macht der Hahn die Henne auf seine Anwesenheit aufmerksam. Während des Flattersprunges, auch wenn andere Hähne ihn ausführen, gackert er zuweilen. Ein Großteil dieser Demonstrationen können als Aggressivverhalten gedeutet werden und dürften sowohl der Festigung des Revieranspruchs wie der Behauptung des Reviers dienen. In zweiter Linie sollen dadurch Hennen angelockt werden, denen sich die Hähne durch ihr Verhalten als Männer zu erkennen geben. Das Aggressivverhalten der Spitzschwanzhähne umfaßt mehrere Lautäußerungen und Körperhaltungen. Erstere stehen mit der Balz in engem Zusammenhang, weil sie nur in Anwesenheit von Weibchen ausgestoßen werden. Es sind laute, weithin vernehmbare Rufe, die oft vor und nach dem Flattersprung, häufig auch während des Schwanzraschelns mit großer Schnelligkeit ausgestoßen werden. Ein quietschender Ton wird als „Entkorken" bezeichnet, weil er täuschend dem beim Entkorken einer Flasche entstehenden Geräusch ähnelt. Der Hahn bringt ihn während des Schwanzraschelns, am häufigsten bei Anwesenheit eines Weibchens. Er kann aber auch durch die Anwesenheit eines anderen balzenden Hahns provoziert werden. Ein reiner Aggressivlaut ist das „Weinen", ein aus langgezogenen, wiederholten Singsangtönen bestehendes „Kaaa-kaaaaa", das häufig gehört wird, wenn 2 Hähne sich an den Reviergrenzen gegenseitig visieren. Ein wie „Lock-a-lock" klingendes puterartiges Kollern ist ebenfalls den Revierverteidigungslauten zuzurechnen. Es wird von ruhig stehenden Hähnen ausgestoßen oder dann, wenn sie frühmorgens ihren Platz in der Tanzarena besetzen. Auch beim Nebeneinanderherlaufen entlang der Reviergrenzen hört man diese Lautäußerung von beiden Revierinhabern. Dabei wird der Kopf niedrig gehalten, der Schwanz gestelzt, und die Rosen sind stark vergrößert. Während eines Ritualkampfes starren sich die Gegner in Kauerstellung hockend gegenseitig an, stoßen Angriffssignale aus und füh-

o. l. Himalaja-Königshuhn, *Tetraogallus himalayensis himalayensis* (s. S. 310)
o. r. Braunkehl-Waldfelsenhuhn, *Tetraophasis obscurus* (s. S. 304)
u. Turkestan-Königshuhn, *Tetraogallus himalayensis sewerzowi* (s. S. 310)

ren kurze Attacken gegen den Feind vor. Bei offenen Angriffen springen sie in die Luft und bearbeiten sich gegenseitig mit Krallen, Schnäbeln und Flügelhieben. Zwischen den Attacken beobachten sie einander scharf. Gibt ein Gegner auf, legt er das Gefieder glatt an, bringt den Schwanz in Normalhaltung und läßt die Rosen schrumpfen, so einem Weibchen gleichend, was den Sieger von weiteren Kampfhandlungen abhält. Die „Gurr-Darbietung" ist eine Kombination von Balzstellung und gleichzeitiger vokaler Lautgebung, die dem Tuten des Präriehahnes homolog sein dürfte. Dazu wird der Schwanz nicht bis zum Extrem angehoben, die Speiseröhre mit Luft gefüllt, der Kopf in charakteristischer Weise niedrig gehalten und gleichzeitig ein aus 2 Tönen bestehendes Gurren ausgestoßen. Dabei werden die geschlossenen Flügel wenig gesenkt und die Kehlregion gebläht, während der purpurviolette Seitenhalsbezirk zum Vorschein kommt. Auch das Gurren soll nicht als Sexualsignal dienen, sondern in Aggressionssituationen gebracht werden. Die wichtigsten und interessantesten Bestandteile des Balzverhaltens der Spitzschwanzhähne sind jedoch das Schwanzrascheln und das Tanzen. Bei beiden handelt es sich zweifellos um Balzhandlungen, doch spielen dabei auch die Revierverteidigung und ein sich zur Schau stellen eine Rolle. Sie bestehen aus einer hochspezialisierten Abfolge schneller Trampelbewegungen, dem „Steppen", die mit hochgestelltem Schwanz, seitwärts gestreckten Flügeln, ziemlich tief gehaltenem Kopf und zwecks Demonstration der rötlich violetten Seitenhalshaut gesträubten Halsfedern zelebriert werden. Durch das Hochstellen des Schwanzes wird außerdem ein signalartiges Aufleuchten der langen weißen Unterschwanzdecken erreicht. In dieser Haltung beginnt der Hahn seine Darbietung mit kurzen, schnellen Trampelbewegungen, die ihn in Bogenlinie vorwärts führen. Synchron dazu erzeugt er durch starkes Vibrierenlassen der seitlichen Steuerfedern ein raschelndes Reibungsgeräusch. Stampfgeräusche und Schwanzfederrascheln werden also gezielt synchron gebracht. Neue Beobachtungen haben gezeigt, daß der balzende Hahn nicht nur die äußeren Schwanzfederpaare schnell nacheinander spreizt und faltet, sondern gelegentlich auch ein schnelles gleichzeitiges Fächern des ganzen Schwanzes ausführt, dabei seinen Trampelrhythmus unterbrechend. Fuß- und Schwanzbewegungen der Spitzschwanzhähne stellen aber nicht nur einen vollendet synchronen, akustisch untermalten Bewegungsablauf dar, sondern die einzelnen Hähne neigen auch

dazu, ihn gleichzeitig mit anderen Hähnen zu beginnen und zu beenden. Es kann vorkommen, daß sogar sämtliche Hähne eines Tanzplatzes dies tun. Während tanzende Hähne gegenüber ihrer Umgebung fast taub sind, werden sie danach sogleich wieder äußerst vorsichtig und wachsam.
Befinden sich Hennen auf dem Platz, stoßen balzende Hähne mehrmals hintereinander in rascher Folge ein „Pau pau" aus, das demnach zu den Balzsignalen gehören dürfte. Hat ein Hahn sein Schwanzrascheln in Gegenwart einer Henne ausgeführt, wechselt er oft in eine Stillstandspose über, während der er mit leicht geöffneten und hängenden Flügeln sowie stark vergrößerten Rosen das Weibchen mustert, dabei oft weiche Summtöne ausstoßend. In vielen Fällen nimmt er danach eine Kriech- oder Verbeugungshaltung ein („Hochzeitsverbeugung"), dabei mit ausgebreiteten Flügeln und den Boden fast berührendem Schnabel, doch hochgestellter Hinterseite mit gestelztem Schwanz seine gesamte ausgebreitete Oberseite dem Weibchen präsentierend. Dazu kann er mehrfach wiederholte Halsverbeugungen ausführen. Dabei handelt es sich jedoch nicht um ein Präkopulationsverhalten, weil danach bisher nur ausnahmsweise eine Paarung beobachtet wurde. Diese findet meist vor und während des Sonnenaufgangs statt. Eine einzige Begattung scheint zur Befruchtung des ganzen Geleges auszureichen. Bereits vor ihrem Besuch auf dem Tanzplatz beginnen die Hennen mit dem Ausscharren der Nestmulde unter überhängender Vegetation in meist buschigem Gelände, offenem Waldland sowie in Wiesen und Feldern, ziemlich entfernt von den Balzplätzen. Die Eier werden in täglichem Abstand gelegt und 24 bis 25 Tage bebrütet. Ihre Kükenschar führt die Henne nach Abtrocknen des Dunenkleides vom Nestplatz fort auf offenes Gelände mit reichem Insektenleben. Die Kleinen sind mit 10 Tagen begrenzt flugfähig und erreichen mit 6 bis 8 Wochen Selbständigkeit. Hinsichtlich ihrer Futteransprüche sind Spitzschwanzhühner flexibler als andere Tetraoniden: Während des Winters werden in Wisconsin und Ontario überwiegend Birkenknospen und -kätzchen, in 2. Linie Espen angenommen, in North-Dakota fast ausschließlich Weidenknospen verzehrt und in Utah begeben sie sich bei hohem Schnee in Dickichte aus Ahornarten und diversen Sträuchern, um von deren Knospen und Beeren zu leben. Sobald Tauwetter im Frühjahr Krautvegetation freigelegt hat, gehen sie sogleich auf Klee, Luzerne, Wildkräuter und Getreidekeime über. Während der Sommermonate nehmen Spitz-

schwanzhühner weniger Insektennahrung auf als das Präriehuhn, im Staat Washington beispielsweise zu ³/₄ grüne Halme des Grases *Poa secunda*, im übrigen Löwenzahn und Hahnenfuß. Im Herbst bilden Löwenzahnsamen und Grashalme die Hauptnahrung. Spitzschwanzhühner ziehen nicht, sondern wechseln mit Beginn der kalten Jahreszeit aus offenem in waldiges Gelände über, wobei sie sich zu Schwärmen von mehreren 100 Vögeln vereinigen können.

Wo Spitzschwanzhuhn und Präriehuhn in gleichen Gebieten vorkommen, sind Mischlinge nicht selten. Die stärkste Bastardierung zwischen beiden Arten ist auf Manitoulin Island (Ontario) beobachtet worden, wo beide in Kontakt miteinander kamen und 5 bis 25 % der Gesamtpopulation aus Hybridvögeln bestehen. Obwohl diese voll fruchtbar sind, können Mischlingshähne nur Außenplätze auf den Tanzarenen beider Arten behaupten und kommen dort kaum zur Kopulation, da die Hennen sich die stärksten Hähne in der Mitte der Balzplätze auszusuchen pflegen.

Eines von 93 beringten Spitzschwanzhühnern erreichte ein Alter von 7,5 Jahren.

Haltung: Die älteste Einfuhr eines Spitzschwanzhuhnes nach Europa geht auf das Jahr 1874 zurück, als der Londoner Zoo am 9. Mai 1 Exemplar im Tausch erhielt. In den USA hat u. a. LEMBURG in Cairo (Nebraska) diese Art recht erfolgreich gezüchtet.

Die erwachsenen Spitzschwanzhühner werden von ihm in Ausläufen auf sandigem Boden gehalten. Als Futter erhalten sie Pellets der Fa. Purina, dazu Milokorn, Salatblätter sowie alle verfügbaren Beeren und Früchte. Gelegentlich wird auch erweichter Hundekuchen verfüttert. Die im Brüter geschlüpften Küken werden in einer Kunstglucke mit elektrischer Beheizung gehalten und bekommen Kükenstarter der Fa. Purina, hartgekochtes Eigelb, Ameisenpuppen, fein gehackten Salat sowie Hundekuchen in warmem Wasser erweicht, so daß ein feuchtkrümeliges Weichfutter entsteht. Dieses wird mit Farbstoff grün angefärbt und in Kopfnähe der Küken an die Behälterwände geschmiert, weil Tetraonidenküken zunächst kein Futter vom Boden aufnehmen wollen und erfahrungsgemäß auf grüne Farbe ansprechen. Die Kleinen stürzen sich sofort darauf, und nach der Gewöhnung kann der grüne Farbstoff allmählich fortgelassen werden. Dem Trinkwasser wird Enheptin gegen das Auftreten von infektiöser Leber-Blinddarmentzündung zugesetzt. Auf diese Weise wurden 1961 von LEMBURG 80 Spitzschwanzhühner aufgezogen. Ein Spitzschwanzhahn erreichte in Gefangenschaft ein Alter von 7 Jahren und war bis zuletzt vital und zuchtfähig (McEWEN, KNAPP, HILLIARD, 1969).

Aus einer weltweiten Umfrage der WPA geht hervor, daß im Jahre 1982 in den USA und Kanada 94 und in Kontinentaleuropa 16 Spitzschwanzhühner gehalten wurden.

Weiterführende Literatur:
ALDOUS, S. E.: Sharp-tailed grouse in the sand dune country of north-central North Dakota. Journ. Wildl. Management 7; pp. 23–31 (1943)
AMMANN, G. A.: Status and management of sharp-tailed grouse in Michigan. Journ. Wildl. Management 27; pp. 802–809 (1963)
ASCHENBRENNER, H.: Rauhfußhühner; Spitzschwanzhuhn; pp. 70–73; M. & H. Schaper, Hannover 1985
BREMER, P. E.: Sharp-tailed grouse in Minnesota. Minnesota Dptm. Conserv. inform. leaflet no. 15 (1967)
EVANS, R. M.: Courtship and mating behaviour of sharptailed grouse *(Pedioecetes phasianellus jamesi)*. Master's thesis, University of Alberta 1961
DERS.: Territorial stability of sharp-tailed grouse. Wilson Bulletin 81; pp. 75–78 (1969)
HAMERSTROM, F. N.: A study of Wisconsin prairie chicken and sharp-tailed grouse. Wilson Bulletin 51; pp. 105–120 (1939)
DERS.: Sharptail brood habitat in Wisconsin's northern pine barrens. Journ. Wildl. Management 27; pp. 793–802 (1963)
HAMERSTROM, F. N., HAMERSTROM, F.: Mobility of the sharptailed grouse in relation to its ecology and distribution. American Midland Naturalist 46; pp. 174–226 (1951)
HART, C. M., LEE, O. S., LOW, J. B.: The sharp-tailed grouse in Utah, its life history, status, and management. Utah Dptm. Fish & Game publication no. 3 (1952)
JOHNSGARD, P. A., WOOD, R. W.: Distributional changes and interactions between prairie chicken and sharp-tailed grouse in the midwest. Wilson Bulletin 80; pp. 173–188 (1968)
JOHNSGARD, P. A.: Grouse and Quails of North America Sharp-tailed Grouse; pp. 300–319; Univ. Nebraska, Lincoln (1973)
DERS.: The Grouse of the World; Sharp-tailed Grouse; pp. 341–360; Croom Helm, London & Canberra (1983)
JONES, R.: Spring, summer and fall foods of the Columbian sharp-tailed grouse in eastern Washington. Condor 68; pp. 536–540 (1966)
LEMBURG, W. W.: Rearing sharp-tailed grouse. Gazette 13; pp. 10–11 (1962)
LUMSDEN, H.: Displays of the sharp-tailed grouse. Ontario Dptm. Lands and Forest techn. series research report no. 66 (1965)
Mc EWEN, KNAPP, HIILLIARD (1969) Siehe bei JOHNSGARD p. 100 (1983)
ROGERS, G. B.: The sharp-tailed grouse in Colorado. Colorado Game, Fish and Parks Dptm., Game Res. Divis. techn. publ. no. 23 (1969)
SISSON, L. H.: Distribution and selection of sharptailed grouse dancing grounds in the Nebraska sand hills. Proc. 8th Conf. Prairie Grouse, Techn. Council 1969
SNYDER, L. L.: A study of the sharp-tailed grouse. University of Toronto Studies, Biological Series no. 40 (1935)
SYMINGTON, D. F., HARPER, T. A.: Sharp-tailed grouse in Saskatchewan. Sask. Dptm. Nat. Res. conserv. bull. no. 4 (1957)

Eigentliche Fasanen
Phasianidae

Eine allgemein zufriedenstellende Systematik der Hühnervögel, die ihren wirklichen Verwandtschaftsverhältnissen gerecht würde, gibt es gegenwärtig noch nicht. Unser derzeitiger Wissensstand erlaubt es nämlich noch nicht, eine exakte Einordnung der zahlreichen, morphologisch so verschiedenen Formen, die von den Wachteln bis zu den Pfauen reichen, in ein natürliches System vorzunehmen. Bisher durchgeführte, anatomische, ethologische, genetische und serologische Untersuchungen haben uns zwar der Lösung mancher Fragen nähergebracht, sind aber bei vielen Taxa noch nicht durchgeführt worden, so daß man in der Zukunft noch auf manche Überraschung gefaßt sein kann. Wir haben deshalb mit CRAMP und SIMMONS (1980) unter dem Sammelbegriff *„Phasianidae"* (Eigentliche Fasanen) zahlreiche Gattungen altweltlicher Hühnervögel zusammengefaßt, deren Verwandtschaft untereinander vielfach umstritten ist.

Rebhühner
Perdix, Brisson 1760

Engl.: Eurasian Partridges.
Die 3 Arten dieser paläarktischen Kleinhühner sind Steppenbewohner Eurasiens mit dichtem Gefieder. Am gerundeten Flügel ist die 1. Handschwinge kürzer als die 6., die 3. bis 5. am längsten. Die längeren Handschwingen überragen erheblich die längsten Armschwingen. Der ziemlich kurze, schwach gerundete Schwanz setzt sich aus 16 bis 18 fast gleichlangen Steuerfedern zusammen. Der kurze schlanke Schnabel besitzt eine schmale unauffällige Wachshaut, die Nasenlöcher werden von ovalen Nasendeckeln (Opercula) geschützt. Ein schmaler Augenwachsring färbt sich zur Balzzeit bei den 3 Arten karminrot. Der Lauf ist stets ungespornt. Das Federkleid weist überwiegend graue und braune Farbtöne mit zarter dunkler Querwellung und Bänderung sowie hellerer Schäftung der Federn auf.
Für die Volierenhaltung spielt bisher nur das heimische Rebhuhn eine Rolle.

Rebhuhn
Perdix perdix, Linné 1758

Engl.: Partridge.
Abbildung: Seite 283 alle.
Heimat: Europa im Norden von Skandinavien (örtlich bis 66° nördlicher Breite) ostwärts in die UdSSR bis 62° und 63° nördlicher Breite an der oberen Kama und im Nord-Ural. Im Westen die Britischen Inseln und Frankreich, südwärts bis Nordwest-Spanien (Kantabrien), Italien (südwärts bis Kalabrien) und Süd-Griechenland bis Euböa. Die nördliche asiatische Verbreitungsgrenze verläuft vom Nord-Ural ostwärts durch West-Sibirien entlang des 63° bis 58° nördlicher Breite im Gebiet von Tjumen, Tobolsk und Tomsk, die südliche von der Türkei (Marmarameerküste, Nordfuß des Taurus) lückenhaft nach Transkaukasien und Nordwest-Iran, entlang des ganzen Ost- und Nordufers des Kaspischen Meeres und zur Nordküste des Aralsees, südostwärts zum Syr Darja-Becken und entlang des turkestanischen Kara-Tau-Gebirges, in den Tälern der Flüsse Tschu und Ili, weiter nach China ins östliche Tian-Schan-Gebirge (Sinkiang), zum Dschungarischen Ala Tau, dem Tarbagatai-Gebirge und dem Saissanbecken. 8 Unterarten.

Nach GLUTZ VON BLOTZHEIM lebt das Rebhuhn an der Ostgrenze seines Verbreitungsgebietes, die am Kara-Köl-Paß Sinkiang berührt und dann nordwärts über den Dschungarischen Ala Tau, Tarbagatai und die Saissan-Senke, durch den Westen des tuvinischen autonomen Gebiets und den West-Sajan (95° östliche Länge) verläuft, stellenweise sympatrisch mit dem Bartrebhuhn. Nach VAURIE wurden Hybriden im Russischen Altai und dem Gebiet des Saissan Nor gesammelt.

Rebhühner sind recht erfolgreich in Nordamerika und auf Neuseeland eingebürgert worden.

Beschreibung: Wir geben nachstehend die Beschreibung der Nominatform aus GLUTZ VON BLOTZHEIM wieder:

„Geschlechter verschiedengefärbt. Beim Männchen im Brutkleid sind Stirn, Kopfseiten, Kinn und Kehle einfarbig (orange) rostbraun, die Ohrdecken dunkelbraun mit weißen Schäften. Scheitel und Nacken gelbbraun mit (stellenweise sichtbaren) schwärzlichen Federbasen und schmalen gelblichen Schaftstrichen, ein schmaler Streifen gegen die rostbraunen Partien einfarbig hellgrau. Halsoberseite und Vorderrücken hellgrau und zart schwarz quergewellt. Hinterrücken, Bürzel und Oberschwanzdecken hellgrau, bräunlich angeflogen und mit nach hinten zu kräftiger werdender Zeichnung aus schwarzbraunen Querwellen und breit pfeilspitzenförmigen dunkel kastanienbraunen Subterminalbinden. Halsseiten und Brust hellgrau, zart schwarz quergewellt; Federn der Brustseiten und Flanken mit breiten kastanienbraunen Subterminalbinden, die hinteren dazu mit schmalen weißlichen Schaftstrichen. In der Mitte der Hinterbrust ein großer, vorn geschlossener Hufeisenfleck aus dunkel kastanienbraunen Federn; Bauchmitte weißlich, die Unterschwanzdecken blaßbräunlich, z. T. mit schwarzen Abzeichen, kastanienbraunen Basen und schmalen weißlichen Schaftstrichen. Die beiden mittleren Steuerfedern gelbbraun mit kastanienbraunen Schaftstrichen sowie dichter und unregelmäßiger braunschwarzer Kritzel- und Wellenzeichnung, das folgende Paar mit derart gemusterten Spitzen und Kanten, im übrigen wie die restlichen Steuerfedern einfarbig rötlich-kastanienbraun mit schmalen hellen Endsäumen. Handschwingen dunkel graubraun mit schmaler und oft zu Einzelflecken reduzierter blaßbräunlicher Querzeichnung. Armschwingen mit Kritzelmuster auf der rötlich getönten Außenfahne und Spitze sowie heller Innenfahne. Handdecken wie die Handschwingen; Ellbogen- und Schulterfedern sowie Oberflügeldecken mit schmalen, scharf abgesetzten gelblichen Schaftstrichen, kastanienbraunen und schwarzen Basalabschnitten und gelbbräunlichen, sehr zart schwarz gewellten Spitzen; Achselfedern und Unterflügeldecken weiß, an Körperseiten und Flügelbug fein dunkelgrau gesprenkelt. Schnabel grünlich-hornfarben, Iris sepiabraun, ein Augenring bleigrau, das dreieckig-tropfenförmige Rosenfeld unter und hinter dem Auge karminrot, außerhalb der Brutzeit kleiner und blasser.

Länge 300 mm; Flügel 150 bis 158 mm; Schwanz 73 bis 85 mm. Gewicht 350 bis 385 g.

Beim Weibchen im Brutkleid ist das Gesicht im Vergleich mit Männchen meist etwas blasser, mehr gelb rostbraun, und die Kopfplatte trägt breitere, ei- oder tropfenförmige Schaftflecke. Ihre Einfassung ist oft heller grau bis weißlich. Ohrdecken schwarzbraun mit breiteren weißen Schaftstrichen, der Hals und die ganze Oberseite brauner und mehr oder weniger stark durch gelbliche Schaftstriche oder -flecke und einzelne gelbbraune Querbinden gemustert, die Subterminalbinden dunkel- bis schwarzbraun, selten so lebhaft wie beim Männchen. Die Unterseite ähnelt der des Männchens, doch ist die Brust nicht reingrau wie bei diesem, sondern etwas gelblich getönt, die Hinterbrustmitte weiß, der Hufeisenfleck nur durch einzelne kastanienbraune Federspitzen markiert, nicht selten ganz fehlend. Steuerfedern, Schwingen und große Oberflügeldecken wie beim Männchen, Ellbogen und Schulterfedern, mittlere und kleine Flügeldecken jedoch weniger kastanienbraun mit dunkelbraunen bis schwarzen Basalabschnitten und blaßbräunlicher Bänderung. Nackte Hautstellen um die Augen wie beim Männchen.

Flügel 146 bis 159 mm; Schwanz 72 bis 81 mm; Gewicht 325 bis 410 g.

Im adulten Ruhekleid sind die frischen Halsfedern beim Männchen erdbraun mit ganz feinen hellen Schaftstrichen. Auffälliger ist dieses Kleid bei Weibchen, bei denen die erneuerten Federn kräftiger ausgebildete schwarze Abzeichen haben und vor allem das Halsgefieder durch große weiße, schwärzlich umrandete Tropfenflecke auffällt.

Im Jugendkleid ist die Kopfplatte schwarzbraun mit feinen bräunlichen Schaftstrichen; auf den dunkelbraunen Kopfseiten ist die Schäftung weißlich. Übrige Oberseite gelblich graubraun mit weißlichen oder gelblichen, angedeutet schwarz gesäumten Schaftstrichen. Kinn und Kehle weißlich bis blaß gelbbräunlich, Brust und Flanken heller gelbbraun mit weißlicher, an den Flanken dazu braun gesäumter Schaftstreifung. Bauchmitte weißlich, die Unterschwanzdecken hell gelbbraun mit weißen Schaftstrichen. Steuerfedern ähnlich denen der Adulten, die mittleren jedoch gröber dunkel gemustert, die übrigen mit dunkel graubrauner Subterminalbinde und gelbbräunlichem Endsaum. Hand- und Armschwingen mit meist vollkommener heller Bindenzeichnung; Ellbogen- und Schulterfedern wie die Oberflügeldecken gelbbraun mit unregelmäßiger braunschwarzer Wellen- und breiter Bindenzeichnung sowie weißlichen Schaftstreifen, die an den Federspitzen in weißen Tropfenflecken enden. Die für den Züchter so wichtige Geschlechtsbestimmung von Jungvögeln ist beim Rebhuhn nach Untersuchungen von HABERMEHL und HOFMANN bereits im Jugendkleid möglich: Die Junghenne weist in der grauen Rosenpartie unter und hinter dem Auge eine einfache Reihe feiner gelblichweißer Papillen, der Junghahn dagegen mehrere Parallelreihen kräftiger Wärzchen auf; ebenso bildet die Zeichnung der Oberflügeldecken und Schulterfedern nach der Jugendmauser ein verläßliches Geschlechtskennzeichen, und man achte auf die gelbgrauen Querbinden dieser Federn bei Männchen, die dem Weibchen fehlen. Eine Altersbestimmung erfolgt am sichersten durch Untersuchung der 9. und 10. Handschwinge, die bei jungen Vögeln spitz, bei den älteren rund sind.

Das Dunengefieder ist unterseits gelblich rahmfarben, auf Kehle und Kopfseiten gelblicher; Scheitel hell orangerostfarben mit 4 schwärzlichen, meist mehrmals unterbrochenen Längsstreifen; um die Augen und auf Ohrdecken, Hals und Nacken schwarze Punkte oder unterbrochene Linien; Schulterbereich geschekt; Rücken dunkelbraun, zu den Flanken hin rötlichbraun mit 3 blassen rahmfarbenen Längsstreifen und heller Flankenzeichnung. Flügel dunkler mit 2 hellen Binden und rotbraunen Kanten. Schlupfgewicht 7,5 bis 8,5 g.

Gelegestärke 8 bis 20; Ei spindelförmig bis kurzoval oder kreiselförmig, die Oberfläche glatt und glänzend; Färbung einförmig rotbraun, braun oder oliv (35,2 mm × 26,8 mm); Gewicht 13 g. Brutdauer 24 bis 25 Tage."

Lebensgewohnheiten: Ursprünglich Steppen-, Waldsteppen- und Heidebewohner, hat sich das Rebhuhn seit langem die vom Menschen geschaffene Kultursteppe, Felder, Wiesen und Äcker als Habitate erschlossen und dadurch sein ursprüngliches Verbreitungsgebiet gewaltig ausdehnen können. Sein idealer Lebensraum ist die kleinflächig gegliederte Feldflur mit ihren Hecken, Buschgruppen und den Rasenstreifen an Weg- und Waldrändern, die ihm Deckung und Nahrung bieten. Deutlich bevorzugt es warme fruchtbare Braunerde-, Schwarzerde- und Lößböden. Im Gegensatz zur Wachtel hält sich das Rebhuhn nicht ständig in Deckung auf, sondern begibt sich über längere Zeit auf offenes Gelände. Recht wetterhart, erträgt es hohe Kältegrade, solange seine Futterquellen, im Winter vorwiegend Grünpflanzen, weder durch zu hohe Schneelagen noch verharschten Schnee blockiert werden und dichte Hecken ihm Wind- und Feindschutz bieten. Da die Methoden der modernen Landwirtschaft wichtige Existenzgrundlagen des Rebhuhns beseitigen, dürfte das Verschwinden dieses beliebten Jagdwildes aus Mitteleuropa nur noch eine Frage der Zeit sein. 7 bis 8 Monate des Jahres, nämlich von Juli/Anfang August bis Februar/Anfang März, leben Rebhühner in Gesellschaften aus 5 bis 15, bisweilen 20 bis 25, selten mehr Vögeln zusammen, die in der Jägersprache „Völker" genannt werden. Eine interne Rangordnung unter den Mitgliedern eines Rebhuhnvolkes ist bisher nicht festgestellt worden. Ebenso fehlt dem Rebhuhn das durch feste Grenzen fixierte Territorium so vieler Vogelarten, und dementsprechend ist ein Revierverteidigungsverhalten bei ihm allenfalls kurzfristig ausgeprägt, wenn die Paare ihre Brutterritorien besetzen. Das Territorium eines Paares, einer Kette (Paar mit Jungen) oder eines Volkes besitzt keine Konstanz, sondern ist ein bewegliches, sich in seinen Grenzen ständig verschiebendes Gebiet, dessen jeweiliger Radius vom verfügbaren Futterangebot, der Zeit der Nahrungsaufnahme und dem Vorhandensein von Deckungsmöglichkeiten abhängt. Das Revierverhalten des Rebhuhns bei Begegnungen mit fremden Artgenossen besteht in der Vermeidung zu enger gegenseitiger Annäherung. Paare, Ketten und Völker reagieren bei unvermutetem Erscheinen von Nachbarn mit oft 5 Minuten andauerndem gegenseitigen Androhen ihrer Hähne aus der Entfernung, wonach sich die Vögel drücken und fortlaufen. Ist bei winterlichem Futtermangel der Abstand zwischen 2 Völkern so gering geworden, daß beide nebeneinander äsen, bleibt auch dann die Volkszugehörigkeit stets gewahrt, und nie kommt es vor, daß Angehörige der beiden Gruppen durcheinanderlaufen. So friedlich, wie man danach annehmen möchte, sind jedoch Rebhühner keineswegs, nur haben Kämpfe auch besondere Anlässe zur Voraussetzung. Tun sich im Spätherbst Familien, kinderlose Paare und Einzelvögel zum Volk zusammen, stößt jeder anschlußsuchende Fremde bei den übrigen zunächst auf nachhaltige Ablehnung. Erst nach tagelangen Zänkereien hat sich ein Volk bis Mitte November „zusammengerauft" und bleibt dann bis zum zeitigen Frühjahr zusammen. Bereits im Spätwinter nimmt die Aggression der Hühner zu, die auf Händel geradezu versessen zu sein scheinen. Bei Begegnungen drohen sich 2 benachbarte Völker nun nicht mehr einfach symbolisch an, sondern kämpfen auch miteinander. Angriffe scheinen für den Beobachter spontan zu erfolgen, werden aber wohl durch mißverstandene Bewegungen von Angehörigen des einen Volkes ausgelöst. Dann können bis zu 50 Vögel aufeinander einhacken, sich mit Flügelschlägen prügeln und stundenlang über kurze Strekken jagen. Dabei geraten sie so in Erregung, daß nach der Trennung der Gegner die Prügeleien manchmal unter den eigenen Volksmitgliedern fortgesetzt werden. Hähne jagen Hähne, Hennen andere Weibchen, Elternpaare ihre erwachsenen Jungen. Im Frühjahr nähern sich oft partnersuchende Hähne einem fremden Volk und provozieren dessen Männchen so lange, bis sie sich zum Kampf stellen. Da es sich bei den Fremdlingen um Hähne handeln dürfte, deren Hoden früher gereift sind als die der anderen Männchen und sie deshalb aggressiver imponieren und hartnäckiger kämpfen, gelingt es ihnen nicht selten, ein ganzes Volk durcheinanderzubringen und nach kurzer Balz eine paarungswillige Henne zum Mitkommen zu bewegen. Ein solches Verhalten dient wahrscheinlich der Vermeidung von Inzucht.

Häufig haben Verfolgungsjagden beim Rebhuhn aber auch nur rituellen Charakter. Das ist beispielsweise der Fall, wenn sich 2 Vögel in konstant bleibendem Abstand verfolgen, der Verfolgte sich plötzlich umdreht und nunmehr sein Verfolger flüchtet. Während des Rennens sind beim Verfolger Kopf und Hals lang ausgestreckt und die Flügel etwas vom Körper abgehoben. Manchmal gipfeln solche Ritualjagden im Aufeinanderzulaufen beider Gegner, die kurz vor dem Anprall stoppen, sich unter Beinahe-Schnabel- und Brustberührung gegeneinander aufrichten, rufen, scheinfechten und danach erneut die Verfolgungsjagd fortsetzen (COOKE). Beim Drohen richtet sich der Rebhahn mit gestrecktem Hals möglichst senkrecht auf, demonstriert mit vorgestreckter Brust den kastanienbraunen Hufeisenfleck, wippt dazu häufig mit dem Schwanz und stößt erregte Rufe aus.

Die Paarbildung ist von BLANK und ASH sowie JENKINS untersucht worden, was durch farbige Beringung der Mitglieder des betreffenden Volkes möglich wurde. Die Ergebnisse waren überraschend: Zur Verpaarung kam es nur, wenn sich bereits im Vorjahr verheiratet gewesene Partner wieder zusammenschlossen oder Weibchen sich einen Partner unter den Männchen aussuchten. Dabei spielte das Alter des betreffenden Weibchens keine Rolle, doch erwählte diese fast stets einen Althahn zum Partner. Inzest, also Paarung mit dem Vater oder einem Bruder, kam nie vor. Die Neuverpaarung früherer Partner geht ohne große Balzzeremonie vor sich und erfolgt gleich zu Beginn der Paarbildung. Junghühner gehen oft nur vorübergehende Partnerbindungen ein, ehe die Partner endgültig zusammenbleiben. Junghennen verursachen nicht selten dadurch erhebliche Unruhe im Volk, daß sie andere Weibchen aus der Umgebung der sie interessierenden Hähne zu vertreiben suchen und dadurch tagelange Streitereien auslösen. Im Gegensatz zu Hahnenkämpfen, die selten tödlich verlaufen, ist dies bei Kämpfen der Weibchen untereinander zur Erringung der Dominanz häufiger der Fall. Junghähne müssen sich ihre Partnerin in der Regel außerhalb des eigenen Volkes suchen und erreichen dies in der oben geschilderten Art.

Der balzende Rebhahn richtet sich hoch auf, macht den Hals dick und demonstriert seinen Hufeisenfleck. Diese Pose ist der Drohhaltung so ähnlich, daß die Henne manchmal nicht weiß, woran sie ist und vorsichtshalber erst einmal fortrennt. In der geschilderten Haltung läuft der Hahn mit am Boden schleifenden Flügeln auf das Weibchen zu, umrundet es oder läuft vor ihm her. Auch die Rebhenne kennt eine typische Balzhaltung: Wenige Meter vom Hahn entfernt streckt sie Kopf und Hals weit vor und läuft mit auf seinen Brustfleck oder die Flankenstreifung gerichtetem Schnabel auf ihn zu. Hat sie ihn erreicht, hebt und senkt sie den Kopf und bewegt den gestreckt gehaltenen Hals jedesmal in entgegengesetzter Richtung, wobei eine Wellenbewegung über das Halsgefieder verläuft. Dabei streift sie mit dem Kopf über Flanken und Rücken des Männchens. Anschließend richten sich beide Vögel Brust an Brust gegeneinander auf, und sie reibt ihren gestreckten Hals an seinem. Kurzes gegenseitiges Schnabelreiben kann diese Schlußphase beenden. Darauf putzen beide Vögel ihre Gefieder und beginnen mit der Futtersuche. Niemals kommt im Zusammenhang mit dem geschilderten Verhalten eine Paarung vor. Diese erfolgt ohne jede Einleitung, indem sich das Weibchen während der gemeinsamen Futtersuche plötzlich duckt. Ist der Hahn bereit, geht er langsam auf sie zu, packt sie mit dem Schnabel im Nackengefieder und steigt auf. Bei der Besetzung des – beweglichen – Reviers wählen die Altpaare Gelände dicht beim früheren Volk; später hinzukommende besetzen Gebiete im Anschluß daran, und Jungpaare, die sich gewöhnlich zuletzt einig werden, müssen oft lange suchen, ehe sie in größerer Entfernung ein Territorium auftreiben können. Die Nistplatzwahl erfolgt erst knapp vor Brutbeginn im April bis Anfang Mai. Der Platz wird von der Henne allein und so ausgewählt, daß er Sichtschutz bietet, was besonders an Hekken-, Wald- und Grabenrändern inmitten der Vegetation der Fall ist. Die Nestmulde wird sorgfältig mit wenig Pflanzenmaterial ausgekleidet. Findet man einzelne Federn im Nest, so hatten sie sich während des Brütens gelöst. Hauptlegetermin ist in Mitteleuropa der Mai. Üblich ist eine Jahresbrut, doch werden bei Gelegeverlusten während der ersten 10 Bruttage 1 oder 2 Nachgelege gebracht. Das erste Ei wird gleich nach Fertigstellung des Nests hineingelegt, die übrigen folgen in durchschnittlich 1,1tägigem Intervall. Die Bebrütung beginnt nach Ablegen des letzten Eies. Der Hahn überwacht in geringer Entfernung vom Nest die Umgebung und warnt bei Gefahr. Beide verteidigen es gegen Feinde. Bei Störungen zu Beginn der Brutzeit verläßt die Henne leicht das Nest, sitzt dagegen kurz vor dem Kükenschlupf sehr fest. Sie legt täglich Brutpausen von 15 bis 155 Minuten Dauer ein, um zu koten und zu fressen und wird dabei vom Hahn begleitet (FANT). Vom 2. Ei an bis zur Vollständigkeit des Geleges wird dieses zur Tarnung stets von der Henne mit Pflanzenmaterial bedeckt. Kurz vor dem Kükenschlupf kommt der Hahn ans Nest und verweilt oft eine Weile neben der Henne. Rebhuhnküken schlüpfen nicht gleichzeitig wie Wachtelküken, sondern innerhalb 15 bis 48 Stunden nach dem Anpicken des ersten Eies. Sie verlassen das Nest manchmal schon vor dem Abtrocknen oder gleich danach. Oft führt der Hahn den zuerst geschlüpften Teil der Kükenschar in Deckung und wartet dort, bis die Henne mit den übrigen Küken erscheint. Beide führen gemeinsam das Gesperre. Rebhuhnküken sind gleich nach dem Schlüpfen überaus lebhaft und nehmen während der ersten 24 Stunden weder Futter noch Wasser auf. Danach picken sie zuerst nach allem, was Futter bedeuten könnte, u. a. nach Zehen, Nasenlöchern und Schnäbeln ihrer Geschwister, bald jedoch gezielt nach sich bewegenden kleinen Objekten, meist Insekten, die während der ersten beiden Lebenswochen fast ausschließlich aufgenommen werden. Danach steigt der pflanzliche Futteranteil ständig an und beträgt nach JANDA mit 2 Monaten ca. 85 % der Gesamtnahrung. Rebhuhnküken sind mit 13 bis 14 Tagen flugfähig und mit 5 Wochen selbständig. Sie bleiben bis in den Winter hinein auch innerhalb des Volkes mit dem Elternpaar zusammen. Die Paarbildung setzt im Januar ein und ist Ende Februar, spätestens Mitte März abgeschlossen.

Die Nahrung erwachsener Rebhühner setzt sich zu je 30 % aus Grünpflanzenteilen (Klee- und Luzerneblättern, Grastriebspitzen, Wintergetreide), Wildkräutern (Knöterich-, Wegericharten, Feld-Rittersporn, Besenheide) sowie Getreide, in der Beliebtheitsfolge Weizen, Gerste, Roggen, Hafer, zusammen. Beeren aller Art werden gern genommen. 10 % entfallen auf Insekten, Spinnen, Schnecken und Regenwürmer. Die Futteranteile sind jahreszeitlichen Schwankungen unterworfen. Im Winter stehen den Hühnern praktisch nur Grünpflanzenteile zur Verfügung, vom Spätfrühling bis zum Frühsommer erreichen wegen der für die Eiproduktion wichtigen Proteine Kleinlebewesen den höchsten Anteil, während vom Spätsommer an bis in den Herbst hinein Getreidekörner und Unkrautsämereien genutzt werden. Nach Untersuchungen in England schwankt der tägliche Nahrungsbedarf eines Rebhuhns zwischen 45 und 80 g.

Rebhühner verfügen über ein reichhaltiges Stimmrepertoire. Der Revierruf und Drohruf ist am bekanntesten, weil man ihn am häufigsten hört; er ähnelt dem Knarren und Quietschen rostiger Türangeln: „SkIERRRRRRek", wobei die letzte Silbe oft verschluckt wird. Der Hahn läßt ihn besonders häufig morgens und abends von einer kleinen Bodenerhöhung aus hören. Auch die Rebhenne kennt ihn, macht aber weniger davon Gebrauch. Ähnlich klingt nach GLUTZ VON BLOTZHEIM auch der Kontakt- und Sammelruf „Griiweck", „Girrhick" oder „Kirrik". Stimmfühlungslaut auf der gemeinsamen Futtersuche ist ein gedämpftes „Güp-güp". Sind die Vögel mißtrauisch, rufen sie gedämpft „Kuta-kutkut-kut" und zucken dabei mit dem Schwanz. Vor Bodenfeinden wird mit scharfem „Tschrrk", bei Ansichtigwerden von Greifvögeln am Himmel mit erregtem rauhen „Tschriiiik" gewarnt. Aufgestört fliegt die Kette unter lautem Flügelpurren mit gellendem hohem schnellen, danach langsamer werdendem und in der Tonhöhe sinkendem „Riprip-prip-rip-rip rip rip" auf und unter raschen Flügelschlägen, die von Gleitphasen unterbrochen werden, niedrig über dem Boden dahin. Hähne drohen sich mit rauhen „Tik-tik-tik"-Rufen an und jagen

Rivalen mit erregtem, schnell wiederholtem „Err-err-err". Bei ihren häufigen und oft symbolischen Verfolgungsjagden rufen sie „Tschii-tschii-tschii". Feinde, die dem Nest mit der brütenden Henne zu nahe kommen, werden von ihr mit zischendem und fauchendem „Häääh-häääh" gewarnt. Das Angstgeschrei ist ein hohes „Schirk-schirk". Führende Altvögel warnen ihr Gesperre mit gutturalem „Kur, burruk" und rufen es nach überstandener Gefahr mit „Tschuuk-tschuuk . . ." wieder zusammen. In bestimmten Situationen sind noch andere Laute gehört worden, auf die hier nicht im einzelnen eingegangen werden kann.

Haltung: Rebhühner hat man in Mitteleuropa seit altersher aus gesammelten und gefundenen Gelegen durch Haushennen erbrüten lassen und die Küken aufgezogen, was keine Schwierigkeiten bereitet. Wildfänge bleiben stets scheu und ängstlich, während Aufgezogene zahm werden und dem Pfleger viel Freude bereiten. Über Aufzucht und Verhalten in menschlicher Obhut hat O. HEINROTH interessante Einzelheiten berichtet. Am 1. Juli nahm er 4 unter einer Hühnerglucke geschlüpfte Küken nach Hause. Sie waren von Anfang an sehr zutraulich und krochen gern unter die warme Hand. Nach 2 bis 3 Tagen fanden sie zielbewußt in ihren beheizten Unterstand hinein. Bereits am Tag nach der Ankunft nahmen sie selbständig Mehlwürmer, etwas Schafgarbe und zerkrümelte Eischale auf. Beim Sichflügeln hüpften sie jedesmal in die Höhe, wie es auch alte Rebhühner tun, die dabei einen Augenblick in der Luft schwirren. Da die Kleinen noch keine Flügelfedern hatten, fielen sie bei solchen Versuchen gewöhnlich um. Der Stimmfühlungslaut ist ein leises Piepen, das lauter, aber nie schrill wird, wenn sie sich kühl und verlassen fühlen. Bei der Futtersuche scharren sie nicht, sondern nur vor einem Sandbad, um den Boden zu lockern. Mit 9 Tagen konnten sie recht hoch springen, die Schwingen wuchsen tüchtig, und die Schulterfedern machten sich bemerkbar. 11 Tage alt, flogen sie einen halben Meter hoch aus der ihnen als Wohnraum dienenden Kiste. Mit 2 Wochen flatterten sie doppelt so hoch, und noch 2 Tage später strichen sie vom Fußboden aus über den Tisch. In diesem Alter nahmen sie auch gern Spitzsaat, weiße Hirse und Gerstenschrot wenigstens als Zukost zum Insektenfuttergemisch, Mehlwürmern und Ameisenpuppen. Ihr Lockton hatte sich inzwischen in ein „Zillipp" verwandelt, aus dem dann später das bekannte „Girrick" oder „Girräck" wurde. Bei der Futteraufnahme riefen sie eifrig „Güp-güp"; mit 3 Wochen war bei der abendlichen Unruhe das „Girrick" bereits deutlich herauszuhören. Im Fliegen benahmen sich die jungen Rebhühner überraschend geschickt, beschrieben oft einen Kreis unter der Zimmerdecke und landeten ohne anzustoßen wieder auf dem Boden. Sie erkannten Glasscheiben als Hindernis und stürmten nie gegen die Fenster. Da ein Rebhuhn das Picken des anderen beachtet, gelang es bald, die Aufmerksamkeit des Paares, das HEINROTHS behalten hatten, durch rasches Klopfen mit der Fingerspitze auf einen bestimmten Punkt zu lenken, so daß man die beiden später damit überall hin locken konnte. Liefen sie auf dem Fußboden umher und klopfte man auf die Platte des in der Mitte der Stube stehenden Tischs, so waren sie völlig ratlos. Sie rannten unter den Tisch und schauten nach oben: Auf den Gedanken hinaufzufliegen kamen sie als echte Flächen- und Steppenbewohner nicht. Ebenso verhielten sie sich, wenn man sie auf ein vorspringendes Fensterbrett locken wollte, und selbst nach Jahresfrist hatten sie es nicht gelernt. Auf ein anderes Fensterbrett, das nicht überstand, sondern wegen der darunter eingebauten, vergitterten Heizung bindig mit der Wand abschloß, flogen sie sofort, weil es da an einer senkrechten Fläche emporging. Wie viele Hühnervögel machten sie ihrem Bewegungsdrang dadurch Luft, daß sie dauernd an der Wand hin und her liefen. Stand die Tür zum Nebenzimmer offen, so gingen sie natürlich da hinein, was nicht erwünscht war und durch ein nur 45 cm hohes Gitter in der Türöffnung verhindert werden konnte. Sie verfielen niemals darauf, dieses kleine Hindernis zu nehmen, sondern liefen nur unentwegt davor hin und her. Ein Haushuhn, ein Fasan, ein Hasel-, Birk- oder Auerhuhn dagegen wären darauf und auf der anderen Seite herunter geflogen. Auch wenn ein Rebhuhn seinen Rundflug machte, beim Landen ins Nebenzimmer geriet und wieder in die Vogelstube zurück wollte, versagte es vor diesem niedrigen Drahtgeflecht völlig. Aus unerklärlichen Gründen tobten sie einige Male in Septembernächten und beschädigten sich dadurch das Gefieder. Gegen andere Vögel wurde der Rebhahn schon im Herbst recht aggressiv und vertrieb ein Sperbermännchen, das sich auf den Fußboden gesetzt hatte; vor HEINROTH selbst und den üblichen Hantierungen im Zimmer zeigten sie gar keine Scheu, merkwürdigerweise aber vor ganz bestimmten Tönen. So war es nicht möglich, in ihrem Raum zu niesen oder sich die Nase zu schnauben, ohne daß sie in den nächsten Winkel flüchteten und sich dort ängstlich drückten. Auch hatten sie vor Hundegebell, das gelegentlich von der Straße heraufschallte, große Angst, während ihnen der übliche Straßenlärm einerlei war. Die Tiere hatten nie einen Hund gesehen und konnten unmöglich aus Erfahrung wissen, daß es sich um die Stimme eines ihnen gefährlichen Tieres handelte. Etwa ab Februar begann die Rebhenne mit Frau HEINROTH zu liebäugeln: sie kam herbei, hielt sich gern vor ihren Füßen auf und schaute an ihr empor. Der Hahn dagegen griff seine Pflegerin an. Die Henne, die von ihrem Bruder offenbar nichts wissen wollte, verjagte ihn dann wütend, ja sobald Frau H. ins Zimmer trat, setzte sie ihm derart zu, daß man um seine Kopfbefiederung fürchten und ihn deshalb einsperren mußte. Der Hahn seinerseits bemühte sich um seine Schwester, wurde aber nur geduldet, solange Frau H. nicht im Zimmer weilte. HEINROTHS kamen zu der Überzeugung, daß die Rebhenne der wählende Teil war und in Frau H. einen erstrebenswerten Oberhahn sah, zumal diese damals eine braunrote Schürze trug, die die Rebhenne wohl für einen riesigen Hahnenbrustfleck halten mochte; außerdem wirkten die Kleiderröcke vielleicht wie das bei der männlichen Werbung gesträubte Seitengefieder auf sie. Das Geschwisterpaar wurde nun möglichst allein gelassen, damit sich die Henne an den Hahn gewöhnen sollte, was auch bis zu einem gewissen Grade gelang. Der Hahn wurde aber mit der Zeit dermaßen böse, daß es für Frau H. unmöglich war, im Zimmer zu arbeiten, wenn er sich dort frei bewegte, denn er hatte es namentlich auf die entblößten Unterarme abgesehen, und wo er zuhackte, gab es einen blauen Fleck oder eine blutige Stelle; ja bisweilen flog er sogar an ihr empor in ihr Gesicht. HEINROTH selbst wurde nicht angegriffen. Machte der Rebhahn seiner Schwester den Hof, so umging er sie mit abgespreizten Seitenfedern und offenem Schnabel. Auch in fremder Umgebung waren die beiden Rebhühner nicht schreckhaft und konnten auf den Tisch der fotografischen Werkstatt gesetzt, aufgenommen werden, ohne daß sie erst den Versuch machten, gegen das Glasdach oder die Seitenscheiben zu stürmen. Das laute „Girrick" hört man namentlich gegen Abend, wenn die Rebhühner aufzufliegen beabsichtigen; bei der Henne klingt es dünner als beim Hahn. Dieser stößt es auch aus, wenn er einen Gegner vertrieben zu haben glaubt, rief es also stets, wenn Frau H. das Zimmer verlassen hatte, denn nun hielt er sich für den Sieger, der den Eindringling verjagt hatte. Er stand dann oft noch lange hoch aufgerichtet und laut rufend an der geschlossenen Tür.

In der Jugend fressen Rebhühner sehr gern Schafgarbenblätter, später bevorzugen sie Löwenzahn. Bei der Aufzucht von Hühnervögeln in beengten Räumen kommt es fast immer zum leidigen Federrupfen und Federfressen. HEINROTH ist nicht der Ansicht, daß dieses Übel durch Mangel an bestimmten Futterstoffen oder Salzen entsteht, denn er konnte seinen Pfleglingen bieten, was er wollte, sie ließen von der üblen Angewohnheit nicht ab. Den Grund glaubt er darin zu sehen, daß die Tiere ihren Drang zum fortwährenden Gebrauch des Schnabels, also zum Hacken und Picken, befriedigen wollen. Darreichung von Fleischfutter, auch in Gestalt von Würmern und Kerbtieren aller Art, nützt gar nichts. Bei freiem Auslauf hat man mit solchen Schwierigkeiten nicht zu kämpfen, denn die Vögel haben dann für ihre Schnäbel hinreichend Beschäftigung. Über die Gewichtzunahme machten die HEINROTHS folgende Beobachtungen:

Zahl der Tage	1	2	3	4	5	6	7	8	9	10	11	12	14	16
Gewicht in g	8,5	10	13	14,5	17	23	23	26	30	34	40	45	50	55

Zahl der Tage	18	21	24	26	28	32	38	49	56	63	78	91	105	119
Gewicht in g	70	80	70	105	107	140	160	220	265	300	315	330	350	350

Bei den angegebenen Zahlen handelt es sich um Durchschnittsgewichte, zunächst von 4, dann von 2 Vögeln. Mit 124 Tagen, also mit 4 Monaten, war der immer etwas leichtere Rebhahn 332, seine Schwester 343 g schwer. Ein Überblick über die Zusammenstellung zeigt, daß diese Hühnervögel recht gleichmäßig und langsam, d. h. bis zu einem verhältnismäßig späten Alter zunehmen. Nach HEINROTH können sie sich das gewissermaßen leisten, im Gegensatz zu fast allen anderen Vogelgruppen, bei denen das Körperwachstum beendet sein muß, wenn die gleichmäßig hervorsprossenden Schwingen ihre endgültige Länge erreicht haben. Über die Aufzucht von Rebhühnern aus Wildgelegen hat BEHNKE (1964) eingehend berichtet. Rebhuhneier sind sehr empfindlich gegen Stoß, aber wenig gegen Erkalten. Wird beispielsweise ein ausgemähtes Gelege gefunden, dessen Eier erkaltet sind, sollte ein Ausbrüten trotzdem versucht werden. Will man keine Kunstbrut versuchen, benötigt man eine vollbrütige Haushenne. Als Ammen für Rebhuhnküken haben sich Zwerghuhnrassen, vor allem Zwerg-Wyandotten und Seidenhühner, bewährt. Nach BEHNKE können einer Zwerghenne, die schon 14 Tage sitzt, selbst ganz frische Rebhuhneier untergelegt werden. Er erlebte es immer wieder, daß Zwerghennen dreimal mit kurzer Unterbrechung Rebhuhngelege komplikationslos zum Schlüpfen brachten. Er verwendet Brutkästen, die auf natürlich gewachsenen Grasboden gestellt werden und legt soviel weiches Heu hinein, wie zur Bodenbedeckung nötig ist. Die Zwerghenne wird allmorgendlich abgenommen, bei frischen Gelegen nur 10 Minuten, später 20 Minuten lang. Rebhuhneier benötigen weniger Feuchtigkeit als Fasaneneier. Wird der Brutplatz selbst feucht gehalten, erübrigt sich das Befeuchten des Geleges mit der Nebel-Blumenspritze. Am Schlupftag ist jede Störung zu vermeiden. Erst wenn die Rebhuhnküken abgetrocknet sind, werden Henne und Gesperre in eine 2 m × 2 m große und 0,5 m hohe Holzkiste gebracht, die an einer Ecke gegen Regen mit Dachpappe überdeckt wird und oben als Abschluß ein feinmaschiges Fischnetz erhält. Die Kiste sollte auf kurzem, nicht zu feuchtem Rasen stehen und wird 2mal täglich weitergerückt, um Infektionen vorzubeugen. Während der ersten 24 Stunden wird nichts gefüttert, danach auf einem 15 cm × 40 cm großen Futterbrett feingewiegte frische Schafgarbe mit gekochtem Eigelb vermischt gereicht. Auf einem kleineren Futterbrett würde die Henne das meiste Futter selbst fressen, und die Küken hätten das Nachsehen. Als Getränk reicht man frisches, nicht abgekochtes Wasser von Lufttemperatur in flachen, mit Steinen beschwerten Schalen. Am 3. Tag erhalten sie zur Schafgarbe Eidotter nebst Eiweiß gekocht und fein gewiegt, dazu trockenes Küken-Alleinkorn (für Hühnerküken) in Mehl- oder Körnerform.

Stehen Nester der Rasen-Ameise zur Verfügung, sind sie hoch willkommen, und die Rebhuhnküken werden sich gierig darauf stürzen. Am 4. Tag wird das gleiche Futter wie am Vortag, aber zur Hälfte mit käuflichem Fasanenweichfutter vermischt, gereicht. Dazu erhält jedes Küken einen Mehlwurm. Für die Aufzucht eines Gesperres während drei Wochen reichen 400 g Mehlwürmer aus. Von diesem Tage an wird außerdem erstmalig eine flache Schüssel, die trockenen Sand vermischt mit Holzasche enthält, in den Aufzuchtkasten gestellt, denn die Küken brauchen nun täglich ein Sandbad. Am 5. Tag gibt man zusätzlich zum Fasanenweichfutter und dem Küken-Alleinkorn trockene Haferflocken, und am 6. Tag neben dem gleichen Futter je 4 Mehlwürmer. Ab dem 7. Tag werden Ei und Schafgarbe verringert, und man fügt nun dem übrigen Futter (Fasanenweichfutter, Haferflocken, Alleinkorn) noch Hühnerkükengrütze in kleinster Körnung hinzu. Am 8. Tag bestehe das Futter aus ⅓ Ei mit Schafgarbe und ⅔ Fasanenweichfutter. Haferflocken, Küken-Alleinkorn und Kükengrütze stehen ad libitum zur Verfügung. Die Mehlwurmgaben sind so in der Aufzuchtkiste zu verstreuen, daß alle Küken ihren Anteil erhalten. Ab dem 8. Tag dürfen 5 Mehlwürmer pro Tier gereicht und die Zahl kann später erhöht werden. Bei 7 Mehlwürmern pro Tier täglich kann die Eifütterung eingestellt werden. Vom 8. Tag an füttert BEHNKE 4mal, ab dem 12. Tag nur 3mal täglich. Das Futterbrett wird nach jedem Gebrauch abgewaschen und der Trinknapf täglich gereinigt. Den Aufzuchtkasten rückt man 2mal täglich auf dem Rasen ein Stück weiter. Sollen junge Rebhühner später zu Zucht- oder Liebhaberzwecke in Volieren gesetzt werden, beläßt man sie bis zur 6. oder 7. Woche in der Kiste, während sie zwecks Auswilderung schon in der 3. Woche in voll flugfähigem Zustand ausgesetzt werden können. Die kostspielige Mehlwurmzufütterung kann nun unterbleiben. Dafür werden Haferflocken und Alleinkorn vermehrt, dazu Grütze und Reis in gekochtem Zustand sowie mageres rohes, durchgedrehtes Frischfleisch gegeben. Bei gekochter Grütze und Reis muß auf Sauerwerden geachtet werden.

Steht keine Hühnerglucke zur Verfügung, werden die Rebhuhneier in eine Brüterei oder eine Hühnerfarm gegeben und dort zusammen mit den Hühnereiern erbrütet.

Englische und amerikanische Züchter reichen ihrem Bestand pelletiertes Futter (Preßlinge), das z. B. von der Fa. Spratt (Spratt's Game Food) je nach dem Alter der Tiere und ihrem jahreszeitlich verschiedenen Bedarf in mehreren Zusammensetzungen hergestellt wird, die sich hauptsächlich durch den Eiweißgehalt unterscheiden. Zur Fortpflanzungszeit enthalten diese Pellets 17 % Protein, danach in der Ruhezeit vom Spätsommer bis zum Frühjahr ein Erhaltungsfutter mit 13 % Protein. Jungküken wird bis zum Alter von 14 Tagen ein Erstlingsfutter mit dem hohen Proteingehalt von 28 % verabreicht, weil sie sich in diesem Alter fast ausschließlich von tierischem Eiweiß (Insekten, Spinnen etc.) ernähren. Danach erhalten sie bis zum Alter von 6 Wochen Futter mit nur noch 24 % Proteingehalt, weil sie nun in steigendem Maße pflanzliche Nahrung aufnehmen. Bei über 6 Wochen alten sinkt der Eiweißgehalt im Futter auf 20 % und wird dann allmählich auf das Erhaltungsfutter mit 13 % reduziert.

Wer sich aus Gründen der Liebhaberei nur 1 oder 2 Paar Rebhühner halten will, kann ihnen Kükenfutter gemischt mit Waldvogel- oder Taubenfutter, dazu viel Grünzeug und ab und zu Mehlwürmer reichen. Regenwürmer zu verfüttern ist nicht ratsam, weil diese nicht selten mit Luftröhrenwurmlarven infiziert sind. Vorzüglich eignet sich ein Rebhuhnpaar für Volieren in Kleingärten. Eine Voliere muß aber wenigstens 2 m × 2 m groß sein. Erbrütete Junge dürfen nur bis zum nächsten Frühjahr mit den Eltern zusammengehalten werden, weil mit Einsetzen milderen Frühlingswetters die Paar- und Revierbildung beginnt. Nimmt man die Junghühner nicht rechtzeitig heraus, werden sie unweigerlich vom Elternpaar getötet. Will man also Rebhühner züchten, muß man sich beizeiten Gedanken über die Unterbringung des Nachwuchses machen, d. h. Ersatzvolieren bereithalten, oder eine Verkaufsanzeige in einer Geflügelzeitschrift aufgeben. Versuchen Sie auch nicht, Rebhühner mit anderen Kleinhühnern, Wachteln und bodenbewohnenden Vogelarten zusammenzuhalten: Ein brutwilliges Rebhuhnpaar macht nicht viel Federlesen, und Sie können die kleinen Leichen der Mitbewohner aufsammeln. Ansonsten wird man aber an seinem Rebhuhnpaar viel Freude haben, und die Haltung der Art kann nur wärmstens empfohlen werden.

Weiterführende Literatur:
BEHNKE, H.: Hege, Aufzucht und Aussetzen von Fasanen und Rebhühnern. Rebhuhn; pp. 65–81. P. Parey Berlin 1964
BLANK, T. H., ASH, J. S.: The concept of territory in the Partridge. Ibis 98; pp. 379–389 (1956)
BOUCHNER, M.: Das Überleben von künstlich aufgezogenen Rebhühnern nach der Freilassung. Beitr. Jagd- u. Wildforschg. 7; Tag.-Ber. Dtsch. Akad. Landw. Wiss. Berlin 113; pp. 327–334 (1971)
BRÜLL, H.: Forschung zur Biologie des Rebhuhns in Deutschland. Wild und Hund 56; pp. 265–267 (1953)
BRÜLL, H., LINDEMANN, W.: Der derzeitige Stand unserer Kenntnis vom Leben des Rebhuhns. Dtsch. Jäger-Ztg. 103; pp. 253–155; 276–279, 301–303, 335–338 (1954)
COOKE, C. H.: Behaviour and display of the common partridge. Countryside 18; pp. 241–244 (1958)
CRAMP, ST. et al.: Handbook of the Birds of Europe, the Middle East and North Africa. Vol. II, Rebhuhn; pp. 486–496. Oxford University Press London 1980
DÜRIGEN, B.: Die Geflügelzucht. Rebhuhn; pp. 359–360. Paul Parey Berlin 1886
ENGLER, H.: Etwas über die Haltung von Rebhühnern. Gef. Welt 67; pp. 295–296 (1938)
FANT, R. J.: A nest recording device. J. Anim. Ecol. 22; pp. 323–327 (1953)
GLUTZ VON BLOTZHEIM, U. N. et al.: Handbuch der Vögel Mitteleuropas, Bd. 5; Rebhuhn; pp. 247–283. Akadem. Verlagsgesellschaft Frankfurt/M. (1973)
HABERMEHL, K. H., HOFMANN, R.: Geschlechts- und Alterskennzeichen am Kopf des Rebhuhnes. Ztschr. Jagdwiss. 9; pp. 29–33 (1963)
HEINROTH, O., HEINROTH, M.: Die Vögel Mitteleuropas. III. Band; Rebhuhn; pp. 234–239. Bermühler Verlag Berlin 1928
JANDA, J.: Food requirements of young Partridges and Pheasants. Lesnicky casopis 10; pp. 579–598 (1964)
DERS.: Natural foods of Grey Partridge in nature. Symposium on Partridge, Prag 1966
JENKINS, D.: Social behaviour in the Partridge. Ibis 103; pp. 155–188 (1961)
LIEBE, K. TH.: Einige neue Erfahrungen betreffs der Züchtung einheimischer, besonders insektenfressender Vögel. Zoologischer Garten; p. 343 – Verhalten von in der Stube aufgezogenen Rebhühnern (1871)
LYNN-ALLEN, E. H., ROBERTSON A. W. P.: Unsere Freunde, die Rebhühner. P. Parey Berlin 1958
MC CABE, R., HAWKINS, A. S.: The Hungarian Partridge in Wisconsin. Amer. Midland Nat. 36; pp. 1–75 (1946)
MIDDLETON, A. D., CHITTY, H.: The food of adult Partridges, *Perdix perdix* and *Alectoris rufa*, in Great Britain. J. Anim. Ecology 6; pp. 322–336 (1937)
MÜLLER-USING, D.: Diezels Niederjagd – Rebhuhn; pp. 218–232. 20. Aufl. P. Parey Berlin 1970
NOLTE, W.: Zur Biologie des Rebhuhns; pp. 1–105. Neumann-Neudamm 1934
OLECH, B.: Über Merkmale der Altersstruktur beim Rebhuhn. Ztschr. Jagdwissensch. 15; pp. 106–108 (1969)
POTTS, G. R.: The Partridge survival project. Game Conservancy ann. Rev. 1969/70; pp. 37–44 (1970)
PULLIAINEN, E.: Studies on the weight, food and feeding behaviour of the Partridge in Finland. Ann. Acad. Sci. Fenn. A IV 93; pp. 1–76 (1965)
DERS.: Behaviour of the Partridge in winter. Suomen Riista 18; pp. 117–132 (1966)
SOUTHWOOD, T. R. E.: The ecology of the Partridge. The role of prehatching influences. A. Anim. Ecol. 36; pp. 557–562 (1967)
SOUTHWOOD, T. R. E., CROSS, D. J.: The ecology of the Partridge. Breeding success and the abundance of insects in natural habitats. Journ. Anim. Ecol. 38; pp. 497–509 (1969)
STROH, G.: Die Altersmerkmale beim Rebhuhn. Berliner tierärztl. Wschr. 49; pp. 273–276 (1933)
VON THÜNGEN, C. E.: Das Rebhuhn, dessen Naturgeschichte, Jagd und Hege. F. Voigt, Weimar; pp. 1–125 (1876)
WESTERSKOV, K.: A comparative study of the ecology and management of the European Partridge in Ohio and Denmark. Dissertation, Ohio State University, Columbus/Ohio; pp. 1–339 (1949)

Bartrebhuhn
Perdix dauuricae, Pallas 1811
(= *Perdix barbata*)

Engl.: Daurian Partridge.
Heimat: In der UdSSR Fergana, Semiretsche, nordwestliche und nördliche Waldsteppengebiete des Altai, die südlichen Distrikte des Krasnojarsker Gebietes (Minusinsker Steppen), Baikalien und Transbaikalien bis zur Ussurimündung. In China von der südlichen Mandschurei (Heilungkiang) bis Hopeh, westwärts Shansi und die innere Mongolei bis Südost-Shansi und Ost-Ningsia; von Südost-Kansu ostwärts bis Südwest-Tsinghai. In Sinkiang vom Hamigebiet westwärts zum Dsungarischen Ala Tau und dem Tien Shan. 3 Unterarten.
An den Westgrenzen des Areals ist das Bartrebhuhn stellenweise mit dem Rebhuhn der Unterart *P. perdix robusta* sympatrisch und kann mit ihm gemeinsame Wintergesellschaften bilden. Gelegentliche Hybridisation ist vom Altai und dem Saisan Nor bekannt geworden.
Beschreibung: Geschlechter verschieden gefärbt. Gesamtfärbung der von *P. perdix* recht ähnlich. Bei Hähnen der Nominatform verläuft unter den Augen ein schmales schwarzes Band. Stirn, Überaugenstreif, Zügel, Kinn und Kehle ockergelblich ohne die für *P. perdix* typische rötliche Färbung dieser Partien. Federn des Kinns und der Kehle verlängert und schmal („Bartrebhuhn"). Ein großer ockergelber Bezirk, der sich über Kropf und Vorderbrust erstreckt und bei manchen Stücken in Form eines schmalen Bandes über den Unterhals verläuft, geht unmerklich in die gleichgefärbte Kehle über; auf der Brust ein ausgedehnter reinschwarzer Hufeisenfleck, die langen Seitenfedern wenig schwarz quergewellt und gelblich angeflogen, dadurch heller wirkend.
Länge 300 bis 320 mm; Flügel 150 bis 157 mm; Schwanz 89 mm; Gewicht 305 g.
Den Hennen fehlen die breiten kastanienbraunen Querflecke der *P. perdix*-Hennen auf Schultern und Flügeldecken. Dafür finden sich dort hellrahmfarbene Querbinden mit breiten Schaftstreifen. Ein schwarzer Hufeisenfleck auf der Unterseite ist sehr klein oder fehlt ganz.
Flügel 151 mm; Gewicht 300 g.
Gelegestärke 16 bis 20; Ei von dem des *P. perdix* nicht unterscheidbar (32,4 bis 45 mm × 25,4 bis 27,5 mm).
Lebensgewohnheiten: Bartrebhühner sind Standvögel, die nur in strengen Wintern begrenzte Wanderungen ausführen. Bevorzugtes Habitat scheinen Waldsteppen zu sein, doch brüten sie auch in buschreichen Sandsteppen, auf Lößhügelgelände, an nicht zu steilen Berghängen, auf Gebirgsplateaus und in Kultursteppen. BEICK traf die Art in Nordwest-Kansu zusammen mit Przewalski-Steinhühnern am Sining-Ho von Heitsuitse aufwärts, bei Sin-tien-pu und am Nordfuß des Richthofengebirges häufig auf Lößhügeln an. Die Ketten hielten bis spätestens Ende März zusammen, doch wurden zu diesem Zeitpunkt auch bereits Einzelpaare angetroffen. Erste Eier wurden am 3. Juni, Vollgelege aus 16 frischen Eiern am 17. Juni, 11 frischen Eiern am 20. Juni, 15 angebrüteten Eiern am 26. Juni, 14 wenig angebrüteten am 8. Juli und 12 stark angebrüteten am 22. August gefunden. Über das Verhalten des Bartrebhuhns ist so gut wie nichts bekannt, doch wird es sich kaum sehr von dem des *P. perdix* unterscheiden.
Haltung: Bartrebhühner aus Russisch-Turkestan wurden durch die Fa. HAGENBECK erstmalig nach Deutschland importiert und gelangten 1905/06 sowie 1912 in den Berliner Zoo. Die Art dürfte inzwischen in der UdSSR gehalten und gezüchtet worden sein.

Weiterführende Literatur:
DEMENTIEV, G. P., GLADKOV, N. A., et al.: Birds of the Sovjet Union, Vol. IV; Publ. for U.S.D.I. and the Nat. Sci. Found by the Israel Program for Scient. Transl. Jerusalem 1967
HARTERT, E.: Die Vögel der paläarktischen Fauna, Bd. III; *P. barbata;* pp. 1935–1936. R. Friedländer & Sohn, Berlin 1921–22
LA TOUCHE, J. D. D.: A Handbook of the Birds of Eastern China, Vol. II; *P. barbata;* pp. 261–263. Taylor & Francis, London 1931–34
STRESEMANN, E., MEISE, W., SCHÖNWETTER, M.: Aves Beickianae. Beiträge zur Ornithologie von Nordwest-Kansu nach den Forschungen von WALTER BEICK in den Jahren 1926–1933. *P. barbata;* pp. 216–217; Journ. Ornith. 86 (1938)
VAURIE, CH.: The Birds of the Palearctic Fauna. Non-Passeriformes; *P. dauuricae;* pp. 288–289. H. F. & G. Witherby, London 1965

Tibet-Rebhuhn

Tibetrebhuhn
Perdix hodgsoniae, Hodgson 1857

Engl.: Tibetan Partridge, Mrs. Hodgson's Partridge.
Heimat: Gebirge Mittel-Chinas und Tibet. Standvogel vom Nan-Shan-Gebirge Ost-Tsinghais und West-Kansus, südwärts bis Kangting (früher Tatsienlu genannt) und Muli in Mittel- und Süd-Szetschuan; in West-Szetschuan und Tibet westwärts etwa bis Gartok, außerdem im äußersten West-Tibet westlich Gartoks. Südlich der tibetanischen Grenze im nördlichsten Zentral-Nepal und in Sikkim. 3 oder 4 Unterarten.
Beschreibung: Geschlechter gleichgefärbt. Bei der Nominatform sind ein breites Stirnband, der Zügel, ein bis zu den Hinterkopfseiten reichender Überaugenstreif, Kopfseiten und Kehle rahmweiß; ein schmaler Streifen an der Oberschnabelbasis und ein großer Unteraugenfleck schwarz, die Ohrdeckfedern schwarz mit weißer Schäftung. Scheitel rotbraun, Federn der übrigen Ober-und Hinterkopfbezirke schwarz und rostbraun mit je einem kurzen rahmweißen Schaftstreifen nahe den Spitzen. Hinter- und Seitenhals rotbraun, durch eine Reihe schwarzer Flecke gegen das Weiß der Kehle und des Vorderhalses abgegrenzt; Vorderrücken rötlichgrau mit schwarzer Querstreifung, die Federn von Hinterrücken, Bürzel und den kürzeren Oberschwanzdecken braungrau, schwarz gebändert und auf den Federenden schwarz gesprenkelt. Flügel und Flügelbinden wie bei *Perdix perdix,* nur die Farben lebhafter und die Innensäume der inneren Armdecken rostgelb; Schwanzfedern braunrot, an den äußersten Enden rahmfarben und schwarzbraun gesprenkelt, die mittleren und längsten Schwanzdecken weißlich mit schwarzbraunen, z. T. rotbraun gefleckten Querbinden. Unterseite weiß, rahmgelb angeflogen, am Kropf mit einigen schwarzen Querflecken; auf Brust und Oberbauch ein großer Bezirk aus schwarzen, rahmgelb endgesäumten Federn; Seitenbauchfedern gelbbraun mit weißer Schäftung, gesprenkelten Spitzen und je einer breiten rotbraunen Binde; Unterbauchmitte und Unterschwanzdecken einfarbig weiß. Schnabel und Beine hellgrünlichhornfarben, Orbitalhaut hellrot, zur Brutzeit samtig karminrot; Iris braun bis rotbraun.
Länge 310 mm; Flügel 155 bis 165 mm; Schwanz 86 bis 91 mm; Gewicht 450 g.
Subadulte sind oberseits ohne jedes Blaugrau und zeigen nirgends rotbraune Färbung. Bei ihnen sind Scheitel, Wangen und Ohrdecken dunkelbraun mit weißen Spitzenflecken; Unterseite trüb erdigisabell mit hellerer Längsstreifung und unscharf begrenzter, schmaler schwarzer Querbänderung.
Dunenküken sind sicher gesammelt, aber noch nicht beschrieben worden.
Gelegestärke 8 bis 12 (BAKER), 15 (PRZEWALSKY), 17 (SCHÄFER); das Ei gleicht einem dunklen Rebhuhnei (37,6 mm × 27,2 mm).
Lebensgewohnheiten: Die Art bewohnt in Nepal und Sikkim Gebirgsplateaus und felsige Berghänge mit schütterer Vegetation aus Caraganabüschen, Zwergwacholdern und Rhododendrongestrüpp während der Sommermonate in Lagen zwischen 3600 und 5500 m und weicht vor der Winterkälte auf Lagen unterhalb 4000 m aus. Nach SCHÄFER weicht das Tibetrebhuhn in seiner Lebensweise wenig von der europäischen Art ab. In die Nähe von Ortschaften kommt es allerdings selten, meidet auch nach Möglichkeit Anbaugebiete und besucht allenfalls im Winter Brachäcker. Die Hauptaufenthaltsgebiete in Tibet liegen in Höhen von 4000 bis 4300 m, doch wurde einmal auch auf den 5000 m hohen Hügeln des Ramalapasses eine starke Kette der Unterart *sifanica* angetroffen. In den gewaltigen Höhenlagen bevorzugen die Vögel flachmuldige Wannentäler, die als Weideplätze für Yak- und Schafherden genutzt werden. In diesen Halbwüstensteppen halten sie sich stets in der Nähe kniehoher Büsche und Dickungen von Zwerg-Rhododendren auf und suchen in Ketten aus 6 bis 20 Vögeln in dieser Vegetation Schutz. Von ihrem guten Flugvermögen machen sie weniger Gebrauch als unsere Rebhühner und rennen lieber bergwärts, dabei schrille Warnrufe ausstoßend, die FLEMING mit „Tschii tschii tschii tschii" angibt. Nur in äußerster Gefahr erheben sie sich mit purrendem Flügelschlag. Morgens und abends laufen sie zur Nahrungsaufnahme auf die Weideflächen und suchen

gern Insekten aus dem Yakdung. Bei Sonnenauf- und -untergang locken sich die Mitglieder einer Kette mit schnarrendem „Scherreck" zusammen, das leiser als bei *P. perdix,* und daher angenehmer, klingt. Auch wird das „R" länger ausgezogen, so daß die volle Strophe wie „Scherrrreck scherrrr- reck" klingt. In der Buschzone des oberen Jangtse konnte SCHÄFER die Brutbiologie beobachten. Mitte März begannen sich die großen Ketten aufzu- lösen, die Vögel wurden sehr lebhaft, und den gan- zen Tag über konnte man die Rufe der erbittert miteinander kämpfenden Hähne hören. Gegen Mitte April waren alle verpaart, verhielten sich auf- fallend still und zeichneten sich durch große Ver- trautheit aus. Sie waren so häufig, daß man in man- chen Seitentälern des Jangtse bei 3700 m alle 50 bis 100 m 1 Paar antreffen konnte. Anfang Juni begeg- nete man oft einzelnen Hähnen, deren Hennen brü- teten. Am 7. Juni wurde in 4000 m Höhe in Zwerg- strauchgebüsch ein Nest mit 17 noch nicht angebrü- teten Eiern gefunden. Die Henne flog erst auf, als man beinahe auf sie trat. Das aus langen Grashal- men bestehende Nest war an einem mäßig steilen Trockenhang im Schatten von Büschen gut getarnt angelegt. Da der Durchmesser der Nestmulde nur ca. 20 bis 22 cm betrug, waren die vielen Eier in 2 Schichten übereinander angeordnet. Erst am 8. August sah man die ersten, sperlingsgroßen Küken, am 14. August eine Kette aus wachtelgroßen Jung- vögeln. Die Brutzeit liegt verhältnismäßig spät, doch scheinen die Jungen sehr schnellwüchsig zu sein. Zu ähnlichen Ergebnissen bei *P. h. sifanica* kam BEICK in Kansu, wo er die Art in der Alpen- zone der Süd-Tetungschen Berge und des Richtho- fengebirges antraf. Im Süd-Tetung erschienen diese Rebhühner von November an in Ketten auf den Feldern bei Lau-hu-kou (ca. 2700 m) und Wei- jüanpu, während andere Ketten in oder nahe der alpinen Zone überwinterten. Am 30. März wurde bei Kimar 1 Paar, am 2. August am gleichen Ort 1 Elternpaar mit 10 bis 14 Tage alten Jungen ange- troffen. Von 4 am 23. September dort beobachteten Ketten waren die Jungen in einem Fall fast ganz ausgewachsen, in einem anderen erst wachtelgroß. Letztere dürften aus einem Nachgelege gestammt haben.

Haltung: Nach HOPKINSON (Av. Mag. 1939; p. 162) ist die Art in Frankreich gezüchtet worden, doch fehlt die Jahresangabe. Da dem Londoner Zoo 1877 1 Tibetrebhuhn von dem französischen Züch- ter J. M. CORNELY (Beaujardin bei Tours) geschenkt und im gleichen Jahr 1 weiteres angekauft wurde, kann man vermuten, daß die Erstzucht der Art diesem Züchter 1876 oder 1877 in Frankreich gelang.

Aus einer von der WPA 1978 durchgeführten welt- weiten Befragung von Wildhühnerhaltern ist ersicht- lich, daß in Nordamerika 16 Tibetrebhühner gehal- ten wurden. Haltungs- und Zuchtberichte darüber sind uns nicht bekannt.

Weiterführende Literatur:
BAKER, E. C. ST.: The Fauna of British India, Birds Vol. V; *P. hodgsoniae;* pp. 423–426. Taylor & Francis, London 1928.
FLEMING, R. L. sen., FLEMING, R. L. jun., BANG- DEL, L. S.: Birds of Nepal; *P. hodgsoniae;* p. 68. Selbstverlag Kathmandu 1976.
HARTERT, E.: Die Vögel der paläarktischen Fauna, Bd. III; *P. hodgsoniae;* pp. 1936–1938. R. Friedländer, Berlin 1921–1922.
SALIM ALI, RIPLEY, S. D.: Handbook of the Birds of India and Pakistan, Vol. 2; *P. hodgsoniae;* pp. 35–36. Oxford University Press, London/New York 1980.
SCHÄFER, E.: Die Fasanen von Ost-Tibet. Das tibetani- sche Rebhuhn (*P. hodgsoniae sifanica*). J. Orn. LXXXII; pp. 503–504 (1934).
DERS.: Ornithologische Ergebnisse zweier Forschungs- reisen nach Tibet. Tibetrebhuhn; pp. 86–88; J. Orn. 86, Sonderheft 1938.
STRESEMANN, E., MEISE, W., SCHÖNWETTER, M.: Aves Beickianae. Beiträge zur Ornithologie von Nordwest-Kansu nach den Forschungen von W. BEICK in den Jahren 1926–1933. *P. h. sifanica;* pp. 217–218. J. Orn. 86 (1937).

Lerwahuhn

Lerwahühner
Lerwa, Hodgson 1837

Engl.: Snow Partridges.
Die Gattung dieser etwa schneehuhngroßen Hochgebirgshühner umfaßt nur eine Art, die den Himalaja oberhalb der Baumgrenze bewohnt. An den kurzen, nach hinten spitzen Flügeln ist die 2. Handschwinge am längsten, die 1. und 3. nur wenig kürzer. Die Armschwingen sind verhältnismäßig lang und enden 2,5 cm oberhalb der Handschwingenspitze. Der hinten leicht gerundete Schwanz ist 14federig. Der kurze Lauf ist bis zur Laufmitte befiedert. Der Hahn besitzt einen meist kurzen, stumpfen, gelegentlich jedoch gut entwickelten, scharfen Sporn, und selten sind Ansätze eines weiteren Sporns vorhanden. Geschlechter gleichgefärbt. Aus der Ähnlichkeit des Dunenkleides der Lerwahühner mit denen der Blutfasanen schließt man auf eine engere Verwandtschaft der beiden Gattungen.

Lerwahuhn
Lerwa lerwa, Hodgson 1833

Engl.: Snow Partridge.
Heimat: Die Himalaja-Gebirgsketten von Kaschmir ostwärts durch Süd-Tibet, Nord- und West-Szetschuan und Süd-Kansu, in südlicher Richtung die Likiangkette von Nord-Yünnan in Lagen zwischen 3600 und 5100 m. 2 Unterarten.
Beschreibung: Geschlechter gleichgefärbt. Kopf, Hals und Oberseite schwarz, schmal rahmfarben bis hell rostgelb, auf Hinterrücken und Oberschwanzdecken reinweiß quergebändert. Einige der inneren Schulterfedern sind auf den Außenfahnen größtenteils weiß, die innersten Armschwingen und einige benachbarte Schulterfedern an den Spitzen rotbraun mit schwarzen Querbinden; Handschwingen dunkelbraun, in der Regel auf den Außensäumen mit ein paar hellbraunen Fleckchen und Kritzeln, die inneren weiß endgesäumt. Armschwingen mit Ausnahme der innersten tief braun, die Federn mit geringer und unregelmäßiger weißer Querzeichnung und breiten weißen Spitzen. Zwischen Kehle und Kropf ein röstlich rahmfarbenes Querband, die übrige Unterseite tief kastanienbraun mit weißer Längsfleckung, die Federbasen schwarz und weiß. Bauchmitte und Schenkel schwarzbräunlich und weißlich-rahmfarben quergebändert, die Bauchmitte dazu mit einzelnen kastanienbraunen Flecken. Unterschwanzdecken kastanienbraun, an den Spitzen mit braunschwarzer Pfeilfleckung und weißer Endsäumung. Schnabel leuchtend korallenrot, die Iris braun bis blutrot, Beine orangerot, während der Brutzeit tiefrot.

o. Hahn des Chukarhuhns, *Alectoris chukar* (s. S. 321)
u. l. Henne des Chukarhuhns mit Küken
u. m. 1 Tag alte Küken
u. r. Gelege des Chukarhuhns

Länge 375 bis 400 mm; Flügel 184 bis 204 mm; Schwanz 118 bis 138 mm; Gewicht 497 bis 684 g. Beim Dunenküken ist der Kopf silbrig grauweiß mit großem schwarzem Scheitel- und Nackenfleck sowie je einem Fleck in der Ohrgegend. Übrige Oberseite bräunlichgrau mit großen schwarzen Flecken. Kehle hellgrau, die übrige Unterseite röstlich isabellfarben. Schnabel schwarz, Tarsus befiedert. Gelegestärke 5 bis 7; Ei mit schwach glänzender, feinkörniger Oberfläche, rahmfarben mit kleinen matten rotbraunen Flecken und Punkten (54,6 mm × 35,0 mm).

Lebensgewohnheiten: Nach SCHÄFER sind Lerwahühner im osttibetanischen Gebirge in Lagen zwischen 4500 und 5000 m, dem Bereich der alpinen Matten, die sich von der oberen Baumgrenze bis zur Schneegrenze erstrecken, die häufigsten Hühnervögel. Auf Schutthalden und im Schutz riesiger aufeinandergetürmter Felsbrocken an Steilhängen führen sie ein verstecktes Leben. Ihre Schutzfärbung ist so vollkommen, daß Menschen sie selten zu Gesicht bekommen, ehe die Vögel ihrerseits bereits ihren Feind unter fortwährendem, ungemein lautem Gakkern beargwöhnen. Meist stehen sie hinter Steinen gedeckt und schauen mit langgestrecktem Hals über die Felsbrüstung. Ziemlich vertraut sind sie nur zur Zeit des Kükenführens oder wenn der Sommermonsun die Bergmassive in eine dichte Wolkendecke gehüllt hat, so daß die Hühner, wie auch ihre Feinde, die Greife, dadurch stark sichtbehindert sind. Auf der Flucht stürzen sich Lerwahühner in geschickten Flugwendungen in die Tiefe, haarscharf um Felsecken biegend und dabei ein lautes Warngeschrei aus oft wiederholten hohen, schrill pfeifenden Tönen ausstoßend. Da dieses Warngeschrei den im gleichen Biotop lebenden Glanzfasanen und Königshühnern ebenfalls eigen und von dem des Lerwahuhnes kaum verschieden ist, fällt es schwer, die 3 Arten stimmlich auseinanderzuhalten. Die schrillen Rufe sind so laut, daß sie mehrere 100 m weit gehört werden können. Wenn zur Brutzeit im Mai die Schattenhänge der Gebirge schneefrei geworden sind, werden die Lerwahühner besonders stimmfreudig. Ein Hahn beginnt zu locken, und alsbald stimmen alle Artgenossen der Umgebung mit ein, so daß ein Gackerkonzert entsteht. Während der wenigen Stunden greller Mittagssonne scheinen die Vögel zu ruhen. Zu allen anderen Tageszeiten sieht man die Familien dicht gedrängt nebeneinander auf den Almmatten äsen, d. h. vorwiegend Grasspitzen abzupfen. Nester werden nach ST. BAKER an unzugänglichen Hängen im Schutz überhängender Felsen angelegt und sind oft noch zusätzlich durch Gras und niedriges Buschwerk getarnt. Meist ist die Nestmulde sorgfältig mit Gras oder Moos ausgefüttert. Die brütende Henne sitzt sehr fest und wird vom Hahn bewacht, der den Nestort oft durch seine offenkundige Nervosität verrät. Die Brutzeit scheint lang zu sein, denn WHITEHEAD erhielt am 2. und 3. Juli gleichzeitig ältere Küken wie unbebrütete Gelege, und WHYMPER hat über Gelegefunde von April bis Ende Juni berichtet. Während der Wintermonate leben Lerwahühner in Gesellschaften bis zu 30 Vögeln zusammen, die sehr standorttreu sind und deshalb stets am gleichen Ort angetroffen werden.

Haltung: Das Lerwahuhn ist bisher noch nicht nach Europa oder in die USA importiert worden. Auch über eine Haltung in seiner Heimat ist nichts bekannt.

Weiterführende Literatur:

BAKER, E. C. ST.: The Fauna of British India, Vol. V., *Lerwa;* pp. 432–435; Taylor & Francis, London 1928.

DIESSELHORST, G. in HELLMICH, W.: Khumbu Himal, Ergebnisse des Forschungsunternehmens Nepal Himalaya, 2. Bd., *Lerwa;* pp. 138–139; Univ. Verlg. Wagner G.m.b.H., Innsbruck/München 1968.

FLEMING, R. L. sen., FLEMING, R. L. jun., SINGH BANGDEL, L.: Birds of Nepal. *Lerwa;* p. 66; publ. by the authors, Kathmandu 1976.

HARTERT, E.: Die Vögel der paläarktischen Fauna, Bd. III; *Lerwa;* pp. 1893–1894. R. Friedländer & Sohn, Berlin 1921–22.

MEYER DE SCHAUENSEE, R.: The Birds of China. *Lerwa* p. 177; Oxford University Press, Oxford 1984.

OGILVIE-GRANT, W. R.: A Handbook to the GameBirds; *Lerwa;* pp. 79–81; E. Lloyd Ltd., London 1896.

SALIM ALI: The Birds of Sikkim. *Lerwa;* p. 20; Oxford University Press, Madras 1962.

DERS.: Field Guide to the Birds of the Eastern Himalayas. *Lerwa;* pp. 14–25; Oxford University Press, Delhi/London/New York 1977.

SALIM ALI, RIPLEY, S. D.: Handbook of the Birds of India and Pakistan, Vol. 2; *Lerwa;* pp. 6–8; Oxford University Press, Delhi/London/New York 1980.

SCHÄFER, E.: Die Fasanen von Ost-Tibet. *Lerwa;* pp. 502–503. Journ. Orn. LXXXII, 1934.

WHITEHEAD, s. BAKER.

WHYMPER, S. L.: zit. aus SALIM ALI & RIPLEY; p. 7.

o. Chukarhuhn, *Alectoris chukar* (s. S. 321)
u. Alpensteinhuhn, *Alectoris graeca saxatilis* (s. S. 326)

Waldfelsenhühner
Tetraophasis, Elliot 1871

Engl.: Monal Partridges.
Diese innerasiatischen Hochgebirgshühner zeichnen sich durch einen kräftigen Schnabel, stämmige, bei den Hähnen mit je einem Sporn versehene Läufe und einen aus 18 Steuerfedern bestehenden, ziemlich langen, keilförmigen Schwanz aus. Ein weiteres Charakteristikum der Gattung ist ein großer dunenartiger, seidenweicher Federbüschel unter jedem Flügel. Die Geschlechter sind gleichgefärbt. Die beiden beschriebenen Formen sind vielleicht nur Subspecies einer einzigen Art.

Braunkehl-Waldfelsenhuhn
Tetraophasis obscurus, Verreaux 1869

Engl.: Verreaux's Monal Partridge.
Abbildung: Seite 284 oben rechts.
Heimat: Von den Gebirgen Zentral-Kansus bis in die Koko Nor-Region Ost-Tsinghais, von dort südwärts nach West-Szetschuan und Sungpan in Nord-Szetschuan.
Beschreibung: Geschlechter gleichgefärbt. Scheitel bräunlichgrau, die Federn schwarz geschäftet. Übrige Oberseite olivbraun, die Vorderrückenfedern mit rundlichem schwarzem Spitzenfleck; Bürzel und noch mehr die Oberschwanzdecken blasser, grauer, die letzteren hell gesäumt, die seitlichen dazu mit schwarzem Spitzenfleck. Federn der Schultern, inneren Armschwingen und benachbarte Oberflügeldecken dunkler und weiß gespitzt. Schwanzfedern mit breiten weißen Endsäumen, das Mittelpaar braungrau, zum Federende hin stark schwarz marmoriert, das äußerste Ende weißlich. Kehle rotbraun, undeutlich rahmgelblich umsäumt, der übrige Vorderhals, Kropf und Vorderbrust hell bräunlich olivgrau, am Ende jeder Feder ein dreieckiger, durch einen kurzen schwarzen Schaftstreifen gestielt erscheinender schwarzer Fleck. Übrige Unterseite bräunlicher und mit breiteren blassen Federsäumen ausgestattet. Auf den Seiten und der Unterkörpermitte einzelne rotbraune Flecken; Unterschwanzdeckfedern kastanienbraun, breit weiß endgerandet. Schnabel schwärzlich, Iris kastanienbraun, Beine lebhaft rötlichbraun. Orbitalregion nackt, rot.
Länge 630 mm; Flügel 211 bis 231 mm; Schwanz 168 mm; Gewicht unbekannt.

Dunenkleid nicht beschrieben.
Gelegestärke vermutlich 4; Ei mit schwach glänzender Schale und tiefer dichtstehender Porung, gelbbräunlich-rahmfarben mit kleinen rötlichbraunen Punkten und Fleckchen (54,1 mm × 37,7 mm).
Lebensgewohnheiten: Waldfelsenhühner bewohnen das Gebiet der oberen Baumgrenze, buschwerk- und wacholderbestandene Berghänge und Schluchten. BEICK beobachtete diese seltenen Hühnervögel in felsigen Wacholderwäldern der Gebirge Kansus, wo sie während des Winters in Ketten von 7 bis 8, zuweilen 12 Stück als Standvögel lebten. Die Stimme ähnelt der des Blauen Ohrfasans, ist nur nicht so tief und so laut. Als Alarmruf stoßen sie ein lautes, kreischendes, etwas gezogenes „Zürit zürit zürit" aus, das lange wiederholt werden kann und häufig noch durch ein lautes „Kah kah" unterbrochen wird. Hahn und Henne sollen mit erhobenem, breit gefächertem Schwanz und am Boden schleifenden Schwingenspitzen gleichzeitig rufen. Das Schwanzfächern ist nicht auf das Balzzeremoniell beschränkt, sondern wird auch in allen Erregungssituationen ausgeführt. Über die Fortpflanzungsbiologie ist auch gegenwärtig noch sehr wenig bekannt. Gelege sind ab Ende April und im Mai gefunden worden.
Haltung: Über eine Einfuhr der Art nach Europa oder in die USA ist uns nichts bekannt.

Rostkehl-Waldfelsenhuhn
Tetraophasis szechenyii, Madarasz 1885

Engl.: Szechenyi's Monal Partridge.
Heimat: West-Szetschuan vom Yalung nordwärts zur Grenze Tsinghais, südwärts zur Likiangkette, westwärts bis zum 93° östlicher Länge in Ost-Tibet.
Beschreibung: Ähnlich dem Braunkehl-Waldfelsenhuhn, aber Hinterhals und Vorderrücken dunkelbraun, Hinterrücken und Bürzel grau, die Federn schmal dunkler gesäumt. Kinn und Kehle hell rostgelb mit rotbrauner Fleckung vermischt. Scheitel braungrau, schwarz gestrichelt, Oberbrust dunkelgrau, die übrige Unterseite mehr braungrau, die Federn rostbraun gesäumt, rostbraun und kastanienbraun gefleckt. Äußere Schwanzfedern mit weißem Endsaum und darüber verlaufender schwarzer Binde. Orbitalregion nackt, rot; Iris kastanienbraun. Beine rötlich braun.
Länge 630 mm; Flügel 216 bis 226 mm; Schwanz 142 bis 151 mm.

Dunenkleid nicht beschrieben, Ei nicht bekannt.
Lebensgewohnheiten: SCHÄFER beobachtete diesen Hühnervogel in der Nachbarschaft Batangs in der Jangtse-Schlucht in unmittelbarer Nähe der dort bei 4500 und 4600 m verlaufenden Baumgrenze. Dort traf er Familiengruppen aus 4 bis 6 Exemplaren an. Zwar gehen die Waldfelsenhühner während des Winters auch in die tiefer gelegenen Rhododendron- und Nadelwälder, aber ihr übliches Habitat sind die letzten zungenförmigen Ausläufer des Hochwaldes, die sich bis dicht an die Schneefelder emporschieben können. Tagsüber verhalten sie sich ruhig und bleiben meist in der Deckung des dichten Waldes, aus der sie sich selten weiter als 300 m entfernen. Etwa 2 Stunden vor Sonnenuntergang und ebenso lange nach Sonnenaufgang entfalten sie ein reges Leben und stoßen häufig ihre lauten, hell gackernden und schreienden Warnrufe aus. Die scheuen und vorsichtigen Vögel leben in Einehe. Ein Paar führte im August starengroße, noch flugunfähige Küken, die sofort in Deckung liefen und es verstanden, gleichsam vom Erdboden zu verschwinden. Währenddessen ergriffen die Altvögel laut warnend und schreiend die Flucht, um jedoch schon wenige Minuten später unter ständigem Rufen zurückzukehren und sich bis auf wenige Schritte zu nähern. Der Flug ist schwirrend und reißend schnell, mit Königshühnern verglichen jedoch recht ungeschickt, eben doch hühnerartig plump, an unser weibliches Birkwild erinnernd. Auch der in der Ruhe ausgestoßene Lockton klingt dem Gocken der Birkhenne ähnlich. Daneben haben sie noch einen sehr weich klingenden Gockton, der meist dreimal kurz wiederholt wird, als Lock- und Unterhaltungston gedeutet werden kann und nur auf wenige Meter Entfernung hörbar ist. Er wird stets von Bäumen herab geäußert, die als Schlafplätze dienen. Die zarten, dumpf klingenden Töne scheinen dem Beobachter aus viel weiterer Entfernung zu kommen, als es in Wirklichkeit der Fall ist. Als weiteren Laut hörte SCHÄFER noch einen scharfen Pfiff, dem sich ein rollendes Schnärren wie „Rrrrrrrt rrrrrrrt" anschloß. Das Waldfelsenhuhn ist ein ausgesprochener Scharrvogel, der den Waldboden in Nähe der Baumgrenze völlig umzuwühlen vermag. Gelegentlich sucht sich eine Familie Plätzchen zum Sonnenbaden oder um dicht aneinandergedrängt Siesta zu halten. Erschreckt pflegen sie sich zunächst zu ducken, um danach plötzlich mit laut purrenden Flügelschlägen laut schreiend aufzufliegen, sich während des Fluges von einer Seite auf die andere zu werfen und in der nächsten Deckung zu landen, aus der sie sich nie weit fortwagen. Das Laufen von *Tetraophasis* ist kein Sprunglauf wie beim Blutfasan, sondern ein ruhiges Trippeln. In dichtem Gehölz sind die Vögel weitaus vertrauter als auf offenem Gelände. Haben sie etwas Verdächtiges bemerkt, pflegen sie sich hoch aufzurichten, sträuben die Kopfhaube und spreizen und schließen in ständigem Rhythmus den Stoß, wobei die weißen Schwanzenden weit sichtbar werden. Über Balz und Brutbiologie ist nichts bekannt. Paare mit Küken wurden in Ost-Tibet von Ende Mai bis August angetroffen.

Haltung: Aus einer weltweiten Umfrage der World Pheasant Association geht hervor, daß im Jahre 1982 in den USA 15 Rostkehl-Waldfelsenhühner gehalten wurden. Berichte über die Haltung, vielleicht sogar Erstzucht, dieser interessanten Art sind offenbar nicht veröffentlicht worden.

Weiterführende Literatur:
HARTERT, E.: Die Vögel der paläarktischen Fauna, Bd. III; *Tetraophasis;* pp. 1895–1896. R. Friedländer & Sohn, Berlin 1921–22.
LUDLOW, F.: The Birds of South-Eastern Tibet, pp. 382–383; Ibis 1944.
MEYER DE SCHAUENSEE, R.: The Birds of China. *Tetraophasis;* pp. 177–178. Oxford University Press, Oxford 1984.
OGILVIE-GRANT, W. R.: A Handbook to the Game-Birds, Vol. I.; *Tetraophasis;* pp. 81–84. E. Lloyd, London 1896.
PRZEWALSKI, N. M.: The Birds of Mongolia, the Tangut Country and the Solitudes of Northern Tibet. Translated by F. C. Craemers. Rowleys Ornithological Miscellany 2, *Tetraophasis;* p. 429 (1877–78).
SALIM ALI, RIPLEY, S. D.: Handbook of the Birds of India and Pakistan, Vol. II. *Tetraophasis;* pp. 16–17; Oxford University Press; Delhi/London/New York 1980.
SCHÄFER, E.: Die Fasanen von Ost-Tibet. *Tetraophasis;* pp. 490–492. J. Ornith. LXXXII (1934).
DERS.: Ornithologische Ergebnisse zweier Forschungsreisen nach Tibet. *Tetraophasis;* pp. 82–83. J. Ornith. LXXXVI, Sonderheft, 1938.
STRESEMANN, E.: Aves Beickianae. Beiträge zur Ornithologie von Nordwest-Kansu n. d. Forschungen v. WALTER BEICK in den Jahren 1926–1933. *Tetraophasis;* p. 210; J. Ornith. LXXXV (1937).

Königshühner
Tetraogallus, Gray 1832

Engl.: Snowcocks.

Diese bis auerhuhngroßen Hochgebirgshühner erinnern in ihrer gedrungenen Gestalt oberflächlich an riesige Rebhühner. Ihr leicht gebogener Schnabel ist relativ groß und robust. Hinter dem Auge liegt ein schmaler nackter Hautbezirk. Entsprechend der Lebensweise ist das Gefieder sehr dicht und fest. An den gerundeten Flügeln der hervorragenden Flieger ist die 1. Handschwinge etwa so lang wie die 6., die 2. am längsten. Der relativ lange, keilförmige, am Ende gerundete Schwanz besteht aus 20 bis 22 Steuerfedern, deren mittleres Paar 6 cm länger ist als das äußerste. Die langen, starken Oberschwanzdecken sind oft kaum von den Steuerfedern zu trennen.

Von Reb- und Steinhühnern unterscheiden sich die Königshühner durch einen anderen Verlauf der Schwanz- und Schwingenmauser. Während die Schwanzmauser nämlich bei ersteren vom mittleren Federpaar ausgeht, und die Federn danach hintereinander bis zum äußersten Paar gewechselt werden, beginnt bei den Königshühnern der Steuerfederwechsel in der Mitte jeder Steuerfederhälfte, und die Federn erneuern sich von dorther nach beiden Seiten. Im Flügel der Königshühner bleiben nach der Jugendvollmauser die 3 äußersten Handschwingen stehen und werden erstmalig 1 Jahr später erneuert, während bei *Perdix* und *Alectoris* in diesem Fall nur die 2 äußersten Handschwingen stehenbleiben.

An den stämmigen Beinen trägt der kurze, an der Basis befiederte Lauf beim Hahn einen kurzen, dicken und stumpfen Sporn. Bei der Obduktion von Königshühnern stellte NIETHAMMER statt eines ausgeprägten Kropfes nur einen caudal mäßig erweiterten Schlund, einen riesigen Muskelmagen und lange Blinddärme fest. Der entleerte Muskelmagen einer Althenne des Himalajakönigshuhnes wog 78 g, was 4 % ihres Körpergewichtes entspricht. Die Blinddärme waren je 38 cm lang, blieben damit aber noch weit unter der Blinddarmlänge von *Tetraoniden*. Die geschilderten Besonderheiten des Verdauungskanals weisen auf eine spröde, zellulosereiche Nahrung hin, die einer guten mechanischen Erschließung bedarf. Königshühner erreichen ein Gewicht von ca. 3 kg, sind also nur halb so schwer wie alte Auerhähne und dreimal leichter als Wildputer. Dagegen sind ihre Eier genauso schwer wie Puteneier und viel größer als die der Auerhenne. Innerhalb der Hühnervogelordnung werden *Tetraogallus*- Eier bezüglich der Eigröße nur von Pfauen, Hokkos und Großfußhühnern übertroffen. Die 5 Arten der Gattung bewohnen die alpine Zone asiatischer Hochgebirge vom Kaukasus im Westen zum Altai im Nordosten, dem Kuen Lun im Südosten

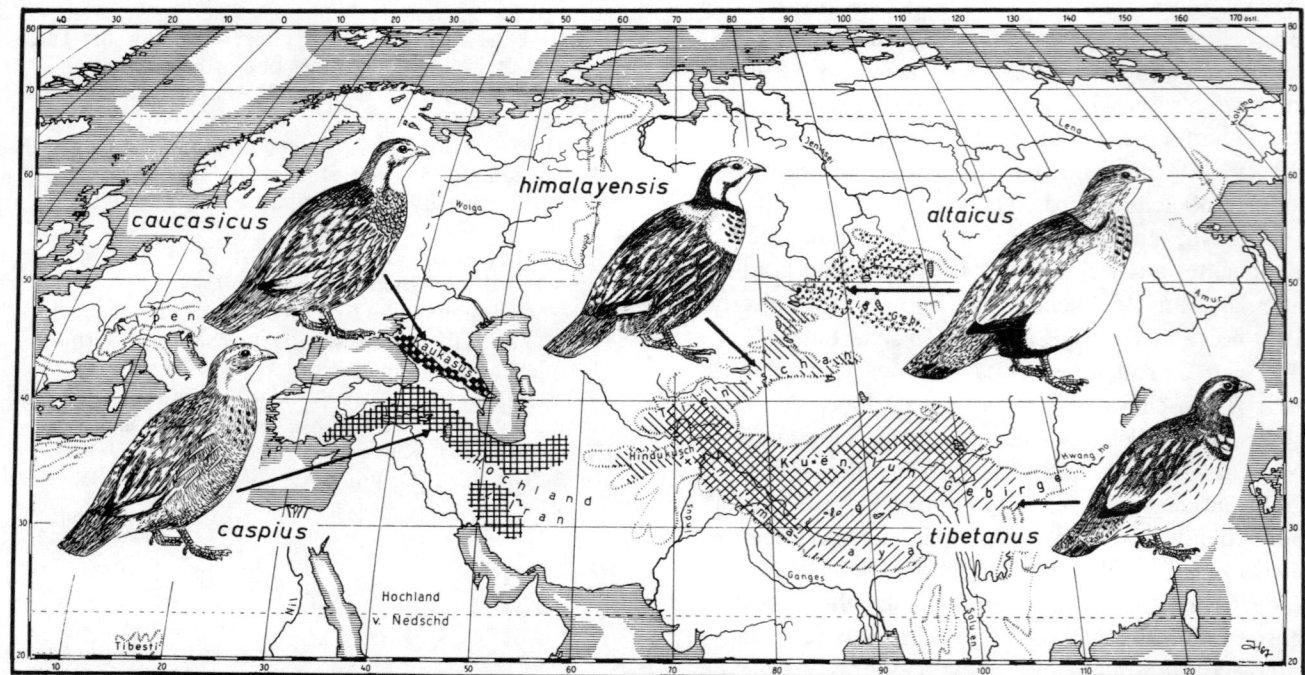

Kennzeichen und Verbreitung der fünf Königshuhn-Arten (gezeichnet von H. Heinzel)

und dem Himalaja im Süden. Abgesehen von geringen Größenunterschieden und abweichender Gefiederfärbung sind sich alle Arten der Gattung so ähnlich, daß man sie zu einer Superspezies zusammenfassen kann. Geographisch schließen sich die Arten im allgemeinen aus, nur Himalaja- und Tibet-Königshuhn scheinen in weiten Gebieten des Himalaja und des Nan-Schan sympatrisch zu sein. KOSLOW hat jedenfalls im Nan-Schan-Gebirge beide Arten in der gleichen Steilschlucht angetroffen. Da sie in Größe und Färbung genügend voneinander verschieden sind, wird es zu keinen Bastardierungen kommen. Von den 5 Arten zeichnen sich Altai- und Tibet-Königshuhn durch weißen Bauch und dunkle Flügel, die übrigen 3 durch überwiegend weiße Flügel aus.
Haltung und Zucht dieser Hochgebirgsbewohner sind schwierig.

Kaukasus-Königshuhn
Tetraogallus caucasicus, Pallas 1811

Engl.: Caucasian Snowcock.
Heimat: Hauptmassiv und Nebenketten des Großen Kaukasus. Westwärts reicht das Vorkommen nicht über den Chugusberg hinaus, und die Art fehlt auf den äußersten westlichen Berggipfeln des Achishko, Fisht und Oshten. Ostwärts erstreckt sich die Verbreitung etwa bis in die Umgebung der Stadt Gyumyusshlu (Aserbaidschanische SSR). Keine Unterarten.
Beschreibung: Geschlechter wenig verschieden. Beim Hahn ist der Scheitel aschgrau, in der Mitte mit rostgelblichem Anflug; Stirnregion mit mehr oder weniger stark ausgeprägter isabellweißer Fleckung und von dorther ein weißlicher Streifen bis über das Auge verlaufend. Hinterhals und Nacken rötlich zimtbraun, die Hinternacken- und Vorderrückenfedern mit abwechselnd schmaler schwarzer und breiter rahmgelber Wellenbänderung; übriger Rücken schwarzgrau mit grober rostgelber Kritzelmusterung und Punktzeichnung, dazu jede Feder dieser Region an der Seite mit langen blaßrostgelben Längsstreifen versehen. Oberschwanzdecken und mittlere Schwanzfedern mattschwarz mit rostbräunlicher Querkritzelzeichnung, die seitlichen Steuerfedern dazu mit breiten rotbraunen Endbinden. Schultergefieder, obere mittlere und die kleinen Flügeldecken mit großen hellisabellfarbenen und kastanienbraunen Flecken; große Flügeldecken und Armschwingen hellisabell gesäumt; Armschwingen weiß mit breiten, die Handschwingen ebenso, aber mit schmaleren dunkelgrauen Endabschnitten; auf den äußeren Armschwingen und den inneren Handschwingen zarte hellisabellgelbe Sprenkel und Wellenbänder; Achselfedern dunkelgrau, hellisabell wellengebändert und gesäumt. Kopfseiten auf Zügel, vorderen Ohrdecken und Seitenkehle grau, nach unten zu in Kastanienbraun übergehend und eine Art Längsbinde bildend, die auf dem Unterhals endet, aber manchmal auch nach vorn biegt und sich mit der der anderen Kopfseite zu einem U-förmigen Band vereinigen kann. Hintere Ohrdecken und hintere Halsseiten weiß, ebenso Kinn, Vorderkehle und -hals. Kropf und Kropfseiten unregelmäßig schwarz und rahmgelb quergewellt, diese Zeichnung auf Brust und Seiten zarter, die langen Seiten- und Flankenfedern breit lanzettförmig und mit breiten rotbraunen, nach innen zu schmal schwarz begrenzten Säumen versehen, ein auffälliges Muster bildend. Mittelbauch, Schenkel und Steißgefieder dunkelgrau, zart zimtrötlich gesprenkelt und wellengebändert, die Unterschwanzdecken weiß. Oberschnabel schmutzighornfarben mit gelbrötlichem Anflug und helleren, gelben Basisrändern, der Unterschnabel schmutziggelbrot mit hellerem Mittelteil, die Nasendeckel gelb; Augenwachshaut und ein kleines nacktes Hinteraugenfeld fahlgelb, die Iris braun; Beine orangegelb, beim Hahn mit einem kurzen Sporn versehen.
Länge 540 bis 560 mm; Flügel 284 mm; Schwanz 146 mm; Gewicht 1933 g.
Die kleineren Weibchen sind ähnlich gefärbt, doch sind bei ihnen der Scheitel und der heller kastanienbraune Hinterhals schwarzweiß gefleckt. Der Seitenhalsstreif ist bei ihnen schmaler, grau mit variabler schwarzer und kastanienbrauner Fleckung; auf Mantel und Kropf weist die schwarze Querbänderung breitere gelbliche Zwischenbänder auf, wodurch diese Gefiederpartien beim Weibchen insgesamt heller erscheinen; die Fleckung auf Schultern, Flügeldecken, Rücken und Oberschwanzdecken ist größer und heller, zimtig bis gelblich isabell; Seiten- und Flankenstreifen schmaler und heller rotbraun; Federn der übrigen Unterseite mit isabellgelblicher Säumung.
Flügel 259 bis 262 mm; Schwanz 152 bis 161 mm; Gewicht 1734 g.
Bei Dunenküken sind Oberseite, Kopfseiten und Hals hellcremefarben bis/oder rötlichisabell, dicht mit schwarzer und sepiabrauner Fleckung und kurzer Bänderung ausgestattet; Unterseite hellcreme-

gelblich, Kropf, Brust und Seiten graubräunlich verwaschen. Iris dunkelbraun bis olivbraun, Schnabel dunkelhornfarben oder schwarz, die Beine horngelb.

Gelegestärke 5 bis 8; Ei mit glatter, schwach glänzender Oberfläche, diese hellgrünlichgrau bis hellbläulich, hauptsächlich am spitzen Ende spärlich dunkelbraun gefleckt (64 bis 69 mm × 42 bis 48 mm); Eigewicht 60 bis 84 g; Brutdauer 28 Tage.

Lebensgewohnheiten: Die Art bewohnt die hochalpine Zone des Kaukasusmassivs in 1800 bis 4000 m Höhe. Die Januartemperaturen betragen dort bei 3000 m zwischen $-10,7°$ und $-5,5°C$, und 8 Monate hindurch herrscht starker Frost. Während der Sommermonate halten sich die Vögel am Rand der Schneegrenze auf und begeben sich im Winter auf schneearme felsige Steilhänge, Geröllhalden, Schuttkegel und alpine Matten mit kurzer Vegetation. Gern ziehen sie zu den Äsungsplätzen der Thure (Steinböcke), die die Schneedecke mit den Klauen fortkratzen und die Vegetation freilegen. In außergewöhnlich schneereichen Wintern wurden Königshühner in Daghestan sogar auf versteppter Vorgebirgsgelände angetroffen. Im Zentral-Kaukasus halten sie sich normalerweise ab Ende Februar und im März am unteren Rand der alpinen Zone auf und begeben sich im Juli/August in die obere alpine Zone, wo sie vor der Sonneneinstrahlung von der warmen Südseite der Berghänge auf die kühlen Nordseiten ausweichen. Erst wenn ihnen ab Ende September hohe Schneelagen den Zugang zur Pflanzennahrung verwehren, wandern sie weiter talwärts. Abgesehen von solchen klima- und nahrungsbedingten Wanderungen, sind Königshühner jedoch Standvögel. Ihre Nahrung ist so gut wie ausschließlich vegetarisch. Analysen des Mageninhaltes ergaben 65 Pflanzenarten. Davon machten Gräser der Gattungen *Festuca, Poa, Zerna* und Seggen *(Carex)* von März bis August 39,5 %, von September bis Februar 42,4 % aller bestimmbaren Pflanzen aus. Leguminosen der Gattungen *Oxytropis, Astragalus, Trifolium, Vicia* etc. waren mit 31 bis 32,5 % vertreten. Weitere Pflanzen gehörten den Gattungen *Alchemilla, Minuartia,* und *Campanula* an. Die Zusammensetzung der Nahrung bleibt im Jahresablauf unverändert. Unterschiede gehen nur auf die Beschaffenheit des Pflanzenmaterials zurück, das im Frühling und Sommer aus saftigen grünen Blättern und Trieben, während des Herbstes und Winters meist vertrocknetem Material der gleichen Arten besteht. Jungvögel nehmen von Beginn an gleiche Pflanzen wie die Erwachsenen auf, nur ist deren Zusammensetzung verschieden. Bei ihnen besteht die Nahrung zu 51,3 % aus Leguminosen und nur 16,7 % Grasarten. Der hohe Eiweißgehalt der Leguminosen muß den Küken offenbar die von den meisten Hühnervogeljungen während der ersten Lebenswochen überwiegend aufgenommene eiweißreiche tierische Nahrung in Form von Kleininsekten, Spinnen und Würmchen ersetzen.

Von Oktober bis Februar trifft man auf Trupps aus 2 bis 3 und mehr Familien, aber auch einzelne Elternpaare mit ihren Jungen. Auch während der Brutzeit werden kleine Gesellschaften von adulten Vögeln beobachtet, die vermutlich aus Junghähnen sowie Althähnen bestehen, deren Hennen brüten. Erstes Balzverhalten beginnt im April, und gegen Ende dieses Monats ist der Balzbetrieb am intensivsten. Der Paarung geht eine Verfolgungsjagd der scheinflüchtenden Henne durch den Hahn voraus. Das Weibchen flüchtet vor dem Hahn bergauf und bergab, und manchmal fliegt er kurze Strecken über ihm. Beide stoßen dabei pfeifende Rufe aus. Hält die Henne inne, umrundet sie der Hahn mit gesträubtem Kleingefieder, hochgestelltem, gefächertem Schwanz und am Boden schleifenden Handschwingenspitzen. Das reiche Stimminventar der Königshühner besteht vorwiegend aus angenehm klingenden, flötenähnlichen Pfiffen. Der bis zu einem Kilometer weit hörbare Revierpfiff des Hahnes ist dreisilbig und dauert 6 Sekunden lang an. Er klingt wie „Uuj-uuj-uuj-uuj-uuj-uuj-uuj-uuj uuj-uuj-uuj-uuj-uuj-uuj-uuj uuuuuuiiiij-jjuujiiuu!" Beim Abfliegen stoßen die Vögel ein jähes „Uul-uul-uul-uul!" aus, woraus wohl die russische Benennung „Ular" für die Königshühner entstanden sein mag. Kurz vor dem Abflug pfeifen erregte Vögel langgezogen, mit zunehmender Schnelligkeit und steigender Tonhöhe „Uuuuuuiiiil uuuuuuiiiil!" Die gleiche Pfeiffolge wird rhythmischer und ruhiger während des Fliegens ausgestoßen. Nester werden von den Hennen allein auf freiem Gelände oder im Schutz überhängender Felsen angelegt. Es sind lediglich flache Mulden, die spärliches Pflanzenmaterial enthalten. Gelege findet man ab Ende April bis in den Mai hinein, Nachgelege noch im Juli. Die Termine der Legetätigkeit sind außerdem von den betreffenden Höhenlagen und Wetterbedingungen abhängig: In höheren Berglagen wird 1½ Monate später gelegt als in tieferen. Die im Durchschnitt 5 bis 8 Eier eines Vollgeleges werden in 2- bis 3tägigen Intervallen gelegt. Die Brutdauer beträgt 28 Tage. 5 bis 7 Stunden vor Ablage des letzten Eies erscheint der Hahn in Nestnähe und hält sich dort während der ersten 7 bis 10 Bruttage auf. Ob er später zur Henne mit der erbrüteten Kükenschar stößt und ob er das überhaupt tut, ist nicht bekannt. Die Küken sind mit 15 bis 20 Tagen flugfähig und vermutlich mit Ablauf des 1. Lebensjahres geschlechtsreif. Das Geschlechtsverhältnis beträgt beim Kaukasischen Königshuhn 1:1, ist also ausgewogen. Der Gesamtbestand wird auf ca. 410 000 Vögel geschätzt. (BAZIEV, 1965).

Haltung: G. RADDE, der Direktor des Kaukasischen Museums in Tbilissi (1864 bis 1903), hat die Art mehrfach gehalten und beklagt in seiner *Ornis Caucasica* das schnelle Dahinsiechen der schönen Vögel in der feuchten Sommerhitze der Grusinischen Ebene. Bessere Ergebnisse hatte der Tierpark Ascania Nova (Chapli) in der ukrainischen Steppe zu verzeichnen, der 1913 5 Ulare erhielt, von denen einer 4 Jahre lebte. Von 6 dort 1936 eingetroffenen Kaukasus-Ularen, brütete 1938 1 Paar in der Voliere. Die am 9. Juli geschlüpften 4 Küken starben jedoch bald, und nur 1 Jahr später war der letzte Altvogel eingegangen.

Kaspi-Königshuhn

Kaspi-Königshuhn
Tetraogallus caspius, Gmelin 1784

Engl.: Caspian Snowcock.
Heimat: Zentrale Taurusketten der Süd-Türkei, Gebirgsketten der Ost-Türkei, Armeniens nordwärts bis ins südliche Grusinien, ostwärts bis zu den Talyscher Bergen (Südwestrand des Kaspi), Nord-Iran in Kurdistan, Gilan und auf der Elburskette (nördl. Teherans) ostwärts bis zur Kopet-Dagh-Kette, dort innerhalb der UdSSR südlich Aschabads. Eine besondere Unterart, *T. c. semenowtianschanskii,* bewohnt isoliert von den übrigen die Zagrosgebirgskette Südwest-Irans südwärts bis ins Gebiet von Schiras. 3 Unterarten.
Beschreibung: Geschlechter wenig verschieden. Beim Hahn der Nominatform ist der Vorderkopf weißlich, der Oberkopf grau, an den Seiten schwärzlicher, auf dem Nacken mit röstlichen Federsäumen. Übrige Oberseite schwarzgrau, zart blaßrostgelblich bekritzelt und punktiert, dazu jede Feder an den Seiten mit großen blaßrostgelben oder rahmfarbenen, an Schultern und inneren Flügeldecken größtenteils rotbraunen Flecken, die auf den Oberschwanzdecken fehlen; Handschwingen weiß mit ausgedehnten schwarzbraunen Spitzen; Armschwingen weiß, ihre Säume und Spitzendrittel wie die Oberschwanzdecken, die innersten rostgelb und schwarzgrau quergekritzelt und rostgelb gesäumt; innere Schwanzfedern wie die Oberschwanzdecken, die äußeren schiefergrau, an den Spitzen roströtlich, caudalwärts mit blaßrostgelb marmorierten Außensäumen. Kopfseiten grau, nach der Kehle zu schieferfarben, die Halsseiten in der Mitte weiß, ebenso Kinn und Kehle; ein breites Kropfschild hellgrau, die Federenden mehr rahmweiß und an den Seiten viele Federn mit schiefergrauem Fleck nahe der Außenfahnenspitze. Von den Kopfseiten her zieht ein am Schnabelwinkel schmal entspringendes, seitlich der Kehle entlangziehendes und sich verbreiterndes schiefergraues Band entlang, um am Oberrand des grauen Kropfschildes zu enden. Brust und Unterkörper grau, rostgelb angeflogen und schwarzbräunlich quergekritzelt; die grauen Seiten mit 6 bis 7 rostroten Längsstreifen, die oben z. T. schwarz begrenzt sind; Unterschwanzdecken weiß. Schnabel horngelb mit schwärzlicher Basis und Spitze, Augenlid und ein schmaler nackter Hinteraugenbezirk orangegelb, die Iris dunkelbraun, Beine orangefarben.
Länge 580 bis 620 mm; Flügel 303 mm; Schwanz 188 mm; Gewicht 2684 g.
Weibchen sind kleiner, trüber in der Gesamtfärbung und weisen weniger scharf abgesetzte Gesichtsmusterung auf. Scheitel, Seitenhalsstreifen und Kropf sind isabellgrau, undeutlich schwarz und weiß gemustert.

Flügel 288 mm; Schwanz 176 mm; Gewicht 1800 bis 2344 g.

Dunenküken ähneln denen der kaukasischen Art, weisen aber eine weiße bis hell isabellgelbe Gesamtfärbung auf, auch sind Kopf und Oberseite breiter zimtrötlich und dunkelgrau gesprenkelt.

Gelegestärke 6 bis 9; Ei breitoval mit glatter, glänzender Schale, die hell lehmgelb mit olivfarbenem Anflug gefärbt ist und weit verstreute zimtrote Fleckung aufweist (63 bis 70 mm × 44 bis 47 mm); Gewicht um 75 g.

Lebensgewohnheiten: Die Art bewohnt die alpinen Zonen vorderasiatischer Gebirge zwischen Dauerschnee und oberer Waldgrenze in Lagen von 1800 bis 3000 m. Das Klima dort ist etwas kälter, aber viel trockener als im Kaukasus. Anders als die kaukasische Art dringt das Kaspische Königshuhn gelegentlich in Rhododendrongestrüpp ein und ist im August selbst zwischen Bäumen beobachtet worden. Besonders angezogen werden die Vögel von den letzten spätsommerlichen Schneeansammlungen an den Nordflanken der im Sommer meist schneefreien Berge. Habitate der Art sind Steilhänge aus Felsgestein, dürftige Xerophytenwiesen mit zutagetretendem Fels und Schutthalden. Der Kropfinhalt eines von HEINRICH im Elbursgebirge am 29. Mai bei 3000 m erlegten Hahnes bestand vornehmlich aus jungen Kleeblättern und einigen Gräsern. Die magere Weide wird den Vögeln häufig durch zunehmende Schaf- und Ziegenhaltung streitig gemacht, so daß sie in andere Gebiete ausweichen müssen. So flüchten sie mit Beginn der Almweidehaltung von den Pambakbergen Armeniens regelmäßig ins nahe Akstafa-Bergmassiv. Im türkischen Ala Dagh werden Ende August Trupps aus bis 8 Vögeln angetroffen, und Anfang November vereinigen sich mehrere solcher Trupps zu größeren Wintergesellschaften. Nach BAZIEW sollen in Sowjet-Armenien auf ein Weibchen 7 bis 8 Männchen entfallen. Männchenbrütigkeit ist gewöhnlich ein kurz vor dem Aussterben einer Art auftretendes Phänomen. Der Gesamtbestand von *T. caspius* wurde in Armenien 1964 auf nur 850 Vögel veranschlagt. Die Stimme ist der von *T. caucasicus* recht ähnlich, allenfalls in der Klangfarbe verschieden. Nach HEINRICH beginnt das Pfeifen mit einem tiefen, etwas langgezogenen Ton, um über einen höheren Ton hinweggleitend in einem dritten, noch höheren und langausgehaltenem allmählich auszuklingen. Dieser Pfiff wird mit langen Pausen mehrmals wiederholt und ist in der Luft des Hochgebirges sehr weit vernehmbar. Bei dem von HEINZEL et al. als sehr häufig erwähnten, brachvogelähnlichem „K-r-lii", das vom betreffenden Vogel unter Zurückwerfen des Kopfes und Halses ausgestoßen wird, dürfte es sich um den akustischen Revieranspruch des Hahnes handeln. Vor dem morgendlichen Abflug vom Übernachtungsfelsen rufen alle Truppmitglieder weich pfeifend „Uil-uil!". Sie landen an den unteren Grenzen der Futterwiesen und bewegen sich von dort unter ständigem Ausstoßen von Kontaktlauten hangaufwärts. Alarmiert rufen sie „Tschock-tschock-tschock!". Gelege werden in der letzten Aprilwoche und im Mai gefunden. Die Hennen brüten und führen die Jungen allein. Diese nehmen sehr früh selbständig Nahrung auf und sind mit 15 bis 20 Tagen flugfähig. Kaspische Königshühner sind um 10 % größer als die kaukasischen Verwandten und besitzen stärkere Schnäbel.

Haltung: Nach SCHEIFLER (Gef. Welt 1987, p. 167) hatte das turkmenische Landwirtschaftsinstitut unlängst den ersten Erfolg mit der Aufzucht Kaspischer Königshühner.

Himalaja-Königshuhn
Tetraogallus himalayensis, Gray 1843

Engl.: Himalayan Snowcock.
Abbildung: Seite 284 oben links und unten.
Heimat: Hochgebirge Nord- und Ost-Afghanistans und das westliche Himalaja-Massiv ostwärts bis Ladak und West-Nepal, Russisch- und Chinesisch-Turkestan nordwärts bis zum Saisanbecken, ostwärts entlang der südlichen Gebirgsumrandung des Tarimbeckens bis zu den Bergketten an den Grenzen Tsinghais und Kansus. 5 Unterarten werden anerkannt.

Beschreibung: Geschlechter gleichgefärbt. Bei der Nominatform sind der obere Zügel und ein kurzer Überaugenstreif rahmweiß; Ober- und Hinterkopf sowie der Anfang des Halses hellaschgrau; vom Auge an jederseits eine kastanienbraune Linie, die sich in breiter werdendem Bogen an den Halsseiten herabzieht und am Hinterhals mehr oder weniger vollständig mit der der anderen Kopfseite vereinigt. Nacken hellgrau mit rostgelbem Anflug und schwärzlicher Kritzelzeichnung, die übrige Oberseite grauschwarz mit blaßgrauer, nach hinten zu gelblicher werdender Kritzelzeichnung und blaßrostfarbenen Saumflecken, welche auf den Schultern und den größeren Flügeldecken dunkler und mehr rostrot werden. Handschwingen weiß mit ausgedehnt braunen Spitzen, die Armschwingen nur bis zur Hälfte weiß, der fahlbraune Spitzenteil ihrer Außenfahnen blaßrostgelb gesprenkelt, die innersten Paare wie Schultergefieder und Flügeldecken gefärbt; mittlere Schwanzfedern und Oberschwanzdecken mattschwarz mit rostgelblicher Sprenkelung, die übrigen Schwanzfedern rotbraun, mehr oder minder braun gesprenkelt. Kopfseiten hellgrau, in Weiß übergehend, die Kehle weiß, von einer kastanienfarbenen Binde umrahmt, die Halsseiten desgleichen. Kropffedern an der Basis hellgrau, den Spitzen weiß, dazwischen eine breite schwarze Binde, gegen die Brust hin durch ein breites Band ganz weißer Federn begrenzt; die übrige Unterseite zart grau und braun gesprenkelt, die Seitenfedern lang, mehr bläulichgrau und mit rotbraunen, teils mehr isabellfarbenen, nach außen schwarzbegrenzten Seitenstreifen ausgestattet. Unterschwanzdecken weiß. Schnabel olivenhornbraun, ein nacktes Feld hinter dem Auge orangegelb bis zinnoberrot, Iris haselbraun, Beine trüb zinnoberrot, beim Hahn mit kurzem Sporn bewehrt.

Länge 720 mm; Flügel 280 bis 312 mm; Schwanz 173 bis 193 mm; Gewicht der Hähne 1800 bis 3000 g, der Hennen 1360 bis 1800 g.

Dunenküken sind oberseits steingrau, die Federchen mit subterminaler, hellisabellfarbener Zeichnung und schwarzen Spitzen, das Ganze kein bestimmtes Muster ergebend; Kopf sehr hell cremig isabell, die Federenden schwarz; je ein schwarzer Streifen verläuft von der Schnabelbasis die Scheitelseiten entlang, ein zweiter über das Auge hinweg, ein dritter unterhalb des Auges und ein vierter als Bartstreifen, alle hinter den Augen und Ohrdecken mehr oder weniger ineinander übergehend. Unterseite weiß, auf Brust und Flanken grauweiß; Schnabel schwarz, Iris olivbraun, Beine horngelb. Eine farbliche Darstellung findet sich bei MEINERTZHAGEN im „Ibis" 1927, Tafel 15. Schlupfgewicht 47,6 g.

Gelegestärke 3 bis 7; Ei rahmfarben bis lehmiggelb, schwach grünlich angeflogen und mit oft zahlreichen kleineren örtlichbraunen Flecken und Fleckchen bedeckt (68,2 mm × 45,2 mm); Eigewicht 74 g; Brutdauer 27 bis 28 Tage.

Lebensgewohnheiten: In seinem riesigen Verbreitungsgebiet paßt sich dieses Königshuhn dem jeweiligen Verlauf der Sommerschneegrenze in den Gebirgen an. So bewohnt es im Himalaja Lagen zwischen 4000 und 5500 m, kommt in niedrigeren Gebirgen der UdSSR bei 2000 m, im Kuldjagebirge sogar als Brutvogel zwischen 900 und 1500 m vor. Hohe Schneedecken im Winter zwingen die Vögel häufig zu Wanderungen talwärts. Sie können dann manchmal zu dieser Jahreszeit im Himalaja schon bei 2400 m angetroffen werden und erscheinen in Gebirgen der UdSSR in subalpinen Wacholdergehölzen, Fichtenwäldern, gelegentlich sogar auf abgeernteten Getreidefeldern von Hochtälern. Zur winterlichen Futtersuche begleiten sie gern das Steinwild, um auf freigescharrten Flächen an Pflanzen zu kommen. Wintertrupps bestehen manchmal aus mehr als 20 Vögeln. Ende März sondern sich die Paare ab, um Anfang April ihre Brutreviere zu besetzen. Diese liegen unterhalb der Schneegrenze auf steinigem Gelände mit spärlicher Vegetation. Die Hähne verkünden ihren Revieranspruch gegenüber Artgenossen von Bodenerhebungen aus durch dauernd wiederholte Flötenpfiffe. Richtet man sich nach diesen Pfiffen, läßt sich der Einstand von *Tetraogallus* nach NIETHAMMER während des ganzen Frühlings und Sommers leicht finden. Einem langen flötenden, aufwärts ziehenden Pfiff folgen 1 oder 2 höhere, kürzere Pfiffe, und mit einem wieder länger anhaltenden Pfeifen klingt die Strophe langsam aus. Sie wird, wenn auch viel seltener, selbst noch während der Mauserzeit gebracht. Der Alarmruf ist ein lautes, wohl ein Dutzendmal wiederholtes Gackern, das mit „Kukuk" einsetzt und in der Tonhöhe ansteigend immer schneller wird, bis die letzten höchsten Töne so schnell aufeinanderfolgen, daß man geradezu an das immer schnellere Aufschlagen eines hüpfenden Pingpongballs erinnert wird. Kurz vor dem Abflug und während dieser Phase werden schnelle schrille Pfiffe ausgestoßen. Nach MEINERTZHAGEN folgt der Hahn bei der Balz der Henne in geduckter Haltung mit gesträubtem Halsgefieder, senkrecht gestelltem, gefächertem Schwanz und weißleuchtendem Unterschwanzdeckengefieder. Bei der Henne angekommen, umkreist er sie mit niedrig gehaltenem Kopf und langsamen Schritten. Zwischendurch springt er plötzlich auf einen Felsbrocken und läßt hochaufgerichtet mit nach hinten geworfenem Kopf seine wilde Pfeifstrophe ertönen. Während der Paarungszeit wirken die Weibchen oft wie skalpiert, weil sich die Hähne während der Kopulation mit dem Schnabel in ihrem Kopfgefieder festhalten und ihnen dabei die hinteren Scheitelfedern ausreißen. Brütende Hennen haben auf jeder Seite Brutflecke zwischen den Innenschenkeln. Kurz vor dem Kükenschlupf sitzen sie so fest auf den Gelegen, daß man fast auf sie treten könnte, ohne damit ihren Abflug zu provozieren. Nester sind einfache Erdmulden, in denen sich mehr zufällig ein paar Pflanzenteile finden. Normalerweise auf der Leeseite eines Hanges liegend, ist der Platz vor peitschendem Wind und Regen weitgehend geschützt. Die Henne brütet allein, der Hahn hält (manchmal?) Wache am Nest. Ob er sich an der Kükenaufzucht beteiligt, ist noch unbekannt. 2 Altvögel, die am 9. August 2 Gesperre aus etwa wachtelgroßen Küken führten, trugen jedenfalls Brutflecke, waren also Hennen. Gesellschaften aus Altvögeln, die während der Brutzeit angetroffen werden, könnten aus vorjährigen Jungvögeln, Junggesellen und vielleicht Althähnen bestehen, deren Hennen brüten.

MAYERS, der während des Sommers 1984 im Hunzaland (Pakistan) Verhalten und Nahrungsspektrum der Art untersuchte, berichtet darüber folgendes: Das Auftreten von *Tetraogallus* während der Sommermonate in 3500 bis 5500 m scheint eng an das Vorhandensein alpiner Grasmatten gebunden zu sein. Als Habitate wurden im Untersuchungsgebiet (3800 bis 4500 m) Gletschermoränen, Geröllhalden mit und ohne Vegetation, alpine Hangwiesen und vegetationslose Felsklippen nachgewiesen. Die Hühner übernachteten stets an gleicher Stelle unter überhängenden Felsklippen oder in Felsspalten. Von dort begann um 5 Uhr der Abflug zu den Moränenschneefeldern, wo sie landeten, die Schneefläche im Fußmarsch überquerten und so zu den Futterwiesen gelangten. Zur Mittagspause wurde auf Felsboden geruht und gegen 14 Uhr nochmals zu den Wiesen gewandert. Danach bestand die Tendenz, die Moräne zu überfliegen, um zu den Übernachtungsplätzen zu gelangen. Auf Geröllhalden und Schneeflächen legten sie selten Ruhepausen ein, überqueren diese Habitate vielmehr in eiligem Lauf mit etwas gänseartig watschelnden Schritten, dabei häufig die Schwänze rallenartig auf- und abschlagend und die weißen Unterschwanzspiegel demonstrierend. Staubbaden und Putzverhalten wurde ausschließlich auf Wiesengelände, letzteres auch auf den Schlaffelsen beobachtet. Gerufen wurde auf allen Habitaten mit größter Intensität während der Morgen- und Abendstunden speziell auf Moränenschuttgelände. Die stärkste beobachtete Gruppe, an einem Spätnachmittag 34 Vögel, hielt auf Felsen sowie der Wanderung zu den Weideplätzen eng zusammen. Die Großgruppe wurde zuerst dabei beobachtet, wie sie vom Moränenschnee über eine Geröllhalde mit kleinen Schneeflächen wanderte. Dabei hatten die Vögel es ziemlich eilig und verweilten nur etwas länger auf bewachsenen Schuttflächen, um Grasähren und Blütenköpfe zu pflücken sowie Grit vom Boden aufzupicken. 8 Vögel demonstrierten ihre Unruhe durch häufiges Schwanzwippen, und zwischen mehreren Paaren kam es zu Geplänkeln. Nach Erreichen der Grasmatte teilte sich die Gruppe in 4 Trupps aus 5, 7, 10 und 12 Vögeln, die eine ¾ Stunde grasend langsam bergwärts wanderten, gelegentlich pausierten und sich schließlich zu 3 Trupps aus 7, 12 und 15 Vögeln vereinigten, die jede getrennt für sich zu den Schlafplätzen in den Felsen strebten. Die Auflösung der Großgruppe bei Erreichen des Futterplatzes stützt die Theorie, wonach stärkere Gruppen von Königshühnern weniger häufig auf Wiesengelände als auf Felsen angetroffen werden. MAYERS vermutet einen Zusammenhang mit dem häufigen Vorkommen großer Greife, vor allem des Steinadlers in diesen Gebieten. Adler segelten häufig an den Felsklippen entlang. 5 Angriffe auf Königshühner wurden beobachtet, wobei der Adler sich unter Ausnutzung des Geländeprofils anpirschte, so daß die Hühner ihn erst spät entdecken konnten. Sie starteten gewöhnlich blitzschnell mit 6 bis 10 Flügelschlägen vom Felskopf und ließen sich mit angelegten Schwingen senkrecht in die Tiefe fallen. Bei keinem der Angriffe hatte der Adler Erfolg. Das betreffende Huhn verschwand hinter irgendeinem Felskegel und flog dann manchmal über den Gletscher hinweg, bevor es in einer Schleife zum alten Platz zurückkehrte. In diesem Zusammenhang war es interessant, die Ankunft einer Gruppe an stark exponierten Felskegeln zu beobachten. Nach beendeter Nachtruhe benutzten die Vögel häufig einen der vielen Trampelpfade zwischen den Felsen und wurden zunehmend wachsamer und ruffreudiger, zögerten auch gelegentlich, als sie sich dem Felskegel näherten. Ihre innere Erregung gaben sie durch häufiges Schwanzschlagen zu erkennen. Dieses Verhalten ließ sie zwar für Feinde auffälliger erscheinen, machte aber gleichzeitig nachfolgende Artgenossen auf potentielle Gefahren aufmerksamer. Eine Vielzahl von Mechanismen macht die Mitgliedschaft in einem Trupp sicherer als Einzelgängerei. Dagegen ist auf einer Wiese umgekehrtes Verhalten arterhaltender: Große Gruppen wären dort für Flugfeinde auffälliger als zerstreute Trupps. Tatsächlich sind Königshühner auf den von vegetationsfreien Flecken durchsetzten Grasflächen schwierig zu orten, weil auch die verschiedenen Trupps nicht eng zusammenhalten, sondern jeder einzelne Vogel in einiger Entfernung vom nächsten Artgenossen grast. Dadurch verlieren Attacken von Flugfeinden viel von ihrem Überraschungseffekt. Zudem sind die Grasmatten sehr abschüssig, so daß sich die

Hühner jederzeit in schnellem Sturzflug abwärts fallen lassen können. Da das Moränen-/Geröllhaldengelände viel weniger abschüssig ist, läßt sich das Meiden bzw. hastige Durchwandern derselben gut erklären. Die Futterzusammensetzung des Himalaja-Königshuhnes wurde von MAYERS durch Kotanalysen adulter und juveniler Vögel untersucht. Sie bestand so gut wie ausschließlich aus Pflanzenmaterial, von dem 60 % genauer bestimmbar war. Die Futterzusammensetzung beider Altersstufen erwies sich als unterschiedlich in der Bevorzugung bestimmter Pflanzenarten. Erwachsene hatten zu 19 % das Gras *Sibbaldia cuneata,* 17 % nicht identifizierbare Gramineen und Cyperazeen, 15 % Wiesenfuchsschwanz (*Alopecurus himalaicus*), je 4 % Rispengras *(Poa spec.)* und *Geranium collinum,* 5 % Knöterich *(Bistorta affinis)*, je 4 % Seggen *(Carex spec.)*, Moos und unbestimmbare Dicotyledonen, 2 % Schwingelgras *(Festuca spec.)* sowie 1 % Weide *(Salix flabellaris)* aufgenommen. In Kotproben von Jungvögeln wurde am häufigsten das keineswegs auf den Wiesen dominierende Gras *Sibbaldia* mit 31 % aufgefunden. In den insgesamt 28 untersuchten Kotproben fand sich offensichtlich kein tierisches Material, so daß man *Tetraogallus* wohl als rein herbivore Gattung ansehen kann.

Haltung: Im Februar/März 1865 erreichten 5 Himalaja-Königshühner als europäischer Erstimport den Londoner Zoo. Es ist erstaunlich, daß die kältespezialisierten Hochgebirgsbewohner den damals noch recht langen Schiffstransport, u. a. durchs Rote Meer, lebend überstanden. 1900, 1901 und 1905 gelangten Himalaja-Königshühner durch die Firma HAGENBECK aus Rußland in den Berliner Zoo, wo die Lebensdauer von 8 Vögeln nur wenige Wochen und Monate betrug. Seit 1959 ist die Art mehrfach über das Moskauer Zoo-Center aus dem West-Pamir in den Tierpark Berlin gelangt, worüber GRUMMT im Avicultural Magazine 1963 interessante Einzelheiten berichtete. Da die ersten 3 für einen westdeutschen Händler bestimmten Vögel in guter Verfassung und vertraut waren, auch sogleich ans Futter gingen, wurden zur eigenen Haltung weitere Vögel bestellt. Anfänglich noch furchtsam, hielten sich diese zunächst im Hintergrund der Voliere auf. Doch schon nach kurzer Zeit stieß ein Junghahn sein langgezogenes „Kuuuu" aus, und innerhalb weniger Wochen waren alle so vertraut, daß sie sich selbst durch große Besuchermengen nicht gestört fühlten. Untereinander vertrugen sie sich stets ausgezeichnet. Während heißer Tage wurden gern Sonnenbäder genommen. Dazu legten sie sich flach hin, streckten einen Flügel aus und hechelten in der Hitze. Felsaufbauten in der Voliere wurden gern benutzt und zwischen diesen nachts geschlafen. Auf ebenfalls vorhandene Äste setzen sie sich niemals. Als Futter erhielten sie täglich einen Eimer voll frisch geschnittenem Gras, Klee- und Robinienblättern. Auch Körnermischfutter wurde angenommen, Weichfutter und Insekten (Ameisenpuppen) verschmäht. Nach NIETHAMMER wurden auf dem Geflügelbasar Kabuls (Afghanistan) neben sehr zahlreichen Chukars auch hin und wieder lebende Himalaja-Königshühner zum Kauf angeboten. Im Zoologischen Institut der Universität starben sie bei Volierenhaltung schnell, hielten sich dagegen besser im Freilauf eines großen Gartens. Erwähnenswert ist ein Einbürgerungsversuch der Art zu Beginn dieses Jahrhunderts in den zur Tatra gehörenden Belaer Alpen durch den Fürsten HOHENLOHE. Die Königshühner verschwanden spurlos. Mit einem Kostenaufwand von 20 000,– $ hat sich seit 1961 der Staat Nevada (USA) um die Einbürgerung des Himalaja-Königshuhnes als Jagdwild in den dortigen Gebirgen bemüht und zu diesem Zweck mehrere Fangexpeditionen nach Pakistan entsandt. Nach anfänglich großen Verlusten gelang der Aufbau eines größeren Zuchtstammes, dessen Nachkommen heute die alpine Zone einiger Gebirgszüge Nevadas bevölkern und sich weiter ausbreiten. Über seine Erfahrungen mit Haltung und Zucht von *T. himalayensis* hat G. L. CHRISTENSEN vom Nevada Department of Fish and Game interessante Einzelheiten berichtet. Jedes Zuchtpaar der monogamen Art erhielt eine 1,8 m × 3,6 m × 2,1 m große Voliere mit Sandboden auf Kiesunterlage. Bei Gemeinschaftshaltung kam es zu keinem Balzverhalten, und auch bei der Haltung eines Hahnes mit 2 Hennen war es nur schwach ausgeprägt. Bei Paarhaltung nimmt die gelbe Augenwachshaut des Hahnes im März Orangetönung an, er wird aggressiv und ist sehr auf das Beschützen seines Weibchens bedacht. In der von Mitte März bis Ende Juni andauernden Legeperiode betrug die höchste Legeleistung einer Henne 41 Eier. Diese gleichen in Größe, Schalendicke und Aussehen im wesentlichen kleinen Puteneiern. Sie wurden gesammelt und nach Desinfektion mit Formaldehyd 7 Tage lang bei einer Raumtemperatur von 12 °C und 70 % Luftfeuchtigkeit aufbewahrt. Brut- und Aufzuchtmethoden glichen denen von Putenküken. Die nach durchschnittlich 27,5 Tagen schlüpfenden Küken wurden am 29. Lebenstag in einen Aufzuchtraum verbracht und in diesem auf mehrere 2,4 m × 2,4 m große Gehege verteilt. Als Einstreu bewährte sich Luzerneheuhäcksel. Der Betonboden des Raumes wird ständig auf 26°C erwärmt, während von oben Rotlichtstrahler 32°C Wärme spenden. Da die Küken dieser Hochgebirgsbewohner ein sehr dichtes Dunenkleid tragen, kann die Raumtemperatur früher als bei Putenküken gesenkt werden. Zur Vermeidung des häufig auftretenden Federpickens wird der Aufzuchtraum bis auf Futter- und Wassergefäße abgedunkelt. Mit 4 bis 6 Wochen erhalten die Jungvögel große, mit Klee, Gras und Getreide bewachsene Ausläufe, die sie schnell abgrasen. Sie bleiben dort bis zum kommenden Frühjahr, um dann ausgewildert zu werden. Für den Farmbetrieb bestimmte Tiere werden im Alter von 7 Monaten im Frühjahr verpaart. Fütterungs- und Zuchtmethoden mußten bei dieser, der Jagdgeflügelhaltung noch unbekannten Hühnervogelart erst entwickelt werden. Da die anfänglich versuchte Fütterung mit Fasanenfertigfutter keine befriedigenden Ergebnisse brachte, wurden die Küken auf ein im Handel erhältliches Putenfertigfutter mit 28,8 % Proteingehalt und einem Coccidiostaticum umgestellt, wobei sie gut gediehen. Kleinküken erhalten dieses Futter in Krümelform bis zum Alter von 16 Wochen und werden dann auf ein Erhaltungsfutter mit 20 % Proteingehalt umgestellt. An der in den Ruby Mountains (Nevada, USA) lebende Population des Himalaja-Königshuhnes hat BLAND (1984) umfassende Untersuchungen durchgeführt, deren Ergebnisse uns nicht zugänglich waren. MAYERS berichtet, daß die USA-Populationen als Futterpflanzen *Carex, Trisetum, Deschampsia, Festuca, Poa,* die Blüten von *Potentilla fruticosa* und reife Johannisbeeren *(Ribes)* aufnehmen, wie aufgrund von Kotanalysen festzustellen war.

1980 gelangten 6 Himalaja-Königshühner als Geschenk der pakistanischen Regierung an die World Pheasant Association nach England. 3 der Vögel waren Wildfänge aus Gilgit, die anderen von Cpt. SHAH KHAN gezüchtet. Von diesen Vögeln wird berichtet, daß sie ihre Schnäbel dauernd am Holz und Drahtgitter ihrer Voliere wetzten, bis sie Felssteine erhalten hatten, an denen sie nun diese Prozedur ausschließlich vornahmen. Stets hielten sie sich im Nordteil ihrer Voliere auf, obwohl im Südteil viel besseres Gras wuchs. Am 7. April 1981 wurden die ersten Eier gelegt, doch scheint eine Zucht nicht in Gang gekommen zu sein. Neuerdings (1987) ist sie in der BRD gelungen.

Eine weltweite Umfrage der WPA im Jahre 1982 ergab, daß damals 57 Himalaja-Königshühner in den USA und 3 in England in menschlicher Obhut gehalten wurden.

Tibet-Königshuhn
Tetraogallus tibetanus, Gould 1854

Engl.: Tibetan Suowcock.
Heimat: Die Himalajaketten von Pamir und Kaschmir ostwärts bis zu den Mischmibergen. Vom Pamir ostwärts West- und Süd-Sinkiang von den Bergen nördlich und westlich Kaschgars ostwärts entlang der Kunlun-Kette bis etwa zum 88°E Länge im Astin Dagh und Chiman Dagh. In Tsinghai vom Buckhan Boda Shan zum Nan Shan und südwärts bis Südwest-Kansu (Min Shan) und dem benachbarten Nord-Szetschuan; in West-Szetschuan südwärts bis etwa zum 28° nördlicher Breite in der Muli-Region und nordostwärts zum Min Shan. In Tibet von der Westgrenze Nepals ostwärts bis etwa zum 93° östlicher Länge. 6 Unterarten.
Beschreibung: Geschlechter wenig verschieden. Beim Hahn der Nominatform sind Oberkopf, Hinterhals, Kopf- und Halsseiten dunkelgrau; in der Ohrgegend ein länglicher, weißlichisabellfarbener Fleck, auf Nacken und Vorderrücken ein rahmgelblicher, schiefergrau gewellter Fleck. Übrige Oberseite und innerste Armschwingen dunkler grau, die Federn mit rostgelben Punkten und Kritzeln sowie gelbbräunlichweißen Seitensäumen; Handschwingen fahl graubraun, die inneren deutlich, die äußeren kaum weißgespitzt; mittlere und äußere Armschwingen ebenso, aber ihre Innenfahnen caudalwärts ausgedehnt weiß, so daß auf den Flügeln ein großer weißer Fleck erscheint; Schwanzfedern bräunlichschwarz mit zimtbraunen Endsäumen, die mittleren wie die Oberschwanzdecken unregelmäßig zimtröstlich quergewellt. Zügel schmutzigweiß, Kinn, Kehl- und Vorderhalsmitte sowie der Kropf weiß; unterhalb des letzteren ein graues Band, zwischen Kehle und Kropf meist einige graue Federn, mitunter aber ein volles Querband; restliche Unterseite weiß, jede Feder schmal schwarzgesäumt, auf den unteren Weichen jedoch bräunlichschwarze Schaftstreifen und auf der Brustmitte ein Fleck ganz weißer Federn. Schnabel orangerot, Orbitalhaut und Augenlider schieferblau, Iris braun, die Beine korallenrot mit stumpfem Sporn.
Länge 500 mm; Flügel 274 mm; Schwanz 157 mm; Gewicht ca. 2000 g.

Bei Hennen ist das graue Brustband stark hellockergelb wellengebändert, Brust und Hals sind mehr oder weniger braungelb gebändert. Größe wie Hahn. Dunenküken hat MEINERTZHAGEN im „Ibis", 1927, pl. 15 farbig abgebildet. Gelegestärke 4 bis 7; Ei lehmbraun, oft mit stark grünlicher Tönung, über und über mit kleinen bis mittelgroßen, selten über linsengroßen dunkelrotbraunen Flecken bedeckt (60,9 mm × 42,5 mm).

Lebensgewohnheiten: Die Art bewohnt die alpine Zone von der oberen Baumgrenze bis zum Rande des ewigen Schnees während des Sommers in Lagen zwischen 3500 und 6000 m und wird auch im Winter nie unterhalb 3000 m angetroffen.

In weiten Gebieten der westlichen Himalajakette sowie nördlich davon im Kuen-Lun-Gebirge überlappen sich die Verbreitungsareale von *T. tibetanus* und *T. himalayensis*. Wo dies der Fall ist, kommen jedoch beide Arten nicht nebeneinander vor, sondern das Tibet-Königshuhn weicht dann nach FLEMING u. BANGDEL in niedrigere Berglagen aus. Wo es zusammen mit dem Lerwahuhn vorkommt, sind die Habitate der beiden Arten nach DIESSELHORST grundverschieden, obwohl ihre Wohngebiete fast unmittelbar aneinandergrenzen können. Die Königshühner leben nicht wie *Lerwa* in den zerschrundenen Felspartien, sondern auf den kahlen, matten- und schotterbedeckten niedrigen Rücken und Lehnen. Niedrig bedeutet hier aber nicht die absolute Höhe, die ja stets groß ist, sondern einen Vergleich mit den ragenden Massiven der Gipfel dieser Region, die noch um 1000 oder 2000 m darüber sich türmen. Geröllhalden und Blockmatten mit einzelnen Felsen sind die Gebiete, in denen man Königshühner suchen muß. Nur wo sie ungestört sind, steigen sie tiefer an den Hängen herunter, kommen jedoch nie an den Grund der Hochtäler. Bei jeder Störung rennen sie eilig bergauf, um möglichst schnell über den nächsten Hang zu verschwinden und sich dann sehr geschickt und schnell unsichtbar zu machen. Nur wenn sie oben überrascht werden, fliegen sie auf und stürzen sich mit gellenden, gickernden Schreien sausend in die Tiefe. Nach SCHÄFER ist dieses Königshuhn wohl das stimmfreudigste aller Hochgebirgsvögel West-Chinas. Morgens und abends beginnen die Vögel zu jeder Jahreszeit ein lautes, oft kilometerweit hörbares Gackern und Gocken, das rauh und hart klingt. Es klingt nach FLEMING u. BANGDEL wie „Tschuck-aa-tschuck-aa-tschuck-tschuck-tschaa-da-da-da" und wird oft 5 Minuten lang ununterbrochen ausgestoßen. Wie bei *Lerwa* wird das Locken von weit entfernt sitzenden Artgenossen aufgegriffen, so daß bald ein ganzer Felshang von den rauhen Stimmen der Königshühner widerhallt. Beim Abstreichen stoßen sie schrill gellende Pfiffe aus, die langgezogen beginnen, um dann immer schneller zu werden, bis die Einzelpfiffe nicht mehr zu unterscheiden sind und die ganze Tonreihe in ein tremolierendes Pfeifen von hoher Frequenz übergeht. BEICK schildert die Stimme des Tibet-Königshuhns aus Kansu: Wenn diese Vögel sich futtersuchend fortbewegen, lassen sie wiederholt ein kurzes „Tschiock, tschiock, tschiock, tschiock" hören. Von Fliegenden, die nicht alarmiert waren, vernimmt man ein weiches „Bul bul", das zuweilen recht schnell hintereinander ausgestoßen wird. Ein langgezogener Pfiff, wie „Tiu-u-i-it!" klingend, ist besonders während der Balzzeit häufig zu vernehmen. Am 10. April war er in den höchsten Gipfeln bei Durgu (4000 m) vom Morgen bis zum Abend zu hören. Die Vögel weideten jetzt etwas tiefer, da, wo zwischen dem vorjährigen Gras das junge Grün auf den Alpenwiesen zu sprießen begann. Die Nester, natürliche oder ausgescharrte Erdmulden zwischen Steinen und unter Felsüberhängen, werden nach BAKER ausnahmslos an der Leeseite eines Hügels oft nur wenige Meter von der Kuppe entfernt angelegt. Am 17. Mai fand BEICK in Kansu ein Gelege aus 8 Eiern, am 20. Mai ein schwach angebrütetes Gelege aus 5 Eiern, am 14. Juni ein solches aus 7 stark bebrüteten Eiern, und am 18. Juli beobachtete er eine Kette aus der Mutter mit 6 bis 7 rebhuhngroßen Küken bestehend. Nach SALIM ALI & RIPLEY wurden 2 oder 3 Hennen mit ihren frischgeschlüpften Küken in einer gemeinsamen Familie beobachtet. SCHÄFER hält *T. tibetanus* im Flug für die schnellste und wendigste Hühnervogelart. Fast greifvogelartig streichen sie schreiend aus den Geröllhalden ab, schlagen nur die ersten 20 bis 30 m heftig purrend mit ihren kräftigen Flügeln und gleiten dann mit spitzen, etwas nach hinten angewinkelten Schwingen in elegantem, an den Sturzflug eines Falken erinnernden Flug in die Tiefe. Sie sind fähig, jähe Schwenkungen um Felsnasen auszuführen und legen sich dabei, den Körper um seine eigene Längsachse drehend, schräg in die Luft, daß es von oben gesehen oft den Anschein hat, als ob sie an den Felsen zerschellen müßten. In Erregung oder wenn die Jungen, treulich von den Eltern geführt, noch klein sind, laufen die Königshühner meist im Gänsemarsch bergauf. Ihre gedrungenen Körper halten sie dabei aufrecht und sind auf weite Entfernung schon daran zu erkennen, daß sie jede Störung mit hefti-

gem Auf- und Niederschlagen ihrer Stöße beantworten.
Haltung: Nach ST. BAKER soll das Königshuhn von den Tibetern häufig gehalten werden, leicht aufzuziehen und gut haltbar sein, was man bezweifeln möchte. Die Art ist bisher nur einmal in die USA gelangt. Von dort berichtet DELACOUR, er habe 1937 1 Paar anläßlich eines Besuchs bei dem kalifornischen Züchter SMITH in Fair Oaks gesehen.

Altai-Königshuhn
Tetraogallus altaicus, Gebler 1836

Engl.: Altai Snowcock.
Heimat: Zentrales russisches Altaigebirge ostwärts bis zum östlichen Sajangebirge, südwärts das Tannu-Ola-Gebirge an der chinesischen Grenze, Gebirge der westlichen äußeren Mongolei, ostwärts das Khangaigebirge und den Gobi-Altai bis etwa zum 104° östlicher Länge. Eine wenig verschiedene Unterart („orientalis") im Khangai und Gobi-Altai.
Beschreibung: Geschlechter kaum verschieden. Über den Zügeln ein weißer Fleck, der sich in einem kurzen Überaugenstreif fortsetzt; Oberkopf und Hinterhals bräunlichgrau, auf dem Nacken in Grauweiß übergehend; hinter dem grauweißen Nakkenfeld eine über den Vorderrücken verlaufende schieferschwarze Binde. Übrige Oberseite schwarz, die Federn zart blaßrostgelblich oder rahmweißlich bekritzelt und punktiert, dazu die meisten mit weißen Saumflecken. Handschwingen schwarzbraun, zur Basis hin aufhellend und auf den Innenfahnen in Weiß übergehend; Schwanz grau, die Federspitzen breit schwarz und fahlbraun endgesäumt, die mittelsten Steuerfedern graubraun, blaßrostgelb bekritzelt. Kinn und Kehle schmutzigweiß, seitlich und nach hinten zu schwarz gestrichelt; Kopfseiten bräunlichgrau, in der Ohrgegend silbrig schimmernd; Kropf und Vorderbrust blaßbraungelblich angeflogen, die unteren und mittleren Federn an der Spitze beider Fahnen mit je einem weißen Fleck und teilweise subterminalen schwarzen Flecken versehen; übrige Unterseite weiß, die Federn an der Wurzel schieferfarben, die Unterkörpermitte schieferschwarz gefleckt; Weichen und Schenkelbefiederung schwarz, die Unterschwanzdecken weiß. Schnabel bräunlich hornfarben, Iris braun, die Beine orangerot, der Lauf beim Hahn mit kurzem, derbem Sporn bewehrt, der bei Althennen als Höker vorhanden sein kann.
Länge 570 mm; Flügel 300 bis 312 mm; Schwanz 172 mm; Gewicht um 1900 g. Dunenküken sind noch nicht beschrieben worden.
Gelegestärke noch unbekannt, aber sicher von anderen Königshühnern kaum abweichend. Ei etwas blasser als beim Himalaja-Königshuhn (70,0 mm × 47,13 mm).
Lebensgewohnheiten: Die Art bewohnt subalpine und alpine Matten, Geröllhalden und Felsklippen oberhalb 2000 m. Bei starken winterlichen Schneefällen erscheinen diese Königshühner vorübergehend an der Baumgrenze und in den Vorgebirgssteppen. Im Gebirge schließen sie sich häufig Argalischafen an, die mit den Klauen den Schnee fortkratzen und die Vegetation freilegen. Im Sommer sind Chukarhühner Biotopnachbarn. Die Stimme des Altai-Königshuhnes soll rauher und derber sein als die von *T. caucasicus,* jedoch melodischer als die von *T. himalayensis.* Die Auflösung der bis zu 20 Exemplaren starken Wintergesellschaften und die Paarbildung erfolgt im April. Gelege wurden im Mai gefunden, rebhuhngroße Küken traf man Mitte Juli, solche von Birkhuhngröße Anfang August an. Vor allzu großer Hitze im Juli begeben sich die Vögel gern in den Schatten überhängender Felsen und wechseln u. U. ihren Standort mit dem Wandern der Sonne mehrmals täglich. Wie wohl alle Arten der Gattung fliegen die Altai-Königshühner morgens von ihren Schlaffelsen zu den Gebirgswiesen, um zu grasen. Hauptflugfeind ist der Steinadler.
Haltung: Nichts bekannt.

Weiterführende Literatur:
ABBOT, U. K., CHRISTENSEN, G. C.: Hatching and Rearing the Himalayan Snow Partridge in Captivity. J. Wildl. Man. 35; pp. 301–306 (1971)
BAKER, E. C. ST.: The Fauna of British India, Vol. V; *Tetraogallus;* pp. 426–432. Taylor & Francis, London 1928
BAZIEW, Z. K.: Breeding of *Tetraogallus caucasicus* PALL.; pp. 1219–1227; Zool. Zh. 44 (Russ. m. Engl. Zusammenfassung), 1965
DERS.: The Snowcocks of the Caucasus; pp. 104–110; Zool. Zh. 47 (1968)
CHRISTENSEN, G. C.: Nevada's experience with the Himalayan Snow Partridge. Trans. Californ. Nevada Sect. Wildl. Soc.; pp. 106–109 (1966)

CRAMP, ST., SIMMONS, K. E. L. et al.: Handbook of the Birds of Europe, the Middle East and North Africa, Voll. II.; *Tetraogallus;* pp. 446–452; Oxford University Press, Oxford/London/New York 1980

DEMENTIEW, G. P., GLADKOW, H. A. et al.: Die Vögel der Sowjet-Union, Tom IV; *Tetraogallus;* pp. 180–199. Sowjetskaja Nauka, Moskau 1952

DIESSELHORST, G., in HELLMICH, W.: Khumbu Himal, 2. Bd.; *T. tibetanus;* pp. 139–141. Univ. Verlg. Wagner Ges. m. b. H., Innsbruck/München 1968

ETCHECOPAR, R. D., HÜE, F.: Les Oiseaux de Chine, non passereaux. *Tetraogallus;* pp. 214–218. Les éditions du pacifique, Tahiti 1978

FLEMING, R. L., SR, FLEMING, R. L., JR, BANGDEL, L. S.: Birds of Nepal. *Tetraogallus;* p. 66. Publ. R. L. Fleming, Sr. and Jr., Kathmandu (Nepal) 1976

GRUMMT, W.: The Himalayan Snowcock (*T. himalayensis* GRAY); pp. 157–159. Av. Mag. LXIX, 1963

HARTERT, E.: Die Vögel der paläarktischen Fauna, Bd. III; *Tetraogallus;* pp. 1896–1903; R. Friedländer & Sohn, Berlin 1921/1922

HEINRICH, G.: Bei STRESEMANN, Vögel der Elburs Expedition.

HEINZEL, H., FITTER, R., PARSLOW, J.: Pareys Vogelbuch. Alle Vögel Europas, Nordafrikas und des Mittleren Ostens. *Tetraogallus;* p. 100; P. Parey, Hamburg/Berlin 1972

LUDLOW, F.: The Birds of South-eastern Tibet, *Tetraogallus;* p. 11, Ibis 86 (1944)

MAYERS, J.: Studies of the ecology of Himalayan Snowcock (*T. himalayensis*) in Hunza; pp. 72–86, WPA-J.X (1984/1985)

MEYER DE SCHAUENSEE, R.: The Birds of China; *Tetraogallus;* pp. 178–179; Oxford University Press, Oxford 1984

NICOLIN, R.: Fauna och Flora, *T. caspius;* pp. 262–264 (1918)

NIETHAMMER, G.: Königshühner; Freunde des Kölner Zoo; pp. 25–29 (1967)

OGILVIE-GRANT, W. R.: A Handbook to the Game-Birds, Vol. 1, *Tetraogallus;* pp. 83–90. E. Lloyd, London 1896

RADDE, G.: Ornis Caucasica. *Tetraogallus;* pp. 335–348 Kassel 1884

SALIM ALI, RIPLEY, S. D.: Handbook of the Birds of India and Pakistan, Vol. 2, *Tetraogallus;* pp. 10–16. Oxford University Press, New Dehli/London/New York 1980

SCHÄFER, E.: Die Fasanen von Ost-Tibet. *T. tibetanus;* p. 492; J. Ornith. LXXXII, 1934

SCHÄFER, E.: Ornithologische Ergebnisse zweier Forschungsreisen nach Tibet. *Tetraogallus;* pp. 83–86; J. Ornith. LXXXVI, 1938

STRESEMANN, E.: Die Vögel der Elburs-Expedition 1927. *T. caspius;* pp. 409–410; J. Ornith. 76, 1928

DERS.: Aves Beickianae. Beiträge zur Ornithologie von Nordwest-Kansu nach den Forschungen von WALTER BEICK in den Jahren 1926–1933. *Tetraogallus;* pp. 210–213; J. Ornith. LXXXVI, 1938

VAURIE, CH.: The Birds of the Palearctic Fauna, Non-Passeriformes; *Tetraogallus;* pp. 262–268. Witherby, London 1965

DERS.: Tibet and its Birds. *Tetraogallus;* pp. 189–190. Witherby, London 1972

ZORIG, G., BOLD, A.: Breeding biology of the Altai Snowcock, (Russisch). Ornithologiya 18; pp. 109–111 (1983)

Steinhühner
Alectoris, Kaup 1829

Engl.: Red-legged Partridges.

Die Steinhühner sind rebhuhngroße und etwas größere Hühnervögel. In ihrem Gefieder herrschen braune, gelbliche und graue Farbtöne vor, während die komplizierte zarte Farbmusterung der Rebhühner, mit denen sie wohl nicht sehr nahe verwandt sind, fehlt. Allen Steinhühnern ist die lackrote Färbung von Schnabel, Augenwachshaut und Füßen, der mit einer Ausnahme – *A. philbyi* – helle, dunkel umrandete Gesichts- und Kehllatz sowie die auffällig zum übrigen Gefieder kontrastierende Flankenbänderung eigen. An den kurzen runden Flügeln ist die 3. bis 5. Schwinge fast gleich lang und am längsten, die 2. wenig kürzer. Der 14federige Schwanz ist schwach gerundet und hinten fast gerade abgestutzt. Die Geschlechter sind gleichgefärbt, die Weibchen wenig kleiner als die Männchen. Bei letzteren trägt die Laufhinterseite einen knopfförmigen stumpfen Höcker als Spornrudiment, das selten auch bei Althennen vorhanden sein kann.

Zur Frage des umstrittenen Artstatus einiger *Alectoris*-Arten hat sich VAURIE 1956 wie folgt geäußert: „*A. graeca* wird von vielen Autoren für conspezifisch mit *A. chukar* und *A. magna* gehalten und als weitere Subspezies *A. philbyi* dazugestellt, doch scheinen die 4 Formen selbständige Arten zu sein. *A. philbyi,* das auf West-Arabien beschränkt ist, unterscheidet sich durch seine rein schwarze statt weiße oder gelbliche Gesichts- und Kehlbefiederung, sowie einige weitere Merkmale von den übrigen 3 Arten. BATES (Ibis 1937, p. 829) hat somit recht, ihr Artenrang zuzuerkennen. *A. magna* und *A. chukar* unterscheiden sich sowohl in der Gesichts-/Kehlfärbung wie den Lautäußerungen voneinander und sind dazu in einem weiten Gebiet Kansus sympatrisch. *A. chukar* und *A. graeca* sind allopatrisch, können jedoch sowohl an ihrem Gesichtsmuster wie recht eindrucksvoll den Lautäußerungen unterschieden werden. Man kann sie deshalb als selbständige Arten ansehen. Bei *A. magna* und *A. graeca* ist der Zügel, wenigstens in seinem vorderen Abschnitt, schwarz, und beide Arten besit-

A Alpensteinhuhn, B Chukarhuhn, C Przewalski-Steinhuhn, D Philby-Steinhuhn, E Rothuhn, F Klippenhuhn, G Schwarzkopf-Steinhuhn, H Arabisches Sandhuhn, I Persisches Sandhuhn

zen einen gut ausgeprägten und vollständigen schwarzen Superziliarstreif, während bei *A. chukar* der Zügel weiß ist und ein schwarzes Überaugenband fehlt. Das breite schwarze Band, welches bei *A. graeca* und *A. chukar* Gesicht und Kehle umsäumt, ist bei *A. magna* lediglich angedeutet und das verbleibende dunkle Pigment vorwiegend rostbraun. Chukarhühner gackern wie Haushühner, während *A. graeca* fast kleiberartige Pfiffe ausstößt. *A. magna* soll schweigsamer sein als *A. chukar* und über eine charakteristische hohlklingende Lautäußerung verfügen, die von *A. chukar* unbekannt ist."
Die Ahnen der Steinhühner waren sehr wahrscheinlich Bewohner semiarider Gebirge Mittel- und Vorderasiens, wofür auch die Färbung der rezenten Arten spricht. Einige haben sich als sehr anpassungsfähig erwiesen und besiedeln wie das Chukarhuhn Wüstensteppen, Hochgebirge bis hinauf zur Schneegrenze, offene Trockenwälder und Kulturland. Bemerkenswert ist das schon HERODOT im Altertum bekannte häufige, wenn auch nicht regelmäßige Doppelnisten von Henne und Hahn, bei

o. l. Schwarzkopf-Steinhuhn, *Alectoris melanocephala* (s. S. 331)
o. r. Rothuhn, *Alectoris rufa* (s. S. 332)
u. Klippenhuhn, *Alectoris barbara* (s. S. 339)

dem letzterer sogar einen großen Brutfleck ausbilden kann. Diese Eigenschaft und bisweilen Bigamie sind wichtige Mittel zur Arterhaltung der von vielen Feinden bedrohten Kleinhühner.

In der Ziergeflügelhaltung spielen die ansprechend gefärbten, in der Haltung anspruchslosen, leicht zähm- und züchtbaren Steinhühner eine wichtige Rolle. Leider erscheinen gegenwärtig nur 2 Arten, Chukarhuhn und Rothuhn, regelmäßig auf dem Tiermarkt.

Chukarhuhn
Alectoris chukar, Gray 1830

Engl.: Chucor Partridge, Chukar Partridge.
Abbildung: Seite 302 oben und sowie Seite 318 Kopfzeichnung B.
Heimat: Südöstliche Balkanhalbinsel, die Ägäis, Kleinasien, der Nahe Osten, die Krim, Kaukasien und Transkaukasien, der Iran ostwärts bis West-Sind, der West-Himalaja bis West-Nepal; Zentralasien bis Nordchina (südliches Heilungkiang), Transkaspien, Russisch-Turkestan bis zum Altai, Chinesisch-Turkestan (Sinkiang) bis zur Dsungarei und die äußere Mongolei. Seit 1893 in die westliche USA, 1920 auf der Südinsel Neuseelands, 1923 auf Hawaii (Oahu), in Südafrika (Tafelberge bei Villiersdorp, Robben Island, Natal), in geringem Umfang in England, Süd-Frankreich und Italien eingebürgert. Wo die Arealgrenzen von Chukar und Steinhuhn aneinandergrenzen, wie in Teilen Griechenlands und Bulgariens, haben sich in geringem Umfang Hybridpopulationen gebildet, so in einer 5 bis 10 km breiten, durch Thrazien und das Rhodopegebirge verlaufenden, ca. 80 km langen Zone. Im Gebiet von Srudni Rodopi und Komotini (Bulgarien) sollen beide Arten nach WATSON ohne Hybridisierung nebeneinanderleben, das Chukar unter, das Steinhuhn über 100 m Höhe. 14 Unterarten.
Beschreibung: Geschlechter gleichgefärbt. Bei der Nominatform (Ost-Afghanistan, Kaschmir, West-Himalaja bis Nepal) und dunkelsten Unterart sind die Scheitelfedern weinrötlich und gehen zum Hinterhals hin in Bräunlichgrau über. Darunter zieht ein manchmal schmales, dann wieder sehr breites grauweißes Band von der Oberstirn über die Augenregion hinweg zu den rotbraunen Ohrdecken. Von der Unterstirn läuft eine breite schwarze Binde oberhalb des Zügels durch die Augen und unterhalb der Ohrdecken die Kopf- und Halsseiten hinunter, verbreitet sich auf der Kropfregion und vereinigt sich mit der der anderen Seite, eine vollständige Umrahmung der isabellgelblichen Zügel-, Wangen-, Kinn- und Kehlregion bildend. Innerhalb dieses hellen „Latzes" sind nur die Kinnspitze und ein schmaler Schnabelwinkelfleck schwarz. Rücken und Schultern weinrötlich, Unterrücken, Bürzel, Oberschwanzdecken blaugrau mit breiten braungrauen Federsäumen; Steuerfedern graubraun und mit Ausnahme der Mittelpaare die unteren Federhälften kastanienbraun; äußere Schulterfedern mit hellgrauem Mittelteil, kleine und mittlere Flügeldecken sowie innere Armschwingen wie Unterrücken, die äußeren Flügeldecken braungrau. Äußere Armschwingen und die Handschwingen braun mit isabellgelbem Fleck auf der Außenfahnenmitte. Brust hellbläulichgrau, die Federn mit breiten braungrauen Endsäumen; Brustseiten mehr oder weniger stark weinbraun getönt, Unterbrust fast rein grau; Unterbauch, Steiß und Schenkel rostisabell; Flankenfedern auf der (verdeckten) Oberhälfte grau, dahinter mit 2 schwarzen Bändern, die durch ein breiteres isabellfarbenes Band unterbrochen werden, ein schmaler Endsaum rotbraun.

Schnabel korallen- bis karminrot, Augenlider ziegel- bis karminrot, Iris haselbraun oder rotbraun, Beine korallen- bis tiefrot.

Länge um 380 mm; Flügel 164 bis 180 mm; Schwanz 78 bis 105 mm; Gewicht des Hahnes 540 bis 765 g, der Henne 370 bis 540 g.

Beim Jungvogel sind Mantel, kürzere Schulterfedern, Kropf, Flügeldecken trüb olivbraun, jede Feder mit weißlichem Dreieckspitzenfleck; Unterseite hell isabell, Brust- und Flankenfedern mit hell sepiafarbener subterminaler Bänderung; Schwanz hell rosazimtfarben, die Federn mit Sepiasprenkelung und hell isabellfarbener Säumung; Schwingen trübschwarz, Außenfahnen der Handschwingen unregelmäßig hellisabell gebändert und gemustert, außer auf der sich zuletzt bildenden äußeren dritten. Außenfahnen der Armschwingen und Armdecken trübolivbraun, dunkel gesprenkelt und unregelmäßig hellisabell gemustert. Kopf-, Hals-, Rücken- und

---

o. Hahn des Coqui-Frankolins, *Francolinus coqui* (s. S. 362)
u. l. Hahn des Halsbandfrankolins, *Francolinus francolinus* (s. S. 348)
u. r. Indisches Wachtelfrankolin, *Francolinus pondicerianus* (s. S. 357)

Oberschwanzdeckendunen werden relativ spät durch das bleibende Gefieder ersetzt. Dieses gleicht dem Adultkleid, ist nur trüber und ohne schwarzen Augenstrich und Halsband; während der allmählichen Ausbildung des neuen Gefieders auf den Flanken erscheinen dort laufend mehr Federn mit hellblaugrauer Basis und noch unscharfer schwarzer Bänderung. Schnabel dunkelhornfarben, rosa getönt oder trübrot; Iris braun, Beine hell- oder orangerötlich.

Beim Dunenküken sind Scheitel und Nacken zimtig isabellfarben mit sepiabrauner Sprenkelung; vom Auge ziehen sich sepiabraune Streifen bis über die Ohrdecken; Zügel, ein schmaler Superziliarstreif, Wangen, Unterseite hellisabell bis fast weiß; Streifen auf Mantelmitte, Flügeln sowie 2 parallel über die Rückenmitte verlaufende Bänder schwarz gesprenkelt und seitlich schwarz gesäumt; unregelmäßige Streifen auf Rückenseiten und Schenkeln schwarz, übrige Unterseite fast weiß. Schnabel, Beine gelblichrosa, Iris braun.

Gelegestärke 7 bis 12; Ei oval, hartschalig mit glatter glänzender Oberfläche; Grundfarbe hellgelblich bis graubräunlich mit spärlicher rötlichbrauner oder rosigpurpurner Sprenkelung (37 bis 41 mm × 29 bis 31 mm); Gewicht 19 bis 20 g; Brutdauer 22 bis 24 Tage.

Nordamerikanische Chukarhühner dürften zwar überwiegend der Nominatform angehören, doch sind nachweislich auch die Unterarten *koroviakovi*, *pallida*, *pallescens* und *kleini* ausgewildert worden, so daß eine exakte Bestimmung ähnlich wie beim Jagdfasan nur bei Importtieren bekannter Herkunft möglich ist.

Im Unterschied zum farblich recht ähnlichen Steinhuhn ist beim Chukar die schwarzumrahmte Kopf-Halsregion isabellgelb statt fast weiß, und die Zügelregion ist ebenso gefärbt, statt wie beim Steinhuhn größtenteils schwarz mit isabellfarbener Zügelmitte. Beim Chukar ist auch der schwarze Unterschnabelfleck stärker ausgebildet, die Ohrdecken sind bei ihm rotbraun, beim Steinhuhn dagegen überwiegend schwarz mit sehr schmalem rötlichem Mittelstreif.

Lebensgewohnheiten: „Chukar" oder „Chukor" ist der Hindi-Name des Vogels und wurde von den Engländern in Indien übernommen. Er entspricht klangbildlich dem häufig ausgestoßenen Sammelruf. In seinem riesigen Verbreitungsareal ist das Chukar bezüglich seiner Biotopansprüche sehr flexibel. Entschieden bevorzugt werden semiaride und aride Gebiete in Ebenen wie Gebirgen, die es bis in Höhenlagen von 3000, örtlich sogar 4000 m bewohnt. So ist es im Sinai Biotopnachbar des Sandhuhnes (*Ammoperdix heyi*), im Altai des Königshuhnes (*Tetraogallus altaicus*). Zwar werden Feuchtgebiete und geschlossene Waldungen gemieden, doch besiedelt es im Himalaja noch stark beweidete, geröllreiche Waldlichtungen von weniger als 0,5 ha Fläche. Charakteristische Habitate sind indessen Geröllhalden und vegetationsarme Berghänge sowie hügelige Halbwüstensteppen. Wasser muß stets erreichbar sein, und zum täglichen Trinken werden oft Entfernungen von mehreren Kilometern zurückgelegt. Die Hühner bewegen sich laufend und springend sicher und schnell auf unwegsamstem Terrain, wo sie vor Menschen sicher sind. Sie fliegen kraftvoll und wendig, wenn auch nicht hoch und ausdauernd. Die Nahrung der Erwachsenen besteht überwiegend aus Gras- und Unkrautsämereien sowie grünen Grasspitzen und Leguminosenblättern. Kleinküken verzehren während der ersten Lebenswochen fast ausschließlich Insekten und gehen danach ebenfalls zu Pflanzennahrung über. Sozialmuster und Verhalten sind denen des Stein- und Rothuhnes recht ähnlich. Wintergesellschaften können in Gebieten häufigen Vorkommens bis 150 Vögel umfassen. Gegen Ende der Brutzeit bilden die Hähne „Strohwitwervereine", nachdem sie das brütende Weibchen vorher bewacht hatten und sich später der führenden Henne anschließen werden. Die Art ist in der Regel monogyn, doch wird bei 10 % der Populationen in den USA Bigynie beobachtet. Paarbindung erfolgt bei den Älteren ab Anfang bis Mitte Februar, den Jährlingen ab Ende Februar bis in den März hinein. Wie beim Rebhuhn scheint das Brutrevier keine festen Grenzen aufzuweisen. Verpaarte Hähne beschränken sich auf das Verjagen männlicher Artgenossen, die ihrer Henne zu nahe kommen. Der Aktivitätsrhythmus gleicht dem des Steinhuhns, nur erreicht er beim Chukar durch nochmaliges spätmorgendliches Rufen nach der Futteraufnahme einen zweiten Gipfel. Aggressiv- und Paarungsverhalten sind gut bekannt. Schon im Verband der Wintergesellschaften tendieren Chukarhähne dazu, ihrer Henne zu folgen und sie gegen andere Männchen abzuschirmen. Ihr Revierruf im Frühjahr löst bei anderen Hähnen klares Distanzwahren aus. Es gibt mehrere Intensitätsstufen des Aggressionsverhaltens: Demonstratives Sträuben des hellen, schwarzumrahmten „Brustschildes" bei schräger Kopfhaltung zum Gegner hin sowie das Vorzeigen der Flankenbänderung in Seitenstellung sind die schwächsten Drohgesten und nach der im Frühjahr fixierten Rangordnung ein meist ausreichendes Abschreckmittel. Bleibt der Gegner davon unbeeindruckt, folgt das Zirkeln, bei dem der Hahn in der beschriebenen Seitenstellung den Gegner im Halbkreis umschreibt. Gleichrangige können einander in dieser Weise bis 5 Minuten lang umkreisen. Bei der nun folgenden Aggressionsphase, dem vollständigen Umkreisen des Gegners, hält der Angreifer den Körper waagerecht und den Kopf niedrig, während die Handschwingenspitzen des dem Feind abgewandten Flügels den Boden berühren, der Flügel der ihm zugewandten Seite hingegen ganz durch die maximal entfaltete Flankenbänderung verdeckt wird. So umläuft er unter Drohrufen den Rivalen bis zu 6mal in vollem Kreis. Bemerkt der Revierbesitzer einen Eindringling, rennt er ihm mit waagerecht gehaltenem Rücken und Schwanz, niedrig und gerade gehaltenem Kopf in Etappen entgegen und stellt sich jedesmal nach dem Verharren mit zur Seite geneigtem Kopf steif und hochaufgerichtet hin. Steht er schließlich dem Feind direkt gegenüber, besteht der dann folgende Kampf in gegenseitigem Anspringen des Gegners und Versuchen, sich in sein Rücken- und Nackengefieder zu verbeißen. Die Einleitung solcher Kämpfe geht häufig vom Eindringling aus. Schwindende Aggressionsstimmung äußert sich oft in Übersprungshandlungen, wie beispielsweise Scheinpikken. Unterwerfung wird durch Abwenden des Besiegten oder dessen Flügelschlagen signalisiert. Dabei steht der Unterlegene aufrecht und schlägt so kräftig mit den Flügeln, daß er manchmal vom Boden abhebt. Läßt sich der Sieger dadurch nicht beschwichtigen, flieht der andere mit gebeugten Läufen, waagerecht gehaltenem Körper und nach rückwärts gewendetem Kopf, dazu das Angstgeschrei ausstoßend. Höchster Unterwerfungsgrad ist ein flaches Kriechen bei möglichst bedeckt gehaltenem Flankengefieder und unter Verstecken der schwarzen Brustbinde. Dadurch wird die Aggressionsstimmung des Gegners meist beendet. Das Paarungsverhalten ist von STOKES untersucht worden. Es besteht aus mehreren Phasen, die in festgelegter Folge ablaufen. Das Verhalten des Männchens ist dabei in den Anfangsphasen dem Aggressionszeremoniell derart ähnlich, daß oft nicht einmal das Weibchen weiß, „woran es ist". Zu Beginn läuft der Hahn nämlich in der für das Drohrennen typischen Haltung mit in horizontaler Linie gehaltenem Rücken und Schwanz sowie etwas tiefer und weit nach vorn gestrecktem Hals und Kopf hinter der in aufrechter Haltung flüchtenden Henne her. Diese zeremonielle Verfolgungsjagd ist das sicherste Zeichen für eine gerade abgeschlossene Paarbildung. Beim sogenannten „Nachlaufen" ist die Körperhaltung beider Partner eine ganz andere. Das einer Paarung nicht abgeneigte Weibchen läuft geduckt und mit hängenden Flügeln vor dem Männchen her, das in aufrechter Haltung ab und zu stehenbleibt, sich hochaufrichtet und mit den Flügeln schlägt, um danach dem Weibchen erneut nachzulaufen. Diese zur eigentlichen Balz überleitende Phase währt einige Minuten und hängt vom Grad der Paarungsbereitschaft des Weibchens ab, das schließlich stehenbleibt und oft Übersprungshandlungen, wie beispielsweise Gefiederputzen, ausführt. Bei Beginn der eigentlichen Balz überwiegen beim Hahn aggressive Elemente noch sehr stark: Er zeigt das Imponierverhalten des Hahnenkampfes mit Kopfneigen zwecks Demonstration des schwarzumrahmten Brustlatzes, Umkreisen und Breitseite-Imponieren. Im Gegensatz zu einem Männchen, das darauf mit Gegenimponieren oder Flucht reagieren würde, verhält sich die Henne so, als würde sie das drohende Männchen überhaupt nicht bemerken. In ihrer augenblicklichen Tätigkeit fortfahrend, ist sie jedoch stets darauf bedacht, dem Männchen ja nicht die gebänderten Flanken, eine wichtige Komponente beim Imponiergehaben, zu zeigen. Sie kann eine kurze Demutsgeste andeuten, indem sie sich niederduckt oder, was häufiger vorkommt, ihren Kopf vom Partner wegdrehen und an ihm vorbeisehen. Das Aggressionsbedürfnis kann zu Anfang der Fortpflanzungszeit beim Hahn noch so stark sein, daß er die Henne trotzdem angreift. Diese flüchtet dann stets unter lautem Angstkreischen. Mit abnehmender Angriffslust des Männchens läßt allmählich auch die Intensität des Imponierens nach, was dadurch erkennbar wird, daß beim Umkreisen der Henne der Abstand zwischen den Partnern immer größer wird. Nach abruptem Beenden des Imponiergehabens geht das Männchen zu Übersprungshandlungen, wie Futtersuche oder Gefiederputzen, über. Ist so die Aggressivität abgebaut, beginnt das Werbefüttern, ein angedeutetes Picken nach Steinchen, Zweigstückchen oder Körnern, wobei der Schnabel das betreffende Objekt jedoch nie berührt. Dazu wird der Scheinfütterungslaut „Tju...tju...tju..." ausgestoßen, der Hahn beugt leicht die Beine, legt die Flügel eng an und stellt den etwas gesenkt gehaltenen Schwanz waagerecht ab. Der Körper bildet eine vom Kopf zum Schwanz hin wenig ansteigende Linie, und der Schnabel zeigt senkrecht auf den Boden. Ist das Weibchen paarungsbereit, kommt es näher und beginnt seinerseits mit Scheinpicken. Ist es jedoch noch nicht kopulationsbereit und reagiert es nicht auf das Werbefüttern des Männchens, bricht bei diesem die Handlungskette ab und es beginnt mit echtem Futterpicken. Bei einer anderen Phase des Paarungs- bzw. Brutverhaltens führt das Männchen die Nistplatzzeremonie aus, indem es mit vertikal gehaltenem und gespreiztem Schwanz zwischen Grasbülten und Buschwerk kriecht, dort unter langsamen Scharrbewegungen mit dem Ausheben einer Nestmulde beginnt und sich langsam darin dreht, auch erreichbare Halme mit dem Schnabel über die Schulter nach hinten wirft. Dazu läßt es die ganze Zeit über einen sanften, rhythmisch an- und abschwellenden Ruf ertönen, der an den Fütterungs- und Scheinfütterungsruf erinnert. Folgt ihm das Weibchen, so wird sein Verhalten dadurch intensiviert.

Hat ein Weibchen das Werbefüttern des Männchens adäquat beantwortet, richtet sich letzteres hoch auf und läuft in weitem Bogen hinter das Weibchen. Dabei ist seine Körperhaltung gestreckter als üblich mit fast vertikaler Brusthaltung, und die Beine werden beim Laufen kaum gebeugt, so daß der Gang wie ein Stechschritt wirkt. Das Weibchen, welches dem Hahn nun den Rücken zudreht, duckt sich, streckt den Kopf weit vor und hält ihn unterhalb der Rückenlinie. Nachdem beide Vögel einige Sekunden in der geschilderten Haltung verharrt haben, stößt der Hahn den Paarungsaufforderungsruf, ein kehliges „Juh...juh", aus und läuft mit gesträubtem Brust- und Flankengefieder unter ständigem Rufen von hinten auf die Henne zu. Erst beim Besteigen bricht er das Rufen ab. Einen Fuß auf die Rückenmitte der Henne gesetzt, packt er sie mit dem Schnabel gleichzeitig im Genickgefieder. Das extrem geduckt liegende Weibchen bringt die zusammengefalteten Flügel in eine horizontale Lage, in der sie während der ganzen Kopulation gehalten werden. Das aufgesprungene Männchen dagegen breitet seine Flügel ganz aus und senkt sie so weit, daß sie die Flanken des Weibchens bedecken. Das Männchen senkt den Schwanz bis auf den Boden, das Weibchen den ihren seitwärts. Die Kopulation dauert ca. 3 Sekunden. Danach steigt das Männchen sofort ab und geht hochaufgerichtet davon, während das Weibchen oft noch einige Sekunden geduckt liegenbleibt und sein Gefieder schüttelt. Häufig löst das Niederducken eines Weibchens, z. B. beim Sandbaden, beim Männchen spontan Kopulationsbereitschaft aus. Läßt er in solchen Fällen den Paarungsaufforderungsruf hören, erhebt sich das Weibchen sofort, wodurch die Handlungsfolge unterbrochen wird, da die Voraussetzung für das Kopulationsverhalten des Chukarmännchens ein von ihm abgewandtes und auf die Erde gekauertes Weibchen ist. Dennoch kann es gegen Ende der Fortpflanzungsperiode, wenn die Eiablage bereits begonnen hat, durch starke sexuelle Stimulation des Männchens zu Vergewaltigungen kommen. Ebenso kommt es vor, daß das Männchen während des Brütens seines Weibchens andere unverpaarte Weibchen begattet. Das Balzverhalten des Chukar-, Stein- und Rothuhns ähnelt sich bis auf geringe artspezifische Abweichungen sehr.

Gelege des Chukarhuhnes werden im Mittelmeerraum von Mitte April bis Mai, ausnahmsweise schon Ende März gefunden. Das Nest, eine gut getarnte Bodenmulde, wird vom Weibchen angelegt, obwohl das Männchen vorher mehrere Nester gebaut hatte, um es zum Nestbau zu stimulieren. Meist bringt die Chukarhenne 2 separate Gelege hintereinander, von denen eines durch den Hahn erbrütet wird. Dafür gibt es in der Literatur viele Beweise. So schreibt VON WETTSTEIN vom Chukar der Insel Sikinos (Ägäis): „Es gelang mir, durch einen glücklichen Schnappschuß das dahinflatternde Huhn zu erlegen, und meine Überraschung war groß, einen Hahn in Händen zu halten, der einen riesigen Brutfleck zeigte, der sich über den ganzen Bauch bis zur Brust herauf erstreckte. Die Sporenschwielen und später die Sektion ergaben ein unzweifelhaftes Männchen!" Die Küken können von beiden Eltern gemeinsam aufgezogen werden, oder jeder Partner zieht die von ihm allein erbrütete Kükenschar allein groß. Chukarküken nehmen selbständig Futter auf. Sie sind mit 7 bis 10 Tagen begrenzt flugfähig und innerhalb 50 Tagen ausgewachsen.

Das Stimmrepertoir des Chukar ist sehr reichhaltig. Der Sammelruf, ein mit zunehmender Intensität ausgestoßenes „Tschuk...tschuk...tschuk...pertschuk...tschukar-tschukar-tschukar...tschukara-tschukara-tschukara", dient nicht nur der Zusammenführung Versprengter, sondern bedeutet im Frühjahr auch aggressive Warnung für fremde Hähne, auf Abstand zu achten. Der sogenannte „Dampfmaschinenruf", ein rauhes grelles, rhythmisches „Tschak-tschak-tschak", das oft 5 Minuten hintereinander ausgestoßen wird und dem beim Dampfausstoßen einer Lokomotive entstehenden Geräusch ähnelt, wird vom Chukar anders als beim Rothuhn nicht als Revierruf, sondern mehr als Beschwichtigungslaut bei nachlassender Aggressionsstimmung benutzt. Der beim Umlaufen eines anderen Hahns oder der Henne ausgestoßene

„Feindschaftsruf" klingt wie der Alarmruf eines Greifvogels: „Errrrr" oder „Errrrk". Der Futterton ist ein leises „Tuuk", bei Erregung über das Finden einer neuen Futterquelle ein rasches „Tu-tu-tu-tu". Es wird auch beim Scheinpicken verwendet, ist jedoch dann in der Tonhöhe variabler, lauter und hält länger an. Ist ein Hahn in Gegenwart der Henne in ausgewogener Stimmung, stößt er einmal oder mehrfach ein „Pituu" aus, das auch dem Scheinpicken vorausgehen kann. Nestruf ist ein weiches, wiederholtes, in der Tonhöhe auf- und abwärts gehendes „Tschurr". Alarmruf ist ein lautes und durchdringendes Schreien, dem eine Serie von „Wituu wituu"-Rufen folgt. Beim Erblicken kreisender Greife wird kurz und guttural „Kerrr" gerufen, und Verdachtssituationen werden mit tiefem anschwellendem „Kwerr" bedacht. Das Unterwerfungskreischen in Verfolgungssituationen währt 1 bis 2 Sekunden und ist während der Fortpflanzungszeit oft zu hören. Nähert sich ein dominantes Männchen Artgenossen, stößt es ein Gemisch aus erregtem mäuseartigem Pfeifen, das wie „Skwii" klingt, schrillem Piepen und „Wituu"-Rufe aus. In Kopulationsstimmung vernimmt man vom Hahn ein tiefkehliges „Uh uh uh uh".

Haltung: Chukarhühner werden in ihrer asiatischen Heimat seit langem jung aufgezogen und laufen frei in Haus und Hof umher. Besucher werden von den kleinen gefiederten „Wachhunden" kühn angegriffen. Man hält sie auch in kleinen Käfigen, um sie als Kampfhähne zu verwenden, auf deren Turnieren hohe Wetten abgeschlossen werden. Nach Europa sind Chukarhühner wohl erstmalig 1852 aus Indien in den Londoner Zoo gelangt, wo sie 1887 gezüchtet wurden. Die vorderasiatischen und indischen Unterarten sind wiederholt nach Europa importiert und dort auch gezüchtet worden. Der britische Liebhaberzüchter ALFRED EZRA hat auf seinem Landsitz Foxwarren Park während der 30er Jahre Hunderte von Chukarhühnern im Freilauf gezüchtet (Avic. Mag. 1934, p. 168). Über Pflege und Zucht der Art hat DE GRAHL (Hamburg) in der Gefiederten Welt 1955 einen Bericht veröffentlicht, der hier in stark gekürzter Form wiedergegeben sei. Er schreibt darin unter anderem: „Die Haltung kann man sehr empfehlen, wenn ein Platz im Garten zur Verfügung steht. Abgesehen davon, daß das Alpen-Steinhuhn fast nie im Handel erhältlich ist, besitzt es auch nicht das lebhafte Temperament des Chukars. Die Fütterung ist einfach: Weizen, Hirse, Spitzsaat, etwas Hanf sowie viele andere Sämereien sagen ihm zu. Das Mitverfüttern von Grünzeug, wie Salat, Klee, Luzerne, Miere, Löwenzahn etc., das dieses Hühnchen begierig in großen Mengen verzehrt, ist lebenswichtig und wird sogar lieber als Mehlwürmer oder andere animalische Kost angenommen. Die Voliere sollte nicht kleiner als 4 m² sein. In der Mitte oder einer Ecke wird ein großer Haufen Natursteine aufgetürmt, der einige Verstecke enthalten und einen erhöhten Felsblock als Aussichtsturm aufweisen soll. Als Volierenbepflanzung eignen sich Ginster, Latschenkiefern, Rhododendren, Kirschlorbeer u. ä. Eine trockene Ecke mit Sandbad ist unerläßlich. Sie wälzen sich darin mit Hingabe und lassen sich von den Sonnenstrahlen durchdringen. Oft liegen sie mit langausgestreckten Beinen in der Sonne, so daß der Laie ein Unglück vermutet. Durch ihre Vertrautheit wachsen Chukarhühner ihrem Pfleger besonders ans Herz. Selbst Importtiere werden sehr schnell zutraulich und fressen aus der Hand. Besonders fällt die Zutraulichkeit der Hennen auf, die dem Pfleger wie junge Hunde hinterherlaufen, während sich Hähne etwas reservierter verhalten. Hat man einmal Chukars gehalten, fällt die Unterscheidung der Geschlechter bei ausgefärbten Tieren nicht schwer. Der Hahn ist viel korpulenter, hat einen dickeren Kopf sowie einen intensiver rot gefärbten Schnabel. Der warzenähnliche Sporenfortsatz wird gelegentlich auch bei älteren Hennen festgestellt." An anderer Stelle heißt es: „Am 1. Mai fand sich das 1. Ei in der Nestmulde, und jeden 2. Tag folgte ein weiteres. Als die Zahl 8 erreicht war und die Henne sich nicht setzte, wurden die Eier einer Seidenhenne untergelegt. Nach 24 Tagen schlüpften aus allen Küken. Die kleinen dunklen Kerlchen haben eine farbliche Ähnlichkeit mit Schopfwachtelküken, sind aber mindestens doppelt so groß. Chukarküken kommen einem immer so vernünftig vor, denn der ruhige und besonnene Charakter der Art kommt schon jetzt zum Ausdruck. Gepiept wird kaum, und die kleinen Wichte lassen sich greifen ohne dabei zu zetern oder zu zappeln. Die ersten Tage erhalten sie kleingehacktes Ei, Grünzeug und Mohn, dann wird das Eifutter durch Quark ersetzt und statt Mohn geschälte und ungeschälte Hirse verabreicht. Nach ca. 2 Monaten beginnen die Beine rosa zu werden, und nach 2 ½ Monaten fängt auch der bis dahin schwarze Schnabel an, sich rot zu verfärben. Gleichzeitig brechen auch die ersten schwarzen Halslatzfedern durch, und die Seitenbänderung erscheint. Die ganze Durchfärbung geht sehr langsam vor sich, und mit ca. 4 Monaten tragen sie fast schon das Alterskleid. Bei den Junghähnen zeigen sich die warzenähnlichen Sporenansätze erst mit ungefähr ¾ Jahren. Im Alter von 4 bis 10 Wochen sind die Küken vorübergehend etwas scheuer. Nach Abschluß dieser Phase kann man das Gesperre, ohne daß ein dummscheues Geflatter entsteht, dahin treiben, wohin man es gern haben will. Schon mit ca. 4 Monaten ähneln ihre Lautäußerungen sehr denen Erwachsener."

Den Ausführungen von DE GRAHL ist noch folgendes hinzuzufügen: Chukarhennen legen oft bis in den August hinein und bringen in einer Saison bis 40 durchweg befruchtete Eier. Zu einer Gruppe von Jungen darf man keine fremden setzen, weil diese als Eindringlinge behandelt und übel zugerichtet werden. Beschneidet man Chukarhühnern eine Handschwinge, so kann man sie ohne weiteres im Freilauf halten, wird aber in vielen Fällen der Katzen wegen auf dieses schöne Bild verzichten müssen. Anderen Vögeln gegenüber haben sie sich meist als friedfertig erwiesen. Die Zusammenhaltung mit anderen Kleinhühnern, beispielsweise Rebhühnern und Wachteln, ist nicht anzuraten. Kleinen Singvögeln oder hilflosen Jungtäubchen, die auf der Erde hocken, tun sie nach unseren Erfahrungen nichts zuleide. Unter allen Arten der Gattung *Alectoris* ist das Chukar zweifellos der dankbarste Volierenvogel. Lebhafter als das Alpensteinhuhn, unempfindlicher als Rot- und Klippenhuhn kann es jedem Liebhaber von Kleinhühnerarten, vor allem dem Anfänger nur wärmstens empfohlen werden.

Weiterführende Literatur:

BAKER, E. C. ST.: The Fauna of British India; Birds, Vol. V., Genus *Alectoris;* pp. 401–405. Taylor & Francis, London 1928

BANNERMAN, D. A., BANNERMAN, W. M.: Birds of Cyprus; Cyprian Chukor; pp. 364–366. Oliver & Boyd, London 1958

CHRISTENSEN, G. C.: The Chukar Partridge. Its introduction, life history and management; pp. 1–82 (m. großem Literaturverzeichnis). Biol. Bull. No. 4, Nevada Dptm. Fish & Game, Reno (Nevada) 1970

CRAMP, ST., SIMMONS, K. E. L., GILLMOR, R. et al.: Handbook of the Birds of Europe, the Middle East and North Africa, Vol. II.; Chukar; pp. 452–457; Oxford University Press, Oxford/London/New York 1980

DEMENTIEW, G. P., GLADKOV, N. A. et al.: Birds of the Soviet Union, Vol. IV. Publ. for U. S. D. I. and the Nat. Sci. Found by the Israel Program for Scient. Transl. 1967

GLUTZ VON BLOTZHEIM, U. N. et al.: Handbuch der Vögel Mitteleuropas, Bd. 5; Chukar; pp. 242–244 (m. großem Literaturverzeichnis). Akadem. Verlags-Ges. Frankfurt/M. 1973

HARTERT, E.: Die Vögel der paläarktischen Fauna, Bd. III; Gattung *Alectoris;* pp. 1904–1915 (*A. chukar* noch als Rassen von *A. graeca* geführt). R. Friedländer, Berlin 1921–22

JOHNSGARD, P. A.: Grouse and Quails of North America. Chukar Partridge; pp. 489–501. University of Nebraska, Lincoln 1973

KISSLING, R.: Probleme der Intensivzucht beim Steinhuhn (Chukar). Gefl. Börse Nr. 9; p. 4 (1976)

MEINERTZHAGEN, R.: Birds of Arabia (Chukor Sinai Race; pp. 564–565); Oliver & Boyd, London 1954

PAZ, U: The Birds of Israel. Chukar pp. 78–79. Chr. Helm, London 1987

PORTAL, M.: Chucor Partridges from Crete. Avic. Mag. 3. Series, Vol. XII; pp. 118–121 (1921)

ROBBINS, G. E. S.: Partridges, Chukar pp. 38–39. Boydell press, Woodbridge (Engld.) 1984

SALIM ALI, RIPLEY, S. D.: Handbook of the Birds of India and Pakistan, Vol. 2; Chukor; pp. 17–20. Oxford University Press 1980

STOKES, A. W.: Voice and social behaviour of the Chukar Partridge. Condor 63; pp. 111–127 (1961)

DERS.: Agonistic and sexual behaviour of the Chukar Partridge. Animal Behaviour 11; pp. 121–134 (1963)

VAURIE, CH.: The Birds of the Palearctic Fauna. Non-Passeriformes. Genus *Alectoris;* pp. 268–278. Witherby 1965

WETTSTEIN VON O.: Die Vogelwelt der Ägäis. Steinhühner; pp. 37–40. Journ. Orn. 86, Heft 1 (1938)

Alpensteinhuhn
Alectoris graeca, Meisner 1804

Engl.: Rock Partridge.

Abbildung: Seite 301 alle, Seite 302 unten sowie Seite 318 Kopfzeichnung A.

Heimat: die Alpen, Mittel- und Süd-Italien, Sizilien, Jugoslawien südwärts bis Griechenland (einschließlich der Jonischen Inseln), ostwärts West- und Süd-Bulgarien bis zum mittleren Rhodopegebirge. In Ost-Bulgarien und Thrazien durch das Chukar ersetzt. 3 Unterarten.

Beschreibung: Geschlechter gleichgefärbt. Nach der Beschreibung in GLUTZ VON BLOTZHEIM et al., die hier noch ergänzt wird, ist beim adulten Alpensteinhuhn (*A. g. saxatilis,* BECHSTEIN) aus den Europäischen Alpen der Oberkopf schiefergrau mit zum Nacken hin zunehmend breiter werdenden bräunlichen Endsäumen der Federn; darunter läuft ein schmaler weißlicher Strich von der Oberstirn aus als Superziliarstreif über Augen und Ohrdecken hin-

weg. Vorderrückenfedern mehr oder weniger intensiv lila-weinrot mit caudalwärts breiter werdendem, feinem grauem oder bräunlichem Endsaum. Hinterrücken, Bürzel, Oberschwanzdecken grau mit bräunlichem Anflug. Das Kinngefieder in einem kleinen Bezirk zwischen den Unterschnabelästen sowie ein kleiner Fleck am Schnabelwinkel schwarz. Ein vom Oberschnabelgrund und der Unterstirn durchs Auge ziehendes, die Ohrdecken einschließendes, bis 2 cm breites schwarzes Band läuft über Kopf- und Halsseiten, danach quer über die Vorderbrust, sich dort mit dem der anderen Seite vereinigend und trennt das schwach rötlich oder gräulich angehauchte Weiß des Mittelzügels, der Wangen, Kehle und Kropfregion vom Schieferblau der Brust, deren Federn lila-weinrot endgesäumt sind. Zum Unterschied vom Chukar mit seinen ausgeprägten rotbraunen Ohrdecken weisen diese beim Alpensteinhuhn nur inmitten des Schwarz eine schmale lange rötlichgelbe bis braune Linie auf. Bauch und Unterschwanzdecken gelblich bis bräunlich rahmfarben, die Steißregion heller gräulich rahmfarben; Flankenfedern blaugrau, im distalen Fünftel gebändert: Auf ein bis 3 mm breites schwarzes Band folgt eine 13 bis 15 mm breite weiße bis rahmfarbene Zone, die durch eine in der Regel etwas breitere schwarze Subterminalbinde sowie einen bis zu 7 mm breiten kastanienbraunen Endsaum abgelöst wird. Steuerfedern rostrot, die äußersten an der Basis zu ca. $\frac{1}{3}$ ihrer Länge, die weiter zur Mitte hin stehenden bis zu $\frac{1}{2}$ und mehr, die beiden Mittelpaare ganz aschgrau. Schultergefieder wie Vorderrücken, die schaftnahen Teile der Außenfahnen jedoch schieferblau; Handschwingen mittelbraun, rahmfarben geschäftet und mit strohgelben Seitenstreifen auf der Außenfahne; Armschwingen grau bis graubraun, der Spitzenteil der Außenfahnen weiß bis rahmfarben gesäumt; große Handdecken auf den Außenfahnen graubraun mit zarter rahmfarbener Sprenkelung, auf den Innenfahnen grau; übrige Deckenfedern blaugrau mit braunvioletter Säumung. Schnabel korallenrot, Lidränder und ein Hinteraugenfleck orangerot bis rot, Augenlider hellblau, Iris braunrot, Beine braunrot, die Laufrückseite mit kurzem Spornenhöcker.
Länge 320 bis 350 mm; Flügel 166 bis 173,5 mm; Schwanz 78 bis 96 mm; Gewicht 650 bis 750 g.
Bei den etwas kleineren Weibchen sind Stirn- und Brustband meist schmäler, was aber wenig auffällig ist. Flügel 160 bis 167 mm; Schwanz 74 bis 89 mm; Gewicht 500 bis 650 g.
Im Jugendgefieder ist die Oberseite in beiden Geschlechtern bräunlichsandfarben, die Federn mit rostgelbem Spitzenfleck, der sich zwischen dunkelgefleckter Außen- und Innenfahne zu einem Schaftstrich verjüngt; Kopfseiten heller, Zügel und Ohrdecken wie Scheitel. Unterseite schmutzigweiß, die Brustfedern mit hell rostgelben Tropfenflecken; Flankenfedern mit dunkler Subterminalbinde. Schwanzfedern sandbräunlich, zart hellrostgelb und braun gefleckt; Handschwingen braun mit rostgelben winkelförmigen Fleckenreihen und Punkten. Schnabel blaßrot, Beine blaß-schmutzigrot.
Nach GLUTZ VON BLOTZHEIM et al. sind 15 bis 16 Monate alte Alpensteinhühner an der zugespitzten 9. und 10. Handschwinge von älteren unterscheidbar. Das mit 3 Monaten erkennbar werdende knotige Spornrudiment an der Laufhinterseite fehlt ausnahmslos bei Junghennen und ist damit das einzige brauchbare Geschlechtsmerkmal.
Bei Dunenküken sind im Vergleich mit denen des Chukars Kopf und Oberseite weniger warm braun, sondern mehr graubraun; Unterseite hell cremefarben, die grauen Federbasen durchscheinend; ein Graubraun auf den Kropfseiten fehlt fast ganz. Im Vergleich mit Rothuhnküken sind Überaugenstreif, Zügel und Wangen beim Alpensteinhuhn-Pullus ungesprenkelt. Schnabel gelblichrosa mit braunem First, Füße gelblichrosa, Iris braunrot. 3tägige wogen bei HEINROTH 17 g.
Gelegestärke 8 bis 14, zwischen 6 und 21 schwankend. Ei spitzoval, fast birnenförmig, dick- und hartschalig, Oberfläche glatt, gelblich oder blaßbräunlich mit rotbraunen Punkten und oft etwas größeren bräunlichen Flecken.
(37 bis 44 mm × 28 bis 33 mm); Gewicht 20 g; Brutdauer 24 bis 26 Tage.

Lebensgewohnheiten: Die Art bewohnt steinige, von Felspartien durchsetzte, stufige bis steile Hänge. Bevorzugt werden trockene, besonnte Flächen; Wasser muß stets vorhanden sein. Nach GLUTZ VON BLOTZHEIM und SCHIFFERLI entspricht ein Mosaik von trockenen Bodenaufschlüssen, Rasen-, Zwergstrauch- oder offenen Strauchgesellschaften den Ansprüchen ebenso wie lockerer Baumbestand oder durch Beweidung gelichteter Lärchen- und Fichtenwald. Die Vögel werden meist in Lagen zwischen 1200 und 1500, in Italien bis 2700 m, im Gebirge selten unterhalb 900 m angetroffen. Alpensteinhühner sind Standvögel, die allenfalls nach Beendigung des Brutgeschäftes in höhere Lagen aufsteigen und vor starken Schneefällen talwärts ausweichen, ohne in den Tälern zu erscheinen. Außerhalb der Brutzeit leben sie gesellig zusammen. Zur Bildung von Völkern kommt es in Abhängigkeit von den Wetterbedingungen ab Oktober. In strengen Wintern können Alpensteinhühner Herden aus 50 bis 100 Vögeln bilden. Sommertrupps können aus Hähnen bestehen, deren Hennen brüten, aus unverpaarten Hennen oder einjährigen Jungvögeln, die den 2. Sommer hindurch zusammenbleiben. Wintervölker lösen sich bei Eintritt milder Witterung im Frühjahr, meist ab Ende Februar auf, tun sich jedoch bei erneuten Kälteeinbrüchen wieder zusammen. Revierverhalten setzt im März/April ein. Hennen beginnen erst mit dem Legen, wenn das Paar seinen Revieranspruch gefestigt hat. Die Reviergröße hängt von der Rangstellung der Hähne ab, d. h. die ranghöchsten verteidigen die größten Reviere. Dabei spielen auch Deckungsmöglichkeiten, Futterquellen und die Populationsdichte des betreffenden Gebiets eine Rolle. Die Henne brütet allein, während der Hahn in der ersten Zeit in der Nachbarschaft Wache hält. Stirbt die Henne, übernimmt er Gelege und Küken. Wie bei allen Arten der Gattung können Hahn und Henne je ein Gelege erbrüten und das Gesperre allein oder gemeinsam führen. Ausgedehnte Brutflecke sind bei Steinhähnen einwandfrei nachgewiesen worden. Häufig tun sich auch mehrere Hennen mit ihren Gesperren zusammen, und von da an werden Reviergrenzen nicht mehr beachtet. Steinhühner übernachten ganz überwiegend auf dem Erdboden, selten auch aufgebaumt. Die Tagesaktivität folgt einem festgelegtem Muster mit häufigstem Rufen in den Stunden nach Sonnenaufgang, einem Abflauen am späten Morgen und weiterem Abfall gegen Mittag, um gegen Abend erneut einen kleineren Aktivitätsgipfel zu erreichen. Vom Spätvormittag bis Frühnachmittag halten die Vögel Siesta und suchen dafür sonnige Plätze aus. Da Aggressions- und Sexualverhalten fast ganz denen des Chukars gleichen, brauchen sie hier nicht erneut geschildert zu werden. Unterschiede zwischen beiden Arten ergeben sich vor allem in den Lautäußerungen. Statt des gutturalen „Tschuk...tschuk..." des Chukars ähnelt der Gesang des Steinhuhns einem metallischen Wetzen, das bei GLUTZ VON BLOTZHEIM mit „Kakabi, kakabit, kakabé" oder „Tschatzibitz, tschatibit, tschattibitz" wiedergegeben wird. Aus der Nähe klingt es hölzern „Dack dack dack dack-perwack...dackperwack...", leise und langsam einsetzend und sich zum fortissimo und prestissimo steigernd. Das vom Steinhahn beim Umkreisen des Weibchens gehörte sanfte „Kirrr kirrr" klingt ebenfalls anders als das in dieser Situation vom Chukarhahn zu vernehmende greifvogelartige „Errrrrr". Auch andere Laute klingen bei beiden Arten mehr oder weniger verschieden.

Haltung: Nach GIRTANNER werden auch wildgefangene Steinhühner bald ganz zahm und deshalb in ihrer Heimat oft in Käfigen oder frei in Gehöften gehalten. Sie gehen ausnahmslos ans Futter und gewöhnen sich so leicht wie kaum ein anderer Vogel an die räumlich kleinsten und im Futter einfachsten Gefangenschaftsverhältnisse. Zur Fütterung erhalten sie Hafer, Hirse, Hanf, Brot, als Grünfutter etwas Kohl, Löwenzahnblätter und dergleichen. Ein Sandbad ist unerläßlich. Dunenjunge lassen sich mit kleinen Mehlwürmern, Ameisenpuppen vermischt mit Mohnsamen, geschälter Hirse, etwas gequetschtem Hanf, Heugesäme und Quarzkörnchen aufziehen. Gegenwärtig ist das Alpensteinhuhn längst nicht mehr so häufig wie zu GIRTANNERS Zeiten, und man wird wohl stets nur durch einen glücklichen Zufall in den Besitz von Gelegen gelangen. Nach Meinung von STEFANI ist das Alpensteinhuhn in Menschenobut lange nicht so lebhaft wie das Chukar. Einen ausführlichen Bericht über Aufzucht und Verhalten des Steinhuhns verdanken wir OSKAR HEINROTH. Er schreibt: „1929 hatten wir Gelegenheit, ein Junges aus einem Ei aufzuziehen, das im Berliner Zoo gelegt worden war. Die Brutdauer betrug 24 Tage. Das Küken war von Anfang an ungemein zutraulich und blieb es auch, als es erwachsen war, so daß uns dieser kecke und lebhafte Hahn viel Freude machte. Da er zum Februar hin sehr unverträglich gegen andere Vögel wurde und sie gefährlich bedrohte, mußten wir ihn weggeben. In seinem Anschlußbedürfnis war dieses Küken sehr unglücklich, wenn es allein gelassen wurde und nahm wegen seiner großen Unruhe wohl anfangs etwas zu wenig zu. Mit ungefähr 18 Tagen hielt es bis zu einem gewissen Grade zu einem jungen Spießflughuhn und wurde dadurch etwas ruhiger, bevorzugte jedoch immer die menschliche Gesellschaft. In diesem Alter vermochte es einem treppauf, treppab durch die Wohnung zu folgen, nach weiteren 2 Tagen nahm es fliegend 2 Stufen auf einmal, 3 glückten ihm gewöhnlich noch nicht. Das ist recht spät, wenn man bedenkt, daß junge Bankivahühner einem mit 13 Tagen bereits auf die Schulter fliegen und auch junge Rebhühner dann schon ganz leidlich beflogen sind. Er kroch gern in die wärmende Hand und drückte sein Behagen durch „Terr" aus. Näherte man sich ihm plötzlich, so blieb er stehen und ließ ein lautes Pfeifen hören, das wie „Tschuiiiit" oder „Tschwiiiit" klang. Mit 5

Wochen begann die Kleingefiedermauser, 2 Wochen später wurden die ersten breitgebänderten Seitenfedern, einige einfarbige Schulterfedern und kleine schwarze Federn am Vorderhals sowie zwischen Auge und Nasenloch sichtbar. Mit 17 Wochen war das zweite Kleid vollständig vorhanden, so daß der Hahn einen durchaus fertigen Eindruck machte. Diese Jugendmauser ist, wie bei fast allen Hühnervögeln, deshalb keine ganz richtige Vollmauser, weil die beiden äußersten, ja erst spät erscheinenden Handschwingen dabei nicht erneuert werden. Für gewöhnlich hauste der Alpensteinhahn auf einem vergitterten Balkon, kam aber sofort ins Zimmer, wenn man die Tür öffnete. Im Winter erschien er dann morgens im benachbarten erleuchteten Schlafzimmer, flog auf alle erhöhten Gegenstände und machte sich überall zu schaffen. Sehr gern lief er auf den Betten umher und versuchte, auf einem Federkissen Staubbäder zu nehmen. Die Gefahr einer Verschmutzung bestand wenig, weil er früh noch nichts gefressen hatte und seine Ausleerungen im allgemeinen sehr trocken und klein waren; abgesehen von den üblichen Blinddarmausleerungen, die dunkel, weich und stark riechend sind, aber im allgemeinen erst im Laufe des Vormittags eintraten. Merkwürdigerweise flog er so gut wie nie von einem erhöhten Gegenstand zum anderen, sondern hüpfte immer erst auf den Fußboden herunter und flog dann wieder irgendwo hinauf; das entspricht wohl im Freien dem Dahineilen über steiniges Gelände. Er machte überhaupt verhältnismäßig wenig von den Flügeln Gebrauch und beschrieb nie aus Übermut eine Runde unter der Zimmerdecke, wie dies z. B. Rebhühner gern tun, die ihrerseits wieder niemals bewußt auf einen Tisch fliegen. Die Rauhfußhühner verhalten sich in ihrem geschickten Aufbaumen und ihrer sehr zielsicheren Wendigkeit wieder anders. Mit seinem lauten Gegacker sparte der Steinhahn nicht, er ließ es besonders gern von einem erhöhten Punkt herab hören. Das Wachstum verlief folgendermaßen:

Zahl der Tage:	3	7	10	15	20	25	30	35	43	49	56	63	4 Mon.	6 Mon.
Gewicht in g:		17	23	31	50	70	107	135	170	240	300	375	440	670	720

Ein in Menschenobhut gehaltenes Alpensteinhuhn wurde nach COUTURIER (1964) mindestens 9¾ Jahre alt.

Weiterführende Literatur:

COUTURIER aus GLUTZ V. BLOTZHEIM et al.; p. 239

CRAMP, ST., SIMMONS, K. E. L. et al.: Handbook of the Birds of Europe, the Middle East and North Africa, Vol. II; *Alectoris graeca;* pp. 458–463. Oxford University Press, Oxford/London/New York 1980

GEROUDET, P.: Grand Échassiers, Gallinacés, Râles D'Europe, Perdrix bartavelle; pp. 253–263. Delachaux et Nestlé, Neuchâtel/Lausanne/Paris 1978

GIRTANNER, A.: Das Steinhuhn der Schweizer Alpen in Freiheit und Gefangenschaft. Gef. Welt 6; pp. 208–211, 218–221, 228–231, 240–241 (1877)

GLUTZ VON BLOTZHEIM, U. N., BAUER, K. M., BEZZEL, E.: Handbuch der Vögel Mitteleuropas Bd. 5; Steinhuhn; pp. 226–242. Akadem. Verlagsges. Frankfurt/M. 1973

HEINROTH, O., HEINROTH, M.: Die Vögel Mitteleuropas, Alpensteinhuhn Bd. III; p. 242 u. Bd. IV; pp. 81–82; H. Bermühler Verlag, Berlin 1931

LAVAUDEN, L.: Essai sur le Perdrix Bartavelle. Arch. Suiss. Orn. 1; pp. 329–346 (1936)

LÜPS, P.: Die Verbreitung des Steinhuhns in der Schweiz, Orn. Beob. 67; pp. 94–101 (1970)

DERS.: Daten zur Vertikalverbreitung und zum Lebensraum des Steinhuhns A. graeca in den Schweizer Alpen. Orn. Beob. 77; pp. 209–218 (1980)

DERS.: Verschwindet das Steinhuhn als alpiner Vogel? Naturf. Ges. Schaffhausen, Flugblatt II/16 (1981)

DERS.: Gedanken zur Besiedlung des Alpenraumes durch das Steinhuhn (*A. graeca*). J. Orn. 122; pp. 393–401 (1981)

LÜPS, P., HEYNEN, W.: Erhebungen über das Sozialverhalten des Steinhuhnes. Jb. Nat. Hist. Mus. Bern 4; pp. 141–150 (1972)

MENZDORF, A.: Beitrag zum Balzverhalten des Steinhuhnes (*A. graeca*) J. Orn. 116; pp. 202–206 (1975)

DERS.: Zur Brut und Jugenaufzucht beim Steinhuhn (*A. graeca*). Zool. Garten 45; pp. 491–499 (1975)

DERS.: Social Behaviour of Rock Partridges (*A. graeca*). WPA-J. VII; pp. 1981–1982

ORLANDO, P.: La Coturnice di Sicilia (*A. g. whitakeri*). Riv. Ital. Orn. 26; pp. 1–12 (1934)

PETROV, P., DRAGOEV, P., GEORGIEV, ZH.: On the subspecies apartenance of the Rock Partridge in the Eastern Rhodope. Gorskostopanska Nauka 5; pp. 91–106 (1969)

RICHARD, A.: La Bartavelle. Nos Oiseaux 6; pp. 97–103, 113–126 (1923)

SCHIFFERLI, A., GEROUDET, P., WINKLER, R.: Verbreitungsatlas der Brutvögel der Schweiz. Schweizerische Vogelwarte Sempach 1980

WATSON, G. E.: Sympatry in Palearctic *Alectoris* partridges. Evolution 16; pp. 11–19 (1962)

DERS.: Three sibling species of *Alectoris* partridge. Ibis 104; pp. 353–367 (1962)

Przewalski-Steinhuhn
Alectoris magna, Przewalski 1876

Engl.: Przevalski's Rock Partridge.
Abbildung: Seite 318 Kopfzeichnung C.
Heimat: Tsinghai vom Tsaidam südwärts bis zum Quellgebiet des Hoangho, ostwärts bis ins Kukunorgebiet und nach Kansu (bis zum Nanschan im Norden und dem Gebiet von Hweining im Süden). Keine Unterarten.
Beschreibung: Bei dieser großen, hellen Form ist das dunkle, die Kehle umziehende Band größtenteils rotbraun, nur der innere Rand schwarz und auch dieser nur mattschwarz. Die Zügel sind schwarz wie beim Alpensteinhuhn, ein schwarzer Kinnfleck fehlt; Flankenbänderung schmal wie bei *A. saxatilis,* doch weiter auseinanderstehend als bei *chukar.*
Länge 380 mm; Flügel 186 bis 195 mm; Schwanz 104 mm.
Dunenküken ähneln denen des Chukarhuhnes, sind aber weniger grau, mehr gelbbräunlich.
Gelegestärke 8 bis 18, in letzterem Fall wohl von 2 Hennen ins gleiche Nest gelegt; Ei blaßbraun mit mittelgroßen, dunkler braunen Flecken von 1 bis 3 mm Durchmesser nicht sehr dicht bedeckt (43,3 mm × 32,7 mm).
Lebensgewohnheiten: Nach BEICK (1937) ist dieses große Steinhuhn in der ganzen Lößhügelregion des Sining-Gebietes (Kansu) anzutreffen; Vorkommen bis 2600 m, stellenweise bis 2700 m. Je zerrissener das Terrain, je mehr tiefe Schluchten, Gruben, Steilhänge vorhanden sind, um so zahlreicher ist der Vogel vertreten. Im Herbst und Winter lebt er in Gesellschaften von 8 bis 16 und mehr Individuen zusammen. Ab Ende April/Anfang Mai findet Paarbildung statt. Aber auch noch bis Ende Mai/Anfang Juni wurden 4 bis 6 Vögel zusammen gesehen, die vielleicht aus nicht am Brutgeschäft beteiligten Hähnen bestehen. BEICK und früher schon PRZEWALSKI betonen, daß diese Art entschieden schweigsamer ist als andere Steinhühner. Die Stimme scheint auch etwas gröber zu sein. Den wie „Kuta kuta" klingenden Ruf hörte BEICK auch von Steinhühnern im Ili-Tal. Bei Gefahr versuchen die Ketten, sich stumm durch Laufen zu entfernen. Ist eine Kette versprengt, locken sich die Vögel bald wieder zusammen. Die Nester werden zwischen Grasbülten oder unter niedrigen Sträuchern, meistens an steinigen Hängen angelegt. Aber auch in Getreidefeldern und in von Regenwasser ausgewaschenen Gruben und Trichtern, die unten einen Ausgang haben, kann man sie finden. Das Nest besteht aus einer im Boden ausgescharrten Vertiefung, die recht dick und weich durch trockenes Gras, Haare und Federn vom Vogel ausgepolstert ist. Volle Gelege gab es von Anfang Juli bis Ende August.
Haltung: Das Przewalski-Steinhuhn ist noch nicht nach Europa oder in die USA gelangt.

Weiterführende Literatur:
HARTERT, E.: Die Vögel der paläarktischen Fauna, Bd. III; *Alectoris graeca magna;* p. 1910; R. Friedländer & Sohn, Berlin 1921–22.
ETCHECOPAR, R. D., HÜE, F.: Les Oiseaux de Chine, non passereaux, *Alectoris magna;* pp. 220–221. Les éditions du pacifique, Papeete, Tahiti 1978
LIU NAIFA, YANG YOUTAO: Ökologische Studien an *A. graeca magna* (Chines. m. Engl. Zusammenfassung); pp. 69–76. Zool. Res. 3 (1), 1982
MEYER DE SCHAUENSEE, R.: The Birds of China. *Alectoris magna.* Oxford University Press, Oxford 1984
OGILVIE-GRANT, W. R.: A Handbook to the Game-Birds, Vol. I; *Caccabis magna;* p. 95; E. Lloyd Ltd., London 1896
PRZEWALSKI, N. M.: In ROWLEY'S Orn. Misc.; *Caccabis magna;* p. 426 (1877)
STRESEMANN; E.: Aves Beickinanae. *Alectoris magna;* p. 213, Journ. Orn. 86 (1938)

Philby-Steinhuhn
Alectoris philbyi, Lowe 1934

Engl.: Philby's Rock Partridge.
Abbildung: Seite 318 Kopfzeichnung D.
Heimat: Süd-Arabien im Gebiet von Taif südwärts bis zum Asirgebirge, nördlich von Ras el Khaima in Oman von GUICHARD beobachtet und sehr wahrscheinlich auch im Jemen vorkommend.
Beschreibung: Scheitel blaugrau, leicht bräunlich verwaschen; ein weißes Band beginnt an der Schnabelbasis und zieht über Augen und Ohrdecken, um in das Hellocker der Halsseiten überzugehen. Zügel, Kopfseiten, Ohrgegend, Kinn und Kehle schwarz, die letztere im unteren Bereich zimtfarben gefleckt. Oberseite und Brust hell ockergelbbraun, Bauch und Unterschwanzdecken zimtfarben, die weiß-schwarz-kastanienbraune Flankenbänderung schmal und dicht. Schnabel, Augenwachshaut und Beine korallenrot, die Iris dunkelbraun.
Flügel des Hahnes 172 mm, der Henne 156 mm.
Dunenkleid noch unbekannt.

Gelegestärke 5 bis 8; Ei nicht von dem des Chukarhuhnes unterscheidbar.
Lebensgewohnheiten: Habitat des Philby-Steinhuhnes sind dichter bebuschte Hänge der südarabischen Gebirge in Lagen über 1370 m. In Asir kommt es unterhalb dieser Lagen vor und wird dadurch zum Biotopnachbar des Schwarzkopf-Steinhuhnes. Gelege wurden ab Ende März gefunden.
Haltung: Die Art wurde bisher noch nicht nach Europa oder in die USA eingeführt.

Weiterführende Literatur:
MEINERTZHAGEN, R.: Birds of Arabia. *A. philbyi;* pp. 565–566 (Farbtafel). Oliver & Boyd, London 1954

Schwarzkopf-Steinhuhn
Alectoris melanocephala, Rüppell 1835

Engl.: Arabian Red-legged Partridge.
Abbildung: Seite 319 oben links sowie Seite 318 Kopfzeichnung G.
Heimat: Die arabische Halbinsel vom Gebiet um Mekka südwärts bis Aden und Hadramaut, ostwärts bis Süd- und Nord-Oman einschließlich Muskats. Nach Midyan (Nordwest-Arabien) vermutlich eingeführt, ebenso nach Assab in Süd-Eritrea entlang der Rotmeerküste, wo die Art brütete, aber seit 1890 nicht mehr gefunden wurde. 2 Unterarten.
Beschreibung: Geschlechter gleichgefärbt. Ein schmaler Streifen an der Oberschnabelbasis, um die Basis der Nasendeckel herum, Stirn und Scheitel schwarz, nach dem Hinterkopf zu in tiefes Rotbraun übergehend; Hals- und Kehlseiten isabellrötlich, die übrige Oberseite bläulichgrau, die Federn mit isabellbräunlicher Säumung. Der Zügel und ein breites Überaugenband, das sich zum Nacken hin verschmälert, weiß; je ein Fleck am Kinn, an der Unterschnabelspalte und vom Schnabelwinkel durch die untere Zügelregion als schmaler Streifen ober- und unterhalb des Auges verlaufend, schwarz; der schwarze Streifen setzt sich hinter dem Auge am oberen Rand der Ohrdecken zunächst als schmaler Strich fort, um breiter werdend das hintere Ohrdeckendrittel einzunehmen und nach unten zu beiderseits der Kehle in spitzem Winkel verlaufend, diese umrahmend. Kehle, Bartregion, die vorderen Zweidrittel der Ohrdecken und der Vorderhals weiß; Flügeldecken wie Rücken, Armschwingen und -decken mit breiten rostbraunen Säumen, die Handschwingen dunkelbraun mit schmaler ockergelblicher Säumung; Bürzel, Oberschwanzdecken graublau; Schwanzfedern blaugrau, die äußeren mit schwärzlichen Spitzen. Halsseiten, Kropf und Kropfseiten hell isabellrötlich bis ockrig, die Seiten- und Flankenfedern möwengrau mit weißer, beiderseits schwarz gesäumter Endbinde, ein auffälliges Muster bildend. Bauchmitte, Schenkelgefieder und Unterschwanzdecken hell isabellgelblich. Schnabel, Augenwachshaut und Beine korallenrot, die Iris haselbraun.
Länge 400 mm; Flügel 192 bis 202 mm; Schwanz 146 bis 149 mm; Gewicht unbekannt, vermutlich um 800 g.
Henne kleiner und ungespornt.
Flügel 180 bis 184 mm; Schwanz 140 mm.
Nach der Abbildung bei GALLAGHER u. WOODCOCK (1980) haben Jungvögel schwarze Schnäbel, hellgraue Augenwachshaut und hellroströtlichen Scheitel; ein Superziliarband fehlt, die Oberseite ist rebhuhnfarben, die Unterseite graulich isabell, in der Halsregion dunkelbraun.
Bei Dunenküken ist die Oberseite gelblichbraun, auf dem Unterrücken mit ein paar schwarzen und weißen Tupfen gesprenkelt; Kinn und Kehle weiß, die Brust fahlbraun, die übrige Unterseite schiefergrau.
Gelegestärke 5 bis 8; Ei mit steinweißer Grundfarbe und ziemlich dichter, hell gelblichbrauner Sprenkelung (46 mm × 34 mm); Brutdauer 24 Tage.
Lebensgewohnheiten: Diese größte Steinhuhnart unterscheidet sich außer durch die Färbung auch durch einen längeren Schwanz und verlängerte Kinn- und Scheitelfedern von den übrigen Vertretern der Gattung. Ihre Habitate sind vegetationsbestandene Berge, Hochplateaus und Wadis. Wasserstellen werden regelmäßig morgens und abends besucht. Kropf- und Mageninhalt Erlegter bestanden zu 90 % aus den kurzen Halmen des Grases *Schisomus barbatus* sowie Teilen des Ruhrkrautes *Gnaphalium pulvinatum*. Tiere aus dem Gebiet von Aden (Süd-Jemen) hatten einen größeren Anteil von Getreidekörnern aufgenommen, dazu ca. 15 % Insekten. Zur Erntezeit erscheinen diese Steinhühner in Oman auf den Feldern und können dort Schäden verursachen. Im Flug erscheint der Vogel groß und vorwiegend schwärzlich, was oft zu Verwechslungen mit anderen Vogelarten geführt hat. Außerhalb der Brutzeit klettern die Trupps aus 8 bis 10 Vögeln geschickt zwischen Felsgeröll und Pflanzen umher und lassen fleißig ihre laute Stimme ertönen. Man hört sie häufig, bekommt sie jedoch selten zu Gesicht. Die Strophe besteht aus ein paar leiseren

vorangehenden „Kucks", die an Tempo und Lautstärke zunehmen und wie „Kuck kuck kuck auk-auk-auk" oder „Krauk krauk krauk" klingen. Der Kontakt- oder Sammelruf klingt weicher und ist ein ebenfalls häufig wiederholtes „Kuuk kuukuukuu-kuuk". Alarmgebend rufen sie vor dem Auffliegen „Kerkau kerkau kerkau"; außerdem stoßen sie auf der Futtersuche leise glucksende Töne aus, die mit einem hohen „Mju" beendet werden. Im Vergleich mit dem Chukarsteinhuhn ist die Stimme des Schwarzkopf-Steinhuhnes lauter und eine Tonlage tiefer. Die Legezeit beginnt spät im März. Nester sind einfache nackte Bodenmulden unter Sträuchern und Felsblöcken. Vollgelege bestehen aus 5 bis 8 Eiern. Nicht selten werden Gelege von den Einwohnern gesammelt und Haushennen zum Ausbrüten untergelegt. Ob aufgezogene Steinhühner zu Kampfspielen verwendet werden, entzieht sich unserer Kenntnis. Vielleicht wurde die Art auch durch freigelassene Käfigvögel an die Rotmeerküste Eritreas bei Assab gebracht, wo sie brütete und bis 1890 nachgewiesen wurde. Im Gebiet von Taif südwärts bis zum Asirgebirge, wo auch das Philby-Steinhuhn vorkommt, soll dieses in Lagen oberhalb 1400 m, das Schwarzkopf-Steinhuhn darunter vorkommen. In Oman wurden Nester der letzteren Art in Lagen oberhalb 600 m gefunden.

Haltung: Das Schwarzkopf-Steinhuhn gelangte 1867 als Erstimport in 1 Exemplar in den Londoner Zoo, der die Art als Geschenk des Comm. BURKE in 1 Paar auch 1876 aus Hedyar bei Mekka erhielt. Der gleiche Spender importierte 1877 1 weiteres Exemplar. Eine Zucht ist damals nicht gelungen. Sie glückte erstmalig in Europa 1927 H. WHITLEY in Devonshire (England), worüber HOPKINSON u. SETH-SMITH im Avicultural Magazine kurz berichtet haben. WHITLEY hielt sein Paar in einer verhältnismäßig kleinen überdachten Voliere und berichtet von einer leichten Aufzucht der Küken. Leider verlor er die meisten Jungvögel später durch Luftröhrenwurmbefall. Zwischen Februar und September legte die Henne 50 Eier, deren Erbrütungszeit 34 Tage betrug. Auch der New Yorker Bronx Zoo hat dieses Steinhuhn gehalten. Der Verfasser traf ein einzelnes Stück im April 1986 im Zoo Hannover an.

Weiterführende Literatur:
GALLAGHER, M., WOODCOCK, M. W.: The Birds of Oman. *Alectoris melanocephala;* p. 118; Quartet Books, London 1980
HARTERT, E.: Die Vögel der paläarktischen Fauna, Bd. III; *A. melanocephala;* pp. 1915–1916; R. Friedländer & Sohn, Berlin 1921–22
HOPKINSON, E.: Birds of the Primley Zoo; p. 323 (Kurzbericht); Erstzucht von *A. melanocephala,* Av. Magaz. 4th Series, Vol. V, 1927
MEINERTZHAGEN, R.: Birds of Arabia. *A. m. melanocephala* und *A. m. guichardi;* pp. 562–564. Oliver & Boyd, London 1954
METZGER, C. T.: The Black-headed Partridge. (*A. melanocephala*); p. 183; Aviculture 2 (1931)
OGILVIE-GRANT, W. R.: A Handbook to the Game-Birds, Vol. I; *A. melanocephala;* pp. 98–99; R. Lloyd, London 1896
SETH-SMITH, D.: The Black-headed Partridge, *A. melanocephala* (RÜPP.); pp. 101–102. Av. Magaz, Vol. VII, 1928

Rothuhn
Alectoris rufa, Linné 1758

Engl.: Red-legged Partridge.
Abbildung: Seite 319 oben rechts sowie Seite 318 Kopfzeichnung E.
Heimat: Frankreich von der Ost-Bretagne, der Haute Marne und dem Jura südwärts, die Iberische Halbinsel, Korsika und Nordwest-Italien. Auf den Azoren, Madeira, Gran Canaria, den Balearen und in Großbritannien eingebürgert. 3 Unterarten.
Beschreibung: Geschlechter gleichgefärbt. Vorderscheitel blaugrau, Mittelscheitel braun, auf dem Nacken in Rotbraun übergehend. Darunter zieht ein weißes Superziliarband von der Vorderstirn über Augen und Ohrdecken zum Nacken hinab. Zügel, ein schmaler Überaugenstreifen und ein kleiner Kinn- und Unterschnabelfleck schwarz; Kinn, Kehle, Wangen isabellweiß, von einem breiten schwarzen Band umsäumt, das die unteren Ohrdecken einnimmt und abwärts um Wangen und Kehle zieht. Obere Ohrdecken rotbraun, der Seitenhals perlgrau mit schwarzer Längsstreifung. Mantel, Kropfseiten zimtbraun; übrige Oberseite, Flügeldecken, Armdecken, mittlere Schwanzfedern dunkelolivgrau, auf Bürzel und Schwanz reiner grau; übrige Schwanzfedern rotbraun; Handschwingen dunkelsepia bis schwarz, die Außenfahnensäume isabellgelb; Basis der äußeren Handschwingenfahnen und Handdecken isabellbräunlich verwaschen und zart dunkel gesprenkelt. Armschwingen dunkelolivgrau, die Außenfahnensäume isabell. Das schwarze Gesichts- und Kropfband verbreitert sich auf dem Mittelkropf zu einem schwarzen Latz, der sich brustwärts in große schwarze Flecke auflöst.

Brust blaugrau, Bauch bis Unterschwanzdecken, Schenkel, untere Flanken dunkelorange. Flanken selbst auffällig cremegelb, schwarz und kastanienbraun quergebändert. Unterschwanzdecken hellgraubraun, isabell verwaschen. Schnabel, Augenwachshaut korallenrot, Iris hell haselbraun, Beine korallen- bis karminrot, die Fußsohlen gelb.
Länge 320 bis 340 mm; Flügel des Hahnes 161 bis 169 mm, der Henne 152 bis 161 mm; Schwanz des Hahnes 87 bis 97 mm, der Henne 77 bis 92 mm.
Gewicht eines Hahnes im Oktober 480 g, im August 500 bis 547 g, einer Henne im August 391 bis 477 g, im Mai 508 bis 514 g.
Bei subadulten Vögeln sind Stirn, Scheitel und Nakken dunkelolivbraun, der Zügel sowie ein Streifen über und hinter dem Auge hellisabell; Wangen, Kinn und Kehle schmutzigweiß, von einem angedeuteten Kehlband aus schwarzen Flecken umrahmt. Oberseite, Flügeldecken, Kropf und Flanken graubraun, auf Mantel und Kropf rötlich überhaucht, jede Feder mit einem schmutzigweißen Dreiecksfleck auf dem Endsaum, auf dem Schultergefieder isabellfarben gestreift mit sepiafarbenem Endsaum. Einige Federn mit undeutlichem sepiafarbenem Subterminalband. Flanken olivbraun, die Federn mit schmalem, sepiafarbenem Endsaum sowie breitem schmutzigweißem Subterminalband und Federmittelteil. Brust trüb blaugrau, die Federn olivbraun endgesäumt; Mittelbauch, Steiß und Unterschwanzdecken isabellgelblich. Armdecken isabellbraun mit schwarzer Sprenkelung. Die Federenden und unvollständige Subterminalbänder hellisabell mit schmalem schwarzem Saum. Schwanz zimtrötlich, die Federn schmal isabell endgesäumt, das Mittelpaar und die Säumung der übrigen braun mit schwarzer und hellisabellfarbener Sprenkelung. Außenfahnen der Handschwingen hellgelblichisabell mit sepiabrauner Bänderung; Innenfahnen sepia mit hellisabellfarbenen Spitzen und Flecken, die äußeren beiden Handschwingen dunkler, sepia mit hellisabellfarbenen Spitzenflecken. Schnabel dunkelbraun, später hellrot, Iris braun, Beine hellrosarot.
Dunenküken sind denen des Chukars recht ähnlich, doch ist ihre Hauptfärbung hell weinig-isabell, im Bauchbereich zu fast Weiß aufhellend. Scheitel rostbraun, Stirn, ein Superziliarstreif, Zügel und Wangen braun gesprenkelt oder gebändert, die dunklen Rückenpartien trübrostbraun mit schwarzen Dunenspitzen. Schnabel und Beine rosiggelb, Iris dunkelbraun.
Gelegestärke 10 bis 12; mitunter 18 bis 20 Eier; Ei glatt, glänzend, tiefporig, cremeweiß bis hellisabellgelb, hauptsächlich mit kleinen rotbraunen oder grauen Punkten bedeckt, die unregelmäßig an manchen Stellen zu großen „Flatschen" zusammenlaufen (38 bis 44 mm × 28 bis 33 mm); Gewicht 19 bis 21 g; Brutdauer 23 bis 24 Tage.

Lebensgewohnheiten: Das Rothuhn ist weniger auf bestimmte Habitate spezialisiert als andere Arten der Gattung *Alectoris*: Sie umfassen mehrere Klimazonen der westlichen Paläarktis von mediterranem bis feuchtem Klima. Ebenen zieht es entschieden Berggelände vor. Anpassungsfähiger als die anderen Arten der Gattung kommt es auf einer Vielzahl von Böden vor, die von trockenem Sand- und Fels- bis zu schwerem Lehmboden reichen können, ebenso vielfältige Landschaftstypen. Allgemein werden ein sonniges trockenes Klima und leichte Böden mit dauernd vegetationslosen Stellen (zu Tage liegendes Gestein, breite Wege) und niedrigem oder offenem Bewuchs bevorzugt, die Übersichtlichkeit des Geländes und Fluchtmöglichkeiten bieten. Bergregionen bewohnt das Rothuhn nur im Süden seines Verbreitungsgebietes bis in Lagen von 2000 m. In Deutschland brütete es bis gegen Ende des 16. Jahrhunderts im Rheinland und soll durch eine um 1560 einsetzende Klimaverschlechterung dort ausgestorben sein. In der Schweiz, wo die Art gegenwärtig nicht mehr vorkommt, brütete sie bis Ende des 19. Jahrhunderts im Jura. Die erste erfolgreiche Einbürgerung auf den Britischen Inseln, wo das Rothuhn heute häufig ist, gelang um 1770 zwei englischen Adligen, die eine große Anzahl aus Frankreich bezogener Eier durch Haushennen erbrüten ließen und die Nachzucht auf ihren Besitzungen aussetzten, von wo aus sie sich weiterverbreitete. Zahlreiche weitere Einbürgerungsversuche in England folgten und waren z. T. erfolgreich.
Im Herbst bilden Rothühner Völker aus 10 bis 40, manchmal bis 70 Vögeln, die während des Winters zusammenbleiben. Gegen Winterende können Hähne nach BUMP eigene Trupps aus 20 bis 40 Mitgliedern bilden. Die Art ist ganz überwiegend monogyn, doch wurden von JENKINS zuweilen Hähne mit 2 Hennen, aber umgekehrt auch Hennen mit 2 Hähnen angetroffen. Brut und Aufzucht werden vom Weibchen allein ausgeführt, doch übernimmt der Hahn Gelege und Gesperre, wenn die Henne ausfällt. Ebenso ist beobachtet worden, daß ein Hahn das Erstgelege, die Henne gleichzeitig ein Zweitgelege erbrütete. Jeder führt dann sein Gesperre allein. Schließen sich im Mitsommer mehrere Paare mit ihren Gesperren zusammen, werden

keine Unterschiede zwischen eigenen und fremden Jungen gemacht. Das Rothuhn ist zwar territorial, verteidigt aber wie das Rebhuhn kein festbegrenztes Revier. Die Mitglieder einer Familie oder eines Volkes übernachten gemeinsam meist auf dem Erdboden, gelegentlich auf Schlafbäumen. Aggressions- und Brutverhalten sind denen von Chukar- und Steinhuhn so ähnlich, daß hier nicht näher darauf eingegangen zu werden braucht. Abweichungen bestehen bezüglich des Werbefütterns, bei dem der Rothahn den Futterbrocken aufnimmt und wieder hinlegt, worauf er von der Henne gefressen wird. Außerdem sollen beim Rothuhn beide Geschlechter imponieren.

Der Sammelruf des Rothuhns ist ein in rauhem kratzendem Staccato ausgestoßenes „Tschuk... tschuk...tschuk...tschukuk...tschukar" oder ein „GoTSCHOK TSCHOK TSCHOKORR". Ihm geht ein Crescendo von Kontaktrufen voran, weichen ruhigen Glucktönen, die wie „Tluuk" oder „Tuk" klingen. Der Werbungsruf des Rothahns ähnelt dem taktmäßigen Dampfausstoßen einer fahrenden Lokomotive: „GoTSCHAK-TSCHAK-TSCHAK goTSCHAK goTSCHAK TSCHAK" usw. VON FRISCH übersetzt ihn mit „Ge-geg-geg-gegégégégég", das in steigender Lautstärke gebracht wird und mit einem heiseren Krähen am Schluß endet. Der Territorialruf besteht aus ähnlichen Tönen und kann von beiden Geschlechtern gebracht werden, wenn sie sich beispielsweise von einem Geplänkel mit Artgenossen zurückziehen. Der Feindschaftsruf ist ein leises gedämpftes, knarrendes „Teuk-teuk-teuk-err" und wird von imponierenden Rothühnern kurz vor dem Angriff auf Gegner ausgestoßen. Der Futterton, ein weiches „Ti-ti-ti-ti", geht bei höherer Intensität in ein „Tchik-tchik-tchik" über, das in steigendem und fallendem Rhythmus gebracht wird. Er wird von Hähnen als Einladung der Hennen zum Balzfüttern, von Eltern zum Herbeirufen des Gesperres nach Auffinden einer Futterquelle ausgestoßen. Als „Paarbindungsgeschwätz" kann man ein weiches, murmelndes, knarrendes Gebrabbel bezeichnen, das von den Partnern in den ersten Stadien der Paarbildung ausgestoßen wird. Der Nestbauruf des Hahnes ist dem Paarungseinleitungsruf sehr ähnlich, jedoch tiefer, länger dauernd, wird mehrfach wiederholt und ohne die in der Tonhöhe steigende Modulation gebracht. Bodenalarm wird durch ein scharfes, nachdrücklich betontes „Tchreg tchreg" gegeben. Flugintentionsruf ist ein weiches, knarrendes, dauernd wiederholtes „Tchrug", das sich zu seeschwalbenähnlichem „Tchrii-ag tchrii-ag" steigern kann. Greifvogelalarm ist ein tiefes, kehliges „Kwerr", das bei stärkerer Erregung in ein höheres, zweisilbiges „Kwerrrek" übergeht. Mißtrauen wird durch ein sonderbar vibrierendes, tiefes „Kwer-kwe-kwe-kwe..." geäußert. Der brütende oder hudernde Vogel stößt als Mißbilligung ein klares, ruhiges „Trrr" aus, wenn man sich ihm nähert. Der Paarungseinleitungsruf des Männchens ist eine weich klingende hohe Tonserie, die fast zu einem Zwitschern mit steigender Modulation wird: „Teh-teh-teh-teh". Rennt es bei der Scheinflucht des Weibchens hinter diesem her, ruft es „Kwerruu" oder „Oor oor". Ist eine Gefahr überstanden oder sind die Rothühner ungestört, bringen die Männchen ein ruhiges hohes Miauen mit zunehmender Modulation, das wie „Koorwii" klingt. Der Verlassenheitsruf versprengter Küken ist ein lautes Piepen, „Tschwii-tschwii...", mit fallender Tonhöhe. Bei behaglichem Fressen geben sie melodische Zwitschertöne von sich.

Haltung: Das Rothuhn ist schon von den Römern zahm gehalten worden. 1794 war es in der englischen Osterley Menagerie vertreten, und 1834 hat EINBECK über die Haltung der Art in NAUMANNS „Naturgeschichte der Vögel Deutschlands" berichtet. Pflege, Zucht und Verhalten dieses schönen Kleinhuhns sind 1954 von GOODWIN aufgrund eigener Erfahrungen detaillierter geschildert worden. Aus 8 Eiern eines in England verlassenen aufgefundenen Geleges schlüpften unter einer Zwerghenne 7 Küken, deren Aufzucht ebenso geringe Mühe machte wie die junger Goldfasanen. Mit 5 Wochen durchliefen die Jungvögel das „Angststadium" aller jungen Wildhühner, um bald darauf außerordentlich vertraut zu werden. Nach Entfernung der Hühneramme einige Wochen später waren sie noch tagelang verunsichert und ließen dauernd den Sammelruf („Hier sind wir!") ertönen, bis sie sich beruhigten. Mitte November traten bei einigen „dicke Gesichter" auf, eine A-Hypovitaminose, die durch Vitamingaben und Butt-Lebertran im Futter schnell behoben werden konnte. 3 merklich größere und schwerere Vögel erwiesen sich später als Männchen. Ein Paar wurde fortgegeben, und die übrigen 5 erhielten in der Hoffnung auf Paarbildung im Frühjahr eine große bepflanzte Voliere. Ab Februar wurden sie zunehmend unruhig, rannten an den Drahtwänden auf und ab, alle Augenblicke anhaltend und den Flugbereitschaftsruf ausstoßend, flogen auch manchmal auf Äste. Aber selbst am 8. April hatten sich noch keine Paare zusammengefunden und keine Kämpfe begonnen, was bei wildlebenden Rothühnern bereits ab Februar bis in die erste Aprilhälfte hinein der Fall zu sein pflegt. Das hing damit zusammen, daß gemeinsam aufgezogene Geschwister sich nicht ohne weiteres paaren. Der interessante Versuch wurde dadurch vorzeitig abgebrochen, daß alle Vögel durch eine offengelassene Voliere entwichen. Ein freundlicher Game-keeper half mit einer Spende von 8 Rothühnereiern aus, und unter einer Zwerghuhnamme schlüpften ebenso viele Küken. Mit dieser zusammen in einen beweglichen Auslauf auf den Rasen verbracht, trat bei ihnen nach einigen Wochen die bekannte Angstphase auf, wann immer sich ein Mensch näherte. In eine Deckung gewährende Großvoliere verbracht beruhigten sie sich schnell, nahmen innerhalb von 3 Tagen Futter aus der Hand und wichen nach einer Woche nicht einmal dem Fuß des Pflegers aus, der deswegen mit aller Vorsicht durch die Voliere gehen mußte. Im Spätherbst wurde das seinerzeit verliehene Paar zurückgegeben. Durch den Transport hatten die Vögel sich derart erschreckt, daß das Weibchen nie mehr zahm wurde. Dennoch kehrte es, ausgesetzt, immer wieder in den Garten zurück, so daß es eingefangen und mit leicht beschnittenen Handschwingen gehalten werden mußte.

Nach kurzer Zeit wurde das zurückgegebene Altpaar zu den Jungvögeln in die Großvoliere gesetzt. Sie empfingen die beiden mit einem „Wer ist denn das? Fremde! Dann macht sie fertig!" Die furchtsame Henne rannte sofort in die entfernteste Volierenecke, der Hahn jedoch behauptete seine Stellung. Die Volierenbewohner kamen im Stechschritt mit offensichtlich nur durch Vorsicht gebremster Aggressivität näher. Der eingesetzte Hahn ließ sich davon nicht beeindrucken, sondern imponierte zurück. Schnell hatte sich zwischen beiden Hähnen ein Kampf entwickelt, bei dem jeder versuchte, den anderen auf den Schädel zu hacken und im Hochsprung mit den Flügeln zu prügeln. Da sie das nicht schafften, packten sie wenigstens ein paar Nackenfedern des Gegners und zogen verbissen daran. Die 3 Hennen standen als Zuschauer dabei, wagten aber nicht, in den Kampf einzugreifen. Während einer Gefechtspause entschloß sich die beingeschädigte Henne zu einem Angriff, hatte aber allen Grund dies zu bereuen, denn sie wurde vom Hahn zu Boden gestoßen und so jämmerlich verprügelt, daß sie ins nahe Gebüsch flüchtete. Da die Hähne keine Neigung zeigten, ihren Zweikampf zu beenden und Anzeichen von Erschöpfung auftraten, wurden sie getrennt und der Neuankömmling in der Hoffnung auf Gewöhnung in einen kleinen Auslauf innerhalb der Voliere gesperrt. Das Experiment verlief erfolgreich, der Hahn zeigte sich dem Volierenmännchen gegenüber ängstlich und unterwürfig und bis in den Spätwinter hinein ereignete sich nichts erwähnenswertes. Mit zunehmender Tageslänge begannen die Rothühner wieder rastlos zu werden wie ihre Vorgänger, zeigten aber keine Anzeichen von Paarbindung. Begann der dominante Hahn zu imponieren, was er häufig tat, wenn er sich aus größerer Entfernung einem Artgenossen näherte, lief der 2. Hahn auf ihn zu und begann zu seinen Füßen mit Scheinpicken, ganz offensichtlich eine Beschwichtigungsgeste. Als gegen Märzende immer noch keine Paarbindung erfolgt war, entschloß sich GOODWIN die Dinge zu beschleunigen, beließ den dominanten Hahn mit seiner zahmsten Schwester in der Voliere und brachte den unterdrückten Hahn mit seinem ängstlichen Weibchen und der lahmenden Henne in einer wenige Meter entfernten Volière unter. Innerhalb weniger Minuten hatte der Hahn dort seine frühere Sicherheit wiedererlangt, was er durch Rufen kundtat. Der andere Hahn antwortete sogleich, und während der nächsten Tage hielt das Schreiduett der beiden an. Nach etwa einer Woche stand fest, daß der Hahn in der neuen Voliere sich als Partnerin das lahmende Weibchen gewählt hatte. Das Paar in der alten Voliere zeigte eher platonische Zuneigung ohne tieferes Interesse füreinander, während die furchtsame Henne am Draht der Nebenvoliere hin und her lief, als ob sie dorthin zurück wollte. Wieder dorthin verbracht, flüchtete sie erst einmal ins Dickicht, um jedoch bald daraus hervorzukommen und sich vor dem Hahn in Kopulationshaltung niederzukauern. Innerhalb von 5 Minuten hatten sich beide den Hof gemacht, gepaart und begannen mit der Nistplatzsuche. Nachdem ihr Status als „Ehefrau" gefestigt war, attackierte die bislang Furchtsame die andere mit einer Wut und Ausdauer, zu der nur Weibchen fähig sind, die ihre Männchenbindung durch andere bedroht glauben. Das Opfer wehrte sich nicht, wurde eingefangen und in die Nachbarvoliere verbracht, wo das fußbehinderte Weibchen vergeblich versuchte, sie zu erhaschen, dies nach ein paar Tagen aufgab, wonach sich das Trio beruhigte. Die verpaarte Henne begann bald mit dem Legen, nachdem der Hahn schon 2 Nestmulden unter Gestrüpp geschart hatte. Das 1. Ei wurde in die Mulde unter einem Rhododendronbusch gelegt, und zur Überraschung GOODWINS schienen während der nächsten Tage keine weiteren Eier zu folgen. Eine genaue Nachsuche ergab dann, daß die Henne unterm gleichen

Busch eine weitere Mulde geschart und 8 Eier hineingelegt hatte. Als dieses Gelege auf 19 Eier angewachsen war, scharrte der Hahn in der entgegengesetzten Volierenecke unter Koniferenzweigen ein weiteres Nest, in das die Henne nochmals 18 Eier legte. Ein paar Tage danach brütete sie auf diesem Zweitgelege. Von diesem Tag an war beim Hahn ein auffallender Verhaltenswechsel zu beobachten. Er wurde immer schweigsamer und friedlicher und hatte innerhalb von 12 Stunden das typische Verhalten eines Weibchens angenommen. Tags darauf begann er auf dem Erstgelege zu brüten. In jener Nacht war starker Regen gefallen, und beide Vögel verließen morgens ihr Nest und waren auch nach 3 Stunden noch nicht dorthin zurückgekehrt. Doch brüteten sie gegen 11 Uhr weiter. Während der ersten Tage verließen sie ihre Nester für 10 oder 20 Minuten, auch länger, aber mit dem Näherkommen des Kükenschlupfes wurden die Pausen immer kürzer, und während der letzten 4 Tage vor dem Schlupftermin verließen sie ihr Nest überhaupt nicht mehr. Jedem Vogel waren 1 Dutzend Eier belassen worden, aber aus einigen mit feinen Bruchadern schlüpften keine Küken. Als die Kleinen ihr Nest verlassen hatten, zeigte es sich, daß ihre Eltern kein Interesse an einem Zusammenschluß der beiden Gesperre hatten, sondern sich allein auf die eigene Brut konzentrierten. Zwar kämpften sie nicht miteinander, doch der Hahn erhob ein Protestgeschrei, wenn die Henne mit ihrem Gesperre zu nahe kam. Da die Küken jedoch nicht zwischen Vater und Mutter unterschieden, ergab sich das lächerliche Schauspiel eines Elternteils mit 17, des anderen mit 2 Küken unter sich. Wie alle Wildhühner reagiert ein führendes Rothuhn heftig auf den Hilfeschrei eines Kükens oder den Anblick eines Feindes nur so lange wie dieser als akustischer und optischer Reiz wirksam ist. Und nach dem Sprichwort „Aus den Augen, aus dem Sinn" beruhigt er sich sofort wieder, wenn diese Reize abgeklungen sind. Hat ein sowieso nicht mehr zu änderndes Unglück die Familie getroffen, wäre es sinnlos, den verlorenen Mitgliedern nachzutrauern. Im Sinne der Arterhaltung ist es vielmehr am nützlichsten, wenigstens den verbliebenen Rest großzuziehen.

Nach Ablauf einer Woche nahm die Lebhaftigkeit der Küken zu, die ständig in allen Ecken der Voliere umherliefen und schnell gelernt hatten, daß das Erscheinen des Pflegers Futter bedeutete. Ihre ängstliche Mutter verschwand dagegen bei Annäherung von Fremden im Dickicht der Voliere und versuchte die Küken zu sich hin zu locken. Diese lernten jedoch rasch, die Rufe der Mutter zu ignorieren und kamen zusammen mit dem vollständig zahmen Vater angerannt, wenn GOODWIN erschien. Noch überraschender als das Ignorieren der mütterlichen Warnlaute durch die Küken war die durch die Vertrautheit der ganzen übrigen Familie nicht beeinflußbare Scheu des Weibchens. Oft wird behauptet, daß Vögel sich durch das Verhalten von Artgenossen beeinflussen ließen, doch trifft dies nach GOODWINS Meinung nicht zu, wenn sie von dem Objekt, das zum Verhalten ihrer Artgenossen führt, eine „vorgefaßte Meinung" haben. Vögel, die einer bestimmten Person mißtrauen, lassen sich also durch die Unbekümmertheit ihrer Artgenossen nicht umstimmen. Umgekehrt wird ein zahmer Vogel nur selten scheu, wenn er mit einem furchtsamen Artgenossen zusammenlebt. Nachdem die jungen Rothühner ins Alterskleid vermausert hatten, boten sie ein entzückendes Bild. Überaus zutraulich, ließen sich einige auf Armen und Schultern des Pflegers nieder, um gefüttert zu werden. Das Rothühner-Trio in der anderen Voliere machte 3 Nester, in die beide Hennen legten. Nur eine Henne war in Brutstimmung, und als sie nach einer plötzlichen Erkrankung starb, machten weder die 2. Henne noch der Hahn Anstalten, das Gelege auszubrüten. GOODWIN erklärt dieses Verhalten damit, daß diese Henne nicht in Brutstimmung war, was auch für den Hahn zutraf, der erst die psychische Umwandlung in das Weibchenverhalten hätte durchlaufen müssen.

Die Rothühner erhielten als Futter ein Körnergemisch aus Weizen und Hirse, dazu zweimal wöchentlich in Milch eingeweichtes Brot, dem ein Vitamingemisch zugefügt wurde. Hin und wieder können trockenes Vollkornbrot (Schrotbrot), ein paar zerkleinerte Erdnußkerne und Käsestückchen zugefüttert werden, die man zur Erhaltung der Vertrautheit mit der Hand reicht. Von ausschlaggebender Bedeutung bei der Fütterung sind reichliche Grünfuttergaben in Form von Salat- und Kohlsorten, vor allem samentragender Pflanzen, Klee, Luzerne sowie das häufige Einbringen von Grassoden in die Voliere. Grünpflanzen werden am zweck-

o. Nominatform des Schopffrankolins, *Francolinus sephaena sephaena* (s. S. 359)
u. l. Schopffrankolin der Subspezies *rovuma* (Weibchen)
u. r. Schopffrankolin der Subspezies *rovuma* (Männchen)

mäßigsten am Gitter aufgehängt, damit die Vögel sich Blätter abpflücken und die Pflanzen nicht mit Kot beschmutzen können. Während der Fortpflanzungszeit benötigen Rothuhnweibchen reichliche Proteingaben in Form von Mehlwürmern, anderen Insektenarten, gekochtem Ei, Schabefleisch und geriebenem Hartkäse. Auf täglich versetzten Rasenausläufen nehmen die Küken viele Kleinameisen und andere Kleininsekten auf. Während der ersten Lebenstage werden Mehlwürmer gierig gefressen, und mit 4 bis 6 Wochen nehmen sie vermehrt Kleinsämereien auf. Grit, sauberes Trinkwasser und Möglichkeiten zum Sandbaden müssen stets zur Verfügung stehen.

Als Volierenvogel kann dieses schöne Kleinhuhn wegen seiner prächtigen Färbung, Vertrautheit gegenüber dem Pfleger sowie müheloser Haltung und Zucht wärmstens empfohlen werden. Nachts können Rothühner, durch ungewohnte Geräusche, anfliegende Käuze, auf der Volierendecke herumlaufende Katzen erschreckt, leicht in Panik geraten und gegen die Gitter fliegen. Schwächeren Vogelarten gegenüber sind sie im allgemeinen verträglich, können aber während der Balzzeit und des Gesperreführens Bodenbewohnern wie Wachteln und Lerchen gefährlich werden.

Weiterführende Literatur:
ARON, E. S.: Die Aufzucht von Reb- und Rothuhn. Dtsch. Jäg. Ztg. 87, Heft 26; p. 1040 (1970)
BANNERMAN, D. A.: Birds of the Atlantic Islands, Vol. I, Canary Islands and Salvages. Red-legged Partridge; pp. 68–72 (1963)
DERS.: In Vol. II., Madeira, Desertas, Porto Santo. Red-legged Partridge; pp. 32–34 (1965)
DERS.: In Vol. III., Azores. Red-legged Partridge; pp. 99–101 (1966)
DERS. und BANNERMAN, W. M.: The Birds of the Balearics. Red-legged Partridge; pp. 79–80 (1983)
BUMP, G.: Red-legged Partridges of Spain. U. S. Fish Wildl. Serv.; Wildlife no. 38 (1958)

o. l. Doppelspornfrankolin, *Francolinus bicalcaratus* (s. S. 380)
o. r. Henne des Hildebrandtfrankolins, *Francolinus hildebrandti* (s. S. 378)
m. l. Rotschnabelfrankolin, *Francolinus adspersus* (s. S. 387)
u. l. Schuppenfrankolin, *Francolinus squamatus* (s. S. 375)
u. r. Kap-Frankolin, *Francolinus capensis* (s. S. 386)

CRAMP, ST. et al.: Handbook of the Birds of Europe, the Middle East and North Africa, Vol. II.; Red-legged Partridge; pp. 463–469 (1980)
DÜRIGEN, B.: Die Geflügelzucht. Das Rothuhn (u. a. Einbürgerung i. Engld.); pp. 362–363. Paul Parey Berlin 1886
EINBECK, F.: Beiträge zur Naturgeschichte des Rotfeldhuhns *Perdix rubra* BRISS. In NAUMANN „Naturgeschichte der Vögel Deutschlands", Bd. 7 (1834)
FRISCH, VON O.: Zur Biologie des Rothuhns. Vogelwelt 83; pp. 145–149 (1962)
GLUTZ VON BLOTZHEIM, U. N. et al.: Handbuch der Vögel Mitteleuropas, Bd. 5; pp. 244–246 (1973)
GOODWIN, D.: Observations on voice and behaviour of the Red-legged Partridge. Ibis 95; pp. 581–614 (1953)
DERS.: Notes on captive Red-legged Partridges. Avic. Mag. 60; pp. 49–61 (1953)
DERS.: Further notes on pairing and submissive behaviour of the Red-legged Partridge. Ibis 100; pp. 59–66 (1958)
HEYDER, R.: Einige Daten über Ansiedlungsversuche mit dem Rothuhn in Mitteleuropa. Beitr. Vogelkde 12; pp. 274–276 (1967)
JENKINS, D.: The breeding of the Red-legged Partridge. Bird Study 4; pp. 97–100 (1957)
MIDDLETON, A. D., CHITTY, H.: The food of adult Partridges, *Perdix perdix* and *Alectoris rufa*, in Great Britain. Journ. Anim. Ecol. 6; pp. 322–336 (1937)
PORTAL, M.: Breeding habits of the Red-legged Partridge. British Birds 17; pp. 315–316 (1924)
REISER, O.: Brutgewohnheiten des Rothuhnes. Beitr. Fortpfl. Biol. Vögel 5; pp. 157–159 (1929)
SCHRÖDER, E.: Rothühner brauchen geräumige Volieren. Gefl. Börse 89; p. 6 (1968)
SPARROW, R.: Nesting habits of Red-legged Partridge. British Birds 29; pp. 118–119 (1935)

Klippenhuhn
Alectoris barbara, Bonnaterre 1790

Engl.: Barbary Partridge.
Abbildung: Seite 319 unten sowie Seite 318 Kopfzeichnung F.
Heimat: Nordafrika, ostwärts bis Nordwest-Ägypten, südwärts in Marokko und Mauretanien etwa bis 25° nördlicher Breite, in der nördlichen Algerischen Sahara bis 31° nördlicher Breite und der südöstlichen Algerischen Sahara bis 25° nördlicher Breite. Außerdem auf den Kanaren (Teneriffa, Gomera, Lanzarote), Sardinien, Gibraltar und in Süd-Spanien seit langem eingebürgert. 4 Unterarten.
Beschreibung: Geschlechter gleichgefärbt. Bei Hähnen der Nominatform sind Stirnmitte, Scheitel und Nacken dunkelrotbraun, fast schwarz auf Scheitel- und Nackenseiten, etwas heller auf der Scheitelmitte. Wangen, Kehle sowie ein vom Zügel über das

Auge hinweg zu den Hinterkopfseiten ziehendes Band aschgrau, über dem Auge und auf den Wangen am dunkelsten, auf dem Kinn fast weiß; Ohrdecken roströtlich; ein dunkelrotbrauner, weißgesprenkelter Halskragen ist auf Hinter- und Seitenhals am breitesten und verläuft, sich verengend in spitzem Winkel zur Oberkehlmitte, wo er am schmalsten ist. Mantel und Rücken bis zu den Oberschwanzdecken dunkelgrau mit olivgrauem Anflug auf den Enden der Mantel-, Kropfseiten- und Rückenfedern, auf Bürzel und Oberschwanzdecken mit schiefergrauem Anflug. Kropfmitte etwas heller grau als die Seiten; äußere kurze Schulterfedern rostigzimtrot mit kontrastierender hellblauer Federmitte; obere Flügeldecken, untere Schulterfedern und Armdecken hellgraubraun, auf den Außenfahnen mit schwach schiefergrauem Anflug; große Flügeldecken und Handdecken zimtisabell getönt, einige kleinere innere Deckfedern mit hellblauem Mittelteil, einige große Flügeldecken und Armdecken zart schwärzlich gesprenkelt. Flankengefieder kontrastreich schwarz, weiß und rostig zimtbraun gebändert: jede Feder mit weißer und zimtbrauner Binde, dabei die Weißkomponente von der breiten braunen Endbinde durch eine 2 mm breite schwarze Binde getrennt, die zimtrötliche Komponente von der hellblaugrauen Federmitte durch ein schmales dunkles (manchmal fehlendes) Band getrennt. Ein breiter Fleck auf der Brustmitte rosazimtfarben, die übrige Unterseite rötlichisabell, auf den Steißgefiederseiten grau getönt, die Unterschwanzdecken zimtrötlich. Mittelpaare der Steuerfedern und Basisabschnitt der übrigen dunkelschiefergrau, oft mit angedeuteter dunkler Sprenkelung, übrige Schwanzfederabschnitte rostrotbraun. Handschwingen wie beim Rothuhn, Armschwingen dunkelolivgrau mit Isabelltönung und zart dunkler Sprenkelung entlang der äußeren Federsäume. Achselfedern hellgrau, isabellfarben gesäumt und gespitzt.
Schnabel karminrot oder orangerot, zur Spitze hin gelb, Augenwachshaut blaßorangerot, Iris hellbraun bis rotbraun, Beine erdbeerrot.
Länge 320 mm; Flügel 166 mm; Schwanz 95 mm; Gewicht ca. 500 g.
Weibchen haben eine Flügellänge von 156 mm; eine Schwanzlänge von 83 mm; Gewicht unbekannt.
Jungvögel sind denen von *A. rufa* ähnlich, unterscheiden sich jedoch von ihnen durch den breiteren hellisabellgelblichen Superziliarstreif, eher roströtliche statt gelbe Ohrdecken, ein angedeutetes, rotbraun gesprenkeltes Kehlband, eher doppelte als einzelne sepiabraune subterminale Flankenbänder und das röstlich-isabellfarbene Brustgefieder. Die Nacktteile gleichen denen junger Rebhühner.
Auch die Dunenküken ähneln sehr denen des Rothuhnes, sind jedoch insgesamt heller, weniger weinigrotrötlich, die dunkle Oberseitenmusterung ist weniger scharf abgesetzt, dafür eine stärkere hellisabellfarbene Sprenkelung vorhanden. Überaugenstreif, Zügel, Wangen und Ohrdecken fast einfarbig isabell, weder braungesprenkelt noch gebändert. Schnabel hellhornfarben, Iris dunkelbraun, Beine rosigisabell.
Gelegestärke 10 bis 14; Ei hartschalig, Oberfläche glatt und glänzend, sehr hell gelblichisabell mit zarter rotbrauner Pünktelung, meist jedoch kleineren und größeren, unregelmäßig verteilten bräunlichen Flecken (37 bis 45 mm × 28 bis 32 mm); Eigewicht 20 g; Brutdauer ca. 25 Tage.

Lebensgewohnheiten: Habitate der Art sind Steppen und Halbwüsten unterschiedlicher Höhenlagen, im Hohen Atlas bis 3300 m. Dort bewohnt das Klippenhuhn kahle steinige Hügel, Buschland, selbst lichte Waldungen, in Marokko Citrus-Plantagen, Thujahecken, Ginstergestrüpp, überwuchertes Brachland, Wadis mit Busch- und Baumbewuchs, sogar Dünengelände entlang der Küste und Eukalyptuswälder. Auf Teneriffa, wo es erbarmungslos bejagt wird, bewohnt es jetzt die dicht mit Busch bestandenen Steilhänge der Schluchten (barrancos) in den wildesten Teilen der Insel. Es hält sich häufiger unter überhängenden Felsen auf und bleibt während der heißen Mittagsstunden länger inaktiv als seine Gattungsgenossen. In Färbung und Verhalten kann man das Klippenhuhn wohl als die abweichendste Art der Gattung bezeichnen, doch sind detaillierte Verhaltensstudien noch nicht durchgeführt worden. Klippenhühner rotten sich niemals zu großen Wintergesellschaften zusammen und führen in trockenen Jahren keine Bruten durch. Die Paarbindung erfolgt zeitig im Frühjahr auf den Kanaren und in Rio de Oro im Februar, in Tunesien Mitte März. Der Revierruf wird bereits mehrere Wochen vor der Paarbildung von den Männchen gebracht, die sich beim Rufen mit weit geöffnetem Schnabel hochaufgerichtet auf die Zehenspitzen stellen und Halsbandfleckung nebst Flankenstreifung demonstrieren. Auch in Drohpose bleibt der Klippenhahn u. U. mehrere Minuten lang auf den Zehenspitzen – gemeint sind natürlich die letzten Zehenglieder – stehen. Beim Angriff werden Kopf, Hals und Rücken in gerader Linie oder bis 30° über der Horizontalen gehalten, und der dabei zur Seite gerichtete

Kopf befindet sich stets unterhalb des gegnerischen Kopfes. Je stärker sich die Kehlfleckung des Angreifers verkleinert, desto dunkler und auffälliger wirkt sein Kehlschild. Er nähert sich dem Gegner, Schlangenlinien beschreibend, in Seitwärtshaltung, um sein Flankengefieder zu demonstrieren. Treffen die Hähne zusammen, hacken sie mit gesträubtem Kopf- und Halsgefieder, gespreiztem Schwanz und leicht hängenden Flügeln aufeinander los, wobei der Schädel des Gegners, weniger sein Rücken, als Angriffsziel dient. Besiegte flüchten unter kleinen Sprüngen flügelflatternd und matt rufend aus der Gefahrenzone. Erschreckte Klippenhühner, vor allem Weibchen, rennen mit gesträubtem Kopfgefieder, bis 45° hoch gerecktem Hals, ängstliche Gakkertöne ausstoßend, fort. Dabei dehnt sich ihr Halsband so aus, daß die Weißsprenkelung stark hervortritt, die Flankenstreifung sich jedoch in Einzelbänderung auflöst. Das Balzverhalten gleicht im wesentlichen dem der übrigen Arten mit der Besonderheit, daß ein Hängenlassen des dem Weibchen abgewandten Flügels noch nicht festgestellt wurde, und ein vollständiges Balzfüttern zu fehlen scheint. Nach der Kopula rennen beide Partner eine kurze Strecke in betont aufrechter Haltung nebeneinander her. Der Sammelruf ist ein an Haushennengackern erinnerndes „Kutchuk kutchuk". Für Nordafrika wird es als ein schnelles „Käkelik" angegeben, das von langsameren „Tschuk…tschuk…tschukor… tschukor" gefolgt wird. Der Revierruf ist ein einförmiges kratzendes, bedächtig klingendes „Krrraiik", gedehnt und mit steigender Modulation ausgestoßen. Es wird endlos wiederholt und von den Nachbarhähnen beantwortet. Aufgestört stoßen Klippenhühner ein lautes wiederholtes, fast kreischendes „Tschukatschju tschu…tschu…tschu" aus. Der Alarmruf, ein hohes gellendes „Ksii-a", geht beim Auffliegen der Vögel in rauhe, lang anhaltende Kreischtöne, „Kriai-a", über. Über die Brutbiologie des Klippenhuhns auf Teneriffa schreibt BANNERMAN: „Das Klippenhuhn lebt an der Küste bis Januar, in den höheren Lagen bis Februar in Trupps zusammen, die sich nach der Paarbildung auflösen. Eier werden in der Küstenzone ab März gelegt, und die Küken schlüpfen dort bereits, wenn die Hennen im höheren und rauheren Gebirge gerade erst mit der Eiablage begonnen haben. Dort werden die meisten Gelege ab April bis Mitte Mai gefunden. Auf Kulturland wird das Nest häufig dort angelegt, wo Hänge mit niedrigem Buschwerk bestanden sind, das den Vögeln Schutz und Schatten gewährt. Bergwärts werden Nester noch am Fuße des Vulkans Teyde in den ausgedehnten Lavageröllfeldern (Canjadas) unter Ginsterbüschen gefunden. Das Nest ist lediglich eine ausgescharrte Erdmulde, und Vollgelege bestehen durchschnittlich aus 10 bis 18 Eiern. Während des Brütens der Henne beobachtet der Hahn von einem Felsen in Nestnähe die Umgebung und warnt vor Feinden. Über Doppelgelege, von denen eins vom Hahn erbrütet wird, ist beim Klippenhuhn noch nichts aus freier Wildbahn bekannt geworden, doch sprechen Volierenbeobachtungen dafür, daß sie – wenigstens gelegentlich – auch bei dieser Art vorkommen.

Haltung: Die Art wurde 1850 in der Knowsley Menagerie des EARL OF DERBY gehalten und gelangte 1874 aus Gibraltar in den Londoner Zoo. In unseren Tiergärten ist dieses schöne, kleine Wildhuhn stets nur ein seltener Gast. Ein 1966 im Berliner Vogelhaus gehaltener Vogel aus Tunesien wurde während seiner mehrjährigen Gefangenschaft nie vertraut, blieb scheu und fahrig und war stets bereit, gegen die Volierendecke zu fliegen, wenn der Pfleger seinen Käfig betrat. Die Zucht gelang DEBONO in England, der darüber im Avicultural Magazine 1933 berichtet. Das Weibchen richtete früh im April ein Nest her und legte seine Eier in 4- bis 5tägigem Abstand. Nachdem 9 Eier vorhanden waren, begann der Hahn (!) zu brüten. 3 Wochen später war DEBONO überrascht zu sehen, daß der Hahn seine Henne wütend verfolgte und hatte gerade noch Zeit, sie zu retten. Das Männchen brütete weiter, und aus allen 9 Eiern schlüpften Küken, um deren Aufzucht es sich musterhaft kümmerte. Die Beobachtung deutet darauf hin, daß auch bei dieser *Alectoris*-Art ein Brüten beider Partner auf je einem Gelege vorkommen wird, denn in freier Wildbahn hätte die Klippenhenne vermutlich in weitem Abstand vom brütenden Hahn ein Zweitgelege gebracht und dieses selbst erbrütet.

Klippenhühner müssen frostfrei überwintert werden.

Weiterführende Literatur:

BANNERMAN, D. A.: Birds of the Atlantic Islands, Vol. I. – Canary Islands and Salvages. *Alectoris barbara;* pp. 72–78. Oliver & Boyd, London 1963

CRAMP, ST. et al.: Handbook of the Birds of Europe, the Middle East and North Africa, Vol. II; *A. barbara;* pp. 469–473. Oxford University Press, Oxford/London/New York 1980

DEBONO, P. P.: Curious behaviour of a Barbary Partridge; pp. 228–229; Av. Magaz. 4th Series, Vol. XI (1933)

ETCHÉCOPAR, R. D., HÜE, F.: Les Oiseaux du Nord de l'Afrique; *A. barbara;* pp. 171–172; Editions N. Boubée & Cie, Paris 1964

HARTERT, E.: Die Vögel der paläarktischen Fauna, Bd. III; *A. barbara;* pp. 1910–1912; R. Friedländer & Sohn, Berlin 1921-22

OGILVIE-GRANT, W. R.: A Handbook to the Game-Birds; *A. barbara;* pp. 97–98; E. Lloyd Ltd., London 1896

URBAN, E. K. et al.: The Birds of Africa, Vol. II; *A. barbara;* pp. 21–23. Academic Press London 1986.

Sandhühner
Ammoperdix, Gould 1851

Engl.: See-see-Patridges.
Die beiden Arten der Gattung stehen in der Größe zwischen Rebhuhn und Wachtel. Als Halbwüsten- und Wüstenbewohner besitzen sie ein hellsandgelbes Tarngefieder. An dem runden Flügel sind die Handschwingen von der 2. an etwa von der Mitte ab an beiden Fahnen stark verengt, die 2. und 5. etwa gleichlang und insgesamt am längsten. Die schmalen Flügelfahnen erzeugen beim Flug ein pfeifendes Geräusch (si si), das den Vögeln zu ihrem indischen und englischen Namen verholfen hat. Der kurze Schwanz besteht aus 12 Steuerfedern. Am Schnabel fällt eine gut ausgebildete Wachshaut auf. An der Hinterseite der kräftigen Läufe ist bei den Hähnen manchmal ein- oder beidseitig ein knopfförmiges Sporenrudiment vorhanden. Die Geschlechter sind verschieden gefärbt. Die schönen kleinen Hühnchen werden leider nur selten importiert.

Arabisches Sandhuhn
Ammoperdix heyi, Temminck 1829

Engl.: Sand partridge.
Abbildung: Seite 318 Kopfzeichnung H.
Heimat: Ost-Palästina, südwärts West-, Mittel- und Südost-Arabien, Ägypten und der Sudan östlich des Nils bis ca. 18° nördlicher Breite. 4 Unterarten.
Beschreibung: Geschlechter verschieden gefärbt. Bei Hähnen der Unterart *cholmleyi* aus Süd-Ägypten und dem Nord-Sudan ist der Kopf blaugrau mit weinrötlichem Anflug, das Kinn rostrot, die Kehle weinrötlich; Zügel und Ohrdecken cremeweiß, Schultern und Flügeldecken hell isabellgelb; Hand-

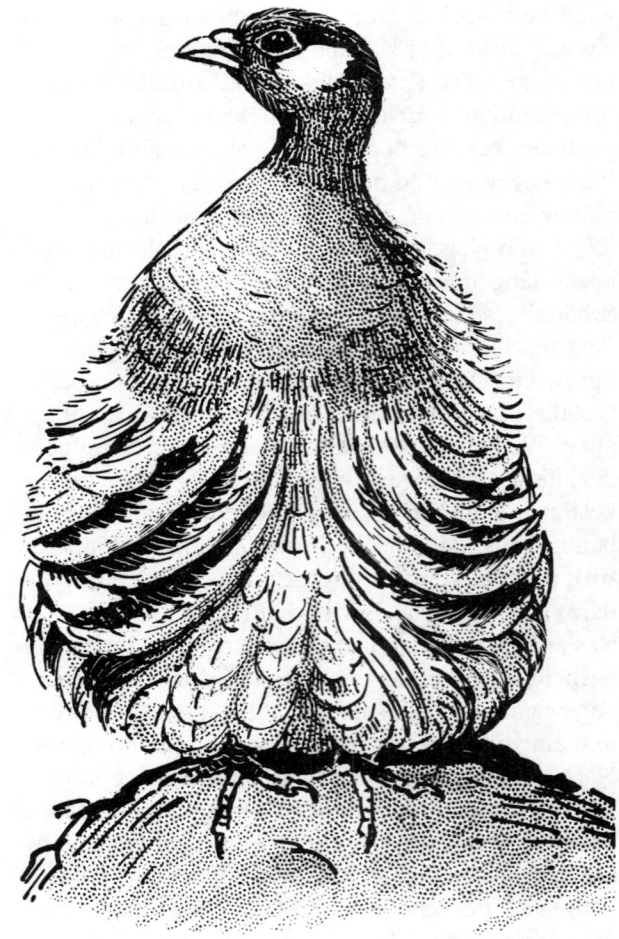

Balzender Hahn des Arabischen Sandhuhns

schwingen olivbraun mit rehbraunen, dunkelgrau gebänderten Außenfahnen; Hinterrücken, Bürzel und die beiden mittleren Schwanzfedern sandgelb mit dunkelgrauer Bänderung, die übrigen Schwanzfedern dunkelrotbraun. Brust weinrötlich-sandgelb, Flanken und Bauchseitenfedern mit schmalen schwarzen Seitensäumen und breiten rotbraunen Streifen auf den Außenfahnen. Bauchmitte und Unterschwanzdecken isabellgelblich. Schnabel trüborange, chromorange oder orange, Iris haselbraun, hellbraun oder rotbraun, Beine trübgelb oder gelb. Länge 220 bis 250 mm; Flügel 126 bis 135 mm; Schwanz 56 bis 65 mm; Gewicht 125 bis 215 g.
Bei der Henne sind Kopf und Hals ockergelb mit dunkelbraungrauer Wellenbänderung; Kehle gelbweißlich, Brust hellsandfarben mit graubrauner Bänderung, Rücken hellrehbraun, undeutlich dunkler quergebändert. Schnabel gelblichhornfarben oder trübgelb, Beine trübgelb oder gelb.
Flügel 123 bis 132 mm; Schwanz 56 bis 63 mm.

Jungvögel gleichen in der Färbung im wesentlichen adulten Weibchen.

Dunenküken sind einfarbig gelbgrau mit silbrigem Schimmer, dazu einem dunklen Augenstreifen; Iris braun, Oberschnabel schwärzlich, Unterschnabel isabellgelb, Beine hellisabell.

Gelegestärke 5 bis 7; Ei birnenförmig mit glänzender Schalenoberfläche, hell sandfarbenisabell (34 bis 41 mm × 24 bis 28 mm); Gewicht ca. 14 g; Brutdauer 19 bis 21 Tage.

Lebensgewohnheiten: Die Art bewohnt Stein- und Halbwüsten mit spärlicher Vegetation. Beliebte Standorte sind felsige Hügel und geröllreiche steilwandige Wadis bis in Höhen von 2000 m. Vorbedingung für das Vorkommen ist Wasser, und Tränken werden mehrmals täglich besucht. Das reichhaltige Stimmrepertoir dieses Sandhuhnes ist noch nicht in allen Einzelheiten analysiert, die Bedeutung mancher Lautäußerungen unbekannt. Wie wohl bei allen Hühnervögeln, ist der Tagesablauf geregelt. Die Hauptaktivität fällt in die kühlen Morgen- und Abendstunden. Kurz vor Sonnenaufgang locken sich die Vögel mit lebhaftem „Tju tju tju" und „Tiijuk tiijuk tiijuk" zusammen, bevor sie sich zur Tränke und Futtersuche begeben. Auf Nahrungssuche wandern sie gern zu den sandigen Wadibetten. Paare und Truppmitglieder halten stets eng zusammen und stoßen während des Pickens und Scharrens fast ununterbrochen plaudernde und zwitschernde Kontaktlaute aus, die wie „Tschuck tschuck tschuk" klingen. Die Nahrung besteht überwiegend aus Pflanzenteilen, im Frühling jungen Grasspitzen, später Grassamen und die Beeren von Wüstensträuchern, u. a. der Gattungen *Berberis*, *Lycium*, *Salvadora* und *Reptonia*. In geringer Menge werden auch Insekten aufgenommen. In Alarmstimmung machen sich die Hühnchen schlank und hoch, stellen die Scheitelfedern zu einem kleinen Häubchen auf und können die weißen Ohrdeckfedern unabhängig vom übrigen Gefieder sträuben. Ihre bislang sanften Kontaktlaute nehmen nun einen lauteren, gleichsam protestierenden Klang an: „Kwip kwip!" und „Wit wit!". Dann rennen sie mit hoher Geschwindigkeit in das Gewirr der schützenden Felsen, dabei oft geschickt von Stein zu Stein springend und erklimmen mit Leichtigkeit fast senkrechte Felswände. Von Bodenfeinden überrascht, fliegen sie unter lautem metallischem Geräusch ihrer schmalen Schallschwingen fast senkrecht auf, gehen danach bald in einen Gleitflug über und verschwinden gewöhnlich hinter der nächsten Felskuppe. Vor Flugfeinden ducken sie sich im Vertrauen auf ihre Tarnfärbung bewegungslos auf den Erdboden und sind dann kaum noch auszumachen. Dieses blitzschnelle Reagieren in Gefahrsituationen ist auch Kleinküken angeboren, die ohne eigene Mutter aufgezogen werden. Versprengte Truppmitglieder locken sich nach HEUGLIN mit lauten, weithin hörbaren Pfiffen zusammen. Während der Mittagshitze ruhen die Vögel im Schatten von Felsen und nehmen gern Sandbäder. Während der Brutzeit erklimmt der Hahn einen erhöhten Felsen, richtet sich dort imponierend zu voller Höhe auf, sträubt das Brust- und Bauchgefieder so stark, daß von den Beinen nur noch die Zehenspitzen sichtbar sind und gibt wiederholt einen lauten Doppelruf von sich, der wie das Zusammenschlagen zweier Steine klingt. Über die vermutlich recht einfache Balz vor der Henne ist noch nichts bekannt. Nester werden von den Hennen oft tief zwischen engstehenden Felsblöcken angelegt und sind einfache Bodenmulden mit ein paar Hälmchen darin. Das Brutrevier ist kein exakt begrenztes Gebiet. Die durchschnittliche Gelegegröße beträgt 8 bis 14 Eier. Nicht selten legen 2 Hennen in ein Nest, das dann bis 22 Eier enthalten kann. Da ein Weibchen so große Eiermengen unmöglich mit dem Körper decken kann, gehen viele Eier verloren. Die Küken schlüpfen gleichzeitig und halten sich nur eine Stunde im Nest auf. Oft verjagt eine führende Henne die andere und übernimmt deren Gesperre. Deshalb trifft man nicht selten führende Hennen und auch Hähne mit einer großen Kükenschar unterschiedlichen Alters an. In regenreichen und damit futtergünstigen Jahren kann man führenden Sandhennen noch Ende August beggenen. Vermutlich wird die Art dann jährlich 2 Bruten machen.

Haltung: Der Erstimport von 7 Arabischen Sandhühnern erfolgte 1865 durch H. C. CALVERT in den Londoner Zoo, der 1867, 1876 und 1879 weitere Vögel erhielt. Die Erstzucht gelang 1905 TREVOR-BATTYE, der 1 Jahr davor ein Paar der Unterart *cholmleyi* vom Zoo in Gizeh erhalten hatte, in England. Schon auf der Überfahrt waren die beiden Vögel so vertraut geworden, daß sie Futter vom Finger abnahmen. Besonders schätzten sie Äpfel, Orangen und Bananen, überhaupt jede Art von Obst und Früchten. In England wurde ihre Voliere naturgerecht mit Steinhaufen, Höhlungen und Grasbülten ausgestattet. Obwohl sie die Höhlungen untersuchten, machten sie keine Anstalten zum Nisten. Erst im folgenden Jahr, Ende April, wurden Paarungen beobachtet. Zu dieser Zeit pflegte der Hahn den höchsten Stein der Voliere zu erklimmen,

um von dorther in aufrechter Haltung mit gesträubtem Gefieder seinen zweisilbigen Doppelruf auszustoßen. Dann wieder rannte er in pinguinhaft aufrechter Haltung und mit gesträubtem Gefieder umher, daß nur die Zehenspitzen hervorschauten. Am 15. Mai wurde das 1. Ei, am 20. Mai ein weiteres Ei gelegt. Im Verlauf des Juni folgten 10 weitere Eier, ohne daß die Henne Anstalten zum Brüten machte. Das Gelege wurde deshalb einer Hühnerglucke anvertraut. Am 4. Juli schlüpfte ein Küken. Alle anderen Eier enthielten Küken, die sich nicht aus der Schale hatten befreien können. 12 weitere Eier wurden am 21. Juni einer Zwerghenne untergelegt, aus denen am 14. Juli, also nach 23tägiger Bebrütung, die Küken wiederum nicht selbst zu schlüpfen vermochten, sondern mit der Hand aus der Schale befreit werden mußten. Trotzdem wuchsen 5 von ihnen zu kräftigen Tieren heran. Die Sandhenne legte in der Folge eifrig weiter, brütete jedoch entweder nicht oder verließ ihr Gelege kurz vor dem Kükenschlupf. Sie starb nach Ablage des 36. Eies. Die 5 Küken gediehen gut auf einem großen umzäunten Rasenstück. In ihren Bewegungen und dem Erfassen bestimmter Situationen waren sie überaus flink. Auch das kleinste Insekt wurde sofort entdeckt und verzehrt; als einmal hoch am Himmel ein Greifvogel schwebte, duckten sie sich sogleich mit ausgestrecktem Hals auf den Boden und verharrten unbeweglich. Als der Züchter einmal eine hudernde Glucke hochhob, stoben die kaum abgetrockneten Sandhuhnküken in alle Richtungen auseinander und versteckten sich unter Grasbülten und Sträuchern. Ihre Ernährung bestand zunächst ausschließlich aus Ameisenpuppen. Später nahmen sie am liebsten auf den Sandboden der Voliere ausgestreute Hirsekörner auf. Mit 14 Tagen konnten sie ausgezeichnet fliegen und übernachteten nicht, wie zu vermuten, auf dem Erdboden, sondern höheren Volierenästen, auf die sie geschickt in senkrechtem Anflug gelangten. Erwachsen nahmen sie gern Vogelmiere, Löwenzahn, Kopfsalat und Früchte. Aus eingebrachten Grassoden zupften sie regelmäßig die zartesten grünen Hälmchen, so daß das Gras häufig ausgetauscht werden mußte. Als Wüstenvögel liebten sie Wärme und hielten sich stets in sonnigen Flecken ihrer Voliere auf. Sie waren sehr neugierig und mißtrauisch und näherten sich jedem neuen Objekt in ihrem Gehege, wie Steinen, Ziegeln und selbst Grünfutterhaufen, sehr vorsichtig mit niedrig gehaltenem Kopf sowie lang ausgestrecktem Hals auf Zehenspitzen, dabei stets fluchtbereit. Als sie zusammen mit Chukarhühnern und Indischen Graufrankolinen in einer geräumigen Garteneinfriedung gehalten wurden, ließ sich das unterschiedliche Fluchtverhalten der 3 Arten gut beobachten: Während die Chukars sich bei Gefahr unter einem Busch duckten und die Frankoline sich im Gebüsch unsichtbar machten, rannten die Sandhühner auf den nacktesten Teil einer Sandfläche und duckten sich in einer ihrer Staubbadmulden, so daß sie parallel zur Erdoberfläche lagen und unsichtbar wurden. Uneingeweihte Besucher konnten sie niemals entdecken.
Nach SETH-SMITH glückte die Zucht 1911 auch dem Londoner Zoo.

Persisches Sandhuhn
Ammoperdix griseogularis, Brandt 1843

Engl.: See-see-Partridge.
Abbildung: Seite 318 Kopfzeichnung J.
Heimat: Die südöstliche Türkei im oberen Euphrattal, vermutlich Syrien, im Irak die Hügel- und Bergketten des Nordens und Ostens sowie entlang felsiger Steilufer, die iranische Region, Pakistan in Balutschistan, der nordwestlichen Grenzprovinz, dem Salt Range des Punjab und den Kirtharbergen Sinds; in der UdSSR Teile Transkaspiens im Nordwesten von den Bergen der Halbinsel Mangyschlak und dem südwestlichen Ust Urt-Plateau südwärts zum Kopet-Daghgebirge und Badschkys (einschließlich der Karabil-Berge), die südliche Turkmenische SR im Tal des Amu-Darja von Kelif ostwärts bis in das Gebiet von Schuroabad (70° 15' östlicher Länge); nordwärts in den Bergen Südost-Usbekistans und West-Tadschikistans bis zu den Ausläufern der Hissarbergkette und dem Tal des Warsow-Flusses nördlich Stalinabads. Subspeziesbildung umstritten.
Beschreibung: Geschlechter verschieden gefärbt. Der Hahn trägt einen schwarzen Stirn- und Überaugenstreif; Scheitel, Hinterkopf und Halsseiten mattgrau mit weinrötlichem Anflug; auf Hals- und Nackenseiten rahmweiße Querfleckung; übrige Oberseite bräunlichisabell, auf dem Vorderrücken stark weinfarben verwaschen, dazu oft mit dunkelgrauen Querbinden. Bürzelfedern längs der Schäfte schwarz gepunktet, die Oberschwanzdecken undeutlich heller quergesprenkelt. Handschwingen graubraun, der Basalteil der Außenfahnen blaßrotrötlich gesprenkelt, die übrigen Federpartien mit großen rostgelben Flecken. Schwanzfedern kastanienbraun, das Mittelpaar wie die Oberschwanzdecken gefärbt. Kinn

weiß, Kehle hellgrau, Zügel und ein länglicher Hinteraugenfleck weiß, dahinter ein weinrötlicher Fleck. Kropf und Brust hellgraubraun, weinrötlich angeflogen, die Unterkörpermitte weißlich; Brustseitenfedern gräulich weinrötlich mit schwarzen Außensäumen, nach der Mitte zu ohne diese und mit weißen Längsstreifen; die langen Weichenfedern ebenso gefärbt, aber mit schwarzen Außensäumen und kastanienbraunen Streifen auf den Außenfahnen. Unterschwanzdecken gelbbraun. Schnabel fleischrot oder orange, ebenso die Wachshaut. Iris gelbbraun, goldbraun oder rotbraun. Beine wachsgelb mit olivgrünem Anflug oder gelbgrün.
Länge 220 bis 250 mm; Flügel 132 bis 141 mm; Schwanz 51 bis 61 mm; Gewicht um 200 g.
Die Henne hat einen braunen Scheitel mit blaß roströtlicher Wellenzeichnung; Stirn und Binden am Hinterhals weißlicher, der Vorderrücken roströtlich angeflogen, heller als beim Hahn, der Hinterrücken mit etwas größeren braunschwarzen Längsflecken. Flügel hell und dunkel gesprenkelt, auf den inneren Armschwingen und den Schultern schwarzbraun gefleckt. Kehle weißlich, nach hinten und an den Seiten graubraun gefleckt. Übrige Unterseite braungrau mit blaß roströtlicher Wellenzeichnung; Brust und Unterkörper mit weißlicher Längsfleckung und ohne die schwarze Säumung der Männchen. Schnabel hornbraun mit gelbrötlicher Basis.
Flügel 126 bis 134 mm; Schwanz 52 bis 59 mm; Gewicht 189 g.
Jugendgefieder möglicherweise in 2 nicht geschlechtsgebundenen Farbphasen, die eine in der Kopfzeichnung Althähnen, die andere in der Gesamtfärbung Althennen ähnelnd. Eine Bestätigung für die Richtigkeit dieser Behauptung steht noch aus.
Dunenküken sind auf Oberseite und Flügeln ziemlich einheitlich hell sandisabellgelb mit schwacher dunkler Sprenkelung. Ein kurzer schwarzer Streifen zieht durchs Auge; Unterseite isabellweiß. Oberschnabel dunkelbraun mit horngelber Basis und ebensolchem Unterschnabel, Iris braun, Beine hell isabell.
Gelegestärke 8 bis 12; Ei oval mit weicher glänzender Schalenoberfläche, hell isabell, cremeweiß oder gelblich ohne Musterung (32 bis 39 mm × 24 bis 28 mm); Gewicht ca. 12 g. Brutdauer über 21 Tage.
Lebensgewohnheiten: Die Art bewohnt steiniges vegetationsarmes Hügelgelände in Halbwüsten, gewöhnlich unterhalb 100 m, wird aber nicht selten auf Hochplateaus in Lagen bis 2000 m angetroffen. Besonders als Habitat beliebt sind von breiten Erosionsschluchten durchzogene Lößberge. Außerhalb der Brutzeit leben die Hühnchen in Gesellschaften von 20 und mehr Individuen zusammen, und an den 2- bis 3mal täglich besuchten Wasserstellen erscheinen oft große Scharen zum Trinken. Während der kühlen Morgen- und Abendstunden sind Sandhühner am aktivsten. Vor der Mittagsglut ziehen sie sich in Felsspalten und Höhlungen zurück, in Pakistan u. a. gern in die Eingänge zu unterirdischen Wasserkanälen. In den Konglomeratschluchten der Vorgebirgsketten des Zagross (Iran) strebten sie nach PALUDAN zur Mittagszeit in großen Scharen in kühle Höhlen, aus denen er einmal 30 bis 40 Sandhühner aufjagte. Auf der Flucht vor Bodenfeinden rufen sie alarmiert „Wiik wiik" und rennen mit hoher Geschwindigkeit über unwegsames Schottergelände und Geröllblöcke, um erst bei unmittelbarer Gefahr aufzufliegen. Während des Fluges erzeugen ihre Schwingen ein hohes, pfeifendes, wie „Si si" klingendes Geräusch, das ihnen zu ihrem indischen Namen „Sisi-Partridge" (Sind, Punjab) verholfen hat. In menschenarmen Gebieten sind Sandhühner oft überaus vertraut, und man kann sie auf sandigen Straßen verlassener Nomadendörfer und Hirtenlager geschäftig wie Haushühner umherlaufen und scharren sehen. Nicht selten brüten sie in Hausruinen. Die Nahrung besteht vorwiegend aus Sämereien und grünen Blättern, so denen des Bockshornklees (*Trigonella*), der sparsam im steinigen Gelände wächst. Kontaktlaut zwischen den Vögeln ist ein weiches „Tschuk tschuk". Zu Beginn der Fortpflanzungszeit im März besetzen die Paare ihre Reviere, und die Hähne liefern sich erbitterte Kämpfe. Jeder Revierhahn stellt sich auf einen erhöhten Punkt und stößt immer wieder ein lautes „O-it" aus. Die Art dürfte monogyn sein, doch beobachtete SALIM ALI einmal einen Sandhahn dabei, wie er zwei nicht weit voneinander stehenden Hennen hintereinander den Hof machte, sie mit zur Erde gespreiztem Innenflügel umlaufend. Auch eine Scheinflucht der Henne vor dem Hahn ist beobachtet worden, wobei (von beiden Vögeln?) alpenseglerartige Triller ausgestoßen wurden. Das Nest ist eine spärlich mit Grashalmen und ein paar Federn ausgestattete Erdmulde, die oft tief zwischen Felsblöcken, unter Grasbülten, aber auch ganz frei auf ebenem Gelände der Halbwüste angelegt sein kann. Wahrscheinlich wird der Hahn die brütende Henne bewachen und bei Gefahr warnen. SARUDNY hat allerdings während der Brutzeit auch bis zu 20 Exemplare starke Männergesellschaften beobachtet. Sandhennen ziehen verwaiste Gesperre zusammen

mit dem eigenen auf, und „Ammenmütter" mit 50 bis 60 Jungvögeln aller Altersstufen wurden angetroffen.

Haltung: 1867 gelangten erstmalig Sisi-Sandhühner in 4 Exemplaren aus dem Punjab in den Londoner Zoo, und 1902 wurde die Art aus dem Iran im Berliner Zoo ausgestellt. Über europäische Zuchten ist uns nichts bekannt. Daß die Vermehrung jedoch einfach sein muß, zeigt die vom Nevada Department of Fish and Game in Reno entwickelte Methode, über die G. C. CHRISTENSEN berichtete. 1970 besaß das Institut 50 Sisis, die zuerst in 3 Großvolieren gehalten wurden. 40 entstammten der Zucht der Utah Fish and Game Commission. Von den 25 Weibchen der Gruppe wurden 818 Eier gelegt, von denen 763 (93%) befruchtet waren. 427 (56%) Küken schlüpften in Kunstbrütern, und 300 Jungvögel wurden großgezogen. Die aus einem Hahn mit 2 Hennen pro Voliere bestehenden Brutgemeinschaften erhielten im Jahresablauf folgendes Futter: von Februar bis Juni Preßlinge in Krumenform mit 30%igem Proteingehalt ohne Beigabe eines Coccidiostatikums und zusätzlich Calziumphosphat in Form gemahlener Austernschalen. Zur Entwurmung wurde dem Trinkwasser ein Präparat zugefügt, das die in den Blinddärmen aller Hühnervögel lebenden *Trichuriden*-Würmer, Überträger der infektiosen Leber-Blinddarmentzündung, beseitigen sollte. Von Juli bis September erhielten die Tiere Krümelpreßfutter mit 19%igem Proteingehalt ohne Medikation. Dem Wasser wurde 2mal wöchentlich Emtryl zur Bekämpfung der Typhlo-Hepatitis-Erreger beigefügt. Ab Oktober bis Januar enthielt das Futter nur noch 12% Protein. Küken erhielten das gleiche Krümelpreßfutter wie Erwachsene, unter Wegfall der Austernschalen, dafür mit Zusatz eines Coccidiostatikums. Mit 16 Wochen wurde ein Preßfutter mit 20% Proteinanteil verfüttert. Ab dem Alter von 4 bis 6 Wochen werden die Jungen in Abhängigkeit von der Wetterlage in Außenausläufe (rearing pens) gesetzt, die mit Weizen- und Gerstensaat bestreut worden waren. Dort blieben sie, bis im Februar Paarbildung erfolgte. Die Küken erwiesen sich als überaus resistent. Sie wurden später in der Nevadawüste ausgewildert.

Weiterführende Literatur:

BAKER, E. C. ST.: The Fauna of British India, Vol. V; *Ammoperdix;* pp. 405–407; Taylor & Francis, London 1928

CECIL, WM.: Some notes on a few Egyptian Desert Birds. *Ammoperdix;* p. 31; Av. Mag. 3th Series, Vol. II, 1911

CHRISTENSEN, G. C.: Seesee Partridge, Findings; p. 14, Exotic Game Bird Propagation, Nevada Dptm. Fish & Game, Reno 1973

CRAMP, ST. et al.: Handbook of the Birds of Europe, the Middle East and North Africa, Vol. II; *Ammoperdix;* pp. 473–479. Oxford University Press, Oxford/London/New York 1980

DEMENTIEW, G. P., GLADKOW, H. A. et al.: Die Vögel der Sowjet-Union, Tom IV., *Ammoperdix;* pp. 149–154. Sowjetskaja Nauka (Russisch), Moskau 1952

GALLAGHER, M., WOODCOCK, M. W.: The Birds of Oman. *Ammoperdix;* p. 120; Quartet Books, London/Melbourne/New York 1980

HARTERT, E.: Die Vögel der paläarktischen Fauna, Bd. III; *Ammoperdix;* pp. 1916–1919; R. Friedländer & Sohn, Berlin 1921–22

HÜE, F., ETCHÉCOPAR, R. D.: Les Oiseaux Du Nord De L'Afrique. *Ammoperdix;* pp. 172–173; Éditions N. Boubée & Cie, Paris 1964

DIES.: Les Oiseaux Du Proche et Du Moyen Orient. *Ammoperdix;* pp. 218–220; Éditions N. Boubée & Cie, Paris 1970

MACWORTH-PRAED, C. W., GRANT, C. B. H.: Birds of Eastern and North Eastern Africa, Vol. 1, *Ammoperdix;* pp. 226–227; Longmans, Green & Co, London/New York/Toronto 1952

MEINERTZHAGEN, R.: Birds of Arabia. *Ammoperdix;* pp. 566–567; Oliver & Boyd, Edinburgh/London 1954

OGILVIE-GRANT, W. R.: A Handbook to the Game-Birds, Vol. I.; *Ammoperdix;* pp. 99–101; E. Lloyd, London 1896

PALUDAN, K.: Zur Ornis des Zagrossgebietes, W.-Iran. *Ammoperdix;* p. 637. Journ. Ornith. 86 (1938)

PAZ, U.: The Birds of Israel; *Ammoperdix heyi;* p. 79. Chr. Helm, London 1987

SALIM ALI, RIPLEY, S. D.: Handbook of the Birds of India and Pakistan, Vol. 2; *Ammoperdix;* p. 8–10; Oxford University Press, Delhi/London/New York 1980

SETH-SMITH, D.: Bird Notes from the Zoological Gardens. *Ammoperdix;* p. 340 (Kurzmittlg. Zucht London Zoo); Av. Mag. 3th Series, 1911

TREVOR-BATTYE, A.: The Breeding of Hey's Partridge (*Ammoperdix heyi*); pp. 263–270; Av. Mag. New Series, Vol. III, 1905

URBAN, E. K.: The Birds of Africa, Vol. II, *Ammoperdix heyi;* 20–21. Academic Press, London 1986

Frankoline
Francolinus, Stephens 1819

Engl.: Francolins, Spurfowl.
Der Name „Frankolin", mit dem die aus 40 Arten bestehende Gruppe altweltlicher phasianider Kleinhühner benannt wird, entstammt dem Griechischen und wird auf Cypern noch heute für das Halsbandfrankolin gebraucht. Frankoline sind über wachtel- bis rebhuhngroße Hühner, die sich durch kräftige, etwas gebogene Schnäbel, robuste Beine mit bei den meisten Arten sporenbewehrten Läufen und ein besonders auf der Oberseite cryptisches Gefieder vom Wachteltyp auszeichnen. Bei den meisten Arten sind die Geschlechter gleich- oder wenig verschiedengefärbt und die Weibchen deutlich kleiner. Am Flügel ist die 1. Handschwinge länger als die 10. und die 4. bis 6. am längsten. Der kurze Schwanz setzt sich aus 14 Steuerfedern zusammen. Frankoline sind schnelle Kurzflieger. Diese sehr adaptablen Hühnervögel haben mit Ausnahme von Wüsten und den Schneegrenzen der Hochgebirge praktisch alle Biotope besiedelt. Sie vertreten in der äthiopischen Region ganz überwiegend, in Vorder- und Südasien teilweise Reb- und Steinhühner. Das Stimmrepertoir ist noch unvollständig bekannt. Unüberhörbar ist der Revierbesitzruf der Hähne, eine Strophe aus weit hörbaren rauhen, krächzenden und gackernden Tönen, die gewöhnlich von einem höher gelegenen Punkt des Reviers aus förmlich herausgeschrien wird. Nur bei wenigen Arten besteht diese „Botschaft" aus melodischen Pfeiftönen. Über die Alarm-, Sammel- und Kontaktlaute der einzelnen Arten weiß man noch relativ wenig. Bei bisher wenigen Arten ist antiphonischer Gesang nachgewiesen worden, doch ist anzunehmen, daß sich bei intensiverer Forschung deren Zahl noch steigern wird. Frankoline sind monogyn und besetzen – vermutlich festumrissene – Reviere, die heftig gegen eindringende Artgenossen verteidigt werden. Die Balz ist einfach. Zur Werbung gehören Futterlocken und Werbefüttern des Weibchens. In Seitenbalzhaltung wird es vom Hahn mit teilweise gesträubtem Kleingefieder und am Boden schleifenden Flügelspitzen umrundet. Eine Scheinflucht der Henne kommt vor. Diese scharrt als Nest eine flache Mulde ins Erdreich oder dreht mit ihrem Körpergewicht die Nestmulde in eine Grasbülte. Nistmaterial scheint weder aktiv noch passiv eingetragen zu werden, ist auch nicht notwendig, da Frankolineier überaus dick- und hartschalig sind. Das Gelege wird von der Henne in 19 bis 21 Tagen erbrütet. Ob der Hahn am Nest Wache hält, ist nicht bekannt. Jedenfalls ziehen beide Geschlechtspartner die Jungen groß. Deren Dunenkleid ist bei allen Frankolinarten erstaunlich einheitlich und dem von Jagdfasanenküken recht ähnlich. Bei manchen Arten schließen sich mehrere Familien zusammen, die bis zur folgenden Fortpflanzungszeit zusammenhalten. Frankoline sind Allesfresser, die an pflanzlichen Stoffen aufnehmen, was irgendwie genießbar ist und mit den robusten Schnäbeln auf der Suche nach fleischigen Rhizomen und Zwiebeln tiefe Löcher in den Erdboden graben. An Kleintieren wird verschlungen, was zu bewältigen ist, also nicht nur Insekten, sondern auch Kleinechsen und Jungmäuse. In vielen Teilen Afrikas leben mehrere Frankolinarten in gleichen Gebieten zusammen, sind dann aber innerhalb derselben auf unterschiedliche Habitate spezialisiert, so daß gewöhnlich kein Konkurrenzdruck entsteht. Da innerhalb der großen Gruppe der Frankoline eine Reihe von Arten durch Färbung, Habitate und andere Gemeinsamkeiten einander auffällig ähnlich sind, lassen sie sich in mehrere Gruppen unterteilen, die von WAGLER, ROBERTS, CHAPIN u. a. zu Gattungsrang erhoben wurden. Wir halten diese Maßnahme, der auch WOLTERS gefolgt ist, für berechtigt, besprechen jedoch aus praktischen Gründen alle Arten unter dem gemeinsamen Gattungsnamen *Francolinus*, was übrigens auch HALL (1963), CROWE u. CROWE (1985) sowie URBAN et al. (1986) getan haben.
Mit der Einfuhr von Frankolinen hat sich der Tierhandel noch nie viel Mühe gegeben, so daß die meisten Arten mehr oder weniger zufällig in den Besitz von Tiergärten und Privathaltern gelangten. Im Handel lassen sie sich wegen des im Vergleich mit manchen anderen Kleinhühnern unscheinbar gefärbten Gefieders nur schwer verkaufen, zumal es sich in den meisten Fällen um Wildfänge handelt. Diese bereiten dem Besitzer nur Freude, wenn er sie in einer größeren, dichtbepflanzten Voliere halten kann, in der sie sich sicher fühlen und allmählich vertraut werden. Leichter haben es die Inder, die häufig in freier Wildbahn gesammelte Gelege von Haushennen erbrüten lassen und an den dann zutraulichen Hühnchen nur Freude haben. Als ausgeprägte Revierverteidiger sollten Frankoline nur paarweise gehalten werden. Bei strengem Winterwetter benötigen sie unbedingt geschlossene Schutzräume, deren Erwärmung mit Rotlichtstrahlern erfolgen kann, weil sie sich andernfalls die Zehenglieder erfrieren würden. Um sie in Zuchtkondition

zu bringen, erhalten sie im Frühjahr pelletiertes Fasanen- oder Putenlegefutter mit hohem Proteingehalt und zusätzlich viel Grünzeug. Die robusten Küken wachsen schnell heran. Da Frankoline als schmackhaftes Jagdwild gelten, sind mit ihnen Einbürgerungsversuche unternommen worden, die in mediterranen, subtropischen und tropischen Ländern häufig erfolgreich verliefen.

Tropfenfrankoline

Die Gruppe der Tropfenfrankoline umfaßt 3 der 5 asiatischen Arten der Gattung, nämlich *F. francolinus*, *F. pictus* und *F. pintadeanus*. Die mittelgroßen Vögel (280 bis 400 g) weisen gemeinsam ein braun- oder isabellfarben geflecktes oder V-gemustertes Mantelgefieder sowie ein schmal schwarzweiß oder braun und isabell gebändertes Rücken- und Schwanzdeckengefieder auf. Die Flügel besitzen ein Flecken- oder Bandmuster. Die Unterseite ist schwarz oder dunkelbraun mit weißer Tropfenflekkung, die jedoch bei den Hennen von *F. francolinus* und *F. pintadeanus* so ineinander übergeht, daß sie zu einer unregelmäßigen Bänderung wurde. Die Unterschwanzdecken sind mehr oder weniger rostbraun, die Schnäbel schwarz oder dunkelbraun, die Beine gelb bis rotbraun. Kurze stumpfe Sporen sind nur bei den Hähnen von Halsband- und Perlhuhnfrankolin vorhanden, fehlen jedoch beim Tropfenfrankolin. Die 3 Arten sind allopatrisch mit kontinuierlicher Verbreitung über das subtropische Asien. Die Areale von Halsband- und Tropfenfrankolin grenzen in Rajastan, Uttar Pradesch und Bihar aneinander. Trotz gleicher Habitate sind Hybriden entlang der Arealgrenzen selten. Östlich Manipurs wird das Halsbandfrankolin vom Perlhuhnfrankolin abgelöst. Zwischen den Arealen beider Arten liegen die Bergketten von Manipur und die Tschinberge als wirkungsvolle Schranken für mögliche Hybridisierung, und von einem schmalen Küstenstreifen, auf dem beide Arten vorkommen könnten, sind bisher keine Hybriden gemeldet worden. Sexualdimorphismus ist beim Halsbandfrankolin am stärksten entwickelt. Tropfenfrankoline haben laute, krächzende Revierrufe und baumen nachts auf, können jedoch bei Fehlen geeigneter Bäume auch auf dem Erdboden übernachten. Sie bewohnen Buschgelände und Grasdschungel. Bei Vorhandensein ausreichender Deckung werden sie zu Kulturfolgern.

Halsbandfrankolin
Francolinus francolinus, Linné 1766

Engl.: Black Partridge, Black Francolin.
Abbildung: Seite 320 unten links.
Heimat: Cypern, die Süd-Türkei (Ebene von Adana und bei Selefka), Libanon bis 1958, Israel, Nord- und Nordost-Syrien (Euphrattal und nördliche Nebenflüsse), Nord-Irak (Euphrat-Tigrisebene südwärts bis Mossul, Kurdistan); die UdSSR von Ost-Grusinien (Alasantal) und der Aserbaidschanischen SSR im Kura-Araxestal zur Südwestküste des Kaspi (Alyatta bis Astara); im Iran Aserbaidschan und entlang der Kaspi-Südküste ostwärts bis zum Ghurgan, nordwärts das Atrek-Tal (und dessen UdSSR-Abschnitt). Südwest- und Süd-Iran vom Zagros ostwärts bis Fars und entlang der Küstenzone des Persischen Golfs und Arabischen Meerbusens (landeinwärts bis Kirman), das iranische und afghanische Seistan, das iranische und pakistanische Belutschistan, Pakistan (Sind, Chitral), der Norden des indischen Subkontinents von Kaschmir ostwärts bis Manipur; die südliche Verbreitungsgrenze läßt sich durch eine grob gezogene Kurve von Kutch durch Gwalior zum Chilka-See Orissas umreißen. Vorkommen in Süd-Spanien, auf Sizilien und in Teilen Griechenlands seit dem 19. Jahrhundert erloschen. Neuere Einbürgerungsversuche in der Toskana und den USA erfolgsversprechend, auf Hawaii und Guam erfolgreich. Mehrere Unterarten wurden beschrieben, doch liegen die Unterschiede im klinalen Bereich.
Beschreibung: Geschlechter verschieden gefärbt. Beim Hahn ist der Scheitel dunkelbraun mit breiter hellockerbrauner Federsäumung, der Nacken dunkelbraun mit weißen Federsäumen; Stirn und übrige Kopfpartien vorwiegend schwarz; ein schmales weißes Band unterhalb des Auges zieht, sich verbreiternd, über die Wangen bis zu den Ohrdecken; ein breites rotbraunes Halsband; unterhalb desselben auf dem Obermantel schwarze, beidfahnig mit je einem großen weißen Rundfleck versehene Federn; Rücken, Bürzel, Oberschwanzdecken schwarz mit schmaler weißer Querbänderung; mittlere Schwanzfedern schwarz und isabell gebändert, die äußeren mit einfarbig schwarzer Endhälfte. Federn der Schultern, kleinen Flügeldecken und inneren Armschwingen mehr oder weniger keilförmig mit spitzem Ende, vorwiegend dunkelbraun, beidfahnig mit hellockergelblichem submarginalem Längsstreifen und schmalem schwarzem Endsaum; große Flügeldecken, äußere Armschwingen und Handschwingen

rostockergelblich mit schwarzer Querbänderung. Brust schwarz, ihre Seiten mit rundlicher bis ovaler Weißfleckung, die Flankenfedern schwarz, beidfahnig mit ovalem weißem Fleck, nach hinten zu in ein weißes V-förmiges Muster übergehend; Unterbrust, Schenkel schwarz oder schwarzbraun mit sehr breiten weißen Flecken und Binden; Bauchmitte und Steißregion hellrotbraun, schwach weißlich gebändert, die Unterschwanzdecken kastanienbraun, sparsam verwaschen, weißlich oder ockergelblich gebändert; Schnabel schwarz, Iris hell kastanienbraun bis dunkelbraun, Beine orangerot, je nach der Jahreszeit auch hell bis dunkelrotbraun. Lauf mit oft langem und spitzem Sporn bewehrt.
Länge 330 bis 360 mm; Flügel 174 bis 182 mm; Schwanz 87 bis 99 mm; Gewicht 425 bis 550 g.
Bei der etwas kleineren Henne ist der Scheitel wie beim Hahn gefärbt; in der Nackenregion ein oberseits und unterseits von vorwiegend weißen Rundflecken begrenzter hellrotbrauner Nackenfleck, der einzelne weiße Perlfleckfederchen enthalten kann. Rücken, Bürzel, Oberschwanzdecken, mittlere Schwanzfedern auf graubräunlichem Grund mit schmaler isabellgelber, oben schwarz gesäumter Bänderung; seitliche Schwanzfedern wie beim Hahn. Die Flügelfärbung der des Männchens recht ähnlich, die Ockerkomponente der Federseitenbänder oft heller; Kopf unterhalb des Scheitels hellisabellgelb, ein unauffälliger Hinteraugenstreif, der sich bis zu den Ohrdecken ausdehnt, graubräunlich; Kinn und Kehle weiß; Halsseiten und ganze Unterseite hellisabellgelb, auf den Flanken hellockergelb; jede Brustfeder mit weißem, schwarzgesäumtem Herzfleck, die Bauchfedern mit schwarzem V-Muster; Unterschwanzdecken hellrotbraun mit heller unscharfer Bänderung. Schnabel unterschiedlich gefärbt, dunkelschiefergrau, dunkelgraubraun, gelbbraun oder schwarz mit gelber Basis; Iris zimtbraun; Beine trüborangebraun.
Flügel 163 bis 171 mm; Schwanz 81 bis 95 mm; Gewicht 400 bis 450 g.
Bei Jungvögeln ist der Kopf im wesentlichen wie bei adulten Hennen gefärbt, nur sind die Kopfseiten heller und die Scheitelseiten dunkler. Oberseite, Flügeldecken und Armdecken braun mit unregelmäßiger isabellfarbener Bänderung und Streifung; Arm- und Handschwingen braun, zimtfarben gebändert; Schwanz zimtfarben, braun gebändert und gesprenkelt. Kropf und Brustseiten hellgraubraun, unregelmäßig dunkelbraun und isabellfarben gefleckt, die Flanken in gleicher Färbung gebändert; übrige Unterseite trübweiß mit schmaler Braunstreifung.

Beim Dunenküken sind der Scheitel und ein breites Mittelrückenband kastanienbraun mit schwarzer Säumung; übrige Kopfpartien isabellgelblich mit schmalem schwarzem Überaugenstreif, der über die Kopfseiten zieht und die Ohrdecken umrundet sowie einem schwarzen Bartstreif; parallel zum Rückenband verläuft jederseits ein isabellfarbenes, darunter ein dunkelkastanienbraunes Band; Flügelchen kastanienbraun mit rahmfarbener Binde; Unterseite weißlichrahmfarben. Schnabel, Beine isabellrötlich, Iris dunkelbraun.
Gelegestärke 8 bis 12; Ei mit dicker, schwach glänzender, poriger Schale, hellbraun bis gelblicholiv mit rundlichen weißen Kalkflecken, die nach HARTERT bei Frankolineiern nie ganz zu fehlen scheinen (36 bis 45 mm × 30 bis 35 mm); Gewicht ca. 24 g; Brutdauer 18 bis 19 Tage.

Lebensgewohnheiten: Habitate der Art sind dichte Gras- und Staudenvegetation in Wassernähe, Schilf- und Tamariskendschungel entlang von Flüssen und Bewässerungskanälen und Kulturen mit genügend Deckung wie Getreide-, Baumwoll-, Zuckerrohrfeldern, Wein- und Obstgärten sowie Teeplantagen. Ursprünglich ein Bewohner der Ebenen, hat dieses Frankolin als Kulturfolger in Nepal Lagen bis 2000 m, bei Simla sogar bis 2500 m erfolgreich besiedelt. Niemals Waldbewohner, dringt es gern in verkrautete Waldlichtungen ein. Morgens und spätnachmittags verlassen die Paare und Familien zur Nahrungssuche das schützende Dickicht. Die aufgenommene Nahrung ist sehr vielseitig mit deutlichen jahreszeitlichen Unterschieden, dem Angebot entsprechend. So hatten in der Turkmenischen UdSSR 140 Frankoline während des Sommers vorwiegend Kleintiere (Hemiptera, Lepidoptera), im Winter Pflanzenteile aufgenommen. Die Art übernachtet auf dem Erdboden, doch wird Aufbaumen bei anderen Gelegenheiten nicht völlig abgelehnt: Gelegentlich wurden beerenpflückende Frankoline und rufende Hähne auf bis zu 5 m hohen Baumästen angetroffen. In Erregung wird der Schwanz rallenartig erhoben, die Flucht laufend ergriffen. Nur in größter Not stehen die Vögel laut purrend und „Törr törr" rufend auf, fliegen kräftig und schnell, mit abwechselnden Flügelschlag- und Gleitphasen, um sich nach 300, höchstens 400 m ins schützende Dickicht fallenzulassen. Der während der Frühjahrsmonate morgens, abends, vor Gewittern und in mondhellen Nächten ausgestoßene, weit vernehmbare Revierruf der Hähne ist ein fröhlich klingendes „Tschik…tschiik-tschiik-keraikek". Der Hahn stellt sich dazu meist auf erhöhte Revierplätze, streckt den Hals aus, wirft den Kopf zurück und öffnet den Schnabel beim Rufen weit. Jedem Ruf folgt ein Auf- und Abwippen des Schwanzes. Bei der Balz umschreitet das Männchen sein Weibchen mit zurückgelegtem Kopf, gefächertem Schwanz und halbgeöffneten Flügeln, deren Handschwingenspitzen am Boden schleifen können. Auch ein Balzfüttern ist beobachtet worden und dürfte wohl bei allen Frankolinen vorkommen. Das Nest, eine einfache Bodenvertiefung, liegt gut getarnt zwischen dichter Vegetation. Der Hahn soll bei der brütenden Henne Wache halten. Beide Partner ziehen die Küken groß. Die Henne lockt ihr Gesperre mit „Tschuck tschuck", und die Küken antworten mit grillenartigem Zirpen.

Im nördlichsten Teil seines Verbreitungsareals, der Aserbaidschanischen SSR, ist der Frankolinbestand starken klimabedingten Schwankungen unterworfen: In strengen Wintern sterben in deckungsarmen Gebieten häufig bis 80 % der Gesamtpopulation. Doch erholen sich die Bestände erstaunlich schnell und haben nach 3 bis 4 milden Wintern ihre alte Stärke erreicht. Die durchschnittliche Bestandsstärke in Aserbaidschan beträgt ca. 6, in Turkmenistan (Atrekgebiet) 7 bis 8 Vögel pro ha. Im Zusammenhang mit Pflanzungen von Baum- und Buschstreifen zwecks Winterschutzes der Felder nach dem Bau eines großen Bewässerungskanals in der Wüste Turkmeniens stieg der Frankolinbestand rasch an. Nach WERETSCHAGIN (1947) werden in der Aserbaidschanischen und Grusinischen SSR „in guten Jahren" ca. 50 000 Frankoline erlegt. RAETHEL traf die Art 1946 bis 1948 im mittleren Aserbaidschan (Gebiet von Mingetschaur) recht häufig an. Einbürgerungsversuche in frankolinfreien und für die Art geeigneten Biotope zeitigten in Transkaukasien erstaunliche Erfolge: Nach dem Aussetzen von nur 2,3 Frankolinen 1933 im Nuchagebiet Aserbaidschans, dicht am Südfuß des Großen Kaukasus, vermehrten sich die Vögel bald so stark, daß sie das gesamte Tal des Agri-Tschai-Flusses und des Alasan innerhalb weniger Jahre auf einer Strecke von 100 km besiedelt hatten. Die Ausrottung des vermutlich von den Mauren im Süden der Iberischen Halbinsel eingeführten Vogels gelang den Spaniern erst zwischen 1830 und 1840, den Sizilianern auf ihrer Insel 1869. Die griechischen Jäger hatten wohl schon früher Erfolg. Einbürgerungsversuche in der Toskana sollen recht erfolgreich verlaufen sein, und in den Südstaaten der USA läuft zur Zeit ein großangelegtes Projekt zur Einbürgerung der Art. Nach PRATT et al. (1987) wurde sie 1959 auf Hawaii eingeführt und ist dort besonders in Trockengebieten des Nordwestens der Insel recht häufig. Sie kommt auch auf Molokai, Maui, Lanai sowie seit 1961 der Marianeninsel Guam vor. Nach SCHEIFLER (1987) wurde unlängst in der Turkmenischen und Armenischen SSR mit der Frankolinzucht in Farmen begonnen.

Haltung: Als erster Haltungsnachweis dieses Frankolins in Europa gilt seine Erwähnung im Bestand der Osterley-Park-Menagerie im Jahre 1794. Der Londoner Zoo erhielt erstmalig 1864 fünf Vögel aus Indien. Soweit uns bekannt, gelang die Erstzucht in Europa 1908 BARNBY SMITH in England, der ein aus Indien bezogenes Paar in einer 7,3 m × 5,5 m großen mit Besenginster und Lorbeerbüschen bestandenen Voliere zusammen mit Amherstfasanen und Chukarhühnern hielt. Die Frankoline fanden sich schnell in der neuen Umgebung zurecht. Im April/Mai kam der Hahn in Fortpflanzungsstimmung, stieß unermüdlich sein „Kek-i-kek-i-kek" aus, beim Rufen stets stehenbleibend, den Kopf nach hinten werfend und den Schnabel weit aufreißend. Gegen Ende Mai verfolgte er nachhaltig den schon bejahrten Amhersthahn, der dadurch häufig in Panik geriet. Am 11. Juni legte die Frankolinhenne ihr 1. Ei in ein altes Amherstnest unter einem Strauch. Im Intervall von 2 Tagen folgten nochmals 3 Eier. Da keine Anstalten zur Brut gemacht wurden, erhielt eine Zwerghuhnamme am 20. Juni das Gelege zur Erbrütung. Ein Küken schlüpfte am 9. Juli, 3 weitere am folgenden Tag. Ihre Aufzucht war problemlos. Sie erhielten ein handelsübliches Fasanenfutter, gekochtes Ei, gehackten Salat, frische Ameisenpuppen und so viele lebende Insekten wie möglich. In einem Drahtauslauf auf kurzem Rasen waren die Kleinen mit der Hühneramme sehr munter und flitzten mäuseartig auf Insektenfang umher, dabei grillenartig zirpend. Das Wachstum verlief schnell. Mit 14 Tagen nahmen sie reichlich Körnerfutter, daneben aber stets Insekten. Anfang August waren nur noch die Köpfe bedaunt. Alle 4 wurden erwachsen. In neuerer Zeit hatte J. M. COWAN in Lockhart (Texas) gute Zuchterfolge mit dem Halsbandfrankolin zu verzeichnen: Die Henne eines Paares legte in einer Saison 50 Eier, aus denen 41 Küken schlüpften und 37 großgezogen wurden. Importierte Wildfänge sind jahrelang unbändig scheu. Mit solchen Vögeln wird man selten züchten können, es sei denn, es stehen große, dichtbewachsene Volieren zur Verfügung. Mit seiner ansprechenden Färbung ist dieses Frankolin eines der schönsten der Gattung.

Tropfenfrankolin
Francolinus pictus, Jardine u. Selby 1828

Engl.: Indian Painted Francolin.
Heimat: Vorderindische Halbinsel südlich des Verbreitungsareals des Halsbandfrankolins in Gudjerat, dem südlichen Uttar Pradesh und dem nördlichen Madhya Pradesh; südöstliches Sri Lanka in der Trockenzone von Uva. Geringe Färbungsunterschiede innerhalb des Verbreitungsareals bleiben im klinalen Bereich.
Beschreibung: Geschlechter verschieden gefärbt. Scheitel schwarz mit schmalen rostisabellfarbenen Federsäumen; Stirn, Überaugenband und Kopfseiten roströtlich; Nacken und Hals wie Scheitel, nur die Isabellkomponente auffälliger; Oberrückenfedern schwarz mit ovaler weißer Fleckung; Flügeldecken schwarzbraun mit isabellgelblicher Fleckung; Schultergefieder ebenso, die Federn mit rostisabellfarbener Säumung; Schwingen und große Flügeldecken braun mit rostisabellfarbener Bänderung, auf den Handschwingen unterbrochen, den Armschwingen vollständig; auf den letzteren ist das Braun fast so dunkel wie auf den Schultern; Unterrücken, Bürzel, Oberschwanzdecken und mittlere Steuerfedern schwarz mit schmaler Weißbänderung, letztere manchmal noch isabellgelblich angeflogen; die äußeren Steuerfedern auf dem Enddrittel mehr oder weniger schwarz. Kinn weiß oder rostgelblich, auf den Kinnseiten mit winziger schwarzer Sprenkelung, manchmal ein Band vom Unterschnabelwinkel bildend. Vorderhals dunkler rostgelb, kräftiger schwarz gestreift; Brust und Flanken schwarz mit großen weißen Tropfenflecken auf den Federn, die auf Unterbrust und Hinterflanken größer werden und vielfach zu einem V zusammenfließen; Bauchmitte und Steißregion trüb hellrostbraun, die Federn mehr oder weniger mit schmutzigweißer Spitze, die Unterschwanzdecken kastanienbraun. Schnabel dunkelbraun bis schwarz, an den Schnabelwinkeln und der Schnabelbasis heller, zuweilen hornweiß; Iris orangebraun; Beine bräunlichorange, bei Jungvögeln hellgelb; Lauf sporenlos oder Sporen als knopfförmige Vorsprünge angedeutet.
Länge 300 mm; Flügel 132 bis 148 mm; Schwanz 66 bis 89 mm; Gewicht 242 bis 340 g.
Bei der Henne sind Unterrücken, Bürzel, Oberschwanzdecken und Schwanz trübhellbraun mit schmaler Weißbänderung, die ihrerseits dunkler braun gesäumt ist. Die Kehlregion ist überwiegend weiß, während Flanken und Unterbrust auf hellisabellgelblichem Grund pfeilförmige schwarze Bänderung aufweisen. Maße wie Männchen.
Die Färbung der Jungvögel soll sich nicht von der adulter Weibchen unterscheiden.
Dunenkleid noch nicht beschrieben.
Gelegestärke 4 bis 8, meist 6; Ei steingrau oder olivgrau, stets etwas heller als beim Halsbandfrankolin (35,7 mm × 29,5 mm).
Lebensgewohnheiten: Die Art bewohnt insgesamt trockneres Gelände als das Halsbandfrankolin und besser bewässertes als das Wachtelfrankolin. Bevorzugt werden welliges Grasland und Felder mit eingestreuten Buschparzellen aus Sträuchern der Gattungen *Calycopteris*, *Diospyros* und *Zizyphus*, Ufervegetation von Flüssen und Bewässerungskanälen. Die Vögel sind während der kühlen Morgenstunden, spätnachmittags, bei bedecktem Himmel und regnerischem Wetter aktiv. Die Gewohnheit des Schwanzstelzens bei Erregung teilen sie mit der nördlichen Art. Sie übernachten sowohl auf dem Erdboden wie auf Baumästen. Die Art ist im allgemeinen weniger stimmfreudig als *F. francolinus*. Die Hähne rufen von erhöhten Warten aus in hoher Stimmlage und mit bauchrednerischem Beiklang „Klick...tschiik-tschiik-kerei". Gerufen wird im Abstand von 20 Sekunden ca. 15 Minuten lang. Danach begibt sich der betreffende Hahn 50 oder 100 m weiter zu einem anderen Punkt seines Reviers, um von dort weiter zu rufen. Beim Rufen wird nur der Kopf vorwärts gestreckt, der übrige Körper nicht bewegt. Die Revierhähne der Nachbarschaft antworten sogleich und stecken damit ihre Gebietsgrenzen akustisch ab. Nach der Brutzeit werden Paare mit 3 bis 4 Jungvögeln beobachtet, niemals größere Gruppen.
Haltung: Die Art gelangte als europäischer Erstimport 1871 in den Londoner Zoo. Da sie in den letzten Jahren mehrfach auf dem amerikanischen Geflügelmarkt angeboten wurde, ist die Zucht in den USA wahrscheinlich.

Perlhuhnfrankolin
Francolinus pintadeanus, Scopoli 1786

Engl.: Burmese Francolin, Chinese Francolin.
Heimat: Indien in Südost-Manipur, Burma mit Ausnahme von Tenasserim; Zentral-Thailand, Ost-Indochina (Tongking bis Kambodja), China von Tschekiang bis Kwangtung, Kwangsi, Kweichow, West- und Süd-Yünnan sowie Hainan. Eingeführt auf Luzon (Philippinen). 2 Unterarten.
Beschreibung: Geschlechter verschieden gefärbt. Beim Männchen sind Stirn, Zügel, ein Überaugenband und eine schmale Partie der Augenumgebung schwarz. Mittelscheitel auf hellrostbraunem Grund schwarz gefleckt, Seitenscheitel und Nacken hellrostbraun; Region unter dem Zügel, Wangen und Ohrdecken weiß, ein schmaler Bartstreif schwarz. Kinn, Kehle, Vorderhals cremeweiß; Oberrücken und Mantel auf schwarzem Grund mit länglichen weißen Flecken, die nach hinten zu eiförmig werden; Unterrücken, Bürzel, Oberschwanzdecken und mittlere Steuerfedern schwarz mit schmaler weißer Wellenbänderung; äußere Steuerfedern schwarzbraun, nur auf der Basalhälfte der Außenfahnen weiß gebändert; Schulterdecken und Schultern rotbraun mit Schwarzanteil und klobigen weißen Augenflecken; Flügeldecken mit rundlicher fahlgelber Fleckung, die inneren mit dichter hellbräunlicher Fleckung. Handschwingen verschossen braun mit beidfahniger fahler Fleckung, die Armschwingen mit breiten fahlgelblichen Binden auf den Außenfahnen und Andeutungen von Flecken und Binden auf den Innenfahnen.
Hals und Brust schwarz, die Federn nahe der Spitze beidfahnig mit runden weißen bis cremeweißen Augenflecken; Unterbrust ebenso gefärbt, nur die beiden getrennten weißen Flecke dort zu einem einzigen verschmolzen, der nur von dem schmalen schwarzen Schaft geteilt wird. Auf den Körperseiten werden die Flecke breit pfeilförmig und dunkelrostgelb; Hinterbauch und Steißregion hell ockerfarben, die Unterschwanzdecken einfarbig hellrostisabell. Schnabel schwarz mit hornfarbener Unterschnabelbasis; Iris rötlichbraun bis dunkelbraun, die Augenwachshaut trübgrünlich oder hellbläulichgrün; Beine orangegelb, während der Brutzeit heller werdend. Lauf mit scharfem Sporn.
Länge 300 mm; Flügel 162 bis 166 mm; Schwanz 78 bis 85 mm; Gewicht 284 bis 397 g.
Bei Weibchen ist der Kopf trüber gefärbt, die Weißkomponente durch trübes Rostweiß ersetzt; Oberrücken schwarz mit kleinen weißen Augenflecken und hellbrauner Federsäumung; Unterrücken, Bürzel, Oberschwanzdecken schwärzlich, schmal rostweißlich oder rostgelblich gebändert und üppig braun gesprenkelt; auf den Oberschwanzdecken dehnt sich diese Sprenkelung mit Ausnahme der hellen, dunkelgebänderten Basis auf die gesamte Feder aus; Unterseite weiß, auf den Flanken in helles Rostgelb übergehend; Bauch- und Steißgefieder mit schwarzbrauner Bänderung. Diese ist auf Vorderhals und Oberbrust besonders ausgeprägt, um zum Bauch und den Schenkeln hin abzunehmen; Kinn und Kehle manchmal dünn schwarzgesprenkelt. Die Beine sind heller und gelber als bei Männchen, dazu sporenlos.
Größe und Gewicht entsprechen denen der Männchen.
Jungvögel ähneln adulten Weibchen, sind jedoch insgesamt trüber gefärbt; Hals und Rücken hellgestreift; der schwarze Überaugenstreif und der Bartstreif fehlen.
Das Dunenkleid wurde noch nicht beschrieben. Gelegestärke meist 4 bis 5; Ei hell gelblichisabell bis satt cremegelb, manchmal mit angedeuteter Olivtönung (35,3 mm × 28,7 mm).
Lebensgewohnheiten: Die sehr anpassungsfähige Art ist nach LA TOUCHE in Fukien (Südchina) von der Küstenregion bis zu den Bergen im Westen sehr häufig und lebt dort als einziges bejagenswertes Wild auf baumlosem felsigem Hügelland. In Burma bewohnt sie nach SMYTHIES mit Ausnahme dichter Wälder praktisch alle Landschaftstypen der Trockenregion, vor allem Buschdschungel und offenen lichten Wald, besonders in der Nachbarschaft von Kulturland. Morgens und abends äsen die Frankoline dort auf Bohnen-, Erdnuß-, Sesam- und trockenen abgeernteten Reisfeldern. In Manipur (Indien) bevorzugen sie niedrigen Eichenbusch auf Vorgebirgshügeln und mit hohem Gras bestandene Lichtungen in Dipterocarpuswäldern. Der Vogel wird viel häufiger gehört als gesehen und ist selbst mit Hunden nur schwer aus dichtem Gestrüpp zu treiben. Obwohl ein besserer Flieger als das Halsbandfrankolin, flüchtet er lieber mit niedrig über dem Boden gehaltenem Kopf und rallenartig erhobenem Schwanz zu Fuß. Nur bei unmittelbarer Gefahr von Bodenfeinden fliegt er in dichte Baumkronen und wartet bewegungslos, bis die Gefahr vorüber ist. In Manipur ist diese Art mit dem Halsbandfrankolin sympatrisch, ohne daß bisher Hybriden bekannt geworden wären. Das ganze Jahr hindurch, besonders aber zur Brutzeit, lassen die Revierhähne von Baumstümpfen und bis zu 3 m

hohen Ästen aus ihren rauhen, schrillen fünfsilbigen Ruf ertönen, der wie „Kak kak kuich, ka ka" klingt und alsbald von den Nachbarhähnen beantwortet wird.

Haltung: Die Chinesen Fukiens und Kwangtungs fangen dieses Frankolin seit altersher alljährlich in großer Menge, indem Männchen mittels eines gekäfigten Weibchens herbeigelockt werden. Liebhaber halten die Vögel auch in kleinen Bambuskäfigen, um sich an ihrer Stimme zu erfreuen. Bereits um 1750 wurde die Art aus China nach Mauritius und Réunion mit großem Erfolg eingebürgert, ist jedoch gegenwärtig auf beiden Inseln wieder verschwunden. Einbürgerungen waren auf Luzon (Philippinen) in der Umgebung von Manila erfolgreich.

Um 1840 in der Knowsley Menagerie des LORD DERBY gehalten. 1938 bis 1940 war der schöne Vogel im Berliner Zoo ausgestellt. Über eine Zucht in Europa ist uns nichts bekannt.

Sumpffrankoline

Die aus nur einer Art bestehende indische Gruppe ist mit keiner der von HALL aufgestellten Frankolingruppen so nahe verwandt, daß man auf irgendwelche Verbindungen zu einer derselben schließen könnte. Die Art hat etwa die Größe des Halsbandfrankolins, aber einen kurzen Schnabel und in Anpassung an vorwiegend feuchtes Substrat lange Läufe. In der aus braunen und weißen Farbkomponenten bestehenden Gefiederfärbung mit schmal quergebändertem Rücken, längsgebänderter Unterseite, dazu rostgelblicher bis -rötlicher Kehl-, Flügel- und Schwanzbefiederung weicht sie sehr von anderen Frankolinen ab. Die Geschlechter sind gleichgefärbt. Nach HALL könnte sich die Ausgangsform von *F. gularis* während einer Trockenperiode durch Besetzung einer noch freien ökologischen Nische, Feuchtgebieten in Flußtälern, von den übrigen Frankolinen getrennt haben.

Sumpffrankolin
Francolinus gularis, Temminck 1815

Engl.: Swamp Francolin, Kyah (in Indien).
Heimat: Terai und Alluvialebenen Nordindiens von West-Nepal und Uttar Pradesh ostwärts Nord-Bihar, West-Bengalen, Assam und Bangla Desh (Sylhet, Tschittagong, Teile der Sunderbans). Keine Unterarten.
Beschreibung: Geschlechter gleichgefärbt. Stirn, Scheitel und Nacken braun; Zügel und ein schmaler Überaugenstreif, der sich hinter dem Auge zu einem breiten Fleck erweitert, isabellweiß; übrige Oberseite einschließlich der Schultern, Flügeldecken und inneren Armschwingen braun, die Federn mit hellockergelben, dunkelbraun gesäumten Querbändern; auf den längeren Oberschwanzdecken, deren Federn weißgeschäftet sind, und den mittleren Steuerfedern werden diese Binden zu Wellenmustern. Äußere Steuerfedern tief rotbraun mit braunen Subterminal- und hellgelben Federendsäumen. Handschwingen braun mit Rotbraun auf den Innenfahnen, das sich auf den obersten Handschwingen auf die Außenfahnen ausdehnt. Unter dem Superziliarstreif ein dunkles Band hinter dem Auge; Wangen weißlich, auf Kinn, Kehle und Vorderhals in Dunkelrostbraun übergehend. Unterseite weiß bis hellisabellgelb, jede Feder mit schwarzem Saum und braunem Submarginalsaum; diese Schwarz- und Braunkomponenten der Federn verringern sich von der Brust abwärts zugunsten von Weiß. Bauchmitte und Steißgefieder hellrostfarben, Unterschwanzdecken dunkelbraun. Schnabel schwarz mit hornweißer Spitze, Iris braun, karminbraun oder karminrot, Augenlider verwaschen bläulichgrün; Beine orangegelb bis trübrot, beim Hahn röter als bei der Henne, zur Brutzeit bei beiden Geschlechtern lebhafter gefärbt. Der Lauf des Hahns ist mit einem kurzen stumpfen Sporn bewehrt, der der Henne fehlt oder bei ihr nur rudimentär vorhanden ist.
Länge 370 bis 390 mm; Flügel 162 bis 186 mm; Schwanz 101 bis 127 mm; Gewicht 510 g.
Das Dunenkleid wurde noch nicht beschrieben. Nach INGLIS wiesen 2 Monate alte Jungvögel auf der Brust pfeilförmige weiße, braun umsäumte Streifen, und isabellfarben gebänderte Rückenfedern auf, während die Kehlregion hellrostfarben getönt war.
Gelegestärke 4 bis 5; Ei hellockergelb bis grauockergelb, in Uttar Pradesh und dem Gangesgebiet fast einfarbig, manchmal mit angedeuteter Braunsprenkelung. Eier aus Assam weisen bei gleicher

Grundfärbung fast ausnahmslos gut ausgebildete hellrotbraune oder braune Klecksfleckung auf (39,4 mm × 30,0 mm).

Lebensgewohnheiten: Das große kurzschnäblige und langbeinige Sumpffrankolin bewohnt Feuchtbiotope, wie dichte hohe Riesenschilfdschungel aus *Arundo karka,* und sumpfige, saisonal überflutete Ebenen großer Ströme des Ganges- und Brahmaputraflußsystems. Es verläßt diese Gebiete erst bei hohem Wasserstand und übersiedelt auf trockneres Wiesengelände. Außerhalb der Brutzeit trifft man Familien aus 5 bis 6 Vögeln an, die häufig durch Schlamm und Seichtwasser waten. Wird das Wasser zu tief, überwinden sie solche Hindernisse, nach Art von Sultansrallen *(Porphyrio)* über niedergebrochene Schilfbündel kletternd. Bei Gefahr fliehen diese Frankoline gewöhnlich zu Fuß und erheben sich nur in äußerster Not unter lautem Flügelgepurr und gellenden Gackerrufen unbeholfen vom Boden, fliegen dann aber schnell und kraftvoll ab. Zur Futtersuche besuchen sie gern frühmorgens und spätnachmittags Zuckerrohr- und erntereife Reisfelder. Zur Mittags- und Nachtruhe wird auf dornigen Bäumen aufgebaumt, die auf kleinen Bodenerhebungen inmitten sumpfigen Geländes wachsen. Zur Brutzeit sind die Hähne sehr aggressiv gegenüber Artgenossen und liefern sich untereinander erbitterte Kämpfe, bei denen weniger die Sporen als die Schnäbel eingesetzt werden. Zu dieser Zeit weisen viele erlegte Hähne auf Kopf, Hals und Brust mehr oder weniger tiefe Schrammen auf. Der Revierruf des Hahnes ist ein lautes „Ko ko käär", das die Henne mit „Kirr Kirr Kirr" beantwortet. Bei Gefahr rufen die Vögel „Kju käär". Rufende Revierhähne stellen sich sehr aufrecht hin und strecken den Hals fast senkrecht hoch. Bei dem von TICKELL gehörten lauten und rauhen „Tschuckeruu tschuckeruu", das von ein paar Gacker- und Glucklauten eingeleitet wird, „als ob der Vogel sich vor dem Rufen erst einmal räuspern wolle", könnte es sich um den Sammelruf versprengter Gruppenmitglieder handeln. Die Hauptbrutzeit fällt in die Monate März/April. Im Gegensatz zu den Nestern anderer Frankolinarten ist das des Sumpffrankolins ein sorgfältig konstruierter Bau aus Krautpflanzen und Grashalmen mit tiefer Nestmulde, was mit dem feuchten Untergrund zusammenhängen dürfte. Es steht in dichtem Unterwuchs oft nur wenige Zentimeter über der Wasserfläche auf teilweise überfluteten Inselchen.

Haltung: In manchen Gebieten Assams wird diese Art ihrer Aggressivität wegen als Kampfvogel geschätzt und auf die Sieger schließt man hohe Wetten ab. Nach SALIM ALI stammen viele dieser „Kampfhähne" aus Eiern, die Tag und Nacht in einem um den Körper des Besitzers geschlungenen Tuch untergebracht und so durch menschliche Körperwärme erbrütet worden waren. Da Frankolineier bekanntlich recht dick- und hartschalig sind, dürfte eine solche Methode nicht unmöglich sein. Sumpffrankoline gelangten als europäischer Erstimport 1864 in den Londoner Zoo. Der Berliner Zoo hat diese Art 1900 und 1901 besessen. In den 70er Jahren ist sie auf dem amerikanischen Ziergeflügelmarkt angeboten worden. Über eine Zucht ist uns nichts bekannt.

Indische Wachtelfrankoline

HALL hat bei dieser, nur aus einer Art bestehenden indischen Frankolingruppe Affinitäten zur afrikanischen Rotschwanz- und Schopffrankolingruppe festgestellt: Färbung und Gefiedermuster sind dem Coqui-Frankolin, vor allem dessen östlichster Subspezies *maharao* aus Äthiopien, in vielen Einzelheiten ähnlich. Die Rückenfärbung beider entspricht dem Wachteltyp, ist bei der indischen Art nur trüber, breiter weiß gebändert und auf grauem oder isabellweißlichem Grund schmaler geschäftet. Der von einem schwarzen Saum umrandete isabellfarbene Kehlbezirk ist bei *F. pondicerianus* kleiner als bei Coqui-Hennen und beginnt am Kinn statt auf den Schnabelseiten. Andere Merkmale des Wachtelfrankolins ähneln wiederum mehr den afrikanischen Schopffrankolinen. Dazu gehören der längere, stärker gestufte Schwanz, robustere Läufe mit größeren Füßen und deren rote Färbung. Die Schwanzfärbung des Inders kombiniert die beider afrikanischer Gruppen: sie ist an der Basis rötlich, in den übrigen Teilen vorwiegend schwarz. Der Schnabel von *F. pondicerianus* ist dagegen von Rotschwanz- wie Schopffrankolinen verschieden, nämlich bräunlich und vor den Nasenöffnungen dicker. HALL ist zu der Ansicht gelangt, daß die Ahnen des Wachtelfrankolins sich bereits vom afrikanischen Frankolinstamm abzweigten, bevor dies bei den Rotschwanz- und Schopffrankolinen der Fall war.

o. Erckel-Frankolin, *Francolinus erckelii* (s. S. 401)
u. l. und r. Jackson-Frankolin, *Francolinus jacksoni* (s. S. 404)

Indisches Wachtelfrankolin
Francolinus pondicerianus, Gmelin 1789

Engl.: Grey Francolin.
Abbildung: Seite 320 unten rechts.
Heimat: Im Westen Südost-Arabien (Nord-Oman), ostwärts Südost-Iran von Kirman, Laristan und Iranisch-Belutschistan, Nord-Indien von Sind bis Bihar, Pakistan südwärts bis Poona; Süd-Dekkan bis zum Godaveryfluß, Nordwest-Sri Lanka. Eingeführt auf den Andamanen, Amiranten, Seychellen (Desroches), Maskarenen (Réunion) sowie seit 1959 der Hawaii-Inselgruppe. Färbungsunterschiede innerhalb des Verbreitungsareals dürften im klinalen Bereich liegen.
Beschreibung: Geschlechter gleichgefärbt. Stirn und oberer Zügel rostrot, die Federn etwas schmal und steif; Oberkopf bis zum Hals bräunlichgrau mit dunkelbraunen Schaftstreifen; Nacken und Halsseiten weißlich mit schmalen dunkelgraubraunen Querbinden; Vorderrücken, Schultern, Flügeldecken dunkelrotbraun, die Federn mit blaß rahmfarbenen, fein schwarz eingefaßten Querbinden und Schäften, außerdem längs des Schaftes ein bräunlichgrauer, schwarz punktierter, oft undeutlicher Streif; Bürzel, Oberschwanzdecken braungrau, undeutlich schwarz punktiert, jede Feder mit 2 rahmfarbenen, fein schwarz eingefaßten Binden. Schwingen graubraun, die Basis der Außenfahnen rötlich rahmfarben gefleckt, die Armschwingen ebenso quergebändert, die innersten wie die Schultern. Schwanzfedern schwarzbraun, die Federspitzen hell kaffeebraun, dunkelbraun gesprenkelt, nach der Basis zu kastanienbraun, die mittelsten Steuerfedern den Oberschwanzdecken ähnlich. Über dem Auge ein gelblichweißer Streif, der bis über die Ohrdecken zieht; Kopfseiten hellrostgelblich, der untere Zügelteil rahmfarben und wie die Partie unmittelbar unter dem Auge zart schwarzbraun gefleckt. Kehle weißlichrahmfarben, von einer schmalen schwarzen Flekkenreihe gesäumt. Übrige Unterseite weiß, isabellgelb angeflogen und schmal schwarz quergewellt, auf den Brustseiten mehrere kastanienfarbene Flecke; Unterschwanzdecken mehr ockergelblich, die Querwellung meist unregelmäßiger. Schnabel bleischwärzlich, Iris haselnußbraun, Beine trübrot. Lauf beim Hahn mit einem, manchmal 2 Sporen bewehrt.
Hahn: Länge 330 mm; Flügel 142 bis 161 mm; Schwanz 81 bis 91 mm; Gewicht 255 bis 340 g. Hennen sind wenig kleiner und haben ungespornte Läufe.
Flügel 142 bis 146 mm; Schwanz 79 bis 91 mm; Gewicht 200 bis 312 g.
Bei Jungvögeln ist das Rostrot der Stirn heller, der Kehlfleck ist ebenfalls heller, seine schwarze Umrandung nur angedeutet.
Das Dunenkleid wurde noch nicht beschrieben.
Gelegestärke 4 bis 8; Ei mäßig langoval, am kleineren Ende ziemlich stark zugespitzt, hartschalig mit glänzender Oberfläche, weiß bis hellbräunlich, fleckenlos (34,5 mm × 26,1 mm); Brutdauer 18 bis 19 Tage.
Lebensgewohnheiten: Habitate der Art sind Trokkengebiete, vor allem Xerophyten-Trockenbusch, offene Grassteppen und trockenes Kulturland, besonders in der Nachbarschaft von Dörfern. Dort trifft man die Vögel paarweise und in Familien aus 4 bis 8 Mitgliedern an, die in aufrechter Haltung umherlaufen oder mit Schnäbeln und Krallen im Boden picken und wühlen, in Rinderkot nach Genießbarem suchen oder an sandigen Feldwegen Staubbäder nehmen. Bei Gefahr jagen sie unter Ausnutzung jeder Deckung von Busch zu Busch, um sich schließlich getrennt voneinander unter einem Gebüsch niederzuducken. Nur in höchster Not fliegen sie mit laut purrenden Flügelschlägen auf. Der Flug ist schnell, führt niedrig über den Boden dahin und besteht aus raschen Schlägen der gekrümmt gehaltenen Flügel, unterbrochen von Gleitphasen. Schon nach 50 bis 100 m fallen die Vögel wieder ein und rennen vom Landeplatz schnell weiter in eine Deckung. Zur Nachtruhe baumen sie in Dornsträuchern auf, können aber auch auf dem Erdboden unter Büschen schlafen. Ist genügend Morgentau vorhanden, reicht er zum Durststillen. Häufig werden diese Frankoline in Wüstensteppen, meilenweit von jeder Wasserstelle entfernt, angetroffen. Der Revierruf der aggressiven Hähne ist eine von 2 bis 4 Glucklauten eingeleitete laute, schrille, geradezu kampflustig klingende Strophe, „Katiitar katiitar katiitar", die mehrfach wiederholt wird. Sie gehört zu den charakteristischsten

o. l. Uganda-Rotkehlfrankolin, *Francolinus afer cranchii* (s. S. 394)
o. r. Kenia-Rotkehlfrankolin, *Francolinus afer leucoparaeus* (s. S. 394)
m. l. Graubrust-Nacktkehlfrankolin, *Francolinus rufopictus* (s. S. 397)
u. l. Swainson-Frankolin, *Francolinus swaisonii* (s. S. 391)
u. r. Gelbkehlfrankolin, *Francolinus leucoscepus* (s. S. 397)

Vogellauten der indischen Feldlandschaft. Weibchen rufen „Sii sii sii" und „Kiila kiila kiila", duettieren auch mit den Männchen, was dann wie „Sii-ka-kau, sii-ka-kakau" oder „Katiila" oder „Kikitschju" klingt. Die Brutzeit erstreckt sich, wohl in Abhängigkeit von der Witterung, in dem weiten Verbreitungsgebiet über das ganze Jahr.

Haltung: Der Erstimport der Art erfolgte 1862 in den Londoner Zoo, der in den darauffolgenden Jahren mehrfach weitere Wachtelfrankoline erhielt. Europäischer Erstzüchter ist AMSLER (England). Er erhielt 1927 ein Paar aus Indien, das bereits dort in einem Bambuskäfig 4 Junge aufgezogen hatte. Nach einer Brut auf 8 Eiern, die die Henne kurz vor dem Kükenschlupf abbrach, legte sie bald erneut, saß fest auf dem Gelege, und am 31. Juli schlüpften aus 9 Eiern 8 Küken. Während der letzten 3 Tage vor dem Schlupf hatten beide Partner nebeneinander auf dem Nest gesessen. Der Hahn kümmerte sich sofort um die Küken und schien sogar der besorgtere Elternteil zu sein. Während der ersten Tage erhielten diese fast ausschließlich Ameisenpuppen. Wasser wurde erst nach 36 Stunden in Form tropfenbenetzter Pflanzen gereicht. Die Kleinen begriffen sofort und tranken. Nach der Wasseraufnahme zupften sie eifrig an den Grünpflanzen. Am 3. August erhielt die Familie einen versetzbaren Auslauf auf Rasen und schlief nachts in dem anschließenden Schutzkasten. Schon nach wenigen Tagen mußte AMSLER den Auslauf auf ein Wiesenstück mit harthalmigem Gras setzen, weil die Altvögel auf der Suche nach Insekten und Würmern täglich tiefe Löcher ins Erdreich gruben. Bei starker Sonneneinstrahlung und während Regenfällen wurde die Kükenschar von beiden Eltern sorgsam gehudert. Der vorher ganz friedliche Hahn griff in Beschützerfunktion den Pfleger mit seinen scharfen Sporen an, wenn dieser die Familie versorgte. Mit dem Größerwerden erhielten die Jungen außer Ameisenpuppen noch Fliegenmaden, in kleiner Menge trockenes Insektenfressergemisch, zerkrümelten Keks und Hirse. Mit 10 Tagen vermochten sie große Stücke zerschnittener Regenwürmer abzuschlucken. Nach Versetzen des Auslaufs sah das zuvor benutzte Rasenstück wie kurzgemäht aus, soviel Gras hatten die Vögel abgeweidet. Mit 2 Wochen waren die Küken gut flugfähig, so daß ihnen die Handschwingen einer Seite gestutzt wurden. Mit 3 Wochen hatten sie Zwergwachtelgröße erreicht und am Kopf die Streifenmusterung des Dunenkleides verloren, mit 8 Wochen waren sie halberwachsen und selbständig. Kam AMSLER am Gehege vorbei, pickten die Altvögel sofort fordernd an die Auslaufwände, um darauf aufmerksam zu machen, daß sie Futter benötigten. Hatten sie es erhalten, überließen sie alles den Jungen.

Wie DAVIS mitteilt, ist das Wachtelfrankolin in Indien ein populärer und häufig gehaltener Vogel. Oft wird er von Wächtern und Gärtnern gehalten, die wenige Tage alte Küken fangen und sie mit Termiten, Stubenfliegenmaden und einer „bajri" genannten Hirseart aufziehen. Zwecklos wäre es dagegen, einen halb- oder vollerwachsenen Wildfang zähmen zu wollen, ein Gedanke, auf den man in Indien gar nicht kommen würde. Die zahmen Vögel werden in zweiteiligen Bambuskäfigen, je ein Abteil für Hahn und Henne, gehalten. Solche Käfige messen nur 30 cm^3, sind also recht klein, sollen aber nur als Schlafplätze dienen. Die Käfigtüren werden geöffnet, und auf einen Ruf ihres Herrn kehren die Vögel freiwillig dorthin zurück. Häufig kann man einen stolzen Frankolinbesitzer mit dem Käfig in der Hand, in dem sich der eine Vogel befindet, die Dorfstraße langwandern sehen, während der andere Vogel hinter ihm her rennt, ab und zu eine Pause einlegend, um Futterbröckchen aufzupicken. Solche zahmen Paare schreiten häufig zur Brut. Als DAVIS einmal beim Gärtner hereinschaute, führte er ihn in einen Raum und wies in die Ecke, in der eine Frankolinhenne ganz ruhig wie eine Haushenne in einer laub- und heugefüllten Holzkiste ihr Gelege erbrütete. Die Kistendecke bestand aus einem Stück alten Drahtgeflechts. Morgens und abends wurde der Vogel vom Gelege genommen und zum Auslaufen in den Garten gesetzt. Der Hahn hilft bei der Kükenaufzucht und verjagte einmal mutig selbst einen Shikra-Habicht, der ein Küken rauben wollte. Das Gesperre wanderte unter elterlicher Obhut im Garten und außerhalb der Häuser umher, was einen reizenden Anblick gewährte. Der Inder hält dieses Frankolin auch der Stimme und der Kampffreudigkeit der Hähne wegen. Südindische Wachtelfrankoline sind am größten und farbigsten (Nominatform). Sie sind in Indien unter dem Namen „Hyderabadi" bekannt und werden bei Hahnenkämpfen bevorzugt. Nach den Erfahrungen von FRANK E. STRANGE (Rodendo Beach, Kalifornien) legen Hennen im Jahr bis zu 75 Eier, brüten meist selbst und ziehen ihre Brut selbständig auf.

Schopffrankoline

Die nur aus einer Art, dem Schopffrankolin, bestehende Gruppe ist beim gegenwärtigen Stand unserer Kenntnisse innerhalb der Gattung *Francolinus* noch nicht sicher einzuordnen. Nach Ansicht von HALL verbindet es die Kleinfrankoline mit den Großfrankolinen. Merkmale wie geringe Größe (260 bis 300 mm), den schwarzen Schnabel, die befiederte Orbitalregion und eine vorwiegend rotbraune Oberseite mit Wachtelmuster teilt es mit Lathams Frankolin und den Vertretern der Rotschwanz- und Rotflügelgruppe. Die roten Beine, eine krächzende Stimme, ähnliche Habitatswahl und nächtliches Aufbaumen ähneln dagegen mehr Großfrankolinen. Nach noch unveröffentlichten vorläufigen Untersuchungen von CANNELL u. CROWE weist der Bau der Syrinx auf eine Stellung zwischen der Rotflügel- und der Nacktkehlgruppe hin.

Mit der systematischen Stellung der vormals als selbständige Arten angesehenen Farbvarianten, *F. sephaena* und *F. rovuma*, hat sich HALL eingehend befaßt. Der Hauptunterschied zwischen beiden besteht vor allem darin, daß das Rovumafrankolin (Engl.: Kirk's Francolin) ein kastanienbraun geflecktes Brustgefieder besitzt, das sich in Form von Schaftstreifen fast auf der ganzen Unterseite fortsetzt, während die Unterseite von *F. sephaena* (mit Ausnahme der Brust) zart dunkel quergewellt ist. Im Süden ihres Verbreitungsareals leben beide wie selbständige Arten im Shire-Tal Süd Malawis ohne ökologische Trennung und ohne Hybridisierung nebeneinander. In Nord-Tansania besteht dagegen eine gebietsmäßige Trennung beider dadurch, daß das Rovumafrankolin die Küstenebene, das Schopffrankolin dagegen das Landesinnere in Lagen über 460 m bewohnt. Von der Keniagrenze nordwärts ändert sich das Bild erneut: Dort leben beide ohne klare geographische oder morphologische Trennung zusammen und hybridisieren. Schon REICHENOW hatte Zweifel an der Artselbständigkeit beider Frankoline und glaubte an individuelle Farbvarianten einer Spezies. Die gleiche Auffassung vertritt HALL, die aufgrund von Untersuchungen am reichhaltigen Balgmaterial des Britischen Museums zu dem Schluß kommt, daß es sich um 2 Farbphasen einer Art handeln müsse. Das Zustandekommen der Farbunterschiede führt sie auf die Abfolge mehrerer Pluvialzeiten Ostafrikas zurück, während denen die Habitate dieser Trockensteppenbewohner durch Waldbarrieren geteilt waren, und erneute Trockenperioden mit Waldrückgang die inzwischen farblich veränderten Populationen wieder zusammenführten.

Der im Folgenden besprochene *F. s. granti* entspricht der *sephaena*-Phase.

Schopffrankolin
Francolinus sephaena, Smith 1836

Engl.: Crested Francolin.
Abbildung: Seite 337 beide.
Heimat: Nordwest-Somalia, Zentral-Äthiopien, Südost-Sudan (Equatoria), Uganda (ohne den Südwesten), Kenia (ohne die Bergmassive), Tansania (ohne Norden und Westen), Mosambik, Süd-Malawi, Süd-Sambia, Simbabwe, Nord- und Nordost-Botswana, Südafrika in Transvaal, Nord- und Mittel-Natal, Swasiland, Namibia im Nordosten (Etoschapfanne, Otawihochland, Grootfontein, Watersberg); eine isolierte Population in Süd-Angola (Huila von Capelango südwärts). Nach HALL 5 Unterarten.
Beschreibung: Geschlechter wenig verschieden. Bei Hähnen der ostafrikanischen Subspezies *granti* sind die verlängerten Scheitelfedern schwarzbraun, hell gesäumt und grau gespitzt; Scheitel von schwarzem Streif gesäumt; ein weißes oder hellockerfarbenes Überaugenband zieht oberhalb des Zügels über die Augen und Ohrdecken bis zum Nacken; ein schmaler schwarzer Streif zieht von der oberen Schnabelbasis als Zügelstreif durchs Auge und über die obere Ohrdeckengrenze; Ohrdecken ockergelb, rotbraun gestreift; Wangen, Halsseiten, Unterkehle weiß, die Federn mit rotbrauner Dreieckfleckung; Kinn und Oberkehle cremeweiß, oberer Kropf blaßgelbbraun, jede Feder mit hellerem Zentrum, rotbraunem Dreiecksfleck und dunkelolivbrauner Wellenzeichnung; Oberbrust und Flanken isabellgelb, die Federn mit hellerer Schäftung, auf den Flanken mit pinselförmigen Tupfen; Seitenbauch- und Steißgefieder auf blaßgelbbräunlichem Grund zart dunkel gewellt; Unterschwanzdecken rostbräunlich. Mantel-, Schulter- und Flügeldeckfedern rotbraun, entlang der Schäfte mehr grau und mit weißem oder cremegelbem, durch schwarze Säumung auffälligem Schaftstreif. Hand- und Armschwingen graubraun, weiß geschäftet, letztere dazu noch mit hellerer Säumung; innerste Armschwingen und längste Schulterfedern auf den Innenfahnen dunkelrotbraun gefleckt; Bürzel, Oberschwanzdecken graulich oliv-

braun, undeutlich wellengebändert; Schwanzfedern mit Ausnahme der mittleren dunkelbraun mit Schwärzungstendenz zu den Enden hin; mittlere Steuerfederpaare olivbraun, heller gesäumt und schwach wellengebändert. Schnabel braunschwarz, Schnabelspalte und Unterschnabel heller; Iris braun; Beine trübrot, beim Hahn mit einem Sporn. Länge 310 mm; Flügel 124 bis 161 mm; Schwanz 86 mm; Gewicht 265 bis 335 g.

Hennen sind kleiner als Hähne, unterseits stärker gesprenkelt, oberseits auf dunkler kastanienbraunem Grund dicht wellengebändert, was auch für Bürzel, Oberschwanzdecken und mittlere Steuerfedern zutrifft. Lauf mit Knopf oder kurzem Sporn. Länge 265 mm; Flügel 124 bis 147 mm; Schwanz 85 mm; Gewicht 220 bis 270 g.

Beim Jungvogel ist der Scheitel dunkelbraun, das Überaugenband cremegelb. Unterseite (vom Kinn zum Steiß) fahl isabell mit schwacher Wellenzeichnung auf Kropf und Flanken; Rückengefieder mit auffälligem breitem, isabellfarbenem Schaftstreif und ausgeprägter schwarzer Wellenzeichnung (VAN SOMEREN). Die kastanienbraune Dreieckfleckung auf Unterkehle und Brust erscheint erst nach der nächsten Mauser, bei der die Unterscheidung der Geschlechter sichtbar wird.

Beim Dunenküken sind Stirn und Gesicht weiß mit breitem dunkelrostbraunem Band über Scheitel und Nacken, das beiderseits durch einen schwarzen schmalen Streifen begrenzt wird. Ein schwarzer Streifen zieht vom hinteren Augenwinkel über die Ohrdecken. Ein dunkelrostbraunes, seitlich dunkel gesäumtes Band zieht über den Rücken und wird beiderseits von einem breiten isabellfarbenen Band flankiert. Flügelchen braun und isabell gesprenkelt, die Unterseite isabellweiß, auf der Brust dunkler. Gelegestärke 4 bis 9; Ei oval, dick- und hartschalig, weiß bis cremefarben, auf glattem Grund von weißen Kalkablagerungen in Gestalt feiner Punkte und Fleckchen übersät (37,1 bis 43,2 mm × 28,8 bis 32,4 mm); Brutdauer 19 Tage.

Lebensgewohnheiten: Das Schopffrankolin ist eine sehr flexible Art, die sich verschiedenen Habitaten angepaßt hat. In Kenia bewohnt es dichten Dornbusch besonders gern in der Umgebung von Wasserläufen, so daß es dort geradezu als „Wasseranzeiger" gilt, kommt dagegen in Sambia und Simbabwe vielfach in ganz wasserlosen Gebieten vor. Überwiegend ein Vogel der Ebenen, findet man ihn in Somalia vom Tiefland bis in 2200 m Höhe im Wacholderwald der Berge. In Ostafrika ist diese Art das ruffreudigste Frankolin. Nach VAN SOMEREN ist der Morgenruf der Hähne eine der vertrautesten Vogelstimmen des Tagesanbruchs. Erscheinen die ersten Sonnenstrahlen am Horizont, stellen sich die Hähne auf ihren bevorzugten Rufplatz, irgendeine Bodenerhöhung, und schreien mit aufgerichtetem Körper, erhobenem Schwanz, gesträubtem Hauben- und Bürzelgefieder ihren Revieranspruch heraus. Er klingt wie „Kar-i-riik-kik", wird mehrfach wiederholt und sogleich von den Hähnen der Nachbarreviere beantwortet, woraus sich ein ganzer Morgenchor von Schreihälsen ergibt. Gerufen wird auch bei anderen Gelegenheiten, z. B. mit geringerer Energie am Abend vor dem nächtlichen Aufbaumen, in mondhellen Nächten und vor Regenfällen. Gewitter erahnen die Vögel schon lange vorher, sind dann höchst unruhig, rennen aufgeregt umher und rufen. Der Revierruf ist verschieden interpretiert worden, weist vermutlich auch Dialektbildung auf. So übersetzt ihn SCHILLINGS mit einem schmetternden, hellen „Kü djidji kü djidje kü djidje", bei MACWORTH-PRAED wird er mit „Ti-jid-jieti-jid-jie" interpretiert, und URBAN et al. beschreiben ihn als ein 7- bis 9mal wiederholtes „Kerra-kriik", wobei die 2. Silbe betonter und in höherer Tonlage gebracht wird. Auch scheint es einen antiphonalen Gesang zu geben, bei dem ein Vogel „Kii" ruft und der Partner ein „Kek-kerra" unmittelbar anschließt. Kontaktlaut der Partner und Familienmitglieder untereinander ist ein leises „Kii-rik". Beim Auffliegen in höchster Not rufen sie erregt: „Kidjirédjirédjirédjire" (SCHILLINGS). Auf der Flucht rennen sie mit großer Geschwindigkeit, die Schwänze wie bei einer Zwerghenne senkrecht gehalten, in die nächste Deckung, stehen, wenn man fast auf sie tritt, unter dem angegebenen Alarmruf auf, um nach schnellem kurzem Flug wieder einzufallen. Vor Bodenfeinden baumen sie häufig auf. Untersuchungen des Kropfinhaltes ergaben 32 % Insekten, vor allem Termiten, 16 % Seggenrhizome, 27 % Samen, besonders von *Commelina* und Gräsern, sowie 25 % verschiedenes Grün- und anderes Pflanzenmaterial. Gern picken und scharren sie in Elefantenkot nach unverdautem Pflanzenmaterial und Insektenlarven. Bruten verteilen sich über das ganze Jahr mit deutlichem Schwerpunkt am Ende der Regenzeiten.

Haltung: Der europäische Erstimport erfolgte sehr wahrscheinlich in den Londoner Zoo, der 4 Unterarten gehalten hat. Im Berliner Zoo war die Art 1894/95 und 1925 vertreten. Laut VAN SOMEREN haben sich diese Frankoline in Kenia als gut halt- und züchtbare Vögel erwiesen. Die europäische

Erstzucht gelang dem Londoner Zoo 1920 mit der Unterart *spilogaster*. 3 Wochen nach der Ankunft legte ein Weibchen das 1. Ei, dem 3 weitere folgten, die einem Brutapparat anvertraut wurden. Nach 21tägiger Bebrütung schlüpften 3 Küken, deren Aufzucht mühelos gelang. Eine weitere Zucht glückte 1926 SHORE-BAILY in England. Er hielt 1 Paar ganzjährig in einer Großvoliere mit offenem Schutzraum. Wohl weil es aus dem äthiopischen Hochland stammte, erwies es sich als winterhart. Am 1. Mai fand man das Weibchen in einer Brennnesselstaude auf 5 Eiern brütend, aus denen am 24. Mai 2 Küken schlüpften, die von beiden Eltern großgezogen wurden. Während der Hahn aufgebaumt übernachtete, huderte die Henne die noch flugunfähigen Küken am Boden.

Gelbfuß-Waldfrankoline

Dieses afrikanische Waldfrankolin ähnelt in der Gesamtfärbung dem asiatischen Halsbandfrankolin, was auf Konvergenz beruht. HALL, die ein Paar *F. lathami* mit einem solchen des *F. schlegelii* verglich, kommt zu dem Schluß, daß Lathams Frankolin enger mit der Rotschwanzgruppe verwandt sein dürfte als mit allen übrigen Frankolingruppen, weil Muster und Färbung des Oberseitengefieders beider Arten im Grunde identisch seien, wenn auch Lathams Frankolin als Waldbewohner dunkler und stärker gesprenkelt ist. Das Gefieder der Unterseite hat bei den Weibchen beider Arten mit ihrer unregelmäßigen, fast dreieckigen Fleckung einige Ähnlichkeit, während die Männchen sehr verschieden aussehen: Lathamhähne sind auf der Unterseite weiß perlgefleckt, die des Schlegel-Frankolins dagegen schwarzweiß gebändert. Doch muß dies nach HALL keinen schwerwiegenden Unterschied bedeuten, weil bei einigen Latham-Männchen auch weniger typisch geformte Weißflecken auftreten, die in der Form unregelmäßig sind und eher wie verkümmerte Bänder aussehen. Das Erstgefieder des jungen Latham-Frankolin ähnelt in der Färbung sehr dem weinrötlichen Mantelgefieder der Schlegel-Weibchen.

Gelbfuß-Waldfrankolin
Francolinus lathami, Hartlaub 1854

Engl.: Latham's Forest Francolin.
Heimat: Sierra Leone, Liberia, der Süden Guineas, südliche Elfenbeinküste, südliches Ghana (in Togo und Benin fehlend), Süd-Nigeria, Süd-Kamerun, Äquatorial Guinea, Gabun, der Westen der Republik Kongo und südwärts bis zum Nordufer der Kongomündung bei Cabinda (Angola); ostwärts Gabuns der Norden der Republik Kongo und Zaire innerhalb der Urwaldzone. Je eine kleine disjunkte Population im Süd-Sudan (Zande-Distrikt) und Uganda (Mabira- und Kifu-Forest). In den angegebenen Ländern deckt sich das Vorkommen der Art mit den dort vorhandenen Urwäldern. 2 Unterarten.
Beschreibung: Geschlechter verschieden gefärbt. Beim Hahn der Nominatform sind Stirn, Scheitel und Nacken glänzend dunkelolivbraun; ein weißes Überaugenband endet auf der seitlichen Nackenregion und wird an deren unterem Rand von einem schmalen schwarzen Band gesäumt, das als Zügelstreifen beginnt, hinter den Augen zum Nacken verläuft und sich dort verbreitert; Wangen und Ohrdecken bis zu den Halsseiten grauweiß, Kinn und Kehle samtschwarz. Hals-, Brust- und Bauchfedern mit weißem herzförmigem Mittelfleck und breiter schwarzer Säumung, ein weißes Schuppenmuster erzeugend; Flankenfedern entlang der weißen Schäfte schwarz gesäumt, im übrigen olivbräunlich; Unterbauch weißlichisabell, die Unterschwanzdecken schwarz und weiß gebändert. Mantel, Schultern, Flügeldecken und innerste Armschwingen kastanienrotbraun, die Federn weiß geschäftet; Handschwingen dunkelbraun; Federn des Rückens, der Oberschwanzdecken und des Bürzels dunkelolivbraun mit schwärzlicher Säumung; Schwanz braun mit schwarzer Wellenbänderung, dazwischen mit zarter dunkler Sprenkelung. Schnabel dunkelhornfarben, Iris braun, das Augenlid hellgrünlich, die Beine kadmiumgelb, der Lauf mit einem Sporn. Länge 270 mm; Flügel 128 bis 143 mm; Schwanz 67 bis 78 mm; Gewicht 254 g.
Weibchen haben ein ähnliches Gesichtsmuster wie Männchen, doch sind die Wangen ocker-rostbräunlich, die Stirn ist braun, Scheitel und Nacken sind heller braun. Die schwarzen Federkomponenten auf Hinterhals, oberem Mantel und der Unterseite sind durch Braun ersetzt; die rotbraunen Rücken- und Flügelpartien werden durch Schwarzfleckung und schmale rostbraune Bänderung ersetzt; Unterschwanzdecken und Bürzel trübbraun. Der Lauf

trägt einen Sporenknopf oder ist ungespornt.
Flügel 127 bis 143 mm; Schwanz 66 bis 78 mm; Gewicht, vermutlich eines Weibchens im Legezustand 284 g.

Bei jungen Männchen ist der Scheitel schwarz und braun gesprenkelt, Kinn und Kehle sind weiß, Kopfseiten und Ohrdecken bräunlich; Federn der Oberseite rötlichbraun, dicht schwarz gefleckt, auf den Schultern mit ockergelben Schaftstreifen; Brust und Bauch braun, die Federn mit kreuzförmigen weißen, schwarz umsäumten Zentren; Flanken heller braun, die Federn mit weißlichen Schaftstreifen und angedeuteter Wellenmusterung. Bei Junghennen tragen Scheitel- und Nackenfedern breite schwarze Enden; Oberseite wie bei adulten Weibchen, doch besonders auf den Flügeldecken mehr roströtlich; Kinn und Kehle weiß, Brust braun mit weißer Streifung, übrige Unterseite weiß mit brauner Streifung, nur die Flankenfedern roströtlich mit schwarzer Bänderung; Armschwingen satt roströtlich.

Bei Dunenküken sind Scheitel und Mittelrückenband dunkelkastanienbraun; Gesicht isabellweißlich mit kastanienbraunem Streif vom hinteren Augenrand zum Nacken. Unterseite dunkelisabell. Schnabel hornbraun, Unterschnabel schwarz, Iris graubraun, Beine hellgelb.

Gelegestärke 2, selten 3; Ei länglichoval, sehr dick- und hartschalig, einfarbig dunkelisabell oder hellbraun, manchmal rostfarben (36 bis 42,5 mm × 25 bis 28 mm).

Lebensgewohnheiten: Die Art bewohnt Primärwälder der Ebenen, gelegentlich auch dichten Sekundärwald. Nur in Uganda wurde sie in Lagen bis 1400 m angetroffen. Im Sudan (Azande) kommt sie im Galeriewald von Flüssen vor. Die Stimme ist ein wohlklingendes, taubenartiges „Kuu", das dreimal wiederholt wird, auch ein häufig wiederholtes „Kwii, kuu, kuu". Außerdem sind von CHAPIN noch lange Serien ziemlich einheitlicher hoher Pfiffe gehört worden, LIPPENS u. WILLE beschreiben einen flötenartigen Ruf, und BANNERMAN hat von diesen Frankolinen, die durch den Wald zogen, einen leisen glucksenden Ton, wahrscheinlich den artspezifischen Kontaktlaut, gehört. Sie rufen nicht nur vom Erdboden aus, sondern auch aufgebaumt. Kropfuntersuchungen ergaben 90 % Insekten (Termiten, Ameisen, Käfer) und nur 10 % Pflanzenteile, darunter Früchte der Ölpalme. Bisher gefundene Nester waren lediglich mit Fallaub gefüllte Vertiefungen zwischen den Stützwurzeln von Urwaldbäumen. Bei Gefahr flüchten die Vögel zu Fuß und fliegen nur in äußerster Not auf. Ihr Flug ist schnell und erfolgt unter schwirrenden Flügelschlägen über kurze Entfernungen.

Haltung: Ein Import der Unterart *schubotzi* erfolgte 1949 durch den Tierfänger CORDIER in den New Yorker Bronx-Zoo.

Rotschwanz-Frankoline

Drei Arten kleiner Frankoline (220 bis 280 g), das Coqui-, Weißkehl- und Schlegel-Frankolin, sind von HALL zur Gruppe der Rotschwanz-Frankoline zusammengefaßt worden. Gemeinsame Merkmale sind erhebliche Anteile von Ockergelb auf den Gesichtsseiten und als undeutliches Hinterhalsband, die weißliche oder cremegelbe Kehle, der rostbraune oder braune Scheitel, welcher deutlich zum wachtelfarbenen Rücken kontrastiert sowie das Rotbraun der Schwanzfedern. Letzteres kann bei einigen Subspezies als verwaschen rötlicher Anflug auf die äußeren Schwanzfedern beschränkt sein. Die Färbung der Unterseite ist recht variabel. Alle Arten haben schwarze Schnäbel mit gelbem Basisteil und gelbe Beine, deren Lauf bei den Hähnen gespornt ist. Sie bewohnen lichte Wälder der Guinea-Savanne, Brachystegia-Parkwälder und Akaziensteppen. In Teilen ihres Verbreitungsgebietes leben die wachtelartig an Grasflächen gebundenen und niemals aufbaumenden Bodenbewohner mit Großfrankolinen in gleichen Habitaten zusammen, da sie ihrer geringen Größe wegen für diese keine Konkurrenz darstellen. Die Revierrufe der Rotschwanzgruppe sind nicht, wie bei den meisten Frankolinen, rauh und krächzend, sondern erinnern eher an den Klang von Kindertrompeten.

Coqui-Frankolin
Francolinus coqui, Smith 1836

Engl.: Coqui Francolin.
Abbildung: Seite 320 oben.
Heimat: Die Art ist das in Afrika am weitesten verbreitete Frankolin und bewohnt den Osten, Süden und Westen des Erdteils in mehreren disjunkten Arealen. Das größte zusammenhängende Areal umfaßt Süd-Kenia (Eldama Ravine, Kitui, Sokokewald an der Küste), Tansania mit Ausnahme des Südens und der ganzen Küstenregion, Süd-

Uganda (Ankole), Ost-Ruanda und Ost-Burundi, Südost-Zaire (etwa südöstlich einer Linie von Kasaji nach Marungu), Malawi, das Hochland von Nord-Mosambik, Sambia (ohne Luangwa- und mittleres Sambesital), Simbabwe (mit Ausnahme des südöstlichen Tieflandes und östlichen Hochlandes), Nord- und Ost-Botswana, Nord-Namibia (Caprivi-Zipfel, Watersberg), Südafrika im Norden des Orangefreistaats und Natal sowie Süd-Mosambik in Sul do Save. Ein westwärts gelegenes disjunktes (?) Vorkommen erstreckt sich über Zentral- und Nord-Angola (Huila und Malanje ostwärts bis Lundu und Nord-Moxico), Südwest-Zaire, die Republik Kongo und Südost-Gabun. 4 offenbar disjunkte Populationen wurden in West-Mauretanien, Mali, West-Niger und Nord-Nigeria festgestellt. Schließlich bewohnt eine vom übrigen ostafrikanischen Verbreitungsgebiet isolierte Population Süd-Äthiopien in Boran und dem Arussi-Gallaland, eine weitere den Süd-Sudan. 4 Unterarten werden von URBAN et al. anerkannt. Die lokale und klinale Variation innerhalb der Nominatform ist erheblich.

Beschreibung: Geschlechter sehr verschieden gefärbt. Bei Männchen der Nominatform ist der Scheitel hellrotbraun; ein breites Überaugenband, Zügel, Wangen, Halsseiten und Nacken ockrig goldgelb; Unter- und Hinterhals schwarz und weiß gebändert. Die Unterseite vom Kropf zum Steiß weiß oder hellisabell, dazu breit schwarz gebändert, viele Flankenfedern hellrotbraun angeflogen; Unterschwanzdecken satt isabellgelb mit schmaler Schwarzbänderung. Mantel-, Schulterfedern und innere Armschwingen mit Wachtelmuster, d. h. isabell und schwarz gebändert mit grauer Tönung auf Außenfahnen und Federspitzen, die Innenfahnen rotbraun verwaschen, die Federschäfte isabellweiß; Hand- und äußere Armschwingen grauschwarz, letztere mit breiter Ockerbänderung, die durch schwarze Säumung auffällig in Erscheinung tritt. Schwanz roströtlichisabell mit unregelmäßiger graubrauner und schwarzer Bänderung. Schnabel hellgelb mit hornbraunem Spitzendrittel; Iris rotbraun; Beine ockergelb, der Lauf mit einem Sporn. Länge 290 mm; Flügel 123 bis 147 mm; Schwanz 56 bis 95 mm; Gewicht 278 bis 289 g.
Weibchen haben eine grauere Oberseite, graubraunen Scheitel und hellisabellgelben Kopf; ein schmaler, schwarzweiß gestrichelter Augenbrauenstreifen zieht die Schläfen hinunter und endet auf den Halsseiten. Ein zweiter unterbrochener schwarzer Streif beginnt am Schnabelwinkel und umsäumt die rahmweiße Kehle. Obermantel und Oberbrust weinrötlichbraun, stark grau angeflogen, die Federn mit schmalem isabellfarbenem Schaft, der manchmal noch durch einen schwarzen Saumstreif hervorgehoben wird. Übrige Unterseite schwarzweiß gebändert wie beim Hahn.
Länge 265 mm; Flügel 118 bis 147 mm; Schwanz 63 bis 91 mm; Gewicht 218 bis 250 g.
Jungvögel sind insgesamt heller gefärbt als Adulte, oberseits stärker rostisabell und braun gesprenkelt und gestreift; die Unterseite ist intensiver isabell, die Schwarzweißbänderung nur schwach angedeutet. Dunenküken haben Stirn und Scheitel rostbraun mit dunkelbrauner Säumung sowie ein breites isabellfarbenes Überaugenband, das seinerseits unten von einem dunkelbraunen Band begrenzt wird; ein dunkelbrauner unterbrochener Streif unterhalb des Auges bis zu den Ohrdecken und ein gleichfarbiges Bartband; Kopfseiten im übrigen weiß. Über den Mittelrücken zieht ein breites rostbraunes, seitlich dunkler gesäumtes Band, das auf dem Seitenrücken jederseits von einem isabellfarbenen Band begleitet wird; Unterseite isabellweiß, auf der Brust weinig verwaschen; Flügelchen rostbraun mit Braunsprenkelung.
Gelegestärke 4 bis 5; Ei oval mit glatter, schwach glänzender Schale, in der Färbung sehr variabel, weiß, cremegelb, hellbräunlich oder rosa (31,3 bis 34,6 mm × 25,5 bis 28,6 mm).

Lebensgewohnheiten: Die Art besiedelt am häufigsten den lichten Brachystegiawaldgürtel mit reichlichem Grasunterwuchs (Myombo) in den Ebenen und auf Hochplateaus bis in Lagen von 2200 m. In Kenia bewohnt sie nach VAN SOMEREN Steppen mit verstreutem Dorngestrüpp auf z. T. offenen Grasflächen und ist nicht auf Wasseransammlungen angewiesen. BENSON wies sie in Süd-Äthiopien auf mit einzelnen Dornbüschen bestandenen Kurzgrassteppen in 1200 bis 1370 m Höhe nach. In Namibia kommt sie mit Ausnahme des Caprivi-Zipfels nach HOESCH u. NIETHAMMER nur auf dem 400 m hohen und 70 km langen Waterberg-Massiv vor, einem Sandsteingebirge mit nahezu steinfreier Sandebene auf dem Plateau, das nur spärlich mit *Burkea*-Büschen bewachsen ist. Von der Art gemieden werden wohl nur steiniges und schroff hügeliges Gelände. Gelegentlich kommen die Vögel auf Felder, richten jedoch dort keine Schäden an. Die Nahrung besteht vorwiegend aus herabgefallenen Gras- und anderen Samen, grünen Blättchen und Kleintieren aller Art. So wurden sie beim Ablesen von Zecken an Gräsern beobachtet. Coqui-Frankoline sind reine Bodenbewohner, die auch dort eng zusammengedrängt gemeinsam übernachten. Bei Gefahr verlassen sie sich ganz auf die Schutzwirkung ihres Tarngefieders und ducken sich bewegungslos, bis man fast auf sie tritt. Sie stehen im letzten Moment auf und stieben manchmal in alle Richtungen auseinander, dabei die wie „Chirr-r-r-r-" und „Tschurr-tschurr" klingenden Alarmrufe ausstoßend. Ihr Flug führt sie schnell und niedrig über den Boden. Spätestens nach 200 m fallen sie ins Gras ein. Mehrmals erneut vom Jäger aufgestöbert, ermüden sie nach VAN SOMEREN sehr schnell. Er merkte sich die Plätze, an denen die Frankoline gelandet waren, suchte zwischen den Grasbülten nach ihnen und fing auf diese Weise 4 der Erschöpften lebend ein. Daraus ist auch ersichtlich, daß diese Kurzstreckenflieger sich bei Gefahr nicht immer fliegend zerstreuen, sondern auch zusammen in eine Richtung flüchten können. Zur Brutzeit sind die Hähne gegenüber männlichen Artgenossen sehr aggressiv und verteidigen nachhaltig ihr Revier. Man hört dann frühmorgens, mittags und abends den nicht allzu lauten, aber dennoch ziemlich weit hörbaren Revierruf, der aus 7 bis 10 Silben besteht und ähnlich einer Kindertrompete klingt. Er läßt sich mit „Ter, ink, ink, terra, terra, terra, terra, terra" übersetzen, wobei die 1. oder 3. Silbe am lautesten ist, die folgenden immer leiser werden, um schließlich zu ersterben. Coqui-Hähne aus West- und Ostafrika bringen die Strophe in schnellerem Rhythmus, wodurch sie dem Revierruf des Schlegel-Frankolins recht ähnlich wird. Einen anderen Ruf hört man den ganzen Tag über. Er ist in seiner Bedeutung wohl noch unbekannt und besteht aus 2 hohen quietschenden Tönen, „Co-qui, co-qui" mit Betonung der 1. Silbe, die häufig wiederholt werden. Sie haben der Art zu ihrem Namen verholfen. Auf Futtersuche lassen Partner und Familien weiche Kontaktlaute hören. Gruppen bestehen stets aus höchstens 3 bis 6 Vögeln. Die Kükenverluste sollen durch zahlreiche Feinde hoch sein.

Haltung: Wohl als europäischen Erstimport erhielt der Berliner Zoo 1910 Coqui-Frankoline und besaß sie auch 1928 bis 1931. Die Art ist nach SETH-SMITH auch im Londoner Zoo gehalten worden. VAN SOMEREN berichtet aus Kenia, daß sich dieses kleine Frankolin gut zur Volierenhaltung eigne. Wegen der Aggressivität der Hähne müsse jedoch jedes Paar allein gehalten werden. Über eine Zucht ist uns nichts bekannt.

Weißkehl-Frankolin
Francolinus albogularis, Hartlaub 1854

Engl.: White-throated Francolin.
Heimat: West- und Mittelafrika in 3 disjunkten Arealen. Das größte erstreckt sich von Senegambien im Westen ostwärts über Südwest-Mali (Mandingoberge), Nordost-Guinea und Zentral-Nigeria bis nach Nord-Kamerun (Benue-Ebene). Reliktpopulationen bewohnen relativ kleine Areale in Südost-Zaire (Marungu bis zum Upemba-Nationalpark) sowie Ost-Angola (Ost-Moxico) und den Balovale-Distrikt Nordwest-Sambias. 3 Unterarten.
Beschreibung: Geschlechter verschieden gefärbt. Bei Hähnen der Nominatform sind Stirn und Scheitel dunkelbraun; die Zügelregion und ein breites Überaugenband, das über die braunen Ohrdecken zieht und dahinter in die Schläfenregion übergeht, cremegelb; Mantel, Rücken, Flügeldecken rostbraun mit breiter weißer Schaftstreifung und unregelmäßigen schwarzen Querbinden der Federn. Oberschwanzdecken dunkelockerbraun, schwachisabellgelb gebändert; mittlere Schwanzfedern dunkelgraubraun, rostisabellfarben gebändert, die äußeren rotbraun; Handschwingen roströtlich mit helleren Schäften, brauner Bänderung und Spitzen, innere Armschwingen braun, schwarz und grau gebändert. Kinn und Kehle weiß, Kopfseiten und Hals ockrigisabell, übrige Unterseite ebenso, dazu mit wenigen rotbraunen Längsstreifen auf Brust und Flanken; Unterschwanzdecken rostisabell mit schwarzer Bänderung. Schnabel schwarz mit gelber Basis; Iris braun; Beine orangegelb, am Lauf mit einem Sporn. Länge 290 mm; Flügel 129 bis 141 mm; Schwanz 68 bis 69 mm; Gewicht 263 bis 284 g.
Weibchen sind an der schmaleren cremefarbenen Schaftstreifung des Rückengefieders und der zarten schwarzweißen Bänderung auf Brust und Flanken zu erkennen. Ihr Lauf ist sporenlos oder weist nur knopfartige Erhebungen an dieser Stelle auf. Länge 265 mm; Flügel 122 bis 131 mm; Schwanz 60 bis 70 mm.
Bei Jungvögeln ist die Bänderung der Unterseite oft viel stärker ausgeprägt als bei adulten Weibchen. Das Dunenküken hat einen dunkelbraunen Scheitel und isabellfarbene Kopfseiten. Durchs Auge zieht ein brauner Streif; der Mittelrücken wird von einem breiten dunkelbraunen Band eingenommen, das seitlich jederseits von einem isabellfarbenen begleitet wird. Übrige Oberseite und Flügelchen schokoladenbraun mit isabellfarbener Sprenkelung. Kinn

und Kehle weiß, übrige Unterseite isabellfarben, rötlich verwaschen.
Gelegestärke meist 6; Ei rundlich mit schwach glänzender Schale, isabellfarben bis hellbräunlich mit zarter Porung und brauner Fleckung (31,9 bis 32,8 mm × 26,3 bis 26,4 mm).
Lebensgewohnheiten: Habitate der Art sind offene Savannen, offenes, sanft hügeliges mit schwachem Buschwuchs bestandenes Gelände, frische Brandflächen und verlassene Felder mit Buschwuchs. In Nigeria sollen diese Frankoline auf die roten Lateritböden beschränkt sein (URBAN et al. nach C. H. FRY). Bei Gefahr versuchen sich die Vögel durchs Gras wegzustehlen und fliegen nur in höchster Not auf. Der Flug ist schnell, führt niedrig über den Boden dahin und verläuft meist in einer geraden Richtung. Der Ruf der Hähne ist ein hohes, trompetenähnliches „Ter-ink-inketi-ink", dem des Coqui-Frankolins recht ähnlich, nur wesentlich schneller vorgetragen. Auch das dieser verwandten Art ähnliche zweisilbige „Ter-ink ter-ink" ist vom Weißkehlfrankolin bekannt. Die Brutperiode fällt entsprechend den unterschiedlichen Regenzeiten der von der Art bewohnten Gebiete recht unterschiedlich aus.
Haltung: Über eine Haltung ist uns nichts bekannt.

Schlegel-Frankolin
Francolinus schlegelii, Heuglin 1863

Engl.: Schlegel's Francolin.
Heimat: Zusammenhängendes Verbreitungsareal von Kamerun (Adamaua) ostwärts der Süden der Republik Tschad und die Nordhälfte der Zentralafrikanischen Republik bis zum südwestlichen Sudan in der Bahr el Ghazal-Provinz (vom Bo- und Numatinnafluß westwärts über Mboro bis Raga und Boro). Keine Unterarten.
Beschreibung: Geschlechter verschieden gefärbt. Beim Männchen sind Stirn und Scheitel graubraun mit mäßiger rostbrauner Sprenkelung der Federn, zum Nacken hin allmählich in Ockerbraun übergehend; Zügel und Ohrdecken braungrau, ein breites Überaugenband, die Kopfseiten und der Hals trüb ockergelb. Oberseite hauptsächlich rostrotbraun mit Grausprenkelung auf dem Rücken sowie schwarzer Klecksfleckung auf Schultern und Armdecken, die Federn mit cremefarbenen Schäften und schwacher schwarzer und isabellfarbener Bänderung; Bürzel und Oberschwanzdecken mit schwarzer Wellenzeichnung, der Schwanz rostrot mit schwacher Schwarzbänderung; Kinn und Kehle ockrig isabellfarben, die übrige Unterseite weiß mit zarter Schwarzbänderung, einige Flankenfedern mit breiter rotbrauner Streifung. Handschwingen dunkelbraun, Armschwingen und Flügeldecken trüb rostbraun, die letzteren mit mehr oder weniger deutlich ausgeprägter breiter weißer Schaftstreifung der Federn. Schnabel schwarz mit gelber Basis; Iris braun, Beine gelb mit einem Sporn am Lauf.
Länge wie *F. coqui* 265 mm; Flügel 121 bis 133 mm; Schwanz 59 bis 71 mm; Gewicht vermutlich wie *F. coqui*.
Weibchen haben einen bräuneren Rücken mit stärkerer Schwarzfleckung, schmalere cremefarbene Schäftung der Federn und eine unregelmäßige schwarze, vielfach V-förmige Bänderung der Brustfedern sowie einen isabellgelben Bauch mit spärlicher, vielfach unterbrochener Schwarzbänderung; Lauf sporenlos.
Flügel 118 bis 126 mm; Schwanz 63 bis 71 mm.
Jungvögel gleichen adulten Weibchen bis auf eine rostisabellfarbene Bänderung des Mantel- und Schultergefieders.
Dunenkleid noch nicht beschrieben.
Gelegestärke 2 bis 5; Ei glattschalig, cremefarben (33 bis 38 mm × 24 bis 28 mm).
Lebensgewohnheiten: Die Art ist ein Bewohner der nördlichen Guinea-Feuchtsavanne, eines großen lichten Waldlandgürtels, in dem 2 Baumarten, *Isoberlinia doka* und *I. dalzielli,* vorherrschen. Sie sind regelmäßig mit hohem stämmigem Bartgras (*Andropogon*) vergesellschaftet. Nördlich dringt Schlegels Frankolin bis in die anschließende Akazienkurzgraszone vor, wo es in niedrigen dichten Grasinseln nachgewiesen wurde. Wie das nahe verwandte Coqui-Frankolin ist auch diese Art ein ausschließlicher Bodenbewohner, der nicht aufbaumt. Die Übernachtung einer Gruppe erfolgt in „Igelstellung", d. h. dicht zusammengedrängt mit den Köpfen nach außen, wie es u. a. auch bei vielen Neuweltwachteln der Fall zu sein pflegt. Der Flug ist langsam und kurz, die Stimme ein kindertrompetenähnliches „Ter, ink, terrrra", ähnlich der des Coqui-Frankolins, nur schneller und in tieferer Tonlage ausgestoßen. Besonders im Sudan fiel auf, daß die Art geradezu an das Vorkommen des Ka-Baumes (*Isoberlinia doka*) gebunden ist und u. a. auch dessen Blätter verzehrt. Im übrigen besteht die Nahrung wohl aus Grassamen und Kleininsekten. Die Brutzeit fällt im Sudan in die Monate September bis November.
Haltung: Über eine Haltung der Art ist uns nichts bekannt.

Rotflügel-Frankoline

In dieser sehr homogenen Gruppe werden 7 eng miteinander verwandte Arten zusammengefaßt und in 2 Superspezies unterteilt. Es sind dies *F. streptophorus, africanus, levaillantii* und *finschi* einerseits, sowie *shelleyi, psilolaemus* und *levaillantoides* andererseits. Die durchweg mittelgroßen Arten (320 bis 520 g) sind durch die rostbraune Oberseite mit Wachtelmuster, rostbraune Unterflügeldecken, sexuellen Monomorphismus in Färbung und Größe, die befiederte Orbitalregion, schwarze Schnäbel mit gelber Unterschnabelbasis sowie relativ kurze gelbe, bei den Hähnen mit einem Sporn bewehrte Läufe charakterisiert. Sie leben in mehr oder weniger offenen Habitaten und übernachten auf dem Erdboden. Ihre melodisch pfeifende Stimme steht im Gegensatz zu den rauhen krächzenden Rufen der Großfrankoline. Rotflügelfrankoline sind fast überall allopatrisch. Nur in Transvaal bewohnen 3 Arten das gleiche Gebiet, kommen jedoch in verschiedenen Habitaten vor.

Kragenfrankolin
Francolinus streptophorus,
Ogilvie-Grant 1891

Engl.: Ring-necked Francolin.
Heimat: Die Art kommt disjunkt in mindestens 4, zum Teil weit voneinander entfernten Gebieten vor. Das größte liegt in Uganda und reicht vom Kidepo-Nationalpark im Norden westwärts zum Nil und südwärts bis zum Katongatal. Auch am Fuß des Morotoberges wurde sie nachgewiesen. Aus dem Süd-Sudan sind die Rufe von Hähnen nördlich von Nimule nahe dem Umafluß gehört worden. Ein weiteres Vorkommen in West-Kenia reicht von den Südhängen des Mt. Elgon zu den Samiabergen und dem Nyandotal. In West-Tansania wurde die Art im Kibondo- und Kasulu-Distrikt an der Grenze zu Burundi nachgewiesen. Eine Überraschung war es, als man sie im Foumbarn-Distrikt des Hochlandes von Kamerun entdeckte. Keine Unterarten.
Beschreibung: Geschlechter verschieden gefärbt. Beim Männchen sind Stirn und Scheitel dunkelgraubraun, darunter ein weißer Überaugenstreif, der über die Ohrdecken zum Nacken zieht und dort bei manchen Vögeln in den der anderen Seite übergeht. Kopfseiten, Nacken, Hals rostbraun; oberes Mantelgefieder schwarzweiß gebändert, nach vorn als ein breites Band quer über die Brust ziehend. Übrige Oberseite graubraun, auf dem Bürzel mit dunklen Zentren der Federn. Mantel, Schultern, Flügeldecken umberbraun, die meisten Federn mit isabellgelblicher Schäftung und schwarzen Flecken, die auf einer oder beiden Fahnen zu Kastanienbraun abblassen können; Hand- und Armschwingen einfarbig braungrau. Kinn und Kehle weiß, Unterbrust, Bauch und Flanken isabellgelblich, im ersteren Bezirk dazu wenig braungebändert, im letzteren mit Wellenzeichnung. Die Flankenfedern zeichnen sich zusätzlich durch isabellfarbene Schäftung sowie auffällige unregelmäßige Schwarzfleckung auf einer oder beiden Fahnen aus. Unterschwanzdecken grau, dicht schwarz gewellt und unregelmäßig gebändert. Schwanz graubraun. Schnabel schwarz mit gelber Unterschnabelbasis, Iris braun, die Beine hellgelb, mit einem Sporn bewehrt.
Länge 279 mm; Flügel 141 bis 167 mm; Schwanz 67 bis 80 mm; Gewicht 364 bis 406 g.
Bei Weibchen ist der Scheitel dunkelbraun mit hellerer Federsäumung, die Oberseite braun, ihre Federn mit rostisabell gebänderten und breiter als bei Hähnen isabellgelb geschäfteten Federn. Ein Sporn fehlt oder ist knopfförmig angedeutet.
Flügel 139 bis 160 mm; Schwanz 67 bis 80 mm.
Jugendgefieder und Dunenkleid noch nicht beschrieben.
Gelegestärke 4 bis 5; Ei grauisabell mit dunkler Porung. Größe noch nicht vermessen.
Lebensgewohnheiten: Die Art wird in den Baumsteppen (sogen. „Obstbaumsteppen" = *Combretum/ Terminalia*-Waldland) Nord-Ugandas, beispielsweise bei Gulu und Choa, relativ häufig angetroffen, kommt in Nordwest-Kenia (Maragoli-Escarpment, Nord-Kavirondo) an steinigen buschbedeckten Berghängen eher sporadisch vor und besiedelt in West-Tansania Lichtungen des Brachystegia-Parkwaldes (Myombo). Diese Habitate liegen in Höhen von 600 bis 1800 m. Die kleine Kamerunpopulation lebt ähnlich der kenianischen an steinigen Berghängen mit dünnem Graswuchs 40 Meilen westlich Fumbans in Lagen von 1066 bis 1220 m, einem menschenleeren Trockengebiet. In Uganda kommen Kragenfrankoline zur Nahrungssuche auch auf Felder. Sie sind offensichtlich unabhängig von regelmäßiger Wasseraufnahme und verbringen die Nacht auf dem Erdboden. Die Stimme ist nach HALL ein wohlklingender Triller oder Pfiff. Nach VAN SOMEREN liegen die Vögel sehr fest und stehen erst im letzten Augenblick mit lautem Gackern und lärmendem Flügelschlag auf. Sie fliegen sehr schnell

dicht über dem Erdboden dahin und landen sobald als möglich in der nächsten Deckung. Frühmorgens und bei Sonnenuntergang verkünden die Hähne ihren Revieranspruch von erhöhten Plätzen (Termitenhügel etc.) aus. Der Ruf ist nach URBAN et al. ein weiches melodisches, taubenartiges doppeltes „Kuu", die 2. Silbe in etwas höherer Tonlage gebracht, wonach ein Trillerpfiff folgt. Es scheint nicht unmöglich, daß letzterer vom Weibchen ausgestoßen wird, so daß die Art dann zu den Duettsängern gehörte. Die ganze Strophe hat bauchrednerischen Charakter und die Richtung, aus der sie kommt, ist gewöhnlich schwer zu orten. Das einzige von VAN SOMEREN gefundene Nest lag unter einem überhängenden Felsen und war eine nackte Bodenmulde mit einem Gelege aus 4 Eiern. Die Brutzeit fällt in Uganda in die frühe Regenzeit, den April, in West-Kenia dagegen in die Trockenzeit (Dezember bis März).
Haltung: Die Art ist noch nicht gehalten worden.

Grauflügelfrankolin
Francolinus africanus, Stephens 1819

Engl.: Grey-wing Francolin.
Heimat: Westliches, südwestliches, östliches und nordöstliches Kapland, südwestlicher und nordöstlicher Oranje-Freistaat, Natal und Swasiland. Keine Unterarten.
Beschreibung: Geschlechter gleichgefärbt. Stirn, Scheitel und Nacken dunkelbraun, die Federn ockergelb gesäumt; ein Überaugenband, Nackenseiten und Hinterhals rostgelb mit zarter Schwarzsprenkelung; Zügel und Hinteraugenregion isabell, schwarz gesprenkelt, die Ohrdecken umberbraun; hinter den Augen beginnend verläuft, beiderseits von rostgelben Bändern begleitet, ein auffälliger Streifen schwarzweißgesprenkelter Federn über die Ohrdecken hinweg den Hals hinunter. Oberseite vom Wachteltyp, graulich ockerbraun, die Federn hellisabell geschäftet mit z. T. schwarzbraunen Innenfahnen und mehrfacher rostfarbener Querbänderung; Flügeldecken wie Oberseite, nur die Querbänderung heller, weinig isabell gebändert; die Armschwingen ähnlich, aber vollständig gebändert, die Armdecken mit Schwarzbraun auf den Innenfahnen; Schwanz dunkelbraun, die Steuerfedern mit schmalem hellem Schaft und 12 schmalen weinigisabellförmigen Querbändern, dazwischen nahe dem Schaft schwarzbraune Flecken. Kinn und Kehle weiß, von einem am Schnabelwinkel beginnenden, abwärts und dann quer über den Hals verlaufenden breiten Band schwarzweißer Federchen gesäumt; darunter zieht quer über die Kropfregion ein breites isabellgelbes Band, dessen Federn grau endgesäumt und auf den Außenfahnen mit rotbraunem Subterminalfleck versehen sind; übrige Unterseite isabellgrau, die isabellweiß geschäfteten Federn mit schwarzbraunem Mittelteil und hellen Seitenpartien, die oft in eine Reihe paariger Flecken aufgelöst sind. Seitenbauch- und Flankenfedern mit großen rotbraunen subapikalen Flecken. Schnabel braunschwarz, Iris braun, Beine gelblichbraun, beim Hahn mit einem Sporn bewehrt.
Länge 330 mm; Flügel 144 bis 169 mm; Schwanz 74 bis 92 mm; Gewicht 411 bis 500 g.
Weibchen sind gleichgroß und tragen am Lauf nur einen Sporenknopf.
Flügel 142 bis 163 mm; Schwanz 73 bis 90 mm; Gewicht 385 bis 410 g.
Jungvögel sind etwas trüber gefärbt als Adulte und haben eine ungefleckte Kehle.
Beim Dunenküken sind Stirn, Scheitel und Nacken rostbraun mit schmaler dunklerer Säumung; Kopfseiten isabell mit dunklem schmalem Augen- und Bartstreif sowie einem verwischtem Streif zwischen beiden. Ein breites dunkelbraunes Band zieht über den Mittelrücken und wird beiderseits von einem schmaleren isabellfarbenen Band begleitet. Übrige Oberseite unregelmäßig schwarz, braun und isabell gesprenkelt und gebändert. Unterseite isabell, auf der Brustregion rostbraun verwaschen.
Gelegestärke ca. 6; Ei gelblichbraun, manchmal braun und schiefergrau gesprenkelt (36,0 bis 41,8 mm × 28,7 bis 32,5 mm).
Lebensgewohnheiten: Die Art bewohnt mit Gras und niedrigem Buschwerk bestandene geröllreiche Berghänge in Lagen zwischen 1800 und 2750 m. Im südwestlichen Kapland wird sie jedoch auch in Meereshöhe im Strandveld und Renosterboshveld angetroffen. In Natal, wo 3 Frankolinarten in ihrer Verbreitung sympatrisch sind, kommt *F. africanus* in Lagen oberhalb 1830 m, *F. shelleyi* unterhalb 600 m und *F. levaillantii* im dazwischenliegenden Gebiet vor. Die Hähne rufen besonders frühmorgens und bei Sonnenuntergang von erhöhten Plätzen aus melodisch pfeifend und in hoher Tonlage: „Skwiäkiioo" oder „Pip-pip-pleuu" und wiederholen diese Strophe vielmals in 2 bis 5 Sekundenintervallen. Der Kontaktlaut ist ein weicher Pfiff. Die Nahrungsaufnahme erfolgt vorwiegend in den ersten und letzten Stunden des Tageslichts. Die Frankoline graben

dann mit ihren robusten Schnäbeln nach Zwiebeln und Rhizomen im Erdreich. Kropfuntersuchungen von Natalvögeln ergaben zu 70 bis 75 % Zwiebeln und fleischige Wurzeln von Iris-, Amaryllis- und Cyperngrasgewächsen, zu 20 bis 25 % Insekten und Sämereien, Beeren sowie andere Pflanzenteile. Außerhalb der Brutzeit lebt dieses Frankolin in Gesellschaften aus bis zu 25 Vögeln zusammen. Bei Störungen erheben sich die Vögel aus dem Gras der Hügelkämme mit schrillem Geschrei und schweben mit abwärts gebogenen Schwingen talwärts. Nester werden gewöhnlich in Grasland im Schutz einer Grasbülte gefunden. Bruten finden im Kapland von Juli bis Dezember, in Natal am häufigsten im November/Dezember statt. Bei den Kleinküken wird mit einer Mortalitätsrate von ca. 50 % gerechnet.

Haltung: Als europäischer Erstimport gelangten 1870 4 Grauflügelfrankoline in den Londoner Zoo. Von weiteren Importen ist uns nichts bekannt. In Südafrika dürfte die Art schon gezüchtet worden sein.

Rotflügelfrankolin
Francolinus levaillantii, Valenciennes 1825

Engl.: Red-wing Francolin.
Heimat: Das Verbreitungsareal der Art ist in ca. 7 voneinander isolierte Gebiete aufgesplittert: In Kenia bewohnt sie das westliche Hochland vom Mt. Elgon bis Trans-Nzoia und Mau in Lagen zwischen 1800 bis 3000 m, in Uganda Süd-Bunyoro, Mengo und Ankole bis zur tansanischen Grenze bei Bukoba, Ruanda, Burundi, westwärts Ost-Zaire im Hochland östlich des Edwardsees bis zu den Itombwe-Bergen. Ein weiteres Vorkommen im Süden Tansanias umfaßt das Gebiet vom Rukwasee zum Selous-Wildreservat und südwärts dem Kitulo-Plateau. Südwestwärts kommt die Art in Nord-Malawi und auf dem Nyika-Plateau des nordöstlichen Sambia vor. Weitere Populationen besiedeln die Katanga-Provinz Zaires im Upemba-Nationalpark, ferner südwestwärts Nordwest-Sambia (Balovale, Kabompo, Kalabo, Mongu, Mankoya) bis zur Angolagrenze sowie Zentral-Angola (Huila, Huambo). Das umfangreichste Verbreitungsgebiet erstreckt sich über das Hochland Mittel- und Süd-Transvaals, den Osten des Oranje-Freistaats und West-Natal bis zur östlichen Kap-Provinz entlang der Küstenberge nach Swellendam. Weiter nördlich kommt die Art auch im Westen des Swasilandes und in den Ebenen Lesothos vor. Trotz der vielen, über den Osten und Süden des Kontinents verstreuten Vorkommen weist dieses Frankolin eine geringe geographische Variation auf, und nur 2 Subspezies werden anerkannt (URBAN et al.).

Beschreibung: Geschlechter gleichgefärbt. Bei der Nominatform sind Stirn, Scheitel und Nacken braunschwarz mit breiter rostroter Federsäumung; die genannten Kopfpartien werden allseitig von einem schmalen schwarzweißen Streifen umsäumt, der auf dem Nacken in ein ebenso gefärbtes Nakkenhalsband übergeht. Ein breites rostgelbes Band zieht von der Oberschnabelbasis über Augen und Ohrdecken die Halsseiten hinab und schließt auch die Unteraugen- und Wangenregion ein. Letztere wird caudal von einem am Schnabelwinkel entspringenden und unterhalb der Augen zu den oberen dunkelbraunen Ohrdecken reichenden und dahinter wieder erscheinenden schwarzweißen Band durchzogen, das auf dem unteren Seitenhals in ein breites schwarzweiß gebändertes Kropfschild übergeht. Dieses umläuft, sich verschmälernd rückwärts, den Hals, ein Hinterhalsband bildend. Kinn und Kehle weiß, an den Rändern lohfarben. Gefieder der Oberseite mit typischem Wachtelmuster, die Federn dunkelbraun, auffällig cremeweiß geschäftet, rostisabell gebändert und schwarz gesprenkelt; Schwanz dunkelgraubraun, zart rostisabell gebändert. Die rostrote Brust mit rahmweiß geschäfteten und gesäumten Federn, ebenso die Flanken; Bauchgefieder ockrigisabell mit rostroten Federzentren, Unterbauch einfarbig, Unterschwanzdecken zart schwarzbraun gebändert. Flügeldecken und Armdecken fast wie die Oberseite gefärbt, doch mit schmaleren Schaftstrichen und geringer oder fehlender schwarzbrauner Fleckung mit Ausnahme der Armdecken. Diese sind wie der Mantel gefärbt, nur zentral mehr von Zimtbraun durchsetzt. Handdecken und Handschwingen zimtfarben, die Außenfahnen und Federspitzen graubraun; Armschwingen zimtfarben mit dunkelbrauner Bänderung. Oberschnabel schwärzlich hornfarben mit gelber Basis, der Unterschnabel gelb; Iris braun, Füße schmutziggelb, am Lauf des Hahnes ein Sporn.

Länge 380 mm; Flügel 149 bis 171 mm; Schwanz 71 bis 91 mm; Gewicht 495 g.

Weibchen sind am fehlenden oder nur knopfförmigen Sporn erkennbar.

Flügel 140 bis 168 mm; Schwanz 71 bis 88 mm; Gewicht 462 g.

Jungvögel unterscheiden sich von Adulten durch

hellere Gesamtfärbung und das wenig ausgeprägte weiße Kehlschild.
Beim Dunenküken sind Stirn und Scheitel dunkelbraun, die Kopfseiten isabellfarben mit je einem dunkelbraunen Augen- und Bartstreif. Über den Mittelrücken zieht ein breites dunkelbraunes, jederseits schmal dunkelgesäumtes Band, das von je einem schmaleren isabellfarbenen Band flankiert wird; übrige Oberseite braun und isabell gesprenkelt und gebändert. Unterseite isabellgelb, auf der Brust dunkler. Oberschnabel hell hornfarben, Unterschnabel dunkler, die Beine hellgelb.
Gelegestärke 3 bis 5; Ei oval, bräunlichgelb bis olivbraun mit schiefergrauer Klecksfleckung (38,5 bis 43,2 mm × 31 bis 34 mm).

Lebensgewohnheiten: Die Art bewohnt feuchte Hochsteppen, steilere Hänge, windgeschützte Täler und Schilfbetten in den Talsohlen, an der Küste steinige Wiesen, üppigen Graswuchs an Ufern, kleine Gestrüpp- und Waldparzellen, grasüberwucherte Lichtungen und Kulturland. Die Vögel übernachten paarweise und in Gruppen bis zu 10 Individuen auf dem Erdboden. Überraschte ducken sich und erheben sich erst bei äußerster Gefahr mit schrillen Schreien. Sie fliegen schnell und geschickt unter Ausnutzung der Bodenkonturen über weite Strecken, ehe sie landen. Der Revierruf der Hähne ist ein melodisches hohes Pfeifen, das nach URBAN et al. wie „Wii-hii-hii" klingt, wonach von der Henne ausgestoßen (?) ein „Hiip" folgt. Führende Hennen glucken haushennenartig „Tschuuk, tschuuk". Auf Futtersuche scharren die Vögel gern in Fallaub und graben mit den starken Schnäbeln nach Zwiebeln und Wurzeln. Kropf- und Magenuntersuchungen in Natal ergaben Anteile an Zwiebeln und Sprossen von Amaryllidazeen und Iridazeen von 70 bis 75 % der Gesamtnahrung, in den Wintermonaten noch mehr. Grüne Pflanzenteile waren nur mit knapp 5 % beteiligt, während der Rest auf Insekten entfiel. Deren Anteil steigt während der Brutzeit erheblich an.

Haltung: Die Art wurde im Londoner Zoo gehalten. Über eine Zucht in Europa ist nichts bekannt.

Finsch-Frankolin
Francolinus finschi, Bocage 1881

Engl.: Finsch's Francolin.
Heimat: Die Art kommt in 3 voneinander isolierten Gebieten vor: Eines liegt an beiden Seiten des unteren Kongo in der Umgebung von Brazzaville und Kinshasa, ein weiteres im Süden Zaires im Gungu-Distrikt der Provinz Kwango, das ausgedehnteste in Angola, wo sie von Cuanza Norte und Süd-Milanje bis nach Nord-Huila (dort in Cacondo, am Mt. Moco und im Cagandala Nationalpark nachgewiesen) verbreitet ist. Keine Unterarten.
Beschreibung: Geschlechter gleichgefärbt. Federn von Stirn, Nacken und Hinterhals braungrau, die Federn isabellgelb geschäftet mit einem schwarzen Seitenstreifen beiderseits längs des Schaftes. Ohrdecken, Bartregion, Seitenhals und ein das Reinweiß von Kinn und Kehle umrundendes schmales Kropfband kräftig rostockerbraun. Federn der Oberseite graubraun, auffällig isabellgelb geschäftet und in gleicher Farbe unregelmäßig gebändert; Oberschwanzdecken bei braungrauer Grundfarbe dicht isabellgelb gewellt und unscharf gebändert. Schwanz dunkelbraungrau mit isabellgelber Wellenzeichnung und Bänderung. Federn des Mantels, der Schultern und innersten Armschwingen schwarzbraun und grau mit breiten weißlichen und isabellgelben Schaftstreifen sowie lohfarbener Bänderung; äußere Armschwingen und Handschwingen rostbraun mit graubraunen Säumen und Enddritteln. Oberbrust braungrau, die Federn isabellgelb gesprenkelt und unscharf gebändert; Federn von Unterbrust, Oberbauch und Flanken gelblich bis rostbräunlich mit blaugrauer Säumung; Mittel- und Unterbauch einfarbig braungrau, Unterschwanzdecken grau, dicht isabellgelb gewellt und unscharf gebändert. Schnabel schwarz mit gelber Unterschnabelbasis, Iris braun, Beine fahlgelb, bei Hähnen mit einem Sporn bewehrt.
Länge 368 mm; Flügel 162 bis 170 mm; Schwanz 77 bis 97 mm; Gewicht wahrscheinlich wie Shelleys Frankolin, um 450 g.
Weibchen sind etwas kleiner als Männchen und tragen einen Sporenknopf oder sind ungespornt.
Flügel 162 bis 170 mm; Schwanz 80 bis 99 mm.
Jugendgefieder und Dunenkleid noch unbekannt.
Gelegestärke ca. 5; Ei einfarbig hellbraun; Größe unbekannt.
Lebensgewohnheiten: Die Art wurde nach HALL auf dem Mocoberg im Bailundu-Hochland Angolas in Brachystegiawald sowie den oberen kahlen Berg-

hängen in Lagen zwischen 1890 und 2130 m festgestellt. In Brazzaville, wo sie recht häufig ist, bewohnt sie offene Grassavanne nahe dem Kongo und flüchtet bei Gefahr in den nahen Wald. In Nordwest-Zaire fanden LIPPENS u. WILLE (1975) den Vogel 1959 auf Grassavannen in Nachbarschaft von Galeriewald zwischen der Ortschaft Gungu und dem Kwilufluß nicht selten und hörten fast täglich, besonders häufig aber vor Sonnenuntergang, den wie „Wit-u-wit" klingenden lauten Revierruf der Hähne. Die Vögel waren dort wenig scheu und oft in der Nachbarschaft von Dörfern anzutreffen. Nach HALL stimmt das Verbreitungsareal in Angola klimatisch auffällig mit den beiden einzigen Gebieten des Vorkommens südlich des Kongo-Regenwaldgürtels überein, die jährlich über 1250 mm Niederschläge erhalten. Bei Gungu und Lukamba (Zaire) fanden LIPPENS u. WILLE 1959 erstmalig 4 Nester: je eines im Januar und März sowie zwei im Juli. Die zwischen Krautwuchs versteckten Erdmulden enthielten Gelege von 5 Eiern.

Haltung: Die Art wurde bisher nicht importiert.

Shelley-Frankolin
Francolinus shelleyi, Ogilvie-Grant 1890

Engl.: Shelley's Francolin.
Heimat: Die Art ist disjunkt über große Areale des östlichen Südafrika und über Ostafrika verbreitet. Neben zusammenhängenden Verbreitungsgebieten sind zahlreiche Reliktvorkommen, meist auf Bergplateaus und -massive beschränkt, festgestellt worden. Ein ganz isoliertes Vorkommen liegt in West-Uganda (Ankole) auf dem Mulemaberg. In Kenia bewohnt sie ein Gebiet nördlich des Mt. Kenya bis zu den Loitabergen, die Chyuluberge, in Tansania die Kraterhochländer (Kilimandjaro, Meru etc.) und das Nord-Pare-Gebirge. Kleine Vorkommen wurden im Mbulu-Hochland bei 1490 m, 80 km südostwärts bei Salanga auf dem Berekukamm bei 1670 m, am Nordostufer des Malawisees nahe der Mosambikgrenze und ostwärts nahe dem Rovuma nachgewiesen. In Sambia kommt dieses Frankolin in 2 voneinander isolierten Populationen im Nordosten und im Zentrum vor und geht von dort bis ins südlichste Zaire, westwärts jedoch nicht über die angolesisch/sambische Grenze hinaus, während sich südwärts die Verbreitung durch den größten Teil Simbabwes bis ins westliche Mosambik hinein erstreckt. Auch vom Westufer des Malawisees ist es bekannt. Schließlich erstreckt sich im Süden ein Verbreitungsareal von Süd-Mosambik (Sul do Save) über ganz Natal und den Nordosten Transvaals. Von den früher aufgestellten zahlreichen Unterarten erkennen URBAN et al. wenigstens 2 an.

Beschreibung: Geschlechter gleichgefärbt. Bei der Nominatform sind Scheitel und Nacken dunkelumberbraun, die Federn dunkelisabell gesäumt; Hinterhals rostbraun mit dunkelbrauner Streifung; übrige Oberseite einschließlich der Armdecken dunkelgelbbraun, grau getönt, die Federn isabell geschäftet, dazu auf den Innenfahnen variabel schwarzbraun klecksgefleckt, rostisabell gewellt und gebändert. Gesicht und Halsseiten isabellgelb mit schwarzem Streif, der das Überaugenband ventral säumt und über die hellumberbraunen Ohrdecken hinweg den hinteren Seitenhals herunterzieht und dort von weißen Federchen durchsetzt wird; ein zweiter schwarzer Streif zieht von der Schnabelspalte den vorderen Seitenhals abwärts und im Bogen um die Unterkehle, sich dort etwas verbreiternd und von weißen Federchen durchsetzt; er umrahmt allseitig die rahmweiße Kinn-, Kehl- und Bartregion. Unterkehle, Brust und Seiten mit langen rostbraunen, ziemlich breiten Streifen meist auf den Innenfahnen, an den weißlichen Schaft der betreffenden Federn grenzend, deren Außenfahnen isabellgrau mit zarter ockergelblicher Wellenmusterung sind. Unterbrustmitte und Mittelbauch isabellweiß mit schwarzer Klecksfleckung und Wellenzeichnung; Flanken, Unterschwanzdecken rostbraun, schwarz gebändert; Flügel und Flügeldecken wie Oberseite, nur mit schmalerer Isabellschäftung und geringer schwarzer Klecksung; Handschwingen zimtbraun mit unregelmäßiger trübbrauner Wellenzeichnung, der größte Teil der Außenfahnen und die Federspitzen braun. Schwanzfedern hellbraun, caudalwärts abdunkelnd und von ca. 10 weinig isabellfarbenen und braungewellten Querbändern durchzogen. Oberschnabel schwarz mit hellgelbem Basiswinkel und bis auf die schwarze Spitze ganz gelbem Unterschnabel; Iris braun, Beine trübgelb, bei Hähnen mit einem Sporn bewehrt.
Länge 330 mm; Flügel 152 bis 177 mm; Schwanz 76 bis 97 mm; Gewicht 420 bis 480 g.
Weibchen tragen einen Sporenknopf und sind nur unwesentlich kleiner als Männchen.
Flügel 145 bis 172 mm; Schwanz 74 bis 93 mm; Gewicht 292 bis 460 g.
Jungvögel sind in der Gesamtfärbung heller mit unregelmäßiger Schwarzweißbänderung der Oberbrust und isabell gemusterten Außenfahnen der

Handschwingen. Die rostisabellgelbliche Farbkomponente auf der Oberseite der Adulten ist bei ihnen entweder nur angedeutet oder fehlt ganz.
Beim Dunenküken zieht ein breites rostbraunes, beiderseits schmal dunkelbraun gesäumtes Band über Scheitel und Nacken. Stirn und Kopfseiten isabellweiß, die Stirn mit dunkelbraunem Fleck; ein schmaler Streif gleicher Farbe zieht oberhalb des Auges über die Ohrdecken zum Nacken; kleine dunkelbraune Flecke unter und hinter dem Auge an der Halsseite und ein schmaler Bartstreif gleicher Farbe. Ein breites rostbraunes Band zieht über die Rückenmitte zum Schwanzansatz und wird seitlich von 2 rötlich isabellfarbenen Bändern begleitet. Unterseite isabellweißlich; Schnabel und Beine trübgelblich.
Gelegestärke durchschnittlich 4 bis 5; Ei oval cremeweiß bis rosigweiß, in manchen Fällen zart braun gesprenkelt (35,2 bis 40,4 mm × 28,7 bis 32,3 mm); Brutdauer 22 Tage.
Lebensgewohnheiten: Die Habitate der Art sind recht vielseitig und umfassen in Ostafrika Gebirgswiesen, in Südafrika vor allem steinige Kurzgrassteppen in Ebenen und Gebirgen, dünnbewaldetes Gelände, große grasbewachsene Lichtungen inmitten des Brachystegiawaldes (Myombo) und Mopanewaldes, örtlich auch Kulturland. Sie ist von Wasservorkommen weitgehend unabhängig. Auf der Futtersuche graben die Vögel mit ihren kräftigen Schnäbeln 3 bis 5 cm tiefe und oben 2 bis 3 cm weite Löcher ins Erdreich, um an Zwiebeln, Knollen, Wurzeln und Insekten zu kommen. Überrascht flüchten sie rennend, erschreckt fliegen sie mit schrillem Alarmruf auf und lassen sich schon nach kurzer Flugstrecke ins Gras fallen. Die Hähne rufen kurz vor Sonnenaufgang, noch häufiger vor Sonnenuntergang melodisch „Tel-él-kebir" oder viersilbig „I'll-drink-yer-beer" und wiederholen die Strophe 6- bis 7mal. Nach der 4. Silbe pflegt oft ein anderer Vogel (Reviernachbar oder Weibchen?) einzufallen. Nester liegen gut versteckt zwischen Felsen, Gras und Krautwuchs. Sie bestehen aus einer mit Gras oder Würzelchen ausgelegten flachen Erdmulde. Die Brutdauer beträgt 22 Tage. Wegen zahlreicher Luft- und Erdfeinde erreichen nur wenige Küken das Erwachsenenalter.
Haltung: Die Art ist erstmalig 1964 in 1 Paar in den Londoner Zoo gelangt. Sie wird vermutlich in Südafrika gezüchtet worden sein.

Bergheidefrankolin
Francolinus psilolaemus, Gray 1867

Engl.: Moorland Francolin.
Heimat: Gebirge Zentral- und Südost-Äthiopiens von Schoa und dem Arussi-Plateau südwärts bis zur kenianischen Grenze. Je ein weiteres Verbreitungsareal in Kenia (Mau-Narok, Aberdares, Mt. Kenya) und Uganda (Mt. Elgon). Mindestens 2 Unterarten.
Beschreibung: Geschlechter gleichgefärbt. Bei der Nominatform sind Stirn und Scheitel dunkelbraun mit breiter rostisabellgelber Säumung, Bänderung und Streifung der Federn, ein Sprenkelmuster erzeugend. Über dem Auge je ein rostisabellfarbener breiter und schwarzer schmaler Streifen, letzterer den Hinterhals abwärts ziehend. Ein durchs Auge ziehender Streif und ein Bartstreif schwarz mit rostisabellfarbener Sprenkelung. Die zwischen diesen beiden Streifen liegenden Federpartien rostisabell. Hinterhals schwarz und hellisabell gesprenkelt; übrige Oberseite schwarzbraun, auf dem Oberrücken roströtlich angeflogen, die Federn eng rostisabell gebändert und breit cremeweiß geschäftet; Oberschwanzdecken ebenso, nur die Federn schmal weiß geschäftet; Schwanz dunkelbraun mit rostisabellfarbener Bänderung. Kinn und Kehle weiß mit dunkelbrauner Sprenkelung. Oberbrust rostisabell, die Federn auf dem Endabschnitt braunschwarz gesprenkelt; Unterbrust, Bauch, Flanken isabell, zart schwarz gebändert und intensiv kastanienrot kleksgefleckt; Unterschwanzdecken isabell, breit schwarz gebändert; Hand- und äußere Armschwingen kastanienrot mit graubraunen Spitzen, die inneren Armschwingen viel weniger kastanienfarben, Schnabel schwarzbraun mit gelber Unterschnabelbasis; Iris braun, Beine hellgelb, beim Hahn mit einem Sporn bewehrt. Vögel aus dem Süden des Verbreitungsareals neigen zu bedeutenderer Größe, satterer Kopf- und Rückenfärbung und dunklerer Musterung der Unterseite.
Länge (Hahn) 312 mm; Flügel 150 bis 176 mm; Schwanz 76 bis 101 mm; Gewicht 510 bis 530 g. Weibchen sind fast gleichgroß und weisen einen Sporenknopf auf.
Flügel 151 bis 172 mm; Schwanz 81 bis 96 mm; Gewicht außerhalb der Brutzeit 370 g, mit stark aktiviertem Ovar 510 g.
Jungvogel, Dunenküken und Ei noch nicht beschrieben.
Lebensgewohnheiten: Die Art bewohnt Steppen und Erikaheiden ostafrikanischer Bergmassive in Lagen von 1800 bis 4000 m. In Äthiopien ist sie mit

dem Rebhuhnfrankolin, in Ostafrika mit Shelleys Frankolin sympatrisch: In beiden Fällen bewohnt das Moorheidefrankolin höhere Berglagen als die beiden genannten Arten. Über Verhalten und Fortpflanzung ist noch wenig bekannt. Bei Gefahr drücken sich die Vögel und stehen vor dem Jäger erst im letzten Augenblick mit laut schwirrenden Flügelschlägen auf. Dabei stoßen sie als Alarmruf das für die Rotflügel typische schrille Geschrei aus. Der Revieranzeigeruf der Hähne soll mit dem der in den Bergen Kenias in tieferen Lagen lebenden Shelley-Population fast identisch sein. Nach einigen Rufwiederholungen pflegen Hähne der Nachbarreviere zu antworten. Nester wurden in den Hochsteppen zwischen grobem Berggras gefunden. Eines bei Mau Narok (Kenia) entdecktes enthielt 2 frischgeschlüpfte Küken und 3 Eier. Da Paare mehrfach mit Gesperren aus 4 bis 5 Küken beobachtet wurden, ist mit Gelegen aus 5 Eiern zu rechnen. Jungvögel sind im Verbreitungsareal zu fast allen Jahreszeiten gefunden worden.

Haltung: Die Art wurde noch nicht gehalten.

Rebhuhnfrankolin
Francolinus levaillantoides, Smith 1836

Engl.: Orange River Francolin.

Heimat: Die Art hat eine disjunkte Verbreitung, die Südafrika und Nordostafrika umfaßt. Im südlichen Afrika bewohnt sie ein zusammenhängendes Areal, das im Norden von Südwest-Angola (nordwärts bis Gambos), Nord- und Zentral-Namibia (Kaokoveld, Ovambo-, Damaraland), südostwärts Süd-Botswana (im Osten nordwärts bis Makgadigadi), südwärts die Südafrikanische Union mit dem Highveld Transvaals, dem Orange-Freistaat, die Ebenen Leshotos und die nördliche Kapprovinz einschließt. Aus Ostafrika sind gegenwärtig 3 isolierte Vorkommen bekannt: das nördliche Hochland Eritreas, ferner der äußerste Norden Somalias und von dort südwärts das Rifttal Äthiopiens sowie die südöstlichen Gebirge bis zur kenianischen Grenze. Ein 3. Areal umfaßt den äußersten Süden des Sudan (Natoporoputh-Berge östlich von Kapoeta bei 760 m, Didinga-Berge bei 1980 m, vermutlich auch Kaiserin-Berge) und Nordost-Uganda (Kidepo und Mt. Moroto). Die geographische Variation ist erheblich. URBAN et al. erkennen mehrere Subspezies an.

Beschreibung: Geschlechter gleichgefärbt. Bei der Nominatform sind Scheitel- und Nackenfedern schwarzbraun mit hellrostgelber Säumung; übrige Oberseite einschließlich der Flügeldecken und des Schwanzes mit „Wachtelmuster", d. h. die Federn mit breiter schwarzbrauner und schmaler isabellgelber Querbänderung sowie heller Schäftung. Handschwingen einfarbig graubraun; Wangen, Halsseiten, Kropf ockergelb; ein schmales schwarzweiß gemustertes Band, das oberhalb der Augen beginnt, zieht über die Ohrdecken und die hinteren Halsseiten abwärts. Ein ebenso gemustertes Band verläuft von der Schnabelspalte unterhalb der Wangen über die vorderen Halsseiten abwärts und halbkreisförmig über den Kropf, die weiße Kinn- und Kehlregion säumend. Übrige Unterseite blaß ockergelb, auf Oberbrust und Flanken mit spärlicher rotbrauner Längsstreifung; Unterschwanzdecken und Steißgefieder zart dunkelbraun wellengebändert. Schnabel schwarz mit gelber Basis, Iris rotbraun, Beine gelb, beim Hahn mit einem Sporn.
Länge 330 bis 350 mm; Flügel 142 bis 173 mm; Schwanz 75 bis 93 mm; Gewicht 370 bis 538 g. Weibchen tragen Sporenknöpfe, können aber im Alter auch einen recht langen Sporn entwickeln. Flügel 146 bis 175 mm; Schwanz 66 bis 97 mm; Gewicht 379 bis 450 g.
Jungvögel sind insgesamt trüber gefärbt, die schwarzweiße Gesichtszeichnung und das ebenso gefärbte Halsband noch wenig ausgebildet; Unterseite unregelmäßig schwarz und isabell gebändert. Dunenkleid noch nicht beschrieben.
Gelegestärke 5 bis 8; Ei hellrosa bis gelbbraun, manchmal mit brauner Kleksfleckung (34,4 bis 40,8 mm × 28 bis 32 mm).

Lebensgewohnheiten: Habitate der Art sind Trockensteppen, die Umgebung von Salzpfannen (Namibia), spärlich mit Gras bestandene, geröllreiche Berghänge, Granitfelsanhäufungen (kopjes) und Gebirge in Lagen zwischen 600 und 2130 m. Ihre Anwesenheit verraten die Vögel erst durch ihre Stimme und sind auch dann noch schwer zu lokalisieren. Vor Bodenfeinden erheben sie sich mit schrillem Quieken und fliegen mit schnellen Flügelschlägen wenige Meter über dem Boden bleibend fort. Verfolgte verstecken sich manchmal in Erdferkellöchern. Nach HOESCH u. NIETHAMMER leben die Rebhuhnfrankoline des Otavi-Berglandes (Namibia) auch in den Ebenen, während sie im Erongo-Gebirge nur auf bewachsenen Kuppen und Geröllhängen in Lagen zwischen 1600 und 2300 m anzutreffen sind. Außerhalb der Brutzeit halten sie in Völkern aus 3 bis 12 Vögeln zusammen und führen ein sehr verstecktes Leben. Sie waren nur schwer zum Fortlaufen oder Auffliegen zu bewegen und verließen sich ganz auf ihr Tarngefieder. Durch Festanlegen des Gefieders scheinen sie die Abgabe des Körpergeruchs auf ein Minimum beschränken zu können, so daß stöbernde Hunde den bewegungslos und geduckt liegenden Vogel oft überlaufen. Ihre Flügel benutzen sie regelmäßig nur zum Anfliegen der Schlafplätze in der Spätdämmerung. Nach den Losungsplätzen zu urteilen, die sich im Erongo-Gebirge vorzugsweise auf freien Flächen inmitten kopfgroßer Geröllsteine fanden, übernachten sie nach Art von Rebhühnern dicht aneinandergedrängt. Wenn sie die Schlafplätze aufsuchen, vernimmt man häufig ihre Lockrufe, ein mehrfach wiederholtes „Didliie". Der Revierruf ist ein 5- bis 9mal wiederholtes „Ki-bi-til-ii", schneller und in kürzeren Intervallen ausgestoßen als bei Shelleys Frankolin. Der Mageninhalt bestand vorwiegend aus ganzen und zerkleinerten Cyperus-Zwiebeln, daneben Sämereien, Beeren und Insekten. URBAN et al. nennen noch Sprossen von *Moraea,* Samen, Beeren und Grassamen.

Haltung: Über einen Import nach Europa ist uns nichts bekannt. HOESCH schreibt über von ihm in Südwestafrika (Namibia) gehaltene Rebhuhnfrankoline: „Meine beiden zahmen Altvögel fressen in der Hauptsache Salat und wenige Tage bis eine Woche alte Mäuse. Aus der Körnermischung picken sie zuerst die Sonnenblumenkerne, dann die weiße Hirse heraus. Weichfutter, Legemehl, Kükenaufzuchtfutter, eingeweichtes Brot etc. wurde verschmäht." An anderer Stelle heißt es: „Aus einem Ei, das einer Zwerghuhnglucke untergelegt worden war, schlüpfte das Küken. Es fraß zunächst nur frische Mehlwürmer. Bei der ersten Fütterung 20 Stunden nach dem Schlupf zeigte es das auch von anderen Hühnervogelküken bekannte Hin- und Herrennen, wenn diese einen Wurm ergriffen haben. Durch sein Verhalten machte es deutlich, daß der auslösende Reiz nur von der Beschaffenheit der Beute selbst ausgeht und die Gegenwart von Nahrungskonkurrenten nicht notwendig ist. Durch die isolierte Fütterung war das Küken von Anfang an auf mich als Nahrungsspender geprägt, die Glucke blieb aber Elternkumpan. Als ich es im Alter von 3 Wochen von ihr trennte, dauerte das Weinen nur wenige Minuten, und ich wurde sofort wieder angebettelt. Hirsekörner wurden kaum genommen, nur Mehlwürmer und zum Glück auch Salat. Eine Schnabelbearbeitung der Wurmbeute fand in keinem Fall statt."

Rotfuß-Waldfrankoline

Dieses kleine Waldfrankolin ist zwar mit Lathams Frankolin sympatrisch und scheint ihm aufgrund seiner Größe und Färbung am nächsten zu stehen, doch sind laut HALL solche Ähnlichkeiten bei sylvicolen Arten zu erwarten und können auf Konvergenz beruhen. Sie sieht die nächste Verwandtschaft bei der Gruppe der Schuppenfrankoline. Sieht man von der geringeren Größe ab, so hat es mit ihnen die folgenden Eigenschaften gemeinsam: Die Geschlechter sind gleichgefärbt und die Beine rot, auch ist wie bei *F. squamatus* die Kopfbefiederung einfarbig, die Schnabelbasis wie bei *F. griseostriatus* rot und die Unterseite gleich *F. ahantensis* weiß gemustert. Auch haben die 4 Arten einen kleinflächigen nackten Hinteraugenbezirk gemeinsam, der allerdings nur bei Nahans Frankolin rot gefärbt ist. Da bei ihm die Nackenfedern verlängert sind und es dünnschalige Eier mit starkem Sprenkelmuster legt, dazu ein Nisten über dem Erdboden bekannt wurde, wird man die Art vielleicht später zu einer eigenen Gattung erheben, vor allem falls sich herausstellen sollte, daß Stimmrepertoir und Dunenkleid – bisher unbekannt – erheblich von *Francolinus* abweichen.

Rotfuß-Waldfrankolin
Francolinus nahani, Dubois 1905

Engl.: Nahan's Forest Francolin.
Heimat: Nordost-Zaire in einem Gebiet zwischen dem Aruwimi-, Nepoko- und Semlikifluß; eine weitere Population bewohnt den Budongo-, Bugoma- und Mabirawald Ugandas. Keine Unterarten.
Beschreibung: Geschlechter gleichgefärbt. Stirn-, Scheitel- und Nackengefieder braunschwarz, vor allem in der Nackenregion verlängert; hinterer Abschnitt der Überaugenregion schwarz und weiß gesprenkelt, die Ohrdecken braunschwarz, oft weißgesprenkelt. Wangen-, Brust- und Halsseiten weiß, an den Federenden mit birnenförmiger Schwarzfleckung; Unterhals und Kropf schwarz, an den Federsäumen mit spärlicher Weißfleckung. Brust und Flanken stumpfschwarz, die Federn mit breiter wei-

ßer Seitensäumung, die sich auf den Flanken nach und nach in Fleckung auflöst. Bauch und Schenkel grauschwarz mit undeutlicher Weißbänderung; Unterschwanzdecken glänzendschwarz, spärlich isabell gefleckt und gebändert. Mantel-, Schulter-, Bürzel- und Oberschwanzdeckfedern olivbraun mit zarter schwarzer Wellenmusterung, auf jeder Feder ein großer schwarzer Subterminalfleck, durch den der isabellfarbene Federschaft läuft. Flügeldecken braun mit schwarzer Wellenbänderung und isabellfarbenem Fleck im Randbereich der Außenfahnen; Armschwingen schwarz, unregelmäßig rostisabell gebändert und gewellt, die Handschwingen graubraun mit hellerer Säumung der Außenfahnen. Schwanz schwarz mit brauner Wellenbänderung. Nackte Orbitalhaut karminrot, Iris dunkelbraun, Schnabelbasis karminrot, die Spitze schwärzlich, Beine rosenrot, die Läufe stets ungespornt. Geschlechter gleichgroß; Länge ca. 270 mm; Flügel 129 bis 142 mm; Schwanz 71 bis 80 mm; Männchen wogen 308 und 312 g, Weibchen 234 bis 260 g. Jungvögel sollen insgesamt dunkler sein und graue Beine besitzen.
Das Kükenkleid ist noch unbekannt.
Gelegestärke 4; Ei dünnschalig, birnenförmig mit glatter glänzender Oberfläche, isabell, satt rosa-cremefarben mit hellbrauner Sprenkelung und hellpurpurner Fleckung (36 mm × 26 mm).
Lebensgewohnheiten: Das kleine Waldfrankolin ähnelt in seiner Lebensweise sehr dem größeren *F. lathami*, mit dem es sympatrisch ist. Auf Nahrungssuche kommt es häufig zusammen mit Haubenperlhühnern vor, so daß man es im Halbdunkel des dichten Blätterdachs oft für ein Perlhuhnjunges gehalten hat. Die Stimme ist nicht bekannt. Das einzige, bisher gefundene Nest war 1 m über dem Erdboden in einer Baumhöhlung angelegt und enthielt 4 Eier. 2 in Uganda gesammelte Weibchen wiesen im April ein stark vergrößertes Ovar auf.
Haltung: Die Art wurde noch nicht gehalten.

Schuppenfrankoline

Das Verbreitungsgebiet der aus 3 Arten, dem Schuppenfrankolin *(F. squamatus)*, Aschanti-Frankolin *(F. ahantensis)* und Graustreifen-Frankolin *(F. griseostriatus)*, bestehenden Gruppe deckt sich im wesentlichen mit dem Vorkommen von Niederungswäldern in Ober- und Unterguinea. Doch sind diese Frankoline keine Hochwaldbewohner, sondern leben innerhalb von Waldungen auf buschbewachsenen Lichtungen und Kulturland. Außerhalb des geschlossenen Hauptverbreitungsgebietes der Gruppe leben verstreute Populationen im Westen nordwärts bis Gambia, ostwärts am Djebel Marra Sudans, südostwärts in den Usambarabergen Tansanias, südwärts auf dem Vipya-Plateau Malawis sowie entlang der atlantischen Küstenabdachung Angolas. Die 3 Schuppenfrankoline sind wohl die unscheinbarsten Vertreter der Gattung. Ihre vorwiegend braune Oberseite weist manchmal Wellenbänderung sowie eine undeutliche Zeichnung von Hinterkopf und Mantel durch schwarze bis orangebraune Federzentren und hellere Säumung auf. Eine ausgeprägte Gesichtszeichnung fehlt, die Kehle ist weiß, die übrige Unterseite vorwiegend braun oder cremeisabell mit einer bei den Arten verschiedenen Federmusterung. Da das Brustgefieder stets schmal dunkel gesäumt ist, entsteht ein Schuppenmuster, dem die Gruppe ihren Namen verdankt. Die Schnäbel sind orangerot oder rot, mit Schwarz- oder Braunkomponenten auf dem First oder an der Schnabelbasis, die Beine orangerot mit 1 oder 2 Sporen an den Läufen der Männchen. Ein ausgeprägter Sexualdimorphismus fehlt, nur tendieren die Weibchen zu ausgeprägterer Schuppenmusterung, einige weisen auch etwas hellere Färbung als die Männchen auf. Die 3 Arten sind allopatrisch und gut voneinander unterschieden. Die geographische Variation ist gering, dazu wird ihre Erkennung noch durch individuelle Variation erschwert. Die gegenwärtig vielfach unterbrochene Verbreitung der Gruppe ist wie bei den Gebirgsfrankolinen auf den Rückzug ehemals zusammenhängender Waldgebiete während Trockenperioden zurückzuführen.

Schuppenfrankolin
Francolinus squamatus, Cassin 1857

Engl.: Scaly Francolin.
Abbildung: Seite 338 unten links.
Heimat: Westafrika vom rechten Nigerufer südwärts Mittel- und Süd-Nigeria, Mittel- und Süd-Kamerun, Gabun, Süden der Kongo-Republik bis zur Kongomündung bei Cabinda, ostwärts Nord- und Ost-Zaire, West-Ruanda, West-Burundi, Mittel- und Süd-Uganda, äußerster Süd-Sudan (Azandebezirk) und östlich des Nils in Equatoria die Imatong- und Didingaberge, Südwest-Äthiopien und dessen Rifttal, das nordwestliche Hochland Kenias (Mt. Kenya, Aberdares, Mau, Athi, Kikuyu, Ngong, Ukambani etc.) und die Chyuluberge. In Tansania zahlreiche inselartige Vorkommen bei Bukoba, Kigoma, die Utschungwe-, Uluguru- und Usambaraberge, das Kraterhochland mit Monduli, Meru und Kilimandjaro. Malawi auf dem Vipya-Plateau. Mehrere isolierte Vorkommen auf Lichtungen im Kongowaldgürtel im Iturigebiet und Süd-Uelle; nördlichstes Auftreten im Djebel-Marra-Gebirgsstock in Darfur (Sudan). URBAN et al. halten farbliche Unterschiede der Populationen für klinal bedingt und erkennen die bisher aufgestellten 8 Subspezies nicht an.
Beschreibung: Geschlechter gleichgefärbt. Scheitel dunkelbraun, Stirn, ein Augenbrauen- und Schläfenstreif grau, die Kehle weiß; Wangen-, Hals- und Kropffedern braun mit grauen, z. T. weißen Seitensäumen; Rücken, Flügel, Schwanz braun, die Federn zart schwarz gewellt, ihre Mittelabschnitte dunkler, die Seiten heller, z. T. grau; Handschwingen einfarbig grau. Federn der Brust- und Bauchregion braun mit weißer oder graubrauner Säumung, ein Schuppenmuster bildend; Unterschwanzdecken dunkelgrau mit dichter schwarzer Wellenzeichnung und isabellweißer Säumung der Federn. Oberschnabel dunkelbraun, Unterschnabel orangerot, ein kleiner Bezirk nackter Hinteraugenhaut über den Ohrdecken graugelb; Iris dunkelbraun; Beine orangerot, beim Hahn mit 2 Sporen.
Länge 350 mm; Flügel 159 bis 184 mm; Schwanz 81 bis 115 mm; Gewicht 430 bis 565 g.
Hennen sind etwas kleiner, mit kurzem Sporn am Hinterlauf.
Länge 320 mm; Flügel 147 bis 182 mm; Schwanz 73 bis 110 mm; Gewicht 377 bis 492 g.
Jungvögel sind insgesamt roströtlicher als Adulte mit pfeilförmiger Schwarzmusterung der Oberseite und schwarzweiß gebänderter Unterseite.

Bei Dunenküken sind Scheitel, Hinterhals und ein über die Rückenmitte ziehendes breites Band dunkelrostbraun; Gesicht und Kopfseiten isabellweiß mit schmalem dunkelbraunem Streifen, der von der Schnabelbasis durchs Auge und über die Ohrdecken zieht. Übrige Oberseite dunkelbraun, roströtlich verwaschen und isabellweiß gesprenkelt. Je 2 isabellfarbene Bänder verlaufen parallel zum breiten Rückenband. Unterseite isabellgelblich, rostrot verwaschen. Oberschnabel braun, Unterschnabel fleischfarben, Iris grau, Beine hellgelb bis hell zinnober.
Gelegestärke 3 bis 8; Ei oval, sehr hartschalig, isabell bis rötlich isabell mit weißer Porenzeichnung (41,4 bis 42,7 mm × 32,7 bis 34,0 mm).
Lebensgewohnheiten: Wie SCLATER u. MOREAU aus Usambara und CHAPIN von Ituri und Uelle betonen, ist die Art kein Hochwaldbewohner, sondern besiedelt dichten Sekundärbusch an Waldrändern, den üppigen Sekundärwuchs auf Waldlichtungen, verlassene Kaffeeplantagen, verwahrloste Maniok- und Reisfelder, auch Flecken von Elefantengras und kommt in die Nähe von Dörfern, wenn relativ niedriger, aber dichter Pflanzenwuchs vorhanden ist. Kleine Restwaldparzellen inmitten von Feldern und Pflanzungen beherbergen sie häufig. Man bekommt die scheuen und heimlichen Vögel nur zufällig zu Gesicht, hört sie aber regelmäßig. Allmorgendlich, noch vor Sonnenaufgang von 4.30 bis 5 Uhr an, schreien die Hähne mit der Pünktlichkeit eines Weckers ihren Revierbesitzruf heraus, der nach CHAPIN wie „Kwii, tchatschurru" oder „Kwii-kk, krrr. . .", laut SCLATER u. MOREAU wie ein in schnellem Tempo ausgestoßenes gutturales „Gk-gau-ra", häufig wiederholt, klingt. Abends, zu Beginn der Dunkelheit, häufig auch in sternklaren Nächten, wird nochmals gerufen. Das von URBAN et al. erwähnte hohe nasale, 4- bis 12mal wiederholte und dabei an Lautstärke zunehmende „Ke-rak" dürfte eher dem Weibchenruf entsprechen, der von SCLATER u. MOREAU, die die Art lebend in Usambara hielten, als ein höherer nasaler Ruf bezeichnet wird. Im Dickicht Überraschte fliegen unter Ausstoßen des Alarmrufs „Kerak kak kak" polternd auf, lassen sich danach jedoch gleich wieder auf den Boden fallen und verschwinden rennend im Dickicht, wie denn diese Frankolinart überhaupt als schlechter und schwerfälliger Flieger geschildert wird. Der Sammelruf Versprengter klingt wie „Quarek quarek". Wie bei den meisten in Familienverbänden lebenden Hühnerarten ist auch beim Schuppenfrankolin der Kontakt-

laut während der Futtersuche ein leises Glucken. In Gefahr geben Küken ein hohes trillerndes Piepen von sich. Nachts schläft dieses Frankolin auf Baumästen inmitten dichten Buschwerks und ist dann kaum auszumachen. Gelege sind in dem riesigen Verbreitungsareal der Art zu allen Jahreszeiten gefunden worden. Im nördlichen Ituri und in Süd-Kamerun fällt die Fortpflanzungsperiode deutlich in die Trockenzeit (CHAPIN).

Haltung: Als europäischer Erstimport gelangte die Art 1904 aus Kenia in den Londoner Zoo, 1936 bis 1938 war sie im Berliner Zoo vertreten. Von MOREAU (1928) in Amani (Usambara) in einer kleinen Voliere gehaltene Wildfänge waren nach 4 Monaten noch genau so unbändig wild wie direkt nach dem Fang, obwohl man sich täglich mit ihnen beschäftigte. Die Fähigkeit, sich trotz ihrer Größe in der Volierenbepflanzung zu verstecken, war bewundernswert.

Über eine Zucht ist nichts bekannt.

Aschanti-Frankolin
Francolinus ahantensis, Temminck 1851

Engl.: Ahanta Francolin.

Heimat: Westafrika in 3 voneinander isolierten Vorkommen, deren nördlichstes im Küstengebiet Senegals und Gambias sowie dem Norden Guinea-Bissaos, ein weiteres südwärts im Süden Guineas, in Sierra Leone und Liberia, liegt, während ein drittes den Nordosten der Elfenbeinküste, Ghana, Mittel-Togo, Zentral-Benin und Südwest-Nigeria bis zum linken Nigerufer umfaßt. Die zwischen den nördlichen und südlichen Populationen vorhandenen geringen Farbunterschiede liegen im klinalen Bereich und gestatten nach URBAN et al. nicht die Aufstellung von Unterarten.

Beschreibung: Geschlechter wenig verschieden. Stirn, Zügel und ein schmales Überaugenband, das über die Ohrdecken bis zum Nacken zieht, weiß mit kleinem braunem Endfleck jeder Feder; Scheitel, Nacken, Ohrdecken dunkelgraubraun, die Federn der Gesichtsregion weiß mit dunkelgraubrauner Tüpfelung; Halsseiten, Hinterhals und Mantel schwarz, die Federn mit rostweißlichen Schäften und breiter weißer Säumung, eine Art Schuppenmuster erzeugend. Rücken, Schultern, Flügeldecken brauner, die Federn dieser Region isabellweiß gewellt und unregelmäßig gebändert; Bürzel und Schwanz sattbraun mit dunklerer Wellenmusterung der Federn. Kinn und Kehle weiß, die Unterseite graubraun, ihre Federn auffällig weiß gesäumt. Handschwingen braungrau, ihre Außenfahnen wenig braun gesprenkelt; Armschwingen graubraun, schwarz und rostbraun gewellt und gesprenkelt. Schnabel orangerot mit schwarzem Basisabschnitt, oberhalb der Ohrdecken ein kleiner nackter Hautbezirk hellorange, Iris braun, Beine orangerot, der Lauf beim Hahn doppelt gespornt.

Länge 356 mm; Flügel 161 bis 181 mm; Schwanz 90 bis 109 mm; Gewicht wie Schuppenfrankolin. Weibchen sind kleiner, mit dunkleren Armschwingen und einem kurzen oder gar keinem Sporn. Länge 300 mm; Flügel 154 bis 172 mm; Schwanz 80 bis 109 mm.

Jungvögel unterscheiden sich von Adulten durch schwarze pfeilförmige Musterung auf Mantel, Schultern und innersten Armschwingen; die Unterseite ist aschfarben mit trübweißer Längsstreifung.

Beim Dunenküken sind Scheitel, Nacken und ein über den Mittelrücken ziehendes breites Band dunkelrostbraun; Kopfseiten rostisabell mit einem von der Schnabelwurzel durchs Auge ziehenden und sich dahinter stark verbreiternden rostbraunen Streifen. Übrige Oberseite rostbraun, mit Ausnahme zweier schmalerer isabellfarbener, parallel zum breiten Rückenband verlaufender Streifen. Unterseite isabellgelblich, roströtlich verwaschen. Handschwingen dunkelbraun mit rötlichen Innen- und braunen Außenfahnen; Schnabel hornbräunlich, der Unterschnabel heller, Beine rosafleischfarben.

Gelegestärke 4 bis 6; Ei cremefarben bis rosig isabell (42 mm × 33 mm).

Lebensgewohnheiten: Nach BANNERMAN bewohnt die Art dichten Busch und meidet sowohl den Hochwald als auch offenen Savannenwald. In Hochwaldbezirken beschränkt sich das Vorkommen auf die lianenverfilzten Saumgestrüppe, im Wald auf undurchdringlichen Sekundärwuchs von Lichtungen. Verunkrautetes Kulturland und dichter Uferwuchs von Gewässern zählt gleichfalls zu gern besiedelten Habitaten. Im Vergleich mit dem nahe verwandten Schuppenfrankolin neigt das Aschanti-Frankolin auf der Flucht vor Bodenfeinden viel mehr zum Aufbaumen. Vor dem Aufsuchen der Schlafplätze, Bäumen mit üppiger Blätterkrone, vollführen die Familien einen weithörbaren Lärm. Sie können zu allen Tages- und Nachtstunden rufen, tun dies aber besonders intensiv in der Dunkelheit vor Sonnenaufgang, in mondhellen Nächten und vor dem abendlichen Aufbaumen. Die Strophe ist ein mehrfach wiederholtes „Ka-ka-karara" der Hähne,

in das die Weibchen mit anderen Tönen einfallen. Nach URBAN et al. ist antiphonales Rufen festgestellt worden, bei dem der Hahn einen klaren „wellenförmigen" Ton ausstößt, den das Weibchen mit einem vibrierenden Unterton beantwortet. Die Vögel nehmen als Nahrung viel Feldfrüchte wie Getreidesamen, kleine Bohnen, Kassawa und große Früchte auf. In mondhellen Nächten gehen sie gern auf Yamsfelder zur Futtersuche.
Haltung: Als europäischen Erstimport erhielt der Berliner Zoo 1934 von SCHULZ-KAMPFHENKEL aus Liberia 1 Paar dieser Frankoline, und 1948 gelangte ein Vogel in den Londoner Zoo. Über eine Zucht ist uns nichts bekannt.

Graustreifenfrankolin
Francolinus griseostriatus,
Ogilvie-Grant 1890

Engl.: Grey-striped Francolin.
Heimat: West-Angola in zwei isolierten Vorkommen, von denen das eine in Süd-Cuanza und West-Milanje (Ndalo Tando, Pungo Andongo, Dondo, Cuanzabecken und Cuanzaschlucht), ein weiteres an der Hochplateauabdachung zum Atlantik im Süd-Benguela-Distrikt sowie im äußersten Nordosten des Huila-Distrikts (Chingoroi, Caxito) liegt. Keine Unterarten.
Beschreibung: Geschlechter gleichgefärbt. Stirn hellrostbraun, Scheitel und Nacken graubraun, Kopfseiten hellgraubraun; die Federn auf Seiten- und Hinterhals, Mantel, Rücken und Schultern dunkelkastanienbraun, auf beiden Fahnen mit je einem schwarzen und perlgrauen Längsband sowie unregelmäßiger schwarzer Streifung und Bänderung; Bürzel und Oberschwanzdecken graubraun mit geringer, hellerer Wellenzeichnung und undeutlicher isabellfarbener und schwarzer Bänderung. Schwanz dunkelrostbraun, undeutlich schwarz gebändert; Flügeldecken braun mit hellerer Säumung, die Handschwingen graubraun mit geringer lohfarbener Sprenkelung auf den Außenfahnen; Armschwingen braun und lohfarben gesprenkelt und gebändert. Kinn und Oberkehle schmutzigweiß, Unterkehl- und Brustfedern mit breitem rotbraunem Zentrum und breiten isabellgrauen Seitensäumen. Übrige Unterseite satt isabellgelblich, die Federn mit schmalen rostbraunen Schaftstreifen. Oberschnabel schwarz mit roter Basis, Unterschnabel orangerot, Iris braun, Beine orangerot, bei Hähnen mit einem langen Sporn bewehrt.
Flügel 139 bis 161 mm; Schwanz 87 bis 102 mm. Weibchen sind wenig kleiner und sporenlos.
Flügel 144 bis 153 mm; Schwanz 85 bis 96 mm.
Bei Jungvögeln ist die Grundfärbung der Oberseite viel satter zimtbraun, jede Feder mit schwarzem statt rotbraunem Zentrum und dreiwinkligen schwarzen Zeichnungen; Brust weniger rotbraun, Bauch weißlicher als bei Adulten.
Dunenkleid und Ei noch unbekannt.
Lebensgewohnheiten: G. HEINRICH traf 1954 dieses seltene Frankolin im Galeriewaldgestrüpp steiler Uferhänge des Cuanza und dichten, niedrigen, von einzelnen hohen Baobab *(Adansonia)* überschatteten Buschdickichten auf niederen Hügeln am Rande der Flußniederung an. In den Morgen- und Abendstunden verließen die Vögel diese Deckung, um auf den angrenzenden Grasflächen oder in ehemaligen Baumwollfeldern ihre Nahrung zu suchen, flüchteten aber bei Beunruhigung sofort zum nahen Waldrand zurück. Die Stimme soll dem hohen kratzenden „Kerak" des Schuppenfrankolins gleichen.
Haltung: Die Art wurde bisher noch nicht importiert.

Wellenfrankoline

In dieser größten und am wenigsten einheitlichen Gruppe hat HALL 9 Arten vereinigt, die von CROWE u. CROWE in 2 Superspezies und 3 diesen entfernter stehenden Arten unterteilt worden sind. Eine Superspezies umfaßt die beiden Arten *F. hildebrandti* und *natalensis*, die zweite die Arten *F. bicalcaratus, icterorhynchus, clappertoni* und *harwoodi*, während *F. hartlaubi, capensis* und *adspersus* wegen mehrerer Verschiedenheiten lediglich als verwandte Spezies zu betrachten sind. Gemeinsame Merkmale aller Arten sind die graue oder graubraune, gewöhnlich intensiv isabellfarbene Wellenzeichnung und Streifung des Oberseitengefieders und die bei den meisten U- und/oder V-förmigen isabellfarben gestreifte Unterseite. Die Männchen sind signifikant größer als die Weibchen, zeigen aber nur bei 2 Arten, Hartlaubs und Hildebrandts Frankolin, ausgeprägten Sexualdimorphismus des Gefieders. Die meisten Arten haben rote oder orangerote Schnäbel und Beine, deren Läufe mit 2 Sporen bewehrt sind, eine unbefiederte Orbitalhaut sowie graue oder dunkelbraune Handschwingen mit weißer oder isabellfarbener Wellenzeichnung und/ oder Bänderung. Die Stimme aller Arten ist rauh und krächzend. Sie bewohnen Akaziensavannen, Brachystegia-Parkwälder, Felder und Plantagen auf Lichtungen sowie steinige Hügelhänge. Mit Ausnahme des Hartlaub-Frankolins, in dessen Habitat es keine Bäume gibt, baumen alle Arten auf.

Hildebrandt-Frankolin
Francolinus hildebrandti, Cabanis 1878

Engl.: Hildebrandt's Francolin.
Abbildung: Seite 338 oben rechts.
Heimat: Mittleres und südliches West-Kenia (Marsabit, Barsaloi, Malawafluß, Voi), Tansania mit Ausnahme des Nordwestens (nordwärts bis Biharamulo) und der südöstlichen Gebiete des Viktoriasees (in Muanza, Sukuma, Mara fehlend), äußerstes Südost-Zaire (Musosa), Nordost-Sambia bis zum 12° südlicher Breite, Süd-Malawi (Mulanjeberg), Mosambik südlich des Malawisees im Shire- und unteren Sambesital. Auf der Bwejuu-Insel (bei Mafia) eingeführt.
Die geographische Variation liegt im klinalen Bereich.
Beschreibung: Geschlechter sehr verschieden gefärbt. Beim Hahn sind Scheitel und Nacken graubraun mit dunkleren Zentren und isabellgrauen Spitzen der Federn; ein dunkler Streifen zieht vom Zügel durchs Auge zur Obergrenze der braunen Ohrdecken; schmales Überaugenband, Wangen, Hals und Kehle weiß mit schmalem dunklem Schaft der Federn, der im Halsbereich auf die Fahnen übergreift, runder und endständiger wird; Unterhals, Kropf, Flanken weiß, die Federn im Basisbereich mit unregelmäßigem schwarzem Kreuzmuster und im Endabschnitt herzförmigem schwarzem Fleck, wodurch ein Teil der Unterseite herzförmig gesprenkelt erscheint. Die Flecken auf den Flanken sind länger, mehr dunkelbraun, dazu schwach gesprenkelt; Mittelbauch isabellweißlich mit geringer Bänderung, Unterschwanzdecken isabell mit brauner, beiderseits schwarz gesäumter V-Bänderung der Federn. Kropf und Hinterhalsseiten schwarz mit weißer Schaftfleckung und unregelmäßigen submarginalen Linien sowie beiderseits des Federschaftsendes rotbraunen Linien. Übrige Unterseite graubraun, jede Feder zum Schaft hin rotrötlich angeflogen, dazu zart grau und rostfarben wellengebändert. Handschwingen und die meisten Armschwingen graubraun, auf Außenfahne und Spitzenteil zart rostbraun wellengebändert; innere Armschwingen, Oberschwanzdecken und Schwanz noch brauner mit unauffälliger hellerer Wellenmusterung. Schnabel rot mit braunem First und gelbem Basisteil, Iris dunkelbraun, Beine rot, der Lauf doppelt, zuweilen dreifach gespornt.
Länge 350 mm; Flügel 158 bis 189 mm; Schwanz 92 bis 118 mm; Gewicht 600 bis 645 g.
Die Weibchenfärbung ähnelt auf der Oberseite der des Männchens, nur ist das Schwarzweiß des Halses weniger deutlich abgesetzt und weist auf der Mantelregion, den Schultern und Flügeldecken entlang der Federschäfte ein kräftiges helles Rostbraun auf. Die Unterseite ist wesentlich von der des Hahnes verschieden: Die bei diesem hellen Kopf- und Kehlbezirke sind beim Weibchen hell rostisabell, die Wangen roströtlichgrau; Unterhals, Kropf, Brust, Flanken und Bauch trüb ockrigorange, die Federspitzen etwas heller und besonders auf Kropf und Flanken mit geringer schwarzer Wellenbänderung; seitliche Kropffedern graugefleckt, das Schenkelgefieder hellisabell gefleckt und endgebändert, Schnabel und Beine wie beim Hahn gefärbt, nur fehlen die Sporen oder sind bei Althennen allenfalls angedeutet.
Länge 320 mm; Flügel 151 bis 179 mm; Schwanz 86 bis 110 mm; Gewicht 430 bis 480 g.
Beim Erstgefieder ist der Kopf nach VAN SOMEREN noch wie beim Dunenküken gefärbt; Brust und Körperseiten sind sandisabellfarben, jede Feder mit weißem Schaftfleck und weißem Dreieckmuster an der Spitze; Hinterhals und Mantel ebenso, doch werden die Isabellflecken durch olivbraune Fleckung ersetzt, die weißen Schaftflecken sind kleiner, rostbräunlich angeflogen und mit einem auffälligen schwarzen Winkelmuster versehen; Hand- und äußere Armschwingen olivbraun mit Schwarzsprenkelung, Bänderung und gezähnter Isabellzeichnung auf den Außenfahnen. Das volle Adultkleid soll nicht vor Erreichung des 3. Jahres angelegt werden (?).
Dunenküken sind auf Kopf und Hals dunkelmaisgelb mit einem vom Zügel durchs Auge bis zu den Ohrdecken ziehenden dunkelbraunen Streifen; auf der Scheitelmitte ein breites rotbraunes, beiderseits schmal schwarzgesäumtes Band. Auf der hellockergelben Oberseite je ein rotbrauner Rücken- und ein parallel dazu verlaufender ebenso gefärbter Seitenstreifen; Flügelchen ockergelb, rotbraun gesprenkelt; Unterseite dunkelmaisgelb mit Grautönung der Brustregion.

Gelegestärke 4 bis 8; Ei cremeweiß bis hellbraun (37,8 bis 41,5 mm × 30,5 bis 33,2 mm).

Lebensgewohnheiten: Hildebrandts Frankolin ist aus noch unbekannten Gründen in seinem großen Verbreitungsareal vielfach selten und nur sehr lokal verbreitet. Nach WILLIAMS kommt er wohl in den bewaldeten Loitabergen Kenias am häufigsten vor. Touristen können ihn mit ziemlicher Sicherheit am Hells Gate Gorge nahe dem Naivashasee (Kenia) beobachten; nach KÖNIG u. ERTEL ist er am Ngorogoro-Krater Tansanias von den höchsten Stellen bis zum Kraterboden anzutreffen, und LYNES begegnete ihm in den Bergen um Iringa (Tansania) ziemlich häufig in den oberen Abschnitten bewaldeter Hügelberge oberhalb 1750 m. Charakteristische Habitate der Art sind dichter Busch, von Büschen durchsetzte Steppen, bewachsene Granitfelsen (Kopjes) und Adlerfarn/Dornbusch, alle Örtlichkeiten in Lagen zwischen 1750 und 2500 m. Die außerordentlich vorsichtigen Vögel werden viel häufiger gehört als gesehen. GROTE hörte bei Mikindani (Tansania) ihre Stimme oft in tiefer Nacht. Die Strophe ist ein in hohem Falsetto ausgestoßenes, wildes „Tschuck-a-tschuk-tschik-atschik-tschick-ick-ick-ick", die Silben im Verlauf allmählich langsamer, höher und erregter werdend (PRAED u. GRANT). URBAN et al. empfinden die Strophe als ein hohes Gackern, das wie „Kek-kekek-kek-kerak" klingt, wobei mehrere Vögel meist gleichzeitig riefen. Das „Kek" wird situationsbedingt nur einmal oder mehrfach und in unterschiedlicher Schnelligkeit ausgestoßen, am schnellsten in Alarmstimmung. Kontaktlaut ist ein rauhes „Tschukatschuk". Das Stimmrepertoir soll dem des Natal-Frankolins am ähnlichsten sein. Einen ganz abweichenden Ruf hat LYNES in Iringa (Tansania) gehört, einen lauten Pfiff, der fast limikolenartig klang.

Bezüglich der Brutzeit sind für alle Gebiete des Vorkommens unterschiedliche Daten angegeben worden, ohne daß sich ein Zusammenhang mit der jeweils in dem betreffenden Areal herrschenden Regen- und Trockenzeit erkennen ließe. Zu Beginn der Brutzeit kämpfen die Hähne erbittert um die Reviere. Einzelheiten über die Fortpflanzungsbiologie sind noch nicht bekannt. Bei Gefahr und nachts baumen die Vögel auf.

Haltung: Als europäischer Erstimport gelangte die Art 1927 in den Londoner Zoo. Von 1928 bis 1930 war sie im Berliner Zoo vertreten. Über eine Zucht ist nichts bekannt.

Natal-Frankolin
Francolinus natalensis, Smith 1834

Engl.: Natal Francolin.

Heimat: Der Norden Mittel-Sambias (unmittelbar südlich des Vorkommens von Hildebrandts Frankolin), ostwärts West-Mosambik (Tete-Provinz), südwärts Simbabwe, der äußerste Osten Botswanas und Swasiland nach Südafrika. Dort in Transvaal, dem westlichen Oranje-Freistaat, Natal sowie der äußerste Norden und Osten der Kap-Provinz. Geographische Variation im klinalen Bereich.

Beschreibung: Geschlechter gleichgefärbt. Stirn und Scheitelseiten schwarz mit weißer Federsprenkelung; Scheitelmitte und Nacken umberbraun, die Federn mit dunkleren Zentren; Federn des Seiten- und Hinterhalses schwarz, an den Seiten breit weißgesäumt und mit hellrostbraunem Schaftstreifen; Mantel warm umberbraun, die Federn dicht dunkelbraun und isabell wellengebändert, jede auf der Mittelfläche dunkler und rötlicher; Bürzel, Oberschwanzdecken und Schwanz hellumber, dicht dunkelbraun wellengebändert. Obere Zügelregion schwarz, übriges Gesicht weiß, die Federn schwarz gefleckt und gesäumt; Ohrdecken braun, Kehle weiß mit dichter Schwarztüpfelung, die weiße Grundfärbung nach hinten zu allmählich in Isabellgelb übergehend; Brust- und Seitenfedern schmal schwarz gesäumt und mit zahlreichen schwarzen Querbalken versehen, ein Schuppenmuster ergebend; Bauch- und Steißgefieder isabellfarben, die Unterschwanzdecken ebenso, dazu dunkelbraun quergebändert; Arm- und Handschwingen sowie die Flügeldecken wie der Mantel gefärbt. Schnabel orangerötlich mit olivgrünlicher Basis; Augenwachshaut grünlicholiv bis oliv, Iris braun, Beine orange bis scharlachorange, beim Hahn meist mit einem, manchmal zwei Sporen bewehrt.

Länge 340 mm; Flügel 150 bis 186 mm; Schwanz 92 bis 120 mm; Gewicht 415 bis 650 g.

Hennen sind kleiner und tragen am Lauf einen kurzen Spornhöcker.

Länge 310 mm; Flügel 149 bis 167 mm; Schwanz 88 bis 102 mm; Gewicht 370 bis 400 g.

Jungvögel sind im wesentlichen wie Weibchen gefärbt, nur insgesamt heller mit graubrauner, dicht rostisabell wellengemusterter und verschwommen gebänderter Oberseite. Unterseite isabell mit angedeuteter Schwarzbänderung, dazu jede Feder mit auffälligem, weißem Schaftstreifen. Schnabel grünlich, Beine fleischfarben.

Dunenküken haben einen rostbraunen Scheitel, der

beiderseits von einem schmalen schwarzen Streifen eingefaßt wird; Kopfseiten isabellweiß mit einem hinter dem Auge beginnenden und über die Ohrdecken ziehenden dunkelbraunen Band. Ein breites rostbraunes Band verläuft, von 2 parallel dazu verlaufenden Bändern begleitet, über den Mittelrücken. Übrige Oberseite braun und isabell gesprenkelt. Unterseite cremeisabell, auf der Brust roströtlich verwaschen. Beine hellgelb.

Gelegestärke 2 bis 8, meist 5; Ei oval, glanzlos cremeweiß (39,1 bis 46,8 mm × 31,7 bis 36,6 mm); Brutdauer 20 Tage.

Lebensgewohnheiten: Das Natal-Frankolin nutzt einen breiten Gürtel von Vegetationstypen, die von der Küste bis in 1800 m Höhe reichen. Bevorzugt wird undurchdringliches Buschwerk auf felsigem Gelände mit Zugang zu Wasserstellen. Die Art besiedelt außerdem lichtes Waldland mit genügend Unterwuchs, in Sambia dichtes Gebüsch in Verbindung mit trockenem Uferwald, in Simbabwe die Bergwaldregion des Inyanga-Hochlandes in 1800 m Höhe, in Natal unter anderem Zuckerrohrfelder. Im mittleren Sambesital lebt sie sympatrisch mit dem Haubenfrankolin *(F. sephaena),* im Luangwatal dem Rotkehlfrankolin *(F. afer),* wobei letzteres mehr als sonst üblich dichtes Buschwerk bevorzugt. In West-Simbabwe leben Natal- und Rotschnabelfrankolin nebeneinander, ohne daß eine ökologische Separation erkennbar wäre. Hybridisation kommt im Gebiet des Umgusa-Flusses westlich von Bulawayo mit Swainsons Frankolin vor.

Das Aktivitätsoptimum des Natal-Frankolin fällt in die frühen Morgen- und Spätnachmittagstunden, also die kühlste Tageszeit. Während der Mittagshitze dösen die Vögel im Schatten eines Busches, und zur Übernachtung baumen sie 3 bis 4 m hoch auf. Gelege wurden in Simbabwe mit Ausnahme des Oktober das ganze Jahr hindurch gefunden mit Schwerpunkt im März, April und Mai, in Südafrika hauptsächlich im Januar, Februar und von April bis Juli. Die häufigste Rufstrophe der Hähne ist ein krächzendes 4silbiges „Ker-kik-kik-kik" mit nachdrücklicher Betonung der letzten 3 Silben. Bei CLANCEY wird der vermutlich gleiche Ruf mit „Kwaali kwaali kwaali" übersetzt. Außerdem hört man noch ein hohes krächzendes, 4- bis 5mal wiederholtes „Krr-ik-krr". Nester werden von den Hennen gern durch Niedertrampeln und Körperkreisen in Grasbülten angelegt. Die Küken schlüpfen nach 20tägiger Bebrütung des durchschnittlich 5 Eier starken Geleges. Nach Beendigung der Brutzeit sind Familien von bis zu 10 Vögeln beobachtet worden.

Haltung: In Europa sind Natal-Frankoline vermutlich zuerst im Londoner Zoo gehalten worden und gelangten 1912 und 1925 auch in den Berliner Zoo. Über eine gelungene Zucht hat 1964 K. S. HARRAP aus Bulawayo (Simbabwe) berichtet. Er gewöhnte ein Paar Wildfänge in einer 60 m² großen Voliere ein, die noch mit 2 weiteren Frankolinarten und Wildenten besetzt war. Die 3 Frankolinarten vertrugen sich leidlich untereinander. Nach einem halben Jahr wählte die Natalhenne eine 30 cm über dem Erdboden im Schutzraum befestigte, oben geschlossene Kiste zum Nisten aus und bebrütete ein Gelege von 8 Eiern 20 Tage lang. Leider wurden die 7 geschlüpften Küken von Schopffrankolinen angegriffen, als sie am folgenden Tag in der Außenvoliere erschienen, und nur 3 konnten gerettet werden. Sie wurden zur Aufzucht einer Hühnerglucke übergeben und erhielten während der ersten Lebenswochen Termiten ad lib., danach ein handelsübliches Kükenmischfutter. Sie nahmen dieses jedoch erst an, nachdem Körnerfutter darübergestreut worden war. Diese Mischung, ergänzt durch feingehackten Salat, sagte ihnen zu, und sie wuchsen schnell heran. 2 Jungtiere konnten aufgezogen werden und waren mit 6 Monaten vollständig erwachsen. Außerordentlich zahm, erhielten sie zusammen mit Zwerghühnern Auslauf im Garten.

Doppelspornfrankolin
Francolinus bicalcaratus, Linné 1766

Engl.: Double-spurred Francolin.
Abbildung: Seite 338 oben links.
Heimat: Senegambien südwärts bis Kamerun. Eine Reliktpopulation in Marokko, wo sie heute in winzigen Resten noch 1972 von Essaouira, 1977 im Wald von Mamora und 1971 von Sous nachgewiesen wurde. 2 Unterarten.
Beschreibung: Geschlechter gleichgefärbt. Bei der Nominatform sind die Stirn und ein den rotbraunen Scheitel und Nacken säumender schmaler Streif schwarz. Von der Schnabelbasis verläuft ein breites weißes Überaugenband über die Ohrdecken bis zur oberen Nackenregion; ein schwarzer Zügelstreif zieht durch die Augenregion und endet kurz dahinter an den hellbraunen Ohrdecken. Übrige Oberseite fahl rötlichbraun, die Federn schwarzbraun gewellt und gesprenkelt; Vorderrücken, Schultern, Flügeldecken etwas dunkler, die Federn mit hellrahmfarbenen, außen noch einmal schwarzbraun

eingefaßten Säumen. Handschwingen dunkelbraun, ihre Außenfahnen mit rahmfarbenen Flecken, die Innenfahnen an den äußeren Handschwingen mit rötlichrahmfarbenen, etwas gewellten und gezackten Längsstreifen, die inneren Handschwingen mit ebensolchen Querbinden; Armschwingen braun, rötlichbraun quergebändert mit etwas helleren und hellbraun gesprenkelten Außenfahnen; innerste Handschwingen wie Rücken; Schwanz wie Armschwingen gefärbt. Kopfseiten unterhalb des Auges weiß mit schwarzer Strichelung; Kinn, Kehle weiß, die Federn der übrigen Unterseite weißlichrahmfarben, im Zentrum mit schwarzem, länglich tropfenförmigem Fleck, in dem sich wiederum meist 2, mitunter nur 1 weißliches Mittelfleckchen finden, dazu seitlich breit rotbraun gesäumt; Unterschwanzdecken pfeilspitzenartig dunkel- bis rötlichbraun gezeichnet und breit hell rahmfarben gesäumt. Oberschnabel schwarz mit olivgrüner Spitze, Unterschnabel olivgrün, Auge haselnußbraun, Beine olivgrün, beim Hahn doppelt gespornt.
Länge 330 mm; Flügel 157 bis 185 mm; Schwanz 71 bis 84 mm; Gewicht 500 g.
Weibchen sind kleiner, mit einem meist kurzen Sporn.
Länge 300 mm; Flügel 142 bis 179 mm; Schwanz 68 bis 84 mm; Gewicht 400 bis 505 g.
Jungvögel insgesamt trüber gefärbt, das V-Muster der Oberseite tritt weniger hervor und wird noch durch unscharfe isabellfarbene Bänderung und Streifung ergänzt; Bauch isabell mit schwarzer Fleckung; Flanken schwarz und weiß gebändert; Schwingen auffälliger isabellfarben gebändert als bei Adulten; Schnabelfirst dunkelhornfarben, übrige Schnabelteile grauhornfarben, Beine gelb.
Beim Dunenküken ist der Scheitel rostbraun, seitlich schmal schwarz gesäumt; Stirn und Kopfseiten isabellfarben, je ein schmaler Streif hinter dem Auge und über der unteren Wangenregion dunkelsepia; ein breites dunkelrostbraunes Band zieht über den Mittelrücken und wird von 2 parallel dazu verlaufenden isabellfarbenen Streifen flankiert. Übrige Oberseite rostbraun und isabellfarben gesprenkelt. Unterseite cremeisabell; Flügelchen grauisabell, zart dunkler gesprenkelt; Beine gelb.
Gelegestärke 5 bis 7; Ei oval bis kurz birnenförmig, sehr dickschalig mit glatter, schwach glänzender, isabellgelblicher Oberfläche, zuweilen mit winziger weißer Fleckung (39 bis 45 mm × 32 bis 35 mm); Gewicht ca. 27 g.
Lebensgewohnheiten: Dieses in Westafrika häufigste, auffallendste und anpassungsfähigste Frankolin nutzt eine Vielfalt von Habitaten, wie Trockensteppen und Busch am Rande des südlichen Saharagürtels, die anschließende Guinea-Savanne, einen lichten Waldlandgürtel aus *Isoberlinia*-Bäumen als Leitart mit Unterwuchs aus Bartgras *(Andropogon),* die südwärts folgende Feuchtsavanne, ein abwechslungsreiches Waldland aus *Lophira-, Daniellia-, Bauhinia-* und *Terminalia*-Bäumen und Ölpalmen mit Bartgrasunterwuchs und Kulturland aller Art, wenn dessen Pflanzen ihm nur genügend Deckung bieten. Nur dichter Wald und verfilzter Sekundärwuchs werden gemieden. In Marokko bewohnt es die feuchtere Mittelmeervegetation der Küstenebenen und Gebiete zwischen dichtem Wald und deckungslosem Gelände, wie gras- und buschreiche Lichtungen, Feuchtgebiete, Zistrosenheiden, buschreiche Wadis, Palmenhaine und Sichtschutz bietende Anpflanzungen. Während der Regenzeit wird hoher Graswuchs gemieden, weil die Vögel dort ihr Gefieder nicht trockenhalten könnten. Zu dieser Zeit baumen sie deshalb auch tagsüber häufig auf. Die Aktivitätsgipfel fallen in die kühlen frühen Morgen- und Abendstunden. Nur während der Regenzeit sind sie auch während der Mittagsstunden aktiv. Wasser muß unbedingt vorhanden sein. Die Art ist ein Allesfresser, der aufnimmt, was irgendwie für ihn genießbar ist. Nach Kropfuntersuchungen bestehen 80 % der Nahrung aus Pflanzenmaterial, 20 % aus Kleintieren. Morgens rufen die Revierhähne von einem erhöhten Platz krächzend und mit nasalem Klang „Ke-rak" oder „Kor-ker, kor-ker", dreisilbig „Kokoje-kokoje", auch „Bebbrek-ek-kek kek-kek KOAK KOAK", wobei das „KOAK" nach HOPKINSON am häufigsten gehört wird. Beide Geschlechter lassen einen leisen angenehmen Pfiff hören, der Kontaktlaut zwischen den Truppmitgliedern sowie Eltern und Küken ist. Erschreckt suchen sie laufend zu fliehen, fliegen überrascht mit einem Warnruf auf und fallen nach kurzer Strecke wieder ins Gestrüpp. Der Flug selbst ist kraftvoll und erfolgt in 4 bis 5 m Höhe über dem Erdboden. Brütende Hennen entfernen sich bereits vom Gelege, wenn der Feind noch weiter entfernt ist, rennen durchs Unterholz und fliegen erst in Entfernungen um 50 m vom Nest ab. Wie die meisten brütenden Hühnervogelweibchen sitzen auch die Hennen dieser Art kurz vor dem Kükenschlupf sehr fest, verlassen ihr Gelege erst im letzten Augenblick und fliegen dann sofort ab. Die Fortpflanzungszeit fällt in Gebieten mit geringer Wasserversorgung in die Regenzeit, ist dagegen in wasserreichen Gebieten an keine bestimmten Daten gebunden. Paare

mit älteren Jungen schließen sich zu Gesellschaften aus bis zu 40 Mitgliedern zusammen. In Marokko, wo die Art permanent verfolgt wird, sind heute wohl Ketten aus 12 Vögeln eine Seltenheit.
Haltung: Vermutlich als europäischen Erstimport erhielt der Londoner Zoo diese Art 1868 und besaß sie auch 1876. Nach 1945 sind Doppelspornfrankoline mehrfach in größerer Zahl über Holland nach Europa gelangt, und 1956 war 1 Paar im Berliner Zoo ausgestellt. Über eine Zucht mit diesen Importvögeln in Europa ist uns nichts bekannt. Die Erstzüchtung soll in England MEADE-WALDOW gelungen sein, der 1930 HOPKINSON davon erzählte (Avic. Mag. 1933; p. 132).

Heuglinfrankolin
Francolinus icterorhynchus, Heuglin 1863

Engl.: Heuglin's Francolin.
Heimat: Zentralafrikanische Republik, Nord-Zaire, Süd-Sudan (Equatoria, Bar el Ghazal), Uganda ostwärts bis Nord-Karamoja, Teso und Mengo. Die geographische Variation liegt im klinalen Bereich.
Beschreibung: Geschlechter gleichgefärbt. Stirn schwarz, auf dem Scheitel in Umberbraun übergehend; ein schmaler Überaugenstreifen, der über die nackte Orbitalhaut zum Nacken zieht, weiß mit brauner Federsprenkelung; Zügelregion schwarz; Federn der Kopfseiten und des Halses weiß mit schmal tropfenförmiger schwarzer Schaftzeichnung; Federn von Nacken, Hals und Mantel schwarzbraun, isabellweiß gesäumt, eine Art U-förmiges Muster bildend. Übrige Oberseite graubraun, dicht isabellfarben gewellt und unscharf gebändert. Kinn, Kehle weiß, Brust, Bauch isabellgelb, die Federn dunkelbraun längsgestreift; Seiten- und Flankenfedern dunkelbraun, schmal isabell geschäftet und breit isabellgelb gesäumt; Unterschwanzdecken breit und unregelmäßig dunkelbraun und isabell gebändert. Hand- und Armschwingen dunkelbraun, dicht isabell gewellt und gebändert. Oberschnabel schmutziggelb, Unterschnabel orangegelb, die Schnabelspitzen schwarz; nackte Orbitalhaut hinter dem Auge schmutzig hellgelb, Iris dunkelbraun; Beine kadmiumgelb, beim Hahn doppelt gespornt. Länge 330 mm; Flügel 158 bis 181 mm; Schwanz 75 bis 93 mm; Gewicht 504 bis 588 g.
Hennen sind kleiner, mit einfach gespornten Lauf. Länge 304 mm; Flügel 145 bis 171 mm; Schwanz 73 bis 85 mm; Gewicht 420 bis 462 g.

Bei Jungvögeln ist die Bänderung der Oberseite viel auffälliger als bei Adulten.
Bei Dunenküken ist der Scheitel rotbraun mit dunklerer Säumung; Kopfseiten isabellweiß mit dunkelbraunem Augenstreifen; über den Mittelrücken zieht ein breites dunkelbraunes Band, das jederseits von 2 parallel dazu verlaufenden isabellfarbenen Streifen flankiert wird; übrige Oberseite braun und isabell gesprenkelt. Unterseite isabell, zart roströtlich verwaschen, Beine hellgelb.
Gelegestärke 6 bis 8; Ei einfarbig grauisabell (41,5 bis 43,5 mm × 31,5 bis 35,0 mm).
Lebensgewohnheiten: In ihrem Verbreitungsareal ist die Art häufig bis gemein und vertritt dort das weiter nordwestlich lebende Doppelspornfrankolin. Habitate sind offene wie buschdurchsetzte Grassteppen und licht bewaldete Savannen in Lagen von 500 bis 1400 m Höhe. Die Vögel werden mehr gehört als gesehen. Entdeckt flüchten sie zu Fuß, in großer Bedrängnis fliegend. Der schwerfällige Flug wird von vielen Flügelschlägen begleitet und führt nur über kurze Strecken. Frühmorgens nach Sonnenaufgang, spätnachmittags und nach Regenfällen rufen die Hähne von Baumästen, Termitenhügeln und anderen erhöhten Plätzen aus laut und krächzend „K-rack-k-rack-k", nach URBAN et al. langsam „Kerak-kerak-kek". Daraufhin fliegt häufig die Henne auf den gleichen Ast. Benachbarte Revierhähne antworten. Über Einzelheiten der Brutbiologie ist wenig bekannt. Die in Zaire in die Monate September bis November fallende Brutzeit entspricht dem Ende der Regenzeit.
Haltung: Die Art ist noch nicht nach Europa importiert worden, wurde jedoch in amerikanischen Geflügelzeitschriften angeboten. 1961 wurden Einbürgerungsversuche auf den Hawaiischen Inseln unternommen, die erfolglos verliefen.

Clapperton-Frankolin
Francolinus clappertoni, Children 1826

Engl.: Clapperton's Francolin.
Heimat: Äußerster Osten Malis (Assawakh), Zentral-Niger, äußerstes Nordost-Nigeria, Tschad, Mittel- und Süd-Sudan, Nord-Uganda und Äthiopien im westlichen Hochland und dem Rifttal. Die Unterschiede zwischen den aufgestellten 7 Unterarten bestehen in Differenzen der Gefiederfärbung und sind so gering, daß URBAN et al. ihnen keinen Subspeziesrang einräumen möchten.

Beschreibung: Geschlechter gleichgefärbt. Bei Ugandavögeln („gedgii") sind Scheitel und Nacken dunkelbraun, Zügel und ein Überaugenband weiß, die Federn des letzteren am distalen Ende gefleckt; unterhalb des Auges ein schmaler weißer Streifen, darunter ein brauner Bartstreifen, der von der Schnabelspalte zu den Wangen zieht, wo er sich in braunen Flecken auf weißem Grund auflöst. Ohrdecken braun mit zarter Weißsprenkelung, Kinn und Kehle reinweiß. Federn von Halsseiten, Kropf und Unterseite dunkelbraun mit schmalem isabellweißem Schaft und breiter isabellweißer Säumung; Flankenfedern ähnlich, doch zusätzlich mit starkem Rotbraunanteil auf einer oder beiden Fahnen. Federn von Mantel, Schultern, Flügeldecken, Bürzel dunkelbraun, schmal isabell gesäumt, auf den Armdecken mit ein paar isabellfarbenen Flecken; Schwanzfedern braun mit unregelmäßiger weißer Kreuzmusterung. Hand- und Armschwingen isabellbraun mit hellerer Säumung der Außenfahnen und unregelmäßiger rostbrauner Querbänderung auf den inneren Armschwingen. Schnabel hornbraun mit roter Unterschnabelbasis; ein großer, nackter zinnoberroter Orbitalbezirk; Iris dunkelbraun; Beine zinnoberrot, der Lauf beim Hahn mit oberem Spornhöcker und unterem langem Sporn.
Länge 355 mm; Flügel 170 bis 193 mm; Schwanz 77 bis 96 mm; Gewicht 604 g.
Hennen sind kleiner und tragen einen kurzen Sporn. Länge 304 mm; Flügel 150 bis 178 mm; Schwanz 70 bis 91 mm; Gewicht 463 g.
Jungvögel gleichen Adulten, sind nur undeutlicher gemustert.
Das Dunenküken ist noch nicht beschrieben.
Gelegestärke ca. 4; Ei sehr dickschalig mit stark ausgeprägter Porung auf schmutzigweißem bis gelblichbraunem Grund (43 mm × 33 mm); Brutdauer 21 bis 23 Tage.
Lebensgewohnheiten: Habitate der Art sind im Norden semiaride Savannen entlang des Südrandes der Sahara, ganz allgemein von Büschen und Bäumen schütter durchsetzte Hyparrhenia-Graßsteppe auf Sandböden und buschbestandene Felshügel (Kopjes) sowie Kulturland. Clappertons Frankolin gilt als das häufigste Frankolin der Guineasavanne des Sudan, Tschad, Nigers und Nord-Malis. In Größe und Verhalten ist es einem Nackthalsfrankolin recht ähnlich. Morgens nach dem Abflug vom Schlafbaum rufen die Hähne laut und krächzend wohl eine halbe Stunde lang ihr 4- bis 6mal wiederholtes „Kerak" von niedrigen Ästen, Termitenhügeln und Felsen, um sich danach erst auf Nahrungssuche zu begeben. Dabei wird mit den kräftigen Läufen viel im Erdboden nach Knollen und Zwiebeln gegraben. Während der heißen Mittagsstunden und zur Nachtruhe baumen die Vögel auf. Die übliche Eizahl beträgt wahrscheinlich 4, denn SALVAN (1978) beobachtete Paare mit 4 Jungen in freier Wildbahn, und eine Henne bei KÖHLER (1877) legte als Vollgelege 4 Eier.
Haltung: Die Welterstzucht gelang 1843 in der Knowsley Menagerie des EARL OF DERBY (England), 1877 auch dem deutschen Züchter KÖHLER in Weißenfels. Ein seit 2 Jahren in seinem Besitz befindliches Paar schritt in diesem Jahr in einer Voliere erstmalig zur Fortpflanzung. Es war ruhig und zutraulich und wurde dort von Anfang April bis Ende Oktober gehalten. Die Mauser erfolgte regelmäßig im Herbst, die Überwinterung in einem unbeheizten Raum. Das Futter bestand aus einem Körnergemisch (Hirse, Sommerrübsen, Buchweizen), dazu wurden gelegentlich Hanfkörner, Mehlwürmer und Ameisenpuppen gereicht. Leidenschaftlich gern nahmen die Vögel grüne Gurkenkerne und Grünfutter. Die Balz des Hahnes wird leider nur sehr ungenau beschrieben: „Er führte Tänze auf, wobei er sich durch Gefiedersträuben wie mit einem Mantel umhüllte". Als Nest wählte die Henne einen mit Stroh gefüllten Kasten und legte, angeblich in Abständen von 6 bis 7 Tagen – was bestimmt nicht dem normalen Legeintervall entspricht – 4 Eier. Nach 21- bis 23tägiger Bebrütung schlüpften 3 Küken, von denen 1 aufgezogen werden konnte. Es erhielt während der 1. Lebenswoche Ameisenpuppen und gehacktes Ei, danach zusätzlich feingehacktes Grünes, Senegalhirse und eingeweichtes Eierbrot. Nach 6 Wochen nahm es das Futter der Eltern an. In den folgenden Jahren pflanzten sich die Frankoline noch mehrfach fort.
Clappertons Frankolin wurde 1958 auf Hawaii ohne Erfolg ausgewildert.

Harwood-Frankolin
Francolinus harwoodi,
Blundell u. Lovat 1899

Engl.: Harwood's Francolin.
Heimat: Das Hochland Zentral-Äthiopiens in den Felsschluchten des Blauen Nils und seiner Zuflüsse sowie deren Umgebung, wie Aheafeg (10°13'N = nördliche Breite 39°18'E = östliche Länge), das Jemmu-Tal (9°58'N 38°55'E), bei Bichana (10°26'N 38°16'E), Kalo Ford (9°54'N 37°57'E) sowie der Muger-Fluß (9°28'N 38°36'E). Sichtbeobachtungen werden aus der Gibe-Schlucht (8°15'N 37°35'E) sowie 39 km nordostwärts von Dembidollo gemeldet. Keine Unterarten.
Beschreibung: Geschlechter wenig verschieden. Beim Hahn sind Stirn und ein Überaugenband schwarz, der Scheitel dunkelbraun; Ohrdecken grau, Kopfseiten, Kinn, Kehle weiß mit brauner halbmondförmiger Querbänderung; übrige Oberseite hellgraubraun, die Federn dicht schwarz quergewellt und unscharf isabellfarben gebändert. Federn von Unterhals und Brust braun, in U-Musterung kräftig schwarz längsgebändert und isabellfarben gesäumt, ein Schuppenmuster erzeugend; Unterbauch vorwiegend isabellgelblich mit geringer U-förmiger schwarzer Zeichnung; Unterschwanzdecken ähnlich, doch heller und mit V-förmiger Musterung; Handschwingen graubraun mit dichter lohfarbener Wellenbänderung und unscharfer Querbänderung. Oberschnabel schwarz mit roter Basis und Spitze, der Unterschnabel ganz rot. Die nackte Orbitalhaut oberhalb des Auges am ausgedehntesten; Iris braun; Beine rot, mit einem oberen Spornhöcker und unterem scharfem Sporn.
Größe wie bei *clappertoni;* Flügel 177 bis 187 mm; Schwanz 75 bis 86 mm; Gewicht 545 g.
Hennen sind oberseits etwas heller und brauner als Hähne, ihr Unterbauch ist noch weniger gemustert, die Isabellkomponente ausgedehnter. Die Unterbauchmusterung ist eher V- statt U-förmig.
Flügel 165 bis 162 mm; Schwanz 72,69 mm; Gewicht 446 g.
Subadulte tragen oberseits das Weibchenkleid, nur ist dieses bei ihnen weniger scharf gebändert und ähnelt mehr dem adulter Hähne. Die Färbung der Unterseite steht etwa in der Mitte zwischen adultem Hahn und der Henne.
Dunenkleid und Ei noch unbekannt.
Lebensgewohnheiten: Habitate der noch wenig bekannten Art sind nach ASH ausgedehnte dichte Kolbenrohrbestände *(Typha)* mit vereinzelten Bäumen an den Ufern seichter Flüsse. Sollten Sichtbeobachtungen aus Gibe Gorge und Dembidollo zutreffen, würden zu den Habitaten auch lichte *Combretum-/Terminalia*-Wälder innerhalb hoher dichter *Hyparrhenia*-Grassteppe sowie Gebiete mit dichtem Buschwerk und Kulturland auf Plateaus zu zählen sein. Aus dem Rohrdickicht begeben sich die Vögel zur Futtersuche auf die angrenzenden Sorghumfelder. Bei Gefahr flüchten sie ins schützende Rohr, wo sie auch die Mittagsruhe verbringen. Sie übernachten in Bäumen auf Ästen, die innerhalb der Rohrhöhe liegen, zuweilen auch auf dem Erdboden. Die Hähne rufen ähnlich denen des Clapperton-Frankolins krächzend „Korii". Als Kropfinhalt wurden Knollen *(Dioscorea)*, Samen eines *Echinocloa*-Grases sowie Beeren von *Commelinaceen-* und *Amaranthus*-Arten gefunden, ferner Sorghumkörner, nicht identifizierbare beerenartige Früchte sowie Termiten. Über die Brutbiologie ist wenig bekannt. Ein Gesperre aus 3 ca. 5 Wochen alten Jungvögeln wurde am 20. Februar beobachtet, so daß das 1. Ei vermutlich in der 2. Dezemberwoche abgelegt worden war. Harwood-Frankoline sind örtlich häufig und nicht besonders scheu. Andere Frankolinarten im gleichen Gebiet fehlen.
Haltung: Über eine Haltung ist nichts bekannt.

Hartlaub-Frankolin
Francolinus hartlaubi, Bocage 1869

Engl.: Hartlaub's Francolin.
Heimat: Von Südwest-Angola in Benguela (Catengue), Zentral- und Südwest-Huila, südwärts der Norden Namibias vom Kaokoveld und Waterberg bis ins Gebiet von Rehoboth. URBAN et al. erkennen keine Unterarten an, weil die geographische Variation klinal ist.
Beschreibung: Geschlechter verschieden gefärbt. Beim Männchen zieht ein weißes Diademband von der Stirn über die Schläfe bis zum oberen Rand der Ohrdecken und wird unten von einer bis hinter das Auge verlaufenden schmalen schwarzen Binde umsäumt. Zügel trübockerbraun, die Ohrdecken hellrostbraun; Scheitel und übrige Oberseite graubraun, die Federn vor allem auf Mantel und Flügeldecken mit rostbrauner schwarzgesäumter Rundfleckung versehen; Schwanz mit grauer, schwarzer und weißer Wellenbänderung. Kinn, Kehle weiß mit schwarzer Strichelung; Brust-, Bauch- und Flankenfedern isabellweiß mit breiten schwarzbraunen

Schaftstreifen, diese Federn auf Flanken und Bauch immer länger und lanzettförmiger werdend; die runden Unterbauch-, Steiß- und Unterschwanzdeckfedern isabellweiß mit schwarzbraunem Zentrum, ein Schuppenmuster bildend. Armschwingen graubraun, die Außenfahnen isabellgelb wellengebändert, Armdecken mit breiter roströtlicher Schäftung, breiter schwarzer Seitensäumung und trübgraubrauner Seitenrandsäumung; Handschwingen graubraun mit hellerer Wellenzeichnung auf den Außenfahnen. Schnabel trüboligelb, die schmale Augenwachshaut hellgelb, Iris rotbraun, Beine bräunlichgelb, auf der Laufrückseite statt Sporen doppelte Spornhöckerbildung.

Länge 275 bis 280 mm; Flügel 131 bis 172 mm; Schwanz 82 bis 94 mm; Gewicht 245 bis 290 g.

Weibchen sind ganz anders als Männchen gefärbt: Scheitel und Nacken dunkelbraun mit roströtlichen Federsäumen, Stirn, Überaugenregion, Kopfseiten und Wangen rostbräunlich, Kinn und Kehle rostisabellweißlich, die übrige Unterseite hellroströtlich mit trübisabellweißlichen breiten Federsäumen.

Oberseite im wesentlichen wie beim Hahn, nur undeutlicher gezeichnet. Sporenknopf am Lauf angedeutet.

Länge 260 mm; Flügel 137 bis 141 mm; Schwanz 77 bis 94 mm; Gewicht 220 g.

Bei Jungvögeln ist nach CLANCEY die Stirn isabellgelblich, der Scheitel braun, roströtlich angehaucht, der Nacken dunkelgraubraun mit hellisabellfarbener Wellenmusterung; Hinterhals und Halsseiten schwarzweiß wellengemustert, jede Feder schwarz mit Weißkomponenten zur Spitze hin und mit einem bis vier unregelmäßigen weißen Querbändern versehen; Mantel, Schultern, Flügeldecken isabellgrau mit schwarzem Wellenmuster, die Federn in der Mitte von einem sich zur Spitze hin erweiternden weißen Schaftstreif durchzogen; Bürzel, Oberschwanzdecken isabellgrau mit schwarzer Wellenbänderung. Gesicht einschließlich der Augen- und Überaugenregion hellisabell, hinter dem Auge stärker aufhellend und grau angeflogen. Brust schwarz und weiß gebändert, auf dem Bauch zu isabellgrau aufhellend, jede Feder mit weißer

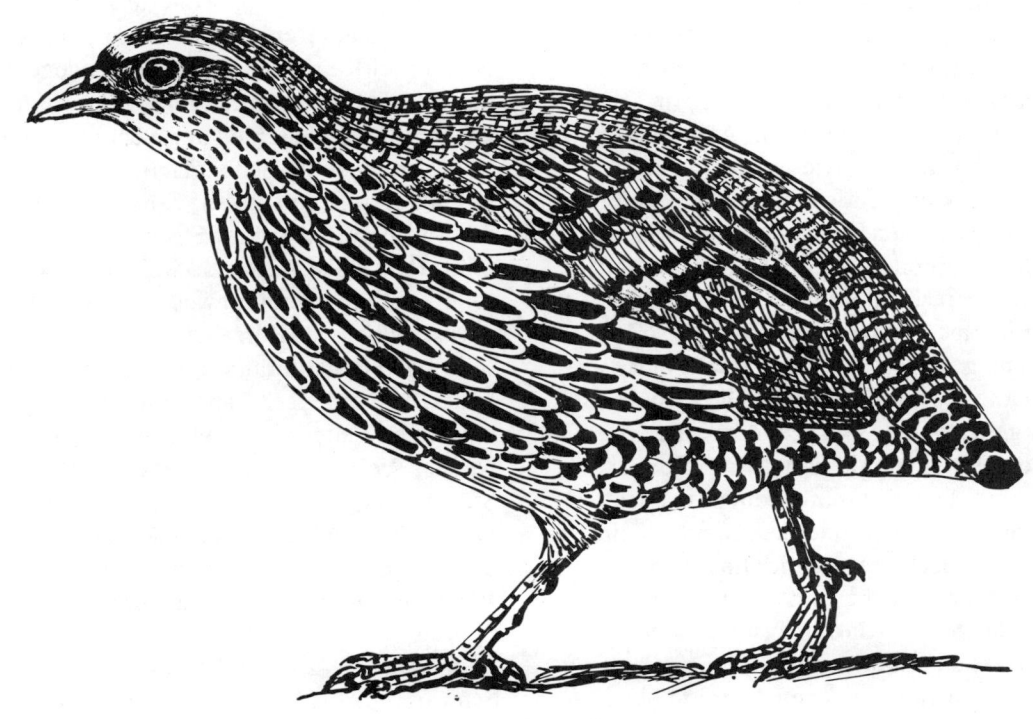

Hartlaub-Frankolin

Schäftung und Fleckung sowie zarter dunklerer Wellenmusterung; Handschwingen graubraun, die Außenfahnen isabell gepunktet, die Innenfahnen verwaschen isabell gebändert; Armschwingen isabellgrau mit schwarzer Wellung und breiten schwarzen Querbinden; Schwanz grauisabell mit dunklerer grober Wellenmusterung und unregelmäßiger Bänderung.

Das Dunenkleid wurde noch nicht beschrieben. Gelegestärke 4 bis 8; Ei oval, einfarbig cremeweiß (43,5 mm × 29,8 mm).

Lebensgewohnheiten: G. HEINRICH begegnete der Art in der heißen trockenen Talebene am Westhang der Sierra de Cheela (Angola). Ihr Habitat dort war schütterer verkümmerter Trockenwald, durchzogen von niedrigen, gestrüppbedeckten Felsbänken. Auf diesen felsigen Rücken hielten sich die Vögel in guter Deckung auf. Nach HOESCH u. NIETHAMMER ist die Art in den Bergen des Damaralandes (Namibia) und Kaokoveldes nicht selten, aber wegen der versteckten Lebensweise schwer zu beobachten. Im allgemeinen hielten sich die Vögel nur auf Felsgelände auf. Lediglich im Kaokoveld, wo sie kleine, in die Fläche eingesprengte Granitkuppen bewohnten, wurden sie in einiger Entfernung von den schützenden Klippen beobachtet. Bei Gefahr fliegen sie nur kurze Strecken, doch gerade weit genug, um sich durch Umfliegen eines Felsblocks außer Sicht zu bringen. Vor Sonnenaufgang und nach Sonnenuntergang, wenn sie von Fels zu Fels fliegend die Schlafplätze verlassen bzw. aufsuchen, kann man ihre Lockrufe weithin hören. Ganz besonders eifrig rufen sie an Tagen mit schwacher Wolkenbildung. Beim Abstreichen stoßen sie erregte Rufe aus. Diese sollen nach URBAN et al. ein klapperndes „Krak" sein und nur von den Hähnen stammen. Dieses Frankolin übernachtet auf dem Erdboden an Steilhängen und auf Klippenvorsprüngen. Eine Gruppe besteht meist aus einem Paar mit 1 bis 2 Jungen. Frühmorgens rufen die Revierhähne gern vom höchsten Punkt eines Felsens im Duett mit ihren Hennen. Die Strophe ist eine Mischung aus lauten, krächzenden Gackertönen und hohem Quieken. Sie klingt wie „Kor-rack, kiirja, kiirja, kju". Dabei stammt wenigstens das „Kor-rack" vom Weibchen, und die 2. und 3. Silbe kann mehrfach wiederholt werden. Die Strophe wird das ganze Jahr über, besonders häufig jedoch zur Brutzeit gehört. Der Alarmruf ist ein hohes quiekendes „Kerr-ak" und wird gewöhnlich ausgestoßen, wenn ein Reviermännchen während eines Territorialkampfes von seinem Weibchen getrennt wurde. Der in gleicher Situation vom Weibchen ausgestoßene Ruf ist ein hohes „Kiir". Der Kontaktlaut bei der Futtersuche oder gegenseitigem Gefiederputzen wird als ein ziemlich leises „Tschiiirrr" beschrieben. Die Vögel suchen gern in dem unter Klippen zusammengewehten Detritus nach Futter, zumal es dort häufig schattig ist. HOESCH u. NIETHAMMER fanden in den Mägen Erlegter Insekten, Beeren und die 1 cm großen Zwiebelchen des Cyperngrases *Cyperus edulis*, vereinzelt auch Schnecken (*Xerocerastes*), deren Aufnahme besonders zur Legezeit für die Weibchen wichtig ist. Die Brutzeit fällt in Namibia ins Ende der Regenzeit. Halbflügge Junge wurden am Watersberg im Juli und August beobachtet. Das Hartlaub-Frankolin ist mit 2 anderen Frankolinarten sympatrisch. Doch sind die Habitate verschieden: *F. adspersus* bewohnt Buschland an Wasserläufen, *F. levaillantoides* Grassteppe abseits derselben und *F. hartlaubi* die Felsen.

Haltung: Über eine Haltung ist nichts bekannt.

Kap-Frankolin
Francolinus capensis, Gmelin 1789

Engl.: Cape Francolin.

Abbildung: Seite 338 unten rechts.

Heimat: Westliche und südliche Kap-Provinz einschließlich der Kap-Halbinsel ostwärts bis zur Stadt Uitenhage. Eine davon isolierte Population bewohnt das Tal des unteren Oranjeflusses. Auf Robben Island (bei Kapstadt) ausgewildert, gegenwärtiger Status dort unbekannt. Keine Unterarten.

Beschreibung: Geschlechter wenig verschieden. Beim Hahn ist das Scheitelgefieder schwarzbraun mit helleren Federspitzen; Kinn und Kehle reinweiß oder weiß mit schwarzer Fleckung; die spitzen schwarzen Halsfedern sind weißgesäumt; Gesichtsseiten dunkelbraun und weiß gesprenkelt. Oberseite einschließlich des Bürzels und der inneren Armschwingen dunkelbraun, die Federn mit mehrfacher hellerer, V-förmiger Bänderung. Unterseite dunkelbraun, die Federn mit konzentrisch angeordneten weißen Wellenlinien und breiter weißer Schäftung; Steuerfedern schwarzbraun mit isabellfarbener Querbänderung. Oberschnabel dunkelbraun mit orangeroter Basis, Unterschnabel trüborangerot; Iris dunkelbraun; Beine orangerot, der Lauf mit 2 Sporen.

Länge 400 bis 420 mm; Flügel 203 bis 219 mm; Schwanz 108 bis 128 mm; Gewicht 600 bis 915 g. Hennen sind kleiner und haben trübgelbe oder

orangegelbe Unterschnäbel und Beine, ihr Lauf trägt einen kurzen oder gar keinen Sporn.
Flügel 185 bis 213 mm; Schwanz 98 bis 125 mm; Gewicht 435 bis 659 g.
Jungvögel gleichen erwachsenen Weibchen, sind aber undeutlicher gemustert, insgesamt oberseits brauner, unterseits grauer. Flügelfedern graubraun mit hellerer Querbänderung.
Dunenkleid noch nicht beschrieben.
Gelegestärke 6 bis 8; Ei bräunlichcremefarben oder hellrosa (45,0 bis 57,6 mm × 36,0 bis 40,7 mm).
Lebensgewohnheiten: Die Art bewohnt dichten Busch (fynbos) an Flußufern und entlang der Küste, meidet dagegen entschieden dichten Wald. Zur Übernachtung und auf der Flucht vor Bodenfeinden baumen die Vögel auf, fliegen jedoch bei anderen Gelegenheiten höchst ungern. Dort, wo sie nicht bejagt werden, sind sie recht vertraut, kommen auf die Rasenflächen der Farmhäuser und staubbaden auf offenem Gelände. Der besonders morgens und nachmittags von den Hähnen ausgestoßene Revierruf ist ein lautes krächzendes „Kak-keek, kak-keek, kak-keeeeeek" mit betonter 2. Silbe. Die Nahrung besteht aus Pflanzenteilen aller Art und Insekten, besonders Termiten und Ameisen. Die Legezeit fällt in die Monate Juli bis Februar mit größter Häufigkeit im September/Oktober, d. h. dem Ende der Winterregen und dem Beginn des trockenen Sommers. Bei 45 untersuchten Bruten betrug die Jungenzahl durchschnittlich 4,2.
Haltung: Erstzucht 1850 in der Knowsley Menagerie des EARL OF DERBY. Importe in den Londoner Zoo erfolgten 1852, 1859, 1868 und 1876. Nach DÜRIGEN (1886) lebte 1 Kap-Frankolin 4 Jahre lang im Hamburger Zoo.

Rotschnabelfrankolin
Francolinus adspersus, Waterhouse 1838

Engl.: Red-billed Francolin.
Abbildung: Seite 338 mitte links.
Heimat: Im Norden von Süd-Angola (Provinz Süd-Huila, besonders innerhalb der saisonal überfluteten Cuneneflußebenen; Bicuari- und Iona-Nationalpark), südwärts das ganze mittlere Namibia bis zur Oranjemündung. Je ein weiteres isoliertes Vorkommen in Südwest-Sambia, Nordwest-Botswana (Okawangosümpfe, Ngamisee) und Nordwest-Simbabwe westlich der Victoriafälle sowie in Süd-Botswana entlang der Grenzen zu Südafrika. Keine Unterarten.
Beschreibung: Geschlechter gleichgefärbt. Scheitel, Mantel, Flügeldecken, innerste Armschwingen, Bürzel, Oberschwanzdecken und Schwanz erdbraun mit zarter hellerer und dunklerer Querwellung der Federn. Stirn, Zügel und Kinn schwarz, Nacken und Obermantel zart erdbraun und weiß gebändert, die Schwingen einfarbig braun. Vorderhals, Kropf, Brust- und Bauchmitte schwarz und weiß wellengebändert; Halsseiten, Flanken, Unterschwanzdecken braun und isabell gebändert. Schnabel und Beine orangerot, der Lauf beim Hahn mit 1 bis 2 Sporen bewehrt; Augenwachshaut und kleiner nackter Hinteraugenbezirk hellgelb, die Iris braun.
Länge 380 mm; Flügel 203 bis 219 mm; Schwanz 108 bis 128 mm; Gewicht 600 bis 915 g.
Weibchen sind kleiner und sporenlos oder kurzsporig.
Länge 300 mm; Flügel 185 bis 213 mm; Schwanz 98 bis 125 mm; Gewicht 435 bis 659 g.
Jungvögel sind wesentlich anders gefärbt als Adulte. Insgesamt viel brauner, weisen Ober- und Unterseite bei ihnen eine matte wachtelartige isabellgelbliche Bänderung und Streifung auf. Oberschnabel dunkelbraun, der Unterschnabel weißlichhornfarben; Iris graubraun, Beine schmutziggelb.
Bei Dunenküken läuft ein breiter dunkelbrauner Streifen vom Hinterscheitel über den Nacken bis zur Rückenmitte; Stirn, ein Überaugenband, Gesichtsseiten und ein Streifen entlang der Mantelseite isabell; ein schmaler schwarzer Streifen zieht vom Zügel durchs Auge und die Halsseiten hinab. Flügelchen schwarz und isabell gesprenkelt; Schnabel und Füße braun.
Gelegestärke 4 bis 10; Ei dickschalig, feinporig, hellcremefarben bis olivbräunlich (38,9 bis 46,5 mm × 31,9 bis 35,2 mm); Brutdauer 22 Tage.
Lebensgewohnheiten: Die Art bewohnt kurz- und hochgrasiges, buschreiches, von Lichtungen durchsetztes Gelände in der Nachbarschaft von Wasser. An den Inselbergen Namibias (Watersberg, Erongogebirge, Naukluft) wird sie in bewaldeten Schluchten bis in 2000 m Höhe angetroffen. In Botswana lebt sie zusammen mit Swainsons Frankolin in dichtem Busch, in West-Simbabwe ohne ökologische Trennung und ohne Hybridisierung zusammen mit dem Natal-Frankolin. In Südwest-Sambia, wo die Art saisonal überflutete Ebenen (flood plains) bewohnt, zieht sie sich vor der nach Regenfällen steigenden Flut stets auf die verbleibenden Inseln zurück. Wie alle Frankoline flüchtet sie bei Gefahr

stets laufend und fliegt nur in äußerster Not in die Krone des nächsten Baumes, um von dort bewegungslos auf das Verschwinden des Feindes zu warten. Der Ruf der Hähne ist ungewöhnlich laut und rauh. ANDERSSON hat sie mit einer Folge hysterischer Lachsalven verglichen, die langsam einsetzen, immer schneller und lauter werden, um plötzlich zu ersterben. URBAN et al. übersetzen sie mit bis zu 10mal wiederholtem „Ka-waark" oder „Ka-wakwak-wak, ka-krr-krr-krr-krrr", wobei die 2. bis 4. Silben am lautesten ausgestoßen werden. Zur Brutzeit lösen sich die Familienverbände auf, und die Paare besetzen ihre Reviere. Dort verkünden die Hähne ihren Gebietsanspruch durch die geschilderte Rufserie, die von niedrigen Baumästen und Termitenhügeln aus den ganzen Tag über, besonders aber frühmorgens und spätnachmittags ausgestoßen wird. Die Balz- und Brutzeit fällt in das Ende der Regenzeit und den Beginn der Trockenzeit.

Haltung: Als europäischen Erstimport brachte MALLISON 1962 acht Rotschnabelfrankoline nach England, wo die Zucht im Jersey Wildlife Trust schon im folgenden Jahr gelang. Die Vögel erhielten eine 7,6 m × 2,43 m große Voliere und als Nahrung ein Mischfutter aus Weizen, Bruchmais, Legehennen-Pellets, in Milch eingeweichtes Brot, hartgekochtes Ei und zerkleinertes Obst. Bereits zu Beginn des Jahres 1963 begannen die Hähne zu balzen, indem sie die Hennen in kurzen Laufphasen in Seitenhaltung mit gesträubtem Gefieder umschritten. Am 26. Januar wurde das 1. Ei gelegt, dem 6 weitere folgten, die wegen fehlender Brutlust der Frankolinhenne einer Seidenhuhnglucke untergelegt wurden. Nach 22 Tagen schlüpften 5 Küken, die in einem versetzbaren Drahtauslauf auf kurzem Rasen großgezogen wurden. Zuerst erhielten sie Kükenpellets in Krumenform, Mehlwurmlarven, nach wenigen Tagen gekochtes Ei und Kükenweichfutter, in Milch geweichtes Brot, Grassamen und feingehacktes Grünzeug. Mit 9 Tagen nahmen sie Sittichfutter (Kanariensamen, Hirse), mit 8 bis 10 Wochen Körnerfutter und Aufzucht-Pellets an. Im Mai erfolgte die Mauser ins Alterskleid, und Schnäbel wie Beine verfärbten sich von Braun zu Rot. Am 18. August bemerkte man bei den Junghähnen Sporenknöpfe, und ab dem 28. September umbalzten sie die Hennen und unternahmen Tretversuche. Aus mehreren Gelegen konnten zusammen 14 Jungfrankoline aufgezogen werden.

Hahn des Nacktkehlfrankolins beim Revierruf

Nacktkehlfrankoline

Die 4 Arten der großen Nacktkehlfrankoline haben eine unbefiederte, pigmentierte Kehlhaut, ein großflächig unbefiedertes, pigmentiertes Gesichtsfeld und einen krächzenden Revierruf. Die Geschlechter sind gleichgefärbt, die Weibchen kleiner als die Männchen. Weit über das östliche Afrika verbreitet, haben die Nacktkehlfrankoline vermutlich von dort her ihr Areal westwärts südlich des großen Kongo-Regenwaldes bis zur Atlantikküste Mittel- und Südafrikas ausgedehnt. Ihre Habitate sind mit lichtem Baumbestand und Buschwerk bedeckte Steppen in relativ niedrigen Lagen mit Vorhandensein von

o. China-Bambushuhn, *Bambusicola thoracica thoracica* (s. S. 410)
u. l. Taiwan-Bambushuhn, *Bambusicola thoracica sonorivox* (s. S. 411)
u. r. Henne des Ceylon-Spornhuhns, *Galloperdix bicalcarata* (s. S. 416)

Wasser. Die größtenteils allopatrischen Arten überschneiden sich nur in wenigen Grenzgebieten ihres Verbreitungsareals. Das Gelbkehlfrankolin ist an die nordostafrikanische Akaziensteppe gebunden und wird in einem relativ kleinen Gebiet südöstlich des Viktoriasees durch das Graubrust-Nacktkehlfrankolin ersetzt. Hybriden zwischen beiden Arten sind von der Olduwayschlucht nahe dem Lagarjasee bekannt geworden. Die 3. Art, Swainsons Frankolin, bewohnt zwar vorwiegend Akaziensteppen Südafrikas, ist jedoch in Simbabwe und Sambia in Brachystegiaparkwälder eingedrungen, wo es mit der 4. Art, dem Rotkehlfrankolin, offenbar in nicht geringem Maße hybridisiert. Hybridvögel mit dem Natal-Frankolin sind vom Umgusifluß westlich Bulawayos und De Beers Ranch bei Shangani in Simbabwe bekannt. Das am weitesten verbreitete Nacktkehlfrankolin ist das Rotkehlfrankolin. Es bewohnt feuchtere Gebiete als die 3 übrigen Arten und fast überall deckt sich sein Vorkommen mit dem Auftreten des gras- und wasserreichen Brachystegiawaldes, des Myombo.

Swainson-Frankolin
Francolinus swainsonii, Smith 1836

Engl.: Swainson's Spurfowl.
Abbildung: Seite 356 unten links.
Heimat: Südliches Afrika. Vom Süden und der südlichen Mitte Sambias bis zum Luangwaflußtal, nordostwärts bis Lundasi; Malawi, Mosambik im Tete-Distrikt, südwärts Namibia (Damaraland), Botswana, Transvaal, der Oranje-Freistaat und Natal (Durbandistrikt). In West-Sambia Hybridpopulationen mit dem Rotkehlfrankolin.
Die geographische Variation liegt im klinalen Bereich.
Beschreibung: Geschlechter wenig verschieden. Beim Hahn ist die Oberseite graulich umberbraun, weinrötlich angeflogen; die langen Schulterfedern sind zart dunkelbraun wellengebändert; Federn des Seiten- und Hinterhalses mit breiten dunkelbraunen Mittelstreifen und weißlichen Säumen, die der Mantelregion mit zentraler dunkelbrauner, lanzettförmiger Fleckung. Das Gesichtsgefieder ist einschließlich des Bartstreifens und der Wangen hellbraun mit schwarzer Strichelung; Gefieder unterhalb der nackten Kehle graulich umberbraun, weinrötlich angeflogen, die Federn auf den Enden graugeschuppt und mit tropfenförmiger dunkelbrauner Schaftstreifung versehen, die auf Unterbrust, Bauch und Flanken an Größe zunimmt und nebst den Federn des mittleren Bauchbereichs auf den Außenfahnen rotbraun gesäumt ist. Steißgefieder gelbgrau, Unterschwanzdecken graulich umberbraun mit schwärzlicher Streifung; Flügeldecken wie die Oberseite; Schwingen graubraun, auf den Außenfahnen dunkelbraun wellengebändert; Armschwingen wie die Schultern zart dunkelbraun gewellt. Schwanz graubraun mit zarter dunklerer Wellenmusterung. Schnabel schwarz mit rötlich getöntem Unterschnabel, die nackte Orbitalhaut, Ober- und Mittelkehle orangerot bis tief goldrot; Iris braun; Beine braunschwarz mit scharfem Sporn.
Länge 380 mm; Flügel 172 bis 208 mm; Schwanz 74 bis 100 mm; Gewicht 487 bis 875 g.
Hennen sind kleiner, insgesamt dunkler mit stärkerer Musterung des Gefieders, oberseits dunkelbraun wellengebändert, auf Mantel, Bürzel, Oberschwanzdecken und Schultern unvollständig dunkelbraun gebändert.
Flügel 158 bis 190 mm; Schwanz 71 bis 92 mm; Gewicht 365 bis 650 g.
Subadulte sind ingesamt heller und trüber gefärbt, weniger kastanienbraun. Die Kehlregion ist noch mit isabellweißen Daunen bedeckt. Unterseite undeutlich schwarz und weiß gebändert; Schnabel dunkel mit heller Basis, die Beine gelblichbraun.
Beim Dunenküken ist der Scheitel kräftig dunkelbraun mit schwarzer Säumung. Das Scheitelband setzt sich rückenwärts fort, auf dem Nacken schmaler werdend und sich auf dem Mittelrücken erneut verbreiternd, und dort von 2 parallel dazu verlaufenden isabellfarbenen Bändern begleitet. Kopf und Unterseite isabellgelb. Durchs Auge zieht ein schmales schwarzes Band rückwärts bis über die Ohrdecken. Schnabel gelblich, Beine hellrosa.
Gelegestärke 4 bis 8; Ei dickschalig mit rauher Oberfläche und zahlreichen weißen Porenflecken, cremeweiß bis isabellrötlich (41,4 bis 48,2 mm × 32,4 bis 37,2 mm); Brutdauer 21 Tage.
Lebensgewohnheiten: Die Art ist das häufigste

o. l. Hahn des Hügelhuhns, *Arborophila torqueola* (s. S. 422)
o. r. Henne des Hügelhuhns
u. l. Sumatra-Waldrebhuhn, *Arborophila orientalis ssp.* (s. S. 430)
u. r. Rostgelbes Waldrebhuhn, *Caloperdix oculea* (s. S. 435)

Frankolin des tropischen Südafrika. Seine optimalen Habitate sind dichtes Grasland und Kultursteppe, aber auch Dornbusch, das Buschveld des Hochlandes, Dambos und Vleys. Das Vorhandensein von Wasser ist Vorbedingung, denn die Vögel gehen 2mal täglich zur Tränke. In West-Simbabwe sind sie in das Grasland der lichten Brachystegiawälder (Miombo) eingewandert und bildet stellenweise Hybridpopulationen mit dem dort lebenden Rotkehlfrankolin. Außerhalb der Brutzeit trifft man nicht selten Trupps aus Swainson-, Rotkehl- und Natalfrankolinen an. Gegenwärtig breitet sich Swainsons Frankolin innerhalb Südafrikas südostwärts immer weiter aus, hatte Mitte der 60er Jahre das Oberland Natals erreicht und dringt weiter vor. Wie alle Frankoline ist auch diese Art Allesfresser. Nach Untersuchungen von F. J. KRUGER bestand der Kropfinhalt von Transvaalvögeln zu 30 % aus Getreidesämereien (Mais, Weizen, Bohnen), 25 % heimischen Grassamen der Gattungen *Urochloa, Eleusine, Panicum* und *Digitaria* sowie Binsensamen *(Juncus)*, 14 % Wurzeln und Cyperus-Sproßknöllchen, 7 % Insekten und 2 % grünen Pflanzenteilen. Im afrikanischen Sommer machten Insekten bis zu 20 % des Kropfinhalts aus, während Getreidekörner im Winter und Frühling (Mai bis September) überwogen.

Die Vögel übernachten auf den Ästen niedriger Bäume und Büsche, rufen nach dem Erwachen und begeben sich in den kühlen Morgenstunden bis ca. 11 Uhr auf Nahrungssuche, ziehen danach zur Mittagsruhe in den Busch und nehmen neuerlich ab 15 Uhr Nahrung auf. Sehr wachsam, bleiben sie stets nahe bei Dickungen, in die sie zu Fuß flüchten. Durch Gras rennen sie in geduckter Haltung mit langgestrecktem Körper unter fast schlangenartigen Bewegungen, so daß sie für Jäger dann nur schwer auszumachen sind. Bei Kurzflügen wird der Kopf tiefer als der Körper gehalten, und nach der Landung setzt der Vogel die Flucht zu Fuß fort. Nach A. C. KEMP ist dieses Frankolin jedoch ein recht schneller und zu gewandten Flugmanövern fähiger Flieger, der häufig selbst verfolgenden Greifvögeln zu entkommen vermag. Ungewöhnlich für einen Vogel ist sein nach dem Fang durch Greife beobachtetes Verhalten: Ist er noch unverletzt, stellt er sich tot, bis der Jäger vorübergehend von ihm abläßt, um dann plötzlich unter Verlust mancher Federn (Schreckmauser) auffliegend dem verblüfften Greif doch noch zu entkommen. In den Morgen- und Abendstunden rufen die Hähne von erhöhten Punkten ihres Reviers aus laut, rauh und krächzend in ziemlich tiefer Tonlage „Kowaaark, kwarrk, kwarrk, kwarrk, krrk, krr", wobei die Töne zum Schluß hin abwärts gleiten und schließlich ersterben. Während der Brutzeit antwortet die Henne manchmal darauf mit „Kwii ke-ke-kwe", eine Strophe, die dem Schreien eines Menschenbabys recht ähnlich ist. Während der Futtersuche werden von den Truppmitgliedern glucksende Kontaktlaute ausgestoßen. Während des Fluges rufen sie häufig „Qua-qua-qua-qua-quak". Jungvögel geben einen miauenden Ton von sich, der alsbald die darauf mit einem Gluckton antwortenden Elternvögel herbeieilen läßt (CARDWELL, 1971). Zum Aggressionsverhalten gehört ein Aufstellen der kurzen Haubenfedern und das Verprügeln des Gegners nach Haushahnart mit Schnabel- und Sporenhieben. Der Hahn lockt die Henne durch betont aufrechte Haltung mit fast senkrecht aufwärts gerichtetem Schnabel und dem Revierruf herbei. Während des Rufens ist die nackte Kehlhaut mäßig erweitert und, wie überhaupt während der Balzzeit, intensiv rot gefärbt. Die Henne ihrerseits beantwortet die Werbung des Hahnes mit gleicher aufrechter Haltung und stößt den „Babyruf" aus. Nach 1 bis 2 Minuten des Rufens jagt der Hahn die fliehende Henne in etwas geduckter Haltung mit zum Boden gerichtetem Schnabel, abwärts gedrücktem Schwanz und mäßig gesträubtem Mantelgefieder. Flieht die Henne nicht, geht der Hahn zur Höchstform der Seitenbalz über, d. h. er hält den Kopf bei waagerecht gehaltenem Schnabel aufrecht, während die Schwingen so weit herabhängen, daß die Spitzen der äußersten fast den Boden streifen. Mit Beginn der Legezeit nimmt das Rufen an Häufigkeit zu, nach dem Kükenschlupf ab. Nester sind im Gras versteckte Erdmulden mit Gelegen von durchschnittlich 4 bis 8 Eiern. Hauptlegezeiten sind in Südafrika die Monate Dezember bis Mai. Doch werden in Abhängigkeit von Regenzeiten und Nahrungsüberfluß zu allen Jahreszeiten Gelege gefunden. Im Gegensatz zum ostafrikanischen Gelbkehlfrankolin sind beim Swainson-Frankolin Bruterfolge und Überlebenschancen der Küken bei einer durchschnittlichen Erbrütungsquote von 6 Stück in Transvaal relativ hoch.

Haltung: Als europäischer Erstimport gelangten 1911 Vertreter der Damaraland-Unterart *F. s. damarensis* in den Berliner Zoo. Auch der Londoner Zoo hat die Art gehalten. Offenbar wegen ihrer unscheinbaren Färbung wird sie selten und mehr zufällig importiert. Die Zucht dürfte in Südafrika gelungen sein.

Rotkehlfrankolin
Francolinus afer, Müller 1776

Engl.: Red-necked Spurfowl.
Abbildung: Seite 356 oben rechts.
Heimat: Nordwestlichstes Vorkommen im nördlichen Kongo-Brazzaville nahe der Grenze zu Gabun (Sanghaprovinz), Süd-Zaire von der Kongomündung ostwärts und südlich der Kongo-Hyläa, Ruanda, Urundi, Südwest-Uganda, West-Kenia in Western Nyanza, das gesamte Keniaküstengebiet von der Somaliagrenze bis nach Tansania; Tansania mit Ausnahme der Massaisteppen und der Provinz Mtwara (zwischen Rufiji, Mukuwesi und Rovuma), Sambia, Malawi, Simbabwe, Mosambik (ohne die Provinzen Cabo Delgado und Niassa), die Südafrikanische Union in Transvaal, dem Oranje-Freistaat, Natal und dem Küstengebiet der Kapkolonie westwärts bis George (Victoria Bay); Angola von Cabinda im Norden bis zum Kunene im Süden, doch im Südosten (Provinz Cuando Cubango) fehlend. 17 Unterarten.

In seinem riesigen Verbreitungsgebiet hat das Rotkehlfrankolin derart verschieden gefärbte Unterarten ausgebildet, daß viele von ihnen früher in Unkenntnis der geographischen Zusammenhänge für selbständige Arten gehalten werden mußten. Erst seit aus den meisten Gebieten des Vorkommens genügend Vergleichsmaterial vorliegt, wurde eine Klärung der systematischen Zusammenhänge möglich. Gemeinsame Merkmale aller Rotkehlfrankoline sind eigentlich nur ein roter Schnabel, ebenso gefärbte Beine, die rote Gesichts- und Kehlhaut sowie die mit Ausnahme einiger dunkler Federzentren einfarbig braune Rückenfärbung. Dagegen weist das Gefieder der Gesichtsseiten und der Unterseite der zahlreichen Subspezies erhebliche Unterschiede auf, die nach HALL eine Unterteilung in 2 große Subspeziesblöcke gestatten. Diese sind mancherorts durch Hybridzonen miteinander verbunden.

Der erste Block, die *Cranchii*-Gruppe, umfaßt alle Populationen Süd-Zaires, Nord-Angolas, Nord-Sambias bis zur Mutschinga-Abdachung, den äußersten Westen Tansanias, Uganda und die Küstengebiete des Viktoriasees. Die Vertreter dieser Gruppe weisen auf dem Gefieder der Unterseite eine dichte, zarte schwarzweiße Wellenbänderung mit z. T. rotbrauner Säumung der Bauchregion auf. Die schwarzen Wangenfedern lassen durch grauweiße Seitensäumung eine Schwarz-/Graumusterung des Gesichtsgefieders entstehen. Die geographische Variation dieser Gruppe ist gering. Sehr dunkle Populationen aus dem Russisital nördlich des Tanganyika wurden als *harterti,* die an den Grenzen der Hybridzonen Sambias und Tansanias lebenden mit Weißbeimischung des Bauchgefieders als *intercedens* beschrieben.

Den Subspezies des zweiten Blocks im Süden und Osten des Artareals – wir wollen ihn *Afer*-Gruppe nennen – fehlt eine Wellenbänderung des Gefieders. Gesicht und Unterseite weisen eine auffällige Musterung aus Schwarz-, Weiß- und Graukomponenten auf, die durch einen schwarzen Mittelstreifen und weiße oder graue, breite oder schmale Seitensäumung der Federn entsteht. In der östlichen Kap-Provinz und Natal sind die dort vorkommenden Unterarten diskontinuierlich verbreitet. Die Nominatform ist auf Südwest-Angola entlang des Escarpments und das Kunenebecken beschränkt und durch ein weißes Gesicht sowie die breit schwarzweiß gestreifte Unterseite charakterisiert. Eine Vielzahl von Subspezies des *Afer*-Blocks mit Hybridzonen bewohnt Ostafrika nördlich des Limpopo. Allen diesen Formen gemeinsam ist das graue Brustgefieder mit schwarzer Schaftstreifung sowie ein einfarbig schwarzes Bauchgefieder, zu dem die schwarzweiß gestreifte Flankenregion wirkungsvoll kontrastiert. Die Unterart der Keniaküste (*leucoparaeus*) lebt dort von anderen isoliert und zeichnet sich durch ein schwarzweißes Überaugenband und weiße Gesichtsseiten aus. Bereits in Nord-Tansania (Korogwe in Usambara) wird sie durch Vögel mit ganz schwarzem Gesicht (*melanogaster*) ersetzt, wie sie auch in Süd-Malawi und dem Südosten Sambias auftreten (*loangwae*). Die Kenia-Weißgesichter werden von den Korogwe-Schwarzgesichtern nur durch ein 177 km breites Gebiet getrennt, das offenbar zur Besiedlung durch Rotkehlfrankoline ungeeignet ist. Bei den Populationen Ost-Simbabwes und Süd-Mosambiks (*swynnertoni*) sind das Gesicht und ein Kehlband weiß. Im unteren Sambesital, dem Hararegebiet Simbabwes, und in Süd-Malawi lebt eine zwischen Schwarz- und Weißgesichtspopulationen stehende instabile Form (*humboldti*) mit wechselndem Schwarzweißanteil des Gesichtsgefieders.

In ganz Zentralafrika deckt sich das Auftreten von Rotkehlfrankolinen im wesentlichen mit dem Vorkommen des vom Indischen Ozean bis zum Atlantik reichenden Brachystegieparkwaldgürtels, dem Myombo. Die sehr lichte Waldformation zeichnet sich durch Grasunterwuchs und reichliches Wasservorkommen aus.

Im Folgenden werden 2 charakteristische Vertreter der beiden Subspeziesblöcke beschrieben.

Dem *Afer*-Block gehört die Keniaküsten-Subspezies an:

Kenia-Rotkehlfrankolin
Francolinus afer leucoparaeus,
Fischer u. Reichenow 1884

Engl.: Kenya Red-necked Spurfowl.
Heimat: Die Küstenebene Kenias von Witu bis Vanga.
Beschreibung: Geschlechter sehr ähnlich. Beim Hahn ist der Scheitel aschbraun, auf der Stirn in Schwarz übergehend, jede Feder mit dunklerem Zentrum; ein schmales schwarzweißes Überaugenband beginnt einfarbig schwarz an der Oberschnabelbasis und zieht bis zum Hinterkopf; Ohrdecken graubraun; Zügelregion und ein sich auf den Wangen verbreiternder weißer Streifen begleitet, abwärts schmaler werdend, die rote Kehlregion; Oberbrustfedern aschgrau mit Tendenz zur Aufhellung auf Unterbrust und Flanken, alle mit schwarzer Schaftstreifung; Flankenfedern schmal lanzettförmig, weiß mit schwarzem Zentrum und Säumung; ein Teil der Unterbrust und die Bauchregion schwarz; Steißgefieder und Unterschwanzdecken aschbraun, das Schenkelgefieder außen aschbraun, innen schwarzweiß. Halsseiten- und Nackenfedern weiß mit schwarzem Zentrum; Mantel, Schultern und Flügeldecken aschgrau mit dunkelbrauner Schaftstreifung. Rücken, Bürzel und Schwanz umberbraun, die Oberschwanzdecken aschgrau mit dunkler Schäftung und weißer Sprenkelung; Arm- und Handschwingen umberbraun, letztere mit heller Säumung der Außenfahnen, erstere im Endbereich mit schwacher Sprenkelung. Nackte Gesichtshaut und Kehlhaut blutrot, Schnabel und Beine korallenrot, Iris rotbraun.
Länge 300 bis 350 mm; Flügel 184 mm; Schwanz 102 mm; Gewicht 800 bis 850 g.
Die kleineren Weibchen ähneln sehr den Männchen, nur ist die Wangen-, Kopfseiten- und Halsbefiederung weiß mit schwarzen Federzentren. Die Unterseite ist weniger schwarz, denn jede Feder trägt einen weißen Schaft und weiße Spitze.
Gewicht 525 bis 610 g.
Beim Jungvogel im ersten Federkleid ist der Oberkopf bräunlich; Wangen, Kehle, Hals und Oberbrust sind weißlich mit breiten schwarzen Federzentren. Die Unterseite ist schwarz und weiß gesprenkelt, auf Unterbauch und Steißregion in Braun übergehend. Rücken ockerbraun, dicht schwarz und dunkelbraun gesprenkelt; Federn der Schulterregion und die Armschwingen braunschwarz gesprenkelt und gebändert; äußere Handschwingen mit ockergelber Säumung und braunschwarzer, dichter Punktmusterung auf den Außenfahnen. Schnabel und Beine hornbräunlich.
Dunenkleid noch nicht beschrieben, aber von dem anderer Unterarten wohl kaum verschieden.
Gelegestärke 5 bis 8; Ei mit matter Schale, einigermaßen gut ausgeprägter Porung und cremeweißer Farbe (40 mm × 30 mm).

Eine typische Unterart des *Cranchii*-Blocks ist das:

Uganda-Rotkehlfrankolin
Francolinus afer cranchii,
Leach 1818

Engl.: Uganda Red-necked Spurfowl
Abbildung: Seite 356 oben links.
Heimat: Westliche Kongo-Republik, Mittel-Zaire, Uganda nördlich des Viktoriasees, West-Kenia, Nordwest-Tansania; südwärts bis Angola, ostwärts Sambia westlich des Luangwatals, Nord-Malawi, Süd- und Südwest-Tansania.
Beschreibung: Geschlechter recht ähnlich. Beim Hahn ist der Scheitel dunkelbraun und geht auf der Stirn in Schwarz über; ein schmales schwarzweißes Überaugenband fehlt bei manchen Vögeln; Wangenfedern mit Ausnahme der einfarbig schwarzen Vorderwangen überwiegend schwarz mit grauweißer Seitensäumung; Ohrdecken braun mit schwacher Weißstreifung; Federn des Nackens und der Halsseiten mit schwarzem Mittelstreif und grauweißen, zart schwarzgewellten oder -gesprenkelten Seitensäumen; Mantel, Bürzel, Oberschwanzdecken und Schwanz umberbraun, die Federn dunkel geschäftet und zart schwarz wellengebändert; Flügeldecken wie Mantel, die Armschwingen umberbraun wellengebändert, die inneren mit verdecktem dunkelbraunem Innenfahnenfleck; Handschwingen aschbraun, ihre Außenfahnensäume heller wellengebändert. Kropfgefieder dicht und zart schwarz und weiß gewellt, die Federn des Unterkörpers ebenso, jedoch z. T. mit breiter hellrotbrauner Endsäumung und alle Federn mit dunkler Schaftstreifung; Steißgefieder grau, schwach dunkel gebändert, Unterschwanzdecken mit dunkelbraunem Zentrum und zarter Wellenbänderung. Kinn, Kehle, nackte Orbitalhaut, Schnabel und Beine orange- bis zinnoberrot, die Iris braun.
Länge 300 bis 340 mm; Flügel 156 bis 179 mm;

Schwanz 90 bis 110 mm; Gewicht 650 bis 765 g.
Bei Hennen sind die nackten Gesichts- und Kehlpartien weniger ausgedehnt; die Unterseite ist weniger kastanienbraun, Schultergefieder und innere Armschwingen weisen kräftigere Wellenbänderung auf. Schnabel und Beine rot.

Subadulte ähneln dem Weibchen, sind jedoch besonders auf Mantel und inneren Armschwingen klarer wellengezeichnet und gebändert, unterseits weißer mit geringerer, aber kräftigerer Wellenbänderung sowie dunkleren, breiteren Schaftstreifen. Kinn und größter Teil der Kehle dürftig mit schwarzen, weißgespitzten Federn bestanden. Schnabel und Beine bräunlich.

Dunenjunge haben einen braunen, seitlich schwarzgesäumten Scheitel und schwarzen Hinterhals; Gesicht isabellgelblich mit schwarzem Augenband, das bei einigen Küken den Hals umrundet; ein breites dunkelbraunes Rückenband ist schwarz gepunktet und gesäumt und wird von einem isabellockrigen Streifen beiderseits des Seitenrückens begleitet. Kehle isabellweiß, Unterseite isabellgelb mit ein paar schwarzen Klecksflecken; Flügelchen braun und isabell gesprenkelt; Beine gelblichrosa.

Gelegestärke 3 bis 9; Ei mit dicker Schale und zarten Poren, hell bis dunkel isabellfarben (34 mm × 39 mm).

Lebensgewohnheiten: Rotkehlfrankoline bewohnen feuchtere Biotope als die anderen Arten der Gattung. Sie sind charakteristische Bewohner der Brachystegiawälder (Myombo), die weite Strecken Zentralafrikas südlich des Urwaldgürtels vom Indischen Ozean zum Atlantik bedecken. Diese Wälder haben Parkcharakter und als Bodenvegetation finden sich Gras und Strauchgruppen. Von der Lebensweise der Tansaniarasse *melanogaster* berichtet BÖHM recht anschaulich: „Morgens gehen die Ketten umherlaufend, suchend und scharrend ihrer Nahrung nach, gegen Mittag liegen sie ziemlich fest unter Büschen. Zuweilen findet man sie auch am Tage aufgebaumt und hört dann von ihnen zuweilen ein kläglich klingendes Pfeifen. Aufgeschreckt rufen sie laut und abgebrochen und erheben, wenn sie sich wieder gesammelt haben, ein gellendes abgebrochenes Geschrei. Dieses Geschrei wird mit sinkender Sonne, zu welcher Zeit die Ketten wieder rege werden, mehr und mehr laut. Abends ziehen sie entweder zum Wasser oder in die offene Boga (Steppe) hinaus, wobei die Henne mit ihren Jungen häufig aufsteigt und lärmend ins Freie streicht. Der Hahn hält sich gern abseits und bäumt, zuweilen in beträchtlicher Höhe, in der Nähe auf. Auf seinem Sitz hält er sich sehr ruhig, sobald jedoch der Ruf eines anderen Hahnes erschallt, stößt er ebenfalls, heftig mit Kopf und Hals nickend, sein schmetterndes „Körreck körreck" aus. Endlich streicht er laut lockend seiner vorangezogenen Familie nach. Lieblingsaufenthalt dieses Frankolins sind die mit dichtem Gesträuch und Baumwuchs bestandenen alten Termitenhügel. Durch das Hochgras treten sich die Vögel Wechsel zum Wasser und kommen sie abends zur Tränke, verhalten sie sich äußerst vorsichtig. Bemerken sie, aus dem Hochgras kommend, etwas Verdächtiges, bleiben sie augenblicklich unbeweglich stehen und rennen erst nach langer Zeit so schnell wie möglich über offene Stellen, um sich sofort hinter den nächsten Grasbüscheln oder Sträuchern zu verbergen."

In Süd-Angola ist die Nominatform aus dem Brachystegiabiotop auch in ein kleines Gebiet der Akaziensteppe vorgedrungen. Dort traf sie HEINRICH an den Hängen der Sierra de Cheela aufwärts bis zum 1900 m hohen Plateau von Humpata und abwärts fast bis zum Rand der Wüste bei 50 m an. An den Hängen bewohnten die Frankoline gestrüppdurchwucherte Felspartien mit wenig Graswuchs. Dagegen lebt die im Norden Angolas vorkommende Unterart *cranchii* auf mit hohem Savannengras bedeckten Höhenrücken in Gestrüppnähe, bewaldeten Schluchten und den Kaffeeplantagen. Der Ruf der Hähne beider Unterarten (*cranchii*- und *afer*-Gruppe) war nicht verschieden. Die Brutsaison fällt in Angola in den Beginn der großen Trockenzeit. Im Mai wurden Gelege, im Juni führende Hennen gefunden.

Haltung: Mehrere Unterarten des Rotkehlfrankolins sind nach Europa gelangt. Der vermutlich erste Import erfolgte durch den Britischen Konsul in Sansibar, Dr. J. KIRK, der dem Londoner Zoo 1870 1 Exemplar der Kenia-Unterart *leucoparaeus* schenkte. 1912 erhielt der Berliner Zoo durch GROTE (Malindi) 3 Rotkehlfrankoline der Subspezies *melanogaster* aus dem Süden Deutsch-Ostafrikas zum Geschenk. *F. a. castaneiventer* aus dem östlichen Kapland wurde 1925/26 im Berliner Zoo, *F. a. humboldtii* aus Süd-Malawi und Mosambik 1927 im Londoner Zoo gehalten. 1964 ist *F. a. swynnertoni* aus Simbabwe und Mosambik vom Ornamental Pheasant Trust erworben worden. Die europäische Erstzucht der Art gelang 1972 dem Jersey Wildlife Preservation Trust mit der Angola-Subspezies *F. a. afer*. Die 3 Vögel, 1 Hahn und 2 Hennen, erhielten eine 1,2 m × 3 m × 2 m große, mit hoher Sandschicht und Buschwerk ausgestattete

Voliere nebst Schutzraum. Eine der Hennen nahm als Nistplatz eine mit trockenen Blättern belegte und durch Grasstauden getarnte Schutzraumecke an. Das Futter bestand aus Legehennen-Preßlingen und gemischtem Kanarienkörnerfutter. Zusätzlich wurden täglich 20 bis 30 Mehlwürmer gereicht und frische Grassoden eingebracht, die die Vögel gern abästen. Der Hahn bevorzugte die eine der beiden Hennen und lockte sie durch Futteranbieten herbei. Näherte sich bei solcher Gelegenheit das andere Weibchen, wurde es von ihm mit Schnabelhieben verjagt, jedoch nicht verfolgt. Den größten Teil des Tages verbrachten die 3 Vögel mit Herumstöbern im Buschwerk. Staubbäder wurden regelmäßig und mit großem Eifer genommen. Die einzige beobachtete Balzhandlung des Hahnes bestand darin, das scheinbar unbeteiligt äsende Weibchen mit vorgestrecktem Hals und gesträubten Flankenfedern sowie betont angehobenen Beinen zu umschreiten. Durch die Halsstreckung wurde die rote Kehlhaut wirkungsvoll demonstriert und durch Sträuben der langen Flankenfedern deren schwarzweißes Streifenmuster zur Geltung gebracht. Am 19. März wurde das 1. Ei gelegt, dem jeden Tag ein weiteres folgte, bis das Gelege aus 5 Eiern bestand, denen erst am 4. April ein 6. folgte. In 4 Eiern starben die Embryonen ab, 2 waren unbefruchtet. Am 7. Dezember begann die Henne erneut zu legen und fuhr damit in unregelmäßigen Intervallen bis in den April hinein fort. Nach jeweils 23tägiger Brutdauer wurden aus 44 Eiern nur 4 Küken erzielt, die sich mit pelletiertem Kükenfutter in Krümelform, gekochtem Ei und Hundewelpennahrung, alles in Milch erweicht, aufziehen ließen.

Nach ROLES verlief die Entwicklung der Küken wie folgt:

- 2 Tage: Die gut ausgebildeten Flügelfederspulen beginnen aufzuplatzen.
- 6 Tage: Die hellockergelben Schwungfedern sind noch nicht zu verwenden. Die Färbung der Unterseite wird dunkler, ein nackter Hinteraugenfleck sichtbar. Das Schnabelhorn dunkelt ab, die Sprenkelung der Flügelfedern wird sichtbar.
- 8 Tage: Die Handschwingen sind bis zum Körperende vorgewachsen, die Schwanzfedern beginnen zu erscheinen. Auf Oberrücken und Schultern fallen die Federspulen ab, der Eizahn verschwindet; Schnabel und Beine dunkeln weiter ab.
- 10 Tage: Die Handschwingen sind über den Schwanz hinausgewachsen, die Flugfähigkeit ist erreicht.
- 13 Tage: Die noch in den Spulen steckenden, vom Hals zum Bürzel verlaufenden Federn beginnen sich zu öffnen und sind schwarzweiß gefleckt.
- 15 Tage: Das gesprenkelte Gefieder der Körperseiten wird vollständiger.
- 18 Tage: Der unbefiederte Hinterohrbezirk vergrößert sich; auf den Schenkeln erscheinen Federn; der Schnabel ist nun mit Ausnahme der hellen Spitze vollständig schwarz.
- 23 Tage: Nur der Kopf und ein vom Hinterhals zur Schwanzbasis verlaufendes Band sind noch bedaunt, die Flügeldecken fast vollständig befiedert, ebenso die Ohrdecken.
- 39 Tage: Das Kopfgefieder erscheint, und die nackte Gesichtshaut rötet sich im Voraugenbezirk. Ein Küken wird von den beiden anderen so gebissen, daß sein Rücken kahl und blutig ist, so daß die Tiere getrennt werden müssen.
- 45 Tage: Die Jungfrankoline haben reichlich Wachtelgröße erreicht, ihre hellgraue Unterseite ist schwarz-, die Oberseite sandbraun gesprenkelt; Schnabel ganz schwarz, das nackte Gesichtsfeld hellrötlich, der weißliche Wangenstreif vorhanden; Beine rötlich.
- 106 Tage: Oberseite hellbraun mit dunklerer Schaftstreifung der Oberrücken- und Flügeldeckfedern. Der nackte Kehlbezirk beginnt sich auszubilden; auf der Oberbrust erscheint die Längsstreifung der Federn.
- 130 Tage: Das nackte Gesichtsfeld und ein kleiner Kehlbezirk sind orangerot; Schnabelfirst dunkel, Schnabelseiten rötlich; Halsgefieder schwarzweiß gesprenkelt, die Unterseite gestreift und gefleckt; Größe nun fast die Adulter.

Graubrust-Nacktkehlfrankolin
Francolinus rufopictus, Reichenow 1887

Engl.: Grey-breasted Spurfowl.
Abbildung: Seite 356 mitte links.
Heimat: Nordost-Tansania vom Südostufer des Victoriasees (Muanza) süd- und ostwärts die Wembäre- und Serengetisteppen bis zum Eyassi-See. Im genannten Gebiet füllt die Art die ökologische Nische des Gelbkehlfrankolins, das östlich des Rifttals im Akazienbusch des Massailandes lebt. Beide treffen in einem begrenzten Gebiet am oberen Ende der Olduway-Schlucht nahe dem Lagarjasee zusammen und hybridisieren dort. Da der größte Teil der Serengetiebenen als Habitat für Nacktkehlfrankoline ungeeignet ist, wird dadurch eine ausgedehnte Vermischung der beiden Arten verhindert. Keine Unterarten.
Beschreibung: Beim Hahn sind Stirn und Scheitel dunkelbraun, unten von einem schmalen schwarzen Band gesäumt. Ein kurzer Streifen zwischen Oberschnabelbasis und oberer Begrenzung der Orbitalhaut weiß; ebenso ein auffälliger weißer Bartstreif, der oberhalb der nackten Kehle verläuft. Kleinere Federn der Halsseiten und des Nackens mit schwarzem Schaft und weißen Seitensäumen, die in der unteren Nackenregion in Rotbraun übergehen; Rücken- und Flügeldeckfedern mit breitem schwarzem Mittelstreifen, an den sich beiderseits nach außen ein schmaler cremegelber und ein etwas breiterer gezähnter schwarzer Streifen anschließt, worauf noch ein breiter rotbrauner Seitensaum folgt. Handschwingen, Bürzel, Oberschwanzdecken und Schwanz grau mit dichter dunkler Wellenbänderung; Kropfgefieder hellgrau mit auffälliger schwarzer Schäftung; übrige Unterseitenfedern weiß mit schwarzem Schaftstreif, jederseits schmaler schwarzer Seitenlinie und breiten rotbraunen Endsäumen. Schnabel rotbraun, die nackte Orbitalhaut orangegelb bis korallenrot, ebenso die nackte Kehlhaut; Iris braun; Beine schwarzbraun, beim Hahn mit einem kurzen knopfförmigen oberen und langen unteren Sporn auf der Laufhinterseite.
Länge 370 bis 390 mm; Flügel 193 bis 222 mm; Schwanz 90 bis 102 mm; Gewicht 779 bis 964 g.
Hennen sind kleiner und tragen nur einen knopfförmigen Laufsporn.
Flügel 180 bis 199 mm; Schwanz 81 bis 94 mm; Gewicht 439 bis 666 g.
Bei Subadulten sind die Federn der Oberseite grauschwarz mit weißem Schaftstreif, ebensolcher Bänderung sowie isabellgrauer Säumung; Unterseite breit schwarz-weiß gebändert.
Dunenküken haben einen dunkelrostbraunen Scheitel mit dunkelbrauner Säumung; Kopfseiten isabell mit je einem dunkelbraunen Streifen über und unter dem Auge; Nacken und Mittelrücken dunkelbraun mit je einem parallel dazu verlaufenden isabellfarbenen und dunkelbraunen Streifen. Unterseite isabellgelblich.
Gelegestärke 4 bis 7; Ei rauh- und dickschalig, cremebräunlich mit kreidigweißer Fleckung (43,4 mm × 35,2 mm); Gewicht ca. 22 g.
Lebensgewohnheiten: Habitate der Art sind lichte grasbestandene Akazienwälder, Dornbusch und andere dichte Vegetation entlang der Wasserläufe. Im Unterschied zum Gelbkehlfrankolin lebt das Graubrust- Nackthalsfrankolin in Gebieten mit höheren Niederschlägen. Zur Nahrungssuche treten die Vögel frühmorgens und spätnachmittags auf die freie Grassteppe hinaus, um scharrend und grabend Cyperngraszwiebeln freizulegen, von denen sie sich bevorzugt ernähren. Außerdem werden Leguminosen- und Grassamen sowie Insekten aller Art aufgenommen. Der laute kratzende Revierruf der Hähne ähnelt sehr dem des Gelbkehlfrankolins und wird von SCHMIDL mit „Ka-waaaark, ka-waark, ka-aarrk" und „Koarrk-koarrrk-karrkkrrk-krrk-krrr" übersetzt, wobei beide Rufreihen zum Schluß hin in der Tonhöhe fallen. Der Alarmruf ist ein tonhöheres Gackern. Nester sind ausgekratzte Erdmulden zwischen hohem Gras. Die Gelege aus 4 bis 5 Eiern wurden von Februar bis April sowie im Juni/Juli gefunden, also spät in der Hauptregenzeit und der darauf folgenden Trockenzeit. Die Kükenschar wird von beiden Eltern geführt, bei denen die Jungvögel bis zu Beginn einer neuen Brutperiode zusammenbleiben.
Haltung: Über einen Import nach Europa oder in die USA ist nichts bekannt.

Gelbkehlfrankolin
Francolinus leucoscepus, Gray 1867

Engl.: Yellow-necked Spurfowl.
Abbildung: Seite 356 unten rechts.
Heimat: Südost-Sudan, Eritrea, Äthiopien, Somalia, Zentral-Kenia, Trockengebiete des nördlichen Zentral-Tansania (von der Keniagrenze bis Dodoma und Morogoro), Nordost-Uganda. Die früher anerkannten Unterarten werden heute als klinale Varianten der Art betrachtet.

Beschreibung: Beim Hahn ist der Oberkopf hellbraun mit dunkleren Federzentren. Ein vor den Nasendeckeln beginnender schmaler weißer Überaugenstreifen zieht über die nackte Orbitalhaut hinweg zu den hellbraunen Ohrdecken. Wangen und Kopfseiten weiß mit braunem Mittelfeld; Hinterhalsfedern weiß mit breiten schwarzbraunen Zentren, die des Halses, der Brust, des Mantels, Rückens und der Flügeldecken schwarzbraun mit hellbraunen Zentren und sich zur Federspitze hin stark verbreiternden, cremeweißen Mittelstreifen, ein umgekehrtes V bildend; die langen Flankenfedern schwarzbraun mit cremeweißen schmalen Schaftstreifen, die auf der Federspitze in breite dreieckige weiße Endflecke übergehen, die seitlichen Federsäume cremeweiß; Armschwingen braun, auf der Außenfahne grau gesäumt und mit ockergelblichen Kritzelquerbändern bedeckt; Handschwingen braun, jede mit großem cremefarbenem Fleck auf der Innenfahne; Schwanzfedern mit abwechselnd ockerbrauner, schwarzer und weißer Wellenquerbänderung; Unterbauch aschgrau mit sehr breiten weißen Federenden. Nasendeckel, Zügel und nackte Orbitalhaut dunkel orangerot, Iris dunkelbraun; nacktes Kinn und Kehle orangerot, die nackte Vorderhalsregion hell orangegelb; Schnabel und Beine hornbraun, der Lauf mit oberem Spornhöcker und unterem langem Sporn.

Länge 425 mm; Flügel 184 bis 216 mm; Schwanz 85 bis 110 mm; Gewicht 615 bis 896 g.

Hennen sind kleiner, mit einem kurzen Sporn.
Länge 350 mm; Flügel 170 bis 216 mm; Schwanz 80 bis 95 mm; Gewicht 400 bis 615 g.

Bei Subadulten ist die Gefiederzeichnung weniger klar ausgeprägt; Oberseite isabellgrau mit schwarzer Wellenbänderung, weißer Schaftstreifung und verschwommener Längsbänderung der Federn; Unterseite grau, die Federn mit breitem weißem Schaftstrich. Unbefiederte Kehl- und Orbitalhaut fahlgelb, die Beine braun.

Dunenküken haben eine dunkelbraune Stirn und einen hellbraunen Scheitel mit dunkelbraunem Scheitelsaum, der als schmales Band über den Vorderrücken zieht, um einen rotbraunen breiten Rückenstreif zu säumen. Parallel zu ihm verlaufen je ein isabellfarbenes und dunkelbraunes schmales Band; ein hinter dem Auge beginnender dunkelbrauner Streifen zieht bis zum Nacken. Unterseite ockergelb, auf der Brust mehr ockerbraun.

Gelegestärke 3 bis 8, meist 5; Ei in der Größe sehr variabel, hartschalig, weißlich bis rötlichockerfarben mit feiner kreideweißer Sprenkelung (43,0 bis 47,3 mm × 32,0 bis 37,8 mm); Gewicht ca. 31 g; Brutdauer 18 bis 20 Tage.

Lebensgewohnheiten: Unter den afrikanischen Frankolinen wird diese Art wohl am häufigsten von Ostafrika-Touristen beobachtet, da sie in Naturschutzgebieten schnell die Scheu vor dem Menschen verliert und sich recht vertraut in der Umgebung der Lodges aufhält. Bevorzugtes Habitat ist lichter Akazien-/Commiphora-Busch mit kurzem Grasbewuchs und jährlichen Niederschlägen von 200 bis 400 mm. Entlang der Hänge des Mt. Kenya, wo die Niederschlagsmenge bis 1500 mm beträgt, bewohnt das Gelbkehlfrankolin Kulturland und kommt nahe der Waldränder bis in Lagen von 2400 m vor. In Äthiopien und West-Kenia wurde die Art besonders häufig auf saisonal nassen Vulkanböden beobachtet. In weiten Teilen ihres Verbreitungsareals ist sie jedoch ein ausgesprochener Trockenlandbewohner, der keine regelmäßige Wasseraufnahme benötigt und selbst in wasserlosen Gebieten zu leben vermag. Seinen Flüssigkeitsbedarf deckt er dort aus Zwiebeln, sukkulenten Pflanzenteilen und Insekten. Ein in manchen Gebieten gehäuftes Auftreten an Wasserläufen scheint weniger auf ein Trinkbedürfnis als die dort vorhandene üppige Vegetation zurückzuführen zu sein. Bei Sonnenaufgang fliegen diese Frankoline von den Ästen ihres niedrigen Schlafbaums oder Busches herab, und die Hähne begeben sich auf erhöhte Plätze, um mit lauten Rufserien ihren Revieranspruch kund zu tun. Anschließend wandern sie zu bevorzugten Futterplätzen, die mehrere 100 m von den Übernachtungsbäumen entfernt sein können. Dort laufen sie auf Nahrungssuche langsam umher und graben kraftvoll scharrend im Boden. Durch Untersuchungen von STRONACH sowie SWANK ist die Futterzusammensetzung gut bekannt: An erster Stelle stehen die Sproßknöllchen des Cyperngrases *Cyperus rotundus*, welche ganzjährig aufgenommen werden und 52,3 % des Kropfinhalts ausmachten. Mit 12,7 % waren Früchte, Kraut- und Grassämereien der Gattungen *Commelina*, *Urochloa* und *Oxygonum* beteiligt; andere Pflanzenarten, einschließlich verschiedener Vegetationsteile von 28 Pflanzen, hauptsächlich in Samenform, waren mit 16,2 % vertreten. 18 % bestanden aus Insekten, davon 17,5 % geflügelte Termiten. Während der Trockenzeit besteht die Nahrung ganz überwiegend aus Cyperngrasknöllchen, in der Regenzeit werden diese dagegen nur zu 7 bis 18 % aufgenommen. Dafür werden mehr Gras- und Krautsämereien, besonders aber mehr Insekten verzehrt. Diese werden vor allem dann in erhöhter

Menge aufgenommen, wenn nach der Regenzeit die Gras- und Krautsämereien noch nicht gereift sind. Auf Kulturland verzehren die Frankoline viele Hülsenfrüchte, Getreidesamen etc., werden jedoch nicht zu Schädlingen. Gern folgen sie Elefanten und Nashörnern, um deren frisch abgesetzte Kotklumpen nach unverdauten Pflanzenteilen zu durchforschen. Offenbar in gleicher Absicht nähern sie sich oft parkenden Autos, die sie wohl für Großtiere halten. Nach 1 bis 1½ stündiger Futtersuche, die an wolkigen Tagen auf bis zu 2 Stunden ausgedehnt werden kann, begeben sich die Vögel zur Mittagsruhe in den Schatten dichten Buschwerks oder nehmen Staubbäder. Ist nach Regenfällen das Gras triefend naß und das Gefieder durchnäßt, suchen sie offene Plätze und Straßen auf, um sich zu trocknen. Eine nochmalige Futteraufnahme auf dem gleichen Gelände wie vormittags findet spätnachmittags und abends ca. 2 bis 3 Stunden vor Sonnenuntergang statt. Rechtzeitig bei Tageslicht treffen sie danach an den Schlafplätzen ein, und die Hähne rufen noch einmal, ehe sich die Familie zur Nachtruhe begibt. Dafür muß nicht immer der gleiche Platz ausgewählt werden. Das Fluchtverhalten ist stark ausgeprägt. Besteht keine unmittelbare Gefahr, flüchten die Frankoline meist rennend, wobei sie eine sehr aufrechte Kopfhaltung einnehmen. Von Bodenfeinden bedroht, fliegen sie auf und verstecken sich im Astwerk des nächsten Baumes, um dort regungslos zu verharren, bis die Gefahr vorüber ist. Zu Streckenflügen gezwungen, fliegen sie schnell und in gerader Richtung oft über 100 m weit. Das Gelbhalsfrankolin ist sehr standorttreu und hält Jahr für Jahr das gleiche Revier besetzt. Der Beginn der Regenzeit aktiviert den Fortpflanzungstrieb. Dann rufen die Hähne besonders häufig von Termitenhügeln, Felsen und Baumstümpfen aus laut und knarrend „Kaueerrrk-kaueeerrrrk-kuerrrk-kuarr-karr-karr", zum Ende der Strophe hin allmählich an Tonhöhe und Stärke abnehmend. Zum Balzverhalten gehören Futteranbieten des Hahnes, Umrunden der Henne und Scheinflucht derselben. Die Balz erfolgt auf offenen Plätzen. Dort stellt der Hahn sich in möglichst aufrechter Haltung mit leicht abwärts gebogenem Hals, gesenkten und teilweise gespreizten Schwingen hin, um die isabellfarbenen Farbmuster besonders zu demonstrieren. Ferner umläuft er die Henne und stellt sich ihr mehrfach gegenüber. RAETHEL beobachtete im Amboselipark mehrfach eine Scheinflucht der Henne vor dem Hahn. Kopulationsbereite Hennen ducken sich, wonach der Hahn sie flügelschlagend besteigt und sich mit dem Schnabel in ihrem Hinterkopfgefieder verbeißt. Nester werden zwischen Grasbülten als flache Mulden von den Hennen ausgescharrt. Die Brutzeit fällt gewöhnlich in die Regenzeit des jeweiligen Gebietes (in Afrika sehr variierend), so daß die Kükenaufzucht in der Trockenzeit erfolgen kann. In Gebieten mit wenigen oder überhaupt keinen Niederschlägen brüten Frankoline selten oder gar nicht. Menschen versucht die Henne gewöhnlich durch Verleiten vom Gelege und Gesperre fortzulocken. Dies erlebte auch Tiervater ALFRED BREHM auf einer seiner Reisen nach Habesch (Äthiopien). Er schreibt: „Auf unserer Reise fand ich das Nest der rotkehligen Art (gemeint ist aber das nur dort vorkommende Gelbhalsfrankolin) in einem dunklen Busch, zwischen mehreren Stämmen dicht über dem Boden. Es war eine tiefe, mit etwas Laub und einigen Federn ausgelegte Mulde, die 6 reinweiße Eier enthielt. Die Henne selbst machte mich auf das Nest aufmerksam. Sie lief bei meiner Ankunft aus dem Busch heraus, ging etwa 50 Schritt weit fort, stellte sich dort auf eine Blöße hin, breitete die Flügel, schlug mit ihnen und schrie „Hihärr", unzweifelhaft in der Absicht, mich vom Nest fortzulocken. Sie ging weiter und weiter, huschte, flatterte und schrie beständig vor mir her, führte mich wirklich fast 500 Schritt ihr nach, stieg plötzlich auf und kehrte in großem Bogen zum Nest zurück. Der Hahn ließ sich nicht sehen, doch zweifle ich nicht, daß auch er sich in der Nähe befand."

Die nach 18- bis 20tägiger Erbrütung schlüpfenden Küken verlassen innerhalb von 24 Stunden das Nest und werden von beiden Partnern geführt. Henne und Hahn verteidigen sie mutig gegen Schlangen, Mungos und andere Bodenfeinde. Trotzdem erreichen pro Gelege durchschnittlich nur 2 Küken Adultgröße. Bei ihnen erscheinen die Handschwingen innerhalb von 2 Wochen, und sie können dann Kurzflüge ausführen. Mit 4 bis 6 Wochen sind sämtliche Handschwingen vorhanden, und die äußere Jugendhandschwinge ist zugespitzt. Von der 6. zur 24. Woche werden alle Handschwingen mit Ausnahme der äußersten vermausert. Diese wird erst abgestoßen, wenn die Jungen in der 28. Woche Adultgefieder erhalten. Ab der 18. Lebenswoche erscheinen die Sporen und wachsen bis zum 2. Jahr. In Gebieten mit 2 Regenzeiten lösen sich die Familienverbände nach 6 Monaten auf, wenn die zweiten Regen beginnen. In Gebieten mit einer Regenzeit bleiben sie dagegen 7 bis 8 Monate zusammen. Jungvögel sind wahrscheinlich im Alter von einem Jahr geschlechtsreif.

Haltung: Der Erstimport der Art erfolgte durch ALFRED BREHM, der 1862 von seiner Äthiopienreise einen Gelbhalsfrankolinhahn mitbrachte, der in den Frankfurter Zoo gelangte. Die Welterstzucht glückte SIR WILLIAM INGRAM 1905 in England. Die 2 Paare erhielten eine 12 m lange, mit hohem Gras und Ligusterbüschen bepflanzte Voliere nebst einem unterteilten 3,6 m × 7 m großen Schutzraum. Diesen wählten die Hennen als Nistplatz und bauten in den mit Stroh ausgelegten Ecken ihre Nester. Mitte Mai begannen sie mit dem Legen. Die beiden Hähne hielten, jeder auf seiner Seite des unterteilten Schutzraumes in 30 bis 60 cm Entfernung von der brütenden Henne, Wache. Die Eier der Gelege unterschieden sich in Größe und Färbung auffällig voneinander. Nach (angeblich) 23tägiger Brut erschien eine Henne mit 7 Küken. Beide Hennen, die Mitte Mai mit dem Legen begonnen hatten, besaßen erst am 9. Juni vollständige Gelege. Nach dem Schlupf kümmerten sich die Hähne nicht mehr um die Familie und überließen den Hennen allein die Aufzucht, ein Verhalten, das dem im natürlichen Lebensraum wohl nicht gleicht. Als Futter erhielten die Küken Ameisenpuppen, Mehlwurmlarven, gekochtes Ei und handelsübliches Kükenaufzuchtfutter. Am Ende der Zuchtsaison besaß INGRAM von 4 Frankolinhennen 40 Jungvögel, von denen 23 durch Hühnerglucken, die übrigen von den eigenen Müttern erbrütet worden waren. Der deutsche Afrikaforscher C. G. SCHILLINGS pflegte 1897 in seinem ostafrikanischen Standlager Eier des Gelbkehlfrankolins Hühnerglucken anzuvertrauen und hatte die Freude, die sonst so scheuen Hühnervögel völlig zahm unter den übrigen Tieren des Lagers umherlaufen zu sehen.

Bergfrankoline

Die von HALL zu einer Gruppe zusammengefaßten 7 Arten von Bergfrankolinen haben CROWE u. CROWE in 2 Superspezies unterteilt. Die eine umfaßt die beiden Arten *F. swierstrai* und *camerunensis*, die andere die 5 Arten *F. nobilis, jacksoni, castaneicollis, ochropectus* und *erckelii*. Swierstras und Kamerunberg-Frankolin gehören zu den mittelgroßen Arten der Gattung und zeichnen sich durch ausgeprägten Sexualdimorphismus der Gefiederfärbung, nicht der Größe aus. Die gebänderte und wellengemusterte Oberseite der Weibchen läßt an Verwandtschaft mit der Wellenfrankolingruppe denken. Die 5 Arten der 2. Superspezies sind viel schwerer (900 bis 1100 g gegenüber 550 g der 1. Superspezies), die Hähne wesentlich größer als die Hennen, während die Gefiederfärbung nur ganz geringe Unterschiede zwischen den Geschlechtern aufweist. Alle Arten der Gruppe besitzen eine unbefiederte Orbitalhaut, meist rote oder orangerote Schnäbel und rote oder gelbe Beine sowie eine längsgestreifte Ober- und Unterseite. Nach HALL wird die erhebliche Verschiedenheit mancher Arten der Gruppe untereinander bei Berücksichtigung geographischer Gesichtspunkte verständlicher. Die im Zentrum des Artenkreises lebenden Formen haben zahlreiche Merkmale gemeinsam, von denen jeweils mehrere mit dem nächsten Nachbarn geteilt werden. Die am entferntesten vom vermuteten Entstehungszentrum der Gruppe lebenden Vertreter sehen deshalb im Vergleich mit den im Zentrum lebenden erheblich anders aus. Diese Unterschiede sind indessen nicht extremer als jene, die unter den über riesige Gebiete Afrikas verbreiteten Unterarten des Rotkehlfrankolins (*Francolinus afer*) auftreten. Mit Ausnahme des Erckel-Frankolins, das buschbewachsene Geröllhänge der äthiopischen Gebirge bewohnt, leben die anderen 6 Arten in immergrünen Bergwäldern und deren unmittelbarer Nachbarschaft. Die gegenwärtige inselartige Verbreitung der Bergfrankoline, mit Beschränkung auf die Restwälder afrikanischer Bergmassive und Hochplateaus, läßt sich auf den mehrmaligen Wechsel von Kalt- und Warmperioden in diesem Kontinent zurückführen: Weitflächige Bewaldung während kühler regenreicher Perioden garantierten dem Ur-Bergfrankolin ein zusammenhängendes Verbreitungsareal vom Roten Meer zum Atlantik. Bei den folgenden Trockenzeiten konnten sie nur in den Restwäldern der kühlen Bergmassive bis in die

Gegenwart überleben. Dabei kam es zu der ausgeprägten Subspezies- und Speziesdifferenzierung.

Kastanienhalsfrankolin
Francolinus castaneicollis, Salvadori 1888

Engl.: Chestnut-naped Francolin.
Heimat: Bergwälder Nordwest-Somalias, Äthiopiens südlich und westlich des Rifttals südwärts bis zur Keniagrenze; westlich des Rifttals im oberen Omobecken, Jimma und Kaffa. Nach URBAN et al. kürzlich bei Moyale im äußersten Norden Kenias festgestellt. Die vormals anerkannten 5 Subspezies wurden auf 2, nämlich die Nominatform und *F. c. atrifrons* aus dem Megagebiet Süd-Äthiopiens, reduziert. Die Unterschiede der übrigen liegen im klinalen Bereich (URBAN et al.).
Beschreibung: Geschlechter gleichgefärbt. Stirn schwarz, Scheitel- und Nackengefieder rostbraun mit schwarzer Federsäumung; Zügel schwarz, seine Federn weißgeschäftet; Ohrdecken und Gesichtsseiten heller rostbraun als der Oberkopf und isabell gesprenkelt. Mantelgefieder rostbraun, schwarz und isabell gestreift; Rücken und Flügeldecken dunkelbraun, die Federn breit weiß und kastanienbraun gesäumt. Übrige Oberseite graubraun mit dunklerem Wellenmuster und undeutlicher Isabellbänderung; Schwanzfedern dunkelbraun, schwarzbraun gebändert. Kinn und Kehle weiß; Oberbrust kastanienbraun, die Federn im Zentrum schwarz und weiß längsgestreift sowie hellkastanienrot gesäumt; Flankengefieder mit geringerer, aber breiterer weißer Längsstreifung, schwarzer Mitte und rotbrauner Säumung. Unterbauch hellisabell, Unterschwanzdecken grau mit schwarzer V-förmiger Querbänderung; Handschwingen einfarbig graubraun, die Armschwingen zusätzlich mit dunklerer Wellenmusterung. Schnabel rot, Iris dunkelbraun, Beine korallenrot, beim Hahn mit 2 Sporen gleicher Länge bewehrt.
Länge 368 mm; Flügel 191 bis 226 mm; Schwanz 123 bis 143 mm; Gewicht 915 bis 1200 g.
Hennen sind kleiner und tragen nur einen Sporn. Flügel 169 bis 203 mm; Schwanz 99 bis 128 mm; Gewicht 550 bis 560 g.
Subadulte beider Geschlechter sind insgesamt trüber gefärbt mit schwarz und isabell gebändertem und wellengemustertem Schwanz sowie sepiabraunem, an der Basis trübrotem Schnabel.
Dunenküken wurden noch nicht beschrieben.
Gelegestärke 5 bis 6; Ei rundlich mit glatter Oberfläche, cremegelblich (46,3 bis 48,0 mm × 36,0 bis 37,5 mm); Gewicht ca. 33 g.
Lebensgewohnheiten: Die Art bewohnt Gebirgsplateaus in Lagen zwischen 1200 und 4000 m; Habitate sind Baumheidewälder, Heidemoore sowie Laubwälder vom *Hagenia-Hypericum*-Typ mit dichtem Unterwuchs aus Riesenlobelien und Fackellilien (*Kniphofia*). Die Vögel übernachten auf Baumästen und dort, wo die Wälder gefällt wurden, oft auch auf dem Erdboden zwischen Heidekraut.
Das Kastanienhalsfrankolin gehört zu den wenigen Arten der Gattung, die nicht nur frühmorgens und spätnachmittags aktiv sind, sondern auch spätmorgens und während der Mittagsstunden bei der Nahrungssuche angetroffen werden. Man sieht dann Paare und Familien eng zusammenhaltend auf Kurzgraswiesen nach Körnern und Insekten pickend, langsam vorwärtsschreiten. Trotz ihrer kräftigen Läufe soll die Art nicht nach Knollen und Zwiebeln graben, auch nicht nach Grasähren und Krautfruchtständen hochspringen und sie durch den Schnabel ziehen. Bei Gefahr flüchten sie laufend oder fliegend in Deckung. Gerufen wird morgens und abends, bei gutem Wetter zu allen Tageszeiten, stets aus dichter Vegetation heraus laut und krächzend „Kek kek kek kerak" und „Kawar kawar", nicht nur von den Hähnen allein, sondern auch im Duett und im Chor. Zur Brut werden wahrscheinlich die trockneren Monate bevorzugt. Die Jungen bleiben bis zur Erreichung der Erwachsenengröße mit dem Elternpaar zusammen. Häufig im Bale-Bergland anzutreffende Familien aus 4 bis 8 Vögeln lassen auf gute Brut- und Aufzuchtergebnisse schließen.
Haltung: Als europäischer Erstimport gelangte 1928 1 Kastanienhalsfrankolin der Nominatform in den Berliner Zoo. Über weitere Einfuhren ist nichts bekannt.

Erckel-Frankolin
Francolinus erckelii, Rüppell 1835

Engl.: Erckel's Francolin.
Abbildung: Seite 355 oben.
Heimat: Die Art bewohnt in 3 disjunkten Arealen die Gebirge Zentral- und Nord-Äthiopiens sowie Eritreas nördlich und westlich des Rifttals. Ein nördlicheres Vorkommen liegt in den Bergen der Rote-Meer-Provinz des Sudan bei Erkowit. 2 Unterarten.

Beschreibung: Geschlechter gleichgefärbt. Stirn und ein über die Ohrdecken ziehender Überaugenstreif mattschwarz; Zügelfedern schwarz mit weißer Schäftung; Scheitel kastanienbraun; Kopfseiten schwarz, jede Feder mit schmalem pfeilförmigem Schaftstreif; über dem hinteren Augenwinkel ein schmaler weißer Fleck; Ohrdecken grau mit schmal weißgeschäfteten Federn; Nacken- und Hinterhalsfedern mit bis zur Federspitze reichendem kastanienbraunem Zentrum und breiter weißer, innen schmal schwarz begrenzter Seitensäumung; Federn der Mantelregion lang, entlang der weißen Schäfte breit weiß gesäumt, nach außen bis zur Federspitze hellgrau mit breiten kastanienbraunen Säumen, die nicht immer bis zur Federspitze reichen. Hinterrücken, Bürzel, Oberschwanzdecken trüb graubraun, die Schwanzfedern ebenso gefärbt, dazu mit undeutlicher schmaler, dunklerer Wellenmusterung. Federn der Flügeldecken graubraun, die oberen und mittleren mit weißem Mittelfeld, entlang der Schäfte trüb graubraun, auf dem unteren Abschnitt der Innenfahnen ockerbräunlich mit breiter unregelmäßiger, schwarzer Bänderung; Handschwingen einfarbig graubraun mit dunklerer Federschäftung. Kinn und Kehle weiß, nach hinten zu mit kastanienbraunen Federspitzen; Federn der Vorderhals- und Brustregion hellgrau mit zentralen dunkelkastanienbraunen, bis zur Federspitze reichenden Tropfenflecken, die ihrerseits schmal weiß gerandet sind; auf Flanken, Seiten und Oberbauch wird der Grauanteil der Federn caudalwärts zugunsten einer immer breiter werdenden Weißkomponente verdrängt. Die langen zugespitzten hinteren Flankenfedern sind bis zu den Spitzen weiß mit rotbraunen Seitensäumen; Unterbauch mit flaumigen isabellweißen Federchen; Unterschwanzdecken isabellweiß mit breiter V-förmiger schwarzbrauner Querbinde vor den breiten weißen Federspitzen. Schnabel schwarz, Iris dunkelbraun, Beine trübgelb, Läufe beim Hahn doppelt gespornt mit oberem längerem Sporn.

Länge 520 mm; Flügel 220 bis 227 mm; Schwanz 120 bis 142 mm; Gewicht 1050 bis 1590 g.

Hennen sind wesentlich kleiner, mit nur einem kurzen Sporn.

Länge 490 mm; Flügel 167 bis 194 mm; Schwanz 98 bis 131 mm; Gewicht 1136 g.

Jungvögel sind im Vergleich mit Adulten oberseits heller grau mit isabellweißlichem, wachtelartigem Streifen- und Bändermuster auf Mantel und Rücken und dunkler Bänderung der Schwungfederaußenfahnen; Flügeldecken, Bürzel und Schwanz sind ähnlich gemustert wie im Adultkleid.

Beim Dunenküken sind Scheitelmitte und Nacken schokoladenbraun mit schwarzem Stirnmittelstreif; Kopfseiten isabellfarben mit schwarzem Bartstreif und einem weiteren, ebenso gefärbten, der von der Schnabelbasis durchs Auge bis zu den Halsseiten zieht. Oberseite schokoladenbraun und schwarz mit 2 isabellfarbenen Seitenbändern; Unterseite bräunlichweiß; Flügelchen hellrostbraun mit isabellfarbener und dunkelbrauner Bänderung. Schnabel schwärzlichgelb, Beine hellgelb.

Gelegestärke 4 bis 9; Ei sehr hartschalig, schmutzigweiß bis hellbräunlich (44,2 bis 48,0 mm × 36,0 bis 37,5 mm); Gewicht ca. 33 g; Brutdauer 21 bis 22 Tage.

Lebensgewohnheiten: Dieses große Frankolin bewohnt äthiopische und eritreische Gebirge in Lagen zwischen 2000 und 3500 m. Die Rotmeer-Subspezies kommt in wesentlich niedrigeren Berglagen vor. Habitate waren früher die gestrüppreichen Säume der inzwischen meist abgeholzten Wälder und sind heute dichter Sekundärwuchs aus Gewächsen wie *Corissa, Maytenus, Rosa,* Ampfer *(Rumex)* sowie dem langhalmigen spröden *Hyparrhenia*-Gras. Im Hochgebirge des äthiopischen Semienmassivs sind sein bevorzugter Lebensraum Baumheidebusch, während es alpine Kurzgraswiesen wohl wegen Gefährdung durch Greifvögel meidet. Meist sucht es entlang der Gestrüppränder nach Nahrung, begibt sich auch während der frühen Morgenstunden auf abgeerntete Felder, um Körner aufzupikken. An Steilklippen fliegt er mit Leichtigkeit von Sims zu Sims, um reife Grasrispen abzuziehen und gelangt so an Stellen, die nicht einmal der gewandte Beden-Steinbock erreichen kann. Dabei lehnt er sich oft so weit über den Abgrund, daß er das Übergewicht verliert, flattert jedoch in solchen Fällen geschickt wieder hinauf oder zum nächsten Grassaum. Tagsüber halten sich die Vögel meist im dichten Gestrüpp auf, trinken am Spätnachmittag und baumen zur Nachtruhe auf. Die Nahrung ist überwiegend pflanzlicher Natur, wobei besonders Ampfer eine Rolle spielt. Der von erhöhtem Sitz vorgetragene Revierruf des Hahnes besteht aus einer langen Serie krächzender und gackernder Töne, die zuerst laut und betont, bald in Lautstärke und Tonhöhe fallen und wie „Errrk-erkk-erk-erk-rkkuk-kuk-ku" klingen. Auch ein krächzendes „Kri-kri-kri-kri-wa-wa-wa-wa" ist beschrieben worden. Beim Werbungsfüttern des Weibchens stößt der Hahn 6 weiche Töne aus. Die Legezeit fällt in Äthiopien in den Mai und September bis November, die Perioden mit den höchsten Niederschlägen. Höchst eindrucksvoll hat ALFRED BREHM (1863) seine Begegnung mit diesem interessanten Hühnervogel geschildert: „Gleich nach dem Eintritt ins Gebirge wird der Forscher durch den von allen Bergen herabtönenden Ruf „Krekrekrekrekrerr", und „Käkäkekeckeckeckkrerkrr" belehrt, daß er das Gebiet des Gelbkehlfrankolins verlassen hat und in das des Erckel-Frankolins eingetreten ist. Zumal in den Morgen- und Abendstunden wird das Gebirge laut, dank dem Eifer und der Ausdauer der streitsüchtigen Hähne; und um diese Zeit sieht man dann auch noch am ersten auf diesem oder jenem Felsblock ein großes schönes Huhn frei sich zeigen. Im Mensagebirge (Eritrea) ist es überaus häufig. Hier wohnt Paar bei Paar, und je höher man im Gebirge aufsteigt, umso zahlreicher scheint diese Bewohnerschaft zu werden. Für gewöhnlich hält er sich an den Hängen zwischen den Felsblöcken auf und im Gebüsch, das die Hänge reichlich deckt. Wir trafen im April auf zahlreiche Ketten, die entschieden nur aus den Eltern und ihren Kindern bestanden, und ich beobachtete zugleich, daß kinderlose Paare sich zum Brüten anschickten. Es ist deshalb nicht unwahrscheinlich, daß unser Huhn zweimal im Jahr nistet. Die Gatten eines Paares und die Familien halten sich stets dicht nebeneinander und wenn man die letzteren sprengt, vernimmt man sofort nach dem Einfallen des Weibchens ein leises pfeifendes „Tirr tirr", den Lockruf der Henne, welche ihre Kinder wieder um sich zu sammeln strebt. Die Jagd auf dieses Frankolin hat ihre besonderen Schwierigkeiten. Nur höchst ungern steht das Huhn auf, läuft vielmehr solange wie irgend möglich auf dem Boden fort, wobei ihm die Beschaffenheit seiner Heimat trefflich zustatten kommt. Hunderte von Felsblöcken und der dichte, an manchen Stellen geradezu verfilzte niedrige Pflanzenwuchs bietet überall Versteckplätze. Der Vogel versteht es, vor dem Auge des Jägers buchstäblich zu verschwinden."

Haltung: Die Art gelangte als europäischer Erstimport 1925 durch LUTZ HECK aus Äthiopien in den Berliner Zoo. Nach 1945 ist sie mehrfach nach Europa und in die USA importiert und häufig gezüchtet worden. Vor allem im trockenen Süden der USA scheint die Zucht zu florieren, und von amerikanischen Züchtern wird das Erckel-Frankolin für die fruchtbarste Art der ganzen Gattung gehalten. Einzelne Hennen haben jährlich bis 100 Eier gelegt. Doch soll die Legeleistung der Erckelstämme recht unterschiedlich und vielleicht erblich fixiert sein. Bei den 2- bis 3jährigen Weibchen ist die Legeleistung natürlich noch nicht so hoch wie in den folgenden Jahren. Der Erckelhahn kann mit 2 bis 3 Hennen zusammengehalten werden, was für Frankoline ungewöhnlich und wohl als Domestikationserscheinung zu werten ist. Die nach 21- bis 22tägiger Erbrütung des Geleges geschlüpften Küken beginnen fast sofort mit der Futteraufnahme und wachsen schnell heran. In der 1. Lebenswoche werden sie im Aufzuchtkäfig bei 39 °C, während der 2. bei 32°C, der 3. bei 29 °C und der 4. bei 21 °C gehalten. Da der Hochgebirgsvogel ein dichtes straffes Gefieder besitzt, kann er in Mitteleuropa in trockenen unbeheizten Schutzräumen überwintert werden. Einbürgerungsversuche sind in den regenarmen Südstaaten der USA unternommen worden und auf den Hawaii-Inseln seit 1957 erfolgreich verlaufen. Gleiche Versuche werden gegenwärtig in der italienischen Toskana durchgeführt.

Wacholderfrankolin
Francolinus ochropectus,
Dorst u. Jouanin 1952

Engl.: Djibouti Francolin, Tadjoura Francolin.
Heimat: Republik Djibuti im Forêt du Day der Godaberge, 25 km westlich der Stadt Tadjoura sowie 60 km östlich davon im Mablawaldgebiet.
Beschreibung: Geschlechter wenig verschieden. Beim Männchen ist die Stirn schwarz mit weißer Federschäftung, der Scheitel kastanienbraun mit Orangetönung, der Hinterscheitel grau. Eine auffällige tief rötlichschwarze Maske zieht sich verbreiternd von der Schnabelbasis über den Zügel durchs Auge und sich wieder verengend fast bis zum Nakken. Hinter dem Auge ein kleiner weißer Fleck, die Ohrdecken grau; Bart- und Wangenregion rostrotbraun, die Federn isabell gesäumt; Oberseite grau mit rostisabellgelber Längsstreifung, der Schwanz einfarbig graubraun, roströtlich angeflogen; Mantel, Flügeldecken dunkelbraun, ersterer mit dunkelrotbrauner U-förmiger Zeichnung; Arm- und Handschwingen einfarbig graubraun, heller als die Flügeldecken. Kinn und Kehle cremegelb, der Vorderhals isabellgelblich, ockerbraun gesprenkelt. Übrige Unterseite weiß, die Federn mit U-förmiger Schwarzstreifung und grauschwarzer Schäftung, die sich zur Federspitze hin verbreitert und dort einen isabellgelblichen Tropfenfleck bilden. Die Tropfenflecke erscheinen auf der Oberbrust dichter, während auf der Unterbrust, Bauch und Unterschwanz-

decken eine breite isabellweiße Säumung der im Zentrum hellrostbräunlichen Federn überwiegt, was den Vogel dort heller erscheinen läßt. Oberschnabel schwarz, Unterschnabel bis auf die schwarze Spitze trübgelb, Iris dunkelbraun, Beine gelborange, der Lauf doppelt gespornt.
Flügel 200 bis 209 mm; Schwanz 119 bis 135 mm.
Die kleineren Weibchen haben eine schwach wellengemusterte Oberseite und einen stärker rostroten Schwanz. Sie tragen einen kurzen Sporn. Jungvögel sind mehr isabell und grau gebändert als längsgestreift.
Dunenkleid, Gelegegröße und Ei noch unbekannt.
Lebensgewohnheiten: Die nur aus einer Population von ca. 500 Vögeln bestehende Art bewohnt ein bewaldetes Bergmassiv in Lagen von 700 bis 1780 m. Die Vegetation dort besteht aus Baumwacholder (*Juniperus procera*) mit Unterwuchs aus Buchs (*Buxus hildebrandti*), *Clutia abyssinica*, an lichten Stellen *Acacia etbaica* und Würgfeigen. Die Vögel brüten in Wadis mit üppiger Vegetation u. a. aus Farnen und Palmenarten. Nach Beendigung des Brutgeschäfts begeben sich die Familien in den Wald und ernähren sich vorwiegend von herabgefallenen Feigen. Sie übernachten in 4 m hohen Baumkronen. Von Sonnenaufgang bis ca. 8 Uhr sind sie am aktivsten und verraten ihre Anwesenheit durch laute Rufe, die wie „Erk-ka, ka, ka, k-k-k-kkk" klingen, wobei das „Erk" der dominierende Ton ist, dem die übrigen immer leiser und schneller folgen, um in einem kichernden Ton zu ersterben. Auf Futtersuche stoßen die Trupps als Kontaktlaute leise weiche, gleichsam „erzählende" Glucktöne aus. Neben dem Aufpicken herabgefallener Wildfeigen werden Sämereinen und Insekten aufgenommen. Die Legezeit fällt in die Monate Dezember bis Februar. Familien aus 9 Vögeln wurden im März beobachtet.
Haltung: Die Art ist bislang noch nicht gehalten worden. Wegen der schnellen Abholzung des relativ kleinen Waldbestandes den die Vögel bewohnen, empfehlen WELCH u. WELCH zur Rettung dieses stark gefährdeten Frankolins ein Zuchtprogramm in Menschenobhut.

Jackson-Frankolin
Francolinus jacksoni, Ogilvie-Grant 1891

Engl.: Jackson's Francolin.
Abbildung: Seite 355 unten.
Heimat: Gebirge Kenias in der alpinen Zone: Mt. Kenya, die Aberdares, das Mau-Plateau, die Cherenganiberge, Mt. Elgon. Keine Unterarten.
Beschreibung: Geschlechter gleichgefärbt. Oberkopf graubraun, die Federn rostbraun verwaschen und isabellweißlich gesäumt; Zügel trüb roströtlich, die Ohrdecken hellgrau; die Kopfseiten unterhalb des Auges und der Hals weißlich, die Federn mit breiten braunen Schaftstreifen; Mantelfedern kastanienbraun, weiß gesäumt. Rücken dunkelolivbraun, die Federn rostbraun verwaschen und mit schwarzer Wellenzeichnung; Bürzel und Schwanz rostbraun, die Flügeldecken braun. Kinn, Oberkehle weiß, Unterkehle kastanienbraun gestrichelt; Unterhals, Brust, Bauch satt kastanienbraun, die Federn hier und da dunkler wellengebändert und auffällig breit weißgesäumt; Körperseiten, Flanken, Unterbauch, Unterschwanzdecken hell kastanienrot, die Federsäume breit schwarz und grau wellengebändert; Handschwingen graubraun. Schnabel korallenrot, Iris braun, Augenwachshaut rot, Beine leuchtendrot, der Lauf beim Hahn mit oberem knopfartigem und unterem langem, spitzem Sporn.
Länge 380 mm; Flügel 203 bis 234 mm; Schwanz 116 bis 152 mm; Gewicht 1064 g.
Hennen sind kleiner und sporenlos.
Länge 330 mm; Flügel 195 bis 217 mm; Schwanz 112 bis 121 mm; Gewicht unbekannt.
Jungvögel sind oberseits verwaschener gefärbt als Adulte und weisen auf Schultern, inneren Armschwingen, Schwanzdecken, dem Schwanz sowie den Außenfahnen der Handschwingen dunkelbraune Bänderung auf. Brust kastanienbraun, übrige Unterseite schwarz und weiß gebändert.
Dunenkleid noch unbekannt.
Gelege 3 und mehr Eier; Ei mit glänzender Schale, hellbraun (46,5 mm × 36 mm).
Lebensgewohnheiten: Habitate der Art sind praktisch alle Vegetationstypen afrikanischer Bergregionen (Wacholder-, Podocarpus-, Hagenia-, Bambus-, Johanniskraut-, Baumheidewälder, mit Heidekrautgebüsch bestandene Moore und waldnahe Moorwiesen) in Lagen zwischen 2200 und 3700 m. Am häufigsten wird sie im Baumheidewald der Aberdareberge angetroffen. Auf die Anwesenheit dieses Frankolins deuten außer der Stimme zahlreiche Trampelpfade hin, die das Revier kreuz und quer

durchziehen. Von ihnen treten die Vögel aus der schützenden Dickung zur Futtersuche auf offenes Gelände heraus. Das kann zu allen Tageszeiten der Fall sein, denn das Bergwaldklima ist viel kühler als das der Ebenen und macht die langen Mittagspausen von Steppenfrankolinen unnötig. Die Nahrung besteht aus grünen Pflanzentrieben, saftigen Rhizomen, herabgefallenen Beeren, Sämereien und Insekten. Ist der Bergbambus nach Blüte und Samenbildung abgestorben, werden die Frankoline bevorzugt in Bambusdickichten angetroffen und ernähren sich hauptsächlich von den massenhaft anfallenden Samen dieses Riesengrases. In der Umgebung der Touristenunterkünfte der Nationalparks (Aberdare-Nationalpark, Mt.-Kenya-Nationalpark) sind diese sonst so scheuen und heimlichen Vögel recht vertraut geworden und nutzen die dort reichlich anfallenden Futterquellen. Sie werden bei trockenem Wetter schon kurz vor Sonnenaufgang aktiv, verlassen ihren Schlafast und nehmen Nahrung auf. Die außerordentlich laute Rufserie ähnelt den Geräuschen, die beim Wetzen einer Sense entstehen, und wird regelmäßig vor dem abendlichen Aufbaumen von den Revierhähnen ausgestoßen. Während der Futtersuche halten die Vögel durch leise glucksende Laute untereinander Kontakt. Ein von einem Hund aufgestöberter Vogel flog nur einige Meter weit, stellte sich dem Bodenfeind dann mit gesträubten Schopffedern und rallenartig auf und ab wippendem Schwanz entgegen und rief laut. Über die Fortpflanzungsbiologie ist wenig bekannt. Elternpaare mit bis 7 Küken wurden beobachtet. Jungvögel bleiben ca. 8 Monate mit den Altvögeln zusammen.

Haltung: Als Erstimport erhielt der Londoner Zoo 1904 1 Paar Jackson-Frankoline, und 1933 brachte C. S. WEBB die Art nochmals in diesen Tierpark. Über eine Zucht ist nichts bekannt.

Kiwu-Frankolin
Francolinus nobilis, Reichenow 1908

Engl.: Handsome Francolin.
Heimat: Die Hochländer westlich des Albertsees (Mobutu-See), die Ruwenzoriberge, der Impenetrable und Bwamba-Urwald Ugandas, von dort über das Hochland West-Zaires (Virunga-Vulkane, Lendu-Plateau), Ruanda, Burundi bis zu den Itombwebergen am Kivusee und dem Kaboboberg. Keine Unterarten.

Beschreibung: Geschlechter fast gleichgefärbt. Beim Hahn sind Kopf und Hals dunkelgrau mit grauschwarzem Mittelfleck zum Ende der Federn hin; Ohrdecken einfarbig hellgrau; Rücken tief rostrot mit grauer Federsäumung; Schultern, kleine und große Flügeldecken mit rotbraunem Mittelfleck und grauer Seitensäumung; Bürzel, Oberschwanzdecken, Schwanz dunkelgraubraun. Kinn und Kehle isabellweiß mit zarter dunkler Strichelung der Federn; Brust, Flanken roströtlich, die Federn isabell und grauisabell gesäumt. Bauchgefieder grau, die Federn mit isabellweißlichen Spitzen; Unterschwanzdecken schwarzbraun, die Federn hellbraun gesäumt. Handschwingen und äußere Armschwingen graubraun, die inneren tief rostbraun. Schnabel, nackte Orbitalhaut, Augenwachshaut scharlachrot, Iris braun, Beine rot mit oberem kurzem und unterem langem Sporn.
Länge 380 mm; Flügel 191 bis 210 mm; Schwanz 99 bis 116 mm; Gewicht 862 bis 895 g.
Hennen sind kleiner und etwas trüber gefärbt als Hähne und tragen einen kurzen Sporn.
Flügel 172 bis 186 mm; Schwanz 97 bis 102 mm; Gewicht 600 bis 670 g.
Jungvögel haben eine dunkelgrau und rostisabell gebänderte Oberseite und sind auf Oberbrustmitte und Bauch viel grauer als Adulte.
Dunenkleid, Gelegestärke und Ei sind noch unbekannt.

Lebensgewohnheiten: Habitate dieses Bergwaldfrankolins sind dichter Unterwuchs der unteren Montanwaldzone, der darüber liegenden Bambuswaldzone und die alpine Heidezone bis 3700 m Höhe. Die Vögel übernachten auf Büschen und in niedrigen Bäumen. Zur Futtersuche begeben sie sich auf Moorwiesen und Waldblößen. Ebenso trifft man sie häufig an Weg- und Straßenrändern an, wo sie ihr Gefieder trocknen, sandbaden und auf Nahrungssuche gehen. Frühmorgens und abends vor dem Aufbaumen sind die Hähne besonders ruffreudig. Ihre Stimme ist ein rauhes lautes, 4- bis 5mal wiederholtes „Tchuk-a-rik" sowie ein gellendes, 6- bis 8mal wiederholtes „Kock-rack" oder „Kre-kar".
Haltung: Die Art ist noch nicht importiert worden.

Kamerunberg-Frankolin
Francolinus camerunensis,
Alexander 1909

Engl.: Cameroon Mountain Francolin.
Heimat: Der Kamerunberg.
Beschreibung: Geschlechter verschieden gefärbt. Beim Hahn sind Stirn und Scheitel umberbraun; die Federn über dem Auge und auf den Wangen sind grau mit dunklem Zentrum; Federn der Halsseiten, des Hinterhalses und Obermantels grau mit schwarzem Zentrum, die Untermantelfedern umberbraun, grau gesäumt und schwarz geschäftet. Übrige Oberseite, Flügel, Schwanz und Unterschwanzdecken satt umberbraun mit schwachem kastanienbraunem Anflug, am stärksten auf der Bürzelregion; Ohrdecken braungrau, Kinn und Mittelkehle schmutzigweiß mit dunkelgrauer Federmitte; Kropf und Brust grau, dem Obermantel sehr ähnlich, nur nimmt die zentrale Schwarzkomponente der Federn hier mehr die Form sich zum Federende hin verbreiternder Schaftstreifung an. Mittelbauch etwas heller, die Federn mit in der Breite stark reduzierter oder fehlender Schaftstreifung. Seiten, Flanken, Schenkel vorwiegend umberbraun mit schwarzer Federschäftung, die äußersten Federn auf den Außenfahnen vorwiegend grau; Arm- und Handschwingen einfarbig dunkelgrauschwarz. Der Schnabel, eine breite nackte Orbitalregion und die Augenwachshaut orange-zinnoberrot; Iris dunkelbraun; Beine zinnoberrot, der Lauf mit oberem kurzem und unterem langem zinnoberrotem Sporn.
Flügel 167 bis 175 mm; Schwanz 79 bis 85 mm.
Bei der Henne ist die Hauptfärbung der Oberseite einschließlich Flügel und Schwanz braun, die Federn mit intensiver Schwarzfleckung und -bänderung, isabell- bis rotisabellfarbener unregelmäßiger, schmaler Schaftstreifung, Querbänderung und Fleckung. Scheitel braun, jede Feder mit schwarzem Subterminalband und trüb rostisabellfarbenem Saum. Nacken, Obermantel schwarz, jede Feder mit unregelmäßigem isabellfarbenem Band und ebensolcher Zeichnung; Kehle und Wangen schmutzigweiß mit schwärzlicher Mitte der Federn; Ohrdecken braun, undeutlich schwarz gebändert; Brust, Seiten, Flanken schwarz, die Federn meist mit 2 fast konzentrischen weißen oder cremefarbenen Bändern. Bauchgefieder sandbraun mit weißem Zentrum; Unterschwanzdecken trübweiß, schwärzlich gebändert. Arm- und Handschwingen dunkelbraunschwarz, auf den Außenfahnen rostbraun gesprenkelt. Läufe ungespornt.
Flügel 157 bis 169 mm; Schwanz 74 bis 87 mm.
Jungvögel ähneln den Weibchen, sind jedoch von der Oberbrust zum Unterbauch schwarzweiß gebändert, und die Flankenfedern weisen subterminale schwarze und weiße Spitzen auf. Die Augenumgebung ist noch voll befiedert; Schnabel und Beine schwärzlichrot.
Dunenkleid, Gelegestärke und Ei noch unbekannt.
Lebensgewohnheiten: Die auf ein winziges Verbreitungsareal von vermutlich weniger als 200 km^2 beschränkte Art bewohnt die südöstlichen Hänge des Kamerunberges in Lagen von 850 bis 2100 m an der oberen Waldgrenze. Nach ihrem Entdecker ALEXANDER soll die Stimme ein ziemlich weicher, hoher dreisilbiger Pfiff sein, der sich erheblich von den Lautäußerungen verwandter Frankolinarten unterscheidet. Habitat dieses Frankolins ist dichter Unterwuchs primärer und sekundärer Wälder. Zur Nahrungssuche tritt es vermutlich nicht auf Bergwiesen heraus. Auf kleinen Waldlichtungen nehmen die Vögel Staub- und Sonnenbäder. Die Legezeit soll in die Monate Oktober bis Dezember fallen. EISENTRAUT bezeichnet dieses Waldfrankolin als einen der heimlichsten und am schwierigsten zu beobachtenden Vögel des Nebelwaldgebietes am Kamerunberg. Von den heimischen Jägern wird es als „Forest Bush-Fowl" vom häufigen und auf den Viehwiesen oberhalb Bueas nicht seltenen „Farm Bush-Fowl", dem *F. squamatus,* klar unterschieden. Der Forscher hatte nur einmal Gelegenheit zur Beobachtung von 2 Vögeln, die er am 8. Februar 1954 an der Musakequelle überraschte. Sie verschwanden mit schnurrendem Flügelschlag im Unterholz des Waldes und hatten vorher im feuchten Boden gescharrt. Während der Abendstunden wurden im dicht verwachsenen Wald gelegentlich Rufe „Dü düe-düe-düe" gehört, die nach den Angaben der Jäger dieser Frankolinart zuzuschreiben waren (J. Orn. 97; p. 294).
Haltung: Welterstimport 1938 durch WEIDHOLZ in 1 Exemplar in den Berliner Zoo, wo der Vogel bis 1940 lebte.

Swierstra-Frankolin
Francolinus swierstrai, Roberts 1929

Engl.: Swierstra's Francolin.
Heimat: Hochland West-Angolas, dort lokal im Bailundu-Hochland und auf dem Mombolo-Plateau verbreitet. Isolierte Populationen wurden an der Chela-Abdachung und bei Tundavala (Huila-Distrikt) sowie bei Cariango (Cuanza-Sul-Distrikt) entdeckt. Sie sind dort auf wenige Reliktwälder von geringer Ausdehnung auf dem Mt. Moco und Mt. Soque beschränkt. Keine Unterarten.
Beschreibung: Geschlechter verschieden gefärbt. Beim Hahn ist die Stirn schwarz, der Scheitel dunkelbraun, zum Nacken hin allmählich zu Schwarz abdunkelnd; ein schwarzweißes Band zieht den Seitenhals hinunter, sich verbreiternd quer über die Kopfregion, ein Halsband bildend, das die weiße Kinn- und Kehlregion allseitig umrahmt; ein breites weißes Überaugenband zieht über die grauen Ohrdecken hinweg abwärts, um in die weiße Seitenhalsregion überzugehen; Zügel und ein kleiner Bezirk unterhalb des Auges schwarz, durch einen grauen Voraugenstreif voneinander getrennt; Mantel, Rücken, Schultern, Flügeldecken graubraun, die Federn mit hellerem Zentrum, das außen durch einen schmalen rostbräunlichen Längsstreifen von den schwarzen Federsäumen getrennt wird. Bürzel und Schwanz dunkelgraubraun, die Federn des ersteren mit ein paar schwarzen Wellenbändern. Federn der Unterseite unterhalb des Kropfbandes vorwiegend weiß mit breiten schwarzen Innenfahnensäumen; Unterschwanzdecken trübockerbräunlich mit dunkelbrauner Querbänderung. Hand- und Armschwingen dunkelgraubraun. Schnabel rot, Iris braun, Beine rot mit oberem kurzem und unterem langem, scharfem Sporn.

Flügel 160 bis 181 mm; Schwanz 90 bis 105 mm; Gewicht unbekannt.

Beim Weibchen sind Kopf und Unterseite wie beim Männchen gefärbt, Rücken und Schultern mehr rötlichbraun mit schwarzbrauner Klecksung, jede Feder im einzelnen hellbraun mit schwacher Wellenbänderung auf der Außenfahne und großem subterminalem schwarzbraunem Fleck sowie 1 bis 2 Bändern gleicher Farbe auf der Innenfahne, dazu einem hellisabellfarbenem Schaftstreif. Bürzel, Oberschwanzdecken und Steuerfedern hellbraun mit trübbrauner Wellenbänderung; Flügeldecken rötlichbraun, die Federn mit angedeuteter heller Schäftung, schwärzlicher Wellenbänderung und auf den Federn der mittleren Flügeldecken ein paar dunklen Klecksflecken. Außenfahnen der Handschwingen mit roströtlicher Wellenbänderung.

Flügel 167 mm; dem einzigen bekannten Weibchen fehlt der Schwanz.

Jungvögel sind wie Hennen gefärbt, nur sind Überaugenstreif und Kehle hellisabellgelblich; die Oberseite ist röstlichisabell gestreift und gebändert, während Flanken und Bauchregion eine schwarzweiße Bänderung aufweisen.

Dunenkleid, Gelegestärke und Ei noch unbekannt (1986).

Lebensgewohnheiten: G. HEINRICH, der diese seltene Art in der Gipfelregion des Mt. Moco und Mt. Soque antraf, fand sie dort in niedrigem, aus Gräsern, Adlerfarn und Buschwerk bestehendem Gestrüpp am Rande immergrüner Bergwälder. Ebenso lebte sie in den Hochgrassavannen und Schluchten der Gipfelhänge. Ein am 24. September am Mt. Soco gesammelter Hahn besaß aktive Testes. Nach HALL ist die Stimme ein gellender schriller Schrei, der dem des Jackson-Frankolins täuschend ähnelt, also wie das Schärfen einer Sense mit dem Wetzstein klingt.

Haltung: Über eine Haltung der Art ist nichts bekannt.

Weiterführende Literatur:
AMSLER, M.: Breeding of the Grey Francolin (*F. pondicerianus*), Avic. Mag. 4th Series, Vol., V; pp. 289–292 (1927)
ANDERSSON, CH. J.: Notes on the birds of Damaraland and the adjacent countries of South-West Africa. Ed. by J. H. Gurney, London 1872
ASH, J. S.: The undescribed female of Harwood's Francolin *F. harwoodi* and other observations on the species. Bull. Br. Orn. Club 98; pp. 50–55 (1978)
BAKER, E. C. S.: The Fauna of British India including Ceylon and Burma. Birds Vol. V; Francolins; pp. 407–422; Taylor & Francis, London 1928
BANNERMAN, D. A.: The Birds of Tropical West Africa, Vol. I, Francolins; pp. 306–334. The Crown Agents for the Colonies, London 1930
DERS.: On the adult, young and eggs of the Ahanta Francolin (*F. ahantensis ahantensis*). Bull. Br. Orn. Club 55; pp. 132–134 (1935)
BANNERMAN, D. A., BANNERMAN, W. M.: Birds of Cyprus. Common Francolin or Black Partridge; pp. 366–370. Oliver & Boyd, London 1958
BENSON, C. W. et al.: The Birds of Zambia. Francolins; pp. 78–84; Collins, London 1971

BÖHM, R.: Notizen aus Central-Afrika. Frankoline; pp. 194–196. J. Orn. 30 (1882)

BOETTICHER, H. VON: Wachteln, Rebhühner, Steinhühner, Frankoline und Verwandte. Die Frankoline; pp. 65–98. Oertel & Spörer, Reutlingen 1983

BOWEN, W. W.: The relationships and distribution of the Bare-throated Francolins (*Pternistes*). Proc. Acad. Nat. Sci. Phil. 82; pp. 149–164 (1930)

BREHM, A. E.: Ergebnisse einer Reise nach Habesch. Frankoline; pp. 386–393. O. Meißner, Hamburg 1863

CARDWELL, P.: The mewing note of Swainson's Francolin; Wits. Bird Club News Sheet 76,2 (1971)

CAVE, F. O.: Some notes on the Banded Francolin (*F. schlegelii*, HEUGLIN), Bull. Brit. Orn. Club 69; pp. 103–104 (1949)

CHAPIN, J. P.: The Birds of the Belgian Congo, Pt. I, Francolins; pp. 691–718. Bull. Am. Mus. Nat. Hist. Vol. 65, New York 1932

CLANCEY, P. A.: The Birds of Natal and Zululand. Francolins; pp. 111–117. Oliver & Boyd, London 1964

CRAMP, ST. et al.: Handbook of the Birds of Europe, the Middle East and North Africa, Vol. III; Francolins; pp. 479–486. Oxford Univ. Press 1980

CROWE, T. M., CROWE, A. A.: The genus Francolinus as a model for avian evolution and biogeography in Africa. Proc. Intern. Symp. African Vertebr; pp. 207–231. Bonn 1985

DAVIS, G.: On Indian Grey and Black Partridges. Avic. Mag., 5. Series, Vol. IV; pp. 148–151 (1939)

DERS.: The cage-door is open. Taming of Grey and Black Partridges in India. Avic. Mag. 52; pp. 39–45 (1946)

DEMENTIEW, G. P., GLADKOW, N. A.: Birds of the Sovjet Union, Vol. 4, Black Francolin; pp. 190–198; Transl. from Russ. by Israel Program for Scient. Transl., Jerusalem 1967

DORST, J., JOUANIN, C.: Précisions sur la position sytematique et l'habitat de *F. ochropectus*. L'Oiseau 24; pp. 161–170 (1954)

DÜRIGEN, B.: Die Geflügelzucht. Frankoline; pp. 364–366 (Zucht v. Clappertons Frankolin, Parey, Berlin 1886)

EISENTRAUT, M.: Notizen über einige Vögel des Kamerungebirges. Kamerunberg- u. Schuppenfrankolin. J. Orn. 97; p. 294 (1956)

GALLAGHER, M., WOODCOCK, M. W.: The Birds of Oman. Grey Francolin; p. 120; Quartet Books, London 1980

GARDINER, BUMP, J. W.: A study and review of the Black Francolin and the Grey Francolin. Wildlife No. 81; U. S. Governm. Fish. Wildl. Service 1964

UMGRANT, C. H. B., MACWORTH-PRAED, C. W.: On the Handsome Francolin (*F. nobilis*, RCHWI.); Ibis, Ser. 10; pp. 582–584 (1935)

HAAGNER, A. K.: The nidification of the Crowned Francolin (*F. sephaena*) in captivity. J. S. Afr. Orn. Union 9; pp. 63–64 (1913)

HALL, B. P.: The francolins, a study in speciation, Bull. Br. Mus. Nat. Hist. (Zool.) 8; pp. 315–378 (1963)

HARRAP, K. S.: Breeding the Natal Francolin in captivity. Avic. Mag. 70; pp. 146–147 (1964)

HEINRICH, G.: Zur Verbreitung und Lebensweise der Vögel von Angola. Frankoline; pp. 322–323; J. Orn. 99 (1958)

HOESCH, W., NIETHAMMER, G.: Die Vogelwelt Deutsch-Südwestafrikas, namentlich des Damara- und Namalandes. Frankoline; pp. 85–96. J. Orn. 88 (1940)

HOESCH, W.: Frankoline als Volierenvögel (*F. levaillantoides*); pp. 50–52. Gef. Welt 1959

INGRAM, W.: Breeding Gray's Bare-throated Francolin (*Pternistes leucoscepus*). Avic. Mag., New Series, Vol. III; pp. 352–355 (1905)

IRWIN, M. P. S.: The Red-necked and Swainson's Francolin in Rhodesia. Honeyguide 66; pp. 29–33 (1971)

DERS.: The Birds of Zimbabwe. Francolins; pp. 91–98. Quest Publ., Salisbury 1981

JACKSON, F. J. J., SCLATER, W. L.: The Birds of Kenya Colony and the Uganda Protectorate, Vol. I; Guerney & Jackson, London & Edinburgh 1938

KEMP, A. C.: cit. bei URBAN p. 69

KÖHLER, A.: cit. bei DÜRIGEN, p. 364

LA TOUCHE, J. D. D.: A Handbook of the Birds of Eastern China, Vol. II, *F. pintadeanus*; pp. 260–261; Taylor & Francis, London 1931–1934

LILFORD, LORD: On the extinction in Europe of the Common Francolin. Ibis 4; pp. 352–356 (1862)

LIPPENS, L., WILLE, H.: Les Oiseaux du Zaire. Lannao Tielt 1976

LYNES, H.: Contribution to the Ornithology of Southern Tanganyika Territory. Birds of the Ubena-Uhehe highlands and Iringa uplands; Francolins; pp. 46–48. J. Orn. 82 (Sonderheft) 1934

MAC LACHLAN, G. R., LIVERSIDE, R.: Robert's Birds of South Africa. Francolins; pp. 122–132. Trust J. Voelcker Bird Book Fund, Cape Town 1980

MACWORTH-PRAED, C. W., GRANT, C. H. B.: African Handbook of Birds. Birds of Eastern and North Eastern Africa, Series I, Vol. I, Francolins and Spurfowl; pp. 227–264. Longmans, Green & Co, London 1952

DIES.: Birds of the Southern Third of Africa, Series II, Vol. I, Francolins and Spurfowl; pp. 173–192 (1970)

DIES.: Birds of West Central & Western Africa, Series III, Vol. I, Francolins and Spurfowl; pp. 173–192 (1970)

MALLET, J.: Breeding of the Red-billed Francolin (*F. adspersus*), Avic. Mag. 70; pp. 72–73 (1964)

MENTIS, M. T., BIGALKE, R. C.: Management for Greywing and Redwing Francolins in Natal. J. S. Afr. Wildl. Mgmt., Ass. 3; pp. 41–47 (1973)

DIES.: Breeding, social behaviour and management of Greywing and Redwing Francolins. S. Afr. J. Wildl. Res. 10; pp. 133–139 (1980)

DIES.: Ecological isolation in Greywing and Redwing Francolins. Ostrich 52; pp. 84–97 (1981)

MEYER, H. F.: Shelley's Francolin. Honeyguide 66; pp. 27–28 (1971)

DERS.: Notes on Coqui Francolin. Honeyguide 65; pp. 29–30 (1971)

NEUMANN, O.: Beiträge zur Vogelfauna von Ost- und Central-Afrika. Frankoline. J. Orn. 46; pp. 299–304 (1898)

OGILVIE-GRANT, W. R.: A Handbook of the Game-Birds, Vol. 1; Francolins; pp. 101–141. Edward Lloyd Ltd., London 1896

PRATT, H. D. et al.: The Birds of Hawaii and the Tropical Pacific, pp. 116–118; F. francolinus, F. pondicerianus, F. erckelii auf Hawaii. Princeton Univ. Press, Princeton, New Jersey 1987

REICHENOW, A.: Die Fauna der deutschen Kolonien, Reihe III: Dtsch-Ost-Afrika, Hft. 1: Die jagdbaren Vögel, Frankoline; pp. 80–85. Friedländer & Sohn, Berlin 1909

ROLES, D. G.: Breeding the Red-necked Francolin (*P. afer*) at the Jersey Wildlife Preservation Trust. Avic. Mag. 79; pp. 204–207 (1973)

SALIM ALI, RIPLEY, S. D.: Handbook of the Birds of India and Pakistan, Vol. 2, Francolins; pp. 20–34. Oxford University Press 1980

SALVAN, J.: cit. bei URBAN, P. 57

SASSI, M., ZIMMER, F.: Beiträge zur Kenntnis der Vogelwelt des Songea Distrikts mit besonderer Berücksichtigung des Matengo-Hochlandes (D. O. A.), Frankoline; pp. 259–262. Ann. Nat. histor. Mus. Wien, Bd. 51 (1941)

SCHMIDL, D.: The Birds of the Serengeti National Park, Tanzania. Br. Ornith. Checklist No. 5, BOU London 1982

SCHUSTER, L.: Biologie der Vögel Deutsch-Ostafrikas. Frankoline; p. 166, J. Orn. 74 (1926)

SCLATER, W. L., MOREAU, R. E.: Taxonomic and field notes on some Birds of North-eastern Tanganyika Territory (Usambara), Francolins; pp. 505–506, Ibis 1932

SERLE, W.: The Cameroon Mountain Francolin. Nigerian Field 27; pp. 34–36 (1962)

SHORE-BAILY, W.: The Breeding of the Spotted Francolin (*F. sephaena spilogaster*), Avic. Mag., 4. Series, Vol. V; pp. 220–221 (1927)

SMITH, C. B.: Notes on the Breeding of the Common Black Francolin. Avic. Mag. New Series, Vol. VI; pp. 343–345 (1908)

SMITHERS, R. H. N.: A Checklist of the Birds of Bechuana Protectorate and the Caprivi Strip. Francolins; pp. 72–74. Publ. Trust Nat. Mus. S. Rhodesia 1964

SNOW, D. W.: An Atlas of Speciation in African Non-Passerine Birds, Francolins; pp. 120–127. Trust. British Mus. Nat. Hist., London 1978

STRONACH, B.: The feeding habits of the Yellow-nekked Spurfowl (*P. leucoscepus*) in Northern Tanzania. E. Afr. Wildl. J. 4; pp. 76–81 (1966)

DERS.: *Francolinus schlegelii,* HEUGLIN in Cameroon. Bull. Br. Orn. Club 80; pp. 86–88 (1960)

SWANK, W. G.: Food of three upland gamebirds in Selengei Area, Kajiado District, Kenya; E. Afr. Wildl. J. 15, pp. 99–105 (1977)

TRAYLOR, M. A.: Check-list of Angolan Birds. Francolins; pp. 48–51. Diamang Publicacoes Culturais No. 61, Museo do Dundo, Lisboa 1963

URBAN, E. K., FRY, C. H., KEITH, ST.: The Birds of Africa, Vol. II, Francolins; pp. 24–75. Academic Press, London 1986

VAN NIEKERK, J. H.: Observations on courtship in Swainson's Francolin. Bokmakierie 35; pp. 90–92 (1983)

VAN SOMEREN, V. G. L.: The Birds of Kenya and Uganda, Pt. III. Francolins and Spurfowl pp. 23–60; J. East Afr. & Uganda Nat. Hist. Soc. 23 (1925)

DERS.: The Birds of Bwamba. *F. nobilis;* p. 22. Spec. Suppl. Uganda J., Vol. 13. The Uganda Society, Kampala 1949

DERS.: Days with Birds. Studies and habits of some East African Species. Francolins; pp. 112–117. Fieldiana: Zoology Vol. 38; Chicago Nat. Hist. Mus. 1956

WALLS, E. S.: Field notes on the Sierra Leone Bushfowl (*F. bicalcaratus thornei*). Ibis Ser. 13; pp. 129–132

WELCH, G., WELCH, H.: The rare Tadjoura Francolin. WPA News, No. 8; pp. 13–15 (1985)

WELCH, G., WELCH, H., DENTON, M., COGILAN, ST.: Djibouti II, Preliminary Report, Phase IV: Djibouti Francolin. WPA News, No. 12; pp. 24–27 (1986)

WHITE, C. M. N.: On the genus *Pternistes*. Ibis 94; pp. 306–309 (1952)

Bambushühner
Bambusicola, Gould 1863

Engl.: Bamboo Partridges.
Die etwa rebhuhngroßen Bambushühner ähneln in Aussehen und Färbung Waldrebhühnern der Gattung *Arborophila,* unterscheiden sich jedoch von ihnen durch mehrere strukturelle Besonderheiten: Der ziemlich lange Schwanz ist 14federig, gestuft und entspricht wenigstens ¾ der Flügellänge. Der lange robuste Lauf trägt beim Hahn, manchmal auch bei der Henne, einen spitzen Sporn, und an den schwächeren Zehen sind die Krallen weniger stark als bei Waldrebhühnern, dazu gekrümmt. An den runden Flügeln ist die 5. Handschwinge am längsten, die 2. so lang wie die 10., die 1. am kürzesten. Die Geschlechter sind wenig voneinander verschieden. Bambushühner sind monogam, die Hähne an der Kükenaufzucht beteiligt. Die beiden Arten bewohnen Süd-China, Taiwan, Laos, den Norden Vietnams, Nord-Burma und Assam. Die schönen Vögel werden selten und stets nur „zufällig" importiert. Sie sind leicht halt- und züchtbar, leider jedoch mit einer gellenden weitreichenden Stimme ausgestattet, die bei Nachbarn stets Ärger erregen dürfte. Man trifft deshalb Bambushühner so gut wie ausschließlich in öffentlichen Schausammlungen an.

China-Bambushuhn
Bambusicola thoracica, Temminck 1815

Engl.: Chinese Bamboo Partridge.
Abbildung: Seite 389 oben.
Heimat: Ost-Zentral- und Süd-China. Standvogel von den Hügeln Tschekiangs durch Süd-Schensi zum Roten Becken von Szetschuan (Jangtschau) und südwärts in Ost-China Fukien, Ost-Kiangsi, Nord-Kwangtung und von dort westwärts von Hunan bis Kweitschau. Seit etwa 1910 in Japan (Insel Honshu) eingebürgert, wo die Art in der Kwanto-Ebene, dem Bezirk Tokio, auf der Miura- und Izu-Halbinsel sowie der Umgebung der Stadt Kobe vorkommt. Auch auf Oshima (sieben Inseln) vorhanden. Seit 1959 auf Hawaii (Maui) fest eingebürgert. 2 Unterarten.
Beschreibung: Geschlechter sehr ähnlich gefärbt. Bei Hähnen der Nominatform sind Stirn und Zügel grau, auf dem Vorderscheitel in Braun übergehend; Scheitel- und Nackenfedern braun mit dunkelbrauner Säumung. In Fortsetzung des grauen Zügels läuft ein breites graues Superziliarband über Augen und Ohrdecken und parallel zum braunen Nacken, um zwischen ihm und dem Oberrücken zu enden. Dieser ist bräunlichgrau, jede Feder mit großem, länglich tropfenförmigem, kastanienbraunem Endfleck; Schultergefieder graubraun mit dunkelbrauner Wellenbänderung, dazu dicht dunkelbraun gefleckt und mit runden weißen Flecken geschmückt. Rücken, Bürzel und Oberschwanzdecken kräftig olivbraun mit angedeuteter dunkler brauner Wellung und kleinen, dunkelkastanienbraunen Rundflecken. Mittlere Schwanzfedern olivbraun mit dunkelbrauner Wellenbänderung, die seitlichen zimtig rotbraun mit angedeuteter Wellenbänderung. Obere Flügeldecken und Armdecken braun, mittlere und große Flügeldecken mit großen kastanienbraunen Endflecken; Armdecken an den Federenden mit sehr großer, runder dunkelkastanienbrauner Fleckung und runden gelblichweißen, im Zentrum braunen Flecken nahe der Außenfahnenspitzen. Armschwingen braun mit kastanienbrauner Wellenbänderung, die Handschwingen braun, auf der Außenfahnenbasis bräunlich-kastanienfarben, die übrigen Teile der Außenfahnen hell kastanienbraun. Kopfseiten, Kinn, Kehle und Halsseiten lebhaft rostbraun, auf den letzteren heller; ein breites graues Band zieht über den Kropf und wird vom Rostbraun der Kehle, des Seitenhalses und eines schmalen Bruststreifens allseitig eingefaßt. Bauch und Flanken hell ockergelbbraun, auf den Flanken mit nicht allzu dichter, zum Teil recht großer dunkelbrauner Halbmondfleckung. Unterschwanzdecken hell kastanienbraun. Schnabel bräunlich, Iris hellbraun, die Füße grünlichgrau, der kräftige Lauf beim Hahn mit spitzem Sporn bewehrt.
Länge 300 mm; Flügel 140 bis 145 mm; Schwanz 88 bis 99 mm; Gewicht ca. 270 g.
Hennen sind auf den Schultern stärker weißgefleckt und weisen keine schwarze Rückenfleckung auf. Der Lauf von Althennen ist manchmal gespornt. Die genaue Kükenfärbung ist noch nicht beschrieben worden. Nach GURNEY, der die Art züchtete, weisen Bambushuhnküken kräftige dunkelbraune Musterung und Fleckung auf.
Gelegestärke 4 bis 5; Ei ungewöhnlich hart und dickschalig, in der Größe variabel, cremegelb mit winzigen braunrötlichen Punkten bedeckt, die am dicken Eiende zahlreicher auftreten (33 bis 35,5 mm × 27 mm); Brutdauer 18 bis 20 Tage.
Lebensgewohnheiten: Im Jangtse-Delta an der Grenze nach Tschekiang traf STYAN außerhalb der Brutzeit kleine Gruppen von Bambushühnern in

den mit niedrigem dichtem Bambusdschungel bewachsenen Hügeln an. Ebenso schätzen sie nach MELL Busch-Gras-Dschungel unter locker gestellten Hochstämmen, wo auch der Silberfasan vorkommt. Von Bodenfeinden bedroht, drücken sie sich lange, fliegen dann aber plötzlich schnell auf und verteilen sich in niedrigem Flug in alle Himmelsrichtungen. Gelegentlich baumen sie auf und verbringen auch die Nacht auf Baumästen. Über seine Beobachtungen des Bambushuhnes in Japan, wo die Art zunächst als Hausgeflügel gehalten wurde, dann aber verwilderte und sich ausbreitete, schreibt JAHN: „*Bambusicola* bewohnt in der Kwanto-Ebene die Ackerbauzonen, Ränder von Reisfeldern, Feldgebüsche, sehr gern Riesenbambuspflanzungen und Trockenfelder, bei Kobe die lichten Kieferwälder mit Zwergbambusseen als Unterwuchs. Während des ganzen Jahres hört man bei Kobe in den Wäldern gelegentlich den unerhört lauten Schrei des Vogels, der hunderte von Metern weit durch die Täler hallt, eine abklingende, oft eine halbe Minute lange Rufreihe, „Gigigigigi gigerói gigerói...gigerooi...". Zu Gesicht bekommt man den sich stets in Deckung haltenden Vogel ohne Hund kaum. Am 21. Oktober traf ich ein Volk von 6 Stück zusammen an."

Haltung: Die Südchinesen halten das Bambushuhn seit altersher in sehr kleinen Bambuskäfigen, um sich an seiner kreischenden, auf nahe Entfernung für Europäerohren unerträglich lauten Strophe zu erfreuen. Die Bauern fangen die Bambushühner im Frühjahr mittels eines gekäfigten Lockhahnes. Die ersten China-Bambushühner gelangten wohl als Erstimport im April 1868 in den Londoner Zoo und wurden dort bereits im Juni des darauffolgenden Jahres gezüchtet. 12 Küken wurden groß. In Frankreich züchtete Baron CORNELY in Beaujardin die Art 1884. Ausführlich hat GURNEY über die Zucht in England 1932 berichtet. Das 1931 erworbene Paar erhielt eine gut bepflanzte Voliere mit Buschwerk und hohem Gras, in der es sich sofort ganz vertraut zeigte und meist scharrend im kurzgemähten Rasenstück beobachtet werden konnte. Am 26. Mai war die Henne plötzlich verschwunden, und aus dem aufgeregten Gebahren des Hahnes konnte man auf ein Brüten schließen. Das Nest wurde auch wenig später hinter Gras und Reisigbündeln gefunden. Die brütende Henne saß fest, und der Hahn hielt sich stets wachsam in der Nähe auf, um wütend jeden Vogel zu verjagen, der sich dem Nest näherte. Am 7. Juni schlüpften 5 Küken und folgten dem Elternpaar durch die Voliere, im Gras nach Insekten pikkend und Fliegen jagend. Als Futter erhielten sie während der ersten 10 Tage ausschließlich Ameisenpuppen und wurden dann allmählich auf Biskuitmehl und Eifutter umgestellt. Kleine Mehlwürmer wurden gierig angenommen, und es war nett anzuschauen, wenn sie zu einem Elternvogel rannten, der sie mit einem Leckerbissen herbeilockte. Eine Hälfte der Brut ging mit der Mutter, die andere übernahm der Vater. Am 1. August hatten die Jungen fast Erwachsenengröße erreicht. Ein 2. Gelege der Henne mit 7 Eiern wurde einer Zwerghuhnglucke untergeschoben, die sie erbrütete. Inzwischen hatte die Bambushenne ein 3. Gelege gebracht, aus dem am 19. August 5 Küken schlüpften. Innerhalb 24 Stunden übernahmen 3 inzwischen fast erwachsene Junge der 1. Brut je 1 Geschwisterchen, der Hahn 1 und die Henne das 5. Die Jungvögel huderten nicht nur ihre kleinen Geschwister, sondern fütterten sie auch aus dem Schnabel mit zerkleinerten Mehlwürmern. Die Nacht verbrachte die ganze Familie von 10 Vögeln dicht aneinandergeschmiegt auf dem Erdboden. So hatte das Paar Bambushühner in einem Jahr 3 Bruten mit zusammen 17 Eiern gebracht. Mit Ausnahme einiger Küken, die durch Unfälle starben, wurden alle groß. Wie aus einem Bericht in der „Gefiederten Welt" 1934 zu entnehmen ist, hat O. STEEGE die Art ebenfalls gezüchtet und die Familie auf einer Ziergeflügelausstellung in Chemnitz gezeigt. 1969 wurden im Staat Washington vom Game Department 300 Chinesische Bambushühner zwecks Einbürgerung ausgesetzt (Avicult. Mag. 1969).

Taiwan-Bambushuhn
Bambusicola thoracica sonorivox,
Gould 1862

Engl.: Formosan Bamboo Partridge.
Abbildung: Seite 389 unten links.
Heimat: Die Insel Taiwan (früher Formosa genannt).
Beschreibung: Diese Inselform unterscheidet sich von der des chinesischen Festlandes durch das Fehlen des grauen Überaugenbandes, dunkelgraue Wangen, Ohrdecken und Halsseiten, während nur Kinn und Kehle kastanienbraun sind. Die Oberseite ist grauer, die Färbung insgesamt dunkler, lebhafter.
Länge 260 mm; Flügel 120 mm; Schwanz 60 mm.
Gelegestärke angeblich 7 bis 12; Ei dunkelbräunlich

cremefarben, dem Ei des heimischen Rebhuhnes sehr ähnlich (35 mm × 25,4 mm).

Lebensgewohnheiten: Die Taiwanform des Chinesischen Bambushuhnes ist in trockenen Buschgebieten, Bambuswäldern und offenen Feldern (vor der Ernte) von Meeresspiegelhöhe bis 2200 m in den Bergen ein häufiger Vogel. Ob es wirklich nicht in Familienverbänden auftritt, wie SWINHOE behauptet, ist anzuzweifeln. Hahn und Henne schreien die gleiche laute krächzende Strophe, die mit „Killi killi" beginnt und mit einem schnellen „Ke put kwai" oder „Ki go gwai" endet. Jedes Paar verteidigt sein Revier wütend gegen Eindringlinge, was ihm oft zum Verhängnis wird. Setzen chinesische Vogelfänger einen rufenden Lockvogel im Fallenkäfig aus, eilt das Revierpaar alsbald empört herbei und tappt in die Falle. Auf Taiwan wird die Strophe des Vogels genau wie auf dem Festland sehr geschätzt.

Haltung: 1927 sandte DELACOUR mehrere Paare der Taiwanform aus Japan nach Frankreich und England, von denen der bekannte englische Züchter EZRA 2 Paare erhielt. Noch 1929 verlegte die Henne des einen Paares ihre Eier ohne Nestbau in einer großen Voliere. Als zweck Schaffung eines Sichtschutzes das Gras der Voliere nicht mehr gemäht wurde, schritt das Paar willig zur Brut, und Anfang Juni liefen plötzlich 3 winzige Küken unter dem Schutz ihrer Eltern umher. Das Paar war nicht scheu, und die Jungen wuchsen ohne Verwendung eines Spezialfutters, allenfalls mit gelegentlichen Ameiseneiergaben, komplikationslos auf. Im August waren sie dreiviertel erwachsen und glichen in der Färbung ganz den Eltern. In Frankreich wurde die Art ebenfalls 1929 und auch 1930 von der bekannten Züchterin Mme. LECAILLIER unter Verwendung von Zwerghuhnglucken gezüchtet, wie das auch einige Jahre zuvor in Japan gelungen war.

Indisches Bambushuhn
Bambusicola fytchii, Anderson 1871

Engl.: Indian Bamboo Partridge.
Heimat: Die Assamberge südlich des Brahmaputra, Manipur, Bangla Desh (Sylhet, Tschittagonghügel), Burma (Chin Hills, nördliche Arakan Yomas), Nord-Thailand, nördliches Vietnam, West-Szetschuan, Jünnan. 2 Unterarten.
Beschreibung: Geschlechter gleichgefärbt. Bei Hähnen der Nominatform zieht ein breites weißes oder rötlichweißes Überaugenband über die Ohrdecken bis zum Nacken hinunter; es wird unten von einem am Auge beginnenden, von rötlichen Federn durchsetzten, manchmal überwiegend rötlichorangefarbenen Streifen begrenzt; Stirn, Zügel, Wangen und Ohrdecken orangegelb, Scheitel und Nacken rotbraun, die Federn unauffällig heller gesäumt. Hinterhals hell graubraun, breit kastanienbraun längsgebändert, eine Art Halsband bildend; Oberrücken, Schultern, Flügeldecken und innere Armdecken grau, die Federn mit breiter kastanienbrauner Längsstreifung, die in einem schwarzen Fleck endet; Bürzel, Oberschwanzdecken grau mit graubrauner Wellenbänderung, letztere dazu noch weiß gewellt und hier und da mit kleinem schwarzem Mittelstreif versehen. Mittlere Schwanzfedern graubraun, von Kastanienbraun durchsetzt, unregelmäßig und unterbrochen ockerbraungelb gebändert, das jeweils folgende Federpaar immer geringer gesprenkelt und gebändert. Handschwingen und äußere Armschwingen kastanienbraun, die Federn mit weißen Endflecken und grauen Halbsäumen. Übrige Unterseite weiß mit unterschiedlich starkem gelblichem Anflug und breit halbmondförmig schwarz gebändert. Mittelbauch und Steißgefieder hellgelblich. Schnabel hornbraun, Iris goldig haselbraun, Füße trübgrünbraun oder grüngrau, der Sporn hornweißlich. Länge 350 mm; Flügel 136 bis 152 mm; Schwanz 85 bis 112 mm; Gewicht des Hahnes 285 bis 400 g; der Henne ca. 340 g. Kükenkleid noch nicht beschrieben.

Gelegestärke 4 bis 6; Ei hartschalig, isabellfarben bis warm gelblich, ungefleckt (40,2 mm × 29,6 mm); Brutdauer 18 bis 20 Tage.

Lebensgewohnheiten: In Assam bewohnt die Subspezies *hopkinsoni* offenen Buschdschungel an den Rändern der Reisfelder und Wiesengelände auf niedrigen Hügelketten, dringt manchmal auch ein paar Kilometer in die Ebene vor. In Manipur trifft man das Bambushuhn im niedrigen Eichen- und Weidengestrüpp entlang der Flußufer, in Elefantengras und Brombeerdickichten an. Auffällige Vorliebe bekundet es für mit sogenanntem „Wildem Kardamom" bestandene Dickungen, großblättrige Stauden der Gattung *Alpinia* (Zingiberazeen), die gewöhnlich zahlreiche Bambushühner beherbergen. Vorwiegend Bewohner hügligen Geländes, wurde die Art gelegentlich bis 2000 m hoch im Gebirge angetroffen. Außerhalb der Brutzeit leben die Vögel in Familienverbänden von 5 bis 6 Individuen zusammen, die sich erst bei der Paarbildung im März auflösen. Ab diesem Zeitpunkt werden die

Hähne sehr laut, setzen sich auf erhöhte Punkte, wie Termitenhügel und Baumstümpfe und schreien immer wieder ihren Revieranspruch heraus. Sie rufen „Tsche tschirree tsche tschirrii, tschirrii, tschirrii!", um danach wieder ins schützende Dickicht zurückzuspringen. In den kühleren Morgen- und Abendstunden verlassen die Bambushühner ihre Verstecke und suchen auf offenem Gelände scharrend nach Futter. Habitatnachbarn sind häufig Halsbandfrankoline. Vor dem Jäger fliegen Bambushühner erst auf, wenn er fast auf sie tritt und lassen sich nach kurzem, geradem kräftigem Flug von wenigen Metern ins hohe Gras fallen, um laufend zu entkommen. Nur vor manchen Bodenfeinden, z. B. Hunden, baumen sie auf.

Haltung: Um 1930 importierte DELACOUR mehrere dieser Bambushühner aus Indochina (Tongking nahe der Jünnangrenze), von denen der englische Züchter EZRA einige erhielt. In eine große Voliere gebracht, legten sie 1931 nur unbefruchtete Eier. 1932 baute die Henne Anfang Mai ein Nest und brachte ein Gelege von 4 Eiern, aus denen 2 Küken schlüpften, die verlorengingen. Am 4. Juni wurde ein Zweitgelege aus 4 Eiern gebracht, aus denen 3 Küken schlüpften. Zusammen mit der Mutter in eine kleine Voliere gesetzt, wurden 2 von ihnen aufgezogen. Sie erhielten als Futter frische Ameisenpuppen, Fliegenmaden und gekochtes Eigelb. Später nahmen sie jedes Hühnervogelfutter an. Die Erbrütungszeit betrug 18 bis 20 Tage.

Weiterführende Literatur:
BAKER, E. C. ST.: The Fauna of British India, Birds Vol. V; *Bambusicola;* pp. 365–367. Taylor & Francis, London 1928
DELACOUR, J., JABOUILLE, P.: Les Oiseaux de l'Indochine Francaise, Tome I; *Bambusicola;* pp. 261–262. Exposition Coloniale Internationale Paris 1931
DÜRIGEN, B.: Die Geflügelzucht. Das Bambushuhn; S. 360–361. P. Parey, Berlin 1886
EZRA, A.: Rearing the Formosan Bamboo Partridge. Avic. Mag. IV. Series, Vol. VIII; p. 289 (1930)
DERS.: Successful Rearing of Fytch's Bamboo Partridge. Avic. Mag. IV. Series, Vol. X; pp. 317–318 (1932)
GURNEY, G. H.: Breeding of the Chinese Bamboo Partridge. Avic. Mag. IV. Series, Vol. X; pp. 207–209 (1932)
DERS.: Additional note on the Chinese Bamboo Partridge. Avic. Mag. IV. Series, Vol. X; p. 262 (1932)
HARTERT, E.: Die Vögel der paläarktischen Fauna, Bd. III, *Bambusicola;* pp. 1943–1944. Friedländer & Sohn, Berlin 1921–22
JAHN, H.: Zur Ökologie und Biologie der Vögel Japans. Bambushuhn; S. 299. Journ. Ornith. 90 (1942)
LA TOUCHE, J. D. D.: A Handbook of the Birds of Eastern China, Vol. II, *Bambusicola;* pp. 251–252. Taylor & Francis, London 1931–34
MELL, R.: Bergwaldtiere am Tropenrand. Bambushuhn; S. 25; Kosmos, Ges. f. Naturfreunde, Franckh'sche Verlagshandlung, Stuttgart 1960
MEYER DE SCHAUENSEE, R.: The Birds of China. *Bambusicola;* p. 184, Oxford University Press, Oxford 1984
OGILVIE-GRANT, W. R.: A Handbook to the Game-Birds, Vol. I, *Bambusicola;* pp. 202–205. Edward Lloyd, London 1896.
SALIM ALI, RIPLEY, S. D.: Handbook of the Birds of India and Pakistan, Vol. II, *Bambusicola;* pp. 64–66. Oxford University Press, Oxford/Dehli/London/New York 1980
SMITHIES, B. E.: The Birds of Burma. *Bambusicola;* p. 445; Oliver & Boyd, Edinburgh/London 1953

Indische Spornhühner
Galloperdix, Blyth 1844

Engl.: Indian Spurfowl.
Die vorderindischen Spornhühner, auch Zwergfasanen genannt, sind im System der Fasanenartigen nur schwer einzuordnen. Ihrem Aussehen nach scheinen sie in der Mitte zwischen den Kammhühnern und Rebhuhnartigen zu stehen, worauf auch ihr wissenschaftlicher Gattungsname *Galloperdix* hinweist und sind Hennen unserer Zwerghuhnrassen recht ähnlich. Doch tragen sie den ziemlich langen, aus 14 leicht gestuften Federn bestehenden Schwanz außer bei Gefahr schräg abwärts. An den kurzen runden Flügeln ist die erste Handschwinge am kürzesten, die 5. oder 6. am längsten. Der lange kräftige Lauf trägt bei beiden Geschlechtern, bei der Henne 2, beim Hahn 3, selten sogar 4 Sporen. Kämme und Kehllappen wie bei den Kammhühnern fehlen, doch ist ein nackter Orbitalbezirk vorhanden, der sich zur Brutzeit rot färbt. Die Geschlechter sind verschieden gefärbt. Alle 3 Arten sind hin und wieder nach Europa gelangt und 2 bisher gezüchtet worden.

Rotes Spornhuhn
Galloperdix spadicea, Gmelin 1789

Engl.: Red Spurfowl.
Heimat: United Provinces und Nepal terai, Central Provinces, Bombay, nordwärts bis Palanpur, Orissa südwärts durch Andhra und Madras bis Mysore, Süd-Rajasthan (Aravallihügel und Udaipur) und Kerala. 3 Unterarten.
Beschreibung: Beim Hahn der Nominatform ist die Stirn sandig-isabellfarben, Scheitel und Nacken sind dunkelbraun, zum Hinterkopf zu in Hellbraun übergehend. Oberrücken und Schultern rötlich kastanienbraun, jede Feder hellgraubraun gesäumt; Unterrücken, Bürzel und Oberschwanzdecken kastanienbraun mit zarten, unterbrochenen schwarzen Wellenbändern. Das Gleiche trifft für die sichtbaren Schwanzteile zu, deren Innenfahnen mit Ausnahme des Mittelpaares schwarz und auf den äußersten Schwanzfedern beidfahnig schwarz sind. Kleine Flügeldecken wie Oberrücken, mittlere, große sowie die inneren Armschwingen wie Unterrücken; übrige Armschwingen auf den Außenfahnen kastanienbraun gesprenkelt. Kinn weißlichbraun, auf Wangen, Ohrdecken und Kehlseiten in Silbergrau übergehend. Brust, Flanken und Afterregion kastanienisabellfarben, die Unterschwanzdecken kastanienbraun mit schwarzer Wellenzeichnung. Schnabel hornbraun, an der Basis rötlicher, auf dem Unterschnabel heller; Orbitalregion nackt, ziegelrot; Iris gelb bis haselnußbraun; Beine ziegelrot, manchmal rötlichgelb oder zart grün getönt.
Länge 360 mm; Flügel 145 bis 166 mm; Schwanz 123 bis 147 mm; Gewicht 284 bis 454 g.
Bei der Henne ist die Stirn sandbraun, Scheitel und Nacken sind schwarzbraun, Hals dunkelbraun, Rücken, Schultern, Flügeldecken grau oder sandgelb, zuweilen zart braun getönt, jede Feder mit 2 kräftigen schwarzen Querbinden; Bürzel, Oberschwanzdecken weniger schwarz wirkend als beim Hahn, mehr dunkelbraun.
Flügel 134 bis 163 mm; Schwanz 105 bis 123 mm.
Gelegestärke 3 bis 5; Ei isabellfarben (40,4 mm × 29,5 mm).
Lebensgewohnheiten: Das Rote Spornhuhn bevorzugt als Biotope mit dichtem Busch bestandenes steiniges Hügelgelände, von Wasserläufen durchzogene und Buschwerk überwucherte Bambusdschungel in trockenem wie feuchtem Gelände und ist in Süd-Indien ein häufiger Bewohner von Kaffeepflanzungen und Lantanagestrüpp auf Waldlichtungen. Man trifft die Vögel paarweise und in kleinen Trupps von 3 bis 5 Individuen auf Nahrungssuche eifrig im Humusboden scharrend unter dichtem Dorngestrüpp an. Alle Spornhühner sind scheu und wachsam, große Meister im Sichverstecken und werden viel häufiger gehört als gesehen. Bei der leisesten Gefahr schleichen sie förmlich unter Ausnutzung jeder sich bietenden Deckung fort. Gewöhnlich flüchten sie zu Fuß mit teilweise erhobenem und gespreiztem Schwanz. Nur bei unmittelbarer Gefahr fliegen sie auf, um sich nach kurzer Strecke in die Büsche fallen zu lassen und zu Fuß weiterzurennen. In hügeligem Gelände flüchten sie stets bergaufwärts. Die Stimme ist ein lautes gakkerndes „Kuk-kuk-kuk-kukaak", dem Legegegacker unserer Haushennen recht ähnlich. Außerdem stößt der Hahn noch ein kicherndes Krähen, ein schnell wiederholtes klapperndes „K-r-r-r-kwek, kr-r-kwek, kr-kr-kwek" aus, das an das Schnarren rufender Perlhühner erinnert. Die nach den jeweiligen örtlichen Bedingungen wechselnde Brutzeit fällt in die Monate Januar bis Juni, doch sind Gelege praktisch das ganze Jahr hindurch gefunden worden. Das Nest, eine flache mit wenigen Halmen und Blättern ausgelegte Mulde, wird in dichtem Unterwuchs angelegt und enthält 3 bis 5 Eier. Der Hahn brütet nicht selbst mit, kümmert sich aber um die Aufzucht der Jungen. Bei Gefahr verleiten die Elternvögel scheinbar hilflos flatternd, während die Küken sich bewegungslos auf den Waldboden niederducken und durch ihre Schutzfärbung praktisch unsichtbar werden.
Haltung: Ersteinfuhr eines Hahnes 1863 durch DENISON in den Londoner Zoo, der 1864 eine Henne dazukaufte. Auch der damals sehr bekannte niederländische Tierzüchter F. E. BLAAUW hat 1 Paar 1894 gehalten und schildert es als recht zahm und im Wesen allerliebst. Der Hahn ließ einen lauten mehrsilbigen Ruf ertönen. Über eine Zucht ist nichts bekannt.

Perl-Spornhuhn
Galloperdix lunulata, Valenciennes 1825

Engl.: Painted or Hardwicke's Spurfowl.
Heimat: Praktisch die gesamte indische Halbinsel südlich der Flüsse Chambal, Jumna und Ganges, ostwärts bis West-Bengalen, südwärts bis zu den Shevaroy Hills im Staat Madras.
Beschreibung: Beim Hahn ist der Scheitel schwarz mit Grünschiller und weißer Fleckung, das Kinn

trüb isabellweiß mit angedeuteter schwarzer Flekkung; übrige Kopfpartien, Hals und vorderer Oberrücken braunschwarz, jede Feder mit weißer Endbinde und glänzendschwarzer Subterminalbinde. Übrige Oberseite und Flügeldecken kastanienbraun mit weißen schwarzumsäumten Augenflecken, die dem Bürzel und den Schwanzdecken fehlen. Innere Flügeldecken metallischgrün, die übrigen mit größeren Augenflecken als auf dem Rücken. Bei einigen Hähnen ist die Metallgrün-Komponente der Flügeldecken so ausgedehnt, daß demgegenüber das Kastanienbraun nur auf der äußeren Hälfte vorhanden ist. In wieder anderen Fällen sind die Flügeldecken insgesamt kastanienbraun, während das metallische Grün vieler Federn auf die Spitzen beschränkt und daher unauffällig ist. Ähnlich unterschiedlich ist der Anteil metallischen Grüns auf Schultern und Mittelrücken, doch ist die Weißflekkung an allen diesen Stellen voll erhalten. Längere Oberschwanzdecken und Schwanz braunschwarz, die Federn des letzteren mit schwachem Grün- oder Purpurglanz. Große Flügeldecken braun, schwach kastanienbraun gesäumt; Brust und Oberbauch ockergelblich, jede Feder mit schwarzem Endfleck. Flanken kastanienbraun, die Federn mit gelblichweißen, schwarzumsäumten Bändern. Hinterbauch, Aftergefieder und Unterschwanzdecken rotbraun mit kleinen schwarzen Flecken. Schnabel hornschwarz, Iris dunkelbraun, ein schmaler Orbitalring rot, Beine gräulich olivbraun. Beim Hahn 1 bis 3, meist 2 Sporen pro Lauf, bei der Henne gewöhnlich nur ein Sporn.

Länge 320 mm; Flügel 148 bis 167 mm; Schwanz 111 bis 129 mm; Gewicht 255 bis 285 g.

Die Henne hat einen schwarzen, rotbraun gestreiften Scheitel; der Hinterscheitel mit rotbraunen Federspitzen; breite Überaugenstreifen rotbraun mit hellerer Streifung; Ohrdecken dunkel kastanienbraun, Kinn, Kehle und Wangen hellisabellgelb, rotbraun gesprenkelt. Oberseite dunkelbraun, auf Rücken, Schultern und unteren Flügeldecken mit Grauolivtönung. Obere Flügeldecken dunkler, brauner. Schwanz dunkelbraun, Brust und Oberflankenregion hellrötlichbraun, auf dem Unterbauch in Erdbraun übergehend.

Flügel 132 bis 157 mm; Schwanz 99 bis 128 mm; Gewicht 226 bis 255 g.

Junghähne ähneln Hennen, sind jedoch trüber gefärbt mit intensiver schwarzer und dunkelbrauner Sprenkelung und Bänderung des Gefieders; Unterseite mehr erdbraun, dicht isabellgelb gesprenkelt. Dunenküken sind oberseits hellkastanienbraun, der Kopf und ein breiter Rückenstreif am dunkelsten; Unterseite trüb erdbraun, auf Kehle, Brust, Schenkeln und Steiß mehr rotbraun.

Gelegestärke 3 bis 4, manchmal 5; Ei hellisabellgelb (40,9 mm × 29,3 mm). Brutdauer ca. 23 Tage.

Lebensgewohnheiten: Das Verbreitungsareal dieser Art ist an vielen Stellen mit dem des Roten Spornhuhnes sympatrisch, doch scheinen die Biotopansprüche beider Arten verschieden zu sein. Man trifft das Perl-Spornhuhn nämlich auf trocknerem steinigerem Gelände, Geröllschotter und in Erosionsschluchten der Berge an, die bis 1000 m Höhe mit dichtem Dornenbusch aus Akazien, Mimosen und Bridelien sowie Bambusdschungeln bewachsen sind. In seiner Biologie ist die Art vom Roten Spornhuhn kaum verschieden und noch heimlicher als dieses. Gelege wurden am häufigsten von Februar bis Anfang März gefunden, können im übrigen aber bis zum Juni gebracht werden. Erschreckte Spornhähne stoßen einen eigenartig glucksenden, schimpfenden Alarmruf aus. BLEWITT hörte von ihnen außerdem ein hühnerähnliches, schnell wiederholtes „Tschurr, tschurr, tschurr". Die Paare und Familien aus 3 bis 5 Vögeln fliegen bei Überraschungen nur höchst ungern auf, sondern rennen lieber rasendschnell mit schräg hochgestelltem, gefächertem Schwanz bergwärts, springen auch geschickt von Fels zu Fels, dabei glucksende Laute ausstoßend. Die Nahrung der Allesfresser besteht aus Sämereien, Knollen, Beeren und Steinfrüchten von *Ziziphus, Lantana, Ficus* spec. sowie kleinen Schnecken und Insekten, vor allem Termiten. Nester werden gut getarnt zwischen Felsen und unter Büschen angelegt und sind Bodenmulden mit Gras- und Blattauskleidung. Die Eier gleichen Zwerghuhneiern.

Haltung: Als europäischen Erstimport erhielt 1863 der Londoner Zoo 2 Paare dieser Art als Geschenk eines Maharadschas. Danach ist sie noch mehrfach zu uns gelangt. Die Erstzucht gelang 1964 A. J. SWAIN in Bedford, worüber im Avic. Magaz. 1965 berichtet wird. Das Paar erhielt nach der Ankunft 1961 einen rotlichtbeheizten Innenraum und als Futter mit Milch und Wasser angefeuchtete Putenbrüter-Pellets, dazu hin und wieder Obst, Hirse und Mehlwürmer. Nach anfänglicher Scheu wurden Würmer bereits nach 10 Tagen aus der Hand des Besitzers gepickt. Der Hahn näherte sich unter leisem Zwitschern, einen Wurm im Schnabel, der Henne, die den Bissen annahm. 1962 und 1963 kam es jedoch zu keinem Brutversuch. Nach Umsetzen in eine andere Voliere blieb die Henne während der

1. Maihälfte 1964 oft lange unsichtbar. Bei einer Nachsuche am 23. Mai wurde in einer Mulde ein Gelege von 4 Eiern entdeckt. Zur Vermeidung jeglicher Störung erfolgte keine weitere Inspektion. Während des Brütens der Henne näherte der Hahn sich niemals dem Nest. Man sah das Paar nur zusammen, wenn die Henne morgens und abends am Futterplatz erschien. Geht man davon aus, daß sie am 24. Mai mit dem Brüten begonnen hatte und die Küken am 15. Juni schlüpften, kann eine Brutdauer von 23 Tagen angenommen werden. Aus allen 4 Eiern schlüpften Küken, die während der ersten 48 Stunden von der Mutter gehudert wurden. Sie waren außerordentlich lebhaft und etwas kleiner als Rebhuhnküken. Ihr Futter bestand aus Putenstarter-Pellets in Krümelform und einem Gemisch aus Ei, Milch, getrockneten Ameisenpuppen und weißer Hirse, das Ganze gut vermengt und mit Wasser zu einem krümeligen Weichfutter angefeuchtet. Zusätzlich wurden täglich 20 Mehlwürmer und doppelt so viele Fliegenmaden angeboten, die letzteren allem anderen vorgezogen. Die Henne war sehr um ihre Küken besorgt und verfütterte im Schnabel Futterbröckchen reihum an die Kleinen. Erst wenn sie gesättigt waren, dachte sie an sich selbst. Futter wurde morgens und spätnachmittags gereicht. Während der Zeit, in der die Küken noch von der Henne gehudert wurden, mußte der Hahn wegen seiner Aggressivität gegenüber dem Pfleger abgesperrt werden. Später dazugesetzt, verteidigte er mutig die Brut, wenn er sie bedroht glaubte. Die Küken wuchsen schnell heran, hatten mit 6 Tagen vollentwickelte Flügelchen und konnten sich schon ein paar Zentimeter über den Boden erheben. Mit 12 Tagen war ihr Gefieder vollständig. Die Hauptfärbung war braun, auf der Oberseite mit zarter gelblicher Wellenzeichnung. Im Alter von 5 Wochen begannen bei 2 Jungen bunte Federn zu erscheinen, und es zeigte sich, daß die Geschwister 2 Hähne und 2 Hennen waren. 2 Gefiederbezirke begannen sich gleichzeitig auszufärben: Die Brust, auf der hellockergelbe Federn erschienen und die Mantelregion, die sich kastanienbraun färbte. Wenige Tage später erschienen auf den Köpfen der Junghähne schwarze und weiße Federchen. Im Alter von 10 Wochen waren die Jungen selbständig und übernachteten neben der Henne auf einem Ast, statt sich auf dem Erdboden hudern zu lassen. Von nun an ignorierten sie auch die Locktöne der Mutter und nahmen selbständig Futter auf. Nach weiteren 3 Wochen wurden sie aus der Brutvoliere entfernt.

Ceylon-Spornhuhn
Galloperdix bicalcarata, Forster 1781

Engl.: Ceylon Spurfowl.
Abbildung: Seite 389 unten rechts.
Heimat: Die Insel Sri Lanka (Ceylon).
Beschreibung: Der Hahn ist oberseits schwarz mit schmaler weißer Strichelmusterung, die am Kopf am schmalsten ist und auf den Flügeldecken Birnenform annimmt. Basisabschnitte der Rücken- und Flügeldeckfedern kastanienbraun mit feiner schwarzer Wellenmusterung; Federn des Unterrückens und der größeren Flügeldecken mit breiten kastanienbraunen, schwarz gewellten Säumen, die allmählich in den rotbraunen Bürzel und die kürzeren oberen Schwanzdecken übergehen; Bürzelfedern schwarz endgefleckt oder schmal ockergelb und schwarz gebändert. Längere Schwanzdecken und Schwanz schwarz, die mittleren Schwanzfedern zuweilen und die Basis der äußeren stets rotbraun gewellt. Arm- und Handschwingen braun, erstere auf den Außenfahnen, die innersten auf beiden Fahnen mit rotbrauner Wellenzeichnung. Große Flügeldecken braun mit weißen Augenflecken, an den Federenden schwarz gesäumt. Kopfseitenfedern weiß mit schwarzer Säumung, Kinn und Kehle reinweiß; Hals, Brust und Bauch weiß mit schwarzen Federsäumen, die auf den Flanken besondere Breite aufweisen. Bauchmitte fast weiß, Steiß-, Hinterbauch- und Flankengefieder trüb erdbraun, weiß gefleckt. Unterschwanzdecken schwarzbraun, weißgespitzt. Schnabel und Beine rot, die nackte Orbitalhaut rot, Iris braungelb oder braunrot.
Länge 340 mm; Flügel 157 bis 174 mm; Schwanz 121 bis 130 mm; Gewicht 312 bis 368 g.
Die Henne hat einen schwarzbraunen Scheitel, dessen Federn auf den Seiten und der Stirn hellere Zentren aufweisen; Kopfseiten trüb kastanienbraun, die Federn schwarzgesäumt; gesamte Oberseite und die Flügeldecken trüb kastanienbraun, schwarz gewellt, am intensivsten auf den oberen Schwanzdecken. Schwanz schwarz, seine Mittelfedern schwach braungewellt; Unterseite kastanienbraun, einfarbig im Brustbereich, nach hinten zu bis zum Steiß mehr oder weniger braungewellt. Hinterbauch, Steißbefiederung, Flanken erdig kastanienbraun, die Unterschwanzdecken dunkler, dicht schwarz gewellt. Schnabel und Beine hellrot.
Flügel 143 bis 150 mm; Schwanz 120 mm; Gewicht 200 bis 312 g.
Dunenküken ziemlich einheitlich dunkelbraun; die Geschlechter entwickeln schnell die für sie charakte-

ristischen Farben, doch sind bei Junghähnen die weißen Streifen und Flecken in geringerer Zahl ausgebildet und ausgedehnter als bei Althähnen. Gelegestärke normalerweise 2, gelegentlich bis 5 Eier (40,6 mm × 29,5 mm).

Lebensgewohnheiten: Das Ceylon-Spornhuhn ist ein heimlicher Bewohner vieler Vegetationszonen der Insel; gegenwärtig keineswegs selten, versteht es sich jeder Beobachtung zu entziehen. Obwohl die Art an zahlreichen Stellen im Süden Ceylons gefunden wird, liegt ihr Hauptvorkommen in den üppigen Feuchtwäldern der Regenzone, einem Sektor südlich und westlich des Zentralmassivs, der während des Südwest-Monsums hohe Niederschlagsmengen erhält. Die vor Nässe triefenden und von Landblutegeln wimmelnden Regenwälder mit ihrem dichten Unterwuchs aus Zwergbambus bilden den optimalen Lebensraum dieses Spornhuhnes, das aber auch noch bei 1500 m und darüber in den Bergen angetroffen wird. Die charakteristische Rufstrophe der Hähne, die während der Brutzeit in den Vormittagsstunden besonders häufig zu hören ist, verrät seine Anwesenheit. Man kann diese Lautäußerung als ein wohlklingendes Gackern aus dreisilbigen Tönen bezeichnen, von denen jeder in der Tonleiter eine Stufe höher liegt, bis auf die letzte Silbe, die ganz plötzlich wieder auf die Höhe der Anfangssilbe zurückfällt. Die Rufserie läßt sich etwa mit „Yuhuhu yuhuhu yuhuhu yuhu yuhuhu yuhuiiyo" wiedergeben. Die Endsilbe kann auch mehrmals in besonders erregtem Ton ausgestoßen werden. Das Ganze hat bauchrednerischen Charakter, und läßt ein Hahn sie ertönen, wird sie sogleich aus umliegenden Revieren beantwortet, so daß der Dschungel während einiger Minuten des Vormittags ganz von den Stimmen der Spornhähne erfüllt zu sein scheint. Die Hähne sind sehr aggressiv und verteidigen nachdrücklich ihr Revier gegen eindringende Artgenossen. Obwohl dieses Spornhuhn recht gut fliegen kann, macht es von dieser Fähigkeit nur in großer Bedrängnis Gebrauch und flieht lieber in rasend schnellem Lauf durchs Dickicht. Der übliche Gang ist ein Stolzieren mit hohen Schritten. Neben Samen und Beeren besteht die Nahrung zu einem hohen Prozentsatz aus Insekten, vor allem Termiten, die auch einen Großteil der Kükennahrung ausmachen. Die Art brütet praktisch das ganze Jahr hindurch mit den Schwerpunkten November/Januar und Juli/August.

Haltung: HOLDWORTH führte 1871 erstmalig ein Paar Ceylon-Spornhühner nach England ein und schenkte sie dem Londoner Zoo. Nach HENRY (Avicult. Mag. 1960) wurde die Art früher für derartig schreckhaft gehalten, daß man glaubte, eine Haltung über längere Zeit sei unmöglich. Dieses Märchen kam in Ceylon auf, weil die von singhalesischen Fängern auf den Vogelmarkt gebrachten oder von örtlichen Liebhabern erworbenen Frischfänge ausnahmslos herumtobten und sich in kurzer Zeit die Schädelhaut skalpierten. Lebten sie danach wirklich noch ein paar Monate, waren sie mit ihren nackten blutigen Köpfen nicht gerade erstrebenswerte Pfleglinge. Dennoch ist dieser schöne kleine Hühnervogel gut halt- und züchtbar. Das Erfolgsgeheimnis liegt in einer dicht bepflanzten Voliere, deren Boden dick mit Laubstreu bedeckt sein sollte, sowie dem Stutzen der Handschwingen eines Flügels zur Verhinderung panischen Auffliegens der Vögel in Schrecksituationen. Unter den geschilderten Voraussetzungen wurden Ceylon-Spornhühner im Garten des Colombo-Museums erfolgreich gehalten und gezüchtet. ⅔ ihrer Voliere wurden mit hohem Gras, Sträuchern und Schlinggewächsen bepflanzt, damit die Wildfänge sich gut verstecken konnten. Sie gewöhnten sich dann schnell ein und wurden so vertraut, daß man ihr Verhalten gut studieren konnte. Während der ersten Wochen wurde unterhalb der Drahtnetzdecke eine Plastikfolie gespannt, um bei voll flugfähigen Vögeln Verletzungen durch Aufprall zu verhindern. Ferner erwies es sich als vorteilhaft, daß Volierendrahtgeflecht nicht bis zum Erdboden zu spannen, sondern – wie bei Fasanenvolieren – Sichtblenden (Bretter, Ziegelwände, Betonplatten) in 50 cm über dem Boden anzubringen, um dem pausenlosen Hin- und Herlaufen entlang des Drahtgeflechtes vorzubeugen. Jedes Spornhuhnpaar hat sein festes Revier, duldet keine Artgenossen und tötet auch eigene Junge, sobald diese das Adultkleid angelegt haben. Als in Colombo 1 Paar Spornhühner zusammen mit Lafayettehühnern in einer Großvoliere gehalten werden sollten, tyrannisierte der kleine Spornhahn die größeren Lafayettehennen derart, daß das Paar entfernt werden mußte. Der eigenen Henne gegenüber sind Spornhähne sehr aufmerksam und bieten ihr unter zartem „Wh wh whii wiwi" Leckerbissen im Schnabel an, die sie unter kükenartigem Gezwitscher abnimmt. Abgesehen von seitlichem Schwanzbreiten beider Partner, konnte eine Balzzeremonie nie beobachtet werden, was nicht besagt, daß es keine gäbe. Bei der Volierenhaltung werden Gelege von 2 bis 5 Eiern gebracht. Die Küken wachsen schnell heran.

Weiterführende Literatur:
BAKER, E. C. ST.: The Fauna of British India, Vol. V.; *Galloperdix;* pp. 257–304; Taylor & Francis, London 1928
BLAAUW, F. E.: Über einige fremdländische Tiere in s'Graveland, Holland. *G. spadicea;* p. 247 (Kurzmittlg.); Zool. Garten 35 (1894)
BLEWITT: zit. aus SALIM ALI
HENRY, G. M.: The Ceylon Spurfowl (*Galloperdix bicalcarata*); pp. 125–127. Av. Magaz. 66 (1960)
DERS.: A Guide to the Birds of Ceylon. *Galloperdix;* pp. 259–260; Oxford University Press, London 1955
LOWTHER, E. H. N.: A Bird Photographer in India. *G. lunulata;* pp. 80–82; Oxford University Press, London 1949
OGILVIE-GRANT, W. R.: A Handbook to the Game-Birds, Vol. I; *Galloperdix;* pp. 205–212; E. Lloyd Ltd., London 1896
SALIM ALI; RIPLEY, S. D.: Handbook of the Birds of India and Pakistan, Vol. 2; *Galloperdix;* pp. 67–73; Oxford University Press, Dehli/London/New York 1980
SWAIN, A. J.: Account of the Breeding of the Painted Spurfowl; pp. 4–6. Av. Magaz. 71 (1965)

Felsenhühnchen
Ptilopachus, Swainson 1837

Engl.: Stone Partridges.
Diese nur aus einer zwerghuhngroßen Art bestehende, für die äthiopische Region endemische Hühnervogelgattung hat gegenwärtig offenbar keine näheren Verwandten. SNOW vermutet Verwandtschaftsbeziehungen zu den südostasiatischen Bambushühnern (*Bambusicola*). Der relativ lange dachförmige Schwanz aus 14 Steuerfedern wird schräg aufrecht getragen, wodurch das überwiegend braune Felsenhühnchen den Hennen wildfarbener Zwerghuhnrassen überraschend ähnelt. Die 1. Handschwinge ist etwas kürzer als die 10. und die 5. knapp die längste. Der Schnabel ist kräftig und leicht gebogen, der Lauf sporenlos. Die Geschlechter sind wenig voneinander verschieden. Das riesige Verbreitungsgebiet innerhalb der Sahelzone reicht vom Atlantik zum Roten Meer und südwärts nach Äthiopien, Nord-Uganda und Kenia. Die Entstehung der zahlreichen gut ausgeprägten Subspezies dürfte auf die Spezialisierung von *Ptilopachus* auf die dort auftretenden, oft weit voneinander isolierten Basaltformationen im Savannenbuschwald als Habitat zurückzuführen sein, das eine hohe Standorttreue bedingt.

Felsenhühnchen

Felsenhühnchen
Ptilopachus petrosus, Gmelin 1789

Engl.: Stone Partridge.
Heimat: Die Sahelzone von Senegambien ostwärts bis Nord-Äthiopien, südwärts bis Nord-Uganda und Nord-Kenia (Uaso Nyirofluß). In Westafrika hauptsächlich zwischen dem 7. bis 8.° und 17.° nördlicher Breite. Da die geringen Unterschiede der 6 beschriebenen Unterarten sich fast durchweg im klinalen Rahmen halten, erkennen URBAN et. al. nur zwei, die Nominatform sowie eine Population großer heller Vögel in Eritrea, an.
Beschreibung: Geschlechter wenig verschieden. Beim Hahn der Nominatform sind Hals und Kopf braun, jede Feder mit schwärzlichem Schaftstreif und grauweißer, innen dunkelbraun begrenzter Säumung; Federn der Stirn und Superziliarregion schmal und zugespitzt; Ohrdecken einfarbig braun; Unterhals- und Oberbrustfedern heller ockerbraun, breit weißgesäumt mit submarginaler Schwarzsäumung am Innenrand des weißen Saumes, dazu auffälliger dunkler Schäftung. Im Brustgefieder neigt das submarginale Schwarz zum Übertritt ins Weiß des Federsaumes. Mantel, Schultern, Flügeldecken und Bürzel schwarzbraun, die Federn im Randbereich weiß, nach innen zu mit ockriger und schwarzer Wellenzeichnung; Oberschwanzdecken ähnlich, nur zarter wellengebändert; Außenfahnen der Hand- und Armschwingen sowie der Schwanzfedern schwarzbraun mit hellerer Wellenbänderung; Brustmitte einfarbig isabell, Brustseiten und Flanken isabellbräunlich mit unregelmäßiger weißer und schwarzer Saumbänderung, die Federmitte mit rotbrauner und schwarzer Schaftstreifung. Unterbauch-

gefieder schwarzbraun mit undeutlicher isabellgrauer Bänderung; Unterschwanzdecken schwarzbraun, im Bereich der Federenden zart hellbraun gewellt; Schenkelfedern graubraun, schwarz und isabell gebändert. Schnabelbasis trüb karminrot, übriger Schnabel horngelblich; ein breiter nackter Orbitalbezirk umgibt das Auge; Iris ockerbraun; Beine trüb korallenrot oder ziegelrot, die Zehen dunkler.

Länge 228 bis 254 mm; Flügel 115 bis 128 mm; Schwanz 63 bis 76 mm; Gewicht 190 g.

Hennen sind wenig kleiner, auf den Flanken weniger kastanienbraun und mit cremeweißem Bauchfleck.

Flügel 116 bis 126 mm; Schwanz wie Männchen.

Subadulte sind Adulten recht ähnlich, nur schärfer gezeichnet. Bei ihnen sind Rücken, Bürzel, Schwanz, innerste Armschwingen und die Unterseite deutlich gebändert.

Beim Dunenküken sind Stirn, Scheitel und Rücken schwarzbraun, Überaugenregion, Gesicht und Unterseite dunkelbraun mit Schwarzsprenkelung.

Gelegestärke 4 bis 6; Ei mit glanzloser Oberfläche, ockergelblich, winzigen Goldfasaneneiern gleichend (31,8 bis 36,6 mm × 24,5 bis 25,3 mm); Gewicht ca. 11 g.

Lebensgewohnheiten: Die örtlich verbreitete, oft häufige Art bewohnt dichtes Gestrüpp zwischen Felsgeröll am Fuß felsiger Hügelberge in Lagen zwischen 600 m und 1500 m, in einigen Gebieten auch flachgipflige Laterithügelberge. Weitere Habitate sind bewaldete Steilhänge trockener Flußbetten sowie auf Steinschotter stockendes und mit Erosionsfurchen durchsetztes Waldland. In Mali kommt sie selbst an tiefen schattigen Stellen (Schluchten, Erosionsfurchen) in der offenen sandigen Sahelzone vor. Häufig bewohnen Paare einen einzigen Granitfelsen inmitten offener Steppen. Die Vögel leben paarweise, in Ketten aus 3 bis 4, gelegentlich 15 bis 20 Individuen zusammen. Auf deckungslosem Gelände überrascht, rennen sie flink zum schützenden Gestrüpp benachbarter Felshügel. Nur in äußerster Gefahr stehen sie purrend unter hohen Schreien auf, um schnell und gradlinig zur nächsten Deckung zu fliegen. Vor Jagdhunden baumen sie zuweilen auf. In Alarmstimmung werden die zusammengepreßten Schwanzfedern senkrecht gestellt und die längeren Bürzel- und Oberschwanzdeckfedern seitlich ausgebreitet. Im Felsgewirr rennen sie geschickt, springen auch unter Benutzung der Flügel von Fels zu Fels und vermögen fast mühelos senkrechte Wände zu erklimmen. Die Aktivitätsphasen fallen in die kühlen frühen Morgen- und milden Abendstunden. Felsenhühnchen können lange Zeit, vielleicht dauernd, ohne regelmäßige Wasseraufnahme leben. Sehr ruffreudig, verraten sie ihre Anwesenheit meist durch Pfeifstrophen. Am häufigsten hört man von ihnen ein hohes einförmiges, flötendes „Wiit wiit wiit" und „Rrr-wiit, rrr-wiit, rrr-wiit", das häufig im Duett und Chor gesungen wird. Die Fortpflanzung wird durch Regenfälle stimuliert und führt zur Auflösung der Trupps. Jedes Paar besetzt ein kleines Revier, meist eine Gruppe von Felsen. Im Felsgewirr balzen die Paare unter dauerndem Rufen und Hintereinanderherrennen mit erhobenen Schwänzen. Die Rufe eines Paares stimulieren Reviernachbarn zur Antwort, woraus sich ein vielstimmiger Chorgesang ergibt, der häufig abrupt beendet wird. HEUGLIN hat oft während der Fortpflanzungszeit ein eigenartiges Balzverhalten beobachtet. Danach versammelten sich ganze Trupps auf einem kahlen Fleck inmitten von Buschwerk. Weibchen sind zahlreicher als Männchen und begeben sich in den Schutz des Randbewuchses, während erstere rufend auf der Blöße umherrennen und den Chor benachbarter Trupps beantworten. Ihre Strophe klingt wie „Dui-dui, dui-dui, dui-dui, dui-dui, di" und wird mit kürzeren und längeren Unterbrechungen wiederholt. Gleichzeitig beginnen sie zu tanzen und prahlen mit den Köpfen nickend, das Halsgefieder gesträubt, die Schwanzfedern fächerförmig ausgebreitet, die Handschwingenenden am Boden schleifend und den Balzplatz hopsend und springend umrundend. Diese Gemeinschaftsbalz erscheint für einen kleinen Phasianiden recht ungewöhnlich, doch besteht kein Grund, die Beobachtungen des exakten Forschers HEUGLIN anzuzweifeln. Auch ein Balzfüttern (tidbitting display) ist beobachtet worden. Wie der Hahn vor der Henne balzt, ist wohl noch unbekannt, denn URBAN et. al. haben ihre geschilderte „Frontbalzhaltung" der Felsenhühnchen dem HEUGLIN'SCHEN Bericht entnommen, den OGILVIE-GRANT zitiert. Nester der Art sind im Schutz überhängender Felsen, von Bäumen und inmitten von Grasbülten liegende Erdmulden. Legedaten sind entsprechend den unregelmäßigen und unterschiedlichen Regenzeiten in der Sahelzone von allen Monaten des Jahres bekannt.

Haltung: 1862 wurden 2 Felsenhühnchen als europäischer Erstimport vom Londoner Zoo angekauft, und 1876 erhielt dieser ein weiteres Exemplar. Laut HOPKINSON gelang die Erstzucht 1878 in Frankreich (Versailles). 1932 wurde 1 Vogel der Art vom

Berliner Zoo erworben, und 1939 erhielt dieser
1 Paar aus Kamerun, das bis 1944 lebte. Nach Mitteilungen von NEUNZIG und eigenen Beobachtungen des Verfassers waren die frisch importierten Vögel sehr scheu und flogen in Erregung auf Volierenäste. An das Futter stellten sie keine besonderen Ansprüche und erhielten neben einer Kükenkörnermischung (Hirse, Kanariensaat etc.) Grünzeug und Mehlwürmer.

Weiterführende Literatur:
BANNERMAN, D. A.: The Birds of West and Equatorial Africa, Vol. I; *Ptilopachus;* pp. 326–328; Oliver & Boyd, Edinburgh/London 1952
HEUGLIN, TH. VON: zit. aus OGILVIE-GRANT und NEUNZIG
HOPKINSON, E.: Notes on the Rock Bushfowl; pp. 275–276. Av. Mag. 3th. Series, Vol. 1, 1910
DERS.: The Game-Birds and Pigeons of the Gambia. *Ptilopachus;* pp. 166–167. Av. Mag. IVth Series, Vol. 1, 1923
DERS.: Records of Birds bred in Captivity. Zucht v. *Ptilopachus* in Versailles 1878 (Kurznotiz); H. F. & G. Witherby, London 1926
JENSEN, J. V., KIRKEBY, J.: The Birds of the Gambia. *Ptilopachus;* pp. 118–119 (einziges Foto der Art). Aros Nature Guides 1980
MACWORTH-PRAED, C. W., GRANT, C. H. B.: Birds of Eastern and North Eastern Africa, Series I, Vol. 1; *Ptilopachus;* pp. 268–270. Longmans, Green & Co, London/New York/Toronto 1952
NEUNZIG, R.: Neues aus dem Vogelhause des Berliner Zoologischen Gartens. Zwerghühnchen – *Ptilopachus fuscus major* NEUM; pp. 438–439. Gef. Welt 61, 1932
OGILVIE-GRANT, W. R.: A Handbook to the Game-Birds. *Ptilopachus;* pp. 199–202. E. Lloyd Ltd., London 1896
SNOW, D. W.: An Atlas of Speciation in African Non-Passerine Birds. *Ptilopachus;* p. 131; British Museum (Natural History), London 1978
VAN SOMEREN, V. G. L.: The Birds of Kenya and Uganda, Part I., *Ptilopachus;* pp. 33–35. J. East Africa & Uganda Nat. Hist. Soc. 23 (1925)
URBAN, E. K. et al.: The Birds of Africa, Vol. II. *Ptilopachus;* pp. 23–24. Academic Press, London 1986

Gelbfuß- und Grünfuß-Waldrebhühner
Tropicoperdix, Blyth 1859

Engl.: Green-legged and Yellow-legged Tree Partridges.
Einige Waldrebhühner hat BLYTH wegen des Fehlens der für *Arborophila* so charakteristischen Kette kleiner Knochen auf dem *Superorbitale* sowie des Vorhandenseins eines weißen Daunenfederbüschels beiderseits auf der vorderen Flankenregion unter den Flügeln zu Gattungsrang erhoben, eine Ansicht, die von den meisten Autoren bis heute nicht geteilt wird. Darüber, ob man die durchweg allopatrischen Formen von *Tropicoperdix* den Rang einer oder mehrerer Spezies einräumen sollte, herrscht noch Unklarheit: Während WOLTERS nur 2 Arten, *T. charltonii* und *T. merlini,* anerkennt, benennen HOWARD und MOORE drei Arten, nämlich *T. charltonii, T. chloropus* und *T. merlini.* Wir sind hier bei der hergebrachten Benennung der beiden Spezies *T. chloropus* und *T. charltonii* geblieben. Alle diese Vögel besitzen apfelgrüne oder zitronengelbe Beine, die bei den Arten der Gattung *Arborophila* entweder orangegelb oder rot sind.

Grünfuß-Waldrebhuhn

Grünfuß-Waldrebhuhn
Tropicoperdix chloropus, Blyth 1859

Engl.: Green-legged Tree Partridge.
Heimat: Nord-Burma ostwärts bis nach West- und Süd-Thailand, Laos, Kambodja und den Süden der VR. Vietnam. 3 Unterarten.

Beschreibung: Geschlechter gleichgefärbt. Bei Hähnen der Nominatform sind Stirn, Zügel und Überaugenstreif dunkelbraun, die Federchen mit weißen Außenfahnen versehen; auf den Halsseiten geht das Braun in Hellockergelb mit dunkler Säumung der Federn über; Scheitel und Nacken braun, in einigen Fällen mit Olivtönung, in anderen mehr rostbräunlich. Oberseite braun mit schmaler schwarzer Halbmondbänderung; Bürzel und Oberschwanzdecken schwarz punktiert und ockergelb gesprenkelt. Schwanz rostbraun, schwarz gesprenkelt und gebändert. Flügeldecken, Schultern und innere Armschwingen wie der Rücken, aber mit ein paar helleren Sprenkeln und mehr Rostbraun auf den Armschwingen; Handschwingen braun, die Achselfedern weiß; an jeder Flanke ein Büschel weißer dauniger Federn. Kinn, Kehle und Kopfseiten weiß, die Federn mit schwarzem Endfleck; Hals und Körperseiten rostbraun mit ähnlicher Fleckung. Brust braun wie der Rücken, in Halsnähe einfarbig, auf der Oberbrust jedoch mit schwarzer Wellenbänderung, die auf der Unterbrust rostrot, zum Bauch in Bräunlichweiß übergeht; Flanken braunocker und schwarz gesprenkelt, gebändert und gestrichelt; die Schwarzkomponente verbreitet sich auf der Unterbrust zur Federsäumung. Schnabel apfelgrün, an der Basis trübrot, an der Spitze dunkler; Iris braun bis rotbraun; Beine grüngelb bis apfelgrün.
Länge 205 mm; Flügel 152 bis 166 mm; Schwanz 76 mm; Gewicht 227 bis 280 g.
Hennen sind etwas kleiner.

Lebensgewohnheiten: Bewohner dichten immergrünen Dschungels, aber auch schütterer laubabwerfender Wälder und von Trockenwäldern auf sanften Hügelketten, auf den Bergen bis in 1500 m Höhe. Nach DAVISON ist die Stimme ein tiefer weicher Doppelpfiff, den man besonders in den Morgen- und Abendstunden hört. Ganz nach Art der *Arborophila*-Hühner werden Grünfuß-Waldrebhühner paarweise oder in Familiengruppen auf der Futtersuche eifrig im Humus des Waldbodens scharrend angetroffen. Sie fliegen ungern auf, sondern flüchten lieber schnell laufend. Nur wenn Hunde hinter ihnen her sind, fliegen sie sofort hoch, baumen aber niemals auf, wie es gewöhnlich die *Arborophila*-Arten tun, sondern lassen sich nach kurzem Flug wieder auf den Boden fallen. Über die Brutbiologie scheint nichts bekannt zu sein.

Haltung: Die gelbfüßige Unterart *merlini* aus Zentral-Vietnam gelangte in mehreren Stücken 1924 und 1927 durch DELACOUR, die grünfüßige Unterart *cognacqui* aus dem Süden Vietnams 1927 in 3 Paaren, 1928 in 3 Exemplaren durch C. S. WEBB nach Frankreich (Clères). Von 1938 bis 1945 war die Unterart *merlini* auch im Berliner Zoo vertreten.

Charlton-Waldrebhuhn
Tropicoperdix charltonii, Eyton 1845

Engl.: Chestnut-breasted Tree Partridge.
Heimat: Süd-Thailand, Norden der VR-Vietnam, Südwesten der VR-China in Süd-Yünnan, Indonesien in Nord-Sumatra und Borneo. 4 Unterarten.
Beschreibung: Bei der Nominatform sind Oberseite und Flügel dem *T. chloropus* ähnlich, doch weisen die Federn der Oberseite vom Rücken zum Bürzel und Schwanz mehr oder weniger ausgeprägte graue, trüb ockergelbliche und schwarze Wellenbänderung auf; Kinn, Kehle, Stirn und ein breites Überaugenband sind weiß mit schwarzer Sprenkelung, und dort wie auf dem Hinterhals fehlt die rostgelbe Tönung von *chloropus*. Untere Wangenregion weiß mit schwarzer Fleckung; Ohrdecken und ein Fleck hinter diesen golden rötlichbraun, dahinter ein breiter schwarzer Fleck, der sich die Halsseiten hinunterzieht. Kropfregion dunkelkastanienbraun, Brust- und vordere Flankenregion blaßgelb, in der Nachbarschaft des Kropfes schmal schwarzgebändert, diese Bänderung nach unten zu tiefer schwarz und viel breiter werdend. Unterbrust und Oberbauch tief roströtlich, nach hinten zu allmählich zu fast reinem Weiß ausblassend; Unterschwanzdecken schwarz und rostrot gebändert und gespitzt; Schnabel hell oliv- oder hellgelbgrün mit roter Basis, die Augenwachshaut blutrot, Iris braun, Beine hellgrün bis schmutziggelb oder gelblichgrün.
Länge 279 mm; Flügel 158 bis 165 mm; Schwanz 66 bis 74 mm.

Lebensgewohnheiten: Die Art ist ein Bewohner dichter Wälder und Buschdschungel der Ebenen. Sie stößt eine Serie klarer melodischer Pfeiftöne aus, die LEKAGUL mit „Pong pong --- Krogkroi krogkroi -- pii kao pii org" übersetzt. Sie wird fast stets von benachbarten Artgenossen mit der gleichen Strophe beantwortet. Die Brutbiologie ist unbekannt.

Haltung: 1912 erhielt der Londoner Zoo mehrere Exemplare, wie SETH-SMITH im Avic. Mag. des gleichen Jahres kurz berichtet. 1927 importierte DELACOUR 2 Paare der Unterart *tonkinensis* nach Frankreich.

Weiterführende Literatur:
BAKER, E. C. ST.: The Fauna of British India, Vol. V; *Tropicoperdix*; pp. 397–399. Taylor & Francis, London 1928
DAVISON: zit. aus SMYTHIES
DELACOUR, J., JABOUILLE, P.: Les Oiseaux de l'Indochine Française, Tome 1, *Tropicoperdix*; pp. 272–276. Expos. Colon. Internat. Paris 1931
LEKAGUL, B.: Bird Guide of Thailand. *Tropicoperdix*; p. 33. Assoc. for the Conserv. of Wildlife, Bangkok 1968
MEYER DE SCHAUENSEE, R.: The Birds of China. *Arborophila charltonii*; p. 183. Oxford University Press, Oxford 1984
OGILVIE-GRANT, W. R.: A Handbook to the Game-Birds, Vol. I.; *Tropicoperdix*;, pp. 173–174. E. Lloyd Ltd., London 1896
ROBINSON, H. C., CHASEN, F. N.: The Birds of the Malay Peninsula, Vol. III.; *Tropicoperdix*; pp. 7–8. H. F. & G. Witherby, London 1936
SMYTHIES, B. E.: The Birds of Borneo. *Arborophila charltonii*; p. 168; Oliver & Boyd, London/Edinburgh 1960.

Waldrebhühner
Arborophila, Hodgson 1837

Engl.: Tree Partridges, Hill Partridges.
Diese, in der Größe zwischen Wachtel und Rebhuhn stehenden Urwaldhühnchen sind anatomisch durch eine am oberen Rand der Augenhöhle sitzende Reihe rundlicher Knochen charakterisiert, eine Besonderheit, die von Hühnerartigen sonst nicht bekannt ist. Der sporenlose Lauf ist im Verhältnis zum Körper länger als bei Rebhühnern und Frankolinen. Die langen Vorderzehenkrallen sind wenig gebogen, oft fast gerade, während die Hinterzehenkralle sehr kurz und klein ist. Eine ausgedehnte nackte Orbitalhaut umgibt die Augen, während die nur spärlich befiederte rote Kehlhaut im Ruhezustand zwischen dem Kinngefieder verborgen, erst beim Rufen gedehnt und sichtbar wird. Am kurzen runden Flügel ist die 1. Handschwinge nur so lang wie die 8. und 10., die 4. und 5. am längsten. Der aus 14 weich strukturierten Federn bestehende kurze Schwanz ist etwa halb so lang wie der Flügel und wird beim lebenden Vogel abwärts und schräg nach vorn getragen. Die Geschlechter sind wenig oder gar nicht verschieden gefärbt. Waldrebhühner sind monogam und beide Geschlechter an der Kükenaufzucht beteiligt. Die Gattung besteht aus ca. 15 Arten mit zahlreichen Subspezies, die über Tropenwälder der hinterindischen und indonesischen Region mit Ausläufern bis zum Himalaja sowie nach Südchina einschließlich Taiwans verbreitet sind.

Über ihre Systematik ist das letzte Wort noch nicht gesprochen: Während WOLTERS die Formen *brunneopectus*, *campbelli*, *sumatrana* und *orientalis* für Unterarten der *A. javanica* hält, erkennen HOWARD u. MOORE die *A. orientalis* als Art mit den Subspezies *campbelli*, *rolli*, *sumatrana* und *A. brunneopectus* ebenfalls als selbständige Spezies mit den Unterarten *henrici* und *albigula* an. Die aus dem Englischen entlehnten deutschen Benennungen wie „Hügelhuhn" und „Waldrebhuhn" können nur ein Notbehelf sein, denn eine nähere Verwandtschaft zu den Rebhühnern besteht nicht. Andererseits will die WOLTER'SCHE Namensgebung „Buschwachteln" ebensowenig gefallen. Unsere Kenntnisse von der Biologie der Gattung *Arborophila* sind auch gegenwärtig noch recht lückenhaft, was u. a. an den Schwierigkeiten von Vogelbeobachtungen im dichten Unterholz tropischer Wälder liegt. Zwar sind hin und wieder einige Arten importiert und gezüchtet worden, doch haben Privathalter nur wenig, Zoologische Gärten überhaupt nichts über Erfahrungen mit ihren Pfleglingen berichtet.

Hügelhuhn
Arborophila torqueola, Valenciennes 1826

Engl.: Common Hill Partridge.
Abbildung: Seite 390 oben links und rechts.
Heimat: Die Himalajaketten in Lagen zwischen 1500 und 3600 m, gelegentlich bis 4200 m in Indien von Garwhal im Westen ostwärts Nepal, Sikkim, Bhutan, Assam (bis Süd-Manipur); West- und Nord-Burma (Chin- und Kachinberge); Vietnam in Nordwest-Tongking; China in Süd-Tibet, Nordwest-Jünnan und Südwest-Szetschuan. 4 Unterarten.
Beschreibung: Geschlechter verschieden gefärbt. Bei Hähnen der Nominatform sind Scheitel und

o. l. Hahn der Schwarzwachtel, *Melanoperdix nigra* (s. S. 438)
o. r. Henne der Schwarzwachtel
u. l. Sumatra-Waldrebhuhn, *Arborophila orientalis* ssp. (s. S. 430)
u. r. Java-Waldrebhuhn, *Arborophila javanica* (s. S. 432)

Nacken lebhaft braunrot, letzterer mit schwarzer Fleckung; Stirn etwas heller, die untere Wangenregion und ein breiter Überaugenstreif schwarz, letzterer nahe Scheitel und Nacken mit Weiß vermischt; Ohrdecken goldig rotbraun, dahinter ein rotbrauner Streif mit schwarzen Stricheln. Oberseite gelblich olivbraun, jede Feder schwarz gesäumt und mit 2 bis 3 schmalen halbmondförmigen schwarzen Querbändern ausgestattet; Federn des Bürzels und der Oberschwanzdecken mit schwarzen Zentren und sehr schmalen schwarzen Säumen; mittlere Schwanzfedern olivbraun, schwarz gesprenkelt, die äußeren braun, rötlich ocker gesäumt. Schultern, Flügeldecken und innerste Armschwingen hell goldbraun mit schwarzer Fleckung und schmaler kastanienbrauner Säumung; Handschwingen und äußere Armschwingen dunkelbraun, erstere schmal rostbraun gesäumt, die Säumung der letzteren aus ockergelben und braunen Sprenkeln bestehend. Kinn, Kehle, Vorder- und Seitenhals schwarz, der Hals dazu weiß gestrichelt; auf dem Kropf ein weißer Querfleck; Brust grau, die Bauchmitte weiß, Flanken und Bauchseiten grau mit vereinzelter weißer Tropfenfleckung oder Streifung in der Federmitte, die Innenfahnen größtenteils rotbraun; Steißgefieder ockergelblichweiß, schwarz quergebändert; Unterschwanzdecken weiß und schwarz quergebändert. Schnabel schwarz, ein nackter Orbitalring karminrot, die Iris braun bis karminbraun; Beine trüb fleischrosa oder fahlgrau mit Rosatönung, die während der Brutzeit an Intensität zunimmt.
Länge 280 mm; Flügel 144 bis 160 mm; Schwanz 60 bis 80 mm; Gewicht eines sehr gut genährten Hahnes 385 g.
Bei der Henne ist der Scheitel olivbraun mit schwarzer Strichelung; Kehle und Halsseiten rostgelb mit schwarzer Fleckung, Ohrdecken olivbraun, der Kropffleck gelblich rostfarben, die Federn der Vorderbrust blaß rostfarben gesäumt.
Flügel 140 bis 150 mm; Schwanz 60 bis 80 mm; Gewicht 227 g.
Junghähne sind ähnlich Althennen gefärbt, doch ist bei ihnen der Überaugenstreif nur angedeutet oder fehlt ganz. Ebenso fehlt das Kastanienbraun auf den Flanken. Unterseite von der Brust zur Steißregion weißgefleckt.

Beim Dunenküken zieht sich ein breites kastanienbraunes Band von der Schnabelbasis bis in die Nackenumgebung, wo es 12,5 mm breit ist; ein breites blaßgelbes Überaugenband verläuft bis zu den Halsseiten hinunter; ein schwarzbrauner Streif vom hinteren Augenwinkel verbreitert sich bis über die Ohrdecken; Rücken bis zum Körperende dunkelbraun mit rotbrauner Sprenkelung. Körperseiten mit Einschluß der Flügelchen dunkel und heller rotbraun gesprenkelt; Kinn und Kehle hell isabellgelb, ein quer über die Brust verlaufendes Band dunkelbraun mit sich auch über die Flanken erstreckender, hellgelblicher und grauer Sprenkelung. Bauch hell isabellgelb. Schnabel gelb, über den Nasenlöchern hornfarben, Beine trüb gelb, Iris dunkel rotbraun.
Gelegestärke 3 bis 5; gelegentlich bis 9; Ei mit milchweißer, leicht gelblich schimmernder Schalenoberfläche (40,6 mm × 31,9 mm).

Lebensgewohnheiten: Hügelhühner bewohnen von tiefen Schluchten durchzogene, unterholzreiche immergrüne Bergwälder aus Eichen (*Quercus incana*), Lorbeerarten und anderen Gehölzen. Dort werden sie außerhalb der Brutzeit in Trupps aus 5 bis 10 Vögeln in dichtem Unterwuchs angetroffen, wo sie den Humusboden eifrig nach Nahrung durchsuchen. Beim Scharren stoßen sie leise murmelnde Kontaktlaute und unterdrückte Pfiffe aus und entfernen sich nie weit voneinander. Überrascht laufen sie am liebsten fort, und nur bei unmittelbarer Gefahr fliegen sie blitzschnell auf und durchqueren im Fluge geschickt undurchdringlich scheinendes Buschwerk. Bald landen sie wieder auf dem Waldboden und locken sich mit kurzen Pfiffen erneut zusammen. Besonders zur Brutzeit, die in Tieflagen im April, in höheren Lagen erst im Juni/Juli beginnt, hört man die Paare im Duettgesang rufen. Meist macht ein Vogel, vermutlich die Henne, mit einem schrillen, langanhaltenden „Kwikwikwikwikwik" den Anfang, worauf der Partner mit einer Reihe von Pfiffen reagiert. Ein einzelner tiefer, traurig klingender Pfiff von ca. 1,5 Sekunden Dauer wird alle 2 bis 3 Sekunden wiederholt und hört sich an, als ob ein Schuljunge Pfeifen übt. Der Pfiff wird 2- bis 3mal wiederholt, worauf eine Serie von 3 bis 6 in der Tonskala ansteigenden, weichen Doppelpfiffen folgt, in die das Weibchen einfällt und ein Reviernachbar sich häufig ebenfalls beteiligt, wonach die Strophe ganz plötzlich endet. In den kühlen Morgen- und Abendstunden ist die Ruffreu-

o. Henne der Straußwachtel, *Rollulus roulroul* (s. S. 439)
u. l. Taiwan-Waldrebhuhn, *Arborophila crudigularis* (s. S. 429)
u. r. Hahn der Straußwachtel

digkeit besonders groß. Die im dichten Unterwuchs meist gut versteckt angelegten Nester sind teils flache, mit ein paar Halmen ausgestattete Bodenmulden, aber auch durch Zusammenziehen von Grashalmen über dem Kopf der brütenden Henne entstandene Baldachine, die von oben Sichtschutz gewähren. Der Hahn bewacht die brütende Henne und beteiligt sich an der Jungenaufzucht. Die Familie übernachtet später hoch auf Bäumen, wo sich die Vögel auf ihrem Schlafast eng aneinanderdrängen.

Haltung: Als Erstimport erhielt der Londoner Zoo im Jahre 1864 3 Hügelhühner und hat die Art auch später noch mehrfach gehalten (1871 und 1876). In Frankreich haben Baron CORNELY auf Dujardin bei Tour und E. LEROY in Fisme (Dpt. Marne) Hügelhühner seit 1880 häufig und ergiebig gezüchtet. Sie erwiesen sich als so wetterhart und ausdauernd, daß sogar, einem Zeittrend folgend, die Einbürgerung als Jagdwild erwogen wurde. Bei einer Fütterung mit Kükenmischung, Ameisenpuppen und Mehlwürmern verlief die Entwicklung der Küken schnell. Sie waren schon mit 6 Wochen selbständig. In England schwärmte BARNBY-SMITH 1910 vom Hügelhuhn als eine der entzückendsten und haltbarsten Kleinhuhnarten, die damals ziemlich regelmäßig aus Indien importiert wurde. Er schildert seine Pfleglinge humorvoll als lebendige kleine Geschöpfe, in der Gestalt rund wie Cricketbälle, den kurzen Schwanz stets abwärts haltend, als ob sie davor Angst hätten, damit versehentlich gegen eine Wand zu stoßen. Das Pärchen wurde zusammen mit Satyr-Tragopanen in einer Voliere gehalten, verbrachte den halben Tag mit emsigem Scharren auf dem Erdboden und baumte zum Schlafen hoch auf einem Kiefernast auf, was es auch, ohne Schaden zu nehmen, bei strengstem Winterwetter tat. Ein Schutzraum wurde nur zum Sandbaden aufgesucht. Dem Pfleger gegenüber waren die Vögel sehr vertraut. Bei einem einfachen Körnergemisch aus Weizen und Durrha-Hirse sowie gelegentlicher Zugabe von ein paar Fliegenmaden blieben sie in bester Verfassung. Der Pfiff wurde nur im Frühjahr ausgestoßen, während der übrigen Zeit waren sie sehr schweigsam. Gelegentlich bot der Hahn seiner Henne ein Futterbröckchen im Schnabel an. Zu einem Brutversuch kam es nicht. Nach einer weltweiten Umfrage der WPA wurde 1982 die Haltung von 42 Hügelhühnern gemeldet. Davon wurden 31 in Nordamerika, 6 in England und 5 in Kontinental-Europa gepflegt.

Boulton-Hügelhuhn
Arborophila rufipectus, Boulton 1932

Engl.: Boulton's Hill Partridge, Szechwan Hill Partridge.
Heimat: Bisher nur bekannt aus Pin Shan und Ta Cho Fu (29° 20' nördlicher Breite bis 102° 45' östlicher Länge) in Süd-Szetschuan (Süd-China). Vermutlich auch in Yünnan lebend.
Beschreibung: Die erst 1932 beschriebene und bis vor kurzem nur in einem männlichen Exemplar bekannte Art ist am nächsten mit dem Hügelhuhn (*A. torqueola*) verwandt, unterscheidet sich jedoch von ihm durch die rostrote statt graue Brust, weiße Stirn und orangegelbe, schwarzgestreifte Scheitel-, Nacken- und Seitenhalsfärbung. Schnabel schwarz, Beine dunkelgrau.
Länge 280 mm.
Das Weibchen ist erst 1974 von chinesischen Wissenschaftlern entdeckt und beschrieben worden (*Acta Zoologica sinica* 20; pp. 421 bis 422, Text Chinesisch).

Rotkehl-Waldrebhuhn
Arborophila rufogularis, Blyth 1850

Engl.: Blyth's or Rufous-throated Hill-Partridge.
Heimat: Himalajagebiet Indiens von Kumaon im Westen ostwärts Garwhal, Nepal, Sikkim, Assam in Berglagen zwischen 1000 und 2400 m, Manipur, Chittagong (Bangladesh); Burma (Arakan Yomas, Chin-, Kachinberge) in Lagen von 600 bis 1800 m; Nordwest-Thailand, Vietnam in Mittel- und Süd-Annam sowie Nordwest-Tongking; Nord- und Mittel-Laos; in China Nordwest- und Süd-Jünnan. 6 Unterarten.
Beschreibung: Geschlechter wenig verschieden. Bei Hähnen der Nominatform ist der Scheitel olivbraun mit schwarzer Strichelung, die Stirn mehr grau und einfarbig; Zügel und breite Überaugenbänder grauweiß, schwarz gestrichelt, Oberkinn und Kopfseiten weiß, auf den hinteren Ohrdecken in Hellrostbraun übergehend. Hinterhals mit stark rostgelbem Anflug, die Federspitzen mit runden, nach vorn zu durch eine rostgelblich-weiße Linie begrenzten schwarzen Flecken. Oberseite olivbraun, Bürzel und Oberschwanzdecken mit schwarzen Keilflecken; Schwingen dunkelbraun, die Armschwingen mit

blaß rostfarbenen Außensäumen, die innersten Armschwingen wie die Schulterfedern; diese nebst angrenzenden Flügeldecken an der Wurzel rostbräunlich, an der Spitze blaß gelblich olivgrau mit großem subterminalem Mittelfleck; äußere Oberflügeldecken schwarzbraun, hell rost olivbraun gesäumt. Schwanzfedern olivbraun, schwarz gefleckt und gestrichelt, die äußeren größtenteils schwarzbraun. Kehle, Vorderhals und Halsseiten lebhaft rotbraun mit schwarzer Fleckung; unter dem braunen Vorderhals ein schmales schwarzes Band; Kropf, Brust und Flanken schiefergrau, auf dem Bauch heller; die meisten Flankenfedern mit weißem Tropfenfleck und breiten rotbraunen Seitensäumen, die Schenkel hell ockergelb, hinteres Flanken- und Steißgefieder hell rostgelb mit schwarzweißer Sprenkelung, die Unterschwanzdecken rostgelb, die Federn breit schwarz gebändert und mit weißen Endsäumen versehen. Schnabel schwarz, die schmale Orbitalhaut rot bis trüb karminrot, Iris rotbraun, Beine lachsrot.

Länge 270 mm; Flügel 138 bis 149 mm; Schwanz 50–56 mm; Gewicht 200 bis 300 g.

Hennen sind kleiner als Hähne und unterscheiden sich von ihnen durch geringere Schwarzfleckung des Kinns und der Kehle sowie stärkere weiße Tropfenfleckung auf Brust und Bauch.

Bei Junghähnen ist die Kehle ungefleckt und viel heller als bei Adulten; Unterseite rauchig schiefergrau mit intensiver Weißfleckung.

Dunenküken mit breitem rotbraunem Band, das beiderseits auf dem Vorderscheitel entspringt und über das Auge hinweg die Scheitelseiten entlang zum Nacken zieht. Ohrdecken und ein auffälliges Halsband schwarz, übrige Oberseite schokoladenbraun. Kinn, Kehle, Oberbrust cremigbraun, Brust, Flanken schokoladenbraun, heller als auf der Oberseite; Unterbauch cremebraun.

Gelegestärke vermutlich 3 bis 5; Ei glänzend milchweiß, leicht gelblich durchscheinend (37,4 mm × 28,0 mm); Brutdauer 20 bis 21 Tage.

Lebensgewohnheiten: Dieses Waldrebhuhn brütet im Himalaja von den Vorhügelketten bis 2400 m aufwärts im Gebirge und nimmt als Habitat praktisch jeden Deckung bietenden Pflanzenwuchs an, wie Hartlaubwälder, Kiefernwaldungen, Bambusdschungel und Hochgrasgebiete. Besonders schätzt es jedoch von Felsen, Steilhängen und Schluchten durchsetzten immergrünen Kümmerwald, der von vielen kleinen Lichtungen durchsetzt wird, auf denen die Hühnchen auf Futtersuche gehen und sonnenbaden können. Wo die Art mit *A. torqueola* sympatrisch ist, bewohnt sie meist niedrigere Berglagen. Während der Brutzeit trifft man die Vögel paarweise, später Paare mit erwachsenen Jungen an, die sich mit anderen Familien nach der Brutzeit zu Gesellschaften von 10 bis 12 Individuen zusammentun. Lebhaft und flink in allen ihren Bewegungen, halten die Truppmitglieder stets eng zusammen und stoßen Kontakt haltend, leise Pfiffe und summende, glucksende Töne aus. Wurde ein Trupp nach plötzlicher Flucht in alle Richtungen zerstreut, locken sich die Vögel mit einem lauten, wohltönenden „Wia-wip", das noch über größere Entfernung zu hören ist, wieder zusammen. Ab April lassen die Hähne ihren lauten Doppelpfiff ertönen, der weich und leise einsetzt, die Tonleiter stufenweise aufwärts führt und dabei immer schneller wird, um abrupt zu enden. Danach setzt ein Nachbar alsbald mit der gleichen Strophe ein. Die stets sehr gut versteckten Nester bestehen aus einer mit niedergetretenem Gras weich ausgepolsterten Mulde und mit dem Schnabel baldachinartig darüber zusammengezogenen Grashalmen der benachbarten Stauden als Wände und Decke sowie einem aus Grashalmen geformten Eingangstunnel.

Haltung: Das Rotkehl-Waldrebhuhn gelangte 1901 nach Europa in den Londoner Zoo, wo es auch 1908 vertreten war. Über einen Zuchtversuch mit der Unterart *tickellii* hat C. B. SMITH im Avicult. Mag. 1911 berichtet. Gegen Ende Februar begannen die aus Tenasserin stammenden Hühnchen eifrig lange Grashalme im Schnabel umherzuschleppen, fütterten sich gegenseitig und ließen ihre Pfiffe ertönen. Sie erhielten eine kleine, dicht mit Grasbülten bestandene Voliere mit Schutzraum für sich allein. Ein großer Haufen Heu dort und in der Außenvoliere stand für den Nestbau zur Verfügung. Sie begannen damit bald im Schutzraum, indem sie Halme aus einer Ecke in die andere transportierten und am 10. Mai schließlich zu einem geschlossenen Nest zusammengefügt hatten. Doch schien ihnen der Bau nicht so recht zu gefallen, denn sie nahmen sich alsbald des Heuhaufens in der Außenvoliere an. Am 18. März hatten sie dort eine zweite Kuppelkonstruktion fertiggestellt, deren Rückseite eine Grasbülte bildete, während der Boden aus einer dicken Grasmatratze bestand und die Seiten aus Grashalmen zusammengefügt waren. Ein röhrenförmiger Eingang aus Gras bildete den Einschlupf ins Nest. Am 26. März verschwand ein Vogel im Nest und hielt sich lange darin auf, während der Partner neben dem Eingang Wache hielt. Später wurde ein Ei außerhalb des Nestes gefunden und in größerem

Abstand weitere Eier ins Nest gelegt, was nicht als normale Eiablage anzusehen war. Während des Brütens brachte ein Partner stets wieder neues Gras zum Nest, um es zu verbauen, so daß der ganze Bau gut getarnt und als solcher kaum zu erkennen war. Nach Verlassen des Nestes wurde auch der Einschlupf mit ein paar Halmen verschlossen bzw. getarnt. Da die Eier unbefruchtet blieben und beide Vögel nebeneinander auf dem Nest brüteten, wird es sich bei ihnen um 2 Hennen gehandelt haben. Sie waren absolut winterhart und nächtigten auch im kalten Winter auf Ästen außerhalb des Schutzraumes. Tagsüber baumten sie selten auf. Die Nahrung bestand aus einfachem Körnerfutter, bei dem sie sich ausgezeichnet hielten. Lebende Insekten wurden gierig angenommen.

Die Unterart *laotina* gelangte 1928 aus Laos durch den Tierfänger WEBB zu DELACOUR nach Clères (Frankreich). Nach einer weltweiten Umfrage der WPA wurde 1982 die Haltung von 5 Rotkehl-Waldrebhühnern in Asien gemeldet.

Weißwangen-Waldrebhuhn
Arborophila atrogularis, Blyth 1850

Engl.: White-cheeked Hill-Partridge.
Heimat: Assam, Bangladesh und Nord-Burma. Keine Unterarten.
Beschreibung: Geschlechter gleichgefärbt. Stirn grau, auf dem Scheitel in Olivbraun, dem Nacken in Gelbbraun übergehend, jede Feder breit schwarzgefleckt; die hellgraue Stirn geht nach hinten zu in ein weißes Überaugenband über, unter dem ein schwarzer Streifen verläuft, der in die schwarze Zügel- und Oberwangenregion mündet. Rücken, Bürzel und Oberschwanzdecken hell olivbraun, die Federn schwarz gebändert und endgerandet, die Schultern grauer; die innersten Armschwingen ebenso, aber mit kräftigen schwarzen Endbinden ausgestattet, dazu rostbraun gesprenkelt und gesäumt; Flügeldecken olivgrau, braun und – besonders auf den großen Flügeldecken – rostgelb gesprenkelt; Armschwingen auf den an den Federenden grauen Außenfahnen rostgelb und braun gesprenkelt. Ein großer weißer Wangenfleck geht auf den mit ein paar schwarzen Schaftstreifen versehenen hinteren Ohrdecken in lebhaftes Rostgelb über. Kehle schwarz, Kropf schwarzweiß gefleckt, Brust und Flanken grau, die Bauchmitte weiß; hintere Körperseitenfedern grau, rotbraun gesäumt und mit weißen Tropfenflecken versehen, die Unterschwanzdecken fuchsrot, die Federn weiß gesäumt und schwarz gefleckt. Schnabel schwarz, Iris braun bis rotbraun, Orbitalring und die dünn befiederte Kehlhaut rosa, während der Brutzeit leuchtend dunkelrot; Beine trüb orange, im Frühling und Sommer orangerot bis rot.
Länge 280 mm; Flügel 135 bis 147 mm; Schwanz 60 bis 65 mm; Gewicht 200 bis 312 g.
Dunenküken sind auf der Oberseite hell kastanienbraun; hinter dem Auge ein breiter rostgelber Streifen, um das Auge eine Linie und von dort ein breiter Streifen bis über die Ohrdecken verlaufend braunschwarz; Kehle weiß, die übrige Unterseite schmutzig hellbraun.
Gelegestärke 3 bis 5; Ei weiß (37,0 mm × 28,3 mm).
Lebensgewohnheiten: Die Art bewohnt fast ebenes Gelände und Vorgebirge bis 1500 m Höhe, ist aber bei 750 m am häufigsten. Habitate sind feuchter Unterwuchs in weniger dichten Wäldern als sie von *A. torqueola* und *A. rufogularis* bewohnt werden, ebenso Bambusdschungel. Der besonders während der Dämmerung ausgestoßene Revierruf ist ein oft wiederholter Doppelpfiff „wiu, wiu", der mit einem schärferen, schnelleren „wiu" endet. Versprengte Truppmitglieder finden sich mit einem weichen, melodischen Pfiff zusammen. Brutzeit in den Ebenen im März/April, den höheren Lagen bis Juni/Juli. Nester sind meist gut mit Gras und Zweigen gepolsterte Erdmulden in guter Deckung.
Haltung: Die Art wurde um die Jahrhundertwende neben dem Hügelhuhn am häufigsten nach Europa importiert. Nach B. SMITH ist sie weniger kälteresistent als jene Art und angeblich auch weniger interessant in der Haltung. Sie war von 1905 bis 1910 im Londoner Zoo vertreten. Über eine Zucht ist nichts bekannt.

Hainan-Waldrebhuhn
Arborophila ardens, Styan 1892

Engl.: Hainan Hill-Partridge, White-eared Hill Partridge.
Heimat: Bergwälder der zur VR China gehörenden Insel Hainan im Golf von Tongking.
Beschreibung: Geschlechter gleichgefärbt. Oberseite olivbraun mit schwarzer Wellenbänderung; Kopfseiten, Kinn und Kehle schwarz; Überaugenstreif und ein Ohrfleck weiß; ein hell lachsroter

Fleck steifer, haarartiger, glänzender Federn auf Vorderhalsmitte und Kropf; Unterhalsseiten und Hinterhalsband ähnlich gefärbt, doch heller, mehr orangefarben und mit schwarzer Fleckung; Unterbrust und Flanken grau, die letzteren mit weißer Längsstreifung; übrige Unterseite isabellweiß. Flügeldecken und innere Armschwingen mit je einem schwarzen Subterminalfleck und kastanienroter Federspitze versehen. Das Lachsrot der Brust verblaßt bei Bälgen zu gelblichem Isabell. Hennen sind kleiner. Über Schnabel und Beinfärbung ist nichts berichtet worden, doch dürften wie bei der nahe verwandten *A. atrogularis* der Schnabel schwarz und die Beine orangerot bis dunkler rot sein.
Länge 300 mm.
Lebensgewohnheiten: Bergwälder Hainans. Über die Lebensgewohnheiten, die sich nicht von denen anderer Arten der Gattung unterscheiden dürften, ist nichts bekannt.
Haltung: Über eine Haltung ist nichts bekannt.

Taiwan-Waldrebhuhn
Arborophila crudigularis, Swinhoe 1864

Engl.: White-throated Hill Partridge.
Abbildung: Seite 424 unten rechts.
Heimat: Insel Taiwan (früher Formosa).
Beschreibung: Geschlechter gleichgefärbt. Scheitel braun, zart schwarz gefleckt; Zügel und ein Überaugenband, das bis in den Nacken verläuft, weiß; von der Oberschnabelbasis ein schwarzes Band, das die nackte Orbitalhaut umrundet und parallel zum Überaugenstreif bis in den Nacken verläuft sowie nach unten die weiße Kinn-, Kehl- und Wangenregion umrahmt; Unterkehle hell ockergelb nach unten zu in Weiß übergehend, beide Partien schwarz gefleckt und von der Brust durch ein schmales schwarzes Kropfband getrennt. Nacken grau mit schwarzer Sprenkelung, die Federn der Oberseite braun mit schwarzer Bänderung. Schultern schwarzbraun, die kleinen Flügeldecken ockerbraun, mittlere und große isabellgelb, die Federn mit schwarzen Subterminalflecken und breiten rotbraunen Endsäumen ausgestattet. Armdecken vorwiegend rotbraun. Brust bleigrau, der Bauch cremeweiß, die Flankenfedern mausgrau, weiß geschäftet und schmal braun gesäumt. Unterschwanzdecken ockergelb mit dunkelbrauner Bänderung. Schnabel schwarz, Orbitalhaut purpurn-fleischfarben, Iris ockerbraun, Beine orangerot.
Länge 270 mm; Flügel 139 mm; Schwanz 55 mm.

Lebensgewohnheiten: Das Taiwan-Waldrebhuhn ist ein Bewohner immergrüner Bergwälder der Insel mit dichtem Unterwuchs von der Meereshöhe bis 2300 m im Gebirge. Wie bei den anderen Arten der Gattung, hört man auch von ihm eine Reihe die Tonleiter aufwärts führender Pfeiftöne, die plötzlich in sich schnell wiederholende Pfiffe übergehen und dann abrupt enden.
Haltung: Die Art ist 1912 in 4 Exemplaren in den Londoner Zoo gelangt. Nach ROBBINS wurden 1978 12, 1982 44 Taiwan-Waldrebhühner gehalten. Gegenwärtig (1987/88) ist die Art bei einigen Züchtern in der Bundesrepublik Deutschland vertreten.

Braunbrust-Waldrebhuhn
Arborophila brunneopectus, Tickell 1855

Engl.: Bare-throated or Brown-breasted Hill Partridge.
Heimat: Burma (Östliche Pegu Yomas, Tenasserim, Karenberge, nordwärts bis zu den Shanstaaten); Südwest-China (Südwest-Jünnan, Kwangsi); Nordwest- und Südwest-Thailand; Laos; Vietnam (West-Tongking, Nord-, Süd- und Mittel-Annam.) 3 Unterarten.
Beschreibung: Geschlechter gleichgefärbt. Stirn und ein breites Überaugenband, das sich bis auf die Halsseiten fortsetzt, blaßgelblich, auf dem Hals heller; Zügel, ein Streifen über und unter dem Auge sowie ein breiter Halsseitenfleck schwarz. Scheitel olivbraun, seine Federn manchmal so breit schwarz gespitzt, daß er fast schwarz erscheinen kann. Nakken rein schwarz, Rücken, Bürzel und Oberschwanzdecken kräftig olivbraun mit schwarzer Bänderung, diese Bänder unterschiedlich breit, auf Bürzel und Oberschwanzdecken jedoch stets gut ausgebildet; Schwanz olivbraun, schwarz gesprenkelt; Schultern, Flügeldecken und innere Armschwingen rotbraun mit schwarzer Tropfenfleckung oder Bänderung sowie großen ovalen, hell olivbraunen Flecken. Handschwingen braun, nahe den Federenden hellbraun gesprenkelt, die äußeren Handschwingen ebenso, jedoch breit hellbraun, die innersten rotbraun gesäumt. Kinn, Wangen, Ohrdecken weiß, der Vorderhals spärlich mit schwarzen Federchen bedeckt; Brust und Flanken bräunlichockerfarben, die Federn mit schwarzer Basis und hellbrauner Säumung; die Flanken mit runder weißer Fleckung und schwarzer Bänderung, der Hinterleib fast weiß, die Unterschwanzdecken hellgelblich mit breiter schwarzer Bänderung oder Fleckung. Schnabel

braunschwarz, nackte Orbitalhaut, Augenlider und Kehlhaut kräftig fleischrot, während der Brutzeit leuchtend rot; Iris dunkelbraun, Beine hellrot. Länge 280 mm; Flügel 132 bis 151 mm; Schwanz 63 mm.

Gelegestärke 4; Ei weiß (36,8 mm × 28,4 mm).

Lebensgewohnheiten: Die Art ist ein Bewohner immergrüner Wälder von der Ebene bis in Höhen von 1500 m, seltener in Busch- und Bambusdschungel. Der Revierruf ist nach DE SCHAUENSEE (1929) ein wohlklingender, dreitöniger Pfiff, der mehrmals in absteigender Tonhöhe gebracht wird. Beim Rufen ist die nackte Kehlregion gedehnt, wodurch das Rot deutlich sichtbar hervortritt. Ein von HARRINGTON am 5. Juni gefundenes Nest bei Rangun enthielt 4 Eier und bestand lediglich aus einer mit Bambusblättern gefüllten Mulde in offenem Bambusdschungel.

Haltung: Die indochinesische Unterart *henrici* gelangte zwischen 1927 und 1930 aus Annam zu DELACOUR nach Clères (Normandie). Nach einer weltweiten Umfrage der WPA wurde 1982 die Haltung von 5 Braunbrust-Waldrebhühnern in Asien gemeldet.

Sumatra-Waldrebhuhn
Arborophila orientalis, Horsfield 1821

Engl.: Sumatran Hill Partridge, Campbell's Hill Partridge.

Abbildung: Seite 390 unten links, sowie Seite 423 unten links.

Heimat: Malaysia, Mittel- und Nordwest-Sumatra und Ost-Java. 4 Unterarten.

Beschreibung: Geschlechter gleichgefärbt. Bei der Nominatform von Ost-Java sind der Zügel und ein Überaugenband weiß; Scheitel bis zum Hinterhals schwarzbraun; Rücken, Bürzel, Oberschwanzdecken satt dunkelbraun, die Federn mit schwarzem Endsaum, die des Bürzels mit hellgraubraunem Subterminalband; kleine und die äußeren mittleren Flügeldecken sowie die Schultern dunkelbraun, auf dem Endabschnitt der Außenfahnen in Olivbraun übergehend; nahe den Federenden ein schwarzer Klecks mit hellbrauner Säumung, die ihrerseits außen schwarzgerandet ist; die inneren mittleren Flügeldecken ebenso, doch breit trüb orangerot gesäumt; Handschwingen und ihre Decken dunkelbraun, die Armschwingen nebst Decken ebenso, dazu auf den Außenfahnen hellbraun gesäumt; äußere Armschwingen ebenfalls breit trüb orangerot endgesäumt, im übrigen schwarzgesäumt, dazu mit einem verlängerten schwarzen Schaftfleck nahe der Federspitze. Unterhalb der Nasenöffnungen beginnt ein dunkelbraunes Band, das das Auge umrandet, oberhalb der Ohrdecken verläuft und die Halsseiten hinunterzieht; Kinn, Kehle, Wangen, Ohrdecken weiß; Vorderhals wie bei *A. brunneopectus* spärlich befiedert, so daß die rote Haut durchschimmert; Kropf und die Brustseiten braungrau, jede Feder mit schwarzer oder schwarzgesprenkelter Basis; Brustmitte und Bauch weißlich, Körperseiten und Flanken grau, in weitem Abstand unregelmäßig schwarz und weiß gebändert, auf dem äußersten Federabschnitt bräunlichocker getönt und gesäumt; Unterschwanzdecken schwarz mit weißer Endsäumung, der Schwanz dunkelbraun. Schnabel rötlichbraun, die Iris hell rötlichgelb, Gesichts- und Kehlhaut scharlachrot, Beine hell rötlichgelb. Länge 280 mm; Flügel 150 mm; Schwanz 63 mm. Bei der Unterart *campbelli* von Malaysia ist der Scheitel schwarz, Hals und Brust sind grau, *rolli* und *sumatrana* von Nord- und Süd-Zentralsumatra haben braunen Kopf und braune Brust. Von manchen Autoren werden alle 4 Formen als Unterarten zu *A. brunneopectus* gestellt.

Gelegestärke angeblich 2; Ei an einem Ende stark zugespitzt, rein weiß mit schwach glänzender, dichtporiger Schale (41,4 mm × 31,7 mm).

Lebensgewohnheiten: Die malaiische Unterart wurde in höheren Berglagen Selangors zwischen 1200 und 1500 m brütend aufgefunden. Das im März entdeckte Nest stand unter kleinen stammlosen Palmen und bestand aus einem sehr lockeren flachen Polster aus Zweigen und Fallaub. Es maß im Durchmesser ca. 15 cm und enthielt 2 Eier. Im Cameronhochland, wo sie zuerst entdeckt wurde, sind ihre Habitate Schluchten, Flußtäler und mit dünnen Rotanglianen (*Calamus*) überwucherte Waldgebiete, von deren Früchten sie sich hauptsächlich ernähren soll. In Selangor (Malaysia) bevorzugt dieses Waldhühnchen sumpfige Niederungen, wo die kleine rote Beere der Liane *Pratia begoniaefolia* seine bevorzugte Nahrung bildet. Das wird sicher nur der Fall sein, wenn die genannten Beeren in Menge gereift sind, denn im übrigen dürfte auch diese *Arborophila* ein Allesfresser sein. Nahe Fraser's Hill traf GLENISTER einen kleinen Trupp an, der überrascht mit kurzem schwirrendem Flug auseinanderstob, um sich bald danach im Wald mit weichem klagendem Pfiff zusammenzulocken. Die Art lebt in Paaren und Familiengruppen aus 4 bis 5

Vögeln zusammen. Auch die Java-Unterart bewohnt Bergwälder, so die der Blambangan-Halbinsel nahe dem Ostende der Insel.
Haltung: 1985 erhielt SPREYER (Mönchengladbach) aus dem niederländischen Tierhandel 1 Paar der in Südost-Sumatra vorkommenden Unterart *Arborophila orientalis sumatrana*, Ogilvie-Grant 1891. Schon 1986 konnte er als Erstzüchter (?) 15 Jungvögel großziehen. Zum Legen hatte das Weibchen eine einfache Sandmulde verwendet.

Rotbrust-Waldrebhuhn
Arborophila mandellii, Hume 1874

Engl.: Red-breasted Hill Partridge.
Heimat: Bergketten nördlich des Brahmaputra in Sikkim, Bhutan, Assam ostwärts bis nach Arunachal Pradesh sowie Südost-Tibet. Keine Subspeziesbildung.
Beschreibung: Geschlechter gleichgefärbt. Zügel, Stirn und Vorderscheitel trüb rotbraun, auf Hinterscheitel und Nacken in Braun übergehend; ein dunkler Überaugenstreifen setzt sich nach hinten fort und trifft sich auf dem Oberhals mit dem Streifen der anderen Kopfseite; Unterhals und äußerster Teil des Oberrückens rostrotbraun, schwarz gefleckt. Rücken, Bürzel, Oberschwanzdecken und Schwanz olivbraun, die Federn schmal schwarz gesäumt und mit Ausnahme des Rückens mit breiten schwarzen Mittelflecken ausgestattet. Schultern und Flügeldecken wie Rücken, aber mit zarterer Schwarzfleckung, die Federschäfte braun. Innere Armschwingen und größeren Flügeldecken rotbraun gesäumt, undeutlich grau gefleckt und mit kräftigen schwarzen Endflecken versehen. Kinn und Kehle olivbraun, von einem Band aus weißen und schwarzen Federn eingefaßt; ein kleiner weißer Bartstreif; Kopfseiten dunkler rotbraun, zusammen mit dem Rotbraun des Halses eine Binde bildend und in gleicher Weise schwarzgefleckt; Oberbrust kräftig dunkel kastanienbraun, Unterbrust bis zum Aftergefieder grau, die Flanken rotbraun gezeichnet und mehr oder weniger weißgefleckt, die Bauchmitte heller; Unterschwanzdecken olivfarben, weißgefleckt und braun gesprenkelt und gespitzt. Schnabel schwarz, Iris braun bis rotbraun, nackte Orbitalhaut und Beine rot.
Länge 280 mm; Flügel 133 bis 145 mm; Schwanz 56 bis 58 mm.
Gelegestärke 4; Ei weiß (43 mm × 33 mm).

Lebensgewohnheiten: Die Art bewohnt dichte, unterholzreiche immergrüne Bergwälder in Lagen zwischen 350 m und 2450 m. Die Stimme ist ein lautes, wohltönendes, langgezogenes „Quoick", dem sich eine Reihe in der Tonleiter ansteigende Doppelpfiffe anschließen, um abrupt zu enden. Im Tonmuster besteht große Ähnlichkeit, aber keine Identität mit dem Stimmrepertoir von *A. torqueola*. Das einzige bisher bekannte Nest wurde am 3. Juni bei 2400 m Höhe im Chambital (Sikkim) gefunden. Es lag im Schutze eines überhängenden Felsens auf niedergedrücktem Gras und enthielt 4 Eier. Das Gebiet ist sehr regenreich und zeichnet sich durch hohe Luftfeuchtigkeit aus. Der immergrüne Wald aus Eichen und Rhododendren stockt auf steilem, zerklüftetem Gelände.
Haltung: Eine weltweite Umfrage der WPA ergab, daß 1982 2 Rotbrust-Waldrebhühner in Kontinental-Europa gehalten wurden. Über eine Zucht ist nichts bekannt.

Kambodscha-Waldrebhuhn
Arborophila cambodiana, Delacour u. Jabouille 1928

Engl.: Chestnut-headed Tree Partridge.
Heimat: Kambodscha auf dem Plateau von Bokor und vermutlich auch den übrigen Ketten der Elefantenberge; Südost-Thailand. Keine Subspezies.
Beschreibung: Geschlechter wenig verschieden. Beim Hahn ist der Scheitel dunkel olivbraun, zum Nacken hin heller und in die gleichfarbige, aber dazu schwarzgebänderte Vorderrücken- und Schulterregion übergehend. Bürzel und Oberschwanzdecken trüb ockerbräunlich mit schmaler, unregelmäßiger, sich auflösender, zuweilen ganz fehlender Bänderung. Schwanz ebenfalls ockerbräunlich, unregelmäßig schwarz gebändert. Armschwingen rotbraun, die obersten auf den Außenfahnen grau. Stirn, Kopf, Hals und Brust rötlich zimtbraun, im Kehlbereich zart dunkel quergewellt, auf der Brust mit rötlichen und weißlichen spitz V-förmig schwarzgesäumten Federn, die auf Seiten und Flanken auffällige weiße, V-förmige Federzentren und breite schwarze Säume aufweisen; Bauch und Unterschwanzdecken hell ockergelb. Schnabel schwarz, die schmale Orbitalhaut purpurrot, Iris braun, Beine rosenrot mit schwacher Lilatönung.
Länge 292 mm; Flügel 150 mm; Schwanz 80 mm.
Hennen sind kleiner mit weniger stark gebänderter

Unterbrust und geringer schwarz gebänderter Oberseite.
Flügel 136 bis 138 mm.
Lebensgewohnheiten: Die von manchen Autoren nur als Unterart der *A. javanica* angesehene Form wurde von DELACOUR und JABOUILLE auf dem Plateau von Bokor entdeckt, wo sie immergrüne Bergwälder bei 1000 m Höhe bewohnte. Später ist sie auch im Osten Thailands im gleichen Biotop zwischen 300 und 1500 m gefunden worden. Über die Biologie ist nichts bekannt.
Haltung: Nach einer weltweiten Umfrage der WPA wurde 1982 die Haltung von 2 Kambodscha-Waldrebhühnern in Kontinental-Europa gemeldet. Über eine Zucht ist nichts bekannt.

Java-Waldrebhuhn
Arborophila javanica, Gmelin 1789

Engl.: Chestnut-bellied Tree Partridge, Bar-backed Tree Partridge.
Abbildung: Seite 423 unten rechts.
Heimat: West- und Mittel-Java in 2 Unterarten.
Beschreibung: Geschlechter gleichgefärbt. Bei der Nominatform aus West-Java ist die Stirn rostgelb, auf dem Scheitel in Rotbraun übergehend. Hinter der Oberschnabelbasis beginnend verläuft ein schwarzes Band die nackte Orbitalhaut umrundend rückwärts zum Hinterscheitel, wo es in das der anderen Seite übergeht; von dort abzweigend zieht ein schwarzes Band quer durch einen breiten rostroten Nackenfleck die Hinterhalsmitte hinunter, um in ein die Halsbasis umrundendes schwarzes Band zu münden. Ein zweites, weniger regelmäßiges, schwarzes Band verläuft quer über die Kehlbasis und geht, sich auf den Halsseiten verbreiternd, in das Halsbasisband über; Kinn, Oberkehle, Wangen, Ohrdecken und Vorderhals roströtlich, letzterer unterhalb des schmalen schwarzen Kehlbandes gelegen, mehr oder weniger schwarz gefleckt; Rücken, Bürzel, Oberschwanzdecken dunkelgrau, regelmäßig schwarz quergebändert; Flügeldecken und Schultergefieder wie bei *A. torqueola* hell goldbraun, doch die rotbraunen Federsäume weniger ausgeprägt und die schwarzen Subterminalflecken ausgedehnter. Kropf dunkelgrau, Brust, Bauch, Seiten und Unterschwanzdecken rotbraun; Schwanz schwarz mit graugelber Querbänderung. Schnabel schwarz, die ziemlich ausgedehnte Orbitalhaut fleischrot, Iris dunkelgrau, Beine fleischrot.

Länge 279 mm; Flügel 135 bis 143 mm; Schwanz 55 mm.
Lebensgewohnheiten: Nach BARTELS brütet die Art in Bergwäldern West-Javas in Lagen über 900 m. Dort hört man den schönen Schlag der Hähne noch spät nach Sonnenuntergang. Er beginnt mit einem gedämpften „Tong tong tong", steigt schneller werdend in der Tonhöhe an und endet mit einem klaren, lauten, oft wiederholten „Tü tü tü" als Höhepunkt. Als Waldbewohner werden diese Hühnchen stets nur zufällig beobachtet, beispielsweise wenn sie flink einen Waldpfad überqueren oder ein Paar sich auf einer Lichtung aufhält.
Haltung: 1 Paar gelangte 1940 (als Erstimport?) in den Berliner Zoo und fiel dem Verfasser durch seine Lebhaftigkeit und Schönheit in der Färbung auf. Gegenwärtig (1987/88) wird die Art von Züchtern in der Bundesrepublik Deutschland gehalten.

Borneo-Waldrebhuhn
Arborophila hyperythra, Sharpe 1879

Engl.: Red-breasted Tree Partridge.
Heimat: Nord-Borneo. 2 Unterarten.
Beschreibung: Geschlechter gleichgefärbt. Scheitel, Hinterhals und Nacken schwarz mit brauner Fleckung; eine breite grauweißliche Binde zieht parallel dazu von der Oberschnabelbasis als Superziliarband über die Augen und Ohrdecken hinweg den hinteren Seitenhals hinunter. Nach unten hin wird es von einem schwarzen Band begrenzt, das als schmales Zügelband beginnt, die Orbitalregion beiderseits umrandet, die Ohrdecken einschließt und von dort den Seitenhals und Nacken in breitem Streifen hinabläuft. Wangen grauweiß; die Oberseite olivbraun mit schwarzer Bänderung, ein Schuppenmuster bildend. Mittlere und große Flügeldecken trüb grauweißlich mit breiten schwarzen Subterminalflecken und schmalen rotbraunen Endsäumen; äußere Armschwingen mit grauweißen Außen- und ockerbräunlichen Innenfahnen; Schwanz schwärzlichbraun. Kinn bis zur Kropfregion lebhaft rostbraun, zur Brust hin in Rotbraun übergehend; Mittelbauch hell ockergelblich, die Flankenfedern schwarz mit großen weißen Tropfenflecken. Schnabel schwarz, Orbitalhaut karminrot, Iris hell ockerbraun, Beine lachsrosa.
Länge 280 mm; Flügel 132 mm; Schwanz 55 mm.
Lebensgewohnheiten: Die Art bewohnt besonders häufig mit Primär- und Sekundärwaldungen bestan-

dene Flußebenen, im übrigen aber noch eine Reihe anderer Biotope. Verschiedene Stimmäußerungen sind beschrieben worden. BANKS hörte einen scharfen Pfiff, nicht unähnlich dem der Argushenne, vielleicht den Alarmruf. HARRISON berichtet über die von allen *Arborophila*-Arten bekannten lauten, klaren Pfiffe sowie eine Reihe tiefer Brummtöne. Ein im Käfig gehaltenes Exemplar ließ bei geschlossenem Schnabel einen weichen, wohlklingenden, sprudelnden, melodischen Laut hören, der aus großer Entfernung zu kommen schien. Auch ein lauteres, länger anhaltendes, reines flötenartiges Trillern wurde häufig vernommen, ferner ein schnell und ca. 12mal hintereinander ausgestoßener Ruf „Kuwar". Über die Fortpflanzungsbiologie ist noch nichts bekannt.
Haltung: 1982 in 1 Exemplar im Vogelpark Walsrode ausgestellt.

David-Waldrebhuhn
Arborophila davidi, Delacour 1927

Engl.: David's Hill Partridge.
Heimat: Süden Vietnams; scheint die Gipfelwälder der Zentral-Bergkette im Distrikt Bien Hoa nordöstlich von Saigon zu bewohnen.
Beschreibung: Stirn, Scheitel und Hinterkopf oliv braungrau mit dunkleren Federsäumen, zum Nakken hin in Schwarz übergehend; ein schwarzes Band zieht vom Zügel durchs Auge, schließt Wangen und Ohrdecken ein und verläuft den Seitenhals abwärts, um dann nach vorn zu biegen und quer über den Kropf zu verlaufen. Ein seitlicher Scheitelstreif, schmal über dem Auge beginnend, verbreitert sich bis über die Ohrdecken, wonach er in ein breites rostbraunes Band übergeht, das den hinteren Seitenhals hinunterläuft. Kinn und Kehle weiß, der Vorderhals rostbraun; Oberseite einschließlich des Schwanzes olivbraun, der Vorderrücken schwarz quergebändert. Flügeldecken trüb bis hell ockergelblich und breit schwarz gesäumt; Armdecken rotbraun, breit schwarz gesäumt, die Armschwingen olivbraun mit breiter grauer Subterminal- und schmaler schwarzer Endbinde; Handschwingen im wesentlichen olivbraun. Kropfregion unter der schwarzen Querbinde röstlich olivbraun; Bauchseiten auffällig breit schwarz und weiß gebändert; Vorderbauch hellgrau, Unterbauch isabellgelb, die Unterschwanzdecken weiß mit breiter schwarzer Querbänderung. Schnabel schwarz, Unterschnabelbasis, nackte Orbitalhaut und die nackte Kehle rot, Iris braun, Beine rosa.
Länge 280 mm; Flügel 134 mm; Schwanz 55 mm.
Lebensgewohnheiten: Von der Art ist nur 1 Exemplar bekannt, das von M. DAVID-BEAULIEU vor Phurieng (Cochinchina) bei 250 m gesammelt und von DELACOUR 1927 als neue Art beschrieben wurde.

Fukien-Waldrebhuhn
Arborophila gingica, Gmelin 1789

Engl.: Fokien Hill Partridge, Rickett's Hill Partridge.
Heimat: Südost-China in Zentral-Fukien, Nord-Kwangtung und Yao Shan in Kwangsi.
Beschreibung: Geschlechter wenig verschieden. Beim Hahn sind Stirn und Seiten des Vorderscheitels weiß, als Band über den Augen und entlang der Hinterhalsseiten verlaufend; Scheitel, Nacken und Oberhals rotbraun, die Scheitel- und Nackenfedern mit kleiner, auf dem Hinterhals großer schwarzer Fleckung; unterster Abschnitt des Hinterhalses fast schwarz, die Seitensäume der Federn leuchtend gelb und weiß. Kopf- und Halsseiten, Kinn und Kehle hell orangebraun, die Kropf- und Halsfedern schwarz gesprenkelt; Ohrdecken dunkel kastanienbraun, schwarzweiß gebändert; unter der Kehle eine breite schwarze Binde, darunter ein schmales weißes, gefolgt von einem breiten dunkel rotbraunem Band; die Oberseite vom Mantel bis zu den mittleren Schwanzfedern olivbraun, die Unterrücken-, Bürzel- und seitlichen Schwanzfedern dazu mit schwarzer Wellenzeichnung und schwarzen Federenden. Innere Schulterfedern wie der Rücken, die äußeren Flügel- und die Armdecken rotbraun mit kräftiger olivbrauner und schwarzer Fleckung. Übrige Flügeldecken braun, hell rotbraun gesäumt. Brust unterhalb der rotbraunen Binde und die Flanken mausgrau, letztere mit dunkelrotbraunen Innenfahnen; Bauch grauweiß, die Unterschwanzdecken schwarz mit weißer Bänderung. Schnabel schwarz, Orbitalring rot, Iris dunkelbraun, die Beine satt karminrot, die Zehenglieder rostbräunlich.
Länge 270 mm; Flügel 137 mm; Schwanz 55 mm.
Hennen unterscheiden sich von Hähnen durch etwas geringere Größe, orangebraune Nackenbasis und einheitlich braun olivfarbene Schwanzfärbung.
Lebensgewohnheiten: Die Art ist nach MELL sowie

LA TOUCHE auf wald- und buschbestandenen Hügeln ihrer Heimat nicht selten. Die Stimme ist nach MELL ein ziemlich tiefes, melancholisches „Gu-gu" oder „Gu-gu-gu", zuweilen zum Ende hin etwas ansteigend und in kurzen Abständen wiederholt. Eine weitere Stimmäußerung besteht aus einer Reihe schriller, schnell ausgestoßener Pfiffe in steigender Tonhöhe. Über die Brutbiologie scheint nichts bekannt zu sein.

Haltung: Über eine Haltung ist nichts bekannt.

Rotschnabel-Waldrebhuhn
Arborophila rubrirostris, Salvadori 1879

Engl.: Red-billed Tree Partridge.
Heimat: Gebirgswälder Nord- und Mittel-Sumatras. Keine Unterarten.
Beschreibung: Geschlechter wenig verschieden. Beim Hahn sind Scheitel und Halsseiten schwarz mit spärlicher Weißfleckung auf dem ersteren; Zügel und Kehle weiß, mit manchmal überwiegender schwarzer Fleckung; ein kleiner schwarzer Kinnfleck. Oberseite rötlich olivbraun mit schwarzer Bänderung, die Armdecken mit großen schwarzen Flecken. Kropf braun, Oberbrust und Seiten weiß mit großem schwarzem Fleck auf jeder Feder; Bauchmitte weiß, die Flankenfedern schwarz mit weißer Bänderung. Iris dunkelbraun; Schnabel, nackte Orbitalhaut und Beine karminrot.
Länge 243 mm; Flügel 132 mm; Schwanz 43 mm. Hennen sind etwas kleiner und weisen auf Zügel und Kinn eine stärkere Weißkomponente auf.
Lebensgewohnheiten: Die Art bewohnt Gebirgswälder und kommt besonders in moosbewachsenen Dschungelschluchten, aber auch trockenen, buschbedeckten Bergrücken vor. Eine ihrer Lautäußerungen ist ein lautes „Kiou". Sonst ist über dieses Waldrebhuhn nichts bekannt.
Haltung: Über eine Haltung ist nichts bekannt.

Weiterführende Literatur:
BAKER, E. C. ST.: The Fauna of British India. Birds Vol. V, *Arborophila;* pp. 385–397. Taylor & Francis, London 1928
DELACOUR, J., JABOUILLE, P.: Les Oiseaux de l'Indochine Française, Tome I; *Arborophila;* pp. 264–265. Expos. Coon. Intern. Paris 1931
DERS.: Birds of Malaysia, *Arborophila;* pp. 58–60; Macmillan Company, New York 1947
DÜRIGEN, B.: Die Geflügelzucht. *Arborophila;* pp. 365–366 (Zucht). P. Parey, Berlin 1886
FLEMING, L. SR., FLEMING, L. Jr., BANGDEL, L. S.: Birds of Nepal. *Arborophila* p. 68. Publ. by the authors, Kathmandu 1976
HARTERT, E.: Die Vögel der paläarktischen Fauna, Bd. III; *Arborophila;* pp. 1944–1947. R. Friedländer & Sohn, Berlin 1921-22
HEINRICH, G.: In Burmas Bergwäldern. *A. torqueola batemani;* p. 152; D. Reimer, Berlin 1942
OGILVIE-GRANT, W. R.: A Handbook to the Game-Birds, Vol. I; *Arborophila;* pp. 160–172. E. Lloyd, London 1896
KING, B., WOODCOCK, M., DICKINSON, E. C.: A Field Guide to the Birds of South-East Asia. *Arborophila;* pp. 101–103. Collins, London 1976
KURODA, N.: Birds of the Island of Java. *Arborophila;* pp. 681–684. Publ. by the author, Tokyo 1936
LA TOUCHE, J. D. D.: A Handbook to the Birds of Eastern China, Bd. II.; *Arborophila;* pp. 256–258; Taylor & Francis, London 1931-1934
MELL, R.: Über floristisch-faunistische Formationen in Südchina mit besonderer Berücksichtigung der Ornis. IV. Der montane Regenwald, *Arborophila;* pp. 173–175. J. Ornith. LXXIII, 1925
MEYER DE SCHAUENSEE, R.: The Birds of China, *Arborophila;* pp. 181–184; Oxford University Press, Oxford 1984
ROBBINS, G. E. S.: Partridges, their breeding and management. *Arborophila*, pp. 45–59. Boydell Press, Suffolk 1984
ROBINSON, H. C., CHASEN, F. N.: The Birds of the Malay Peninsula, Vol. III; *Arborophila;* pp. 5–7; H. F. & G. Witherby, London 1936
SALIM ALI: The Birds of Sikkim. *Arborophila;* pp. 22–23. Oxford University Press, Oxford 1962
DERS.: Field Guide to the Birds of the Eastern Himalaya. *Arborophila;* pp. 18–19. Oxford University Press, Dehli/London/New York 1978
SALIM ALI, RIPLEY, S. D.: Handbook of the Birds of India and Pakistan, Vol. 2; *Arborophila;* pp. 56–64. Oxford University Press, Dehli/London/New York 1980
SEVERINGHAUS, S. R., BLACKSHAW, K. T.: A New Guide to the Birds of Taiwan, *Arborophila;* pp. 27–28; Publ. by the authors, Taipei 1976
SMITH, C. B.: Notes on Tree-Partridge; pp. 126–128. Av. Mag. 3th series, Vol. 1, 1910
DERS.: Another Nesting Failure: The Rufous-throated Tree Partridge; pp. 294–296. Av. Mag. 3th series, Vol. II, 1911
SMYTHIES, B. E.: The Birds of Burma. *Arborophila;* pp. 447–449. Oliver & Boyd, London 1953
DERS.: The Birds of Borneo. *Arborophila;* p. 167. Oliver & Boyd, London 1960

Rostgelbe Waldrebhühner
Caloperdix, Blyth 1861

Engl.: Ferruginous Wood Partridges.
Einzige Art der *Arborophila* nahe verwandten Gattung unterscheidet sie sich von ihr durch das Fehlen der Orbitalknöchelchen in der oberen Augenhöhle, den beim Hahn mit 1 bis 2 Sporen bewehrten Lauf sowie die stark verkümmerte Hinterkralle. Die 1. Handschwinge ist so lang wie die 10., die gleichlange 4. bis 6. am längsten. Der Schwanz ist 14federig. Die Geschlechter sind gleichgefärbt.

Rostgelbes Waldrebhuhn
Caloperdix oculea, Temminck 1815

Engl.: Ferruginous Wood Partridge.
Abbildung: Seite 390 unten rechts.
Heimat: Äußerster Süden Burmas, die Malaiische Halbinsel, Sumatra und Borneo in 3 Unterarten.
Beschreibung: Bei der Nominatform sind Kopf, Hals und Unterseite rostbraun bis rostgelb; Scheitel dunkler, mehr kastanienbraun; Kinn, Kehle und Kopfseiten blasser, mehr hellrostockrig, die Überaugenregion heller kastanienrot. Hinter dem Auge verläuft über den Ohrdecken ein schmaler schwarzer Streif. Vorderrückenfedern schwarz, jede Feder mit 2 weißen Binden, die Unterrücken-, Bürzel- und Oberschwanzdeckfedern schwarz mit rotbrauner Dreieckfleckung; Schwanz schwarz, die mittleren Steuerfedern mit schmaler rötlicher und hellgelblicher Bänderung und Sprenkelung; Schultern, Flügeldecken und innerste Armschwingen hell olivbraun mit tropfenförmiger schwarzer Subterminalfleckung; Handschwingen graubräunlich, äußere Armschwingen mit rotbrauner Saumsprenkelung; seitliche Kropfregion, Seiten und Flanken mit schwarzweißer Bänderung; hintere Flankenregion rostbräunlich mit schwarzer Tropfenfleckung, Unterbauch und Steiß weißlich mit hellgrauer und isabellgelber Sprenkelung; Unterschwanzdecken hell rostötlich und schwarz. Schnabel schwarz, Iris dunkelbraun, Beine hell schmutziggrün bis rein apfelgrün, im männlichen Geschlecht mit mehreren Sporen versehen.
Länge 275 mm; Flügel 143 bis 151 mm; Schwanz 65 bis 70 mm.
Dunenkleid nicht beschrieben.
Gelegestärke 8 bis 10; Ei reinweiß mit glänzender Schale. Maße unbekannt; Brutdauer 18 bis 20 Tage.

Lebensgewohnheiten: Die Art ist ein Bewohner von Hochwäldern und Bambusdschungeln in der Umgebung von Wasseransammlungen. In den Dawnabergen Süd-Burmas kommt sie besonders in den Ebenen vor und geht bis 900 m hoch ins Bergland. Im Kelabithochland Borneos bevorzugt sie Hochwälder auf Hügelgelände, wird aber auch in den trockenen, sandigen Waldungen der Talsohlen gefunden. Die Strophe des Hahnes besteht aus 8 bis 9, die Tonleiter aufwärts laufenden und dabei immer schneller ausgestoßenen Pfiffen und wird mit einem 2- bis 4mal wiederholten „E-terang" oder „-E-terang-e" beendet. Darauf antwortet die Henne mit einer langen Serie noch schnellerer und ebenfalls die Tonleiter aufwärts laufender Pfiffe. Nach Angaben des Kelabitvolkes Borneos soll das Nest überdacht sein und einen Seiteneingang aufweisen. Ein von ROBINSON Ende Mai unter Strauchgestrüpp gefundenes Nest bestand indessen nur aus einem mattenartigen Graspolster. Nach RUTGERS bewacht das Männchen sein brütendes Weibchen, und beide Partner ziehen die Küken groß. Zuweilen sieht man die Hühnchen sich sonnend oder Futter suchend an Waldrändern. Einmal traf HOPWOOD auf ca. 20 dieser Waldrebhühner unter einem fruchtenden Feigenbaum versammelt, um herabgefallene Früchte vom Boden aufzulesen.
Haltung: 1936 erhielt der Berliner Zoo als europäischen Erstimport 1 Paar der Sumatraunterart *C. oculea ocellata*, das dort bis 1938 lebte, und 1963 gelangte 1 Paar in den Ornamental Pheasant Trust in England. Nach einer weltweiten Umfrage der WPA wurde 1982 die Haltung von 13 Rostgelben Waldrebhühnern gemeldet, davon 6 in Nordamerika, 5 in Asien und 2 in Kontinental-Europa. Gegenwärtig (1987/88) wird die Art von Züchtern in der Bundesrepublik Deutschland gehalten.

Weiterführende Literatur:

BAKER, E. C.: The Fauna of British India, Vol. V.; *Caloperdix;* pp. 399–400. Taylor & Francis, London 1928
HOPWOOD: zit. aus BAKER
KING, B., WOODCOCK, M., DICKINSON, E. C.: A Field Guide to the Birds of South-East Asia. *Caloperdix* p. 103; Collins, London 1975
OGILVIE-GRANT, W. R.: A Handbook to the Game-Birds, Vol. I.; *Caloperdix;* pp. 176–177. E. Lloyd Ltd., London 1896
ROBBINS, G. E. S.: Partridges, their breeding and management. *Caloperdix,* pp. 62–63. Boydell Press, Suffolk 1984

ROBINSON, H. C., CHASEN, F. N.: The Birds of the Malay Peninsula, Vol. III.; *Caloperdix;* pp. 8–10; H. F. & G. Witherby Ltd., London 1936

RUTGERS, A.: Kwartels en Fazanten. *Caloperdix;* pp. 77–78. B. V. Uitgeverij Littera Scripta Manet – Gorssel 1972

SMYTHIES, B. E.: The Birds of Borneo. *Caloperdix;* pp. 166–167, Oliver & Boyd, Edinburgh/London 1960

Langschnabel-Waldrebhühner
Rhizothera, Gray 1841

Engl.: Long-billed Partridges.
Die einzige Art dieser indomalaiischen Gattung ist rebhuhngroß und könnte den Frankolinen nahestehen, was noch zu beweisen wäre. Von anderen Kleinhühnern läßt sich *Rhizothera* sofort durch den relativ langen, gebogenen kräftigen Schnabel unterscheiden. Der 12federige Schwanz ist so lang wie die halbe Flügellänge. An den kurzen gerundeten Flügeln ist die 1. Handschwinge etwa so lang wie die 10. und die 5. und 6. am längsten. Der lange kräftige Lauf ist bei beiden Geschlechtern mit einem kurzen dicken, stumpfen Sporn bewehrt, die Hinterzehe ist kurz. Die Geschlechter sind verschieden gefärbt.

Langschwanz-Waldrebhuhn

Langschnabel-Waldrebhuhn
Rhizothera longirostris, Temminck 1815

Engl.: Long-billed Partridge.
Heimat: Von Tenasserim (Süd-Burma) und Südwest-Thailand im Norden südwärts die Malaiische Halbinsel, Sumatra und Borneo. Auf letzterer Insel ist die Nominatform bislang nur vom Süden (Barito drainage) und Südwest-Sarawak in den Ebenen bekannt, während eine Gebirgsform, *dulitensis,* bisher nur auf den Bergen Mt. Dulit und Mt. Batu Song im Norden Borneos oberhalb 900 m gesammelt worden ist. 2 Unterarten.
Beschreibung: Geschlechter verschieden gefärbt. Beim Hahn der Nominatform sind Scheitel und Nacken dunkelschokoladenbraun, am hellsten auf der Stirn. Zügel, Superziliarregion, Kopfseiten und Hals rostrotbraun; ein schmales schwarzes Band entspringt an der Nasenbasis und läuft über die Augen hinweg rückwärts oberhalb eines mennigroten nackten Hinteraugenbezirks und trifft sich dort mit einem 2. schwarzen Band, das unterhalb des nackten Hinteraugenbezirks und über den Ohrdecken verläuft und dahinter endet. Hinterhals grau, die Federn breit samtschwarz gesäumt und mit ein paar Längs- und Querbinden ausgestattet; Vorderrücken rotbraun mit schwarzer Kleckerung und rostbrauner Säumung der Federn; Seitenrückenfedern mit hellisabellgelben Mittelstreifen; Unterrücken und Bürzel isabellgelb, hellgrau wellengebändert, dazu mit verstreuter schwarzer Sprenkelung und Fleckung; Oberschwanzdecken ebenso, nur roströtlicher und die Sprenkelung zu undeutlichen Querbändern geordnet; Schultergefieder isabellgelb mit rostbrauner Säumung und grauer Sprenkelung der Federn; innerste Armschwingen kastanienbraun mit tiefdunkelroter Säumung, schwarzer Fleckung auf den Innenfahnen und isabellfarbenen Federspitzen, dazu isabell und grau gesprenkelt. Handschwingen braun, auf den Außenfahnen mit rostgelber Sprenkelung; äußere Armschwingen isabellgelb mit braunen Sprenkelbinden. Kinn und Kehle röstlich kastanienbraun, Hals und Oberbrust blaugrau, Unterbrust und Flanken rostisabell, auf Unterbauch und Steiß in fast reines Weiß übergehend; Unterschwanzdecken hell rostockergelb. Schnabel schwarz, Iris umberbraun, Beine zitronengelb, der Lauf mit stumpfem Sporn.
Länge 220 mm; Flügel 189 bis 211 mm; Schwanz 80 bis 90 mm.
Bei der Henne wird das Grau von Hals und Brust durch ein helles Kastanienbraun ersetzt; Bürzel und

Oberschwanzdecken sind intensiver rostbraun, weniger grau und das Rostockerbraun der Unterseite ist tiefer und ausgedehnter als beim Hahn. Hennen sind etwas kleiner als Hähne. Ein Junghahn wies auf Flanken und Brust Spuren von Bänderung auf, so daß bei noch jüngeren Vögeln die Bänderung vermutlich stärker ausgebildet sein wird. Übrige Färbung wie bei der adulten Henne. Dunenküken sind noch nicht beschrieben worden. Gelegestärke ca. 5; Ei länglichoval mit dünner glänzender Schale von weißlicher Grundfarbe mit rosa Schimmer; über die Oberfläche verstreut grobe, unregelmäßig geformte kastanienbraune Flatschen besonders am stumpfen Eipol sowie über die gesamte Oberfläche verteilte, kleine violette Flecke (36,6 mm × 26,8 mm).

Lebensgewohnheiten: Die Art ist ein Bewohner immergrüner Trockenwälder mit dichtem Bambusunterwuchs. Die überaus scheuen Vögel flüchten zu Fuß und fliegen ungern. Zur Mittagsruhe und nachts baumen sie auf. Die Stimme, nach ROBINSON u. CHASEN ein schriller Pfiff, ist leicht zu imitieren und wird von malaiischen Jägern zum Anlocken benutzt. KING, WOODCOCK u. DICKINSON sprechen dagegen von Morgen- und Abendduetten der Partner eines Paares, wobei ein Vogel, vermutlich das Männchen, 3 Pfiffe in gleicher Tonhöhe ausstößt, die unmittelbar vom anderen Vogel durch 2 höher werdende Töne ergänzt werden. Nach GLENISTER ist die Art nachtaktiv. Der grobe, etwas gebogene Schnabel weist auf intensive Grabtätigkeit im Erdreich bei der Nahrungssuche hin. DE RUITER wurden am 6. und 28. Februar auf Borneo je ein frisch gelegtes Ei gebracht. Ein Nest bestand lediglich aus einer mit wenigen Bambusblättern und Pflanzenmaterial spärlich gefüllten Erdmulde am Fuße einer Bambusstaude.

Haltung: Nach ROBINSON u. CHASEN läßt sich dieses Waldhühnchen leicht zähmen und wird nicht selten in Dörfern Malayas frei unter Hausgeflügel gehalten. Nach Europa ist es bisher nur selten importiert worden. Als europäischer Erstimport gelangte 1871 1 Paar als Geschenk der Federated Malay States in den Londoner Zoo, der die Art auch 1912 zeigen konnte. DELACOUR hat sie 1924 in Clères (Normandie) gehalten. Über eine Zucht ist nichts bekannt.

Weiterführende Literatur:
BAKER, ST.: The Fauna of British India, Birds Vol. X. – *Rhizothera*; pp. 400–401. Taylor & Francis, London 1928
COOMANS DE RUITER, L.: Oologische en biologische aanteekeningen over eenige hoendervogels in de Westerafdeeling van Borneo. (Summary in English), Foto des Vogels. Limosa XIX; pp. 129–140 (1946)
GLENISTER, A. G.: The Birds of the Malay Peninsula, Singapore & Penang. *Rhizothera*; p. 116; Oxford University Press 1974
KING, B., WOODCOCK, M., DICKINSON, E. C.: A Field Guide to the Birds of South-East Asia. *Rhizothera*; p. 100. Collins, London 1975
ROBINSON, H. C., CHASEN, F. N.: The Birds of Malay Peninsula, Vol. III., Sporting Birds, *Rhizothera*; pp. 4–5. Whiterby London 1936
SMYTHIES, B. E.: The Birds of Borneo. *Rhizothera*; p. 166. Oliver & Boyd, London 1960

Rotkopfwachteln
Haematortyx, Sharpe 1879

Engl.: Crimson-headed Wood Partridges.
Die einzige Art dieser für Borneo endemischen Gattung ist ca. rebhuhngroß mit auffallend schwachem Schnabel. Der kurze gerundete Schwanz besteht aus 12 Federn, die 1. und 10. Handschwinge sind gleichlang, die 5. ist knapp die längste. Der Lauf ist bei den Männchen mit 3 Sporen bewehrt, die Hinterzehe besitzt eine kurze, aber gut ausgebildete Kralle. Die Geschlechter sind verschieden gefärbt.

Rotkopfwachtel

Rotkopfwachtel
Haematortyx sanguiniceps, Sharpe 1879

Engl.: Crimson-headed Wood Partridge.
Heimat: Gebirgswälder Borneos.
Beschreibung: Geschlechter verschieden gefärbt. Beim Hahn sind Scheitel und Nacken trüb dunkelkarminrot, Vorderhals, Kropf und die längeren Unterschwanzdecken dunkelkarminrot mit seidigem Glanz, Kehle und Wangen heller; übriges Gefieder schwarzbraun; Schnabel und die schmale Augenwachshaut gelb, die Iris dunkelbraun, die Beine olivgelb, der Lauf mit 3 Sporen bewehrt.
Länge 260 mm; Flügel 155 mm; Schwanz 71 mm.
Bei der Henne sind Scheitel, Gesicht und Kinn verwaschen schwärzlichkarminrot, Kehle, Brust und die längeren Unterschwanzdecken rostrot, die übrigen Gefiederteile dunkelschieferbraun; Schnabel, Augenwachshaut und Läufe vermutlich wie beim Männchen gefärbt, die Läufe ungespornt.
Dunenküken noch unbekannt.
Gelegestärke 8 bis 9; Ei auf milchkaffeebraunem Grund mit Umberbraun „wie beschmiert", am dichtesten und dunkelsten zur Eispitze hin. Eilänge 44 mm.
Lebensgewohnheiten: Im Gunung-Mulu-Nationalpark Sarawaks traf DAVISON 1977/78 dieses Waldhuhn als häufigen Bewohner der mittleren Nebelwaldzone in Höhen zwischen 1200 und 1600 m an. Die feuchte Eichen-/Lorbeer-Waldformation wies in Schluchten Wassertümpel und dichte Moospolster auf weißem sandigem Untergrund auf. Dort wurden innerhalb von 5 Tagen in 1320 m Höhe zweimal ein Paar und bei 1600 m ein einzelner Vogel angetroffen. In der Umgebung des bei 1350 m errichteten Lagers hörte man in den Morgen- und Abendstunden, bisweilen auch tagsüber, die laute pfeifende Rufserie der Hähne, die wie ein wiederholtes „Terank tonk, terank, tonk" klingt. Bei einem früher von HARRISSON beschriebenen, hohen, klappernden rauhen „Kak-kak-kak, ok-ak-ok, krak-krak" handelt es sich vermutlich um den Warnruf. Die Nahrung besteht aus Beeren und Insekten. Im Kelabithochland entdeckte HARRISSON in einem häufig überfluteten Waldgebiet ein deutlich aus trockenen Blättern geformtes Nest, das auf einer Grasbülte etwas über dem Erdboden stand.
Haltung: Da die Rotkopfwachtel wenig Furcht vor dem Menschen kennt und ihm neugierig auf offenen Waldpfaden entgegenläuft, ist sie leicht zu fangen. Versuche, sie einzugewöhnen, sollen bisher gescheitert sein.

Weiterführende Literatur:
DAVISON, G. W. H.: Galliforms and the Gunung Mulu National Park. *Haematortyx;* p. 36; WPA Journal V. 1979–1980
HARRISSON, T. H.: The Oxford University Expedition to Sarawak, 1932; pp. 385–410. Geogr. Journal LXXXII. 1933
OGILVIE-GRANT, W. R.: A Handbook to the Game-Birds, Vol. I.; *Haematortyx;* pp. 174–175; E. Lloyd, London 1896
SMYTHIES, B. E.: The Birds of Borneo. *Haematortyx;* pp. 169–170. Oliver & Boyd, Edinburgh/London 1960
YEALLAND, J. J.: Two Wood Partridges; p. 14. Avic. Mag. 70 (1964)

Schwarzwachteln
Melanoperdix, Jerdon 1864

Engl.: Black Wood Partridges.
Die einzige Art der indomalaiischen Gattung ist kleiner als ein Rebhuhn, besitzt einen kurzen dicken, stark gebogenen Schnabel und einen sporenlosen Lauf mit kurzer nagelartiger Hinterkralle. Der kurze gerundete Schwanz besteht aus 12 weichen Federn. Die Geschlechter sind verschieden gefärbt.

Schwarzwachtel
Melanoperdix nigra, Vigors 1829

Engl.: Black Wood Partridge.
Abbildung: Seite 423 oben rechts und links.
Heimat: Malaiische Halbinsel, Sumatra, Borneo. 2 Unterarten.
Beschreibung: Geschlechter verschieden gefärbt. Der Hahn ist glänzend schwarz mit schwarzbraunen Handschwingen. Schnabel schwarz, Iris dunkelbraun, Beine graublau.
Länge 250 mm; Flügel 139 mm; Schwanz 70 mm; Gewicht 300 g.
Die Henne ist in der Gesamtfärbung dunkel zimtbraun; ein Unteraugenstreif besteht aus schwarzen Federchen, die Wangenfedern haben schwarze Spitzen; die langen flauschigen Oberschwanzdecken und der Schwanz haben schwarze Kritzelzeichnung im Basisbereich der Federn. Schulter- und Armdeckenfedern an der Basis schwarz getupft und mit breiten schwarzen Subterminalbinden ausgestattet, die auf den mittleren und kleinen Flügeldecken schmaler und unauffälliger werden. Große Flügeldecken und

Armschwingen fein schwärzlich bekritzelt, die Handschwingen einfarbig olivschwarz. Kinn weißlich, Körperseiten mit wenigen breiten schwarzen Subterminalbinden; Mittelbauch, Unterschwanzdecken und Schenkelgefieder haarartig, isabellweiß. Schnabel, Iris und Beine wie beim Hahn.
Flügel 135 mm; Gewicht 163 bis 280 g.
Subadulte Jungvögel sind heller als Weibchen mit ausgedehnter schwarzer Wellenzeichnung der Federn. Dunenküken noch nicht beschrieben. Gelegestärke 5; Ei breitoval, am kleinen Ende stark zugespitzt, weiß mit etwas rauher, kreidiger Oberfläche (42 mm × 30 mm).
Lebensgewohnheiten: Schwarzwachteln bewohnen dichte Hochwälder im Küstenbereich und die Berge bis in 600 m Höhe. Im Gunung-Mulu-Nationalpark Sarawaks (Nord-Borneo) trifft man sie in Alluvialwaldungen oberhalb des Flutpegels an. Ebenso leben sie in Waldungen mit stammlosem stachligem Palmenunterwuchs. Die Stimme, ein Doppelpfiff, soll sehr der der Straußwachtel ähneln.
Haltung: Nach YEALLAND (1964) wurden, wohl als europäischer Erstimport, um 1955 3 oder 4 Schwarzwachteln durch FROST nach England importiert. 1981 gelangten mehrere Paare über Singapur nach Europa, von denen der Berliner Zoo 2, 3 erwarb. In Aussehen und Verhalten weist die Schwarzwachtel viel Ähnlichkeit mit der zierlicheren Straußwachtel auf. Die Partner des Paares halten stets eng zusammen und stoßen ständig leise piepsende Kontaktlaute aus. Vor allem tut dies der Hahn, der bei der Futtersuche leise und plaudernd „Wide wide witt witt" piept und seiner Henne oft Futterbröckchen im Schnabel anbietet. In der Erregung werden die kurzen Haubenfedern gesträubt, und beide Partner zittern beim Umherlaufen dauernd schnell mit dem stets abwärts und nach vorn getragenen Schwanz. Eine überzählige Henne wurde zwar von dem Paar nicht verfolgt, war aber so eingeschüchtert, daß sie stets hoch aufgebaumt saß und sich offenbar nicht an den Futternapf traute. Nach Beobachtungen von REINHARDT benutzen die Paare ausgiebig ihr Wasserbecken zum Baden, während das bei Hühnervögeln so allgemein verbreitete Sandbaden nicht gesehen wurde. Die Art ist sehr haltbar, und die Zucht in Europa gelungen.

Weiterführende Literatur:
COOMANS DE RUITER, L.: Oologische en biologische aanteekeningen over eenige hoendervogels in de westerafdeeling van Borneo. *Melanoperdix;* pp. 133–134. Limosa XIX. 1946
DELACOUR, J.: Birds of Malaysia. *Melanoperdix;* pp. 60–61. Macmillan Comp., New York 1946
OGILVIE-GRANT, W. R.: A Handbook to the Game-Birds, Vol. I; *Melanoperdix;* pp. 178–179; E. Lloyd, London 1896
REINHARDT, R.: Bemerkungen zur Schwarzwachtel (*Melanoperdix nigra*); pp. 201–203. Gef. Welt 1981
ROBINSON, H. C., CHASEN, F. N.: The Birds of the Malay Peninsula, Vol. III., *Melanoperdix;* pp. 11–13; Witherby Ltd., London 1936
SMYTHIES, B. E.: The Birds of Borneo. *Melanoperdix;* p. 168; Oliver & Boyd, Edinburgh/London 1960

Straußwachteln
Rollulus, Bonnaterre 1791

Engl.: Crested Wood Partridges.
Die einzige Art der Gattung, ein in der Größe etwa zwischen Wachtel und Rebhuhn stehendes Waldhühnchen, weist in beiden Geschlechtern auf der Stirnmitte ein Büschel langer borstenartiger Federn auf. Der Hahn trägt außerdem noch auf dem Hinterkopf einen dichten Schopf aus langen zerschlissenen Federn. 1. Handschwinge so lang wie die 10., die 5. knapp die längste. Der kurze gerundete Schwanz besteht aus 12 weichen Federn. Das Auge wird von einem nackten lackroten Hautring umgeben. Am sporenlosen Lauf ist die Hinterzehe stark gekrümmt. Die Geschlechter sind verschieden gefärbt.

Straußwachtel oder Roulroul
Rollulus roulroul, Scopoli 1786

Engl.: Crested Wood Partridge.
Abbildung: Seite 424 oben und unten links.
Heimat: Äußerstes Süd-Tenasserim (Burma), einige Inseln des Mergui-Archipels, die Malaiische Halbinsel, Sumatra und Borneo. Keine Unterarten.
Beschreibung: Geschlechter verschieden gefärbt. Der Hahn trägt auf der Stirn ein Büschel borstenähnlicher schwarzer Federn und auf dem Hinterkopf einen kastanienroten dichten Schopf aus haarähnlichen Federn, der wie ein flach zusammengedrückter Pinsel geformt ist. Ein weißes Band verläuft über den Augen quer über den Scheitel; übrige Kopfbefiederung schwarz; Oberseite glänzend dunkelblau,

zum Unterrücken und Bürzel zu in Blaugrün übergehend, der Schwanz schwarz. Flügel braunschwarz; Unterhals und Halsseiten sowie die übrige Unterseite schwarz, auf Kropf und Brust mit blauem Glanz. Schnabel schwarz mit scharlachroter Basis, die breite Augenwachshaut rot, Iris braungrau, die Beine scharlachrot.

Länge 270 mm; Flügel 137 mm; Schwanz 57 mm; Gewicht 190 g.

Bei der Henne sind Zügel, Kinn, Kehle, ein schmaler Streifen hinter dem Auge sowie der Nacken schwarz, Scheitel und Ohrdecken dunkelgrau. Auf der Stirn ein Borstenbüschel wie beim Hahn, doch dessen auffallender Schopf dahinter ganz fehlend. Mantel, Rücken, Schwanz und Unterseite grün, auf Bauch und Aftergefieder mit grauem Anflug. Schultern und kleine Flügeldecken rotbraun, mittlere und große Flügeldecken heller rotbraun mit zarter schwarzer Kritzelbänderung. Arm- und Handschwingen dunkelbraun, auf den Außenfahnen rötlichgelb gesprenkelt. Schnabel schwarz mit grauer Basis, die Beine rot.

Maße wie Männchen.
Gewicht 140 g.

Dunenküken tragen ein tief dunkelbraunes, teilweise rötliches Dunenkleid; quer durch das Auge zieht ein schwarzer Streif, der von je einem helleren Ober- und Unteraugenstrich begleitet wird. Bauch etwas heller als das übrige Gefieder; Schnabel und Füße rotbraun.

Gelegestärke 4; Ei einfarbig gelblichweiß (35,9 mm × 31 mm); Frischgewicht 17 bis 19 g; Brutdauer 18 bis 20 Tage.

Lebensgewohnheiten: Straußwachteln bevorzugen als Habitat Bambushaine und mit dichtem Buschwerk bestandene Kahlschläge inmitten des Hochwaldes. Dort werden sie außerhalb der Brutzeit in Gesellschaften aus 7 bis 15 Vögeln angetroffen, die sich eifrig nach Hühnerart scharrend auf Nahrungssuche befinden. Diese besteht aus Kleintieren und herabgefallenen Waldfrüchten. Nach Beobachtungen von DAVISON scharren sie nicht so viel wie Waldrebhühner der Gattung *Arborophila*, sind auch schneller und lebendiger in ihren Bewegungen, nach Wachtelart viel hin und her rennend. Nachts baumen sie auf. Die Stimme der Hähne (?) ist nach MEDWAY eine Reihe tiefer, melancholischer Pfiffe. In Nord-Borneo bewohnen sie vor allem die Alluvialwälder, sollen aber bis in Höhen von 1000 m beobachtet worden sein. Die meisten Beobachtungen über Verhalten und Brutbiologie stammen aus Volierenhaltungen.

Haltung: Wohl als Erstimport gelangten 1871 3 Straußwachteln in den Londoner Zoo, der die Art auch 1875 und 1877 besaß. Der Berliner Zoo erhielt sein 1. Paar 1872. Die Erstzucht gelang WIENER in London im Jahre 1876, danach SIR INGRAM 1908 in Monte Carlo. 1926 züchtete WHITLEY die Art in Paington (England), 1935 und 1936 hatten der Berliner Zoo, 1953 der Tierpark Rotterdam, 1955 und 1956 der Tierpark Wassenaar (Holland) Zuchterfolge zu verzeichnen. Danach ist bis in die Gegenwart die Zucht der Straußwachtel häufig geglückt. Die Art wird fast alljährlich importiert. Frischfänge sind zunächst außerordentlich wild und müssen daher vorsichtig behandelt werden, um Kopfverletzungen durch Hochfliegen gegen die Volierendecke zu vermeiden. Es ist deshalb zweckmäßig, ihnen einseitig die Handschwingen zu kürzen. Von eingeborenen Fängern stammende Roulrouls sind meist durch einseitige Fütterung mit Reis und Hirse abgemagert. Bei einer Kost aus Früchten, hartgekochtem Ei und rohem Hackfleisch erholen sie sich jedoch schnell. Die anfängliche Scheu schlägt alsbald in erstaunliche Zutraulichkeit um. Straußwachteln sollten stets nur paarweise zusammengehalten werden, da mehrere Paare sich bekämpfen würden. In gut bepflanzten Volieren fühlen sie sich schnell heimisch und scharren unter weit nach vorn ausholenden Bewegungen der Füße auf dem Erdboden, fangen auch geschickt Schmetterlinge und Heuschrecken aus der Luft. Das Paar hält treu zusammen. Der Hahn lockt mit leisem Pfiff seine Henne, um ihr einen gefundenen Leckerbissen anzubieten. Zum Übernachten werden abends die höchsten Volierenäste gewählt. In der Schlafstellung wird der Schnabel ins Gefieder der Oberbrust gesteckt und der Schwanz unter dem Ast schräg nach unten und vorn gebogen, wie er übrigens auch während des Tages gehalten wird. Bei Gefahr rennt das Paar sehr flink mit hocherhobenen Füßen in gerader Linie in die nächste Deckung. Andere bodenbewohnende Volierenvögel wie Pittas, Erdtauben und Rallen werden nicht angegriffen. Lautäußerungen hört man merkwürdigerweise selten. STEFANI vernahm an warmen Sommerabenden einen mehrfach wieder-

o. Paar der Wachtel, *Coturnix coturnix* (s. S. 445)
u. l. Henne am Nest
u. m. 1 Tag altes Küken
u. r. Gelege der Wachtel

holten Ruf, der wie „Paitagl" klang und häufig mit einem lauten, schwer wiederzugebenden Kichern schloß. Über die Erstzüchtung schreibt WIENER in der „Gefiederten Welt" 1878: „Im vorigen Monat scharrte die Henne in einem oben verdeckten Kasten mit seitlichem Eingangsloch Heu- und Strohhalme zu einem kunstlosen Nest zusammen und legte in Zwischenräumen von ca. 2 Tagen 4 außerordentlich große reinweiße Eier von merkwürdig kurzer dicker Form. Am 7. August, volle 8 Tage bevor ich es erwartete, spazierten zwei allerliebste, kleine schwarzbraune Hühnchen heraus, liefen sehr munter umher, zankten sich schon am 3. Tag um einen Mehlwurm und rissen ihn wacker in 2 Teile." Ein 1905 von INGRAM bei einem Marseiller Händler erworbenes Straußwachtelpaar brachte schon 1906 in seinen Volieren in Monte Carlo 4 Küken, die jedoch Ratten zum Opfer fielen. In diesem Fall und auch mehrfach später erbaute die Henne allein aus trockenen Grashalmen und Palmfiedern ein überdachtes Nest, das sie sehr geschickt zwischen Gras und Buschwerk plazierte. Das Nestdach ist sehr flach, und ein enger und ziemlich tiefer Eingang führt ins Nestinnere. Die Henne verläßt während des Brütens selten und nur für sehr kurze Zeit das Nest und verschließt während ihrer Abwesenheit jedesmal den Eingang mit Blättern oder Gras. Die Küken schlüpfen nach 18 Tagen. Beide Partner füttern sie mit an der Schnabelspitze gehaltenen winzigen Futterbröckchen und lockten sie mit einem Zirplaut herbei. Mit 3 Wochen sind Schwingen und Schwänze der Küken gut entwickelt. WHITLEY, der die Art 1926 züchtete, bestätigt im wesentlichen die Angaben INGRAMS. Das am 3. Mai in der Voliere zufällig entdeckte, weil hervorragend getarnte Nest war in den Fuß eines Busches gebaut und glich einem kleinen Hügel aus Zweigen und trockenen Blättern, hatte Tunnelform und einen kleinen Eingang, den die brütende Henne abends jedesmal verschloß. Im Gegensatz zu INGRAMS Beobachtungen hielt der Hahn in Nestnähe Wache und schlief auf dem Busch über dem Nest. Über die Roulroulzucht im Berliner Zoo berichtet STEINMETZ in der „Gefiederten Welt" 1937 u. a. folgendes: „1935 gelang erstmals die Aufzucht eines Kükens, das unter einer Taube geschlüpft war. Es wurde in einem Terrarium großgezogen, in dem man aus einem Pappkarton einen kleinen Unterschlupf hergestellt hatte, in dem sich das Küken gern und oft aufhielt. Als Wärmequelle diente eine Lampe. Am wohlsten schien es sich bei einer Temperatur von 25 bis 30° C zu fühlen. Erhöhte oder erniedrigte sich diese Temperatur, sanken Freßlust, Munterkeit und Beweglichkeit. Der erwachsene Jungvogel, eine Henne, wurde ihrem Vater angepaart und legte im Alter von 7 Monaten ihr erstes Ei. Die Henne eines 2. Paares begann die Eier zunächst planlos zu verlegen, suchte jedoch später ein unter dem Volierenglasdach auf dem Erdboden hergerichtetes Nest auf, das aus einem niedrigen Holzrahmen mit ringsherum aufrecht befestigtem Besenreisig bestand und mit Heu ausgepolstert war. Am 20. Mai legte sie das 1. Ei im Nest ab, dem in Abständen von 2 bis 3 Tagen 3 weitere folgten. Nachdem 4 Eier abgelegt und das Gelege vollständig war, begann die Henne fest zu brüten und war von diesem Tage an kaum noch zu sehen. Nur am Futterverbrauch war zu bemerken, daß sie überhaupt noch lebte. Während dieser Zeit war der Hahn völlig teilnahmslos und hielt sich stets im Innenraum der Voliere auf. Am 18. Juni schlüpften nach 20tägigem Brüten aus allen 4 Eiern Küken. Die Henne führte sie aus dem Nest und huderte sie sofort, war aber sehr erregt. Mit hängenden Flügeln schoß sie auf jeden vermeintlichen Feind los. Daraufhin wurden die Bewohner der Nachbarvolieren entfernt und die Volierenwände mit einem engmaschigen Vorsatzgitter versehen, um die winzigen Küken am Durchschlüpfen zu hindern. In der Folge schwand die Erregung der Henne, und die Familie wurde sehr vertraut. Die Henne fütterte ihre Küken durch mit dem Schnabel vorgehaltene Futterbröckchen, huderte sie den ganzen Tag hindurch häufig und verschwand gegen 6 Uhr abends mit ihnen im Nest. Dies wiederholte sich in den nächsten Wochen. Manchmal verschwand die Familie bereits um 16.30 Uhr im Nest, um dann bereits in der 4. Morgenstunde wieder zu erscheinen. Die Vögel hielten sich durchschnittlich 12 Stunden im Nest und 12 Stunden außerhalb desselben auf. Bei einer sehr vielseitigen Fütterung aus Insekten (Mehlwürmer, Wachsmottenraupen, frische Ameisenpuppen und gebrühte, zerschnittene Küchenschaben), Eigelb, Obst aller Art sowie einem guten Weichfutter gelang die Aufzucht ohne Schwierigkeiten, und die

Paar der Harlekinwachtel, *Coturnix delegorguei* (s. S. 456)

Küken entwickelten sich gut und gleichmäßig. Obwohl sie bereits nach wenigen Tagen auch Futter vom Boden aufnahmen, pickten sie der Mutter noch sehr lange Futterbröckchen vom Schnabel ab. Die für Straußwachteln so typischen, mit einem Bein hastig ausgeführten Scharrbewegungen zeigten die Jungen schon nach ca. 5 Tagen. Am 10. Tag waren die Küken fähig, mit Hilfe der Flügel über eine 50 cm hohe Stufe zu gelangen, und mit 25 Tagen baumten sie erstmalig 1,70 m hoch auf. Von diesem Tage an übernachteten sie stets auf einem Volierenast. Der zu den Küken gelassene Hahn verhielt sich friedlich, aber auch teilnahmslos. Im Alter von einem Monat waren die Jungen soweit befiedert, daß die Geschlechter erkennbar waren. Die Hähnchen unterschieden sich durch mehr blau gefärbte Rücken von den grünrückigen Hennen. Außerdem ist beim Junghahn der Oberkopf intensiv braun gefärbt und ein kleines Häubchen angedeutet."

Zur Frage der Fütterung des Roulroul sei betont, daß er Körnergemisch nur in äußerster Not annimmt und dabei schnell abmagert. Er muß ein gutes Weichfutter für Insektenfresser, dazu lebende Mehlwürmer und andere Insekten, Schabefleisch, gehacktes Ei, Quark sowie Obst erhalten. Für die Zimmerhaltung sind Straußwachteln deshalb nicht geeignet, weil sie, offenbar bedingt durch die überwiegend animalische Ernährung, einen an Kleinraubtiere erinnernden scharfen Geruch verbreiten. Für die Volierenhaltung mit Warmüberwinterung kann dieser attraktive und zutrauliche Hühnervogel wärmstens empfohlen werden.

Nach einer weltweiten Umfrage der WPA wurde 1982 die Haltung von 576 Straußwachteln gemeldet, davon entfielen 264 auf Nordamerika, 179 Kontinental-Europa, 104 Asien und 29 England.

Weiterführende Literatur:

APPELMAN, F. J.: Breeding of the Crowned Wood Partridge (*Rollulus roulroul*); p. 5 Av. Magaz. LX (1954)

ASTLEY, H. D.: The Crested Wood Partridge; pp. 201–203, Av. Magaz. New Series, Vol. VI (1908)

BAINING, H.: Meine Straußwachteln (*Rollulus roulroul*); pp. 42–45; Gef. Welt 98 (1974)

DERS.: Meine Straußwachteln; pp. 70–72; Gef. Welt 98 (1974)

DERS.: Meine erfolgreiche Straußwachtelaufzucht; pp. 84–87 und 113–114; Gef. Welt 98 (1974)

BAKER, E. C. ST.: The Fauna of British India, Vol. V.; *Rollulus;* pp. 367–368; Taylor & Francis, London 1928

COOMANS DE RUITER, L.: Oologische en biologische aanteekeningen over eenige hoendervogels in de Westafdeeling van Borneo. *Rollulus;* pp. 131–133. Limosa 19 (1946)

DAVISON, G. W. H.: Galliforms and the Gunung Mulu National Park (Sarawak). *Roulroul;* p. 35; WPA-Journal V. (1979–1980)

DÜRIGEN, B.: Die Geflügelzucht. Die Strauß- oder Kronwachtel; pp. 367–368. P. Parey, Berlin 1886

GOLINOWSKA, W.: Haltung und Zucht der Straußwachtel im Krefelder Zoo; pp. 274–276. Gef. Welt 106 (1982)

GRASL, N.: Beobachtungen an Straußwachteln; pp. 524–526. Gef. Welt 65 (1936)

HAMPE, A.: Zur Züchtung der Straußwachtel und anderes, Kurzbericht; p. 419; Gef. Welt 66 (1937)

INGRAM, W.: Breeding of the Roulroul or Red-crested Wood Partridge (*Rollulus roulroul*); pp. 38–40, Av. Magaz. Vol. VI, New Series (1908)

MULLER, K.: Raising the Crested Wood Partridge at the National Zoological Park; pp. 9–11. Av. Magaz. 75 (1969)

OGILVIE-GRANT, W. R.: A Handbook to the Game-Birds, Vol. I; *Rollulus;* pp. 177–178. E. Lloyd Ltd., London 1896

PRESTWICH, A. A.: News and Views. Breeding the Roulroul at Wassenaar Zoo in 1955; p. 328 (Kurzmittlg.). Av. Magaz. 61 (1955).

ROBINSON, H. C., CHASEN, F. N.: The Birds of the Malay Peninsula, Vol. III, *Rollulus;* pp. 10–11; H. F. & G. Witherby Ltd., London 1936

SEARLE, K. C.: The Roulroul (*Rollulus roulroul*); pp. 13–15, Av. Magaz. 68 (1962)

SMYTHIES, B. E.: The Birds of Borneo. *Rollulus;* pp. 168–169; Oliver & Boyd, Edinburgh/London 1960

STEINMETZ, H.: Über eine gelungene Straußwachtelzucht im Zoologischen Garten Berlin 1936; pp. 392–394 u. 398–400. Gef. Welt 66 (1937)

VANDEVIJVER, W.: Breeding the Roulroul Partridge; pp. 115–116; Av. Magaz. 82 (1976)

DERS.: Breeding Results with Roulroul Partridge in Belgium; p. 10; Amer. Pheasant & Waterfowl Soc. Mag. 77 (1977)

WIENER, A. F.: Zucht der Straußwachtel; p. 349; Gef. Welt 1878

WHITLEY, H.: The Breeding of the Crowned Wood Partridge; pp. 253–256; Av. Magaz. Fourth Series, Vol. V (1927)

Wachteln
Coturnix, Bonnaterre 1791

Engl.: Quails.
Die Wachteln der Gattung *Coturnix* gehören zu den kleinsten Hühnervögeln und sind durch kurze schwache Schnäbel, rundliche Gestalt sowie ausgeprägt kryptische Gefiederfärbung charakterisiert. Die Flügel sind recht lang, die erste Schwinge so lang wie die zweite oder länger, und die Armschwingen sind weit von den Flügelspitzen entfernt. Der aus 10 bis 12 weichen Steuerfedern zusammengesetzte, kurze Schwanz wird ganz von langen Oberschwanzdecken verdeckt. Die Läufe sind ungespornt, die Geschlechter verschieden gefärbt. Wachteleier zeichnen sich durch starke Klecksfleckung aus. Unter den Hühnervögeln sind Europäische und Japanwachtel die einzigen echten Zugvögel. Zweimal jährlich unternehmen sie weite Flüge vom Brut- zum Überwinterungsgebiet und zurück, wozu sie durch die langen spitzen Flügel befähigt sind. Nur einige Inselpopulationen sind zu Standvögeln geworden. Beobachtungen, wonach der Brutbestand der Wachtel in Europa nördlich der Alpen starken jährlichen Schwankungen unterliegt, werden von KIPP mit dem Invasionsvogelcharakter der Art erklärt, der als ökologische Anpassung zu verstehen ist. Alle Wachtelarten sind „Wettervögel", deren Zugbewegungen von jeweils herrschenden Klimabedingungen entscheidend beeinflußt werden. Ist beispielsweise in einem Jahr das Sommerwetter Mitteleuropas längere Zeit hindurch kalt und regnerisch, brüten die Wachteln südlich der Alpen im Mittelmeerraum oder ziehen zum Brüten in regenreiche warme Gebiete, etwa nach Rumänien und in den Süden der UdSSR. Diesen „inneren meteorologischen Sinn" zur sicheren Ortung von Gebieten mit günstigen Brutbedingungen über größere Entfernung besitzen auch die subtropischen und tropischen Arten der Gattung: Sie erscheinen in großen Scharen plötzlich in niederschlagsreichen Gebieten, brüten dort und wandern mit den erwachsenen Jungen ebenso schnell wieder ab, falls erneut Trockenheit einsetzt. Nach diesem Verhalten hat eine indische Art den treffenden Namen „Regenwachtel" erhalten. Als Anpassungserscheinungen von Invasionsvögeln sind nach GLUTZ VON BLOTZHEIM et al. bei den Wachteln auch deren Frühreife, kurzdauernde Partnerbindung sowie der Wechsel zwischen außerbrutzeitlicher Gesellschaft und extremer brutzeitlicher Revierbildung zu deuten.

Die 5 *Coturnix*-Arten bewohnen weite Gebiete Eurasiens, Afrikas und Australiens mit baumlosen Steppen- und Wiesenböden in Ebenen und auf Hochebenen (Plateaus) von Gebirgen.
Alle Wachtelarten lassen sich problemlos halten und leicht züchten. Die Japanwachtel ist zum Haustier geworden und hat als Eier- und Fleischlieferant in einigen Ländern Asiens und Europas begrenzte wirtschaftliche Bedeutung erlangt.

Wachtel
Coturnix coturnix, Linné 1758

Engl.: Quail, European Quail.
Abbildung: Seite 441 alle.
Heimat: Europa, wo die nördliche Verbreitungsgrenze durch das von der Wachtel nur sporadisch besiedelte Süd-Skandinavien verläuft, in der UdSSR Karelien, die Onega Bai, das Gebiet von Archangelsk und von Swanibor an der Petschora, im Ural bis zum 64° nördlicher Breite. West- und südwärts die Britischen Inseln, Azoren, Madeira, Kanaren und Kapverden, das europäische Festland bis zum Mittelmeer; in Nordafrika Tunesien, Nord-Algerien und Marokko südwärts bis ins nördliche Rio de Oro, angeblich Nord-Ägypten, Kleinasien, der Nahe Osten bis Iran und Afghanistan, Pakistan und Indien südwärts bis in die Bombay-Provinz und die nördlichen Zentral-Provinzen. In Nordasien östlich des Ural verläuft die nördliche Verbreitungsgrenze der Wachtel durch die südliche Taigazone Sibiriens ziemlich dicht ober- und unterhalb des 60. Breitengrades ostwärts bis ins Gebiet von Olekminsk an der Lena, südwärts entlang des Baikal-Westufers und des Irkutflußtals zum westlichen Kentei in der äußeren Mongolei, wo ihr Brutareal im Gebiet von Ulan Bator mit dem der Japanischen Wachtel sympatrisch sein soll. Weiter südwärts verläuft die Verbreitungsgrenze etwa entlang der Grenze der UdSSR zu China, reicht aber innerhalb Turkestans bis in den Westteil der chinesischen Provinz Sinkiang (früher Chinesisch-Turkestan) hinein. Etwa 5 Unterarten werden anerkannt.
Beschreibung: Geschlechter wenig verschieden. Beim Männchen der Nominatform im Brutkleid ist der Scheitel schwarz mit breiten rostbraunen Federspitzen; über die Scheitelmitte verläuft ein rahmfarbener Streif; Vorderrücken und Schultern rost- oder rötlichbraun, die meisten Federn mit einem ziemlich breiten, zugespitzten, schwarzgesäumten isabellgelben Schaftstreif sowie ausgedehnten unregelmäßi-

gen, oft nur auf einer Fahne vorhandenen schwarzen Querflecken und hellbraunen Querstreifen; Rückenseiten ebenso, die Rückenmitte schwarz mit rost- und gelbbraunen, schmalen, oft winkelförmigen Querbinden und Kritzelmustern. Handschwingen braun, die erste mit rahmfarbenem Außensaum, die übrigen mit fahl rötlichbrauner Querstreifung auf den Außenfahnen; Armschwingen mit gleichen Querstreifen auf beiden Fahnen, die inneren mit deutlichen hellen Schaftlinien und schwarzer Fleckung; Flügeldecken braun, rahmfarben geschäftet und mit bräunlich rahmgelben Querbinden ausgestattet; Oberschwanzdecken und Schwanzfedern dunkelbraun, rahmfarben geschäftet und gebändert. Von der Stirn bis über die Hinterkopfseiten ein isabellweißer Überaugenstreif, der Zügel vorn weiß, vor dem Auge braun; ein Strich unter dem Auge und den Ohrdecken braun; übrige Kopf- und Kehlseiten weiß, von einem unterhalb des Ohres beginnenden rostbraunen bis schwarzen Streifen durchzogen und hinter dem Ohr ein Parallelstreif gleicher Farbe, der die Kehle umzieht, vorn aber manchmal nur unvollständig oder gar nicht geschlossen ist. Kehlseiten und der Zwischenraum zwischen dem die Kehle umschließenden Band und dem mehr oder minder dreieckigen rotbraunen bis schwarzen, in der Ausdehnung sehr variierenden Kehlfleck weiß. Die Gesichtszeichnung und -färbung der Wachtelhähne variiert erheblich. Nach GLUTZ VON BLOTZHEIM haben Junghähne helle, die älteren intensiver getönte und stärker gezeichnete Kehlfärbung. Es ist noch ungeklärt, ob sich diese Färbung nach dem 1. Lebensjahr noch verändert. Es gibt rot- und dunkelkehlige, sowie zwischen beiden Haupttypen vermittelnde Vögel. Dunkle Varianten scheinen im Süden des Verbreitungsareals häufiger vorzukommen als im Norden. Bei den afrikanischen Unterarten ist Rotkehligkeit viel häufiger, überwiegt sogar. Kropf und Vorderbrust rostbraun mit weißen Schaftbinden, die übrige Unterseite weiß, die Bauchmitte rahmgelblich angehaucht, die Seiten rotbraun mit breiten weißen Schaftstreifen und meist einigen dunkelbraunen Flecken; Unterschwanzdecken rahmfarben. Schnabel hornbraun mit dunklerem First und schwarzbrauner Spitze, die Unterschnabelbasis, oft auch eine schmale Kante des Oberschnabels weißlich fleischfarben bis blaßbräunlich; Iris erdbraun bis braunrot; Beine blaß gelblich fleischfarben bis hell gelbbraun.
Länge 160 bis 180 mm; Flügel 107 bis 117 mm; Schwanz 34 bis 40 mm; Gewicht nach der Jahreszeit verschieden, 70 bis 140 g.

Beim Weibchen ist die Oberseite wie beim Männchen gefärbt, die Kopfseiten sind bräunlichweiß, die Kehle rahmfarben, fast weiß; Kropf mehr oder weniger dicht und ausgedehnt mit schwarzbrauner Längsfleckung; Flügel wie beim Männchen. Weibchen sind etwas größer als Männchen. Flügel 109 bis 118 mm; Schwanz 34 bis 43 mm; Gewicht nach der Jahreszeit verschieden, 70 bis 155 g. Dunenküken sind oberseits rostfarben, über dem Schnabel ein schwarzes Fleckchen, längs Oberkopf und Hinterhals 2 schwarze Streifen, die zu einem längs der Mitte der übrigen Oberseite verlaufenden Streifen zusammenlaufen, außerdem an den Rückenseiten 1 bis 2 unregelmäßige schwarze Streifen. Unterseite ockergelblich, auf Kopf- und Halsseiten schmale schwarze Streifen. Schnabel hellrot, Füße rotorange. Schlupfgewicht 5 bis 5,5 g.
Gelegestärke 7 bis 14; Ei nach HARTERT am stumpfen Ende sehr stumpf, am anderen ziemlich spitz, die Schale stark; Grundfarbe hell bräunlichgelb oder gelbbräunlich, entweder dicht mit winzigen braunen oder schwarzen Flecken und Punkten gezeichnet oder mit großen dunkelbraunen Klecksen, zwischen denen hellere und kleinere braune Flecken stehen. Diese Typen sehen einander sehr unähnlich und sind meist scharf getrennt, Übergänge nicht allzu häufig (30,1 mm × 23,2 mm); Gewicht 7,88 bis 8,89 g; Brutdauer im Kunstbrüter 16¾ bis 17 Tage, im Freiland 18 bis 20 Tage.

Lebensgewohnheiten: Als Habitat schätzt die Wachtel busch- und baumarme Felder und Wiesen, meidet dagegen sehr trockene Gebiete, in denen das Rebhuhn noch vorkommt, ebenso Stein- und Lehmböden. Bevorzugte Wachtelbiotope sind nach GLUTZ VON BLOTZHEIM Wintergetreidefelder, Luzerne- und Kleeschläge, Heu- und Streuwiesen bis zu trockenem Pfeifengrasgelände. Mit Beginn der Getreideernte wechseln die führenden Wachtelhennen mit ihrem Gesperre auf Kartoffel- und andere Hackfruchtäcker, Sonnenblumen-, Mais-, Erbsen-, Wicken- und Gurkenfelder sowie Ruderalgelände über. Wachteln, die sich oft tage- und wochenlang auf kleinen Waldwiesen und in gehölzbestandenen Gärten aufhalten, sind gewöhnlich Zwischenzuggäste. Die Wachtel ist kein ausschließlicher Bewohner der Ebenen, der Gebirge prinzipiell meidet, kommt nämlich im Rhodopegebirge Bulgariens über der Baumgrenze zwischen 1800 und 1950 m, im marokkanischen Atlas sogar bis 3000 m Höhe vor, falls sie dort Getreidefelder auf ebenem Gelände antrifft. In ihre riesigen eurasiatischen Brutgebiete kehren Wachteln erst zurück, wenn es die jeweiligen Wetterbedingungen erlauben, nach Süd-Skandinavien selten vor Junibeginn, in Mitteleuropa Mitte bis Ende Mai, auf der südlichen Balkanhalbinsel bereits im April. Das Gros erscheint stets erst einen Monat später an den Brutplätzen. Bei günstiger Witterung schlagen die Hähne gleich nach der Ankunft im Brutgebiet. Ungeklärt ist bei der Wachtel immer noch der Sexualverband: Während der Zeit der Eiablage scheint eine kurze enge Partnerbindung zu bestehen; sind jedoch ledige Weibchen vorhanden, paart sich der Hahn auch mit diesen. Andererseits sollen auch freilebende Hennen nach STENGER zu Polyandrie neigen: 2 Hennen paarten sich innerhalb 3 Wochen mit jeweils 4 verschiedenen Männchen, die durch ihre unterschiedliche Kehlzeichnung identifiziert werden konnten. Die Wachtel ist zwar tagaktiv, doch schlagen die Hähne im Mai/Juni auch die ganze Nacht hindurch bis in den Tag hinein mit Ausnahme der Mittagsstunden, in denen sie gern Sonnen- und Staubbäder sowie Schlafpausen einlegen. Beim Wachtelschlag unterscheidet man einen vom Hahn in geduckter Haltung ausgestoßenen, wie „Chrau chrau" oder „Mia wau wau" klingenden Vorschlag, bei dem sich nur die Kehle stark bewegt, vom Hauptschlag. Bei diesem reckt er sich senkrecht hoch und biegt während des Rufens den Kopf bei geschlossenen Augen mit einer schleudernden Bewegung zurück, um sein „Pick wer wick" mit scheinbar großer Anstrengung herauszuschreien. Die Wachtelhenne soll sich nach der Ankunft im Brutrevier zunächst um die Fertigstellung des Nestes und danach erst um einen Hahn kümmern. Auf das „Chrau chrau" des Männchens antwortet sie mit leisem „Brü brü". Ist Sichtkontakt hergestellt, rennt es zu ihr hin, hält neben ihr an und umkreist sie dann mit gerecktem Hals, gesträubtem Kehl- und Brustgefieder, den ihr zugewandten Flügel gesenkt haltend, so daß die Handschwingenspitzen manchmal den Boden berühren, dazu blasende und leise seufzende Töne ausstoßend. Beim Futterlocken bearbeitet es auffällig einen Futterbrocken mit dem Schnabel oder bietet ihn der Henne direkt im Schnabel an. Reagiert sie darauf nicht, rutscht es häufig in einer Art Demutshaltung seitwärts und rückwärts zu ihr hin. Nach einem Vorspiel von unterschiedlicher Dauer kauert sich ein paarungswilliges Weibchen mit etwas geöffneten Flügeln nieder und fordert mit leisem „Rürürürüi" zur Kopulation auf. Der Hahn nähert sich daraufhin mit gesträubtem Hals- und Brustgefieder sowie hängenden Flügeln, verbeißt sich mit dem Schnabel in ihr Nackengefieder, besteigt sie, breitet beide Flügel aus und tritt 2 bis 3 Sekunden lang. Begattungen wiederholen sich bei den Wachteln in rascher Folge 10mal und häufiger, später ohne das beschriebene Balzzeremoniell. Das Männchen eines in der Voliere gehaltenen Paares verhält sich dem angepaarten Weibchen gegenüber friedlich, kann aber andere Hennen verjagen und u. U. töten. Besonders häufig wurde dieses Verhalten bei Wachtelhähnen beobachtet, deren Hennen bereits mit dem Legen begonnen hatten. Gar nicht selten werden aber auch Männchen von ihren Weibchen verfolgt und bei enger Käfighaltung gelegentlich getötet. Daraus ließe sich schließen, daß auch die Wachtelhenne ein eigenes Revier besetzt, aus dem sie den Hahn nach der Kopulation vertreibt. Über die Revierbildung der heimischen Wachtel ist leider noch nichts bekannt. Beobachtungen deuten darauf hin, daß sich der Wachtelhahn in der Nähe seines brütenden Weibchens aufhält und mit ihr Stimmkontakt hält, was auf eine wenigstens kurze Partnerbindung hindeutet. Während dieser Zeit kann ein Wachtelhahn so aggressiv sein, daß er selbst den eigenen Pfleger angreift.

Die Wahl des Nistplatzes bleibt allein dem Weibchen vorbehalten. Es sucht dafür einen durch hohen Gras- und Krautwuchs vor Sicht von oben abgeschirmten Platz und scharrt mit Schnabel und Krallen eine flache Mulde aus, die sie durch Drehen mit dem Körper rundet. Nistmaterial wird nicht eingetragen, und Pflanzenteile, die im Nest gefunden werden, sind zufällig hineingeraten. Zweitbruten scheinen in Nord- und Mitteleuropa wegen der kurzen Zeitspanne von nur 6 bis 12 Wochen vom Nestbau zum Selbständigwerden der Jungen kaum möglich. Da jedoch Junghennen der Japanwachtel schon mit 40 bis 60 Tagen zu legen begannen, läßt sich nach GLUTZ VON BLOTZHEIM et al. trotzdem nicht ganz ausschließen, daß wenigstens ein Teil der mitteleuropäischen Spätbruten von diesjährigen Vögeln lokaler oder mediterraner Herkunft stammt. Die Eiablage erfolgt im Abstand von 24 Stunden, gewöhnlich morgens. Sobald das Gelege vollständig ist, beginnt das Weibchen mit dem Brüten. Nach 18- bis 20tägiger Brutdauer schlüpfen die Küken fast gleichzeitig, was durch Klicklaute ermöglicht wird, die sie 12 bis 15 Stunden vor dem Schlupf ausstoßen.

Danach sollen sie noch 24 Stunden unter der Mutter im Nest verbringen. Da sie die eigene Körperwärme während der ersten Lebenswoche noch nicht selbst aufrechterhalten können, erstarren sie bei Wärmeentzug innerhalb weniger Stunden. Sie können nach INGOLD jedoch noch Stunden danach, leblos, durch Erwärmen wiederbelebt werden, was Finder verlassener Bruten nicht unversucht lassen sollten. Die Wachtelhenne führt ihr Gesperre zu den Futterquellen und legt ihnen zuerst Kleininsekten vor. Das Wachstum der Küken verläuft erstaunlich schnell. Nach SCHIFFERLI können sie schon am 3. Tag mittelgroße Heuschrecken totschütteln und abschlucken. Da sie mit 11 Tagen bereits recht geschickt kurze Strecken flatternd zurücklegen, entgehen sie manchem Bodenfeind. Richtig fliegen können sie mit 19 Tagen. Das Gesperre löst sich bereits mit 4 bis 7 Wochen auf und notfalls können sich 2- bis 3wöchige Junge allein durchschlagen. Aufgezogene Wachtelhähne beginnen im Alter von wenigen Wochen zu krähen und mit 10 Monaten richtig zu balzen. Die wildlebende Wachtel kann ein erstaunlich hohes Alter erreichen: Nach TOSCHI erreichten 5 von 471485 auf dem Heimzug in Italien beringten Wachteln ein Mindestalter von 8 Jahren! Die Wachtel verläßt Mitteleuropa ab Mitte August bis spätestens Ende November und überquert das Mittelmeer an den schmalsten Stellen, wie der Straße von Gibraltar, dem südlichen Tyrrhenischen Meer sowie auf den Strecken Kreta/Ägypten und Cypern/Sinai. Die Vögel ziehen nachts in großen Scharen dicht über dem Wasser und können sich kurze Zeit auf dem Wasser ausruhen. Haben sie die Küste erreicht, sind sie so erschöpft, daß sie wenige 100 m hinter dem Strand eine Ruhepause einlegen, wonach sie den Zug über die Wüsten fortsetzen. Die Frage, in welchen Gebieten Afrikas europäische Wachteln überwintern, ist noch unvollständig geklärt. Da unter den afrikanischen Populationen der Unterarten *C. c. africana* und *C. c. erlangeri* schwer von der Nominatform unterscheidbare Individuen vorkommen, hatte man bis vor kurzem angenommen, ein Teil der europäischen Wachteln würde südlich des Äquators in Ost- und Südafrika überwintern. MOREAU glaubt, daß das Gros der Vögel in Steppen der Sahara-Südgrenze bleibt.

Die Nahrung unserer Wachtel besteht größtenteils aus Kleinsämereien und Insekten, jedoch wenig grünen Pflanzenteilen. Die Kleinküken ernähren sich, wie fast alle Hühnervogeljunge während der ersten Lebenswochen überwiegend von Insekten. Nach Untersuchungen nehmen erwachsene Wachteln unter den Getreidearten am liebsten Weizen und Hafer auf, nur vereinzelt Roggen und Gerste. Sehr beliebt sind die Samen von Hanf, Hirse, Raps und Rübsen, und große Bedeutung kommt den Sämereien von Ackerunkräutern wie Wachtelweizen, Rotem Augentrost, Hohlzahn, Vogelknöterich, Sauerampfer, Mohn, Spurre, Vogelmiere, Hornkraut und Gräsern zu. Kleininsekten, vor allem Ameisen und deren Puppen, werden in größerer Menge verzehrt. Selten findet man grüne Pflanzenteile in Wachtelmägen (GLUTZ VON BLOTZHEIM).

Haltung: Ihres fröhlich klingenden Schlages wegen wurden Wachtelhähne schon seit dem Mittelalter in Deutschland gehalten. Entweder ließ man sie frei in der Stube umherlaufen oder sperrte sie in einen Wachtelkasten. Dieser nach BECHSTEIN, 56 cm lange, 28 cm breite und 33 cm hohe Käfig in Form eines Häuschens hatte nur 1 bis 2 Öffnungen, eine für das Trinkgefäß, die andere „zur Hellmachung". „Übrigens ist alles dunkel, der Boden, den man aus- und einschieben kann, mit Sand bedeckt, auf der einen Seite mit einer Freßkrippe versehen und die Decke mit grünem Tuch bedeckt, weil die Wachtel, die immer in die Höhe springt, sich an einem hölzernen Deckel den Kopf zerstoßen möchte. Dieses Vogelhaus hängt man den Sommer über an das Fenster, wo dann die Wachteln besser schlagen, als wenn man sie in der Stube frei herumlaufen läßt, wo sie mehr Veränderung haben und sich also nicht bloß mit ihrem Gesang unterhalten können." Fotos eines alten Frankfurter Wachtelhauses und eines Bergischen Wachtelkäfigs bringt K. NEUNZIG 1927 in seinem Buch „Praxis der Vogelpflege und -züchtung". Die Liebhaber des Wachtelschlages unterschieden grob- und weichstimmige, schnelle und langsame Schläger. Je öfter der Schlag hintereinander ertönt, desto höher wird die Wachtel geschätzt (BECHSTEIN, K. NEUNZIG). Frisch gefangene Wachteln sind zunächst sehr scheu und fliegen bei Annäherung des Pflegers gegen die Käfig- oder Volierendecke, weshalb man ihnen vorsichtshalber die Handschwingen eines Flügels kürzen sollte. Bei der Haltung im Käfig soll dieser möglichst geräumig sein, eine weiche Leinwanddecke besitzen und eine Schublade mit hohem Rand aufweisen, die reichlich mit Sand gefüllt werden kann. Der Käfig soll sonnig stehen oder durch eine Glühbirne erhellt werden, weil Wachteln Sandbäder im Sonnenschein über alles schätzen. Der Vogel muß einzeln gehalten werden, weil die Hähne ihre Weibchen auf engem Raum durch häufige Kopulationen skalpieren würden, manchmal auch umbringen. In geräumigen Gartenvolieren kann jedoch ein Paar oder ein Männchen mit mehreren Weibchen zusammengehalten werden, wenn vor allem für viel

Gras als Deckung gesorgt und dadurch zu häufiger optischer Kontakt zwischen den Tieren vermieden wird. Über seine Erfahrungen mit der Aufzucht und Haltung der Wachtel schreibt HEINROTH unter anderem: „Die durch ihren eigenartigen Ruf bekannte Wachtel hat in ihrem Verhalten manches Eigentümliche. Hahn und Henne sind in ihrem Federkleid für den Kenner wohl zu unterscheiden, aber nicht viel verschiedener gefärbt als die Rebhühner, und trotzdem besteht keine Ehigkeit. Nun sind aber bei der Wachtel die Geschlechter stimmlich sehr verschieden, insbesondere die Henne hat nicht den dem Hahn zukommenden Ruf, es kann also sein, daß bei diesen unehigen Tieren an Stelle des Prachtkleides die auffällige Lautäußerung getreten ist"". Die HEINROTHS ließen Wachteleier von Tauben erbrüten und im Brutofen schlüpfen. Die Küken brauchten ca 1½ Tage zum Kennenlernen des wärmenden Unterstandes, pickten sehr bald nach frischen Ameisenpuppen und ließen als Stimmfühlung ein ganz leises piepsendes Wispern hören; ab und zu vernahm man auch ein sanftes „Brüb brüb brüb". Fühlten sie sich vereinsamt, zeigten sie dies mit lautem einsilbigem „Di" an. Sie waren von Anfang an nicht schreckhaft, sondern recht zutraulich und liefen HEINROTHS im Alter von einer Woche im Zimmer nach. Schon bald badeten sie tüchtig im Sand, schwirrten, 11 Tage alt, durchs Zimmer und konnten mit 19 Tagen richtig fliegen, so daß sie auch in der Luft umzuwenden vermochten. Mit 6 Wochen ließ der Hahn ein lautes „Werr werr" hören, zugleich entwickelte sich der richtige Wachtelschlag schon recht klar und deutlich. Eine Woche später setzte bereits die Zugzeit ein, so daß sich die Tiere nachts durch ihre Flatterei blutige Köpfe holten; am Tage zeigten sie sich dann schläfrig. Sie waren am 17./18. Mai geschlüpft, und da sich der Eintritt des Wandertriebs bei Jungvögeln anscheinend weniger nach der Jahreszeit als dem Lebensalter richtet, wurden sie schon Anfang Juli reiselustig, also zu einer Zeit, wo draußen die Wachteln noch lange nicht ziehen, ja wohl viele erst aus den Eiern schlüpfen. Eine Untersuchung der Mauserverhältnisse ergab, daß beim Männchen die 4, beim Weibchen die 5 innersten Handschwingen erneuert und verhornt waren, und der ganze Flügel einen durchaus fertigen und völlig gebrauchsfähigen Eindruck machte, so daß er geeignet war, den Wanderweg zu bewerkstelligen. Als das Paar in einem Käfig gehalten wurde, vertrug es sich nicht gerade gut, und es gab Zeiten, in denen der Bruder seine Schwester verfolgte, sowie auch solche, wo das Umgekehrte der Fall war. Lockte der Hahn mit einem Bissen im Schnabel das Weibchen und umbalzte es, war es gegen den Pfleger, namentlich dessen Hände, aggressiv und hackte danach. Die erwachsenen Wachteln waren sehr zutraulich, nicht schreckhaft, ließen sich ruhig greifen und nahmen es nicht besonders übel, wenn man sie in die Hand nahm.

Das Wachstum verlief folgendermaßen:

Zahl der Tage	0	2	4	6	8	12	14	16	18	20	24	28	35	42	49
Gewicht ♂ in g	5	6,5	8,5	13	17,5	27	31	38	46	50	62	–	87	105	100

Zahl der Tage	0	2	4	6	8	12	14	16	18	20	24	28	35	42	49
Gewicht ♀ in g	5,5	7	10	15,5	20,5	28	34	41	51	57	67	77	97	129	120

Als Aufzuchtfutter werden Wachtelküken Kükenaufzuchtmehl, hartgekochtes zerriebenes Eigelb und, wenn möglich, frische Ameisenpuppen verabreicht. Mit 8 Tagen erhalten sie Körnerfutter (Hirse, Spitzsamen, Mohn, etc.) sowie kleingehacktes Grünzeug (Salat, Vogelmiere, Löwenzahn). Erwachsene erhalten Wellensittich- oder Kanarienfutter mit Zugabe einer Waldvogelmischung. Zur Brutzeit empfiehlt sich die Darreichung von Hennenlegemehl und hin und wieder ein paar Mehlwürmern. Feiner Grit und Futterkalk sollen stets vorhanden sein. Wachteln können kalt überwintert werden, wenn sie eine zugfreie trockene Unterkunft aufsuchen können. Ein Sandbad darf nicht fehlen. Interessant ist die Mitteilung von BECHSTEIN, wonach seine Wachteln besonders gern Bäder in angefeuchtetem Sand zu nehmen schienen, eine Beobachtung, die NICOLAI (mündlich) auch bei seinen Zwergwachteln machte.

Weiterführende Literatur:

CRAMP, S. et al.: Handbook of the Birds of Europe, the Middle East and North Africa. Vol. II, Hawks to Bustards. – Quail; pp. 469–503. Oxford University Press, Oxford/London/New York 1980

BECHSTEIN, J. M.: Naturgeschichte der Hof- und Stubenvögel. Wachtel; pp. 298–301. Verlag E. Keil, Leipzig 1870

GLUTZ VON BLOTZHEIM, U. N. et al.: Handbuch der Vögel Mitteleuropas. Bd. 5, Galliformes und Gruiformes. Wachtel; pp. 283–320. Akadem. Verlagsbuchhdlg., Frankfurt a. M. 1973

HARTERT, E.: Die Vögel der paläarktischen Fauna; Bd. III; *Coturnix*, pp. 1938–1943; Friedländer & Sohn, Berlin 1921–22

HEINROTH, O., HEINROTH, M.: Die Vögel Mitteleuropas. 3. Bd.; Wachtel; pp. 239–241. H. Behrmühler, Berlin-Lichterfelde 1928

HORSTKOTTE, E.: Beobachtungen zum Verhalten der Wachtel. Anthus 5; pp. 115–119 (1968)

INGOLD, R.: Zerstörte Rebhuhn- und Wachtelgelege während der Heuernte. Ornith. Beob. 18; pp. 49–53 u. 68–71 (1921)
KIPP, F. A.: Die Gattung *Coturnix* – eine Invasionsvogelgruppe. Vogelwarte 18; pp. 160–164 (1956)
MEISE, W.: Über Zucht, Eintritt der Geschlechtsreife, Zwischen- und Weiterzug der Wachtel. Vogelwarte 17; pp. 211–215 (1954)
MOREAU, R. E.: The Palaearctic-African Bird Migration Systems. Wachtelzug und Aufenthalt in Afrika; pp. 13 u. 191–192. Academic Press, London u. New York 1972
NEUNZIG, K.: Einheimische Stubenvögel. Wachtel pp. 446–449. Creutz'sche Verlagsbuchhdlg. Magdeburg 1922
DERS.: Praxis der Vogelpflege und -züchtung. Wachtelhäuschen; p. 209, 236, 242. Creutz'sche Verlagsbuchhdlg. Magdeburg 1927
PFEIFER, S.: Etwas zur Balz der Wachtel. Orn. Mitt. 6; pp. 163–164 (1954)
SCHELCHER: Zu den Stimmäußerungen der Wachtel, Orn. Mschr. 42; pp. 316–317 (1917)
SCHIFFERLI, A.: Aus dem Leben der Wachtel. Freunde-Ber. 1950. Schweiz. Vogelwarte Sempach 2–15 (1951)
SCHWARZ, M., SUTTER, E.: Die Brutvögel Europas. 3. Bd.; Wachtel; pp. 38–42. Silva-Verlag Zürich (ohne Jahresangabe)
STENGER, B. M.: Die Wachtel. Ein Beitrag zu ihrer Lebensgeschichte. Nachr. Naturw. Mus. Aschaffenburg 48; pp. 1–23 (1955)
TOSCHI, A.: Experienze sul comportamento di Quaglie a migrazione interotta. Ric. Zool. appl. Caccia 27; pp. 1–275 (1956)
DERS.: La Quaglia. Vita – Caccia – Allevamento. Suppl. Ric. Zool. appl. Caccia 3; pp. 1–167 (1959)
URBAN, E. K., FRY, C. H., KEITH, S.: The Birds of Africa, Vol. II *Coturnix,* pp. 13-16, Acad. Press, London 1986

Japanwachtel
Coturnix japonica, Temminck u. Schlegel 1849

Engl.: Japanese Quail.

Heimat: In der UdSSR Transbaikalien nordwärts bis zum Vitim-Plateau, ostwärts das Amurland, Ussurien, Sachalin und die Süd-Kurilen. In der Mongolischen VR im Norden das Khalkaflußtal und das Gebiet des Buyr Nor, nordwestwärts bis zu dem östlich von Ulan Bator gelegenen Kentei-Gebirge und das Toulabecken. In China die Provinzen Heilungkiang (Mandschurei), Liaoning (Dschehol) und Hopé, ferner ganz Korea sowie die Japanischen Inseln von Hokkaido und Hondo südwärts zu den Japanischen Alpen; die Insel Tschuschima, die Riu-Kiu-Inseln.

Die Japanwachtel überwintert von Mittel-Japan südwärts, in China einschließlich Taiwans und Hainans, im Norden Indochinas sowie in Nord-Thailand, Burma und Assam. 2 Unterarten.

Die Verbreitungsareale von *C. coturnix* und *C. japonica* überlappen sich im Gebiet von Ulan Bator und an der oberen Angara am Nordostende des Baikal, doch sind sichere Hybriden aus diesen Gebieten nicht bekannt.

Beschreibung: Geschlechter wenig verschieden. Die Japanwachtel ist der *C. coturnix* sehr ähnlich und von ihr am sichersten durch die bei beiden Geschlechtern, vor allem aber den Männchen, im Winterkleid bis 12 mm langen, schmal lanzettlichen, weißen Kehlfederchen unterscheidbar, zur Brutzeit auch durch den ganz anders klingenden Schlag. Die meisten Japanwachtelmännchen haben im Brutkleid eine einfarbige rötlichbraune Kehl- und Wangenfärbung ohne die schwarze Ankerzeichnung der heimischen Wachtel. Das Gefieder der Japanwachtel ist im Vergleich zu ihr dunkler, auf der Oberseite kontrastreicher, unterseits dunkler rötlichbraun. Doch haben diese Unterschiede bei der großen Farbvariabilität der Japan-Zuchtwachteln zur Arterkennung heute kaum noch Bedeutung.

Größe: kleiner als *C. coturnix*. Länge ca. 150 mm; Flügel 99 mm.

Die Festlandpopulationen sind im Durchschnitt etwas heller als die Japans und von BOGDANOW als eigene Unterart *C. j. ussuriensis* beschrieben worden.

Dunenkleid und Ei der *C. japonica* sind von *C. coturnix* nicht verschieden. Gelegestärke der Wildform 7 bis 8 Eier (YAMASHINA).

Lebensgewohnheiten: Nach YAMASHINA (1961)

ist die Wachtel in Japan weit verbreitet. In Hokkaido und dem Norden Hondos (Honshus) liegen die Brutplätze auf Grasland in offenem Gelände, in Mittel-Hondo dagegen im Hochland über 500 m hoch. Habitate sind Grasland, niedriges Gestrüpp an Flußufern und die Seeküste in Gebieten mit dichtem Graswuchs. Nach Beobachtungen von JAHN bewohnt die Japanwachtel anscheinend niemals Felder, und da auf Hondo Wiesen und Grasland nur am Fuß der Gebirge vorkommen, lebt sie nur dort. Auf Hokkaido, wo es in den Ebenen viel Wiesengelände gibt, ist sie dagegen überall häufig. Im Winter streichen die Wachteln weit umher und halten sich auf den abgeernteten Feldern der südlichen Hauptinseln, am liebsten an grasbewachsenen Stellen der Flußläufe, Ödland und dergleichen auf. Nach LA TOUCHE ist die Japanwachtel ein häufiger Zugvogel entlang der chinesischen Küste und während des Winters im unteren Jangtse-Tal gemein. Ebenso überwintert sie in großer Zahl in Fohkien, Kwangtung und Jünnan, ist überhaupt während des Winters über große Teile Chinas verbreitet und in Gras- und Buschdickungen aller Art häufig anzutreffen. Meist tritt sie dort paarweise und nur während des Zuges selbst in großen Schwärmen auf. Natürlich ist sie auch in Ostasien starken Verfolgungen durch den Menschen ausgesetzt.

Haltung: Ob die Domestikation dieser Wachtel im 11. Jahrhundert zuerst in Japan begann, oder um diese Zeit selektierte Wachteln aus Korea und China nach Nippon gebracht wurden, ist nicht bekannt. Ihre Haltung und Zucht als Singvogel gelang wahrscheinlich bereits im Japan der Muromadura-Ära um 1300 n. Chr. Nach TAKA-TSUKASA soll der Samurai Akamatsu während der späteren Tokugawa-Ära die ersten erfolgreichen Domestikationsversuche durchgeführt haben, und erste schriftliche Zeugnisse werden auf die Keicho-Periode (1596 bis 1614) zurückgeführt. Während der Meiwa-Periode (1764 bis 1771) und der An-ei-Zeit (1772 bis 1780) war die Wachtel nicht nur als Singvogel, sondern auch ihr zartes Fleisch beliebt. Der für europäische Ohren unmelodische Schlag des Hahnes, ein rauhes „Qua grrr" wurde von den Samurai hoch geschätzt und der Wachtel besondere Verehrung gezollt, woraufin Japan heute noch prunkvolle Käfige aus Edelhölzern mit Gold-, Silber-, Perlmutt- und Elfenbeinverzierungen hinweisen. Zwecks Singwettbewerben wurden beispielsweise in Tokio große Wachtelausstellungen veranstaltet, bei denen man nur ganz bestimmte Gesangsrichtungen auszeichnete. Nach YAMASHINA wurde der Japaner KOTARO ODA auf gut legende Wachtelhennen seines Bestandes aufmerksam und begann 1910 mit der Selektion auf Legeleistung. Er wird deshalb als der Begründer der heutigen Wachtelzucht Japans angesehen. Zuchtzentren waren bereits vor 1939 die Provinz Aichi und die Stadt Toyohashi nördlich von Tokio. Durch die Notlage der hungernden Bevölkerung während des 2. Weltkrieges wurde fast die gesamte Wachtelzucht Japans vernichtet. Doch KEJI SUZUKI nahm die Zucht mit wenigen Tieren aus übriggebliebenen Beständen wieder auf, und um 1970 gab es in Japan schon wieder eine Wachtelindustrie mit 2 Millionen Legewachteln. Nach ELLER kann jedoch auch bei diesen Vögeln nur von einer Halbdomestikation gesprochen werden, denn die Gekäfigten zeigen regelmäßig im Herbst Zugunruhe. In der größten Brutanstalt in Suzuki werden ständig 35 000 Zuchtwachteln gehalten. Die Küken schlüpfen in Elektrobrütern nach 16- bis 17tägiger Bebrütung der Eier und werden sofort durch Prüfung der winzigen Geschlechtsorgane sortiert. Nur ein kleiner Teil der Hahnenküken wird zwecks späterer Fleischgewinnung am Leben erhalten, der Rest beseitigt. Mit ca. 30 Tagen haben die Jungen fast Erwachsenengröße erreicht und werden in Legeräume gebracht. Dort wird jede Henne einzeln in einem würfelförmigen Käfig aus Bambus- oder Holzstäbchen mit Netz- oder Kartondecke auf Maschendraht gehalten. Die Käfige haben 15 bis 18 cm Seitenlänge und werden nebeneinander und aufeinander gestellt, so daß in einer Zimmerecke in 2 Reihen mit je 8 Stockwerken von jeweils 12 Käfigen ca. 200 Wachteln auf engstem Raum gehalten werden können. Der Raum ist fensterlos und wird Tag und Nacht unter elektrischer Beleuchtung gehalten. Diese bewirkt eine beschleunigte, mit dem Alter von 5 bis 6 Wochen abgeschlossene Geschlechtsreife. Man unterdrückt dadurch auch eine ausgeprägte Mauser und ein Stagnieren der Legeleistung. Der dauernde optische Reiz bewirkt über zentralnervöse Hypothalamus-Zentren eine Stimulation des Hypophysen-Vorderlappens, was zu einer kontinuierlichen Ausschüttung gonadotroper Hormone und damit erhöhter Legeleistung führt. Unter solchen Bedingungen werden jährlich pro Wachtelhenne 300 Eier gelegt. Junghennen beginnen in Abhängigkeit von Beleuchtung und Fütterung bereits im Alter von 40 bis 60 Tagen mit dem Legen. Dies ist die kürzeste Zeitspanne zwischen Schlupf und erster Eiablage bei einer Vogelart. Das durchschnittliche Eigewicht beträgt 10 g. Während Wachtelhennen bei natürlicher

Beleuchtung fast ausschließlich in den späten Nachmittagsstunden legen und ihre Leistung dann von März bis Ende August nur ca. 100 Eier beträgt, wonach eine 2monatige Mauser folgt, verteilt sich bei ununterbrochener künstlicher Beleuchtung der Termin der Eiablage über den ganzen Tag. Im Vergleich mit dem Haushuhn ist bei der Wachtel ein intensiverer Stoffwechsel pro kg Körpergewicht festzustellen. Das sehr viel schnellere Wachstum und die relativ höhere Legeleistung läßt dementsprechend qualitative Unterschiede in der Fütterung erwarten. Nach YAMASHINA verfüttert man in Japan an Altvögel einen Brei aus 30 % Fischmehl, 25 % Maismehl, 15 % Weizenkleie, 27 % Reiskleie und 3 % Grasblattmehl. Diese Bestandteile werden mit Wasser zu einem dicken Brei geknetet, so daß Trinkwasser nicht erforderlich ist. Der hohe Eiweißbedarf der Legewachtel hat später dazu geführt, eiweißreiches Geflügelfutter wie Putenstarter oder Legemehl zu verfüttern, was zufriedenstellende Ergebnisse bringt. Auch spezielles Wachtelfutter wird vom Handel mancher Länder hergestellt.

Die Kunstbrut von Wachteleiern kann in gewöhnlichen Brütern (Flächen- und Schrankbrütern) durchgeführt werden, nur müssen die Bruthorden Unterteilungen für die kleinen Wachteleier erhalten. Die auf dem Markt angebotenen Wachtelbrüter sind für alle Kleinhuhnarten verwendbar. Die Befruchtungsrate von Japan-Zuchtwachteleiern schwankt in den weiten Grenzen von 30 bis 90 % und ist von Haltungsbedingungen und Alter der Elternvögel, der mono- oder polygamen Haltung derselben sowie von Inzuchterscheinungen abhängig. Nach VOGT und STEINKE erreicht man bei der Haltung des Hahnes mit einer Henne die besten Befruchtungsergebnisse, und das Geschlechtsverhältnis von 1:3 sollte nicht überschritten werden. Bei 70 bis 80 Tage alten Zuchtwachteln sind Befruchtung der Gelege und Schlüpffähigkeit der Küken optimal und sinken mit zunehmendem Alter der Elternpaare. Nach ABPLANALP sowie SITTMANN et al. tritt bei der Japanwachtel leicht Sterilität durch Inzucht auf. Nach 7jähriger Beobachtung stellte SITTMANN bei stark ingezüchteten Wachtelstämmen fest, daß sich bei diesen durch eine erhebliche Zahl ungünstiger rezessiver Gene in der 3. Generation totale Sterilität einstellte.

Als geeignetste Bruttemperatur empfiehlt STEINKE im Vorbrüter 37,8° C und eine relative Feuchtigkeit von 60 bis 65 %. Im Schlupfbrüter wird eine Temperatur von 37,3° C und mittlere Feuchtigkeit von 80 % vorgeschlagen. Da die Eier stündlich gewendet werden müssen, ist eine automatische Wendevorrichtung unabdingbar. Für die Küken wird in den ersten Tagen eine Temperatur von 38 bis 40° C empfohlen, die in den darauffolgenden Tagen um ca. 1° C täglich gesenkt werden kann. Gegen Ende der 2. Lebenswoche genügt eine Raumtemperatur von 24° C. Als Erstlingsfutter hat sich ein handelsübliches Putenstarterfutter mit 28 % Proteingehalt bewährt, wozu noch während der ersten Lebenstage Vitamingaben kommen. Ab der 5. und 6. Woche kann der Proteingehalt auf 20 % gesenkt werden. Wachtelküken wiegen beim Schlupf 7 g, nach 3 Wochen 67 g, mit 6 Wochen 110 g und in erwachsenem Zustand 112 bis 124 g. Das Wachtelmännchen wiegt mit 112 g weniger als die durchschnittlich 124 g schwere Wachtelhenne.

In Farmen gehaltene Japanwachteln werden als Mastwachteln mit 5 Wochen, als Legewachteln nach einem Jahr geschlachtet.

Das Verhalten der Japanwachtel ist nur aus Gefangenschaftsbeobachtungen bekannt, die nur zum Teil mit dem in freier Wildbahn übereinstimmen werden. Bei Gruppenhaltung bildet sie Gemeinschaften, die durch eine ausgeprägte Hackordnung gekennzeichnet sind. Unterlegene werden vom Futterplatz verdrängt, verfolgt und vor allem auf den Kopf gehackt. Sehr ausgeprägt ist dieses Verhalten bei 10 bis 12 Monate alten Wachtelhennen. Bei paarweiser Haltung werden Hähne häufig von Hennen angegriffen. In männlichen Gruppen führen Zweikämpfe sehr oft zu schweren Verletzungen und Todesfällen. Durch Käfighaltung läßt sich die Hackordnung nicht ausschalten. Über das sonstige Verhalten und Stimmäußerungen der Japanwachtel ist nur sehr wenig bekannt. Der rauhe, unmelodische Schlag des Männchens wurde schon erwähnt. Zur Paarhaltung in Volieren sind Japanwachteln sehr gut geeignet. Bietet man ihnen Versteckmöglichkeiten, in denen sie sich sicher fühlen, werden sie schnell vertraut. Den Bruttrieb haben die Weibchen allerdings nahezu verloren, so daß natürliche Bruten zu den Seltenheiten gehören. Durch künstliche Besamung konnte die Züchtung von Fasan × Wachtel-Hybriden erreicht werden, die eine niedrige Schlupfrate hatten. Über die Fertilität von Kreuzungstieren zwischen *C. coturnix* × *C. japonica* sind die Ansichten noch geteilt. Wie schon erwähnt, sind Bastarde aus den sibirisch/mongolischen Kontaktzonen bislang nicht bekannt. In Gefangenschaft wurden an Kreuzungshähnen der F1-Generation Störungen der Spermiogenese nachgewiesen (LEPORI; PALA u. LISSA-FRAU), während nach

MOREAU u. WAYRE die Fruchtbarkeit der Kreuzungstiere nicht wesentlich gemindert gewesen sein soll.

Über den Erstimport der Japanwachtel nach Europa ist uns nichts bekannt. Außer in Japan ist die Wachtelzucht nach ELLER in China, vor allem Hongkong, sowie in südostasiatischem Raume (Thailand, Malaysia) seit langem populär. Seit Mitte der 50er Jahre spielt sie auch in Italien und Frankreich eine Rolle und soll in letzterem Land 1963 schon 1,25 Millionen Tiere umfaßt haben, die hauptsächlich zur Fleischgewinnung dienten. In der Bundesrepublik Deutschland hat die Japanwachtelzucht keine wirtschaftliche Bedeutung. Bei Maxen in der Lüneburger Heide wird sie nach STEINBACHER in Großzuchten für den Markt betrieben. Von der Japanwachtel sind zahlreiche Farbschläge gezüchtet worden.

Weiterführende Literatur:
ABPLANALP, H., WOODARD, A. E., WILSON, W. O.: Unnatural day length and egg production in *Coturnix*. Poult. Sci. 40; p. 1369 (1961)
DIES.: The effects of unnatural day lenghts upon maturation and egg production of Japanese quail. Poult. Sci. 41; pp. 1963–1968 (1962)
BERGMAN, ST.: Zur Zucht japanischer Wachteln in Schweden und Japan. Gef. Welt 90; p. 148 (1966)
ELLER, G.: Die Japanische Wachtel – *Coturnix c. japonica*. Eine Monographie. Diss. vet. med. Gießen 1971
FOLLETT, B. K., FARNER, D. S.: The effects of the daily photoperiod on gonadal growth, neurohypophysial hormone content and neurosecretion in the hypothalamohypophysial system of the Japanese quail. Gen. comp. Endocr. 7; pp. 111–124 (1966)
GLUTZ VON BLOTZHEIM et al.: Handbuch der Vögel Mitteleuropas Bd. 5; Japanwachtel; p. 293 u. 320. Akad. Verlagsges. Frankfurt/Main 1973
HARTERT, E.: Die Vögel der paläarktischen Fauna, Bd. III. Japanwachtel p. 1943; Friedländer & Sohn, Berlin 1921–22
JAHN, H.: Zur Ökologie und Biologie der Vögel Japans. Journ. Orn. 90; Japanwachtel; p. 299 (1942)
LA TOUCHE, J. D. D.: A Handbook of the Birds of Eastern China, Vol. II; Japanwachtel; pp. 253–256. Taylor & Francis, London 1931–1934
LEPORI: Spermiogenesestörungen bei Kreuzungswachteln. Riv. Ital. Orn. 34; (1964)
LÖHRL, H.: Europäische Wachteln, Gef. Welt 87; pp. 46–47 (1962)
MOREAU, R. E., WAYRE, P.: On the Palaearctic Quails. Ardea 56; pp. 209–227 (1968)
PALA & LISSA-FRAU: Riv. Ital. Orn. 36 (1966)
ROTHSTEIN, R.: Some observations on the nesting behaviour of Japanese quail in pseudo-natural conditions. Poult. Sci. 46; pp. 260–262 (1967)
SACHS, B. D.: Sexual aggressive interaction among pairs of quail (*C. c. japonica*). Amer. Zoologist 6; p. 559 (1966)
SARVELLA, P.: Raising a new hybrid: Pheasant × Japanese quail. Poult. Sci. 50; pp. 298–300 (1971)
SITTMANN, K., ABPLANALP, H., FRASER, R. A.: Inbreeding depression in Japanese Quail. Genetics 54; pp. 371–379 (1966)
STEINBACHER, J.: Wachtelzucht in Deutschland, Gef. Welt; p. 40 (1966)
STEINKE, L.: Über die künstliche Erbrütung von Wachteleiern. DGS, 18; pp. 106–107 (1966)
STEVENS, V. C.: Experimental study of nesting by Coturnix Quail. J. Wildl. Mgmt. 25; pp. 99–101 (1961)
TAKA-TSUKASA, N.: Quail breeding in Japan. Avic. Mag. 3/12; pp. 24–28 (1921)
VINCE, M. A.: Artifical acceleration of hatching in Quail embryos. Animal Behaviour 14; pp. 34–40 (1966)
DIES.: Retardation as a factor in the synchronisation of hatching. Animal Behaviour 16; pp. 332–335 (1968)
VOGT, H., STEINKE, L.: Beobachtungen über den Einfluß von Geschlechtsverhältnis und Alter auf Befruchtung und Schlupffähigkeit bei Japan-Wachteln, Arch. Gefl. kde 34; pp. 1–6 (1970)
YAMASHINA, Y.: Quail breeding in Japan. J. Bombay Nat. Hist. Soc. 58; pp. 216–222 (1961)

Regenwachtel
Coturnix coromandelica, Gmelin 1789

Engl.: Black-breasted or Rain Quail.
Abbildung: Seite 176.
Heimat: Die Indische Halbinsel von Pakistan im Westen bis Bangla Desch im Osten und Burma einschließlich der Shan-Staaten; auf Ceylon (Sri Lanka) seltener Irrgast. Keine Unterarten.
Beschreibung: Geschlechter verschieden gefärbt. In der Färbung steht das Männchen etwa in der Mitte zwischen Europäischer und Harlekinwachtel und bildet mit letzterer eine Superspezies. Scheitel schwarz mit breiter rotbrauner Federsäumung; von der Stirn zieht ein schmales ockergelbes Band quer über die Scheitelmitte bis in den Nacken. Auf dem Seitenscheitel wird es beiderseits von einem kürzeren Band gleicher Farbe begleitet, das oberhalb der Augen beginnt und bis in Höhe der Ohrdecken verläuft; eine breite weiße Überaugenbinde zieht von der Stirn zum Seitenhals; ein schmales schwarzes Zügelband zieht durchs Auge und geht in die dunkelbraunen Ohrdecken über, um dahinter bis zu den Halsseiten zu verlaufen. Kinn, Kehle und Gesicht weiß; ein schmaler dunkelbrauner Bartstreif verläuft

bis unterhalb des Auges; von der Kinnmitte erstreckt sich ein schmaler schwärzlicher Streifen abwärts bis zur Unterkehle, sich dort keilförmig verbreiternd und jederseits einen im rechten Winkel dazu quer über Kehlseiten und Wangen verlaufenden schwärzlichen Streifen abzweigend, der kurz vor den unteren Ohrdecken endet. Er wird unten von einer breiten, weißen, caudal schwarz gesäumten Kehlbinde eingefaßt, die jederseits bis zu den hinteren Ohrdecken verläuft. Oberseite und Schwanz wie bei der Europäischen Wachtel, aber satter und tiefer im Farbton; Handschwingen und äußere Armschwingen ungebändert und hell gesäumt. Brustmitte und Bauch schwarz, ein breites Kropfband und die Flanken hell ockerbräunlich, mit kräftiger, langtropfenförmiger schwarzer Längsstreifung. Schnabel in der Brutzeit schwarz, sonst hornschwärzlich mit hellerer Basis; Iris haselbraun bis dunkelbraun, die Beine hell fleischfarben, in der Brutzeit rötlicher.

Länge 180 mm; Flügel 93 bis 96 mm; Schwanz 29 bis 32 mm; Gewicht 64 bis 85 g.

Der Henne fehlen schwarze Kopfzeichnung und Brustfleck; sie ist dem europäischen Wachtelweibchen recht ähnlich. Flügel 90 bis 97 mm.

Dunengefieder nach KÖNIG-PÖSSNECK mit über den Scheitel ziehendem schmalen gelben Streif, der jederseits von einem dunkelgrauen Streif gesäumt wird; über die Rückenmitte verläuft ein breites dunkelgraues Band, jederseits von einem hellgelben Streif gesäumt; Unterseite trübgelb.

Gelegestärke 6 bis 8; Ei breitoval, an einem Ende ziemlich stark zugespitzt, dünn- und glattschalig, die glänzende Oberfläche mit recht variabler, schwach gelblichweißer bis kräftig bräunlich-isabellgelblicher Grundfärbung, darauf neben zarter Fleckdeckung kräftige und unregelmäßige, schwärzliche, purpur- oder olivbraune Kleckung (26,9 bis 30,8 mm × 19,2 bis 22,4 mm); Brutdauer 17 bis 19 Tage.

Lebensgewohnheiten: Gleich der afrikanischen Harlekinwachtel ist auch die eng mit ihr verwandte indische Regenwachtel ein Invasionsvogel. Ihre Zugbewegungen sind jedoch viel weniger geklärt als bei der Afrikanerin. Im trockenen Nordwesten Indiens erscheint sie bei Regenfällen plötzlich, brütet und verläßt das Gebiet mit den selbständigen Jungen. Auf der Indischen Halbinsel fällt die Brutzeit mit dem Beginn des regenbringenden Südwest-Monsum zusammen und währt von Ende Juni bis Oktober mit einem Höhepunkt im August/September: Der Name „Regenwachtel" ist also treffend gewählt. Habitate der Art sind Gras- und Dornbuschdschungel, Reisstoppelfelder sowie Kulturland, oft dicht bei Häusern und Dörfern. Weiter östlich, in Burma, bewohnt sie die Trockenzone und das Shan-Plateau, wo sie im April eintrifft und bis in Lagen von 1370 m häufig ist. Im Irawaddi-Delta kommt sie während der Trockenzeit in den Erbsenfeldern der zur Regenzeit überfluteten Flußebene vor (STANFORD). Auf dem indischen Subkontinent gewöhnlich ein Bewohner von Ebenen und Hügelgelände, ist die Regenwachtel an den Südausläufern des Himalaja noch bei 2000 m angetroffen worden. Das Verhalten der Art ist nur aus Volieren- und Käfigbeobachtungen bekannt.

Haltung: Regenwachteln wurden erstmalig 1861 nach Europa in den Londoner Zoo importiert. 1874 war die Art im Amsterdamer, 1884 im Berliner Zoo vertreten. Die Welterstzucht gelang 1903 gleichzeitig SETH-SMITH und THORNILEY in England sowie KÖNIG–PÖSSNECK in Deutschland. Untersuchungen über das Verhalten dieser Wachtel haben WENNRICH und GOYDKE 1971–1973 an gekäfigten Vögeln durchgeführt. Danach ist der Schlag des Hahnes, das Krähen, während der ganzen Fortpflanzungszeit zu hören und die lauteste Stimmäußerung der Art. Er besteht aus einer wechselnden Zahl aufeinanderfolgender Doppelschläge von zunehmender Lautstärke, denen meist ein Schlag, seltener 2 Einzelschläge geringerer Lautstärke vorausgehen. Zum Krähen erklimmt der Hahn einen erhöhten Platz, nimmt seine Prahlhaltung ein, d. h. richtet sich senkrecht auf und ruft „Wit-witwit-witwit", wobei er sich im Extremfall bei jedem Doppelschlag auf die Zehenspitzen erhebt. Optische Isolierung von der Henne bewirkt sofort eine Intensivierung des Krähens, das außerhalb der Fortpflanzungszeit selten gehört wird. Nur das Weibchen stößt den wie „Tridit" oder „Quidit" klingenden Kontaktruf, seine lauteste Stimmäußerung, aus. Er kann bis zu 20mal wiederholt werden. Die erste Silbe, lang und betont gebracht, klingt tief und guttural, die zweite höher, kurz und unbetont. Weibchen äußern den Kontaktruf als Antwort auf das Krähen der Hähne, und jedes antwortet nur auf den Schlag des eigenen Männchens. Nur zu Beginn der Brutzeit wird ein Verfolgen des Weibchens durch den Hahn häufig beobachtet. Dieser ruft mit fast bis auf den Boden geducktem Körper, leicht angehobenem Hinterteil und waagerecht sowie niedrig gehaltenem Kopf und Hals, das Rückengefieder deutlich gesträubt „Tschri-di-di!", rennt hinter dem fliehenden Weibchen her und packt es mit dem Schnabel im Nackengefieder. Eine Kopulation wurde dabei nicht beobachtet. Beim Stolzieren schreitet der Hahn mit stark aufgerichtetem Vorderkörper, der den schwarzen Brutfleck maximal zur Geltung kommen läßt, senkrecht emporgestrecktem Hals und waagerecht gehaltenem Kopf mit hohen steifen und langen Schritten langsam vorwärts, dabei das Weibchen fixierend. Zu Beginn der Fortpflanzungszeit wird diese Haltung viel häufiger als sonst beobachtet. Beim Futterlocken nähert sich der Hahn in flacher Haltung mit glatt anliegendem Gefieder und gerade nach vorn gerichtetem Hals einem Futterbrocken und bearbeitet ihn pickend und unter Kopfschüttelbewegungen, nimmt ihn schließlich in den Schnabel und bietet ihn, die Gelenke stark eingeknickt, der Henne an. Dabei stößt er den Futterlockton „Tuck-tuck" oder „Tük tük" aus. Hat das Weibchen das Futter angenommen, beendet er das Locken, geht in seine Stolzhaltung über und zeigt häufig Kopulationsintension. Beim Nestzeigen wählt das Männchen geeignete Plätze zwischen Vegetation aus, rennt zum Weibchen zurück und wiederholt dieses Verhalten mehrfach, um sich danach auf einem der erwählten Plätze zum Nestmuldenscharren niederzulassen, führt dort Scharrbewegungen aus und demonstriert Muldendrehen, dabei gelegentlich Nickbewegungen mit dem Kopf ausführend. Er nimmt mit dem Schnabel Halme und Zweiglein auf, wirft sie nach hinten über den Rücken und stößt dabei häufig den Nestruf „Tidi dü….tidi dü" aus. Daraufhin nähert sich das Weibchen zögernd, und beide nicken mit den Köpfen. Manchmal setzt sich die Henne auch zögernd in die Mulde und führt ein paar Scharrbewegungen aus. Die Scharraktivität des Paares kann so stark werden, daß beide in der Mulde scharren wollen und sich gegenseitig aus dem Nest zu verdrängen suchen. Solche Nistzeremonien wurden bei den Hähnen mehrere Tage vor einer erstmalig beobachteten Kopulation und ca. 3 Wochen vor der ersten Eiablage beobachtet.

Die Begattung wird vom Männchen eingeleitet, das sich in Stolzhaltung, aber dabei mit schräg vorwärts gestrecktem Kopf dem Weibchen nähert. Ist dieses paarungsbereit, duckt es sich nieder und streckt den Hals schräg aufwärts nach vorn. Der Hahn setzt daraufhin einen Fuß auf die Rückenmitte, beißt sich in ihrem Nackengefieder fest und breitet beide Flügel ganz aus. Während des 2 bis 3 Sekunden andauernden Tretens äußert das Weibchen den Kopulationslaut „Tzizi-tzizi-gig". Danach schütteln beide ihr Gefieder, nachdem der abgesprungene Hahn noch kurz seine Stolzhaltung gezeigt hat. Kopulationen werden das ganze Jahr hindurch am Tag wie in der Nacht beobachtet, besonders zahlreich an den Tagen der Eiablage. Diese erfolgt gewöhnlich in die vom Hahn tagszuvor beim Nestzeigen am häufigsten aufgesuchten Nestmulde. Nie ruht sich die Henne nach erfolgter Eiablage auf dem Nest selbst aus. Währenddessen hält sich der Hahn in Nestnähe auf, fixiert das gelegte Ei ein- oder mehrmals und bleibt durch Stimmfühlungslaute mit dem Weibchen in Verbindung. SETH-SMITH berichtet, daß sich der Hahn bei seinen in größeren Volieren gehaltenen Regenwachteln mit Beginn der Brutzeit des Weibchens nicht mehr um dieses kümmere und sich ein zweites Weibchen suche. Ist ein solches nicht vorhanden, kann er die eigene brütende Henne so lange bedrängen, bis sie das Nest verläßt. Deswegen und auch weil manche Wachtelhähne Eier anpicken, sollte man sie zu diesem Zeitpunkt aus der Voliere entfernen und ohne Stimmkontakt mit dem Weibchen halten. Dadurch wird auch ein Dauerlegen bis zur Erschöpfung vermieden. KÖNIG-PÖSSNECK, der seine Regenwachteln in einem 1,5 m × 0,6 m × 0,5 m großen Käfig mit 4 cm dickem Sandboden und reichlicher Bepflanzung züchtete, konnte das Ei-Einrollen beobachten: Nicht in die Mulde gelegte Eier rollte das Weibchen rückwärts laufend, dabei das Ei zwischen Schnabel und Brust haltend, ins Nest.

Nach WERNER trinken Regenwachteln oft und ausgiebig, stehen sogar manchmal längere Zeit in Wassergefäßen, baden aber nie darin. Erhalten sie feuchte Zweige, durchschlüpfen sie diese ständig, und die Hähne beginnen zu rufen. Die gleiche Beobachtung machte SACHS und schreibt: „Wenn man wissen will, woher der Name Regenwachtel stammt, braucht man die Käfigeinrichtung nur ab und zu mit lauwarmem Wasser zu übersprühen, um einen Regenguß vorzutäuschen. Bald danach lassen die Hähne dann ihren Ruf ertönen." Nach WERNER ist das Paar miteinander verträglich, der Hahn kein ausgesprochener „Despot" wie der Zwergwachtelhahn. Das ständige Körperkontaktbedürfnis der Zwergwachtelpaare fehlt der Regenwachtel. Das Paar lebt zwar in Sichtkontakt, aber in gewissem Abstand vom Partner. Zu den Mahlzeiten trifft man sich, dann geht's zur Tränke, aber anschließend zieht jeder seines Weges. Auch die Nachtruhe wird von einem Paar in geringem Abstand voneinander getrennt gehalten. Dafür scharrt sich jeder Partner unter der Deckung einer Grasbülte oder Staude eine flache Grube und liegt etwas seitlich verkantet darin. Sandbäder werden gern genommen, und

Sandbadeverhalten läßt sich durch starke Ausleuchtung des Käfigs mit elektrischem Licht auslösen. Regenwachteln sind scheinbar nicht besonders wärmebedürftig, denn KÖNIG-PÖSSNECK hat sie in unbeheizten trockenen Räumen gut überwintert. Sie ertrugen bis -9° C niedrige Temperaturen ausgezeichnet und waren dabei munter und zutraulich. ROBBINS gibt die Mindestgröße eines Regenwachtelkäfigs mit 1 m × 1 m an. Er verfüttert pelletiertes Kükenfutter (in Krumenform mit 20 % Eiweißgehalt), kleine Hirsesorten und Grassämereien. WENNRICH und GOYDKE reichten handelsübliches Exotenfutter ad lib., 1- bis 2mal wöchentlich frische feingewiegte Endivie oder Kopfsalat, reife Bananen- und Apfelstücke, Keimhafer sowie gekeimte Kolbenhirse mit 1 bis 2 cm langen Trieben, Vogelmiere und zerkleinerten Grit. Daneben wurden gelegentlich ein Gemisch aus gekochtem zerriebenem Hühnerei und Zwieback sowie lebende Insekten angeboten. Bei WERNER stürzten sich die Regenwachteln gierig auf ein eigentlich für Prachtfinken bestimmtes Eifutter. Nachdem er, um das zu verhindern, den Eifutternapf auf einen Podest gestellt hatte, merkten die Wachteln schnell an herabgefallenen Bröckchen, woher die Leckerbissen kamen und sprangen so lange zur Schale hoch, bis diese das Gleichgewicht verlor und sie am Ziel ihrer Wünsche waren.

Die Regenwachtel wird hin und wieder auf dem Vogelmarkt angeboten. Sie ist kleiner als die einheimische und etwas größer als die Zwergwachtel. Da sie weniger stimmfreudig ist als letztere, eignet sie sich entschieden besser zur Zimmerhaltung.

Weiterführende Literatur:
BAKER, E. C. ST.: The Fauna of British India, Vol. V; pp. 375-376. Taylor & Francis, London 1928
KÖNIG-PÖSSNECK, A.: Meine Regenwachteln. Gef. Welt 27; pp. 249-250 (1903)
ROBBINS, G. E. S.: Quail, their breeding and management. Rain Quail p. 72. Publ. World Pheasant Assoc. Suffolk 1981.
SACHS, W. B.: Zwergwachteln. Indische Regenwachtel. Gef. Welt; pp. 148-150 (1967)
SALIM ALI, RIPLEY, S. D.: Handbook of the Birds of India and Pakistan, Vol. 2; pp. 41-42. Oxford Univ. Press, London, New York 1980
SETH-SMITH, D.: Some notes on the quails of the genus *Coturnix*. Avic. Magaz. New Series, Vol. V; pp. 23-33 (1907)
SMYTHIES, B. E.: The Birds of Burma; pp. 446-447. Oliver & Boyd, London 1953
STANFORD, J. K., TICEHURST, C. B.: Notes on the birds of the Sittang-Irrawaddi Plain, Lower Burma. Journ. Brit. Nat. Hist. Soc. 37; p. 859 (1935)
WENNRICH, G., GOYDKE, H.: Zum Balz- und Eiablageverhalten der Regenwachtel in Gefangenschaft. Die Voliere 3; pp. 30-36 (1980)
WERNER, K. W.: Die Regenwachtel (*Coturnix coromandelica* GM) in der Zimmervoliere. Gef. Welt 98; pp. 6-8 (1974)
WHISTLER, H.: Popular Handbook of Indian Birds; pp. 379-380. Gurney & Jackson, London 1935

Harlekinwachtel
Coturnix delegorguei, Delegorgue 1847

Engl.: Harlequin Quail.
Abbildung: Seite 442.
Heimat: Afrika von der Guineasavanne (etwa ab dem 15° nördlicher Breite) unter Aussparung der Regenwaldgebiete südwärts in den Savannen- und Steppengebieten Nordost- bis Südostafrikas und des östlichen Südafrika. Entlang der afrikanischen Westküste seltener, dort am häufigsten im Norden Namibias. Ferner die Inseln Sao Thomé, Sansibar, Pemba, Sokotra, Madagaskar sowie Süd-Arabien. 3 Unterarten.
Beschreibung: Geschlechter verschieden gefärbt. Beim Männchen sind Scheitel- und Nackenfedern schwärzlich mit braunen Endsäumen; von der Stirn verläuft ein schmaler Streifen ockergelber Federn über die Scheitelmitte bis zum Halsansatz; von der Oberschnabelbasis zieht ein markantes weißes Überaugenband bis auf die Halsseiten; es wird unten von einem schwarzen Zügelband begrenzt, das schmal an den Nasenöffnungen beginnt und breiter werdend durch die Augen verläuft, um dahinter in die braunschwarzen Ohrdecken überzugehen. Untere Zügelregion, Kinn, Kehle und Wangen weiß, durch einen an der Kinnbasis beginnenden und breiter werdenden, die Kehlmitte hinablaufenden schwarzen Streifen unterbrochen, der auf der Unterkehle keilförmig endend, je einen Ast abzweigt, der im rechten Winkel dazu, die Kehlseiten aufwärts ziehend, in die Ohrdecken übergeht. Eine parallel darunter verlaufende breite weiße Kehlbinde endet ebenfalls an den unteren Ohrdecken. Sie wird ihrerseits distal von einem schmalen schwarzen Band, das auch aus einer Reihe schwarzer Klecksflecken bestehen kann, gesäumt. Ein wei-

teres schmales schwarzes Band verläuft von der Schnabelspalte quer über die weißen Wangen, um vor den unteren Ohrdecken zu enden, manchmal auch in diese überzugehen. Hinterhals und Mantel bräunlich, jede Feder mit langem nadelförmigem weißem, schwarz gesäumtem Mittelstreif, die Mantelfedern mit schmalen Mittelstreifen und seitlicher isabellfarbener Bänderung; Federn von Halsseiten und Brust rostrotbraun mit schmaler weißer, schwarz gesäumter Schäftung; Mittelkropf, Brust und die unteren Flankenfedern pechschwarz, das übrige Flankengefieder kräftig rostrotbraun mit schmaler schwarzer Schaftstreifung, die auf den äußersten am breitesten ist. Bauch, Steiß und Unterschwanzdecken hell rotbraun; bei einigen Exemplaren kann der Bauch auch isabellfarben mit schwarzer Bänderung sein. Die Schultern und der Rücken bis zu den Oberschwanzdecken graubraun, auf dem Bürzel dazu mit schmaler isabellfarbener, schwarzgesäumter Wellenbänderung, die seitlichen Bürzelfedern dazu noch mit auffälliger, durch schwarze Säumung hervorgehobener, isabellfarbener Streifung. Flügeldecken graubraun mit isabellfarbener oder grauer, schwarz gesäumter Wellenbänderung; Handschwingen einfarbig graubraun, die Armschwingen dazu auf den Außenfahnen graulichisabellfarben gebändert. Schwanzfedern schwarzbraun mit isabellfarbener Wellenbänderung. Schnabel schwarz, Beine rosa oder bräunlich fleischfarben, die Iris braun.

Länge 150 bis 180 mm, Flügel 91 bis 100 mm, Schwanz 28 bis 33 mm; Gewicht 65–81 g.

Beim Weibchen ist der Scheitel wie beim Männchen gefärbt, das breite Überaugenband isabellbraun, die Kehle isabellweiß, seitlich und vom Kropf durch eine Anzahl schwarzgebänderter Federn getrennt; unterhalb der Augen und entlang der Halsseiten ein paar schwarzgespitzte Federn; Kropf und Brustseiten grauisabell oder roströtlich mit hellen Federspitzen und isabellfarbenen Schäften; Brust und Flanken kräftig rostisabell, letztere mit hellerer Schaftstreifung und unregelmäßiger schwarzer Bänderung; Bauchmitte hellisabell. Bei den Weibchen der Harlekinwachtel macht sich auf der Unterseite eine erhebliche Farbvariation bemerkbar. In ganz seltenen Fällen kann ein Altweibchen mit stärkerer Testosteronausschüttung das Männchenkleid annehmen. Albinos kommen vor.

Flügel 93 bis 105 mm, Schwanz 28 bis 33 mm; Gewicht 73 bis 94 g. Subadulte ähneln sehr den Weibchen, weisen jedoch schmalere Streifenmuster und kräftigere Bänderung auf; die Unterseite ist etwas gefleckt; die Flanken stärker gefleckt als längsgestreift; Schnabel- hornbraun.

Beim Dunenküken ist der Scheitel roströtlich mit breitem isabellfarbenem schwärzlich gesäumtem Mittelstreif; übrige Oberseite einschließlich der Flügelchen kräftig braun mit breitem isabellfarbenem Mittelband, das beiderseits von einem schwarzen, darunter weißlichen Seitenband gesäumt wird. Gesicht und Unterseite strohgelb, auf Kehle und Bauch heller.

Gelegestärke 6 bis 8; Ei von unterschiedlicher Grundfärbung, bläulich, schmutzigweiß, grau oder cremefarben, entweder fast einfarbig oder dicht mit zarten schwarzbraunen Pünktchen und Fleckchen, aber auch dichter purpurbrauner bis fast schwarzer Klecksung bedeckt. (28,4 bis 30,2 mm × 22,2 bis 23,4 mm); Brutdauer 14 bis 16 Tage.

Lebensgewohnheiten: Die Harlekinwachtel ist ein ausgeprägter intern-afrikanischer Zugvogel, dessen Wanderbewegungen sehr häufig Invasionscharakter zeigen und deren zeitlicher Ablauf sehr variabel zu sein pflegt. Sie dürften in engster Verbindung mit dem Auftreten von Regenfällen stehen, in deren Gefolge üppiges Pflanzenwachstum und vielfältiges Kleintierleben entsteht, die das Aufwachsen der Wachtelküken gewährleisten. Da die Regenzeiten Afrikas je nach dem klimatischen und geologischen Charakter der betreffenden Gebiete sehr unregelmäßig verlaufen – man denke nur an die jahrelange Dürre der Sahelzone und Südafrikas – ziehen die Harlekinwachteln stets zu niederschlagsreichen Gebieten. Es ist zu vermuten, daß sie entfernt fallende Niederschläge aufgrund von Luftdruckveränderungen zu orten vermögen und sich zielsicher zum Brüten dorthin begeben. Während des Zuges, der tagsüber wie nachts erfolgt, erscheinen sie an Orten, wo sie normalerweise nicht vorkommen, überfliegen z. B. das bewaldete Usambaragebirge Tansanias. Als VAN SOMEREN (1958) sie auf Madagaskar im Unterholz dichten Waldes antraf, könnte es sich um ziehende Wachteln gehandelt haben, die dort Zwischenrast eingelegt hatten, denn auch auf dieser Insel bewohnen sie gleiche Biotope wie in Afrika. Über die invasionsartigen Zugbewegungen der Harlekinwachtel haben BENSON, ELLIOTT, JACKSON u. SCLATER, LYNES, MEINERTZHAGEN, MOREAU u. a. berichtet. VAN SOMEREN, der die Art häufig in Kenia beobachtete und in Volieren züchtete, teilt mit, daß sie dort in wechselnder Häufigkeit von der Küste bis zu den Hochplateaus vorkomme und brüte. Brutbiotope sind Lang- und Kurzgrassteppen, üppige Krautvegetation an Flußufern sowie Kulturland. Verstreuter Baumwuchs wird im Revier geduldet. In der Trockenzeit trifft man die Vögel in kleinen Gruppen an. Während der Fortpflanzungszeit können die Brutpaare isoliert oder in kleinen lockeren Kolonien brüten. Die Hähne rufen dann eifrig ihr ständig wiederholtes, scharfes, pfeifendes „Hu-it witt, hu-it witt" oder „Tiwit tiwit tiwit tiwit". Nach PRESTEL besteht der Schlag aus 5 bis 9 Tönen, die meist in zusammenhängenden Dreiergruppen zu hören sind und oft durch einen Einzel- oder Doppelton abgeschlossen werden. Die Hähne schlagen besonders morgens und abends, bei bedecktem Himmel und vor Regenfällen auch tagsüber. Als Antwort auf den Männchenschlag soll die Henne ein leises „Tuit" ausstoßen, das man allerdings auch während der Futtersuche (als Kontaktlaut?) hört. Eine Harlekinhenne rief nach Absonderung ihres Hahnes, dessen Schlag sie hören konnte, laut „Quick-ik" oder „Kuitt-ik" (TROLLOPE), was wohl als Zusammenführungslaut zu deuten ist. Aufgescheucht rufen sie vor dem Abflug „Piit!". Über Größe der Reviere und deren Abgrenzung ist nichts bekannt. Erblicken die Hähne einen Reviernachbarn, fechten sie wütende Kämpfe aus. Hat ein Hahn das Gefieder des Gegners packen können, schüttelt und zerrt er daran herum wie ein Hund, der eine Ratte totschüttelt. Um gegnerischen Attacken auszuweichen, können sie meterhoch senkrecht in die Höhe springen, eine Fähigkeit, die auch anderen Wachtelarten eigen ist. Während des Schlagens hält der Harlekinhahn genau wie der europäische Wachtelhahn den Körper steil aufgerichtet. Bei dem von VAN SOMEREN (1925) beobachteten Nestzeigen duckt er sich auf den Erdboden, schwenkt seinen Körper von einer Seite auf die andere, dabei ein leises „Tuit-tuit" ausstoßend. Das Weibchen verhält sich zunächst ganz unbeteiligt, pickt auf dem Boden nach Nahrung oder putzt sein Gefieder. Der Hahn ruft erneut, nähert sich in Seitenhaltung der Henne und ruckt, wenn er sie fast erreicht hat, den Kopf mit seitwärts zu ihr hingehaltenem Hals, schnell auf und ab. Dann pickt er ein Hälmchen oder Steinchen auf und wirft es sich über den Rücken. Diese Handlungen motivieren das Weibchen, das nun seinerseits Halme über den Rücken wirft. TROLLOPE glaubt nicht an eine enge Partnerbindung, weil seine Volierenvögel nie Körperkontakt pflegten. Um eine symbolische Flucht der Henne scheint es sich gehandelt zu haben, als TROLLOPE sie vor dem mit halberhobenen Flügeln folgenden Hahn flüchten sah. Ein Paarungsvorspiel hat PRESTEL nicht beobachten können. Bei seinem Paar ging die Kopulation relativ rasch vonstatten, nachdem der Hahn seiner Henne einen Futterbrocken im Schnabel gereicht hatte. Beim anschließenden Tretakt hielt er sich mit dem Schnabel nur sehr vorsichtig in ihrem Nackengefieder fest, so daß das Weibchen selbst nach dem 3. Gelege noch keine Kahlstelle im Nacken aufwies. Die Nester liegen gewöhnlich an Plätzen mit nicht zu hohem Graswuchs, wo die Grasstauden in einigem Abstand zueinander stehen und so der brütenden Wachtelhenne eine Flucht in verschiedene Richtungen ermöglichen. An solchen Stellen scharrt und pickt sie eine Mulde, die durch Körperdrehen gleichmäßig geformt wird. Wenige Grashalme dienen mehr symbolisch als Polsterung. Gegen Sicht von oben ist das Nest stets durch überhängende Halme geschützt. Ein in der Voliere brütendes Weibchen legte sich als Tarnung selbst Heuhalme über den Rücken. Die Zahl der in freier Wildbahn gefundenen Eier mancher Gelege ist so hoch, daß VAN SOMEREN an das Legen von 2 Hennen in ein Nest glaubt, zumal er in solchen Fällen Eier mit 2 unterschiedlichen Schalenmustern fand und der Meinung ist, daß jedes Wachtelweibchen sein eigenes Eischalenmuster besäße. Jedoch hat TROLLOPE bei der Volierenzucht der Harlekinwachtel festgestellt, daß sein Weibchen zunächst Eier mit dicht rotbraun gekleckster Musterung, danach jedoch vollständig einfarbiger Oberfläche legte. Bei der Volierenzucht ist Bigynie der Hähne beobachtet worden. Bei PRESTEL hielt der Hahn während der Brutphase ständig in unmittelbarer Nestnähe Wache, ohne das Weibchen zu stören. Während der Aufzucht achtete die Henne aber stets darauf, daß er einen Mindestabstand von 1 bis 1,5 m zu den Küken einhielt. Erst mit dem Selbständigwerden der Jungen ab dem 21. Tag durfte er sich wieder in unmittelbarer Nähe der Familie aufhalten. Nach VAN SOMEREN vertrauen die brütenden Wachtelweibchen auf ihre Tarnfärbung und neigen zu bewegungslosem Sitzenbleiben, wenn man sich nähert. In einem Fall jedoch wurde die Henne durch das Aufbauen eines Fotoverstecks in Nestnähe beunruhigt und rollte Ei für Ei des Geleges wenige Meter weit in ein ihr sicher erscheinendes Versteck. Dieses Eiwegrollen konnte VAN SOMEREN auch bei einer Volierenbrut beobachten, als die Wachtelhenne sich beunruhigt fühlte.

Haltung: In Kenia, Tansania und Uganda werden Harlekinwachtelhähne als Lockvögel zum Fang von Artgenossen seit altersher in kleinen, aus Gras geflochtenen, bienenkorbförmigen Käfigen gehalten und sorgsam mit Hirsekörnern, Termiten und Wasser versorgt sowie vor der Sonne geschützt, verlassen ihr Gefängnis nie und werden dabei oft 5 Jahre alt. Zur Brutzeit der Wachteln hängt man den Korbkäfig mit Lockvogel an einer Stange auf und belegt das darunter gerodete Gelände mit zahlreichen Haarschlingen. Die Einwohner sind im Wachtelfang so geschickt, daß in solchen Gebieten kaum noch Vögel übrigbleiben.

Die Harlekinwachtel gelangte erstmals 1869 nach Europa in den Londoner Zoo und ist seither bis in die Gegenwart immer wieder in großen Abständen importiert worden. Die Erstzucht gelang S. ENGEL 1905 in München (siehe bei NEUNZIG), eine weitere Zucht D. SETH-SMITH 1906 in England. Über Zuchten haben ferner VAN SOMEREN (1925) aus Kenia, TROLLOPE (1966) aus England und PRESTEL (1982) aus Deutschland berichtet.

Zur Zucht hält man 1 Paar Harlekinwachteln oder einen Hahn mit 2 Hennen in einer gut mit Gras und Krautwuchs bewachsenen Voliere von mindestens 1 m × 1 m Größe. Frischimporte sind zuerst sehr scheu und neigen zur Panik, weshalb man ihnen die Handschwingen einer Seite stutzen sollte. Nach wenigen Wochen werden sie zutraulicher, bleiben aber reserviert. Nach Art der Weibchen anderer *Coturnix*-Arten neigt auch die Harlekinhenne zu uferlosem Legen. So brachte es eine Henne von VAN SOMEREN von Mitte Dezember bis Mitte August auf 122 Eier, wonach sie an Eileiterverstopfung durch 2 legereife Eier starb. Zur Beendigung dauernder Legetätigkeit dürfte nur die Fortnahme des Männchens außer Hörweite des Weibchens erfolgversprechend sein. Das Temperament der Hähne ist individuell verschieden. Während meist von friedfertigen Männchen gesprochen wird, griff TROLLOPES Hahn sein brütendes Weibchen mit Schnabelhieben an, wenn er die Voliere betrat. Das Verhalten ist als eine Übersprungshandlung zu werten: Der Hahn wagte es trotz kaum noch zu zügelnden Revierverteidigungsverlangens nicht, den Menschen zu attackieren und wählte als Ersatzobjekt die Henne. Die Angaben von NEUNZIG, SETH-SMITH, TROLLOPE sowie PRESTEL über das Wachstum junger Harlekinwachteln sind so übereinstimmend, daß sie zusammenfassend beschrieben werden können: Mit 3 Tagen wachsen die Schwingen der Küken schnell, und mit 10 Tagen können sie gut fliegen. Im Alter von 14 Tagen sind die Jungen bis auf Hals und Kopf voll befiedert, und mit 21 Tagen werden sie von der Mutter abgebissen, sind also selbständig. Ab 27 Tagen erkennt man die weißen Gesichtsmasken der Junghähne, nach 28 Tagen sind die Jungwachteln voll befiedert, und das Brustgefieder der Hähnchen erhält einen rötlichen Anflug. Die Geschlechtsreife ist mit 54 Tagen erreicht, und die Junghähne beginnen zu balzen. Als Futter reicht PRESTEL seinen Harlekinwachteln Exotenmischfutter (Hirse, Kanariensamen), dazu Waldvogelmischung, geschälten Hafer und Grassamen. Die Hälfte der täglichen Körnermischung wird angekeimt verfüttert. Als zusätzliche Kost erhalten die Wachteln kleingehacktes Grünzeug, Apfelstückchen sowie tierisches Eiweiß in Form von Insektenfressergemisch, Eifutter, überbrühten Fliegenmaden und Ameisenpuppen. Während der Brutzeit nahm das Wachtelweibchen besonders reichlich tierisches Eiweiß auf, fraß bis zur Ablage des letzten Eies gierig Fliegenmaden, um nach dieser Zeit unvermittelt wieder pflanzliche Nahrung zu bevorzugen. Die Küken erhielten während der ersten Tage überwiegend Ameisenpuppen und hartgekochtes Eigelb, dem mit fortschreitendem Wachstum vermehrt Insektenfutter beigemischt wurde. Zusätzlich wurden gemahlener Grit und Futterkalk bis zu einer Menge von 5 % des Gesamtfutters dem Futter zugesetzt. Ein Multivitaminpräparat erhielten die Tiere im Trinkwasser gelöst. Ab dem 7. Tag nehmen die Küken schon wenig angekeimte Hirse auf und mit 25 bis 30 Tagen mehr pflanzliche als tierische Nahrung. ROBBINS verfüttert Küken-Pellets in Krümelform mit 20 %igem Eiweißgehalt, Hirsearten sowie wenig Lebendfutter an seine Harlekinwachteln und ist damit erfolgreich.

Weiterführende Literatur:
BENSON, C. W.: Notes from Nyasaland. Ostrich 23; pp. 144–159 (1952)
BENSON, C. W., BROOKE, R. K., DOWSETT, R. J., IRWIN, M. P. S.: The Birds of Zambia; pp. 84–85, Collins, London 1971
CLANCEY, P. A.: The Birds of Natal and Zululand; p. 119. Oliver & Boyd, London 1964
ELLIOTT, H. F. I.: In MOREAU, Bird Faunas of Africa; p. 237: Wachtelzug in Nairobi
HOESCH, W., NIETHAMMER, G.: Die Vogelwelt Deutsch-Südwestafrikas. Journ. Ornith. 88; Sonderheft; pp. 96–97 (1940)
HOPPE, P.: Wachtelzug am Victoriasee. Gef. Welt; pp. 161–162 (1970)
IRWIN, M. P. S.: The Birds of Zimbabwe; p. 99. Quest Publ., Salisbury 1981
JACKSON, F. J., SCLATER, W. L.: The Birds of Kenya Colony and the Uganda Protectorate, Bd. 1; p. 269. Gurney & Jackson, London 1938

LYNES, H.: On the Birds of North and Central Darfur. IV. Ibis (12); pp. 757–797 (1925)
MEINERTZHAGEN, R.: Birds of Arabia; pp. 569–671. Oliver & Boyd, London 1954
MOREAU, R. E.: The Bird Faunas of Africa and its Islands; pp. 236–237 u. 244. Academic Press, New York, London 1972
DERS.: The Palaearctic-African Bird Migration Systems; p. 91 u. 265. Academic Press, New York, London 1972
MILON, P., PETTER, J.-J., RANDRIANASOLO, G.: Faune de Madagascar, XXXV, Oiseaux; pp. 92–93. ORSTOM, Tananarive u. CNRS, Paris 1973
NEUNZIG, K.: Fremdländische Stubenvögel, pp. 867–869. Creutz'sche Verlagsbuchhdlg. Magedeburg 1921
PRESTEL, D.: Haltung und Zucht von Harlekinwachteln (Coturnix delegorguei). Gef. Welt 106; pp. 13–15 (1982)
REICHENOW, A.: Die Vögel Deutsch-Ost-Afrikas; pp. 79–80. D. Reimer, Berlin 1894
ROBBINS, G. E. S.: Quail, their breeding and management; Harlequin Quail, p. 73. Publ. World Pheasant Assoc., Suffolk 1981
SCHMIDL, D.: The Birds of the Serengeti National Park, Tanzania; p. 48. Brit. Orn. Union, London 1982
SETH-SMITH, D.: Some notes on the quails of the genus Coturnix. Avic. Magaz. New Series, Vol. V; pp. 23–33 (1906)
SNOW, D. W.: An Atlas of Speciation in African Non-Passerine Birds; p. 129. Brit. Mus. Nat. Hist., London 1978
TROLLOPE, J.: Some observations on the Harlequin Quail (Coturnix delegorguei). Avic. Magaz. 72; pp. 5–6 (1966)
URBAN, E. K. et al.: The Birds of Africa, Vol. II.; Harlequin Quail, pp. 18–19. Academic Press, London 1986
VAN SOMEREN, V. G. L.: The Birds of Kenya and Uganda, P. I; p. 39–43. Journ. East Africa and Uganda Nat. Hist. Soc. 1925
DERS.: Days with Birds. Studies of habits of some East African species. The Harlequin Quail; pp. 117–120. Fieldiana vol 38, Chicago Nat. Hist. Mus. 1956
VAN SOMEREN, V. D.: A Bird Watcher in Kenya; pp. 118 u. 196–197. Oliver & Boyd, London 1958

Schwarzbrustwachtel
Coturnix novaezelandiae,
Quoy u. Gaimard 1830

Engl.: Stubble Quail, Pectoral Quail.
Heimat: Südwest- und Ost-Australien, auf Tasmanien und Neuseeland ausgerottet. 2 Unterarten.
Beschreibung: Geschlechter verschieden gefärbt. Beim Hahn der australischen Unterart *pectoralis* (J. GOULD) ist der Scheitel schwarz mit breiten rötlichbraunen Federsäumen; eine schmale isabellfarbene Linie zieht über die Scheitelmitte bis auf den Nacken, eine zweite breitere parallel dazu als Überaugenbinde dorthin. Zügel, Kinn, Kehle, Gesicht und Wangen einfarbig roströtlich, die Ohrdecken dunkelbraun; Mantel und der Rücken bis zu den Oberschwanzdecken ziemlich dunkel braun, jede Feder mit auffälligem langem schmalem, hinten zugespitztem, schmal schwarz gesäumtem Schaftstrich und auf einer oder beiden Fahnen einem breiten schwarzen Klecksfleck mit quer verlaufender ockergelber, schmaler, oft V-förmiger Querbinde. Schultern ähnlich, aber mit mehr grauer Grundfarbe der Federn; Flügeldecken und Armschwingen mit schmalerer und trüberer heller Schäftung und graubrauner Federgrundfärbung, die von breiten röstlich ockergelben, beiderseits schwarz gesäumten Querbinden durchzogen wird. Handschwingen einfarbig dunkelbraun. Brustmitte mit auffälligem schwarzem Fleck, die Brustseiten und Flanken ockerbraun, die Mitte jeder Feder weiß, beiderseits schwarz gesäumt; Bauch weiß. Schnabel schwarz, Iris haselnußbraun, Beine fleischfarben.
Länge 184 mm; Flügel 90 mm; Schwanz 34 mm; Gewicht 106 g.
Dem größeren Weibchen fehlen die rostroten Kopf- und Kehlpartien. Sie sind bei ihm hell isabellgelb, besonders am Hals weiß. Ebenso fehlt der schwarze Brustfleck. Das übrige Gefieder weicht wenig vom Männchen ab.
Länge 192 mm; Flügel 106 mm; Schwanz 36 mm; Gewicht 120 g.
Subadulten Hähnen fehlt der schwarze Brustfleck fast vollständig, und die rostroten Kopf- und Kehlpartien sind noch nicht so ausgeprägt wie bei Althähnen.
Dunenküken gleichen nach SETH-SMITH in der Färbung exakt denen der indischen Regenwachtel, sind nur größer als diese.
Die ausgerottete neuseeländische Nominatform der Schwarzbrustwachtel unterscheidet sich von der australischen Unterart nur unwesentlich durch etwas

bedeutendere Größe und erheblich dunklere Gesamtfärbung vor allem der Unterseite. Gelegestärke variabel, im Mittel 5 bis 11; Ei mit glänzender Schale von isabellgelber Grundfarbe mit dichter punktförmiger und großklecksiger dunkelolivbrauner bis brauner Musterung (28 bis 32 mm × 21 bis 24 mm); Brutdauer 21 Tage.

Lebensgewohnheiten: Die Art bewohnt trocknere Habitate als die australische Sumpfwachtel, wie Wiesen, Weiden, Felder, Grassteppen und Salzbusch. Menschliche Besiedlung hatte unterschiedliche Wirkung auf ihre Verbreitung: Während sie in den Küstengebieten von der nach der Waldrodung entstandenen Feldwirtschaft profitierte, verlor sie im Inland weite Wohngebiete infolge Überweidung durch Schafhaltung und Kaninchenübervermehrung. Wie die anderen Arten der Gattung ist auch diese Wachtel ein Invasionsvogel, der auf dauernder Suche nach reifen Grassämereien den Regenfällen durch Süd- und Ost-Australien folgt. Wiederfänge beringter ergaben, daß sie vom Beringungsort bei Adelaide nach Gunnedah (Neusüdwales) ca. 1300 km zurückgelegt hatten. Die Vögel wandern nicht in Gruppen, sondern einzeln, treffen in einem Regengebiet ein, brüten dort und verschwinden bei Nahrungsmangel wieder. In ihrem Verbreitungszentrum Süd-Australien brüten sie meist im Frühling, wenn die Samenproduktion der Feldpflanzen den Höhepunkt erreicht hat, und führen, genügend Nahrung vorausgesetzt, mehrere Bruten hintereinander durch. Die Männchen markieren ihre Reviere akustisch durch stundenlanges Rufen während der morgendlichen und abendlichen Dämmerungsstunden, auch in mondhellen Nächten. Die Rufe klingen wie „Tschip-a-ter-wiit" und dreisilbig „Zuk-ii-whit". Hähne und Hennen scheinen eigene Reviere zu verteidigen. Über das Brutgeschäft sind wir durch Volierenbruten informiert (siehe Haltung). Selbständig gewordene Jungwachteln bilden nach Geschlechtern getrennte Gruppen. Paarbildung erfolgt im nächsten Frühjahr.

Haltung: Als europäischer Erstimport gelangte die australische Schwarzbrustwachtel 1863 durch einen Dr. MÜLLER aus Melbourne in den Londoner Zoo und ist danach wiederholt in größeren zeitlichen Abständen importiert worden. Die europäische Erstzucht gelang SETH-SMITH 1906 in England. Das Weibchen des Paares erbrütete am 7. Juli 1906 nach 18 Tagen 7 Küken, die bis auf etwas bedeutendere Größe exakt jungen Regenwachteln glichen. Ihre Aufzucht bereitete keine Schwierigkeiten. Im Alter von 5 Wochen erschienen bei den Junghähnen schwarze Bruststreifen, und mit 8 Wochen besaßen alle das Adultgefieder. Die Art ist in australischen Zoos, vor allem dem von Melbourne, häufig gezüchtet worden. Aufschlußreiche Beobachtungen über das bis dahin noch unbekannte Verhalten dieser australischen Wachtel machte CRUISE (Lindisfarne/Tasmanien) bei der Volierenhaltung. Das erst kurz zuvor gefangene Wildpaar erhielt eine 1,8 m × 1,8 m große Voliere mit 1,22 m × 1,22 m × 1,83 m messendem Schutzraum. Nach 6wöchiger Furcht wurde das Paar vertraut. Die Henne legte im Schutzraum mehrere Nester an, in die sie mehr als 20 Eier verteilte, bis sie schließlich fest auf einem Sechsergelege brütete. 3 Wochen vor der ersten Eiablage im Januar hatte sie zwischen Grasstauden eine Nestmulde zurechtgedreht, und 2 Tage danach begann der Hahn während der Morgen- und Abenddämmerung zu schlagen. Auch in mondhellen Nächten war sein Schlag stundenlang zu hören. Während des Rufens ruckte sein Kopf auf- und abwärts, als wenn er einen großen Brocken abzuschlucken versuchte. Zu dieser Zeit begann er auch die Henne zu treiben. Wenn diese aber 2 oder 3 Tage vor der ersten Eiablage aus ihrem Revier (dem Schutzraum) sein Außenvolieren-Territorium betrat, behandelte er sie wie einen Revierfeind, hackte wütend auf Kopf und Rücken und riß ihr Federn aus. Bei jedem dieser Angriffe pflegte die Henne senkrecht hochzufliegen. Der Hahn tat das Gleiche, wenn er es gewagt hatte, das Weibchenrevier zu betreten und dort von der Henne attackiert wurde. Paarungen wurden nie beobachtet. Aus dem Verhalten des Paares läßt sich auf strenge Territorialität der Partners schließen. Jeder der beiden mußte getrennt gefüttert werden. Nach Ablage des 6. Eies wurde die Henne brutlustig. Betrat sie nun in Brutpausen das Männchenrevier, attackierte sie ihn bei Begegnungen im hohen Gras der Voliere sofort, und am 16. Bruttag wurde sie so aggressiv, daß sie auch den Pfleger angriff. Nachdem die Küken geschlüpft waren, stürzte sich der Hahn wütend auf diese, wenn sie versehentlich sein Revier betraten. Er wurde deshalb in die Nachbarvoliere gesetzt, in der er erregt hin und her lief, Wuttöne ausstieß und aggressiv gegen das Trenngitter flog, wenn er seine Familie im Nebenraum erblickte. Die Wachtelhenne erwies sich als vorbildliche Mutter, die sehr auf den Zusammenhalt ihres Gesperres bedacht war. Im Alter von 7 Tagen begannen bei den Küken die Flügelfedern zu erscheinen, und mit 11 Tagen waren die Schwingen voll ausgebildet. Während der ersten 14 Tage stürzten sich die Kleinen gierig auf dargebotene Würmer, und jedes kämpfte erbittert um seinen Anteil. Mit 4 Wochen war die Befiederung bis auf noch vorhandene Kopfdaunen vollständig, mit 6 Wochen waren auch sie verschwunden, und die Jungvögel hatten ⅔ der Adultgröße erreicht. Nun trat auch die von den meisten Jungvögeln bekannte, vorübergehende Scheuphase auf. Mit 12 Wochen begann sich die Gesellschaft nach Geschlechtern in 2 Trupps zu teilen, die beide eigene Reviere bezogen. Betraten Junghähne das Junghennenrevier, wurden sie sofort von den Hennen verprügelt und umgekehrt. Zur Vermeidung von Verlusten mußte schließlich die Reviergrenze entlang der Schutzraumöffnung vergittert werden. Mit 16 Wochen waren die Jungvögel von Erwachsenen nicht mehr zu unterscheiden. Die Truppmitglieder blieben bis zum nächsten Frühjahr untereinander friedlich und begannen sich erst nach Eintritt warmen Wetters zu bekämpfen. In diesem Stadium wurden sie herausgefangen und verpaart.

Weiterführende Literatur:
CRUISE, J.: Stubble Quail, *Coturnix pectoralis*, and their breeding behaviour. Emu 66; pp. 39–45 (1966)
LITTLER, F. M.: Handbook of Birds of Tasmania; p. 105 (1910)
MILLER, R. S.: Stubble and Brown Quail in Victoria. Emu 37; p. 285 (1938)
DERS.: Further notes on the Stubble Quail in Victoria. Emu 43; pp. 270–273 (1944)
McNALLY, J.: Food of Stubble Quail. Emu 56; pp. 367–400 (1956)
NEUNZIG, K.: Fremdländische Stubenvögel; pp. 866–867. Creutz'sche Verlagsbuchhdlg. Magdeburg 1920.
DERS.: Aus den Flugräumen. Gef. Welt 66; 37. Schwarzbrustwachtel; pp. 426–427 (1937)
SETH-SMITH, D.: Some notes on the quails of the genus *Coturnix*. Avicult. Magaz. New Series, Vol. V; pp. 23–33 (1907)

Zwergwachteln
Excalfactoria, Bonaparte 1856

Engl.: Blue Quail.
Dieser kleinste aller Hühnervögel wird gegenwärtig meist zur Gattung *Coturnix* gestellt, mit der er auch zweifellos nahe verwandt ist. Unterscheidungsmerkmale sind der nur 8fedrige, sehr kurze Schwanz, der kürzer als die halbe Flügellänge ist sowie der viel kürzere Flügel, dessen erste Handschwinge etwas kürzer als die zweite und die dritte die längste, ist. Der Schnabel ist klein und zierlich mit hakig übergebogener Oberschnabelspitze. Die Geschlechter sind sehr verschieden gefärbt. Die schwarzweiße Gesichtsmaske des Zwergwachtelmännchens ist der der Harlekin- und Regenwachtelhähne recht ähnlich. Wenigstens die afrikanische Zwergwachtelform ist ein Invasionsvogel, während ähnliche Zugbewegungen von den asiatischen und australischen Rassen zu vermuten, aber noch nicht bewiesen sind. Die Zwergwachtel ist in ca. 10 Unterarten, die einander recht ähnlich sind, über Südostasien, Australien und Afrika südlich der Sahara verbreitet. Die indische Unterart, im Handel als „Chinesische Zwergwachtel" stets erhältlich, ist zum Haustier geworden und wird in mehreren Farbschlägen gezüchtet. Die interessante afrikanische Unterart harrt noch der Erprobung durch die Vogelliebhaberei und könnte sich einmal als ebenbürtiger Konkurrent der Asiatin erweisen.

Asiatische Zwergwachtel
Excalfactoria chinensis, Linné 1766

Engl.: Painted Quail, Chinese Quail, Chestnutbellied Quail, in Australien King Quail.
Abbildung: Seite 475 oben.
Heimat: Vorderindien, Sri Lánka, Nikobaren, Burma, Thailand, Indochina und Südost-China (Brutvogel von Fukien bis Kwangtung, Kwangsi, Südost-Yünnan, die Inseln Taiwan und Hainan; auch in Schantung nachgewiesen), Malaysia, Indonesien, Philippinen, Südost-Neuguinea, Bismarckinseln, Australien (Nord-Territorium, Queensland bis Victoria). Etwa 10 Unterarten.
Beschreibung: Geschlechter sehr verschieden gefärbt. Beim Männchen der Nominatform sind Zügel, Überaugenregion, Kopfseiten und Hals schiefergrau; Scheitel- und Nackenfedern rostbräun-

lich mit konzentrischer Schwarzbänderung und schmalem isabellfarbenem Schaftstreif über die Scheitelmitte, der bei Junghähnen breiter ist; Rükken-, Bürzel- und Oberschwanzdeckfedern rostbraun, grau gesäumt und breit schwarz gebändert, die des Rückens dazu mit schmalen weißlichen Schaftstreifen. Schwanzfedern schiefergrau, kastanienbraun gesäumt, bei alten Vögeln ganz kastanienrot. Flügel ockerbraun, stark mit Schieferblau durchsetzt, innere Armschwingen und größere Decken kastanienbraun; ein weißer Unterzügelstreif von der Schnabelbasis bis unters Auge; ein darunter verlaufendes schwarzes Band zieht bis zu den unteren Ohrdecken, biegt dann U-förmig um und geht in den breiten schwarzen Kinn- und Kehlbezirk über, eine breite weiße Bartregion umsäumend; ein breites Vorderhalsband weiß, ventral von einem schmalen schwarzen Band gesäumt; Oberbrust und Flanken schiefergrau, diese Farbe sich häufig nach oben hin ausdehnend und auf Hals- und Rückenseiten übergreifend; Brustmitte, Bauch, Unterschwanzdecken kastanienrot. Schnabel schwarz, Iris karminrot, Beine orangegelb.

Länge 140 mm; Flügel 65 bis 78 mm; Schwanz 25 mm; Gewicht 43 bis 57 g.

Beim Weibchen ist der Scheitel rotbraun mit breiter Schwarzsäumung der Federn und schmalem isabellfarbenem Mittelstreif; Zügel und Überaugenregion rostockergelb, Ohrdecken dunkelbraun; ein weißes Unterzügelband zieht von der Schnabelbasis bis unter die Augen; Bartstreif vorn dunkelbraun, auf der breiteren Hinterhälfte in Rostbraun übergehend; Nacken ockergelb, schwarz gepunktet, die übrige Oberseite dunkelbraun, ihre Federn schmal isabellweiß geschäftet mit breiter schwarzer sowie zarter, wellenförmiger schwarzer Bänderung; Flügeldecken auf hellbraunem Grund dicht schwärzlich quergebändert, die Handschwingen einfarbig braun. Kinn und Kehle isabellweiß, nach unten zu ockergelblich, die übrige Unterseite hell ockergelb bis ockerbräunlich mit dunkelbrauner Wellenbänderung, die auf den Flanken am stärksten ist, der Bauch weißlich.

Die Weibchen gleichen in der Größe den Männchen.

Dunenküken tragen lange dichte Daunen und sind oberseits dunkel schokoladenbraun mit 3 trüb ockerisabellfarbenen Scheitelbändern und 2 auffälligen ebenso gefärbten Seitenrückenbändern, die die dunkelbraune Rückenmitte begrenzen. Kopfseiten, Kinn und Kehle isabellgelblich, die übrige Unterseite heller braun als die Oberseite. Schlupfgewicht 2,1 g.

Junge Männchen im ersten Gefieder ähneln sehr den Weibchen, sind aber in der Gesamtfärbung heller, rostgelblich.

Subadulte Männchen sind den Althähnen schon recht ähnlich, doch fehlt ihnen noch das Schiefergrau und Kastanienbraun der Oberseite, und Bürzelgefieder nebst Oberschwanzdecken weisen breite isabellfarbene Schaftstreifen auf. Das Schiefergrau der Unterseite ist trüber, auf Kopfseiten und Hals schwarz gebändert; das Kastanienbraun der Unterseite beschränkt sich entweder auf die Bauchmitte oder fehlt ganz.

Gelegestärke in freier Wildbahn nicht mehr als 4 bis 6; Ei rundlich mit matter oder schwach glänzender Schale, in der Grundfärbung sehr variabel, nämlich hellgelblich, lehmgelb mit Olivschimmer, warm olivbraun oder rein braun, entweder einfarbig oder dicht und gleichmäßig schwarz braun gesprenkelt, die Punktflecken oft zu großen unregelmäßigen schwarzbraunen Klecksflecken zusammengeflossen (24,5 mm × 19 mm); Gewicht 4,2 bis 4,9 g; Brutdauer 17 Tage.

Lebensgewohnheiten: In ihrem riesigen Verbreitungsgebiet ist die Zwergwachtel stets ein Bewohner von Grasland unterschiedlicher Höhe und Formation. In Vorderindien wird sie in hohem Elefantengras und Riesenschilf, auf den indonesischen Inseln in den mannshohen Alang-Alang-Grasdschungeln, auf Neuguinea, wo sie die Ebenen und das Bergland bis in Lagen von 2160 m häufig bewohnt, auf Kurzgraswiesen und in Seggensümpfen, besonders der Randzone zwischen beiden Vegetationstypen, in Australien in sumpfigem Grasland angetroffen. Die winzigen Vögelchen fliegen kurz vor dem Menschen auf, schwirren eine kurze Strecke niedrig über das Gras, um sich danach schnell wieder in die schützenden Halme fallen zu lassen. Aus Indien und Burma ist über lokale Wanderbewegungen der Art berichtet worden, doch scheint nichts Genaues darüber bekannt zu sein. Wegen der versteckten Lebensweise dieses kleinsten Hühnervogels ist so wenig über sein Verhalten aus freier Wildbahn bekannt, daß wir hier Volierenbeobachtungen schildern wollen, die inzwischen von zahlreichen Liebhabern und Fachornithologen durchgeführt worden sind. In ihrem Lebensraum ist die Zwergwachtel zweifellos eine streng monogyne Art, bei der nur in Gefangenschaft Polygynie vorkommt. Da sich zusammengehaltene Paare in Brutkondition heftig bekämpfen, kann eine Revierbildung als sicher gelten, wobei unbekannt ist, ob die Reviere auch fest begrenzt sind. Innerhalb ihres Territoriums benutzen die

Vögel schmale Pfade, die das hohe Gras oft tunnelartig durchziehen. Über Bedeutung und Funktion des bei dieser Wachtelart stark ausgebildeten Sexualdimorphismus des Gefieders hat HARRISON (1965) Untersuchungen durchgeführt. Auffällige Gefiederfärbung und -musterung einer Art können als Ergebnisse selektiver Evolution angesehen werden, wobei „Signalfarben" bei der Übermittlung von Informationen an Artgenossen bestimmte Funktionen ausüben. Das Gefieder der Zwergwachtelhenne besitzt ausgeprägte Tarnfärbung, die erstaunlich wirkungsvoll ist: Die Kombination aus Querbänderung und Längsstreifung scheint eine zweidimensionale Wirkung zu erzeugen, die den Vogel in seiner natürlichen Umgebung optisch auflöst. Eine zwischen braunem Gras bewegungslos verharrende Zwergwachtelhenne ist auch dann schwer auszumachen, wenn der Beobachter gesehen hatte, daß sie sich dorthin begab. Das Männchengefieder besitzt nur oberseits eine Tarnfärbung, ist dagegen unterseits bunt. Beim Überqueren offenen Geländes, das in leicht kriechender Haltung erfolgt, sind Kehl- und Flankenfärbung noch einigermaßen sichtbar. Legt es sich jedoch in Gefahrensituationen mit Kopf und Bauch flach auf den Boden, wird die bunte Unterseite fast vollständig verdeckt und inmitten von Gras nicht mehr wahrgenommen. Zwar bleiben bei dieser Haltung die rotbraunen Unterschwanzdecken gut sichtbar, aber nicht von oben, sondern nur aus der Höhe des Vogels. Beim Laufen durch das Gras geht der Hahn vor der Henne, für die das rotbraune „Schlußlicht" recht auffällig wirken muß. Beim Futteranbieten neigt das Männchen den Körper schräg vom Weibchen fort und präsentiert ihm so das Schiefergrau und Rotbraun der Unterseite besonders auffällig. Die gleiche Wirkung wird bei der Seitenbalz erzielt. Beim Androhen dagegen wird einem Gegner die schwarzweiße Gesichtsmaske frontal präsentiert.

Wie allen Wachtelhähnen ist auch dem Zwergwachtelmännchen während der Fortpflanzungszeit ein lautes Krähen eigen, das den Revierbesitzanspruch akustisch anzeigen soll. Es stellt sich dazu so aufrecht als möglich hin und wirft während des Rufens den Kopf zurück, gleichzeitig den ganzen Körper aufwärts und rückwärts schnellend. Das nimmt es manchmal so sehr in Anspruch, daß es dabei nach VON FRISCH das Gleichgewicht verliert und hintenüberkippt. Gelegentlich kräht der Hahn auch in Ruhehaltung. In solchen Fällen war der von der Ausdehnung des weißen Kehlfeldes erzeugte Signaleffekt für den Beobachter beeindruckend: Bei jedem Krähen leuchtete er noch aus mehreren Metern Entfernung inmitten des Grases wie ein kleiner heller Blitz auf.

Der Schlag des Zwergwachtelhahnes ist ein lauter, ziemlich hoher, meist dreisilbiger Ruf, der mit fallender Tonhöhe und kurzer Mittelsilbe gebracht, wie „Kwuii-kii-kju" klingt. Das „Kii" kann auch fortgelassen werden, so daß der Schlag zweisilbig wird und nach VON FRISCH dann wie „Düi ju" klingt. Von manchen Hähnen werden 4 Rufsilben ausgestoßen. Das auch die Zwergwachtelhenne krähen kann, war schon 1898 SETH-SMITH bekannt. Sie kräht eine Oktave tiefer als ein Hahn und tut dies nur in bestimmten Situationen, in kurzer abgewandelter Form bei der Verteidigung ihrer Küken oder bei fehlendem optischem Kontakt zum Partner als unmittelbare Beantwortung seines Krähens. Auch das Krähen oder Schlagen des Männchens ist situationsbedingten Varianten unterworfen: Hat er den optischen Kontakt zu seiner Henne verloren, klingt es nicht mehr so hoch und ist auch nicht dreisilbig, sondern ein wie die Anfangssilbe klingendes „Kuii", das langgezogen wird, in der Tonhöhe abwärts gleitet und allmählich leiser werdend erstirbt. Bei HARRISON (1968) wurde es von einem allein gehaltenen Männchen gebracht und war vielleicht als ein akustisches Signal zu deuten, das auf einen revierbesitzenden unbeweibten Hahn aufmerksam machen sollte.

WOODWARD hat Verfolgungsjagden von Zwergwachtelhennen hinter den Männchen her beobachtet, wie sie auch von den Weibchen anderer Wachtelarten beschrieben wurden. Leider werden keine Angaben über die Volierengröße und darüber gemacht, ob das verfolgte Männchen ohne vorherige Gewöhnung durch Sichtkontakt unmittelbar zum Weibchen gesetzt und deshalb von diesem als Reviereindringling betrachtet worden war. Die Verfolgungsjagd des Weibchens hinter dem Männchen her dauerte einen ganzen Tag, und beide kamen kaum zur Futteraufnahme. Hatte die Henne ihn eingeholt, verbiß sie sich in seine Flügel, wodurch er gestoppt wurde und manchmal hintenüberfiel. In den folgenden Tagen wurden diese Jagden immer seltener, doch nun begann das Männchen seinerseits das Weibchen zu hetzen. Es nahm dabei eine charakteristische Haltung ein, sträubte das Kleingefieder, senkte die Körperachse so, daß sein Kopf fast den Boden berührte und die Hinterpartie angehoben war. Dazu ließ er während der Verfolgung beide Flügel am Boden schleifen. Blieb die Henne stehen, erfolgte jedesmal eine Paarung. Der ursprüngliche Aggressionscharakter solcher bei vielen Hühnervogelgattungen üblichen Verfolgunsjagden hinter den Weibchen her dürfte unbestritten sein. Bei dem Zwergwachtelpaar wurden sie nach Beginn der Eiablage beendet. Nach HARRISON beschreibt der Wachtelhahn bei der Verfolgung im Rennen einige Bogen erst auf der einen, dann der anderen Seite zum Weibchen, wobei sein gesträubtes Gefieder mit der stark ausgedehnten kastanienroten Bauchregion für sie eindrucksvoll sichtbar werden muß. Bleibt sie stehen, wird sie gewöhnlich vom Hahn bestiegen, der dabei einen kurzen, leisen klagenden Ton ausstößt, sich mit dem Schnabel im Nackengefieder der flach auf dem Boden liegenden Henne festhält und beim Treten seine Flügel beiderseits an den Flanken des Weibchens herabhängen läßt. Die Kopula dauert nur wenige Sekunden, wird aber wie bei allen Wachteln häufig wiederholt. Nach KRUIJT und HARRISON senkt das Zwergwachtelmännchen bei der Seitenbalz ähnlich Hähnen der Gattung *Gallus* den Flügel der hennenabgewandten Körperseite und tut dies, um dem Weibchen sein prächtig rotbraunes Bauchgefieder wirkungsvoll demonstrieren zu können. Ein Unterschied beim Senken des weibchenfernen Flügels während der Seitenbalz der Hähne beider Gattungen besteht jedoch darin, daß der Zwergwachtelhahn nicht nur die Flügelhand, sondern auch den Unterarm lang ausstreckt, dadurch dem Flügel mehr eine Rückwärts- als Abwärtshaltung verleihend. Ein geräuscherzeugender Kontakt zwischen herabhängendem Flügel und Bein, wie er bei den Kammhähnen bezweckt wird, entsteht dadurch nicht und soll es auch gar nicht, weil der Wachtelhahn seiner Henne den optischen Reiz der bunten Unterseite vermitteln will. Die geschilderten Balzhandlungen werden nur bei frisch verpaarten Zwergwachteln, nicht dagegen bei Altpaaren beobachtet, die gewöhnlich ohne jedes Vorspiel kopulieren.

Eine charakteristische Lautäußerung des Zwergwachtelhahnes ist das sogenannte Brummen oder Stöhnen. Dabei hält der Hahn nach VON FRISCH den Körper waagerecht, und der Bauch ist dicht an den Untergrund gedrückt. Dann streckt er den Kopf vor, wobei er Luft holt und bläst sie unter Aufblähen der Kehle und einem schleifenden „Chchoaa" wieder aus. Das Stöhnen kann oft wiederholt werden. Seine Funktion kann sich HARRISON nicht recht erklären; weil es vom Hahn in den unterschiedlichsten Situationen gebracht wird, so von allein gekäfigten Männchen, die den Kontakt zum Weibchen verloren haben oder die abseits des brütenden Weibchens übernachten und dann den Ton auch während der Nacht hören lassen. Die Sozialbindung ist bei der Zwergwachtel sehr eng, woraus ein höher entwickeltes Sozialverhalten als bei anderen Wachtelarten resultiert. Alle Bewegungen werden von leisen Kontaktlauten der Partner begleitet. Der Stimmfühlungslaut des Weibchens ist ein leises, hohes Pfeifen, das vom Männchen mit einem weichen Glucken etwas tieferer Tonlage erwidert wird. In Erregung und bei Trennung der Partner werden sie erheblich lauter. Findet der Hahn Futter, ruft er die Henne sofort mit weichem „Tschuuk" herbei, das lauter als der übliche Kontaktlaut ist. Gleichzeitig nimmt er eine Haltung ein, bei der der Körper schräg vom Weibchen weg geneigt wird, wodurch sich das Schiefergrau und Rotbraun der Unterseite breitseitig präsentiert. Gleichzeitig wird der Hals bei etwas abwärts geneigtem Kopf gebogen und ihr der Bissen im Schnabel präsentiert, wobei wiederum das auffällige Schwarzweißmuster der Kehle zur Geltung gelangt. Manchmal wird der Bissen fallengelassen und vom Weibchen aufgepickt, in anderen Fällen direkt vom Schnabel des Männchens abgenommen. Eine von RESTALL beobachtete, noch extremere Form des Futteranbietens besteht darin, mit niedergedrücktem Körper und langgestrecktem Hals, dazu vom Körper weggestreckten Flügeln dem Weibchen Futter zu offerieren. Eine ganz ähnliche Haltung wird vom Männchen nach HARRISON auch beim Vorwärtsdrohen angenommen und bedeutet dann Feindschaft. Das Kopfseitwärtshalten in Verbindung mit Flügelstrecken beim Futteranbieten kann deshalb als das Gegenteil aggressiver Haltung, einer Demonstration friedlicher Stimmung angesehen werden. Das Niederkauern kann als stärkste Form der Beschwichtigungsgesten eines Männchens interpretiert werden, dessen Reaktionen durch ein Unbeteiligtscheinen des Weibchens noch verstärkt werden.

Beim Nestanzeigen kauert sich der Hahn mit gesenkter Brust, angehobener Hinterpartie und nach außen gerichtetem Kopf in eine Ecke und stößt in dauernder Wiederholung einen gedämpften, tiefen, traurig klingenden Laut aus, der wie „Kwuur kwuur kwuur" oder „Kwuror kwuror kwuror" klingt. HARRISON (1973) bemerkte, daß eine Tonreihe gleichzeitig stets dann hörbar wurde, wenn der Hahn den „Trauerlaut" ausstieß. Sie stammte aber nicht vom Weibchen, sondern wurde von ihm gleichzeitig mit dem anderen Ton gebracht und bestand aus einem gedämpften Zwitschern in viel höherer Tonlage als die langgezogenen klagenden

Töne. Obwohl er von diesen ganz unabhängig zu sein schien, fiel bei aufmerksamem Zuhören ein ähnlicher Tonfall zwischen beiden Lauten auf. Das Weibchen nahm davon wenig Notiz, aber wenn sie sich in Richtung auf den gerade rufenden Hahn zu bewegte oder ihm zufällig begegnete, legte dieser sich mit flach gespreizten Flügeln auf den Boden, den Kopf seitwärts so zu ihr hingewendet, daß seine weiße Kehlmaske sichtbar wurde und begleitete diese Haltung mit einem weichen „Wit wit wit". Zum Nestbauverhalten gehört auch das Herabziehen überhängender Halme und das von beiden Partnern geübte Halmabbrechen und Sich über den Rücken Werfen. Zwergwachtelhennen legen häufig ihre Eier dort ab, wo sie sich gerade befinden, rollen sie aber auch häufig (Henne und Hahn) in die Nestmulde. Dazu nimmt der Vogel das Ei zwischen die Schenkel und schubst es mit Kopf und Hals unter wiederholten Schubbewegungen rückwärts laufend mit bemerkenswertem Geschick und erheblicher Geschwindigkeit auch aus mehreren Metern Entfernung zielsicher zum Nest hin (HARRISON 1973). Den Vorgang der Eiablage hat WOODWARD beobachtet. Das legebereite Weibchen lief zum Nest und setzte sich zunächst auf dem Gelege nieder, begleitet vom Hahn, der dicht neben ihr stand. Nach einer oder zwei Minuten nahm sie eine bucklige Haltung mit dicht an den Körper gepreßtem Hals ein, erhob sich Sekunden später vom Gelege und dirigierte ihren Körper mit dem Schwanz zum Gelege hin zur Nestseite, spreizte die Beine ca. 1,3 cm auseinander, sträubte, den Körper parallel zum Boden haltend, gleichzeitig das Gefieder und dehnte den Bauchabschnitt ungewöhnlich aus. Diese Haltung deutete darauf hin, daß sie ganz offensichtlich den durch das austretende Ei entstandenen Druck empfand, zumal sie beide Augen schloß. Der neben ihr stehende Hahn stieß dabei dauernd Glucklaute aus, „als ob er die Schwierigkeiten der Henne erkennen würde" – wie von WOODWARD vermenschlichend interpretiert wird. Als das Ei austrat, betrug der Abstand von der Kloakenöffnung zum Boden ca. 2,5 cm. Die beträchtliche Höhe, aus der das Ei abgelegt wurde und die verhältnismäßige Geschwindigkeit, mit der es erschien, mag eine Erklärung dafür geben, daß es an der Nestseite abgelegt wurde. Noch ca. 5 Sekunden lang nach der Eiablage verblieb die Henne in gleicher Haltung, um danach wieder ihr normales Aussehen anzunehmen. Sie betrachtete kurz das Ei und begab sich zum Hahn, der inzwischen die andere Auslaufseite aufgesucht hatte. Die Untersuchung des sehr warmen und noch feuchten Eies ergab, daß es noch eine ziemlich weiche Schale aufwies. Im Gegensatz zu den übrigen sehr dunkel khakifarbenen Eiern des Geleges war es glänzend graugrün, nahm jedoch innerhalb weniger Stunden die Färbung der übrigen Eier an. Im natürlichen Habitat legt ein Zwergwachtelweibchen selten mehr als 4 bis 6, im Höchstfall 8 Eier (HEINROTH, DAHL, BERNSTEIN, BAKER, RAND u. GILLIARD et al.). Ist das Gelege vollständig, zieht das allein brütende Weibchen gegen Sicht von oben alle ihr erreichbaren Grashalme so über sich zusammen, daß das Nest unsichtbar wird. Während des Brütens wird es vom Männchen besucht, das jedoch abseits vom Nest allein übernachtet. Vermutlich hält es tagsüber in Nestnähe Wache. Nach dem Schlupf der Küken ändern sich die Lautäußerungen des Weibchens auffällig. Ließ es vorher allenfalls leise Kontaktlaute hören, hört man es jetzt als Antwort auf das zarte hohe „Düb" oder „Ib" der Küken laut und weich glucken. Das Abwehrverhalten zum Schutz der Küken ist bei allen Eltern stark ausgeprägt. Nach VON FRISCH geht vor allem die Henne sofort zur Verteidigung über, wenn man dem Nest und den Küken zu nahe kommt. Sie spreizt dann das Rücken- und Bürzelgefieder, läßt die Flügel seitlich weit herabhängen und stößt zischende Laute aus. Im äußersten Fall springt sie gegen den Eindringling vor und versucht zu hacken. Die führende Henne von HARRISON wurde bei Annäherung von Menschen ebenfalls sehr erregt und ließ einige Male das Krähen des Hahnes, nur eine Oktave tiefer, hören. Sie nahm die von FRISCH geschilderte Aggressivhaltung ein und wirkte durch das stark geplusterte Gefieder fast doppelt so groß wie gewöhnlich. Nach HARRES (bei RUSS) schießt das Zwergwachtelmännchen Vögeln, die dem Nest oder den Küken zu nahe kommen, mit gesenktem Kopf, herabhängenden Flügeln und gespreiztem Schwanz wie ein Pfeil entgegen. Das Drohverhalten läßt sich am besten provozieren, wenn ein anderes Wachtelpaar bei Sichtkontakt in eine Nebenvoliere gesetzt wird. Bei Ansichtigwerden der fremden Artgenossen rennt der Hahn in der von HARRES geschilderten Haltung unter Demonstration seiner schwarzweißen Gesichtsmaske diesen entgegen. Nach VON FRISCH verlassen die Küken, sobald sie trocken sind, das Nest und laufen von den Eltern geführt umher. Die Nahrung der Kleinen besteht in den ersten Tagen aus winzigen Insekten. Hat einer der Elternvögel etwas Freßbares gefunden, nimmt er es in den Schnabel und lockt die Küken. Erst wenn sie herangekommen sind, läßt er das Futter fallen. Der Elternvogel nimmt den Futterbrocken immer wieder unter ständigem Locken auf, bis eines der Jungen zufaßt und sich mit dem Bissen im Schnabel schnell vor den Geschwistern in Sicherheit bringt. Nach wenigen Tagen fressen die Küken neben Insekten auch schon kleine Sämereien. Bei ihnen brechen schon im Alter von 2 bis 3 Tagen die Flügel- und Schwanzkiele hervor, bald darauf auch die des Rückens und der Brust, während die Kopfdunen erst nach 5 Wochen durch Konturfedern ersetzt werden. Gegen Ende der 2. Lebenswoche sind die Jungen halbflügge und gebrauchen ihre Schwingen. Mit 6 Wochen ist das Jugendkleid vollständig, und gegen Ende der 7. Woche beginnen die Junghähne zu krähen und sich gegenseitig zu bekämpfen. Sind die Jungen zum Gehudertwerden zu groß geworden, übernachten sie dicht aneinandergedrängt zusammen mit den Eltern. Es ist zu vermuten, daß sie dabei wie andere Kleinhühner zum Schutz vor Feinden eine Igelstellung einnehmen. Als Warnung von Luftfeinden wird von HARRISON ein bei bewegungsloser, leicht geduckter Haltung schnell und ziemlich laut ausgestoßenes „Tik tik tik" gehalten. Gegenseitige Gefiederpflege ist bei der Art sehr ausgeprägt, und häufig kraulen sich die Partner das Federkleid, vor allem das Kopfgefieder.

Haltung: Bereits lange vor dem Import nach Europa haben die Chinesen die Zwergwachtel gekäfigt und in kalten Wintern machmal als lebenden Händewärmer in die Rocktaschen gesteckt, worauf der rätselhafte Gattungsname *Excalfactoria*, d. h. „Die Wärmende", hinweist. Soweit bekannt hielt man die ersten Zwergwachteln in Europa 1794 in der Menagerie des Osterley Parks in England. 1842 gelangte die Art in den Amsterdamer, 1873 den Londoner und 1889 den Berliner Zoo. Ein erster Zuchterfolg wird nach HOPKINSON 1873 aus Frankreich gemeldet. Weitere Zuchtberichte folgen von VERIN (Frankreich) 1881, NATHO (Hamburg) 1882, Frl. HAGENBECK (Hamburg) 1883 und HARRES (Darmstadt) 1898. In den darauffolgenden Jahren häufen sich die Zuchterfolge, und abgesehen von gelegentlichen Neuimporten steht die Zucht in Europa seitdem auf eigenen Füßen. In der Zwergwachtel besitzen wir einen Hühnervogel, der sich auch dann halten und züchten läßt, wenn keine Gartenvoliere zur Verfügung steht. Diese Möglichkeit, ihre Anspruchslosigkeit, die leichte Züchtbarkeit, das interessante Verhalten und die Zutraulichkeit dieses kleinsten Hühnervogels haben ihn wie Wellensittich, Zebrafink und Diamanttäubchen zu einem Haustier werden lassen, das heute in verschiedenen Farbschlägen erhältlich ist. Am lohnendsten ist wohl die Zimmerhaltung eines Paares in der möglichst natürlich mit Grasbülten, Steinen und einem Baumstumpf ausgestatteten Großvitrine, in der sich das Verhalten am besten beobachten läßt. In einer Volierengesellschaft aus Prachtfinken, Kleintauben und Kleinsittichen ist die Zwergwachtel als bodenbelebende Art ebenfalls geschätzt. Man sollte sich jedoch davor hüten, sie mit anderen Wachtelarten, Laufhühnchen und Lerchen, eben allen kleinen Bodenbewohnern, zusammenzusetzen, denn während der Brutzeit verteidigen die Wachtelzwerge ihr kleines Revier höchst erfolgreich und greifen mutig auch viel stärkere Gegner an, wenn sie Küken führen. Frisch in eine Voliere gesetzte Zwergwachteln neigen bei ungewohnten nächtlichen Geräuschen und plötzlichem Lichtschein (Autoscheinwerfer etc.) zur Panik und fliegen dann senkrecht hoch. Ein wildes Geflatter sämtlicher anderer aus dem Schlaf erwachter Vögel im Dunkeln und viele Verletzungen durch Anprall gegen den Volierendraht sind oft die Folge. Vergessen Sie deshalb nicht, Ihren neu erworbenen Zwergwachteln die untere Handschwingenhälfte des einen Flügels zu beschneiden, ehe Sie sie in die Gemeinschaftsvoliere setzen. Bei Käfighaltung empfiehlt sich eine etwas durchhängende Leinwanddecke, die Kopfverletzungen bei nächtlichem Toben verhindern hilft. Über Erfahrungen mit der Zwergwachtelhaltung existiert inzwischen im angelsächsischen und deutschsprachigen Schrifttum eine nur noch schwer überschaubare Literatur, in der auch über manche Mißerfolge berichtet wird. Im folgenden sollen die häufigsten beschrieben und Maßnahmen zu ihrer Vermeidung diskutiert werden. Als Folge langer Inzucht haben sich bei vielen Zwergwachtelstämmen typische Domestikationserscheinungen und genetisch bedingte Fehlverhalten eingestellt. Zu den ersteren gehören Polygamie und Mängel im Brutverhalten. Hält man Zwergwachteln nicht zu merkantilen Zwecken, ist es nicht notwendig, einen Hahn mit 3 oder 4 Hennen zu vergesellschaften, denn wie will man später die zahlreiche Nachkommenschaft unterbringen? Sperrt man die geschlechtsreif gewordenen Jungwachteln zusammen, werden unter ihnen bald viele Verluste zu beklagen sein, weil sich die Tiere gegenseitig umbringen. Deshalb sollte stets eine Anzahl kleiner Käfige in Bereitschaft stehen, in welche man Jungvögel einzeln oder paarweise bis zum Verkauf unterbringen kann. Planloses Legen der

Zwergwachtelhennen ohne Nestbau und bis zur Erschöpfung sind Domestikationserscheinungen, die auch vom Haushuhn und von der Japanischen Wachtel bekannt sind. Bietet man dem Zwergwachtelpaar jedoch ein Nest mit Sichtschutz und legt ihm die herumliegenden Eier ins Nest, wird die Wachtelhenne in vielen Fällen zur Brut schreiten. Gegen ein Dauerlegen, das gewöhnlich erst mit dem Tode des erschöpften Weibchens beendet wird, hilft nur die Trennung vom Hahn außer Hörweite beider Partner. Häufig picken Hähne auch die Eier auf und schlürfen sie leer, eine von vielen Hühnervogelarten sattsam bekannte Unsitte. Sollte das bei Ihrem Zwergwachtelhahn der Fall sein, ersetzen Sie ihn möglichst schnell durch einen anderen. Sehr häufig wird über ein Absterben der Embryonen im Ei kurz vor dem Schlüpfen geklagt. Ein zu trockener Nestboden ist meist die Ursache. Wählen Sie also als Nestgrund Moos, das sich leicht mit einer Blumenspritze anfeuchten läßt und bespritzen sie das Gelege jeden 2. Tag etwas mit lauwarmem Wasser, 3 Tage vor Schlupfbeginn 3mal täglich, und falls keine genetischen Ursachen vorliegen, werden die Küken komplikationslos schlüpfen. Alle Vogelliebhaber, die einmal ein Küken führendes Zwergwachtelpaar besaßen, sind sich darüber einig, daß dieses reizende und fesselnde Bild zu den schönsten Erlebnissen der Vogelhaltung gehört. Meist sind beide Partner gute Eltern, und nur gelegentlich wird als Fehlverhalten ein Töten der Küken durch die Henne oder den Hahn beobachtet. Solche Paare sind von der Zucht auszuschließen. Häufig entstehen Kükenverluste durch Ertrinken in der Wasserschale, die deshalb flach und mit groben Kieseln gefüllt sein muß, zwischen denen das Wasser steht. Üblicher Kükendraht oder Drahtgeflechte für Prachtfinken sind für frisch geschlüpfte Zwergwachtelküken zu weitmaschig. Die hummelgroßen Zwerge schlüpfen häufig hindurch, finden nicht wieder zurück und verklammen draußen oder sie erhängen sich, etwas größer geworden, mit dem Kopf in Drahtmaschen. Deshalb sollte das Drahtgeflecht durch davorgestellte Pappstreifen, Fliegengaze oder Glas vor Ausbruchsversuchen abgesichert werden. Verklammte, tot erscheinende Küken lassen sich manchmal noch durch Erwärmung wiederbeleben.

Über das Verfolgen und Töten eines Partners – meist handelt es sich um neu zugesetzte Vögel – wurde bereits berichtet. Aggressor ist meist der Revierbesitzer. Kann der Neuling sich im hohen Gras einer Voliere oder eines gut bepflanzten Käfigs zeitweise unsichtbar machen, gewöhnen sich die Partner meist innerhalb weniger Tage aneinander. Im engen Käfig kann jedoch eine symbolische Verfolgung des anderen Geschlechts mangels fehlender Ausweichmöglichkeiten in echte Aggression umschlagen. Versuchen Sie also nicht, durch willkürliches Zusammensetzen zweier Wachteln ein Paar zu bilden, sondern lassen Sie die Vögel sich erst ein paar Tage durch Trenngitter kennenlernen. An ihrem Verhalten ist meist schon erkennbar, ob sie sich mögen. Auch bei Vögeln gibt es ruhige, verträgliche, leicht erregbare wie zänkische Individuen. Manche brütenden Wachtelhennen greifen ihren Hahn schon an, wenn er sich zu sehr dem Nest nähert, während ein anderes Paar traut vereint gemeinsam auf dem Nest sitzt und sich zärtlich gegenseitig das Gefieder putzt. Kahle Scheitel- und Nackenbezirke wird man bei allen verpaarten Wachtelhennen finden. Sie sind darauf zurückzuführen, daß das Männchen sich während der Kopula im Nackengefieder der Henne festbeißt, wodurch oft einige Federn auf der Strecke bleiben. Will eine Wachtelhenne nicht brüten, obwohl sie schon viele Eier gelegt hat, was häufig vorkommt, läßt man das Gelege im Kunstbrüter schlüpfen. Dafür genügen kleine Brutapparate mit Plexiglasglocke, wie sie im Handel überall erhältlich sind. Nach ZUNFT soll die Bruttemperatur bei der Zwergwachtel 38,1 °C, die relative Luftfeuchtigkeit vom 1. bis 15. Tag 60 %, vom 16. Tag bis zum Schlupf aber mindestens 90 % betragen. Zur Aufzucht verwendet er einen 12 cm × 20 cm großen Kastenkäfig, in dem 5 cm über dem Boden eine 75-Watt-Infrarotbirne angebracht ist. Auf einem Bodenbelag aus grobem Leinen finden die Küken während der ersten Lebenstage Halt, und zusätzlich wirkt das Leinen wärmeisolierend. Es wird später gegen Zeitungspapier ausgetauscht, das 2mal täglich zu wechseln ist. Im Käfig herrschte eine Durchschnittstemperatur von 40 °C. Trotzdem saßen die Küken am 1. Tag zusammengedrängt direkt unter der Birne. In den darauffolgenden Tagen konnte die Wärme durch Abnehmen des Käfigdachs verringert werden. Als der Käfig nach einer Woche zu klein geworden war, erhielt die Gesellschaft einen größeren mit den Maßen 80 cm × 30 cm × 20 cm, der 4 cm über dem Boden einen Rost aus engstem Maschendraht trug. Auf diese Weise konnte das bei der jungen Zwergwachtel besonders ausgeprägte Kotfressen vermieden werden. Die Infrarotbirne sorgte bis zur 5. Lebenswoche für Wärme. Die Gewichtsentwicklung verlief nach ZUNFT wie folgt:

Woche	Schlupf	1.	2.	3.	4.	5.	6.	8.	10.
Gewicht in g	2,1	7,2	15,7	22,8	26,0	35,0	40,0	48,0	52,0

Im Alter von 25 bis 30 Tagen lassen sich die Geschlechter am weißen Kehlfleck und den ersten rostroten Federn der Junghähne unterscheiden. Mit 14 bis 18 Wochen legten die Junghennen das erste Ei. Die Fütterung der Küken soll aus kleinsten Gefäßen erfolgen, um Verklebungen der Augen, Schnäbel und Füße vorzubeugen, die bei Auftreten mit Kamillentee erweicht und entfernt werden. Sand ist als Bodenbelag ungeeignet, weil ihn die Küken u. U. als vermeintliches Futter aufnehmen und sich den Magen verstopfen. Als Aufzuchtfutter erhalten sie frische oder in Wasser gequellte Ameisenpuppen, Kanarien- oder Wellensittich-Eifutter des Handels, Mohn, nach 14 Tagen geschälte Hirse und stets feingehacktes Grünzeug (Salat, Vogelmiere etc.). Der Körneranteil (Hirse, Mohn) wird allmählich immer mehr erhöht, bis die Jungwachteln nach ca. 5 Wochen ohne Eifutter auskommen können. Auch die Erwachsenenfütterung ist recht einfach: Bei einer Mischung aus Hirsesorten, Kanariensaat und Mohn, gelegentlichen Grünfuttergaben sowie ab und zu ein paar Mehlwurmlarven bleiben Zwergwachteln gesund und zuchtfähig. Erwachsene wie Jungvögel sollen ständig Vitakalk erhalten, dazu während der Legezeit die Hennen ein eiweißreiches Weichfutter.

Zwergwachteln müssen in trockenen, frostfreien Räumen überwintert werden. Von Abhärtungsversuchen mit dieser tropischen Art ist unbedingt abzuraten.

Weiterführende Literatur:

BARTEL, H.: Naturbrut und Polygamie der Chinesischen Zwergwachtel. Gef. Welt; p. 159 (1970)

BERNSTEIN, H. A.: Über Nester und Eier java'scher Vögel. Journ. Orn.; p. 189 (1861)

BÖHMER, H.: Naturbrut und Polygamie der Chinesischen Zwergwachtel. Gef. Welt; pp. 109–110 (1970)

DAHL, F.: Das Leben der Vögel auf den Bismarckinseln. *Excalfactoria* lepida HARTL; pp. 149–150. R. Friedländer & Sohn, Berlin 1899

FRISCH VON, O.: Der kleinste Hühnervogel: Die chinesische Zwergwachtel, Vogelkosmos 1; pp. 158–162 (Illustrationen) 1964)

GRANNERSBERGER, K.: Brutbeobachtungen bei China-Zwergwachteln. Gef. Welt; pp 101–102 (1964)

HARRISON, C. J. O.: Plumage pattern and behaviour in the Painted Quail. Avic. Mag. 71; pp. 176–184 (1965)

DERS.: Some notes on the behaviour of nesting Painted Quail, and some further notes on their calls. Avic. Mag. 74; pp. 7–10 (1968)

DERS.: Some notes on the Painted Quail, a behavioural note. Avic. Mag. 74; pp. 11–12 (1968)

DERS.: Painted quails and interspecific allopreening. Avic. Mag. 74; pp. 83–84 (1968)

DERS.: Further notes on the behaviour of the Painted Quail. Avic. Mag. 79; pp. 136–139 (1973)

HARRISON, C. J. O., RESTALL, R., TROLLOPE, J.: The egg-rolling behaviour of the Painted Quail. Avic. Mag. 79; pp. 127–130 (1965)

HEINROTH, O.: Ornithologische Ergebnisse der „1. Deutschen Südsee Expedition". Journ. Orn. 50; pp. 407–408 (1902)

JÄHNE, W.: Zu „Naturbrut und Polygamie der Chinesischen Zwergwachtel". Gef. Welt; p. 159 (1970)

KRUIJT, J. P.: Notes on the wing display in the courtship of pheasants. The Painted Quail. Avic. Mag. 69; pp. 18–20 (1963)

LANGBERG, W.: Breeding Painted Quail. Avic. Mag. 62; pp. 214–216 (1956)

MAC CARTHY, D. P. W.: Torpidity of chicks of Painted Quail. Avic. Mag. 80; pp. 121–122 (1974)

MAUS, R.: Probleme bei der Zucht von Chinesischen Zwergwachteln. Gef. Welt 99; pp. 237–239 (1975)

MEADE-WALDOW, E. G. B.: Breeding of the Chinese Painted Quail. Avic. Mag. Vol. V; pp. 1–2 (Britische Erstzucht) 1898

RAND, A. L., GILLIARD, E. T.: Handbook of New Guinea Birds. Zwergwachtel; pp. 99–100. Weidenfeld & Nicolson, London 1967

REICHENOW, A.: Die Vögel der Bismarckinseln. Zwergwachtel; p. 46. Friedländer & Sohn, Berlin 1899

ROGERSON, S. M.: A personal observation of the Chinese Painted Quail. Avic. Mag. 72; pp. 112–114 (1966)

RUSS, K.: Die fremdländischen Stubenvögel, 2. Bd. Die chinesische Zwergwachtel; pp. 852–855. Creutz'sche Verlagsbuchhdlg. Magdeburg 1899

SALIM ALI, RIPLEY, S. D.: Handbook of the Birds of India and Pakistan. Vol. 2. Blue breasted Quail; pp. 42–44. Oxford University Press, London, New York 1980

SETH-SMITH, D.: Notes on the nesting of the Chinese Quail. Avic. Mag. IV; p. 200 (1898)

TROLLOPE, J.: The painted Quails, a behavioural note. Avic. Mag. 74; pp. 11–12 (1968)

WOODWARD, I. D.: Breeding behaviour of the Chinese Painted Quail to the chick stage; Avic. Mag. 68; pp. 24–26 (1962)

ZUNFT, P.: Erfahrungen bei der Zucht und Aufzucht von Zwergwachteln. Gef. Welt; pp. 195–196 (1965)

Afrikanische Zwergwachtel
Excalfactoria (chinensis) adansonii,
Verreaux 1851

Engl.: African Painted Quail, Blue Quail.
Heimat: Afrika im Norden von Sierra Leone, südwärts bis Angola (lokal auf dem Zentralplateau), die Zentralafrikanische Republik bis 9° nördlicher Breite, Zaire außerhalb des Äquatorialwaldes, der Südost-Sudan (Yei-Distrikt in Süd-Äquatoria), Uganda, Süd-Äthiopien, Südwest-Kenia, Tansania, Sambia, Malawi, Simbabwe, Natal und der Osten der Kap-Provinz.
Beschreibung: Geschlechter verschieden gefärbt. Beim Hahn sind Stirn, Scheitel, Superziliarregion, Schläfen, Nacken, Rücken sowie die Mitte von Bürzel und Oberschwanzdecken bläulich schiefergrau, Rücken und Bürzel dazu mit schwarzer Klecksfleckung. Seitliches Bürzel- und Oberschwanzdeckengefieder kastanienrotbraun mit graublauer Schaftstreifung; Schwanz schwärzlich schiefergrau; Schultern, Flügeldecken und Armdecken kastanienbraun mit graublauer Federschäftung, die Interskapularen mit auffälliger Schwarzfleckung. Arm- und Handschwingen hell graubraun. Ein schmaler weißer Unterzügelstreif verläuft von der Oberschnabelbasis rückwärts bis unterhalb des Auges, ein ihn begrenzendes schwarzes Band bis zu den hellbraunen Ohrdecken, biegt dort U-förmig um und geht in die breite schwarze Kinn- und Kehlregion über, dadurch einen breiten weißen Bartstreifen und Wangenfleck umrahmend. Darunter eine halbmondförmige weiße Kehlbinde, die in der Mitte am breitesten ist und sich rückwärts verlaufend verschmälert, um an den unteren Ohrdecken zu enden. Sie wird ihrerseits distal in ganzer Länge von einem schwarzen schmalen Band gesäumt. Größter Teil der Unterseite bläulich schiefergrau, Seitenbrust und Flankenfedern jedoch kastanienrotbraun mit blaugrauer Mittelstreifung. Oberteil des Oberschnabel schwarz, Unterteil und der Unterschnabel dunkelblau; Iris cremeweiß, hellrot verwaschen, auch karminrot mit hellerem Außenrand; Beine gelb.
Länge ca. 120 bis 130 mm; Flügel beider Geschlechter 75 bis 80 mm; Schwanz 29,6 mm; Gewicht 43 g.
Bei der Henne sind Stirn- und Scheitelfedern ockerbraun, letztere schwarz gespitzt; ein schmaler weißlicher Scheitelstreifen zieht bis zum Nacken; Zügel, Überaugenstreif und Wangen hell ockerbraun, die letzteren schwarz gefleckt; Ohrdecken dunkelbraun, die Federn des Hinterhalses, Mantels, der Schultern, des Rückens und Bürzels ockrigbraun, unregelmäßig schwarzbraun gebändert, gegen die Federenden hin mit schwarzen Klecksflecken, und die meisten schmal weiß geschäftet. Kehle in der Mitte cremeweiß, seitlich braungelblich, die Federn schwarz gefleckt und gespitzt. Kropfseiten, Brust und Flanken ockerweißlich mit braunschwarzer Wellenbänderung; Bauch und Schenkel graugelblich, dicht grauschwarz gebändert. Innere Armschwingen mit zarter rahmfarbener Kritzelung, die äußeren Armschwingen sowie die Handschwingen einfarbig grauschwarz; Flügeldecken bräunlichgelb, schwarz gebändert und bekritzelt. Oberschnabel schwarz, Unterschnabel hellblau oder blaugrau, Iris rötlichbraun, Beine gelb.
Dunenkleid noch nicht beschrieben, von dem der asiatischen Unterart wohl kaum verschieden.
Gelegestärke 6 bis 9; Ei ziemlich rund, die Schale sehr rauh, hart und glanzlos, hellgelblich, hell gelbbraun oder olivbraun, ungefleckt (23,6 bis 28,4 mm × 19 bis 21 mm).

Lebensgewohnheiten: Afrika-Zwergwachteln bewohnen gleiche Habitate wie ihre asiatischen und australischen Verwandten, nämlich üppigen Graswuchs und dicht bewachsenes Brachland, häufig auf sumpfigem Gelände. Bemerkenswert sind die noch ungeklärten unregelmäßigen Zugbewegungen der Art, die wie bei der Harlekinwachtel in engstem Zusammenhang mit den in vielen Teilen Afrikas unregelmäßigen Regenzeiten stehen dürften. Nachdem die Zwergwachteln ihre Brut aufgezogen haben, verschwinden sie meist ebenso schnell aus dem betreffenden Gebiet, wie sie eingetroffen waren. Die Nester, flache Erdmulden zwischen Grasbülten, sind stets nach oben hin durch überhängende Halme geschützt. Über die Biologie dieser Zwergwachtel ist so gut wie nichts bekannt. Als Lautäußerung kennt man nur einen dreisilbigen Pfiff mit laut und schrill klingender erster, danach weicheren, die Tonleiter abwärts laufenden zweiten und dritten Silben. Möglicherweise handelt es sich dabei um den Alarmpfiff. Daß die Zwergwachtel im Nordteil ihres Verbreitungsareals in viel trocknerem Grasland als im Süden angetroffen wird, kann mit dem Fehlen der größeren Harlekinwachteln in den letzteren Gebieten zusammenhängen.
Haltung: Meines Wissens ist die Afrika-Zwergwachtel bisher noch nicht nach Europa importiert worden. Von der China-Zwergwachtel läßt sich das Männchen durch das kastanienrote Flügeldeck- und Flankengefieder sowie die vorwiegend graublaue Oberseite unterscheiden. Weibchen beider Unter-

arten dürften einander so sehr ähnen, daß sie wohl kaum mit Sicherheit unterscheidbar sind.

Weiterführende Literatur:
BENSON, C. W., BROOKE, R. K., DOWSETT, R. J., IRWIN, M. P. S.: The Birds of Zambia. Blue Quail; p. 85. Collins, London 1971
CHAPIN, J. P.: The Birds of the Belgian Congo. *Excalfactoria adansonii* (VERREAUX); pp. 683–685. Part I, Bull. Amer. Mus. Nat. Hist. Vol. LXV, New York 1932
CLANCEY, P. A.: The Birds of Natal and Zululand. Blue Quail; pp. 119–120. Oliver & Boyd, London 1964
IRWIN, M. P. S.: The Birds of Zimbabwe. *Coturnix adansonii;* pp. 99–100. Quest Publishing, Salisbury, Zimbabwe 1981
MOREAU, R. E.: The Bird Faunas of Africa and its Islands. *E. adansoni* als Wanderer in Amani (Usambara); p. 237; Academic Press, New York, London 1966
ROBERTS, A.: Roberts Birds of South Africa. Blue Quail; p. 134; J. Voelcker Bird Book Fund, Cape Town 1980
SNOW, D. W.: An Atlas of Speciation in African Non Passerine Birds. Blue Quail; p. 130. Trustees of the British Museum (Nat. Hist.), London 1978
URBAN, E. K. et al.: The Birds of Africa, Vol. II; Blue Quail, pp. 16–17. Academic Press, London 1986
VAN SOMEREN, V. G. L.: The Birds of Kenya & Uganda, Part I; Blue Quail; pp. 43–44. Journ. East Africa and Uganda Nat. Hist. Soc. 1925

Sumpfwachteln
Synoicus, Gould 1843

Engl.: Australian Brown Quails, Swamp Quails.
Die Sumpfwachtel, einzige Art der Gattung mit verschiedenen Farbphasen und zahlreichen Unterarten, ist größer als die Wachteln der Gattung *Coturnix* und durch mehrere Merkmale von ihnen unterschieden. Sie trägt kurze graue, statt der bei *Coturnix*-Arten stets langen weißen Achselfedern. Der 10- bis 12federige Schwanz ist bei *Synoicus* wenig länger als die halbe Flügellänge, nicht wie bei *Coturnix* kürzer als diese. Der Schnabel ist kräftiger und kurz, der Oberschnabel hoch. Die Geschlechter sind gleichgroß und verschieden gefärbt. Nach Volierenbeobachtungen sollen Sumpfwachtelhähne ihr brütendes Weibchen bewachen und mit ihm zusammen die Küken aufziehen. Sumpfwachteleiern fehlen die großen dunklen Kleckse und Flatschen von *Coturnix*-Eiern. Sie sind einfarbig oder zart gepunktet.

Die Sumpfwachtel ist ein Bewohner von Feuchtgebieten Australiens, Tasmaniens, Neuguineas und einiger Sundainseln östlich der Wallaceschen Linie. Auf Neuguinea bewohnt sie nicht nur Ebenen, sondern auch grasbestandene Gebirgshänge bis in die alpine Region.

Sumpfwachtel
Synoicus ypsilophorus, Bosc 1792

Engl.: Australien Brown Quail, Swamp Quail.
Abbildung: Seite 475 unten.
Heimat: Kleine Sundainseln (Sumba, Savu, Flores), Timor, Neuguinea, Nordost-, Süd- und Südwest-Australien, Tasmanien; auf Neuseeland eingebürgert. 12 Unterarten wurden beschrieben, deren Gültigkeit in einigen Fällen angezweifelt wird.
Beschreibung: Geschlechter verschieden gefärbt. Im männlichen Geschlecht tritt die Art in 3 Farbphasen, einer grauen, roten und braunen, auf. Weibchen sind dagegen fast immer gleichgefärbt.
Bei Männchen der Grauphase ist der Scheitel braun mit oder ohne schmalen isabellfarbenen Mittelstreifen, die Oberseite vorwiegend grau; Rücken-, Bürzel- und einige Flügeldeckfedern tragen dunkelbraune Außensäume, wodurch ein Streifenmuster entsteht; Handschwingen vorwiegend braun. Unterseite fast einfarbig grau mit hellerer Kehlregion und spärlicher Schwarzsprenkelung des Flankengefieders. Die Grauphase tritt in Ost-Australien selten, in Ost-Neuguinea sehr häufig auf. Hähne der in Australien häufigen Rotphase zeichnen sich durch kräftig rotbraune Gesamtfärbung und zartere Dunkelmusterung aus.
Bei Männchen der Braunphase, auch Bänderphase genannt, sind Kinn und Oberkehle einfarbig isabellgelblich, Unterkehle, Brust und Körperseiten dagegen trüb rostbraun, alle Federn dicht V-förmig schwarz gebändert; Bauchregion isabellweißlich mit undeutlicher Bänderung. Federn der Oberseite mit schmaler, aber auffälliger isabellweißer Schäftung und zarter, isabellfarbener rotbrauner und schwarzer Bänderung; die Handschwingen haben einfarbig braune Innenfahnen und hell rostockrige, braun tüpfelgebänderte Außenfahnen.
Weibchen haben braunschwarze Scheitel und Oberseite, die Federn isabellfarben geschäftet und gesäumt, die Schwingen braun. Oberkehle isabell, Unterkehle, Brust und Seiten trüb rostbraun mit schmaler Schaftstreifung und umfangreicher

Schwarzbänderung; übrige Unterseite kräftig braun, die Federn schmal hell geschäftet und schwarz gefleckt. Schnabel bei beiden Geschlechtern in allen Farbphasen blau mit schwärzlicher Spitze, die Iris orangerot, die Beine mattgelb.

Länge je nach der Unterart recht variabel: 152 bis 190 mm; Flügel 82 bis 109 mm; Schwanz ca. 40 mm; Gewicht im Durchschnitt 134 g.

Beide Geschlechter von *Synoicus* sind gleichgroß. Beim Dunenküken ziehen nach SICH 3 schmale isabellfarbene Streifen über den braunen Scheitel, die Oberseite ist dunkelbraun mit dunklerer und hellerer Bänderung und Sprenkelung; Flügelchen braun mit 2 schwarzen Querbinden; Kehle gelblichweiß, die übrige Unterseite heller braun als die Oberseite; Schnabel und Füße hell hornfarben. Sie ähneln sehr Zwergwachtelküken, nicht Küken der Gattung *Coturnix*.

Gelegestärke auf Neuguinea 4 bis 6, in Australien 6 bis 12; Ei trübweiß- oder isabell mit dichter zarter hellbrauner oder grünlichbrauner Fleckung, ohne die ausgedehnten Kleckse auf den *Coturnix*-Eiern. Manche Hennen legen einfarbig grünlichweiße oder grünlich isabellfarbene Eier (30 bis 34 mm × 23 bis 24,5 mm). Brutdauer 20 bis 22 Tage.

Auf Neuguinea variieren nach RAND u. GILLIARD die Männchen der Sumpfwachtel in Färbung und Größe außerordentlich, und die am stärksten voneinander abweichenden Unterarten werden durch intermediäre Populationen miteinander verbunden. Auf der gebirgigen Insel stehen die genannten Unterschiede teilweise in direktem Zusammenhang mit der Höhenlange des Habitats. Mit zunehmender Höhe desselben läßt sich eine Größenzunahme bei gleichzeitig abnehmendem Geschlechtsdimorphismus der Vögel feststellen, der bei der Weibchenfärbung der 3 Phasen generell gering ist. Am stärksten ist der Geschlechtsdimorphismus bei den Populationen der Ebenen, speziell Süd-Neuguineas ausgebildet, am geringsten in der Alpenregion, während sich die Populationen der mittleren Berglagen intermediär verhalten. Eine ähnliche Variation in Größe und Färbung findet sich auch bei den Unterarten Australiens. Die nördlichen Vögel sind dort am kleinsten, die tasmanischen am größten.

Lebensgewohnheiten: Auf Neuguinea ist die Sumpfwachtel von den Küstenebenen bis in die alpine Zone in 3590 m Höhe verbreitet; in den Ebenen nur örtlich häufig, ist sie in den mittleren Berglagen und dem alpinen Grasland allgemein verbreitet und besonders dort zu finden, wo das Gras dicht und zusammenhängend oder in Horsten wächst. Bevorzugt wird Grasland mit verstreutem Buschwuchs entlang der Waldränder. In Australien kommt diese Wachtel in den Küstenebenen und dem anschließenden Tafelland nur gebietsweise an Hängen der Inlandgebirge vor. Auch dort bewohnt sie dichte Grasflächen und mit Krautwuchs bestandene Feuchtplätze an Flußufern und Wasserlöchern. Zur Brutzeit, die in Australien in die Monate der wechselnden Regenzeiten fällt, rufen die Hähne laut und bussardähnlich „Hiäh!". Der Kontaktruf ist zweisilbig. Im übrigen ist über Stimmäußerungen dieser häufigen australischen Art noch nichts berichtet worden. Nester bestehen aus muldenartig zusammengedrehten Grashalmen und stehen inmitten hohen Grases, gegen Sicht von oben durch baldachinähnliches Überhängen von Grashalmen oder Staudenzweigen geschützt. Aus Volierenbeobachtungen ist bekannt, daß der Hahn die brütende Henne bewacht und mit ihr zusammen das Gesperre aufzieht. Nach der Brutzeit werden Sumpfwachteln in Familiengruppen bis zu 6 Vögeln, gelegentlich in Trupps aus 15 und mehr Mitgliedern angetroffen. Es sind sehr heimliche Vögel, die vor den Füßen des Jägers geräuschvoll unter gackernden Rufen aufstehen und dicht über dem Gras 15 bis 150 m weit fliegen, um sich dann senkrecht fallen zu lassen und zu Fuß weiterzuflüchten.

Haltung: Der Erstimport der Sumpfwachtel nach Europa erfolgte durch Dr. Müller (Melbourne), der dem Londoner Zoo 1861 4 dieser Vögel schenkte und 1863 3 der tasmanischen Unterart *diemensis* dorthin vergab. Auch im Amsterdamer Zoo war die Art vertreten und wurde 1893 durch die Fa. REICHE (Alfeld) erstmalig nach Deutschland eingeführt. Die Erstzucht gelang dem Londoner Zoo am 14. Juli 1864. Weitere erfolgreiche Zuchten erfolgten durch SETH-SMITH 1905 und SICH 1922, die der Neuguinea-Unterart *plumbeus* im gleichen Jahr durch SHORE BAILY in England. In Deutschland ist die Art unseres Wissens noch nicht gezüchtet worden. Lediglich bei R. NEUNZIG (Berlin) brachte es 1937 ein Weibchen bis zur Eiablage. Das Paar von SETH-SMITH war, in eine dicht bepflanzte Voliere gesetzt, zuerst sehr scheu, wurde aber später zutraulich. Die Vögel hielten stets zusammen und stießen bei zufälliger Trennung sofort Kontaktrufe aus. Gegen Ende Mai wurde das erste Ei gelegt, und am 16. Juni begann die Henne das aus 9 Eiern bestehende Gelege zu bebrüten. Während dieser Zeit hielt sich der Hahn stets wachsam in Nestnähe auf und begleitete die Henne, wenn sie zur Futter- und Wasseraufnahme das

Gelege verließ, bedachte sie auch dabei mit Leckerbissen. Am 6. Juli setzte er sich neben dem Weibchen aufs Nest, und spätnachmittags erschien das Paar mit 7 Küken, die nach 10 Tagen flugfähig waren und bis zur Selbständigkeit von beiden Eltern aufgezogen wurden. Auch danach hielten alle in einer Familie zusammen. Mit 4 Monaten ließen sich 2 Junghähne an ihrem etwas rötlicherem Gefieder und der zarteren Federmusterung von den 5 Junghennen unterscheiden. Die Küken wuchsen bei einer Ernährung mit frischen Ameisenpuppen, fein gehacktem Gras und Entengrütze, danach Körnerfutter, schnell heran.

Der Sumpfwachtelhahn von NEUNZIG nahm nach anfänglicher Scheu das Futter aus der Hand und biß sich wütend daran fest, wenn man sie schloß. Kampf und Rauflust schienen ihm zu liegen. Gegenüber seiner Henne war er oft recht aufmerksam, verfolgte sie aber während der Brutzeit sehr. Da ihr Rücken durch häufiges Treten schließlich ganz kahl geworden war, mußte das Paar getrennt werden. Die Henne legte verschiedentlich verhältnismäßig große weiße Eier mit grünlichem Schimmer. Diese wurden nie bebrütet, sondern meist von den Wachteln verzehrt. Während der Brutzeit verfolgen sich die Partner wechselseitig und verbeißen sich ineinander, woran manchmal auch das Weibchen beteiligt ist. Vor allem während der Morgenstunden ließ der Hahn sein greifvogelartiges Pfeifen hören. Gern nahm das Paar Sandbäder. Gefüttert wurden Hirse, Spitzsamen, Grünkraut, Obst und Weichfutter. Das gleiche Futter wird von ROBBINS empfohlen, der zusätzlich noch Küken-Pellets in Krümelform reicht. Die kleinsten Volierenmaße für Sumpfwachteln betragen 1,25 m × 1,25 m. In Europa und den USA werden wegen des Ausfuhrverbotes von Wildtieren aus Australien seit langem keine Sumpfwachteln mehr gehalten. In ihrer Heimat sind sie von Liebhabern und australischen Zoos häufig gezüchtet worden.

Weiterführende Literatur:
MILLER, R. S.: Stubble and Brown Quail in Victoria. Emu 37; p. 285 (1938)
NEUNZIG, K.: Fremdländische Stubenvögel; p. 869. Creutz'sche Verlagshandlung Magdeburg 1920
DERS.: Aus den Flugräumen. Gef. Welt 66; 36. Sumpfwachtel; p. 426 (1937)
RAND, A. L., GILLIARD, E. T.: Handbook of New Guinea Birds. *Synoicus ypsilophorus* (BOSC); pp. 100–102
ROBBINS. G. E. S.: Quail, their breeding and management. Brown Quail, pp. 78–79. Publ. World Pheasant Assoc., Suffolk 1981.
SETH-SMITH, D.: The Breeding of the Australian Swamp-Quail. Avic. Magaz. New Series, Vol. III; pp. 363–366 (1905)
SHORE-BAILY: Zucht der Neuguinea-Sumpfwachtel (*S. plumbeus* (SALVADORI). Bird Notes; p. 192 (1922)
SICH, H. L.: Hatching the Plumbeous Quail. Avicult. Magaz. Third Series, Vol. VIII; p. 140–141 (1922)

Schneegebirgswachteln
Anurophasis, Van Oort 1910

Engl.: New Guinea Snow Mountain Quails.
Die einzige Art der Gattung ist durch einen kurzen Schnabel mit auffällig gebogenem First charakterisiert. Die Nasenöffnungen sind oben durch einen Deckel, unten durch Federn geschützt. Der Lauf ist etwas länger als die Mittelzehe mit Kralle und trägt vorn 2 Schuppenreihen; Zehen ziemlich lang, die innere kürzer als die äußere, die Hinterzehe kurz und hoch angesetzt; Krallen kräftig und spitz, leicht gebogen, doch die der Innenzehe ziemlich gerade; Flügel nicht sehr lang, leicht gerundet, die 4. und 5. Handschwinge am längsten; Steuerfedern weich und von den Schwanzdecken nicht unterscheidbar. Die Geschlechter sind verschieden gefärbt.

Schneegebirgswachtel
Anurophasis monorthonyx, Van Oort 1910

Engl.: Snow Mountain Quail.
Heimat: Gebirge West-Irians (ehemals Niederländisch-Neuguinea) in der alpinen Region des Mt. Wilhelmina und Mt. Carstensz. Keine Unterarten.
Beschreibung: Geschlechter verschieden gefärbt. Beim Männchen sind die Federn der Oberseite schwarzbraun mit isabellgelber bis hellbrauner Bänderung und Schäftung. Stirn und die Kopfseiten in der Augenumgebung heller, isabellgelb, die Unterseite vorwiegend kastanienbraun mit unregelmäßiger und undeutlicher schmaler Schwarzbänderung von Oberbrust, Seiten und Unterschwanzdecken; Kehle und Halsseiten meist rein hellrotbraun; Handschwingen schwarzbraun mit geringer hellerer Musterung auf den Außenfahnen. Schnabel hornfarben mit gelber Basis, Iris dunkelbraun, Beine gelb.

Länge 254 bis 280 mm; Flügel 157 bis 161 mm; Schwanz 61 bis 70 mm.

Beim Weibchen sind die hellen Partien der Unterseite isabellgelblich, weniger rotbraun und viel weniger schwarz gebändert als beim Männchen; auf der dunkelbraunen Oberseite ist die Bänderung unauffälliger, die helle Federschäftung breiter.
Dunenküken wohl noch nicht beschrieben.
Gelegestärke unbekannt; Ei mit etwas glänzender Oberfläche, hellbraun mit zarter dunkelbrauner Fleckung und Tüpfelung (33 mm × 45 mm).
Lebensgewohnheiten: Die erst 1910 entdeckte und eng mit den Sumpfwachteln *(Synoicus)* verwandte Schneegebirgswachtel bewohnt auf dem Wilhelminaberg Gebirgswiesen zwischen 3100 und 3900 m Höhe. Sie kommt nahe der oberen Baumgrenze in hohem Gras und niedrigem Buschgelände vor, geht aber auch auf trockene, nur mit kurzem Gras bestandene Bergrücken. Die Vögel werden dort einzeln, paarweise und zu dreien angetroffen. Bei Gefahr erheben sie sich geräuschvoll unter schrill gackernden Rufen, um nach kurzer Flugstrecke im dichten Pflanzenwuchs zu landen, aus dem sie sich nicht ein weiteres Mal zum Auffliegen bringen lassen. Die kalten Gebirgsnächte verbringen sie eng aneinandergedrängt in Mulden unter Seggenstauden. Ein solcher Übernachtungsplatz war 30 cm tief und hatte einen Umfang von 40,6 cm. Ein Nest bestand aus einer 7 cm tiefen, mit Gras ausgepolsterten Mulde unter einer Grasbülte und enthielt 3 Eier. Nach Untersuchungen des Mageninhalts ist die Nahrung überwiegend pflanzlicher Natur und besteht aus Blütenköpfen, Blättern und Sämereien; Kleininsekten wurden selten gefunden.
Haltung: Über eine Haltung der Schneegebirgswachtel ist nichts bekannt.

Weiterführende Literatur:
RAND, A. L., GILLIARD, E. T.: Handbook of New Guinea Birds. *Anurophasis*; pp. 102–103. Weidenfeld & Nicolson, London 1965
VAN OORT, E. D.: Description of eight new Birds collected by Mr. H. A. LORENTZ in Southwestern New Guinea. Notes Leyden Museum, Note XXIV, *Anurophasis*, nov. gen. Gallinarum; pp. 211–212 (1910)

o. Paar der Asiatischen Zwergwachtel, *Excalfactoria chinensis* (s. S. 462)
u. Sumpfwachtel, *Synoicus ypsilophorus* (s. S. 471)

Frankolinwachteln
Perdicula, Hodgson 1837

Engl.: Bush-Quails.
Frankolinwachteln sind durch einen auffallend hohen, kurzen Schnabel und mit Sporenhöckern ausgestattete Läufe charakterisiert. Der 12fedrige Schwanz ist etwa halb so lang wie der Flügel. Die Geschlechter sind verschieden gefärbt. Die aus 2 Arten bestehende Gattung bewohnt den indischen Subkontinent und die Insel Sri Lanka (Ceylon). Das Sozialverhalten ist stark ausgebildet. Hahn und Henne ziehen gemeinsam die Küken auf oder tun sich gleich mit anderen Paaren zusammen, um die Brut gemeinsam in der Gruppe aufzuziehen. Interessant ist die Feststellung von WENNRICH, wonach Paare im Duett singen.

Frankolinwachtel
Perdicula asiatica, Latham 1790

Engl.: Jungle Bush-Quail.
Abbildung: Seite 476 oben links.
Heimat: Vorderindien und Sri Lanka (Ceylon).
5 Unterarten.
Beschreibung: Geschlechter verschieden gefärbt. Beim Männchen der Nominatform ist der Scheitel braun mit schwarzer Bänderung und schmaler schwarzer Säumung; Stirn, Überaugenregion, Kinn, Kehle, Wangen und vordere Ohrdecken schön rotbraun; über und unter dem rotbraunen Superziliarband ein schmales gelblichweißes Band; hintere Ohrdecken dunkelbraun, Halsseiten und der Rücken bis zu den Oberschwanzdecken ockerbraun mit schmaler schwarzer Wellenbänderung, die Rückenfedern schmal cremegelb geschäftet; Schultern, innere Flügeldecken und innere Armschwingen braun mit kräftiger Schwarzbänderung, geringer rostbrauner Querstreifung und cremefarbener Schaftstreifung der Federn; Alula, äußere Flügeldecken und Handschwingen braun mit rostbrauner Bänderung nur der Außenfahnen; Schwanzfedern

braun mit isabellgelber, beiderseits schwarz gesäumter Querbänderung. Die braune Kehlregion wird in der oberen Hälfte von einem isabellweißen Bartstreif gesäumt; Unterseite von der Kehle abwärts schwarz und weiß gebändert, Mittelbauch, Schenkel, Steißregion und Unterschwanzdecken rötlichisabell. Die Brustregion ist nur bei adulten Hähnen rein schwarzweiß gebändert, bei jüngeren Männchen mehr oder weniger weinrötlich überhaucht, und bei ihnen ist auch der Scheitel rostrot. Schnabel hornfarben bis schieferschwärzlich, auf Oberschnabelbasis und dem Unterschnabel grau; Iris hellbraun bis orangebraun; Beine trübgelb bis orangebraun. Weibchen sind oberseits wie Männchen gefärbt. Ihre Unterseite ist einfarbig weinrötlich ohne Schwarzweißbänderung, der rotbraune Kehlfleck ist vorhanden. Die Geschlechter sind in der Größe nicht verschieden.

Länge 170 mm; Flügel 80 bis 88 mm; Schwanz 32 bis 41 mm. Gewicht 57 bis 82 g.

Dunenküken sind nach WENNRICH oberseits rostbraun; ein breiter gelblichgrauer Überaugenstreif zieht vom Zügel über den hinteren Ohrdeckenrand hinaus; Ohrdecken und Bartstreif schwärzlichbraun; vom Schnabelwinkel zu den Ohrdecken zieht ein undeutlicher schwarzbrauner Augenstreif. Kehle, Kropf, Brust und Bauch schmutziggrau, die Halsseiten und Schultern mit rostbraunem Schimmer. Oberschnabel gelbbräunlich mit hellerer Spitze und Kanten, Unterschnabel hellgrau, Beine orangefarben, Krallen hellgrau. Schlüpfgewicht des Männchens 3,8 g, des Weibchens 4,5 g.

Hinsichtlich der Gefiederentwicklung berichtet WENNRICH, daß die Kiele der wachsenden Arm- und Handschwingen bereits am 1. Tag erkennbar waren, was bei *Coturnix* erst am 3. Tag der Fall zu sein pflegt. Am 6. Tag stießen die Schwanzfedern durch, und am 10. Tag waren Arm- und Handschwingen ca. 30 mm lang. Die Schulterfedern waren zu diesem Zeitpunkt ca. 13 mm lang; 5 Tage später hatten die Rückenfedern ihre Scheiden durchbrochen und waren am 16. Tag 3 bis 4 mm lang. Gegen Ende der 2. Lebenswoche wurden die Kiele im oberen und seitlichen Nackenbereich sowie der Kinngegend sichtbar, und am 21. Tag erschienen die Federkiele auf dem Oberkopf. In der 3. Woche waren die Geschlechter an der unterschiedlichen Ausbildung des Gefieders zu unterscheiden: Beim Hahn entstanden im Kehlbereich, in der Folgezeit auch auf der Brust, zahlreiche schwarze Querbänder. Mit 4 Wochen entwickelte sich das Jugendgefieder auf den Ohrdecken und im Zügelbereich. In der Mitte der 5. Lebenswoche waren alle Kopfdunen zu Konturfedern vermausert. Die Geschlechtsreife dürfte zwischen 5. und 10. Lebenswoche erreicht werden, denn in diesem Zeitraum glichen sich die Lautäußerungen den elterlichen an.

Gelegestärke 4 bis 8; Ei rundlichoval, hell sandfarben oder cremegelb. Wenige Eier weisen zahlreiche, bis 2 mm große, mattweiße Punkte auf (25,0 bis 27,2 mm × 20,0 bis 20,6 mm); Brutdauer 22 Tage.

Lebensgewohnheiten: Frankolinwachteln bewohnen mit grasigem Buschdschungel und offenem laubabwerfendem Wald bestandene Ebenen und hügeliges Gelände. Selten halten sie sich auf Wiesen und Feldern auf. Außerhalb der Brutzeit trifft man sie in Trupps von 6 bis 20 Vögeln an, die sich bei mittäglicher Rast und zum Übernachten mit den Köpfen nach außen eng zusammenlegen. Erst wenn man fast auf sie tritt, „explodiert" der Trupp plötzlich und fliegt unter lautem Flügelschwirren nach allen Richtungen auseinander. Schon nach kurzem Flug lassen sich die Vögel zu Boden fallen und locken sich unter sanft klingenden „Wii wii wii"-Sammelrufen bald wieder zusammen. Zur Tränke begibt sich der Trupp morgens und abends gemeinsam auf schmalen ausgetretenen Pfaden, die manchmal tunnelartig zwischen dem Gras verlaufen, in langer Reihe hintereinander zu Fuß. In gleicher Manier suchen sie auch ihre verschiedenen Futterplätze auf. Zur Brutzeit sondern sich die Paare ab und besetzen ihr Revier. Von einem erhöhten Punkt aus läßt der Hahn ein leise beginnendes, sich in der Folge immer mehr verstärkendes kanarienartiges Trillern hören, wobei seine Kehle stark vibriert. Ist der Höhepunkt erreicht, geht das Trillern in ein nach DE GRAHL „merkwürdiges Gequakse" über, das sich nur schwer beschreiben läßt. Hat bei der Henne die Eiablage begonnen, bringt der Hahn nach THORNHILL nicht mehr den Trillerpfiff, sondern einen tiefen kratzenden Ton mit deutlicher Aggressions-

o. l. Frankolinwachtel, *Perdicula asiatica* (s. S. 474)
o. r. Paar der Indischen Rotschnabelwachtel, *Cryptoplectron erythrorhynchum* (s. S. 482)
m. l. Paar der Madagaskar-Perlwachtel, *Margaroperdix madagarensis* (s. S. 480), der Hahn bietet der Henne einen Mehlwurm im Schnabel an
u. l. Hahn des Nepal-Blutfasans, *Ithaginis cruentus* (s. S. 486)
u. r. Henne des Nepal-Blutfasans

nuance im Tonfall. Dies ist offensichtlich das von SALIM ALI beschriebene scharfe, kratzende „Tschii-tschii-schuck!". Möglicherweise handelt es sich um den erstmalig von WENNRICH bei der Frankolinwachtel nachgewiesenen Duettgesang des Paares, den stets das Weibchen mit einem mehrfach wiederholten „Tschägäk" beginnt, auf den das Männchen mit „Tschuäh" folgt und den das Weibchen mit erneutem „Tschägäk" beendet. Beide Vögel standen beim Rufen sehr aufrecht, das Männchen sträubt während des Rufens Scheitel-, Wangen- und Kehlgefieder und stellt sich bei der 2. Silbe seines „Tschuäh"-Rufes jedesmal auf die Zehenspitzen. Das Ganze klingt wie die Strophe eines einzelnen Vogels. Freilebende Frankolinwachteln hat bisher nur LOWTHER in Indien beobachtet und fotografiert. Auch ihm ist das ausgeprägte Sozialverhalten aufgefallen, wenn er schreibt, daß selbst während der Brutzeit mehrere Paare gemeinsam auf Futtersuche gehen und manchmal auch einige Paare in enger Nachbarschaft zueinander brüten. Er hatte im Oktober 1935 4 Nester unter Beobachtung, die alle im Umkreis von ca. 270 m in einem Krautgestrüpp der Tulsi-Pflanze *(Ocinum sanctum)* lagen, das seinerseits von mäßig dichtem Buschdschungel umgeben war. Man konnte sicher sein, dort Jahr für Jahr Nester zu finden. Sie bestanden aus einer Art Matratze aus Grashalmen in groben Grasbülten am Fuß der Tulsi und enthielten 5 bis 7 Eier. Die Brutzeit währte von Mitte August bis Ende November. Viele Gelege wurden durch Ratten und Schlangen zerstört. Das brütende Weibchen verließ das Nest morgens von 6 bis 8 Uhr zur Nahrungsaufnahme und brütete dann bis etwa 10.30 Uhr weiter. Zu diesem Zeitpunkt erschien das Männchen, stieß ein schwirrendes „Sirr-r-r-r-r" aus, woraufhin die Henne das Nest verließ und nicht zurückkehrte, bevor die Sonne am Zenit stand. Sie brütete bis 15 oder 16 Uhr weiter, worauf das Männchen wiederum erschien, trillerte, und sie nochmals für 40 bis 60 Minuten das Nest verließ. Doch waren die Brutpausen zeitlich nicht exakt festgelegt. Am 15. Oktober enthielt das Nest 2 Eier, alle 2 Tage kam ein Ei hinzu, und am 21. Oktober war das Gelege aus 5 Eiern vollständig. Am Nachmittag des 11. November schlüpften 3 Küken, und am folgenden Morgen waren alle 5 Küken im Nest. Da die Henne nicht brütete, bevor sie das letzte Ei gelegt hatte, dauerte die Brut 22 bis 23 Tage. Der von LOWTHER am häufigsten gehörte Ruf der Frankolinwachtel klang wie „Biti-piti- piti" und dürfte mit dem von WENNRICH beschriebenen Futtersucheruf „Wüdi- wüdi" oder „Twidi-twidi" identisch sein.

Haltung: Frankolinwachteln gelangten als Erstimport 1868 durch SHORTT in den Londoner Zoo. Nach Deutschland wurden sie erstmalig 1881 durch Frl. HAGENBECK (Hamburg) eingeführt, 1885 besaß sie der Basler Zoo, und zahlreiche Importe erfolgten 1890 bis 93 durch die Tierhandelsfirma FOCKELMANN (Hamburg). Die Zucht gelang 1882 VON THEIN in Leipzig, 1883 Dr. K. RUSS in Berlin, in England offenbar erst 1965 REAY. COCKELL hielt 1909 12 Frankolinwachteln in einer Voliere in Kalkutta. 2 Hennen wählten als Nest ein mit weichem Gras gefülltes Körbchen, legten gemeinsam und brüteten zusammen auf dem Doppelgelege aus 10 Eiern. Die Hähne kümmerten sich nicht um die brütenden Henne, doch versammelten sich am Schlupftag alle Vögel der Gruppe um das Nest und verließen den Platz 2 Stunden später in Begleitung von 9 Küken. Alle Gruppenmitglieder beteiligten sich an der Aufzucht, doch übernahmen die Männchen beim Hudern und Füttern der Küken die Hauptarbeit. Eine Woche lang fraßen diese nur Maden, danach auch Körnerfutter und kleine Heuhüpfer. Innerhalb 3 Wochen voll befiedert, erhielten die Junghähne erst nach 6 Wochen das Männchenkleid. Bei REAY (England) führten beide Eltern die Küken und begaben sich mit ihnen allabendlich zum Nest zurück. In Gefahrsituationen lockte der Hahn die Küken zu sich, und die Henne nahm mit gesträubtem Gefieder die Haltung einer Hühnerglucke in Abwehrstellung ein. Frankolinwachteln sind einfach mit Wellensittich- oder Kanarienmischfutter, dazu Waldvogelmischung und Küken-Pellets zu ernähren. Kleine Gaben von gehacktem Ei, Puppen der Rasenameise, Mehlwürmer und Grünzeug sollten nicht fehlen. Frankolinwachteln sind kälteempfindlich und müssen bei Temperaturen über dem Gefrierpunkt, dazu trocken überwintert werden.

Madraswachtel
Perdicula argoondah, Sykes 1832

Engl.: Rock Bush-Quail.
Heimat: Vorderindien mit Ausnahme der Osthälfte. 3 Unterarten.
Beschreibung: Der Frankolinwachtel sehr ähnlich und im Handel häufig mit ihr verwechselt. Männchen der Madraswachtel unterscheiden sich von

denen der Frankolinwachtel durch das Fehlen des isabellgelblichen Überaugenbandes sowie einen trüb ziegelroten statt kräftig kastanienbraunen Kehlfleck. Auch weist das Gefieder der Oberseite geringere schwarze Fleckung als beim Frankolinwachtelhahn auf. Schnabel-, Bein- und Irisfärbung gleichen ganz der Frankolinwachtel.

Länge 170 mm; Flügel 82 bis 89 mm; Schwanz 44 bis 47 mm. Gewicht 60 bis 74 g.

Weibliche Madraswachteln unterscheiden sich von denen der Frankolinwachtel durch das Fehlen des roten Kehlflecks; Kinn weißlich, Kehle und Unterseite kräftig weinrötlich- bis ziegelrötlichisabell.

Flügel 82 bis 86 mm; Schwanz 40 bis 47 mm; Gewicht 60 g.

Ein vermutlich älteres Küken der Unterart *meinertzhageni* hatte nach SALIM ALI einen braunen, schwarzgebänderten Scheitel und Nacken sowie hellgeschäftetes Stirngefieder; ein ockergelbes Überaugenband zog bis auf die Ohrdecken; diese und die Wangen sind isabellgelb, dunkelbraun vermischt. Übrige Oberseite erdbraun, die Federn breit schwarz gebändert und gesprenkelt mit ockerbrauner Schäftung, die auf Bürzel und Oberschwanzdecken fast schwindet; Armschwingen, Armdecken, Handschwingen und Schwanzfedern warm sandbraun, beidfahnig braunschwarz gebändert und gesprenkelt, die Armdecken mit breiter ockerbrauner Schaftstreifung und schwarzer Kleckung der Innenfahnen. Kinn weinrötlichisabell, Kehle, Brust und zum geringen Teil die Flanken schwarzbraun gebändert mit weißgeschäfteten Federn.

Nach SALIM ALI soll sich das Subadultkleid der Madraswachtel von dem der Frankolinwachtel in einem wichtigen Detail unterscheiden: Während bei letzterer dieses Kleid unterseits im wesentlichen einfarbig mit glänzendweißer Streifung ist, sollen Kehle und Brust subadulter Madraswachteln beiden Geschlechts schwarz gebändert sein, wodurch sie in diesem Alter oberflächlich Althähnen gleichen. Das erklärt auch, warum bei der Madraswachtel so häufig Junghennen vorkommen, deren Unterseite aus einer Mischung männlicher und weiblicher Federn zu bestehen scheint. Bei der Schwarzweißbänderung, mit der das sonst rötlichisabellfarbene Gefieder durchsetzt ist, handelt es sich um Reste des ersten Jugendgefieders. Dagegen sind so gefärbte Jungvögel der Frankolinwachtel stets Männchen, die aus dem Subadultkleid ins Adultkleid überwechseln.

Gelegestärke 5 bis 6; Ei cremeweiß, nach SALIM ALI von dem der Frankolinwachtel nicht unterscheidbar (25,6 mm × 20,1 mm).

Lebensgewohnheiten: Wegen ihrer Ähnlichkeit mit der Frankolinwachtel wurde die Madraswachtel früher oft für eine Unterart derselben gehalten. Der exakte Status der beiden Formen ist auch heute noch ungeklärt. In vielen Gebieten Indiens sind sie sympatrisch, und wo dies der Fall ist, bewohnt die Madraswachtel trockene, steinige, mit Dorngestrüpp bestandene Böden, während die Frankolinwachtel dicht bewachsene Buschgebiete und offene laubabwerfende Wälder bevorzugt. Über Mischpopulationen ist nichts bekannt. Auch über Unterschiede in der Stimmgebung, die doch sicherlich bestehen werden, wissen wir nichts. Bruten sind unter Berücksichtigung aller Vorkommen der Madraswachtel zu jeder Jahreszeit bekannt geworden.

Haltung: Da Madras- und Frankolinwachtel häufig verwechselt wurden und noch werden, läßt sich kein exaktes Datum für ihre Ersteinfuhr nach Europa geben. RUSS nennt als Erstimport das Jahr 1875, als der Händler GAETANO ALPI in Triest mehrere Argoondahwachteln (= Madraswachteln) importierte. Als Erstzüchter der Art wird von HOPKINSON der englische Vogelliebhaber TESCHEMAKER angegeben, der dafür im Jahre 1910 die F.-B.-C.-Medaille erhielt.

Nach SICH (1931), der die Madraswachtel in England züchtete, scheint sie ein sehr geselliger Vogel zu sein. Die kleine Gruppe verbrachte einen Großteil der Zeit zwischen den Grasbülten der Voliere, unabhängig von Geschlecht und Alter eng aneinandergedrängt. Nur wähend des Brütens saß eine Henne allein. Sobald aber die Küken geschlüpft waren, hielten alle wieder eng im Verband zusammen. Hatte sich ein Küken im Gras verlaufen und weinte, gingen alle Truppmitglieder aufgeregt rufend und in alle Richtungen ausschwärmend auf die Suche, bis sie es gefunden hatten, worauf sich alle wieder mit den Köpfen nach außen im Kreis zusammensetzten. Wenn Madraswachtelhähne in Indien als aggressiv gegenüber Artgenossen gelten und zu Hahnenkämpfen verwendet werden, scheint das bei dem stark ausgeprägten Sozialverhalten der Gruppe verwunderlich und läßt sich am ehesten damit erklären, daß Hähne benachbarter Gruppen miteinander kämpfen werden.

Weiterführende Literatur:

COCKELL, N. F.: Notes on Breeding the Jungle Bush-Quail, *Perdicula asiatica.* Avic. Mag. New Series, Vol. VII; pp. 234–235 (1909)

DE GRAHL, W.: Indische Frankolinwachtel. Gef. Welt; pp. 233–234 (1953)

LOWTHER, E. H. N.: A Bird Photographer in India. Jungle Bush-Quail; pp. 87–89; Oxford University Press 1949

REAY, J. H: Breeding of the Jungle Bush Quail *(Perdicula asiatica).* Avic. Mag. 71; pp. 2–4 (1965)

RUSS, K.: Die fremdländischen Stubenvögel. 2. Band; pp. 858–862. Creutz'sche Verlagshandlung, Magdeburg 1899

SALIM ALI, RIPLEY, S. D.: Handbook of the Birds of India and Pakistan. Vol. 2; pp. 45–51. Oxford University Press, London, New York 1980

SICH, H. L.: The Rock Bush-Quail. Avic. Mag. 4. Series, Vol. IX; pp. 301–302 (1931)

THEIN, A. VON: Cit. bei RUSS

THORNHILL, J. W.: Captive Breeding of the Jungle Bush-Quail, *Perdicula asiatica.* WPA Journal VI; pp. 53–57 (1980/8)

WENNRICH, J. W.: Haltung und Zucht der Frankolinwachtel *(Perdicula asiatica).* Gef. Welt 106; pp. 321–324 (1982)

Madargaskar-Perlwachtel

Perlwachteln
Margaroperdix, Reichenbach 1853

Engl.: Madagascar Partridges.

Die einzige Art dieser für Madagaskar endemischen Gattung steht in der Größe zwischen Wachtel und Rebhuhn und ist durch einen kurzen hohen Schnabel, den 12fedrigen Schwanz, der etwas länger als die halbe Flügellänge ist, und den in beiden Geschlechtern sporenlosen Lauf charakterisiert. Die Geschlechter sind verschieden gefärbt. Die Stellung der Gattung im System ist umstritten. Nach eigenen Beobachtungen 1938 im Londoner Zoo ähnelt sie am ehesten großen Frankolinwachteln.

Madagaskar-Perlwachtel
Margaroperdix madagarensis, Scopoli 1786

Engl.: Madagascar Partridge.
Abbildung: Seite 476 mitte links.
Heimat: Madagaskar, auf Réunion erfolgreich eingebürgert. Keine Unterarten.
Beschreibung: Geschlechter verschieden gefärbt. Beim Hahn zieht eine aus weißlichen, schwarzgesäumten Schaftstrichen bestehende Binde über die Mitte des dunkelbraunen Scheitels, der unten schmal schwarz gesäumt ist; darunter verläuft eine isabellweiße Überaugenbinde von der Schnabelfirstbasis über die Schläfen bis zu den Nackenseiten; Zügel und Gesicht schwärzlich, die Überaugenbinde oberhalb der Ohrdecken als schmales schwarzes Band begleitend. Federn des Nackens, Rückens, Bürzels und der Oberschwanzdecken auf hell rostbraunem Grund mit unregelmäßiger schwarzer Querbänderung und schmalen langen, schwarzge-

säumten Schäften; Schwanz mittelbraun mit schmalen isabellgelblichen Querbinden. Schultergefieder braun mit rotbräunlicher Querzeichnung; Flügeldecken einfarbig rotbraun ohne helle Schäftung, Arm- und Handschwingen einfarbig ockerbräunlich. Ein weißer Bartstreifen entspringt oberhalb des Schnabelwinkels und läuft unterhalb der Ohrdecken die Kehlseiten abwärts, einen großen schwarzen Kehlfleck seitlich begrenzend. Kopf-, Hals- und Kropfseiten aschgrau; ein großer Kropffleck intensiv braunrot, die Vorderbrust mit weißen, breit schwarz gesäumten Federn, die sich zu den Brustseiten hin zu großen weißen Perlflecken ausweiten und zur hell ockergelblichen Brustmitte hin länglich mit schwarzer Säumung werden; Flanken rotbraun mit lanzettförmigem weißem, schwarzgesäumtem Federzentrum; Unterschwanzdecken rotbraun mit großen hell ockergelben, schwarzgesäumten Flecken. Schnabel horngrau, auf Ober- und Unterschnabelscheiden gelblich, Iris dunkelbraun bis rotbraun, Beine dunkelgraublau.
Länge 260 mm; Flügel 126 bis 130 mm; Schwanz 52 bis 54 mm. Gewicht ca. 270 bis 300 g.
Bei der Henne ist die Oberseite auf hell rötlichbraunem Grund breit schwärzlich quergefleckt und mit schmalen hellrötlichfahlen Binden sowie weißlichen Schaftstrichen versehen; Kopf- und Halsseiten ockergelblich mit kleiner schwarzer Fleckung, die Kehle hell isabellgelb. Scheitel braun mit hell rötlichbrauner Längszeichnung; Handschwingen an der Basalfläche des Außenrandes hell rötlichbraun, marmorierte Unterseite auf ockergelblichem Grund mit schwarzer Schuppenzeichnung, auf den Flanken dazu schmale isabellfarbene Schäftung, die Bauchmitte hell ockergelblich. Schnabel, Augenfarbe und Füße wie beim Hahn.
Länge 240 mm; Flügel 120 mm; Schwanz 50 mm.
Beim Dunenküken zieht von der Stirn ein breites dunkelbraunes Band über die Scheitelmitte zum Nacken. Gesicht hell ockerbraun, von mehreren schmalen dunkelbraunen Längsbändern durchzogen, von denen das oberste parallel zum Scheitelstreifen von der Oberschnabelbasis zum Nacken verläuft; ein weiteres schmales Band erstreckt sich mitten durch die Superziliarregion zum Nacken, und weitere schmale Streifen verlaufen hinter den Augen über Ohrdecken und hintere Bartregion. Rückenmitte dunkelbraun, beiderseits von je einem schwarzen breiten Band gesäumt, das nach hinten den kurzen Schwanzansatz umrundet; Rückenseiten heller, mehr ockrigbraun und von drei parallel zueinander verlaufenden schwärzlichen Längsstreifen durchzogen. Kinn, Kehle und Kropf isabellweiß; Brust, Seiten und Flanken röstlich ockerbraun, die Bauchmitte und Steißregion hell ockergelblich; Flügelchen mit dunkelbrauner Schulterregion, hell rostgelblicher Flügeldeckenregion und schwärzlichen, breit weiß gesäumten Armschwingen. Schnabel hell fleischfarben, Beine hellrosa.
Gelegestärke durchschnittlich 5; Ei gelblich lehmfarben mit dunkelbrauner und rotbrauner Fleckung (39,5 mm × 28,0 mm).

Lebensgewohnheiten: RAND traf die Perlwachtel außerhalb der Wälder überall auf Madagaskar an, sowohl in weniger ariden Teilen der Halbwüsten als auch im Sekundärbusch und den Grassteppen des regenreichen Ostens, dort am Mont d'Ambre auch auf verkrautetem Kulturland. Auf dem mittleren kahlgeschlagenen Bergplateau war die Art im Heidebusch häufig, fehlte dagegen in weiten, nur mit spärlichem Gras bestandenen Gebieten, die wenig Deckung boten. Die Perlwachteln wurden einzeln, paarweise sowie in Gruppen aus 6 bis 12 Vögeln angetroffen. Aufgeschreckt flogen sie 50 bis 100 m weit, um dann wieder einzufallen. Beim Auffliegen stießen sie einen gackernden Ruf aus. Der Revierruf der Hähne ist laut, auf weite Entfernung hörbar und klingt wie „Kou kou kou". Ein Hahn hatte im März vergrößerte Hoden. Über Einzelheiten des Verhaltens ist nichts bekannt. Auf der Insel Réunion (Maskarenen) bewohnt sie die Bergmassive auf der trokkenen Südwestseite der Insel in 800 bis 1000 m Höhe, auf der feuchten Nordostseite Gelände oberhalb des Zuckerrohranbaus bis in 2400 m Höhe. Habitate sind buschreiche Waldlichtungen ehemaligen Farmgeländes entlang der Waldzone sowie die 1 bis 3 m hohe Heidevegetation auf den Berggipfeln (BARRÉ u. BARAU).

Haltung: Der europäische Erstimport der Perlwachtel erfolgte 1864 in 3 Exemplaren in den Londoner Zoo, der 1865 nochmals 3 Vögel als Geschenk von E. NEWTON, Gouverneur von Mauritius, erhielt. Nach Berlioz ist die Perlwachtel gegen Ende des 19. Jahrhunderts häufig von der Insel Réunion, auf der sie seit dem 18. Jahrhundert erfolgreich eingebürgert worden war, nach Frankreich gebracht worden. 1903 war sie im Berliner Zoo vertreten. Die Erstzucht gelang 1890 dem Akklimatisationsgarten zu Paris, in England 1931 A. EZRA. Dieser bekannte Ziergeflügelzüchter hatte 1930 2 Paare von einem Händler gekauft und setzte sie, jedes für sich, in eine kleinere Voliere. Die Perlwachteln gewöhnten sich schnell ein und wurden recht zutraulich. Obwohl die Hähne balzten und ihre Henne fütterten, wurden keine Anstalten zur Brut gemacht. Als darauf 1 Paar im folgenden Jahr eine sehr große, mit hohem Gras bestandene Voliere erhielt, schritten die Vögel schnell zur Brut und erschienen Ende Juli 1931 mit 5 Küken, die von beiden Eltern betreut wurden. Auch die Jungen wurden bald zutraulich und nahmen Mehlwürmer aus der Hand des Pflegers. In den Jahren danach hat EZRA die Perlwachtel noch wiederholt gezüchtet, DELACOUR in Clères (Frankreich) 1936. Gegenwärtig (1987/88) wird die Art in der Bundesrepublik Deutschland gehalten und gezüchtet.

Weiterführende Literatur:
BARRÉ, N., BARAU, A.: Oiseaux de la Réunion. *Margaroperdix*, pp. 119–120. Imprim. Art Graphiques Modernes, St-Denis 1982
BERLIOZ, J.: Oiseaux de la Réunion. Faune de l'Empire Français IV; pp. 41–42. Librairie Larose, Paris 1946
EZRA, A.: Rearing the Madagascar Partridge (*Margaroperdix madagascariensis*). Avic. Mag. 4. Series, Vol. IX; pp. 304–305 (1931)
HARTLAUB, G.: Die Vögel Madagaskars und der benachbarten Inselgruppen. *Margaroperdix striata*; pp. 277–280; H. W. Schmidt, Halle 1877
HOPKINSON, E.: Records of Birds bred in captivity. Madagascar Partridge first bred at the Jardin d'Acclimatation, Paris in 1890 (Bull. Société Nationale de France 1891; p. 65)
MILNE-EDWARDS, A., GRANDIDIER, A.: Histoire Naturelle des Oiseaux. 2 Farbtafeln von *M. madagascariensis*, darunter Weibchen mit Dunenküken; p. 487 (1885)
MILON, P., PETTER, J.-J., RANDRIANASOLO, G.: Faune de Madagascar XXXV, Oiseaux; *Margaroperdix madagarensis*; pp. 91–92; Orstom, Tananarive und CNRS, Paris 1973
RAND, A. L.: The distribution and habits of Madagascar Birds. *Margaroperdix madagarensis*; p. 370; Bull. Amer. Mus. Nat. Hist. Vol. LXXII, New York 1936

Indische Buntwachteln
Cryptoplectron, Streubel 1842

Engl.: Painted Bush Quails.
Die Buntwachteln der Gattung *Cryptoplectron* sind mit den Frankolinwachteln näher verwandt und werden von manchen Autoren zur Gattung *Perdicula* gestellt. Weil wir Vertreter beider Gattungen durch Lebendbeobachtungen kennen, halten wir diese Ansicht für unzutreffend. Das Farbmuster und der schlanke, lange Schnabel, der nur 10fedrige Schwanz, die kürzeren, mehr gerundeten Flügel sowie der sporenlose Lauf sind zusammengenommen Unterschiede, die die Aufrechterhaltung der Gattung *Cryptoplectron* voll rechtfertigen. Die Geschlechter sind verschieden gefärbt. Die beiden Arten der Gattung bewohnen die vorderindische Halbinsel und die ostwärts anschließenden Teile Nordwest-Burmas.

Indische Rotschnabelwachtel
Cryptoplectron erythrorhynchum,
Sykes 1832

Engl.: Painted Bush Quail.
Abbildung: Seite 476 oben rechts.
Heimat: Vorderindische Halbinsel: die Ketten der West-Ghats von Khandala südwärts durch Kerala einschließlich der benachbarten Hügelketten in Coorg, Mysore und dem anschließenden Salem-Distrikt von Madras auf den Shevaroy-Hügelbergen. 2 Unterarten.
Beschreibung: Geschlechter verschieden gefärbt. Beim Hahn sind Stirn, Zügel, Augenregion sowie ein schmaler Kinnfleck schwarz, diese schwarzen Bezirke als breites Band die weißen Wangen, Ohrdecken, Kinn und Kehlregion umrahmend. Ein diademartiges weißes Band zieht über die Stirn bis in den Nacken; der Scheitel darüber ist schwarz mit braunem Mittelfeld; die Oberseite bis zu den Schwanzdecken, Hals, Brust und Flügeldecken olivbraun; die Federn von Brust und Rücken mit kleinen schwarzen Mittelflecken, die der Schultern, Flügeldecken und innersten Armschwingen weiß geschäftet und mit großem schwarzem Fleck auf der Innenfahnenmitte. Flügeldecken zum äußeren Flügelrand hin ockerbraun gebändert; äußere Handschwingen braun gesäumt, die inneren auf den Außenfahnen braun gebändert; Armschwingen

beidfahnig mit deutlicherer Bänderung; Schwanzfedern schwarzbraun, die mittleren braun gebändert. Unterseite rotbraun, die Federn der Bauchseiten und Unterschwanzdecken mit großen schwarzen Tropfenflecken und hellgelblichen Spitzen versehen. Schnabel dunkelrot, Iris dunkelbraun, Beine dunkelrot.

Länge 180 mm; Flügel 81 bis 87 mm; Schwanz 40 bis 44 mm; Gewicht von 3 Hähnen des Berliner Zoo 53, 55 und 57 g.

Der Henne fehlt die schwarze Kopfzeichnung des Hahnes. Sie ist in diesem Bereich trübbraun mit wenigen und kleinen schwarzen Flecken auf Schläfe und Wangenumrandung; Kehle cremeweiß, die Brust rein braun; auf den Flanken kleine schwarze Kleckse.

Flügel 81 bis 86 mm; Schwanz 33 bis 45 mm; Gewicht 80 g.

Dunenküken des Berliner Zoos hatten einen mittelbraunen, schwarzgesäumten Scheitel und trugen darunter ein von der Stirn zum Nacken verlaufendes hell ockerrötliches Band, das seinerseits von einem über das Auge ziehenden schwarzen Band begrenzt wird, welches die hell ockergelben Ohrdecken kreisförmig umrundet; ein schwarzer Bartfleck, die Kehle isabellgelb; Oberseite, Brust und Bauchseiten schwarzbraun, die Federn weißgeschäftet und sparsam ockerrötlich gebändert; Mittel- und Unterbauch isabellgelb, Oberschnabel schwarz, Unterschnabel hell ockergelb, Iris dunkelbraun, Beine hellrötlichocker; Schlupfgewicht 4 g.

Gelegestärke durchschnittlich 4 bis 7; Ei cremegelb bis milchkaffeebraun (25,4 mm × 19,5 mm); Brutdauer 16 bis 18 Tage.

Lebensgewohnheiten: Die Rotschnabelwachtel bewohnt Grasdschungel und lichten laubabwerfenden Busch auf zerrissenem Vorhügelgelände der Berge in Lagen zwischen 600 und 2000 m. Dort hält sie sich außerhalb der Brutzeit in Familien von 6 bis 10 Vögeln auf, die während der Morgen- und Abendstunden zur Futtersuche auf offenes Gelände heraustreten und gern Staubbäder auf sandigen Wegen und Straßen nehmen. Bei Gefahr stiebt der Schwarm in alle Himmelsrichtungen auseinander. Die Wachteln fliegen niedrig über dem Gras und lassen sich schon nach 40 bis 80 Metern ins schützende Halmgewirr fallen. Von dort rufen sie sich gegenseitig zusammen und sind bald wieder vereint. Ihr Stimmrepertoire ist reichhaltig: Bei Gefahr wird ein kurzer Warnpfiff ausgestoßen. Der Sammelruf gleicht ganz dem der Frankolinwachtel und besteht aus sehr weichen Pfiffen von 2 Sekunden Dauer, die mit kurzer Unterbrechung wiederholt werden, allmählich in der Tonleiter ansteigen, dann eine Weile auf gleicher Höhe bleiben, um danach, schneller und leiser werdend, allmählich zu verklingen. Das Ganze läßt sich mit „Tu-tu--tu-tu-tutu-tutu-tuttu" wiedergeben und hat einen bauchrednerischen Charakter. Der Balzruf des Hahnes ist ein oft wiederholtes dreisilbiges „Kirikii-kirikii . . .". Ein vom Verfasser im Berliner Zoo beobachteter Rotschnabelwachtelhahn reckte sich beim Revierruf so hoch wie möglich, stellte sich gleichsam auf die Zehenspitzen und stieß ca. 12mal hintereinander einen hohen Pfiff aus. Diese Wachteln können in Abhängigkeit von den Wetterbedingungen zu allen Jahreszeiten brüten. Das Gelege wird von der Henne einer flachen Bodenmulde unter Gras und Buschwerk anvertraut. Die nach 16- bis 18tägiger Bebrütung schlüpfenden winzigen Küken werden von beiden Eltern aufgezogen.

Haltung: Europäischer Erstimport ist wahrscheinlich ein 1968 in den Antwerpener Zoo gelangter Hahn. 1977 erwarb der Berliner Zoo aus der reichhaltigen Nachzucht des Frankfurter Gartens 2 Paare dieser Wachtelart. Im darauffolgenden Jahr legte das Weibchen des einen Paares 5 Eier in eine durch Grünpflanzen getarnte und mit trockenem Laub bedeckte Voliere und erbrütete das Gelege selbst. Nach 18 Tagen schlüpften 4 Küken, die von den Eltern gemeinsam geführt und gehudert wurden und schnell heranwuchsen. Das Paar saß oft eng beieinander und putzte sich gegenseitig. Die Indische Rotschnabelwachtel ist eine leicht halt- und züchtbare Art, die wie die Zwergwachtel einen für Zimmer-Terrarien und -volieren gut geeigneten Kleinhühnervogel abgeben könnte.

Manipur-Wachtel
Cryptoplectron manipurensis, Hume 1880

Engl.: Manipur Bush Quail.
Heimat: West-Bengalen und Assam nördlich und südlich des Brahmaputra. 2 Unterarten.
Beschreibung: Geschlechter verschieden gefärbt. Der Hahn ist in der Augenregion, auf Stirn, Wangen, Kinn und Kehle tief kastanienbraun; Zügel, ein Streif durchs Auge sowie ein Fleck hinter den Ohrdecken weiß, die letzteren selbst braun. Oberseite schiefergrau mit samtschwarzer Bänderung, die auf Schultern und inneren Armschwingen Fleckform annimmt; Federschäfte dunkelbraun, die äußeren

Handschwingen blaßgelb gesäumt, die inneren Hand- und äußeren Armschwingen blaßgelb gebändert. Hals- und Oberbrustgefieder aschgrau mit schwarzen Federzentren; Unterbrust und Bauch bräunlichockergelb, auf den Flanken grauer und jede Feder mit einem schwarzen Kreuz versehen, das durch den schwarzen Federschaft und einen breiteren schwarzen Querstreif gebildet wird. Unterschwanzdecken schwarz, die Federn weiß gefleckt und gespitzt. Schnabel dunkelgrau mit gelblicher Basis, die Iris dunkelbraun, Beine orange bis tief zinnoberrot.
Länge 200 mm; Flügel 80 bis 86 mm; Schwanz 45 bis 52 mm; Gewicht 65 bis 83 g.
Hennen weisen eine trübere und hellere Gesamtfärbung auf, das Kastanienbraun am Kopf fehlt, und die Unterseite ist statt braun hellgraugelb gefärbt, während Kinnmitte und Kehle hellgraue Färbung aufweisen. Küken wurden noch nicht beschrieben. Gelegestärke 4; Ei von der Rotschnabelwachtel nicht unterscheidbar (30,5 mm × 24,1 mm).
Lebensgewohnheiten: Die Manipur-Wachtel gleicht in der Lebensweise der Rotschnabelwachtel. Eine in Indien gekäfigte Henne stieß ein klares, weich gepfiffenes „Whit-it-it-it-t-t" aus, jedes „It" in der Tonleiter etwas höher, bis die Töne zum Schluß schnell ineinander übergehen. Bisher wurde nur ein einziges Nest gefunden: Es stand auf einer von immergrünem Wald umgebenen Lichtung und war eine zwischen Graswurzeln ausgescharrte Mulde, die 4 Eier enthielt.
Haltung: Die Art wurde außerhalb Indiens bisher (1988) wohl noch nicht gehalten.

Weiterführende Literatur:
BAKER, E. C. ST.: The Fauna of British India, Birds Vol. V. *Cryptoplectron*, pp. 380–385 Taylor & Francis, London 1928

SALIM ALI, RIPLEY, S. D.: Handbook of the Birds of India and Pakistan, Vol. 2; *Perdicula*, pp. 51–55. Oxford Univ. Press, London 1980

Himalaja-Bergwachteln
Ophrysia, Bonaparte 1856

Engl.: Indian Mountain-Quails.
Die größenmäßig zwischen Wachtel und Rebhuhn stehende einzige Art der Gattung läßt sich taxonomisch nicht exakt einordnen. Der kurze kräftige Schnabel, die Borstenschäfte und steife Beschaffenheit der Stirnfedern sowie das aus langen, breit lanzettförmigen und in der Struktur weichen Federn bestehende Kleingefieder ähneln denen der Blutfasanen. Der 10federige Schwanz ist fast so lang wie die kurzen Flügel, der Lauf kurz und kräftig. Die Geschlechter sind verschieden gefärbt.

Himalaja-Bergwachtel
Ophrysia superciliosa, Gray 1846

Engl.: Indian Mountain-Quail.
Heimat: Westlicher Himalaja in Banog, Badhraj hinter Mussoorie (Ost-Punjab) und Sher-ka-danda nahe dem Naini-Tal in Kumaon (Indien).
Beschreibung: Beim Hahn sind die Stirn und ein langes breites Überaugenband weiß, beiderseits schwarz gesäumt; Kinn, Kehle, Gesichtsseiten und obere Ohrdecken schwarz, untere Ohrdecken und Wangen weiß, die Kehlseiten hinunter in ein unterbrochenes Band übergehend. Je ein Fleck vor und hinter dem Auge weiß; Scheitelfedern graubraun mit samtschwarzen Mittelstreifen, übrige Oberseite dunkel schiefrig-olivbraun, jede Feder mit Ausnahme des Schwanzes und der längsten Oberschwanzdecken zu $^4/_4$ ihres Basalteils schwarz gesäumt. Unterschwanzdecken schwarz mit breiten Vförmigen Endsäumen. Flugfedern brauner und heller als das übrige Gefieder, die Handschwingen auf den Basalhälften der Außenfahnen mit trüb isabellgelblicher Wellenmusterung. Schnabel korallenrot, Beine trübrot.
Länge 250 mm; Flügel 83 mm; Schwanz 77 mm.
Hennen sind oberseits zimtbraun mit ungestreifter Scheitelmitte; Nacken und Hals mit breiter Schwarzstreifung, die auf den ockerbraun gesäumten Rücken-, Schulter-, Bürzel- und Oberschwanzdeckfedern in schwarze Dreiecksfleckung übergeht. Ein kleiner weißer Augenbrauenfleck und kleine weiße Flecke vor und hinter dem Auge; ein breites Überaugenband, Ohrdecken und Kopfseiten weinbraun, Kinn und Kehle weißlich; ein breites schwarzes Band auf jeder Scheitelseite und ein schwarzer Unteraugenfleck in Schnabelnähe; Flügel wie der

Rücken gefärbt, die Handschwingen hellbraun mit isabellweißer Sprenkelung auf den Außenfahnen, die auf den Innenfahnen dunkler und den inneren Armschwingen ausgedehnter ist. Unterseite heller, hell weinbraun, jede Feder kastanienbraun gesäumt und mit breitem schwarzem Mittelstreif versehen. Flanken- und Aftergefieder braun und schwarz wellengebändert. Schnabel trübrot, der Unterschnabel heller; Augenwachshaut schwarz mit kleinem weißem Winkelfleck; Beine trübrot.
Länge 250 mm; Flügel 89 mm; Schwanz 64,5 mm.
Lebensgewohnheiten: Über die Biologie dieses kleinen Hühnervogels, der letztmalig im Jahre 1876 gesammelt wurde und seitdem trotz mehrmaliger Suche nicht wiederaufgefunden werden konnte, ist wenig bekannt. Sein Habitat waren steile, mit Gras und Gestrüpp bewachsene Hügelhänge des Gebirges in Lagen zwischen 1650 und 2100 m. Die aus Familien mit 5 bis 6 Individuen bestehenden Trupps verließen nur ungern, wenn sie von Jagdhunden aufgestöbert wurden, die schützende Deckung, erhoben sich nur in äußerster Gefahr und fielen nach kurzem schwerfälligem Flug ins Gras. Die Nahrung bestand vorwiegend aus Grassämereien. Wenn sie bei der Futtersuche nach herabgefallenen Sämereien den Boden absuchten, ließen sie leise kurze Kontaktlaute, bei Gefahr schrille Pfiffe hören. Eier und Nester wurden nicht gefunden. Da diese Bergwachteln in ihrem unwirtlichen Lebensraum wohl nur selten bejagt wurden und das Gebiet auch für den Ackerbau ungeeignet ist, bleibt ihr Aussterben rätselhaft, und man gibt die Hoffnung nicht auf, sie einmal wiederzufinden.
Haltung: Wenn GRAY die Art 1846 nach Exemplaren der Knowsley Menagerie des EARL OF DERBY beschrieb, muß dies nicht bedeuten, daß es sich um lebende Vögel gehandelt hatte. Der Knowsley-Menagerie war auch eine Balgsammlung angeschlossen.

Weiterführende Literatur:
BAKER, E. C. ST.: The Fauna of British India including Ceylon and Burma. Birds Vol. V; Genus *Ophrysia*; pp. 356–357; Taylor & Francis, London 1928
GREENWAY, J. C.: Extinct and vanishing Birds of the World. Himalayan Mountain Quail; pp. 201–203; Mus. Comp. Zool. Cambridge, Mass., Special Publ. No. 13, New York 1958
OGILVIE-GRANT, W. R.: A Handbook to the Game-Birds Vol. 1; The Pheasant Quail – Genus *Ophrysia*; pp. 212–214; E. Lloyd, London 1896
RIPLEY, S. D.: Vanishing and extinct birds of India. J. Bombay Nat. Hist. Soc. 50 (4); pp. 902–906 (1952)
SALIM ALI, RIPLEY, S. D.: Handbook of the Birds of India and Pakistan. 2. Ed., Vol. 2; Mountain Quail – *Ophrysia*; pp. 73–74; Oxford University Press 1980

Blutfasanen
Ithaginis, Wagler 1832

Engl.: Blood Pheasants.
Blutfasanen sind haselhuhngroße Hühnervögel innerasiatischer Hochgebirge mit dichtem, weichem lockeren Gefieder, deren Federn im männlichen Geschlecht größtenteils lang und lanzettförmig sind. Beide Geschlechter tragen eine volle rundliche Holle aus aufrichtbaren Scheitelfedern. Die Armschwingen der ziemlich kurzen runden Flügel reichen fast an die Handschwingenspitzen. Die Oberschwanzdeckfedern sind bei den Hähnen lang und spitz; der ziemlich lange, hinten leicht gerundete Schwanz besteht aus 14 stufig angeordneten, an den Rändern zerschlissenen Steuerfedern, die wie bei den Rebhuhnartigen von innen nach außen vermausert werden. Der kurze, dicke gekrümmte Schnabel erinnert an den der Rauhfußhühner. Eine die Augen umgebende schmale Orbitalhaut ist hinten am ausgedehntesten. Die langen kräftigen Läufe tragen bei den Hähnen in individuell verschiedener Zahl, je 2, 3, 4, selbst 5 Sporen, während bei den Hennen an diesen Stellen allenfalls kurze runde Höcker auftreten. Die Geschlechter sind sehr verschieden gefärbt. Im Gegensatz zum bunten Männchenkleid mit seinen blaugrauen, apfelgrünen und blutroten Lanzettfedern, ist das der Weibchen ein schlichtes braunes oder graubraunes Tarngefieder, dessen Federn nur auf der Holle, bei einigen Unterarten auch den Kopfseiten Lanzettform aufweisen. Blutfasanen bewohnen Wälder und Gestrüppzonen entlang der Baumgrenzen in 3000 bis 4500 m Höhe von Nepal im Westen ostwärts die Gebirge Tibets und Sinkiangs bis zu den Nanschan-Bergketten Tsinghais und Kansus, Nord-Szetschuans bis Süd-Schensi sowie das benachbarte Honan und sind südwärts bis nach Nordwest-Jünnan und Nordost-Burma verbreitet. Obwohl das Männchenkleid mancher Formen so verschieden von denen der übrigen ist, daß man ihnen früher Artenrang zuerkannte, gelten heute alle als durch Übergangsformen untereinander verbundene Unterarten einer einzigen Spezies. Nach VAURIE (1965) ist die geographische Variation von *Ithaginis* sehr ausgeprägt und überwiegend klinal. Aufgrund der Männchenfärbung teilt er die Art in 2 Unterarten auf, die Gruppe mit der Nominatform *cruentus* mit grüner oder grünlicher Färbung der großen Flügeldecken und die *sinensis*-Gruppe, bei der diese Gefiederteile rotbraun gefärbt sind. Die Unterarten der letzteren

Gruppe sind außerdem durch das Fehlen des karmesinroten Federpigments auf Kopf und Brust sowie „Ohrfederbüschel", d. h. verlängerte Federn hinter den Augen und auf den Hinterscheitelseiten charakterisiert. Doch sind alle diese Unterschiede relativ: Bei der *cruentus*-Gruppe sind die Flügeldecken nie rotbraun, bei den Unterarten *beicki* und *michaelis* der *sinensis*-Gruppe hingegen ist das Braun mehr oder weniger stark mit Grün vermischt, und gelegentlich weisen Einzelvögel aller Unterarten dieser Gruppe schwache Spuren von Karmesinrot auf ein paar Stirn- und Kinnfedern, wenn auch nie auf der Brust, auf. Das karmesinrote Pigment, das sich bei den Unterarten der *cruentus*-Gruppe – oder von *cruentus* über *tibetanus* zu *kuseri* – auf Kopf und Brust zunehmend von West nach Ost verbreitet, nimmt in Nordwest-Jünnan bei *rocki* und *clarkei* stark ab, um weiter ostwärts bei *geoffroyi* ganz zu verschwinden. Ferner sind Ohrbüschel bei *kuseri* und der wenig von ihr verschiedenen Unterart *marionae* der *cruentus*-Gruppe vorhanden, aber weniger ausgeprägt als bei den Unterarten der *sinensis*-Gruppe. In letzterer nimmt der allgemeine Farbsättigungsgrad von Süd nach Nord klinal ab.

Die Weibchen der beiden Gruppen sind sich in der Färbung im wesentlichen recht ähnlich, nur zeichnen sich Hennen der *sinensis*-Gruppe durch kurze Ohrbüschel sowie weniger ockergelbliche, grauere Gesichts- und Kehlfärbung aus.

Wegen der von den meisten Unterarten des Blutfasans noch wenig bekannten Lebensweise, die übrigens trotz der riesigen Verbreitungsareale der Art nur geringe Unterschiede aufweisen dürfte, wird nach Beschreibung der Unterartenunterschiede zum Schluß im Kapitel „Lebensgewohnheiten" eine zusammenfassende Schilderung gegeben.

In Haltung und Zucht sind die schönen Blutfasanen ausgeprägte Problemvögel, die nur unter besonderen Vorsorgemaßnahmen am Leben erhalten werden können. Im Kapitel „Haltung" wird darüber ausführlich berichtet.

Die Cruentus-Gruppe

Nepal-Blutfasan
Ithaginis cruentus cruentus, Hardwicke 1822

Engl.: Himalayan Blood Pheasant.
Abbildung: Seite 476 unten links.
Heimat: Nord-Nepal ostwärts bis Nordwest-Bhutan, wo die Unterart sich mit *tibetanus* vermischt.
Beschreibung: Beim Hahn sind Stirn und Gesicht schwarz; Oberkopf isabellbraun, die Hollenfedern grau mit breiten weißen Schaftstreifen. Mantel grau mit weißen, nahe den Spitzen schwarzgesäumten Mittelstreifen der lanzettförmigen Federn. Die weißen Mittelstreifen besitzen in Flügel- und Schwanznähe einen grünen Anflug. Kinn schwarzrot, Kehle karminrot gesprenkelt. Ohrdecken, Kopfseiten und Hals schwarzweiß; Flügeldecken ähnlich der Mantelregion mit breiten grünweißen Schaftstreifen. Hand- und Armschwingen bräunlich, größere Flügeldecken und innere Armschwingen mit grünem Anflug; längste Schwanzdeckfedern mit breiter karminroter Säumung, die bei den folgenden Federpaaren nur auf die Basisregion beschränkt bleibt und den äußeren ganz fehlt. Oberbrust hell apfelgrün, manchmal karminrot gefleckt. Unterbrust und Flanken grün mit dunkler Säumung; Unterbauch trüb isabellfarben; graues Schenkelgefieder außen weiß gestrichelt, innen isabellfarben. Unterschwanzdecken karminrot mit hellgelben Federspitzen; Schnabel schwarz, Schnabelwinkel, Zügel, nackte Lidhaut und Augenumgebung leuchtend rot. Iris braun, Füße leuchtend rot.
Flügel 194 bis 228 mm; Schwanz 164 bis 178 mm; Gewicht 550 bis 650 g.
Bei Hähnen aus Nord-Sikkim ist das Karminrot der Kehle schwarz gemischt, und auf der Brust finden sich wenige oder gar keine karminroten Federn. Diese Population wurde früher als eigene Unterart *(affinis)* geführt. Bei der Henne sind Stirn, Gesicht und Kehle rötlich kastanienbraun, zuweilen mit karminrotem Anflug; Haube und Nacken aschgrau; braune Oberseite fein schwarzbraun gewellt. Unterseite rötlichbraun mit undeutlicher Wellenzeichnung auf Flanken und Unterbauch. Schnabel schwarz, oft mit trübroter Basis und Spitze, Schnabelwinkel und Wachshaut gelblich karminrot, Iris haselnußbraun, Füße leutend rot. Manche Hennen tragen kurze Sporen.
Flügel 394 bis 420 mm; Schwanz 140 bis 154 mm; Gewicht 480 bis 570 g.

Beim Dunenküken sind Kopf und Kinn cremefarben bis beige. Von der Schnabelwurzel verläuft ein breiter schwarzer Streifen über den Scheitel zum Nakken. Übriges Dunengefieder braun mit einem dunkelbraunen Band die Rückenmitte herunter. Schnabel lebhaft zinnoberrot bis orange, Füße rötlich ockerfarben. Mit 10 Tagen lassen sich die Geschlechter an der dunkleren Gesamtfärbung und den grauen Schultern der Hähnchen unterscheiden. Im Alter von 3 Wochen ist die Gesamtfärbung eine Mischung von Dunkelbraun und Grau, die Kopfstreifung noch vorhanden, der Schnabel noch zinnoberrot-orange. Die graubraune Befiederung von Schulter und Nacken der Hähnchen ist jetzt vom warmbraunen Gefieder der Junghennen auffällig verschieden. Bei beiden Geschlechtern erscheinen die kastanienbraunen Haubenfedern. Auf Oberbrust und Flanken sind hellockergelbliche Streifen erschienen, während die Mantelbefiederung hellgelblich gefleckt und getüpfelt ist. Mit 6 Wochen hat der Schnabel sein lebhaftes Zinnoberrot verloren und ist viel heller geworden. Die Kopfstreifung ist verschwunden, und die Jungen gleichen kleinen Ausgaben ihrer Eltern. Junghennen sind einfarbig braun, während die Junghähne die lanzettförmigen Federn der Althähne tragen. In der Kehlregion erscheint etwas Rot.

Gelegestärke 5 bis 12; die Eifärbung ist außerordentlich variabel, und jede Henne legt anders gefärbte Eier, die von hell-rötlich isabellfarben bis dunkel orangegelblich gefärbt sein können und alle Formen der Zeichnung von winziger dunkler Sprenkelung bis zu grober dunkelbrauner Kleckmusterung aufweisen (48 mm × 33 mm). Brutdauer 26 bis 29 Tage, im Mittel 27 Tage.

Haltung: 1 Hahn dieser Unterart gelangte im Juli 1875 in den Londoner Zoo, wo er bis zum September des folgenden Jahres lebte. Der gleiche Zoo erhielt 1911 durch den Tierfänger FROST 1 Paar, das nur kurze Zeit am Leben blieb. 1969/70 erhielt F. E. B. JOHNSON in BEDFORD (England) 1 Hahn, der 17 Monate lebte. Im Dezember 1970 brachte Major IAIN GRAHAME 8 Hähne und 9 Hennen aus Nepal nach England, wo sie 1971 in der Daws Hall Wildfowl Farm, Bures, Suffolk, erstmalig züchteten. Auch der Vogelpark Walsrode hielt diesen Blutfasan.

Tibet-Blutfasan
Ithaginis cruentus tibetanus,
Stuart Baker 1914

Engl.: Tibetan Blood Pheasant.
Heimat: Bhutan östlich von der Unterart *cruentus* und Süd-Tibet bis etwa zum 92. bis 93. östlichen Längengrad, wo er sich mit der Unterart *kuseri* vermischt.
Beschreibung: Hähne von *tibetanus* sind von denen der Unterart *cruentus* durch rote statt schwarze Stirn-, Gesichts-, Über- und Unteraugenbefiederung sowie durch viel ausgedehntere rote Ränder der gelbgrünen Brustfedern verschieden. Hennen sind von denen der Nepalunterart durch dunklere Gesamtfärbung und stärkere Kritzelzeichnung der Unterseite verschieden.

Assam-Blutfasan
Ithaginis cruentus kuseri, Beebe 1912

Engl.: Kuser's Blood Pheasant.
Heimat: Tibet und der Himalaja östlich von *tibetanus*, ostwärts bis zum oberen Salwen und Mekong, südwärts etwa bis 28° nördlicher Breite (Gebiet von Tzeku). Im Adungtal des äußersten Nordwestens Burmas Mischpopulationen mit der Unterart *marionae* und im Gebiet der Mekong/Jangtse-Wasserscheide südlich Tsekus mit der Unterart *rocki*.
Beschreibung: Hähne dieser Unterart unterscheiden sich von *tibetanus* durch ausgedehntere und dunklere karmesinrote Färbung auf Kopf und Brust. Ohrdecken und Hinterhalsseiten haben mehr Schwarz, und die schwarzen Bezirke fließen auf Unterbrust und Oberbrustrand zu einem schwarzen Band zusammen, das das Karmesinrot der Kehle von dem der Brust trennt. Flügel und Unterseite sind dunkler grün. Hennen ähneln denen der Unterart *tibetanus,* sind aber ein wenig dunkler.

Vernay-Blutfasan
Ithaginis cruentus marionae, Mayr 1941

Engl.: Mrs. Vernay's Blood Pheasant.
Heimat: Gebirge Nordost-Burmas an der Jünnangrenze; ostwärts bis zur Salwen/Schweli-Wasserscheide.
Beschreibung: Hähne dieser recht inkonstanten Unterart sind denen von *kuseri* recht ähnlich, doch ist bei ihnen das schwarze Band zwischen Kehle und

Brust von karminroten Federn durchsetzt, die Oberseite schmaler weißgestreift, und der Überaugenstreif nicht rein schwarz, sondern mehr oder weniger von roten Federn durchsetzt. Hennen unterscheiden sich nicht von denen der Unterart *kuseri*.

Rock-Blutfasan
Ithaginis cruentus rocki, Riley 1925

Engl.: Rock's Blood Pheasant.
Heimat: Nordwest-Jünnan, etwa bis 27° nördlicher Breite im Gebiet zwischen Salwen und Jangtse.
Beschreibung: Hähne unterscheiden sich von denen der Unterart *kuseri* durch weniger Karminrot auf der Brust, mehr Schwarz als Rot in der Zügelregion sowie geringeren Schwarzanteil auf Ohrdecken, Halsseiten und Kehlbasis. Die Holle ist länger als bei *kuseri*, und ihre Federn sind zerschlissener. In Färbung und anderen Merkmalen steht diese Unterart systematisch zwischen *kuseri* und *clarkei*, ist aber ersterer ähnlicher.

Clarke-Blutfasan
Ithaginis cruentus clarkei, Rothschild 1920

Engl.: Clarke's Blood Pheasant.
Heimat: Nordwest-Jünnan in der Linkiang-Bergkette.
Beschreibung: Diese Unterart unterscheidet sich sehr deutlich von *rocki* durch sehr starke Rückbildung des karminroten Pigments auf Kopf und Brust, aschgraue Färbung der Ohrdecken und Unterkehle sowie längere und zerschlissenere Befiederung der Holle, Ohrdecken und des Nackens. Bei *clarkei* ist die Stirn schwarz, auf Kinn, Kehle und Brust ist der Anteil von Karminrot sehr gering oder fehlt überhaupt. Auch dieseUnterart zeigt demnach keine konstanten Färbungsmerkmale und ist insgesamt gesehen von der folgenden Unterart *geoffroyi* nur wenig verschieden. Hennen von *clarkei* sind mehr graubraun, weniger schokoladenbraun gefärbt als die der Unterart *rocki*, auch sind bei ihnen Holle und Ohrdecken wesentlich länger und erheblich grauer gefärbt.

Geoffroy-Blutfasan
Ithaginis cruentus geoffroyi, Verreaux 1867

Engl.: Geoffroy's Blood Pheasant.
Heimat: Nord-, Mittel- und Ost-Sinkiang, nordwärts etwa bis 32° nördlicher Breite, westwärts 99° östlicher Länge (Gebiet von Batang), südwärts etwa bis 28° nördlicher Breite im Südosten (Gebiet von Muli und Kulu).
Beschreibung: Hähne ähneln denen von *clarkei*, sind aber auf Kehle und Oberbrust grauer, einheitlicher gefärbt; karminrotes Pigment fehlt ganz, und die Hollen-, Ohrdecken- und Nackenfedern sind kürzer. Hennen ähneln denen von *clarkei*, haben aber eine kürzere Holle, sind etwas matter gefärbt und etwas gröber weißgesprenkelt.
Haltung: DELACOUR (Cléres, Frankreich) erhielt 1938 3 Hähne dieser Unterart, die in so schlechtem Gesundheitszustand eintrafen, daß sie nicht am Leben erhalten werden konnten.

Die Sinensis-Gruppe

Beresowski-Blutfasan
Ithaginis cruentus berezowskii, Bianchi 1903

Engl.: Berezovski's Blood Pheasant.
Heimat: Gebirge West- und Nordwest-Szetschuans nordwärts bis in das Gebiet von Sungpan und Süd-Kansu.
Beschreibung: Haubenfedern verlängert, schmal, bis 70 mm lang. Schmales Stirnband, Zügel und Federn um das nackte Augenfeld schwarz. Oberkopf grau mit weißen Schaftstrichen. Die verlängerten Federn an den Hinterkopfseiten bräunlichschwarz. Hinterkopf wie der Oberhals aber verwaschen, die weißen Streifen bräunlichweiß. Übrige Oberseite nebst den meisten Oberflügeldecken grau, jede Feder mit weißem, seitlich schwarz eingefaßten Streifen, diese weißen Schaftstreifen auf Bürzel und Oberschwanzdecken oft mit hellgrünem Schimmer. Innerste Armschwingen und benachbarte Flügeldecken satt rotbraun, bei wenigen Individuen mit blutrotem Anflug. Übrige Schwingen dunkelbraun mit weißen Schäften und schmalen, schmutzigweißlichen Säumen. Steuerfedern grau, mit Ausnahme der äußeren beiden mit zerschlissenen, etwas bläulich oder purpurn schimmernden blutroten Säumen, ebenso die längsten Oberschwanzdecken. Kopfseiten unterhalb der Augen schwarzbraun mit weißen Schaftstrichen;

Kehle ebenso, aber verwaschener, das Weiß bräunlich; Wangen und Kehle mitunter mit rotem Schimmer. Kropf gelblichgrau mit helleren Schaftstrichen. Vorderbrust und Seiten ausgedehnt hellgrün, die Federn teilweise mit schwärzlichen Außensäumen. Mitte des Unterkörpers und der Brust bräunlichgrau, Schenkel mit weißlichen Schaftstrichen. Iris graulichgelb, Schnabel schwarz, Schnabelwurzel und Haut um das Auge rot. Füße rot.
Flügel 210 bis 222 mm; Schwanz 190 bis 195 mm.
Bei der Henne sind die Oberkopffedern breiter als beim Hahn, bis 70 mm lang, aschgrau, das verlängerte Federbüschel über den Ohren schwarzbraun, an den Spitzen hell graubraun gesäumt oder gefleckt. Ganze übrige Oberseite und Unterschwanzdecken dunkelgraubraun, unregelmäßig schwarzbraun punktiert und quergewellt. Steuerfedern weißlichgrau, unregelmäßig schwarzbraun quergewellt, an den Rändern oft Spuren von roter Farbe. Kinn, Kehle, Kopfseiten hell bräunlichgrau, übrige Unterseite blaß rötlichgraubraun, fast unmerklich schwärzlich punktiert. Schnabel auch an der Basis schwarz. Nackte Augenhaut bräunlichrot, Füße rot.
Flügel 188 bis 199 mm.

Beick-Blutfasan
Ithaginis cruentus beicki,
Mayr u. Birckhead 1937

Engl.: Beick's Blood Pheasant.
Heimat: Nordost-Tsinghai im Gebiet des mittleren Tatungflusses bis ins benachbarte Mittel-Kansu, wo im Gebiet von Liangschau (jetzt Wuwei benannt) Mischpopulationen mit der Unterart *michaelis* leben. Das Vorkommen der Unterart *beicki* ist vermutlich auf die Gebirgsstöcke des To Lai Schan und die südlichen Ketten der Tatung- und Tahsue-Berge des südlichen Nanschan-Gebirges beschränkt.
Beschreibung: Hähne der Unterart *beicki* unterscheiden sich von denen der Unterart *berezowskii* durch hellere rotbraune, hellgrün überflogene Flügeldecken. Hennen sollen insgesamt heller und mehr graulicher gefärbt sein.

Bianchi-Blutfasan
Ithaginis cruentus michaelis, Bianchi 1903

Engl.: Bianchi's Blood Pheasant.
Heimat: Nord- und Mittel-Nanschan-Gebirge des östlichen Kuenlun.
Beschreibung: Ähnlich der Unterart *beicki*, aber Grundfarbe des Rückens fahler grau und Schaftstreifen von der Rückenmitte bis zu den Oberschwanzdecken grünlich statt weißlich wie bei *beicki*.

David-Blutfasan
Ithaginis cruentus sinensis, David 1873

Engl.: David's Blood Pheasant.
Heimat: Die Tsinling-Gebirgskette in Süd-Shensi ostwärts bis zu den Gebirgen Südwest-Honans.
Beschreibung: Von den anderen Unterarten erheblich verschieden durch dunkelgraueren Rücken und schmalere weiße Schaftstreifung, die vom Rücken bis zu den Oberschwanzdecken und auf den Flügeldecken breiter schwarz gesäumt ist. Flügeldecken rotbraun ohne die bei *beicki* und *michaelis* anzutreffende Grünbeimischung. Hennen sind heller braun als die von *berezowskii*, weniger grau als die von *beicki* und an Rücken und Schwanzspitze mehr mit Weiß bekritzelt als bei den genannten beiden Unterarten.
Lebensgewohnheiten: Aus den über die Biologie der Blutfasanen veröffentlichten Berichten ist ersichtlich, daß sich die zahlreichen Unterarten in ihren Lebensgewohnheiten so wenig voneinander unterscheiden, daß sie zusammenfassend beschrieben werden können. Ob das Stimmrepertoire der Unterarten im Sinne einer Dialektbildung wesentlich voneinander abweicht, ist noch unbekannt, aber recht wahrscheinlich und wird sich zukünftig durch Sonagramm-Aufnahmen klären lassen. Habitate von *Ithaginis* sind feuchte Koniferen- und Mischwälder mit dichtem Unterwuchs, die, in der subalpinen Zone gelegen, gipfelwärts in Rhododendrondschungel und Wacholdergestrüpp übergehen und in alpine Matten auslaufen. Dort leben die Vögel recht standorttreu und werden nur durch hohe Schneedecken zum Ausweichen in tiefere Bergwaldregionen gezwungen. Nach SCHÄFER erscheinen sie während strenger Winter sogar auf abgeernteten Feldern der Hochtäler und schließen sich den Herden der Ohrfasanen an, die hellhörig und wachsam die Führung übernehmen und bei Gefahr rechtzeitig warnen. Auf der Flucht vermögen Blutfasanen mit ihren kräftigen Läufen schnell zu rennen, wobei sie die aufrechte Haltung flüchtender Rebhühner einnehmen. Die sehr geselligen Vögel halten nicht nur während des Winters, sondern außerhalb der ganzen

Brutzeit in Gesellschaften von 10 bis 40 Mitgliedern zusammen, unter denen das männliche Geschlecht im Verhältnis 3:1 überwiegt. Während des Frühjahrs trafen LELLIOTT u. YONZON Einzelpaare oder Trupps von 1 bis 3 Paaren an. Nach SCHÄFER vereinigen sich überzählige Hähne zu Paaren, die sich auch umbalzen oder während der Brutzeit in gleichgeschlechtlichen Gruppen zusammenleben. Auch Hennen mit 2 Hähnen, die sich nicht bekämpften, sind beobachtet worden. VAN GRUISEN sah in der Wildbahn zwei Hähne ein brütendes Weibchen besuchen und umsorgen, und gleiche Beobachtungen machte in Tibet SHERIFF in 3 getrennten Fällen. Den Tibetern ist bekannt, daß dieser Hühnervogel polygyn und polyandrisch ist. LELLIOTT hatte Schwierigkeiten bei der Zählung von Blutfasanen in einem bestimmten Gebiet, weil sich die Hähne, anders als beispielsweise Koklass und Satyr-Tragopan durch keinen Morgenruf verraten. Er fand jedoch heraus, daß bestimmte Paare kleinere Bereiche in der Umgebung des Camps regelmäßig aufsuchten. Da diese nie aktiv gegen andere Paare verteidigt wurden, nimmt er an, daß *Ithaginis* keine Reviere im eigentlichen Sinne, sondern „Rückzugsgebiete" besitzt, auf die jedes Paar seine Aktivitäten beschränkt. Durch die Kartierung aller Rückzugsgebiete konnte schließlich die ungefähre Populationsdichte – etwa 3 bis 4 Paare pro km^2 – bestimmt werden. In der Volierenhaltung stellte GRAHAME Paarbildung fest und glaubt deshalb an zumindest lockere Partnerbindung. Die Art kennt nur eine einfache Seitenbalz, bei der der Hahn Holle und Brustgefieder sträubt, den Schwanz fächert und den der Henne zugekehrten Flügel hängen läßt. In dieser Haltung, den Körper vermutlich schräg zu ihr hin haltend, umkreist er sie mehrmals. Ein dabei zu hörender purrender Laut stammt vom plötzlichen Spreizen der Schwanzfedern als akustische Untermalung der Darbietung. Symbolische Verfolgung der scheinfliehenden Henne („Koketterie") durch den Hahn kommt häufig vor und ist auch von vielen anderen Phasianiden bekannt. Kämpfe konkurrierender Männchen untereinander sind weder in der Wildbahn noch bei Volierenhaltung beobachtet worden. Jedoch kommt es vor, daß Hähne einander jagen. Nach GRAHAMS Volierenbeobachtungen scheint erst die Nähe gleichgeschlechtlicher Artgenossen gegenüber einer Henne sexuelle Erregung beim Hahn auszulösen. Man geht daher wohl nicht fehl in der Behauptung, daß *Ithaginis* unter den Phasianiden die einzige Gattung mit ganzjährigem sozialem Verhalten ist. Das Nest des Blutfasans ist eine von der Henne gescharrte Bodenmulde mit zufällig hineingeratenen Blättern und Halmen darin. Es scheint also zur Brutzeit in der subalpinen Zone warm genug zu sein, als daß eine (wärmende) Polsterung des Geleges erforderlich wäre. Das Brutverhalten beobachtete VAN GRUISEN in Nepal. Am 20. Mai wurde in ca. 3350 m Höhe ein Nest mit 5 Eiern weniger als 2 m von einem Pfad entfernt an einem Steilhang unter einer kleinen Birke entdeckt. Bei keinem der täglichen Besuche wurde das Weibchen während der frühen Morgenstunden auf dem Nest angetroffen, kehrte vielmehr erst gegen 11 Uhr regelmäßig dorthin zurück, um den ganzen Tag und die Nacht hindurch zu brüten. Stets wurde sie bei ihrer Rückkehr zum Nest von 2 Hähnen begleitet, die sie morgens zur Futtersuche abholten und bis auf eine Entfernung von 18 m zum Nest begleiteten, wonach sie die restliche Strecke dorthin allein zurücklegte. Elternpaare mit Kleinküken sind von mehreren Beobachtern im Juni und Anfang Juli gesehen worden. 14 zwischen Mitte Juni und Mitte August gesammelte adulte Blutfasanen in Ost-Nepal befanden sich in der Schwingen-, Kleingefieder-, z. T. auch Schwanzmauser (DIESSELHORST).

Über die Stimmäußerungen sind wir einigermaßen unterrichtet. Der Kontaktlaut dicht beieinander futtersuchender Truppmitglieder ist ein kurzes, leises wachtelartiges „Tschuck". Gern zieht der Trupp im Gänsemarsch einer hinter dem anderen. Dabei rufen sie quietschend „Srü-tschiu-tschiu-tschiu". Der Alarmruf bei Gefahr ist ein schrilles Pfeifen, das große Ähnlichkeit mit dem Ruf des Milans besitzt. Der Sammelruf versprengter Mitglieder klingt glucksend und pfeifend. Der Kükenführungslaut der Henne lautet „Pliit", der Verlassenheitston der Küken „Tschiip-tschiip". In ihren Bewegungen sind Blutfasanen flink und behende. In seinem Gebiet zieht der Trupp in dichtem Unterholz auf schmalen Trampelpfaden durch den Schnee. Die Vögel bewegen sich jedoch nicht nur am Boden, sondern steigen und springen in dem strukturell der Latschenzone europäischer Gebirge ähnelnden Habitat über bodennahe Äste geschickt hinweg. Die Fluchtdistanz dem Menschen gegenüber beträgt ca. 10 m. Trifft man nach DIESSELHORST im Waldunterholz auf einen Trupp und verhält sich vollkommen ruhig, so kann es sein, daß die hübschen Hähne dicht vor einem über die Äste steigen. Anders ist das Verhalten bekannten Bodenfeinden wie Hunden gegenüber: Vor diesen fliegen sie auf, streichen aber niemals weit und setzen sich nach der Landung dicht aneinandergeschmiegt auf mittlere Baumäste, um dort bewegungslos verharrend das Ende der Gefahr abzuwarten. Danach fliegen sie herab, richten sich mit hochgestelltem Schopf auf und locken sich pfeifend zusammen.

Aus Kropf-, Magen- und Kotuntersuchungen geht hervor, daß Blutfasanen sich fast ausschließlich von pflanzlicher Kost ernähren, unter der Moos, Flechten, Farntriebe, Grasspitzen und Nadelholzknospen das Hauptkontingent stellen. DIESSELHORST entdeckte auch zerkleinerte Pilze im Mageninhalt, für die die Vögel nach Mitteilung von Nepalesen eine Vorliebe haben sollen. Vielfach wird auf offenen Flächen nach Nahrung gesucht und nach Haushuhnart gescharrt. Bei hoher Schneedecke graben sich die Vögel mit ihrem kurzen, kräftigen tetraonidenartigen Schnabel bis zum Erdboden mit seiner Pflanzendecke durch. LELLIOTT u. YONZON beobachteten Futtersuche zu allen Tageszeiten und bei jeder Witterung, brennender Sonne wie schwerem Hagelschlag. Nahrungsaufnahme auf Baumästen kam ebenfalls häufig vor, wobei Moos und Flechten von der Rinde gepickt wurden. Einmal wurde ein Männchen dabei beobachtet, wie es senkrecht in die Luft flatterte, um ein fliegendes Insekt zu erbeuten. Frische Kotballen waren bis 30 mm lang, wurstförmig und dunkelgrün gefärbt. 22 im Frühjahr gesammelte und analysierte Kotballen enthielten vorwiegend Moosteilchen, andere Pflanzenteile und 2 Käferflügeldecken. Parasiten wurden niemals gefunden. 3 im Herbst untersuchte Kotproben enthielten ebenfalls Moos, Grasfragmente, eine auch Sämereien.

Haltung: Über Importe von Blutfasanen nach Europa wurde schon bei den Unterartenbeschreibungen berichtet. Eine neue Ära in der Haltung dieses schönen Hühnervogels leitete IAIN GRAHAME von der Daws Hall Wildfowl Farm in England ein. Im Dezember 1970 fing er in Nepal 8 Hähne und 9 Hennen und gewöhnte sie 3 Wochen lang im Zoo von Darjeeling an die Volierenhaltung. Als Futter erhielten sie gemähtes Gras, Bambuslaub, Apfel- und Tomatenstückchen, Körnerfutter und gekochtes Ei zur Auswahl. Gras wurde zuerst angenommen, und nach 2 Tagen hatten sich die Vögel an Apfelstückchen gewöhnt.

Vorbeugend erhielten sie gegen infektiöse Leber-Blinddarmentzündung *(Typhlohepatitis)* auf 9 l Wasser einen Teelöffel Entramin, auf 4,5 l Wasser einen Teelöffel Oxytetracyclin sowie eine Vitaminmischung. Nach dem Eintreffen in England wurde die prophylaktische Behandlung mit Entramin (3 Tage lang), Oxytetracyclin (1 Woche lang) und der Verabreichung der Vitaminpräparate (3 Wochen) fortgesetzt. Als Futter wurde hauptsächlich Gras, aus der Voliere und gemäht, angenommen. Mehlwürmer wurden abgelehnt. Während des 1. Monats in England lebten die Blutfasanen fast ausschließlich von Gras und Äpfeln und befanden sich dabei in guter Kondition. Um optimale Voraussetzungen für die Zucht zu erarbeiten, wurden verschiedene Volierentypen erprobt. Als je 1 Paar in 3 nebeneinandergelegenen Volieren gehalten wurden, in denen sie sich nicht sehen, aber in akustischem Kontakt bleiben konnten, legte eine der Hennen 3 Eier, verließ aber das Nest. Als in der folgenden Saison die Sichtblenden entfernt worden waren, balzten die Vögel, versuchten jedoch durch dauerndes Hin- und Herrennen an den Trenngittern zu den Nachbarn zu gelangen. Eine Eiablage erfolgte nicht. Vollen Erfolg brachte schließlich eine 3. Kombination: Von den 3 Volieren blieb die mittlere leer, während in den beiden äußeren je ein Paar Blutfasane gehalten wurde. Nachdem der eigene Auslauf für jedes Paar zum Eigenrevier geworden war, erhielten beide Paare durch geöffnete Schiebetürchen dauernden Zugang zur Mittelvoliere, dem „Niemandsland", dessen Grasnarbe unbeweidet blieb. Nun balzten beide Hähne häufig und intensiv. Hatten sich ein Paar oder ein Hahn ins neutrale Gebiet vorgewagt, bewirkte der Ausflug eine Intensivierung der Balzhandlungen. Obwohl Verfolgungsjagden Hahn hinter Hahn und Hahn hinter Henne häufig beobachtet wurden, arteten sie anders als bei den meisten Hühnervögeln nie zu Aggressionen aus. Paarungen wurden zwar nicht gesehen, doch legten beide Hennen zusammen 15 befruchtete Eier, oft ins Nest der anderen Henne. Da jedes Blutfasanenweibchen seinen eigenen Eifarben- und -musterungstyp besitzt, war dieser Nachweis leicht zu führen. Das 1. Ei wurde am 20. April, das letzte am 16. Mai gelegt. Am 20. Juni begannen die Paare zu mausern. Aufgrund des Verhaltens der Vögel kommt GRAHAME zu dem Schluß, daß in den Gesellschaften der Blutfasanen Polygamie und Polyandrie herrschen dürfte, eine Monogamie in Form lockerer Paarbildung jedoch möglich sei. Auf jeden Fall stelle bei *Ithaginis* der Familienverband das stärkste Bindeglied der Einzeltiere untereinander dar. In einem späteren Bericht teilt GRAHAME 1976 mit, daß es ihm gelungen sei, einen kleinen Zuchtstamm des Blutfasans aufzubauen und schon mehr als 5 Jahre lang zu erhalten. Die Hochgebirgsvögel zeigen sich außerordentlich empfindlich gegenüber seuchenhaften Erkrankungen. Durch den Bau von Volieren mit durchsichtigem Schutzdach und sperlingssicherem Drahtgeflecht sowie ohne Bepflanzung wurde ein merkliches Sinken der Sterblichkeit erreicht. Als Futter erhält jeder Blutfasan täglich eine Handvoll frischgemähtes Gras, weiteres Grünfutter und Obst. Außerhalb der Brutzeit besteht das Standardfutter aus 4 Teilen Puten-Aufzuchtpellets, 4 Teilen geschältem Hafer, 1 Teil grober Weichfuttermischung und 1 Teil Hirse. Mit Beginn der Brutzeit werden 4 Teile Puten-Legepellets, 1 Teil geschälter Hafer, 2 Teile Hirse, 2 Teile grobes Weichfutter und 1 Teil gekochtes Ei verfüttert. Besondere Vorliebe zeigen die Vögel für zerkleinerte Äpfel. Luzerne-Pellets scheinen für sie unverdaulich zu sein. Blutfasanenhennen legen ihre Eier gern in Körbe, die 1 bis 2 m über dem Erdboden angebracht worden sind. Von einer einjährigen Henne erhielt man befruchtete Eier, ebenso von 2 Hennen, die mit einem Hahn zusammengehalten worden waren. Nachdem man in der ersten Zeit die Gelege von Seidenhühnerglucken hatte erbrüten und in versetzbaren Auslaufkästen großziehen lassen, wurde später die Kunstaufzucht vorgezogen. Die Küken werden 18 bis 24 Stunden nach dem Schlupf im Brutapparat in einen 50 cm × 50 cm großen Aufzuchtkasten in einen Innenraum gesetzt. Die Beheizung erfolgt durch eine Rotlichtbirne, der Kastenboden besteht während der 1. Woche aus braunem Packpapier, das täglich erneuert wird. Am 8. Lebenstag erhalten die Küken einen 60 cm × 100 cm großen Aufzuchtkäfig, dessen Betonboden mit scharfem Sand dick bedeckt ist. Während der ersten Lebenstage sind die Küken oft recht scheu und neigen dazu, sich in die Ecken zu drücken, weshalb man möglichst gerundete Ecken schaffen sollte. Schon nach 24 Stunden tritt ihr Grasweideverhalten hervor, denn wie Gänseküken führen sie mit den Schnäbeln Rupfbewegungen am Boden aus. Eigentlich sollten sie sofort Gras erhalten, doch wäre das Infektionsrisiko zu hoch. Als geeigneter Ersatz werden kleingehackter Salat und Löwenzahnblätter, untermischt mit hartgekochtem Ei, verabreicht. Klümpchen dieses Futters werden in den Ecken deponiert, wohin die Küken sich gern verkriechen. Küken, die nicht essen wollen, müssen zwangsernährt werden und erhalten alle 8 Stunden 2 Mehlwürmer. Sobald alle Kleinen Nahrung aufgenommen haben, wird dieser Kükenstarter in Krumenform, Hirse und geriebene Möhre beigefügt. Beim Umsetzen in den Aufzuchtkasten werden die Schnäbel der Küken in ein Antibiotikum getaucht (Oxytetracyclin), ab dem 2. Tag erhalten sie ein Multivitaminpräparat (A, B, C, D, E) ins Trinkwasser. Ab dem Alter von 3 bis 6 Wochen wird zusätzlich Grünfutter (Hirse, Erbsen, steril angezüchtet) verfüttert, mit 6 Wochen Mähgras verabreicht. Hähnchen lassen sich mit 5 Tagen am ersten Grau im Schultergefieder erkennen. Mit 5 Monaten tragen sie das volle Erwachsenenkleid. Junghähne lassen sich dann nur durch die kürzeren Sporen von Althähnen unterscheiden. Die rote Brustfärbung ist bei den Männchen individuell verschieden ausgeprägt. Zusammenfassend muß gesagt werden, daß Blutfasanen außerhalb ihres gewohnten Lebensraumes sehr schwer haltbar sind. Abgesehen von einem Wildfang, der 1975 bereits 5½ Jahre lang gepflegt worden war, besteht der ganze Zuchtstamm numehr (1976) ausschließlich aus Nachzuchtvögeln. Ein von Seuchenerregern freies Volierenmilieu, verbunden mit sorgfältiger Ernährung, scheinen die Haupterfordernisse für erfolgversprechende Pflege zu sein. Bei einer Haltung von vielleicht 4 Paaren in mehreren, oben mit Plexiglas abgeschirmten Volieren lassen sich optimale Ergebnisse erreichen. Abgesehen von ihrer übergroßen Empfindlichkeit gegenüber den verschiedensten Krankheitserregern sind Blutfasanen geradezu ideale Volierenbewohner, die stets innerhalb kurzer Zeit zutraulich werden. Nie stehen sie nach Art mancher Fasanenarten verdrießlich herum, sondern rennen meist lebhaft umher und grasen mit der Ausdauer von Gänsen, wenn man ihnen Rasen zur Verfügung stellt.

Aus einer weltweiten Umfrage der WPA ist zu ersehen, daß 1982 insgesamt 18 Blutfasanen gepflegt wurden, davon 13 in Europa, 2 in den USA und 3 in Asien.

Weiterführende Literatur:
BAKER, E. C. ST.: The Fauna of British India; Birds.- Vol. V.; Genus *Ithaginis*; pp. 351–356; Taylor & Francis, London 1928
BEEBE, W.: A Monograph of the Pheasants, Bd. 1; Genus *Ithaginis*; pp. 25–42; Witherby London 1918
DELACOUR, J.: The Pheasants of the World. 2. Edition, I. The Blood Pheasants, Genus *Ithaginis*; pp. 50–67; Spur Publ. 1977
DIESSELHORST, G.: Beiträge zur Ökologie der Vögel Zentral- und Ost-Nepals. In „Khumbu Himal" v. S. HELLMICH. *Ithaginis c. cruentus*; pp. 142–143; Uni. Verlg, Wagner Ges. M. B. H., Innsbruck/München 1968

Frontalbalz des Temminck-Tragopans, *Tragopan temminckii* (s. S. 502)

GASTON, A. J.: Census Techniques for Himalayan Pheasants including notes on individual species. Blood Pheasant; p. 52; WPA-Journ. V (1979–1980)
GRAHAME, I.: Breeding the Himalayan Blood Pheasant. Avic. Mag. 77; pp. 195–201 (1971)
DERS.: The Himalayan Blood Pheasant – some further informations. WPA-Journ. I; pp. 15–22 (1975–1976)
GRENVILLE ROLES, D.: Rare Pheasants of the World. Chapt. 6 – Blood Pheasant; pp. 31–34 Spur Publ. 1976
JOHNSGARD, P. A.: The Pheasants of the World; Blood Pheasants, pp. 63–69; Oxford Univ. Press, Oxford 1986
LELLIOTT, A. D., YONZON, P. B.: Studies of Himalayan Pheasants in Nepal. WPA-Journ. V; Blood Pheasant; pp. 19–21 (1979–1980)
LUDLOW, F.: The Birds of South Eastern Tibet. Ibis 86; Blood Pheasant; pp. 381–382 (1944)
SALIM ALI: The Birds of Sikkim. The Blood Pheasant; pp. 24–25; Oxford University Press, London 1962
SALIM ALI, RIPLEY, S. D.: Handbook of the Birds of India and Pakistan, Vol. 2; Genus *Ithaginis*; pp. 74–79; Oxford University Press, London/New York 1980
SCHÄFER, E.: Ornithologische Ergebnisse zweier Forschungsreisen nach Tibet. Journ. Ornith. 86 (Sonderheft); *Ithaginis g. geoffroyi*; pp. 88–90 (1938)
SHERIFF: Blutfasanen in Tibet. Ibis; p. 381 (1944)
SMYTHIES, B. E.: The Birds of Burma. Blood Pheasant (*I. c. marionae*, MAYR), Myitkyina District.; pp. 444–445; Oliver & Boyd, Edinburgh/London 1953
STRESEMANN, E.: Aves Beickianae. Beiträge zur Ornithologie von Nordwest-Kansu nach den Forschungen von WALTER BEICK in den Jahren 1926–1933; Journ. Ornith. 85; Blutfasan *(beicki)*; pp. 218–219 (1938)
DERS.: Die Mauser der Vögel. Journ. Ornith. 107; Sonderhef; *Ithaginis*; pp. 89–91 (1966)
VAN GRUISEN, J.: WPA-Rundbrief Juni 1984

Tragopane
Tragopan, Cuvier 1829

Engl.: Tragopans.
Die Tragopane oder Hornfasanen gehören zu den auffallendsten und interessantesten Phasianiden. Ihre Geschlechter sind sehr verschieden gefärbt. Die bunten Hähne besitzen an den beiden Scheitelseiten je einen erektilen hörnchenförmigen Fleischzapfen („Hornfasanen") sowie eine mit leuchtenden Farbmustern geschmückte latzartige nackte oder nur sehr dünn befiederte, dehnbare Kehlhaut. Mit Ausnahme einer Art *(T. satyra)* ist das Gesicht der Hähne überwiegend nackt und farbig. Bei der Frontalbalz werden die erigierten Hörnchen, das farbige Gesicht, der bis zur Brust herabhängende entfaltete Kehllatz, dazu die Perlaugenflecken großer Gefiederteile vom Hahn höchst eindrucksvoll der Henne demonstriert. Nach älteren Untersuchungen (MURIE, Proc. Zool. Soc. London 1872, p. 730) werden die Kopfhörnchen nicht durch Blutfüllung von Schwellkörpern, sondern Muskel-Aponeurosen aufgerichtet, während die Latzhaut durch Bluteinpumpen in *Corpora cavernosa* ihre Größe und Spannung erhält. Bei den Hähnen aller 5 Arten sind Stirn- und Scheitelfedern schwarz, letztere am Hinterkopf zu einer kleinen Haube verlängert. Die Stirnbefiederung erreicht fast die Nasenlöcher. An den runden Flügeln, die die waldbewohnenden Vögel zu wendigem Flug durch Strauch- und Astwerk befähigt, ist die 1. Handschwinge länger als die 10., aber viel kürzer als die 2., während 4. und 5. am längsten sind. Der 18federige Schwanz ist ziemlich lang, keilförmig und gestuft. Er wird wie bei Reb- und Steinhühnern zentrifugal vermausert. Der Schnabel ist für einen Hühnervogel klein und kurz. Der relativ lange kräftige Lauf trägt beim Hahn einen kurzen derben Sporn. Die Weibchen, denen Hörnchen und Latz fehlen und deren Gesicht befiedert ist, sind durch ein dem Habitat hervorragend angepaßtes Gefieder aus braunen, grauen und schwarzen Farbtönen optisch vor Feinden geschützt. Tragopanhähne kennen eine Seiten- und eine Frontalbalz, die in ihren Phasen erst 1983 von RIMLINGER beim Temminck-Tragopan detailliert beschrieben wurden. Sehr häufig wählen Tragopanhennen zur Eiablage verlassene Greifvogel- und Corvidenhorste hoch auf Bäumen, nisten aber manchmal auch auf dem Erdboden. Aus Volierenbeobachtungen ist bekannt, daß der Hahn beim Nest Wache hält, woraus sich auf eine Monogynie der Gattung schließen läßt. Das ist deshalb bemerkenswert, weil sich die Männchen von Arten mit hochspezialisiertem Balzverhalten und einem Prachtgefieder in der Regel wenig oder gar nicht um ihren Nachwuchs zu kümmern pflegen. Tragopane sind ungesellige Bewohner submontaner Bergwälder Südostasiens. Die herrlichen Vögel sind der Wunschtraum jedes Fasanenliebhabers, in Haltung und Zucht jedoch keineswegs problemlos und deshalb Pflegeobjekte nur für Fortgeschrittene.

o. l. Hahn des Temminck-Tragopans, *Tragopan temminckii* (s. S. 502)
o. r. Hahn des Satyr-Tragopans, *Tragopan satyra* (s. S. 498)
m. l. Hahn des Cabot-Tragopans, *Tragopan caboti* (s. S. 510)
u. l. Henne des Cabot-Tragopans
u. r. Henne des Satyr-Tragopans

Hasting-Tragopan

Hasting-Tragopan
Tragopan melanocephalus, Gray 1829

Engl.: Western Tragopan.
Heimat: Himalaja im Westen von Swat im nördlichen Pakistan (das Dubertal westlich des Indus), Kaschmir (sehr selten), der Himalajaabschnitt des Punjab sowie Himachal Pradesh bis Gharwal und vermutlich auch Kumaon. In Südwest-Tibet in einem Bergwaldtal, das sich von der Spiti-Region des Punjab nach Tibet hinein fortsetzt (Lage: 32° nördlicher Breite und 80° östlicher Länge). Keine Unterarten.
Beschreibung: Beim Hahn ist das Kopfgefieder mit Ausnahme der unbefiederten feinwarzigen Gesichtshaut schwarz, die längsten Schopffedern mit dunkelroten Spitzen versehen. Hinter- und Seitenhals rot, der Vorderhals schwarz; Gefieder der Oberseite mit zart ockergrauer und schwarzer Kritzel- und Wellenmusterung, jede Feder dazu mit einem erbsengroßen, runden weißen, schwarzgesäumten Fleck; längste Oberschwanzdecken mit sehr breiten weißen, schwarz umsäumten und rostbraun umrandeten Endflecken; Schwanzfedern selbst isabell und schwarz gesprenkelt, dazu mit unregelmäßiger schwarzer Bänderung und Endsäumung versehen, der Schwanz insgesamt schwarz wirkend. Die kleinsten Decken am Flügelbug rot, die übrigen Flügeldecken wie der Rücken, nur heller mit größeren olivgelblichen Perlflecken ausgestattet; Armdecken ebenso, nur mit herzförmiger weißer Perlung. Auf der Oberbrust bilden steife, fast borstenartige Federn einen großen, glänzenden feuerroten Fleck; übrige Unterseite einschließlich der Unterschwanzdecken schwarz mit reinweißer Perlfleckung, die rote Basis der Federn hier und da sichtbar werdend; Flanken, Bauch und Schenkelgefieder größtenteils schwarz und braun gesprenkelt. Nackte Gesichtshaut hellrot mit Reihen kleiner blauer Flecken unter den Augen; Kinn und Kehle tiefblau, mit haarartigen schwarzen Federn schütter bestanden; der bei der Balz entfaltete Kehllappen in der Mitte in ganzer Länge purpurblau und ebenfalls mit schwarzen Haarfederchen bestanden, an den Rändern hell fleischrot und von hellblauen Dreiecken unterbrochen, deren breite Basisabschnitte an den purpurblauen Mittelstreif, die Spitzen an den Lappenrand grenzen. Hauthörner hellblau. Schnabel schwarz, Iris braun, die Beine in der Brutzeit rot, sonst rosa bis grauweiß.
Länge ca. 710 mm; Flügel 255 bis 290 mm; Schwanz 220 bis 250 mm; Gewicht 1800 bis 2150 g.
Unausgefärbte Junghähne gleichen in der Färbung weitgehend Hennen, sind jedoch größer und hochbeiniger als diese und erhalten mit ca. 4 Monaten am Kopf einzelne schwarze, am Hals rote Federchen.
Hennen haben eine hell braungraue, zart schwarz gewellte und gefleckte Oberseite, deren Federn

meist unregelmäßig geformte schwarze Flecken und weiße Mittelstreifen tragen; Kopf und Hals sind rötlich getönt; Schwanzfedern mit Ausnahme des Mittelpaares mit breitem schwarzem Band vor der Spitze; Unterseite mit zartgrauer und dunkelbrauner Wellenmusterung, die Kehlfedern mit gelbbraunem Zentrum, die der Brust und Körperseiten mit weißer Mitte und weißen, schwarzeingefaßten Flecken vor der Spitze. Hastinghennen wirken insgesamt grauer als Satyrhennen.

Länge ca. 600 mm; Flügel 225 bis 250 mm; Schwanz 190 bis 200 mm; Gewicht 1250 bis 1400 g. Dunenküken sind denen des Satyr-Tragopans recht ähnlich, nur grauer.

Gelegestärke 3 bis 6; Ei hell isabellfarben bis rötlichbraun und fein dunkelbraun punktiert (63 mm × 42 mm); Brutdauer ca. 28 Tage.

Lebensgewohnheiten: Schon vor 100 Jahren galt Hastings Tragopan als die seltenste Art der Gattung. Heute bewohnt er ein kleines Gebiet im Nordwest- und West-Himalaja in inselartigen Vorkommen. Als typisches Habitat wurden früher Koniferenwälder mit dichtem Bambusunterwuchs genannt. Daß dies nicht zutrifft, hat ISLAM (1982) zeigen können, der in Pakistan mehr Hasting-Tragopane in Mischwäldern mit relativ großer Vegetationsvielfalt antraf und feststellte, daß die Paare während der Brutzeit Areale mit laubabwerfenden Baumarten deutlich bevorzugten. Der als Unterwuchs in Pakistan fehlende Bambus wird dort durch Schneeball- und Skimmiasträucher ersetzt. MIRZA et al. (1978) trafen die Art im August in Nordwest-Pakistan in Wäldern aus laubabwerfenden Eichen in Lagen von 2825 m an. Während des Winters hielten sich die Familien entlang der unteren Schneegrenze auf, die zwischen 1800 und 3000 m verläuft. Im Frühling kehren sie zu ihren vom Nordwest-Monsun beeinflußten in 2800 m liegenden Brutrevieren zurück. Die Art kann als ein Bewohner feuchter Bergwälder mit dichtem Unterwuchs charakterisiert werden, die sie von der gemäßigten bis subalpinen Zone in Lagen oberhalb 2400 m bis 3700 m aufwärts besiedelt. In wenig bejagten Gebieten kann man die sehr scheuen und heimlichen Vögel zur Zeit der Schneeschmelze bei der Nahrungssuche zusammen mit Wallich-, Koklas- und Weißhaubenfasanen auf Waldlichtungen und an dünnbewaldeten Hängen antreffen. In ihrem vegetationsreichen Brut-Habitat lassen sich Beobachtungen von längerer Dauer nicht durchführen, weil überraschte sofort in dichtes Unterholz fliehen oder in Baumkronen fliegen, wo sie nicht ausgemacht werden können. Als Alarmsignal stoßen sie blökende Rufe aus, die wie „Waa waa waa" klingen, jede Silbe langsam und deutlich, nur in großer Bedrängnis und kurz vor dem Aufliegen schneller gebracht. Mit Beginn der Fortpflanzungszeit im Mai rufen die Hähne mit kurzen Unterbrechungen zu allen Tagesstunden, morgens und abends am häufigsten. Zum Rufen wählt der Tragopanhahn einen erhöhten Platz. Der Revierruf ist dem Alarmruf recht ähnlich, nur erheblich lauter, ein einziges, kraftvolles, weittragendes „Waa!", dem Blöken eines Schafes nicht unähnlich. Das Verhalten am Nest hat als bisher einziger Forscher BEEBE in freier Natur beobachtet und darüber berichtet: „Das Nest befand sich dicht am Stamm einer Silbertanne und war von den Zweigen dieses Baumes teilweise überdacht. Das Weibchen stieg in der nadelbewehrten ästestarrenden Wildnis von Zweig zu Zweig um den Baum herum, lautlos, den Schnabel voller Blätter, heran zum Nest, und ebenso lautlos verließ sie es wieder die harzige Treppe hinab. Es war ein altes Nest, wahrscheinlich das eines Raben. Dem festen Unterbau aus Reisig und gebleichtem Gras sah man an, daß er schon manches ausgehalten hatte. Die Ausfütterung mit grünen saftigen Eichenblättern und Kräutern war noch frisch, ebenso waren es die abgerissenen Zweige, die einen würzigen Geruch verströmten." Soweit die Schilderung BEEBES. Nicht bekannt ist, ob der Tragopanhahn das Nest bewacht und die brütende Henne warnt, wie es bei Volierenbruten gelegentlich von Tragopanhähnen berichtet wurde. Man möchte das eher bezweifeln. Vermutlich wird er zur Familie stoßen wenn die Küken größer geworden sind und mit ihr den Winter verbringen. Wie bei allen Tragopanen ist die Nahrung fast ausschließlich pflanzlicher Natur und besteht aus Laubblättern, vor allem der Eiche, Bambustriebspitzen, Grashalmen, Eicheln, Beeren und zum geringsten Teil Insekten. Ein Teil der Nahrung wird in den Baumkronen selbst gepflückt.

Haltung: Der bedeutende englische Tierhändler JAMRACH importierte zwischen den Jahren 1864 und 1893 über 50 Hasting-Tragopane. 1880 gelangte die Art in den Berliner Zoo, wo sie bereits im Jahr darauf erfolgreich zur Brut schritt. Von 3 geschlüpften Küken wurde eines großgezogen. 1882 und 1883 brütete die Hasting-Henne wiederum. Auch CRONAU in Straßburg (Elsaß) züchtete die Art 1881, in Frankreich DELAURIER 1883, 1884, 1894 und später, ebenso CORNELY dort ebenfalls mehrfach. Um 1900 waren jedoch alle europäischen Zuchten erloschen. Nach VAN DER MARK hatte DELAU-

RIER mit riesigen natürlich bepflanzten Volieren von 60 bis 65 m², die viel Schatten boten und von einem Bach durchzogen wurden, die besten Erfolge. Die Ernährung bestand aus Gräsern, die sich die Vögel z. T. selbst suchen konnten, Obst und Beeren aller Art. Von einem Paar, das DELAURIER 1893 von JAMRACH für 1300 Franz. Franken gekauft hatte, erhielt er alljährlich 6 bis 8 Jungvögel, die er aus Platzmangel leider viel zu rasch verkaufte. Als nach 7 Jahren die Zuchthenne, bald danach auch der Hahn starben, war kein neues Paar zu erhalten. Erst 1971 erhielt der Britische Pheasant Trust durch Vermittlung pakistanischer Behörden eine Hasting-Tragopanhenne, die alljährlich legte und nach der Paarung mit einem Temminck-Hahn ein Küken großzog. Ein Hasting-Hahn, der Jahre später in die Obhut des erfahrenen Antwerpener Zoos gegeben wurde, wollte nicht selbständig Nahrung aufnehmen und mußte täglich von Hand gefüttert werden. Bald hatte er sich so daran gewöhnt, daß er überhaupt nicht mehr selbständig fressen wollte (WPA Newsletter No. 17, 1981). Er starb nach einiger Zeit. Gegenwärtig sind Verhandlungen im Gange, mit Hilfe pakistanischer Regierungsstellen eine Zuchtstation in der Heimat des Vogels aufzubauen, um dort erbrütete Jungvögel in Gebieten auszuwildern, in denen die Art durch den Menschen ausgerottet wurde.

Weiterführende Literatur:
BAKER, E. C. ST.: The Fauna of British India, Birds, Vol. V; Western Horned Pheasant; pp. 345–347; Taylor & Francis, London 1928
BEEBE, W.: Monograph of the Pheasants, Bd. I; *T. melanocephalus*; p. 65; Witherby, London 1918
DELACOUR, J.: The Pheasants of the World, 2. Ed.; Western Tragopan; pp. 74–75; Spur Publications 1977
Dr. H. in B.: Über einige Fasanenarten. Schwarzkopftragopan; pp. 380–381, Gef. Welt 63 (1934)
DÜRIGEN, B.: Die Geflügelzucht. Hastings Hornfasan; p. 357; P. Parey, Berlin 1887
GASTON, A. J., GARSON, P. J., HUNTER, M. L.: Present distribution and status of Pheasants in Himachal Pradesh, Western Himalayas. Western Tragopan; pp. 14–15; WPA-Journal VI (1980–1981)
GASTON, A. J., ISLAM, K., CRAWFORD, J. A.: The current status of the Western Tragopan; pp. 40–49; WPA-Journal VIII (1982–1983)
GRENVILLE ROLES, D.: Rare Pheasants of the World. Western Tragopan; pp. 38–40. Spur Publications 1976
ISLAM, K.: Distribution, habitat and status of the Western Tragopan in Pakistan. Intern. Symp. Pheasants Asia, Srinagar (Kashmir) 1982
DERS.: Distribution, habitat and status of the Western Tragopan in Pakistan; pp. 37–44. Proc. Jean Delacour IFCB-Sympos. on breeeding birds in captivity, California 1983
DERS.: Habitat use by Western Tragopan in northeastern Pakistan. MS Thesis, Orgeon State University, Corvallis (Oregon) 1985
ISLAM, K., CRAWFORD, J. A.: Brood habitat and roost sites of Western Tragopans in northeastern Pakistan; pp. 7–14; WPA-Journal X (1984–1985)
JOHNSGARD, P. A.: The Pheasants of the World. Western Tragopan, pp. 70–76; Oxford. Univ. Press, Oxford 1986
OGILVIE-GRANT, W. R.: A Handbook to the Game-Birds, Vol. I; Western Horned Pheasant; pp. 224–227. E. Lloyd, London 1896
SALIM ALI, RIPLEY, S. D.: Handbook of the Birds of India and Pakistan, 2. Ed. Vol. 2, Western Horned Pheasant; pp. 80–82. Oxford University Press, London/New York 1980
VAN DER MARK, R. R. P.: Tragopan. Hastings oder Westlicher Tragopan; pp. 96–97. Herausgeber Van der Mark, Woerden (Holland) 1979

Satyr-Tragopan
Tragopan satyra, Linné 1758

Engl.: Satyr Tragopan.
Abbildung: Seite 494 oben rechts und unten rechts.
Heimat: Der Himalaja von Gharwal im Westen ostwärts Nepal, Sikkim, Bhutan und die nördlich anschließenden Gebiete des North Eastern Frontier Areas Indiens, d. h. das indisch-chinesische Grenzgebiet zu Tibet. Nach gegenwärtiger Kenntnis verläuft die Westgrenze des Verbreitungsgebietes etwa entlang des Alaknanda-Flusses in Gharwal (bei 79°30' östlicher Länge), die Ostgrenze bei Darrang nördlich des Brahmaputra in Assam. In China in Süd-Tibet nördlich Bhutans bis Mönyul am 92° östlicher Länge. Keine Unterarten.
Beschreibung: Beim Hahn sind Schnabelwurzel, größter Teil der Kopfseiten, Kinn, die dünnbefiederte Kehle bis zur Mitte des Vorderhalses sowie der vordere Teil des Scheitels schwarz. Verlängerte Scheitelfedern, hinterster Teil der Kopfseiten sowie der übrige Hals und Nacken blutrot. Übrige Oberseite schwarz, jede Feder unregelmäßig gelbbraun quergebändert, vor der Spitze mit 2 großen olivbraunen Flecken und nahe derselben ein runder weißer, schmal grau umränderter Fleck in schwarzem Feld. An Bürzel und Oberschwanzdecken tritt das Schwarz etwas mehr zurück; längere Oberschwanzdecken fast zur Hälfte olivbraun mit hellbraunen, hinten von einem schwarzen Streifen begrenzten Endsäumen und ohne weiße Flecke; dagegen haben die Federn an den Seiten des Rük-

kens und Bürzels blutrote Saumflecken. Schwingen schwarz, unregelmäßig rostbraun quergebändert, die innersten wie der Rücken gefärbt. Kleine Oberflügeldecken blutrot, die übrigen wie die Rückenfedern, aber vor der Spitze mit je 2 blutroten Flecken. Schwanzfedern bräunlichschwarz mit rostgelber Querkritzelzeichnung, das Spitzendrittel jedoch fast ungefleckt. Hinterer Vorderhals und übrige Unterseite blutrot, der Kropf mit kleinen runden weiße, schwarzumrandeten Flecken, die nach hinten zu an Größe zunehmen und graulicher werden. Hinter dem oberen Augenrand jederseits ein fleischiger, von elastischer Haut umgebener blauer Zapfen, der nach der Balzzeit fast ganz einschrumpft, während derselben dagegen bedeutend anschwellen und aufgerichtet werden kann. Schnabel schwarz, nackte Haut um das Auge rot; der ausgebreitete Hautlappen an der Kehle kornblumenblau mit heller blauen Flecken, an den Seiten mehr grünlichblau, daselbst auch mit blutroten Querflecken. Füße fleischfarben. Länge 690 mm; Flügel 245 bis 285 mm; Schwanz 250 bis 345 mm; Gewicht 1360 bis 2010 g.

Bei der Henne ist die ganze Oberseite schwarz mit ockerbraunen Kritzelquerbinden; die Federspitzen sind dicht ockerbraun gesprenkelt, davor jederseits ein einfarbig schwarzer Fleck; außerdem vor den Federspitzen des Vorderrückens, der Schultern und Oberflügeldecken ockergelbe, pfeilförmige Flecke. Kleine Oberflügeldecken mit mehr oder minder starkem rotem Anflug. Flügelfärbung wie beim Hahn. Schwanz bräunlichschwarz mit unregelmäßig gefleckten und bekritzelten hellrostfarbenen Querbinden. Kinn gelblich rostfarben, die Federn dunkelbraun gesäumt, Kehlmitte heller, oft weißlich. Übrige Unterseite hell rostbraun mit schwarzer Querkritzelzeichnung, die Federn mit rahmfarbenen Schaftlinien und ebenso gefärbtem tropfenförmigem, teilweise schwarz umrandetem Fleck vor den Federspitzen.

Länge 575 mm; Flügel 215 bis 235 mm; Schwanz 195 mm; Gewicht 1000 bis 1200 g.

Das Dunenküken hat lebhaft rotbraunen Kopf, dunkelkastanienbraune Oberseite und hell gelbbräunliche Unterseite. Gelegestärke 6 bis 8; Ei rötlich isabellfarben, rotbraun gepunktet und gefleckt (55 mm × 43 mm). Brutdauer 28 Tage.

Lebensgewohnheiten: Satyr-Tragopane bewohnen Eichen-, Deodarzedern- und Rhododendronwälder mit üppigem Busch- und Bambusunterwuchs in Lagen von 2400 bis 4250 m bis zu den oberen Waldgrenzen und weichen bei hohem Schnee im Winter bis 1800 m talwärts aus. LELLIOTT u. YONZON haben 1979 in Pipar (Nepal) bei 3300 m Höhe diese Tragopane beobachtet. Am 21. und 22. Mai riefen dort allmorgendlich in einem Gebiet von 2,4 km² ca. 10 Vögel, was einer Bestandsdichte von 4,2 Paaren pro km² geeigneten Habitats entspräche. Alle Beobachtungen erfolgten in Laubwäldern aus Rhododendren, Birken, Ebereschen und Bambus sowie dem angrenzenden Berberitzenbusch. 74 % der Beobachtungen wurden in Lagen zwischen 3000 und 3300 m gemacht. 40 % der beobachteten Vögel waren aufgebaumt, woraus man wohl auf eine wenigstens teilweise arboricole Lebensweise schließen darf. Scheu und wachsam, waren die als Einzelgänger und Paare auftretenden Tragopane nur von Verstecken aus zu beobachten. Aufgestört fliegen sie gewöhnlich nur außer Sichtweite; nur einmal flog ein Hahn in fast 20 m Höhe 200 m weit über Baumkronen. Mehrfach wurden unter überhängenden Felsen im Wald Sandbäder mit ein paar Tragopanfedern darin entdeckt. Am 24. Mai rief ein Hahn von einem Baum her wiederholt „Wa wa wa". Der auf Tonband aufgenommene Ruf brachte, zurückgespielt, den Hahn herbei: Er flog sofort auf den Erdboden und näherte sich dem Versteck bis auf 12 m, aufmerksam dorthin starrend. Er fuhr dann fort, 5 Minuten lang auf dem Erdboden zu rufen, ehe er erneut aufbaumte. Die folgenden 90 Minuten verbrachte er damit, zu rufen, das Versteck zu beobachten und zwischendurch Blätter abzurupfen. Die Futteraufnahme der Satyr-Tragopane erfolgte hauptsächlich während der frühen Morgenstunden sowie nachmittags. 7mal wurden die Vögel an den Ufern von Bergbächen angetroffen, wo sie auch im Uferwasser selbst umherwateten und im Fallaub pickten; auch anderenorts wurden sie an feuchten Plätzen beim Futtersuchen auf Moos und Fallaub gesehen. 14mal ästen auf Bäumen und Büschen sitzende Vögel junge Blätter, Moos und die Beeren von Berberitzen, Saphirbeeren *(Symplocus)* und Rhododendren.

Balz und Copula wurden am 16. März bei 3260 m beobachtet. Nach Rufen und Antworten von den 30 m voneinander entfernten Schlafbäumen aus, das von 4.40 bis 5.20 Uhr andauerte, flogen die beiden Vögel, ein Paar, zum Erdboden herab. Der Hahn sträubte sein Gefieder, wodurch er erheblich größer erschien, fächerte beim Erscheinen der Henne den Schwanz und öffnete leicht die Flügel, senkte sie unter heftigem Zittern des Körpers bis zum Boden und hob den Schwanz. Dann rannte er mit aufgestellten Hörnchen und ausgebreitetem Kehllatz zum Weibchen hin, bestieg es und versuchte, 5 bis 10

Sekunden lang zu kopulieren. Das Weibchen seinerseits befreite sich mit viel Geflatter und rannte talwärts zu einem Wasserlauf, während der Hahn in Richtung auf die Berge lief. Danach begannen beide Vögel getrennt mit der Futteraufnahme. Im Hinblick auf die Paarung scheint mit dem Legen nicht vor Ende Mai, Anfang Juni zu rechnen zu sein. Ein Nest wurde in 3160 m Höhe an einem für Tragopane ungewöhnlichen Platz zwischen hohem Tussockgras fast 10 m oberhalb der Buschwaldgrenze gefunden. Es enthielt am 4. Juni 2, am 6. Juni 3 Eier. Im gleichen Bezirk wurde in niedrigerer Höhe bei 2640 m eine Henne mit 4 befiederten Jungen am 31. Mai angetroffen.

Haltung: Wohl als europäischen Erstimport erhielt der Londoner Zoo am 31. März 1863 von dem indischen Fürsten BABU RAJANDRA MULLICK 1,2 Satyr-Tragopane zum Geschenk; zum gleichen Zeitpunkt wurden 3 weitere Männchen und 1 Weibchen eingestellt, und schon am 7. Juli 1863 gelang die Erstzucht. Bald danach „ergoß sich eine Flut von Satyr-Tragopanen" über Europas Fasanerien und Zoologische Gärten: Von 1864 bis 1882 importierte der Tierhändler JAMRACH nicht weniger als 1200 Satyr-Tragopane über Kalkutta nach Europa! Wie viele davon werden zu erfahrenen Züchtern gelangt sein? Der Londoner Zoo hat die Art noch häufig gezüchtet, nämlich 1865, 1878, 1880, 1881, 1882 und mehrmals danach. In der Folgezeit waren Züchter in Frankreich, Belgien und Holland mit der Satyrzucht sehr erfolgreich. Soweit Berichte über die Ernährung vorliegen, wird die Wichtigkeit der Verfütterung von Grünpflanzen, Obst und Beeren zur Gesunderhaltung der Zuchtpaare stets betont. Die Balz des Satyr-Tragopans ist von SMITH (1910) und SETH-SMITH (1927) beschrieben worden. Ersterer berichtet interessante Einzelheiten über die Lautäußerungen seiner Vögel. In Alarmstimmung ruft die Satyrhenne entenähnlich quakend „Quar quar quar". Während der Fortpflanzungszeit stößt der Hahn mit Unterbrechungen ein klagendes hohes „Beei beei beei!", ähnlich der Stimme eines ängstlichen verirrten Lammes aus. Außerdem bringt er unter sichtlicher Anstrengung mit weit geöffnetem Schnabel gelegentlich einen sehr lauten, stöhnenden, unheimlich klingenden Schrei „Oo-ah oo-ah oo-ah-!" hervor, der wie die Herausforderung an einen Gegner klingt und wohl Revierbesitzanspruch signalisieren soll. ASTLEYS Satyrhahn war zur Brutzeit recht aggressiv und bearbeitete seine Hände so mit den Sporen, daß sie bluteten. Ebenso sprang er dem sich beim Volierenreinigen bückenden Pfleger auf den Rücken und hieb wütend auf seine Mütze ein. In beiden Fällen nahm er Balzhaltung mit aufgerichteten Hörnern und teilweise entfaltetem Latz an (Avic. Mag. 1921).

JOHNSON, ein sehr erfolgreicher englischer Satyr-Züchter, hat über seine Erfolgsmethode im Av. Mag. 1961 berichtet. Bei ihm erhält ein Zuchtpaar morgens 2 oder 3 Hände voll Turkey Breeder Pellets, mit Magermilch zu einem flockigen Gemisch angemacht, dazu pro Vogel einen halben Apfel, ferner je nach der Jahreszeit Holunderbeeren, Brombeeren, Schneebeeren und Tomatenstückchen. Nachmittags erhalten die Vögel eine Handvoll Weizen, der vorher 12 Stunden in Wasser eingeweicht und vor dem Verfüttern sauber gespült wurde. Tragopanküken erhalten zuerst eine Portion Turkey Starter- oder Pheasant Rearing Crumbs, über die feingehackte Salatblätter und/oder feinzerkleinertes Eigelb gestreut werden. Das Ganze erhält durch Zugabe von Magermilch eine flockige Beschaffenheit. Mehlwürmer werden ebenfalls gereicht und offenbar von Satyrküken lieber genommen als von Temminck-Küken. Mit ca. 3 Monaten können die Jungvögel allmählich vom Starterfutter auf Turkey Rearing Pellets, mit 5 Monaten auf das Erwachsenenfutter umgestellt werden. Die Gaben von gekochtem Eigelb können im Alter von 2 Wochen abgesetzt werden, aber Salat und andere zarte Blätter sollen so lange verfüttert werden, bis die Jungvögel Gras äsen. Mit der Fütterung von Obst sollte man beginnen, wenn im Herbst die Brombeeren reifen. Das Satyr-Zuchtpaar von JOHNSON war recht fruchtbar. Die Henne brachte in einer Saison 5 Gelege mit insgesamt 12 Eiern. Sie legte stets auf die Erde in eine Nestmulde zwischen Brennesselstauden. Aus allen 12 Eiern schlüpften Küken, von denen 8 aufgezogen wurden. Das Geschlecht kann man im Alter von ca. 3 Monaten erkennen: Junghähne besitzen eine merklich dunklere Gesamtfärbung und zartere Wellenbänderung des Gefieders als Weibchen. JOHNSON gibt dem Satyr-Züchter in spe 5 goldene Regeln mit auf den Weg, die unbedingt eingehalten werden sollten:

1. Sorge stets für genügend Schatten in der Voliere,
2. entferne die Hühneramme nie, bevor die Tragopanjungen größer als diese sind,
3. verfüttere das ganze Jahr über an erwachsene Tragopane Obst,
4. überfüttere die Tragopane nie mit Getreidekörnern,
5. denke daran, daß nicht das ganze Jahr über frisches Gras zur Verfügung steht und reiche

deinen Tragopanen in der grasarmen Zeit zarte Grünpflanzenteile.

Der amerikanische Züchter SIVELLE schreibt über seine Erfahrungen in der Satyrzucht, daß man in den USA bis in die 60er Jahre nur Mischlingspaare Satyr × Temminck habe erhalten können. Das änderte sich erst, als er zusammen mit anderen Züchtern 1971 eine Anzahl Wildfänge aus Indien importierte. Er behielt 4 Paare, die zur Zeit der Veröffentlichung seines Berichts im Avic. Mag. 1979 sich noch in hervorragender Zuchtkondition befanden. Alle Paare hatten seit ihrer Ankunft erfolgreich gebrütet, so daß aus der F_1- und F_2-Generation blutfremde Paare in ausreichender Zahl zusammengestellt und an andere Züchter abgegeben werden konnten. Die Wildfanghennen legten zwar weniger, aber um 25 % größere und so gut wie stets befruchtete Eier als die ingezüchteten Hennen aus vielen Volierengenerationen. Die Eizahl der von den Importtieren abstammenden Satyr-Tragopane nahm von Generation zu Generation zu. Hatten Wildhennen noch 4 Eier gelegt, so brachten die Töchter 7 und die Enkel 10 Eier pro Jahr. Inzuchthennen legen noch mehr Eier, doch sind diese kleiner und weisen eine Schlupfrate von weniger als 50 % auf. Küken von Wildhennen sind groß und kräftig und durchbrechen die Eischale leicht, was man von Inzuchtküken leider häufig nicht behaupten kann.

Der Satyr-Wildfang wirkt auffällig schlank, die Färbung des Hahnes ist leuchtend mit scharf begrenzter Perlfleckung (die bei Satyrhähnen mit Temminckblut auf dem Bauch häufig mehr oder weniger unscharf hervortritt). Beim Wildhahn ist der Blick stets nach oben gerichtet, sei es, daß er dort nach Greifvögeln oder nach Fluchtmöglichkeiten aus der Voliere Ausschau hält. In Gefangenschaft gezogene Satyr-Tragopane sind in beiden Geschlechtern plumper und richten ihren Blick sorglos auf den Volierenboden. Im Gegensatz zu JOHNSONS Erfahrungen in England, dessen Tragopanhenne auf dem Erdboden brütete, ließen SIVELLES Satyrhennen ihre Eier so lange vom Ast auf den Boden unter sich fallen, bis sie Nestkisten hoch an der Volierenwand erhalten hatten, in denen sie ihre Gelege unterbrachten. An die Erwachsenen verfüttert SIVELLE frisch gemähte Luzerne, so lange diese erhältlich ist, Squash (eine Kürbisart), Gurken, Äpfel und Beeren aller Art, im Winter als Ersatz Rosinen, Apfelsinen und kleine grüne Erdnußkerne. Als Grundfutter erhalten alle Tragopane von Juli bis Dezember handelsübliche Flugwild-Grower-Pellets mit 19 % Eiweißgehalt, von Januar bis Juni Brüter-Pellets mit 21 % Eiweißgehalt, beides ad libitum aus Körnerfutterautomaten verfüttert.

Nach VAN DER MARK werden gegenwärtig alljährlich in Holland über 100 Satyr-Tragopane gezüchtet und meist nach Japan und Südafrika exportiert, wo eine große Nachfrage nach dieser Vogelart besteht. 1978 wurden für 1 Jungpaar 2000 niederländische Gulden bezahlt. Aus dem Ergebnis einer weltweiten Umfrage der WPA ist ersichtlich, daß 1982 insgesamt 791 Satyr-Tragopane gehalten wurden, davon 467 in Europa, 216 in den USA, 89 in Kanada, 10 in Asien und 9 in Lateinamerika.

Weiterführende Literatur:

ASTLEY, H. D.: Avicultural Notes. Avic. Mag. 3. Series, Vol. XII; Satyr-Tragopan, Aggressivität etc.; pp. 84–87 (1921)

BAKER, E. C. ST.: The Fauna of British India. Birds Vol. V; Nr. 1931 *Tragopan satyra*; pp. 343–345; Taylor & Francis, London 1928

BEEBE, W.: Monograph of the Pheasants, Bd. I; *Tragopan satyra*; p. 49; Witherby, London 1918

DELACOUR, J.: The Pheasants of the World, 2. Edition; Satyr Tragopan; pp. 75–79. Spur Publications 1977

DIESSELHORST, G.: Beiträge zur Ökologie der Vögel Zentral- und Ost-Nepals. – In W. HELLMICH „Khumbu Himal", 2. Bd. – *Tragopan satyra*; pp. 143–146. Uni. Verlg. Wagner Ges. M.B.H., Innsbruck/München 1968

Dr. H. in B.: Über einige Fasanenarten. 8. Die Tragopane und ihre Verwandten; Satyr-Tragopan; pp. 330–332. Gef. Welt 63 (1934)

DÜRIGEN, B.: Die Geflügelzucht. V. Fasanen; 7. Hornfasanen oder Tragopans; Nr. 28: Der Satyr-Hornfasan; p. 355; P. Parey, Berlin 1887

GRENVILLE-ROLES, D.: Rare Pheasants of the World. Chapter 7; Satyr-Tragopan; pp. 40–42; Spur Publications 1976

JOHNSGARD, P. A.: The Pheasants of the World. Satyr tragopan, pp. 76–81; Oxford Univ. Press, Oxford 1986

JOHNSON, F. E. B.: The Care and Breeding of the Satyr Tragopan. Avic. Mag. 67; pp. 19–20 (1961)

LELLIOTT, A. D., YONZON, P. B.: Studies of Himalayan Pheasants in Nepal. Satyr Tragopan; pp. 21–23. WPA-Journal V (1979–1980)

SALIM ALI, RIPLEY, S. D.: Handbook of the Birds of India and Pakistan, 2. Edition, Vol. II, Nr. 286 Crimson Horned Pheasant or Satyr Tragopan; pp. 82–84; Oxford University Press, London/New York 1980

SALIM ALI: The Birds of Sikkim. The Crimson Horned Pheasant, or Satyr Tragopan; pp. 25–26; Oxford Universiti Press 1962

SETH-SMITH, D.: The Tragopan Display. Avic. Mag. 4. Series, Vol. V; *T. satyra*; pp. 193–194 (1927)

SIVELLE, CH.: Tragopans. Avic. Mag. 85, pp. 199–209 (1979)

SMITH, C. B.: The Cry of the Satyra Tragopan. Avic. Mag. 3. Series, Vol. I; pp. 225–226 (1910)
DERS.: The Display of the Satyra Tragopan Pheasant. Avic. Mag. 3. Series, Vol III; pp. 153–155 (1912)
VAN DER MARK, R. R. P.: Tragopan pp. 92–93. Herausg. Van der Mark, Woerden (Holland) 1979

Temminck-Tragopan
Tragopan temminckii, Gray 1831

Engl.: Temmincks Tragopan.
Abbildung: Seite 493 und 494 oben links.
Heimat: Gebirge von Nordost-Assam, Nordost-Burma, Südost-Tibet, ostwärts bis in die chinesischen Provinzen Yünnan, Schensi und Hupeh, südwärts bis zum äußersten Nordwestteil Tongkings in Höhenlagen zwischen 900 und 2700 m. Keine Unterarten.
Beschreibung: Beim Hahn sind die Stirn bis etwas über die Augen hinaus, die vorderen mittleren Federn der langen zerschlissenen Scheitelhaube, die oberen Kopfseiten sowie ein ausgedehnter schwarzer Fleck hinter den Ohren schwarz. Die übrigen Haubenfedern und der Hals orangerot, nach dem Rücken zu in Blutrot übergehend. Ganze übrige Oberseite blutrot, die Federn an der Basis und längs des Schaftes unregelmäßig schwarz und hellbraun quergestreift und punktiert, vor der Spitze stets mit einem runden grauweißen und schwarz eingefaßten Fleck versehen. Oberschwanzdecken hell rötlichbraun, die Federn längs des Schaftes grau, an den Säumen bräunlich oder ziegelrot. Schwanzfedern schwarz, unregelmäßig rotbraun quergezeichnet und gefleckt, nur die Spitzen ungefleckt. Kleine Oberflügeldecken feurig hellrot, mittlere und große wie der Rücken, aber mit größeren runden, hellgrauen Flekken. Kropf einfarbig rot, übrige Unterseite rot, auf jeder Feder vor der Spitze ein ausgedehnter hellgrauer Fleck. Schnabel braun mit gelblicher Spitze, die Hauthörner blau. Nackte Kehlhaut blau, an den Seiten mit breiten Einbuchtungen von roter Farbe; Iris braun; Füße mattrosa.
Länge 640 mm; Flügel 225 bis 265 mm; Schwanz 185 bis 230 mm; Gewicht 1600 g.
Die Oberseite der Henne wechselt zwischen rotbraun und graubraun, ist aber dabei weder so stark rötlich wie bei Satyrhennen, noch so grau wie bei Cabot-Hennen; sie ist stark schwarz gesprenkelt und mit hellisabellfarbener oder grauweißer V-förmiger Musterung versehen. Kinn und Kehle weisen auf isabellfarbenem Grund schwarze Linienzeichnung auf; die hellbraune Unterseite ist mit großen weißlichen Tupfen und schwarzen Flecken bedeckt. Nackte Augenumgebung bläulich, Iris braun, Schnabel hornfarben, Füße gräulich fleischfarben.
Flügellänge 220 bis 225 mm; Schwanz 175 mm.
Dunenküken unterscheiden sich nur durch geringere Größe von denen des Satyr-Tragopans.
Gelegestärke sehr unterschiedlich; Ei rötlich rahmfarben oder licht rötlichbraun mit dunkel oder matt rotbraunen Flecken und Punkten (54 mm × 40 mm). Brutdauer 28 Tage.
Lebensgewohnheiten: Temminck-Tragopane bewohnen kühle, regenreiche Gebirgswälder. DELACOUR, der sie in Nord-Tongking beobachtete, begegnete ihnen besonders in Hartholzwäldern, deren Äste mit dicken Moospolstern bedeckt und mit dichtem Unterholz durchsetzt waren. Die Tragopane liebten besonders die Steilhänge und windumbrausten Grate der Berge. Der Alarmruf ist ein schnelles weiches „Quack-quack-quack-quack". Im April lassen die Hähne ihren Balzruf hören, der nach Aussagen der Eingeborenen Nord-Burmas wie „Nüiir-ni" klingen soll. Die Brutzeit soll von April bis Mai dauern. Die Nahrung der Vögel besteht vorwiegend aus Farnblättern, Eicheln und Knospen.
Einen packenden Bericht über seine Beobachtungen am Temminck-Tragopan im Wassuland (Szetschuan), der hier auszugsweise wiedergegeben sei, hat ERNST SCHÄFTER gegeben: „Keine 200 m von der Ansiedlung eines Bergbauern im wildesten Teile des Wassulandes schallt im Mai allmorgendlich kurz nach Tagesanbruch eine harte Stimme herüber, die wie ‚Wa wa wa wa' klingt. Immer von derselben Stelle des undurchdringlichen Bambusdschungels und immer nur ganz wenige Male wird diese cholerische Stimme laut, ohne daß es möglich wäre, sie zu identifizieren. Die Einwohner sagen, es sei das ‚Wawachi', der Tragopan.
Weiter oben, wo der Bambuswald lichter und allmählich von Rhododendren und hohen Koniferen verdrängt wird, ertönt dieselbe Stimme. 20 Schritt weit kann man nur sehen, und behutsam schleicht man auf die Stelle zu, von der der rauhe Ruf des Temminckhahnes erklang. Als der Jäger den Ort bald erreicht haben muß, setzt er sich auf einem flechtenüberwachsenen Rhododendronknorren zurecht und wartet – das Klügste, was er tun kann, da der Tragopan ungemein hellhörig ist und beim leisesten verdächtigen Geräusch wie eine Katze davonschleicht. So sitzt der Jäger wohl 10 Minuten, als er erschreckt zusammenfährt, denn unmittelbar vor ihm erklingt der 10- bis 15mal wiederholte zor-

nige Ruf von neuem. Die einzelnen Töne des harten Rufes sind im Anfang deutlich voneinander zu unterscheiden, verschwimmen aber gegen Ende der Strophe in einem hochfrequenten langgezogenen Schrei. Unverwandt starrt der Jäger nun in die Richtung des Rufes und erkennt einen himmelblauen Fleck, der scharf aus der Deckung hervorsticht. Der blaue Fleck gewinnt plötzlich an Form und entpuppt sich als hängender Halslappen eines Tragopanhahnes, der vollständig gedeckt und hoch aufgerichtet neben einem Haufen vom Großen Panda abgebissener Bambusrohre steht und unverwandt sichert. Die schöne braunrote Färbung und die weiße Tropfenfleckung, die das Gefieder übersät, verschwimmen völlig im Schatten der Wildnis, so daß nur die blauen Hautohren und der Kehllatz gut zu sehen sind. Auf einmal kommt Leben in den Vogel, er rennt einige Schritte vor, der Kehllappen scheint sich zu erweitern, und dann stößt er seinen wilden Ruf von neuem aus, um sofort wieder in die starre sichernde Haltung von vorher überzugehen. Von irgend woher klingt das leise ‚Quak Quak' der Henne, die sich gleichfalls genähert hat. Schleichend und jede Deckung nutzend, läuft der Hahn über die feuchte Laubdecke unhörbar davon. Tragopane sind Meister des Schleichens in dichtester Deckung und fliegen selbst dann nicht auf, wenn sie durch den Knall eines Schusses erschreckt werden. Sie lieben die Nachbarschaft fließenden Wassers, zeigen auch eine große Vorliebe dafür, sich während der Mittagsstunden an lichten Stellen zu sonnen."

Über das recht komplizierte und in seinen Phasen schnell ablaufende Balzverhalten der Tragopane gab es bislang kaum detaillierte Mitteilungen. Durch Untersuchungen von RIMLINGER 1982/83 an einem Paar Wildfängen des Temminck-Tragopan im Zoopark von San Diego (Kalifornien) sind wir wenigstens über Einzelheiten des Balzablaufs bei dieser Art genauer unterrichtet. Die Vögel bewohnten eine 5 m × 6 m × 2 m große, möglichst dem natürlichen Habitat angepaßte Freivoliere, die mit Felsen, gestürzten Baumstämmen, Wacholdern, Zedern und Rhododendren reichlich ausgestattet war. Der Aktivitäts-Level der Tragopane war frühmorgens und spätnachmittags am höchsten. Frontalbalz wurde ab Ende Februar bis Mitte März, Seitenbalz von der letzten Märzwoche bis Ende Mai beobachtet. Eiablagen begannen Anfang April und endeten in der letzten Maiwoche. Das Seitenbalzverhalten des Hahnes hängt in Variation und Ablauf von der Entfernung zur optisch erkennbaren Henne ab. Es beginnt mit einem Flachanlegen des Gefieders der Oberseite („flattening"), wobei durch leichtes Anheben der dem Weibchen abgewandten Körperseite die perlgrauen Augenflecken des Rückengefieders besonders zur Geltung gebracht werden. Der dem Weibchen zugewandte Flügel wird nur wenig gesenkt, niemals so stark, wie es einige Autoren von Tragopanen beschrieben haben. Doch mag es sich bei anderen Arten der Gattung möglicherweise so verhalten: Auf einem Foto aus dem Londoner Zoo senkt ein Blyth-Tragopanhahn in Seitenbalz diesen Flügel tatsächlich tiefer als RIMLINGER es je bei einem Temminck-Hahn beobachtet hat. Ist der Temminckhahn 3 oder 4 m von der Henne entfernt, nimmt er die Aufrechthaltung („upright posture") ein. Durch möglichst aufrechte Haltung, Sträubung der Federhaube und des Bauchgefieders macht er sich größer und umfangreicher. In dieser Haltung tritt auch die leuchtende Blaufärbung des nackten Gesichts stärker hervor. So stolziert er, stets in Seitenhaltung zur Henne, langsam und bedächtig einher. Oft hält er mitten im Schreiten inne, ein Bein unterm Schwanzgefieder versteckt. Das tut er besonders dann, wenn das Flachlegen des Oberseitengefieders seinen Höhepunkt erreicht hat. Sind die Geschlechtspartner weniger als 1 m voneinander entfernt, wird vom Hahn häufig eine andere Seitenhaltung eingenommen. Ist die Henne beim Staubbaden oder auf Futtersuche, läuft der Hahn oft mit zum Boden hin gebeugtem Kopf und Hals sowie gekrümmtem Rücken und flach anliegendem Oberseitengefieder langsam in Seitenhaltung auf sie zu, wobei sich beim Schreiten seine Beine überkreuzen. Er kommt ihr so nahe, daß fast Körperkontakt besteht. Die gekrümmte Haltung („arching") wird nur wenige Sekunden beibehalten, die Beine werden dabei stets langgehalten. Sollte ein futtersuchendes Weibchen während dieser Zeit einen Leckerbissen entdeckt haben, versucht er nicht, ihr denselben anzubieten oder streitig zu machen. Gelegentlich führt er Hackbewegungen zur Henne hin aus. Da er Gleiches in aufrechter Haltung auch mit Objekten in Kopfnähe (Äste) tut, sowie vor und nach Frontalbalzhandlungen auf das Erdreich einhackt, wird es sich vermutlich um eine Ersatzhandlung handeln. Seitenbalzähnliche Haltungen kommen auch im Drohverhalten gegenüber männlichen Artgenossen vor: Hält man dem Hahn einen Spiegel vor, reagiert er darauf mit einer dem „arching" recht ähnlichen Haltung. Nur wird der Kopf weniger abwärts gebeugt, der Körper nicht so stark gekrümmt, der Halslatz hängt (nicht entfaltet) herab, die Schwanzfedern sind gespreizt und zum

Spiegelbild hingeneigt. In dieser Haltung läuft er, leise drohende Knurrlaute ausstoßend, langsam vorwärts und wieder zurück. Beim Androhen seines Pflegers agierte ein Temminckhahn genauso. Die Frontalbalz läuft nach einem bestimmten Muster ab, dauert 30 bis 40 Sekunden an und kann in 3 verschiedene Phasen unterteilt werden. Der Hahn beginnt damit, sich hinter einen Felsen oder Baumstumpf zu stellen und über diesen hinweg die Henne zu fixieren. So kann er mehrere Minuten stehen, zwischendurch auf dem Boden herumpicken, aber auch unmittelbar weitere Balzhandlungen ausführen. Zuerst ruckt er vertikal mit dem Kopf, wobei Hauthörner und Kehllatz gleichzeitig erscheinen.

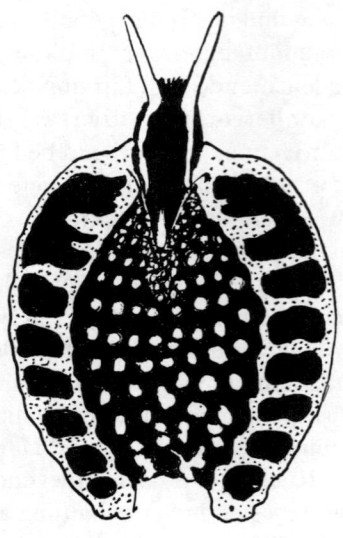

Balzender Hahn des Temminck-Tragopans mit aufgerichteten Hörnern und entfaltetem Latz

Dann spreizt er den Schwanz und beginnt mit den Flügeln zu schlagen, während das Kopfrucken und die Entfaltung des Kehllatzes fortgesetzt werden. Durch die Kopfbewegungen werden die Kopfhörnchen in heftige vibrierene Bewegung versetzt, ebenso der ganz entfaltete, aber noch schlaffe Latz. Während des Flügelschlagens werden die kleinen Flügeldeckfedern als hellorangefarbene Bezirke an den Flügelbeugen auffällig sichtbar. Nun leitet mehrmaliges scharfes Kopfrucken die akustische Phase ein. Videoaufnahmen zeigten, daß diese erste Frontalbalzphase von 16 bis 21 Sekunden Dauer die variabelste ist. Während der zweiten Phase bleibt der Körper unbewegt, der Kopf wird soweit abwärts gebeugt, daß der Unterschnabel auf dem entfalteten Kehllatz ruht, während die Augen unverwandt auf die Henne gerichtet sind. Nun beginnt der Hahn sich tiefer und tiefer hinter den Felsen zu ducken, bis er für einen kurzen Moment den optischen Kontakt zur Henne verliert. Seine nun ausgestoßenen Laute bestehen aus wiederholtem Klicken und einem keuchenden Ton. Sie werden nur in dieser Phase ausgestoßen. Zu Beginn derselben hält der Hahn die Flügel halbgespreizt und führt sehr flache Schwingenschläge aus, wobei der Schwanz gegen den Boden gestützt wird. Ein Klicklaut wird immer dann ausgestoßen, wenn die Flügel den höchsten Punkt der Aufwärtsbewegung erreicht haben. Bandaufnahmen zeigten, daß sich die Dauer der Lautäußerungen wenig änderte und im Mittel bei 14 Sekunden lag. Doch wurden die Klicklaute im Balzablauf immer schneller ausgestoßen und scheinen im Zusammenhang mit der Intensivierung zum Balzhöhepunkt hin zu stehen. Ist dieser erreicht, stößt der Hahn plötzlich ein Zischen aus, richtet sich mit abwärts gerichtetem Schnabel, voll erigierten Hörnchen und bis über die Brust ausgebreitetem bunten Halslatz zu voller Höhe auf, bleibt ca. 3 Sekunden lang in dieser Stellung und kehrt dann zur üblichen Haltung zurück, wobei Hörnchen und Latz schnell wieder schrumpfen. Solche Frontalbalzhandlungen, hinter einem Felsen stehend, können mit einminütigen Unterbrechungen mehrfach hintereinander ausgeführt werden. An der Frontalbalz fielen noch einige Besonderheiten auf: Der Kopf des balzenden Hahns wirkt irgendwie abgedunkelt, nur das schwarze Scheitelgefieder bleibt sichtbar. Bemerkenswert ist, daß die Hähne aller Tragopanarten in dieser Region schwarze Federn besitzen. Schnabel und Augen bleiben ebenfalls im Dunkeln. Aus den während der Frontalbalz mit den Hauthörnchen kommunizierenden blauen Überaugenstreifen ist ersichtlich, daß alle unbefiederten blauen Hautteile des Kopfes und Halses eine farbliche Einheit bilden. Signalwirkung haben ferner die orangegelben Federbezirke an den abwärts gesenkten Flügeln, die bei der Balz gerade noch über dem Felsen erscheinen. In dieser Situation steht er auf Zehenspitzen und stützt sich nicht mit dem in dieser Haltung zu kurzen Schwanz, sondern mit den in Bodenberührung stehenden Flügeln ab, um nicht das Gleichgewicht zu verlieren. Eine weitere, nicht bei jeder Frontalbalz vorkommenden Variante ist ein plötzliches Vorwärtsstürmen über den Felsen hinweg auf das Weibchen zu („rush"). Er tut dies in der vollen Pracht der Hörnchen und des farbigen Halslatzes, gespreizten Flügeln und über den Boden fegenden, ein Raschelgeräusch erzeugenden Schwanzfederenden, dabei ein Zischen ausstoßend. Er kann eine fliehende Henne kurz jagen oder abrupt dort stoppen, wo diese vorher gestanden hatte. Warum von 35 beobachteten Frontalbalzhandlungen nur 10 mit einem Rush endeten, ist nicht bekannt. Es wurde ferner bemerkt, daß die Henne sich manchmal in ungefähre Richtung zum frontalbalzenden Hahn hin bewegte, wenn dessen Balzhandlungen sich dem Ende näherten. Das hatte zur Folge, daß der Hahn den Balzablauf beschleunigte und mit einem Rush beendete. Begann die Henne während der Anfangsphase der Frontalbalz in irgendeine andere Richtung zu laufen, beendete der Hahn das Balzen abrupt. Die meisten Frontalbalzhandlungen ereigneten sich, wenn die Henne wenigstens 2 bis 3 m vom Hahn entfernt war. Möglicherweise beendet eine Kopulation den Rush, doch konnte RIMLINGER das nie beobachten. Eine weitere auffällige Verhaltensweise des Tragopanhahns ist das auch von anderen Phasianiden bekannte Flügelschwirren. Dazu richtet sich der Hahn auf, spreizt den Schwanz und schwirrt mit den Flügeln. Das dabei erzeugte Geräusch ist nicht so laut wie bei *Phasianus, Syrmaticus* und *Lophura*. Ein Tragopanhahn schwirrte 12 Sekunden lang mit den Flügeln, als er sein Spiegelbild sah. Demnach haben wir es wohl mit einer akustischen Botschaft zu tun, die auf ein bereits besetztes Revier hinweisen soll. Häufig flog der Temminckhahn auch von einem bestimmten Felsen aus auf den höchsten Volierenast, tat dies aber fast flatternd mit viel häufigeren Flügelschlägen als für einen solchen Kurzflug notwendig gewesen wären. Auf dem Ast landete er dann in sehr aufrechter Haltung ohne Anlegen des Körpergefieders, drehte sich ein paarmal und flatterte wieder auf den Boden zurück. Hierbei könnte man es vielleicht mit einer Art Schauflug zu tun haben, wie er von manchen amerikanischen Tetraoniden und Craciden bekannt ist.

Haltung: Nach DELACOUR wurde ein Temminck-Tragopan um 1830 durch REEVES als Erstimport nach England gebracht. Der Vogel stammte aus einer chinesischen Menagerie in Macao. Vom Londoner Zoo wurde der 1. Temminck-Tragopan, 1 Hahn, im November 1864 angekauft. Ihm folgten 1866 2 weitere Hähne und 1867 1 Henne. Die Erstzucht gelang dort im Mai 1869 und später fast alljährlich (1871, 1873–1878 und danach). In Holland züchtete POLVLIET (Rotterdam) die Art erstmalig 1972, und in Frankreich waren CORNELY, DELAURIER, GODRY, OLLIVRY, DEBREUIL und andere mit der Zucht des Temminck-Tragopans höchst erfolgreich. Die Ereignisse des Ersten Weltkrieges wirkten sich auf den europäischen Bestand der schönen Vögel fatal aus. 1919 besaß Delacour noch 2 Paare, bei deren Nachzucht sich Inzuchterscheinungen bemerkbar machten, so daß auf Verdrängungszucht mit Satyrhennen zurückgegriffen werden mußte. Die $^7/_8$-Hybriden waren von reinen Temminck-Tragopanen nicht unterscheidbar. 1936 sandten HAMPE sowie FLOYD SMITH einige Wildfänge über Shanghai nach Europa, von denen bald Nachzucht erzielt wurde. 1943 hat SPEDAN LEWIS in Leckford (England) allein 33 Exemplare aufgezogen. Über die Erstbrut im Londoner Zoo 1869 schrieb Revierpfleger MISSELBROOK: „Die Temminckhenne begann Anfang April mit dem Legen in einer an der Volierenwand befestigten Kiste. Sie brachte das ungewöhnlich große Gelege von 7 oder 8 Eiern und brütete 28 Tage bis zum Kükenschlupf. Der Hahn beteiligte sich manchmal an der Brut."

Die Teilnahme des Hahnes an der Brut, wohl während der kurzen Zeit, in der die Henne Futter und Wasser aufnahm, erscheint höchst ungewöhnlich, doch zeigte auch ein Temminckhahn von Dr. M. AMSLER zumindest Interesse am Nest. Er schreibt darüber u. a.: „Ich hatte 1946 ein schönes Paar von SPEDAN LEWIS erhalten, dessen Hahn im Frühjahr zu balzen begann. Die Henne erhielt als Nest einen kleinen Nestkorb, der 1,50 m über dem Volierenboden fixiert wurde. Er erhielt zuunterst eine Lage feuchten Rasenabstich, darüber Heu und darauf trockenes Laub. Letzteres wurde Blatt für Blatt sorgfältig von der Henne entfernt, das Nest von Schmutzteilchen befreit und dann erst das erste Ei hineingelegt. Nachdem sie schon ein paar Tage auf dem Vollgelege gesessen hatte, wurde der Hahn dabei beobachtet, wie er auf den Nestrand flog und ein paar gluckende Laute ausstieß, die von der Henne beantwortet wurden. Sie verließ daraufhin das Nest, um Futter und Wasser aufzunehmen. Während dieser Zeit entfernte der Hahn sehr sorgfältig Schmutzteilchen vom Nestrand, bis die Henne erneut aufs Nest geflogen kam und weiterbrütete. Aus den beiden Beobachtungen muß man schließen, daß Temminckhähne Interesse am brütenden Weibchen zeigen, dieses vielleicht auch bewachen und möglicherweise an der Kükenaufzucht teilnehmen. Über einen recht aggressiven Temminckhahn des Jersey Zoo-Parks hat GRENVILLE ROLES berichtet. Zum Säubern der Voliere waren 2 Pfleger notwendig, von denen einer nur den Tragopanhahn in Schach zu halten hatte, der wohl nur sein Revier verteidigen wollte und seine Henne nie angriff. Wie SIVELLE (Long Island, New York) mitteilt, war in den USA SAMUEL HOLMGREN fast 30 Jahre lang der bei weitestem erfolgreichste Temminck-Züchter. Da er seinem Bestand bedauerlicherweise niemals frisches Blut zuführte, waren die Eier seiner ingezüchteten Hennen zuletzt nur noch zu 35 % befruchtet. Erst 1970 wurden wieder einige Wildpaare aus China in die USA importiert, deren Gelege zu 100 % befruchtet waren. SIVELLE betont, daß er niemals mit der Haltung von Trios (1,2 Vögel) erfolgreich gewesen sei. Die Methode scheitert an der Unverträglichkeit der beiden Hennen. Die ranghöhere läßt die schwächere nicht an den Futternapf und verfolgt sie durch die Voliere, wenn diese nicht außergewöhnlich groß ist. Bewährt hat sich dagegen die Methode SIVELLES, den Zuchthahn in die mittlere, die Hennen in die beiden äußeren von 3 nebeneinanderstehenden Volieren zu setzen und während der Fortpflanzungszeit das Männchen jeweils für 4 Tage bei einem Weibchen zu lassen, was durch Öffnung eines Trennschiebers leicht bewerkstelligt werden kann. Die Zuchtfähigkeit einer Temminckhenne ist von unterschiedlicher Dauer. Das Weibchen eines Paares von SIVELLE brachte von 1964 bis 1979 alljährlich Gelege von insgesamt 8 bis 10 Eiern, aus denen minimal 4 Küken jährlich aufgezogen wurden.

Aus einer weltweiten Umfrage der WPA geht hervor, daß 1982 insgesamt 340 Temminck-Tragopane gehalten wurden, davon 184 in den USA, 66 in Europa, 64 in Kanada, 18 in Asien und 8 in Lateinamerika (Mexiko).

Weiterführende Literatur:
AMSLER, M.: A Tragopan Episode. Avic. Mag. 53; pp. 131–132 (1947)
BAKER, E. C. ST.: The Fauna of British India, Birds Vol. V; *Tragopan tamminckii*; pp. 350–351; Taylor & Francis, London 1928
BEEBE, W.: Monograph of the Pheasants Bd. I; Temminck's Tragopan; p. 87, Witherby, London 1918
DELACOUR, J.: The Pheasants of the World, 2. Edition, Temminck's Tragopan; pp. 84–86. Spur Publications 1977
Dr. H. in B.: Über einige Fasanenarten. Temmincks Tragopan; p. 381; Gef. Welt 63 (1934)
DÜRIGEN. B.: Die Geflügelzucht. Temmincks Hornfasan; pp. 355–356; P. Parey, Berlin 1887
GRENVILLE ROLES, D.: Rare Pheasants of the World. Temmincks Tragopan; pp. 44–46; Spur Publications 1976
HOWE, G. & K.: Artificial insemination of Tragopan Pheasants. WPA-Journal VI: pp. 80–88 (1980–1981)

JOHNSGARD, P. A.: The Phesants of The World, Temminck's Tragopan, pp. 81–86. Oxford. Univ. Press, Oxford 1986
JOHNSON, F. E. B.: Breeding Temminck's Tragopan. Av. Mag. 65; pp. 146–48 (1959)
LEWIS, SP.: Siehe bei DELACOUR
LUDLOW, F., KINNEAR, N. B.: The Birds of Southeastern Tibet. Ibis 86; pp. 379–380 (1944)
MISSELBROOK: Siehe bei DELACOUR.
MÜTZEL, A.: Die Balz des Temminck-Tragopan im Zoologischen Garten zu Berlin. Die Gartenlaube; p. 800 (mit schöner Abb.!) 1880
MURIE, J.: On the cranial appendages and wattles of the Horned Tragopan. Proc. Zool. Soc. London; pp. 730–736 (1872)
RIMLINGER, D. S.: Display Behaviour of Temminck's Tragopan. WPA-Journal IX; pp. 19–32 (1983–1984)
SALIM ALI, RIPLEY, S. D.: Handbook of the Birds of India and Pakistan, 2. Ed., Vol. 2; Temminck's Tragopan or Chinese Crimson Horned Pheasant; pp. 86–87; Oxford University Press London/New York 1980
SCHÄFER, E.: Zur Lebensweise der Fasanen des chinesisch-tibetischen Grenzlandes. Temmincks Tragopan; pp. 489–490; J. Orn. 82 (1934)
SIVELLE, CH.: Tragopans. Av. Mag. 85; pp. 199–209 (1979)
SMITHIES, B. E.: The Birds of Burma. Crimson bellied Tragopan; pp. 443–444; Oliver & Boyd, London 1953
VAN DER MARK, R. R. P.: Tragopan. Temmincks Tragopan; pp. 93–94. Herausgeber Van der Mark, Woerden, Holland 1979

Blyth-Tragopan
Tragopan blythii blythii, Jerdon 1870

Engl.: Blyth's Tragopan, Grey-bellied Tragopan.
Heimat: West- und Nord-Burma in den Tschinbergen und angrenzenden Gebirgen in Indien, Assam, südlich des Brahmaputra in den Patkai-, Naga- und Barailbergen, südwärts Manipur und Mizo (Lushaiberge). 2 Unterarten.
Beschreibung: Geschlechter verschieden gefärbt. Beim Hahn sind Stirn, Scheitelmitte, Vorderzügel, die Ohrdecken bis zu den Oberhalsseiten sowie ein Band um die Untergrenze des nackten Gesichts und der Vorderhals schwarz; ein bis in die seitliche Scheitelregion reichendes breites Überaugenband, Hinterscheitel, Nacken, Hals, Oberbrust und Flügelbug dunkelorangerot; Federn der Oberseite und Flügeldecken schmal schwarz gesäumt mit mehreren isabellweißen, beidseitig schwarzgesäumten, flach V-förmigen Querbändern, darunter einem kastanienroten Endabschnitt und in dessen Zentrum mit einem rundlichen weißen Augenfleck versehen; die schwarz- und isabellgesprenkelte Basis dieser

Federn wird von den überstehenden verdeckt, so daß das Oberseitengefieder aus Ansammlungen weißer und kastanienroter Augenflecke zu bestehen scheint. Die längeren breiten Oberschwanzdecken weisen subterminal große weiße Mittelflecken mit breiter rotbrauner Umrandung und vor der Spitze ein schmales schwarzes Band auf. Schwanzfedern schwarz mit unregelmäßig hellisabellfarbener Bänderung auf dem Basaldrittel; Handschwingen und äußere Armschwingen breit schwarzbraun und isabellgelb quergebändert, in der isabellfarbenen Bandkomponente schwarze Punkte und Schnörkel. Unterbrust und Bauch rauchgrau, die Federn mit großen hellen Zentren, welche sich auffällig von den dunkleren Säumen abheben; Flanken- und Schenkelgefieder schwarz und isabell gesprenkelt, wie Steißgefieder und Unterschwanzdecken von karminroten Spritzern durchsetzt. Die nackte Gesichtshaut goldgelb. Hauthörner in erigiertem Zustand hellblau, der gedehnte Kehllatz leuchtendgelb mit blauer Säumung und Maserung. Iris braun, Schnabel hornbraun, Beine rosabräunlich.
Länge 650 bis 700 mm; Flügel 260 bis 265 mm; Schwanz 180 bis 220 mm; Gewicht 1930 g.
Weibchen sind von denen des Satyr-Tragopans durch bedeutendere Größe und stärker ausgeprägte schwarze Musterung der Oberseite unterschieden. Jede Feder ist mit einem lanzettförmigen gelben Schaftstrich versehen; Kinn, Kehle weißlich, die Unterseite dunkelbraun mit schmutzigweißer Fleckung. Orbitalhaut gelblich, Iris braun, Schnabel hornfarben, Beine braun.
Länge 590 mm; Flügel 230 bis 245 mm; Schwanz 160 mm; Gewicht 1000 bis 1500 g.
Dunenküken sind heller als die des Satyr-Tragopans.
Gelegestärke 3 bis 4; Ei hell isabellfarben, zart hellbraun gesprenkelt und gefleckt (58 mm × 44 mm); Brutdauer 28 bis 31 Tage.

Lebensgewohnheiten: Blyth-Tragopane bewohnen Gebirge in Lagen zwischen 1800 und 3090 m. In dem dort herrschenden kühlen, gemäßigten regenreichen Klima wachsen dichte immergrüne Laubwälder mit reichhaltigem Unterholz. Gern halten sich die Vögel in schattigen Schluchten an Bergbächen auf, an deren Ufern saftige Stauden und Farne ihnen reichliche Nahrung bieten. In Abhängigkeit von Witterung und Nahrungsangebot werden kurze Wanderungen tal- und bergwärts ausgeführt, doch kann man den Blyth-Tragopan als einen Standvogel bezeichnen. Der Revierruf der Hähne ist ein sonores „Ak" oder „Wak", das in Erregung zu einem „Wa-ai-ai" verlängert wrd und sehr an Pfauenrufe erinnert, nur weniger rauh klingt. Die Reviere werden heftig gegen männliche Artgenossen verteidigt. GERD HEINRICH hörte am Mt. Victoria in Burma Blyth-Hähne oft wiederholt und nur durch kurze Pausen unterbrochen, ein tiefes Gackern „Gock ... gock ... gock" ausstoßen, das sofort vom Nachbarhahn beantwortet wurde und ein länger dauerndes Ruf-Duett zur Folge hatte. Die Bedeutung dieser Rufe ist nicht bekannt. Außerhalb der Fortpflanzungszeit sind die Vögel sehr schweigsam. Die Brutzeit währt von Anfang April bis in den Mai hinein. BAKER konnte beobachten, wie ein Hahn seine Henne anbalzte. Nach mehreren halbherzigen Balzhandlungen hielt er inne, schüttelte sich plötzlich heftig, richtete die Hauthörner auf, schoß frontal auf die Henne zu und entfaltete den bunten Kehllatz zu voller Schönheit. Vor ihr stehend, beugte er sich nach vorn, bis die Brust den Erdboden berührte und hielt die beiden voll entfalteten Flügel über den Rücken, während die Hauthörner vibrierten und die Kehlhaut nervös zusammengezogen und wieder gedehnt wurde. Nach ein paar Sekunden nahm er plötzlich wieder die übliche Haltung ein und begann zu scharren und Gras zu zupfen. Das allein von der Henne erbaute Nest ist nach Aussagen der Nagas ein unordentlicher umfangreicher Bau aus Zweigen und Blättern und steht 3 bis 6 m hoch über dem Erdboden in Bäumen. Vermutlich werden wie bei den übrigen Tragopanarten gern verlassene Greifvogel- und Krähenhorste als Unterlage verwendet. Das Vollgelege besteht meist aus 3 bis 4 Eiern. Außerhalb der Brutzeit durchstreifen die Vögel im Familienverband ihr Revier.

Haltung: Der 1870 von JERDON beschriebene Blyth-Tragopan gelangte im gleichen Jahr in den Londoner Zoo. Der Hahn stammte aus Assam, war dem Zoo von Major MONTAGU geschenkt worden und lebte dort ein halbes Jahr. 1882 importierte der englische Tierhändler JAMRACH einige Blyth-Tragopane, und 1883 erhielten sowohl der berühmte französische Ziergeflügelzüchter DELAURIER in Angoulême wie Dr. BODINUS vom Berliner Zoo je 1 Paar, die beide 1884 erfolgreich züchteten. Aus einem Bericht der Societé d'Acclimatation des Jahres 1892 erfahren wir von zahlreichen Jungvögeln, die der französische Züchter CORNELY in Beaujardin bei Tours aufgezogen hatte. Weiterhin wurden 1895 5 Blyth-Tragopane von OLLIVRY in Nantes gezüchtet. JAMRACH verkaufte 1903 ein aus Indien importiertes Trio an DELAURIER, dessen Hahn bald starb, worauf er die Hennen zur

Mischlingszucht mit Satyr-Hähnen verwendete. Erst 1932 erhielt der Londoner Zoo wieder 1 Paar, und ein Jahr darauf gelangte 1 weiteres Paar über Kalkutta zu DELACOUR in Clères, das 1934 7 Jungvögel brachte. Weitere folgten in unregelmäßiger Folge bis 1940, und daneben wurden auch hin und wieder einzelne Blyth-Tragopanpaare aus Indien importiert. Vor allem durch Ereignisse des Zweiten Weltkrieges bedingt, konnte daraus keine neue Zucht aufgebaut werden. 1950 gelangten einige Blyth-Tragopane in die Bundesrepublik Deutschland, lieferten aber keinen Nachwuchs.
DR. STEENBECK in Willemstad (Holland) versuchte mit einem Hahn, der aus dem Frankfurter Zoo stammte, den Blyth-Typ durch Verdrängungszucht mit Satyrhennen zu gewinnen. In der F_1-Generation dominierten die Farben des Satyr-Tragopans mit blauen Hauthörnern. Vögel der F_2-Generation, untereinander gekreuzt, ergaben, wie zu erwarten war, recht unterschiedliche Phänotypen, und neben satyrartigen Vögeln waren auch blythartige mit gelbem Gesicht darunter. Kreuzungen des reinrassigen Blyth-Hahnes mit Blyth- × Satyr-Mischlingshennen der 2. Generation verstärkten die Blyth-Merkmale bei den Nachkommen: Die Hähne wirkten recht blythartig, zeigten neben einem gelben Gesicht auf Rücken und Schwanzdecken die Farben des Vaters und waren nur auf dem Bauch stark gefleckt statt einfarbig grau. Auch diese Verdrängungszucht erlosch. Nachdem der Kohima-Zoo in Nagaland (Assam), der Heimat des Blyth-Tragopans, 1973 mit zunächst einem Paar ein Zuchtprogramm gestartet hatte, waren dort nach mancherlei Rückschlägen 1974 4 Hähne und 5 Hennen vorhanden, und 1978 betrug der Bestand 14, 1983 15 Vögel. Im gleichen Jahr wurden 2 Paare als europäischer Zuchtkern zu dem erfahrenen Züchter JACK KILLEEN nach Yorkshire geschickt. Aus dem Kohima-Zoo wurde über das Verhalten der Volierenvögel noch folgendes berichtet: Die Balzzeit beginnt dort im März und dauert etwa einen Monat an. Das 4 bis 6 Eier umfassende Vollgelege wird von der Henne 28 bis 31 Tage lang bebrütet. Wenn sie das Nest zur Futter- und Wasseraufnahme verläßt, soll es vom Hahn nachdrücklich bewacht werden. Die Mortalität der Küken war mit 75 % sehr hoch, was wohl an Pflegefehlern liegen dürfte. Nach den früheren Erfahrungen der französischen Züchter ist der Blyth-Tragopan in der Haltung robust und hart wie der Satyr-Tragopan, aber lange nicht so fruchtbar. Als Nistplatz werden von der Henne nur hoch angebrachte Nestkörbe angenommen. Wie Mme. MALISOUX berichtet, verlangen Blyth-Tragopane zur Gesunderhaltung $1/3$ mehr Grünnahrung und Obst als Satyr-Tragopane, auch mehr Weichfutter und weniger Körner. Anderenfalls neigen sie zum Fettwerden. Auch ist der Kalziumbedarf besonders hoch.
1983 erhielt HOWMAN in Ashmere (England) 2 Paare Blyth-Tragopane aus der Zuchtstation Kohima im Nagaland. Die 4 Vögel wurden zunächst gemeinsam in einer Voliere untergebracht und getrennt, als ein Hahn gegenüber dem anderen aggressiv zu werden begann. Mitte März wurden die 4 getrennten Vögel über geöffnete Durchlässe zusammengelassen, nachdem der eine Hahn am 18. März erstmalig gerufen hatte. Sein „Ha-huu" ist dem des Satyrs recht ähnlich. Der Blyth-Hahn rief viel häufiger als es Satyrhähne tun, und da diese antworteten, ergab sich daraus ein recht geräuschvolles Frühlingskonzert. Obwohl die Eiablage im Nagaland um den 8. bis 10. April beginnt, wurde das 1. Ei von beiden getrenntgehaltenen Hennen gleichzeitig am 4. Mai und von jeder in einem hochhängenden Korbnest abgelegt. Die eine erkrankte Henne legte 3 unbefruchtete Eier, die andere brachte mit eintägiger Unterbrechung insgesamt 5 durchweg befruchtete Eier, die Hühnerglucken zum Erbrüten untergelegt wurden. Am 28. Bruttag vernahm man aus einem Ei Pieptöne, am folgenden Morgen aus einem zweiten ebenfalls. Dann ereignete sich 24 Stunden lang nichts mehr, bis am 30. Tag gegen 10 Uhr kräftige Tschieptöne gehört wurden. Am 7. Juni um 1.15 Uhr schlüpfte das erste, nach 1 Stunde ein 2. Küken, und die übrigen 3 folgten bald. Alle waren kräftig und lebhaft. Am 2. Juni begann die Henne ein Zweitgelege, das schließlich 3 Eier umfaßte, aus denen in einem Elektrobrüter 2 Küken nach 30 Tagen schlüpften. Als nach 4 weiteren Tagen die Henne wiederum im Nestkorb sitzend entdeckt wurde, der Hahn als Wachtposten auf einem Ast daneben, beließ man ihr das einzige Ei. Verließ sie das Nest, setzte sich der Hahn aufs Gelege. Am 17. Juli schlüpfte 1 Küken und wurde am Boden neben der Henne gefunden. Von da an übernahm der Hahn eine Wächterrolle und paßte auf, ob sich jemand der Voliere näherte. Obwohl er sonst ganz vertraut Futter aus der Hand genommen hatte, verschwand er nun vor dem Pfleger im Dickicht. Die Scheu der Hähne zur Zeit des Kükenführens der Henne war HOWMAN schon von Satyrhähnen bekannt, die auch eine Wächterrolle beim brütenden Weibchen übernahmen, aber nie ersatzweise selbst brüteten, wenn die Henne das Gelege zur Futteraufnahme

verlassen hatte. Sie griffen auch mit hängendem Halslatz und erigierten Hörnchen den Pfleger an, wenn dieser sich der Henne oder den Küken näherte. Die unter Glucken und im Elektrobrüter geschlüpften Küken wurden getrennt in 25,5 cm × 30,5 cm großen Aufzuchtboxen unter Infrarot-Dunkelstrahlern auf Teppichboden, nach 3 Tagen auf Stroh gehalten. In den ersten 14 Tagen erhielten sie pelletiertes Fasanenkükenfutter in Krumenform, dazu ein paar Mehlwürmer täglich, in kleinen Mengen Sämereien und Luzerne gereicht. Die Aufzucht bereitete keine Schwierigkeiten.

Molesworth-Tragopan
Tragopan blythii molesworthi,
Stuart Baker 1914

Engl.: Tibetan Greybellied Tragopan, Molesworth's Tragopan.

Heimat: Von dieser noch wenig bekannten Unterart des Blyth-Tragopans sind bislang nur 3 Exemplare gesammelt worden, das erste im Scherchopka-Land, 30 Meilen nördlich Odalgiris in Assam, ein weiteres bei Shingkar im Louri-Distrikt Ost-Bhutans und das dritte im Manas-Tal Ost-Bhutans oberhalb des Bulfai-Passes. Auf chinesischem Gebiet kommt dieser Tragopan in angrenzenden Teilen Südost-Tibets vor.

Beschreibung: Bei Hähnen dieser Unterart wirkt die gesamte Oberseite dadurch dunkler als bei denen der Nominatform, daß Rückengefieder und Flügeldeckfedern eine schmalere unauffälligere isabellfarbene Wellenbänderung, dunkelbraunrote subterminale Augenflecken, sowie einen kleineren weißen Perlfleck auf dem Federende besitzen; das Rot der Unterseite ist auf ein schmales Kehlband unterhalb des Kinnlappens reduziert. Die übrige Unterseite ist viel heller als bei der Nominatform, hellgrau, wodurch die Federzentren sich kaum noch von den bei dieser dunkleren Federrandpartien abheben. Ob sich Hauthörner und Brustlatz farblich von der Nominatform unterscheiden, ist nicht bekannt, aber kaum zu erwarten.

Länge 680 mm; Flügel 250 mm; Schwanz 195 mm. Weibchen unterscheiden sich von denen der Nominatform durch insgesamt dunklere Oberseite, deren Federn eine breitere, tiefschwarze Musterung sowie eine Abdunkelung der bei Blyth-Hennen graubraunen Muster zu Dunkelgrau aufweisen. Die Ohrdeckfedern sind subterminal rotbraun, die Wangenfedern im Zentrum rotbraun, Bürzel und Oberschwanzdecken grauer, im Gesamtton viel weniger rötlich. Auch die rotbraunen Säume der Brust- und Bauchfedern sind bei *molesworthi* dunkler. Bei dem einzigen bekannten Weibchen der Unterart war die Iris dunkelbraun, die Färbung der Lidsäume zitronengelb.

Flügel 232 mm; Schwanz 155 mm.

Lebensgewohnheiten: Molesworth's Tragopan bewohnt Bergwälder mit dichtem Unterholz in Lagen zwischen 1800 und 3300 m.

Haltung: Über eine Haltung ist bislang nichts bekannt.

Weiterführende Literatur:
BAKER, E. C. ST.: The Fauna of British India. Birds Vol.V; *Tragopan blythii*; pp. 347–350. Taylor & Francis, London 1928
BEEBE, W.: Monograph of the Pheasants Bd.I; Blyth's Tragopan; p. 78, Molesworth's Tragopan; p. 86; Witherby, London 1918
BISWAS, B.: First female of *T. blythii molesworthi*. J. Bombay Nat. Hist. Soc. 85; pp. 216–218 (1968)
DELACOUR, J.: The Pheasants of the World, 2. Ed.; Blyth's and Molesworth's Tragopan; pp. 79–84. Spur Publications 1977
Dr. H. in B.: Über einige Fasanenarten. Blyths Tragopan; pp. 381–382; Gef. Welt 63 (1934)
DÜRIGEN, B.: Die Geflügelzucht. Blyths Hornfasan; pp. 356–357; P. Parey, Berlin 1886
GRAHAME, I.: Captive breeding of Blyth's Tragopan. WPA-Journal I; p. 69 (1975–1976)
GRENVILLE-ROLES, D.: Rare Pheasants of the World. Chpt. 7; Blyth's Tragopan; pp. 42–44; Spur Publications 1976
HOWMAN, G. & K.: Blyth's Tragopan in Captivity. WPA-Journal IX; pp. 39–46, (1983–1984)
JOHNSGARD P. A.: The Pheasants of the World. Blyth's Tragopan, pp. 86–90; Oxford Univ. Press, Oxford 1986
K. C. R. H.: Blyth's Tragopan Breeding Project. WPA-News No. 3, Avicultural Activities; pp. 11–14 (1983)
OGILVIE-GRANT, W. R.: A Handbook to the Game-Birds, Vol. I, Blyth's Horned Pheasant; pp. 228–229. Edward Lloyd, London 1896
SALIM ALI, RIPLEY S. D.: Handbook of the Birds of India and Pakistan, 2. Ed., Vol. 2; Nr. 288 Greybellied Tragopan; pp. 85–86. Oxford Univ. Press., London/New York 1980
SMITHIES, B. E.: The Birds of Burma, Grey bellied Tragopan; p. 443; Oliver & Boyd, London 1953
STRESEMANN, E., HEINRICH, G.: Die Vögel des Mt. Victoria. Mitt. Zool. Mus. Berlin, vol. 24; p. 151 (1940)
VAN DER MARK, R. R. P.: Tragopan. Blyt-Tragopan; pp. 94–96. Van der Mark, Vowerden, Holland 1979
ZELIANG, D. K.: Blyth's Tragopan Breeding Center, Kohima (Nagaland). Pheasants in Asia. Proc. First Inter. Symp. Pheasants Asia, WPA 1979

Cabot-Tragopan
Tragopan caboti caboti, Gould 1857

Engl.: Cabot's Tragopan, Chinese Tragopan.
Abbildung: Seite 494 mitte links und unten links sowie Seite 511 oben.
Heimat: China in Mittel- und Nordwest-Fujian (Fukien), Nord-Guangdong (Kwangtung) und Südost-Hunan. 2 Unterarten.
Beschreibung: Beim Hahn sind Stirn, Vorderscheitel, ein hinter den Augen entspringendes, in die Ohrdecken übergehendes Band, die Ohrdecken selbst sowie ein die Seitenkehle herunterziehendes und quer über den Vorderhals verlaufendes Band schwarz. Die nackte Superziliar-, Gesichts- und Kinnregion sind dadurch überall schwarz gesäumt. Ein unterhalb der Ohrdecken spitz beginnendes, sich danach stark verbreiterndes, hellorangerotes Band verläuft den Seitenhals hinab und endet abrupt am ockergelben Kropf; Hinterhaube und oberer Hinterhals hellorangerot. Federn des unteren Hinterhalses, des Mantels und der Flügeldecken (mit Ausnahme des orangeroten Flügelbugs), des Rückens, Bürzels und der Oberschwanzdecken auf kastanienrotem Grund weißgeschäftet und dicht mit großen isabellgelben, seitlich schmal schwarzgesäumten Augenflecken versehen. Diese hellen Rundflecken sind auf dem Rücken am kleinsten, auf Bürzel und Oberschwanzdecken am größten. Der Schwanz ist auf den oberen Zweidritteln gelblich mit dichter schwarzer Wellenbänderung, im Enddrittel einfarbig schwarz. Arm- und Handschwingen sind gelblich mit breiten geraden, dazwischen schmalen schwarzen Wellenbändern versehen. Die Armschwingenenden tragen große gelbliche Augenflecke, die Außensäume der Handschwingen sind hell orangebraun. Unterseite einfarbig hellockergelblich, nur auf den Flanken sind die Federn rotbraun seitengesäumt. Schnabel braun mit weißlicher Unterschnabelkante, die nackten Partien der Augenbrauen, Kinn- und Gesichtsregion sowie der Kehllappenmitte orange, die Lappenseiten ziegelrot mit hellblauen Längsstreifen und Rändern, die Scheitelhörner kobaltblau, Iris dunkelbraun; Beine fleischfarben.
Länge 700 mm; Flügel 250 bis 260 mm; Schwanz 205 bis 210 mm; Gewicht unbekannt.
Bei der Henne ist die Oberseite schwarz und rötlichbraun gesprenkelt und mit dreieckigen weißlichen Flecken versehen, die Unterseite graubraun mit pfeilförmigen weißen Flecken; Schnabel und Beine rötlichhornfarben, die schmale Augenwachhaut orangefarben, Iris hellbraun.

Flügel 210 bis 215 mm; Schwanz 150 bis 160 mm. Dunenküken ähneln denen des Temminck-Tragopans und unterscheiden sich von ihnen durch dunklere Kopffärbung und hellere Unterseite. Gelegestärke durchschnittlich 4; Ei isabellfarben mit brauner Sprenkelung, kürzer und runder als Temminck-Eier (48,14 mm × 36,08 mm); Gewicht 32,94 g; Brutdauer 29 Tage.
Lebensgewohnheiten: Diese subtropische Art kommt in niedrigeren Lagen vor als die übrigen Tragopane und bewohnt immergrüne Laubwälder der Gebirge in 925 bis 1500 m Höhe. Im Frühjahr lösen sich die kleinen Familientrupps auf, und ab April rufen die Revierhähne „Ge-ga-ga" und „Gu-ge-gu". Die Henne soll mit „Gu-gu" antworten. Zwischen benachbarten Revierhähnen und diesen mit revierlosen Eindringlingen sollen oft heftige Kämpfe stattfinden, die zuweilen mit dem Tod des Unterlegenen enden. Die Balz gleicht denen anderer Tragopane. Das erste von LATOUCHE am 17. Mai bei Kuatun in Nordwest-Fujian (Fukien) gefundene Nest war ein alter Eichhörnchenkobel in 9 m Höhe auf einem Baum. Es enthielt ein Vollgelege aus 4 Eiern, von denen 2 schlupfreif, 2 taub waren. Nach Angaben chinesischer Wissenschaftler und den Erfahrungen europäischer Züchter werden aber auch Nester zu ebener Erde gebaut. Diese sind dann entweder ausgescharrte Erdmulden zwischen Buschwerk oder muldig getrampelte Grasbülten. Der Mageninhalt von 2 im April und Mai Erlegten bestand aus grünen Blättern und Eicheln.
Haltung: Als europäischen Erstimport erhielt der Londoner Zoo 1882 durch Kauf 1 Cabot-Hahn. Im gleichen Jahr erwarb BODINUS für den Berliner Zoo 1 Paar, und 1884 gelang dem französischen Züchter CORNÉLY in Beaujardin die Erstzucht. Schon wenige Jahre danach gehörte die Art zu den am häufigsten gepflegten der Gattung. Trotz mehrfacher Wiedereinfuhr nach dem Ersten Weltkrieg hat Cabots Tragopan nie wieder seine vormalige Häufigkeit in europäischen Fasanerien erreicht. Bei E. H. LEWIS (Kalifornien), der 1932 2 Paare von einem japanischen Händler erworben hatte, begannen die Hähne am 1. April zu balzen und bald

o. Hahn des Blyth-Tragopans, *Tragopan blythii* (s. S. 506)
u. l. Hahn des Koklassfasans, *Pucrasia macrolopha* (s. S. 515)
u. r. Henne des Koklassfasans

darauf die Hennen zu brüten. Nur 1 Paar erwies sich als fruchtbar. Die Henne nahm als Nest eine mit V-Dach versehene, ca. 2 m hoch an der Wand befestigte Brutkiste an. Nach 28tägiger Brut schlüpften 4 Küken mit bereits gut ausgebildeten Flügelchen. Als diese am folgenden Tag aus der Nestkiste in eine Volierenecke gesetzt wurden, attackierte die besorgte Henne wütend die Hosenbeine des Pflegers. Kaum hatte sich dieser aus der Voliere entfernt, lief sie zum Gesperre und huderte es. Schon am Abend des nächsten Tages lockte sie die Kleinen auf ihren 120 cm hohen Übernachtungsast, doch konnten die Küken nur flatternd einen niedrigeren Ast erreichen. Älter geworden schliefen sie neben und unter der aufgebaumten Mutter. In den ersten 4 Wochen wurden sie fast dauernd gehudert und mit leisen, sanften Lauten herbeigelockt, wenn sie sich zu weit entfernt hatten. Als Futter erhielten sie in der 1. Woche ein Gemisch aus feingehacktem gekochtem Ei und feingewiegten Salatblättern, später dazu wenig mit Wasser angefeuchtetes Fasanenkükenaufzuchtmehl. Mit einem Monat nahmen sie bei laufender Reduzierung des Eianteils ein feines Kükenkörnergemisch, zusätzlich etwas Obst an. Ab der 3. Lebenswoche stand ihnen ständig ein Junghühneraufbauweichfutter zur Verfügung, das sie in größerer Menge aufnahmen. Der Hahn blieb die ganze Zeit hindurch in der Voliere, zeigte aber weder an der brütenden Henne noch anfänglich dem Gesperre Interesse. Das änderte sich erst bei gemeinsamer Fütterung. Nun lockte und warnte der Hahn die Küken mit gleichen Tönen wie die Henne, huderte sie jedoch nicht. Alle Jungvögel, durchweg Männchen, wurden aufgezogen. 1960 erhielt der Ornamental Pheasant Trust (Witchington, England) 5 Hähne und 2 Hennen des Cabot-Tragopans von SEARLE (Hongkong). Die beiden Paare brachten alljährlich Nachwuchs. Jedes wurde in einer 15 m langen, 8 m tiefen und 2,40 m hohen, dichtbepflanzten Voliere gehalten. Einen großen Teil des Tages verbrachten die Vögel auf Baumästen. Zur Brut wählten die Hennen nicht nur Hochnester, sondern scharrten auch Nestmulden am Boden. Die ersten Gelege wurden stets Hühnerglucken anvertraut. Die nach 29tägiger Brutdauer geschlüpften Küken erhielten Fasanenkükenstarterpreßlinge in Krumenform, dazu feingehackten Salat, geriebenen Eidotter sowie täglich Fliegenmaden. Wie alle Tragopanküken waren sie in den ersten 2 Monaten sehr wärmebedürftig. Die Aufzuchtboxen auf frischgemähtem Rasen wurden zur Vermeidung von Infektionen täglich ein Stück versetzt. Die Aufzucht von später im Inkubator erbrüteten Küken erfolgte mit Putenkükenstarterpreßlingen mit Salatzusatz und Mehlwurmgaben. Die Brutpaare erhielten Fasanenbrüterpellets, nachmittags eine kleine Portion Körnerfutter, dazu täglich reichlich Obst und Beeren. Außerdem weideten sie das Gras auf den Rasenflächen ihrer Großvolieren ab. Als der Trust 1979 alle Cabot-Tragopane an Privatzüchter verkaufte, erwarb der bekannte amerikanische Züchter SIVELLE (Long Island, N. Y.) mehrere Paare, die anfangs durchweg unbefruchtete Gelege brachten. Daraufhin trennte man die Paare in angrenzenden Volieren und ließ sie erst zu Beginn der Balzzeit zusammen. Von einem Paar, dessen Hahn schon in England fruchtbar gewesen war und gut mit einer Henne harmonierte, erhielt man ein befruchtetes Zweitgelege, dessen 6 Küken aufgezogen werden konnten. Über die sehr erfolgreiche Zucht der Art durch künstliche Besamung hat HOWE 1983 berichtet.

Die mit dem Cabot-Tragopan recht erfolgreichen Züchter des 19. Jahrhunderts hatten darauf hingewiesen, daß diese subtropische Art gegen Kälte empfindlich sei. Auch verfetteten die Vögel schnell bei zu kalorienreicher Ernährung und starben an Leberrissen, Herzverfettung und Krampfanfällen. Das Futter soll viel Grünpflanzen, Obst und Beeren, aber nur sehr wenig Körnerfutter enthalten. Aus einer 1982 durchgeführten Umfrage der WPA ging hervor, daß in jenem Jahr insgesamt 50 Cabot-Tragopane gehalten wurden, davon 36 in den USA, 6 in Kanada und 8 in Europa. In der BRD wird die Art seit einigen Jahren im Vogelpark Walsrode gepflegt.

Dunkler Cabot-Tragopan
Tragopan caboti guangxiensis,
Cheng u. Wu 1979

Engl.: Dark Cabot's Tragopan, Guangxien Tragopan.
Heimat: China in Mittel- und Nordwest-Fujian (Fukien), Nord-Guangdong (Kwangtung) und Südost-Hunan. 2 Unterarten.

---

o. l. Henne des Chinesischen Glanzfasans, *Lophophorus lhuysii* (s. S. 531)
o. r. Henne des Königsglanzfasans, *Lophophorus impeyanus* (s. S. 525)
m. l. Hahn des Chinesischen Glanzfasans
u. Kopfporträt eines männlichen Koklassfasans, *Pucrasia macrolopha* (s. S. 115)

Beschreibung: Hähne sind denen der Nominatform ähnlich, doch auf Rücken und Bürzel stärker kastanienrot und erscheinen dadurch insgesamt dunkler, während das Isabellgelb der Rundflecken nahe der Federenden durch den Kontrast eher heller, fast gelblichweiß wirkt.

Hennen unterscheiden sich von denen der Nominatform durch eine viel dunkler braune, stärker schwarz gemusterte Oberseite und stärker ausgeprägte weiße Pfeilzeichnung der Unterseite.

Lebensgewohnheiten: Im Nordosten Guangxis (früher Kwangsi) lebt diese Unterart u. a. im Haiyangshan-Gebirge in Lagen zwischen 700 und 1100 m, also niedriger als die Nominatform. Das Habitat sind Mischwaldungen mit dichtem Unterholz, Zwergbambus und Farnen. Außerhalb der Brutzeit streifen die Vögel in kleinen Familiengruppen umher und leben bevorzugt von Samen der *Castanopsis sclerophylla, Moghanis macrophylla* sowie einer Art roter Bohnen. Zweimal täglich, um 10 Uhr vormittags und 15 Uhr nachmittags, begeben sich die Vögel zum Trinken an die gleiche Wasserstelle. Im Nordosten Guangxis kommt dieser Cabot-Tragopan zusammen mit Temmincks Tragopan in den gleichen Waldgebieten vor und ist dort häufiger als letzterer. Hybridvögel wurden nicht gefunden.

Haltung: Nach Mitteilung des Vizepräsidenten der WPA, Professor TSO-HSINCHENGS, wurden 1979 6 Vögel dieser neuen Tragopan-Unterart in einem chinesischen Zoo gehalten. Über eine Zucht ist nichts bekannt.

Weiterführende Literatur:
ASTLEY, H. D.: The Wattle of Cabot's Tragopan. Av. Mag., 3. Series, Vol. X; pp. 149–150 (1919)
BEEBE, W.: Monograph of the Pheasants, Bd.1, Cabot's Tragopan; p. 99; Whitherby, London 1918
CHENG TSO-HSIN: A new subspecies of *Tragopan caboti – T. caboti guangxiensis*. Proc. 1. Intern. Sympos. Pheasants Asia. p. 43; Kathmandu, Nepal 1979
DELACOUR, J.: The Pheasants of the World, 2. Ed., Cabot's Tragopan; pp. 86–89. Spur Publications 1977
Dr. H. in B.: Über einige Fasanenarten. Cabots Tragopan; p. 382; Gef. Welt 63 (1934)
DÜRIGEN, B.: Die Geflügelzucht. Der gelbbäuchige oder Cabot's Hornfasan; pp. 357–358. P. Parey, Berlin 1884
GRENVILLE ROLES, D.: Rare Pheasants of the World. Chpt. 7; Cabot's Tragopan; pp. 46–48. Spur Publications 1976
HARRISON, C. J. D.: Notes on the displays of Cabot's Tragopan. Pheasant Trust Ann. Rep.; pp. 26–27 (1974)
HOWE, G. & K.: Artificial Insemination of Cabot's Tragopan. WPA-Journal IX; pp. 33–37 (1983–1984)
JOHNSGARD, P. A.: The Pheasants of the World. Cabot's Tragopan, pp. 91–94. Oxford univ. Press, Oxford 1986
LA TOUCHE, J. D. D.: A handbook of the birds of Eastern China, Vol. II; *Tragopan caboti;* pp. 247–250; Taylor & Francis, London 1931–1934
LEWIS, E. H.: The breeding of Cabot's Tragopan Pheasant. Av. Mag., 4. Series, Vol. XI; pp. 24–27 (1933)
SIVELLE, CH.: Tragopans. Av. Mag. 85; pp. 199–209 (1979)
ST. QUENTIN, W. H.: Breeding Cabot's Tragopan. Av. Mag., Vol. VIII; pp. 73–74 (1902)
DERS.: Tragopans in captivity. Av. Mag., New Series, Vol. I; pp. 95–96 (1903)
THIEN, H.: Der Cabot-Tragopan in seiner Heimat. Gef. Welt 110; pp. 72–73 (1986)
VAN DER MARK, R. R. P.: Tragopan. Cabots Tragopan; pp. 97–98. Herausgeber Van der Mark, Woerden (Holland) 1979
WAYRE, PH.: Cabot's Tragopan. Av. Mag. 69; pp. 1–2 (1963)

Koklassfasanen
Pucrasia, Gray 1841

Engl.: Koklass Pheasants.

Die Koklassfasanen, auch Pukras- und Keilschwanzfasanen genannt, sind mittelgroße Gebirgs-Phasianiden, deren Hähne eine über den Nacken reichende Hinterkopfhaube aus verlängerten, schmalen, zugespitzten Federn sowie beiderseits hinter den Augen über den Ohrdecken ein schmales Bündel etwa doppelt so langer, schmaler, mäßig zugespitzter, metallisch schwarzer Federn tragen, die ohne Beteiligung der Scheitelhaube bei der Balz senkrecht aufgerichtet werden. Bei den beiden verschieden gefärbten Geschlechtern besteht der größte Teil des Gefieders aus breiteren und schmaleren lanzettförmigen Federn. Die Flügel sind weniger gerundet als bei den meisten Phasianiden, lang und spitz, so daß die Handschwingenspitzen die Armschwingen überragen. Der ziemlich lange, flache, keilförmige Schwanz besteht aus 16 stark gestaffelten Federn, deren mittleres Paar etwa die doppelte Länge der folgenden aufweist. Die Steuerfedern werden zentripetal vermausert. Die Oberschwanzdecken erreichen fast Schwanzlänge. Der schlanke Lauf ist beim Hahn mit einem scharfen Sporn bewehrt, der der Henne fehlt. Auch ihr Gefieder besteht vorwiegend aus lanzettförmigen Federn, doch fehlen Scheitelhaube und Ohrbüschel.

Die aus einer Art mit zahlreichen Unterarten bestehende Gattung ist über 6 voneinander isolierte, zum Teil weit auseinanderliegende Gebiete verbreitet, von denen das westliche sich kontinuierlich von Ost-Afghanistan ostwärts über den Himalaja bis ins westliche Zentral-Nepal erstreckt. Weitere Unterarten bewohnen Gebirge Chinas. Koklassfasanen bewohnen vorwiegend mit Koniferen-, Misch- und Laubwäldern bestandene Steilhänge von Gebirgen im Westen und Norden in Lagen zwischen 1250 bis 4575 m, im Osten ihres Verbreitungsgebietes zwischen 600 und 1500 m. Die geographische Variation ist bei *Pucrasia* sehr ausgeprägt und in einigen Teilen des Verbreitungsareals clinal. Nach VAURIE lassen sich 3 Unterartengruppen unterscheiden.

Bei der Westgruppe *(macrolopha)* mit den Unterarten *castanea, biddulphi, macrolopha* und *nipalensis* sind die Hinterhals-, Mantel-, Flügeldeck-, Brust- und Flankenfedern überwiegend schwarz mit schmaler silbergrauer Säumung. Die Grundfärbung des Hinterhalses ist dunkelkastanienbraun oder silbergrau, zuweilen mit isabellfarbener Tönung. Die geographische Variation dieser Gruppe ist vollständig clinal.

Die Unterarten der west- und nordchinesischen *Xanthospila*-Gruppe *(meyeri, ruficollis, xanthospila)* sind durch den goldgelben Hinterhals und ebenso gefärbte Halsseiten charakterisiert. Das so entstandene goldene Halsband wird durch eine rotbraune Unterkehlmitte unterbrochen. Die Federn der bei der Westgruppe genannten Gefiederpartien zeichnen sich durch einen grauen Schaftstreif aus, der von 2 schwarzen Streifen auf jeder Fahne begleitet wird. Die Verbreitung der Unterarten dieser Gruppe ist noch ungenügend bekannt, doch scheint die geographische Variation ebenfalls clinal zu sein.

Der dritten Gruppe, *joretiana*, mit der gleichnamigen Unterart und *darwini* aus Südost- und Ost-China, fehlt der goldgelbe Kragen. Die bei der Westgruppe genannten Federpartien sind hier vorwiegend hellgrau, bei *joretiana* mit einem, bei *darwini* mit zwei schwarzen Längsstreifen auf jeder Federfahne.

Weitere Unterschiede zwischen den 3 Gruppen bestehen in der Schwanzfärbung der Hähne: Bei den Unterarten der *Macrolopha*-Gruppe sowie der Unterart *meyeri* der *Xanthospila*-Gruppe sind die Steuerfedern mit Ausnahme des Mittelpaares mehr oder weniger kastanienbraun, bei allen übrigen Unterarten schwarz oder silbergrau. Daraus kann geschlossen werden, daß die Unterart *meyeri* die beiden genannten Unterartengruppen verbindet und die *Joretiana*-Gruppe mit 2 schwarzen Längsstreifen auf jeder Federfahne ein Bindeglied zwischen der *Xanthospila*-Gruppe und der Unterart *darwini* (der *Joretiana*-Gruppe) darstellt.

Die Weibchen aller Gruppen ähneln einander sehr mit der Ausnahme, daß die Schwanzfärbung der *Macrolopha*-Gruppe und der Unterart *meyeri*(*Xanthospila*-Gruppe) kastanienbraun, bei allen übrigen Unterarten jedoch schwarz und silbergrau ist.

In der Haltung sind Koklassfasanen ausgesprochene Problemvögel, wenn auch nicht so empfindlich wie die Blutfasanen.

Koklasfasan: links balzend, rechts Normalhaltung

Die Macrolopha-Gruppe

Koklassfasan
Pucrasia macrolopha macrolopha,
Lesson 1829

Engl.: Common Koklass.
Abbildung: Seite 511 unten beide, Seite 512 unten.
Heimat: Süd-Kaschmir (Jammu), Himachal Pradesh, Kumaon und Garhwal bis West-Nepal in Berglagen zwischen 1500 und 4000 m. Hybridisiert im Norden und Westen mit der Unterart *biddulphi*, im Osten mit *nipalensis*.
Beschreibung: Beim Hahn sind Stirn, Kopfseiten und Hals schwarz mit dunkelgrünen Federsäumen; auf der Mitte jeder Halsseite ein großer weißer Längsfleck; eine Hinterscheitelhaube aus bis 100 mm langen, spitzen, über den Nacken herabhängenden hellrostbraunen Federn; seitlich davon entspringt jederseits der oberen Ohrdecken ein schmales Bündel aus bis 120 mm langen schmalen,

schwarzen, metallischgrün gesäumten Federn, die bei der Balz senkrecht aufgerichtet werden. Die Oberseite wirkt insgesamt silbergrau, jede Feder besitzt einen lanzettförmigen samtschwarzen Schaftstreif; dagegen sind die Federschäfte des Unterrücken- und Bürzelgefieders viel heller und werden beiderseits von schwarzen Streifen gesäumt; Oberschwanzdecken mehr rötlichbraun, die längsten fast vollständig, mit hellen Schäften, schwarzen Saumstreifen und hellen Spitzenteilen; mittlere Schwanzfedern rostrot, schwarz geschäftet und grau gespitzt, dazu je ein scharfer und ein undeutlicher schwarzer Streif parallel zum Schaft verlaufend. Flügeldeckfedern wie die des Rückens, aber statt grauer Säume rötlichbraune, zu den Federspitzen hin in Grau übergehende Säume aufweisend. Flügelfedern braun, breit isabellgelb gesäumt, die innersten Armschwingen mit samtschwarzer Sprenkelung und auf den Außenfahnen grober Klecksung. Vorderhals bis Steiß glänzend dunkelkastanienrot, diese Farbe in der Ausdehnung individuell erheblich wechselnd und meist den größten Teil von Kropf und Bauch bedeckend; Hals- und Brustseiten sowie untere Flankenregion grau, jede Feder mit schwarzem Mittelstreif, die der Brust am nächsten stehenden Federn dazu mit rotbrauner Außenfahne; Unterschwanzdecken kastanienbraun mit weißem Endfleck, das Steißgefieder hell kastanienbraun mit schwarzer Federbasis; Schenkel trüb isabellgelb mit rotbrauner Sprenkelung; Schnabel hornbraun bis schwarz, Iris dunkelbraun, die Beine blaugrau bis purpurgrau mit scharfem Sporn.

Länge ca. 610 mm; Flügel 215 bis 244 mm; Schwanz 221 bis 277 mm; Gewicht 1135 bis 1415 g.

Beim Weibchen ist der Oberkopf schwarz mit rostfarbener Fleckung und Bänderung, die Haube durch einen vollen Schopf angedeutet, ihre vorderen Federn mehr grau, die übrigen hell rostrot mit weißen oder weißlichen Schaftstreifen und schwarzen Saumflecken; Nackenfedern mit stahlblauen Spitzen; Vorderrückenfedern schwarz mit graubrauner Säumung sowie rostfarbenen Schaft- und Zickzackstreifen. Schulterfedern schwarz, rostfarben gebändert und gefleckt; die Außenfahnen teilweise fahlgelb und die Innenfahnen, einige der kleineren inneren Deckfedern, ganz strohgelb. Bürzelfedern graulich sandfarben, in der Mitte schwarz und mit rostroten Schaftstreifen; mittelste Steuerfedern dunkelbraun, unregelmäßig rotbraun quergebändert, die Spitzen sandgelblich; äußere Paare an den Außenfahnen rotbraun, schwarz gefleckt, die Innenfahnen größtenteils braunschwarz mit weißlicher Spitze. Kinn und Kehle weiß mit rostgelbem Anflug, an den Halsseiten ein ebensolcher Fleck; Brustfedern rötlichbraun mit weißlichen Schäften, hell graulichen Spitzen und je einem breiten dunkelbraunen Streifen längs der Fahnen.

Länge ca. 520 mm; Flügel 180 bis 218 mm; Schwanz 172 bis 195 mm; Gewicht 1025 bis 1135 g.

Das Dunenküken wird hier erstmalig von RAETHEL nach einem 1978 untersuchten Stück des Berliner Zoos beschrieben. Bei ihm sind Scheitel, Nacken und Ohrdecken roströtlich, der Zügel und ein breites Überaugenband isabellgelb, darunter ein schwarzer Streifen, der vorn über dem Auge beginnt und rückwärts bis zu den Ohrdecken verläuft. Ein breites dunkelbraunes Band zieht vom Vordermantel über den ganzen Rücken bis zum Schwanzansatz und wird beiderseits von einem schmalen isabellfarbenen Seitenband gesäumt; ein breites Band darunter und die Steißdaunen rostbraun. Flügelchen auf den Schultern schwarzbraun, die Flügeldeckenregion isabellgelblich, die Arm- und Handschwingen dunkelbraun mit 2 auffälligen weißlichen Querbinden. Unterseite isabellgelblich. Schnabel und Beine rosa.

Gelegestärke 5 bis 7; Ei mit schwach glänzender Schale, lebhaft rahmfarben, mitunter nur ganz fein gefleckt wie punktiert, meist aber rotbraun gefleckt mit mittelgroßen Flecken, nicht sehr großen Birkhuhneiern zum Verwechseln ähnlich (51,3 mm × 37,5 mm); Brutdauer 20 bis 21 Tage.

Lebensgewohnheiten: Die Nominatform des Koklass bewohnt nach SALIM ALI und RIPLEY (1980) mit unterholzreichen Eichen- und Koniferenwäldern bestandene Steilhänge und Schluchten von Gebirgen in Lagen zwischen 1500 und 4000 m. Überaus standorttreu, weichen die Vögel nur vor hartem Winterwetter in die unteren Lagen ab. Die monogyne Art lebt zur Brutzeit paarweise, während des Winters als Familie zusammen, bildet jedoch nie Gesellschaften aus mehreren Paaren. Vor Hunden flüchtet der Koklass, nachdem er sich vorher fest gedrückt hatte, auf die Äste des nächsten Baumes, vor Menschen erhebt er sich entweder stumm, mit leisem Glucken, erschreckt jedoch laut schreiend in die Luft und schießt nach wenigen Flügelschlägen mit halbgeöffneten Flügeln wie eine Rakete talwärts. Während der Brutzeit ab April rufen die Revierhähne den ganzen Tag über, am häufigsten jedoch frühmorgens und abends laut und unmelodisch „Kok-kok-kok … kokrās" (oder „Pokrās"), in einer Variante auch „Khwa-kak-kāk". Auf plötzliche laute Geräusche wie Donner, Gewehrschüsse

oder Flugzeugbrummen reagieren alle Hähne des Gebietes sofort mit lautem Rufen. Bei der Seitenbalz stellt sich der Koklasshahn mit relativ aufrecht gehaltenem Körper seitlich zur Henne. Seine langen Ohrbüschel sind wie Hasenohren senkrecht gestellt, die weißen Wangenflecke gesträubt. Das Halsgefieder wird so aufgerichtet, daß der Hals kurz und dick erscheint, der Rumpf nebst dem gefächerten Keilschwanz so in Schräglage gestellt, daß der Hahn der Henne so groß wie möglich erscheint. Der Flügel der ihr zugewandten Körperseite hängt wenig, der der anderen dagegen bis zum Erdboden herab, den die Handschwingenspitzen unter Erzeugung eines Kratzgeräuschs streifen. So umkreist er die Henne mit langsamen Schritten, die manchmal durch kurzes, abruptes Vorwärtsstürmen unterbrochen werden. Die Henne ihrerseits gibt sich unbeteiligt, kann aber auch mit waagerecht gestrecktem Hals, aufgerichteten kurzen Ohrbüscheln und gesträubtem Wangengefieder bewegungslos stehen oder sich dukken und vom Hahn treten lassen (WAYRE). Nach Beobachtungen von STEINBACHER (1937) sprang ein balzender Hahn des Berliner Zoos vor der Henne einen Meter hoch. Vor der Kopulation nimmt die Henne eine hockende Haltung mit ausgestrecktem Hals und gesträubtem Wangengefieder ein. Sie legt ein kunstloses Nest in Form einer ausgescharrten Erdmulde zwischen Pflanzenwuchs an und erbrütet ihr Gelege in 20 bis 21 Tagen. Beide Eltern führen die Küken und bleiben bis zum nächsten Frühling mit ihnen zusammen. Die Kleinen vermögen nach wenigen Tagen zu fliegen. Koklassfasanen sind fast reine Vegetarier, die sich von Farnblättern, Gras, Moos, Knospen und Beeren ernähren.
Haltung: Als europäischen Erstimport erhielt der Londoner Zoo im Februar 1865 1 Weibchen, im August 1871 1 Paar dieser Unterart aus Simla (Punjab). 1880 importierte der englische Tierhändler JAMRACH 32 Paare, von denen 10 vom Antwerpener Zoo unter VEKEMANS erworben wurden. Die Erstzucht glückte dem französischen Züchter VISCOUNT CORNELY. Vom 23. April bis 1. Juli 1881 legte ein Weibchen insgesamt 24 Eier, aus denen unter Haushennen 19 Küken schlüpften, von denen 15 aufgezogen werden konnten. Die Aufzucht bereitete keine großen Schwierigkeiten, das Futter bestand aus einem Gemisch von Maismehl und Eierrahm, Seidenraupenschrot und vielem Grünzeug. Die Jungen waren scheu und wild und begannen bald miteinander zu raufen. 1882 legte die gleiche Henne 20 Eier, aus denen 18 Küken schlüpften. Trotz dieser ermutigenden Resultate muß der Koklass-Stamm nach DELACOUR (1977) um 1890 ausgestorben sein. Gegenwärtig (1987/88) werden in Westeuropa wieder Koklassfasanen gehalten und gezüchtet. Man darf gespannt sein, wie lange diese Erfolge anhalten werden.

Kaschmir-Koklassfasan
Pucrasia macrolopha biddulphi, Marshall 1979

Engl.: Kashmir Koklass.
Heimat: Nord-Kaschmir südostwärts bis Chamba (Himachal Pradesh) und Kulu (Punjab), nordwärts bis zum Rohtang-Paß. Hybridpopulationen mit *castanea* werden im Westen, mit *macrolopha* im Osten des Verbreitungsareals angetroffen. Koklassfasanen aus dem Kulutal nahe der Stadt Sultanpur wurden früher zu einer selbständigen Unterart, *bethelae*, gezählt, stellen jedoch nach VAURIE nur eine Übergangspopulation zwischen *biddulphi* und *macrolopha* dar.
Beschreibung: Hähne der Nord-Kaschmir-Unterart gleichen *castanea* in der dunkelpurpurroten Farbe von Hinterhals, Obermantel und Unterseite. Bei einigen Vögeln ist der Obermantel silbergrau wie bei *macrolopha*. Die Schwanzfärbung ist weder schwarz wie bei *castanea* noch rötlich kastanienbraun wie bei *macrolopha,* sondern vorwiegend braun. Aufgrund der Färbung vermittelt *biddulphi* also zwischen den beiden genannten Unterarten. Hennen sind einschließlich der Schwanzfärbung dunkler als solche der Nominalform.
Länge des Männchens 610 mm; Flügel 233 bis 249 mm.
Lebensgewohnheiten: Nach BATES und LOWTHER (1952) ist der Pläs der Kaschmiris die häufigste Fasanenart Kaschmirs und dort in Bergwäldern von 1800 m bis an die Baumgrenze weit verbreitet. Als Habitat schätzt er mit Buschwerk und Kiefernwäldern bestandene, geröllreiche Steilschluchten unterhalb der Vorkommen des Glanzfasans. Während der Brutzeit im Mai/Juni hört man das laute „Pok-pok-pokras!" der Hähne überall, besonders häufig in den Morgenstunden. Aufgescheucht erheben sie sich über die Vegetation und schießen mit halbgeöffneten Schwingen talwärts. Nester werden gern zwischen Geröll und dichtem Pflanzenwuchs angelegt und sind lediglich von den Hennen gescharrte Mulden, in die aktiv kein Polstermaterial eingetragen wird. Vollgelege bestehen aus bis 6

Eiern. Beide Eltern ziehen die Jungen auf.
Haltung: 2 aus Simla (Punjab) stammende Koklassfasanen, die 1871 in den Londoner Zoo gelangten, gehörten dieser Unterart an.

Afghanistan-Koklassfasan
Pucrasia macrolopha castanea, Gould 1855

Engl.: Western Koklass.
Heimat: Gebirge Nuristans (Ost-Afghanistan) bis ins benachbarte Chitral westlich des Kunarflusses (Nordwest-Pakistan), östlich davon vermutlich auch im Südwestteil der Hindu-Rai-Gebirgskette vorkommend.
Beschreibung: Hähne dieser westlichen Koklass-Unterart sind auf Brust und Bauch dunkler als die der Nominatform, weniger rotbraun, mehr dunkel kastanienbraun. Diese Farbe erstreckt sich bis zum Hinterhals und Obermantel, während diese Gefiederbezirke bei *macrolopha* eine silberne oder isabellgraue Grundfärbung aufweisen. Die Schwanzfedern sind schwarz, nicht wie bei der Nominatform mit Rotbraun durchsetzt.
Hennen sind dunkler als solche der Nominatform, die Schwanzfedern schwärzer, weniger rotbraun. Länge des Männchens 580 bis 640 mm, des Weibchens 520 bis 560 mm.
Lebensgewohnheiten: SEVERINGHAUS hat diese Unterart im Frühjahr 1978 an 3 Plätzen Nord-Pakistans in den Provinzen Hazara (Dunga Gali, Shogran) und Azad Kashmir (Machyara) auf Habitatsansprüche und Populationsdichte untersucht sowie Sonagramme der Revierrufe aufgenommen. Habitate des Pukrass in Dunga Gali waren 30 bis 90° steile Felshänge in 2200 bis 2300 m Höhe. Ca. 60° steile Hänge sind dort im oberen Bereich mit düsteren Nadelwäldern aus Pindartanne, Wallichkiefer und Eibe ohne Unterholz, im unteren Bereich Laubwäldern aus Eiche, Walnuß, Roßkastanie und Ahorn mit viel Schneeballunterholz bestanden. Die Vegetation der Talsohle war offener Busch aus Sträuchern und Kleinbäumen. Koklasshähne waren von der Talsohle bis zu den Gratrücken aufwärts mit deutlicher Bevorzugung der oberen Hangbereiche zu hören, und zwar 70 % im Koniferenwald und 30 % im Laubwald. Aufgrund von Zählungen der Morgenrufe ließ sich eine Zahl von 59 Paaren pro Quadratmeile für beide Hangseiten errechnen. Weiter nördlich in Shogan waren die Hänge in 2300 bis 2800 m mit Himalajazeder, Wallichkiefer, Roßkastanie, Walnuß, Eiche und Ahorn, dazu dichtem Unterwuchs aus Schneeball, Perückensumach und Parrotia-Scheinhasel bestockt. In dem nicht weit davon östlich gelegenen Machyara (Azad Kashmir) wuchs auf 50 bis 80° steilen Berghängen in 2600 bis 2700 m Höhe Mischwald aus Pindartanne, Wallichkiefer, 2 Eichenarten, Roßkastanie, Walnuß und als Unterholz Schneeball. Die Morgenrufe der Koklasshähne setzten in Abhängigkeit von der örtlichen Wetterlage (Bewölkung, klarer Himmel) 30 bis 40 Minuten vor Sonnenaufgang ein und hielten ca. 1 Stunde an, wonach nur noch sporadische Lautäußerungen hörbar waren. Die Revierrufe bestehen aus 4 bis 5 rauhen, kratzenden „Ka"-Silben nahezu gleicher Tonhöhe mit Betonung der 3., gelegentlich 4. Silbe. Auf Sonagrammen wurden 4 Ruftypen unterschieden, die in der Silbenzahl, Lautstärke und Tonhöhe bestimmter Silben, Silbenrhythmus innerhalb der Ruffolge, der Rufdauer in Sekunden und der Silbenlänge voneinander abweichen. Sie lassen sich phonetisch mit 1. „Ka ka KAAA ka", 2. „Ka ka KAAA ka ka", 3. „Ka ka KAAA ka ka", die letzte Silbe tiefer als die vorangegangenen, 4. „Ka ka ka-KAAA ka" beschreiben. Das von vielen Autoren beschriebene „Kok pokras" und „Ah croaak croaak-croaak crok!" wurde bei *castanea* nie gehört, woraus man auf Dialekt der Pukrass-Unterarten schließen kann. Das Alarmgeschrei bei Überraschungen, beispielsweise am Schlafplatz, ist ein lautes, schnell hervorgestoßenes, rauhes „Ka-ka-ka-ka-ka . . .!". Das von SCHÄFER berichtete entenartige Quakgeschrei der Unterart *meyeri* (chinesisch: Waldente) wurde von *castanea* nie gehört.
Haltung: Nichts bekannt, aber vielleicht schon als „*macrolopha*" importiert.

Nepal-Koklassfasan
Pucrasia macrolopha nipalensis,
Gould 1855

Engl.: Nepal Koklass.
Heimat: Von West-Nepal, wo es mit der Nominatform *macrolopha* hybridisiert, bis zum 83°49' östlicher Länge im Osten bei Tukucha.
Beschreibung: Hähne unterscheiden sich von denen der Nominatform durch schwarze Färbung und mehr oder weniger graue Säumung der Rücken-, Bürzel-, Seiten- und Flankenfedern; die Flügeldecken sind schwarz mit isabellfarbener oder roströtlicher Säumung; Seiten- und Hinterhals einschließ-

lich des Vordermantels schwarz mit kräftig kastanienbrauner Zeichnung, der Schwanz dunkelkastanienbraun.
Länge 610 mm; Flügel 229 mm; Schwanz 203 mm.
Hennen sind insgesamt rötlicher als die der Nominatform; Schwanzfedern mit Ausnahme der äußersten auf den Außenfahnen kastanienbraun, den Innenfahnen schwarz mit weißen Spitzen und gut ausgeprägten schwarzen Subterminalbändern.
Länge 520 mm; Flügel 212 mm; Schwanz 166 mm.
Lebensgewohnheiten: Über die Biologie dieser Unterart ist noch wenig bekannt. Sie wurde 1979 von LELLIOTT u. YONZON im Gebiet von Pipal auf bewaldeten Südhängen des Annapurna Himal nördlich Pokharas (West-Nepal) untersucht. Dort wurden in Lagen zwischen 2900 und 3350 m vom 20. bis 22. Mai auf einem Gebiet von ca. 2,4 km² aufgrund der morgendlichen Revierrufe 11 Hähne gehört, was 4,6 Paare pro km² geeigneten Habitats ergäbe. Im gleichen Gebiet vorgenommene Herbstzählungen ergaben am 6. Oktober 6, am 11. Oktober 8 und am 27. November 8 rufende Hähne. Das Habitat bestand zu über 90 % aus Rhododendronwald mit Ringal-Bambus (*Arundinaria*) und Berberitzenunterwuchs. Das nach Osten hin geneigte Gebiet bestand aus schluchtendurchfurchten Berghängen mit flacher bis mittlerer Steigung zur Waldgrenze hin. Im April/Mai wurden bei Sonnenaufgang stets Koklasshähne gehört. Bei Kuma hatten 2 Koklasshähne einen Rhododendron-/Birkenmischwald in 3260 m Höhe zum Revier erwählt, und unterhalb dieser Ortschaft wurden mehr als 4 Hähne in Laub-/Bambus-Mischwald gehört. Von den 4 untersuchten Phasianiden des Gebietes, Blutfasan, Satyr, Monal und Koklass, war letzterer am heimlichsten und am schwersten zu beobachten, dafür aber durch seine Ruffreudigkeit leicht zu orten. Da alle Versuche, die Vögel durch Geländebegehungen zu beobachten, scheiterten, wurden Revierrufe auf Tonband aufgenommen und aus einem Versteck abgespielt. Die Methode erwies sich 4mal als erfolgreich. Die betreffenden Hähne beantworteten selbst dann noch ihre Rufe, wenn das allgemeine Morgenkonzert längst verstummt war. Ein Hahn näherte sich stumm und vorsichtig dem Versteck und floh schimpfend, als er die Täuschung bemerkt hatte. 4 untersuchte Kotballen enthielten Blätter, Gras, Moosteile und Quarzsteinchen (Grit). Aus Sonagrammen von Hähnen mit individuellem Rufablauf ergab sich, daß Übernachtungsbäume nur für 1 bis 3 aufeinanderfolgende Nächte benutzt werden.
Haltung: Über einen Import der Nepal-Unterart konnten wir nichts Genaues in Erfahrung bringen. Doch scheint sie, wie aus einem schönen Foto von D. R. BAYLIS im Journal III der WPA; p. 71 (1977/78), ersichtlich ist, nach Europa importiert worden zu sein.

Die Xanthospila-Gruppe

Meyer-Koklassfasan
Pucrasia macrolopha meyeri,
Madarasz 1886

Engl.: Meyer's Koklass.
Heimat: West-Szetschuan vom Yalungfluß westwärts zum oberen Jangtsebecken (Batang) und vom Salweenfluß in Nordwest-Yunnan südwärts zur Likiang-Gebirgskette Nord-Yunnans, westwärts bis zur Shweli-Salween-Wasserscheide.
Beschreibung: Hähne gleichen weitgehend denen des Gelbhals-Schopffasans, stimmen jedoch durch die kastanienbraune Schwanzfärbung mit der Unterart *macrolopha* überein; Mittelscheitel schwarz mit braunen Federspitzen; die Braunfärbung nimmt nach hinten zu an Umfang zu, und die langen schmalen Schopffedern des Hinterkopfes sind schließlich vollständig braun gefärbt. Auf Seiten- und Hinterhals ein hellgelblich isabellfarbenes Band. Färbung des Rückengefieders im wesentlichen wie bei der Gelbhals-Unterart, aber reiner wirkend. Ein breiter grauer Schaftstreif trennt zwei noch breitere schwarze Seitenbänder, während ein schmaler Saum grau bleibt. Auf den Flügeldecken die Graukomponente der Federn isabellfarben, dunkelbraun gesprenkelt und schattiert. Innere Armschwingen dunkelbraun, auf den Innenfahnen rötlich gesprenkelt, auf Außenfahnen und Säumen graulich isabellfarben. Schwanzfärbung sehr ähnlich der Unterart *macrolopha*, aber mit viel stärkerer schwarzer Sprenkelung und Streifung der Oberschwanzdecken und mittleren Schwanzfedern. Seitliche Schwanzfedern speziell auf den Außenfahnen satt rötlichbraun mit sehr breitem schwarzem Querband oberhalb der breiten weißen Federspitzen. Hennen unterscheiden sich von denen der Unterart *xanthospila* durch viel rötlichere Tönung des Mantel- und Brustgefieders sowie rötlichbraune äußere Schwanzfedern, die denen des Hahnes gleichen.
Lebensgewohnheiten: Als wohl bisher einziger Forscher hat uns ERNST SCHÄFER Einzelheiten über die Biologie dieser Unterart mitgeteilt: „Ein einzi-

ges Waldhuhn des chinesisch-tibetischen Grenzlandes darf Anspruch darauf erheben, wirklich selten zu sein, daß man glücklich sein kann, es einige Male beobachtet zu haben. Es ist der Koklassfasan. Ich hatte nur drei Begegnungen mit diesem schönen langbeschopften Waldhuhn. Das erstemal befand ich mich nahe der Baumgrenze in ca. 3400 m Höhe am Übergang der waldbewachsenen Wannentäler in das hochtibetanische Steppenland. An einem mit dichten Stecheichen bewachsenen Trockenhang ansitzend, erwartete ich den Sonnenuntergang. Plötzlich schreckte mich ein stark purrender Fluglaut auf, und ich sah einen fasanenartigen Vogel keine 10 m von mir mit rasender Geschwindigkeit in die Tiefe gleiten. Etwa 200 m unter mir fiel er ebenso plötzlich, wie er aufgeflogen war, mit jäher Schwenkung wieder ein. Erkannt hatte ich nur die schöne graubraune Rückenzeichnung und den keilförmigen Stoß, aber daß es ein Pukrashahn war, stellte sich erst Monate später mit Sicherheit heraus, als ich weit im Süden an der Jünnangrenze zum zweitenmal auf Pucrasiahühner stieß. Das war am glühheißen Mittag, als unsere Karawane sich gerade anschickte, in langen Serpentinen eine Schlucht zu durchqueren. Ein lichter Kiefernhochwald mit nur wenig dichtem Unterholz. Das Führertier der Karawane schreckte auf einmal zusammen, als dicht am Weg mit lautem, mehrfach wiederholtem quakendem Schreien, das wie „Wä Wä Wä Wä" klang, zwei Hühnervögel hoch wurden, die mit großer Schnelligkeit geschickt durch die hohen Kiefernstangen dicht über dem Boden davonflogen. Es waren Pucrasiahühner, ihre Schreie hatten sie verraten. „Waldente" nennen die Berg-Chinesen den Koklassfasan wegen seines entenartig klingenden Warnrufes. Wir gingen den Hühnern sofort nach und erlebten beide, Hahn und Henne, als sie kaum 100 m weiter blitzschnell über den Boden wieder abstreichen wollten. Erst eine dritte Begegnung erlaubte mir, einen kurzen Einblick in das Leben dieses Hühnervogels zu tun. Es war am folgenden Tag, als ich den diesmal dichten, mit Bambus durchfilzten Urwald systematisch nach *Pucrasia* absuchte. In dem Glauben, daß sie weder lärmende noch gesellschaftsliebende Vögel sind, hieß es nun, vorsichtig durch den Wald zu pirschen. Richtig fand ich an mehreren Windbrüchen sowohl Federn als auch Gestüber. Die Vögel hatten sich kleine nestartige runde Vertiefungen in das Laub geschart. Die Losung lag zumeist auf Baumstümpfen und umgebrochenen Stämmen. Die Häufung der Zeichen an wenigen engumgrenzten Stellen des lichteren Bestandes ließ die Vermutung aufkommen, daß *Pucrasia* ein sehr ortstreuer Vogel sei. Beinahe bestätigt wurde diese Vermutung durch das Erscheinen eines Althahnes an einem dieser Lieblingsplätze. Er schritt ganz gemächlich zwischen umgefallenen Baumleichen umher und pickte eifrig an den Stämmen herum. Dann schwang er sich auf einen morschen Baumstumpf und wurde meiner ansichtig. Er machte einen langen Hals, stellte den Schopf hoch und beruhigte sich schon nach Sekunden, obwohl die Entfernung nur rund 7 m betrug. Auffallend war bei dieser nur kurzen Beobachtung die wunderbare Schutzfärbung, die den ruhig verharrenden Vogel für den Ungeübten sicher unkenntlich macht. *Pucrasia* lebt außerhalb der Brutzeit entweder einzeln oder paarweise zusammen."

An anderer Stelle berichtete SCHÄFER, daß die Unterart *meyeri* des Koklass von Tatsienlu (in Szetschuan) an westwärts die trockenen Stecheichenhänge der tibetanischen Waldregion um 3000 m und besonders die Wände der tiefeingeschnittenen Trockenschluchten des Jangtse bewohne. Bei Batang fand er ihn in verhältnismäßig großer Zahl in dornigem, sehr trockenem Buschgestrüpp an der Grenze des Stecheichen-Trockenwaldareals und in der Schluchtenzone in kleinen, dicht mit Büschen besetzten und mit langem Gras durchwucherten Seitentälchen zwischen 2900 und 3500 m Höhe. Die Vögel waren sehr heimlich und unauffällig.

Haltung: Nichts bekannt.

Rothals-Koklassfasan
Pucrasia macrolopha ruficollis,
David u. Oustalet 1877

Engl.: Orange-collared Koklass.
Heimat: Süd-Shensi bis Süd-Kansu und Ost-Szetschuan in Lagen von 2400 bis 3900 m. An den Grenzen des Verbreitungsgebietes in Shensi Hybridpopulationen mit der Unterart *xanthospila*.
Beschreibung: Die Unterart unterscheidet sich von *meyeri* durch die in beiden Geschlechtern schwarz und silbergraue Schwanzfärbung, welche bei ersterer kastanienbraun ist. Die Gesamtfärbung ist bei Rothals-Männchen viel dunkler durch stärkere Schwarzzeichnung auf dunklerem, grauerem statt silbergrauem oder zimtrötlichgrauem Grund. Auch ist das Hinterhalsband mehr orange, weniger goldgelb, und die Unterseite dunkelkastanienbraun statt hellkastanienbraun.

Lebensgewohnheiten: Die Lebensweise dieser Unterart wird sich kaum von *meyeri* und *xanthospila* unterscheiden.
Haltung: Nichts bekannt.

Gelbhals-Koklassfasan
Pucrasia macrolopha xanthospila,
Gray 1864

Engl.: Yellow-necked Koklass.
Heimat: Gebirge Laionings und West-Hopehs und durch Shansi bis zu den Ouratobergen der südöstlichen Inneren Mongolei.
Beschreibung: Beim Hahn sind Scheitel und Vorderhaube kastanienbraun, heller und kräftiger auf den Schopffedern; unterhalb der Ohrdecken dehnt sich ein großer weißer Bezirk bis zum Hals hin aus; übrige Kopf- und Haubenteile, Kinn, Kehle und Nacken metallisch dunkelgrün; die Halsseiten unterhalb des weißen Flecks sowie der Hinterhals orangerotbraun, die Federn mit hellisabellfarbener Schäftung; Federn der Oberseite grau, auf jeder Fahne mit breitem schwarzem Längsstreifen und einem schmalen Wellenstreifen zwischen ihm und dem Schaft, die Federn selbst spitz zulaufend; Oberschwanzdecken und mittlere Schwanzfedern entlang des Mittelteiles braungrau, schmal schwarz gesäumt, worauf distal ein kastanienbraunes, ein weiteres sehr schmales schwarzes und schließlich ein schmales graues Federsaumband folgen; seitliche Schwanzfedern grau mit 2 schmalen schwarzen, entlang der Außensäume verschmelzenden Bändern sowie einem breiten subterminalen schwarzen Band und weißen Federspitzen. Schultergefieder rotbraun, grau und schwarz vermischt, jede Feder hauptsächlich kastanienbraun und grau, mit schmalem gelbweißem Schaftstreifen und großen schwarzen Flecken; Flügeldecken graubraun mit hellgrauer Schäftung und schwarzer Wellenbänderung, die Handschwingen dunkelbraun mit bräunlich kastanienroter Sprenkelung; Handschwingen braun, die 2. bis 6. mit gelblichweißer Außenfahne. Mitte der Unterseite von der schwarzen Kehle bis zum oberen Unterbauch hell kastanienrot, letzterer selbst heller. Brustseiten, Flanken und Schenkel grau mit hellgrünlichem Hauch, jede Feder mit 2 langen schwarzen Längsstreifen entlang des Außensaumes beider Fahnen, der dazwischen liegende graue Abschnitt mit Wellenbänderung; Unterschwanzdecken hell kastanienrotbraun mit schwarzem Subterminal- und weißem Spitzenfleck. Iris braun, Schnabel schwarz, Füße dunkelrötlich.
Flügelänge 223 bis 230 mm; Schwanz 170 bis 204 mm.

Bei der Henne sind Stirn und Scheitel schwarz, die Federn trübbraun gespitzt, die Haubenfedern kastanienbraun mit schwarzgrüner glänzender Fleckung; Kopfseiten braun mit schwarzer Sprenkelung; Kinn, Kehle und ein Fleck unterhalb der Ohrdecken trüb isabellweiß; ein langer Zügelstreifen aus kleinen schwarzen Tupfen umsäumt den Kropf; Hinterhals weinbraun, auf dem Nacken schwarz gefleckt; Oberrücken braun mit Schwarzsprenkelung, die Federn trüb isabell geschäftet und gebändert; Rücken bis zu den Schwanzdecken kastanienbraun, schwarzbraun und grau, jede Feder mit schwarzen Längsbändern, Wellenzeichnungen und hellem Schaftstreif; Oberschwanzdecken trüb kastanienbraun, die Federn mit schwarzem Mittelteil und ebensolcher Wellenzeichnung, die längsten braun, schwarz und kastanienrot gebändert und gewellt, mit trübweißer Spitze. Mittlere Schwanzfedern ebenso, die seitlichen wie beim Hahn; Flügeldecken und Schultern hellkastanienbraun, schwarz gewellt und marmoriert sowie weiß geschäftet. Handschwingen wie beim Männchen.
Flügelänge 208 bis 213 mm; Schwanz 145 bis 149 mm.

Lebensgewohnheiten: SOWERBY traf diese Unterart im Kaiserlichen Jagdpark im Tung-Ling-Gebirge auf felsigen steilen Bergen und berichtet, daß sie beim Abflug aus den Felsverstecken wie die Raketen hochschossen, ein paar Yards weit dahinglitten, um dann abrupt eine Wendung zu vollführen und hinter eine Klippe zu verschwinden oder aufzujagen und zwischen den Kiefern davonzueilen. Dieser Fasan wird häufig auf die Märkte Chinas gebracht, da sein Wildbret höher als das anderer Fasanenarten geschätzt ist. Nach DAVID wird auch diese Unterart wegen ihrer Vorliebe für Kiefernwälder als „Song-ky", d.h. „Kiefernhuhn", bezeichnet.
Haltung: Als Erstimport eines Schopffasans überhaupt gelangten 2 Paare dieser Unterart 1864 durch den französischen Gesandten BERTHÉMY von Peking in die Königliche Jägerei bei Paris, übrigens zusammen mit den ersten Braunen Ohrfasanen. Bis 1872 hörte man von den Vögeln nichts mehr, als mitgeteilt wurde, daß ein Gelbhals-Koklass im Antwerpener Zoo unter seinem Direktor VEKEMANS in diesem Jahr gezüchtet worden sei. D'AUBUSSON teilte mit, daß die ersten im Akklimatisationsgarten von Paris ausgestellten Koklassfasanen dieser Unterart als ein Geschenk des französischen Kon-

suls DABRY 1867 dorthin gelangten und an VEKEMANS ausgeliehen worden waren, dem dann die Erstzucht gelang. Der französische Züchter ANDELLE erwähnt im Bulletin 1876, daß er in Epinac 2 Koklasshähne seit 2 Jahren besäße und nun 1 Henne dazubekommen habe. 2 Jahre später (1878) berichtet er von der Aufzucht 1 jungen Paares. Die Henne hatte 7 Eier gelegt, von denen 5 befruchtet waren. Der Junghahn erhielt schon im 1. Jahr das Prachtgefieder. Die Aufzucht erwies sich als einfach. Der Londoner Zoo erhielt seine ersten *P. xanthospila*, 1 Männchen und 2 Weibchen, am 15. August 1870, 1 weiteres Männchen als Geschenk des DUKE OF WELLINGTON im November 1871 und kaufte im gleichen Jahr 1 Henne dazu. Die Unterart ist demnach offenbar in den 70er Jahren des 19. Jahrhunderts nicht allzu selten importiert worden, jedoch nicht nach Deutschland gelangt. Sie ist seitdem nicht mehr eingeführt worden.

Die Joretiana-Gruppe

Anhwei-Koklassfasan
Pucrasia macrolopha joretiana, Heude 1883

Engl.: Joret's Koklass.
Heimat: Das Ho-Shan-Gebirge Südwest-Anhweis (Anhui) in Lagen zwischen 600 und 1500 m.
Beschreibung: Die Unterart bildet einen Übergang zwischen der viel weiter nördlich lebenden *xanthospila* und der vorwiegend südlich des Jangtse vorkommenden *darwini*. Von ersterer unterscheidet sie sich durch das Fehlen des goldgelben Hinterhalses, von letzterer durch das dunklere, satter kastanienbraune Brust- und Halsgefieder sowie das Vorhandensein von 2 statt 4 schwarzen Längsstreifen auf den Federn der Rücken- und Seitenregion, ferner das Fehlen kastanienfarbener Säumung der mittleren Schwanzfedern und der Unterschwanzdecken, die rein schwarz mit weißen Spitzen sind. Unterrücken und Bürzel reiner grau und fast ganz ohne Wellenbänderung. Brustseiten und Flanken gelblicher grau, nicht gewellt, die Handschwingen weingrau statt gelblichweiß gesäumt; Armschwingen hell kastanienbraun gesäumt und mit Ausnahme der innersten und der Armdecken ohne rostbraune Tüpfelung der Fahnen. Vor allem aber ist die Anhwei-Unterart durch eine auffallend kurze, buschige, nur 50 mm lange Scheitelhaube aus breiten, hinten gerundeten statt spitzen Federn charakterisiert. Flügellänge 230 mm; Schwanz 188 mm.
Lebensgewohnheiten: Nichts bekannt. Die Unterart wurde von dem französischen Pater JORET von der Sikawei-Mission Anhweis gesammelt und von HEUDE 1883 nach ihm benannt.
Haltung: Nichts bekannt.

Darwin-Koklassfasan
Pucrasia macrolopha darwini,
Swinhoe 1872

Engl.: Darwin's Koklass.
Heimat: Tschekiang, Fukien, Nord-Kwangtung, in Hupeh bei Ichang und die Berge Südost-Szetschuans.
Beschreibung: Die Unterart tritt in 2 Farbphasen auf. Bei der typischen *darwini*-Phase ist der vordere Haubenabschnitt hell kastanienbraun, der hintere dunkelbraun; übriges Kopfgefieder, Nacken, Kinn und Kehle metallisch blauschwarz, die langen Schläfenfedern schwarz, die kürzeren mit metallischblauer Säumung; Federn der Oberseite grau, auf jeder Fahne ein doppelter schwarzer Längsstreif, die Schwarzkomponente über die graue dominierend; Oberrückenfedern vorwiegend schwarz mit grau wellengebänderter Mitte, sehr schmaler Grauschäftung sowie einem schmalen inneren und breiten äußeren Schwarzstreifen, die durch einen schmalen grauen Raum getrennt werden, die Federsäumung ebenfalls grau; die kurzen Oberschwanzdecken grau mit schwarz wellengebänderter Basis, weißer Schäftung und Säumung, aber schwarzen Spitzen; die langen steifen Schwanzdecken grau, schwach schwarz wellengestreift, mit breiten, kastanienbraunen schwarzgesäumten Längsstreifen und grauem Federsaum. Mittlere Schwanzfedern ebenso, doch die Graukomponente ohne Wellenzeichnung, einfarbig; seitliche Schwanzfedern grau, entlang der äußeren Fahnensäume mit breitem schwarzem Band und sehr schmaler grauer Saumlinie; alle Schwanzfedern mit weißen Spitzen; Schultergefieder kastanienbraun mit grauer und schwarzer Beimischung, die Federn schmal gelbweiß geschäftet und mit großen schwarzen Flecken versehen, der Hauptfederteil kastanienbraun und grau. Flügeldecken graubraun mit hellgrauen, schwarz wellengebänderten Streifen entlang der Schäfte; Armschwingen dunkelbraun, kastanienbraun gesprenkelt und ebenso gesäumt. Die Handschwingen braun, die 2. und 6. mit gelb-

lichweißer Außenfahne. Unterseitenmitte von der schwarzen Kehle bis zu den kastanienbraunen Unterschwanzdecken kastanienrotbraun, diese Farbe auf Hals, Brust und Oberbauch kräftig (doch nicht so hell wie bei *xanthospila*), auf dem Unterbauch heller; Halsseiten graugestreift wie der Hinterhals, Brustseiten und Flanken trüb bräunlich-isabell, jede Feder beidfahnig mit langem schwarzem Streifen und in Schaftnähe parallel dazu mit einem Wellenband versehen, die Breite beider Bänder variabel. Unterschwanzdecken außen sattbraun gefleckt und weißgespitzt.

Hähne der *styani*-Phase sind von typischen *darwini* durch das fehlende Kastanienbraun der Unterseite unterschieden. Bei ihnen reicht das Schwarz der Kehle weiter abwärts und trifft übergangslos auf die Grauteile. Der Hals ist heller, reiner grau, die gesamte Oberseite bedeutend grauer. Zwischen beiden Farbphasen sind Übergänge möglich: Nach LA TOUCHE weist ein im Dezember in Kuantan gesammelter adulter Hahn auf dem Oberbauch Spuren eines kastanienbraunen Bandes auf, und sein Unterbauch ist hell trüb-kastanienbraun. Schnabel schwarz, Iris braun, Beine bleigrau.

Flügellänge 235 bis 237 mm; Schwanz 208 bis 213 mm.

Weibchen ähneln sehr denen von *xanthospila*, sind nur oberseits brauner mit weniger deutlicher Wellenbänderung und kleinen hellgrauen Flecken auf dem Rücken und auf dem Hinterhals dunkler braun; bei einem Exemplar fanden sich auf den Flügeldecken weiße Flecken statt Streifen, bei einer anderen Henne im gleichen Bereich trübe schmale Streifen. Kehle stark schwarz gesprenkelt; die Unterseite brauner, stärker dunkelbraun gefleckt und gestreift; Unterschwanzdecken vorwiegend schwarz mit sehr geringem Kastanienbraun-Anteil.

Flügellänge 217 bis 226 mm; Schwanz 155 bis 162 mm.

Lebensgewohnheiten: LA TOUCHE begegnete Darwins Koklass an Steilhängen bewaldeter Gebirge Tschekiangs und Nordwest-Fokhiens, und WILSON traf ihn von Kweitschau (West-Hupeh) westwärts bis Yünyang-Hsien (Ost-Szetschuan) an steinigen, mit Buschwerk und Kiefern bestandenen Steilhängen in „nicht allzu hohen Lagen". Auch diese Unterart wird wegen ihrer Vorliebe für Kiefern von den Chinesen „Song-ky", d. h. „Kiefernhuhn", benannt.

Haltung: Als europäischer Erstimport gelangten 1874 3 Hähne dieser Unterart in den Londoner Zoo. 1875 folgten 2 Hennen und weitere Exemplare in den folgenden Jahren. 1876 befand sich 1 Paar im Berliner Zoo. Die Erstzucht gelang am 11. Mai 1878 dem Londoner Zoo, wenige Jahre später dem französischen Züchter CORNELY in Epinac. 1930 hielt Professor GHIGI in Bologna (Italien) 1 Hahn dieser Unterart.

Zweckmäßige Haltungs- und Zuchtmethoden von Koklassfasanen

Wir müssen uns darüber im klaren sein, daß der Koklassfasan in der Haltung fast, wenn nicht genauso empfindlich ist wie der Blutfasan. Beim Koklass scheitert die Haltung fast stets an Ernährungsproblemen. Er ist ein fast ausschließlicher Grünpflanzenfresser, den man mit reichlichen Körnergaben unweigerlich in den Tod schickt. So schreibt die belgische Züchterin Mme. MALISOUX (bei DELACOUR): „Koklass müssen fast ausschließlich mit Grünfutter ernährt werden, das mannigfaltig, aber stets zart sein sollte. Hartblättrige Grünpflanzen, wie Kohlarten, weisen sie zurück. Sie nehmen auch Beeren und Obst auf, jedoch nicht so viel wie Tragopane, und als Körnerfutter erhalten sie allenfalls eine Handvoll Weizen täglich." GRENVILLE ROLES kommt bei der Besprechung der alljährlichen Bruterfolge bei Koklassfasanen im britischen Pheasant Trust zu dem Schluß, daß der Haupterfolgsfaktor in den 12 m × 6 m × 2,40 m großen grasbewachsenen Volieren zu suchen sei, deren Böden die Vögel durch dauerndes Abweiden das Aussehen eines gepflegten Rasens verleihen. Zusätzlich werden Fasanen-Pellets ad libitum neben kleinen Obst- und Körnergaben gereicht. Die erfolgreiche Aufzucht und Haltung von Koklassfasanen in den USA fast ausschließlich mit Luzernefütterung ist verbürgt. Die Versorgung mit Gras ist zwar im Sommer problemlos, sein Ersatz durch frischen Salat im Winter wird dagegen kostspielig. Die Alternativlösung wäre das Tiefgefrieren größerer Gras- und Luzernemengen und ihr Auftauen in Tagesportionen. Im Pheasant Trust werden die von den Koklasshennen abgelegten Eier eingesammelt, 6 Tage lang Zwerghuhnglucken untergelegt und danach einem Elektro-Brüter anvertraut, in dem die Küken schlüpfen. Nach dem Abtrocknen des Gefieders werden sie in Aufzuchtkästen verbracht und dort auf täglich zu wechselndem Zeitungspapier gehalten. Zusätzlich zur täglichen Kükenstarterpellet-Ration in Krumenform erhalten sie während der ganzen Aufzuchtperiode stets frischen Salat, nie Kohl. Nach 10 bis 14 Tagen werden die Jungvögel in sandbelegte Ausläufe gesetzt. Die Aufzucht in

Rasenausläufen wird wegen der extremen Empfindlichkeit der Koklassküken auch sonst wenig pathogenen Keimen und Parasiten (Coccidien) gegenüber vermieden. SIVELLE (New York, USA) hat große Mengen von Koklassküken mit einem Futter großgezogen, das zu 75 % frischgemähter Luzerne besteht.

Weiterführende Literatur:
BAKER, E. C.: The Fauna of British India. Birds-Vol. V; Genus *Pucrasia*; pp. 309–313. Taylor & Francis, London 1928
DERS.: Game Birds of India and Ceylon, Vol. III; Genus *Ceriornis*; pp. 202–226.
BATES, R. S. P., LOWTHER, E. H. N.: Breeding Birds of Kashmir; Koklass pp. 278–780, Oxford Univ. Press, London 1952
BEEBE, W.: Monograph of the Pheasants, Bd. III; *Pucrasia* pp. 25–88. Witherby London 1922
DELACOUR, J.: The Pheasants of the World; 2. Edition; III. The Koklass Genus *Pucrasia*; pp. 90–103. Spur Publications 1977
DÜRIGEN, B.: Die Geflügelzucht. V. Fasanen; 5. Pukras-Fasanen; Nr. 25. Der eigentliche Pukras- oder Schopffasan, Nr. 26 Darwins Pukrasfasan, Nr. 27 Der Halsband-Pukras; pp. 351–352. P. Parey, Berlin 1887
GASTON, A. J.: Census techniques for Himalayan Pheasants including notes on individual species. WPA-Journal V; Koklass pp. 49–51 (1979–1980)
GASTON, A. J., GARSON, P. J., HUNTER, M. L.: Present distribution and status of Pheasants in Himachal Pradesh, Western Himalayas. WPA-Journal VI; Koklass pp. 21–25 (1980–1981)
GRENVILLE ROLES, D.: Rare Pheasants of the World. Chapter 8: Koklass; pp. 49–51. Spur Publications 1976
HARRISON, C. J. O., WAYRE, P.: The display of the Koklass Pheasant. Rep. Pheasant Trust and Norfolk Wildl. Park, pp. 16–19 (1969)
HOWMAN, K.: Census counts of Koklass in Pakistan. Amer. Pheasant & Waterfowl Soc. Mag. 77; p. 2 (1977)
DERS.: The Koklass Pheasant – a problem bird; ibidem p. 1 (1977)
JOHNSGARD, P. A.: The Pheasants of the World; Koklass, pp. 95–101; Oxford Univ. Press, Oxford 1986
LA TOUCHE, H. D. D.: A handbook of the birds of Eastern China, Vol. II; Nr. 532–534 *Ceriornis* (syn. *Pucrasia*); pp. 237–244. Taylor & Francis, London 1931–1934
LELLIOTT, A. D., YONZON, P. B.: Studies of Himalaya Pheasants in Nepal, WPA-Journal V; *Pucrasia m. nipalensis*; pp. 25–27 (1979–1980)
SALIM ALI, RIPLEY, S. D.: Handbook of the Birds of India and Pakistan, 2. Edition, Vol. 2; Genus *Pucrasia*; pp. 111–116, Oxford University Press, London – New York 1980
SCHÄFER, E.: Die Fasanen von Ost-Tibet. Journ. Ornith. 82; Der Koklassfasan *(Pucrasia meyeri)*; pp. 497–499 (1934)
DERS.: Ornithologische Ergebnisse zweier Forschungsreisen nach Tibet Jorn. Ornith. 86, Sonderheft; *Pucrasia xanthospila meyeri, P. x. xanthospila*; p. 98 (1938)
SEVERINGHAUS, S. R.: Observations on the ecology and behaviour of the Koklass Pheasant in Pakistan. WPA-Journal IV; pp. 52–69 (1978–1979)
SIVELLE, CH.: Rearing Techniques for Exotic Pheasants. WPA-Journal V; pp. 74–79 (1979–1980)
STEINBACHER, G.: Über einige bemerkenswerte Bruten und Brutversuche im Berliner Zoolog. Garten im Jahre 1937. Mischlingsbrut zwischen Schopffasan *(Pucrasia macrolopha)* und Weißhaubenfasan *(Gennaeus albocristatus)*. Gef. Welt 63; p. 584 (1937)
WAYRE, P.: Display of the common koklass *(Pucrasia m. macrolopha)*; Rep. Ornam. Pheasant Trust, p. 13 (1964)

Glanzfasanen oder Monals
Lophophorus, Temminck 1813

Engl.: Monals.
Nach der Benennung "Munāl" der Bewohner des Nordwest-Himalaja für diesen prächtigen Gebirgsfasan wird der Vogel im englischen Sprachgebrauch Monal genannt. Glanzfasanen sind große, plump wirkende Hochgebirgshühner mit kräftigem, leicht gebogenem Grabschnabel, dessen obere Hälfte mit Spitze und Schneiden den Unterschnabel überdeckt. Das Gefieder der Männchen ist auf Kopf, Hals und Oberseite prächtig bunt mit schillerndem Metallglanz. An den stark gerundeten Flügeln ist die 1. Handschwinge am kürzesten, die 5. und 6. gleichlang und am längsten. Der 18fedrige Schwanz ist mäßig lang, breit, flach und hinten eckig. Der kurze stämmige Lauf ist beim Hahn mit einem Sporn bewehrt. Weibchen und Junghähne weisen eine unscheinbar braune Tarnfärbung auf und sind spornlos. Die Glanzfasanen bewohnen in 3 Arten die Grenzbereiche der oberen Montanwaldzone des Himalaja und westchinesischer Hochgebirge in Lagen von 2600 bis 5000 m.
Wegen ihrer leuchtenden Farben sind Monals trotz der im übrigen nicht gerade eleganten Erscheinung bei Liebhabern und Züchtern sehr geschätzt, und als einzige Art ist der Königsglanzfasan in den Fasanerien unserer Tiergärten fast stets vertreten. Die über viele Generationen in Europa gezüchteten Vögel sind zwar weniger fruchtbar und kleiner geworden,

haben sich dafür aber weitgehend an unser oft feuchtes und regnerisches, im Sommer für sie oft viel zu warmes Klima angepaßt. Die Gattung scheint polygyn zu sein.

Königsglanzfasan
Lophophorus impeyanus, Latham 1719

Engl.: Himalayan Monal.
Abbildung: Seite 512 oben rechts, Seite 529 und 530.
Heimat: Ost-Afghanistan (Nuristan und Safed Koh), die alte „North West Frontier Province", Nordwest-Pakistan, Kaschmir, Punjab, Himachal Pradesh, Kumaon, Gharwal, Nepal und Sikkim bis etwa zur Ostgrenze Bhutans. Irgendwo zwischen dem 92. und 93.° östlicher Länge trifft er nach LUDLOW mit dem weiter östlich anschließenden Sclater-Glanzfasan zusammen. Aus Tibet ist die Art aus dem nördlichen Chumbi-Tal des äußeren Plateaus sowie von Yigrong Tso, Trulung und Gyadzong auf dem Südost-Plateau bekannt. Keine Unterarten.
Beschreibung: Der Hahn trägt auf dem Oberkopf ein Büschel kahlschäftiger, an der Spitze mit einer blattförmigen Fahne ausgestatteter, erzgrün schillernder Federn. Kopf und Oberhals goldig metallgrün schimmernd; Hinterhals und Halsseiten feurig kupferrot, in das Goldgrün des Nackens und Vorderrückens übergehend; übriger Rücken und Bürzel weiß, einige der letzten Bürzelfedern mit schwarzem Fleck oder Saum. Kürzere Oberschwanzdecken purpurfarben mit mehr oder weniger blaugrünem Metallglanz, längere metallisch grünglänzend. Schwanz zimtfarben, nach dem Ende zu dunkler. Schultern, innere Flügeldecken, innere und mittlere Armschwingen purpurblau, blaugrün gerandet. Äußere Flügeldecken metallisch blaugrün mit starkem Glanz. Äußere Armschwingen schwarz mit breiten grünglänzenden Säumen auf den Außenfahnen; Handschwingen bräunlichschwarz. Unterseite überwiegend samtschwarz, die Kehlfedern meist mit glänzend grünen, die Unterschwanzdecken mit grünen oder blaugrünen Spitzen. Von der Seite des Unterhalses zieht sich ein schmales Band metallisch grünglänzender Federn nach rückwärts bis zu Mantel und Brust, um an der Flügelbeuge zu enden. Iris lebhaft braun, eine schmale nackte Haut um das Auge hellblau; Schnabel hornbraun, an First, Schneiderändern und Spitze gelblich hornfarben. Füße bräunlichgrün, an der Hinterseite des Laufes ein dicker Sporn.

Länge 700 mm; Flügel 300 mm; Schwanz 230 mm; Gewicht 2270 bis 2360 g.
Bei der Henne sind die Scheitelfedern etwas verlängert, so daß sie eine volle kurze Haube bilden, schwarz mit rostfarbenen Schaftstreifen; übrige Oberseite schwarz oder braunschwarz mit hell rostfarbenen Schaftstreifen und damit fast gleichlaufenden, an der Spitze zusammentreffenden Streifen, Hinterrücken gelblichbraun mit schmalen, unregelmäßigen, oft kritzligen schwarzen Querlinien, die längsten Oberschwanzdecken mit weißen, mitunter rahmfarbig angehauchten oder schwarz punktierten und bekritzelten Enden. Handschwingen braunschwarz, die Außenfahnen schwach rotbraun gefleckt; Armschwingen ebenso, aber rotbraun quergebändert, die innersten wie die Schulterfedern. Schwanzfedern braunschwarz, breit unregelmäßig rotbraun quergebändert. Kinn und Kehle weiß; Kropfgegend schwarzbraun und hellrostfarben gestreift; übrige Unterseite dunkelbraun, hell rostbraun gefleckt und punktiert, jede Feder mit weißem Schaft und weißlichem bis graulichweißem Mittelstreifen. Unterschwanzdecken schwarz, rostfarben gefleckt und rahmweiß gespitzt.
Länge 635 mm; Flügel 300 mm; Schwanz 200 mm; Gewicht 2100 g.
Einjährige Hähne sind wie die Hennen gefärbt, jedoch größer; in der Kehlgegend finden sich oft einzelne samtschwarze Federchen, und auf der Oberseite erscheinen einige metallisch glänzende Federn.
Das Dunenküken hat einen kastanienbraunen Scheitel mit dunklem Mittelstreif, braunen Nacken mit hellen Flecken und rostfarbenen Rücken mit ockerfarbenen Seitenstreifen; Unterseite trüb rostgelb. Flügel und Schwanz rostbräunlich mit schwärzlicher Zeichnung.
Gelegestärke 4 bis 5; Ei mit schwach glänzender, zuweilen auch glanzloser Oberfläche, rahmfarben mit gleichmäßig über die Oberfläche verteilter rotbrauner Flecken- und Punktzeichnung (64,7 mm × 44,3 mm). Es besteht große Ähnlichkeit mit Puteneiern. Brutdauer 27 Tage.
Lebensgewohnheiten: Königsglanzfasanen bewohnen lichte Eichen-, Rhododendron- und Deodarzedernwälder, die von Blößen und Schafweiden durchzogen werden, ebenso steile schmale Berghänge mit Gras- und Krautwuchs in Lagen von 2600 bis 5000 m. Dort durchwühlen die Vögel den Boden mit ihren kräftigen Schaufelschnäbeln ohne Beteiligung der Läufe tief nach Zwiebeln, fleischigen Rhizomen und Insektenlarven. Als Allesfresser nehmen

sie außerdem Blätter, Schößlinge, Eicheln, Beeren, Sämereien und Pilze auf. Die angestammten Reviere im Hochgebirge verlassen sie nur nach anhaltenden Schneefällen und bei strenger Kälte, um die Eichen- und Kastanienwälder unterer Berglagen bis 1000 m talwärts aufzusuchen. Während dieser Jahreszeit kann man Gesellschaften aus bis zu 30 Mitgliedern antreffen. Ausgefärbte Hähne und Hennen mit erwachsenen Jungen bilden getrennte Gruppen. Bei Gefahr erheben sich Monals unter wilden weitschallenden Schreien mit lautem Flügelgeräusch und schießen mit rasender Geschwindigkeit im Sturzflug entlang der steilen Bergwände talwärts. Das vielseitige Balzverhalten ist in seinen Einzelheiten erstmals von CATLOW (1981/82) an Volierenvögeln beobachtet worden, während GASTON (1979) sowie LELLIOTT u. YONZON (1979) die Schauflüge der Männchen im natürlichen Lebensraum geschildert haben. Fortpflanzungsverhalten beginnt in England bereits im Januar, erreicht im April seinen Höhepunkt und setzt mit Imponiergehabe der Hähne untereinander ein. Männchen eines Wintertrupps nehmen eine betont aufrechte Haltung ein, sträuben Hals-, Rücken- und Oberbauchgefieder und stolzieren erhobenen Hauptes mit gemessenen Schritten einher, sich so dem Rivalen als respektabler Gegner präsentierend. Dann lassen 2 Hähne durch schnelles Heben und Senken des Kopfes ihre funkelnde Federkrone aufblitzen und setzen dieses Gehabe solange fort, bis einer der beiden wieder zur Normalhaltung übergeht. Die Balzeinleitung kann in 2 gleichhäufigen Varianten ablaufen. Bei der einen stolziert der Hahn mit gegen den Vorderhals gepreßtem Schnabel und glatt anliegendem Gefieder sehr aufrecht einher, um unter plötzlichem Kopfhochwerfen einen Doppelpfiff auszustoßen und danach den Schnabel erneut abwärts gegen den Hals zu pressen. Dieser laute scharfe Pfiff ist deutlich von dem von beiden Geschlechtern gebrachten und bei erhobenem Kopf ausgestoßenen, schnell an Tonhöhe und -volumen zunehmenden Alarmpfiff verschieden. Die andere Balzeinleitungsvariante verläuft stumm. Die betont aufrechte Haltung wird auch dabei eingenommen, doch zusätzlich das Gefieder der Kinn- und Gesichtsregion einschließlich der Ohrdecken gesträubt, wodurch die genannten Bezirke bei Seitenbetrachtung schwarz erscheinen und dadurch stark zu einem schmalen leuchtendgrünen Streifen zwischen dem Schwarz und dem Blau der Orbitalhaut kontrastieren. Der nächste Schritt besteht in einem Aufrichten der Oberkopffedern von der Nasenbasis bis zu einem Punkt 2 cm vor der in Rückwärtsstellung verbleibenden Federkrone. Dazu wird (durch Spannung der Hautmuskulatur) die blaue Gesichtshaut oberhalb der Augen hochgezogen, wodurch sich die Orbitalhaut um das Dreifache erweitert. Nach jeder der beiden Balzeinleitungsvarianten wird anschließend der Hals zwischen die Schultern gezogen und der Schnabel gegen die Oberbrust gepreßt. So kann der Hahn dem Weibchen frontal oder schräg mit zu ihr gerichteter Schulter gegenüberstehen. Dabei bleibt sein Halsgefieder so glatt angelegt, daß es einem blankpolierten Bronzeschild ähnelt und einen Kontrast zur Kopffärbung und dem grün funkelnden Scheitelkrönchen bildet. In dieser Haltung verharrt er bis zu 15 Sekunden, geht dann in Seitenstellung zur Henne über, spreizt die Flügel ca. 3 cm vom Körper ab und senkt den ihr zugekehrten so tief, daß die äußerste Handschwinge den Boden berührt. In dieser Haltung umkreist er das Weibchen langsam mit etwas gebeugten Beinen, den Körper schräg zu ihr hin geneigt und den ihr abgewandten Flügel so weit erheben, daß er für sie sichtbar wird. Während des langsamen Umkreisens kann er symbolische Futterbrocken oder richtiges Futter aufnehmen und im Schnabel anbieten. Wendet sich die Henne ab, folgt er ihr in der gleichen etwas geduckten Seitenhaltung und umrundet sie erneut, wie es von der Balz der Kragenfasanen wohlbekannt ist. Der Monalhahn kann dabei zuweilen so in Erregung geraten, daß er während der Seitenbalz mehrfach bis 18 cm hohe Sprünge vollführt. Danach geht er zur Frontalbalz über, bei der er der Henne mit bis fast auf die Erde gesenktem Kopf, das Halsgefieder gesträubt, die halbgeöffneten Flügel präsentiert und den rotbraunen Schwanz fächert. Mit steigender Erregung werden die Flügel langsam geöffnet und wieder geschlossen, den weißen Unterrückenfleck zur Geltung bringend, während gleichzeitig der Schwanzfächer langsam auf und ab geschwenkt wird. Diese Frontalbalz verläuft geräuschlos und kann 2 Minuten dauern. Von einigen Hähnen wird sie auch aufgebaumt oder auf einem Felsen sitzend ausgeführt, wenn die Henne in unmittelbarer Nähe ist. CATLOW hat 2 unterschiedliche Fortsetzungen der Frontalbalz beobachtet: Am häufigsten ist jene, bei der der Hahn der Henne in 1 m Entfernung frontal gegenübersteht, die Brust bis zur Bodenberührung senkt und beide Flügel mit den Kanten auf den Boden stützt, während der Schwanzfächer aufrecht gehalten wird. Dann trampelt er mit steif gehaltenen Beinen 20 Sekunden lang rhythmisch auf der Stelle, dazu den gefächerten Schwanz langsam hebend und senkend. Eine andere Forsetzung der Frontalbalz beobachtete CATLOW mehrfach bei einem Monalhahn, der Sichtkontakt zu einer 4 m entfernt in einem anderen Auslauf befindlichen Henne hatte. Nach Beendigung der Frontalbalz ging er nicht wie üblich in die Normalhaltung über, sondern stellte sich betont aufrecht hin und demonstrierte mit den Flügelunterseiten, die Flügelkanten in einem Winkel von nahezu 35° unter der Horizontalen haltend, während die entfalteten Handschwingen den Boden berührten und der gefächerte, sich langsam vom Boden bis etwa zur Horizontalen auf und ab bewegende Schwanz zwischen den Beinen sichtbar wurde. In dieser Haltung verharrte er 10 Minuten lang, wonach er der Henne langsam den Rücken zudrehte, mit erneut ausgebreiteten Flügeln den Schwanzfächer langsam auf und ab schwenkte, um nach weiteren 10 Minuten in die Normalhaltung überzugehen. Die Wirkung dieser Darbietung war überraschend und wurde noch durch einen lauten Ruf untermalt, den CATLOW während seiner 16jährigen Monalhaltung nur 4mal gehört hatte und zwar entweder während der geschilderten Frontalbalz-Schlußphase oder auf dem Höhepunkt der eigentlichen Frontalbalz. Die Lautäußerung ist mit keiner anderen von *Lophophorus* vergleichbar und wird unter Zurückwerfen des Kopfes ausgestoßen. Balzhandlungen sind nicht an das männliche Geschlecht gebunden. Bei Dreierhaltung beobachtete er Hennen, die sich nach der Kopulation aus der Kauerstellung erhoben und gegenüber der 2. Henne 2 Minuten lang Seitenbalz- und Frontalbalzhaltung einnahmen, bis sich diese und der Hahn entfernt hatten. Diese Weibchenbalz wird beim Monal relativ häufig beobachtet. Eine weitere Balzart des Monalhahns, die sich nur in freier Wildbahn beobachten läßt, ist der Schauflug. Während ihrer Studien an Himalaja-Wildhühnern haben GASTON sowie LELLIOTT u. YONZON unabhängig voneinander solche Balzflüge beobachtet, die die einzigen altweltlicher Phasianiden zu sein scheinen. Dazu wirft sich der Monalhahn von einem Felsen oder Steilhang aus in die Luft und gleitet nach wenigen normalen Flügelschlägen mit über dem Körper gehaltenen Flügeln und gefächertem Stoß in flachem Winkel dahin, bis er „durchsackt" und im Sturzflug entlang der steilen Geländekonturen mit ein paar Flügelschlägen auf einem anderen Felsvorsprung, manchmal auch einer Baumkrone, landet. Während des Fluges wird der für die Gattung charakteristische Pfiff in unterschiedlicher Stärke von weichem Pfeifen bis zu grellen Tönen ausgestoßen. Der Zweck solcher Schauflüge besteht wohl darin, der Henne das glänzende Gefieder der Oberseite möglichst vorteilhaft zu demonstrieren. Schauflüge wurden von den genannten Autoren in Nepal im April, in Himachal Pradesh (West-Himalaja) im April/Mai beobachtet. In 2 Fällen folgte dem Schauflug eines Hahnes fast unmittelbar der eines Nachbarn, woraus geschlossen werden kann, daß ein Revierhahn auf die Demonstration eines anderen reagiert. Beim Monal scheinen exakt festgelegte Reviere nicht zu existieren, weil Schauflüge über große Strecken verlaufen und dabei häufig über die Standorte der Nachbarhähne führen werden. Die stärksten Monalpopulationen wurden meist an Steilhängen angetroffen, die für die Hähne gute Startmöglichkeiten für Schauflüge abgeben und zudem sichere Übernachtungsplätze vor Bodenfeinden bieten.

Glanzfasanen scheinen polygyn zu sein, denn mehrere Hennen zusammen mit einem Hahn werden während der Fortpflanzungszeit häufig beobachtet. Eine enge oder längere Paarbindung scheint nicht zu bestehen. Das typische Fasanennest ist lediglich eine flache Mulde unter Felsvorsprüngen oder gestürzten Baumstämmen, gut durch Bodenvegetation getarnt. Die durchschnittlich 4 bis 6 Eier werden von der Henne in 27 Tagen erbrütet. Behauptungen, wonach sich der Hahn an der Jungenaufzucht beteiligt, halten wir für unglaubwürdig. Wird eine Kleinküken führende Monalhenne plötzlich in waldigem Gelände überrascht, fliegt sie mit Gegacker in das dichtbenadelte Geäst einer Deodarzeder oder Kiefer und bleibt dort unbeweglich sitzen, so daß sie mit ihrem Tarngefieder nicht mehr auszumachen ist. Die Küken drücken sich auf den Waldboden und bewegen sich erst wieder, wenn die Gefahr vorüber ist.

Haltung: Das Jahr des Erstimports des Königsglanzfasans nach Europa ist nicht mehr genau bekannt. 1851 war die Art in der Knowsley-Menagerie des EALR OF DERBY nebst mehreren dort gezüchteten Jungvögeln vertreten. In der Folgezeit wurde der prächtige Hühnervogel in England und Frankreich recht populär, häufig gezüchtet und dazu bis 1914 in großer Menge aus Indien importiert. Als Hochgebirgsbewohner ist der Glanzfasan in Europa vollständig winterhart, bedarf jedoch während heißen Sommerwetters eines guten Sonnenschutzes. Die bei uns seit vielen Generationen gezüchteten Vögel haben sich weitgehend unserem Klima angepaßt und die Empfindlichkeit von Importtieren verloren. Die Lebensdauer einzelner Monals von 25, selbst 30 Jahren ist verbürgt. Die Zuchtfähigkeit beginnt mit dem 2. Lebensjahr. Zur Zucht biete man möglichst geräumige Volieren, deren Fläche pro Paar nicht unter 40 m² betragen soll. Manche Hähne werden ihren Hennen gegenüber aggressiv und töten sie häufig durch Skalpieren. Deshalb sollte Platz zum Absperren eines Partners, am zweckmäßigsten durch Unterteilung des Schutzraumes, stets verfügbar sein. Ein solcher ist zum Aufenthalt während langer Regenperioden und als Übernachtungsort unbedingt notwendig und wird vom Monal im Gegensatz zu den meisten Fasanenarten gern zum nächtlichen Aufbaumen benutzt. Da Glanzfasanen bei der Futtersuche mit den Schnäbeln tiefe Löcher ins Erdreich graben, müssen diese regelmäßig vom Halter zugeschüttet werden. Das Erdreich der Voliere muß gut wasserdurchlässig sein, damit sich nach Regenfällen keine Pfützen und Schlammstellen bilden, an denen sich die wühlenden Vögel das Kopfgefieder beschmieren, was zu hartnäckigen Augenerkrankungen führen kann. Das Graben darf auch nicht durch Zubetonieren des Volierenbodens unterbunden werden, weil dann die Schnäbel lang auswachsen und in regelmäßigen Abständen gekürzt werden müßten. In ihren Ernährungsansprüchen sind Glanzfasanen bescheiden. Außer pelletiertem Fasanen- oder Putenfutter ad lib. erhalten sie viel Grünzeug, während der Wintermonate Zwiebeln, Möhren, Apfelstücke und Topinamburknollen. Da die Vögel zum Fettwerden neigen, sollte wenig Körnerfutter (Weizen), Mais und Hanf nur im Winter verabreicht werden. Mit Beginn der Balz im Frühjahr erhalten sie Legehennenpellets, Zugaben von gekochtem Ei sowie ab und zu Mehlwürmer. Zum Schutz der Hennen vor zu aktiven Hähnen schaffe man Verstecke durch reichliche Nadelholzbepflanzung, schräg gegen die Volierenwände gestellte Sperrholzplatten und Fluchtmöglichkeiten durch starke Äste zum Aufbaumen. Ist eine verfolgte Henne aus dem Gesichtsfeld des Hahnes verschwunden, beruhigt sich dieser häufig wieder. Als Nistgelegenheit werden heu- und moosgefüllte flache Kisten in Winkeln des Schutzraumes und der Voliere aufgestellt und mit aufrecht stehenden Reisigbündeln als Sichtblende versehen. Die Eiablage beginnt meist Anfang April. Es empfiehlt sich, die Nester mit einem Kunstei zu beschicken. Nimmt man das Erstgelege fort, kann mit bis zu 3 Nachgelegen und einer Gesamtzahl von 15 und mehr Eiern gerechnet werden. Die Legetätigkeit erlischt gegen Ende Juni. Die robusten Küken bereiten weder bei der Aufzucht mit der Hühnerglucke noch im Kunst-

brüter besondere Schwierigkeiten. Zur Vorbeugung von Zehenverkrümmungen sollen sie stets Äste zum Übernachten erhalten. Nach 1945 machten sich unter den noch vorhandenen Zuchtstämmen des Königsglanzfasans in Europa deutliche Fertilitätseinbußen durch Inzucht bemerkbar, ein Mangel, der durch Importe von Wildfängen schnell behoben werden konnte.

Wie aus dem Ergebnis einer weltweiten Umfrage der WPA hervorgeht, wurden 1982 insgesamt 1374 Monals gehalten, davon 830 in Europa, 404 in den USA, 107 in Kanada, die übrigen in anderen Erdteilen.

Sclater-Glanzfasan
Lophophorus sclateri, Jerdon 1870

Engl.: Sclater's Monal.
Heimat: Ober-Assam (Mischmi- und Abor-Gebirge), Südost-Tibet, ostwärts bis nach Nordost-Burma und Yünnan in Höhenlagen bis zu 4000 m. Keine Unterarten.
Beschreibung: Der Oberkopf des Hahnes ist mit golden glänzenden moosgrünen, stark gekräuselten Federn bedeckt; ein Schopf wie beim Königsglanzfasan fehlt. Hinterhals grünlich bronzefarben und kupfrig schillernd. Nacken, Vorderrücken, Schultern und größere Armdecken dunkel metallischgrün mit bronzebraunen und purpurnen Reflexen. Kleinste Oberflügeldecken am Flügelbug leuchtend metallisch grün und purpurblau schimmernd, die folgenden rötlich kupferglänzend und goldiggrün, die längste Reihe glänzend grün mit schwarzer Basis. Bürzel und Oberschwanzdecken schneeweiß. Schwingen schwarz, innerste Armschwingen mit metallisch grünem und bläulichem Glanz. Schwanzfedern kastanienfarben mit breiten schneeweißen Spitzen; Schwanzbasis schwarz mit unregelmäßigen weißen Querbinden und Fleckchen. Ganze Unterseite schwarz, am Vorderhals mit blauen Reflexen. Iris dunkelbraun, um das Auge herum ein schmaler blauer Ring nackter Haut; Schnabel orange- bis horngelb. Füße grünlichbraun.
Länge 680 mm; Flügel 317 mm; Schwanz 223 mm; Gewicht 2960 g.

Königsglanzfasan, *Lophophorus impeyanus* (s. S. 525)

Bei der Henne sind Zügel und Kehle weiß, übriger Kopf und Nacken bräunlich schwarz mit V-förmigen, gelblichen Linien vor den Federspitzen, auf dem Kopf mit ebensolchen rundlichen Flecken; Rücken dunkel umbrabraun mit blaß rostfarbenen Schaftlinien und Kritzeln, Flügel rötlicher; Schwanz schwarz mit weißen Querstreifen und ebensolcher Endbinde; Bürzel und Oberschwanzdecke blaßgrau mit schmalen unregelmäßigen dunklen Bändern, Unterseite olivbräunlich, schmal hell rostgelb quergekritzelt.
Länge 630 mm; Flügel 280 mm; Schwanz 185 mm; Gewicht 2270 g.
Dunenjunges und Ei sind noch nicht beschrieben.
Lebensgewohnheiten: CRANBROOK traf diese Art in den Mischmibergen in kleinen Gesellschaften auf steinigem, buschbestandenem Gelände oberhalb der Baumgrenze an. Die Vögel waren sehr vorsichtig und stellten stets eine Wache auf, die von einem erhöhten Standort das Gelände überblicken konnte. Ihre metallisch bunte Färbung harmonierte geradezu erstaunlich mit dem aus Zwerg-Rhododendren, Wacholdern, Steinmispeln und Gräsern bestehenden Pflanzenwuchs der Umgebung. Der Mageninhalt bestand aus Knöterichsamen (Polygonum) sowie den Blütenköpfen einer Distel oder ähnlichen Blüte von harter Beschaffenheit. Individuen, die im März nahe dem Chimli-Paß erlegt wurden, hatten ausschließlich 2,5 cm lange bleistiftstarke Wurzelstücke aufgenommen. Der Alarmruf des Sclater-Glanzfasans ist ein ziemlich rauher Ton, der mit den Lauten von Pfau und Perlhuhn Ähnlichkeit hat. Der Balzruf des Hahnes ist ein schriller klagender Pfiff, der immer wieder von neuem ausgestoßen wird. Gepaarte Vögel wurden im Gebiet des Chimli-Passes Ende März festgestellt. Brütende fand man in einem Silbertannenwald mit Rhododendronunterwuchs in 3500 m Höhe am 14. Mai. Nach dem Selbständigwerden der Jungen begeben sich die Vögel in die alpine Zone.
Haltung: Bisher ist nur ein einziger Hahn dieser Art im Jahre 1870 nach Europa in den Londoner Zoo gelangt, wo er ein Jahr und 8 Monate lang lebte. Der sehr zahme Vogel nahm Futter aus der Hand und liebte besonders Salat- und Kohlblätter.

Kopfporträt des Königsglanzfasans, *Lophophorus impeyanus* (s. S. 525)

China-Glanzfasan
Lophophorus lhuysii, Geoffroy St. Hilaire 1866

Engl.: Chinese Monal.
Abbildung: Seite 512 oben links und darunter.
Heimat: Gebirge Nord- und Nordwest-Szetschuans, nordwärts bis zu den Bergen südöstlich des Koko Nor in Tsinghai und zu denen Süd-Kansus in Lagen zwischen 3050 und 4900 m. Keine Unterarten.
Beschreibung: Der Scheitel des Hahnes besteht aus glatten, metallischgrün und purpurbläulich schillernden Federn. Dahinter ein Schopf aus fast gleichmäßig breiten leuchtend bronzefarbenen, purpurn schillernden Federn. Hinterhals, Nacken und Vorderrücken glänzend goldbronzefarben. Schultern und innere Oberflügeldecken blaugrün, an den Spitzen ausgedehnt purpurn; übrige Flügeldecken glänzend blaugrün, die kleinsten Reihen am Flügelbug leuchtend goldgrün. Schwingen schwarz, die innersten dunkel grünblau mit purpurnem Schimmer. Hinterrücken schneeweiß, nach hinten zu mit schmalen, scharfen Schaftlinien, noch weiter hinten mit schwarzen bis tief purpurnen, breiten, am Schaft entlang bis zum Saum reichenden Binden, die vor der Federspitze enden. Oberschwanzdecken purpurblau mit grünem Schimmer. Schwanzfedern schwarz mit rundlichen weißen Fleckchen, die äußeren an den Außen- und Endsäumen, die mittleren ganz tief purpurblau mit grünem Schimmer. Unterseite schwarz mit schmalen, stark glänzenden grünen und bläulichen Federsäumen. Iris braun, ein schmaler unbefiederter Ring um das Auge hellblau; Schnabel schwärzlich hornfarben; Füße bleigrau.
Länge 800 mm; Flügel 345 mm; Schwanz 305 mm; Gewicht 3600 g.
Bei der Henne ist die Oberseite tiefbraun, fast schwarz, die Federn haben rostgelbe Schaftlinien und davon ausgehende mehr oder weniger „hühnerleiterförmige" rostfarbene Querflecken. Rücken weiß, Schwanzfedern schwarz mit rostroten Querbinden. Kehlmitte weißlich oder rahmfarben; übrige Unterseite dunkelbraun, fast schwarz mit breiten weißen bis rahmfarbenen Schaftstreifen; Bauch weißlich oder braun gefleckt.
Im Vergleich mit den Hennen der beiden anderen Glanzfasanenarten ähnelt die Henne des Chinesischen Monals am meisten der des Königsglanzfasans, ist jedoch bedeutend größer als diese und in der Gesamtfärbung dunkler mit hellerer Musterung. Iris braun, Schnabel horngrau, Füße gelblichgrau.
Länge 760 mm; Flügel 320 mm; Schwanz 270 mm.

Das Farbfoto eines Dunenküken in der Zeitschrift Zoo Noz (San Diego), Januar 1988 läßt in Färbung und Musterung keine Unterschiede zu L. impeyanus erkennen, doch wäre dazu ein Vergleich von Bälgen beider Arten notwendig. Gelegestärke 4 bis 5; Ei wie bei *impeyanus* (71.2 mm × 50,4 mm); Frischgewicht ca. 99 g.

Lebensgewohnheiten: Dieser Glanzfasan, die größte Art der Gattung, heißt bei den Chinesen „Hao-t'anche", zu Deutsch „brennender Holzkohlevogel". Nach PORTER trägt er diese Bezeichnung jedoch nicht wegen des feurigen Glanzes seines Gefieders, sondern weil die Glanzfasanen nach dem Abbrennen von Gestrüpp dorthin kommen, um Holzkohle aufzunehmen. Über den Vogel berichtet der deutsche Tibetforscher ERNST SCHÄFER: „Er lebt in den Gebirgen seiner Heimat oberhalb der Baumgrenze und dicht unter der Zone des ewigen Schnees. Mit merkwürdig zweitonigem Flötenruf, der hoch ansetzt, einige Sekunden anhält, um dann schwermütig abklingend zu verschwimmen, lockt der Hahn die Hennen zur Balzzeit. Dabei steht er mit halb gefächertem Stoß, sanft nach unten gewinkelten Schwingen, den Oberkörper, Hals und Kopf weit vorgestreckt und sträubt die Kragenfedern. Er läuft dann einige Schritte, dreht sich im Kreise, macht wieder einen langen Hals und stößt erneut seinen lauten melancholischen Ruf aus. Selbst spät im Frühjahr und im Sommer, wenn die rebhuhnfarbenen 5 Jungen schon fliegen können und nicht mehr unter den Flügeln der Mutter Schutz suchen müssen, balzen die alten Hähne noch unaufhörlich; die einjährigen hennenfarbigen Hähne tun sich dagegen mit Hennen und Jungen zu kleinen Gesellschaften zusammen. Im Herbst bilden die Jungvögel Gruppen von 10 bis 15 Individuen, wobei oft auch alte Hähne beteiligt sind. Sie ziehen dann in die tieferen schneefreien Mattenhänge hinunter, um dort Nahrung zu suchen. Die Nacht verbringt die Gesellschaft in Höhlen oder Felsnischen, im Knieholz der Latschenregion und in den Rhododendrendickichten. Dort wächst auch ihre Lieblingsnahrung, der Alpenmohn *(Meconopsis)*, dessen Wurzelknollen die Vögel mit Vorliebe verzehren. Um an die haselnußgroßen Zwiebeln zu gelangen, schlagen sie mit ihren Grabschnäbeln tiefe Löcher in die Decke der alpinen Polsterpflanzen. Eine weitere Lieblingsnahrung bilden die großen Zwiebeln der Kaiserkrone *(Fritillaria)*. Ihr einziger Feind ist der Steinadler, dessen Nachstellungen sie sich durch Deckungnehmen oder pfeilschnelles Herabstürzen vom Hang in ein nahes Gebüsch entziehen. Bergauf können sie genausowenig fliegen wie ihre Verwandten, die Weißen Ohrfasanen.

Haltung: Als europäischer Erstimport gelangte 1 Hahn der Art durch PRATT um die Jahrhundertwende in den Londoner Zoo, wo er 4½ Jahre lebte. 1 Paar wurde 1935 durch LELAND SMITH, einen Fasanenliebhaber in Fair Oaks (Kalifornien), importiert, starb jedoch innerhalb weniger Jahre, ohne gezüchtet zu haben. 1938 erhielt DELACOUR 2 Hennen, konnte aber keinen Hahn importieren. 1959 sah GRUMMT im Zoo Peking 1 China-Monalhahn, der zusammen mit Amherst- und Ohrfasanen sowie zahlreichen Finken in einer 17 m × 13 m großen und 15 m hohen Voliere nach Auskunft des Pflegers seit über 1 Jahr lebte und sich in bestem Gesundheitszustand befand. Er war nur frühmorgens und spätnachmittags aktiv und verbrachte die heißen Mittagsstunden aufgebaumt in 8 bis 9 m Höhe zwischen dichtem Astwerk. Die Welterstzucht der Art gelang 1979 dem Pekinger Zoo. Auch in China wird die Art selten gepflegt, und nur wenige Tierparks können sie zeigen. Nach LIEBERMAN u. KUEHLER erhielt der Zoo von San Diego (Kalifornien) am 6. Juni 1983 1 Paar China-Monals aus dem Zoo von Peijing (Peking). Nach 30tägiger Quarantäne wurde es im Juli in eine beschattete Voliere gesetzt. Die Henne hatte in der Quarantäne 5 Eier gelegt, von denen 1 befruchtet war, ohne daß das Küken schlüpfte. 1984 legte sie 10 Eier, von denen sich 5 als befruchtet erwiesen und aus denen die gleiche Kükenzahl schlüpfte. 4 davon starben an den Folgen einer Retro-Virusinfektion, das 5., eine Henne, wuchs auf. 1985 erkrankte die Importhenne an Arthritis eines Beins, wodurch der Kloakenkontakt bei Kopulationen stark behindert wurde. Deshalb war 1985 und 1986 von 10 Eiern nur 1 befruchtet. Das Küken wurde nur 10 Tage alt. 1986 legte die allein gehaltene Junghenne von 1984 3 Eier. 1987 beschloß man, den Bestand aus dem Importpaar und der Junghenne durch künstliche Besamung zu vermehren. Gute Erfahrungen mit dieser Methode hatte man in San Diego schon 1948 bei der Zucht des Pfauentruthuhns gewonnen. Die gleiche Methode erwies sich nach GOOD u. DURANT beim China-Monal als relativ einfach. Der Hahn wurde 5 Wochen lang auf die durch Handmassage bewirkte Ejakulation vorbereitet, die dann 3mal wöchentlich an ihm vorgenommen wurde. Dazu waren 4 Personen notwendig: 2, die den erstaunlich kräftigen Vogel fixierten, eine, die den brustwärts auf dem Schoß liegenden Hahn durch Rücken- und Hinterleibsmassage zur Ejakulation brachte und eine 4., die das Ejakulat mit einer Spritze aufnahm. Überschüssiger Samen wurde zwecks späterer Verwendung tiefgefroren. Anders als etwa beim Kongopfau zeigte der Monalhahn bei der oft wiederholten Prozedur keinerlei Streßsymptome. Jede der beiden Hennen wurde 14 Tage nach Beginn der Legetätigkeit mehrfach wöchentlich, danach bis zum Ende der Legeperiode nur noch 1mal wöchentlich besamt. Da die Kloake beim China-Monal sehr weit ist, bereitet das Auffinden der Eileiteröffnung keine Schwierigkeiten. Der günstigste Zeitpunkt für eine Besamung ist unmittelbar nach einer Eiablage. Gelegte Eier wurden eingesammelt und später einem Kunstbrüter anvertraut. Von 7 Eiern beider Hennen waren 3 befruchtet, aus denen 1 Hahnen- und 2 Hennenküken schlüpften.

Weiterführende Literatur:

BAKER, E. C. ST.: The Fauna of British India, Birds Vol. V; Genus *Lophophorus*; pp. 334–338. Taylor & Francis, London 1928

DERS.: Game Birds of India, Burma and Ceylon, Vol. III; Genus *Lophophorus*; pp. 309–330. The Bombay Nat. Hist. Soc. 1930

BATES, R. S. P., LOWTHER, E. H. N.: Breeding Birds of Kashmir. Impeyan Pheasant, or Monal; pp. 280–282. Oxford University Press 1952

BEEBE, W.: A Monograph of the Pheasants. Bd. I; pp. 113–153. Witherby London 1921

CATLOW, P.: Displays of the Himalayan Monal *(L. impeyanus)* in captivity. WPA-Journal VII; pp. 92–95 (1981–1982)

CRANBROOK, cit. bei SALIM ALI, p. 91

DAVISON, G. W. H.: Geographical variation in *Lophophorus sclateri*. Bull. Brit. Orn. Club 94; pp. 163–164 (1974)

DERS.: Further notes on *L. sclateri*. Bull. Brit. Orn. Club 98; pp. 116–118 (1978)

DELACOUR, J.: The Pheasants of the World. 2. Edition; IV. The Monals – Genus *Lophophorus*; pp. 104–118. Spur Publications 1979

DIESSELHORST, G.: Beiträge zur Ökologie der Vögel Zentral- und Ost-Nepals in Khumbu Himal, Bd. 2, *Lophophorus impeyanus*; pp. 144–146. Uni. Verlg. Wagner Ges. GmbH, Innsbruck – München 1968

DÜRIGEN, B.: Die Geflügelzucht. V. Fasanen; Nr. 6 Glanz-Fasanen, 23. Der Glanzfasan oder Impey-Fasan, 24. Sclater's Glanzfasan; pp. 352–354. P. Parey Verlag, Berlin 1886

GASTON, A. J., GARSON, P. J., HUNTER, M. L.: Present distribution and status of Pheasants in Himachal Pradesh, Western Himalayas. WPA-Journal VI; Monal; pp. 15–19 (1980–1981)

GASTON, A. J., LELLIOTT, A. D., RIDLEY, M. W.: Display Flight of the male Monal Pheasant *(L. impeyanus)*. WPA-Journal VII; pp. 90–91 (1981–1982)

GASTON, A. J.: Census Techniques for Himalayan Pheasants including notes on individual species. WPA-Journal V; Monal or Impeyan – *L. impeyanus*; pp. 51–52 (1979/1980)

GOOD, J., DURRANT, B.: Artificial Breeding Success (Chin. Monal). ZooNooz LXI, No. 1, pp. 12–13, San Diego 1988

GRENVILLE ROLES, D.: Rare Pheasants of the World; Chapter 9, Monals *(L. sclateri u. L. lhuysii)*; pp. 52–55; Spur Publications 1976

GRUMMT, W.: The Bird Collection in the Peking Zoo. Avic. Mag. 66; pp. 130–131: Chinese Monal *(L. lhuysii)*; 1960

JOHNSGARD, P. A.: The Pheasants of the World. *Lophophorus*, pp. 102–112; Oxford Univ. Press, Oxford 1986

LELLIOTT, A. D., YONZON, P. B.: Studies of Himalayan Pheasants in Nepal. WPA-Journal V; pp. 23–25: Impeyan Pheasant. (1979–1980)

LIEBERMAN, A., KUEHLER, C.: The magnificent Chinese Monal. ZooNooz LXI, No. 1, pp. 6–11, San Diego 1988

LUDLOW, F., KINNEAR, N. B.: The Birds of Southeastern Tibet. Ibis 86; Sclater's Monal; p. 376 (1944)

PORTER, S.: Wanderings in the Far East. Avic. Mag. 5. Series, Vol. II; pp. 39–41: Chinese or L'Huys Monal *(L. lhuysii)*. 1937

SALIM ALI, RIPLEY, S. D.: Handbook of the Birds of India and Pakistan, Vol. 2; Genus *Lophophorus*; pp. 87–92; Oxford University Press, London – New York 1980

SCHÄFER, E.: Zur Lebensweise der Fasanen des chinesisch-tibetischen Grenzlandes. Journ. Ornith. 82; Der Glanzfasan *(Lophophorus l'huysii)*; pp. 493–497 (1934)

SMITHIES, B. E.: The Birds of Burma. Sclater's Monal Pheasant; pp. 442–443. Oliver & Boyd 1953

SOMMER, M.: Der Glanzfasan, seine Pflege und Zucht. Gef. Welt 64; pp. 213–214, 235–236 (1935)

DERS.: Die Aufzucht des Glanzfasans. Gef. Welt 64; pp. 356–357, 368–370 (1935)

WARD, F. K.: Some Observations on the Birds and Mammals of Imaw Bum (Burma). Journ. Bombay Nat. Hist. Soc. 27. Sclater's Monal; p. 754 (1921)

Hühnerfasanen

Engl.: Gallopheasants

Die Vertreter dieser aus 6 Gattungen mit 9 Arten bestehenden Gruppe fasanenartiger Hühnervögel weisen im Äußeren und Verhalten so viel Gemeinsames auf, daß DELACOUR alle in der Gattung *Lophura* vereinigt hat. Ob eine derartige Zusammenfassung berechtigt ist, soll in unserem Buch, das sich in erster Linie mit Pflege und Zucht, und nur soweit notwendig, mit Fragen der Systematik befassen will, nicht erörtert werden. Um dem Züchter und Liebhaber den Überblick über die Formen der Hühnerfasanen nicht unnötig zu erschweren, wurde deshalb die frühere Einteilung in mehrere Gattungen beibehalten.

Schwarz- und Silberfasanen
Gennaeus, Wagler 1832

Die Arten dieser Gruppe, deren bekanntester Vertreter der Silberfasan ist, weisen als gemeinsames Kennzeichen einen seitlich zusammengedrückten, dachförmigen Schwanz auf, der aus 16 Steuerfedern besteht. Den Scheitel ziert eine nach rückwärts auf den Nacken herabfallende Haube aus zerschlissenen Federn, und das Gesicht wird von einer nackten roten Haut eingenommen, die bei der Balz durch Blutfüllung anschwillt. Die Geschlechter sind sehr verschieden gefärbt.

Man unterscheidet die westliche Gruppe der dunkelfüßigen Schwarz- oder Kalij- (sprich: Kalei) Fasanen und die östliche Gruppe der rotfüßigen Silberfasanen. Wo Unterarten der beiden Gruppen an den Grenzen ihrer Verbreitungsgebiete aufeinanderstoßen, bilden sich regelmäßig Bastardierungszonen. Hybriden aus solchen Gebieten haben im 19. Jahrhundert häufig Anlaß zur Beschreibung neuer Unterarten gegeben, was schließlich ein heilloses Durcheinander in der Systematik verursachte.

Die Schwarz- und Silberfasanen sind vorwiegend Bewohner des Himalaja sowie der Gebirge Burmas, Vietnams, Laos, Kambodjas und Chinas.

Schwarzfasanen oder Kalijs
Gennaeus leucomelanos, Latham 1790

Die westliche Gruppe der Schwarzfasanen ist durch das überwiegend dunkle, schwarze oder dunkelblaue Gefieder der Hähne charakterisiert; die Kopfhaube der Kalijs ist länger und dünner als die der Silberfasanen, dazu stärker aufrichtbar als bei jenen. Sie erreichen die Geschlechtsreife schon im ersten Lebensjahr. Die Unterarten leben im westlichen Himalaja in Bergwäldern zwischen 350 und 3300 m Höhe, kommen weiter ostwärts auch in tieferen Lagen, in Burma in 900 m Höhe vor. Wegen ihres, im Vergleich zu vielen anderen Fasanenarten unscheinbaren Gefieders haben die Kalijs in Züchterkreisen keine große Verbreitung erlangen können.

Weißhaubenfasan
Gennaeus leucomelanos hamiltonii,
Gray 1829

Engl.: White-Crested Kalij.
Abbildung: Seite 548 unten links.
Heimat: Westlicher Himalaja vom Indus bis nach Nepal; Ostgrenze der Verbreitung vermutlich am Grograflluß.
Beschreibung: Der Hahn trägt eine Haube, deren weiße oder hellgraubraune Federn rückwärts bis über den Nacken fallen. Die großen nackten Gesichtslappen sind scharlachrot und mit winzigen schwarzen Federchen bedeckt. Stirn, Seiten des Oberkopfes sowie der Hals oben und an den Seiten und der Nacken sind glänzend schwarzblau; Vorderrücken stahlglänzend schwarzblau, mit feinen weißen Schaftlinien und braunen Endsäumen versehen. Gefieder des übrigen Rückens, des Bürzels und der kürzeren Oberschwanzdecken schwarzblau, an der Wurzel braun und mit breiten weißen Endsäumen ausgestattet; längste Oberschwanzdecken blauschwarz mit braunschwarzen und ganz feinen weißen Endsäumen; Schwingen dunkelbraun, die Armschwingen schwärzlicher, die innersten sowie die Außensäume der übrigen mit stahlblauem Glanz; Schwanzfedern stahlblauschwarz. Kinn, Kehle und Mitte des Vorderhalses rußschwarz oder dunkelbraun. Kropf und Brust bräunlichweiß, die Basis der verlängerten und lanzettförmigen Federn braun, deren Schäfte reinweiß, am Unterkörper in braun übergehend. Weichen und Unterschwanzdecken dunkelbraun mit stahlblauem Schimmer.

Die Färbung der Hauben- und Brustfedern ist sehr variabel. Hähne mit ganz weißer Haube sind am schönsten, kommen aber nicht gerade häufig vor. Iris braun bis orangefarben; Schnabel grünlichweiß, Füße grau bis hellbraun.
Länge 650 bis 730 mm; Flügel 225 bis 250 mm; Schwanz 230 bis 350 mm; Gewicht 910 bis 1080 g.
Bei der Henne ist die Scheitelhaube trübbraun mit hellen Federschäften; Oberseite rötlichbraun, die Federn mit schmalen weißen Schaftlinien und etwas grünlich-olivbraunen Säumen, außerdem nach den Spitzen zu fein schwärzlich punktiert. Mittelstes Schwanzfederpaar rötlichbraun mit rotbraunen Schäften und rostgelben Querwellen und Flecken. Äußere Schwanzfedern tiefbraun mit stahlblauem Glanz. Unterseite rötlichbraun mit weißen Schäften und rahmgelblichweißen Endsäumen; Mitte des Unterkörpers braun, die Federn weißlich gesäumt.
Länge 500 bis 600 mm; Flügel 203 bis 215 mm; Schwanz 205 bis 215 mm; Gewicht 564 bis 1024 g.
Beim Dunenküken sind Kopf und Oberrücken kastanienbraun; ein dunkler Streifen zieht vom Auge zum Nacken; übrige Oberseite dunkelbraun mit zwei seitlichen breiten weißlich isabellfarbenen Rückenbändern; Unterseite weißlich; Flügelchen braun und isabellfarben gesprenkelt; Füße rötlich fleischfarben.
Gelegestärke 9 bis 15; Ei cremeweiß bis isabellfarben wie bei der Haushenne (50 mm × 37 mm).
Lebensgewohnheiten: Der Weißhaubenfasan ist ein häufiger Hühnervogel der westlichen Himalajaberge in Höhenlagen zwischen 350 und 3350 m. Er bewohnt alle Waldtypen, wenn sie nur dichten Unterwuchs und Farngestrüpp aufweisen. In den Morgen- und Abendstunden begeben sich die Vögel paar- und truppweise auf offenes Gelände, wie Felder und Wegraine. Sie scharren nicht nur nach Hühnermanier im Erdreich, sondern benutzen auch viel ihre Schnäbel als Grabwerkzeug. Die Brutzeit dauert je nach der Höhenlage des Wohngebietes von März bis Juni. Die sehr kampflustigen Hähne schlagen nach Art der Jagdfasanen hörbar mit den Flügeln und führen eine einfache Seitenbalz aus; sie heben die Haube, breiten die Schwanzfedern vertikal aus und laufen kluckend und schwanzschüttelnd seitlich um die Henne herum. Der Hahn lebt in freier Wildbahn immer nur mit einer Henne zusammen. Diese scharrt unter überhängenden Felsen, Buschwerk oder Grasbülten die flache Nestmulde aus. Vollständige Gelege bestehen im Durchschnitt aus 6 bis 9 Eiern, aus denen nach 24- bis 25tägiger Bebrütungsdauer die Küken schlüpfen. Diese werden (immer?) von beiden Eltern geführt.
Haltung: Der Weißhaubenfasan gelangte erstmalig im Jahre 1857 in den Londoner Zoo, wo er bereits im folgenden Jahr zur Brut schritt. Im Wesen und Verhalten unterscheidet er sich kaum vom Silberfasan; wie dieser ist er wetterfest und robust, anspruchslos und leicht züchtbar. Obwohl in seiner Heimat streng monogam lebend, kann man dem Hahn 2 Hennen beigesellen. Die ausgeprägte Neigung zum Scharren im Boden, in welchen er tiefe Löcher gräbt, läßt den Weißhaubenfasan als Wurm- und Wurzelfresser erkennen. Auch Eicheln nimmt er gern.
Gegenüber anderen Volierenbewohnern sind Weißhaubenfasanen sehr unverträglich. Beide Geschlechter sind schon im ersten Lebensjahr fortpflanzungsfähig.
Wie aus einer weltweiten Umfrage der WPA hervorgeht, wurden 1982 insgesamt 224 Weißhaubenfasanen gehalten, davon 115 in den USA, 53 in Europa, je 22 in Kanada und Südafrika, 10 in Lateinamerika (Mexiko) und 2 in Asien.

Nepalfasan
Gennaeus leucomelanos leucomelanos, Latham 1790

Engl.: Nepal Kalij.
Abbildung: Seite 547 oben.
Heimat: Nepal vom Gagrafluß im Westen zum Arunfluß im Osten.
Beschreibung: Diese Unterart unterscheidet sich im männlichen Geschlecht vom Weißhaubenfasan durch die etwas kürzere und einfarbig schwarze Haube sowie die schmäleren weißen Säume auf Unterrücken, Bürzel und kleinen Oberschwanzdecken. Das stärker glänzende Gefieder der Mantelregion besitzt wenige oder gar keine grauen Ränder, und die hellen Spitzen der Brustfedern sind kürzer.
Länge 230 bis 260 mm; Flügellänge 216 bis 230 mm; Schwanz 250 bis 305 mm; Gewicht 795 bis 1140 g.
Die Henne ist dunkler braun als die des Weißhaubenfasans, wodurch die hellgrauen Federränder stärker hervortreten.
Flügellänge 204 bis 211 mm.
Lebensgewohnheiten: Nepalfasanen bewohnen Gebirgswälder in 1000 bis 3000 m Höhe und kommen im Winter in die Täler herab. Die Lebensweise unterscheidet sich nicht von der des Weißhaubenfasans.

Haltung: Der Nepalfasan wurde etwa um die gleiche Zeit wie der Weißhaubenfasan nach England importiert und in der Folgezeit vielfach gezüchtet.
Wie aus einer weltweiten Umfrage der WPA hervorgeht, wurden 1982 insgesamt 454 Nepalfasanen gehalten, davon 194 in Europa, 210 in Australien, 18 in Lateinamerika (Mexiko), 16 in den USA, 14 in Asien und 2 in Kanada.

Schwarzrückenfasan
Gennaeus leucomelanos melanotus,
Hutton 1848

Engl.: Black-Backed Kalij.
Heimat: Sikkim und westliches Bhutan. Die Ostgrenzen des Verbreitungsgebietes sind nur ungenau bekannt und dürften am Mo-Chu und Sankosh-Fluß liegen.
Beschreibung: Der Hahn ist von dem des Nepalfasans durch das schwarzblaue Bürzel- und Oberschwanzdeckengefieder unterschieden, welches samtschwarze statt weiße Endsäume besitzt; die Mantelregion ist glänzend blauschwarz ohne eine graueRänderung. Die Haube ist wesentlich kürzer, der Schwanz kürzer und gerader als bei den beiden vorher beschriebenen Unterarten.
Länge 600 bis 680 mmm; Flügellänge 233 bis 248 mm; Schwanz 238 bis 300 mm; Gewicht 1080 bis 1150 g.
Die Henne ist noch dunkler als die des Nepalfasans mit heller, fast weißer Säumung der Federn und weißlicher Kehle.
Flügellänge 211 bis 222 mm; Gewicht 848 bis 1025 g.
Lebensgewohnheiten: Schwarzrückenfasanen bewohnen Himalajavorberge in Lagen ab 100 bis 2700 m, am häufigsten zwischen 600 und 1800 m. Habitate sind von dichter Vegetation überwucherte Steilschluchten an Berghängen in der Nachbarschaft von Bächen und Kulturland, meist Terassenfeldern. Morgens und abends begeben sie sich zur Futtersuche auf Lichtungen, Felder und Dschungelpfade.
Die Brutzeit währt in Sikkim von März bis Mai.
Haltung: Schwarzrückenfasane gelangten erstmalig 1857 in den Londoner Zoo, wo sie im darauffolgenden Jahre gezüchtet wurden. In der Folgezeit waren sie bei europäischen Züchtern und in den Zoologischen Gärten häufig anzutreffen.
Gegenwärtig werden sie wohl in keiner Sammlung mehr gehalten.

Moffitt-Fasan
Gennaeus leucomelanos moffitti,
Hachisuka 1938

Engl.: Black Kalij, Moffitt's Kalij Pheasant.
Heimat: Von dieser Unterart wurde bisher nur 1 Wildexemplar im Pe-Chu-Tal Mittel-Bhutans von K. S. RANJITSINHJI OF WANKANER im Juni 1965 gesammelt.
Beschreibung: Geschlechter verschieden gefärbt. Das Gefieder des Hahnes ist vollständig schwarz mit stahlblauem Glanz auf Brust und Oberseite. Er hat den schwarzen Rücken der Unterart *melanotus* und die schwarze Brust von *lathami,* doch sind die Brustfedern lanzettförmig zugespitzt und weisen schwache weiße Schäftung auf. Unbefiederte Orbitalhaut scharlach- bis karminrot, Schnabel grünlich hornfarben mit schwarzer Basis und hellerer Spitze; Beine schiefergrau oder grünlichbraun; Iris haselbraun bis orangebraun.
Länge 60 bis 68 mm; Flügel 242 mm; Schwanz ca. 284 mm.
Weibchen gleichen im wesentlichen denen von *melanotus,* doch ist die Kehle einfarbig isabellfarben, und die mittleren Schwanzfedern sind wie bei Horsfield-Hennen zart schwarz getüpfelt (Pfeffermuster), nicht wellengebändert.
Subadulte gleichen denen von *melanotus.*
Dunenküken gleichen denen von *melanotus,* sind aber in der Rückenfärbung inkonstant, manchmal dunkler, manchmal heller braun. Ei rötlich isabellfarben, dunkler als das von *G. l. melanotus.*
Lebensgewohnheiten: Unbekannt.
Haltung: Über diese interessante Unterart schrieb der japanische Ornithologe Marquis HACHISUKA 1939, daß der amerikanische Fasanenzüchter LELAND SMITH in Fair Oaks (Kalifornien) 1934 von einem Händler in Kalkutta 1 Paar bislang unbekannter Hühnerfasanen erhalten habe, dessen Henne schon 1935 Eier legte. Die Erbrütungszeit der Küken betrug 23 Tage, und 2 Nachzuchtpaare erreichten Geschlechtsreife. Sie erwiesen sich als mit den Elternvögeln völlig identisch. 1937 pflanzte sich das Importpaar erneut fort, und als die Junghähne im Oktober das Adultgefieder anlegten, glich dieses wiederum hundertprozentig dem des Importhahns. Demnach handelte es sich bei den Vögeln um eine bislang unbekannte Unterart von *G. leucomelanos,* deren exakte Herkunft innerhalb Nordindiens indessen lange unbekannt blieb. Aufgrund der Färbung beider Geschlechter war sie zwischen *G. l. melanotus* und *G. l. lathami* einzuordnen, und ihr

Verbreitungsgebiet mußte zwischen denen dieser beiden Unterarten in Bhutan liegen, eine Annahme, die sich 1965 bestätigte. HACHISUKA benannte die neue Unterart 1938 zu Ehren von JAMES MOFFITT, der an der California Academy of Science lehrte. Nach seiner Rückkehr aus den USA fand HACHISUKA zu seiner Überraschung in der Fasanerie des Prinzen TAKA TSUKASA den gleichen Fasan vor, den dieser und 2 weitere japanische Ziergeflügelzüchter bereits seit 6 oder 7 Jahren besessen und gezüchtet hatten. Auch in Japan hatte sich die Nachzucht durchweg als reinerbig erwiesen.

Wie eine weltweite Umfrage der WPA ergab, wurden 1982 insgesamt 26 Moffitt-Fasanen gehalten, davon 22 in Lateinamerika und 4 in Europa.

Horsfield-Fasan
Gennaeus leucomelanos lathami, Gray 1829

Engl.: Black-Breasted Kalij.
Abbildung: Seite 548 unten rechts.
Heimat: Ost-Bhutan, Nord-Assam ostwärts bis Burma östlich des Irawaditales, südwärts bis Tschittagong und Arrakan.
Beschreibung: Der Hahn unterscheidet sich von den vorher beschriebenen Unterarten durch die aufrechter getragene Haube, den kürzeren und graderen Schwanz sowie längere Läufe; das Gefieder ist schwarz mit stahlblauem und purpurfarbenem Schimmer auf Brust und Oberseite; die Federn des Unterrückens, Bürzels sowie der Oberschwanzdecken tragen breite weiße Säume.
Länge 600 bis 680 mm; Flügel 210 bis 240 mm; Schwanz 210 bis 295 mm; Gewicht 1025 bis 1700 g.
Hennen unterscheiden sich von denen des Schwarzrückenfasans durch die aufrechter getragene Haube und den kürzeren Schwanz, dessen mittlere Federpaare fein und unauffällig schwarz gewellt sind. Kehle isabellbraun, die Federn mit schmaleren und helleren Säumen, welche in der Mantelregion fast unsichtbar werden.
Flügellänge 205 bis 230 mm; Schwanz 190 bis 225 mm; Gewicht 715 bis 750 g.
Dunenküken sind oberseits satt kastanienbraun gefärbt mit dunklem Scheitelfleck und schwärzlichem Augen-Nackenstreif; Rückenbänder und Unterseite aschgrau isabellfarben, die Brust rotbraun überhaucht.
Lebensgewohnheiten: Horsfield-Fasanen bewohnen Wälder der Niederungen und der niedrigen Vorgebirgszüge; nur in wenigen Gebieten dringen sie auch in die Hochgebirgsregionen ein und werden beispielsweise in Bhutan in Höhen von 1600 m angetroffen. Von den anderen Unterarten unterscheidet sich der Horsfield-Fasan durch besonders aufrechte Körperhaltung, mehr abwärts gehaltenen kürzeren Schwanz, die oft senkrecht gesträubte Kopfhaube und auffällige Langbeinigkeit.
Haltung: Horsfield-Fasane gelangten erstmalig im Jahr 1857 in den Londoner Zoo, wo sie bald danach gezüchtet wurden. In den Fasanerien der großen Zoologischen Gärten Europas fehlte der Horsfield-Fasan vor 1914 selten und wurde auch später noch mehrfach importiert. Wegen seiner einförmig dunklen Gefiederfärbung hat er jedoch in Züchterkreisen wenig Verbreitung gefunden. Wie die anderen Kalijfasanen züchtet auch diese Unterart bereits im 1. Lebensjahr. Hähne sind ihren Hennen gegenüber nicht immer friedfertig.

Wie aus einer weltweiten Umfrage der WPA ersichtlich, wurden 1982 insgesamt 67 Horsfield-Fasanen gehalten, davon 55 in Europa, 9 in den USA und 3 in Kanada.

William-Fasan
Gennaeus leucomelanos williamsi, Oates 1898

Engl.: William's Kalij.
Heimat: Oberburma zwischen Manipur und dem Irawadifluß in Höhen zwischen 1500 und 2100 m.
Beschreibung: Beim Hahn sind Haube und Unterseite vom Kinn zum Bauch schwarz; Ohrdecken braun, schwarz gesprenkelt. Seiten- und Hinterhals blauschwarz, fein weiß gestrichelt; Oberrücken, Schultern und Flügel purpurschwarz mit weißen Federschäften und 4 schmalen unregelmäßigen weißen Linien auf jeder Feder; Gefieder des Unterrückens, Bürzels sowie der Oberschwanzdecken von gleicher Farbe, jedoch mit weißer Endsäumung der Federn wie beim Horsfield-Fasan. Schwanz schwarz, weiß gestrichelt.
Flügellänge 223 bis 247 mm.
Die Henne ähnelt am meisten der des Horsfield-Fasans, ist jedoch viel heller, so hellbraun wie die Weißhaubenhenne, von der sie sich jedoch durch die einförmige Gesamtfärbung und die längeren Läufe unterscheidet.
Flügellänge 206 bis 247 mm.
Der William-Fasan gleicht mit seiner grau erschei-

nenden Oberseite dem Oates-, Strichel- und Crawfurdfasan, unterscheidet sich jedoch von diesen Unterarten durch den kürzeren, ganz gestrichelten Schwanz sowie die breite weiße Säumung des Unterrücken- und Bürzelgefieders.
Lebensgewohnheiten: Nicht von anderen Unterarten verschieden.
Haltung: Nichts bekannt.

Oates-Fasan
Gennaeus leucomelanos oatesi,
Ogilvie-Grant 1893

Engl.: Oates's Kalij.
Heimat: Arrakan (Burma). An der Westgrenze seines Verbreitungsgebietes vermischt er sich mit dem Horsfield-, an der Ostgrenze mit Williams-Fasan.
Beschreibung: Beim Hahn sind Haube und Unterseite schwarz; Brustseitenfedern lanzettförmig mit weißen Schaftstreifen; Oberseite trübschwarz, fein weiß gestrichelt, dadurch von weitem einfarbig grau erscheinend; Unterrücken- und Bürzelgefieder schmal weiß gesäumt. Mittlere Schwanzfedern auf den Innenfahnen weißlich isabellfarben, schwarz gewellt.
Schnabel grünlichweiß mit dunklerer Basis, Iris gelbbraun; Füße sehr unterschiedlich gefärbt, grünlich, schwärzlichgrau oder braun.
Flügellänge 205 bis 295 mm; Schwanz 275 bis 300 mm.
Die Henne steht färbungsmäßig etwa in der Mitte zwischen Horsfield- und Strichelhenne. Oberseite rötlichbraun mit helleren Federsäumen, unterseits auf Brust- und Seitenregion mit schmalen isabellfarbenen Schaftstrichen. Alle Schwanzfedern rotbraun oder kastanienbraun mit unregelmäßig dunkelbrauner oder schwarzer Bänderung.
Flügellänge 205 bis 225 mm; Schwanz 201 bis 234 mm.
Lebensgewohnheiten: Oates-Fasanen bevorzugen mittlere Höhenlagen wie die anderen Schwarzfasanen; besonders aber schätzen sie mit Buschwerk, Gras und bambusbestandene felsige Berghänge.
Haltung: Nichts bekannt.

Strichelfasan
Gennaeus leucomelanos lineatus,
Vigors 1830–31

Engl.: Lineated Kalij.
Abbildung: Seite 547 unten.
Heimat: Pegu und Nord-Tenasserim bis Nordwest-Thailand, wo die südliche Verbreitungsgrenze mit der des Crawfurd-Fasans zusammenfällt. Im Grenzgebiet, beispielsweise dem Raheng-Distrikt, hybridisieren beide Unterarten.
Beschreibung: Beim Hahn sind Hals und Unterseite schwarz, während die Oberseite sehr zart schwarzweiß gestrichelt ist, was in einiger Entfernung einen grauen Farbton ergibt. Flügel und Schwanz sind breiter gestrichelt, die mittleren Schwanzfedern heller, auf den Innenfahnen und der Spitzenregion rein isabellweiß; Schnabel grünlichweiß, seine Basis dunkler; Iris gelblichbraun, Füße grünlich, bräunlichgrau oder bläulich.
Länge 630 bis 740 mm; Flügel 220 bis 260 mm; Schwanz 230 bis 345 mm.
Bei der Henne ist die Oberseite goldbraun, die Haube dunkler; Hals und Oberrücken sind mit weißen, schwarz gesäumten, V-förmigen Schaftstrichen ausgestattet; Federn der übrigen Unterseite hellgrau gespitzt. Längere Schwanzdecken hellbraun mit schwarzer Wellenmusterung, die vier mittleren Schwanzfedern isabellfarben mit schwarz gefleckter Basalfläche, die übrigen dunkel kastanienbraun, schwarz und weiß gestreift und bekritzelt. Kehle und Kinn weißlich. Unterseite kräftig braun, alle Federn mit auffälligen weißen lanzettförmigen Mittelflecken versehen. Unterschwanzdecken rötlich kastanienbraun, weiß gestreift.
Länge 540 bis 560 mm; Flügel 203 bis 235 mm; Schwanz 220 bis 235 mm.
Dunenküken weisen das typische Kalij-Muster auf. Der Scheitel ist satt braunrötlich, Hinterkopf- und Hinteraugenstreif sind kastanienbraun. Oberseite im übrigen braunrot, die Unterseite isabellweißlich. Gelegestärke 5 bis 10; Ei hell isabellfarben bis dunkelrötlich mit weißen Poren (50 mm × 37 mm).
Lebensgewohnheiten: Strichelfasanen bevorzugen hügeliges, mit dichtem Buschwerk bestandenes Gelände, vor allem wenn felsige Schluchten und mit dichtem Bambus bewachsene Flußufer vorhanden sind. Man hat sie dort häufig in größeren Gesellschaften angetroffen.
Haltung: Die ersten Strichelfasanen gelangten im Jahre 1864 in den Londoner Zoo, wo sie ab 1868 im Freilauf gehalten wurden und regelmäßig im Garten

brüteten. Infolge ihrer leichten Züchtbarkeit waren sie später regelmäßig in den Fasanerien vertreten, wurden aber bald so häufig mit anderen Unterarten der Schwarz- und Silberfasanengruppe gekreuzt, daß reinblütige Vögel immer seltener erhältlich waren.

Als untrügliche Merkmale des reinblütigen Strichelfasans gibt DELACOUR die sehr feine Strichelzeichnung und die überwiegend isabellweißen mittleren Schwanzfedern sowie bei der Henne die V-förmige weiße Zeichnung der Unterseite an.

Aus einer weltweiten Umfrage der WPA geht hervor, daß 1982 insgesamt 166 Strichelfasanen gehalten wurden, davon 81 in Europa, 66 in Asien, 15 in Kanada und 4 in den USA.

Crawfurd-Fasan
Gennaeus leucomelanos crawfurdi,
Gray 1829

Engl.: Crawfurd's Kalij.
Heimat: Tenasserim und West-Thailand. Nur im Norden des Verbreitungsgebietes mit dem Strichelfasan zusammentreffend.
Beschreibung: Der Hahn unterscheidet sich von dem des Strichelfasans durch folgende Merkmale: Die schwarze Gefiederzeichnung und die weißen Zwischenräume auf der Oberseite sind breiter; das Gleiche ist bei den weißen Streifen auf den lanzettförmigen Federn der Körperseiten der Fall. Der Schwanz ist kürzer, die Farbe der Beine recht unterschiedlich: Sie können graubraun, rosarot, gelegentlich auch kräftig rot gefärbt sein. Letzteres deutet bereits auf die Silberfasanengruppe hin, so daß man den Crawfurd-Fasan als ein Bindeglied zwischen der Schwarz-Strichelfasan- und der Silberfasangruppe ansehen kann.

Flügellänge 240 bis 250 mm; Schwanz 270 bis 290 mm.

Die Henne ist oberseits viel dunkler als die des Strichelfasans, die V-förmige weiße Gefiedermusterung breiter; Gefieder der Unterseite schwarz, die Federn in der Mitte mit V-förmiger weißer Zeichnung versehen und dunkelkastanienbraun gesäumt.
Lebensgewohnheiten: Von denen des Strichelfasans, mit dem er sich im Norden seines Verbreitungsgebietes vermischt, nicht verschieden. Gemeinsame Grenzen mit einer Unterrart der Silberfasanengruppe bestehen nicht.
Haltung: Nichts bekannt.

Silberfasanen
Gennaeus nycthemerus, Linné 1758

Engl.: Silver Pheasants.
Die sich ostwärts an die Schwarzfasanengruppe anschließenden Silberfasanen sind im männlichen Geschlecht durch eine dichte schwarze, nicht aufrichtbare Kopfhaube sowie die karminroten Füße charakterisiert. Die Hähne sind polygyn und werden erst im 2. Lebensjahr geschlechtsreif. Silberfasanen sind Gebirgswaldbewohner, die in Höhenlagen zwischen 600 und 2100 m leben. Sie verbreiten sich über Teile Burmas, Thailands, Indochina und Süd-China sowie die Insel Hainan.

Silberfasan
Gennaeus nycthemerus nycthemerus,
Linné 1758

Engl.: Common Silver Pheasant.
Abbildung: Seite 548 oben.
Heimat: In Süd-China die Provinzen Kwangtung und Kwangsi, in Vietnam Ost-Tongking westwärts bis zum Roten Fluß, wo er mit dem Beaulieu-Silberfasan hybridisiert. Nordwärts in Nord-Kwangtung soll er sich mit dem Fukien-Silberfasan mischen.
Beschreibung: Beim Hahn sind die langen zerschlissenen Federn der dichten Kopfhaube, Kinn, Kehle, Vorderhals und Unterseite tief blauschwarz; Oberseite reinweiß, auf Rücken und Flügeln mit dünnen schwarzen, V-förmig im Winkel zusammenlaufenden Linien versehen, deren Breite nach den Flügeln hin zunimmt. Mittleres Paar der langen Schwanzfedern reinweiß mit wenigen dünnen schwarzen Linien an der Basis der Außenfahnen; nackte, in der Balz dehnbare Gesichtslappen lebhaft scharlachrot; Iris orangegelb, Schnabel grünlichweiß mit dunklerer Basis, Füße leuchtend karminrot.

Diese Unterart ist die größte und weißeste der ganzen Gruppe; auch ist bei ihr die schwarze Gefiederzeichnung am feinsten ausgebildet.

Länge 920 bis 960 mm; Flügel 265 bis 297 mm; Schwanz 600 bis 750 mm; Gewicht 1600 g.

Bei der Henne ist das Gefieder einfarbig olivbraun, mit undeutlicher dunkler Sprenkelung und hellen Federschäften versehen; Haubenfedern mit schwarzen Spitzen; Kinn und Kehle weißlichgrau gesprenkelt; Bauch und Unterleib braun, manchmal weiß oder hellgrau gestrichelt. Äußere Schwanzfedern braun, schwarz und weiß gebändert, die mittleren braun, dunkel gewellt.

Flügel 240 bis 260 mm; Schwanz 240 bis 320 mm; Gewicht 1300 g.

Das Dunenküken hat einen hellgoldbraunen Kopf mit dunkler Scheitel-Nackenbinde und schwarzer Augen-Nackenbinde. Rücken dunkelbraun mit 2 seitlichen isabellweißen Linien versehen; Unterseite weißlich-isabellfarben, Brust gelb.

Gelegestärke 6 bis 8; Ei hell- bis dunkelrosigisabellfarben (51 mm × 39 mm).

Lebensgewohnheiten: Der Silberfasan bewohnt Gebirgswaldungen, Bambushaine, dichten Busch und Farndickungen. DELACOUR traf ihn in Tongking von den Vorgebirgswäldern aufwärts bis zu Höhen von 1500 bis 1800 m an. Die Vögel traten gewöhnlich truppweise auf und waren nicht scheu. In seinem riesigen Verbreitungsgebiet ist der Silberfasan gebietsweise noch recht häufig.

Haltung: Der südchinesische Silberfasan ist nicht nur der bekannteste, sondern unbestritten auch der schönste Vertreter seiner Gruppe. Das künstlerisch so hochbegabte Kulturvolk der Chinesen hat den Vogel schon vor 5000 Jahren in der Poesie verherrlicht und seine dekorative Erscheinung häufig in der Malerei abgebildet. Im 18. Jahrhundert wird der Silberfasan bereits häufig in England und Frankreich gezüchtet; als einer der beliebtesten Zierfasanen Europas hat er seine Stellung bis in die Gegenwart behauptet.

Silberfasanen gehören zu den anspruchslosen Vertretern des Fasanengeschlechts. Sie sind bei uns wetterhart und stellen an die Pflege kaum höhere Ansprüche als das Haushuhn; auch für den Freilauf eignen sie sich ausgezeichnet und können wegen ihrer Widerstandsfähigkeit und Genügsamkeit jedem Anfänger in der Fasanenliebhaberei wärmstens empfohlen werden. Allerdings sind die Hähne sehr kampflustig und sollen deshalb nicht mit Männchen anderer Hühnervogelarten zusammen gehalten werden, auch dann nicht, wenn diese größer und stärker erscheinen. Selbst im Freilauf macht sich die Rauflust der Silberfasanenhähne gegen anderes Geflügel, besonders gegen nahe Verwandte, manchmal störend bemerkbar.

Da der Silberfasan polygyn ist, gesellt man ihm gewöhnlich mehrere Hennen zu. Diese sind untereinander verträglich, dem Pfleger gegenüber weder scheu noch stürmisch, außerdem zuverlässige Brüterinnen, die selbst Eingriffe am Nest nicht übelzunehmen pflegen. Man kann daher Silberfasanenhennen gut zur Erbrütung von Gelegen anderer Fasanenarten verwenden.

Meist schon gegen Ende April, spätestens aber Anfang Mai, beginnt die Legezeit. Soll die Fasanenhenne das Brutgeschäft selbst übernehmen, empfiehlt es sich, den Hahn zu entfernen, weil Silberfasanenhähne leider nur allzu häufig Eierfresser sind. Sie zerstören nicht nur ganze Gelege, sondern verführen durch ihr böses Beispiel auch noch die Hennen zu dieser Untugend.

Da die Silberfasanhenne meist pünktlich zwischen 5 und 7 Uhr abends legt, verursacht das Einsammeln der Eier keine große Mühe. Erfolgt die Eiablage, wie es meist bei den ersten Eiern der Fall zu sein pflegt, wahllos an verschiedenen Stellen des Geheges, so wird das Ei nur aufgenommen. Hat sich die Henne jedoch eine Bodenmulde geschart, zu der sie immer wieder zurückkehrt, dann sind die gelegten Eier gegen künstliche auszutauschen, um erst wieder bei beginnender Brut durch die echten ersetzt zu werden. Aber auch dann noch hat der Züchter seinen Tieren erhöhte Aufmerksamkeit zu schenken. Es kommt nämlich vor, daß andere Hennen über die Eier herfallen, wenn die brütende Henne ihr Nest zur Nahrungsaufnahme verlassen hat. In solchen Fällen sind entsprechende Absperrmaßnahmen zu treffen.

Die Gelegestärke ist beim Silberfasan sehr unterschiedlich und beträgt im Mittel 6 bis 8 Eier. Gute „Legehennen" bringen es jedoch auf 15 Eier, vor allem, wenn sie ein eiweißreiches Futter erhalten. Nach 25 Tagen schlüpfen die Küken. Diese sind sehr schnellwüchsig, wenig empfindlich und stellen an den Züchter nicht viel höhere Anforderungen als Hühnerküken. Das Geschlecht läßt sich schon im Alter von etwa 6 Wochen erkennen. Dann sind bei den Hähnchen die Schwanzdeckfedern grob gemasert, bei den Hennchen dagegen fein grau gesprenkelt. Auch die dunklere Brustfärbung kennzeichnet den Hahn. Dieser legt im Herbst des 2. Lebensjahres das schwarzweiße Prachtkleid an und ist im Alter von 2 Jahren zuchtfähig. Die Junghenne bringt schon nach einem Jahr ihr erstes, allerdings noch kleines Gelege.

Nach FLOWER erreichten 20 Silberfasanen in England ein Durchschnittsalter von 12 Jahren und 10¾ Monaten.

Kweitschau-Silberfasan
Gennaeus nycthemerus rongjaingensis,
Tan Yao Kuang u. Wu Zhu Kang 1982

Engl.: Kweichow Silver Pheasant.
Heimat: Das Gebiet von Rang Jaing (ehemals Lungtschang) in der chinesischen Provinz Kweitschau, südlich Szetschuans und des Jangtse-Flusses. 1982 gaben die chinesischen Ornithologen TAN YAO KUANG und WU ZHU KANG von der *Academia Sinica* bekannt, daß sie in dem oben genannten Gebiet eine neue Unterart des Silberfasans entdeckt hätten, die sich in mehreren Merkmalen vom nördlicher lebenden Szetschuan-Silberfasan *(G. n. omeiensis)* unterscheide. Worin diese Unterschiede bestehen, ist uns nicht bekannt.

Szetschuan-Silberfasan
Gennaeus nycthemerus omeiensis, Cheng, Chang u. Tang 1964

Engl.: Szechwan Silver Pheasant.
Heimat: Der Osten der Provinz Szetschuan im Gebiet westlich und östlich der Vereinigung der Flüsse Ya Tung und Min in Gebirgslagen von 1000 m Höhe.
Beschreibung: Hähne ähneln denen der Nominatform, besitzen jedoch längere Schwanzfedern, die mit Ausnahme der beiden mittleren, wie bei *G. n. nycthemerus* auf weißen Grund schwarz gezeichneten Federpaare vorwiegend schwarz gefärbt sind. Das kurze äußere Schwanzfederpaar ist vollständig schwarz, und die 3 nach innen folgenden Paare weisen zunehmend größer werdende graugestreifte Bezirke entlang der Basis der unteren und inneren Federfahnen auf.
Schwanzlänge 676 mm.
Hennen sind mit Ausnahme einiger zart grau gesprenkelter Bezirke auf den äußeren schwarzen Schwanzfedern einfarbig dunkelbraun. Junghähne sind im Vergleich mit denen der Nominatrasse einfarbiger braun und tragen wie die adulten Hähne schwarze äußere Schwanzfedern.
Lebensgewohnheiten: Nichts bekannt.
Haltung: Über eine Haltung außerhalb Chinas ist nichts bekannt. 8 Silberfasanen dieser Unterart waren bereits 1932 von einer amerikanischen Expedition unter F. T. SMITH in den gleichen Gebieten Szetschuans gesammelt, aber nicht als neue Unterart erkannt worden, obwohl ein Bericht über diese Expedition in der Fieldiana Zoology, Chicago, veröffentlicht worden war.

Fukien-Silberfasan
Gennaeus nycthemerus fokiensis,
Delacour 1948

Engl.: Fokien Silver Pheasant.
Heimat: Nord-Fukien und Tschekiang; die Unterart dürfte in Nord-Tschekiang mit dem gemeinen Silberfasan hybridisieren, doch sind die Verbreitungsgrenzen noch ungenügend bekannt.
Beschreibung: Diese weiter nördlich lebende Unterart ist von der Nominatform nur wenig durch die feine schwarze Linienzeichnung des weißen Hinterhalses, die breitere V-förmige Zeichnung der Oberseite und die wellig verlaufende Musterung auf der basalen Hälfte der Außenfahnen der mittleren Schwanzfedern unterschieden.
Flügellänge 261 bis 287 mm; Schwanz 250 bis 260 mm.
Hennen dieser Unterart sind sehr dunkelolivbraun gefärbt mit nur schwacher graulichweißer Punktierung und Kritzelmusterung der Unterseite.
Flügellänge 220 bis 240 mm; Schwanz 250 bis 260 mm.
Lebensgewohnheiten: Nichts bekannt.
Haltung: Dieser erst 1948 von DELACOUR als selbständige Unterart beschriebene Silberfasan ist sehr wahrscheinlich schon importiert worden, dann aber durch Kreuzung mit der Nominatform wieder verlorengegangen.

Hainan-Silberfasan
Gennaeus nycthemerus whiteheadi,
Ogilvie-Grant 1899

Engl.: Hainan Silver Pheasant.
Heimat: Die Gebirge der Insel Hainan im Golf von Tongking.
Beschreibung: Bei dieser kleinen Inselform sind Seiten- und Hinterhals wie beim gewöhnlichen Silberfasan reinweiß; die weiße Oberseite wird von breiteren V-förmigen Bändern bedeckt, deren Dicke schwanzwärts zunimmt. Seiten- und Flankengefieder mit breiten weißen Schaftstrichen; mittlere Schwanzfedern fast reinweiß, das zweite Paar nur an den Innenfahnen weiß, die übrigen Schwanzfe-

dern mit breiten schwarzen Bändern versehen.
Länge 900 mm; Flügel 245 bis 255 mm; Schwanz 520 bis 530 mm.

Die Henne ist auffällig abweichend von den übrigen Unterarten des Silberfasans gefärbt. Der Oberkopf nebst der kurzen dichten Haube sind dunkelkastanienbraun mit hellerer Federmitte; Federn des Kinns, der Kehle, des Gesichtes hell graulichbraun mit weißer Mitte; Oberrücken und Unterseite schwarz, jede Feder mit breitem weißem Mittelfleck versehen, wodurch das ganze Gefieder ein geflecktes Aussehen erhält. Übrige Oberseite dunkelkastanienbraun, ganz zart schwarz bekritzelt; Schultern, Flügeldecken und Rückengefieder mit weißen Federschäften versehen; mittlere Schwanzfedern kastanienbraun mit schwarzem Kritzelmuster, die übrigen Schwanzfedern einfarbig kastanienbraun; Färbung der Weichteile wie bei den übrigen Unterarten.
Länge 520 mm; Flügel 205 bis 210 mm; Schwanz 225 bis 230 mm.
Lebensgewohnheiten: Nichts bekannt.
Haltung: Nichts bekannt.

Beaulieu-Silberfasan
Gennaeus nycthemerus beaulieui,
Delacour 1948

Engl.: Lao Silver Pheasant.
Heimat: Nord-Laos, Südost-Yünnan, West-Tongking, Nord-Annam. Das Verbreitungsgebiet schließt sich südlich an das des gewöhnlichen Silberfasans an. Am Roten Fluß, wo die beiden Unterarten aufeinandertreffen, kommt es zu Bastardierungen.
Beschreibung: Beim Hahn sind Seiten- und Hinterhals reinweiß. Die schwarze Gefiederzeichnung ist stärker ausgebildet als beim gewöhnlichen Silberfasan, jedoch schwächer als beim Hainan-Silberfasan. Seiten- und Flankengefieder mit breiten weißen Schäften; Schwanz ziemlich kurz und in der Länge stark individuell variierend.
Flügellänge 270 bis 290 mm; Schwanz zwischen 430 und 620 mm.

Die Henne ähnelt am meisten der des Jones-Silberfasans, jedoch besteht die Fleckung der Unterseite aus 4 bis 5 unregelmäßig V-förmigen Bändern, die in der Breite stark variieren und dazu oft stark unterbrochen sind; bei Weibchen aus südwestlichen Teilen des Verbreitungsgebietes kommt sogar Netzzeichnung vor. Gefiedergrundfarbe dunkelbraun mit hell isabellfarbener bis weißer Bänderung; Handschwingen, Armschwingen und die mittleren Schwanzfedern sind schwarz, braun und weiß getüpfelt und gebändert.
Flügellänge 245 bis 270 mm; Schwanz 265 bis 315 mm.
Lebensgewohnheiten: Nichts bekannt.
Haltung: Diese Unterart wurde von DELACOUR in Clères gepflegt und gezüchtet.

Berlioz-Silberfasan
Gennaeus nycthemerus berliozi,
Delacour u. Jabouille 1928

Engl.: Berlioz's Silver Pheasant.
Heimat: Vietnam, westliche Plateaus und Abhänge der zentral-annamitischen Gebirgskette in Höhenlagen zwischen 600 und 1500 m.
Beschreibung: Der Berlioz-Fasan steht färbungsmäßig in der Mitte zwischen Beaulieu- und Bel-Fasan; Seiten und Hinterhals oft reinweiß, die schwarze Gefiederzeichnung der Oberseite breit; Seiten- und Flankengefieder mit breiten weißen Schaftstreifen; die schwarze Linienmusterung der mittleren Schwanzfedern individuell variierend: Es gibt Vögel, bei denen sie vollständig gemustert sind und andere, bei denen Innenfahnen und Spitzenregion reinweiß bleiben.
Flügellänge 255 bis 265 mm; Schwanz 370 bis 450 mm.

Hennen ähneln denen des Bel- und Engelbach-Fasans, zeichnen sich jedoch durch eine auffälligere Wellenmusterung auf Unterbrust und Unterbauch aus.
Lebensgewohnheiten: Berlioz's Fasanen leben in trockneren und offneren Gebirgswäldern als Bel- und Engelbach-Fasanen.
Haltung: DELACOUR besaß 1 Paar Berlioz-Fasanen in Clères, das er 1924 erhalten hatte; es schritt bereits im folgenden Jahr erfolgreich zur Brut. In Pflege und Zucht unterscheidet sich diese Unterart nicht von anderen Silberfasanen.

Bel-Silberfasan
Gennaeus nycthemerus beli, Oustalet 1898

Engl.: Bel's Silver Pheasant.
Heimat: Vietnam, die höheren Bergkämme der östlichen Abhänge der annamitischen Gebirgskette (Faifu bis Donghoi in Zentral-Annam) in Höhenlagen zwischen 900 und 1800 m.
Beschreibung: Beim Hahn weisen Nacken und Hals häufig, jedoch nicht immer eine feine schwarze Wellenzeichnung auf; Zeichnung der übrigen Oberseite ebenfalls fein und wellenförmig, die schwarzen und weißen Linien von gleicher Breite; der Vogel wirkt dadurch aus der Entfernung grau; mittlere Schwanzfedern stets reinweiß ohne Isabelltönung, der Schwanz schmaler und gebogener als beim Engelbach-Fasan.
Flügellänge 230 bis 260 mm; Schwanz 340 bis 360 mm.
Die Henne ähnelt der des Engelbach- oder Bolowen-Fasans, ist aber vollständig kastanienbraun, unterseits heller mit weißer Schaftzeichnung und satt kastanienbraunem Schwanz.
Lebensgewohnheiten: Der Bel-Silberfasan lebt in immergrünen Regenwäldern in Höhenlagen über 900 m und wird nur gelegentlich tiefer angetroffen. Nach DELACOUR kommen einige Paare und Familienverbände auf allen Gipfeln und Kämmen in Höhen zwischen 1200 und 1800 m vor. Im Verhalten sind sie typische Silberfasane.
Haltung: Die im Jahre 1896 entdeckte Unterart gelangte bereits im darauffolgenden Jahr nach Paris, wo 1 Paar 1898 im Jardin des Plantes züchtete. In der Folgezeit wurden noch zahlreiche Junge erbrütet, doch war der Bel-Silberfasan um 1910 in Europa wieder verschwunden. DELACOUR brachte 1924 einige Vögel aus Indochina mit und erhielt schon 1925 12 Junge. Doch gingen auch die aus der Clèrer Zucht stammenden Stämme später wieder ein, was wohl teils auf Interesselosigkeit der Züchter, teils auf Vermischung mit anderen Silberfasanen zurückzuführen sein dürfte.

Bolowen-Silberfasan
Gennaeus nycthemerus engelbachi,
Delacour 1948

Engl.: Boloven Silver Pheasant.
Heimat: Das Bolowen-Plateau von Süd-Laos in 600 bis 1500 m hoch gelegenen Regenwäldern.
Beschreibung: Beim Hahn sind Scheitel, Haube und Unterseite purpurschwarz; Federn der Brustseiten lanzettförmig und zugespitzt mit schwarzen Außenfahnen; die weißen Innenfahnen weisen nach hinten zu ganz allmählich in steigendem Maße schwarze Streifung und Fleckung auf, bis sie in der Flankengegend vollständig schwarz mit weißen Schäften geworden sind. Entlang der Halsseiten verläuft ein schmales weißes unregelmäßiges Band; schwarze Oberseite mit weißer Linienzeichnung auf den Federn; jede Feder des Mantels, Rückens, Bürzels und der Oberschwanzdecken wird von 4 bis 6 schwach wellenförmig verlaufenden weißen Bändern durchzogen, die parallel zum Umriß der Feder verlaufen; Flügeldecken und innere Armschwingen schwarz, von 3 bis 4 ca. 3 mm breiten weißen Bändern durchzogen; äußere Armschwingen und Handschwingen mit vielen unregelmäßig verlaufenden, schrägen weißen Bändern auf beiden Fahnen; mittlere Schwanzfedern hell isabellfarben, ihre Innenfahnen außer entlang des Schaftes, wo schwache Wellenzeichnung und Fleckung vorhanden ist, ohne Musterung; Spitze der Außenfahnen ebenfalls mit feiner Wellenzeichnung, übrige Außenfahnen mit kräftigen wellenförmig schräg verlaufenden schwarzen Linien, die zum Teil ebenso breit werden, wie die weißen Zwischenräume. Die schwarzen Schrägbänder nehmen auf den nach außen folgenden Schwanzfedern an Breite dauernd zu, so daß auf den äußersten das Schwarz dominiert. Schnabel grünlichweiß; Iris orangefarben, Gesichtslappen und Füße satt karminrot.
Länge 800 mm; Flügel 250 bis 270 mm; Schwanz 330 bis 415 mm.
Bei der Henne sind Kehle und Vorderhals hellbraun; Oberseite einfarbig kastanienbraun mit dunklerer, hell geschäfteter Kopfhaube und satt braun gefärbtem Schwanz; Unterseite hell kastanienbraun, die Federn mit weißen Schäften und weißlich isabellfarbener Tüpfelung.
Flügellänge 230 bis 248 mm; Schwanz 202 bis 272 mm.
Lebensgewohnheiten: DELACOUR entdeckte diese Unterart im Jahre 1931 und teilt mit, daß sie in tropischen Regenwäldern vorkomme und im Verhalten nicht von anderen Silberfasanen abweiche.
Haltung: Der Bolowen-Silberfasan wurde noch nicht eingeführt.

Annam-Silberfasan
Gennaeus nycthemerus annamensis,
Ogilvie-Grant 1906

Engl.: Annamese Silver Pheasant.
Heimat: Vietnam, Gebirgswälder Süd-Annams in Höhenlagen über 1200 m.
Beschreibung: Bei dieser Unterart ist die aus lanzettförmigen Federn bestehende Randbefiederung entlang des Halses und der Brustseiten bis zum Unterbauch besonders breit und schneeweiß gefärbt. Oberseite schwarz mit feiner weißer Wellenzeichnung, Flügel vorwiegend schwarz mit schmaler weißer Bänderung; Schwanzfärbung wie beim Lewis-Silberfasan, Schwanzform jedoch schmaler und gerader. Schwarze Kopfhaube sehr lang.
Länge 660 mm; Flügel 225 bis 250 mm; Schwanz 310 bis 355 mm.
Die Unterart unterscheidet sich im männlichen Geschlecht auffällig von den übrigen Silberfasanen durch die besonders feine weiße Zeichnung der Oberseite, den kurzen Schwanz, die sehr lange Kopfhaube und das auffällige weiße Seitenband, welches von den Halsseiten zu den Flanken führt. Die Henne ist einfarbig trübbraun gefärbt mit kastanienbraunem Schwanz, hellem Kinn und ebensolcher Kehle; die Rückenfedern sind unauffällig dunkel gesäumt, die des Mantels und der Unterseite haben helle Schäfte. Die Haube ist dunkel und länger als bei anderen Unterarten.
Flügellänge 202 bis 245 mm; Schwanz 215 bis 225 mm.
Lebensgewohnheiten: DELACOUR fand den Annam-Silberfasan auf mit immergrünen Laub- und Kiefernwäldern bewachsenen Berggipfeln. In der Lebensweise unterschied er sich nicht von anderen Unterarten.
Haltung: Der Annam-Silberfasan ist noch nicht eingeführt worden.

Lewis-Silberfasan
Gennaeus nycthemerus lewisi, Delacour u. Jabouille 1928

Engl.: Lewis's Silver Pheasant.
Heimat: Gebirgszüge Südwest-Kambodjas bis zur Grenze Südost-Thailands in Höhen von 750 m aufwärts.
Beschreibung: Der Hahn unterscheidet sich von dem des Annam-Silberfasans besonders durch die stark reduzierte weiße Seitenbefiederung, die bei ihm nur in Form weißer Schaftlinien und weniger V-förmiger weißer Streifen, welche sich gegen die Brustseiten hin zu blassen Schaftstrichen reduzieren und dann ganz verschwinden, vorhanden ist. Die Federn des Seiten- und Hinterhalses sind durch 3 konzentrisch zusammenstoßende weiße und schwarze Linien charakterisiert. Die schwarze Oberseite ist weiß gestrichelt, jede Feder mit fünf V-förmigen schmalen weißen Linien ausgestattet; Flügel- und Schwanzdecken schwarz mit in 1 mm breitem Abstand voneinander verlaufenden weißen Linien versehen; mittleres Schwanzfederpaar auf Innenfahne und Spitze fast einfarbig isabellgrau; übrige Schwanzfedern schwarz mit schmaler weißer Bänderung. Schwarze Kopfhaube voll und lang wie beim Annam-Silberfasan.
Länge 670 mm; Flügel 240 bis 250 mm; Schwanz 295 bis 305 mm.
Bei der Henne ist die Oberseite kastanienbraun, jede Feder unauffällig schwarzbraun gesprenkelt, weißlich geschäftet und an der Spitze mit einem herzförmigen grauen Fleck versehen, der auf Unterrücken und Bürzel allmählich zu einem breiten grauen Endsaum wird; Arm- und Handschwingen kastanienbraun, die Innenfahnen dunkler; Schwanzfedern satt kastanienbraun, das mittlere Paar mit heller Säumung und Spitze sowie sehr zartem dunkelbraunem Punktmuster; Unterseite hellgraubraun, weiß geschäftet, auf Seiten und Flanken isabellfarben überhaucht.
Flügellänge 210 bis 230 mm; Schwanz 230 bis 250 mm.
Lebensgewohnheiten: Nach den Beobachtungen von DELACOUR und JABOUILLE, die diese Unterart auf dem Bokor-Plateau von Kambodja entdeckten, bewohnt sie dichte immergrüne Wälder in 700 m Höhe und ist aufgrund ihres Verhaltens ein echter Silberfasan. Zu Hybridisierung mit anderen Silberfasanenunterarten kommt es in diesem isolierten Berggebiet nicht.
Haltung: Bereits 1 Jahr nach der Entdeckung dieser neuen und ansprechend gefärbten Unterart im Jahre 1927 brachte DELACOUR 1 Paar nach Clères. 1931 gelang erstmalig die Zucht. Ein weiteres 1939 importiertes Paar ging im Zweiten Weltkrieg verloren. Lewis-Silberfasanen sind genauso hart wie die übrigen Unterarten, scheinen aber nicht so fruchtbar wie der gewöhnliche Silberfasan zu sein.

Jones-Silberfasan
Gennaeus nycthemerus jonesi, Oates 1903

Engl.: Jone's Silver Pheasant.
Heimat: Gebirge Nord- und Mittel-Thailands bis in die Korat-Region südwärts; Südwest-Yünnan und die südlichen Shanstaaten östlich des Salwen- und westlich des Mekong-Flusses.
Beschreibung: Diese ziemlich inkonstante Unterart ist am nächsten mit dem Rippon-Silberfasan verwandt, von welchem sie sich im männlichen Geschlecht lediglich durch die etwas kräftigere schwarze Gefiederzeichnung der Oberseite unterscheidet. Die Schwanzlänge ist selbst unter Vögeln des gleichen Wohngebietes sehr unterschiedlich. Flügellänge 260 bis 291 mm; Schwanz 440 bis 650 mm.
Auch die Hennen sehen denen des Rippon-Silberfasans sehr ähnlich, unterscheiden sich jedoch von ihnen durch die in der Grundfarbe dunkelbraune Unterseite, deren Federn gewöhnlich dreifach weiß bis isabellfarben gebändert sind.
Flügellänge 250 bis 270 mm; Schwanz 250 bis 295 mm.
Lebensgewohnheiten: Diese Unterart bewohnt Wälder in Höhenlagen zwischen 1800 und 2100 m.
Haltung: Nichts bekannt.

Rippon-Silberfasan
Gennaeus nycthemerus ripponi,
Sharpe 1902

Engl.: Rippon's Silver Pheasant.
Heimat: Burma, südliche Shanstaaten westlich des Salwen.
Beschreibung: Diese Unterart ist dem Berlioz-Silberfasan in der Färbung am ähnlichsten. Seiten- und Hinterhals sind reinweiß, Mantel, Hinterbürzel und Oberschwanzdecken weiß mit schmaler schwarzer Bänderung, jede Feder mit 4 bis 5 unregelmäßig V-förmigen schwarzen Linien ausgestattet. Flügel mit geringerer und gröberer schwarzer Linienmusterung; drei oder vier mittlere Schwanzfederpaare weiß, mit unregelmäßigen und unterbrochenen schwarzen Linien auf den Außenfahnen versehen, die auf den nach außen hin folgenden Steuerfedern zunehmen, bis schließlich die äußeren Paare ganz regelmäßig gebändert sind. Kopfhaube lang und voll. Länge 1150 bis 1200 mm; Flügel 260 bis 305 mm; Schwanz 433 bis 610 mm.
Bei der Henne sind die Spitzen der Kopfhaubenfedern schwarz; Oberseite trüb dunkelkastanienbraun, fein schwarz gepunktet; die vier mittleren Schwanzfedern dunkelkastanienbraun, isabellfarben gestrichelt, die übrigen dazu noch schwarz gesprenkelt und weiß gestrichelt. Kinn und Kehle grauweiß; Grundfärbung der Unterseite schwarz mit nur 2 V-förmigen, dafür aber sehr breiten weißen Bändern.
Flügellänge 250 bis 270 mm; Schwanz 270 bis 290 mm.
Lebensgewohnheiten: Der Rippon-Silberfasan bewohnt Wälder in Höhenlagen zwischen 900 und 1800 m.
Haltung: Nichts bekannt.

Rubinminen-Silberfasan
Gennaeus nycthemerus rufipes, Oates 1898

Engl.: Ruby Mines Silver Pheasant.
Heimat: Die Hochebenen des sogenannten Rubinminengebietes in den nördlichen Shanstaaten (Burma) zwischen Irawadi und Salwenfluß.
Beschreibung: Diese Unterart ähnelt in der Färbung am meisten dem in Süd-Laos vorkommenden Bolowen-Silberfasan und ist wie dieser auf der ganzen Oberseite mit breiter schwarzer Federzeichnung versehen. Er fällt damit färbungsmäßig gegenüber der südwärts anschließenden Unterart *ripponi* und der weiter nördlich vorkommenden *occidentalis*, die oberseits fast weiß wirken, sehr aus dem Rahmen. Vom Bolowen-Fasan unterscheidet sich *rufipes* durch bedeutendere Größe, längeren Schwanz, das fehlende Weiß an den Halsseiten und das reduzierte Weiß auf den Brustseiten sowie die weißeren Ohrdecken.
Länge 1000 mm; Flügel 260 bis 285 mm; Schwanz 400 bis 480 mm.
Die Henne hat eine dunkelbraune Kopfhaube und kastanienbraune Oberseite; Kinn und Kehle sind weiß bis hellbräunlich gefärbt; die vier mittleren Schwanzfedern kastanienbraun, rötlich isabellfarben gestrichelt, die übrigen Steuerfedern dicht schwarz und weiß gesprenkelt und braun gesäumt; Unterseite dunkelbraun bis schwärzlich, grob gesprenkelt, die einzelnen Federn mit 2 bis 3 breiten, unregelmäßig verlaufenden V-förmigen, hell isabellfarbenen Streifen ausgestattet.
Flügellänge 240 bis 257 mm; Schwanz 250 bis 275 mm.

Lebensgewohnheiten: Diese Silberfasanen kommen in Höhenlagen zwischen 900 und 1500 m vor. Die Tageshitze verbringen sie in Wassernähe, um in den kühleren Morgen- und Abendstunden auf die offeneren Berghänge und Hochflächen zur Nahrungssuche herauszutreten. Besonders lieben sie lange flache Berghänge und Hügel, welche mit offenem Wald aus immergrünen Gehölzen bedeckt sind. Im April beginnt die Brutzeit, zu der man die Hähne morgens eifrig rufen hört.
Haltung: Nichts bekannt.

Westlicher Silberfasan
Gennaeus nycthemerus occidentalis,
Delacour 1948

Engl.: Western Silver Pheasant.
Heimat: Nordwest-Yünnan und Nordost-Burma in Höhen zwischen 1800 und 2100 m.
Beschreibung: Diese Unterart ähnelt im männlichen Geschlecht am meisten dem Jones-Silberfasan, von dem sie sich lediglich durch den weißen Hinterhals, längeren Schwanz sowie eine mehr wellenförmige Musterung des Mantelgefieders unterscheidet.
Flügellänge 285 bis 296 mm; Schwanz 560 bis 660 mm.
Bei der Henne ist die Unterseite dunkelbraun, tief isabellfarben gesprenkelt und weist niemals hell isabellfarbene oder weiße Farbtöne auf. Der Schwanz ist dunkelkastanienbraun, röter als bei anderen Unterarten und mit feinerer Wellenzeichnung versehen. Letztere findet sich auch auf den Arm- und Handschwingen.
Flügellänge 246 bis 257 mm; Schwanz 260 bis 283 mm.
Lebensgewohnheiten: Nichts bekannt.
Haltung: Nichts bekannt.

Weiterführende Literatur:
BAKER, E. C. ST.: The Fauna of British India, Birds Vol. V; Genus *Gennaeus*; pp. 319–334. Taylor & Francis, London 1928
DERS.: Game Birds of India, Burma and Ceylon, Vol. III; Genus *Gennaeus*; pp. 246–308. The Bombay Natural History Society 1930
BEEBE, W.: A Monograph of the Pheasants. Band II; pp. 10–72. Witherby London 1922
DELACOUR, J.: The subspecies of *Lophura nycthemera*; Amer. Mus. Novit. 1377; pp. 1–12, New York 1948
DERS.: The Pheasants of the World. 2. Edition. Kalijs and Silver Pheasants; pp. 143–177. Spur Publications 1977
DIESSELHORST, G.: Beiträge zur Ökologie der Vögel Zentral- und Ost-Nepals. *Lophura l. leucomelana*; pp. 146–147. In Khumbu Himal. Univ. Verlag Wagner GmbH, Innsbruck–München 1968
Dr. H. in B.: Von einigen Fasanenarten. a.) Der Silberfasan und seine Verwandten. Gef. Welt 64; pp. 441–443, 453–454 (1935)
DERS.: Über einige Fasanenarten (Horsfields Fasan u. Williams Fasan). Gef. Welt 65; pp. 225–226 (1936)
DÜRIGEN, B.: Die Geflügelzucht. V. Fasanen; 3. Fasanenhühner oder Huhnfasanen; pp. 343–347. P. Parey Berlin 1886
HACHISUKA: The Black Kalij Pheasant (*Gennaeus moffitti* HACHISUKA). Avic. Mag. 5. Series, Vol. VI; pp. 1–3 (mit Farbbild), 1941
JOHNSGARD, P. A.: The Pheasants of the World; kalij, pp. 150–155, Silver-Pheasant pp. 1552–160; Oxford Univ. Press, Oxford 1986
LA TOUCHE, J. D. D.: A Handbook of the Birds of Eastern China, Voll. II; No. 535 *Gennaeus n. nycthemerus* (LINNÉ); pp. 243–244; Taylor & Francis, London 1931–1934
SALIM ALI: The Birds of Sikkim. *Lophura l. melanota*; pp. 27–28. Oxford University Press 1962
DERS. u. RIPLEY, S. D.: Handbook of the Birds of India and Pakistan, Vol. 2; Genus *Lophura* (FLEMING); pp. 93–102; Oxford University Press, London-New York 1980
SMITHIES, B. E.: The Birds of Burma. Kalij Pheasants. Silver Pheasant; pp. 440–442. Oliver & Boyd, London 1953
TSO-HSIN CHENG: On subspecific differentiation of the Silver Pheasant *L. nycthemera* (Beschreibg. v. *L. n. omeiensis*). WPA-Journal IV; pp. 42–45 (1978–1979)

o. Hahn des Nepalfasans, *Gennaeus leucomelanos leucomelanos* (s. S. 535)
u. Hahn des Strichelfasans, *Gennaeus leucomelanos lineatus* (s. S. 538)

Blaufasanen
Hierophasis, Elliot 1872

Engl.: Blue Pheasants.
Die vier Arten dieser Gattung unterscheiden sich von der Schwarz- und Silberfasanengruppe durch den kürzeren, breiter wirkenden Schwanz, eine kurze aufrichtbare Kopfhaube, die kaum über das Genick hinausreicht sowie die vorherrschend stahlblaue Gefiederfärbung. Die Blaufasanen bewohnen feuchte Gebirgswälder mittlerer Höhenlagen in Mittel-Vietnam und auf der Insel Taiwan.

Swinhoe-Fasan
Hierophasis swinhoii, Gould 1862

Engl.: Swinhoe's Pheasant.
Abbildung: Seite 557 oben rechts und links.
Heimat: Taiwan (Formosa).
Beschreibung: Der Hahn trägt eine kurze weiße Haube, die in der Stirnregion blauschwarze Federchen aufweist. Kopf, Hals und Unterseite seidig dunkelblau; auf dem unteren Nacken und dem Oberrücken ein großer weißer Fleck; Federn des Unterrückens, Bürzels und der Oberschwanzdecken blauschwarz mit breiten, metallischblau glänzenden Säumen und davor liegenden samtschwarzen Binden. Kleine Flügeldecken glänzend weinrot, Federn der großen Flügeldecken schwarz mit stahlblau glänzenden Säumen und davor liegenden samtschwarzen Binden. Arm- und Handschwingen dunkel graublau; die beiden mittleren Schwanzfedern weiß, länger als die übrigen, zum Ende hin zugespitzt; übrige Schwanzfedern dunkelblau. Aus den großen roten Gesichtslappen, die normalerweise nur kurze Vorsprünge bilden, können sich durch Blutfüllung während der Balz 2 Stirnhörnchen und Kehllappen vorstülpen. Iris rotbraun; Schnabel horngelb mit schwärzlicher Basis, Füße karminrot mit langem, spitzem, weißlichgelbem Sporn an jedem Lauf.

o. Hahn des Silberfasans, *Gennaeus nycthemerus nycthemerus* (s. S. 539)
u. l. Seitenbalz des Weißhaubenfasans, *Gennaeus leucomelanos hamiltoni* (s. S. 534)
u. r. Hahn des Horsfield-Fasans, *Gennaeus leucomelanos lathami* (s. S. 537)

Länge 790 mm; Flügel 250 bis 260 mm; Schwanz 410 bis 500 mm; Gewicht 1120 g.
Bei der haubenlosen Henne ist der dunkelkastanienbraune Oberkopf schwarz gebändert; Gesicht und Kehle hellgrau; Federn des Oberrückens, der Schultern und Flügeldecken mit braun und schwarz bekritzelten Rändern und auffälligen V-förmigen hellockerbraunen Mittelflecken. Rücken, Bürzel und Oberschwanzdecken schwarz und braun gesprenkelt; mittlere Schwanzfedern von gleicher Farbe, dazu noch mit unregelmäßig hellbrauner Bänderung; übrige Schwanzfedern leuchtend kastanienrotbraun; Brustgefieder rostbraun mit einzelnen schwarzen, V-förmigen Strichen, die an Seiten und Unterbauch nach hinten zu undeutlicher werden und zuletzt verschwinden. Schnabel, Iris und Füße wie beim Hahn gefärbt; nackte Gesichtshaut, weniger ausgedehnt, rot.
Länge 505 mm; Flügel 240 bis 245 mm; Schwanz 200 bis 220 mm; Gewicht 1085 bis 1110 g.
Jungvögel legen erst im 2. Lebensjahr das volle Erwachsenenkleid an. Bei einjährigen Hähnen sind die schwarzen Gefiederpartien verwaschener, und der später schneeweiße Oberrücken wird noch mehr oder weniger stark von rotbraunen Federn durchsetzt. Auch die beim alten Hahn weißen mittleren Schwanzfedern sind beim Jährling noch kastanienbraun mit schwarzer Fleckung, zeigen allerdings in vielen Fällen bereits weiße Bezirke auf den Innenfahnen.
Das Dunenküken trägt lange, flaumige Daunen; Scheitel und Nacken sind orangerötlich mit einem zentral verlaufenden dunkleren Scheitelstreif. Ein schwarzer Streifen verläuft vom Auge zum Nacken; über die schokoladenbraune Oberseite ziehen zwei gelblichweiße Seitenrückenbänder, und eine Querbinde gleicher Farbe schmückt die Flügelchen. Kinn, Kehle und Unterleib weißlich.
Die Geschlechter lassen sich beim Swinhoe-Fasan schon in recht jugendlichem Alter an den beim Hähnchen dunkelbräunlichen, beim Hennenküken dagegen rotbraunen Partien der Unterseite erkennen.
Gelegestärke 6 bis 12; Ei rötlich bis cremeisabellfarben (51 mm × 38 mm). Brutdauer 25 Tage.
Lebensgewohnheiten: Nach SEVERINGHAUS (1980) bewohnt die Art vorwiegend primäre immergrüne Laubwälder aus Eichen- und Lorbeergewächsen, deren Boden mit verstreuten Büschen und Farnen bewachsen ist und nur durch Sonnensprenkel erhellt wird, auf sanfthügeligem Gelände in Höhen von 1800 bis 2300 m. Nur $1/5$ seiner Beobachtungen

entfiel auf natürlichen Sekundärwald, Bambushaine und Kassavafelder. Zur Nahrungssuche begeben sich die Vögel gern auf lichte Waldstellen und kratzen mit einem Fuß das Fallaub fort, scharren dagegen nicht nach Kammhuhnart, graben vielmehr mit den Schnäbeln im Waldboden. Oft begeben sie sich zu Plätzen, die vorher von Waldrebhühnern *(Arborophila)* laubfrei gescharrt worden waren.

Haltung: Als europäischer Erstimport gelangte 1866 1 Paar des 1862 vom britischen Konsul R. SWINHOE auf Formosa (Taiwan) entdeckten Fasans in den Pariser Jardin d'Acclimatation und wurde zu dem ungewöhnlich hohen Preis von £ 250 an Lord ROTHSCHILD verkauft, dem noch im gleichen Jahr in Ferrières die Aufzucht von 12 Jungvögeln gelang. 1867 wurden 19, 1868 bereits 49 Swinhoe-Fasanen gezüchtet, herrliche Vögel, die natürlich reißenden Absatz fanden. Ein weiterer Import aus der Heimat ist erst wieder 1958 nach England erfolgt, als der Pheasant Trust von Mr. A. PRESTWICH 2 wildgefangene Paare erhielt. Diese Zufuhr frischen Blutes war hochwillkommen, und von den beiden Importpaaren wurden innerhalb von 6 Jahren 125 Jungvögel aufgezogen. Der Swinhoe-Fasan ist recht wetterhart, schreitet selbst in kleineren Volieren willig zur Brut und wird dem Pfleger gegenüber schnell zutraulich. Zahme Hähne können während der Balzzeit recht aggressiv werden, so daß der Pfleger sie bei Arbeiten in der Voliere stets gut im Auge behalten sollte. Da mehrere zusammengehaltene Weibchen sich in Rangordnungskämpfen oft verletzen oder gar töten, empfiehlt sich die Paarhaltung. Will man ergiebig züchten, erhält jede der Hennen ihren eigenen Auslauf, und der Hahn wird ihnen wechselweise zugesetzt. Obwohl dieser erst im 2. Lebensjahr das volle Prachtkleid anlegt, ist er wie die Junghenne schon im 1. Jahr zuchtfähig, was wohl als Domestikationserscheinung zu werten sein dürfte. Man sollte die Zucht mit einem zweijährigen Paar beginnen. Die Balz setzt früh im März ein. Wie Männchen des Jagdfasans und zahlreicher anderer Phasianiden richtet sich der Swinhoe-Hahn steil auf, um laut mit den Flügeln zu schwirren und so seinen Revieranspruch zu verkünden. Er ruft jedoch dabei nicht. Bei der Seitenbalz umkreist er das Weibchen, die Stirnzapfen der rubinroten Gesichtslappen zu kleinen Hörnchen aufgerichtet, den kurzen weißen Scheitelschopf erhoben, den ihr zugekehrten Flügel herabhängen lassend, die Schwanzfedern gespreizt und durch Schräghaltung zu ihr hin seine ganze Schönheit präsentierend. Dazu kann er mit dem Kopf ruckartige Auf- und Abbewegungen und in Balzekstase Sprünge ausführen. Neben verträglichen Hähnen gibt es auch rabiate, die ihre Henne skalpieren. Das aus 6 bis 12 Eiern bestehende Gelege wird von der Henne in 25 Tagen erbrütet. Die Befruchtungsquote ist trotz Inzucht meist zufriedenstellend. Brütende Weibchen sitzen sehr fest und ziehen ihre Küken selbst groß. Natürliche wie künstliche Aufzucht bereiten keine Schwierigkeiten, und die Jungen wachsen schnell. Man kann wohl mit Recht sagen, daß der Swinhoe-Fasan einer der schönsten Fasanenarten überhaupt ist, ein prächtig gefärbter, eleganter, lebhafter Vogel, der in keiner größeren Fasanerie fehlen sollte. An die Fütterung stellt die Art keine besonderen Ansprüche.

Dunkler Swinhoe-Fasan (Mutation)

Nach DELACOUR (1977) existierte gegen Ende des 19. Jahrhunderts in Frankreich ein „Zimt-Swinhoe" benannter Swinhoe-Fasanenstamm, dessen Weibchen schön zimtrot gefärbt waren, während die Männchen die übliche Artfärbung aufwiesen. Nach Mitteilung des französischen Züchters MARQUIS DE BRISAY war diese Mutation empfindlich und schwer zu vermehren, deshalb auch nach kurzer Zeit wieder verschwunden. Jahre später berichtete Professor GHIGI aus Italien über eine ähnliche Mutation, bei der auch die Hähne anders gefärbt waren. Eine unter Normalgefärbten aufgetretene zimtfarbene Swinhoe-Henne brachte in 7 Jahren 13 Junge, die ihr in der 1. und 2. Generation vollständig glichen, also als echte Mutation zu gelten hatten. Die adulten Hähne derselben trugen stets eine blauschwarze Haube, wiesen ein weißes und blaues statt rotbraunes Schultergefieder, einen schwarzgestreiften weißen Rückenfleck und ganz schwarze statt weiße mittlere Schwanzfedern auf. Einjährige Männchen waren fast vollständig schwarz, Weibchen hell zimtisabell mit gleicher Federmusterung wie normalgefärbte Hennen, dazu kastanienbraunen Flügeln und Schwanzfedern. Dunenküken waren weiß mit gelblichen Flügelchen.

Diese Mutation des Swinhoe-Fasans ist mit Schwarzflügelpfauen, Dunklen Gold- und Tenebrosusfasanen vergleichbar. Der Zuchtstamm starb im 1. Weltkrieg aus. Die Mutation wurde in beiden Geschlechtern in der Zeitschrift l'Oiseau 1924, p. 52 auf Tafel III abgebildet.

Vo-Quy-Fasan
Hierophasis haitenensis, Vo Quy 1964

Engl.: Vo Quy's Pheasant.
Heimat: Nördliches Zentral-Vietnam.
Beschreibung: Nach Professor VO QUY gleicht das bisher nur bekannte Männchen der 1964 entdeckten Art im wesentlichen dem des Edward-Fasans, von dem es sich vor allem durch 2 weiße mittlere Schwanzfedern unterscheiden soll. Die Form könnte ein Bindeglied zwischen Edward- und Swinhoe-Fasan darstellen.
Haltung: Bisher besitzt nur das Museum von Hanoi (Vietnam) die Bälge von 2 Hähnen, die 1964 und 1974 in dem oben genannten Gebiet gesammelt wurden. Über eine Haltung, etwa im Zoo von Hanoi, ist uns bisher nichts bekannt.

Edward-Fasan
Hierophasis edwardsi, Oustalet 1896

Engl.: Edward's Pheasant.
Abbildung: Seite 557 mitte links.
Heimat: Südliches Vietnam in Mittel-Annam von Quangtri bis Fai Foo.
Beschreibung: Beim Hahn trägt der Kopf eine kurze, weiße zuweilen mit schwarzen Federn vermischte Scheitelhaube. Gefieder vorwiegend dunkelblau, die Federn mit breiten, seidigglänzenden blauen Säumen. Die Federn der Schultern, des Unterrückens, Bürzels und der Oberschwanzdecken tragen vor diesen Glanzsäumen noch ein samtschwarzes Band; die Flügeldecken sind erzgrün statt blau gesäumt; Armschwingen dunkelblau, die Handschwingen braunschwarz; der einfarbig blaue Schwanz ist kürzer und gerader als beim Swinhoe-Fasan, das mittlere Steuerfederpaar am Ende abgerundet und nicht länger als die folgenden Paare. Schnabel weißlichgrün mit schwärzlicher Basis, die nackte Gesichtshaut leuchtendrot mit je einem Stirn- und Kinnvorsprung, Iris rotbraun, Beine karminrot.
Länge 580 bis 650 mm; Flügel 220 bis 240 mm; Schwanz 240 bis 260 mm.
Die haubenlose Henne ist vorwiegend kastanienbraun mit grauerem Kopf- und Halsgefieder sowie rötlicherer Mantelregion; die drei mittleren Schwanzfedern sind dunkelbraun, die übrigen schwarz; Handschwingen dunkelbraun. Das gesamte Gefieder weist ein unauffälliges dunkleres Wellen- und Kritzelmuster auf. Schnabel hornbraun, Iris haselnußbraun, Beine scharlachrot.
Flügellänge 210 bis 220 mm; Schwanz 200 bis 220 mm.
Dunenküken wie das des Kaiserfasans, nur kleiner und in der Färbung satter.
Gelegestärke 4 bis 7; Ei rosa bis cremig isabellfarben mit feiner weißlicher Porenmusterung (45 mm × 36 mm); Brutdauer 21 Tage.
Lebensgewohnheiten: Die Art bewohnt Regenwälder der Ebenen und kommt bis 900 m im Gebirge vor. Gleiche Habitate werden auch von Ghigi-Pfaufasanen, Rheinartfasanen, Prälatfasanen, Ährenträgerpfauen und Bankivahühnern bewohnt. In Höhenlagen über 900 m wird der Edward-Fasan von Bel's Silberfasan abgelöst.
Haltung: Im Mai 1924 brachte DELACOUR 15 Edward-Fasanen aus Indochina als europäischen Erstimport nach Frankreich (Clères, Normandie), von denen er 4 Hähne und 3 Hennen behielt. Trotz ihrer Herkunft aus dem tropischen Regenwald erwiesen sich die Vögel im folgenden Winter als relativ unempfindlich gegen niedrige Temperaturen und überstanden ihn in unbeheizten Schutzräumen. Am 23. März 1925 begann eine Henne zu legen und brachte in zweitägigen Intervallen 5 Eier, aus denen unter einer Zwergglucke nach 21 Tagen ebensoviele Küken schlüpften. Nach 10tägiger Unterbrechung brachte die Edward-Henne ein Zweitgelege aus 5 befruchteten Eiern, während sich die 4 Eier eines Drittgeleges als taub erwiesen. Die Kükenaufzucht bereitete keine Schwierigkeiten, und bald konnten viele Fasanerien Europas und der USA mit Edward-Fasanen versorgt werden.
Im Vergleich mit Swinhoe- und Kaiserfasan beträgt die Brutdauer des Edward-Fasans nur 21 Tage, und der Junghahn erhält bereits im Herbst des ersten Lebensjahres das Adultgefieder. Die Edward-Henne brütet jedoch erst im Alter von 2 Jahren. Der Edward-Hahn kennt nur eine einfache Seitenbalzhaltung, in der er die Henne mit gesträubtem weißen Schopf und gelockertem Rückengefieder, den Flügel der ihr zugewandten Seite gesenkt, umschreitet. Zur Revierbesitzanzeige schwirrt er wie die meisten Fasanenartigen hoch aufgerichtet mit den Flügeln.
Das erste nach Deutschland gelangte Paar erhielt 1930 der bekannte Züchter MAX STEFANI. Er bestätigte die schon von DELACOUR festgestellte Klimahärte der tropischen Art unter europäischen Verhältnissen, warnt jedoch vor Übertreibungen in der Abhärtung und befürwortet bei Temperaturen unter 0° C beheizte Schutzräume. Er stellte fest, daß die Art in Einehe lebt, denn es war unmöglich,

einen Hahn mit 2 Hennen zusammenzuhalten. Der erwählten Henne gegenüber ist der Hahn friedlich, und angeblich belästigt er auch Kleinhühner (Wachteln) nicht, wenn diese mit in der Voliere gehalten werden. Trotzdem sollte man es nicht auf Versuche der Zusammenhaltung ankommen lassen, die böse enden können, denn wer weiß, ob alle Edward-Paare so friedlich sind wie die von STEFANI. Eine seiner Hennen brachte Ende April ein Gelege aus 11 Eiern, erbrütete es zuverlässig und erwies sich als gute Mutter. Der Hahn beteiligte sich an der Kükenaufzucht und griff in dieser Zeit mutig den Pfleger an. Die Kleinen wachsen schnell heran und sind wie ihre Eltern dem Menschen gegenüber angenehm vertraut.

Nach dem letzten Weltkrieg waren in den USA und Europa noch genügend Edward-Fasanen vorhanden, um daraus neue Zuchten aufbauen zu können. Eine Zufuhr frischen Blutes aus Vietnam war infolge der politischen Verhältnisse dort nicht möglich. Glücklicherweise machen sich unter den Nachkommen der seinerzeit importierten Vögel keine Inzuchterscheinungen bemerkbar. Aus einer weltweiten Umfrage der WPA geht hervor, daß 1982 insgesamt 690 Edward-Fasanen gehalten wurden, davon 382 in Europa, 231 in den USA, 32 in Kanada, 28 in Asien und 17 in Lateinamerika.

Kaiserfasan
Hierophasis imperialis, Delacour u. Jabouille 1924

Engl.: Imperial Pheasant.
Heimat: Nördliches Süd-Vietnam (Gebiet von Donghoi).
Beschreibung: Das Gefieder des Hahnes wirkt dadurch einfarbig dunkelblau, daß die schwarzen Federn breite, metallisch blauschimmernde Säume aufweisen. Auf dem Kopf trägt er eine kurze Haube aus spitzen blauschwarzen Federn. Die mittleren Schwanzfedern sind länger als die übrigen, leicht gebogen und am Ende zugespitzt; nackte Gesichtshaut scharlachrot, Iris rötlich orangefarben, Schnabel hell gelbgrün mit schwärzlicher Basis; Füße karminrot.
Länge 750 mm; Flügellänge 252 mm; Schwanz 300 mm.
Die Henne besitzt lange, aufrichtbare Scheitelfedern. Kopf hell graubräunlich, Kinn, Kehle und Wangen blasser. Oberseite kastanienbraun, die Federn auffällig hell geschäftet und mit deutlicher Kritzelmusterung versehen. Oberschwanzdecken kräftig kastanienbraun; Schwanzfedern mit Ausnahme der kastanienbraunen, schwarzbekritzelten mittleren schwarz. Handschwingen schwarz mit hellgrauer Wellenzeichnung entlang der Federschäfte; Unterseite blaß graubraun; Schnabel, Iris und Füße wie beim Hahn gefärbt.
Länge 600 mm; Flügel 214 mm; Schwanz 190 mm.
Einjährige Hähne sind dunkelbraun mit einzelnen blauen Federsäumen in der Rückenregion; Schopf und Schwanz kürzer als beim alten Hahn.
Beim Dunenküken sind Oberkopf und Nacken kastanienbraun mit schwärzlichem Scheitelstreif; Gesicht hell gelbbraun; ein schwärzlicher Streifen zieht sich vom Auge bis in die Nackenregion; Rücken dunkelbraun mit hell isabellfarbenern Seitenstreifen, die zum Bürzel hin breiter werden. Flügelchen dunkelbraun mit einem weißlich isabellfarbenen Band auf den Armschwingen. Brust und Körperseiten hell kastanienbraun; übrige Unterseite isabellfarben.
Gelegestärke 5 bis 7; Ei cremefarben bis rosigisabellgelblich mit kleinen weißen Poren (53 mm × 40 mm). Brutdauer 25 Tage.
Lebensgewohnheiten: Diese seltene Art wurde im Jahre 1923 von DELACOUR und JABOUILLE in Annam entdeckt. Der Kaiserfasan bewohnt dicht mit Wäldern und Dschungeln bedeckte zerrissene Kalkgebirge von Donghoi und Nord-Quangtri. Das Gebiet ist für Weiße unpassierbar und wird auch nur von wenigen Eingeborenen bewohnt. Nach neuesten Berichten aus Vietnam existiert die Art noch.
Haltung: Zur Darstellung der Haltungsgeschichte des Kaiserfasans zitieren wir auszugsweise DELACOUR, der darüber u. a. folgendes schreibt: „Ein Paar dieses bisher unbekannten Fasans wurde uns 1923 von 2 Missionaren lebend aus den wildzerklüfteten Kalksteingebirgen Donghais und Nord-Quangtris überbracht. In der Residentschaft Quangtri teilte es eine Voliere mit mehreren Edward-Fasanen, und beim Vergleich beider Arten waren die Unterschiede in Färbung, Gestalt und Größe bei Hähnen wie Hennen offensichtlich. Einer der Missionare konnte noch einige weitere Vögel erhalten, die alle auf dem Transport starben, so daß das Originalpaar das einzige bisher nach Europa importierte ist. Selbst dem erfahrenen Tierfänger CHARLES CORDIER gelang es 1938 nicht, weitere Kaiserfasanen zu fangen. 1924 traf das Paar gesund in Clères ein, wo 1925 die Henne erstmalig

legte. Von den ab April gelegten 7 Eiern war nur eines befruchtet. Daraufhin erhielt das Paar eine größere dichtbepflanzte Voliere. Dort legte die Henne 3 befruchtete Eier, die von einer Zwerghuhnglucke erbrütet wurden und 2 Küken erbrachten, von denen eines aufgezogen wurde. 1926 konnten 1 Hahn und 2 Hennen großgezogen werden, und seitdem verlief die Zucht alljährlich erfolgreich. Kleine Stämme der Art konnten außer in Clères auch in den USA gebildet werden. Kreuzungen, die durchweg fruchtbare Hybridvögel erbrachten, wurden mit Edward-, Swinhoe-, Silber- und Horsfield-Fasan erzielt. Zwecks Revierbesitzanzeige schwirrt der Hahn wie die Männchen vieler Phasianiden mit den Flügeln, und die Balz erfolgt in Seitenhaltung. Kaiserfasanen sind schöne, wenn auch dunkel wirkende Vögel, die kalt überwintert werden können. Bei Kriegsausbruch lebte der Importhahn noch in Clères und war in ausgezeichnetem Zustand. Auch ein kleiner Zuchtstamm war vorhanden, der durch Kriegswirren verloren ging." In Deutschland hat MAX STEFANI die Art gehalten und gezüchtet. Er kam zu folgendem Urteil: „In der Gefangenschaft lebt er in Einehe. Seiner Henne gegenüber zeigt er sich nicht immer verträglich und eine zweite duldet er meist überhaupt nicht. Ende März oder Anfang April zeitigt die Henne ihr Gelege, das die Zahl 7 selten übersteigt, wenn sie selbst brütet. Nimmt man ihr dagegen das Erstgelege fort, bringt sie weitere Gelege. Nach 25tägiger Bebrütung schlüpfen die Küken. Die Geschlechtskennzeichen treten im Alter von 3 Monaten hervor. Die Hähnchen sind dann an den blauschwarzen Federn erkennbar. Die Umfärbung ins Alterskleid vollzieht sich während der Mauser des 2. Lebensjahres, nach dessen Vollendung beide Geschlechter fortpflanzungsfähig sind. Gegen Kälte ist der Kaiserfasan nicht sehr empfindlich, kann aber in strengen Wintern unseres Klimas ohne erwärmte Schutzräume nicht bestehen."
Nach 1945 existierten noch einige Kaiserfasanen in den USA und vielleicht auch Europa. DELACOUR konnte 1941 noch ein Paar erwerben, das er dem Züchter MACKENSEN in New Jersey auslieh, dem auch die Aufzucht einiger Jungvögel gelang. Wohl auch infolge intensiver Inzucht schwanden jedoch die Restbestände dahin. Um 1959 hatte der Bestand so rapide abgenommen, daß der Antwerpener Zoo glücklich war, von einem holländischen Händler ein Paar reinrassiger Kaiserfasanen ankaufen zu können. Es stellte sich indessen heraus, daß die beiden Vögel aus der Privatsammlung von PETERS in Turnhout (Belgien) stammten und bei ihm nie gezüchtet hatten. Nachdem die Henne 1961 starb, ohne Nachwuchs gebracht zu haben, wurde der Hahn einer Silberfasanenhenne angepaart, die zur größten Überraschung 1962 neun Küken aufzog. Doch war der Silberfasan natürlich nicht die geeignetste Art für eine Rückkreuzung, da viel mehr erbliche Merkmale ausgemerzt werden mußten als etwa bei Edward-, Swinhoe- oder Horsfield-Fasanen. Es wurde weiter rückgekreuzt, und man kam schließlich mit der Paarung von $7/8$ Kaiser-Edward-Hybriden × Kaiser-Silberfasan-Hybriden allmählich zu Tieren, die weitgehend Kaiserfasanen glichen. Über die recht komplizierten Rückkreuzungsversuche gibt detailliert die Arbeit von CARPENTIER, YEALLAND, VAN BOCXTAELE und VAN DEN BERGH im International Zoo Yearbook 15 (1975); pp. 100–105, Auskunft. Nach DELACOUR ist der Kaiserfasan-Phänotyp weitgehend erreicht worden. Den Hybriden fehlt noch der Grünglanz des Flügelgefieders, indessen ist die Haube blauschwarz und besteht aus zugespitzten Federn wie bei *imperialis*, und das mittlere Schwanzfederpaar ist länger als die nach außen folgenden, was ebenfalls dem Kaiserfasan entspricht. Ähnliche Versuche stellte Dr. VALLEN in Holland an (bei GRENVILLE ROLES), der durch Kaiser-/Nepalfasanenkreuzungen in der 3. Generation stark kaiserfasanenartige Vögel erhielt. Leider starb nach 1975 sein in diesem Jahr mindestens 25jähriger reinnerbiger Kaiserfasanenhahn.

Weiterführende Literatur:

BEEBE, W.: Monograph of the Pheasants. Bd. II; pp. 76–78, Edward's and Swinhoe's Pheasant. Witherby London 1921

DELACOUR, J.: La reproduction en captivité du Faisan d'Edwards et du Faisan Impérial. L'Oiseau 6; pp. 248–252 (1925)

DELACOUR, J.: The Pheasants of the World. 2. Edition; pp. 177–190. Spur Publications 1977

Dr. H. in B.: Über einige Fasanenarten. Nr. 6: Der Swinhoe-Fasan und seine Verwandten. Gef. Welt 63; pp. 261–262 u. 295. (1934)

DÜRIGEN, B.: Die Geflügelzucht. 3. Fasanenhühner oder Huhnfasanen. Nr. 16: Der Sattel- oder Swinhoe's Fasan; pp. 347–348; P. Parey Berlin 1886

GRENVILLE ROLES, D.: Rare Pheasants of the World. Chapter 10: Imperial Pheasant and Edward's Pheasant; pp. 58–60. Spur Publications 1976

JOHNSGARD, P. A.: The Pheasants of the World, pp. 145–150 u. pp. 160–163. Oxford Univ. Press, Oxford 1986

LOVEL, T. W. I.: A stud book for the Edward's Pheasant, *Lophura edwardsi*. WPA-Journal II; pp. 97–99 (1976–1977)
RICHARD, B.: Breeding of the Edward's Pheasant. *L. edwardsi* at Jersey Park. Dodo 13th Ann. Rp.; pp. 95–96 (1976)
SEVERINGHAUS, S. R.: Recommendations for the Conservation of the Swinhoe's and Mikado Pheasants in Taiwan. WPA-Journal III; pp. 79–89 (1977–1978)
DERS.: Swinhoe's Pheasant in Taiwan. Living Bird 18; pp. 189–209 (1980)
VO QUY, Dr.: *Lophura haitenensis* (VO QUY). WPA-News (dtsch. Fassg.), No. 1; p. 4 (1983)

Haubenlose Malaiische Hühnerfasanen
Houppifer, Guérin – Méneville 1844

Die beiden Arten der Gattung sind haubenlos und durch das Vorhandensein von 14 verhältnismäßig kurzen Schwanzfedern charakterisiert, deren mittlere nicht viel länger oder sogar kürzer sind als die der folgenden Paare und dachförmig getragen werden. Der Gelbschwanzfasan wird auch als „Haubenloser Feuerrücken" bezeichnet.
Das Verbreitungsgebiet der Gattung umfaßt die Malaiische Halbinsel, Sumatra und Borneo.

Salvadori-Fasan
Houppifer inornatus inornatus,
Salvadori 1879

Engl.: Salvadori's Pheasant.
Abbildung: Seite 557 mitte rechts und unten links.
Heimat: Gebirgswälder der südlichen Hälfte Sumatras in Höhenlagen zwischen 600 und 2400 m.
Beschreibung: Beim Hahn ist die Grundfarbe des Gefieders schwarz. Die Federn des Hinterkopfes, Halses, Rückens, der Oberschwanzdecken, Flügeldecken, Brust und Flanken weisen breite, metallisch blauschimmernde Säume auf, während das Gefieder des Unterbauches und Schwanzes stumpf schwarz gefärbt ist; Schnabel horngelblichweiß; die scharlachroten Gesichtslappen weisen um die Augen einen hellgrünen Ring auf, die Iris ist orangerot; Füße grünlichgrau.
Länge 460 bis 550 mm; Flügel 220 bis 230 mm; Schwanz 160 bis 165 mm.
Die Grundfarbe der Henne ist satt rötlich kastanienbraun, jede Feder mit einem breiten isabellfarbenen, fein schwarz gesprenkelten Mittelstreifen und hellen Schaft versehen, wodurch das Gefieder ein gesprenkeltes Aussehen erhält. Kehle hellbraun, Schwanz schwarzbraun. Iris braun bis orange. Übrige Weichteile wie beim Hahn gefärbt.
Dunenküken sind im Vergleich mit den Altvögeln ungewöhnlich groß, fast so groß wie Monalküken. Scheitel und Nacken sind kastanienbraun mit dunkelbraunem Scheitelmittelstreifen; Kehle und Unterbauch isabellfarben; Oberbrust, Flügel und Rücken kastanienbraun mit angedeuteten isabellgelblichen Handschwingenspitzen und ausgeprägterer ähnlicher Musterung auf den Armschwingenenden.
Gelegestärke 2; Ei schokoladenbraun mit stumpfer Schale (50,8 mm × 36,8 mm); Brutdauer 22 Tage.
Lebensgewohnheiten: Salvadori-Fasanen leben in unzugänglichen dichten Gebirgswäldern und sollen örtlich häufig sein.

Atjeh-Fasan
Houppifer inornatus hoogerwerfi,
Chasen 1939

Engl.: Atjeh Pheasant.
Heimat: Gebirgswälder Nordwest-Sumatras in Höhenlagen von 600 m.
Beschreibung: Von dieser erst im Jahre 1939 beschriebenen Unterart des Salvadori-Fasans sind bisher nur 2 Hennen gesammelt worden. Sie unterscheiden sich von den Hennen der Nominatform durch braune, fein schwarz gewellte, statt rötlich kastanienbraune Befiederung sowie die gelblichbraun verwaschene Unterseite; Kehle weißlich; Schwanz schwarz. Iris bernsteingelb, Gesichtslappen rot, Schnabel blaugrau, Füße dunkelblau.
Der noch unbekannte Hahn des Atjeh-Fasans wird sich vermutlich von Salvadori-Hähnen nicht unterscheiden.
Haltung: Der europäische Erstimport des Salvadori-Fasans geht auf das Jahr 1939 zurück, in welchem DELACOUR einen Hahn und drei Hennen von dem Tierhändler FROST erhielt. Die Vögel machten auf DELACOUR ganz den Eindruck wenig spezialisierter Hühnerfasanen und wiesen in Aussehen und Verhalten sowohl Ähnlichkeiten mit dem Gelbschwanz- wie dem Edward-Fasan auf. Er kam zu dem Schluß, daß der Salvadori-Fasan als eine Verbindungsform zwischen den Blaufasanen (*Hierophasis*) und den Feuerrücken der Gattungen *Houppifer* und *Lophura* angesehen werden kann. Zuchtversu-

che wurden durch den Beginn des 2. Weltkrieges verhindert. Erst 1975 und 1976 sind erneut mehrere Paare des Salvadori-Fasans nach Europa und in die USA gelangt. Die Erstzucht gelang HOUPERT und LASTÈRE 1976 in Frankreich. Sie kamen 1975 in den Besitz zweier wildgefangener Paare aus Süd-Sumatra. 1 Paar erhielt eine beheizte Voliere, die so gelegen war, daß die Vögel sich an die Gegenwart von Menschen gewöhnen konnten. Um sie vertrauter zu machen, erhielten sie regelmäßig Mehlwürmer und Obststückchen aus der Hand gereicht. Dadurch wurden sie innerhalb weniger Wochen zutraulich. Mitte April wurde ein zerbrochenes Ei in der Voliere gefunden. Ein in einer Volierenecke angelegtes Nest aus Grassoden wurde von der Henne nicht angenommen. Anfang Mai, als die Wetterbedingungen sich gebessert hatten, erhielten die Vögel eine 35 m² große, mit immergrünem Buschwerk bepflanzte Außenvoliere, deren Boden aus Sand bestand. Neben mehreren von den Verfassern angelegten Bodennestern wurde auch ein Korb dicht bei einem Sitzast im Schutzraum aufgehängt. Als das Weibchen sich am 20. Juni nicht ihre Lekkerbissen abholte, wurde bei einer Inspektion festgestellt, daß sie fest in dem hochhängenden Nistkorb brütete. Nachdem sie weitere 5 Tage auf dem Nest verbracht hatte, wurde eine Hand unter das festsitzende vertraute Tier geschoben und ein Gelege aus nur 2 Eiern erfühlt. Diese wurden in einen Kunstbrüter verbracht, und am 12. Juli, nach 22 Tagen, schlüpfte ein kräftiges Küken, während das 2. Ei unbefruchtet war. Die Henne brachte kein Nachgelege. Die Kükenaufzucht war einfach: Es nahm ohne Zögern Putenkükenstarter-Pellets in Krumenform, dazu ein paar Mehlwürmer und hartgekochtes Eidotter. Mit 8 Wochen wurden Aufzucht-Pellets gereicht und im Alter von 4 Monaten das Futter der Erwachsenen, ein Gemisch aus Weizen, Gerste, Mais, Hafer und Aufzucht-Pellets gegeben. Das 2. Paar machte keine Brutversuche, blieb auch stets scheuer als das Zuchtpaar. Temperaturen von -5° C schienen den Salvadori-Fasanen nichts auszumachen. SIVELLE (Long Island, N.Y.) berichtet DELACOUR über Haltung und Zucht seiner Salvadori-Fasanen: Ein Vollgelege besteht aus 2 sehr hartschaligen Eiern, die im Inkubator bei 37,5° C ± 1,7° C erbrütet wurden. Die Eier waren am 21. Tag angepickt, die Küken am 22. Tag geschlüpft. 30 Stunden nach dem Schlupf nahmen sie kleine Mehlwürmer an. Nachdem sie 2 Tage lang Kükenkorn erhalten hatten, begannen sie auch Fasanen-Pellets in Krumenform aufzunehmen. Dazu erhielten sie Milo-Korn, Hirse, Sonnenblumenmehl und Mehlwürmer. Dem Trinkwasser wurde eine Vitaminlösung zugesetzt. Die Temperatur im Aufzuchtkasten betrug in der 1. Woche 32,2 bis 35° C. Wie aus einer weltweiten Umfrage der WPA hervorgeht, wurden 1982 insgesamt 23 Salvadori-Fasanen gehalten, davon 17 in Kontinentaleuropa und 9 in den USA. Wegen des unscheinbaren Aussehens und der geringen Vermehrung wird dieser Fasan auch zukünftig kaum größere Verbreitung in den Ziergeflügelhaltungen erlangen.

Malaiischer Gelbschwanzfasan
Houppifer erythrophthalmus erythrophthalmus, Raffles 1822

Engl.: Malay Crestless Fireback.
Abbildung: Seite 557 unten rechts.
Heimat: Niederungswälder der Malaiischen Halbinsel nordwärts bis Kedah sowie der Insel Sumatra.
Beschreibung: Beim Hahn sind Kopf und Hals glänzend purpurschwarz. Mantel, Flügel und Seitenbefiederung auf schwarzem Grund fein silbergrau gestrichelt; Mittelrücken metallisch kupferrot, auf dem Bürzel in ein seidiges Kastanienbraun übergehend; Oberschwanzdecken purpurstahlblau mit kastanienrotbraunen Säumen. Die beiden mittelsten der 14 bis 16 zimtgelben Schwanzfedern sind etwas kürzer als das zweite und dritte Paar, kurz und gerade, abgerundet und haushennenartig etwas abwärts gerichtet. Brust purpurschwarz, die Federn mit silbergrauen Schaftstrichen und winzigen, kaum sichtbaren Fleckchen ausgestattet. Übrige Unterseite schwarz, Schnabel grünlichweiß, die große rote Gesichtshaut am oberen Rand (Stirn) mit zwei bei der Balz erektilen zapfenartigen Vorsprüngen ausgestattet. Iris rotbraun, Füße graublau, beim Hahn mit starkem Sporn ausgestattet.
Länge 470 bis 500 mm; Flügel 240 bis 250 mm; Schwanz 150 bis 180 mm.
Junge Hähne erhalten das Kleid der Erwachsenen bereits im Alter von 4 Monaten; vorher sind sie schwarz mit kastanienbraunen Federspitzen.
Die Henne ist bis auf den bräunlichen Kopf, die rauchgraue Kehle und das ebenso gefärbte Kinn vollständig schwarz mit stahlblauem Glanz. Schnabel schwarz mit heller Unterschnabelbasis, Gesichtslappen rot, Iris braun, Füße blaugrau, die Läufe stets mit einem scharfen Sporn bewehrt, der kleiner als der des Hahnes ist.
Länge 420 bis 440 mm; Flügel 200 bis 220 mm;

Schwanz 140 bis 160 mm.
Dunenküken sind satt gleichmäßig dunkelgelbbraun gefärbt und ähneln Vieillotfasanenküken.
Gelegestärke 3 bis 6; Ei rosa oder isabellweißlich (50 mm × 55 mm). Brutdauer 24 Tage.

Lebensgewohnheiten: Der Gelbschwanzfasan bewohnt die feuchtheißen Wälder der Niederungen. Außerhalb der Brutzeit trifft man ihn häufig in kleinen Gesellschaften an, die aus einem Hahn und mehreren Hennen bestehen. Hennen sollen zahlreicher sein als Hähne. Die Vögel halten sich gern in den Pflanzungen auf, lieben auch den dichten Dschungel, der als Weide für die halbwilden Hausbüffel benutzt wird und ihnen deshalb viel Insektennahrung bietet. In solchem Gelände ist einmal eine Gesellschaft von 22 Gelbschwanzfasanen beobachtet worden. Die Hennen sind untereinander recht streitsüchtig und bekämpfen sich häufig mit ihren scharfen Sporen. In der Erregung stößt der Gelbschwanzfasan einen langgezogenen heiseren Ruf aus und gibt auch ein schrilles „Schleifen" von sich. Der Warn- und Kampfruf ist ein tiefes, heiseres Schnarren und Brummen. Im allgemeinen ist der Vogel jedoch nicht sehr stimmfreudig. Bei der Balz erigiert der Hahn die beiden seitlich der Stirn gelegenen Fortsätze der Gesichtslappen zu aufrechtstehenden Hörnchen und breitet die gelben Schwanzfedern vertikal vor der Henne aus. Im übrigen soll die Seitenbalz im wesentlichen der der *Gennaeus*-Gruppe gleichen.

Haltung: Als europäischer Erstimport gelangten 1864 3 Gelbschwanzfasanen in den Londoner Zoo. GEOFFROY ST. HILAIRE teilt mit, daß 1872 im Pariser Akklimatisationsgarten Junge aufgezogen wurden, deren Eltern einige Jahre vorher importiert worden waren. Gelbschwanzfasanen sind bis in die Gegenwart immer wieder einmal in einzelnen Paaren importiert und auch wiederholt gezüchtet worden. Professor GHIGI erhielt von einer Henne im Jahre 1936 fünfzehn Eier, aus denen nach 24tägiger Bebrütung die gleiche Kükenzahl schlüpfte. Die Jungen waren sehr schnellwüchsig und gediehen gut. Nach 6 Wochen ließen sich die Geschlechter unterscheiden, und im Herbst des ersten Lebensjahres glichen sie den Elternvögeln. Auch DELACOUR kam zu ähnlichen Ergebnissen. Nach ihm kann es die Gelbschwanzhenne auf 3 Gelege pro Jahr bringen. Die Küken sind kräftig und leicht aufzuziehen, werden auch nicht so leicht von Küken- und Aufzuchtkrankheiten befallen. Als Bewohner des tropischen Regenwaldes brauchen Gelbschwanzfasanen viel Wärme und dürfen nur in beheizten Unterkünften überwintert werden. Man soll den Vogel nur paarweise zusammenhalten.

Gelbschwanzfasanen sollen ein Weichfutter erhalten, das reich an tierischem Eiweiß ist, daneben das übliche Körnerfutter. Sie werden leicht zahm, sind jedoch ziemlich ruhige, plumpe Hühnervögel, die nicht sehr attraktiv wirken und daher auch in Zukunft kaum viele Liebhaber finden werden. Wie GRENVILLE ROLES berichtet, ist gegenwärtig H. W. WEEKERS in Wert (Holland) ein sehr erfolgreicher Züchter Malaiischer Gelbschwanzfasanen. Die Paare werden bei ihm in 4 m × 2,15 m großen, dicht mit Hortensien und Chinesischem Wacholder bepflanzten Volieren mit anschließendem Schutzraum gehalten. Sie erhalten als Grundnahrung ein unserer Meinung nach zu kalorienreiches Körnergemisch aus Mais, Dari, Weizen und Sonnenblumenkernen, noch durch etwas Hanf ergänzt, dazu tägliche Gaben von Obst (Apfel, Birne, Orangen) und gelegentliche Insektengaben. Im Winter wird zusätzlich dem Körnergemisch Lebertranöl im Verhältnis von 10 mg zu 5 kg Körnerfutter beigemengt. Gelbschwanzfasanen scheinen jedoch Mastfutter zu vertragen, denn eine Henne brachte in 6 Jahren 101 Eier. Küken benötigen während der ersten 24 Stunden nach dem Schlupf sorgfältige Überwachung, weil sie oft nicht ohne weiteres Zwerghennen als Mütter erkennen und vor den Glucken flüchten. In 2 Fällen wurden wenige Tage alte Gelbschwanzküken in 18 m Entfernung von der Hühnerglucke entdeckt, nachdem es ihnen gelungen war, durch den sehr engen Maschendraht zu kriechen. Gelbschwanzküken werden mit einem Grundfutter aus Putenkükenstarter-Pellets in Krumenform mit täglichen Beigaben von Quetschkorn, zerkleinerten Tomaten, mit Vitamin-B-Komplex-Pulver und Kreidepulver bestreut, dazu Mehlwürmer und Ameisenpuppen aufgezogen. Gelbschwanzhähne beginnen zeitig im Frühjahr zu balzen, wobei sie nach Art aller Hühnerfasanenhähne ihre fleischigen Gesichtslappen vergrößern und um die Henne herumlaufen. Ihren Weibchen gegenüber scheinen sie weniger aggressiv zu sein als die meisten anderen

---

o. l. Hahn des Swinhoe-Fasans, *Hierophasis swinhoii*, flügelwirbelnd (s. S. 549)
o. r. Hahn des Swinhoe-Fasans
m. l. Hahn des Edward-Fasans, *Hierophasis edwardsi* (s. S. 551)
m. r. Paar des Salvadori-Fasans, *Houppifer inornatus*, vorn Henne, hinten Hahn (s. S. 554)
u. l. Henne des Malaiischen Gelbschwanzfasans
u. r. Hahn des Malaiischen Gelbschwanzfasans, *Houppifer erythrophthalmus erythrophthalmus* (s. S. 555)

Arten der Gruppe.
Wie aus weltweiten Umfragen der WPA ersichtlich, wurden 1982 insgesamt 158 Malaiische Gelbschwanzfasanen gemeldet, von denen 89 auf Europa, 38 auf die USA, 23 auf Asien und 8 auf Lateinamerika entfielen.

Borneo-Gelbschwanzfasan
Houppifer erythropthalmus pyronotus,
Gray 1834

Engl.: Bornean Crestless Fireback.
Abbildung: Seite 558 oben rechts.
Heimat: Süd- und Südwest-Borneo sowie Sarawak nordwärts bis in den Baram-Distrikt, stets unter 900 m lebend.
Beschreibung: Hähne der in Borneo lebenden Unterart unterscheiden sich von denen der Nominatform durch das hellgraue, zart schwarz gesprenkelte und weiß geschäftete Hals- und Oberrückengefieder. Die Federn der Körperseiten und der Brust sind lanzettförmig, purpurschwarz und breit weiß geschäftet; Bürzel dunkel kastanienbraun, Oberschwanzdecken stahlblau, die Schwanzfedern an der Basis schwarz, sonst zimtgelb.
Länge 609 mm; Flügel 283 mm; Schwanz 173 mm.
Hennen unterscheiden sich von denen der Nominatform lediglich durch etwas metallischer glänzendes Gefieder.
Länge 563 mm; Flügel 256 mm; Schwanz 152 mm.
Gelegestärke 4; Ei birnenförmig, cremefarben (47 mm × 35,2 mm).
Lebensgewohnheiten: Nach Beobachtungen von DAVISON im Gunung-Mulu-Nationalpark von Sarawak (Nord-Borneo) kommt der Gelbschwanzfasan dort zusammen mit dem Borneo-Feuerrücken *(Lophura ignita nobilis)* und dem schwarzen Waldrebhuhn *(Melanoperdix)* im flachen feuchten Alluvialwald, dessen Baumarten 40 bis 50 m Höhe erreichen und alljährlich überschwemmt werden, auf schlammigem Gley-Boden vor und geht bergwärts nicht mehr als 100 m hinauf. Als einziger Europäer hat offenbar A. T. EDGAR ein Nest des Vogels gefunden. Es stand auf einer Bodenerhöhung des Sumpfdschungels von Unter-Perak. Dort hatte die Henne auf einem mit einer Bertrampalme bewachsenen niedrigen Ameisen- oder Termitenhügel eine flache Grube gescharrt, in der auf ein paar trockenen Blättern 4 mit ihren spitzen Enden einwärts geordnete Eier lagen. Diese waren birnenförmig, besaßen eine harte porige Schale und waren cremefarben mit bräunlicher Beizung durch das Erdreich.
Haltung: Der europäische Erstimport des Borneo-Gelbschwanzfasans erfolgte 1870 in den Londoner Zoo. 1880 bis 1882 importierte der englische Tierhändler JAMRACH einige dieser Vögel, doch wurde die Borneounterart in europäischen Fasanerien stets nur hin und wieder gehalten und nicht gezüchtet. 1925 hielt DELACOUR einige Paare in Clères. Die Erstzucht ist Dr. DAM 1973 in Florida gelungen, der darüber in der Zeitschrift „Gazette" 1973, pp. 13 bis 17, berichtet hat.
1982 wurden laut WPA-Census nur 4 Borneo-Gelbschwänze gehalten, davon 2 in Europa und 2 in den USA, wo im Jahr zuvor noch 11 gemeldet worden waren.

o. l. Hahn des Kleinen Borneo-Feuerrückenfasans, *Lophura ignita ignita* (s. S. 560)
o. r. Hahn des Borneo-Gelbschwanzfasans, *Houppifer erythrophthalmus pyronotus* (s. S. 559)
m. l. Hahn des Vieillot-Feuerrückenfasans, *Lophura ignita rufa* (s. S. 562)
m. r. Henne des Prälatfasans, *Diardigallus diardi* (s. S. 564)
u. l. Hahn des Großen Borneo-Feuerrückenfasans, *Lophura ignita nobilis* (s. S. 560)
u. r. Hahn des Prälatfasans, *Diardigallus diardi* (s. S. 564)

Weiterführende Literatur:
BEEBE, W.: Monograph of the Pheasants, Bd. 2; Gelbschwanzfasanen; pp. 102–109; Witherby London 1922
DERS.: Monograph of the Pheasants, Bd. 4; Salvadoris Fasan; p. 217 (1922)
COOMANS DE RUITER, L.: Oölogische en biologische aanteekeningen over eenige hoendervogels in de Westerafdeeling van Borneo. Limosa 19, Nr. 5: *H. e. pyronotus* (GRAY); p. 136 (1946)
DAVISON, G. W. H.: Habitat requirements and the food supply of the Crested Fireback, WPA-Journal VI; pp. 40–52 (dabei auch Bemerkungen über den Gelbschwanzfasan) 1980–1981
DERS.: Galliforms and the Gunung Mulu National Park (Sarawak). WPA-Journal V; pp. 31–39 (1979–1980)
DELACOUR, J.: The Pheasants of the World. 2. Ed.; Crestless Firebacks; pp. 190–195. Spur Publications 1977
EDGAR, A. T.: cit. Appendix zu ROBINSON & CHASEN: The Birds of the Malay Peninsula, Bd. 3; Nest des Borneo-Gelbschwanzfasans. London 1937
GRENVILLE ROLES, D.: Rare Pheasants of the World. Crestless Firebacks; pp. 60–65. Spur Publications 1976
H., Dr. in B.: Über einige Feuerrückenfasanen. Gelbschwanzfasan; p. 33, Gef. Welt 66 (1937)
HOUPERT, R., LASTÈRE, R.: Captive Breeding of the Salvadori's Pheasant, *Lophura i. inornata*. WPA-Journal II; pp. 100–103 (1976–1977)
JOHNSGARD, P. A.: The Pheasants of the World. pp. 141–144 u. 167–169; Oxford Univ. Press, Oxford 1986
SIVELLE, C.: Salvadori's Pheasant. First American Breeding. Amer. Pheasant & Waterfowl Soc. Mag. 78; pp. 38–41 (1978)

Feuerrückenfasanen
Lophura, Fleming 1822

Engl.: Crested Firebacks
Die Hauben-Feuerrückenfasanen tragen in beiden Geschlechtern auf dem Scheitel eine kurze dicke Holle aus steifen, unten kahlschäftigen und an der Spitze mit einer spatelförmigen Fahne versehenen Federn, die bei der Henne schwächer ausgebildet ist. Die dehnbare Gesichtshaut ist leuchtend kobaltblau. Die mittelsten Federn des dachförmig getragenen Schwanzes sind etwas kürzer als die folgenden beiden Paare, leicht abwärts gebogen und am Ende zugespitzt.

Die aus mehreren Unterarten bestehende Art bewohnt die Malaiische Halbinsel nordwärts bis an die Grenze Tenasserims, Sumatra und Borneo.

Kleiner Borneo-Feuerrückenfasan
Lophura ignita ignita, Shaw u. Nodder 1797

Engl.: Lesser Bornean Crested Fireback.
Abbildung: Seite 558 oben links.
Heimat: Süd-Borneo und die Insel Banka.
Beschreibung: Beim Hahn sind Kopf, Haube, Hals, Brust, Mantel, Bürzel, Oberschwanzdecken und Schenkel dunkelpurpurblau mit seidigem Schimmer; Flügeldecken dunkelblau, die Federn mit schillernden ultramarinblauen Säumen versehen; Arm- und Handschwingen blauschwarz; die sichtbar getragenen Federn des Unterrückens, deren verdeckte Basis schwarz ist, sind feurig kupferrot gefärbt („Feuerrücken"). Bürzel- und Oberschwanzdeckfedern tragen breite metallischblau glänzende Säume. Die drei mittleren Schwanzfederpaare sind zimtbraungelb gefärbt, die übrigen fünf Paare blauschwarz. Unterbrust und Körperseiten glänzend kupferbraun, Unterbauch schwarz. Schnabel hornweiß; Gesichtslappen leuchtend kobaltblau, in der Form denen des Silberfasans ähnlich; Iris rot; Füße grauweiß bis fleischrötlich. Der Lauf trägt einen langen hornweißlichen Sporn.
Länge 650 bis 670 mm; Flügel 270 bis 280 mm; Schwanz 245 bis 260 mm.
Bei der Henne sind Kopf, Haube und Oberseite rötlich kastanienbraun, Flügel und Schwanzdecken zart schwarz bekritzelt. Die schwarzen Schwanzfedern sind an den Enden fein dunkelbraun gewellt; Kinn und Kehle weiß, Federn der Brust-, Körperseiten- und Schenkelregion kastanien- bis schwärzlichbraun, weiß gesäumt, wodurch ein Schuppenmuster entsteht. Unterbauch weiß. Weichteile wie beim Hahn gefärbt, nur ist die Schnabelbasis bei der Henne braun. Sporen findet man im weiblichen Geschlecht selten, allenfalls bei älteren Hennen.
Länge 560 bis 570 mm; Flügel 234 bis 254 mm; Schwanz 156 bis 177 mm.
Beim Dunenküken sind Scheitel und Nacken schön goldbraun; Oberseite schwarzbraun, auf den Flügelchen isabellfarbene Querbinden, entlang des Rückens seitlich schmale weißliche Längsbänder. Gesicht hell rötlichbraun, eine schwarze Binde zieht sich vom Auge zu den Ohrdecken. Unterseite isabellweiß, Brust und Flanken gelbbräunlich.
Gelegestärke 4 bis 8; Ei in der Form kurzoval, cremeweiß (54 mm × 40 mm). Brutdauer 24 Tage.

Großer Borneo-Feuerrückenfasan
Lophura ignita nobilis, Sclater 1863

Engl.: Greater Bornean Crested Fireback.
Abbildung: Seite 558 unten links.
Heimat: Sarawak und Nord-Borneo.
Beschreibung: Die Unterart unterscheidet sich in beiden Geschlechtern von der Süd-Borneoform durch etwas bedeutendere Größe.
Flügellänge des Hahnes 280 bis 293 mm; Schwanz 254 bis 285 mm.
Flügellänge der Henne 252 bis 270 mm; Schwanz 180 bis 188 mm.
Lebensgewohnheiten: Die Borneo-Feuerrückenfasanen sind Bewohner der tropischen Regenwälder in den Niederungen, die sich niemals auf offenes Gelände begeben. Die monogam lebenden Vögel streifen paarweise oder in Familienverbänden unter Führung eines alten Hahnes durch ihr Revier und suchen sich ganz nach Haushuhnmanier scharrend ihr Futter. Sie sind, wie Kropfuntersuchungen Erlegter gezeigt haben, Allesfresser. Der Ruf des Hahnes klingt nach BEEBE wie ein tiefes, bauchrednerisches ausgestoßenes „Wuuunk'k" und wird von Flügelschwirren begleitet. Andere Lautäußerungen sind ein lautes Glucksen und ein schriller Pfiff, vermutlich der Alarmruf. Bei anderer Gelegenheit stoßen sie häufig ein doppelsilbiges „Kjukun" aus. Die Balzzeremonie verläuft wie bei der *Gennaeus*-Gruppe, indem der Hahn in Seitenstellung zur Henne den ihr zugewandten Flügel herabhängen läßt und den Schwanz vertikal ausbreitet. Die Henne scharrt im dichten Unterholz eine tiefe Nestmulde, die Blätter enthält; in freier Wildbahn sind wohl meist nur Gelege von 2 bis 3 Eiern gefun-

den worden, doch scheint diese Zahl im Vergleich mit den in Gefangenschaft gezeitigten gering und läßt sich wohl darauf zurückführen, daß es sich um unvollständige Gelege gehandelt hatte. Die Brutdauer beträgt bei allen Haubenfeuerrücken 24 Tage.
Haltung: Der erste Borneo-Feuerrücken, 1 Hahn, gelangte 1867 in den Pariser Akklimatisationsgarten. Der Berliner Zoo erwarb 1875 1 Paar auf der Antwerpener Tierauktion des dortigen Gartens. Die Henne eines seit 1881 in Berlin befindlichen Paares legte im darauffolgenden Frühjahr zahlreiche befruchtete Eier. Die 8 unter einer Hühneramme geschlüpften Küken gingen jedoch durch die Ungeschicklichkeit der Henne verloren. Erfolgreich ist die Art 1902 von BESNIER in Frankreich gezüchtet worden (Bull. 1903; p. 130). In der Folgezeit wurden bis in die Gegenwart immer wieder einmal Borneo-Feuerrücken importiert und nicht selten erfolgreich gezüchtet.

Der bekannte amerikanische Züchter CHARLES SIVELLE in Long Island (New York) brachte 1971 von 2 Dreierpaaren 46 Jungvögel „auf die Stange". Die Zuchttrios, jeweils ein Hahn und 2 Hennen, werden in dicht mit Nadelhölzern, Bambus und Blaubeeren bepflanzten, 7,3 m × 3,65 m × 1,8 m großen Volieren gehalten, zu denen die Vögel nur während der Brutzeit und bei mildem Winterwetter Zugang haben. Während der übrigen Zeit bewohnen sie 4,2 m × 3,65 m × 1,8 m große, mit Tannen bepflanzte Innenvolieren, in denen entlang der Wände große Bretter schräg angelehnt werden, hinter die sich die Vögel in Gefahrsituationen zurückziehen können, wodurch panikartiges Auffliegen, z. B. beim Säubern der Volieren, vermieden wird. Als Futter erhalten sie Fasanen-Pellets, kurz vor und während der Brutzeit Fasanen-Brutpellets, ergänzt durch ein Körnergemisch, Obst und Mehlwürmer. Die Legezeit währt von April bis Juni. Volle Gelege bestehen aus 4 bis 8 Eiern, und bei Fortnahme frisch gelegter Eier werden 2 Nachgelege gebracht. Die Eier werden gleich nach der Ablage dem Kunstbrüter anvertraut und bei einer Temperatur von 37,5° C und 53 % relativer Luftfeuchtigkeit 3mal täglich um 180° gewendet. Nach 24tägiger Bebrütung schlüpfen die Küken gewöhnlich sehr schnell. Als Erstfutter erhalten sie im Handel üblichen Kükenstarter und ins Trinkwasser eine Multivitaminlösung. Mehrmals täglich verfütterte Mehlwürmer aus der Hand gereicht, lassen die Küken dem Menschen gegenüber vertraut bleiben. In einwöchigem Abstand geschlüpfte Küken können ohne Schwierigkeiten gemeinsam aufgezogen werden. Im Alter von 2 Monaten wird dem Futter Obst zugefügt und ohne Zögern angenommen. Im Erstgefieder sind junge Borneo-Feuerrücken dunkelbraun mit großen schwarzen Flecken auf den Flügeldecken. Schon zu diesem Zeitpunkt lassen sich Männchen durch das dunklere Gefieder von Weibchen unterscheiden. Mit 4 Monaten tragen beide Geschlechter das Erwachsenengefieder, dessen leuchtende Farben allerdings noch fehlen. Junghähne sind nicht vor dem 2. Lebensjahr geschlechtsreif.

Gegenwärtig ist der prächtige Borneo-Feuerrückenfasane wieder relativ gut in europäischen und amerikanischen Sammlungen vertreten. In Deutschland besitzt ihn z. Z. wohl nur der Vogelpark Walsrode. Aus einer weltweiten Umfrage der WPA geht hervor, daß 1982 der Bestand insgesamt 263 Stück betrug, wovon 126 auf Europa, 113 auf die USA, 12 auf Lateinamerika, 11 auf Kanada und nur einer auf Asien entfielen.

Delacour-Feuerrückenfasan
Lophura ignita macartneyi, Temminck 1813

Engl.: Delacour's Crested Fireback.
Heimat: Südost-Sumatra in der Provinz Palembang und den Lampongs.
Beschreibung: Diese recht instabile Unterart bildet eine Übergangsform zwischen Borneo-Feuerrücken und Vieillot-Feuerrückenfasan. Bei Hähnen variiert die Brust- und Körperseitenfärbung zwischen Rotbraun und Dunkelblau mit unterschiedlich ausgedehnter Braunfleckung, während die Schwanzfedern weiß, blaßgelb und zimtfarben sein können. Manchmal findet sich auf den Körperseiten auch weiße Schaftstreifung wie beim Vieillot-Feuerrücken. Die zweizipfligen Gesichtslappen gleichen in Form und Farbe denen der Borneounterart, und auch die Beinfärbung ist wie bei dieser weißlichgrau. Flügellänge 270 bis 300 mm.
Hennen gleichen denen des Vieillot-Feuerrückens, sind nur satter kastanienbraun. Eine dunkle Wellenbänderung findet sich kaum sichtbar auf den Flügeln, fehlt dagegen auf Kopf, Hals, Mantel und Schwanz.
Haltung: Vögel dieser Unterart wurden nach DELACOUR erstmals im Jahre 1930 von dem englischen Tierhändler JAMRACH und danach noch mehrfach nach Europa importiert. Berichte über eine Zucht sind uns nicht bekannt.

Vieillot-Feuerrückenfasan
Lophura ignita rufa, Raffles 1856

Engl.: Vieillot's Crested Fireback.
Abbildung: Seite 558 mitte links sowie Seite 567 beide.
Heimat: Malaysia nordwärts bis zum äußersten Süden Tenasserims (Burma), Thailand bis in die Region des Isthmus von Kra, Sumatra mit Ausnahme des Südostens der Insel.
Beschreibung: Vieillot-Hähne unterscheiden sich von denen der Borneounterart durch massigeren Bau und längere Schwanzfedern, deren mittlere Paare weiß gefärbt sind. Brust und Körperseiten sind dunkelblau, die Federn der letzteren mit weißen Schaftstrichen versehen. Der Unterrücken ist röter, weniger kastanienbraun gefärbt als bei den Borneovögeln. Auch die blauen Gesichtslappen weisen Unterschiede auf: Statt zweizipfliger Lappen besitzt der Vieillotfasan auf jeder Seite deren 4, die heller blau gefärbt und an den Kinnlappenenden mit einem kleinen roten Fleck versehen sind. Farbe von Schnabel und Iris wie bei *ignita,* die Beine jedoch hell karminrot statt weißlichgrau.
Länge 650 bis 700 mm; Flügel 270 bis 300 mm; Schwanz 365 bis 395 mm; Gewicht 1920 bis 2270 g.
Weibchen sind größer und hochbeiniger als die der Borneounterart und von diesen durch rote Beine und einfarbig kastanienbraunen Schwanz unterschieden.
Gewicht 1360 bis 1590 g.
Bei Junghähnen sind die mittleren Schwanzfedern noch kastanienbraun mit schmaler schwarzer Bänderung, die Flankenschaftstreifen rötlich statt weiß. Das Prachtkleid des Althahnes wird bereits mit dem Ende des ersten Lebensjahres angelegt, die rötliche Schaftstreifung der Flanken jedoch noch einige Zeit beibehalten.
Dunenküken sind etwas dunkler gefärbt als die der Borneounterart.
Gelegestärke 5 bis 8; Ei wie bei *ignita ignita.*
Lebensgewohnheiten: Verhalten, Habitat und Nahrungsansprüche der Art sind 1980 durch DAVISON im Krau-Game-Reservat von Pahang (West-Malaysia) untersucht worden. Paare halten sich meist in der näheren Umgebung von Flüssen und auf Schwemmland auf. 44 % der Beobachtungen wurden innerhalb einer Entfernung von 100 m zum nächsten Wasserlauf gemacht. Die auffällige Bevorzugung von Feuchtgebieten kann in dem dort vorhandenen großen Nahrungsangebot liegen. Oft sieht man Paare des Vieillot-Feuerrückenfasans die Ufersäume absuchen, wo u. a. kleine Süßwasserkrabben zu ihren Beutetieren gehören. Dagegen bevorzugten Gelbschwanzfasanen als Habitat in Malaysia wie Borneo die benachbarten trockenen Hügelwälder und waren nur selten in Sumpfwäldern anzutreffen. Die Hauptnahrung des Vieillot-Feuerrückenfasans besteht jedoch aus herabgefallenen Beeren und Früchten. Einige Bäume der artenreichen Waldflora fruchten über den ganzen Jahresablauf verteilt, und unter diesen halten sich die Fasanen, Waldrebhühner und Straußwachteln sowie manche Säuger (Wildschweine) so lange auf, bis sie abgeerntet sind, um sich dann auf die Suche nach neuen Fruchtträgern zu begeben. Diese Art der Nahrungssuche, aber auch das Ausweichenmüssen vor Überflutungen des Alluvialwaldes bedingen häufige Ortswechsel. Sie sind für eine Art, die wie der Vieillot-Feuerrückenfasan über keine lauten Stimmäußerungen verfügt, besonders im Hinblick auf das Zusammentreffen von Geschlechtspartnern wichtig. Charakteristisch für diesen Fasan ist sein Aufenthalt mehrere Tage hindurch auf einem engen Areal. So wurde ein Weibchen 6 Tage lang innerhalb eines 90 m^2 großen Gebietes, eine Woche danach nur 300 m nördlich davon in einem ähnlich kleinen Bezirk beobachtet, und ebenso verhielten sich auch Männchen. Der mehrtägige Aufenthalt in kleinen Arealen wird von DAVISON als eine Nutzung wechselnder Kerngebiete innerhalb eines viel ausgedehnteren Gesamtreviers gedeutet. 3 größere Reviere, die 2 Hähnen und einer Henne gehörten, schienen sich in einigen Abschnitten zu überschneiden. Da Feuerrückenfasanen über keine lauten Revierrufe verfügen, kann die Bedeutung des mehrtägigen Aufenthalts von Revierbesitzern auf kleinen Teilen des Gesamtreviers in der Vermeidung von Begegnungen mit benachbarten Revierbesitzern bestehen. Das Flügelschwirren, eine kombinierte optische und akustische Demonstration, kann nur für einen kleinen Bereich wirksam sein und bedeutet Territorialanspruch. Er wurde auch bei einem Weibchen beobachtet, das im Mai auf einem Pfad überrascht, auf einen Baumast flog, nach Beruhigung der Lage auf den Boden zurückkehrte und dort mit den Flügeln schwirrte. Von Januar bis Mai wurden Vögel beiden Geschlechts als Einzelgänger angetroffen, während ab Juni bis August 5mal Paare und nur 3mal Einzeltiere, von September bis Dezember ein Trupp aus 2 Hähnen, 1 Henne und 5 Jungvögeln beobachtet wurden. Andererseits hielten zur selben Zeit auch 2 Althähne, ebenso 3 Junghähne zusammen und 2mal sah man Einzelgänger. Der Trupp aus 3 Junghähnen

löste sich im Januar auf. Die festgestellten Gruppierungen sprechen für eine Balz- und Legezeit des Vieillotfasans von Juni bis August, Familienbildung aus Eltern und Jungvögeln im September und allmähliche Auflösung dieser Trupps mit dem Selbständigwerden der Jungvögel. Während eines Jahresablaufs im malaysischen Wald war eine 3- bis 4malige Häufung des Auftretens von Wirbellosen (Insekten, Mollusken, Würmer), Blütenbildung und Fruchtreifung festzustellen: Wirbellose sind während der relativ trockenen ersten 5 Monate des Jahres, mit einem Höhepunkt im März, am häufigsten, und das Reifen von Früchten hatte seinen Schwerpunkt in den Monaten Januar bis August. Auf einen Nutzen für den Feuerrückenfasan bezogen nimmt DAVISON an, daß die im zeitigen Frühjahr beobachteten Einzelgänger eiweißreiche Wirbellose von der Oberfläche der Humusdecke aufnehmen und ihnen diese Nahrungsquelle dank des fast vollständigen Fehlens intraspezifischer Konkurrenz in den nach Ablauf einiger Tage jeweils verlegten Kleinrevieren voll zugute kommt. Zu Paarbildungen kommt es erst nach mehrmonatiger Aufnahme tierischer Proteine und damit dem Vorhandensein reichlicher Eiweißreserven für die Fortpflanzung. Küken schlüpfen, wenn viele Gewächse fruchten und herabgefallene Früchte ein leicht auffindbares und in genügender Menge gebotenes Futter bilden. Wie fast alle übrigen Hühnervogelküken werden auch die des Vieillot-Feuerrückenfasans während der ersten Lebenswoche vorwiegend Kleininsekten aufnehmen. Mit dem Heranwachsen der Jungvögel nimmt die Menge der Früchte und Wirbellosen ab, und die Familien gehen auf gemeinsame Futtersuche. Sie scharren nun die Laubdecke zwecks Auffindung der darunter lebenden Wirbellosen beiseite. Küken schlüpfen also nicht zu einer Jahreszeit, in der Wirbellose als Einzelindividuen auf der Laubdecke häufig sind, sondern wenn sie in Kolonien, wie Termiten und Ameisen, unter ihr leben.

Haltung: Als europäischer Erstimport gelangte 1867 1 Männchen der Art nach Frankreich, das schon im folgenden Jahr Nachzucht mit einer Nepalfasanenhenne brachte. Reinblütige Vieillot-Feuerrückenfasanen wurden erstmals 1871 in Antwerpen und Frankreich aufgezogen. Nach DELACOUR brachte 1872 1 Vieillot-Henne in Ferrières (Frankreich) 3 Gelege mit insgesamt 23 Eiern, aus denen ebensoviele Küken schlüpften, die jedoch leider nach wenigen Monaten einer Tuberkulose erlagen. In West- und Mitteleuropa beginnen die Hähne im April mit der Balz, die Hennen ab Mai mit der Eiablage. Sie brüten zwar zuverlässig, doch wird man die Erbrütung durch Hühnerglucken und Kunstbrüter vorziehen. Die nach 24- bis 25tägiger Brutdauer schlüpfenden Küken sind sehr wärmebedürftig und nehmen während der ersten 10 Lebenstage im Vergleich mit Fasanenküken der meisten Arten wenig Futter auf. Mit 3 Wochen dürfen sie bei gutem Wetter tagsüber in einen Grasauslauf gesetzt werden. Sie wachsen bis zur ersten Mauser nur langsam, holen danach aber ordentlich auf. Mit 2 Monaten wechseln sie das Jugendkleid, und im Gefieder der Hähnchen zeigen sich bereits einzelne schwarze Federn. Mit Ablauf des ersten Jahres tragen sie das Adultgefieder. Vieillot-Feuerrückenfasanen müssen warm überwintert werden, da sie sich schon bei geringer Kälte die Zehenglieder erfrieren. Auch während der Sommermonate sollte man sie während naßkalter Wetterperioden in einen Stall mit Infrarotstrahler bringen. Obwohl die Hähne sich während der Fortpflanzungszeit der Henne gegenüber recht temperamentvoll aufzuführen pflegen, skalpieren und töten sie sie nicht, wie denn das Paar das ganze Jahr hindurch sehr friedlich zusammenlebt. Die ruhigen Vögel werden bald vertraut, zahme Hähne dem Pfleger gegenüber in der Regel aggressiv. Vieillot-Feuerrückenfasanen sind während der letzten Jahre wieder häufig gezüchtet worden und in großen Fasanerien mit heizbaren Stallungen meist vorhanden. Aufgrund einer weltweiten Umfrage im Jahre 1982 wurde der WPA die Haltung von insgesamt 335 Vieillot-Feuerrückenfasanen gemeldet, von denen 191 auf Europa, 67 auf Asien, 59 auf die USA, 15 auf Lateinamerika und 3 auf Kanada entfielen. Bei Heizungsmöglichkeiten der Schutzräume ist die Haltung dieser dekorativen und langlebigen, dabei nicht scheuen Art sehr zu empfehlen.

Weiterführende Literatur:
BEEBE, W.: A Monograph of the Pheasants, Bd. 2; Gehäubte Feuerrücken; pp. 122–129. Witherby London 1922
COOMANS DE RUITER, L.: Oölogische en biologische aanteekeningen over eenige hoendervogels in de Westserafdeeling van Borneo. Limosa 19, Nr. 6, Bornean Fireback Pheasant; p. 137 (1946)
DAVISON, G. W. H.: Galliforms and the Gulung Mulu National Park (Sarawak). WPA-Journal V; pp. 31–39 (1979–1980)
DERS.: Habitat requirements and the food supply of the Crested Fireback. WPA-Journal VI; pp. 40–52 (1980–1981)
DELACOUR, J.: The Pheasants of the World. 2. Ed.; Crested Firebacks; pp. 197–203; Spur Publications 1977

DÜRIGEN, B.: Die Geflügelzucht. Kapitel 5: Fasanen, No. 17: Vieillot's Fasan, No. 18: Borneo-Fasan oder Edelfasan von Borneo; p. 348. Parey Berlin 1886
GRENVILLE ROLES, D.: Rare Pheasants of the World. Crested Firebacks; pp. 65–68. Spur Publications 1976
H., Dr., in B.: Über einige Feuerrückenfasanen. Gef. Wet 66; pp. 322–323 und 332–333 (1937)
JOHNSGARD, P. A.: The Pheasants of the World pp. 169–173. Oxford Univ. Press, Oxford 1986
SMITHIES, B. E.: The Birds of Burma; pp. 439–440. Oliver & Boyd, London 1953
DERS.: The Birds of Borneo. Nr. 91: Crested Fireback Pheasant; pp. 170–171, Oliver & Boyd, London 1960

Prälatfasanen
Diardigallus, Bonaparte 1856

Engl.: Siamese Firebacks
Der einzige Vertreter dieser Gattung ist ein schlanker, „drahtiger" Feuerrücken mit rotem Gesicht, der im männlichen Geschlecht einen auf kahlen Stielen wippenden, bis 90 mm langen Federwimpel auf dem Kopf trägt und schmale, stark sichelförmig gebogene, hinten zugespitzte mittlere Schwanzfedern besitzt. Geschlechter verschieden gefärbt.

Prälatfasan
Diardigallus diardi, Bonaparte 1856

Engl.: Siamese Fireback.
Abbildung: Seite 558 Mitte rechts und unten rechts.
Heimat: Ost-Thailand und Indochina nordwärts bis Mittel-Annam und Nord-Laos. Keine Unterarten.
Beschreibung: Der Hahn trägt auf der Scheitelmitte einen langgestielten Schopf aus schwarzen, zerschlissenen Federn, deren Schäfte in den unteren beiden Dritteln kahl sind. In der Ruhe wird der Schopf nach hinten herabhängend, bei Erregung jedoch aufgerichtet getragen. Kopf, Kinn und Kehle schwarz; Hals, Vorderrücken und Oberbrust grau mit feiner schwärzlicher Wellenzeichnung; Mittelrücken goldgelb, Unterrücken, Bürzel sowie die kleineren Schwanzdecken metallisch blau mit kupferroter Säumung. Größere Schwanzdecken und Schwanzfedern metallisch schwarz, je nach Lichteinfall blau oder grün reflektierend. Form der mittleren Schwanzfedern breit, stark sichelförmig nach unten sowie etwas nach außen gebogen und zum Ende hin zugespitzt. Im Ganzen betrachtet wirkt der Schwanz schmal und gebogen. Flügeldecken grau mit feiner schwarzer Wellenzeichnung und breiter schwarzer Bänderung in der Nähe der Federenden. Armschwingen braungrau; Unterbrust, Körperseiten und Unterschwanzdecken schwarz mit glänzendblauen Säumen. Bauch und Schenkel reinschwarz. Die großen Gesichtslappen sind rot, die Iris ist rot bis braun; Schnabel hornschwärzlich, Füße karminrot, der Lauf mit einem langen Sporn versehen.
Flügel 220 bis 240 mm; Schwanz 330 bis 360 mm; Gewicht 1180 g.
Bei der Henne sind die Scheitelfedern nur wenig und kaum sichtbar verlängert, und eine Scheitelhaube fehlt. Kopf, Kehle und Hals sind trübbraun. Kinn etwas heller; Oberrücken und Unterseite kastanienrötlich, auf dem Rücken mit schwarzer Wellenzeichnung, auf Unterbrust und Körperseiten weiß gesäumt. Flügel, Unterrücken, Bürzel und Oberschwanzdecken schwarz; Schwanz gerade, hinten leicht gerundet. Die beiden mittleren Schwanzfederpaare schwarz mit breiter isabellweißlicher Bänderung, schwarzer Sprenkelung und kastanienbraunem Hauch; übrige Schwanzfedern einfarbig kastanienbraun, Unterbauch hellgrau. Schnabel hornschwärzlich, nackte rote Gesichtslappen kleiner als beim Hahn, Iris braun oder rot; Füße karminrot.
Flügel 220 bis 240 mm; Schwanz 220 bis 260 mm; Gewicht 890 g.
Jungvögel sind zunächst wie die Hennen gefärbt, doch erhalten die Hähnchen bald hellgraue Federn; sie legen das Prachtgefieder des erwachsenen Hahnes bereits im ersten Lebensjahr an, sind aber zunächst noch stumpfer gefärbt und haben kürzere Schwänze. Die Fortpflanzungsfähigkeit beginnt gewöhnlich erst mit dem 3. Lebensjahr.
Dunenküken ähneln denen des Vieillot-Feuerrückens, sind aber kleiner, kurzdauniger und kurzbeiniger, in der Gesamtfärbung heller; auf dem Hinterkopf haben sie einen kleinen nackten Fleck.
Gelegestärke 5 bis 8; Ei kurz und rundlich geformt, hell rosigisabellfarben (48 mm × 38 mm). Gewicht 38,2 g. Brutzeit 23 Tage.
Lebensgewohnheiten: Prälatfasanen sind in ihrer Heimat an den ihnen zusagenden Örtlichkeiten häufig. Sie bewohnen sowohl den Urwald als auch Bambuswälder und dichten Gestrüppdschungel, der sich nach der Waldabholzung bildet. Die Vögel sind nicht gerade scheu, wissen sich aber gut im Dickicht vor menschlichen Blicken zu verbergen. Der Hahn meldet seine Gebietsansprüche durch Pfiffe und Flügelschwirren an. Ein häufig wiederholter Ruf des Hahnes ist ein lautes „Pii – ju, pii – ju". Als Zeichen des Wohlbehagens lassen die Vögel ein leises Gluck-

sen vernehmen. Prälatfasanen leben in Einehe. Bei der Balz umschreitet der Hahn die Henne in Seitenstellung mit ausgebreitetem Schwanz, den ihr zugewandten Flügel herabhängen lassend und ihr die gelbroten Rückenpartien zuwendend. STUART BAKER fand in Thailand Nester von Mitte April bis Anfang Mai.

Haltung: Jungaufgezogene und wildgefangene Prälathähne werden in Thailand und Indochina häufig mit dem Hausgeflügel zusammengehalten, benehmen sich jedoch oft recht streitsüchtig.
Der erste Prälatfasan, ein Hahn, gelangte als Geschenk des Königs von Siam im Jahre 1862 in den Pariser Pflanzengarten. Die Erstzucht gelang dem Pariser Akklimatisationsgarten im Jahre 1866, und wenig später waren die Art bei vielen Züchtern und in den Fasanerien der Zoologischen Gärten nicht eben selten vertreten. Auch heute wird sie in Europa und den USA alljährlich häufig gezüchtet. Die zierliche und elegante Gestalt in Verbindung mit einer zwar nicht bunten, aber sehr harmonischen Farbzusammenstellung des Gefieders und viele andere gute Eigenschaften machen den Prälatfasan zu einem der beliebtesten Zierfasanenarten. Anfangs sehr schreckhaft, wird er nach einiger Zeit außerordentlich zutraulich, im männlichen Geschlecht leider aber auch recht aggressiv, so daß sich der Pfleger vor den blitzschnell geführten Angriffen des Hahnes sehr in acht nehmen muß. So ein schneidiger Revierverteidiger kann nämlich mit seinen langen scharfen Sporen empfindliche Wunden reißen. Zuweilen mißhandelt er während der Balz auch seine Henne. Man soll diese monogyne Art stets nur paarweise zusammenhalten. Die einem „verheirateten" Paar von STEFANI beigegebene Henne wurde allerdings vom Hahn nicht beachtet, was als Ausnahme zu betrachten ist.
Die Prälathenne beginnt in der zweiten Hälfte des April mit dem Legen. Die Eierzahl ist großen Schwankungen unterworfen. STEFANI erhielt von einer Henne, die im Jahre vorher überhaupt nicht gelegt hatte, im darauffolgenden Jahr nicht weniger als 45 Eier, später aber jährlich nur noch 20 bis 35. Die Brutzeit beträgt 23 Tage. Er berichtet von der Schreckhaftigkeit der Kleinküken, die selbst zu Beinlähmungen führte und empfiehlt, dieselben daher sehr vorsichtig zu behandeln. Dagegen scheint DELACOUR diese schlechten Erfahrungen bei der Prälatkükenaufzucht nicht gemacht zu haben. Vielmehr sei die Aufzucht einfach, doch müsse man die nur relativ wenig Futter aufnehmenden Küken gut unter Beobachtung halten, ihnen ein besonders nahrhaftes Futter mit viel Insekten reichen und sie außerdem nicht mit anderen Fasanenküken zusammen aufziehen. Gegen bakterielle Erkrankungen, vor allem Salmonellose und Pseudotuberkulose, sind sie besonders empfindlich.
Prälatfasanen sind nicht so kälteempfindlich wie die anderen Feuerrückenfasanen, müssen aber vor anhaltend kaltem Regenwetter geschützt und frostfrei überwintert werden. Gegenüber kleineren Volierenbewohnern waren sie nach Mitteilung von STEFANI friedfertig, doch läßt sich daraus wohl keine Regel ableiten.
Für die Beliebtheit und leichte Züchtbarkeit dieses eleganten Vogels spricht es, daß er nach einer von der WPA im Jahre 1982 vorgenommenen, weltweiten Zählung mit 690 Stück vertreten war, von denen 350 in Europa, 133 in den USA, 108 in Asien, 41 in Australien, 26 in Kanada und 22 in Lateinamerika gehalten wurden.

Weiterführende Literatur:
BEEBE, W.: A Monograph of the Pheasants, Vol II, *Lophura diardi*; p. 117; Witherby London 1921
DELACOUR, J.: The Pheasants of the World. 2. Edition. Siamese Fireback; pp. 204–207; Spur Publications 1977
Dr. H. in B.: Über einige Feuerrücken; Prälatfasan; pp. 321–322; Gef. Welt 66 (1937)
DÜRIGEN, B.: Die Geflügelzucht. V. Fasanen, Nr. 19. Der Siamesische oder Prälatfasan; p. 349; P. Parey Berlin 1889
GRENVILLE-ROLES, D.: Rare Pheasants of the World. Siamese Fireback; p. 68; Spur Publications 1976
HARRISON, C. J. O.: A note on the display of the Siamese fireback pheasant, *Lophura diardi*. Pheasant Trust Ann. Report; p. 15 (1969)
JOHNSGARD, P. A.: The Pheasants of the World, pp. 163–166; Oxford Univ. Press, Oxford 1986
WISSEL, C. VON, STEFANI, M.: Fasanen und andere Hühnervögel; pp. 163–166; Verlag J. Neumann-Neudamm, Neudamm 1940

Bulwer-Fasanen
Lobiophasis, Sharpe 1874

Engl.: Bulwer's Wattled Pheasants.
Unter den Hühnerfasanen ist Bulwers Fasan die am höchsten spezialisierte Art. Bulwer-Hähne ähneln trotz Fehlens des kupferfarbenen Rückens am meisten den Haubenfeuerrücken der Gattung *Lophura.* Ihre himmelblauen Gesichtslappen sind im Ruhezustand nur wenig von diesen verschieden, werden jedoch in Balzerregung durch Blutfüllung von Schwellkörpern vor allem im Bereich der Ohr- und Kinnlappen um ein Vielfaches zapfenartig gedehnt und verlängert, dem Vogel ein phantastisches Aussehen verleihend. Während Hennen und unausgefärbte Junghähne 24 bis 26 Schwanzfedern besitzen, sind es bei den Althähnen deren 30 bis 32. Diese höchste bei einem Vogel vorkommende Schwanzfederzahl soll dadurch entstanden sein, daß mittlere Oberschwanzdecken zu Steuerfedern wurden. Wie HEINROTH mitteilte, waren bei einem frischtoten Althahn des Berliner Zoos nur die mittleren Schwanzfedern mit dem knöchernen Schwanzstiel *(Pygostyl)* verwachsen, die übrigen dagegen in der starken Bürzelmuskulatur verankert, so daß sie nach unten und vorn gedrückt werden können.
Die Schwanzfedern adulter Bulwer-Hähne sind schneeweiß, sichelförmig gebogen und caudalwärts zugespitzt, die mittleren Paare mehr als doppelt so lang wie die äußeren. 6 bis 7 Paare der äußeren Steuerfedern sind im Spitzenbereich fahnenlos und wirken dadurch abgenutzt, entstehen aber bereits so. Die kahlen Endschäfte dienen bei der Balz des Hahns dazu, durch Pressen gegen den Erdboden beim Laufen des Vogels Raschelgräusche zu erzeugen. Der Flügel von *Lobiophasis* gleicht im wesentlichen dem der übrigen Hühnerfasanen. An ihm ist die 1. Handschwinge viel kürzer als die 2., diese etwa so lang wie die 10., während die 5. knapp die größte Länge aufweist. Aus Volierenhaltungen ist bekannt, daß die adulten Bulwer-Hähne mehrmals jährlich ihre Schwanzfedern wechseln, und man kann davon ausgehen, daß sie dies auch in freier Wildbahn tun. Das unscheinbar braune Gefieder der Hennen ähnelt am meisten denen weiblicher Edward-Fasanen, weshalb empfohlen wurde, die Gattung *Lobiophasis* im System zwischen *Lophura* und *Hierophasis* zu stellen.

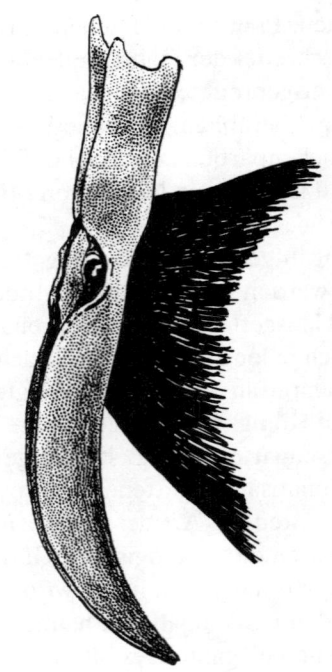

Kopf des balzenden Bulwerfasans

Bulwer- oder Weißschwanzfasan
Lobiophasis bulweri, Sharpe 1874

Engl.: Bulwer's Wattled Pheasant.
Abbildung: Seite 568 alle.
Heimat: Borneo. Keine Unterarten.
Beschreibung: Geschlechter sehr verschieden gefärbt. Beim Althahn sind die Gesichtslappen leuchtend himmelblau und bilden beiderseits des Hinterkopfes ein stumpfes, eingedelltes „Ohr", und 2 Lappen gleicher Form und Größe hängen beiderseits der Kinnregion hinter den Schnabelwinkeln herab. Diese 4 Lappenanhängsel können bei der Balz durch Blutzufuhr zapfenförmig um ein Vielfaches verlängert werden. Beide Kinnlappen sind an den Enden schwarz gefleckt. Um die Augen herum verläuft ein karminroter Ring. Kopf- und Halsgefieder schimmern blau, Kinn und Kehle sind stumpfschwarz und nur dünn befiedert; Vorderhals und Oberbrust purpurrotbraun, die in dieser Region zerschlissenen Federn schmal blaugesäumt; Unterbrust stumpfschwarz, ihre Federn mit metallischblauem Flitter an den Endsäumen; übrige Unterseite schwarz. Gefieder der Oberseite schwarz mit samt-

o. Hahn des Vieillot-Feuerrückenfasans, *Lophura ignita rufa* (s. S. 562)
u. Henne des Vieillot-Feuerrückenfasans

artigen Binden und glänzendblauer Endsäumung der Federn, die im Bürzelbereich besonders breit wird. Armschwingen schwarz, Handschwingen dunkelbraun; Oberschwanzdecken und Schwanzfedern schneeweiß, die letzteren lang, breit, sichelförmig abwärts gekrümmt und nach den Enden hin zugespitzt; die 7 äußeren Federpaare tragen verlängerte, in der Spitzenregion fahnenlose Schäfte. Schnabel schwarz mit heller Spitze, Iris karminrot, Beine karminrot, der Lauf mit kurzem weißlichem Sporn bewehrt.

Länge 770 bis 780 mm; Flügel 255 bis 260 mm; Schwanz 450 bis 560 mm; Gewicht 1250 g.

Junghähne legen das volle Prachtkleid erst im 2. Jahr an. Einjährige sind trüber gefärbt und tragen einen 24federigen, nicht verlängerten, dunkelkastanienbraunen Schwanz. Ihre Hauptzapfen sind länger als bei Althennen, jedoch kürzer als die adulter Männchen.

Hennen sind vorwiegend kastanienbraun gefärbt mit zarter schwarzer Wellenzeichnung der Federn. Kinn und Kehle weißlich, die Unterseite heller braun mit undeutlicherer Wellung; Schwingen dunkelkastanienbraun. Gesichtslappen bläulich mit rotem Augenring und geringer Zapfenbildung. Irisfarbe, Schnabel und Beine wie beim Hahn. Bei Althennen können Sporen angedeutet sein.

Länge 550 mm; Flügel 225 bis 235 mm; Schwanz 175 bis 190 mm; Gewicht 1100 g.

Dunenküken gleichen im Färbungsschema weitgehend denen von *Lophura*, sind jedoch nicht dunkelbraun wie diese, sondern rötlichbraun gefärbt. Als beginnende Gesichtslappenbildung weisen sie bereits in den ersten Lebenstagen kahle weißliche Hautbezirke am seitlichen Hinterkopf, hinter der Schnabelspalte und über den Augen auf; diese nackten Bezirke färben sich bald blaugrau an.

Gelegestärke 2 bis 3; Ei hellrötlichcremefarben (50,9 mm × 38,7 mm); Gewicht 45,6 g; Brutdauer 27 Tage.

Lebensgewohnheiten: Nach SMITHIES ist der Bulwer-Fasan ein Bewohner submontaner Primärwälder des Inneren Borneos, wo er lokal, beispielsweise in den ausgedehnten Wäldern des Usun-Apau-Plateaus von Sarawak, recht häufig sein soll. Von der Westküste Borneos ist die Art bislang nicht nachgewiesen worden, im Osten Nord-Borneos wurde sie den Lauf des Kinabatangamflusses aufwärts gesammelt. Südwärts soll sich das Vorkommen bis zum Oberlauf des Kapua und Mahakam erstrecken.

Nach SHARPE bewohnt der Bulwer-Fasan auf dem Gunung Mulu den *Dipterocarpus*-Wald der Vorgebirgshügel in Lagen zwischen 350 und 690 m, und BANKS hat ihn einmal in der unteren Eichen-/Lorbeer-Montanwaldzone des Mulu-Berges bei 1475 m gesammelt. BEEBE traf ihn auf tiefliegendem Gelände in Flußnähe, welligem Hügelland und den Vorbergen hoher Bergmassive in Trockendschungel und dem Unterholz lichter Wälder an. Bei seinem Aufenthalt im Gunung-Mulu-Nationalpark Nord-Borneos von Juni 1977 bis August 1968 konnte DAVISON keine Bulwer-Fasanen finden und führt dies auf eine nomadisierende Lebensweise der Art zurück, die nach den Erfahrungen örtlicher Jäger nur als Gäste zusammen mit Bartschweinrudeln im Kalabit-Hochland auftauchen, um sich dort von den herabgefallenen Früchten bestimmter Waldbäume zu ernähren. Einer solchen Gruppe auf Wanderschaft begegnete MJÖBERG beim Überschreiten einer Berghöhe zwischen Boh- und Lajafluß im indonesischen Teil Borneos nahe der Sarawakgrenze, wenn er mitteilt, daß plötzlich eine ganze Koppel Bulwer-Fasanen, darunter 3 Althähne mit schneeweißen Schwänzen, in hastigem Lauf an ihm vorübergejagt seien. BEEBE beobachtete ein Bulwer-Paar mit 2 Jungen in Gesellschaft von 3 Zwergmoschustieren *(Tragulus)* und stellte eine ganz offensichtliche Verbindung und gegenseitiges Verstehen zwischen Vogel und Säuger fest. Ausgefärbte Bulwer-Hähne sind wegen ihrer im dunklen Wald besonders auffälligen weißen Schwanzfärbung viel heimlicher als die braunen Hennen und Jungvögel. Während Althähne bei der geringsten Störung abzustreichen pflegen, vertrauen letztere auf ihre Tarnfärbung und bleiben regungslos stehen, bis die Gefahr vorüber ist. Der Kontaktlaut ist ein metallisches „Kuuk", der Alarmruf zunächst ein warnendes, leises „Gack", das mit steigender Erregung in ein lautes, scharfes „Kak kak" übergeht. Die Fortpflanzungszeit beginnt im April. Über das Balzverhalten haben HEINROTH, ROBILLER u. TROGISCH sowie RIMLINGER von Volierenvögeln berichtet. Nach HEINROTH, der die Vollbalz eingehend beschreibt, macht sich der Hahn in Balzerregung ganz dünn und hoch, verleiht seinem Gefieder gleichsam die Form einer aufrechtstehenden Scheibe und entfaltet die Schwanzfedern parallel dazu kreisförmig, so daß der Schwanz gleich einem riesigen weißen Fächer in den schwarzen Rumpf eingescho-

o. Hahn des Bulwer-Fasans, *Lobiophasis bulweri* in Normalhaltung (s. S. 566)
u. l. Balzender Hahn des Bulwer-Fasans
u. r. Aufgebaumter Hahn des Bulwer-Fasans

ben zu sein scheint. Rechte und linke Schwanzhälfte liegen dabei glatt aufeinander. Bei voller Ausbreitung der Steuerfedern berührt die vordere Schwanzkante den Mittelrücken, während die fahnenlosen Schaftteile der 7 äußeren Federpaare gegen den Boden gepreßt werden und beim Vorwärtsschreiten des balzenden Hahnes im Laub des Waldbodens ein raschelndes Geräusch erzeugen. Die 4 zapfenförmigen Fortsätze der Gesichtslappen verlängern und versteifen sich durch Blutzufuhr in die Schwellkörper um ein Vielfaches und nehmen die Gestalt einer himmelblauen Sichel an, aus deren Mitte Auge und Augenumgebung rubinrot aufleuchten. Der Kopf wird so gesenkt gehalten, daß der Schnabel völlig von den beiden Kinnzapfen verdeckt ist. In dieser Haltung geht der Hahn langsam umher und bleibt ab und zu ruckweise stehen, vor allem wenn die Henne dicht in seiner Nähe ist. In diesem Moment erreicht die Schwellung der Kopfsicheln mit einer Maximallänge von 18 cm ihren Höhepunkt. In starker Balzerregung stößt der Hahn einen heiseren Schrei aus, den STEENBECK als schrill und durchdringend bezeichnet. ROBILLER u. TROGISCH stellen fest, daß das Radschlagen während der Vollbalz nur 6 bis 10 Sekunden dauerte und der Hahn in der Phase höchster Erregung mit gesenktem Kopf zu der scheinbar wenig beeindruckten Henne lief, sich seitlich zu ihr hinstellte und sich schüttelte. Dabei wurde ein relativ lautes Raschelgeräusch hörbar. Einige neue und z. T. abweichende Beobachtungen zum Balzverlauf des Bulwer-Fasans hat RIMLINGER 1985 aufgrund von Beobachtungen an Vögeln des San-Diego-Zoos mitgeteilt. Danach entfaltet der Bulwer-Hahn in erhöhter Balzstimmung den Schwanzfächer und pumpt die Fortsätze der Gesichtslappen gleichzeitig auf, bis beide ca. 70 bis 80 % ihrer Maximalmaße erreicht haben. Die Stirnzapfen haben sich in dieser Phase zwar ebenfalls verlängert, erreichen jedoch nicht ihre Maximallänge und bleiben schlaff an den Kopfseiten liegen. Diese Haltung wird während einer Balzperiode über längere Zeit zwischen den Vollbalzphasen beibehalten. Dazu trägt der Hahn den Kopf auf der Suche nach einer Henne aufrecht, ruft und schwirrt mit den Flügeln. Ist optischer Kontakt zum Weibchen hergestellt, senkt er sogleich den Kopf so, daß der Schnabel in Richtung Erdboden zeigt und zieht den Hals ein, um dann die Henne mit steifen ruckartigen Bewegungen zu umlaufen. Ist sie 1 bis 2 m von ihm entfernt, rennt oder springt er, stets in Seitenhaltung zu ihr, auf sie zu und setzt gelegentlich mit einer ruckartigen Kopfbewegung die noch schlaffen bandartigen Anhängsel der Gesichtslappen in schleudernde Bewegung. Zur Vollbalz geht er erst über, wenn er sich dem Weibchen auf weniger als 1 m genähert hat. Häufig führt er solche Kopfschleuderbewegungen auch aus, wenn er sich plötzlich vor der Henne schnell um 180 °, seltener volle 360° auf der Stelle gedreht hat. Jede dieser Drehbewegungen, die stets mit einem Erstarren in Seitenstellung zum Weibchen enden, wird von einem kratzenden Geräusch begleitet, das durch das Schleifen der steifen, fahnenlosen Schäfte der äußeren Steuerfedern auf dem Erdboden entsteht. Bei dem von mehreren Autoren beschriebenen Schrei balzender Bulwer-Hähne handelt es sich nach RIMLINGER um einen rauhen, fast zischend klingenden, zweisilbigen Ton, der zwar auf nahe Entfernung recht laut klingt, aber höchstens 125 m weit vernehmbar ist. In San Diego wurde er während intensiven Balzens zwischen Anfang März und Ende April alle 2 Minuten während der Vorbalz und vor allem dann ausgestoßen, wenn der Hahn den optischen Kontakt zum Weibchen verloren hatte. Hähne in den Nachbarvolieren beantworteten diese Schreie nicht und waren auch durch abgespielte Tonbandaufnahmen der eigenen Stimme nicht dazu zu bewegen. Mehrfach balzte eine Bulwer-Henne in charakteristischer Männchenhaltung ihren Hahn an, wenn dieser selbst herumdöste oder ein Sandbad nahm. Von der Haltung der Henne, wohl einer Drohgeste, nahm er nie Notiz. Auch Flügelschwirren ist von der Bulwer-Henne wie den Weibchen anderer Fasanenarten bekannt. Die Seitenprahlhaltung wird schon von 10wöchigen Bulwer-Küken ihren Geschwistern gegenüber ausgeführt. Dieses Verhalten von Jungvögeln ist nichts Ungewöhnliches, denn auch Pfauenküken versuchen durch Radschlaghaltung ihre Geschwister zu beeindrucken. Auch ein symbolisches Balzfüttern (tidbitting display) wurde bei Bulwer-Hähnen des San-Diego-Zoo beobachtet: Der Hahn stößt in Halbbalzhaltung einen schnellen weichen Lockton aus, führt dabei übertriebene Pickbewegungen in Richtung Erdboden aus oder hebt als Pseudofutterbrocken einen kleinen Stein vom Boden auf, um ihn alsbald wieder fallenzulassen. Nähert sich daraufhin die Henne, geht er sogleich in Vollbalzhaltung über. Die Kopula ist wohl noch nicht beobachtet worden.

Eine besondere Eigenschaft der Bulwer-Hähne, jedenfalls der in Volieren gehaltenen, ist das mehrmals jährlich erfolgende Mausern der Schwanzfedern, worüber von mehreren Autoren berichtet wurde. Nach RIMLINGER nutzen sich die weißen

Schwanzfedern der Hähne schnell ab und verschmutzen bei nassem Wetter rasch. Die Mauser des übrigen Gefieders sowie des gesamten Gefieders beim Weibchen findet nur einmal jährlich statt. Unregelmäßige Schwanzfedermauser wurde von DELACOUR, bis viermalige Schwanzmauser pro Jahr bei einem Hahn aus V. DENTONS Besitz beobachtet. In San Diego wurden die Schwanzfedern von den Bulwer-Hähnen bis dreimal, am häufigsten jedoch zweimal jährlich erneuert. Nur ein in eine andere Voliere verbrachter Hahn mauserte seinen Schwanz erst nach Ablauf eines Jahres. Solche Schwanzmausern können bei den Bulwer-Hähnen mit Ausnahme des Juli zu allen Jahreszeiten vorkommen. In San Diego wurden die Schwanzfedern gewöhnlich in Bündeln abgestoßen. Ein im Spätherbst schwanzmausernder Hahn des Berliner Zoos warf nach HEINROTH fast sämtliche Steuerfedern zugleich ab, und die neuen waren nach 8 Wochen wieder voll herangewachsen.

Haltung: Als europäischen Erstimport erhielt der Amsterdamer Zoo 1876 1 Bulwer-Henne. 1929 importierte der Tierfänger GOODFELLOW 2 Hähne und 1 Henne nach England. 1930 gelangte 1 Hahn in den Berliner Zoo, dessen Balzverhalten O. HEINROTH ausführlich schilderte, während SCHNEIDER den Bau der Hautlappen histologisch untersuchte. 1939 traf ein Transport aus 6 Paaren in England ein, von denen 3 von DELACOUR in Clères, die übrigen von dem englischen Züchter SPEDAN LEWIS in Leckford erworben wurden. 1 Paar, das den Krieg überlebt hatte, schenkte LEWIS 1945 dem Londoner Zoo, wo die Vögel bis 1948 lebten, also ein Alter von wenigstens 8 Jahren erreicht hatten. In die USA wurden Bulwer-Fasanen erstmalig 1969 von C. SIVELLE (Long Island, N.Y.) importiert, der 1970 erneut 12 Paare aus Borneo einführte. 4 Paare behielt er selbst, 6 Paare erwarb die FITZSIMMONS-DENTON-FARM (Livermore, Kalifornien) und 2 Paare Dr. DAM (Florida). 1973 reiste der mexikanische Züchter Dr. J. E. LOPEZ nach Borneo und brachte eine Anzahl Bulwer-Fasanen zurück. Er hielt sie zunächst in mit Buschwerk bepflanzten Volieren, wo sie jedoch scheu blieben. Dieses Verhalten änderte sich, als sie in dicht mit subtropischen Pflanzenarten, Lianen und den in ihrer Heimat häufigen Bambusstauden bepflanzten Volieren gesetzt worden waren. Dort begannen die Hähne im Februar eifrig zu balzen. Mitte April, vor Beginn der mexikanischen Regenzeit, war eine Henne verschwunden; Nachforschungen ergaben, daß sie inmitten einer Bambusstaude auf einem Dreiergelege brütete. Nach ca. 25 Tagen schlüpften 2 Küken, die von der Mutter musterhaft betreut wurden. Obwohl die Kleinen pelletiertes Futter annahmen, zogen sie offensichtlich Insekten und Obst vor. Bei dieser Welterstzucht 1974 in Mexiko wurden beide Jungvögel, zwei Weibchen, groß. SIVELLE, der die Volieren von LOPEZ besichtigt hatte, bepflanzte daraufhin eigene Volieren in gleicher Art und brachte inmitten der Bambusstauden Nestkisten unter. Sofort nahm eine der Hennen ein solches Nest an und legte jeden 3. Tag während der Abendstunden ein Ei hinein, das ihr am folgenden Tag zwecks künstlicher Erbrütung fortgenommen wurde. Im Inkubator schlüpften bei einer Temperatur von 37,5° C ± 1,7° C und einer relativen Luftfeuchtigkeit von 84 %, bei 3maltäglichem Wenden der Eier per Hand nach 24 Tagen 7 gesunde Küken. Sie waren zwar leicht erregbar, erwiesen sich jedoch bei der Aufzucht als recht robust. Während der ersten Lebenstage erhielten sie pelletiertes Fasanenkükenfutter in Krumenform, Kükenkörnermischung, eine Vitaminlösung und nach Ablauf eines Monats Erdnußkerne, Bananen-, Apfel- und Orangenstückchen. 3 Wochen lang wurden sie in Aufzuchtkästen von 61 cm Länge, 35 cm Tiefe und 46 cm Höhe gehalten. Die Anfangstemperatur betrug 36,6° C und wurde in den folgenden Tagen stufenweise bis auf 29,4° C gesenkt. Danach erfolgte die Trennung der Jungvögel in 2 Gruppen, die in je eine 90 cm × 90 cm × 90 cm große Innenvoliere gesetzt werden. Im Alter von 2 Monaten erhielten sie dicht bepflanzte Außenvolieren mit geräumigen Schutzräumen. Die Fütterung bestand nun aus einer Mischung von wenig Milokorn, Erdnußkernen und Heringsmehl. Zusätzlich wurden Mehlwürmer, Obst und vitaminisiertes Trinkwasser gereicht.

Über die europäische Erstzucht des Bulwer-Fasans im Vogelpark Walsrode (BRD) mit einem 1982 erworbenen Nachzuchtpaar SIVELLES haben 1984 ROBILLER und TROGISCH berichtet. 1984 legte die Henne 12 Eier, aus denen im Inkubator 3 Küken schlüpften, von denen eines aufgezogen werden konnte. Das Zuchtpaar wurde in einer 6 m × 8 m großen und 2,5 m hohen Landschaftsvoliere des Tropenhauses bei hoher Luftfeuchtigkeit gehalten. Der Raum war mit Bambusstauden, Grünpflanzen, Baumstämmen und Stubben sowie starken Sitzästen ausgestattet und mit einer Bodenfüllung aus Walderde und zerkleinerter Borke belegt worden. Der Hahn begann am 10. Februar zu balzen. Zwischen dem 14. Februar und 11. April legte die Henne in eine Mulde im hinteren Volierenteil, gut vor menschlichen Blicken geschützt, insgesamt 12 Eier. Die Eier wurden bei 38,3° C und 60 bis 70 %iger Luftfeuchtigkeit im Inkubator bebrütet. 2 Tage vor dem Schlupftermin erhöhte man die Luftfeuchtigkeit auf 80 %. Am 27. Bruttag schlüpften aus 3 Eiern Küken. Als Aufzuchtfutter erhielten sie bis zum 5. Tag 3mal, danach 2mal, als erwachsene Jungvögel 1mal täglich ein Gemisch aus Insektenfutter, Magerquark, Hefeflocken, wenigem durchgedrehtem Rinderherz und viel gehacktem Grünzeug, zusätzlich Mehlwürmer, Grillen, Eierhirse, angekeimte Hirse, Glanz, Negersaat und ein Multivitaminpräparat. Während der ersten Hälfte der Aufzuchtzeit wurde Körnerfutter nur angekeimt verfüttert.

In Holland hält Dr. STEENBECK Bulwer-Fasanen in einer 3 m × 8 m großen, dicht mit Koniferen und Buschwerk bepflanzten Voliere auf reinem Sand. Ein beheizter Schutzraum wird wenig benutzt, denn die Vögel übernachten lieber auf Ästen der Außenvoliere. Zwar hatten sie sich bis 1976 noch nicht fortgepflanzt, fühlten sich jedoch bei einer Fütterung aus Pellets als Basisfutter, dazu Körnerfutter (das sie nicht besonders mochten) und zusätzlichen Gaben von Mehlwürmern, Fleisch, gekochtem Ei und Insekten (die gierig genommen wurden) sichtlich wohl. Die Hähne balzen von März bis Juni. Aus einer weltweiten Umfrage der WPA geht hervor, daß 1982 insgesamt 59 Bulwer-Fasanen gehalten wurden, davon 47 in den USA, 8 in Mexiko, 2 in Asien und 2 in Europa. Die Zahl der gezüchteten Vögel ist in langsamer, aber stetiger Zunahme begriffen.

Weiterführende Literatur:

BANKS, E.: A collection of montane mammals and birds from Mulu in Sarawak. Sarawak Mus. J. IV; pp. 327–341 (1935)

BEEBE, W.: Monograph of the Pheasants, Bd. II; pp. 184–196. Witherby London 1922

DAVISON, G. W. H.: Galliforms and the Gunung Mulu National Park. WPA-J.V; pp. 36–37 (1979/80)

DELACOUR, J.: The Pheasants of the World, 2nd Ed.; pp. 207–213. Spur Publ. 1977

Dr. H. in B.: Seltene Fasanenarten: Bulwers Fasan (*Lobiophasis bulweri* SHARPE). Gef. Welt 64; pp. 114–115 (1935)

GRAUMÜLLER, V.: Die Balz des Bulwer-Fasans im Zool. Garten von Berlin. Gef. Welt 67; pp. 586–587 (1938)

GRENVILLE ROLES, D.: Rare Pheasants of the World. Bulwer's Wattled Pheasant; pp. 70–72; Spur Publ. 1976

HEINROTH, O.: Die Balz des Bulwer-Fasans (*Lobiophasis bulweri* SHARPE). J. Ornith. 86; pp. 1–4 (1938)

DERS.: The pairing display of Bulwer's Pheasant. Avic. Mag. 5th series, Vol. III; pp. 177–180 (1938)

HOSE, C.: On the avifauna of Mt. Dulit and the Baram district in the territory of Sarawak. Ibis; pp. 381–424 (1893)

HJÖBERG, E.: In der Wildnis des tropischen Urwaldes (1930). cit. aus Dr. H. in B.

JOHNSGARD, P. A.: The Pheasants of the World, pp. 173–178; Oxford Univ. Press, Oxford 1986

OGILVIE GRANT, W. R.: A handbook to the Game-Birds, Vol. I, *Lobiophasis*; pp. 248–251. E. Lloyd Ltd., London 1896

RIMLINGER, D. S.: Observations on the display behaviour of the Bulwer's Pheasant. WPA-J. X; pp. 15–26 (1984/85)

ROBILLER, F., TROGISCH, K.: Junge Bulwer-Fasanen im Vogelpark Walsrode. Gef. Welt 108; p. 229 (1984)

DIES.: Zucht des Bulwer-Fasans (*Lobiophasis bulweri* SHARPE). Gef. Welt 109; pp. 43–345 (1985)

SCHNEIDER, A.: Bau und Erektion der Hautlappen von *Lobiophasis bulweri* SHARPE, J. Ornith. 86; pp. 5–8 (1938)

SHARPE, R. B.: On a collection of birds from Mt. Mulu in Sarawak, Ibis 6; pp. 538–546 (1894)

SIVELLE, C.: Breeding the Bulwer Pheasants. Amer. Pheasant & Waterfowl Soc. Mag. 75; pp. 11–15 (1975)

SMITHIES, B. E.: The Birds of Borneo. Bulwer's Pheasant; pp. 171–172. Oliver & Boyd, London 1960

STEENBECK: Cit. nach GRENVILLE ROLES

Bankivahuhn: A Henne, B Hahn im Ruhekleid, C Hahn im Prachtkleid.

Kammhühner
Gallus, Brisson 1760

Engl.: Junglefowl.
Die Kammhühner, zu denen auch unser Haushuhn zählt, sind durch den von der Oberschnabelbasis bis oberhalb der Augen über die Scheitelmitte ziehenden fleischigen Kamm mit gezacktem oder geradem Rand, nackte Kinn-, Kehl- und Gesichtsregion sowie entweder je einen auf den Kinnrändern, bei *G. varius* jedoch einen einzigen, aus der Kehlmitte entspringenden fleischigen Lappen charakterisiert. Im weiblichen Geschlecht sind die fleischigen Kopfanhängsel bei allen Arten viel kleiner und können fast unsichtbar sein. Der 14- bis 16fedrige Schwanz ist (ohne die Sichelfedern der Hähne) kürzer als der Flügel. Im männlichen Geschlecht sind die beiden mittleren Steuerfedern stark verlängert, doppelt so lang wie das folgende Paar und sichelförmig abwärts gebogen. Die Läufe sind im männlichen Geschlecht mit je einem langen scharfen Sporn bewehrt.
Die Geschlechter sind sehr verschieden gefärbt.
Die 4 Arten der Gattung bewohnen weite Gebiete Süd- und Südostasiens.
Über die Abstammung des Haushuhns von einer oder mehreren Kammhuhnarten sowie über das Zentrum seiner Domestikation ist früher viel diskutiert worden. Inzwischen hat sich die schon 1887 von CHARLES DARWIN vertretene Ansicht allgemein durchgesetzt, daß als wilde Stammform nur das Bankivahuhn in Betracht kommen kann. Als Domestikationszentrum ist nach PETERS der südostasiatische Raum am wahrscheinlichsten. Dort vergrößerten Brandrodung und primitiver Ackerbau die Habitate des sehr anpassungsfähigen Bankivahuhns erheblich, führten zu Bestandsvermehrungen und verstärktem Kontakt zum Menschen. Auch gegenwärtig halten Bergvölker Burmas, Thailands und Indochinas viele aufgezogene Wildtiere, darunter häufig Bankivahühner, deren Gelege sie durch Haushennen hatten erbrüten lassen. Frisch geschlüpfte Küken, die ihre Mutter noch nicht gesehen hatten, haben die Tendenz, jedem sich bewegenden größeren Objekt, wie bspw. dem Menschen zu folgen, vor allem, wenn er leise spricht oder Glucklaute der Henne imitiert. Werden diese jungen Wildhühner später regelmäßig gefüttert, bleiben sie relativ vertraut in der Umgebung der Dörfer. Aus ihnen ließen sich unschwer Zuchtstämme aufbauen. Gerade das anspruchslose, omivore, polygyne, einfach zu züchtende Bankivahuhn war zur Domestikation prädestiniert. Sein Nutzen für die frühen Ackerbauer bestand in der Fleischgewinnung, der Legeleistung, der Aggressivität der Hähne (Hahnenwettkämpfe) sowie dem morgendlichen Krähen der Hähne bei Sonnenaufgang. Es ist noch gar nicht so lange her, daß europäische Bauern den Hahn als zuverlässigen morgendlichen Wecker schätzten.
Über die Ausbreitung domestizierter Hühner nach Westen und Osten läßt sich soviel sagen, daß sie um 2000 v. d. Ztr. über das Gangestal nach Vorderindien gelangt sein müssen. Bei Ausgrabungen im Industal in Mohenjo-Daro (Pakistan) fand man nämlich Hühnerknochen, die größer als die wilder Bankivas waren, auch Siegel und Tonfigürchen von Hähnen (MACKAY). Nordostwärts nach China dürfte das Haushuhn im 14. oder 15. Jahrhundert gelangt sein.

Cochinchina-Bankivahuhn
Gallus gallus gallus, Linné 1758

Engl.: Cochin-Chinese Red Junglefowl.
Heimat: Mittleres und südliches Vietnam in Annam (mit Ausnahme des äußersten Nordens) und Cochinchina. Außerdem Laos, Kambodja und Thailand. In Nord-Annam liegen Übergangszonen zwischen der Nominatform und *G. g. jabouilli,* während im Süden eine Hybridisierung zwischen *G. g. gallus* und *G. g. spadiceus* durch die bankivafreie, breite, sumpfige Zentralebene Thailands verhindert wird.
Beschreibung: Hähne der Cochinchina-Unterart sind durch besonders große, gezackte Kämme sowie große milchweiße Ohrlappen charakterisiert; Kamm, Kehllappen und nacktes Gesicht scharlachrot; Oberkopffedern feuerrot, die langen zugespitzten, mit zerschlissenen Säumen und dunkelbraunem Schaftstreif ausgestatteten Halsbehangfedern von gleicher Farbe, die größeren mehr goldorangefarben. Oberrücken, größere Flügeldecken und innere Armschwingen glänzend blaugrün; obere Decken sowie ein Mittelrückenband satt dunkelrot; der Unterrücken kastanienrot, zum Bürzel hin in ein feuriges Orangerot übergehend, die Federform lang und lanzettförmig; äußere Armschwingen rötlich, die Handschwingen schwarzbraun. Schwanz und Schwanzdecken metallisch dunkelgrün mit weißer Basis; Unterseite schwarz. Schnabel braun mit horngelber Spitze und Unterschnabel, die Iris orange bis rot; Füße blaugrau bis bräunlich.
Länge 650 bis 750 mm; Flügel 230 bis 250 mm; Schwanz 260 bis 275 mm; Gewicht 800 bis 1360 g. Bei der Sommermauser im Juni bis September wird der prächtige Hals- und Bürzelbehang durch kurze schwarze glanzlose Federn ersetzt, die langen Schwanzfedern werden abgeworfen und der Kamm schrumpft. Die Henne behält ihr übliches Gefieder bei.
Bei ihr sind Gesicht und Kehle z. T. nackt und hellrot mit kleinen bläulichweißen Ohrlappen; der Kamm ist nur als kleine Wulst vorhanden, die Kehlläppchen sind unsichtbar. Oberkopf- und Nackengefieder rötlich, die Halsfedern lang, dunkelbraun, breit gelb gesäumt; Oberseite braun, die Federn mit zarter schwarzer Wellenzeichnung und weißer Schäftung. Brust rötlichbraun, auf dem Bauch ins Gelbbraune übergehend; Bauchseiten, Flanken und Schenkel wie der Rücken gefärbt. Schnabel hornbraun, die Iris orange, die Füße wie beim Hahn gefärbt.

Beim Dunenküken sind ein breites, vom Scheitel bis zum Bürzel ziehendes Band, 2 von den Augen zu den Halsseiten ziehende Bänder sowie 2 seitliche Rückenbänder kastanienbraun mit schwarzer Säumung. Stirn, Scheitelseiten, Gesicht und 2 Rückenbänder isabellfarben; Kehle und Ohrdecken nebst Unterseite weißlich isabell mit einem bräunlichen Band quer über die Oberbrust; Flügelchen rötlichbraun. Schlupfgewicht 17 g.
Gelegestärke 5 bis 6; Ei weiß bis rosig cremefarben, fleckenlos (45,2 mm × 34,5 mm); Gewicht ca. 30 g; Brutdauer 19 Tage (2 Tage kürzer als beim Haushuhn).
Lebensgewohnheiten: Nach DELACOUR ist die Nominatform des Bankivahuhnes in den Ebenen wie Gebirgen Indochinas weit verbreitet, wird jedoch nicht in Lagen oberhalb 1200 m angetroffen. Während der Regenzeit hält es sich in Wäldern auf und begibt sich in der Trockenzeit in die Nachbarschaft der Reisfelder. Es nimmt mit wenig Buschwerk als Deckung vorlieb und wird häufig auf Straßen, in der Nähe von Dörfern und auf Lichtungen angetroffen. Das Krähen der Hähne klingt kürzer und metallischer als bei Haushähnen. Die Brutzeit währt in Indochina von April bis Juni. Über Einzelheiten in Verhalten und Lebensgewohnheiten des Bankivahuhns wird bei der Besprechung der Burma-Unterart *(G. g. spadiceus)* berichtet.
Haltung: Die Nominatform des Bankivahuhns ist nach DELACOUR die prächtigste und schönste Unterart. Er importierte sie nach Frankreich und hielt sie frei im Park, von wo aus sie sich in die Umgebung ausbreitete und wie ihre wilden Ahnen in Indochina verhielt. Während des Sommers, Herbstes und Winters lebten die Wildhühner in kleinen, aus Vögeln beider Geschlechter bestehenden Trupps, und im Frühjahr erkämpfte sich jeder Hahn ein Brutrevier, das er mit 3 bis 5 Hennen bewohnte. Junghähne ohne eigenen Harem lebten zu zweien und dreien isoliert. Die Hennen verteilten sich zum Nisten in die Wälder und kamen mit ihren Jungen in den Park zurück, wenn im Herbst das Futter knapp wurde. Ein paar überlebten den Krieg, sind aber so scheu und vorsichtig, daß es schwierig ist, sich ihnen zu nähern. Die Frage, ob man echte Wildhühner vor sich hat, ist nach DELACOUR einfach zu beantworten: Der Wildhahn erhält im Sommer ein komplettes Übergangsgefieder und stößt ein schrilles, kurzes, abrupt endendes Krähen aus. Der Wildhenne fehlen Kamm und Kinnlappen fast ganz, und Vögel beiden Geschlechts halten ihren Schwanz fast waagerecht.

Burma-Bankivahuhn
Gallus gallus spadiceus, Bonnaterre 1791

Engl.: Burmese Red Junglefowl.
Heimat: Südost-Jünnan und Kwangsi (China), Burma, Nord-, West- und Süd-Thailand, Nord-Laos, Malaysia und Nord-Sumatra.
Beschreibung: Das Burma-Bankivahuhn unterscheidet sich von der Nominatform durch den kürzeren Halskragen und viel kleinere, meist rote Ohrscheiben. Auch bei den Hennen sind die Halsfedern etwas kürzer und dunkler gefärbt.
Lebensgewohnheiten: Über das Verhalten des Burma-Bankivahahns sind wir durch Untersuchungen von GILES (1931), JOHNSON (1963) sowie COLLIAS u. SIACHUAE (1967) gut unterrichtet. JOHNSON hat das Dschungelhuhn während der 50er Jahre in den damals noch menschenarmen Bergwäldern West-Thailands mit intakten Bankiva-Populationen untersucht. Haupthabitat war der von Gruppen kleiner laubabwerfender Bäume und Sträucher durchsetzte und von Bächen durchflossene Bambusbergwald, besonders über das Gelände verstreute Bambushaine auf Felsboden. Größte Bestandsdichte erreichten die Hühner auf trockenen Berghängen in der Nähe von Wasserstellen, die morgens und spätnachmittags regelmäßig zum Trinken aufgesucht wurden. Das von einem Hahn mit Harem beanspruchte Revier konnte durch sein in Abständen von der Morgendämmerung bis in die Dunkelheit ausgestoßenes Krähen leicht ausgemacht werden. Ein Revierhahn besitzt durchschnittlich 2 bis 5 Hennen. An den Reviergrenzen hielten sich stets einige Hähne im Brutkleid auf ohne zu krähen, fraglos um beim Tod des Revierbesitzers sofort dessen Rolle übernehmen zu können. Jeder Revierhahn führt seine Hennen morgens bald nach Verlassen des Übernachtungsplatzes zum Trinken an eine Wasserstelle. Dort halten sich die Vögel nur wenige Minuten lang auf, wobei der Hahn von einem erhöhten Punkt aus Wache hält. Danach nimmt er selbst ein paar Schlucke Wasser und führt die Hennen schnell auf einem anderen Pfad ins Revier zurück. Während des Nachmittags ist die Gruppe in ständiger Bewegung, wobei alle darauf bedacht sind, möglichst in Deckung zu bleiben und schnell flüchten zu können. In den Ebenen, viele Meilen ostwärts der Berge, wurden gelegentlich Jährlingshähne in Trupps aus 3 bis 4 Vögeln angetroffen, die vermutlich in den dichtbesiedelten Bergwaldrevieren von den Platzhähnen vertrieben worden waren. Wasser schien ihnen nur spärlich zur Verfügung zu stehen. In den Bergen wurden im Februar frisch gelegte Eier auf dem Waldboden gefunden und führende Hennen mit Kleinküken angetroffen. Die Brutperiode schien genügend lang zu sein, um jeder Henne mehrere Nistversuche zu erlauben. Das Vorhandensein herumliegender Eier läßt eine hohe Störungsrate annehmen. Die Bankivahühner übernachteten in großen, dicht zusammenstehenden Gruppen aus hohem dornigem Bambus. Sie flogen abends auf ihre 4,50 bis 6 m hohen Schlafäste und wählten dafür Plätze an distalen Stellen gebogener Bambusrohre, durch Laubwerk gut von oben und unten getarnt aus, die außerdem ein schnelles Entkommen bei nächtlicher Gefahr ermöglichten. Sie verteilten sich 3 bis 9 m voneinander entfernt über einen oder mehrere Bambusbüsche. Nach Mitteilung der Bergbevölkerung wandern sie beim Eintritt der Regenzeit in die 8 bis 32 km entfernten Regenwälder ab, wo sie sich von April bis November aufhalten. Eine Bastardierung zwischen den in den Dörfern gehaltenen Haushühnern mit Wildhühnern kam nicht vor.
GILES berichtet aus Nord-Thailand, daß sich dort am rechten Mekongufer von der thailändisch-burmesischen Grenze südwärts bis wenigstens einige Kilometer südlich von Alt Tschiengsen regelrechte Zugbewegungen der Bankivahühner beobachten ließen. Im Chiensen-Gebiet versuchen die Hühner den Mekong in östlicher Richtung zu überqueren, der dort eine Breite von 640 m aufweist. Während des Überfliegens steigen die Hühner so hoch wie möglich und versuchen dann den Strom im Gleitflug zu überqueren. Dabei fallen jedoch viele von ihnen ins Wasser und ertrinken. COLLIAS und SIACHUAE, die die Lebensgewohnheiten des Bankivahuhns in der Provinz Kanchanburi in Zentral-Thailand untersuchten, kamen dabei zu zahlreichen neuen Erkenntnissen. In Südostasien ist das Wildhuhn eng an die primitive Landwirtschaft mit Brandrodung gebunden. Entstandene Lichtungen, deren Böden verbraucht sind, werden von den Bauern verlassen und bedecken sich wieder mit Busch und Sekundärwald, die den Hühnern reichliche Nahrung in Form von Reis, Tapiokaknollen, Bambus- und Grasschößlingen, Sämereien sowie eine Menge Beeren und Früchte von den dort wachsenden Sträuchern und Kleinbäumen bieten. Im Primärwald kommen Bankivahühner nicht vor. Allgemein kann gesagt werden, daß das Bankivahuhn in Thailand hauptsächlich in Bambuswäldern angetroffen wird. Dort, wo die Hügel Höhen erreichten, in denen kein Bambus gedeihen konnte, kamen auch keine Wildhüh-

ner vor. Die Bevölkerung pflegt die Bambuswälder während der Trockenzeit abzubrennen, um den Wald leichter durchwandern zu können und für ihr Weidevieh das nach den Bränden sprießende Gras zu nutzen. Auch den Hühnern erleichtert das Abbrennen der Bodenvegetation das Umherlaufen, und die schnell sprießenden Bambusschößlinge versorgen sie zu einer Zeit, in der die meisten Futterquellen versiegt sind, mit Nahrung. Alle Bankivabeobachtungen in Thailand wurden an den Rändern von Lichtungen oder auf überwucherten Blößen selbst sowie in der Nachbarschaft von Wasserstellen gemacht, und die Art ist nicht gleichmäßig über den ganzen Bambuswald verbreitet. Während der Trockenzeit waren meist nur noch Tümpel in den Bachbetten übriggeblieben, aber die Hühner tranken dort lieber aus winzigen Pfützen als aus großen Lachen. Sie erschienen morgens vor 11 Uhr, ein paar noch während der Mittagsstunden, keines zwischen 15 und 17 Uhr oder später. Kropf- und Mageninhalt von 23 in der Provinz Kanchanburi gesammelten adulten Bankivahühner bestanden aus den in der Tabelle aufgeführten Pflanzenteilen.

Pflanzenart	Anzahl der Vögel
Crotonfrüchte (Euphorbiazeen)	6
Bambussamen	5
Reissamen (Kultur-Reis)	3
Zizyphusfrüchte (Rhamnazee)	3
Maiskörner	3
Bärenklaufrüchte (Acanthazeen)	3
Bohnen	2
Grassamen	2
Verbenaceen- oder Boraginaceensamen	2
Dioscoreabulben	2
Amorphophallus campanulatus-Beeren (Araceen)	2
Teile von Pflanzenstengeln	1
Insektengallen	1

Aus der aufgeführten Liste ist ersichtlich, daß Bankivahühner ein breite Futterspektrum nutzen und u. a. auch durch diese Eigenschaft zur Domestikation prädestiniert waren. Pflanzensamen sind besonders nahrhaft, beispielsweise ist die Euphorbiazee *Croton* besonders reich an Ölen und Fetten. Der Kropf eines Huhnes war zu Dreivierteln damit gefüllt. Bambussamen ist sehr nährstoffreich und wird manchmal von der Bevölkerung als Nahrung genutzt. Der Kropfinhalt eines im River-Kwai-Noi-Bezirk erlegten Huhnes bestand aus 519 Bambussamen. Trockenperioden können von den Bankivas wenigstens teilweise durch die Aufnahme sukkulenter Früchte für den Wasserbedarf überstanden werden. Sie nehmen dann die herabgefallenen Früchte von Feigenarten, Eugenia-Myrten, und COLLIAS beobachtete einen aufgebaumten Trupp beim Abernten grüner unreifer Früchte des Khoi-Pa-Baumes *(Streblus asper)*. Viele Bäume und Sträucher fruchten zu verschiedenen Jahreszeiten, im viel niederschlagsreicheren Malaysia blühen und fruchten manche Bäume, wie *Vitex pubescens,* sogar das ganze Jahr hindurch. Aus Malaysia wurde mitgeteilt, daß die Dschungelhühner gern Tapiokaknollen (Maniok) in großer Menge aufnehmen, deren Blausäuregehalt sie offenbar gut vertragen. Wie der Reis ist Maniok, aus dem das Tapiokamehl gewonnen wird, eine typische Kulturpflanze primitiver Landwirtschaft. Werden die Felder verlassen, weil der Boden unfruchtbar geworden ist, bleiben viele Kulturpflanzen zurück, eine Erklärung für die Vorliebe der Bankivahühner für brachliegendes Land in den Wäldern. Auf Brandrodungen finden sich wiederum viele Schneckenschalen, aus denen die Hühner ihren Kalkbedarf decken. Unter Insekten werden Termiten und Ameisen als Nahrung besonders bevorzugt. Die Hälfte geschlossener Bankivahühner hatten neben Pflanzenteilen frische Termiten aufgenommen, von denen der Kropf eines Hahnes in Malaysia fast 1000 Stück enthielt. Auch die Kröpfe von 5 Dunenküken aus der Provinz Kanchanaburi (Thailand) enthielten vornehmlich Insekten nebst wenigen Sämereien, bei einem Küken 68 Termiten und 20 Reiskörner. Einer der Karenführer teilte mit, daß man die meisten Bankivaküken Anfang Juni fände und sie hauptsächlich Termiten aufnähmen, ja die Aufzuchtzeit mehr oder weniger mit dem Schwärmen der Termiten zusammenhänge, das in den Beginn der Regenzeit fällt. Von erwachsenen Bankivas werden auch kleine Skink-Echsen verzehrt. Während der Trockenzeit, vor allem nach dem Abbrennen des Unterholzes, wird das Futterangebot für die Vögel gering, und sie suchen dann im Dung des Weideviehs nach unverdauten Sämereien und Insekten. Der Kropf einiger enthielt zu dieser Zeit auch tatsächlich Käferarten, die im Dung des Viehs vorkommen. HISKOP, der ehemalige Chief Game Warden von Malaysia, teilte mit, daß die Gaur-Rinder dort, außer in dichtem Wald, fast regelmäßig von Dschungelhühnern begleitet werden, und OGILVY erwähnt, daß grasende Gaure eine Vielzahl von Insekten aufstöbern, die eine will-

kommene Beute für die Dschungelhühner sind. Im Kuala-Tahan-Nationalpark beobachtete er ein Bankivahuhn, wie es Maden aus der Hornbasiswunde einer Gaurkuh pickte. Die Beobachtungszeit der Bankivahühner in Thailand lag gerade vor der Hauptbrutsaison. Von 2 gesammelten Hähnen waren stets nur bei einem, vermutlich dem Revierhahn, die Testes voll aktiviert, was beim anderen, dem Ersatzhahn, stets nur zu ¾ der Fall war. Keine der im Februar/März beobachteten Hennen führte Küken, und die Karenführer teilten mit, daß dies erst in einem Monat der Fall sein würde.
Haltung: J. P. KRUIJT (Holland) hat an Bankivahühnern dieser Unterart 1962/63 das Balzverhalten eingehend untersucht.

Tongking-Bankivahuhn
Gallus gallus jabouillei, Delacour u. Kinnear 1928

Engl.: Tonkinese Junglefowl.
Heimat: Vietnam in Tongking (Tonkin), wo im Nordwesten Mischpopulationen mit *G. g. spadiceus* leben sowie der äußerste Norden Annams. In China das äußerste südöstliche Jünnan (Haukau, Mongtze), die Provinz Kwangsi (Longtschau) sowie die Insel Hainan.
Beschreibung: Dunkelste Bankivarasse. Beim Vergleich mit Hähnen der Nominatform sind die roten Gefiederpartien dunkler, die langen Hals- und Bürzelfedern kürzer, an den Enden weniger spitz. Die Halsfedern zeigen nur wenig Orangetönung, die seitlichen Nackenfedern sind dunkelrot; Rücken mahagonirot. Kamm und Kinnlappen klein, die Ohrscheiben klein und gewöhnlich rot.
Länge wie bei der Nominatform; Flügel 200 bis 245 mm.
Hennen sind insgesamt dunkler als die von *G. g. gallus,* die Säume der Nackenfedern tiefer gelb. Flügel 173 bis 238 mm.
Lebensgewohnheiten: Nach DELACOUR lebt die Tongkingunterart des Bankivahuhnes in kälteren, feuchteren Habitaten als die übrigen Unterarten.
Haltung: Das Tongking-Bankivahuhn ist in den 20er Jahren erstmalig von DELACOUR nach Frankreich (Clères) importiert und gezüchtet worden. Durch sein dunkleres Gefieder, die kürzeren Hals- und Bürzelschmuckfedern sowie den kleinen Kamm ist es von anderen Bankivaunterarten gut unterscheidbar. Da es aus feuchteren und kühleren Biotopen kommt, ist es für die Volierenhaltung in West- und Mitteleuropa besonders geeignet.

Indisches Bankivahuhn
Gallus gallus murghi, Robinson u. Kloss 1920

Engl.: Indian Red Junglefowl.
Abbildung: Seite 585 oben.
Heimat: Äußerer Himalaja, hauptsächlich in den Vorbergen und Terai örtlich bis in 2000 m Höhe, vom Nordosten Pakistans ostwärts bis Assam (mit Ausnahme des äußersten Südosten Assams, wo in den Mishmi Hills die Unterart *G. g. spadiceus* lebt). Südwärts (in ökologisch geeigneten Gebieten) von Uttar Pradesh, Madhya, Pradesh, Bihar, Orissa, West-Bengalen, Assam und Bangla Desh. In den Madheo-Hills und dem Mandla-Distrikt von Madhya Predesh geht das Bankivahuhn im Gebiet des Pachmarshi-Berges bis zur halben Berghöhe hinauf und wird darüber sowie auf dem Pachmarshi-Plateau einschließlich der benachbarten Hügelberge vollständig vom Sonnerathuhn ersetzt. Hybriden sind in Bheraghat (Madhya Pradesh) gesammelt worden.
Beschreibung: Der Burma-Unterart *spadiceus* ähnlich, doch die Federn des Halsbehangs gelber, die längeren goldgelb mit breitem schwarzem Mittelstreifen; Bürzelbehang heller orangegelb. Ohrlappen klein und weiß, nach SALIM ALI aber auch zuweilen rötlich. Schnabel im Basisbereich rötlich, der Oberschnabel braun, der Unterschnabel hell hornfarben; Iris rotbraun bis orangerot; Beine bleibraun.
Länge ca. 660 mm; Flügel 203 bis 244 mm; Schwanz 300 bis 380 mm; Gewicht 800 bis 1020 g.
Hennen sind etwas heller gefärbt als die der Burma-Unterart.
Schnabel im Basisbereich gelblich bis hell fleischfarben, Oberschnabel braun, Unterschnabel hell hornfarben; Iris braun; Füße wie Hahn.
Flügellänge 177 bis 196 mm; Schwanz 145 bis 165 mm; Gewicht 485 bis 740 g.
Gelegestärke 5 bis 6; Ei hell isabellfarben bis hell rötlichbraun (45,3 mm × 34,4 mm).
Lebensgewohnheiten: Die Verbreitung des Indischen Bankivas deckt sich auffallend mit der des Salbaums *(Shorea robusta)* und des Barasingha-Hirsches. Wo nach SALIM ALI in Madhya Pradesh die trockenen laubabwerfenden Wälder mit dem Teak-

baum als Leitform durch feuchte laubabwerfende und halb immergrüne Wälder mit dem Salbaum (*Shorea robusta*) im Ostteil der Provinz ersetzt werden, sind die ersteren Waldtypen Habitate des Sonnerathuhnes, die letzteren Lebensraum des Bankivas. Dort leben die Hähne mit ihrem Harem aus 4 bis 5 Hennen gern in Bambus- und Buschdschungel, die wie Felder und Lichtungen in den Salwald eingestreut sind, besonders gern auf hügligem Gelände. Frühmorgens und spätnachmittags kann man sie dann sehr häufig auf Karrenpfaden und Brandschneisen bei der Futtersuche beobachten. Überrascht fliegen sie aufgeregt und mit viel Gegacker auf und landen häufig auf den Ästen eines Baumes, wo sie so lange still und bewegungslos zwischen dem Laubwerk verborgen ausharren, bis die Gefahr vorüber ist. Der übliche Flug gleicht dem der meisten Hühnervögel: Lange Gleitphasen werden von kurzen, schnellen, fördernden Flügelschlägen unterbrochen. Bankivas sind schnelle Flieger, die Waldschneisen hoch über den Baumkronen überqueren, aber auch wendig und mit hoher Geschwindigkeit im Fluge dichtes Unterholz durchqueren. Im Hochwald aufgeschreckt, vermag das Bankivahuhn senkrecht hochzufliegen, während des Fluges plötzliche Wendungen auszuführen (Zickzackflug) und durch das Blätterdach hoher Baumkronen zu verschwinden. Sie sind überhaupt scheu und wild und flüchten bei den leisesten Anzeichen von Gefahr. Das Krähen ist dem des Zwerghahnes recht ähnlich, nur schriller und endet abrupter. Es wird von lautem Flügelklatschen eingeleitet und von den Hähnen der Nachbarreviere alsbald beantwortet. Im übrigen gleichen die Lautäußerungen denen des Haushuhnes, nur geben Wildhennen eine Eiablage nicht durch lautes Gackern bekannt, was ja auch der Arterhaltung höchst undienlich wäre. Die Brutzeit fällt in Indien in die Monate März bis Mai, doch können gelegentlich Nester auch von Januar bis Oktober gefunden werden. Darüber, daß brütende Bankivahennen auch auf dem Nest überaus vorsichtig sind, hat der erfahrene englische Vogelfotograf LOWTHER berichtet, dem es trotz aller Mühe nicht gelang, eine Wildhenne auf dem Gelege zu fotografieren. 2 frisch geschlüpfte Küken wollten ihm nach Grauganskükenart unbedingt folgen und er hatte Mühe, sie bei der unsichtbar in der Nähe befindlichen Mutter zu belassen. Nach SALIM ALI soll sich der Hahn an der Kükenaufzucht beteiligen, was einem bei einer polygynen Art doch zweifelhaft erscheint.

Haltung: Vermutlich wird diese Unterart des Bankivahuhnes am häufigsten nach Europa gelangt sein. Nach DELACOUR ist sie leichter zu zähmen als die anderen, wird nach einigen Generationen „derb und groß" und ist deshalb die für eine Bankivahaltung am wenigsten erstrebenswerte Unterart.

Java-Bankivahuhn
Gallus gallus bankiva, Temminck 1813

Engl.: Javan Red Junglefowl.
Heimat: Die Südhälfte Sumatras, Java und Bali.
Beschreibung: Die indonesische Unterart des Bankivahuhns unterscheidet sich von allen anderen Unterarten durch die breiteren, an den Enden fast runden Federn des Halskragens. Die Ohrlappen sind weiß. Die Gefiederfärbung gleicht der der Unterart *G. g. spadiceus*. Beine blaugrau.
Flügel 201 bis 220 mm; kurze Schwanzfedern 182 mm, die mittleren Sichelfedern 224 bis 361 mm; Gewicht ca. 1000 g.
Auch bei der Henne sind die Halsfedern breiter als bei Weibchen der anderen Unterarten.
Flügel 180 bis 186 mm; Gewicht ca. 800 g.
Ei 45 bis 51,2 mm × 34 bis 37,3 mm; Frischgewicht 28,5 bis 31,9 g.
Lebensgewohnheiten: Auf Java brütet das Bankivahuhn gern in Bambuswäldern der Inselberge. BARTELS fand zweimal Nester 2 m hoch über dem Erdboden inmitten von Nestfarnen (*Asplenium nidus*). In Gebieten, denen diese Farnart fehlt, ist es Bodenbrüter. Die Art wird selten unterhalb von 700 m angetroffen, wo das Gabelschwanzhuhn lebt. Im Nationalpark von Udjun Kulon (West-Java) traf HOOGERWERF die Art am häufigsten auf offenem Gelände und am Rande von Wiesen an. Es kommt dort auch inmitten ausgedehnter Waldbezirke vor, obwohl es sonst Buschdschungel und offene Wälder entschieden bevorzugt. Auf Java hält es sich am liebsten an den unteren Grenzen der Bergwälder auf und dringt von dort häufig in die Kaffeeplantagen ein.
Haltung: Vermutlich wird die indonesische Unterart schon recht früh in niederländische Sammlungen gelangt sein. Sie wurde in den 20er Jahren im Berliner Zoo gehalten und gezüchtet. Über Aufzucht und Verhalten dieser Subspezies ist von dem Ehepaar HEINROTH ausführlich berichtet worden. Sie schreiben darüber: „Mitte Juli holten wir uns einige unter der Zwerghenne geschlüpften Bankivaküken ins Zimmer. Sie waren von Anfang an zahm und ergaben 2 Hähne sowie 1 Henne. Merkwürdiger-

weise wärmten sie sich immer neben und auf ihrem beheizten Unterstand, gingen aber nicht hinein. Sie waren nicht sehr wärmebedürftig, im Futter anspruchslos und scharrten von Anfang an viel, was Fasane so gut wie nie und Rebhühner fast nur im Sandbad tun. Mit 8 Tagen flatterten sie auf den Rand ihrer Kiste, von da auf ein Gitter und dann auf den Tisch, zeigten überhaupt sehr früh das Bestreben, in die Höhe zu gelangen. 2 Tage später flogen sie zielbewußt quer durchs Zimmer und kamen gern auf Kopf und Schulter. Sie waren sehr zahme, aber auch recht fahrige und lebhafte Wesen, die später mit dem Fliegen immer sehr rasch bei der Hand waren. Mit Futter und Stimme gelockt, folgten sie uns durch mehrere Räume. Die Jugendtöne entsprachen natürlich denen der Hausküken. Dadurch, daß wir ihnen Mehlwürmer immer aus der Hand reichten oder sie zur Empfangnahme dieses Leckerbissens auf die Hand oder den Arm kommen ließen, erhielten wir diese sonst meist sehr zurückhaltenden Wildhühner recht zahm. Mit ungefähr 2⅓ Monaten begann der Stimmwechsel. Die Hähne fingen im Winter zu krähen an, waren aber späterhin lange nicht so fleißig wie Haushähne und ließen sich hauptsächlich in den Morgenstunden hören. Bezeichnend ist, daß die Endsilbe nicht wie beim Haushahn lang ausgezogen, sondern kurz ausgestoßen wird. Das sogenannte Grakeln oder Singen, das man von den Haushennen kennt, brachte nicht nur das Weibchen, sondern auch ihre Brüder ließen es hören, nur in etwas anderer Tonfolge. Die übrigen Stimmäußerungen entsprachen denen der Hausform. Als die Hähne voll ausgefärbt waren, verfolgte eine Zeitlang einer den anderen in den Morgenstunden heftig, dann hörte diese Gehässigkeit wieder auf, und die beiden vertrugen sich nach Herstellung der Rangordnung gut, obwohl sie ja zusammen nur eine Henne hatten. Diese verhielt sich nach dem Legen schweigsam. Als der Hahn sich als Mann zu fühlen begann, umging er die Henne mit dem üblichen Kratzfuß, wobei er den ihr abgewandten Flügel am Bein herunterspreizte. Bald merkte ich, daß er sich mir stets in eigenartiger Weise näherte, wenn ich mich in seinem Käfig befand, und als ich ihm die Hand hinhielt, sprang er blitzschnell darauf zu, wobei seine Läufe wie Trommelschlägel schmerzhaft auf meine Fingerknöchel wirbelten. Von da ab mußte ich mich vor ihm vorsehen, denn seine Angriffe erfolgten stets unversehens und so fabelhaft rasch, daß man nicht mehr Zeit hatte, die Hand oder das Gesicht zu schützen. Er flog mir nämlich auch ohne Besinnen gegen den Schädel. Bei einem alten Hahn hätte das furchtbare Verletzungen zur Folge gehabt, denn die Sporen werden bei den Wildhühnern sehr lang und wirklich nadelspitz, und die Kraft und Schnelligkeit, mit der sie gebraucht werden, ist fast unglaublich. Die Henne zeigte sich immer etwas ängstlich. Wir hätten selbst nicht geglaubt, daß Bankivas so wie steilschwänzige Haushähne aussehen könnten, denn in Zoos trifft man sie ja für gewöhnlich als verängstigte scheue Wesen. Andererseits kann man sich ja sagen, daß die Tiere den breiten dachförmigen Schwanz mit den im männlichen Geschlecht wohl entwickelten grünen Sicheln nicht hätten, wenn sie ihn in gehobener Stimmung nicht zeigten."

Weiterführende Literatur:

BAKER, E. C. ST.: The Fauna of British India. Birds, Vol. V.; *Gallus bankiva*; pp. 295–300; Taylor & Francis, London 1928

DERS.: Game Birds of India, Burma and Ceylon. Vol. III; *Gallus bankiva*; pp. 127–151; Bombay Nat. Hist. Soc. 1930

BALL, S. C.: Jungle fowls from Pacific Islands. Bernice P. Bishop Mus. Bull. 108; pp. 1–121; Honolulu 1933

BARTELS, M.: Über das Brüten einiger javanischer Vögel auf Nestfarnen, Ornith. Mtsber. XXXIV; pp. 67–70 (1926)

BEEBE, W.: Monograph of the Pheasants. Bd. II; Red Junglefowl; pp. 172–212. Witherby London 1921

BERNSTEIN, H. A.: Über Nester und Eier javascher Vögel; Journ. Ornithol.; pp. 177–192 (1861)

COLLIAS, N. E., SIACHUAE, P.: Ecology of the Red Jungle Fowl in Thailand and Malaya with reference to the origin of domestication. Nat. Hist. Bull. Siam. Soc.; pp. 189–209 (1967)

COLLIAS, N. E., COLLIAS, E. C.: A field study of the Red Junglefowl in North-central India. Condor 69; pp. 360–386 (1967)

DELACOUR, J.: The Pheasants of the World. 2. Edition. Red Junglefowl; pp. 123–129. Spur Publications 1977

GILES, F. H.: Migration of Jungle-fowl. J. Siam. Soc. Nat. Hist. Sect. 8; p. 333 (1932)

HEINROTH, O., HEINROTH, M.: Die Vögel Mitteleuropas, III. Bd.; Bankivahuhn (Java-Unterart); pp. 245–248. H. Behrmüller, Berlin 1928

HOPKINS, M. N.: The Red Junglefowl in Georgia (USA); Oriole 44; pp. 9–10 (1979)

JOHNSGARD P. A.: The Pheasants of the World, pp. 116–122; Oxford Univ. Press, Oxford 1986

JOHNSON, R. A.: Habitat preference and behaviour of breeding Jungle Fowl in Central Western Thailand. Wilson Bull. 75; pp. 270–272 (1963)

KRUIJT, J. P.: On the evolutionary derivation of wing display in Burmese Red Junglefowl and other gallinaceous birds. Sympos. Zool. Soc. London 8; pp. 25–35 (1962)

DERS.: Notes on the wing display in the courtship of pheasants. Avic. Mag. 69, Junglefowl; pp. 11–14 (1963)
KURODA, N.: Birds of the Island of Java, Vol. II; Nr. 504: *Gallus gallus bankiva* (TEMMINCK); pp. 686–688; Publ. by the Author, Tokyo 1936
LOWTHER, E. H. N.: A Bird Photographer in India. Red Jungle Fowl; pp. 82–84. Oxford University Press, London 1949
MACKAY, E. J. H.: Further excavations at Mohenjo Daro. New Dehli 1938
OGILVIE-GRANT, W. R.: A Handbook to the Game-Birds, Vol. II; The Red Jungle-Fowl, *Gallus gallus*; pp. 48–53; E. Lloyd Ltd., London 1897
PETERS, J. P.: The cock. J. Amer. Oriental soc. 33, pp. 363–401 (1913)
SALIM ALI, RIPLEY, S. D.: Handbook of the Birds of India and Pakistan, 2. Edition, Vol. II. Red Junglefowl; pp. 102–106. Oxford University Press 1980
SHERRY, D.: Parental food calling and the role of the young in the Burmese Red Jungle-fowl. Animal Behaviour 25; pp. 594–601 (1977)
SMITHIES, B. E.: The Birds of Burma. Red Junglefowl; pp. 436–437; Oliver & Boyd, Edinburgh – London 1953

Sonnerat-Huhn
Gallus sonneratii, Temminck 1813

Engl.: Grey Junglefowl, Sonnerat's Junglefowl.
Abbildung: Seite 603 oben.
Heimat: Der vorderindische Subkontinent nordwärts bis nach Süd-Rajasthan (Mt. Abu), Gujarat, Madhya Pradesh (ehemals die Central-Provinzen) und Andhra ostwärts bis nach Polavaram (Ost-Godavari-Distrikt).
Beschreibung: Der Hahn hat einen nur schwach gezackten roten Kamm; das nackte Gesicht, die Kehle sowie die Kehllappen sind von gleicher Farbe. Federn der Halsregion lang und schwarz mit grauen Säumen, welche oberhalb der Spitze zwei bis drei weißliche Hornplättchen und an der Spitze selbst noch ein solches von gelber Farbe tragen. Die lanzettförmigen Federn der Unterseite sind schwarz mit weißen Schaftstreifen und hellgrauen Säumen, in der Flankenregion rostrot verwaschen. Rückengefieder purpurschwarz mit weißen Schäften und schmalen grauen Säumen. Behangfedern des Bürzels mit rostroten Spitzen und großen gelben und weißen Hornplättchen. Schwanz glänzend purpurschwarz; Flügeldecken schwarz mit weißen Schäften und langen rostgelben Hornspitzen. Übrige Flügelteile schwarz; Iris gelb bis orange, Schnabel horn schwarz mit gelblicher Spitze und gelbem Unterschnabel; Füße gelb bis lachsrot.

Länge 700 bis 800 mm; Flügel 220 bis 255 mm; Schwanz 330 bis 390 mm; Gewicht 790 bis 1130 g. Während der Sommermauser verlieren die Hähne die langen Federn des Halsbehangs und ersetzen sie durch kurze schwarze. Auch die langen Schwanzfedern gehen verloren, und der Kamm schrumpft stark ein.
Bei der Henne sind die Oberkopffedern braun mit rötlichen Schaftlinien; Gesicht hellbraun, Halsfedern mit isabellfarbenem Zentrum, schwarzen Linien und braunen Säumen; Mantelregion fein hellbraun und schwarz gesprenkelt mit weißlich isabellfarbener und schwarz gesäumter Schaftstreifung. Flügel schwarz und braun gesprenkelt. Äußere Schwanzfedern und die Handschwingen trübschwarz; Kehle isabellweißlich, Brustgefieder weiß, die Federn breit schwarz oder braun gesäumt. Flankengefieder mit unterbrochenen bräunlichen Säumen; Unterleib hell isabellbraun; Iris, Schnabel und Füße wie beim Hahn gefärbt. Länge 380 mm; Flügel 200 bis 215 mm; Schwanz 130 bis 170 mm; Gewicht 700 bis 790 g.
Das Dunenküken ist dunkler und brauner als das des Bankivahuhnes, auch sind Kopf und Unterseite rötlicher gefärbt.
Gelegestärke 6 bis 8; Ei weiß, rosa oder isabellfarben, gewöhnlich ungefleckt (46 mm × 36,5 mm). Gewicht 33,4 g. Brutdauer 20 bis 21 Tage.
Lebensgewohnheiten: Das Sonnerat-Huhn ist **das** Kammhuhn des vorderindischen Subkontinents, der nur im Nordostteil vom Bankivahuhn bewohnt wird. In den Grenzzonen des Verbreitungsgebietes beider Arten sind Hybridvögel häufig. Sonnerat-Hühner bewohnen alle Waldtypen, vom laubabwerfenden Sekundär-Trockenwald bis zu immergrünen Regenwäldern. Die Art liebt besonders zerrissene Vorhügelketten der Ghats (Bergmassive), ist in den Stapura-Ost- und West-Ghat-Massiven bis in Lagen von 1500 m häufig und wird in den Nilghiri- und Keralabergen in dichten immergrünen Montan-Regenwaldstücken noch bei 2400 m angetroffen. Es lebt auch in Bambusdschungeln und wird in der Umgebung von Walddörfern und deren Feldern gefunden, in Süd-Indien, vor allem auf verlassenem Kulturland und in vernachläßigten Tee-, Kaffee- und Gummiplantagen, die dicht von Wunderröschengestrüpp *(Lantana)* durchwuchert sind. Die Lebensweise ähnelt der des Bankivahuhns. Sonnerat-Hühner leben einzeln, paarweise und in Familientrupps aus 5 bis 6 Vögeln zusammen. Größere Gesellschaften werden nur vorübergehend in Gebieten mit periodischem Nahrungsüberfluß, beispiels-

weise bei der Samenreife von Bambusarten und Strobilanthessträuchern, angetroffen und zerstreuen sich danach wieder. Wanderbewegungen wie beim Bankivahuhn sind vom Sonnerat-Huhn nicht bekannt. Durch schlechte Erfahrungen mit dem Menschen gewitzt, verhalten sich diese Hühner überaus scheu und furchtsam. Treten sie frühmorgens und spätnachmittags zur Futtersuche aus dem schützenden Dickicht auf offene Flächen hinaus, entfernen sie sich nie weit von diesen und rennen bei geringster Gefahr mit gestrecktem Hals und niedrig gehaltenem Schwanz dorthin zurück. Unbelästigt, halten sie sich dagegen unbekümmert in der Umgebung von Dörfern auf und folgen dem pflügenden Bauer auf dem Feld. Unter der pflanzlichen Nahrung dieser Allesfresser sind Beeren des Zizyphus-Strauches, des Wandelröschens (*Lantana*) und von *Streblus* von Bedeutung, die oft von den Sträuchern abgepickt werden, ferner die herabgefallenen Früchte mehrerer Feigenarten.

Das Krähen des Sonnerat-Hahnes klingt eigenartig zögernd, kratzend und recht unmelodisch, „Kuuk-kaa-kuurra-kuuk" oder „Kuuck-kajaa-kajaa-kuuck", und endet mit einem langsamen, weichen und nur aus nächster Nähe hörbarem „Kiuukuun-kiuukuun". Die Hähne beginnen frühmorgens bei Dunkelheit vom Schlafast aus zu krähen, worauf alsbald benachbarte Hähne antworten und sich das Krähkonzert nach allen Himmelsrichtungen hin ausbreitet. Danach herrscht Ruhe, bis die Morgensonne die Hähne kurz vor dem Verlassen des Schlafastes zu einem neuen Konzert anregt. Tagsüber wird das Krähen von einem erhöhten Punkt im Revier, wie Termitenhügel oder gestürzten Bäumen, her ausgestoßen, wobei ihm ein lautes Flügelschlagen gegen die Körperseiten vorausgeht. Manchmal läßt ein Hahn von erhöhten Punkten aus auch ein lautes, kriegerisch und herausfordernd klingendes „Klick-...kluck-kluck", wohl seinen akustischen Revieranspruch, hören und stößt ihn manchmal über eine Viertelstunde lang monoton alle paar Sekunden aus (SALIM ALI, 1980). Die Brutzeit erstreckt sich praktisch über das ganze Jahr mit deutlichem Schwerpunkt von Februar bis Mai, im Süden etwas früher. Die Nistweise unterscheidet sich nicht von der des Bankivahuhnes. Nach SALIM ALI ist der Sonnerat-Hahn offensichtlich monogyn, wobei es sich aber wohl um eine „fortschreitende Monogyie" insofern handelt, als er sich mit bestimmten Hennen paart, wenn diese Geschlechtsreife erreicht haben.

Haltung: Als europäischer Erstimport gelangte das Sonnerat-Huhn 1862 in den Londoner Zoo, wo Mischlinge mit dem Bankivahuhn erzielt wurden. 1869 wurde die Art im Pariser Akklimatisationsgarten gezüchtet, bald danach auch in weiteren Fasanerien. In der Volierenhaltung ist sie nicht schwieriger als Bankivahühner, leicht züchtbar und benötigt lediglich mehr Schutz vor Kälte. Sonnerat-Hennen legen in Europa von April bis Juli. Die Küken sind nicht so widerstandsfähig wie die des Bankivahuhns und benötigen sorgfältigere Pflege. Eine sehr erfolgreiche Zucht betrieb der berühmte englische Ziergeflügelzüchter ALFRED EZRA. Er hatte einen großen Feld- und Waldabschnitt seines Besitzes in Chobham einzäunen lassen und mit Sonnerat-Hühnern besetzt. Diese vertrugen das englische Klima gut, vermehrten sich reichlich und wurden sehr vertraut. Nach STEFANI lassen sich Sonnerat-Hühner im Freilauf wie Haushühner halten und sind ortstreu. Die Hähne können bei Zusammenhaltung mit anderem Ziergeflügel diesem gegenüber recht aggressiv werden. Wildfänge legen ihre Scheu vor dem Menschen selten ab, hier gezüchtete werden dagegen sehr zahm. Das Geschlecht der Jungen wird im Alter von ca. 3 Monaten erkennbar. Bei den Hähnchen erscheinen dann graue und rostgelbe Federpartien. Mit 4 Monaten sind die Jungtiere selbständig und in einem Jahr fortpflanzungsfähig. Nach einem Bericht der WPA-News (No. 3, 1983) züchten zwei Engländer das Sonnerat-Huhn auf kommerzieller Basis mit dem Ziel, die in den USA für das Forellenangeln als Fliegenköder beliebten, mit siegellackähnlichen Hornplättchen versehenen Halsfederspitzen der Sonnerat-Hähne zu verkaufen. Diese werden kurz vor der Mauser entnommen, was den Vögeln nicht schadet. Dadurch sollen der dieser Federn wegen hemmungslose Abschuß von Sonnerat-Hähnen in Indien und der damit einhergehende Schmuggel allmählich eingedämmt werden, weil bei einer Massenproduktion der begehrten Federn das Interesse an geschmuggelter Ware allmählich erlöschen dürfte. In der Sonnerat-Züchterei wurden 1983 insgesamt 226 Stück dieser Wildhuhnart, davon 165 Hähne gehalten.

Lavendelfarbenes Sonnerat-Huhn (Mutation)

Nach DELACOUR wurde 1975 in der Daws Hall Wildfowl Farm (England) ein Stamm lavendelfarbener Sonnerat-Hühner gezüchtet. Bei den Hähnen der Mutation werden die braunen und ockerfarbenen Gefiederkomponenten durch schiefergraue und schwefelgelbe Farbtöne ersetzt. Der Halsbehang besteht aus schwefelgelben Federn auf metallisch blauschwarzer Basis. Ebenso finden sich auf Flügeldecken und Oberschwanzdecken schwefelgelbe Streifen. Brust, Rücken und Bürzel sind hell holzkohlegrau gestreift. Dagegen weichen die Schwanzfedern, Hand- und Armschwingen ebenso wie die roten Nacktteile des Kopfes in der Färbung nicht ab.

Die Hennen haben einen braunen Kopf und Nacken sowie hellockergelblichen Rücken und Schwanz. Die lanzettförmigen Kehl-, Brust- und Flankenfedern sind hell sandockerfarben, die Beine sehr hell olivgrau.

Beim Küken sind die braunen Farbkomponenten des Dunenkleides durch Hellila und Grau ersetzt.

Weiterführende Literatur:
BAKER, E. C. ST.: The Fauna of British India. Birds, Vol. V; Nr. 1905 *Gallus sonneratii*; pp. 298–302. Taylor & Francis, London 1928
DERS.: Game Birds of India, Burma and Ceylon, Vol. III; *Gallus sonneratii*; pp. 152–162; Bombay Nat. Hist. Soc. 1930
BEEBE, W.: Monograph of the Pheasants. Bd. II; *Gallus sonneratii*; p. 234; Witherby London 1921
DELACOUR, J.: The Pheasants of the World. 2. Edition; Sonnerat's Junglefowl; pp. 131–135. Spur Publications 1977
DÜRIGEN, B.: Die Geflügelzucht. 3. Das Sonneratshuhn; pp. 27–30. P. Parey Berlin 1886
JOHNSGARD, P. A.: The Pheasants of the World, pp. 122–125. Oxford Univ. Press, Oxford 1986
OGILVIE-GRANT, W. R.: A Handbook to the Game-Birds, Vol. II; The Grey Jungle-Fowl; pp. 55–59. E. Lloyd, London 1897
SALIM ALI, RIPLEY, S. D.: Handbook of the Birds of India and Pakistan, Vol. 2; Nr. 301 Grey Junglefowl; pp. 106–109; Oxford University Press, London – New York 1980

Lafayette-Huhn
Gallus lafayettii, Lesson 1831

Engl.: Ceylon Junglefowl, Cingalese Junglefowl, La Fayette's Junglefowl.
Abbildung: Seite 603 unten.
Heimat: Die Insel Sri Lanka (Ceylon).
Beschreibung: Der Hahn trägt einen großen, schwach gezackten purpurroten Kamm mit ausgedehntem gelbem Mittelfleck; nackte Gesichtsteile, Kehle und die beiden Kinnlappen fahlrot bis purpurrot. Die nackte Kehle wird von einem aus breiten, abgerundeten violettblauen Federn bestehenden Saum umschlossen; Scheitelfedern trüb orangerötlich, nach hinten in die langen schmalen, lanzettförmigen orangegelben, mit schwarzem Mittelstreifen versehenen Halsbehangfedern und die ebenso geformten, aber feurig orangeroten, mit satt kastanienbraunem Mittelstreifen ausgestatteten Vorderrückenfedern übergehend. Unterrücken- und Bürzelfedern noch dunkler, fast kupferrot mit tief violettblauer Federmitte, die mittleren, am geringsten zugespitzten Federn mit breitem, violettblauem Endfleck. Oberschwanzdecken glänzendschwarz, einige der mittleren schmal feuerrot gesäumt. Die beiden langen bogenförmigen mittleren und die übrigen kürzeren Schwanzfedern schwarz mit preußischblauem oder blaugrünem Glanz, niemals kupferfarben wie beim Bankivahahn. Kleine Flügeldecken wie der Halsbehang gefärbt, in die mittleren Decken übergehend, die wie der Vorderrücken gefärbt sind; große Decken in ihren sichtbaren Partien schwarz, den verdeckten dunkel rötlichorange; Brust und Flanken rötlichorange, die nächst dem Bauch liegenden Federn mehr kastanienbraun mit breitem schwarzem Endband; Mittelbauch- und Steißgefieder trüb braunschwarz mit helleren Federspitzen; Schenkelgefieder schwarz, die meisten Federn schmal kastanienbraun gesäumt; Unterschwanzdecken glänzend blauschwarz. Schnabel bräunlichrot, an der Spitze und auf dem Unterschnabel heller, die Iris hell goldgelb, Beine wachsgelb bis hell gelblichbraun, mit langem spitzem Sporn bewehrt.

Länge 660 bis 720 mm; Flügel 228 bis 239 mm; Schwanz 290 bis 338 mm; Gewicht 790 bis 1140 g. Während der Mauser legt der Lafayette-Hahn kein Ruhekleid an, und nur der Kamm schrumpft. Junghähne erhalten das Prachtgefieder im 2. Jahr und sollen dann erst geschlechtsreif werden. Bis auf die gelben, schwarz geschäfteten Halsfedern, das rot vermischte Gefieder der Oberseite, die orangerote Brust und den trübschwarzen Bauch gleichen sie den Hennen.

Bei der Henne sind die Scheitelfedern braun mit zarter schwarzer Wellenzeichnung; Halsgefieder dunkelbraun, die Federn mit isabellfarbener Schaftstreifung und gelblicher Säumung; Mantel, Rücken und Oberschwanzdecken rötlich isabellfarben mit zartschwarzer Wellung; Flügel mit kräftig schwarzer, hell isabellfarbener und rötlichbrauner

Querbänderung; Schwanz rotbraun mit breiter schwarzer Querbänderung und zarter schwarzer Wellenzeichnung; Kehle trüb isabellbraun; Oberbrust, Unterbrustseiten und Flanken schwarz und orangebraun wellengebändert, die übrigen Brustpartien, Bauch und Schenkeldecken weiß, jede Feder schwarzgesäumt und nahe der Basis mit schwarzer Bänderung versehen. Schnabel oben dunkelbraun, unten gelblich, die Iris olivgelb, die Beine bräunlichgelb.

Flügel 187 bis 195 mm; Schwanz 108 bis 118 mm; Gewicht 510 bis 625 g.

Dunenküken unterscheiden sich von denen des Bankivahuhns durch dunklere Musterung sowie schwarze Kopfseiten- und Halsbänderung.

Gelegestärke 2 bis 4; Ei hell isabellfarben mit mehr oder weniger zarter dunkler Fleckung (48 mm × 35 mm); Eigewicht 30 g. Brutdauer nach HENRY vermutlich nur 18 bis 19 Tage, genaue Untersuchungen stehen aber noch aus.

Lebensgewohnheiten: Über Verhalten und Fortpflanzung des Ceylon-Dschungelhuhns hat G. M. HENRY, ein ausgezeichneter Kenner dieser Hühnerart, interessante Einzelheiten berichtet, die hier auszugsweise wiedergegeben seien: „Das Ceylonhuhn ist auf der Insel weitverbreitet und kommt überall dort vor, wo Dschungelflecken groß genug sind, ihm Deckung und Ausweichmöglichkeiten zu bieten. Es bewohnt alle Höhenstufen Sri Lankas von der Küstenzone bis zu den höchsten Bergen, büßt jedoch viel Lebensraum durch die lawinenhaft anwachsende menschliche Bevölkerung und das damit einhergehende Abholzen der Wälder zur Gewinnung von Kulturland ein. Sein Überleben bis in die Gegenwart ist nur auf seine außerordentliche Vorsicht im Kontakt mit dem Menschen zurückzuführen. In abgelegenen Dschungeln, wo es wenig belästigt wird, ist es dem Beobachter gegenüber nicht scheuer als gewöhnliches Dorfgeflügel. Jedoch reicht bereits eine einzige unliebsame Begegnung mit dem Menschen aus, es binnen kurzem bis zum Äußersten vorsichtig werden zu lassen. Waldungen fast jeder Art, selbst niedriger Buschdschungel sind seine Habitate, und nur hochstämmiger Regenwald mit seinem dichten üppigen Unterwuchs wird gemieden. In dichter bewaldeten Gebieten hält es sich eher in den Randbezirken als dem Inneren auf. Es entfernt sich selten weit von dichtem Pflanzenwuchs, kommt aber zur Futtersuche auf Wege, Straßen und verlassene Felder. Dies ist besonders in den frühen Morgenstunden und nach schweren Regengüssen der Fall. Bei Überraschungen flüchtet es zu Fuß und nur in zu weiter Entfernung vom schützenden Dickicht oder von Hunden gejagt fliegt es auf. In letzterem Fall fliegt es gewöhnlich auf den nächsten Baum, starrt von oben auf den Verfolger herunter, gackert ein paarmal Alarm und fliegt dann fort in Sicherheit. In solchen Erregungssituationen wird der Schwanz aufrecht wie beim Haushahn gehalten. Das Krähen des Dschungelhahnes ist eine der charakteristischsten Vogelstimmen Sri Lankas. Es klingt freudig und melodisch, wie „Tschiok tscho tschojik", in lebendigem Stakkato ausgestoßen, wobei das „Jik" in höherer Tonlage gebracht wird. Während des Krähens hält der Hahn seinen Kopf fast auf gleicher Höhe mit dem Körper und reißt den Schnabel bei jeder Silbe weit auf, eine von der Haltung des krähenden Haushahnes recht abweichende Stellung. Ceylonhähne krähen das ganze Jahr hindurch, häufiger während der Brutzeit und nur selten während der Mauser von August bis Oktober. Ähnlich dem indonesischen Gabelschwanzhahn legt auch der Ceylonhahn in dieser Zeit kein Zwischenkleid an, und nur Kamm nebst Kinnlappen verkleinern sich.

Der Alarmruf des Ceylonhuhnes ist ein hohes, im Stakkato ausgestoßenes „Kwikkuk kwikkukkuk!", in kurzen Intervallen wiederholt. Die Nahrungsansprüche gleichen denen der übrigen Kammhühner; Besonders die Hennen scharren eifrig und hinterlassen, wo immer sie gegangen sind, Kratzspuren am Boden. Während der Trockenzeit kann man ihr Scharren im trockenen Fallaub oft auf größere Entfernung hören. Blühen die Nellu-Büsche (*Strobilanthes*), von denen auf Sri Lanka zahlreiche Arten wachsen, brechen bei der folgenden Samenreife für die Dschungelhühner und andere Körnerfresser gute Zeiten an. *Strobilanthes*-Arten bilden den größten Teil des Unterwuchses der Wälder in Lagen ab 1200 m. Sie blühen mit mehrjährigen Unterbrechungen, bringen reichlichen Samenbesatz und sterben dann ab. Der Massenanfall der nahrhaften Sämereien in den Bergwäldern führt zu periodischen Wanderungen der Dschungelhühner und anderer Vogelarten. Übernachtungsplätze des Ceylonhuhnes liegen ziemlich hoch in Bäumen auf dünneren Außenästen in dichtem Laubwerk. Nächtlich jagende Palmenroller (*Paradoxurus*), die fast überall hochzuklettern vermögen, gehören zu ihren schlimmsten Feinden, und die Gewohnheit, Schlaføste so zu wählen, daß sie vor nächtlichen Überraschungsangriffen solcher Räuber sicher sind, scheinen beim Ceylonhuhn durch natürliche Selektion erblich fixiert zu sein. Die gleichen Übernachtungsplätze werden lange Zeit immer wieder benutzt. Während der Fortpflanzungszeit werden die Hähne sehr aggressiv und fordern einander durch Krähen und 3- bis 6maliges lautes Flügelklatschen (die Flügel werden dabei über dem Rücken zusammengeschlagen) heraus. Während das Krähen als Revierbesitzanspruch anzusehen ist, bedeutet es bei gleichzeitigem Flügelklatschen eine Herausforderung von Gegnern. Es läßt sich leicht imitieren, was dem Hahn häufig zum Verhängnis wird, weil er sich dadurch noch aus 100 m Entfernung herbeilocken läßt. Nähert er sich dem Imitator, läßt er nach HENRYS Erfahrungen dabei keinesfalls seine natürliche Vorsicht außer Acht und erscheint fast stets aus einer anderen Richtung als erwartet. Kämpfe zwischen Hähnen scheinen nicht allzu häufig vorzukommen, finden sie jedoch statt, werden sie mit großer Erbitterung geführt. HENRY begegnete gelegentlich arg mitgenommenen Hähnen, deren Kopf mit blutigem Schorf bedeckt war und alten Kämpen, die tiefe Risse im Kamm und an den Kehllappen aufwiesen. Die spitzen Sporen der Hähne sind gefährliche Waffen, 3 cm lang und sehr scharf. Während sporadisches Brüten über das ganze Jahr verteilt ist, fällt die Hauptbrutzeit auf die erste Jahreshälfte. Im Wildleben überwiegt Monogynie so lange, bis die Henne brütet und der Hahn sich eine andere Henne sucht; in Menschenobhut kommt jedenfalls Polygynie vor. Das Balzverhalten des Ceylonhahns gleicht im wesentlichen dem des Bankivahahns, verläuft nur zeremonieller. Die Seitenbalz, welche vor dem Treten viele Male abläuft, besteht in engem Umkreisen der Henne in Seitenhaltung mit am Boden schleifenden Flügel der ihr abgewandten Seite und Kratzen der Handschwingen mit dem Fuß. Gleichzeitig wird der große purpurne Bürzelfleck zu ihr hin geneigt und eindrucksvoll zur Geltung gebracht, während der Halskragen ausgedehnt wird. Die Henne legt ihr Nest, eine flache Bodenmulde, mit zufällig hineingefallenem Waldabfall der Umgebung auf dem Erdboden im Schutz eines Baumstammes, umgefallenen Baumes oder Felsens, durch Krautwuchs getarnt an. Die Mehrzahl der Nester steht jedoch meterhoch über dem Boden auf Baumstümpfen in der Mulde einer Astgabelung, zwischen Lianengewirr oder verlassenen Greif- und Rabenvogelnestern. Vollgelege bestehen aus 2 bis 4 Eiern. Anders als die Haushenne zeigt die Ceylonhenne die Ablage eines Eies nicht durch aufgeregtes Gackern an, sondern alle damit zusammenhängenden Handlungen verlaufen schweigsam und verstohlen. Zum Nest begibt sie sich mit äußerster Vorsicht, sitzt beim Brüten sehr fest und verläßt ihr Gelege nur in Intervallen von 3 oder 4 Tagen zur Nahrungs- und Wasseraufnahme. Im Vertrauen auf ihre Tarnfärbung duldet sie die Annäherung von Feinden bis auf wenige Meter. Fühlt sie sich entdeckt, erhebt sie sich und läuft oder flattert lautlos und ohne das aufgeregte Gegacker der Haushenne davon. HENRY glaubt aufgrund von Erfahrungen, daß die Brutdauer beim Ceylonhuhn u. U. erheblich kürzer als bei den anderen Kammhühnern sein, nämlich nur 18 bis 19 Tage, könnte. Die Küken sind gleich nach dem Schlupf sehr vorsichtig und beginnen zu scharren, sobald sie das Nest verlassen haben. Die führende Henne gluckt höher und metallischer als Haushennen. Die Handschwingen der Küken wachsen schnell, und innerhalb einer Woche vermögen sie wie Wachteln zu fliegen. Beim Alarmruf der Mutter verschwinden sie augenblicklich wie durch Zauberhand von der Bildfläche und harren unter Blättern und Grasstauden geduckt unbeweglich aus, bis die Entwarnung der Henne ertönt. Schon im Alter von wenigen Tagen übernachten sie, rechts und links unter den Flügeln sowie zwischen den Beinen der Henne sitzend, auf dem Schlafast. Sie bleiben bis zum Selbständigwerden mit ihr zusammen.

Haltung: Als europäischer Erstimport gelangte im September 1873 1 Paar Lafayette-Hühner als Geschenk von H. BAYLEY in den Londoner Zoo, wo die Zucht schon im darauffolgenden Jahr mehrfach glückte. Nach langer Pause wurde die Art in London erst wieder im September 1928 gezüchtet. 1 Nachzuchtpaar sowie Wildfänge gelangten zu JEAN DELACOUR nach Clères (Normandie) und bildeten den Grundstock einer blühenden Zucht, die erst durch den 2. Weltkrieg zum Erliegen kam. DELACOUR teilt mit, daß dieses Wildhuhn genauso einfach halt- und züchtbar sei wie das Bankivahuhn, obwohl dies früher stets bestritten worden war. Obwohl in Indien und Ceylon durchgeführte Kreuzungsversuche zwischen Ceylon- und Bankivahuhn angeblich stets sterile Hybriden ergeben hatten, stellte DELACOUR aufgrund eigener Erfahrungen fest, daß sowohl Kreuzungstiere zwischen den beiden Arten wie auch zwischen Ceylon- und Sonnerat-Huhn sich als völlig fruchtbar erwiesen. Nach 1945 sind wieder Ceylonhühner nach Europa und in die

o. Hahn des Indischen Bankivahuhns, *Gallus gallus murghi* (s. S. 577)
u. Hahn des Gabelschwanzhuhns, *Gallus varius* (s. S. 587)

USA gelangt und ergiebig gezüchtet worden. Aus einer weltweiten Umfrage der WPA geht hervor, daß 1982 bereits wieder 213 Stück gemeldet wurden, und zwar 105 in den USA, 91 in Europa, 9 in Asien und 8 in Lateinamerika.

Weiterführende Literatur:
BAKER, E. C. ST.: The Fauna of British India. Birds, Vol. V; Nr. 1906 *Gallus lafayettii*; pp. 300–302; Taylor & Francis, London 1928
DERS.: Game Birds of India, Burma and Ceylon, Vol. III; *Gallus lafayettii*; pp. 163–173; Bombay Nat. Hist. Soc. 1930
BEEBE, W.: Monograph of the Pheasants. Bd. II; *Gallus lafayettii*; p. 213; Witherby, London 1921
DELACOUR, J.: The Pheasants of the World. 2. Edition; La Fayette's Junglefowl; pp. 129–131. Spur Publications 1977
DÜRIGEN, B.: Die Geflügelzucht. 2. Das Ceylonhuhn; pp. 26–27; P. Parey, Berlin 1886
HENRY, G. M.: A Guide to the Birds of Ceylon. The Ceylon Junglefowl; pp. 257–259; Oxford University Press, London 1955
DERS.: The Ceylon Junglefowl *(Gallus lafayettii)*. Avic. Mag. 65; pp. 61–66 (1959)
JOHNSGARD, P. A.: The Pheasants of the World, Ceylon Junglefowl, pp. 125–128; Oxford Univ. Press, Oxford 1986
LEGGE, W. V.: A History of the Birds of Ceylon. Bd. III; p. 736; London 1880
OGILVIE-GRANT, W. R.: A Handbook to the Game-Birds, Vol. II; The Ceylon Jungle-Fowl; pp. 53–55. E. Lloyd, London 1897
SALIM ALI, RIPLEY, S. D.: Handbook of the Birds of India and Pakistan, Vol. II, Nr. 302 Ceylon Red Junglefowl; pp. 109–111; Oxford University Press, London – New York 1980
SETH-SMITH, D.: Jungle-Fowl. Ceylon Jungle-fowl (breeding in London Zoo); Avic. Mag. 4. Series, Vol. VI; pp. 137–138 a. 225 (1928)

Porträt eines Hahns des Gabelschwanzhuhns, *Gallus varius* (s. S. 587)

Gabelschwanzhuhn
Gallus varius, Shaw u. Nodder 1798

Engl.: Green Junglefowl.
Abbildung: Seite 585 unten und Seite 586.
Heimat: Java, Madura, Kangean, Bawean, Bali, Lombok, Sumbawa, Flores, Alor.
Beschreibung: Der Kamm des Hahnes ist glattrandig, in Kopfnähe blaugrün, nach dem Rande zu über Blau und Violett in Rot übergehend. Der einzige Kehllappen ist an der Wurzel rot mit hellgelbem Fleck, am Rande in Blau und Rot übergehend; nackte Gesichtshaut rot; die schuppenartigen Federn des Halses und Vorderrückens schwarz mit dreifachem blauem, grünem und schwarzem Saum; die langen Federn des Unterrückens und Bürzels schwarz mit bronzegrünem Glanz und schmalen gelben Säumen. Sechzehnfedriger Schwanz schwarz mit stahlblauem und erzgrünem metallischem Schimmer; stark verlängerte und zerschlissene schmale Flügeldeckfedern schwarz mit breiten orangeroten Säumen; übrige Flügelteile und Unterseite schwarz. Iris gelb, Schnabel horngelb, Füße weiß bis hellrötlich.
Länge 700 mm; Flügel 220 bis 245 mm; Schwanz 320 bis 330 mm; Gewicht 790 g.
Ein sommerliches Übergangsgefieder des Hahnes fehlt dieser Art.
Bei der Henne ist der Kopf braun, die Oberseite glänzend braunschwarz mit blaßgelblichen Schaftstrichen und sich deutlich abhebenden Säumen von gleicher Farbe, ein Schuppenmuster erzeugend. Schwanzfedern schwarz mit gelbbräunlichen und metallglänzenden dunklen Flecken an den Rändern. Kehle weiß, Brust blaßbraun mit schwärzlich gesäumten Federn, Bauch grau bis rötlichbraun, mehr oder weniger schwarz gesprenkelt. Iris gelb, Schnabel horngelb, Füße grauweiß bis gelbrötlich.
Länge 400 mm; Flügel 195 mm; Schwanz 115 mm; Gewicht 453 bis 566 g.
Das Dunenküken ähnelt dem der anderen Kammhühner, ist jedoch noch dunkler als diese; Kopf, Hals und Brust sind braun, vom Scheitel zum Schwanz zieht sich ein dunkel schokoladenbraunes Band, und die Flügelchen sind von gleicher Farbe. Die Unterseite ist cremeweiß.
Gelegestärke 6 bis 10; Ei isabellweiß ohne Fleckung (44,5 mm × 34,5 mm); Brutdauer 21 Tage.
Lebensgewohnheiten: Gabelschwanzhühner bewohnen vorwiegend ebenes Gelände und dort die Umgebung von Kulturland. Auf Java, wo sie zusammen mit dem Bankivahuhn vorkommen, besetzen

beide Arten unterschiedliche Habitate, das Gabelschwanzhuhn die trockenen Küstengebiete, das Bankiva die Gebirge. Nach BERNSTEIN, der Mitte des 19. Jahrhunderts Lebensweise und Nistgewohnheiten des Gabelschwanzhuhnes auf Java beobachtete, traf es dort vorzugsweise in den aus dem hohen schilfartigen Gras *Imperata arundinacea* bestehenden Alang-Alang-Steppen sowie in Trockenbusch vom Meeresstrand bis in 900 m Höhe im Bergland an. Er schildert es als sehr scheu und schwer zu beobachten, weil es das undurchdringliche Dickicht nur frühmorgens und spätabends zur Futtersuche verläßt und beim geringsten Geräusch ohne aufzufliegen zwischen den Grasstauden laufend flüchtet. Ein Nest stand mitten im Alanggras in einer kleinen Bodenvertiefung und enthielt lose trockene Halme dieser Grasart sowie 4 gelblichweiße bebrütete Eier. BEEBE teilt mit, daß es auch sehr selten in die bewaldeten Berge vordringe, dort von ihm beobachtet worden sei und im Inneren der Insel gern verlassene Kaffeeplantagen und Ödland bewohne, von dem der Dschungel allmählich wieder Besitz ergreift. Typische Habitate des Gabelschwanzhuhnes entlang der Meeresküste sind nach BEEBE Korallenkalkgestein sowie steinige Felder mit spärlichem Graswuchs, überall wuchernden stachligen Kakteen, vereinzelten Palmen und Bambusbüschen. Einmal überraschte er einen Trupp, der in einer Korallenkalkhöhle auf der Erde unter dem Bodenniveau übernachtete. Zur Nahrungssuche begeben sich die Hühner zu fruchtbaren Vegetationsflecken in der Umgebung kleiner Creeks (Wasserläufe, oft zwischen Mangrovendickicht) und suchen an den Rändern von Reis- und Erdnußfeldern nach Insekten. Aus dem Naturschutzgebiet von Udjung Kulon auf West-Java berichtet HOOGERWERF, daß die Art dort in ihrem Vorkommen auf Wiesen und offenes Gelände beschränkt sei und dichten Wald meide. Er traf sowohl einzelne Hähne wie Männchen mit mehreren Hennen an. Niemals wurden Gabelschwanzhühner zusammen mit dem gleichfalls dort vorkommenden Bankivahuhn beobachtet. Von BEEBE aus mehreren gesammelten Stücken untersuchter Mageninhalt bestand überwiegend aus Termiten, einigen Ameisen, vereinzelten Insekten anderer Familien, Beeren und Blättern des *Lantana*-Strauchs, Erdnußhülsen, Tapiokaschnitzeln, Unkraut- und Grassämereien. Das Gabelschwanzhuhn dürfte sich in seinen Nahrungsansprüchen demnach nicht von anderen Kammhuhnarten unterscheiden. Das Krähen der Hähne ist ein schrilles, klares „Tscho-o-ok". Außerdem stoßen sie ein langsames Gackern, „Wok wok wok", sowie einen scharfen Alarmruf, „Tschop tschop tschop", aus. Das Gackern der Henne ist ein schnelles „Kok kok kok kok" sowie ein lautes „Kowak kowak". Die Bedeutung der Stimmäußerungen ist z. T. noch ungeklärt. Die Brutzeit erstreckt sich über das ganze Jahr mit Höhepunkten in den Monaten Juni bis November.

Haltung: Ein Hahn der Art gelangte 1850 in den Londoner Zoo und erzeugte dort mit einer Haushenne der Roten Kämpferrasse 1851 4 Junge. Erst 1860 erhielt London ein weiteres Männchen und erwarb mehrfach Mischlinge zwischen Bankiva- und Gabelschwanzhuhn. Nachdem am 24. Mai 1877 erstmals ein reinrassiges Weibchen erworben werden konnte, gelang die Erstzucht reinrassiger Gabelschwanzhühner bereits am 20. Juni des gleichen Jahres, ebenso 1878 und 1879. Der Berliner Zoo zeigte 1872 erstmals ein für 310 Franken im Antwerpener Zoo ersteigertes Paar dieser Wildhuhnart. Sie ist in der Vergangenheit ziemlich häufig, aber stets in geringer Zahl nach Europa importiert worden, hat aber trotz ihrer Schönheit und Fruchtbarkeit nie eine größere Verbreitung erfahren, weil sie recht wärmebedürftig ist. Der deutsche Ziergeflügelzüchter MAX STEFANI teilt über seine Erfahrungen mit dem Gabelschwanzhuhn folgendes mit: „1929 gelangte eine Anzahl nach Deutschland, von denen 2 Stämme von je einem Hahn und 2 Hennen ihren Einzug bei mir hielten. Ich mußte feststellen, daß dieses Wildhuhn in Einehe lebt, denn obwohl zwischen den Tieren zunächst das beste Einvernehmen zu herrschen schien, fand ich doch nach einiger Zeit in beiden Gehegen eine Henne mit ausgehacktem Kopf und Rücken sterbend vor. Ob der Hahn oder die andere Henne der Täter war, ließ sich nicht feststellen, doch hatte ich letztere in Verdacht. Beide Paare gewöhnten sich gut ein und brachten im ersten Jahr von August bis Oktober 2 beziehungsweise 3 Gelege von je 6 bis 8 Eiern, aus denen fast ebensoviele Küken schlüpften. Aber die mit der Aufzucht von Herbstküken verbundenen Schwierigkeiten – Mangel an frischen Ameisenpuppen und genügender Sonnenwärme – brachten bei der Erstzucht große Verluste. In den späteren Jahren paßten sich die Wildhühner unserer Jahreszeit an und begannen im Mai mit der Eiablage. Die Gelege bestanden meist aus etwa 15 fast ausnahmslos befruchteten Eiern. Die Aufzucht der nach 21 Tagen schlüpfenden Küken bot bei Darreichung von Ameisenpuppen und kleineren Würmern keine Schwierigkeiten. Die Kleinen sind jedoch in der ersten Zeit sehr wärmebedürftig und können sich selbst bei hoher Luftfeuchtigkeit tödlich erkälten, wenn die führende Glucke nicht jederzeit bereit ist, ihnen Unterschlupf zu gewähren. Schon ein Staubbad der Glucke von nur ca. 10 Minuten Dauer genügte völlig, um eine tödliche Erkältung der frierend und piepsend dastehenden Küken herbeizuführen. Haben sie jedoch die Anfangsschwierigkeiten überwunden und sind etwas herangewachsen, bereitet ihre weitere Entwicklung dem Pfleger nur Freude. Junghähne erkennt man im Alter von 2 Monaten am Erscheinen schwarzer, grün- und gelbgesäumter Federn. Einjährig tragen sie bereits das Prachtkleid des Althahnes, nur sind Kamm, Schwanzfedern und Sporen noch kurz. Die Zuchtfähigkeit tritt erst im 2. Lebensjahr ein."

Auch erwachsene Vögel sind recht kälteempfindlich. Schon bei Temperaturen unter 15° C schrumpfen bei den Hähnen Kehllappen und Kamm stark zusammen. Jeder Abhärtungsversuch sollte deshalb unterbleiben, und eine Warmüberwinterung sowie Rotlichtwärme während der häufigen europäischen Schlechtwetterperioden sind unabdingbar.

Es sei noch darauf hingewiesen, daß der Name „Gabelschwanzhuhn" eigentlich irreführend ist und nach einem Stopfpräparat mit gablig gehaltenen Schwanzfedern entstand. Da er sich jedoch in Züchter- und Tiergärtnerkreisen eingebürgert hat und die bessere Benennung „Grünes Kammhuhn" recht ungebräuchlich ist, wurde sie aus praktischen Gründen hier beibehalten.

Nachdem bei Kriegsende 1945 wohl nirgends mehr in Europa Gabelschwanzhühner gehalten wurden, erfolgten bald einige Importe, und der Bestand hat wieder einigen Aufschwung genommen. Aus einer weltweiten Umfrage der WPA im Jahre 1982 ging hervor, daß zu diesem Zeitpunkt wieder 82 gehalten wurden, davon 31 in Europa, 28 in den USA und 23 in Asien. Inzwischen dürfte der Bestand weiter erheblich angewachsen sein. Leider ist dies beim freilebenden Bestand vor allem auf Java nicht der Fall, was mit der enormen Vermehrung der menschlichen Bevölkerung zusammenhängen dürfte.

Die Javaner lieben es seit jeher, Gabelschwanzhähne mit Haushennen zu kreuzen und die Hybridhähne wegen ihres unglaublich lauten, langgezogenen einsilbigen Krähens zu halten. Bei „Gesangswettbewerben" werden hohe Wetten auf die am besten krähenden Hähne abgeschlossen. Diese als „Bekissar" bekannten Vögel fallen in Größe und Gefiederfarben recht unterschiedlich aus und sind fruchtbar, während das bei Hybridhennen nur ganz selten der Fall zu sein pflegt. Im Freileben kreuzen sich die beiden Arten nie.

Nach Europa gelangte Hybridhähne sind irrtümlicherweise mehrfach als selbständige Art beschrieben worden. So handelt es sich bei dem von CUVIER beschriebenen *Gallus aeneus* um Hähne mit violettem, goldgelb gesäumtem Gefieder der Oberseite, winzig gezahnten Kämmen und einem mittleren Kehllappen. Der von GRAY beschriebene *Gallus temminckii* ist eine rote Hybridphase, bei der das Oberseitengefieder goldig kastanienrot gefärbt ist, während der Kamm 6 tiefe Zacken aufweist, und neben einem gut ausgebildeten mittleren Kehllappen noch zwei kleine Seitenlappen vorhanden sind. Der von KELSALL beschriebene *Gallus violaceus* schließlich besitzt ein Gefieder mit dominierendem Violettglanz, einen gezähnten Kamm und gut ausgebildeten mittleren Kehllappen.

Weiterführende Literatur:
BEEBE, W.: A Monograph of the Pheasants. Band II; *Gallus varius*; p. 249; Witherby, London 1921
BERNSTEIN, H. A.: Über Nester und Eier javanischer Vögel. *Gallus furcatus*; pp. 188–189; Journ. Ornithol. 1866
DELACOUR, J.: The Pheasants of the World. 2. Edition; Green Junglefowl; pp. 135–136; Spur Publications 1977
HECK, L.: Lebende Bilder aus dem Reiche der Tiere. Gabelschwanz-Hühner; p. 145; Werner Verlag GMBH, Berlin 1899
HOOGERWERF, A.: Udjung Kulon.-the land of the last javan rhinoceros. Bird species known from the reserve, *Gallus varius*; p. 438; E. J. Brill, Leiden 1970
JOHNSGARD, P. A.: The Pheasants of the World, Green Junglefowl, pp. 113–116; Oxford Univ. Press; Oxford 1986
KURODA, N.: Birds of the Island of Java. Vol. II: Non Passeres; Nr. 505: *Gallus varius* (SHAW); pp. 689–691; Selbstverlag des Verfassers, Tokyo 1936
OGILVIE-GRANT, W. R.: A Handbook to the Game-Birds, Vol. II; The Java Jungle-Fowl; pp. 59–60. Edward Lloyd, London 1897
SODY, H. J. V.: De broedtijden der vogels in West en Oost Java. Boschbouvkundig Tijdschrift, „Tectonia", Buitenzorg, XXIII; pp. 183–198 (1930)
STEINMETZ, H.: Fruchtbarer Gabelschwanzmischling im Berliner Zoo. Der Zoolog. Garten (N.F.), Bd. 4; pp. 282–287 (1931)
STRESEMANN, E.: Ornithologische Miszellen aus dem Indo-Australischen Gebiet. Nov. Zool. XIX; p. 327 (1912)
WISSEL, K. VON, STEFANI, M.: Fasanen und andere Hühnervögel; pp. 175–178; Verlag J. Neumann-Neudamm, Neudamm 1940

Ohrfasanen
Crossoptilon, Hodgson 1838

Engl.: Eared Pheasants.
Die Ohrfasanen sind große, schwere Hochgebirgshühner mit nackten, leuchtendroten Kopfseiten, die mit stiftartigen Papillen dicht besetzt sind, robustem Schnabel und mit kurzen plüschartigen Federn bedecktem Scheitel; beiderseits der Bartregion zieht ein Streifen borstenartiger weißer Federn unterhalb der roten Gesichtsregion entlang und wird zu langen, pinsel- oder ohrartigen, beiderseits über den Hinterkopf (außer bei den Weißen Ohrfasanen) hinausragenden Büscheln. Das dichte lange Kleingefieder ist haarartig zerschlissen und im kalten Gebirgsklima ein hervorragender Kälteschutz. Der lange Schwanz wird dachförmig wie beim Haushuhn getragen und setzt sich aus 20 bis 24 breiten, stark keilförmigen Steuerfedern zusammen, deren mittelstes Paar über doppelt so lang ist wie die äußersten Paare. Dieses Federpaar und die nach außen folgenden besitzen im hinteren Bereich stark bogig und abwärts gekrümmte Schäfte und je nach der Art mehr oder weniger stark zerschlissene lange herabhängende Fahnen. Am fasanenartig runden Flügel ist die 1. Schwinge viel kürzer als die 2., während die 5. und 6. ungefähr gleichlang und am längsten sind. Der kräftige Lauf trägt beim Hahn, manchmal auch bei der Henne, einen kurzen stumpfen Sporn. Die Geschlechter sind gleichgefärbt. Ohrfasanen sind Bewohner von Montanwäldern der Hochgebirge Innerasiens. Die schönen großen Hühnervögel mit der nicht bunten, aber schlicht-vornehm wirkenden Farbkomposition ihres Gefieders sind in Mitteleuropa wetterhart und benötigen geräumige Volieren. Es sind langlebige Pfleglinge, die sich häufig eng an den Pfleger anschließen, in der Zucht aber nicht immer problemlos sind.

Weiße Ohrfasanen
Crossoptilon crossoptilon, Hodgson 1838

Engl.: White Eared Pheasants, White Crossoptilons.
Die Gruppe der „Weißen Ohrfasanen" trägt ihren Namen nur teilweise zu Recht, denn einmal fehlen ihren Vertretern die Ohrbüschel, und außerdem sind sie auch keineswegs alle weiß. Gemeinsam ist ihnen neben einem weitgehend zusammenhängenden Verbreitungsgebiet die gleiche Schwanzgefiederstruktur: Die Fahnen der mittleren Steuerfedern sind lang und nur von der Basis gegen die Mitte zu stark aufgelockert, nicht wie bei Blauem und Braunem Ohrfasan insgesamt haarartig zerschlissen. Die geographische Variation der Art ist sehr ausgeprägt, gegenwärtig aber noch zu wenig bekannt, als daß der taxonomische Status der Unterarten gesichert wäre. Die Nominatform aus dem Ostteil des Verbreitungsareals ist vorwiegend weiß, die Unterart (oder Art?) *harmani* aus dem Westteil dunkelschieferblau, die im Norden lebende *dolani* hell aschgrau. Die 3 Formen scheinen durch die recht inkonstante *drouynii* verbunden zu werden. Die 1945 von DELACOUR aufgestellte Unterart *lichiangense* von den Likiangbergen Nordost-Jünnans wird heute als mit der Nominatform identisch betrachtet.

Szetschuan-Ohrfasan
Crossoptilon crossoptilon crossoptilon, Hodgson 1838
(= Crosoptilon c. lichiangense)

Engl.: Szetchuan White Eared Pheasant.
Abbildung: Seite 604 mitte links.
Heimat: West-Szetschuan nordwärts bis etwa zum 32° nördlicher Breite, ostwärts zum Tasuehshan-Gebirge in der Umgebung von Kangting (Tatsienlu), südwärts bis zu den Likiang-Bergen Nordwest-Yünnans, in Lagen zwischen 3050 und 4270 m.
Beschreibung: Oberkopf mit einer Kappe aus samtartig schwarzen Plüschfedern; Ohrdecken weiß, verlängert, aber keine Ohrbüschel bildend. Ober- und Unterseite weiß, auf den längeren Flügel- und den Schwanzdecken grau getönt. Armschwingen schwärzlichbraun mit rötlich stahlblauem Glanz, die Handschwingen dunkelbraun. Der 20federige Schwanz auf dem Basisteil purpurbronzefarben, zur Spitze hin in ein dunkles Grünblau und schließlich tiefes Purpur übergehend; mittlere Schwanzfederpaare verlängert, ihre Fahnen lang, gebogen und sehr locker, jedoch nicht zerschlissen. Schnabel rötlichhornfarben, nackte Gesichtshaut (Rosen) scharlachrot, Iris orangegelb, die Füße dunkelrot.
Länge 920 mm; Flügel 330 mm; Schwanz 575 mm; Gewicht des Hahnes 1800 bis 2200 g, das der Henne 1550 bis 1800 g.
Beim Dunenküken sind der Scheitel und die übrige Oberseite dunkelkastanienbraun, rötlich vermischt; Kopf und Halsseiten cremefarben; ein Hinteraugenstreif und Seitenhalsfleck schwarz; Unterseite cremegelb, auf Kinn und Kehle kräftiger. Schlupfgewicht nach GRUMMT 33 bis 35 g.

Gelegestärke 4 bis 7; Ei hell schiefergrün, gelegentlich dicht hellbraun gefleckt (60 mm × 42 mm); Gewicht 52 bis 60 g; Brutdauer 24 Tage.

Lebensgewohnheiten: Am gründlichsten hat wohl ERNST SCHÄFER den Weißen Ohrfasan in seinem natürlichen Lebensraum beobachtet, worüber hier auszugsweise berichtet sei. „Es gibt wohl kaum eine andere Vogelart", schreibt er, „die es mehr verdient, Charaktervogel der osttibetanischen Bergwaldregion genannt zu werden, als den Weißen Ohrfasan. Obwohl er die parkähnlichen Nadelholz- und Stecheichenwälder der Steilhänge in Höhenlagen von 3200 bis 4200 m als Habitat bevorzugt, ist er deswegen nicht streng an eine bestimmte Waldformation gebunden und kann in den Tieflagen der weiten Täler, wo sich die Gesellschaften während des Winters auf den Feldern der Waldbauern oft ganz vertraut aufhalten, ebenso häufig sein wie an den Baumgrenzen in 4600 m Höhe, wo er in den höchsten Rhododendronbeständen lebt. Wenn die Ohrfasanen frühmorgens und abends die sichere Buschdeckung verlassen haben, um in bis 100 Stück starken Herden auf Nahrungssuche zu ziehen, dann bedienen sie sich dazu ihrer mächtigen Grabschnäbel ebenso häufig wie der starken, zum Scharren wohlgeeigneten Läufe. Oft wurde beobachtet, daß die Vögel stundenlang nur pickten und dabei an manchen Stellen mit dem Schnabel bis 10 cm tiefe Löcher schlugen, um an Wurzeln zu gelangen. Dabei wurde der Schnabel zuweilen auch als eine Art Bohrer benutzt, indem der Vogel sich in Kreiselbewegung rasch um die Schnabelachse drehte. Beim Äsen bewegen sich die Ohrfasanen meist bergwärts und gehen dann auch häufig bis über die Baumgrenze hinaus. Von der Dämmerung überrascht laufen sie erst dichtgedrängt unruhig hin und her, lassen ab und zu ihren knarrenden cholerischen Warnruf ertönen oder machen sich durch hohes angsterfülltes Pfeifen bemerkbar. So verharren sie einige Zeit lang, bis sie sich auftun und im Gleitflug in die Tiefe sausen, um sich mitten in dichten Fichtenbeständen aufbaumend zur Nachtruhe einzustellen. Während der Mittagsruhe sitzen die großen Vögel zu zweit und dritt so ausgezeichnet getarnt im dichten Geäst, daß man trotz vorsichtigen Pirschens plötzlich Dutzende der schneeweißen Vögel um sich her aus den Baumkronen prasseln hört, ohne die sitzenden Tiere vorher erkannt zu haben. In höher gelegenen Gebieten von 4500 m aufwärts, wo nur noch Rhododendrondickichte und Zwergbüsche wachsen, halten die Ohrfasanen dicht geschart ihre Mittagsruhe unter Gebüschen ab, nachdem sie vorher Bodenmulden gescharrt haben. Sie plustern ihr Gefieder und nehmen dort Sandbäder. Auch während des mittäglichen Halbschlafes vergessen sie ihre übliche Vorsicht nie, sind stets wachsam, reagieren auf jede Störung und achten stark auf die ständig erregten Lachdrosseln *(Garrulax)*, deren Warnen sie mit cholerischen Schreien beantworten. Manchmal gackern sie auch huhnartig vor sich hin, ehe sie mißtrauisch pfeifen oder ihre kilometerweit hörbaren Alarmrufe erschallen lassen. Während die Ohrfasanen im Sommer wahllos beide Hänge eines tibetanischen Wannentals bewohnen und auf der trockenen Stecheichenseite ebenso häufig sind wie auf der feuchten Fichtenseite, bevorzugen sie im Winter ganz entschieden die stets sonnenbeschienenen und deshalb schneefreien Stecheichenhänge. Sobald die Sonne über den Berghängen erschienen ist, taut der Boden hier sehr rasch auf, so daß die Vögel scharren können. Außerdem schließen sich oberhalb der Stecheichenseiten meist schüttere Baumbestände von Wacholdern an, deren Beeren die Vögel mit Vorliebe fressen. Dann kann man auf den schwankenden Ästchen der Wacholderbäume im Winter oft ganze Herden von Ohrfasanen beim Kröpfen der Beeren beobachten. Dabei müssen die ungelenken schweren Hühner mit den Flügeln rudern, um das Gleichgewicht zu halten und die Hälse lang ausstrecken, da die Früchte nur an den dünnsten Außenzweigen in genügender Zahl zu finden sind. Die Weißen Ohrfasanen paaren sich im Mai, während die Brutzeit wohl von Juni bis August dauert. Ihr Herdeninstinkt ist so ausgeprägt, daß sie auch dann noch zu je 2 bis 5 Paaren vereint, friedlich gemeinsam auf Nahrungssuche ziehen. Revier- oder Rangkämpfe wurden nie beobachtet. Man hatte vielmehr stets den Eindruck, daß sich die Paare zur Brutzeit besonders ruhig verhielten. Bei der Futtersuche hielten sich die Paare stets dicht beisammen, Hahn und Henne liefen stundenlang nebeneinander her und trennten sich nie weiter als 10 m voneinander. Der an seiner bedeutenderen Größe leicht erkennbare Hahn war stets wachsamer als die Henne und warnte oft mit „Arrk arrk!", ehe er in sein Alarmgeschrei ausbrach. Zeigte sich ein Steinadler, der gefährlichste Feind, war es immer der Hahn, der zuerst, stets laufend, die Flucht ergriff, während die Henne ihm folgte. Vor dem Treten pflegt der Ohrfasanenhahn seine Henne längere Zeit zu treiben. Diese flieht über weite Strecken durch dichtes Gebüsch, meist mit gesenktem Kopf und Schwanz, und erscheint mit dem dicht anliegenden Gefieder sehr viel kleiner als das Männchen. Dieses folgt ihr mit aufgeplustertem Gefieder und halberhobenem Schwanz, den Kopf weit vorgestreckt und pickt sie zärtlich in den Nacken, bis es ihm gelingt, ihre Nackenfedern zu packen und sie zu treten. Das männliche Geschlecht überwiegt: Auf 10 Vögel kommen in der Regel 6 bis 7 Hähne, die an den stärkeren Sporen und der satteren Schnabelfärbung erkennbar sind. Einjährige scheinen noch nicht zur Brut zu schreiten, sondern leben auch im Sommer in großen Herden zusammen. Sobald die Jungen herangewachsen sind, schlagen sich einige vorjährige Altvögel zu ihnen. Auch die Hähne der allein brütenden Hennen, oft 5 bis 6, sieht man gemeinsam auf Futtersuche ziehen. Am 28. Mai trug eine Henne das erste legereife Ei bei sich. Durchschnittlich sollen 8 bis 9 Eier gelegt werden. In der Umgebung von Batang, wo Weiße Ohrfasanen außerordentlich häufig sind, gehen die Einwohner im Mai (dort liegt die Brutzeit um 1 bis 2 Monate früher als bei Jekundo) regelmäßig auf Eiersuche und bieten sie auf dem Markt der Stadt zum Kaufpreis von Hühnereiern an. Zur Eiersuche setzen sich die Tibetaner auf der einen Hangseite an und beobachten die Vögel auf der anderen. Da die Nester immer unter Bäumen und in dichtem Gebüsch angelegt werden und schwer zu finden sind, sitzen die Eiersucher viele Stunden lang, bis sich die Sonne verdunkelt, Regen und Hagel zu fallen beginnt oder die Dämmerung hereinbricht. Dann suchen die Hennen, die in der Mittagszeit ihre Nester verlassen hatten, fluchtartig die Gelege auf, um sie zu schirmen. Es erfordert dann wenig Mühe, die Gelege zu finden."

Weiße Ohrfasanen waren damals in Tibet noch außerordentlich häufig und traten in geradezu überwältigender Individuenzahl auf und drückten geradezu dem Land das Gepräge auf. SCHÄFER beobachtete an einem sehr übersichtlichen Hang im Verlauf von 2 Stunden 7 verschiedene Herden und schätzte ihre Stückzahl auf 250. In der Nähe der Lamaklöster waren die Ohrfasanen zuweilen so vertraut geworden, daß man sie auf weite Entfernung für Haushühner halten konnte, so nahe kamen sie an die Gebäude heran.

Haltung: 3 Weiße Szetschuan-Ohrfasanen gelangten 1891 als europäischer Erstimport durch E. A. PRATT aus Tatsienlu in den Londoner Zoo, wo sie sich gut eingewöhnten, jedoch nicht zur Brut schritten. Wenig später Importierte sollen im Berliner Zoo Eier gelegt haben, und im Antwerpener Tierpark wurde ein Mischling zwischen Weißem und Braunem Ohrfasan gezüchtet. 2 Weiße Ohrfasanen aus dem Minya-Konka-Gebirge, die ersten in die USA importierten, gelangten zu dem Ziergeflügelzüchter LELAND SMITH nach Kalifornien. Sie hatten bereits einen 900 km weiten Transport hinter sich, ehe sie den Verschiffungshafen Schanghai erreichten. Von den beiden Hähnen bleib einer in Fair Oaks (Kalifornien), den zweiten erhielt DELACOUR in Clères (Normandie) und kreuzte ihn mit einer Blauen Ohrfasanenhenne. 1936 begab sich Mr. YOUNG im Auftrag von L. SMITH nach Tibet und fing 30 Weiße Ohrfasanen, die während der damaligen Unruhen in China in Schanghai von Soldaten aufgegessen wurden. Auf einer 2. Expedition fing YOUNG nochmals 30 Stück. Die in Bambuskörben transportierten Vögel erreichten auf Trägerrücken über viele hohe Gebirgspässe – einer davon 4260 m hoch – den Jangtse und von dort per Schiff das weit entfernte Schanghai. Bei der Ankunft hatten 19 Vögel überlebt. Nach schwierigen Verhandlungen mit den chinesischen Behörden wurde die Sendung nach San Franzisko freigegeben, wo schließlich 9 Ohrfasanen mehr tot als lebendig eintrafen. Während der langen Schiffsreise hatten sie die Deckenpolsterung ihrer unzweckmäßig hohen Kisten abgepickt, sich durch Anfliegen der nunmehr harten Decke die Scheitelfedern skalpiert und waren unbändig wild. Weitere Tiere starben und schließlich verblieben noch 3 Hähne und eine Henne. Diese brachte im 2. Jahr befruchtete Eier, aus denen 4 Küken – 2 Hähne und 2 Hennen – aufgezogen werden konnten. Nach Anpaarung von zwei der 1938er Hennen an Importhähne, brachten beide, dazu noch das Importpaar, befruchtete Eier. LELAND SMITH konnte jährlich von einer Henne 16 Eier erhalten. Nach 24tägiger Brutdauer schlüpften die zunächst überaus streitsüchtigen Küken, welche sich schon noch nicht einmal 24 Stunden alt gegenüberstehen und bis zur Erschöpfung miteinander kämpfen. Die berechtigte Sorge, die kleinen Raufbolde könnten sich dabei ernsthaft verletzen, bestätigten sich jedoch glücklicherweise nicht, denn sie vertrugen sich nach ein paar Tagen ausgezeichnet. Mit 2 Monaten färbte sich ihr Gefieder von Braun zu Blau und schließlich mit Ausnahme der Flügelenden und des Schwanzes zu Weiß um. 1966 konnte der niederländische Tierhändler VAN DEN BRINK mehrere Paare Weißer Ohrfasanen aus dem Zoo Peking erwerben, deren Eltern aus Wildgelegen unbekannter Herkunft stammten. Wie MALLET berichtete, hielt man die Importtiere zunächst für Angehörige der Nominatform, weil ihre Flügel einschließlich der Decken dunkelgrau waren. Als ein Hahn in Jersey jedoch nach 8 bis 9 Jahren weiße Schwanzdecken erhielt, glaubte man die Unterart *drouyni* vor sich zu haben, die ihrerseits recht variabel zu sein pflegt. Von den 3 VAN DEN BRINK'schen Paaren wurden 2 Paare vom Antwerpener Zoo, 2 vom Jersey Wildlife Preservation Trust und 1 vom Tierpark Berlin-Friedrichsfelde (DDR) erworben. Jersey und Berlin hatten die größten Zuchterfolge zu verzeichnen. Von den 4 nach Jersey gelangten Vögeln überlebte ein Paar, von dem bis 1976, also innerhalb von 10 Jahren, an die 100 Jungvögel nachgezogen werden konnten. Der so erfolgreichen Institution wurde deshalb das Führen eines Zuchtbuchs übertragen. 1976 wurden in Jersey 6 Paare in 7,3 m × 3,65 m × 2,13 m großen Volieren mit vorn offenen Schutzräumen gehalten. Die Ausläufe weisen neben einer starken Sandschicht auch Rasenstücke auf, an denen die Vögel jedoch nur gelegentlich picken. Jede Voliere wurde mit Buschwerk bepflanzt. Während einige Ohrfasanenpaare sehr zutraulich sind, bleiben andere aus unbekannter Ursache vom Kükenalter an scheu. Wie GRENVILLE-ROLES mitteilt, werden zahme Ohrfasanenhähne während der Fortpflanzungszeit gegenüber ihrem Pfleger so aggressiv, daß dieser bei der Volierenreinigung seine liebe Not mit ihnen hat. Die Balz des Weißen Ohrfasans ist wie die der anderen Arten der Gattung eine einfache Seitenbalz, bei der der Hahn mit zur Hennenseite hin hängendem Flügel, erhobenem Schwanz, gebogen getragenem Hals und stark erweiterten Rosen die Henne umläuft. Verfolgung der symbolisch fliehenden Henne vor dem Hahn kommt bei einzelnen Volierenpaaren vor und kann sich mangels Möglichkeit des Entkommens des Weibchens beim Männchen leicht in echte Aggressivität verwandeln. Versteckmöglichkeiten für die Henne und Äste zum Aufbaumen sollten deshalb nicht fehlen. In Jersey beginnt die Balz Mitte Mai. Dort legt eine Ohrfasanenhenne pro Saison ca. 20 Eier. Probleme können durch Eierfressen entstehen, weshalb zu dieser Zeit die Volieren 4mal täglich kontrolliert werden müssen. Durch Gipseier in Volieren und Nestern kann man die Neugier an frischgelegten Eiern vermindern. Man läßt in Jersey Gelege aus 6 bis 9 Eiern unter Haushennen erbrüten. Die geschlüpften Küken verbleiben mit der Glucke 24 Stunden im Brutkasten und werden dann in einen versetzbaren Aufzuchtkasten mit Auslauf verbracht. Es ist darauf zu achten, daß sie vorher ausreichend Futter, pelletierte Kükenkrümel und feingehacktes Grünzeug, aufgenommen haben. Vor zusätzlichen Mehlwurmgaben ist zu warnen, da sie bei den Küken unweigerlich Zehenpicken auslösen. Die Kleinen bleiben 5 Wochen lang im Aufzuchtkasten und werden dann zusammen mit der Hühneramme in ein größeres Gatter gesetzt. Abends werden sie solange in einen geschlossenen Übernachtungsraum getrieben, bis sie aufzubaumen beginnen, was meist mit 12 Wochen der Fall zu sein pflegt. Das Grundfutter der Erwachsenen besteht aus proteinreichen Puten-Brutpellets sowie gelegentlichen Gaben von Körnerfutter und Obst. Lebensnotwendig scheinen regelmäßige Gaben von Grünfutter (Luzerne, Gras etc.) und Obst zu sein, da sich sonst schnell Federpicken einstellt, das nur schwer wieder zu beseitigen ist. Über die Haltung und regelmäßige Zucht des Weißen Ohrfasans im Tierpark Berlin (DDR) hat Dr. GRUMMT berichtet. Das 1966 von VAN DEN BRINK erworbene Paar legte 1968 zum ersten Mal. Aus 9 Eiern schlüpften 7 Küken, die alle aufgezogen wurden. Das Zuchtpaar bewohnt eine 70 m² große Voliere mit reichhaltigem Grünwuchs, vor allem auch der als Futter so beliebten Brennessel. Die Eiablage begann 1968 am 30. Mai, 1969 am 22. Mai und 1970 am 24. Mai. Sie erfolgt meist zwischen 17 und 18 Uhr mit einem Legeabstand von 48 bis 72 Stunden. 1969 wurden 11, 1970 sogar 20 Eier gelegt. Trotz Wegnahme jeden Eies legt die Henne immer wieder in die gleiche flache Nestmulde und tarnt es häufig mit einigen Blättern, Kiefernnadeln oder Ästchen. Ein Ei des Weißen Ohrfasans wiegt zwischen 52 und 60 g, das Schlupfgewicht des Kükens beträgt 33 bis 35 g. Die Gelege läßt man von Zwerghennen erbrüten und die Küken von ihnen führen. Die Aufzucht ist nach GRUMMT einfach: Während der ersten 3 Lebenswochen werden sie in einem Innenraum der Aufzuchtstation gehalten und bei schönem Wetter täglich einige Stunden in den Außenkäfig gelassen. Mit reichlich 3 Monaten haben sie Erwachsenengröße erreicht.

Wie aus einer weltweiten Umfrage der WPA ersichtlich, wurden 1982 insgesamt 434 Weiße Ohrfasanen gehalten, davon 265 in Europa, 131 in den USA, 23 in Kanada und 15 in Lateinamerika (Mexiko). Nicht in dieser Zahl enthalten sind die in den zahlreichen Tiergärten der VR China gehaltenen Vögel.

Mekong-Ohrfasan
Crossoptilon crossoptilon drouynii,
Verreaux 1868

Engl.: Tibetan White Eared Pheasant.
Heimat: Äußerstes südwestliches Tsinghai im Bereich der Wasserscheide des oberen Jangtse, Mekong und Salween (32° 05' nördlicher Breite/ 96° 45' östlicher Länge) und westwärts nach Ost-Tibet bis zur Yigrong-Bergkette (30° nördlicher Breite/95° östlicher Länge) und Sho Kha Dzong (29° 48' nördlicher Breite/93° 48' östlicher Länge).
Beschreibung: Unter den Vögeln dieser inkonstanten Unterart werden solche mit ganz oder fast weißem Gefieder sowie andere mit mehr oder weniger dunkelgrauer oder schwärzlicher Flügel- und Schwanzbasisfärbung und hell aschgrauem Rücken gefunden (VAURIE). Vor allem aber treten entlang gemeinsamer Arealgrenzen mit den Unterarten *crossoptilon, dolani* und *harmani* zahlreiche Hybridvögel auf, und viele Gesellschaften dort bestehen aus verschiedenfarbigen Paaren. Nach DELACOUR wird als „Idealfärbung" der Unterart *drouynii* ein mit Ausnahme der schwarzen (manchmal mit Weiß durchsetzten) Scheitelkappe, des schwarzen Schwanzes, der mehr oder weniger braungrau gesprenkelten Innenfahnen und braunen oder schwarzen Schäfte der Handschwingen reinweißer Ohrfasan angesehen. Bei einer von SEEBOHM als *C. leucurum* beschriebenen Variante sind sogar die Flügel und der größte Teil des Schwanzes mit Ausnahme der schwarzen Schwanzspitzen schneeweiß.
Flügel 280 bis 419 mm; Schwanz 280 bis 419 mm; Gewicht (Hähne) 2350 bis 2750 g; (Hennen) 1400 bis 2050 g.
Lebensgewohnheiten: KAULBACH hat die oft schneeweißen Vögel in tibetanischen Wacholderwäldern beobachtet, wo während der Wintermonate größere Scharen zusammen mit Blutfasanen lebten. Die Ohrfasanen waren keineswegs scheu und ergriffen erst bergwärts rennend die Flucht, machten aber erst von ihren Flügeln Gebrauch, wenn ihnen die Menschen zu nahe kamen, um fast wie Segelflugzeuge, ab und zu von wenigen Flügelschlägen unterbrochen, talwärts zu gleiten.
Haltung: Nach J. FELIX gelangten 1956 2 Hähne und 1 Henne dieser Unterart nach Europa in den Prager Zoo. Die Wildfänge waren sehr unruhig und schreckhaft, legten nicht und waren bis 1960 alle gestorben. Ob später nach England und in die USA importierte Weiße Ohrfasanen zu dieser farblich variierenden Unterart oder der Nominatform gehörten, läßt sich ohne genaue Fundortangaben nicht entscheiden.

Kräuselfeder-Ohrfasan
Crossoptilon crossoptilon dolani,
de Schauensee 1937

Engl.: Dolan's Eared Pheasant.
Heimat: Süd-Tsinghai im Jangtse-Tal südwestlich von Juschu (Yekundo). Das wenig ausgedehnte Verbreitungsgebiet schließt nordwärts an das von *C. c. drouynii* an. Im Grenzgebiet häufig Mischtrupps und Hybridtiere.
Beschreibung: Kinn, Kehle, Vorderhals, Ohrdecken sowie ein die schwarze Plüschscheitelkappe vom grauen Hals trennender schmaler Streifen weiß. Hinterhals, Mantel, Brust und Bauch blaß aschgrau. Die Konturfedern der Oberseite, vor allem des Bürzels und der Oberschwanzdecken, aufgeschlissen, drahtartig, gekräuselt, dadurch von denen aller anderen Ohrfasanen unterschieden. Handschwingen an den äußeren Fahnen blaßgrau, den inneren bräunlich, die Armschwingen blaß blaugrau. Schwanzfedern mit dunkel blaugrün glänzenden, an der Basis aschgrauen Fahnen, das mittlere Paar mit von der Basis an mehr oder minder zerschlissenen Fahnen von schwach violettem Glanz. Iris opalweiß. Flügellänge 328 mm; Schwanz 460 mm.
Dunenküken und Gelege noch nicht bekannt.
Lebensgewohnheiten: Über Biologie und Verhalten der bei Yekundo in der Buschphase des Jangtse-Tals entdeckten seltenen Ohrfasanen berichtet ERNST SCHÄFER: „Im Jangtse-Tal schließt das wenig ausgedehnte Verbreitungsgebiet des Kräuselfeder-Ohrfasans nördlich an die vom Weißen Ohrfasan der Unterart *drouynii* bewohnten Hochwaldgebiete an und beschränkt sich auf die mit dichten Spiräen-, Rosen-, Berberitzen-, *Prunus*- und Wacholderbüschen besetzten felsigen Jangtse-Schluchten einerseits und die denselben Gesteins- und Vegetationscharakter tragenden Seitentäler in Höhenlagen von etwa 3500 bis 4000 m andererseits. Südwestlich von Yekundo, wo an den trockenen Felshängen schon dichtere Wacholderbestände vorhanden waren, traten neben dem Kräuselfeder-Ohrfasan einzelne Mekong-Ohrfasane auf, und in den subalpinen Montanwaldbezirken waren, wie zu erwarten, nach Durchquerung einer Steppe nur noch die letzteren in großer Menge vorhanden. Der Kräuselfeder-Ohrfasan scheint eine ausgesprochene Vorliebe für sehr

steile, oft senkrecht abfallende Felsenhänge zu haben, wo er sich in den oft unzugänglichen Buschkomplexen aufhält, diese selten verläßt und niemals auf die Felder hinabkommt, wie es beim Weißen Ohrfasan der Waldgebiete die Regel ist.

Der Kräuselfeder-Ohrfasan ist scheuer, heimlicher und viel seltener als der Mekong-Ohrfasan. Die Jagd auf ihn gestaltet sich außerordentlich langwierig, da die Vögel sehr hellhörig sind, den steil hinansteigenden Jäger schon auf weite Entfernung hören und sich laufend durch das Gebüsch davonstehlen. Oder sie stürzen sich in sausendem Gleitflug in die Tiefe, namentlich wenn man den Einstieg in die Steilklippen von oben versucht und die Tiere durch den unvermeidlichen Steinschlag gewarnt werden. Sie fallen am Fuße der Felsen wieder ein und bleiben dann im Dorngebüsch so fest liegen, daß man beinahe auf sie treten muß, ehe sie sich zu nochmaligem Auffliegen entschließen. Namentlich beim „Sichdrücken" kommt ihnen ihre ausgezeichnete graulichblaue Schutzfärbung sehr zustatten, so daß oft nur die opalweiße Iris zu erkennen ist. Ihr auffallendstes Merkmal, das der völlig aufgeschlissenen, drahtartigen, im Kreis gedrehten und rückwärts gebogenen Kräuselfedern, offenbart eine geradezu verblüffende Anpassung an die dornenstarrende Umwelt dieses Vogels. Sehr ortstreu, kann man sie Tag für Tag an den wenigen buschbewachsenen Stellen eines und desselben Felsens wieder antreffen. Große „Herden" kommen niemals vor, meistens Einzelstücke oder kleinere Gesellschaften von 3 bis 5 Individuen. In der Anwendung seines weitschallenden Stimmorgans ist der Kräuselfeder-Ohrfasan ruhiger und zurückhaltender als *C. c. drouynii*. Am 17. Mai waren die Eierstöcke von 4 Weibchen schon stark entwickelt, so daß die ersten Eier Ende Mai ablegereif sein werden."

In der Kontaktzone zwischen den Verbreitungsgebieten von *C. c. dolani* und *C. c. drouynii* traf SCHÄFER am 17. Mai 14 gepaarte Vögel an, von denen 3 weiß befiedert, die übrigen aber Kräuselfasane waren. Ein weißer Hahn war mit einer Kräuselhenne verpaart, während die beiden anderen weißen Vögel ebenfalls ein Paar bildeten.

Haltung: Nach DELACOUR wurde die Unterart *dolani* von E. OEMING aus Peking nach Edmonton (Kanada) importiert und von E. MILLER in Port Albany (Kanada) erstmalig 1937 gezüchtet. Auch SIVELLE in Long Island (New York) erhielt von dort Nachzuchttiere.

Weiterführende Literatur:

BEEBE, W.: Monograph of the Pheasants. Bd. I; *Crossoptilon tibetanum*; pp. 185–179. Witherby, London 1918

DELACOUR, J: The Pheasants of the World. White Eared Pheasants; pp. 219–225. Spur Publications 1977

DE SCHAUENSEE, R. M.: First preliminary report on the results of the second Dolan expedition to West China and Tibet. Proc. Acad. Nat. Sci. Philadelphia 89; pp. 339–340 (1938)

GRENVILLE ROLES, D.: Rare Pheasants of the World. White Eared Pheasant; pp. 74–77. Spur Publications 1976

GRUMMT, W.: Beitrag zur Systematik und Fortpflanzungsbiologie der in Gefangenschaft gehaltenen Weißen Ohrfasanen. Milu 5; pp. 103–116 (1980)

HARTERT, E.: Die Vögel der paläarktischen Fauna. Bd. III; Nr. 3142 *C. c. crossoptilon, C. c. drouynii*; pp. 1966–1967; Friedländer & Sohn, Berlin 1921–1922

JOHNSGARD, P. A.:The Pheasants of the World. *Crossoptilon crossoptilon*, pp. 129–134; Oxford Univ. Press, Oxford 1976

KAULBACH, Salween; p. 174 in DELACOUR, The Pheasants of the World; p. 222

LUDLOW, F., KINNEAR, N. B.: The Birds of South, Eastern Tibet; Ibis 86; pp. 377–379 (1944)

MALLET, J. J.: Notes on the breeding of Eared Pheasants at the Jersey Zoological Park. Dodo, 10. Annual Report; pp. 74–75 (1973)

DERS.: A preliminary investigation into the colour variation of White Eared Pheasant. XII. Ann. Rep. IWPT (1975)

MALLINSON, J. J. C.: The establishment of viable captive populations of endangered bird species with special reference to the White Eared-Pheasant *C. crossoptilon* at the Jersey Zoological Park. WPA-Journal IV; pp. 81–92 (1978–1979)

MALLINSON, J. J. C., TAYNTON, K. M.: White Eared Pheasant studbook No. 2; Dodo, 15. Ann. Rep.; pp. 92–96 (1978)

SCHÄFER, E.: Zur Lebensweise der Fasanen des chinesisch-tibetischen Grenzlandes. Journ. Ornith. 82; Die Ohrfasanen; pp. 487–489 (1934)

DERS.: Ornithologische Ergebnisse zweier Forschungsreisen nach Tibet. Journ. Ornith. 86 (Sonderheft). Weiße Ohrfasanen; pp. 90–98 (1938)

SCHÄFER, E., DE SCHAUENSEE, R. M.: Zoological Results of the second Dolan expedition to Western-China and Eastern Tibet 1934–1936, Pt. II Birds; Proc. Acad. Nat. Sci. Philadelphia 90; p. 190 (1939)

VAURIE, CH.: The Birds of the Palaearctic Fauna – Non-Passeriformes; *C. crossoptilon*; pp. 308–310; Witherby, London 1965

DERS.: Tibet and its Birds. *C. crossoptilon*; pp. 194–195; Witherby, London 1972

Harman-Ohrfasan
Crossoptilon harmani, Elwes 1881

Engl.: Harman's Eared Pheasant, Elwe's Eared Pheasant.
Heimat: Tibet von 91° 33' im Tsangpo-Tal und 92° 30' östlicher Länge im Becken des oberen Subansiri-Flusses nördlich der Himalajakette, nordwärts bis ins Gebiet von Reting Gompa; ca. 80 km nördlich von Lhasa, ostwärts bis zu den Südhängen der Yigrong-Bergkette oder bis etwa 95° östlicher Länge. Ostwärts davon scheint die Art durch *C. crossoptilon drouynii* ersetzt zu werden. Innerhalb Indiens nach SALIM ALI nur die äußersten Nordsäume der Siang-, Subansiri- und vielleicht auch Luhit-Bezirke des Northeastern Frontier Areas in Lagen zwischen 3000 und 5000 m, selten bis 2400 m.
Beschreibung: Oberkopf samtschwarz, Kinn, Kehle, ein Stück des Vorderhalses, Ohrdecken, ein Nackenband sowie die Bauchregion weiß. Keine beiderseits verlängerten Ohrdecken. Oberseite aschblaugrau, auf Hals, Brust und Vorderrücken sehr dunkel und mit bräunlichem Hauch. Unterrücken, Bürzel und Oberschwanzdecken hellgrau; Handschwingen schwärzlichbraun, übrige Schwingen auf den Innenfahnen schwarzbraun, den Außenfahnen blaugrau, die inneren Armschwingen purpurblau glänzend; Unterseite (mit Ausnahme des weißen Mittelbauches) aschblaugrau; Schwanzfederstruktur wie bei den Weißen Ohrfasanen, die Federn blauschwarz mit Grün- und Blauglanz.
An den gemeinsamen Arealgrenzen im Nordosten des Verbreitungsgebietes von *C. harmani* Hybridpopulationen mit Weißen Ohrfasanen der Unterart *drouynii*.
Länge 720 mm; Flügel 265 bis 306 mm; Schwanz 457 bis 559 mm.
Zum Artstatus schreiben VAURIE und LUDLOW: *C. harmani* ist viel kleiner als *C. crossoptilon*, abgesehen von den Hybridtieren im Grenzareal zu letzterem in der Färbung sehr konstant, so daß eine Zuordnung von *harmani* als Unterart von *crossoptilon* der tatsächlichen systematischen Stellung nicht gerecht würde.
Dunenküken sind viel dunkler als solche des Weißen Ohrfasans, haben einen samtschwarzen Scheitel und trübschwarze Oberseite, die auf dem Bürzel in Aschgrau übergeht; Flügelchen mit rötlichem Kritzelmuster, die Unterseite schmutziggelb, auf dem Bauch graulich.
Gelegestärke (eines Nestes) 9; Ei einheitlich cremefarben (55,5 mm × 42,0 mm).

Lebensgewohnheiten: Nach BAILEY, der diesen Ohrfasan im unteren Tsangpo-Tal beobachtete, bewohnen die Vögel außerhalb der Brutzeit in Trupps aus 5 bis 10 Individuen bewaldetes hügliges Gelände sowie das Zwerg-Rhododendrongestrüpp darüber in 4700 m Höhe und treten während der Morgen- und Abendstunden zur Futtersuche auf grasige Lichtungen heraus. Besonders morgens machen sie viel Lärm, während sie sich gegen Abend stiller verhalten. Das laute rauhe Geschrei ist noch stärker als das von Perlhühnern, fast 2 km weit hörbar und ein sicheres Zeichen für das Vorkommen des Vogels, schon ehe man ihn zu sehen bekommt. Bei Gefahr rennen sie in rasend schnellem Lauf bergwärts ins nächste Buschwerk und fliegen auf der anderen Bergseite talwärts ab. Wie viele Wildhühner baumen sie vor Hunden auf. Unbelästigt werden diese Ohrfasanen erstaunlich vertraut und lassen sich in abgelegeneren Gebieten von den Lamas der buddhistischen Klöster füttern, fressen sogar zuweilen aus der Hand. Nester wurden im Mai gefunden. Eines, das LUDLOW am 23. Mai in Südost-Tibet entdeckte, lag unter einer gestürzten Tanne, war unten mit Rindenteilchen und verrottetem Kernholz des Baumes gefüllt und an den Wänden mit Moos gepolstert. Es enthielt 9 cremefarbene Eier. BAILEY traf in Südost-Tibet frisch geschlüpfte Küken am 18. Juli in 3000 m Höhe bei Gyala an.
Haltung: 1937 gelangte 1 Paar des Harman-Ohrfasans durch BAILEY nach England, lebte jedoch nicht lange. Seitdem ist die Art nicht mehr eingeführt worden.

Weiterführende Literatur:
BAKER, E. C. ST.: The Fauna of British India; Birds Vol. V; *C. harmani*; pp. 339–340; Taylor & Francis, London 1928
DERS.: Game Birds of India, Burma and Ceylon; Vol. III; *C. harmani* – „Elwe's Horned Pheasant"; pp. 331–334; Bombay Nat. Hist. Soc. 1930
BAILEY, F. M.: Some notes on mammals and birds in south eastern Tibet. J. Bombay Nat. Hist. Soc. 22; pp. 366–369 (1913)
BATTYE, R.: Notes on Elwe's Eared Pheasant (*C. harmani*). J. Darjeeling Nat. Hist. Soc. 10; p. 91 (1936)
BEEBE, W.: Monograph of the Pheasants. *C. auritum (errore)*, Bd. I; p. 179 (1918)
DELACOUR, J.: The Pheasants of the World. Harman's Eared Pheasant – *C. c. harmani* ; pp. 223–225. Spur Publications 1977
INGLIS, C. M.: Elwe's Eared Pheasant (*C. harmani* ELWES) in captivity. J. Darjeeling Nat. Hist. Soc. 9; pp. 140–156 (1935)

SALIM ALI, RIPLEY, S. D.: Handbook of the Birds of India and Pakistan. II. Edition, Vol. 2, No. 292 Elwe's Eared Pheasant; pp. 92–93; Oxford University Press, Oxford – New York 1980

Blauer Ohrfasan
Crossoptilon auritum, Pallas 1811

Engl.: Blue Eared Pheasant.
Abbildung: Seite 604 oben.
Heimat: West- und Mittel-China in Gebirgen der Inner-Mongolei (Alaschan), westwärts zu denen Kansus und Ost-Tsinghais, südwärts Nordwest-Szetschuans. Keine Unterarten.
Beschreibung: Oberkopf mit samtschwarzer Kappe, unbefiederte Kopfseiten erdbeerrot; Zügel, Kinn und Kehle sowie die stark verlängerten, über das Genick hinausragenden Federohren weiß; ganze Ober- und Unterseite blaugrau, die Federn haarartig, zerschlissen. Armschwingen dunkelbraun mit purpurnem Schimmer, Handschwingen mattbraun. Die beiden mittleren Paare des aus 24 Federn bestehenden Schwanzes blaugrau mit haarartig zerschlissenen Fahnen, nach den Spitzen hin dunkler mit starkem, metallisch grünem Glanz, nach dem Ende zu in Purpurviolett übergehend. Die 5 bis 6 äußeren Schwanzfederpaare am Wurzelteil mit breiter weißer Querbinde, die einen „Schwanzspiegel" bildet. Das Endviertel dieser Federn dunkelstahlblau glänzend. Iris gelblich, Schnabel rötlich hornfarben, Füße karmesinrot.
Länge 960 mm; Flügel 290 bis 306 mm; Schwanz 490 bis 560 mm.
Gewicht des Hahnes 1700 bis 2080 g, der Henne 1450 bis 1750 g.
Bei den Jungvögeln ist das allererste Gefieder dunkelbraun mit rahmfarbenen Schaftstreifen und undeutlich rostbraunen Querlinien. Oberkopf dunkelbraun; Schwingen dunkel- und rostbraun gebändert. Unterseite schmutzig aschgrau.
Dunenküken sind etwas dunkler und grauer als die des Braunen Ohrfasans.
Gelegestärke 8 bis 14; Ei einfarbig olivbraun; in Gefangenschaft gelegte Eier weisen meist eine ins Graue ziehende Tönung auf (59 mm × 40 mm). Gewicht 63 g. Brutdauer 26 bis 28 Tage.
Lebensgewohnheiten: BEICK stellte den Blauen Ohrfasan als häufigen Standvogel im alpinen Gesträuch, in Wacholderwäldern und Mischwaldungen der Süd-Tetunger Berge und im Richthofengebirge fest. Die vom Herbst bis ins Frühjahr hinein zusammenlebenden Gesellschaften, bei denen es sich wohl meist um Familienverbände handeln dürfte, verbleiben in der Nähe ihrer Brutplätze. Sie ließen auf der Futtersuche ein hühnerartiges „Kuck kuck kuck" hören. Am frühen Morgen vernahm man häufig das heisere, rauhe Krähen dieser Vögel, das wie „Krauh krauh" klingt. Im März beginnt die Auflösung der Familienverbände in Paare. Am 20. Mai wurde ein Gelege mit 8 angebrüteten Eiern gefunden. Weitere bebrütete Gelege umfaßten 8, 9, und 14 Eier. Ein Nest bestand aus einer flachen Bodenmulde von 25 bis 27 cm Breite und 8,5 bis 9 cm Tiefe, die mit grünem Moos, Gras und Blättern ausgelegt und ganz der Umgebung angepaßt war. Die Eier lagen auf recht vielen weichen Federn, die vom Vogel selbst stammten. Die Tanguten fingen den Fasan in Schlingen und schossen ihn während der Nacht vom Schlafbaum. Wegen der starken Bejagung waren die Blauen Ohrfasanen jener Gegend sehr scheu.
Interessante Einzelheiten über die Lebensgewohnheiten des Blauen Ohrfasans an der Südgrenze der Verbreitung in Nordwest-Szetschuan schildert ERNST SCHÄFER: „Laute knarrende Hühnerrufe künden an, daß die scharfen Augen der Blauen Ohrfasanen etwas Verdächtiges bemerkt haben. Der Ruf dieser ständig wachsamen Hühnervögel entfernt sich immer mehr hangaufwärts, bis er endlich verstummt. Wer die Gewohnheiten der Ohrfasanen kennt, der weiß, daß sie es meisterhaft verstehen, jegliche Deckung zu nutzen, besonders auf der Flucht; so wundert sich der Jäger also auch gar nicht, daß er in dem schütteren Fichtenbestand des flachmuldigen Wannentalhanges keinen der langen fahlblauen Hühnervögel zu Gesicht bekommt. Er weiß auch, daß die ganze Gesellschaft, die aus mehreren Familien besteht, unter strenger Obhut der Altvögel bergauf gelaufen ist, daß die Vögel dicht zusammenstehend nun erst einmal lange sichern, um dann erst wieder ganz behutsam in Reih und Glied geordnet hinabzusteigen um der Nahrungssuche nachzugehen. So läßt sich der Beobachter Zeit und folgt gemächlich den im Krautwerk ausgetretenen Pfaden der großen Hühner. Diese Wechsel der Ohrfasanen, die den ganzen Hang kreuz und quer durchziehen, sind immer ein untrügliches Zeichen für den Aufenthaltsort der sehr standorttreuen Crossoptilons. Abend für Abend und Morgen für Morgen kann man solche Gesellschaften am gleichen Platz wiederfinden. Die vielen ausgescharrten Stellen des Untergrundes zeigen deutlich, auf welche Weise die Ohrfasanen sich ihre Nahrung ver-

schaffen. In auffallend waagerechter Körperhaltung scharren sie nämlich den Untergrund auf und werfen die gelockerten Grasbatzen weit nach hinten weg, wobei ihnen ihre kräftigen, roten spornbewehrten Beine gut zustatten kommen. Sie nahmen dann allerlei Kerbtiere, vor allen Dingen aber Wurzeln und Wurzelknollen, auf und verschlingen sie, ohne sie abzuschütteln mit allem anhaftendem Erdreich. Untersucht man den Darmtraktus eines Ohrfasans, so fällt daran besonders die große Menge der sehr voluminösen Dünndarmschlingen auf, die dick mit einem schwärzlichen Brei von Erde und vegetabilischen Nahrungsmassen angefüllt sind.

Der Tageslauf der Ohrfasanen spielt sich zumeist auf alten Brandflächen, Kahlschlägen und Anflughalden ab, während sie den dichten Hochwald aufsuchen, um dort zu nächtigen oder um sich vor Feinden zu verbergen. Wenn die Blauen Ohrfasanen fliehen, überspringen sie oft kleine Gebüsche, ohne mit den Flügeln nachzuhelfen. Der lange gesplissene Schwanz, der gerade in der Flucht die unmöglichsten Schwenkungen ausführt, wird dabei als willkommenes Steuer benutzt.

Zwischen den Verbreitungsgebieten der beiden Arten, *Crossoptilon auritum* im Norden und *C. crossoptilon* im Süden von Ost-Tibet, liegt ein breiter Steppengürtel, der von keiner der beiden Arten bewohnt wird. Erst wo im Süden das Stämmeland der 18 Hsifan-Fürstentümer beginnt und der Landschaftscharakter urplötzlich wieder die wilden Formen der Hochgebirge annimmt, tauchen auf einmal an den Steilhängen der Felsschluchten die ersten undurchdringlich erscheinenden Stecheichen-Dikkungen auf und mit ihnen ihr bester Charaktervogel, der Weiße Ohrfasan, der nun im Gegensatz zu seinem blauen Vetter in geradezu überwältigender Individuenzahl auftritt, so daß er dem ganzen Land sein Gepräge aufdrückt. In ihrer Lebensweise unterscheiden sich die beiden Arten nur sehr wenig."

Haltung: Der Blaue Ohrfasan wurde wegen seiner prächtigen langen und zerschlissenen mittleren Schwanzfedern seit jeher von den Chinesen gejagt, weil dieser jahrhundertelang den Mandarinen als Hutschmuck diente. Später wurden die Federn dann massenhaft zur Garnierung von Damenhüten nach Europa ausgeführt. Trotzdem ist es glücklicherweise nicht gelungen, diesen schönen Fasan auszurotten. Erst im Jahre 1928 gelangte die Art durch Herrn HAMPE über Schanghai zu JEAN DELACOUR nach Clères (Frankreich), später auch nach Japan, Deutschland und in die USA. Bald wurde der Blaue Ohrfasan überall gezüchtet und erwies sich als wesentlich fruchtbarer als sein brauner Vetter. Ein artreines Paar gelangte im Jahre 1932 in den Besitz von STEFANI. Es hatte die etwa 20 000 km lange Reise gut überstanden und fühlte sich in dem ihm zugewiesenen großen Gehege bald heimisch. Im nächsten Frühjahr begann die Henne Ende April mit ihrem Gelege, das aus 17 Eiern bestand. Bei den ersten Eiern war eine Ruhepause von je zwei, bei den späteren eine solche von je einem Tag eingeschaltet, während die beiden letzten Eier mit je 3 Tagen Spielraum erschienen. In den folgenden Jahren vergrößerte die Henne ihr Gelege bis auf 28 Eier, die ausnahmslos befruchtet waren. Die Eifarbe ist meist hellgraubraun; dagegen überraschte eine später von einem kalifornischen Züchter bezogene Henne durch des Legen reinweißer Eier, aus denen ebenfalls lebenskräftige Küken schlüpften. In den folgenden Jahren nahmen dann die Eier dieser Henne die übliche arteigene Färbung an. Die Küken sind sehr lebhaft, wenig wärmebedürftig und ebenso leicht aufzuziehen, wie die des Braunen Ohrfasans. In den ersten Lebenswochen sind sie nach jeder Futteraufnahme sehr schwerfällig und pflegen sich meist unmittelbar danach auf den Boden zu legen, um ungestört verdauen zu können. Untereinander sind sie im allgemeinen verträglich, und nur der Futterneid führt zu Kämpfen, wobei keines dem Gegner weicht. Die Vorliebe für Würmer verführt die Küken während der ersten Lebenstage oft dazu, die Zehen ihrer Geschwister als Würmer zu betrachten und anzupicken. Sie fassen dabei aber so fest zu und wollen den vermeintlichen fetten Bissen so schnell vor den Geschwistern in Sicherheit bringen, daß der betroffene Zehenbesitzer oft durch den plötzlichen Ruck an seinem Beinchen auf den Rükken fällt und strampelt, bevor der Angreifer seinen Irrtum erkennt. Starke Verletzungen und selbst Zehenbrüche sind manchmal die Folge. Man darf deshalb schwächere Fasänchen anderer Art niemals mit jungen Ohrfasanen aufziehen, will man sie nicht an den Zehen verstümmeln lassen.

Im Alter von etwa einem Monat tritt das blaue Federkleid deutlich zutage. Die Jungvögel sind im Alter von 5 Monaten ausgewachsen und dann von den Alten nur durch größere Schlankheit zu unterscheiden. Einen gewissen Schluß auf das Geschlecht bieten besonders während der Balzzeit die Rosen des Gesichts, welche bei den Hähnen viel höher erscheinen als bei den Hennen. Blaue Ohrfasanen werden sehr zahm und können schon nach kurzer Eingewöhnung im Freilauf gehalten werden, wenn ein nicht zu kleiner umzäunter Garten zur Verfügung steht. Anfangs empfiehlt es sich aus Gründen der Sicherheit, den frei zu haltenden Vögeln die Schwungfedern des einen Flügels zu beschneiden. Sind sie aber mit den örtlichen Verhältnissen vertraut geworden und nach der Mauser die beschnittenen Flügelfedern nachgewachsen, so ist ein Wegfliegen nicht zu befürchten, wobei als selbstverständlich vorausgesetzt werden muß, daß sie nicht durch Hunde oder Unfug treibende böse Buben aufgeschreckt werden. Befaßt sich der Pfleger verständnisvoll mit ihnen, so treten sie in ein inniges Verhältnis zu ihm.

Die Anspruchslosigkeit des Blauen Ohrfasans in Bezug auf die Ernährung, seine unbedingte Wetterfestigkeit auch in rauhen Gebieten, seine auffällige Schönheit im Verein mit großer Fruchtbarkeit und leichter Züchtbarkeit lassen ihn als Parkgeflügel in hervorragendem Maße geeignet erscheinen. Allerdings dürfte er als Wurzel- und Zwiebelgräber in Blumenrabatten oder Staudengärten kaum tragbar sein.

Wie aus einer weltweiten Umfrage der WPA hervorgeht, wurden 1982 insgesamt 977 Blaue Ohrfasanen gemeldet. Davon wurden 496 in Europa, 395 in den USA, 76 in Kanada, die übrigen in Asien und Südafrika gehalten.

Weiterführende Literatur:
BEEBE, W.: A Monograph of the Pheasants. Bd. I; *C. auritum*; p. 179; Witherby, London 1918
DELACOUR, J.: The Blue Eared Pheasant *(C. auritum)*. Avic. Mag. 64; pp. 1–2 (1958)
DERS.: The Pheasants of the World. 2. Edition; Blue Eared Pheasant; pp. 228–231. Spur Publications 1977
Dr. H. in B.: Über einige Fasanenarten. Der Blaue Ohrfasan; Gef. Welt 63; p. 297 (1934)
HAMPE, A.: In search of rare Chinese Birds. Avic. Mag. 4th Series, Vol. VIII; pp. 142–146 (1930)
DERS.: Once more the Blue Crossoptilon. Avic. Mag. 4th Series, Vol. XI; pp. 423–425 (1933)
DERS.: Etwas vom Blauen Ohrfasan *(C. auritum)*; Gef. Welt 64; pp. 390–391 (1935)
JOHNSGARD P. A.: The Pheasants of the World. Blue Eared Pheasant, 134–136; Oxford Univ. Press; Oxford 1986
OGILVIE-GRANT, W. R.: A Handbook to the Game-Birds, Vol. I; IV. Palla's Eared Pheasant – *C. auritum*; pp. 255–256. Edward Lloyd, London 1896
PORTER, S.: The story of a Blue Crossoptilon. Avic. Mag. 63; pp. 52–57 (1957)
PROEBSTING, F.: Der Blaue Ohrfasan. Gef. Welt 81 (1957)
SCHÄFER, E.: Zur Lebensweise der Fasanen des chinesisch-tibetischen Grenzlandes. Die Ohrfasanen *(Crossoptilon)*, darunter Blauer Ohrfasan. Journ. Ornith. 82; pp. 487–489 (1934)
STEFANI: Breeding of the Blue Eared-Pheasant in Confinement. Avic. Mag. 4th Series, Vol. XI; pp. 388–389 (1933)
STRESEMANN, E.: Aves Beickianae. Beiträge zur Ornithologie von Nordwest-Kansu nach den Forschungen von WALTER BEICK in den Jahren 1926–1933. Journ. Ornith. 85; *C. auritum*; pp. 219–220 (1938)
THOMPSON, L. E.: Methods of Sexing Eared Pheasants. Avic. Mag. 82; pp. 39–50 (1976)
TRAYLOR, M.: Blue Eared Pheasants from Sungpan, Szechwan in the Chicago Museum; Fieldiana 53; p. 14 (1967)
WISSEL, C. VON, STEFANI, M.: Fasanen und andere Hühnervögel; pp. 184–189; J. Neumann-Neudamm, Neudamm 1940

Brauner Ohrfasan
Crossoptilon mantchuricum, Swinhoe 1863

Engl.: Brown Eared Pheasant.
Abbildung: Seite 604 unten links.
Heimat: Nordost-China in nördlichen und nordwestlichen Gebirgen Nord-Hopehs und Nord-Shansis in der alpinen Waldzone oberhalb 2000 m. Nicht in der Mandschurei vorkommend. Keine Unterarten.
Beschreibung: Kopfkappe samtschwarz, Kinn, Kehle und die verlängerten steifen Ohrdeckfedern, welche beiderseits ein Stück über den Nacken hinausragen, weiß. Nackte Haut der Zügelgegend und der Kopfseiten dunkel erdbeerrot. Hals schwarz, allmählich auf der unteren Mantelregion und den Flügeln in Braun übergehend. Flügeldecken und Armschwingen mit purpurnem Glanz; Unterrücken, Bürzel und Oberschwanzdecken silberweiß. Unterseite braun. Der aus 22 Steuerfedern bestehende Schwanz grauweißlich mit braunschwarzem, purpurblau glänzendem Spitzenabschnitt. Die zwei äußeren Steuerfederpaare sind mit ziemlich dichten Bärten versehen. Etwa vom dritten äußeren Steuerfederpaar ab werden die Außenfahnen zerschlissen und haarartig mit verlängerten und herabgebogenen Strahlen. Die beiden mittleren Paare schließlich weisen eine vollständig haarähnliche Struktur beider Fahnen mit kleiner kompakter, spatelförmiger Spitze auf. Die inneren haarartigen Schwanzfederpaare werden erhoben getragen und überragen mit nach der Spitze zu stark bogig gekrümmten Schäften die folgenden Steuerfedern. Iris hell rötlichbraun,

Schnabel hell rötlichhornbraun, Beine blutrot.
Länge 960 mm; Flügel 306 mm; Schwanz 544 mm; Gewicht des Hahnes 1700 bis 2050 g, der Henne 1500 bis 1750 g.
Jüngere Vögel haben eine dunkelbraune Kehle. Beim Dunenküken ist der Kopf gelbbraun, die Kopfmitte kastanienfarben mit zwei unregelmäßig dunkelbraunen und schwarzen Mittelstreifen; vom Auge zum Nacken zieht ein dunkelbrauner Streif über die Ohrdecken. Rücken kastanienbraun, unregelmäßig schwarz gebändert und mit zwei breiten schmutzig bräunlichweißen Längsstreifen versehen; Flügelchen hellbraun mit weißer und gelbbrauner unregelmäßiger Fleckung; Unterseite hell schmutziggrau, Seiten gelblichbraun gefleckt.
Gelegestärke 5 bis 8; Ei mit schwach glänzender Oberfläche, dickschalig, hell steingrau, mitunter mit grünlichem oder bräunlichem Anflug (53 mm × 39 mm). Gewicht 60 g. Brutdauer 26 bis 27 Tage.

Lebensgewohnheiten: Braune Ohrfasanen sind Bewohner von Gebirgswäldern in Höhenlagen zwischen 1700 und 2000 m. Wenn HARTERT vegetationsarme Berggebiete als Habitate angibt, so ist daraus ersichtlich, daß sich die Art nach Abholzung der Wälder Buschgebieten anpassen konnte. Außerhalb der Brutzeit bilden sie Wintergesellschaften aus 20 bis 50 Vögeln, die sich bei Eintritt wärmeren Wetters Anfang April auflösen, um paarweise ihre Brutreviere zu besetzen. Die Brutzeit ist Ende Juni beendet. Während der Balzzeit rufen die Hähne laut und heiser „Wiijah wiijah wiijah!". Während ihrer Aggressivität zu dieser Zeit gelten sie bei den Chinesen als Symbol für Tapferkeit und unbezähmbaren Mut. Während der Han Dynastie verliehen die Kaiser mit langen Schwanzfedern des Ohrfasans geschmückte Hüte an ihre Generäle, um sie dadurch zu gleicher Tapferkeit zu inspirieren, wie man sie den Vögeln nachsagte. Wegen pausenloser Verfolgung und Waldvernichtung waren Braune Ohrfasanen so selten geworden, daß man bereits mit ihrer vollständigen Ausrottung gerechnet hatte. Doch wurden in einigen Gebieten, z. B. den Xiao-Wutai-Bergen Hopeis, Vögel nebst Nestern gefunden und mehrere Naturschutzgebiete gegründet. Der Braune Ohrfasan steht gegenwärtig in China unter staatlichem Schutz, und seine Populationen sind in Zunahme begriffen.

Haltung: Nach DELACOUR wurde der Braune Ohrfasan erstmalig 1864 nach Europa in den Jardin d'Acclimatation zu Paris importiert. 1 Hahn und 2 Hennen waren von dem französischen Botschafter M. BERTHEMY in Peking übersandt worden. Sie legten unbefruchtete Eier und wurden später der französischen Züchterin Mlle DE BELLONET übergeben, die 1866 erstmalig eine Anzahl Jungvögel großzog. Die Zucht gelang in der Folge so gut, daß 1868 über 100, 1869 sogar 200 Küken aufgezogen wurden. Bald war die Art in allen europäischen Fasanerien vertreten. Weitere Importe aus China bestanden lediglich aus 2 Hähnen, die der Londoner Zoo 1866 von D. E. SAURIN über Peking zum Geschenk erhielt. Mit 2 im gleichen Jahr aus europäischer Zucht stammenden Weibchen züchteten sie bereits im Mai und Juni 1867 erfolgreich. Wenig bekannt ist, daß im Dezember 1867 eine weitere Einfuhr in Form von 2 Hähnen und 1 Henne als Geschenk von SIR ERIC R. T. FARQUHAR aus Peking in den Londoner Garten erfolgte. Nach GRENVILLE ROLES wurden dann Mitte der 50er Jahre des 20. Jahrhunderts erneut 2 Hähne importiert, die dem europäischen Stamm dringend benötigtes frisches Blut zuführten. Nach STEFANI brütet die Braune Ohrfasanenhenne nur bei Haltung im Freilauf oder in sehr großen Volieren selbständig, wenn ihr Versteckmöglichkeiten in Form von dichtem Pflanzenwuchs geboten werden. Den Standort ihres Nestes, das sie unter einem dichten Busch gut zu verbergen weiß, verrät die brütende Henne dem Pfleger meist. Da sie keine Scheu vor dem Menschen kennt, ruft sie ihn an, wenn er am Nest vorbeigeht. Die Küken sind leicht aufzuziehen. Wenig wärmebedürftig, zeigen sie schon in den ersten Lebenstagen großen Hang zur Selbständigkeit und sind fast ununterbrochen auf Nahrungssuche. In ihrer frühesten Jugend sind sie sehr futterneidisch. Bei der Fütterung hagelt es Schnabelhiebe auf den Kopf des Nächsten, die aber keinen Schaden anrichten. Der großen Freßlust entsprechend wachsen die Küken ungewöhnlich schnell heran. Mit 5 Monaten ausgewachsen, besitzen sie schon das Prachtkleid Adulter, von denen sie dann nur noch durch den schlankeren Körper und die kürzeren Ohrbüschel zu unterscheiden sind. Eine solche Schnellwüchsigkeit besitzt kaum eine andere Fasanengattung. Für kleinere Volieren eignet sich der Braune Ohrfasan gar nicht: Vor allem bei zu einseitiger Fütterung nimmt er dann sehr häufig die Untugend des Federfressens an. Steht ein größerer Garten zur Verfügung, haben sie viel Anregung und natürlich auch eine vielseitigere Nahrung. Ihr Gefieder bleibt unter solchen Haltungsbedingungen tadellos. Auch zu ihrem Pfleger treten sie bei der Freilaufhaltung in ein viel innigeres Verhältnis als wenn sie in engen Gehegen ihr Dasein zu vertrauern gezwungen sind. Ohrfasanen sind die zahmsten aller Wildhühner. Gegen Fremde, aber auch gegen ihnen mißliebig gewordene Personen geht manchmal der Hahn, gelegentlich auch eine besonders streitbar veranlagte Henne, mit fühlbaren Schnabelhieben vor. Dabei ist es oft lustig anzusehen, wie schon das bloße Erscheinen eines Eindringlings die aufmerksamen Wächter des Gartens veranlaßt, selbst aus größerer Entfernung herbeizueilen, um ihn aus ihrem Revier zu vertreiben. Erwähnenswert ist die große Schnelligkeit, die ein im Freien verfolgter Ohrfasan laufend erreicht. Ohne jede Benutzung der Flügel stürmt er in kaum glaublicher Geschwindigkeit dahin und weiß dabei jede Deckung im Gelände geschickt zu nutzen. Eine Erdscholle, ein Büschel hohen Grases, ein kleiner Busch, alles genügt ihm, sich seinen Verfolgern zu entziehen. Diese läßt er immer bis zum Greifen nahe herankommen, um dann den tollen Lauf von neuem zu beginnen.

Die beim Braunen Ohrfasan äußerst geringe Fertilität der Gelege wurde stets auf eine Sterilität der Hähne durch hochgradige Inzucht zurückgeführt, was ja auch naheliegend ist. Um die eigentlichen Ursachen der Unfruchtbarkeit festzustellen, haben WISE und FULLER 1977 am Dptm. of Clinical Veterinary Medicine in Cambridge (England) diesbezügliche Untersuchungen durchgeführt. Zu diesem Zweck wurden 7 Hennen und 5 Hähne in Putenbrutkäfigen untergebracht. Alle Ohrfasanenhennen hatten unbefruchtete Eier gelegt, und nur ein Hahn war als fruchtbar bekannt. Alle Versuchstiere erhielten anfangs Puten-Vorbrüter-Pellets, ab Mitte März Puten-Lege-Pellets ad libitum. Gleichzeitig wurde durch Kunstlicht die Photoperiode abrupt bis auf 14 Stunden verlängert und mit fortschreitender Jahreszeit allmählich auf 16 Stunden ausgeweitet. Den Hähnen wurde 2mal wöchentlich Sperma entnommen und den Hennen einmal wöchentlich inseminiert. Am 27. Juni wurde der Versuch abgebrochen. Das Durchschnittsgewicht der Hennen betrug Anfang März 1840 g, der Hähne 2110 g. Die Fertilität der von den künstlich befruchteten Hennen gelegten Eier betrug bis Anfang Juni 80 bis 90 %! Aus 88 befruchteten Eiern schlüpften 85 Küken. Aus dem überraschenden Ergebnis kann man schließen, daß die geringe Fruchtbarkeit der Braunen Ohrfasanenhähne nicht auf Sterilität beruht, sondern vermutlich verhaltensbedingt ist. Die Aggressivität der Hähne gegenüber den samenentnehmenden Personen deutet auf Testosteron-Produktion hin, die üblicherweise mit Libido verbunden zu sein pflegt. Wenn auch der produzierte Samen nicht von bester Qualität war, reichte er doch zur Befruchtung aus. Die als Stimulation gedachte Verlängerung der Lichtperiode hatte keinen Einfluß auf die Fruchtbarkeit der Vögel. Brachte man die Geschlechter im Auslauf zusammen, wurden keine ernsthaften Kopulationsversuche unternommen. Bei einem oder zwei Hähnen sah es so aus, als ob sie sich auf einen Tretakt vorbereiteten. Entweder wurden sie jedoch von den Hennen nicht beachtet oder von ihnen attackiert. Wurden mit der Absicht, „den toten Punkt zu überbrücken", mehrere Paare in den Auslauf gesetzt, begann stets eine allgemeine Kämpferei, so daß die Vögel sofort getrennt werden mußten.

Da die Restbestände des Braunen Ohrfasans dank des Schutzes der chinesischen Regierung in steter Zunahme begriffen sind, werden wir in Zukunft ziemlich sicher mit Importen von Wildblut aus der Heimat rechnen können. Solange sollte ausschließlich mit den wenigen nicht verhaltensgestörten Hähnen weitergezüchtet werden, wenn man sich nicht ganz auf die Methode der künstlichen Besamung verlassen will. Aus einer weltweiten Umfrage der WPA ist ersichtlich, daß 1982 insgesamt 564 Braune Ohrfasanen hauptsächlich in Nordamerika und Europa gehalten wurden. Wie weit es sich dabei um rassenreine Tiere oder durch Einkreuzung Blauer Ohrfasanen entstandene, weitgehend Braunen Ohrfasanen gleichende Vögel handelt, mag dahingestellt bleiben.

Weiterführende Literatur:
BEEBE, W.: Monograph of the Pheasants. Bd. I; Brown Eared Pheasant; p. 163 (1918)
DELACOUR, J.: The Pheasants of the World. 2. Edition; Brown Eared Pheasant; pp. 227–228. Spur Publications 1977
Dr. H. in B.: Über einige Fasanenarten. 7. Die Ohrfasanen und ihre Verwandten; Brauner Ohrfasan; p. 296. Gef. Welt 63 (1934)
DÜRIGEN, B.: Die Geflügelzucht. Fasanen; 4. Ohrfasanen; Nr. 21 Der Mandschurei-Ohrfasan; pp. 350–351; P. Parey Berlin 1886
GRENVILLE ROLES, D.: Rare Pheasants of the World. Brown Eared Pheasant; pp. 77–79. Spur Publications 1976
JOHNSGARD, P. A.: The Pheasants of the World. Brown Eared Pheasant, pp. 136–139; Oxford Univ. Press; Oxford 1986
LU TAICHUN, ZHANG XIUXIANG: Brown Eared Pheasant under State Protection. WPA-News No. 3; p. 10 (1983)

PICHOT, P. A.: The Eared Pheasant of Manchuria. Avic. Mag. 3. Series, Vol. IX; pp. 290–292 (1918)

SOWERBY, A.: Fur and Feather in North China. Brown Eared Pheasant; p. 92; Tientsin 1914

WISE, D. R., FULLER, M. K.: Artificial Insexmination in the Brown Eared Pheasant, *C. mantchuricum*. WPA-Journal III; pp. 90–95 (1977–1978)

WISSEL, C. VON, STEFANI, M.: Fasanen und andere Hühnervögel. J. Neumann-Neudamm, Neudamm 1940

Wallichfasanen
Catreus, Cabanis 1851

Engl.: Cheer Pheasants.

Die Wallichfasanen haben ihren englischen Namen „Cheer" (sprich Tschier) von der nepalesischen Benennung des Vogels „Chir" oder „Chihir" erhalten. Die einzige Art der Gattung ist ein jagdfasanengroßer Hühnervogel mit langer schmaler Hinterkopfhaube aus haarartigen, beim Hahn an den Spitzen etwas aufwärts gebogenen Federn, nackter roter Orbitalregion und langem, hinten zugespitztem Schwanz aus 18 Federn, deren Mittelpaar 4- bis 5mal so lang wie die äußeren Paare ist. Am runden Flügel ist die 1. Handschwinge kürzer als die 10. und die 5. am längsten. Das schlicht ockergelbe und graue Gefieder ist bei beiden Geschlechtern fast gleichgefärbt. Der Lauf des Hahnes trägt einen langen scharfen Sporn, der der Henne manchmal eine höckerartige Erhöhung. Die Art bewohnt semiaride Gebirgslagen des West-Himalaja bis in 3000 m Höhe. Sie ist monogam.

Wallichfasan
Catreus wallichii, Hardwicke 1827

Engl.: Cheer Pheasant.
Abbildung: Seite 604 unten rechts.
Heimat: Der Himalaja von Kaschmir bis Nepal und Sikkim in Höhenlagen zwischen 1300 und 3300 m. Keine Unterarten.
Beschreibung: Beim Hahn ist der Oberkopf einschließlich der aus langen, haarartig zerschlissenen Federn bestehenden Spitzhaube schwarzbraun, wobei die Federn helle braune Säume und die längeren bräunlichweiße Spitzen aufweisen. Nacken und Vorderrücken schwarz, graulich rahmfarben oder hell rostgelb quergebändert, die äußersten Federspitzen aschgrau und vor denselben eine schwarze, metallisch grün glänzende Binde. Hinterrücken und Bürzel rostfarben mit schwarzen Querbinden und Flecken, welche meist einen stahlgrünen Glanz besitzen. Längere Oberschwanzdecken heller rostfarben, braun und schwarz quergefleckt. Schwingen dunkelbraun mit hell rostfarbener Querzeichnung; Flügeldecken hell rostfarben, schwarz quergefleckt. Schwanzfedern hell rostgelblich mit breiten schwarzen und graubraunen, schwarz gesprenkelten Querbinden; an den seitlichen Paaren sind diese Binden auf den Innenfahnen größtenteils kastanienfarben, am kürzesten seitlichen Paar fast einfarbig und dunkler rostgelb. Kopfseiten, Kinn, Kehle und Kropf schmutzigweiß, die Federn unterhalb der Rosen braun gestreift, Kropf breit schwarz gebändert; übrige Unterseite rostgelblich mit braunschwarzer Querbänderung, die Mitte des Unterkörpers braunschwarz; Bauch und Unterschwanzdecken röstlich ockerfarben. Große Gesichtslappen karminrot. Iris rötlich bis gelbbraun; Schnabel hell gelblich hornfarben, Füße grau.
Länge 900 bis 1180 mm; Flügel 235 bis 270 mm; Schwanz 450 bis 580 mm; Gewicht 1475 bis 1700 g. Die kleinere Henne besitzt eine viel kürzere Scheitelhaube; die Federn des schwarzbraunen Oberkopfes sind rostgelb gesäumt; Hinterhals rahmfarben, schwarzbraun längsgefleckt; Nacken schwarz und rotbraun quergezeichnet mit bräunlich rahmfarbenen Schaftlinien, das Schwarz auf dem Vorderrücken ausgedehnter; Hinterrücken graulichbraun mit schwarzen und hell rostgelben Zeichnungen. Schwingen bräunlichschwarz, die Außenfahnen derselben mit breiten rostgelben, die Innenfahnen mit rostroten Querbinden. Schwanz rötlichbraun, schwarz gesprenkelt und unregelmäßig quergebändert, außerdem noch mit hell rostgelben Querbinden versehen. Kinn und Kehle rostgelblichweiß oder rahmfarben; Kropfgegend schwarz, die Federn weiß bis hellröstlich gesäumt. Brust rostrot mit breiten rostgelblichen Federsäumen; Bauch und Unterschwanzdecken rostgelb, mehr oder minder schwarz gesprenkelt.

o. Hahn des Sonnerat-Huhns, *Gallus sonneratii* (s. S. 580)
u. Hahn des Lafayette- oder Ceylon-Huhns, *Gallus lafayettii* (s. S. 582)

Länge 610 bis 760 mm; Flügel 225 bis 245 mm; Schwanz 320 bis 470 mm; Gewicht 1250 bis 1360 g. Das Dunenküken ähnelt mehr dem eines Feldhuhnes als eines Fasans. Bei ihm ist die Scheitelmitte schokoladenbraun; vom inneren Augenwinkel bis zu den Ohrdecken zieht sich eine schmale schwarze Linie, die an den Ohrdecken breiter wird, um sich dann erneut zu verschmälern und die Halsseiten hinunter fortzusetzen. Übrige Kopfteile gelblich isabellfarben, zum Unterkopf hin heller werdend. Unterhals und Oberseite grau bedaunt, außer den Schulterflecken, der Vorderhälfte der Flügelchen und der gesamten Rückenmitte, die schokoladenbraun gefärbt und mit zwei hellgrauen Seitenbändern entlang des Rückens versehen sind. Kinn und Kehle rahmweiß, die übrige Unterseite grauer.
Gelegestärke 9 bis 14; Ei rahmfarben bis hellbräunlich, etwa wie sehr dünner Milchkaffee, mitunter am stumpfen Ende rotbraun punktiert, jedoch meist ungefleckt (54 mm × 39 mm). Gewicht 71,6 g; Brutdauer ca. 26 Tage.

Lebensgewohnheiten: Der Tschier bevorzugt wildzerklüftete Felsgebiete, die von Klippen und Steilhängen durchzogen werden und mit verkrüppeltem Gehölz, Gestrüpp und Gras bewachsen sind. Hier halten sich die Vögel außerhalb der Brutzeit in kleinen Gesellschaften aus 6 bis 15 Individuen auf. Ihre laute Stimme lassen sie häufig hören. Sie besteht aus einer rauhen, recht ohrfasanenähnlichen Rufserie, die wie "Tschirr e pir – tschir e pir – tschirr, tschirr, tschirtjatschira" klingt. In zufriedener Stimmung wird ein leises „Waääk äk wääk wääk" ausgestoßen. In Alarmstimmung rufen sie scharf und warnend "Tok tok tok" und flüchten teils schnell laufend, teils in rasendem Flug, der stets bergabwärts führt. Während der Brutzeit, die sich über die Monate April bis Juni erstreckt, lebt der Tschier streng paarweise und hält sich in Höhenlagen zwischen 1700 und 3000 m auf. Die Balz ist sehr einfach und besteht nur aus einer Prahlstellung des Hahnes in seitlicher Richtung zur Henne, wobei der ihr zugekehrte Flügel sowie der Schwanz ausgebreitet werden. Die Henne scharrt eine flache Mulde und bebrütet das aus 9 bis 14 Eiern bestehende Gelege, aus dem nach 26 Tagen die Küken schlüpfen. Diese werden von beiden Eltern geführt. Die Nahrung des Tschiers besteht vorwiegend aus Wurzeln, Zwiebeln und allerhand Insekten, welche er nach Ohrfasanen- oder Monalmanier mit dem kräftigen Grabschnabel aus dem Erdreich buddelt. Aber auch Beeren und Sämereien werden nicht verschmäht, grüne Pflanzenteile hingegen nur in geringer Menge aufgenommen. Wasser scheint er wenig zu benötigen.

Haltung: Das 1. Paar Wallichfasanen gelangte 1862 in den Londoner Zoo und schritt bereits im folgenden Jahr, danach noch häufig, zur Brut. Später sind hin und wieder größere Transporte nach Europa gelangt. Die Art ist bei uns vollständig winterhart, dabei einfach zu halten und leicht zu züchten. Langanhaltendes Regenwetter mit der dabei entstehenden Luftfeuchtigkeit verträgt dieser an trockenes Höhenklima gewöhnte Gebirgler allerdings schlecht. Aus diesem Grunde soll unbedingt für sicheren Regenschutz und stets gut drainierten Volierenboden gesorgt werden. Letzteren muß man auch häufig planieren und harken, da der Tschier als grabender Hühnervogel für tiefe Erdlöcher sorgt. Die Nahrungsansprüche gleichen im wesentlichen denen der häufig gehaltenen Fasanenarten, jedoch sollte das Futtergemisch einen höheren Eiweißgehalt aufweisen.

Das Paar lebt in der Regel friedlich zusammen, doch soll man zukünftige Partner zuerst durch trennenden Maschendraht aneinander gewöhnen. Unter Umständen greift nämlich sonst sogar die Henne den Hahn an und kann ihn übel zurichten. Von einer gut gepflegten Henne kann man pro Jahr bis zu 25 Eier erwarten. Bei der Aufzucht der raschwüchsigen Jungen muß deren erhöhte Anfälligkeit gegenüber Infektionskrankheiten berücksichtigt werden. Bei anhaltendem Regenwetter hält man sie lieber in einem sauberen, trockenen Stall. Jungvögel beider Geschlechter erhalten bereits im ersten Lebensjahr das Alterskleid und schreiten im Frühling des folgenden Jahres zur Brut. Nachts baumt dieser Felsenfasan nicht auf.

Trotz seiner außerordentlichen Vertrautheit dem Pfleger gegenüber und seines interessanten Wesens hat der Wallichfasan in Züchter- und Liebhaberkreisen nie große Verbreitung erlangen können, was zweifellos mit seinem unscheinbaren Äußeren zusammenhängen dürfte. In den Fasanerien unserer großen zoologischen Gärten ist er meist vertreten. Wie aus einer weltweiten Umfrage der WPA zu

o. Blauer Ohrfasan, *Crossoptilon auritum* (s. S. 597)
m. l. Weiße Ohrfasanen, *Crossoptilon crossoptilon* (s. S. 590)
u. l. Braune Ohrfasanen, *Crossoptilon mantchuricum* (s. S. 599)
u. r. Wallichfasan, *Catreus wallichii* (s. S. 602)

ersehen, wurden 1982 insgesamt 463 Wallichfasanen gehalten, davon 293 in Europa, 124 in den USA, 76 in Kanada, während der Rest auf Asien (14) und Südafrika (5) entfiel.

Da der Tschier durch intensive Bejagung in manchen Teilen seines Verbreitungsgebietes selten geworden oder ausgerottet worden ist, wurden durch Bemühungen der World Pheasant Trust in Zusammenarbeit mit der pakistanischen Regierung Wiedereinbürgerungsversuche mit in England gezüchteten Vögeln in Naturschutzgebiete Pakistans unternommen. Ob ihnen ein endgültiger Erfolg beschieden sein wird, läßt sich heute noch nicht mit Sicherheit sagen.

Weiterführende Literatur:
BAKER, E. C. ST.: The Fauna of British India, Birds, Vol. V.; Genus *Catreus*; pp. 307–309. Taylor & Francis, London 1928
DERS.: Game Birds of India, Burma and Ceylon, Vol. III; Genus *Catreus*; pp. 192–201. Bombay Nat. Hist. Soc. 1930
BEEBE, W.: Monograph of the Pheasants, Bd. III; *Catreus wallichii*; p. 50; Witherby, London 1922
DELACOUR, J.: The Pheasants of the World. 2. Edition. VIII. The Cheer Pheasant – Genus *Catreus*; pp. 232–236. Spur Publications 1977
DÜRIGEN, B.: Die Geflügelzucht. V. Fasanen, Nr. 7: Wallich's Fasan; pp. 339–340. P. Parey Berlin 1887
GARSON, P. J.: The Cheer Pheasant – *C. wallichii* in Himachal Pradesh, Western Himalayas: An update. WPA-Journal VIII; pp. 29–39 (1982–1983)
GASTON, A. J., SINGH, J.: The status of the Cheer Pheasant – *Catreus wallichii* in the Chail Wildlife Sanctuary, Himachal Pradesh. WPA-Journal V; pp. 68–73 (1979–1980)
GASTON, A. J., GARSON, P. J., HUNTER, M. L.: Present distribution and status of Pheasants in Himachal Pradesh, Western Himalayas. Cheer – *Catreus wallichii*; pp. 19–21. WPA-Journal VI (1980–1981)
GRAHAME, I.: Reintroduction of captive-bred Cheer Pheasants – *Catreus wallichii*. Intern. Zoo Yearbook 20; pp. 36–40 (1980)
JOHNSGARD, P. A.: The Pheasants of the World; Cheer Pheasant, pp. 180–183; Oxford Univ. Press, Oxford 1986
LELLIOTT, A. D.: Cheer Pheasants in West-Central Nepal. WPA-Journal VI; pp. 89–95 (1980–1981)
RIDLEY, M. W.: Cheer Pheasant reintroduction project – Pakistan. Proc. 2nd Intern. Pheasant. Symp. T. W. I. LOVEL & M. W. RIDLEY (Eds), WPA (1983)
SALIM ALI, RIPLEY, S. D.: Handbook of the Birds of India and Pakistan, 2. Edition, Vol. 2; Nr. 307 Chir Pheasant – *Catreus wallichii*; pp. 116–118. Oxford University Press 1980
SEVERINGHAUS, S. R., MIRZA, Z. B., ASGHAR, M.: Selection of a Release Site for the Re-introduction of Cheer Pheasants in Pakistan. WPA-Journal IV; pp. 100–111 (1978–1979)

Bindenschwanzfasanen
Syrmaticus, Wagler 1832

Engl.: Bar-tailed Pheasants.
Mit den Jagdfasanen sind die Bindenschwanzfasanen keineswegs so nahe verwandt, wie es bei oberflächlichem Vergleich den Anschein haben mag. Im männlichen Geschlecht fehlen ihnen Federohren, ebenso eine Haube. Die Bürzelfedern sind bei den Bindenschwanzfasanen rundlich, ihre Säume auffällig gefärbt, was ein Schuppenmuster ergibt, und ihre fast harte Beschaffenheit hat mit der weichen zerschlissenen Bürzelbefiederung der Jagdfasanen gar nichts gemein. Der bei einigen Arten ungewöhnlich lange Schwanz besteht aus 16 bis 20 flachen Steuerfedern, deren Mittelpaar stets am längsten ist. Da die Schwanzfedern aller Arten der Gattung breite Querbinden aufweisen, ist die deutsche Benennung „Bindenschwanzfasanen" ganz gut gewählt. Das Dunenkleid der *Syrmaticus*-Arten ist von dem der Jagdfasanen recht verschieden, Stimme und Verhalten sind wesentlich anders. Während der Fortpflanzungszeit stoßen Bindenschwanzhähne kurze schrill zwitschernd oder glucksend klingende Töne aus, die auf weitere Entfernung nicht vernehmbar sind, trommeln jedoch dafür laut mit den Flügeln und tun dadurch ihren Revieranspruch kund. Die unscheinbar braunen Weibchen sind ganz anders gemustert als Jagdfasanenhennen und bis auf die Königsfasanenhenne sich bei den übrigen Arten recht ähnlich. Sie werden vom Hahn in „üblicher" Seitenhaltung angebalzt. Dazu führt der Königsfasanenhahn noch einige Hopser in Seitenhaltung zur Henne hin aus, und nach DELACOUR sind Mikado- und Elliotfasan dabei beobachtet worden, wie sie mit gefächertem und erhobenem Schwanz auch eine Art Frontalbalz vor der Henne demonstrierten. Über Monogynie und Polygynie der Gattung *Syrmaticus* ist noch nichts Definitives bekannt. Im Gegensatz zu Jagdfasanen bewohnen Bindenschwanzfasanen Hochwälder mit dichtem Unterholz in niedrigen Berglagen, sind aber flexibel genug, sich wie der Elliotfasan nach Zerstörung des Hochwaldes durch Abholzen auch dichtem Sekundärwuchs anzupassen. Bindenschwanzfasanen bewohnen große Teile Chi-

nas, Nord-Burma, Nord-Thailand, die japanischen Inseln sowie Taiwan. Alle Arten sind eingeführt worden, bei Volierenhaltung unschwer halt- und züchtbar und wegen ihrer schönen Färbung bei den Fasanenliebhabern begehrt.

Königsfasan
Syrmaticus reevesii, Gray 1829

Engl.: Reeve's Pheasant.
Abbildung: Seite 621 oben.
Heimat: Nordost- und Zentralchina von Nord- und West-Hopeh, Anhwei, Schansi, West-Honan, Hupeh sowie Süd-Schensi bis Ost-Szetschuan und Nord-Kweitschou in Gebirgswäldern. Keine Unterarten.
Beschreibung: Beim Hahn sind Stirn, Kopfseiten, Ohrdecken sowie ein von hieraus um den Hinterkopf verlaufendes Band schwarz. Hinter dem Auge ein länglicher unbefiederter, erdbeerroter Fleck und unter dem Auge ein weißer Fleck; Oberkopf bis an den Hinterkopf weiß, nach hinten zu mit schwarzen Federspitzen. Kinn, Kehle und übriger Hals weiß, nach hinten zu durch einen breiten schwarzen Ring begrenzt. Rücken und Bürzel lebhaft hell zimtbraun, die Federn abgerundet, schwarz umsäumt und um den Schaft nach der Basis zu mit an Ausdehnung wechselndem Schwarz, die schwarzen Säume in der Rückenmitte am breitesten. Handschwingen dunkelbraun, die Innenfahnen mit rotbraunen Querflecken, die Außenfahnen mit ebensolchen und außerdem rahmfarbenen Flecken. Armschwingen schwarzbraun mit weißen Querbinden, die Außenfahnen an den Spitzen bräunlichgelb gerandet, die innersten an den Spitzen wie die Rückenfedern. Oberflügeldecken weiß mit breitem schwarzem Saum und ebensolchem Mittelfleck. Schwanzfedern in der Mitte grauweiß mit breiten, nahe dem Schafte schwarzen, nach außen zu kastanienfarbenen Querbinden und breit gelblichbraunen Säumen; äußere kurze Schwanzfedern hell zimtbraun, Spitzen und Innenfahne schwarz punktiert und gefleckt. Vorderbrustfedern den Oberflügeldecken ähnlich, aber mit breitem kastanienbraunem Endsaum. Weichenfedern weiß und schwarz quergezeichnet und mit ausgedehnter gelblichbräunlicher, fein rotbraun umsäumter Spitze. Mitte des Unterkörpers, Schenkel und Unterschwanzdecken schwarz. Iris rötlich; Schnabel weißgrünlich; Füße bräunlich horngelb.

Länge 2100 mm; Flügel 262 bis 272 mm; Schwanz 1020 bis 1368 mm; Gewicht 1529 g.
Bei der Henne sind Stirn, Zügel, Augenbrauenstreif und ein Teil der Kopfseiten hell rahmockerfarben; Oberkopf schwarzbraun mit rotbraunen Federsäumen; schmaler Strich über und hinter den Augen sowie Ohrdecken schwarz, letztere rostbraun gestreift, am oberen Teil des Hinterhalses ein Fleck schwarzer, rotbraun gesäumter und gebänderter Federn, auf die ein Ring aus rahmartig ockerfarbenen, aber graubraun gesäumten Federn folgt. Von dort bis auf den Vorderrücken sind die Federn größtenteils rotbraun, vor den Spitzen schwarz und mit mehr oder minder pfeilförmigen weißen Schaftflecken versehen; übriger Rücken und Bürzel graubraun, die Federn fein rostgelblich gesäumt, gewellt und gefleckt, dazu noch mit lanzett- bis pfeilförmigen schwarzen Schaftflecken versehen. Schultern und Armschwingen sowie deren Decken mit großen schwarzen Flecken, teils auf den Innenfahnen allein, teils auf beiden Fahnen und mit rostgelblichen Schaftstrichen; die Oberflügeldecken rötlicher und mit weniger Schwarz, außerdem mit blaß rostgelben Endsäumen. Schwingen dunkelbraun; Außenfahnen der Handschwingen größtenteils hell rötlich rostgelb, die Innenfahnen breit braunrot gebändert. Äußere Schwanzfedern kastanienrotbraun, die Spitzen weiß, die Innenfahnen braunschwarz und weiß gebändert; mittelste Schwanzfedern blaß graubräunlich, braun gesprenkelt und längs des Schaftes schwarz gefleckt; Kinn, Kehle und oberer Teil des Vorderhalses hell ockergelblich, unterer Teil desselben und Kropfgegend rotbraun, Federspitzen bräunlichgrau, vor denselben eine geschwungene und gespitzte weiße Querbinde. Brust und Unterkörper rahmfarben, an den Seiten mit rotbraunen Federwurzeln.
Länge 750 mm; Flügel 235 bis 250 mm; Schwanz 360 bis 450 mm; Gewicht 950 g.
Jungvögel im Erstgefieder ähneln erwachsenen Weibchen, doch fehlt ihnen das lebhafte Rotbraun des Nackens, und die Schwingen sind blaßrostgelb gefleckt. Kehle, helle Kopfseitenteile und Unterkörper weiß. Im Herbst des ersten Lebensjahres sind beide Geschlechter ausgefärbt.
Beim Dunenküken ist der Scheitel hellrostrot, hinten dunkelbraun, die übrige Oberseite schwarzbraun und rotbraun gesprenkelt, der Nacken ist mehr rahmgelblich; längs der Rückenseiten je ein rahmfarbener Streif, längs der hellrostroten Kopfseiten vom Auge an ein schwarzer Streif. Unterseite blaß gelblichweiß. Schlupfgewicht ca. 20 g.

Gelegestärke 7 bis 15; Eier für die Größe des Vogels klein, glattschalig, erbsengelb bis hell kaffeebraun (46 mm × 37 mm); Gewicht ca. 34,8 g; Brutdauer 24 bis 25 Tage.

Lebensgewohnheiten: Die Art bewohnt bewaldetes Bergland in Lagen von 550 bis 1800 m, kommt jedoch gelegentlich auch bei 275 m in mit Koniferen und Eichen bestandenen Tälern und steilen Schluchten vor. In den Laubwäldern von Hupeh bilden im Herbst und Winter Eicheln, Hagebutten und Früchte der Felsenmispel *(Cotoneaster)* ihre Hauptnahrung. Ab dem Herbst schließen sich Königsfasanen zu kleinen Wintergesellschaften zusammen, die sich zu Frühlingsbeginn auflösen. Die Hähne besetzen zusammen mit 1 oder 2 Hennen Reviere. Ihren Besitzanspruch verkünden sie durch weit hörbares Flügelschwirren, danach jedesmal einer Strophe aus 6- bis 20mal schnell hintereinander ausgestoßenen Pfiffen, an die sich ein melodischer Triller anschließt. Bei Gefahr stoßen beide Geschlechter einen gellenden Alarmruf in hoher Tonlage aus und erheben sich in blitzschnellem Flug, wobei die Hähne ihre bis 136 mm langen Schwänze geschickt als Steuer zu verwenden wissen. Die Art ist polygyn, denn Hähne werden zur Brutzeit oft mit mehreren Hennen angetroffen. Zur Balzeinleitung umläuft der Hahn die Henne in immer enger werdenden Kreisen und geht in ca. 2 m Entfernung von ihr zur Seitenbalz über. Dazu stellt er sich mit der Breitseite zu ihr hin, hebt den ihr abgewandten Flügel leicht über den Rücken an, senkt den ihr zugewandten Flügel etwas, spreizt den Schwanz schräg zu ihr hin und sträubt das Kleingefieder. In dieser Haltung hüpft er in hohen Sprüngen wie ein Gummiball auf sie zu, stoppt kurz vor ihr, verhält, wirft den Kopf weit in den Nacken und stelzt den Schwanz. Danach nimmt er wieder Normalhaltung ein.

Haltung: Schon der im 13. Jahrhundert nach China gereiste Venezianer MARCO POLO berichtet vom Königsfasan und seinen außergewöhnlich langen Schwanzfedern, doch sollte noch über ein halbes Jahrtausend vergehen, ehe dieser ungewöhnlich schöne Vogel nach Europa gelangte. Den ersten, 1 Hahn, brachte 1831 REEVES lebend nach England. 1838 folgte 1 Henne, und wenige Jahre später trafen weitere Vögel aus Hankow in London ein, wo dem Zoo 1867 der erste Zuchterfolg gelang. Wenige Jahre danach wurden bereits Königsfasanen in größerer Zahl von englischen und französischen Züchtern vermehrt, so daß die Art bald zu den häufigsten in den Fasanerien zählte. Königsfasanen sind wetterharte Vögel, die europäische Winter gut vertragen. Das Prachtgefieder und der ungewöhnlich lange Schwanz machen den Hahn zu einer der auffälligsten Erscheinungen der Hühnervogelfamilie. Man biete Königsfasanen möglichst geräumige Volieren, weil die Hähne sich in engeren Gehegen leicht die Schwänze abbrechen. Während der Brutzeit sind Königsfasanenhähne ihren Hennen gegenüber oft sehr stürmisch; zwar kommt es selten vor, daß sie dabei ein Weibchen töten, doch sollte für Versteckplätze in Form von Buschwerk und gegen die Wand gelehnte Bretter gesorgt werden. Andere Hühnervögel und Erdtauben haben in Königsfasanengehegen nichts zu suchen und werden von diesen aggressiven Vögeln meist bald getötet. 1 Hahn gesellt man 2 bis 3 Hennen zu, die einander gewöhnlich nicht bekämpfen. Die Brutzeit währt von April bis Mai, und von manchen Hennen sind bis in den Juni hinein Nachgelege zu erhalten. In gut bepflanzten Volieren kann man Königsfasanenhennen allein brüten und die Küken aufziehen lassen, muß aber zu zudringliche Hähne entfernen. Die ziemlich kleinen Küken sind nicht weichlich und lassen sich auch bei der Kunstbrut gut großziehen. Untereinander sind die Kleinen sehr unverträglich und beginnen bereits im Alter von 1 Woche grimmig miteinander zu kämpfen. Deshalb sollten sie nie mit Küken anderer Fasanenarten zusammen aufgezogen werden. Jungvögel sind schon im folgenden Frühjahr fortpflanzungsfähig. Allerdings pflegen die Gelege einjähriger Hennen noch klein und schlecht befruchtet zu sein. Wetterfestigkeit, Schönheit, Genügsamkeit und Fruchtbarkeit des Königsfasans veranlaßten seinerzeit die Jägerwelt Europas und der USA dazu, zahlreiche Einbürgerungsversuche zu unternehmen, die nach anfänglichen guten Erfolgen jedoch aus noch unbekannten Gründen mißglückten. Auch ist der Königsfasan Jagdfasanen gegenüber sehr aggressiv und vertreibt sie binnen kurzem aus dem Revier. Königsfasanen sind auch heute durch den Fachhandel fast jederzeit und für wenig Geld erhältlich. Sie sind besonders dem Anfänger zu empfehlen.

Kupferfasanen
Syrmaticus soemmerringii

Engl.: Japanese Copper Pheasants.
Die Bergwälder der japanischen Hauptinseln Hondo, Schikoku und Kiuschu beherbergen einen endemischen Bindenschwanzfasan, den Kupferfasan, dessen Populationen geographisch außerordentlich variieren. Die nördlichsten Populationen sind am hellsten und werden südwärts allmählich zunehmend dunkler, in der Gesamtfärbung satter und kräftiger. Zwar sind bei der südlichsten Unterart *ijimae* Oberschwanzdecken und Bürzel weiß, doch besitzt sie das dunkelste Gesamtgefieder. Viele mehr oder weniger konstante Populationen des Kupferfasans sind als Unterarten beschrieben worden, was für *scintillans* und *intermedius* ebenso gilt wie für *subrufus* und *soemmerringii*. JAHN hat ausgeführt, daß die absolute Standorttreue dieses Fasans seine starke Aufspaltung in lokale Formen erkläre. Wie kompliziert die Unterartverbreitung sein kann, zeigen die Untersuchungen von YAMASHINA auf der vom warmen Kurishio-Meeresstrom umspülten Izu-Halbinsel Ost-Hondos, bei denen er deutliche Zusammenhänge von Klima und Flora mit dem Auftreten unterschiedlicher Populationen des Kupferfasans auf einem recht kleinen Areal nachweisen konnte. An den Hängen des von 2 im Winter schneebedeckten Gipfeln gekrönten gebirgigen Inneren der Halbinsel lebt *S. s. scintillans* mit weißer Säumung des Rücken- und Bürzelgefieders und schmalen Schwanzfedern. Dagegen trifft man in den mit subtropischer Flora bedeckten östlichen und westlichen Küstengebieten sowie den warmen Südhängen des 1405 m hohen Amagi-Berges Vögel vom Typ der Unterart *subrufus* mit dunklerer kupferroter Gesamtfärbung an. Nur im südlichen Gebiet der Halbinsel mit tropischen Temperaturen leben Kupferfasanen vom *soemmerringii*-Typ, deren Gesamtfärbung sogar noch dunkler ist als die der Populationen Nord-Kiuschus, während ihr schmalerer Schwanz wiederum an *subrufus* erinnert. YAMASHINA kommt zu dem Schluß, daß die Entstehung der 3 Unterarten auf so engem Gebiet von den unterschiedlichen Wintertemperaturen der Halbinsel wesentlich beeinflußt worden sein muß. Die Verbreitung der Art auf den japanischen Inseln ist kontinuierlich, die Färbungsunterschiede der Populationen liegen im klinalen Bereich, so daß man eigentlich auf die Aufstellung von Subspezies verzichten sollte.

Sömmerring- oder Kupferfasan
Syrmaticus soemmerringii soemmerringii, Temminck 1830

Engl.: Soemmerring's Copper Pheasant.
Abbildung: Seite 621 unten.
Heimat: Nord- und Mittel-Kiuschiu (Japan).
Beschreibung: Beim Hahn ist der Oberkopf kupferbraun; die Federn an der Basis und vor der Spitze oder längs des Schaftes meist schwarz; Hinterkopf kupfriger mit glänzenden Federsäumen. Übrige Oberseite goldig kupferbraun, die einzelnen Federn am flaumigen Wurzelteil graubraun, dann von einem rotbraunen Schaftstreifen getrennt rechts und links schwarz, darauf rotbraun; Spitzensaum kupferrot, seitlich gelbbraun, der ganze Spitzenteil prächtig metallisch glänzend. Die hintersten Bürzelfedern haben nicht selten an den Spitzen je 2 weiße Fleckchen, die äußeren Schulterfedern in der Regel schmale weiße Säume; Oberflügeldecken rotbraun, an der Wurzel schwarz; Handschwingen bräunlichschwarz mit unregelmäßigen rostbraun gesprenkelten Binden; Armschwingen an den Spitzen breit rostbraun, Innenfahnen mehr oder weniger weiß gesprenkelt, Spitzen der innersten Paare nicht selten schmal weiß gerändert; Schwanz kastanienbraun mit ungefähr 10 schmalen schwarzen Querbinden, vor denen ein bald sehr breites, bald nur schmales helles, in die Grundfarbe verlaufendes Feld steht, das nahe der schwarzen Binde mehr oder minder schwarz gesprenkelt ist. Die äußeren Schwanzfedern mit ausgedehnten schwarzen Spitzen. Oberschwanzdecken von der Farbe des Schwanzes, meist schmal weiß gesäumt. Unterseite rotbraun, Kropfgegend prächtig kupferrot glänzend; Federn von Brust und Unterkörper mit heller braunen, etwas graulichen Säumen; Unterschwanzdecken schwarz, die Federn mit rotbraunen Schaftstreifen. Achselfedern braun mit weißen Schaftstreifen und breiten weißen Säumen. Nackte Haut ums Auge rot; Iris braun, Schnabel hell hornfarben, an der Spitze horngelb; Füße bleifarben.
Länge 1090 bis 1362 mm; Flügel 210 bis 224 mm; Schwanz 655 bis 978 mm; Gewicht 900 g.
Die Henne hat einen bräunlichschwarzen Oberkopf mit rostbraunen Federsäumen; Hinterhals- und Vorderrückenfedern rotbraun, an den Spitzen bräunlichgrau mit weißlichem Schaftstrich und dunkelbrauner Sprenkelung, außerdem vor der Spitze mit zwei großen schwarzen Flecken. Hinterrücken und Bürzel rostbraun, schwarzbraun gesprenkelt und mit schwarzbraunen Schaftstrichen versehen. Schwanz-

federn kastanienfarben, Spitzen rahmfarben, meist etwas schwarzbraun gesprenkelt, vor der Spitze mit einer schwarzen Binde; mittelstes Schwanzfederpaar dunkelbraun, undeutlich schwarzbraun gesprenkelt und mit oder ohne Andeutungen von hell rostgelben, aus Sprenkeln gebildeten Querbinden. Kinn und Kehle hell bräunlichgelb, nach der Brust zu mit schwarzen Federspitzen; Brustfedern gelbbraun, ein breiter U-förmiger Streif schwarz. Brust und Unterkörper hell bräunlichgelb, Mitte des letzteren hell rahmfarben, fast weiß; Seiten rotbraun und schwarz gefleckt mit rahmfarbenen Endsäumen.
Flügellänge 205 bis 225 mm; Schwanz 175 bis 195 mm.
Beim Dunenküken sind Stirn, Zügel, ein breiter Augenbrauenstreif sowie Hals- und Kopfseiten röstlich rahmfarben; vom Auge zieht sich nach den Seiten des Hinterkopfes ein etwa 15 mm langer tiefbrauner Streif; Scheitel und Halsmitte rotbraun; übrige Oberseite ebenfalls rotbraun; Vorderrücken und Oberseite der Flügel heller; an den Seiten des Hinterrückens und Bürzels je ein rahmfarbener Streif. Unterseite rahmfarben, quer über die Kropfgegend ein rostbräunlicher Schatten.
Gelegestärke 6 bis 12; Ei einfarbig cremeweiß (44,0 bis 51,5 mm × 33,0 × 36,5 mm); Gewicht ca. 32 g; Brutdauer 24 Tage.

Nördlicher Kupferfasan
Syrmaticus soemmerringii scintillans,
Gould 1866

Engl.: Scintillating Copper Pheasant.
Abbildung: Seite 622 oben.
Heimat: Nord- und Mittel-Hondo.
Beschreibung: Vom Sömmerringfasan durch folgende Merkmale unterschieden: Kopffedern bräunlicher, die Säume nicht so dunkel kupferfarben, mehr rostbraun. Federränder an Nacken und Vorderrücken gelblicher. Die Rückenfedern haben breite weiße, rahmfarbig schimmernde, innen schwarz begrenzte Säume ringsum. Schwanz nicht kastanienfarben, sondern gelblich rostfarben, die mittelsten Steuerfedern mit 9 bis 10 Querbinden; diese sind von der Schwanzbasis an erst breit graulich rahmfarben, schwarzbraun gesprenkelt, dann schmal schwarz und schließlich breit kastanienfarben; die seitlichen Schwanzfedernpaare sind am Wurzelteil der Innenfahnen mehr oder minder ausgedehnt weiß, schwarzgesprenkelt. Brustfedern bedeutend heller, die des Unterkörpers haben breite, hell rahmfarbene bis weiße Säume.
Länge 875 bis 1215 mm; Flügel 205 bis 230 mm; Schwanz 484 bis 752 mm.
Die Henne ist oberseits, besonders an den Schultern und Oberflügeldecken, etwas heller, und die mittelsten Schwanzfedern zeigen eine etwas hellere Grundfarbe sowie 5 bis 6 mehr oder minder deutliche, unregelmäßige, hell graulich rahmfarbene Fleckenbinden.
Länge 510 bis 540 mm; Flügel 197 bis 217 mm; Schwanz 164 bis 196 mm.

Schikoku-Kupferfasan
Syrmaticus soemmerringii intermedius,
Kuroda 1919

Engl.: Shikoku Copper Pheasant.
Heimat: Schikoku und Südwestteil von Hondo. Exemplare von Südwest-Schikoku sind dunkler und ähneln sehr *S. s. soemmerringii*.
Beschreibung: Die Unterart ähnelt sehr dem nördlichen Kupferfasan, hat aber eine deutlich dunklere Unterseite, ohne die helleren Partien von *soemmerringii* und *subrufus*; Schwanzfedern wie beim nördlichen Kupferfasan, aber insgesamt dunkler, die breiten hellen Bänder beinahe rein weiß statt rahmweiß; mittelstes Steuerfedernpaar länger und viel breiter als bei *S. s. scintillans*.
Länge 1070 bis 1235 mm; Flügel 207 bis 228 mm; Schwanz 676 bis 845 mm.
Hennen lassen sich nicht von denen des nördlichen Kupferfasans unterscheiden.
Flügellänge 192 bis 205 mm; Schwanz 155 bis 193 mm.

Pazifischer Kupferfasan
Syrmaticus soemmerringii subrufus,
Kuroda 1919

Engl.: Pacific Copper Pheasant, Lesser Copper Pheasant.
Heimat: Südliche Ostküste von Hondo.
Beschreibung: Diese Unterart ist recht variabel und in ihren Merkmalen unbeständig. Von *intermedius* durch glänzend goldorangefarbene Federsäume des Mantel- und Rückengefieders und allgemein dunklerrote Gesamtfärbung unterschieden. Schwanz

breiter und heller als bei *intermedius*, doch nicht so hell wie bei *scintillans*.
Länge 1050 bis 1185 mm; Flügel 205 bis 220 mm; Schwanz 635 bis 815 mm.
Hennen unterscheiden sich in der Färbung nicht von denen des *S. s. scintillans*.
Flügel 192 bis 205 mm; Schwanz 164 bis 192 mm.

Weißrücken- oder Ijima-Kupferfasan
Syrmaticus soemmerringii ijimae, Dresser 1902

Engl.: Ijima's Copper Pheasant.
Heimat: Südosten von Kiuschiu.
Beschreibung: Unterscheidet sich von den anderen Unterarten durch die breitere weiße Säumung der kupferfarbenen Rücken- und Bürzelfedern; diese ist individuell verschieden stark ausgeprägt und bei vielen Hähnen von *S. s. ijimae* so breit, daß der Rücken fast, der Bürzel ganz weiß wirkt. Die rote Federmitte ist zwar noch vorhanden, wird aber durch die breit weißgesäumte, darüber gelagerte Feder fast oder ganz verdeckt.
Flügel 205 bis 235 mm; Schwanz 640 bis 235 mm.
Weibchen: Flügel 195 bis 216 mm; Schwanz 144 bis 200 mm.
Lebensgewohnheiten: Der Kupferfasan bewohnt in mehreren Unterarten die drei mitteljapanischen Hauptinseln Kiuschiu, Schikoku und Hondo, fehlt dagegen auf kleineren Inseln, die noch den Buntfasan beherbergen. Er ist in viel stärkerem Maße Waldbewohner als jener, wenn er auch zuweilen im Herbst auf offeneren Stellen, Grasland und Brachfeldern angetroffen wird. Sein eigentlicher Lebensraum sind Laub- und Mischwaldungen aller Art von der subtropischen Zone bis zur unteren Grenze der subalpinen Nadelwaldzone, die in Mittel-Hondo etwa bei 1500 m beginnt. Besonders häufig trifft man ihn in der Nachbarschaft von Gebirgsflüssen, deren Ufer mit Zypressen, Kryptomerien, Eichen und Pasaniabäumen bestanden sind. Während der kalten Jahreszeit vertreiben ihn auch mäßig hohe Schneelagen nicht aus seinem Revier. Er sucht sich dann schneefreie Stellen an Steilhängen, Bachtälern und dergleichen Plätze aus. Kupferfasanen sind sehr standorttreu und leben monogam. Die Stimme beider Geschlechter ist ein leises „Ku-u, ku-u, ku-u". Während der Balzzeit stößt der Hahn ein leises, scharfes „Chui, chui, chui" aus und klatscht dazu so laut mit den Schwingen, daß das Geräusch über eine Entfernung von 300 m hörbar ist. Die Hähne kämpfen zu dieser Zeit oft erbittert miteinander. Über die Balz der Hähne ist merkwürdigerweise noch nichts bekannt. Die Henne legt ihr Nest stets im Walde an Plätzen mit viel Fallaub an. In eine flach ausgescharrte, mit Blättern gefüllte Mulde legt sie 6 bis 12, im Durchschnitt 7 Eier, deren Bebrütungsdauer 24 Tage beträgt. Die Legezeit wechselt nach Lage des Wohngebietes und fällt allgemein in die Zeit von Anfang April bis Ende Juli. Die Nahrung besteht aus Pflanzen und Kleintieren. Im Herbst, wenn viele Laubbäume fruchten, ernähren sie sich fast ausschließlich von den fettreichen Nüssen der *Castanopsis*, Eicheln mehrerer *Quercus*-Arten, Kastanien (*Castanea crenata*), die vom Waldboden aufgepickt sowie Früchten und Beeren, die aufgebaumt gepflückt werden. Da sich Kupferfasanen gewöhnlich abseits der Kulturlandschaft halten, richten sie keine Ernteschäden an. Unter Kleintieren werden Landkrabben und kleine Eidechsen gern genommen sowie alle Insekten, Spinnentiere, Schnecken und Würmer, deren sie habhaft werden können. Kupferfasanen stehen heute unter Jagdschutz und genießen Schonzeiten. Da aber die Zahl der Jäger auch in Japan stark zugenommen, und das Straßennetz auch die früher unzugänglichen Schluchtenwälder und Steilhänge für Menschen passierbar gemacht hat, ist diese schöne Fasanenart vielerorts selten geworden. Sie wird seit einigen Jahren in den staatlichen Forstverwaltungszentren mehrerer Präfekturen recht erfolgreich durch künstliche Besamung vermehrt, worüber im Kapitel „Haltung" berichtet wird.
Haltung: Als europäischen Erstimport erwarb der Londoner Zoo im Dezember 1863 eine Kupferfasanenhenne, der 1864 4 Hähne und 2 weitere Hennen folgten. Die letzteren 6 Vögel gehörten zu einer Sendung von 14 Kupferfasanen, die REGINALD RUSSEL in diesem Jahr aus Japan nach England importiert hatte, und von denen auch einige in den Zoologischen Garten Rotterdam, den Pariser Jardin d'Acclimatation sowie zu Privatzüchtern gelangten. Ein Teilzuchterfolg gelang dem Londoner Zoo bereits im Juli 1865. 1 Henne legte 10 Eier, aus denen einige Küken schlüpften, die innerhalb weniger Tage starben. Den ersten vollständigen Zuchterfolg mit dem Kupferfasan erzielte BARON ROTHSCHILD in Ferrière, der 1866 2 Paare erworben hatte, deren Hennen noch im gleichen Jahr 19 Eier legte, aus denen 5 Junge großgezogen wurden. In den darauf folgenden Jahren wurden in Frankreich alljährlich Kupferfasanen gezüchtet und waren des-

halb in Europas großen Fasanerien keineswegs selten. Dennoch waren nach DELACOUR 1908 nur noch wenige Vögel vorhanden, nach dem ersten Weltkrieg überhaupt keine mehr, bis erneut Importe aus Japan erfolgten. Paare mehrerer Unterarten gelangten zu DELACOUR nach Clères und brachten in den folgenden Jahren reichlichen Nachwuchs.

In der Volierenhaltung sind Kupferfasanen einfach zu pflegen und wetterhart. Die Hennen legen gut, und die Aufzucht der Küken bereitet keine Schwierigkeiten. Einziges Hindernis bei der Haltung und Zucht der schönen Fasanenart bildet die Unverträglichkeit der meisten Hähne ihren Hennen gegenüber sowie bei der Zusammenhaltung mehrerer Hennen dieser untereinander. Wahrscheinlich hängt das damit zusammen, daß jeder Kupferfasan im Freileben ein eigenes Revier verteidigt und die Vögel nur kurz zur Paarung zusammen kommen. Hahn und Henne müssen getrennt gehalten und dürfen zur Paarung nur im Beisein des Pflegers zusammengelassen werden. Durch Kürzen des Oberschnabels und Amputation der Sporen können Kupferhähne für die Hennen harmloser gemacht werden. DELACOUR hat jedoch auch tolerante Kupferhähne erlebt und empfiehlt, mit diesen Zuchtstämme aufzubauen, da sich ihre verminderte Aggressivität vererben soll. In Japan hat sich die künstliche Besamung zwecks späterer Auswilderung der Jungfasanen in geeignete Reviere bewährt. Die Zuchttiere werden einzeln in nebeneinander in langer Reihe stehenden 0,7 m × 2 m großen Kleinvolieren gehalten. Die Vögel haben Sichtkontakt zu ihren Nachbarn und werden in der Reihenfolge 2 Hennen, 1 Hahn, 4 Hennen, 1 Hahn, 4 Hennen, 1 Hahn usw. gehalten. Da die Legezeit im April beginnt, werden schon ab Mitte Februar zum üblichen Fasanenmischfutter tierisches Eiweiß in Form von Fischmehl und Seidenraupenkokons sowie Multivitaminpräparate verabreicht. Zur Vermeidung von Streß sollen die Vögel mit ihren Pflegern vertraut sein, und durch schädlingssichere Umzäunung werden sie vor nächtlichen Besuchen von Füchsen, Mardern, Katzen und Hunden geschützt. Die Volieren sind nicht ganz beschattet, weil ultraviolettes Licht für die Zuchtfähigkeit ebenfalls wichtig ist. Die künstliche Besamung wird im April durchgeführt. Zwecks Spermagewinnung wird bei den Fasanenhähnen die gleiche Massage durchgeführt wie beim Haushahn. Gewonnenes Sperma wird sofort mit Ringerlösung 5fach verdünnt und der Henne nur 0,1 ml injiziert. Am sichersten ist diese Methode kurz nach einer Eiablage der Henne, weil dann die Passage der Spermien im Eileiter nicht durch ein legefertiges Ei behindert werden kann. Nach einer Besamung kann eine Kupferfasanenhenne 11, manchmal 13 Tage lang befruchtete Eier legen. Die Fertilitätsrate liegt bei 80,87 %, die Schlupfrate zwischen 92 und 95 %. Eine Henne legt jährlich je nach ihrem Alter 17,8 bis 21,2 Eier, die im Inkubator unter gleichen Bedingungen wie Jagdfasaneneier erbrütet werden. Während der ersten 10 Lebenstagen werden die Küken in einem durch eine 60-Watt-Birne erwärmten Aufzuchtapparat bei 33 °C und 40 % Luftfeuchtigkeit gehalten. Den 11. bis 20. Tag verbringen sie in einem 66 m² großen Schuppen, der durch eine 200-Watt-Infrarotbirne auf 30 °C erwärmt wird und 40 % Luftfeuchtigkeit aufweist. Vom 21. bis 40. Tag wird die Temperatur bis auf 28 °C gesenkt und die Wärmequelle ab dem 40. Tag ganz abgeschaltet. Nun können die Jungvögel bei günstigem Wetter Auslauf in einer anschließenden Voliere erhalten. Am 15. und 25. Tag wird zur Vorbeugung von Coccidiosen ein Sulfonamid verabreicht. Ab dem 45. Tag werden vorsorglich Antiwurmmittel gegeben. Seit Einführung der künstlichen Besamung werden beispielsweise im Forstzentrum der Präfektur Tochigi alljährlich 200 Jungvögel des *S. s. scintillans* aufgezogen und in unterbesetzten Revieren ausgewildert. Es wird in Japan gesetzlich dafür Sorge getragen, daß die Zuchtstationen nur reinerbige Jungvögel aufziehen und keine Kreuzungen vornehmen, die zur Verwischung der Rasseneigentümlichkeiten des Kupferfasans, etwa wie beim europäischen „Standard-Jagdfasan", führen müßten.

Aus dem Ergebnis einer weltweiten Umfrage der WPA geht hervor, daß 1982 die Haltung von 528 Kupferfasanen gemeldet wurde, die 3 anerkannten Unterarten angehörten. Von der nördlichen Unterart *scintillans* wurden aus Europa 100, aus den USA 77, aus Kanada 40, aus Lateinamerika 17 und aus Asien 13 Vögel gemeldet. Die Nominatform *soemmerringii* war in Europa mit 43, in den USA 9 und in Asien 19 Exemplaren vertreten. Von der schönsten und südlichsten Unterart *ijimae* mit weißem Bürzel wurden in Europa 114, in den USA 57, in Kanada 22 und in Asien 17 Exemplare gehalten. In diesen Zahlen sind sicher nicht die vermutlich recht zahlreichen Zuchtstämme der japanischen Tierparks und Liebhaber enthalten.

Elliot-Fasan
Syrmaticus ellioti, Swinhoe 1872

Engl.: Elliot's Pheasant.
Abbildung: Seite 622 unten.
Heimat: Ost-China südlich des Jangtse in den Provinzen Kiangsi, Süd-Anhwei, Tschekiang und Fokien. Keine Unterarten.
Beschreibung: Beim Hahn ist der Oberkopf kastanienbraun, die Augenbrauenregion mit hellgrauen Federn vermischt; Wangen und Ohrdecken graubraun, Halsseiten weißlichgrau, Hinterhals dunkler grau; Kinn, Kehle und Vorderhals schwarz; Mantel und Oberbrust leuchtend rötlich kastanienbraun, jede Feder mit schwarzem Band und metallisch kupferrot glänzendem Saum; ein weißes Schulterband; Flügel rötlich kastanienbraun mit breitem, stahlblauem Band auf den kleinen Flügeldecken; große Flügeldecken mit schwarzem Band und breiten weißen Federspitzen, die über den Flügel hinweg eine Binde bilden. Armschwingen kastanienbraun mit schwarzem Band und weißen oder grauen Federspitzen. Handschwingen stumpf braun; Unterrücken und Bürzel schwarz, weiß gesäumt, ein Schuppenmuster erzeugend. 16federiger Schwanz mit breiten hellgrauen und rötlich kastanienbraunen Bändern, die durch schmale schwarze Bänder voneinander getrennt sind. Unterbrust, Bauch und Unterbauch weiß, die Schenkel kastanienbraun mit weißer Bänderung. Flankengefieder kastanienbraun mit breiten weißen Spitzen. Unterschwanzdecken schwarz und kastanienbraun. Nackte Augenumgebung rot, Iris braun bis orangefarben, Schnabel horngelb, Füße grau.
Länge 800 mm; Flügel 230 bis 240 mm; Schwanz 420 bis 470 mm; Gewicht 1044 bis 1317 g.
Bei der Henne ist der Oberkopf rötlichbraun mit schwärzlichen Federspitzen; Augenbrauengegend, Gesicht, seitliche und hintere Halsgegend graubräunlich; Kinn, Kehle und Vorderhals schwarz; Mantel gesprenkelt; jede Feder rötlichbraun mit pfeilförmiger weißer Schaftzeichnung und breitem schwarzem Streifen oberhalb der Federspitze. Schultergefieder rötlichbraun, aschgrau gespitzt. Flügel- und Armdecken braun und schwarz bekritzelt mit großen schwarzen Flecken vor den hellgrauen Federspitzen; Handschwingen bräunlich schwarz mit unterbrochenen rötlichen Rändern; Unterrücken und Bürzel rötlichbraun, fein schwarz bekritzelt; Oberflügeldecken kastanienbraun mit hellbraunen Spitzen. Mittlere Schwanzfedern hellbraun mit schwärzlicher Kritzelzeichnung und undeutlich kastanienbrauner Bänderung und Spitze. Übrige Schwanzfedern rein kastanienbraun mit schwarzer Bänderung vor den weißen Spitzen; Oberbrust rötlichbraun getüpfelt mit schwarzer Fleckung oder Bänderung vor den Federspitzen; Unterbrust-, Brustseiten- und Flankengefieder braun, weiß gespitzt; die weißen Spitzen werden am Unterbauch so breit, daß derselbe weiß erscheint; Schenkel braun, Unterschwanzdecken kastanienbraun, breit schwärzlich gesäumt und weiß gespitzt. Iris braun, Schnabel hornbraun, Füße grau.
Länge 500 mm; Flügel 210 bis 225 mm; Schwanz 170 bis 195 mm; Gewicht 878 g.
Junghähne sind bald an den gebänderten Schwanzfedern zu erkennen.
Das Dunenküken hat Oberkopf, Rücken und Flügel rötlich kastanienbraun; Unterseite grauweiß mit hellrötlichem Band auf der Oberbrust.
Gelegestärke 6 bis 8; Ei kurzoval, cremefarben bis rosigweiß mit dicker glänzender Schale (42 mm × 33 mm); Gewicht ca. 30,2 g; Brutdauer 25 Tage.
Lebensgewohnheiten: Ursprünglich ein Bewohner immergrüner Bergwälder, hat sich der Elliot-Fasan der dichten Besiedlung seines Verbreitungsgebietes durch den Menschen anzupassen vermocht und kommt jetzt in dichter Sekundärvegetation von Bambusgestrüpp, Farnen und Buschwerk aus Krüppelkiefern, Lebensbäumen, Ahornarten etc., sogar in angepflanzten Monowaldkulturen und Grasland vor. Besonders in Steilschluchten der Berge ist er vor Menschen einigermaßen sicher. Da die Regierung der Chinesischen Volksrepublik seit 1980 im ganzen Lande Naturreservate für die bedrohte Tier- und Pflanzenwelt geschaffen hat, und Bestände des Elliot-Fasans im 1978 gegründeten Forstreservat Wuyishan der Provinz Fujian vorkommen, kann mit dem Überleben der Art gerechnet werden. Über die Biologie dieser schönen Fasanenart ist man am besten aus der Volierenhaltung informiert.
Haltung: Der berühmte französische Jesuitenpater und Naturforscher PÈRE DAVID erhielt im Winter 1873/74 bei Kuatan einen lebenden Elliot-Hahn, den er 1874 als europäischen Erstimport dem Pariser Jardin des Plantes schenkte, wo der Vogel mehrere Jahre lebte. 1879 wurde 1 Paar durch den englischen Tierhändler JAMRACH importiert und an RODOCANACHI verkauft, der die Art in seiner Fasanerie in Andilly bei Paris erstmals in Europa züchtete. 1882 importierte JAMRACH erneut 4,6 Elliot-Fasanen, die ebenfalls Nachwuchs brachten, so daß die Art bald in den europäischen Fasanerien in guten Beständen vertreten war; gelegentliche Importe aus

China sorgten für Blutauffrischung. Vor allem durch die Ereignisse des letzten Weltkrieges hatten die Elliotbestände in Europa sehr gelitten, konnten aber hauptsächlich durch Importe aus den USA bald wieder auf den früheren Stand gebracht werden. C. E. KNODER hat in seiner Fasanenfarm in Ohio von 1952 bis 1960 1500 Elliot-Fasanen aufgezogen und darüber im WPA-Journal 1982/83 ausführlich berichtet. Nach seinen Erfahrungen muß man das Verhalten des Elliot-Fasans als „wild" bezeichnen: Unter all den Hunderten, die während der genannten Jahre großgezogen wurden, befand sich nie ein zutraulicher Vogel. Die Art ist scheu, nervös und schreckhaft. Jungvögel werden mit 10 bis 11 Monaten geschlechtsreif. Mit Beginn der Balzzeit Ende Januar und im Februar wird eine deutliche Vergrößerung der roten Orbitalhaut erkennbar. Die Hähne beginnen dann ähnlich dem Jagdfasan mit den Flügeln zu schwirren. Die Balz vor der Henne ist eine typische Seitenbalz, während der der Hahn ihr den Körper schräg zuneigt, wodurch die weißen Flügelbinden, die Schuppenzeichnung des Rückens sowie die Bindenmusterung des gefächerten Schwanzes eindrucksvoll zur Geltung kommen (KRUIJT, 1963). Manche Elliot-Hähne geraten während dieser Zeit derart in Erregung, daß sie in Aggressivität umschlägt, und paarungsunwillige Hennen unbarmherzig verfolgt und getötet werden. Solchen Hähnen werden die Handschwingen gekürzt, um sie am Fliegen zu hindern, und für die Hennen wird unter dem Volierendach ein Ast befestigt, auf den sie bei Verfolgung fliegen und sich ausruhen können. Nach Durchführung der geschilderten Maßnahmen hatte KNODER kaum noch skalpierte und getötete Hennen zu verzeichnen. Wie bei allen Bindenschwanzfasanen ist auch das Stimmrepertoire des Elliot-Fasans gering. Von beiden Geschlechtern hört man am häufigsten leise Gluck- und Gackertöne. In Gefahrsituationen stoßen sie häufig einen schrillen, dabei nicht lauten Schrei aus. Die gleiche Lautäußerung hört man auch während der Fortpflanzungszeit von Hähnen, die sich gegenseitig sehen, aber wegen des trennenden Drahtgeflechts nicht bekämpfen können. Sie dürfte in solchen Situationen Wut ausdrücken. Erwachsene wie Junge verfügen außerdem über einen Alarmton, der aus einem unterbrochenen Pfiff in absteigender Tonskala besteht. Auf diesen Warnpfiff reagieren gewöhnlich auch sämtliche andere Fasanenarten KNODERS. Bei Auswilderungen hatte er häufig Gelegenheit, das Fluchtverhalten zu beobachten. In den bewaldeten Hügeln Ohios jagten Freigelassene sofort hoch und setzten ihren Flug schnell und gradlinig fort. Ihr Flug führte sie häufig durch Baumkronen, selten über diese hinweg, und in bergigem Gelände flogen sie talwärts. Die sehr an Rauhfußhühner erinnernde Flugweise wurde nicht lange durchgehalten, und nach 300 bis 500 m erfolgte die Landung. Der Landeplatz war meist leicht auszumachen und lag gewöhnlich im dichtesten Unterholz der Umgebung. Elliot-Fasanen scheinen den längsten Teil des Jahres hindurch Einzelgänger zu sein. Selbst bei einer Haltung im Rudelverband wurden niemals Anzeichen sozialer Bindung bei ihnen beobachtet. Auch spricht ihr im Gegensatz zu den geselligen Ohr-, Blut- und Schwarzfasanen recht geringes Stimmrepertoire für Einzelgänger. Mehrere Hähne lassen sich nicht wie etwa bei Gold- und Silberfasan friedlich zusammenhalten. Der stärkste Elliot-Hahn tötet alle übrigen männlichen Artgenossen. Zur Zucht wurden den Brutpaaren in Ohio große Volieren zur Verfügung gestellt. Im Lauf der Jahre wurden Versuche zur Feststellung des für eine optimale Befruchtung günstigste Geschlechtsverhältnis durchgeführt, die von der Paarhaltung bis zur Haltung eines Hahnes mit bis zu 5 Hennen reichten. Die Haltung von 1:1 und 1:2 erbrachte die günstigsten Resultate. Bei größerer Hennenzahl (1:3 bis 1:5) fiel die Befruchtungsrate der Gelege bis auf 24%. Auch das Zusammensetzen von Vögeln unterschiedlichen Alters, wie Jährlingshähnen mit Althennen und umgekehrt, brachte keine besseren Ergebnisse. Eine neue Erfahrung wurde jedoch bei diesen Versuchen gemacht: Ein Hahn, der während eines oder zweier Jahre unfruchtbar geblieben war, erzielte später mit anderen Hennen eine fast 100%ige Fertilität! Daraus kann man schließen, daß das Problem eher verhaltens- als physiologisch bedingt war. Das gleiche Phänomen ist ja auch beim Braunen Ohrfasan und Temmincks Tragopan beobachtet worden.

In Ohio, das am 39.° nördlicher Breite liegt, beginnt der Elliot-Fasan zwischen dem 10. und 20. März zu legen. Die Henne legt regelmäßig jeden 2. Tag. Die Legetätigkeit erlischt am 15. Mai, und danach fallen noch einige Eier bis zum 10. Juni an. Innerhalb von 8 Jahren brachten 380 Elliot-Hennen 5426 Eier, was einem Schnitt von 14,3 Eiern pro Henne entspricht. Doch ergaben sich in den einzelnen Jahren erhebliche Schwankungen. Im besten Jahr, 1957 legten 36 Hennen 802 Eier (22,3 Eier pro Henne), in den schlechtesten, 1958 und 1960, betrug die Legeleistung pro Henne nur 11,5 bis 12,3 Eier. Die Eiproduktion wird von 2 Faktoren beeinflußt. Da die Eiablage gewöhnlich bei Einbruch der Dunkelheit erfolgt, sind zu Beginn der Legezeit die Keimlinge durch Nachtfröste morgens abgestorben. Deshalb wurden die Volieren während dieser Zeit nach Einbruch der Dunkelheit nach Eiern abgesucht. Wie KNODERS Leute dies bewerkstelligt haben, ohne die Fasanen durch die Suchaktionen zu panikartigem Umherflattern veranlaßt zu haben, bleibt allerdings sein Geheimnis. Ein weiteres Problem bei der Elliot-Zucht ist das Eierfressen. Hat ein Vogel damit begonnen, lernen es die übrigen schnell und zerstören praktisch jedes Ei. Eine wirkungsvolle Methode, dies zu verhindern, besteht in der Kürzung der Oberschnabelspitze mit dem Taschenmesser um 15 mm. Dadurch entsteht keine Blutung und nur die empfindliche innere Schnabelschicht wird exponiert. Elliot-Küken sind klein, von der Größe der Goldfasanenküken und haben auch deren angenehmes Verhalten. Sie sind weder konkurrenzneidisch noch aggressiv wie junge Königsfasanen, weshalb man sie sowohl mit Artgenossen wie mit anderen friedlichen Arten zusammen aufziehen kann, z. B. Gold-, Amherst-, Schwarzfasanen- und Tschier-Küken. Trotz ihrer geringen Größe und Zartheit sind Elliot-Küken jedoch widerstandsfähig. Zahm werden sie nicht. Die Entwicklung ist die gleiche wie beim Königsfasan: Im Alter von 16 bis 18 Wochen haben sie Größe und Gefieder der Erwachsenen erhalten.

Wie aus einer weltweiten Umfrage der WPA ersichtlich, wurde 1982 die Haltung von 847 Elliot-Fasanen gemeldet, von denen 424 in Europa, 306 in den USA, 74 in Kanada, 29 in Asien und 14 in Lateinamerika gepflegt wurden.

Mikado-Fasan
Syrmaticus mikado, Ogilvie-Grant 1906

Engl.: Mikado Pheasant.
Abbildung: Seite 639 oben.
Heimat: Die Insel Taiwan (Formosa). Zentrale Gebirgszüge in Lagen von 1800 bis 3000 m. Keine Unterarten.
Beschreibung: Beim Hahn sind Kopf und Hals purpurblau, Mantel und Brust ebenso gefärbt, dazu mit schwarzer Fleckung; kleine Flügeldecken und Unterrücken tiefschwarz mit metallischblauen Federsäumen, die bei einzelnen Vögeln teilweise oder ganz weiß sein können; große Decken schwarz mit breiten weißen Endsäumen, eine auffällige weiße Binde bildend; Federn der inneren und äußeren Armschwingen mit dreieckigen weißen Spitzenflecken; Handschwingen einfarbig bräunlichschwarz; Oberschwanzdecken und der lange 16federige Schwanz schwarz mit weißen Querbinden, die bei Nahbetrachtung eine feine Schwarzsprenkelung aufweisen. Unterbauch stumpfschwarz, Unterschwanzdecken schwarz mit schmalen weißen Spitzen.
Rosen rot, Iris rotbraun, Oberschnabel schwarz mit gelblicher Spitze, der Unterschnabel horngelb, die Füße dunkelgrau.
Länge 875 mm; Flügel 210 bis 230 mm; Schwanz 490 bis 530 mm; Gewicht 836 bis 1200 g.
Bei der Henne sind Kopf und Hals olivbraun, zum Oberkopf und Genick zu rötlicher werdend; Ohrdecken schwarz und weiß, Mantel, Rücken, Bürzel schwarz, rötlich gefleckt mit auffälliger weißer Pfeilzeichnung, die durch die hellen Federschäfte entsteht; Schulter- und Flügeldeckfedern mit je 2 schwarzen Augenflecken, die rötlich und oliv gesäumt sind; rötliche Armschwingen schwarz gebändert. Mittlere Steuerfedern kastanienbraun, hell und graubraun gerandet, schwarz getupft, dazu mit ca. 12 Längsbinden geschmückt; äußere Steuerfedern mit schwarzweißen Spitzen; Kinn und Kehle bräunlichweiß, Brust olivgrau, das Seitengefieder weißlich.
Länge 528 mm; Flügel 187 bis 215 mm; Schwanz 172 bis 225 mm; Gewicht 1015 g.
Dunenküken ähneln denen des Elliot-Fasans, doch sind Scheitel und Flügel hellrötlich, die Unterrückendaunen dunkel erdbraun.
Gelegestärke 5 bis 10; Ei viel größer und in der Form länger als bei den übrigen *Syrmaticus*-Arten, cremefarben (55 mm × 39 mm); Gewicht 26,2 g; Brutdauer 26 bis 28 Tage.
Lebensgewohnheiten: Mikado-Fasanen bewohnen dichte Mischwälder aus Eichen, Zypressen, Wacholdern und Kiefern mit Bambusunterwuchs, bevorzugt an Steilhängen von Gebirgstälern. Die Vögel treten während der Morgen- und Abendstunden zur Äsung auf Blößen aus und sind überaus scheu; man hat Paare, aber auch Hähne mit 2 Hennen angetroffen. Stimmfühlungslaut ist ein oft wiederholtes leises Glucksen, der Revierruf der Hähne ein schrilles langgezogenes „Chiri". Gelege werden auf Taiwan von Ende Februar bis in den Mai hinein gefunden. Die Brutdauer ist mit 26 bis 28 Tagen länger als bei anderen Bindenschwanzfasanen.
Das Balzverhalten des Mikado-Fasans ist 3 Jahre lang durch SAHIN (1984) an 20 Volierenvögeln untersucht worden. Bei einigen Hähnen begannen sich schon Ende Dezember an sonnigen Tagen bei

3,5 °C die Rosen zu vergrößern. Dazu schritten sie oft in Stolzhaltung langsam umher. Bei dieser Haltung sträuben sie das Gefieder mit Ausnahme der obersten Kehl- und Halspartie, halten den Körper horizontal oder den Oberkörper etwas schräg angehoben und den obersten Halsteil leicht geknickt. Die Flügel werden etwas vom Körper weggehalten und gesenkt, die parallel zum Boden gehaltenen Schwanzfedern gefächert. Dieses Verhalten verstärkt sich ab Mitte bis Ende Februar zusehends und richtet sich immer gezielter auf das Weibchen. Die nun karminroten Rosen bedecken ähnlich wie beim Jagdfasan während der Fortpflanzungszeit einen immer größeren Gesichtsabschnitt, und das Seitenpräsentieren wird häufiger ausgeführt. Es hat u. a. auch Aggressionsfunktion und wird ganzjährig auch von Hennen und Küken ausgeführt. Bei Anwesenheit einer Henne plustert der Mikado-Hahn sein Gefieder, um dadurch größer zu erscheinen, stellt sich seitlich zu ihr hin, senkt den ihr zugewandten Flügel, zieht den abgewandten am Körper leicht hoch, spreizt die Steuerfedern schräg zum Weibchen hin, sträubt die Scheitelfedern und versucht es langsam zu umkreisen. Weibchen ergreifen zu dieser Zeit noch die Flucht, vielleicht weil sie Aggressivität vermuten oder ihr Ovar noch nicht aktiviert ist. Beim Futterlocken stellt sich der Hahn vor das betreffende Objekt (Körner, Gras, gefüllter Futternapf) und lockt mit leisem „Giek giek", den tiefgehaltenen Kopf ruckartig in Senkrechtrichtung bewegend, den Schnabel auf das Futter weisend. Nie hebt er nach *Gallus*-Manier den Futterbrocken auf und läßt ihn wieder fallen, noch bietet er ihn der Henne im Schnabel an. Diese reagiert auf das Futterangebot sehr verschieden: Manche Hennen ignorieren es, andere laufen zögernd eine Strecke darauf zu, wonach sie der Mut verläßt, doch einige nehmen das Futter an. Danach geht der Hahn meist in Seitenbalzhaltung über, verfolgt ein sich entfernendes Weibchen jedoch selten. Auch eine Kopulation erfolgt, anders als beispielsweise bei Wachteln, darauf nicht. Mitte März/Ende April erreicht die Balz den Höhepunkt. Die Hähne befinden sich nun fast dauernd in einem Zustand der Erregung, laufen mit gesträubtem Gefieder sowie leicht gesenkten Flügeln umher und verfolgen fliehende Hennen recht häufig. Diese retten sich meist auf einen Baumast und werden dorthin vom Hahn nicht verfolgt. Häufig nimmt der zum Weibchen hinrennende Hahn in ca. 1 m Entfernung von ihr eine extreme Seitenbalzhaltung mit nach vorn gebeugtem Körper, tiefgehaltenem Kopf, am Boden schleifender Schwinge und schräg gespreizten Steuerfedern ein, bewegt ständig den Schwanz auf und ab, ein Raschelgeräusch erzeugend, und häufig einen fauchenden Laut ausstoßend. Einer Kopula geht jedoch stets die bisher vom Mikado-Fasan noch nicht beschriebene und von SAHIN erstmalig festgestellte Frontalbalz voraus. Sie beginnt damit, daß das Männchen bei Ansichtigwerden eines Weibchens allmählich den Vorderkörper aufrichtet und eine schräge bis fast senkrechte Haltung einnimmt. Dabei bläst es die Halsluftsäcke auf, dehnt die Rosen durch Blutfüllung maximal, während das Körpergefieder mit Ausnahme der Hinterhalsfedern angelegt bleibt und der Schwanz nicht gefächert wird. In dieser Stellung hüpft er in Abständen von ca. 50 cm auf das Weibchen zu, bis er sich ihm auf 50 cm genähert hat und hüpft dann auf der Stelle. Nach SAHIN sind Mikado-Fasanen nicht so schweigsam, wie bisher angenommen wurde. Das schrille Pfeifen der Hähne dürfte wie das Flügelschwirren der Revierbesitzanzeige dienen. Wenn auch Hennen das ganze Jahr hindurch gelegentlich mit den Flügeln schwirren, kann das darauf zurückzuführen sein, daß auch sie Reviere besitzen.

Haltung: Typmaterial dieses schönen Gebirgswaldfasans sind ein Paar Schwanzfedern, die von dem britischen Sammler GOODFELLOW 1906 im Kopfschmuck eines Lastenträgers als einer noch unbekannten Fasanenart zugehörig erkannt worden waren. Auf Befragen teilte man ihm mit, der Vogel sei am Mt. Arizan erlegt worden und die Art selten. Doch noch im November des gleichen Jahres sammelte ein japanischer Präparator dort 20 Mikado-Fasanen, deren Bälge durch A. OWSTON nach Europa gelangten. Im Oktober 1912 gelang GOODFELLOW der Import von 8, 3 Mikado-Fasanen, die in den Besitz einer MRS. JOHNSTONE in England übergingen. Die Erstzucht gelang bereits 1913. Viele Küken wurden sowohl von den eigenen Müttern wie Hühnerammen großgezogen. Nach dem 1. Weltkrieg waren nur noch wenige Mikadohähne übriggeblieben, doch konnten 1926 mit einigen von Prinz TAKA-TSUKASA zu DELACOUR nach Clères (Normandie) gesandten wildgefangenen Paaren neue Zuchten aufgebaut werden. Seitdem ist die Art in den Fasanerien Europas und Amerikas ziemlich häufig vertreten. Sie ist leicht halt- und züchtbar. Hennen legen schon im 1. Jahr, doch lassen sich bessere Resultate mit wenigstens 2jährigen Weibchen erzielen. Diese können zwischen Ende März und Mitte Juli bei Fortnahme des jeweiligen Geleges 15 bis 20, ausnahmsweise bis 36 Eier legen.

Mikadoküken sind ruhig, zutraulich und ohne Schwierigkeiten aufzuziehen. Mit 5 Monaten sind sie weitgehend ausgefärbt. In einer größeren Voliere können 2 bis 3 Hennen zusammen mit einem Hahn gehalten werden und sind meist untereinander verträglich. Ein Mikadohahn in Balzstimmung verfolgt seine Henne nie weiter, wenn diese auf einen Ast geflüchtet ist.

Aus einer weltweiten Umfrage der WPA geht hervor, daß 1982 insgesamt 532 Mikadofasanen gemeldet wurden, davon 332 in Europa, 132 in den USA, 33 in Kanada, 29 in Asien und 6 in Lateinamerika.

Manipur-Humefasan
Syrmaticus humiae humiae, Hume 1881

Engl.: Mrs Hume's Bar-tailed Pheasant.
Abbildung: Seite 639 unten links.
Heimat: Gebirge Manipurs, die Naga-, Patkoi- und Lushai-Berge und Nord-Burma westlich des Irawadi und südwärts bis zum Mt. Victoria. 2 Unterarten.
Beschreibung: Beim Hahn ist der braune Scheitel oliv getönt; zwischen ihm und der oberen Grenze der Orbitalhaut ein schmaler weißer Streif; Kinn und Oberkehle schwarz, der Hals und ein schmaler Abschnitt des Vorderrückens tief samtschwarz mit breiter, dunkel stahlblauer Federsäumung; Vorder- und Mittelrücken kastanienrot, die Federn des Unterrückens und Bürzels mit stahlblauer Mitte und weißer Säumung, ein auffallendes Schuppenmuster bildend; Oberschwanzdecken grau, die Federn mit undeutlicher und unterbrochener schwarzer Querbinde über die Federmitte; Schwanz länger als beim Elliothahn, das lange Mittelpaar abwechselnd breit grau und schmal kastanienbraun gebändert, die kastanienbraunen Bänder oben schmal schwarz gesäumt; die 4 folgenden Steuerfederpaare mit breiter kastanienbrauner Subterminalbinde, die äußeren Paare mit weißen Enden. Schultern mit auffälliger weißer Querbinde, die kleinen Flügeldecken kastanienrot, die unteren mit schmaler weißer Querbinde, die mittleren größtenteils schwarz mit stahlblauem Glanz, eine breite Binde quer über den Flügel bildend, die großen Decken kastanienrot mit breitem weißem, oben schmal schwarz abgesetztem Endteil, eine weitere weiße Querbinde bildend und die Armschwingen ebenso gefärbt. Handschwingen braun mit kastanienbraunen Säumen. Brust wie der Rücken leuchtend kastanienrot, die Federn mit schmalem, subterminalem stahlblauem Fleck und nach hinten zu in ein dunkles Kastanienbraun übergehend; Schenkel und Bauchmitte braun und kastanienrot gesprenkelt, die Unterschwanzdecken schwarz mit matt blaugrünem Glanz. Schnabel dunkel grünlichhornfarben mit hellerer Spitze und dunklerer Schnabelbasis, nackte Orbitalhaut dunkel karmesinrot, Iris braun bis orangefarben, Beine trüb hellbraun.

Länge ca. 900 mm; Flügel 206 bis 225 mm; Schwanz 400 bis 535 mm; Gewicht 1080 g.

Die Henne ähnelt sehr der des Elliot-Fasans, ist jedoch in der Gesamtfärbung blasser und hat eine einfarbig braune Kehle; Vorderhals und Oberbrust sind meist einfarbig gelbbraun, können jedoch bei manchen Weibchen schwärzlich gefleckt sein; Brustmitte und Unterbauch gelbbraun, weiß gebändert, niemals reinweiß.

Länge 600 mm; Flügel 198 bis 210 mm; Schwanz 200 mm. Gewicht 650 g.

Dunenküken sollen im wesentlichen Elliot-Küken gleichen.

Gelegestärke 6 bis 9; Ei breitoval, größer als beim Elliot-Fasan (48 mm × 35 mm); cremefarben bis rosigweiß; Gewicht 33 g; Brutdauer 27 Tage.

Burma-Humefasan
Syrmaticus humiae burmanicus, Oates 1898

Engl.: Burmese Bar-tailed Pheasant.
Heimat: Gebirge Südwest-Jünnans, Nord-Burma östlich des Irawadi, die Shan-Staaten. In Thailand nur im Norden in den Bergwäldern nördlich Chieng Mais.
Beschreibung: Bei dieser Unterart ist das Stahlblau der Oberseite tiefer, mehr purpurn, seine Ausdehnung auf Kropf und Vorderrücken geringer; Unterrücken- und Bürzelgefieder tiefschwarz statt bläulich, die Federn mit 5 mm breiten weißen Säumen ausgestattet, wodurch diese Partien weißer erscheinen. Hennen sollen von denen der Nominatform nicht unterscheidbar sein. Die Körpermaße sind die gleichen wie bei der Nominatform.
Lebensgewohnheiten: Humefasanen beider Unterarten bewohnen Gebirge in Lagen zwischen 1200 und 3000 m auf felsigem, zerklüftetem Boden, gern an Steilhängen, und in solchem Gelände offene Grasflächen mit verstreuten Wald- und Buschparzellen. Sie sind also keine Hochwaldbewohner.

Fast alles, was wir gegenwärtig über Stimme und

Verhalten der Art wissen, verdanken wir Beobachtungen von DAVISON. Er hörte als vermutlichen Kontaktlaut von beiden Geschlechtern ein lautes „Tschuck". Ein mehrmals wiederholtes, gedämpft murmelndes „Buk" könnte dem Zusammenhalt von Truppmitgliedern dienen. Laut ausgestoßen dient es als Warnsignal. Hähne „zischen" während intensiver Seitenbalz vermutlich ähnlich, wie es von den Kragenfasanenmännchen bekannt ist.

Die kleinen Wintergesellschaften lösen sich im März/April auf. Die Hähne verkünden dann ihren Revieranspruch durch über 30 m weit hörbares Flügelschwirren. Ihre Aggressionshaltung gegenüber fremden Hähnen besteht in vorwärts orientierter Körperhaltung mit erhoben gehaltenem Kopf, gesträubtem Kleingefieder sowie erhobenem und gespreiztem Schwanz. Ein Seitendrohen ähnelt sehr der Seitenbalz und wird auch von Hennen ausgeführt, die sich zudringlicher Hähne erwehren möchten. Der Hahn lockt die Henne durch „Futteranbieten", ein Steinchen oder Zweigstückchen aufpickend und wieder fallen lassend, dabei Glucktöne ausstoßend. Eilt sie herbei, nimmt der Hahn die Seitenbalzhaltung ein. Dazu senkt er in Seiten- und Schräghaltung zum Weibchen hin den ihm zugewandten Flügel, hebt gleichzeitig den der anderen Körperseite leicht an, sträubt das Kleingefieder, fächert den langen Schwanz parallel zum Körper und hält den Kopf niedrig. In dieser Haltung rennt der Hahn, Bögen beschreibend und zwischendurch immer wieder anhaltend, um die Henne herum, nach jeder Rennphase den Kopf von ihr abwendend, um seine friedlichen Absichten zu bekunden. Einmal sah DAVISON auch eine Frontalbalz: Der Hahn schwenkte auf die Henne ein und nahm mit niedrig gehaltenem Kopf, schildartig vor- und seitwärts gehaltenen Flügeln und senkrecht gefächertem Schwanz eine Frontalstellung zu ihr ein. Vor einer Paarung nähert sich der Hahn in erhobener Haltung mit gedehnten Rosen und gesträubtem Nackengefieder der geduckt wartenden Henne und besteigt sie. Nester wurden in freier Wildbahn zwischen März und Mai gefunden. Sie waren gut unter Vegetation verborgen und enthielten 6 bis 10 Eier. Aus dem Verhalten von Volierenvögeln läßt sich auf Polygynie der Art schließen.

Die Entdeckung des Humefasans spielte sich in ähnlicher Weise wie die des Mikadofasans und Kongopfaus ab: Dem britischen Zoologen HUME fiel bei einer Manipur-Expedition die lange Fasanenschwanzfeder im Kopfschmuck eines seiner Träger auf, und er erkannte sie als einer noch unbekannten Art zugehörig, die ihm Eingeborene bald danach lebend brachten.

Haltung: Die europäische Ersteinfuhr des Humefasans erfolgte erst 1961 nach England durch einen Händler in Kalkutta. 1962 erhielten der Kölner, der Frankfurter Zoo sowie der Tierpark Berlin-Friedrichsfelde Paare aus gleicher Quelle. Erstzüchter ist F. E. B. JOHNSON in Bedford (England) der darüber im Avic. Mag. 1963 berichtet hat. Eine Henne begann am 29. April mit dem Legen. Nachdem die ersten Eier unbefruchtet waren, führten 7 vom 5. bis 18. Mai gelegte Eier zum Erfolg. Am 14. Juni schlüpften unter einer Zwerghuhnamme 2 Küken. Die Humehenne fuhr weiter mit dem Legen fort, und aus 5 am 25. Mai einer Hühnerglucke untergelegten Eiern schlüpften am 24. Juni 4 Küken. Die Brutdauer beträgt demnach wie beim Mikado-Fasan 27 Tage und nicht 25 wie beim Elliot-Fasan. Die Humeküken ähnelten sehr denen des Elliot-Fasans und waren außerordentlich wild und quecksilbrig. Als sie zusammen mit der Hühnerglucke in einen Drahtauslauf gesetzt wurden, verbrachten sie erst einige Minuten damit, gegen das Drahtgitter zu rennen und es war schwierig, sie unter die wärmende Glucke zu bekommen. Schließlich hatten sie es begriffen und von da an bereitete ihre Aufzucht keine Schwierigkeiten mehr. Bei einer Fütterung mit Putenkükenstarter-Preßlingen in Krümelform, dazu reichlich Mehlwürmer, gediehen sie zufriedenstellend. Sie wuchsen etwas langsamer als Elliot-Küken, doch erhielten die Junghähne mit ca. 5 Monaten das Prachtgefieder. Nach anfänglicher Scheuheit faßten die Jungvögel allmählich Vertrauen zu ihrer Umwelt und wurden schließlich viel zutraulicher als gleichaltrige Elliot-Küken. Über eine schnelle Vertrautheit mit dem Menschen hatte damals auch HUME von einem erwachsenen Wildhahn des Humefasans berichtet, was beim nahe verwandten Elliot-Fasan nicht zu erwarten ist. Inzwischen ist der schöne Bänderschwanzfasan häufig nachgezüchtet worden, und gut fundierte Stämme werden in Europa und den USA gehalten. Aus einer weltweiten Umfrage der WPA geht hervor, daß 1982 insgesamt 527 Humefasanen gehalten wurden, davon 275 in Europa, 180 in den USA, 52 in Kanada, 12 in Asien und 8 in Lateinamerika.

Weiterführende Literatur:

BAKER, E. C. ST.: The Fauna of British India, Birds. Vol. V.; Genus *Syrmaticus*; pp. 302–305. Taylor & Francis, London 1928

DERS.: Game Birds of India, Burma and Ceylon. Vol. III; Genus *Syrmaticus*; pp. 174–186. Bombay Nat. Hist. Soc. 1930

BEEBE, W.: Monograph of the Pheasants, Vol. III; *Syrmaticus;* pp. 145–189. Witherby, London 1922

DAVISON, G. W. H.: The behaviour of the Barred-backed Pheasant (*Syrmaticus humiae* HUME). Journ. Bombay Nat. Hist. Soc. 76; pp. 439–446 (1979)

DELACOUR, J.: The Pheasants of the World. 2. Edition, IX. The Longtailed Pheasants – Genus *Syrmaticus;* pp. 237–261; Spur Publications 1977

Dr. H. in B.: Über einige Fasanenarten. 1. Der Mikadofasan; pp. 33–34, 2. Der Elliotfasan; pp. 67–69, 3. Der Königsfasan; pp. 117–118, 4. Der Sömmerringsfasan; pp. 118–119. Gef. Welt 63 (1934)

DÜRIGEN, B.: Die Geflügelzucht; V. Fasanen: 4. Sömmering's Fasan; pp. 336–337, 5. Elliot's Fasan; pp. 337–338, 6. Königsfasan; pp. 338–339. P. Parey, Berlin 1886

JAHN, H.: Zur Ökologie und Biologie der Vögel Japans. *Syrmaticus soemmerringii* (TEMMINCK) – Yamadori. Journ. Ornithol. 90; pp. 300–301 (1942)

JOHNSGARD, P. A.: The Pheasants of the World. Genus *Syrmaticus,* pp. 184–200; Oxford Univ. Press, Oxford 1986

JOHNSON, F. E. B.: Breeding Hume's Bar-tailed Pheasant. Avic. Mag. 69; pp. 22–23 (1963)

JOHNSTONE: The Mikado Pheasant. Avic. Mag. 3. Series, Vol. VI; pp. 265–266 (1915)

KNODER, C. E.: Elliot's Pheasant Conservation. WPA-Journal VIII; pp. 11–28 (1982–1983)

KRUIJT, J. P.: Notes on wing display in the courtship of Pheasants. Avic. Mag. 69; Elliot's Pheasant; p. 15, Reeve's Pheasant; p. 17 (1963)

LA TOUCHE, J. D. D.: A Handbook of the Birds of Eastern China. Vol. II; Nr. 526 *Syrmaticus reevesii,* Nr. 527 *S. ellioti*; pp. 224–228. Taylor & Francis, London 1931–1934

OGILVIE-GRANT, W. R.: A Handbook to the Game-Birds, Vol. II; Gruppe der Gattung *Syrmaticus* (damals noch unter *Phasianus* geführt); pp. 34–44. Edward Lloyd, London 1897

SAHIN, R.: Zur Balz des Mikadofasans in Gefangenschaft. J. Orn. 125; pp. 15–23 (1984)

SAHIN, R.: Zur Lateralpräsentation des Mikadofasans. J. Orn. 126; pp. 213–216 (1985)

SALIM ALI, RIPLEY, S. D.: Handbook of the Birds of India and Pakistan, 2. Edition, Vol. 2; Nr. 308: Mrs Hume's Barredback Pheasant; pp. 119–120. Oxford University Press, London – New York 1980

SEVERINGHAUS, S. R.: Recommendations for the conservation of the Swinhoe's and Mikado Pheasants in Taiwan. WPA-Journal III; pp. 79–89 (1977–1978)

SMYTHIES, B. E.: The Birds of Burma. Mrs. Hume's Pheasant; p. 438; Oliver & Boyd, London 1953

STRESEMANN, E., HEINRICH, G.: Die Vögel des Mt. Victoria (Burma). Mitt. Zool. Mus. Berlin, vol. 24; p. 115 (1940)

TAKA-TSUKASA: The Birds of Nippon. Vol. 1, Part I. Genus 2 – *Syrmaticus*; pp. 18–70 (Mikadofasan, Kupferfasan). Witherby, London 1932

YAMASHINA, Y.: Notes on the geographical variation in colour of *Phasianus soemmerringii* in Izu Peninsula. The Zool. Mag. Vol. XXXVIII (1926)

DERS.: Notes on the Japanese Copper Pheasant – *Phasianus soemmerringii*. WPA-Mag. I; pp. 23–42 (1975–1976)

Jagdfasanen
Phasianus, Linné 1758

Engl.: Pheasants.
Abbildung: Seite 657 alle.

Die Benennung „Jagdfasanen" für die Unterarten der *P. colchicus*-Gruppe ist nicht gerade glücklich gewählt, aber im deutschsprachigen Raum so gebräuchlich, daß sie in Ermangelung treffenderer Namen hier beibehalten wird. Diese Fasanen sind Hühnervögel mittlerer Größe (Länge 500 bis 700 mm) mit langem spitzem Schwanz. Das Scheitelgefieder ist kurz, das der Hinterkopfseiten unmittelbar über der Ohrregion im männlichen Geschlecht verlängert, auf jeder Seite ein „Ohrbüschel" bildend, dessen Länge bei den Unterarten variiert. Die Kopfseiten sind bei den Hähnen nackt, rot und mit Schwellkörpern versehen. Sie werden während der Fortpflanzungszeit durch Blutzufuhr um ein mehrfaches erweitert, dadurch Stirn- und Kinnlappen bildend. Inmitten dieser „Rosen" der Jäger sind schmale unauffällige Streifen unter und hinter dem Auge befiedert. Die Flügel sind gerundet, die Handschwingen wenig bis erheblich länger als die längsten Armschwingen, von denen die 4. und 5. am längsten, die 1. etwa so lang wie die 8. ist. Die 18 Steuerfedern sind bei den Hähnen doppelt so lang wie die Flügel, stark gestuft, flach, die mittleren Paare am längsten, ihre Fahnen an den Säumen haarartig zerschlissen, sich nach hinten verschmälernd und in eine Spitze auslaufend. Bürzel- und Oberschwanzdeckfedern sind ebenfalls an den Enden haarartig zerschlissen. Die Hähne sind prächtig gefärbt und tragen größtenteils bunte, metallisch glänzende Federn sowie quergebänderte Schwanzfedern. Das Gefieder der unscheinbar isabellgelb, ockerfarben oder braun gefärbten Henne weist komplizierte Bänder-, Streifen- und Kritzelmuster auf, die der Tarnung brütender Weibchen auf dem

Jagdfasan: A in Balzstimmung, B im Ruhekleid.

Nest dienen. Bis auf kleine Bezirke fehlt den Hennen die nackte Orbitalhaut der Hähne, und die mittleren Schwanzfedern sind nicht auffällig länger als die nach außen folgenden. Die schlanken Beine der Jagdfasanen tragen im männlichen Geschlecht an der Laufhinterseite einen konischen Sporn, im weiblichen manchmal eine knopfförmige Erhöhung. Jagdfasanen bewohnen in zahlreichen Unterarten Eurasien vom Atlantik bis zum Pazifik. Eine ganz erhebliche Vergrößerung ihres ursprünglichen Verbreitungsgebietes verdanken sie dem Menschen, der dieses hochgeschätzte Jagdwild bereits im Altertum aus Vorderasien nach Europa verpflanzte und in der Neuzeit auch auf dem nordamerikanischen Kontinent, Neuseeland, Hawaii sowie mehreren kleineren Gebieten eingebürgert hat.

Nach VAURIE (1965) ist die geographische Variation innerhalb der Gattung *Phasianus* in den isolierten wie zusammenhängenden Verbreitungsarealen stark ausgeprägt. Die zahlreichen Unterarten lassen sich in 5 Gruppen aufteilen, die durch gemeinsame Farbmuster des Männchengefieders charakterisiert sind. Die Weibchen der Unterarten sind nur wenig voneinander unterschieden.

Haupterkennungsmerkmale der Männchen der 5 Gruppen sind folgende:

1. Die Schwarzhalsfasanen (Colchicus-Gruppe) bewohnen den Westteil des Artareals und weisen die stärkste Purpurfärbung des Gefieders, dazu braune und isabellgelbe Flügeldecken auf. Ein weißes Halsband fehlt oder ist nur schwach angedeutet.
2. Die Weißflügelfasanen (Principalis-Chrysomelas-Gruppe) ersetzen die Schwarzhälse ostwärts in Transkaspien, Afghanistan und dem russischen Turkestan. Bei ihnen ist das Gefieder mehr rötlich als purpurn, und die Flügeldecken sind weiß oder weißlich. Bei manchen Hähnen ist ein unregelmäßig geformtes, unvollständiges Halsband vorhanden.
3. Die Kasachstanfasanen (Mongolicus-Gruppe) aus Kasachstan (Kirgisien) und Chinesisch-Turkestan (Sinkiang), aber nicht der Mongolei, wie der wissenschaftliche Name einer Unterart fälschlich besagt. Die beiden Unterarten besitzen weiße Flügeldecken wie Gruppe 2, sind aber viel satter gefärbt als Hähne der Gruppen 1 und 2, nämlich kupferrot mit stark bronzegrünem Schimmer und tragen dazu ein breites weißes, vorn offenes Halsband.
4. Die Tarimfasanen (Unterarten *shawi* und *tarimensis*) unterscheiden sich zwar ziemlich stark voneinander, werden aber trotzdem in eine Gruppe vereinigt, weil sie typische Bindeglieder zwischen den West- und Ost-Subspezies darstellen. Spuren weißer Nackenfedern finden sich bei *shawi*.
5. Die Graubürzelfasanen (Torquatus-Gruppe) bewohnen in zahlreichen Unterarten den Ostteil des Artareals. Sie sind durch überwiegende Graufärbung von Flügeln, Bürzel und Oberschwanzdecken charakterisiert und haben im Vergleich mit anderen Unterartengruppen eine dunklere, stärker schwarzgebänderte Schwanzoberseite, im übrigen jedoch ein recht variables Gesamtfarbmuster. So tragen einige Unterarten weiße Überaugenbänder, die anderen fehlen. Auch haben durchaus nicht alle weiße Halsbänder, obwohl diese unter ihnen insgesamt häufiger auftreten als bei den anderen Gruppen. Wenn man von der „Ringfasanengruppe" spricht, tut man dies eigentlich nur aus Tradition, weil ihr zuerst importierter Vertreter, der chinesische *P. c. torquatus*, einen breiten weißen Halsring trägt.

Schwarzhalsfasanen, Colchicus-Gruppe

Die Unterarten dieser westlichsten Gruppe besitzen die stärkste Purpurfärbung des Gesamtgefieders sowie gelbbraune oder braune Flügeldecken. Ein weißer Halsring fehlt oder ist bei den östlichen Unterarten schwach angedeutet. Das Verbreitungsgebiet erstreckt sich über den Norden der Türkei, Kaukasien und die Kaspiniederungen.

o. Paar des Königsfasans, *Syrmaticus reevesii* (s. S. 607)
u. Sömmerring- oder Kupferfasan,
Syrmaticus soemmerringii soemmerringii (s. S. 609)

Transkaukasischer Fasan
Phasianus colchicus colchicus, Linné 1758

Engl.: Common Pheasant, Southern Caucasus Pheasant.
Abbildung: Seite 639 unten rechts.
Heimat: Vormals bewohnte der Jagdfasan den größten Teil Grusiniens (= Georgiens), Armeniens und die Rion-Flußebenen entlang des Schwarzen Meeres bis Suchum-Kale. Gegenwärtig kommt er in Abchasien, der westgrusinischen Ebene, in Kachetien und Garakachetien, entlang des Alasanflusses bis zum Dorf Awami, ostwärts in Nord-Grusinien bis zu dem östlichen Grenzgebieten des Malewski-Bezirks vor. In Aserbaidschan ist er Brutvogel der Ebenen von Sakataly ostwärts bis Ismail sowie von Kuba bis Chatschmas im Nordosten. In Armenien kommt er gegenwärtig mit Sicherheit nur im Kefangebiet vor. Jagdfasanen, die mit der Nominatform identisch sind, brüten in verstreuten Gebieten der Türkei, Südost-Bulgarien und Thrazien. Bei ihnen könnte es sich um natürliche Vorkommen handeln.
Beschreibung: Oberkopf des Hahnes dunkelbronzegrün, Stirn, Brauenregion und Federohren dunkelgrün, mitunter blau glänzend; Kopfseiten und Hals purpurblau, zum Teil mit grünem Metallglanz; Federn des Nackens und Vorderrückens rotbraun mit schwarzbraunem Grund, goldig bis kupferrötlich schimmernden Säumen und tiefschwarzem Spitzenfleck; die Federsäume werden nach der Rückenmitte zu heller und sind von einer gleichlaufenden schwarzen Binde begrenzt; Federn des Bürzels und die an den Säumen langzerschlissenen Oberschwanzdecken schwarz und gelbbraun gefleckt mit breiten kupferrot und purpurn schimmernden Säumen; gleichen Schimmer zeigen die breiten, zerschlissenen Säume der mittleren Schwanzfederpaare, während die übrigen einen rotbraunen Saum aufweisen. Grundfarbe der Schwanzfedern gelbbraun bis olivbraun, alle mit einer bei den mittleren schwächerer, nach den äußeren hin zunehmender schwarzer Sprenkelung und schwarzen Querbinden, die nach den Spitzen hin breiter werden. Flügeldecken gelbbraun mit helleren Schäften, innere wie die inneren Schwingen kupfrig glänzend. Schwingen braun mit helleren, weißlich ockerfarbenen Fleckenbinden. Die lebhaft kupfern und purpurn schillernden Federn des Kropfes, der Brust und der Körperseiten sind rotbraun mit braunem Grund und lebhaft metallisch schillernden Spitzen sowie samtschwarzem Endsaum. Mitte des Unterkörpers schwarzbraun, einige Federn mit purpurfarbenem Endsaum. Unterschwanzdecken rotbraun, an der Spitze zuweilen mit schwarzem, metallisch grünglänzendem Fleck. Iris hell rostbraun, Kopfseiten nackt und rot mit kleinen befiederten Flecken und größerem, ebensolchem Streifen unterhalb der Augen, im Frühling zu Lappen (Rosen) anschwellend. Schnabel hell bräunlichgelb, Füße bräunlich hornfarben, der Lauf mit dickem, scharfem Sporn.
Länge 800 bis 900 mm; Flügel 238 bis 256 mm; Schwanz 425 bis 536 mm.
Gewicht des Hahnes durchschnittlich 1150 g, bei gutgenährten Vögeln bis 1300 g.
Die Henne hat eine schwarze und bräunlich sandfarbene Oberseite; die einzelnen Federn sind bräunlichschwarz mit rostfarbenen und bräunlich sandgelben äußersten Säumen, an Hinterhals und Nacken größtenteils kastanienbraun mit purpurnem Schiller; Schwingen braun mit unregelmäßigen breiten, getüpfelten, rahmfarbenen Querbinden, die innersten Armschwingen wie der Rücken. Bürzelfedern nicht merklich zerschlissen. Mittlere Schwanzfedern in der Mitte unregelmäßig rotbraun, schwarz und schmal hell sandbräunlich gebändert, seitlich hell sandfarben und dunkelbraun getüpfelt. Kinn und Kehle rahmfarben, Vorderhals und Kropffedern rötlichbraun mit schwarzer Querzeichnung in der Mitte und hell rötlichbraunen Säumen; Seiten ähnlich gezeichnet, aber heller. Mitte von Brust und Unterkörper bräunlich sandgelb, braun getüpfelt und sparsam braun gefleckt, oft fast ungefleckt.
Länge 600 mm; Flügel 210 bis 220 mm; Schwanz 290 bis 310 mm; Gewicht ca. 900 g.
Das Dunenküken hat von der Stirn zum Scheitel einen schwärzlichen Streifen, kastanienfarbenen Scheitel, schwärzlich gestrichelte Hinterkopfseiten, sandgelbe Stirn und ebensolchen Überaugenstreif. Kopfseiten rahmfarben, hinter dem Ohr ein schwarzer Fleck. Rücken rötlich sandbraun, längs der Mitte ein breiter, an jeder Seite ein unscharf umgrenzter und teilweise schmalerer schwarzer Streif. Unterseite rahmfarben; Schlupfgewicht um 20 g.
Gelegestärke 8 bis 12 Eier. Ei kurzoval, meist dick und kurz, schwach glänzend, meistens olivbraun,

o. Hahn des Nördlichen Kupferfasans,
Syrmaticus soemmerringii scintillans (s. S. 610)
u. Hahn des Elliot-Fasans, *Syrmaticus ellioti* (s. S. 613)

gelegentlich braun, graugrün und blaugrau. Eigröße durchschnittlich 45,2 mm × 35,5 mm; Gewicht 30 bis 33 g. Brutdauer 22 bis 24 Tage.

Lebensgewohnheiten: Habitate des Jagdfasans in Transkaukasien sind lichte Laubwälder, die in den Ebenen Grusiniens und Aserbaidschans häufig einen für Menschen fast undurchdringlichen Unterwuchs aus über mannshohem Brombeergestrüpp *(Rubus),* darüber hoch und dicht die Bäume erklimmende Dornenlianen der Stechwinde *(Smilax)* aufweisen, die den Vögeln Schutz und winterliche Deckung bieten. Ebenso bewohnen sie die von dichten Busch- und Baumstreifen gesäumten Bewässerungskanäle der Felder, aus denen sie leicht auf die letzteren gelangen können. Neben den Galerie- und Auenwäldern (Tugai) entlang der Steppenflüsse in den Ebenen bewohnt der Fasan auch reine Schilfgebiete ohne jeden Baumwuchs, wie sie sich beispielsweise als Überschwemmungsflächen und von kleinen Wasserläufen und Seen durchsetzt, an manchen Stellen des unteren Laufes der Kura finden. In den westlichen Vorbergen der Kaukasus-Südhänge, die die Fasanen bis in Höhen von 800 m bewohnen, leben sie gern in Teeplantagen. Die Populationsstärke des Jagdfasans in der Grusinischen und Aserbaidschanischen SSR ist vor allem vom Klima abhängig. In Transkaukasien werden die häufigen milden Winter mit viel Regen und wenig Schnee immer wieder von einzelnen strengen Wintern unterbrochen. Während milde Winter den Fasanenbestand nicht schädigen und in der nachfolgenden Brutsaison zu einer starken Zunahme führen, dezimieren strenge Winter die Bestände fast bis zum Erlöschen. Die strengen Winter von 1895/96, 1910/11 und 1924/25 haben im sonst milden West-Grusinien die Fasanenbestände örtlich getilgt. Bei 30 bis 40 cm hohen Schneelagen, verharschtem oder vereistem Schnee, kann der Fasan nicht mehr an seine Futterquellen gelangen, und lange Frostperioden schwächen ihn ebenfalls. Die Vögel verhungern und erfrieren dann in großer Zahl, werden auch geschwächt eine leichte Beute von Schakalen, Füchsen und Sumpfluchsen. Auch während anderer Jahreszeiten können Bestandsverluste durch abnorme sommerliche Trockenheit, Überschwemmungen der Auwälder und Schilfflächen sowie das Abbrennen von Buschwerk und trockenem Rohr eintreten. Früher litt der Fasanenbestand auch durch rücksichtslose Bejagung ganz erheblich, was gegenwärtig durch feste Jagdzeiten nicht mehr der Fall ist. In seinem Verhalten weicht der Jagdfasan kaum von anderen Unterarten der Colchicus-Gruppe ab. Manche Hähne hatten bis zu 3 Hennen in ihrem Revier. Kämpfe zwischen konkurrierenden Hähnen sind im Frühjahr häufig, nehmen aber stets einen harmlosen Verlauf. Erste Vollgelege wurden im Gebiet von Aresch Anfang Mai, in den Vorbergen bei Dschewanschir erst ab Mitte Juni gefunden, wobei es sich wohl um Zweitgelege gehandelt haben mag.

Haltung: Der Kaukasische Fasan gehört zu den ältesten von Menschen gehaltenen und gezüchteten Hühnervögeln. Der römische Dichter MARTIAL (40 bis 100 n. d. Ztr.) hat von der griechischen Sage berichtet, wonach die Argonauten unter der Führung Jasons eine Seefahrt nach dem am Schwarzen Meer gelegenen Colchis unternahmen, um dort das Goldene Vlies zu erbeuten. Nebenbei fingen sie am Flusse Phasis herrlich bunte Hühnervögel, die sie mit nach Hellas brachten. Von jenem Fluß Phasis, dem heutigen Rion, leitet sich der griechische Name des Vogels „Phasianos", davon wiederum der römische „Phasianus" und der deutsche „Fasan" ab. Der von LINNÉ gewählte wissenschaftliche Artname „colchicus" berücksichtigt dazu die Herkunft aus dem Lande Colchis, dem heutigen Georgien oder Grusinien. Tatsächlich wird der Fasan über den regen Schwarzmeerhandel der Griechen nach Hellas gelangt sein. Der griechische Dichter ARISTOPHANES (450 bis 385 v. d. Ztr.) erwähnt ihn zuerst und ARISTOTELES (384 bis 322 v. d. Ztr.) kannte ihn gut. In Ägypten wurde der Fasan zur Zeit des Ptolemäers EUERGETES II. (146 bis 117 v. d. Ztr.) als Tafelgeflügel gezüchtet. In Griechenland hat der Vogel nie eine besondere Rolle gespielt. Nach Italien kamen Fasanen später als Pfauen, den erst PLINIUS d. Ä. (23 bis 79 v.d.Ztr.), STATIUS und MARTIAL erwähnen sie. Zu Zeiten dieser Schriftsteller wurden die Vögel in Gehegen gezüchtet und für die Tafel gemästet. PALLADIUS (4. Jhd. n. d. Ztr.) gibt in seinem „De re rustica" Anweisungen für ihre Fütterung. In einem Edikt des Kaisers DIOKLETIAN (284 bis 405 n. d. Ztr.) haben der gemästete und der wilde Fasan, *Phasianus pastus et agrestis,* sowie die Fasanenhenne ihren besonderen, von oben anbefohlenen Marktpreis. Mit den Römern gelangte der Fasan in viele Teile ihres Reiches. Im Museum von Trier befindet sich ein Relief, das bezeugt, daß bereits zur Römerzeit Fasane im Rheinland heimisch geworden waren. KARL DER GROSSE ordnete durch seine „Capitularien" an, daß in seinen Pfalzen neben Nutz- und Ziergeflügel auch Fasanen gehalten würden. Das ganze Mittelalter hindurch blieb der Fasan ein Bewohner der von Fürsten und Reichen unterhaltenen Gehege, die sich Zucht und Pflege der Vögel etwas kosten ließen. Der Jagdfasan ist nie zu einem echten Haustier geworden und überlebt in Mitteleuropa nur unter der schützenden Hand des Menschen. In Fasanerien muß sein Bestand in freier Wildbahn immer wieder ergänzt werden, was durch Auswilderungen geschieht. Da zu häufig Kreuzungen mit anderen Unterarten der Colchicus-Gruppe erfolgte, ist es gegenwärtig fast unmöglich, reinerbige Zuchtstämme der Nominatform zu erhalten. Gewöhnlich wird der Jagdfasan einschließlich aller Unterarten der *Colchicus*-Gruppe wegen seines stark ausgeprägten Fluchtverhaltens von den Züchtern für ausgesprochen dumm und unzähmbar gehalten.

Indessen ist das Ehepaar HEINROTH durch Beobachtungen an einem selbstaufgezogenen Hahn der Nominatform zu einem bedeutend günstigeren Urteil über die Intelligenz des *Phasianus colchicus* gekommen. Dieser Vogel war völlig vertraut, flog auf den Arm, um Mehlwürmer aus der Hand zu picken und wehrte sich, wenn man ihn mit dem Finger neckte. Schon im Winter begann er, die in der Ruhe sehr zusammengezogenen Rosen der Kopfseiten zu entfalten und die Federohren aufzurichten, ließ auch oft seinen Revierruf erschallen und schwirrte mit den Flügeln. Bald machte er seinem Pfleger Liebesanträge, sah dagegen in dessen Frau einen zu bekämpfenden Gegner. Er verbiß sich wütend in deren Arme und Beine und betrommelte sie mit den Läufen. Da er noch keine Sporen besaß, konnte er dadurch keine ernsthaften Verletzungen erzeugen. Sein Spiegelbild beeindruckte ihn nicht, und auch um eine kleine Haushenne kümmerte er sich nicht. Als das Ehepaar HEINROTH zwecks Prüfung des Erkennungsvermögens beim Fasan die Kleidung wechselte, war der Hahn zunächst ratlos, sah dann beiden Personen scharf ins Gesicht und begann schließlich Herrn HEINROTH zu umbalzen, obwohl dieser Frauenkleidung trug. Danach wandte er sich zu dessen Frau, nahm die Wutstellung ein und ging ihr wie einem Gegner zu Leibe. Als Frau HEINROTH ihre Kleidung mit der ihrer Schwester tauschte, ließ sich der Fasan auch diesmal nicht täuschen, sondern griff wiederum nach Betrachten der Gesichter seine „Feindin" an. Als der Hahn später in die Fasanerie des Berliner Zoos gegeben wurde, benahm er sich dort seinem Pfleger gegenüber scheu wie ein Wildvogel, erkannte seinen früheren Besitzer jedoch sofort wieder, als dieser nach mehreren Tagen das Gehege betrat. HEINROTH schließt aus diesen Versuchen, daß der allgemein für „geistig" recht beschränkt gehaltene Jagdfasan über ein beachtliches Unterscheidungsvermögen verfügt, das man ihm niemals zugetraut hätte. Ein Trappenhahn versagte in der gleichen Situation vollständig und umkämpfte oder umwarb nur die ihm bekannten Kleidungsstücke, ohne sich um die Gesichter der Träger zu kümmern.

Nordkaukasischer Fasan
Phasianus colchicus septentrionalis, Lorenz 1888

Engl.: Northern Caucasian Pheasant.
Heimat: Flußniederungen des Kuban, Terek und der Kuma nördlich der Kaukasuskette sowie die Westküste des Kaspischen Meeres von der Wolgamündung im Norden bis nach Daghestan im Süden. Gegenwärtig recht selten geworden und aus dem Gebiet von Ordschonikidse sowie westlich davon verschwunden. Ostwärts erstreckte sich das Verbreitungsgebiet früher bis ins Gebiet von Gurew im Delta des Uralflusses.
Beschreibung: In beiden Geschlechtern heller als die Nominatform; die Hähne sind weniger purpurn, mehr goldrot gefärbt und oberseits weniger dicht purpurschwärzlich gefleckt, unterseits geringer purpurblau gebändert.
Hahn: Flügel 250 bis 276 mm; Schwanz 395 bis 406 mm. Henne: Flügel 228 bis 205 mm; Schwanz 225 bis 280 mm.
Lebensgewohnheiten: Habitate des Nordkaukasischen Fasans sind Dickichte aus Weiden, Ölweiden, Bockdorn, Schlehen sowie Rohrbestände an Flußufern und in Auenwäldern. Ab der 2. Sommerhälfte und im Herbst besucht er Getreide- und andere Felder. Bergwärts steigt er in breiten Flußtälern bis zu Stellen, an denen diese ihm zu schmal werden und kann so bis 700 m hoch in die Berge eindringen. In strengen Wintern treten oft schwere Bestandsverluste durch starken Schneefall, Dauerfrost, im Wolgadelta auch Überschwemmungen auf. Die Balz beginnt Anfang bis Mitte April. Wie bei anderen *Colchicus*-Unterarten werden in den Revieren häufig Hähne mit 2 Hennen angetroffen. Vollgelege aus 10 bis 17 Eiern wurden bei Kissljar am 4. Mai, in Nord-Ossetien Mitte Mai und in Sulak Ende Mai gefunden.
Haltung: Vermutlich gelegentlich importiert, aber nichts darüber bekannt. In zoologischen Gärten der UdSSR sicher schon gehalten.

Talysch-Fasan
Phasianus colchicus talischensis,
Lorenz 1888

Engl.: Talish Pheasant.
Heimat: Südöstliches Transkaukasien. In Talysch nordwärts bis zur unteren Kura, ostwärts entlang der südkaspischen Provinzen Irans (Ghilan, Massanderan) bis ins Gebiet von Babol Sar und Sari in Ost-Massanderan, wo es vermutlich zur Hybridisation mit der Unterart *persicus* kommt. Auf Inseln der Kisyl-Agatsch-Bucht im Kaspi vom Menschen eingeführt.
Beschreibung: Die Unterart *talischensis* ist nur wenig von *colchicus* durch die beim Hahn schmaler gebänderten, purpurblauen Kropffedern sowie die etwas dunkler braune Hennenfärbung verschieden. Flügel 237 bis 240 mm; Gewicht 860 bis 975 g (SCHÜZ).
Lebensgewohnheiten: G. HEINRICH (1928) schreibt über diese Unterart des Jagdfasans: „Er ist in den Dickichten der Gilaner Ebene, besonders an schilfigen und sumpfigen Stellen, ein verbreitetes und viel gejagtes Wild. Er soll in der Ebene bei Längarud besonders häufig sein. Im Gilaner Waldgebirge ist er in den niedrigen Vorbergen überall vertreten. Ich fand ihn jedoch auch in den höheren Lagen und selbst noch ein paar 100 m unter der oberen Baumgrenze. Stets ist sein Vorkommen an das Vorhandensein ausgedehnten und dichten Brombeergestrüpps gebunden. Am 22. Juni bemerkte ich im Walde östlich Suledä ein Gesperre mit noch ziemlich kleinen Jungen, ebenso ein verlassenes Nest mit Eiern."
Auch E. SCHÜZ (1959) fand diesen Fasan im Bereich der Buschwildnis von Gilan ungemein verbreitet und traf ihn in den Rohrbeständen des Murdab an. Er schreibt: „Der Kenner hört sofort, daß in 4 von 5 Fällen der Doppelruf des Hahns sich erheblich vom Krähen der in Mitteleuropa eingeführten Fasanen unterscheidet: Er ist weniger tief, mehr metallen, nicht so geräuschhaft krächzend, also zarter. WOOSNAM fiel auf, daß die nordpersischen Fasanen mit viel weniger Geräusch aufstehen als die englischen und daß die Hähne nie das abschließende „Gackern" hören lassen, wenn sie sich erheben. Beim Abflug zum Schlafplatz krähen sie nur sehr selten und dann nur schwach.
Wie I. und W. GENENGER berichten, war der Talysch-Fasan 1966 in der Buschwildnis Gilans entlang der Kaspiküste häufig. Leider hatte dort der Iraner DADASCHI auf seinem Gut Gulega aus Jugoslawien importierte Ringfasanen ausgesetzt und auf der Nehrung westlich der Stadt Bender Pahlevi mit Erfolg eingebürgert. Sollten zukünftig unter Talysch-Fasanenhähnen weiße Halsbänder auftauchen, ist dies auf Ringfasanenblut zurückzuführen (Ornithol. Mittlg. 20, 1968).
Haltung: Nichts bekannt.

Persischer Fasan
Phasianus colchicus persicus,
Sewertzow 1875

Engl.: Persian Pheasant.
Heimat: südwestliches Transkaspien im Kopet-Gebiet vom Gebiet des Geok Tepe westwärts zum Akhal Tekke und dem unteren Sumbarfluß (UdSSR), südwärts ins benachbarte nördliche Mittel- und Nordwest-Khorasan (Iran) von der Region von Bujnurd westwärts zum unteren Gurganfluß und die Gebiete von Gurgan und Bender Schah. Von dort aus scheint sich entlang der Kaspi-Südküste ein breites Hybridgebiet zwischen *persicus* und *talischensis* zu erstrecken.
Beschreibung: Von reinerbigen *talischensis* unterscheidet sich *persicus* durch erheblich hellere, isabellfarbene statt bräunliche Flügeldecken und die hellere, fast goldgelbe Mantel-, Unterhalsseiten-, Oberbrust- und Flankenfärbung. Die dunklen Säume des Kropfgefieders neigen zur Schmalheit von *talischensis*, und nach VAURIE zeigen sich bei einigen Stücken auf dem grünen Nackengefieder schmale subterminale Säume als Halsbandandeutung. Demgegenüber gab BUXTON (1921) an, daß im Gebiet von Pahlevi am Südwestufer des Kaspi bei den Fasanenhähnen weiße Halsabzeichen nicht selten seien und ein voller weißer Halsring eine große Ausnahme darstelle. DADASCHI, ein ortsansässiger Iraner, bestätigte SCHÜZ gegenüber BUXTONS Angaben, so daß wir annehmen können, daß sich eine breite Hybridzone des Fasans von Bender Schah bis nach Pahlevi erstreckt.
Flügellänge 233 bis 248 mm.
Lebensgewohnheiten: Von denen der benachbarten Unterarten kaum verschieden.
Haltung: Nichts bekannt.

Weißflügelfasanen, Principalis-Chrysomelas-Gruppe

Gemeinsame Merkmale der Unterarten dieser Gruppe sind reinweiße Flügeldecken sowie bräunlich orangefarbene Mittelrücken-, Bürzel- und Oberschwanzdeckenbefiederung. Die dunklen Federsäume der Unterseite sind breit, zuweilen so breit, daß sie das Rot der Mittelbrust zum Schwinden bringen. Bei manchen Unterarten ist ein weißer Halsring angedeutet, bei anderen gut ausgebildet. Das Verbreitungsgebiet der Weißflügel sind die Flußtäler des südlichen Turkmenistan, nördlichen Afghanistan, das Flußsystem des Amu Darja sowie Flüsse des westlichen Sinkiang.

Prinz-of-Wales-Fasan
Phasianus colchicus principalis,
Sclater 1885

Engl.: Prince of Wales's Pheasant.
Heimat: Östliche Ausläufer des Kopet-Dag im Kaakha-Bezirk, die Flußtäler des Tedschen, Murgab und Kushka in Turkmenistan; südwärts im Iran bis nach Nordost-Khorasan; Nordwest-Afghanistan bis zum Tal des Hari Rud.
Beschreibung: Nach HARTERT ist die Unterart *principalis* von der westlich in Kaspinähe lebenden *persicus*, von der sie durch Wüstengebiete getrennt ist, durch helleren Rücken, weiße Flügeldecken und breiter blauschwarz gesäumte Federn der Unterseite unterschieden. Mittelrücken, Bürzel und Oberschwanzdecken bräunlich orangefarben, mit Ausnahme der letzteren, mit grünschwarzen Endsäumen und ohne kupfrig purpurnen Schimmer. Spuren eines weißen Halsringes sind selten. Oberflügeldecken fast reinweiß, mit nur sehr schwachem graulichem oder rahmfarbenem Anflug, niemals bräunlich. Die Kehle variiert von Kupferbraun mit purpurnen Federsäumen bis Schwarzbraun mit blaugrünen oder grünblauen Federsäumen. Federn der Kropfgegend und Vorderbrust an der Spitze breit leuchtend goldorangefarben, vom roten Mittelteil durch eine ganz schmale violette Linie getrennt und braunrot gesäumt; Kropf-, Brust- und Körperseiten haben breite blauschwarze Säume und davor eine breite goldene Binde; Unterkörpermitte und Unterschwanzdecken rotbraun, meist mit blaß purpurnen oder bläulich messingfarbenen Federsäumen. Die Mitte der Steuerfedern ist rotbraun ohne eine Spur von olivfarbenem Anflug und ohne Gelb.
Hahn: Flügel 235 bis 253 mm; Schwanz 390 bis 510 mm. Henne: Flügel 208 bis 225 mm.
Lebensgewohnheiten: Die Unterart wurde 1884 von Mitgliedern der Afghanischen Grenzfeststellungs-Kommission an den Ufern des Murgab (Bala-Morghab) entdeckt, wo sie überaus häufig war. In dem von Wasserlachen durchsetzten und teilweise überschwemmten Tamarisken- und Schilfdschungeln wateten die Fasanen nicht nur durchs Wasser, sondern schwammen sogar in dem 60 bis 90 cm tiefen Wasser, um zum nächsten trockenen Platz zu gelangen. Morgens und abends verließen sie die schützende Deckung und begaben sich zur Futtersuche auf offenes trockenes Gelände. In der UdSSR bewohnen sie gras- und buschbewachsenes Gelände zwischen Schilfbeständen in der Nähe von Getreidefeldern und richten in Melonenkulturen durch Anpicken der Früchte manchmal erhebliche Schäden an. Mitte April ist die Fortpflanzungszeit in vollem Gange. Nach SPANGENBERG weicht das Krähen der Hähne etwas von dem der kaukasischen Nominatform ab. Die Hähne rufen bis Mitte Juli. Revierhähne halten sich nahe beim Wasser auf und fliegen oft auf Büsche, niedrige Bäume und Grasbülten, wohl weil sie von dorther ihr Gebiet besser überblicken können und ihr von Flügelklatschen begleitetes Krähen von solchen erhöhten Plätzen auch weiter gehört werden kann. Nester findet man häufig auf trockenem Gelände unter vorjährigen verdorrten Kameldornstauden *(Alhagi)*, deren Färbung der der brütenden Henne gleicht. Stark bebrütete Gelege aus 9 bis 12 Eiern wurden von SARUDNY zwischen dem 22. Mai und 1. Juni gefunden, gleichzeitig auch Gesperre aus ca. rebhuhngroßen Küken. Einmal wurde ein Nest bei Repetek in der keineswegs baum- und strauchlosen Turkmenenwüste weitab vom Wasser gefunden. Die Henne dürfte ihre Küken wohl kaum großgezogen haben. Ältere Jungvögel mehrerer Gesperre sollen sich nach SARUDNY unter Führung eines Althahnes sammeln. Solche „Jugendclubs" können bis zu 50 Mitglieder umfassen.
Haltung: Der Prinz-of-Wales-Fasan wurde als einziges Mitglied der Weißflügelgruppe in größerer Zahl 1902 durch Colonel SUNDERLAND nach England importiert, schon im Jahr darauf und später noch

häufig und ergiebig gezüchtet. Ein reinerbiger Stamm existierte in europäischen Fasanerien bis 1914, war aber am Ende des 1. Weltkrieges verschwunden. Jedoch muß nach dem 2. Weltkrieg erneut ein Import nach Europa erfolgt sein, denn in einem Census der 1982 weltweit gehaltenen Wildhühner teilt die WPA mit, daß in diesem Jahr die Haltung von 39 Prinz-of-Wales-Fasanen gemeldet wurde.

Amu-Darja-Fasan
Phasianus colchicus zarudnyi,
Buturlin 1904

Engl.: Amu-Darya Pheasant, Zarudny's Pheasant.
Heimat: Tal des mittleren Amu-Darja von der Stadt Kerk nordwärts bis Dargan-Ata.
Beschreibung: Die Unterart ist außerordentlich variabel und wird von DEMENTIEW als Hybridpopulation angesehen, die möglicherweise aus den Unterarten *principalis, bianchii* und *chrysomelas* entstanden ist. Beim Amu-Darja-Fasan ist die Rückenregion allgemein heller als bei *principalis*, doch sind einige Individuen nicht von letzterem zu unterscheiden, sogar dunkler gefärbt. Schwarze Federsäumung auf dem Rücken fehlt zuweilen vollständig und geht, wenn vorhanden, nie in den schwarzen Endfleck über; auch auf den Schulterfedern fehlen schwarze Säume meist. Weiße Nackenbänder werden häufiger angetroffen als beim Prinz-of-Wales-Fasan; oft ist aber nur eine schmale weiße Binde an den Halsseiten vorhanden, die nicht geschlossen ist, auch nur angedeutet sein und ganz fehlen kann.
Hahn: Flügel 227 bis 244 mm. Henne: 213 bis 224 mm.
Lebensgewohnheiten: Habitate der Amu-Darja-Subspezies sind dichte Schilf- und Rohrdickichte (*Phragmites* und *Typha*), die nur selten auf trocknerem Gelände mit Seggen, Salzstrauch (*Halimodendron*) und Süßholzstauden (*Glycirrhiza*) bewachsen sind, Tugaiwälder an Flüssen, mit Tamariskendschungel bewachsene versumpfte Talsenken, ebenso die zwischen der Wüste und den Kulturen liegenden Buschsäume. Sie kommen auch an die Ränder der Dörfer und in strengen Wintern in die Parkanlagen von Städten, beispielsweise der Stadt Kerki.
Über die Fortpflanzung ist wenig bekannt. Die Hauptlegezeit fällt vermutlich auf Ende April und endet Mitte Mai. Am 24. März wurde ein sehr frühes Nest mit legebereiter Henne von GIZENKO im Denau-Distrikt entdeckt. Es stand gut getarnt in einer Ravennagras-Bülte (*Erianthus*) an der Böschung eines Bewässerungskanals und war eine flache Erdmulde mit ein paar Pflanzenteilen darin. Ein sehr spätes Nest mit 9 wenig angebrüteten Eiern wurde noch am 16. Juni gefunden. Die Hähne übernachten während der Fortpflanzungszeit nach MEKLENBURTSEW (1941) auf dem Erdboden in Süßholz-, Binsen- und Dornbuschbeständen und beginnen bei Sonnenaufgang zu rufen. In hellerem Tageslicht treten sie dann auf Lichtungen mit niedriger Vegetation hinaus, um zu äsen, besuchen auch Sanddünen der Wüste. Dort treffen sie auch mit den Hennen, bis zu 3 Stück, zusammen. Diese begeben sich in der Mittagshitze vermutlich auf ihre Nester, während der Hahn zum Trinken eine Wasserstelle aufsucht. In der Dämmerung wird nochmals bis zur fast völligen Dunkelheit Nahrung aufgenommen. Sie besteht in der ersten Sommerhälfte überwiegend aus Wildpflanzensämereien, meist von Leguminosenarten, in geringerem Maße grünen Pflanzenteilen sowie Maulbeeren, daneben Körnern von Wildgräsern, Erbsen, ausnahmsweise Bohnen und zuweilen Nachtschattenfrüchten. Tierische Nahrung wird bevorzugt während der Lege- und Aufzuchtzeit von den Hennen in Form von Ameisen, Käfern, Cikaden-Nymphen, Orthopteren, Stabheuschrecken (*Phasuridae*) und einigen anderen Arthropoden aufgenommen, während die Küken in den ersten Lebenswochen von Kleininsekten leben.
Hauptfeinde des Amu-Darja-Fasans sind Schakale, Füchse, Sumpfluchse, verwilderte Katzen und streunende Hunde, von Vögeln Waldkauz, Sakerfalke, Rohrweihe, Milan. Keiner dieser Arten ist jedoch in der Lage, den Fasanenbestand ernsthaft zu schädigen (GISENKO, 1946).
Haltung: Außerhalb der UdSSR ist der Amu-Darja-Fasan noch nicht gehalten worden.

Tadschikistan-Fasan
Phasianus colchicus bianchii, Buturlin 1904

Engl.: Bianchi's Pheasant.
Heimat: Oberlauf des Amu Darja etwa ab Kelif und Termes aufwärts bis Tschubek und wahrscheinlich noch weiter stromaufwärts sowie die rechtsseitigen Täler der Seitenflüsse in Ost-Usbekistan, Süd-Tadschikistan und Nord-Afghanistan, dazu vermutlich geeignete Habitate in Afghanisch-Turkestan wie

Balkh, woher VAURIE eine große Anzahl von Bälgen erhielt. Innerhalb der UdSSR erstreckt sich das Verbreitungsareal nordwärts bis zu den Ausläufern der Hissar- und Karategin-Bergketten (am Surkhan Darja bis Denau, ostwärts bis nach Stalinabad und das nahe gelegene Janghi Basar); das Tal des Kafirnagan-Flusses bis 38° nördlicher Breite und entlang des Wachschs-Flusses nordwärts von Kurgan Tjube, die unteren Flußtäler des Kysyl Su und Yak Su; in Afghanistan erreicht das Verbreitungsareal die Täler des Surghab bis Danaghori und Pul i Khumbri oder etwa 35° 55' nördlicher Breite sowie das Tal des unteren Kundus-Flusses.

Beschreibung: Hähne des Tadschikistan-Fasans unterscheiden sich von denen der Unterarten *principalis* und *zarudnyi* durch die viel dunklere Unterseite. Dies ist darauf zurückzuführen, daß die leuchtend dunkelgrünen Federsäume des Unterseitengefieders sehr breit und ausgedehnt sind, die rotgoldenen Subterminalbinden dagegen schmäler, so daß die basale Rotkomponente größtenteils verdeckt wird und Kropf nebst Oberbrust bei *bianchii* fast ganz grünglänzend erscheinen. Auch die Endbinden des Seitengefieders sind breiter. Die dunklen Federsäume, auch die des Oberseitengefieders, weisen einen stärkeren, je nach Lichteinfall metallisch blau oder schwarzgrün schillernden Metallglanz auf, der im Gegensatz zum purpurnen oder purpurbraunen Schiller dieser Federpartien bei *principalis* und *zarudnyi* steht. Die Grundfärbung der Oberseite ist bei *bianchii* trüber, mehr braunrot, weniger rötlich oder goldgelb wie bei den genannten Unterarten, und nur bei wenigen Exemplaren finden sich Spuren von Weiß im Nackengefieder.
Hahn: Flügel 240 bis 260 mm; Gewicht (Winter) 956 bis 1300 g. Henne: Flügel 219 mm; Gewicht (Winter) 710 bis 850 g.

Lebensgewohnheiten: Durch die u. a. im Ibis 1947 veröffentlichten Forschungsergebnisse von E. V. KOSLOWA und A. J. TUGARINOW über die Biologie des Tadschikistan-Fasans am oberen Amu Darja sind wir über diese Unterart ungleich besser unterrichtet als über irgend eine andere in ihrer natürlichen Umwelt. Im zeitigen Frühjahr unternahmen die beiden Forscher eine 4monatige Exkursion zum unteren Wadsh-Fluß, einem Seitenarm des Amu Darja, um das Verhalten dieses Fasans zu untersuchen. Seine Habitate dort sind Dickungen aus Ölweide, Pappel und hohem Ravennagras, unterholzarme parkähnliche Pappelhaine mit graswachsenen Lichtungen sowie Tamarisken- und Bockdorngestrüpp auf Salzböden. Zu dichte Ravennagrasbestände und Schilfdschungel werden als Aufenthaltsplätze gemieden und nur gelegentlich auf dem Weg zur Wasserstelle durchquert. Im Frühjahr betrug die Bestandsdichte ca. 20 Paare pro km^2. Im März war das Wetter noch recht kalt und regnerisch mit mittleren Temperaturen von 10,4 °C mit einem Minimum von −0,5 °C und einem Maximum von 23 °C. Austrieb frischer Vegetation war noch nicht erkennbar. Zu dieser Zeit hielten die Fasanen noch in Wintertrupps zusammen und waren recht schweigsam. Das ändert sich, sobald eine Wetterbesserung eintritt. Dann sondern sich die Hähne ab und besetzen ihre Reviere. Üblicherweise ist Mitte März die Balz in vollem Gang, und die Hähne rufen vom frühen Morgen bis späten Abend, selbst den Nachtstunden. Während dieser Zeit waren die Eierstöcke erlegter Hennen noch nicht aktiviert. Innerhalb seines Reviers schreitet der Fasanenhahn langsam einher, dabei hin und wieder Futter aufnehmend. Alle 4 bis 5 Minuten hält er inne und schreit sein „Kö-kökrö" heraus, um unmittelbar danach laut mit den Flügeln zu schlagen, ein weitreichendes, etwa wie „Prrrr" klingendes Geräusch erzeugend. Nach solchen Rufphasen widmet er sich erneut der Futtersuche. Mit fortschreitender Jahreszeit und ihren hohen Temperaturen rufen die Hähne nur noch morgens von 6 bis 9 Uhr und kurz vor Sonnenuntergang. Außer dem lauten Revierruf gibt der Hahn den ganzen Tag über leise gurrende Laute von sich, die wie „Kuu-kuu-kuu-ko-ko-krau" mit einem klagenden Ton am Schluß klingen. Die Revierrufe der Hähne sind nicht einheitlich, weichen vielmehr in Tonhöhe und Tempo so deutlich voneinander ab, daß die Unterschiede auch für das menschliche Ohr wahrnehmbar sind. Dadurch wurde es leicht, die Pfade der Hähne in ihrem Revier auszumachen. Jeder hält nämlich bei der Nahrungssuche und dem Rufen ein festes Wegenetz innerhalb seines Reviers ein, das täglich begangen wird. Ist er am Ende desselben angelangt, macht er kehrt und läuft fast auf der gleichen Route zurück. Ein Eindringen benachbarter Hähne in fremde Reviere wurde nie beobachtet. Im festgelegten Revier brüten auch die 1 bis 2 Hennen und bleiben dort während der ersten Lebenswochen der Küken. Das Wegenetz eines Revierhahns ist meist nicht länger als 400 bis 500 m und wird von ihm in 30 bis 40 Minuten abgeschritten. Nach der Revierbesetzung durch die Hähne im März halten die Hennen noch in kleinen Trupps aus 3 bis 4 Mitgliedern zusammen, die gemeinsam auf Futtersuche gehen. Paarbildung beginnt um den 5. bis 10. April. Ein Hahn verpaart sich üblicherweise mit 1 bis 2 Hennen, die bis zum Brutbeginn mit ihm zusammenbleiben und ihn auf seinen Reviergängen begleiten. Eine fest verpaarte Fasanenhenne beantwortet stets nur den Ruf ihres Hahnes und stößt dann ein rauhes „Kia kia" aus. Hat sie auf der Futtersuche den optischen Kontakt zu ihm verloren, kennt sie sein Krähen aus vielen anderen heraus und eilt zu ihm. Während des Umherziehens mit den Hennen stößt der Hahn dauernd gurrende Kontaktlaute aus, hält beim Auffinden von Futterbrocken plötzlich inne und läßt unter symbolischen Pickbewegungen den Futterlockton, ein weiches „Kutj kutj", ertönen, worauf die Henne herbeieilt und das Futter aufpickt. Danach erfolgt häufig die Paarung. Ein paarungsbereiter Fasanenhahn verändert sein übliches Aussehen: Die roten Hautlappen der Kopfseiten (Rosen) vergrößern sich und glühen karminrot auf, und die Ohrbüschel scheinen sich zu verlängern. Er läuft dann mit geplustertem Gefieder, eingezogenem, tiefgehaltenem Kopf, den der Henne zugewandten Flügel im Handteil spreizend und senkend, den Rücken und ausgebreiteten Schwanz schräg zum Weibchen hin geneigt, im Bogen um dieses herum und kann dies mehrmals tun, ehe die Paarung erfolgt. Nach derselben kann er erneut vor der Henne präsentieren. Während der geschilderten Seitenbalz stößt der Hahn bei geschlossenem Schnabel einen lauten zischenden Ton aus und erzeugt gleichzeitig durch Vibrierenlassen der Schwanzfedern einen knatternden Laut, „als ob ein großes Segel im Wind flattert". Nach dem Ende der Paarungszeit, meist Mitte April, trennt sich das Paar, und der Hahn zieht wieder allein umher, bis sich eine andere Henne zu ihm gesellt. Doch meidet er stets die Nähe des brütenden Weibchens. Seine Revierrufe kann man bis Mitte Mai hören, wenn die meisten Küken geschlüpft sind. Als Nistplätze wählt die Henne allein eine Grasbülte, Plätze unter Büschen oder zwischen einem Haufen Fallholz. Nicht immer sind sie gut getarnt und manchmal schon von weitem zu sehen. In den letzten 10 Apriltagen enthielten die meisten Nester Vollgelege aus 8 bis 14 Eiern. Wie bei allen Vogelarten waren die Fasanenhennen zu Beginn der Legezeit gegenüber Störungen empfindlich, sprangen lautlos vom Nest, wenn sie Schritte hörten, rannten schnell 10 bis 15 Schritte fort und flogen dann ab. Mit nahendem Schlupftermin saßen sie immer fester, und man konnte sich über sie beugen, ohne daß sie aufflogen. Trotzdem war die Beobachtung brütender Hennen von einem Versteck aus stets erfolglos: Sie zeigten scheinbar keine Anzeichen von Furcht und begaben sich wie üblich zur Futteraufnahme, kehrten jedoch nie in Anwesenheit eines Beobachters zurück und gaben ihr Gelege auf. 1943 erschienen die ersten Küken am 8. bis 10. Mai, aber der Höhepunkt der Schlupfperiode wurde erst Mitte dieses Monats erreicht. Der Zeitunterschied zwischen den zuerst und zuletzt geschlüpften Küken eines Geleges mag 8 bis 12 Stunden betragen. Nach erfolgtem Schlupf ruht sich das Küken im Nest aus bis die Dunen getrocknet sind, hockt dann noch 1 bis 2 Stunden mit gekrümmten Zehen auf den Tarsalgelenken und ist danach fähig zum Laufen. Frühmorgens Geschlüpfte verlassen nachmittags das Nest. Am 3. Lebenstag werden bereits die Schwungfederspulen sichtbar. Auf Nahrungssuche bleibt die Henne mit ihrem Gesperre noch viele Tage in Nestnähe und vergrößert langsam den Aktionsradius, verläßt jedoch nie das Revier ihres Hahnes, bevor die Jungen halberwachsen sind. In vielen Fällen wurde beobachtet, daß die führende Henne die gleichen Wege benutzt, die sie im Frühjahr mit dem Hahn gewandert war. Einen festen Schlafplatz hat die Familie nicht. Die Henne hudert nachts die Küken in einem dichten Grasklumpen oder unter einem Busch. Halberwachsene verbringen die Nächte aufgebaumt. Im Gegensatz zu ihnen schlafen Adulte im Frühjahr, Sommer und Herbst stets auf dem Erdboden. Kurz nach Sonnenaufgang bricht die Familie zur Futtersuche auf, und gegen 9 Uhr holt die Henne die Küken zu einer Ruhepause zusammen. Kleine Dunenküken können noch schwer die Sonnenhitze ertragen und vermögen nicht über erhitztes Erdreich zu laufen. Um 18 bis 20 Uhr wird nochmals Nahrung aufgenommen. Die Küken ernähren sich zuerst überwiegend von Insekten und trinken regelmäßig zwischen 10 und 11 Uhr vormittags. Bei Gefahr fliegt die Henne sofort auf, um ganz in der Nähe wieder zu landen. Beim Hudern gestörte Hennen fliegen lautlos ab, und die Küken verstecken sich unter Vegetation. Wird die Familie bei der Futtersuche überrascht, und die Küken sind überall im Gras verteilt, stößt die Henne beim Auffliegen einen weichen Laut aus, woraufhin die Kleinen nach allen Richtungen auseinanderrennen oder, wenn ihnen dies schon möglich ist, ebenfalls abfliegen. Sie bleiben ca. 2 Monate mit der Mutter zusammen. Die Hähne kümmern sich nicht um ihre Familie. Junghähne erhalten mit 5 Monaten das Adultgefieder.

Haltung: Nach REICHENBACH wird diese Unterart in den USA gezüchtet (Gefl. Börse 1988, p. 13).

Chiwa-Fasan
Phasianus colchicus chrysomelas,
Sewertzow 1875

Engl.: Khivan Pheasant.
Heimat: Unterlauf des Amu Darja etwa von Darganata abwärts. Das Verbreitungsareal erstreckt sich in geringer Ausdehnung entlang des Flusses und erweitert sich nur unter Einbeziehung der Oase Chiwa und des Amu-Darja-Deltas; die Unterart lebt auch entlang der Südostküste des Aralsees und auf einigen dieser vorgelagerten Inseln. Die Nordwestgrenze der Verbreitung bildet der an den Südausläufern des Ust-Urt-Plateaus gelegene Sudoche-See; ostwärts wurde dieser Fasan im Nordostteil der Aibugir-Senke, ebenso in der Umgebung vom Tashauz gefunden.
Beschreibung: Hähne von *P. c. chrysomelas* ähneln am meisten denen von *bianchii*. Doch sind die dunkelgrünen, metallisch glänzenden Federsäume auf Kropf und Vorderbrust weniger breit, so daß die kupferrote Farbkomponente über die dunkelgrüne, schwarz wirkende dominiert. Auch ist die Oberseite von *chrysomelas* bronzerot, also erheblich dunkler als bei *bianchii*, bei dem sie gelborangefarben schimmert. Auch tragen alle Stücke ein unterschiedlich breites weißes Halsband, das an der Kehle stets, im Nacken manchmal unterbrochen ist.
Hahn: Flügel 235 bis 250 mm; Schwanz 483 mm.
Henne: Flügel 228 mm; Schwanz 315 mm.
Lebensgewohnheiten: Habitate dieser Unterart sind Tugais, d. h. die mehr oder weniger schmalen Waldgürtel entlang der Wüstenflüsse, die über Gestrüpp aus Tamarisken, Paliurusdorn, Süßholz etc. ziemlich abrupt in die Trockensteppe überzugehen pflegen. Letztere suchen die Vögel auf, wenn Buschdickungen eingestreut sind.
Haltung: Nichts bekannt.

Serafschan-Fasan
Phasianus colchicus zerafschanicus,
Tarnowski 1893

Engl.: Zerafshan Pheasant.
Heimat: Tal des Serafschan-Flusses von Pendschikent oberhalb Samarkands westwärts bis in das Gebiet von Kudscha Dawlet, wo der Fluß in Form kleiner Seen und Lachen im Sand der Bucharawüste versickert. Das Tal des Kaschka Darja von den Ausläufern des Gebirges westwärts bis nach Karschni; auch sporadisch aus Schafrikan bei Buchara nachgewiesen.
Beschreibung: Ähnlich *zarudnyi* ist der Serafschan-Fasan eine recht instabile Unterart: Die Oberseite der Hähne ist fast ebenso variabel und ihm in ihrer hellen, blassen goldgelben Färbung sehr ähnlich. Als Charakteristikum von *zerafschanicus* läßt sich eigentlich nur das weiße, den Hals hinten und an den Seiten umfassende, vorn aber breit unterbrochene, bis 0,5 cm breite Halsband angeben. Auch sind Kropf und Brust heller als bei *zarudnyi* und *principalis*, und die kupferbraunen Säume ihrer Federn weisen nur an der Schaftspitze und den Seiten je einen kurzen blauschwarzen Strich auf.
Lebensgewohnheiten: Habitate der Unterart sind dichte, teils trockene, machmal jedoch recht feuchte Rohrbestände, Auenwälder aus Ölweide, Weide und anderen Baumarten mit dichtem Unterwuchs aus Süßholzstauden, dichte Grasdschungel untermischt mit Tamarisken, aber auch Obstgärten sowie Erbsen- und Baumwollfelder, wenn als Zuflucht hohe Rohrbestände *(Arundo)* in erreichbarer Nähe sind. Über den Jahreszyklus ist bisher nichts berichtet worden, doch wird er sich von dem der benachbarten Unterarten kaum unterscheiden (siehe Tadschikistan-Fasan). Hähne krähen bereits vor Sonnenaufgang, gehen aber erst bei vollem Tageslicht auf Nahrungssuche, die 2 bis 3 Stunden in Anspruch nimmt. Danach wandern sie zur Tränke, die so gewählt wird, daß sie unbeobachtet erreichbar ist. Der Vogel trinkt ausgiebig, hält sich jedoch nur kurze Zeit an der Wasserstelle auf, um danach schnell zum Ruheplatz zurückzulaufen. Dieser ist meist ein gut durch dichtes Buschwerk getarnter, etwas erhöhter und daher trockener Ort, an dem in ausgescharrten Mulden Sandbäder genommen werden. Nach einer Siesta von 11 bis 15 Uhr wird der Platz bei nachlassender Mittagshitze zur nachmittäglichen Futteraufnahme verlassen, danach nicht ein 2. Mal getrunken, sondern direkt der Schlafplatz aufgesucht. Dieser liegt in dichtem Schilf, wo dieses fehlt, auf Baumästen. Gern verbringt der Hahn auch die Nacht auf überschwemmten Stellen, indem er mit den Zehengliedern mehrere Schilfhalme packt, die ihn dann tragen können. Zwar dürfte dies nicht die bequemste Art von Übernachtung sein, aber vermutlich die sicherste vor Feinden. Die Nahrung besteht vorwiegend aus Sämereien, vor allem solchen von Flockenblumen *(Centaurea)*, viel seltener Beeren und nur ausnahmsweise saftigen Rhizomen und Blättern. In Getreidefeldern richtet der

Serafschan-Fasan nur geringe Schäden an, weil er sich nicht an den auf dem Halm stehenden Ähren vergreift, sondern nur aufpickt, was auf dem Boden herumliegt. Als äußerst nützlicher Vogel aber hat er sich auf den Baumwollfeldern erwiesen, die er von Heuschrecken und anderen Schadinsekten befreit. Führende Hennen sollen – wohl bei hoher Bestandsdichte – relativ kleine, streng begrenzte Gebiete einhalten, die hohe Vegetation zum Verstecken sowie Flecken mit niedrigem Pflanzenwuchs zur Nahrungssuche und Wasserstellen aufweisen müssen. Solche Reviere, die nicht mehr als 2 ha umfassen, dürften mit fortschreitendem Wachstum der Jungen vergrößert werden.

Haltung: Nichts bekannt.

Kasachstan-Fasanen, Mongolicus-Gruppe

Diese nur aus 2 Unterarten bestehende Jagdfasanengruppe ist durch eine kupferrote, grünschimmernde Oberseite, ein breites weißes Halsband und breite, fast quadratische Brustfedern ohne Einkerbung charakterisiert. Kehl- und Halsregion sind wie beim Serafschan-Fasan purpurn kastanienbraun, die schwarzen Federsäume nur wenig ausgebildet.
Die Hennen sind groß, in der Gesamtfärbung hell mit rötlich-lila Schimmer auf Hinterhals und oberer Mantelregion.
Die durch geographische Hindernisse von ihren östlichen und westlichen Verwandten getrennte Gruppe bewohnt Niederungen und Bergtäler in den Kirgisensteppen vom Aralsee im Westen bis zum chinesischen Sinkiang im Osten.

Kasachstan-Fasan
Phasianus colchicus mongolicus,
Brandt 1844

Engl.: Kirghiz Pheasant.
Abbildung: Seite 640 oben links.
Heimat: Südost-Kasachstan östlich der Kirgisenberge und wahrscheinlich bis zum Ala Kul (Semiretsche) im Norden verbreitet. Berichte über Vorkommen bei Zaisan, Kara Irtysch oder gar dem Altai entbehren nach SUSCHKIN der Grundlage. In der Tschu-Bergkette entlang des Tokmaklaufes und den Tälern seiner Nebenflüsse bergwärts steigend; in den 30er Jahren noch in der Umgebung Frunses häufig; kommt im Kochorskii-Distrikt und entlang der Ufer des Issyk-Kul vor und steigt entlang der Gebirgsflüsse Tyup, Dschergalan etc. bergwärts, wo Schilfdickichte und Bockdorngestrüpp (*Lycium*) ihm genügend Deckung bieten; lebt auch am Dsumgala-Fluß und seinen Nebenarmen sowie am Narynfluß (wo er ausgesetzt wurde), geht fast bis zur Mündung des Atbasch und bewohnt im Nordosten das Gebiet am Ili-Fluß vom Balkaschsee bis zur sowjetisch-chinesischen Grenze. Über die Flußtäler des Talkar, Turgen und anderer Bergströme ist er in die Bergwälder des Trans-Ili Ala-Tau eingewandert, an den Südküsten des Balkaschsees überall verbreitet. In Sinkiang (China) bewohnt er die Täler des Kasch, Kunges und Tekkes nordwärts bis zur Zentralkette des Tian Schan und dringt nordwärts in der Süd-Dsungarei vom Ebi Nor bis wenigstens in das Gebiet von Urumtschi vor.
Beschreibung: Beim Hahn sind Scheitel und Hinterhals dunkel metallischgrün, die Seitenbüschel sehr klein, oft unsichtbar; das ca. 1 cm breite weiße Halsband ist meist am Vorderhals unterbrochen, selten geschlossen; Rückengefieder kupferrot, die Federn schwarz gefleckt mit breiter messinggrüner Säumung und schwarzem Schaftspitzenfleck; Bürzel und Oberschwanzdecken dunkel kastanienbraun, schwarz gezeichnet, die breiten Federsäume stark grün, purpurn reflektierend. Schwanzfedern gelbbraun mit dunkelbrauner und rotbrauner Sprenkelung, die schwarzen Querbinden von schmalen hellen Säumen begleitet, die haarartig zerschlissenen Fahnensäume purpurn und grün schimmernd; Oberflügeldecken weiß; Kehle und Vorderhals purpurn kastanienbraun, die Halsseiten nach oben zu purpurblau; Kropf und Brust rotbraun, die Federn breit dunkelmetallgrün gesäumt; Körperseiten heller, goldener, die Federn dort mit breiten schwarzen, grünschimmernden Endsäumen versehen. Bauchmitte wegen der dort besonders breiten grünen Federsäumung größtenteils dunkelgrün. Schnabel horngrau, Iris gelb, die Beine weißgrau.
Hahn: Länge 940 mm; Flügel 248 bis 267 mm; Schwanz 510 bis 580 mm; Gewicht 1100 bis 1720 g, im Herbst bis 2000 g. Henne: Flügel 215 mm; Schwanz 312 mm; Gewicht ca. 1000 g, im Herbst bis 1350 g.
Gelegestärke 7 bis 14; Ei (45 bis 47,5 mm × 36 bis 36,8 mm).
Lebensgewohnheiten: Der Kasachstan-Fasan ist kein ausgeprägter Standvogel, denn er muß bei starkem Schneefall im Frühwinter wegen Futtermangels

aus dem Gebirge in die Ebenen ausweichen. Derartige Winterbewegungen sind von STEGMAN (1946) am unteren Ili-Fluß beobachtet worden, wo wandernde Gruppen schon während der Zeit der ersten Fröste lange vor den Schneefällen in der Ebene dort erschienen und erst nach dem Auftauen der Gewässer im Frühjahr wieder verschwanden. Habitate dieser Unterart sind Schilfbestände und Galeriewälder entlang der Flüsse sowie Buschwerk auf Berghängen der Laubwaldzone, stets in Wassernähe. In den Ebenen bewohnt sie auch Salsola-Dickichte und Kulturland. Bereits ab Mitte Februar sind die rauhen zweisilbigen Revierrufe der Hähne zu hören; das Ovar der Hennen enthält ab der 2. Februarhälfte und Anfang März erste legereife Dotter. Im Issyk-Kul-Gebiet beginnen die Hennen in der 1. Aprilhälfte mit dem Legen, zwischen dem 5. und 10. Mai sind die meisten Gelege vollständig, und das Brutgeschäft zieht sich bis zum 5. Juni hin. Nester werden am häufigsten an den Rändern undurchdringlicher Bockdorn-Dickichten angelegt. Einwöchige Küken wiegen 20 g, 2 Monate alte Hähnchen 320 bis 390 g. Anfang August vereinigen sich die selbständig gewordenen Gesperre zu Gesellschaften. Durch die herbstliche Beerenernte (*Lycium, Ephedra, Berberis etc.*) mästen sich die Fasanen ein dickes Fettpolster für den Winter an, das im Unterhautgewebe eine Dicke von 1 bis 1,5 cm erreichen kann und noch durch Gekrösfett ergänzt wird, ein zusätzliches Gewicht, das die Vögel geradezu plump werden läßt. Da jedoch die Wintertemperaturen beispielsweise am unteren Ili-Fluß bis auf − 30 °C sinken können, sind solche Fettreserven lebensnotwendig und werden nur allzuschnell abgebaut. Die Fasanen fürchten offensichtlich die Kälte und ziehen sich zum Schutz vor eisigem Steppenwind ins dichteste Gestrüpp zurück. Ihren Tagesrhythmus halten sie jedoch weiter ein, nehmen Futter nach Sonnenaufgang auf und kehren vor Sonnenuntergang nach der Abendmahlzeit zurück. Während dieser harten Jahreszeit finden sie oft nicht genügend Nahrung und magern stark ab. Am mittleren Ili kann man sie truppweise auf den abgeernteten Reisfeldern antreffen. In Kasachstan haben sie wenig natürliche Feinde, zu denen der Sumpfluchs zählt.

Haltung: Der Kasachstan-Fasan („Mongolicus" der Züchter) wurde von der Tierhandelsfirma HAGENBECK in Hamburg auf Bestellung von LORD ROTHSCHILD im Jahre 1900 nach Tring (England) importiert und dort bereits im darauffolgenden Jahr gezüchtet. Auf diesen Import gehen alle gegenwärtig in Europa gehaltenen Zuchtstämme zurück. Da diese Jagdfasanenunterart sich durch Vorzüge wie stärkere Kälteresistenz, bedeutendere Größe und große Fruchtbarkeit gegenüber dem kaukasischen Jagdfasan auszeichnet, wurden zur Verbesserung der europäischen Fasanenbestände häufig Mongolicus-Hähne eingekreuzt. Zur Volierenhaltung ist dieser schöne Jagdfasan wegen seiner unbändigen Scheu nicht gerade prädestiniert. Auch anfangs zahme Küken werden bald scheu. Da die Mongolicushenne sich bei Volierenhaltung nur selten zur Erbrütung ihres Geleges entschließt, muß man die Eier gewöhnlich einer Hühnerglucke oder dem Kunstbrüter anvertrauen. Bei günstiger Witterung und eiweißreicher Ernährung können Mongolicushennen pro Jahr 40 Eier und mehr legen. In der Körperhaltung weicht der Mongolicus von seinen nächsten Verwandten durch nicht so aufrechte, sondern mehr horizontale Haltung ab.

Syr-Darja-Fasan
Phasianus colchicus turcestanicus,
Lorenz 1896

Engl.: Syr-Darya Pheasant.
Heimat: Tal des Syr Darja vom Delta ostwärts bis in den Westteil des Ferghanatals einschließlich der dieses im Norden und Osten umgebenden Ausläufer der Bergketten Tschatkal Tau, der Ferghanakette in den Gebieten von Arslanbob und Dschalal Abad sowie die Region von Gultscha im Alaigebirge. Die Unterart wurde auch auf Inseln im Ostteil des Aralsee südwärts bis zur Atalyk-Insel gefunden.
Beschreibung: Die Syr-Darja-Unterart des Jagdfasans ähnelt sehr dem Kasachstan-Fasan und unterscheidet sich von ihm lediglich durch stets deutlich dunkler purpurrote Kropf- und Brustregion, die blau statt grün schimmert; ebenso ist die Rückenregion besonders auf Bürzel und Oberschwanzdecken mehr kupferrot, weniger bronzegrün; das weiße Halsband ist gewöhnlich breiter als bei *mongolicus* und auf der Vorderkehle weniger breit unterbrochen.
Hahn: Flügel 240 bis 263 mm; Gewicht 1170 bis 1477 g; Henne: Flügel 220 bis 240 mm; Gewicht 740 bis 1018 g.
Lebensgewohnheiten: Syr-Darja-Fasanen sind bezüglich der ihnen zusagenden Habitate wenig wählerisch. In den Ebenen leben sie in den großen Schilfwäldern und Dickungen entlang der Flüsse

und Seen, besiedeln die Bergtäler, wo genügend Deckung vorhanden ist, und innerhalb der Gebirge selbst die weitläufigen buschdurchsetzten Nußbaumwälder. Man trifft diesen Fasan noch bei 3416 m Höhe am Gulcha-Paß und dem Krürü-Tschilek-See an. Die Fortpflanzungszeit beginnt im letzten Aprildrittel. In Überschwemmungsgebieten stehen die Nester meist zwischen Kleinbüschen und dichtem Graswuchs an Plätzen, die später vom Wasser selten erreicht werden. Nestmulden haben durchschnittlich einen Durchmesser von 16 cm, sind aber manchmal derart eng, daß sie das Gelege kaum zu fassen vermögen. Die Eizahl beträgt 8 bis 10, selten bis 16. Erste Küken erscheinen Ende Mai. Zu Winterbeginn wandern die in den Bergen lebenden Populationen regelmäßig in die Ebenen ab. Im Herbst nehmen sie gern Distelsamen, im November so gut wie ausschließlich Früchte der Ölweide *(Elaeagnus)*, die sie aufgebaumt von den Zweigen picken. Sie dringen auch in die Kysyl-Kum-Wüste ein und ernähren sich dort von Beeren der Saxaul- und Calligonumsträucher. Nachts sollen die Vögel auf dem Erdboden schlafen.

Haltung: Über einen Import nach West- und Mitteleuropa ist nichts bekannt. Vermutlich ist die Unterart aber in Tierparks der UdSSR (Turkestan, Kasachstan) schon gehalten worden.

Tarim-Fasanen, Shawii-Tarimensis-Gruppe

2 Jagdfasanenunterarten Sinkiangs, die sich ziemlich stark voneinander unterscheiden, werden dennoch von VAURIE in einer gemeinsamen Gruppe vereint, weil sie Bindeglieder zwischen den west- und östlichen Unterarten des *Phasianus colchicus* darstellen. Beiden Tarim-Fasanen gemeinsam sind die stärker eingeschnittenen Brustfedern und die ockergelben, breit schwarz gebänderten Schwanzfedern der Torquatus-Gruppe sowie ein breites glänzendgrünes Band, das die stumpffarbene Bauchmitte umrahmt.

Jarkand-Fasan
Phasianus colchicus shawii, Elliot 1870

Engl.: Yarkand Pheasant.
Heimat: China in West- und Süd-Sinkiang von Ho Tien am Khotanfluß (Nordfuß des Kunlin Shan), nordwärts das westliche Tarimbecken bis ins Jarkand-Kaschgar-Gebiet und zum Unterlauf des Aksu-Flusses. Entlang des oberen Tarimlaufs leben Mischpopulationen mit *tarimensis* westwärts bis ins Gebiet von Maralbaschi.
Beschreibung: Den Unterarten der westlich davon lebenden *principalis-chrysomelas*-Gruppe, von denen der Jarkand-Fasan durch hohe Gebirgsketten getrennt wird, gleicht er durch die in der Regel weißen Flügeldecken und die rötliche Bürzel- und Oberschwanzdeckenfärbung, doch sind die Kropffedern an den Enden wie bei der östlichen *torquatus*-Gruppe stark eingekerbt und purpurschwarz statt wie bei den westlichen Unterarten grün, purpurn oder purpurbraun gesäumt. Auch sind die schwarzen Säume viel schmaler als bei westlichen Unterarten (mit Ausnahme von *P. c. zerafschanicus*), und die Grundfärbung der Kropfregion ist kräftiger, mehr purpurblau; die Schwanzoberseite ist auffällig ockergelblich mit breiter schwarzer Bänderung. Bei wenigen Stücken kommen weiße Federchen in der Halsregion vor. Die schwarzbraune Bauchmitte wird von einem breiten, glänzendgrünen Band umrahmt. Hahn: Flügel 233 bis 255 mm; Schwanz 370 bis 515 mm. Henne: Flügel 211 mm; Schwanz 284 mm.
Lebensgewohnheiten: Hohe Grasbestände und Schilfdickichte der Ebenen Sinkiangs. Aufgeschreckt fliegen sie mit rauhem schrillem Alarmruf auf, segeln eine kurze Strecke dicht über dem Gras dahin und fallen bald wieder in die schützende Dikkung ein. Weitere Einzelheiten über die Biologie sind nicht bekannt.
Haltung: Nichts bekannt.

Tarim-Fasan
Phasianus colchicus tarimensis, Przewalski, Pleske 1889

Engl.: Tarim Pheasant.
Heimat: Sinkiang im Ost- und Südteil des Tarimbeckens, entlang der Ufer des Tarimflusses östlich des Vorkommens der Unterart *shawii* sowie die Gebiete von Quara Shar des Bagrach Kol ostwärts bis zum Lop Nor entlang der Südgrenzen des Tarim-

beckens sowie der Lauf des Tschertschen Darja.
Beschreibung: Der Tarim-Fasan unterscheidet sich vom Jarkand-Fasan durch graubraune Flügeldecken, olivgelbe Färbung von Bürzel und Oberschwanzdecken sowie das Fehlen dunkler Kropffedersäume mit Ausnahme des Einkerbungssaumes am Ende des Federschaftes.
Hahn: Flügel 240 mm; Schwanz 465 mm; Gewicht 1031 g. Henne: Flügel 209 bis 229 mm; Schwanz 209 bis 222 mm; Gewicht ca. 900 g.
Lebensgewohnheiten: Die Lebensgewohnheiten werden sich von denen des Jarkand-Fasans, mit dem er Mischpopulationen bildet, nicht unterscheiden.
Haltung: Nichts bekannt.

Graubürzelfasanen, Torquatus-Gruppe

Zu dieser unterartenreichsten Gruppe gehören alle Jagdfasanen des ostasiatischen Festlandes. Bürzel, Oberschwanzdecken und Flügeldecken sind bei ihnen in der Grundfärbung grau mit je nach der betreffenden Unterart bläulicher, grüner oder isabellfarbener Tönung. Die Schwanzoberseite ist dunkler und breiter schwarz gebändert als bei den übrigen Unterartengruppen. Häufig kommen weiße Überaugenbänder vor, und viele, wenn auch nicht alle Unterarten tragen weiße Halsbänder. Mantel- und Flankengefieder sind stets heller und gelber als Schultern und Brust.

Mit Ausnahme der im Nordwesten des Verbreitungsareals durch Wüsten- und Steppenbildung in Oasen und an Flußläufen isoliert lebenden Unterarten *(hagenbecki, edzinensis, satscheuensis, vlangalii, sohokhotensis, alaschanicus)* und der Inselform *formosanus* ist das Verbreitungsgebiet der Torquatus-Gruppe klinal, und Mischpopulationen entlang der Grenzen gut unterscheidbarer Unterarten sind die Regel. Allgemein kann gesagt werden, daß die nördlichen Unterarten große hellgefärbte Vögel mit gut ausgebildetem weißem Superziliarstreif und weißem Halsband sowie rotem Kropfgefieder sind, die zum Chinesischen Meer hin lebenden Formen hingegen kleiner und kräftiger gefärbt sind und schmale Halsbänder besitzen. Zum Westen hin verschwinden die weißen Kopf-Halsabzeichen allmählich, und an den äußersten Westgrenzen werden die Farben satt und dunkel, die Brust ist blaugrün überhaucht und wird nach Norden hin kastanienrot.

Chinesischer Ringfasan
Phasianus colchicus torquatus, Gmelin 1789

Engl.: Chinese Ring-necked Pheasant.
Abbildung: Seite 640 oben rechts.
Heimat: Ost-China westwärts bis zum 110.° östlicher Länge im Norden von Schantung südwärts Honan, Kiangsu, Hupeh, Hunan, Kiangsi und Fukien bis Südost-Kwangtung, ferner in Vietnam Nord-Tongking, wo Hybridzonen mit den Unterarten *rothschildi* und *takatsukasae* existieren.
Beschreibung: Beim Hahn ist der Oberkopf graulich bronzegrün; ein darunter verlaufender ziemlich breiter rahmweißer Überaugenstreif erstreckt sich meist über die metallisch grünblauen Federohren hinaus. Übriger Kopf und Hals dunkel bläulichgrün mit ausgeprägtem Purpurschimmer. Weißer Halsring an den Seiten breit, nach hinten und vorn zu schmaler werdend und vorn stets in einer Breite von 0,7 bis 1,3 mm unterbrochen. Mantelfedern breit bräunlichgelb gesäumt, dieser Saum blauschwarz umrandet und von der bräunlichweißen Federmitte durch einen schwarzen Streifen getrennt; außerdem an der Federspitze ein blauschwarzer Schaftfleck. Schulterfedern breit rotbraun umrandet; kleine Flügeldecken bläulichgrau, mittlere und große Flügeldecken nur im Zentrum grau, an den Seiten rötlich kastanienbraun. Hand- und Armschwingen hell erdbraun, weißlich isabellfarben gebändert. Bürzel und Oberschwanzdecken hell bläulichgrau mit violettem Schimmer. Mittlerer Teil des Hinterrückens grünlich. Hintere Oberschwanzdeckfedern gelbgrünlich, beiderseits mit einem großen, lebhaft rostgelben Fleck versehen. Schwanzfedern hell olivgelb mit breiten, in der Mitte schwarzen, nach den Seiten zu in Kastanienbraun übergehenden Querbändern. Zerschlissene Federsäume hell rötlich-violett. Kropf und Vorderbrust feurig purpurrot, an den Seiten mehr goldig rotbraun umrandet und sehr schmal schwarz gesäumt, an der Spitze mit länglich dreieckigem schwarzem Schaftfleck. Körperseiten strohgelb, die Federn an den Spitzen mit rundlichem blauschwarzem Fleck und ohne schwarze Säume. Unterkörpermitte schwarz, die Federn grünlichblau gesäumt. Schnabel hellgelb, Iris sehr dunkelbraun, Läufe hellgrau.
Länge 900 mm; Flügel 240 bis 255 mm; Schwanz 425 bis 560 mm.

Hennen gleichen weitgehend denen von *colchicus*, nur ist das Braun der Oberseite etwas rötlicher und lebhafter.

Flügel 208 mm; Schwanz 266 mm.

Der Chinesische Ringfasan gleicht den nördlichen Unterarten *karpowi* und *pallasi* in dem hellen Scheitel, den weißen Augenbrauenstreifen sowie dem bei allen Stücken vorhandenen weißen Halsband, ähnelt jedoch in der Gesamtfärbung *decollatus,* wenn er auch heller ist als dieser. Das Halsband von *torquatus* variiert in der Breite und ist gewöhnlich gut ausgebildet, schmaler als bei *karpowi* und *pallasi* und auf der Kehle bei etwa der Hälfte der Individuen mehr oder weniger breit unterbrochen, was bei den genannten beiden Unterarten nicht der Fall ist.

Lebensgewohnheiten: Der Chinesische Ringfasan besitzt das ausgedehnteste Verbreitungsareal aller *Colchicus*-Unterarten. Am unteren Jangtse bewohnt er hügliges Gelände, in den Ebenen Ödland und Kulturlandschaft, bevorzugt aber *Phragmites*-Sümpfe. Die ausgedehnten, bis 5 m hohen Schilfdschungel entlang der Ufer des unteren Jangtse beherbergen riesige Populationen und gehören, wenn im Herbst Schneisen ins Rohr geschlagen werden, zu den besten Fasanenjagdrevieren. Von dorther unternehmen die Fasanen Ausflüge in die angrenzenden Reis-, Hirse- und Weizenfelder, finden aber auch im Schilf reichlich Nahrung in Form von Insekten, Beeren der Kletterpflanzen und junger Schilftriebe. Am Jangtse beginnen die Hähne schon im Februar mit der Balz und liefern sich in Gebieten mit dichten Populationen heftige Revierkämpfe. Nach BEEBE soll die Unterart polygyn sein und der Hahn einen Harem von 4 bis 8 Hennen besitzen, was uns unglaubhaft scheint. Die Brutzeit erstreckt sich über die Monate April bis Juni. Nester werden gern in Federgrasbülten *(Miscanthus),* in Wäldern auf den weichen Nadeln in Kieferndickungen angelegt. Nistmaterial wird von der Henne nicht zusammengescharrt. Im Schutz der für Menschen undurchdringlichen Schilfwälder nimmt die Zahl der Fasanen oft derart zu, daß Hähne stark in der Überzahl sind, brütende Hennen stören, Gelege zerstören und, wie einwandfrei festgestellt wurde, sogar arteigene Küken töten. LA TOUCHE glaubt an 2 Bruten jährlich, weil er sowohl am 10. Mai wie im Juli frische Gelege erhielt. Wahrscheinlich werden jedoch letztere Zweitgelegen entstammen. Entlang der Küsten Südost-Chinas mit ihren kahlen Bergen und dicht bebauten Ebenen ist der Ringfasan selten, landeinwärts in der dichten Vegetation der Hügel und Berge jedoch häufig genug. Fasanenpirsch im Inneren Fukiens bedeutet harte Arbeit und wenig Beute. Der Jäger klettert auf felsigen, kiefernbestandenen Hügeln herum, erklimmt steile, mit Nadelholz bestandene Berghänge, pirscht in Flecken bebauten Landes zwischen Hügeln und muß in Schwertgrasdschungel eindringen. Das sind einige der von Ringfasanen bevorzugten Habitate. Im Jangtsetal übernachten die Vögel im Schilf am Erdboden, wo ihnen Bäume zur Verfügung stehen, auf diesen.

Haltung: Der Chinesische Ringfasan wurde schon 1513 von dem Portugiesen FERNANDEZ LOPEZ auf der kleinen Atlantikinsel St. Helena eingeführt, gewöhnte sich dort schnell ein und ist noch gegenwärtig vertreten. Der Import nach England erfolgte im 18. Jahrhundert. der Vogel akklimatisierte sich dort vor allem auf den Besitzungen des DUKE OF NORTHUMBERLAND. Während des 19. Jahrhunderts wurde er auch in Revieren des europäischen Kontinents, in den USA zuerst in Oregon ausgesetzt und ist in den Vereinigten Staaten immer noch die vorherrschende Unterart des Jagdfasans. In der Volierenhaltung unterscheidet sich der Chinesische Ringfasan nicht von anderen *Colchicus*-Unterarten.

Tongking-Ringfasan
Phasianus colchicus takatsukasae,
Delacour 1927

Engl.: Tonkinese Ring-necked Pheasant.

Heimat: Süd-Kuangsi (China) sowie Südost-Tongking, wo DELACOUR diese Unterart in der Umgebung Langsons entdeckte, in Ebenen und mäßigen Höhenlagen.

Beschreibung: Nach DELACOUR ist die Unterart *takatsukasae,* deren Verbreitungsareal über Hybridpopulationen im Norden in das von *torquatus* übergeht im Vergleich mit dieser insgesamt dunkler und satter gefärbt. Das Mantelgefieder ist dunkler gelb, die Brust dunkelrot, das Schultergefieder dunkel kastanienbraun. Alle Hähne tragen weiße Halsbänder.

Flügel 225 bis 245 mm.

Auch die Hennen sind dunkler und kräftiger dunkel gemustert als Weibchen der Unterart *torquatus.*

Flügel 195 bis 215 mm.

Lebensgewohnheiten: Von denen der Unterart *torquatus* nicht verschieden.
Haltung: Nichts bekannt.

Taiwan-Ringfasan
Phasianus colchicus formosanus,
Elliot 1870

Engl.: Formosan Ring-necked Pheasant.
Abbildung: Seite 640 mitte links.
Heimat: Die Insel Taiwan (früher Formosa).
Beschreibung: Diese Inselform ist vom Ringfasan des gegenüberliegenden Festlandes nur wenig verschieden. Das Mantelgefieder ist weniger goldfarben, mehr strohgelb, die Flanken sind heller, weißlich isabellfarben. Weibchen sind ebenfalls heller als die des Chinesischen Ringfasans.
Länge 810 mm; Flügel 220 bis 245 mm; Schwanz 280 bis 410 mm.
Lebensgewohnheiten: Nach SEVERINGHAUS u. BLACKSHAW (1976) ist der Taiwan-Ringfasan auf trockenem Gras- und Buschgelände der Ebenen und auf niedrigen Hügeln, vor allem an der Ostküste der Insel, noch relativ häufig. In seinen Lebensgewohnheiten unterscheidet er sich nicht vom China-Ringfasan.
Haltung: Der Taiwan-Ringfasan wurde 1904 nach England importiert und bald darauf ergiebig nachgezüchtet. Heute neigt ein Großteil der Volierenpopulationen zu abnormer Gefiederaufhellung, die man fast als Neigung zum Albinismus bezeichnen könnte. Frischimporte aus Taiwan wären dringend erforderlich.

Kweitschou-Fasan
Phasianus colchicus decollatus,
Swinhoe 1870

Engl.: Kweichow Pheasant.
Heimat: Zentral-China von West-Hupeh westwärts ins Rote Becken von Szetschuan, südwärts bis Nordost-Jünnan und Kweitschou. An den Ostgrenzen des Verbreitungsareals Hybridpopulationen mit *torquatus*, den Westgrenzen in geringem Umfang mit *suehschanensis*, obwohl letzterer in Szetschuan eine strikt montane, *decollatus* eine Flachlandsubspezies ist.
Beschreibung: Weiße Superziliarstreifen und ein weißes Halsband fehlen. Scheitel dunkelgrün; Farben des Rumpfgefieders wie bei *torquatus*, nur etwas dunkler.
Hahn: Flügel 230 bis 242 mm; Schwanz 490 bis 576 mm; Gewicht 1135 bis 1990 g.
Weibchen sind nach DELACOUR von denen der Unterart *torquatus* nicht zu unterscheiden.
Henne: Flügel 206 mm; Schwanz 247 mm; Gewicht 625 g.
Lebensgewohnheiten: Wie bei *torquatus*.
Haltung: Nichts bekannt.

Stone-Fasan
Phasianus colchicus elegans, Elliot 1870

Engl.: Stone's Pheasant.
Heimat: West-Szetschuan vom Yalungfluß ostwärts bis Batang am Jangtse, südwärts zur Likiang-Bergkette (Nord Jünnan) und dem Gebiet westlich des Salween sowie westlich Yuan Chiangs im Quellgebiet des Roten Flusses, Nordost-Burma.
Beschreibung: Nach BAKER ist beim Hahn der Oberkopf von der Stirn zum Nacken und Hinterhals bronzegrün; die Ohrbüschel sind dunkler, mehr blau; Kinn und Kehle dunkelgrün, Vorder- und Seitenhals tief purpurblau, je nach Lichteinfall purpurn oder kupfrig schimmernd, diese Färbung sich um die Halsbasis wie ein Halsband nach hinten erstreckend. Ein weißes Halsband fehlt ganz. Vorderrücken goldig kastanienrot, auf Mittelrücken und Schultern in tiefes Kastanienbraun übergehend; die dem Hals am nächsten liegenden Federn mit schwarzen Zentren und ebenso gefärbten gekerbten Spitzen; Rücken- und Schulterfedern mit schwarzen, isabell gesäumten Zentren, an den Spitzen undeutlich schwarz gekerbt; Unterrücken, Bürzel, Oberschwanzdecken hell grüngrau mit glänzend smaragdgrüner subterminaler Bänderung. Steuerfedern rötlichbraun, breit schwarz quergebändert, die Bänder schmal goldig isabellfarben gesäumt; die längsten mittleren Schwanzfederpaare mit breiter rötlichgrauer Säumung der haarartigen Fahnenenden und die sonst schwarzen Querbänder dort in trübes Purpurkarmin übergehend. Die rötlichen Säume werden auf jedem nach außen folgenden Federpaar schmaler und fehlen den äußersten Paaren ganz. Flügeldecken hell grüngrau mit Smaragdschimmer; innerste große Decken auf ihren Außenfahnen breit, den Innenfahnen schmal kastanienbraun „bespritzt". Schwingen braun, die Handschwingen auf den Außenfahnen isabell gebändert, den Innenfahnen mit unterbro-

chener Bänderung gleicher Farbe; Armschwingen breit olivbraun gesäumt und beidfahnig unregelmäßig isabellgelblich gezeichnet. Brust glänzend dunkelgrün, jede Feder schmal samtschwarz gesäumt und schwarz endgekerbt; Brustseiten und Flanken goldig kupferrot, in Brustnähe nahezu purpurn kupfrig; Mittelbauch, Schenkel- und Steißgefieder trübbraun, Unterschwanzdecken kastanienbraun mit schwarzer Zeichnung.
Länge 762 bis 889 mm; Flügel 210 bis 229 mm; Schwanz 410 bis 465 mm; Gewicht 820 bis 1250 g. Hennen sind oberseits dunkler als Weibchen der Unterart *suehschanensis* sowie dichter schwarz oder kastanienbraun gefleckt.
Länge 533 bis 635 mm; Flügel 184 bis 200 mm; Schwanz 246 bis 272 mm; Gewicht 750 bis 800 g. Hähne sind von solchen der West-Szetschuanunterart *suehschanensis* durch weniger goldgelbe, mehr rötliche Mantelfärbung, helleres rötlicheres, weniger kastanienbraunes Schultergefieder unterschieden. Die Unterseite ist beim Stone-Fasan viel dunkler, grüner, mehr purpurn-bläulich, der blaugrüne Brustfleck ist ausgedehnter, weniger grün, die Flanken (in Brustnähe) purpurfarbener.
Lebensgewohnheiten: Nach DAVIES ist Stone's Fasan in West-Jünnan häufig in den Gebirgen ab 1200 m zu erwarten, am häufigsten jedoch in Lagen von 1800 bis 2440 m auf mit langem Gras und Farngestrüpp bewachsenen Gipfelflächen, aber auch lichtem Nadelwald anzutreffen. HARINGTON traf die Art auf fast kahlen, baum- und buschlosen, nur mit ca. 120 cm hohem Gras bestandenen Berghängen an. Überrascht rannten sie lieber talwärts als aufzufliegen. Über die Brutbiologie ist aus der Wildbahn nichts bekannt. Der Ruf der Hähne soll sich nicht von dem europäischer Jagdfasanen unterscheiden.
Haltung: Als Erstimport und bisher einzige europäische Einfuhr gelangte 1 Paar des Stone-Fasans durch den Entdecker selbst im August 1870 in den Londoner Zoo. Die Vögel, nach denen die Unterart von ELLIOT beschrieben wurde, stammten aus den Yun-ling-Bergen Szetschuans. Im Londoner Zoo waren sie sehr scheu und flüchteten vor Menschen sofort ins Buschwerk ihrer Voliere. Zu einer Zucht kam es bei diesen Wildfängen nicht.

Rothschild-Fasan
Phasianus colchicus rothschildi,
La Touche 1922

Engl.: Rothschild's Pheasant.
Heimat: Gebirge Südost-Jünnans und die anschließenden Grenzgebiete Tongkings (Vietnam) in Lagen zwischen 1500 bis 3000 m. Mit den Unterarten *elegans* und *decollatus* an den Verbreitungsgrenzen mehr oder weniger breite Hybridpopulationen bildend.
Beschreibung: Von *elegans* durch wesentlich hellere, mehr goldgelbe Mantelregion, auf die Brustmitte beschränkte und mit Rot durchsetzte Blaufärbung der Brust, helleren, mehr goldgelben Schimmer der Seiten und Flanken sowie die bei manchen Stücken auftretenden weißen Federchen in der Halsregion unterschieden.
Flügel 210 bis 230 mm.
Lebensgewohnheiten: Von *P. c. elegans* nicht verschieden.
Haltung: Nichts bekannt.

Sungpan-Fasan
Phasianus colchicus suehschanensis,
Bianchi 1906

Engl.: Sungpan Pheasant.
Heimat: Nordwest-Szetschuan vom Min Shan und dem Gebiet von Sungpan südwärts bis ins Gebiet westlich Kuanschiens (Min-Ho-Gebiet). Im Süden Hybridpopulationen mit *elegans*.
Beschreibung: Nach VAURIE ist der Sungpan-Fasan eine sehr dunkle, kräftig gefärbte Unterart, der weiße Superziliarstreifen und Halsbänder vollständig fehlen. Im Vergleich mit der nördlicher lebenden Unterart *strauchi* ist er insgesamt erheblich dunkler, oberseits kupferrot und kastanienbraun mit starkem bronzegrünem Glanz; auf Unterrücken und Bürzel ist er ausgeprägter und lebhafter schwarz, isabell und grün gemustert, auf den Ober-

o. Hahn des Mikado-Fasans, *Syrmaticus mikado* (s. S. 615)
u. l. Hahn des Manipur-Humefasans, *Syrmaticus humiae humiae* (s. S. 617)
u. r. Transkaukasischer Fasan, *Phasianus colchicus colchicus* (s. S. 623)

schwanzdecken mehr olivfarben, weniger grau, auf der Schwanzoberseite erheblich dunkler, mehr purpurbraun, weniger ockrig und stärker schwarz gebändert. Die Unterseite ist rötlich kupferbraun mit sehr starkem Grünglanz, ihre Federn sehr deutlich samtschwarz gesäumt; auf Unterkehle und Unterbrustseiten ein glänzend purpurblaues Band. Flügellänge 220 bis 230 mm; Schwanz 375 bis 460 mm; Gewicht 770 bis 1000 g. Hennen dunkel und dicht gemustert.

Lebensgewohnheiten: PRATT traf den Sungpan-Fasan in West-Szetschuan an den Ausläufern der Berge bis in Lagen von 2740 m an. Er bewohnte dort stets grasige Berghänge mit Buschgebieten, nie die Wälder. Bei der Volierenhaltung in seiner Heimat übernachtete er stets auf dem Boden und baumte nicht auf.

Haltung: Aus Europa nichts bekannt.

Kansu-Fasan
Phasianus colchicus strauchi,
Przewalski 1876

Engl.: Strauch's Pheasant, Kansu Pheasant.
Heimat: Tsinling Shan (Süd-Schensi), nordwärts bis Mittel- und Nord-Kansu(38° nördlicher Breite) sowie Ost-Tsinghai östlich des Koko Nor und Hoang Ho.
Beschreibung: Der im Nordosten mit *kiangsuensis*, im Süden des Verbreitungsgebietes mit den 3 Unterarten *torquatus*, *decollatus* und *suehschanensis* verbundene Kansu-Fasan ist eine inkonstante Unterart. Seine Gesamtfärbung ist dunkler und satter als die des nördlicheren Schansi-Fasans *(kiangsuensis)*. Der weiße Überaugenstreif ist nur gelegentlich in Form weißer Federchen angedeutet, fehlt aber bei den meisten Stücken. Das weiße Halsband ist sehr schmal, unregelmäßig geformt, niemals vollständig, bei einigen Stücken nur angedeutet oder fehlt überhaupt. Nacken und Vorderrücken feurig golden, die Federn rotbraun gesäumt, an den Spitzen mit glänzend grünschwarzem Schaftfleck und ebensolcher schmaler Säumung; Schulterfedern dunkel rotbraun gesäumt mit äußerem purpurn schimmerndem Bande; Bürzel in der Mitte grün mit an Breite wechselnden dunkelgrünen Querbinden, das seitliche Bürzelgefieder bläulichgrau; an den Seiten der Oberschwanzdecken je ein großer, lebhaft rostfarbener Fleck; mittlere Schwanzfedern meist ziemlich stark rotbraun angeflogen, aber sehr wechselnd, die schwarzen Querbinden meist breit. Kropf- und Vorderbrustmitte meist stark, mitunter weniger, bisweilen fast gar nicht dunkelgrün überlaufen, die übrige Brust purpurn kupferrot; lange Federn der Körperseiten rotbraun mit breiten goldorangefarbenen Spitzen und grünblauen Enden; Bauchmitte schwarzbraun.

Hahn: Flügel 225 bis 238 mm; Schwanz 378 bis 595 mm; Gewicht ca. 1060 g. Henne: Flügel 196 bis 215 mm; Schwanz 197 bis 275 mm; Gewicht ca. 800 g.

Lebensgewohnheiten: PRZEWALSKI, der die Unterart entdeckte, traf sie in bewaldeten Teilen Kansus bis in Lagen von 3040 m an. BEICK beobachtete sie im Ufergestrüpp der Flußläufe des Sining-Gebietes, in den Fichtenwäldern bei Lau-hu-kou sowie am Nordfuß des Richthofengebirges bei Hu-dja-dschuang sowie in der Da-ho-Schlucht. Am 23. Februar traf er an einem Feldrand vor Tschau-tou (Nordwest-Kansu) 2 Wintergesellschaften des Kansu-Fasans an, von denen eine nur aus Hennen, die andere aus Hähnen bestand. Eine am 24. April bei Hu-dja-dschuang am nordwärts aus dem Richthofengebirge strömenden Da-ho-Fluß angetroffene Kette bestand aus 18 Hähnen und nur 2 Hennen, so daß die Balz zu diesem Zeitpunkt noch nicht begonnen hatte. Nach PRZEWALSKI währt die Brutzeit von April bis Mitte Juli, wobei natürlich mit witterungsbedingten Verschiebungen zu Beginn der Brutzeit zu rechnen sein wird. Am 8. und 27. Juni wurden BEICK je ein Gelege aus 11 und 10 stark angebrüteten Eiern aus den Feldern von Tschau-tou (am Tetung-ho-Fluß nördlich des Süd-Tetung-Gebirges) gebracht. Sie waren einfarbig olivbraun und unterschieden sich nicht von Eiern unseres Jagdfasans. Erste Küken erhielt PRZEWALSKI am 23. Juni. Gesperre bestanden aus 6 bis 10, manchmal 12 Küken, und wurden stets von beiden Eltern geführt. Sehr häufig verteidigte der Hahn die Küken nach-

o. l. Hahn des Kasachstan-Fasans, *Phasianus colchicus mongolicus* (s. S. 632)
o. r. Paar des Chinesischen Ringfasans, *Phasianus colchicus torquatus* (s. S. 635)
m. l. Hahn des Taiwan-Ringfasans, *Phasianus colchicus formosanus* (s. S. 637)
m. r. Paar des Korea-Ringfasans, *Phasianus colchicus karpowi* (s. S. 644), Hahn bietet dem Weibchen Futter an
u. l. Hahn des Mandschu-Ringfasans, *Phasianus colchicus pallasi* (s. S. 645)
u. r. Hahn des Japanischen Buntfasans, *Phasianus versicolor* (s. S. 646)

drücklicher als die Henne, ein von *P. colchicus* kaum glaubhaftes Verhalten, wenn nicht ein so vertrauenswürdiger Forscher wie PRZEWALSKI dies berichtet hätte.
Haltung: Nichts bekannt.

Tsaidam-Fasan
Phasianus colchicus vlangalii,
Przewalski 1876

Engl.: Zaidam Pheasant.
Heimat: Die Schilfsümpfe westlich der Tsaidamsenke in der Provinz Tsinghai (West-China). Verbindungen zu anderen *Colchicus*-Unterarten besteht nicht.
Beschreibung: Im Vergleich mit der nördlicher vorkommenden *satscheuensis* sind Hähne dieser Unterart viel dunkler. Die Grundfärbung des Mantel- und Schultergefieders ist rostig zimtfarben oder hell kastanienrot ohne eine helle Fleckung im Zentrum der Schulterfeder. Kropf und Brust sind kupferbraun, die Federn mit starkem Grünglanz versehen und kräftig samtschwarz gesäumt. Scheitel dunkelbronzegrün, die Überaugenregion nur bei einigen Stücken mit sporadischen Spuren weißer Federn versehen. Ein weißes Halsband fehlt entweder ganz, oder es finden sich ein paar weißliche Flecken in der Nackenregion.
Länge 800 mm; Flügel 241 mm; Schwanz 444 mm.
Hennen sind nach HARTERT im Vergleich mit *Colchicus*-Weibchen oberseits heller mit weniger ausgedehnter schwarzer Musterung, hellerer weißlicher Unterseite und rein weißer Kehle.
Länge 571 mm; Flügel 208 mm; Schwanz 279 mm.
Lebensgewohnheiten: PRZEWALSKI entdeckte diesen Fasan in der Tsaidamsenke in Schilfdickichten und Buschwerk. Während der Herbst- und Wintermonate bestand die Nahrung vorwiegend aus Beeren, die aufgebaumt von den Zweigen gepflückt wurden. Zu dieser Jahreszeit waren die Fasanen sehr scheu und vorsichtig. Die Fortpflanzungszeit beginnt sehr zeitig im Frühling. Gockende Hähne, deren Stimme ganz der des Chinesischen Ringfasans glich, wurden erstmalig am 13. Februar gehört.
Haltung: Nichts bekannt.

Sohokhoto-Fasan
Phasianus colchicus sohokhotensis,
Buturlin 1908

Engl.: Sohokhoto Pheasant.
Heimat: Ost-Kansu in der Soho-Khoto-Oase bei Minchin, 75 km nordöstlich von Wuwei; Jagdfasanen vom Tschilien Shan an der Kansu-Tsinghai-Grenze gehören möglicherweise ebenfalls dieser instabilen Unterart an, die vielleicht der südlicher lebenden *strauchi* zuzurechnen ist.
Beschreibung: Von *P c. strauchi* wenig verschieden, nach VAURIE (1965) lediglich insgesamt heller und trüber (duller) gefärbt.
Lebensgewohnheiten: Nichts bekannt.
Haltung: Nichts bekannt.

Alaschan-Fasan
Phasianus colchicus alaschanicus,
Alpheraky u. Bianchi 1907

Engl.: Alashan Pheasant.
Heimat: Die östlich der Provinz Kansu gelegene Provinz Ningsia nordwärts bis zum Nan Shan (= Holan Shan), ostwärts bis zum Nordostteil des Hoang-Ho-Bogens (Lang Shan) im Hoang-Ho-Flußtal.
Beschreibung: Von der südlicheren Unterart *sohokhotensis* nach DELACOUR lediglich durch schmaleren weißen Überaugenstreif und schmaleres weißes Halsband unterschieden. Im Vergleich zur nordöstlicher lebenden Unterart *kiangsuensis*, nach VAURIE, heller mit besser ausgebildeten Superziliarstreifen sowie etwas schmalerem, machmal im Kehlbereich unterbrochenem weißem Halsband.
Lebensgewohnheiten: Nichts bekannt.
Haltung: Nichts bekannt.

Satschu-Fasan
Phasianus colchicus satscheuensis,
Pleske 1892

Engl.: Satchu Ring-necked Pheasant.
Heimat: Äußerstes Nordwest-Kansu nördlich der Yeh Ma Nan Shan-Kette vom Shule Ho-Fluß (ca. 95° östlicher Länge und 40° nördlicher Breite) westwärts bis Anhsi (ca. 96° östlicher Länge). Das jetzt Tunhwang genannte Gebiet hieß früher Satschau, wonach die Unterart ihren Namen erhielt. Verbindungen zu anderen Unterarten fehlen.
Beschreibung: Der Satschu-Fasan ist eine gut ausgeprägte Unterart, oberseits heller gefärbt als alle übrigen Formen der *torquatus*-Gruppe, unterseits dagegen relativ dunkel. Die auffallend helle Oberseitenfärbung kommt durch die hell goldgelben Mantelfedern sowie die sandfarbenen, hellbräunlichen oder fahl rötlich zimtbraunen Säume und einen großen cremeweißen Mittelfleck der Schulterfedern zustande und erinnert nach HARTERT geradezu an die Farbe mancher Wüstenvögel. Die Unterseitenfärbung unterscheidet sich dagegen nicht wesentlich von der anderer Torquatus-Formen: Kropf und Brust sind kupferrot, die Flanken goldgelb. Der grüngraue Scheitel ähnelt *hagenbecki*, doch finden sich statt weißer Überaugenbänder nur einzelne weiße Federn in der Superziliarregion; ein schmales weißes Halsband ist vorn breit unterbrochen.
Flügellänge 237 bis 251 mm.
Hennen von *P. c. satscheuensis* sollen heller sein als die Weibchen aller übrigen Torquatus-Formen und eine sehr lebhaft rotbraune Nackenfärbung aufweisen.
Lebensgewohnheiten: Laut HARTERT hat KOSLOW 1899 über diese Fasanenunterart biologische Angaben gemacht, die uns leider nicht zugänglich waren.
Haltung: Nach DELACOUR ist diese Unterart 1903 und 1904 in England und Italien gehalten und gezüchtet worden, später aber wieder verschwunden. Nach HOPKINSON gelang die Zucht 1906 dem Londoner Zoo.

Gobi-Fasan
Phasianus colchicus edzinensis,
Suschkin 1926

Engl.: Gobi Ring-necked Pheasant.
Heimat: Nord-Kansu im Becken des unteren Edsin Gol in Oasen der Gobi. Verbindungen zu anderen Fasanen bestehen nicht.
Beschreibung: Nach VAURIE (1965) ist die Gobi-Unterart des Ringfasans von der westlich davon lebenden *satscheuensis* nur wenig durch deutlich dunklere Säumung der Schulterfedern und Interskapularen und hellere, nämlich reiner weiße, weniger cremefarbene Zentren derselben unterschieden. Die Unterseite soll etwas heller sein als bei *satscheuensis*.
Lebensgewohnheiten: Nichts bekannt.
Haltung: Nichts bekannt.

Kobdo-Ringfasan
Phasianus colchicus hagenbecki,
Rothschild 1901

Engl.: Kobdo Pheasant, Hagenbeck's Pheasant.
Heimat: Isoliert von anderen Jagdfasanenunterarten, der Westen der Äußeren Mongolei von den nördlichen Ausläufern des Altai nordwärts bis zum Khara-Usu-See sowie das Kobdo-Flußbecken bis zum Achit Nor in Höhen zwischen 900 und 1520 m.
Beschreibung: Der Kobdo-Ringfasan, die nördlichste Unterart der Torquatus-Gruppe, ist nach VAURIE die größte Jagdfasanenform überhaupt. Die sehr helle Subspezies weist einen chromgrünen Scheitel mit Bronzeglanz auf, der beiderseits durch ein schneeweißes Überaugenband begrenzt wird. Ein weißes Halsband ist sehr breit und geschlossen. Die Gesamtfärbung ist sehr hell, die Grundfärbung des Mantels und der Flanken strohgelb. Im übrigen ist *hagenbecki* der Unterart *pallasi* sehr ähnlich und von ihr nur durch den stets fehlenden Ohrdeckenfleck, das noch breitere weiße Halsband sowie zusammenhängende schwarze Säume der Kropf- und Brustfedern unterschieden.
Flügel 260 bis 265 mm.
Bei den Hennen ist nach DELACOUR die dunkle Musterung des Gefieders heller als bei *pallasi*, meist hellbraun mit rötlicherem Ton.
Lebensgewohnheiten: Nichts bekannt.
Haltung: Der Kobdo-Fasan wurde anläßlich einer 1901 von der Hamburger Tierhandelsfirma

HAGENBECK unternommenen Expedition zum Fang von Wildpferden und Argali-Wildschafen in der Umgebung von Kobdo entdeckt, aber nicht lebend nach Europa importiert.

Schansi-Ringfasan
Phasianus colchicus kiangsuensis, Buturlin 1904

Engl.: Shansi Ring-necked Pheasant.
Heimat: Nordwest- und West-Hopei, das Süd-Tschahargebiet der Inneren Mongolei (bei ca. 110 ° östlicher Länge), Schansi und Nord-Schensi. Nordwärts in die Unterart *karpowi*, südwärts *strauchi* und vermutlich *torquatus* übergehend.
Beschreibung: Im Vergleich mit der nördlicheren Unterart *karpowi* dunkler und satter gefärbt mit dunklerem Scheitel und nur schwach angedeutetem weißem Superziliarstreif sowie vollständigem, aber schmalem weißem Halsband. Mantel und Flanken golden orange.
Hahn: Flügel 220 bis 235 mm; Schwanz 438 bis 675 mm; Gewicht 1000 bis 1100 g.
Henne: Flügel 199 bis 215 mm; Schwanz 238 bis 279 mm; Gewicht 700 bis 1000 g.
Lebensgewohnheiten: Nichts bekannt, aber von *karpowi* wohl kaum unterschieden.
Haltung: Nichts bekannt.

Korea-Ringfasan
Phasianus colchicus karpowi, Buturlin 1904

Engl.: Korean Ring-necked Pheasant.
Abbildung: Seite 640 mitte rechts.
Heimat: Nord-China in Mittel- und Südost-Kirin sowie Südost-Liaoning; Korea bis zum 37 ° nördlicher Breite, von wo eine Hybridpopulation mit *pallasi* bis zum 40 ° nördlicher Breite lebt; Tschuschima und Quelpart-Inseln, in Japan auf Hokkaido, wo Fasanen nie vorkamen, erfolgreich eingebürgert.
Beschreibung: Der Unterart *pallasi* recht ähnlich, doch dunkler und satter gefärbt, aber heller als die südlich anschließende *kiangsuensis*. Im Vergleich mit der Nominatform ist *karpowi* größer, mit hellerem Scheitel und breitem, durchgehendem weißem Halsband. Mantel und Flanken sind dunkler, mehr goldgelb.
Hahn: Flügel 217 bis 235 mm; Schwanz 424 bis 570 mm; Gewicht 1000 bis 1312 g.
Henne: Flügel 194 bis 208 mm; Schwanz 220 bis 290 mm; Gewicht 545 bis 875 g.
Gelegestärke ca. 8; Eiform nach KURODA viel runder als bei *versicolor* (40,5 bis 43,4 mm × 32,5 bis 34 mm).
Lebensgewohnheiten: Nach KURODA unterscheiden sich die Lebensgewohnheiten des Korea-Ringfasans nicht von denen des Japanischen Buntfasans. In Korea leben die Ringfasanen von Dezember bis Ende Februar in nach Geschlechtern getrennten Trupps zusammen. Die Hennentrupps halten sich meist in grasüberwucherten Feldern, die Gesellschaften der Hähne bevorzugt auf mit kleinen Kiefern dünn bestandenen Hügeln auf. Das Stimmrepertoire des Ringfasans unterscheidet sich kaum von dem des Buntfasans, nur klingt das Gocken der Ringfasanenhähne weniger scharf. In den frühen Morgenstunden begeben sich die Vögel auf Futtersuche und ziehen sich anschließend auf sonnenwarme Hügel zurück, wo sie sich gewöhnlich bis 10.30 Uhr aufhalten, um danach mit der Sonne zur nordwestlichen Hügelseite zu wandern. Die Wintertrupps lösen sich mit Beginn der Paarungszeit im März auf. In Mittel-Korea brütet der Fasan im Mai. Interessant sind die Einbürgerungserfolge mit Korea-Ringfasanen auf der vormals fasanenlosen japanischen Nordinsel Hokkaido. Nachdem sich dort 2 im Jahre 1926 ausgesetzte Paare im Onumapark erfolgreich vermehrt hatten, ließ das Ministerium für Landwirtschaft und Forsten auf 2 Großfarmen der Insel je 44 in Gefangenschaft erbrütete Vögel frei. Während die im rauheren Iburi ausgesetzten Fasanen sehr unter den schweren winterlichen Schneefällen zu leiden hatten, vermehrte sich der Bestand im wärmeren Hidaki gut und breitete sich in den Küsten- und Inlandebenen Hokkaidos aus. Nach 38jähriger Schonzeit wurde die Jagd ab 1968 freigegeben. Regierungsbeauftragte hatten festgestellt, daß der Ringfasan auf der Insel sein Verbreitungsgebiet auf 1 046 808 ha ausgedehnt hatte und Schäden in der Landwirtschaft verursachte. 1967 wurde die Gesamtpopulation Hokkaidos auf 27 400 Vögel geschätzt. Seitdem werden auf Hokkaido alljährlich Auswilderungen von 1000 bis 2500 Korea-Ringfasanen durchgeführt, damit die Bestände regelmäßig bejagt werden können. Das Aussetzen von Ringfasanen, meist amerikanischen Jagdfasanen, auf anderen japanischen Inseln, die vom dort heimischen *Versicolor* bewohnt werden, sind glücklicherweise von staatlichen Stellen recht-

zeitig unterbunden worden, bevor es zu nicht wiedergutzumachenden Vermischungen zwischen beiden Formen kam. Europa sollte sich daran ein Beispiel nehmen.
Haltung: Der Korea-Ringfasan wurde erstmalig 1926 nach Frankreich importiert und dort von DELACOUR gezüchtet. Seit 1962 gelangten Paare dieser schönen Jagdfasanenform als Geschenke des Zoologischen Gartens von Seoul in den Londoner, Berliner und vermutlich auch andere Zoos.

Mandschu-Ringfasan
Phasianus colchicus pallasi, Rothschild 1901

Engl.: Pallas's Ring-necked Pheasant.
Abbildung: Seite 640 unten links.
Heimat: In der UdSSR das Ussuribecken im südlichen Ussurien. Abholzung der Taiga und die darauffolgende Verbuschung haben die Ausbreitung dieses Fasans in nördlicher und nordöstlicher Richtung begünstigt und sein Verbreitungsareal um 300 km nordwärts erweitert. Am Amur kommt er bis Tscherniewo, an der Kumara ebenfalls auf der einen Flußseite vor und erreicht im Tal der Seelemtscha 52° 30' nördlicher Breite. Ostwärts bis Charaboswk, auf der Ascold-Insel ausgesetzt. In der VR China, Nord-, Mittel- und Ost-Heilungkiang (früher Mandschurei), Mittel- und Südost-Kirin und Südost-Liaoning. Südwärts geht die Unterart *pallasi* mit einer breiten Hybridzone, die sich südwärts bis zum 37° nördlicher Breite in Korea erstreckt, in die dunklere *karpowi* über.
Beschreibung: Der Mandschu-Ringfasan ist nach VAURIE der Kobdounterart *hagenbecki*, mit der gegenwärtig kein geografischer Kontakt besteht, ähnlich, nur insgesamt dunkler mit braunerem Scheitel und durchschnittlich schmalerem, nicht reinweißem Überaugenstreif sowie einem auf dem Nacken schmaleren Halsring. Grundfärbung von Mantel und Flanken sind dunkler gelb, nicht strohgelb, sondern goldgelb; auch fehlt den Kropffedern von *pallasi* die dunkle Endbinde, und die Schwarzkomponente ist auf einen schmalen Saum an der Federmitte-Einkerbung beschränkt; gewöhnlich ist ein weißer Wangenfleck vorhanden, der bei *hagenbecki* entweder fehlt oder nur angedeutet ist.
Von der Nominatform *torquatus* unterscheidet sich *pallasi* nach LA TOUCHE durch dunklere, manchmal sehr dunkle und dann orangegelbe Hinterhalsbasis und Flanken; der weiße Superziliarstreif ist besser ausgebildet und mehr oder weniger breit; Rückenmitte und Bürzel sind olivfarben mit unterschiedlich starkem smaragdgrünem Glanz; ein weißer Halsring ist stets breit und vollständig, und die Halsseiten darüber weisen einen Grünschiller auf. Hinsichtlich der Farbtiefe von Hinterhals und Flanken gibt es bei *pallasi* zwar viele individuelle Unterschiede, doch bei allen Stücken überwiegen Grün- über Purpurtöne. Häufig wird ein weißes Fleckchen in der Ohrregion gefunden.
Hahn: Flügel 235 bis 245 mm; Schwanz 435 bis 485 mm; Gewicht 1264 bis 1650 g.
Henne: Flügel 210 bis 211 mm; Schwanz 225 bis 285 mm; Gewicht 880 bis 900 g.
Lebensgewohnheiten: Habitate des Mandschu-Ringfasans sind die Ufer- und Buschvegetation breiter Flußtäler, Eichenwälder mit dichtem Buschunterwuchs, weite Graswiesen, Felder, Gemüsegärten, gelegentlich auch ziemlich feuchte Gebiete. Die Fortpflanzungszeit währt von April bis Ende Juni, beginnt jedoch in der südlichen Meeresprovinz (UdSSR) bereits früh im April, weiter nördlich erst Mitte bis Ende April. Im kalten Frühjahr 1941 begannen die Hähne des Charabowsker Distrikts erst Anfang Mai zu rufen. Auf dem Höhepunkt der Fortpflanzungszeit kräht der Hahn bei Sonnenaufgang und kurz danach alle 5 bis 10 Minuten, erreicht gegen 10 bis 11 Uhr vormittags den Höhepunkt und ruft dann noch einmal nachmittags von 16 bis 17 Uhr. Zum Rufen springen die Revierhähne gewöhnlich auf eine hohe Grasbülte oder einen Baumstumpf, manchmal auch auf niedrige Baumäste, und krähen von dorther mehrfach hintereinander, jedesmal dazu mit den Flügeln purrend. Während dieser Zeit läuft der Revierhahn nach PRZEWALSKIS Beobachtungen täglich sein Revier ab und legt dabei Strecken von 1 bis 2 km zurück. Das Nest wird von der Henne gewöhnlich in niedrigem Buschwerk, meist nahe an Flußufern unter Bäumen und zwischen hohem Gras angelegt und ist eine 4 cm tiefe, meist vollständig kahle Erdmulde. Vollgelege enthalten 4 bis 12 Eier. Ein Gelege aus 6 Eiern wurde am 2. Mai gefunden. Im September/Oktober erreichen die Jungfasanen Adultgröße. Gewöhnlich tun sich dann mehrere Gesperre zusammen, zu denen im Herbst ein erwachsener Hahn stößt. Die Nahrung besteht im Herbst vorwiegend aus Eicheln und Teilen vieler Kulturpflanzen. Häufig suchen sie Felder bereits vor der Ernte auf und vermögen Kartoffeln bis zu Walnußgröße abzuschlucken. Der Man-

dschu-Ringfasan ist kein strenger Standvogel und wandert in Abhängigkeit von winterlichen Wetterbedingungen und erreichbaren Nahrungsquellen häufig aus den nördlichen und nordwestlichen Teilen seines Verbreitungsareals in der UdSSR südwärts in die Mandschurei ab. In solchen Notzeiten hält er sich viel auf Hirse- und Sojafeldern auf, besucht Dreschböden und bleibt nahe bei menschlichen Behausungen. In der UdSSR werden zu dieser Zeit viele Fasanen mit Netzen und wodkagetränkter Kolbenhirse gefangen, wonach man die berauschten Vögel mit der Hand einsammeln kann. In den 20er Jahren wurden nach SHULPIN jährlich 40000 Mandschu-Ringfasanen gefroren aus dem Fernostterritorium der UdSSR exportiert.
Haltung: Nach DELACOUR scheint der Mandschu-Ringfasan nach Europa importiert worden zu sein, doch fehlen darüber exakte Informationen.

Japanische Buntfasanen
Versicolor-Gruppe

Engl.: Japanese or Green Pheasants.
Darüber, ob man die Japanischen Buntfasanen lediglich als Unterarten des Jagdfasans auffassen oder in einer selbständigen Art vereinigen soll, herrscht in Ornithologenkreisen geteilte Meinung. Wir sind mit VAURIE (1965) und HOWARD u. MOORE (1980) der Ansicht, daß der Buntfasan sich durch die lange Isolation der Japanischen Inselkette vom Festland bereits so weit von den Unterarten der *Colchicus*-Gruppe entfernt hat, daß ihm getrost Artenrang eingeräumt werden darf. Von den Festlandsfasanen läßt sich der Buntfasan leicht durch die einfarbig grüne Unterseite und olivgrüne bis schiefergraue Oberschwanzdecken unterscheiden. Die Aufteilung der Unterarten auf die Japanischen Inseln ist ähnlich kompliziert wie beim Kupferfasan. So wird die dunkle Unterart *tanensis* nur an bestimmten, gar nicht zusammenhängenden Küstenstreifen Schikokus und Kiuschus angetroffen und ist offensichtlich unter dem Einfluß warmer Meeresströmungen entstanden. Eine Einbürgerung durch den Menschen kann in diesem Fall ausgeschlossen werden.

Südlicher Buntfasan
Phasianus versicolor versicolor,
Vieillot 1825
(= P. versicolor kiusiuensis)

Engl.: Southern Green Pheasant, Kyushu Green Pheasant.
Heimat: Küstengebiete entlang der japanischen Inlandsee von Seto (Yamaguchi, Hiroshima, Okyama bis Hyogo auf Honshu; Ehime und Kagawa in Shikoku, Kiushu.
Beschreibung: Beim Hahn sind Scheitel, Ohrdecken sowie ein schmaler Zügelstreif, der sich inmitten der Rosen unterhalb des Auges fortsetzt und hinter diesem endet, dunkelgrün mit Purpurschimmer; der weiße Überaugenstreif anderer Buntfasanen fehlt vollständig; die gut ausgebildeten Ohrbüschel schwarz, der Hals purpurblau, Nacken und Vorderrücken dunkel bronzegrün ohne den Purpurschimmer der anderen *Versicolor*-Unterarten; hinterer Abschnitt des Vorderrückens mit schmaleren grünen Federsäumen und hellrostgelber oder rahmfarbener Linienzeichnung des schwarzen Federzentrums und der Federspitzen. Hinterrücken und die haarartigen Federn des Bürzels und der Oberschwanzdecken stark olivgrün, statt wie bei den anderen Unterarten grünlich schiefergrau oder bronzegrün; mittlere Steuerfedern bis zu 40 cm lang, grünlichgrau mit ziemlich breiten, variierenden schwarzen Querbinden auf den festen Fahnenteilen, die haarartigen Säume derselben braunrot mit violettem, vom Licht abgewandt grünlichgraubraunem Schimmer; die übrigen kürzeren Steuerfedern ebenso gefärbt; Schultergefieder rotbraun, die Federn mit dunkelgrüner Schäftung, welche caudalwärts zu ebenso gefärbten schmalen Endsäumen ausläuft. Oberflügeldecken taubengrau, die mittleren und großen dazu mit kastanienbrauner, z. T. recht breiter Säumung; Armdecken rotbraun, schwarz geschäftet und hell ockergelb gesäumt, die Armdecken mit hell isabellgelber Säumung; Handschwingen ebenso mit angedeuteter dunkelbrauner Bänderung. Unterseite mit Ausnahme der schwarzbraunen Bauchmitte und der teilweise schmal grüngesäumten Unterschwanzdecken dunkelgrün. Schnabel, Iris und Beine wie bei *P. colchicus*.
Länge 815 mm; Flügel 232 bis 235 mm; Schwanz 350 bis 425 mm; Gewicht 1000 bis 1400 g.
Hennen des Buntfasans sind denen von *P. colchicus* recht ähnlich, jedoch stärker gesprenkelt; der dunkle Teil der Mantelfedern ist schwarz, bis auf die schmale hellbraune Säumung und den Grünglanz

nahe den Federenden. Die Unterseite ist stärker gewellt und gefleckt als bei Hennen der *Colchicus*-Unterarten.
Länge 580 mm; Flügel 195 bis 220 mm; Schwanz 207 bis 275 mm; Gewicht 692 bis 970 g.
Die Weibchen der Unterarten des Buntfasans dürften kaum voneinander zu unterscheiden sein. Dunenküken sind nach DELACOUR kleiner und weisen eine stärkere Dunkelzeichnung auf als solche des *P. colchicus,* sind diesen aber im übrigen recht ähnlich.
Eier gleichen denen von *P. colchicus,* sind aber durchschnittlich kleiner (43,8 mm × 33,34 mm); Gelegestärke im Durchschnitt 7 bis 9.

Dunkler Buntfasan
Phasianus versicolor tanensis, Kuroda 1919

Engl.: Pacific Green Pheasant.
Heimat: Diskontinuierliche Verbreitung entlang der vom warmen Kurishio-Meeresstrom umspülten Küsten von Honshu (Kii, Izu und Miura-Halbinseln), Oshima- und Niijima-Inseln bei Izu, die Tanegashima-, Yakushima- und Amakusa-Inseln vor Kiushu.
Beschreibung: Scheitel wie bei der Nominatform dunkelgrün mit Purpurschimmer oder bronzefarbenem Glanz; ein weißer Superziliarstreif fehlt; Oberschwanzdecken grünlich bronzefarben (nicht olivgrün wie bei der Nominatform oder grünlich schiefergrau wie bei den Unterarten *tokhaidi* und *robustipes*); Mantel und Kropf stark purpurn schimmernd, die Brust dunkelpurpurgrün; Schwanzdecken ziemlich dunkel.

Shikoku-Buntfasan
Phasianus versicolor tokhaidi, Momiyama 1922

Engl.: Shikoku Green Pheasant.
Heimat: Honshu (= Hondo) etwa vom 37° nördlicher Breite südwärts sowie die Insel Kyushu.
Beschreibung: Scheitel bronzegrün, ein weißer Superziliarstreif ist wenig auffällig; Oberschwanzdecken grünlich schiefergrau, Mantel und Kropf mit schwachem Purpurglanz, die Brust dunkelgrün, die Flügeldecken hell.

Nördlicher Buntfasan
Phasianus versicolor robustipes, Kuroda 1919

Engl.: Northern Green Pheasant.
Heimat: Nord-Honshu (nordwärts bis Kanto) und die Sado-Inseln.
Beschreibung: Scheitel bronzegrün, ein weißlicher Superziliarstreif tritt auffällig hervor; Oberschwanzdecken grünlich schiefergrau; Mantel und Kropfregion mit sehr starkem Purpurschimmer, Brust dunkelgrün, die Flügeldecken hell.
Nördliche Buntfasanen sind größer als die übrigen Unterarten. Flügel 235 mm, Schwanz 372 mm.
Lebensgewohnheiten: Buntfasanen sind Bewohner der Ebenen und werden nur selten in niedrigen Vorgebirgslagen angetroffen. Das ist beispielsweise in Mittel-Honshu der Fall, wo die Art niedrige Bergplateaus und die unteren Talabschnitte bis in Höhen von 1200 m bewohnt. Sie ist sehr standorttreu und häufiger mono- als polygyn. Den Tag verbringen die Vögel im Schutz von Feldgehölzen, lichten Nadel- und Laubwäldern und besuchen während der Morgen- und Abendstunden Gerstenfelder, Süßkartoffelpflanzungen und Teeplantagen. Von November bis März schließen sie sich zu kleinen Wintergesellschaften gleichen Geschlechts zusammen, und sehr häufig bleiben die Hähne allein. Ab Mitte März bis in den Mai hinein rufen sie wie Jagdfasanenhähne und schlagen dazu weit hörbar mit den Flügeln. Die Brutzeit währt von April bis Juni, die Kükenaufzucht von Juni bis September. Die Brutdauer beträgt 24 Tage. Die Jungvögel sind nach 3 Monaten erwachsen.
Haltung: Der Japanische Buntfasan gelangte als europäischer Erstimport 1840 in mehreren Exemplaren nach Amsterdam. Ein Paar aus diesem Transport wurde vom EARL OF DERBY für dessen berühmte Knowsley Menagerie angekauft. Die Henne starb bald, und der Hahn wurde zuerst mit Colchicushennen, später mit Kreuzungshennen weiterer Generationen solange gekreuzt, bis die Nachzucht praktisch vom Buntfasan nicht mehr unterscheidbar war. Nach dem Tode des EARL wurde die Tiersammlung 1851 versteigert und der noch lebende Althahn nebst einer Anzahl Vögel aus der Verdrängungszucht von J. J. GURNEY in Norfolk erworben, der sie in den Reservaten der Umgebung aussetzte, wo sie sich natürlich wieder mit Jagdfasanen kreuzten. Weitere Transporte von Buntfasanen gelangten aus Japan nach England, und etwa ab 1860 war die Art in europäischen Fasanerien weit

verbreitet. DELACOUR erhielt 1926 und 1938 Transporte aus Japan. Nach einer Umfrage der WPA wurden 1982 weltweit 233 Südliche und 65 Nördliche Buntfasanen gemeldet, wobei die Haltungen in Japan nicht berücksichtigt sind.

Der farbenprächtige Buntfasan ist ein herrlicher Volierenvogel, der allerdings den Nachteil hat, überaus wild und nervös zu sein und den Jagdfasan darin noch übertrifft. Sein temperamentvolles Wesen und seine Wachsamkeit waren auch hauptsächlich die Ursache, warum europäische Jäger die Art in den Revieren aussetzen: Er drückt sich weniger vor dem Hund als der Jagdfasan, steht in blitzschnellem Flug auf und erfordert einen sicheren und reaktionsschnellen Schützen. Auf Hawaii, wo zuerst Buntfasanen, später dazu Jagdfasanen ausgesetzt wurden, haben sich die ersteren vor den stärkeren Colchicusvögeln in die höheren Berglagen verzogen bzw. sind von ihnen dorthin abgedrängt worden. In Japan selbst hat es in den vergangenen Jahrzehnten Kreuzungen mit dem Korea-Jagdfasan gegeben, doch sind Auswilderungen dieser Fremdlinge inzwischen glücklicherweise gesetzlich verboten worden, so daß die Koreaunterart *P. c. karpowi* heute in Japan nur auf Hokkaido vorkommt, das nie Buntfasanen beherbergt hatte.

Mutationen der Jagdfasanen

Unter den seit langem in Volieren gezüchteten Jagdfasanen ist eine ganze Anzahl von Mutationen aufgetreten, von denen einige zu reinvererbenden Rassen herausgezüchtet worden sind.

Tenebrosus-Fasan (Mutation)

Abbildung: Seite 658 oben links.
Bei dieser Zuchtrasse sind die Hähne im Idealfall mit Ausnahme der dunkelbräunlichen Flügeldecken, des ebenso gefärbten Unterbauches sowie des goldbraunen, schwarzgebänderten und schmal bronzefarben gesäumten Schwanzes oberseits metallischgrün gefärbt. Das Gefieder der Brust- und Körperseiten ist purpurblau mit hell isabellfarbener Schäftung.

Im ersten Stadium dieser Mutation traten bei den Hähnen an den Körperseiten V-förmige isabellfarbene oder rötliche Bänder auf, während die Flügel hell olivgrün oder braun gefärbt waren, und die bronzegrüne Oberseite noch eine isabellfarbene und schwarze Musterung aufwies.

Vielfach wird von den Züchtern die Auffassung vertreten, es müsse sich beim Tenebrosus-Fasan um einen Bastard zwischen Jagdfasan und Japanischem Buntfasan handeln. Jedoch sind, wie DELACOUR gezeigt hat, derartige Mischlinge ganz anders gefärbt; bei ihnen weist der leuchtendgrüne Mantel eine rote und isabellfarbene Bänderung auf, das Schultergefieder ist vorwiegend kastanienrot gefärbt, und die Flügeldecken sind wie beim Buntfasan hellgrau, nicht olivfarben oder grün; die Brustregion ist leuchtend blaugrün, und die Federn der Körperseiten sind mit einem breiten roten Band geschmückt, während Unterrücken und Bürzel eine vorwiegend graue Färbung aufweisen.

Die Tenebrosus-Henne ist im Idealfall rußschwarz mit grünem und purpurnem Schimmer auf Kopf, Hals, Brust und Mantel. Früher trugen Tenebrosus-Hennen ein dunkelkastanienbraunes Gefieder, das graugelbe Bänderung, isabellfarbene und schwarze Musterung aufwies.

Tenebrosus-Küken sind dunkelschokoladenbraun oder schwärzlich gefärbt und zeigen auf Kopf und Unterseite viel unregelmäßig verteiltes Weiß.

Entstehung und Haltung: Die melanistische Zuchtrasse ist im Gegensatz zu manchen anderen, gelegentlich beim Jagdfasan aufgetretenen und wieder verschwundenen Farbabänderungen erblich so konstant, daß sie sich auch bei neuerlichen Kreuzungen mit normal gefärbten Vögeln stets durchsetzt. Es entstehen dann keine Mischformen, sondern Nachkommen, die dem einen oder dem anderen Elternteil völlig gleichen. Aus solchen Kreuzungen hervorgegangene Tenebrosus-Fasanen spalten bei neuerlicher Verpaarung untereinander nicht mehr auf, sondern ergeben wiederum zu 100 % dunkle Vögel.

Der japanische Ornithologe HACHISUKA erfuhr von LORD ROTHSCHILD, daß die Tenebrosus-Mutante etwa um das Jahr 1880 plötzlich im Gebiet von Norfolk (England) aufgetreten sei. Sie wurde bald in Züchterkreisen sehr beliebt, und es gelang durch Herauszüchtung der charakteristischen Merkmale eine noch dunklere Gesamtfärbung zu erreichen. Diese hat sich etwa seit dem Jahre 1933 allgemein in England und Amerika durchgesetzt, so daß Zuchtstämme mit tief dunkelgrün und -blau gefärbten Hähnen sowie schwarzen Hennen jetzt häufig anzutreffen sind.

Der Tenebrosus-Fasan ist größer und kräftiger als seine Colchicus-Ahnen, dazu ungünstigen klimatischen Bedingungen gegenüber robuster und im Wesen lebhafter, was seine Beliebtheit in Züchterkreisen verständlich macht. DELACOUR glaubt, daß diese Form eine bessere Anpassung des Jagdfasans an die härteren Umweltbedingungen seiner neuen Heimat Europa darstelle.

Isabellfasan (Mutation)

Bei dieser Mutation sind die rotbraunen und goldig purpurnen Farben des Hahnes durch blaß isabellfarbene Töne ersetzt, während Kopf und Hals die übliche blaugrüne Färbung behalten. Diese Variante tritt ab und zu unter wildlebenden Jagdfasanen auf und pflanzt sich nach übereinstimmenden Angaben nicht selten rein fort. Reinerbige Stämme des Isabellfasans scheint es in Europa seit langem zu geben. Hennen sind vorwiegend isabellbräunlich gefärbt. Da die helle Grundfärbung des Hahnes die dunkle Kopf- und Halsfarbe besonders auffällig hervortreten läßt, gewährt der Isabellfasan einen schönen Anblick.

Weißer Jagdfasan (Mutation)

Abbildung: Seite 658 oben rechts.
Zuchten weißer Fasanen sind seit langem bekannt, doch handelte es sich dabei selten um reinweiße Vögel; einige bunte Federchen im Gefieder waren meist vorhanden. Erst seit neuerer Zeit kennt man Stämme, die in beiden Geschlechtern vollständig weiß sind, auch weiße Schnäbel und Beine sowie blaue Augen haben. Die Hähne bestechen während der Balzzeit durch die sich kontrastreich vom schneeigen Weiß des Gefieders abhebenden hochroten Rosen. Wie alle pigmentarmen Rassen ist auch der Weiße Jagdfasan Krankheiten und ungünstigen Witterungseinflüssen gegenüber empfindlicher als seine wildfarbenen Artgenossen.

Gescheckter Jagdfasan (Mutation)

Bei allen Wildtieren, vor allem aber im Verlaufe der Domestikation, treten Individuen mit mehr oder weniger starkem Pigmentverlust gelegentlich auf. Beim Jagdfasan ist das häufiger der Fall, und aus gescheckten Vögeln sind reinvererbende Stämme gezüchtet worden. Wie B. D. SPANGLER (La Puente, Kalifornien in der „Gazette", Januar 1963, p. 11) ausführt, müssen zwei verschiedene Scheckenstämme unterschieden werden: Ein aus europäischen Zuchten entstandener Rotschecke (aus *P. c. torquatus*, wildfarbig, × *P. c. torquatus* oder *P. c. formosanus*, weiß) und ein aus amerikanischen Zuchten entstandener Blauschecke (aus *P. v. versicolor* und *P. v. robustipes*, wildfarbig, × *P. c. torquatus* oder *P. c. formosanus*, weiß). Die Farbe der erhalten gebliebenen Pigmentflecke entspricht der Stammform; sie ist also bei den europäischen Rotschecken entsprechend der Stammelternfarbe vorwiegend rötlich, während bei den amerikanischen Blauschecken die vorwiegend bläuliche Farbmusterung der Japanischen Buntfasan-Vorfahren auftritt. Bei beiden Schecken soll das Gefieder überwiegend weiß mit 10- bis höchstens 30%iger Scheckung sein. Gescheckte Jagdfasanenstämme sind besonders legefreudig; sie bringen von allen Fasanen die meisten Eier, wobei sich die Legetätigkeit der Hennen über das ganze Jahr erstreckt. Eigröße 39 bis 49 mm × 34 bis 36 mm.

Habitate und Biologie der Jagdfasanen

Ganz allgemein wünschen die Jagdfasanen Biotope, in denen Dickungen von freien Flächen unterbrochen werden und stets Wasser zur Verfügung steht. Gemieden werden dichte Hochwälder und weite deckungslose Ebenen, auf denen die bunten Hähne eine Beute der Flugfeinde würden. In ihrer ursprünglichen Heimat leben die Fasanen in lichten Auwäldern mit dichtem Busch- und Krautunterwuchs, Alluvialebenen, Hochgrasdschungel und trockneren Teilen von Schilfbeständen. Solche Habitate existieren in Vorder- und Mittelasien entlang der Fluß- und Seeufer, in Oasen häufig inmitten trostloser Wüsten. Obwohl der Jagdfasan kein Gebirgsbewohner ist, wandert er gern in breiten, dicht bewachsenen Flußtälern bergwärts bis zu Punkten, an denen diese schmal, felsig und dekkungsarm werden. Auch Hochplateaus sind in Innerasien erfolgreich besiedelt worden. Es ist deshalb nicht verwunderlich, daß ein in seinen Ansprüchen so flexibler Vogel, der dazu noch ein beliebtes Jagdwild ist, in vielen Ländern ausgewildert wurde. In den europäischen und nordamerikanischen Kulturlandschaften begnügen sich Fasanen oft mit erstaunlich geringer Deckung und leben auf Feldern und Ödland mit genügend hoher Vegetationsdecke, um sich darin verstecken zu können. Etwas Gestrüpp als Wetterschutz darf allerdings auch dort nicht ganz fehlen, und während der kalten Jahreszeit ist reichliche Deckung lebensrettend. Fehlt diese, wandern die Vögel ab. Saisonale Wanderungen sind von einigen Unterarten, wie dem Mandschu- und Syr-Darja-Fasan wohlbekannt und bedeuten ein Ausweichen vor Kälte und Nahrungsmangel. Die Winterverluste der asiatischen Wildfasanen können gewaltig sein, werden jedoch durch reichliche Vermehrung während der Sommermonate stets bald wieder ausgeglichen.

Mit Eintritt kalten Wetters im Herbst schließen sich die Vögel, meist nach Geschlechtern getrennt, zu Gesellschaften zusammen, die auf deckungs- und nahrungsreichem Gelände gemeinsam den Winter überstehen und sich erst im Frühjahr trennen. Hähne bilden nur kleine Gruppen aus 4 bis 5, höchstens 10 Mitgliedern, während die geselligeren Hennen in bis zu 30 Stück starken Gesellschaften zusammenleben. Gelegentlich können sich auch einige Hennen mehreren Hähnen anschließen. Innerhalb der „Herren-Clubs" ist die Rangordnung streng, was vor allem an den Futterplätzen erkennbar wird. In den Weibchengesellschaften herrscht, abgesehen von gelegentlichem Drohen, Hacken und Verjagen, größere Toleranz. Beim Jagdfasan dominiert selbst das rangtiefste Männchen noch über ein in seiner Gruppe ranghöchstes Weibchen. Bei allen Unterarten tritt Monogynie wie Polygynie auf. Aus Beobachtungen in der Urheimat ist bekannt, daß der Fasanenhahn mit einer, aber ebensogut auch 2 oder 3 Hennen in seinem Revier verpaart sein kann. Aus den USA ist von dem dort eingebürgerten Hybrid-Jagdfasan sogar über Harems aus bis zu 16 Hennen mit nur einem Hahn berichtet worden.

Der Beginn der Fortpflanzungszeit ist vom Anstieg der Temperaturen im Frühjahr abhängig. Schon an sonnigen Herbsttagen stoßen einzelne Hähne der Überwinterungstrupps leise Revierrufe aus, und besonders Jährlinge beginnen rangtiefere Artgenossen zu attackieren. Mit Eintritt milden Frühlingswetters lösen sich die Gemeinschaften allmählich auf. Die ranghöheren Hähne wandern ab und beginnen durch ein bestimmtes Gebiet, häufig ihr vorjähriges Revier, zu patrouillieren, ohne es vorerst gegen anwesende männliche Artgenossen zu verteidigen. Das ändert sich allerdings mit fortschreitender Keimdrüsenreifung bald und tut sich in zunehmend häufigerem und lauterem Krähen kund. Dem abwandernden Revierhahn schließt sich häufig ein rangtieferer Beihahn an, dessen Begleitung eine Zeitlang geduldet wird. Nach endgültiger Revierfixierung wird er jedoch verjagt und zieht sich meist auf die Reviergrenzen zurück, von wo aus er bei Verlust des Revierhahns sofort als Ersatz einspringen kann. Hält der Revierbesitzer sich in einem entfernten Teil seines Territoriums auf, balzen die Grenzhähne häufig dessen Hennen an, vergewaltigen sie nicht selten und können so im Revier für erhebliche Unruhe sorgen. Manche vertriebenen Beihähne wandern bis zu 600 m weit ab und können so fasanenloses Gelände besiedeln, falls sie eine ledige Henne auftreiben. Das Krähen oder Gocken des Revierhahns ist in erster Linie akustischer Revierbesitzanspruch und soll Fremdhähne auf Abstand halten. Weibchen werden dadurch nicht angelockt. Zum Krähen sucht sich der Fasanenhahn einen erhöhten Platz, richtet sich dort auf, bleibt jedoch vorerst noch stumm und führt mehrere unhörbare Flügelschläge aus, ehe er unter plötzlichem Kopfhochwerfen sein lautes Gocken ausstößt, auf das im Frühjahr als zweites akustisches Signal der kurze kräftige Flügelwirbel folgt. Während desselben kann der Schwanz schräg angehoben und gespreizt werden, dient jedoch manchmal, gegen den Boden gepreßt, als Körperstütze, wenn der durch energische Schwingenschläge des Körpers emporgehobene Hahn das Gleichgewicht zu verlieren droht. Auf dem Höhepunkt der Fortpflanzungszeit wiederholen Fasanenhähne ihr Gocken und gleichzeitiges Flügelschlagen alle 10 bis 15 Minuten. An den Reviergrenzen wird das Gocken fast augenblicklich vom Nachbarhahn beantwortet, dessen Ruf dann aber stets dünner, unterdrückter klingt und als Doppelruf wiederholt wird. Ein Flügelwirbel unterbleibt. Im März werden Fasanenhähne oft bei Auseinandersetzungen beobachtet. Sie beginnen meist damit, daß sich zwei gleichrangige Hähne fixieren, danach mit gesträubtem Gefieder und erweiterten Rosen entlang unsichtbarer Reviergrenzen nebeneinanderherlaufen, dabei Drohrufe ausstoßend. In anderen Fällen mustern sie einander mit tief gehaltenen Köpfen, schräg erhobenem Körper und zusammengefalteten Schwänzen, dazu unter Verbeugungen Gras pickend und herausreißend. Bei Erhöhung der Aggressionstimmung wird wiederum Gras gerupft und mit dem Schnabel in Vorwärtsrichtung geschleudert, der bisher tief gehaltene Kopf hochgeworfen und der Drohlaut geht in den lauten Wutschrei über. Beim Angriff flattern die Gegner Brust an Brust gleichzeitig hoch, hacken nach den Rosen des Feindes und führen wechselseitig hohe Vorwärtssprünge aus, um einander mit Schnabel, Krallen und Sporen zu bearbeiten.

Trotzdem kommt es dabei selten zu ernsten Verletzungen, weil der Schwächere schnell aufgibt und flüchtet. Vom Sieger wird er noch eine Strecke mit tiefgehaltenem Kopf verfolgt. Ein weiteres Einschüchterungsmittel ist das Drohpräsentieren vor dem Gegner, das der Seitenbalzhaltung zur Henne gleicht, nur weniger heftig ausgeführt wird. Ein so angedrohter rangtieferer Hahn legt daraufhin das Gefieder eng an und läßt seine Rosen schrumpfen. Muß ein Hahn das Revier eines anderen durchqueren, tut er das in gleicher Haltung und so unauffällig wie möglich. Wenn sich die Hennengesellschaften aufzulösen beginnen, indem sie einzeln oder in kleinen Gruppen abwandern, wird auch bei ihnen erhöhte Aggressionsneigung sichtbar. Sie senken dann kampfbereit Vorderkörper und Flügel, spreizen den Schwanz und rennen aufeinander los. Da eine angegriffene Henne aber meist vorher aufgibt, sind Zusammenstöße selten. In solchen Fällen springen sie einander mit erhobenen Köpfen an. Paarbindung erfolgt dadurch, daß vom Wintertrupp abgewanderte Hennen offene Geländestreifen besetzter Reviere durchqueren und dabei vom Revierhahn angebalzt werden. Entweder bleiben sie dann bei ihm oder wandern zum nächsten Revier weiter. Der balzende Hahn stellt sich seitlich zur Henne und umläuft sie mit abwärts gehaltenem Kopf, aufgerichteten Federohren, gedehnten Rosen, gesträubtem Rückengefieder und gefächertem Schwanz, den Körper schräg zu ihr hin geneigt und den Flügel der ihr zugewandten Seite gesenkt haltend, in kurzen Schritten. Während der Seitenbalz, die auch häufig nach vollzogener Kopulation wiederholt wird, sind die Luftsäcke des Hahnes gefüllt und werden bei geschlossenem Schnabel unter zischendem Geräusch geleert. Außerdem wird durch Vibrierenlassen der Schwanzfedern ein Geräusch erzeugt, das dem Flappen großer Segel im Wind ähnelt. Angebalzte Weibchen sind nicht immer so unbeteiligt, wie sie sich geben. Auch bei der Jagdfasanenhenne gibt es die Scheinflucht vor dem verfolgenden Hahn, oder das Weibchen kann den Hahn zum Intensivieren seiner Balzhandlungen reizen, indem es sich mit eingeknickten Beinen halb vor ihn hinkauert oder den mit leicht geöffneten Flügeln ausgeführten „Flirtsprung" einsetzt, bei dem die Zehen vom Boden abheben. Weiter kann sie mit vorwärts und aufwärts gestrecktem Kopf sowie geöffneten, erhobenen Flügeln sich provozierend vor ihm dehnen und dabei auf die Zehenspitzen erheben. Der Hahn führt die Balz nur vor einzelnen Hennen und nicht in Anwesenheit mehrerer aus. Beim Futteranbieten stellt er sich mit gesträubtem Brust- und Flankengefieder so hin, daß er dabei die Henne im Auge behält und deutet durch ruckartiges Auf- und Abbewegen des Kopfes und unter Ausstoßen des Futterlocktons auf den Bissen hin. Häufig folgt auf die Annahme des Futters durch die herbeigeeilte Henne eine Paarung. Zeremonien wie die Seitenbalz werden bei vielen Phasianiden, so auch beim Jagdfasan, nur während der Paarbildungszeit im Frühling ausgeführt. Später erfolgen Paarungen ohne Vorspiel, nach einfachem Hinkauern der Henne vor dem Hahn. Die Fasanenhenne kann noch 11 bis 14 Tage nach der letzten Begattung befruchtete Eier legen. Nestbau, Brut und Kükenaufzucht werden von ihr allein durchgeführt. Die Nester, meist ausgescharrte Erdmulden, werden gutversteckt zwischen Pflanzenwuchs auf dem Erdboden, zuweilen aber auch auf Kopfweiden, Strohmieten, Heuschobern und in verlassenen Krähen- und Greifvogelhorsten angelegt. Nistmaterial wird nicht eingetragen. Schafft die Henne in der Mitte einer Grasbülte durch Drehen des Körpers eine Mulde, so kann diese wie ein grasgepolstertes Nest wirken. Noch unvollständige Gelege werden nach Verlassen des Nestes durch mit dem Schnabel über die Schulter rückwärts auf die Eier geworfene Pflanzenteile wenigstens symbolisch getarnt. Die Hauptlegezeit des Jagdfasans fällt in Mitteleuropa auf Ende April/Anfang Juni. Nachgelege werden noch im August/September gefunden. Die Brutdauer beträgt 23 bis 23,5 Tage, kann sich jedoch bei häufigen Störungen brütender Weibchen auf 28 bis 29 Tage verlängern, worüber WESTERKOV (1958) berichtet hat. Das Legeintervall beträgt in der Regel 24 Stunden, doch sind Pausen von 48 bis 72 Stunden bis zur nächsten Ablage möglich. Diese erfolgt gewöhnlich frühmorgens oder nachmittags zwischen 12 und 13 Uhr. Während der ersten 3 Wochen hält sich die Henne mit ihrem Gesperre in näherer Nestumgebung und stets im Revier des Hahnes auf, der die brütende Henne in der Regel meiden soll, was nicht ausschließt, daß hin und wieder brütende und führende Fasanenhähne angetrof-

fen worden sind. Letzteres Verhalten ist auch aus der Volierenhaltung bekannt und dürfte zur Ausnahme gehören. Mit 10 bis 12 Tagen vermögen die Küken einigermaßen zu fliegen und sogar zu schwimmen, was bei Erbrütung in teilweise überschwemmten Schilfbeständen über kurze Strecken notwendig werden kann. Mit 70 bis 80 Tagen werden die Jungfasanen selbständig und mit einem Jahr geschlechtsreif, Hähne früher als Hennen. Die Hoden der Junghähne entwickeln sich bereits im Herbst, das Ovar der Jung- und Althennen erst im Frühjahr. Reife Samenzellen wurden schon bei 80 bis 135 Tage alten Hähnen gefunden. Ein Revierhahn verliert gewöhnlich das Interesse an seinem Territorium, wenn seine Hennen brüten oder Küken führen und verläßt es meistens. Führende Fasanenhennen reagieren gegenüber Feinden unterschiedlich. Bodenfeinde suchen sie durch Verleiten vom Gesperre abzulenken. Gegenüber kleineren Luftfeinden, wie Turmfalken, werden die Küken solange von der Henne verteidigt, bis sie sich versteckt haben. Bei Überraschung duckt sich die Henne auf den Boden, um vor den Füßen des Feindes unter lautem Flügelgeräusch hochzugehen, ihn dadurch zu erschrecken und von der Brut abzulenken. Jagdfasanen übernachten häufig in lockerem Verband, nach den Gegebenheiten des Habitats auf Baumästen, Büschen oder dem Erdboden. In letzterem Fall wählen sie für Bodenfeinde schwer erreichbare Plätze in Dickungen. Kaukasische Fasanen sollen stets aufgebaumt übernachten. Jungvögel verbringen die ersten 8 bis 12 Lebenswochen nachts auf dem Erdboden, danach aufgebaumt. Extrem kaltes Winterwetter kann erwachsene Fasanen zu engem Aneinanderrücken auf dem Schlafast veranlassen, während sonst stets ein Individualabstand eingehalten wird. In Finnland waren Fasanen im Winter während 24 Stunden nur 25 bis 90 Minuten aktiv und bewegten sich bei extremer Kälte innerhalb 42 Stunden überhaupt nicht vom Ast.
In ihren Nahrungsansprüchen sind Jagdfasanen omnivor, wobei die Futterwahl von der örtlich vorhandenen Häufigkeit einer Futterart, dem Auswählen des Vogels und seinem physiologischen Zustand (Ruhezeit, Brutzeit) abhängt. Überwiegend werden Pflanzenstoffe wie Getreidekörner, Wildgrassämereien, Beeren und Früchte vieler Wildpflanzen, Eicheln, Rhizome und Grünpflanzenteile aufgenommen, in geringerer Menge Insekten, Würmer und Schnecken. Auch alle zu bewältigende Wirbeltierarten wie Frösche, kleine Schlangen, Eidechsen, Jungmäuse und Nestlinge von Bodenbrütern werden abgeschluckt. Nach CRAMP (1980) werden unter den angebauten Getreidearten Weizen, Hafer, Gerste und Mais bevorzugt, von Früchten, die des Schleh- und Weißdorns sowie der Kornelkirsche, Äpfel, Eicheln und Haselnüsse, Nachtschatten- und Seidelbastbeeren. Fleischige Wurzeln, Rhizome und Zwiebelchen graben Fasanen bis aus einer Tiefe von 8 cm mit dem Schnabel aus. BEHNKE (1964) hat darauf hingewiesen, daß der Fasan zwar zunächst oberflächlich wie ein Haushuhn scharrt, dann jedoch die Nahrung durch Schnabelarbeit freimacht. Er ist also ein Schnabelgräber, wie es in noch viel höherem Maße Glanz- und Ohrfasanen sind. Werden Jagdfasanen auf Betonboden gehalten, wachsen ihre Schnäbel bald schaufelförmig aus. Im Winter können Früchte und Beeren auch aufgebaumt von den Zweigen gepflückt werden, was vor allem bei innerasiatischen Unterarten beobachtet wurde. In Finnland hat PULLIAINEN (1966) den Kropfinhalt adulter Fasanen untersucht. Er bestand im Winter (Dezember bis März) bei 11 Vögeln aus 81,8 % Weizen, 7,8 % Mais, 8,6 % Gänsefußsamen, 1,3 % Gerste und 0,2 % Hohlzahnsamen. In den Kröpfen von 3 im April Erlegten fanden sich überwiegend Weizen und Gerste sowie vorjährige Rauschbeeren (4,6 %). Im Juli Erlegte hatten zu 98 % Kleintiere, darunter Ackernacktschnecken, aufgenommen. 39 im September/Oktober analysierte Kropf- und Muskelmageninhalte bestanden aus 52,6 % Weizen, 25,1 % Hafer, 10,9 % Gerste und 5,5 % Gänsefußsamen. Zumindest im Winter wird das in den Kröpfen gefundene Getreide zugefüttert worden sein, doch ist die Reihenfolge der Beliebtheit von Interesse. Die im Juli fast ausschließlich festgestellte tierische Nahrung ist ein Beweis für die Notwendigkeit der Aufnahme tierischen Proteins während der Fortpflanzungszeit. Zu dieser Zeit wird auch Grit mit höherem Kalkgehalt abgeschluckt, der für die Eischalenbildung wichtig ist und dessen höhere Kalkkomponente offenbar (durch Geschmack?) von den Fasanenhennen erkannt wurde (SADLER, 1961).
Fasanenküken ernähren sich wie die meisten anderen Hühnervogelküken während der ersten Lebenswochen überwiegend von Insekten. Nach in der CSSR an 300 Fasanenküken durchgeführten Kropfinhaltuntersuchungen hatten 1wöchige 80 %, 3wöchige 60 %, 9wöchige nur noch 0,7 % Insekten verzehrt, die 84 Arten angehörten. Nach dem Häufigkeitsgrad handelte es sich um Käfer, Ameisen, Pflanzenläuse (Aphiden), Grashüpfer und Raupen. Trotz vermehrter Aufnahme von Getreidekörnern

im Spätsommer und Herbst richten Fasanen bei nicht zu hoher Bestandsdichte keine Ernteschäden an. Letzteres war nach KURODA (1981) jedoch auf Hokkaido der Fall, als sich dort nach 38jähriger Schonung die Bestände des Korea-Jagdfasans zu stark vermehrt hatten, daß sie als endgültig eingebürgert gelten und bejagt werden konnten. Nützlich werden Jagdfasanen durch die Vertilgung von Schädlingen in der Landwirtschaft, wie Haarmükkenlarven in Roggenschlägen während des Vorfrühlings, die Aufnahme der den meisten Vogelarten zu bitteren Larven des Kartoffelkäfers, in Mittelasien der Wanderheuschrecken in den Baumwollfeldern. Sehr reichhaltig ist das Stimminventar des Jagdfasans. Der laute herrische Revierruf des Hahnes, ein zweisilbiges „Goo-gock" oder dreisilbiges „Kokok-ok", im Frühjahr fast gleichzeitig von lautem Flügelwirbel begleitet, ist bei günstigen Wetterbedingungen oft 1,5 km weit hörbar. Unter den Unterarten gibt es noch wenig bekannte Dialektbildung des Revierkrähens, und verpaarte Fasanenhennen beantworten nur die Rufe des eigenen Männchens, wie übrigens nach KOSLOWA (1947) auch das menschliche Ohr die Rufe verschiedener Hähne erkennen zu lernen vermag. Aufgeschreckt ruft der Fasanenhahn gepreßt „Gögök" oder „GogOK", stößt bei zunehmender ängstlicher Erregung diesen Ruf mehr kreischend aus und wiederholt ihn häufig. Er klingt dann nach GLUTZ VON BLOTZHEIM wie „KuttUK, kuttUK, kuttUK, kuttUK-UK" und kann, falls kein Fluchtanlaß besteht, bis zu 10 Minuten lang andauern. Manchmal werden solche Rufe von Nachbarhähnen aufgenommen und weitergegeben. Ganz ähnlich klingt der beim abendlichen Aufbaumen gebrauchte, wie „Kokokok" oder „GoogOK" klingende dreisilbige Melderuf, der rasch leiser wird und schließlich erstirbt. Nach TABER (1949) ist er der einzige in der Vorbrutperiode gebrachte Ruf der Hähne. Hähne in Balzstimmung lassen, auch als Kontaktlaut zur Henne, ein leises „Gu gu gu guuu" hören. Der Futterlockton des Hahnes für seine Henne ist ein weiches „Kutj kutj kutj". Nach der Futterannahme leitet er häufig die Kopulation ein. Das während der Seitenbalz vom Hahn bei geschlossenem Schnabel ausgestoßene Zischen, wird auch in manchen Angstsituationen und dann von beiden Geschlechtern ausgestoßen. Mißtrauen äußert der Fasanenhahn, indem er mit gestrecktem Hals in die ihm suspekte Richtung schaut und ein „Krrk" von sich gibt. Beim Kopf-an-Kopf-Drohen zweier Hähne lassen diese ständig ein leises, heiser schnarrendes Trillern, „Tirr tirr tirr", hören. Die eigentliche Kampfansage ist ein wütendes, lautes, tiefes und rauhes „Krrrah".

Bei der Fasanenhenne sind Lautäußerungen seltener und leiser. Das von KOSLOWA berichtete rauhe „Kia kia" des Weibchens als Antwort auf das Krähen ihres Hahnes, wird als Begattungsaufforderung angesehen. Der Drohlaut der Henne, mit dem sie eine andere warnt oder im Kampf mit ihr, klingt schnurrend „Purru purru ur". Der Hennen-Protestlaut ist ein hoher scharfer Ton, den sie beispielsweise hören läßt, wenn sie von einer ranghöheren gehackt wird. Der Notruf der Henne, ein hoher Laut, alarmiert Artgenossen der Nachbarschaft und provoziert häufig den Alarmruf der Hähne. Es ist vermutlich das bei GLUTZ VON BLOTZHEIM erwähnte, von Hennen in äußerster Gefahr ausgestoßene „Ii-ak" oder „Iiii-ess iiii-ess". Der Warnton führender Fasanenhennen an ihr Gesperre ist ein hoher abrupter Laut, der die Küken zu sofortigem Verstecken veranlaßt. Etwa gleiche Bedeutung kommt einem weich klingenden Warnschrei zu, der die Küken nach allen Richtungen auseinanderrennen läßt. Der Sammelruf nach überstandener Gefahr besteht aus gluckenden kläffenden Lauten der Henne. Auch die Küken kennen Stimmäußerungen für bestimmte Situationen. Zufriedenheit wird mit „Ter-rit" oder „Ter-wit" ausgedrückt. Der Warnlaut bei Gefahr ist lauter und klingt wie „Tjuriip". Der Sammellaut ist genau wie das Weinen bei Alleinsein, Hunger und Frieren, ein wiederholtes „Tiierp" oder „Pri-erp". Erscheinen große unbekannte Objekte im Blickfeld des Kükens, gibt es durch ein lautes schnelles, piependes „Tii-erp" Alarm, wonach sich alle Küken sogleich verstecken. Junge Fasanenhähne versuchen ab 7 Wochen zu krähen, erreichen jedoch die Klangtiefe Adulter erst im Alter von 4 Monaten.

Haltung: Für den Ziergeflügelhalter sind die Unterarten der Jagdfasanengruppe nicht gerade ideale Pfleglinge, an denen er ungetrübte Freude hat. Zwar lohnt die Schönheit der farbenprächtigen Hähne die Haltung, doch sind Schreckhaftigkeit und Kopflosigkeit der Vögel in vielen Situationen eine unangenehme Nebenerscheinung. Beim unvermeidlichen Säubern von Schutzraum und Voliere, beim Vorübergehen unbekannter oder auffällig gekleideter Personen, dem Vorbeilaufen von Katzen und Hunden, fliegen sie häufig mit großer Gewalt gegen Decken- und Seitenverdrahtung der Voliere, wobei sie sich den Kopf blutig stoßen und häufig genug tödliche Verletzungen durch Gehirnerschütterung erleiden. Besonders schreckhaften Jagdfasanen müssen die Handschwingen des einen Flügels gestutzt werden. Einem Hahn kann man 6 bis 8 Hennen zugesellen und den Zuchtstamm in einer Voliere von 30 bis 40 m^2 Grundfläche und 2 bis 2,50 m Höhe halten. Wegen des stürmischen Auffliegens der Vögel in Paniksituationen wählen viele Züchter als Volierendecke statt des üblichen Maschendrahts weicheren Filoplastdraht, engmaschiges Garnnetz oder Nylonnetz und lassen die Decke etwas durchhängen, damit sie beim Anprall der Vögel elastisch nachgibt. Eng zusammenstehende Sträucher schaffen den Fasanen Deckungsmöglichkeiten, die vor allem zur Balzzeit vefolgten Hennen zugutekommen. Auch eine ca. 4 m^2 große, vorn offene Schutzhütte darf nicht fehlen. Sie wird mit einigen 1 m über dem Boden angebrachten natürlichen Sitzstangen versehen und von den Vögeln gern zum Übernachten sowie bei anhaltend schlechtem Wetter aufgesucht. Gegen Ende März beginnen die Hähne zu balzen, und von Mitte April an legen die Hennen. Innerhalb einer Saison kann die Jagdfasanenhenne 40 und mehr Eier legen. Der Bruttrieb ist vielen Hennen verlorengegangen, und sie legen ihr Ei dorthin, wo sie gerade stehen. Um dem durch zerbrochene Eier entstandenen Eierfressen vorzubeugen, soll der Pfleger dieselben zweimal täglich einsammeln. Die daraus zusammengestellten Gelege werden einer Hühnerglucke oder dem Kunstbrüter anvertraut. Hühnerglucken leichterer Rassen können 12 bis 14 Eier, größerer Rassen bis zu 18 Eier erbrüten. Die Aufzucht von Jagdfasanenküken bereitet keine Schwierigkeiten (siehe Kapitel „Kükenaufzucht"). Jungfasanen können im Alter von 3 Wochen gut fliegen und sind im Herbst des ersten Jahres erwachsen. Über Zähmung, Menschenprägung allein Aufgezogener und geistige Fähigkeiten wurde im Kapitel über den Transkaukasischen Fasan berichtet.

Weiterführende Literatur:
ALLEN, D. L.: Pheasants of North America. Stackpole Co & Wildl. Mgmt. Inst.; pp. 1–490; Harrisburg & Washington D. C. 1956
BAKER, E. C. ST.: Game Birds of India, Burma & Ceylon. Vol. III; pp. 188–191, Bombay Nat. Hist. Soc. 1930
BEHNKE, H.: Hege, Aufzucht und Aussetzen von Fasanen und Rebhühnern. 4. Aufl.; pp. 1–78. Parey, Hamburg & Berlin 1970
BOHL, W. H.: A study and review of the Japanese Green and the Korean Ring-necked Pheasants. Bureau Sport. Fish, Wildl., spec. sci, rep. wildl. 83; pp. 1–65 (1964)
BRAMBACH, K.: Der Mongolische Ringfasan (*P. c. mongolicus* BRANDT) Gef. Welt 65; pp. 118–119 (1936)
COLES, C.: Eine Übersicht über Fasanenzuchtmethoden in Großbritannien. Ztschr. Jagdwissensch. 4; pp. 192–203 (1958)
CRAMP, ST. et al.: Handbook of the Birds of Europe, the Middle East and North Africa, Vol. III; Pheasant; pp. 504–514. Oxford Univer. Press, London/New York 1980
DAVIES: cit. bei BAKER
DELACOUR, J.: The Pheasants of the World. II. Ed. Chpt. X: The True Pheasants, Genus *Phasianus;* pp. 262–299. Spur Public. 1977
DEMENTIEV, G. P. et al.: Birds of the Soviet Union, Vol. IV; Genus *Phasianus* L.; pp. 221–251. Translated from Russian, Jerusalem 1967
DÜRIGEN, B.: Die Geflügelzucht; Kapitel V: Fasanen, I. Edelfasanen; pp. 332–338. Parey Berlin 1886
GLUTZ VON BLOTZHEIM, U. N. et al.: Handbuch der Vögel Mitteleuropas, Bd. V. Gattung *Phasianus* L. 1758; pp. 322–370. Akad. Verlgsges. Frankfurt/Main 1973
HACHISUKA, M.: The Mutant Pheasant *P. mut. tenebrosus* (HACHISUKA). Avic. Mag. X; pp. 233–235 (1932)
HARINGTON: cit. bei BAKER
HARTERT, E.: Die Vögel der Paläarktischen Fauna, Bd. III; Gattung *Phasianus* (L.); pp. 1976–1996. Friedländer & Sohn, Berlin 1921–1922
HEINROTH, O., HEINROTH, M.: Die Vögel Mitteleuropas, III. Bd. Die eigentlichen Fasane *(Phasianus* L.); pp. 242–245. Behrmühler Verlg., Berlin-Lichterfelde 1926
HEINZ, G. H., GYSEL, L. W.: Vocalization behaviour of the Ring-necked Pheasant. Auck 87; pp. 279–295 (1970)
JANDA, J.: The utility of young Pheasants. Prace vyck, ustav lesn. hospod. mysl. 30; pp. 69–99 (1965)
JOHNSGARD, P. A.: The Pheasants of the World. Phasianus, pp. 201–217; Oxford Univ. Press, Oxford 1986
KOSLOWA, E. W.: On the spring life and breeding habits of the Pheasant in Tadjikistan. Ibis 89; pp. 423–428 (1947)
KURODA, N.: The Japanese Green Pheasant *P. versicolor* in Japan. WPA-Journ. VI; pp. 60–72 (1980/1981)
MAC ATEE: The Ring-necked Pheasant and its management in North America. Amer. Wildl. Inst.; pp. 1–320. Washington D. C. 1945
LA TOUCHE, J. D. D.: A Handbook of the Birds of Eastern China, Vol. II; *Phasianus;* pp. 228–237. Taylor & Francis, London 1931–1934
MEYER DE SCHAUENSEE, R.: The Birds of China. The Common Pheasant; pp. 195–197. Oxford University Press 1984
OGILVIE-GRANT, W. R.: A Handbook to the Game-Birds Vol. II, pp. 6–33; E. Lloyd, London 1897
PRATT: cit. bei OGILVIE-GRANT

PULLIAINEN, E.: Studies on the activity patterns of Pheasant chicks in experimental conditions. Ann. Acad. Sci. Fenn. A IV 97; pp. 1–16 (1965)

SADLER, K. C.: Grit selectivity by the female Pheasant during egg production. J. Wildl. Managm. 25; pp. 339–341 (1961)

SCHÜTZ, E.: Die Vogelwelt des Südkaspischen Tieflandes. *Galli;* pp. 56–58. Schweizerbart'sche Verlagshandlg. Stuttgart 1959

STRESEMANN, E.: Die Vögel der Elburs-Expedition 1927. Journ. Ornith. 76; p. 411 (1928)

TABER, R. D.: Observations on behaviour of the Ringnecked Pheasant. Condor 51; pp. 153–175 (1949)

TEGETMEIER, W. B.: Pheasants, their Natural History and Practical Management. – III. Ed., Chpt. X; pp. 143–168. Horace Cox, London 1897

VAURIE, CH.: The Birds of the Palaearctic Fauna, Non Passeriformes, Genus *Phasianus;* pp. 313–327. Witherby London 1965

WESTERKOV, K.: Incubation period in the Pheasant; Emu 58, pp. 139–151(1958)

Kragenfasanen
Chrysolophus, Gray 1758

Engl.: Ruffed Pheasants.
Die beiden Arten dieser ostasiatischen Gattung sind zierliche, elegante, im männlichen Geschlecht prachtvoll gefärbte Phasianiden. Beim Hahn ist der 16fedrige Schwanz sehr lang, stark gestuft und dachförmig, der gesporte Lauf schlanker und länger als bei den Jagdfasanen. Den Kopf schmückt eine aus langstrahligen harten, glänzenden Federn bestehende Haube, den Hinter- und Seitenhals ein Kragen aus fächerförmigen, breit gerandeten Federn, und die Oberschwanzdecken sind stark verlängert. Das schlicht braune Tarngefieder der Hennen ist schwarz gebändert. Das Verhalten der Kragenfasanen ist von dem der Jagdfasanen recht verschieden, die Verwandtschaft zwischen beiden nicht sehr eng. Die Kragenfasanen bewohnen Gebirge Mittel- und West-Chinas sowie kleine Teile Tibets und Burmas. Gold- und Amherstfasan sind als leicht haltbare und herrlich bunte Zierfasanen bei den Ziergeflügelliebhabern der ganzen Welt beliebt und fast schon zum Haustier geworden.

Goldfasan
Chrysolophus pictus, Linné 1758

Engl.: Golden Pheasant.
Abbildung: Seite 658 mitte links und rechts.
Heimat: Honan, Hupeh, Kweichow und Nordost-Jünnan südwärts bis Nord-Kwangsi, westwärts die Tsinling-Bergkette Süd-Shensis bis nach Südost-Szetschuan, Südost-Kansu und das daran grenzende Südost-Tsinghai (MEYER DE SCHAUENSEE). Nach Angaben chinesischer Ornithologen ist die Verbreitung von Gold- und Amherstfasan keineswegs überall allopatrisch. Beide Arten treffen sich nach chinesischen Karten im Provinzdreieck Szetschuan/Kweitschou/Jünnan südlich des Roten Beckens und östlich von Kunming. Von dorther sind auch Wild-Hybriden bekannt (THIEN). Keine Unterarten.
Beschreibung: Beim Hahn ist die ganze Oberseite des Kopfes einschließlich der bis in den Nacken herabfallenden Haube goldgelb. Die am Ende nur leicht gerundeten, fast rechteckigen Kragenfedern weisen einen breiten schwarzen Endsaum und 0,5 bis 1 cm vor demselben eine gleichfarbige Querbinde auf. Der Raum zwischen den beiden Binden ist orangegelb, der basale Federteil blaß orangebräunlich gefärbt. Der Vorderrücken trägt breite, an den Spitzen nur schwach gerundete Federn von dunkelgrüner Farbe, die an den Enden golden schimmern und unmittelbar davor eine schwarze Querbinde tragen. Übriger Rücken, Bürzel und Oberschwanzdecken tief kadmiumgelb, also dunkler als der Oberkopf und ohne dessen starken Glanz; seitliche Bürzelfedern dunkelrot gespitzt, die seitlichen Oberschwanzdeckfedern enorm verlängert (bis 250 mm lang), an der Basis wie die mittleren Schwanzfedern gefärbt, nach der Spitze zu verschmälert und dunkelrot. Schwingen schwarzbraun, die Handschwingen mit rostgelben, die Armschwingen mit rotbraunen Außensäumen, die innersten dunkel purpurstahlblau. Oberflügeldecken schwarzbraun und rotbraun gefleckt, Schulterfittiche braunrot. Schwanzfedern braun, an den äußersten Spitzen in der Regel einfarbig, sonst unregelmäßig schwarz quergewellt, das mittelste dachförmige Paar aber mit dichtstehenden runden braunen, schwarz umrandeten Flecken bedeckt. Die um das Auge herum nackte oder nur dünn befiederte Haut gelblich. Zügel und übrige Kopfseiten fahl hellbraun, Kinn und Kehle rötlich rostbraun. Übrige Unterseite dunkelrot, die Bauchmitte rötlichbraun. Iris hellgelb, Schnabel und Füße hell, horngelb; der

Lauf ist mit einem kurzen, stumpfen, mitunter nur angedeuteten, ausnahmsweise fehlenden Sporn versehen.

Länge 1016 mm; Flügel 190 bis 200 mm; Schwanz 775 bis 790 mm; Gewicht 700 bis 800 g.

Bei der Henne sind Oberkopf und Hals dunkelbraun, gelbbraun gebändert, mitunter vor den Federspitzen mit metallischbläulichen Querstreifen versehen. Vorderrücken breit schwarzbraun und rotbraun gebändert. Hinterrücken, Bürzel und Oberschwanzdecken braun mit feiner schwärzlicher Kritzel- und Punktzeichnung. Schwingen dunkelbraun, die Außenfahnen mit 4 bis 5 bräunlichgelben Querflecken versehen; Innenfahnen mit 5 bis 6 rotbraunen Querbinden; auf den Armschwingen sind die Binden an beiden Fahnen mehr gelbbraun, in der Nähe der Schäfte jedoch rostbräunlicher und dazu schwärzlich punktiert. Mittelste Schwanzfedern braun mit unregelmäßigen schwarzen und gelbbraunen Querbinden, an den Spitzen heller; übrige Schwanzfedern rotbraun, matt schwärzlich gefleckt. Unterseite hell bräunlichgelb, Kehle weißlicher, Kropfgegend, Seiten und Unterschwanzdecken schwarzbraun quergebändert. Die kaum nackte Haut ums Auge gelbbräunlich, Iris braun; Schnabel und Füße horngelb.

Länge 610 mm; Flügel 165 bis 180 mm; Schwanz 350 bis 375 mm; Gewicht 690 bis 700 g.

Einjährige Hähne unterscheiden sich von Hennen durch teilweise bräunlichroten Oberkopf, ebenso gefärbten Hinterrücken und Bürzel sowie kastanienrotbraune Oberschwanzdecken; Kinn, Kehle und Hals sind rotbraun.

Das volle Prachtkleid wird erst im Herbst des zweiten Lebensjahres angelegt.

Beim Dunenküken ist die Oberseite rötlichbraun mit einem dunklen Scheitelstreifen sowie je einem rahmfarbenen Streifen entlang der Rücken- und Bürzelseiten; Kropfgegend bräunlich, hinter dem Auge ein dunkler Fleck; Unterseite rahmfarben. Ab 9 Wochen sind Hähnchen an der grauen, Hennen an der dunkelbraunen Iris zu erkennen.

Gelegestärke 5 bis 12; Ei im Vergleich mit der Größe des Vogels sehr groß, kurzoval mit glatter, glänzender Schale, cremeweiß (43 bis 46 mm × 33 bis 34 mm); Gewicht 27 g; Brutdauer 22 bis 23 Tage.

Lebensgewohnheiten: Wegen seines Vorkommens in dichtem Dschungel ist über das Verhalten des Goldfasans im natürlichen Habitat nur wenig bekannt geworden. Nach SCHÄFER lebt er in Szetschuan östlicher als der Amherstfasan und in tieferen Regionen (bis 2500 m aufwärts) in den dichten subtropischen Dschungeln der steilen Bergflanken. Im April/Mai mag man täglich Dutzende balzen hören, ohne sie je zu Gesicht zu bekommen. Auf 400 bis 500 m Entfernung hört man das Schleifen der Hähne, die alle 2 bis 5 Minuten während der Morgen- und Abendstunden ihren metallischen Ruf erschallen lassen. In den Teegärten oder an den Feldrainen der Terrassenplantagen kommt die Art manchmal zusammen mit dem Ringfasan vor, von dem er sich durch größere Vorsicht und heimlicheres Wesen unterscheidet. Nie zeigt er sich in offenem Gelände wie es der Jagdfasan häufig tut. BEEBE traf den Goldfasan das ganze Jahr über paarweise oder in Dreiergruppen an. Junghähne können während des 1. Winters und folgenden Frühlings „Männchenpaare" bilden. In der Wildbahn ist dieser Fasan ein monogyner Vogel, den man in der Voliere jedoch mit mehreren Hennen zusammenhalten kann. Während Junghennen bereits im 1. Lebensjahr geschlechtsreif werden, ist das bei den Junghähnen nicht der Fall. In der Volierenhaltung pflegen Junghähne selten Hennen zu befruchten und führen niemals die Seitenbalz aus. Zweijährige beginnen erstmals im Juli/August zu balzen und stoßen im Spätsommer und Herbst erste Revierrufe aus. Im Frühjahr krähen Althähne in nächster Nähe ihrer Übernachtungsbäume, worauf Nachbarhähne sofort antworten. Ob die Art feste Reviergrenzen kennt, ist wohl noch nicht bekannt. Bei der Anwesenheit von Hennen kämpfen die Hähne jedenfalls wütend miteinander. Davor fixieren sie einander mit niedrig gehaltenen Schnäbeln und gehen zu blitzschnellen Attacken mit Schnabelhieben und Sporenschlägen über. Weibchenlos zusammengehaltene Hähne sind untereinander verträglich und imponieren allenfalls gegenseitig in Seitenbalzhaltung. Das von beiden Geschlechtern bekannte Androhen besteht aus einem Sichnähern in Seitenstellung mit gespreiztem Schwanz und sprungbereitem Körper. Vor Bodenfeinden flüchten die bunten Männchen stets laufend unter Ausnut-

o. Paar des Jagdfasans, *Phasianus colchicus*, das die Blutlinien der Unterarten Colchicus, Torquatus und Mongolicus in sich vereint. (s. S. 619)
u. l. Hahnenfedrige Henne
u. m. Jungvogel
u. r. Schlüpfende Küken

zung jeder Bodendeckung im Zickzack zur nächsten Deckung. Weibchen, die sich weiter als 5 m von der Deckung entfernt befinden, vertrauen dagegen in gleicher Situation auf ihr erdfarbenes Tarngefieder und bleiben bewegungslos stehen. Hat der Hahn Bodenfeinde (Füchse, Marder etc.) ausgemacht, stellt er sich sehr aufrecht mit erhobenem Schopf hin und zuckt erregt mit dem Schwanz auf und ab. Kommt der Feind zu nahe, fliegt er auf einen Ast und beobachtet ihn von dort aus. Läßt eine ihr Gesperre führende Henne in Gefahrsituationen ihren Alarmruf hören, rennen ihre Küken sofort in alle Richtungen auseinander und drücken sich. Bei Greifvogelalarm der Mutter erstarren alle zur Bewegungslosigkeit. Die eindrucksvolle Balz kann während der Paarungszeit bei bedecktem Himmel schon durch ein paar Sonnenstrahlen ausgelöst werden. Dabei jagt der Hahn förmlich in weiten Sprüngen kreisend um die Henne, dabei auch wendend und in eine andere Richtung rennend, als ob er ihr den Weg abschneiden wolle. Plötzlich hält er dicht vor ihr in Seitenstellung und nimmt abrupt die Balzhaltung ein. Dazu macht er sich so schlank und hoch als möglich, stellt sich förmlich auf die Zehenspitzen und neigt den Körper schräg zu ihr hin, den ihr näheren Flügel leicht gesenkt, den der anderen Seite etwas höher und stets gegen den Körper gepreßt haltend, den langen gespreizten Schwanz ebenfalls schräg zu ihr hin geneigt, so diesen, den grünschillernden Mantel, den goldenen Rücken und Bürzel sowie die gespreizten scharlachroten Schwanzdeckenspitzen höchst wirkungsvoll demonstrierend. Nicht genug damit, entfaltet er gleichzeitig den breiten Halskragen auf ihrer Seite fächerförmig bis über den Schnabel hinaus, eine Art Schild aus vollkommen konzentrischen goldenen und schwarzen Ringen zaubernd und mustert dazu die Henne mit bis zu Stecknadelkopfgröße zusammengezogener Pupille starr und eindringlich. Dazu stößt er mit weitgeöffnetem – dem Weibchen hinter dem Goldkragen unsichtbar bleibendem – Schnabel ein lautes schlangenartiges Zischen aus. Die Dauer solcher Balzhandlungen ist kurz und dauert, falls das Weibchen stehenbleibt, 1 bis 2 Sekunden länger. Wendet sie leicht den Kopf ab, behält der Hahn die Stellung bei, sich so extrem als möglich streckend und neigend, um ja nicht ihre Aufmerksamkeit zu verlieren. Zu Beginn der Balzzeit wendet sich die Henne meist vom balzenden Hahn ab, und dieser rennt weiter um sie herum, um erneut vor ihr die Balzhaltung einzunehmen und zu zischen. Mit dem Fortschreiten der Balzzeit entfernt sich das Weibchen allmählich immer weniger vom Männchen, und falls sie ihm erlaubt, einen Fuß auf ihren Rücken zu setzen, springt er auf. Paarungsbereite Hennen pflegen mit hängenden Flügeln eine geduckte Haltung einzunehmen und so den Hahn zum Treten aufzufordern. Während der kurzen Paarung pickt der Hahn wild im Scheitelgefieder der Henne herum, ihr dabei Federn ausreißend. Nach kurzem Kloakenkontakt befreit sie sich und fliegt auf einen Ast. Paarungsbereite Goldfasanenhennen zu Hähnen gesetzt, nehmen sofort die Tretstellung ein, doch springen die Hähne dann nicht auf. Ähnlich Colchicus-Hähnen müssen sie erst durch Balzhandlungen zur Paarung stimuliert sein. Ein Balzfüttern (Tidbitting display) wird beim Goldfasan selten beobachtet. Die Henne scharrt ihr Nest allein, brütet auch selbst und wird vom Hahn nicht bewacht. Gelegentliche Hahnenbruten sind bei Volierenhaltung beobachtet worden, bilden aber große Ausnahmen. Nach einer Eiablage wirft die Henne zur Tarnung des Geleges wie die meisten Wildhuhnweibchen Blätter und Ästchen mit dem Schnabel über die Schulter aufs Gelege. Die Goldfasanenhenne soll brütend das Nest bis zum Kükenschlupf überhaupt nicht verlassen, was auch von manchen anderen Hühnervogelarten behauptet wird. Die ersten paar Tage nach dem Schlupf bringt sie hauptsächlich mit Hudern zu, wohl bis nach 1 bis 2 Tagen der Dottersack der Küken resorbiert worden ist. Später ruft sie die Küken herbei und reicht ihnen Futterbröckchen aus der Schnabelspitze, läßt auch seltener das Futter vor dem Küken zu Boden fallen, so daß es von der Erde picken lernt. Goldfasanenküken begreifen schnell und können schon binnen kurzem selbständig Futter suchen. Nach 12 bis 14 Tagen übernachten sie mit der Mutter aufgebaumt. Goldfasanen scheinen feste Übernachtungsplätze zu haben, auf denen nach BEEBE's Freilandbeobachtungen in China die Paare in 3,6 m Höhe in der Mitte von Ästen auf diesen gemeinsam oder in

o. l. Tenebrosus-Fasan, eine dunkle Mutation des Jagdfasans (s. S. 648)
o. r. Kopfporträt eines Weißen Jagdfasans (s. S. 649)
m. l. Paar des Goldfasans, *Chrysolophus pictus* (s. S. 655), Hahn in Seitenbalz vor der Henne
m. r. Kopfporträt eines Hahns des Goldfasans
u. l. Hahn des Lutino-Goldfasans (s. S. 662)
u. r. Balzender Hahn des Amherst- oder Diamantfasans, *Chrysolophus amherstiae* (s. S. 663)

größerer Entfernung auf verschiedenen Ästen übernachten. Jungvögel in Volieren übernachteten auf dünnen Außenastenden, wodurch in der Freiheit nächtliche Kletterfeinde rechtzeitig bemerkt werden. GOODWIN (siehe Zusammenstellung bei CRAMP) hat das Stimmrepertoire des Goldfasans untersucht und 10 verschiedene Lautäußerungen analysieren können.

Jedem Züchter bekannt ist der Revierruf des Goldfasanenhahnes, ein dem Wetzen einer Sense recht ähnliches lautes Geräusch von metallischem Klang, das im Frühjahr mit kurzen Unterbrechungen ein- und zweisilbig ausgestoßen wird und weithin hörbar ist. Allgemein bekannt ist auch das während der Balz mit weitgeöffnetem Schnabel ausgestoßene schlangenähnliche Zischen, das 25, bisweilen auch 40 bis 50 m weit vernehmbar ist. In der Erregung stoßen beide Geschlechter, besonders jedoch die Hähne, als Einzelton oder in Serie ein kurzes, weiches „Pwii" aus, das modulationsfähig unterschiedlichen Stimmungen angepaßt werden kann. GOODWIN hält den Laut für ein Zeichen steigender Erregung in bestimmten Situationen, weil es den meisten anderen Lauten vorauszugehen pflegt. Eine Variante davon ist vermutlich der sogenannte „Tanzruf": Während des Kreisrennens um das Weibchen bis zum Balzpräsentieren vor ihm stößt der erregte Hahn eine Reihe quiekender, scharfer Töne leise aus, die wie schnelle Drohlaute mit Erregungslauten vermischt klingen. Der von beiden Geschlechtern gebrachte Drohlaut besteht aus einer Serie ziemlich hoher wimmernder Töne, deren mürrischer Beiklang unüberhörbar ist. Als Wachsamkeits- und Sammellaut dient ein im Tempo und Rhythmus dem Hausperlhuhn ähnlicher, aber viel weicherer Ton, der nur vom Goldfasanenhahn bekannt ist und nach einer Entwarnung seine noch vorhandene Erregung zeigt. Der nur von führenden Hennen ausgestoßene Warnlaut vor Bodenfeinden ist ein sanftes, glucksendes „Tluck tluck", dem bei wachsender Gefahr ein hohes, gellendes „Iiii" folgt. Dagegen ist die Warnung vor fliegenden Greifvögeln ein weiches, leises Miauen, kaum ein paar Meter weit vernehmbar, das sofortige Bewegungslosigkeit der Fasanen bewirkt. Der beim Festhalten von Goldfasanen ausgestoßene Angstschrei, ein hohes, quiekendes, lautes „Iiii", entspricht ganz dem Alarmschrei, wird jedoch mit viel größerer Intensität gebracht.

Der Futteranzeigelaut, ein nach Auffinden von Futterbrocken von der Henne für die Küken und vom Hahn als Balzfüttern (tidbitting display) zu vernehmende Ton, klingt mit seinem weichen „Oor oor" wie der des Haushahns in gleicher Situation, ist nur leiser und zarter.

Haltung: Der Goldfasan wurde in China bereits lange vor der Zeitrechnung gehalten und in der Kunst dargestellt. Wie HAMPE mitteilte, kommen diese Vögel noch heute im Mai alljährlich in größerer Zahl auf die Vogelmärkte ihrer engeren Heimat. Auf 100 Hähne kommt oft nur 1 Henne. Jeder Fasan ist in ein längliches Bambusgeflecht, ähnlich einer Flaschenhülse, aber von solcher Winzigkeit, eingesperrt, daß sich der Gefangene darin weder aufrichten noch umdrehen kann. Trotzdem hielten die Goldfasanen monatelang in den Marterkörben aus. Werden sie schließlich daraus befreit, sind sie meist so steif, daß sie wochenlang nicht laufen können, erholen sich jedoch trotzdem allmählich. Der Termin der europäischen Ersteinfuhr läßt sich nicht mehr ermitteln. Aus England wird er erstmalig 1740 von ALBIN erwähnt. Goldfasanen sind die anspruchslosesten und dankbarsten Zierfasanen und können deshalb Anfängern der Ziergeflügelhaltung wärmstens empfohlen werden. Sie bleiben noch in kleineren Volieren schmuck im Gefieder und ertragen niedrige Temperaturen, falls ihnen ein an 3 Seiten geschlossener, trockener, windstiller Schutzraum zur Verfügung steht. Bei großer Kälte verhindern dicke Strohschütten und das Entfernen der Sitzstangen Zehenerfrierungen. In der Wildbahn offenbar monogyn, kann man in der Voliere einen Hahn mit 3 bis 4 Hennen zusammenhalten. Beißereien untereinander, wie sie beim nahe verwandten Amherstfasan häufig vorkommen, sind beim Goldfasan selten. Die Paarungszeit fällt in die Monate April/Mai. Dann läßt der Hahn bis zum Überdruß den lauten wetzenden Revierruf hören, was auf empfindliche Nachbarn störend wirken kann. Seine reizenden Balzspiele führt er ohne Scheu vor dem Beobachter aus. Goldfasanenhennen brüten zuverlässig und sind vorbildliche Mütter. GOODWIN hat darauf aufmerksam gemacht, wie wenig gegenwärtig immer noch über Einzelheiten des Verhaltens dieses so häufig gehaltenen Ziervogels bekannt ist. Das gilt beispielsweise für das Brutverhalten. GOODWINS Henne verließ während der 24tägigen Brutdauer ihr Gelege nicht ein einziges Mal und nahm während dieser Zeit weder Futter noch Wasser auf. Da dieses Brutverhalten von ihr auch in den folgenden Jahren beibehalten wurde, dürfte es normal sein. Gleiches Verhalten wird auch einigen anderen Phasianidenweibchen nachgesagt, so der Pute und der Argushenne. Solange ein Goldfasanenweibchen nicht in

Brutstimmung gekommen ist, wird es niemals einen Nestbauversuch unternehmen. Zwar wirft es nach jeder Eiablage zur Tarnung des noch nicht vollen Geleges mit dem Schnabel Blätter und Halme über den Rücken auf die Eier, scharrt jedoch keine Nestmulde aus. Das tut sie erst in Brutstimmung: Eine Mulde wird gescharrt und durch Einscharren dicht daneben liegender Blätter, Halme und Zweiglein „gepolstert", das Vollgelege sorgfältig im Nest zusammengehalten und jeder Feind wütend verjagt. Wenige Ereignisse im Tierreich sind anregender als die Beobachtung einer Goldfasanenhenne mit ihrer Kükenschar. Die Kleinen werden zu jedem Futterbrocken gelockt und dieser ihnen an der Schnabelspitze zum Abpicken angeboten. Obwohl die Jungen sehr schnell selbständig Futter aufnehmen, zeigt sie dieses Verhalten 4 Monate und länger, bis die Kinder Erwachsenengröße erreicht haben. Bemerkenswert ist auch, daß Goldfasanenhennen, die nie Gelege erbrütet oder Küken großgezogen hatten, im Spätfrühling den Fütterungslaut ausstoßen, als ob sie Junge zu bemuttern hätten. Manchmal reagiert selbst ein Männchen so, als ob der Anblick eines Eies bei ihm weibliche Verhaltensweisen auslöse, wenn er es mit dem Schnabel berührt oder Tarnmaterial mit dem Schnabel nach hinten wirft. Über die Warnlaute der Henne für ihr Gesperre und deren Wirkung auf die Küken wurde schon eingangs berichtet. GOODWIN stellte fest, daß die Kleinen sich nicht rühren, bis die Entwarnung durch die Mutter erfolgt, und sich auch ihr Fluchtverhalten dann erst löst. Waren sie auf der Flucht versehentlich in Nachbars Garten gelandet und er versuchte, sie dort wieder einzufangen, verhielten sie sich trotz früherer Vertrautheit geradezu panisch scheu und flogen in äußerster Angst fort. Erst der Entwarnungslaut der Mutter ließ sie wieder wie üblich reagieren. Kranke Küken werden auch von der Goldfasanenhenne getötet, wenn sie abnormes Verhalten, wie häufiges Stolpern und Umfallen, zeigen. Die Verteidigungsreaktion der Henne wird durch Angstrufe der Küken sofort ausgelöst. Man muß also aufpassen, wenn man ein Küken vom Boden aufhebt, daß einem die wütende Henne nicht ins Gesicht fliegt. Auch darf man das Küken nicht in ihre Richtung halten, weil sie dann ihre Aggression nicht nur auf die Hand, sondern auch das von ihr zu rettende Küken ausdehnen kann und auf beide einpickt. Eine automatische Auslösung der Verteidigungsreaktion erlebte GOODWIN auch, als er einen Goldfasan einfing, während in der Nähe die Henne auf einem Gelege saß, dessen Küken kurz vor dem Schlupf waren und bereits in der Schale Pieptöne ausstießen. Beim ersten Angstschrei des Hahnes fegte sie förmlich vom Nest und griff den Menschen wütend an. Vermutlich hatte der kurz bevorstehende Kükenschlupf die automatisch ausgelöste Verteidigungsreaktion vorweggenommen. Goldfasanenhennen leisten bei der Erbrütung von Gelegen kleiner Hühnervogelarten oft wertvolle Ammendienste. Wegen ihres geringen Körpergewichts und vorsichtigen Verhaltens auf dem Nest zerbrechen kleine dünnschalige Eier nicht so leicht wie bei den vergleichsweise plumperen Haushennen. Goldfasanenhähne verhalten sich ihren Küken gegenüber in der Regel friedlich und haben sich ausnahmsweise an der Aufzucht beteiligt. In stark besonnten Volieren bleichen die Gelbtöne von Goldfasanenhähnen leicht aus, doch treten die normalen Farben bei Beschattung des Geheges nach der nächsten Mauser wieder auf. In Großvolieren und Parkanlagen kann man zahlreiche Hähne ohne Hennen zusammenhalten. Die Ansiedlung in Revieren mit viel dichtem Buschwerk ist möglich, doch wird man die Dickichtbewohner nur selten zu Gesicht bekommen. Mit seinem nahen Verwandten, dem Amherstfasan, wurden Goldfasanen aus Mangel an arteigenen Hennen leider häufig gekreuzt, was sich auch etwas auf die Rassenreinheit unserer Goldfasanen ausgewirkt hat. Reinerbige Hähne sind klein, schlank und hochbeinig mit einfarbig rostroter Gesichts- und Kehlregion sowie dicht und zart gefleckten Schwanzfedern, die keine Spur einer Bänderung aufweisen dürfen.

Dunkler Goldfasan (Mutation)

Engl.: Dark-throated Golden Pheasant.
Beschreibung: Der Hahn hat eine etwas dunklere Grundfärbung als ein gewöhnlicher Goldfasan. Gesicht, Kehle und Oberbrust sind rauchschwarz, die mittleren Schwanzfedern gebändert statt wie bei jenem gefleckt. Diese wellenförmige Bänderung ist ein besonders auffälliges Unterscheidungsmerkmal. Die Weichteile (Augenumgebung, Füße, Schnabel) sind dunkler gelb, zuweilen schwärzlich.
Die Henne ist viel dunkler als die gewöhnliche Goldfasanenhenne, die Grundfärbung ein dunkles Rötlichbraun; auch sind Kehle und Unterbauch von gleich dunkler Farbe wie das übrige Gefieder. Dunenküken sind vorwiegend dunkelbraun und weisen eine cremeweiße Kehle sowie ein ebenso gefärb-

tes Band auf, das sich durch die Augen zieht.
Entstehung und Haltung: Die dunkle Mutation des Goldfasans ist wiederholt in Bruten wildfarbener Tiere aufgetaucht, ohne daß deren Vorfahren besondere Kennzeichen aufgewiesen hätten. Die Paarung eines wildfarbenen mit einem dunklen Elternteil ergibt teils wildfarbene, teils dunkle Nachzucht. Die Nachkommenschaft von zwei dunklen Partnern ist reinerbig dunkel.

Die Mutation ist erstmalig im Jahre 1865 von SCHLEGEL beschrieben worden. Der Ort ihrer ersten Entstehung ist nicht bekannt, doch vermutet HARTERT, daß sie zuerst in Holland gezüchtet wurde. Stämme des Dunklen Goldfasans gehören zum festen Bestandteil unserer Fasanerien. Häufig werden im Handel „Dunkle Goldfasanen" angeboten, bei denen metallisch grüne Federn auf der Oberbrust das Amherstblut verraten.

Lutino-Goldfasan (Mutation)

Engl.: Ghigi's Golden Pheasant.
Abbildung: Seite 658 unten links.
Beschreibung: Beim Hahn ist der goldgelbe Schopf ein wenig heller als bei der Wildform; Gesicht und Kehle sowie die Halsseiten sind hellgelb; der Halskragen ist orangegelb, jede Feder mit 2 stahlblauen Querbinden wie bei der Wildform versehen. Mantelgefieder dunkelgrün, der untere Abschnitt einer jeden Feder gelblich. Unterrücken und Bürzel zitronengelb. Mittlere Schwanzfedern hellbraun, hellgelblich getüpfelt. Die übrigen Schwanzfedern unregelmäßig hellbraun und gelblich quergebändert; Oberschwanzdecken von gleicher Farbe wie die mittleren Schwanzfedern, im oberen Abschnitt gelb. Schultergefieder gelblich mit braunen Spitzen. Innere Armschwingen und -decken dunkelbraun; äußere Armschwingen und -decken mehr oder weniger dunkelbraun gebändert. Handschwingen hell strohgelb. Unterseite gelb, auf der Mitte des Unterbauches und den Unterschenkeln heller; Unterschwanzdecken gelb. Iris und nackte Augenumgebung gelb, Schnabel und Füße horngelb. Junghähne haben eine strohgelbe Grundfarbe, die überall mit sehr hellbrauner Bänderung geschmückt ist. An den Kopfseiten ein gelborangefarbener Schimmer. Flügel- und Schwanzfedern wie bei der Wildform, jedoch außerordentlich hell und mit wechselnden braunen und strohgelben Bändern und Linien versehen.

Hennen weisen die gleiche Gefiedermusterung auf wie die Wildform, jedoch ist die Grundfärbung mehr oder weniger aufgehellt, strohgelb mit brauner statt schwarzer Bänderung und Sprenkelung. Hand- und Armschwingen hellbraun mit strohgelber Kreuzbänderung.

Dunenküken weisen die gleiche Gefiedermusterung wie wildfarbene auf, nur sind alle Farbtöne heller.
Entstehung und Haltung: Die helle Spielart des Goldfasans, auch Isabell-Goldfasan genannt, ist bereits früher gelegentlich unter wildfarbenen Vögeln aufgetreten und wird schon von DÜRIGEN aus dem Jahre 1886 erwähnt. Jedoch hat man damals offenbar keine Lutino-Stämme herausgezüchtet. Dieses Verdienst gebührt dem bekannten Fasanenzüchter Professor GHIGI in Bologna, der 1952 einen gelben Hahn von A. HAMPE aus Coburg erhielt. Aus der Kreuzung mit einer wildfarbenen Henne entstanden zunächst nur (heterozygote) wildfarbene Nachkommen, deren Hennen, mit dem Lutino-Hahn verpaart, zu gleichen Teilen (heterozygote und homozygote) gelbe Nachkommen brachten. In der Folge gelang die Fixierung rein vererbender Lutino-Vögel, von denen im Jahre 1957 von GHIGI bereits 50 aufgezogen werden konnten. Es ist somit sicher, daß Amhersthybriden bei den gelben Zuchtstämmen des Goldfasans keine Verwendung gefunden haben, wie zuweilen fälschlich angegeben wird. Der gelbe Goldfasan ist ein eindrucksvoller Vogel, dem man in europäischen und amerikanischen Züchterkreisen eine große Zukunft prophezeit.

Lachsroter Goldfasan (Mutation)

Engl.: Salmon Golden Pheasant.
Beschreibung: Die in den 70er Jahren erzüchtete lachsrosa Mutation des Goldfasans verdankt ihre Entstehung einer Idee des italienischen Professors A. GHIGI, Dunkle und Lutino-Goldfasanen miteinander zu kreuzen. Die mittleren Schwanzfedern des Dunklen Goldfasans weisen bekanntlich statt des Netzmusters der Wildform schräg parallel zueinander verlaufende Streifen auf, seine Hennen sind tabakbraun, die Dunenküken aschbraun mit weißer Kehle. Bekannt ist die Rezessivität des Erbgangs beim Dunklen Goldfasan bei der Kreuzung mit reinerbig wildfarbenen Vögeln. In der F_1-Generation entstehen nur wildfarbene Vögel, in der F_2-Generation 75 % wildfarbene und 25 % dunkle Fasanen. Auch bei Kreuzungen von Dunklen und Lutino-

Goldfasanen traten zuerst nur wildfarbene Tiere auf, deren Hähne allerdings im Prachtkleid fleckige gelbliche Aufhellungen der Unterseite aufwiesen. Vögel der F_2-Generation miteinander gekreuzt, ergaben überwiegend wildfarbene, ein paar dunkle und wenige Lutino-Fasanen. Unter den Dunenküken befanden sich auch einige aschfarbige, die sich später im bleibenden Gefieder so wenig von Lutinos unterschieden, daß sie markiert werden mußten. Bei ihnen wuchsen im Jugendkleid mittlere Schwanzfedern mit *obscurus*-ähnlicher Streifenmusterung, während ihre Gesamtfärbung der von *luteus* glich. Die Weibchen wiesen nur geringe Unterschiede zu *luteus*-Hennen auf und waren lediglich unterseits etwas dunkler als diese. Als dann die Hähne ihr Prachtkleid anlegten, wies dieses zwei von Lutino-Männchen verschiedene Farbmerkmale auf, nämlich eine typische *obscurus*-Streifenmusterung der Schwanzfedern in etwas hellerer Tönung sowie eine statt zitronengelbe hell-lachsrosa Unterseite. Bei den adulten Hennen erschienen ähnliche individuelle Unterschiede wie bei Lutino-Hennen, die nur stärker hervortraten. Es gab viele hellere und dunklere Weibchen. Die auffälligsten Farbunterschiede zur dunklen und gelben Mutation bestanden demnach in der aschgrauen Dunenfärbung der Kleinküken.

Zimtfarbener Goldfasan (Mutation)

W. M. PETZOLD in Prospect (Connecticut/USA), der diese Mutation propagiert, schrieb an DELACOUR darüber: „Ich fand diese Mutation zufällig bei einem Züchter in Connecticut. Dort fielen mir unter 15 bis 20 Goldfasanen 5 zimtrötliche Weibchen auf. Nach Mitteilung des Besitzers waren sie plötzlich unter der Nachzucht wildfarbener Vögel aufgetaucht. PETZOLD erwarb sämtliche Vögel, normale wie zimtfarbene, in der Absicht, die neue Farbmutation zu fixieren. Er hielt die 5 Zimthennen in gesonderter Voliere und gab ihnen einen wildfarbenen Hahn bei, dessen Gesichtsgefieder etwas aufgehellt schien. Leider wurde der vielversprechende Versuch von einem Waschbären durchkreuzt, der alle Vögel bis auf eine zimtfarbene Henne tötete. Mit dieser und einem wildfarbenen Hahn zog PETZOLD 1972 sieben Küken auf, unter denen sich ein zimtfarbener Hahn befand. Erwachsen wurde er 1973 mit der Zimthenne verpaart, und alle 10 geschlüpften Küken waren zimtfarben. 1974 wurden 2 Zimthennen mit einem wildfarbenen Hahn rückgekreuzt, was neben einigen wildfarbenen auch 2 zimtfarbene Hähne ergab. Seit 1972 hat PETZOLD dann über 50 reinerbige zimtfarbene Goldfasanen gezüchtet."

Beschreibung: Hähne sind im 1. Jahr vollständig zimtfarben mit dunklerem Kopf und Bürzel. Hähne im 2. Jahr ähneln weitgehend wildfarbenen Männchen, nur sind die Grün- und Blaukomponenten des Gefieders bei ihnen durch ein schwach glänzendes Schiefergraublau ersetzt. Die Schwanzfedern sind zimtbraun mit schwarzer Sprenkelung, Schnäbel und Beine stärker orangegelb als bei wildfarbenen. Vergleicht man die Zimthähne mit Wildfarbenhähnen, so erscheinen erstere insgesamt etwas heller gefärbt. Weibchen im 1. und 2. Jahr sind zimtfarben mit heller und dunkelgrauer Bänderung, während Schnäbel und Beine wie bei Zimthähnen orangegelbe Färbung aufweisen. Küken sind rötlich zimtbraun.

Amherst- oder Diamantfasan
Chrysolophus amherstiae, Leadbeater 1829

Engl.: Lady Amherst's Pheasant.
Abbildung: Seite 658 unten rechts.
Heimat: Von West-Szetschuan etwa beim 31° nördlicher Breite westlich Kuanschiens westwärts bis zum Salwenfluß im äußersten Südost-Tibet, südwärts nach Nordost-Burma, den Ostteil der nördlichen Shan-Staaten, in Jünnan etwa bei 23° nördlicher Breite, West-Kweichow, in den Gebirgen Nordwest-Jünnans bis in Höhen von 4260 bis 4570 m. Keine Unterarten.
Beschreibung: Beim Hahn sind Stirn und Oberkopf dunkel bronzegrün. Diese Federn sind nicht hart, zerschlissen und lang wie beim Goldfasan. Am Hinterkopf entspringt eine etwa 60 mm lange Haube aus harten, strahligen schmalen Federn von glänzend dunkelroter Farbe, von welchen die längsten mit feinen gelblichen oder schwarzen Endspitzen versehen sind. Kragen weiß, jede Feder mit schwarzem, innen glänzend blau begrenztem Endsaum und einer ebensolchen geraden Linie etwa 10 bis 15 mm vom Endsaum entfernt. Vorderrücken wie beim Goldfasan, aber die schwarzen Federsäume breiter. Hinterrücken golden strohgelb, die Federn in der Mitte metallisch blaugrün, nach der Wurzel zu schwärzlich und mit einer breiten doppelten, gelben Endbinde versehen. Mittlere hintere Bürzel- und

Oberschwanzdeckfedern scharlachrot, die Federn in der Mitte schwarzgrün und vor der roten Endbinde mit einer rahmfarbenen Endbinde versehen. Die bis zu 240 mm langen Oberschwanzdecken sind weiß, unregelmäßig blauschwarz gebändert und gefleckt, die nur wenig schmäleren langen Spitzen orangerot. Handschwingen schwarzbraun, die Außenfahnen meist unregelmäßig weiß gesäumt. Armschwingen schwarz, die innersten metallisch schwarzblau. Schwanzfedern an den Außenfahnen matt bräunlich, nach dem Schaft zu weißlichgrau, schwarz quergebändert; Innenfahnen grauweiß, schwarz gefleckt oder unregelmäßig gebändert; das mittelste dachförmige Paar weiß mit schiefstehenden und meist gebogenen blauschwarzen Querbinden, zwischen denen ebensolche Querkritzel und Flecke stehen. Kehle bräunlichschwarz, an den Federspitzen dunkelgrün glänzend. Kropf und Kropfseiten mit breiten Federn bedeckt, die an der Wurzel dunkelbraun, darauf stahlgrün gefärbt und mit einer breiten schwarzen Randbinde versehen sind, vor der nochmals ein fein gekräuselter metallisch stahlgrüner Endsaum steht. Übrige Unterseite weiß; Schenkel, Aftergegend und Bauchseiten mit schwarzen Endbinden versehen. Unterschwanzdecken schwarz, vor den Spitzen glänzend grün. Iris hellgelb; nackte Haut der Augenumgebung bläulich oder grünlich. Schnabel grünlichgelb, Füße hellbläulich-hornfarben.

Länge 1300 bis 1700 mm; Flügel 205 bis 235 mm; Schwanz 860 bis 1150 mm; Gewicht 675 bis 850 g. Die reinblütige Amhersthenne unterscheidet sich von der des Goldfasans sowie von Kreuzungshennen beider Arten vor allem durch folgende Merkmale: Die schwarze Querbindenzeichnung des Gefieders ist wesentlich breiter und gröber mit grünlichem Glanz; Scheitel, Kopfseiten, Hals, Mantel, Unterkehle und Oberbrust stark rötlich kastanienbraun verwaschen. Oberkehle und Unterbauch sehr hell, manchmal reinweiß; Zügel, Wangen und Ohrdecken silbriggrau mit schwarzer Fleckenmusterung; Rücken mit starker Wellenzeichnung versehen. Schwanzfedernenden abgerundet, nicht wie beim Goldfasan spitz auslaufend und viel stärker mit unregelmäßig verlaufenden, breiten schwarzen, isabellfarbenen und hellgrauen Querbinden versehen, die letzteren beiden dazu noch mit schwarzer Wellenzeichnung ausgestattet. Iris braun, bei älteren Hennen zuweilen hellgelb oder grau. Schnabel und Füße blaugrau; nackte Haut der Augenumgebung schiefergrau.

DELACOUR weist ausdrücklich darauf hin, daß viele Hennen der seit langem bei uns gezüchteten Amherststämme die für alle Wildfänge so charakteristische satte rötliche Tönung auf Kopf, Kehle und Oberbrust vermissen lassen, was als ein Zeichen von Goldfasaneneinkreuzungen zu werten sei.

Länge 660 bis 680 mm; Flügel 183 bis 203 mm; Schwanz 310 bis 375 mm; Gewicht 624 bis 804 g. Dunenküken ähneln sehr denen des Goldfasans, unterscheiden sich jedoch von diesen durch weniger gelbliche, vielmehr rötlichbraunere Gesamttönung, bedeutendere Größe sowie ein dichteres und längeres Dunenkleid. Schlüpfgewicht 24,1 g. Gelegestärke 6 bis 12; Ei länglichoval, isabellfarben bis cremeweiß (46 bis 53 mm × 34 bis 37 mm). Gewicht 31,1 g; Brutdauer 22 bis 23 Tage.

Lebensgewohnheiten: Amherstfasanen kommen in höheren Berglagen und kälteren Regionen als Goldfasanen vor, bewohnen aber nach chinesischen Angaben im Provinzdreieck Szetschuan/Kweitschau/Jünnan südlich des Roten Flusses und östlich Kunmings stellenweise gleiche Habitate und hybridisieren dort auch. Bewaldete Berghänge, Bambuswälder, Dickichte und dichtes Buschwerk sind ihr bevorzugter Lebensraum. Während der Herbst- und Wintermonate schließen sie sich zu Gesellschaften von 20 bis 30 Vögeln zusammen, die bei hohem Schneefall in die Täler ausweichen und dort auch die abgeernteten Felder besuchen. Darüber hat ERNST SCHÄFER anschaulich berichtet: „An einer langen hochgeschichteten Steinmauer, die das kärgliche Ackerland des chinesischen Bergbauern vor Wolkenbruch schützen soll und gleichzeitig die Grenze zum bambusdurchwachsenen Dschungel bildet, lärmen die großen Lachdrosseln in einem fort. Zwischen dem Schackern dieser immer aufgeregten, neugierigen Wichtigtuer aber tönt ein ziemlich tiefes „Gack Gack", das von einem langen hohen Pfeifen gefolgt wird. Letzteres rührt von einem hühnergroßen Vogel her, der schwer erkennbar im dichten Busch an den Stamm gedrückt dasitzt und sich von den Janthocinclen ausschimpfen läßt. Dabei gerät er selbst in Ekstase und schimpft nach seiner Art mit. Als ein Flug Schneetauben auf dem abgeernteten Buchweizenacker einfällt und nahrungssuchend durcheinanderwimmelt, kommt endlich Leben in den Hühnervogel im Dornenbusch. Er macht einen langen Kragen, wiegt sich hin und her und plumps, sitzt die Amhersthenne auf der Steinmauer. Sie läuft darauf entlang, duckt sich, als die Tauben plötzlich mit klatschendem Flug hochgehen, um aber gleich wieder einzufallen. Dann aber faßt sie Mut und läuft auf den Acker hinaus, wo sie sofort eifrig zu picken beginnt. Wie auf Kommando erscheinen 3 weitere Amherstfasanen auf der Steinmauer. Sie sichern gar nicht erst, sondern laufen gleich zu ihrer Mutter hinaus auf den Acker. Ein junger Hahn ist dabei, dessen langer Stoß schon zu wachsen beginnt und dessen Federkragen sich schon sträubt. Eine ganze Zeit sind die Amherstfasanen emsig bei der Nahrungssuche. Gerade fallen die ersten Sonnenstrahlen über die Schneeberge und lassen das einsame Hochgebirgstal im Frühlicht erglühen, als eine schlangenartige Bewegung durch die niederen Gebüsche geht. Ganz dicht über den Boden schiebt sich ein über 1 m langes Etwas, von dem weder Form noch Farbe zu erkennen ist, durch das Dickicht. Man könnte an eine Zibetkatze denken, die sich einen der Amherstfasanen holen will. Plötzlich aber verläßt das Etwas die schützende Deckung und erhält nun plötzlich Farbe und Form. Vor uns steht im strahlenden Sonnenschein der alte Amhersthahn. Lange sitzt er auf dem obersten Stein, in schönem Halbbogen von Meterlänge trägt er seinen langen schwarzweiß gebänderten Stoß. Er sträubt den Kragen, daß er

Balzender Hahn des Amherstfasans

silberweiß und grünschwarz schimmert. Dann putzt er sein Gefieder, als ob er die rote Krone am Hinterkopf zeigen wollte, und schließlich läuft er hurtig auf den Acker, wo er eifrig wie die anderen pickt. Den halben Vormittag treiben sich die 5 Amherstfasanen so auf den Feldern herum, kröpfen sich voll und laufen ab und zu in die Deckung, wenn etwas Verdächtiges bemerkt wurde. Dann treten sie gemeinsam den Rückmarsch in den Dschungel an. Dort locken sie sich mit langgezogenem piepsendem Pfeifen zusammen und baumen geschickt auf, um die Mittagshitze zu verschlafen, bis sie am Abend wieder zu den Feldern hinunterschleichen.

Zusammenfassend kann man über den Amherstfasan sagen, daß er nur in geringem Maße Kulturflüchter ist. Als Busch- und Dschungelvogel fliegt er ungern, baumt dagegen oft auf, klettert und verbirgt sich geschickt im dichten Gezweig. Als sein Lieblingsaufenthalt können die Feldgebüsche, Waldkanten und feldnahen Dschungeldistrikte gelten."
Im Sozialmuster und Verhalten ähnelt der Amherstfasan dem Goldfasan sehr, doch schließen sich bei ihm nach Beendigung der Brutsaison mehrere Familien zu Wintertrupps zusammen. Die Art ist vermutlich monogyn, wofür auch die häufige Unverträglichkeit mehrerer in einer Voliere zusammengehaltener Hennen während der Brutzeit spricht. Obwohl bei der Balz andere Farbmuster als beim Goldfasanenhahn präsentiert werden, verläuft sie wie beim Goldfasan. Beim Balzfüttern befaßt sich der Hahn kurz mit einem Futterbrocken und deutet stillstehend aus wenigen Zentimetern Entfernung mit dem Schnabel darauf, bis das Weibchen kommt und ihn nimmt. Nach BEEBE sollen außerdem beide Partner sich zu aufgefundenen Futterqellen locken.
Über das Stimmrepertoire dieses häufig gehaltenen Vogels ist sehr wenig bekannt. Viele Laute werden dem des Goldfasans ähnlin, aber sicher nicht mit diesem identisch sein. Ob das „Ssu-ik-ik-ik" der Amherstähne dem Territorialruf des Goldfasanenhahns entspricht, läßt sich nicht mit Sicherheit sagen. Nach BEEBE soll dieser Laut mit einem langgezogenen zischenden S am Anfang oft abends von den Hähnen ausgestoßen werden. Das Futterlocken ist ein von beiden Partnern gebrachter Laut, der wie ein leises, unterdrücktes Gekicher klingt. Das von SCHÄFER gehörte, ziemlich tiefe „Gack gack", von einem langen hohen Pfeifen gefolgt, läßt einen Warnlaut vermuten. Nach WISSEL u. STEFANI bringen Junghennen zu Beginn des 2. Jahres ein erstes, noch sehr kleines Gelege, während Junghähne im Herbst des 2. Jahres das Prachtkleid anlegen und mit 2 Jahren fortpflanzungsfähig werden.
Haltung: 1828 brachte LADY AMHERST, die Frau des britischen Generalgouverneurs von Indien, bei ihrer Rückkehr nach England als Erstimport 2 Hähne dieser schönen Fasanenart mit, die jedoch nach wenigen Wochen den Reiseanstrengungen erlagen. Nach diesen Stücken beschrieb der britische Ornithologe LEADBEATER die Art zu Ehren der Gräfin 1829 als *Phasianus amherstiae*. Erst im Juli 1869 gelangten wieder Amherstfasanen, 5 Hähne und eine Henne, aus Tatsienlu (Szetschuan) nach England in den Londoner Zoo. Alle wurden mit Ausnahme eines Männchens an den als

erfolgreichen Züchter bekannten Direktor WEKEMANS vom Antwerpener Zoo geschickt. Leider wurde die einzige Amhersthenne von einem Hahn getötet, so daß man für die Zucht auf Goldfasanenhennen zurückgreifen mußte, mit denen die Hybridzucht bereits 1870 gelang. Ein durch STONE 1870 in den Londoner Zoo gelangtes Amherstpaar brachte 1872 14 Jungvögel, die sich leicht aufziehen ließen. Ein paar weitere Wildfänge erreichten in den folgenden Jahren Europa, so daß die leicht zu züchtende Art bald in vielen großen Fasanerien Europas vertreten war. 1874 gelangte ein Amhersthahn erstmals nach Deutschland in den Berliner Zoo. Er hatte 1200 Mark gekostet. Ihm folgte 1875 1 Paar, das Direktor BODINUS auf der damals alljährlich stattfindenden Antwerpener Zootier-Auktion mit 2100 Mark für den Berliner Zoo ersteigert hatte. Da 1878 schon mehrere Amherstfasanen aus Berlin als verkauft gemeldet wurden, scheint die Zucht mit diesem Paar gelungen zu sein. Bald waren die Preise durch ergiebige Vermehrung so gesunken, daß sich auch weniger wohlhabende Liebhaber die Art „leisten konnten". Leider hatte man jedoch inzwischen so viele Vögel mit Goldfasanenblut gezüchtet und auf den Markt gebracht, daß es heute kaum möglich ist, reinblütige Amherstpaare zu erhalten.

Da Amherstfasanen aus einem rauheren Klima stammen als Goldfasanen, sind sie in unserem Winterklima fast noch härter als diese. Leider verhalten sich viele Hähne während der Paarungszeit ihren Hennen gegenüber derart aggressiv, daß man für diese Sicherheitsmaßnahmen ergreifen muß, will man sie nicht skalpiert und getötet vorfinden. Bewährte Methoden bestehen in der Schaffung von Sichtschutz vor dem Hahn durch schräges Anlehnen von Sperrholzplatten und alten Türen an die Volierenwände, die Einrichtung hoher Sitzäste bei gleichzeitiger einseitiger Handschwingenbeschneidung des Hahnes und unter Umständen Kürzung seiner Oberschnabelspitze, wodurch ein Hacken auf der Henne zu schmerzhaft für ihn wird. Glücklicherweise sind nicht alle Amhersthähne gleich aggressiv. Bei Haltung mehrerer Hennen in einer Voliere können auch diese sich hartnäckig bekämpfen und töten, was bei Goldfasanenweibchen nicht vorkommt. Amherstküken sind bei der Aufzucht etwas empfindlicher als junge Goldfasanen. Im Alter von ca. einem Monat kann man die Hähnchen an der hellgrauen, die Junghennen der braunen Iris erkennen. Auch treten bei Junghähnen bald Andeutungen eines grauen Halskragens, rötliche Schwanzdecken und gebänderter Schwanzfedern auf.

Gegenwärtig erwirbt man meist Amherstfasanen, die annähernd artenrein aussehen. Goldfasanenblut macht sich bei den Hähnen durch mehr oder weniger zahlreiche rote Federn auf Flanken und Schenkeln, scharlachrote statt orangerote Spitzen der Oberschwanzdecken, Fleckung in der Schwanzzeichnung und nicht zuletzt eine auffällig große rote Hinterkopfhaube bemerkbar. Wie schon bei der Gefiederbeschreibung erwähnt, sind Goldfasanenmerkmale bei Amhersthennen sehr viel schwieriger zu erkennen. Auffälligstes Goldfasanenmerkmal ist ein befiedertes Gesicht, das bei reinblütigen Amhersthennen in der Augenumgebung nackt und bläulich gefärbt sein soll.

Während Hybriden der meisten Vogelarten weniger schön gefärbt sind als ihre reinerbigen Eltern, ist dies beim Amherst- × Goldfasanenmischling nicht der Fall: Die Hähne sind oft phantastisch bunt, doch kann beim ernsthaften Züchter keine rechte Freude an solchen Vögeln aufkommen. In der Volierenhaltung werden Amherstfasanen recht alt. Der Hahn eines australischen Züchters balzte noch mit 21 Jahren und wies ein tadelloses Gefieder auf.

In Europa lassen sich Amherstfasanen in der Wildbahn halten, wenn deckungsreiches Gelände vorhanden ist, doch sollen sie große Reviere benötigen. In England sind sie an mehreren Stellen in geringem Umfang eingebürgert worden. Ihr Habitat dort ist nach CRAMP u. SIMMONS Wald mit dichtem Unterholz aus Brombeeren und den auf den britischen Inseln so häufig verwilderten Rhododendren.

Weiterführende Literatur:
BAKER, E. C. ST.: The Fauna of British India. Birds, Vol. V; Genus *Chrysolophus* – The Amherst Pheasant; pp. 314–316. Taylor & Francis, London 1928
DERS.: Game Birds of India, Burma and Ceylon. Vol. III; Genus *Chrysolophus* – The Amherst Pheasant; pp. 227–233; Bombay Nat. Hist. Soc. 1930
BEEBE, W.: Monograph of the Pheasants, Bd. III; Ruffed Pheasants; pp. 5–25; Witherby London 1922
BODINUS, H.: Über Zucht und Pflege des Goldfasans. Der Thiergarten, 1. Jhrg.; pp. 7–11, 32–36, 54–58 (1864)
CRAMP, S., SIMMONS, K. E. L.: Handbook of the Birds of Europe, the Middle East and North Africa. Vol. II.; Chrysolophus, pp. 515–522; Oxford Univ. press; Oxford 1980
DELACOUR, J.: The Pheasants of the World. 2. Edition; XI. The Ruffed Pheasants – Genus *Chrysolophus*; pp. 300–314. Spur Publications 1977
Dr. H. in B.: Kragenfasanen. Gef. Welt 64; pp. 273–274 u. pp. 310–311 (1935)

DÜRIGEN, B.: Die Geflügelzucht. Kap. V: Fasanen, 2. Kragenfasanen; pp. 340–342. P. Parey, Berlin 1884
GHIGI, A.: The mutation *obscurus* in the Lady Amherst Pheasant. Avic. Mag. 55; p. 209 (1949)
DERS.: A new mutation of the Golden Pheasant. Avic. Mag. 63; pp. 190–191 (1957)
GOODWIN, D.: Some notes on Common and Golden Pheasants. Avic. Mag. 55; pp. 221–225 (1949)
HAMPE, A.: Correspondence, Notes etc.; u. a. Handel mit Silber- und Goldfasanen in China. Avic. Mag. 4. Series, Vol. X; pp. 163–164 (1932)
JOHNSGARD, P. A.: The pheasants of the world; Chrysolophus, pp. 218–225; Oxford Univ. press, Oxford 1986
JOHNSON, F. E. B.: Mutations of the Golden Pheasant. Avic. Mag. 69; pp. 23–25 (1963)
KRUIJT, J. P.: Notes on the wing display in the courtship of Pheasants. Avic. Mag. 69; Golden Pheasant; p. 16 (1963)
MEYER DE SCHAUENSEE, R.: The Birds of China; Gold- und Amherstfasan; pp. 197–198. Oxford Univ. Press, Oxford 1984
SCHÄFER, E.: Zur Lebensweise der Fasanen des chinesisch-tibetischen Grenzlandes. Journ. Ornith. 82; Amherst- und Goldfasan; pp. 499–510 (1934)
SETH-SMITH, D.: The Amherst Pheasant *(Chrysolophus amherstiae).* Avic. Mag. 55; pp. 197–198 (1949)
SMITHIES, B. E.: The Birds of Burma. Lady Amherst Pheasant; p. 439; Oliver & Boyd, London 1953
THIEN, H.: Chinas Fasanenvielfalt, Gefl. Börse Nr. 15, pp 5–6 (1979)
TSO-HSIN, CH.: Fauna Sinica; Series Vertebrata; Aves Vol. 4, *Galliformes*, vi + 203 pp; 8 colour plates, 3 monochrome plates. Science Press, Academia Sinica (Chinesisch). Referat SAVAGE in WPA-Journal IV; p. 117 (1978–1979)

Pfaufasanen
Polyplectron, Temminck 1813

Engl.: Peacock Pheasants.

Pfaufasanen, auch Spiegelpfauen genannt, sind zierliche Phasianiden von Goldfasanengröße, deren 7 Arten in Gefiederstruktur und Färbung stark variieren, aber aufgrund vieler gemeinsamer Merkmale sämtlich zu einer einzigen Gattung zusammengefaßt werden können. Das weiche lockere Gefieder ist vorwiegend braun oder grau mit zarter dunklerer Linien- und Wellenbänderung und auf Schultern, Flügel- und Schwanzdecken sowie den Schwanzfedern mit metallisch glänzenden Spiegelflecken geschmückt, die anders als die Augenflecke des Argusfasans etwas erhaben und daher fühlbar sind. An den stark gerundeten Flügeln ist die 1. Handschwinge am kürzesten, die 2. kürzer als die 10. und die 6. am längsten. Die inneren Armschwingen sind fast so lang wie die Handschwingen. An dem aus 20 bis 24 Steuerfedern zusammengesetzten, mäßig langen Schwanz sind die mittleren Federn erheblich länger als die übrigen, in der Form bei den Arten recht verschieden, bei *P. chalcurum* jagdfasanenartig lang und zugespitzt, den übrigen dagegen breit, an den Enden stark gerundet. Bei 2 Arten *(bicalcaratum, malacensis)* sind die Scheitelfedern zu einer Holle, bei einer Art *(emphanum)* zu einer Spitzhaube verlängert. Die Gesichtsseiten sind unbefiedert; der schlanke lange Lauf ist viel länger als die Mittelzehe und bei den Hähnen mit einem bis vier spitzen Sporen bewehrt. Mit Ausnahme des Palawan-Pfaufasans sind die Weibchen den Männchen recht ähnlich, nur kleiner und trüber gefärbt mit kleineren Spiegelflecken und sporenlosen bis kurzsporigen Läufen.

Alle Pfaufasanen sind monogyn; die kleinen Gelege aus 1 bis 2 Eiern lassen eine niedrige Mortalitätsrate und Langlebigkeit vermuten.

Pfaufasanen sind am engsten mit Rheinart- und Argusfasanen verwandt und haben mit ihnen viele Gemeinsamkeiten, wie die gleiche Schwanzmauser, das Rufen der Hähne auf Balzplätzen, geringe Gelegegröße, das Kükenfüttern der Hennen durch Anbieten von Bissen aus der Schnabelspitze und das Folgen der Jungen unter dem Schwanz der Mutter. Alle *Polyplectron*-Arten sind Bewohner des Unterholzes dichter Tropenwälder und in ihrer Verbreitung durchweg allopatrisch. Wie unter den Phasianiden sonst allenfalls bei den Hühnerfasanen (*Lophura* im weiteren Sinne) läßt sich der vermutliche Evolutionsverlauf bei den Pfaufasanen aus primitiven zu hochspezialisierten Arten rekonstruieren, weil diese verschiedene Entwicklungsstadien demonstrieren, die vom unscheinbaren Bronzeschwanz- über Rothschild-, Braunen, Grauen, Malaiischen bis zum Palawan-Pfaufasan reichen. Alle Arten sind importiert und gezüchtet worden, worüber der folgende Text berichtet.

Bronzeschwanz-Pfaufasanen
Polyplectron chalcurum, Lesson 1831

Engl.: Bronze-tailed Peacock Pheasants.
Abbildung: Seite 675 oben links.
Die kleinen Bronzeschwanz-Pfaufasanen der Gebirgswälder Sumatras können mit ihrem bei beiden Geschlechtern gleichen, vorwiegend braunen Gefieder, den nur auf den 18 langen, stufenförmigen, hinten zugespitzten Steuerfedern vorhandenen Schillerflecken sowie der Beteiligung beider Geschlechter an der Jungenaufzucht als die ursprünglichste Art der Gruppe angesehen werden. Zweifellos handelt es sich um einen „Ur-Pfaufasan", dem man Gattungsrang einräumen würde, wenn es nicht die Übergangsform *P. inopinatum* zu den höher spezialisierten Arten gäbe.

Südlicher Bronzeschwanz-Pfaufasan
Polyplectron chalcurum chalcurum, Lesson 1831

Engl.: South Sumatran Bronze-tailed Peacock Pheasant.
Heimat: Gebirgswälder Sumatras südlich des Äquators in Lagen von 450 bis 1200 m. 2 Unterarten.
Beschreibung: Geschlechter gleichgefärbt. Kopf und Hals erdbraun, die Oberseite kastanienbraun, unregelmäßig schwarz quergebändert; Handschwingen einfarbig dunkelbraun; lange Oberschwanzdecken wie der Rücken, die langen, hinten zugespitzten Schwanzfedern kastanienbraun mit schwarzer Querbänderung, die zunächst auf den Außenfahnen, dann den Innenfahnen in ein metallisches Purpurviolett übergeht, das nahe der Schwanzspitze zu einem einzigen großen, metallisch glänzenden Fleck verschmilzt; die Schwanzspitze selbst dunkelbraun mit graubräunlicher Fleckung. Kehle schmutzigweiß gefleckt, die übrige Unterseite dunkelbraun mit feiner schwärzlicher Streifung. Schnabel und Füße grauschwarz, der Lauf beim Hahn mit 2 scharfen Sporen bewehrt; Iris dunkelbraun.
Länge 560 mm; Flügel 162 bis 190 mm; Schwanz 260 bis 380 mm; Gewicht 370 g.
Bei der wenig kleineren, gleichgefärbten Henne sind Schwanz und Lauf etwas kürzer, letzterer trägt einen kurzen Sporn.
Flügel 150 bis 162 mm; Schwanz 180 bis 220 mm.
Bei einjährigen Hähnchen reicht der metallische Schwanzbezirk bis zur Schwanzspitze.
Dunenküken weisen das Zeichnungsmuster der Pfaufasanen auf, sind nur in der Gesamtfärbung sehr dunkel, oberseits schwarzbraun, unterseits bräunlichgelb, während 2 helle Rückenbänder lebhaft rötlichgelb gefärbt sind.
Gelegestärke 2; Ei isabellweiß (49 mm × 36 mm); Brutdauer 21 Tage.
Lebensgewohnheiten: Nichts aus der Wildbahn bekannt.

Nördlicher Bronzeschwanz-Pfaufasan
Polyplectron chalcurum scutulatum, Chasen u. Hoogerwerf 1941

Engl.: North Sumatran Bronze-tailed Peacock Pheasant.
Heimat: Gebirge Sumatras nördlich des Äquators.
Beschreibung: Von der südlichen Unterart nur wenig durch die stärker gestreifte Oberseite mit breiteren, deutlich abgesetzten schwarzen Querbändern unterschieden.
Lebensgewohnheiten: Unbekannt.
Haltung: Als Erstimport wurde 1 Henne der Art 1929 nach Frankreich importiert und dort von der Züchterin Mme. LECAILLER erworben. Schon 1 Jahr später gelangten 2 Paare durch den Tierhändler W. FROST zu DELACOUR nach Clères (Normandie), dem die Erstzucht 1932 gelang. Weitere Zuchterfolge waren dort auch in den darauffolgenden Jahren zu verzeichnen, so daß die Art in den Fasanerien großer Tiergärten Europas gezeigt und vermehrt werden konnte. Weitere Importe folgten 1975 und 1976, und Nachzuchten wurden wiederum erzielt, so daß die Art gegenwärtig wieder hier und da, u. a. im Vogelpark Walsrode vertreten ist. DELACOUR berichtet von seinem Zuchtpaar, daß es eine 16 m × 5,5 m große Flugvoliere zusammen mit Rheinartfasanen und Kleinvögeln bewohnte und die zunächst auf dem Erdboden abgelegten Eier von

den Rheinartfasanen gefressen wurden. Am 15. Mai wurde die sehr zahme Bronzeschwanz-Henne in einem für Tauben bestimmten, an der Schutzraumwand hängenden Körbchen dicht unterhalb des Daches brütend aufgefunden. Das aus 2 Eiern bestehende Gelege und mehrere Nachgelege wurden Zwerghuhnglucken untergelegt und die Küken von ihnen ohne Schwierigkeiten aufgezogen. Zu ähnlichen Ergebnissen gelangte in Deutschland MAX STEFANI der 1935 1 Paar dieses Pfaufasans erwarb, während ein zweites vom Berliner Zoo gekauft wurde. Von beiden Paaren wurde Nachzucht erzielt. Die Vögel gewöhnten sich schnell ein und wurden bald zutraulich. Das Paar hält stets eng zusammen und wärmte sich bei kühler Temperatur gegenseitig. Doch können Hähne zur Paarungszeit ihre Hennen verfolgen. Eine zweite Henne wird nicht geduldet und selbst in großen bepflanzten Volieren verfolgt und getötet. Das Paar baumt gern und lange auf. Im milden Winter 1936 begann STEFANIS Hahn bereits im Januar zu balzen und ließ morgens und spätnachmittags seinen wie „Krrrrr" klingenden Revierruf hören, der meist 2mal hintereinander ausgestoßen und häufig wiederholt wird. Die Balz ist eine Seitenbalz, die mit wiederholtem Kopfnicken beider Partner einsetzt, wobei sich die Henne auf den Boden duckt und längere Zeit kopfnickend in dieser Stellung verharrt. Der Hahn tritt dicht an sie heran, sträubt Hals- und Brustgefieder, wirft den Kopf in den Nacken und vollführt einen Luftsprung. Danach geht er in Seitenbalzstellung, senkt bei seitlich zu ihr hingeneigtem Körper und ausgebreitetem schräggehaltenem Schwanz den der Henne zugeneigten Flügel bis zum Boden, während der andere an den Körper gedrückt, angehoben wird und stößt ein schlangenartiges Zischen aus. Nach mehrfachem Umkreisen der Henne in dieser Stellung wiederholt sich das Ganze. Anfang April fand STEFANI in einer Mulde im Sand des Schutzraumes das nur aus einem Ei bestehende Erstgelege. Insgesamt wurden nach Fortnahme des jeweiligen Geleges 14 Eier in 4 Gelegen zu einem und 5 zu 2 Eiern gebracht. Das vom Berliner Zoo erworbene Paar züchtete 1937 erfolgreich. Das aus 2 Eiern bestehende Gelege wurde von der Fasanenhenne in 21 Tagen erbrütet. Auch eine 2. Brut im gleichen Jahr gelang. Die sehr flinken Küken liefen jedes an einer Seite der Mutter mit und wurden von ihr und dem Vater mit aus der Schnabelspitze angebotenen Futterbissen aufgezogen. Mit 4 Monaten hatten sie die Größe der Erwachsenen erreicht. Von der Aufzucht seiner Küken berichtet STEFANI: „Sie besitzen Gestalt und Zeichnung von Pfaufasanenküken, sind jedoch viel dunkler gefärbt und im Wesen bedeutend lebhafter. Besteht das Gesperre aus 2 Küken, so ist meist eines dunkler als das andere. Das hellere pflegt das Männchen zu sein. Wie alle Pfaufasanenküken erwarten sie das Futter zunächst nur vom Schnabel der Glucke. Im Gegensatz zu den Küken anderer Pfaufasanen sind sie außerordentlich flink, so daß es ihnen später meist gelingt, der Henne eine Ameisenpuppe im gleichen Augenblick vom Schnabel wegzupicken, in dem diese den Bissen vom Boden aufzunehmen im Begriff steht. So befähigt sie ihre Lebhaftigkeit, sich neben robusteren Fasanenküken erfolgreich behaupten zu können.

Die Schönheit dieser eher düster und bescheiden gefärbten Art wird erst aus der Nähe erkennbar. Das ausdrucksvolle Auge, die zierliche Gestalt, der Schwanz mit seinem prachtvollen Bronzespiegel machen im Verein mit der großen Genügsamkeit, der leichten und ergiebigen Züchtbarkeit den kleinen Vogel zu einer anziehenden Erscheinung, die ihm noch viele Freunde erstehen lassen dürfte.

Aus einer weltweiten Umfrage der WPA geht hervor, daß 1982 insgesamt 147 Bronzeschwanz-Pfaufasanen, 77 in Europa, 51 in den USA, 14 in Lateinamerika und 5 in Asien, gehalten wurden.

Rothschild-Pfaufasan
Polyplectron inopinatum, Rothschild 1903

Engl.: Mountain Peacock Pheasant, Rothschild's Peacock Pheasant.
Heimat: Mittlere Gebirgsketten der Südhälfte der Malaiischen Halbinsel von Bukit Fraser und dem Semangko-Paß entlang der Hauptkette bis zum Gunong Ulu Kali und Mengkuang Lebar; außerdem die Bergmassive Gunong Tahan und Gunong Genam in Pahang. Keine Unterarten.
Beschreibung: Geschlechter verschieden gefärbt. Beim Hahn sind Gesicht, Kehle und Hals dunkelgrau mit zarter hellgrauer Strichelung und sparsamer weißer Fleckung oder Streifung besonders auf Gesicht und Kehle. Auf Hinterhals und Vorderrücken eine kurze Krause aus weichen zerschlissenen Federn. Übrige Rückenpartien, Mantel und Flügel rotbraun mit schwarzer Wellenbänderung, die Basis der Federn grau, ihre Endabschnitte mit kleinem, metallisch blauem, schmal schwarz und dahinter breiter rötlich umrandetem Spiegelfleck sowie

einem isabellweißen Fleck an der Basis. Handschwingen einfarbig schwarz; obere Flügeldecken grob rotbraun und schwarz gesprenkelt, die äußeren mit großem, über die Fahnenmitte verlaufendem, blauem Augenfleck. Der stark gestufte, 20federige Schwanz ist wie beim Bronzeschwanz-Pfaufasan am Ende zugespitzt, schwarz mit isabellfarbener Rundfleckung. Während das mittlere Steuerfederpaar keinen Augenfleck oder allenfalls einen solchen auf der Außenfahne aufweist und das darauf folgende Federpaar einen verkleinerten Schillerfleck auf der Innenfahne trägt, sind auf den nach außen folgenden Federpaaren beidfahnig grüne Spiegelflecken vorhanden, die auf den Innenfahnen kleiner als auf den Außenfahnen sind. Diese Glanzflecken weisen deutliche Tendenzen zur Rundung auf und vermitteln so zwischen den metallisch glänzenden Schwanzfederbezirken der Bronzeschwänze und den zu höchster Vollkommenheit entwickelten Spiegel- oder Augenflecken der höher spezialisierten Arten der Gattung *Polyplectron*. Unterseite grauschwarz mit hellgrauer Fleckung und Streifung, Schenkelgefieder und Unterschwanzdecken bräunlich getönt. Schnabel und Bein grau, die Iris braun. Eine nackte Orbitalhaut fehlt.

Länge 650 mm; Flügel 230 bis 255 mm; Schwanz 230 bis 255 mm.

Bei dem kleineren Weibchen werden die Augenflecke durch schwarze Fleckung ersetzt, die Schwanzfedern sind kürzer und weniger gestuft, ihre Fleckung und Sprenkelung rötlicher und unregelmäßiger.

Länge 460 mm; Flügel 175 bis 190 mm; Schwanz 220 bis 275 mm.

Küken sollen denen anderer Pfaufasanenarten gleichen. Kopf und Oberseite sind bei ihnen hellrostbraun.

Gelegestärke 2; Ei isabellweiß, fast mit dem des Grauen Pfaufasans identisch (51–57 × 36–38 mm); Gewicht ca. 40,2 g; Brutdauer 21 bis 22 Tage.

Lebensgewohnheiten: Die Art bewohnt Unterholz aus Bambus und Rattan-Kletterpalmen *(Calamus)* des Bergwaldgürtels von 980 bis 1800 m. Man trifft sie an steilen, felsdurchsetzten Hängen gern auf oder dicht neben den Bergkämmen an. Rothschilds Pfaufasan ist mit dem Malaiischen Pfaufasan, der in der Ebene lebt, nicht sympatrisch. Die Vögel sind schwer zu orten, da sie nur über leise Stimmlaute verfügen. Außer einem leisen „Tschack", das plaudernd klingt und als Kontaktlaut dient, kennt man nur einen in der Tonhöhe abwärts gleitenden, nur aus nächster Nähe hörbaren Pfiff. Außerhalb der Brutzeit werden kleine Gruppen aus 4 bis 5 Vögeln in schattigen Schluchten angetroffen. Ein Kleinküken wurde im Februar gesammelt. Über Balz und Legetermine sind wir aus Volierenbeobachtungen in den USA unterrichtet.

Haltung: Laut DELACOUR wurde 1 Paar Rothschild-Pfaufasane 1969 von Lord und Lady MEDWAY aus Malaya importiert und FITZSIMMONS (USA) übergeben, der die Vögel auf der Farm des berühmten Züchters DENTON (Livermore, Kalifornien) zur Zucht einstellte. Schon 1970 legte die Henne 3 Eier, aus denen 1 Küken schlüpfte, das mit 4 Monaten wegen Perosis eingeschläfert werden mußte. Auch 1971 legte die Henne mehrfach, ohne daß Küken schlüpften, und starb 1972. Später scheint DENTON nochmals 1 Paar erhalten zu haben. Bei diesem beobachtete JOHNSGARD die Balz. Der Hahn umrundete mehrmals einen Busch, verhielt jedesmal, wenn er sich voll im Blickfeld der Henne befand, und nahm eine typische Seitenbalzhaltung mit auf der Weibchenseite niedrig gehaltenem, auf der ihr abgewandten erhobenem Flügel und seitwärts gefächertem Schwanz ein. So stand er, ohne einen Laut von sich zu geben, 1 bis 2 Sekunden lang. Die Henne war davon nicht beeindruckt. Bemerkenswert bei der Balz war das plötzliche Erscheinen des Hahnes aus dem Busch, das fast einem „auf die Bühne treten" glich. Bei DENTON legte die Henne ihre ersten Eier im März, etwas später als der Graue, doch früher als der Palawan-Pfaufasan und etwa gleichzeitig mit Germains Pfaufasan. Ein Nachgelege wurde erst 2 Wochen nach Fortnahme des ersten gebracht. Gegenwärtig (1988) wird die Art wohl nirgends außerhalb ihrer Heimat gehalten.

Germain-Pfaufasan
Polyplectron germaini, Elliot 1866

Engl.: Germain's Peacock Pheasant.
Abbildung: Seite 675 oben rechts.
Heimat: Südliches Vietnam nordwärts bis Quinhon. Auch aus Thailand und Cambodja nachgewiesen. Keine Unterarten.
Beschreibung: Geschlechter verschieden gefärbt. Eine Kopfholle fehlt. Beim Hahn sind Kopf, Kehle und Hals schwarz mit zarter grauweißer Sprenkelung; Oberkehle weiß; Oberseite dunkelbraun mit isabellfarbener Fleckung; die Federn von Oberrücken und Schwingen mit großen violettblauem

Augenfleck, der von einem schwarzen Ring sowie einem hell goldbraunem Saum umgeben wird. Handschwingen einfarbig schwarz; mittlere Paare der Flügeldecken ohne Augenflecken, die äußeren mit einem auf jeder Fahne. Der aus 20 Federn zusammengesetzte schwach gestufte Schwanz ist breit, hinten gerundet; jede Steuerfeder weist subterminal beidfahnig einen metallischgrünen Augenfleck mit schwarzer und fahlgrauer Säumung auf; die schwarze Unterseite ist unregelmäßig isabellgelblich gebändert, der Unterbauch einfarbig schwarz. Nackte Gesichtshaut dunkelrot, Iris braun, Schnabel und der doppeltgespornte Lauf schwärzlichbraun.

Länge 550 mm; Flügel 180 bis 200 mm; Schwanz 250 bis 320 mm. Gewicht 500 g.

Bei einjährigen Hähnen sind die Augenflecke schwärzlich, die Schwänze kürzer, die Sporen nur angedeutet.

Hennen sind etwas kleiner als Hähne und in der Gesamtfärbung trüber. Kopf- und Halsfärbung wie beim Hahn, das übrige Gefieder dunkelbraun mit fahl braungrauer Streifung und Sprenkelung, ungefleckt. Augenflecke auf Mantel und Flügeldecken dreieckig, nicht rund, metallischblau schimmernd mit schwarzer Basis und isabellfarbenem Obersaum; schwärzliche Schwanzfedern unregelmäßig fein hellisabellfarben quergebändert und mit großen grünen Spiegelflecken, die jedoch undeutlicher als bei Hähnen sind und keinen hellen Saum aufweisen. Nackte Gesichtspartien und Irisfarbe wie beim Männchen.

Länge 480 mm; Flügel 160 bis 185 mm; Schwanz 220 bis 250 mm. Gewicht 500 g.

Dunenküken sind dunkler gefärbt als die des Grauen Pfaufasans.

Gelegestärke 2; Ei cremeweiß (45 mm × 35 mm). Frischgewicht um 30,4 g; Brutdauer 21 Tage.

Zur systematischen Stellung der Art bemerkt DELACOUR, daß sie zwar ein naher Verwandter des Grauen Pfaufasans sei, in der Färbung von Kopf und Hals, der fehlenden Kopfholle sowie dem vorwiegend braunen Gefieder aber auch viele Gemeinsamkeiten mit *inopinatum* aufweise. Ebenso spreche der relativ geringe Größenunterschied zwischen den Geschlechtern, das Fehlen der Haube und eines Halskragens für eine primitivere Art.

Lebensgewohnheiten: Als Habitat bewohnt die Art Regenwälder von der Küste bis zu Höhen von 1200 m, besonders in feuchteren Waldgebieten. Die Vögel sind zwar nicht übermäßig scheu, halten sich aber außer Sicht hinter Vegetation verborgen und flüchten häufig mit geöffneten Schwingen, fliegen dagegen sehr selten. Die Brutzeit scheint sich über das ganze Jahr zu erstrecken und die Henne laut DELACOUR nach Selbständigwerden der Jungen erneut zu legen. Der Revierruf der Hähne ist ein 4- bis 6mal schnell hintereinander ausgestoßenes „Hwo-hwoit", der Alarmruf ein langgezogenes lautes Schnarren, wird so lange gebracht, bis die Gefahr vorüber ist. Dabei stand der Hahn des Walsroder Paares gut getarnt unter einem dichten Busch. Die Art kennt eine Seiten- und Frontalbalz. Die Benutzung einer Balztenne ist von STAPEL bei einem Volierenpaar in England beobachtet worden.

Haltung: Der europäische Erstimport erfolgte 1875 aus Cochinchina nach Frankreich in den Jardin d'Acclimatation, wo die Zucht nach DELACOUR noch im selben Jahr gelang. Da die Art sich als fruchtbar erwies – eine Henne bringt bei Fortnahme der Eier bis zu 6 Gelege pro Saison – war Germains Pfaufasan bald in vielen großen europäischen Fasanerien vertreten. Bis 1939 sollen hin und wieder Frischimporte erfolgt sein. Die Braunen Pfaufasanen galten damals als fruchtbarer und für die Volierenhaltung besser geeignet als die graue Art, eine Meinung, die man gegenwärtig nicht mehr teilt. Vorteilhaft wirkt sich aus, daß die Art erst im April mit der Brut beginnt, wenn das Wetter wärmer ist. Bei Wegnahme der Eier bringt die Henne im Abstand von 3 Wochen Nachgelege. STEFANI weist auf den ganzjährigen engen Zusammenhalt des Paares hin. FLIEG (St. Louis, Missouri) kommt bei Vergleichen mit anderen Arten der Gattung zu dem Urteil, daß Germains Pfaufasan die scheueste und am ehesten zur Panik neigende Art sei. Hähne ließen sich selten bei der Balz beobachten, und die meisten Tiere seien extrem nervös. Die Hähne wurden mit Beginn der Legetätigkeit ihrer Hennen auffällig nervöser und ruffreudiger. Die Küken waren im Vergleich mit denen des Grauen- und Palawan-Pfaufasans am schwersten aufzuziehen, im Wesen teils aggressiv, teils fügsam, was vermutlich geschlechtsgebunden sein wird. Germains Pfaufasan wirkt unscheinbarer als die graue Art, ist aber mit seinen schillernden Spiegelflecken ein schöner Vogel.

Eine weltweite Umfrage der WPA ergab, daß 1982 insgesamt 242 Germain-Pfaufasanen gehalten wurden, davon 140 in den USA, 81 in Europa, 16 in Lateinamerika und 5 in Asien.

Graue Pfaufasanen
Polyplectron bicalcaratum, Linné 1758
(= Polyplectron chinquis)

Engl.: Grey Peacock Pheasants.
Die Grauen Pfaufasanen weisen das größte Verbreitungsgebiet aller Arten der Gattung auf und sind in 5 wenig verschiedenen Unterarten von Nord-Bengalen (Darjeeling, Jalpaiguri), angeblich Bhutan, die benachbarten Nordost-Grenzprovinzen (NEFA) über die Daflaberge (Kameng, Subansiri), Mishmiberge, die Assamberge im Lakhimpurdistrikt (Dibrughar) und südlich des Brahmaputra durch Silhet (Ost-Bangla Desh), Cachar, Nagaland sowie Manipur und Tschittagong verbreitet, kommen innerhalb Burmas in Tenasserim, im Nordwesten und Südwesten Thailands, in Nord- und Mittel-Vietnam (Annam, Nordwest-Tongking) sowie in Nord-Laos vor. In Süd-China sind sie von Ying Chiang (wenige km südlich Tengyuehs) und südwärts bis zur vietnamesischen Grenze verbreitet. Eine weitere Unterart bewohnt Gebirge Hainans.
Graue Pfaufasanen tragen ein im Westen vorwiegend graues, nach Osten hin zunehmend brauneres Gefieder, einen Schopf aus weichen Federn, der in Erregung nach vorn bis auf den Oberschnabel gesträubt werden kann, eine weiße Kehle, nackte Orbitalhaut sowie Spiegelflecken auf Hand-, Armschwingen und Steuerfedern. Die Geschlechter sind nur wenig verschieden. Sie legen Tanzplätze an und führen eine argusfasanähnliche Frontalbalz aus. Graue Pfaufasanen sind begehrte Volierenvögel.

Himalaja-Pfaufasan
Polyplectron bicalcaratum bakeri,
Lowe 1925
(= Polyplectron bicalcaratum bailyi)

Engl.: Himalayan Grey Peacock Pheasant.
Abbildung: Seite 676.
Heimat: Die Vorberge des Himalaja vom nördlichen Grenzdistrikt (nach China) und Assam bis zur burmesischen Grenze.
Beschreibung: Geschlechter wenig verschieden. Beim Hahn besteht das Scheitelgefieder aus einer aufrichtbaren Holle langer, haarartiger hellgrauer Federn; Kopf und Hals bräunlichisabell, die Federn der übrigen Oberseite braungrau mit kleiner isabellweißlicher Fleckung, die zum Zusammenfließen neigt und dadurch auf Unterrücken, Bürzel und Oberschwanzdecken unscharf begrenzte Bänder bildet; Federn des Mantels, der Flügeldecken (mit Ausnahme der äußersten kleinen) und die inneren Armdecken im Endabschnitt mit violett schimmernden, metallischgrünen großen Spiegelflecken geziert, die von einem schmalen braunschwarzen, dahinter einem breiteren weißen Band umsäumt werden; ähnliche Schillerflecken, die jedoch im subterminalen Federbereich liegen, sind größer als die des Mantels, von ovaler Form, grüner, mit hellbraunem statt weißem Ring versehen und auf beiden Fahnen vorhanden, sich beiderseits des Federschaftes treffend. Kinn, Kehle, manchmal auch der Vorderhals isabellweiß; übrige Unterseite wie Rücken, nur die Querbänder auf Brust und Flanken besser ausgeprägt. Nackte Gesichtshaut gelblich fleischfarben, in der Brutzeit rötlicher, Schnabel an der Spitze und dem First schwarz, den übrigen Teilen cremig fleischfarben, die Iris weiß oder perlgrau, die Beine dunkelschiefer- bis grünlichbleigrau manchmal schwärzlich. Am Lauf 2 scharfe Sporen.
Länge 560 bis 760 mm; Flügel 203 bis 228 mm; Schwanz 304 bis 402 mm; Gewicht 560 bis 910 g.
Die Henne ist kleiner als der Hahn, die Grundfarbe des Gefieders trüber mit kleineren, unscheinbareren Spiegelflecken, deren schwarzweiße Doppelsäume durch unterbrochene Bänder ersetzt werden; die Spiegelflecken auf den äußeren Steuerfedern sind stark reduziert, das Weiß der Kehle ist ausgedehnter. Sehr alte Hennen sind mit Ausnahme ihres kürzeren Schwanzes von Hähnen fast nicht unterscheidbar. Doch ist die Iris der Weibchen braun, graubraun oder grau, die nackte Orbitalhaut trüb fleischrosa, die Beine sind heller als beim Hahn.
Länge 480 mm; Flügel 175 bis 215 mm; Schwanz 230 bis 255 mm; Gewicht 450 g.
Dunenküken haben dunkelkastanienbraune Oberseite mit 2 undeutlichen dunkleren Seitenstreifen entlang des Rückens und darunter verlaufenden breiten isabellgelblichen Bändern. Unterseite hell isabell; auf jedem Flügelchen ein dunkler Fleck.
Gelegestärke 2; Ei dickschalig, glänzend, isabellgelblich bis milchschokoladenbraun, über und über mit winzigen weißkreidigen Poren bedeckt (46,5 mm × 35,9 mm); Gewicht 37,3 g; Brutdauer 21 Tage.

Burma-Pfaufasan
Polyplectron bicalcaratum bicalcaratum,
Linné 1758

Engl.: Burmese Grey Peacock Pheasant.
Heimat: Tschittagong-Bergketten Bangla Deshs, Burma (Chin und Kachin-Berge) ostwärts bis Vietnam (West-Tongking) südwärts bis Süd-Tenasserim, Thailand und Mittel-Laos. Süd-China in West-Jünnan von Ying Chiang südwärts.
Beschreibung: In der Gesamtfärbung brauner und mit isabellgelblicherer Federzeichnung als die Himalaja-Unterart. Größe wie *bakeri*.

Ghigi-Pfaufasan
Polyplectron bicalcaratum ghigii,
Delacour u. Jabouille 1924

Engl.: Ghigi's Grey Peacock Pheasant.
Heimat: Vietnam in Mittel- und Nord-Annam nordwärts bis zum 16° nördlicher Breite sowie Ost-Tongking, mit *bicalcaratum* entlang des Roten Flusses und in Mittel-Laos hybridisierend.
Beschreibung: Etwas brauner als die Burmaunterart, die Spiegelflecke der Schwanzfedern stets von einem breiten isabellgrauen Saum umgeben, der nicht wie bei den übrigen Unterarten im Caudalbereich schmaler wird.

Hainan-Pfaufasan
Polyplectron bicalcaratum katsumatae,
Rothschild 1906

Engl.: Hainan Grey Peacock Pheasant.
Heimat: Bergwälder der chinesischen Insel Hainan.
Beschreibung: Die Hainan-Unterart ähnelt am stärksten *ghigii*, ist jedoch viel kleiner und in der Gesamtfärbung dunkler, noch brauner als Germains Pfaufasan. Die Holle ist ziemlich kurz, die Spiegelflecken auf Mantel und Flügeldecken schimmern blau und grün und weisen caudal einen sehr breiten weißen Saum auf; die Spiegelflecken der Steuerfedern sind wie bei *gighii* allseitig hell gesäumt.
Länge 530 mm; Flügel 195 bis 198 mm; Schwanz 285 bis 300 mm. Gewicht 456 g.
Hennen ähneln sehr denen von *ghigii*, sind nur kleiner und dunkler braun mit stahlblauen statt violettschwarzen Spiegelflecken.

Länge 400 mm; Flügel 160 bis 165 mm; Schwanz 170 bis 190 mm.

Lebensgewohnheiten Grauer Pfaufasanen: Die Subspezies dieser Art bewohnen das Unterholz dichter Regenwälder und lianendurchwucherten Sekundärbusch auf Lichtungen. Im Himalaja brüten sie selten in Höhen über 1200 m, bevorzugen vielmehr feuchtwarme Dschungelwälder unterhalb 600 m. Die Revierhähne richten Balztennen her, die MILNER (bei SMITHIES) aus Burma als fast rechteckige freigescharrte Flächen von 90 cm × 30,5 cm Durchmesser beschreibt. Sie werden bevorzugt auf Lichtungen und an Waldpfaden gefunden und waren den Jägern des Karen-Volkes als Balzplätze des Pfaufasans wohl bekannt. STAPEL hat dieses Verhalten an Volierenvögeln bestätigen können. Nachdem in der Daws-Hall-Farm in England Graue Pfaufasanen bereits mehrere Jahre hindurch gehalten und gezüchtet worden waren, begannen erst 1976 die Hähne „Tanzplätze" zu bauen. Der Hahn des einen Paares scharrte eine 75 cm große und in der Mitte 18 cm tiefe Mulde nahe der Futterstelle in den Sand. Obwohl er Balzhandlungen in den verschiedensten Teilen der Voliere ausführte, wurde die Balzmulde dafür besonders bevorzugt. Der Hahn nimmt einen Bissen in den Schnabel, stößt den Fütterungslaut aus und stellt sich in die Mitte der Mulde, um zu warten, bis die Henne an deren Rand erscheint. In diesem Moment neigt er sich zu ihr hin, läßt den Futterbrocken vor ihre Füße fallen und nimmt gleich darauf die Frontalbalzhaltung ein. Dieses Balzverhalten steht in bemerkenswertem Gegensatz zur üblichen Futterübergabe von Schnabel zu Schnabel auf gleicher Bodenhöhe. Kurz vor der Eiablage wird am häufigsten im Grubenbereich gebalzt, und zu diesem Zeitpunkt ist die Grube am tiefsten. Nach der Eiablage ebnet sie sich schnell ein, wird jedoch, wenn die Henne Nachgelege bringt, sofort wieder ausgehoben. Gebalzt wird zu allen Tageszeiten, besonders intensiv aber an warmen, windstillen Abenden. Der Graue Pfaufasan kennt eine Seiten- und Frontalbalz. Die erstere wurde von STAPEL selten beobachtet. Während die Henne ein Sandbad nahm, fächerte der Hahn seinen Schwanz seitlich fast vollständig, rannte entgegen dem Uhrzeiger in engen Kurven 15- bis 20mal sehr schnell um sie herum, dabei jedesmal sehr geschickt über ihre Bürzelregion steigend. Zur Frontalbalz kann das Männchen aus schnellem Lauf direkt übergehen oder sich vorher dem Weibchen langsam genähert haben. Dabei hält es einen Futterbrocken im Schnabel, den es vor der Henne zu

Boden fallen läßt, um danach sofort in Frontalbalzstellung überzugehen. Dazu läßt es sich auf die Fersen nieder, kippt den Körper so nach vorn, daß die Brust den Boden berührt und breitet Flügel-, Schwanzdeck- und Schwanzfedern zu einem fast kreisrunden, senkrecht stehenden Federschild aus, auf dem die schillernden Augenflecke regelmäßige konzentrische Halbkreise bilden. Der Kopf ruht dabei seitlich auf der Brust, so daß der Hahn das Weibchen dabei anschauen kann. Dazu läßt er ein leises kanarienartiges Zwitschern ertönen. Die Henne scheint an dem herrlichen Bild ganz uninteressiert zu sein, soll aber manchmal mit einer ähnlichen Balzhaltung antworten. Über die Kopula hat WISSEL berichtet, daß paarungsbereite Weibchen, den Boden mit dem Bauch berührend, unter beständigem Kopfnicken dem Hahn entgegenkriechen und kurze Bögen um ihn beschreiben, worauf schließlich die Begattung erfolgt. Wie sich die Partner dabei verhalten, ist noch nicht beschrieben worden. Die Henne versteckt ihr einfaches Nest so gut im Unterholz, daß es selten gefunden wird. Es enthält 2, manchmal 3 Eier. Die nach 21tägiger Brut geschlüpften Küken folgen der Mutter, rechts und links unter ihrem Schwanzdach herlaufend und nehmen angebotene Bissen von ihrer Schnabelspitze ab. Das Stimmrepertoire des Grauen Pfaufasans ist sehr vielseitig, die Bedeutung der einzelnen Laute jedoch noch nicht wissenschaftlich analysiert. Ein lauter zweisilbiger Pfiff des Hahnes zur Paarungszeit dient der Revierbesitzanzeige und wird gern von erhöhten Plätzen wie Baumästen, Stümpfen und Termitenhügeln her in Intervallen von 10 bis 15 Sekunden, manchmal noch schneller wiederholt. Häufig hört man ein fasanen- oder schneehuhnartiges Gackern, das als Strophe erst langsam, dann immer schneller ausgestoßen wird und wie „Putta putta . . ." klingt. Dabei handelt es sich offenbar um einen Erregungslaut, der bei zunehmender Alarmstimmung immer schneller und lauter gebracht wird. Auf Nahrungssuche lassen beide Geschlechter ein mal leiseres, dann wieder lauteres Gemurmel ertönen, das sich mit „Kroo kroo tschakkel tschakkel kroo" übersetzen läßt. Der kanarienartige Zwitschergesang des Hahnes in Balzstimmung wurde bereits erwähnt. Er wird minutenlang ununterbrochen ausgestoßen und wechselt wiederholt die Tonhöhe.

Haltung: Kenntnis vom vermutlichen Erstimport der Art nach Europa haben wir durch den englischen Tier-Illustrator EDWARDS erlangt, der 1745 Graue Pfaufasanen aus den Volieren eines Mr. JAMES MUNRO in London zeichnete, der 2 Hähne besaß. Ein weiterer Import von Hähnen erfolgte 1857 und von Paaren 1863 nach England. Da Importe von Pfaufasanen damals überwiegend über Kalkutta erfolgten, werden sie wohl der Unterart *bakeri* angehört haben. Die Nominatform aus Burma gelangte später und nur sehr selten nach Europa, und die Unterart *ghigii* aus Laos und Vietnam ist erst in den 30er Jahren unseres Jahrhunderts durch DELACOUR nach Frankreich importiert worden. Über einen Import der kleinsten Unterart *katsumatae* von der Insel Hainan ist nichts bekannt. Von allen Arten der Gattung hat sich der Graue Pfaufasan als die für eine Volierenhaltung geeignetste erwiesen. Nach anfänglicher Scheu kann der Pfleger durch gelegentliche Mehlwurmgaben aus der Hand die Vögel schnell zutraulich machen, und auch beim Reinigen der Voliere geraten sie nicht in Panik. Die Partner eines Paares kümmern sich außerhalb der Paarungszeit wenig umeinander, was sich mit Beginn der von Dezember bis Mai andauernden Brutzeit grundlegend ändert. Nun wird der Hahn nach WISSEL der aufmerksamste Gatte, den sich eine Fasanenhenne nur wünschen kann. Nach Auffinden jedes guten Bissens wird dieser sofort in den Schnabel genommen und unter singvogelartigem Zwitschern das Weibchen herbeigerufen, vor dem er das Futter zu Boden fallen läßt, um anschließend den herrlichen Schwanzfächer auszubreiten. Zwar verharrt er in dieser Stellung stets nur kurze Zeit, wiederholt jedoch das Spiel alle paar Minuten und läßt sich dabei im Gegensatz zu anderen Arten der Gattung durch Zuschauer überhaupt nicht stören. In milden Wintern zeitigt die Henne des Grauen Pfaufasans als „früheste" Art unter den Pfaufasanen bereits Mitte Januar ihr erstes Gelege und bringt nach jeweiliger Fortnahme der Eier in Abständen von ca. 14 Tagen bis zu 5 Nachgelege. In der Voliere darf stets nur ein Paar gehalten werden, weil sich mehrere Weibchen untereinander zu bekämpfen pflegen. Zwecks produktiverer Zucht kann ein Hahn wechselseitig zu mehreren einzelgehaltenen Hennen gesetzt werden. Soll die Legezeit später beginnen, muß der Pfleger das Paar von Dezember bis Februar trennen und kann es Anfang März vereinigen. Allerdings sollen getrennte Part-

Hahn des Grauen Pfaufasans, *Polyplectron bicalcaratum* (s. S. 672), in Frontalbalzhaltung seiner Henne einen Leckerbissen im Schnabel anbietend.

ner sich weder sehen noch hören können, eine Voraussetzung, die meist schwer erfüllbar ist.

In der Kunstbrut von Pfaufasanen hat FLIEG als Kurator einer Ziergeflügelfarm in Florida Erfahrungen sammeln können, die hier in wichtigen Punkten wiedergegeben seien: „Pfaufasaneneier dürfen wegen des bei dieser Gattung schnell erfolgenden Absterbens der Keimlinge nicht gelagert, sondern müssen so bald als möglich in den Brüter gegeben werden. Bei einer Temperatur von 37,5 °C und 53 % Luftfeuchtigkeit werden die Eier 3mal täglich um 45 ° gewendet. Bei einer Brutdauer von 20 bis 21 Tagen werden sie 2 bis 4 Tage vor dem Kükenschlupf in einen Schlupfbrüter mit höherer Luftfeuchtigkeit gelegt. Die Küken schlüpfen 24 Stunden nach Anpicken der Schale und werden nach dem Trocknen des Dunengefieders in eine 61 cm × 61 cm × 20 cm große, auf 3 Seiten mit Luftzufuhröffnungen versehene Aufzucht-Box gesetzt, deren Beheizung auf 35 °C durch eine 10 cm über dem Boden installierte 100-Watt-Birne erfolgt. Als Bodenbelag dienen vorerst Papiertücher. Die Erstlingsfütterung besteht aus 1 bis 2 Mehlwürmern, die 3mal täglich mit der Pinzette jedem Küken gereicht werden. Das Trinken wird ihnen durch einen an einer Pipette hängenden Wassertropfen beigebracht. Da die Kleinen schnell lernen, werden zwecks Futteraufnahme vom Erdboden bald Fasanenküken-Starterkrümel oder pelletiertes Forellenfutter über die Papiertücher gestreut. Flache Trinknäpfe werden mit Steinen gefüllt, zwischen denen das Wasser steht, so daß kein Küken ertrinken kann. Sollen Frischgeschlüpfte zu älteren Küken gesetzt werden, geschieht dies stets mittels eines 15 cm großen vergitterten Rundkäfigs, der in die Box gestellt wird, damit sich die Vögel durch den Draht aneinander gewöhnen können. Erst danach werden sie zusammengelassen, wonach noch aufzupassen ist, ob Aggressionen auftreten. Nicht mehr als 6 bis 8 Pfaufasanenküken, die verschiedenen Arten angehören können, werden zusammen aufgezogen, wobei sich die der Grauen am klügsten benehmen. Ihr Geschlecht läßt sich daran erkennen, daß Hahnenküken größer, langbeiniger, die ockrig-isabellfarbenen Rückenbinden breiter und dunkler als bei Hennenküken sind. Außerdem nehmen Hahnenküken in Aggressionsstimmung schon im Alter von 3 Tagen die Balzstellung ein, was Pfauenküken übrigens auch tun. Wenn auch Junghennen schon im 1. Lebensjahr gelegentlich befruchtete Eier gebracht haben, sind Graue Pfaufasanen in der Regel erst mit 2 Jahren fortpflanzungsfähig.

Polyplectron-Arten sind schwache Esser, die sich im Freileben überwiegend von tierischem Eiweiß ernähren. Man reiche ihnen deshalb das proteinreiche Fasanen- oder Putenpellet-Futter, zu Beginn der Paarungszeit in der Lege-Variante (Breeding Starter), ferner hin und wieder Mehlwürmer, Hackfleisch, Obst und ein geringes Quantum Körnerfutter (Weizen, Hafer). Grünzeug wird meist verschmäht, was den Vorteil bietet, Pfaufasanenvolieren mit schönen und wertvollen Pflanzenarten biotopgerecht ausstatten zu können. Der Graue Pfaufasan ist zwar ziemlich wetterfest, muß aber stets frostfrei überwintert werden. 20 Pfaufasanen der grauen Art sind in England durchschnittlich 8 Jahre und 9 Monate alt geworden (Avic. Mag. 1963, p. 258).

Aus einer weltweiten Umfrage der WPA geht hervor, daß 1982 insgesamt 870 Graue Pfaufasanen gehalten wurden, 390 in Europa, 333 in den USA, 78 in Asien, 51 in Kanada und 18 in Lateinamerika.

Malaiischer Pfaufasan
Polyplectron malacensis malacensis, Scopoli 1786

Engl.: Malay Peacock Pheasant.
Abbildung: Seite 675 mitte links.
Heimat: Malaiische Halbinsel nordwärts bis Süd-Tenasserim (Tavoy), das südwestliche peninsulare Thailand und Sumatra. 2 Unterarten.
Beschreibung: Geschlechter verschieden gefärbt. Der Hahn trägt eine Spitzhaube aus langen zerschlissenen, an der Basis hellgrauen, im übrigen metallisch blaugrünen Federn. Diese, der des Palawan-Pfaufasans ähnliche Spitzhaube wird in ausgeglichener Stimmung weder flach nach rückwärts gelegt noch aufgerichtet getragen, sondern waagerecht nach vorn, den Schnabel weit überra-

o. l. Bronzeschwanz-Pfaufasan, *Polyplectron chalcurum* (s. S. 668)
o. r. Germain-Pfaufasan, *Polyplectron germaini* (s. S. 670)
m. l. Malaiischer Pfaufasan, *Polyplectron malacensis* (s. S. 677)
m. r. Hahn des Palawan-Pfaufasans, *Polyplectron emphanum* (s. S. 681) in Seitenbalzhaltung
u. l. Kopfporträt einer Henne des Argusfasans, *Argusianus argus* (s. S. 687)
u. r. Hahn des Argusfasans

gend. Stirn und Kopfseiten zart hellgrau und schwarz gestreift. Nackte Orbitalhaut orange. Auf Nacken und Hinterhals bilden die dort breiten zerschlissenen, hellgrau und schwarz gestreiften, an ihren Spitzen metallisch violett glänzenden Federn eine Art „Mähne". Mantel-, Flügeldecken- und Armdeckengefieder hell isabell- bis ockerbräunlich, dicht schwarz gefleckt und jede Feder vor dem Endsaum mit einem großen blauglänzenden, schmal isabellgelb umsäumten Augenfleck versehen; Armschwingen, Rücken und Bürzel kräftig isabellbraun mit dichter Schwarzfleckung; Schwanzdecken ähnlich, die längsten mit je 2 subterminalen, blaugrünen, schwarz gesäumten, einer liegenden 8 gleichenden, am Schaft zusammentreffenden großen blaugrünen, schmal schwarz umsäumten Schillerflecken geschmückt, unter denen sich eine schmale rotbraune Zone befindet, wonach der breite ockergelbe, schwarzgepunktete Federendsaum folgt. Schwanz kürzer und weniger gestaffelt als beim Grauen Pfaufasan, aus 20 breiten, an den Enden fast geraden Steuerfedern zusammengesetzt, deren 4 Mittelpaare längengleich sind. Die Steuerfedern sind schwarzgepunktet, ockergelblich genetzt und mit Ausnahme des beidfahnig Schillerflecke tragenden Mittelpaares mit nur einem großen, grün schillernden, schmal schwarz gesäumten Glanzaugenfleck auf der Außenfahne geschmückt. Wie bei den Oberschwanzdecken liegen die Flecken subterminal, weisen caudal eine schmale rotbraune Zone auf, und die hell ockergelbliche Federendsäumung ist schwarz gepunktet. Kehlmitte weißlich, Brustmitte isabell mit schwarzer Wellenbänderung; Brustseiten und übrige Unterseite zart braun und schwarz wellengebändert. Handschwingen schwarzbraun. Schnabel und Beine dunkelgrau, die Iris blauweiß.

Länge 500 mm; Flügel 200 bis 215 mm; Schwanz 240 bis 250 mm; Gewicht 680 g.

Beim Weibchen sind Haube und Mähne kurz; Kehle weißlich; Kopf, Hals und Unterseite trübbraun mit sehr kleiner schwarzer Punktfleckung; Oberseite zart isabellbraun und schwarz getüpfelt, mit dreieckigen schwarzen Flecken auf Mantel und Flügeldecken, die die Glanzflecke des Männchens ersetzen. Die längsten Oberschwanzdecken tragen beidfahnig blaue Spiegelflecke, die durch den isabellfarbenen Federschaft getrennt werden, die Federenden sind isabellgelblich mit schwarzer Fleckung. Von den ähnlich gefärbten Steuerfedern weisen die mittleren 2, die übrigen einen subterminalen Schillerfleck auf; Iris braun.

Länge 400 mm; Flügel 180 bis 185 mm; Schwanz 180 bis 190 mm.

Dunenküken sind in der Grundfärbung heller als die der übrigen *Polyplectron*-Arten und weisen die gleiche Gefiedermusterung auf. Schlupfgewicht 24 bis 28 g.

Gelegestärke 1; Ei rosamilchweiß mit dichter, weißer Porung (45,7 mm × 36,8 mm); Eigewicht 39 bis 42 g; Brutdauer 22 bis 23 Tage.

Lebensgewohnheiten: Malaiische Pfaufasanen bewohnen dichte tropische Regenwälder der Ebenen und Vorgebirge bis in Lagen von 900 m, werden aber gewöhnlich unterhalb 300 m angetroffen. Die Stimme der Art ist lauter und rauher als die des Grauen Pfaufasans, ein rauhes zweisilbiges „Kwok . . . kwok", 3- bis 4mal in verschieden langen Abständen wiederholt. Außerdem hört man von ihnen eine Serie lauter quakender Töne, etwa wie „Gwak-gwak-gwak" klingend, in der Tonleiter abwärts verlaufend und allmählich ersterbend. Sie werden häufig von einem gutturalen Gackern eingeleitet.

Haltung: Der europäische Erstimport des Malaiischen Pfaufasans erfolgte am 20. Juli 1871 in den Londoner Zoo. Ihm folgten 1872 2 weitere und 1875 nochmals 1 Vogel, durchweg Männchen. Die Erstzucht gelang dem Baron CORNELY in Beaujardin bei Tours 1884, der die Art auch 1885 und 1886 züchtete. Einige Paare, die DELACOUR in Clères erhielt, schritten trotz beheizter Unterkunft und gut bepflanzter Voliere nicht zur Fortpflanzung. Im September 1969 erhielt der New Yorker Zoo 2 Paare des Malaiischen Pfaufasans durch Vermittlung der Siam Wildlife Company. Die Vögel wurden zunächst in bepflanzten Freivolieren von 3 m Länge und 7 m Tiefe mit anschließendem kleinen Schutzraum untergebracht. Bald darauf erhielten sie eine dicht mit Tropengewächsen bepflanzte Großvoliere von 10 m Durchmesser und 10 m Höhe, in der sie sich gut verstecken konnten. Schon nach kurzer Zeit begannen die Hennen mit dem Legen, und innerhalb von 10 Jahren wurden von den 2 Paaren insgesamt 68 Jungvögel großgezogen. Die meisten derselben stammten paradoxerweise von einer Henne, die nie selbst brüten wollte. Durch Fortnahme des Eies – bei dieser Art wird immer nur ein einziges Ei gelegt – konnte sie zu mehrfachem Nachlegen angeregt werden. Die Kunstaufzucht der Küken ist nicht allzu schwierig. Im Brüter geschlüpft und abgetrocknet werden ihnen am 1. oder 2. Tag winzige Mehlwürmer an der Pinzette gereicht. Schon ab dem 2. und 3. Tag picken sie selbständig Würmchen vom

Boden auf und mengt man diese unter das Napffutter, gewöhnen sie sich schnell an solche Kost. 24 bis 48 Stunden nach dem Schlupf verlieren die Küken durch Dotterresorption 2 bis 4 g an Gewicht, erreichen am 4. und 5. Tag das Schlupfgewicht erneut und nehmen während der darauffolgenden 2 bis 3 Wochen täglich um 1 oder 2 g zu. Gesunde Küken sollten im Alter von 14 bis 17 Tagen 100 g wiegen, während des 2. Monats 200 g. Eine Junghenne legte bereits mit 8 Monaten das erste Ei. Bei 3 bis 8 Monate alten Malaiischen Pfaufasanen läßt sich das Geschlecht bei Sichtvergleich mit adulten Artgenossen in nebeneinanderliegenden Ausläufen feststellen: Junghähne beginnen vor den Adulten Balzverhalten zu zeigen. Das Zusammensetzen von Jungvögeln oder dieser mit Altvögeln sollte nur unter sorgfältiger Beobachtung vorgenommen werden, um nicht Tiere durch die Aggressivität anderer zu verlieren. Unter 2 Monate alte Jungvögel neigen wenig zu Angriffen auf Artgenossen und wachsen, mit Gleichaltrigen zusammengesetzt, durch Futterneid schneller heran als bei Einzelaufzucht. Aggressivität pflegt sich bei der Zusammenhaltung von Jungvögeln erst im Alter von 8 bis 10 Monaten einzustellen. BRUNING (New York) sah den Hahn des Malaiischen Pfaufasans nie frontal sondern nur in Seitenstellung zur Henne balzen, was von STAPEL (Lamarsh, England) entschieden bestritten wird. Während der Balz werden die langen Haubenfedern so stark nach vorn gestellt, daß die vordersten den Schnabel berühren. Die obere Haubenfläche bildet dann zusammen mit den gesträubten kürzeren Halsfedern einen kontinuierlichen Bogen und lassen Kopf und Hals des Hahnes viel größer erscheinen als sie wirklich sind. Nach STAPEL sind die auch bei diesem Pfaufasan während der Balz gehörten Fütterungslaute leiser als bei den anderen Arten der Gattung, und während des letzten und intensivsten Teils der Balz ist er auffallend schweigsam. Am 1. März wurde ein Hahn bei intermittierendem Balzen annähernd 5 Minuten lang beobachtet, ohne daß ein anderer Laut als das Rascheln seines Gefieders zu hören gewesen wäre. Seine Bewegungen waren außerordentlich lebhaft, und sein Putzverhalten dabei erinnerte an das des Mandarinerpels. Während dieser Darbietungen verhielt sich die Henne unbeeindruckt und nahm ein Sandbad. Am 1. Mai wurden beide Partner des Paares bei Scharrbewegungen zur Herstellung einer Balzmulde beobachtet, stellten jedoch ihre Arbeit ein, als sie sich beobachtet fühlten. G. W. H. DAVISON hat bei seinen Beobachtungen an Malaiischen Pfaufasanen in der Wildbahn mehrfach Hähne und Hennen von Balzplätzen überrascht, doch waren diese stets eben und wiesen nie Mulden auf.
Eine weltweite Umfrage der WPA ergab für 1982 die Haltung von 77 Malaiischen Pfaufasanen, von denen 40 in den USA, 21 in Asien, 9 in Europa und 7 in Lateinamerika gepflegt wurden.

Borneo-Pfaufasan
Polyplectron (malacensis) schleiermacheri, Brüggemann 1877

Engl.: Bornean Peacock Pheasant.
Heimat: Ostteil Borneos von Paitare im äußersten Norden bis in den Südosten. 1948/49 von LUITJES (Schaarebergen, Holland) auch im Südwestteil der Insel zwischen Bandjermasin und Pontianak gesammelt.
Beschreibung: Geschlechter verschieden gefärbt. Der Hahn besitzt eine kurze, hellgrau und schwarz quergebänderte Haube, deren Federn im Zentrum erzgrün schillern. Breiter nackter Orbitalring rot; ein schmales Überaugenband verläuft von der Oberschnabelwurzel zwischen Haube und Orbitalhaut rückwärts, um in die schwarzen Ohrdecken überzugehen, von denen ausgehend ein schmaler Streifen auch die untere Grenze der Orbitalhaut einrahmt. Den Seiten- und Hinterhals ziert ein breiter Kragen aus zerschlissenen, hellgrau und schwarz gebänderten Federn, die Enden der letzteren schimmern metallisch violettblau. Die Oberseite gleicht im allgemeinen der des Malaiischen Pfaufasans, ist jedoch rötlicher und mit kleineren grünen Spiegelflecken geschmückt, der Schwanz ist etwas kürzer, die paarigen Ocelli auf den Schwanzdecken und den mittleren Schwanzfedern berühren sich. Die Außenfahnen der äußeren Schwanzfedern tragen einen grünen, die Innenfahnen einen glanzlosen schwarzen Fleck. Kinn, Kehle und Oberbrust reinweiß, die Federn der seitlichen Unterhals- und Kropfregion tragen herzförmige goldgrüne Fleckung, die je nach Lichteinfall in Purpurblau übergehen kann. Brust- und Bauchmitte weiß, die übrige Unterseite mit Ausnahme der braun und schwarz gefleckten Unterschwanzdecken schwarz mit geringer isabellgelblicher Sprenkelung. Schnabel und Beine dunkelgrau, die Iris bläulichweiß.
Länge 500 mm; Flügel 200 mm; Schwanz 203 mm.
Die Henne ist rötlicher gefärbt als die von *malacensis,* der Schwanz kürzer. Die Oberschwanzdecken tragen keine Augenflecken, die der Schwanzfedern sind

Borneo-Pfaufasan

klein und undeutlich ausgebildet. Der glänzende Halskragen des Hahnes fehlt, ebenso der metallisch glänzende Unterhals- und Seitenkropfbezirk.
Länge 355 mm; Flügel 165 mm; Schwanz 155 mm.
Kükenfärbung noch nicht beschrieben, aber vermutlich von der des Malaiischen Pfaufasans wenig verschieden.
Gelegestärke 1; Ei rosig isabell; Brutdauer 20 bis 22 Tage.

Lebensgewohnheiten: Der Borneo-Pfaufasan bewohnt Urwälder der Ebenen und gilt in seiner Heimat als sehr selten. Über die Lebensgewohnheiten aus freier Wildbahn ist nichts bekannt.

Haltung: Die ersten Borneo-Pfaufasanen gelangten 1969 über Hongkong zu dem bewährten Züchter DENTON (Livermore, Kalifornien). Die 2,1 Vögel waren Wildfänge aus Borneo. Weitere 6 wurden durch SIVELLE 1971 aus Indonesien in die USA importiert. 5 von diesen gelangten später ebenfalls auf die DENTON-Farm, wo 1972 der erste Jungvogel großgezogen wurde. Dort konnten auch erste Verhaltensstudien gemacht werden. Der von DENTON aufgezogene Hahn wurde bei Betreten seiner Voliere sofort aggressiv. Er empfing JOHNSGARD mit gesträubtem Konturgefieder und nahm mit steigender Aggressionsstimmung eine mehr asymmetrische Haltung ein mit schief zu ihm hingeneigtem, gefächertem Schwanz und leicht erhobenem Flügel der dem Feind abgewandten Seite. Anschließend flog er JOHNSGARD ins Gesicht und versuchte, ihn mit den Sporen zu bearbeiten. Das alles geschah stumm. Bei der recht ähnlichen Seitenbalz bewegt der Hahn den Kopf ruckartig vor- und rückwärts, sträubt das Kleingefieder, hält den der Henne zugewandten Flügel etwas gesenkt, den anderen leicht erhoben, spreizt den Schwanz zu einem Rad, sträubt die Kopfhaube so stark, daß ihre Spitze parallel zur Schnabelspitze zeigt, und richtet das glänzendgrüne Brustgefieder so auf, daß das vom Kinn abwärts über Hals- und Brustmitte ziehende weiße Band mit fast 60 mm Breite auffällig in Erscheinung tritt. So gleicht der Hahn, schräg in Seitenhaltung zur Henne stehend, einer großen bunten Scheibe. Nur einmal beobachtete DENTON eine Frontalbalz, wobei der Hahn mit fast bis zum Boden gesenktem Kopf, im Schnabel einen Leckerbissen für die Henne, die Flügel halb geöffnet und mit der Oberseite nach vorn gesenkt, dem Weibchen gegenüberstand.

Vollgelege bestehen wie beim Malaiischen Pfaufasan nur aus 1 Ei, aus dem nach 20- bis 22tägiger Brutdauer das Küken schlüpft. Durch Fortnahme des 1. Eies können von der Henne durch Nachlegen weitere 3 Eier „geerntet" werden. Die Küken waren leicht aufzuziehen, kamen jedoch schlecht mit anderen Küken aus und wurden deshalb einzeln gehalten. Sie erhielten bis zum Alter von 12 Wochen Putenstarter-Pellets in Krumenform mit 30prozentigem Proteingehalt, danach Erwachsenenfutter, das ganze Jahr hindurch Putenbrut-Pellets mit 20prozentigem Proteingehalt, im Herbst und Frühjahr zusätzlich Körnerfutter, gegen Winterende und im Frühjahr angekeimte Weizen-, Gersten- und Haferkörner.

Junghähnen wachsen im 1. Jahr so viele Hahnenfedern, daß sie als Männchen erkennbar sind. Die Geschlechtsreife tritt nicht vor dem 2. Lebensjahr ein. Ob gegenwärtig (1988) Zuchten in den USA oder Europa existieren, ist uns nicht bekannt.

Palawan-Pfaufasan
Polyplectron emphanum, Temminck 1831

Engl.: Palawan Peacock Pheasant.
Abbildung: Seite 675 mitte rechts.
Heimat: Die Insel Palawan zwischen Borneo und den Philippinen. Keine Unterarten.
Beschreibung: Geschlechter sehr verschieden gefärbt. Beim Hahn sind Stirn und Scheitel metallisch dunkelgrün, die vorderen und mittleren Scheitelfedern zu einer schwarzgrünen Spitzhaube verlängert. Manche Männchen besitzen ein bis zum Hinterkopf reichendes breites weißes Überaugenband, das anderen ganz fehlt. Bei beiden Farbphasen verläuft eine weiße Bartbinde unterhalb der Augen nach hinten, sich dort zu weißen Ohrdecken verbreiternd; die Orbitalregion ist nackt und ziegelrot. Übrige Kopfpartien, Hals, Unterseite, Arm- und Handschwingen schwarz; Federn des Mantels, der Flügeldecken und Armdecken im Basisteil schwarz, im Mittel- und Endabschnitt prächtig metallisch grün und blau schimmernd. Rücken- und Bürzelgefieder schwarzbraun mit dichter zarter, isabellgelblicher Fleckung; die Oberschwanzdecken lang, breit, an den Enden gerade, schwärzlich mit dichter schmaler isabellfarbener Wellenbänderung und etwas unterhalb der Federmitte beidfahnig mit je einem großen metallisch grünen, schmal schwarz und dahinter isabellgelblich umsäumten Augenfleck geschmückt, dazu mit einer schmalen subterminalen schwarzen und terminalen weißlichen Binde versehen. Die 22 bis 24 langen, breiten, an den Enden fast geraden Schwanzfedern sind im wesentlichen wie die Flügeldecken gefärbt, tragen nur größere Augenflecken und etwas breitere schwarze und weißliche Federendbinden. Schnabel schwarz, Iris braun, Augenlider rötlich, die Beine schwarz mit doppelt gespornten Läufen.
Länge 500 mm; Flügel 170 bis 175 mm; Schwanz 273 mm; Gewicht ca. 300 g.
Auch das Weibchen besitzt eine Scheitelhaube, die dunkelbraun gefärbt und gewöhnlich kaum sichtbar, flach dem Scheitel aufliegt. Hinterhals schwärzlich, Überaugenregion, Gesicht und Kehle hell grauweiß; Oberseite kräftig braun mit zart isabellfarbener Sprenkelung; Flügelfedern mit breiter schwarzer Fleckung und hell rostbrauner Bänderung; Schwanzdecken ähnlich gefärbt, die Schwanzfedern viel kürzer als beim Hahn mit undeutlich abgesetzter breiter, schwarzer Subterminalfleckung, diese Flecken auf den Federaußenfahnen mit blauem Glanz. Unterseite einfarbig trübbraun. Schnabel und Beine dunkelgrau, die Iris braun.
Länge 400 mm; Flügel 170 bis 175 mm; Schwanz 165 bis 170 mm; Gewicht um 300 g.
Einjährige Hähne sind größer als Hennen und von ihnen durch längere Scheitelhaube und schwarze Zügelbefiederung unterschieden, auch erscheinen bei ihnen häufig ein paar schwarze oder blaue Federchen in der Kehl-, Mantel- und Flügelregion. Erst im 2. Jahr wird das volle Adultgefieder angelegt.
Das Dunenküken ist in der Grundfärbung hell lohfarben.
Gelegestärke 1 bis 2; Ei rosig bis isabellweiß (45 mm × 36 mm); Gewicht 32,2 g; Brutdauer 18 Tage.
Lebensgewohnheiten: Der Palawan-Pfaufasan ist ein Bewohner feuchtwarmer Primärwälder in niedrigen und mittleren Lagen und soll sich niemals in Sekundärbusch begeben. Die Stimme ist bei beiden Geschlechtern ein weiches Glucken, der Standortruf des Hahnes ein hohes Zwitschern, das wie „Pitt pitt" klingt. Freilandbeobachtungen sind bei dem scheuen und heimlichen Waldbewohner kaum möglich. Durch Abholzen der Wälder wird sein Lebensraum immer stärker eingeengt.
Die Balz beginnt gewöhnlich damit, daß der Hahn einen Leckerbissen findet, die Henne herbeilockt und anschließend in die Balzhaltung übergeht. Dazu breitet er – stets in Seitenstellung zum Weibchen und den Körper so schräg als möglich zu ihr hingeneigt, fast eine vertikale Fläche bildend – den mit prächtigen Schillerflecken geschmückten Schwanzfächer sowie die blauglänzenden Flügel aus und neigt den zwischen diese eingezogenen Kopf abwärts, daß oft der Schnabel verdeckt wird und die nach vorn geneigte Spitzhaube bodenwärts zeigt. In dieser Haltung umläuft er das Weibchen, dabei einen Ton ausstoßend, der wie ein langanhaltendes Seufzen oder Gähnen klingt. Auch subadulte Hähne und Althennen balzen häufig. Eine Frontalbalz wurde nie beobachtet. Der Balzhöhepunkt währte in England von Ende Mai bis Anfang April.
Haltung: Der Palawan-Pfaufasan, zweifellos der schönste Vertreter seiner Gattung, wurde außerhalb seiner Heimat erstmalig 1929 in mehreren Paaren nach Kalifornien importiert und dort schon 1930 von J. V. PATTON (Hollister) gezüchtet. Dabei wurde festgestellt, daß die Brutdauer bei dieser Art nur 18 statt wie bei den übrigen Pfaufasanenarten 22 bis 23 Tage beträgt. Weitere Importe in die USA erfolgten ab 1930. Das erste nach Europa eingeführte Paar wurde von DELACOUR erworben und

stammte aus Kalifornien. In Clères gelang 1933 die europäische Erstzucht, der in den darauffolgenden Jahren weitere folgten. Nach dem Krieg gelangten Palawan-Pfaufasanen auch direkt aus ihrer Heimat nach Europa.

Nach GRENVILLE ROLES (1976) gibt es 2 wichtige „Zuchtkerne" des Palawan-Pfaufasans, die vielleicht später, wenn Palawan abgeholzt ist, ein Fortbestehen der Art gewährleisten könnten: Im botanischen Garten von Hongkong pflegt Dr. K. C. SEARLE zahlreiche regelmäßig züchtende Paare und gab 6 Paare an den Zoopark Jersey (Kanalinseln, England) ab, der daraus eine weitere Kerngruppe bilden konnte.

Nach Mitteilung von JEGGO (1973) erhielt jedes Zuchtpaar in Jersey eine 6 m × 4 m × 2 m große, mit Ausnahme des aus Rasen bestehenden Mittelteils dicht mit Sträuchern und Buschwerk bepflanzte Außenvoliere mit anschließendem 4 m × 1,2 m × 2 m hohem Schutzraum. Als Grundfutter erhalten die Vögel Puten-Brutpellets und Kanarienkörnermischung ad lib. Zusätzlich wird mittags ein Mischfutter aus gekochtem Ei, Schabefleisch, Insektenfressermischung und zerkleinerten Obststücken, dazu ein Multivitaminpräparat in geringer Menge gereicht. Bei dieser Ernährung haben die Paare schon kurz nach ihrer Ankunft aus Hongkong Brutversuche gestartet und seit den darauffolgenden Jahren alljährlich gebrütet. Darunter befand sich ein erst einjähriges Paar, dessen Männchen noch kein Prachtkleid angelegt hatte, ein Beweis dafür, daß der Palawan-Pfaufasan früher geschlechtsreif wird, als man vermutet hatte. Kopulationen erfolgen nach der geschilderten Seitenbalz ohne vorausgehendes Paarungszeremoniell, in dem der Hahn hinter die niedergekauerte Henne tritt und sie besteigt. Als Nistgelegenheiten wurden sowohl am Boden stehende wie etwas darüber aufgehängte, mit Heu ausgefütterte Obstkisten angenommen, doch brüteten Hennen auch erfolgreich in selbstgescharrten Erdmulden. Die Erbrütung der aus nur 1 bis 2 Eiern bestehenden Gelege und die Kükenaufzucht gelingen sowohl bei Verwendung von Zwerghuhnammen wie mit der Pfaufasanenhenne, die sich als gute Mutter erweist. Entgegen anderen Berichten beteiligt sich auch der Palawan-Hahn an der Kükenaufzucht. Die Naturbrut erwies sich als recht einfach. Sind Küken geschlüpft, werden als Erstlingsfutter Mehlwürmer und Heimchen mehrmals täglich über den Volierenboden gestreut, von den Elternvögeln aufgenommen und im Schnabel an die Jungen verfüttert. Die dem Paar bisher als Grundfutter verabreichten Putenbrüter-Pellets werden durch Kükenaufzuchtkrumen ersetzt. Während der ersten Tage hielten sich Mutter und Küken unter dem Schutz der Sträucher auf, dicht dabei der Hahn. Erst als das Küken älter war, wagte es sich zusammen mit der Mutter auf die offene Rasenfläche in der Volierenmitte, oder es wurde von ihr herbeigerufen, wenn sie einen Futterbrocken entdeckt hatte. Im Alter von 3 Wochen war es bereits unternehmungslustiger und entfernte sich etwas weiter von der Henne. Das Paar blieb auf der Futtersuche noch lange mit dem Jungvogel zusammen, und beide Eltern lockten ihn zur Futteraufnahme herbei. Die Schwingen wuchsen schnell, und mit 13 Tagen übernachtete er erstmalig unter einem Flügel der Mutter auf dem Schlafast, während es zuvor von ihr nachts auf dem Erdboden gehudert worden war. Mit 27 Tagen war das Junge voll befiedert, doch waren der Kopf und die Bauchmitte noch bedaunt. Selbst mit 44 Tagen übernachtete es noch unter dem mütterlichen Flügel. In diesem Alter vermochte es einen 8 bis 10 cm langen Regenwurm in einem Stück abzuschlucken, eine gewaltige Leistung für einen so kleinen Vogel. Mit 70 Tagen war er voll befiedert, nur noch etwas kleiner als die Altvögel.

Aus dem Ergebnis einer Umfrage der WPA ist ersichtlich, daß im Jahre 1982 insgesamt 499 Palawan-Pfaufasanen gehalten wurden, davon 222 in den USA, 204 in Europa, 40 in Asien, 17 in Lateinamerika und 16 in Kanada.

Weiterführende Literatur:

BAKER, E. C. S.: The Fauna of British India, Birds, Vol. V; *Polyplectron;* pp. 289–292. Taylor & Francis, London 1928

DERS.: The Game-Birds of India, Burma and Ceylon, Vol. III; *Polyplectron;* pp. 106–119. Publ. Bombay Nat. Hist. Soc. 1930

BEEBE, W.: A Monograph of the Pheasants, Vol. IV; pp. 50–92. Witherby London 1922

BRUNING, D.: Breeding the Malay Peacock Pheasant at the New York Zoological Park. Avic. Mag. 83; pp. 61–62 (1977)

DERS.: Continued Breeding Success with Malay Peacock Pheasants, *P. m. malacense,* at the New York Zoological Park. WPA.-Journal VIII; pp. 62–68 (1982–1983)

DAVISON, G. W. H.: Behavior of Malay peacock Pheasant, *P. malacense.* J. Zool. 201, pp. 57–66 (1983)

DELACOUR, J.: The Pheasants of the World. 2. Edition. XII. The Peacock-Pheasants, Genus *Polyplectron;* pp. 315–339. Spur Publications 1977

DENTON, V.: Breeding experiences with Rothschild's and Bornean Peacock Pheasants. Proc. First Intern. Birds Capt. Symp. pp. 318–312; Seattle, Washington 1978

DÜRIGEN, B.: Die Geflügelzucht. Spiegelpfauen oder Pfaufasanen; pp. 328–330; Verlag P. Parey, Berlin 1886

FLIEG, G. M.: Breeding the Peacock Pheasants. Avic. Mag. 79; pp. 216–218 (1973)

GRENVILLE ROLES, D.: Rare Pheasants of the World. Peacock Pheasants; pp. 80–95. Spur Publications 1976

HACHISUKA, MARQUESS, M.: L'Eperonnier de Palawan. L'Oiseau, n.s.1; pp. 265–268 (1931)

JEGGO, D.: Preliminary notes on the Palawan Peacock Pheasant *(P. emphanum)* breeding programme at the Jersey Zoological Park. Dodo, 10th Annual Report; pp. 76–79 (1976)

DERS.: Breeding the Palawan Peacock Pheasant at Jersey Zoological Park. Avic. Mag. 81; pp. 8–12 (1975)

H., Dr. in B.: Der Bronzeschwanz-Pfaufasan. Gef. Welt 64; p. 466 (1935)

JOHNSGARD, P. A.: The Pheasants of the World; *Polyplectron*, pp. 226–251; Oxford Univ. Press, Oxford 1986

KING, B., WOODCOCK, M., DICKINSON, E. C.: A Field Guide to the Birds of South-East Asia. Peacock Pheasants; pp. 108–109. Collins, London 1975

LEWIS, J. S.: Courting display of Napoleon's Peacock Pheasant. Avic. Mag. 5th Series, Vol. IV; pp. 233–235 (1939)

LOWE, P. R.: Some notes on the genus *Polyplectron*. Ibis 12; pp. 476–484 (1925)

OGILVIE-GRANT, W. R.: A Handbook to the Game-Birds, Vol. II, Peacock Pheasants; pp. 60–69. Edward Lloyd, London 1897

POCOCK, R. I.: The display of the Peacock-Pheasant. *P. chinquis*. Avic. Mag. 3. Series, Vol. II; pp. 229–237 (1911)

ROLES, D. G.: Rare Pheasants of the World. Peacock Pheasants, pp. 80–95. Spur Publ., Liss, Hampshire 1981

SALIM ALI, RIPLEY, S. D.: Handbook of the Birds of India and Pakistan, Vol. 2; Peacock Pheasants; pp. 120–122. Oxford University Press 1980

SMYTHIES, B. E.: The Birds of Burma. Peacock Pheasant; pp. 435–436. Oliver & Boyd, London 1953

STAPEL, C.: Some observations on behaviour and display of Peacock Pheasants. WPA.-Journal I; pp. 109–112 (1975–1976)

STEINMETZ, H.: Züchtung des Zwergpfaufasans – *Chalcurus chalcurus* – im Zoologischen Garten zu Berlin. Gef. Welt 66; pp. 523–525 (1937)

WISSEL, C. VON, STEFANI, M.: Fasanen und andere Hühnervögel. Pfaufasanen; pp. 222–246; Verlag J. Neumann-Neudamm, Neudamm (1940)

Rheinartfasanen
Rheinardia, Maingounat 1882

Abbildung: Seite 703.

Der Rheinartfasan ist ein naher Verwandter des Argus, jedoch in seiner Gefiederausbildung und Balzzeremonie nicht so hochspezialisiert wie dieser. Bei *Rheinardia* sind die Armschwingen nicht länger als die Handschwingen. Der zwölffedrige Schwanz ist stufenförmig verlängert, und die sehr breiten mittleren Schwanzfedern stellen mit einer Länge von 1500 bis 1730 mm die längsten Vogelfedern überhaupt dar. Der Hahn trägt am Hinterkopf einen dichten Schopf langer, haarartiger Federn, die bei der Balz aufgerichtet werden und dann eine 60 mm hohe puderquastenförmige Haube bilden. Die Henne besitzt nur einen kurzen Schopf, und die langen Schwanzfedern des Hahnes fehlen ihr. Die Läufe sind bei beiden Geschlechtern sporenlos, doch findet sich bei manchen Individuen an der Hinterseite des Laufes eine knopfförmige Erhebung.

Die Gattung besteht aus einer Art, welche in zwei geographisch weit voneinander getrennte Unterarten aufgeteilt wird, von denen die eine Teile des gebirgigen Mittel-Indochina (Vietnam), die andere Gebirgszüge Mittel-Malaias bewohnt.

Vietnam-Rheinartfasan
Rheinardia ocellata ocellata, Elliot 1871

Engl.: Rheinart's Crested Argus.
Heimat: Gebirge Mittel-Annams. 2 Unterarten.
Beschreibung: Der Hahn trägt am Hinterkopf eine dichte Haube aus 60 mm langen haarartigen, steifen Federn, die vorn dunkelbraun, auf den Seiten heller, in der Mitte sowie auf dem hinteren Teil reinweiß gefärbt sind. Scheitelmitte und Ohrdecken sind braunschwarz, ein breiter Überaugenstreif ist weiß. Ein breiter Bezirk um die Augen herum ist spärlich mit kurzen schwarzen Federchen bedeckt, die zum Teil ganz nackte Gesichtshaut dunkel schieferblau. Wangen und Kopfseiten grau, Kinn und Kehle hellgrau, der Hals kastanienbraun; Mantel und Rücken dunkelbraun, die Federn unregelmäßig hell isabellfarben gefleckt, zum Oberrücken hin weißlicher werdend. Die Flügel sind ähnlich gefärbt, jedoch ist die Zeichnung auf den Armdecken breiter und länger, auf beiden Fahnen entlang des Federschaftes

Rheinartfasan: A Hahn in Normalhaltung, B Hahn balzend.

zarte Andeutungen von Augenflecken zeigend; Handschwingen mit sehr kleinen isabellfarbenen Flecken; Oberschwanzdecken und Schwanzfedern sehr lang, die vier mittleren Paare hellgrau, rötlich kastanienbraun bespritzt und weiß gefleckt mit hellerer Innen- als Außenfahne. Entlang des Federschaftes tritt der graue Hintergrund auffälliger hervor, und die rötliche Zeichnung erhält bereits eine rundere Form mit schwarzem Zentrum, ähnelt also bereits einem Augenfleck, wie er in viel perfekterer Ausbildung beim Argushahn gefunden wird. Das dritte Schwanzfederpaar ist bedeutend kürzer, ähnlich gefärbt und gemustert, aber die graue Farbkomponente durch Dunkelbraun verdrängt; die drei folgenden Federpaare sind noch dunkler. Unterseite braun, die Federn unregelmäßig schwarz und isabellfarben gefleckt. Iris braun, Schnabel rosarötlich, an der Spitze heller und über den Nasenlöchern dunkler; Füße braun, zuweilen mit rosarotem Ton. Länge 1950 bis 2350 mm; Flügel 350 bis 400 mm; Schwanz 1500 bis 1730 mm; Breite der mittleren Schwanzfedern 130 mm.

Bei der Henne sind Scheitel und Kopfseiten schwärzlich, Überaugenstreif und Kehle hellbraun; Haube kürzer als beim Hahn, vorn dunkelbraun, nach unten und hinten zu hellbräunlich. Mantel und Unterseite braun mit feiner schwarzer Wellenzeichnung; Rücken, Flügel und Schwanz mit großen unregelmäßig geformten schwarzen Streifen und Tupfen sowie isabellbraunen Flecken. Iris braun, Schnabel braun mit rosafarbenem Schnabelwinkel, Füße braun.

Länge 740 bis 750 mm; Flügel 320 bis 350 mm; Schwanz 350 bis 430 mm.

Das Geschlecht der Jungvögel läßt sich bereits im ersten Gefieder an den beim Hähnchen gefleckten, bei der Junghenne gestreiften Flügeln erkennen. Beim Dunenküken sind Kopf und Hals rostbraun; die kurze, aber bereits gut ausgebildete Nackenhaube ist dunkelbraun; Oberseite dunkelbraun mit 2 breiten, hellisabellfarbenen Rückenseitenbändern; Unterseite isabellfarben; Schnabel und Füße hell rötlichbraun.

Gelegestärke 2; Ei dunkel rötlichisabellfarben, mehr oder weniger purpurbraun gefleckt (63 bis 66 mm × 45 bis 47 mm); Brutdauer 25 Tage.

Malaiischer Rheinartfasan
Rheinardia ocellata nigrescens, Rothschild 1902

Engl.: Malay Crested Argus.

Heimat: Berge der Malaiischen Halbinsel. Bisher nur von den drei isoliert stehenden Bergen östlich der Hauptkette, dem Gunong Benom, Gunong Tahan und Gunong Rabong nachgewiesen.

Beschreibung: Der Hahn ist dunkler und regelmäßiger gefleckt als der der Nominatform, Augenbrauenstreif und Kehle isabellfarben, der Schopf länger (85 mm), ganz weiß außer einem Büschel schwarzer Stirnfedern. Hals hellbraun statt kastanienbraun; Oberseite und Flügel sehr dunkelbraun mit schwarzer Zeichnung und kleinen runden, reinweißen Flecken; Schwanz dunkler als bei *ocellata,* die Unterseite braun, regelmäßig schwarz und weiß gefleckt. Gesichtshaut graublau, Iris braun; Schnabel hornbraun mit rosafarbenem Anflug am Schnabelwinkel; Läufe braungrau.

Länge 1900 mm; Flügel 370 bis 400 mm; Schwanz 1500 bis 1620 mm.

Die Henne unterscheidet sich von der der Unterart *ocellata* durch etwas kräftigere und enger schwarz gemusterte Gesamtfärbung; auch ist die Unterseite heller.

Flügel 320 bis 340 mm; Schwanz 370 bis 400 mm. Dunenküken und Eier sind noch unbekannt.

Lebensgewohnheiten: Während sich bisher alle Informationen über den Rheinartfasan auf die indochinesische Unterart bezogen und auch diese recht fragmentarisch sind, hat neuerdings DAVISON durch Freilandbeobachtungen der malaiischen Unterart interessante Einzelheiten über die Biologie der Art mitteilen können. Während die indochinesische Unterart in der Ebene und auf den Bergen bis 900 m hoch und darüber angetroffen wird, wurde die malaiische bisher ausschließlich in mittleren Gebirgslagen gefunden. Da unmittelbar unterhalb dieser Zone der – in Indochina fehlende – Argusfasan lebt, scheint eine Verdrängung des Rheinartfasans durch den Argus in mittlere Bergregionen möglich. Vielleicht ist das getrennte Vorkommen der beiden Arten dicht nebeneinander aber auch auf noch unbekannte feine Biotopunterschiede oder unterschiedliche Nahrungsansprüche zurückzuführen. Der zur Beobachtung des Malaiischen Rheinartfasans gewählte Gunong Rabong ist ein kleiner steiler, kegelförmiger 1540 m hoher Berg, der vom Fuß bis in 760 m Höhe von *Dipterocarpus*-Wäldern bedeckt ist, wie sie auch in der Ebene wachsen. Darüber folgt eine untere Bergwaldzone, die gipfelwärts allmählich in die aus kümmerlichem Krüppelbaumwuchs bestehende obere Bergwaldzone übergeht. Das Vorkommen des Rheinartfasans beschränkt sich auf eine schmale Zone zwischen 790 und 1080 m. Die Tatsache, daß Federn beider Arten auf einem Tanzplatz gefunden wurden, spricht nicht unbedingt für eine gemeinsame Benutzung durch Rheinart- und Argushähne, die gegeneinander unverträglich sein dürften.

Während der von DAVISON und Mitarbeitern vom 14. bis 30. Mai durchgeführten Untersuchungen wurden 2 unterschiedliche Rufe des Rheinarthahnes gehört, bei denen es sich eigentlich um hohe Pfiffe handelte. Der Kurzpfiff oder -ruf war zweisilbig und klingt wie „Oo kia-wau", wobei die Anfangssilbe langsam und fast summend, die zweite und dritte schnell und in hoher Tonlage ausgestoßen wird. DELACOUR hat seinerzeit den wohl gleichen Ruf des Annam-Rheinarts mit „Ho kui ho" übersetzt. Der Kurzruf wurde am häufigsten ausgestoßen. Jeder Hahn bringt ihn ein- bis achtmal in schneller Folge und pausiert 5 bis 10 Minuten lang, um dann mit dem Rufen fortzufahren. Der entsprechende Ruf des Argushahns war zweisilbig, tiefer und ohne einleitenden Summton. Der andere Ruf des Rheinarthahns war viel länger und bestand aus einer Serie von 8 bis 17 lauten zweisilbigen Tönen, von denen nur der erste von einem Summen eingeleitet wurde. Die Rufserie übersetzt DAVISON mit „Do, Ki-iau, ki-iau, . . . ki-iau". Der Langruf wurde selten gehört und gleicht in seinen letzten Silben dem äquivalenten Ruf des Argushahns; aus der Nähe gehört, fiel jedoch der beim Rheinarthahn melodische, abgerundete Klang jeder der Silben auf. Der Kurzruf wurde nur von Hähnen im Besitz von Tanzplätzen auf diesen oder während der Dunkelheit vom Schlafplatz in unmittelbarer Nachbarschaft derselben ausgestoßen. Den selteneren Langruf hörte man nur abseits der Balzplätze. Rufe der Rheinarthähne wurden wie beim Argus durch plötzliche laute Geräusche des Waldes (Affenschreie, niederstürzende Bäume, Gewitterdonner), aber auch von Rufen der unterhalb des Rheinarthabitats lebenden Argusfasanen ausgelöst. Die Tanzarena eines Rheinarthahns wurde bei 980 m Höhe auf dem Ende einer Gratschulter gefunden, maß 4 m × 2,5 m und nutzte die verfügbare ebene Fläche extrem. An den Rändern des „saubergefegten" Platzes hatte der Vogel kleine Palmen entlaubt und Gestrüpp bis in 55 cm Höhe gerupft. Überhängende Vegetation fehlte. Nahe einem kleinen Erdbuckel auf dem Platz fanden sich einzelne Kotballen und Federn, so daß er wohl dem Hahn zum bevorzugten Standplatz diente. Die umgebende Vegetation setzte sich aus Arten der Gattungen *Shorea*, *Eugenia* und *Melanorrhoea*, nicht näher identifizierten Palmen sowie Unterholzgewächsen zusammen und war damit typisch für eine Pflanzengemeinschaft der Übergangszone vom *Dipterocarpus*-Wald des Bergsockels zum unteren Montanwaldgürtel. Die Rheinarthähne hielten sich allmorgendlich von 7 bis 11 Uhr, höchstens bis 13 Uhr auf ihren Tanzplätzen auf und stießen während dieser Zeit alle paar Minuten ihre lauten, weithallenden Rufe in plötzlichen „Ausbrüchen" aus. Danach verließen sie die Plätze vermutlich zur Futtersuche und riefen erneut gegen 17 Uhr ein paarmal abseits davon. Nachtrufen begann bald nach Einbruch der Dunkelheit ab 19 Uhr. Zur Feststellung der Populationsdichte auf dem Berg zählte DAVISON die rufenden Hähne. Auf den Süd- und Westhängen wurden allmorgendlich 7 Rheinarthähne gehört. Ein 8. Hahn stieß gelegentlich Langrufe aus, besaß also wohl keinen Tanzplatz. Die Untersuchung der sanfter abfallenden Nord- und Nordosthänge konnte nicht durchgeführt werden, aber die Annahme einer Gesamtzahl von 15 Revierhähnen für den ganzen Berg dürfte eine realistische Schätzung sein. Die Bestandsdichte wird auf 259 ha pro Hahn veranschlagt. Die mittlere Entfernung zwischen 2 Tanzplätzen, die stets auf Berggraten lagen, betrug ca. 1100 m, wenn man die Beschränkung des Vorkommens auf eine Zone zwischen 720 und 1440 m berücksichtigt. Ein Rheinarthahn wurde 47 Minuten lang beobachtet. Um 7.48 Uhr stieß er, durch die lauten Flügelschläge eines Nashornvogels erregt, in Intervallen von 7, 11 und 18 Minuten 3 Kurzrufe aus und schritt um 8 Uhr langsam, dabei mit dem Schnabel Pflanzenteilchen vor sich her werfend, über seinen Tanzplatz. Dabei war seine Kopfhaube voll ausgebreitet und senkte sich während der folgenden 45 Minuten ganz allmählich, während Kehl- und Halsgefieder weiter gesträubt blieben. Beim Rufen wurde die „Puderquaste" jedesmal voll ausgebreitet, danach zurückgelegt. Die Balz vor der Henne ist bisher nur an Volierenvögeln beobachtet worden. Sie ist eine reine Seitenbalz, bei der die ausgebreitete Haube die Hauptrolle spielt. Im Ruhezustand durch dunkelbraune Federn der Stirnregion fast ganz verdeckt, erreicht sie aufgerichtet und ausgebreitet einen solchen Umfang, daß sie fast die Augen verdeckt. Als Balzeinleitung erzeugt der Hahn nach STEINMETZ (1934) durch betont hartes Aufsetzen der Füße beim Vorwärtsschreiten dasselbe tapsende Geräusch wie ein Argushahn in gleicher Situation. Danach stellt er sich seitlich zur Henne, streckt den Hals, dessen Gefieder gesträubt wird, abwärts und demonstriert so auffällig seine Puderquaste. In dieser leicht gebückten Haltung kann er minutenlang regungslos neben dem Weibchen verharren, um dann plötzlich mit ein paar schnellen Schritten vorwärts zu schießen und unter Zurückwerfen des Kopfes mit weit geöffnetem Schnabel zu rufen. Auf dem Höhepunkt der Erregung spreizt er beide Flügel nach Art eines balzenden Puters so weit abwärts, daß die vorderen Armschwingenspitzen über den Erdboden schleifen und verlegt bei abwärts gestrecktem Hals sein Gewicht so weit nach vorn, daß dadurch der wie ein Schild vertikal gespreizte lange Schwanz bis zu einem Winkel von 40 bis 50 ° angehoben wird. Der Körper wird schräg zur Henne hin gehalten und das Schwanzgefieder in vibrierende Bewegung versetzt. Nach ROLES (1976) führen Rheinarthähne manchmal während der Hauptbalz Luftsprünge aus, und auch Futteranbieten ist beobachtet worden.

Haltung: Die ersten Rheinartfasanen wurden von DELACOUR 1924 nach Frankreich importiert, starben jedoch bald an Pocken, mit denen sie sich bereits in Indochina angesteckt hatten. Ein weiterer Import von 3 Paaren und 1 Hahn, die sich in guter Verfassung befanden, folgte 1926. Im Mai des gleichen Jahres brütete in Indochina ein seit März 1925 im Besitz von JABOUILLE in Hué befindliches Paar. Am 9. Juni schlüpfte ein von der Mutter erbrütetes Küken, das jedoch nur 40 Tage alt wurde. 1930 traf bei DELACOUR in Clères (Normandie) ein weiteres Paar ein, das schon in Hué erfolgreich gebrütet hatte und pflanzte sich 1931 erfolgreich fort. Nach Überwinterung in einer unbeheizten Großvoliere begann der Hahn im Januar zu rufen und zu balzen. Am 3. Mai legte die Henne 1 Ei in einem 1,5 m hoch an der Schutzraumwand fixierten großen Nestkorb, ließ jedoch ein nach 2 Tagen folgendes Ei auf den Erdboden fallen. 2 Nachgelege aus je 2 Eiern folgten am 22. und 24. Mai sowie am 12. und 14. Juni und wurden Haushennen anvertraut. Die Brutdauer betrug 25 Tage. Die Küken gediehen bei dem damals üblichen Aufzuchtfutter, Fasanenkükennahrung und viel Eierrahm, vortrefflich. Lebende Insekten verschmähten sie. In den folgenden Jahren wurden weitere Küken aufgezogen. In Japan war die Zucht ebenfalls erfolgreich. Mit einem von DELACOUR geschenkten Paar zog Prinz TAKA-TSUKASA 1929 5 Junge und berichtete im gleichen Jahr über Ei-, Küken- und Jugendfärbung des Rheinartfasans. Er beschreibt auch die Lautäußerungen des Weibchens, das auf das „Hoo-hoo" des balzenden Hahns mit „Ho-hoo" antwortete. TAKA-TSUKASA ernährte die Jungen in den ersten Lebenstagen recht einfach mit feingehacktem Salat und etwas italienischer Hirse, danach einem Gemisch aus 1 Teil Sorghum und 1 Teil Kanariensaat, zusätzlich feingehacktem Trockenfisch, das Ganze mit Wasser angefeuchtet. Heute würde man Putenkükenstarter-Mehl mit feingehacktem Grünzeug reichen. DELACOUR hielt seine Zuchtpaare in Clères in großen, dicht bepflanzten Volieren mit Schutzräumen und schildert sie als nicht besonders kälteempfindlich. Erst bei Temperaturen unter + 11 °C suchten sie den Schutzraum auf. Für genügend Äste zu Aufbaumen ist ebenso zu sorgen wie für hoch angebrachte Nestkörbe, da die Rheinarthenne nicht auf dem Erdboden brüten will und ohne hochhängende Nistgelegenheiten ihre Eier wahllos fallen läßt. Schon um bei der geringen Vermehrung der Art möglichst viele Küken zu erhalten, werden wenigstens die ersten beiden Gelege einer bewährten Hühnerglucke anvertraut. Die Rheinarthenne ist eine zuverlässige Mutter. Die Küken schlüpfen mit gut ausgebildeten Handschwingen und übernachten 5 bis 6 Tage nach dem Schlupf aufgebaumt rechts und links unter dem mütterlichen Flügel, was HUXLEY durch ein Foto aus dem Londoner Zoo dokumentiert hat. Wie Pfaufasanen- und Argusküken laufen sie unter dem Schwanz der Mutter hinter dieser her und erhalten während der ersten Lebenstage Futterbissen aus ihrem Schnabel. Dies sollte bei der Aufzucht mit Hühnerammen bedacht werden. Die Geschlechtsbestimmung ist bereits im ersten Jahr möglich: Junghähne im Erstgefieder weisen gefleckte, Junghennen gebänderte Flügel auf. Ähnlich jungen Argusfasanen wachsen auch Rheinartküken langsam. Zur Ausbildung des Prachtgefieders brauchen die Männchen 3 Jahre, sind jedoch vermutlich schon früher fortpflanzungsfähig. Der Hahn darf stets nur mit einer Henne zusammengehalten werden, weil 2 Weibchen einander unweigerlich bekämpfen. Hat man mehrere Hennen, hält man sie in getrennten Volieren und sperrt den Hahn wechselseitig zu ihnen.

Zusammenfassend läßt sich sagen, daß der Rheinartfasan ein einfach zu pflegender und unschwer züchtbarer Vogel ist, der sich auch den üblichen seuchenhaften Krankheiten gegenüber als recht resistent erwiesen hat. Vögel in Clères und anderswo haben ein Alter von 20 Jahren erreicht. Noch 1940 bestanden in Europa und den USA kleine Zuchtstämme. Die letzten Rheinartfasanen starben 1965 in England und wenig später in den USA. Gegenwärtig – 1988 – wird kein Vogel dieser Art in Europa und den USA gehalten.

Weiterführende Literatur:

BEEBE, W.: Monograph of the Pheasants, Vol. IV; *Rheinardius;* pp. 100 u. 106. Witherby London 1922
DAVISON, G. W. H.: Studies of the Crested Argus. 1. History and problems with the species in Malaysia. WPA-Journal II; pp. 50–56 (1976–1977)
DERS.: Studies of the Crested Argus. II. Gunong Rabong 1976. WPA-Journal III; pp. 46–53 (1977–1978)
DERS.: Studies of the Crested Argus. III. Gunong Rabong 1977. WPA-Journal IV; pp. 76–80 (1978–1979)
DERS.: The evolution of Crested Argus. WPA-Journal V; pp. 91–97 (1979–1980)
DELACOUR, J.: The Rheinart's Pheasant or Crested Argus (*Rheinartia ocellata*). Avic. Mag. V. Series, Vol. I; pp. 176–180 (1936)
DERS.: The Pheasants of the World. 2. Edition. Chapt. XIII: The Crested Argus; pp. 340–347. Spur Publications 1977
HARRISON, C. J. O.: The display of Rheinart's Pheasant. Pheasant Trust Ann. Rep.; pp. 24–28 (1972)
HUXLEY, J.: On the habit of brooding on the perch by birds. Proc. Zool. Soc. London 111, ser. A; pp. 37–39 (1941)
DERS.: The display of Rheinart's Pheasant. Ibid; pp. 277–278 (1941)
JABOUILLE, P.: La reproduction du Rheinarte ocellé. L'Oiseau 7; pp. 277–279 (1926)
DERS.: Reproduction en captivité de quelques oiseaux de l'Annam. L'Oiseau 8; pp. 205–287 (1927)
JOHNSGARD, P. A.: The Pheasants of the World. Rheinartia, pp. 252–257; Oxford Univ. Press, Oxford 1986
NEUNZIG, R.: Neues aus dem Vogelhaus des Zoolog. Gartens zu Berlin. Gef. Welt 62; Rheinartsfasan; pp. 417–418 (1933)
ROLES, D.: Rare Pheasants of the World. Chapt. VIII: Crested Argus; pp. 96–98. Spur Publications 1976
SETH-SMITH, D.: The display of Rheinart's Pheasant. Avic. Mag. 10; pp. 122–123 (1932)
STEINMETZ, H.: Bemerkungen über die Fasanenpflege im Berliner Zoolog. Garten: Balz des Rheinartfasans; pp. 93–94. Gef. Welt 63 (1934)
TAKA-TSUKASA, N.: The breeding of Rheinart's Argus Pheasant in Japan. Avic. Mag. 4. Series, Vol. VII; pp. 307–309 (1929)

Argusfasanen
Argusianus, Raffinesque 1815

Engl.: Argus Pheasants.

Die pfauengroßen Argusfasanen sind mit den Rheinart- und Pfaufasanen eng verwandt und bilden die bezüglich ihres Gefieders und Balzverhaltens am höchsten spezialisierte Gattung dieser Gruppe. Das Gefieder des Argushahnes hat sich im Evolutionsprozeß so gezielt auf die optische Unterstützung und Ergänzung der komplizierten Balzzeremonien vor dem Weibchen als ausschließliche Aufgabe hin entwickelt, daß dadurch das Flugvermögen des Männchens erheblich behindert wird. Bei ihm sind nämlich als einzigem Vogel die Armschwingen doppelt so lang wie die Handschwingen, dazu ungewöhnlich breit und mit verwirrender Punkt- und Streifenmusterung arabeskenhaft verziert. Am auffälligsten und ungewöhnlichsten aber sind große Augenflecke, die „Argusaugen". Vollständig flach, erwecken sie durch raffinierte Schattierungsmuster optisch den Eindruck körperlich erhabener Kugeln. Die beiden mittelsten der 12 Schwanzfedern werden fast 1,5 m lang, dreimal so lang wie die nach außen hin folgenden, welche in der Länge regelmäßig abgestuft sind. Der kleineren Henne fehlen die prächtigen Schmuckfedern ganz. Als einziger Hühnervogel besitzt der Argusfasan keine Bürzeldrüse. Der Lauf ist ungespornt. Die aus 2 Unterarten bestehende einzige Art der Gattung bewohnt indomalaiische Urwälder. In der Ziergeflügelhaltung unserer Tiergärten ist der große Argusfasan oder Arguspfau ein Schaustück ersten Ranges.

Malaiischer Argusfasan
Argusianus argus argus, Linné 1766

Engl.: Malay Great Argus.
Abbildung: Seite 675 unten links und rechts, Seite 693 und 694.
Heimat: Malaiische Halbinsel, Tenasserim nordwärts bis Tavoy, die Insel Sumatra. 2 Unterarten.
Beschreibung: Beim Hahn sind Kopf und Hals zum größten Teil nackt und kobaltblau gefärbt. Auf der Scheitelmitte ein mit kurzen, samtschwarzen Federchen bedeckter Streif, der am Hinterkopf zu einem kleinen schwarzen Schopf wird. Nacken und Hinterhals sind mit langen schmalen, zerschlissenen Federn bedeckt, die hellgrau und schwarz gebändert sind und eine dünne Mähne bilden. Ohrdecken hellbraun; Mantel und Flügeldecken dunkelbraun mit unregelmäßiger, isabellfarbener Zeichnung. Rücken ockergelb, schwarz gefleckt. Innere Armschwingen sehr groß und breit mit dunkelbrauner, weißer und isabellfarbener Fleckung und netzartiger Zeichnung; Mitte der Innenfahnen grau, die Außenfahnen mit großen Augenflecken, ähnlich denen auf den äußeren Armschwingen, jedoch weniger vollkommen. Äußere Armschwingen außergewöhnlich lang und breit mit fast rechtwinkligen Enden, die Handschwingen weit überragend, die 8. und 9. Unterarmschwinge doppelt so lang wie die erste. Die komplizierte Musterung dieser Armschwingen steht in der Vogelwelt einzig da: Der Federschaft ist rosarot, zur Spitze hin allmählich weiß werdend; Spitzenteil der Federn rötlich, schwarz genetzt und weiß gefleckt. Innenfahnen am Schaft grau, am Rand weiß, mit schwarzen, gelbgeränderten Flecken versehen; breite Außenfahnen am Rande bräunlichgelb mit großer schwarzbrauner Fleckung, im Mittelabschnitt schwarzbrauner und bräunlichgelber Längswellung. Auf der Außenfahne entlang des Schaftes zieht sich eine fortlaufende Kette von etwa 15 großen Augenflecken, die durch Verteilung heller Licht- und dunkler Schattentöne optisch den täuschenden Eindruck körperlich erhabener Kugeln erwecken. Die viel kürzeren Handschwingen haben blaue Schäfte, eine rotbraune, weiß punktierte Linie auf den breiten Innenfahnen sowie hell gelbbraune, rotbraun getupfte schmale Außenfahnen. Äußere Schwanzfedern schwärzlich mit kleinem weißem Punktmuster, die stark verlängerten mittelsten Schwanzfedern außen rotbraun, innen grau mit runden weißen, schwarzgeränderten Flecken versehen. Oberbrust dunkel kastanienbraun, übrige Unterseite braun mit schwarzer sowie hell isabellfarbener Netz- und Streifenmusterung. Iris graubraun, Schnabel gelblichweiß, Läufe rot.
Länge 1700 bis 2000 mm; Flügel 800 bis 1000 mm, davon die Handschwingen nur 450 bis 500 mm; Schwanz 1160 bis 1430 mm; Gewicht 2280 g.
Die Henne hat einen braunen, hell isabellfarben gesprenkelten Scheitel und eine bedeutend längere Hinterkopfhaube als der Hahn; nackte Kopf- und Halsteile blau wie beim Hahn, Vorderrücken und Oberbrust dunkel kastanienbraun; Mantel und Flügel dunkelbraun mit isabellfarbener Netzzeichnung; Handschwingen kastanienbraun, schwarz gefleckt; Rücken und Schwanz mit breiter schwarzer Bänderung sowie isabellfarbener und brauner Netzzeichnung versehen. Unterseite kastanienbraun, fein schwarz gewellt. Schnabel und Füße wie beim Hahn.
Länge 740 bis 760 mm; Flügel 350 bis 400 mm; Schwanz 310 bis 360 mm. Gewicht 1700 g.
Junghähne erkennt man schon im ersten Federkleid an den bereits verlängerten Armschwingen. Junghennen haben längere Hinterkopfhauben als die Hähnchen.
Dunenküken sind rötlichkastanienbraun, unten etwas heller, auf Scheitel und Rücken sehr dunkel mit vier gelblichisabellfarbenen Seitenbändern entlang des Rückens sowie rosaroten Schnäbeln und Füßen.
Gelegestärke 2; Ei hellrötlichisabellfarben mit brauner Sprenkelung (67 bis 69 mm × 43 bis 46 mm); Gewicht 74 g; Brutdauer 24 bis 25 Tage.

Borneo-Argusfasan
Argusianus argus grayi, Elliot 1865

Engl.: Bornean Great Argus.
Heimat: Borneo.
Beschreibung: Der Hahn unterscheidet sich von dem der malaiischen Unterart durch etwas geringere Größe und grauere, weniger braune Oberseite sowie mehr rötlich orangebraune, weniger kastanienrotbraune Unterseite. Halsfedern grau und schwarz gebändert; Mantel und Flügeldecken schwarz mit weißer Fleckung; Fleckung der inneren Armschwingen sowie der Schwanzfedern vorwiegend weiß; Rücken rosa isabellgelb statt ockergelb; Schwanzfedern heller und grauer mit größeren Flecken als bei der anderen Unterart. Die Oberbrust orangekastanienbraun statt dunkelkastanienbraun. Übrige Unterseite fein schwarz und isabellfarben gewellt. Länge 1600 bis 1800 mm; Flügel 750 bis 850 mm, davon 430 bis 470 mm auf die Handschwingen entfallend; Schwanz 1050 bis 1200 mm.

Die Henne ist nur wenig von der anderen Unterart durch lebhafter rötlich orangekastanienfarbenen Hals und Brust sowie heller braune Unterseite unterschieden.
Länge 720 bis 730 mm; Flügel 300 bis 340 mm; Schwanz 300 bis 340 mm.

Das erste Jugendgefieder ist auf Hals und Brust rötlicher als bei der Nominatform.
Dunenküken sind im Gesamtton orangefarbener als die der Nominatform.
Ei: nicht von dem der anderen Unterart unterschieden.

Lebensgewohnheiten: Argusfasanen sind scheue, versteckt lebende Einzelgänger, die immergrüne Regenwälder auf ebenem und hügligem Gelände bis in Höhenlagen von 800 m bewohnen. Sumpfwälder werden gemieden, Gebiete mit trockenem felsigem Grund bevorzugt. Balzverhalten und Ökologie der Art sind von DAVISON 1975 bis 1978 in West-Malaysia an Freilebenden und Volierenvögeln eingehend untersucht worden, wobei zahlreiche neue Erkenntnisse gewonnen werden konnten. (DAVISON, 1981 a und b).

Der Argushahn verkündet seinen Balzplatzanspruch durch wilde weithallende Rufe, die zu den charakteristischen Tierstimmen des malaiischen Urwaldes gehören. DAVISON (1981 a), der die Rufe analysierte, unterscheidet 3 Typen: 1. den Langruf, der aus einer Serie von 15 bis 72 Schreien besteht, die einsilbig beginnen, in der Tonhöhe ansteigen und zum Ende hin zweisilbig werden. Das ist der vielen Zoobesuchern bekannte, wie „Wao waao" klingende Schrei. In ihrer Heimat rufen Argushähne von Januar oder Februar bis Anfang Juni, manchmal Ende September. Junghähne beginnen im Alter von etwa einem Jahr zu rufen, erreichen aber erst mit 20 Monaten Rufvollkommenheit. Die Rufserien scheinen nach DAVISON z. T. die Bedeutung akustischer Wettkämpfe zwischen Tanzplatzbesitzern zu haben. Sind sind gelegentlich auch von Weibchen gehört worden. 2. den Kurzruf von weniger als einer Sekunde Dauer, der in plötzlichen Ausbrüchen bis 12mal hintereinander von Hähnen auf ihren Tanzplätzen, aber auch vom Übernachtungsast ausgestoßen werden kann.

Beim Rufen wird der Kopf jedesmal nach oben und rückwärts geworfen und der Schnabel weit geöffnet. Anlaß zum Rufen bieten alle stärkeren Waldgeräusche, wie Gewitterdonner, Affengeschrei, das Krachen stürzender Baumriesen und natürlich die Rufe benachbarter Hähne. 3. den kläffenden Alarmruf bei Gefahr, der einige 100 m weit vernehmbar ist und wie ein kurzes rauhes, scharfes Bellen klingt. Außerdem stoßen Argusfasanen noch verschiedene leise Glucktöne aus, und Hähne geben in bestimmten Balzphasen ein schlangenartiges Zischen, ähnlich dem balzender Kragenfasanen, von sich.

Argushähne legen im Wald Tanzplätze an, auf denen sie allein balzen. Dazu eignet sich am besten hügliges Gelände, weil es nach heftigen Regenfällen schneller abtrocknet und von dorther das Rufen am weitesten vernehmbar ist. Ein frisch angelegter Tanzplatz ist zunächst nur ein unbedeutender Fleck von Fallaub gesäuberten Waldbodens von vielleicht einem Meter Umfang. Durch die emsige Tätigkeit des Vogels vergrößert er sich jedoch immer mehr und kann sich schließlich über eine Fläche bis zu 72 m^2 ausdehnen. Er wird vom gleichen Hahn, der sich dort 6 Monate und länger aufhält, jahrelang immer wieder als Balzplatz benutzt. Während der von Februar bis August währenden Fortpflanzungszeit hält er sich allmorgendlich mehrere Stunden dort auf und ruft alle paar Minuten laut und durchdringend. Während dieser Zeit wird der Platz von ihm saubergehalten und erweitert. Beim „Fegen" des Waldbodens führt der Argushahn niemals Scharrbewegungen mit den Füßen oder Hackbewegungen mit dem Schnabel nach Haushuhnart aus. Vielmehr läuft er auf dem Platz umher und führt in aufrechter Körperhaltung bei gespreiztem, niedrig gehaltenem Schwanz 3 oder 4 kraftvoll ausholende schnelle Flügelschläge aus, die so stark sind, daß der Vogel sich ein kleines Stück in die Luft erhebt, wodurch Fallaub wie Zweiglein mit dem erzeugten Luftwirbel in Richtung auf die Grenze der Tanzarena gefegt werden. Die häufigste Säuberungsmethode aber ist das Fortschleudern der genannten Pflanzenteile mit dem Schnabel. Es folgt häufig auf den Flügelwirbel, kann aber auch unabhängig davon ausgeführt werden. Dabei schreitet der Hahn langsam auf dem Platz einher und pickt Blätter, Zweige und ähnliche Gegenstände mit dem Schnabel auf, um sie unter heftigem Hochwerfen des Kopfes vorwärts oder seitwärts in Richtung auf die Arenagrenze zu schleudern. Ein Tragen zur Grenze hin und Fallenlassen mit dem Schnabel kommt nie vor. Größere Objekte, wie herabgefallene Äste, müssen mehrfach an einem Ende gepackt und wiederholt geschleudert werden, bis sie vom Tanzplatz entfernt sind, was unter Umständen mehrere Tage in Anspruch nehmen kann. Der schwerste in dieser Art fortbewegte Ast wog 460 g. Strünke von Pflanzenschößlingen werden mit dem Schnabel umhackt, ließen sich jedoch dadurch nicht ohne weiteres zum Absterben bringen.

Die Balzhandlungen des Argushahns dauern länger an, sind ausgeprägter, spezialisierter und bestehen aus mehr zusammenhängenden Phasen als die irgendeines anderen Hühnervogels. Was früher darüber berichtet worden ist, stammte aus Beobachtungen von Volierenvögeln, die nur Teile ihres Gesamtinventars an Balzelementen hatten zeigen können. Bei den Beobachtungen von DAVISON an wildlebenden Argusfasanen zeigte es sich, daß der Balzablauf mindestens 11 verschiedene Elemente umfassen kann, die jedoch nicht in immer gleicher Folge demonstriert werden, sondern außerordentlich variiert werden können.

Jeder Argushahn balzt auch in Abwesenheit eines Weibchens. Auf der Tanztenne sträubt er in Balzstimmung mehr oder weniger stark das Kopf-, Hals- und Oberbrustgefieder. Jeder Balzbeginn wie auch das Rufen oder die Gefiederpflege werden von einer kurzen Schüttelbewegung des Körpers eingeleitet, die wellenförmig über das Gefieder verläuft. Die eigentliche Balz wird gewöhnlich vom „Trampeln" eingeleitet. Dabei schreitet der Hahn mit tiefgehaltenem Kopf sowie langgestrecktem, leicht gebogen gehaltenem Hals langsam auf der Tenne einher, bei jedem Schritt mit dem betreffenden Bein so kräftig auf den Boden stampfend, daß das dadurch erzeugte rhythmische Klopfgeräusch noch aus 25 m Entfernung vernehmbar ist. Erscheint eine Henne, beschreibt er, langsam vorwärtsschreitend und immer dabei stampfend, in ihrem Gesichtsfeld Bogenlinien. Oft geht er danach in die „Hintenhochstellung" über. Dazu stolziert er, stets in Seitenstellung zur Henne, mit tiefgehaltenem Kopf, gesträubtem Kopf- und Halsgefieder, aber glatt anliegendem Körpergefieder einher und verlagert sein Körpergewicht so weit nach vorn, daß die beiden langen Schwanzfedern eine fast senkrechte Stellung erreichen. Als Begleitbewegungen beobachtete DAVISON (1982) in 90% der Fälle symbolisches Futteranbieten an die Henne. Die Hintenhochhaltung wechselt häufig mit dem noch zu beschreibenden Kriechrennen ab.

Beim symbolischen Futterangebot allein oder in Anwesenheit einer Henne kann der Hahn in Richtung Boden Pickbewegungen ausführen, auch einen kleinen Gegenstand (Blattstückchen, Zweiglein, Kiesel) vom Boden aufpicken und in Richtung auf die Henne schleudern, was diese interessiert herbeieilen läßt.

Beim „Kriechrennen" (Cringing Run) trabt der Hahn in geduckter Haltung mit tiefgehaltenem und von der Henne abgewandtem Kopf, eingezogenem Hals, gedehntem Kehlsack, leicht geöffnetem Schnabel, den Vorderrücken zum Buckel gekrümmt und das Gefieder glatt anliegend mit etwas über der Horizontale gehaltenem Schwanz, in schnellen kurzen Schritten vor dem Weibchen Bogenlinien beschreibend, auf der Tenne umher, hebt dabei oft Blatteilchen auf und wirft sie mit schnellem Kopfruck zu ihm hin, worauf dieses oft zum Hahn läuft. Bei der Seitenbalz, die daraufhin oft folgt, richtet der Hahn seinen Körper seitwärts zur Henne aus und neigt ihn schräg zu ihr hin, wodurch sein sonst vorwiegend verdecktes ockergelbes Rücken- und Bürzelgefieder voll zur Geltung gelangt, senkt den ihr zugewandten Flügel, hebt den der anderen Seite hoch über den Rücken und spreizt die Schwanzfedern schräg zu ihr hin, so seine ganze Oberseite demonstrierend. Der Kopf und der ausgestreckte Hals mit gedehnter Kehlhaut werden tief gehalten. In dieser Haltung läuft er am Weibchen vorbei, kehrt um und wiederholt die Zeremonie aus entgegengesetzter Richtung. Dabei stößt der Hahn Zischlaute aus und schlägt dazu kraftvoll mit dem hochgehaltenen Flügel der dem Weibchen abgewandten Seite.

Danach kann sich der Hahn plötzlich in vertikaler Haltung mit tief gesenktem Kopf und senkrecht erhobenen Schwanzfedern direkt vor das Weibchen hinstellen und unter gleichzeitigem Öffnen beider Flügel die Frontalbalzhaltung einnehmen. Dazu werden die vollentfalteten Flügel an den Karpalgelenken zurückgebogen, wodurch sich Daumenfittiche *(Alulae)* und äußere Handschwingen überdecken und einen Fächer aus strahlenförmig ausgerichteten Federn bilden. Die Handschwingenspitzen werden gegen den Boden gedrückt. Durch ein zwischen den zurückgebogenen Unterarmen entstandenes Fenster wird der hinter den Flügeln seitwärts gerichtete Kopf des Männchens mit dem hellen Schnabel und der kobaltblauen Gesichtshaut für das Weibchen sichtbar. Niemals steckt der Hahn seinen Kopf durch das Flügelfenster noch hält er ihn davor, wie es manchmal Stopfpräparate in Museen zeigen. Die Frontalbalz des Argus ist nach DAVISON (1982) strenggenommen eigentlich keine, denn die Flügel sind nicht direkt entlang der Körperlängsachse vorwärts gerichtet, sondern der dahinter stehende Körper wird schräg zur Henne ausgerichtet. Nur bei dieser Schrägstellung und seitlicher Kopfhaltung kann er das Weibchen und es ihn durch das Flügelfenster beobachten. Beide Beine werden dabei stark gebeugt gehalten, das dem Weibchen nähere steht vor dem anderen, das vermutlich die Balance halten muß. Das doppelte Flügelschild bildet einen Trichter, und seine großen Augenflecken verlaufen vom echten Auge strahlenförmig in alle Richtungen. In dieser extremen Balzhaltung bewegt der Hahn beide Beine gleichzeitig in den Gelenken auf und ab, mit dem dadurch erzeugten Aneinanderreihen der Handschwingen ein Raschelgeräusch bewirkend. Gleichzeitig werden die langen Schwanzfedern in gleichmäßigem Rhythmus gehoben und gesenkt. Wie JOHNSGARD (1986) aus Filmaufnahmen ersah, läuft diese gleichsam pumpende Bewegung mit einer Frequenz von 3mal pro Sekunde ab. Sie ist durch eine langsame Abwärtsbewegung der Schwanzfedern charakterisiert, der ein Zurückschnellen in die Senkrechtstellung folgt. Die Zahl solcher Pumpbewegungen bei einer Frontalbalz schwankt zwischen 3 und 9, kann aber zuweilen 11mal durchgeführt werden. Die Frontalbalzhaltung wird vom Hahn so lange beibehalten, wie das Weibchen sich dicht vor ihm befindet, gewöhnlich nicht länger als 2 bis 4 Sekunden, und häufig wiederholt. An diese und andere Balzphasen schließt sich häufig das „Flügelklatschrennen" (Flapping Run) an, bei dem der Hahn sich plötzlich mit einem Sprung und Flügelklatscher abwendet und mit hoher Geschwindigkeit vom Tanzplatz in den Wald rennt. Da er dabei den der Henne zugewandten Flügel hängen läßt und mit dem anderen klatscht, ist dieses Verhalten, abgesehen von der Wahl des Zeitpunkts der Ausführung und dem fluchtartigen Verlassen des Platzes, nicht klar von einer Seitenbalz unterscheidbar. Bei wilden wie gekäfigten Hähnen, die in Abwesenheit einer Henne balzten, bildete der Flapping Run stets die Endphase einer Balz. DAVISON hält es für unwahrscheinlich, daß beim wildlebenden Hahn die Balz in Anwesenheit einer Henne vor der Kopulation mit dem Fortrennen des Hahnes vom Tanzplatz endet.

Die Paarung ist erst neuerdings von JOHNSGARD (1983) sowie RIMLINGER bei Volierenvögeln beobachtet worden. Eine 6 bis 9 m vom Hahn entfernt am Rande des Tanzplatzes stehende Henne, die das fußstampfende Männchen vorher gar nicht beachtet hatte, kauerte sich plötzlich auf die Erde. Daraufhin jagte der Hahn auf sie zu und bestieg sie, sich mit dem Schnabel in ihrem Kopfgefieder festhaltend und beide Flügel herabhängen lassend. Nach der nur 2 Sekunden dauernden Copula gingen beide Vögel ohne weitere Balzhandlungen ihres Weges. Die Brutbiologie ist fast ausschließlich durch die Volierenzucht bekannt geworden.

Haltung: Die ersten nach Europa importierten Argusfasanen gelangten 1869 in den Zoologischen Garten Amsterdam. Der Londoner Zoo erhielt sein 1. Paar am 15. Oktober 1870. Weitere Vögel folgten 1872, 1873, 1875 und 1877. Die Erstzucht gelang in London 1878. Aus dem Zweitgelege einer von 3 Hennen schlüpften am 2. August nach 24tägiger Erbrütung 2 Küken, die nach DÜRIGEN „wohl gediehen". Zu dieser Zeit soll es nach DELACOUR bereits Arguszuchten in Belgien und Frankreich gegeben haben, von denen die von DELAURIER in Beaujardin und RODOCANICHI bei Paris am bekanntesten waren. Der berühmte französische Ziergeflügelzüchter DELAURIER betrieb über 20 Jahre lang die Zucht von Argusfasanen mit großem Erfolg. Sein bester Zuchthahn lebte über 30 Jahre und war in diesem Alter mit 800 mm langen Armschwingen und 1420 mm langen Schwanzfedern schöner denn je. Die Vögel wurden mit Körnergemisch und Obst gefüttert. Im milden Klima Frankreichs erwiesen sie sich als relativ wetterfest und suchten erst bei −9 °C den Schutzraum auf. In Clères (Normandie) hat DELACOUR eine große Zahl von Jungvögeln beider Argus-Unterarten großgezogen. Über die häufig gelungene Zucht des Argus im Berliner Zoo hat STEINMETZ in der Gefiederten Welt 1939 berichtet.

Nimmt man der Argushenne das Erstgelege, bringt sie noch 2 Nachgelege. Da sie eine zuverlässige Brüterin und gute Mutter ist, kann man sie die Küken der letzten Brut selbst aufziehen lassen. Gegenwärtig besitzt C. SIVELLE in Long Island (New York) einen guten Zuchtstamm der Borneo-Unterart des Argus, dessen Grundlage 6 im Jahre 1970 importierte Wildfänge bildeten. Jedes Paar lebt in einer 12 m × 4,88 m × 2,40 m großen Voliere mit 3,6 m × 4,9 m × 2,4 m großem beheiztem Schutzraum, dessen Temperatur, durch Thermostat geregelt, nie unter 4° C fällt. Zur Vermeidung von Sichtkontakt sind alle Volieren entlang der Seitenwände mit ca. 1 m hohen dichten Wacholderhecken bepflanzt. Der Volierenboden besteht aus Naturerde, die monatlich geharkt und 2mal jährlich mit einem Schwefelpräparat zwecks Desinfektion eingestäubt wird. Der Boden des Schutzraumes besteht aus einem Erde-/Flußsandgemisch, der wöchentlich sauber ausgeharkt wird. Alle Volieren sind dicht mit Koniferen, Bambus und Blaubeergebüsch bepflanzt und mit Ästen sowie Baumstämmen ausgestattet. Nestkisten in den Maßen 50 cm × 35 cm × 30 cm sind im Schutzraum und der Voliere 150 bis 180 cm hoch an den Wänden angebracht. Als Grundfutter erhalten die Vögel Geflügelpellets (vermutlich Putenbrüter-Pellets mit 20 % Proteingehalt), dazu 3mal wöchentlich Obst und ca. 1 Dutzend Erdnüsse pro Vogel. 2mal wöchentlich werden Mehlwürmer gereicht. Entgegen der Erfahrung, wonach mehrere Argushennen in einer Voliere einander bekämpfen, wurden 1, 2 Vögel in einer Voliere gehalten, und beide Hennen brüteten erfolgreich. Das mag mit der Größe der Voliere und der Dichte der Bepflanzung zusammenhängen, wird aber nicht zur Nachahmung empfohlen. Sinnvoller ist es vielmehr, jeweils den Hahn zu einer von mehreren getrennt gehaltenen Hennen zu setzen. Bei SIVELLE werden auch die Jungvögel bis zu einem Alter von 18 Monaten mit den Altvögeln zusammengehalten und von ihnen nicht behelligt. Eine der wildgefangenen Argushennen brachte bei SIVELLE in einer Saison 6 befruchtete Gelege. Alle werden im Inkubator erbrütet. Argusfasaneneier benötigen 37,4 bis 37,6 °C und 84 % relative Luftfeuchtigkeit. Die Temperatur im Brüterraum wird ständig bei 22 °C die Luftfeuchtigkeit bei 68 % gehalten. Die Eier werden 3mal täglich um 180 ° gewendet und 2mal täglich mit 37 °C warmen Wasser befeuchtet. Unter diesen Bedingungen beträgt die Brutdauer 25 Tage. Alle innerhalb von 3 Jahren geschlüpften 28 Argusküken waren in einwandfreier Verfassung. Sie verbleiben bis zum Abtrocknen im Inkubator und werden dann in eine Aufzuchtkiste gesetzt, deren Innentemperatur durch eine Birne bei 36,6 °C gehalten wird. Zuerst wird der Schnabel des Kükens in eine verdünnte Multivitaminlösung getaucht. Als Erstfutter erhält es in Vitaminlösung getauchte und in Kükenmehl gewälzte Mehlwürmer mit der Pinzette gereicht. Hat das Küken 3 bis 4 Mehlwürmer aufgenommen, werden diese in einen mit Kükenkrümel-Pellets gefüllten Napf geworfen und regen die Küken durch ihre Bewegung zur Aufnahme des Krümelfutters an. Ein Argusküken nimmt gewöhnlich im Alter von 48 Stunden selbständig Futter auf. Schon zu diesem Zeitpunkt erhält es Erwachsenenpellets in Krümelform, über die Sonnenblumenkernmehl und mit Weizenkeimöl angereichertes gekochtes Ei gestreut werden. In der Aufzuchtbox stehen die Küken auf täglich gewechselten Papierhandtüchern, wodurch die Kotbeschaffenheit leicht kontrolliert werden kann. Die Raumtemperatur kann während zweier Wochen stufenweise bis auf 29 °C erniedrigt werden. Im Alter von 3 Wochen erhalten die Küken größere Aufzuchtkästen mit Drahtgeflechtböden. Die Innentemperatur der Kästen beträgt 31 °C und wird in den folgenden Wochen auf 23,8 °C gesenkt. In diesem Alter werden die Küken mit Artgenossen etwa gleichen Alters in einen Schutzraum ähnlich dem der Elternvögel gesetzt.

Wie schon erwähnt, können Argusfasanen in menschlicher Obhut ein hohes Alter erreichen. Der über 30jährige Hahn von DELAURIER dürfte den absoluten Rekord darstellen. Im Londoner Zoo erreichte ein Argusweibchen „nur" ein Alter von 15 Jahren, 9 Monaten und 10 Tagen (Avic. Mag. 1963; p. 258).

Wie aus einer weltweiten Umfrage der WPA hervorgeht, wurden 1982 221 Argusfasane der Nominatform gehalten, davon 109 in den USA, 51 in Kontinental-Europa, 12 in England, 26 in Asien, 12 in Lateinamerika und 11 in Kanada. Die Borneo-Unterart wurde in 60 Exemplaren gepflegt, davon 51 in den USA, 5 in Kontinental-Europa und 4 in Lateinamerika.

Frontalbalz des Argushahns, *Argusianus argus* (s. S. 687)

Weiterführende Literatur:
ARMSTRONG, E. A.: Bird Display and Behaviour; p. 222 (Argusbalz); Lindsay Drummond, London 1942
BAKER, E. C. ST.: The Fauna of British India, Vol. V. Argus; pp. 287–289; Taylor & Francis, London 1928
DERS.: The Game-Birds of India, Burma and Ceylon. Vol. III; *Argusianinae*; pp. 95–104. The Bombay Nat. Hist. Soc. 1930
BEEBE, W.: A Monograph of the Pheasants. Bd. IV; p. 115. Witherby London 1922
DERS.: Pheasants, their lives and homes, Doubleday, Dorn & Co., N. York 1925
BIERENS DE HAAN, J. A.: Die Balz des Argusfasans. Biol. Zbl. 46; pp. 428–435 (1926)
BRUN, R.: Untersuchungen über die Dynamik im Federkeim unter besonderer Berücksichtigung der Musterbildung beim Argusfasan (*Argusianus argus* L.). D. Phil. Thesis, Universität Basel 1968
COOMANS DE RUITER, L.: Oölogische en biologische aanteekeningen over eenige hoendervogels in de Westerafdeeling van Borneo. 7. *Argusianus argus grayi* (ELLIOT); p. 138; Limosa 19 (1946)
DAVISON, G. W. H.: Sexual selection and the mating sytem of *Argusianus argus* (Aves: Phasianidae). Biol. J. Linn. Soc. 15; pp. 91–104 (1981a)
DERS.: Diet and dispersion of the great argus *Argusianus argus*. Ibis 123; pp. 485–494 (1981b)
DERS.: Sexual Displays of the Great Argus Pheasant *Argusianus argus*. Ztschr. Tierpsychol. 58; pp. 185–202 (1982)
DELACOUR, J.: The Pheasants of the World. 2. Edition. Argus; pp. 348–355. Spur Publications 1977
DELAURIER, A.: Thema: Erfahrungen in der Arguszucht. Bull. Soc. d'Accl.; pp. 374–375 (1907)
DÜRIGEN, B.: Die Geflügelzucht. IV. Pfauen; 3. Argusfasanen; pp. 330–331. P. Parey Berlin 1886
JOHNSGARD, P. A.: The Pheasants of the World; *Argusianus*, pp. 258–266; Oxford Univ. Press; Oxford 1986
MÜTZEL, G.: Arguszucht im Berliner Zoo. Leipz. Ill. Ztg.; p. 118 (mit Abb.) 1886
PIETERS, D.: De Argusfazant. De Trop. Natuur 24 (1935)
RIMLINGER, D. S.: cit. bei JOHNSGARD
ROBINSON, H. C., CHASEN, F. N.: The Birds of the Malay Peninsula. Vol. III; Witherby London 1927–1939
ROLES, D.: Rare Pheasants of the World, Chapter IX. Great Argus; pp. 99–102. Spur Publications 1975
SETH-SMITH, D.: On the display of the Argus Pheasant (*Argusianus argus*). Proc. Zool. Soc. London 95; pp. 323–325 (1925)
DERS.: The Argus Pheasant and its Display. Avic. Mag. 4. Ser. Vol. III; pp. 175–179 mit mehreren Fotos der Balz (1925)
SMYTHIES, B. E.: The Birds of Burma. Argus; pp. 433–435. Oliver & Boyd, London 1953
DERS.: The Birds of Borneo. Argus; pp. 173–175. Oliver & Boyd, London 1960
STEINMETZ, H.: Bemerkungen über die Fasanenpflege im Berliner Zoologischen Garten. Argusbalz u. -zucht. Gef. Welt 63; p. 82 u. 93 (1934)
WISSEL, C. VON, STEFANI, M.: Fasanen und andere Hühnervögel. Argus pp. 247–252. J. Neumann-Neudamm, Neudamm 1940
ZEDWITZ, GRAF VON, X.: Kleine Ankäufe, Geschenke u. seltene Nachzuchten 1930 im Zoologischen Garten Berlin. Zool. Garten; p. 234 (1931)

Kopfporträt eines Hahns des Argusfasans, *Argusianus argus* (s. S. 687)

Afrikanische Pfauen
Afropavo, Chapin 1936

Engl.: African Peafowl.

Die aus einer Art bestehende Gattung *Afropavo* steht den asiatischen Pfauen systematisch am nächsten. Sie unterscheidet sich von ihnen durch geringere Größe, den mit kurzen samtartigen Federchen zum Teil nur spärlich bedeckten Kopf, dessen Scheitelmitte ein Büschel bis zu 100 mm langer, steifer, aufrechtstehender weißer Borsten und dahinter einen schmalen Schopf aus ca. 10 schmalfahnigen Federn trägt sowie den nackten Vorderhals. Die langen Oberschwanzdecken sind weder zu einer Schleppe verlängert, noch mit Augenflecken geschmückt, sondern kürzer als die 14 Schwanzfedern. Diese sind bis zu 260 mm lang, breitfahnig mit geraden, wie gestutzten Enden, die darüber schmale zerschlissene Säume tragen und nicht so stark gestuft sind wie bei den Asiaten. Aufgerichtet gleichen sie vielmehr dem Fächer des Puters. An den gerundeten Schwingen ist die 1. Handschwinge am kürzesten, die 5., 6. und 7. am längsten. Beide Geschlechter, die sehr verschieden gefärbt sind, tragen an der Laufhinterseite der langen schlanken, dabei kräftigen Füße einen Sporn, der beim Männchen lang und spitz, beim Weibchen viel kürzer ist. Hahn und Henne beteiligen sich gemeinsam an der Jungenaufzucht.

Die späte Entdeckung einer Pfauenart in Afrika noch im Jahre 1936 gehört zu den größten ornithologischen Sensationen des 20. Jahrhunderts. Bei ihr handelt es sich um den letzten Vertreter eines primitiven Pfauenstammes, der sehr wahrscheinlich ehemals in Afrika und Südasien viel verbreiteter war. Die gegenwärtige Beschränkung auf Teile des innerafrikanischen Regenwaldgürtels hat als Reliktvorkommen zu gelten.

Zwar hat sich der Kongopfau in der Haltung als nicht besonders schwierig erwiesen, doch wirft seine Zucht nach wie vor Probleme auf, die nicht ohne weiteres lösbar sind. Die interessante Art wird deshalb auch in Zukunft nie zu einem festen Bestandteil unserer Fasanerien werden.

Kongopfau
Afropavo congensis, Chapin 1936

Engl.: Congo Peacock.
Abbildung: Seite 704.
Heimat: Zaire im östlichen zentralen Kongo-Regenwaldbecken. Das Verbreitungsareal reicht im Westen von Boende am Tshuapafluß nordostwärts bis Basoko, das nördlich und Banalia, das südlich des oberen Aruwimiflusses liegt, ostwärts davon nach Avakulo und von dort südwärts nach Walikale an den Ausläufern der Berge der Kivu-Provinz westlich des Kivu- und Tanganyikasees, südwärts bis nach Lusambo und von dort nordwestwärts über Mangai und Kasaia nach Boende. Somit wird das Verbreitungsareal des Kongopfaus von West nach Ost von 21 bis 29 ° östlicher Länge und von Nord nach Süd von 2 bis 5 ° nördlicher Breite umrissen. Sein Vorkommen in diesem riesigen Gebiet ist nicht durchgehend, sondern aus noch unbekannten Gründen recht lückenhaft. Keine Unterarten.
Beschreibung: Geschlechter verschieden gefärbt. Beim Hahn ist die Gesichtshaut nackt und blaugrau, die der Kehle und des Halses leuchtend orangerot; der Scheitel zeigt in der Mitte ein unbefiedertes ovales Feld, aus dem sich ein Büschel steifer, weißlicher oder isabellgelblicher, brüchiger Borsten erhebt, das unabhängig vom Alter recht kurz, aber auch bis zu 120 mm lang sein kann. Dahinter steht ein etwas nach vorn geneigter Schopf aus ca. 10 bis 50 mm langen schmalen, schwarzen oder metallischgrünen Scheitelfedern. Stirn, Scheitel und Nacken sowie ein vom Kinn rückwärts bis zur unteren Ohröffnung reichender Bezirk sind mit kurzen samtartigen schwarzen Federchen bedeckt. Nacken- und Halsbasis, die Oberbrust und ein schmaler Vorderrückenbezirk sind schwarz, die Federn breit violettblau gesäumt; Mantel, Rücken und Bürzel dunkelbronzegrün; einige der langen Oberschwanzdeckfedern tragen violettblaue Säume; kleinere Flügeldecken dunkelgrün, breit glänzendblau gesäumt und darüber mit grünen Binden versehen. Übrige Flügelpartien schwarz mit grünblauem Glanz sowie auf den inneren Armschwingen schmalen grünen und blauen Säumen. Schwanzfedern schwarz mit grünblau schimmernden Außenfahnen und breiten zerschlissenen, violettblauen Endsäumen. Unterseite dunkelgrün, die Federn mit braunschwarzer Basis, auf der Brustregion blauen, Flanken und Schenkeln grünen Endsäumen; Unterbauch und Unterschwanzdecken schwarz. Iris dunkelbraun, Schnabel und Füße hell blaugrau, der Lauf mit langem spitzem, weißlichem Sporn bewehrt.
Länge 685 mm; Flügel 310 bis 330 mm; Schwanz 230 bis 330 mm; Gewicht 1670 g.
Bei der Henne ist die nackte Kopf- und Halshaut weniger ausgedehnt, das Gesicht graubraun, der Hals rötlich; auf dem Scheitel ein höchstens 50 mm langer Schopf kastanienbrauner Federn, davor ein kleines, mehr oder weniger deutliches Scheitelfeld mit kleinen, weißlichen Auswüchsen, dem langen Borstenschopf der Hähne entsprechend. Scheitelgefieder kastanienrot, Wangen, Nacken und Hinterhals dichter als beim Hahn befiedert, rostrot bis kastanienrot; Mantel, Rücken, Schultern, Flügeldecken und innere Armschwingen hell metallischgrün mit isabellbrauner Querbänderung; äußere Armschwingen und die Handschwingen hell kastanienbraun, kräftig schwarz gebändert und gefleckt. Oberschwanzdecken lang, zerschlissen, die Federn schwarz und gelbbraun gebändert sowie mit breitem grünem Endsaum versehen. Steuerfedern rostrot und schwarz quergebändert und mit mehr oder weniger grünglänzendem Saum versehen, der Schwanz stark abgerundet. Halsgefieder schön rostrot bis kastanienrot, die Brust ebenso gefärbt, aber dazu mehr oder weniger deutlich unregelmäßig schwarz quergestreift, zuweilen fast einfarbig; Hinterleib und Unterschwanzdecken rußschwarz, manchmal rostrot vermischt. Schnabel dunkler als beim Hahn, trübgrau, olivgrünlich verwaschen; Iris gelbbraun; Füße graublau mit kurzem weißlichem bis blaugrauem Sporn.
Länge 609 mm; Flügel 270 bis 290 mm; Schwanz 195 bis 225 mm; Gewicht 1316 g.
Das erste Jugendgefieder ist in beiden Geschlechtern mit Ausnahme von Kopf und Hals zimtbraun, schwarz gebändert und gesprenkelt. Mit 2,5 bis 3 Monaten wachsen bei den Junghähnen bronzegrüne Federn auf Oberrücken und Flügeldecken, nachdem sie bereits mit 7 Wochen insgesamt dunkler als Junghennen erscheinen. Der Junghahn wird

mit 1½ Jahren geschlechtsreif, die Junghenne bereits mit 12 Monaten.

Das „Erwachsenenkleid" des Junghahnes erscheint in der Färbung stumpfer als beim Althahn, und es sind zunächst nur wenige Schopffedern vorhanden. Kopfseiten und Kehle sind noch stärker befiedert, zunächst isabellbraun und letztere nimmt erst später die rote Färbung an.

Beim Dunenküken sind Scheitel, Nacken und Hinterhals schwarz, Kopfseiten, Seiten- und Vorderhals lohgelblich; ein schwarzer Zügelstreif verläuft durchs Auge und verbreitert sich auf den Ohrdecken. Unterseite vom Kinn zum After cremegelb, auf Vorderhals und Brust lohfarben verwaschen. Rücken schwarzbraun, nach dem Bürzel hin aufhellend; Flügelchen in der Grundfärbung zimtbraun, die schon beim Schlupf gut entwickelten Flügeldecken stumpf schwarz mit zimtbrauner Säumung und breiter isabellfarbener Spitze, Arm- und Handschwingen sowie Steuerfedern tief zimtbraun mit unregelmäßig schwarzer Mitte und Bänderung. Schnabel oberseits schwärzlich, unterseits fleischfarben bis isabellgelblich, die Beine ebenso. Schlupfgewicht 32 g (VAN BOCKSTAELE).

Gelegestärke 3 bis 4; Ei sehr einem bräunlichen Hühnerei ähnelnd (56,5 bis 65,8 mm × 44,7 bis 46,3 mm); Gewicht nach Verheyen 67 bis 71 g. 2 Eier im Berliner Zoo wogen 51 und 71 g; Brutdauer 26 bis 27 Tage.

Lebensgewohnheiten: Bevor über die Biologie des Afrikanischen Pfauen berichtet wird, soll nicht versäumt werden, über seine von vielen Zufällen gekennzeichnete, sensationelle Entdeckung zu berichten. Sie beginnt damit, daß dem Ornithologen Dr. JAMES CHAPIN vom American Museum of Natural History in New York auf einer seiner Kongo-Expeditionen im Jahre 1913 in Avakubi am Iturifluß einige ihm unbekannte Vogelfedern im Kopfschmuck eines Häuptlings auffallen. Er erwirbt sie und bewahrt sie zwecks späterer Bestimmung mit dem Etikett „Feathers from native hats, Avakubi 1913" in einem Schubfach des Museums auf. Es gelingt ihm später, die Zugehörigkeit der Federn zu bekannten Arten mit einer Ausnahme zu bestimmen: Eine rotbraune, schwarzgebänderte Schwungfeder bleibt rätselhaft. Die gründliche Analyse läßt zwar auf ein Wildhuhn schließen, doch kommen weder ein Frankolin noch ein Perlhuhn in Betracht. 22 Jahre später, im Juli 1936, besucht CHAPIN seinen Kollegen Dr. SCHOUTEDEN im Kongo-Museum von Tervueren bei Brüssel. Als er ihn nicht in seinem Zimmer findet, durchschreitet er auf der Suche nach ihm einen halbdunklen Gang, den er bei früheren Besuchen nie betreten hatte. Im Vorbeigehen bemerkt er dort auf einem Schrank zwei verstaubte Stopfpräparate von Hühnervögeln. Hätte er sie in einem anderen Museum gesehen, erklärt CHAPIN später, würde er ihnen wohl kaum Beachtung geschenkt haben. Da jedoch in Tervueren nur Material aus dem Kongo (heute Zaire) gesammelt wird und er Vögel wie diese noch nicht in der Sammlung gesehen hatte, wurde er stutzig: Sie waren etwas größer als Haushühner, der eine schwarz, der andere rötlichbraun. Die schwarzgebänderten Schwungfedern des letzteren weckten in ihm eine Erinnerung an die unbestimmbare Feder im New Yorker Museum. An einem der Standbretter der Präparate las er ein Schild mit der Aufschrift: „Pavo cristatus, jeune, importé". Das konnte unmöglich stimmen, denn das schwarze Stück trug die langen Sporen eines Altvogels, und im übrigen ähnelte keines der beiden einem jungen Pfau. Die Frage, wie die Vögel ins Kongo-Museum gelangt waren, konnte Dr. SCHOUTEDEN beantworten. 1913 hatte die Handelsgesellschaft „Compagnie du Kasai" dem Museum eine Kollektion von 75 montierten Stopfpräparaten aus dem Kongo geschenkt, unter denen sich u. a. auch Haushühner und eben jene „jungen Pfauen" befanden. CHAPIN ließ sich seine Feder aus New York schicken und stellte beim Vergleich mit denen des braunen Vogels die völlige Identität beider fest. Er wußte nun, daß er einen der Wissenschaft bislang unbekannten pfauenähnlichen afrikanischen Großvogel entdeckt hatte, dessen genaues Vorkommen im Kongo es noch festzustellen galt. Dabei kam ihm wenige Wochen später wieder ein Zufall zu Hilfe: Bei einem Essen in Brüssel teilte ihm ein ehemaliger Ingenieur der im Nordosten des Kongo gelegenen Kilo-Goldminen mit, er habe 1930 in Angumu einen eigenartigen Vogel gegessen, den ein einheimischer Jäger dort im Urwald erlegt hatte. Seine Gefiederbeschreibung paßte gut zu dem männlichen Stopfpräparat. CHAPIN zögerte nun nicht länger und beschrieb im Herbst 1936 den Vogel als *Afropavo congensis*. Nachdem die sensationelle Entdeckung eines afrikanischen Pfauen der Fachwelt und der internationalen Presse bekannt geworden war, meldeten sich mehrere im Kongo tätige Kolonialbeamte, die diesen Vogel bereits gekannt hatten. Einer hatte seiner Schwester eine ausgestopfte Kongopfauhenne geschenkt, die diese in ihrer Wohnung in Eeklo (Flandern) seit Jahren als Zimmerschmuck besaß und nun dem Kongo-Museum zum Geschenk machte. 1937 reiste CHAPIN erneut in den Kongo und brachte von dort 7 Bälge des seltenen Vogels sowie erste Berichte über dessen Lebensgewohnheiten zurück.

Habitat des Kongopfauen ist der Regenwald mittlerer Höhenlagen, wo er trockene Waldgebiete mit ziemlich lichtem Unterwuchs bewohnt, die während der Regenzeit nicht überflutet werden. Daß er in Kasai viel häufiger als in Kivu ist, dürfte mit der unterschiedlichen Bodenstruktur und Vegetation dieser beiden Provinzen zusammenhängen. In Kivu herrschen Tonböden mit dichtem, feuchtem Waldbestand (Regenwald) vor, die ihm offensichtlich weniger zusagen als die lichten, trockneren Wälder Kasais mit ihren sandigen Böden. Ungelöst bleibt noch das Rätsel, warum er in Waldgebieten, die ihm eigentlich zusagen müßten, vollständig fehlt. In diesem Zusammenhang ist vielleicht die Theorie SNOWS von Interesse, der darauf hinweist, daß das Auftreten von *Afropavo* sich praktisch exakt mit jenen Gebieten deckt, in denen das Schwarze Waldhuhn, *Agelastes niger* fehlt. Beide Arten nehmen die Nahrung auf dem Erdboden auf, so daß ihre Nahrungsansprüche sich überschneiden könnten. Da jedoch der Kongopfau erheblich größer als das schwarze Waldhühnchen ist, kann eine ernste Konkurrenz zwischen beiden wohl ausgeschlossen werden.

Der Kongopfau ist ein sehr scheuer und heimlicher Waldbewohner, den nur seine nächtlichen Rufkonzerte verraten. Nach CHAPIN ruft das Männchen einleitend und mit zunehmender Lautstärke „Rroho-ho-o-a!" und daran anschließend, gleichsam berstend „Gowé!", die 2. Silbe höher als die erste. Das Weibchen soll darauf sofort mit „Gowah!" antworten. Stimmt dies, wäre *Afropavo* wie viele monogyne tropische Vogelarten ein Duettsänger. Der Doppelruf wird an die 10 Minuten lang 20- bis 30mal hintereinander, manchmal auch mit kurzen Zwischenpausen wiederholt und von den Nachbarpaaren prompt beantwortet, von den folgenden übernommen und so über viele Kilometer weitergegeben. Das Rufen setzt meist gegen 22 Uhr ein, wird während aller Nachtstunden gehört und endet erst kurz vor der Morgendämmerung. Tagsüber hört man die Vögel dagegen selten, vermutlich bei trübem, wolkenreichem Wetter.

Volierenbeobachtungen haben gezeigt, daß der Kongopfauhahn den Schnabel beim Rufen weit öffnet und den Kopf auf den Rücken zurückwirft. Die Art kennt eine Seiten- und Frontalbalz. Als Einleitung einen krächzenden „Gesang" ausstoßend, umschreitet der Hahn sein Weibchen zunächst in Seitenhaltung, den gefächerten Schwanz zu ihr hin neigend, den ihr zugewandten Flügel gesenkt haltend und den der anderen Körperseite in geschlossenem Zustand etwas anhebend. Beim Übergang zur Frontalbalz stößt er mit leicht geblähter, prächtig roter Kehle einen langgezogenen Ruf, darauf unter nickenden Kopfbewegungen eine Serie kurzer schneller Töne aus. Dabei hält er den Schwanz erhoben und gefächert und neigt die Oberseite beider Flügel schräg zum Weibchen hin. Hähne können auch aufgebaumt zur Frontalbalzhaltung übergehen, ebenso tun sie dies nach Herbeilocken der Henne mit einem Futterbrocken im Schnabel. Nicht allzu selten nimmt auch das Weibchen die männliche Frontalbalzhaltung ein. Das Nest steht nie auf dem Erdboden, sondern stets auf Bäumen, entweder in Astgabelungen dicker Äste oder auf Stümpfen abgebrochener Baumstämme, und vermutlich werden auch alte Greifvogelhorste angenommen. Das Gelege aus 2 bis 3 Eiern wird vom Weibchen allein 26 bis 27 Tage lang erbrütet. Vermutlich verläßt sie in freier Natur ihr Nest während dieser Zeit überhaupt nicht und gleicht mit ihrer rindenartig braun und grün gemusterten Oberseite, den Kopf rückwärts über den Rücken gelegt, verblüffend einem bemoosten Rindenstück. Der Hahn hält in Nestnähe Wache. Beide Eltern betreuen die Küken und verteidigen sie bei Gefahr mutig mit Drohgebärden und Angriffen gegen Feinde. Beim Drohen stehen die Vögel mit erhobenem Kopf und gefächertem Schwanz betont aufrecht, und in der stärksten Phase breiten sie mit fast bis zum Boden gesenkter Brust Schwanz und Flügel senkrecht aus. Kongopfauen sind geschickte Flieger, die hoch in Baumkronen übernachten. Die Küken vermögen schon am 2. Lebenstag auf Äste zu flattern und verbringen die Nacht aufgebaumt rechts und links unter den Flügeln der Mutter sitzend. Am 6. Tag können sie gut fliegen und Entfernungen von mehreren Metern zurücklegen. Sie werden mit 4½ Monaten selbständig, bleiben aber bis zur nächsten Brut des Elternpaares mit diesem zusammen. Die Brutsaison soll durch den Wechsel von Trocken- und Regenzeit beeinflußt werden. Die Waldgebiete ca. 300 km südlich des Äquators stehen schon sehr deutlich unter dem Einfluß ausgeprägter Regen- und Trockenzeiten, und junge Kongopfauen sind dort nur im Januar und Februar gefunden worden. Die Vögel sind Allesfresser, die sich wie viele Waldbewohner gern zu fruchttragenden Bäumen begeben, um die herabgefallenen Früchte zu verzehren.

Haltung: Bevor die ersten lebenden Kongopfauen in die USA und nach Europa gelangten, waren sie schon mehrfach von dem belgischen Ehepaar HERRLING in Ikela (Provinz Ober-Sshuapa) im Kongo gehalten und unter einfachsten Bedingungen sogar zur Fortpflanzung gebracht worden. 1938 legte eine Pfauhenne dort in Ermangelung einer über dem Erdboden angebrachten Nistgelegenheit in einer dunklen Ecke des Schutzraumes 3 Eier und brütete 26 Tage lang. Ein Küken schlüpfte und wurde sehr sorgfältig vom Hahn betreut, in der ersten Nacht von ihm gehudert, starb jedoch am 4. Tag. Eine 2. Henne lebte monatelang mit dem Paar in der gleichen Voliere friedlich zusammen. Sie wurde von der verpaarten Henne geduldet und vom Hahn nicht beachtet. Im Oktober 1947 reiste der Tierfänger CH. CORDIER im Auftrag der New Yorker Zoologischen Gesellschaft in den Kongo, um u. a. auch Kongopfauen zu fangen. Als er am 15. Juni 1949 mit einem Sonderflugzeug nach New York zurückkehrte, brachte er neben vielen interessanten Vogelarten auch 7 Kongopfauen mit, unter denen sich leider nur 1 Weibchen befand, das nach 8 Monaten starb. Obwohl auf eine Zucht verzichtet werden mußte, konnten doch interessante Verhaltensweisen der Männchen studiert werden. Die Art erwies sich außerdem als gut haltbar und langlebig: Der letzte Hahn starb nach 19jähriger Haltung. Der europäische Erstimport des Kongopfaus geht auf einen Hahn zurück, der 1957 durch CORDIER in den Antwerpener Zoo gelangte. Durch den gleichen Fänger traf 1960 eine Sendung von 5 Paaren in Antwerpen ein. 3 Paare blieben am Leben, von denen zu Zuchtzwecken je eines an den Zoo Rotterdam und DELACOUR in Clères (Normandie) abgegeben wurden und das 3. in Antwerpen verblieb, dessen Henne wenige Wochen später starb. Den ersten europäischen Zuchterfolg hatte der Rotterdamer Zoo (Blijdorp) mit dem ihm vom Antwerpener Zoo zur Obhut gegebenen Paar bereits im gleichen Jahr zu verzeichnen. Es erhielt eine Voliere im Vogelhaus, wo die Raumtemperatur zwischen 13 °C im Winter und 30 °C im Sommer schwankte. Die 2,30 m hohe Voliere war in einen 4 m × 4 m großen freien und einen 4 m breiten und ca. 2,50 m tiefen, dicht mit Nadelbäumen bepflanzten und daher dunklen Teil aufgeteilt. In diesen zogen sich die Vögel bei Beunruhigungen zurück. Äste zum Aufbaumen ergänzten die Einrichtung. Als Futter erhielten sie ein Körnergemisch, Weichfutter für Insektenfresser, Ameisenpuppen und Grünzeug. Das Paar war sehr zutraulich und pickte dem Pfleger Futter aus der Hand. Ab April nahm der Hahn häufig seine Balzhaltung ein, wobei sich der Hals jedesmal blähte und feuerrot wurde. Auch der Hals der Henne war zu dieser Zeit stärker orange gefärbt. Nachdem die ersten Eier in Ermangelung geeigneter Nistgelegenheiten am 10. Mai zerbrochen auf dem Boden gefunden worden waren, und auch ein Korb am Boden keinen Erfolg brachte, wurde ein großer Hundekorb mit Moos ausgepolstert und 1,60 m hoch auf einem Weidenstumpf befestigt. Am 22. Juli lag das erste Ei im Korb. Ab dem 26. Juli blieb die Henne mit 2 Eiern auf dem Nest. Tagsüber verließ sie es nicht und trank nur abends in Abwesenheit von Besuchern und Pflegern. Als sie einmal bereits um 17.55 Uhr vom Nest geflogen war, entdeckte der Pfleger ein Gelege aus 3 Eiern. Der Hahn behielt den roten, manchmal geblähten Hals noch lange nach der Brutzeit bei. Er stieß in Gefahrsituationen ein „Klock klock" ähnlich dem einer gluckenden Henne aus, worauf das brütende Weibchen sofort reagierte, sich tief ins Nest drückte und den Kopf unter die Federn steckte. Während der Brut hielt sich der Hahn meist am Boden, in der Dämmerung auf seinem Schlafast auf. Am Abend des 25. Bruttages stand er auf dem Nestrand, während die Henne auf dem Gelege saß. Am Morgen des 23. August 1960 um 8 Uhr sah der Pfleger 2 geschlüpfte Küken, deren Köpfe hin und wieder über dem Nestrand sichtbar wurden. Gelegentlich flatterten sie gegen und über die noch brütende Henne. Als diese um 9 Uhr zum Trinken flog, sprang 1 Küken über den Nestrand und flatterte auf den Torfboden. Es wurde sofort vom herbeigeeilten Hahn in die Sicherheit einer dunklen Volierenecke geleitet. Dabei gluckte er wie eine Haushenne, huderte das Küken und fütterte es aus der Schnabelspitze. Die Henne brütete weiter auf dem 3. Ei und behielt das 2. Küken bei sich. Am 24. August hatte sie mit ihm zusammen das Nest verlassen, nachdem sich das letzte Ei als unbefruchtet erwiesen hatte. Beide Eltern kümmerten sich mit gleicher Sorgfalt um die Jungen, die ebenso häufig Futter vom Boden wie von der Schnabelspitze der Alten pickten. Die Pfauhenne gluckte unaufhörlich und lockte die Küken damit auch auf den Schlafast. Nach einem Monat übernachteten die beiden Jungvögel nicht mehr unter dem mütterlichen Flügel, sondern auf einem Ast über ihr. Mit 9 Wochen war das eine Junge – das andere war einer Coccidien-Infektion erlegen – so groß wie ein Rebhuhn und trug schon einen kleinen Scheitelschopf. Nach 3 Monaten wurde sein Gefieder dunkler als das der Mutter, und die Deckfedern, zeigten zuerst auf den Schultern, bald auch auf dem Rücken einen Grünschimmer. Nach 4½ Monaten änderte sich das Verhalten des Hahnes gegenüber dem Jungvogel. Balzte er vor der Henne, versuchte er das sich nähernde Junge fortzuhacken, und dieses reagierte darauf mit Aufrichten der Federn in Abwehrstellung. Es erwies sich als ein Weibchen, das dem Zoo Kopenhagen übergeben wurde, der nur einen Hahn besaß. Zu diesem Zeitpunkt war es etwas größer als ein Pfaufasan. In der Augenregion erschienen bereits unbefiederte Stellen, aber über allem lag noch eine dünne Federschicht aus hellem Braun. Auch Kehle und Hals waren noch ganz mit zimtfarbenen Federn bedeckt. Der kleine Busch brauner Kopffedern hatte eine Höhe von 25 mm erreicht, war also länger als der der Althenne mit 1,5 mm. 1961 hatte auch der Zoo Antwerpen mit seinem Paar Erfolg: Am 13. Juni 1961 schlüpfte aus 3 Eiern ein Küken, das sich unter der Fürsorge der Eltern und des Pflegers gut entwickelte, aber Anfang August plötzlich an Haarwurmbefall starb. 1960 hatte Antwerpen von CORDIER nochmals 3,4 und 1962 2,2 Kongopfauen kaufen können, so daß man nun Zuchtversuche auf breiterer Basis beginnen konnte. Zu diesem Zweck wurden die Vögel teils im Zoo Antwerpen, teils in dessen Außenstation Planckendael unter verschiedenen ökologischen Bedingungen gehalten, um so die geeignetste Pflegemethode zu erarbeiten. Die naheliegende Idee, den Kongopfau unter möglichst natürlichen Umweltverhältnissen in Volieren mit dichter tropischer Vegetation, einer Bodendecke aus Torf und Moos sowie hoher Luftfeuchtigkeit und Wärme zu pflegen, bewährte sich in Antwerpen nicht. Alsbald stellten sich Parasitosen in Form von Haarwurm- und Coccidienbefall, Schimmelpilzerkrankungen der Atemwege sowie bakterielle Erkrankungen ein. Eine gleichbleibend hohe Wärme führte zu hohen Legeleistungen, die sich über das ganze Jahr erstreckten und nur unbefruchtete Eier brachten. Die Ursache hierfür dürfte darin zu suchen sein, daß im Kongo ein regelmäßiger Wechsel von Regen- und Trockenzeit mit deutlichen Temperaturunterschieden eine Ruhe- und Fortpflanzungszeit der Vögel bewirkt, die außerdem in trockenen lichten Wäldern leben. Durch die ständig gleichbleibende Temperatur der Voliere verausgabten sich die Hennen durch dauernde Legetätigkeit. Auch große Außenvolieren in Planckendael mit Waldcharakter, die die Paare während der Sommermonate bewohnten, führten nur zu sporadischer Legetätigkeit der Hennen ohne Brutversuche.

Greifbare Erfolge stellten sich dort erst ein, als man zur Vermeidung der genannten Krankheiten möglichst sterile Haltungsbedingungen und zur Vermeidung von Störungen der sensiblen Vögel allseitig geschlossene Großvolieren schuf. Diese enthalten keine Pflanzen, sondern nur einige Sitzäste sowie einen 80 cm über dem Boden auf einem abgesägten Stamm befestigten, mit Stroh gefüllten Nistkorb. Der Volierenboden besteht aus Beton und ist mit einer hohen Schicht Seesand, mit zerkleinerten Austernschalen vermischt, bedeckt. Das Dach besteht aus durchsichtigem, gewelltem Kunststoff und einer 10 cm darunter gespannten nachgiebigen Plastikdecke, die einen Aufprall beim Gegenfliegen der Vögel in Paniksituationen dämpft. Durch einen an der Wand installierten Zentralheizungskörper kann die Raumtemperatur reguliert werden, und ein Luftbefeuchter sorgt für die gewünschte Höhe der Luftfeuchtigkeit. Ein kleiner Unterstand erlaubt es einem Küken führenden Paar in vermeintlichen Gefahrensituationen dorthinein zu flüchten. Die Seitenwände der Volieren sind verschiebbar. Die Haltung eines Hahnes mit 2 Hennen hat sich nicht bewährt. Er ist mit einer Henne fest verpaart und beachtet die andere überhaupt nicht, während sein Weibchen das andere mehr oder weniger heftig zu verfolgen pflegt. Auch die bei manchen anderen Phasianiden bewährte Methode, die Hähne monogyner Arten während der Fortpflanzungszeit wahlweise zu einzeln gehaltenen Hennen zu setzen, ist bei *Afropavo* nutzlos: Ein fest verpaarter Hahn interessiert sich nur für die eigene Henne. Versuche, durch künstliche Besamung höhere Befruchtungsquoten der Gelege zu erreichen, mißlangen. Die Hähne nahmen die zur Samenabgabe notwendige Kloakenmassage übel und stellten danach regelmäßig eine Zeitlang die Futteraufnahme ein. Als Universalfutter wird in Antwerpen die folgende Mischung verabreicht: 10,5 % Hanfsamen, 25,4 % Brotkrumen, 10,5 % Magermilchpulver, 21 % Legehennen-Pellets in Granulatform, 5,3 % Luzernemehl, 10,5 % gemahlenes trockenes Rindfleisch, 1 % Brauereihefe, 5,3 % Algenmehl, 1 % Honig, 0,5 % Dorschlebertran, 8,5 % Schweinefett und 0,5 % Vitamine und Spurenelemente.
Außer diesem Futter erhalten die Vögel Fasanen-Pellets in Granulatform, ein Körnergemisch (Mais, Schälhafer, Gerste geschält und ungeschält, Weizen, Sorghum, Buchweizen, gelbe Hirse), Ameisenpuppen, Mehlkäferlarven, Wachsmottenraupen, Heimchen, geraspelte Möhren, feingewiegtes Grünzeug, gekochten Reis, Früchte (Weinbeeren, Rosinen),

Tomatenschnitze, zerkleinerte Austernschalen und Grit. Diese von den Tierärzten des Zoo Antwerpen zusammengestellten Futtergemenge haben sich beim Kongopfau bewährt. Die zwecks wirksamer Hygiene durch die verminderte Luftfeuchtigkeit und den trockenen Seesand bewirkte Trockenheit in den neuen Volieren führte bei den Kongopfauen zwar zu einem stumpferen Gefieder, aber auch geringeren Verlusten durch Erkrankungen. Durch mögliche Umschaltungen der Zentralheizung auf Trocken- und Regenzeitklima pendelte sich die Fortpflanzungstätigkeit auf eine bestimmte Jahreszeit ein, und die Gelege waren nun in unterschiedlichem Umfang befruchtet, so daß sich der Zuchtstamm endlich langsam aber stetig vermehrte. Die Pfauhennen erwiesen sich stets als so zuverlässige Brüterinnen und Mütter, daß von Kunstaufzuchten Abstand genommen werden konnte. Kunstbrut ergab jedenfalls keine besseren Resultate als die Naturbrut. Bei einer Inkubatortemperatur von 38,3 °C und einer Luftfeuchtigkeit von 60 % schlüpften die Küken komplikationslos. Durch beigegebene Eintagsküken lernen sie schnell, Futter vom Boden aufzupicken. In den ersten Tagen erhalten sie Kanarienaufzuchtfutter, danach zunehmend Mückenlarven und erweichte getrocknete Ameisenpuppen. Nach einer Woche wird dieses Futter durch Wachsmottenraupen, Heimchen und Drosophilafliegen angereichert. Als Todesursachen erwachsener Kongopfauen kommen außer den erwähnten parasitären, mykotischen und bakteriellen Erkrankungen häufig Todesfälle durch Arteriosklerose der Coronar-Arterien vor, die mit der Ernährung im Zusammenhang stehen müssen. (Nach Ansicht des Verfassers könnte diese auf die Zugabe von Schweinefett zum Mischfutter zurückzuführen sein.) Schädeltraumen nach Anfliegen gegen Volierengitter und -wände in Panik sind nicht selten, und Todesfälle durch Streßsituationen (Einfangen, Transporterregung, Furcht in einer neuen Umgebung) kommen häufig vor. Seit 1962 sind, durch schwierige politische Verhältnisse in Zaire bedingt, keine Importe von Kongopfauen nach Europa oder die USA mehr erfolgt. Aus einer weltweiten Umfrage der WPA im Jahre 1982 geht hervor, daß zu diesem Zeitpunkt insgesamt 67 Kongopfauen gepflegt wurden, davon 63 in Europa und 4 in den USA. Das ist ein schöner Haltungserfolg, der durch die umfangreichen Versuche des Antwerpener Zoos mit dieser interessanten Vogelart möglich wurde. In der Bundesrepublik Deutschland haben bisher nur der Vogelpark Walsrode und der Zoo Berlin (1986) den Kongopfau gezüchtet.

Allgemein kann gesagt werden, daß *Afropavo* nach Eingewöhnung in seine Umgebung ein gut haltbarer Phasianide ist, dessen Weibchen empfindlicher als die Männchen zu sein scheinen. Die Vögel werden leicht vertraut, wenn der Pfleger sie daran gewöhnt, ihm Leckerbissen von der Hand abzunehmen. Trotzdem ist man auch dann vor plötzlichen Panikausbrüchen nie sicher und kann durch Traumen leicht einen wertvollen Vogel verlieren.

Weiterführende Literatur:
APPELMAN, F. J.: The Congo Peacock *(Afropavo congensis)* Avic. Mag. 67; pp. 41–42 (1961)
CHAPIN, J. P.: The Birds of the Belgian Congo, Bd. IV; Bull. Amer. Mus. Nat. Hist. 75; pp. 626–628 (1954)
CORDIER, CH.: Betrachtungen über den Kongopfau. Gef. Welt 10; pp. 181–186 (1959)
DERS.: Über den Kongopfau und andere Fragen. Gef. Welt 12; pp. 222–224 (1962)
CRANDALL, L. S.: The Congo Peacock in captivity. Avic. Mag. 55; p. 208 (1949)
DELACOUR, J.: The Pheasants of the World. 2. Edition XVI. The Congo Peacock, Genus *Afropavo*; pp. 368–382. Spur Publications 1977
JEGGO, D.: Congo Peafowl, *Afropavo congensis*. Dodo 9; pp. 43–49 (1972)
JOHNSGARD, P. A.: The Pheasants of the World; *Afropavo*, pp. 276–280; Oxford Univ. Press, Oxford 1986
LOVEL, T. W. I.: The present status of the Congo Peacock. WPA-Journal I; pp. 48–57 (1975–1976)
ROLES, D. G.: Rare Pheasants of the World. Chapter 15 – Congo Peafowl; pp. 103–106. Spur Publications 1976
SKIPPER, G.: On the breeding of Congo Peafowl at Copenhagen Zoo. Avic. Mag. 85; pp. 160–161 (1979)
STEINBACHER, J.: Die Entdeckung des Kongopfaus. Eine neue Vogelart in Afrika entdeckt. Natur und Volk 68; pp. 395–402 (1938)
DERS.: Neues vom Kongopfau *(Afropavo congensis)*. Gef. Welt 7; pp. 130–132 (1961)
VAN BOCXSTAELE, R.: Le programme d'elevage du Paon Congolais au Zoo d'Anvers. – Zoo (Anvers) 45; pp. 47–59 (1979)
VAN DOORN, C.: Der Kongopfau. Freunde des Kölner Zoo IV; pp. 3–7 (1961)
VERHEYEN, W. N.: Der Kongopfau. Die Neue Brehmbücherei; p. 60 (1965)

Asiatische Pfauen
Pavo, Linné 1758

Engl.: Indian Peafowls

Die Asiatischen Pfauen gehören zu den größten altweltlichen Phasianiden. Beide Geschlechter tragen auf dem Hinterscheitel eine kahlschäftige, am distalen Ende mit spatelförmigen Fahnen oder in der ganzen Länge mit schmalen Fahnen versehene Federkrone, die stets aufrecht getragen wird. Der Schnabel ist schlank, die Gesichtsregion in der Augenumgebung zum Teil unbefiedert. Die starren Oberschwanzdecken sind bei adulten Hähnen zu einer bis zu 1500 mm langen „Schleppe" aus zerschlissenenfahnigen, schillernden, am Endabschnitt mit farbigen Augenflecken („Pfauenaugen") versehenen Federn verlängert, die bei der Balz fächerförmig zu einem Rad aufgerichtet werden. Die darunter liegenden, bis zu 45 cm langen Schwanzfedern, insgesamt 20, sind stufenförmig zu einem Keil angeordnet, ohne Schillerstruktur und stützen senkrecht aufgerichtet hinten das ausgebreitete Pfauenrad. Die Unterschwanzdecken haben Daunenstruktur. An den gerundeten Flügeln ist die erste Handschwinge viel kürzer als die zehnte. Der lange schlanke und doch kräftige Lauf ist viel länger als die Mittelzehe und beim Hahn mit einem kurzen kräftigen Sporn versehen. Die Geschlechter sind verschieden gefärbt, beim Blauen Pfau stärker als beim grünen Ährenträger.

Pfauen sind zwar polygyn, doch bewacht der Hahn nach Beobachtungen von SCHALLER sowie HOOGERWERF keinen Harem, wie das bei den Truthühnern der Fall ist. Der Pfauhahn besitzt vielmehr ein festes Revier mit Balzplatz, das gegen männliche Rivalen verteidigt wird. Die Pfauhennen durchwandern lediglich die Territorien der Hähne und lassen sich paarungsbereit von ihnen treten. Die beiden Arten der Gattung bewohnen den südostasiatischen Raum.

Blauer Pfau
Pavo cristatus, Linné 1758

Engl.: Indian Peacock.
Abbildung: Seite 713 oben und unten links.
Heimat: Nach SALIM ALI ist der Pfau in Nordindien entlang der südlichen Himalaja-Ausläufer und auf den Bergketten des indischen Subkontinents bis in Lagen von 1800 m örtlich häufig anzutreffen und bewohnt praktisch ganz Vorderindien mit dem Indus als Westgrenze, kommt auch in Jammu und Süd-Kaschmir vor und ist ostwärts bis zum Lakhimpur-Distrikt Assams (bis ca. 95° östlicher Länge) verbreitet. Auf Sri Lanka bewohnt er vorwiegend die trockenen Küstenebenen im Nordwesten, Osten und Südosten der Insel, deren Inneres nur in verstreuten Kolonien in der Umgebung von größeren Wasseransammlungen. In Teilen Sinds (Pakistan) wurde er eingebürgert und lebt dort in den Gebieten von Haiderabad, Mirpurkhas, Umarkots und Sehwans in halbwildem Zustand. Sehr häufig ist er in Gudjrat und Rajasthan. Auch auf den Andamanen ist er erfolgreich ausgewildert worden. Keine Unterarten.
Beschreibung: Der Hahn trägt auf dem Scheitel eine aus starren, kahlschäftigen, nur am Ende mit spatelförmigen, blauschillernden Fahnen besetzten Federn bestehende aufrechte Krone. Ein von den Nasenlöchern zum Auge reichendes Band sowie ein breiter halbmondförmiger Fleck unter dem Auge sind unbefiedert, weiß; ein die beiden nackten Kopfpartien trennender breiter, befiederter Zügelstreif dunkelblau, die übrigen befiederten Kopfpartien metallisch blau; Hals- und Oberbrustgefieder zerschlissen, seidig blau, je nach Lichteinfall grün oder purpurn reflektierend; Rückengefieder metallisch hellgrün, jede Feder mit blauem Mittelstreif und V-förmigem braunem Fleck sowie schmalem schwarzem Saum, wodurch ein Schuppenmuster entsteht. Die insgesamt 100 bis 150 Oberschwanzdeckfedern bilden eine lange Schleppe. Ihre langen, zerschlissenen Fahnen glänzen metallisch grün und reflektieren je nach Lichteinfall bronzelila oder purpurn; sie tragen vor dem Ende einen großen runden bis herzförmigen Augenfleck (Pfauenauge); dieser besteht aus einem dunkelblauen Mittelfleck, der von je einem breiten, leuchtend emailblauen und bronzebraunen sowie je einem darauf folgenden schmalen, goldgrü-

Rheinartfasanen, *Rheinardia ocellata* (s. S. 683)
(Aquarell von Kobayashi aus Avicultural Magazine 1939, p. 311)

nen und bronzelilafarbenen Ring umgeben wird; Schultern und kleinere Flügeldecken grob und unregelmäßig blaß gelbbraun und braunschwarz gebändert; Armschwingen und deren Deckfedern schwarz, auf den Außenfahnen blau getönt; Handschwingendecken metallisch blau, Handschwingen licht rotbraun; Unterbrust, Flanken und Unterbauch schwarz und dunkelgrün; Schenkel hell isabellfarben, auf der Oberhälfte schmal schwarz quergebändert. Unterschwanzdeckfedern flaumig zart, hellgrau, schwarz gespitzt. Iris braun, Schnabel hell horngrau, Läufe hell braungrau.

Länge 1800 bis 2300 mm, wovon auf die Schleppe allein 1400 bis 1600 mm entfallen; Flügel 440 bis 500 mm; Schwanz 400 bis 450 mm; Gewicht 4100 bis 6000 g.

Bei der Henne sind Krone, Scheitel, Zügel und Oberhals kastanienbraun, jede Feder bronzegrün gesäumt; Überaugenstreif, Kopfseiten und Kehle weiß, Unterhals, Oberrücken und Oberbrust metallisch grün; übrige Oberseite erdbraun mit hellerer Wellenzeichnung; Handschwingen und Steuerfedern schwarzbraun mit weißlich gefleckten Außenfahnen. Bürzel und Schwanzdecken mit noch hellerer Wellenzeichnung; Federn der Unterbrust dunkelbraun mit breiten isabellfarbenen Säumen; Unterbauch hell isabellfarben, Schenkel, Afterregion und Unterschwanzdecken erdbraun mit weißlicher Sprenkelung. Iris braun, Schnabel und Läufe hornbräunlich.

Länge 900 bis 1000 mm; Flügel 400 bis 420 mm; Schwanz 325 bis 375 mm; Gewicht 2700 bis 4000 g.

Jungvögel haben noch kurze Kronen und hell isabellfarbenes Gesicht sowie eine hellbraune, braunschwarz gebänderte und gesprenkelte Oberseite; Unterseite mit Ausnahme der bräunlichen Brust cremeweiß. Nach der ersten Mauser lassen sich Junghähne an den hell kastanienbraunen, dunkelbraun gesprenkelten Handschwingen erkennen. Einjährige Hähne sind recht unterschiedlich gefärbt, jedoch sind bei ihnen in der Regel Kopf und Hals blau, die Brust schwarz und grün. Zweijährige Hähne tragen noch kurze Schleppen ohne Pfauenaugen. Die Länge der Schleppe kann bis zum 6. Lebensjahr zunehmen.

Dunenküken sind hell isabellbraun mit dunkelbraunem Nacken und Hinterhals sowie dunkelrötlichem Rücken; Schnabel und Läufe sind braun.

Gelegestärke durchschnittlich 3 bis 5; Ei hell cremeweiß bis isabellfarben, nur ganz selten gefleckt (61 bis 76 mm × 43 bis 59 mm); Gewicht 103,5 g; Brutdauer 28 Tage.

Lebensgewohnheiten: Als Habitat schätzt der Pfau lichte laubabwerfende Wälder wie die des Salbaumes, dichten Dornbusch aus Ziziphus-Sträuchern, die Gestrüppe der verwilderten Lantana-Röschen sowie hohe Elefantengras-Dschungel und meidet dichte Regenwälder. Wasser muß stets vorhanden sein. Außerhalb der Brutzeit leben die Vögel in nach Geschlechtern getrennten Trupps aus Althähnen und den Hennen mit ihren erwachsenen Jungen. Zu Beginn der Fortpflanzungszeit, die mit dem Einsetzen der Monsunregen übereinstimmt, erkämpfen sich die Althähne ihre Reviere, die sie in heftigen Gefechten mit Artgenossen behaupten müssen. Jeder Hahn versammelt 3 bis 5 Hennen um sich, die nach SCHALLER freiwillig in seinem Revier bleiben und nicht nach Puterart von ihm „gehütet" werden. Wie bei allen Phasianiden ist auch beim Pfau der Tagesablauf geregelt. Der Trupp übernachtet hoch in den Ästen des immer wieder benutzten Schlafbaumes und begibt sich bei Sonnenaufgang zu den Futterplätzen. Danach wandern die Vögel im Gänsemarsch unter Beachtung aller Vorsichtsmaßnahmen zu ihrer Wasserstelle, um anschließend nahrungssuchend ihr Territorium zu durchstreifen, wobei sie große Strecken zurücklegen. Während der Mittagshitze wird an einem vor Feinden sicheren Platz, beispielsweise einer Lichtung inmitten undurchdringlichen Gestrüpps, Siesta gehalten und die Zeit mit Dösen und Sandbaden verbracht. Am Spätnachmittag suchen die Vögel nochmals die Wasserstelle auf, äsen bis zum Abend und finden sich bei Einbruch der Dämmerung an ihrem Schlafbaum ein.

Pfauen gehören zu den vorsichtigsten Dschungelbewohnern, die stets mißtrauisch in alle Richtungen äugen und durch ihre Alarmrufe manches schleichende Raubtier um seine Beute gebracht haben. Das Dschungelwild weiß denn auch genau, was Pfauenalarm zu bedeuten hat und richtet sich danach. Bei Gefahr flüchten Pfauen geduckt und mit lang ausgestreckten Hälsen geschickt durch dichtes Gestrüpp, wobei die langen schweren Schleppen der Althähne diesen nicht hinderlich zu sein scheinen. Nur große freie Flächen, wie Flußläufe und Täler, werden fliegend überquert. Natürlich fliegen Pfauen auch bei unmittelbarer Gefahr auf, und es ist erstaunlich, daß ein Schleppenträger es fertig bringt, aus dem Stand raketenartig steil vom Boden abzuheben und mühelos über hohe

Hahn des Kongopfaus, *Afropavo congensis* (s. S. 696)

Baumwipfel zu fliegen. Der Flug ist kraftvoll und fördernd mit schnellen Flügelschlägen, die von Gleitphasen unterbrochen werden. Dabei werden die Schwanzfedern gespreizt, die langen Schleppfedern eng gebündelt gehalten. Pfauen sind Allesfresser, die aufnehmen, was ihnen genießbar erscheint, ob es nun eine junge Kobra oder Menschenkot ist. In landwirtschaftlichen Gebieten Indiens, deren Einwohner den Pfau als Emblem des Gottes Krischna verehren und schützen, können die Vögel gelegentlich zu Ernteschädlingen werden. Allbekannt, aber in seiner Bedeutung noch nicht ganz geklärt, ist das Radschlagen des Pfauhahnes. Dazu entfaltet er seine Schleppe zu einem etwas über die Vertikale gebogenen Fächer, in dessen Zentrum der senkrecht gehaltene Hals mit schräg abwärts gehaltenem Kopf und geöffnetem Schnabel den Mittelpunkt bildet. Die dahinter aufgerichteten und ausgebreiteten Schwanzfedern stützen zusätzlich die langen, Pfauenaugen tragenden Schwanzdecken. Dazu werden beide Flügel halb geöffnet, herabhängend getragen und in zitternder Bewegung gehalten. Die prächtigen Radfedern werden häufig in vibrierende Bewegung versetzt, ein Raschelgeräusch erzeugend. Der balzende Hahn folgt niemals einer Henne, sondern verhält sich ruhig, wenn diese sich nähert, und nur einige Halsbewegungen verraten seine Erregung. Das Weibchen seinerseits kommt wie zufällig, scheinbar unbeteiligt auf dem Boden herumpickend auf den Radschläger zu, der sich sofort umdreht und ihm seine Rückseite präsentiert. Die Henne rennt daraufhin um das Rad herum an dessen Vorderseite, was den Hahn veranlaßt, die langen Prachtfedern in raschelnde Bewegung zu versetzen und der Henne wiederum seine Rückfront zuzuwenden. Nach mehrfacher Wiederholung dieser Handlung duckt sich die Henne schließlich vor dem Hahn nieder, der seinen Fächer zusammenklappt, mit lautem „Miiaau" auf sie zurennt und sie ganz nach Haushuhnart tritt. SCHENKEL betrachtet das Radschlagen des Pfauhahnes als ritualisiertes Futteranbieten an die Henne, denn ähnlich balzende Männchen anderer Phasianiden, beispielsweise die Pfaufasanen, bieten ihren Hennen noch richtige Futterbröckchen im Schnabel als Paarungseinleitung an. Das Radschlagen dürfte aber auch eine Imponierfunktion besitzen, denn winzige Pfauenküken nehmen bereits diese Haltung gegenüber Geschwistern und vermeintlichen Feinden ein, ebenso gelegentlich erwachsene Pfauhennen.

Die legebereite Pfauhenne scharrt inmitten dichten Gestrüpps eine Mulde, wählt aber auch alte Greifvogelhorste, Mulden zwischen dicken Baumästen, geeignete Plätze in den Mauern von Haus- und Tempelruinen, zuweilen sogar Hausdächer in Dörfern als Nistplätze aus. Sie sitzt sehr fest, und es wird behauptet, daß sie während der 28tägigen Erbrütungsdauer das Gelege überhaupt nicht verläßt. Die Küken laufen an ihren Seiten oder unter ihrem Schwanz und picken während der ersten Tage das Futter vom Schnabel der Mutter ab. Sie wachsen langsam, sind mit einem halben Jahr noch nicht voll ausgewachsen und bleiben bis zur nächsten Brutsaison mit der Mutter, die sich anderen führenden Weibchen anschließt, zusammen.

Über das reichhaltige Stimmrepertoire des Pfaus ist bisher noch wenig berichtet worden. Der laute, unangenehm miauende Ruf der Hähne ist als einzige Stimmäußerung allgemein bekannt und wird vor allem während der Paarungszeit von den Revierhähnen auch nachts vom Schlafbaum ausgestoßen. Gelegentlich kann auch die Pfauhenne miauend rufen. Beim Auffliegen wird ein lautes „Kok kok kok" ausgestoßen. Der eigentliche Alarmruf ist ein lautes Kreischen, auf das unter pumpenden Kopf- und Halsbewegungen eine Reihe 6- bis 8mal hintereinander ausgestoßener keuchender Laute, fast wie Eselsgeschrei, folgt, die sich mit „Ká-aan . . . ká-aan . . . ká-aan" übersetzen lassen. Verlassenheit wird durch einen traurig klingenden Schrei, „Aah-aah", ausgedrückt. Küken stoßen pfeifende Pieptöne aus.

Haltung: Der Pfau, wohl der älteste Ziervogel der alten Welt, war den Mittelmeerkulturen bereits seit über 3000 Jahren bekannt. Die Könige Kleinasiens und die Pharaonen Ägyptens hielten ihn bereits in ihren Gärten. Aber erst durch den Eroberungszug Alexanders des Großen gelangten Pfauen in größerer Zahl nach Griechenland und von dort später nach Rom, das ihn als Tafelvogel besonders schätzte. In der Zeit um Christi Geburt gab es in Italien zahlreiche Pfauenzüchtereien, und gegen Ende des 2. Jahrhunderts n. Chr. waren die Pfauen nach dem Ausspruch des ANTIPHANES gemeiner als Wachteln und daher in ihrem Ansehen sehr zurückgegangen. Nach Frankreich, Deutschland und England gelangte der Pfau von Italien, doch gehörte er bis vor ca. 500 Jahren bei uns noch zu den Seltenheiten.

Bei uns ist der Pfau winterhart, standorttreu und, in größerer Anzahl zusammen gehalten, verträglich. Zu schweren Kämpfen kommt es zwischen den Hähnen selten und anderes Haus- und Ziergeflügel läßt er in Frieden. Auch Menschen werden von Blauen

Pfauhähnen, im Gegensatz zu den Hähnen des Ährenträgerpfaus und mancher Fasanenart, nicht angegriffen. Alle diese guten Eigenschaften in Verbindung mit einem prächtigen Äußeren machen den Pfau zu einem idealen Ziervogel größerer Garten- und Parkanlagen. In kleinen Gärten allerdings können sich Pfauen durch das Verbeißen junger Triebe und das Köpfen von Blumen recht unbeliebt machen. Bemängelt wird auch die laute, unangenehm miauende Stimme der Hähne, die sie in den Ruf gebracht hat, Vögel mit engelhaftem Gefieder, aber der Stimme des Teufels zu sein.

An das Futter stellt der Pfau keine besonderen Ansprüche, sondern kommt mit der üblichen Hühnernahrung, dazu einem kräftigen Weichfutter nebst Grünzeug vollständig aus. Die Unterkünfte sollen nicht zu klein sein, damit sich die Hähne nicht ihre langen Schleppen zerstoßen. Als ausreichend können Ställe von 3 m Breite, 3 m Tiefe und wenigstens 3 m Höhe bezeichnet werden. In ihnen werden die Sitzstangen 1,5 m über dem Boden befestigt. Bei Haltung im Freiflug wählen sich die Pfauen selbst Äste hoher Bäume zum regelmäßigen Nachtquartier und pflegen auch den Winter über dort zu schlafen. Auf einen im Freilauf gehaltenen Hahn rechnet man 4 bis 5 Hennen, die bei uns gewöhnlich gegen Mitte April zu legen beginnen. Bei Volierenhaltung bereitet man der Henne in der Stallecke ein Nest, indem man zu unterst Rasenstücke, darüber eine Moosschicht und oben darauf eine Heulage packt; das Nest soll ca. 50 cm hoch sein. Dort hinein legt man das erste aufgefundene Ei, und in den meisten Fällen wird die Pfauhenne dann auch ihre übrigen Eier ins Nest legen. Nimmt man das erste Gelege fort, so wird bald danach ein zweites gebracht, und bei mehrfacher Wiederholung der Prozedur kann man von einer Henne jährlich bis zu 25 Eier erhalten. Die meisten Züchter nehmen das erste und zweite Gelege fort und lassen der Pfauhenne dann das dritte zum Erbrüten. Eier dürfen aus dem Nest nur entfernt werden, wenn die Henne dasselbe verlassen hat, weil sie anderenfalls das Nest nicht mehr aufsucht. Die ersten Gelege kann man Puten oder Hühnerglucken großer Rassen, beispielsweise Rhodeländer-Hennen, unterlegen. Die Glucke sollte bereits erprobt sein, weil sie lange brüten und später die Küken lange führen muß. Hat man eine Pute zur Verfügung, so ist diese noch geeigneter, weil sie die Pfauenküken besser als eine Hühneramme bemuttert und führt. Pfauhennen selbst sind sehr gute Mütter, die ihre Küken sorgfältig aufziehen und tapfer verteidigen.

Die geschlüpften Küken bringt man mit ihrer Mutter oder Amme in einen großen Aufzuchtkasten, den man in einer geschützten Voliere oder bei schlechtem Wetter in einem hellen Schuppen aufstellt. Während der ersten Tage reicht man das Futter für Küken und Mutter im Aufzuchtkasten selbst, vor allem wenn die Küken von einer Pute oder Henne betreut werden. Haben die Pfauenküken eine ungeschickte Amme, dann gehen sie manchmal schwer ans Futter, und der Pfleger muß sich vergewissern, ob sie auch richtig fressen; sollte das nicht der Fall sein, müssen die Küken durch Vorhalten eines Bissens mit der Pinzette oder durch Klopfen mit dem Finger auf ein Brettchen mit Futter zur Nahrungsaufnahme veranlaßt werden. Ein probates Mittel besteht auch darin, den Pfauenküken 2 Hühnerküken von ähnlicher Farbe zuzugesellen, durch deren gutes Beispiel die kleinen Pfauen gewöhnlich schnell zur Futteraufnahme veranlaßt werden. Am besten legt man der Glucke acht Tage nach Unterlegen der Pfaueneier zwei Hühnereier zu, damit die Pfauenküken gleich nach dem Schlüpfen Lehrmeister haben. Haben sie sich an die Hühneramme gewöhnt, läßt man sie durch die Gitterstäbe des Aufzuchtkastens in den Auslauf oder auf ein gemähtes Rasenstück laufen. Futter und Wasser werden außer Reichweite der Glucke gestellt. Es wird empfohlen, die Glucke mindestens 1½ Monate im Aufzuchtkasten zu belassen, weil die Kleinen im Alter von 3 bis 6 Wochen besonders dadurch gefährdet sind, daß die Ammen zu viel mit ihnen herumstreifen; die Küken gehen dann leicht an Überanstrengung, heißen Sonnenstrahlen oder nassem Gras zugrunde. Erst wenn bei ihnen die Krönchen gut entwickelt sind, kann man sie unbesorgt mit der Amme umherlaufen lassen. Zu beachten ist, daß Pfauenküken während der ersten Lebenswochen sehr wärmebedürftig sind.

Als Aufzuchtfutter reichte man früher vor allem frische Ameisenpuppen. Heute beginnt man die Aufzucht mit Kükenstarter (Putenkükenstarter in mehl- oder feinkrümeliger Form), dazu Quarkkäse, Eierrahm, viel feingeschnittenem Grünzeug, später auch Schabefleisch, Hirse und jederzeit Mehlwürmer. Laufen die jungen Pfauen erst frei mit der Mutter umher, suchen sie sich einen Großteil des Futters selbst. Pfauen entwickeln sich langsam. Sie sind mit 6 Monaten noch nicht voll ausgewachsen und erreichen erst gegen Ende des Winters nach ihrer Geburt die volle Größe. Junghennen legen bereits im zweiten Jahr, die Schleppe erhalten Junghähne erst im dritten.

Schwarzflügelpfau (Mutation)

Engl.: Black-winged Peafowl.
Abbildung: Seite 713 unten rechts.
Beschreibung: Der Hahn unterscheidet sich von dem der gewöhnlichen blauen Form durch das schwarze, dunkelgrün und blau gesäumte Schulter-, Flügeldecken- und Armdeckengefieder, welches bei ersterer isabellfarben mit feiner schwarzer Querbänderung ist. Auch sind bei der schwarzflügeligen Form Mittelrücken und Schleppe stärker goldbronzefarben, und die Schenkelbefiederung ist schwarzbraun mit feiner schwarzer Querbänderung. Einjährige Hähne unterscheiden sich von Hennen durch den blauen Hals, rötlichbraune Handschwingen sowie die stärker schwarz gemusterte Oberseite. Schwarzflügelhennen sind viel heller gefärbt als gewöhnliche Pfauhennen. Ihre Scheitelfedern sind rötlich bronzefarben gespitzt, Seiten- und Hinterhals rötlich mit bronzegrünen Federspitzen. Das Gefieder der Unterseite ist cremeweiß, wobei jede Feder entlang ihres Schaftes einen grauen Streifen aufweist. Die cremeweiße Oberseite ist mehr oder weniger stark graubraun gesprenkelt; die größeren Flügeldecken und Armschwingen besitzen weiße Außenfahnen, und die inneren Armschwingen sind kräftig schwarzbraun gemustert; die Handschwingen sind rötlichbraun, auf den Außenfahnen und entlang der Schäfte dunkelgrau gefleckt. Oberschwanzdecken weiß mit schwarzer Schaftstreifung; Schwanzfedern braunschwarz, zart hellbraun gesprenkelt. Die Dunenküken sind cremeweiß mit rötlichbraunem Anflug auf Flügelchen und Schwänzchen sowie ganz hell fleischfarbenen Schnäbeln und Füßen.
Entstehung: Schwarzflügelpfauen traten als Mutation ganz plötzlich in blauen Stämmen auf. Die ersten Zuchten dieser Form sind aus England bekannt geworden und werden bereits im Jahre 1823 von LATHAM erwähnt. CHARLES DARWIN hat dieser interessanten Mutation spezielle Studien gewidmet. Kreuzungen zwischen Blauen und Schwarzflügelpfauen ergeben entweder normal blauen oder schwarzflügeligen Nachwuchs, und die Nachkommen von Schwarzflügeln gleichen stets vollkommen den Elternvögeln.
Der Schwarzflügelpfau ist im Aussehen schöner als der Blaue, dem er in Haltung und Widerstandsfähigkeit vollständig gleicht.

Weißer Pfau (Mutation)

Engl.: White Peafowl.
Abbildung: Seite 714 unten links.
Beschreibung: Die reinweiße Mutation des Blauen Pfaus ist in ihrer Erscheinung außerordentlich eindrucksvoll. Ein besonders schönes Bild bietet der radschlagende weiße Hahn vor einem dunkelgrünen Hintergrund aus Buschwerk und Bäumen. Die Mutation vererbt sich rein weiter. Kreuzungen zwischen Blauem und Weißem Pfau sind mischerbig und weisen bei normal blauem Gefieder einige weiße Handschwingen auf. Unter sich verpaart entsteht eine Nachkommenschaft aus 25 % reinerbig blauen, 25 % reinerbig weißen und 50 % mischerbig blauen Vögeln.
Dunenküken des Weißen Pfauen sind cremeweiß gefärbt.
Haltung: Der Weiße Pfau stellt in der Pflege kaum andere Ansprüche als der Blaue, ist jedoch gegen ungünstige Witterungseinflüsse nicht so widerstandsfähig wie die Stammform. Auch die Küken sind zarter und empfindlicher.

Gescheckter Pfau (Mutation)

Engl.: Dappled Peafowl.
Beschreibung: Unter der Voraussetzung, daß sie eine möglichst gleichmäßige Zeichnung aufweisen und viel Weiß im Gefieder haben, sind Scheckpfauen schöne Vögel, die oft höher bezahlt werden als Blaue. Kreuzt man einen blauen Pfauhahn mit weißen Hennen, dann erhält man keine Schecken, sondern blaue Vögel mit einigen weißen Schwungfedern; deren Nachkommen sind zu 25 % reinweiß, zu 25 % reinblau und zu 50 % blau mit weißen Schwingen, also wie die Eltern gefärbt. Paart man Vögel der ersten Kreuzung zwischen Blau und Weiß mit reinweißen Pfauen, dann wird die Nachkommenschaft je zur Hälfte reinweiß und reinblau. Daraus geht hervor, daß die Scheckenstämme eine echte Mutation bilden. Wird eine Scheckhenne mit einem reinweißen Hahn gekreuzt oder umgekehrt, dann erhält man nur Schecken. Kreuzt man dagegen Schecken mit reinblauen Pfauen, dann erhält man Vögel, die im überwiegend blauen Gefieder einige weiße Flecken aufweisen und nicht sehr schön aussehen. Am wertvollsten sind gescheckte Pfauen mit tiefblauem Kopf und Hals nebst einer möglichst regelmäßigen Verteilung der weißen Gefiederpartien über den Körper.

Spalding-Pfau (Mutation)

Engl.: Spalding's Peacock.
Beide Pfauenarten kreuzen sich ohne weiteres und ergeben unbegrenzt fruchtbare Mischlinge. Besonders dekorative Vögel sind Mischlinge zwischen dem Schwarzflügelpfau und dem Ährenträger. Sie wurden nach der kalifornischen Züchterin Mrs. SPALDING benannt, die diese Vögel als reinvererbende Mutation fixieren konnte.
Beschreibung: Beim Spalding-Pfau sind Hals und Brust glänzend goldgrün, je nach dem Lichteinfall auch seegrün oder grünblau. In der Federstruktur steht der Vogel zwischen den Eltern: Die Halsfedern sind nicht so zerschlissen wie beim Blauen Pfau und die Federränder treten deutlicher hervor, ohne aber so starke Schuppenmusterung wie beim Ährenträger zu erhalten. Rücken und Schleppe sind prächtig goldgrün und kupferbronzefarben wie beim Ährenträger, die dunklen Federsäume der Rückenschuppen nicht ganz so breit wie bei diesem. Die Schultern sind blaugrün bis goldgrün, die Armschwingen schwarz, die Handschwingen zimtgelb, die Flügeldecken dunkelblau, die Flügelecken grüngelb. Im Gegensatz zum Ährenträger sind die innersten großen Flügeldeck- und Schulterfedern und die innersten Armschwingen bräunlichgrau, dunkel gewellt und gesprenkelt. Die Form der nackten Gesichtshaut ist wie beim Ährenträger, jedoch reinweiß, am unteren Rand blaßgelb. Der Kopffächer ähnelt dem des Blauen Pfaus, ist aber mehr zusammengedrückt und schräg nach vorn gestellt. Füße grau wie beim Ährenträger.
Haltung: Über den Spalding-Pfau kann J. BERGMANN, Emsteckerfeld, nur Gutes berichten. Sein Hahn ist sehr wetterhart. Er schreit wie der Blaue Pfau „Hiaau", aber auch „Jau" und manchmal nasal „Haóngha". Die Schreie sind jedoch fast immer etliche Phon leiser als beim Blauen Pfau, und er schreit seltener.

Ährenträgerpfauen
Pavo muticus, Linné 1766

Engl.: Green Peafowls.
Abbildung: Seite 714 oben und unten rechts.
Die grünen Ährenträgerpfauen ersetzen die blaue vorderindische Art in Südost-Assam, Burma, Thailand, Indochina, Süd-China, auf der Malaiischen Halbinsel und der Insel Java. Auf Sumatra und Borneo fehlen sie. Im Erscheinungsbild weicht der Ährenträger erheblich vom Blauen Pfau ab. Er ist zwar nicht größer und schwerer als dieser, wirkt jedoch durch den langen, schlanken Hals, längere Läufe und aufrechtere Haltung viel eindrucksvoller. Den Kopf schmückt ein eng zusammenstehendes Bündel aus 10 bis 12 schmalfahnigen Federn, die bei einiger Phantasie kornährenähnlich wirken, kein Krönchen wie beim Blauen Pfau bilden und dazu doppelt so lang sind. Das Halsgefieder besteht aus gerundeten Federn, die gleich dem Brust- und Mantelgefieder glänzend blaugrün mit breiter rotgoldener oder gelbgrüner, metallisch schimmernder Säumung ein Schuppenmuster bilden. Die nackten Gesichtspartien sind kobaltblau und ockergelb gefärbt. Die übrigen Gefiederpartien ähneln denen des Blauen Pfaus, glänzen jedoch metallisch bronzefarben. Die Schleppenfedern gleichen denen des Vorderinders. Ährenträgerhennen ähneln in der Färbung ihren Hähnen viel mehr als die des Blauen Pfaus. Die Oberschwanzdecken bestehen bei ihnen aus kurzen bronzegrünen, ockergebänderten Federn, und die Läufe sind kürzer, doch wie beim Männchen gespornt. Zu brauchbaren Unterscheidungsmerkmalen der Ährenträgerhennen von Junghähnen gehören die bei den Weibchen braunen, statt blauschwarzen Zügelfedern sowie dunkelbraun gebänderte und gesprenkelte Handschwingen, die bei jungen Männchen einfarbig braun gefärbt sind. In den Bewegungen und im Temperament wirkt der Grüne Pfau ungestümer, stärker und lebendiger als der Blaue. Auch seine Stimme weicht erheblich von der des letzteren ab, klingt gedämpfter und für menschliche Ohren angenehmer, wie „Ha-o-ha!". Im Sozial- und Balzverhalten bestehen zwischen den beiden Arten kaum Unterschiede.
Dem ostasiatischen Kulturkreis ist der imponierende, grünschillernde Riesenpfau seit langem bekannt, zumal er in China Süd-Jünnan bewohnt. Er wurde häufig in andere Teile Chinas und nach Japan gebracht, und ist dort der einzige in der Kunst dargestellte Pfau. Nach DELACOUR wurde er den Europäern zuerst nur durch bildliche Darstellungen

bekannt, und den Beschreibungen ALDROVANDIS (1522 bis 1605), BRISSONS, BUFFONS und LINNÉS soll dazu ein Bild des Vogels gedient haben, das einst ein Kaiser Japans dem Papst geschenkt hatte. 1813 teilt der niederländische Zoologe TEMMINCK mit, daß noch kein Ährenträgerpfau nach Europa gebracht worden sei, der französische Naturforscher LE VAILLANT jedoch einige dieser Vögel in einer Voliere in Kapstadt gesehen habe, wohin sie über die portugiesische Kolonie Makao aus China gelangt seien. Ein genauer Termin des Erstimports nach Europa ist nach DELACOUR nicht bekannt. Der britische Zoologe E. T. BENNET teilt mit, er habe 1831 zwei lebende Ährenträger im Londoner Zoo gesehen, die dieser durch LORD HOLMESDALE aus Burma erhalten habe, und im Jahre 1851 waren in der Knowsley Menagerie des EARL OF DERBY Ährenträger aus Burma und Java vertreten. Soweit bisher bekannt, gelang die europäische Erstzucht dem Londoner Zoo mit der burmanischen Unterart am 22. Juni 1867, dem niederländischen Züchter POLVLIET mit Vögeln aus Java vor 1872 und dem französischen Züchter CORNELY 1873. Später ist die Zucht aller 3 Unterarten häufig geglückt.

Viele Kenner halten den stolzen Ährenträgerpfau für den schönsten und eindrucksvollsten Hühnervogel überhaupt, und mit Sicherheit hätte er den Blauen Pfau bei uns längst ersetzt, wenn dem nicht einige negative Eigenschaften gegenüberständen. Ährenträger sind längst nicht so winterhart wie Blaue Pfauen und müssen während der kalten Jahreszeit in Mitteleuropa einen frostfreien Schutzraum erhalten. Wegen ihrer Aggressivität kann man weder in der Voliere noch im Freilauf wie beim Vorderinder mehrere Hähne zusammenhalten. Auch werden Althähne, zuweilen selbst Hennen, dem Menschen gefährlich. Eine Freihaltung in Parkanlagen ist deshalb nicht anzuraten, weil ein so großer und kräftiger Vogel bei Angriffen mit seinen scharfen Sporen vor allem Kindern gefährlich werden kann.

Malaiischer Ährenträgerpfau
Pavo muticus muticus, Linné 1766

Engl.: Javanese Green Peafowl.
Heimat: Malaiische Halbinsel nordwärts bis zum Isthmus von Kra. Im Staatsgebiet von Malaysia, wo die Art noch vor 1940 Küstengebiete beiderseits der Halbinsel bewohnte, wurde der Bestand nach DAVISON in den 60er Jahren durch starke Bejagung ausgerottet. Die letzte Population hielt sich im Besut-Distrikt (Trengganu) an der Ostküste. Auf Java, wo Ährenträger früher recht häufig waren, gegenwärtig auf Schutzgebiete im Osten (Baluran-Reservat) und Westen (Udjong Kulon) beschränkt.
Beschreibung: Beim Hahn weisen Scheitel, Kehle und ein schmaler Oberhalsabschnitt kurze, metallisch blaugrüne Federn auf, wobei die Scheitelfedern grüner, die der übrigen blauer sind; auf der hinteren Scheitelmitte ein 120 bis 150 mm langer, schmaler, fast senkrecht stehender Schopf aus schmalen goldgrünen Federn. Kopfseiten größtenteils unbefiedert, von der Ohrregion zur Schnabelbasis hell chromgelb, die Augenumgebung hell kobaltblau, eine breite Zügelbinde sowie ein schmaler Streif über dem Auge kurzbefiedert, blauschwarz. Federn des Halses, Oberrückens und der Brust breit und gerundet, im größtenteils verdeckten Zentrum dunkelblau, auf den Seiten in Grün übergehend, breit kupfrig golden und darunter schmal grün gesäumt, insgesamt ein Schuppenmuster bildend. Mantel, Rücken und Schwanz wie beim Blauen Pfau, nur metallischer, kupfriger, die Schwanzfedern erdbraun, in der Schaftregion ockerbraun gezeichnet und endgesäumt; Flügeldecken leuchtend metallischblau und -grün; Armdecken schwarzbraun mit isabellbrauner Sprenkelung und Bänderung sowie blaugrüner Säumung der Federn; Armschwingen auf den verdeckten Innenfahnen schwarzbraun, den Außenfahnen dunkelblau und grün; Handschwingen einfarbig ockerbraun. Bauch und Flanken dunkelgrün, Schenkelgefieder schwarz, braun gesprenkelt, Unterschwanzdecken sehr dunkelgrau, Steißgefieder flaumig, trübgrau. Schnabel und Beine braunschwarz, die Iris braun.
Länge 1800 bis 3000 mm; Flügel 460 bis 540 mm; Schleppe 1400 bis 1600 mm; Schwanz 400 bis 475 mm; Gewicht 3860 bis 5000 g.
Zweijährige Hähne unterscheiden sich durch die noch kurze, pfauenaugenlose Schleppe von Althähnen; bei einjährigen Hähnen sind die bei Adulten glänzenden Gefiederpartien weniger metallisch, die Schwanzdecken isabell gebändert. Sie sind somit

Hennen recht ähnlich, von diesen jedoch stets durch längere Läufe, einen blauschwarzen statt braunen Zügelstreif und fast rein ockerbraune Handschwingen unterschieden.

Weibchen ähneln in der Gesamtfärbung den Männchen, besitzen aber bei weitem nicht deren leuchtendes Gefieder; das Brustgefieder ist trüb isabellfarben gesprenkelt, was entsprechend der Federabnutzung Änderungen zu unterliegen scheint; Rücken und innere Flügeldecken sind schwarz, ockrig isabellfarben gebändert und grün gesäumt. Die Oberschwanzdecken erreichen fast die Schwanzfederenden, sind goldgrün, isabellfarben gebändert und schwarz gesprenkelt. Handschwingen ockerbraun, auf Außenfahnen und Spitzenteilen schwarz gefleckt. Schwanzfedern schwarz mit ockerbrauner Bänderung. Der Zügelfleck kastanienbraun; Lauf kürzer und bei manchen Hennen mit kurzem Sporn bewehrt.

Länge 1000 bis 1100 mm; Flügel 420 bis 450 mm; Schwanz 400 bis 450 mm; Gewicht einer sehr fetten Ährenträgerhenne des Berliner Zoo 4100 g. Dunenküken sind größer und grauer gefärbt als die des Blauen Pfaus.

Gelegestärke 3 bis 5; Ei größer als das von *P. cristatus*, doch von gleicher Farbe (70 bis 86 mm × 52 bis 60 mm); Eigewicht 110 bis 140 g; Brutdauer 28 bis 30 Tage.

Lebensgewohnheiten: Über Lebensweise und Verhalten des Malaiischen Ährenträgers sind wir durch den langjährigen Leiter des javanischen Naturreservates auf der Halbinsel Udjung Kulon (West-Java) HOOGERWERF am besten informiert worden. Sein Bericht ist auch deshalb von besonderem Interesse, weil die Beobachtungen in einem der wenigen, auch heute noch vom Menschen unbeeinflußten Gebiete Javas durchgeführt wurden. Die Gesamtpopulation des Ährenträgerpfaus im genannten Gebiet wird auf 200 bis 250 geschätzt. Im dem größtenteils von Hochwald bedeckten Gelände leben die Pfauen auf großen Waldwiesen, in angrenzenden lichten Wäldern sowie entlang der Waldränder. Da diese Gebiete dem Menschen leicht zugänglich sind, lassen sich die scheuen Pfauen dort gut beobachten. Oft grasen sie zusammen mit Banteng-Rindern, Samburhirschen, Muntjaks und Wildschweinen; auch Bankivahühner, Kuhreiher, Wollhalsstörche und Mainastare werden dort häufig angetroffen. Die Ährenträger-Pfauen durchstreifen das Wiesengelände in kleinen verstreuten Trupps und als Einzelgänger. Ein halbes Dutzend und mehr erwachsene oder halberwachsene Vögel können sich das ganze Jahr hindurch auf einem Gebiet von einem Hektar gemeinsam aufhalten, ohne daß man zwischen ihnen irgendeine Bindung bemerken würde, es sei denn, die der Hennen mit ihrem Nachwuchs. Wahrscheinlich sind es auch Weibchen, die zusammen mit ihrem Gesperre außerhalb der Brutzeit zur Zeit des Südwest-Monsuns in größeren Verbänden locker zusammenleben. Die größte, am 8. Januar beobachtete Zahl waren 20 Vögel, die in geringem Abstand voneinander grasten. Unter diesen befanden sich 2 oder 3 Monate alte Jungvögel, aber kein einziger Schleppenträger. Zahlreiche Ährenträger kommen auch an gemeinsamen Übernachtungsplätzen zusammen, so an einem 24. Mai bei einer Gebang-Palme auf Wiesengelände. Sie teilen dort nicht selten ihre Plätze mit Wollhalsstörchen, Nimmersatts und Sunda-Marabus. Es war für HOOGERWERF immer wieder ein Erlebnis, einen Ährenträgerhahn mit langer Schleppe laut rufend auf eine hohe Palme fliegen zu sehen, und es erscheint fast unbegreiflich, wie so ein schwerer Vogel es fertigbringt, eine ganze Nacht hindurch in 20 m Höhe auf einem fast dauernd im Wind auf und ab schwankenden Palmenwedel zu fußen und dabei noch zu schlafen. Eine Bindung zwischen den Vögeln fehlt auch dort: Schleppentragende Hähne trennen sich als Einzelgänger morgens sofort von den anderen Artgenossen. Ährenträgerpfauen sind extrem mißtrauisch und behalten ihre Umgebung ständig nach allen Richtungen hin im Auge. Beim Auftauchen von Menschen reagieren sie unterschiedlich. Ist die Gefahr noch weit entfernt, flüchten sie selbst dann zu Fuß in die nächste Deckung, wenn sie dabei weite, offene Geländestrecken überqueren müssen. Trennt sie jedoch nur eine kurze Entfernung vor plötzlich auftauchenden Feinden, ergreifen sie fliegend die Flucht. Zu Fuß fliehen sie entweder stumm oder unter nicht allzu lauten „Tak tak tak-Krrrroooo"-Rufen. Im Falle des Auffliegens stoßen sie ein durchdringendes, mehrfach wiederholtes Alarmgeschrei aus, das 1 km und weiter zu vernehmen ist. Dieses Geschrei wird auch aus anderen Anlässen ausgestoßen, z. B. als Reaktion auf Tigergebrüll, woraufhin grasendes Schalenwild panikartig zu sicheren Plätzen eilt. Auf welligem Terrain überraschte Pfauen versuchen in geduckter Haltung stumm zu flüchten. Das bekannteste Geschrei ist der wie „Kii-ou" klingende Revierruf der Hähne, der während der Fortpflanzungszeit frühmorgens, spätnachmittags, gelegentlich auch nachts auf dem Schlafplatz ausgestoßen und von den Nachbarhähnen beantwortet wird. Während der Paarungszeit rufen beide Geschlechter „Owwoooo-kokokoko". Außerhalb der Fortpflanzungszeit sind die Pfauen recht schweigsam, und es können Tage vergehen, ohne daß man einen Laut von ihnen hört. Sie sind gute, aber nicht ausdauernde Flieger, die senkrecht aufzufliegen und über hohe Baumkronen zu segeln vermögen. Auf der dem javanischen Festland vorgelagerten Insel Pulu Peudjang ist der Pfauenbestand wohl deshalb häufig großen Schwankungen unterworfen, weil die Vögel den 500 bis 800 m breiten Meeresarm häufig in beiden Richtungen überqueren werden. Eine Bindung zwischen revierbesitzenden schleppentragenden Hähnen und in der Nähe grasenden Hennen konnte HOOGERWERF nie feststellen. Doch tut bei Ansichtigwerden männlicher Artgenossen der Revierhahn so, als ob er den Weibchentrupp schützen müsse. Es kommt zu heftigen Kämpfen, die nach den Untersuchungen SCHALLERS (1964) am Blauen Pfau des indischen Kanha-Nationalparks jedoch weniger Besitzansprüche eines Harembesitzers zum Motiv haben, sondern dem Verjagen fremder männlicher Artgenossen aus dem eigenen Revier dienen. Weder SCHALLER noch HOOGERWERF haben bei ihren Beobachtungen die geringsten Anzeichen für eine noch so kurze Bindung der Geschlechter bei den beiden Pfauenarten feststellen können.

Die Hennen entfernen sich vom Hahn wann und wo immer sie wollen, ohne daß dieser versucht, sie zusammenzutreiben. Der revierbesitzende Pfauhahn scheint also lediglich durch sein Territorium ziehende Weibchentrupps zu dulden. Wie INGLIS in Burma feststellen konnte, läuft ein kopulationsbereites Weibchen auf den Hahn zu, worauf dieser die Begattung ohne jedes Vorspiel vollzieht. Auf Udjung Kulon umfaßt ein Pfauenrevier die Fläche von 120 bis 180 m^2 mit einem oft nur 15 m^2 großen Balzplatz darin, auf dem sich der radschlagende Hahn die meiste Zeit über aufhält. Da in dem genannten Gebiet West-Javas neben der Zahl der radschlagenden Hähne auch noch viele weitere Schleppenträger beobachtet wurden, wurde vermutet, daß diese aus Platzmangel ihre Reviere in anderen Habitaten gründen würden. Tatsächlich spricht das Vorkommen radschlagender Ährenträger in der Strandzone für diese Möglichkeit. In Udjung Kulon fällt der Höhepunkt der Fortpflanzungszeit des Ährenträgerpfaus auf die Dauer des trockenen Nordost-Monsuns in die Monate Juli bis Oktober. Während dieser Zeit sind die Hähne besonders ruffreudig und kampflustig. Auch wird dann häufig die sogenannte „Tanzzeremonie" der Revierhähne beobachtet, bei der sie in schnellem Flatterlauf mit horizontal gehaltener Schleppe laut schreiend in der Nähe von Hennen hin und her rennen. Diese schauen sich das Schauspiel kurz und offenbar uninteressiert an, um danach weiterzuäsen. Ein Radschlagen des Hahnes nach der Tanzzeremonie unterbleibt. Alle von HOOGERWERF gefundenen Nester standen in ausgedehnten Gebieten unbewaldeten, mit 30 bis 80 cm hohem Alang-Alang-Gras und anderen deckenden Pflanzen bestandenen Geländes und waren flache Bodenmulden, in die wohl mehr zufällig trockenes Pflanzenmaterial geraten war. Vollgelege bestanden aus 2 bis 5 Eiern, und die Kükenzahl führender Hennen betrug durchschnittlich 3 Stück. Diese sind schnell flugfähig und werden über 3 Monate lang von der Mutter geführt, können aber bei Verlust derselben bereits mit einem Monat selbständig sein. Wie bei vielen anderen Tropenvögeln werden Bruten auch außerhalb der Hauptfortpflanzungszeit beobachtet, sehr selten während des Höhepunktes der Regenzeit (Dezember bis Februar) sowie ausnahmsweise von März bis Juni. In den genannten Monaten sind dementsprechend schleppentragende Pfauhähne selten. Nach Volierenbeobachtungen von KURODA nimmt die Schleppenmauser ca. einen Monat in Anspruch, während dem von den insgesamt 156 langen Oberschwanzdeckfedern täglich 6 abgestoßen werden.

Haltung: Der Termin des Erstimportes des Malaiischen Ährenträgers nach Europa ist nicht genau bekannt, muß aber aufgrund der Mitteilungen TEMMINCKS nach 1813 erfolgt sein. 1851 besaß der LORD OF DERBY in der Knowsley Menagerie auch Java-Ährenträgerpfauen. Der niederländische Ziergeflügelliebhaber POLVLIET in Rotterdam hat Java-Ährenträger schon vor 1872 gezüchtet (Erstzucht?). Von 1 Paar erhielt er jährlich 6 bis 8, einmal sogar 10 Junge und löste, wie DÜRIGEN mitteilt, aus 40 gezüchteten Ährenträgern die Summe von 5000 Franken.

Gegenwärtig ist der Malaiische bzw. Javanische Ährenträger-Pfau als die schönste Unterart auch die

o. Blauer Pfau, *Pavo cristatus*, radschlagend (s. S. 702)
u. l. Blauer Pfau
u. r. Schwarzflügelpfau, eine Mutation des Blauen Pfaus (s. S. 708)

am häufigsten gehaltene und gezüchtete. Aus einer weltweiten Umfrage der WPA geht hervor, daß im Jahre 1982 insgesamt 365 dieser herrlichen Vögel gehalten wurden, davon 172 in den USA, 69 in Europa, 56 in Asien, 34 in Kanada, 30 in Australien und 4 in Lateinamerika.

Indochina-Ährenträgerpfau
Pavo muticus imperator, Delacour 1949

Engl.: Indo-Chinese Green Peafowl.
Heimat: Ganz Indochina, äußerster Süden Yünnans, Thailand bis zur Meerenge von Kra sowie Ost-Burma bis zur Salwen-Irawadi-Stromscheide im Westen.
Beschreibung: Gesamtfärbung nicht so leuchtend wie bei der malaiischen Unterart; Säume des Hals-, Oberrücken- und Brustgefieders nicht so goldgrün, kupfriger; Unterbrust und Flanken matter und dunkler, Mantel und Rücken etwas bläulicher, weniger golden. Flügeldecken und Außenfahnen der Armschwingen blauer, matter, weniger grün gesäumt.
Flügel 480 mm; Schleppe 1550 mm (DELACOUR).
Bei der Henne sind die Brustgefiedersäume stärker isabellfarben gemustert, weniger grün und die Flügeldecken weniger leuchtend als bei der Unterart *muticus*.
Flügel 445 mm; Schwanz 455 bis 550 mm (DELACOUR).
Lebensgewohnheiten: Wie die malaiische und burmanische Unterart bewohnt auch der Indochina-Ährenträger offenes Gelände wie Flußufer, Waldlichtungen und lichte Wälder. In Indochina war er zu DELACOURS Zeiten überall in zusagenden Gebieten recht häufig, was vermutlich gegenwärtig nicht mehr der Fall sein wird. Während der Herbst- und Wintermonate leben sie in großen Gesellschaften zusammen, und DELACOUR erinnert sich, eines Morgens auf einem Süßkartoffelfeld an einem Steilhang des Quangtri-Flusses in Zentral-Annam 40 Ährenträgerpfauen auf der Nahrungssuche beobachtet zu haben.

o. Paar des Ährenträgerpfaus, *Pavo muticus* (s. S. 709)
u. l. Hähne des Weißen Pfaus, eine Mutation des Blauen Pfaus (s. S. 708)
u. r. Kopfporträt eines Hahns des Ährenträgerpfaus

Haltung: Nach DELACOUR war der Indochina-Ährenträgerpfau die in Europa und den USA am häufigsten gehaltene Unterart. In Indochina und Thailand werden häufig aus gesammelten Wildgelegen erbrütete Pfauen zahm in der Umgebung der Dörfer gehalten.
Wie aus einer weltweiten Umfrage der WPA ersichtlich, wurden 1982 insgesamt 93 Indochina-Ährenträgerpfauen gemeldet, von denen allein 80 in Ländern Asiens gehalten wurden.

Burma-Ährenträgerpfau
Pavo muticus spicifer, Shaw u. Nodder 1922

Engl.: Burmese Green Peafowl.
Heimat: West-Burma, vermutlich ostwärts bis zum Irawadi; in Indien nach LAMBA (1979) in Nord-Cachar und Manipur jetzt sehr selten oder fast ausgerottet, auch in Mizo (Lushaiberge) vorkommend. Noch 1957 aus dem Japeiguri-Distrikt West-Bengalnes gemeldet.
Beschreibung: Von den beiden anderen Unterarten ist diese durch mattere und blauere Gesamtfärbung erheblich unterschieden. Kehle dunkelblau, Hals- und Brustgefieder graugrün gesäumt, der Rücken bläulicher, weniger goldgrün; Flügeldecken schwarz mit nur sehr schmaler dunkelblauer Federsäumung; die Armschwingen ebenfalls dunkler, Unterbauch und Flanken matter, blauer, die Unterschwanzdecken heller grau. Die Gesichtshaut nicht so intensiv blau und gelb gefärbt.
Etwas geringere Größe.
Flügel 425 bis 501 mm; Schwanz 396 bis 440 mm; Schleppe 1282 bis 1524 mm (BAKER).
Auch Hennen der Burma-Unterart sind insgesamt matter und blauer gefärbt, die Federn der Oberseite weisen viel ausgedehntere braunschwarze Bezirke auf als bei den Weibchen der anderen beiden Unterarten.
Lebensgewohnheiten: Nach SMYTHIES bewohnt der Daung der Burmanen fast alle Dschungeltyen von den dichten Grassümpfen bis zu lichten Buschdschungeln, bevorzugt jedoch entschieden den offenen Trockenwald entlang der Ufer großer Flüsse und die Nachbarschaft von Kulturland. Ob der Ährenträgerhahn sich einen Harem aus mehreren Hennen hält, wie SMYTHIES noch mitteilt, ist seit den Beobachtungen SCHALLERS sowie HOOGERWERFS umstritten: Die Weibchen werden nicht von ihm zusammengehalten, scheinen vielmehr frei-

willig in seiner Nachbarschaft zu bleiben, kommen und gehen deshalb, wann sie wollen. C. M. INGLIS (bei SALIM ALI; p. 127) beobachtete eine Kopulation: Die Henne näherte sich ruhig einem gerade balzenden Hahn. Dieser gab daraufhin einen lauten Kreischton von sich, rannte mit hängender Schleppe auf sie zu und hielt sich während der Begattung mit dem Schnabel in ihrem Nackengefieder fest. Danach entfernte sie sich, und der Hahn begann erneut mit dem Radschlagen. Die meisten Gelege werden in Burma während der Monate März bis Mai, wenige auch im September gefunden. Bei den Burmanen gilt der Ährenträgerpfau als der scharfäugigste Dschungelbewohner, der sich, scheu und wachsam, so leicht nichts entgehen läßt. Der lange Alarmruf bei Gefahr klingt, als ob man 2 Bambusstäbe zusammenschlägt: „Tak-tak-kerr-r-r-oo-oo ker-r-r-roo!". Die Stimme des Hahns ist ein lautes „Käi-jja, käi-jaa!". Es klingt trompetend und hat nichts mit dem miauenden Schrei des Blauen Pfauhahns gemein. Der Tagesablauf ist streng geregelt. Nach dem Abflug vom Schlafbaum begeben sich die Pfauen auf Nahrungssuche zu den Flußufern und auf die Felder. Die heißen Mittagsstunden werden in dichtem sicherem Dschungelgelände verdöst und zwischendurch Sandbäder genommen. In den späten Nachmittagsstunden geht es erneut zu intensiver Futtersuche auf die Felder, und nachdem nochmals am nahen Fluß getrunken wurde, fliegen sie auf ihre Schlafbäume, in Burma meist wenig belaubte Baumriesen.

Haltung: Burma-Ährenträger wurden früher häufig von Kalkutta nach Europa verschifft. Die 1831 durch LORD HOLMESDALE in den Londoner Zoo gelangten Ährenträger stammten nachweislich aus Burma, und 1851 war diese Unterart in der Knowsley Menagerie des LORD DERBY vertreten. 1864 erhielt der Londoner Zoo wiederum einen Hahn aus Arrakan (Burma), noch im gleichen Jahr 2 Hennen, und am 22. Juni 1867 gelang dort erstmalig die Zucht. Nach DELACOUR wurden vor dem letzten Krieg von ihm in Clères (Normandie) und im Foxwarren-Park (England), beides großen Ziergeflügelsammlungen, Burmanische und Indochinesische Ährenträger in Volieren – auch zum Vergleichen der beiden Unterarten – nebeneinander gehalten und gezüchtet. Der bekannte deutsche Phasianidenzüchter MAX STEFANI hatte ebenfalls Zuchterfolge mit der Burma-Unterart und schreibt darüber: „Der Ährenträger von Burma ist wenig kleiner als der von Java, nicht so empfindlich gegen Wetterunbilden als letzterer, dessen Heimat dem Äquator erheblich näher liegt und ergiebiger in der Zucht. Während BEEBE in seinem „Monograph of the Pheasants" als Gelege des Ährenträgers in der Freiheit 4 bis 6, in Gefangenschaft bis zu 8 Eiern anführt, habe ich während eines Zeitraumes von 5 Jahren bei meinen Ährenträgerinnen stark abweichende Beobachtungen zu verzeichnen: Von 3 Hennen legte ein auffallend großer, anscheinend javanischer älterer Vogel durchschnittlich jährlich „nur" 15 Eier, von den beiden kleineren, vermutlich burmanischen Hennen die jüngere 25, die ältere sogar 40 Eier. Ob diese auffallende Mehrlegeleistung meiner Hennen gegenüber BEEBES Feststellungen auf die Haltung zurückzuführen ist, wage ich nicht zu entscheiden."

„Das Ei des Burmanischen Ährenträgers wiegt 110 bis 125 g, das des Javanischen 120 bis 140 g."

„Die Legezeit beginnt Ende April. Eine Regelmäßigkeit der Eiablage kennt der Ährenträger nicht. Während die meisten Fasanenartigen ihre Eier mit großer Pünktlichkeit in den Abendstunden zu legen pflegen, legen Ährenträgerhennen zu den verschiedensten Tageszeiten und schalten zwischen den einzelnen Eiern ungleich lange Ruhepausen ein, was offenbar auch witterungsbedingt ist: Bei wärmerem Wetter legt die Henne jeden 2. oder 3. Tag, tritt jedoch kühlere Witterung oder gar andauernd regnerisches Wetter ein, werden längere Pausen eingeschaltet."

„Nach 28- bis 30tägiger Bebrütung schlüpfen die Küken. Schon aus dem Ei bringen sie stark entwickelte Flügel mit. Frische Ameisenpuppen bilden in den ersten Lebenstagen ihre Hauptnahrung, die dann durch Beigaben von Mehlwürmern in größeren Mengen und mit Milch angefeuchtetem Weißbrot ergänzt wird. Regenwürmer nehmen sie nur zögernd, aber kleine Schnecken sind stets begehrt. Später wird unter dem Körnerfutter Spitzsamen bevorzugt. Die Aufzucht junger Ährenträger gewährt dem Pfleger viel Freude und bietet oft Gelegenheit zu Beobachtungen eigener Art. Die Küken versuchen schon in ihren ersten Lebenstagen ‚Rad' zu schlagen. Sie spreizen die Flügel und bemühen sich, die anfangs kaum mehr als 1 cm langen Stummelschwänzchen zu einem möglichst vollkommenen Halbkreis zu formen. So treten sie, zitternd vor Aufregung und bestrebt, durch stärkstes Aufplustern des Gefieders einen achtunggebietenden Eindruck zu erwecken, vor eines ihrer Geschwister, das seinerseits versucht, den Gegner durch gleiches Tun einzuschüchtern. So stehen sich oft 2 radschlagende Stummelschwanzträger gegenüber, ohne daß jedoch einer den anderen angreift. Schließlich klappen sie gleichzeitig ihre ‚Räder' zusammen, legen die Flügel wieder an und jagen vereint einer Fliege nach. Aber nicht nur gegen ihresgleichen treten sie so auf, sondern auch gefährlichere Gegner versuchen sie in dieser Weise einzuschüchtern. Als ich einmal meine Deutsche Dogge damit beauftragt hatte, ein etwa zweiwöchiges mutterloses Ährenträgerküken im Garten vor Katzen zu bewachen, bedrohte der kleine Gernegroß den Hund, der sich niedergetan und seinen gewaltigen Kopf auf die Pfoten gelegt hatte, spreizte die Flügel, entfaltete sein Stummelschwänzchen zu einem ‚Rad' und steuerte in dieser ‚furchterregenden' Aufmachung auf den Kopf des Hundes zu, um dicht vor ihm haltzumachen und minutenlang vor Kampfeslust zitternd – sich um ihn zu drehen!"

„Die Selbständigkeit erreichen junge Ährenträger erst spät; selbst im Alter von 6 bis 8 Monaten folgen sie noch der führenden Glucke und ertragen die schließliche Trennung von ihr anfangs schwer."

„Hält man Ährenträger im Gehege, so sollte dieses 80 m² Bodenfläche als Mindestmaß aufweisen, wenn einem Hahn mehrere Hennen beigegeben werden. Diese befehden sich meist und der schwächeren muß Gelegenheit zum Ausweichen geboten werden. Ein im Winter mäßig erwärmter Schutzraum sollte vorhanden sein. Bei einwandfreier Haltung erreichen Ährenträger ein Alter von mehreren Jahrzehnten."

Da die burmanische Unterart die in der Färbung am wenigsten attraktive Form des Ährenträgers ist, wird sie gegenwärtig kaum noch gehalten.

Auf eine weltweite Umfrage der WPA hin, meldete sich 1982 nur eine europäische Haltung von Burmanischen Ährenträgern mit 2 Vögeln.

Weiterführende Literatur:

BAKER, E. C. S.: The Fauna of British India. Vol. V, Birds. Peafowls; pp. 282–285; Taylor & Francis, London 1928
DERS.: Game Birds of India, Burma and Ceylon, Vol. III. Peafowl; pp. 72–99; Bombay Nat. Hist. Soc. 1930
BEEBE, W.: Monograph of the Pheasants, Bd. IV; Peafowls; pp. 163–191. Witherby London 1922
BERGMANN, J.: The Peafowl of the World. Saiga Publ. Co. Ltd. 1980
BLAAUW, F. E.: Some notes on *Pavo nigripennis*. Avic. Mag. 3. Ser. Vol. IV; pp. 330–331 (1913)
DANIEL, J. C.: Imported ancestors of Green Peafowl in Jalpaiguri District (West Bengal); J. Bengal. Nat. Hist. Soc. 29; p. 11 (1957)
DAVISON, G. W. H.: Status of the Pheasants, Malaysia and Indonesia; Pheasants in Asia 1979; pp. 29–32. Proc. I. Intern. Symp. Pheasants Asia, Kathmandu, Nepal, 21.–23. 11. 1979
DELACOUR, J.: The Pheasants of the World. 2. Edition; Peafowl; pp. 356–358. Spur Publications 1977
DÜRIGEN, B.: Die Geflügelzucht. Pfauen; pp. 324–328; P. Parey, Berlin 1886
HAMPE, A.: Die Pfauen. Gef. Welt 67; pp. 10–11 u. 21–23 (1938)
HEEKEREN TOT WALIEN, VAN, L.: Over den Javaanschen Pauw (*Pavo muticus L.*); Ardea 1; pp. 13–16 (1912)
HENRY, G. M.: A Guide to the Birds of Ceylon. The Indian Peafowl; pp. 255–257; Oxford University Press, London 1949
HOOGERWERF, A.: Enkele aanteekeningen over de Javaansche Pauw (*Pavo muticus*) in het wildreservaat Oedjoeng Koelon. Limosa 20; p. 247 (1947)
DERS.: Udjung Kulon. The land of the last javan rhinoceros; Burung Merak (*Pavo muticus L.*); pp. 432–436. E. J. Brill, Leiden 1970
JOHNSGARD, P. A: The Pheasants of the World; *Pavo*, pp. 267–275; Oxford Univ. Press, Oxford 1986
JOHNSINGH, A. J. T., MURALI, S.: The ecology and behaviour of the Indian Peafowl; pp. 1069–1079; J. Bombay Nat. Hist. Soc. 75 (suppl.) – 1980
KURODA, N.: Birds of the Island of Java, Vol. II, *Pavo muticus*; pp. 692–695; Publ. by the Author, Tokyo 1936
LOWTHER, E. H. N.: A bird photographer in India; Peahen at the nest; pp. 84–85; Oxford University Press, London 1949
MAARSEVEEN, VAN, R. H. I.: Pauwen en boschkippen in het jaar 1939. Ned. Ind. Jager 10; p. 198 (1940)
OGILVIE-GRANT, W. R.: A Handbook to the Game-Birds, Vol. II; Peafowl; pp. 77–84; E. Lloyd, London 1897
SALIM ALI, RIPLEY, S. D.: Handbook of the Birds of India and Pakistan, Vol. 2; pp. 123–127. Oxford University Press, London 1980
SCHALLER, G. B.: Notes on the behaviour of the Peafowl; Newsletter for Birdwatchers (Bombay) 4; pp. 1–3 (1964)
SMYTHIES, B. E.: The Birds of Burma. Green Peafowl; pp. 432–433; Oliver & Boyd, Edinburgh–London 1953
WISSEL, C. VON, STEFANI, M.: Fasanen und andere Hühnervögel. Ährenträger; pp. 259–267, J. Neumann-Neudamm, Neudamm 1940

Perlhühner
Numididae

Engl.: Guineafowls.
Innerhalb der Ordnung Hühnervögel bilden die Perlhühner eine aus 4 Gattungen mit ca. 7 Arten bestehende Familie, die zweifellos in der äthiopischen Region entstand. Nur eine Unterart des Helmperlhuhns konnte während einer Pluvialzeit der Sahara in die Paläarktis (Marokko) vordringen, während das Vorkommen je einer Unterart von *Numida* in Süd-Arabien und auf Madagaskar auf Einbürgerung durch den Menschen zurückgehen dürfte. Perlhühner sind terrestrisch lebende Hühner von rundlicher, kompakter Gestalt mit kurzen breiten Flügeln und kurzem gerundetem, 14- bis 16federigem Schwanz, der größtenteils von den langen Oberschwanzdecken verdeckt wird. Das Gefieder der Hauben-, Geier- und Helmperlhühner ist durch dichte, beetartig angeordnete weiße bis bläuliche Perl- und Tropfenfleckung charakterisiert, und nur bei den primitiven Waldperlhühnern (*Agelastes*) trägt das dunkle Körpergefieder eine wenig hellere Wellenmusterung. Der bei den Helmperlhühnern mit einem Knochenzapfen, den Haubenperlhühnern einem dichten Federschopf gezierte Scheitel läßt zusammen mit dem fast nackten Gesicht und Hals sowie dem dichten, kompakten Körpergefieder den Perlhuhnkopf klein erscheinen, was bei den ganz kahlköpfigen Wald- und Geierperlhühnern noch mehr der Fall ist. Der kurze kräftige, leicht gebogene Schnabel der Perlhühner trägt auf der Oberschnabelbasis eine weiche Wachshaut, innerhalb der sich die schlitzförmigen Nasenlöcher befinden. Bei Helm- und Haubenperlhühnern, angedeutet bei den Geierperlhühnern, entspringen jederseits neben dem Schnabelwinkel länglich ovale, rundliche oder zapfenförmige Hautläppchen, die bisweilen die Kinnregion überdecken und deswegen häufig nicht ganz korrekt „Kinnlappen" genannt werden. Die stämmigen Läufe tragen nur bei Wald- und Geierperlhühnern kurze Sporenknöpfe. Die Geschlechter der Perlhühner sind gleichgefärbt. Hybriden von Perlhühnern sind mit Kammhühnern, Jagdfasanen und Pfauen erzielt worden und erwiesen sich als unfruchtbar. Das westafrikanische Helmperlhuhn ist zum Haustier geworden. In der Ziergeflügelhaltung spielen Wildperlhühner keine große Rolle. Doch werden Hauben- und Geierperlhuhn in großen Sammlungen häufig gezeigt. Wildfänge bleiben lange scheu und züchten selten. Ein Import Handaufgezogener würde die Volierenzucht sehr erleichtern.

Waldperlhühner
Agelastes, Bonaparte 1849

Engl.: White-breasted Guineafowl, Black Guineafowl.
Der afrikanische Regenwaldgürtel wird von zwei zwergkämpfergroßen Hühnervögeln bewohnt, die wenig Ähnlichkeit mit Perlhühnern aufweisen, jedoch aufgrund gemeinsamer anatomischer Merkmale eng mit ihnen verwandt sind. So besitzt beispielsweise das 2. Metacarpale bei ihnen keinen rückwärtigen Fortsatz, der die Lücke zwischen ihm und dem 3. Metacarpale überbrücken würde, wie dies bei echten Phasianiden, nicht aber bei Perlhühnern der Fall ist. Die rote Haut des Kopfes ist bei einer Art ganz nackt, bei der anderen bis auf einen schmalen Kamm samtartiger Scheitelfederchen fast kahl. Die schwärzlichen Gefiederteile weisen eine hellere zarte Tüpfel- und Wellenmusterung auf, wie sie sich auch bei Subadultkleidern der übrigen Perlhuhngattungen nachweisen lassen und als Vorstufen

späterer Ausbildung von Perlflecken ausbilden. Der 14federige Schwanz ist ziemlich lang und am Ende stark gerundet. Die Läufe tragen stumpfe doppelte Sporenhöcker, die bei beiden Geschlechtern vorhanden sein, aber auch gelegentlich fehlen können. Die Geschlechter sind gleichgefärbt. Man geht wohl nicht fehl in der Annahme, daß die beiden kleinen Waldhühnchen primitive Vorstufen der Perlhühner, sozusagen Urperlhühner sind, die sich wie viele andere primitive Tierformen im Urwald bis in die Gegenwart erhalten haben.

Beide Arten sind importiert, aber noch nicht gezüchtet worden.

Schwarzes Waldperlhuhn
Agelastes niger, Cassin 1657
(= Phasidus)

Engl.: Black Guineafowl.
Heimat: Nördliches West- und Süd-Kamerun, südwärts durch West-Gabun bis nach Landana in Kabinda (Nord-Angola); ostwärts der nördliche Kongowald fast bis zum nördlichen Ruwenzorigebirge. Keine Unterarten.
Beschreibung: Geschlechter gleichgefärbt. Kopf und Vorderhals fast nackt, hellrot oder rötlichgelb, die Kehle rötlichgrau. Über Stirn- und Scheitelmitte verläuft bis zum Hinterhals ein schmales Band kurzer, dauniger schwarzer Federn. Auf Hals und Nacken wenige daunige, schwarze Federn. Grundfärbung des Gefieders schwarz, die Federn mit Ausnahme von Schwingen und Schwanz mit zarter gelbbräunlicher Wellenzeichnung bedeckt, die Bauchmitte bräunlich. Schnabel grünlich hornfarben, Iris braungrau, Beine trüb blaugrau, der Lauf mit 1 bis 3 kurzen stumpfen Sporen bewehrt, die bei den Weibchen angedeutet sein oder ganz fehlen können. Länge 430 mm; Flügel 218 mm; Schwanz 144 mm.

Beim Dunenküken sind Stirn, Scheitel und Hinterhals schwarz, gesäumt von einem schmalen isabellfarbenem Streifen, der hinter der Nasenöffnung beginnt und bis über das Auge verläuft; ein gleichfarbiger Fleck zwischen den Augen. Beiderseits des Scheitels zieht ein auffälliger heller Streifen den Nacken und Hinterhals hinunter; Oberrücken und Flügel einfarbig dunkel rostbraun, der Unterrücken dunkel kastanienrot mit undeutlich schwarzer Querbänderung; Kehle und Wangen kräftig isabellfarben mit roströtlichem Anflug, diese Färbung sich auf Zügel und Hinteraugenregion in From einer Sprenkelung ausdehnend. Kropfgegend roströtlich isabell, die übrige Unterseite weißlich, leicht rötlich verwaschen, auf den Flanken, die von der Unterrückenmitte durch einen ockrigen Streifen getrennt werden, dunkler. Schnabel hell braungrau, auf dem Mittelteil des Schnabelfirstes schwärzlich, Iris dunkelbraun, Beine hell braungrau. Das Dunenküken von *A. niger* ähnelt somit dem von *Guttera*, hat aber über den Augen weniger helle Sprenkelung und auf dem Hinterhalsgefieder kein Weiß. Die kastanienrötliche Grundfärbung des Rückens, besonders des Unterrückens, ist bedeutend dunkler, ein isabellfarbener Streifen auf jeder Flankenseite vorhanden. Die Daunenstruktur ist bei *Agelastes* und *Guttera* flockiger, weniger haarähnlich als bei *Numida*.
Die auf die Daunen folgenden Federn des Jugendkleides, welche auf Brustseiten, Schultern und an der Interskapularregion, den kleinen und mittleren Flügeldecken erscheinen, sind schwarz mit breiten ockergelben Spitzen; große Flügeldecken und Armschwingen dunkel graubraun mit schmaleren isabellfarbenen Spitzen und zart rostrot gesprenkelten Außenfahnen; Handschwingen heller, grauer, nur in der Spitzenregion mit angedeuteter hell röstlicher Sprenkelung.
Subadulte haben einen weißen Bauch.
Gelegestärke noch unbekannt; Ei mit sehr dicker Schale und tiefer Porung, blaß rötlichbraun, bräunlichgelb und violett verwaschen und „gewölkt" (42 mm × 34 mm).
Lebensgewohnheiten: Nach CHAPIN, der dieses Urperlhuhn im heimatlichen Habitat beobachten konnte, ist es ganz auf Primärwälder spezialisiert und geht nie in Sekundärvegetation. Das Erscheinungsbild ist fast haushuhnartig, obwohl der ziemlich lange Schwanz nicht aufgerichtet getragen wird. Erwachsene beiden Geschlechts, vermutlich Paare, leben mit ihren Küken zusammen in einer Gruppe. Der Mageninhalt von 7 Vögeln bestand aus sukkulenten grünen Blatteilen und vielen Ameisen. Einer

hatte auch einen kleinen Frosch gefressen. Ein lebend gebrachtes Männchen stieß schnell wiederholte Pieptöne aus, die zusammen wie ein Triller klangen und den Eindruck hinterließen, als ob sie von mehreren Vögeln ausgestoßen wurden. Durch Imitation dieser Lautäußerung können einheimische Jäger die Vögel herbeilocken.

Haltung: Im Jahre 1949 gelangten 7 Schwarze Waldperlhühner durch den Tierfänger CHARLES CORDIER in den New Yorker Bronx Zoo. 1957 erhielt der Zoologische Garten Antwerpen 6 dieser Perlhühner, von denen 1963 noch eines lebte.

Weißbrust-Waldperlhuhn
Agelastes meleagrides, Bonaparte 1849

Engl.: White-breasted Guineafowl.
Abbildung: Seite 723.
Heimat: Liberia bis Ghana. Keine Unterarten.
Beschreibung: Geschlechter gleichgefärbt. Kopf und Hals rosarot und mit Ausnahme einiger feiner, haarartiger weißer Federchen vor allem in der Umgebung der Ohröffnung, kahl. Kropf, Unterhals, Oberbrust, Genick und Nacken rahmweiß befiedert; übriges Gefieder auf schwarzem Grund fein weißgepünktelt, jede Feder mit ganz feinen weißen, zu Bändern geordneten Punkten bedeckt. Handschwingen und Schwanzfedern mit angedeuteter Pünktchenmusterung; Steißgefieder wollig, grauschwarz. Oberschnabel hell grünlichgelb mit elfenbeinfarbener Spitze, Unterschnabel graubläulich, Iris dunkelbraun, Beine dunkelgrau bis schwärzlich, beim Hahn am Lauf 2 kurze dicke Sporen, die auch bei der Henne angedeutet sein oder fehlen können. Länge 510 mm; Flügel 225 mm; Schwanz 180 mm. Ein gut genährter Hahn des Berliner Zoo wog 815 g.
Bei Subadulten sind Kopf und Hals mit schwarzen Flaumfedern bedeckt, die bei Erwachsenen weißen Federpartien von Kropf, Unterhals, Oberbrust, Genick und Nacken schwarzbraun, aber der Bauch weiß. Das Rücken- und Flügelgefieder ist auf schwarzem Grund braun gesprenkelt.
Dunenküken noch unbekannt.
Gelegestärke 12; Ei hell rötlichisabell mit weißlichen Poren (45 mm × 35 mm).
Lebensgewohnheiten: Über die Lebensweise dieses seltenen Urperlhuhns hat BECHINGER (1964) berichtet. Nach ihm bewohnt es zusammen mit dem Haubenperlhuhn *(Guttera edouardi verreauxi)* den Regenwald. Gemeinsam werden die beiden Arten nur selten angetroffen. Im Gegensatz zum Haubenperlhuhn, das häufig an schwach befahrenen Urwaldstraßen beobachtet wird, verläßt das Weißbrust-Perlhuhn nur selten den schützenden Wald. Nur einmal überraschte BECHINGER eine Gruppe von 15 Vögeln, die um die Mittagszeit während der größten Hitze am Wegrand in der Sonne lagen. Sie verschwanden laufend und flatternd im Waldesdunkel. Lebensraum von *Agelastes* ist der nur spärlich mit Unterwuchs bestandene Waldboden. Dort streift es in Gruppen aus 15 bis 20 Individuen auf Nahrungssuche in einem großen Revier umher. Die Vögel sind Allesfresser und versammeln sich wie viele Waldbewohner unter früchtetragenden Bäumen. Beobachtet man eine Schar auf der Futtersuche, fällt einem bald etwas Interessantes auf: Hat ein Hühnchen etwas Eßbares gefunden, stürzen sich alsbald mehrere andere auf diese Stelle und versuchen das erste zu verdrängen. Dazu stellen sie sich seitlich nebeneinander und versuchen, mit den Schultern stemmend und den Läufen nachdrückend, das jeweils standschwächere vom besten Platz zu schubsen. Niemals nehmen sie dabei ihren Schnabel zu Hilfe, mit dem sie sich leicht die nackte zarte Kopfhaut verletzen würden. Die auffällige rote Kopffärbung und der weiße Hals-Brustlatz dienen im Dämmerlicht des Urwaldes als Signale zum Zusammenhalt der Gruppe. Dazu kommt noch ein ständig von auseinandergezogenen Mitgliedern der Gruppe ausgestoßener kükenähnlich piepender Kontaktlaut, der dem Zusammenhalt dient. Außer diesem gibt es noch einen lauten, lang anhaltenden melodischen Ruf, der sich sehr angenehm von der harten Stimme der anderen Perlhühner unterscheidet und ausschließlich von den Weibchen ausgestoßen werden soll. Dazu richtet sich der Vogel mit ausgestrecktem Hals steil in die Höhe und ruft: „Tschiejä, tschiejä, tschiejä, djö, djö, djö, djö". Nester sind von Europäern noch nicht gefunden worden.

Haltung: Das weißbrüstige Waldperlhuhn gelangte erstmalig durch den holländischen Tierfänger VAN DEN BRINK 1963 in einigen Paaren nach Europa die von den Zoologischen Gärten Berlin und Frankfurt erworben wurden. Die nach Berlin gelangten 2 Hähne bewohnten eine bepflanzte Voliere in der beheizten Fasanerie. In der ersten Zeit waren sie recht ängstlich und baumten bei Annäherung von Menschen sofort auf. Nach einem halben Jahr waren sie schon recht vertraut, scharrten in Hühnermanier auf dem Boden und rannten häufig aus purer

Bewegungslust blitzschnell durch die Voliere. Ruhestunden und die Nacht verbrachten sie eng aneinandergeschmiegt auf einem Ast. Der kükenartige Kontaktlaut wird beständig ausgestoßen. Mit den intensiv rosenrot leuchtenden Köpfen und dem weißen Spitzenjabot machen die trotz der zarten weißlichen Gefiedermusterung vorwiegend schwarz erscheinenden Hühnchen einen eher jungputen- als perlhuhnartigen Eindruck. Die beiden weiblichen Vögel des Frankfurter Zoos lebten dort 10 Jahre lang und legten eifrig Eier. Hätte man die Tiere ausgetauscht, wäre vielleicht eine Zucht gelungen. BECHINGER stellte zur Eingewöhnung frisch gefangenen Waldperlhühnern eine Voliere von 2 m × 5 m zur Verfügung, die an 3 Seiten mit Matten verblendet und auf dem hinteren Drittel überdacht war. Dort befanden sich auch Schlafbäume und zum Verstecken Büsche. Die Wildfänge waren zunächst nicht zur Nahrungsaufnahme zu bewegen und rannten ziellos umher, ohne Futter aufzunehmen. Daraufhin wurden ihnen während der ersten Tage dauernd lebende Termiten vor die Füße geworfen. Nachdem ein Vogel begonnen hatte, diese aufzupikken, folgten die übrigen bald nach, wurden schnell vertraut und näherten sich dem Pfleger am 3. Tag bereits bis auf 50 cm. Bald nahmen sie außer Termiten auch Bananen, gekochten Reis, hartgekochte Eier und Pellkartoffeln. Zusätzlich wurde mit der Fütterung von aus Europa mitgebrachtem Drosselfutter begonnen.

Weiterführende Literatur:
BANNERMAN, D. A.: The Birds of West and Equatorial Africa, Vol. 1; *Agelastes* und *Phasidus*; pp. 338–339. Oliver & Boyd, London 1953
BECHINGER, F.: Beobachtungen am Weißbrust-Waldhuhn *(Agelastes meleagrides)* im Freileben und in Gefangenschaft. Gef. Welt 4; pp. 61–62 (1964)
BOETTICHER, H.: Die Perlhühner. *Phasidus* und *Agelastes*; pp. 12, 36, 41, 42. Neue Brehmbücherei, Ziemsen Wittenberg 1954
CHAPIN, J. P.: The Birds of the Belgian Congo, Pt. 1; pp. 657–660. Bull. Amer. Mus. Nat. Hist., Vol. LXV, New York 1932
MACWORTH-PRAED, C. W., GRANT, C. H. B.: Birds of West Central and Western Africa; pp. 197–198 und 204. Longman, London 1970
RAETHEL, H. S.: Weißbrust-Waldhühner *(Agelastes meleagrides)* im Berliner Zoo. Gef. Welt 11; pp. 202–203 (1963)
SNOW, D. W.: An Atlas of Speciation in African Non-Passerine Birds. *Agelastes*, p. 133; British Mus. Nat. Hist., London 1978

Haubenperlhühner
Guttera, Wagler 1832

Engl.: Crested and Plumed Guineafowl.
Auffälligstes Merkmal der Haubenperlhühner ist eine dichte Stirn- und Scheitelhaube aus aufrechtstehenden bürstenartigen oder gekräuselten Federn, die einem Hautkissen aus fettreichem Bindegewebe aufsitzen, das seinerseits von einer Knochenleiste zwischen den Nasenbeinen gestützt wird (VON BOETTICHER, 1954). Die übrigen Kopfteile und der Oberhals sind bis auf die bei einigen Unterarten vorhandenen wenigen Borstenfedern der Kinnregion nackt. In der Kinnregion entspringt eine Hautfalte, die an der Grenze zum befiederten Unterhals verlaufend, den Hinterhals umrundet. Eine weitere Hautfalte zieht von der Ohrregion quer über den Hinterkopf. Beiderseits des Schnabelwinkels entspringt ein je nach Art und Unterart rundlicher, ovaler oder dreieckiger Hautzapfen, der fast fehlen, klein oder gut ausgebildet sein kann. Das Gefieder aller Haubenperlhühner ist auf schwarzem Grund mit dichter weißer bis hellbläulicher Perlfleckung bedeckt. Die Außenfahnen der äußeren Armschwingen sind weiß bis hellisabellbraun gesäumt. Die langen Oberschwanzdecken erstrecken sich fast bis zum Ende des mäßig langen, gerundeten 16fedrigen Schwanzes. Dieser wird bei Erregungsstimmung, wie bei den Waldperlhühnern und im Gegensatz zu den Helmperlhühnern und Geierperlhühnern, erhoben getragen. Eine anatomische Besonderheit der Gattung *Guttera* ist die taschenförmige Ausweitung an der Verwachsungsstelle der Schlüsselbeine, in der die U-förmige Schlinge der verlängerten Luftröhre lagert. Der Lauf ist ungespornt. Die Geschlechter sind gleichgefärbt. Die 3 Haubenperlhuhnarten sind einander recht ähnlich und lassen sich an der unterschiedlichen Struktur der Haubenfedern, der Färbung der Nacktteile des Kopfes und Halses sowie Einzelheiten in der Gefiederfärbung unterscheiden. Die schönen, im Vergleich mit Helmperlhühner eleganter wirkenden Haubenperlhühner sind scheue, heimliche Waldbewohner. Im Gegensatz zu den Helmperlhühnern werden sie in der Gefangenschaft relativ schnell vertraut und sind begehrte Schauobjekte unserer großen Tiergärten. Mehrere Arten sind erfolgreich vermehrt worden.

Schlichthaubenperlhühner

Westliches Schlichthaubenperlhuhn
Guttera plumifera plumifera, Cassin 1857

Engl.: Cameroon Plumed Guineafowl.
Abbildung: Seite 724 unten links.
Heimat: Kamerun westwärts bis zur Küste, nordwärts bis Jaunde, südwärts über Gabun bis Cabinda (Angola nördl. d. Kongo), ostwärts bis zum Ya-Fluß und Sangafluß. 2 Unterarten.
Beschreibung: Auf dem Scheitel eine aus aufrechtstehenden haarartigen, bis zu 50 mm langen, schwarzen Federn bestehenden Bürstenhaube; Kopf und Oberhals nackt, blauschwarz, auf Kehle und Wangen am dunkelsten; eine kleine Hinterkopffalte, an der Schnabelwinkelhaut je ein bis zu 8,9 mm langes, senkrecht herabhängendes blaugraues Läppchen, das beim Hahn länger als bei der Henne sein soll. Gefieder auf grauschwarzem Grund blaßblau geperlt und ohne Wellenbänderung; auf jeder Halsfeder nur ein großer tropfenförmiger Fleck, die Federn der übrigen Gefiederteile mit mehreren Perlflecken. Außensäume der äußeren Armschwingen rahmweiß. Schnabel hellbläulich mit gelber Spitze, Iris dunkelbraun, die Füße blaugrau. Länge 508 mm; Flügel 225 mm; Schwanz 110 mm; Gewicht geringer als bei den Unterarten der Kräuselhaubengruppe.
Dunenküken noch nicht beschrieben, aber von dem der folgenden Unterart wohl kaum verschieden. Gelegestärke in einem Fall 9; Ei an einem Ende stark zugespitzt, am anderen abgestumpft, weißlich, manchmal durch feuchten Blattuntergrund bräunlich gebeizt, die Schale feinporig (47,5 bis 49 mm × 37 bis 38,5 mm).
Haltung: Als europäischen Erstimport erhielt der Berliner Zoo 1858 schlichtfedrige Haubenperlhühner, von denen es hieß, sie trügen auf dem Kopf einen Kamm haarartiger Federn. Ein weiterer Import nach Berlin erfolgte in den 60er Jahren dieses Jahrhunderts.

Östliches Schlichthaubenperlhuhn
Guttera plumifera schubotzi, Reichenow 1912

Engl.: Schubotz's Plumed Guineafowl.
Heimat: Primärwälder zwischen oberem Ubangi und dem Kongo; ostwärts das nördliche Kongowaldgebiet bis zum Kivusee. Die Verbreitungsareale beider Unterarten scheinen sich nach CHAPIN im Gebiet des Sangaflusses zu treffen.
Beschreibung: Von der westlichen Unterart nur durch einen orangegelben Bezirk nackter aufgerauhter Haut unterschieden, der sich über den Hinterhals erstreckt und sich in Form eines isolierten Flecks zwischen Ohröffnung und Auge findet. Übrige unbefiederte Kopf- und Halsteile einschließlich der senkrecht herabhängenden steifen Schnabelwinkelläppchen dunkelgrau. Im Übergangsgebiet zwischen beiden Unterarten kommen bei Vögeln der Nominatform gelegentlich kleine gelbliche Hautbezirke auf dem Hinterhals vor.
Flügellänge 222 bis 248 mm.
Nach CHAPIN wirkt das Dunenkleid von Schlichthaubenküken insgesamt rötlich, weil Flügel und Rücken kräftig kastanienrot gefärbt sind, am dunkelsten auf dem Bürzel; direkt hinter den Flügeln verlaufen 2 isabellfarbene, unscharf schwarzgesäumte Bänder entlang der Rückenseiten fast bis zum Schwanzansatz. Auf Unterschenkeln und Kropf verblaßt das Kastanienrot des Rückens allmählich zu kräftig roströtlichem Isabell, während Kehle und Bauch viel heller, fast weiß sind. Die Grundfärbung der Scheitelregion ist schwarz, Augenumgebung und Zügel sind hell orangerötlich gesprenkelt; ein Streifen gleicher Farbe verläuft, vor dem Auge beginnend, aufwärts in Richtung auf den Mittelscheitel, dort den der anderen Kopfseite fast berührend, um danach den Hinterhals hinabzulaufen, dessen Farbe ein reines Weiß ist; auf den Halsseiten ein paar verstreute weiße Federn. Schnabel hell isabell mit breitem schwarzem Fleck auf der Oberschnabelbasis, Iris grau, ein Läppchen hinter jeder Schnabelspalte gelb; Beine gelblich mit einem beiderseits des Laufs und der Zehen hinablaufenden dunklen Streifen, die Zehen rötlichweiß. In diesem Alter verläuft die Luftröhre noch geradlinig ohne die spätere Schlingenbildung.

Weißbrust-Waldperlhühner, *Agelastes meleagrides* (s. S. 720)

Ein paar bei Subadulten noch vorhandenen Federn des Jugendkleides deuten nach CHAPIN darauf hin, daß es, ähnlich dem des Helmperlhuhns, vom Erwachsenengefieder recht verschieden sein muß; Rückenfedern graugrünlich mit schwarzer Querbänderung, die Armschwingen und Armdecken ähnlich, doch nur dunkel wellengebändert; Brustgefieder schwärzlich mit weißgrauer Fleckung, Bänderung und breiter Säumung der Federn, dazu schwach grünlichblau verwaschen. Die Kopfdaunen bleiben noch eine ganze Weile erhalten und werden – mit Ausnahme des Vorderhalses – durch kurze schwarze Federn ersetzt. Diese haben nur auf dem Vorderhals breite weiße Endsäume. In diesem Stadium bildet sich auf Stirn und Vorderscheitel jene wulstige Hauterhebung, aus der bald die Haubenfedern sprießen.

Gelegestärke ca. 10; Ei hell isabell, Schale feinporig, durch Beizung mit feuchtem Fallaub und Humuserde hellbräunliche Fleckung erhaltend (50,1 bis 53,3 mm × 38,6 bis 39,9 mm).

Lebensgewohnheiten: Habitate der Schlichthaubenperlhühner sind umfangreiche Primärwaldgebiete, während Kräuselhaubenperlhühner eher die Waldränder und Galeriewälder bewohnen, so daß beide Arten nicht miteinander konkurrieren (SNOW, 1978). Wegen ihres heimlichen Lebens im dichten Wald ist über die Lebensgewohnheiten von *Guttera plumifera* nicht allzuviel bekannt. Als erster Europäer hat der französische Forscher DU CHAILLU, der Entdecker der Art, über sie berichtet. Danach bewohnt sie in großen Trupps die Wälder, und man vernimmt ihre laute Stimme, ein heiseres mißtönendes „Quak", ohne sie zu Gesicht zu bekommen. Ganz ähnliche Beobachtungen machte CHAPIN mit der Unterart *schubotzi*, wenn er schreibt, sie durchstreife den Urwald in Gesellschaften von 20 bis 40 Vögeln beiderlei Geschlechts. Sie bewohnt gern die ausgedehnten Dickichte der Mangongopflanze *(Sarcophrynum)*, die auf ehemals gerodetem Waldgelände wuchert. In der Trockenzeit verraten die Perlhühner ihre Anwesenheit durch Scharrstellen auf Elefantenpfaden und Sandbadeplätzen, auf denen häufig ausgefallene Federn gefunden werden. Aber auch akustisch treten sie in Erscheinung, denn ein Trupp stößt mehrmals täglich chorartig ein Durcheinander mißtönender Rufe aus, die wie „Kaka-ka-ka" klingen, weder schrill noch besonders laut sind, in Abständen von Sekunden wiederholt ausgestoßen werden und mit den Lautäußerungen von *Guttera edouardi* überhaupt keine Ähnlichkeit haben. Einheimische Jäger vermögen die Vögel durch Imitation des Sammelrufs anzulocken. Ein mehrmals wiederholtes nasales lautes „Kau", das vermutlich der Verlassenheitslaut versprengter Truppmitglieder ist, wird fast augenblicklich vom Trupp mit einem wilden Durcheinander wie „Kak" klingender Töne beantwortet, und nach mehrfachem Hin und Her der Rufe erscheint die Gesellschaft vor dem Jäger. Wie bei vielen Tropenvögeln sind Gelege zu verschiedenen Jahreszeiten gefunden worden.

Haltung: 1949 erhielt der New Yorker Bronx-Zoo Haubenperlhühner der Unterart *schubotzi* durch den Tierfänger CORDIER. Von 1963 bis 1968 waren sie als europäischer Erstimport aus dem ehemaligen Belgischen Kongo auch im Antwerpener Zoo vertreten.

Kräuselhaubenperlhühner

Westafrikanisches Haubenperlhuhn
Guttera edouardi verreauxi, Elliot 1870
(= *Guttera edouardi cristata*, = *G. e. pallasi*)

Engl.: Western Crested Guineafowl.
Heimat: Westafrika von Guinea-Bissao bis Nigeria westlich des Niger.
Beschreibung: Stirn und Scheitel mit einer Haube aus schwarzen Kräuselfedern bedeckt. Kopf und Oberhals nackt, Kinn, Kehle und Vorderhals karminrot, übrige Teile dunkel stahlblau, in der Augenumgebung schwärzlich; Schnabelspaltläppchen sehr klein, blau; ein breiter Unterhalskragen und die Kropfregion schwarz; Grundfarbe des übrigen Gefieders schwarz, jede Feder sehr dicht mit kleinen, im Zentrum weißen, an den Rändern schmal hellblau gesäumten Perlflecken bedeckt; Armschwingen auf den Innenfahnen mit schmalen, unterbrochenen vertikal verlaufenden graublauen Linien, den Außenfahnen mit 4 bis 5 parallel verlau-

o. l. Sambesi-Haubenperlhuhn, *Guttera eduoardi edouardi* (s. S. 729)
o. r. Grant-Haubenperlhuhn, *Guttera edouardi granti* (s. S. 728)
u. l. Westliches Schlichthaubenperlhuhn, *Guttera plumifera plumifera* (s. S. 722)
u. r. Pucheran-Haubenperlhuhn, *Guttera pucherani* (s. S. 730)

fenden durchgehenden Linien gleicher Farbe ausgestattet; die 3 äußersten Armschwingen auf den Außenfahnen breit isabellweiß gesäumt; größere Flügeldeckfedern mit 3 bläulichen Linien auf den Außen- und gleichfarbigen Flecken auf den Innenfahnen; Handschwingen einfarbig braun. Oberschnabel grüngrau, Unterschnabel bläulichgrau, die Iris braun und die Beine schwarz.
Länge 508 mm; Flügel 259 mm; Schwanz 129 mm.
Haltung: 1865 gelangten 4 dieser Haubenperlhühner als Erstimport in den Londoner Zoo, der sie in den folgenden Jahren noch mehrfach erhielt und am 28. Juli 1876 züchtete (Proc. Zool. Soc. 1876; p. 695). Die Unterart wurde von ELLIOT 1870 nach einem in London gehaltenen Paar beschrieben. 1883 war das Verreaux Haubenperlhuhn erstmalig im Berliner Zoo vertreten, wo später ein 1888 in Antwerpen erworbenes Paar bis 1893 lebte. In neuerer Zeit ist diese Unterart nicht mehr importiert worden.

Sclater-Haubenperlhuhn
Guttera edouardi sclateri, Reichenow 1908

Engl.: Sclater's Crested Guineafowl.
Heimat: Ost-Nigeria und Kamerun.
Beschreibung: Kopfhaubenfedern in der Stirnregion stets kurz und gerade, auf dem Scheitel bis zu 18,5 mm lang, weniger gekräuselt als bei *verreauxi*, nach hinten überhängend. Nackte Kopf- und Halspartien auf Kinn und Kehle rot, sonst graublau; ein Hautläppchen an der Schnabelspalte ist angedeutet oder fehlt; Gefiederfärbung einschließlich des schwarzen Halskragens wie bei *verreauxi*.
Flügel 245 mm.
Haltung: Sclaters Haubenperlhuhn gelangte als europäischer Erstimport 1938 in 1 Exemplar durch LUTZ HECK aus Kamerun in den Berliner Zoo (siehe Foto in „Der Zool. Garten" 1935/36; p. 34). 1948 erhielt der Londoner Zoo 4 Vögel dieser Unterart durch C. WEBB, von denen eines erst 1964 starb, also 16 Jahre dort gelebt hatte (Avic. Mag. 70, 1964; p. 189).

Seth-Smith-Haubenperlhuhn
Guttera edouardi seth-smithi, Neumann 1908

Engl.: Seth-Smith's Crested Guineafowl.
Heimat: Nördliche und östliche Randgebiete des Kongowaldgürtels von Ubangi zum oberen Uelle, die Flußtäler des Semliki und Rutschuru, Uganda, westwärts entlang der Gebirgsketten am Albert Edward-, Kivu- und z. T. Tanganyikasee. Dort im Nordwesten (Samburisiberge) und am tansanischen Ostufer (Gombe Game Reserve) nachgewiesen. Ostwärts bis in den Südwest-Sudan (Wälder Äquatorias, der Nil-Kongoscheide, Imatong-Berge); südwärts in Kenia Wälder von Kavirondo und Nandi bis Mau; in der nördlichen Serengeti nahe der Keniagrenze am Ngare-Dobash-Fluß; von der südlicher lebenden Unterart *granti* durch Steppen zwischen Mau und Eyassi-See getrennt.
Beschreibung: Eine volle Haube schwarzer langer Kräuselfedern, die von der Schnabelbasis bis zur Scheitelmitte reichen und in der Stirnregion bis zu 23 mm, der Hinterscheitelregion sogar 42 mm lang werden. Kopf und Hals nackt, kobaltblau, auf Kinn und Kehle zinnoberrot; Hinterhalsfalte gut ausgebildet. Ganzer Unterhals und die Oberbrust schwarz; Mantel, Rücken, Bürzel, Ober- und Unterschwanzdecken, Unterbrust, Flanken, Schenkel, Bauch und kleine Flügeldecken schwarz, jede Feder schmal hellblau gesäumt, und die Perlflecken darauf hellblau mit schmalem dunkelblauem Saum. Armdekken schwarz mit halb zusammenfließenden Linien hellblauer Perlflecke, äußere Handschwingen braunschwarz mit 2 Reihen kleiner weißer Flecke auf den Innenfahnen; die äußeren Armschwingen schwarz mit hellblauen, wellig verlaufenden Längsreihen hellblauer Flecke, die auf den Außenfahnen zusammenfließen, dadurch unregelmäßige Linien bildend; Schwanzfedern schwarz, jede Feder auf den basalen $2/3$ zart blaugeperlt. Schnabel grünlich hornfarben, die Unterschnabelbasis hellbläulich; Iris dunkelbraun, Beine bleigrau.
Flügellänge 240 bis 275 mm.
Haltung: SETH-SMITH, nach dem NEUMANN diese Rasse benannte, erhielt mehrere in Fußschlingen gefangene aus dem Budongowald in Unyoro (Uganda) und setzte sie in einen großen Käfig. Bereits am 1. Tag nach dem Fang zeigten sich die scheuen Waldbewohner völlig vertraut und nahmen sogar Futter aus der Hand. Als Nahrung erhielten sie ein Gemisch aus rohem Fleisch und Zwieback, dazu ab und zu gekochtes Ei sowie Insekten. Als 3

Monate nach dem Fang versehentlich eine Volierentür offen geblieben war, lief ein Haubenperlhuhn aus dem Käfig und begann ruhig in der Umgebung zu fressen. Obwohl voll flugfähig, ließ es sich danach in seinen Käfig zurücktreiben. Einen der beiden Vögel nahm SETH-SMITH 1907 nach England mit, wo der Vogel stets zahm blieb und Futter aus der Hand nahm. Erstimport der Unterart also 1907.

Schouteden-Haubenperlhuhn
Guttera edouardi schoutedeni, Chapin 1923

Engl.: Schouteden's Crested Guineafowl.
Heimat: Zaire im mittleren und südlichen Kongobecken, nach CHAPIN von Kwamouth und dem Tumbasee bis in den östlichen Kasai-Distrikt; in Angola in Nord-Lunda.
Beschreibung: Diese Unterart ist im wesentlichen wie *seth-smithi* gefärbt, doch ist die Perlfleckung kleiner und weißlichblau statt hellbläulich, was dadurch zustande kommt, daß dem Perlfleck von *schoutedeni* der schmale dunkler blaue Randsaum der anderen Unterart fehlt, wie CHAPIN (1932) in einer vergleichenden Darstellung der Federn beider Formen gezeigt hat. Kinn, Kehle, Vorderhals und das kurze Schnabelwinkelläppchen sind ziegelrot, die übrigen unbefiederten Kopf-/Halsteile kobaltblau. Ein Charakteristikum der Unterart, das mir bei lebenden Exemplaren des Antwerpener Zoos auffiel und das auch GHIGI (1963) dort beeindruckte, ist die zu einem breitovalen Hautlatz vergrößerte rote Kehlfalte, die bei Erregung waagerecht absteht (siehe Fotos in „Les Pintades", Zoo Anvers 1963; p. 18). Sie ist nur bei lebenden Vögeln sichtbar und schrumpft bei Stopfpräparaten so stark, daß sie dann in ihrem ursprünglichen Zustand nicht mehr erkennbar ist.
Flügellänge 260 mm.
Haltung: Als Erstimport erhielt der Bronx-Zoo New York 1949 durch den Tierfänger CORDIER 5 Schouteden-Haubenperlhühner. 1963 gelangten 7 Vögel dieser Unterart in den Antwerpener Zoo, von denen 1973 noch einer lebte. Die Zucht ist bisher noch nicht gelungen.

Chapin-Haubenperlhuhn
Guttera edouardi chapini, Frade 1924

Engl.: Chapin's Crested Guineafowl.
Heimat: Bisher nur aus einem begrenzten Gebiet Angolas entlang der Küstenabdachung von Benguela bis Amboim bekannt. Die einzigen Fundorte – Fazenda Congulu und Ngara – liegen in der Provinz Cuanza Sul. Von anderen Unterarten vollständig isoliert.
Beschreibung: Von der verwandten Unterart *schoutedeni* durch karmin-, statt ziegelrote Kinn- und Kehlfärbung, die geradere Form der Haubenfedern sowie die verringerte Zahl von Perlflecken auf den Bürzelfedern unterschieden.
Flügellänge 260 bis 263 mm.
Haltung: In seiner 1877 bis 1881 erschienenen „Ornithologie d' Angola" berichtet der portugiesische Ornithologe J. V. B. DU BOCAGE über Haubenperlhühner, die vermutlich aus dem Inneren Benguelas (Angola) lebend nach Lissabon gelangten und von denen 3 vom dortigen Museum für Naturkunde erworben wurden. Von diesen fand der amerikanische Ornithologe F. FRADE noch einen Balg vor, den er als selbständige Unterart beschrieb und zu Ehren des um die ornithologische Erforschung Inner-Afrikas hochverdienten Professor CHAPIN benannte.

White-Haubenperlhuhn
Guttera edouardi kathleenae, White 1943

Engl.: White's Crested Guineafowl.
Heimat: Ost-Angola (Ost-Moxico) und West-Sambia (Süd-Mwinilunga) bis Mayau, Ost-Balovale und das Tal des Luenaflusses. Hybriden mit dem südlich anschließenden Sambesi-Haubenperlhuhn sind bisher nicht bekannt geworden.
Beschreibung: Schwarze Scheitelhaube weniger gekräuselt als bei der Nominatform. Nackte Kopf- und Halshaut auf Kinn, Kehle, Vorderhals sowie unteren Wangen scharlachrot, die übrigen Teile blau; das schwarze Unterhals- und Oberbrustgefieder schwarz ohne Braunkomponente, die Perlfleckung des übrigen Gefieders bläulichweiß ohne Braungrundierung der Umgebung.
Flügellänge 280 bis 300 mm.
Haltung: Nichts bekannt.

Grant-Haubenperlhuhn
Guttera edouardi granti, Elliot 1871
(= *Guttera edouardi suahelica*)

Engl.: Grant's Crested Guineafowl.
Abbildung: Seite 724 oben rechts.
Heimat: Diese Unterart bewohnt in Tansania in inselartigem Vorkommen bewaldete Westhänge des Rifttals vom Manyarasee im Norden zu den Ufiomebergen im Süden, die Itumbaberge bei Mpapwa und ostwärts die Nguruberge. Weitere Vorkommen liegen im Bereich des Uheheberglandes nordwestlich von Iringa, u. a. im Ruaha-Nationalpark, sowie südwärts in den Utschungwebergen. Haubenperlhühner aus den Küstengebieten von Lindi nordwärts bis südlich Daressalams sind als Hybridpopulationen zwischen *granti* und der bis Mikindani reinrassig verbreiteten *barbata*. Das Verbreitungsareal von Grants Haubenperlhuhn nähert sich an einigen Stellen sehr dem von *G. pucherani*. Doch bewohnt *granti* dichte Wälder westlich des Rifttals, während letztere Art neben wenig dichten Waldstücken der Küste und ziemlich aridem Küstenbusch landeinwärts in isolierten Populationen bis zur Ostkante des Rifttals verbreitet ist. Hybridvögel zwischen beiden Arten wurden aus freier Wildbahn bisher nicht bekannt. Zu bemerken wäre noch, daß es in den Wäldern des Kilimandjaro, Meru, Ngurdoto, Ngorongoro sowie in den Usambarabergen keine Haubenperlhühner gibt.
Beschreibung: Bei dieser Unterart ist die nackte Haut von Kinn, Kehle, Zügelregion, den zwar kleinen, aber stärker als bei *seth-smithi* ausgebildeten Schnabelwinkelläppchen sowie der Augenumgebung ziegelrot; übrige nackte Kopf- und Halsteile kobaltblau; Hinterhalsfalte nur schwach ausgebildet; schwarzer Hals- und Brustkragen wie bei *seth-smithi*, die Perlfleckung des Gefieders jedoch nur schwach bläulich, fast weiß, was die Unterart *granti* entschieden heller erscheinen läßt. Iris dunkelrot (eigene Untersuchung nach Vögeln des Berliner Zoos aus der Manyara-Region).
Flügel 260 mm; Schwanz 160 mm; Gewicht 700 g (mager).
Bei den als *suahelica* von NEUMANN beschriebenen Hybriden aus dem tansanischen Küstengebiet sind nur der Halsansatz vorn und ein Fleck unter dem Auge rot, die nackten Hautteile sonst blaugrau wie bei *barbata*.
Haltung: Mehrere Vögel aus dem Manyaragebiet gelangten 1971 über Aruscha in den Berliner Zoo (Erstimport). Diese Unterart gehört zu den schönsten Haubenperlhühnern.

Malawi-Haubenperlhuhn
Guttera edouardi barbata, Ghigi 1905
(= *Guttera edouardi macondorum*)

Engl.: Malawi Crested Guineafowl.
Heimat: Südwest- und Süd-Malawi, Mosambik (vor allem in der Provinz Mozambique nachgewiesen), in Tansania das Makondehochland und die Küste vom Rowuma bis Mikindani.
Beschreibung: Bei dieser Unterart sind Wangen, Hinterkopf und Kehle schieferfarben, der Hals ist dunkelblau. Rote Hautpartien fehlen ebenso wie die weißlichgelbe Nackenbinde der Nominatform. Bei den meisten Vögeln und besonders bei jungen ist das Kinn schütter mit schwarzen borstenartigen Federchen bedeckt, die aber auch fehlen können. Die schwarze Halsbefiederung ist leicht kastanienbraun angehaucht und erstreckt sich bis zur Brustmitte. Übrige Gefiederfärbung wie bei der Nominatform, nur die Perlflecken des Rückengefieders bläulichweiß. Iris rot.
Flügellänge 275 bis 289 mm.
Das Dunenkleid hat GROTE aus Mikindani beschrieben: Schnabel gelblichrosa, an der Basis mit herzförmiger schwarzer Zeichnung; Füße rosagelblich, die Sohlen gelb; Iris dunkelgrau; Dunengefieder weißlich rotbraun, auf dem Bauch am hellsten, dem Kopf fuchsiger mit schöner, regelmäßiger schwarzer Zeichnung; Hinterkopf schwarz, bei bestimmtem Lichteinfall blaugrau glänzend; fuchsiggelbe Bänder, die den schwarzen Hinterkopf umrahmen, gehen auf dem Rücken in Weiß über; die Rückenfärbung selbst farblich bunt gemischt, braun, schwarz und weiß. Am 25. Februar wurden 3 Dunenküken gebracht.
Gelegestärke 6 bis 10; Schale wie bei anderen *Guttera*-Arten (48 bis 50 mm × 40 bis 42 mm).
Haltung: Erstimport 1912 durch GROTE (Mikindani) in den Berliner Zoo. GHIGI hat 1928 in Rovigo (Italien) Hybriden aus dieser Unterart mit der Nominatform erzielt. Die Malawi-Henne begann Mitte Mai 1928 mit dem Legen. Nach Fortnahme des Erstgeleges aus 12 Eiern, brachte sie ein 2. aus 9, ein 3. aus 10 und ein 4. aus 11 Eiern. Jedesmal legte sie ihr Nest leicht auffindbar in hohem Gras an. Der Hahn kümmerte sich nicht um sein Weibchen. Die Brutdauer betrug nur 23 Tage, im Gegensatz zu den 27 Tagen lang brütenden Helmperlhühnern. Alle Eier waren befruchtet. Am 12. Juli geschlüpfte Küken waren bereits nach 12 Tagen an Flügeln, Brust und Schwanz befiedert. Nach einem Monat trugen sie nur noch an Kopf und

Hals Daunen. Allmählich bildete sich auf der schwarzen Scheitellinie eine Verdickung, die später die Haube trug. Im Jugendgefieder war der Rücken grau, braun und schwarz gefleckt mit winkelförmigen rotbraunen Linien an den Federspitzen; die Bürzelfedern waren grau mit schwarzer Mittellinie und gelbem Saum, die Brustfedern schwärzlichgrau mit dreieckigen, weiß eingefaßten Flecken, die Handschwingen schwärzlichgrau mit hellerer grauer Schäftung und gelblichbraun gesäumter Spitze. Am 16. August trugen die am 12. Juni geschlüpften fast vollständig das Erwachsenenkleid, und auch die Haube war bereits gut erkennbar, wenngleich ihre volle Ausbildung noch geraume Zeit erforderte. Die jungen Haubenperlhühner wichen im Verhalten stark von jungen Helmperlhühnern ab. Von ihrer Amme, einer Wyandottehenne, entfernten sie sich niemals weit, waren Menschen gegenüber sehr vertraut und gingen auch tagsüber gern ins Innere ihres Schutzraumes. Als sie robuster geworden waren, übernachteten sie auf Bäumen.

Sambesi-Haubenperlhuhn
Guttera edouardi edouardi, Hartlaub 1867
(= *G. e. lividicollis,* = *G. e. symonsi*)

Engl.: Zambesi or Natal Crested Guineafowl.
Abbildung: Seite 724 oben links.
Heimat: Küstenwälder Natals, Ost-Zululand, Swasiland, Mosambik bis zum Sambesital, Ost-Transvaal, Ost-Simbabwe, Sambia und äußerstes Süd-Malawi.
Beschreibung: Stirn- und Scheitelhaube aus bis zu 25,9 mm langen blauschwarzen Kräuselfedern; Hinterscheitel, Hinterhals, Gesicht und Kehle unbefiedert, bläulich schiefergrau mit einer breiten weißgelben Binde rauher Haut quer über den Nacken, die sich verschmälernd beiderseits nach vorn über die Ohrregion zieht, um in spitzem Winkel unterhalb der Augen zu enden. Ein Schnabelwinkelläppchen ist 2,5 cm lang, die Kinnregion mit schwarzen Borstenfedern dünn bedeckt; ein breiter schwarzer, mehr oder weniger dunkelkastanienbraun getönter Federhalskragen dehnt sich vorn bis auf die Vorderbrust aus. Übriges Gefieder schwarz, die Federn auf schwarzem und kastanienbraun getüpfeltem Grund dicht mit kleinen weißen Tropfenflecken bedeckt; Mantel, Schultern und Unterseite wirken durch die Brauntüpfelung der Federn kastanienbraun verwaschen; Handschwingen hell graubraun, beide Fahnen undeutlich blauweiß getüpfelt. Die Armschwingen tragen bläulich gefleckte Innenfahnen und 5 parallel verlaufende blauweiße Längsstreifen auf den Außenfahnen mit Ausnahme der ersten 5, deren isabellweißen Außensäume eine auffällige Binde bilden und die auf den Innenfahnen nur 2 parallel verlaufende bläuliche Binden tragen. Schwanzfedern schwarz mit zarter blauweißer Fleckung; Bauch- und Steißgefieder einfarbig grauschwarz. Schnabel fahlgelb mit schiefer- oder bleigrauer Basis, Iris karminrot, Beine schwärzlich. Länge 500 bis 510 mm; Flügel 259 bis 277 mm; Schwanz 129 mm; Gewicht eines normal genährten Hahnes des Berliner Zoos 1500 g.
Gelegestärke 8 bis 10; Ei hell isabell oder cremeweiß mit poriger Oberfläche und dunklerer Sprenkelung (49 bis 55,5 mm × 37,8 bis 43,4 mm).
Lebensgewohnheiten: Lebensweise und Stimmrepertoire der Kräuselhaubenperlhühner der *G. edouardi*-Gruppe ähneln einander so sehr, daß sie hier zusammenfassend behandelt werden können. Diese ursprünglichen Regenwaldbewohner mußten sich, vor allem in Ost- und Südafrika mit der nach der letzten Pluvialperiode Afrikas ständig schrumpfenden Walddecke, immer mehr auf die inselartigen Bergwaldgebiete zurückziehen oder trockneren Galeriewäldern entlang der großen Wasseradern und dichtem Trockenbusch anpassen. Das Vorkommen von Haubenperlhühnern ist deshalb außerhalb des mittelafrikanischen Regenwaldgürtels ganz unzusammenhängend und auf viele isolierte Areale oft sehr geringer Ausdehnung beschränkt. Wo sie, wie in einem kleineren Gebiet des nördlichen Kongowaldes, mit dem schlichtfedrigen Haubenperlhuhn (*G. plumifera*) zusammentreffen, das sehr einseitig an Primärwälder gebunden zu sein scheint, weichen sie auf Waldrandgebiete aus. Wie die meisten tropischen Waldbewohner bekommt man Haubenperlhühner nur selten zu Gesicht und erfährt erst durch zerscharrtes Erdreich und umherliegende Federn von ihrer Anwesenheit. In ihrem Revier benutzen diese Perlhühner, wie übrigens auch waldbewohnende Frankolinarten, regelmäßig schmale Trampelpfade, die sie zu Futterplätzen, Tränken und Sandbädern führen. Außerhalb der Brutzeit leben sie meist in kleinen Gesellschaften aus 8 bis 20 Vögeln zusammen. Aufgeschreckt rennen sie in alle Himmelsrichtungen auseinander, und vor Bodenfeinden, zu denen auch Hunde gehören, fliegen sie mit lautem Flattern auf, um in benachbarten Bäumen aufzublocken und das Ende der Gefahr abzuwarten. Verstreute Gruppenmitglieder locken sich schnell wieder zusammen. Auf gemein-

samer Futtersuche pflügen sie, wie die Helmperlhühner scharrend, große Strecken des Waldbodens um. Gefressen wird alles Genießbare, was ihnen vor den Schnabel kommt. Besonders häufig nehmen sie die nahrhaften Termiten auf und laufen am Waldboden Affenhorden nach, die bei ihrer Freßtätigkeit in den Bäumen viele Früchte herabfallen lassen. Über die Absonderung der Paare aus der Gruppe und die Größe des Brutreviers ist nichts bekannt. Die Brutzeit fällt in vielen Teilen Afrikas auf die Monate Januar bis Mai und steht vermutlich mit dem Verlauf der nahrungsreichen Regenzeit in Zusammenhang. Das vom Weibchen angelegte Nest ist eine flach ausgescharrte Erdmulde, die gut getarnt in dichter Vegetation liegt. Volle Gelege enthalten 9 bis 12 Eier. Das Ei des Haubenperlhuhns ist kürzer, ovaler und dünnschaliger als das des Helmperlhuhns und auf weißem oder isabellgelblichem Grund mit vielen feinen Poren ausgestattet, die mit Erdreich angefüllt, dem Ei ein getüpfeltes Aussehen verleihen. Die Brutdauer beträgt 23 Tage. Der Hahn soll nach GHIGI die brütende Henne nicht bewachen, hudert und führt jedoch nach GURNEY'S Erfahrungen mit dem nahe verwandten Pucheran-Perlhuhn die Küken zusammen mit der Henne und verteidigt die Familie tapfer gegen Feinde. Die Jungen sind mit ca. 12 Tagen voll flugfähig und übernachten dann aufgebaumt. Im Alter von 2 Monaten sind sie fast ausgewachsen.

Wie beim Helmperlhuhn sind auch die Stimmäußerungen der Haubenperlhühner recht vielseitig, in ihrer Bedeutung jedoch nur zum Teil geklärt. Während der Futtersuche stoßen die Truppmitglieder ständig leise plaudernde Töne aus, können in solcher Situation – vielleicht, wenn sie eine ergiebige Futterquelle gefunden haben, auch ein tiefes „Tok-a-tok-tok-tok-tok" hören lassen. Ein weicher melodischer Triller, der in sehr aufrechter Haltung bei lang ausgestrecktem Hals gebracht wird, dürfte milde Überraschung ausdrücken. Bei Angriffen auf Gegner werden bei niedrig gehaltenem Kopf zischende Laute ausgestoßen. Ob das laut schallende „Tick-teck, ticktec, tirr, tirr, tirr", wie bei MACWORTH-PRAED behauptet wird, wirklich ein Paarungsruf („mating call") ist, sei dahingestellt. Die am häufigsten während der Morgen- und Abenddämmerung, also vor und nach dem Aufbaumen ausgestoßene Rufserie klingt beim Haubenperlhuhn nicht so penetrant wie bei *Numida*. Während GROTE sie als laut und schnarrend, im Rhythmus fast an einen Militärmarsch erinnernd, und mit einem schnarrenden Kreischen endend charakterisiert, empfand sie SETH-SMITH bei der Ugandasubspezies als eine Folge glockenartiger Töne, die sechsmal hintereinander mit kurzen Unterbrechungen zwischen 1. und 2. Ton ausgestoßen werden und mit einem Kreischen enden. Nach GHIGI wird die Strophe in verschiedener Schnelligkeit häufiger wiederholt und klingt etwa wie „Tatti, tattì, tattì, tattararà, tattararà, tattattattà". Der Alarmruf ist ein lauter knarrender Ton. Das Schimpfen Aufgebaumter auf einen Bodenfeind wird der „Tatti-Strophe" ähneln.

Über das Balzverhalten des Haubenperlhahns ist nichts bekannt.

Haltung: Sambesi-Haubenperlhühner wurden erstmalig 1906 bis 1908 im Berliner Zoo gehalten, der die Art auch in den 60er Jahren besaß. 1925 von Professor GHIGI in Rovigo (Italien) gehalten und Hybriden mit *G. e. barbata* erzielt. In südafrikanischen Tiergärten häufig gehalten, selten nach Europa importiert.

Pucheran-Haubenperlhuhn
Guttera pucherani, Hartlaub 1860

Engl.: Pucheran's Crested Guineafowl.
Abbildung: Seite 724 unten rechts und Seite 763.
Heimat: Süd-Somalia im Norden vom Webi (nahe Mogadischu), südwärts am unteren Jubafluß und Kenia östlich des Rifttals vom Mt. Kenia bis zur Küste; Nordost-Tansania vom Kilimandjaro und der Panganimündung zu den Uluragurubergen und angeblich auch den Pugu-Hügeln. Außerdem Sansibar und die Tumbatoinseln. Unterartenbildung möglich.
Beschreibung: Auf dem Scheitel eine schwarze Kräuselfederhaube aus bis zu 26,4 mm langen Federn. Vögel des Berliner Zoo haben einen Überaugenstreif, den Zügel, die Region ober- und unterhalb der Schnabelwinkel sowie das 2,7 mm lange Schnabelwinkelläppchen mennigrot, die übrigen nackten Kopfpartien hell kobaltblau; Hinterkopfhautfalte stark ausgeprägt. Ein schwarzes Halsband fehlt; Gefieder auf schwarzem Grund sehr dicht und regelmäßig blaßblau gefleckt ohne Wellenbänderung; Außensäume der äußeren Armschwingen rahmweiß, die Handschwingen isabellgrau mit weißlichen Spulen. Schnabel hellgelb, die Unterschnabelbasis bläulich, Beine dunkelschiefergrau; Iris rubinrot.

Länge 500 mm; Flügel 261 mm; Schwanz 127 mm; Gewicht eines Hahnes in gutem Nährzustand 1325 g. Gelegestärke 9 bis 12; Ei cremeweiß bis hell isabell mit tiefporiger Schale und dunklerer Fleckung (50 mm × 40 mm).

Bildung von Unterarten ist nicht auszuschließen. Nach VAN SOMEREN (1925) sind Vögel aus Jubaland kleiner als solche aus Zentral- und Süd-Kenia, während WILLIAMS (1963) berichtet, daß in den Jombenibergen der nördlichen Grenzprovinz Kenias lebende *G. pucherani* einer Riesenpopulation angehörten, die über 50 % schwerer sei als Vögel des Küstengebietes. Da bisher Hybridvögel zwischen *G. pucherani* und *G. edouardi* nicht aus freier Wildbahn beschrieben worden sind, und GHIGI berichtet, daß Hybriden zwischen den genannten Formen in der F_1-Generation untereinander unfruchtbar seien, glauben wir, Pucherans Haubenperlhuhn als selbständige Art anerkennen zu können.

Lebensgewohnheiten: Nach VAN SOMEREN (1925) ist dieses Haubenperlhuhn kein so ausgeprägter Waldbewohner wie die *G. edouardi*-Unterarten und wird häufig entlang äußerer offenerer Buschwaldgebiete angetroffen. In Wäldern mit ausgedehnten Lichtungen kann man gelegentlich kleine Gruppen antreffen, die auf der Nahrungssuche emsig im Fallaub scharren oder Sandbäder nehmen. Entlang der Keniaküste kommen sie sogar manchmal in hohem Gras, ziemlich weit vom nächsten Dickicht entfernt vor. Die häufigste Lautäußerung ist ein lautes schnarrendes Geschrei, das stets in starker Erregung und häufig auch vor starken Regenfällen ausgestoßen wird. Dabei tragen sie den Schwanz erhoben wie Haushühner. Während der ins Ende der Regenzeit fallenden Brutzeit im Dezember und im Mai/Juni sind die Haubenperlhühner bemerkenswert schweigsam und heimlicher als zu anderen Jahreszeiten. Nach der Brutzeit streifen sie in Familienverbänden durch ihre Reviere. Man bekommt die scheuen Vögel selten zu Gesicht, am ehesten, wenn sie nach schweren Regenfällen den triefenden Busch verlassen haben und auf Wege ausgetreten sind.

Haltung: Das Pucheran-Haubenperlhuhn gelangte im Juli 1879 in den Londoner Zoo. Der Hamburger Garten scheint die Art jedoch früher besessen zu haben, denn die Zeitschrift „Der Zoologische Garten" teilt 1879 mit, daß zu diesem Zeitpunkt Pucherans Haubenperlhühner dort 7 bis 7½ Jahre gelebt haben. Im Berliner Garten war die Art zwischen 1893 und 1911 mehrmals vorhanden und wird gegenwärtig dort auch gezüchtet. Die Erstzucht gelang 1912 GURNEY in England mit einem von ihm selbst aus Kenia importierten Paar, das ganz zahm war und sich den Sommer über frei im Parkgelände bewegen konnte. Es übernachtete stets auf den höchsten Ästen einer großen Tanne. Während des Winters erhielten die Vögel eine trockene Unterkunft, wurden jedoch bei günstigem Wetter stets herausgelassen. Zur Fütterung flogen sie in ihren Auslauf, wo die Henne auch ihr Nest in hohem Gras unter den großen Blättern einer Rhabarberstaude anlegte. Die flache Mulde enthielt nur wenige Grashalme. Am 2. Juni wurde das 1. Ei gelegt, dem 10 weitere folgten. Sie waren kleiner, dünnschaliger und weniger gefleckt als Hausperlhuhneier. Unter einer Hühnerglucke schlüpfte am 14. Juli das 1. Küken, am folgenden Tag ein 2., während die übrigen Eier sich als unbefruchtet erwiesen. 1 Küken überlebte, nach GURNEY „ein hübsches kleines Ding mit kräftig rostbraunem Dunenkleid, braun und weiß längsgestreiftem Kopf und hellerer Unterseite". Während der ersten Tage wurde es ausschließlich mit frischen Ameisenpuppen ernährt, von denen es Riesenmengen vertilgte und dabei ausgezeichnet gedieh. Mit 12 Tagen vermochte es leicht über eine 2,50 m hohe Mauer zu fliegen. In diesem Wachstumsstadium sah es grotesk aus: Die Federn begannen gerade auf Hals und Brust zu erscheinen, und die gut entwickelten Schwingen erschienen für den kleinen Körper viel zu lang, während ein aufrecht stehender Schwanzstummel das Hinterteil schmückte. Bei günstiger Witterung wuchs es schnell heran und verbrachte die meiste Zeit mit Insektenfang im hohen Gras des Geheges. Als mit einem Monat blaue Federn zu erscheinen begannen und die nackten Halspartien erschienen, ließ es sich nicht mehr von der Hühnerramme hudern, sondern verbrachte die Nächte auf dem ziemlich hohen Ast eines Baumes. Die Perlhenne brachte ein Nachgelege aus 6 Eiern, das sie zuverlässig erbrütete: Am 8. September erschien sie mit einer Schar von 4 munteren Küken. Der vorsichtshalber von GURNEY entfernte Hahn flog über die Mauer zu seiner Familie zurück und huderte die Kleinen häufiger als die Mutter. Beide Eltern verteidigten wütend ihre Brut, wenn ihr jemand zu nahe kam, und beim geringsten Anschein von Gefahr versammelte die Henne ihre Kinderschar um sich.

Im Berliner Zoo ist dieses Haubenperlhuhn mehrfach gezüchtet worden, so je 1 Jungtier 1980 und 1981 im Kunstbrüter, und 1982 wurden 4 Küken in einer bepflanzten Voliere vom Elternpaar aufgezogen. Seit den 70er und während der 80er Jahre wird dieses schöne Haubenperlhuhn häufiger aus Kenia importiert und ist gegenwärtig in mehreren Tiergärten Europas und Nordamerikas vertreten.

Weiterführende Literatur:

BANNERMAN, D. A.: The Birds of West and Equatorial Africa, Vol. I; Haubenperlhühner; pp. 335–338; Oliver & Boyd, London 1952

BENSON, C. W., BROOKE, R. K., DOWSETT, R. J., IRWIN, M. P. S.: The Birds of Sambia; Haubenperlhühner; p. 86. Collins, London 1971

BOETTICHER, H.: Die Perlhühner. Die Neue Brehmbücherei; A. Ziemsenverlag, Wittenberg Lutherstadt 1954

CHAPIN, J. P.: The Birds of the Belgian Congo, Bd. 1; Haubenperlhühner; pp. 660–671. Bull. Amer. Mus. Nat. Hist. Vol. LXV, New York 1932

CLANCEY, P. A.: The Birds of Natal and Zululand. Haubenperlhühner; pp. 121–122. Oliver & Boyd, London 1964

GHIGI, A.: Revisione del Genere *Guttera* WAGLER, Bologna 1915

DERS.: Les Pintades (*Numididae*). Zoo (Anvers) 29, No. 1; pp. 15–20, 1963

CROWE, T. M.: The evolution and ecology of Guineafowl. Ph. D. Thesis, University of Cape Town 1978

GROTE, H.: Briefliches aus Ostafrika II. *Guttera barbata*; pp. 104–105. Ornith. Mon. Ber. 1909

DERS.: Beitrag zur Ornis des südöstlichen Deutsch-Ostafrika. *Guttera barbata*; pp. 514–516. J. Ornith. 60 (1912)

GURNEY, G. H.: Breeding of the Coronated Guineafowl (*Guttera pucherani*). Avic. Mag. 3th Series, Vol. III; pp. 35–36 (1912)

IRWIN, M. P. S.: The Birds of Zimbabwe. Haubenperlhühner; p. 101; Quest Publ. Salisbury, Simbabwe 1981

PAKENHAM, R. H. W.: The Birds of Zanzibar and Pemba; p. 68; B. O. U Check-List No. 2 (1979)

SETH-SMITH, L. M.: The Black-collared Crested Guineafowl (*Guttera cristata*). Avic. Mag. New Series, Vol. V; pp. 365–368 (1907)

SNOW, D. W.: An Atlas of speciation in African, Non-Passerine Birds. Map 137. *Guttera edouardi* superspecies – Crested Guineafowl and allies (*G. edouardi*, *G. plumifera*, *G. pucherani*); p. 134; Trust. British. Mus. (Nat. Hist.), London 1978

URBAN, E. K. et al.: The Birds of Afrika. Vol. II, *Guttera*, pp. 4–6; Oxford Univ. Press; Oxford 1986

VAN SOMEREN, V. G. L.: The Birds of Kenya & Uganda. J. East Afr. Uganda Nat. Hist. Soc., Pt. I; pp. 14–17 (1925)

DERS.: The Birds of Bwamba. Spec. Suppl. Uganda Journ. 13; Haubenperlhuhn; pp. 22–23. Kampala 1949

WILLIAMS, J. G.: A field guide to the birds of East and Central Africa. Kenya Crested Guineafowl, *G. pucherani*; p. 78; Collins London 1965

WILSON, K. J.: A note on the crop contents of the Crested Guineafowl, *Guttera edouardi* (HARTL.); Ostrich 36; pp. 103–106 (1965)

Pucheran-Haubenperlhuhn, *Guttera pucherani* (s. S. 730)

Helmperlhühner
Numida, Linné 1766

Engl.: Helmeted Guineafowl.

Die Helmperlhühner, zu denen auch das Hausperlhuhn gehört, verdanken ihren Namen einem mit Hornsubstanz überzogenen Knochenfortsatz auf der Scheitelbasis, der bei den Unterarten unterschiedlich ausgebildet ist. Kopf und Oberhals sind nahezu unbefiedert, nur in der Nacken- und Hinterhalsregion mit aufwärts gerichteten haarigen, borstigen oder flaumigen Federn bestanden. Mehrere Unterarten tragen auf dem Schnabelfirst über den Nasenlöchern Büschel drahtartiger Federborsten, andere dort warzige Erhöhungen. Bei allen Unterarten entspringt beiderseits des Schnabelwinkels ein fleischiger Hautzapfen. Die Läufe sind sporenlos, die Geschlechter gleichgefärbt. Das straffe graublaue Gefieder ist mit dichter weißer Perlfleckung bedeckt.

Helmperlhühner sind charakteristische Savannenbewohner der äthiopischen Region. Die Gattung *Numida* besteht aus einer polytypischen Spezies mit 10 konstanten Unterarten, die meist durch schmale oder breite Hybridzonen untereinander verbunden sind. Die zwischen einigen benachbarten Unterarten auffälligen Unterschiede sind als Ergebnis ehemaliger geographischer oder ökologischer Schranken anzusehen, aber nicht groß genug, um den betreffenden Taxa Artenstatus zubilligen zu können. Die Verbreitungsareale der Unterarten stimmen gut mit klimatischen und ökologischen Parametern überein, und die Unterscheidungsmerkmale einiger sind wahrscheinlich als Anpassungen an eines oder mehrere dieser Parameter zu werten. Beispielsweise können die bei den Subspezies heißer arider Habitate stärker ausgebildeten Schnabelfirst-Borstenbüschel und Schnabelfirstwarzen einer besseren Wärmeverteilung oder Wasserretention dienen. Faßt man die konstanten Unterartenmerkmale zusammen und sieht man Hybridzonen zwischen ihnen als Grenzen an, dann lassen sich 3 Unterartengruppen des Helmperlhuhns aufstellen, die man auch als nahezu selbständige Arten betrachten kann. Es sind dies:

1. Die westafrikanische Unterartengruppe (Galeata-Gruppe), deren Mitglieder kleiner als die der anderen beiden Gruppen sind, von denen sie sich durch rundliche rote Schnabelwinkelläppchen, lange dichte, auf die Mittellinie des Nackens beschränkte Haarfedern sowie eine rötliche oder lilagraue Halsbefiederung unterscheiden. Die nack-

ten Kopf-/Halspartien sind hellblau, die Nasenwachshaut ist glatt, der Hornhelm niedrig.
2. Die nordostafrikanische Gruppe der Pinselperlhühner (Meleagris-Gruppe) besteht aus Vögeln mittlerer Größe mit niedrigem Helm, kobaltblauem Gesicht und Oberhals, rundlichen blauen Schnabelwinkellappen, Borstenfederbündel auf der Schnabelwachshaut und weichen wolligen Federn auf dem Hinterhals. Das Halsgefieder ist zart weiß gesperbert.
3. Die Gruppe der mittel- und südafrikanischen Langhelm-Perlhühner besteht aus besonders großen Vögeln mit hohen Scheitelhelmen, dunkelblauem Gesicht und spitz zulaufenden schmalen, ganz oder teilweise roten Schnabelwinkelzapfen, langen spärlichen Nackenhaarfedern und Sperber- oder Schuppenmuster der Halsbefiederung.

In der Hühnervogelhaltung spielen die Helmperlhühner mit Ausnahme des westafrikanischen Helmperlhuhnes (Hausperlhuhn) nur eine geringe Rolle. In den folgenden Beschreibungen wurden nicht nur die Unterarten, sondern auch die Hybridformen aufgenommen, um dem Käufer von Wildperlhühnern helfen zu können, wenn deren Herkunft nicht exakt bekannt ist.

Marokko-Helmperlhuhn
Numida meleagris sabyi, Hartert 1919

Engl.: Saby's Helmeted Guineafowl.
Heimat: West-Marokko. Dort ehemals häufig im Marmorawald und auf den süd- und südostwärts gelegenen Plateaus. Gegenwärtig auf ein kleines Gebiet des Mittleren Atlas zwischen den Doueds Bou Regreg und dem hohen Oum-el-Rbia beschränkt. Vielleicht schon ausgerottet. Zuletzt im April 1975 südlich von Marrakesch 2 Stück gesichtet.
Beschreibung: Kopf unbefiedert, am oberen Augenlid einige starre Borsten. Hals nach dem Kopf zu ebenfalls unbefiedert, aber im Genick mit einem dichten Büschel bis zu 34 mm langer, nach vorn gerichteter, glänzend schwarzer Borsten, an der Kehle mit einigen borstenartigen schwarzen Federn versehen. Der hintere Teil des Halses mit dunkel schwarzbraunen, matt weißlich quergepunkteten Federn, übrige Oberseite schwarz mit runden weißen Flecken und dieselben konzentrisch umgebenden Punktringen; Handschwingen tiefschwarz mit weißen Querflecken; Armschwingen ebenso, an den Außenfahnen außerdem mit schmäleren weißen Querstreifen; Flügeldecken rein schwarz mit größeren runden, weißen Flecken; Steuerfedern schwarz, die Innenfahnen nur mit weißlichen runden Flecken, die Außenfahnen auch noch mit ringartigen, grauen Pünktchenzeichnungen. Unterseitengefieder mit tiefschwarzer Grundfarbe und runden weißen Flecken, die an den Seiten am größten sind und am Kropf in schmale Querbinden übergehen. Umgebung der Augen hell blauweißlich, auf Kehle, Nacken und Hinterhals in Purpurschwarz übergehend. Oberschnabelwachshaut und die dicken fleischigen, im Mittel 17,7 mm langen Schnabelwinkellappen lackrot. Hornhelm im Mittel 16,3 mm hoch, bräunlich. Schnabel mit dunkelhornbrauner Basis und hellerer Spitze; Iris dunkelbraun; Beine schwarz (Beschreibung von HARTERT mit Modifizierung nach CROWE).

Nach VAURIE (1965) unterscheidet sich die Marokkounterart von der westafrikanischen *galeata* durch stärkere Haarbefiederung von Hals und Kopfrückseite und das Fehlen eines hell weiniggrauen Federhalsbandes, ist auch wesentlich dunkler in der Gesamtfärbung, was durch tiefschwarze Grundfärbung der Federn bewirkt wird. Auch sind auf vielen Federn die weißen Perlflecken weniger zahlreich als bei *galeata*. Der Hornhelm ist höher, der Vogel insgesamt größer.

Länge 630 mm; Flügel 268 bis 290 mm; Schwanz 165 mm.

Haltung: Das Hausperlhuhn der Karthager, Griechen und Römer gehörte der Marokkounterart *sabyi* an. Nach Griechenland wird es kaum vor dem 5. Jahrhundert v. d. Ztr. gelangt sein. Es wurde dort zuerst „melanargis", d. h. „schwarzweißer Vogel" genannt, ein Wort, das später zu „meleagris" verfälscht worden ist. KLYTHOS von Milet, ein Schüler des ARISTOTELES, hat das Perlhuhn genau beschrieben und erwähnt auch seine roten Hautlappen. In Griechenland wurden Perlhühner während der ersten Zeit nach der Einfuhr ausschließlich zu kultischen Zwecken gehalten, so auf der von Milesiern kolonisierten Insel Leros um den Tempel der Parthenos (Artemis). MNASEAS (bei

---

o. Geierperlhühner, *Acryllium vulturinum* (s. S. 747)
u. Reichenow-Helmperlhühner, *Numida meleagris reichenowi* (s. S. 740)

PLINIUS) teilt mit, daß die *Meleagrides* im Gebiet Sicyon in Afrika, da wo ein See durch den Fluß Crathis in den Atlantik abfließe, lebten. Ganz genaue Herkunftsangaben aber macht SCYLAX von Caryanda, der schreibt, daß wenn man zu den Säulen des Herkules (Gibraltar) hinausschiffe und Afrika immer zur Linken behalte, sich bis zum Kap des Hermes (Ras-ed-Dora) ein weiter Golf mit Namen Kotes öffne, in dessen Mitte die Stadt Pontion (das alte Mamoura, jetzt Riah) und der große See Kephesias (heute Merdschasee) liege und hier die Vögel *Meleagres* lebten und sonst nirgends, außer wohin sie von dort gebracht worden seien. Die geographischen Angaben entsprechen genau dem Gebiet West-Marokkos, in dem noch bis zu ihrer Ausrottung Wildperlhühner gelebt hatten. Es ist deshalb auch zweifelhaft, ob das Perlhuhn in der Antike sehr viel weiter nordwärts vorkam, wie beispielsweise von HARTERT vermutet wird. Nach Rom sind Perlhühner wohl erst um 200 v. d. Ztr. zur Zeit der Punischen Kriege gelangt. Der Ackerbau-Schriftsteller M. T. VARRO (116 bis 28 v. d. Ztr.) beschreibt die „Afrikanischen Hühner", die in Italien auch *Africae aves, Numidicae,* von MARTIAL *Numidicae guttatae* oder *Libycae volucres* benannt wurden. Laut VARRO waren Perlhühner zu dieser Zeit in Italien noch selten, und wohl deshalb galt ihr Braten als Leckerbissen. Die Zucht kam bei den Römern in Aufnahme, geriet jedoch mit dem Untergang des Römischen Reiches in Vergessenheit. Reste von Perlhühnern sind in der römischen Saalburg (Limes im Taunus) gefunden worden, und Perlhuhndarstellungen aus römischer Zeit sind u. a. auf einem Mosaik in den Thermen des DIOKLETIAN (242 bis 313 n. d. Ztr.) überliefert. Daß eine Domestikation der Marokkounterart bis in die Gegenwart hinein stattgefunden hat, entnehmen wir HARTERT (1922), der schreibt: „PAUL SABY fand dieses Perlhuhn häufig, im Herbst in Flügen von 30 bis 80 Stück in den Ravinen des Bou-Regreg und Oued Beth. In jener Gegend wird es von Marokkanern und Europäern auch lebend gehalten, wird ebenso leicht zahm und beträgt sich ganz wie unser Perlhuhn." In neuerer Zeit hat in Europa wohl nur Professor GHIGI in Rovigo (Italien) die nordafrikanische Unterart des Helmperlhuhns gehalten und mit dem Guinea-Helmperlhuhn gekreuzt. Durch die Schaffung von Nationalparks in Marokko seit dem Jahre 1934 und Jagdgesetzen ist zu hoffen, daß diese interessante Relikt-Unterart des Helmperlhuhns aus den Pluvialzeiten der Sahara überleben kann.

Guinea-Helmperlhuhn
Numida meleagris galeata, Pallas 1767

Engl.: Common Helmeted Guineafowl.
Heimat: Westafrika vom Senegal ostwärts ins Gebiet westlich des Tschadsees, südwärts ins Hinterland von Sierra Leone, die Grassteppen nördlich der oberen Guinea-Waldzone, in Mauretanien nordwärts bis zum Air-Bergmassiv der Süd-Sahara. Das von dieser Unterart abstammende Hausperlhuhn wurde auf den Kapverden, Ascension, St. Helena und Inseln der Karibik (Kuba, Hispaniola, Barbuda) erfolgreich eingebürgert.
Beschreibung: Helm ziemlich niedrig, nach hinten gebogen, ockerbräunlich; Stirn und Kopfseiten bis zum Zügel sowie ein Streifen dicht oberhalb desselben nach hinten verlaufend, schiefergrau; nackte Haut der Wangen, Ohrregion und des Seitenhalses bläulichweiß; die großen rundlichen bis spitzovalen, bis zu 15,5 mm langen Schnabelwinkellappen in der Mitte bläulichweiß, im unteren Teil und entlang der Ränder scharlachrot, durch einen gleichfarbigen Streifen auf die dunkelrote Nasenwachshaut übergehend, nackte Haut von Kinn, Kehle, Hinterhals und Hinterkopf braunschwarz, entlang des schwarzen Hinterkopfstreifens spärlich mit schräg aufwärts gerichteten haarartigen schwarzen Borstenfedern bedeckt. Ein breites weinrötliches bis lilagraues Hals- und Kropfband erstreckt sich über die Mantelregion und Oberbrust; Oberseite und Flügeldecken schwarz, zart isabellfarben gewellt und dicht mit kleinen weißen, schwarz umsäumten Perlflecken bedeckt, die auf den Flügeldecken größer werden und dort von isabellfarbenen Wellenmustern netzförmig umzogen sind; Schwanz grau und wie der Rücken dicht geperlt; Hand- und Armschwingen schwärzlich, erstere schmal weiß quergebändert, letztere mit mehreren parallel verlaufenden Streifen aus weißen Flecken oder kurzen Querbinden bedeckt, die Außenfahnen mit schmaler feiner Wellenbänderung ausgestattet. Unterseite von der Unterbrust bis zu den Unterschwanzdecken auf schwarzem Grund dicht mit runden weißen Perlflecken bedeckt, die erheblich größer sind als die der Oberseite. Schnabel rötlichgelb, Iris dunkelbraun, Beine schwärzlichgrau.
Länge 530 mm; Flügel 238 bis 265 mm; Schwanz 130 bis 160 mm; Gewicht ca. 1000 g, beim Hausperlhuhn bis zu 2500 g.
Beim Dunenküken sind Scheitel und Hinterhals zimtig-orangefarben, Kopfseiten, Kehle und Hals isabellweiß; 5 schwarze Streifen ziehen über den

Scheitel und 3 die Kopfseiten entlang, auf dem Hinterkopf mit den anderen zusammenfließend; Körper zimtig isabellfarben mit über den Rücken verlaufendem kastanienbraunem Mittelband und einem kastanienbraunen, schwarz umsäumten Fleck auf den Flügelchen. Ein paar schwarze Bänder und Flecken auf Rückenseiten, Bürzel und Flanken; Mittelbauch und Steißgefieder hellgelblich bis weißlich; im abgetragenen Dunenkleid bleichen die ursprünglich warm zimtbraunen Federpartien zu Hellisabellgelb, die schwarzen zu Sepiabraun aus. Schnabel rosa, Iris braun, Beine ziegelrot. Im ersten Jugendgefieder sind Scheitel, Kopfseiten und Hals braun und isabell gestreift, Kinn und Vorderhals isabellfarben; Federn des Obermantels, Kropfes und der Brustseiten mattschwarz mit isabellfarbenen Säumen an den Seitenenden; Federn der unteren Mantelregion, der Schultern und des Rückens bis zu den Oberschwanzdecken mit rötlich isabellfarbenen Säumen der Seitenenden, subterminalem, V-förmigem schwarzem Mittelfleck und zimtrötlicher, zart wellengebänderter Federbasis; Flanken und Flügeldecken wie das Obermantelgefieder, doch die Flankenfedern im Zentrum isabellgelb getüpfelt und die Flügeldecken im Zentrum mit herzförmiger isabellfarbener Zeichnung; Unterseite hell isabellgelb, der Schwanz sepiabraun, breit isabell gesäumt und auf den Außenfahnen sparsam isabell getüpfelt; Armschwingen und -decken schwarz mit isabellfarbenen Seitensäumen der Federenden und ein paar V-förmigen isabellfarbenen Zeichnungen, die Armdecken teilweise subterminal zimtrötlich wellengebändert. Die zuletzt erscheinenden Jugendfedern, nämlich die äußeren Handschwingen, Armdecken und Schwanzfedern, sind denen des Adultgefieders schon recht ähnlich, dunkelbraun mit unregelmäßiger hell isabellfarbener Sprenkelung. Kleine rosa Schnabelwinkelläppchen sind schon vorhanden und die Kopfseiten hellrosa.

Bei Subadulten sind Scheitel und Hinterhals noch immer isabellfarben und braun mit schwarzer Längsstreifung. Das Körpergefieder ist dunkelbraun, unregelmäßig hellisabellfarben gebändert und getüpfelt und weist auch schon ein paar weiße Perlflecke mit schwarzer Säumung auf. Nach der nächsten Mauser werden die Federn noch dunkler, die Perlflecken weißer und auffälliger. Ein paar braune Federn auf den Flügeln und dem übrigen Körpergefieder bleiben bis zur folgenden Mauser erhalten. Gelegestärke sehr variabel, im Mittel 8 bis 12, zuweilen bis 20, wobei 2 Hennen gemeinsam in ein Nest gelegt haben könnten; Ei breitoval mit sehr dicker, dicht geporter Schale, isabellweiß bis cremegelb (44 bis 55 mm × 36 bis 40 mm); Eigewicht im Mittel 39 g, bei Hausperlhennen 47,4 g (43 bis 48 g); Brutdauer 27 Tage.

Haltung: Das Guinea-Helmperlhuhn gilt als einzige in Schwarzafrika domestizierte Tierart. Ein Bericht von AYENI (1981) aus Nigeria zeigt, daß es sich dabei um eine auch gegenwärtig noch gebräuchliche Halbdomestikation handelt. Dort werden nämlich von den Bauern mancher Dörfer regelmäßig Wildgelege von Perlhühnern gesammelt und Haushennen untergelegt. Sobald die jungen Perlhühner sich selbständig ernähren können, verlassen sie ihre Pflegemutter und führen ein halbwildes Leben. Eine lockere Bindung an den Geburtsort bleibt bestehen, denn sie halten sich tagsüber stets in dessen Nähe, also der Umgebung des Dorfes auf, flüchten jedoch bei Annäherung von Menschen wie ihre wilden Artgenossen in den Busch. Es kommt auch vor, daß sie mit diesen fortziehen, wenn sie sich bei gemeinsamer Futtersuche auf abgeernteten Feldern begegnen. Die Halbdomestizierten verbringen die Nächte aufgebaumt auf Ästen von Dorfbäumen oder den Strohdächern der Hütten. Vor Markttagen werden sie bei Bedarf von den Bauern, ganz wie die wilden Perlhühner, mit Fußschlingen gefangen. Legen solche halbwilden Vögel, nimmt man ihnen die Eier fort und läßt sie wiederum von Hühnerglucken ausbrüten, weil Perlhennen als schlechte Mütter gelten, die viele Küken verlieren, die Eierwegnahme sie außerdem auch zu Nachgelegen veranlaßt, so daß statt der üblichen 15 bis 20 Eier jährlich die doppelte Menge gesammelt werden kann.

Nachdem die Haltung und Zucht des damals aus Marokko stammenden Helmperlhuhns in Rom während des Mittelalters längst in Vergessenheit geraten war, wurden Perlhühner erst wieder durch portugiesische Seefahrer aus Guinea nach Europa gebracht, worauf ihr englischer Name „Guineafowl" noch heute hindeutet. Nach HARTERT (1921) besteht sogar die Möglichkeit, daß die ersten Guinea-Perlhühner auf dem Umweg über die Karibik nach Europa gelangten. Wie BOND (1960) mitteilt, waren sie durch europäische Seefahrer zuerst 1508 dorthin gelangt und verwildert. Das wildfarbene Hausperlhuhn dürfte, abgesehen von seinem höheren Gewicht, vom afrikanischen Wildvogel nicht unterscheidbar sein. In unseren Tiergärten ist es in 99 % aller Fälle **das** Perlhuhn, welches zur Belebung afrikanischer Steppenfreianlagen Zoologischer Gärten gern in Trupps auf diesen gehalten wird. Die Möglichkeit, jederzeit domestizierte Guinea-Perlhühner erhalten zu können, hat bei den Tiergärtnern zu einem Desinteresse an der Einfuhr interessanter Wildrassen geführt, woran sich wohl auch in Zukunft kaum etwas ändern dürfte.

Gabun-Helmperlhuhn
Numida meleagris marchei, Oustalet 1882

Engl.: Gabon Helmeted Guineafowl.
Heimat: Die Savannengebiete Gabuns bis zum unteren und mittleren Kongo, ostwärts bis zur Einmündung des Ubangi in den Kongo; auch von Cabinda an der Kongomündung nachgewiesen. Nach der Karte von SNOW dürfte gegenwärtig keine Verbindung zu anderen Perlhuhnunterarten bestehen.
Beschreibung: Ob man der von OUSTALET beschriebenen Form Unterartenstatus zubilligen darf, ist noch ungeklärt. Von *galeata* soll sie sich durch den niedrigeren Helm, kleinere Schnabelwinkellappen, das stärker violettblaue Halsgefieder und allgemein dunkleres Gesamtgefieder unterscheiden. Die Untersuchung des Typus und anderer Bälge vom Ogowé-Fluß durch CHAPIN (1932) ergab indessen nur geringgradige Unterschiede zu Vögeln aus Ober-Guinea: Die Schnabelwinkelläppchen haben die Form der *galeata,* sind allenfalls etwas kürzer und die Vorderhalsfärbung ist weingrau bis weinbraun, Variationen die zu gering sind, um eine Unterart aufzustellen.
Flügellänge 262 bis 276 mm.
Haltung: Als europäischer Erstimport und bisher einzige Einfuhr gelangte 1910 1 Paar Gabun-Helmperlhühner in den Berliner Zoo.

Strassen-Helmperlhuhn
Numida meleagris strasseni, Reichenow 1911

Engl.: Strassen's Helmeted Guineafowl.
Heimat: Savannen nördlich des Äquatorialwaldes im Gebiet von Bangui und die Südschleife des Ubangiflusses, nordwärts weit in der Zentralafrikanische Republik verbreitet, ohne daß die genauen Grenzen dort bekannt wären.
Beschreibung: Bei Strassens Perlhuhn handelt es sich um eine Hybridpopulation zwischen *galeata* und *major* der *meleagris*-Gruppe. Die Verwandtschaft zu ersterer besteht im blauverwaschenen Halsbasisgefieder, während die kleinen haarartigen Schnabelfirstborsten wie das „Pfeffer-und-Salz-Muster" der Armdeckensäume auf Erbgut der nordöstlichen Gruppe hindeuten. Die Schnabelwinkelläppchen sind ganz blaugrau, die Gesamtfärbung ist sehr dunkel.
Flügel 265 mm.
Haltung: Bisher nicht eingeführt.

Uganda-Pinselperlhuhn
Numida meleagris major, Hartlaub 1884

Engl.: Uganda Tufted Guineafowl.
Heimat: Nordwest-Kenia, Süd-Äthiopien westlich des Omoflusses, Nord-Uganda und Nordost-Zaire; eine isolierte Population im Scharibereich Bagirmis.
Beschreibung: Die Unterart ist durch dunklere Gesamtfärbung, kürzeren Schnabelfirstpinsel und bedeutendere Größe von der sudanesischen Nominatform wenig verschieden. Der niedrige Helm ist schmal, nach hinten gebogen, rötlich; nackte Kopf- und Halsteile leuchtend blau, Schnabelwinkelläppchen an der Basis breit, dann aber lang und herabhängend, meist ganz blau, nach Westen hin zunehmend mit rotem Endteil. Unterhals- und Oberbrustgefieder schwarz mit schmaler weißer Wellenstreifung; da die weißen Streifen viel schmaler als die schwarzen Zwischenräume sind, erscheint dieses Gebiet dunkler als das übrige Gefieder. Perlfleckung der Mantel-, Rücken-, Bürzel- und Schwanzbefiederung klein, das die Perlflecken umgebende weißgetüpfelte Netzwerk auffällig in Erscheinung tretend. Schnabel im Basisbereich rot, zur Spitze hin gelb. Als *intermedia* beschriebene Hybridpopulationen mit der westlich davon lebenden Unterart *marungensis* in Ankole (Uganda) und Bukoba (N.W. Tansania) westlich des Viktoriasees tragen keine Schnabelfirstborsten und besitzen zur Hälfte rote Schnabelwinkelläppchen. Eine am Westrand des Verbreitungsgebietes von *major* entlang des Nord- und Ostsaumes des Kongowaldes lebende, als *toruensis* beschriebene Population weist außer kurzen Schnabelfirstborsten und ganz blauen Schnabelwinkelläppchen ein blau oder violett verwaschenes Kropf- und Brustgefieder auf, wie es die Westunterarten der *galeata*-Gruppe besitzen. Da, wie die Verbreitungskarte von SNOW zeigt, die Areale von *galeata* und *meleagris* einander nicht berühren, muß dies früher geschehen sein.
Flügellänge 251 bis 296 mm.
Haltung: Nichts bekannt.

Sudan-Pinselperlhuhn
Numida meleagris meleagris, Linné 1758

Engl.: Tufted Guineafowl.
Heimat: Der Sudan vom 19. Breitengrad im Norden zum 10. Breitengrad im Süden, Eritrea, Nord-Äthiopien; in Süd-Arabien der Jemen bis ins Gebiet von Aden.
Beschreibung: Helm kurz und kegelförmig, im Mittel 11,7 mm hoch, manchmal kaum sichtbar; über den Nasenlöchern ein Büschel aufrechtstehender strohgelber Borstenfedern; Gesicht, Hals und die sehr großen, rundlich ovalen, durchschnittlich 135 mm langen Schnabelwinkellappen blau; im Genick weiche wollige, leicht gekräuselte Federn. Gefieder auf bräunlich grauschwarzem Grund zart weiß geperlt, die Halsfedern schwarzweiß gesperbert; Außenfahnen der Armschwingen mit feiner wellenförmiger Weißzeichnung, nicht wie bei *galeata* gebändert.
Flügellänge 230 bis 284 mm.
Haltung: Die europäische Ersteinfuhr des Sudan-Pinselperlhuhns erfolgte 1855 durch den deutschen Afrikaforscher VON HEUGLIN aus dem Sudan in den Berliner Zoo, der die Unterart auch 1875 und 1882 besaß. Im Londoner Zoo 1865 und 1868 aus dem Aden-Protektorat vertreten. Nach DÜRIGEN (1885) lebte 1 Vogel dieser Unterart im Hamburger Zoo 5 Jahre und 21 Tage. Die europäische Erstzucht gelang nach HOPKINSON in Frankreich MAILLARD 1889. In Italien (Rovigo) hat GHIGI Hybriden mit dem Somali-Pinselperlhuhn erzielt.

Somali-Pinselperlhuhn
Numida meleagris somaliensis, Neumann 1899

Engl.: Somali Tufted Guineafowl.
Heimat: Nord-Somalia im ehemals britischen Teil, Südost-Äthiopien (Harrar, Galla- und Arussi-Provinz), Jubaland und die Loriansümpfe in Nord-Kenia.
Beschreibung: Der rötliche Helm ist bei dieser Unterart sehr niedrig und bei manchen Tieren kaum erkennbar. Auf dem Schnabelfirst über den Nasenöffnungen ein ungewöhnlich großes Büschel lang aufragender, dünner weißlicher Federborsten; Nacktteile von Kopf und Hals hellblau, die dicken Schnabelwinkellappen länglich, mit der Spitze nach hinten gerichtet und im Enddrittel rot; wollige Genickfedern bilden deutlich kleine Büschel; auf der Hinterhalsbasis ein sehr kleiner Bezirk schwarzer Borstenfedern. Gefiedergrundfarbe grauer als bei der Sudan-Unterart, was durch ein ausgeprägtes Netzwerk weißer Tüpfel um die weißen Perlflecken bewirkt wird. Unterhals- und Oberbrustgefieder mit sehr zarter weißer und schwarzer Wellenbänderung, die Armdecken auffällig dunkler mit scharf abgesetzter weißer Perlfleckung; Brustfedern hell, breit weiß gesäumt, wodurch dieser Bezirk am hellsten wirkt. Die weißen Perlflecken auf den Außenfahnen der inneren Armschwingen in der Form unterschiedlich und die meisten im unteren Randbereich mit schwarzen Tupfen versehen; Außensäume der äußeren Armschwingen insgesamt zart weiß gesprenkelt.
Flügellänge 261 bis 272 mm (kleine Unterart).
Haltung: Der europäische Erstimport von 9 Somali-Pinselperlhühnern erfolgte 1925 durch eine Expedition des Berliner Zoo nach Äthiopien. Die Unterart ist erstmalig 1928 durch GURNEY in England gezüchtet worden. Die Henne legte Mitte Juli 11 Eier, aus denen ebenso viele Küken schlüpften. 8 Junge wurden aufgezogen. Die Eier waren kleiner und heller als die des Hausperlhuhns und wiesen eine geringere roströtliche Fleckung auf. Die Aufzucht der Küken erfolgte mit Fasanenfutter und Ameisenpuppen. GHIGI hat in Rovigo (bei Bologna) Mischlinge dieser Unterart mit dem Sudan-Pinselperlhuhn gezüchtet.

Erlanger-Helmperlhuhn
Numida meleagris macroceros, Erlanger 1904
(= *N. m. rendilis,* = *N. m. baringoensis*)

Engl.: Erlanger's Helmeted Guineafowl.
Heimat: Der äthiopische Abschnitt des Großen Grabens vom Sekwalaberg südwärts und nach dem Verlassen des äthiopischen Gebirgsstockes westwärts bis zum Ostufer des Omoflusses, südwärts in Kenia das Gebiet um das Südende des Rudolfsees in Turkana, Marsabit, Samburu, Baringo, Laikipia; im Nakurugebiet in *reichenowi* übergehend. Nördlich des Viktoriasees in Uganda Hybridzonen mit *major*.
Beschreibung: Die Hybridpopulation dürfte durch eine Vermischung der westlich lebenden Unterart *major* mit der südlich lebenden *reichenowi* entstanden sein und müßte im Deutschen am treffendsten als „Großhelm-Pinselperlhuhn" bezeichnet werden, wenn dies nicht ein unmögliches Wortgebilde wäre:

Typische *macroceros*-Vögel tragen als *reichenowi*-Erbteil einen 28 bis 30 mm hohen Hornhelm, dazu auf *major* hinweisend gut ausgebildete Borstenbüschel auf dem Schnabelfirst, Wollfederbüschel im Genick und ganz blaue Schnabelwinkelläppchen. Das Gefieder ist nach VAN SOMEREN dunkler als bei *reichenowi*, und die Außenfahnen der Armschwingen weisen neben unbedeutend ausgeprägten weißen Bändern auch unregelmäßige Wellenbänderung auf, die durch die schwarzen Zwischenräume verläuft und den Federn ein gesprenkeltes Aussehen verleiht. Auf den Armdecken fehlen weiße Terminalbänder vollständig.
Haltung: Nichts bekannt.

Reichenow-Helmperlhuhn
Numida meleagris reichenowi, Ogilvie-Grant 1894

Engl.: Reichenow's Helmeted Guineafowl.
Abbildung: Seite 734 unten.
Heimat: Süd-Uganda östlich des Viktoriasees, die Südhälfte Kenias in Teita, Taveta, Loita, Kedong, Ukambani bis N.O. Kenia, Tansania mit Ausnahme des Küstengebietes, wo *mitrata* vorkommt, bis etwa zur Zentralbahn bei Mpapwa.
Beschreibung: Hornhelm bedeutend höher als auf dem Scheitelansatz breit, nur wenig nach hinten gebogen, in Form und Höhe variabel, durchschnittlich 29,5 mm lang, bei manchen Althähnen 56 mm Länge erreichend, hornbraun mit gelber Spitze, an der Basis tief und unregelmäßig gefurcht; Nasenwachshaut, Haut der Überaugen- und Zügelregion sowie die im Mittel 12,8 mm langen breitovalen Schnabelwinkellappen zinnoberrot; ein schmaler, oft unterbrochener Orbitalring, die Unteraugenregion und die faltigen Halsseiten kobaltblau, diese Farbe bei manchen Vögeln bis über die Schnabellappenbasis reichend; Kinn und Kehlwamme schwärzlich. An der Grenze der nackten Halspartien zum befiederten Teil ein paar zerschlissene Borstenfedern, die nach hinten zu zahlreicher werden und auf dem purpurblauen bis schwärzlichen Hinterhals aufwärts gerichtet sind. Gefieder auf schwarzem Grund dicht weiß geperlt; Federn von Unterbrust, Flanken, Schenkeln und Unterschwanzdecken schwarz mit gut abgesetzter runder oder ovaler Weißfleckung, jede Brustfeder zusätzlich schmal weißgesäumt; Bauchgefieder mehr gebändert als gefleckt, Oberbrust- und Unterhalsfedern zarter gefleckt; da die Mehrzahl dieser Flecke ineinander übergeht, entsteht dort ein alternierendes Schwarzweißbändermuster; Federn des Mantels, der Schultern, kleinen Flügeldecken, inneren Armschwingen, des Bürzels, der Oberschwanzdecken und des Schwanzes schwarz mit weißer Perlfleckung, jeder Perlfleck von zarten netzförmigen, weißen Punktmustern umgeben; Flügeldecken fast mit gleichem Muster, nur die Fleckung bei ihnen unregelmäßiger und das umgebende Netzwerk stärker unterbrochen; Fleckung auf den Armdecken reihenförmig, auf den Außenfahnensäumen länglich; innere Handschwingen und die Armschwingen schwarz, auf den Außenfahnenrändern mit weißen Fleckenreihen und Schräglinien, ein Bändermuster erzeugend. Schnabel im Spitzenbereich gelblich hornfarben, zur Basis hin dunkler; Iris dunkelbraun; Beine schwarzbraun. Länge 530 bis 650 mm; Flügel 275 bis 310 mm; Schwanz 152 mm.

Ein frisch geschlüpftes Küken ist unterseits hell ledergelb, oberseits hell orangebraun mit leichter Aufhellung in der Rückenregion; Kopf und Rücken schwarzbraun längsgestreift; Flügel und Flanken mit schwarzbrauner Fleckung.

Im Erstgefieder ist die Unterseite isabellgelb mit geringer Sprenkelung in der Brustregion; Federn des Mantels und der Flügel rostbraun mit Schwarzsprenkelung und sandbrauner Säumung; Rückenregion grauisabell mit breitem schwarzem Mittelstreif und ebenso gefärbten Seitenstreifen. Der Kopf hat noch die Kükenbedaunung; Schnabel rötlichbraun, die Beine hellrötlich.

Im Zweitgefieder wird auf Unterhals, Brust, Flanken und Flügeldecken eine Fleckung erkennbar; auf Flügeln, Unterrücken und Schwanz hat sich eine auffällige isabellweiße Bänderung gebildet, die auf dem Mantel rötlichbraun und schwarz ist; auch in diesem Stadium bleibt die Bedaunung von Hals und Kopf noch bestehen. Erst im 3. Gefieder erscheint die Perlfleckung auf dem ganzen Federkleid, nur ist die Federgrundfärbung noch braunschwarz statt tiefschwarz, und die Perlflecken sind noch grau oder isabellgelblich statt weiß; Kopf und Hals beginnen die Daunen zu verlieren, und der Hornhelm beginnt zu wachsen. Die nunmehr nackte Kopf- und Halsregion ist dunkelbraun.

Haltung: Der europäische Erstimport von 8 Reichenow-Helmperlhühnern erfolgte 1928 in den Berliner Zoo durch eine Expedition nach Tanganyika. Als europäische Erstzucht wurden 1930 im Berliner Zoo 5 Küken aufgezogen, denen 1931 4 weitere folgten. Seit vielen Jahren ist dieses durch den hohen Helm besonders eindrucksvolle Perlhuhn im Vogelpark Walsrode vertreten.

Sambesi-Helmperlhuhn
Numida meleagris mitrata, Pallas 1767
(= Numida meleagris limpopoensis = N. m. transvaalensis = N. m. rickwae = N. m. uhehensis)

Engl.: Zambesi Helmeted Guineafowl, Madagascar Helmeted Guineafowl.
Heimat: Botswana im äußersten Ost-Chobe-Bereich sowie entlang der Grenze zu Simbabwe, in ganz Simbabwe, Ost- und Süd-Sambia, Transvaal, dem unteren Sambesital, Malawi und dem Küstengebiet Mosambiks; in Tansania die ganze Küstenebene und landeinwärts im Matengo-Hochland (Ssongea), Mahenge bis zu den Utchungwebergen und Useguha bis zu den Ngurubergen. Hybridpopulationen mit *reichenowi* sind als „*uhehensis*" vom Uheheplateau und mit *marungensis* als „*rikwae*" (= „*frommi*") aus dem Gebiet zwischen Tanganyika- und Rukwasee beschrieben worden. In Kenia die Küstenebene von Vanga nordwärts bis zum Tanafluß.
Beschreibung: Helm viel niedriger als bei *reichenowi*, dreieckig, individuell sehr unterschiedlich, manchmal senkrecht, zuweilen leicht zurückgebogen, 33 mm Höhe nie überschreitend, zusammen mit dem hornigen Scheitelsockel rotgelb mit horngelbem Spitzenteil; Kopfseiten und Oberhals leuchtendblau, von der Kehlmitte eine ovale schwärzlichbrauner Hautwamme herabhängend; Nasenwachshaut und vordere Zügelpartie lackrot, die Schnabelwinkellappen senkrecht herabhängend, schmal, unten zapfenartig zugespitzt, ca. 16,8 mm lang, blau mit scharf abgesetztem rotem Enddrittel; Unterhalsgefieder mit schwarzweißer Wellenmusterung, das Gefieder im übrigen wie bei *reichenowi*.
Länge 530 bis 540 mm; Flügel 250 bis 280 mm; Schwanz 162 mm.
Haltung: Der europäische Erstimport von 4 Vögeln erfolgte 1866 aus Madagaskar in den Londoner Zoo. Im Berliner Zoo war diese Unterart 1889, 1907 bis 1915 und 1955 ebenfalls aus Madagaskar und 1902, 1913 und 1926 bis 1931 durch Vögel vom afrikanischen Festland vertreten. Nach DÜRIGEN (1886) hat 1 Sambesi-Perlhuhn im Hamburger Zoo über 7 Jahre gelebt.
BÖHM (1882) traf domestizierte Perlhühner dieser Unterart auf Sansibar an, und GROTE (1909) berichtete aus Mikindani (südl. Tansania): „Ein anderes hier vorkommendes Perlhuhn ist *Numida mitrata*. Es handelt sich keineswegs um aus Domestikation verwilderte Tiere, vielmehr liegt oft der umgekehrte Fall vor. Eingeborene suchen sich im Pori Gelege wilder Perlhühner und lassen sie durch Haushühner ausbrüten. Diese Methode soll häufig angewendet werden." Hier liegt demnach, unabhängig voneinander, die gleiche Methode einer Halb-Domestikation vor, wie wir sie von der afrikanischen Westküste kennen. Mit ziemlicher Sicherheit dürften daher auch die Perlhühner der Komoren und Madagaskars mit der Bantubesiedlung dieser Inseln dorthin gelangt sein.
Nach GHIGI (1931) ist diese Unterart mehrfach von ihm in Rovigo (Italien), ebenso von DELACOUR in Clères (Frankreich) gezüchtet worden.

Natal-Helmperlhuhn
Numida meleagris coronata, Gurney 1868

Engl.: Natal Helmeted Guineafowl.
Heimat: Östliches Kapland, West-Griqualand, Orangefreistaat, das Highveld Transvaals, Natal, Zulu- und Swasiland; seit Ende des 19. Jahrhunderts im Gebiet von Stellenbosch (S.W. Kap-Provinz) fest eingebürgert.
Beschreibung: Helm durchschnittlich 24,7 mm hoch, etwas rückwärts gebogen, horngelb mit rötlicher Basis, die Schnabelwachshaut lackrot; nackte Kopf- und Halsteile in der Augenumgebung hellblau; die an der Basis dicken, nach unten zu spitz zulaufenden, 18,7 mm langen, senkrecht herabhängenden Schnabelwinkellappen kobaltblau mit rotem Enddrittel; Zügel-, Nacken- und Halsregion kobaltblau, Kinn und Kehle dunkelblau; auf dem Hinterhals wenige aufwärts gerichtete schwarze Borstenfedern; Halsgefieder schmal schwarz und weiß gestreift, nicht wie beim Sambesi-Perlhuhn geschuppt oder der Damara-Subspezies gepunktet. Gefieder im übrigen wie bei diesen beiden Unterarten. Schnabel horngelb, Iris dunkelbraun, Füße schwarz mit hellgelben Krallen.
Länge 560 mm; Flügel 270,9 mm; Schwanz 163 mm.
Haltung: Als europäischen Erstimport erhielt der Londoner Zoo 1864 1 Paar dieser Unterart; der Berliner Zoo hat sie 1912/13 und von 1926 bis 1931 gehalten. Die europäische Erstzucht gelang 1869 CORNELY in Frankreich. In Südafrika wird dieses Perlhuhn am häufigsten gehalten. Eine Zuchtstation zur Erbrütung von Gelegen zwecks Auswilderung

der Jungvögel hat in Jonkershoek bei Stellenbosch (Kap-Provinz) nach SIEGFRIED (1966) in 4 Jahren 234 Küken aufgezogen. Das Perlhuhn ist dort nicht nur ein geschätztes Niederwild, sondern auch ökonomisch nützlich, nachdem SKEAD (1962) festgestellt hatte, daß die Hauptnahrung zu fast 90 % aus tierischen Schädlingen des Farmlandes besteht.

Damara-Helmperlhuhn
Numida meleagris damarensis, Roberts 1917

Engl.: Damara Helmeted Guineafowl.
Heimat: Äußerstes südliches Huila (Angola), Namibia vom Damaraland südwärts bis Namaland.
Beschreibung: Helm im Mittel 22,3 mm lang, schmal, leicht nach hinten gebogen, ockergelb bis rötlich; Stirn und Nackenplatte rot; als charakteristisches Merkmal auf dem Schnabelfirst über den Nasenlöchern gut ausgebildete Hautwarzen in beiden Geschlechtern. Nackte Kopf- und Halsteile leuchtend blau, Schnabelwinkellappen im Mittel 18,9 mm lang, schmal, senkrecht herabhängend oder etwas seitlich abstehend, blau mit rotem Enddrittel. Unterhalsgefieder auf schwarzem Grund fein weiß gefleckt. Übriges Gefieder wie bei *mitrata* und *coronata*.
Flügellänge 278 bis 285 mm.
Haltung: Über Importe dieser in ihrer Heimat häufigen Unterart ist nichts bekannt.

Kalahari-Helmperlhuhn
Numida meleagris papillosa, Reichenow 1894

Engl.: Kalahari Helmeted Guineafowl.
Heimat: In Süd-Angola der Huiladistrikt mit Ausnahme des äußersten Südens (dort *damarensis*), westlich und südlich des Areals der Hybridpopulation *maxima,* Süd-Bihe, Mossamedes und die Benguelaküste nordwärts bis Huxe. In Botswana das ganze Land in geeigneten Habitaten, im Nordosten im Gebiet von Kabulabula und der Mababesenke. Hybridisierung mit *mitrata,* die im Grenzbereich zu Sambia und Simbabwe vorkommt.
Beschreibung: Von *damarensis* nur wenig verschieden, etwas kleiner, der Helm angeblich länger und die Schnabelfirstwarzen bei den Weibchen fehlend.
Flügel 273 bis 277 mm.

Haltung: Die Unterart wurde noch nicht nach Europa importiert. Wie *Sclater* in seinen „Birds of Southern Africa" mitteilt, gelang die Zucht in Südafrika 1893 FLECK.

Huambo-Helmperlhuhn
Numida meleagris maxima, Neumann 1898
(= *Numida meleagris bodalyae*)

Engl.: Huambo Helmeted Guineafowl.
Heimat: Zentralplateau von Nord-Bihe, Huambo, Nord-Huila westwärts zum Que-Fluß und südwärts bis Capelongo und Chipopia, wo es mit *papillosa* hybridisiert (S.W. Angola).
Beschreibung: Die Helmperlhühner Südwest-Angolas sind eng mit der Unterart *marungensis* verwandt, tragen jedoch als Erbteil von *papillosa* einen längeren, häufig stark rückwärts und abwärts gebogenen Hornhelm. Es handelt sich bei diesen Populationen demnach um Hybriden.
Haltung: Über einen Import nach Europa ist nichts bekannt.

Marungu-Helmperlhuhn
Numida meleagris marungensis, Schalow 1884

Engl.: Marungu Helmeted Guineafowl.
Heimat: Vom Kafuefluß Sambias nach Katanga (Zaire) und zum Südende des Tanganyikasees in Marungu (S.O. Zaire), den Lualaba abwärts bis ins Gebiet von Kasongo und am Nordende des Tanganyika bis ins untere Russisital; Südwest-Tansania von Ufipa bis Tabora; westwärts bis Ost-Angola in Trockensavannenwäldern von Lunda.
Beschreibung: Größtes Helmperlhuhn. Helm breit, rundlich, niedrig (ca. 18,7 mm hoch), orangegelb; die Nasenwachshaut und ein mit ihr in Verbindung stehender schmaler, über den Augen endender Streifen rot; nackte Kopf- und Halsteile grünlichblau, die Schnabelwinkelzapfen im Durchschnitt 16,6 mm lang, schmal, herabhängend, blau mit roter Spitze; die aufwärts gerichteten Haarfedern im Genick lang und üppig; Unterhals- und Kropfgefieder zart schwarz und weiß gebändert, die Perlflek-

1 Marokko-Helmperlhuhn, 2 Somali-Pinselperlhuhn, 3 Sambesi-Helmperlhuhn, 4 Reichenow Helmperlhuhn, 5 Damara Helmperlhuhn

kung des Gefieders größer und dichter als bei der Unterart *mitrata*, die Außenfahnensäume der Armschwingen gebändert.
Länge 686 mm; Flügel 276 bis 307 mm; Schwanz 187 mm.
Haltung: Über einen Import dieser Unterart nach Europa ist nichts bekannt.

Kasai-Helmperlhuhn
Numida meleagris callevaerti, Chapin 1932

Engl.: Kasai Helmeted Guineafowl.
Heimat: Ost-Kasai (Zaire); Nord-Angola in Nord-Malanje bis zum Cuango.
Beschreibung: Hybridpopulation, die von *marchei* zu *marungensis* überleitet. Gefieder der Halsbasis bläulich verwaschen oder bräunlich lavendelfarben, der Unterhals fein, meist weißlich gebändert; Außenfahnen der Armschwingen mit breiteren weißen Bändern als sie *galeata* besitzt; Schnabelwinkelläppchen schmaler als bei dieser und gewöhnlich nur mit rotem Spitzenteil, der niedrige Hornhelm rötlichbraun. Anzeichen von Nasenborsten fehlen.
Haltung: Nichts bekannt.

Lebensgewohnheiten der Helmperlhühner: Die zahlreichen Unterarten des Helmperlhuhns ähneln einander in Stimme und Verhalten so sehr, daß sie zusammenfassend besprochen werden können. Sie haben sich vielen Biotopen anzupassen vermocht und bewohnen tropische Küstenebenen bis an den Rand der Mangrovengürtel, am Weißen Nil Marschland und Schilfmoore, dichten Busch an Flußufern, in Steppen sowie Savannen und lichte Wälder in Ebenen und auf Hochplateaus, in der Sahara-Halbwüste und in Eritrea felsige Gebirge bis in Lagen von über 1500 m. Ebenso besiedeln sie Kulturland und meiden eigentlich nur Wüstensteppen, wo sie in Nordostafrika vom Geierperlhuhn ersetzt werden, und dichten Wald, der vom Haubenperlhuhn besiedelt wird. Auf der Flucht rennen Helmperlhühner lieber lange Strecken zu Fuß als aufzufliegen. Der nicht gerade geschickt wirkende Flug besteht aus vielen schwirrenden Flügelschlägen, die von kurzen Gleitphasen unterbrochen werden und führt nur über kurze Strecken. Bei Gefahr durch Bodenfeinde, zur Mittagsruhe und Übernachtung baumen Perlhühner auf. Wasser zum Trinken ist für sie Vorbedingung zur Besiedelung eines Gebietes, und mehrmals täglich werden Wasserstellen aufgesucht. Dorthin zieht das Perlhuhnvolk in langer Linie hintereinander her und verrät sein Nahen oft schon von weitem durch lautes Geschnarr und Getrappel. Perlhühner sind Allesfresser, die mehr pflanzliche als tierische Nahrung aufnehmen. Von ersterer sind Grassämereien, fleischige Rhizome, Knollen, Zwiebeln, grüne Triebe und Getreidekörner beliebt. Legende Hennen und Küken benötigen vor allem tierisches Eiweiß, weshalb die jeweilige Brutzeit einer Unterart im wesentlichen mit der Regenzeit und dem dann reichen Insektenleben identisch ist. Früher häufig als landwirtschaftliche Schädlinge verschrien, werden Perlhühner nach den Ergebnissen umfangreicher Kropf und Magenanalysen heute als nützliche Vertilger von Schadinsekten angesehen. Auf bevorzugten Futterplätzen wühlen sie den Erdboden in Steppen auf weite Strecken so intensiv um, daß sie nach BÖHM oft Reitbahnen ähneln. Während der Trockenzeit leben die überaus geselligen Vögel in mehr oder weniger großen Völkern zusammen, deren Stückzahl früher die 1000 erreicht haben soll. Anzeichen einer Rangordnung im Perlhuhnvolk sind nur soweit erkennbar, als ein Kern aus alten dominanten Vögeln mehrere Jahre lang im gleichen Gebiet und Volk angetroffen wurde. Mit Ausnahme des Sudan-Pinselperlhuhns, das nach VON BOETTICHER (1954) regelmäßige Wanderungen durchzuführen scheint und diese weiter ausdehnt als andere Unterarten, scheinen Helmperlhühner nach Untersuchungen in Südafrika weitgehend Standvögel zu sein. Dort wurden nämlich bei 21 beringten Wiederfunde in mittleren Entfernungen von $2,3 \pm 0,9$ km und alle innerhalb 2 km Entfernung von einer Wasserstelle gemacht. Nur von Junghähnen sind bisher Wanderungen von 3 bis 10 km Länge nachgewiesen worden. Mit Beginn der Regenzeit trennen sich die verpaarten Vögel vom Volk. Die stets auch während der Brutzeit anzutreffenden Gruppen bestehen aus vorjährigen Jungen und unverpaarten Altvögeln. Das zu Beginn der Brutzeit im Volk so häufig beobachtete gegenseitige Jagen hängt nach SKEAD eng mit dem Paarbindungsverhalten zusammen. Ein Vogel scheint dann einen anderen ohne Unterlaß zu verfolgen, was üblicherweise abseits vom Trupp geschieht. Ob es sich bei dem Verfolgten um ein nach dem Paarungszeremoniell scheinfliehendes Weibchen oder einen vom verpaarten Hahn gejagten Junggesellen handelt, ist bisher nicht bekannt. Nach SETH-SMITH rennt der Hahn oft in wildem Zickzacklauf hin und her, kehrt zur erwählten Henne zurück und stoppt kurz vor ihr, um auffällig am Boden zu picken. Diese Handlung ist als Futterangebot zu deuten, das beim Hahn durch Anbieten von Leckerbissen im Schnabel an die Henne beim Perlhuhn außerdem auch vorkommt. Als Aggressions- und daraus entstandenes Balzverhalten ist die Buckelhaltung des Perlhahns, bei der die Flügel über das Rückenniveau gehoben und dabei dicht an den Körper gepreßt werden, zu deuten. In dieser Haltung rennt er nämlich sowohl auf einen Feind los, um auf ihn einzuhacken, als auch auf die Henne, um sie in Seitenhaltung zu umlaufen. Es ist bedauerlich, daß selbst beim Hausperlhuhn der genaue Verlauf der Balzhandlungen noch nicht untersucht, und auch das Paarungszeremoniell noch nicht beschrieben wurde. Wildperlhühner sind zwar monogyn, doch paaren sich verheiratete Perlhähne auch mit alleingebliebenen Hennen, wenn sie diesen begegnen. Die Paarbindung hält beim Perlhuhn nur eine Saison hindurch an. Wie bei vielen steppenbewohnenden Arten hängt auch beim Perlhuhn – wie schon anfangs erwähnt – die Fortpflanzungszeit mit der oder den Regenzeiten eng zusammen. Fallen diese für ein oder mehrere Jahre aus, wird auch nicht gebrütet. Das ist beispielsweise in Namibia mit seinen sehr unregelmäßigen Regenfällen der Fall, und nach HOESCH (1955) sollen die dortigen Perlhühner in regenreichen Jahren sogar mehrmals brüten, wonach Riesenherden keine Seltenheit sind. Doch werden sie häufig sehr schnell durch das seuchenhafte Auftreten eines Darm-Fadenwurmes dezimiert. Das Brutpaar besetzt nach SKEAD kein festes Revier, und der Hahn beschränkt sich auf die Vertreibung männlicher Artgenossen, die seiner Henne zu nahe kommen. Wie alle Perlhühner, scharrt auch die Helmperlhenne als Nest zwischen dichtem Gras und Buschwerk lediglich eine flache Erdmulde, in welche die oft darin gefundenen Grashalme und Blätter wohl zufällig gelangt sind. Eine Nestpolsterung ist für die dicke Schale des Perlhuhneies auch gar nicht notwendig. Die 22 bis 25tägige Bebrütung des Geleges beginnt nach der Ablage des letzten Eies. Der Hahn hält in Nestnähe Wache. Über das Fortpflanzungsgeschäft der Perlhühner hat DE JAGER (1963) aus Transvaal sehr anschaulich berichtet, was hier auszugsweise wiedergegeben sei: „Auf dem Highveld Transvaals beginnen die Perlhennen im Dezember mit dem Brüten, und ihre Hähne halten sich in Nestnähe auf. Sofort nach dem Kükenschlupf bilden mehrere Paare mit ihrem Gesperre Kindergärten und sorgen gemeinsam für ihre 50 und mehr Küken. Dies ist ab Ende Januar und im Februar der Fall, wenn die Grassamen reifen. Zu dieser Zeit sieht man kleine Gruppen von 10 bis 12 erwachsenen Perlhühnern vorsichtig durch das hohe Gras schreiten, einen Schutzring um ihre frisch geschlüpften Küken bildend. Deren Dunenkleid bildet einen so guten Tarnmantel, daß das Ausmachen eines bewegungslosen, zwischen hohem Gras hockenden Kükens praktisch unmöglich ist.

Piept dieses ängstlich, erscheint alsbald ein Althahn, um es sicher in den Kindergarten zu geleiten. Das ist auch notwendig, denn gleich nach dem Schlupf sind zahlreiche Räuber, wie Greife, Eulen, umherstreunende Hunde und Schlangen, zur Stelle, überhaupt jedes Lebewesen, das Jungvögel frißt, und um diese Zeit hallt die Steppe geradezu von den Alarmrufen der wachsamen Perlhuhneltern wider. Ihr Beschützerverhalten ist hoch entwickelt, und speziell die Perlhähne sind während der Zeit der Jungenaufzucht überaus aggressiv. Ein hudernder Hahn wird nicht zögern, dem Eindringling mit voller Wucht ins Gesicht zu fliegen, was für diesen ein schmerzhaftes und schockierendes Erlebnis bedeuten muß. Die Perlhähne zeigen vor niemandem Furcht, und einer Ringhals-Kobra verging einmal vollends der Appetit auf Küken, als sie von mehreren bewachenden Hähnen mit harten Flügelschlägen fast bewußtlos geprügelt wurde, so daß sie nur noch den einen Wunsch hatte, möglichst schnell von der Stätte des Grauens fortzugelangen. Zahlreiche Kleinküken verirren und verfangen sich jedoch im hohen verfilzten Gras, und werden so eine Beute der Feinde. Glücklicherweise wachsen sie schnell heran und können innerhalb kurzer Zeit fliegen. In diesem Alter beginnt ihre erste Schulstunde mit dem Thema: Wie erreiche ich am besten den Ast meines Schlafbaumes? Sie beginnt damit, daß mehrere Hähne auf einen niedrigen Ast fliegen, um den Kleinen zu demonstrieren, wie einfach das ist. Diese unternehmen ihrerseits geradezu heroische Versuche, fliegend auf einen Ast zu gelangen, landen aber zunächst überall, nur nicht auf dem erwünschten Punkt. Nach mancherlei erfolglosen Versuchen schaffen es schließlich einige, den borkigen Stamm flatternd und unter Zuhilfenahme von Schnäbeln und Krallen zu erklimmen. Jene, denen das nicht gelingt, werden von einem der stets wachsamen Hähne bevatert, während die glücklich auf den Schlafästen gelandeten die halbe Nacht hindurch über die Ungerechtigkeit jammern, die kühlen Nachtstunden auf einem schwankenden Ast verbringen zu müssen und versuchen, sich so dicht wie möglich an die Erwachsenen anzuschmiegen. Bei solchen Versuchen fallen manche Jungvögel herunter, doch findet sich auf dem Erdboden immer noch ein Altvogel, der sie dort die Nacht hindurch hudert. Die jungen Perlhühner benötigen ungefähr eine Woche dafür, das gezielte Anfliegen des Schlafastes zu erlernen und sich oben zurechtzufinden. Von da ab greifen die Altvögel nicht mehr helfend ein, und Junge, die nachts herunterfallen, werden häufig eine Beute jagender Raubtiere. Für den wachsenden Jungvogel ist das eine harte Lehrzeit, und nicht viele der ursprünglich großen Zahl erhält in 4 Monaten das geperlte Erwachsenenkleid." Das gemeinsame Übernachten auf immer den gleichen Bäumen ist für Helmperlhühner recht typisch. In Ermangelung von Steppenbäumen wählen sie dafür die so häufig angepflanzten australischen Eukalyptusbäume, nehmen auch mit Telefonmasten vorlieb, und in Nigeria setzen sich halbwilde Perlhühner nachts auf die Strohdächer der Hütten. Übernachtungsplätze können jahrzehntelang benutzt werden, und ein Gebrauch von wenigstens 16 Jahren ist verbürgt. Sie werden aber schnell verlassen, wenn die Vögel dort dauernder Beunruhigung ausgesetzt sind. Der Kot unter Schlafbäumen kann sich 30 cm hoch anhäufen. Auf ihren Schlafästen sitzen die Vögel dicht beieinander, schlafen jedoch weiter voneinander entfernt, wenn das Laub des betreffenden Baumes sehr licht und lückenhaft ist. An den Schlafplätzen erscheinen sie Trupp für Trupp, wenn die Sonne gerade untergeht oder bereits unter dem Horizont verschwunden ist. Erst fliegen einige, meist aus 20 m Distanz, den Schlafbaum an, andere wieder direkt von unten auf die ersten Äste und danach etagenweise weiter hoch. Auf dem Schlafast bleiben sie erst ein Weilchen ruhig, um zu sichern, und beginnen nach BÖHM dann ihr sonderbares Schnurren und Schnarren, welches nach und nach die übrigen herbeiruft, bis endlich das ganze Volk auf einem oder einigen benachbarten Bäumen versammelt ist. Den Schlafbaum verlassen sie morgens noch bei voller Dunkelheit. Perlhühner sind überaus wachsam, und selbst ein herabfallendes Blatt vermag Alarm auszulösen. Beim futtersuchenden Trupp ist das plötzliche Springen eines Vogels auf den anderen zu charakteristisch. Dabei posiert der Angreifer mit tief gehaltenem Kopf, gebeugtem Körper und über den Rücken gehaltenen Flügeln. Kämpfe zwischen Hähnen werden mit Fußschlägen und Schnabelhieben ausgefochten und kommen mit Beginn der Fortpflanzungszeit gehäuft vor. Häufig trennt sich ein Vogel vom Trupp, fliegt auf einen Baum und ruft mit eingezogenem Kopf und Hals sowie gesträubtem Gefieder, was von den Artgenossen auf dem Erdboden manchmal beantwortet wird und in seiner Bedeutung unbekannt ist. Ebenso ist noch ungeklärt, warum manchmal bis zu 15 Perlhühner einen Artgenossen verfolgen, allmählich damit aufhören, und nur ein Vogel die Jagd weiterbetreibt. Sollte sich in solchen Fällen vielleicht ein fremder Junghahn dem Volk genähert haben, um eine Henne zu entführen, wie dies vom Rebhuhn bekannt ist? Bei jeder Tätigkeit unterlassen Perlhühner es nie, Wachtposten aufzustellen, die rechtzeitig vor Gefahr warnen. Wie bei allen Hühnervögeln üblich, werden gern Staubbäder genommen, und VAN SOMEREN hat gegenseitiges Putzen (grooming) recht häufig beobachtet. Er schreibt darüber: „Andere Perlhühner wieder beschäftigten sich mit Gefiederputzen und halfen dabei einander recht häufig. Es war ein übliches Geschehnis, zu beobachten, wie ein Vogel auf den anderen zuging und an seinen Hautzapfen zu knabbern begann oder mit dem Schnabel die kurzen Hinterhalsfedern durchkämmte, während der andere ganz stillhielt. Oder ein Perlhuhn hatte sich gerade wohlig im Sandbad gestreckt und streckte ganz auf der Seite liegend, seinen Hals lang aus, um von einem anderen die Wohltat des Beknabbert- und Gekämmtwerdens zu erhalten." Das Geschlecht der gleichgefärbten Perlhühner kann an Stimme und Verhalten erkannt werden. Nur die Henne stößt den „Back-wiit"-Ruf aus, und nur der Hahn nimmt häufig die bucklige Haltung mit den dicht an den Körper gepreßten und dabei über den Rücken erhobenen Flügeln ein. Die Bedeutung der Stimmäußerungen des Helmperlhuhnes ist von SKEAD (1962) und CROWE (1978) analysiert worden. Danach können bei Erwachsenen ca. 7 verschiedene Lautäußerungen unterschieden werden.

1. Eine zweitönige Rufserie der Perlhenne, die wie „Back-wiit" oder „Tschiquè, tschi-que" klingt, der erste Ton bei geschlossenem Schnabel gebracht, klingt nasal und klar, der zweite bei geöffnetem Schnabel ausgestoßen, höher und krächzender. Die Höhe des zweiten Lautes steigt mit wachsender Erregung und nimmt auf dem Höhepunkt derselben einen gutturalen Klang an. Die Stimmäußerung wird meist von isolierten Hennen gehört.
2. Ein rauher krächzender, einsilbiger Ruf des Perlhahns, den dieser häufig als Antwort auf den zweisilbigen Ruf seiner Henne ausstößt. In noch schwacher Alarmstimmung kann er auch von beiden Geschlechtern gebracht werden, klingt wie ein schnelles, stotterndes „T-t-t-t", manchmal zu „Tii-tii-tii" variiert, zuweilen mit „T-t-t" und „Kek" vermischt oder insgesamt sehr hart „Krrrr-k-k-k-k" klingend.
3. Der sogenannte Staccatoruf, eine Serie unterbrochener Toneinheiten, die stotternd klingend und immer lauter werdend auf dem Höhepunkt der Lautstärke in einen ununterbrochenen verschwommenen Ton übergeht und offenbar höchste Alarmstufe anzeigt. Dies ist das von SKEAD beschriebene harte, kratzende „Kek kek kek kek", das zu einem langausgezogenen rauhen „Kehhhhkk" wird. Man hört es recht häufig, wenn die Perlhühner sich auf die Übernachtung vorbereiten und viel lauter bei nächtlichem Alarm auf dem Schlafbaum. Auf unmittelbare Gefahr wird mit heftigem rauhem Gackern reagiert.
4. Der Drohruf ist ein tiefes Knurren, das vor dem Frontalangriff auf einen Feind ausgestoßen wird.
5. Der Kontaktlaut ist ein ruhiges, metallisch klingendes „Tschiink-tschiink", das man häufig während der Futtersuche einer Gruppe hört.
6. Der Werbungsruf des Männchens, besonders während der Futterübergabe an das Weibchen ausgestoßen, klingt wie der Kontaktruf, nur wird diesem noch ein „Tscher-tschii" angehängt. Er wird vermutlich in gleicher Weise vom Männchen bei der rituellen Flucht des Weibchens ausgestoßen.
7. Von 2 bis 3 Vögeln der gleichen Gruppe oder Vögeln in verschiedenen Gruppen, von Perlhühnern auf ihrem Übernachtungsast sowie von durch Feinde verstreuten Gruppenmitgliedern wird in Halbsekunden-Intervallen ein weit hörbares, traurig und klagend klingendes „TSCHER-tsching TSCHER-tsching. . . . ." ausgestoßen. Beim Hausperlhuhn wird dieser Ruf häufig vom Hahn gehört, wenn seine Henne das „Back-wiit" ruft. Manchmal wird es so lange und so rhythmisch wiederholt, daß es nach WOOD aus einiger Entfernung wie das Geräusch einer Holzsäge klingt. Die Bedeutung dieser Rufe ist noch ungeklärt.

Von den Küken wird als Kontaktlaut ein leises und schnelles „Piip" vernommen, eine Serie melodischer Zwitscherlaute zeigt Wohlbefinden an und wird auch während der Futteraufnahme gehört. Bei Unbehagen rufen die Küken laut und erregt „Tschurr" oder „Tschirr", das bereits dem Staccatoruf der Adulten ähnelt. Bei 2½ Wochen alten Küken wird der Kontaktlaut melodischer, ein fast gepfiffenes „Tschiir tschiir tschiir". Ab dem Alter von 1 bis 2 Wochen wird die Kükenstimme von Perlhühnern dem Stimmrepertoire Erwachsener schneller ähnlich als dies bei vielen anderen Hühnervögeln der Fall zu sein pflegt.

Haltung von Helmperlhühnern: Die Wildformen des Helmperlhuhns sind kälteempfindlicher als das seit vielen Generationen an europäisches Klima gewöhnte Hausperlhuhn und müssen in beheizten Unterkünften überwintert werden. Übrigens liegt auch beim Hausperlhuhn das Wärmeminimum bei 15 °C, das Optimum bei 18 bis 22 °C. Fast ausschließlich als Wildfänge importiert, bleiben Helmperlhühner im Gegensatz zu Geier- und Haubenperlhühnern lange ängstlich und schreckhaft. Wegen ihrer bezeichnenden waagerechten Haltung mit gekrümmtem Rücken und kurzen oder kurz wirkenden Läufen können sie trotz der zarten Perlung des Gefieders mit Hauben- und Geierperlhühnern an Schönheit nicht konkurrieren. Dazu belästigen sie das Ohr des Menschen durch ihr häufig ausgestoßenes, unangenehmes lautes Geschrei. Wildfänge des Helmperlhuhns schreiten meist erst nach mehreren Jahren zur Brut und benötigen dazu sonnige dicht bepflanzte Volieren, am besten mit hohem Graswuchs. Während der Brutzeit darf nur ein Hahn mit einer bis zwei Hennen zusammengehalten werden. Gelege läßt man am sichersten von Haushennen oder im Elektrobrüter erbrüten. Wegen der außergewöhnlichen Schalendicke gehen Perlhuhneier selten zu Bruch. Zu Beginn der Brutzeit sollen die Perlhuhnpaare erhöhte Eiweißgaben, beispielsweise Puten-Legepellets, erhalten. Helmperlhuhnküken sind genauso einfach aufzuziehen wie Hühnerküken. In den großen französischen Perlhuhnzuchtfarmen mit mehreren 10000 Tieren erfolgt die Vermehrung durch künstliche Besamung. Nach DEBASTE (bei SCHOLTYSSEK) werden in Frankreich jährlich von 600000 Perlhühnern 80 % künstlich besamt. Zur Zucht benötigte Hähne und Hennen werden in Etagenbatterien gehalten. Die Samenentnahme erfolgt bei den Hähnen 2mal wöchentlich durch Handmassage. Zur Vermehrung im Aussterben begriffener Wildformen, wie dem Marokko-Helmperlhuhn, könnte die künstliche Besamung und das Auswildern der Jungen in Nationalparks das geeignetste Mittel sein.

Weiterführende Literatur:
ANGUS, A., WILSON, K. J.: Observations on the diet of some game birds and Columbidae in Northern Rhodesia. 1.) The Helmeted Guineafowl *(Numida meleagris)*. Puku 2; pp. 1–9 (1964)
AYENI, I. S. O.: The biology and utilization of Helmet Guineafowl *(Numida meleagris galeata* PALLAS) in Nigeria. Dissert. Univ. Ibadan, Nigeria 1980
DERS.: Aspects of the biology of the Helmeted Guineafowl *(N. m. galeata* PALLAS) in Nigeria. WPA-Journal VI; pp. 31–39 (1980/81)
BANNERMAN, D. A.: The Birds of West and Equatorial Africa, Vol. I, pp. 333–335; Oliver and Boyd, London 1953
DERS.: History of the Birds of the Cape Verde Islands. Helmet Guineafowl; pp. 292–296. Oliver & Boyd, Edinburgh 1968
BENSON, C. W.: Breeding seasons of game birds in the federation of Rhodesia and Nyasaland. Puku 1; pp. 51–69 (1963)
BENSON, C. W. et al.: The Birds of Zambia. *Numida meleagris*; pp. 85–86. Collins, London 1971
BÖHM, R.: Notizen aus Central-Afrika. Journ. Ornith. 30; *Numida coronata* (GR.); p. 197 (1882)
BOETTICHER, VON H.: Die Perlhühner. Gattung *Numida*, Helmperlhuhn; pp. 15–31. Die neue Brehmbücherei, Ziemsen, Wittenberg Lutherstadt 1954
BREHM, A.: Ergebnisse einer Reise nach Habesch. *Numida ptilorhyncha*; pp. 384–385. O. Meißner, Hamburg 1863
BRITTON, P. L.: Birds of East Africa, Helmeted Guineafowl p. 44. East Afric. Nat. Hist. Soc., Nairobi 1980
CHAPIN, J. P.: The Birds of Belgian Congo, Part 1; Helmperlhühner; pp. 671–683. Bull. Amer. Mus. Nat. Hist. 65 (1932)
CLANCEY, P. A.: The Birds of Natal and Zululand. *Numida meleagris coronata* (GURNEY); pp. 120–121. Oliver & Boyd, London 1964
CRAMP, ST. et al.: Handbook of the Birds of Europe, the Middle East and North Africa, Vol. II, Helmperlhühner, speziell *N. m. sabyi*; pp. 522–527. Oxford University Press 1980
CROWE, T. M.: The evolution and ecology of guineafowl *(Galliformes, Phasianidae, Numididae)* Ph. D. Thesis, University of Cape Town 1978
DE JAGER, S.: The breeding habits of Guinea-Fowl. African Wildlife 17; pp. 300–302 (1963)
DÜRIGEN, B.: Die Geflügelzucht. III. Perlhühner; pp. 318–323. P. Parey, Berlin 1886
FARKAS, T.: Interesting facts about the Crowned Guineafowl *(Numida meleagris)*, Fauna and Flora 16; pp. 23–28 (1965)
GHIGI, A.: Monografia delle Galline di Faraone *(Numididae)*; p. 85. Federazioni Italiana dei Consorzi Agrari, Piacenza 1927
DERS.: Guinea-Fowl. Avic. Mag. IV. Series, Vol. 9; pp. 13–20 (1931)
GROTE, H.: Briefliche Berichte aus Ostafrika (Mikindani b. Lindi, Dtsch.-Ostafrika). Journ. Ornith.; pp. 103–106 (1909)
GURNEY, G. H.: Breeding of the Abyssinian Helmeted Guineafowl, the Vulturine Guineafowl, and other notes. Avic. Mag. IV. Series, Vol. 7; pp. 3–6 (1929)
DERS.: Guinea-Fowl. Avic. Mag. IV. Series, Vol. 9; p. 57 (1931)
HARTERT, E.: Die Vögel der paläarktischen Fauna, Bd. III; *Numida sabyi* (HART.); pp. 2005–2006. Friedländer & Sohn, Berlin 1921–22
HOESCH, W., NIETHAMMER, G.: Die Vogelwelt Deutsch-Südwestafrikas. Journ. Ornith. 88; Sonderheft; Damara-Perlhuhn; pp. 97–98 (1940)
HOESCH, W.: Die Vogelwelt Südwestafrikas. Damara-Perlhuhn; pp. 23–24. S. W. A. Wissensch. Ges., Windhoek 1955
IRWIN, M. P. S.: The Birds of Zimbabwe. Helmeted Guineafowl; pp. 100–101. Quest Publishing, Salisbury, Simbabwe 1981
JACKSON, F. J.: Notes on the game birds of Kenya and Uganda. London 1926

DERS.: The birds of Kenya Colony and the Uganda Protectorate. London 1938
LAVAUDEN, CHAVIGNY: Note sur la Pintade du Maroc. Rev. Francaise d'Ornith. 15; pp. 111–121, Paris 1923
MACKWORTH-PRAED, C. W., GRANT, C. H. B.: Birds of Eastern and Northeastern Africa, African Handbook of Birds, Series I, Vol. I. Guinea-Fowl, *Numida*; pp. 271–275. Longmans, Green and Co, London 1952
DIES.: Birds of the Southern Third of Africa, African Handbook of Birds, Series II, Volume I. Guinea-Fowl, *Numida*; pp. 230–232; Longmans, London 1962
DIES.: Birds of West Central & Western Africa, African Handbook of Birds, Series III, Vol. I; Guinea-Fowl, *Numida*; pp. 198–202, Longmans, London 1970
MENTIS, M. T., POGGENPOEL, B., MAGUIRE, R. R. K.: Food of the Helmeted Guineafowl in Highland Natal. Journ. South. Afr. Wildl. Managm. Ass. 5; pp. 23–26 (1975)
REICHENOW, A.: Die Vögel Afrikas, 1. Bd.; pp. 431–453; 3. Bd.; pp. 812–813, Neumann, Berlin 1905, 1911
DERS.: Die Fauna der deutschen Kolonien, Reihe III; Deutsch-Ostafrika, Heft 1, Die jagdbaren Vögel. Gattung *Numida*; pp. 78–80. Friedländer & Sohn, Berlin 1909
RIDGWAY, R., FRIEDMAN, H.: The Birds of North and Middle America. Un. States Nat. Mus., Bull. 50, Family *Numididae*; pp. 430–436. Smithsonian Institution Washington D.C. 1946
ROBERTS, revised by McLACHLAN, G. R., LIVERSIDGE, R.: Roberts Birds of South Africa. Genus *Numida*; pp. 135–136. The Trustees of the John Voelcker Bird Book Fund, Cape Town 1980
SCHOLTYSSEK, S., DOLL, P. et al.: Nutz- und Ziergeflügel. Perlhühner; pp. 380–395. Eugen Ulmer 1978
SCHUSTER, L.: Biologie der Vögel Deutsch-Ostafrikas. Journ. Ornith. 74, Heft 1; pp. 161–164 (1926)
SIEGFRIED, W. R.: Growth, plumage, development and moult in the Crowned Guineafowl *(N. m. coronata)*. Dptm. Nat. Conserv. Cape Prov., Investigation Report No. 8 (1966)
SCEAD, C. J.: A study of the Crowned Guineafowl, *N. m. coronata* (GURNEY), Ostrich 33; pp. 51–65 (1962)
SNOW, D. W.: An Atlas of Speciation in African Non-Passerine Birds. *Numida meleagris*; p. 135. Trustees of the British Museum (Natural History), London 1978
STOKES, A. W., WILLIAMS, H. W.: Auck 88; pp. 543–559 (1971)
SZIJJ, J.: The natural food of Guineafowl. Aquila 63–64; pp. 110–112 (1957)
URBAN, E. K. et al.: The Birds of Africa, Vol. II; *Numida*, pp. 8–11. Academic press, London 1986
VAN SOMEREN, V. G. L.: The Birds of Kenya and Uganda, Pt. 1. Helmperlhühner; pp. 3–13. Journ. East Africa and Uganda Nat. Hist. Soc. 1925
WOOD, N. A.: British Birds 62; p. 116 (1974)

Geierperlhühner
Acryllium, Gray 1840

Engl.: Vulturine Guineafowls
Die nur aus einer Art bestehende Perlhuhngattung ist durch den bis auf ein aus samtartigen Federn bestehendes Genickband unbefiederten Kopf und Oberhals, einen Halskragen aus langen lanzettförmigen Federn sowie das fadenförmig auslaufende mittlere Schwanzfederpaar charakterisiert. Die Geschlechter sind gleichgefärbt und tragen an den Läufen mehrere knopfförmige Sporenhöcker.

Geierperlhuhn
Acryllium vulturinum, Hardwicke 1834

Engl.: Vulturine Guineafowl.
Abbildung: Seite 734 oben.
Heimat: Ost-Äthiopien, Somalia, Ost-Kenia und Nordost-Tansania. Keine Unterarten.
Beschreibung: Kopf und Oberhals mit Ausnahme eines hufeisenförmigen Bandes kurzer brauner, samtartiger Federn, das jederseits hinter dem Schnabelwinkel einsetzt und breiter werdend quer über den Nacken verläuft, nackt und graublau; über Unter- und Hinterhals verstreut ein paar haarartige Federchen. Gefieder der Hals- und oberen Mantelregion breit lanzettförmig, in der Nackenregion ziemlich kurz und starr abstehend, auf Vorderhals und Oberbrust dagegen sehr lang und bis über den Bauch herabhängend. Diese Kragenfedern mit breiter weißer Schaftstreifung, die schwarz gesäumt, dahinter breit leuchtendblau gefärbt ist. Die Mittelbrust abwärts verläuft eine Reihe schwarzer Glanzfedern, die nach unten zu breiter wird und die ganze Bauchregion einnimmt. Beiderseits des schwarzen Bruststreifens ein leuchtend kobaltblauer Unterhals- und Brustbezirk, der auf den Flanken durch purpurne weißgefleckte Federn ersetzt wird. Jeder weiße Perlfleck wird schwarz umsäumt; das Schenkelgefieder besteht aus schwarzen weißgeperlten Federn; Untermantelfedern verlängert, etwas zugespitzt, schwarz mit sehr zarter weißer Wellenbänderung und unauffälliger weißer, schwarz gesäumter Schaftstreifung. Schultern und Großteil der Flügeldecken schwarz mit weißer, schwarz umsäumter Perlung und zarter weißer Wellenbänderung; einige Schulterfedern mit subterminaler weißer Schaftfleckung; Armdecken und äußere Flügeldecken samt-

schwarz, auf den Außenfahnen mit 3 weißen Längsstreifen, den Innenfahnen 2 Reihen weißer Flecke; Handschwingen bräunlich mit ein paar weißen Flecken auf den Außenfahnenrändern und weißen Fleckenbändern zur Innenfahnenspitze hin; äußere Armschwingen schwarz, auf den Außenfahnen purpurn gesäumt, dahinter mit geringer Weißsprenkelung und parallel zum Schaft verlaufenden reinweißen Linien; mittlere Armschwingen auf den Außenfahnen auffallend weißgestreift, auf den Innenfahnen zusätzlich mit zarten weißen Wellenbändern versehen; die Innenfahnen der meisten Armschwingen weisen 3 Reihen weißgepunkteter Linien auf, die auf den äußeren Armschwingen das Aussehen unterbrochener Querbänder annehmen; Bürzelfedern denen der Schultern ähnlich; Oberschwanzdecken schwarz mit kleinen weißen Perlflecken, die von einem feinen weißen Netzmuster umgeben werden; Schwanz lang und keilförmig, das mittlere Federpaar stark verlängert, über die übrigen Steuerfedern weit hinausragend, spitz zulaufend und fast den Boden berührend; die 3 mittleren Steuerfederpaare gleichen farblich den Oberschwanzdecken, während die übrigen schwarz mit kleiner weißer Fleckung sind; Unterschwanzdecken wie die äußeren Schwanzfedern. Schnabel pistaziengrün, die graublaue Nasenwachshaut geht kontinuierlich in die nackte Zügelhaut über. Iris rubinrot, die Beine schwärzlich. Der Lauf ist bei beiden Geschlechtern mit 4 bis 5 knopfförmigen Sporen versehen, die auch nur angedeutet sein können.

Länge 720 mm; Flügel 286 bis 314 mm; Schwanz 150 mm; Gewicht des Hahnes 1650 g, der Henne 1420 g.

Beim Dunenküken sind Kinn, Kehle und Unterseite einheitlich sandfarben, auf der Rückenregion schwarz und dunkelbraun gestreift und gefleckt. Scheitel dunkel ockerbraun, von mehreren schwarzen Längsstreifen überzogen, deren mittlere 3 auf dem Hinterkopf zu einem schwarzen Nackenfleck zusammenfließen. Schnabel und Beine fleischfarben.

Im Erstgefieder behalten die Jungen zunächst noch die Kopfmusterung des Dunenkükens. Mantel-, Schulter- und innere Flügeldeckfedern abwechselnd schwarz, isabellgelb und rostbräunlich gebändert und isabellweiß gespitzt. Arm- und innere Handschwingen auf schwarzem Grund mit isabellfarbener, schwarz gesprenkelter Bänderung und zur Spitze hin rostbrauner Tönung. Handschwingen braunschwarz, auf Außenfahnen und Spitzen isabell gebändert; äußere Schwanzfedern schwarz mit isabellfarbener Querbänderung; Brustfedern schwärzlich, hell isabell gebändert und gesäumt; Federn von Flanken und Bauch graulich, hell isabell gebändert und gespitzt; Unterbrustgefieder bläulich verwaschen. Schnabel fleischbräunlich, Beine rötlichbraun.

Das Subadultkleid stellt einen Übergang vom Erstgefieder zum Adultkleid dar. Die Federn des Unterhalses werden durch schwarzweiße Lanzettfedern ersetzt, und auf den Flankenfedern erscheinen weiße Flecke.

Gelegestärke 10 bis 14; Ei dünnschaliger als bei *Numida*, mit schwach glänzender Schale, hellcreme- oder isabellgelb mit ziemlich dichter hellbrauner Porung und gröberer Körnung (51 mm × 38 mm); Brutdauer 23 bis 24 Tage.

Lebensgewohnheiten: Die Art bewohnt Halbwüstenbusch, der vorwiegend aus 3 bis 4 m hohen Büschen der Flötenakazie *(Acacia drepanolobium)* sowie Sträuchern der Gattungen *Commifora, Grevia, Zizyphus, Salvadora* und *Delonyx* besteht, die in 4 bis 10 m Abstand voneinander wachsen. Viele dieser Sträucher tragen eßbare Beeren und Schoten. Der Boden ist nur mit spärlichen einjährigen Grasarten und Stauden bedeckt. Obwohl Wasser in diesem Habitat häufig fehlt, vermag das Geierperlhuhn zu überleben. In einzelnen Fällen ist es auch in Akazien-Parkwald und sogar im Bergwald des Mt. Marsabit (Kenia) angetroffen worden. Geierperlhühner sind sehr gesellig und bilden den größten Teil des Jahres Gesellschaften aus 20 bis 30, ja sogar 100 Vögeln. Nur zur Fortpflanzungszeit werden diese durch das Abwandern der Brutpaare kleiner. Zur Übernachtung werden von dichtem Busch umgebene hohe Akazien bevorzugt. Nach Verlassen der Schlafplätze bei Sonnenaufgang begibt sich der Trupp auf Nahrungssuche in einem festen Revier, von dem täglich andere Teile besucht werden. In der Mittagshitze wird im Schatten eines Busches geruht und der Spätnachmittag erneut der Futtersuche gewidmet. Dabei durchwühlen die Vögel den Boden förmlich nach saftigen Zwiebeln, Rhizomen und Insekten, daß große Strecken des Erdreiches einem Sturzacker gleichen. Außerdem werden Grashalme und Jungblätter abgepflückt, und gelegentlich fliegen sie auf niedrige beerentragende Sträucher, um sie abzuernten. Bei Gefahr flüchtet der Trupp zu Fuß, dabei geschickt den Schutz von Büschen nutzend, und rennt ungern über weite offene Flächen. Oft versammelt sich die Gesellschaft dichtgedrängt im Schatten eines großen Busches und verharrt bewegungslos, bis die Gefahr vorüber ist. Nur bei unmittelbarer Gefahr fliegen Geierperlhühner auf, segeln aber höchstens 50 bis 100 m weit, um zu Fuß weiterzuflüchten. Die Fortpflanzungstätigkeit ist sehr unregelmäßig und wird durch längere Regenfälle stimuliert, die nicht alljährlich fallen. Das Werbeverhalten ist nicht in allen Einzelheiten bekannt. Beim Futteranbieten rennt der Hahn mit einem Leckerbissen im Schnabel direkt zu seiner Henne und läßt diesen bei gesenktem Kopf und teilweise entfalteten Flügeln vor ihr zu Boden fallen. Bei der Frontalbalz richtet er sich vor dem Weibchen mit abwärts gebeugtem Kopf und teilweise geöffneten Flügeln so hoch wie möglich auf. Flüchtet sie, folgt er ihr manchmal und versucht, sich auffällig vor ihr zu präsentieren. Sind sie fest gepaart, begleitet er die Henne auf der Futtersuche in stets wachsamer Haltung. Sich nähernde Hähne werden in langen Verfolgungsjagden vertrieben. Bei der brütenden Henne hält er Wache, und sie ziehen gemeinsam die Küken auf. Diese verlassen das Nest, sobald ihr Dunengefieder getrocknet ist, und werden auch vom Vater gehudert. Schon im Alter von weniger als 1 Monat stoßen sie zusammen mit den Eltern zu den dann immer größer werdenden Gesellschaften aus Vögeln aller Altersstufen. Die Stimme von *Acryllium* ist von der des Helmperlhuhns leicht unterscheidbar. Der auch bereits von sehr jungen Vögeln gebrachte Alarmruf ist ein metallisches „Tscheenk tscheenk, tschickerá, tschik-tschickér-tschik-tschik". Man hört ihn häufig kurz vor dem abendlichen Aufbaumen. Kontaktlaute auf der Futtersuche klingen leise und klirrend. Nach WILLIAMS sind die Populationen des Geierperlhuhns in Kenia aus noch unbekannten Gründen erheblichen Fluktuationen unterworfen. Im Tsavopark Kenias ist dieses schöne Perlhuhn in der Umgebung einiger Lodges so vertraut geworden, daß es sich leicht beobachten läßt.

Haltung: Die ersten, lebend nach Europa gelangten Geierperlhühner wurden bei der Eröffnung des Hamburger Zoos am 26. Mai 1863 gezeigt. Eine aus Brava (Somaliland) stammende Henne gelangte 1870 als Geschenk des britischen Konsuls in Sansibar KIRK in den Londoner Zoo, der die Art auch 1872, 1874 und 1877 erhielt. 1874 gelangten Geierperlhühner erstmalig in den Berliner Zoo, 1875 den Amsterdamer Garten und 1885/86 in den Hannoverschen Zoo. Danach ist der schöne Vogel bis in die Gegenwart zwar nicht regelmäßig, aber doch recht häufig importiert worden. Den ersten europäischen Zuchterfolg erzielte Baron CORNELY auf Beaujardin bei Tours (Frankreich). Er hatte 1875 ein Paar gekauft, das er in einem unbeheizten Raum mit gelegentlichen Nachttemperaturen von −4 °C überwinterte. Im Sommer 1878 erzielte er, nachdem die Henne am 12. Mai das erste Ei gelegt hatte, 4 Junge und außerdem von einer Hausperlhenne 10 Bastarde. Von diesen waren einige dem Geierperlhuhn recht ähnlich. Die Geierperlhuhnküken wurden wie Hausperlhühner aufgezogen, und die Bastarde verbrachten den in Frankreich oft milden Winter ganz im Freien. Als weiterer französischer Züchter sei DELAURIER sen. in Angoulême genannt, der im Jahre 1880 aus 16 von 2 Geierperlhennen stammenden Eiern 11 Küken erlangte, von denen 9 aufgezogen werden konnten. Die Erstzucht in England gelang 1884 J. C. PARR, der aus 6 Eiern 5 Küken erzielte und 4 großzog. P. W. LOUWMAN in Wassenaar (Holland), der die Art ebenfalls während der 20er Jahre züchtete, teilte STEFANI darüber folgende Einzelheiten mit: Die Geierperlhühner legen ab Ende Mai bis Mitte Juli. Bei einer Gelegegröße von 27 Eiern betrug die Brutdauer 24, bei warmer Witterung 23 Tage. Die geschlüpften 18 Küken wurden wie junge Fasanen betreut. Schon in den ersten Lebenstagen war die Flugfähigkeit so weit entwickelt, daß sie Zäune von über 2 m Höhe überfliegen konnten. Im Alter von 2 bis 3 Monaten waren die Junghähne an der „stolzen" Haltung und dem üppigeren Wachstum der lanzettförmigen Halsfedern von den Junghennen zu unterscheiden. Diese stoßen den für Weibchen kennzeichnenden Warnruf „Hu-hi" aus. Im Berliner Zoo wurden erstmalig 1975 drei Geierperlhühner großgezogen. Die Küken waren im Brüter geschlüpft.

Das Geierperlhuhn ist eine recht verträgliche Hühnervogelart, die auch ohne Schwierigkeiten im Freilauf zu halten ist, wie es u. a. HAGENBECK im Tierpark Stellingen (Hamburg) getan hat. Ein Grund, an dem derartige Versuche jedoch in Mitteleuropa immer wieder zum Scheitern verurteilt sind, ist unser wechselhaftes und häufig auch im Sommer recht kühles Klima. Als Bewohner trockenheißer

o. l. Guinea-Helmperlhühner, *Numida meleagris galeata* (s. S. 736)
o. r. Großfußhuhn, *Megapodius freycinet* (s. S. 755)
u. Thermometerhuhn, *Leipoa ocellata* (s. S. 771)

Wüstensteppen stehen Geierperlhühner schon bei 6 bis 8 °C Wärme mit geplustertem Gefieder frierend herum und sterben bei länger anhaltender, naßkalter Witterung sehr schnell an Erkältungskrankheiten. Sehr anfällig sind sie auch gegen Geflügeltuberkulose, an der in großen Tiersammlungen wohl die meisten sterben. Die Infektion wird durch vieles Scharren und Wühlen im Volierenboden begünstigt, wobei die todbringenden Keime mit verschmutztem Futter aufgenommen werden. Hält man Geierperlhühner warm und trocken, wechselt auch häufig das Erdreich der Voliere, sind sie recht ausdauernde Pfleglinge, die die Bewunderung der Besucher erregen. Im alten Hamburger Zoo erreichten sie ein Alter von 5 bis 8½, im Berliner Zoo 10 und 12 Jahre.

Weiterführende Literatur:
BOETTICHER, H.: Die Perlhühner. Geierperlhuhn; pp. 32–33 u. 36, 41. Die Neue Brehmbücherei. Ziemsen, Wittenberg 1954
DÜRIGEN, B.: Die Geflügelzucht. Geierperlhuhn; pp. 322–323. Parey, Berlin 1886
GRAHAME, I.: Breeding of the Vulturine Guineafowl *(Acryllium vulturinum)* at Daws Hall Wildfowl Farm. Av. Mag. 75; pp. 24–26 (1969)
GURNEY, G. H.: Breeding of the Helmeted Guineafowl, the Vulturine Guineafowl, and other notes. Avic. Mag. IV. Series, Vol. 7; pp. 3–6 (1929)
LOUWMAN, P. W.: cit. aus WISSEL-STEFANI
MACKWORTH-PRAED, C. W., GRANT, C. H. B.: Bird of Eastern and North Eastern Africa. Vulturine Guineafowl; pp. 278–279; Series 1, Vol. 1; Longmans, Green & Co, London 1952
NEUMANN, O.: Beiträge zur Vogelfauna von Ost- und Centralafrika. Nr. 107. *Acryllium vulturinum* (HARDW.); p. 297; J. Ornith. 1900
PARR, J. C.: cit. aus GRAHAME
RENSHAW, G.: The Vulturine Guineafowl. Avic. Mag.; III.Series, Vol. 6; pp. 297–298 (1915)
RILEY, B.: Raising Vulturine Guineafowl. The Gamebreeders Gazette 26; p. 6 (1977)
SNOW, D. W.: An Atlas of speciation in African Non-Passerine Birds. Vulturine Guineafowl; p. 132. Trustees of the British Museum, Nat. Hist., London 1978
URBAN E. K. et al.: The Birds of Africa Vol. II; Acryllium, pp. 6–8; Acad. Press, London 1986
VAN SOMEREN, V. G. L.: The Birds of Kenya and Uganda. The Vulturine Guineafowl; pp. 18–21. J. East Africa & Uganda Nat. Hist. Soc. 1925
WILLIAMS, J. G.: A Field Guide to the Birds of East and Central Africa, Vulturine Guineafowl; pp. 78–79. Collins London 1963
WISSEL, C. VON, STEFANI, M.: Fasanen und andere Hühnervögel. Geierperlhuhn; pp. 278–279, J. Neumann-Neudamm, Neudamm 1940

o. Paar des Thermometerhuhns, *Leipoa ocellata*, am Bruthügel (s. S. 771)
u. Frischgeschlüpftes Küken des Thermometerhuhns

Großfußhühner
Megapodiidae

Engl.: Megapodes, Incubator Birds, Mound Builders.

Innerhalb der Ordnung Hühnervögel *(Galliformes)* nimmt die indoaustralische Familie der Großfußhühner eine recht isolierte Stellung ein. Es sind perlhuhn- bis haushuhngroße Vögel, in deren Gefieder schlichte braune, schwarze und graue Farbtöne dominieren. Der Kopf ist bei den Angehörigen der Gattungen *Alectura, Talegalla, Aepypodius* und *Macrocephalon* überwiegend nackt. Die Hähne von *Alectura* und *Aepypodius* besitzen bunte fleischige Halsklunkern, während *Macrocephalon* in beiden Geschlechtern mit einem Hornhelm geschmückt ist. Anatomisch sind alle Großfußhühner durch robuste Grabefüße mit tief angesetzter Hinterzehe und langen gestreckten Krallen charakterisiert. Weitere Besonderheiten sind der gerade Verlauf der Luftröhre, eine einzige Halsschlagader sowie die nackte Bürzeldrüse. Ob die *Megapodiiden* überhaupt echte Hühnervögel sind, muß noch durch künftige biochemische Untersuchungen (Elektrophorese der Eiweißkörper im Eiklar, Bürzeldrüsensekret) geklärt werden, denn mit der Verhaltensforschung allein wird sich im vorliegenden Fall eine endgültige Lösung dieser Frage nicht erzielen lassen. Einzigartig ist die Fortpflanzungsbiologie dieser Vögel. Zum Erbrüten ihrer Eier nutzen sie nämlich nicht die durch den eigenen Stoffwechsel erzeugte Wärme, sondern lassen ihre Gelege durch fremde Wärmequellen, wie Sonnen-, Gärungs- und vulkanische Wärme, in von ihnen dafür hergerichteten Brutkammern erbrüten. Die ungewöhnlich großen dünnschaligen Eier wiegen 12,5 bis 17 % ihrer Erzeugerin und besitzen eine sehr große fettreiche Dotterkugel. Da Megapodiideneier stets mit dem stumpfen Pol nach oben in der geschlossenen Brutkammer stehen und von den Elternvögeln nicht gewendet zu werden brauchen, benötigen sie weder eine festliegende Luftkammer noch Chalazen (Hagelschnüre). Die nach einer langen Erbrütungsdauer von 60 bis 70 Tagen schlupfreifen Küken öffnen die Schale nicht mit dem nur noch rudimentär vorhandenen Eizahn, sondern zertrümmern sie durch Rücken-, Flügel- und Beinarbeit, um sich dann mit den kräftigen Füßen durch das Erdreich an die Hügeloberfläche zu graben. Dabei führen sie die gleichen Scharrbewegungen aus wie Adulte beim Hügel- und Tunnelbau. Die Küken sind mit langen straffen Dunen, bei *Leipoa* Übergangsformen von Dunen zu Konturfedern, dicht bedeckt und besitzen gut ausgebildete Schwungfedern, mit denen sie bereits nach kurzer Zeit Flüge von 5 m Länge auszuführen vermögen. Sie wachsen ganz ohne elterliche Fürsorge, bei manchen Arten in losem Verband mit gleichaltrigen Artgenossen auf. Zur Erklärung der Entstehung dieser eigenartigen Brutmethoden der *Megapodiiden* haben FRITH und BALTIN eine Theorie aufgestellt. Sie gehen von der Annahme aus, daß sich die Großfußhühner von phasianidenähnlichen Vorfahren ableiten, die Bodenbrüter waren. Zum Schutz gegen Eiräuber könnten deren Weibchen ihr Gelege zunächst mit Laub und Sand bedeckt haben, wenn sie das Nest zur Nahrungsaufnahme verließen. Individuen, die ein derartiges Verhalten entwickelten, werden vermutlich einen höheren Fortpflanzungserfolg gehabt haben und wurden so im Ablauf der Evolution begünstigt. Dazu kam als weiterer Vorteil noch eine geringere Abkühlung der getarnten Gelege. Verstärkte sich diese Verhaltensweise, wenn die Vögel ihre Habitate vom Küstengebiet landeinwärts in den feuchten Tropenwald ausdehnten, könnte die Bedeckung mit gärungsfähigem Pflanzenmaterial zu zusätzlicher Wärmezufuhr für das Gelege geführt haben. Durch weitere Selektion wäre dann eine Spezialisierung mit schließlichem Verlust des Bruttriebes denkbar. Nach KLOSKA lassen sich bei vergleichender Betrachtung der *Megapodiiden* untereinander 2 sexuelle Strategien in Abhängigkeit von der jeweils genutzten Wärmequelle erkennen: Arten, die wie *Megapodius, Eulipoa* und *Macrocephalon* Sonnenenergie und/oder geothermische Wärme nutzen, zeichnen sich durch eine Hennen verteidigende Monogynie aus und besitzen als Leistungen des auf Paarzusammenhalt ausgerichteten Balzverhaltens einen Duettruf sowie räumliche und zeitliche Synchronisation der Paarpartner-Aktivitäten. Ausnahmen davon sind *Leipoa* und soweit bekannt, eine Megapodiusform *(M. reinwardt)*, die auch Gärungswärme nutzen. Die Erhaltung des Bruthügels erfolgt bei ihnen jedoch durch beide Partner. Die ausschließlich Gärungswärme nutzenden Arten, wie *Alectura, Talegalla* sowie *Aepypodius,* sind durch starke Territorialität und Sexual-Dimorphismus gekennzeichnet. Ob sie, wie vermutet, polygyn sind, ist noch nicht erwiesen.

Für die Ziergeflügelhaltung spielen die Großfußhühner keine Rolle.

Am weitaus häufigsten begegnet man in den Fasanerien der Zoologischen Gärten dem Australischen Buschhuhn *(Alectura lathami),* das leicht halt- und züchtbar ist, in Europa auch einige Kältegrade erträgt. Für das Publikum ist die Arbeit eines Hahnes an seinem Bruthaufen höchst interessant. Informationstafeln sollten auf den Grund seiner Tätigkeit hinweisen, weil der Zoobesucher natürlich nicht wissen kann, was der Vogel eigentlich tut.

Weiterführende Literatur:
BANFIELD, E. F.: Megapode mounds and pits. Emu 12; pp. 281–283 (1913)
BERNDT, R. und MEISE, W.: Naturgeschichte der Vögel. Bd. 2; S. 55–57, Kosmos, Frankh'sche Verlagshdlg., Stuttgart (1962)
CAMPBELL, A. J.: Nests and eggs of Australian Birds. Part 2; pp. 525–1102; Sheffield, England (1901)
CLARK, G. E.: Notes on the embryology and evolution of the megapodes (Aves: Galliformes). Yale Peabody Mus. Postilla 45; pp. 1–7 (1960)
DERS.: Ontogeny and evolution in the Megapodes (Aves: Galliformes). Yale Peabody Mus. Postilla 78; pp. 1–37 (1964)
DERS.: Life Histories and the Evolution of Megapodes. The Living Bird, Cornell Lab. of Ornithol., Ithaca, N.Y.; pp. 164–167 (1964)
CRANDALL, L. A. and BARRETT, C.: Avian Mound Builders and their Mounds. Bull. N.Y. Zool. Soc. 34; pp. 106–127 (1931)
FRITH, H. J.: Breeding habits in the family Megapodiidae. Ibis 98; pp. 620–640 (1956)
GILLIARD, E. T. und STEINBACHER, G.: Knaurs Tierreich in Farben, Vögel, Großfußhühner *(Megapodiidae)*; S. 123–124. Zürich–München (1956)
GRZIMEK, B.: Grzimeks Tierleben, Bd. 7, Vögel 1, Kap. 17, Großfußhühner; S. 426–432. dtv-Verlag, München – Zürich (1980)
HEINROTH, O.: Die Beziehungen zwischen Vogelgewicht, Eigewicht und Brutdauer. J. Ornithol. 70; S. 172–285 (1922)
KLOSKA, C.: Untersuchungen zur Brutbiologie des Kamm-Talegalla (Aepypodius arfakianns SALVAD.); Dipl. Arbeit; pp. 82, Hamburg 1986
LE SOEUF, F.: On the habits of the mound building birds of Australia. Ibis 5; pp. 4–19 (1899)
SETH-SMITH, D.: The Megapodes or Mound Builders. Avicult. Mag. 4th Series, Vol. 8; pp. 319–322 (1930)
SHUFELDT, R. W.: Material for a study of the Megapodiidae, Emu 19; pp. 10–28, 107–127, 179–192 (1919)
STRESEMANN, E.: Kükenthals Handbuch der Zoologie, 7, Aves; Berlin–Leipzig (1927)
DERS.: Die Mauser der Hühnervögel. J. Ornithol. 106; S. 58–64 (1965)
SUTTER, E.: Zum Wachstum der Großfußhühner *(Alectura* und *Megapodius).* Der Ornith. Beob. 62; S. 43–60 (1965)
TYNE, J. VAN and BERGER, A. J.: Fundamentals of Ornithology. *Megapodiidae,* Megapode family; p. 418, Dover Publications, N.Y. (1971)

Großfußhühner
Megapodius, Gaimard 1823

Engl.: Megapodes.

Die Vertreter dieser Gattung stehen größenmäßig etwa zwischen Reb- und Perlhuhn. Der schlanke kurze Schnabel besitzt ovale Nasenlöcher. Lauf und Zehen sind groß und kräftig, die Krallen lang und gerade. Die Laufvorderseite ist mit einer einzigen Reihe großer Schuppen bedeckt. Bei einigen Arten sind Kopf und Kehle befiedert, bei anderen fast oder vollständig nackt, hell- oder orangerot gefärbt. Der Hinterkopf trägt einen spitzen Schopf, der bei wenigen Arten nur angedeutet sein kann. Flügel und Schwanz sind kurz und gerundet, die Armschwingen so lang wie die Handschwingen. Das riesige Verbreitungsgebiet der Gattung reicht im Westen von den Nikobaren ostwärts über Nord-Borneo, die Kleinen Sundainseln, Sulawesi, die Molukken, Palawan, die Philippinen, Neuguinea nebst den

Nachbarinseln, Nord-Australien, die Bismarck-Inseln, Salomonen, Neuen Hebriden, Banks-Inseln bis nach Mikronesien (Palau, Marianen) und Polynesien (Tonga). Viele Großfußhühner sind Kleininselbewohner, die trotz ihrer kurzen, scheinbar wenig flugtüchtigen Schwingen zu ausdauernden Langstreckenflügen von Insel zu Insel über das offene Meer befähigt sind („Inselspringer"), was ihre weite Verbreitung erklärt. In seinen Brutgewohnheiten zeichnet sich *Megapodius* durch große Flexibilität aus, vergräbt nämlich seine Eier in riesigen Bruthügeln oder gärendem Humus zu ebener Erde oder selbstgegrabenen unterirdischen Stollen in vulkanisch erwärmten Böden. Dort wo mehrere Großfußhühnerarten zusammen vorkommen, bringt *Megapodius* auch manchmal seine Eier in deren Bruthaufen unter, so bei *Aepypodius* und *Talegalla*. Die Systematik der zahlreichen *Megapodius*-Formen ist sehr kompliziert und noch nicht zufriedenstellend geklärt. Nach COATES (1985) kann man die vielen Formen als Glieder einer Superspezies ansehen, wie es PETERS (1934) und SCHODDE (1977) empfohlen haben oder sie mit MAYR (1949) und RAND u. GILLIARD (1967) als Formen einer einzelnen polytypischen Art betrachten. Viele der Neuguinea vorgelagerten Inselgruppen werden von *Megapodius*-Hybridpopulationen besiedelt: Solche zwischen *reinwardt* und *freycinet* auf Inseln der Geelvink-Bay und den Süd-Molukken, andere zwischen *reinwardt* und *eremita* auf Inseln des D'Entrecasteaux- und Louisiade-Archipels und weitere zwischen *affinis* und *eremita* auf den Karkar- und Bagabang-Inseln. In zwei Verbreitungsgebieten auf Neuguinea verhalten sich die Formen *reinwardt* und *affinis* ganz wie zwei gute Arten: An den Südhängen der Schneeberge des Nassaugebirges wurde *affinis* bei 880 und 1280 m angetroffen, während die sehr ähnliche *reinwardt* ausschließlich in niedrigeren Lagen lebte. Vielleicht hatte sie *affinis* in die Berge abgedrängt. In der Nordprovinz Papua-Neuguineas kommen *reinwardt* westwärts bis zum unteren Kumusilauf, *affinis* dagegen ostwärts bis zum oberen Mambarelauf vor. Von Hybridvögeln zwischen beiden Formen ist nichts bekannt.

Megapodius ist eine ausgeprägt monogyne Art. Dafür sprechen u. a. der fehlende Geschlechtsdimorphismus, das dem Zusammenhalt dienende Duettrufen des Paares, die räumliche und zeitliche Synchronisation der Paar-Aktivitäten sowie die gemeinsame Nutzung des Nahrungsterritoriums. Auch echte Futterübergabe des Männchens an sein Weibchen wurde beobachtet, ferner dauernder Stimmkontakt der Partner. Fortpflanzungsterritorien können gleichzeitig als Nahrungsterritorien dienen, beide aber auch weit entfernt voneinander liegen. Die Benutzung des gleichen Bruthügels durch mehrere Paare zu verschiedenen Jahreszeiten ist von CROME u. BROWN in Queensland beobachtet worden.

Im folgenden werden *Megapodius*-Formen besprochen, über deren Biologie am meisten bekannt ist.

Freycinet-Großfußhuhn

Queensland-Großfußhuhn
Megapodius freycinet yorki, Mathews 1929

Engl.: Australian Bush-Hen, Australian Megapode,
Abbildung: Seite 751 oben rechts.
Orange-legged Bush-Fowl, Australian Incubator Bird.
Heimat: West- und Nordaustralien: Von den westaustralischen Kimberleys ostwärts bis in die Küstenregion Nord-Queenslands.
Beschreibung: Geschlechter gleichgefärbt. Der Scheitel und eine kleine Hinterscheitel-Spitzhaube braun. Stirn und Gesichtsbefiederung, Hals, Mantel bleigrau; Rücken, Flügel olivbraun, Unterrücken, Bürzel kastanienbraun, Schwanz olivbraun. Unterseite bleigrau mit Ausnahme der dunkelkastanienbraunen Seiten, Flanken und Unterschwanzdecken. Schnabel gelblich, Iris hellbraun, Beine orangerot. Länge 355 bis 426 mm; Flügel 223 bis 259 mm; Schwanz 91 bis 104 mm; Gewicht 0,9 bis 1,2 kg. Eizahl der Henne während einer Brutsaison ca. 12 bis 13; Ei in frischem Zustand rosigweiß, später durch fermentierendes Pflanzenmaterial rötlichbraun (90 mm × 53 mm).
Lebensgewohnheiten: Die Art ist im wesentlichen auf die Küste und dahinterliegende Gebiete beschränkt, die mit tropischem Regenwald, Monsunwäldern und dichter Vegetation entlang der

Wasserläufe bedeckt sind. Von 1970 bis 1974 haben CROME und BROWN Untersuchungen über Sozialverhalten und Brutgewohnheiten durchgeführt. Im Küstengebiet nördlich von Cairns (Queensland) leben die Großfußhühner in kleinen Restwaldstücken (Eukalyptus- und Mesophyll-Lianenwald, Mangrovenwälder) inmitten riesiger Zuckerrohrplantagen. Der untersuchte Bruthügel befand sich in einem größeren Waldstück. Zu Messungen der Hügeltemperatur diente ein 2-Kanal-Recorder, der dieselbe alle 6 Minuten anzeigte. Einer der Fühler wurde im Haufenzentrum vergraben, der andere maß zuerst die Außentemperatur, später die der Eikammer. Die Bestandteile eines Bruthügels richten sich nach dem Platz, auf dem sie zusammengescharrt wurden. Hinter den Stränden gelegene weisen einen hohen Sandanteil vermischt mit Fallaub auf, landeinwärts auf schweren Lehmböden stehende setzen sich überwiegend aus Waldstreu mit nur geringem Erdeanteil zusammen. Fast alle Bruthügel waren auf flachem oder leicht geneigtem Gelände im Baumschatten angelegt. Von 28 in Gebrauch befindlichen Bruthügeln erhielten nur 3 den ganzen Tag über Sonnenlicht, und diese enthielten keinen Sand. Während der Beobachtungszeit veränderten sich die Hügel nicht im Durchmesser, sondern nur in der Höhe, wenn zu Beginn der Brutzeit neues Material hinzugefügt worden war. Neben den in Gebrauch befindlichen Hügeln gab es noch kleinere Nebenhaufen. Sie waren fast 70 cm hoch, maßen im Durchmesser 2 m und lagen ca. 200 m von den großen Haufen entfernt. Zu jedem der 9 benutzten Hügel des Beobachtungsgebietes gehörte ein Ersatzhügel aus gleichem Material. Während der Benutzung des Haupthügels fügten die Vögel auch dem Ersatzhügel Material zu und gruben gelegentlich Höhlungen in dessen Kuppe. An einem der Kleinhügel beschäftigte sich ein Paar 3 Jahre hintereinander, und 2 andere Paare wandelten ihre Kleinhügel in große Bruthügel um. Jedoch wurden in den Satellitenhügeln niemals Eier gefunden, so daß ihre Funktion ungeklärt bleibt. Es könnte sich um „Übungshügel" junger Paare oder das Ergebnis von Ersatzaktivität der Erbauer handeln. Ein Bruthügel wurde während der Beobachtungszeit von 4 Paaren benutzt, die jedoch niemals gleichzeitig daran tätig waren: Paar Nr. 1 benutzte ihn vom November 1969 bis Mai 1971. Paar Nr. 2 wurde dort erstmalig im August 1971 beobachtet, verließ ihn aber bereits wieder vor Paar Nr. 3, das im Mai 1973 erschien. Paar 2 kümmerte sich um Haupt- und Nebenhügel, was 1972 und 1973 auch Paar 3 tat. Von November 1972 bis Januar 1973 besetzte Paar Nr. 4 ein Revier und teilte den Bruthaufen mit Paar 3. Ihre Reviere überlappten sich jedoch nur im Haufenbereich und als ein einziges Mal Paar 4 das Territorium von Paar 3 betrat, geschah dies nur am Haufen. Auf gemeinsamem Territorium, dem Haufen, wurden zwischen den beiden Paaren niemals Streitigkeiten beobachtet, zumal sie nie gleichzeitig daran arbeiteten. Besitzansprüche wurden durch nächtliche Schreie verkündet. Am vollständigen Ruf sind beide Paarpartner beteiligt, wobei die rufenden Vögel meist auf Ästen hoch über einem Bach saßen. Das Weibchen setzt mit einer Serie lauter Glockentöne ein, der Hahn führt sie mit 3 Zwitschertönen fort, auf die ein abwärts gleitender, langgezogener klagender Ton folgt. Letzteren kann man in günstigem Gelände, gute Wetterbedingungen vorausgesetzt, kilometerweit hören. Meist wird er nachts und während der von August bis Januar dauernden Brutzeit ausgestoßen. Zeitig im Jahr ruft das Männchen allein, doch beteiligt sich das Weibchen daran in der Folge immer häufiger, bis es im September/Oktober selbst mit dem Rufen beginnt. Weil es jahreszeitlich fixiert ist, dürfte die Hauptfunktion wohl in der Verkündung von Revieransprüchen bestehen, zumal Paare dabei beobachtet wurden, wie sie Nachbarpaare anriefen und diese in gleicher Weise antworteten. Die meisten Reviere waren Waldparzellen in einem Meer von Zuckerrohrfeldern und einige waren so klein, daß die Vögel sie zur Nahrungssuche verlassen und dazu offenes Gelände aufsuchen mußten. In der Nähe eines fremden Reviers riefen sie mehr oder weniger ausdauernd. Paar 2 tat dies regelmäßig, Paar 3 jedoch niemals, wenn es sich im Alleinbesitz des erwähnten Hügels befand. 1972/73 riefen die den Hügel gemeinsam nutzenden beiden Paare nur, wenn sich die Mitbesitzer sehr nahe dabei oder darauf befanden, wonach das gerade am Hügel beschäftigte Paar den Platz für das andere räumte. Meist arbeiteten jedoch die beiden Paare an verschiedenen Tagen und zu Begegnungen zwischen ihnen kam es nur 4mal. Das Abspielen der Rufe vom Tonband und das Aufstellen von Spiegeln auf dem Haufen hatte auf die Vögel verschiedene Wirkungen: Tonbandrufe veranlaßten den Hahn von Paar 2 direkt zum Hügel zu kommen, zogen dagegen nicht die Paare 3 oder 4 an. Der Hahn von Paar 2 griff sein Spiegelbild an, während der von Paar 3 davor flüchtete. Im Oktober kam ein ins Revier eingedrungenes Paar zum Hügel, während die Henne von Paar 3 gerade ein Ei legte. Ihr Männchen verjagte die Fremden sofort und verfolgte sie noch ein Stück. Sie blieben danach verschwunden. Manchmal auftauchende Einzelgänger verhielten sich viel ängstlicher als Paare und wurden nie geduldet. Nach dem Verschwinden von Paar 3 im März scheint es zwischen 2 Einzelgängern zur Paarbindung mit Revieransprüchen gekommen zu sein, wonach es im November zu Streitigkeiten mit dem eingesessenen Paar kam, die von den Hähnen allein ausgefochten wurden.

Nur 4 der 27 in Gebrauch befindlichen Hügel wurden von mehr als einem Paar beansprucht. Baumaterial wurde aus Entfernungen bis zu 25 m herangescharrt und falls nicht sofort verbaut, in Haufen auf halbem Weg oder direkt am Hügelfuß gelagert, um später nach mehreren Scharrphasen auf dem Hügelgipfel zu landen. Mit dieser Arbeit wird von der Hügelspitze her begonnen, wonach der Vogel abwärts laufend, das Material mit kräftigen Scharrbewegungen aufwärts zur Plattform hin befördert. Danach wird neues Material sorgsam mit altem vermischt, was durch das Graben von Höhlungen im Hügel erreicht wird. Hatte sich das Hügelmaterial durch Regenfälle verfestigt, werden überall in die Hügelplattform Schächte gegraben, um es wieder aufzulockern. Vor einer Eiablage wird von einem der beiden Partner eine Höhlung in die Hügelplattform gegraben und in dieser Höhlung ein schmaler Schacht, der gerade weit genug ist, um den Kopf des Vogels aufzunehmen. Zwecks Temperaturmessung steckt der Vogel seinen Kopf 3- bis 4mal hinein. Vor der Eiablage bleibt die Eikammer wenigstens 24 Stunden offen. Während der gemeinsamen Nutzung des Hügels verrichtete Paar 4 die meiste Arbeit, während Paar 3 nur erschien, wenn die Henne legte. Seine Arbeit bestand ansonsten nur im Graben von Teststollen, ein wenig Mischung von Hügelmaterial und der Eiablage der Henne. Die Partner eines Paares sind an der Materialvermischung etwa zu gleichen Teilen beteiligt, doch beim Herbeischaffen neuen Materials leistet das Männchen die doppelte Arbeit. Kommt der Henne beim Eikammergraben ein Hindernis, beispielsweise ein dicker Ast, in die Quere, überläßt sie die Arbeit des Fortschaffens dem Hahn. Eine enorme Kraftleistung der nur 0,9 bis 1,2 kg schweren Vögel wurde vom Hahn des Paares 2 demonstriert, der beim Scharren auf Futtersuche einen 6,29 kg schweren Stein ausgrub und ihn 70 cm weit rückwärts beförderte. Das Paar arbeitet das ganze Jahr hindurch an seinem Hügel mit der Tendenz zu intensiverer Arbeit in der Jahresmitte kurz vor der Brutzeit. Dann scheint das Sammeln neuen Pflanzenmaterials besonders eifrig vonstatten zu gehen, während außerhalb der Brutzeit (April bis Juni) hauptsächlich das Mischen dieses Materials erfolgt. Einen großen Einfluß auf die Aktivität hat das Wetter. So schwemmten im November/Januar schwere Tropenregen das Fallaub fort, und in einem anderen Fall konnte wegen starker Trockenheit des Vorjahres nur wenig Laub zusammengescharrt werden. Der Ablauf der Legetätigkeit wurde bei den Weibchen der Paare 3 und 4 beobachtet. Vor einer Eiablage gräbt das Paar auf der Suche nach geeigneten Stellen viele Testgruben. Ist die Henne legebereit, betritt sie die ausgewählte Grube, läßt sich stumm fallen, den Schwanz abwärts geneigt und den linken Flügel gespreizt. Der Hahn betrachtet den Vorgang aufmerksam vom Grubenrand aus. Nach der Eiablage kommt die Henne langsam hervor und füllt die Kammer mit nahebeiliegendem Material, wobei sie vom Hahn unterstützt wird. Danach wird aus allen Richtungen Material über die Kammer gehäuft. Als 1973/74 Paar 3 den Hügel allein benutzte, wurde die Ablage von 12 Eiern beobachtet. Die Ruhezeit zwischen den Legeterminen betrug 9 bis 20 Tage. Das Ei wird in sehr feinem trockenem Material abgelegt und dieses außerdem noch sorgsam drumherum gepackt. Darüber folgt altes Hügelmaterial, das bereits gärt, in 30 cm hoher Schichtung. Es wird wiederum von frischerem feuchtem „Kühlmaterial" und zuoberst einer Schicht trockenen Materials überlagert. Obwohl die Hügelinnentemperatur von kurzfristigen Außenluft-Temperaturschwankungen unabhängig ist, neigt sie doch dazu, dem jahreszeitlichen Temperaturwechsel zu folgen, nämlich von Februar bis August zu sinken und danach wieder anzusteigen. Während des Novembers und zeitigen Dezembers blieb die Temperatur bei ca. 29 °C gleich. In der Umgebung der Eikammer erwies sich die Temperatur des dort gelagerten Materials um 1 bis 2 °C höher als im Hügelzentrum. 19 Tage nach der Eiablage hielt sie sich konstant bei 30 ±1,5 °C, um während der folgenden Tage schnell anzusteigen, bevor sie sich wieder dem allgemeinen Temperaturpegel des Hügelinhalts von 34 bis 36,5 °C, in Einähe mit 35 bis 38 °C etwas höher, anglich. Die in der Eiumgebung herrschende Maximaltemperatur, gemessen 39 bis 44 Tage nach der Eiablage, betrug 38 °C. Danach sank sie ständig, bis sie 54 Tage nach der Ablage nur noch 35 °C betrug und sich der allgemeinen Hügeltemperatur angeglichen hatte. Nach einem sehr starken Zyklonregen wurde ein plötzlicher Temperaturabfall um 8 °C gemessen, wonach die Hügelwärme wieder auf 33 °C anstieg. Der Kükenschlupf wurde leider verpaßt. Aufgrund der Untersuchungsresultate war zu erwarten, daß Großfußhühner Testschächte zur Kontrolle der Haufeninnentemperatur anlegen, so daß die Zahl der gegrabenen Schächte in Korrelation zur Haufentemperatur stehen müßte. Das scheint der Fall zu sein, weil die Zahl der zwischen 24. November und 26. Mai gegrabenen Schächte signifikant im Zusammenhang mit der Wochendurchschnittstemperatur der Eikammerumgebung steht.

Haltung: Als Erstimport nach Europa gelangten 3 mit der australischen Unterart eng verwandte Großfußhühner von den Aru-Inseln (*M. freycinet duperryii*) 1914 in den Londoner Zoo.

Nikobaren-Großfußhühner
Megapodius freycinet nicobariensis, Blyth 1846
M. f. abbotti, Oberholser 1919

Engl.: Nicobar Megapodes.
Heimat: Der Nikobaren Archipel mit Ausnahme der Inseln Chowra und Car Nicobar, wo die Art noch nicht gefunden wurde. Großfußhühner sollen auch auf den Cocosinseln nördlich der Andamanen und den Kleinen Andamanen vorkommen, was bisher noch nicht bestätigt wurde.
Beschreibung: Zügel und Gesicht nackt, der Hals spärlich befiedert, diese Bezirke kirschrot, hell ziegelrot oder malvenrosa gefärbt. Nacken, Kopfseiten sowie die spärlichen Halsfederchen aschgrau, der Scheitel und die übrige Oberseite rostbräunlich mit olivfarbenem Anflug; Kinn und Kehle spärlich hellbraun oder hellgrau, vereinzelt weißlich befiedert, die übrige Unterseite braungrau, manchmal reingrau. Vertreter der Unterart *abbotti* sind insgesamt dunkler. Schnabel beider Unterarten grünlich- oder gelblich hornfarben, die Augenwachshaut rot, die Iris hell- bis dunkelbraun. Beine grünlich hornfarben, auf der Vorderseite dunkler, der Hinterseite rötlicher oder ziegelrot.
Länge 430 mm; Flügel 228 bis 250 mm; Schwanz 69 bis 88 mm; Gewicht des Hahnes 595 bis 964 g, der Henne 850 bis 1021 g. Das letztere hohe Gewicht kam wohl durch das Wiegen einer Henne mit fertigem Ei zustande.
Bei noch vollbefiederten Jungen (Subadulten) sind Kopf, Hals und Rücken rostbraun, Kinn und Kehle grauweiß, die Federn der übrigen Unterseite rostbraun ohne jede Graukomponente.
Wachtelgroße Kleinküken sind auf dem ganzen Körper einförmig schnupftabakbraun befiedert. Bei ihnen sind Stirn- und Hinterhalsfedern viel länger als bei Erwachsenen. Die Flügel sind gut ausgebildet; an der Schwanzansatzstelle findet sich ein Büschel flaumiger Flaumfedern. Schnabel sehr klein.
Ei in frischem Zustand rosig, durch Humusbeizung aber bald schmutzig isabellfarben bis ockerbraun (82,6 mm × 52,3 mm).
Lebensgewohnheiten: Nikobaren-Großfußhühner sind gegenwärtig auf den Inseln noch ziemlich häufig und bewohnen dichte Waldungen in der Küstenzone sandiger Gebiete. Man trifft sie sowohl paarweise wie in ziemlich großen Gesellschaften aus Erwachsenen, Jungvögeln und Küken an. Sie scharren wie Haushühner geschäftig im Waldboden und verständigen einander dabei mit lauten Rufen. Wie wohl alle Arten der Gattung sind sie partiell nachtaktiv. Zur Mittags- und Nachtruhe wird aufgebaumt. Der Kontaktruf (?) ist ein lautes, mehrmals wiederholtes, schnell ausgestoßenes Gackern, das wie „Kuk a kuk kuk" klingt. Weiterhin hört man von ihnen ein gutturales, wie „Kiouk kiouk kok kok kok" klingendes Krähen, das an Ochsenfroschquaken erinnert und unermüdlich wiederholt wird. Die Brutzeit erstreckt sich praktisch über das ganze Jahr. Der aus Sand, Blättern und anderem Pflanzenmaterial zusammengekratzte Bruthügel kann den Umfang von 10 m und eine Höhe von 1,5 m erreichen. Gewöhnlich stehen die Hügel im Wald ein paar Meter vom sandigen Ufersaum entfernt und außerhalb der Gezeitenzone. Die mit mehrtägiger Unterbrechung gelegten großen, lang elliptisch geformten Eier werden vielleicht von mehreren Hennen in einem Haufen untergebracht, denn er kann bis zu 20 Eier mit Embryonen aller Entwicklungsstufen enthalten.
Haltung: Das Nikobaren-Großfußhuhn ist noch nicht nach Europa oder in die USA eingeführt worden. 12 Eier, die ein Europäer auf den Nikobaren gesammelt hatte, waren vergessen und mehrere Tage ungeschützt der Umgebungstemperatur und dem Regen ausgesetzt worden. Trotzdem schlüpften 5 bis 6 Küken, die bei ausschließlicher Ernährung mit Termiten ausgezeichnet gediehen.

Sulawesi-Großfußhuhn
Megapodius freycinet cumingii,
Dillwyn 1853

Engl.: Sulawesi Megapode.
Heimat: Sulawesi (Celebes), Talisei, Tendila, Lembeh, Togian.
Beschreibung: Gesicht und Kehle unbefiedert, rot. Scheitel und Oberseite sehr variabel gefärbt, verwaschen rostbraun bis ausgeprägt olivfarben. Unterseite schiefergrau; Schnabel bräunlichgelb oder schwarz mit gelber Spitze, Iris braun, Beine dunkelbraun bis schwarz
Größe 381 mm; Flügel 201 bis 220 mm; Schwanz 76 mm.
Ei in Färbung und Größe wie bei der Unterart *nicobariensis*.
Lebensgewohnheiten: Über seine Beobachtungen an diesem Großfußhuhn schreibt G. HEINRICH (1941): „Wenige Vögel der celebesischen Wildnis sind so scheu und so schwierig zu erlegen wie das Großfußhuhn. Während die nahe verwandte Art *M. f. wallacei* in Halmahera mit Vorliebe die Ränder sumpfiger Wälder, der Sagopalmensümpfe und besonders der Mangrove bewohnt, lebt die Sulawesiform in den niederen Regionen der geschlossenen Gebirgsurwälder, in denen sie gelegentlich bis über 1500 m hinaufsteigt. Die ausgedehnten Rottangdickichte dieser Bergwaldungen gewähren dem scheuen Vogel außergewöhnlich gute Gelegenheit, sich zu verbergen. Aber ganz abgesehen von diesem natürlichen Schutz des ökologischen Milieus ist auch das Wesen dieser Unterart viel furchtsamer, scheuer und heimlicher als das des Verwandten von Halmahera. Sieht man ein celebesisches Großfußhuhn schattenhaft schnell durch das Rottanggestrüpp huschen, so erinnert es durch die Art seiner Bewegung eher an eine Ralle als an einen Hühnervogel. Auch wenn es sich, was nur selten geschieht, zu einem kurzen Flug entschließt, ähnelt dieser mit seinem flatternden Flügelschlag dem einer Ralle. Brutstellen sah ich mehrfach in den niederen Regionen des Matinangebirges, im heißen Rimbu bei etwa 500 m. Diese befanden sich am Grund alter, abgestorbener Bäume. Die Räume zwischen den vom Stamm ausgehenden Wurzeln waren mit lockerer Erde gefüllt, und das Ganze sah so aus, als wenn sich an diesen Stämmen irgendwelche Ameisen angesiedelt und Erdansammlungen gebildet hätten. Wäre nicht an solcher Stelle am gleichen Tage mehrmals ein Großfußhuhn gesehen worden, wäre man nicht auf den Gedanken gekommen, daß dies der Nistplatz eines solchen sein könnte. Bei genauer Untersuchung fand sich ein Ei, das vielleicht 30 cm tief unmittelbar am Holz des abgestorbenen Baumes gebettet war. Legte man die Hand an diese Stelle, so war ganz deutlich eine Wärmeausstrahlung zu fühlen. Die Erde, welche das Ei bedeckte, war ziemlich locker aufgescharrt, lehmig und durch und durch naß. Von beigemengtem Laub war keine Spur, wohl aber waren der Erde allerlei Holzstückchen und Bruchteile alter Zweige beigemengt, aber eigentlich auch nicht mehr, als an einem solchen Platz ohnedies zu erwarten war. Nachmittags wurde die Henne am Brutplatz erlegt. Dieser blieb von nun an verwaist: er war nur von einem Vogel benutzt worden. Einem anderen Brutplatz wurde am 30. November ein etwas angebrütetes Ei entnommen. Dieses war ziemlich schwer zu entdecken, denn es lag nicht außen am Wurzelstock des diesmals recht umfangreichen abgestorbenen Baumes, sondern in einer Höhlung desselben und noch dazu ca. 30 cm mit Erde bedeckt. Auch hier lag das Ei dicht am Holz des Wurzelstocks begraben. Dieses Holz war zwar ebenfalls abgestorben, aber noch nicht merklich in Fäulnis übergegangen wie im vorherigen Fall. Am 2. Dezember war die Brutstelle frisch mit Erde bescharrt. Die Untersuchung förderte ein frisches Ei zutage, das genau an der gleichen Stelle lag, an der sich das entnommene Ei befunden hatte. Am 4. Dezember wurde die Henne gefangen und von da an blieb auch diese Brutstelle verwaist. Man trifft diese Vögel meist paarweise, die Küken stets einzeln. Dem Kundigen verrät sich die Anwesenheit von Großfußhühnern in einem bestimmten Waldbezirk bald durch kleine Scharrstellen hier und da im feuchten Laub des Bodens. Aus dem Kropfinhalt Erlegter waren Reste kleiner Scarabaeiden zu finden. Obwohl das eigentliche Wohn- und Brutgebiet in niedrigen Regionen liegt, steigen sie doch vereinzelt bis in die Hochgebirgszone hinauf. So sah ich am Ile-Ile-Gipfel ein Exemplar und erbeutete mehrere im Mengkonkagebirge bei 2000 m. In der Minahassa kam die Art sowohl am Gipfel des Mahawu wie dem des Lokon vor."
Über Brutverhalten und Lebensweise des Sulawesi-Großfußhuhnes hat auch J. MACKINNON interessante Einzelheiten mitgeteilt, die beweisen, daß die Brutmethoden auf der gleichen Insel auch anders sein können. Er schreibt u. a.: „Das Großfußhuhn legt seine Eier verborgener ab als das Hammerhuhn und bedient sich dabei zuweilen der Maleo-Gruben. Auch bei *Megapodius* beteiligen sich beide Partner

am Auswerfen der Nestgruben, doch bestehen im Verhalten Unterschiede zum Maleohuhn. Beide Megapodiuspartner können gleichzeitig die Grube ausscharren, wobei sie das Erdreich jedoch aus einem bedeutend großflächigeren Bezirk entfernen. Dabei entsteht ein weniger im Zentrum der Grube ausgeprägtes Loch als beim Maleo. *Megapodius* hat die Eigenart, beim Graben viermal schnell mit dem einen Fuß zu graben und dann im Rhythmus viermal Kratzbewegungen mit dem anderen Fuß auszuführen. Es legt sein Ei auch gewöhnlich etwas tiefer als der Maleo, manchmal 1 m tief im Erdboden ab. Das Ei von *Megapodius* ist lang und 110 g schwer. Ein weiterer Unterschied im Nistverhalten (zu Maleo) besteht auch darin, daß das Großfußhuhn Blätter und Zweige aus mehreren Metern Entfernung in die Grube schleudert, um sie zusammen mit dem Ei einzugraben. Dabei überschreitet die Menge des pflanzlichen Materials niemals 5 %. Die Zeit zum Graben, der Eiablage und dem Einscharren des Eies in der Grube betrug wie beim größeren Maleohuhn rund 2 Stunden. Junge Großfußhühner wurden in Maleo-Brutbezirken gefangen und erwachsene Großfußhühner auf den Maleo-Niststätten von Panua gesehen.
Haltung: Nichts bekannt.

Salomonen-Großfußhuhn
Megapodius freycinet eremita,
Hartlaub 1867

Engl.: Solomon Megapode.
Heimat: Bismarck-Archipel, Salomonen, Ninigo- und Admiralitätsinseln.
Beschreibung: Stirn, Kopfseiten und Kehle fast nackt, hellrot mit sparsamen schiefergrauen Federchen bedeckt; Hals dunkel schiefergrau; Scheitel und Hinterkopf, Rücken und Flügel olivbraun, ins Rotbraune ziehend; Bürzel und Oberschwanzdecken düster rotbräunlich; Unterkörper olivbraun, grau verwaschen; Schnabel gelb, Iris braun, Beine trüb olivgrün.
Länge ca. 340 mm; Flügel 220 bis 230 mm; Schwanz 80 bis 85 mm; Gewicht nach HEINROTH 570 bis 660 g.
Kükenfärbung noch nicht beschrieben.
Ei walzenförmig, mattschalig, anfangs weiß, später blaß gelbbräunlich oder hell rotbraun (71 bis 81 mm × 47 bis 50 mm); Gewicht 89 bis 116 g.
Lebensgewohnheiten: Dieses Großfußhuhn kommt auf allen Salomoninseln vor, am häufigsten im Küstenbereich, aber auch im Inselinneren und dort selten in Höhen über 200 m. Über die berühmten Brutgebiete der Art bei Pokilli und Garu im Westteil Neu-Britanniens, welche zu Wildlife Management Areas erklärt wurden, hat K. D. BISHOP (1980) berichtet. Die Pokilli-Brutstätten konzentrieren sich auf eine Fläche von über 4000 m^2 in Form einer großen Waldlichtung. Dieses Gebiet gleicht einer Mondlandschaft, auf der Geysire und Fumarolen 20 m hoch in den Himmel schießen und kochendheiße Schlammtümpel Gase über dem Gebiet verströmen, auf dem Eiersammler ihre Beute über dampfenden Herdhöhlen kochen. Innerhalb des Gebietes liegen tausende von Brutgruben, oft nur in einem Meter Abstand voneinander entfernt und gelegentlich in Form einer riesigen Wabe ineinander übergehend. Die kleineren Brutgebiete in Garu werden vom tätigen Gabuna-Vulkan überragt, dessen Wärme durch ein ausgedehntes Gebiet unterirdischer heißer Quellen das ganze Gebiet beheizt und so die Temperatur für das Erbrüten der Megapodeneier erzeugt. Anders als bei Pokilli erstrecken sich die Brutgebiete von Garu über den größten Teil der Niederungswälder, stets in Begleitung heißer Schwefelquellen, die von den Vulkanen hinunter ins Meer fließen. Die Brutgruben werden in die Nachbarschaft der Quellenwandung in Winkeln von 50 bis 70 ° ca. 90 cm tief gegraben. Die Grubeneingänge haben einen Durchmesser von 40 cm, und in vielen Fällen liegt der Eingang unter einem festen Substrat, oft großen Wurzeln oder einem Gewirr dünner Würzelchen. Der Stollenboden ist fest und mit einer bis zu 30 cm starken, losen Erdschicht aufgefüllt. Der Maximalzwischenraum von der Höhle zu einer heißen Quelle scheint ganz von der Bodentiefe abzuhängen. Wo beispielsweise das Ufer bei oberirdischen Quellen flach ist, liegen die Gruben in ca. 13 m Entfernung, während sie bei Quellen mit Ufersteilwänden nur wenige Meter entfernt sind. Die genannten Gebiete sind Magneten für 10 000e von Großfußhühnern, die über die Ebenen der Insel verbreitet sind. Zu Beginn der Trockenzeit, Ende April, versammeln sich große Scharen der Vögel in der Umgebung der Brutstätten, und mit Voranschreiten der Trockenzeit nimmt ihre Zahl ständig weiter zu, um ihren Höhepunkt im Juni und während der ersten Julitage zu erreichen. Danach bleibt ihre Zahl ziemlich konstant, bis im späten September die Regenzeit einsetzt und die Vögel sich in den Wäldern zerstreuen. Während dieser Zeit sah BISHOP bis zu 60 Hühner hoch in westlicher Richtung auf das Meer zu den unberühr-

ten Wäldern der Kapulukregion fliegen. Zu Beginn der Brutzeit sind die zuerst eingetroffenen Vögel sehr aktiv und säubern ihre Brutstollen von Fallaub, das der Regen hineingespült hatte. Nachts sammeln sich kleine Gruppen aus 4 bis 8 Hühnern zur Übernachtung im dichten Mittelstock der Regenwaldbäume. Wenn dann die Schmetterschreie der Großfußhähne den nahen Sonnenaufgang verkünden, segeln die Hennen von ihren Schlafästen hinunter auf den Waldboden. Unter Ausstoßen fast unhörbarer wimmernder und gluckender Töne, die von Vor- und Zurückrucken des Kopfes begleitet werden, laufen sie zu ihren Höhlen und verschwinden darin. Dort buddeln sie in das lockere Erdreich des Bodens ein Loch und legen ihr großes Ei aufrecht hinein, damit die bewegliche Luftschicht oben liegt. Ungestört können sie lange Zeit in der Höhle verbringen und kommen bei Störungen mit einem weinerlich klingenden Laut hervorgeschossen. BISHOP erhielt häufig frisch geschlüpfte Küken, die in diesem frühen Alter bereits zu ununterbrochenem Flug fähig waren. Als ein Dorfbewohner einmal ein Küken nahe einer Meeresbucht freiließ, flog das kleine Ding direkt auf das Meer hinaus und legte in kräftigem Flug eine Strecke von 800 m zurück, ehe es einen Bogen schlug und sich zurück in den sicheren Wald begab. Sieht man erwachsene Großfußhühner hoch in der Luft zu weit draußen liegenden Inseln fliegen und hat man gesehen, daß bereits Kleinküken beachtliche Flugleistungen vollbringen können, wundert man sich über die weite Verbreitung der Gattung *Megapodius* nicht mehr so sehr. Das Salomonen-Großfußhuhn ist jedoch keineswegs an warmen vulkanischen Boden zur Eiablage gebunden. HEINROTH fand ein Weibchen auf Kadalek, einer kleinen, dicht bewaldeten Insel an der Westküste Neu-Mecklenburgs (jetzt New Britain), mit legereifem Ei, und STUDER fand Eier im flachen Sandstrand einer Meeresbucht vergraben.

Haltung: Die Art ist noch nicht nach Europa oder in die USA importiert worden. HEINROTH gelang es nicht, Eier zu erbrüten oder Küken aufzuziehen. Trotz längerer Aufbewahrung der Eier in einer warmen Küche von ca. 37,5 °C und bei gewöhnlicher Temperatur, 27,5 bis 32,5 °C, schlüpften keine Küken. Frisch Geschlüpfte wurden ihm häufig gebracht, doch glückte es nicht, sie länger als ca. 14 Tage am Leben zu erhalten. HEINROTH schrieb: „Es sind reizende Vögelchen in ihrem schwarzbraunen wolligen Federkleid, den entwickelten Schwingen und den langzehigen schlanken Füßchen. Ein Hühnchen benahm sich fast genau wie das andere, von Anfang an waren sie vertraut und hatten fast nichts von der fahrigen Scheuheit anderer verwaister Hühner. Überall versuchten sie zu scharren, noch viel mehr als andere Scharrvögel dies zu tun pflegen. Fleischstückchen, Grünzeug, Spratt's Kükenfutter trocken und gequellt, Semmel und getrocknete Ameisenpuppen wurden vollkommen unberücksichtigt gelassen, ebenso alle erreichbaren Körner (Hanf, Hirse, Glanz etc.), alles Dinge, die junge Phasianiden und Tetraoniden mehr oder weniger gern zu nehmen pflegen. Von Insekten konnte ich außer den größeren Formen, wie Heuschrecken und Käfern, die verschmäht wurden, Schaben *(Phyllodromia)* und Mehlwürmer in ganz beschränkter Anzahl reichen. Diese Nahrung wurde angenommen, aber nicht in der gierigen Weise unserer Hühnerküken. Die Tierchen waren außerstande, eine Schabe ganz herunterzuschlucken, ein Mehlwurm machte ihnen lange zu schaffen und wurde schließlich nur mit großer Anstrengung hinuntergewürgt. Die Schnabelspalte der Küken ist auffallend eng, selbst die schlankleibigen Schabenmännchen gehen nicht durch und werden bei den Schluckversuchen meist sofort wieder mit den Krallen des Fußes aus dem Schnabelwinkel herausbefördert. Am besten ging es, wenn ich ihnen die Schabe so vorhielt, daß sie den Hinterleib abpicken konnten, außerdem hatten sie eine große Vorliebe für die Eiersäcke der Schaben. Ich glaube mit Bestimmtheit annehmen zu dürfen, daß die jungen Buschhühner von Termiten und ähnlichen Kleininsekten leben, die scharrend leicht und in beliebiger Zahl erreicht werden können. Gegen Abend wurden die Küken unruhig und zeigten allerdings eine fasanenähnliche Dummheit und Ausdauer, indem sie fortwährend versuchten, durch das Drahtgeflecht zu kommen. Ihr Flug war auffallend leicht und geräuschlos. Das Gewicht der frisch in meinen Besitz gekommenen Jungen betrug 37 bis 40 g, bei ihrem Tode hatten sie noch etwas abgenommen."

Layard-Großfußhuhn
Megapodius freycinet layardi, Tristram 1879

Engl.: Layard's Megapode.
Heimat: Nördliche und mittlere Neue Hebriden bis Efate südwärts, die Banks- und Torres-Inseln.
Beschreibung: Vorderkopf unbefiedert, rot, Kopfseiten und Kehle nur spärlich befiedert, die rote Haut oft durchschimmernd. Scheitel mit kurzer Hin-

terkopfhaube, Hinterhals und übriges Gefieder schwärzlich mit leichter Brauntönung, Flügel und Bürzel mit olivfarbenem Anflug. Schnabel dunkelbraun, Iris braun, Beine hellgelb, die Zehen teilweise schwarz.

Länge 300 mm; Flügel 240 mm; Schwanz 88 mm. Hennen sind etwas kleiner und heller gefärbt als Hähne.

Kleinküken sind viel größer als Hühnerküken, hell graubraun mit intensiver schmal dunkelbrauner Querbänderung auf Körper und Flügelchen.

Ei hell rötlichbraun, bald durch Humuseinfluß abdunkelnd (82 mm × 48 mm).

Lebensgewohnheiten: Dieses Großfußhuhn ist nach Mitteilung von BREGULLA vorwiegend ein Bewohner der Flachlandwälder, wird aber auch in mäßiger Höhenlage in den Bergen angetroffen. Obwohl die Art noch auf einigen Inseln, besonders auf Efate, in geeigneten Habitaten häufig vorkommt, wird sein Lebensraum zusehends durch Kultivierung der Wälder für die Landwirtschaft eingeengt. Auf den Neuen Hebriden ist das Großfußhuhn durch das Jagdgesetz geschützt und darf nur vom 1. April bis 30. Juni geschossen werden. Der Vogel lebt einzeln oder paarweise auf dem Waldboden und ist in seinem Verhalten sehr haushuhnähnlich. Da er sehr scheu und vorsichtig ist, bekommt man ihn selten zu Gesicht, obwohl er in dem betreffenden Gebiet häufig sein kann. Fühlt er sich entdeckt, flüchtet er in rasend schnellem Lauf durch den Dschungel. Nur vor Hunden fliegt er auf und baumt dann auf niedrigen Ästen nahestehender Bäume auf. Wie alle *Megapodius*-Arten übernachtet er aufgebaumt. Zeitweise sind die Vögel sehr stimmfreudig. Der üblicherweise von ihnen ausgestoßene Ton ist ein gedämpftes, rauhes Glucken, aber speziell während der Morgen- und Abenddämmerung, auch nachts, wird sein lautes Rufen gehört. Paare und mehrere Vögel zusammen können längere Zeit hindurch im Konzert rufen. Der zweisilbige Ruf, wie „Tuuk-toorrrrr" klingend, nimmt allmählich an Stärke ab und wird mehrfach wiederholt. Bezüglich der Ernährung sind sie Allesfresser. Die Bruthügel befinden sich häufig nahe der Küste und variieren in der Größe erheblich. Der übliche Umfang beträgt ein paar Meter, kann aber bis zu 10 m betragen. Der kleinste von BREGULLA gefundene Bruthügel maß kaum einen halben Meter im Durchmesser und wurde nur von einer Henne benutzt. Großfußhühner verwenden die gleiche Niststätte häufig Jahr für Jahr, und die größeren, welche von mehreren Hennen zur Eiablage benutzt werden, haben manchmal Generationen von Großfußhühnern als Eiablage gedient. Auf den Neuen Hebriden sind zwei verschiedene Brutmethoden bekannt. Nur auf einigen Inseln oder nur an bestimmten Plätzen der größeren Inseln vertrauen die Hennen ihre Eier warmer Vulkanasche an. Die Mehrzahl gräbt ihre Eier um den Fuß großer faulender Waldbäume herum ein, wo sie von der durch Gärung verrottenden Pflanzenmaterials erzeugten Wärme erbrütet werden. Jedes Ei wird in einem besonderen Tunnel abgelegt, den die Henne gegraben hat und der 30 bis 90 cm tief sein kann. Nach der Eiablage füllt sie den Tunnel wieder mit Erdreich und kehrt nach einigen Tagen zurück, um das nächste Ei zu legen. Eine bestimmte Brutperiode gibt es nicht, aber die Hennen pflegen in regelmäßigen Abständen Serien von Eiern abzulegen. Die Erbrütungszeit beträgt über 40 Tage. Nicht alle Küken schlüpfen erfolgreich: In großen Nistplätzen kann man stets eine Anzahl Küken finden, die in verschiedenen Entwicklungsstadien in den Eiern abgestorben sind. Einen Einfluß darauf wird wohl die Dichte des Erdreichs in der Umgebung des betreffenden Eis haben.

Haltung: BREGULLA ist einer der wenigen Forscher, die sich mit der Haltung von Großfußhühnern beschäftigen und diese auch lebend nach Europa gebracht haben. Die Eingewöhnung erwachsener Vögel erfolgte in kleinen (1,5 m × 0,5 m × 0,5 m) verhängten Käfigen. Nach einigen Tagen wurden Vollbrüstige in Volieren gesetzt, Abgemagerte freigelassen. Wichtig ist es, die Vögel zuerst in Kleinvolieren zu halten, weil sie sich sonst häufig durch Toben verletzen und die Ersatznahrung nicht als Futter erkennen. Der Vogel muß zuerst den ganzen Tag auf dem Futter sitzen und die krabbelnden Insekten stets vor Augen haben. Küken sind besser zur Eingewöhnung geeignet als Erwachsene. Als Futter werden anfangs viele Würmer, Termiten und andere Kleintiere, vermischt mit angekeimter Hirse und anderem Körnerfutter, auch kleingehacktem Grünzeug, wie Salat und Kokosnußkeime, gereicht. Danach erhalten sie mehr Körner oder gekochten Reis und nur ein- bis zweimal wöchentlich Würmer oder Insekten. In stark bepflanzten Volieren verstecken sich Großfußhühner viel, beschäftigt sich aber der Pfleger intensiver mit ihnen, werden die meisten zutraulich. Im übrigen verhalten sie sich wie im Walde, scharren viel, unterbrochen von Ruhepausen, rufen wiederholt abends und nachts, und die Paare schlafen in Bäumen oder auf hohem Gebüsch zusammen. Ein Zuchtversuch wurde nicht unternommen.

Palau-Großfußhuhn
Megapodius laperouse senex, Hartlaub 1867

Engl.: Pelew Megapode.
Heimat: Die Palau-Inseln Kajangle, Auron (= Aulong) und Peleliu. Auf Koror und Babelthuap ausgerottet.
Beschreibung: Stirn, Scheitel und ein kurzer Hinterhauptschopf blaugrau, übrige Kopfteile und Hals nackt und rot, spärlich mit dunklen Daunenfederchen bedeckt; übriges Gefieder schieferschwarz, Bürzel und Flügel oliv verwaschen. Schnabel gelblich, Iris goldgelb oder kastanienbraun, Beine gelbbraun.
Länge 279 mm; Flügel 160 mm; Schwanz 53 mm.
Kleinküken denen der Marianen-Unterart ähnlich, aber auf Ober- und Unterseite dunkler, Kehle, Brust und Flanken bräunlich sepia statt gelblich sepia. Bänderung des Rückengefieders auffälliger, die der Flügel bräunlicher, die Kinnregion bräunlich isabellfarben statt gelblich isabell.
Ei in frischem Zustand milchweiß, rauchig getönt, die Schale mit leicht entfernbarem hell rostbraunem Kalküberzug (68 bis 77 mm × 45 bis 48 mm).
Lebensgewohnheiten: Das Palau-Großfußhuhn kommt heute nur noch auf unbewohnten Inselchen vor und baut in den Küstenwäldern kuppelförmige Bruthügel von 4,5 m bis 5,5 m Durchmesser und 76 cm bis 90 cm Höhe. Das Material besteht aus 90 % Sand sowie 10 % Gras und Fallaub. Fehlt Sand, wird auch leichte Erde verwendet. Der Hügel wird von beiden Partnern zusammengescharrt und innerhalb weniger Wochen errichtet. Die Entfernung der Hügelplattform zu dem senkrecht in der Kammer stehendem Ei beträgt 76 cm. Bruthügel sollen nur einmal benutzt und jedes Jahr neu hergestellt werden. Nach FINSCH ist dieses Großfußhuhn ein ausgezeichneter Flieger, der gelegentlich von Insel zu Insel fliegt. Bei Gefahr rennt der Vogel schnell durchs Buschwerk und baumt unter Umständen auf dem nächsten Baum auf.
Haltung: Nichts bekannt.

Marianen-Großfußhuhn
Megapodius laperouse laperouse, Gaimard 1823

Engl.: Marianas Megapode.
Heimat: Die Marianeninseln Assongsong, Agrihan, Pagan und Almagan. Auf Saipan, Tinian, Rota und Guam ausgerottet.
Beschreibung: Kopf dunkel aschgrau, die Hinterkopffedern zu einer unauffälligen Kurzhaube verlängert; die nackte rote Halshaut ist spärlich mit daunenartigen grauen Federchen bedeckt. Flügel, Bürzel und Schwanz dunkelbraun, Rücken und Unterseite schwarz. Schnabel gelb bis orange mit blauschwarzer Basis; Iris braun; Beine trübgelb.
Länge 300 mm; Flügel 155 bis 169 mm; Schwanz 54 bis 62 mm.
Beim Küken sind Kopf, Hals, Rücken und Flanken sepiabraun, Flügel und Unterrücken hellbraun gebändert; Gesicht, Kehle und Bauch hell isabellgelb; Schnabel zimtbraun, Füße umberbraun.
Ei in frischem Zustand hellrötlich, bald die Farbe der Umgebung annehmend und dann schmutzigbraun (77 mm × 46 mm).
Lebensgewohnheiten: Das Marianen-Großfußhuhn wird in den Küstenwäldern und dem bewaldeten Bergland in kleinen Gesellschaften angetroffen. Vor der pausenlosen Verfolgung durch den Menschen hat es sich gegenwärtig meist auf niedrige, sandige Inselchen vor den Küsten der Hauptinseln zurückgezogen. Mit Beginn der Brutzeit im Januar/Februar scharren die Paare Bruthügel aus Sand, Gras und Blättern im Küstenwald zusammen, meist nahe der Gezeitenzone. Große Hügel können einen Basisumfang von 3 m und eine Höhe von 2 m erreichen. Im Juni kann man Altvögel, Jungvögel und Küken gleichzeitig antreffen.
Haltung: Nichts bekannt.

Tonga-Großfußhuhn
Megapodius pritchardii, Gray 1864

Engl.: Niuafou Megapode.
Heimat: Die zu Tonga gehörende Insel Niuafo'ou zwischen Fidschi- und Samoa-Archipel gelegen. Das ganz isolierte Vorkommen der Art weitab vom übrigen Verbreitungsareal der Gattung ließ vermuten, daß sie durch polynesische Einwanderer dorthin gelangt sein müsse, bis bei einer Grabung auf der Fidschi-Insel Lakeba (Lau-Gruppe) Knochen von *Megapodius* gefunden und auf ca. 900 v. d. Ztr. datiert wurden. Man nimmt heute an, daß ehemals auf vulkanisch aktiven Inseln der Fidschigruppe vorkommende Großfußhühner durch eiersammelnde Menschen ausgerottet wurden und nur auf Niuafo'ou überlebten. Das nächste Vorkommen der Gattung liegt auf Vanuatu (Neue Hebriden).

Beschreibung: Scheitel, Oberrücken, Kehle und Brust schiefergrau; Gesicht und Oberhals von schütteren hellgrauen Federn bedeckt, die dort dunkelrote Haut vielfach durchschimmernd; Unterrücken, Bürzel, Flügel rötlichbraun, die Basalhälfte der braunschwarzen Handschwingen und Oberschwanzdecken in unterschiedlicher Ausdehnung weiß, individuell variierend. Unterseite unterhalb der Brust trüb braungrau, Unterbauch und Unterschwanzdecken mehr hellgrau. Schnabel orangegelb, Iris braun, Beine orangerot, bei Männchen dunkler als bei Weibchen.
Länge 349 mm; Flügel 188 mm; Schwanz 74 mm; Gewicht ca. 375 g (kleinste Art der Gattung).
Die Kleinkükenfärbung ist nur unvollständig bekannt. Bei TODD (1982/83) wird ein Kleinküken als Foto abgebildet, doch nichts über die Färbung berichtet. Sie wird bei DU PONT (1976) unvollständig als „braun mit Schwarzbänderung auf Rücken und Flügeln" angegeben. Auf TODDS Foto sind Superziliarregion, Kinn, Kehle und Unterseite mit Ausnahme der etwas dunkleren Brust wesentlich heller als die Oberseite, wahrscheinlich wie auf einem Farbbild des pullus von *M. laperouse* bei TAKA-TSUKASA (1932) ockrig rostgelb.
Ei mit feiner granulierter, etwas rauher Oberfläche, beige bis hellbraun (74,6 mm × 44,7 mm); Gewicht von 100 Eiern 75 g (± 5,1 g).

Lebensgewohnheiten: Neueste Untersuchungen über die Biologie dieser Art stammen von TODD (1982/83), der Niuafo'ou 1976 besuchte. Die Großfußhühner wählen dort als Brutstätten nur Plätze mit vulkanisch beheiztem Erdreich, dessen Temperatur in 1 m Tiefe wenigstens 32,5 °C beträgt und mit zunehmender Tiefe weiter ansteigt. Derartige Stellen finden sich nur an bestimmten Plätzen, am häufigsten entlang der Uferzone der Caldera-Seen in der Inselmitte und nur in Lagen von weniger als 15 m über dem Meeresspiegel. Ausnahmen davon bildeten Areale auf Lavafeldern im Südwestteil (Lolo) und an einem Steilhang der Caldera in ca. 90 m Höhe (Kele'efu'efu).
Unabhängig von einem Vegetationstyp können solche Brutplätze in Grasland, Waldgebieten oder nacktem Erdreich liegen. Auf ihnen haben die Vögel, und zwar ausschließlich die Weibchen, überall unterschiedlich tiefe Stollen in die Lavaerde getrieben. Zum Legen treffen sie dort zwischen Sonnenaufgang und 10 Uhr vormittags ein und untersuchen oft mehrere Höhlungen bis ihnen eine zusagt. Zum Freischaufeln derselben von lockerem Erdreich werden abwechselnd mit jedem Fuß 6 kräftige Scharrbewegungen mit einer durchschnittlichen Geschwindigkeit von 60 pro Minute ausgeführt. Ist der Vogel in größere Tiefen vorgedrungen, erscheint er in regelmäßigen Abständen am Eingang, um nach Feinden, wie verwilderten Katzen, Ausschau zu halten und fährt dann mit seiner Tätigkeit fort. Zur Eiablage benötigt das Weibchen noch einmal eine Stunde und muß danach den Schacht wieder mit Lavasand ausfüllen. Restliche Erde wird anschließend so geschickt darüber verteilt, daß vom Eingang des Stollens nichts mehr erkennbar ist. In 2 beobachteten Fällen nahm die gesamte Tätigkeit 130 bis 220 Minuten in Anspruch. Einmal gerieten 2 Weibchen um die Benutzung eines Schachtes in Streit. Nachdem die eine bereits 30 Minuten gegraben hatte, wurde sie von einer stärkeren Artgenossin nach kurzem Kampf vertrieben, gab aber nicht auf und äugte immer wieder in den Stolleneingang, aus dem die Siegerin mehrfach hervorgeschossen kam, dabei einen ärgerlichen Triller ausstoßend, den die Unterlegene stets mit den Silben „Kwe kwe kwe" beantwortete. Irgend einen Höhepunkt der Legetätigkeit im Jahresablauf konnte TODD nicht feststellen. Eier wurden zu jeder Jahreszeit in etwa gleicher Menge abgelegt, was wohl mit den recht geringen jahreszeitlichen Temperaturschwankungen des Inselklimas zusammenhängen mag. Der Abstand zwischen 2 Eiablagen betrug bei 2 Weibchen 11 und 26 Tage. Die Eier lagen entsprechend der jeweils dort herrschenden günstigsten Bruttemperatur unterschiedlich tief, 0,2 bis 1,7 m im Erdreich, und standen nicht aufrecht, sondern wurden in allen Lagen gefunden. Die mit Spezial-Thermometer gemessenen Erdbodentemperaturen dicht neben den Brutstollen schwankten zwischen 29 und 38 °C. Die Vögel müssen also in der Lage sein, die zur Erbrütung ihres Eies günstigste Temperatur zu wählen und es dann dort ablegen. Bei Vergleichen der Bodentiefe, in der Eier auf 2 verschiedenen Brutplätzen gefunden wurden, ließ sich nachweisen, daß sie an kühleren tiefer abgelegt werden als an wärmeren. Obwohl es eigentlich eine Grenztemperatur geben müßte, unterhalb der keine Eier mehr abgelegt werden, war eine solche nach TODDS Untersuchungen nicht erkennbar. Bei Bodentemperaturen unter 33 °C wurden allerdings nur wenige Eier gefunden, die aber vielleicht auch nur von später grabenden Hennen an solche ungünstigen Stellen „abgedrängt" worden waren. Die Erbrütungszeit der Küken von *M. pritchardii* schwankt wie bei allen Großfußhühnern innerhalb weiter Grenzen: Sie betrug bei 4 Küken 47, 49, 51 und 51

Tage, was auf geringe Schwankungen der vulkanischen Wärme zurückgeführt werden kann. Den größten Teil des Jahres verbringen die Großfußhühner weitab von ihren Legeplätzen in den Wäldern der Insel, wo sich die Beobachtung der wachsamen Vögel, die beim leisesten Geräusch im Unterholz verschwinden, als äußerst schwierig erwies. Man konnte aber aus den lauten Rufen auf ihre Anwesenheit schließen. Da sie in durchaus geeigneten Habitaten fehlten, wird ihre Populationsdichte auf der Insel wohl nicht maximal sein. Nahrung wird hauptsächlich durch Scharren im Fallaub, Packen desselben mit den Zehengliedern und Beiseitewerfen gesucht. Sie schien zu 53 % aus Insekten, 25 % Landschnecken, 13 % Tausendfüßlern sowie 9 % Würmern zu bestehen. Herabgefallene Früchte von *Syzigium* erbrachten die fehlenden 4 %, wobei nicht sicher ist, ob Teile der Früchte oder nur darin enthaltene Insekten gefressen werden. HÜBNER (bei FINSCH) hatte seinerzeit Schneckenschalen, kleine Landkrabben, Tausendfüßler und vereinzelt Sämereien in den Mägen Erlegter gefunden. Gefangene verzehrten Schaben, Termiten, Ameisen, Würmer und Partikel von Kokosmark. Auf Niuafo'ou werden Großfußhühner gewöhnlich paarweise angetroffen und nehmen 2 oder 3 m voneinander entfernt Nahrung auf. Sehr häufig bietet das an den dunkler orangeroten Beinen kenntliche Männchen seinem Weibchen Futter an. Hat es solches freigescharrt, lockt es das Weibchen mit mehrfach wiederholten weichen Pfeiftönen herbei. Auf sich langsam bewegende Futtertiere deutet es nur mit dem Schnabel hin, sich schnell bewegende Beute wird in den Schnabel genommen und dem Weibchen mit niedrig gehaltenem Kopf stumm angeboten. Ignoriert dieses sein Anerbieten, frißt das Männchen den Bissen selbst. Da das Futterangebot auf einer kleinen Pazifikinsel nicht allzu reichlich sein dürfte, müßten sich die Paare zum Überleben und zur Fortpflanzung feste Reviere sichern, und es gibt Anzeichen dafür, daß dies auch der Fall ist. Jedes Paar gibt seine Anwesenheit akustisch durch Pfeiftöne bekannt, die von den Partnern im Duett ausgestoßen werden und sich mit „Kwei kwii kwrrr" übersetzen lassen. Obwohl am häufigsten frühmorgens und vor Sonnenuntergang gerufen wird, ist dies auch während des Tages und gelegentlich in der Nacht der Fall. Hat ein Paar gerufen, antworten ein oder mehrere Nachbarpaare kurz darauf. WEIR (1973) konnte zweimal Kämpfe von Männchen untereinander beobachten. In 3 Fällen erschienen Nachbarpaare, worauf der Revierhahn rief und die Eindringlinge sofort flüchteten. Er jagte sie noch ein kurzes Stück, kehrte zu seinem Weibchen zurück, und beide riefen im Duett 5 bis 10 Minuten lang, worin auch die Vertriebenen, nun in ihrem eigenen Revier, voll Erregung einstimmten. Weibchen, die auf dem Weg zu den Legeplätzen fremde Reviere durchqueren mußten, stießen dabei wohl zur Beschwichtigung der Eigentümer gelegentlich weiche sprudelnde Laute aus. Der Alarmruf ist ein lautes „Kriik!". Nur ungern fliegt ein Großfußhuhn auf und flüchtet mit bedächtigen, von Gleitphasen unterbrochenen Flügelschlägen. Diese scheinbare Schwerfälligkeit im Fliegen darf nicht darüber hinwegtäuschen, daß Großfußhühner zur Besiedlung neuer Inseln weite Meeresstrecken fliegend überwinden müssen, wobei selbstverständlich nach Möglichkeit „Inselsprünge" durchgeführt werden. Zur Schätzung der Populationsdichte auf Niuafo'ou stellte TODD den Bestand auf einer bewaldeten 12 ha großen Insel im Calderasee fest und lokalisierte dort wenigstens 9 Paare. Danach mag die durchschnittliche Reviergröße pro Paar zwischen 1,1 und 1,3 ha schwanken. Die Gesamtpopulation der Insel schätzt TODD auf ca. 800 Vögel.

Haltung: Über eine Haltung der Art außerhalb ihrer Heimat ist uns nichts bekannt. BREGULLA, der den Versuch unternahm, dieses Großfußhuhn auf der Insel Tafahi einzubürgern, hatte damit keinen Erfolg, weil dort jede vulkanische Tätigkeit erloschen ist, und die Vögel kein entsprechend erwärmtes Erdreich zum Erbrüten ihrer Eier vorfanden.

Weiterführende Literatur:
AMADON, D.: Megapodes; Amer. Mus. Novit. No. 1175; p. 9 (1938)
BAKER, E. C. S.: *Megapodius nicobariensis*. Game Birds of India, Burma and Ceylon. Vol. III; pp. 56–66 (1930)
BECKER, R.: Die Strukturanalyse der Gefiederfolgen von *M. freycinet reinwardt* und ihre Beziehung zu der Nestlingsdune der Hühnervögel. Rev. Suisse Zool. 66; pp. 411–527 (1959)
BERGMANN, S.: Wilde und Paradiesvögel; p. 103: *M. freycinet duperryii*. Brockhaus, Wiesbaden (1952)
DERS.: Observations on the early life of *Talegalla* and *Megapodius* in New Guinea. Nova Guinea, Zoology 17; pp. 347–354 (1963)
BISHOP, K. D.: A review of the information relating to the occurence of *M. freycinet* in the islands of Papua New Guinea. WPA.-Journ. 3; pp. 22–30 (1977/78)
DERS.: Birds of the volcanoes. The Scrubfowl of West New Britain. WPA.-Journ. 5; pp. 80–90 (1969/80)
BREGULLA, H.: Eingewöhnung und Pflege von *M. freycinet layardi*. Pers. Mittlg. 1982

CROME, F. H. J., BROWN, H. E.: Notes on social organization and breeding of the Orange-footed Scrubfowl *M. reinwardt*. Emu 79; pp. 111–119 (1979)

DAHL, F.: Das Leben der Vögel auf den Bismarckinseln (in REICHENOW: Die Vögel der Bismarckinseln, *M. eremita*); pp. 148–149. Friedländer & Sohn, Berlin 1899

DU PONT, J. E.: South Pacific Birds. *M. pritchardii*; p. 38; Delaware Mus. Nat. History, Monograph Series No. 3 (1975)

FINSCH, O.: On a collection of birds from Niaufou Island in the Pacific. Proc. Zool. Soc.; pp. 782–787 (1877)

FRIEDLÄNDER, B.: Über die Nistlöcher des *M. pritchardii* auf der Insel Niaufou (Tonga). Orn. Monatsber. 7; p. 37 (1899)

FRIEDMANN, H.: Observations on the foot of *Megapodius*. Proc. US. Nat. Mus. 80, No. 1; p. 4 (1931)

HEINROTH, O.: Ornithologische Ergebnisse der 1. deutschen Südsee-Expedition. J. Ornithol. 50; *M. eremita*; pp. 405–407 (1902)

LINCOLN, G. A.: Predation of Incubator Birds by Komodo Dragons. J. Zool. Soc. London 174; pp. 419–428 (1974)

LISTER, J. J.: The distribution of the avian genus *Megapodius* in the Pacific Islands. Proc. Zool. Soc. London 52; pp. 749–759 (1911)

MACKINNON, J.: Sulawesi Megapodes. WPA.-Journ. 3; pp. 96–103 (1977/78)

MAYR, E.: Beobachtungen über die Brutbiologie der Großfußhühner von Neuguinea. Ornith. Mtsber. 38; pp. 101–106 (1930)

DERS.: Birds collected during the Whitney South Sea Expedition. Amer. Mus. Nov. 1006 (1938)

DERS.: Birds of the South West Pacific. Mc Millan New York 1945

MEYER, P. O., STRESEMANN, E.: Zur Kenntnis der Entwicklung von *Megapodius* und *Oxyura* im Ei. Orn. Mtsber. 36; pp. 65–71 (1928)

MEYER, P. O.: Untersuchungen an den Eiern von *M. eremita*. Orn. Mtsber. 38; pp. 1–5 (1930)

DERS.: Über die Dauer der Embryonalentwicklung bei *M. eremita*. Orn. Mtsber. 38; pp. 6–7 (1930)

OGILVIE-GRANT, W. R.: A Handbook to the Game-Birds, Vol. II; Megapodes; pp. 163–200. Edward Lloyd, London 1897

RAND, A. L., GILLIARD, E. T.: Handbook of Newguinea Birds. Megapodes; pp. 92–98. Weidenfeld & Nicolson, London 1967

REICHENOW, A.: Die Vögel der Bismarckinseln. Mitt. Zool. Mus. Berlin 1; XII. *Megapodiidae* – Großfußhühner, Nr. 47. *M. eremita* HARTLAUB; pp. 44–46. Friedländer & Sohn, Berlin 1899

RIPLEY, S. D.: A systematic and ecological study of the birds of New Guinea. Yale Peabody Mus. Bull. 19; pp. 85–87 (1964)

SALIM ALI: Handbook of the Birds of India and Pakistan, 2. Ed., Vol. 2; *M. freycinet nicobariensis* BLYTH; pp. 1–3; Oxford University Press, London/New York 1980

SMYTHIES, B. E.: The Birds of Borneo. *M. freycinet cumingi* DILLWYN; pp. 163–164; Oliver & Boyd, Edinburgh/London 1960

STRESEMANN, E.: Die Vögel von Celebes. Biol. Beitr. v. G. HEINRICH. *M. cumingi gilbertii* GRAY; pp. 64–66; J. Ornith. 89 (1941)

TAKA-TSUKASA: The Birds of Nippon, Vol. 1; *M. laperouse*; pp. 8–16; Witherby London 1932

TODD, D.: Pritchard's Megapode on Niuafo'ou Island, Kingdom of Tonga; WPA-Journ. VIII; pp. 69–88 (1982/83)

WATLING, D.: Birds of Fiji, Tonga and Samoa. *M. pritchardii*; pp. 71–72; Millwood Press, Wellington New Zealand 1982

WEIR, D.: Status and habits of *M. pritchardii*. Wilson Bull. 85; pp. 79–82 (1973)

WHITE, C. N. M., BRUCE, M. D.:The Birds of Wallacea. *Megapodius*, pp. 141–144. Brit. Brit. Ornithol. Union, Zool. Society, Regent's Park, London 1986

WHITEHEAD, J.: Notes on some Oriental birds in Palawan and Borneo; *M. cumingii* Ibis VI; pp. 409–413 (1888)

WOLFF, T.: Volcanic heat incubation in *M. eremita* HARTL.; Dansk Orn. Tidsskr. 59; pp. 74–84 (1965)

Molukken-Großfußhühner
Eulipoa, Ogilvie-Grant 1893

Engl.: Moluccan Megapodes.
Die aus einer Art bestehende Gattung *Eulipoa* wird vielfach zu *Megapodius* gestellt. Von dieser unterscheidet sie sich durch die im Verhältnis zu den Handschwingen bedeutend kürzeren Armschwingen, die kurzen Oberschwanzdecken und den mit Ausnahme eines schmalen Orbitalringes ganz befiederten Kopf. Die Geschlechter sind gleichgefärbt.

Molukken-Großfußhuhn
Eulipoa wallacei, Gray 1860

Engl.: Moluccan Megapode, Wallace's Painted Megapode.
Heimat: Die Molukkeninseln Halmahera, Ternate, Batjan, Buru, Amboina, Haruku und Ceram, außerdem die Insel Mysol. Keine Unterarten.
Beschreibung: Stirn ockergrau, auf Scheitel und Kurzhaube in Dunkelbraun übergehend; Hinterhals olivfarben mit grauem Anflug. Schultern und Rücken grauoliv, der Mittelrücken breit rotbraun und schmal grau gebändert; Bürzel und Oberschwanzdecken dunkelgrau, der Schwanz dunkelbraun. Kleine Flügeldecken olivfarben, die mittleren grau, im oberen Abschnitt die Federn mit dunkelbraunem Subterminal- und schmalem grauem Endband; große Flügeldecken dunkel rötlichbraun, die Arm-

schwingen auf den Außenfahnen olivbraun, auf den innersten Armschwingen mit rotbrauner Streifung. Handschwingen dunkelbraun mit spärlicher ockergelblicher Fleckung und ebensolcher Säumung. Kopfseiten graubraun, die Kehle heller; übrige Unterseite mit Ausnahme eines weißen Mittelbauchbezirks und der hellgrauen Unterschwanzdecken dunkelgrau. Schnabel blaugrau, Iris dunkelbraun, die nackte Orbitalhaut trübrötlich, Beine schmutzig olivgelb.
Länge 304 mm; Flügel 200 mm; Schwanz 65 mm. Kükenkleid wohl noch nicht beschrieben.
Ei roströtlich (76 bis 82 mm × 46 bis 50 mm); Gewicht 82 bis 100 g.

Lebensgewohnheiten: Auf den meisten Inseln des Molukken-Archipels bewohnt dieses Großfußhuhn Gebirgswälder in Lagen zwischen 700 und 1900 m, begibt sich jedoch zur Eiablage hinunter zum Meeresstrand. Nur auf Mysol wurde es ganzjährig im Uferbereich angetroffen. An der Küste werden die Eier einfach in schräg in den sonnenwarmen Sand 35 bis 60 cm tief gegrabene Höhlen gelegt, danach mit Sand zugeschüttet und durch darübergescharrten Sand getarnt. Dies ist nach STRESEMANN das wohl ursprünglichste Brutverhalten eines Megapodiiden. Die Eiablage soll nach WALLACE nachts erfolgen, wie die Art überhaupt halbnächtlich leben soll. Jedenfalls werden ihre lauten klagenden Rufe tief in der Nacht und lange vor Sonnenaufgang gehört. Im Gebirgswald von Seran stieß STRESEMANN auf ein kleines „Volk", vermutlich Jungvögel, die z. B. auch beim Talegallahuhn eine Zeitlang zusammenhalten.

Haltung: 1979 erhielten J. WEST, MADINAH und MALIK HASAN vom Jakarta-Zoo 20 Eier dieses Großfußhuhnes von der Insel Pombo bei Ambon (Molukken) durch die dortigen Naturschutzbehörden zwecks Erarbeitung künstlicher Brutmethoden. 3 unterschiedliche Erbrütungsmethoden wurden getestet: 8 Eier wurden in trockene Blätter gehüllt und 30 bis 40 cm tief in einer mit Reiskleie gefüllten Kiste vergraben, die in einem Gebäude stand. Alle 3 bis 4 Tage wurde Wasser über die „Hügeloberfläche" gesprayt und die Temperatur in Einähe morgens, mittags und abends geprüft. Dabei ergab sich eine Schwankung zwischen 24 °C frühmorgens und 31 °C spätnachmittags. Im gleichen Zeitraum stieg die Raumtemperatur von 24 auf 34 °C. 6 andere Eier wurden 30 cm tief in einem 1 m² großen Hügel aus Muschelseesand mit Blatt- und Zweigbeimischung vergraben, der in einer Voliere aufgeschüttet worden war. Die Erbrütungszeit fiel mit der örtlichen Regenzeit zusammen, was ja den natürlichen Bedingungen in freier Natur entsprach. Die Hügeltemperatur schwankte zwischen 22 °C frühmorgens und 33 °C nachmittags. Als man die Temperatur in Einähe nach einem 2stündigen Regenguß maß, betrug sie nur 20 °C. 6 Eier wurden einem Elektrobrüter anvertraut. Dieser hatte anfangs eine Innentemperatur von 30 °C, die am 4. Tag auf 32 °C erhöht wurde. Eine am 8. Tag erfolgte Durchleuchtung der Eier ergab in 2 Eiern lebende Keimlinge. Leider setzte ein eingedrungener Gecko am 21. Bruttag den Temperaturregler außerkraft, wodurch die ganze Nacht über hohe Temperaturen herrschten und alle Eier abstarben. Bislang wußte man nur, daß Megapodiuseier zur Zeitigung 60 bis 80 Tage benötigen. Um die Entwicklung der Embryonen im Ei zu untersuchen, mußten einige Eier geopfert werden. Als nach 40tägiger Brutdauer 2 Eier aus dem Sandhügel geöffnet wurden, enthielt das eine einen gut entwickelten Embryo. Nach 62 Tagen wurde ein Ei, dessen Gewicht von 97 auf 98 g gestiegen war, geöffnet. Es enthielt einen gut befiederten Embryo. Der Dotter füllte noch den größten Teil des Eiinneren aus. Am 80. Tag wurde ein Ei der im geschlossenen Raum in der Reiskleiekiste bebrüteten geöffnet, dessen Gewicht von 100 auf 102 g gestiegen war. Es enthielt bei größtenteils resorbiertem Dotter ein voll entwickeltes Küken, das noch 50 Sekunden lebte. Zu dieser Zeit betrug die Temperatur des Kisteninhalts 29 °C, doch schien die Temperatur einiger Eier bei ca. 40 °C zu liegen. Ab dem 90. Bruttag wurde eine Wache rund um die Uhr eingerichtet, die den Kükenschlupf beobachten sollte. Am 97. Tag wurde sie gegen 5 Uhr durch das Geräusch eines im Raum fliegenden Vogels aus dem Dämmerschlaf geweckt und stellte fest, daß das 1. Eulipoaküken geschlüpft war. Ein zweites folgte am nächsten Tag und wurde in einer Kistenecke entdeckt, als es sich gerade zum Fliegen anschickte. Am 100. Bruttag um 14.30 Uhr gelang es endlich, das Erscheinen eines Kükens zu beobachten, nachdem sich vorher die Reiskleie bewegt hatte. Als dieses über sich Geräusche und Bodenerschütterungen vernahm – ein aufgeregtes Kamerateam wartete auf sein Erscheinen – verhielt es sich zunächst ganz still. Endlich, um 15.32 Uhr, erschien sein Kopf, kurz darauf der übrige Körper und unmittelbar

o. Hahn des Australischen Talegalla, *Alectura lathami* (s. S. 779)
u. Hahn des Arfak-Talegalla, *Aepypodius arfakianus* (s. S. 784)

danach begann es umherzulaufen. Am 101. Tag wurden ab 13.00 Uhr die Bewegungen eines 4. Kükens bemerkt, das sich um 17.35 Uhr aus dem Brutmedium buddelte. Der letzte erfolgreiche Schlupf fand am gleichen Tag um 18.09 Uhr innerhalb von 15 Minuten statt, nachdem vorher verdächtige Bewegungen des Erdreichs beobachtet worden waren. Den 5 Küken wurde am 28. Februar Vakzine gegen die Newcastle-Krankheit in Form von Augentropfen verabreicht. In einer provisorischen Unterkunft verunglückten noch 2 Küken, und die restlichen 3 erhielten eine 5 m × 6 m große Voliere. Nach einer weiteren Impfung am 5. April wurden ihnen die Handschwingen eines Flügels beschnitten, um sie dadurch vor Verletzungen bei plötzlichem Panikflug gegen das Drahtgeflecht zu bewahren. Wurden die sehr nervösen Küken durch ihnen unbekannte Erscheinungen und Geräusche erschreckt, erstarrten sie wie viele junge Hühnervögel in gleicher Situation zur Bewegungslosigkeit. Beim Scharren benutzten sie, anders als das Hammerhuhn, einen Fuß mehrfach zu Kratzbewegungen, um dann erst den anderen einzusetzen. Als Futter erhielten die Eulipoaküken neben handelsüblichem Kükenaufzuchtfutter noch Sojakeimlinge, feingehackte Blätter einer Windenart (Kangkung), zerkleinertes Obst, das kaum genommen wurde, sowie täglich 1 bis 1,5 kg schwere Stücke von Termitennestern. Sie konnten die Insekten nicht selbst aus den Gängen ziehen, doch taten das Ameisen, die Termiten raubten und in ihren Bau schleppen wollten, woran sie dann durch die Küken gehindert wurden. Zum Verhalten der Jungvögel sei noch bemerkt, daß sie niemals gemeinsam übernachteten wie es bei jungen Kamm-Talegallas beobachtet wurde. Auch gaben sie niemals einen Ton von sich, sondern blieben in jeder Situation stumm.

Weiterführende Literatur:
BALEN, J. H. VAN: De Dierenwereld van Insulinde, Bd. II; Het Loophoen van Wallace; p. 107. W. J. Thieme & Cie, Zutphen (Nederland) – ohne Jahresangabe
OGILVIE-GRANT, W. R.: A Handbook to the Game-Birds, Vol. II; The Painted Megapodes; pp. 184–186. Edward Lloyd Ltd, London 1897
RAND, A. L.: GILLIARD, E. T.: Handbook of New Guinea Birds. *Eulipoa*; p.95; Weidenfeld & Nicolson, London 1967
RIPLEY, D. L.: Distribution and niche differentiation in species of Megapodes in the Moluccas and Western Papua Area. Acta XI. Congr. Intern. Orn. Basel; pp. 138–151 (1958)
ROSENBERG, K. B. H. VON: siehe BALEN
STRESEMANN, E.: Beiträge zur Kenntnis der Avifauna von Buru. Novit. Zool. 21; pp. 358–400 (1914)
TOXOPEUS, L. J.: Eenige Vogels van Boeroe. Tweede Ned.-Ind. Natuurw. Congr. Bandoeng; pp. 3–4 (1922)
WALLACE, A. R.: The Malay Archipelago; Macmillan London 1883
WEST, J., MADINAH, MALIK HASAN: Artificial incubation of the Moluccan scrub hen *(Eulipoa wallacei)*. Intern. Zoo Yearbook 21; pp. 115–118 (1981)
WHITE, C. M. N., BRUCE, M. D.: The Birds of Wallacea. Moluccan Scrubfowl p. 144. Brit. Ornith. Union, B. O. U. Check-list No. 7, Zool. Soc., Regents Park, London 1986

Thermometerhühner
Leipoa, Gould 1840

Engl.: Mallee Fowl.
Die einzige Art der im älteren deutschen Schrifttum auch als „Taubenwallnister" bezeichneten Gattung ist ein etwa haushuhngroßer Vogel, der sich von anderen Megapodiiden leicht durch die sehr langen Oberschwanzdeckfedern, deren längste das Schwanzende erreichen, unterscheiden läßt. Der 16fedrige Schwanz ist lang und hinten leicht gerundet. Die Scheitelfedern bilden eine kurze aufrichtbare Haube. Der Schnabel ist schlank wie bei der Gattung *Megapodius*, die Nasenlöcher sind länglichoval. Ein schmales Unteraugenfeld ist unbefiedert. Lauf und Zehen sind ziemlich kurz, der erstere auf der Vorderseite mit einer Doppelreihe hexagonaler Schienen bedeckt. Die Geschlechter sind gleichgefärbt. Die Art lebt in hennenverteidigender, lebenslanger Monogamie mit ganzjähriger Paarbindung und Duettrufen. Die Trockenbusch bewohnende *Leipoa* treibt klima- und biotopbedingt den größten Aufwand an der Bruthügelpflege mit Beteiligung beider Partner. Genutzt werden kombiniert solare und Gärungswärme. Die Eimulde wird vom Männchen gegraben und vom Weibchen begutachtet.

o. Paar des Hammerhuhns, *Macrocephalon maleo* (s. S. 790), an der Nistmulde
u. Hammerhuhn

Thermometerhuhn
Leipoa ocellata, Gould 1840

Engl.: Mallee Fowl.
Abbildung: Seite 751 unten und Seite 752 beide.
Heimat: Das Innere von Neusüdwales, nordwärts bis Cobar, ostwärts bis zu den Rankin-Springs, Nordwest-Victoria, Süd-Australien und südwestliches West-Australien. Keine Unterarten.
Beschreibung: Kopf, Hals und Brust größtenteils bleigrau, auf dem Scheitel eine schmale, kurze dunkelbraune Haube; ein schmales nacktes, blaßblaues Unteraugenfeld reicht bis zum Ohr, dessen Öffnung gut sichtbar ist; Kehle rostfarben, ein senkrecht verlaufendes, latzartiges, breites schwarzes Band, das in der Halsregion von pfeilförmig zugespitzten, weißen Federn fast verdeckt wird, erstreckt sich vom Kropf bis zur Brustmitte und wird beiderseits von einem schmalen weißen Band gesäumt, das in die grauweiße Unterseite übergeht. Bauchseiten schwarz quergebändert. Rücken- und Flügelfedern mit breiter V-förmiger weißer Basis, kastanienbraunem Zentrum und schwarzem Schaft, der in eine schwarze V-förmige Subterminalbinde übergeht, die ihrerseits von dem weißen Federsaum begrenzt wird. Längste Oberschwanzdecken und mittlere Schwanzfedern grau mit welligen schwarzen Querbinden und Flecken, die äußeren Schwanzfedern schwarz mit weißen Enden. Schnabel und Beine bleigrau, die Iris kastanienbraun.
Länge 560 mm; Flügel 350 mm; Schwanz 263 mm; Gewicht 1350 g.
Legekapazität der Henne in einer Saison ca. 30 Eier; Ei länglich oval, dünnschalig, weiß mit zart rötlichem Hauch (6,35 mm × 8,89 mm); Gewicht 200 g.
Lebensgewohnheiten: Als einziger Megapodiide hat sich das Thermometerhuhn einem ausgeprägt ariden Lebensraum angepaßt. Sein Habitat bildet ein für weite Teile Inner-Australiens typischer Trockenbusch auf Sandböden, der Mallee Scrub, welcher nur in Gebieten mit jährlichen Niederschlägen unter 430 mm auftritt und dessen vielstämmige Eucalyptusarten selten Höhen über 8 m erreichen. Zusätzlich umfaßt das Vorkommen der Art noch ähnliche Pflanzengesellschaften des Halbwüstenbusches mit lichtem Bewuchs aus Akazien- und Cassia-Arten. Unter den extremen klimatischen Bedingungen hat *Leipoa* ein geradezu raffiniertes Erbrütungssystem der Eier durch Kombinieren von Sand und Kompost als Bruthügelmaterial entwickelt. Das verfügbare Pflanzenmaterial, harte trockene Blätter, Rindenstücke und dürre Zweige, scheint zur Kompostierung höchst ungeeignet. Doch hat FRITH, der die Art in Neusüdwales 7 Jahre lang beobachtete, uns eines Besseren belehrt.

Im Süden Australiens treten Regenfälle vorwiegend während der Wintermonate auf, und die Sommer sind trocken und heiß. Um eine Brutperiode $5^{1}/_{2}$ Monate lang erfolgreich durchführen zu können, nutzen die Vögel Sonnenenergie sowie die von feuchtem Pflanzenmaterial erzeugte Gärungswärme. Die Eier werden im oberen Abschnitt des sorgfältig konstruierten Bruthügels in einer Brutkammer deponiert. Im April/Mai beginnen sich die Paare für einen ihrer vorjährigen Hügel zu interessieren, scharren ihn auseinander und entfernen alles Pflanzenmaterial aus seinem Inneren. Niederschläge vorausgesetzt, arbeiten sie dann mit Unterbrechungen den ganzen Herbst und Winter daran, bis sie eine Grube von 3 m Durchmesser und über 1 m Tiefe ausgehoben haben. Darauf scharren sie mit dem Rücken zur Grube stehend mit kraftvollen Bewegungen alles Pflanzenmaterial im Umkreis von 6 m in weitem Bogen hinter sich, bis nach mehreren Etappen die gesamte Streu hineinbefördert worden ist. Regenschauer bewirken ein gleichmäßiges Arbeiten, schwere Regengüsse und Trockenperioden eine Unterbrechung ihrer Tätigkeit. Hat ein zusagender Regenschauer das Kompostmaterial gut durchfeuchtet, beginnt das Paar sofort mit der Fertigung einer Brutkammer im Hügelgipfel. Der kleine Kammerraum wird sorgfältig von grobem Material befreit und mit einer Mischung aus Blättern, Zweigen und Sand gefüllt. Inzwischen ist es August geworden, der Grubeninhalt beginnt zu gären und sich zu erhitzen. Nun wird der im Herbst beseitegescharrte Sand erneut auf dem Haufen verteilt und kann während der Sommermonate eine Dicke von fast einem Meter über dem Kompost erreichen. Die Sanddecke dient nicht allein der Wärmehaltung im Haufen, sondern leitet auch Regenwasser ab, verhindert also sowohl eine zu intensive Durchfeuchtung als auch Austrocknung des Gärkammermaterials. Das Hügelbauverhalten ist dem Vogel zwar angeboren, setzt aber eine gewisse Erfahrung voraus: Jungpaare stellen sich bei ihren ersten Bauversuchen noch recht ungeschickt an und beherrschen Hügelbautechnik wie Temperaturkontrollen erst im 3. oder 4. Lebensjahr perfekt. Zum Zeitpunkt des Legebeginns kümmert sich das Männchen allein um die Regelung der Bruttemperatur. Sein Weibchen könnte ihn dabei auch gar nicht unterstützen, wenn man den mit dem Legen verbundenen enormen

Energieaufwand des Organismus bedenkt; nur wenige Vogelweibchen legen wie *Leipoa* Eier von über 5 % des Eigengewichts. Während einer Brutsaison legt die Henne in Abständen von 5 bis 10 Tagen ca. 33 Eier. In Jahren mit reichlichem Nahrungsangebot können die Abstände zwischen den Eiablagen aber auch kürzer sein. Ein im Bruthügel abgelegtes Ei benötigt zur Erbrütung 50 bis 90 Tage. Die ungewöhnlich großen Zeitunterschiede erklären sich daraus, daß spät im Jahr gelegte Eier bedeutend länger zur Erbrütung benötigen.

Die legebereite Henne nähert sich dem Hügel in charakteristischer buckliger Haltung, dabei dauernd einen brummenden Ton ausstoßend. In diesem Augenblick eilt das Männchen herbei und beginnt die Eikammer von der deckenden Sandschicht zu befreien, während sein Weibchen dicht neben dem Hügel stehenbleibt. Hin und wieder erklimmt sie ihn, um nachzuschauen, wie das Männchen mit der Arbeit vorankommt und scharrt oft selbst ein wenig mit, ehe sie sich wieder zurückzieht. Ist das Männchen beim Kammerkompost angelangt, stößt es eine Reihe lauter Brummtöne aus, die das Weibchen schnell herbeieilen lassen. Sie besichtigt das Werk und weist oft mehrere Legehöhlungen zurück, ehe ihr eine zusagt und sie ihrerseits aktiv wird. Nun schaut der Hahn am Hügelrand zu, und beide Partner stoßen summende Töne aus, während die Henne energisch im Humus der Legekammer gräbt. Der Legeakt fordert ihr erhebliche Kräfte ab: Nach der Eiablage bleibt sie noch mehrere Minuten lang schwer atmend liegen, verläßt danach den Hügel mit offenem Schnabel hechelnd und mit hängenden Flügeln, um sich im Schatten eines Busches von der Anstrengung zu erholen. Inzwischen schließt der Hahn die Kammer und scharrt die fast 1 m dicke Sandschicht darüber, was 2 bis 3 Stunden in Anspruch nehmen kann. Die anstrengende Arbeit wirkt sich auf die Bewegungen des Vogels aus. Er führt die Scharrbewegungen langsam und bedächtig aus, als ob er jedesmal vorher sorgfältig überlegen müßte, wie seine Energie am wirkungsvollsten einsetzt. Durch mehrere von FRITH in einen Bruthügel versenkte Thermometer, die über Kabel die Temperatur auf eine im Beobachtungsversteck stehende Trommel aufzeichneten, war die exakte Messung derselben in den verschiedenen Hügelteilen über einen ganzen Jahresablauf möglich. Sie wird vom Hahn konstant gehalten und beträgt in der Eikammer ständig 33 °C. Diese Temperatur wird bei Ablage der ersten Eier im September erreicht. Das Männchen entfernt allmorgendlich vor Sonnenaufgang die Sandschicht über der Kammer, um sie unmittelbar danach erneut darüber zu scharren. Im gleichen Moment registrierten die Instrumente einen Temperaturabfall in der Kammer. Der Vogel hatte also allein durch das Bewegen der Sandschicht die im Steigen begriffene Kammerwärme auf den normalen Stand herabgesetzt. Zu Beginn des Sommers erhalten die Eier weniger Gärungswärme, während dafür die Sonnenwärme zunimmt. In dieser Jahreszeit hat das Männchen keine Schwerarbeit zu leisten, besucht aber dennoch regelmäßig den Hügel, öffnet ihn alle 2 bis 3 Tage und schüttet ihn danach ohne Eile wieder zu. FRITH gewann den Eindruck, daß der Haufen nun für einige Wochen ebensogut sich selbst überlassen bleiben könnte. Das Reaktionsvermögen des Hahnes prüfte er durch Einbau eines Heizkabels im Hügelinneren, mit dem sich die Temperatur auf 49 °C erhöhen ließ. Kaum hatte der Hahn das Ansteigen der Hügelwärme bemerkt, begann er fieberhaft zu graben und öffnete den Hügel so weit, daß die Normaltemperatur von 33 °C bald wieder erreicht war. Von 13 im Oktober/November unternommenen Versuchen erkannte der Hahn 9mal sofort die Gefahr und korrigierte ohne Zögern die stark erhöhte Temperatur.

Aus den Versuchsergebnissen wie Freilandbeobachtungen geht hervor, daß der Leipoa-Hahn die Bruttemperatur durch Öffnen des Hügels reguliert. Da er bei solcher Gelegenheit den geöffneten Schnabel tief in den Sand steckt, werden ihm vermutlich sensible Zungennerven als Thermometer dienen. Im September sind die Tage im Malleebusch heiß und lang. Temperaturen von 37 °C im Schatten kommen häufig vor, und die Bodentemperatur wird auf vegetationslosen Stellen noch wesentlich höher steigen. Da zusätzlich zur Besonnung des Bruthaufens noch die Gärungshitze des faulenden Pflanzenmaterials kommt, wird die darüberliegende Sandschicht vom Vogel verstärkt und dadurch eine bessere Isolation gegen die Sonnenwärme erreicht. Obwohl grober Sand ein gutes Isoliermaterial darstellt, dringt die Wärme trotzdem von der Oberfläche her wellenförmig ins Hügelinnere vor, so daß selbst eine Sandschicht von 1 m Stärke sich zu durchwärmen beginnt. Zwecks Abkühlung entfernt der Hahn deshalb während der kalten Morgenstunden den gesamten Sand über der Eikammer und verteilt ihn scharrend auf die Umgebung, um ihn nach der mit Wärmeabgabe verbundenen Umlagerung erneut über der Kammer aufzuhäufen, so einen Hitzestau in derselben wirkungsvoll verhindernd. Die gemessenen Kammertemperaturen schwankten während des ganzen Sommers nie um mehr als ±2 °C. Bis zu diesem Zeitpunkt wird die Temperaturregelung ausschließlich vom Hahn durchgeführt. Verbietet etwa ein Kälteeinbruch im November das Öffnen der Brutkammer, hindert er sogar die legebereite Henne daran, dies zwecks Eiablage trotzdem zu tun. Mit der nachlassenden Wärme im Herbst wird die letzte Phase der komplizierten Brutofenbedienung eingeleitet. Der Kompost in seinem Inneren ist inzwischen weitgehend abgetrocknet und fällt als Wärmeproduzent aus, so daß nun die Sonne die alleinige Wärmequelle darstellt. Zu dieser Jahreszeit besucht das Paar seinen Bruthügel erst am späten Morgen, wenn die Sonne die meiste Wärme abgibt. Beide Vögel entfernen die Sandschicht gemeinsam bis auf eine 10 cm starke Lage und lassen die Sonnenwärme direkt auf die Brutkammer einwirken. Zusätzlich erwärmen sie noch den Sand durch Umschichten. Danach wird Schicht für Schicht des erwärmten Sandes über die Eikammer gescharrt, bis diese am Spätnachmittag wieder ausreichend damit bedeckt ist. Zur Herbstmitte hin reichen jedoch auch diese Maßnahmen nicht mehr zur Aufrechterhaltung einer konstanten Temperatur von 33 °C in der Kammer aus, und das Paar beendet seine Brutfürsorge, um sich kurz zu erholen, bevor der ganze Zyklus von neuem beginnt. Die Erbrütungsdauer eines Leipoa-Kükens beträgt nachweislich 50 bis 90 Tage, schwankt also, wie schon anfangs mitgeteilt, innerhalb sehr weiter Grenzen, was wenigstens zum Teil mit der zum Jahresende hin ständig absinkenden Haufentemperatur zusammenhängen dürfte: Im Januar/Februar gelegte Eier benötigen zur Erbrütung längere Zeit als jene, denen die reichliche Gärungswärme des Komposts zugute kam, im Mittel 62 Tage. Während Eier aus einem Hügel, dessen Pflanzenkompost FRITH entfernt hatte, durchweg mehr als 68 Tage zur Erbrütung benötigten, wurde ein Küken sogar noch nach 90 Tagen geboren! Um Schlupfprozeß und Grabetechnik der Küken direkt beobachten zu können, brachte FRITH einige Eier kurz vor dem Schlupf in ein mit Sand gefülltes Aquarium, das in einem abgedunkelten Raum stand. Schon 2 Stunden nach dem ersten Schalensprung hatte sich das Küken aus dem Ei befreit, wonach es sich unter wildem, von 5- bis 10minütigen Pausen unterbrochenem Strampeln mit den robusten Beinen, dabei fest an die Brust gepreßtem Kopf, durch die Sandschicht an die Oberfläche arbeitete. Die dafür benötigte Atemluft entstammt den Lufttaschen zwischen den ziemlich groben Sandkörnern. An der Oberfläche erscheint

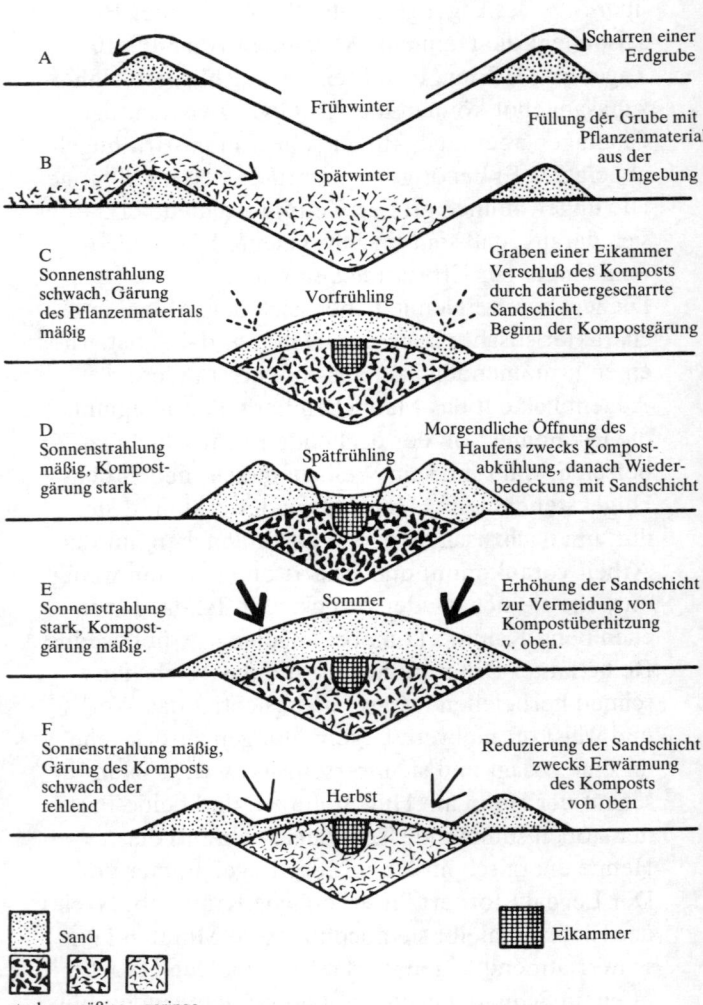

Querschnitt durch den Bruthügel eines Thermometerhuhnes im Jahresablauf (nach ROWLEY, 1974)

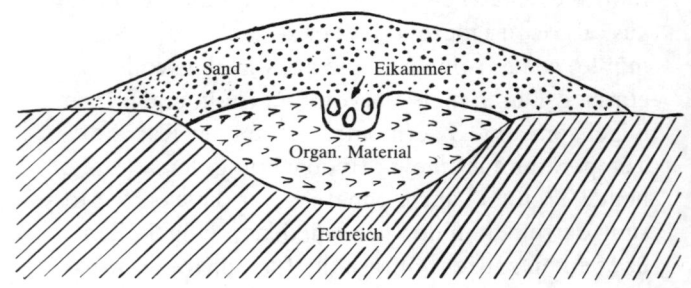

Querschnitt durch die Schichten eines Bruthügels von Leipoa (nach ROWLEY, 1974)

das Küken zuerst mit dem Hinterhals und einem Fuß, wonach der übrige Körper rasch folgt. Es öffnet jetzt zum ersten Mal die Augen, bleibt noch eine Weile erschöpft liegen oder taumelt gleich vom Hügel in den schützenden Busch, um sich dort von der Anstrengung zu erholen. Bei Einbruch der Dämmerung ist es kräftig genug, um auf Nahrungssuche gehen zu können. Ganz nach Art Erwachsener im Sand scharrend, pickt es zuerst Kleininsekten auf. Mit seinen voll entwickelten Flügeln ist es schon in der ersten Nacht fähig, flatternd einen Busch zu erklimmen und die Dunkelheit schlafend auf einem Ast zu verbringen. Am folgenden Abend vermag es kraftvoll zu fliegen und hoch in Bäumen zu übernachten. Nach FRITH erkennen Megapodiiden ihre eigenen Küken nicht als Artgenossen: Als einmal ein Leipoa-Hahn damit beschäftigt war, die Brutkammer für das legebereite Weibchen zu öffnen, traf er dabei in 30 cm Tiefe zufällig auf ein Küken, das im Begriff war, sich an die Oberfläche zu wühlen. Er hielt deswegen in seinen kraftvollen Scharrbewegungen nicht inne, sondern beförderte das Junge samt einer Ladung Sand durch die Luft nach hinten, so daß es den Hügelhang hinunter genau vor den Schnabel der Mutter purzelte, die das Küken keines Blickes würdigte, als es fort in den nahen Busch torkelte. Nach BERNDT/MEISE sind Leipoa-Küken innerhalb von 3 Monaten ausgewachsen. Leipoa-Paare gehen eine lebenslange Bindung ein. Das von FRITH am gründlichsten beobachtete Paar blieb 6 Jahre zusammen, und weitere 6 beringte Paare wurden vom Zeitpunkt der Kennzeichnung an 4 bis 5 Jahre lang gemeinsam beobachtet. Zu Beginn einer Brutperiode werden selten neue Hügel erbaut, auch kaum die vorjährigen benutzt, sondern am häufigsten alte Hügel fremder Paare instandgesetzt. Eine Revierbildung ist bei *Leipoa* nicht ausgebildet, und eine Revierverteidigung findet nur insoweit statt, als Artgenossen, die einem fremden Hügel zu nahe kommen, vom Eigentümer vertrieben werden. Als sich einmal eine Taube auf dem Hügel niederließ, eilte der Hahn sofort herbei und verjagte sie mit aufgestellter Haube, gesträubtem Gefieder und geöffneten Flügeln. IMMELMANN u. BÖHNER, die das Verhalten von *Leipoa* sowohl im Freiland wie unter Gehegebedingungen untersuchten, stellten ebenfalls eine enge Paarbindung fest, die sich in dauernder räumlicher Nähe, hoher zeitlicher Synchronisation der Aktivitäten und besonderen Verhaltensweisen ausdrückt. Nur zum Übernachten trennen sich die Partner, um 50 bis 100 m voneinander entfernt aufzubaumen. Der Schlafbaum des Hahnes befindet sich stets näher am Hügel als der der Henne. Morgens, unmittelbar nach Verlassen des Schlafastes, trifft sich das Paar auf dem Bruthügel und führt ein 30sekündliches Begrüßungszeremoniell mit gegenseitigem Umkreisen unter Gefiederplustern und Abspreizen, mitunter Schleifenlassen der Flügel aus. Da dieses Verhalten tagsüber nie beobachtet wird, dürfte es der Wiederherstellung der Paarbindung nach nächtlicher Trennung dienen. Nachdem die Vögel 1½ Stunden lang gemeinsam und mit annähernd gleicher Beteiligung die Eikammer freigelegt haben, begeben sie sich auf Futtersuche. Ihre Nahrung besteht nach FRITH fast ausschließlich aus Blättern, Knospen und Blüten der in der Regenzeit üppig wuchernden Krautflora sowie den massenhaft anfallenden Samen aus Schoten der Akazien- und Cassia-Sträucher. Trinken wurde nie beobachtet. Im Wüstenbusch-Habitat funktioniert das Wasserretentionsvermögen des Organismus so perfekt, daß der Kot nur aus staubtrockenem Material besteht. Nach der Futteraufnahme verbringt das Paar gemeinsam die heißen Mittagsstunden mit Gefiederpflege, Sand- und Sonnenbaden. Auch die von IMMELMANN u. BÖHNER mehrfach beobachteten Paarungen fanden stets während solcher Ruhepausen statt. Die Paarung verläuft ohne spezielle Verhaltensweisen und ohne Lautäußerungen. Am Spätnachmittag schließen die Vögel wieder ihren Bruthügel.

Zur weiteren Festigung des Paarzusammenhalts dient ein Rufduett, das am häufigsten in Erregungssituationen, beispielsweise beim Betreten des Geheges durch den Pfleger, ausgelöst wird. Die Vögel nehmen dabei verschiedene Körperhaltungen ein. Das Weibchen biegt bei leicht aufwärts gehaltenem Körper und Hals den Kopf senkrecht abwärts, so daß der Schnabel auf den Boden zeigt. Das Männchen beugt bei leicht geducktem Oberkörper Kopf und Hals so weit abwärts, daß sein Schnabel das Brustgefieder berührt. Das nun folgende Rufduett wird meist vom Weibchen eingeleitet. Es stößt einen lauten, kindertrompetenähnlich klingenden, obertonreichen Ruf von 2 Sekunden Dauer aus, in den das Männchen mit einer Serie taubenartiger, dumpfer, zweisilbiger Rufe einfällt.

In einer weiteren Arbeit haben BÖHNER u. IMMELMANN das Lautrepertoire des gemeinsamen Rufens klangspektrographisch analysiert. Während das Weibchen nur einen einzelnen, langgezogenen Ruf vorträgt, ist der des Männchens eine Folge von 2 bis 7 identischen, zweisilbigen Rufen. Die Rufe der beiden Vögel sind nicht an ein Duett gebunden. Der des Weibchens und die Rufreihe des Männchens werden vielmehr in Serien vorgetragen, innerhalb welcher mehrere Duette auftreten können. Die Variabilität im Duettaufbau äußert sich im Zeitpunkt des Einsatzes des antwortenden Vogels, der Anzahl der Weibchenrufe während des Duetts sowie der Anzahl der Einheiten, aus denen sich der Duettanteil des Männchens zusammensetzt. Im Freileben waren ganztägig Rufduette zu hören. Da die Partner sich selten weiter als 10 m voneinander entfernen, der Sichtkontakt jedoch beim dichten Bewuchs des Habitats unterbrochen sein kann, wird der Duettgesang vielleicht zum akustischen Kontakt benutzt.

Leipoa verfügt noch über weitere Lautäußerungen. Bei der Nahrungssuche halten die Partner Kontakt durch einen leisen, sehr niedrigfrequenten Ruf, und während der Hügelarbeit tragen sie dauernd einen dumpf klingenden, brummenden Ruf vor, der bei beiden Geschlechtern übereinstimmt.

Haltung: Der Erstimport der Art nach Europa erfolgte 1865 in den Londoner Zoo, der 1866 3 weitere, 1867 und 1869 nochmals je 1 Vogel erhielt. Der Berliner Zoo hat 1903, 1907, 1938, 1940 und 1956 Leipoas gepflegt. Leider verträgt dieser Halbwüstenbewohner das west- und mitteleuropäische Klima nur schlecht. Seit dem Ausfuhrverbot der Australischen Regierung für einheimische Arten darf die Art nur noch mit Sondergenehmigung exportiert werden. Man weiß nicht recht, ob man das bedauern soll, denn wohl nur wenige Zoos würden sich der Mühe unterziehen, diese heiklen Malleebewohner ihren besonderen Umweltansprüchen gemäß zu halten. In einer geräumigen Tropenvoliere ließen sich die Vögel vermutlich zur Fortpflanzung bringen, wenn sie trockenen Sandboden und abgestorbenes Pflanzenmaterial zum Bruthügelbau erhielten. Für Wärme würde eine im Volierenboden installierte Heizung sorgen. In Australien ist die Zucht häufig gelungen. BELLCHAMBERS schreibt über seine Leipoazucht, daß von 2 Paaren eines innerhalb von 6 Jahren stets Küken gebracht habe. Nach HOPKINSON hielt DOWNER in Adelaide ab 1932 ein Leipoa-Paar nebst 5 Jungvögeln verschiedenen Alters in einem 13,7 m × 3,65 m großen Gehege, in welchem er bereits seit 15 Jahren Bruterfolge zu verzeichnen hatte. Nach Mitteilung der Kgl. Zoologischen Gesellschaft von Südaustralien schlüpften dort 1968 3 Leipoa-Küken aus Eiern, die einem Elektrobrüter anvertraut worden waren. 1982 und später gelang die Zucht sowohl dem Adelaidezoo wie dem Zoologischen Institut der Universität dieser Stadt. Während des Aufenthalts von IMMELMANN u. BÖHNER im Jahre 1982 schlüpften in beiden Institutionen Küken. Den die Voliere säubernden Pfleger greift ein gesunder Leipoa-Hahn häufig an, und das Paar beginnt in Erregung sein Rufduett. In einigen Naturreservaten sind die Leipoa-Hühner Menschen gegenüber so vertraut geworden, daß sie sich von Besuchern füttern lassen.

Weiterführende Literatur:
BELLCHAMBERS, T. P.: Notes on the Mallee Fowl *Leipoa ocellata rosinae*. South Austr. Orn. 2; pp. 134–140 (1916)
DERS.: The Mallee Fowl of Australia. Avic. Mag. III. Series, Vol. XII; pp. 19–24 (1921)
BENNETT, K. H.: On the habits of the Mallee Hen, *Leipoa ocellata*. Proc. Linn. Soc. N. S. Wales 8; pp. 193–197 (1884)
BERNDT, R., MEISE, W.: Naturgeschichte der Vögel, 2. Bd.; pp. 56–57; Franckhsche Verlagshdlg. Stuttgart 1962
BÖHNER, J., IMMELMANN, K.: Aufbau, Variabilität und mögliche Funktionen des Rufduetts beim Thermometerhuhn *Leipoa ocellata*. J. Orn. 128; pp. 91–100 (1987)
COOPER, R. P.: The call-notes of the Mallee-Fowl. Austr. Bird Watcher 2; pp. 29–30 (1966)
FRITH, H. J.: Incubation in the Mallee Fowl. Acta IX. Congr. Intern. Orn.; pp. 570–574 (1955)
DERS.: Temperature regulation in the nesting mounds of the Mallee Fowl. C.S.I.R.O.Wildlife Res. 1; pp. 79–95 (1956)
DERS.: Breeding habits in the family *Megapodiidae*, Ibis 98; pp. 620–640 (1956)
DERS.: Experiments on the control of temperature in the mound of the Mallee Fowl. C.S.I.R.O.Wildl. Res. 2; pp. 101–110 (1957)
DERS.: Breeding of the Mallee Fowl. C.S.I.R.O.Res. 4; pp. 97–107 (1959)
DERS.: The Mallee Fowl (The bird that builds an incubator). Angus & Robertson, Sydney (1962)
HOPKINSON, E.: The breeding of the Mallee Fowl. Avic. Mag. 4th Series, Vol. X; pp. 120–121 (1932)
IMMELMANN, K., BÖHNER, J.: Beobachtungen am Thermometerhuhn *(Leipoa ocellata)* in Australien. J. Orn. 125; pp. 141–155 (1984)
OGILVIE-GRANT, W. R.: A Handbook to the Gamebirds, Vol. II; *Leipoa*; pp. 186–188. E. Lloyd Ltd., London 1897
ROWLEY, I.: The Mallee Fowl. The Austral. Nat. Lbr., Bird Life; pp. 131–144. Collins 1974
TARR, H. E.: The Mallee-Fowl in Wyperfield National Park. Austral. Bird Watcher 2; pp. 140–144 (1965)
WARHAM, J.: Incubator Bird. Animal Kingdom 65; pp. 104–110 (1962)
WATLING, D.: Sandbox Incubator. Animal Kingdom 53; pp. 28–35 (1983)

Neuguinea-Talegallas
Talegalla, Lesson 1828

Engl.: New Guinea Brush Turkeys.
Den 3 Arten der Gattung fehlen Hautanhängsel wie sie *Aepypodius* und *Alectura* besitzen. Bei 2 Arten ist der Scheitel mit haarartigen Federchen schütter bestanden, die 3. (*T. jobiensis*) besitzt eine halbaufrichtbare, unscheinbare Scheitelhaube aus breiteren Federn. Schnabel kurz und stark, Nasenlöcher oval. Am Flügel ist die 1. Handschwinge kürzer als die 10., die 5. und 6. sind knapp am längsten. Der ziemlich lange, hinten gerundete Schwanz besteht aus 16 Steuerfedern, deren Mittelpaar am längsten ist. Fußgelenk unbefiedert. Laufvorderfläche mit einer einzigen Reihe großer Schuppen bedeckt; Zehenglieder kürzer, mehr gebogen als bei *Megapodius* und *Eulipoa*. Geschlechter gleichgefärbt. Die Arten der Gattung *Talegalla* bauen flache Kompostbruthaufen von unregelmäßiger Form, die sie mehrere Jahre lang benutzen.

Rotschnabel-Talegalla
Talegalla cuvieri, Lesson 1828

Engl.: Red-billed Brush Turkey.
Heimat: Mysol, Salawati, Nordwest-Neuguinea, im Norden ostwärts bis zur Geelvink-Bai (Warbusi), im Süden ostwärts bis zum Mimika- und Utakwafluß. Keine Unterarten.
Beschreibung: Gefieder schwarz. Scheitel mit kurzen, schmalen, fast haarartigen, graubraunen Federn bedeckt, die die olivgelbe Haut von Kopfseiten, Kehle und Halsseiten nur spärlich bekleiden. Schnabel orangerot, Iris trübgelb, die Beine hellorangegelb bis orangerot.
Länge 450 bis 500 mm; Flügel 285 bis 300 mm; Schwanz 170 mm.
Kleinküken haben eine dunkelbraune Oberseite mit kastanienbraunem Halsband, zimtbraune Kopfseiten, isabellfarbene Kehle und zimtrötliche Unterseite. Die Schwungfedern sind schwarz mit grober isabellbrauner Musterung.
Eier wurden noch nicht beschrieben.
Lebensgewohnheiten: Die Art ist in Niederungswäldern ziemlich häufig und wird in bergigem Gelände bis zu Höhen von 800 m angetroffen. Der Ruf, ein lautes „Kok kok", wird in der Morgendämmerung, selten tagsüber gehört. Der Alarmruf ist nach RIPLEY ein sehr lautes, durchdringendes „Wok wok", dessen nasaler Beiklang an Eselsgeschrei erinnert. Über die Brutbiologie ist noch nicht berichtet worden.
Haltung: Nichts bekannt.

Schwarzschnabel-Talegalla
Talegalla fuscirostris, Salvadori 1877

Engl.: Black-billed Brush Turkey, Yellow-legged Brush Turkey.
Heimat: Aru-Inseln und Süd-Neuguinea vom Etna-Bay-Gebiet und Irian Jaya ostwärts wenigstens bis Rigo in der Zentralprovinz. Im Norden der Insel vom Rotschnabel-Talegalla ersetzt. Im Westen Irian Jayas sympatrisch mit *T. cuvieri* (das ostwärts bis zum Utukwafluß vorkommt), in Südost-Neuguinea mit dem Halsband-Talegalla (*T. jobiensis*). In den von 2 Arten bewohnten Gebieten kommen diese vermutlich in verschiedenen Höhenstufen vor. 2 Unterarten.
Beschreibung: Gefieder schwarz, Kopf und Hals dunkelgrau bis blauschwarz, mit haarartigen schwarzen Federchen schütter bedeckt. Schnabel schwarzbraun, Iris kaffeebraun bis rotbraun, Beine chrom- bis zitronengelb.
Länge 508 bis 533 mm; Flügel 256 bis 290 mm; Schwanz 165 mm.
Kleinküken sind fast einfarbig dunkelbraun, auf Kehle und Bauchmitte mehr ockergelblich.
Ei nahezu oval mit etwas rauher Schalenoberfläche, im Frischzustand weiß, durch Humusbeizung im Hügel bald über hell- zu dunkelisabellbraun abdunkelnd (87 bis 95 mm × 55 bis 62 mm).
Lebensgewohnheiten: Habitate der Art sind Regen- und Monsunwälder, zuweilen Galeriewald an Flüssen. Die Vögel bewohnen bevorzugt Ebenen und gehen in Vorbergen bis 800 m aufwärts. Sie sind ziemlich häufig. Die Population eines untersuchten Gebietes im Flachlandregenwald, wo die Vögel nicht brüteten, wurde von BELL mit 3 Individuen pro 10 ha veranschlagt. Gar nicht selten wird dieses Talegalla zusammen mit *Megapodius* im gleichen Gebiet angetroffen. In einem Vorgebirgswald des Port-Moresby-Gebietes lagen benutzte Bruthügel beider Gattungen nur 200 m voneinander entfernt. Das Gelbfuß-Talegalla ist meist sehr scheu und schwer zu beobachten, nur gelegentlich auch relativ vertraut. Überrascht rennt es mit hoher Geschwin-

digkeit fort, dabei mehrfach die Richtung wechselnd. Ein von BELL auf dem Bruthügel überraschter Vogel flog auf und verschwand, schnell an Höhe gewinnend, zwischen den Baumkronen. Die Hühner werden einzeln, paarweise, selten 3 zusammen angetroffen. In normaler Haltung schreiten sie mit hocherhobenem Kopf und erhobenem Schwanz einher. Bei Gefahr und auf der Flucht wird der Schwanz gesenkt getragen. Auf Futtersuche werden sie manchmal von kleinen Fächerschwanzschnäppern *(Rhipidura)* begleitet, die aufgescheuchte Insekten aufnehmen. Mehrfach wurden die Talegallas dabei beobachtet, wie sie plötzlich mit hoher Geschwindigkeit im Zickzack über den Waldboden rannten. Vermutlich verfolgten sie kleine Eidechsen. Oft ist der Revierruf das erste Anzeichen für das Vorkommen der Art. Er besteht aus einer Reihe von 3 bis 4 sehr lauten rauhen Hup- oder Schmettertönen, die schnell in der Tonhöhe steigen, wonach ein kurzer Ton gleicher Höhe oder 1 bis 3 kürzere, langsamer und in fallender Tonhöhe ausgestoßene Töne folgen. Nach COATES klingt das Ganze wie: „Wha-wha-wha-wha hah" (Dauer 2,5 Sek.) oder „Wha-wha-wha-wa hah" (3 Sek.), auch „Wha-wha-wha-wa hah ha" (3,5 Sek.) oder „Wha-wha-wha-wa hah hah hah" (5 Sek.). Einmal begonnen kann eine Rufserie mehrmals oder immer wieder hintereinander ausgestoßen werden. Danach folgt eine längere Pause, ehe erneut gerufen wird. Zwischen jeder Rufserie liegt eine Pause von einigen Sekunden. Manchmal ruft auch ein Paar gemeinsam. Die periodisch vorgetragenen „Schreiausbrüche" können jederzeit, vom frühen Morgen bis späten Nachmittag, zuweilen nachts gehört werden, mit größter Häufigkeit in der Tagesmitte. Meist befinden sich die Paare dann in der Nachbarschaft ihres Bruthügels oder an diesem selbst, selten in größerer Entfernung davon. Gelegentlich wird eine schnelle Serie von bis zu 20 lauten, rauhen Tönen gleicher Höhe ausgestoßen, die auf größere Entfernung wie ein Lachen klingt. Während der Bewegung kann ein Paar als Kontaktlaut wiederholt ein kurzes tiefes, gutturales „Ou" ausstoßen. Hat der Vogel Verdacht geschöpft, daß ein Feind sich nähert, stößt er mehrmals einen Ton aus, der dem Schluckauf des Menschen ähnelt. Über die Bedeutung zarter Klicklaute ist noch nichts bekannt. Die aus Blättern, Zweigen und Waldhumus bestehenden Bruthügel liegen auf gut drainierten Waldböden, nicht selten nahe der Basis hoher Bäume. Die Bruthügel von *Talegalla* sind von denen der Gattungen *Megapodius, Aepypodius* und *Alectura* recht verschieden, nämlich niedrig, flach, mit unregelmäßigem Durchmesser und sehen unordentlich aus, etwa so als ob man eben im Garten einen Komposthaufen zusammengeharkt hätte. Ein solcher Haufen von *Talegalla* in Port-Moresby-Gebiet bedeckte eine ovale Fläche von 30 m^2, hatte eine Maximalbreite von 7 m, eine Minimalbreite von 5,4 m und eine zwischen 60 und 90 cm schwankende Höhe. Ein anderer Hügel, der etwa die gleiche Fläche bedeckte, war 1 m hoch, während ein insgesamt kleinerer wohl erst neu zusammengescharrt worden war. Ein von RAND im Trans-Fly-Gebiet vermessener war 1 m hoch mit einem Basisdurchmesser von 3,7 m und einem Höhendurchmesser von 2,4 m. Der Waldboden in der Umgebung eines Bruthaufens ist von den Vögeln sauber „geharkt". Solch ein Hügel wird mehrere Jahre hintereinander benutzt und dann verlassen. BELL verfügt über wenige Daten, Besuchshäufigkeit und Aufenthaltsdauer eines Paares auf seinem Hügel betreffend. Einjährige Beobachtungen an einem Haufen des Port-Moresby-Gebietes ergaben Aktivitäten des Paares von Oktober bis Mai, d. h. während der Regenzeit bis zu Beginn der Trockenzeit; dazu kamen gelegentliche Besuche während der Trockenzeit. Dagegen wurden zwei im Bergwald des Nationalparks bei Port Moresby zwischen 700 und 800 m gefundene Bruthaufen von den Besitzern während der Periode geringer Niederschläge benutzt und mit Beginn der Regenzeit im November verlassen. Sie waren auch im Januar noch nicht wieder besetzt. Vermutlich sind die zu erfolgreichen Bruten erforderlichen Klimabedingungen nur zu bestimmten Zeiten in unterschiedlichen Höhenlagen vorhanden. Wiederholt wurden Paare vom späten Vormittag bis zum frühen Nachmittag an ihren Bruthügeln angetroffen. Während ein Vogel Eikammern gräbt, hält der andere in kurzer Entfernung davon Wache. Wegen häufiger Eiräuberei durch die großen Waranechsen muß die Eizahl wohl hoch sein. In der Trans-Fly-Region grub RAND ein Ei im August aus und erhielt frisch geschlüpfte Junge im Februar, Mai, Juni und August. Zu einem Drittel und zur Hälfte erwachsene Jungvögel wurden von COATES in den Vorbergen der Port-Moresby-Region im Juni, Juli und September beobachtet.

Haltung: 2 Vögel der Art wurden 1921 als europäischer Erstimport im Londoner Zoo gehalten.

Halsband-Talegalla
Talegalla jobiensis, Meyer 1874

Engl.: Brown-collared Brush Turkey, Red-legged Brush Turkey.

Heimat: Nördliches Neu-Guinea von der Japen-Insel und der Geelvink Bay ostwärts bis zur Milne Bay. Örtliche Vorkommen fanden sich im südlichen Südost-Neu-Guinea, doch stehen die Grenzen der Verbreitung gegenwärtig noch nicht fest. Die Art wurde nach ROTHSCHILD u. HARTERT (1901) einmal in der Umgebung des Aroa-Flusses gesammelt, woraus zu schließen ist, daß sie auch westlich der Milne Bay vorkommt. COATES vermutet, daß sie im Aroa-Flußgebiet höher im Gebirge als *T. fuscirostris* lebt. 2 Unterarten.

Beschreibung: Gefieder schwarz, die schwarzen Scheitelfedern eine kurze, breite, halbaufrichtbare Haube bildend; Gesichtsseiten, Kehle und seitlicher Oberhals mit kurzen mausgrauen Federn bedeckt; nackte Gesichtspartien dunkel rußrötlich, die nackten Halspartien dunkelrosa. Um den ganzen Hals herum zieht ein undeutlich abgesetztes dunkelkastanienbraunes Band; Unterschenkel vollständig befiedert. Schnabel bräunlich hornfarben mit schwärzlichem bis rötlichbraunem First; Iris braun bis braunrot; Beine lachsrosa bis hellrot.
Länge 533 bis 610 mm; Flügel 275 bis 307 mm; Schwanz 185 bis 200 mm; Gewicht bis zu 622 g. Dunenküken noch nicht beschrieben, aber bestimmt wie bei den übrigen Arten der Gattung den Adulten farblich gleichend.
Ei vermutlich im frischen Zustand weiß, später durch Huminsäureeinfluß des Hügelmaterials wenig rostbraun bis braun (93 bis 97 mm × 59 bis 61 mm).

Lebensgewohnheiten: Habitate der Art sind Wälder mit nach der Regenzeit gut drainierten Böden von den Ebenen bis in Berglagen von wenigstens 800 m. Die Lebensweise ähnelt vermutlich sehr der gelbfüßigen Art. Der Revierruf besteht aus einer Serie sehr lauter gellender Töne, die denen der *T. fuscirostris* ähneln, nur langsamer ausgestoßen werden. Die Rufserie besteht aus weniger Silben, die länger sind und alle in der Tonhöhe steigen. Der Ruf wird von COATES mit „OWAGH-AAGH" (2 Sek.) und „AGGGH-OWAGH-AGGH-ah" (6,5 Sek.) wiedergegeben. Ein von RIPLEY aufgefundener Schlafplatz befand sich gegen 7,6 m hoch auf einem großen Waldbaum. Der darunter mit rötlichem Kot dick bedeckte Waldboden deutet auf regelmäßiges Übernachten am gleichen Platz hin. Der Bruthügel der Art ist nach RAND und GILLIARD breit und flach oder ein riesiger Humushaufen von 1 bis 4,5 m Durchmesser und 1,5 m Höhe. Er steht zwischen hohen Waldbäumen und wird von einem Paar benutzt. RIPLEY beobachtete einmal ein Trio an einem Haufen. Die Eier, ca. 16 im Jahr, bilden ein wichtiges Nahrungsmittel der Papuas, und manche Haufen sind in Familienbesitz. Nach Mitteilung der örtlichen Bevölkerung des mittleren Sepikgebietes soll dieses Talegalla manchmal seine Eier in Megapodiushügeln unterbringen. Nach COATES bestehen dafür jedoch keine Beweise, denn eher dürfte das Umgekehrte der Fall sein.

Haltung: Die Art wurde auf der von SIR EDWARD HALLSTROEM gegründeten Biologischen Station Nondugl in den Bergen Papuas gehalten. Nach einem WPA-Census von 1981 waren in diesem Jahr 2 Halsband-Talegallas in einer europäischen Sammlung vertreten.

Weiterführende Literatur:

BELL, H. L.: A bird community of lowland rain forest in New Guinea. 1. Composition and density of avifauna. Emu 82; pp. 24–41 (1982)

BERGMAN, S.: Observations on the early life of *Talegalla* and *Megapodius* in New Guinea. Nova Guinea 17; pp. 347–354 (1963)

COATES, B. J.: The Birds of Papua New Guinea, Vol. I, *Talegalla*; pp. 142–145. Dove Publications, Alderley, Australia 1985

DIAMOND, J. M.: Avifauna of the Eastern Highlands of New Guinea. Publs. Nuttal Orn. Club 12; pp. 1–438 (1972)

GILLIARD, E. T., LECROY, M.: Annotated list of Birds of the Adelbert Mountains, New Guinea. Results of the 1959 Gilliard expedition. Bull. Amer. Nat. Hist. 138; pp. 53–81 (1967)

MAYR, E., RAND, A. L.: Results of the Archbold Expeditions, No. 14, Birds of the 1933–1934 Papuan Expedition. Bull. Amer. Nat. Hist. 73; pp. 1–248 (1937)

MEYER, A. B.: Neuer Beitrag zur Kenntnis der Vogelfauna von Kaiser Wilhelmsland, besonders vom Huongolfe; p. 28; Friedländer & Sohn, Berlin 1893

OGILVIE-GRANT, W. R.: A Handbook to the Game-Birds, Vol. II, *Talegalla*; pp. 188–191. E. Lloyd Ltd., London 1897

RAND, A. L.: Results of the Archbold Expeditions. No. 42, Birds of the 1936–1937 New Guinea Expedition. Bull. Amer. Mus. Nat. Hist. 79; pp. 289–366 (1942)

RAND, A. L., GILLIARD, E. T.: Handbook of New Guinea Birds. Weidenfeld & Nicolson, London 1967

RIPLEY, S. D.: A sytematic and ecological study of birds of New Guinea, Peabody Mus. Nat. Hist., Yale Univ. Bull. 19; pp. 1–85 (1964)

Australische Talegallas
Alectura, Latham 1824

Engl.: Australian Brush Turkeys.
Bei der einzigen Art dieser ostaustralischen Gattung sind Kopf und Hals mit Ausnahme schütterer Haarfederchen kahl. Beim Hahn hängt während der Brutzeit eine durch Blutzufuhr dehnbare, gefäßreiche faltige Klunker von der Halsbasis herab. Nasenlöcher rund; der dachförmige Schwanz besteht aus 18 Federn, deren 5. Paar erheblich länger als das mittlere und viel länger als das Außenpaar ist; Fußgelenk im Gegensatz zu *Talegalla* befiedert; Vorderfläche des Laufs mit einer Doppelreihe hexagonaler Schienen bedeckt. Geschlechter gleichgefärbt, die Henne ohne Halsklunker.
Der Talegalla-Hahn verteidigt als Territorium während der Brutzeit nur seinen Hügel und dessen nächste Umgebung. Als akustischen Revieranspruch stößt er mit tief gesenktem Kopf und maximal gedehnter Halsklunker durch Luftein- und Ausstoßen dumpfe Brummtöne aus. Er errichtet den Bruthügel aus Pflanzenmaterial und Humus allein und hält durch Umgraben die Gärungsvorgänge im Gleichgewicht. Die Henne gräbt allein die Eikammer und verschließt sie auch wieder. Die Art ist monogyn. Kontaktlaute zwischen den Geschlechtspartnern bestehen wenigstens in Gefahrsituationen.

Australisches Talegalla
Alectura lathami, Gray 1831

Engl.: Australian Brush Turkey.
Abbildung: Seite 769 oben.
Heimat: Ost-Australien von der Kap-York-Halbinsel bis zum Manningfluß in Neusüdwales. Keine Unterarten.
Beschreibung: Gefieder beim Hahn oberseits schwarzbraun, unterseits braungrau mit hellerer Federsäumung der Bauchregion. Der dachförmige Schwanz wird wie beim Haushuhn getragen. Kopf und Hals bis auf haarartige schwarze Federchen, die in der Stirnregion besonders dicht, sonst nur recht sparsam vorhanden sind, nackt und rot. Vom Hals hängt eine faltige, dehnbare chromgelbe Hautklunker herab. Schnabel schwarz, Iris bräunlichweiß, Beine graurosa. Länge 660 mm; Flügel 300 bis 330 mm; Schwanz 248 bis 259 mm; Gewicht 2000 bis 2300 g.
Der kleineren Henne fehlt die gelbe Klunker, auch ist ihr Kopf matter rot. Gewicht 1600 bis 1900 g. Küken sind braungrau mit hellerem Kopf und Unterkörper. Schlupfgewicht 112 bis 122 g. Legekapazität in einer Saison 25 bis 30 Eier; Ei dünnschalig, weiß mit stumpfer Schale, die sich durch den Haufenhumus bräunlich anfärbt (91 mm × 62 mm); Gewicht schwankend 182 bis 220 g.
Lebensgewohnheiten: Habitate der Art sind tropische Regenwälder, immergrüne Wälder, dichte Vegetation an Bachläufen und im Inland. Während der Brutzeit leben die Vögel paarweise, später in lockeren Trupps zusammen. Berühmtheit hat dieser Megapodiide durch seine umfangreichen Bruthügel erlangt, die stets in tiefem Waldesschatten errichtet werden. Einzelheiten über Biologie und Ethologie, sind von BALTIN im Frankfurter Zoo erforscht worden und werden im Kapitel „Haltung" besprochen.
Haltung: Als europäischen Erstimport erhielt der Londoner Zoo 1848 nach RENSHAW (Avic. Mag. 1917) mehrere Talegalla-Hühner. 1851 ist diese Art in der Knowsley Menagerie des EARL OF DERBY vertreten. Die Erstzucht gelang 1854 dem Londoner Zoo, der auch 1860, 1866, 1867, 1869 und danach noch Bruterfolge zu verzeichnen hatte. Im August 1866 kaufte CORNELY auf Schloß Beaujardin bei Tours 1,2 Talegallas vom Pariser Jardin des Plantes, wo die Vögel trotz Hügelbaus und Eiablage keine Küken gebracht hatten. Man ließ die 3 mit beschnittenen Handschwingen im Park freilaufen. Anderes Ziergeflügel beachteten sie nicht, ertrugen auch Winterkälte ohne Folgen und wurden recht vertraut: Auf einen Pfiff ihres Pflegers eilten sie herbei und nahmen Futter aus seiner Hand. Ab 1870 gelang die Zucht häufig. Für den Berliner als ersten deutschen Zoo erwarb Direktor Dr. BODINUS im Herbst 1870 ein Nachzuchtpaar aus London. Im April des folgenden Jahres fing die gelbe Halswamme des Hahnes an zu schwellen, und bald danach begann er mit dem Hügelbau. Am 1. September 1871 erschien das erste Küken, flog über die Mauer in den Berliner Tiergarten und wurde mit viel Mühe von einem Wärteraufgebot eingefangen. Weitere Zuchterfolge folgten 1876, 1878 und 1881. Talegalla-Hühner sind seitdem bis in die Gegenwart häufig in Europa gezüchtet worden und stellen mit ihrem imposanten Bruthügelbau eine Publikumsattraktion dar. In großen englischen Parks hat man die Art generationsweise freilaufend gehalten, bis einzelne strenge Win-

ter die Bestände vernichteten. So harmlos anderem Ziergeflügel gegenüber, wie CORNELY sie geschildert hat, sind freilaufende Talegallas nicht immer: Im Park von Bedford fraßen sie Fasanengelege und töteten Jungfasanen. Ein Talegallahahn des Berliner Zoos zeigte nach STEINMETZ ein interessantes Abwehrverhalten gegen Nestfeinde. Machte sich der Pfleger am Bruthügel zu schaffen, drehte sich der Hahn um und warf ihm solange zielsicher Lauberde ins Gesicht, bis der Mann aufgab. In freier Wildbahn könnte der Hahn dadurch beispielsweie auf Eier lüsterne Waranechsen abwehren. Gehege müssen für diese Vogelart auch oben geschlossen sein, da auch flügelgestutzte Vögel kletternd und flatternd den senkrechten Maschendrahtzaun erklimmen.

Über Einzelheiten der Biologie dieser interessanten Vogelart sind wir durch die Untersuchungen von BALTIN recht gut unterrichtet. In einer Voliere des Frankfurter Zoos wählte der Talegalla-Hahn als Platz zur Errichtung seines Bruthaufens die dunkelste Ecke, so wie er in freier Natur stets ganztägig beschattete Plätze in dichtem Wald dafür aussucht. Gut eine Woche vor Baubeginn, gegen Ende März, vertrieb er die Henne von diesem Platz und balzte auch nur dort. Sein roter Kopf leuchtete nun dunkelrot, die gelbe Halsklunker wurde umfangreicher und hing lang herab. Während der 3 Beobachtungsjahre begann er jedesmal bis Anfang April bei schönem Wetter oder nach starkem Regen das im Gehege verstreute Laub zusammenzuscharren. Zeitlupenaufnahmen ergaben, daß er nicht nach üblicher Hühnervogelart scharrt, sondern mit seinen starken Zehengliedern in das vor ihm liegende Laub greift, Blätter und Erde umklammert und, den Fuß unterm Körper zurückziehend, nach rückwärts fortschleudert. Dieser Vorgang läuft derart schnell ab, daß die einzelnen Bewegungsphasen kaum für das menschliche Auge erkennbar sind. Er greift bis zu 10mal hintereinander mit einem Bein ins Laub hinein, wechselt danach auf das andere über und arbeitet mit diesem weiter. Anfangs geschieht dies richtungslos, später jedoch immer deutlicher zu einer bereits vorher gewählten Stelle hin. Hat der Hahn einen kleinen Hügel aus Laub und Erde zusammengescharrt, beginnt er ihn mit beiden Beinen oder nur mit einem festzutrampeln. Im ersteren Fall bewegt er abwechselnd beide Beine sehr schnell auf der Stelle und stellt dabei krampfhaft seine Zehen hoch. Dadurch wird die Trittfläche verringert, der Druck auf die Blätter vermehrt und der Haufen fester. Trampelt er nur mit einem Bein, scharrt er mit dem anderen lose Blätter von den später festzutretenden Stellen fort. Dabei beschreibt er im Seitwärtsgang, Kopf und Körpermediane stets zur Hügelmitte gerichtet, Kreisbögen und sogar geschlossene Kreise. Linksherum scharrt das linke Bein, während das rechte trampelt und umgekehrt verfährt er beim Rechtskreisen. Nach ca. 10 Minuten Arbeit fügt er neues Material dazu und trampelt es fest. In tagelanger Arbeit vergrößert sich der Hügel schnell. Zu Beginn des Bauens ist der Hahn fast ständig aktiv. Nur während seiner kurzen Ruhepausen scharrt auch die Henne, tut dies aber ohne bestimmte Richtung und mit geringer Ausdauer. Sie ist ständig fluchtbereit, um sich beim Erscheinen des Hahnes schnell und so weit als möglich vom Hügel entfernen zu können. Entscheidender Faktor für den Beginn eines Haufenbaus ist neben der Temperatur reichlicher Regen: Sobald es regnet, beginnt der Hahn zu scharren. Besprengt man Gehege und Hahn mit Wasser, ist dies für ihn das Signal zum Haufenbau. Auch bei Nachwuchstieren läßt sich Scharren sofort durch Besprengen auslösen. Bis zum Beginn des Haufenbaus ist das Weibchen dem Hahn gleichgültig. Sobald er jedoch den Platz zum Aufschichten des Bruthügels ausgewählt hat, schlägt sein Verhalten ihr gegenüber abrupt in Aggressivität um, die gelegentlich in Balzhandlungen übergehen kann. Die Henne nähert sich in letzterem Fall mit gesträubtem Gefieder und etwas schräg gefächertem Schwanz, der manchmal hin und her wippt, dem Hügel. Tut sie das nicht, wird sie vom Hahn auf zweierlei Weise dorthin gelockt. Entweder schreitet er imponierend, die Henne stets im Blickfeld, langsam auf der Hügelplattform umher, hebt ab und zu mit dem Schnabel Blätter auf und läßt sie wieder fallen oder er tut das Gleiche in der ganzen Voliere. Dabei versucht er die Henne langsam vor sich her zum Hügel zu treiben. Im 2. Fall setzt er sich mit ausgebreiteten Flügeln auf den Hügel. Kommt die Henne bei ersterem Verhalten nur langsam und vorsichtig, so eilt sie bei letzterem gewöhnlich schnell näher. Ist sie dann auf dem Hügel und scharrt, balzt der Hahn entweder weiter oder wird aggressiv. Da das Flügelbreiten des Hahns auf dem Hügel auffällig die Verschnaufpause einer Henne unmittelbar nach der Eiablage imitiert, deutet BALTIN das Herbeieilen des Weibchens als Aggression gegenüber einer vermuteten Rivalin. Betritt die Henne den Hügel, folgt ihr der Hahn langsam unter dauerndem Blätteraufnehmen. Selbst wenn er aggressiv wird, läßt sie sich nun weder durch Schnabelhiebe noch Drohen vertreiben. Vielmehr löst die ritualisierte

Aggression des Männchens bei einer legebereiten Henne noch intensiveres Scharren aus, und Schnabelhiebe werden durch Anheben der Flügel abgewehrt. Hat sich der gärende Hügel nach einer Woche erwärmt, erscheint die Henne dort morgens regelmäßig. Vor der Kopulation scharrt sie mit gesträubtem Gefieder im Nestloch, während der Hahn am Hügelrand entweder die Imponierstellung einnimmt oder sie angreift. Die Henne verläßt dann plötzlich das Loch und läuft, vom Hahn verfolgt, eilig 1 bis 2 m auf dem Hügel umher. Während dieser Scheinflucht trägt sie die Flügel etwas ausgebreitet und bleibt plötzlich ruckartig stehen. Kopf und Vorderkörper sind erhoben, während der Schwanz gesenkt wird. Bei der nun folgenden Paarung drückt der Hahn die Henne durch sein Gewicht zu Boden und hält sich mit dem Schnabel an ihrer hinteren Kopfhaut fest. Nach der Kopulation ordnet die Henne ihr Gefieder und scharrt entweder noch intensiver weiter oder verläßt fluchtartig den Hügel. An Tagen einer Eiablage, die erstmalig 12 bis 14 Tage nach Beginn des Hügelbaus erfolgte, war sie hartnäckig bemüht, auf den Hügel zu gelangen. Die Fluchtbereitschaft vor dem Hahn war fast aufgehoben, und sie widmete sich ganz dem Ausschachten einer Eimulde. Auf dem Höhepunkt der Fortpflanzungsperiode legte sie jeden 2. oder 3. Tag morgens zwischen 5 und 7 Uhr ein Ei. Die legebereite Henne scheint vorsichtiger zu laufen als üblich und fliegt nur im äußersten Notfall. Kurz vor der Eiablage trägt sie 25 bis 45 cm der oberen Hügelhälfte ab und scharrt von diesem Niveau aus mehrere 30 bis 40 cm tiefe Löcher bis zu einer Schicht, in der die Komposttemperatur merklich niedriger ist. Diese Grenzschicht liegt ca. 15 bis 20 cm vom Hügelboden entfernt. Eine Eimulde ist an der Basis 20 bis 30 cm breit. Dort prüft sie einigemale die Temperatur und scharrt noch einen 6 bis 8 cm tiefen schmalen Schacht nach unten, in den sie ihr Ei senkrecht mit dem stumpfen Pol nach oben legt. In der Eimulde dreht sie sich ständig, das Ei zwischen den Beinen, scharrt von den Seiten her neue Blätter herbei und trampelt sie mit hochgestellten Zehen fest, wie es auch der Hahn beim Hügelbau tut. Dies tut sie solange, bis das Ei ringsherum gleichmäßig eingepackt ist und fast senkrecht steht. Danach verteilt sie noch 10 bis 15 cm Laubmaterial darüber und verläßt den Hügel.

Beim Talegalla-Huhn scharrt die Henne also allein die Eimulde, während sie bei *Leipoa* vom Hahn vorbereitet wird. Durch die Senkrechtstellung des Eies sind dem Küken Richtung und kürzester Weg nach oben vorgegeben. Obwohl einmal 2 Talegalla-Hennen in den gleichen Haufen legten, scheint die Art monogyn zu sein. Es ist nämlich unmöglich, mehrere Hennen zusammen mit einem Hahn in der gleichen Voliere zu halten. Der Hahn fügt während der ganzen Brutperiode dem Hügel neues Laub und Erdreich zu. FRITH sah im Freiland Hügel von 90 cm Höhe und 4 m Durchmesser. Zwecks Temperaturkontrolle gräbt der Hahn während der Morgen- und Vormittagsstunden den oberen Hügelteil durch, scharrt oft 20 bis 30 cm tiefe Löcher hinein und versenkt den Kopf darin. Kommt er wieder zum Vorschein, haften Erde und Blatteile am Schnabel. Dieses von FRITH als „Schnabelprobierhandlung" bezeichnete Verhalten wird mit der Temperaturkontrolle im Haufen in Zusammenhang gebracht. Nach FRITH und BALTIN dürften Nervenenden innerhalb der Schnabelschleimhaut der Temperaturwahrnehmung dienen. Die 2 bis 4 Kontrollöcher können wieder mit Laub geschlossen und festgetrampelt werden oder $1/2$ bis 1 Stunde offenbleiben. Der Hahn legt sie über den ganzen Haufen verteilt an, und an diesen Stellen sinkt dessen Innentemperatur erwartungsgemäß ab. Auch die Henne pflegt vor jeder Eiablage die Hügeltemperatur an der Basis der frischen Eimulde zu überprüfen. Nach dreijährigen Messungen mit einem Thermoelement-Gerät, das ständig in Einähe vergraben blieb, wurde festgestellt, daß die Temperatur zu Beginn der Brutperiode an den beiden Meßstellen stark schwankte, jedoch im Verlauf der Saison konstanter wurde. Die Durchschnittstemperaturen des Hügels betrugen während der viermonatigen Brutperiode 33,7 °C bzw. 33,2 °C und entsprachen damit den Werten, die FRITH in Leipoahügeln gemessen hatte. Anfangs ist die Wärmeproduktion durch die Gärung des frischen Kompostmaterials enorm, und erst das ständige Scharren senkt die Wärme auf eine für die Entwicklung der Embryonen günstige Temperatur. Dagegen ist in der Mitte und gegen Ende der Brutperiode die Gärung stellenweise nur noch gering, so daß sich die Hügeltemperatur täglich nur langsam erhöht. An den Temperaturkontrollen des Talegalla-Hahns fiel auf, daß er an manchen Tagen gar keine oder nur wenige Löcher scharrte, obwohl laut Meßgerät die Innentemperatur bei 40 °C lag. An anderen Tagen wiederum wurden Temperaturen von nur 33 bis 35 °C vom Hahn sogar noch gesenkt, weil er die Löcher längere Zeit offenhielt. In keinem Fall wurde beobachtet, daß er die Haufentemperatur gezielt veränderte oder auf die von ihm durch Schnabelkontrollen ermittelte Temperatur reagiert hätte. Daraus kann wohl geschlossen werden, daß der Hahn zwar den Wärmehaushalt des Hügels beeinflußt, die Bruttemperatur jedoch nicht gezielt verändert. BALTIN vermutet deshalb, daß das Löcherscharren weniger der Temperaturregelung als der Zufuhr von O_2 und Ableitung zu hoher CO_2-Konzentrationen dienen dürfte. Auch das Umwälzen des Laubmaterials scheint der Durchlüftung und Sauerstoffzufuhr der tieferen Haufenschichten zu dienen. So wird verhindert, daß anaerobe Gärung die CO_2-Konzentration im Hügel drastisch verstärkt und dadurch die Embryonen ersticken läßt. Die großen dünnschaligen Eier variieren stark im Gewicht, das ca. 10 bis 14 % des Eigengewichts der Henne entspricht. Diese legt nicht nach einem bestimmten System, denn neben frischgelegten finden sich kurz vor dem Schlupf stehende in rein zufälligem Abstand voneinander. Sie liegen im Haufen fast auf gleicher Ebene. Ist der Haufen zu feucht oder zu trocken, schlüpfen nur wenige Küken. Entsprechend unterschiedlich hoher Hügeltemperaturen entwickeln sich einige Embryonen schneller als andere. In Frankfurt wurden als Zeitigungsdauer 46 bis 54 Tage festgestellt. Bereits 1 bis 2 Tage vor Schlupfbeginn lassen sich im Eiinneren kräftige Erschütterungen feststellen. Das Küken bemüht sich nämlich unter Zuhilfenahme von Beinen und Flügeln die Schale zu sprengen und mit den langen scharfen Krallen aufzureißen. Dabei dient der Rücken als Widerlager, während Kopf und Hals abwärts gerichtet tief unten zwischen den Beinen liegen. Nach solchen Anstrengungen bricht die Eischale plötzlich an mehreren Stellen auf. Ein Eizahn ist nur rudimentär vorhanden und hat seine ursprüngliche Bedeutung eingebüßt. Nach Beseitigung der Schalenreste durch Drehen und Scharren hebt das Küken den Kopf und versucht sich aus dem Haufen herauszuarbeiten. Das tut es auf dem kürzesten Weg senkrecht nach oben. Schon dabei bedient es sich des arttypischen Scharrens, greift in das darüberliegende Kompostlaub, zieht es herab und gelangt so langsam höher. Es befreit sich also mit den gleichen Bewegungskoordinationen des Nachvorngreifens und Nachhintenwerfens aus dem Haufen, mit denen der erwachsene Vogel seinen Bruthügel zusammenscharrt. Um durch die 60 bis 70 cm dicke Haufenschicht an die Oberfläche zu gelangen, benötigen die Küken 24 bis 30 Stunden, also bedeutend länger als Leipoa-Küken, die nach FRITH schon 2 Stunden nach dem Schlupf an der Oberfläche erscheinen sollen. Beim Frischgeschlüpften sind Dunen und Federn noch von einer Gallertschicht überzogen, die schnell trocknet und während des Herauswühlens aus dem Hügel abfällt, so daß sich die Federn entfalten können. Hat das Küken die Hügeloberfläche durchbrochen, verläßt es sofort den Haufen und versteckt sich im Gebüsch. Während der ersten Stunden bewegt es sich noch recht unsicher und hält bei schnellem Laufen balancierend die Flügelchen vom Körper ab. Bewegt sich in seiner Nähe irgend ein großes Objekt, rennt es los und bleibt unbeweglich im Gebüsch liegen. Nach BALTIN spricht einiges dafür, daß sich Küken mit dem geringsten Altersunterschied locker zusammenfinden, denn obwohl genügend Büsche zum Aufbaumen zur Verfügung standen, benutzten sie meist alle den gleichen Schlafplatz und saßen dort in Abständen von 30 bis 50 cm nebeneinander, baumten auch alle etwa zur gleichen Zeit auf. Beunruhigt, verschwanden meist mehrere Küken unter einem Busch. Nach überstandener Gefahr versuchten sie so bald als möglich wieder zu den anderen zu gelangen und stießen Kontaktlaute aus. Talegalla-Küken wachsen langsamer als gleichgroße und gleichaltrige Phasianiden-Küken. Nach FLEAY versuchte ein 8 Monate altes Männchen erstmalig, einen Bruthügel zu erbauen, war aber dafür offensichtlich noch zu jung. Ein dennoch nach 6 Monaten aus diesem Haufen erschienenes Küken stammte von einer gleichaltrigen Henne, die das Ei mit ca. 12 Monaten gelegt haben mußte. Auch nach SUTTER soll die Geschlechtsreife der Talegallahenne bereits vor Ende des 1. Lebensjahres eintreten. Im Alter von 300 Tagen legte sie ihr erstes Ei. Junge Talegallas, die im Winterquartier zusammengehalten wurden, vertrugen sich zunächst. Dann wurde plötzlich der älteste und stärkste Hahn gegen seine Geschwister aggressiv und trieb alle, die sich auf dem Erdboden aufhielten, auf die Sitzstangen. Wenige Tage später begann seine gelbe Halsklunker sich zu vergrößern und herabzuhängen. Gleichzeitig nahm er innerhalb der nächsten 2 Monate ständig an Gewicht ab, nämlich von 2045 auf 1830 g. Bei keinem der übrigen Junghähne veränderten sich diese Hautgebilde, und trotz ständigen Gejagtwerdens nahmen sie an Gewicht zu. Nach dem Verkauf des bis dahin stärksten Hahns übernahm der nächst stärkere die Herrscherrolle, wobei seine Halsklunker sich ebenfalls vergrößerte, und nach dessen Abgabe rückte wiederum der stärkste nach. Nach BALTIN kommt es niemals vor, daß sich bei 2 zusammengehaltenen Hähnen die Halsklunkern gleichzeitig ausbilden. Während des Brutsaison hört man vom Revierhahn ein gutturales bauchrednerisches Brummen. Dabei bläht er den Hals mit Luft auf, wodurch die gelbe Klunker sich dehnt, und stößt unter Vor- und Niederbeugen des Kopfes bis fast zur Erde diesen Laut aus, der einmal unterbrochen wird, weil er den Hautsack zweimal, erst mit der Außenluft, dann mit der rückströmenden Luft aus den Lungen, auffüllen muß. Das Brummen dürfte der Reviermarkierung dienen. Bei starker Beunruhigung, vor allem am Hügel, werden einige tiefe „Gock gock"-Töne ausgestoßen. Danach, oft erst nach Stunden und meist abends, hört man von beiden Partnern dumpfe Gurrtöne, die wohl als Kontaktlaute gedeutet werden können. Ein wie „Häähää" klingender Kontaktlaut bei Kleinküken spricht für einen gewissen sozialen Zusammenhalt in diesem Alter.

Über Versuche künstlicher Erbrütung von Talegallaeiern hat ebenfalls BALTIN berichtet. Während 3 Brutperioden stellte er Eier mit dem stumpfen Pol nach oben in einen Elektrobrüter. 1963 waren es 2 Eier bei 37,8 °C und 65 % relativer Luftfeuchtigkeit, 2 weitere bei 36 °C und 60 % Luftfeuchtigkeit sowie 1 Ei bei 36,0 °C und 65 % Luftfeuchtigkeit. In keinem der 5 Eier entwickelten sich Embryos. 1964 wurde die Temperatur für 3 Eier, die in Nachahmung möglichst natürlicher Bedingungen in ein mit regelmäßig angefeuchtetem Laubmull gefülltes Aquarium gestellt worden waren, bei nur 33,6 bis 34,4 °C und einer relativen Luftfeuchtigkeit von 78 % gehalten. Aus dem 1. Ei, das zuvor 33 Tage im natürlichen Haufen gestanden hatte, schlüpfte nach weiteren 15 Tagen im Aquarium das Küken. Das 2. Ei wurde frisch in den Brüter (und dort ins Aquarium) gestellt. Der Embryo starb nach 21 Tagen ab. Das 3., am 23. Juli gelegte Ei blieb 6 Tage im Hügel und kam am 29. Juli ins gleiche Medium. Aus ihm schlüpfte am 8. September ein Küken. 1965 nahm BALTIN die ersten frischgelegten 3 Eier aus dem Hügel und behandelte sie mit der gleichen Brutmethode wie 1964. Nach 47tägiger Brutdauer schlüpften 2 Küken und ein 3. starb wenige Stunden nach dem Schlupf. Spätere Versuche mit frischgelegten Eiern schlugen zunächst wieder fehl, weil auf das mit Laubmull gefüllte Aquarium verzichtet worden war. Dafür hatte man die relative Luftfeuchtigkeit auf 93 % erhöht und die Eier zusätzlich dreimal täglich mit Wasser besprüht. 4 Eier zeigten keinen Entwicklungsansatz, 1 Keim starb im Alter von 14 bis 16 Tagen ab. Daraus schließt BALTIN, daß Feuchtigkeit nicht nur für die Gärungsvorgänge im Laubhaufen, sondern auch die Entwicklung der Embryonen eine entscheidende Rolle spielt. Am günstigsten erscheint ihm eine Luftfeuchtigkeit von annähernd 100 % zu sein, wie sie auch im Haufen vermutet wird. Die CO_2- bzw. O_2-Konzentrationen im Brutaquarium waren ganz anders als im Hügel. Deshalb glaubte er zunächst an zu reichlichen Sauerstoff als Mortalitätsfaktor. Falls der CO_2-Gehalt nicht zu hoch wird, kann er die Embryonalentwicklung allenfalls verzögern hat aber keinen entscheidenden Einfluß auf die Eier. Einige Stunden nach dem Erscheinen auf dem Bruthaufen beginnen die Küken Nahrung aufzunehmen und scharren ganz wie die Erwachsenen im lockeren Boden. In Frankfurt erhielten sie zuerst Weichfutter, gekochte Eier, kleine Körner und verschiedene Früchte. Besonders gern nahmen sie rote Früchte, wie Tomaten, Kirschen und Erdbeeren. Erpicht waren sie auf lebende tierische Nahrung, und mit Heuschrecken und Regenwürmern ließen sie sich sogar aus den Verstecken locken. Bedeutung könnte die künstliche Zucht von Großfußhühnern unter europäischen Klimabedingungen durch Erwärmung des Bruthaufens mittels darunter verlegter Wärmeplatten und Heizkabel erlangen, wie sie JACOBI im Amsterdamer Zoo mit Erfolg beim Talegalla-Huhn, BREHM im Vogelpark Walsrode beim Kamm-Talegalla, praktiziert hat.

Eine Talegalla-Voliere soll stets beschattet sein, und Nesthügel sind bei längerer Trockenheit regelmäßig mit Wasser zu befeuchten. Obwohl dieses Großfußhuhn als einziges seiner Familie in Mitteleuropa einigermaßen kälteresistent ist, muß selbstverständlich für den Winter ein allseitig geschlossener Schutzraum vorhanden sein, der die Vögel bei starkem Schneefall und extremer Kälte aufnehmen kann.

Nach dem WPA-Census von 1982 wurden in diesem Jahr in den Tiersammlungen der Erde 88 Talegalla-Hühner gehalten, davon 44 in den USA, 24 in Australien und 20 in Europa.

Weiterführende Literatur:
BALTIN, S. und FAUST, R.: Beobachtungen über die Entwicklung von *Alectura lathami* (Talegallahuhn) bei natürlichen und künstlich bebrüteten Eiern (Megapodiiden, Großfußhühner) Ztschr. Naturw. 52; S. 218–219 (1967)
BALTIN, S.: Zur Biologie und Ethologie des Talegallahuhnes (*Alectura lathami* GRAY) unter besonderer Berücksichtigung des Verhaltens während der Brutperiode. Ztschr. Tierpsychol. 26; S. 524–527 (1969)
BEDFORD, DUKE OF: Foreign Birds at Liberty. Avicult. Mag. 58; p. 158 (1952)
BERTLING, A. E. L.: On the Nesting Habits of the Brush Turkey. Avicult. Mag., New Series, Vol. II; pp. 217–218 (1904)

DERS.: On the Hatching and Rearing of the Brush Turkeys at the Zoo. Avicult. Mag. New Series, Vol. II; pp. 294–297 (1904)
COLES, C.: Some observations on the habits of the Brush Turkey *(Alectura lathami)*. Proc. Zool. Soc. London 107; pp. 261–237 (1937)
FLEAY, D. A.: Nesting habits of the Brush Turkey, Emu 36; pp. 153–163 (1937)
HOPKINSON, E.: More Additions to Breeding Records (Brush Turkey). Avicult. Mag. 4th Series, Vol. XI; pp. 136–137 (1933)
JACOBI, E. F.: Die Zucht von Talegallahühnern (*Alectura lathami* GRAY) mit elektrischer Bruthitze. Der Zool. Garten 39; pp. 129–132 (1970)
JERRARD, C. H.: Brush Turkeys and their young. Emu 32; pp. 52–53 (1933)
LICHTERFELD, F.: Das Talegalla-Huhn und seine Züchtung. Illustrierte Tierbilder; S. 103–116. Verlg. G. Westermann, Braunschweig (1877)
ST. QUINTIN, W. H.: The Australian Brush-Turkey *(Catheturus lathami)*. Avicult. Mag. New Series, Vol. II; pp. 160–163 (1904)
SETH-SMITH, D.: Brush Turkeys. Avicult. Mag. 12; pp. 193–194 (1934)
STEINMETZ, H.: Gelungene Zucht des Talegallahuhnes im Berliner Zoologischen Garten. Gef. Welt 62; S. 85–87 (1933)

Kamm-Talegallas
Aepypodius, Oustalet 1880

Engl.: Wattled Brush Turkeys.
Bei den Kamm-Talegallas sind Kopf, Kehle und Hals nur schütter mit kurzen Federchen bedeckt. Der Scheitel trägt einen besonders beim Hahn auffallenden haushuhnartigen fleischigen Kamm. Von der Unterhalsmitte entspringt eine bei Erregung gedehnte und dann lang herabhängende Klunker. Schnabel und Fußform entsprechen denen der Gattung *Talegalla,* nur sind die Nasenlöcher nicht oval wie bei dieser, vielmehr rundlich, und das Fußgelenk ist befiedert. Flügel kurz und rundlich, die 1. Handschwinge so lang wie die 10., die 7. und 8. knapp die längsten. Oberschwanzdecken kurz, der 16fedrige dachförmig getragene Schwanz ist hinten stark abgerundet. Geschlechter gleichgefärbt, die Weibchen etwas kleiner und mit viel kürzerem Scheitelkamm und Halslappen ausgestattet als bei den Männchen. Die beiden Arten bewohnen Gebirgswälder Neuguineas, Mysols und Waigeus. Wie *Alectura* hat der *Aepypodius*-Hahn als engbegrenztes Territorium den Bruthügel, der auch gegen die eigene, nicht legebereite Henne verteidigt wird. Das Krähen des *Aepypodius*-Hahnes und die dabei von ihm eingenommene Körperhaltung unterscheiden sich wesentlich vom *Alectura*-Hahn, der seinen Kehlsack als Resonanz benutzt und bei tiefgebeugtem Kopf einen dumpfen brummenden Ton ausstößt. Stimmfühlungslaute zwischen den Geschlechtern fehlen bei beiden Gattungen. Sexualdimorphismus, ausgeprägte Territorialität und der Revierruf des Hahnes lassen Polygynie vermuten, bewiesen ist sie noch nicht. Die Arten der Gattung *Aepypodius* lassen ihre Eier ausschließlich durch Gärungswärme erbrüten.

Arfak-Talegalla
Aepypodius arfakianus, Salvadori 1877

Engl.: Wattled Brush Turkey.
Abbildung: Seite 769 unten.
Heimat: Der größte Teil Neuguineas in den Arfak-, Cyklops-, Sepik- und Saruwagedbergen des Nordens, den Nassau- und Schneebergen in den Westteilen der Hochgebirgsketten und den Owen-Stanley-Bergen der Ostteile der Hauptketten. Eine Unterart bewohnt das 400 m hohe Bergmassiv der Mysolinsel im Westen Neuguineas.
Beschreibung: Beim Hahn sind Kopf, Kehle, Hals je nach der Stimmung des Vogels bläulichweiß, hell grünlichweiß oder kräftig hellblau, diese Hautpartien schütter mit kurzen hellgrauen Federchen bedeckt; ein haushahnartiger, an den Rändern glatter Scheitelkamm aufrichtbar, rot; hinter den Schnabelwinkeln ein rötlicher Bezirk; eine von der Unterhalsmitte entspringende, dehnbare Fleischwamme oder Klunker geht in entfaltetem Zustand nach

unten zu in 3 bis 4 Lagen rüschenartig übereinanderhängender, unten roter Hautfalten über. Hinterkopf, Nacken und übriges Gefieder mit Ausnahme der dunkelkastanienbraunen Oberschwanzdecken- und Mittelbauchregion schwarz mit schwach bläulichem Schimmer. Schnabel schwarzbraun bis grauoliv mit dunklerer Spitze; Iris dunkelbraun, Beine bleigrau.
Länge 380 bis 460 mm; Flügel 260 bis 268 mm; Schwanz 131 mm; Gewicht 1600 g.
Hennen sind kleiner mit viel kürzerem Kamm und angedeuteter Hautklunker; Gewicht 1200 g.
Dunenküken des Vogelparks Walsrode wogen nach dem Schlupf 115 bis 125 g.
Gelegestärke, d. h. während einer Saison im Hügel abgelegte Eier, 20; Ei frisch von weißer Farbe, später bräunlich durch feuchtes Laub gefärbt (89,0 mm × 60,4 mm); Gewicht 170 bis 203 g. Schwere und leichte Eier wechseln miteinander ab. Das Eigewicht nimmt gegen Ende der Legeperiode zu.

Lebensgewohnheiten: Die Art bewohnt Gebirgsnebelwälder in Lagen zwischen 970 und 2340 m, auf Mysol bei 400 m. Bei Gefahr baumt dieses Talegalla meist auf, statt zu Fuß zu flüchten. Die bislang weitgehend unbekannte Biologie ist erst neuerdings durch Untersuchungen von ROBILLER u. GERSTNER sowie C. KLOSKA an Vögeln des Vogelparks Walsrode (BRD) weitgehend geklärt worden und wird im Kapitel „Haltung" geschildert.

Haltung: In den 70er Jahren wurde das Arfak-Talegalla in mehreren Stücken im Tierpark Wilhelma (Stuttgart) gehalten. Es ähnelt auf den ersten Blick schwarzen Haushühnern der Minorkarasse. 1978 erhielt der Zoo Antwerpen 6 dieser Großfußhühner. Dem Vogelpark Walsrode, der 1979 1 Paar Wildfänge von Mysol importiert hatte, gelang 1985 die Erstzucht.
Nach ROBILLER u. TROGISCH waren die Vögel dort 1984 in eine Schauanlage der Fasanerie gesetzt worden. Der Hahn baute alsbald einen Bruthaufen, doch weil das wechselhafte mitteleuropäische Klima keine erfolgreiche Embryonalentwicklung allein durch die Gärungswärme des Haufens erwarten ließ, wurde im Herbst 1984 ein wassergefüllter Heizofen mit Heizspiralen 40 cm tief im Erdreich der Voliere installiert, dessen Temperatur bei 34 °C gehalten wurde. Zwei darüber geschüttete Wagenladungen aus Laub, Walderde und Grünpflanzenteilen bildeten die Grundlage für einen Bruthügel mit ovaler Grundfläche von 2,8 m × 2 m und 0,8 m Höhe. Schon wenige Tage später wurde er vom Männchen angenommen und umgestaltet. Einem am 2. Juli geschlüpften Küken folgten am 10. und 20. Juli und 13. August, danach am 5. und 10. Oktober weitere Jungtiere. Alle erschienen zwischen 9 und 10 Uhr vormittags an der Hügeloberfläche. Die Küken wurden einzeln in Aufzuchtboxen gehalten und erhielten als Futter ein Gemisch für kleine Weichfresser (Schmätzer, Schnäpper etc.) mit Magerquark angefeuchtet, dazu feingehacktes Obst, geriebene Karotten, Mehlwurmlarven, Grillen und täglich ein Vitamin-Mineralstoffgemisch. Alle Küken wurden aufgezogen.
Am gleichen Brutpaar hat CAROLA KLOSKA 1985 im Rahmen einer Diplomarbeit das Verhalten der Art sowie seiner Nachkommen vom Mai bis September untersucht. Ihre Forschungsergebnisse werden hier in gekürzter Form wiedergegeben.
Das Paar bewohnte eine 3,6 m × 6 m große bepflanzte Außenvoliere, an die sich ein beheizbarer 2,5 m × 3,5 m großer Schutzraum anschloß. Dieser enthielt Sitzäste, die regelmäßig zum Übernachten benutzt wurden sowie die Futtergefäße. Die Fütterung bestand aus Taubenpellets und Hühnerpreßfutter, dazu einem Gemisch aus Früchten, gekochtem Reis, Haferflocken mit gehacktem Ei und Traubenzucker versetzt und mit Magerquark angerührt. Dieses Gemisch wurde 2mal wöchentlich mit einem Vitaminpräparat angereichert. Die Vögel erhielten kein Fleisch, nur hin und wieder Mehlwürmer. Erwachsene Jung-Talegallas wurden einmal beim Verzehren einer Maus beobachtet, ein Zeichen dafür, daß diese Art ein Allesfresser ist. Bau und Erhaltung des Bruthügels besorgte ausschließlich der Hahn. Nach Öffnung des Außengeheges Mitte März begann er sogleich mit der Instandsetzung des vorjährigen Hügels und war vom frühen Morgen bis zum Einbruch der Dämmerung mit Ausnahme kurzer Pausen mit dem Herbei- und Hinaufschaffen neuen Materials beschäftigt. Den Transport desselben bewerkstelligte er durch systematisches Rückwärtsscharren in Richtung Haufen. Oft unterbrach er seine Arbeit, um von der Hügelplattform her zu kontrollieren, ob er dabei die korrekte Richtung eingehalten hatte. Als Revier wurde nur der Hügel selbst und dessen nähere Umgebung verteidigt und von ihm akustisch markiert. Dazu stellt er den Kamm auf, läßt die gedehnte Halsklunker lang herabhängen, stellt die Schwanzfedern schräg nach vorn über den Rücken und stößt einen krähenden Schrei aus. Dieser besteht zu Beginn der Brutzeit aus 7 jeweils gleichklingenden, rhythmisch gegliedert vorgetragenen Silben, die sich phonetisch mit „Hja Hja hjahjahjahjah Hja!" umschreiben lassen.

Ab Mitte August wird der Schrei seltener ausgestoßen und besteht nur noch aus 5 in kürzeren Intervallen aufeinanderfolgenden Silben ohne die typische Rhythmik. Einen Monat danach besteht er nur noch aus 2 Silben, später lediglich einer Silbe, die in einem zitternden Ton ausklingt. Vom Weibchen hört man nur einen einzigen Laut, der leise und klagend klingt und bei der Temperaturprüfung der Eikammer vor dem Legen ausgestoßen wird, falls die Hügeltemperatur zu niedrig ist. Auf die Lautäußerungen des Hahnes erfolgt keine Reaktion des Weibchens, wie denn auch keine akustischen Kontakte zwischen den Geschlechtern bemerkt wurden. Die territoriale Aggressivität des Hahnes richtet sich in gleicher Stärke gegen das eigene Weibchen wie artfremde Vögel benachbarter Volieren. Neben Herbeischarren und Einarbeiten neuen Pflanzenmaterials umfaßt seine Tätigkeit auch das Graben von Testlöchern im Hügel. Diesen öffnet er nur bei warmem, sonnigem Wetter in den frühen Morgenstunden, bei extrem heißem Wetter auch abends. Beim Graben auf der Hügelplattform sind Kamm und Halsklunker stark vergrößert und leuchten farbintensiv. Erscheint die Henne, reagiert der Hahn mit gesteigerter Erregung. Seine Bewegungen werden hektischer, und er breitet die Flügel breit waagerecht aus. Die Henne ständig im Auge behaltend, gräbt er mit schnellen Fußbewegungen ein 10 bis 20 cm tiefes, schmales, sich nach unten zu verjüngendes Loch in das obere Hügeldrittel und führt die der Temperaturkontrolle dienende Schnabelprobierhandlungen aus. Dazu rammt er mehrmals den Kopf tief ins Testloch und führt dazu stoßende Körperbewegungen aus. Zieht er nach einigen Sekunden den Kopf hervor, ist sein Schnabel voll Hügelmaterial, das er mit kauenden Bewegungen zu zerkleinern versucht. Diese Handlung stützt jene Thesen, nach denen bei Megapodiiden zur Temperaturwahrnehmung sensible Nervenenden im Gaumen und auf der Zunge lokalisiert sind. Danach schließt er das Testloch durch Rückwärtshineinscharren von Material mit sehr schnellen kurzen Tritten. Bei anhaltend gutem Wetter und hohen Temperaturen kann der Hahn an einem Morgen 15 Testlöcher über das obere Hügeldrittel verstreut anlegen. Nach KLOSKA haben diese Testlöcher 2 Funktionen: zu hohe Haufentemperaturen zu senken und die Gasverhältnisse im Hügelinneren zu verändern. Die schmalen, tiefen Belüftungsschächte lassen durch Gärungsprozesse entstandenes CO_2 entweichen und O_2 eindringen, für die Embryonalentwicklung in den Eiern wie die Gärungsprozesse im Hügelinneren notwendige Maßnahmen. Aerobe Gärung würde sonst in anaerobe mit tödlichen CO_2-Konzentrationen für die Keimlinge umschlagen. Testschächte im Hügel wirken als presumptive Eikammern auf beide Geschlechter stimulierend, denn Balzverhalten tritt bei *Aepypodius* engekoppelt mit dem Öffnen des Hügels auf. Nach der geschilderten Temperaturkontrolle in Gegenwart einer Henne in Hügelnähe umkreist der Hahn die Hügelplattform in Imponierhaltung. Er hebt betont die Läufe an, wodurch sein Gang stolzierend und abgezirkelt wirkt, stellt das Nackengefieder hoch und legt die zu einem Halbkreis gespreizten Schwanzfedern flach auf den Hinterrücken. Bei dieser Haltung wird die unbefiederte Kloake nebst Umgebung als hellrosa Feld sichtbar. So sendet der Hahn vorn durch die Leuchtfarben der Kopf- und Halshaut, hinten das rosa Kloakenfeld, optische Signale an das Weibchen aus. Dieses antwortet mit Gefiedersträuben und Hängenlassen der Flügel. Erklimmt sie den Hügel, löst ihr Verhalten eine stereotyp ablaufende Verhaltenssequenz zwischen beiden Vögeln aus: Ständig die Henne beobachtend, umkreist der Hahn zunächst heftig den Hügelmittelpunkt, steigt dann auf der der Henne abgewandten Seite den Hügel hinab und macht so dem Weibchen Platz. Dieses erklimmt mit gesträubtem Gefieder langsam den Hügel und duckt sich, eine Schnabelprobierhandlung andeutend, kurz vor dem Testloch. Der Hahn folgt ihm sofort auf die Plattform und droht mit maximal aufgerichtetem Körper und aufgestelltem Kamm. Verläßt es nicht sofort den Hügel, wird es mit Schnabelhieben vertrieben. Gewöhnlich schreitet es jedoch mit gebeugtem Kopf, gesenktem Schwanz und stark abgespreizten Flügeln langsam den Hügel hinab, nach KLOSKA eine Beschwichtigungsgeste zur Verhinderung weiterer Aggression des Hahnes. Diese Verhaltenssequenz konnte sich an Tagen intensiver Balz innerhalb einer Stunde bis zu 20mal wiederholen und trat besonders häufig vor Eiablagen auf. Ein weiteres Element des Balzverhaltens stellt das Hennenjagen dar. Dabei rennt der Hahn mit erhobenen Flügeln auf die Henne zu, die mit gesträubtem Gefieder in Hügelnähe Futter sucht. Wenige Schritte vor ihr bleibt er stehen und schlägt kurz und hörbar mit beiden Flügeln. Danach eilt er sofort auf die Hügelplattform, um kurz darauf erneut eine Scheinattacke zu starten. Die Henne erkennt den Angriff als das, was er ist, weicht dem Hahn nur wenige Schritte aus und schüttelt jedesmal geräuschvoll ihr Gefieder. Der Kamm-Talegalla-Hahn kennt außerdem noch eine Art Seitenbalz: Nähert er sich der auf dem Hügel stehenden Henne von unten her, richtet er die zu ihr weisende Halsgefiederpartie auf und dreht gleichzeitig den Kopf zur entgegengesetzten Seite. Zur Kopulation kommt es, wenn die Henne nach dieser Balz nicht sofort den Hügel verläßt, was an Legetagen vermehrt der Fall ist. Sie bietet sich dem von hinten kommenden Hahn mit weit abwärts gewinkelten Flügeln und gesenktem Schwanz an. Wie bei *Alectura* hält sich der Hahn während der 5 bis 10 Sekunden dauernden Kopulation mit dem Schnabel am Hinterkopfgefieder der Henne fest. Danach ist diese nicht bereit, den Hügel sofort zu verlassen, führt vielmehr einige Sekunden lang Scharrbewegungen aus, die sich bei Legebereitschaft zum Graben einer Eimulde steigern. Von insgesamt 52 Paarungen fanden 34 am Morgen einer Eiablage statt, und nur 20 wurden an den Zwischentagen vollzogen. Maximal kopulierte das Paar an einem Morgen 5mal, in der Regel jedoch 1- bis 2mal. Aus dem Verhalten der Henne ließ sich recht gut eine bevorstehende Eiablage erkennen: Sie zeigte an der Balz des Hahnes kein Interesse, war auffällig träge und floh nur unter Anstrengungen vor ihm, wenn sie gejagt wurde. Am nächsten Morgen versuchte sie ständig, auf der Hügelplattform eine Eimulde zu graben, begann aber stets erst nach einer Kopulation damit. Der Hahn reagierte auf ihr Verhalten mit starker Aggressivität, hackte 1 bis 2 Minuten lang heftig nach Kopf und Nacken und trat sie zwecks Vertreibung über den Rücken. Vor diesen Angriffen schützte sich die Henne durch Verbergen des Kopfes in der Mulde und Entgegenstrekken des hochgewölbt gehaltenen Rückens. Nie ließ sie sich vom Hügel vertreiben, worauf der Hahn plötzlich seine Attacken einstellte und sich genau hinter die grabende Henne oder in einem Winkel von 90° zu ihr stellte. Dabei war sein Schwanz schräg aufwärts gestellt, wodurch der rechte der beiden abwärts gespreizten Flügel etwas angehoben wurde. Drehte sich die Henne beim Scharren in der Mulde, wurde dieser Richtungswechsel stets vom Hahn mitvollzogen. Hob sie den Kopf aus der Mulde, so daß dieser in Blickkontakt mit dem Hahn trat, reagierte dieser sofort mit Hacken und Treten, wodurch er sie meist wieder in die Mulde zurückdrängte. Beim Muldenscharren zeigte die Henne eine andere Bewegungskoordination als der Hahn beim Graben der Testlöcher. Sie vertiefte den Schacht mit langsamen, vorsichtigen Bewegungen, den Kopf stets in die Mulde gesenkt und schob losgescharrtes Material seitlich unter dem Körper hervor. Traf sie beim Graben auf ein Ei, grub sie den Gang in anderer Richtung weiter. Zur Fertigstellung einer Eimulde benötigte sie minimal 10, maximal 75 Minuten. War dies geschehen, führte sie zwecks Temperaturprüfung eine Schnabelprobe aus, Hügelmaterial im Schnabel zerkleinernd. Hat sie nach mehrmaligem Test eine geeignete Stelle gefunden, scharrt sie dort noch ein wenig tiefer. Zu diesem Zeitpunkt ist die Kloake bereits stark geweitet und die Eisschale sichtbar. Der Eischacht des Hügels verjüngt sich am Boden auf ca. 6 bis 8 cm. Während des Legens preßt sich die Henne tief in die Mulde, so daß nur noch Kopf, Hals und der erhobene Schwanz von außen sichtbar sind. Beim Auspressen des Eies streckt sie den Kopf vor, breitet die Flügel flach aus und hält den Schwanz gesenkt. Die Kehlhaut ist aufgeblasen, der Schnabel offen, und die Augen sind geschlossen. In dieser Haltung verharrt sie 4 bis 8 Minuten, erhebt sich nach der Ablage, beginnt mit hektischen Rückwärtstritten die Mulde zu füllen und Laubmaterial darüber festzustrampeln. Der Hahn wird unterdessen zunehmend aggressiver und treibt sie regelmäßig nach wenigen Minuten vom Hügel. Vom 7. Mai bis 1. September legte die Henne insgesamt 20 Eier, so daß sich die Legeperiode über 4 Monate erstreckt. Der durchschnittliche Legeabstand betrug 6 Tage. Die Eier wiegen im Durchschnitt 183,4 g und betragen damit 15,7 % des Körpergewichts. Die Eier waren 20 bis 25 cm tief im Hügel vergraben und standen mit dem stumpfen Pol nach oben. Ihre Anordnung ließ ein bestimmtes Verteilungsmuster erkennen.

Von 6 gemeinsam in einer gutbepflanzten Großvoliere gehaltenen Jung-Talegallas zeigten die 3 Hähne Balz- und Hügelbauverhalten, das in Abhängigkeit vom Alter individuell unterschiedlich stark ausgebildet war. Balzverhalten trat stets ortsfixiert auf, war aber nie gegen einen speziellen Artgenossen gerichtet. Der von den 3 Junghähnen ausgestoßene Territorialruf ließ anhand seiner Silbenzahl und Tonhöhe einen altersbedingt verschiedenen Entwicklungsstand erkennen. Die 3 Junghennen zeigten noch nicht das vollausgebildete Sexualverhalten adulter Weibchen. Beginnende Paarbeziehung zwischen den Jungvögeln fehlte. Es ließ sich bei ihnen eine geschlechts- und altersabhängige lineare Rangordnung nachweisen. Der älteste Junghahn verteidigte einen von ihm zusammengescharrten Hügel und verhielt sich bei territorialer Gestimmtheit aggressiv gegen seine Geschwister. Er unterdrückte Territorial- und Sexualverhalten der beiden jüngeren Hähne, sobald er Anfänge davon bei ihnen bemerkte. Entsprechend verhielt sich der zweitälteste gegenüber dem jüngsten Hahn. Die soziale Rangordnung zwischen den 3 Junghennen ließ sich anhand antagonistischer Verhaltensweisen erkennen. Andeutungen positiver sozialer Verhaltenstendenzen glaubt KLOSKA darin zu erkennen, daß alle Jungvögel räumliche Nähe suchten und gemeinsam in einem Baum übernachteten. Es ist deshalb möglich, daß sich im Freileben subadulte Kamm-Talegallas auf Nahrungssuche zu lockeren Gemeinschaften zusammenfinden.

Braunbrust-Talegalla
Aepypodius bruijnii, Oustalet 1880

Engl.: Bruijn's Wattled Brush Turkey.
Heimat: Die Insel Waigeu.
Beschreibung: Beim Hahn sind Kopf und Hals fast nackt, korallenrot. Der mit dicht nebeneinandersitzenden hornigen Papillen bedeckte Scheitel trägt einen Kamm. Am Hals entspringen 3 Klunkern, eine am Vorderhals, die anderen beiden rechts und links an den Halsseiten. Gefieder der Oberseite braunschwarz, Bürzel und Oberschwanzdecken dunkelkastanienbraun, Bauchseiten und Bauchmitte dunkelgraubraun. Iris haselbraun, Beine vermutlich schwarzbraun.
Länge 406 bis 460 mm; Flügel 305 mm; Schwanz 139 mm.
Hennen und Junghähne sollen keine Halsklunkern besitzen.
Küken und Ei noch unbekannt.
Lebensgewohnheiten: Die Art ist nur von Stücken bekannt, die heimische Jäger 1887 im Auftrag von Dr. BRUIJN sammelten sowie von einem weiteren Exemplar, das man 1939 erhielt. Die Lebensweise ist unbekannt, dürfte sich jedoch von der des *Aepypodius arfakianus* kaum wesentlich unterscheiden.
Haltung: Nichts bekannt.

Weiterführende Literatur:
COATES, B. J.: The Birds of Papua New Guinea, Vol. I, pp. 146–148 Dove publ. Pty Ltd, Alderley Qld 1985
DWYER, R. D.: Two species of megapode laying in the same mound, Emu 81, pp. 173–174 (1981)
KLOSKA, C.: Untersuchungen zur Brutbiologie des Kamm-Talegalla *(Aepypodius arfakianus* SALVAD.). Diplomarbeit; pp. 82, Hamburg 1986
KLOSKA, C., NICOLAI, J.: Fortpflanzungsverhalten des Kamm-Talegalla *(Aepypodius arfacianus* SALVAD). J. Ornith. 129, pp. 185–204 (1988)
MAYR, E.: Beobachtungen über die Brutbiologie der Großfußhühner von Neuguinea *(Megapodius, Talegallus* und *Aepypodius).* Orn. Monatsber. 4; pp. 101–106 (1930)
RAND, A. L., GILLIARD, E. TH.: Handbook of New Guinea Birds. *Aepypodius;* pp. 97–98. Weidenfeld & Nicolson, London 1967
RIPLEY, D. L.: Distribution and Niche Differentiation in Species of Megapodes in the Moluccas and Western Papua Area. Acta XII. Congress Internat. Orn. Helsinki; pp. 631–640 (1958)
ROBILLER, F., GERSTNER, R., TROGISCH, K.: Naturbrut von Halsband-Talegalla oder Jobi-Talegalla. Gef. Welt 109; pp. 214–216 (1985)

Hammerhühner
Macrocephalon, Müller 1846

Engl.: Celebes or Sulawesi Maleos.
Einzige Art der auf die indonesische Insel Sulawesi (Celebes) beschränkten Gattung ist ein ca. haushuhngroßer Vogel mit kahler horniger Stirn- und Scheitelregion, die auf dem Hinterkopf in einen großen beulenförmigen Hornhelm übergeht, dessen Innenstruktur aus schwammig-wabigem Gewebe besteht. Gesichts- und Kehlregion sind kahl. Hinter den ziemlich großen, rundovalen Nasenlöchern findet sich je eine rundliche Erhöhung. Unterkehle, Nacken und Hals sind dicht mit haarartigen Federchen bedeckt. Die Oberschwanzdecken sind viel kürzer als die Schwanzfedern. Letztere bestehen aus 18 Steuerfedern und werden dachförmig getragen. Die Füße sind lange nicht so robust wie etwa beim Talegalla- und Megapodiushuhn, die Krallen kurz und gerade. Der ziemlich lange Lauf ist auf der Vorderfläche mit kleinen hexagonalen Schienen bedeckt. Die Geschlechter sind gleichgefärbt.
Maleos leben in hennenverteidigender, vermutlich lebenslanger Monogynie, wofür die räumliche und zeitliche Synchronisation der Paarpartner-Aktivitäten, Stimmfühlungslaute und enges Beieinanderbleiben auf der Futtersuche sowie die gemeinsame Arbeit an der Nestgrube sprechen. Ob die Partner im Duett rufen, ist noch ungeklärt. Zur Erbrütung der Eier wird solare und geothermische Wärme genutzt.

Hammerhuhn
Macrocephalon maleo, Müller 1846

Engl.: Celebes Maleo.
Heimat: Nord-, Mittel- und Südost-Sulawesi (Celebes); Lembeh, Bangka(?). Keine Unterarten.
Beschreibung: Geschlechter gleichgefärbt. Stirn, Scheitel und ein Hinterhauptshelm aus Hornsubstanz unbefiedert und schieferblau. Gesicht hellockergelb, nackt. Nacken, Unterkehle und Hals dicht mit schwarzen haarartigen Federchen bedeckt; Oberseite, Brust, die Schenkelaußenflächen, Bauchseiten und Unterschwanzdecken braunschwarz, der Schwanz ebenso gefärbt, dazu mit grünlichem Glanz. Übrige Unterseite beim Altvogel weiß mit lachsrosa Anflug, der nach dem Tod schnell schwindet. Schnabel hellgelb bis erbsengrün mit orangerotem First; Iris braun, bei Althähnen rot; Beine hellblaugrau, die Krallen hellgelb.
Länge 550 mm; Flügel 272 bis 2303 mm; Schwanz 152 mm.
Küken weisen beim Schlupf die Färbung Adulter auf, nur fehlt noch der rosa Anflug auf den weißen Partien der Unterseite, und der Scheitel ist mit braun und weiß gesprenkelten Federn bedeckt, die später verschwinden und dem Hornhelm Platz machen.
Legekapazität einer Henne pro Saison um 20 Eier; Ei nach der Ablage leuchtendrot, später zu Rosa aufhellend (10,9 mm × 60,9 mm); Gewicht 230 g.
Lebensgewohnheiten: Außerhalb der Brutzeit bewohnt die Art nach HEINRICH Urwälder tiefer gelegener, heißer Regionen Sulawesis und führt dort ein verborgenes Leben, das Beobachtungen auf Zufälle beschränkt. An den zweimal jährlich für je 3 Monate aufgesuchten Brutplätzen im Küstenbereich ist die Beobachtung der Vögel einfach.

Zwecks Erarbeitung von Schutzmaßnahmen für die durch unkontrolliertes Eiersammeln im Bestand gefährdete Art hat MACKINNON das Maleohuhn 1976 im Auftrag des WWF auf Nordost-Sulawesi untersucht. Sein Bericht im WPA-Journal 1977/78 sei hier auszugsweise gebracht: Das Hammerhuhn legt seine Eier in gemeinsam von zahlreichen Artgenossen regelmäßig benutzten Brutbezirken ab, auf denen Sonnen- oder/und Vulkanwärme die Erbrütung der Eier gewährleisten. Gegen Abend halten sich die Paare in ihrem kleinen Brutbezirk auf und stoßen laute rollende Rufe aus, bevor sie sich zur Übernachtung auf Bäume ganz in der Nähe begeben. Frühmorgens eilen sie wieder zu ihrem Brutbezirk, dort erneut laute Rufe ausstoßend, und beginnen anschließend, geeignet erscheinende Bodensenken auf ihre Brauchbarkeit zum Eikammerbau zu untersuchen und Testgrabungen anzulegen. Erweist sich der Platz als geeignet, beginnt das Paar emsig mit dem Ausheben von Erdreich, das mit langsamen kraftvollen Scharrbewegungen meterweit rückwärts geschleudert wird. Die Grabetätigkeit erfolgt abwechselnd mit dem einen, danach dem anderen Fuß. Taucht ein Partner aus der tiefer werdenden Grube auf, wird er vom anderen, der solange am Grubenrand gewacht hatte, abgelöst. Je nach der Bodenstruktur kann das Graben eine halbe bis über 3 Stunden in Anspruch nehmen. Dabei spornen sich die Partner gegenseitig durch Schwanzrucken und Knicksen zur Arbeit an. Ergeben sich Komplikationen, etwa durch einen großen Stein, ist das Erdreich zu kalt oder rieselt loser Sand dauernd in die Grube zurück, wird die Arbeit abgebrochen, eine geeignetere Stelle gesucht und dort erneut mit Graben begonnen. Obwohl die meisten Paare während der drückenden Mittagshitze wenig Aktivität entfalten, verrichten einige Unentwegte selbst dann Schwerarbeit. Wieder andere Paare beginnen erst während der kühleren Abendstunden mit der Arbeit und setzen sie am folgenden Morgen fort. Der Henne merkt man eine kurz bevorstehende Eiablage an. Sie verschwindet dann für längere Zeit in der Grube, um danach sichtlich erleichtert wieder aufzutauchen und nach kurzer Erholung die Grube zusammen mit dem Männchen zuzuschütten. Das Ei wird in 40 bis 100 cm Tiefe abgelegt. Das Zuschütten der Grube nimmt die gleiche Zeit in Anspruch wie das Ausheben. Die Vögel hecheln vor Überhitzung und Erschöpfung mit offenem Schnabel und müssen an besonders heißen Tagen häufig Pausen einlegen.

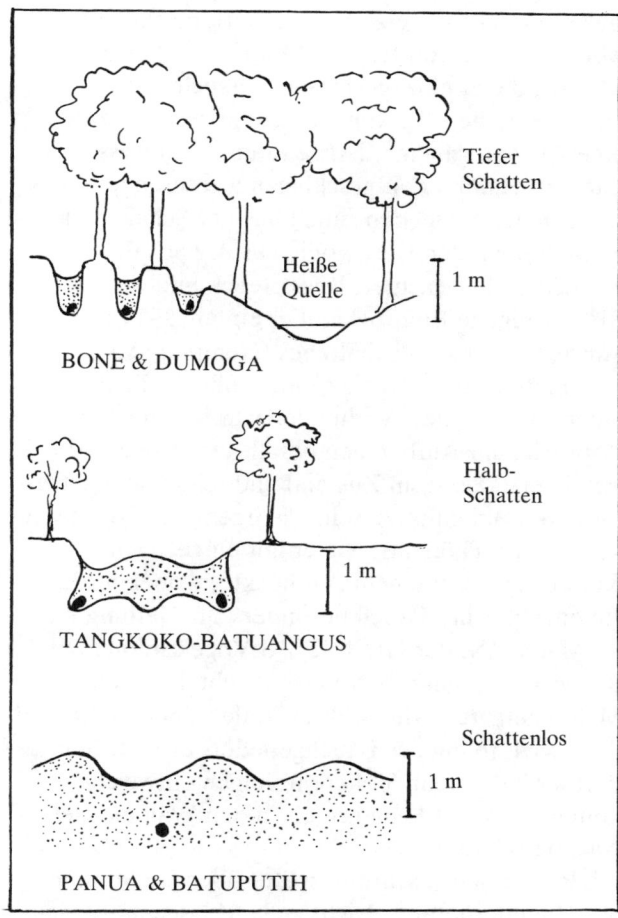

3 Beispiele für Brutplätze des Hammerhuhnes
(nach J. MACKINNON: Sulawesi Megapodes)

Manchmal graben sie zusätzlich Scheinhöhlen, um Eierdiebe, wie Warane und Wildschweine, von der Eigrube abzulenken, über die sie zusätzlich das ausgescharrte Erdreich werfen, wodurch eine leichte Bodenerhebung entsteht. Damit täuschen sie jedoch nicht menschliche Eiersammler, die häufig sämtliche Eier finden. Bei Gefahr rennen Hammerhühner in rasendschnellem Lauf in den nahen Wald, wo sie häufig aufbaumen. Ist die Gefahr vorüber, kehren sie nach ca. einer Stunde zurück und setzen ihre Scharrtätigkeit fort. Die Verbreitung des Hammerhuhns ist ganz vom Vorhandensein geeigneter Legeplätze abhängig. In den meisten dieser Gebiete gibt es oberflächlich sprudelnde und unterirdische heiße Quellen, in deren Nachbarschaft die Eier im Erdreich vergraben werden. 4 derartige Plätze wurden untersucht. Das Gelände kann an solchen Stellen von 50 cm breiten und 30 cm tiefen Bruthöhlen förmlich durchsiebt sein. Gewöhnlich ist eine solche Grube mit lockerer sandiger Erde gefüllt, ehe man auf harten Grund stößt. Das Erdreich ist feucht, jedoch gut drainiert und durchlüftet. Die Innentemperatur schwankt in Abhängigkeit von der Grubentiefe sowie der Wassertemperatur einer nahen Quelle zwischen 32 und 39 °C. In jeder Höhlung bleibt die dort herrschende Temperatur bemerkenswert konstant. Das Legen und Vergraben der Eier geht schnell vonstatten, doch da die Tätigkeit der Maleos von außen ohne weiteres erkennbar ist, haben es Eierräuber, wie Menschen, Schweine und Warane, nicht eben schwer, sie zu finden. Das andere Extrem finden wir in Gebieten mit Solarwärme. Dort vergraben die Vögel ihre Eier stets an Plätzen oberhalb der Gezeitenzone in tiefe Krater lockeren Sandes. In Panua bildete blendendweißer Korallensand einen sich durch Sonnenstrahlung stark aufheizenden Bezirk mit hoher Luft- und Oberflächentemperatur. Trotz erheblichen Temperaturabfalls während der Nachtstunden bleibt jedoch die Temperatur bereits wenige Zentimeter unter der Oberfläche mit 36 °C konstant. Dagegen besteht in Batuh-putih der Boden aus schwarzem Vulkankies, der tagsüber soviel Wärme speichert, daß er glühendheiß wird und ohne Schuhwerk unbegehbar ist. Jedoch waren auch dort die unter der Erdoberfläche gemessenen Temperaturen mit 36 °C konstant. In wieder anderen Bezirken nutzen die Maleos die Wärme vulkanischer Quellen und Solarwärme. Das Tangkoko-Batuangus-Reservat bei Batu-putih verfügt über mehrere Brutbezirke dieses Typs. Dort hatten die Hühner so große Mengen vulkanischen Schutts bewegt, daß ein offenes bodenheißes Gebiet entstanden war, auf dem allenfalls noch einjähriges Buschwerk gedeihen kann. Von unten her spenden vulkanische Quellen Wärme, während die spärliche Vegetation genügend Sonnenwärme auf die Eikrater strahlen läßt, um die Oberflächenschicht genügend aufzuheizen. Dennoch sind die tieferen Bodenschichten konstant erwärmt, gut drainiert und durchlüftet. Nach der Eiablage kümmert sich *Macrocephalon* anders als etwa *Leipoa* und *Alectura* nicht mehr um die Brutgrube, und nach fast 3 Monaten erscheint das Küken in schwarzweißem Gefieder an der Erdoberfläche. Da man Küken nur selten zu Gesicht bekommt, scheinen sie während der kühlen Nachtstunden zu schlüpfen. 1974 führte man in Gorontalo einen Versuch zur Erbrütung von Maleo-Küken durch. Aus verschiedenen Gebieten wurden 1500 Eier gesammelt und im Erdreich eines großen Käfigs vergraben. Ca. 500 Küken schlüpften und wurden im Panua-Bezirk ausgesetzt. Aus diesem Versuch ergaben sich einige neue Gesichtspunkte: Die Küken waren an einem nicht von den Elternvögeln benutzten Ort geschlüpft, die Eier in nur 30 cm Tiefe vergraben worden. Aber auch aus solchen, die man flacher oder tiefer vergraben hatte, schlüpften Küken. Der Sand, in dem die Eier vergraben worden waren, hatte durch Auflegen eines Sonnenschutzes über die Drahtdecke des Käfigs viel mehr Schatten erhalten als unter natürlichen Bedingungen. Demnach scheint die Bodentiefe für die Entwicklung des Embryos von nur geringer Bedeutung zu sein und dieser selbst eine erhebliche Toleranz gegenüber niedrigeren Temperaturen zu besitzen. Als man nämlich nach Entfernen des Schattendachs die Temperatur des darunterliegenden Sandes maß, lag sie um 4 °C niedriger als an natürlichen Brutplätzen. Auch während länger andauernder Niederschlagsperioden sterben die Embryonen nicht ab, sondern stagnieren lediglich in ihrem Wachstum. Die Legetätigkeit der Maleo-Weibchen scheint sich in gleichbleibender Häufigkeit über das ganze Jahr zu erstrecken. Natürlich ist bei solchen Prognosen Vorsicht geboten, denn noch ist weitgehend unbekannt, wieviele Eier eine Henne jährlich legt. Mit der Annahme, daß es 20 bis 30 sein dürften, kommt man der Wahrheit wohl am nächsten. Nach Hochrechnungen von MACKINNON dürften die 13 bekannten Legeplätze auf Nord-Sulawesi von ca. 3000 adulten Maleos benutzt werden. Rechnet man die über Mittel- und Ost-Sulawesi verstreuten Brutplätze dazu, kann man einen Gesamtbestand von 5000 bis 10 000 Hühnern annehmen. Da die Art durch unvernünftiges Eiersammeln schon vielerorts ausgerottet und selten geworden ist, hat die indonesische Regierung Schutzmaßnahmen ergriffen, die aber noch wirksamer gestaltet werden müssen. Immerhin führte die vermehrte Ausbildung von Wächtern in den Schutzgebieten schon innerhalb kurzer Zeit zu einer 20fachen Bestandsvermehrung. Bei vernünftiger Eierernte könnte diese Vogelart durchaus wirtschaftlich genutzt werden.

Haltung: Nach RENSHAW gelangte 1 Maleo 1848 in den Londoner Zoo, der 1871, 1876 und 1877 weitere Exemplare erhielt. Der Berliner Zoo konnte die Art in den Jahren 1874 und 1875 ebenfalls zeigen, und niederländische Gärten werden sie aufgrund der engen Verbindungen zu Insulinde vermutlich häufiger gehalten haben. Nach WALLACE sollen Maleo-Küken leicht aufzuziehen sein. Bei der Eingewöhnung Adulter hatte HEINRICH Schwierigkeiten. Sie verweigerten die Futteraufnahme, wenigstens die von Reis und Bananen. Von 5 Maleos, die er einzugewöhnen versuchte, blieb nur einer am Leben. Er konnte dazu gebracht werden, eine Art hartschaliger Nüsse (kamiri) zu fressen, die mit dem Hammer aufgeschlagen werden mußten, wonach der Vogel den Inhalt aus der Schale pickte. Befreite man den Kern völlig aus der Schale, wurde er nicht mehr beachtet. Begeistert schildert RENSHAW eigene Eindrücke über ein um 1914 im Amsterdamer Zoo gehaltenes Exemplar. Es bewohnte eine geräumige Innenvoliere, die mit einer Außenvoliere verbunden war und reichlich Astwerk zum Aufbaumen besaß. Der Vogel befand sich in erstklassigem Zustand und schien in der Haltung so problemlos zu sein wie irgend ein Fasan. Er sah wunderschön aus, wie er mit eingezogenem Kopf dösend auf einem Ast hockte, wobei der lachsrot angehauchte Bauch besonders zur Geltung kam. A. MARTIN, der GURNEY'S Vogelsammlung in Keswick (England) betreute, berichtet von einem Maleo jüngeren Alters, das gerade seinen Helm und die Rosafärbung des Bauchgefieders erhielt. Sein Partner hatte beim Volierenreinigen entweichen können und wurde mehrmals in den Wäldern der Nachbarschaft gesichtet.

GURNEY selbst schreibt später über die Stimme des Hammerhuhns: „Nicht viele Menschen werden die Stimme dieser Vogelart vernommen haben, die so eigenartig klingt. Im Verlauf von 3 Jahren hatte ich niemals einen Ton von ihm gehört, bis ich gestern auf einmal einen ungewöhnlichen Laut aus seiner Voliere vernahm: Es saß in halbgekauerter Stellung mit ausgestrecktem Hals und abwärts gebeugtem Kopf, die Flügel teilweise abgespreizt und rief. Die Stimme war ein sehr lauter, tiefer sprudelnder Ton, der einige Sekunden anhielt und in dreiminütigen Intervallen ziemlich lange Zeit wiederholt wurde. Er klang ausgesprochen melodisch und könnte mit einem lauten Bass-Tremolo auf einem Violoncello, aber auch mit einer klaren Melodie, verglichen werden. Im Freileben wird die Stimme vermutlich über größere Entfernung hörbar sein.

Nach 1945 sind Hammerhühner wiederholt in verschiedene Zoos Europas und der USA gelangt. Seit einigen Jahren sind sie im Zoopark von San Diego (Kalifornien) vertreten, züchteten jedoch bisher nicht. 1968 erwarb der Zoo von Antwerpen ein Paar, von dem ein Vogel bis 1977 lebte, und mehrere Maleos sind seit 1979 im Besitz des Vogelparks Walsrode, wo sich 2 im Jahre 1986 noch bester

Gesundheit erfreuen. Leider sind es 2 Weibchen, für die männliche Partner nicht zu erhalten waren. Anfangs überaus scheu, sind die Vögel jetzt sehr vertraut und geben als Kontaktlaut leise plaudernde Töne von sich. Das Hammerhuhn ist demnach ein leicht haltbarer und langlebiger Vogel, dessen Zucht in einer Voliere mit beheiztem Sandboden ohne große Schwierigkeiten gelingen dürfte.

Weiterführende Literatur:
BALEN, J. H. VAN: De Dierenwereld van Insulinde in Woord en Beeld, Bd. II, De Vogels. Maleo; pp. 107–113. W. J. Thieme & Cie, Zutphen (Nederlande), ohne Jahresangabe
GURNEY, G. H.: The call of the Maleo. Avic. Mag. 4th Series, Vol. 11; pp. 235–236 (1933)
HEINRICH, G.: siehe STRESEMANN
LINT, K. C.: The Maleo, a mound builder from the Celebes. Zoonoz, Vol. XI; pp. 4–8 (1967)
MACKINNON, J.: Sulawesi Megapodes. WPA.-Journal III; pp. 96–103 (1977/78)
MARTIN, A.: The Birds of Keswick, Avic. Mag. 4th Series, Vol. 9; p. 337– Kurznotiz (1931)
MEYER, A. B., WIGLESWORTH, L. W.: The Birds of Celebes, 2. Bde. R. Friedländer & Sohn, Berlin 1898
OGILVIE-GRANT, W. R.: A Handbook to the Game-Birds, Vol. II; The Maleos; pp. 197–200. Edward Lloyd, London 1897
RENSHAW, G.: The Celebean Maleo. Avic. Mag. 3th Series, Vol. 8; pp. 168–170 (1917)
ROSENBERG, K. B. H. VON: siehe BALEN
RUITER, L. C. DE: De Maleo (*Megacephalon maleo* HARTL.). Ardea 19; pp. 16–19 (1928)
SETH-SMITH, D.: The Megapodes or Mound Builders. Avic. Mag. 4th Series, Vol. 8, Genus *Megacephalon*; p. 322 (1930)
STRESEMANN, E.: Die Vögel von Celebes. Biol. Beiträge von GERD HEINRICH. J. Ornith. 89; pp. 66–69 (1941)
WALLACE, A. R.: The Malay Archipelago, Macmillan, London 1883
Siehe auch BALEN und OGILVIE-GRANT.
WATTLING, D.: Celebes: Wo Naturschutz noch eine Zukunft hat. Grzymeks Tier-/Sielmanns Tierwelt Nr. 8; pp. 14–18 (1982)

Literaturverzeichnis

Systematische Literatur

HOWARD, R., MOORE, A.: A complete Checklist of the Birds of the World. Oxford University Press 1980

PETERS, J. L.: Check-List of Birds of the World, Vol. II; Harvard Univ. Press, Cambridge (Mass.) 1934

WOLTERS, H. E.: Die Vogelarten der Erde. Eine systematische Liste mit Verbreitungsangaben sowie deutschen und englischen Namen. *Galliformes* 2. Lieferung. P. Parey, Hamburg & Berlin 1976

Fachliteratur über Hühnervögel

AMADON, D.: Megapodes. American Museum Novitates No. 1175. Published by the American Museum of Natural History New York 1938

ASCHENBRENNER: Rauhfußhühner – Lebensweise, Zucht, Ausbürgerung, M. & H. Schaper, Hannover 1985

BEEBE, W.: A Monograph of the Pheasants. Witherby London 1918–1922

BERGMANN, J.: The Peafowl of the World. Saiga Publ. Co. Ltd. 1980

BOETTICHER, H. VON: Die Perlhühner. Die Neue Brehmbücherei. A. Ziemsen, Wittenberg Lutherstadt 1954

DERS.: Fasanen, Pfauen, Perlhühner und andere Zierhühner. Verlagshaus Reutlingen Oertel + Spörer, Reutlingen 1982

DERS.: Wachteln, Rebhühner, Steinhühner, Frankoline und Verwandte. Verlagshaus Reutlingen Oertel + Spörer, Reutlingen 1983

CLARK, G. E.: Ontogeny and Evolution in the Megapodes. The Living Bird, Cornell Laboratory of Ornithology, Ithaka, New York 1964

CROWE, T. M.: The Evolution and Ecology of Guineafowl *(Galliformes, Phasianidae, Numidinae)*. Ph. D. Thesis, University of Cape Town 1978

DELACOUR, J.: The Pheasants of the World. 2. Ed. Spur Publications, Publ. in conjunction with the World Pheasant Association, Suffolk 1977

GRENVILLE ROLES, D.: Rare Pheasants of the World. A study of Birds in captivity. Publ. The Spur Publ. Comp., Hampshire 1976

HEWITT, O. H.: The Wild Turkey and its Management. The Wildlife Society, Washington DC 1967

HOWMAN, K. C. R.: Pheasants, their breeding and management. The Bird Keepers library

JOHNSGARD, P. A.: Grouse and Quails of North America. University of Nebraska, Lincoln 1973

DERS.: The Grouse of the World. Croom Helm, London & Canberra 1983

DERS.: The Pheasants of the World. Oxford University Press, Oxford 1986

LATHAM, R. M.: A complete book of the Wild Turkey. Stackpole Comp., Harrisburg, Pennsylvania 1955

OGILVIE-GRANT, W. R.: A Handbook to the Game-Birds, 2 Bände. Edward Lloyd Ltd., London 1896

ROBBINS, G. E. S.: Quail, their breeding and management. Payn Essex Printers Ltd., Suffolk 1981

DERS.: Partridge, their breeding and management. Payn Essex Printers Ltd., Suffolk 1983

RUTGERS, A.: Kwartels en Fazanten en andere Hoenderachtigen. B. V. Uitgeverij Littera Scripta Manet; Gorssel, Holland 1972

SCHORGER, A. W.: The Wild Turkey. University of Oklahoma Press, Norman 1966

SCLATER, P. L., SALVIN, O.: Synopsis of the Cracidae. Proc. Zool. Soc. London. London 1870

SHORT, L. L.: A review of the genera of Grouse *(Aves, Tetraoninae)*. American Museum Novitates No. 2289. Publ. by the American Museum of Natural History, New York 1967

TEGETMEIER, W. B.: Pheasants, their Natural History and practical Management, 3. Edition, enlarged; Horace Cox, London 1897

VAN DER MARK, R. R. P.: Fazanten, voeding-verzorging, huisvesting. Zuid Groep BV Uitgevers Den Haag 1979

DERS.: Tragopan. Ster Print BV, Woerden, Holland 1979

VAURIE, CH.: Taxonomy of the Cracidae *(Aves)*. Bulletin of the American Museum of Natural History Vol. 138: Article 4., New York 1968

Spezielle Faunistik

Paläarktische Region

Europa, Nordafrika, nördliches Asien südwärts einschließlich Irans, Afghanistans, des Himalaja-Massivs, Chinas südwärts bis zum Jangtsekiang und der Japanischen Inseln

BATES, R. S. P., LOWTHER, E. H. N.: Breeding Birds of Kashmir: *Gallinae*; pp. 253–280. Oxford University Press 1952

CRAMP, R. S. P., SIMMONS, K. E. L. et al.: Handbook of the Birds of Europe, the Middle East and North Africa. The Birds of the Western Palearctic, Vol. II, *Galliformes*; pp. 382–527. Oxford University Press 1980

DEMENTIEV, G. P., GLADKOW, H. A. et al.: Die Vögel der Sowjet-Union, Bd. 4, *Galliformes*; pp. 3–246. Translated from Russian by Israel Program for Scientific Translations, Jerusalem 1967

ETCHECOPAR, R. D., HÜE, F.: Les Oiseaux Du Nord de l'Afrique de la Mer Rouge aux Canaries. Perdrix aux Pintades; pp. 168–178. Editions N. Boubée & Cie, Paris 1964

DIES.: Les Oiseaux de Chine, de Mongolie et de Corée, non passereaux. Les Galliformes; pp. 199–265. Les editions du pacifique, Tahiti 1978

FLEMING, L., BANGDEL, L. S.: Birds of Nepal; Phasianidae; pp. 66–70. Kathmandu – Nepal 1976

GLUTZ VON BLOTZHEIM, U. N., BAUER, K. M., BEZZEL, E.: Handbuch der Vögel Mitteleuropas, Bd. 5, *Galliformes*; pp. 25–372. Akadem. Verlagsges. Wiesbaden 1973

HARTERT, E.: Die Vögel der paläarktischen Fauna, Bd. III, Galli; pp. 1858–2005; R. Friedländer & Sohn, Berlin 1921–1922

HEINROTH, O., HEINROTH, M.: Die Vögel Mitteleuropas, Bd. III; *Galliformes*; pp. 234–251 u. Bd. IV (Nachtrag); pp. 81–97. H. Bermühler, Berlin-Lichterfelde 1928–1931

HÜE, F., ETCHECOPAR, R. D.: Les Oiseaux du Proche et du Moyen Orient, de la Mediterranée aux contreforts de l'Himalaya. *Galliformes*; pp. 207–231. Editions N. Boubée & Cie, Paris 1970

MEYER DE SCHAUENSEE, R.: The Birds of China. *Galliformes*; pp. 175–198. Oxford University Press 1984

PAZ, U.: The Birds of Israel, *Galliformes*, pp. 77–81; Chr. Helm, London 1987

SALIM ALI: The Birds of Sikkim. *Phasianidae*; pp. 20–29. Oxford University Press 1962

DERS.: Field Guide to the Birds of the Eastern Himalayas. *Phasianidae*; pp. 14–24; Oxford University Press 1977

SONOBE, K., ROBINSON, J. W.: A Field Guide to the Birds of Japan, Kondensha Intern. Ltd, Tokyo, N. York, S. Franzisko 1982

VAURIE, CH.: The Birds of the Palearctic Fauna. Non Passeriformes. *Galliformes*; pp. 239–329. H. F. & G. Witherby Ltd., London 1965

DERS.: Tibet and its Birds. *Galliformes*; pp. 188–196. H. F. & G. Witherby Ltd., London 1972

Nearktische Region

Nordamerika einschließlich des Hochlandes von Mexiko und Grönlands

ALDRICH, J. W., DUVALL, A. J.: Distribution of American Gallinaceous Birds. Circular 34; U. S. Dpt., Interior, Fish & Wildlife Service, Washington D. C. 1955

BAERG, W. J.: Birds of Arkansas. Bull. Univers. Arkansas Agr. Exp. Stat. No. 258 (1931)

BAILEY, F. M.: Handbook of Birds of the Western United States. Houghton Mifflin Co., Boston, Mass. 1902

DERS.: Birds of New Mexico. New Mexico Dpt. Fish & Game, Santa Fe 1928

BAILEY, H. H.: The Birds of Virginia. Lynchburg (Bell), 1913

BAILEY, A. M.: Birds of Colorado. Denver Mus. Nat. Hist., Denver 1965

BENT, A. C.: Life Histories of American Gallinaceous Birds. U. S. Nat. Mus. Bull. 162 (1932)

BRANDT, H.: Arizona and its Birdlife. Bird Res. Found., Cleveland, Ohio 1951

BULL, J.: Birds of the New York Area. Harper & Row, New York 1964

BURLEIGH, TH. D.: Georgia Birds. Univers. Oklahoma Press, Norman 1958

CHAPMAN, F. M.: Handbook of Birds of Eastern North America. Dover Publ. Inc., New York 1966

CLARKE, J. M.: Birds of New York, Pt. 1; New York State Museum, Memoir 12. Univ. State New York, Albany 1910

DAWSON, W. L.: The Birds of California, Vol. 3; South Moulton Co., San Francisco 1923

EATON, E. H.: Birds of New York. New York State Mus. Memoir 12, Albany 1910–14

EDMINSTER, F. C.: American Gamebirds of Field and Forest. Charles Scriber's Sons, New York 1954

FORBUSH, E. H.: Birds of Massachusetts and other New England States, Pt. II, Mass. Dpt. of Agriculture 1927

GABRIELSON, I. N., JEWETT, S. G.: Birds of Oregon. Oregon State College, Cornwallis 1940

GABRIELSON, I. N., LINCOLN, F. C.: Birds of Alasca. Wildl. Managm. Inst. Washington D. C. 1959

GODFREY, W. E.: The Birds of Canada. Queens Printer, Ottawa 1966

GRINNELL, J., BRYANT, H. C., STORER, T. I.: The Gamebirds of California. Cooper Ornithol. Club, Pacific Coast Avifauna No. 27 (1918)

GRISCOM, L., SNYDER, D. E.: The Birds of Massachusetts. Peabody Mus.; Salem, Mass. 1955

GROMME, O. J.: Birds of Wisconsin. Univers. of Wisconsin Press, Madison 1979

GUIGUET, C. J.: The Birds of British Columbia; Upland Gamebirds. British Columbia Museum Handbook No. 10 (1955)

HELLMAYR, C. E., CONOVER, B.: Catalogue of Birds of the Americas and adjacent Islands. Zool. Series No. 13; Field Mus. Nat. Hist. Chicago 1942

HICKS, L. E.: Distribution of the Birds of Ohio. Ohio Biol. Survey, Bull. 32 (1935)
HOFFMANN, R.: Birds of the Pacific States. Mifflin, Boston 1927
HOWELL, A. H.: Birds of Alabama. Dpt. Game, Montgomery 1928
IMHOF, TH. A.: Alabama Birds. Univers. of Alabama Press, Tuscaloosa 1953
JEWETT, TH., TAYLOR, W. P. et al.: Birds of Washington State. Univers. of Washington Press 1953
JOHNSTON, R. F.: The Breeding Birds of Kansas. Univers. of Kansas, Publ. Mus. Nat. Hist. 12 (1946)
KUMLIEN, L., HOLLISTER, N.: The Birds of Wisconsin. Wisconsin Ornithol., Soc., Madison 1951
LARRISON, E. J., SONNENBERG, K. G.: Washington Birds, their Location and Identification. Seattle Audubon Society, Seattle 1968
LIGON, J. S.: New Mexico Birds and where to find them. Univers. of New Mexico Press, Albuquerque 1961
LINDSDALE, J. M.: The Birds of Nevada; Pacific Coast Avifauna 23 (1936)
LOWERY, G. H.: Louisiana Birds. Louisiana State Univers. Press, Baton Rouge 1955
MENGEL, R. M.: The Birds of Kentucky. Ornithol. Monograph (American Ornithologist's Union) 1965
NICE, M. M.: The Birds of Oklahoma. Publ. Oklahoma Biol. Survey 3 (1931)
OBERHOLSER, H. C.: The Birdlife of Louisiana. Bull. Dpt. Cons. State Louisiana, New Orleans 1938
DERS.: The Birdlife of Texas, Vol. 1; Univers. of Texas Press, Austin & London 1962
OVER, W. H., THOMS, C. S.: Birds of South Dakota. Univers. of S. Dakota Mus. Nat. Hist. Studies 1 (1946)
PALMER, R. S.: Maine Birds. Havard Mus. Comp. Zool. Bull. 102, Pearson 1949
PEARSON, T. G., BRIMLEY, H. H.: Birds of North Carolina; N. Carolina Dpt. Agric., Raleigh 1942
PETERS, H. S., BURLEIGH, TH. D.: The Birds of Newfoundland. Dpt. Nat. Resourc. St. Johns 1951
PHILLIPS, A. R., MARSHALL, J., MONSON, G.: Birds of Arizona; Univers. Arizona Press, Tucson 1964
POUGH, R. H.: Audubon Water Bird Guide (außerdem auch Hühnervögel); Doubleday & Comp., Inc., Garden City New York 1951
DERS.: Audubon Western Bird Guide; Doubleday & Comp., Inc., Garden City New York 1957
RIDGWAY, R., FRIEDMANN, H.: The Birds of North and Middle America Pt. 10, Gallinaceous Birds. Smithsonian Inst. Bull. 50 (1946)
ROBERTS, TH. S.: The Birds of Minnesota, Vol. 1; Univers. of Minnesota Press, Minneapolis 1932
SALOMONSEN, F.: The Birds of Greenland. Ejnar Munksgaard, Copenhagen 1950
SNYDER, L. L.: Arctic Birds of Canada. Univers. of Toronto Press, Toronto 1957
SPRUNT, A., CHAMBERLAIN, E. B.: South Carolina Birdlife. Univers. of S. Carolina Press, Columbia 1949
SPRUNT, A.: Florida Bird Life. Coward-McCANN, New York 1954
STEWART, B. E., ROBBINS, CH. S.: Birds of Maryland and the District of Columbia. Govern. Print. Office Washington D.C. 1958

SUTTON, G. M.: An Introduction to the Birds of Pennsylvania. McFarland, Harrisburg 1928
DERS.: Oklahoma Birds. Univers. of Oklahoma Press, Norman 1967
TODD, W. E. C.: Birds of Western Pennsylvania; Univers. of Pittsburg Press 1940
DERS.: Birds of the Labrador Peninsula and adjacent areas. Univers. of Toronto Press, Toronto 1963
TUFTS, R. W.: The Birds of Nova Scotia; Nova Scotia Mus., Halifax 1961
WOOD, N. A.: The Birds of Michigan; Misc. Publ. Mus. of Michigan Univers., Michigan 1951

Neotropische Region

Das Gebiet vom Südrand der Mexikanischen Hochebene über Mittelamerika, die Antillen (Westindien) und ganz Südamerika.

BLAKE, E. R.: Birds of Mexico. A guide for field identification. University of Chicago Press 1953
DERS.: Manual of Neotropical Birds, Vol. 1 – *Galliformes*; pp. 386–470; University of Chicago Press, Chicago/London 1977
BOND, J.: Birds of the West Indies. A guide to the species of birds that inhabit the Greater Antilles, Lesser Antilles and Bahama Islands. Collins, London 1960
CHAPMAN, F. M.: Birds of Ecuador. Bull. Amer. Mus. Nat. Hist. 55 (1926)
DICKEY, D. R., VAN ROSSEM, A. J.: The Birds of El Salvador. Zool. Series Field Mus. Nat. Hist. Vol. 23, Chicago 1938
FRENCH, R.: A Guide to the Birds of Trinidad and Tobago. Livingston Publ. Comp., Wynnewood (Penns.) 1973
FRIEDMANN, H.: Birds of North- and Middle America. *Galliformes* U.S. Nat. Hist. Mus. Bull. 50 (1946)
GRISCOM, L.: The distribution of Birdlife in Guatemala. Bull. Amer. Nat. Mus. Hist. 64 (1932)
HAVERSCHMIDT, F.: Birds of Surinam. Oliver & Boyd, Edinburgh/London 1968
HERKLOTS, G. A. C.: The Birds of Trinidad and Tobago. Collins, London 1961
HILTY, S. L., BROWN, W. L.: A Guide to the Birds of Colombia. Princeton Univ. Press, Princeton, New Jersey 1986

HUBER, W.: Birds of Northeastern Nicaragua. P.A.N.S. Philadelphia 84 (1942)
LAND, H. C.: Birds of Guatemala. Livingston Publ. Comp., Wynnewood (Penn.) 1970
LAUBMANN, A.: Die Vögel von Paraguay, 2 Bände. Strecker & Schröder Verlag, Stuttgart 1940
LEOPOLD, A. S.: Wildlife of Mexico. The game birds and mammals. Univ. Californ. Press. Berkeley 1959
MEYER DE SCHAUENSEE, R.: The Birds of Colombia. Livingston Publ. Comp., Narberth (Penn.) 1964

DERS.: The Species of Birds of South America. Acad. Nat. Sc. Philadelphia, Livingston Publ. Comp., Wynnewood (Penn.) 1966
DERS.: A Guide to the Birds of South America. Acad. Nat. Sc. Philadelphia, Livingston Publ. Comp., Wynnewood (Penn.) 1970
DERS.: A Guide to the Birds of Venezuela, Princeton Univ. Press, Princeton (New Jersey) 1978
MITCHELL, W. H.: Birds of Southeastern Brazil. Toronto U. Press 1957
MONROE, B. L.: Birds of Honduras, Amer. Orn. Union, 1968
NAUMBURG, W. W.: The Birds of Matto Grosso. Bull. Amer. Mus. Nat. Hist. Vol. 60
RUSSELL, S. M.: Birds of British Honduras. Amer. Orn. Union, Monogr. 1 (1964)
RIDGELY, R. S.: A Guide to the Birds of Panama. Princeton Un. Press, Princeton (New Jersey) 1976
RIDGWAY, R., FRIEDMANN, H.: The Birds of North and Middle America, Part X, Un. St. Nat. Mus. Bull. 50. Smithsonian Inst. Washington D.C. 1946
SICK, H.: Aves Brasileiras Nao-Passeriformes, Ordem Galliformes, pp. 225–237, Edit. Univers. Brasilia 1985
SLUD, P.: The Birds of Costa Rica, Distribution and ecology. Amer. Mus. Nat. Hist. Bull. 128 (1964)
SMITHE, F. B.: The Birds of Tikal. Nat. Hist. Press, New York 1966
STEINBACHER, J.: Beiträge zur Kenntnis der Vögel von Paraguay. Abh. Senckenberg. Naturf. Ges. No 502 (1962)
WETMORE, A.: Notes on the Birds of the Guatemala Highlands. Proc. U.S. National Mus. 89 (1941)
DERS.: The Birds of the Republic of Panama, Part 1; Publ. Smithsonian Inst., Washington D.C. 1965

Äthiopische Region

Afrika südlich der Sahara und Süd-Arabien

ALLEN, G. M.: The Birds of Liberia. In „The African Republic of Liberia", Vol. 5; pp. 636–748. Contr. Dept., Trop. Med. and Inst. Trop. Biol. Med. Cambridge, Mass. 1930
ARCHER, G., GODMAN, E. M.: The Birds of British Somaliland and the Gulf of Aden, Vol. 1; Gurney & Jackson, London 1937
ASH, J. S., MISKELL, J. E.: Birds of Somalia, their habitat, status and distribution, 1983
BANNERMAN, D. A.: The Birds of Tropical West Africa, Vol. 1, *Phasianidae*; pp. 305–358. Crown Agents, London 1930
DERS.: The Birds of West and Equatorial Africa, Vol. 1, *Galliformes*; pp. 310–339. Oliver & Boyd, London 1953
BENSON, C. W.: A Check List of the Birds of Nyasaland. Nyasaland Soc., Blantyre and Lusaka 1953
BENSON, C. W., BENSON, F. M.: The Birds of Malawi. Montfort Press, Limbe (Malawi) 1977
BENSON, C. W., WHITE, C. M. N.: Checklist of the Birds of Northern Rhodesia. Gov. Printer, Lusaka 1957
BENSON, C. W., BROOKE, R. K., DOWSETT, R. J., IRWIN, M. P. S.: The Birds of Zambia, *Galliformes*; pp. 78–86. Collins, London 1971
BROWN, L. H., URBAN, E. K., NEWMAN, K.: The Birds of Africa, Vol. II; Academic Press, London 1986
BRITTON, P. L.: Birds of East Africa, their habitat, status and distribution. *Phasianidae* pp. 40–44. East Africa Nat. Hist. Soc., Nairobi 1980
CAVE, F. O., MACDONALD, J. D.: Birds of the Sudan. *Phasianidae*; pp. 111–116. Oliver & Boyd, London 1955
CHAPIN, J. P.: The Birds of the Belgian Congo, Vol. 1; *Galliformes*; pp. 656–718; Bull. Amer. Mus. Nat. Hist., Vol. 65, New York 1932
CLANCEY, P. A.: The Birds of Natal and Zululand. *Galliformes*; pp. 111–122. Oliver & Boyd, London 1964
ELGOOD, J. H.: The Birds of Nigeria. Brit. Ornith. Union. Check-List No. 4; Zool. Soc., Regents Park, London 1982
FRADE, F.: Catálogo das aves de Moçambique. Ministerio das Colónias, Lisboa 1951
GALLAGHER, M., WOODCOCK, M. W.: The Birds of Oman. *Phasianidae,* pp. 118–121; Quartet Books, London 1980
HOESCH, W., NIETHAMMER, G.: Die Vogelwelt Deutsch-Südwestafrikas. J. Orn. Sonderheft, Galli; pp. 85–98, Berlin 1940
IRWIN, M. P. ST.: The Birds of Zimbabwe. *Galliformes*; pp. 91–101; Quest Publ. Salisbury, Zimbabwe 1981
JACKSON, F. J. J., SCLATER, W. L.: The Birds of Kenya Colony and the Uganda Protectorate, Vol. 1; Gurney & Jackson, London/Edinburgh 1928
JENSEN, J. V., KIRKEBY, J.: The Birds of Gambia. Aros Nature Guides, V. Jensen, Arhus 1980
LOUETTE, M.: The Birds of Cameroon: an annotated check-list. Verh. Koninkl. Acad. Wetensch., Leteren en Schone Kunsten van Belgie 43, Nr. 163 (1981)
MACLEAN, G. L.: „Robert's Birds of Southern Africa", 5th ed. Trustees of the John Voelcker Bird Book Fund, Cape Town 1984
MACWORTH-PRAED, C. W., GRANT, C. H. B.: Birds of Eastern and North Eastern Africa, Series I, Vol. I; *Phasianidae*; pp. 221–280; Longman, Green & Co, London 1952
DIES.: Birds of the Southern Third of Africa, Series II, Vol. I; *Phasianidae*; pp. 197–236; Longman, Green & Co, London 1962
DIES.: Birds of West Central and Western Africa. Series III, Vol. I; *Phasianidae*; pp. 169–206; Longman, Green & Co, London 1970
MEINERTZHAGEN, R.: Birds of Arabia. *Galliformes,* pp. 561–573; Oliver & Boyd, London 1954
ROBERTS, A. revised by McLACHLAN, G. R. & LIVERSIDGE, R.: Robert's Birds of South Africa. *Phasianidae*; pp. 122–136; Publ. by the Trustees of the John Voelcker Bird Book Fund, Cape Town 1980
SCHOUTEDEN, H.: De Vogels van Belgisch Congo en van Ruanda-Urundi, Vol. 1; Annls. Mus. r. Congo Belge, Tervueren 1948–52

SMITHERS, R. H. N.: A Check List of the Birds of Bechuanaland Protectorate and the Caprivi Strip. National Museums of S. Rhodesia 1964

SMITHERS, R. H. N., IRWIN, M. P. S., PATERSON, M. L.: A Check List of the Birds of Southern Rhodesia. Rhodesian Ornith. Soc.; Bulawayo 1957

SNOW, D. W.: An Atlas of Speciation in African Non-Passerine Birds, Trustees of the Brit. Mus. (Natural History), London 1978

TRAYLOR, M. A.: Check List of Angolan Birds. *Phasianidae*; pp. 48–54. Comp. Diam. Angola, Lisboa 1963

URBAN, E. K., BROWN, L. H.: A Check-list of the Birds of Ethiopia. Haile Selassi I. Universitiy, Addis Abeba 1971

URBAN, E. K., FRY, C. H., KEITH, S.: The Birds of Africa, Vol. II, Order *Galliformes*; pp. 1–75; Academic Press, London 1986

VAN SOMEREN, V. G. L.: The Birds of Kenya and Uganda, Pt. 2; *Phasianidae*; pp. 23–59; J. E. Afr. & Uganda Nat. Hist. Soc. 23 (1925)

Madagassische Region

Madagaskar, die Komoren, Seychellen und Maskarenen

BARRÉ, N., BARAU, A.: Oiseaux de la Réunion. Imprim. Arts Graph. Mod., St. Denis 1982

HARTLAUB, G.: Die Vögel Madagaskars und der benachbarten Inselgruppen. Halle 1877

MILNE-EDWARDS, A., GRANDIDIER, A.: Histoire physique, naturelle et politique de Madagascar, Oiseaux Vol. 12, tome I, texte 2e partie (1881); Vol. 14, tome III, atlas II, 2^e partie (1879); Vol. 15, tome IV, atlas III (1881). Imprimerie nationale, Paris

MILON, PH., PETTER, J.-J., RANDRIANASOLO, G.: Faune de Madagascar, XXXV. Oiseaux; Orstrom (Tananarive) & CNRS (Paris) 1973

PENNY, M.: The Birds of Seychelles, A complete guide to Seychelles birds. Collins, London 1974

RAND, A. L.: The distribution and habits of Madagascar Birds. A summary of the field notes of the Mission zoologique Franco-Anglo-Américaine à Madagascar. Bull. Mus. Nat. Hist. Vol. LXXII, New York 1936

STAUB, F.: Birds of the Mascarenes and Saint Brandon. Organis. Norm. des Entreprises LTÉE, Mauritius, Pt. Louis 1976

Orientalische Region

Das tropische Asien südlich des Himalaja, ostwärts in China allmählicher Übergang in die Fauna der Paläarktis.

BAKER, E. C. ST.: The Fauna of British India including Ceylon and Burma. Birds Vol. X, *Galliformes*; pp. 281–439. Taylor & Francis, London 1928

DERS.: Game Birds of India, Burma and Ceylon. Vol. III, *Gallinae*; pp. 53–334 (ohne *Perdices*). Publ. Bombay Nat. Hist. Soc., London 1930

DELACOUR, J., JABOUILLE, P.: Les Oiseaux de l'Indochine Française, Tom 1, *Phasianidae*; pp. 234–279. Expos. Colon. Internat., Paris 1931

DELACOUR, J., MAYR, E.: Birds of the Philippines. Gallinaceous Birds; pp. 52–55 u. 259–161. Macmillan Comp. New York 1946

DELACOUR, J.: Birds of Malaysia. Gallinaceous Birds; pp. 54–72. Macmillan Comp. New York 1947

DU PONT, J. E.: Philippine Birds. *Galliformes*; pp. 54–57; Delaware Mus. Nat. Hist., Monogr. Ser. No 2; Greenville Delaware 1971

ETCHECOPAR, R. D., HÜE, F.: Les Oiseaux de Chine, non passereaux. *Galliformes*; pp. 199–265. Les éditions du pacifique, Papeete (Tahiti) 1978

GLENISTER, A. G.: The Birds of the Malay Peninsula, Singapur and Penang, *Phasianidae*; pp. 116–120, Oxford Univ. Press, London 1971

HENRY, G. M.: Birds of Ceylon. *Galliformes*; pp. 254–264. Oxford Univ. Press, London 1955

KING, B., WOODCOCK, M., DICKINSON, E. C.: A Field Guide to the Birds of South East Asia. A comprehensive guide to the Birds of Burma, Malaya, Thailand, Cambodia, Vietnam, Laos, Hainan and Hong Kong. *Phasianidae*; pp. 99–110. Collins, London 1975

KURODA, N.: The Birds of the Island of Java. Vol. II, *Galli*; pp. 681–695. Publ. by the Author, Tokyo 1936

LA TOUCHE, J. D. D.: A Handbook of the Birds of Eastern China (Chihli, Shantung, Kiangsi, Anhwei, Chekiang, Fohkien, Kwangtung), Vol. II, *Phasianidae*; pp. 222–266. Taylor & Francis, London 1931–34

LEKAGUL, B.: Bird Guide to Thailand. *Phasianidae*; pp. 31–37, Bangkok 1968

MEYER DE SCHAUENSEE, R.: The Birds of China. *Phasianidae*; pp. 177–198; Oxford Univ. Press 1984

ROBINSON, H. C., CHASEN, F. N.: The Birds of the Malay Peninsula, Vol. III, Sporting Birds, *Galliformes*; pp. 1–29; Witherby Ltd., London 1936

SALIM ALI, RIPLEY, S. D.: Handbook of the Birds of India and Pakistan. 2. Ed., Vol. 2, *Galliformes*; pp. 1–129; Oxford Univers. Press London, New York, New Delhi 1980

SMITHIES, B. E.: The Birds of Burma, *Galliformes*; pp. 432–451, Oliver & Boyd, London 1953

DERS.: The Birds of Borneo. *Galliformes*; pp. 163–175. Oliver & Boyd, London 1960

Wallacea

Kleine Sundainseln, Molukken, Sulawesi

STRESEMANN, E.: Die Vögel von Celebes. *Galli*; pp. 62–69. J. Orn. 87 (1939)

WHITE, C. M. N., BRUCE, M. D.: The Birds of Wallacea. *Megapodiidae*; pp. 141–144; *Phasianidae*; pp. 144–146. BOU Checklist 7. Zool. Society London 1968

Australisch-papuanische Region

Neuguinea, Australien, Neuseeland, Ozeanien

BULLER, W. L.: Birds of New Zealand, Vol. 1; Pub. by the author, London 1888

CAYLEY, N. W.: What Bird is that? A Guide to the Birds of Australia. Angus & Robertson Lt., Sydney 1935

COATES, B. J.: The Birds of Papua New Guinea, Vol. I, Order *Galliformes*, pp. 136–149. Dove Publ. Pty Ltd, Alderley, Queensland 1985

MATHEWS, G. M.: Birds of Australia (12 Vol.), Witherby London 1910–1927

MAYR, E.: Birds of the Southwest Pacific. Macmillan Comp. New York 1945

PRATT, H. D., BRUNER, P. L., BERRETT, D. G.: The Birds of Hawaii and the Tropical Pacific: Princeton Univ. Press, Princeton, New Jersey 1987

RAND, A. R., GILLIARD, E. TH.: Handbook of New Guinea Birds. Weidenfeld & Nicolson, London 1967

READER'S DIGEST: Complete Book of Australien Birds. *Galliformes*, pp. 148–167, Reader's Digest, Sydney 1986

SERVANTY, D. L., WHITTELL, H. M.: Birds of Western Australia. Lamb Publ. Pty. Ltd., Perth 1967

SLATER, P.: A Field Guide to Australian Birds. Non Passerines; Rigby Ltd. Sydney 1970

Bildnachweis für die Farbtafeln

H. Aschenbrenner: S. 193 o., S. 194 o., u. m., S. 266 o., S. 302 u.;
H. Bielfeld: S. 424 u. l., S. 622 u., S. 658 o. l., S. 751 o. l.;
P. H. Brandt: S. 319 o. l.;
G. und H. Denzau: S. 320 u. l., S. 476 o. l.;
B. Eichhorn/D. Zingel: S. 424 o., S. 511 o., S. 723;
R. Ertel: S. 50, S. 337 u. l., S. 338 o. r., S. 355 u. r., S. 356 m. l., S. 423 u. l.;
K. W. Fink: S. 493, S. 693;
W. de Grahl: S. 389 u. l.;
F. Kleinschmidt: S. 423 o. l., o. r.;
K. Kussmann: S. 424 u. r., S. 567 beide, S. 568 o., S. 568 u. r., S. 733;
A. Limbrunner: S. 229 o., S. 230 o., o. l., S. 247 o., u. l., S. 283 u. r., S. 301 o., u. l., u. r., S. 657 u. m.;
J. E. Lopez: S. 104 beide;
R. Maier: S. 283 u. l.;
St. Meyers GDT: S. 211 u., S. 319 o. r.;
P. J. Muss: S. 49 u. l., S. 67 u. l., u. r., S. 103 o. r., u. l., u. r., S. 122 o. r., u. l., S. 175 m. r., S. 248 beide, S. 265 u. l., u. r., S. 284 u. l., S. 302 o., S. 319 u., S. 320 u. r., S. 389 o., S. 390 alle, S. 423 u. r., S. 476 m. l., u. l., u. r., S. 494 alle, S. 511 u. r., S. 512 alle, S. 548 u. l., u. r., S. 557 o. l., o. r., m. l., m. r., u. l., S. 558 m. l., u. l., S. 568 u. beide, S. 585 o., S. 603 beide, S. 604 m. l., u. l., u. r., S. 621 u., S. 622 o., S. 639 alle, S. 640 alle, S. 658 o. r., m. l., m. r., u. l., u. r., S. 675 o. l., o. r., m. r., u. r., S. 713 u. l., u. r., S. 714 alle;
M. Pforr: S. 212 u. r., S. 229 u. r., S. 230 u. m., u. r., S. 247 u. m., u. r., S. 266 u. r., S. 283 u. m., S. 301 u. m., S. 441 u. l., u. r., S. 657 u. l., u. r.;
A. Plucinski: S. 212 u. m., S. 229 u. l.;
H.-S. Raethel: S. 121 u. l., S. 122 o. l., m. l., S. 175 m. l., S. 284 u. l., S. 355 o., S. 446 o. r., S. 511 u. l., S. 547 beide, S. 558 m. r., u. l., S. 675 u. l., S. 704, S. 724 alle, S. 770 u.;
H. Reinhard: S. 139 o., S. 283 o., S. 441 o., S. 442, S. 475 o., S. 529, S. 530, S. 548 o., S. 604 o., S. 621 o., S. 657 o., S. 734 u.;
G. Sauer: S. 266 u. l.;
H. Schifter: S. 103 o. l.;
L. Schlawe: S. 85 u. r., S. 557 u. r.;
G. Synatzschke: S. 212 o., u. l.;
G. Wennrich: S. 176.

über folgende Bildagenturen:
Bruce Coleman: S. 475 u.; S. 49 o. r., Ch. Ott; S. 68 o., S. 122 u. r. L. C. Marigo; S. 68 u. l., u. r. R. Williams; S. 85 o. J. van Wormer; S. 85 u. l. F. Erizo; S. 121 o. H. Reinhard; S. 139 u. J. Show; S. 140 o. E. u. H. Bauer; S. 140 u. R. P. Carr; S. 175 o. l., S. 229 u. m., S. 265 o. B. u. C. Calhoun; S. 175 u. r. W. Lankinen; S. 194 u. l., u. r. St. C. Kaufmann; S. 211 o. M. P. L. Fogden; S. 320 o. C. Laubscher; S. 337 o. G. Cubitt; S. 338 m. l. C. Hughes; S. 338 u. l., S. 356 o. l., u. r., S. 734 o. P. Davey; S. 585 u. A. Compost; S. 675 m. l. C. B. Frith; S. 751 o. r. B. J. Coates; S. 770 o. J. Mackinnon.
Mainbild: S. 558 o. l., S. 713 o. Ernst Müller.
Okapia: S. 49 o. l. P. C. Lack; S. 49 u. r. H. Williams; S. 67 o., S. 86, S. 356 o. r., S. 769 u. T. Mc Hugh; S. 121 u. l., S. 389 u. r., S. 586 K. W. Fink; S. 175 u. l. N. Bolen; S. 193 u. R. J. Erwin; S. 284 o. D. N. Dalton; S. 337 u. r. J. Show; S. 338 o. l. J. B. Blossom; S. 338 u. r. M. Reardon; S. 355 u. l. A. Root; S. 356 u. l. P. Johnson; S. 558 o. r. M. Kavanagh; S. 694 A. Mercieca; S. 751 u., S. 752 beide, S. 769 o. J. u. D. Bartlett.

Register

Die gewöhnlichen und die fettgedruckten Ziffern geben die Textseiten an, auf denen die Stichworte erwähnt bzw. ausführlicher abgehandelt werden. Die *kursiv* gedruckten Ziffern verweisen auf Bildseiten.

A
Aburri **80**, **81**
Afghanistan-Koklassfasan **518**
Ährenträgerpfau
– Burma **715–717**
– Indochina **715**
– Malaiischer **710–712**, *714*, **715**
Ährenträgerpfauen 19, 24, **709–712**, **715–717**
Alaschanfasan **642**
Alleinfutter s. Pelletiertes Futter
Alpenschneehuhn 218, 225, 226, **228**, *229*, **231–235**, 236
Alpensteinhuhn *302*, 318, 321, **326–329**
Altai-Königshuhn **316**, 322
Amazonas-Mitu 92, **93**, **94**, *103*
Amherstfasan 24, 26, 33, 655, *658*, **663–667**
Ammenbrut **33–36**, 44, 245, 295
Amu-Darja-Fasan **628**
Anden-Schaku **62**, **63**
Angola-Helmperlhuhn **742**
Anhwei-Koklassfasan **522**
Annam-Silberfasan **544**
Arabisches Sandhuhn 318, 321, **342–344**
Araucuan-Tschatschalaka 58
Arfak-Talegalla *770*, **785–789**
Argundahwachtel s. Madraswachtel
Argusfasan
– Borneo **689**
– Malaiischer (Großer) **677**, **688**, *693*, *694*
Argusfasanen 21, 23, 24, 25, 26, 30, 33, 108, **687–692**, *695*
Aschanti-Frankolin **376**, **377**
Assam-Blutfasan **487**
Atjeh-Fasan **554**, **555**
Attwater-Präriehuhn 276
Auerhuhn 22, 24, 199, 200, 221, *230*, 233, **239–245**, 264, 293
– Felsen **246**, **249**, **250**
Auerhühner 220, **238–250**, 254
Aufzuchtkasten **35**, **36**, 39, 44, 225, 226, 227, 228, 245
Auslauf s. Voliere
Australisches Talegalla *770*, **780–785**

B
Bambushuhn
– China *389*, **410**, **411**
– Indisches **412**, **413**
– Taiwan *389*, **411**, **412**
Bambushühner 22, **410–413**
Bandschwanz-Schaku **60**, **61**
Bankivahuhn
– Burma **575–577**
– Cochinchina **574**
– Java **578**, **579**
– Tongking **577**
– Vorderindisches **577**, **578**, *585*
Bankivahühner 26, **573–580**
Bart-Langschwanzwachtel **138**
Bartrebhuhn **297**
Bart-Schaku **61**
Baudo-Schaku **63**
Beaulieu-Silberfasan **542**
Beick-Blutfasan **489**
Beifußhuhn 22, *193*, 199, **203–206**
Bel-Silberfasan **542**, **543**
Beresowski-Blutfasan **488**
Bergfrankoline **400**, **401**
Berghaubenwachtel 134, **159–161**, *175*
Bergheide-Frankolin **371**, **372**
Berlioz-Silberfasan **542**
Besamung, künstliche **31**, **32**
– Brauner Ohrfasan 601
– China-Glanzfasan **532**, **533**
– Kongopfau 700
– Kupferfasanen 612
– Pfauentruthuhn 132
– Tragopane 513
Bianchi-Blutfasan **489**
Bianchi-Fasan s. Tadschikistan-Fasan
Bindenschwanzfasanen **606–619**
Bindenwachtel **141–143**
Birkhuhn 200, 221, 233, *247*, **250–257**, 293
– Kaukasus **257–260**
Birkhühner 220, 238, **250–260**
Blauer Ohrfasan **597–599**, *604*
Blauer Pfau **702**, **705–707**, *713*
Blaufasanen **549–553**
Blaukehl-Schakutinga **75**, **76**, 85
Blaulappen-Hokko **106**, **109**, **110**
Blumenbach-Hokko 91, 106, **115–117**, *122*
Blutfasan
– Assam **487**
– Beick **489**
– Beresowski **488**
– Bianchi **489**
– Clarke **488**
– David **489**
– Geoffroy **488**
– Nepal *476*, **486**, **487**
– Rock **488**
– Tibet **487**
– Vernay **487**
Blutfasanen 26, 27, **485–492**, 495
Blyth-Tragopan 31, 40, **506–509**, *511*
Bolowen-Silberfasan **543**
Borneo-Argusfasan **689**
Borneo-Feuerrückenfasan *558*, **560**, **561**
Borneo-Gelbschwanzfasan *558*, **559**
Borneo-Pfaufasan 31, **679**, **680**
Borneo-Waldrebhuhn **432**, **433**
Boulton-Waldrebhuhn **426**
Braunbauch-Sichelflügelguan **82**, **83**
Braunbrust-Talegalla **789**
Braunbrust-Waldrebhuhn **429**, **430**
Brauner Ohrfasan 31, **599–602**, *604*
Braunflügel-Tschatschalaka **46–48**, *49*
Braunkehl-Waldfelsenhuhn *284*, **304**
Bronzetruthühner **118–120**, **123–128**
Bronzeschwanz-Pfaufasan
– Nördlicher **668**
– Südlicher **668**, *676*
Bronzeschwanz-Pfaufasanen 30, **668**, **669**
Brut **33–38**
Brüter **36–39**
Bulwer-Fasan 40, **566**, *568*, **569–572**
Buntfasan *641*
– Dunkler **647**
– Nördlicher **647**, **648**
– Schikoku **647**
– Südlicher **646**, **647**
Buntfasanen, Japanische **646–648**
Burma-Ährenträgerpfau **715–717**
Burma-Bankivahuhn **575–577**
Burma-Humefasan **617**, **618**
Burma-Pfaufasan **673**

C
Cabot-Tragopan 31, *494*, **510**, **513**
– Dunkler **513**, **514**
Capueira-Zahnwachtel **182**
Cauca-Schaku **69**, **70**
Ceylonhuhn s. Lafayette-Huhn
Ceylon-Spornhuhn *389*, **416**, **417**

Chaco-Tschatschalaka *49*, **53**, **54**
Chapin-Haubenperlhuhn **727**
Charlton-Waldrebhuhn **421**
China-Bambushuhn *389*, **410**, **411**
China-Glanzfasan **31**, *512*, **531–533**
China-Ringfasan **635**, **636**, *640*
China-Zwergwachtel **462–469**, *475*
Chiwa-Fasan **631**
Chukarhuhn 17, 19, 22 ,24, 33, *301*, *302*, 316, 318, 320, **321–326**, 332
Clapperton-Frankolin **382**, **383**
Clarke-Blutfasan **488**
Cochinchina-Bankivahuhn **574**
Colchicus-Fasan s. Transkaukasischer Fasan
Coqui-Frankolin *320*, **362–364**
Cozumel-Hokko 107, 108
Crawfurd-Fasan **539**

D
Damara-Helmperlhuhn **742**, **743**
Darwin-Koklassfasan **522**, **523**
Daubenton-Hokko 106, **114**, **115**
David-Blutfasan **489**
David-Waldrebhuhn **433**
Diamantfasan s. Amherstfasan
Doppelsporn-Frankolin *338*, **380–382**
Douglaswachtel **145–147**
Drahtbodenhaltung 24, 201, 226, 244, 255, 256, 257, 267

E
Edwardfasan **551**, **552**, *557*
Eier
– Aufbewahrung 33
– Sammeln 32
– Schieren 37, 38
– Wenden 38
Eierfresser 540
Eierlampe **37**, **38**
Elliotfasan **613–615**, *622*
Erckel-Frankolin *355*, **401–403**
Erlanger-Helmperlhuhn **739**, **740**
Estudillo-Hokko *104*, 106, **110**, **111**

F
Fasan
– Alaschan 642
– Amherst 24, 26, 33, *658*, **663–667**
– Amu-Darja **628**
– Argus s. Argusfasan
– Atjeh **554**, **555**
– Bianchi s. Tadschikistan-Fasan
– Blut s. Blutfasan
– Bulwer **566**, *568*, **569–572**
– Bunt s. Buntfasan
– Chiwa **631**
– Colchicus s. Transkaukasischer Fasan
– Crawfurd **539**
– Edward 24, **551**, **552**, *557*
– Elliot **613–615**, *622*
– Feuerrücken s. Feuerrückenfasan
– Gelbschwanz s. Gelbschwanzfasan
– Gescheckter **649**
– Glanz s. Glanzfasan
– Gold s. Goldfasan
– Horsfield **537**, **548**
– Hume s. Humefasan
– Isabell **649**
– Jagd **619**, *657*
– Jarkand **684**
– Kaiser **552**, **553**
– Kansu **641**, **642**
– Kasachstan **632**, **633**
– Königs 24, 26, 33, **607**, **608**, *621*
– Kupfer s. Kupferfasan
– Kweitschou **637**
– Mikado **615–617**, *639*
– Moffit **536**, **537**
– Mongolicus **632**, *641*
– Nepal **535**, **536**, *547*
– Nordkaukasischer **625**, **626**
– Oates **535**
– Ohr s. Ohrfasan
– Persischer **626**, **627**
– Pfau s. Pfaufasan
– Prälat **558**, **564**, **565**
– Prinz-of-Wales **627**, **628**
– Rheinart s. Rheinartfasan
– Ring s. Ringfasan
– Rothschild **638**
– Salvadori **554**, *557*
– Sarudny s. Amu Darja-Fasan
– Schansi s. Ringfasan
– Schwarzbrust s. Horsfieldfasan
– Schwarzrücken **536**
– Serafschan **631**, **632**
– Silber s. Silberfasan
– Sömmerring **609**, **610**, *621*
– Sohokhoto **642**
– Stone **637**, **638**
– Strauch s. Kansufasan
– Strichel **538**, **539**, *547*
– Sungpan **638**, **641**
– Swinhoe **549**, **550**, *557*
– Syr Darja **633**, **634**
– Tadschikistan **628–630**
– Talysch **626**
– Tarim **634**, **635**
– Tenebrosus **648**, **649**, *658*
– Torquatus **635**, **636**, *640*
– Transkaukasischer (Colchicus) **623–625**, *639*
– Tsaidam **642**
– Versicolor *640*, **646–648**
– Vieillot **558**, **559**, **562**, **563**
– Vo Qui **551**
– Wallich **602**, *604*, **605**, **606**
– Weißer Jagd **649**, *658*
– Weißhauben **534**, **535**, *548*
– William **537**, **538**
Fasanen
– Argus **687–692**, *695*
– Bindenschwanz **606–619**
– Blau **549–553**
– Blut **485–492**, *495*
– Bulwer **566–569**, *572*
– Bunt **646–648**
– Feuerrücken **560–564**
– Glanz **524–528**, **531–533**
– Hühner **534–546**, **549–556**, **559–566**, **569–572**
– Jagd **619**, **620**, **623–638**, **641–646**
– Koklass 26, 27, 28, 39, 40, **514–524**
– Kragen **655**, **656**, **659–667**
– Kupfer s. Bindenschwanzfasanen
– Malaiische Haubenlose **554–556**, **559**
– Ohr 24, 39, 40, **590–602**
– Pfau 23, 26, 30, 33, 39, 108, 223, **667–674**, **677–683**
– Prälat 24, **564–565**
– Rheinart 30, 33, **683–687**
– Schwarz **534–539**
– Silber 24, 26, 32, 33, **539–546**
– Wallich **602**, **603**, **606**
Felsenauerhuhn **246**, **249**, **250**
Felsengebirgshuhn *193*, **206–210**
Felsenhühnchen **418–420**
Feuerrückenfasan
– Delacour **561**
– Großer Borneo *558*, **560**, **561**
– Kleiner Borneo *558*, **560**
– Vieillot *558*, **559**, **562**, **563**
Feuerrückenfasanen 25, 39, 40, **560–564**
Finsch-Frankolin **369**, **370**
Flecken-Tschatschalaka **56–58**
Florida-Truthuhn **125**
Florida-Wachtel **166**
Formosa-Ringfasan **637**, *640*
Frankolin
– Aschanti **376**, **377**
– Bergheide **371**, **372**
– Clapperton **382**, **383**
– Coqui *320*, **362–364**
– Doppelsporn *338*, **380–382**
– Erckel *355*, **401–403**
– Finsch **369**, **370**
– Gelbfuß-Wald **361**, **362**
– Gelbkehl *356*, **397–400**
– Graubrust-Nacktkehl *356*, **397**
– Grauflügel **367**, **368**
– Graustreifen **377**
– Halsband *320*, **348–351**
– Hartlaub **384–386**
– Harwood **384**
– Heuglin **382**
– Hildebrandt *338*, **378**, **379**
– Jackson *355*, **378**, **379**
– Kamerunberg **406**

- Kap *338*, **386, 387**
- Kastanienhals **401**
- Kiwu **405**
- Kragen **366, 367**
- Natal **379**, *380*
- Perlhuhn **352, 353**
- Rebhuhn **372, 373**
- Rotflügel **368, 369**
- Rotfuß-Wald **373, 374**
- Rotkehl *356*, **393–396**
- Rotschnabel *338*, **387, 388**
- Schlegel **365**
- Schopf *337*, **359–361**
- Schuppen *338*, **375, 376**, 406
- Shelley **370, 371**
- Sumpf **353, 354**
- Swainson *356*, **391, 392**
- Swierstra **407**
- Tropfen **351**
- Wacholder **403, 404**
- Wachtel *320*, **357, 358**
- Weißkehl **364, 365**

Frankoline 22, 23, **347–389, 391–409**
- Berg **400–407**
- Gelbfuß-Wald **361, 362**
- Indische Wachtel **354, 357**
- Nacktkehl **388, 391–400**
- Rotflügel **366–373**
- Rotfuß-Wald **373, 374**
- Rotschwanz **362–365**
- Schopf **359–361**
- Schuppen **374–377**
- Sumpf **353, 354**
- Tropfen **348–353**
- Wellen **377–388**

Frankolinwachtel **474**, *476*, **477, 478**
Füchse **41**
Fukien-Silberfasan **541**
Fukien-Waldrebhuhn **433, 434**
Futtermittel **26–28, 39, 40**, 44
Fütterung **26–28, 39, 40**, 44

G

Gabelschwanzhuhn **585**, *586*, **587–589**
Gabun-Helmperlhuhn **738**
Gambel-Wachtel **147–150**, *175*
Geierperlhuhn *734*, **748–751**
Gelbfuß-Waldfrankolin **361, 362**
Gelbhals-Koklassfasan **521, 522**
Gelbkehl-Frankolin *356*, **397–400**
Gelbschwanzfasan
- Borneo *558*, **559**
- Malaiischer **555, 556**, *557*

Geoffroy-Blutfasan **488**
Germain-Pfaufasan **670, 671**, *676*
Gescheckter Jagdfasan **649**
Gescheckter Pfau **708**
Ghigi-Pfaufasan **673**
Glanzfasan
- China 31, *512*, **531–533**

- Königs *512*, **525–528**, *529*, *530*
- Sclater **528, 531**
Glanzfasanen 24, **524–528, 531–533**
Glattschnabel-Hokko 105, 106, **112**, 113, *122*
Glucken **33–36**
Gobi-Ringfasan **643**
Goldfasan 19, 24, 26, 33, **655, 656**, *658*, **659–661**
- Dunkler **661, 662**
- Lachsroter **662, 663**
- Lutino **662**, *658*
- Zimtfarbener **663**
Gould-Truthuhn **127, 128**
Grant-Haubenperlhuhn *724*, **728**
Graubrust-Nacktkehlfrankolin *356*, **397**
Graubrust-Tschatschalaka **52, 53**
Graubürzelfasanen **635–638**, **641–645**
Graue Pfaufasanen **672–674**, *675*, **677**
Grauflügelfrankolin **367, 368**
Graukopf-Tschatschalaka 45, **48**
Graustreifenfrankolin **377**
Gray-Schakutinga **77**, *85*
Grit **28**
Großfußhuhn
- Layard **762, 763**
- Marianen **764**
- Molukken **767–769**
- Nikobaren **759**
- Palau **764**
- Queensland *752*, **756**
- Salomonen **761, 762**
- Sulawesi **760, 761**
- Tonga **764–766**
Großfußhühner 36, 42, 200, **754–769, 772–793**
Grünfutter **26–28**
Grünschnabel-Hokko s. Estudillo-Hokko
Guayana-Tschatschalaka **55**
Guayana-Zahnwachtel **180, 181**
Guinea-Helmperlhuhn **736–738**, *751*

H

Hagenbeck-Ringfasan s. Kobdo-Ringfasan
Hainan-Pfaufasan **673**
Hainan-Silberfasan **541, 542**
Hainan-Waldrebhuhn **428, 429**
Halsbandfrankolin *320*, **348–351**, 352
Halsband-Talegalla **779**
Hammerhuhn *771*, **790–793**
Hammerhühner **789–793**
Harlekinwachtel **442, 456–460**
Harlekin-Zahnwachtel **191, 192, 195–197**
Harman-Ohrfasan **596**
Hartlaub-Frankolin **384–386**
Harwood-Frankolin **384**

Haselhuhn 201, 221, 260, 261, 264, 265, **268–275**, 293
- Tibet **273–275**
Haselhühner 22, 220, 254, 260, **268–275**
Hasting-Tragopan 31, **496–498**
Haubenperlhuhn
- Chapin **727**
- Grant *724*, **728**
- Malawi **728, 729**
- Pucheran *724*, **730, 731**, 733
- Sambesi *724*, **729**
- Schlichtfedriges **722**, *724*, **725**, 729
- Schouteden **727**
- Schubotz **722, 725**
- Sclater **726**
- Seth-Smith **726, 727**
- Westafrikanisches **725, 726**
- White **727**
Haubenwachtel **174, 177–179**
- Sonnini **177, 178**
Helmhokko
- Nördlicher **97–102**
- Südlicher 97, **102**, *103*, 105
Helmhokkos **97–102**, 105
Helmperlhuhn
- Angola s. Huambo
- Damara **742**, 743
- Erlanger **739, 740**
- Gabun **738**
- Guinea **736–738**, *752*
- Huambo **742**
- Kalahari **742**
- Kasai **743**
- Marokko **735**, 743
- Marungu **742**
- Natal **741, 742**
- Reichenow *734*, **740, 741**, 743
- Sambesi **741**, 743
- Strassen **738**
Helmperlhühner **732, 735–748**
Helmwachtel **147–150**, *175*
Heuglin-Frankolin **382**
Hildebrandt-Frankolin *338*, **378, 379**
Himalaja-Bergwachtel **484, 485**
Himalaja-Blutfasan s. Nepal-Blutfasan
Himalaja-Königshuhn *284*, **310–314**, 316
Himalaja-Pfaufasan **672**
Hokko
- Blaulappen 106, **109, 110**
- Blumenbach 106, **115–117**, *122*
- Cozumel **107, 108**
- Daubenton 106, **114, 115**
- Estudillo *104*, 106, **110, 111**
- Glattschnabel 105, 106, **112, 113**, *122*
- Grünschnabel s. Estudillo-Hokko
- Heck **107**
- Helm s. Helmhokko
- Knopfschnabel 106, **107–109**, 114, *121*

– Natterer 111
– Rot **90–92**, *103*
– Sclater 106, **111, 112**, *121, 122*
– Tuberkel s. Knopfschnabel-Hokko
– Yarrell 94, 106, **113, 114**, *122*
Hokkohühner **42–48, 51–66, 69–84, 87–102, 105–117**
Hokkos
– Helm **97–102, 105**
– Kräuselfeder **105–117**
– Rot **90–92**, 105
Horsfield-Fasan **537**, *548*
Huambo-Helmperlhuhn **742**
Hügelhuhn *390*, **422, 425, 426**
Hühnerfasanen **534–546, 549–556, 559–566, 569–572**
Hume-Fasan
– Burma **617, 618**
– Manipur **617**, *639*

I
Ijima-Kupferfasan **611**
Indisches Bambushuhn **412, 413**
Indochina-Ährenträgerpfau **715**
Infrarot-Wärmestrahler 21, 39
Isabellfasan **649**

J
Jackson-Frankolin *355*, **404, 405**
Jagdfasanen 26, 27, 31, 33, 35, 124, **619, 620, 623–638, 641–655**
Japanwachtel 27, 31, **450–453**
Jarkandfasan **634**
Java-Bankivahuhn **578, 579**
Java-Waldrebhuhn *423*, **432**
Jone-Silberfasan **545**

K
Kaiserfasan **552, 553**
Kalahari-Helmperlhuhn **742**
Kalifornische Schopfwachtel **150–156**, *157*
Kalij-Gruppe s. Schwarzfasanen
Kambodscha-Waldrebhuhn **431, 432**
Kamerunberg-Frankolin **406**
Kammhühner **573–584, 587–589**
Kamm-Talegallas **785–789**
Kansufasan **641, 642**
Kap-Frankolin *338*, **386, 387**
Karunkelhokko s. Yarrell-Hokko
Kasachstan-Fasan **632, 633**, *640*
Kasai-Helmperlhuhn **743**
Kaschmir-Koklassfasan **517, 518**
Kaspi-Königshuhn **309, 310**
Kastanienhals-Frankolin **401**
Kastanien-Zahnwachtel **183, 184**
Kaukasus-Birkhuhn **257–260**
Kaukasus-Königshuhn **307–309**
Katzen 41

Kenia-Rotkehlfrankolin **394**, *356*
Kiwu-Frankolin **405**
Klippenhuhn 318, *319*, **339, 342**
Knopfschnabel-Hokko 106, **107–109**, 114, *121*
Kobdo-Ringfasan **643, 644**
Königsfasan 24, 26, 33, **607, 608**, *621*
Königsglanzfasan *512*, **525–528**, *529, 530*
Königshuhn
– Altai **316**, 322
– Himalaja *284*, **310–314**, 316
– Kaspi **309–310**
– Kaukasus **307–309**
– Tibet **314–316**
– Turkestan *284*
Königshühner 26, 27, **306–317**
Koklassfasan
– Afghanistan **518**
– Anhwei **522, 523**
– Darwin **522**
– Gelbhals **521, 522**
– Gemeiner *511, 512*, **515–517**
– Kaschmir **517, 518**
– Meyer **519, 520**
– Nepal **519, 520**
– Rothals **520, 521**
Koklassfasanen 26, 27, 28, 39, 40, **514–524**
Kongopfau 30, 32, 33, **696–701**, *704*
Kongopfauen **695–701**
Korea-Ringfasan *640*, **644, 645**
Kragenfasanen 655, 656, **659–667**
Kragenfrankolin **366, 367**
Kragenhühner **260–263**, 267, 268
Kragenhuhn 22, 24, 202, *248*, **260–263**, 267, 268
Kragen-Zahnwachtel **185**
Krähenvögel 41
Kräuselfeder-Ohrfasan **594**
Kräuselhauben-Hokkos 94, **105–117**
Kubawachtel **166, 167**
Kükenaufzucht **39, 40**, 245
Kükenfütterung **39, 40**, 135, 245
Kunstbrut 33, **36–38**, 245
Kunstnester 21, 43
Kupferfasan 32, **609, 610**, *621*
– Ijima **611**
– Nördlicher **610**, *622*
– Pazifischer **610, 611**
– Schikoku **610**
Kupferfasanen 30, 31, **609–612**
Kweitschou-Fasan **637**
Kweitschou-Silberfasan **541**

L
Lafayette-Huhn **582–584, 587**, *603*
Langbein-Zahnwachtel **197, 198**
Langschnabel-Waldrebhuhn **436, 437**
Langschwanzwachtel
– Bart **138**

– Rotschnabel **137, 138**
– Schwarzschnabel **136**
Langschwanzwachteln **135–138**
Layard-Großfußhuhn **762, 763**
Lerwahuhn **300**, 303
Lewis-Silberfasan **544**
Leyland-Tropfenwachtel **173, 174**

M
Madagaskar-Perlwachtel *476*, **480–482**
Madraswachtel **478, 479**
Malaiischer Ährenträgerpfau **710–712**, *714*, **715**
Malaiischer Argusfasan *676*, **688**, *693, 694*
Malaiischer Gelbschwanzfasan **555, 556**, *557*
Malaiischer Pfaufasan *676*, **677–679**
Malaiischer Rheinartfasan **684**
Malawi-Haubenperlhuhn **728, 729**
Maleo s. Hammerhuhn
Mandschu-Ringfasan *640*, **645, 646**
Manipur-Humefasan **617**, *639*
Manipur-Wachtel **483, 484**
Mäuse 40, 41
Marail-Schaku **63, 64**
Marcgrave-Mitu 92, **93**, 96
Marder 41
Marianen-Großfußhuhn **764**
Marokko-Helmperlhuhn **735**, 743
Marungu-Helmperlhuhn **742**
Mearns-Wachtel **195**
Mekong-Ohrfasan **594**
Merlin-Waldrebhuhn **421**
Merriam-Truthuhn **126**
Meyer-Koklassfasan **519, 520**
Mikadofasan 30, **615–617**, *639*
Mitu
– Amazonas 92, **93**, **94**, *103*
– Marcgrave 92, **93**, 96
– Salvin 92, **95**
– Samt 92, **95**, 96
Mitus 91, **92–96**, 105, 112, 114
Moffit-Fasan **536, 537**
Mohren-Guan **82**
Molesworth-Tragopan **509**
Molukken-Großfußhuhn **767–769**
Mongolicusfasan s. Kasachstanfasan
Montezuma-Wachtel *175*, **191, 192, 195, 196**
Moore-Truthuhn **128**
Moorschneehuhn *212*, **219–222**, 226, 227, 236

N
Nacktkehlfrankoline 388, **391–400**
Natal-Frankolin **379, 380**
Natal-Helmperlhuhn **741, 742**
Natterer-Hokko 111

Naturbrut 33
Nepal-Blutfasan *476*, **486, 487**
Nepalfasan **535, 536**, *547*
Nepal-Koklassfasan **518, 519**
Neuguinea-Talegallas **776**
Nikobaren-Großfußhuhn **759**
Nordkaukasischer Fasan **625, 626**

O

Oates-Fasan **538**
Ohrfasan
– Blauer **597–599**, *604*
– Brauner 31, **599–602**, *604*
– Harman **596**
– Kräuselfeder **594, 595**
– Mekong **594**
– Szetschuan **590**
– Weißer 40, **590–595**, *604*
Ohrfasanen 24, 39, 40, **590–602**
Östliches Bronzetruthuhn 119, **120**, **123–125**, *139*

P

Palau-Großfußhuhn **764**
Palawan-Pfaufasan *676*, **681, 682**
Pelletiertes Futter **27, 28**
Penelopina **83, 84, 87**
Perlhühner 22, **718–722, 725–732**, **735–751**
– Geier **748–751**
– Hauben **721, 722, 725–732**
– Helm **732, 735–748**
– Pinsel **738, 739**
– Wald **718–721**
Perlhuhnfrankolin **352, 353**
Perl-Spornhuhn **414–416**
Persischer Fasan **626, 627**
Persisches Sandhuhn 318, **344–346**
Pfau
– Ährenträger s. Ährenträgerpfau
– Blauer **702, 705–707**, *713*
– Gescheckter **708**
– Kongo **696–701**, *704*
– Schwarzflügel **708**, *713*
– Spalding **709**
– Weißer **708**, *714*
Pfauen 21, 40 ,41, **695–702, 705–712**, **715–717**
– Afrikanische **695–701**
– Asiatische **702, 705–712, 715–717**
Pfauentruthuhn 24, 31, 32, **129–133**, *157, 158*
Pfaufasan
– Borneo **679, 680**
– Bronzeschwanz **668, 669**, *676*
– Burma **673**
– Germain **670, 671**, *676*
– Ghigi **673**
– Grauer **672–674**, *675, 677*
– Hainan **673**

– Himalaja **672**
– Malaiischer *676*, **681, 682**
– Palawan *676*, **681, 682**
– Rothschild **669, 670**
Pfaufasanen 23, 26, 30, 33, 39, 108, 223, **667–674, 677–683**
Philby-Steinhuhn 318, **330, 331**
Pinselperlhuhn
– Somali **739**, *743*
– Sudan **739**
– Uganda **738**
Prälatfasan **558, 564, 565**
Prälatfasanen 24, **564, 565**
Präriehuhn 22, *266*, **275–280**, 287
– Attwater **276**
– Kleines **280**
Prinz-of-Wales-Fasan **627, 628**
Przewalski-Steinhuhn 318, **330**
Pucheran-Haubenperlhuhn 724, **730**, **731**, 733

Q

Queensland-Großfußhuhn *752*, **756**

R

Rabenvögel 24, 41
Ratten 40, 41
Rauhfußhühner 22, 23, 24, 27, 123, **199–282, 285–287**, 329
Rebhuhn *283*, **288–296**
– Bart **297**
– Tibet **298, 299**
Rebhühner 19, 22, 30, 135, 227, **288–297**, 329
Rebhuhn-Frankolin **372, 373**
Regenwachtel *176*, **453–456**
Reichenow-Helmperlhuhn *734*, **740, 741**, 743
Rheinartfasan
– Malaiischer **684, 685**
– Vietnam **683, 684**, *703*
Rheinartfasanen 30, 33, **683–687**
Ridgway-Wachtel **167–169**
Ringfasan
– China **635, 636**, *640*
– Formosa (Taiwan) **637**, *640*
– Gobi **643**
– Kobdo **643, 644**
– Korea **640, 645, 656**
– Mandschu *640*, **645, 646**
– Satschu **643**
– Schansi **644**
– Tongking **636, 637**
Rio-Grande-Truthuhn **125, 126**, *140*
Rippon-Silberfasan **545**
Rock-Blutfasan **488**
Rostbauch-Schaku 60, **68**, **70–72**
Rostgelbes Waldrebhuhn *390*, **435, 436**
Rostkehl-Waldfelsenhuhn **304, 305**

Rotbrust-Schaku **73**
Rotbrust-Waldrebhuhn **431**
Rotbrust-Zahnwachtel **184**
Rotflügel-Frankolin **368, 369**
Rotflügel-Frankoline **366–373**
Rotflügel-Tschatschalaka **51**
Rotfuß-Waldfrankolin **373, 374**
Rotgesicht-Schaku **65**
Rothals-Koklassfasan **520, 521**
Rot-Hokko **90–92**, *103*, 105
Rothschild-Fasan **638**
Rothschild-Pfaufasan **669, 670**
Rothuhn 318, *319*, 321, **332–336**, 339
Rotkehl-Frankolin **393–396**
– Kenia *356*, **394**
– Uganda *356*, **395**
Rotkehl-Schakutinga
– Nördliche **77**
– Südliche **77, 78**
Rotkehl-Waldrebhuhn **426–428**
Rotkopf-Tschatschalaka **52**
Rotkopfwachtel **437, 438**
Rotschnabel-Frankolin *338*, **387, 388**
Rotschnabel-Langschwanzwachtel **137, 138**
Rotschnabel-Talegalla **776**
Rotschnabelwachtel **476, 482, 483**
Rotschnabel-Waldrebhuhn **434**
Rotschwanz-Frankoline **362–365**
Rotsteiß-Tschatschalaka *49*, **51, 52**
Rotstirn-Zahnwachtel **183**
Roulroul s. Straußwachtel
Rubinminen-Silberfasan **545**

S

Salomonen-Großfußhuhn **761, 762**
Salvadori-Fasan 30, 31, **554**, *557*
Salvin-Mitu 92, **95**
Sambesi-Haubenperlhuhn *724*, **729**
Sambesi-Helmperlhuhn **741**, 743
Samt-Mitu 92, **95, 96**
Sandhuhn
– Arabisches 318, 322, **342–344**
– Persisches 318, **344–346**
Sandhühner **342–346**
Sarudny-Fasan s. Amu Darja-Fasan
Satschu-Ringfasan **643**
Satyr-Tragopan 31, **494, 498–502**
Schaku
– Anden **62, 63**
– Bandschwanz **60, 61**
– Bart **61**
– Baudo **63**
– Cauca **69, 70**
– Marail **63, 64**
– Rostbauch 60, **68**, **70–72**
– Rotbrust **73**
– Rotgesicht **65**
– Schwarzfuß **65, 66**, 68
– Spix **66**, *67*, **68, 69**
– Weißflügel **70**

- Weißschopf 73, 74
Schakus 43, 59–66, 69–74
Schakukaka 72
Schakupemba 64, 65, 68
Schakutinga
- Gray 75, 77, 85
- Rotkehl 77
-- Nördliche 75, 77
-- Südliche 75, 77, 78
- Schwarzstirn 75, 78–80, 86
- Trinidad 75, 76
- Venezuela-Blaukehl 75, 76, 85
Schakutingas 43, 75–80
Schansi-Ringfasan 644
Schlegel-Frankolin 365
Schneegebirgswachtel 473, 474
Schneehuhn
- Alpen 218, 225, 226, 228, 229, 231–235, 236
- Moor 212, 219–222, 227, 236
- Schottisches Moor 211, 217, 222–228
- Weißschwanz 211, 235–238
Schneehühner 22, 199, 200, 201, 217–238
Schopffrankolin 337, 359–361
Schopfwachtel
- Kalifornische 134, 143, 150–156, 175
Schopfwachteln 143–156
Schottisches Moorschneehuhn 211, 217, 222–228
Schouteden-Haubenperlhuhn 727
Schuppenfrankolin 338, 375, 376, 406
Schuppenfrankoline 374–377
Schuppen-Tschatschalaka 58
Schuppenwachtel 143–145, 175
- Kastanienbauch 143
Schutzhaus 19–22
Schwarzbrustwachtel 460–462
Schwarzbrust-Zahnwachtel 170
Schwarzes Sichelflügel-Guan
s. Mohren-Guan
Schwarzes Waldperlhuhn 719, 720
Schwarzfasanen 534–539
Schwarzflügelpfau 708, 713
Schwarzfuß-Schaku 65, 66, 68
Schwarzhalsfasanen 620, 623–627
Schwarzkehl-Zahnwachtel 171, 172
Schwarzkopf-Steinhuhn 318, 319, 331, 332
Schwarzrückenfasan 536
Schwarzrücken-Zahnwachtel 183
Schwarzschnabel-Langschwanzwachtel 136
Schwarzschnabel-Talegalla 776, 777
Schwarzstirn-Schakutinga 78–80, 85
Schwarzstirn-Zahnwachtel 186
Schwarzwachtel 423, 438, 439
Sclater-Glanzfasan 528, 531
Sclater-Hokko 91, 106, 111, 112, 121, 122

Sclater-Haubenperlhuhn 726
Serafschan-Fasan 631, 632
Seth-Smith-Haubenperlhuhn 726, 727
Shelley-Frankolin 370, 371
Sichelflügel-Guan
- Braunbauch 82, 83
- Mohren oder Schwarzes 82
Sichelflügel-Guans 81–83
Sichelhuhn 213, 214
Silberfasan
- Annam 544
- Beaulieu 542
- Bel 542, 543
- Berlioz 542
- Bolowen 543
- Fukien 541
- Gemeiner 539, 540, 548
- Hainan 541, 542
- Jones 545
- Kweitschou 541
- Lewis 544
- Rippon 545
- Rubinminen 545
- Szetschuan 541
- Westlicher 546
Silberfasanen 24, 26, 32, 33, 539–546
Singwachtel 188–190
Sömmerring-Fasan 609, 610, 621
Sohokhoto-Fasan 624
Somali-Pinselperlhuhn 739, 743
Sonnerathuhn 580, 581, 603
- Lavendelfarbenes 581, 582
Sonnini-Haubenwachtel 177–179
Spalding-Pfau 709
Spitzschwanzhuhn 266, 277, 282, 285–287
Spix-Schaku 66, 67, 68, 69
Spix-Tschatschalaka 56
Spornhuhn
- Ceylon 389, 416, 417
- Perl 414–416
- Rotes 414
Spornhühner 413–418
Steinhuhn
- Alpen 302, 318, 321, 326–329
- Philby 318, 330, 331, 332
- Przewalski 318, 330
- Schwarzkopf 318, 319, 331, 332
Steinhühner 135, 317–336, 339–342
Stern-Zahnwachtel 186
Stone-Fasan 637, 638
Strassen-Helmperlhuhn 738
Straußwachtel 424, 439, 440, 443, 444
Straußwachteln 25, 26, 439, 440, 443, 444
Streifengesicht-Zahnwachtel 186
Strichelfasan 538, 539, 547
Südmexikanisches Truthuhn 127, 140
Sudan-Pinselperlhuhn 739
Sulawesi-Großfußhuhn 760, 761

Sumatra-Waldrebhuhn 390, 423, 430, 431
Sumpffrankolin 353, 354
Sumpfwachtel 471–473, 475
Sungpan-Fasan 638, 641
Swainson-Frankolin 356, 638, 641
Swierstra-Frankolin 407
Swinhoe-Fasan 24, 549, 550, 557
- Dunkler 550
Syr-Darja-Fasan 633, 634
Szetschuan-Ohrfasan 590
Szetschuan-Silberfasan 541

T
Tacarcuna-Zahnwachtel 184, 185
Tadschikistan-Fasan 628–630
Taiwan-Bambushuhn 389, 411, 412
Taiwan-Ringfasan 637, 640
Taiwan-Waldrebhuhn 424, 429
Talegalla
- Arfak 770, 785–789
- Australisches 770, 780–785
- Braunbrust 789
- Halsband 779
- Rotschnabel 776
- Schwarzschnabel 776, 777
Talegallas
- Australische 780–785
- Kamm 785–789
- Neuguinea 777–779
Talysch-Fasan 626
Tannenhuhn 194, 214–217
Tannenhühner 213–217
Tarim-Fasan 634, 635
Temminck-Tragopan 31, 493, 494, 502–506
Tenebrosusfasan 648, 649, 658
Texas-Wachtel 166
Thermometerhuhn 752, 753, 772–777
Thermometerhühner 769–777
Tibet-Blutfasan 487
Tibet-Haselhuhn 273–275
Tibet-Königshuhn 314–316
Tibet-Rebhuhn 298, 299
Tierische Feinde 40, 41
Tonga-Großfußhuhn 764–766
Tongking-Bankivahuhn 577
Tongking-Ringfasan 636, 637
Torquatusfasan s. China-Ringfasan
Tragopan
- Blyth 506–509, 511
- Cabot 31, 494, 510, 513
-- Dunkler 513
- Hasting 496–498
- Molesworth 509
- Satyr 31, 494, 498–502
- Temminck 493, 494, 502–506
- Westlicher s. Hasting
Tragopane 23, 24, 25, 26, 28, 30, 32, 40, 223, 495–510, 513, 514
Transkaukasischer Fasan 623–625, 639

Transport 25, 26
Tränenwachtel 196, 197
Trinidad-Schakutinga 76
Tropfenfrankolin 351
Tropfenfrankoline 348–353
Tropfen-Zahnwachtel 187–189
Truthuhn
– Florida 125
– Gould 127, 128
– Merriam 126
– Moore 128
– Östliches Bronze 119, 120, 123–125, 139
– Pfauen 31, 32, 129–133, 157, 158
– Rio Grande 125, 126, 140
– Südmexikanisches 127, 140
Truthühner 22, 27, 40, 118–120, 123–133
Tsaidam-Fasan 642
Tschatschalaka
– Braunflügel 46–48, 49
– Chako 49, 53, 54
– Flecken 56–58
– Graubrust 50, 52, 53
– Graukopf 45, 48
– Guayana 55, 56
– Rotflügel 51
– Rotkopf 52
– Rotsteiß 49, 51, 52
– Spix 56
– Wagler 50, 52
– Weißbauch 49, 54
Tschatschalakas 43, 45–48, 51–59
Tuberkelhokko s. Knopfschnabel-Hokko
Tupfenwachtel 173, 174
– Leyland 173, 174
Turkestan-Königshuhn 284

U
Uganda-Pinselperlhuhn 738
Uganda-Rotkehlfrankolin 356, 394, 395
Ular s. Königshuhn

V
Venezuela Blaukehl-Schakutinga 75, 76, 85
Versicolorfasan s. Buntfasan
Vieillot-Feuerrückenfasan 558, 559, 562, 563
Vietnam-Rheinartfasan 683, 684, 703
Virginiawachtel 30, 134, 154, 162–166, 175

W
Wacholderfrankolin 403, 404
Wachtel
– Afrikanische 448

– Argundah s. Madraswachtel
– Berghauben 134, 159–161, 175
– Binden 141–143
– Douglas 145–147
– Europäische 441, 445–450
– Gambel s. Helmwachtel
– Frankolin 474, 476, 477, 478
– Harlekin, Afrikanische 442, 456–460
– Hauben 174, 177–179
– Helm 147–150, 175
– Himalaja-Berg 484, 485
– Japan 450–453
– Kalifornische Schopf 150–156, 175
– Kuba 166, 167
– Madagaskar-Perl 476, 480–482
– Madras 478, 479
– Manipur 483, 484
– Mearns 195
– Montezuma 175, 191, 192, 195, 196
– Regen 176, 453–456
– Ridgway 167–169
– Rotkopf 437, 438
– Rotschnabel 476, 482, 483
– Schneegebirgs 473, 474
– Schuppen 143–145, 175
– Schwarz 423, 438, 439
– Schwarzbrust 460–462
– Sing 188–190
– Strauß 424, 439, 440, 443, 444
– Sumpf 471–473, 475
– Texas 166
– Tränen 196, 197
– Tupfen 173, 174
– Virginia 30, 134, 154, 162–166, 175
– Zwerg 19, 33, 462–471, 475
Wachtelfrankolin 320, 357, 358
Wachteln
– Berghauben 159–161
– Binden 141–143
– Frankolin 474, 477–480
– Harlekin-Zahn 191, 192, 195–197
– Himalaja-Berg 484, 485
– Indische Bunt 482–484
– Langbein-Zahn 197, 198
– Langschwanz 135–138, 141
– Madagaskar-Perl 480–482
– Rotkopf 437, 438
– Schopf 143–156
– Schwarz 438, 439
– Sing 188–190
– Strauß 439, 440, 443, 444
– Sumpf 471–473
– Virginia 161–171
– Zahn 134–138, 141–174
Wagler-Tschatschalaka 50, 52
Waldfelsenhuhn
– Braunkehl 284, 304
– Rostkehl 304, 305
Waldperlhuhn

– Schwarzes 719, 720
– Weißbrust 720, 721, 723
Waldperlhühner 718–721
Waldrebhuhn
– Borneo 432, 433
– Boulton 426
– Braunbrust 429, 430
– Charlton 421
– David 433
– Formosa s. Taiwan
– Fukien 433, 434
– Grünfuß 420, 421
– Hainan 428, 429
– Java 423, 432
– Kambodscha 431, 432
– Langschnabel 436, 437
– Merlin 421
– Rostgelbes 390, 435, 436
– Rotbrust 431
– Rotkehl 426–428
– Rotschnabel 434
– Sumatra 390, 423, 430, 431
– Taiwan 424, 429
– Weißwangen 428
Waldrebhühner 420–422, 425–437
Wallich-Fasan 602, 604, 605, 606
Wasser 28
Weichfutter 39
Weißbauch-Tschatschalaka 49, 54
Weißer Jagdfasan 649, 658
Weißer Ohrfasan 40, 590–595, 604
Weißer Pfau 708, 714
Weißflügelfasanen 627–632
Weißflügel-Schaku 70
Weißhaubenfasan 534, 535, 548
Weißkehl-Frankolin 364, 365
Weißkehl-Zahnwachtel 184
Weißschopf-Schaku 73, 74
Weißschwanz-Schneehuhn 211, 235–238
Weißwangen-Waldrebhuhn 428
Wellenfrankolin 377–388
Westlicher Silberfasan 546
White-Haubenperlhuhn 727
William-Fasan 537, 538

Y
Yarrell-Hokko 94, 106, 113, 114, 122

Z
Zahnwachtel
– Capueira 182
– Guayana 180, 181
– Harlekin 175, 191, 192, 195–197
– Kastanien 183, 184
– Kragen 185
– Langbein 197, 198
– Langschwanz s. Langschwanzwachtel
– Rotbrust 184
– Rotstirn 183

- Schwarzkehl **171**, **172**
- Schwarzrücken **183**
- Schwarzstirn **186**
- Stern **186**
- Streifengesicht **186**
- Tacarcuna **184**, **185**
- Tropfen **187**, **188**
- Venezuela **185**, **186**
- Weißkehl **184**

Zahnwachteln 22, 26, **134–156**, **159–198**
Zapfen-Guan 42, *86*, **87–89**
Zehenpicken 165, 292
Zehenverkrümmungen 39, 91

Zucht **29–32**
Zwergpfaufasan s. Bronzeschwanz-Pfaufasan
Zwergwachtel
- Afrikanische **470**, **471**
- Asiatische **462–469**, *475*

Zwergwachteln 19, 33, **462–471**

Register der wissenschaftlichen Namen

Aburria 61, 80, 81
- aburri 80
Acomus s. Houppifer
Acryllium 748
- vulturinum 748–751
Afropavo 695
- congensis 696–701
Aepypodius 754, 755, 756, 778, 785–789
- arfakianus 785
- bruijnii 789
Agelastes 718–721
- meleagrides 720, 721
- niger 698, 719, 720
Agriocharis 118, 129
- ocellata 129–133
Alectoris 23, 317, 318, 321–336, 339–342
- barbara 339–342
- chukar chukar 317, 318, 321–326, 330
- - kleini 322
- - koriakovi 322
- - pallescens 322
- - pallida 322
- graeca graeca 317, 318, 326–329
- - saxatilis 326–329, 330
- magna 317, 318, 330
- melanocephala 331, 332
- philbyi 317, 330, 331
- rufa 332–336, 339
Alectura 754, 755, 778, 780, 791
- lathami 755, 780–785
Ammoperdix 23, 342–346
- griseogularis 344–346
- heyi 322, 342–344
Anurophasis 473
- monorthonyx 473, 474
Arborophila 410, 420, 422, 425–434, 435
- ardens 428
- atrogularis 428
- brunneopectus albigula 422
- - brunneopectus 422, 429, 430
- - henrici 422
- cambodiana 431, 432
- crudigularis 429
- davidi 433
- gingica 433, 434
- hyperythra 432, 433
- javanica 422, 423
- mandellii 431
- orientalis campbelli 422, 430
- - orientalis 422, 430
- - rolli 422, 430
- - sumatrana 422, 430, 431
- rubrirostris 434
- rufogularis laotina 428
- - rufogularis 426, 428

- - tickelli 427
- torqueola 422, 425, 426–428, 431, 432
Argusianus 687–692, 695
- argus argus 688
- - grayi 689
Bambusicola 410–413
- fytchii fytchii 412, 413
- - hopkinsoni 412
- thoracica sonorivox 411, 412
- - thoracica 410, 411
Bonasa 260–264, 267–275
- bonasia bonasia 268–273
- - styriaca 268
- - vicinitas 273
- severzowi 273, 274
- umbellus 261–264, 267, 268
Callipepla 141, 143–156
- californica 150–156
- douglasii 145–147
- gambelii 147–150
- squamata castanogastris 143
- - squamata 143–145
Caloperdix 435
- oculea ocellata 435
- - oculea 435, 436
Canachites s. Falcipennis
Catreus 602
- wallichii 602, 605, 606
Centrocercus 203
- urophasianus 203–206
Chamaepetes 81–83
- goudotii 82, 83
- unicolor 82
Chrysolophus 655–667
- amherstiae 663–666
- pictus 655, 656, 659–663
Colinus 161–174, 177–179
- cristatus cristatus 174, 177, 179
- - leucotis 178
- - mariae 178
- - panamensis 178
- - sonnini 177, 178
- leucopogon hypoleucus 174
- - leucopogon 173, 174, 178
- - leylandi 173, 174
- nigrogularis caboti 171
- - nigrogularis 171, 172
- virginianus cubanensis 166, 167
- - insignis 173
- - pectoralis 170
- - ridgwayi 167–170
- - texanus 166, 170
- - virginianus 162–166
Coturnix 23, 445–462
- coromandelica 453–456
- coturnix coturnix 445–450
- - africana 448
- - erlangeri 448

- delegorguei 456–460
- japonica japonica 450–453
- - ussuriensis 450
- novaezelandiae pectoralis 460–462
Cracidae 23, 31, 42–117
Crax 92, 105–117
- alberti 109, 110
- alector 112, 113
- annulata s. alberti
- blumenbachii 115–117
- carunculata s. globulosa
- chapmani s. rubra
- daubentonii 114, 115
- erythrognata s. alector
- estudilloi 110, 111
- fasciolata fasciolata 110, 111, 112
- - greyi 111
- - pinima 111
- globicera s. rubra
- globulosa 110, 113, 114
- hecki s. rubra
- panamensis s. rubra
- rubra griscomi 107
- - rubra 107–109, 110
- sclateri s. fasciolata
- yarrellii s. globulosa
Crossoptilon 590–602
- auritum 597–599
- crossoptilon crossoptilon 590–593, 595
- - dolani 590, 594, 595
- - drouynii 590, 594, 595
- - lichiangense s. crossoptilon
- harmani 590, 596
- mantchuricum 599–601
Cryptoplectron 23, 482
- erythrorhynchum 482, 483
- manipurensis 483, 484
Cyrtonyx 191, 192, 195–197
- montezumae mearnsi 191, 192
- - montezumae 191, 192, 195
- ocellatus 196, 197
Dactylortyx 188
- thoracicus 188–190
Dendragapus 206–210
- obscurus fuliginosus 206, 207
- - howardi 206
- - obscurus 206, 207
- - pallidus 206
- - richardsoni 206
- - sierrae 206
- - sitkensis 206, 207
Dendrortyx 135–138, 141
- barbatus 138
- leucophrys 136
- macroura 137, 138
Diardigallus 564
- diardi 564, 565
Eulipoa 755, 767

- wallacei 767–769
Eupsychortyx s. Colinus
Excalfactoria 462–471
- adansonii 470, 471
- chinensis 462–469
Falcipennis 213–217
- canadensis canadensis 214, 215
- - franklinii 214, 215
- falcipennis 213, 214
Francolinus 347–354, 357–388, 391–394
- adspersus 377, 386
- afer afer 380, 393, 395, 396, 400
- - castaneiventer 395
- - cranchii 393–395
- - harterti 393
- - humboldtii 393, 395
- - intercedens 393
- - leucoparaeus 393, 394, 395
- - loangwae 393
- - melanogaster 393, 395
- - swynnertoni 393, 395
- africanus 366, 367, 368
- ahantensis 373, 374, 376, 377
- albogularis 364, 365
- bicalcaratus 377, 380–382
- camerunensis 400, 406
- capensis 377, 386, 388
- castaneicollis atrifrons 401
- - castaneicollis 400, 401
- clappertoni clappertoni 377, 382, 383, 384
- - gedgii 383
- coqui coqui 23, 362–364, 365
- - maharao 354
- erckelii 400, 401–403
- finschi 366, 369, 370
- francolinus 348–351
- griseostriatus 373, 374, 377
- gularis 353, 354
- hartlaubi 377, 384
- hildebrandti 377, 378, 379
- icterorhynchus 377, 382
- jacksoni 400, 404, 405
- lathami lathami 361, 362
- - schubotzi 362
- leucoscepus 397–400
- levaillantii 366, 367, 368, 369
- levaillantoides 366, 372, 373, 386
- nahani 373, 374
- natalensis 377, 379, 380
- nobilis 400, 405
- ochropectus 400, 403, 404
- pictus 348, 351
- pintadeanus 348, 352, 353
- psilolaemus 366, 371, 372
- rufopictus 397
- schlegelii 361, 365
- sephaena granti 359, 360
- - rovuma 359
- - sephaena 359–361
- - spilogaster 360, 361

- shelleyi 366, 367, 370, 371
- squamatus 373, 374–376, 406
- streptophorus 366, 367
- swainsonii 391, 392
- swierstrai 400, 407
Galloperdix 413–418
- bicalcarata 416, 417
- lunulata 414
- spadicea 414–416
Gallus 573–589
- aeneus s. varius
- gallus bankiva 578, 579
- - gallus 574
- - jabouillei 577
- - murghi 577, 578
- - spadiceus 574, 575–577
- lafayettii 582–584, 587
- sonneratii 580–582
- temminckii s. varius
- varius 573, 587–589
- violaceus s. varius
Gennaeus 534–546
- leucomelanos 539
- - hamiltonii 534, 535
- - lathami 536, 537
- - leucomelanos 535, 536
- - lineatus 538, 539
- - melanotus 536
- - moffitti 536, 537
- - oatesi 538
- - williamsi 537, 538
- nycthemerus annamensis 544
- - beaulieui 542
- - beli 542, 543
- - berliozi 542
- - engelbachi 543
- - fokiensis 541
- - jonesi 545
- - lewisi 544
- - nycthemerus 539, 540
- - occidentalis 546
- - omeiensis 541
- - ripponi 545
- - rongjaingensis 541
- - rufipes 545, 546
- - whiteheadi 541, 542
Guttera 721, 722, 725–732
- edouardi barbata 728, 729
- - chapini 727
- - cristata s. verreauxi
- - edouardi 729, 730, 731
- - granti 726, 727
- - kathleenae 727
- - lividicollis s. edouardi
- - macondorum s. barbata
- - pallasi s. verreauxi
- - schoutedeni 727
- - sclateri 726
- - seth-smithi 726, 727
- - suahelica s. granti
- - symonsi s. edouardi
- - verreauxi 720, 725, 726

- plumifera plumifera 722, 729
- - schubotzi 722, 723
- pucherani 728, 730, 731
Haematortyx 437
- sanguiniceps 438
Hierophasis 549–554
- edwardsi 551, 552
- haitenensis 551
- imperialis 552, 553
- swinhoii 549, 550
Houppifer 554–559
- erythrophthalmus erythrophthalmus 555, 556
- - pyronotus 559
- inornatus hoogerwerfi 554, 555
- - inornatus 554
Ithaginis 485–492, 495
- cruentus affinis 486
- - beicki 489
- - berezowskii 488
- - clarkei 486, 488
- - cruentus 485, 486
- - geoffroyi 486, 488
- - kuseri 486, 487
- - marionae 486, 487
- - michaelis 489
- - rocki 486, 488
- - sinensis 485, 486, 489
- - tibetanus 486, 487
Lagopus 217–228, 231–238
- lagopus lagopus 219–222
- - major 219
- - scoticus 219, 222–228
- leucurus 235, 236
- mutus helveticus 228, 231–235
- - mutus mutus 228, 231–235
Leipoa 755, 769, 791
- ocellata 772–777
Lerwa 300
- lerwa 300, 303
Lobiophasis 566
- bulweri 566, 569–572
Lophophorus 524–533
- impejanus 525–528
- lhuysii 531–533
- sclateri 528, 531
Lophortyx s. Callipepla
Lophura 560–564, 569
- ignita ignita 560
- - macartneyi 561
- - nobilis 560, 561
- - rufa 562, 563
Lyrurus s. Tetrao
Macrocephalon 754, 755, 789–793
- maleo 790–793
Margaroperdix 480
- madagarensis 480–482
Megapodiidae 31, 754–793
Megapodius 755–767, 778
- freycinet abbotti 759
- - affinis 756
- - cumingii 760, 761

– – eremita 756, 761, 762
– – freycinet 756, 760
– – layardi 762, 763
– – nicobariensis 759
– – yorki 756–759
– – reinwardt 755, 756
– – laperouse laperouse 764
– – senex 764
– pritchardii 764–766
Melanoperdix 438
– nigra 438, 439
Meleagrididae 118
Meleagris 118–120, 123–129
– gallopavo gallopavo 127
– – intermedia 125, 126
– – merriami 126, 127, 128
– – mexicana 127, 128
– – onusta 125
– – osceola 128
– – silvestris 119, 120, 123–125, 127
Mitu 92–96, 110
– mitu mitu 93
– – tuberosa 93, 94
– salvini 95
– tomentosa 95, 96
Nothocrax 90
– urumutum 90–92
Numida 732, 735–748
– meleagris baringoensis s. macroceros
– – bodalyae s. maxima
– – callewaerti 743
– – coronata 741, 742
– – damarensis 742
– – galeata 732, 736–738
– – intermedia 738
– – limpopensis s. mitrata
– – macroceros 739
– – major 738, 739
– – marchei 738
– – marungensis 738, 742, 743
– – maxima 742
– – meleagris 735, 739
– – mitrata 740, 741
– – papillosa 742
– – reichenowi 739, 740, 741
– – rendilis s. macroceros
– – rickwae s. mitrata
– – sabyi 735, 736
– – somaliensis 739
– – strasseni 738
– – toruensis s. major
– – uhehensis s. mitrata
Numididae 718
Odontophoridae 134
Odontophorus 179–188
– atrifrons atrifrons 186
– – navai 186
– – variegatus 186
– balliviani 186
– capueira 179, 181, 182
– columbianus 180, 185, 186

– dialeucos 180, 184
– erythrops erythrops 179, 183
– – melanops 183
– – melanotis 183
– – parambae 183
– – verecundus 183
– gujanensis 179, 180, 181, 183
– – marmoratus 180, 181
– guttatus 179, 187, 188
– hyperythrus 179, 183, 184
– leucolaemus 179, 180, 184
– melanonotus 179, 183
– smithianus s. leucolaemus
– speciosus 179, 184
– stellatus 180, 186
– strophium 180, 185
– veraguensis s. guttatus
Ophrysia 484
– superciliosa 484, 485
Oreophasis 87
– derbyanus 88, 89
Oreortyx 159
– pictus 159–161
Ortalis 45–59
– canicollis 53, 54
– cinereiceps 48
– erythroptera 52
– garrula 51
– guttata araucuan 56, 58
– – columbiana 56, 57
– – guttata 56–58
– – squamata 56, 57, 58
– – subaffinis 57
– leucogastra 53, 54
– motmot 55, 56
– poliocephala lajuelae 52
– – poliocephala 52, 53, 54
– – wagleri 52, 53
– ruficauda 51, 52
– – ruficrissa 51
– spixi s. superciliaris
– superciliaris 56
– vetula 46–48, 53
Ortyx s. Colinus
Pauxi 97–103, 105
– pauxi gilliardi 97
– – pauxi 97–102
– unicornis koepkeae 102
– – unicornis 102, 105
Pavo 702–717
– cristatus 702, 705–709
– muticus imperator 715
– – muticus 709, 710–712, 715–717
– – spicifer 715
Pedioecetes 282
– phasianellus 282, 285–287
Penelope 59–74, 78
– albipennis 70
– argyrotis 60, 61
– barbata 61
– cristata s. purpurascens
– dabbenei 65

– inexpectata s. barbata
– jacquacu granti 69
– – jacquacu 66
– – orienticola 69
– – speciosa 69
– jacucaca 72, 74
– marail 63, 64, 74
– montagnii atrogularis 62
– – brooki 62
– – montagnii 59, 62, 63
– – plumosa 62
– – sclateri 62
– obscura bridgesi 65, 66
– – bronzina 65, 66
– – obscura 65, 66
– ochrogaster 73
– ortoni 63
– perspicax 69, 70
– pileata 65, 73, 74
– purpurascens 60, 65, 70, 72, 74
– superciliaris 64, 65, 74, 116
Penelopina 83
– nigra 83, 84, 87
Perdix 23, 288–299
– barbata s. dauuricae
– dauuricae 297
– hodgsoniae 298–299
– – sifanica 298, 299
– perdix 288–296
– – robusta 297
Perdicula 23, 474, 477–480
– argoondah 478, 479
– – meinertzhageni 479
– asiatica 477, 478
Phasianidae 288
Phasianus 619, 620, 623–638, 641–655
– colchicus alaschanicus 642
– – bianchii 628–630, 631
– – colchicus 620, 623–625
– – chrysomelas 620, 628, 631, 635
– – decollatus 641
– – edzinensis 643
– – elegans 637, 638
– – formosanus 637
– – hagenbecki 643, 644
– – karpowi 636, 644, 648
– – kiangsuensis 641, 644
– – mongolicus 620, 632, 633
– – pallasi 636, 644, 645, 646
– – persicus 626, 627
– – principalis 620, 627, 628, 629
– – rothschildi 635, 638
– – satscheuensis 643
– – septentrionalis 625, 626
– – shawi 620, 634
– – sohokotensis 642
– – strauchi 641, 642, 644
– – suehschanensis 638, 641
– – takatsukasae 635, 636, 637
– – talischensis 626
– – tarimensis 620, 634, 635
– – tenebrosus mut. 648, 649

– – torquatus 620, 635, 636, 641, 644
– – turcestanicus 633, 634
– – vlangalii 642
– – zarudnyi 628, 629
– – zerafschanicus 631, 632
– versicolor kiusiuensis 646
– – robustipes 647
– – tanensis 647
– – tohkaidi 647
– – versicolor 645, 648
Philortyx 141
– fasciatus 141–143
Pipile 75–80
– cujubi cujubi 77
– – nattereri 77
– jacutinga 75, 77, 78–80, 116
– pipile cumanensis 76, 77
– – grayi 76, 77, 79
– – pipile 76
Polyplectron 667–683
– bicalcaratum bailyi 672
– – bakeri 672
– – bicalcaratum 667, 672, 673, 674, 677
– – ghigi 673
– – katsumatae 673
– chalcurum chalcurum 667, 668, 669
– – scutulatum 668
– chinquis s. bicalcaratum
– emphanum 667, 681, 682
– germaini 670, 671
– inopinatum 669, 670, 671
– malacensis malacensis 667, 677–679
– – schleiermacheri 679, 680
Pternistes s. Francolinus
Ptilopachus 418
– petrosus 418–420
Pucrasia 514–524
– macrolopha bethelae 517

– – biddulphi 515, 517, 518
– – castanea 515, 518
– – darwini 515, 522, 523
– – joretiana 515, 522
– – macrolopha 515–517, 518, 519
– – meyeri 515, 519, 520, 521
– – nipalensis 515, 518, 519
– – ruficollis 515, 520, 521
– – styani 523
– – xanthospila 515, 519, 520, 521, 522, 523
Rheinardia 683–687
– ocellata nigrescens 684
– – ocellata 683, 684
Rhizothera 436
– longirostris dulitensis 436
– – longirostris 436, 437
Rhynchortyx 197
– cinctus 197, 198
Rollulus 439
– roulroul 439, 440, 443, 444
Synoicus 23, 471–473
– ypsilorhynchus diemensis 472
– – plumbeus 472
– – ypsilorhynchus 471–473
Syrmaticus 606–619
– ellioti 613–615
– humiae burmanicus 617
– – humiae 617, 618
– mikado 615–617
– reevesii 607, 608
– soemmerringii ijimae 31, 609, 611
– – intermedius 609, 610
– – scintillans 609, 610, 612
– – soemmerringii 31, 609, 610, 611, 612
– – subrufus 609, 610
Talegalla 754, 756, 776, 777–779, 780
– cuvieri 777

– fuscirostris 777, 778, 779
– jobiensis 777, 779
Tetrao 238–246, 249–260
– mlokosiewiczi 257–260
– parvirostris 246, 249
– tetrix 250–257
– urogallus 239–245
– – major 239, 240
– – taczanowskii 246
Tetraogallus 306–317
– altaicus 316, 322
– caspius 309, 310
– – semenowtianschanskii 309
– caucasicus 307–309, 310
– himalayensis 310–314, 315, 316
– – sewerzowi 284
– tibetanus 314–316
Tetraonidae 37, 199–282, 285–287
Tetraophasis 304
– obscurus 304
– szechenyii 304, 305
Tetrastes s. Bonasia
Tragopan 495–510, 513, 514
– blythii blythii 506–509
– – molesworthi 509
– caboti caboti 510, 513
– – guangxiensis 513, 514
– melanocephalus 496–498
– satyra 495, 498–502
– temminckii 502–506
Tropicoperdix 420–422
– charltoni 420, 421
– chloropus chloropus 420, 421
– – cognacqui 421
– – merlini 420, 421
Tympanuchus 275–282
– cupido attwateri 276
– – pinnatus 275–280
– pallidicinctus 280

Index of English names

A

American Quails 134–156, 159–198
Argus Pheasant
   Bornean 689
   Crested 683–687
   Great (or Malay) 688
Argus Pheasants 687–692

B

Bamboo Partridge
   Chinese 410, 411
   Formosan 411, 412
   Indian 412, 413
Bamboo Partridges 410–413
Bar-tailed Pheasant
   Burmese 617
   Mrs. Hume's 617
Bar-tailed Pheasants 606–619
Black Grouse 250–260
   Caucasian 257–260
   Common 250–257
Blood Pheasant
   Beick's 489
   Berezowski's 488
   Bianchi's 489
   Clarke's 488
   David's 489
   Geoffroy's 488
   Himalayan 486, 487
   Kuser's 487
   Mrs. Vernay's 487
   Rock's 488
   Tibetan 487
Blood Pheasants 485–492, 495
Bobwhite
   Black-breasted 170
   Black-throated 171, 172
   Crested 174, 177
   Cuban 166, 167
   Eastern 162–166
   Leyland's 173, 174
   Masked 167–169
   Sonnini's 177–179
   Spot-bellied 173
   Texas 166
Bobwhites 161–174, 177–179
Brush Turkey
   Australian 780–785
   Black-billed (or Yellow-Legged) 777, 778
   Brown-collared (or Red-legged) 779
   Bruijn's 789
   Red-billed 777
   Wattled 785–789
Brush Turkeys
   Australian 780–785
   New Guinea 777–779
   Wattled 785–789
Bush Quail
   Manipur 483, 484
   Painted 482, 483

C

Capercaillie
   Black-billed 246, 249
   Common 238–245
Chachalaca
   Buff-browed (or Spix's) 56
   Chaco 53, 54
   Chestnut-winged 51
   Grey-headed 48
   Little (or Guiana) 55, 56
   Plain (or Common) 46–48
   Rufous-headed (or Ecuadorian) 52
   Rufous-vented 51, 52
   Speckled (or Spotted) 56–58
   West-Mexican 52, 53
   White-bellied 54
Chachalacas 42, 45–59
Chukar Partridge 321–326
Colins (or Bobwhite)
Copper Pheasant
   Ijima's (or White-rumped) 611
   Pacific 610, 611
   Scintillating 610
   Shikoku 610
   Soemmerring's 609, 610
Copper Pheasants 609–612
Crested Argus (or Rheinart's Pheasant)
   Malay 684–687
   Vietnamese 683, 684
Crested Argus Pheasants 683–687
Crested Fireback
   Delacour's 561
   Greater Bornean 560, 561
   Lesser Bornean 560
   Vieillot's 562, 563
Crested Firebacks 560–564
Crestless Fireback
   Bornean 559
   Malay 555, 556
Crestless Firebacks 555, 556, 559
Crested Guineafowl
   Chapin's 727
   Grant's 728
   Kenya (or Pucheran's) 730, 731
   Malawi 728, 729
   Natal (or Zambesi) 729, 730
   Schouteden's 727
   Sclater's 726
   Seth-Smith's (or Uganda) 726, 727
   Western (or Verreaux's) 725, 726
   White's 727
Crested Guineafowls 725–732
Curassow
   Bare-faced (or Sclater's) 111, 112
   Black 112, 113

Blue-billed (or Albert's)   109, 110
Crestless (see Razor-billed)
Daubenton's (or Yellow-knobbed)   114, 115
Estudillo's (or Green-billed)   110, 111
Great (or Globose or Mexican)   107–109
Helmeted (see Helmeted Curassow)
Nocturnal   90–92
Razor-billed (see Razor-billed Curassow)
Red-billed (or Blumenbach's)   115–117
Salvin's (see Razor-billed Curassow)
Wattled (or Yarrell's)   112, 113, 114
Curassows   42, 90–117

E
Eared Pheasant
   Blue   597–599
   Brown   599–602
   Dolan's   549–550
   Harman's   596
   White   590–594
Eared Pheasants   590–602

F
Fireback Pheasants
   Crested   560–564
   Crestless   555, 556, 559
   Siamese   564, 565
Francolin
   Ahanta   376, 377
   Black   348–350
   Cameroon Mountain   406
   Cape   386, 387
   Chestnut-naped   401
   Chinese (or Burmese)   352, 353
   Clapperton's   382, 383
   Coqui   362–364
   Crested   359–361
   Djibouti (or Tadjoura)   403, 404
   Double-spurred   380–382
   Erckel's   401–403
   Finsch's   369, 370
   Grey (or Indian Grey)   357, 358
   Grey-breasted (or Grey-breasted Spurfowl)   397
   Grey-striped   377
   Grey-wing   367, 368
   Handsome   405
   Hartlaub's   384–386
   Harwood's   384
   Heuglin's   382
   Hildebrandt's   378, 379
   Jackson's   404, 405
   Latham's Forest   361, 362
   Moorland   371, 372
   Nahan's Forest   373, 374
   Natal   379, 380
   Orange River   372, 373
   Painted   351
   Red-billed   387, 388
   Red-necked (or Red-necked Spurfowl)   392–396
   Red-wing   368, 369
   Ring-necked   366, 367
   Scaly   375, 376
   Schlegel's   365
   Shelley's   370, 371
   Swainson's (or Swainson's Spurfowl)   391, 392
   Swamp (or Kyah)   353, 354
   Swierstra's   407
   White-throated   364, 365
   Yellow-necked (or Yellow-necked Spurfowl)   397–400
Francolins   347–354, 357–388, 391–409

G
Gallopheasants   534–546, 549–556, 559–566, 569–572
Golden Pheasant   655–663
   Cinnamon   663
   Dark-throated   661, 662
   Ghigi's (or Yellow)   662
   Salmon   662, 663
Gray Peacock Pheasant   672–674, 677
   Burmese   673
   Ghigi's   673
   Hainan   673
   Himalayan (or Northern)   672
Green Peafowl   709–712, 715–717
   Burmese   715–717
   Indochinese   715
   Javanese   710–712, 715–717
Green Pheasant (Japanese)
   Northern   647, 648
   Pacific   647
   Shikoku   647
   Southern   645, 646
Grouse
   Black   238, 250–257
   Blue   206–210
   Canada (see Spruce)
   Caucasian Black   257–260
   Dusky (see Blue)
   Franklin's (see Spruce)
   Hazel   260, 268–273
   Pinnated (or Prairie Chicken)   275–282
   Red   222–228
   Richardson's (see Blue)
   Ruffed   260, 261–264, 267, 268
   Sage   203–206
   Sharp-tailed   282, 285–288
   Sharp-winged   213, 214
   Sitka (see Blue)
   Sooty (see Blue)
   Spruce   213, 214–217
   Willow (or Ptarmigan)   219–222
Grouse Family   199
Guan
   Andean   62, 63
   Band-tailed   60, 61
   Bearded   61
   Baudó (or Ortoni's)   63
   Black   (see Sickle-winged)   81, 82
   Cauca   69, 70
   Chestnut-bellied   73
   Crested   70–72

Dusky-legged (or Dusky) 65, 66
Goudot's (see Sickle-winged) 82, 83
Highland (or Penelopina) 83, 84, 87
Horned (or Derby's) 87–89
Marail 63, 64
Piping 75–80
Red-faced (or Dabbene's) 65
Rusty-margined 64, 65
Sickle-winged 81, 82
Spix's 66, 69
Wattled (or Aburri) 80, 81
White-browed 72
White-crested 73, 74
White-winged 70
Guans 42, 59–89
Guineafowls 718–722, 725–732, 735–751
Black 719–720
Crested (see also Crested Guineafowl) 721, 725–732
Helmeted (see also Helmeted Guineafowl) 732, 735–748
Plumed (see also Plumed Guineafowl) 721–723
Tufted (see also Tufted Guineafowl) 738, 739
Vulturine 748–751
White-breasted 718, 720, 721

H
Hazelhen 260
Common 268–273
Severtzov's 273–274
Helmeted Curassow
Northern 97–102
Southern 102, 105
Helmeted Guineafowl 732
Common 736–738
Damara 742
Erlanger's 739, 740
Gabon 738
Huambo 742
Kalahari 742
Kasai 743
Marungu 742, 743
Natal 741, 742
Reichenow's 740, 741
Saby's 735, 736
Strassen's 735, 736
Zambesi 741
Hill Partridge (or Tree Partridge) 422
Bare-throated (or Brown-breasted) 429, 430
Blyth's (or Rufous-throated) 426–428
Boulton's (or Szechwan) 426
Chestnut-bellied (or Bar-backed) 432
Chestnut-headed (or Cambodian) 431, 432
Common 422, 425, 426
David's 433
Fokien (or Rickett's) 433, 434
Hainan (or White-eared) 428, 429
Red-billed 434
Red-breasted (or Mandell's) 431
Red-breasted (or Bornean) 432, 433
Sumatran (or Campbell's) 430, 431
White-cheecked 428
White-throated (or Taiwan) 429

J
Junglefowl 573
Green (or Javan) 587–589
La Fayette's (or Ceylon) 582–584, 587
Red (see also Red Junglefowl) 574–580
Sonnerat's 580–582

K
Kalij 534
Black (or Moffitt's) 536, 537
Black-backed 536
Black-breasted 537
Crawfurd's 539
Lineated 538, 539
Nepal 535, 536
Oates's 538
White-crested 534, 535
William's 537, 538
Kalijs 534–539
Koklass 514
Common 515–517
Darwin's 522, 523
Joret's 522
Kashmir 517, 518
Meyer's 519, 520
Nepal 518, 519
Orange-collared 520, 521
Western (or Afghanistan) 518
Yellow-necked 521, 522
Koklass Pheasants 514–524

L
Lady Amherst's Pheasant 663–666

M
Maleo 789–793
Mallee Fowl 769, 772–777
Megapode (or Scrub Hen)
Australian 756–759
Layard's 762, 763
Marianas 764
Moluccan 767–769
Nicobar 759
Pelew 764
Pritchard's (or Niuoafu) 764–766
Solomon 761, 762
Sulawesi (or Cuming's) 760, 761
Megapodes (or Incubator Birds, Mound-Builders) 754–769, 772–793
Monal
Chinese 531–533
Himalayan 525–528
Sclater's 528–531
Monals 524–528, 531–533
Monal Partridge
Szechenyi's 304, 305
Verreaux's 304
Monal Partridges 304

N
New World Quails 134–156, 159–198

P

Partridge
- Bamboo (see also Bamboo Partridge) 410–413
- Barbary 339–342
- Black (or Black Francolin) 348–350
- Chukar 321–326
- Common (or Hungarian) 288–296
- Daurian 297
- Grey (or Grey Francolin) 357, 358
- Long-billed 436, 437
- Madagascar 480–482
- Monal (see also Monal Partridge) 304
- Przevalski's 318, 330
- Red-legged (see also Red-legged Partridge) 332–336, 339
- Rock (see also Rock-Partridge) 326–329
- See See (see also See See-Partridge) 342–346
- Snow (or Lerwa) 300, 303
- Stone 418–420
- Tibetan (or Hodgson's) 298, 299
- Tree (or Hill) see Tree- and Hill-Partridge 420–422, 425–434
- Wood (see Wood Partridges)

Peacock
- Congo 695–701

Peafowl
- Black-winged 708
- Dappled 708
- Green (see also Green Peafowl) 709–712, 715–717
- Indian 702, 705–707
- Spalding's 709
- White 708

Peacock Pheasant
- Borneo 679, 680
- Bronze-tailed 668, 669
- Germain's 670
- Grey (see also Grey Peacock-Pheasant) 672–674, 677
- Malay 677–679
- Palawan 681, 682
- Rothschild's 669, 670

Peacock Pheasants 667–674, 677–683

Penelopina 83, 84, 87

Pheasant
- Alashan 642
- Amu-Darya (or Zarudny's) 628
- Argus (see also Argus Pheasant) 687–692
- Atjeh 554, 555
- Bianchi's 628–630
- Blood (see Blood Pheasant) 485–492, 495
- Bulwer's 566, 569–572
- Burmese Bar-tailed 617
- Cheer 602, 605, 606
- Chinese Ring-necked (or Torquatus) 635, 636
- Copper (see also Copper Pheasant) 609–615
- Dappled (Mutant) 649
- Eared (see also Eared Pheasant) 590–601
- Edward's 551, 552
- Elliot's 613–615
- Fireback (see also Fireback Pheasant) 555, 556, 559–564
- Formosa Ring-necked 637
- Gobi Ring-necked 643
- Golden (see also Golden Pheasant) 655, 656, 659–663
- Green (see also Green Pheasant) 645–648
- Hume's Bar-tailed 617, 618
- Imperial 552–554
- Isabelline (Mutant) 649
- Khivan 631
- Kirghiz (or Mongolicus) 632, 633
- Kobdo 643
- Korean Ring-necked 644, 645
- Kweichou 637
- Lady Amherst's 663–666
- Melanistic (or Tenebrosus) 648, 649
- Mikado 615–617
- Northern Caucasian 625, 626
- Pallas's Ring-necked (or Manchurian Ring-necked) 645
- Peacock (see Peacock Pheasant) 667–674, 677–683
- Persian 626, 627
- Prince of Wales's 627, 628
- Reeve's 607, 608
- Rheinart's (see Crested Argus) 683–687
- Rothschild's 638
- Salvadori's 554
- Satchu Ring-necked 643
- Shansi 644
- Silver (see Silver Pheasant) 539–546
- Soemmering's (see Copper Pheasant)
- Sohokhoto 642
- Southern Caucasian (or Colchicus) 623–625
- Stone's 637, 638
- Strauch's 641, 642
- Sungpan 638, 641
- Swinhoe's 549, 550
- Syr Darya 633, 634
- Talish 626
- Tarim 634, 635
- Tonkinese Ring-necked 636
- Vo Quy 551
- White (Mutant) 649
- Yarkand 634
- Zaidam 642
- Zerafshan 631, 632

Piping Guan
- Black-fronted 78–80
- Gray's 77
- Northern Red-throated 77
- Southern Red-throated 77
- Trinidad Blue-throated 76
- White-headed 76

Piping Guans 75–80

Prairie Chicken (or Pinnated Grouse) 275, 280, 282
- Attwater's 276
- Greater 275–280
- Lesser 280, 281, 282

Ptarmigan
- Rock 228, 231–235
- White-tailed 235, 236

Q

Quail
- African 445
- African Blue 470, 471

American Blue (or Scaled) 143–145
Barred 141, 142
Brown (or Australian Swamp) 471–473
Bush (see Bush Quail) 482–484
California 150–156
Chinese Blue (or Painted) 462–469
Common (European) 445–450
Elegant 145–147
Gambel's 147–150
Himalaya Mountain 484, 485
Harlequin (African) 456–459
Harlequin (or Montezuma) 191, 192, 195–197
Japanese 450–452
Long-legged 197, 198
Long-tailed 135–138
Long-toed (or Singing) 188–190
Mountain (American) 159–161
Ocellated 196, 197
Pectoral (or Stubble) 460–462
Rain (or Black-breasted) 453–456
Scaled 143–145
Snow Mountain 473, 474
Wood Quail (American) 179–190

R
Red Junglefowl 573–580
    Burmese 575–577
    Cochin-Chinese 574
    Indian 577, 578
    Javan 578, 579
    Tonkinese 577
Red-legged Partridge
    Arabian 331, 332
    Common 332–336, 339
Red-necked Francolin 393–396
    Kenya 394
    Uganda 394
Rock Partridge
    Common 326–329
    Philby's 330, 331
    Przewalski's 330
Roulroul (or Crested Wood Partridge) 439, 440, 443, 444

S
See See Partridge
    Arabian 342–344
    Persian 344–346
Sickle-winged Guan 81–83
    Black 82
    Goudot's 82, 83
Silver Pheasant
    Annamese 544
    Bel's 542, 543
    Berlioz's 542
    Boloven 543
    Common 539, 540
    Fokien 541
    Hainan 541, 542
    Jone's 545
    Kweichow 541
    Lao 542
    Lewi's 544
    Rippon's 545
    Ruby Mines 545, 546
    Szechwan 541
    Western 546
Silver Pheasants 539–546
Snowcock
    Altai 316
    Caspian 309–310
    Caucasian 307–309
    Himalayan 310–314, 316
    Tibetan 314–316
Snowcocks 306–317
Spurfowl
    African (see Francolins)
    Ceylon 416, 417
    Indian Painted (or Hardwicke's) 414–416
    Indian Red 414

T
Tragopan
    Blyth's 506–509
    Cabot's 510, 513
    Guangxien 513, 514
    Hasting's (or Western) 496–498
    Molesworth's 509
    Satyr 498–502
    Temminck's 502–506
Tragopans 495–510, 513, 514
Tree Partridge, Green- and yellow-legged
    Chestnut-breasted (or Charlton's) 421
    Green-legged 420
Tree Quail, American Long-tailed
    Bearded 138
    Buffy-crowned 136
    Long-tailed 137, 138
Tree-Quails 135–138, 141
Tufted Guineafowl
    Somali 739
    Sudanese (or Common) 739
    Uganda 738
Turkey
    Eastern 119, 120, 123–125
    Florida 125
    Gould's 127, 128
    Merriam's 126
    Ocellated 129–133
    Rio Grande 125, 126
    South Mexican 127
Turkeys 118–120, 123–133

W
White-eared Pheasant
    Szechwan 590–593
    Tibetan 594
White-eared Pheasants 590–595
Wood Partridge
    Black 438, 439

Crested   439, 440, 443, 444
Crimson-headed   437, 438
Ferruginous   435, 436
Wood Quail (American)
   Black-breasted (or White-throated)   184
   Black-fronted   186
   Chestnut   183, 184
   Dark-backed   183
   Gorgeted   185
   Long-toed (or singing)   188–190
   Marbled   180, 181
   Rufous-breasted   184
   Rufous-fronted   183
   Spotted   187, 188
   Spot-winged   182
   Starred   186
   Stripe-faced   186
   Tacarcuna   184, 185
   Venezuelan   185, 186
Wood Quails   179–190